DICTIONNAIRE UNIVERSEL DE COMMERCE.

TOME TROISIÉME.

L=Z

DICTIONNAIRE UNIVERSEL DE COMMERCE:

CONTENANT TOUT CE QUI CONCERNE

LE COMMERCE QUI SE FAIT DANS LES QUATRE PARTIES DU MONDE, par terre, par mer, de proche en proche, & par des voyages de long cours, tant en gros qu'en détail.

L'EXPLICATION DE TOUS LES TERMES QUI ONT RAPPORT AU NEGOCE,

LES MONNOYES DE COMPTE, QUI SERVENT A Y TENIR LES LIVRES, ET ECRITURES DES MARCHANDS:

LES MONNOYES RE'ELLES D'OR, D'ARGENT, DE BILLON, DE CUIVRE, D'ESTAIN, &c. leur titre, leur valeur, leur fabrique & monnoyage, & leur évaluation sur le pied de celles de France:

LES POIDS ET MESURES, QUI Y SONT EN USAGE, REDUITES LES UNES AUX AUTRES.

LES PRODUCTIONS, QUI CROISSENT ET QUI SE TROUVENT DANS TOUS LES LIEUX où les Nations d'Europe exercent leur Commerce; comme les Métaux, Mineraux, Pierreries; Drogues, Epiceries, Grains, Sels, Vins, Biéres, & autres Boissons; Huiles, Gommes, Fruits, Poissons, Bois, Soyes, Laines, Cotons, &c. Pelleteries, Cuirs, &c.

LES ETOFFES, OUVRAGES ET MANUFACTURES D'OR ET D'ARGENT, DE SOYE, Laine, Fil, Coton, &c. leur nom, leur qualité, leur aunage, avec la description des Métiers propres à y travailler.

LES COMPAGNIES DE COMMERCE TANT FRANÇOISES QU'ETRANGERES, pour les Indes Orientales & Occidentales, &c. avec l'Histoire de leurs Etablissemens, leur Régie & Administration, &c.

LES BANQUES ETABLIES POUR LA COMMODITE' ET LA SEURETE' DU NEGOCE ET DES NEGOCIANS:

LES CONSULS QUE LES NATIONS DE L'EUROPE TIENNENT LES UNES CHEZ LES AUTRES, ou dans les Echelles du Levant, &c. leurs Jurisdictions, Droits, & Prérogatives.

LES CHAMBRES D'ASSURANCES:

LE DETAIL DU COMMERCE DE LA FRANCE EN GENERAL,
ET DE LA VILLE DE PARIS EN PARTICULIER:

LE CONSEIL ROYAL DE COMMERCE, LES CHAMBRES DES VILLES QUI ONT DROIT d'y envoyer leurs Députés; les Juges des Manufactures, & les Inspecteurs départis dans les Provinces.

LES JURISDICTIONS CONSULAIRES DE PARIS ET DES AUTRES VILLES DU ROYAUME,

L'ETABLISSEMENT DES SIX CORPS DES MARCHANDS, ET DES CENT VINGT-QUATRE COMMUNAUTE'S des Arts & Métiers de la Ville de Paris;

LES DIFFERENS LIVRES DES MARCHANDS, LEURS COMPTES ET SOCIETE'S:

ENFIN TOUTES LES FOIRES, TANT FRANCHES QU'AUTRES, QUI SE TIENNENT EN FRANCE & dans les lieux les plus célebres de l'Europe, & des autres Parties du Monde.

LES EDITS, DECLARATIONS, ORDONNANCES, ARRESTS, ET REGLEMENS donnés en matiere de Commerce.

Ouvrage posthume du Sieur JACQUES SAVARY DES BRUSLONS, *Inspecteur général des Manufactures, pour le Roy, à la Douane de Paris.*

CONTINUE' SUR LES MEMOIRES DE L'AUTEUR, ET DONNE' AU PUBLIC

Par M. PHILEMON LOUIS SAVARY, *Chanoine de l'Eglise Royale de S. Maur des Fossez, son Frere.*

NOUVELLE EDITION.

TOME TROISIE'ME.

A PARIS,
Chez la Veuve ESTIENNE, rue Saint Jacques, à la Vertu.

M. DCC. XLI.

AVEC PRIVILEGE DU ROY.

DICTIONNAIRE UNIVERSEL DE COMMERCE.

Onziéme Lettre de l'Alphabet. Cette Lettre soit majuscule ou initiale, soit petite ou courante, sert à plusieurs sortes d'abréviations pour la commodité des personnes de commerce, qui sont obligés de tenir des journaux, livres & registres. L. ST. signifie Livres sterlings. L. DE G. ou LG. veut dire Livres de Gros. *L.* majuscule bâtarde se met pour Livres tournois, qui se marquent aussi par cette figure ₶. Deux petites ℔. liées de la sorte sont Livres de poids.

LABDANUM, que l'on nomme autrement LAPDANUM. Sorte de graisse que l'on trouve attachée à la barbe des boucs & des chévres. *Voyez* LAPDANUM.

LABEUR. Terme d'Imprimerie. Il signifie les Ouvrages ou Editions des Livres sur lesquels les Compagnons & Ouvriers ont commencé de travailler. Par l'article XXXIV du Réglement de 1721, les Compagnons & Ouvriers sont tenus, lorsqu'ils finissent leurs Labeurs, d'avertir leurs Maîtres huit jours auparavant que de les quitter, à peine de 20 livres au profit du Maître.

LABIZA. Espece d'ambre ou de *Succinum* d'une odeur agréable, qui coule par incision d'un arbre qui croît dans la Caroline.

Cet ambre qui est jaune comme le véritable *Succinum*, se durcit si fort à l'air qu'on en peut faire des bracelets & des coliers : aussi le nom de Labiza que les Indiens de cette partie de l'Amérique lui donnent, signifie-t-il Joyau ; l'appellant ainsi parce qu'ils ont coutume d'en faire leur plus grande parure. C'est une des meilleures marchandises que l'on traite avec eux.

Les Anglois mettent le Labiza au nombre des gommes aromatiques & des parfums. *Voyez l'Etat général du commerce, où il est parlé de celui de la Caroline.*

LABOURAGE. On appelle Décharge & Labourage des vins, cidres & autres boissons, la sortie de ces sortes de liqueurs hors des batteaux dans lesquels elles sont arrivées aux Ports de la Ville de Paris. C'est aux seuls Maîtres Tonneliers à qui il appartient de faire ce Labourage, à l'exclusion de tous autres Déchargeurs établis sur lesdits Ports. *Voyez* Deschargeur *&* Tonnelier.

LABOURER LES VINS. C'est les décharger des batteaux où ils ont été voiturés, & les mettre à terre. *Voyez comme dessus.*

Labourer le sable. Terme de Plombier. C'est mouiller, & ensuite beaucoup remuer avec un bâton le sable des moules sur lesquels doivent se couler les grandes tables de plomb. Quand le sable est labouré, on le plane, c'est-à-dire, qu'on le dresse également avec une plane de cuivre. *V.* Plombier.

LAC

LACERET. Outil de Charpentier & de Menuisier. On le nomme autrement petite Tariere. *V.* Tariere.

LACET. Morceau de cordonnet rond ou de tresse plate, fait de soie, de fleuret, ou de fil, ferré par les deux bouts, qui sert à serrer les corps de jupe, les corsets, les chemisettes & autres vêtemens d'hommes ou de femmes: on s'en sert aussi à enfiler des papiers.

Le cordonnet ou la tresse dont les lacets sont formés se fabrique sur un boisseau avec des fuseaux par les Maîtres Passementiers-Boutonniers; ou sur le métier avec la navette par les Tissutiers-Rubaniers. Le cordonnet qui se fait sur le métier se nomme Cordon à la ratiere. Les Lacets font partie du négoce des Marchands Merciers & Papetiers.

Les Lacets que le Tarif de 1664 écrit Lassets, payent en France de droits de sortie, s'ils sont de soie, 12 s. de la livre; & s'ils sont de laine ou de fil, comme mercerie, 3 livres ou même seulement 2 livres le cent, s'ils sont déclarés pour l'Etranger, suivant l'Arrêt du 3 Juillet 1692.

LACIS. Ouvrage de fil ou de soie fait en forme de filet dont les femmes font des coeffures. En France on l'appelle plus ordinairement du Marly.

Il signifie aussi quelquefois du capiton ou de petites étoffes qui en sont faites. *Voyez* Lassis.

LACK. *Voyez* Lacre ou Acre.

LACQUE. Espece de gomme qui sert à faire la cire d'Espagne. *Voyez* Laque.

Lacque. Se dit aussi d'une drogue qui sert à la teinture. *Voyez comme dessus.*

LACRE, ou ACRE. Monnoie de compte de Surate & des autres Etats du Mogol, qui vaut cent mille; un lacre de roupies vaut cent mille roupies; c'est à peu près comme ce qu'on appelle une tonne d'or en Hollande & un million en France, non pour la valeur, mais pour l'usage qu'on en fait dans les comptes. Un Lack de roupies vaut cent mille roupies ce qui fait en livres sterling 11250 liv. en donnant à la roupie la valeur de 2 s. 3 d. aussi sterling.

Lacre. Le Tarif de France de 1664 appelle Lacre ou cire à cacheter, ce qu'on nomme plus communément Cire d'Espagne. *Voyez cet article.*

LACS-D'AMOUR. Sorte de linge ouvré qui se fait en basse Normandie, particuliérement à Caen & aux environs. *Voyez* Linge.

LAD

LADANUM. Nom que l'on donne à une sorte de plante qui est une des deux especes de Cistus, qui produit l'Hypocistis. *Voyez* Hypocistis.

Ladanum. Quelques-uns nomment aussi de la sorte ce qu'on appelle autrement Labdanum ou Lapdanum. Il y a cependant bien de la différence entre ces deux drogues. *Voyez* Lapdanum.

Description du Ladanum suivant la Relation du voyage de M. de Tournefort au Levant.

L'arbrisseau qui produit le Ladanum, croît en quantité dans l'Isle de Candie; il est fort touffu, & s'éleve à deux ou trois pieds de terre: sa fleur, qui est d'un pouce & demi de diametre, a cinq feuilles couleur de rose chifonnées, rondes, & étroites, quelquefois déchirées sur les bords, avec un onglet jaune. Du centre de ces fleurs sort une touffe d'étamines jaunes, chargée d'un petit sommet feuille-morte. Leur pistile est long de deux lignes, terminé par un filet arrondi. Le calice est à cinq feuilles ovales, veinées, & velues sur les bords. La fleur étant passée, le pistile devient un fruit, en maniere de coque, partagée en cinq capsules remplies d'une graine rouge.

La racine de cet arbrisseau est ligneuse en grosses fibres chevelues, de huit à neuf pouces de long. Le bois en est blanc, l'écorce rougeâtre au-dedans, brune au-dehors, & gersée de même que celle de la tige. Ses feuilles, qui sont opposées l'une à l'autre, deux à deux, sont oblongues, de verd brun, & ondées: toute la plante est un peu stiptique & d'un goût d'herbe.

Le Ladanum que cette plante produit, est une espece de glu odoriférante, ou comme une sueur grasse qui se trouve sur ses feuilles dans le tems des plus grandes chaleurs; elle en sort en goutes luisantes, qui ne sont pas moins claires que la terébenthine.

Cette drogue se recueille avec des fouets d'une construction extraordinaire. Au bout d'un manche d'une longueur convenable, sont attachées sur une traverse à demi ceintrée quantité de longues courroyes de cuir. Lorsque le tems de la récolte est venu, c'est-à-dire, lorsque la séve transpire & couvre les feuilles de Ladanum, plusieurs Paysans en chemise & en caleçon, vont rouler sur ces arbrisseaux les fouets qu'ils ont à la main, & ils y en enlevent la glu qui s'y attache à mesure qu'elles en sont chargées. Chaque ouvrier en peut amasser environ trois livres deux onces par jour, qu'on vend ordinairement un écu sur le lieu. Cette récolte se fait toujours pendant la plus grande chaleur, & durant le tems le plus calme.

Le Ladanum le plus pur est toujours mêlé de quelques ordures, à cause que la viscosité de cette drogue arrête aisément la poussiere qui s'éleve lorsqu'il fait du vent: mais outre ce défaut naturel, les Paysans qui la recueillent la sofistiquent assez ordinairement en la paîtrissant avec un sablon noirâtre & très fin. On découvre la tromperie en mâchant le Ladanum; celui qui est sofistiqué craquant sous les dents; on peut aussi le dissoudre & le filtrer.

La maniere de ramasser cette drogue avec des fouets est très ancienne ; mais outre cela on détachoit aussi avec soin le Ladanum qui se prenoit à la barbe & aux cuisses des boucs & des chévres lorsqu'elles broutoient le ciste. Herodote & Dioscoride parlent de l'une & de l'autre.

On trouve aussi du Ladanum dans l'Isle de Naxia, mais les étrangers en enlevent peu, parce qu'il est toujours plein d'ordure. *Voyez* Naxia.

Le sieur Corneille le Bruyn Hollandois, dont les voyages au Levant ont paru presque en même tems que ceux de M. Tournefort, parle un peu autrement du Ladanum que le célébre Botaniste François. Il paroît qu'on devroit s'en tenir à la description qu'en a fait ce dernier, & qu'on vient de donner ci-dessus. Mais pour laisser le Lecteur en état de décider lui-même entre ces deux fameux voyageurs, on va ajouter ici ce que rapporte le sieur le Bruyn dans sa relation de l'Isle de Chipre.

C'est aux environs de l'Escare [Ville de l'Isle de Chipre] que se recueille le fameux Ladanum. Cette drogue vient d'une rosée qui tombe sur les feuilles d'une petite plante d'un demi-pied de haut, qui ne ressemble pas mal à la petite sauge.

Pour amasser le Ladanum, les Paysans mettent dès le matin leurs chevres aux champs avant que le soleil soit levé, afin qu'elles aillent brouter cette herbe ; comme cette rosée est gluante, elle s'attache aisément à la barbe de ces animaux qu'on leur coupe une fois tous les ans, & dont on tire le Ladanum en les faisant passer sur le feu pour le fondre : c'est ce Ladanum qu'on appelle Ladanum vierge, & que les Droguistes estiment le meilleur. Il y en a une seconde sorte qu'on trouve aussi assez beau ; c'est celui qui s'attache à un petit toupet de poil que les chevres ont au-dessus de l'endroit où leur corne se fourche.

On recueille aussi le Ladanum encore de deux manieres ; la premiere en faisant passer sur ces plantes une grosse corde faite de poil de vaches dont deux hommes tiennent chacun un bout ; & l'autre en attachant plusieurs petites cordes ensemble à un bâton assez court, avec lesquelles on frotte ces plantes tous les matins, tant qu'elles paroissent couvertes de rosée.

Ces deux manieres de ramasser le Ladanum ne donnent que le moins bon & le plus grossier, parce qu'il s'y mêle beaucoup de sable.

Le Ladanum est noir, d'une odeur forte & d'un grand usage en tems de peste ; on l'employe aussi en divers médicamens pour d'autres maladies.

LADOG. Espece de hareng qui se pêche dans le lac de Ladoga en Moscovie, d'où il a pris son nom. On le sale & on le caque à peu près comme le hareng qui se pêche dans l'Océan. Quoique le commerce en soit considérable, il ne peut pas néanmoins suffire pour la provision des Moscovites à cause de la multiplicité de leurs carêmes, ce qui fait qu'ils en consomment aussi quantité de celui de la pêche des Anglois & des Hollandois.

L A E

LAES. Espece de monnoie de compte, dont on se sert dans quelques endroits des Indes Orientales, particuliérement à Amadabath : un Laes vaut 100000 roupies, cent Laes font un crou, & chaque crou vaut quatre arebs.

L A F

LA FERRE. } *Voyez* Ferre & Ferté.
LA FERTÉ.

L A G

LAGA. Sorte de féve rouge & noire qui croît dans quelques endroits des Indes Orientales, & qui en plusieurs lieux sert de poids pour peser l'or & l'argent. Les Malays l'appellent Conduri. *V.* Conduri.

LAGAN. Ancien droit qui appartenoit aux Seigneurs sur les marchandises & débris des vaisseaux échoués ou submergés, que la mer jettoit sur les côtes.

Il y en avoit de deux sortes, le grand & le petit Lagan. Le grand Lagan qu'on appelloit aussi gros Lagan, s'entendoit de celui qui étoit au-dessus de soixante sols, & le petit de ce qui étoit au dessous de cette somme.

C'est présentement ce droit d'épave qui est dû au Roi, ou aux Seigneurs pour les marchandises & autres effets naufragés qui se trouvent sur les rivages de la mer, & qui proviennent des bris, échouemens, & jets en mer. *V. ces trois articles.*

LAGIAS. Toiles peintes très belles qui se fabriquent & se vendent au Royaume de Pégu. Ces toiles sont si estimées, que par excellence on les appelle Lagias du Roi. Les autres sortes de toiles qui se font dans ce Royaume, & qui ne sont gueres moins belles que les Lagias, sont les Torpitis, les Corpis, & les Pintadis.

L A I

LAIE, ou **LAYE.** Espece de marteau dont se servent les Carriers pour layer la pierre, c'est-à-dire, en faire les paremens. Il est assez semblable au marteau des Tailleurs de pierre, hors qu'il est un peu courbé vers le manche. *Voyez* Marteau.

Laie. Se dit aussi du marteau bretelé des Tailleurs de pierre. *Voyez comme dessus.*

LAIER LA PIERRE. C'est en faire les paremens, ou la tailler entierement avec la laie.

LAIGLE. Ville de la Généralité d'Alençon. Ses Fabriques d'étoffes de laine sont peu considérables. Son principal commerce est celui des épingles, & ensuite celui des cuirs. *Voyez* l'Etat général, Tome I. page 110.

LAINAGE, ou **LANAGE.** Façon que l'on donne aux draps & autres étoffes de lainerie, en les tirant avec des chardons pour y faire venir le poil. *Voyez* Lainer.

Lainage. S'entend aussi du négoce qui se fait des laines. On dit, qu'un Marchand fait un grand commerce de Lainage, pour dire qu'il achete & qu'il vend quantité de toutes sortes de laines.

Lainage. Est encore le droit de dîme qui est dû sur les toisons des bêtes à laine aux Ecclésiastiques ou Seigneurs à qui appartiennent les grosses & menues dîmes. En ce sens on dit, Dîmes de lainages & charnages.

LAINE. On nomme ainsi le poil des agneaux, beliers, moutons & brebis, qui de-là sont appellés Bêtes à laine. Quand la laine n'est encore que telle qu'elle a été tondue & coupée de dessus le corps de l'animal, & qu'elle n'a point été séparée ni triée suivant ses différentes especes, on lui donne le nom de Toison ; & c'est en cet état que ceux qui font le négoce des Laines les achetent des Laboureurs & Fermiers.

Chaque Toison est composée de plusieurs qulités de Laine qu'on a soin de trier & séparer suivant les différens usages à quoi elles sont propres.

Ceux qui font le négoce des Laines en France tirent ordinairement de chaque toison trois sortes de Laines. 1°. La Mere-Laine, qui est celle de dessus le dos & du col. 2°. La Laine des queues & des cuisses; & 3°. Celle de la gorge, de dessous le ventre & des autres endroits du corps.

Celle qu'on appelle Croton ou Crotin pourroit en faire comme une quatriéme espece, mais elle est si mauvaise qu'on ne la compte presque pour rien. Le nom qu'on lui donne vient des crotes & excrémens des moutons qui s'y sont attachés, & qui la gâtent tellement qu'elle n'est que le rebut de la Laine.

Pour tirer des toisons une plus grande quantité de laine fine, on s'est avisé de séparer le cœur des Laines de la seconde & de la troisiéme qualité, c'est-à-dire, la Laine qui est au centre de chaque floccon de la toison. Il seroit à souhaiter qu'on pût empêcher cette séparation du cœur des Laines qui est pernicieuse & abusive.

Les Espagnols font à peu près le même triage que les François, & nomment ces trois qualités de Laines la Prime, la Seconde & la Tierce; avec cette différence qu'en Espagne ces trois sortes de Laines ne se vendent qu'ensemble, pour n'avoir point de mauvais restes, & que les François les vendent, ou les achetent en détail ou séparément, suivant l'usage qu'ils en veulent faire, & les Manufactures où ils les veulent employer.

La Mere-Laine est encore de deux sortes, qu'on distingue par les noms de Laine fine & moyenne, ou de haute & basse Laine, & cela selon que les toisons sont courtes & fines, longues, ou grossieres.

La Laine avant que d'être en état d'être employée passe par bien des mains. Après que le Tondeur l'a coupée, on la lave, puis on la fait sécher; elle est ensuite épluchée & battue; après on y met l'huile, & quand elle a été cardée & filée, on la travaille, ou sur le métier ou à l'éguille.

Le commerce des laines est très considérable en Europe, & la France en consomme une si grande quantité dans ses Manufactures depuis les dernieres guerres, que malgré l'abondance qu'il s'en trouve dans la plupart des Provinces du Royaume, elle est obligée d'avoir recours à ses voisins, & d'en tirer beaucoup des Pays étrangers.

Les Laines Françoises viennent le plus ordinairement & le plus abondamment du Languedoc, du Berry, de la Normandie & de la Bourgogne; la Picardie, la Champagne & d'autres de nos Provinces en fournissent aussi, mais de moindre qualité & en moindre quantité.

Les Laines étrangeres sont tirées d'Espagne, de Portugal, d'Angleterre, d'Ecosse, d'Irlande & de Hollande. Il en vient aussi du Levant par la voye de Marseille, qui se tirent de Constantinople, de Smyrne, d'Alexandrie, d'Alep, de Chypre, de la Morée & de Barbarie; ces dernieres sont peu estimées, Smyrne & Constantinople fournissent les meilleures qui viennent du Levant.

Laines de France.

Les Laines de France se vendent ordinairement par les Fermiers & par les Laboureurs en toison, & tout en suin, ou, comme disent les bas-Normands, en suif, c'est-à-dire, sans avoir été lavées de la graisse qui est dessus. En quelques autres endroits ces sortes de laines grasses se nomment Laines surges.

Ceux qui les achetent ainsi de la premiere main avec leur suif, les font laver pour en faire ensuite le triage, ou pour les vendre en toisons, sans autres apprêts que de les avoir lavées. Quand les Laines ont été triées, alors elles ne se vendent plus qu'au poids.

Les habiles Fabriquans croyent qu'il y a plus d'avantage à acheter les Laines toutes triées qu'en toisons; les Marchands de laines ayant coutume de les farder en roulant le plus fin par dessus, & renfermant en dedans le plus mauvais.

Les meilleures Laines de France sont celles de basse Normandie, & entr'autres celles de Valogne: celles du Cotantin sont presque autant estimées, quoique de moindre qualité; mais celles des environs du Ponteau-de-mer, Ville située entre Rouen & Caen, ne sont comparables ni aux unes ni aux autres, étant très grossieres; aussi ne s'en fabrique-t-il que des frocs de Lizieux & de Bernai, ou des serges de Falaise qui sont des étoffes très communes; tandis que les laines de Valogne ou de Coutance s'employent en draps de Valogne, de Cherbourg, de Vir, & en serges tant finettes que razes, de S. Lo & de Caen, toutes étoffes qui se travaillent en fin.

Les Laines de Berry entrent aussi dans la fabrique des draps de Valogne & de Vir, & c'est aussi avec ces laines que l'on fait les draps qui portent le nom de Draps de Berry, aussi-bien que les droguets d'Amboise, en y mêlant un peu de celles d'Espagne.

Le Pays de Caux fournit des laines propres aux pinchinats, & aux serges cordelieres, & particuliérement pour les draps d'Usseau; on en fait aussi des frocs de Bolbec & des serges de Fecamp.

Pour les Laines de Champagne, outre quelques pinchinats & couvertures qu'on en fait, elles ne servent qu'aux chaînes des petites marchandises de Rheims & d'Amiens.

Les Laines propres à la tapisserie se filent à Abbeville & aux environs, ou à Rozieres auprès d'Amiens par des Fileurs qui se nomment Houpiers. Elles se vendent au poids par paquets de cinq livres, & sont teintes pour la plupart à Paris par les Teinturiers en fil, laine & soie; les Fileurs de Rozieres aimant presque autant les y apporter qu'à Abbeville, d'où l'on tire la plupart de celles dont on fait des envois en Allemagne, en Pologne, & dans le Nord.

Les Négocians de Lyon en font aussi un Commerce considérable en Savoye & en Italie. Ces Laines d'Abbeville sont de deux sortes; les belles qu'on nomme Auxy, & les communes qu'on appelle Frontieres: celles qu'on choisit pour faire les plus beaux bas au métier ou à l'éguille se nomment Laines triées.

C'est de Bayonne & des environs qu'on tire ces sortes de Laines, plus semblables à de longs poils qu'à de véritables toisons, dont on fait les lizieres des draps, & principalement des draps noirs, en y mêlant quelque poil d'autruche ou de chameau.

Outre les lieux d'où on tire les laines dont on vient de parler, les François, particuliérement les Provençaux, en apportent une assez grande quantité de l'Isle de Candie. Ces laines ainsi que toutes les autres qui viennent de la Grece & des Isles de l'Archipel, sont d'une assez médiocre qualité, & ne peuvent gueres servir qu'à la fabrique de quelques étoffes assez grossieres ou aux lisieres des étoffes fines; on en fait aussi des matelats.

L'Arrêt du Conseil du 9 Mai 1699, portant Reglement pour le commerce des laines de France, est un des plus importans & des plus nécessaires qui ait été rendu sur cette matiere. Aussi on a cru que le Lecteur seroit bien-aise de le trouver dans ce Dictionnaire.

REGLEMENT POUR LE COMMERCE DES LAINES DE FRANCE.

Le Roi étant informé qu'il s'étoit introduit plusieurs abus dans le commerce des Laines du Royaume, & que dans les Provinces plusieurs personnes de toutes qualités se mêloient de les acheter des Fermiers, Laboureurs & autres, qui élevent & nourrissent des troupeaux, quelquefois même avant que les moutons eussent été tondus; & ainsi se rendoient maîtres de toutes les Laines pour les revendre ensuite bien cher, ce qui en augmentoit le prix, & par conséquent celui des manufactures d'étoffes de Laine, en faisoit cesser les travaux, & ruinoit le Commerce qui se fait desdites étoffes de Laine tant dedans que dehors du Royaume. Sa Majesté, pour prévenir & empêcher ces abus, fait défenses par cet Arrêt à toutes personnes de quelque qualité & condition qu'elles soient, d'enarrher ni acheter chez les Fermiers, Laboureurs & autres qui nourrissent des troupeaux, les Laines des moutons & brebis avant qu'ils ayent été tondus, à peine de nullité des ventes, perte des deniers qui auroient été fournis d'avance pour lesdits achats, & de cinq cens livres d'amende qui ne pourra être remise ni moderée: Sa Majesté faisant pareillement défenses & inhibitions à toutes personnes qui ne sont pas Marchands de Laine ou Fabriquans d'étoffes, d'acheter des Laines pour les revendre & en faire trafic & commerce, à peine de confiscation des Laines dont ils se trouveront saisis, & de mille livres d'amende; & en cas de récidive, de punition corporelle; desquelles amendes & confiscations il en appartiendra un tiers au Dénonciateur, un tiers aux Hôpitaux & pauvres du lieu, & le surplus à Sa Majesté.

Cet Arrêt fut interprété par un autre Arrêt du 2 Juin ensuivant.

SA MAJESTE' ayant été informée qu'en divers lieux l'usage ordinaire étoit de vendre dans le mois de Mai les Laines sur les bêtes avant qu'elles soient tondues; & que cela convenoit mieux au bien du Commerce, parce que les Acheteurs prenoient eux-mêmes le soin de tondre & faire tondre les moutons & brebis; qu'ils ménageoient mieux la Laine par l'intérêt qu'ils y avoient; & qu'ils en faisoient le triage en même tems pour, après les avoir lavées & blanchies, les vendre suivant leurs différentes especes; en sorte qu'on ne pouvoit regarder comme vitieux & abusifs, que les achats & enharremens des Laines, qui sont faits avant le mois de Mai. Sa Majesté en interprétant l'Arrêt précédent & jusqu'à ce qu'autrement il en ait été ordonné, a fait & fait très expresses inhibitions & défenses d'enharrer ni acheter les Laines sur les moutons & brebis avant le mois de Mai de chaque année, & le permet après ledit mois; ordonnant au surplus que ledit Arrêt du 9 Mai 1699, seroit exécuté suivant sa forme & teneur.

DROITS D'ENTRÉE ET DE SORTIE SUR LES LAINES.

Le Roi ayant ordonné par un Arrêt de son Conseil du 24 Novembre 1722, que les Laines qui passeroient des Provinces de Xaintonge, Angoumois, la Marche & Limosin dans celle de Poitou, acquitteroient les droits d'entrée des cinq Grosses Fermes, à raison de quarante sols du cent pésant des Laines vivantes, & de trente sols aussi du cent pésant de celles appellées communément Laines d'Abat Chaunées; & étant informée que les mêmes contestations qui avoient donné lieu à cet Arrêt, survenoient journellement au sujet de la perception des droits sur les différentes Laines que les Marchands des autres Provinces faisoient entrer dans l'étendue de la Ferme, Sa Majesté pour établir une uniformité de droits dans les Bureaux, a ordonné en général par un nouvel Arrêt du 19 Avril 1723, que les Laines qui passeront des Provinces de son Royaume, réputées Etrangeres dans l'étendue de celle des cinq Grosses Fermes, acquitteront à l'avenir les droits d'entrée à raison de 40 sols du cent pésant, de celles appellées Plures, Paignons, Douillons, Pattes & Queues; & toutes celles appellées communément Laines d'Abat Chaunées.

Laines d'Espagne.

Il faut avouer que les Laines étrangeres l'emportent de bien loin sur celles de France, du moins celles d'Espagne, de Portugal & de la Grande Bretagne. Mais l'habileté des Manufacturiers François (qui dans la fabrique de leurs draps, où ils sçavent si bien mêler & allier les Laines de leur cru à celles de leurs voisins, égalent & surpassent peut-être les plus experts Ouvriers des Etats où se trouvent ces précieuses toisons;) leur habileté, dis-je, doit en quelque sorte les consoler de ce que leur pays abondant en tant d'autres riches marchandises, n'a que des Laines fort au-dessous de celles de leur voisinage.

Les Laines qui se tirent d'Espagne viennent particuliérement des Royaumes de Castille, d'Arragon & de Navarre; on leur donne des noms, ou selon leur qualité, ou selon les lieux d'où on les envoye. Celles de Castille & d'Arragon viennent ordinairement par Bilbao Capitale de la Biscaye à deux lieues de la mer.

Les environs de Sarragosse, pour l'Arragon & le voisinage de Segovie pour la Castille, fournissent les Laines d'Espagne les plus estimées.

Parmi les plus fines de ces deux Royaumes, on y distingue encore la Pile des Chartreux, la Pile des Jesuites, celles qu'on nomme la Grille, le Refin de Ségovie & le Refin Ville-Castin.

En général on donne aux laines les plus fines le nom de Prime, en y ajoutant celui du lieu d'où elles viennent: ainsi on dit, Prime Ségovie, pour dire, la plus belle laine qui se tire de cette Ville. Celle qui suit s'appelle Seconde ou Refleuret, en y joignant aussi la dénomination de quelque lieu d'Espagne, comme Refleuret Ségovie, Refleuret Ville-Castin. Cette seconde espece de laine se nomme quelquefois simplement Ségoviane. La troisiéme laine s'appelle Tierce, qui se distingue pareillement par une seconde appellation, comme Tierce Ségovie.

La prime, sur-tout celle de Ségovie & de Ville-Castin, s'employe pour l'ordinaire à faire des draps, des ratines, & autres semblables étoffes façon d'Angleterre & de Hollande les plus fines. La Ségoviane ou Refleuret sert à fabriquer des draps d'Elbeuf ou autres de pareille qualité; & la tierce n'entre que dans les draps les plus communs, comme sont ceux de Rouen & Darnatal.

Le rebut de ces trois Laines Espagnoles s'appelle en quelques lieux de France Migot, comme qui diroit mauvais. On se sert particuliérement de ce terme en Languedoc.

Les Laines Moliennes se tirent de Barcelonne; & quoique le Roussillon ait été détaché depuis long-tems de la Monarchie d'Espagne, & cedé à la France, les Laines qui en viennent gardent toujours le nom de Laines d'Espagne.

Il y en a de trois sortes; le Refleuret qui est la prime, ou la plus fine des laines de cette Province; la seconde qui est celle d'après, & le Migeau qui est la moindre, & dont les Languedociens ont apparemment pris leur Migot dont on vient de parler.

Les autres noms des Laines d'Espagne ou réputées d'Espagne, sont, l'Albarazin, la Sorie Ségovianne, ou Dellos Rios, la Sorie commune, les Caseres, ou petite Ségovie, la Segeweuse Ségovianne, la Segeweuse de Moline, les Floretonnes de Ségovie, & les Floretonnes communes de Navarre & d'Arragon, les Cabesas d'Estramadoure, & les petits Campo de Séville & de Mallagis.

Outre les draps de diverses sortes dont on a parlé ci-dessus, à la fabrique desquels on employe les Laines d'Espagne: elles servent à faire les bas drapés, camisolles, chaussons, & autres ouvrages de bonneterie les plus fins.

Quoique ce qu'on a dit jusqu'ici du Commerce des Laines d'Espagne en général, & que ce qu'on dira encore dans la suite des Laines d'agnelins en particulier, soit suffisant pour en donner une idée à ceux qui en veulent faire le négoce, on a cru néanmoins faire plaisir au Lecteur d'y ajouter un Mémoire, qui a depuis été communiqué par une personne très intelligente dans l'apprêt & le commerce des Laines qu'on tire de Castille; d'autant plus qu'on y verra ce commerce sur le pied qu'il est présentement, aussi-bien que les précautions qu'il faut prendre pour le faire avantageusement & pour éviter quelques surprises où il est facile de tomber dans l'achat de cette sorte de marchandise, lorsqu'on n'en est pas instruit ou prévenu.

Il faut seulement observer à l'égard de ce Mémoire, qu'ayant été dressé en 1719, c'est-à-dire, dans le tems de l'interruption du Commerce entre la France & l'Espagne, les prix des marchandises & le pied du change y sont beaucoup plus hauts que depuis que la paix a été rétablie entre les deux Couronnes.

Mémoire concernant le Commerce des Laines en Castille & en Arragon, dressé en 1719.

Les Laines de Castille, c'est-à-dire, celles qu'on comprend sous le nom de *Lanas Castillas*, sont:

Les Segovianas Leonisas.
Les Segovias.
Les Sorias.
Les Molinas.

Les Laines d'Arragon sont aussi de quatre sortes, sçavoir:

Les Albarazins fins.
Les Albarazins moyens.
Les Campos.
Et les Laines noires de Sarragosse.

On nomme Fleuretons les Laines qui viennent de Navarre.

Les agnelins sont les Laines ou toisons des jeunes moutons, qui ne sont ni si longues ni si fournies que celles des moutons plus âgés. Il y a autant de sortes d'agnelins qu'il y a de Laines rapportées ci-dessus.

Les Laines de Castille & les Albarazins s'envoyent à Rouen, en Hollande, & en Angleterre.

Les Campos & les Laines noires de Sarragosse passent à la Rochelle pour les Manufactures de Poitou.

Les Fleuretons vont en Bretagne, ou à la Rochelle.

Les Agnelins, par tout Pays, sur-tout en Bretagne.

Il y a cinq manieres différentes d'acheter les Laines à Madrid, sçavoir:

1°. En suin ou surges, c'est-à-dire, sur la brebis, pour les faire laver & trier soi-même.

2°. Toutes lavées & triées au poids, & suivant l'usage de Bilbao, & rendues audit lieu.

3°. Pareillement toutes lavées & triées, mais achetées sur le lieu où s'en est fait le lavage & triage, pour les faire voiturer soi-même à Bilbao ou à Bayonne.

4°. A un prix fixé, c'est-à-dire, au prix dont le Vendeur & l'Acheteur conviennent entr'eux dans le tems qu'ils concluent le marché.

5°. Enfin sous condition, c'est-à-dire, en retenant par avance toute la Laine d'une pile, avec engagement de la payer sur le pied que les autres piles de la même qualité se vendront. Cette derniere maniere d'acheter les laines est la moins avantageuse, & l'Acheteur y trouve rarement son compte.

Du Lavage des Laines.

Le tems de la coupe des Laines en Castille est vers les mois de Mai & de Juin. A mesure qu'on tond les moutons, on met les Laines en pile, ensuite on les lave pour en tirer la graisse & les ordures. Ce lavage va jusqu'au mois d'Aout.

Le déchet qu'il y a d'une laine en suin, lorsqu'on la fait bien laver, est ordinairement de cinquante-trois pour cent, c'est-à-dire, que dix-sept arobes de Laine en suin ne donnent que huit arobes de Laine lavée; ce qui ordinairement compose une balle.

Ce déchet des Laines n'est pas toujours égal, y ayant des années qu'il est plus grand, & d'autres qu'il est moindre, & c'est à quoi l'Acheteur doit prendre garde; l'expérience ayant appris que s'il n'a pas plû dans le tems de la coupe, le déchet est plus considérable; & qu'au contraire si la saison a été pluvieuse, il y a moins de déchet; ce qui provient de ce que la pluye emporte une partie de la graisse & des ordures des Laines, lorsqu'elles sont encore sur le dos des moutons, ou même lorsqu'après avoir été coupées, elles restent en piles, en attendant le lavage.

Les années qu'il n'a pas plû les Propriétaires font ordinairement mal laver leurs laines, pour regagner sur le lavage le déchet que le manque de pluye leur pouvoit causer.

Monsieur de Mondoteguy, Auteur du Traité des Arbitrages, qui est à la suite du Traité du Négoce d'Amsterdam de M. Ricard, nous ayant communiqué un nouveau détail du déchet des Laines d'Espagne attachées en surge, après qu'elles ont été lavées, on a cru n'en devoir pas priver le Public.

Il faut 400 l. de Laines en surge, c'est-à-dire, comme on les coupe des brebis, pour en faire une balle de huit arobes ou de 200 livres toutes lavées, à prendre l'arobe sur le pied de vingt-cinq livres, cette proportion de moitié de déchet n'est pas cependant tout-à-fait juste pour toutes sortes de Laines; par exemple :

Les	25 liv. de Laines de Ségovie surges rendent lavées,	12 liv. $\frac{1}{2}$
	25 liv. dites soria,	11
	25 liv. dites d'Arragon,	9 liv. $\frac{1}{2}$ à 10 l.

Pour les faire relaver extraordinairement, en sorte qu'elles soient propres pour la fabrique des draps, elles perdent encore 20 pour cent de déchet; ainsi sur ce pied, 25 livres de Laines de Ségovie lavées & relavées au mieux, ne rendent que dix livres, & les autres à proportion.

Triage des Laines.

On entend par le mot de Triage la séparation ou l'assortiment que l'on fait d'une pile de Laine, c'est-à-dire, le choix qu'on en fait, après qu'elles ont été lavées, en les partageant en Laines fines, en Laines moyennes, & en Laines inférieures; ayant sur-tout attention de n'y point mêler de Laine d'agnelins.

Cet assortiment est toujours de trois sortes, qu'on nomme Prime, Seconde, & Tierce; & pour plus de facilité on marque chaque balle d'une lettre majuscule de l'alphabet, qui dénote l'espece de laine qui y est enfermée.

Pour que la séparation soit bien faite, il faut que sur quinze balles de Laine il y en ait douze marquées R, c'est-à-dire, Refines ou Primes; deux marquées F, qui signifie Fines ou secondes; & une marquée S, c'est-à-dire, Tierces ou Troisiémes.

Des Piles de Laine.

On appelle Pile, des monceaux de Laine que l'on forme des Laines que l'on coupe à mesure qu'on les abbat de dessus l'animal.

On fait ordinairement autant de piles qu'il y a de différentes sortes de Laines : ainsi il y a des piles de Ségoviannes, de Sorias, de Molinas, d'Albarazins, & ainsi des autres.

Il faut cependant remarquer que chacune de ces sortes de Laines est composée de diverses piles, c'est-à-dire, que chaque Particulier fait les siennes à part; & qu'ainsi, par exemple, il y aura quarante ou cinquante piles de Segovianas Leonisas, s'il y a autant de Particuliers qui fassent commerce de cette sorte de Laine.

Une autre remarque qu'il faut faire, c'est qu'entre les piles d'une même sorte il ne laisse pas d'y en avoir de meilleures les unes que les autres, comme sont dans les piles Segovianas Leonisas celles de l'Escurial, & ensuite les piles de Mondejos & d'Orloga, comme on le dira dans un autre endroit de ce Mémoire.

C'est à l'Acheteur d'avoir connoissance des meilleures piles, toutes celles d'une même sorte se vendant presque le même prix, quelque différence qu'il y ait d'ailleurs pour la qualité & la bonté.

Les différentes sortes de Laines en général ont un prix différent, parce que la qualité des unes est différente de celle des autres; ensorte, par exemple, que les Segovianas Leonisas sont plus cheres que les Sorias, les premieres étant les plus fines qui se tirent d'Espagne. On les nomme Leonisas, pour les distinguer des simples Segovianas, & parce qu'elles se tirent des moutons qui vont paître dans les montagnes de Leon, où les pâturages sont excellens.

Compte d'une Balle achetée en suin rendue à Bilbao, ou embarquée à bord d'un vaisseau.

Lors de la coupe, on peut considerer la Laine sur le pied de 65 réaux de veillon l'arobe poids de Castille; il en faut 17 arobes, pour, après être lavées, en avoir une balle de 8 arobes, ou 200 ℔ poids de Bilbao; il faut pour cela qu'elles en pésent 214 de Castille : ainsi la balle de 17 arobes sur l'estimation de 65 réaux de veillon font . . . . Rs^yon 1105

Pour la toile d'emballage . . .	23	
Pour le lavage, ...	36	
Pour ensacher, ...	2	
Pour port jusqu'où elle se lave,	8	
Commission du Facteur à un pour cent, . . .	11	
	Rs yon 1185	
Lesquels font Réaux de platte courante, ...		790
A quoi il faut ajouter les frais de voiture, & droits de puertos qui se payent d'ici à Bilbao, . .		120

Frais de Bilbao.

Pour les droits de sortie, ou de langue d'eau, pour lesquels on a six sols de crédit, à 1770 maravedis du cent, Réaux de platte courante	104 : 6 mar.	
Pour remise, & commission d'iceux à Madrid, à 3 pour cent, ...	3 : 4	
Courtage, 4 pour cent, . .	2 : 30	
Frais jusqu'à bord, . .	5	
Commission de reception, à 10 Rs^yon par balle, . .	6 : 23	
		121 : 29
Réaux de platte courante . .		1031 : 29
Commission de Madrid à 2 pour cent,		20 : 5
Réaux de plate courante, .		1052

Compte d'une balle de Laines toutes lavées & triées, poids, &c. usage de Bilbao &c. vendues audit lieu; comme on les a achetées cette année.

Pour 200 ℔ de laine à Rs de p^te c^te	880
Pour 20 pour cent d'augmentation en faveur du vendeur suivant la coutume, ...	176
Pour frais de Bilbao, comme cidessus, ...	121 : 29
Réaux de plate courante, .	1177 : 29
Pour la commission de Madrid, .	23 : 5
Réaux de platt ecourante,	1201

Compte d'une balle de Laine toute lavée & triée, qu'on peut encore acheter de la récolte passée, pour faire voiturer soi-même audit Bilbao, & les faire mettre à bord (il faut remarquer que les meilleures piles sont déja vendues).

La balle de 214 ℔, qui font 200 de Bilbao, Réaux de platte courante, . . 750

Pour les 20 pour cent d'augmentation, ... 150
Pour le port à Bilbao à quatre piastres par balle, . . . 40
Pour les droits de Puertos secos, . 64
Pour frais de Bilbao, comme cidessus, ... 121 : 29

Réaux de platte courante, . 1125 : 29
Pour la commission de Madrid, . 22 : 5

1148 :

Il y a quelques remarques à faire au sujet des précédens comptes.

1°. Le prix de l'achat dont il est parlé dans les deux comptes des Laines lavées, suppose que ce sont des primes; car si dans une partie qui s'achete il s'y en trouve de celles appellées Secondes ou Tierces, les secondes vaudront un quart moins que les primes, & les tierces moitié moins.

2°. Il faut sçavoir qu'une balle de Laine de 200 livres ort (c'est-à-dire, balin pour laine suivant l'usage) poids de Bilbao, ne rend que 164 livres de Laine net à Rouen, & qu'on exige que les balins soient de chanvre & non de Laine, soit que ces derniers soient plus pésans, & qu'il en faudroit faire une plus forte tare en France, ou soit que les balins de chanvre tournent mieux à compte à l'Acheteur de Rouen que ceux de Laine.

3°. On doit se souvenir de ce qu'on a dit au commencement de ce Mémoire, que le prix des marchandises employé dans les précédens comptes, est celui qu'elles avoient pendant les dernieres guerres entre les deux Couronnes, & que ce prix est de beaucoup diminué depuis 1719.

4°. Outre la voye de Bilbao, & de là par Bayonne, par laquelle on fait passer une grande partie des Laines de Castille, elles peuvent aussi aller par terre à Coreille, & ensuite à Pampelune, d'où elles passent à Bayonne; & que même cette voye est la plus prompte; ne se trouvant pas toujours à Bilbao des pinasses pour Bayonne, ou des navires pour Rouen; les frais de voiture & les droits étant d'ailleurs à peu près les mêmes pour l'une ou l'autre route.

5°. Enfin il faut remarquer qu'il convient mieux d'acheter les laines en suin qu'autrement, tant pour le soin qu'on apporte soi-même au lavage & triage des Laines, que parce qu'on les a à meilleur compte.

Si l'on veut sçavoir la différence juste qu'il y a d'acheter des laines en suin, ou lavées, il faut dire :

J'acheterois quinze balles de Laines lavées, sçavoir :

12 Primes à 900 Réaux de platte courante, y comprise l'augmentation de 20 pour cent, suivant qu'il est marqué au compte ci-devant.
Réaux de platte courante, . . 10800
2 Secondes à un quart moins, par conséquent à 675 Réaux, . . 1350
1 Tierce à moitié moins que les Primes, 450

15 Balles reviendront du premier achat, 12600

Une des Balles achetées en suin me revient, suivant le compte ci-devant, à 790 Réaux de platte courante, non compris les frais qui ne sont pas inclus non plus dans le calcul des 15 dessus : ainsi les 15 balles me reviendront l'une portant l'autre à Réaux de platte courante, . 11850
Je gagne donc . . . 750

Réaux de platte courante, . 12600

Ces 750 réaux de platte courante de bénefice sur les 15 balles font environ 6 ⅓ pour cent; ce qui merite bien que l'on préfere à les acheter en suin.

Voici une note des frais en argent de France, que fait une balle de Laine depuis son embarquement à Bilbao ou Bayonne (car c'est à peu près la même chose) jusqu'à ce qu'elle soit vendue à Rouen.

Pour frais de Bilbao à Rouen & avaries, L 8
Pour assurance de la balle estimée, je suppose 600 liv. à 5 pour cent, . . 30

Frais de Rouen.

Droits d'entrées à 50 liv. du cent, & les augmentations, sçavoir :

200 l. à 5 f. du cent, .	L 5 :	6 : 15
Contrôle le quart, .	1 : 5 :	
Le quart des 25 f. .	6 : 6	
Les 6 sols pour livre, . .	3 : 6	
Ecu par tonneau à 7 f. 6 d. avec les augmentations, comme cidessus, . . .	1 : 2	17 : 9
Droits de charge, .	1	
Port de la Romaine au magasin, & au poids lors de la vente, ...	16	
Droits du poids de la vente,	1 :	
Courtage de la vente, .	2 :	
Magasin, . .	10	
Commission de vente sur 600 liv. à 2 pour cent,	12 :	
		62 : 4

Par-là l'on est en état de voir à combien est revenue cette année la livre de Laine poids de France achetée à Bilbao, & tous frais compris jusqu'à la vente faire; de même l'on peut voir à combien reviendroit la livre de celle achetée ici à present : enfin à combien reviendroit la livre de Laine achetée en suin de la recolte prochaine.

Prix en France d'une livre de Laine achetée cette année à Bilbao.

Suivant le compte ci-devant, la balle revient à réaux de platte courante 1201, qui font pistoles 30, sur le pied de 20 liv. la pistole, . 600
Pour frais depuis Bilbao jusqu'à la vente de Rouen, . . . 62 : 4

la balle, . . 662 : 4

Cette balle ne produit à Rouen que 164 lb net de Laine; il faut donc diviser 662 liv. 4 f. par 164 : ainsi la livre est revenue à . . 4 : 0 : 9

Prix de la Laine que l'on pourroit encore acheter à Bilbao la livre.

Suivant le compte ci-devant, la balle reviendroit à . . . 1148 Rs p^tes c^tes
qui font p^les 28 $\frac{28}{40}$ à 20 l. . . 574
Pour frais de Bilbao à Rouen, 62 : 4

La balle . . 636 : 4, lesquels divisés par 164, fait la lb, . . 3 l. 17 f. 7 d.

Prix

Prix d'une livre de Laine achetée en suin.

Suivant le compte ci-devant, la balle reviendroit à . . . 1052 Rs p[te] c[te]
qui font p[tes] 26 $\frac{12}{10}$ à 20 l. . . 526
Pour frais de Bilbao à Rouen, &c. . . . 62 : 4
La balle . . 588 : 4, lesquels divisés par 164, fait la ℔ . . . . . 3 l. 11 f. 9 d.

Il faut remarquer au sujet de cette Laine en suin, que les deux balles seconde & celle tierce, qui se tireront de quinze balles, comme c'est un second déchet, augmenteront le prix de la livre de Laine marquée ci-dessus 3 liv. 11 f. 9 d. de 2 f. par livre, suivant le calcul que j'en ai fait : ainsi la livre achetée en suin rendue à Rouen reviendroit juste, sçavoir : Celle de douze balles

de prime à	3 l.	13 f.	9 d.
Celle de deux de seconde . .	2	15	4
Celle d'une de tierce	1	17	

On peut d'ailleurs faire attention que plus on aura la Laine à meilleur marché, & moins haut monteront les assurances & commissions de Rouen incluses dans les calculs ci-dessus; ce qui diminuera encore le prix de la Laine de quelque chose.

Il est vrai que le change est à 20 liv. 10 f. au lieu de 20 liv. que je l'ai passé; mais il n'y a pas d'apparence qu'il se maintienne sur ce pied-là.

Comme nous n'avons parlé que du prix des Ségovianas Leonesas, il reste à sçavoir à combien reviendroient les autres sortes de Laines à proportion. En voici une note qui fera voir de combien elles different entr'elles. Nous établissons lesdits Leonesas à 3 liv. 15 f. la livre; en France on peut à cause du change à 20 liv. 10 f. les réputer sur ce pied-là, peu plus ou moins.

Ségovianas Leonesas . .	3 l.	15 f.
Segovias	3	5
Sorias	2	18
Molinas	2	16
Albarazins fins . .	2	18
De moyens . . .	2	12
Campo fins . . .	2	10
De moyens . . .	2	8
Laines noires de Sarragosse .	2	12
Fleuretons de Navarre .	2	12

Agnelins & leur prix relatif à celui des Laines ci-dessus.

Segovies lavées, 2 l. 14 f. la livre.
Sorias en suin, 107 l. le cent pésant.
Molinas prime, 106 l. idem.
Albarazins prime, 104 l. idem.
Le Navarre prime, 103 l. idem.

De la Pile de l'Escurial.

On a promis au commencement de ce Mémoire de dire un mot de cette pile, que les Espagnols mettent au dessus de toutes les Laines que les Etrangers peuvent tirer d'Espagne.

Tout le monde sçait que l'Escurial est tout ensemble un des plus superbes palais des Rois d'Espagne, & un des plus magnifiques Monasteres que la piété de ces Princes ait élevés dans leurs Etats.

Les Religieux Hieronymites y furent établis par Philippes II, qui en fut le Fondateur; & ce sont eux qui sont les Propriétaires de cette pile

fameuse, qui leur assure par an un revenu de plus de 40000 piastres.

Cette pile est ordinairement composée de 350 à 360 balles de Laine, y compris néanmoins ce qu'on appelle les *Agreges*, c'est-à-dire, quelques lieux circonvoisins qui dépendent du Monastere. Il est vrai que les Laines qui viennent des Agreges ne sont pas de si bonne qualité que celles de l'Escurial même, mais les bons Peres ont coutume de les vendre toutes sur le même pied; ce que font pareillement ceux qui les achetent de la premiere main : ensorte que les nouveaux Marchands qui ne les ont que de la seconde main, & qui ne sont pas instruits de cette particularité, se plaignent ordinairement de l'inégalité des Laines à quoi les autres ne prennent pas garde, le nombre des Agreges n'étant pas considérable.

La pile de l'Escurial ne se vend jamais en détail; mais les Religieux ont ordinairement un Marchand riche & accredité qui l'accapare & l'achete toute entiere, non pas à un prix fait, mais à un prix moyen, entre le pied le plus bas & le plus haut que se vendent les autres meilleures piles du Pays. Par exemple, si les autres Propriétaires ont vendu leurs meilleures Laines depuis soixante jusqu'à soixante-six réaux, les Moines vendent la leur soixante-trois; mais jusqu'au tems de la vente, c'est-à-dire, jusqu'au mois de Juillet ou d'Aout, l'Acheteur leur fait toutes les avances qu'ils ont besoin, qu'il rabat ensuite sur le prix de la pile, lorsqu'il arrête de compte avec eux.

Les piles qui approchent le plus de celle de l'Escurial sont celles de Munos, de Mondejos, d'Orlega, de Torre & de Paular.

On peut trouver à Madrid mille à douze cens balles de Laines de cette qualité.

LAINES DE PORTUGAL.

Les Laines de Portugal ne different gueres de celles d'Espagne, & elles passent ordinairement pour Laines de Ségovie. Les draps où elles sont employées toutes pures sont très doux & très mollets à la main; mais rarement les Fabriquans veulent-ils les employer de la sorte, à cause de la nature de ces Laines, qui foulent sur la longueur & non sur la largeur; ce qui fait que les draps sortent très courts du Foulon; ce qui cause beaucoup de perte au Marchand.

LAINES DE HOLLANDE.

Il vient de Hollande de deux sortes de Laines, celles du crû du Pays & celles que les Hollandois tirent eux-mêmes d'Allemagne, de Poméranie, de Dantzik, de la Prusse, Brunswic, Paterborn, &c. On les fait ordinairement peigner & filer en Flandres, & elles s'employent pour la plupart à faire des bas au métier très fins. On en fait aussi entrer dans la fabrique des beaux draps.

LAINES D'ANGLETERRE, D'ECOSSE, ET D'IRLANDE.

Les Anglois ont toujours été fort jaloux de leurs Laines; mais sur-tout leur jalousie s'est si fort augmentée depuis le milieu du dix-septiéme siécle, qu'il y va de la vie d'en faire aucun commerce avec les Etrangers.

Quoique les Laines d'Ecosse & d'Irlande passent pour laines d'Angleterre, celles-ci l'emportent cependant de beaucoup sur les deux autres, soit pour la bonté, soit pour la finesse. Quelques-uns ne laissent pas pourtant d'estimer les laines d'Irlande les plus belles.

Les bêtes qui portent ces précieuses toisons sont en quelque sorte de deux especes : les unes sont fortes & grandes, & les autres délicates & petites. Ces dernieres qui fournissent la laine la plus fine, sont reconnoissables, en ce qu'elles l'ont pendante jusque sur le nez.

Les pâturages qui sont excellens, & l'herbe fine & courte dont ces bêtes se nourrissent, & qui est abondante dans toutes les saisons, ne contribuent pas peu à la finesse de leur laine ; mais l'on ne doute pas que ce qui y contribue davantage, c'est la commodité que les troupeaux ont de paistre cette herbe toute l'année, sans qu'on soit obligé de les resserrer dans les étables pendant l'hyver, à moins qu'il ne soit extrémement rigoureux ; outre que n'y ayant point de loups en Angleterre, ils y sont en sureté à toute heure & en tout tems.

M. Colbert dont la mémoire sera toujours chere & respectable aux François qui aiment la gloire de leur patrie, avoit eu dessein de transporter en France des moutons & autres bêtes à laine d'Angleterre ; esperant que leur choisissant dans les Provinces du Royaume des pâturages & un ciel à peu près semblables à ceux de leur Isle, on pourroit y en établir, & y en perpetuer la race : mais le Comte de Cominges, pour lors Ambassadeur du Roi à Londres, lui fit tellement voir l'impossibilité de ce transport & l'impossibilité presque égale de les conserver & les faire multiplier, quand elles auroient été transportées hors de leur Isle, que ce grand Ministre fut obligé d'abandonner un projet qu'il est même glorieux d'avoir formé, quoiqu'il n'ait point eu d'exécution.

L'exactitude & les précautions du Ministere d'Angleterre, pour empêcher le transport des laines, font bien voir qu'elles sont plus rares chez leurs Voisins, mais ne sont pas capables d'en abolir entiérement le commerce ; les Anglois eux-mêmes se servant des longues nuits d'hyver pour les faire sortir de leur Isle ; & préférant un gain considérable & assuré, à la peine de mort qu'ils regardent comme incertaine ; outre que cette Nation intrépide envisage avec assez d'indifférence ce plus grand de tous les maux, qui fait l'horreur de la plupart des autres Nations.

La laine d'Angleterre la plus belle vient de Cantorbery. On la tire ou sans être peignée ou toute peignée, c'est-à-dire, toute prête à être filée. On s'en sert en France dans la fabrique des plus beaux draps & des autres étoffes de laine les plus fines ; & les Manufacturiers ont poussé si loin l'imitation de ceux d'Angleterre, que les Anglois eux-mêmes y sont trompés ; & qu'il n'y a plus que la prévention & l'entêtement commun à tous les peuples pour ce qui vient de dehors, qui puissent faire préferer les fabriques étrangeres à celles du Royaume.

Il se consomme aussi beaucoup de laines d'Angleterre pour les tapisseries, soit de haute-lisse ou de basse-lisse, soit à l'aiguille & sur le canevas, particuliérement pour les blancs & les couleurs de feu ; & ce sont ces laines qu'on appelle Laines des Gobelins, parce qu'elles y sont teintes par ces habiles Teinturiers, qui depuis plus d'un demi-siécle y sont établis, & s'y sont rendus si célebres par leurs admirables teintures, qui ne cedent pas même à celles de Hollande.

Une autre consommation considérable des laines d'Angleterre se fait en bas au métier, qu'on appelle Bas de bouchon, du nom de ces sortes de laines qu'on apporte en France pliées & contournées en forme d'espece de bouchons assez semblables à ceux de paille dont on se sert à frotter les chevaux, & à abbattre leur sueur. Cette laine est très longue & très fine. Elle vient toute peignée d'Angleterre.

Pour les laines d'Ecosse & d'Irlande, étant presque semblables à celles d'Angleterre, elles sont destinées à peu près aux mêmes usages ; hors qu'étant moins fines & plus communes, les étoffes qu'on en fabrique ne sont pas si estimées ni d'un si bon débit. La plupart de ces laines se tirent toutes peignées, & se filent ordinairement en Picardie.

Laines d'Allemagne et du Nord.

Outre toutes ces différentes laines dont on vient de parler, & qui sont les plus fines & les meilleures de celles que les Pays étrangers fournissent à la France, il s'en tire encore une grande quantité de l'Allemagne & du Nord, qui, quoique d'une qualité inferieure, s'employent heureusement dans beaucoup d'étoffes & d'autres ouvrages.

On leur donne ordinairement le nom des lieux d'où elles viennent ; comme Laines de Rostoc, de Gripsw, de Stralsunt, d'Anclam, de Stetin, de Thoorn, de Dantzik, &c. Elles ne laissent pas quelquefois d'avoir des noms qui leur sont propres ; mais l'on ajoute toujours celui des Royaumes, Etats ou Villes d'où on les envoye ; comme Bluette du Rhin, Laine d'Eté de Pologne, Laine de Bruyere du Rhin, de Wismart ; Plure de Mulhausen, de Wismart, du Rhin ; Fine-grise, Kiste, &c.

Il se fait aussi un grand commerce des laines de Lorraine, où la récolte en est abondante, à cause de la quantité extraordinaire de brebis & de moutons qui s'y nourrissent. La meilleure partie de ces laines s'envoye à Liege & en Champagne.

Laines du Levant.

L'on a encore les laines du Levant, comme les Pelades fines & communes, les Tresquilles ou Surges, les Bâtardes, les Ipsola & l'Estain de Constantinople ; les Laines surges d'Alep, d'Alexandrie, de Chypre ; les Bâtardes noires d'Alep ; les laines de Chevron noires de Smyrne & de Perse ; les Chevrons roux & blancs, fins & communs de Smyrne, de Satalie ; enfin les Mattelins & les laines de la Morée & de Barbarie.

L'on compte aussi les bourres parmi les laines ; c'est-à-dire, ce qui tombe sous la claye lorsqu'on bat la laine ; mais elles sont de si mauvaise qualité, qu'elles ne peuvent servir qu'aux étoffes les plus grossieres, comme sont les draps de Sezanne & autres semblables.

Laines d'Agnelins.

Enfin il vient des Agnelins ou laines provenantes des agneaux & jeunes moutons, de tous les lieux tant du Royaume que des Pays étrangers dont il est parlé dans cet article. Ce sont les Bouchers & Rotisseurs qui en font les abbatis.

Les agnelins qui viennent d'Espagne se distinguent par les noms suivans : Laine d'Agnelins lavée de Ségovie, Sor Ségovie, Ségovie non lavée, Sor de Moline, de Castille, d'Albatasin & de Navarre.

Les autres prennent les noms des lieux d'où on les tire, comme Agnelins de Pologne, de Thoorn, &c. La laine d'agnelin est de très mauvaise qualité, & comme telle il est défendu de l'employer dans la fabrique des étoffes de laine, n'étant permise que dans celle des chapeaux.

LAINE DE VIGOGNE. C'est une laine qui n'est connue en Europe que depuis la découverte de l'Amérique. L'animal qui la porte se trouve dans le Perou. *Voyez* VIGOGNE.

L'on a fait en France plusieurs Réglemens concernant les laines, soit touchant le commerce qui s'en fait, soit pour régler les qualités des laines qui doivent entrer dans les draps, serges, bas, chapeaux & autres ouvrages de lainerie.

L'article 41 du Réglement de *1669*, pour les longueurs, largeurs & qualités des draps, ordonne; Que les laines destinées pour être employées aux manufactures seront vûes & visitées par les Gardes & Jurés en Charge, & jusqu'à ce ne pourront être exposées en vente. Ne pourront encore ceux auxquels elles appartiendront, les mouiller ni mettre en lieu humide; ni aussi mêler ensemble les laines de différentes qualités; attendu que les unes foulant moins que les autres, tel mélange rend le drap creux & imparfait en fabrique; mais seront lesdites laines d'une même qualité emballées séparément, le tout à peine de 100 liv. d'amende pour chaque contravention.

L'article 32 du Réglement pour les Teinturiers du mois d'Aout de la même année *1669*, veut; que les laines destinées pour être employées aux tapisseries, soient teintes du bon teint, de la même sorte prescrite pour les étoffes de draperie, à la réserve des laines teintes en noir qui seront seulement de guesde & noircies. Et le 33e article du même Réglement marque quelles sortes de laines pourront être teintes par les Drapiers-Drapans, ou par les Teinturiers du petit teint.

Plusieurs articles des Statuts & Réglemens pour les manufactures de draperie & sergetterie de Beauvais du 2 Février *1667*, & du 7 Avril *1672*, servent aussi de Réglement pour les laines. On peut voir les 49, 50 & 51e articles du premier, & les 3, 4, 5, *6* & suivans jusques & y compris le 21 du second.

Le Réglement du 30 Mars 1700 pour les bas au métier, art. 11, déclare; Qu'il ne pourra être employé dans lesdits ouvrages que des laines de bonne qualité, comme sont celles d'Angleterre, Irlande, Hollande, Espagne, Languedoc, Berry, Auxois & du Cotantin, bien nettes & sans bourre; & que ne pourront y être employées des laines d'agnelins, peignons, pelades, morines, ni autres mauvaises qualités de laines; ce qu'avoit pareillement ordonné bien long-tems auparavant M. Colbert dans son Instruction aux Inspecteurs des Manufactures, art. *26*.

Enfin l'Arrêt du Conseil d'Etat du Roi du 27 Avril 170*6*, contenant plusieurs articles de Réglement pour la Manufacture de draperie de Romorentin, employe les quatre premiers pour la police des laines. Le premier ordonne les sortes de laines qui doivent entrer dans la fabrique des draps. Le second établit la visite des laines en balles, & regle la marque dont elles seront marquées. Le troisiéme veut que les laines d'autres qualités que celles permises par le premier article, soient saisies par les Gardes-Jurés, & ensuite confisquées & vendues, faute de les avoir fait sortir dans l'espace d'un mois de l'étendue de la Manufacture. Et enfin le quatriéme permet pareille saisie, même des laines de bonne qualité, qui lors de la visite dans le Bureau se seront trouvées mélangées, mal lavées, ou ayant quelque autre défaut provenant de la préparation, pour être ordonné qu'elles seront réparées avant que d'être employées dans la fabrique.

LAINE D'AUTRICHE. Ce qu'on nomme de la sorte, n'est pas une laine provenant de la tonture des toisons des brebis & moutons, mais la laine ou ploc d'autruche, c'est-à-dire, le duvet ou poil de cet oiseau. *Voyez* AUTRUCHE.

LAINE AUXI. C'est la plus belle laine filée qui se tire des environs d'Abbeville. On l'appelle aussi Laine triée. *Voyez* AUXI.

LAINE BASSE ou BASSE LAINE. C'est la plus courte & la plus fine laine qui soit dans la toison du mouton ou de la brebis: elle provient du colet de l'animal qu'on a tondu. Plusieurs lui donnent le nom de Fin, à cause de sa grande finesse. Cette sorte de laine étant filée, sert pour l'ordinaire à faire la trame des tapisseries de haute & basse-lisse, des draps, des ratines, & de plusieurs autres semblables étoffes fines; ce qui fait qu'un grand nombre d'Ouvriers & de Manufacturiers l'appellent Laine-trame.

C'est de cette espece de laine dont les Ouvriers en bas au métier & au tricot se servent pour fabriquer les ouvrages de bonneterie qu'ils destinent pour être drapées. Les Espagnols & les Portugais lui donnent le nom de Prime, qui signifie premiere. Ainsi l'on dit, La prime Segovie, pour dire, la laine de Ségovie de la premiere qualité. *Voyez* TRAME. *Voyez aussi* LAINE, *où il est parlé des Laines d'Espagne.*

LAINE CARDE'E. C'est de la laine qui après avoir été dégraissée, lavée, sechée, battue sur la claye, épluchée & arrosée d'huile, a passé par les mains des Cardeurs, qui l'ont tirée sur le genouil avec des cardes, afin de la disposer à être filée pour en fabriquer des tapisseries, des étoffes, des bas, des couvertures, &c. La laine cardée qui n'a point été arrosée d'huile ni filée, s'employe à garnir des robes de chambre & courte-pointes, à faire des matelas, &c. *Voyez* CARDE, *&* CARDEUR.

LAINE CRUE. C'est la laine qui n'est point apprêtée.

LAINE CUISSE. C'est la laine qui se coupe entre les cuisses des moutons.

LAINE EN SUIF. C'est la même chose que laine en suin.

LAINE EN SUIN, ou LAINE GRASSE, que quelques-uns appellent aussi LAINE SURGE. C'est de la laine telle qu'elle a été tondue ou coupée de dessus le corps des moutons & brebis, c'est-à-dire, qui n'a point encore été lavée ni dégraissée.

Le suin ou la graisse qui se tire des laines, & que ceux qui les lavent ont soin de ramasser dans de petits barils, est envoyée aux Marchands Epiciers-Droguistes, qui lui donnent le nom d'Oesipe. *Voyez* OESIPE.

LAINE FILE'E. C'est la laine qu'on appelle ordinairement Fil de Sayette. *Voyez* FIL DE SAYETTE.

LAINE FINE, ou HAUTE LAINE. C'est la meilleure de toutes les laines, & le triage de la mere-laine.

LAINE FRONTIERE. C'est la laine filée d'Abbeville, de la moindre qualité. *Voyez* FRONTIERE.

LAINE GRASSE. *Voyez* LAINE EN SUIN.

LAINE HAUTE, que l'on nomme aussi LAINE CHAISNE, ou LAINE ESTAIM. C'est la laine longue & grossiere qu'on tire des cuisses, des jambes, & de la queue des moutons & brebis. La laine haute ayant été peignée & filée se nomme Fil d'étaim. C'est de ce fil dont on fait les chaînes des tapisseries de haute & basse-lisse & de plusieurs sortes d'étoffes, même les ouvrages de bonneterie tant au métier qu'au tricot. *Voyez* CHAISNE, *&* ESTAIM.

LAINE MOYENNE, ou BASSE LAINE. C'est ce qui reste du premier triage de la mere-laine. Souvent par Basse-laine l'on entend la laine la plus courte & la meilleure de l'animal. *Voyez en ce sens* LAINE BASSE.

LAINE DE MOSCOVIE. C'est le duvet des castors qu'on tire sans gâter ni offenser le grand poil. Il faut beaucoup d'adresse pour cela, & le secret n'en est point encore connu en France. *Voyez* CASTOR.

LAINE PEIGNE'E. C'est celle qu'on a fait passer par les dents d'une sorte de peigne ou grande carde, pour la disposer à être filée. Plusieurs lui donnent aussi le nom d'Estaim. *Voyez* ESTAIM.

LAINE D'ESTE' DE POLOGNE. C'est une des plus fines de celles qui viennent du Nord.

LAINE SURGE. *Voyez* SURGE, *ou* LAINE EN SUIN.

LAINE TRIE'E. *Voyez* AUXY.

LAINE VENTRE. C'est celle que l'on tond de dessous le ventre de l'animal.

LAINE PELADE.
LAINE PELURE.
LAINE PELIS.
LAINE AVALIE. } *Voyez* PELADE.

LAINE ESTAIM.
LAINE PEIGNE'E. } *Voyez* ESTAIM.

LAINE RIFLARD. *Voyez* RIFLARD.

LAINE PEIGNONS.
LAINE PIGNONS. } *Voyez* PEIGNONS.

Les Laines payent en France les droits d'entrée & de sortie, ou suivant leurs différentes qualités, ou suivant les divers Tarifs qui les ont reglés.

ENTRE'ES.

Tarif de 1664.

Les Laines venant d'Espagne, des Indes, Allemagne, Angleterre, Ségovie, & autres Pays étrangers; & les Laines de Languedoc, Provence, & Dauphiné, 40 s. du cent pésant.

Les Laines de vigogne, aussi 40 s.

Les Laines d'Agnelin en suin venant de Moscovie & d'ailleurs, 1 liv. 10 s.

Les Laines fines & grosses filées de toutes couleurs, 5 livres.

Les Laines d'Autriche, qu'on nomme autrement Poil ou Ploc d'Autruche, 15 s.

Les Laines du Levant & de Barbarie sont du nombre des marchandises sur lesquelles il doit être levé vingt pour cent de leur valeur, conformément à l'Arrêt du Conseil du 15 Aout 1685, dans les cas expliqués dans ledit Arrêt.

ENTRE'ES.

Tarif de la Douane de Lyon.

Les Laines d'Angleterre, 35 s. du quintal d'ancienne taxation, & 20 s. de nouvelle réapréciation.

Les Laines de Languedoc, Provence, & Dauphiné, blanches, & lavées, 18 s. de la balle d'ancienne taxation, & 9 s. du cent pésant de nouvelle.

Les Laines étrangeres blanches & lavées, 27 s. d'anciens droits par chaque balle, & 20 de nouveaux par quintal.

Les Laines teintes ou Perses de Languedoc & Auvergne, 24 s. de la balle n'excedant deux quintaux pour l'ancienne taxation, & 10 s. du cent pour la nouvelle.

Les Laines noires & surges de France, 7 s. 6 d. de la balle d'anciens droits, & 5 s. du cent de nouveaux.

Laines ou Aignel surges étrangeres, 12 s. 6 den. de la balle d'ancienne taxation, & 6 s. du quintal pour la nouvelle.

Laines filées fines d'Amiens, 45 s. du quintal pour tous droits anciens & nouveaux.

Laine Pelade, 7 s. 6 den. de la balle d'ancienne taxation, & 3 s. du cent pour la nouvelle réapréciation.

SORTIE.

Tarif de 1664.

Laines de toutes sortes, 15 liv. du cent pésant; sçavoir pour l'ancien droit, 3 liv. & pour la traitte domaniale, 12 liv.

Laines d'agnelin en suin, le cent pésant, 12 liv. sçavoir pour l'ancien droit, 20 s. & 11 liv. pour la traitte domaniale.

Laines fines filees, comme fil de laine fine à faire tapisseries, 7 liv.

Laines moyennes & grosses filées, comme fil de laine moyenne & grosse, 3 liv.

Laines d'Autriche ou Ploc d'Autruche, 7 liv. 12 s. sçavoir 12 s. pour l'ancien droit, & 7 liv. pour la traitte domaniale.

COMMERCE DES LAINES A AMSTERDAM.

Le Commerce des Laines est un des plus considérables qui se fasse à Amsterdam; c'est aussi un de ceux dont le détail est le plus circonstancié dans le Traité du Négoce de cette Ville, que le Sieur Jean Pierre Ricard a donné au Public en 1722. Pour la commodité des Négocians François qui font ce trafic, à qui le Livre de l'Auteur Hollandois n'est pas extrêmement commun, on va donner ici ce que cet habile homme en a dit.

LAINES D'ESPAGNE.

Tous les agnelins d'Espagne se vendent argent courant à 21 mois de rabat, la tare est de 14 pour cent, & la déduction pour le prompt payement, d'un pour cent. Ces Laines sont ou lavées ou non lavées, ce qui met une grande différence dans leur prix.

Les agnelins lavés de Ségovie se vendent les 100 liv. depuis 115 jusqu'à 120 florins.

Les sor de Ségovie depuis 105 jusqu'à 110 florins; & les soria depuis 95 jusqu'à 110.

Les mêmes non lavés sont, les Ségovie depuis 65 jusqu'à 70 florins; les sor Ségovie depuis 60 jusqu'à 64 florins; & les soria depuis 55 jusqu'à 58 florins.

Il y a encore des agnelins de Moline, de Castille, d'Albassir & de Navarre. Les Molines & les Castilles se vendent depuis 35 jusqu'à 46 florins, & les Navarres & Albassirs, depuis 30 jusqu'à 45.

Les Laines d'Espagne se vendent à la livre argent de banque à 21 mois de rabat. On déduit d'abord la tare qui est marquée sur les balles, après quoi on donne 24 livres de tare sur 175 livres, & on en déduit les 21 mois de rabat & un pour cent de prompt payement.

Les vendeurs prétendent ordinairement ne donner que 14 pour cent de tarre en tout pour les Laines communes. C'est-pourquoi il faut conditionner la tarre, c'est-à-dire, la régler lorsqu'on est en marché des Laines de qualité médiocre.

La Laine de Ségovie superfin se vend depuis 30 jusqu'à 41 sols la livre.

La Ségovie fine depuis 36 jusqu'à 37 sols.
La Ségovie ordinaire depuis 30 jusqu'à 34 f.
La fine de Burgos depuis 31 jusqu'à 32 f.
La Burgos ordinaire depuis 30 jusqu'à 31 f.
La soria Ségoviane depuis 32 jusqu'à 33 f.
Celle de los Rios comme la précédente.
Celle de Lombreros depuis 28 jusqu'à 29 f.
L'albersine grande depuis 25 jusqu'à 26 f.
La même fine depuis 27 jusqu'à 28 f.
La même petite depuis 21 jusqu'à 22 f.
Les casseres Seguença depuis 27 jusqu'à 28 f.
La Ségoviane depuis 30 jusqu'à 31 f.
La Seguença depuis 21 jusqu'à 30 f.
La Quença depuis 23 jusqu'à 24 f.
La cabesse de Bues depuis 24 jusqu'à 25 f.
La serena depuis 22 jusqu'à 23 f.
Celle de Malagua depuis 19 jusqu'à 20 f.
L'ordinaire de Puertos depuis 29 jusqu'à 30 f.
Celle de Cavalleros depuis 25 jusqu'à 26 f.
Celle de Campo depuis 18 jusqu'à 19 f.
Celle d'Estramadure depuis 23 jusqu'à 24 f.
Celle de Seville depuis 20 jusqu'à 21 f.
Celle de Navarre depuis 13 jusqu'à 14 f.
Celle d'Andalousie depuis 20 jusqu'à 22 f.
La Laine de Trixillo depuis 24 jusqu'à 25 f.
Enfin la Laine d'Estramadure depuis 22 jusqu'à 23 f.

Il faut remarquer que beaucoup de ces Laines d'Espagne, ont des noms un peu différens de ceux qu'on leur donne en Espagne & en France, mais on a cru ne les devoir pas changer, afin qu'elles fussent plus reconnoissables aux Négocians qui font le commerce d'Amsterdam.

Laines de Portugal.

Les Laines de Portugal se vendent depuis 22 jusqu'à 28 f. la livre en argent de banque, à 21 mois de rabat & à un pour cent de prompt payement; mais il est bon d'en régler la tarre en les achetant, les vendeurs prétendant n'en donner que 14 pour cent pour tout, au lieu qu'elles doivent la même tarre que les Laines d'Espagne fines, c'est-à-dire, 24 livres sur 175 livres outre la tarre des sacs.

Laines d'Allemagne.

Les Laines d'Allemagne se vendent à Amsterdam à 15 mois de rabat. La tarre est de cinq pour cent, & la déduction pour le prompt payement d'un pour cent.

Ces Laines sont celles de Rostok, de Gripswalde, de Stralsonde, d'Anctam, de Stetim, de Thoorn, de Dantzik, de Prusse, de Colberg, de Lunebourg & de Brême.

Les magasins d'Amsterdam ne sont pas toujours fournis de toutes ces sortes de Laines; & en 1722 que le Sieur Jean-Pierre Ricard en a fait l'estimation, il y en manquoit plus de la moitié. Voici celles dont il rapporte les prix.

Les cent livres de Laine de Rostock & de Gripswalde, se vendoient cette année 44 à 45 florins.

Les cent livres de celles de Thoorn 46 à 51 florins.

Il y avoit aussi des agnelins de cette Ville, leur prix étoit de 10 à 10 ½ la livre avec le même rabat, la même tare & la même déduction que les autres Laines Allemandes.

Le prix des 100 livres des Laines de Brême, étoit depuis 30 jusqu'à 33 florins.

Autres Laines.

La Laine d'été de Pologne se vend à la livre à 15 mois de rabat; le prix est depuis 9 jusqu'à 11 sols la livre, la tarre de 5 pour cent, & le prompt payement d'un pour cent.

Les agnelins de Pologne se vendent aussi à la livre argent courant. Le prix est depuis 10 jusqu'à 10 f. ½; le rabat, la tarre, & le prompt payement comme dessus.

La Laine de Carménie ou plutôt de Caramanie rouge, se vend depuis 44 jusqu'à 46 f. la livre; la tarre est de 5 livres par balle, & les déductions pour le bon poids & pour le prompt payement chacune d'un pour cent.

La Laine de Caramanie blanche se vend depuis 23 jusqu'à 39 f. la livre, le reste comme à la rouge.

Droits que les Laines patent en Hollande.

Il y a deux Tarifs qui reglent les droits d'entrée & de sortie; celui d'appréciation de 1652, & celui de 1655. Ces droits furent augmentés en 1674, d'un tiers pour le droit de convoi, d'un demi pour cent pour la sortie, & d'un pour cent d'entrée pour l'appréciation.

Par les deux premiers Tarifs, les 100 livres de Laine d'agnelins payent 3 f. d'entrée & 5 f. de sortie, & si c'est par l'Orisont, 4 f. pour l'une & 6 f. pour l'autre.

La Laine filée de toute sorte crue & non teinte, les 100 liv. sont appréciées 165 florins, & payent 2 florins 10 f. d'entrée & 4 florins de sortie, & si c'est par l'Orisont, 2 florins 14 f. pour l'une, & 4 florins 4 f. pour l'autre.

La Laine filée teinte, les 12 livres sont appréciées 18 florins, & payent 4 f. pour l'entrée & autant pour la sortie : si elles entrent ou sortent par l'Orisont, elles payent 5 f. pour l'une & autant pour l'autre.

La Laine d'Andalousie & d'Espagne, leur entrée est franche; à l'égard de la sortie les 100 l v. payent 12 sols: & si c'est par l'Orisont, 13 f. 8 pennins.

La Laine de Biscaye, de Portugal & de Valence, entre aussi franc, les droits sont comme celle d'Espagne.

La Laine du Pays est pareillement franche à l'entrée; les droits de la sortie comme à la précédente.

La Laine d'Autriche, de Hesse, de Pomeranie & d'Argersan, pareille franchise que ci-dessus, à l'exception de l'entrée par l'Orisont, pour laquelle elle paye dix sols les 100 livres; la sortie par le même endroit est de 7 f. & la sortie ordinaire 6 f.

Laine d'Angleterre & d'Ecosse, elle est franche comme les autres à l'entrée. Les droits de la sortie sont de 12 f. les 100 livres, & 13 f. si c'est par l'Orisont.

LAINER ou LANER. Terme dont on se sert dans les Manufactures de draperies & autres étoffes de laine, pour signifier, tirer la laine sur la superficie d'une étoffe, la garnir, y faire venir le poil par le moyen des chardons. On dit aussi dans le même sens, Eplaigner, Emplaigner, Aplaigner, & Parer.

Donner une voye, un trait, ou un tour de chardon à une étoffe, c'est la lainer une fois d'un bout à l'autre. Ainsi lorsque l'on dit, qu'il faut donner quinze ou vingt voyes, traits, ou tours de chardon à un drap, cela doit s'entendre qu'il le faut lainer quinze ou vingt fois de suite. *Voyez ci-après* LAINEUR.

LAINER UNE TAPISSERIE. C'est dans la fabrique des tapisseries de tontures de laines, couvrir de laine hachée & réduite en poussiere l'ouvrage du Peintre avant que les couches en soient séches, ce qui se fait par le moyen d'un très petit tamis, que l'Ouvrier tient à la main. *Voyez* TONTURE, *où il est parlé de ces sortes de Tapisseries.*

LAINERIE. Qui est de laine, qui est fabriqué de laine. On dit, Commissaire ou Inspecteur des Manufactures de draps & étoffes de Lainerie.

LAINEUR, LANEUR, EPLAIGNEUR, EMPLAIGNEUR, APLAIGNEUR, PAREUR. Ce sont tous termes sinonymes en usage dans les Manufactures de draperies & étoffes de laine, pour signifier l'Ouvrier qui laine les étoffes ou autres ouvrages de lainerie.

Les outils ou instrumens avec lesquels le Laineur travaille, se nomment Croix ou Croisées, qui sont des especes de doubles croix de fer avec un manche de bois, sur lesquelles sont montées des brosses de chardon.

Les Laineurs lainent ordinairement deux en même tems, l'étoffe destinée au lainage étant suspendue entr'eux sur une perche qui pend du plancher.

Cette façon se donne toûjours à l'endroit, en faisant aller les croix de haut en bas, & en commençant toûjours à contre-poil pour finir à poil. Les deux Laineurs sont debout, & l'un devant l'autre.

Pour être reçû Maître Laineur à Paris, il faut avoir fait trois années d'apprentissage. Les derniers Statuts de ces Ouvriers sont de l'an 1606. Ils leur donnent la qualité de Maîtres Foulons & Pareurs de draps; le nom de Foulon leur ayant été donné, parce qu'anciennement ils se mêloient de faire fouler les draps & autres étoffes de laine; mais à présent ils ne font plus que les lainer ou parer sur la perche avec les chardons.

Quoique par ces Statuts ils soient appellés Pareurs, cependant à Paris ils sont plus ordinairement nommés Aplaigneurs, Emplaigneurs, ou Eplaigneurs.

En Normandie l'on dit, Laineur ou Laneur, & en Languedoc, Pareur. Il paroît que de tous ces termes celui de Laineur convient le mieux à cet Ouvrier, puisque c'est lui qui laine l'étoffe, qui en tire la laine pour lui donner du poil. *Voyez* LAINER.

LAINEUX. Qui a beaucoup de laine; ce qui se dit des étoffes de lainerie qui sont bien garnies de laine. On le dit aussi des toisons qui n'ont pas encore été tondues de dessus le dos des moutons. Ces moutons sont Laineux: Ces toisons sont Laineuses.

LAINIER. Celui qui fait le commerce des laines. Il se dit plus particuliérement de ceux qui vendent en écheveaux & à la livre les laines qu'on employe aux tapisseries, franges, & autres ouvrages. Ces Marchands sont proprement les Teinturiers en laine; aussi leur en donne-t-on le nom dans leurs Lettres de Maîtrise.

LAINIERE. La femme ou la veuve du Lainier.

LAINIERE. On appelle Barques Lainieres, de petits bâtimens François qui font avec les Anglois un commerce de contrebande des laines d'Angleterre, d'Ecosse, & d'Irlande. *Voyez l'Etat général du Commerce, où il est parlé de celui de la Grande Bretagne.*

LAIT VIRGINAL. Liqueur de bonne odeur, qui se fait en dissolvant du Benjoin & du Storax dans de l'esprit de vin. On l'appelle Lait Virginal, à cause qu'en en mêlant quelques goutes dans de l'eau commune, elle devient blanche & prend la couleur du petit lait.

Le meilleur Lait Virginal est celui qui se fait avec le baume blanc & le storax en larmes, ausquels on ajoute du musc, de la civette, ou de l'ambre, suivant que ceux qui veulent s'en servir ont du goût pour l'une de ces odeurs.

Le Lait Virginal commun sert aux Chirurgiens & Barbiers, pour mettre dans l'eau avec laquelle ils étuvent & lavent le visage de ceux à qui ils font la barbe; celui où l'on ajoute la mirrhe n'est pas de si bonne odeur, mais il est bon pour enlever les taches & les rougeurs qui s'élevent sur la peau: on s'en sert aussi pour se laver les mains. En général ce Lait étoit autrefois plus d'usage qu'il n'est à présent, & l'on a reconnu qu'il n'étoit propre qu'à rider & à gerser les parties sur lesquelles on l'appliquoit, & non à les embellir.

Ses bonnes qualités quand on en achete, sont d'être d'un très beau rouge, clair, fort odorant, & sentant l'esprit de vin le moins qu'il est possible.

LAIT DE LUNE. Terme de Chymie. *Voyez* AGARIC minéral.

LAITON. Espece de cuivre. *Voyez* LETON.

LAIZE, ou LAYZE. Largeur qu'une étoffe ou une toile doit avoir entre les deux lisieres.

Laizes ou largeurs des étoffes d'or, d'argent, & de soie, suivant les trois Réglemens de 1667, pour les Villes de Paris, Lyon, & Tours.

Les velours pleins, façonnés, ras, coupés, tirés, figurés, torts, moyens, petits, enfin de toutes sortes, aussi-bien que les pannes, les peluches, & les grilles, doivent avoir onze vingt-quatriémes de laize, c'est-à-dire, une demie-aune moins un vingt-quatriéme de large.

Les draps d'or & d'argent fin, brocards, satins, damas, tabis à fleurs, velours, toiles d'argent tant pleines que figurées, doivent pareillement se faire de demie-aune moins un vingt-quatriéme, de même que tous les façonnés, comme luquoises, damas, vénitiennes, damassé, &c. sans or ni argent; & encore tous les satins pleins, quelque nom que l'on puisse donner à toutes ces étoffes.

Les tafferas & tabis pleins, tant forts que foibles, de toutes couleurs & noirs lustrés, peuvent être ou de demie-aune moins un vingt-quatriéme, ou de demie-aune entiere, ou demie-aune demi-quart: ils peuvent même s'augmenter au dessus de cinq huit; ce qui doit aussi s'entendre de tous taffetas figurés à la marche, rayés en long & en travers, mouchetés, nuancés, & des tabis figurés.

Les filatrices & papelines tremées de fleuret, tant pleines que façonnées, demie-aune, & demie-aune demi-quart.

Toutes les étoffes mêlangées de poil de chevre,

laine, fil, & coton, &c. comme Egyptienne, satin de la Chine, damas caffart, camelotine, Modene, satin de Bruges, legatine, serge, dauphine, étamine du Lude, tripes de velours, brocatelle, toile de pourpoint, écharpe de soie, ostade, demie-ostade, basin, futaine, moucayart, &c. doivent au moins avoir demie-aune moins un seize, ou demie-aune entiere, ou demie-aune un seize.

Les moires lisses ou unies, burails, ferandines, &c. tant pleines que figurées, tramées de laine, poil, fil, &c. sont de quatre sortes de laizes; sçavoir, quartier & demi, demie-aune moins un seize, demie-aune entiere, & demie-aune un seize.

Les toiles de soie, gazes, étamines, crapaudailles, prisonnieres, & toutes autres semblables étoffes, aussi bien que les crêpes crêpés, crêpes unis & gros crêpes, sont faits suivant leurs largeurs ordinaires qui ne sont pas exprimées dans Réglemens, mais qu'on peut voir aux articles particuliers de toutes ces étoffes, suivant leur ordre alphabétique.

Enfin les taffetas à jarretieres doivent avoir un tiers de large.

Ce qui détermine les laizes des étoffes, est la largeur de leurs rots ou peignes, le nombre de leurs portées, & la quantité de fils dont chaque portée est composée. Toutes ces choses se trouvent aux articles où il est parlé de chaque étoffe de soie en particulier.

A l'égard des laizes des étoffes de laine & des toiles, on peut voir les articles des Draps, des Serges, des Etamines, des Camelots, Droguets, &c. & l'article général des Toiles.

LAIZE. Se dit aussi pour signifier ce qu'on entend ordinairement par le mot de Lé. Ainsi l'on dit: Il faut six laizes de velours pour une jupe, au lieu de dire, six lés. Ce terme n'est point en usage à Paris, peu à Lyon, mais davantage à Tours.

LAIZE DE BONON. Terme de Manufactures de Toiles, particuliérement en usage dans celles de Normandie. Il signifie la largeur d'une toile faite dans des rots d'une aune, ensorte qu'elle se trouve de trois quarts & demi un sixiéme de large. *Voyez le Réglement pour les Toiles blancards & fleurets, de 1676.*

Laize se dit aussi de la largeur des toiles. Les laizes des toiles de Laval sont de quatre sortes: sçavoir, la grande laize, la haute laize ou moyenne, la laize ordinaire, & le laizot. On peut voir dans le Réglement suivant, combien chacune de ces laizes doit porter.

Réglement pour les laizes des toiles qui se fabriquent dans la Ville & Vicomté de Laval, fait en 1683, Article XIII.

Les toiles de Laval estimées pour le commerce, doivent avoir l'une des quatre largeurs suivantes mesurées à l'aune de ladite Ville.

1°. Celles appellées de grande laize, trois quarts un pouce & demi en écru, pour avoir en blanc lesdits trois quarts justes, revenans à l'aune de Paris, à $\frac{1}{2}$ $\frac{1}{4}$ un pouce 6 lignes $\frac{1}{2}$.

2°. Celles appellées de hautes laizes ou moyennes laizes, deux tiers deux pouces quatre lignes en escru, pour avoir en blanc deux tiers un pouce, revenant à l'aune de Paris à trois quarts trois pouces deux lignes deux tiers de ligne.

3°. Celles appellées de laize ordinaire, deux tiers moins un pouce en escru, pour avoir en blanc demie aune demi quart, revenant aux trois quarts juste de l'aune de Paris.

4°. Celles appellées de laizot, demie aune en escru, pour avoir en blanc demie aune moins neuf lignes, revenant à demie aune un douze de l'aune de Paris.

LAIZOT. On nomme ainsi à Laval en Bretagne la plus petite laize que les toiles qui se fabriquent dans cette Ville, peuvent avoir suivant les Réglemens. *Voyez* l'article précedent.

LAK

LAKENSE DOZYNKENS. Draps d'Angleterre qui se fabriquent à Nortfolk; les pieces sont de 18 aunes.

LAL

LALE'-VISTIC. C'est ainsi que le poivre de Madagascar est appellé en langue Madecasse, c'est-à-dire, en langue des originaires de cette Isle, la plus grande de l'Afrique. *Voyez* POIVRE.

LAM

LAMANAGE, ou PILOTAGE. Terme de Commerce de Mer. C'est le travail des Mariniers qui conduisent les vaisseaux à l'entrée ou à la sortie des Ports, havres, ou rivieres, particuliérement dans les lieux où l'entrée est difficile.

Les Assureurs ne sont point tenus des frais de Lamanage ou Pilotage. Ce sont menues avaries qui doivent tomber, un tiers sur le navire, & les deux autres tiers sur les marchandises. Cela est conforme à l'Ordonnance de Marine du mois d'Aout 1681, article 30 du titre 6, & article 8 du titre 7 du livre 3.

LAMANEURS, qu'on nomme aussi LOCMANS. Ce sont des Pilotes établis pour conduire les vaisseaux à l'entrée & sortie des ports & des rivieres navigables: leur nombre se regle par les Officiers ordinaires, mais de l'avis des Echevins & des plus notables Bourgeois.

Les Lamaneurs doivent avoir au moins vingt-cinq ans, & ne peuvent être reçus qu'après un examen sur les manœuvres & fabrique des vaisseaux, les marées, les bancs, les courants, les écueuils, & autres endroits difficiles des rivieres, ports, & havres de leurs établissemens.

Ils sont obligés après leur réception de tenir toujours leurs chaloupes garnies d'ancres & d'avirons pour être en état d'aller au secours des navires au premier signal.

Nul Marinier, s'il n'est reçû Pilote Lamaneur, ne peut se présenter pour la conduite des vaisseaux; permis néanmoins aux Maîtres des navires de prendre des Pêcheurs pour les piloter au défaut des Lamaneurs, à la charge pourtant de se servir du Lamaneur, s'il se présente avant que les lieux dangereux soient passés, sur le salaire duquel doit être alors déduit celui du Pêcheur qui a servi avant son arrivée.

Tout Lamaneur yvre qui se présente pour piloter est condamné à cent sols d'amende & interdit pour un mois.

Les navires qui sont les plus proches doivent être pilotés les premiers, à peine de vingt-cinq livres d'amende contre le Lamaneur qui leur aura préféré les plus éloignés; & il leur est fait pareillement défense d'aller plus loin que les rades au-devant des vaisseaux, d'y monter contre le gré du Maître, ni d'en sortir qu'ils ne soient ancrés &

amarrés au port ; & si c'est en sortant, qu'ils ne soient en pleine mer, à peine de perte de leurs salaires & de 30 livres d'amende.

Pour la sureté du vaisseau & la décharge du Lamaneur, le Maître doit déclarer combien son vaisseau tire d'eau, à peine de vingt-cinq livres d'amende, au profit du Lamaneur pour chaque pied recelé.

Les Lamaneurs ne peuvent exiger d'autres salaires que ceux réglés par les Officiers & contenus dans les tableaux ou tarifs mis au Greffe, & affichés sur le Quay, à moins que ce ne soit en cas de tourmente & de péril évident, & alors ils doivent être arbitrés par les Officiers ordinaires & de l'avis de deux Marchands ; les Ordonnances de Marine déclarant nulles toutes promesses faites aux Lamaneurs dans le danger du naufrage.

Le Lamaneur qui par ignorance fait échouer un bâtiment est condamné au fouet & privé pour jamais du pilotage ; & à l'égard de celui qui malicieusement a jetté un navire sur un banc ou un rocher, ou à la côte, il doit être puni du dernier suplice, & son corps attaché à un mât planté près le lieu du naufrage.

Enfin c'est aux Lamaneurs à examiner si les tonnes & balises sont bien placées, & s'il n'est point arrivé quelques changemens dans les fonds & passages ordinaires pour en donner avis aux Officiers & au Maître du quay & du port.

Au reste il est libre aux Maîtres & Capitaines de Navires François ou étrangers de prendre tels Lamaneurs que bon leur semble, sans pouvoir être contraints de prendre à la sortie ceux dont ils se sont servis à l'entrée.

Toute cette police des Lamaneurs & Locmans est tirée de l'Ordonnance générale de la Marine du mois d'Aout 1681, & de l'Ordonnance particuliere touchant la Marine des Côtes de la Province de Bretagne du 18 Janvier 1685.

LAMARIE. C'est ainsi que quelques-uns appellent la plante qui sert à faire la soude. *Voyez* SOUDE.

LAMBEAU. Morceau de toile ou d'étoffe déchirée.

LAMBEAU. Signifie en terme de Chapelier un morceau de toile neuve & forte, taillée en pointe de la forme des Capades, que l'on met entre chacune, pour empêcher qu'elles ne se joignent, ou comme ils disent, qu'elles ne se feutrent ensemble tandis qu'on les bâtit pour en faire un chapeau. C'est proprement le Lambeau qui donne la figure au chapeau, & sur lequel chaque capade se forme. *Voyez* CHAPEAU.

LAMBOURDE, ou FRANC-BANC. C'est le dernier des bancs ou lits de pierre de taille qui se trouvent dans toutes les carrieres des environs de Paris, à la réserve de celles de S. Maur, où au dessous de la Lambourde on trouve encore le soupier qui est un banc de moilon. *Voyez* FRANC-BANC.

LAMBOURDE. En terme d'exploitation & de marchandise de bois est aussi une piece de bois de sciage qui a trois pouces en quarré. *Voyez* BOIS DE CHARPENTE.

LAME. Piece de métail, mince & étendu, soit en long soit en large, battu au marteau, ou fondu ou coulé dans des moules.

LAME. En terme de monnoies & de fabrique de médailles est un morceau long & étroit d'or, d'argent ou de cuivre, coulé & jetté en terre dans des moules ou chassis pareils à ceux des Fondeurs de menus ouvrages.

C'est de ces Lames, après qu'elles ont passé par le dégrossi & par le laminoir, pour les réduire à l'épaisseur & au poids des especes, des médailles ou des jetrons qu'on veut fabriquer, qu'on coupe les flaons qui doivent être monnoiés & frappés. *Voyez* MONNOYAGE & LAMINOIR.

LAME. Est aussi le modele même qui sert à faire les moules dans lesquels doivent être moulées les lames d'or, d'argent ou de cuivre, qui servent au monnoyage des especes & des médailles.

Ce modele est ordinairement de cuivre long de douze ou quinze pouces, & à peu près de la largeur & épaisseur de l'ouvrage qu'on veut faire. On en met huit dans chaque chassis pour les Louis d'or, dix pour les demi-Louis, cinq pour les écus, six pour les demi-écus, & huit pour les quarts. On en fait de même à proportion pour les monnoies de cuivre, & pour les médailles & jetrons : chaque chassis tenant plus ou moins de Lames à proportion de l'épaisseur & du diametre des pieces qu'on veut frapper. *Voyez* MONNOYAGE.

LAME. Il se dit encore de cette partie des épées, des poignards, des bayonnettes & autres telles armes offensives, qui perce & qui tranche. On dit aussi la Lame d'un couteau, la Lame d'un rasoir, pour exprimer la partie de ces ustenciles de ménage qui coupe ou qui rase. Toutes ces sortes de Lames sont d'acier très fin ou du moins de fer bien acéré. Les Lames des armes se font par les Fourbisseurs, & les Lames des couteaux par les Couteliers. *Voyez* FOURBISSEUR *&* COUTELIER.

La bonne qualité d'une Lame d'épée est d'être bien pliante & bien évidée : on en fait à arrête, à dos & à demi-dos.

Les Lames de Damas & d'Angleterre sont les plus estimées pour les étrangeres ; & celles de Vienne en Dauphiné pour les Lames qui se fabriquent en France.

Les Lames d'épées & autres armes payent en France les droits d'entrée comme mercerie, c'est-à-dire, 10 livres du cent pésant, conformément à l'Arrêt du 3 Juillet 1692, & 3 livres à la sortie, ou même seulement 2 livres, quand elles sont déclarées pour les Pays étrangers, & qu'on a obtenu la permission d'en faire sortir, cette marchandise étant de contrebande pour la sortie suivant l'Ordonnance de 1687.

Les droits qu'elles payent en conséquence du Tarif de la Douane de Lyon, sont :

Pour les Lames d'épées étrangeres 4 sols 7 deniers la douzaine tant d'ancienne que de nouvelle taxation.

Pour les Lames d'épées du Royaume, 3 s.

Et pour les Lames de dagues étrangeres, 1 s. 6 d.

LAME. Se dit chez les Tisserans & Ouvriers qui travaillent de la navette, de cette partie de leur métier qui est composée de plusieurs petites cordelettes ou ficelles attachées par haut & par bas à de longues tringles de bois appellées Liais.

Chacune de ces cordelettes que l'on nomme Lisses, a sa petite boucle dans le milieu, faite de la même ficelle, ou son petit anneau de fer, de corne, d'os, de verre ou d'émail, à travers desquels sont passés les fils de la chaîne de l'étoffe ou toile que l'on veut fabriquer.

Les métiers montés pour les étoffes qu'on veut qui soient croisées des deux côtés, ont chacun quatre Lames ; ceux montés pour les étoffes qu'on ne veut croiser que d'un côté en ont trois, & ceux montés pour les étoffes que l'on ne veut point qui soient

soient croisées, de même que pour les toiles, n'en ont que deux.

Les Lames qui sont suspendues en l'air par des cordes passées dans des poulies placées au haut du métier de chaque côté, entre l'ensuble & le rot ou peigne, servent par le moyen des marches qui sont en bas, à faire hausser & baisser alternativement les fils de la chaîne, entre lesquels on lance la navette, pour porter successivement le fil de la tréme du côté d'une lisiere à l'autre.

LAME. Est aussi un terme de Tissutier-Rubanier, qui signifie de petites lattes qui soutiennent les marches de leur métier, & qui se haussent & se baissent avec elles à mesure que les pieds leur donnent le mouvement.

LAME. Signifie encore de l'or ou de l'argent trait, fin ou faux, qu'on a battu ou écaché entre deux petits rouleaux d'acier poli, pour le mettre en état de pouvoir être facilement tortillé ou filé sur de la soie ou sur du fil de chanvre ou de lin.

Quoique l'or & l'argent en Lame soit presque tout destiné à être filé sur la soie ou sur le fil, on ne laisse pas cependant d'en faire entrer de non filé dans la composition de quelques étoffes, même de certaines broderies, dentelles & autres semblables ouvrages, pour les rendre plus brillantes & plus riches. *Voyez* OR. *Vous y trouverez la maniere de tirer l'or & l'argent tant fin que faux, pour le disposer à être employé en trait, en Lame, ou en filé.*

LAME. Les Confiseurs nomment Lames d'écorce de citron, Lames d'écorce de limon, & Lames d'écorce d'orange, l'écorce de ces fruits qu'ils ont levée de dessus la pulpe, & coupée en tranche pour les confire & les tirer au sec. *Voyez* CONFITURE.

LAME. Les Couvreurs appellent Lame à deux tranchans le corps du marteau dont ils se servent à couper l'ardoise.

LAMÉ. Terme de manufacture & d'ouvriers en draps d'or & d'argent. Un ouvrage lamé, un drap d'or ou d'argent lamé, c'est un ouvrage ou une étoffe où il entre de la lame d'or & d'argent. Il n'y a que les plus beaux draps d'or & d'argent qui soient lamés. On le dit aussi des broderies & des dentelles. *Voyez ci-dessus* LAME D'OR ET D'ARGENT.

LAMIERS. Ouvriers dont la profession est de faire des lames pour servir aux Ouvriers & Manufacturiers en draps d'or, d'argent, de soie & de laine, aux Tisserans & à ceux qui font des bazins, des futaines, des canevas, & autres semblables qui travaillent sur le métier. *Voyez* LAMES.

LAMINOIR. Espece de machine ou de moulin dont on se sert dans les Hôtels des Monnoies & dans les Balanciers des Médailles, pour applatir les lames d'or, d'argent, & de cuivre, & les réduire à l'épaisseur & au poids qu'on veut donner aux especes ou aux médailles.

Le Laminoir est composé de deux parties principales, du dégrossi & du Laminoir proprement dit; les autres parties qui servent à donner le mouvement à ces deux piéces, sont l'arbre de la grande roue, la grande roue, deux lanternes & un hérisson, aussi chacun avec leurs arbres.

Dans le milieu de la machine est posé le dégrossi, & à une des extrêmités le Laminoir. Chacune de ces deux pieces a deux rouleaux ou cylindres d'acier, que l'on peut approcher ou éloigner avec des vis à discrétion, selon que l'on veut donner plus ou moins d'épaisseur aux lames que l'on passe entre deux. Enfin un ou deux chevaux attachés à un morceau de bois qui traverse l'arbre de la grande roue, la fait tourner, & par le moyen des lanternes & du hérisson, donne le même mouvement aux cylindres du dégrossi & du Laminoir.

Il est facile de remarquer, que le Laminoir prend son nom des lames qu'on y réduit à l'épaisseur convenable; & l'on comprend assez que le dégrossi a le sien, de ce que c'est entre ses rouleaux qu'on dégrossit les lames, en les y passant au sortir des moules après les avoir ébarbées & boessées.

Le Laminoir, qui semble présentement donner le nom à toute la machine, n'en est pourtant qu'une partie. Le tout ensemble s'appelle un moulin & quelquefois une jument. Cette derniere dénomination lui vient de ce qu'au commencement qu'elle fut inventée on se servit d'une jument pour la faire tourner. A l'égard du terme de Moulin qui est son véritable nom, c'est de lui qu'on a appellé Monnoie au moulin celle dont les lames sont réduites à leur épaisseur par le moyen de cette machine, pour la distinguer de celle qu'on fabrique au marteau, c'est-à-dire, dont les lames sont dégrossies & ajustées avec le marteau sur l'enclume.

Quelques-uns ont cru que cette machine étoit de l'invention du célébre Varin dont on a parlé à l'article de la monnoie des Médailles, mais tout au plus il n'a pu que l'augmenter & la perfectionner, puisqu'on a remarqué au même article de la monnoie qu'on s'en servoit dès le regne de Henri II.

LAMIS. On appelle à Smyrne draps Lamis une des sortes de draps d'or de Venise, que les vaisseaux Vénitiens y apportent. Les Lamis payent les droits d'entrée à la Douane du Grand-Seigneur, à raison de 3 piastres ½ le picq.

LAMON. Bois de Brésil qui vient de la Baye de tous les Saints dans l'Amérique; on l'appelle aussi Brésil de la Baye, & Brésil de tous les Saints. *Voyez* BRESIL.

LAMPANTE. Les Italiens & les Provençaux appellent Huile Lampante celle qui est claire & bien purifiée. *Voyez* HUILE D'OLIVE, *à l'endroit où il est parlé de celles de Grasse & d'Oneille.*

LAMPARILLAS, ou NOMPAREILLES. Sorte de petits camelots très légers, qui se fabriquent en Flandre, particuliérement à Lisle & aux environs.

Il y en a de diverses façons, les uns unis, les autres à petites fleurs, & d'autres rayés. Leur largeur ordinaire est de trois huitiémes, ou un quart & demi d'aune mesure de Paris, & les piéces sont plus ou moins longues suivant la fantaisie des Ouvriers.

Il s'en fabrique tout de laine ou de laine mêlée d'un fil de laine en chaîne. Le mot de Lamparillas est Espagnol, aussi la destination de la plus grande partie de ces étoffes est-elle pour l'Espagne. On les nomme en François Nompareilles, à cause qu'elles n'ont point leurs pareilles en largeur qui est toute des plus étroites. Les Flamands leur donnent aussi quelquefois les divers noms de Polimittes, Polemits ou Polomittes. *Voyez* POLIMITES, & CAMELOT.

LAMPASSES. Toiles peintes qui se font aux Indes Orientales, particuliérement en plusieurs lieux de la Côte de Coromandel. Elles ont dix-huit cobres de long sur deux de large, à raison de dix-sept pouces & demi de Roi le cobre; elles sont bonnes pour le commerce d'Inde en Inde, sur-tout pour les Manilles.

LAMPE. Vaisseau propre à contenir de l'huile ou autres matieres grasses & onctueuses, qui par le moyen d'une mèche de coton qui en est humectée, servent à éclairer pendant la nuit.

Les Chimistes & quelques Ouvriers se servent du feu de la lampe, les uns pour leurs opérations chimiques, les autres pour leurs ouvrages.

La Lampe des Emailleurs est de fer blanc, de forme presque ovale, applatie dessus & dessous: son grand diametre a six pouces, & le petit deux; son épaisseur est de dix-huit lignes: une boëte sans couvercle de même métail & de même figure l'enferme & sert à recevoir l'huile que l'ébulition & la chaleur en font répandre: le tout est soutenu sur une pierre plate de figure quarrée, d'un pouce de hauteur. On se sert d'huile de cheval pour entretenir le feu de cette Lampe. *Voyez* EMAIL & HUILE DE CHEVAL.

LAMPE. C'est aussi une sorte d'étamine de laine, qui se fabrique dans quelques lieux de la Généralité d'Orléans, particuliérement dans les Manufactures d'Authon. Ces étoffes se font toutes de laines d'Espagne: on appelle aussi quelquefois Laines Lampes, les Lampes dont elles sont faites. *Voyez* ESTAMINES.

LAMPY, petit Royaume aux Côtes d'Afrique. *Voyez* l'Etat général, Tome I. page 382.

LAN

LANDI. Foire franche qui se tient à Saint Denis Ville de l'Isle de France à une bonne lieue de Paris, le lundi d'après la Saint Barnabé.

Cette Foire, autrefois si fameuse que le Parlement & autres Jurisdictions de Paris, aussi-bien que son Université, prenoient un jour de vacations pour y aller, doit son établissement, à ce qu'on croit communément, à Charles-le-Chauve, qui lui accorda la franchise & quantité d'autres privileges dont elle jouit encore en partie, avec diminution néanmoins de beaucoup de son commerce & de sa réputation.

Elle se tenoit dans les premiers tems sur le grand-chemin de Paris à deux mille pas de l'Eglise de S. Denis qui n'étoit alors environnée que d'un Hameau de peu de conséquence; depuis Louis XI. la transfera dans la Ville. Elle dure quinze jours avec un assez grand concours de Marchands & d'Ouvriers qui y apportent des marchandises, même des Provinces les plus éloignées du Royaume; les principales consistent en draps & en toute autre sorte d'étoffes de lainerie; le reste étant peu de chose.

Les Maîtres & Gardes du Corps de la Draperie & de la Mercerie de Paris ont droit d'y aller visiter, auner & marquer ces sortes de marchandises, pour connoître si elles sont de longueur, largeur & qualité portées par les Reglemens des Manufactures, & en reçoivent un droit. *Voyez* AUNEUR.

Les Inspecteurs des mêmes Manufactures du département de la Halle aux Draps de Beauvais, y ont aussi droit de marque & de visite.

Il ne faut pas attribuer au Landi les droits suspects que quelques Auteurs veulent que Dagobert ait donné aux Foires de S. Denis, de durer quatre semaines, pendant lesquelles les Marchands de Paris ne débitoient aucune denrée & mercerie, mais seulement les Marchands Forains. Quand ces droits ne seroient pas imaginaires, cet anacronisme où est tombé un Auteur moderne est trop grand. C'est donc à la Foire de S. Denis qui commence le lendemain de la Fête de ce S. Apôtre des Gaules, qu'il en faut faire honneur, si l'on peut s'honorer d'une fable. Cette derniere Foire du 10 Octobre dure huit jours; mais le commerce qui s'y fait est bien moindre que celui de la Foire du Landy. *Voyez* FOIRES DE S. DENIS.

LANER. Terme de Manufacture de Draperie & autres étoffes de laine. On dit plus ordinairement Lainer. *Voyez* LAINER.

LANEUR. Ouvrier qui lane ou laine les draps & autres étoffes de lainerie. *Voyez* LAINEUR.

LANGUE. Partie de l'animal enfermée dans sa bouche, qui sert au goût & à la voix.

Il y a quelques animaux dont les langues fraîches, salées ou fumées, font un grand objet de négoce à Paris & en quelques Provinces & Villes de France. Les Langues de bœuf se vendent fraîches par les Bouchers ou Charcutiers, Traiteurs & Cuisiniers qui les salent, les fument & les fourent. Il appartient aussi aux Charcutiers de faire la salaison, fourure & vente des Langues de porcs, de leurs abbatis & autres.

Les Tripieres qui sont des femmes qui vendent au coin des rues quelques issues & tripes de bœufs & moutons, qu'elles lavent & font à demi cuire, débitent beaucoup de Langues de mouton, mais avec cette simple cuisson. Il en vient quantité de ces dernieres salées & fumées de Tours, de Blois & d'Orléans, qui aussi-bien que les Langues de porc préparées de la même maniere dans ces trois Villes, sont en grande réputation, & ne sont pas un médiocre objet de négoce. On estime aussi celles qui viennent de Troyes en Champagne.

Les Languiers d'Anjou & du Maine, qui sont des Langues de porcs salées & fumées, ausquelles la gorge entiere de l'animal est encore attachée, sont pareillement fort estimés, & viennent en quantité de ces deux Provinces. Enfin pour que la mer fournisse aussi des Langues de ses poissons pour contribuer au Commerce, les Terreneuviers salent des Langues de morues qui se débitent le plus communément en Bourgogne & en Champagne, où on les apporte dans des barils comme les noues ou tripes du même poisson. *Voyez* MORUE.

LANGUE DE BOEUF. C'est aussi un outil de Mâçon assez semblable à la truelle bretée, de fer, plate & dentellée comme elle; mais avec cette différence que la queue ou manche de la Langue de bœuf est droite, & que celle des truelles est posée d'équerre sur sa lame. Elle sert principalement pour dresser les membres & moulures d'architecture qui sont poussées ou moulées avec du plâtre, pouvant pénétrer par sa figure dans les endroits où les riflards brételés & les truelles brétées ne peuvent entrer.

LANGUE. Tabac à la Langue, c'est une des quatre sortes de tabac que l'on cultive dans l'Amérique. *Voyez* TABAC.

LANGUEDOC, Province de France. *Voyez* le détail de son Commerce, dans l'Etat général, Tome I. page 212.

LANGUETTE. Terme de Balancier. C'est cette aiguille élevée à plomb sur le fleau d'une balance, dont la moindre inclination à droite ou à gauche montre lequel des deux bassins panche & l'emporte sur l'autre. *Voyez* BALANCE.

LANGUETTE, en terme d'Orfévrerie, est un petit morceau d'argent que l'Ouvrier laisse en saillie &

hors d'œuvre à ſon ouvrage, & que l'Affineur retranche pour l'éprouver & en connoître le titre avant de contremarquer la piece du poinçon de la Ville où elle a été fabriquée.

LANGUEYER. Viſiter un pourceau, pour voir s'il eſt ladre, ce qu'on reconnoît à la langue qu'on l'oblige de tirer au dehors avec un bâton. *Voyez* PORC. *Voyez auſſi* CHARCUTIER.

LANGUEYEUR. Officier établi dans les Foires & marchés, où il ſe fait quelque commerce de porc, truyes & cochons, pour les viſiter & empêcher qu'il ne s'en vende de ladres. *Voyez comme deſſus.*

LANGUIER. Langue de porc ſalée & fumée, où le Boucher ou Habilleur de porcs a laiſſé la gorge. *Voyez plus haut* LANGUE, *à la fin de l'article.*

LANICE, LANISSE. Ce qui eſt fait de laine. Il n'eſt plus gueres d'uſage que pour ſignifier cette eſpece de laine ou plutôt de boure que les Laineurs, Eſplaigneurs & Couverturiers tirent de deſſus les draps, les couvertures & autres étoffes de laine avec le chardon. Il eſt défendu aux Tapiſſiers de mêler du laveton avec de la boutrelaniſſe dans la fabrique de leurs matelats. *Voyez* BOURRE-LANISSE.

LANTEAS. Grandes barques Chinoiſes dont les Portugais de Macao ſe ſervent pour faire le commerce de Canton.

Ces ſortes de bâtimens ſont environ de ſept à huit cens tonneaux, & c'eſt où les Commiſſionnaires Portugais habitent tant que dure la Foire de Canton, ne leur étant pas permis de coucher à terre, & d'ailleurs de plus grands vaiſſeaux Portugais n'ayant pas non plus permiſſion de monter plus haut dans la riviere. *Voyez l'article général du commerce de l'Aſie, au paragraphe de Macao.*

LANTERNE, qu'on nomme auſſi PLIOIR. Inſtrument rond qui ſert aux Gaziers à ôter la ſoie de deſſus l'ourdiſſoir pour la mettre ſur les deux enſubles du haut du métier à gaze. *Voyez* GAZE.

L A O

LAON, Capitale du Laonnois, de la Généralité de Soiſſons. Les Manufactures de cette Ville ſont des toiles, des bas, des chapeaux, & des cuirs. *Voyez* l'Etat général, Tome I. page 24.

L A P

LAPDANUM, ou LABDANUM. Eſpece de graiſſe qui ſe trouve attachée à la barbe des boucs & des chevres, ſur-tout de ceux de ces animaux qui broutent l'arbriſſeau que les Botaniſtes appellent Ciſtus Ledum, plante qui a de longues feuilles vertes, étroites, rudes & gluantes, & qui croît en quantité dans les Pays chauds.

Il y a de trois ſortes de Lapdanum; le Lapdanum naturel ou en barbe, le Lapdanum liquide qu'on nomme baume noir, & le Lapdanum en tortis; ou plutôt il n'y en a qu'une à qui on donne ces différens noms ſuivant ſes qualités ou ſa figure.

Le Lapdanum en barbe eſt la graiſſe telle qu'elle eſt recueillie de la Barbe des boucs, par le moyen d'une ſorte de peigne de bois dont ſe ſervent les Payſans qui en font trafic. On l'appelle Lapdanum en barbe, non-ſeulement à cauſe de l'endroit de l'animal d'où on la tire; mais encore parce que les pains compoſés de cette graiſſe qui ſont de différens poids, ſe trouvent tout remplis de poil de la barbe des boucs. On ne voit plus gueres à Paris de ce Lapdanum qui étoit toujours plein de ſaletés; il faut quand il en vient le choiſir le plus net & le plus odorant qu'il ſera poſſible.

Le Lapdanum liquide ou baume noir, c'eſt cette même graiſſe liquifiée, purifiée & miſe dans de petites veſſies très minces: le bon doit être d'une conſiſtance aſſez ſolide, d'un noir de jayet, & d'une odeur douce, agréable & approchant de celle de l'ambre gris; auſſi le vend-on quelquefois pour de l'ambre noir, ce nouveau titre en augmentant le prix.

Le Lapdanum en tortis n'eſt que le marc du Lapdanum liquide dont l'on fait des rouleaux tortillés en forme de pains de bougie; cette drogue à qui cette figure a donné le nom de Tortis eſt le moindre des trois Lapdanum; cependant les Parfumeurs ne laiſſent pas de s'en ſervir pour les paſtilles communes & les pots pouris. Celui qui eſt bien roulé & en petits pains ſéparés, vaut mieux que celui qui eſt en maſſe, & lui doit être préferé, quoiqu'à la vérité de quelle qualité que ſoit le Lapdanum en tortis, c'eſt toujours une très mauvaiſe marchandiſe. Les deux autres Lapdanum entrent dans la compoſition des plus excellens parfums. *Voyez* LADANUM.

Le Lapdanum paye en France les droits d'entrée à raiſon de 40 ſ. du cent péſant conformément au Tarif de 1664. Il eſt du nombre des drogues & marchandiſes venant du Levant, Barbarie & autres Pays & terres du Grand Seigneur, du Roi de Perſe, & d'Italie, ſur leſquelles il doit être levé vingt pour cent de leur valeur, dans les cas portés par l'Arrêt du Conſeil du 15 Aout 1685.

Les droits qu'il paye à la Douane de Lyon ſont de 32 ſ. 6 d. pour l'ancienne taxation par chaque quintal & 40 ſ. pour les quatre pour cent.

LAPIDAIRE. Ouvrier qui taille les pierres précieuſes. Il ſe dit auſſi des Marchands qui en font commerce, même des autres perſonnes qui en ont une parfaite connoiſſance, & des Auteurs qui ont écrit des pierres précieuſes, comme Boot Berguen, Ruæus, Geſner, Durondel, &c.

L'art de tailler les pierres précieuſes eſt très-ancien; mais il eſt certain qu'il a eu le ſort de tous les autres dont les commencemens ont été bien imparfaits.

Les François s'y ſont adonnés aſſez tard, & l'on peut juger par quelques pierres qui reſtent encore de leur premiere taille, qu'ils n'y étoient pas d'abord fort habiles; ils y ont néanmoins fait un grand progrès, & les Lapidaires de Paris ont poſſé cet art à un point de perfection, ſur tout pour les diamants qu'on appelle Brillants, qu'il n'y a pas d'apparence qu'on puiſſe déſormais le porter plus loin.

L'on employe pour tailler les pierres précieuſes diverſes machines ſuivant la qualité des pierres. Le diamant qui eſt extrêmement dur, ſe taille ſur une roue de fer doux que fait tourner une eſpece de moulin. La poudre de diamant même délayée dans de l'huile d'olive ſert & pour le tailler & pour le polir.

Les rubis, ſaphirs & topaſes d'Orient ſe taillent & ſe forment ſur une roue de cuivre, avec l'huile d'olive & la poudre de diamant; leur poliment ſe fait ſur une autre roue pareillement de cuivre, mais ſeulement avec du tripoli détrempé dans de l'eau.

Les rubis balais, émeraudes, hyacinthes, ameriſtes, grenats, agathes & autres pierres moins dures, n'ont beſoin pour la taille que d'une roue de plomb avec de l'émail & de l'eau, & pour le poliement d'une roue d'étain & de tripoli.

La turquoise de vieille & de nouvelle roche, le lapis, le girasole, l'opale, ne se polissent que sur une roue de bois aussi avec le tripoli.

Le Corps des Maîtres Lapidaires de Paris ne cede en antiquité qu'à peu des autres Communautés; il faut cependant avouer qu'avant l'année 1584 cette Communauté étoit encore assez informe.

Ses premiers Statuts sont de 1290 donnés par le Roi S. Louis, & depuis confirmés par Philippes de Valois; les Maîtres y sont appellés Estailliers & Pierriers de pierres naturelles. L'article onziéme de ces Statuts qui défend de travailler en pierres fausses, ou comme on parloit alors, *de joindre verre en couleur de cristal par tainture, ne par painéture nulle*, fut confirmé par Sentence du Châtelet du 23 Janvier 1331; & par l'article 17 de l'Ordonnance de Henri II donnée à Fontainebleau, les Maîtres, Jurés & Gardes de l'Orfevrerie de Paris furent maintenus dans le droit de visitation chez les Lapidaires.

Ce fut enfin en 1584 qu'en conséquence de l'Edit donné par Henri III trois ans auparavant, pour ériger en Corps de Jurande toutes les Communautés de Paris, les Maîtres Estailliers Pierriers eurent de nouveaux Statuts, & même un nouveau nom; mais ce ne fut proprement qu'en 1613 qu'ils furent mis en l'entiere jouissance de leurs droits par l'Arrêt du Conseil qui intervint entr'eux & les Maîtres Orfévres qui s'étoient opposés à leurs lettres.

Ces lettres qui confirment leurs nouveaux Statuts & les érigent en corps de nouvelle Jurande, les qualifient Maîtres de l'art & métier de Lapidaires, Tailleurs de diamans, rubis, &c. Tailleurs de camayeux, Graveurs & Cristalliers, ouvrants, és pierres précieuses & naturelles de la Ville & Fauxbourgs de Paris.

Quatre Jurés gouvernent la Communauté, veillent sur la conservation de ses droits, font les visites chez les Maîtres, donnent les chef-d'œuvres & expédient les lettres d'apprentissage & de maîtrises. Ils sont élus à la pluralité des voix deux par chaque année.

L'apprentissage est de sept ans: chaque Maître ne peut obliger qu'un Apprentif à la fois; permis néanmoins d'en prendre un second sur la fin de la derniere année du premier.

L'Apprentif au sortir d'apprentissage doit servir deux ans de Compagnon chez les Maîtres.

Tout aspirant à la maîtrise, même par privilége & par Lettres du Roi, est tenu de faire chef-d'œuvre.

Les Maîtres ne peuvent avoir plus de deux roues tournantes ni plus de trois moulins.

Les Forains n'ont droit d'exposer en vente les pierres précieuses & naturelles tant brutes que taillées, même les perles; ni les Maîtres d'en acheter d'eux qu'elles n'ayent été visitées par les Jurés.

Ces mêmes marchandises ne peuvent être vendues que par les Maîtres Lapidaires, les Jouailliers-Orfévres; & il est défendu à quelque personne que ce soit de les regratter & colporter.

Enfin les pauvres veuves des Maîtres & les pauvres Maîtres sont enterrés aux frais de la Communauté; & au convoi des autres sont portées quatre torches & quatre cierges du poids en tout de douze livres aussi aux dépens de la bourse commune.

Quelques-uns de ces articles ont été depuis interprétés, modifiés ou même changés.

1°. Par Arrêt du Conseil du 4 Mai 1613, enregistré au mois de Juin ensuivant, il est fait défense à tous Marchands Forains, Etrangers & autres, d'apporter & vendre dans le Royaume aucunes pierreries & diamans taillés & façonnés, sinon en tems de Foire, qui même alors sont sujets à la visite des Jurés Lapidaires.

2°. Par autre Arrêt aussi du Conseil du 16 Décembre 1614, le précédent est confirmé, & néanmoins il est ordonné que le commerce des diamans & autres pierres brutes & taillées, apportées par les Marchands Forains, demeurera libre tant aux Orfévres qu'aux Lapidaires, sans que les derniers les puissent visiter ni lotir entr'eux, étant d'ailleurs défendu aux uns & aux autres de se rendre Commissionnaires des Marchands étrangers.

3°. La connoissance des Réglemens entre les Lapidaires & les Orfévres, pour le fait de leurs maîtrises & priviléges, est renvoyé par un troisiéme Arrêt du Conseil du 14 Janvier 1615, au Prévôt de Paris, & par appel au Parlement, ne réservant à la Cour des Monnoyes que ce qui regarde le fin alliage & la bonté des métaux.

Enfin par un Arrêt du Parlement du 7 Mars 1625, il est fait défense à tous Maîtres Lapidaires d'avoir plus de trois moulins simples, chacun garni de sa roue de fer, ou un double tenant lieu de deux simples avec un simple à leur choix, sans pouvoir faire tourner plus de trois roues de fer pour tailler les diamans, & pour les Tailleurs de rubis, émeraudes & autres semblables pierreries, aussi seulement trois moulins simples convenables à tailler ces sortes de pierres.

Le Roi Louis XIV ayant par son Edit du mois de Mars 1691 créé des charges de Jurés en titre d'offices pour les Communautés des Arts & Métiers, celle des Lapidaires fut des premieres à en demander la réunion & incorporation, ce qu'elle obtint par une Déclaration du 15 Juin 1692, portant en même-tems une nouvelle confirmation de leurs Statuts & Réglemens.

Les Maîtres Graveurs sur pierres précieuses faisant partie de la Communauté des Maîtres Lapidaires, on eût dû dire ici quelque chose de cet art qui n'est pas un des moins ingenieux de ceux que l'antiquité ait fait passer jusqu'à nous, mais en étant traité ailleurs, on peut y avoir recours. *Voyez* GRAVEURS SUR PIERRES PRECIEUSES.

LAPIN, que l'on appelle quelquefois CONIL, & dont la femelle se nomme LAPINE. Est un petit animal sauvage à quatre pieds, qui se plaît sur tout dans les bois taillis & buissons où il creuse des trous que l'on nomme Terriers, pour se loger & se mettre à couvert des injures du tems. Le lapin a beaucoup de rapport au lievre pour la forme, mais plus petit. Cet animal fort bon à manger, trop connu pour être obligé d'en faire une plus ample description, fournit de deux sortes de marchandises pour le commerce & les manufactures, qui sont sa peau & son poil.

Les peaux de lapin revêtues de tout leur poil, bien passées & préparées, servent à faire plusieurs sortes de fourures, comme aumusses, manchons, bas-jupons, couvre-pieds, manteaux de lit, doublures de juste-au-corps, &c. Il y en a de diverses couleurs, de noires, de blanches, de grises, &c. Les plus belles viennent de Moscovie, de Flandres & d'Angleterre, dont les noires de ce dernier Pays sont fort estimées.

Les peaux de lapin dont le poil est d'un beau gris cendré, s'appellent quelquefois par erreur Petit Gris du nom de certaines fourures beaucoup plus précieuses, faites de peaux d'une espece de rats ou d'écureuils, qui se trouvent communément dans les Pays du Nord. *Voyez* PETIT GRIS.

Le poil de lapin après avoir été coupé de dessus la peau de l'animal & mêlé avec de la laine de vigogne, s'employe dans la fabrique des chapeaux appellés vigognes ou dauphins, & quelquefois loutres, quoique le poil de l'animal nommé Loutre n'y entre en aucune maniere, n'étant nullement propre à la chapellerie.

Outre le poil de lapin qui vient de Boulogne sur mer, & de quelques autres endroits du Royaume, il s'en tire encore quantité des Pays étrangers & sur tout de Moscovie par la voie de Hambourg, de Lubeck & de Hollande. L'Angleterre & la Flandre en fournissent aussi assez considérablement.

En France ce sont les Marchands de Rouen qui en font le plus grand négoce & des envois considérables dans presque toutes les autres Villes du Royaume où il se fabrique des chapeaux, particuliérement de celui qui vient des Pays étrangers.

Le poil de lapin de quelque endroit qu'il puisse se tirer, vient tout en peaux crues & non apprêtées, & se vend de même aux Chapeliers qui le font couper & carder par des femmes qui ne font d'autre métier.

Les poils de lapin de Moscovie & d'Angleterre sont les plus estimés, ensuite ceux de Boulogne; car pour les autres qui se tirent du dedans du Royaume, les Chapeliers en font très peu de cas, & s'ils s'en servent, ce n'est tout au plus que pour la manufacture des chapeaux communs, en le mêlant avec quelque autre poil ou laine. Quand le poil a été entierement coupé de dessus les peaux, le reste n'est plus propre qu'à brûler.

Le Lapin en peau paye en France les droits d'entrée à raison de 4 liv. la livre pésant; & celui en poil 10 liv. suivant l'Arrêt du 16 Octobre 1696.

LAPIS. Pierre minérale que l'on nomme souvent Azur, ou Lapis Lazuli, & quelquefois Lapis Stellatus, ou Lapis Cyaneus. *Voyez* AZUR.

Le Lapis lazuli vrai paye en France les droits d'entrée a raison de 30 liv. le cent pésant, suivant le Tarif de 1664. Il est aussi du nombre des marchandises du Levant & d'Italie, qui doivent payer vingt pour cent de leur valeur, conformément à l'Arrêt du 15 Aout 1685 dans les cas portés par ledit Arrêt.

Les droits qu'il paye à la Douane de Lyon tant pour l'ancienne que pour la nouvelle taxation, vont à 5 liv. 5 sols.

LAPIS COMPOSE', ou FAUX LAPIS. *Voyez* AZUR, *à l'endroit de l'article où il est parlé de l'Azur en poudre.*

Le faux Lapis ou Lapis commun paye en France de droits d'entrée 5 liv. du cent pésant.

Les droits qu'il paye à la Douanne de Lyon sont de 12 s. du quintal.

LAPIS MAGNES. C'est le nom Latin de l'aimant que les Tarifs des entrées du Royaume de France, sur-tout celui de 1664 lui ont conservé, l'appellant indifféremment Pierre d'aimant, ou Lapis magnes. *Voyez* AIMANT.

Les droits d'entrée que le Lapis magnes paye en France sont de 3 liv. le cent pésant.

LAPIS ENTALIS. Espece de coquillage dont on se sert en Médecine. *Voyez* ANTALE'.

Le Lapis entalis paye en France les droits d'entrée à raison de 100 s. le cent pésant.

LAPIS JUDAÏCUS. C'est le nom Latin que le Tarif de 1664 a conservé à la pierre Judaïque. *Voyez* PIERRE JUDAÏQUE.

Le Lapis Judaicus paye en France de droits d'entrée 3 liv. 15 s. du cent pésant.

LAPIS DENTALIS. Sorte de coquillage que les Apoticaires font entrer dans la composition de quelques remedes. *Voyez* DENTALE'.

Cette Pierre médecinale paye les droits d'entrée comme le Lapis entalis. Voyez ci-dessus.

LAPIS HEMATITES. C'est le nom que le Tarif des Entrées de France de 1664 a conservé à une espece de minéral ou pierre rouge que l'on appelle Hematite. *Voyez* HEMATITE.

Le Lapis hematite paye en France les droits d'entrée a raison de trois liv. du cent pésant.

LAPIS BEZOUARD. C'est sous ce nom que le bezoard est employé & taxé dans le Tarif de la Douane de Lyon de 1632. *Voyez* BEZOARD. *Cette Pierre y paye 11 liv. de la livre pésant.*

LAPONIE, région des Royaumes de Norwege, de Suede, & de Moscovie. Le commerce que l'on fait avec les Lapons consiste principalement en pelleteries. *Voyez* l'Etat général, Tome I. p. 300.

LAPTOS, qu'on nomme autrement GOURMETS. Ce sont des especes de Matelots Maures qui aident à remorquer les barques dans les rivieres de Gambie & de Sénégal. *Voyez* GOURMETS.

LAQ

LAQUE, que l'on écrit aussi LACQUE. Ce nom est commun à plusieurs drogues qui servent ou à la teinture, ou à la médecine, ou à la peinture, ou enfin à composer cette cire avec laquelle on cachete les lettres, & qu'on nomme vulgairement Cire d'Espagne.

La Laque des Peintres est de trois sortes; la Laque fine ou de Venise, la Laque plate ou colombine, & la Laque liquide.

La Laque fine a conservé son nom de Laque de Venise, d'où d'abord elle étoit apportée en France; mais depuis qu'on en a fait à Paris d'aussi belle, nos Peintres n'ont plus gueres recours à la Laque étrangere, & il n'en vient que très peu de Venise.

Cette Laque est composée d'os de seche pulvérisés, que l'on colore avec une teinture de cochenille mesteque, de brésil & de Fernambourg bouillis dans une lessive d'alun d'Angleterre calciné, d'arsénic, de natrum ou soude blanche, ou de soude d'Alicant, que l'on réduit ensuite en pâte dont on forme des trochiques. Si l'on veut que cette Laque soit fort rouge, on y met du jus de citron; si on souhaite qu'elle soit plus brune, on y ajoute de l'huile de tartre. Pour être bonne il faut qu'elle soit tendre & friable, & en petits trochiques.

La Laque plate ou colombine est faite de tontures d'écarlate bouillies dans la même lessive dont on se sert pour la Laque de Venise, & que l'on jette (après l'avoir passée) sur de la craye blanche & de l'alun d'Angleterre en poudre pour en former ensuite des tablettes quarrées de l'épaisseur du doigt. La Laque colombine de Venise vaut mieux que celle de Paris & de Hollande, à cause que le blanc dont les Vénitiens se servent est plus propre à recevoir & à conserver la vivacité de la couleur.

La Laque liquide n'est autre chose qu'une teinture de bois de Fernambourg qu'on tire par le moyen des acides.

L'on appelle aussi Laque, mais assez improprement, certaines substances colorées dont se servent les Enlumineurs, & que l'on tire des fleurs par le moyen de l'eau-de-vie, ou d'une lessive d'alun & de soude, comme le rouge du pavot, le jaune de la fleur de genest, le bleu de l'iris, ou de la violette, &c.

La Laque qui sert aux Teinturiers, & dont on fait aussi la cire d'Espagne, est une espece de gomme ou de cire rougeâtre, dure, claire, & transparente qu'on apporte des Indes, sur tout des Royaumes de Pégu & de Bengale. Elle est attachée à de petits bâtons ou roseaux de la grosseur du doigt, d'où on l'appelle Laque en bâtons.

Cette gomme ou cire est proprement une rosée que des mouches ou fourmies aîlées ramassent sur les arbres, & dont elles se déchargent à peu près comme font nos abeilles du miel & de la cire qu'elles ont recueilli sur les fleurs.

Les Indiens qui sçavent le prix de cette drogue, & combien les Européens l'estiment, sont attentifs à préparer sur quoi la recevoir. Pour cet effet ils enfoncent en terre dans les lieux où il se trouve de ces insectes, quantité de petites branches d'arbres ou de roseaux de la maniere qu'on rame en France les pois. Lorsque les mouches les ont couvertes de Laque, ils font passer de l'eau par dessus & la laissent ainsi exposée quelque tems au soleil où elle vient dure & séche comme on la voit chez les Marchands Epiciers-Droguistes.

Cette gomme bouillie dans l'eau avec quelques acides, fait une teinture d'un très beau rouge; les Indiens en teignent ces toiles qui ne perdent point leur couleur à l'eau; les Levantins en rougissent leurs maroquins, & les Anglois & Hollandois en font une sorte d'écarlate.

La meilleure Laque est celle qui est claire, transparente, bien fondante, sans mélange de gomme noire & d'ordures, & qui étant mâchée teint la salive en rouge.

Cette gomme a divers noms suivant les différentes formes que les Etrangers & sur tout les Anglois & les Hollandois lui donnent.

On appelle Laque en bâtons celle qui est telle qu'elle vient des Indes; Laque en graine celle que l'on a fait passer légerement entre deux meules pour en exprimer la substance la plus précieuse; Laque plate, celle qu'on a fondue & applatie sur un marbre; & Laque en oreilles, certaine laque très fine & très belle faite en maniere d'oreilles que les Anglois apporterent il y a quelques années en France, & dont on ne voit presque plus aujourd'hui.

Tavernier préfere la Laque du Royaume de Bengale à celle du Royaume de Pégu, & cette différence semble ne venir que du peu de soin que les Péguans ont de préparer des bâtons pour recevoir le riche ouvrage de leurs mouches ou de leurs fourmies, ce qui oblige ces insectes de se décharger à terre de la Laque qu'ils ont recueillie, dont il se trouve quelquefois des masses de la grosseur d'un tonneau, mais qui étant plus brune & mêlée de quantité d'ordures, est beaucoup moins estimée que celle de Bengale qui ne vient qu'en bâtons.

M. de Flacourt dans son Histoire de Madagascar parle aussi d'une espece de Laque qui se recueille dans cette Isle, & qui approche assez de celle du Bengale, hors que la couleur tire plus sur le jaune, & qu'elle a tout-à-fait l'odeur de notre cire commune. Il ne paroît pas qu'on en fasse de commerce, ni qu'elle puisse servir aux mêmes usages que celle des Indes, à moins que ce ne fût à la fabrique de la cire d'Espagne.

Un sçavant Académicien de l'Académie des Sciences, qui a fait l'analyse de la Laque Indienne, soutient par des raisons & des expériences assez convaincantes, qu'elle est composée à la maniere des ruches de nos mouches à miel, & qu'on y découvre aisément les alucoles où ces insectes volans à qui on doit la Laque, renferment leur essain, & qu'ainsi elle ne peut être mise au nombre des gommes, mais que c'est seulement une espece de cire.

LAQUE A CACHETER. C'est ce qu'on nomme communément Cire d'Espagne, quoique ce nom ne lui convienne point du tout, les Espagnols ne faisant pas de cette cire, & ne s'en servant même point.

La cire ou Laque à cacheter se fait ordinairement en France avec la laque en graine, colorée de vermillon. On en fait aussi quelquefois avec de simple résine mêlée d'un peu de poudre de laque & du blanc de Seve pour lui donner corps, que l'on met en couleur avec du vermillon, & que l'on passe ensuite dans de la Laque en bâtons fondue & bien colorée, afin de la faire paroître belle au dehors; mais cette cire sophistiquée est d'un très mauvais usage, & jette une fumée & une odeur désagréable.

Pour la faire bonne & telle qu'il en vient des Indes, il faut n'y employer que de la Laque en bâtons & du vermillon pour lui donner couleur.

Outre la cire rouge à cacheter, il s'en fait encore de jaune par le moyen de l'orpin broyé, de noire en y mettant du noir de fumée, & ainsi des autres couleurs. *Voyez* CIRE D'ESPAGNE.

Enfin la Laque qui est en usage en Médecine est le vrai Cancamum que l'on confond mal à propos les uns avec la Laque en bâtons dont on vient de parler, les autres avec la myrthe, & d'autres avec le Benjoin ou le Terramerita.

Le Cancamum est une gomme que produit un arbre de moyenne hauteur, dont les feuilles sont assez semblables à celle du myrthe & qui croît en quantité en quelques lieux d'Afrique, au Brésil, & dans l'Isle S. Christophe. Cette gomme a cela de singulier qu'il semble que dans chaque morceau il y ait quatre especes de gommes comme liées ensemble & parfaitement distinctes. La premiere est pareille à l'ambre, celle qui suit est comme l'arcançon, une autre est de couleur de corne, & une quatriéme séche & blanche; c'est cette derniere qu'on nomme Gomme animée, & qui est celle qu'on voit plus communément à Paris, les autres y étant assez rares chez les Marchands Epiciers-Droguistes.

Le Cancamum fondu avec l'huile est bon pour les playes, pour appaiser la douleur des dents où l'on dit aussi qu'il est propre; il faut l'appliquer tel qu'il vient de l'arbre.

La Laque de Venise propre à la teinture paye en France les droits d'entrée à raison de 30 liv. le cent pésant, & pour ceux de sortie 22 liv.

Les droits de la Douane de Lyon sont de 7 liv. 2

sols 6 den. le quintal d'ancienne taxation ; 2 liv. 10 s. 6 d. de nouvelle réapreciation ; 10 liv. pour les anciens quatre pour cent, & quatre liv. pour leur réapréciation.

La Laque en bâton, plate, en oreille, & de toute sorte, paye les droits d'entrée sur le pied de 5 liv. le cent pésant, conformément au Tarif de 1664 ; & suivant celui de la Douane de Lyon, 8 liv. 2 s. 6 d. tant d'ancienne taxation que d'anciens quatre pour cent du quintal.

La Laque plate de Provence ne paye par ce dernier Tarif que 3 liv. 2 s. 6 d.

LAR

LARD. Graisse ferme qui est entre la peau & la chair de quelques animaux. On le dit particuliérement des pourceaux, des baleines, & des marsouins. *Voyez ces trois articles.*

Le Lard fait une partie du commerce des Charcutiers qui le vendent en fleches entieres ou en morceaux, mais toujours au poids & à la livre. Une fleche de lard est une longue piece de cette graisse que l'on leve de dessus les côtes de l'animal & que l'on fait saler pour les usages de la cuisine. Les Rotisseurs en font des bardes ou le coupent en menus lardons pour en larder & piquer leurs viandes. Les Cuisiniers & les Pâtissiers s'en servent dans l'apprêt de leurs ragouts & pâtisserie.

Les Lards de toutes sortes payent en France les droits d'entrée & de sortie à raison de 20 s. du cent pésant.

LARDER. Terme de Rotisseurs & de Traiteurs-Cuisiniers. C'est mettre de gros lardons ou morceaux de lard dans le dedans d'une viande, ou la couvrir à l'extérieur de menu lard ; ce qu'on appelle Piquer.

LARDOIRE. Instrument de bois ou de cuivre, pointu d'un côté & creux de l'autre, dont on se sert pour larder.

LARDON. Petit morceau de lard long & étroit dont on larde ou pique la viande.

LARGE. Se dit par opposition à ce qui est long dans une piece d'étoffe. Le long est ce qui a le plus d'étendue, le large ce qui en a moins : ainsi une étoffe peut avoir trente aunes de long quelquefois sur moins d'une demie-aune ; & un ruban, comme la nompareille, qui n'a qu'une ligne de large, a souvent soixante aunes de long.

Il ne dépend pas des Ouvriers de faire les étoffes larges ou étroites à leur gré. Ils ont des Réglemens sur lesquels ils doivent monter leurs métiers, & qui fixent les portées, c'est-à dire, les fils de la chaîne de chaque espece différente. *V.* Largeur.

On appelle du Ruban large, celui qui a quatre doigts de largeur ; & demi-large, celui qui n'en a que deux. *Voyez* Ruban.

Large de Loy. Il se dit dans les Hôtels des Monnoies de France, des especes dont le titre est plus haut que celui reglé par les Ordonnances. *Voyez l'article suivant.*

LARGESSE. Terme de Monnoie. C'est ce qui se trouve de plus dans les especes au-dessus de la loi & du titre permis par l'Ordonnance. Celle de 1554 veut qu'on n'y ait aucun égard, & qu'on n'en tienne point compte aux Maîtres des Monnoies, lorsqu'à l'ouverture des boëtes l'on trouve des deniers plus forts de titre que ne portent les Reglemens.

M. Boisard dans son Traité des Monnoies, dont on s'est souvent servi dans ce Dictionnaire, prétend qu'il se faut défier de ces sortes de deniers forts ou de poids ou de titre, & qu'ordinairement ils sont faits exprès pour surprendre la religion de la Cour des Monnoies & des Conseillers-Commissaires.

Ce qu'on appelle Largesse par rapport au titre, se nomme Forçage par rapport au poids. *Voyez* Forçage, *ou l'article des Monnoies.*

LARGEUR. C'est une des dimensions des superficies des corps, qui est toujours comparée avec la longueur qui en est une autre.

La largeur a moins d'étendue que la longueur : ainsi si dans une piece d'étoffe, de toile, de ruban ou de tapisserie, la largeur est d'un pouce, d'une demie-aune, d'une aune, & ainsi suivant l'espece de marchandise, sa longueur a quelquefois cinq aunes, vingt, trente, soixante, plus ou moins, conformément aux Reglemens.

La largeur des étoffes & de tout ce qui se fabrique sur un métier, & qui se mesure à l'aune, à la canne, ou à quelque autre mesure des longueurs que ce soit, se prend entre les deux lisieres ; & c'est ce qui y est contenu qu'on appelle le Lé d'une étoffe.

Le prix des étoffes à proportion de leur nature & de leur qualité, augmente ou diminue suivant leur Largeur.

Il y a quantité de Reglemens qui fixent la Largeur de toutes les sortes d'étoffes d'or, d'argent, de soie, de laine, de fil, &c. Le principal est celui de *1669*. On parle ailleurs & de celui-ci, & de tous ceux qui ont été rendus depuis. *Voyez* Reglement.

LARGO. Terme barbare qui vient de l'Italien, dont les Provençaux & quelques autres se servent dans les écritures mercantilles ; il signifie Amplement. Je vous ai écrit Largo par le dernier ordinaire sur la vente de mes velours, c'est-à-dire, je vous ai écrit au long, amplement.

LARIN. C'est également dans tout l'Orient, & une monnoie de compte & une monnoie courante, l'une & l'autre de la même valeur, c'est-à-dire, de douze sols monnoie de France, quoique pourtant la valeur intrinseque du Larin espece courante, ne soit que d'onze sols trois deniers.

Le Larin ainsi nommé de la Ville de Lar Capitale de la Caramanie déserte, où l'on en a d'abord fabriqué, est d'argent d'un titre plus haut que l'écu de France. Sa figure est singuliere. C'est un fil rond, de la longueur d'un travers de pouce, de la grosseur du tuyau d'une plume à écrire plié en deux, & un peu applati pour recevoir l'empreinte de quelques caracteres Persans ou Arabes, qui lui tiennent lieu du coin du Prince. Il y a des Larins de divers coins, y ayant plusieurs Emirs qui en font frapper. L'on donne pour le Larin depuis cent cinq jusqu'à cent huit basarucos, petite monnoie des Indes.

Quoique le Larin, comme on l'a dit ci-dessus, ne vaille véritablement qu'onze sous trois deniers, il a cours pour douze sous, & l'on n'en donne que cinq pour l'écu de soixante sous de France. Cette différence de trois sous neuf deniers vient, à ce qu'on dit, de ce que les Emirs ou Princes Arabes, dans les Etats desquels les nouveaux Larins sont fabriqués, retiennent neuf deniers par Larin pour leur droit de monnoyage : aussi ne voit-on plus gueres de vieux Larins, qui sont toujours plus estimés que les nouveaux.

En Perse ils sont reçus sur le pied de deux chayé & demi, ce qui revient à leur valeur intrinseque d'onze sous trois deniers.

Huit Larins font un or ou hor, & dix ors font un toman de Perse, qui vaut quarante-cinq à quarante-six livres.

Le plus grand cours qu'ayent présentement les Larins est dans tout le Golfe Persique, le long de celui de Cambaye, & dans quelques lieux voisins de ces deux Golfes.

Autrefois qu'ils étoient reçus par-tout l'Orient, la monnoie de compte la plus en usage étoit le Larin. On s'en sert encore dans tous les lieux où le Larin est une monnoie courante, & même dans quelques lieux des Indes où l'on ne voit plus de Larins en especes.

LARIX. Arbre qui jette une gomme à peu près semblable à celle qui coule du Thérébinthe. Il est pourtant bien différent de celui-ci, quoique leurs gommes se ressemblent autant pour l'odeur que pour les propriétés. *Voyez* Therebinthe.

LARME. On donne le nom de Larmes aux gommes & aux résines qui coulent des arbres sans incision. Les Epiciers & Droguistes les estiment plus que les autres, & les vendent toujours à proportion davantage. *Voyez l'article des Gommes.*

LARRÉS. Monnoies dont on se sert aux Maldives. Cinq Larrés font une piastre.

LARRON. Celui qui vole en cachette & avec subtilité.

Il y a dans le commerce & parmi ceux qui l'éxercent diverses manieres de s'exprimer, où l'on fait entrer le terme de Larron. On dit qu'il faut être Marchand ou Larron; pour dire, que vendre trop cher, est une espece de vol. Un marché de Larron signifie un marché sur lequel il y a beaucoup à gagner. On dit aussi qu'il ne faut pas crier au Larron, quand le Marchand donne sa marchandise à perte.

LAS

LASSET. *Voyez* LACET.

LASSIS. Espece de capitation ou de bourre de soie. *Voyez* Capiton.

Lassis. On appelle aussi de la sorte des étoffes de peu de conséquence faites de capiton.

LAST, LETH, LECTH, ou LEST. Ce sont mots sinonymes dont on se sert assez ordinairement dans le commerce de mer, soit pour exprimer la charge entiere d'un navire, soit pour marquer un certain poids de marchandises, soit enfin pour désigner une sorte de mesure de grains. *Voyez* Leth, *c'est le mot le plus usité en France.*

LAST-GELT. C'est ainsi que se nomme en Hollande un droit qui se leve sur chaque vaisseau qui entre ou qui sort, ainsi nommé de ce qui se paye à proportion de la quantité de lest ou last, que chacun bâtiment entrant ou sortant peut contenir.

Ce droit est de 5 sols ou stuyvers par lest en sortant, & de 10 sols en entrant; sur quoi il faut remarquer que ce droit étant une fois payé, le vaisseau qui l'a acquité, reste franc pendant une année entiere, c'est-à-dire, qu'il peut entrer ou sortir, & faire autant de voyage qu'il le peut ou qu'il le trouve à propos pendant douze mois, sans qu'il soit tenu d'aucun autre payement du last-gelt.

Il y a une section exprès pour la levée de ce droit, dans le placard, pour l'exécution de la nouvelle liste ou tarif de Hollande de l'année 1725. *V.* l'article Resolutions et Placards.

LAST-GHELDT. Droit de fret qui se leve à Hambourg sur les marchandises & vaisseaux étrangers, qui y arrivent ou qui en sortent.

L'article 41 du nouveau Traité de Marine & de Commerce conclu à Paris le 28 Septembre 1716, entre la France & les Villes Hanséatiques, décharge nommément de ce droit, sous quelque nom qu'il puisse s'exiger, les vaisseaux François qui vont trafiquer à Hambourg. *Voyez* Villes Hanseatiques, *à la fin de l'article.*

LASTRE BLANC. C'est ainsi qu'on nomme à Smyrne les carreaux de verre qui servent à employer en vitrages. Le lastre blanc paye à la Douane de cette Ville les droits d'entrée, à raison de vingt-cinq piastres la caisse.

Il y a aussi du lastre de couleur, celui-ci paye jusqu'à trente piastres.

LAT

LATTE. Mesure dont on se sert pour l'arpentage dans quelques endroits de la Guyenne. Elle est plus ou moins grande suivant les lieux. *Voyez* l'article de l'Arpentage.

LATTES, que l'on écrit aussi **LATES.** Ce sont certains morceaux de bois de chêne, minces, longs & étroits, refendus suivant leur fil, en forme de tringle ou regle, qui s'attachent de travers sur les chevrons du comble des maisons, pour y accrocher les tuiles, ou pour y clouer les ardoises.

Il y a de deux sortes de Lattes; l'une appellée Latte quarrée propre pour les tuiles; & l'autre Latte volice, destinée pour les ardoises.

Les Lattes quarrées doivent avoir quatre pieds de long sur un pouce neuf lignes ou deux pouces de large, & deux à trois lignes d'épaisseur. Elles se vendent à la botte, chaque botte composée de cinquante Lattes.

Les Lattes volices doivent aussi avoir quatre pieds de longueur sur depuis quatre jusqu'à cinq pouces de large, & deux à trois lignes d'épaisseur, chaque botte contenant vingt-cinq Lattes.

Les Provinces d'où l'on tire le plus de Lattes, tant de l'une que de l'autre espece, pour la fourniture de Paris, sont la Champagne, la Bourgogne, la Brie, la Picardie & la Normandie: il en vient aussi beaucoup de Lorraine.

Il y a une sorte de bois de sciage que l'on appelle Contre-latte. *Voyez* Chesne.

Les Lattes payent en France les droits d'entrée à raison de 6 s. le millier en nombre, & les droits de sortie sur le pied de 18 s.

LATTON. Cuivre jaune. *Voyez* Leton.

LAV

LAVADEROS, en François **LAVOIRS.** Ce sont des lieux dans les montagnes de Chily & dans quelques Provinces du Pérou, où se fait le lavage de certaine espece de terre où se trouve de l'or. On appelle aussi Lavaderos les bassins où se fait ce lavage, qui sont d'une figure oblongue, & assez semblables à celle d'un soufflet à forge. *Voyez* Or.

LAVAGE. Façon que l'on donne au hareng blanc, en le lavant dans une cuve ou cuvier après qu'il a été caqué, & avant que de le saler. *V.* Hareng.

LAVAL, dans le Maine. *Voyez* le détail des Fabriques établies dans cette Ville, & dans toute son Election, Etat général du Commerce, Tome I. pages 94-95.

LAVANDE. Plante qui croît en épi, & qui a des fleurs

fleurs bleues en forme de graine. Elle a un goût agréable & aromatique. On en tire une huile que quelques-uns confondent mal-à-propos avec l'huile d'aspic, apparemment parce que la plante d'aspic est une espece de Lavande. Les Marchands Epiciers & Droguistes font venir cette huile de Provence & de Languedoc.

L'huile de Lavande paye en France les droits d'entrée, comme essence de romarin, à raison de 5 liv. le cent pésant, conformément au Tarif de 1664; & suivant celui de la Douane de Lyon, 4 liv. 10 s. du quintal.

LAVANDER. Espece de linge ouvré, qui se manufacture en quelques lieux de Flandres. *Voyez* LINGE.

LAVANDIER, LAVANDIERE. Celui ou celle qui blanchit des toiles. *Voyez* CURANDIER, CURANDIERE.

LAUDANUM. Opium préparé. *Voyez* OPIUM.

LAVEGE. Sorte de pierre dont on se sert à faire des marmites & autres pots & ustenciles de cuisine qui se mettent au feu.

Il n'y a que trois carrieres d'où l'on tire cette pierre, l'une dans le Comté de Chiavennes, l'autre dans la Valteline, & la troisiéme dans le pays des Grisons.

La lavege est une espece d'ardoise squamente connue telle, mais avec cette différence qu'elle est huileuse, & si adhérente, que lorsqu'on la touche il en reste ordinairement quelques écailles aux doigts. On a remarqué que ces pots de pierre bouillent plutôt que ceux de métail; qu'ils conservent plus long-tems leur chaleur; qu'ils ne se cassent jamais, quelque grand feu qu'on puisse faire autour, & qu'ils ne donnent aucun mauvais goût à la liqueur qu'ils contiennent.

Tant de qualités qui les rendent propres à la cuisine, en ont établi un commerce très considérable à Chiavennes, & dans les deux autres endroits, où les mines de la lavege se trouvent, quoique d'ailleurs il n'y en ait point qui soient plus difficiles à exploiter.

L'ouverture de la mine où l'on n'arrive que par un trou très profond, n'a ordinairement que trois pieds de hauteur; en sorte que les Carriers sont obligés de s'y couler sur le ventre, souvent pendant un demi mille, & de travailler dans une posture si gênante à détacher quelque bloc de pierre, qu'ils apportent ensuite au trou, appuyés sur leurs hanches, d'où il est guindé en haut par une machine en forme de moulinet.

Comme chaque bloc pese environ deux cent livres, pour n'être point blessés par la pésanteur & la dureté de la pierre, ils se garnissent les hanches de coussinets; & pour s'éclairer, n'ayant point les mains libres, ils ont une chandelle attachée au milieu du front avec une espece de tresse en forme de fronton.

Quand les pierres sont montées, on les dégrossit avec le cizeau, & on leur donne une forme cylindrique d'environ un pied & demi de diametre, afin d'avoir plus de facilité de les mettre au tour. Les instrumens de ce tour ont leur mouvement par un moulin à eau, construit avec tant d'industrie, que l'Ouvrier qui conduit l'ouvrage, en peut arrêter la roue quand il lui plaît, avec la même facilité qu'un Tourneur en bois est maître de sa pédalle. Il faut remarquer que ce sont les cizeaux & autres instrumens de fer qui tournent, & qu'on y présente la pierre qu'on travaille.

De chaque bloc on tire plusieurs pots, plus grands ou plus petits, suivant qu'ils approchent de la circonference. Il n'y a que le corps des pots qui se tournent, les anses & les pieds s'y ajoutent après coup.

LAVELANET, en Languedoc. L'on y fabrique différentes étoffes de laine. *Voyez* l'Etat général, Tome I. page 214.

LAVER A DOS. Laver à dos de la laine, c'est laver la toison sur la bête avant que de la tondre. *Voyez* LAINE.

LAVER AU PLAT. Terme de Monnoyage. C'est laver dans un plateau ou bassin de bois, les cendres, balayeures & autres choses semblables, pour en tirer les plus gros morceaux d'or ou d'argent qui y sont mêlés. *Voyez ci-après* LAVURES.

LAVETON. C'est la grosse laine qui demeure dans les piles des moulins où se foulent les draps & autres étoffes de lainerie, c'est-à-dire, la bourre qui en sort par la foulure.

Le Laveton qui est gris, sort des étoffes les plus grossieres, comme des bureaux: celui qui est plus blanc, qu'on appelle aussi Bournalisse, vient des étoffes les plus fines.

On fait de mauvais matelas avec ces sortes de laines; mais il est défendu aux Tapissiers d'en faire dont les bords soient de bonne laine, & le dedans de Laveton.

LAVEUR & LAVEUSE. Celui ou celle qui lave le hareng. *Voyez* HARENG.

LAVEUR. Celui qui lave. On le dit des Relieurs qui lavent les livres, des Gantiers qui préparent cette sorte de gants qu'on nomme Gants lavés, & des Megissiers qui lavent les toisons. *Voyez les articles où il est parlé de ces Ouvriers.*

LAVEURE. Action par laquelle on lave quelque chose. Ce terme signifie quelquefois la chose lavée.

LAVEURE parmi les Peintres. C'est un dessein relevé d'une seule & simple couleur en détrempe, comme d'encre de la Chine, ou de bistre, &c. Chez les Relieurs & Libraires il se dit d'une eau légere que l'on donne à toutes les pages d'un Livre avant de le relier; ce qui en rend le papier plus lissé & plus beau. Chez les Gantiers c'est une façon que l'on donne à de certains gants qu'on appelle Gants lavés. Il y a encore quelques Arts & Métiers où l'on se sert du terme de Lavure au singulier; mais il est particuliérement en usage au pluriel dans les Hôtels des Monnoies, & parmi les Orfévres, Batteurs & Tireurs d'or, & autres Ouvriers qui travaillent sur l'or & sur l'argent.

LAVEURES, en termes de Monnoies, & chez les Orfévres & autres travaillans en or & en argent. Sont les particules d'or que l'on retire des cendres, terres & balayeures en les lavant à plusieurs reprises, ou en les mettant dans cette espece de cuvier qu'on appelle Moulin aux Lavures.

Quand on veut faire les Lavures, on rassemble non-seulement les cendres des fourneaux & les balayeures des lieux où se font les travaux des monnoyes & de l'orfévrerie, mais encore l'on concasse les vieux creusets de terre & les loupes des fourneaux mêmes, c'est-à-dire, les briques & carreaux dont les fourneaux sont faits, ausquels quelques petites parties d'or ou d'argent se sont attachées par le pétillement, qui est ordinaire à ces métaux, quand ils sont dans leur dernier degré de chaleur.

Toutes ces matieres, qu'on appelle Terres de

Laveures, ayant été bien concassées & mêlées ensemble, on les met dans de grands plateaux de bois en forme de bassins, où elles sont lavées à plusieurs reprises & dans plusieurs eaux, qui coulant par inclination dans les cuviers qui sont au dessous, entraînent avec elles les terres & les parties les plus imperceptibles de l'or & de l'argent; ne restant au fond des plateaux que les particules les plus considérables & les plus grosses, que l'on apperçoit aisément à l'œil, & qui peuvent se retirer à la main, sans y employer d'autre industrie. On appelle cela Laver au plat.

Après que par le moyen de cette simple Laveure on a tiré le plus gros de l'or & de l'argent, on se sert du vif-argent & du moulin aux Lavures, pour en tirer aussi les plus imperceptibles qui sont encore restés dans les terres.

Ce moulin est un grand cuvier de bois, relié de fer, assez de la forme d'un demi-muid, dont le fond de dessus peut se lever: au fond d'en bas du cuvier est une espece de moulin de fer ou de fonte, composé de deux pieces principales, dont celle de dessous est convexe, & celle qui la couvre pardessus, & qui a la forme d'une croix, est concave: ce sont ces deux pieces qui servent comme de meules au moulin. Au dessus du cuvier est une manivelle couchée horisontalement, qui par le moyen d'un axe où elle est attachée, fait tourner la piece ou meule superieure. Enfin il y a un bondon en bas pour faire écouler l'eau & les terres, quand elles ont été assez moulinées.

Un seul Ouvrier assis sur un siege élevé & placé au milieu de deux de ces cuviers, suffit pour donner le mouvement à deux moulins, dont il tourne les manivelles, l'une à droite & l'autre à gauche.

Quand les moulins sont préparés, & qu'on veut faire les lavures, on emplit les cuviers d'eau commune, dans laquelle on jette trente ou quarante livres de vif-argent, plus ou moins suivant leur capacité, & environ deux plateaux ou un boisseau des terres qui sont restées de la premiere lavure qu'on a faite à la main.

Tout cela étant enfermé ensemble dans le cuvier, on tourne la manivelle, qui donnant le mouvement à la piece superieure du moulin, agite & broye fortement les terres & le vif-argent, qui par ce mouvement attire & amalgame plus facilement les parties d'or & d'argent qui y sont mêlées.

Ce travail dure deux heures entieres, après lesquelles on ouvre le bondon par où l'eau & les terres s'écoulent dans un cuvier. De nouvelle eau & de nouvelle terre ayant été remises dans le cuvier du moulin, on continue les lavures jusqu'à ce que toutes les terres y ayent passé.

Les terres des lavures passent ordinairement trois fois au moulin, & c'est rarement qu'on les y met une quatriéme fois. C'est aussi ordinairement le même vif-argent qui sert toutes les trois fois. Si cependant il se trouve trop chargé dès la premiere, il le faut changer, & de même à la seconde, parce qu'il empêche alors le mouvement du moulin, qu'on ne tourne que difficilement, à cause du trop grand poids de l'amalgame.

Quand il ne reste plus dans le moulin que le vif-argent uni à l'or ou à l'argent qu'il a amalgamé, on l'en retire; & après l'avoir lavé à plusieurs eaux, on le met en presse enfermé dans du chamois ou du coutil bien serré, afin d'en exprimer toute l'eau & tout le vif-argent clair; après quoi on fait évaporer au feu ce qui reste de vif-argent par le moyen des cornues & des autres vaisseaux propres à ces sortes d'opérations, dont on dit quelque chose dans les articles de l'Or & de l'Argent, où l'on peut avoir recours.

Il faut remarquer que l'or qu'on tire des lavures, n'est pas à proportion à si haut titre que l'argent qui en vient; y en ayant quelquefois de ce dernier métail, dont le titre se trouve à onze deniers dix-sept à dix-huit grains; ce qui vient de ce que l'argent qui se trouve mêlé avec l'or ne se réduit pas en scories comme le cuivre qui peut être avec l'argent.

LAVOT. Mesure dont on se sert à Cambray pour la mesure des grains. Il faut 4 lavots pour la raziere. La raziere rend 7 boisseaux ½ de Paris.

LAURET. Monnoie d'argent qui fut battue en Angleterre sous le Regne de Jacques I. vers l'an 1619. Elle fut ainsi appellée à cause de la branche de laurier dont la tête de ce Prince y étoit couronnée. Le grand Lauret qui valoit vingt sous, avoit deux diminutions, c'est-à dire, des demis Laurets & des quarts de Lauret. Le prix de ces especes étoit marqué au revers, aux unes par deux XX, aux autres par un X, & aux troisiémes par un V. La plupart de ces Laurets furent fondus dans la fabrique générale des nouvelles monnoies d'Angleterre, qui se fit sous le Regne de Charles II. On en voyoit néanmoins encore sous celui de Guillaume III.

LAURIER. Arbre très odorant qui est toujours verd. Sa feuille est longue, large par en bas, pointue par en haut d'un verd-brun, lustrée & lissée. Sa fleur est petite & blanche. Son fruit qu'on appelle Baye de laurier, est rond, de la grosseur d'un gros grain de chapelet, verd d'abord, brun en meurissant, & noir quand il est sec.

Les bayes de laurier ont quelque usage en Médécine, & servent aussi aux Teinturiers & Maréchaux.

De ces bayes encore récentes bouillies dans de l'eau on tire l'huile de laurier. La meilleure vient de Languedoc; & quoiqu'on en envoye aussi quantité de Provence, cette derniere est si sophistiquée, que le plus sûr est de s'en fournir à Montpellier.

Celle que l'on fait à Paris, à Lyon, à Rouen, ne doit pas être plus estimée que celle de Provence; & au lieu d'huile de laurier l'on n'a souvent que de la graisse & de la thérebentine verdie avec du verdet ou de la morelle.

La véritable huile de laurier, à laquelle les Médecins donnent aussi le nom d'Huile Laurin, doit être choisie nouvelle, odorante, grenue, d'une consistance solide, & d'un verd tirant sur le jaune. Celle qui sera verte, unie, liquide, doit être rejettée, comme étant certainement sophistiquée. Cette huile est employée heureusement contre les humeurs froides & en quelques autres remedes; mais la plus grande consommation s'en fait par les Maréchaux.

L'Huile de Laurier paye en France les droits d'entrée à raison de 50 s. du cent pésant, conformément au Tarif de 1664; & à la Douane de Lyon, dans le Tarif de laquelle elle est appellée Huile de Laurin, 15 s. du quintal.

Les Bayes de Laurier payent en France les droits d'entrée sur le pied de 10 s. du cent pésant, suivant le même Tarif de 1664; & par celui de Lyon, 3 s. 9 d.

du quintal pour l'ancienne taxation, & 2 s. 3 d. de nouvelle réapréciation.

LAW

LAWKS ou les Boutiques. C'est ainsi que l'on nomme à Petersbourg le principal Marché de cette nouvelle Ville que le Czar Pierre Alexowits a fait bâtir dans le fond de la Mer Baltique, avec tant de dépense & de magnificence.

C'est aux Lawks que se fait tout le marché de Petersbourg, & où se vendent toutes les marchandises ou qui y viennent du dehors, ou qui se fabriquent dans ses Manufactures, n'étant permis à qui que ce soit d'en garder ni d'en vendre dans aucun autre endroit.

Ce Marché est composé d'une grande cour avec un Bâtiment de bois à deux étages couvert de tuiles, qui est partagé en deux par une muraille qui regne dans toute sa longueur en dedans, & le coupe d'un bout à l'autre, en sorte qu'il y a un double rang de boutiques, tant en bas qu'en haut, dont l'un donne sur la rue & l'autre sur la cour.

Il y a aussi des galleries au long des boutiques, où ceux qui viennent acheter sont à couvert de la pluye.

Toutes les boutiques des deux étages sont très bien garnies.

Cette maison appartient au Czar, qui en loue cherement les boutiques aux Marchands, à qui pourtant il n'est pas permis d'y loger. Pour la sûreté des marchandises, il y a des sentinelles & des corps-de-gardes aux quatre coins & aux quatre portes.

Comme il est défendu de vendre aucune marchandise dans les maisons particulieres, & qu'il y a un continuel concours de voitures qui les transportent à ce Marché, & de Marchands qui y abordent, n'y ayant pas moins de vingt nations differentes qui ont accoutumé d'y faire leur commerce, le bruit, le fracas & la presse y sont toujours si extraordinaires, qu'il est presque impossible de s'entendre les uns les autres, ni d'en percer la foule.

En 1710, ce Marché fut presque consumé par un incendie, d'où l'on ne sauva que peu de marchandise. Il a depuis été rebâti plus magnifiquement & avec moins d'appréhension pour les accidens du feu. C'est ce dernier Batiment dont on vient de donner la description.

LAY

LAYE, en terme d'exploitation & de commerce de bois, signifie une route que les Arpenteurs ou autres Officiers des Eaux & Forêts, font autour des coupes qui doivent être vendus par le Grand Maître, afin d'en fixer le mesurage & la consistence.

Il est défendu par l'article VII du titre XV de l'Ordonnance de 1669, aux Arpenteurs & Sergens de garde, de faire les routes plus larges de trois pieds pour passer les porte-perches & les Marchands qui iront visiter les ventes, à peine de cent livres d'amende & de restitution du double de la valeur du bois abbatu.

L'article VIII du même titre porte, que les bois abbatus dans les layes & tranchées, ne pourront être enlevés, mais demeureront au profit de l'Adjudicataire & lui appartiendront.

LAYE. Veut dire aussi dans le même commerce des bois, la marque que l'on fait dans les taillis du Roi à quelques arbres de la belle venue pour être réservés en futaye.

LAYER UN ARBRE. C'est le marquer du marteau du Roi ou de celui du Grand-Maître.

LAYEUR. Celui qui marque les arbres réservés.

LAYETTE. Petite boete ou coffre fait d'un bois leger, ordinairement de hêtre, dans lequel on serre du linge & autres menues hardes de peu de conséquence.

LAYETTES. On nomme ainsi dans le commerce des bois, les planches de hêtre qui servent à divers ouvrages des Maîtres Layettiers. On les appelle autrement Goberges. *Voyez l'article suivant, ou celui de* GOBERGE.

LAYETTIER. Ouvrier qui fait & qui vend des layettes.

Les Maîtres de la Communauté des Layettiers de Paris se qualifient Maîtres Layettiers-Ecrainiers de la Ville & Fauxbourgs de Paris.

Leurs premiers Statuts sont d'une assez grande antiquité, à en juger par les quinze articles qui sont rappellés dans la Sentence du Prévôt de Paris, auquel les Maîtres de la Communauté avoient été renvoyés par François I en 1521, pour donner son avis sur les nouveaux Statuts qu'ils avoient fait dresser.

Cette Sentence est du 31 Janvier 1522. N'ayant été présentée au Roi que quatre ans après, le même François I donna de nouvelles Lettres du 26 Mars 1526, portant encore renvoi au Prévôt de Paris, pour confirmer & homologuer les Statuts que ledit Prévôt avoit vûs, reformés & approuvés en 1522; ce qui fut fait par une seconde Sentence du 27 Juin 1527.

Enfin ces Statuts contenus en vingt-neuf articles furent encore augmentés de cinq autres, sur lesquels il y a des Lettres de Henri III du 7 Janvier 1582.

Cette Communauté a ses Jurés pour veiller à ses privilèges, faire les visites, & donner les Lettres d'Apprentissage & de Maîtrise. Ces Charges ayant été érigées en titre d'Office par l'Edit de 1691, furent l'année suivante réunies & incorporées, & le droit d'élection rétabli.

L'apprentissage est de quatre années, & l'Aspirant à la Maîtrise est sujet au chef-d'œuvre, à moins qu'il ne soit Fils de Maître.

Les ouvrages permis aux Maîtres, sont des Huches de bois de hêtre; des Ecrains & Layettes à gorge ou autrement; des Ratieres & Souricieres; des Cages de bois à écureuils & rossignols; tous Coffres de bois cloués; des Boetes à mettre trébuchets & balances; des Pupiltres & Ecritoires de bois; des Boetes d'épinettes & manicordions; enfin toutes Boetes de forme ronde ou ovale, & autres legers ouvrages de cette sorte, de bois de sapin, mairain & autres.

Les Layettiers se servent presque de tous les outils des Menuisiers, comme d'Estably, de Ciseaux, d'Equerres, de Marteaux, de Rabots, de Feuillerets qu'ils nomment des Rainoires, de Regles, de Scies, de Vilbrequins, de Compas, &c. étant en effet des especes de Menuisiers de menus ouvrages. Ils en ont néanmoins qui leur sont propres, tels que la Colombe, le Poinçon à percer leur bois; le Ploir à plier & couper le fil de fer; une sorte de Vilbrequin; & deux Enclumes, l'une à main, & l'autre antée sur un billot.

Tous ces outils & instrumens sont expliqués à leurs articles.

LAYZE ou LAISE. Terme de Manufacture. Il se dit dans plusieurs Provinces de France, pour signifier la largeur d'un drap, d'une étoffe de soie, ou d'une toile. Il se trouve dans les Statuts pour les étoffes de soyerie qui se fabriquent à Lyon, & dans le Réglement des toiles de Rouen du 14 Aout 1676. *Voyez* LAIZE.

Il s'entend aussi dans la même signification que le terme de Lé. Ainsi pour dire, Il faut six lés de velours pour une jupe, on dit, il faut six layses.

LAYZE DE BONJON. Le Réglement pour les toiles de Normandie nomme Layze de Bonjon, la largeur que doivent avoir les toiles qu'on appelle Toiles brunes : cette laize est de trois quarts & demi & un sixiéme.

L A Z

LAZARET. On nomme ainsi à Ligourne & en plusieurs endroits d'Italie, les lieux situés hors la Ville destinés pour faire faire quarantaine aux personnes & aux marchandises qui arrivent des Pays suspects de contagion.

Dans les lazarets de Ligourne il y a des Capitaines qui ont sous eux divers Commis, qui tiennent registre de toutes les marchandises qui y entrent, de leur quantité & qualité, du nom du bâtiment qui les a apportées, du Capitaine qui le commande, & du lieu d'où elles viennent. Les droits des Lazarets se payent au Sous-Provéditeur de la Douane, suivant le compte qu'il en fournit aux Propriétaires des marchandises qui ont fait quarantaine. *Ces droits vont environ à un pour cent de leur valeur. Voyez* PROVEDITEUR.

L E'

LE'. Largeur d'une étoffe ou d'une toile entre les deux lisieres. Cette étoffe est étroite, il m'en faudra six lés, c'est-à-dire, six fois sa largeur. Un lé de drap, un lé de damas, un lé de satin, un lé de taffetas, &c.

LE'. Se dit aussi, en termes d'Eaux & Forêts, de l'espace que les Propriétaires des terres qui sont le long des rivieres, doivent laisser pour le tirage des hommes ou des chevaux qui montent ou descendent des batteaux. Le lé est ordinairement de vingt-quatre pieds. *V.* VOITURE & VOITURIER.

L E A

LEAM. Morceau d'argent qui se prend au poids, & qui sert dans la Chine comme d'une espece de monnoie courante. Les Portugais l'appellent Telle ou Tael. *Voyez* TAEL.

L E C

LECHE. On nomme ainsi dans le monnoyage de l'Amérique Espagnole, particuliérement au Mexique, une espece de verni de lie que l'on donne aux piastres qui s'y fabriquent, afin de les rendre d'un plus bel œil. Ce verni fait qu'on préfere les piastres Colonnes aux Mexicanes, à cause du déchet qu'il a dans la refonte. *Voyez* MEXICANES.

LECQUE. *Voyez ci-après* LECTH, monnoie de compte.

LECTH. *Voyez* LETH.

LECTH ou LECQUE. C'est aussi une façon de compter usitée dans les Indes Orientales, particuliérement dans les Etats du Grand Mogol, qui signifie cent mille. C'est une maniere de s'exprimer pareille à celle des Hollandois, qui disent, Une tonne d'or, pour signifier cent mille livres monnoie de Hollande. Ainsi lorsque dans les Indes on dit, Un lecth de roupies, ou Un lecth de pagodes, cela se doit entendre, cent mille roupies ou cent mille pagodes, qui sont des monnoies du Pays. Un lecth de roupies fait environ cinquante mille écus. *Voyez* ROUPIE & PAGODE.

LECTOUR. Ville de France dans le Comté d'Armagnac. Ses Foires, plus que ses Manufactures, la rendent célebre : il s'y fait cependant quelques grosses étoffes. Elle est dans le Département de l'Inspecteur des Manufactures de Montauban. *V.* l'Etat général du Commerce, T. I. page 32.

L E G

LEGATINES. Petites étoffes faites ou mêlées de poil de fleuret, de fil, de laine ou de coton. Elles sont de trois largeurs, les unes de demie-aune moins un seize, les autres de demie-aune entiere, & les plus larges de demie-aune un seize.

LEGATURE. Petite étoffe qu'on nomme autrement Ligature, Brocatelle & Mezeline. *Voyez* LIGATURE.

LEGE. Terme de Commerce de mer. Il se dit des navires qui reviennent à vuide. Ce vaisseau a fait un mauvais voyage, il retourne lege, c'est-à-dire, qu'il revient sans avoir chargé de marchandises.

LEGENDE. Ce qui se lit sur les monnoies, les médailles & les jettons, & qui y est gravé par le moyen des coins ou poinçons. On dit, Un poinçon de legende, pour dire, celui avec lequel le Tailleur grave ses légendes. Il y en a autant que de lettres. On y comprend aussi ceux des points & des virgules. *Voyez* MONNOYE & POINÇON.

LEGIS. Les soies Legis viennent de Perse, ou par les retours des vaisseaux qu'on envoye d'Europe à Bender-Abassi dans le Golfe Persique, ou par ceux qui trafiquent dans les Echelles du Levant, & particuliérement à Smyrne.

Ces soies sont les plus belles de Perse après les sourbassy ou cherbassy, & sont de la même qualité. La seule différence qu'il y a ne consistant que dans le triage qu'on en fait ; en sorte que les legis sont proprement les moins fines des sourbassy.

Ces soies viennent en balles de vingt battements chacune, le battement de six occos qui font dix-huit livres douze onces du poids de Marseille, & poids de marc quinze livres.

Il y en a de trois sortes ; les legis Vourines qui sont les plus belles ; les legis Bourmes ou Bourmio qui suivent ; & les legis Ardasses qui sont les plus grosses ; & c'est de cette derniere sorte dont les François chargent le plus à Smyrne. *Voyez* SOYES DU LEVANT.

LEGUMES. S'entend dans l'usage ordinaire, des plantes potageres, comme des artichaux, des laitues, du sellery, &c. & des semences qui se mangent en verd, comme des pois, des féves, des haricots, &c. Dans le commerce il ne se dit que de ces derniers quand ils sont secs.

Les principaux de ces légumes sont des pois nains jaunes & verds, des lentilles, de grosses féves, des féverolles, des haricots, de la vesse, &c. Les pois viennent ordinairement de Normandie & de Gallardon, les féves d'haricot de Picardie. A Paris ce sont les Epiciers, les Chandeliers & les Grainiers qui font le commerce des légumes secs. Pour les légumes en verd, ce sont les Jardiniers & les Maraichers.

Les Légumes secs, où sont compris, pois, féves, graine de lin, pois chiches, vesses, lentilles, chenevis, navette, senevé, mil ou millet, panis, piley, blé de Turquie, &c. payent en France, le muid contenant 2 tonneaux faisant 12 septiers mesure de Paris, 12 liv. de droits d'entrée ; sçavoir 30 s. pour l'ancien droit, & 10 liv. 10 s. pour la traite domaniale.

Les mêmes Légumes payent de droits d'entrée entrant par la Province d'Anjou, 1 liv. 5 s. aussi du muid mesure de Paris.

Tous ces Légumes sont réputés marchandises de contrebande pour la sortie du Royaume, & ne peuvent être envoyés à l'Etranger sans permission, conformément à l'Ordonnance de 1687.

LEI

LEIPSICH, Ville de la Haute Saxe, très célébre par son Commerce & par ses Foires. *Voyez* l'Etat général, Tome I. page 233. *Voyez aussi* l'article des Foires, où il est parlé de celles d'Allemagne.

LEIPZIS. Sorte de serge qui se fabrique à Amiens.

L'article 79 des Statuts de la Sayetterie de cette Ville ordonne, Que les Leipzis seront faites de seize buhots trente-deux portées, ayant de largeur entre deux gardes demie-aune de Roi moins un douziéme, & de longueur hors l'estille ou métier ; sçavoir les blanches vingt-deux aunes & demie, & les mêlées vingt-trois aunes, pour revenir à vingt aunes & un quart, ou vingt aunes & demie de Roi, tout appointées & apprêtées.

LEK

LEK. Monnoie de compte dont on se sert en quelques lieux des Indes Orientales. *Voyez* Lechi *ou* Lecque.

LEN

LENPE. Sorte de perle qui se pêche dans quelques Isles du Brésil. *Voyez* Perle.

LENTILLE. Sorte de légume en forme de petit pois applatti, qui sert à la nourriture des hommes & des bestiaux. Les Lentilles font partie du négoce des Grainiers, des Chandeliers & de quelques Marchands Merciers. *Voyez* Legumes.

Lentille, en termes d'Optique. Est un verre taillé en forme de Lentille, épais dans le milieu, tranchant sur les bords. Il est convexe des deux côtés, quelquefois d'un seul, & plat de l'autre ; ce qui s'appelle Plan convexe. Le mot de Lentille s'entend ordinairement des verres qui servent au microscope à liqueurs, & des objectifs des microscopes à trois verres. Le plus grand diametre des Lentilles est de cinq à six lignes ; les verres qui passent ce diametre s'appellent Verres Lenticulaires. Il y a de deux sortes de Lentilles, les unes soufflées & les autres travaillées. On entend par Lentilles soufflées, de petits globules de verre fondus à la flamme d'une lampe ou d'une bougie ; mais ces Lentilles n'ont pas la clarté & la distinction de celles qui sont travaillées, à cause de leur figure qui n'est presque jamais exacte, & de la fumée de la lampe ou bougie qui s'attache à leur surface dans le tems de la fusion. Les autres sont travaillées & polies au tour dans de petits bassins de cuivre. On a trouvé depuis peu le moyen de les travailler d'une telle petitesse, qu'il y en a qui n'ont que la troisiéme & même la sixiéme partie d'une ligne de diametre : ce sont celles qui grossissent le plus, & cette augmentation va jusqu'à plusieurs millions de fois plus que l'objet n'est en lui-même. La poussiere qui est sur les aîles des papillons, & qui s'attache aux doigts quand on y touche, y paroît en forme de tulipes d'une grosseur surprenante. Il est difficile, pour ne pas dire impossible, de les faire plus petites ; la difficulté de les monter deviendroit insurmontable.

Maniere de tourner les Lentilles.

Après avoir mastiqué un petit morceau de cuivre au bout de l'arbre d'un tour à lunette, avec un foret d'acier applatti & arrondi, on tourne le bassin du diametre de la Lentille qu'on y veut travailler : ensuite ayant choisi & taillé un petit morceau de glace blanche & bien nette, on le mastique du côté d'une de ses surfaces plattes au bout d'un petit mandrin avec de la cire d'Espagne noire, la rouge ne faisant pas voir si bien les défauts qui sont au verre que l'on travaille, & l'on use cette glace du côté qui n'est point mastiqué, en la tournant sur une meule avec de l'eau jusqu'à ce qu'elle ait une figure presque convexe. On l'acheve au tour dans le bassin qui y est monté avec du grès fin & mouillé. Il faut prendre souvent de ce grès jusqu'à ce qu'on s'apperçoive que la Lentille soit bien ronde : lorsqu'elle est parvenue à ce point, on cesse d'en prendre ; mais il faut continuer de la tourner dans le bassin jusqu'à ce que le reste du sable qui y est resté soit devenu si fin qu'il l'ait quasi polie. On s'apperçoit de cela lorsqu'après l'avoir essuyée, l'image de la fenêtre du lieu où l'on travaille se peint sur sa superficie : si elle ne l'est pas, on la trempe dans l'eau sans prendre de sable, & on la tourne jusqu'à ce qu'elle soit assez polie. Il faut alors couvrir le bassin d'un linge plié en deux ou trois, & avec de la potée d'étain, ou du tripoli de Venise, délayé dans de l'eau, on acheve de la polir entierement. On connoît qu'elle est polie, en regardant avec la loupe si les petites cavités que le sable a faites en l'usant sont effacées : il la faut alors démastiquer & la mastiquer du côté qui est travaillé pour travailler l'autre de même que le premier, jusqu'à ce que les bords de la Lentille soient tranchans, & qu'elle soit parfaitement polie. Lorsqu'elle est achevée, on se sert d'esprit de vin pour la laver, & pour emporter ce qui peut y être resté de cire.

On pourroit ajouter une troisiéme sorte de Lentille, qui consiste en une goute d'eau posée sur un petit trou fait à une piece de léton que l'on applique au microscope. Cette goute réunie en globe par la pression de l'air, fait le même effet qu'une Lentille soufflée. Ce sont les Marchands de lunettes qui font & vendent ces Lentilles.

LENTISQUE, ou LINTISQUE. Arbre d'où coule le mastic. Cet arbre croît aux Indes Orientales, en Egypte, & dans l'Isle de Chio. Les Italiens en cultivent aussi beaucoup. Il est si précieux dans l'Isle de Chio, qu'il n'y va pas moins que d'avoir le poing coupé, si l'on étoit surpris en abattant un Lentisque, ou qu'on fût convaincu de l'avoir fait, fût-ce de ses propres arbres.

Le Lentisque est petit, son tronc peu gros, mais qui jette quantité de branches qui s'abaissent vers la terre. Il est toujours verd, & a son écorce rougeâtre, pliante & gluante. Ses feuilles sont épaisses, grasses, fiéles, d'un verd obscur avec un peu de rouge au bout, & d'une odeur forte. Son fruit est dans une espece de gousse ou baye recourbée, qui vient en forme de grappe ; & qui après avoir été quelque tems verte, noircit en meurissant. Outre les gousses qui renferment le fruit, il y a aussi comme de médiocres vessies remplies d'une liqueur claire qui se convertit en de petits insectes volans.

On doit choisir le Lentisque nouveau, pésant, difficile à rompre, gris au dessus & blanc au dedans, d'un goût astringent, & garni de ses feuilles s'il est possible; & sur-tout prendre garde que ce ne soit de la coudre mentianne; ce qui peut se reconnoître en ce que le Lentisque est beaucoup plus lourd que la coudre.

Les Italiens tirent de la baye ou fruit du Lentisque une huile dont on se sert, aussi-bien que du bois & des feuilles, à guérir la dissenterie. Le bois sert encore à faire des curedents qui sont fort en usage en France, en Angleterre & en Hollande. *Voyez* MASTIC.

LEO

LEON. Ville de l'Amérique Espagnole dans la Province de Nicaragua. Cette Ville qui n'a gueres moins de 1200 maisons, trafique sur les deux mers du Nord & du Sud, par où elle reçoit les marchandises d'Europe & celles de la Chine, & de plusieurs lieux des Indes. *Voyez* l'Etat général, Tome I. page 493.

LEONDALE. Monnoie qui a cours dans plusieurs endroits des Etats du Grand Seigneur. Ces especes prennent leur nom d'un lion qui sert d'empreinte à un des côtés de la piece; elles ne sont gueres différentes des richedales ou écus de Hollande pour la forme, mais le prix n'en est pas si fort, l'écu valant depuis 48 jusqu'à 50 aspres, & la leondale seulement 40.

Pour les distinguer on appelle l'écu de Hollande caragroch, & les leondales simplement groch. On voit beaucoup de ces derniers sur les frontieres de Russie, parce que tout le commerce de Valachie & de Constantinople qui passe par les Provinces d'entre le Dniestre & le Danube, ne se fait gueres qu'en leondales. *Voyez* CARAGROCH, GROCH, RICHEDALLE & DALLER.

LEONESES. On appelle à Bayonne Ségovies-leoneses, les plus belles laines d'Espagne qui se tirent du Royaume de Leon. *Voyez* l'Etat général du Commerce, où il est parlé de celui de Bayonne.

LEOPOLD. Monnoie fabriquée en Lorraine depuis le rétablissement du Duc Leopold-Joseph dans ses Etats, en conséquence du Traité de Riswick.

Les Leopolds, ainsi nommés du nom de ce Prince, sont de deux sortes, les uns d'or & les autres d'argent. Ceux d'or sont au titre & du poids des anciens louis d'or de France, & ceux d'argent semblables aux écus ou louis blancs.

Louis XIV. par un Arrêt de son Conseil du 3 Aout 1700, ordonna qu'ils auroient cours les uns & les autres sur le pied & aux mêmes conditions que les louis & écus de France portés par l'Arrêt aussi de son Conseil du 13 Juillet précédent: mais depuis ils ont été comme les autres especes étrangeres seulement reçus dans les Hôtels des Monnoies au marc & pour le prix fixé par les Ordonnances.

LES

LESCIVE, LESSIVE ou LEXIVE. Terme de Buanderie & de Blanchierie. Ce qui sert à blanchir la toile écrue ou le linge sale.

Les Lescives se font avec des soudes ou avec des cendres, soit gravelées, soit communes; quelquefois même avec de la chaux; mais cette derniere est défendue par les Reglemens pour le blanchiement des toiles en écru.

On appelle Couler la Lescive, jetter de l'eau chaude sur toutes ces drogues, ou quelques-unes d'elles, qui sont mises sur le cuvier des Blanchisseurs dans ce qu'on appelle le Charier. Cette eau blanchit le linge par l'acrimonie des sels dont elle cause la dissolution, & qu'elle entraîne avec elle en coulant par un trou ménagé au bas du cuvier. Ce trou s'appelle la Pissôte. Pour empêcher l'eau d'en sortir trop promptement, il est ordinairement à demi bouché avec de la paille. *Voyez* BLANCHIMENT, BLANCHIRIE *&* BUANDIER.

LESCIVE. Se dit aussi dans les sucreries, d'une eau préparée & impregnée de différentes drogues, qui sert pour purifier & rafiner les sucres, ou ce qu'en termes de l'art on appelle le Vésou. La préparation de cette Lescive est une des plus importantes parties de la science du Rafineur.

On fait cette Lescive dans une espece de cuvier plus large par en haut que par en bas, qu'on nomme Baril aux Lescives. Il est troué comme le cuvier des Blanchisseurs, se met comme lui sur une sellette ou trépied, & comme à lui son trou se bouche avec de la paille neuve. Au dessous du trou on met un vaisseau pour recevoir la Lescive à mesure qu'elle coule.

Dans les purgeries des Isles Antilles, après que le baril aux Lescives est préparé, on y fait au fond une couche de diverses herbes hachées ou broyées avec la main. Ces herbes sont l'Herbe à pique, l'Herbe à blé, la Mal-nommée & la Lianne brûlante; les trois premieres en égale portion, & beaucoup moins de la derniere.

Le fond du cuvier étant garni de ces quatre sortes d'Herbes jusqu'à trois pouces de hauteur, on les couvre d'un lit de cendres de pareille épaisseur, qui doivent être faites du meilleur bois, c'est-à-dire, de châtaignier, de bois rouge, de bois de caraïbe, de résinier & d'oranger, qui sont tous bois qui ont beaucoup de sels. Sur les cendres se met une couche de chaux vive aussi de trois pouces, & sur la chaux vive une nouvelle couche des mêmes herbes, ausquelles on ajoute une ou deux cannes d'inde ou de séguine bâtarde amorties au feu, & coupées par rouelles de l'épaisseur d'un écu.

Quand le baril aux Lescives est entiérement plein de ces diverses couches que l'on répete alternativement tant qu'il en est besoin, en observant que la derniere soit d'herbes bien hachées, on le remplit d'eau froide, si les cendres sont encore chaudes, & d'eau chaude, si les cendres sont froides; & à mesure que le vaisseau qui est sous la pissote ou chantepleure se remplit de cette eau, on la rejette sur le haut du baril, ce qu'on fait jusqu'à ce que la Lescive soit assez faite, c'est-à-dire, jusqu'à ce qu'on n'en puisse souffrir l'acrimonie en la mettant sur le bout de la langue, ou qu'elle jaunisse le doigt comme si c'étoit de l'eau-forte.

Lorsque les cannes sont vertes, & par conséquent grasses & difficiles à purger, on ajoute aux herbes de l'antimoine crud réduit en poudre; ce qui dégraisse admirablement le sucre; mais cette drogue est sujette à noircir la Lescive, & à rendre le sucre un peu gris; aussi ne s'en sert-on ordinairement que pour le sucre brut. On parle ailleurs de la maniere d'employer cette Lescive. *Voyez* SUCRE.

LESCIVER ou LESSIVER. Blanchir quelque chose par le moyen de la lescive.

LESCIVER LES AIGUILLES. C'est après qu'elles ont été polies, les nettoyer du camboui ou couroy qui s'y étoit attaché pendant le poliment, en les lavant dans de l'eau de riviere ou de fontaine, dans laquelle on a fait dissoudre du savon. *Voyez* AIGUILLES, *à l'endroit où il est parlé de la maniere de les fabriquer.*

LESPARSO, Ville de l'Amérique Espagnole, située dans la Baye de Caldaira. Son négoce est de sucre & de cuirs. *Voyez* l'Etat général, Tome I. page 494.

LEST. *Voyez* LETH.

LEST. Est aussi une certaine quantité de cailloux ou de sable que l'on met dans le fond de cale des navires, pour les faire entrer dans l'eau, & les tenir en estire ou assiette, en leur donnant leur juste pésanteur: c'est ce que l'on nomme en Flandre Balast ou Quintelage.

Le Lest est quelquefois le tiers ou le quart ou la moitié de la charge du bâtiment; ce qui se regle par rapport au poids ou au volume des marchandises dont il est chargé. Plus un vaisseau est bas de varengue, & plus il a besoin de Lest.

L'Ordonnance de la Marine du mois d'Aout 1681, art. 1 & 6 du titre 4 du livre 4, veut, Que les Capitaines ou Maîtres des navires, en arrivant de la mer fassent leur déclaration à l'Amirauté de la quantité de Lest qu'ils ont dans leur bord; leur étant défendu de le jetter dans les ports, canaux, bassins & rades; ne pouvant être porté par les Délesteurs ailleurs que dans les lieux destinés pour cela.

LESTAGE. C'est l'embarquement du lest dans un navire.

LESTER UN VAISSEAU. C'est lui donner son lest.

LESTEUR. Il se dit également des Matelots qui prennent soin de lester un navire, & des batteaux ou chaloupes dans lesquels ils y portent le lest.

Voyez pour les quatre articles précédens l'article des Ordonnances, vous y trouverez dans l'extrait de celle de la Marine tout ce qui concerne le Lestage, les Lesteurs & le Lest. Voyez aussi l'article du DELESTAGE.

LET

LETH, qu'on écrit & qu'on prononce aussi LECTH, LEST ou LAST, suivant les différens idiomes des peuples qui se servent de ce terme. En France on dit, Leth.

Le leth signifie différentes choses. Tantôt il exprime la charge entiere d'un navire, c'est-à-dire, la quantité de tonneaux de mer qu'il peut porter; quelquefois il veut dire une certaine pésanteur de telle ou telle espece de Marchandise; & d'autres fois il signifie une sorte de mesure ou quantité de grains, plus ou moins forte suivant les divers Pays où elle est en usage.

En Hollande, Angleterre, Flandres, Allemagne, Dannemarck, Suede, Pologne, & dans tout le Nord, les navires se mesurent ou s'estiment pour leur port ou charge sur le pied de tant de leths, le leth pésant quatre mille livres, ou deux tonneaux de France de deux mille livres chacun: ainsi lorsque l'on dit qu'un vaisseau est de trois cent leths, cela doit s'entendre qu'il peut porter six cent tonneaux, ou douze cent mille livres pésant.

Pour connoître précisément le port d'un bâtiment, son fonds de calle qui est le lieu de sa charge, doit être mesuré ou jaugé à raison de quarante-deux pieds cubes pour chaque tonneau de mer. *Voyez* JAUGE.

Lorsqu'il s'agit du fret d'un vaisseau, voici par estimation ce qui passe ordinairement pour un leth, soit par rapport au poids, soit par rapport au volume de la marchandise; sçavoir:

Cinq pieces d'eau-de-vie.
Deux tonneaux de vin.
Cinq pieces de prunes.
Douze barils de pois.
Treize barils de goudron.
Quatre mille livres de ris, de fer ou de cuivre.
Trois mille six cens livres d'amandes.
Sept quartaux ou bariques d'huile de poisson.
Quatre pipes ou bottes d'huile d'olive.
Deux mille livres de laine.

En Hollande le leth qui est une certaine mesure ou quantité de grains, est semblable à trente-huit boisseaux mesure de Bordeaux, qui reviennent à dix-neuf septiers de Paris, chaque boisseau de Bordeaux pésant environ 120 livres poids de marc: ainsi le leth de grains en Hollande doit approcher du poids de quatre mille cinq cent soixante livres.

A Conisberg six leths font cent trente-trois septiers de Paris.

En Pologne le leth fait quarante boisseaux de Bordeaux, ou vingt septiers de Paris, chaque boisseau de Bordeaux estimé peser cent vingt livres; ensorte que sur ce pied le leth de grains en Pologne peut peser quatre mille huit cent livres.

En Suede & en Moscovie on parle par grand & petit leth; le grand leth est de douze barils ou petits tonneaux; & le petit leth est de six de ces barils.

A Dantzick le leth ou charge de lin est de deux mille quarante livres; le leth de houblon de trois mille huit cent trente livres. Le leth de farine ou de miel comprend douze petits tonneaux ou barils; celui de sel en contient dix-huit.

Le leth de Hareng salé, soit blanc ou sor, est composé de douze barils ou caques, que l'on appelle en Hollande Tonnes: chaque baril contient plus ou moins de hareng, suivant qu'il est plus ou moins gros, bien ou mal paqué ou arrangé dans les barils, ou que les barils sont grands ou petits.

L'Ordonnance des Gabelles de France regle le sel nécessaire pour la salaison de chaque leth de hareng blanc ou sor. *Voyez* HARENG, *vers la fin de l'article.*

Quand on dit, Un Leth de maquereau, Un Leth de gabillaud ou morue verte, cela doit s'entendre, douze barils remplis de ces sortes de poissons salés. *V.* MAQUEREAU, *&* MORUE VERTE, *vers la fin de l'article.*

EVALUATIONS DU LETH ou LAST.

AMSTERDAM.

Le last d'Amsterdam est de 27 muddes, le mudde de 4 schepels, le schepel de 4 vierdevats, & le vierdevat de 8 kops. Il n'y a que les Détailleurs qui se servent de ces deux dernieres divisions.

On divise aussi le last en sacs & en schepels, 36 sacs font le last, & il faut 3 schepels pour un sac.

Le last de froment pese ordinairement 4600 à 4800 livres poids de marc, le last de seigle 4000 à 4200; & le last d'orge 3200 à 3400 liv.

Le last est aussi la mesure des grains dans presque toutes les autres Villes & principaux lieux de commerce des Provinces-Unies, mais avec quelque diversité, soit de continence, soit de diminution.

PROVINCES DE HOLLANDE.

Les lasts de Monnikendam, d'Edam, & de Pumerent, sont égaux à celui d'Amsterdam.

Ceux de Horn, d'Enchuysen, de Muyden, de Narden & de Wesop, sont de 22 muddes ou 44 sacs, & le sac de 2 schepels.

Le last de Harlem est de 38 sacs, & le sac de 3 schepels, les 4 schepels font un hoed de Delft.

Le last d'Alkmaar est de 36 sacs, & le hoed de 4 schepels; mais ce dernier est de $\frac{1}{8}$ plus grand que celui de Roterdam.

Le last de Leyden est de 44 sacs, le sac de 8 schepels.

Le last de Roterdam, de Delft, & de Schiedam, est de 29 sacs, & le sac de 3 schepels, dont les 10 $\frac{2}{3}$ font un hoed. A Roterdam celui pour la graine de lin, est de 24 tonnes ou barils.

Le last de Dordreecht est de 24 sacs, le sac de huit schepels, 8 sacs font un hoed. Tous les grains s'y vendent & s'y achetent au hoed, qui fait 8 barils ou 32 schepels, comptant 4 schepels au baril. Les 3 hoeds font 1 last d'Amsterdam.

Le last de Tergouw est de 28 sacs, le sac de 3 schepels, les 32 schepels font 1 hoed.

PROVINCE D'UTRECHT.

Le last d'Utrecht est de 25 muddes ou sacs, les 6 muddes font 5 mouwers, les 10 $\frac{1}{2}$ muddes ou sacs, font un hoed de Roterdam.

Le last d'Amersfort est de 16 muddes ou de 64 schepels, les 6 muddes font 1 sac ou un hoed de Roterdam.

Le last de Montfort est de 21 muddes, le mudde de 2 sacs, & le hoed contient quatre huitiémes $\frac{1}{2}$ de plus que celui de Roterdam.

Le last de Yselsten est de 20 muddes, le mudde de 2 sacs, l'hoed contient $\frac{1}{8}$ plus que celui de Roterdam.

Le last de Vianen est semblable à celui de Yselsten; mais son hoed ne contient que 2 huitiémes plus que celui de Roterdam.

PROVINCE DE FRISE.

Le last de Leeuwarden, de Haarlingen, & de Groningue, est de 32 muddes, de 18 tonnes ou de 36 loopers, qui font 3 hoeds de Roterdam.

PROVINCE DE GUELDRES.

Le last de Nimegue est de 21 mouwers $\frac{1}{2}$, & celui d'Arnhem, & de Doesbourg, de 22. Le mouwers est de 4 schepels, les 8 mouwers font le hoed de Roterdam.

Le last de Thiel est de 22 muddes, le hoed de Roterdam est d'un achtelin ou huitiéme plus grand que celui de Thiel.

Le last de Roermonde est de 68 schepels ou astelingens. Les 10 vertels y font le hoed de Roterdam.

Le last de Bommel est de 18 muddes $\frac{1}{2}$, il est plus grand que celui de Roterdam de $\frac{2}{8}$e.

PROVINCE D'OVER-ISSEL.

Le last de Campen est de 44 muddes $\frac{1}{2}$ pour les blés, les 9 muddes font le hoed de Roterdam.

Le last de Zwol est de 26 sacs ou 9 muddes, qui font le hoed de Roterdam.

Le last de Deventer est de 36 muddes, & le mudde de 4 schepels.

PROVINCE DE ZELANDE.

Le last de Midelbourg est de 41 sacs & 1 achetendeel, comptant le sac de 2 achetendeels.

Le last de Flessingue & de Treveer, est de 39 sacs.

Le last de Zirichzée, de Ter-Goes, de Bonnacre, de Tertolen, de Stavenes, & Duyrelakt, est de 37 sacs $\frac{1}{2}$.

Le last de Sommelsdyk, de Dirkland, de Middelharnes, de Veltiesplaat, du pays de Puten, & de la Brille, est de 38 sacs $\frac{1}{2}$, ce qui revient à peu près au last de Midelbourg.

PROVINCE DE BRABANT.

Le last d'Anvers pour les blés est de 37 viertels $\frac{1}{2}$, & celui pour l'avoine 37 viertels juste, le viertel se divise en 4 muchens, les 14 viertels font le hoed de Roterdam.

A Bruxelles il faut 25 sacs pour le last d'Amsterdam.

Le last de Malines est de 34 viertels $\frac{1}{2}$, 100 viertels en font 108 d'Anvers, les 12 viertels font 29 achetendeels de Delft.

Le last de Louvain est de 27 muddes, & le mudde de 8 halsters.

Le last de Breda pour le blé, est de 33 viertels $\frac{1}{2}$, & de 29 pour l'avoine. Les 13 viertels font 18 sacs ou 1 hoed de Roterdam, 14 viertels d'Anvers & le chapeau de Delft. *Voyez* VIERTEL.

Le last de Steebergen est de 35 viertels.

Le last de Bergopsom est de 63 sisters pour le blé, & de 28 $\frac{1}{2}$ pour l'avoine.

Le last de Bois-le-Duc est de 20 mouwers $\frac{1}{2}$, les 8 mouwers font 1 hoed de Roterdam.

PROVINCE DE FLANDRE.

Le last de Gand est de 56 halsters pour le blé, & de 38 pour l'avoine; les 12 halsters font un mudde en 6 sacs, chaque sac est de 2 halsters: on y achete & vend les grains par muddes ou par halsters.

Le last de Bruges est de 17 hoeds $\frac{1}{2}$ pour le blé, & de 14 $\frac{1}{2}$ pour l'avoine, qui font un last d'Amsterdam, le hoed de Bruges fait 4 achetendeels $\frac{24}{33}$ de Delft.

Le last de Saint Omer est de 22 rasieres $\frac{1}{2}$. *V.* RASIERE.

Le last de Dixmude pour le blé, est de 30 rasieres $\frac{1}{2}$ & de 24 pour l'avoine, la rasiere fait 2 schepels de Roterdam.

Le last de Lisle est de 38 rasieres pour le froment, & de 30 pour l'avoine, la rasiere fait 2 schepels de Roterdam.

Le last de Gravelines pour le blé est de 22 rasieres, & seulement de 18 $\frac{3}{4}$ pour l'avoine.

PAYS DE LIEGE.

Le last de Liege est de 96 septiers, & le septier de 8 muddes.

Le last de Tongres pour le blé, est de 15 muddes, & seulement de 14 pour l'avoine.

ANGLETERRE, ECOSSE, ET IRLANDE.

Le last d'Angleterre ou de Londres, est de 10 bariques ou quarteaux $\frac{1}{4}$, le quarteau de 8 boisseaux ou galons, le galon de 4 picotins. Le galon

lon pese depuis 56 jusqu'à 60 livres. *Voyez ces articles.*

Les 260 quarteaux de Londres à donner 21 pour 20, font 250 quarteaux ou environ, qui font 25 lasts d'Amsterdam : sur ce pied les 10 galons ou boisseaux de Londres font un last d'Amsterdam.

Le last de Neucastel est composé de 10 quartiers, & le quartier de 10 galons, le galon pese 56 à 62 livres.

Le last en Ecosse & en Irlande, est de 10 quarteaux ½ ou 38 boisseaux, le boisseau fait 18 galons.

VILLES DU NORD.

Le last de Dantzick est égal au last d'Amsterdam ; on compte ordinairement qu'il pese 16 schipponts de 340 livres chacun pour le blé, ce qui fait 5440 pour le last poids de Dantzick, & seulement 15 schipponts pour le seigle, qui ne font que 5100 : les grains s'y vendent par florins & gros polonois.

Le last de Riga est de 46 loopens, qui font le last d'Amsterdam, les grains s'y vendent par rizedales de 3 florins ou de 90 gros.

Le last de Coningsberg est aussi pareil à celui d'Amsterdam, les grains s'y vendent comme à Dantzick.

Le last de Coppenhague est de 42 tonnes ou de 80 schepels, & même jusqu'à 96, suivant la qualité & nature des blés.

Le last de Suede & de Stokolm, est de 23 tonnes.

Le last de Hambourg est de 90 schepels, dont les 95 font le last d'Amsterdam.

Le last de Lubeck est de 85 schepels, dont les 95 font le last d'Amsterdam.

Le last d'Embden est de 15 tonnes ⅓.

Les 24 lasts de Bremen en font 23 d'Amsterdam.

ESPAGNE.

Les 50 fanegas de Seville & de Cadix font le last d'Amsterdam, 4 cahys font le fanega, 12 anegras font le cahys, le fanega pese 93 livres ¼ de Marseille.

PORTUGAL.

Les 216 alquieres ou les 4 muids de Lisbonne, font le last d'Amsterdam, le muid fait 54 alquieres. On divise aussi le muid en 15 fanegas, & le fanega en 4 alquieres.

ITALIE.

25 mines de Genes font un last d'Amsterdam. 40 sacs de Livourne font aussi le last d'Amsterdam. Les deux sacs font une charge de Marseille, la charge pese 300 liv. de Marseille moins quatre pour cent.

A Venise le blé se vend au staro, les 2 staros font la charge de Marseille ; de sorte que 2 staros font une mudde ½ d'Amsterdam.

On n'a point rapporté ici les mesures des grains dont on se sert en France, parce qu'elles sont rapportées suivant leur ordre alphabétique, avec leurs évaluations sur le pied de celles d'Amsterdam & des autres pays. *Voyez* les Articles du Muid, du Septier, du Boisseau, du Tonneau, de l'Hemine, de l'Asnée, de la Charge, &c.

LETON, ou LAITON, qu'on nommoit anciennement LATTON. C'est proprement le cuivre jaune, ou plutôt le cuivre rouge préparé avec de la calamine.

Le Léton se fait de la rosette ou cuivre rouge de Hongrie ou de Suede, en y mêlant pareil poids de calamine minéral qui vient d'Aix-la-Chapelle, de Limbourg, & de Namur, qui est presque de la couleur de la mine de fer.

Avant que de mettre la calamine à la fonte, il la faut recuire à peu près comme de la brique, ensuite la moudre comme de la farine, puis la mêler avec de la poussiere de charbon, & la bassiner avec de l'eau, pour qu'elle ne soit plus en poussiere.

Quand la calamine est ainsi préparée, on la partage aussi-bien que la rosette, en huit parties égales, & l'on les met ensemble dans huit creusets dans un même fourneau, où étant fondue en douze heures de tems, elle est transformée en Léton, ensorte qu'au lieu de déchet il y a quarante-huit à cinquante livres pour cent d'augmentation, si c'est rosette de Hongrie ou de Suede ; celle de Norwege n'en rendant que trente-huit, & celle de Lorraine & d'Italie que vingt.

Le Léton ne se bat qu'à chaud & se casse à froid ; & lorsqu'il a été fondu deux fois, il n'est plus en état d'endurer le marteau ; les Ouvriers ne le pouvant employer qu'en y ajoutant sept livres de plomb pour cent ; ce qui le rend plus doux & plus facile à travailler.

On se sert de Léton dans les fontes des pieces de canon. Quelques-uns estiment que la meilleure maniere est de mettre dans une fonte d'onze à douze milliers de métail, dix milliers de rosette, neuf cent livres d'étain, & six cent livres de Léton.

On tire de la Ville-Dieu en Normandie des chauderons de cuivre jaune non bordés & à demi façonnés en fourrure, assortis depuis une demie-livre les plus petites sortes, jusqu'à douze, quinze, vingt, & trente livres les grandes sortes, qui s'envoyent dans des banses ou grandes mânes. Il vient aussi du même endroit des bassins de cuivre jaune de différens poids, grandeurs, & façons.

Nuremberg, Aix-la-Chapelle, & Salzbourg, fournissent quantité de cuivre jaune en bandes ou en feuilles minces, grattées d'un côté & noires de l'autre ; les unes pliées, que l'on appelle Létons en deux, trois, quatre, cinq, six, sept, huit plis ; & les autres roulés, que l'on nomme Léton en rouleaux. Le Léton plié est plus épais que le roulé. Le premier s'employe à faire des boutons dorés ; & le second qui est très mince, sert à faire des boutons argentés sur bois. L'un & l'autre s'employent cependant à divers ouvrages.

Le Léton ouvré & non ouvré paye les droits d'entrée & de sortie du Royaume & des Provinces réputées étrangeres, sur le pied de tant du cent pésant, plus ou moins suivant son espece & qualité. Voyez CUIVRE.

Le Léton qu'on nomme Léton gratté, les paye conformément au Tarif de 1664, à raison de 3 liv. 10 s. le cent pésant.

On appelle Fil de Léton, ou Léton en cerceau, du cuivre jaune tiré & passé à travers d'une filiere. *Voyez* FIL, *à l'endroit où il est parlé du Fil de Léton.*

LETTERHOUT. Espece de bois rougeâtre tirant sur le violet, que l'on nomme en France Bois de la Chine.

Les Hollandois par qui il est apporté en Europe, ou même les Marchands Epiciers qui le débitent à Paris font sur ce bois (si l'on en croit M. Furetiere) un gain bien extraordinaire, puisqu'ils ne l'achettent qu'un écu le millier pésant sur le lieu, & qu'ils le vendent jusqu'à cent écus, & jamais moins de cinquante.

On prétend que cette sorte de bois ne se trouve en nul lieu du monde que dans le continent de la Guyanne.

Ce qui est du moins certain, c'est que les Ebénistes l'employent dans leurs plus beaux ouvrages de marquetterie, où il fait un très agréable effet, & qu'il ne paye en France les droits d'entrée que sur le pied des autres bois qui servent ou à la teinture ou à la marquetterie.

LETTRE MISSIVE. C'est un écrit que l'on adresse & envoye à une personne absente, pour lui communiquer ses pensées.

Les Marchands & Négocians s'écrivent continuellement de ces sortes de lettres sur les différentes affaires de leur commerce. Ils doivent sçavoir qu'elles doivent être concises & précises; que le jugement & le bon sens y ayent plus de part que l'éloquence ou la politesse du discours; en un mot qu'elles disent tout ce qu'il est à propos de dire, & rien davantage.

L'Ordonnance du mois de Mars 1673, art. 7 du titre 3, veut, Que les Marchands tant en gros qu'en détail, mettent en liasse les lettres missives qui leur sont écrites, & qu'ils enregistrent les copies de celles qu'ils écrivent.

LETTRE DE CHANGE. Est un petit morceau de papier volant, ordinairement de forme longue & étroite sur lequel est écrit un ordre ou une rescription sommaire que donne un Banquier, un Négociant ou un Marchand, pour faire payer à celui qui en sera le porteur en un lieu éloigné l'argent qu'on lui a compté dans l'endroit de sa demeure.

Plusieurs ont cru par la maniere dont on en use dans le négoce des Lettres de change, que c'est un contrat d'échange, néanmoins l'opinion la plus générale est que c'est un contrat d'achat & de vente; que l'argent de celui qui donne à change, est le prix de la vente; & l'argent qu'on trouve au lieu destiné par celui qui a donné à change, est la chose vendue & achetée.

Les Lettres de change n'étoient point connues dans l'ancienne Jurisprudence Romaine : elles sont suivant la plus commune opinion, de l'invention des Juifs; lesquels après avoir été bannis de France pour les crimes énormes dont on les accusoit, & s'être refugiés en Lombardie sous les Regnes de Philippes Auguste en 1181, & de Philippes le Long en 1316, trouverent le moyen de retirer leurs effets, qu'ils avoient confiés entre les mains de leurs amis, par des lettres secretes & des billets conçus en termes courts & précis, telles que peuvent être les Lettres de change d'aujourd'hui, & cela par l'entremise des Voyageurs & des Marchands étrangers.

Les Gibelins chassés d'Italie par la faction des Guelphes, s'étant retirés à Amsterdam, se servirent des mêmes voyes que les Juifs pour retirer les biens qu'ils avoient été obligés d'abandonner en Italie; ensorte que ce furent eux vrai-semblablement qui jetterent les premieres semences du négoce des Lettres de change dans l'esprit des Marchands & Négocians d'Amsterdam, qui depuis l'ont répandu par toute l'Europe, dans la seule vûe d'apporter quelque facilité à leurs négociations mercantilles.

L'on prétend que ce furent ces mêmes Gibelins qui trouverent l'invention du rechange, en prétextant des dommages & interêts, lorsque les Lettres de change (qu'ils nommoient *Polizza di Cambio*) n'étoient pas acquittées, & qu'elles revenoient à protest.

L'on veut aussi que ce soit les Lyonnois qui ayent été les premiers qui ont donné en France le mouvement au négoce des Lettres de change, par raport aux grandes relations qu'ils avoient avec ceux d'Amsterdam & d'Italie.

Les Lettres de change sont d'une très grande utilité dans le commerce, pourvû qu'il ne s'y commette point d'abus, & que le change soit réel, d'autant que par leur moyen l'on peut sans embarras & sans risque recevoir de l'argent dans tous les lieux où l'on en a besoin; & il est en quelque maniere certain que sans le secours de ces sortes de Lettres, le négoce & les autres affaires ne feroient que languir.

Ce qui donne l'être & la forme à une Lettre de change, est une cession ou vendition d'argent que le Tireur fait à celui au profit duquel il l'a tirée, à prendre & recevoir de son Correspondant demeurant dans un autre lieu que celui d'où la Lettre a été tirée; & cette cession & vendition d'argent se fait ainsi en termes mercantils, *Pour valeur reçûe*; ce qui veut dire, pour pareille somme que celui au profit duquel la lettre est tirée, donne au Tireur en argent, marchandises ou autres effets : de sorte que trois choses sont nécessaires pour établir la qualité d'une Lettre de change. 1°. Que la Lettre soit tirée d'une Ville sur une autre Ville; ce qui s'appelle Tirer de place en place. 2°. Qu'il y ait trois personnes, qui sont, celui qui tire la Lettre, celui sur lequel elle est tirée, & celui au profit duquel elle est tirée, qui est le Débiteur ou Correspondant du Tireur. Et 3°. Que la Lettre de change fasse mention que la valeur que le Tireur a reçûe de celui au profit duquel il l'a tirée, est en autre Lettre de change, en argent, en marchandises ou en autres effets qui doivent être exprimés, sans quoi on ne pourroit lui donner la qualité de Lettre de change.

Il faut observer que les Lettres de change se payent de quatre manieres différentes, ou à tant de jours de vûe, ou à jour nommé, ou à usance ou double usance, ou à vûe, c'est-à-dire, en présentant la Lettre.

Quand une Lettre de change est reçûe *pour valeur de moi-même*, ou *pour valeur en moi-même*, ce qui n'est qu'une même chose, ces mots ne signifient pas que celui qui a fourni la Lettre en ait touché la valeur, mais que le Tireur est Créancier de celui sur lequel il tire cette Lettre; & que lorsque celui sur lequel elle est tirée aura payé le contenu en icelle à celui auquel il l'a fournie, ou à celui au profit duquel les ordres sont passés, cette valeur demeurera au Tireur en lui-même, pour lui en tenir compte sur plus grande somme qu'il lui doit, ou pour rester quitte de pareille somme; & cette valeur qui est mise par le Tireur ne concerne point celui à qui la Lettre est payable, qui ne fait en cela qu'un office d'Ami ou de Commissionnaire, mais bien le Tireur & celui sur qui la Lettre est tirée; ensorte que si la Lettre revenoit à protêt, celui au profit de qui elle a été tirée n'a aucune action de recours à l'encontre du Tireur, mais seulement la Lettre doit rester nulle.

Il y a dans le Titre 5 de l'Ordonnance du mois de Mars 1673, plusieurs dispositions très importantes touchant le commerce des Lettres de change.

ART. I.

Les Lettres de change doivent contenir sommairement le nom de ceux auxquels le contenu doit être payé, le tems du payement, le nom de celui qui en a donné la valeur, & si elle a été reçûe en deniers, marchandises ou autrement.

ART. IV. XI. XII.

Ceux qui sont Porteurs de Lettres qui ont été acceptées, ou dont le payement échet à jour certain, sont obligés de les faire payer ou protester dans dix jours après celui de l'échéance; & après le protêt ceux qui ont accepté peuvent être poursuivis à la requête de ceux qui en sont les Porteurs; & ces mêmes Porteurs peuvent aussi par la permission du Juge saisir les effets de ceux qui ont tiré ou endossé les Lettres, quoiqu'elles ayent été acceptées, même les effets de ceux sur lesquels elles ont été tirées, en cas qu'ils en ayent fait l'acceptation.

ART. XIII. XIV. XV.

Ceux qui ont tiré ou endossé des Lettres de change doivent être poursuivis en garantie dans la quinzaine, s'ils sont domiciliés dans la distance de dix lieues, & au-delà à raison d'un jour pour cinq lieues, sans distinction du ressort des Parlemens; ce qui doit s'entendre pour les personnes domiciliées dans le Royaume; car pour ceux domiciliés dans les Pays étrangers, les délais sont différemment reglés; ceux pour l'Angleterre, la Flandre & la Hollande devant être de deux mois; pour l'Italie, l'Allemagne & les Cantons Suisses, de trois mois; pour l'Espagne, de quatre mois; & pour le Portugal, la Suede & le Danemarck, de six mois. Tous ces délais doivent être comptés du lendemain des protêts jusqu'au jour de l'action en garantie inclusivement, sans distinction des Dimanches & des Fêtes; après lesquels délais les Porteurs des Lettres ne sont plus recevables dans leur action en garantie, ni en toute autre demande à l'encontre des Tireurs & Endosseurs.

ART. XVI. XVII.

Les Tireurs ou Endosseurs des Lettres sont tenus de prouver en cas de dénegation, que ceux sur qui elles ont été tirées leur étoient redevables, ou avoient provision au tems qu'elles ont dû être protestées; autrement ils sont obligés de les garantir: & si depuis le tems reglé pour le protêt les Tireurs ou Endosseurs avoient reçû la valeur en argent ou marchandise, par compte, compensation ou autrement, ils sont pareillement tenus de la garantie.

ART. XVIII. XIX.

Les lettres payables à un particulier & non au Porteur, ou à ordre, se trouvant perdues & adhirées, le payement en peut être poursuivi & fait en vertu d'une seconde lettre, sans qu'il soit nécessaire de donner caution, en faisant néanmoins mention que c'est une seconde lettre, & que la premiere ou autre précedente restera nulle; mais pour une lettre payable au Porteur ou à ordre qui se trouveroit adhirée, le payement n'en doit être fait que par Ordonnance de Justice & en donnant caution de garantir le payement.

ART. XX.

Les cautions données pour l'évenement des lettres de change, sont déchargées de plein droit, sans qu'il soit nécessaire d'aucun Jugement, procedure ou sommation, s'il n'en a été fait aucune demande pendant trois ans, à compter du jour des dernieres poursuites.

ART. XXI.

Une lettre de change est réputée acquittée après cinq ans de cessation de demande & poursuite, à compter du lendemain de l'échéance, ou du protêt ou de la derniere poursuite. Néanmoins les prétendus débiteurs sont obligés d'affirmer, s'ils en sont requis, qu'ils ne sont pas redevables; & leurs veuves, héritiers ou ayant cause, qu'ils estiment de bonne foi, qu'il n'est plus rien dû.

ART. XXII.

Ce qui vient d'être dit dans les deux articles précédens doit avoir lieu à l'égard des mineurs & des absens.

ART. XXIII. XXIV. XXV.

Une simple signature au dos d'une lettre de change n'est regardée que comme un endossement & non comme un ordre, à moins qu'il n'y ait une date, & qu'il n'y soit fait mention de celui qui a payé la valeur, soit en argent, marchandises ou autrement; & une lettre ainsi endossée est censée appartenir à celui du nom duquel l'ordre est rempli, sans qu'il lui soit nécessaire de transport ni de signification; mais au contraire si l'ordre n'étoit point rempli, & qu'il n'y eût qu'une simple signature au dos de la lettre, elle seroit réputée appartenir à celui qui n'y auroit mis que son seing, & comme telle pourroit être saisie par ses créanciers & compensée par ses redevables.

ART. XXVI.

Il est absolument défendu d'antidater aucun ordre sous peine de faux.

ART. XXVII.

Celui qui a mis son aval sur une Lettre de change est tenu solidairement avec les Tireur, Endosseur & Accepteur quoiqu'il n'en soit point parlé dans l'aval.

Enfin l'article premier du titre 7 de la même Ordonnance veut que ceux qui ont signé des Lettres de change, même ceux qui y ont mis leur aval puissent être contraints par corps, ce qui doit s'entendre au défaut du payement des Lettres.

Voyez CHANGE, PROTEST, ACCEPTANT, ACCEPTATION, ACCEPTEUR, AVAL.

L'Ordonnance de 1673 n'ayant pû prévoir tous les différens cas qui pouvoient arriver dans le commerce des Lettres de change, quoique, comme on vient de le voir, elle fût entrée dans un très grand détail sur cette matiere, il a depuis été rendu diverses Déclarations du Roi & Arrêts du Parlement qui en ont interprété quelques articles, ou qui en ont ajouté de nouveaux.

Par la Déclaration du mois de Mai 1686, il est dit qu'en interprétant celle de 1673, l'article IV d'icelle seroit observé selon sa forme & teneur; ce faisant que les dix jours accordés pour le protêt des Lettres & Billets de change ne seroient comptés que du lendemain de l'échéance desdites Lettres & Billets, sans que le jour de l'échéance y pût être compris, mais seulement celui du protêt, des Dimanches & Fêtes, même des solemnelles, qui y demeureroient compris, & ce nonobstant toutes autres dispositions & usages; même l'article VI de ladite Ordonnance de 1673, auxquels il est dérogé par cette derniere Déclaration.

Par Sentence du Châtelet de Paris du 31 Aout 1708, confirmée par Arrêt du Parlement du 28 Juillet 1711, il a été jugé que la fin de non recevoir établie par l'article XV du titre V de l'Ordonnance de 1673 à l'égard des Porteurs de Lettres de change qui n'ont pas fait leurs diligences pour l'action en garentie contre les Endosseurs dans les délais marqués par l'article XIII du même titre, a aussi bien lieu pour les endossemens des Billets payables au Porteur, que pour les Endosseurs des Lettres de change.

Par Déclaration du Roi du 23 Avril 1712, il est ordonné que les protêts des Lettres & Billets de change faits par les Notaires & Tabellions seront également sujets au controlle des actes desdits Notaires, & au droit du controlle des exploits. *Voyez* PROTEST.

Par Arrêt du Parlement en forme de Réglement du 30 Aout 1714, rendu sur les Conclusions du Procureur Général du Roi, il est ordonné que les articles XVIII, XIX, & XXXIII, de l'Ordonnance de 1713 seront exécutés; ce faisant que dans le cas de la perte d'une Lettre de change tirée de place en place à ordre, & sur laquelle il y a plusieurs Endosseurs, on s'adressera au dernier Endosseur & non au Tireur pour en avoir une seconde. *Voyez* ENDOSSEMENT *&* ENDOSSEURS.

Les fréquentes augmentations ou diminutions des monnoies arrivées pendant le regne de Louis XIV, que les besoins de l'Etat ont fait continuer dans les premieres années du regne de Louis XV, causant de fréquentes contestations au sujet du payement des Lettres & Billets de change, il y a été pourvû par deux Déclarations des 16 Mars 1700 & 28 Novembre 1713, & par un Arrêt du Conseil du 27 Mai 1719.

Par la premiere Déclaration les Porteurs de Lettres & Billets de change, ou de Billets payables au Porteur sont obligés après les dix jours de l'échéance d'en faire demande aux Débiteurs par une sommation contenant les noms, qualités & demeures desdits Porteurs, offrant d'en recevoir le payement en especes courantes; & faute par les Porteurs d'avoir fait la demande dans le tems marqué, ils seront tenus des diminutions qui pourroient survenir sur les especes.

La seconde Déclaration confirmant la disposition de la premiere & l'interprétant, ordonne que réciproquement les Débiteurs desdites Lettres & Billets ne pourroient obliger les Porteurs d'en recevoir le payement avant le même dixiéme jour. Et qu'à l'égard des Billets & Promesses valeur en marchandises, qui suivant l'usage ordinaire ne se payent qu'un mois après l'échéance, les Porteurs seroient tenus d'en faire la demande par une sommation le dernier jour dudit mois après l'échéance; les Débiteurs desdits Billets & Promesses ne pouvant pareillement obliger les Porteurs d'en recevoir le payement avant le même jour. Sa Majesté voulant néanmoins que ceux qui auront fait des promesses pour marchandises, dont l'escompte aura été stipulé, puissent se libérer, pourvû qu'ils en fassent les payemens trente jours francs avant le jour marqué pour la diminution des especes.

A l'égard de l'Arrêt du Conseil du 27 Mai 1719, il porte un réglement pour le payement des Lettres de change tirées ou endossées dans les Pays étrangers, particuliérement en Angleterre & en Hollande; Sa Majesté ordonnant que les Lettres tirées de Hollande avant l'augmentation du premier Mai 1718, seroient payées en écus de 5 livres, & que celles tirées avant que la diminution du 8 du mois de Mai 1719 y fût connue, seroient payées en Louis d'or de 36 livres; & qu'à l'égard des lettres d'Angleterre tirées avant & échues depuis ladite diminution, on les payeroit aussi en Louis de 36 liv. sauf au Porteur de se faire rapporter par le Payeur 20 s. par Louis, en cas que le Jugement définitif qui devoit être rendu en Angleterre ordonnât que les Lettres tirées avant & échues depuis l'augmentation connue du premier Mai 1718 seroient payées en écus de 6 livres.

LETTRE DE CREDIT, que l'on appelle quelquefois Lettre de créance. C'est une lettre qu'un Banquier ou un Marchand donne à une personne de confiance pour prendre de l'argent sur ses correspondans en des lieux éloignés en cas de besoin.

Les Lettres de crédit, quoique différentes des Lettres de change ne laissent pas d'avoir les mêmes priviléges pour contraindre aux payemens des sommes reçues en conséquence d'icelles.

Il est important de bien connoître ceux à qui l'on fournit ces sortes de Lettres, particuliérement quand l'ordre de payer est indéfini; c'est pourquoi autant qu'il est possible, il faut fixer une somme, afin de sçavoir précisément à quoi l'on s'est engagé.

Il y a encore une chose à observer qui est de donner avis aux Correspondans qui doivent fournir l'argent, du départ de la personne qui le doit recevoir, en désignant exactement sa figure, car il peut arriver que cette personne étant tuée en chemin, & la Lettre de crédit volée, quelqu'un pourroit se présenter pour recevoir en sa place.

LETTRE DE VOITURE. Ecrit court & succint que les Marchands-Négocians & Commissionnaires fournissent aux Voituriers en les chargeant de leurs marchandises, pour se faire payer du prix de leur voiture par ceux à qui elles sont adressées.

Modéle d'une Lettre de Voiture.

A Paris le 16 Janvier 1708.

MONSIEUR.

A la garde de Dieu & conduite de Simon la Caille, Voiturier par terre d'Orléans; je vous envoie trois balles d'étoffes de laine, marquées & numerotées comme en marge, pésant ensemble quinze cent livres, lesquelles ayant reçû bien conditionnées & en tems dû, vous lui payerez pour sa voiture à raison de huit livres du cent pésant, comme par avis de,

G. I. N°. 1. 2. 3.

Votre très humble serviteur
ABRAHAM.

A Monsieur,
Monsieur Guillaume Imbert
Marchand Drappier rue du
Chapeau rouge.
A BORDEAUX.

Il y a dans ce modéle de Lettres de voitures trois clauses essentielles qu'il ne faut jamais omettre. 1°. Que les balles seront reçues bien conditionnées. 2°. Qu'elles arriveront à tems dû. 3°. Que c'est comme par avis qu'on a écrit cette lettre.

Par la premiere clause on entend que le Voiturier doit rendre les balles de marchandises saines & entieres, sans être mouillées ni gâtées, & qu'autrement il est garand des dommages arrivés aux marchandises par sa faute; car si c'est par un cas extraordinaire & fortuit, pour lors il n'en est aucunement tenu.

Par la seconde clause on oblige le Voiturier de remettre les marchandises à celui à qui elles sont adressées dans un tems proportionné au chemin qu'il a eu à faire; mais pour éviter les contestations qui peuvent arriver à l'occasion de ce tems, il est plus sûr d'en faire mention dans la lettre de voiture, & d'y marquer que si les marchandises ne sont rendues dans un tel tems, il sera rabattu tant sur le prix de la voiture. Les Lettres où cette condition est exprimée, se nomment Lettres de voiture à jour nommé.

Enfin lorsque l'on met à la fin de la lettre, *comme par avis*, c'est pour faire connoître que l'on a déja écrit séparément par la poste pour donner avis du départ de la marchandise, & que cette Lettre du Voiturier n'est proprement qu'un duplicata de l'autre.

Les Marchands, Négocians & Commissionnaires doivent observer de mettre entre les mains des Voituriers les acquits, passavants, certificats & autres expéditions des bureaux des Fermes du Roi lorsqu'il y en a, ou de les joindre à la Lettre d'avis, afin qu'il n'arrive aucune difficulté pour retirer les marchandises des Douanes ou Bureaux où elles peuvent être déchargées; mais s'ils ont laissé au Voiturier le soin d'acquitter les marchandises dans les Bureaux qui se trouvent sur la route, il faut qu'ils ajoutent dans la Lettre de voiture cette quatriéme clause (*& lui rembourserez les droits qu'il aura payés, en vous faisant apparoître des acquits.*)

Ceux qui falsifient des Lettres de voitures sont condamnés pour la premiere fois au fouet & au bannissement de cinq ans, avec amende qui ne peut être moindre que du quart de leurs biens; & en cas de récidive, aux galeres pour neuf ans, aussi avec amende, mais de la moitié de leurs biens. *Ord. du 22 Juillet 1681, art. 21 & 22 du tit. commun pour les Fermes du Roi. Voyez* VOITURE *&* VOITURIERS.

LETTRES D'APPRENTISSAGE. Ce sont des Lettres ou Certificats en forme autentique que les Maîtres & Gardes des six Corps des Marchands, ou les Maîtres Jurés des Communautés des Arts & Métiers donnent à leurs Apprentifs au sortir de leur apprentissage, pour certifier & faire connoître qu'ils ont achevé le tems porté par les Statuts, & rempli dignement toutes leurs obligations & devoirs.

C'est sur ces Lettres que les Aspirans, après avoir servi de Garçons ou de Compagnons chez les Maîtres, autant que les mêmes Statuts les y obligent, dont ils doivent aussi rapporter Certificat, sont reçus au chef-d'œuvre si le chef-d'œuvre est d'usage, ou à être interrogés sur leur capacité dans les Corps où il n'y a point de chef-d'œuvre, pour être ensuite reçus Maîtres s'ils en sont jugés capables.

Ces Lettres doivent être inscrites dans les Registres du Corps ou de la Communauté desquels sont les Apprentifs.

LETTRES DE MAÎTRISE. Ce sont des Actes en forme que les Maîtres & Gardes, & Maîtres Jurés délivrent à ceux qui sont jugés dignes d'être admis à la maîtrise, après qu'il est apparu de leur capacité par le chef-d'œuvre ou expérience qu'ils ont fait, ou par l'examen qu'ils ont subi.

Ces Lettres ne s'expédient qu'après que les nouveaux Maîtres ont prêté le serment entre les mains du Procureur du Roi au Châtelet & payé les droits de Confrairie & de reception.

C'est en vertu des Lettres de maîtrise que l'on a droit de tenir magasin, ouvrir boutique & exercer le négoce ou métier du Corps ou Communauté où l'on a été reçu. *Voyez les divers articles où il est traité en particulier de tous les Corps de Marchands & Communautés des Arts & Métiers de la Ville de Paris.*

LETTRES DE RESPIT. Ce sont des Lettres de surséance ou délai de payer, que le Roi accorde en faveur des débiteurs de bonne foi, contre des créanciers trop rigoureux.

Ces sortes de Lettres s'expédient par les Secretaires du Roi; elles doivent être scellées du grand Sceau, & entérinées par le Juge des lieux ausquels elles sont adressées.

On les appelle Lettres de respit *à respirando*, parce qu'elles donnent le moyen aux débiteurs de respirer par le tems qui leur est accordé pour payer leurs dettes.

L'usage des Lettres de respit est très ancien; on trouve dans Cassiodore que l'on s'en servoit sous le regne de Theodoric Roi des Gots & d'Italie qui vivoit du tems de Clovis Roi de France; d'autres veulent qu'elles ayent été introduites vers la fin du onziéme siécle par le Pape Urbain II. en faveur de ceux qui se croisérent pour la guerre sainte. Enfin l'on rapporte que S. Louis donna trois ans de respit à ceux qui l'accompagnerent à son voyage d'outre-mer.

Les Négocians, Marchands, Banquiers & autres qui se trouvent obligés par le malheur de leurs affaires d'avoir recours aux Lettres de respit, ne seront peut-être pas fâchés de trouver ici les principales choses qu'il faut observer pour les obtenir & en poursuivre l'exécution.

1°. Les Lettres de respit ne s'accordent que pour des considérations importantes dont il doit y avoir un commencement de preuves par Actes autentiques, qui doivent être expliquées dans les Lettres & attachées sous le Contre-Scel, avec un état que l'Impétrant doit certifier véritable de tous ses effets, tant meubles, immeubles que dettes.

2°. Aussi-tôt après le sceau & expédition des Lettres, l'Impétrant doit remettre au Greffe, tant du Juge auquel l'adresse en a été faite, que de la Jurisdiction Consulaire la plus prochaine, un double du même état aussi certifié véritable; du dépôt duquel on doit retirer des certificats des Greffiers; & faire donner copie à chacun des créanciers tant de l'état, que des certificats, dans le tems qu'on leur fait signifier les Lettres de respit, à peine d'en être déchu à l'égard de ceux ausquels il n'aura point été donné de copie; & si l'état se trouvoit frauduleux, celui qui auroit obtenu les Lettres de respit en seroit déchu, encore qu'elles eussent été entérinées ou accordées contradictoirement, & il n'en pourroit plus obtenir d'autres.

3°. Si ceux qui ont obtenu des Lettres de respit sont Négocians, Marchands ou Banquiers, ils sont tenus outre les formalités ci-dessus & sous les mêmes peines, de remettre au Greffe du Juge à qui l'adresse des Lettres a été faite, leurs livres & registres; d'en tirer un certificat du Greffe, & d'en faire aussi donner copie à chacun de leurs créanciers en leur faisant signifier leurs Lettres.

4°. Lorsque l'on a obtenu des Lettres de respit, & que l'on est domicilié dans la Ville de Paris, on doit en faire faire la signification dans la huitaine à ses créanciers & autres intéressés demeurant dans la même Ville; & si celui qui les a obtenues ou ses créanciers ont leurs domiciles ailleurs, le délai de huitaine doit être prorogé tant pour les uns que pour les autres, d'un jour pour cinq lieues de distance, sans distinction du ressort des Parlemens; & les Lettres ne peuvent avoir d'effet qu'à l'égard de ceux ausquels la signification en a été faite.

5°. Les Lettres de respit portent toujours mandement au Juge auquel elles sont adressées, qu'en procédant à l'entérinement (les créanciers appellés) il donne à l'Impétrant tel délai qu'il jugera raisonnable pour payer ses dettes, qui ne peut néanmoins être de plus de cinq ans, si ce n'est du consentement des deux tiers des créanciers hypotéquaires, & cependant il lui est accordé par les Lettres un délai de six mois pour en poursuivre l'entérinement, pendant lequel tems il est défendu d'attenter à sa personne & meubles meublans servant à son usage.

6°. On ne peut être exclus d'obtenir respit sous prétexte des renonciations que l'on y auroit pû faire dans les actes & contrats que l'on a passés.

7°. Ceux qui ont obtenu des Lettres de respit, ne peuvent s'en servir lorsqu'ils ont été accusés de Banqueroute, qu'ils sont actuellement Prisonniers, ou que le scellé est apposé sur leurs effets.

8°. Du moment que l'on a obtenu des Lettres de respit on ne peut payer ni préférer aucun de ses créanciers au préjudice des autres sous peine d'être déchu de l'effet des Lettres.

9°. On n'accorde point de secondes Lettres de respit à moins que ce ne soit pour des causes nouvelles & considérables dont il doit y avoir commencement de preuves, ainsi qu'il a été ci-devant dit.

10°. Il y a plusieurs cas dans lesquels on ne peut obtenir de Lettres de respit; sçavoir, pour pensions, alimens, médicamens, loyers de maison, moisson de grains, gages de domestiques, journées d'artisans & mercenaires, reliquats de comptes de tutelles, dépôts nécessaires & volontaires, stellionat, réparations, dommages & intérêts adjugés en matiere criminelle, maniement de deniers publics, Lettres de change, marchandises prises sur l'étape, dans les [illegible]es, marchés & ports publics; poisson de mer frais, sec & salé, cautions judiciaires & extra-judiciaires, & des coobligés, frais funéraires, arrérages de rente fonciere & redevances des baux emphyteotiques; marchandises & effets achetés de la Compagnie des Indes Orientales, ou choses vendues servant à icelle.

11°. On doit bien prendre garde à ne point obtenir de Lettres de respit qu'on n'y soit absolument contraint; car quoique ces sortes de Lettres soient des graces émanées du Prince, elles ne laissent pas pourtant de faire quelque tache à l'honneur & à la réputation de ceux qui les ont obtenues, & qui s'en sont servis contre leurs créanciers; en telle sorte qu'ils ne peuvent plus aspirer à aucunes fonctions, honneurs, ni charges publiques, c'est-à-dire, qu'ils ne peuvent être élus Maires ou Echevins, Juge ou Consuls des Marchands, ni avoir voix active & passive dans leurs Corps & Communautés, ni être Administrateurs des Hôpitaux, &c. ils seroient même exclus de toutes ces choses, si ils étoient actuellement en place.

On peut cependant se faire réhabiliter dans sa bonne fame & renommée en obtenant des Lettres de réhabilitation; mais il faut auparavant avoir entiérement payé & satisfait ses créanciers, tant en principaux qu'intérêts. *Voyez* REHABILITATION.

Tout ce qui a été dit dans cet article est conforme aux Ordonnances du mois d'Aout *1669*, du mois de Mars *1673* au titre des Respits; de la Déclaration du Roi du 23 Décembre *1699*, & de celle du mois de Septembre *1664* concernant l'établissement de la Compagnie des Indes Orientales.

Comme ces Ordonnances & Déclarations contiennent quantité d'autres dispositions, mais moins importantes touchant la matiere des Lettres de respit, qu'il seroit trop long de rapporter, le Lecteur y pourra avoir recours s'il en a besoin.

Voyez aussi le Chapitre premier du Livre IV. de la II. Partie du Parfait Negociant de M. Savary.

LETTRES DE REHABILITATION. *Voyez* REHABILITATION.

LETTRES DE MER. On nomme ainsi dans les Ports de la Picardie & de la Flandre les commissions que les Etrangers prennent d'un Prince dont ils ne sont pas sujets, pour faire le commerce sous sa banniere, ou armer en course contre ses ennemis. *Voyez* COMMISSION.

On se sert aussi de ce terme, pour signifier tous les actes ou papiers que les Maîtres ou Capitaines des vaisseaux Marchands sont tenus de prendre quand ils sortent d'un port, ou qu'ils sont obligés de représenter quand ils y rentrent, comme sont les congés, les passeports, les chartes-parties, les chargemens, les affretemens & autres semblables. *Voyez l'explication de tous ces termes à leurs propres articles.*

LETTRES DE POURSUITE. On nomme ainsi en Hollande, ce qu'on nomme *Laissez passer* dans les Bureaux des Douannes de France.

L'article CXXIX. du Placard pour l'exécution du nouveau Tarif de Hollande de l'année 1725, donne la formule suivante de ces Lettres de Poursuites.

Laissez passer de la part des Hauts & Puissans Seigneurs les Etats Généraux des Provinces-Unies des Païs-Bas ...... avec les effets ci-dessus spécifiés, puisqu'il a établi & donné caution, que dans le tems de six semaines après la date des Présentes, de rapporter attestation signée au dos de la Présente du Maître des Convois à ...... que les Droits de l'Etat sont payés.

On peut voir à l'article des Résolutions & Placards, ce qui regarde lesdites Lettres. *Voyez* particuliérement la Section IX. desdites Résolutions & Placards.

LETTRES DE MARQUE. On nomme ainsi en Hollande les Certificats que les Jurés Maîtres Marqueurs de Mesures délivrent aux Capitaines ou aux Propriétaires des Vaisseaux sujets au droit de Last-gelt, du jaugeage qu'ils en ont fait. C'est sur ces Lettres que se fait le payement de ce droit. Chaque Lettre ne peut durer que deux ans, au bout duquel tems les Capitaines ou Propriétaires sont obligés de faire faire un nouveau mesurage, & en obtenir une nouvelle Lettre. L'acquit du Last-gelt s'écrit au dos de la Lettre chaque fois qu'il se paye. *Voyez* LAST-GELT.

LETTRES. Figures, caracteres, traits de plume ou de pinceau : enfin tout ce dont les hommes sont convenus entre eux pour exprimer leurs pensées, & qu'ils tracent ou gravent sur quelque matiere que ce soit.

LETTRES. Se dit particuliérement des caracteres de métail qui servent à l'Imprimerie. Il y en a de diverses sortes pour la figure, & encore de plus de sortes pour la grosseur.

Les Lettres rondes & les Lettres italiques sont presque les seules dont on se sert présentement pour l'impression du Latin & des langues vulgaires, si on en excepte pourtant plusieurs Peuples de la haute & basse Allemagne dont les Lettres approchent beaucoup de l'ancien Gotique qui a eu quelque tems assez de vogue en France, mais dont on s'est dégouté avec justice.

On fond aussi des Lettres & des caracteres pour le Grec, l'Hebreu, le Syriaque, l'Arabe, le Copte, l'Arménien & quantité d'autres langues, ou qui sont présentement du nombre des langues sçavantes mortes, ou qui sont encore vivantes & d'usage parmi plusieurs Nations Orientales.

A l'égard de la diversité de grosseur des Lettres ou caracteres d'Imprimerie, on peut les diviser d'abord en Lettres initiales, majuscules & capitales qui sont encore de deux sortes, grandes & petites capitales, & en Lettres courantes. Les Lettres courantes, dont le corps des Livres est composé, sont au moins de dix-sept sortes différentes depuis le Gros Double-Canon qui est la plus grosse, jusqu'à la Sédanoise qui est la plus menue; mais comme on parle amplement en plusieurs articles de ce Dictionnaire de la fonte des Lettres ou caracteres, de leur diversité & de leur usage dans l'art de l'Imprimerie : pour ne pas faire de répétition inutile, on peut y avoir recours. *Voyez* FONDEURS DE CARACTERES. *Voyez aussi* CARACTERES & IMPRIMERIE.

LEV

LEVAGE. Il se dit de l'imposition & levée des droits qui se font sur les marchandises. Par les Lettres Patentes pour l'établissement des Foires Franches de Saint-Denis, les Marchands & marchandises sont déchargés de tous péages, barrages, levages & acquits, tant vieux que nouveaux.

LEVAIN. Acide ou chaleur interne qui échauffe, fait lever, bouillir ou fermenter de certaines matieres.

LEVAIN. En terme de Boulanger & de Patissier est un morceau de pâte aigrie ou imbibée de quelque acide qui fait lever, enfler, & fermenter une plus grande quantité de pâte avec laquelle on la mêle.

Le Levain de simple pâte aigrie se peut conserver quatre jours en esté, & huit jours en hyver. Quand on veut s'en servir, il faut le rafraîchir, c'est-à dire, en délayer & paîtrir dans une certaine quantité de farine un morceau proportionné à la pâte qu'on veut lever; de deux livres par exemple dans quatre boisseaux de farine, quand toute la cuite est de vingt boisseaux.

Lorsque le Levain est rafraîchi on le laisse fermenter pendant six jours quand il fait chaud, & le double quand il fait froid.

Cette masse de pâte levée se mêle ensuite & se délaye dans le reste de la farine avec de l'eau chaude qu'on laisse revenir trois ou six heures suivant le plus ou moins de chaleur du tems, après quoi on le paîtrit à forfait.

Enfin le pain tourné & dressé se met sur la couche où il faut qu'il se leve encore pendant une heure en esté, & pendant trois ou quatre en hyver.

On parle ailleurs du Levain qui se fait avec de la leveure de biére. *Voyez* LEVEURE.

On appelle du Pain sans Levain celui dans lequel on n'a mêlé ni pâte aigrie ni autre acide qui le puisse fermenter. *Voyez* PAIN A CHANTER.

LEVANT. Les François appellent ainsi les Pays situés à l'Orient à l'égard de la France. Il ne se dit néanmoins que de ceux qui sont les plus proches de nous, & qui ne s'étendent gueres au-delà de la Méditerranée; les autres comme la Perse, l'Inde, la Chine, le Japon, conservent le nom d'Orient.

Les Echelles du Levant sont les Villes de Commerce situées sur les Côtes ou dans les Isles de cette partie de la Méditerranée qu'on nomme la Mer du Levant, comme Smyrne, Seyde, Alep, Chypre, Schio, &c. *Voyez* ECHELLES.

Marchandises du Levant, sont celles que les Nations de l'Europe qui font commerce dans le Levant, & qui y envoyent des vaisseaux, en rapportent par leurs retours. Ainsi on dit, du Séné de Levant, de la casse de Levant, du maroquin de Levant, parce que ces drogues & cette espece de cuir se tirent du Levant par la Méditerranée.

On dit qu'un Marchand trafique dans le Levant, pour dire qu'il a ses Correspondans dans les Echelles de la Méditerranée, c'est-à-dire, qui sont situées dans les Etats du Grand Seigneur; qu'il y envoye des marchandises, & qu'on lui en renvoye d'autres du Pays.

Les étoffes d'or, d'argent, de soie, de coton, de fil, de laine, d'écorce d'arbre, & autres semblables qui viennent du Levant, sont comprises dans les défenses générales qui ont été faites en France de celles de Perse, des Indes, & de la Chine, la plupart de ces marchandises y étant fabriquées. *Voyez* ETOFFES DE LA CHINE.

Par un Arrêt du Conseil du 15 Aout 1685, donné en explication de l'Edit du mois de Mars 1669, pour la franchise du Port de Marseille, il est ordonné qu'il sera levé sur toutes les marchandises venant du Levant, Barbarie, & autres Pays & Terres de la domination du Grand-Seigneur, entrant par ladite Ville de Marseille, vingt pour cent de leur valeur, si elles ont été entreposées à Genes, Livourne, & autres Villes & Pays étrangers; & que si elles entrent par le Port de Rouen, elles seront sujettes au même droit, soit qu'elles ayent été entreposées avant que d'y être portées, soit qu'elles y arrivent en droiture.

M. de Tournefort dans la Relation de ses Voyages imprimée en 1717, remarque quatre choses en parlant du commerce que les Marchands de Marseille font dans les Echelles du Levant.

1°. Que les Marchandises de France y sont très bien reçues quand elles ont les qualités requises.

2°. Que le commerce ne demande pas un

grand génie, mais beaucoup de droiture & de probité.

3°. Que toutes les affaires y passent par les mains des Juifs; & qu'ainsi il faut nécessairement s'accommoder à l'usage du pays, c'est-à-dire, leur confier ses effets; les vendre suivant leur avis; acheter les marchandises, ou en faire les échanges suivant qu'ils le trouvent à propos: ces Courtiers concluant tous les marchés, & se contentant de quelques droits assez modiques pour leur vacation.

4°. Enfin, qu'il suffit d'être sage au Levant pour gagner du bien; mais sur-tout qu'il faut éviter la fréquentation des Grecques, qui est l'écueil le plus ordinaire & le plus dangereux des Nations Chrétiennes.

Voyez le détail du Commerce du Levant, dans l'Etat général, Tome I. pages 312--364.

LEUDE ou LAUDE. Droit de péage qui se leve en quelques endroits du Languedoc, sur les denrées & marchandises qui sont portées à Toulouse par les Etrangers. Les Habitans de cette Ville en sont exempts, & ont été confirmés dans cette immunité par un Arrêt du Conseil de l'année 1539.

LEVE'E. Terme de fabrique d'étoffe à la navette & au métier. C'est autant d'ouvrage qu'un Ouvrier en peut faire sans être obligé de rouler sur l'ensuble de devant l'ouvrage déja fait. Cet Ouvrier est habile, il fait plus d'une levée par jour.

LEVE'E. Se dit aussi de l'étoffe que l'on coupe d'une piece chez un Marchand. Cette piece de velours est presque entiere, on n'en a pris qu'une Levée de jupe.

LEVER de l'étoffe, du drap, de la serge, &c. C'est acheter chez un Marchand ces sortes de marchandises à l'aune, ou les faire couper à la piece. On dit en ce sens: Je m'en vais lever quatre aunes de drap pour me faire un habit. J'ai donné ordre de me lever cent aunes de damas pour un meuble.

LEVER BOUTIQUE. C'est louer une boutique, & la remplir d'un assortiment de marchandises pour en faire négoce & la tenir ouverte aux Marchands qui se présentent pour acheter.

LEVER CHAMBRE. Se dit parmi les Tireurs d'or de la Ville de Lyon, du droit qu'ont les Compagnons, qui après leur apprentissage ont encore servi dix ans chez les Maîtres, de travailler en chambre.

Les deux premiers des sept articles ajoutés à leurs Statuts en 1683, donnent ce privilége aux Compagnons, mais avec la restriction portée par l'Arrêt de la Cour des Monnoyes de la même année, qu'ils ne pourront travailler pour leur compte, ains seulement pour celui des Maîtres ou Veuves non ayant ouvroirs, de qui ils seront avoués.

LEVEUR. Terme de Manufacture de Papier. C'est l'Ouvrier qui dans les papeteries leve les feuilles de papier de dessus les feutres, pour les mettre les unes sur les autres sur le drapant. *Voyez* PAPIER.

LEVEURE. Couenne ou peau que l'on leve de dessus les fleches de lard, lorsqu'on veut les tailler en bardes ou en lardons.

Il y a de pauvres femmes qui étalent aux halles & aux autres marchés de Paris, qui subsistent assez commodement du petit négoce qu'elles font des Leveures de lard & des graisses qu'elles achetent des Traiteurs, Cuisiniers, & Rotisseurs. *Voyez* LARD.

LEVEURE. C'est aussi une écume ou mousse qui sort de la biére quand elle bout dans le tonneau, dont les Boulangers de petit pain se servent pour faire lever leur pâte, au lieu du levain ou pâte aigrie qu'ils employent pour le gros pain.

La plupart du pain des Communautés de Religieux & Religieuses où l'on cuit tous les jours, se fait pareillement avec cette leveure; ce qui le rend quelquefois un peu amer, quand on y en met trop. La leveure enfle beaucoup la pâte & en peu de tems, & rend le pain plus leger, plus délicat & plus tendre.

Il y a près d'un siécle que les Boulangers de Paris se servent de leveure, en ayant enfin obtenu la permission par un Arrêt du Parlement, malgré le Decret de la Faculté de Médecine de Paris, qui l'avoit déclaré contraire à la santé. Il paroît que l'expérience a encore depuis décidé en faveur de la Boulangerie contre la Médecine.

Pline cité par M. Furetiere, rapporte que nos anciens Gaulois se servoient aussi de leveure de biere: ainsi c'est un héritage qui nous est venu d'eux.

Ce sont de pauvres femmes qui font le négoce de la leveure de biere. Elles la portent tous les matins aux Boulangers & autres qui s'en servent, dans des boëtes ou boisseaux fermés qu'elles mettent sur leur tête à la maniere des Porteuses de lait. *Voyez* PASTE.

LEVIER. Instrument de fer ou de bois qui sert à remuer & à lever les gros fardeaux.

C'est la premiere & la plus simple de toutes les machines, de laquelle néanmoins les autres empruntent leur force. Le Levier de fer se nomme Pince; on en parlera à son article. Le Levier de bois conserve son nom; c'est le Levier dont on parle ici.

Ce dernier Levier n'est qu'une longue & forte piece de bois dont on mesure la grosseur & la longueur sur la pésanteur des choses qu'on veut lever. Plus il est long, plus il fait effort; mais toute sa force ne vient que de l'endroit où l'on place le coin sur lequel on veut faire la pesée.

Pour se servir du Levier, on en met un des bouts sous le fardeau qu'on veut lever; & après avoir placé un coin de pierre ou de bois au dessous & près du bout engagé sous le fardeau, on pese sur l'autre bout. Les Charpentiers, Marbriers, Tailleurs de pierres, Carriers, & autres tels Ouvriers qui ont de pésans fardeaux à remuer, se servent du Levier de bois.

On nomme Orgueil le coin qu'on met sous le Levier, pour donner de la force à la pesée.

LEUWEDAALDERS. Monnoie d'argent qui se fabrique exprès en Hollande pour le commerce de Smyrne. Ils valent 42 sols monnoie courante d'Amsterdam. Les pieces de 28 sols de la même fabrication, sont aussi destinées pour le Levant, où les trois sont reçues pour deux Leuwedaalders.

L E Z

LEZION. Perte que l'on souffre en achetant ou en vendant une chose. La Lezion outre moitié, c'est-à-dire, la perte que souffre un Acheteur, quand il a été trompé au-delà de la moitié de la juste valeur de ce qu'il a acheté, est ordinairement un moyen de droit pour se faire restituer contre un contrat. *Voyez* CONTRACT.

L I A

LIAGE. Terme en usage dans les moulins où se fabrique

brique la poudre à canon : il signifie l'union des matieres qui entrent dans la composition de cette poudre. Le Liage se fait en arrosant de tems en tems ces matieres avec de l'eau, à mesure qu'elles se broyent & se mêlent dans les mortiers par la force des pilons de fer qui y tombent ; & il est parfait quand elles sont réduites en une espece de pâte. Il faut ordinairement vingt heures pour cette opération, pendant lesquelles il faut quatre arrosages. *Voyez* l'article de la Poudre.

LIAIS. Les Tisserans & autres Ouvriers qui travaillent de la navette, se servent de longues tringles de bois, auxquelles ils donnent le nom de Liais. Ce sont les Liais qui soutiennent les lisses ; & des lisses & des liais sont formées ce qu'on nomme les Lames. *Voyez* LAME.

LIAIS. C'est aussi une espece de pierre de taille très dure, qui prend assez bien le poli, & qui resiste au feu. Les carrieres d'où on tire le Liais, sont assez près de Paris, du côté des Chartreux. Il y en a aussi à Maison entre Charenton & Creteil ; mais la pierre n'en est ni si dure ni si belle. *V.* PIERRE.

LIANNE A SANG. Plante qui croît dans les Isles Antilles Françoises dont on se sert pour teindre en rouge. *Voyez* l'article de la Pourpre.

LIARD. Petite monnoie de France qui vaut trois deniers.

Il y a en France deux sortes de Liards, les uns de pur cuivre, & les autres avec quelque mélange de fin. Ces derniers dont il ne se fabrique plus, n'ont cours que dans le Lyonnois & dans le Dauphiné. Il y en a de diverse fabrication, comme de Chambery, de Dombes, d'Orange & d'Avignon. Les premiers tiennent de fin un denier dix grains, les autres trois grains de moins.

La fabrication des Liards, de cuivre n'a commencé en France qu'en 1654. Elle fut ordonnée par Déclaration de Louis XIV du premier Juillet de la même année.

Ils furent appellés dans la légende d'écusson Liards de France, pour les distinguer des petits liards dont on vient de parler. La Déclaration porte, Qu'ils seront fabriqués de cuivre pur, & sans mélange de fin, à la taille de 64 pieces au marc, au remede de quatre pieces, le fort portant le foible le plus également que faire se pourra, pour avoir cours pour trois deniers piece.

Ces especes furent réduites à deux deniers quatre ans après par Lettres Patentes du 4 Juillet 1658 : mais enfin ils ont repris leur ancien prix depuis 1694, qu'il en fut ordonné une nouvelle fabrication, & les anciens remis à trois deniers.

Lorsque les Liards commencerent à avoir cours en France, l'usage s'établit d'appeller Deux liards la moitié du sol tournois, quoiqu'il n'y eût point alors d'especes de cette valeur. Depuis on en a fabriqué dans quelques Monnoies de France ; & l'Edit de 1709 en ordonne la fabrication dans celles d'Aix, de Montpellier, de la Rochelle, de Bordeaux & de Nantes, jusqu'à la concurrence de deux millions de marcs passés de net en délivrance. Ces pieces sont, comme les Liards de cuivre, sans aucun mélange de fin, de quarante au marc, au remede de trois pieces par marc, le fort portant le foible.

Outre les Liards de cuivre de France, il y en a plusieurs de fabrication étrangere ; entr'autres ceux de Bouillon de 1681, de Lorraine 1700 & 1708, & ceux de Montbeliard de 1712, &c. Les doubles de Bouillon, de Dombes & autres semblables, ont aussi cours sur le pied de trois deniers, quoiqu'ils ne soient pas de véritables liards.

Il y a aussi des liards de Savoye, qu'on nomme Liards à la grosse Echelle, qui sont des especes de sols qui tiennent un denier six grains de fin ; & d'autres où il y a un *E* & une *F*, qui n'en ont qu'un denier deux grains.

LIASSES. L'on nomme de la sorte dans le commerce de la filasse de chanvre que font les Marchands de fer de Paris, les petits paquets dont sont composées les grosses bottes de cette marchandise. *Voyez* CHANVRE.

LIB

LIBAGE. Morceau de pierre de taille moindre que les carreaux. Le libage se vend à la voye. Une voye doit avoir six à sept morceaux de pierre ; le quart de voye, un ou deux. *Voyez* PIERRE.

LIBBY. Sorte de lin que les Habitans de Mindanao, grande Isle des Philippines, que les Espagnols n'ont encore pû assujettir, cultivent avec grand soin & en grande quantité, plus pour en faire de l'huile, que pour le filage & les ouvrages de tisseranderie.

L'huile de Libby est pour ces Barbares un objet considérable de négoce. Ils en fournissent diverses Nations des Indes ; entr'autres les Habitans de Borneo & des autres Isles de la Sonde, les Chinois, & même les Espagnols quand ils ne sont point en guerre avec eux. *Voyez* LIN, *&* HUILE DE LIN.

LIBERTE' DE COUR. Terme de commerce. C'est l'affranchissement dont jouit un Marchand, de la Jurisdiction ordinaire des lieux où il fait son négoce, & le privilége qu'un Etranger a de porter les affaires concernant son trafic pardevant un Juge de sa Nation.

Il se dit particuliérement des Villes Hanséatiques, qui dans tous les Comptoirs qu'elles avoient autrefois dans les principales Villes de commerce de l'Europe, comme à Londres & à Anvers, entretenoient une espece de Consul, & sous lui un Greffier, pardevant lequel tous les Marchands de leur Ligue ou Hanse devoient se pourvoir en premiere instance pour fait de négoce, & dont les jugemens se portoient par appel & en dernier ressort pardevant les Juges & Magistrats des Villes Hanséatiques, dont l'Assemblée résidoit à Lubeck.

Ce qui reste de Villes Hanséatiques, réduites à présent à sept ou huit, de plus de quatre-vingt qui composoient autrefois cette fameuse Societé de Marchands, jouit encore de ce privilége, mais seulement parmi leurs propres Négocians. *Voyez* VILLES HANSEATIQUES.

LIBONGOS. Sorte de grosse étoffe qui est propre pour la traitte que les Européens font à Lowango & autres lieux des côtes d'Afrique.

LIBOURNE, Ville de France dans la Guyenne. Les eaux-de-vie, les vins, les sels & la draperie, font son principal commerce. Cette derniere ne se fabrique pas chez elle, & ses Marchands la font venir du dehors, pour ensuite la distribuer dans la Ville, & même assez loin dans les Provinces voisines. Elle est du département de l'Inspecteur des Manufactures de Bordeaux. *Voyez* l'Etat général, Tome I. pages 38, 56.

LIBRAIRE. Celui qui fait commerce de Livres, soit qu'il les imprime lui-même, soit qu'il les donne à imprimer à d'autres. *Voyez ci-après* LIBRAIRIE.

LIBRAIRE FORAIN. Celui qui vient dans une Ville où il ne fait pas sa résidence, pour vendre, débiter ou échanger des Livres qu'il a fait imprimer ailleurs, ou qu'il a fait venir des Pays étrangers.

A Paris il n'est pas permis aux Libraires Forains de tenir boutique, magasin ou imprimerie, ni d'y faire afficher leurs Livres, soit par eux, soit par des Facteurs ou personnes interposées; non pas même de les étaler & vendre aux foires de S. Germain & de S. Laurent.

Ils ont néanmoins la permission d'en faire le débit, vente ou échange, pourvû que ce soit dans la Chambre Syndicale des Libraires & Imprimeurs, après que leurs Livres y ont été visités; & à la charge qu'ils ne séjourneront que trois semaines, pour tout délai, à compter du jour de l'ouverture & visite de leurs Livres pour la distribution d'iceux.

Le nouveau Réglement pour la Librairie & l'Imprimerie du 28 Février 1723, a changé peu de choses aux trois Articles qui composent le Titre des Libraires Forains, dans le Réglement de *1686*: le seul Statut de Police qui y a été ajouté, se trouve dans le second article. Par ce statut il est enjoint aux Libraires Forains de tenir leurs marchandises de Livres dans l'Université, exprimé dans l'article XII & non ailleurs; & de déclarer aux Syndics & Adjoints, les lieux où ils les tiendront.

LIBRAIRIE. Profession des Libraires. On le dit encore de leur Corps & Société. On le disoit aussi autrefois pour signifier une Bibliotheque, mais il n'est plus d'usage en ce sens.

Les Libraires & les Imprimeurs de Paris ne font qu'une seule & même Communauté, sous le nom de Corps de la *Librairie*, à laquelle sont demeurés unis les Maîtres Fondeurs de caracteres d'Imprimerie par l'Edit de Louis XIV du mois d'Aout *1686*; & de laquelle ont été séparés les Relieurs-Doreurs de Livres par un autre Edit du même Roi & des mêmes mois & an, qui les érige en Corps de Communauté particuliere. On parle ailleurs des Fondeurs de caracteres d'Imprimerie. *Voyez* FONDEUR; & l'on parlera dans la suite des Relieurs-Doreurs de Livres. *Voyez* RELIEUR. On a fait aussi un article particulier pour les Imprimeurs. *Voyez* IMPRIMEUR.

Ce sera néanmoins ici que l'on rapportera, comme à l'endroit le plus convenable, ce qui regarde en commun les trois sortes de Maîtres qui composent présentement le Corps de la Librairie de Paris, après qu'on aura dit quelque chose de l'état de cette Communauté avant l'invention de l'Imprimerie.

Le sçavant Auteur de la Dissertation historique & critique de l'origine de l'Imprimerie de Paris, pour prouver l'ancien droit de l'Université sur l'ancien Corps de la Librairie, avance jusqu'à vingt-deux propositions, que l'on se contentera d'indiquer ici, & dont les Curieux pourront voir les preuves, &, pour ainsi dire, les titres mêmes dans cet excellent Ouvrage.

Il est dit en premier lieu; (on ne changera rien ni à son ordre ni à ses paroles.)

1°. Que c'étoit un droit accordé par les Rois à l'Université, qu'elle seule pût instituer & créer les Libraires de Paris.

2°. Que les Libraires étoient Officiers & Suppôts de l'Université, jouissant des mêmes privilèges, franchises & exemptions que les Maîtres & Ecoliers.

3°. Qu'ils prêtoient le serment à l'Université, & le renouvelloient quand elle le jugeoit à propos.

4°. Que c'étoit à elle de leur donner des Réglemens & des Statuts, qu'ils étoient obligés de garder.

5°. Qu'ils devoient prendre d'elle leurs Lettres de Libraires.

6°. Qu'on ne les recevoit qu'à la charge de donner caution.

7°. Qu'ils devoient avoir attestation de vie & de mœurs, & de capacité suffisante pour exercer la Librairie.

8°. Qu'ils étoient soumis à la correction de l'Université, qui les pouvoit punir par amende, & même les déposer quand il y avoit cause.

9°. Qu'ils étoient tenus de comparoître dans l'Assemblée de l'Université quand ils y étoient cités, & d'assister à ses processions générales.

10°. Que personne ne pouvoit se mêler de vendre des Livres à Paris, sans avoir eu auparavant la permission de l'Université.

11°. Qu'il n'étoit point permis aux Libraires de mettre tel prix qu'ils vouloient à leurs Livres: Que c'étoit à l'Université de le faire, & à quatre Libraires qu'elle choisissoit.

12°. Qu'ils ne pouvoient point vendre les Livres plus que la taxe, ni les acheter moins que la prisée qui en avoit été faite.

13°. Qu'ils ne devoient exposer en vente aucun Livre, qui n'eût été auparavant communiqué à l'Université, pour être approuvé d'elle ou corrigé, s'il y avoit quelques erreurs.

14°. Qu'ils étoient obligés de louer leurs Livres à ceux qui le désiroient, en leur payant la taxe imposée pour cela.

15°. Qu'ils étoient tenus de prêter leurs exemplaires à ceux qui en vouloient tirer copie, & qui leur offroient le prix taxé pour ce sujet.

16°. Qu'ils ne devoient avoir que des exemplaires fort corrects, sinon ils étoient dénoncés à l'Université & punis.

17°. Qu'ils ne pouvoient acheter aucun Livre des Ecoliers que par la permission du Recteur.

18°. Que leur gain ne devoit être que de quatre deniers pour livre dans la vente de leurs exemplaires aux Maîtres & Ecoliers, & de six deniers pour les autres.

19°. Qu'ils ne pouvoient prendre aucun pot de vin, ni faire aucun contrat simulé dans la vente & achat des Livres.

20°. Qu'aucun Libraire ne pouvoit se défaire de son fonds de Livres, ni l'aliener, sans le consentement de l'Université.

21°. Que chaque Libraire devoit attacher dans sa boutique le catalogue de ses Livres avec le prix taxé.

22°. Enfin que ceux qui n'avoient point prêté le serment ne pouvoient vendre les Livres d'un plus grand prix que de dix sols, & devoient donner des gages à l'Université, pour servir à reparer le dommage, en cas qu'il en arrivât quelqu'un par leur faute.

Ces vingt-deux propositions peuvent être considerées comme autant d'articles des premiers Statuts du Corps de la Librairie, qui jusqu'à l'invention de l'Imprimerie, & même jusqu'à la fin du quinziéme siécle, n'avoit été composée que de trente personnes ; sçavoir vingt-quatre Libraires, deux Relieurs, deux Enlumineurs & deux Ecrivains jurés.

La grande autorité de l'Université sur ces trente Suppôts, déja bien établie dès le treiziéme siécle, comme on le voit par le Statut de 1275, dura dans toute sa force jusqu'à ce que les Rois, de qui elle la tenoit, semblerent la vouloir revendiquer, ou du moins la partager.

Louis XI en 1467 commença à donner quelques Réglemens pour la Librairie ; mais ce ne fut que sous le Regne de François I, que l'autorité Royale regla entiérement leur discipline par des Déclarations en forme de Statuts.

Les principaux Réglemens de ce Prince & de ses Successeurs sont ceux de 1531 & 1539, de François I ; de 1551, de Henri II ; de 1563, 1571, de Charles IX ; de 1579 & 1586, de Henri III, & de 1610, 1618, 1629, de Louis XIII.

Le Regne de Louis XIV si fecond en Réglemens, & dans lequel ont été dressées tant d'excellentes Ordonnances, est aussi celui qui en a donné le plus grand nombre pour la Librairie. L'on a entr'autres les Réglemens de 1650, de 1665, de 1670, de 1671, de 1686, de 1703, de 1704 & de 1713 ; & quantité d'Arrêts du Conseil, ou en interprétation des anciens Statuts, ou qui en établissent quelques nouveaux.

Les quatre derniers Réglemens, & particuliérement l'Edit du mois d'Aout 1686, enregistré en Parlement le 21 du même mois, & la Déclaration du 23 Octobre 1713, enregistrée le 26 ensuivant, donnée en interprétation de cet Edit, doivent être regardés comme les véritables Statuts du Corps de la Librairie, jusqu'à ce que ceux qui ont été proposés au Conseil du Roi par les Libraires & Imprimeurs, & convenus en partie entr'eux dans plusieurs conférences, ayent reçû leur autorité par un nouvel Edit ou Déclaration.

On va donner un extrait de cet Edit de 1686, rectifié où il sera nécessaire par les articles de la Déclaration qui l'interprête, ou par les autres Déclarations & Arrêts du Conseil donnés depuis.

Cet Edit en Réglement est composé de soixanteneuf articles réduits sous quinze titres. Ces titres sont :

Des franchises, exemptions & immunités des Imprimeurs & Libraires de Paris.

Des Imprimeurs & Libraires en général.

Des Fondeurs de caracteres d'Imprimerie.

Des Apprentifs.

Des Compagnons.

Des receptions des Maîtres.

Des Veuves.

Des Correcteurs.

Des Colporteurs.

Des Libraires Forains.

Des Syndics, Adjoints & Maîtres de Confrérie.

De la visite & de la Chambre Syndicale.

Des libelles diffamatoires & Livres défendus.

Des Priviléges pour l'impression des Livres.

Enfin des inventaires, prisées & ventes d'Imprimerie & de Librairie.

Les Imprimeurs & Libraires & les Fondeurs, qui composent avec eux le Corps de la Librairie, sont réputés du Corps & des Suppôts de l'Université, du tout distingués & séparés des Arts méchaniques ; & en cette qualité jouissent de tous les droits, franchises & prérogatives dont les Recteur, Maîtres & Ecoliers de ladite Université ont coutume de jouir.

Un Syndic & quatre Adjoints sont à la tête de ce Corps. La Communauté assemblée se les donne par élection & à la pluralité des voix. L'élection du Syndic ne se fait que tous les deux ans, & celle des Adjoints tous les ans, mais seulement de deux chaque année à la place des deux anciens. Le jour de l'élection est fixé au huitiéme de Mai, & le nombre des Electeurs à seize mandés, Imprimeurs & Libraires, outre les Syndics & Adjoints. L'élection se fait en présence du Lieutenant Général de Police & du Procureur du Roi au Châtelet.

L'égalité avoit été conservée entre les Libraires & les Imprimeurs par l'Edit de 1686, soit pour le droit à l'élection, soit pour le nombre de leurs mandés ; mais la grande disproportion du nombre des uns & des autres, (les Imprimeurs n'étant que trente-six, & les Libraires bien au-delà de deux cens,) a donné lieu à l'interprétation de la Déclaration de 1713, qui a réglé par l'article septiéme, Qu'il ne sera élu à l'avenir qu'un Adjoint Imprimeur de deux années en deux années, & qu'il ne seroit non plus mandé que quatre Imprimeurs & douze Libraires pour les élections.

C'est le Syndic qui est chargé de l'administration des deniers & effets de la Communauté, & les deux derniers Adjoints qui sont les Administrateurs de la Confrérie, qui a S. Jean Porte-Latine pour Patron.

Les visites, soit générales, soit particulieres, se font par les Syndics & Adjoints ; les générales tous les trois mois, les autres toutes fois & quantes ils le jugent nécessaire.

La visite des Livres venant de dehors (qui se portent à la Chambre Syndicale en consequence du cinquante-huitiéme article de l'Edit, dont l'exécution a été d'abondant ordonnée par une Sentence du Lieutenant Général de Police du 6 Juin 1698) se doit faire au moins par trois des Syndic & Adjoints. Les jours marqués pour la faire sont les Mardis & Vendredis à deux heures de relevée.

Dans ces visites les libelles contre l'honneur de Dieu, & le bien & repos de l'Etat, ou les Livres imprimés, soit dedans, soit dehors le Royaume, en contravention des Réglemens & Priviléges, doivent être arrêtés, même les marchandises qui se trouveroient dans les balles avec de tels libelles diffamatoires ou autres livres défendus.

Non-seulement la visite des Livres qui sont apportés à Paris par les Libraires & Imprimeurs Etrangers, ou des Provinces, pour y être vendus ou échangés, doit se faire dans la Chambre Syndicale, mais encore la vente ou l'échange y doit être pareillement faite en présence desdits Syndic & Adjoints.

Enfin les Officiers de la Librairie, outre les visites chez leurs Confreres, ont aussi droit d'en faire chez les Dominotiers, Imagers & Tapissiers en papier, ausquels il est défendu par l'article 21, d'avoir chez eux des caracteres de fonte propres à imprimer des Livres.

L'apprentissage, dont les gens engagés dans le mariage sont exclus, est au moins de quatre années consécutives, & doit être suivi de trois autres années de service chez les Maîtres en qualité de Compagnon. Nul n'est reçu Apprentif qu'il ne soit congru en langue Latine, & qu'il n'en rapporte certificat du Recteur de l'Université.

L'Imprimeur qui n'a que deux presses ne peut avoir qu'un Apprentif. Il est permis aux autres d'en avoir jusqu'à deux. A l'égard des Libraires, ils n'en peuvent obliger qu'un à la fois; mais l'article *6* de la Déclaration de 1713, qui ordonne que tout Imprimeur aura au moins quatre presses, semble avoir ôté cette différence d'un ou deux Apprentifs pour les Imprimeurs.

Les Fils de Maîtres ne sont tenus de faire aucun apprentissage; & s'ils ont les qualités requises ils doivent être reçus à leur premiere requête; ce qui pourtant a quelques exceptions, comme on le dira dans la suite.

Les qualités pour être reçu à la Maîtrise, outre l'apprentissage & le service pour ceux qui y sont sujets, sont l'âge de vingt ans accomplis, d'être naturel François, d'être congru en langue Latine, & de sçavoir lire le Grec.

L'Aspirant à la Maîtrise doit être certifié capable d'exercer la profession d'Imprimeur ou de Libraire par deux autres Maîtres de la Communauté; bien entendu, suivant l'interprétation qu'en donne l'art. 4 de la Déclaration de 1713, Que le Fils ou Apprentif Libraire qui se présente pour être reçu Libraire, sera certifié par deux Libraires seulement: Que le Fils ou Apprentif d'Imprimeur en pareil cas le sera par deux Maîtres Imprimeurs aussi seulement; & que s'ils se présentent les uns ou les autres pour être Libraires & Imprimeurs en même tems, ils seront certifiés par deux Libraires & deux Imprimeurs.

Suivant l'article 3 de la Déclaration de 1713, les Fils de Maîtres Imprimeurs qui n'exercent que l'Imprimerie, doivent faire une année d'exercice chez un Libraire de Paris, ou deux années chez un Libraire de Province, avant de pouvoir être reçus Libraires: les Apprentifs en pareil cas sont tenus de deux années d'exercice à Paris, & de trois en Province; ce qui doit s'observer en pareilles circonstances pour les Fils & Apprentifs des Libraires, qui veulent parvenir à la Maîtrise d'Imprimeur.

Les Compagnons qui épousent la Veuve ou la Fille d'un Maître, sont reçus comme Fils de Maîtres.

Les Veuves restant en état de veuvage jouissent de tous les privileges de la Maîtrise de leurs Maris, à la réserve qu'elles ne peuvent obliger de nouveaux Apprentifs, mais seulement achever ceux qui sont commencés.

Le nombre des Imprimeurs est fixé à trente-six, dont les places, vacation arrivant, ne peuvent être remplies que par des Fils d'Imprimeurs, ou par ceux qui ont fait apprentissage d'Imprimerie. Le nombre des Libraires n'est pas fixé; mais il leur est défendu de recevoir plus d'un Maître par an, outre les Fils & Gendres de Maîtres. Dans cette réception on préfere celui qui s'est présenté & a été inscrit le premier sur le Registre par les Syndic & Adjoints.

Chacun des trente-six Imprimeurs, à qui il suffisoit par l'article 2 du Reglement de *1686*, d'avoir deux presses à lui appartenantes, sont tenus par l'article sixiéme de la Déclaration de 1713, d'en avoir au moins quatre, & huit sortes de caracteres romains avec leur italique, depuis le Gros Canon jusqu'au Petit Texte, sans que plusieurs Imprimeurs puissent s'associer pour une même Imprimerie.

Les Libraires-Imprimeurs tenant Imprimerie ou boutique de Librairie, les doivent tenir dans le quartier de l'Université seulement, dans un même lieu & non séparément. Les Libraires non Imprimeurs peuvent avoir leurs boutiques au dedans du Palais, à moins qu'ils ne se restreignent à ne vendre que des Heures & des petits Livres de prieres, auquel cas ils peuvent demeurer aux environs du Palais & dans la rue Notre-Dame.

L'article 11 de l'Edit de *1686*, qui contient cette discipline concernant les demeures des Imprimeurs & Libraires, fixe aussi les bornes de ce qu'on entend par le quartier de l'Université.

Tous les Libraires & Imprimeurs qui impriment ou font imprimer des Livres, sont tenus d'y mettre leur nom & leur marque, de prendre des Privileges du grand Sceau, de les insérer en entier au commencement ou à la fin de chaque Exemplaire, & d'en faire l'enregistrement aussi tout du long, ainsi que de leur cession, sur le Registre de la Chambre Syndicale.

Il n'est pas néanmoins nécessaire, il est même défendu d'obtenir de tels Privileges pour les Requêtes, Factums, Placets, &c. On parle ailleurs très amplement de ce qui concerne cette matiere. *Voyez* PRIVILEGE.

Après divers changemens arrivés dans la Librairie pour la quantité des Exemplaires que les Libraires & Imprimeurs doivent fournir à de certaines Bibliotheques, ou à la Chambre Syndicale, de chaque impression de Livres qu'ils font, la Déclaration du Roi Louis XIV. du *6* Octobre 1703, les a fixés à huit, pour être distribués ainsi qu'on l'a dit à l'article des Exemplaires.

La Déclaration de 1713 y assujettit aussi les Graveurs & Marchands de tailles-douces pour les Livres de figures, Estampes, Cartes, &c. *Voyez* EXEMPLAIRE.

Il n'appartient qu'aux Libraires & Imprimeurs de faire la description ou prisée des Imprimeries ou des Livres qui doivent être exposés en vente; & les presses & caracteres servant aux Imprimeries ne peuvent être vendus ni transportés sans la permission du Lieutenant Général de Police, & seulement en la présence des Syndic & Adjoints, qui doivent en tenir Registre, sur lequel sont obligés de s'en charger ceux à qui ils auront été vendus ou adjugés, à peine de confiscation & d'amende.

Les Libraires & Imprimeurs, en qualité de Suppôts de l'Université, & par l'excellence de leur Art, ayant toujours été distingués & séparés des Arts méchaniques, leur Communauté ne fut point comprise dans le Rôle dressé au Conseil pour l'exécution de l'Edit du Roi Louis XIV. portant création en titre d'Offices de Maîtres & Gardes, Syndics & Jurés pour les Corps des Marchands & les Communautés des Arts & Métiers: mais une nouvelle création d'Auditeurs dans ces mêmes Corps & Communautés ayant été faite en *1694*, le Corps de la Librairie, qui par inadvertance avoit été employé dans ce nouveau Rôle au préjudice de ses privileges, fut comme forcé au payement d'une somme considérable, qu'il fut obligé d'emprunter pour se délivrer de la vexation du Traitant.

Enfin en 1703 les Libraires & Imprimeurs ayant été de nouveau poursuivis pour diverses taxes mises sur les autres Communautés par les Edits de 1701 & 1702, ils en obtinrent la décharge purement & simplement par une Déclaration du mois d'Octobre de la même année ; & les sommes par eux jusques-là payées aux coffres du Roi, furent déclarées comme leur tenant lieu d'augmentation de finance pour la confirmation de leurs droits & privileges.

Ce fut par la même Déclaration que les Exemplaires qui se doivent fournir à la Chambre, furent augmentés jusqu'au nombre de huit, & les droits de visite & réception aussi accrus considérablement, pour dédommager le Corps de la Librairie des grosses sommes qu'il avoit empruntées, en payer les arrérages,& en faire peu à peu le remboursement.

On ne parle point ici des Correcteurs d'Imprimerie, des Colporteurs, des Libraires Forains, de la Chambre Syndicale, du commerce des Livres, & de plusieurs autres choses qui y ont rapport, dont il est fait mention dans divers articles du Reglement de *1686*, parce qu'on en traite dans des articles particuliers où l'on peut avoir recours.

Réglement pour la Librairie & Imprimerie de Paris, arrêté au Conseil d'Etat du Roi, le 28 Février 1723.

Le nouveau Réglement qui devoit terminer les différens qui renaissoient sans cesse entre les Libraires & les Imprimeurs, ayant enfin pris une forme convenable, Sa Majesté pour en assurer l'exécution donna sa Déclaration du 10 Décembre 1720. Mais quoique ce nouveau Réglement eût été dressé & examiné avec beaucoup de soin, cependant lorsqu'il fut porté au Parlement avec les Lettres de cachet ordinaires pour y être enregistré, il s'y trouva matiere à plusieurs observations, qui parurent mériter qu'il fût apporté quelques changemens à un grand nombre d'articles ; outre que divers abus qui s'étoient insensiblement glissés parmi ceux qui exercent l'art de la Librairie & de l'Imprimerie, demandoient aussi qu'il y fût pourvû par quelques nouveaux articles. Ces considérations ayant obligé Sa Majesté de retirer sa Déclaration, pour être ledit Réglement réformé & de nouveau présenté & approuvé en son Conseil : enfin il fut arrêté le 28 Février 1723 & rendu public, sous le nom de Réglement pour la Librairie & Imprimerie de Paris.

Ce Réglement, en conséquence d'un Arrêt du Conseil d'Etat du Roi du 19 Juin de la même année, & conformément à l'Ordonnance du Lieutenant général de Police, à qui Sa Majesté en commet l'exécution, fut lû & enregistré en la Chambre Syndicale des Libraires & Imprimeurs de Paris, le 13 Octobre ensuivant.

Les articles du nouveau Réglement sont au nombre de 120, au lieu de *69* dont celui de *1686* étoit seulement composé. A l'égard des titres l'on n'y en a ajouté qu'un seul, qui est celui des Souscriptions qu'on a mis le troisiéme, à la place du titre des Fondeurs de caracteres d'Imprimerie, qui a été reculé jusqu'au neuviéme.

On ne parlera point ici de ce nouveau titre qu'on renvoye à l'article des Souscriptions. *Voyez* Souscription.

Pour ce qui est des articles ajoutés ou réformés, on les va parcourir, en observant, pour éviter une répétition ennuyeuse, de ne point toucher à ceux qui ne sont pas différens des articles du Réglement de *1686*.

Dans le premier article on confirme l'exemption accordée à la Communauté en 1703, d'être franche & quitte de tous prêts, taxes, levées, subsides, &c. mis & à mettre sur les Arts & Métiers ; desquels Sa Majesté l'excepte, distingue, & sépare entiérement.

Par le II, les Livres tant manuscrits qu'imprimés, ou gravés, reliés ou non reliés, vieux ou neufs, d'estampes & cartes géographiques, soit qu'ils viennent des Pays étrangers & des Villes & Provinces du Royaume, soit qu'ils soient transportés hors du Royaume ; ensemble les fontes, lettres, & caracteres d'Imprimerie vieux ou neufs, & l'encre servant à imprimer venant des Pays étrangers & des Villes & Provinces du Royaume, sont exemptés de tous droits de Douane, Péages, Ponts, &c. conformément aux Edits & Déclarations des Rois prédécesseurs de Sa Majesté ; & afin que les marchandises de la qualité ci-dessus exprimées, puissent jouir de ladite exemption,

Il est ordonné par le III article, que sur chaque ballot, balle, tonne, &c. il y ait une déclaration en ces termes : Livres, Caracteres d'Imprimerie, Encre d'Imprimerie.

Le IV article fait défenses à toutes personnes de quelque qualité & condition qu'elles soient, autres que les Libraires & Imprimeurs, de faire le commerce de Livres, ni d'avoir chez elles aucunes presses d'Imprimerie ; cet article est le même que le VI du Réglement de 1686, mais de beaucoup augmenté. Les articles V, VI, VII, & VIII, ne sont que la suite du IV, & concernent l'achat & vente des vieux papiers, vieux parchemins, & vieux Livres, par les femmes & veuves des Relieurs, & celles des Compagnons desdits Relieurs, des Libraires, & des Imprimeurs. Ils reglent comme aussi de quels Livres les Marchands Merciers peuvent faire négoce, ce qui faisoit la matiere des articles XI, XII, XIII, XIV, & XVI du précédent Réglement de 1686.

Il est ordonné par le XIV article à tous Libraires exerçans l'Imprimerie, de mettre un écriteau ou tableau portant qu'ils tiennent Imprimerie, & ne le pourront mettre que dans le lieu où sera actuellement leur Imprimerie.

Le XXIII article fixe à un seul le nombre des apprentifs qu'il est permis d'avoir aux Libraires & Imprimeurs, qui peuvent cependant en prendre un second, lorsque la derniere année du premier est commencée.

Le XLIV article qui regarde la réception à la Maîtrise, est un des plus importans du nouveau Réglement, & mérite d'être ici rapporté tout entier.

Article XLIV du Réglement de 1723, concernant la réception des Maîtres.

Comme il est important que ceux qui exercent les professions d'Imprimeur & de Libraire soient pourvûs d'une capacité & d'une expérience suffisante, Sa Majesté veut que les fils & gendres des Maîtres ainsi que les apprentifs, qui auront fait leur apprentissage & servi les Maîtres, avant que d'être admis à la Maîtrise de Librairie & d'Imprimerie, outre le certificat du Recteur de l'Université, soient encore tenus de subir, sçavoir ceux qui aspireront à être reçûs Libraires, un examen sur le fait de la Librairie ; & ceux qui aspireront à être reçus Imprimeurs, après ledit examen sur le fait de la Librairie, une épreuve de leur capacité au fait de l'Imprimerie & choses en dépendantes; ce qu'ils seront tenus de faire par devant les Syndic & Adjoints en charge, accompagnés de quatre anciens Officiers de leur Communauté, dont deux exerçant l'Imprimerie, & quatre autres Libraires qui n'auront pas passé par les charges, mais qui auront au moins dix années de réception, dont deux également exerçant l'Imprimerie; lesquels susdits huit examinateurs seront tirés au sort par l'Aspirant, dans le nombre tant desdits anciens Officiers de la Communauté, que des Libraires & Imprimeurs ayant dix ans au moins de réception, auxquels examinateurs ainsi nommés, Sa Majesté ordonne de se trouver avec les Syndic & Adjoints à la Chambre Syndicale, pour proceder tous ensemble par voye de scrutin audit examen & épreuve, lequel examen durera au moins deux heures, & ne pourra l'Aspirant être reçû s'il n'a les deux tiers des voix en sa faveur. Il sera du tout fait à l'instant un procès verbal par les Syndic & Adjoints: & pour le droit de présence, chacun des Syndic & Adjoints & autres examinateurs, aura six jettons valant six livres tournois, qui leur seront distribués par l'Aspirant.

Il est dit par le XLV article qui n'est que la suite du précédent, que les Aspirans à la Librairie qui auront les qualités requises, seront reçus par les Syndic & Adjoints en charge, en payant la somme de mille livres pour être employées aux affaires de la Communauté, & que les Aspirans à l'Imprimerie payeront quinze cent livres, avec cette différence, que ceux-ci ne seront reçus qu'en conséquence d'un Arrêt du Conseil expédié sur l'avis du Lieutenant Général de Police envoyé à M. le Garde des Sceaux. Il est encore dit, que si celui qui aura été reçu Libraire vient ensuite à être reçu à la Maîtrise de l'Imprimerie, il sera tenu outre la somme de mille livres ci-dessus, de payer celle de cinq cens livres, les droits de présence que doivent les Aspirans, sont également pour les Libraires & Imprimeurs, douze jettons d'argent au Syndic, six à chacun des Adjoints, & deux à chaque ancien.

Par le XLVI article, les droits de réception des fils de Maîtres sont fixés, sçavoir pour la Librairie à six cens livres, & pour l'Imprimerie à neuf cens livres, qui se payeront pareillement par les Compagnons, qui après avoir fait leur apprentissage, auront épousé la fille ou la veuve d'un Maître, à la charge néanmoins par lesdits fils & gendres de Maîtres, & par ceux qui épousent leurs veuves, de subir l'examen & d'observer les formalités prescrites ci-devant.

Le XLVIII article accorde aux Maîtres de Paris le droit d'aller demeurer & d'exercer la Librairie dans toutes les Villes & autres lieux du Royaume, en y faisant seulement apparoir de leurs Lettres de Maîtrise, & en les faisant enregistrer au Greffe de la Justice ordinaire du lieu.

Les six articles suivans traitent seulement des Imprimeurs, & ordonnent 1°. L'exécution de tous les anciens Réglemens faits pour l'Imprimerie, particuliérement celui de *1686* en tous ses articles, où il n'est point dérogé par le présent Réglement. 2°. Que la préférence accordée aux fils & aux gendres des Imprimeurs pour être reçûs en leur place, n'aura plus de lieu, & qu'ils ne seront préférés qu'au cas qu'ils soient au moins d'un mérite égal avec les prétendans, qui entreront en concours avec eux. 3°. Que tout Aspirant à la Maîtrise, qui par l'examen se trouvera avoir les qualités requises, sera tenu d'avoir une Imprimerie composée de quatre presses au moins, & de neuf sortes de caracteres, Romain avec leur Italique, comme il est expliqué dans l'article LI, desquelles presses & fontes il sera dressé un procès verbal par les Syndic & Adjoints. 4°. Qu'aucun des Imprimeurs sous peine de confiscation & de déchéance de Maîtrise, ne pourra prêter aux Aspirans aucunes presses, casses, ni fontes; ni les Aspirans en emprunter. 5°. Que les Imprimeurs déja reçus, dont les Imprimeries ne seront pas complettes conformément à ce qui est ordonné ci-dessus, ayent à s'y conformer dans trois mois, sinon seront tenus de s'en défaire dans le cours de deux années. 6°. Enfin que les Imprimeries qui seront trouvées complettes lors de la visite générale ordonnée par le Réglement, y seront toujours entretenues dans la suite.

Le titre des Fondeurs de caracteres d'Imprimerie contient XIII articles; sçavoir, depuis le LVII inclusivement, jusqu'au LXIX exclusivement; mais attendu qu'on en parle ailleurs amplement, on se contentera de l'indiquer ici. *Voyez* FONDEURS DE CARACTERES D'IMPRIMERIE.

Le titre des Colporteurs contient six articles, qui sont les LXIX, LXX, LXXI, LXXII, LXXIII & LXXIV. *Voyez* COLPORTEURS.

Il n'y a que trois articles pour les Libraires Forains; sçavoir le LXXV, le LXXVI, & le LXXVII. *Voyez* LIBRAIRES FORAINS.

La Déclaration de 1713, qui avoit dérogé au Réglement de *1686*, en ce qui concerne l'élection des Syndic ou Adjoints, a été à son tour réformée par celui de 1723.

Par le premier article de ce titre qui est le LXXVIII du Réglement, il est ordonné qu'il sera procedé suivant l'usage, le 8 Mai de chaque année, à l'élection de deux Adjoints en la place de ceux, qui après deux années de service & de fonctions dans ladite charge, en devront sortir; qu'il sera aussi audit jour procedé de deux ans en deux ans, à l'élection d'un Syndic, qui sera pris dans le nombre des anciens Adjoints, à condition néanmoins qu'alternativement il sera élû pour Syndic un desdits Adjoints Libraires, ou Libraires Imprimeurs; ou que du moins le Syndicat ne pourra être rempli que deux fois de suite par des sujets pris dans le nombre desdits anciens Adjoints Libraires, ou desdits anciens Adjoints Libraires-Imprimeurs: & que lorsque le Syndic sera Libraire-Imprimeur, il n'y aura qu'un Adjoint exerçant l'Imprimerie en charge, ensorte que des cinq Officiers qui composent le Bureau, il y ait toujours deux Libraires exerçans l'Imprimerie.

Il est aussi reglé par l'article LXXIX que des seize mandés pour l'élection, il y en aura huit exerçant l'Imprimerie.

Les articles XC, XCI, & XCII, contiennent de sages précautions pour empêcher l'entrée & le débit dans le Royaume des Livres défendus ou imprimés en contravention aux Réglemens; comme aussi l'entrée des fontes & caracteres servant à l'Imprimerie qui pourroient y être introduits en fraude, & y servir non seulement aux éditions contrefaites, mais encore à l'impression des libelles diffamatoires ou des ouvrages contraires à la Religion ou au repos public.

Par le premier de ces trois articles, il est défendu à tous Maîtres & Conducteurs de Carrosses,

Coches, &c. tant par terre que par eau, qui amenent à Paris des ballots de Livres, Estampes, ou Caracteres, de les délivrer à leur adresse, ou les décharger aux environs de ladite Ville, & à tous particuliers de les recevoir. Sa Majesté ordonnant qu'ils soient conduits à la Douane, ou délivrés sur le billet du Syndic ou de deux de ses Adjoints, pour être portés à la Chambre Syndicale, à peine de mille livres d'amende, & même de punition corporelle en cas de récidive; & où il se trouveroit des livres, estampes, ou caracteres qui n'auroient pas été déclarés par les Conducteurs des voitures, ou passant en fraude par des lieux détournés, ils soient arrêtés; dont il sera incessamment donné avis aux Syndic & Adjoints, qui s'en chargeront sur les procès verbaux des Officiers & Commis.

Par le second article, il est pareillement fait défenses aux Inspecteurs & préposés au Bureau de la Douane de Paris, ensemble aux Commis employés aux portes & barrieres, Maîtres de carosses, Messagers, Voituriers & tous autres, de délivrer aucunes balles, ballots, caisses ou paquets de livres & estampes à aucunes personnes de quelque qualité qu'elles soient, & ce nonobstant tous Arrêts, ordres & permissions, même l'article VI de l'Arrêt du Conseil du 11 Septembre 1720, portant Réglement pour la Bibliotheque de Sa Majesté, le tout à peine contre les contrevenans, d'en répondre en leur propre & privé nom, de cinq cent livres d'amende & d'être déchus de leurs emplois.

Enfin par le troisiéme de ces trois articles, Sa Majesté fixe les Villes par lesquelles il sera désormais permis de faire entrer les livres & livrets, qui viendront des Pays étrangers. Ces Villes sont Paris, Rouen, Nantes, Bordeaux, Marseille, Lyon, Strasbourg, Metz, Amiens & Lisle. Le même article pourvoyant à la sureté de la conduite des livres en passant par les Bureaux du Royaume, défend à tous Directeurs & Commis, Gardes & autres employés dans lesdits Bureaux, d'ouvrir, visiter ou arrêter aucunes balles, ballots, &c. de livres, d'estampes ou de caracteres d'Imprimerie venans des Pays étrangers, ou des Provinces du Royaume en la Ville de Paris; mais de les laisser passer avec acquit à caution jusqu'au lieu de leur destination; lequel acquit les Voituriers seront tenus de prendre; sçavoir, pour ceux venant des Pays étrangers dans les premiers Bureaux des entrées du Royaume, & pour les autres dans le Bureau du lieu d'où l'envoi sera fait, ou s'il n'y en a point, dans le plus prochain où lesdites balles & ballots seront plombés, & la soumission des Voituriers enregistrée.

Le XCVII. article regarde les Dominotiers. *Voyez* leur article.

Le XCVIII. article ordonne que les marchandises de Librairie, qui seront saisies par contravention, seront déposées en la Chambre de la Communauté des Libraires & Imprimeurs; les Syndic & Adjoints s'en chargeront par les procès verbaux de saisies, pour les garder sans frais, jusqu'à ce qu'il ait été statué sur lesdites saisies, sans que les marchandises puissent être transportées ailleurs, ou laissées en la garde d'aucun autre Gardien ou Officier.

Le titre des Priviléges pour l'impression des livres, contient XI articles, dont le premier est le CI, & le dernier le CXII; ils sont partie nouveaux & partie tirés du Réglement de 1686. *V.* PRIVILEGE POUR L'IMPRESSION DES LIVRES.

Arrêt du Conseil d'Etat du Roi du 10 Avril 1725, portant Réglement sur le fait de la Librairie & Imprimerie.

Il sembloit que par le Réglement précédent, où le Conseil du Roi étoit entré dans un si grand détail, l'on avoit suffisamment pourvû à tous les abus qui pouvoient troubler le bon ordre d'une Communauté si nécessaire à l'Etat & aux Sciences: mais Sa Majesté ayant été informée que la négligence de plusieurs Libraires & Imprimeurs, & l'avarice de quelques-uns avoient donné lieu à différens nouveaux abus qui avoient excité les plaintes du Public, & portoient un préjudice considérable au commerce des Livres d'Impression de France: Que même quelques-uns desdits Libraires ayant obtenu permission de recevoir des souscriptions pour l'impression de quelques Ouvrages, n'avoient pas satisfait aux engagemens qu'ils avoient pris avec le public: Que d'autres ayant obtenu des renouvellemens de privileges pour des livres déja imprimés, ne s'en étoient servis que pour empêcher que d'autres Libraires ne pussent obtenir des permissions d'imprimer lesdits livres.... A quoi Sa Majesté voulant pourvoir, elle fit dresser quatre nouveaux articles, pour être ajoutés au Réglement du 28 Février 1723, sçavoir:

ARTICLE PREMIER.

Qu'il ne sera à l'avenir expédié aucun privilége ni permission pour imprimer de nouveaux livres, ou pour faire de nouvelles Editions de livres déja imprimés, qu'il ne soit en même tems présenté une épreuve du papier & des caracteres dont l'Impétrant voudra se servir, sur deux feuilles imprimées, lesquelles seront agréées par M. le Garde des Sceaux, pour être l'une attachée sous le contresel des Lettres; & l'autre déposée à la Chambre Syndicale, où lesdites Lettres seront enregistrées, pour y servir d'échantillon sur lequel toute l'Edition sera confrontée par les Syndic & Adjoints de la Librairie, en présence de celui qui aura été préposé à cet effet par M. le Garde des Sceaux avant que le débit en puisse être ouvert... à peine de saisie & de confiscation des exemplaires, qui ne s'y trouveront pas conformes, & de mille livres d'amende, &c.

II.

Que tous les Libraires & Imprimeurs seront tenus de donner une attention particuliere à ce que les Editions des Livres soient absolument correctes autant que faire se pourra, à peine de confiscation de celles dont la correction aura été visiblement négligée, & de privation des priviléges & permissions, &c.

III.

Qu'il ne sera proposé au Public aucune souscription que pour l'impression des ouvrages considérables, qui ne pourront être imprimés sans ce secours, & qu'après que la permission en aura été accordée par M. le Garde des Sceaux, en conséquence de l'approbation qui aura été faite desdits Ouvrages en entier par les Censeurs; laquelle permission sera écrite & signée sur la feuille imprimée appellée *Prospectus*, qui contiendra les conditions dont le Libraire se chargera envers les Souscripteurs, soit pour la qualité du papier &

des caracteres, soit pour le prix des Livres & le tems de leur livraison; laquelle feuille imprimée sera déposée avec la permission en original, & enregistrée aux Registres de la Chambre Syndicale sur lesquels le Libraire signera sa Soumission de s'y conformer, & ceux desdits Libraires qui manqueront à remplir aucune desdites conditions, seront condamnés envers les Souscripteurs à la restitution du double de ce qu'ils auront reçû, & à une amende arbitraire suivant la qualité du délit.

I V.

Que tous les Syndics & Adjoints de la Librairie de Paris, seront tenus de remettre dans un mois à M. le Garde des Sceaux un état des Priviléges renouvellés depuis le premier Janvier 1718 pour des livres déja imprimés; & un état des livres qui auront été réimprimés en conséquence du renouvellement desdits priviléges, pour, sur la vérification qui en sera faite, être les nouveaux priviléges dont on n'aura pas fait usage, annullés, & en être accordé de nouveaux ou de simples permissions, suivant la qualité des livres, à ceux qui feront leur soumission de les faire réimprimer promptement & en conformité du présent Réglement.

La marchandise de Librairie n'est point employée pour les droits d'entrée dans le Tarif de France de 1664, ou plutôt elle y est déclarée libre de tous droits. A l'égard des droits de sortie, quoiqu'en général, & lorsqu'elle est seule elle en soit aussi exempte, le même Tarif, lorsqu'elle est mêlée avec de la mercerie, la taxe comme mercerie, c'est-à-dire, à 3 liv. du cent pésant.

L I C

LICENTEN. Licence, Permission. Licenten se dit en Hollande des Passeports qui se donnent dans les Bureaux des Convois ou Douanes pour pouvoir charger ou décharger les marchandises des vaisseaux qui entrent ou sortent par mer; ou celles qui se voiturent par terre. Il signifie aussi quelquefois les droits d'entrée & de sortie.

La derniere Ordonnance des Etats Généraux des Provinces-Unies, pour l'exécution du nouveau Tarif de 1725, a pour titre:

Placard sur la levée des droits d'entrée & de sortie, nommé Convoy & Licenten, ou Licence.

Ce Placard ou Ordonnance est rapporté en extrait à l'article des Résolutions & Placards: on peut voir aussi l'article du Convoy, & encore celui de Liste ou Tarif.

LICHEN. Plante propre pour la teinture en rouge, qui se trouve communément sur les rochers d'Amorgos & sur ceux de Nicouria, qui sont du nombre des Isles de l'Archipel. On s'en sert à peu près comme on fait en France de la Perelle d'Auvergne.

Cette plante croît par bouquets grisâtres, longs d'environ deux ou trois pouces, divisés en petits brins presqu'aussi menus que du crin. Ces bouquets sont partagés en deux ou trois cornichons courbes en faucille, déliés à leur naissance, mais épais à leur extrémité, qui est quelquefois terminée par deux pointes; ces cornichons sont garnis dans leur longueur d'un rang de bassins plus blancs que le reste: toute la plante est solide, blanche & d'un goût salé.

Il y a encore quelques Isles de l'Archipel où se trouve cette espece de lichen; mais son usage pour la teinture n'y est pas connu.

Les Anglois en enlevent beaucoup qu'ils portent chez eux: on en envoye aussi quantité à Alexandrie. Cette plante se vend ordinairement dix écus le quintal.

LICHTERS. On nomme ainsi à Amsterdam des batteaux ou petits bâtimens qui servent à transporter les marchandises des magasins au port ou du port au magasin. Ce sont des especes d'aleges qui contiennent jusqu'à 30 ou 36 lasts de grains; on s'en sert pour voiturer les bleds, les grains, les sels & autres telles marchandises.

LICORNE. On ne s'amusera pas à décrire ici cet animal fabuleux; & il est présentement trop bien établi parmi les Sçavans, qu'il n'y a rien de vrai de tout ce que tant d'Auteurs anciens & modernes, qui se sont copiés les uns les autres, en ont raconté, pour qu'il y ait encore des personnes de bon esprit assez entêtés, pour avoir besoin d'être désabusés là-dessus.

Cependant comme il est vrai que les Marchands Epiciers Droguistes vendent de cette prétendue corne de Licorne, il est bon d'avertir ici, 1°. Qu'elle n'a aucune vertu contre les poisons, ainsi qu'on la lui attribue. 2°. Que cette corne n'est point d'un animal terrestre. Et 3°. Qu'elle vient d'un poisson nommé Walrus ou Narhval, que quelques-uns appellent aussi Cheval marin, dont on pourra voir la description dans l'article de Walrus.

La corne de Licorne, ou du moins ce qui passe pour en être, paye en France les droits d'entrée à raison de 50 s. la livre pésant.

L I E

LIE. C'est la partie la plus crasse & la plus épaisse des liqueurs, le sédiment qui se forme & qui tombe au fond des tonneaux, lorsqu'elles se sont éclaircies.

Les Vinaigriers font un grand commerce de Lie de vin qu'ils font sécher & qu'ils réduisent en pain, après en avoir exprimé ce qui y reste de liqueurs par le moyen de petites presses de bois. *Voyez* VINAIGRIER.

Les Cabaretiers, Marchands de vin & autres qui font le commerce de vin en détail, sont tenus, conformément aux Ordonnances du Roi pour les Aydes, de vendre leur Lie aux Vinaigriers, sans en pouvoir faire des eaux-de-vie. *Voyez* MARCHAND DE VIN & CABARETIER. *Voyez aussi l'article du* VIN.

C'est avec de la Lie brulée & préparée d'une certaine maniere que se fait ce qu'on nomme de la Gravelée, dont les Teinturiers se servent dans leurs teintures, & quelques autres Artisans & Ouvriers dans leurs ouvrages. *Voyez* GRAVELE'E.

La Lie de vin paye en France les droits d'entrée à raison de 3 s. du muid.

LIEGE, Ville d'Allemagne, située sur la Meuse, & Capitale de l'Evêché du même nom. *Voyez* le détail de ses Fabriques & de ses Manufactures, dans l'Etat général, Tome I. page 232.

LIEGE. Ecorce d'un grand arbre qui porte le même nom.

Cet arbre est assez semblable au chêne verd. Ses feuilles sont vertes pardessus & blancheâtres pardessous. Son fruit est un véritable gland dont les cochons se nourrissent, qui les engraisse beaucoup plus que le gland que le chêne produit. Il se trouve quantité de ces arbres en Espagne, en Italie, & même en France, sur-tout dans la Gascogne

gne & sur les Pirenées, quoi qu'en ait dit un Auteur moderne.

Pour lever l'écorce du Liége, on la fend depuis le haut jusqu'en bas, en faisant aux deux extrémités une incision coronale. Quand on en a dépouillé l'arbre, qui pour cela ne meurt pas, on la met en pile dans quelque mare ou étang, où on la charge de pierres pesantes pour l'applatir & la réduire en tables. On l'en retire ensuite pour la faire sécher; & quand elle est séche suffisamment, on la met en balles pour la commodité du transport.

Il vient aux Marchands Epiciers & Droguistes de Paris de deux sortes d'écorce de Liége; le Liége blanc ou de France, & le Liége noir ou d'Espagne.

Le Liége blanc doit être choisi en belles tables, uni, léger, sans nœuds ni crevasses, d'une moyenne épaisseur, d'un gris jaunâtre dessus & dedans, & qui se coupe nettement.

Le Liége noir doit avoir les mêmes qualités, à la réserve de l'épaisseur & de la couleur extérieure, le plus épais & le plus noir au dehors étant le plus estimé.

L'écorce de Liége, aussi-bien que le gland, sont de quelque usage en Médecine; mais l'emploi le plus ordinaire de l'écorce est pour mettre sous des pantoufles, sous des patins, & pour boucher des cruches & des bouteilles. Les Pêcheurs s'en servent aussi à faire ce qu'ils appellent des Patenôtres pour suspendre leurs filets sur l'eau. Les Espagnols le font brûler pour faire cette espece de noir extrêmement léger, que l'on nomme Noir d'Espagne.

Le Sieur Furetiere, dans son Dictionnaire, parle d'une autre espece de Liége qui vient d'Angleterre, moins poreux que les autres, & très propre à faire des bouchons de bouteilles; mais l'on ne voit pas que nos Marchands Epiciers en fassent un grand commerce; outre que le Sieur Pomet n'en parle en aucun endroit dans son Histoire générale des Drogues.

Le Liége paye en France les droits d'entrée à raison de 10 s. le cent pesant, & ceux de sortie sur le pied de 17 s. suivant le Tarif de 1664.

Les droits à la Douane de Lyon sont de 2 s. par balle d'ancienne taxation, & 2 s. du cent pesant de nouvelle réapréciation; & s'ils se payent à la charge, la charge contenant un milier, paye 4 s. 3 d. & pour la nouvelle réapréciation, à proportion.

COMMERCE DU LIEGE A AMSTERDAM.

Les Lieges dont on fait commerce en Hollande, viennent ou de France, ou d'Espagne, ou de Portugal, les droits s'y payent à la douzaine de planches ou plutôt d'écorces.

Outre les droits ordonnés par les Tarifs de 1652 & 1655, ils sont comme toutes les autres marchandises sujets aux augmentations portées par la délibération de l'année 1674, c'est-à-dire, d'un tiers d'augmentation d'entrée & de sortie pour le simple convoi; d'un demi pour cent de sortie, & d'un pour cent d'entrée pour l'appréciation.

Le Liege venant de Portugal, paye la douzaine 3 s. d'entrée & 5 de sortie; si c'est par l'Orisont, 3 s. 8 pennins, pour l'un, & 5 s. 8 pennins pour l'autre.

Le Liege d'Espagne 2 s. d'entrée & 3 s. de sortie, par l'Orisont 3 s. 8 pennins d'entrée, & 5 s. 8 pennins de sortie.

Le Liege pour les Pêcheurs 3 s. d'entrée & 4 s. de sortie, par l'Orisont 3 s. 8 pennins d'entrée & 4 s. 8 pennins de sortie.

Le Liege venant d'Espagne, d'une & demie & de deux palmes, 1 s. d'entrée & autant de sortie, & si c'est par l'Orisont, 1 s. 8 penn. pour l'une & 1 s. 8 pennins pour l'autre.

Le Liege de 3 à 4 palmes 3 s. d'entrée, autant pour la sortie; & par l'Orisont 3 s. 8 penn. d'entrée, & autant de sortie.

Le Liege venant de Portugal, le paquet de 100 pieds 8 s. d'entrée & 15 s. de sortie; & si c'est par l'Orisont, 9 s. 8 penn. d'entrée, & 16 s. 8 pennins de sortie.

Enfin le Liege venant de France de la valeur de 6 florins, 6 s. d'entrée & autant de sortie; & si c'est par l'Orisont, 6 s. 8 pennins d'entrée & autant pour la sortie.

LIEN. Terme de Manufacture de lainage dont on se sert en plusieurs lieux du Languedoc, particuliérement dans les Fabriques de Langogne & autres lieux du Gevaudan; pour signifier ce qu'on nomme ailleurs des Portées.

Le Reglement du 5 Aout 1718 pour les étamines ou burates de Langogne ordonne, Qu'elles auront huit portées & trois quarts appellés Liens, de 96 fils chacune.

LIEN. C'est aussi de la sorte que les Chapeliers appellent le pied de la forme du chapeau, autrement l'endroit jusqu'où ils font descendre ou avaler la ficelle.

Il se dit encore de l'union du bord du chapeau avec la tête. Le Lien doit être l'endroit le plus fort du chapeau. *Voyez* CHAPEAU.

LIEN. Terme de Vitrier. Ce sont de petites attaches de plomb, d'une ligne ou deux de largeur & de demie ligne d'épaisseur, soudées de distance en distance sur le plomb des panneaux de vitres, pour y lier les verges de fer qui les tiennent arrêtées sur les chassis.

Les Liens se font de deux manieres: pour l'une on a ce qu'on appelle un moule à liens, qui est une espece de gaufrier; & pour l'autre on se sert du tire-plomb. Ces deux machines ou outils sont expliquées ailleurs. *Voyez* TIRE-PLOMB & MOULE A LIENS.

LIEN. Les Charpentiers ont diverses sortes de liens; les uns qui sont simples, sont des morceaux de bois avec un tenon à chaque bout, qui étant chevillés dans les mortaises de deux piéces les entretiennent & les tirent l'une contre l'autre; d'autres qui sont doubles s'appellent Liens à contrefiche, ce sont des piéces de bois coupées en deux dans leur longueur, & qui se rassemblent avec des chevilles ou fiches de fer; ils servent aux engins, grues & gruaux pour mieux affermir les piéces. Les Liens montans sont deux grandes piéces de bois qui arcboutent le rancher ou échellier d'une grue, pour empêcher que le trop grand poids ne l'éclate. *Voyez* GRUE.

LIENNE. Terme de Tisserand en toile. On s'en sert aussi dans les Manufactures des petites étoffes de laine. Ce sont les fils de la chaîne dans lesquels la tréme n'a point passé faute d'avoir été levés ou baissés par les marches.

LIERRE. Sorte de plante ou arbrisseau qui produit la gomme ou résine qu'on appelle Hedre ou Gomme de Lierre. *Voyez* HEDRE.

Les feuilles & les bayes de Lierre ont aussi quelque usage en Médecine, & on les met du nombre des drogues vulnéraires & détersives; on en applique aussi les feuilles sur les cauteres pour en lever plus aisément la sanie.

Les Cabaretiers & Marchands de vin en font des couronnes ou pour leur servir de bouchon, ou pour en faire une espece d'ornement à leurs enseignes.

Le commerce des feuilles de Lierre est assez considérable pour avoir été mis dans les Tarifs au nombre des drogues qui payent des droits d'entrée. *Elles payent par celui de 1664, 20 sols du cent pésant.*

LIEU D'ENTREPOST. Terme de commerce maritime. Il se dit des Ports de mer où l'on établit des magasins pour recevoir les marchandises qu'on y conduit, & qui doivent être transportées plus loin. *Voyez* ENTREPOST.

LIEVRE. Animal sauvage à quatre pieds, fort velu, très-vîte à la course, & bon à manger, qui ressemble pour la figure au lapin, mais plus grand. Cet animal, trop connu pour être obligé de le décrire plus particuliérement, étant jeune s'appelle Levreau, & sa femelle se nomme Hase. Le Liévre donne pour le commerce de deux sortes de marchandises, son poil & sa peau.

Le poil de Liévre étoit autrefois d'un grand usage en France pour la Chapellerie, & il s'y employoit même avec beaucoup de succès mêlé avec d'autre poil; mais par Arrêt du Conseil du 10 Aout 1700, il est défendu très expressément aux Chapeliers de s'en servir, & cela apparemment pour favoriser le débit du poil de castor que la Compagnie du Domaine d'Occident tire du Canada.

Avant de couper le poil de dessus la peau du Liévre pour l'employer à la fabrique des chapeaux, on en arrache le plus gros qui est sur la superficie, n'y ayant que celui du fond dont on puisse se servir utilement.

Pour ce qui est des peaux de Liévres encore chargées de leur poil, après avoir été passées & préparées par les Foureurs, elles s'employent en fourures très chaudes, que l'on croit même souveraines pour la guérison des rumatismes.

Il vient des Pays froids, & particuliérement de Moscovie, des peaux de Liévres toutes blanches, dont on fait beaucoup plus de cas que de celles de France & des Pays chauds, dont le poil est pour l'ordinaire de couleur tirant sur le roux, un peu rougeâtre, mêlé de quelque peu de blanc.

Les peaux de Liévre payent en France les droits d'entrée & de sortie comme pelleteries communes; sçavoir pour droits d'entrée 28 liv. du cent pésant si elles sont apprêtées, & seulement 10 liv. si elles ne le sont pas. A l'égard des droits de sortie, ils se payent pour les premieres à raison de 3 liv. aussi du cent pésant.

Les droits de la Douane de Lyon pour ces sortes de peaux sont de 6 d. la douzaine tant d'ancienne taxation que de nouvelle réapréciation.

Le poil de Liévre paye les droits d'entrée comme poil de lapin à raison de 50 s. du cent pésant; & de sortie 6 liv. conformément au Tarif de 1664: mais il faut remarquer que par l'Arrêt du 16 Octobre 1696, le lapin en poil a été taxé pour l'entrée à 10 francs la livre, & le lapin en peau à 4 francs; ce qui doit être aussi la regle pour le Liévre.

LIEUTENANT GENERAL DE POLICE. On nomme ainsi à Paris & dans plusieurs des principales Villes du Royaume, le Magistrat qui a soin de la Police en général, & qui veille en particulier à l'exécution des Réglemens concernant le commerce journalier qui se fait dans les halles des marchés, & qui prend garde que les Statuts des corps des Marchands, & des Communautés des Arts & Métiers, soient exactement observés.

La création d'un Lieutenant Général de Police dans la Ville, Prévôté & Vicomté de Paris, ne s'est faite qu'en 1667, par Edit du Roi du mois de Mars de la même année. Celle des Lieutenans de Police dans les autres Villes du Royaume, est encore plus moderne, & n'est que du mois d'Octobre 1699. On va parler des uns & des autres, particuliérement par rapport à la Jurisdiction que ces Magistrats ont sur les choses de commerce. On commence par celui de Paris.

Avant l'année 1667 le Lieutenant Civil du Châtelet de Paris, avoit toujours été chargé de l'exercice de la Police de cette Ville, aussi bien que de la Justice contentieuse & distributive; en sorte que tenant alternativement le siege pour ces deux fonctions, il veilloit tout ensemble à la sureté publique, & au jugement des procès entre les particuliers.

Louis XIV qui faisoit alors travailler à ces admirables Ordonnances & à ces beaux Réglemens si capables de faire fleurir en France la Justice & le commerce, crut que pour bien établir l'une & l'autre dans la Capitale de son Royaume, dont le nombre des habitans augmentoit tous les jours; surtout par le concours des Etrangers, qui s'accoutumoient à la regarder comme la patrie commune de toutes les Nations de l'Europe; ce Grand Roi, dis je, crut qu'il falloit y séparer les fonctions de la Justice & de la Police, afin que chacun des deux Magistrats, entre lesquels elles seroient partagées, pouvant donner plus d'application à ce qui seroit de son partage, fût plus en état de faire sentir les fruits de cette sage disposition.

Pour l'exécution de ce projet, l'Office de Lieutenant Civil fut éteint & supprimé par l'Edit du mois de Mars 1667; & par le même Edit il fut créé & établi deux Offices de Lieutenans du Prévôt de Paris, dont l'un conserva la qualité de Lieutenant Civil; & l'autre eut le nom de Lieutenant Général de Police.

Les fonctions des deux charges furent en même tems reglées. Au Lieutenant Civil fut attribuée la reception de tous les Officiers du Châtelet; ensemble la connoissance de toutes les actions personnelles, réelles & mixtes; les contrats, testamens, promesses, &c. les matieres béneficiales & Ecclésiastiques, &c. la confection des Inventaires, l'apposition des scellés, &c. En un mot toutes les matieres concernant la Justice contentieuse.

Ce qui fut réservé au Lieutenant Général de Police dont il s'agit seulement ici, consiste principalement dans la connoissance de tout ce qui concerne la sureté de la Ville; la propreté des rues, les inondations & incendies; les provisions nécessaires pour la subsistance; le taux & prix des vivres; l'arrivée, vente & bottelage des foins; les étaux des bouchers, la visite des halles, foires & marchés, celle des Hôtelleries, maisons garnies, Auberges, &c. Les manufactures & dépendances d'icelles; les élections des Maîtres & Gardes des six Corps des Marchands; les brevets d'apprentissage; la reception des Maîtres, l'exécution de leurs Statuts & Réglemens, & des renvois des Jugemens & avis du Procureur du

Roi sur le fait des arts & métiers; l'étalonnement des poids & balances de toutes les Communautés de la Ville & Fauxbourgs; les contraventions aux Ordonnances, Statuts & Réglemens sur le fait de l'Imprimerie; la vente & distribution des livres défendus, & libelles par les Colporteurs: en un mot, tout ce qui regarde l'exécution des Ordonnances, Arrêts & Réglemens concernant la Police. Le tout néanmoins sans innover ni préjudicier aux droits & Jurisdictions que pourroient avoir, ou à la possession dans laquelle pourroient être les Lieutenans Criminel & Particulier, & le Procureur du Roi au Châtelet, même les Prévôt des Marchands & Echevins, de connoître de quelques-unes des matieres ci-dessus mentionnées, ce qu'ils continueroient de faire bien & duement, comme ils auroient pû faire par le passé.

Cet Edit fut enregistré au Parlement le 15 Mars 1667, aux charges portées par l'Arrêt du même jour.

REGLEMENT POUR LA JURISDICTION DU LIEUTENANT GENERAL DE POLICE, & celle des Prévôt des Marchands & Echevins de Paris.

L'Edit de 1667 avoit bien reservé aux Prévôt des Marchands & Echevins de la Ville de Paris, toute la Jurisdiction dont ils avoient joui ou dû jouir jusqu'alors; mais comme cette Jurisdiction n'y étoit pas expliquée, & qu'elle s'étendoit sur diverses matieres en quelque sorte les mêmes que celles dont la connoissance avoit été attribuée au Lieutenant Général de Police, il étoit bien difficile, pour ne pas dire impossible, qu'on ne vît pas s'élever de tems en tems des contestations pour la compétence, entre lui & les Magistrats municipaux de Paris.

Ces contestations devinrent enfin si fréquentes, que Sa Majesté informée que les conflits de Jurisdiction, qui en étoient les suites nécessaires, causoient de continuels embarras aux Particuliers, & troubloient l'ordre Public, resolut d'arrêter ce désordre si contraire au bien de la Justice & à la dignité des Magistrats, qui étoient obligés d'y prendre part, & pour cela de regler par un Edit la Jurisdiction des uns & des autres.

L'Edit est donné à Versailles au mois de Juin 1700, enregistré en Parlement le 12 du même mois: il contient XII articles de Réglement, desquels on va donner ici l'extrait, mais non pas avec une égale étendue, se contentant d'indiquer la matiere dont il est traité dans ceux qui ne regardent pas le négoce, & entrant seulement dans le détail de ceux qui sont pour le commerce.

ARTICLE PREMIER.

Cet article concerne le commerce des bleds & autres grains. Il conserve au Lieutenant Général de Police, aussi-bien qu'aux Prévôt des Marchands & Echevins, la Jurisdiction qui leur est attribuée par les Ordonnances sur le négoce de cette sorte de marchandise. C'est à sçavoir, que le Lieutenant Général de Police connoîtra dans l'étendue de la Prévôté & Vicomté de Paris, & même dans les huit lieues aux environs de la Ville, de tout ce qui regarde la vente, livraison & voiture des grains que l'on y amene par terre, quand même ils auroient été chargés sur la riviere, pourvû qu'ils ayent été ensuite déchargés; comme aussi de toutes les contraventions qui pourroient être faites aux Ordonnances & Réglemens concernant lesdits grains; & que les Prévôt des Marchands & Echevins connoîtront de leur part, de la vente & livraison desdits grains, lorsqu'elles se feront dans le lieu où ils doivent être embarqués sur lesdites rivieres, & pareillement de la voiture qui se fera par icelles; & si dans les procès qui seront portés devant eux, ils trouvent qu'il y ait quelque contravention aux Ordonnances de Police, ils en prendront connoissance, & pourront ordonner ce qu'ils estimeront nécessaire pour l'exécution desdites Ordonnances.

II.

Les Prévôt des Marchands & Echevins recevront en la maniere accoutumée les déclarations de tous les vins qui arriveront à Paris, ils prendront pareillement connoissance de tout ce qui regarde la vente & le commerce de ceux qui doivent y être conduits, dedans & depuis le lieu où l'on les charge sur les rivieres, ensemble de leur voiture par icelles; & incidemment aux procès qui seront intentés devant eux pour le sujet des contraventions qui pourront être faites aux Ordonnances & Réglemens de Police, lorsqu'ils seront dans les lieux où on les charge, & tant qu'ils seront dans les batteaux, sur les ports & sur l'étape de Paris.

A l'égard du Lieutenant Général de Police, on lui conserve toute Jurisdiction, Police & connoissance, sur la vente & commerce qui se fait desdits vins, lorsqu'on les amene par terre, & des contraventions faites aux Ordonnances & Réglemens de Police, même sur ceux qui y ont été amenés par les rivieres aussi-tôt qu'ils seront transportés des batteaux, sur lesquels ils auront été amenés dans les maisons & caves des Marchands de vin, sans que les Officiers de la Ville y puissent faire aucune visite, même sous le prétexte des mesures.

III.

Par cet article les Prévôt des Marchands & Echevins doivent connoître de la voiture qui se fait par eau des bois de mairain & de charronnage, & c'est à eux à regler les ports de la Ville où ils doivent être amenés & déchargés; mais c'est au Lieutenant Général de Police de connoître de tout ce qui regarde l'ordre qui doit être observé entre les Charrons & autres personnes qui peuvent employer lesdits bois. Le reste de l'article contient la Police pour la visite des bois de mairain & de charronnage par les Jurés Charrons.

IV.

Cet article regarde les conduits des eaux & l'entretien des fontaines publiques, dont la connoissance appartient aux seuls Prévôt des Marchands & Echevins. On conserve seulement au Lieutenant Général de Police, l'ordre qui doit s'observer entre les Porteurs d'eau qui y viennent puiser, & la connoissance des contraventions aux Réglemens.

V, VI, VII & VIII.

Ces quatre Articles ont peu de rapport au Commerce.

Le premier regarde les Quais de la Ville & la Jurisdiction que le Lieutenant Général de Police & les Prévôt des Marchands & Echevins y peuvent avoir chacun en droit soi.

Le second parle de la Publication solemnelle des Traités de Paix.

Le troisiéme, des cérémonies, spectacles, fêtes

publiques, & des échafaux qui se font pour placer le peuple qui desire y assister.

Le quatriéme, traite des débordemens d'eau & des précautions qui se prennent pour en prévenir les mauvaises suites.

IX.

Par cet Article les Teinturiers, Dégraisseurs & autres Ouvriers qui ont besoin de se servir de l'eau de la riviere, doivent s'adresser à la Ville s'ils demandent à y placer des bateaux, & seulement au Lieutenant de Police, lorsqu'ils veulent y laver leurs ouvrages sans bateaux.

X.

Le Lieutenant Général de Police doit connoître, à l'exclusion des Prévôt des Marchands & Echevins, de ce qui regarde la vente & le débit des huitres; soit qu'elles soient amenées par eau ou par terre, mais sans préjudice des Commissaires du Parlement sur le fait de la Marée.

XI.

L'onziéme Article est pour le commerce du Poisson d'eau douce dont il partage la Jurisdiction entre le Lieutenant Général de Police & les Prévôt des Marchands & Echevins.

Au Lieutenant de Police est reservé la connoissance de tout ce qui regarde l'ordre & la police de la vente & commerce dudit Poisson d'eau douce qu'on amene à Paris; & à cet effet les Marchands de Poisson qui y demeurent, doivent avoir soin de le visiter exactement aussi-tôt qu'il y est arrivé, & d'en faire leur rapport audit Lieutenant de Police; lequel ordonnera, sur lesdits rapports ou autrement, tout ce qu'il estimera convenable à l'ordre & à la police publique de ladite marchandise; & lorsque les Marchands Forains & autres vendront du Poisson sur les boutiques & reservoirs aux femmes qui vendent en détail, ou à telles autres personnes que ce puisse être, ledit Lieutenant Général de Police connoîtra seul de tout ce qui regarde à cet égard, l'ordre, la police & l'exécution des Ordonnances & Réglemens.

Pour ce qui est de la Jurisdiction des Prévôt des Marchands & Echevins, elle s'étend sur tout ce qui touche la vente & livraison dudit Poisson qui est destiné pour la Ville de Paris dans les lieux où on les met sur les rivieres navigables qui y affluent; ensemble de la voiture que l'on y fait dudit Poisson depuis lesdits lieux, & les contestations qui peuvent arriver pour raison d'icelles, & encore de celles qui peuvent naître entre lesdits Marchands & les personnes qui achetent ledit Poisson en détail ou autrement sur la riviere, & même des contraventions qui pourroient avoir été faites aux Ordonnances & Réglemens de Police qui viendroient à leur connoissance incidemment audit procès.

XII.

Enfin par le douziéme & dernier Article, Sa Majesté enjoint au Lieutenant Général de Police & Prévôt des Marchands & Echevins, d'éviter autant qu'il leur sera possible toutes sortes de conflits de Jurisdiction, de regler s'il se peut à l'amiable & par des conferences entr'eux, ceux qui seroient formés, ou enfin de les faire regler au Parlement le plus sommairement qu'il se pourra, sans qu'ils puissent rendre des Ordonnances, ni faire de part & d'autre aucun Réglement au sujet desdites contestations, ni sous aucun prétexte que ce puisse être.

Création des Lieutenans de Police dans les Provinces.

Cette création de Lieutenans de Police fut faite par Edit du Roi en *1699*, *ad instar* de celle du Lieutenant Général de Police de Paris. Toutes les anciennes Charges de pareille qualité; soit qu'elles fussent possedées par des Titulaires; soit qu'elles fussent réunies à d'autres Corps d'Offices ou aux Hôtels de Ville, furent éteintes & supprimées, & en leur place furent créés & érigés en titre d'Offices, formés & héréditaires, de nouvelles Charges de Conseillers du Roi les Lieutenans Généraux de Police, pour être établis dans toutes les Villes & lieux du Royaume, où il y a Parlement, Cour des Aydes, Chambre des Comptes, Sieges Présidiaux, Bailliages, Sénéchaussées ou autres Jurisdictions Royales.

Leurs fonctions furent déclarées les mêmes que celles du Lieutenant Général de Police de Paris, dont on a donné ci-devant un extrait assez détaillé. Et à l'égard de leurs prérogatives & priviléges, on leur en attribue de semblables que ceux dont jouissent les Lieutenans Généraux des Présidiaux, Bailliages & Sénéchaussées des lieux où ils seroient établis, avec l'entrée, rang & séance dans lesdits Sieges après lesdits Lieutenans Généraux ou autres premiers Officiers; ensemble l'exemption des tailles, subsides, logemens de gens de guerre, tutelle, curatelle, ban, arriere-ban, &c. avec droit de committimus & de franc-salé.

Entre les fonctions attribuées à ces Officiers par leur Edit de création, une des principales est l'étalonage des poids, balances & mesures des Marchands & Artisans. Quelques-uns des nouveaux pourvûs ayant voulu, pour étendre leurs droits, faire la visite des mesures servant au regrat dans quelques Villes & autres lieux du ressort de la Cour des Aydes de Paris; ayant même fait saisie de quelques-unes, au préjudice des Edits & Déclarations du Roi & des Arrêts & Réglemens de ladite Cour sur le fait des Gabelles, cette Cour donna Arrêt le 11 Mai 1700, à la requisition de son Procureur Général, par lequel fut ordonné l'exécution desdits Edits, Déclarations, Arrêts & Réglemens, & conformément à iceux, fait inhibition & défenses aux Lieutenans de Police & tous autres Juges Ordinaires, de prendre connoissance des mesures & autres choses concernant les sels des Greniers & de Regrat, à peine de nullité, cassation des procedures, & de tous dépens, dommages & interêts des parties.

LIG

LIGATURE, ou LEGATURE. Espece de petite étoffe de peu de valeur qui n'a que sept seize de large, & dont la piéce est de trente aunes; on la nomme autrement Brocatelle ou Mezeline. Elle se fabrique ordinairement à Rouen en Normandie, à Lille, à Menin & à Comines en Flandre.

Celles de Rouen sont faites de fil de lin & de laine, celles de Lille toute de fil de lin, & celles de Menin & de Comines de fil de lin & de fil de laine de sayette. Toutes les ligatures sont ordinairement ou à petits carreaux, ou à grandes fleurs de plusieurs couleurs. Cette sorte d'étoffe est propre à faire des meubles comme tours de lits de campagne, tapisseries de cabinet, à couvrir des chaises, & il s'en employe aussi beaucoup à doubler des tentes pour l'armée. *Voyez* BROCATELLE.

LIGATURE. C'est encore une petite étoffe mêlée de soie & de fil, & par conséquent un peu plus chere que la ligature commune, quoique d'ailleurs de la même qualité & fabrique. Il s'en fait dans les mêmes manufactures où se font les autres, & encore à Pont Saint Pierre près de Rouen, à Gand en Flandre & à Harlem en Hollande.

Les Sieurs Louis Buquet Marchand de Rouen & Henri de Breas Marchand de Paris, sont les premiers qui ont établi cette sorte de Manufacture en France. L'établissement qu'ils en firent d'abord à Pont-Saint-Pierre ayant réussi, ils obtinrent au mois d'Avril 1670 des Lettres Patentes, par lesquelles Sa Majesté leur accorda la faculté de continuer audit Pont-Saint-Pierre à faire travailler aux étoffes de Ligatures de fil, laine & soie, sur les métiers qu'ils y avoient déja fait monter, & tel autre nombre qu'ils jugeroient à propos, de la même maniere qu'elles se fabriquent à Gand & à Harlem; même de continuer ledit établissement dans toutes les autres Villes & lieux de la Province de Normandie, & d'y employer la quantité d'Ouvriers & d'Apprentifs qu'ils jugeroient convenables; avec défense aux Maîtres & Gardes des Corps & des Métiers d'inquiéter lesdits Entrepreneurs dans la fabrique desdites étoffes de Ligatures pendant le tems de 12 années.

Les Ligatures avec soie payent en France les droits d'entrée à raison de 5 l. la piéce simple de 15 aunes, & les doubles à proportion.

Les Ligatures communes de fil & de laine la piéce de 12 aunes paye 50 f. les doubles à proportion.

A l'égard des droits de sortie les Ligatures soie & fil payent cent sols du cent pésant; & les communes comme mercerie 3 l.

Les droits que les Ligatures payent à la Douane de Lyon sont; sçavoir, celles sans soie 7 f. 6 d. de la piéce tant d'ancienne que de nouvelle taxation, & les Ligatures avec soie 20 f.

LIGATURE. Terme en usage parmi les Provençaux qui font le commerce de Smyrne, pour signifier le nœud duquel sont liés les masses de soie ou celles de fil de chevron. Il faut observer dans le choix & l'achat de ces sortes de marchandises, que la ligature en soit petite; les grosses ligatures, qui ordinairement sont fourrées de soie ou de fil de moindre qualité, ayant coutume de causer de grands déchets.

LIGATURES. C'est aussi en terme d'Imprimerie des caracteres qui ont des doubles lettres, comme ff, st, ss, &c. *Voyez* CARACTERES, *ou* FONDEURS DE CARACTERES.

LIGNE. C'est la premiere & la plus petite des mesures pour les longueurs, qui pourtant se divise encore en six points; mais cette division n'est gueres connue que dans les opérations géométriques, où il est nécessaire d'observer la plus exacte précision.

La Ligne est la douziéme partie d'un pouce, & la cent quarante-quatriéme d'un pied de Roi. Quelques-uns lui donnent le nom de Grain d'orge.

Les Siamois ont parmi leurs mesures de longueurs le grain de ris qui revient à notre ligne. Huit grains de ce légume qui a encore sa premiere envelope font le nion ou pouce, & ces huit grains valent neuf de nos Lignes. *Voyez* KEN.

LIGNE DE COMPTE. Terme de commerce & de Teneur de livre. Ce terme signifie quelquefois chaque article, qui compose un registre ou un compte. On dit en ce sens: J'ai mis cette somme en Ligne de compte, pour dire, j'en ai chargé mon registre, mon compte. Quelquefois on ne l'entend que de la derniere Ligne de chaque article. Dans ce dernier sens on dit, Tirer en Ligne des sommes, c'est-à-dire, les mettre vis-à-vis de la derniere Ligne de chaque article, dans les différens espaces marqués pour les livres, sols & deniers.

TIRER HORS DE LIGNE, OU HORS-LIGNE. C'est mettre les sommes en marge des articles, devant & proche la derniere Ligne. *Voyez* LIVRES-REGISTRES.

LIGNE. En terme d'Imprimerie est une suite de plusieurs lettres ou caracteres de fonte mises à côté l'une de l'autre sur l'instrument qu'on appelle Compositoir. A mesure que chaque Ligne est composée, le Compositeur la met sur la Gallée, pour de plusieurs Lignes en faire une page, & enfin de plusieurs de ces pages composer une forme.

HAUTEUR EN LIGNE. Autre terme d'Imprimeur. C'est la hauteur d'une lettre ou caractere d'Imprimerie, à la prendre de dessous l'œil de la lettre jusqu'au pied. Toutes les lettres doivent être fondues égales en Ligne, & pour justifier & connoître si elles le sont, on se sert du jetton & de l'instrument qu'on nomme Justification.

RENVERSER LES LETTRES A LONGUE LIGNE. C'est les enfermer dans les branches du justificateur l'œil tourné en bas, pour y faire au pied, tout du long de la Ligne qu'elles composent, une rainure avec le rabot. *Voyez pour ces trois termes* IMPRIMERIE, FONDEUR DE CARACTERE, JETTON, JUSTIFICATION & JUSTIFICATEUR.

LIGNE. C'est aussi un instrument de Pêcheurs dont on se sert pour prendre du poisson.

Il y en a de plusieurs sortes, entre autres la Ligne de fond, la Ligne dormante & la Ligne à verge.

La Ligne de fond est faite de lignette ou grosse ficelle, longue d'environ 20 toises; le long de cette lignette sont attachées de distance en distance d'autres morceaux de lignette d'un pied ou 18 pouces de hauteur qu'on nomme Cordeaux, & qui servent à mettre les hameçons sur pied, c'est-à-dire, à les attacher au bout de chaque cordeau. On met ordinairement 30 à 40 hameçons sur une Ligne de 20 toises. Cette Ligne se met au fond de l'eau, & s'arrête avec des pierres qu'on appelle Pierres à Ligne. Il n'y a que ceux qui ont droit de riviere qui puissent pêcher ou faire pêcher à la Ligne de fond.

La Ligne à verge est une Ligne de crin attachée au bout d'une longue verge de bois avec quelques hameçons qui y pendent par en bas. On y met un peu de liege traversé d'une plume pour la soutenir sur l'eau à telle hauteur qu'on le veut. La pêche à cette Ligne est permise à tout le monde.

Ligne dormante, c'est une espece de Ligne de fond que des voleurs de poisson jettent la nuit dans quelque riviere, vivier ou étang, afin de l'aller lever en cachette & profiter induement du poisson qui s'y trouve pris. Cette pêche est défendue sous des peines afflictives.

LIGNES au pluriel. Signifie une lettre missive très courte, ce qu'on appelle un billet. Je vous écris ces lignes pour donner avis que, &c. *Voyez* LETTRE MISSIVE.

LIGNETTE. Médiocre ficelle dont les Pêcheurs, Oiseliers & autres Ouvriers font quelques-uns des filets qui servent pour la pêche & pour la chasse. *Voyez* Corde.

La Lignette à faire moureaux, comme l'appelle le Tarif de Lyon, paye les droits à la Douane de cette Ville à raison de 8 s. de la balle pour l'ancienne taxation, & 1 s. de nouvelle réapréciation.

LIGNUM ALOES, ou **BOIS D'ALOES**. *Voyez* Aloes.

Lignum sanctum, ou **Bois de Gayac**. *Voyez* Gayac.

Lignum Cassiæ. *Voyez* Cassia lignea.

Lignum Balsami. *Voyez* Baume.

LIGOR, petit Royaume de la Presqu'Isle de Malaca, dépendant du Roi de Siam. Les Hollandois y font un bon commerce de poivre & d'étain. *Voyez* l'Etat général du Commerce, Tome I. page 444.

LIGOURNE, ou **LIVOURNE**, en Italie. Cette Ville est une des plus importantes, & le meilleur Port des Etats du Grand Duc. La grande liberté dont y jouissent toutes les Nations, de quelque Religion qu'elles soient, rend son commerce très florissant. *Voyez* l'Etat général, Tome I. page 308.

LIM

LIMA, Ville de l'Amérique Espagnole, Capitale du Pérou. Son Port est à Callao, & c'est où se fait tout son commerce. Il en est parlé amplement dans l'Etat général, Tome I. page 491.

LIMAILLE. Ce qu'on enleve avec la lime de dessus les métaux. De la Limaille d'acier, de la Limaille de fer, de la Limaille de cuivre.

Ces Limailles sont défendues aux Teinturiers par la grande instruction pour les teintures de l'année 1680, article 121.

Les Limailles payent en France les droits d'entrée & de sortie suivant leur qualité; Sçavoir:

Les Limailles de cuivre & d'épingles servant à plomber les ouvrages des Potiers de terre, 16 s. le cent pésant; & les Limailles de fer 6 s.

A l'égard des droits de sortie, celles de cuivre & d'épingles payent 1 liv. 14 s. & celles de fer 5 s.

Les droits de la Douane de Lyon sont pour les Limailles de cuivre 8 s. du quintal tant d'ancienne taxation que de nouvelle réapréciation; & pour Limailles de fer 3 sols.

LIME. Outil d'acier long & étroit, taillé & incisé de divers sens, servant aux Ouvriers qui travaillent sur les métaux, particuliérement aux Serruriers & autres Ouvriers en fer. Elle sert à ces derniers pour dégrossir, blanchir & polir leurs ouvrages.

La Lime doit être forgée du meilleur acier; ensuite l'ayant frottée de graisse pour la rendre plus douce sous le ciseau, on la taille suivant le grain convenable à sa grosseur & à son usage; enfin ayant été taillée, on la trempe d'une maniere qui lui est propre, & que l'on va expliquer en peu de mots, telle que la donne plus au long M. Felibien dans ses principes d'architecture.

La trempe des limes se fait avec une composition de suie de cheminée bien séche & bien dure, qu'on bat & qu'on détrempe avec de l'urine & du vinaigre; à quoi l'on ajoute du sel commun, en sorte que le tout se réduise en consistance de moutarde.

Après que les limes ont été taillées, & qu'on les a frottées de vinaigre & de sel pour en ôter la graisse qu'on avoit mis dessus pour les tailler, on les couvre de cette composition, & les ayant mises plusieurs ensemble en un paquet dans de la terre glaise, on les met au feu, d'où quand elles ont pris une couleur de cerise, ce que l'on voit par le moyen d'une petite verge du même acier qu'on nomme Esprouvette, on les retire, & on les jette dans de l'eau de fontaine ou de puits toute la plus froide qu'il se puisse.

Les Limes sont plus ou moins grosses & ont différents noms suivant leur usage.

On nomme gros carreaux & gros demi-carreaux de grosses & pésantes limes, rudes, & taillées profondément, qui servent pour ébaucher & limer à froid. Il y a aussi des carreaux & demi-carreaux doux pour adoucir. *Voyez* Carreau.

Les grosses carlettes servent à limer & dresser les grosses pieces, après qu'on s'est servi du carreau & demi-carreau. Les carlettes sont des Limes douces.

Toutes les autres Limes conservent leur nom de Limes, en y ajoutant quelque terme pour les spécifier ou en marquer l'usage. Les unes sont plates, d'autres rondes ou demi-rondes, d'autres en carré, d'autres en triangle, & d'autres encore en forme de scie avec un dossier.

Les carrées servent à ouvrir des trous carrés; les triangulaires, ou en tiers-point, à faire des vis, des taraux & autres semblables pieces. Les rondes en queue de rat pour croître les trous; les demi-rondes pour limer les pieces en demi-rond & affuter les scies ordinaires; celles à dossier pour refendre; celles à bouter, pour dresser les pannetons des clefs & des scies à fendre de long. Les Limes à potence, à carlettes, à coutelles, en ovale, en cœur & autres figures servent à vuider les anneaux des clefs, les écussons & les couronnemens. Enfin il y a des Limes fendues par le milieu ou seulement d'un côté pour limer les embases; des Limes à dos de carpe pour fendre les compas; des Limes qui ne sont point taillées sur les côtés pour fendre & dresser les rateaux des clefs; des Limes coudées pour couper & dresser les clous à fiches; & des Limes douces de toutes ces especes & figures pour adoucir & polir les ouvrages.

Il y a aussi des Limes à matir & des Limes de cuivre à main; les unes pour les Tailleurs & Graveurs de Monnoyes & de Médailles, & les autres pour les ouvrages de pierres de rapport. Pour ces deux dernieres especes de Limes, on peut voir l'article de la Gravure sur acier & celui des Pierres de rapport.

On peut mettre aussi au nombre des Limes les outils ou instrumens que les Arquebusiers appellent des calibres, soit qu'ils soient simples, soit qu'ils soient doubles, dont ils se servent ou à dresser le dessous des vis, ou à roder les noix des platines. *Voyez* Calibre.

La plupart de toutes ces diverses especes de Limes dont on se sert en France, & particuliérement à Paris, où il s'en fait une grande consommation, se fabrique à Paris même, & dans quelques Provinces du Royaume, ou bien viennent d'Allemagne, particuliérement de Nuremberg, d'où les Marchands de fer & Quincailliers qui en font le commerce, en tirent en quantité. Celles de Nuremberg arrivent ordinairement à Rouen par les vaisseaux Suédois.

Les carreaux de toutes sortes & les grosses carlettes se taillent presque tous à Paris par des Ouvriers du Corps des Taillandiers qu'on appelle Tailleurs de Limes, parce qu'ils ne font que cette partie du métier de la Taillanderie. Ils se vendent au poids, plus ou moins suivant le tems;

mais pour l'ordinaire pas au dessous de 6 sols, ni au-dessus de 8 sols la livre.

Les Limes d'Allemagne, qui commencent ordinairement aux grosses carlettes, se vendent au paquet, les unes depuis une Lime au paquet jusqu'à six, & les autres depuis trois jusqu'à douze, chaque paquet se vendant le même prix, c'est-à-dire, pas plus le paquet de douze que celui de trois, & pas moins le paquet d'une seule Lime que celui de six. On les vend aussi en détail & à la piece chez les Quincailliers.

Les Limes depuis une jusqu'à six, sont à queue ronde ou carrée; les autres jusqu'aux plus petites sont à queue plate. Il y en a de si foibles, de si minces, de si étroites & de si courtes de toutes les especes, que le papier a presque autant d'épaisseur, & qu'elles ont à peine un pouce de longueur & une ligne de largeur. Les paquets de ces Limes viennent d'Allemagne entortillés de paille.

Il vient aussi quantité de Limes de Forest des mêmes especes que celles d'Allemagne; mais elles sont de moins bonne qualité, soit pour la taille, soit pour la force, étant toutes foibles & petites suivant leurs sortes, & faciles à s'égrainer. Elles viennent par grosses de douze douzaines, & se débitent en détail; aucune n'a la queue plate.

Les Limes payent en France les droits d'entrée & de sortie sur le pied de Quincaillerie. Voyez QUINCAILLERIE.

LIME, ou COUPPERET. Les Emailleurs nomment de la sorte un outil d'acier plat & tranchant, dont ils se servent pour couper l'émail qu'ils ont réduit en canon ou tiré en filets. Il leur sert à peu près comme le diamant aux Vitriers pour couper leur verre. Ils appellent cet outil une Lime parce qu'il est fait ordinairement de quelque vieille lime. *V.* EMAIL.

LIMOGES, Ville de France, Capitale du Limosin. Cette Ville n'ayant point de riviere navigable, & étant éloignée de la mer, n'a aucun commerce au dehors avec l'Etranger; mais l'industrie & le grand travail de ses habitans, lui en ont fait un assez considérable au dedans du Royaume. *Voyez* l'Etat général, Tome I. pages *60*, *61*.

LIMON. Piece de bois de sciage ordinairement de chêne, dont on se sert pour les escaliers. *Voyez* CHESNE.

LIMONS. Se dit aussi de ces deux longues pieces de bois de charonage qui font la principale partie d'une charette, entre lesquelles on place le plus fort cheval qui la doit tirer. Toutes les sortes de bois ne sont pas propres à faire des Limons de charette, n'y ayant que le chêne, l'orme, & le frêne, qu'on puisse y employer utilement; mais le chêne l'emporte sur les deux autres pour la bonté. *Voyez* CHESNE.

LIMONS. Espece de citrons. Il y en a d'aigres & de doux. *Voyez* CITRONS.

Les Limons payent en France les droits d'entrée & de sortie comme Citrons.

LIMONADE. Breuvage que l'on fait avec de l'eau, du sucre, & des citrons ou limons. Cette liqueur factice a donné son nom à une nouvelle Communauté de la Ville & Fauxbourgs de Paris.

LIMONADE A L'ANGLOISE. Elle se fait comme le sanggris, à l'exception du vin de Canarie qui dans la Limonade tient lieu du vin de Madere qui s'employe pour l'autre; on y met aussi de l'essence d'ambre qui n'est pas dans le sanggris. Elle est aussi délicieuse qu'elle est dangereuse. On en consomme quantité dans les Isles Françoises & Angloises de l'Amérique. Son nom marque assez que ce sont ces derniers qui l'ont inventée.

LIMONADIER. Celui qui fait & qui vend de la Limonade.

La Communauté des Limonadiers, Marchands d'eau-de-vie, est très nouvelle à Paris.

Ces Marchands qui n'étoient auparavant que des especes de Regrattiers, furent érigés en Corps de Jurande, en exécution de l'Edit du mois de Mars *1673*, qui ordonnoit que tous ceux qui faisoient profession de commerce, & qui n'étoient d'aucun Corps de Communauté, prendroient des Lettres, & qu'il leur seroit dressé des Statuts.

Leurs Lettres & leurs Statuts sont du 28 Janvier *1676*, registrés au Parlement le 27 Mars de la même année.

Par ces Statuts qui contiennent seulement XIII articles, la Communauté a quatre Jurés dont deux se changent tous les ans.

Les Maîtres dans cette premiere érection sont au nombre de 250, exempts pour cette fois d'apprentissage & de chef-d'œuvre.

Les Apprentifs doivent prendre un brevet pardevant Notaires, servir trois ans les Maîtres, & n'être reçus à la Maîtrise qu'après avoir demandé & fait le chef-d'œuvre.

Les Fils de Maîtres sont reçus sans apprentissage, & eux & les Apprentifs qui épousent les filles de Maîtres, ne sont tenus que d'une légere expérience.

Les Limonadiers ont la faculté d'acheter, faire & vendre de l'eau-de-vie en gros & en détail, même d'en faire venir des Provinces & Pays étrangers, ou d'y en envoyer; permis néanmoins à ceux qui sont Maîtres de quelque Communauté, qui en ont toujours fait le commerce, de le continuer.

Les autres liqueurs que les Limonadiers peuvent vendre aussi en concurrence avec d'autres Marchands, sont les vins d'Espagne, les vins Muscats, la Malvoisie, & tous autres vins, compris sous le nom de Vins de liqueurs.

Celles qu'ils ont droit de faire & vendre à l'exclusion de tous autres, sont les limonades de toutes sortes, les eaux & glaces de fruits & fleurs, même les eaux d'anis, de canelle, de franchipane, l'aigre de cedre, & enfin du sorbec & du caffé, celui-ci tant en grain qu'en poudre & en boisson; non pas cependant exclusivement, pour celui qui est en grain, qui fait une grande partie du négoce des Marchands Epiciers-Droguistes. Les cerises, framboises, & autres fruits confits dans l'eau-de-vie, sont aussi du négoce des Limonadiers.

Les charges de Jurés en titre d'Offices créés par l'Edit de *1691*, furent unies & incorporées à leur Communauté par Arrêt du Conseil du 12 Juillet de la même année.

La Communauté des Limonadiers de Paris ne subsista en Corps de Jurande que jusqu'à la fin de l'année 1704 qu'elle fut supprimée par un Edit du mois de Décembre, avec injonction à tous les Maîtres qui la composoient de fermer leurs boutiques & défenses à eux de vendre aucune eau-de-vie, esprit de vin & autres liqueurs.

En leur place furent créés par le même Edit cent cinquante priviléges héréditaires de Marchands Limonadiers, Vendeurs d'eau-de-vie, esprit de vin, & autres liqueurs.

La Communauté supprimée ayant été rétablie six mois après par un autre Edit du mois de Juillet 1705, un troisiéme du mois de Septembre 1706, en ordonna de nouveau la suppression, lui substituant une création de 500 priviléges héréditaires au lieu des 150 ci-devant créés & revoqués.

Enfin les priviléges héréditaires n'ayant pû prendre faveur, & le Traitant ne pouvant s'en défaire comme il l'avoit esperé, les anciens Limonadiers furent pour la troisiéme fois réunis en Communauté par un quatriéme Edit du mois de Novembre 1713, qui cassant & annullant ceux de 1704 & 1706, ordonne que celui de 1705, ensemble la Déclaration rendue en conséquence, seroient exécutés selon leur forme & teneur; ce faisant que la Communauté des Maîtres Limonadiers, Vendeurs d'eau-de-vie, esprit de vin, & autres liqueurs, seroit & demeureroit établie comme elle étoit avant l'Edit de 1704.

Cet Edit du rétablissement des Limonadiers fut enregistré en Parlement le 20 Décembre de la même année 1713.

LIMOSIN. Province de France dont la Capitale est Limoges. Elle est entre la Marche, l'Auvergne, le Quercy, le Perigord, & l'Angoumois. Le principal commerce de cette Province est celui des Bestiaux, particuliérement des bœufs & des chevaux, dont il se vend tous les ans un grand nombre dans ses différentes Foires. *Voyez* le détail de ce trafic, & des autres objets de négoce qui soutiennent celui de cette Généralité, dans l'Etat général, Tome I. page 59.

LIMOSIN, ou LIMOUSIN. C'est proprement un Habitant de cette Province de France qui a la Ville de Limoges pour Capitale. Il se dit aussi de cette sorte de Mâçons qui travaillent en mortier ou en terre, parce que c'est principalement de Limoges & du Limosin que sort tous les ans ce grand nombre d'Ouvriers qui se répandent dans tous les atteliers des Provinces, & particuliérement dans ceux de Paris, pour y faire ces ouvrages de maçonnerie, que de leur nom on appelle Limosinage & Limosinerie. *Voyez* MAÇON.

LIMOSINAGE. Ouvrage de Maçonnerie seulement de moelon, qui est fait par les Limosins soit avec du mortier à chaux & à sable, soit simplement avec de la terre détrempée & courroyée avec de l'eau.

LIMOSINERIE. Art de travailler au Limosinage. Il se dit aussi de l'ouvrage des Limosins.

LIMOUX, Ville du bas Languedoc. *Voyez* ce qui est dit de sa Fabrique de laineries, & de sa Tannerie, dans l'Etat général, Tome I. page 214.

L I N

LIN. Plante qui n'a ordinairement qu'une tige menue, ronde, & creuse par le dedans, de la hauteur d'environ deux pieds; son écorce est remplie de filets à peu près comme le chanvre; ses feuilles sont un peu longues, étroites, pointues, & placées les unes après les autres le long de la tige; ses fleurs sont bleues, ayant chacune cinq feuilles rangées en maniere d'œillet, & soutenues dans un calice à plusieurs échancrures. A cette fleur succede un fruit presque rond, & gros comme un petit pois, qui renferme en dix capsules membraneuses dix petites semences ou graines oblongues, douces au toucher, de couleur rougeâtre & luisante, remplies d'une substance ou moele oléagineuse.

La graine de Lin a bien des propriétés. Elle entre dans la composition de plusieurs médicamens; on en tire par expression, ainsi que de la graine de navette, ou de chenevi, une sorte d'huile dont les qualités sont à peu près semblables à celles de l'huile de noix; aussi l'employe-t-on quelquefois à son défaut dans les peintures, & à brûler. Celle qui a été tirée sans le secours du feu est très estimée en Médecine, & l'on prétend qu'elle est propre à la guérison de bien des maladies.

Le négoce des huiles de Lin est assez considérable. La plupart de celles qui se consomment à Paris viennent de Flandre & du côté de Rouen où il s'en fait une très grande quantité.

Par le Tarif de 1664, l'Huile de Lin paye 20 s. de sortie le cent pésant, & pour l'entrée 4 livres du baril, mais seulement 15 s. quand elle vient des Provinces où les Bureaux pour la levée des droits dudit Tarif de 1664, ne sont point établis.

Les droits de la Douane de Lyon sont de 6 s. le cent pésant.

Les façons que l'on donne au Lin pour sa culture, les apprêts qu'il lui faut pour être réduit en filasse, & les instrumens qu'on employe pour cela, étant à peu près semblables à ce qui se pratique pour le chanvre, on n'entrera ici dans aucun détail de toutes ces choses qui ont été amplement expliquées & décrites à l'article du chanvre, où l'on peut avoir recours.

Il y a cependant une circonstance sur sa culture qui ne doit pas être oubliée, & d'où dans plusieurs Provinces de France dépend toute la beauté & la bonté du Lin qu'on y recueille.

La linette, c'est ainsi qu'en bien des endroits on appelle la graine de cette plante, est fort sujette à dégénérer; & il y a des terres comme celles de Normandie, de Bretagne & de Picardie, où il faut la renouveller au moins tous les cinq ans.

La meilleure graine qu'on puisse employer pour cela, est celle qui vient de la mer Baltique. La tige qu'elle produit la premiere année s'éleve près de deux pieds & demi, qui est la plus grande hauteur que puisse avoir le Lin, même celui de Flandre qui a tant de réputation: les années suivantes elle décroît comme par proportion; à la cinquiéme année elle ne fait presque que ramper, & qui la pousseroit plus loin perdroit à coup sûr & sa culture & sa graine. On se sert d'une grege, qui est une espece de petit peigne de fer pour séparer la graine d'avec la tige, ce qui se fait en passant l'extrémité du Lin où est la linette, entre les dents de la grege, & cela s'appelle Greger le Lin.

Une grande partie des Provinces de France est si abondante en Lin, & les terres y sont si propres pour sa culture, que les François, s'ils le vouloient, se passeroient de leurs voisins pour cette sorte de négoce, quelque grande quantité qu'ils en consomment en plusieurs sortes d'ouvrages, & particuliérement en fil pour la couture, ou pour les points & dentelles, & en diverses especes de toiles. Cependant ils en tirent une assez grande quantité des Pays étrangers; & la mer Baltique, le Hostlan, la Moscovie & la Flandre en fournissent beaucoup à leurs Fileuses & à leurs Tisserans. On tire aussi des Lins doux du Levant; l'Egypte en peut fournir jusqu'à mille balles.

Le Lin de Flandre a une grande réputation, celui

lui de Picardie en approche. Parmi les Lins étrangers ceux de Riga & de Conisberg sont les plus estimés.

Les Lins soit du crû du Royaume, soit ceux qui viennent du Nord, s'achetent & se vendent ou crus & en masses, ou préparés & prêts à filer.

Le Lin cru est celui qui n'a eu encore que les premieres façons, & où plusieurs morceaux de la chenevote restent mêlés. En cet état il fait une partie du négoce des Marchands Epiciers-Droguistes; c'est aussi le principal commerce des Maîtresses Linieres de Paris.

Le cent pésant de ce Lin paye par le Tarif de 1664 2 liv. 10 s. de droits de sortie, & seulement 16 sols de droits d'entrée.

Les droits qu'il paye à la Douane de Lyon sont pour le Lin cru de France 5 s. du quintal tant pour l'ancienne que pour la nouvelle taxation; & pour le Lin étranger 17 s. 6 d.

Le Lin préparé & prêt à filer est celui qui a toutes ses façons, & qui a passé par les peignes les plus fins & les plus déliés des Filassiers; il est ordinairement en cordons depuis 15 jusqu'à 25 cordons à la livre.

Ce Lin paye les droits de sortie de France à raison de 4 l. 10 s. le cent pésant, conformément au Tarif de 1664.

Les droits qu'il paye à la Douane de Lyon sont de 7 s. 6 d. d'ancienne taxation, & de 5 s. pour la nouvelle réappréciation.

A l'égard des Lins de Barbarie & du Levant, ils sont du nombre des marchandises sujettes au droit de vingt pour cent ordonné par l'Arrêt du Conseil du 15 Aout 1685. Voyez Levant.

Le Lin du cru du Royaume a été mis au nombre des marchandises de contrebande pour la sortie de France par l'Ordonnance de 1687. Voyez Contrebande.

Commerce des Lins a Amsterdam.

Les Lins se vendent à Amsterdam à tant de florins le schippont de 300 liv. lorsqu'ils ne sont pas peignés. Ceux de Mervel valoient en 1722, 45 florins le schippont, & les Lins à trois cordons, appellés ordinairement Drie-bands, depuis 33 jusqu'à 36 florins.

A l'égard des Lins peignés, ils se vendent depuis 4 sols la livre jusqu'à 4 florins. Ceux-ci n'ont qu'une déduction d'un pour cent pour le prompt payement, & les autres, outre cette déduction, en ont encore une de deux pour cent pour le bon poids.

Droits d'Entrée et de Sortie que les Lins payent en Hollande.

On distingue trois sortes de Lins dans les Tarifs de Hollande; sçavoir, les Lins du pays, les Lins du haut pays, & les Lins étrangers. Tous ces Lins sont, ou bruts, ou peignés, & payent les droits suivant leurs especes & qualités.

L'appréciation des Lins de pays & de ceux du haut pays, ce qui comprend les Lins de Juliers, de Flandres, & de Liege, est de 30 florins les 100 liv. & l'appréciation des Lins peignés de toutes sortes, de 40 florins. A l'égard de l'entrée, ceux du haut pays payent 4 sols, & 5 sols si c'est par l'Orisont; & les Lins peignés 6 s. & 10 s. 8 pennins si c'est par l'Orisont.

Les droits de sortie sont de 10 s. pour les Lins du pays, & 11 sols par l'Orisont; ceux du haut pays payent de même, & les Lins peignés 7 sols, & 11 sols 8 pennins si c'est par l'Orisont.

Toute sorte de Lins peignés venant de l'étranger, est chargé de 12 florins 10 sols les 100 liv.

Lins qui viennent du Levant par la voye de Marseille.

Les Marchands de Marseille tirent du Levant cinq sortes de Lins; sçavoir, le Lin Afioume, le Lin Forfeste, le Lin Manouf, le Lin Noir, & le Lin Olep. Toutes ces sortes de Lins sont sujets au droit de 20 pour cent, qui se leve suivant le Tarif de 1706, & l'appréciation reglée par ledit Tarif: cette appréciation est à

Vingt-quatre livres le quintal pour l'Afioume.
Dix-huit livres pour le Forfeste.
Vingt livres pour le Manouf.
Dix-huit livres pour le Lin Noir.
Et vingt-trois livres pour le Lin Olep.

LINCEULS. C'est ainsi qu'on nommoit autrefois les draps de toile de Lin ou de chanvre qu'on met dans les lits entre la couverture & le matelas pour y être couché plus proprement.

Par le Tarif de la Douane de Lyon qui a conservé ce vieux terme, les Linceuls blancs, roux ou vieux, payent 8 s. de la douzaine, tant d'anciens que de nouveaux droits.

LINE'E. Sorte de satin de la Chine, ainsi appellés de la maniere dont ils sont pliés. *Voyez* Satins linés.

LINETTE. C'est la graine ou semence de la plante qui produit le Lin.

On appelle en France Linette neuve, celle qui vient de la mer Baltique, & qui produit pour la premiere année.

Vieille Linette ou Linette usée, c'est celle qui est à sa cinquiéme année.

LINGE. Il se dit en général de toutes les toiles qui ont été coupées & mises en œuvre pour l'usage de la personne, ou pour le service du ménage.

On appelle particuliérement Linge de table, la toile uniquement destinée à faire des nappes & des serviettes pour le service de la table à manger, & du buffet de table.

Le Linge de table se distingue parmi les Marchands & Marchandes de toiles, en Linge plein & en Linge ouvré.

Le Linge plein est une toile toute unie qui n'est différente des toiles ordinaires que parce qu'elle a des liteaux ou rayes de fil bleu. Il s'en fait beaucoup de cette espece en plusieurs endroits de France; mais particuliérement en Normandie. *Voyez* Toile.

Le Linge ouvré, dont on prétend que l'invention vient des Vénitiens, est une sorte de toile ouvragée sur le métier, à peu près comme les étoffes de soie façonnées. Il s'en fabrique de plusieurs desseins & façons, les uns de lin, & les autres de chanvre, ausquels l'on donne divers noms suivant les lieux où ils ont été manufacturés, ou les divers desseins qui paroissent dessus, ou les Ouvriers qui en ont fait des premiers.

Presque tous les linges ouvrés se vendent en blanc, & le blanchiment s'en fait ordinairement aux environs des lieux où ils sont fabriqués. Il y en a de fin, de moyen & de gros.

Les endroits où il s'en fait le plus sont la Flandre Françoise & Espagnole, la Picardie, la basse Normandie & le Beaujolois. Il s'en fait néanmoins du côté de Bayonne & en quelques endroits d'Italie.

FLANDRE.

Du côté de Lille & dans les Pays de la Gorgue & de Laleu en Flandre Françoise; à Courtray, Menin, Gand, Bruges, Oudenarde & autres Villes de la Flandre Espagnole, il se fabrique quantité de Linges ouvrés très fins & très blancs tout de fil de lin, dont celui de Courtray est le plus estimé.

Les différens noms qu'on leur donne sont Pavie, Rosette ou petite Venise, Damassé, l'Avander, Grain d'orge, grande Rose, Rosette perlée & Patron d'Hollande.

Les piéces de ces sortes de Linges propres pour faire des serviettes ont depuis trente aunes jusques à trente-une aune & un quart de longueur sur une demie-aune un douze, trois quarts, & deux tiers de large. La premiere de ces largeurs est la plus usitée.

A l'égard des mêmes Linges destinés pour les nappes, ils sont parpiéces de vingt-huit à vingtneuf aunes de long sur une aune un six, une aune trois quarts, & deux aunes un tiers de large, le tout mesure de Paris.

Le Linge ouvré vient quelquefois de Flandre par petits paquets quarrés composés pour l'ordinaire de douze serviettes & de deux nappes, l'une grande pour la table, & l'autre petite pour le buffet, toutes coupées & ourlées; chaque paquet se nomme un Service de table.

PICARDIE.

En quelques endroits de la Picardie il se fait certaines especes de Linges ouvrés tout de lin, que l'on appelle Linge Bourgeois ou Linge de ménage, dont les largeurs ordinaires sont de deux tiers & de trois quarts d'aune de Paris. Pour ce qui est de la longueur des piéces il n'y a rien de déterminé, les Bourgeois les faisant faire suivant qu'ils le jugent à propos.

Les divers noms qu'on donne aux Linges ouvrés de Picardie, sont, Panse de vache, Cœur fleuri, Rose cran & Grain d'orge.

BASSE NORMANDIE.

A Caen & à huit à dix lieues aux environs de cette Capitale de Basse Normandie, il se fabrique quantité de Linges ouvrés, les uns tout de pur lin, & les autres entiérement de chanvre, qui sont par piéces de quarante-huit aunes de long sur demieaune demi-quart de large, pour faire quatre douzaines de serviettes à la piéce.

Leurs différens noms sont, Damas ou grand Caen, Lacs d'amour, Grenade, Bourdaloue, Rosette, grande Venise, petite Venise, Pavie & grand Barrage fin.

Ceux de ces Linges ouvrés qui se manufacturent dans la Ville de Caen, s'appellent Façon, & ceux qui se font aux environs de cette Ville se nomment Bocage.

Dans ceux qui se fabriquent à Caen il s'en fait quelques piéces de soixante & douze aunes de long sur demie-aune demi-quart de large, pour faire six douzaines de serviettes à la piéce: il s'en fait aussi de trois quarts de large, dont les piéces sont d'environ cinquante-deux aunes de long, pour faire quatre douzaines de serviettes à la piéce.

Il se fait encore autour de Caen d'autres sortes de Linges ouvrés que l'on nomme moyen Caen, grand Barrage commun & petit Barrage.

Les deux premieres sortes sont par piéces de quarante-quatre aunes sur demi-aune un seize de large, pour faire quatre douzaines de serviettes à la piéce; & la troisiéme sorte est de trentesix aunes à la piéce sur demie-aune moins un seize de large pour faire quatre douzaines de serviettes.

Les Linges ouvrés des noms & especes cidessus, qui sont destinés pour faire des nappes, sont par piéces de cinquante jusqu'à 60 aunes de long, sur cinq quarts une aune & demie, deux aunes, & deux aunes & demie de large, le tout mesure de Paris.

BEAUJOLOIS.

A Reygnie & en quelques autres endroits de la petite Province de Beaujolois, il se fait de trois sortes de Linge ouvré; l'un appellé grand Lyon, dont la piéce est de quarante-quatre aunes de long sur environ demie-aune un douze de large; l'autre nommé moyen Lyon, qui a quarante-deux aunes à la piéce, & demie-aune peu plus de large; & le troisiéme appellé petit Lyon, dont la piéce contient trente-huit à quarante aunes, sur demieaune moins un seize de large, le tout mesure de Paris; ces sortes de Linges ouvrés sont ordinairement fabriqués tout de lin.

GASCOGNE.

A Bayonne & en quelques endroits des environs de cette Ville de Gascogne il se manufacture des Linges ouvrés tout de fil de lin, de plusieurs patrons, longueurs & largeurs; il en vient peu à Paris non plus que dans les autres Villes de France, se consommant presque tout dans le Pays, ou s'envoyant du côté d'Espagne.

ITALIE.

A Venise & en quelques autres Villes d'Italie, il se fait aussi des Linges ouvrés de pur lin, qui sont d'une très grande beauté, blancheur & finesse; mais il ne s'en voit presque point en France.

Il faut remarquer que les Linges ouvrés larges destinés pour faire des nappes, de quelques endroits qu'ils puissent venir, ne laissent pas de servir aussi à faire des rideaux de fenêtre, particuliérement le beau damassé.

Le Linge de table ouvré, comme serviettes & nappes, paye en France les droits d'entrée à raison de 15 liv. du cent pésant; & les droits de sortie comme toile de lin & de chanvre, c'est-à-dire, 10 liv. sçavoir 3 liv. pour l'ancien droit, & 7 liv. pour la traite domaniale.

Le vieux Linge propre à la fabrique du papier, qu'on nomme autrement vieux drapeaux, drilles & pattes, a été mis au nombre des contrebandes pour la sortie, par l'Arrêt du Conseil du 28 Janvier 1687. Lors cependant qu'on obtient la permission d'en faire sortir du Royaume pour les Pays étrangers, il paye les droits sur le pied de 12 liv. du cent pésant.

A l'égard de celui sortant par les Provinces du dedans du Royaume, il ne paye qu'une livre du cent.

LINGER, LINGERE. Marchand ou Marchande qui fait négoce de toile & de linge.

Deux sortes de Marchands font à Paris le commerce de la lingerie & toilerie. Les uns sont du Corps de la mercerie, & ne sont distingués des autres Merciers que par la qualité du commerce qu'ils ont embrassé. Les autres composent une Communauté particuliére qui a ses Statuts, ses priviléges & ses Officiers à part, & qui n'est composée que de Maîtresses, les hommes n'y pouvant être reçus.

Les derniers Statuts de cette Communauté sont du 3 Janvier 1645, enregistrés en Parlement au mois d'Avril ensuivant.

Par ces Statuts, celles qui composent la Communauté sont qualifiées de Marchandes Maîtresses Toilieres, Lingeres, Canevassieres en fil, de la Ville & Fauxbourgs de Paris.

Suivant ces Statuts aucune ne peut être reçue ni tenir boutique, qu'elle ne soit de bonne vie & mœurs, qu'elle ne fasse profession de la Religion Catholique, Apostolique & Romaine; qu'elle n'ait été Apprentisse pendant quatre ans, & servi deux autres années en qualité de Fille de Boutique.

Les femmes mariées ne sçauroient être reçues Apprentisses, & chaque Maîtresse ne peut avoir plus d'une Apprentisse à la fois.

Les marchandises que les Maîtresses Lingeres sont en droit de vendre, sont toutes sortes de toiles de lin & de chanvre, comme Batiste, Linon, Cambray & Hollande, des canevas gros & fins, des treillis blancs & jaunes, des draps vieux & neufs, du fil blanc & jaune; le tout tant en gros qu'en détail : enfin généralement toutes sortes d'ouvrages de toiles & marchandises qui en sont faites & manufacturées, comme chemises, caleçons, rabats, chaussettes, chaussons, & autres semblables.

Elles ont pareillement la faculté d'aller & d'envoyer acheter toutes ces sortes de marchandises dans les lieux où on les fabrique, & où l'on en fait trafic & vente, ne pouvant cependant s'entremettre d'autre négoce que de celui de Lingerie, ni tenir deux boutiques ouvertes à la fois. Leurs maris, si elles en ont, ne doivent pas non plus se mêler d'autre commerce, ne leur étant pas même permis d'être ni Courtiers ni Auneurs de Toiles.

Les Maîtresses, aussi-bien que leurs maris, ne peuvent loger ni retirer les Marchands Forains, ni leurs marchandises en leurs maisons.

Elles ne sçauroient non plus contracter & faire aucune société de négoce qu'avec des Maîtresses de leur état.

Il leur est défendu de colporter ou de donner à revendre par la Ville aucunes de leurs marchandises.

Enfin la Communauté est conduite & gouvernée par quatre Jurées, dont tous les ans on en élit deux, l'une femme & l'autre fille, qui sont tenues, aussi-tôt après leurs élections, de prêter serment pardevant le Procureur du Roi du Châtelet, de bien & duement vacquer aux visites, & faire garder & observer les Priviléges, Statuts, & Ordonnances concernant la Communauté.

Aucun mari des Maîtresses ne peut être élu ou appellé à la Jurande.

Ce sont les Jurées des Maîtresses Lingeres qui font la visite des toiles des Marchands Forains déposées à la Halle aux Toiles, & il leur appartenoit aussi autrefois d'en faire l'aunage avant que les Auneurs de Toiles eussent été érigés en titre d'office. *Voyez* Halle aux Toiles.

La Confrairie de cette Communauté est établie en l'Eglise de S. Eustache, dans la Chapelle de S. Louis & de Sainte Veronique qui en sont les Patrons.

Les Filles de Boutique qui servent les Maîtresses Lingeres de Paris, sont vulgairement appellées Noguettes, par une espece de sobriquet dont on connoît peu l'origine.

Quelques-uns cependant la veulent trouver dans le premier établissement de la Communauté des Maîtresses Lingeres, qu'ils supposent n'avoir d'abord été composée que de filles d'une conduite suspecte que sous le regne de S. Louis on nommoit Noguettes, à qui ce Prince accorda des Lettres de Maîtrises pour les tirer d'un commerce moins honorable que celui de la Lingerie.

LINGERIE. Marchandise de linge & de toile; ce qui comprend tous les ouvrages, soit en pieces, soit taillés & cousus, qui se vendent & s'achetent par les Marchands Merciers & Marchandes Lingeres ou en gros ou en détail.

La Lingerie de toile de lin neuve, comme draps, toilettes, chemises, colets, manchettes, & autres ouvrages de Flandre & d'ailleurs, sans dentelle ni passement, paye en France les droits d'entrée conformément au Tarif de 1664, à raison de 18 s. la livre.

La Lingerie de toutes sortes de toile de chanvre, 10 liv. du cent pesant.

Et la Lingerie de toutes sortes de toile d'étoupe, 6 livres.

A l'égard des droits de sortie, la Lingerie fine de toutes sortes, soit lin ou chanvre, paye 10 livres du cent pesant; sçavoir, 3 liv. pour l'ancien droit, & 7 liv. pour la traite domaniale.

Les droits que les Lingeries payent à la Douane de Lyon, sont 4 s. de la livre lorsqu'elles viennent de Flandre ou d'ailleurs, & seulement de 2 sols quand elles sont de Paris; les unes & les autres sans dentelles & point coupées.

Lingerie. Se dit aussi des endroits où il y a beaucoup de magasins & de boutiques de Lingers & Lingeres rassemblés. La rue de la Lingerie est celle de Paris où il se vend le plus de linge. Dans les Foires un peu considérables il y a ordinairement une rue de la Lingerie. Quand on veut avoir du linge ou de la toile, on dit qu'il faut aller à la Lingerie, qu'on y trouvera tout ce qu'on aura besoin.

LINGETTE. Nom que les Anglois donnent à une sorte d'étoffe toute de laine non croisée, que l'on appelle communément en France Flanelle. *Voyez* Flanelle.

Les Lingettes Angloises que le Tarif de 1664 appelle Flavets, ont vingt aunes ou environ de longueur, & payent en France les droits d'entrée à raison de 6 liv. la piece conformément à l'Arrêt du 20 Décembre 1687. Elles ne peuvent entrer que par Calais & S. Vallery, suivant les Arrêts des 8 Novembre aussi 1687 & 3 Juillet 1698.

Lingettes. Ce sont aussi de petites serges qui se fabriquent dans l'Election de Vire en basse Normandie, particuliérement dans les Paroisses de Condé, Caligny, Monsegré, Entremont, Cerisy, & Fresne. Elles se transportent presque toutes en Bretagne.

LINGOT. Morceau de métail brut, qui n'est ni monnoyé ni ouvragé, n'ayant reçu d'autre façon que celle qu'on lui a donnée dans la mine, en le fondant & le jettant dans une espece de moule ou creux que l'on appelle Lingotiere.

Les Lingots sont de divers poids & figures, suivant les différens métaux dont ils sont formés. Il n'y a que l'or, l'argent, le cuivre, & l'étain qui se jettent en lingots.

Voyez les articles de ces métaux, vous y trouverez les différens poids & figures de toutes sortes de Lingots, chacun suivant le métail dont il est composé.

LINGOT. Se dit encore de certaines petites barres ou morceaux d'or ou d'argent refondu, provenant de quelque monnoye, médailles, ou pieces d'orfévrerie. Il y a du danger aux gens inconnus d'exposer en vente de ces sortes de lingots, à cause du soupçon qu'on peut avoir qu'ils ne les ayent faits avec des ouvrages d'orfévrerie volés, ou avec des especes monnoyées.

LINGOTIERE. Espece de moule ou creux dans lequel on jette le métail fondu pour en former des lingots. Il y a aussi des Lingotieres dont se servent quelques Artisans pour réduire en petites lames ou especes de lingots, les métaux, & particuliérement le plomb qu'ils employent dans les ouvrages de leur métier.

La Lingotiere des Vitriers est un moule dans lequel ils fondent les plombs qu'ils employent aux vitres, pour ensuite les tirer dans ce qu'ils appellent le Tire-plomb.

Cette Lingotiere est composée de trois pieces, deux toutes de fer; & la troisiéme, partie de fer & partie de bois.

Les deux pieces de fer sont deux platines parfaitement égales, larges & longues à discrétion, mais ordinairement d'un pied de long sur trois pouces de largeur, liées ensemble par une charniere ou double nœud. Trois doubles rainures quarrées, qui partagent chacune de ces platines dans toute leur longueur, sont tellement disposées, que par leur rencontre, lorsque la Lingotiere est fermée, il reste entr'elles un vuide de l'épaisseur que doit être le lingot.

Une des deux platines a un mantonnet pour soutenir la troisiéme piece, lorsqu'on ferme la Lingotiere. Les jets ménagés à une des extrémités, servent à couler le plomb fondu dans les rainures.

La troisiéme piece sert de manche à l'instrument, & sert aussi à le fermer. Cette piece est attachée à celle des platines qui n'a point de mantonnet, & tient à l'extrémité opposée à la charniere par deux petites branches de fer, qui se réunissent en une queue pointue enfoncée dans un morceau de bois tourné. Ce manche est mobile par le moyen des viroles & de la broche qui l'attachent à la platine; & lorsqu'on veut fermer la Lingotiere, on le baisse sur le mantonnet, où on le tient fortement appuyé d'une main, tandis que de l'autre on coule le métail par les jets.

Les lingots qu'on nomme aussi verges, sortent de la Lingotiere avec deux rainures des deux côtés, & tout ébauchés pour les filer au tire-plomb. *Voyez* TIRE PLOMB.

Les Vitriers ont encore une autre petite Lingotiere pour fondre ce qu'ils appellent des Liens; mais ils la nomment plus ordinairement Moule à liens. *Voyez* MOULE *ou* LIENS.

LINGUE. On donne ce nom à une sorte de morue verte, un peu longue, qui n'a presque que la peau & l'arrête.

En Normandie dans le triage qui se fait des differentes especes & qualités de morue, la lingue passe pour la quatriéme sorte, & se confond ordinairement avec une autre espece que l'on appelle Raguet; ainsi la lingue ou le raguet se vendent ensemble. En Bretagne la Lingue se comprend dans le rebut. *Voyez* MORUE.

LINGUET. Satin de Linguet. Sorte de satin qu'on envoye de Chrétienté à Smyrne: il paye à la Douane de cette Ville les droits d'entrée à raison d'une piastre le pic.

LINIER, LINIERE. Marchand ou Marchande qui fait négoce de Lin.

La Communauté des Marchandes Linieres de Paris étoit autrefois composée d'hommes & de femmes; mais depuis les Lettres Patentes & les Statuts de 1666, elle ne l'est plus que de Maîtresses, qui se qualifient Marchandes Linieres, Chanvrieres, & Filassieres, de la Ville & Fauxbourgs de Paris. *Voyez* CHANVRE. *Voyez aussi* CHANVRIERE, *&* FILASSIERE.

LINON, ou LINOMPLE. On appelle ainsi une certaine espece de toile de lin blanche, claire, déliée, & très fine qui se manufacture à Valenciennes, Cambray, Arras, Bapaume, Vervins, Peronne, Saint-Quentin, Noyon, & autres lieux des Provinces de Haynault, Cambresis, Artois, & Picardie.

Il se fait de trois sortes de Linons; les uns unis, les autres rayés, & les autres mouchetés. Les unis sont ou de trois quarts de large & de quatorze aunes à la piece, ou de deux tiers de large & de douze à treize aunes à la piece. Pour ce qui est des rayés & des mouchetés, ils ont tous trois quarts de large & quatorze aunes à la piece, le tout mesure de Paris.

Les Linons tant unis, rayés que mouchetés, sont propres à faire des garnitures de tête, des fichus ou mouchoirs de cou, des toilettes & autres choses semblables à l'usage des femmes. On se sert cependant des unis pour faire des surplis & rochets pour les Gens d'Eglise; même des cravates & des manchettes pour les hommes du monde.

Ces sortes de toiles sont envoyées des endroits où elles sont fabriquées, en petits paquets de forme quarrée, d'une piece & demie-piece chacun, pour l'ordinaire couverts de papier brun lissé, & renfermés dans des especes de caissettes de bois blanc, dont les planches sont assemblées par le moyen de plusieurs petites chevilles de bois en place de clous.

LINTHE'ES. Sorte d'étoffes de soies qui se fabriquent à la Chine dans la Province de Nanquin. Les Linthées font partie des assortimens d'étoffes qu'on destine pour le Japon. Les Hollandois en enlevent quantité pour les y envoyer, mais ils n'en rapportent gueres en Europe, y ayant moins de profit à faire que sur les pelings, autres sortes d'étoffes de Nanquin.

LINTISQUE. Arbre d'où coule le mastic. On le nomme autrement & plus communément Lentisque. *Voyez* LENTISQUE.

L I O

LION. On donne ce nom à une sorte de linge ouvré qui se fabrique en Beaujolois, petite Province de France. Il y en a de trois especes, sçavoir le grand lion, le moyen lion, & le petit lion. Ce linge se fait ordinairement tout de lin. *Voyez* LINGE, *où il est parlé de celui du Beaujolois.*

L I Q

LIQUEUR. Corps mol & fluide, comme l'eau, le vin, l'huile, &c.

On appelle Vins de liqueur, les vins qui ont de la douceur; ce qu'on dit par opposition à ceux qui sont secs, brusques, & piquants. Les Malvoisies, les vins d'Espagne, des Canaries, de Tokay, de Frontignan, de la Ciouta, &c. sont les plus renommés parmi les vins de liqueur. On en parle amplement ailleurs. *Voyez* Vin.

C'est une mauvaise qualité pour les vins ordinaires, tels que sont les vins de Bourgogne & de Champagne, d'avoir de la liqueur.

Liqueur. Se dit aussi de diverses boissons composées du mélange de plusieurs drogues & ingrédiens, quelquefois de fruits ou de fleurs, dont la base est ordinairement de l'eau-de-vie, du vin ou de l'eau simple, tels que sont les ratafias, les rosolis, les hypocras, les limonades, les orgeades, les eaux de fraises, de groseilles, de cerises, de framboises, même les glaces qui ne sont faites que de ces eaux congelées dans des boëtes de fer blanc avec le salpêtre ou le sel commun.

Plusieurs Corps & Communautés des Arts & Métiers de Paris ont droit de faire de ces Liqueurs; entr'autres les Epiciers, Apoticaires, & Droguistes, les Vinaigriers, les Distilateurs, les Limonadiers, & les Fayanciers.

Les meilleures de ces liqueurs qui sont faites avec de l'eau-de vie, se font à Montpellier, d'où il est incompréhensible combien il en vient chaque semaine par le Messager de cette Ville. Les rosolis de Turin étoient aussi en vogue autrefois; mais on les trouve gras, & il n'en vient plus gueres.

Liqueur, en termes de Teinturier. Se dit d'une espece de préparation pour leurs teintures, composée de cinq parties d'eau sur une partie de son, qu'ils font bouillir ensemble environ une heure. Cette eau n'est pas colorante, mais préparative pour faire recevoir la couleur aux matiéres qu'on veut teindre.

LIQUID-AMBAR, autrement AMBRE LIQUIDE. C'est une sorte de résine rougeâtre & claire, que produisent certains arbres qui croissent dans la nouvelle Espagne, & que les Originaires du Pays appellent Oçoçol. Lorsque cette résine est nouvelle & encore liquide, on la nomme Huile de Liquid-Ambar; & lorsqu'elle est vieille & épaisse, elle est appellée Baume de Liquid-Ambar. *Voyez vers la fin de l'article* Baume.

LIQUIDATION. Réduction & fixation, soit d'une somme incertaine ou contestée, soit des prétentions respectives que deux personnes peuvent avoir l'une contre l'autre à une somme liquide & claire. Ces deux Négocians ont fait à l'amiable la liquidation de leurs affaires.

Liquidation d'interest. C'est une supputation par laquelle on connoît ce que chaque somme porte d'intérêt pour un tel tems & à un tel denier. *Voyez* Interest.

Liquidation. S'entend aussi quelquefois de l'ordre, de l'arrangement qu'un Négociant tâche de mettre dans ses affaires. Il ne perd aucun tems à faire la Liquidation de ses effets.

LIQUIDE. Se dit en termes de commerce, des dettes & des effets qui sont non-seulement exigibles & bien existans, mais sur lesquels on ne peut avoir aucune contestation. Ce Marchand a cent mille écus d'effets bien liquides. J'ai pour vingt mille écus de dettes; mais il n'y a pas un sol à perdre, ce sont toutes dettes très liquides.

Les compensations des dettes ne sont que de liquide à liquide. *Voyez* Compensation.

Liquide. Confitures Liquides se dit par opposition à confitures séches. *Voyez* Confiture.

LIQUIDER. Fixer à une somme liquide & certaine des prétentions contentieuses.

Liquider des interests. C'est calculer à quoi montent les intérêts d'une somme à proportion du denier & du tems pour lesquels ils sont dûs.

Liquider ses affaires. C'est y mettre de l'ordre, en payant ses dettes passives, en sollicitant le payement des actives, ou en retirant les fonds qu'on a, & qui sont dispersés dans différentes affaires & entreprises de commerce.

LIR

LIRA, LIVRE en François. Monnoie de compte dont on se sert en Italie pour tenir les livres de commerce.

La Livre Italienne n'est pas par-tout de la même valeur. A Genes elle vaut douze sols monnoie de France, à Milan un peu moins de quinze sols, à Geneve près de dix-neuf sols, dix-sept à dix-huit en Savoye, sept sols six deniers à Bergame, quatorze sols à Luques, & seulement dix sols à Florence; ce qui doit s'entendre du tems que l'écu blanc valoit trois livres tournois.

LIRE UN DESSEIN. Terme de Manufacture. On dit aussi, Lire la figure. C'est marquer en détail à l'Ouvrier qui monte un métier, le nombre de fils qu'il doit prendre ou laisser, afin de former sur son étoffe les mêmes figures ou fleurs qui sont sur le dessein. *Voyez* Dessein *&* Figure.

LIS

LIS. Terme de Manufacture de toiles. Il signifie à peu près ce qu'on entend par les gardes du rot, ou peigne d'un Tisserant, c'est-à-dire, les grosses dents qui sont aux extrémités du peigne.

Ce terme est fort en usage dans les fabriques de la Généralité de Tours; & il est ordonné par le Reglement de 1700, pour les toiles, Que de quelque largeur qu'elles soient, & de quelque nombre de portées qu'elles soient composées, elles seront faites dans des lames également compassées, tant au lis qu'au milieu. *Voyez ce Reglement. Voyez aussi* Garde.

Lis, monnoie. *Voyez* Lys.

LISATZ. Sorte de toiles qui viennent des Indes, de Perse, & de la Mecque. Il y en a de diverses qualités, & ont 2 pics $\frac{1}{4}$ de large, ce qui fait approchant de 5 pans $\frac{1}{2}$ de Marseille.

LISBONNE, Capitale du Royaume de Portugal. *Voyez* le détail du commerce de cette Ville, dans l'Etat général, Tome I. page 247.

LISERAGE. Terme de Brodeur. C'est l'ouvrage qui se fait sur une étoffe en en contournant les fleurs & le dessein avec un seul fil ou cordonnet d'or, d'argent, de soie ou de laine.

LISERER. Former des fleurs & des figures sur une étoffe, avec un cordonnet qui n'en marque que le contour.

LISEUR. Terme de Manufacture. C'est celui qui lit le dessein ou la figure d'une étoffe lorsqu'on en monte le métier. *Voyez* Lire un dessein.

LISIERE. C'est le bord d'une étoffe, ou ce qui borne sa largeur des deux côtés. Les étoffes de soie, de laine, de coton & de fil ont des Lisieres: les bas que l'on fait au métier en ont aussi; & c'est ainsi qu'on appelle les deux bords du bas, lorsqu'il est encore comme en piéce En cousant ensemble les deux Lisieres le bas prend sa forme.

Les Lisieres servent également & à la bonté des étoffes, & à en faire reconnoître la qualité; ce qui a donné lieu à quantité de Reglemens & de Statuts pour en ordonner la matiére, les couleurs & la façon de les travailler.

Les Reglemens pour les étoffes de soie ou d'autres matieres mêlées de soie, de l'année 1667, ont plusieurs articles concernant les Lisieres. Il seroit trop long d'entrer dans le détail de tous ceux qu'ils contiennent; mais on ne sera pas fâché de voir ici l'extrait de quelques-uns qui regardent les plus riches étoffes.

VELOURS.

Les velours qu'on appelle Six-lisses doivent avoir leurs Lisieres marquées de quatre chaînettes de diverses couleurs, s'ils sont à quatre poils; & seulement de trois, s'ils ne sont qu'à trois poils.

Les velours qui sont tout fabriqués de vrai cramoisi ont un fil d'or ou d'argent fin au milieu de leur Lisiere, pour les distinguer de ceux qui ont la tréme ou la chaîne de couleurs communes.

Les velours Quatre-lisses ou Deux-poils n'ont que deux chaînettes de chaque côté; ceux à poil & demi deux chaînettes d'un côté, & une seule de l'autre; & enfin ceux du plus bas prix seulement une chaînette de chaque côté.

TAFFETAS ET TABIS.

Les taffetas & tabis pleins à trois fils dont les largeurs sont au dessus de cinq huit ou cinq octaves, doivent avoir une Lisiere à chaînettes de différentes couleurs.

Les taffetas noirs lustrés d'onze vingt-quatriémes, une ou deux Lisieres de différente couleur de la chaîne.

MOIRES LISSES, FERANDINES, CAMELOTS, &c.

Ces étoffes doivent avoir une Lisiére de différente couleur à la chaîne, à l'exception des férandines noires qui ne doivent avoir aucune Lisiére.

Toute étoffe où il entre de l'or & de l'argent faux doit avoir une des Lisiéres de couleur différente à la chaîne; ce qui est la marque du faux.

Dans le Reglement du mois d'Aout 1669, pour la fabrique des étoffes de laine, il y a pareillement plusieurs articles concernant les Lisiéres, entr'autres les articles 1, 5, 10, 11 & 29.

Le premier est remarquable en ce qu'il regle la largeur des Lisiéres des draps façon d'Espagne, blancs, gris & mêlés, à deux pouces; & le cinquiéme (où il est parlé des draps blancs de Saint-Lubin, Gisors, &c.) en ce que ce sont les seuls draps qui se mesurent entre les Lisiéres.

Suivant l'article 31 du même Reglement de 1669, les Manufacturiers sont obligés de faire les Lisiéres de la même longueur de l'étoffe. Et par l'Arrêt du Conseil du 3 Octobre 1689, il est au choix de l'Acheteur de l'auner ou par la Lisiére, ou par le dos, qu'autrement on appelle Faiste.

Les Lisiéres des draps destinés pour être teints en écarlate, se font ordinairement de poil de chien noir de Danemarc; celles des draps pour mettre en noir, de poil ou laine d'autruche; & celles des draps appellés Draps de couleur, de poil de chien blanc de Danemarc, ou de grosses laines de France teintes en telle couleur qu'il plaît à l'Ouvrier, ou qu'il convient à l'ouvrage.

On appelle étoffe bien coëffée, celle dont les Lisiéres sont bien faites, d'une largeur qui lui est proportionnée, & dont la couleur plaît à la vue.

Ebarber la Lisiére d'une étoffe, c'est en couper les plus longs poils.

Il y a eu plusieurs Reglemens pour la fabrique des toiles, entr'autres celui du 14 Aout 1676 pour la Normandie & la Bretagne, un autre du 7 Avril 1693 pour Caen & Alençon, & un troisiéme du 27 Décembre 1701 pour Rouen.

Dans tous ces Reglemens il y a quelques articles qui ordonnent la maniere de faire les Lisiéres; & tous conviennent en ce qu'ils défendent d'employer aux Lisiéres d'autre fil que celui du corps & du milieu de la piéce, c'est-à-dire, de plus gros, de moindre valeur, ou qui soit gâté.

Les Lisiéres des toiles doivent être aussi serrées que le reste de la piéce.

Le Reglement du 4 Janvier 1701, article 14, porte à peu près la même chose pour les futaines & basins.

Enfin l'article 13 du Reglement du 30 Mars 1700 pour les Ouvriers en bas au métier, ordonne, Que les Lisiéres des bas seront bien faites & d'une égale force, ayant au moins une maille vuide, & que les entures seront doubles & bien nettes.

Les Lisiéres de drap payent en France les droits d'entrée a raison de 13 s. du cent pésant, & pour les droits de sortie 26 s.

A l'égard de la Douane de Lyon les droits sont de 10 s. du quintal, tant pour l'ancienne que pour la nouvelle taxation.

LISIERE. On appelle Arbres de Lisieres dans le commerce & l'exploitation des Bois, les arbres qui sont sur le bord des Forêts, & qui les séparent ou des grands chemins ou des autres héritages.

Quelques-uns les confondent avec les arbres de Parois, quoiqu'il semble qu'ils soient bien différens. Les parois étant toujours dans l'intérieur des Forêts pour en distinguer les différentes coupes & les arbres de Lisieres, comme le mot l'emporte, étant toujours sur les bords ou au-dehors.

C'est l'article VI du titre XV de l'Ordonnance de 1669, qui paroît avoir donné lieu à cette erreur. *Voyez* PAROIS.

LISLE, Capitale de la Flandre Françoise, & le centre de son commerce. *Voyez* le détail de ce commerce, dans l'Etat général, Tome I. page 219.

LISME. Espece de tribut que les François du Bastion de France payent aux Algériens & aux Maures du Pays, suivant les anciennes Capitulations, pour avoir la liberté de la pêche du corail, & du commerce au Bastion même, à la Calle, au Cap de Rose, à Bonne & à Colle. *V. dans l'Etat du Commerce, le négoce qui se fait au Bastion de France.*

LISOIRES, que quelques-uns écrivent & prononcent LISSOIRS. Ce sont des piéces de bois d'orme placées au dessus des essieux d'un carosse. *Voyez* ORME.

LISSE. Ce qui est poli, uni & luisant. On le dit en termes de Manufacture, d'une étoffe qui n'a pas passé sous la calandre pour y faire paroître des ondes. De la moire lisse est celle qui sort des mains de l'Ouvrier, qui n'est pas tabisée ni ondée.

LISSE. Les tapissiers de haute-lisse & de basse-lisse, les Sergiers, les Rubaniers, ceux qui fabriquent des brocards, & quelques autres Ouvriers, nomment Lisse, ce qu'on appelle Chaîne dans les métiers de Tisserant & des autres Fabriquans de draps & d'étoffes; c'est-à-dire, les fils étendus de long sur le métier, & roulés sur les ensubles, à travers desquels passent ceux de la tréme. *Voyez* CHAISNE.

HAUTE-LISSE. C'est celle dont la lisse ou chaîne est dressée debout & perpendiculairement devant l'Ouvrier qui travaille; la basse-lisse au contraire celle dont la lisse est montée sur un métier posé parallele à l'horison, c'est-à-dire, placée comme le métier d'un Tisserant. *Voyez* Haute-Lisse & Basse-Lisse.

Ruban double en Lisse. C'est celui qui est plus fort, plus épais que le ruban simple; parce que la lisse ou chaîne du premier a plus de fils, quoique dans une égale largeur que celle du dernier. *Voyez* Ruban.

Lisse. C'est un instrument dont les Lingeres se servent pour lisser leurs ouvrages, & dont les Courroyeurs usent pareillement pour donner la derniere façon à leur cuir de couleur, après qu'ils ont reçu leur dernier lustre.

La lisse est de gros verre noir en forme d'une bouteille solide, dont le col est assez long & assez gros pour servir de poignée, & dont la panse a quatre ou cinq pouces de diametre, & seulement environ deux pouces de hauteur. *Voyez* Courroyer.

Lisse de Tisserant & de Gazier. *Voyez* Lisses.

LISSER. Se servir de la lisse pour applattir les coutures du linge & l'unir, ou pour polir & donner plus d'éclat au lustre des cuirs de couleur.

Lisser une Etoffe. C'est la faire passer sous la calandre à lisser, c'est-à-dire, dont les rouleaux sont polis, afin de la faire paroître unie & luisante. On ne lisse guerès que les étoffes de soie & les toiles qui ont été dégraissées & reblanchies ou reteintes.

LISSERONS. Ce sont les tringles ou morceaux de bois qui portent les lisses; & qui font ce qu'on en nomme la Tête. *Voyez l'article suivant.*

LISSES. Ce terme chez les Tisserans & autres Ouvriers qui travaillent de la navette, signifie de menues cordelettes ou ficelles, dont chacune a sa petite bouclette dans le milieu faite de la même ficelle, ou son petit anneau de fer, de corne, d'os ou de verre, au travers desquels passent les fils de la chaîne des étoffes ou toiles que l'on veut fabriquer. Les lisses sont attachées par haut & par bas à de longues tringles de bois que l'on nomme Liais, & quelquefois Lisserons. Ce sont ces liais & ces lisses qui composent les lames. *Voyez* Lame.

Pour la fabrique des gazes ce sont des perles d'émail percées par le milieu, à travers desquelles passent les fils de la chaîne. Chaque métier a deux têtes de lisses, & chaque tête de lisses porte mille perles, si la gaze doit être d'une demie-aune de large. On les augmente ou diminue à raison de cinq cens par quartier d'aune qu'on veut donner de plus ou de moins à la gaze. *Voyez* Gaze.

Lisses. Les lisses des Haute-lissiers, différentes de leur lisse ou chaîne dont on a parlé ci-dessus, sont de petites ficelles ou cordeletres attachées à chaque fil de la chaîne de la haute-lisse, avec une espece de nœud coulant en forme de maille ou d'anneau aussi de ficelle: elles servent pour tenir la chaîne ouverte; & on les baisse ou les leve par le moyen de ce qu'on appelle la Perche de lisse, où elles sont toutes enfilées. *Voyez* Haute-lisse.

Les lisses, ou ficelles à faire lisses, payent les droits de la Douane de Lyon, pour l'ancienne taxation 2 s. du quintal, & pour la nouvelle réapréciation, comme mercerie de Milan, c'est-à-dire, 20 s. du cent pésant.

LISSETES. On nomme ainsi dans la fabrique des gazes, des ficelles au même nombre que celles des lisses, qui sont attachées cinq à cinq aux fourches ou arbalestres, & qui servent à faire lever les fils de la chaîne pour le dessein de la brochure. Chaque lissette porte à son extrémité d'en bas un plomb qui y tient avec un maillon d'émail, dont le poids fait retomber les fils levés, lorsque le tireur lâche les cordes du simblot qu'il avoit tirées. *Voyez* Gaze.

Tous les métiers d'Ouvriers à la navette où l'on travaille à la figure, comme damas, satins, velours, brocards & autres, ont leurs lissetes & leurs plombs, mais en différent nombre, & en diverses proportions.

LISTAOS. Toiles rayées de blanc & de bleu, qui se fabriquent en divers lieux d'Allemagne. Les Hambourgeois en portent beaucoup en Espagne, où elles sont bonnes pour les Indes Occidentales. *Voyez l'article des Toiles, où il est parlé des toiles étrangeres qui sont propres pour le commerce d'Espagne.*

LISTE. Memoire ou Catalogue qui contient les noms, les qualités, & quelquefois les demeures de plusieurs personnes.

Il n'y a gueres à Paris de Compagnies de Judicature, de Finances, &c. qui ne fassent imprimer de tems en tems de ces sortes de Listes. Elles sont sur-tout d'un usage très ordinaire, & l'on peut dire universel dans les six Corps des Marchands & dans les Communautés des Arts & Métiers de la Ville & Fauxbourgs de cette Capitale.

Ce sont les Gardes, Jurés, & Syndics qui ont soin de leur impression. Les Maîtres y sont rangés suivant l'ordre de leur réception. Dans un rang à part sont mis les anciens qui ont passé par les Charges, & au bas ceux qui y sont actuellement. Enfin on n'y oublie pas les Veuves qui jouissent des franchises des Corps & Communauté de leurs défunts maris.

C'est de ces sortes de Listes qu'on a tiré ce qu'on a dit dans l'Etat général du Commerce, du grand nombre de Maîtres qui composent les six Corps & les Communautés des Arts & Métiers de la Ville de Paris. *Voyez* cet article à l'endroit où il est parlé du Commerce de cette Ville & de sa Généralité, Tome I. page 1.

Liste. Signifie aussi en Hollande ce que l'on nomme en France un Tarif ou Pencatte, c'est-à-dire, un état par ordre alphabétique, de toutes les marchandises & denrées, qui sont sujettes au payement des droits d'entrée, de sortie, & autres, avec la quotité du droit qui est dû pour chacune d'icelles. *Voyez* Tarif.

Les principales Listes de Hollande, sont celles du 8 Mars 1655, 29 Juin 1674, & celles du 4 Mars & 9 Avril 1685.

La derniere Liste ou Tarif que les Etats Généraux ont dressé dans leur Assemblée pour être observée à la place de ces anciennes, est dattée de la Haye le 31 Juillet 1725, pour n'être néanmoins exécutée qu'au premier Novembre ensuivant.

Cette Liste est précédée des Résolutions ou Ordonnances des Etats, & d'un placard qui en fixent & reglent l'exécution en deux cent cinquante-quatre articles; les uns & les autres de mêmes dattes que la Liste.

Pour la commodité du Lecteur on donnera la Liste en son entier dans ce présent article, & l'on renvoyera pour les Résolutions & Placards à l'article Resolutions & Placard, où l'on en trouvera un très ample extrait divisé en ces XVIII Sections.

On a cru ne devoir faire aucun changement à cette Liste, & la donner avec les Observations qui la suivent dans le stile assez mauvais, où elle a été traduite en François.

NOUVELLE LISTE OU TARIF DES REVENUS PUBLICS

Sur les entrées & sorties des marchandises & effets; lequel Tarif commencera à être observé le premier de Novembre, au lever du Soleil, 1725.

Remarquez; que là où il y a décrit par Appréciation ou selon l'Application, que c'est un renvoi aux deux derniers Postes ou Parties de la présente Liste.

AVERTISSEMENT.

I. Les Draps, Serges, Ras, & toutes sortes d'étoffes de soies, de Laines, Toiles & autres Etoffes sont comprises dans les parties des Manufactures de Toiles rapportées respectivement aux lettres M. & T.

II. Il est décrit a la suite de la fin de la présente Liste, quelques articles par rapport à l'augmentation desdits droits & revenus publics, concernant les transports par eau; sçavoir :

ART. 1. *Sur la Proportion du plus ou du moins.*
2. *Sur les Poids & Aunages.*
3. *Sur les Tares, Dechet ou Diminutions.*
4. *Sur les Coulages.*
5. *Sur les Transports ou Sorties des Effets ou Marchandises grasses.*
6. *Sur les Transitions par rapport ou remission au Placard Général.*
7. *Sur la Campagnie des Indes Occidentales ou de l'Amérique & Surinam.*
8. *Sur les Charges extraordinaires dans l'appréciation ou estimation.*

A

	Entrées. fl.	s.	p.	*Sorties.* fl.	s.	p.
Abeilles, ou Mouches à miel, la Ruche.	Franche.				1	
Acier, *voyez* Fer.						
Agnelins, *voyez* Laines de toutes sortes.						
Agneaux, *voyez* Bétail.						
Airain, *voyez* Cuivre de toutes sortes.						
Ais, *voyez* Bois.						
Aloses, *voyez* Poisson de Riviere.						
Alpiste, ou Graine de Canarie, les 100 livres.		12			10	
Alun, les 100 livres.		6			6	
Amandes, qui donnent de Tare sur les Barils ou Tonnes, 10, le Zaroënes 8, les doubles Ambalages 6, & sur les autres sortes de bales, 4 pour 100. Les cent livres payeront, sçavoir.						
Les Longues.	1				15	
Les Courtes.		12			10	
Les Amandes dans leurs écales.		10			10	
Les Balancées par Pesées.		5			5	
Ambre non compris dans cette *Liste*, selon l'appréciation en général à la fin de cette même *Liste*.						
Amidon, les 100 livres.	4				4	
Anchois, *voyez* Poisson.						
Ancres, *voyez* Fer.						
Anguilles, *voyez* Poisson.						
Anis, *voyez* Graines.						
Apoticaireries, ou Drogues pour les Apoticaires selon l'appréciation en général, &c.						
Ardoises, *voyez* Pierres.						
Argent battu, *voyez* Or & Argent.						
Argent vif ou vif Argent, les 100 livres.	Franche.			3		
Argent en Especes.	Franche.			Franche.		
Argent, ou Or en œuvre, ou argent non rompu ou Or, de la valeur de ƒ 100.	4			1		
Argent, ou Or filé, tant fin que faux, de la valeur de ƒ 100.	4				10	
Argent battu ou en feuille par Livret, de la valeur de ƒ 100.	4			1		
Argent en barres ou lingots, passera Franc, jusques à ce qu'il en soit autrement ordonné.				On ne pourra les sortir du pays sans le consentement des Colleges.		
Argent monnoyé, il n'en est point ordonné.						
Armes à feu, Munitions de Guerres, consistant en toutes sortes d'Armes à tirer, y compris les Harnois, Casques, Epées, Pistolets, & toutes sortes tant moyens que petits Instrumens pour la Guerre, de la valeur de ƒ 100, sçavoir :						
Montés.	5			2		
Non montés.	2			6		
Armoisins de toutes les sortes, *voyez* Manufactures.						
Avelines, ou Noisettes, *voyez* Fruits.						
Avirons, ou Rames, *voyez* Bois.						
Avoine, *voyez* Grains.						

Baies

B

Articles	Entrées fl.	s.	p.	Sorties fl.	s.	p.
BAies ou Graine de Laurier, qui donne de tare, du baril, 12, & de la balle 4 pour 100, les 100 livres.		4			8	
Bales de Jeu de Paume, Billes pour les Jeux de Crosse, selon l'estimation ou appréciation, décrit à la fin de cette *Liste*.						
Baleines, Fanons de la valeur de *f* 100, apportés par les vaisseaux du pays, y compris ceux du Détroit David.	Franc.			2.	10	
Apportés par d'autres vaisseaux étrangers.	10			2.	10	
Baleines coupées de la valeur de *f* 100.	12			2.	10	
Bandoulieres, *voyez* Munitions de Guerre.						
Baracans de soie, *voyez* Manufactures.						
Barils, Tonneaux, ou Bariques vuides, *voyez* Bois de Mérain selon l'apréciation, &c.						
Bas de laines & autres, *voyez* Manufactures.						
Bassins, Chaudrons & Marmites de cuivre, *voyez* Cuivre.						
Bayes, selon l'appréciation, décrite à la fin de la présente *Liste*.						
Bazanes tanées, ou Peaux de Moutons apprêtées pour la relieure, *V.* Cuirs & Peaux.						
Bazins ou Bombasins, *voyez* Manufactures.						
Bergame, *voyez* Manufactures.						
Bétail.						
Bœufs & Vaches sans différence de maigre ou gras, Vaches à traire ou à lait, entrées dans le pays hors des mois d'Avril & de Mai, la piece.	20			1.	10	
L'on prendra ou comptera deux Génisses, quatre Veaux sevrés, & huit Veaux de lait pour un Bœuf ou pour une Vache.						
Entrés dans les mois d'Avril & de Mai susdits, payeront d'entrée pendant l'année 1726 *f* 8. Ce qui sera augmenté par degrés dans les années suivantes, jusques à *f* 20 suivant le Placard du 4 Janvier 1724.						
Brebis & Moutons, la piece.		12			2	
On prendra ou comptera deux Agneaux pour une Brebis.						
Cochons maigres ou gras, hors des mois de Mai, Juin & Juillet.	défendus.			—		
Dans les susdits mois payeront la piece.	1.	10			10	
Beurres.						
De France ou brûlés, les 100 livres bruto.		10			10	
Toutes autres sortes de Beures le tonneau ou baril de 300 livres, qui donne de tare 20 pour 100.	16			1.	10	
Mais étant entrés pour être retransportés hors du pays, sous la précaution du 5 art. à la suite de cette *Liste*.	4			1.	10	
Beures à manger d'Hollande, le tonneau & tare comme ci-dessus.	—			1.	10	
De Frise, de Groeningue & du Cuynder, le tonneau & tare comme ci-dessus.	—			1		
Beures de la Jurisdiction ou District de la Généralité, les 100 livres.	—				10	
Biére de la Jutlante, la tonne.	1.	10			12	
Biére, dite Jopen-Bier, la tonne.	1.	10			15	
Biére du Pays, en sortant, de la valeur de *f* 100.	—				10	
Biscuit, *voyez* Grains.						
Blé, *voyez* Grains.						
Bœufs ou Vaches venant de dehors, soit maigres ou gras, *Voyez* Bétail.						
Bois.						
Toutes sortes de bois venant de Norweeguen & de la Mer Baltique, &c. par entieres charges, payeront du lest, suivant les attestations du mesurage & jauge des Douanes des pays prévenus.		10		—		
Bois Charges ou lest des bois venant d'autres lieux, de la valeur de *f.* 100.	3			—		
Radeau de plusieurs pieces de bois descendant les Rivieres, de la valeur de *f* 100.	2.	10		—		
Bois par lest ou charges non completes, payeront d'entrée ou sortie, sçavoir.						
Bois ou Planches de charonnage, dites Wageschot, avec les deffecs.	7.	12		10.	5	
Bois de Merain pour Pypes avec le deffec, les 100 pieces.	3.	16		4.	10	
Bois Merain, pour Barils, &c. avec le deffec, les 100 pieces.		17		1.	5	
Toutes sortes de Bois mélangés en lestage rompu, ne payera selon les pieces, mais selon la valeur de *f* 100, sçavoir.						
Les Mats.	1.	5		1.	5	
Bois scié, non compris les Planches, Poutres, Rames, ou Avirons.	6				10	
Planches de Chêne sciées & non sciées.	2				10	
Poutres, Rames ou Avirons.	3			1.	10	
Bois de Reliage, Oisifs, pour Claies, Paniers & Clisses.	10			2		
Cercles, & Bois pour Cercles appropriés en tout ou par parties pour des Cercles.	10			défendu.		
Toutes sortes d'autres Bois, non compris aucuns Bois fins pour Menuiserie, Teinture, pour Médecine, de la valeur de *f* 100.	3			1.	10	
Bois fin de Menuiserie, y compris les Planches de Bois de Noyer, de la valeur de *f* 100.	2			5		

Article	Entrées. fl.	s.	p.	Sorties. fl.	s.	p.
Bois pour Teinture de toutes sortes, principalement du Bois de Campêche, de Fernanbuc, Sapan, Caliatour, &c. Bois dit Stock-vis-hout, non moulu, de la valeur de *f* 100.	1			3		
Moulu.	défendu.			2		
Bonnets d'Angleterre, &c. *voyez* Manufactures.						
Borrax, les 100 livres.	4			2.	10	
Bouracans, *voyez* Manufacture.						
Boulets de Canon, les 100 livres.		1				
Bourre de Draps, par appréciation décrit à la fin de cette *Liste*.						
Boutons, par appréciation, &c.						
Bouts de Cornes, par appréciation ou estimation.						
Brai, *voyez* Résine.						
Briques, *voyez* Pots de terre, Ouvrages de terre.						
Brocars, *voyez* Manufactures.						
Burates, *voyez* Manufactures.						
C						
CAbiliau, *voyez* Poisson.						
Cables & Cordages pour Haubans, les 100 livres.	5				6	
Fil pour faire des Cables, les 100 livres.	2.	10			15	
Fil pour Hansieres à Ralingues.	défendu.					
Cordages vieux, usés, n'étant point de service pour les Aparaux, &c. des Vaisseaux.				Défendu par Placard du 11 Avril 1724, & encore il y a 6 ans.		
Cacoa, qui donne de tare des Tonneaux & Zeroenes 12, & du sac 4 pour cent, les 100 livres.	1			1		
Caffé en féves, qui donne de tare pour le tonneau 12, pour les sacs 10 pour cent.	2			1.	10	
Caffas ou Armoisins, *voyez* Manufactures.						
Calmines, ou crotes de chien, les 100 livres.		2			2	
Cajantes, &c. *Voyez* Manufactures.						
Cambrai, *voyez* Toiles.						
Camelots, *voyez* Manufactures.						
Canars, la douzaine & Cercelles.	Francs.					
Canelle, *voyez* Epiceries.						
Canes ou cruches de terre, *voyez* Pots de terre, Ouvrages de terre.						
Canevas, *voyez* Toiles.						
Canons de Bronze, les 100 livres.	2.	10		1.	10	
Canons de Fer, les 100 livres.		3			3	
Capiton, ou Bourre de capiton, ou cardasse de soie, par appréciation, &c.						
Capres, le quarteau ou barique de deux moyennes tonnes.	1			1		
Cardes à laine, le Rouleau.		3			5	
Cardes de fil de fer, la douzaine de paires.		6			3	
Carpettes ou tapis à emballer de toutes sortes, par appréciation, &c.						
Carreaux de briques, *voyez* Pots de terre, Ouvrages de terre.						
Carsaye, de toutes sortes, *voyez* Manufactures.						
Casques, Cuirasses, *voyez* Munitions.						
Casse, ou Canefisse, par appréciation.						
Cassia lignea, par appréciation.						
Cassonnades, *voyez* Sucres.						
Castors, *voyez* Poil de Castor.						
Caviar de Moscovie, la grosse tonne de 4 ancres.	1.	5			15	
Cendres, dites Wed-asche, & Pot-asche, la valeur de *f* 100	1			1		
Chandelles de suif, les 100 livres.	1.	10			6	
Chandelles de cire, *voyez* Cire.						
Chandeliers, *voyez* cuivre, ouvrages de cuivre.						
Chanvre, de toutes sortes, brisé ou battu, le schip livre ou 300 livres.	4				15	
Non battu ou non brisé, les 300 livres.		15		1		
Chapeaux, de toute sorte, de la valeur de *f* 100.	6			1		
Charbon de bois, la tonne.		1			1	
Charbon de terre, ou houille, ou charbon menu & fin d'Angleterre, le chapeau & le salter, à proportion.		3			4	
Charbons d'Ecosse, de Liége & du Roer, les cent charois ou chariots.	1			3		
Chardons à Drapiers, &c. par appréciation.						
Châtaignes, *voyez* Fruits.						
Chauderons, bassins de cuivre, *voyez* Cuivre.						
Chaudieres de fer, *voyez* Fer.						
Chaux, le Chapeau.		4			6	
Chevaux, par appréciation.						
Chevrons, *voyez* Bois de charpente.						
Choux cabus, par appréciation.						

Article	Entrées fl.	s.	p.	Sorties fl.	s.	p.
Cidre } Poiré } *Voyez* Vins.						
Ciment ou Terras, par appréciation.						
Cinabre ou Vermillon, par appréciation.						
Cire, les 100 livres.		15			15	
Cire blanche, ou chandelle de cire, les 100 livres.	3				15	
Citrons frais, par appréciation.						
Citrons salés, le quarteau de 2 communes tonnes.		10			6	
Cloches, ou airain pour les cloches, *voyez* Cuivre, ouvrage de Cuivre.						
Cloux de Girofle, *voyez* Epiceries.						
Cloux de fer, *voyez* Fer.						
Cochenille, les 100 livres.	10			10		
Cochons, *voyez* Bêtail.						
Coffres couverts de cuir, par appréciation.						
Coffres de bois, vuides, par appréciation, décrit à la fin de cette *Liste*.						
Colle, les 100 livres.		10			5	
Coitris, par appréciation.						
Commin ou commun, qui donne la tare par sac 4, & par tonne 10 pour cent les 100 l.		10			8	
Confitures, *voyez* Epiceries.						
Corail, par appréciation.						
Cordage, *voyez* Cables.						
Cordons de soie, *voyez* Soie.						
Corinthe de tous pays, qui donne de tare pour les sacs 15, & pour les tonnes 20 pour cent, les 100 livres.		10			3	
Cornes de vaches, &c. par appréciation.						
Cornes de cerf, par appréciation.						
Coton en laines non filé, qui donne de tare par sac ou balle 6 pour cent, les 100 liv.		8			15	
Coton filé, *voyez* Fil.						
Couperose, qui donne de tare pour les tonnes 15 pour cent, les 100 livres.		2			2	
Couvertes, *voyez* Manufactures.						
Couvrechef ou Mantelines de Brabant, *voyez* Manufactures.						
Crayon ou mine de plomb, les 100 livres.		3			2	
Crayon rouge, par appréciation.						
Crêpes, *voyez* Manufactures.						
Crin, *voyez* Poil & Crin ou Cheveux.						
Croontas, *voyez* Manufactures.						
Cuirs de Russie, *voyez* Cuirs.						
Cuirs ou Peaux, les suivans & sortes, payeront de la valeur de *f* 100; sçavoir,						
Les salés.						
Les secs.						
Les rognés.	2			2		
Les Buffels, Peaux d'élans, de cerfs & de dains, dits Rhee-huyden.						
Buffels, Peaux d'élans & de dains apprêtés & passés en chamois.						
Peaux de bœufs, de vaches, de chevaux, tant apprêtées & repassées en chamois, qu'autrement, excepté les vaches de Russie.	6			2		
Peaux ou vaches de Russie, la paire.		1				8
Cordouans d'Espagne, apprêtés à l'Espagnole, ou Maroquins du Levant, les 12 Peaux.	1				4	
Peaux apprêtées pour couvertures ou relieures de Livres, la piece.		8			2	
Peaux d'agneaux & de moutons blanches, la douzaine.		2			1	
Peaux de bouc & de chévres, le decker.		3			3	
Peaux de brebis ou moutons en laine, les 100 pieces.		10			3	
Les mêmes sans laine, appellées nues, non apprêtées.	1			3		
Les mêmes, apprêtées.	2			3		
Peaux d'agneaux crues, les 100 pieces.		6			6	
Peaux de veaux crues, les 100 pieces.		10		1		
Les mêmes, apprêtées.	1			1		
Peaux de chien de mer, dites Robbe-vellen, & autres peaux d'animaux marins, de la valeur de *f* 100.						
Celles qui sont apportées au pays par les Vaisseaux de la petite Pêche de la Baleine, y compris ceux du Détroit de David.	Franche.			1		
Celles qui sont apportées par des Vaisseaux étrangers.	2			1		
Cuivre préparé & brut, & monnoie ou espece de cuivre, les cent livres.		4			8	
Cuivre battu, rond ou quarré, y compris les bassins, chaudrons & pots venant du moulin, les 100 livres.		5			10	
Plote ou Plaaten pour les duttes & deniers.	défendu.			—		
Cloche, airain ou espece pour les cloches, les 100 livres.		10		1		
Mitraille, morceaux de pots & chaudrons de cuivre rompus ou rognures, les 100 livres.		3			8	
Cuivre en œuvre ou travaillé, de la valeur de *f* 100.	6			1		

	Entrées. fl.	s.	p.	Sorties. fl.	s.	p.
Léton ou Laiton, les 100 livres.		10			10	
Fil de laiton ou rouleau de laiton, les 100 livres.		10			10	
D						
Damas de Forence & autres, *voyez* Manufactures.						
Dattes, par appréciation.						
Dentelles, Passemens & Rubans d'or ou d'argent, de soie; &c. *voyez* Manufactures, *Voyez aussi* Ouvrages au coussin & à l'aiguille.						
Dents d'éléphant, les 100 livres.	2			1		
Dents de walrus ou vaches de mer; Peaux de chien marin, apportés par les Vaisseaux du pays, y compris ceux du Détroit de David, la valeur de *f* 100.	—			2		
Apportés par des Vaisseaux étrangers.	8			2		
Douves ou bois mairain, *voyez* Bois.						
Draps d'or ou d'argent, *voyez* Manufactures.						
Droguerie, par appréciation à la fin de cette *Liste*.						
Dimetten ou Futaine de *f* 100. *Ce qui est un Tissu croisé de coton.*	1.	10		1.	10	
E						
Eaux-de-vie, *voyez* Vins.						
Ecorce de Garance, *voyez* Garance.						
Ecorce de chêne ou tan, par appréciation, *voyez* Schorce ou Ecorces de chêne pour la Tanerie.						
Encens, par appréciation.						
Epées, *voyez* Munitions ou Armes.						
Epiceries, fleur de muscade, cloux de girofle, canelle, poivre, apportés par les Vaisseaux de la Compagnie des Indes Orientales du pays.	Francs.			—		
Poivre apporté par les Vaisseaux étrangers, les 100 livres.	6			Francs.		
Epiceries en petites parties, comme aussi les Huiles d'olives, capres, & de toutes sortes d'Epicerie, comme aussi des Apoticaireries & des Confitures; le tout au-dessous de la huitiéme partie d'une barique, de la valeur de *f* 100.	3			2		
Poussiere d'Epiceries.	défendu.			—		
Epingles, la douzaine de 12 milliers.		10			2	
Etain, les 100 livres.						
Non en œuvre.		8			12	
Mis en œuvre.	5				8	
Etamines, *voyez* Manufactures & Toiles.						
Etoffes de toutes les sortes, *voyez* Manufactures.						
Etoupes, les 100 livres.		5			10	
Eturgeons, *voyez* Poisson.						
F						
Fanons, *voyez* Baleines.						
Farine de froment, de seigle, *voyez* Grains.						
Fer & Acier.						
Chaudieres à sel, les 1000 livres.	2			1		
Plaques, Poeles ou Fourneaux, Poids & de semblables, les 1000 livres.	1.	10		1		
Fer gros de Sude, les 1000 livres.		10			15	
Verges de fer, les 1000 livres.	1			1		
Lames de fer, les 1000 livres.	1			1		
Cheville & Cloux de fer, les 1000 livres.	5			1.	10	
Fil d'archal, les 100 livres.		12			10	
Péele ou Poele de fer à frire, Poelon, &c. les 100 livres.		8			5	
Pots de fer, jettés à la fonte, & au moule, les 1000 livres.	1			1		
Toutes sortes d'ouvrages de fer, hors les précédens, la valeur de *f* 100.	12			2		
Vieux fer de toutes sortes, les 1000 livres.		5			5	
Acier, les 100 livres.		6			5	
Fer blanc, le baril de 450 feuilles simples.		10			6	
Le baril de 450 feuilles doubles.	1				12	
Feutre de Turquie par appréciation.						
Féves, *voyez* Grains.						
Fiante de pigeon, la tonne par appréciation.						
Figues de tout pays, qui donnent de tare 10 pour cent sur les barils, les 100 livres.		5			5	
Fil de laiton, *voyez* Cuivre.						
Fil de toutes sortes de couleur à coudre, de la valeur de *f* 100.	3			1		
Fil blanc à coudre, les 100 livres.	5			2.	10	
Pour Tisserans ou pour retordre, de la valeur de *f* 100.	1			1		
De coton, de la valeur de *f* 100.	1			1		
Fil de laine, d'Estame ou soyés de la valeur de *f* 100.						
Cru ou non teint.	1			1		
De couleur ou teint.	3			1		

Article	Entrées. fl.	ſ.	p.	Sorties. fl.	ſ.	p.
Fil de Turquie ou Poil de chévre filé, qui donne de tare ſur les bales 10 pour cent, les 100 livres.						
De couleur ou teint.	6			1		
Cru ou non teint.	1			2		
Fil à voile, les 100 livres.	1				5	
Flambeaux ou Torches, *voyez* Cire blanche, ou Chandelle de cire.						
Fleuret, par appréciation.						
Fleur de Muſcade, *voyez* Epiceries.						
Franges, Cordons, Rubans, &c. *voyez* Manufactures.						
Friſe d'Irlande, *voyez* Manufactures.						
Friſettes ou Cotonnés, *voyez* Manufactures.						
Fromages.						
Du cru, fabrique & formes de France, les 100 livres.	1.	4		—		
De Pays étrangers de toutes ſortes, le ſchip livre ou 300 livres.	6			1		
Cependant, étant entrés pour être retranſportés hors du Pays, ſous la précaution décrite au 5 article à la ſuite de cette *Liſte*, les 300 livres ou ſchip livre.	3			1		
Fromages doux, dit Soetemelkskaas, y compris les Haubelonnés, comme auſſi les Fromages de lait de brebis verd & blanc, les 100 livres.	—				2.	[illegible]
Fromages du Pays, dits Kanter-Kaas verd ou blanc, ronds & de ſemblables, les 100 l.	—				2	
Bien entendu qu'aucun fromage blanc ne paſſera point pour Kanter-Kaas, lorſqu'il ſera fait avec Commin.						
Froment, *voyez* Grains.						
Fruits, Pommes, Poires, & de toutes ſortes de Fruits crus & frais, comme auſſi de Châtaignes, groſſes Noix & Noiſettes & les Navets, de la valeur de *f* 100.	8			4		
Oranges, Citrons ou Limons, de la valeur de *f* 100.	3.	10		2		
Futaines de toutes ſortes, *voyez* Manufactures.						
Fuſils, *voyez* Munitions de Guerre, ou Armes.						
G						
GAles, *voyez* Noix de Gales.						
Galons de Laines, d'Etames, de Coton avec ou ſans or & argent.						
Clinquant de la valeur de *f* 100.	3			1		
Gamelles, par appréciation.						
Garances, les 100 livres.						
Non Robée & fine.		8			10	
Communes.		6			6	
En pouſſiere ou broyée.		3			3	
Ecorce de Garance.	—			défendu		
Gâteaux de Navette & de Graine de Lin, par appréciation.						
Gaude, par appréciation.						
Géniſſe, *voyez* Bétail.						
Gingembre, vert ou confit, les cent livres.	3			1.	10	
Gingembre ſec, les 100 livres.		6			4	
Giroffle, *voyez* Epiceries.						
Glaces pour Carreaux de Vitres aux Fenêtres, de France, la Corbeille ou Ruche.		10		1.	10	
Du Levant; de la valeur de *f* 100.	3			1.	10	
Verres à boire & glaces de miroirs, de la valeur de *f* 100.	5			2		
Verre rompu & briſé, le petit baril.		1			3	
Gomme de Sénegal, qui donne de tare pour les Tonneaux 12 pour cent les 100 liv.		8			8	
Gomme Arabique ou encens, par appréciation.						
Goudron, *voyez* Reſine ou Poix.						
Graine de Kermes, ou d'écarlate, par appréciation.						
Graine de Kermes en poudre, par appréciation.						
Graines d'oignon, & autres graines de Jardinage & Fleuriſte, les 100 livres.	1.	5		1.	5	
Graines égrenées, comme de Choux, de Navets, Chanvre, le laſt.	1.	10		10		
Graine de Lin égrenée, le laſt.	2			10		
Graines de Treffle & autres herbes de Prairies, le laſt.	1			6		
Graines d'Anis, qui donnent de tare pour les ſacs 8, & pour les tonneaux 10 pour cent, les 100 livres.		10			8	
Graine de moutarde, le mudde meſure d'Amſterdam à 27 au laſt.		10			8	
Grains, ſçavoir :						
Le Froment.	6					
Le Seigle.	4					
L'Orge.	3.	3				
L'Orge germé, ou Mout.	5			Francs.		
L'Avoine.	1.	16				
Pois & Féves.	5					
Le Bled Saraſin, dit Boekweyt.	8					
Millet, qui donne de tare ſur les ſacs & barils 5 pour cent, les 100 liv.		1.	8		1.	3

	Entrées. fl.	s.	p.	Sorties. fl.	s.	p.
Farine de Froment & Seigle. Gruau d'Orge ou d'Avoine brisée. Biscuits.	défendu.			Francs.		
Graines de Guinée, les 100 livres.	1.	7		1.	4	
Gros grain de soie & autres, *voyez* Manufactures.						
H						
HAreng, *voyez* Poisson.						
Harnois, *voyez* Munitions de guerre & Armes.						
Hidromel, la Tonne ou l'Aame de 4 Ankers.	1				12	
Houblon, qui donne de tare pour les sacs 8 pour cent, les 100 livres.		6			6	
Huile d'olive, la pipe de Seville de 187 Stoops d'Amsterdam.	4			3		
Huiles de graines plates ou rondes, l'Aam de 64 Stoops.	9				15	
Huiles de Baleines ou lard de Baleine, de Foye, & de Chien de mer, ou Robbe, le quarteau ou tonneau de deux communes tonnes, apportés par les vaisseaux de la petite pêche du Pays, y compris ceux du détroit de David.	Franche.				10	
Apportés par des vaisseaux étrangers.	3				10	
Huîtres, *voyez* Poisson.						
I						
INdigo Guatimalo, les 100 livres.	2			3		
La tare 45 livres par Caisse, & 25 livres par Zeroene.						
D'autres Indigo, de la valeur de *f* 100.	1.	10		2		
Jambons fumés, *voyez* Viandes.						
Joyaux.	Franche.			——		
Jus de Citron, la barique de 6 Ankers.		10			6	
L						
LAine de toutes sortes, de la valeur de *f* 100.	1			2		
Laiton, *voyez* Cuivre.						
Lard de Baleine, *voyez* Baleine.						
Légumes, *voyez* Grains.						
Ligatures de Soie & autres, *voyez* Manufactures.						
Lin cru, les 100 livres.		4			10	
Lin broyé & peigné, de la valeur de *f* 100.	10				10	
Linge de tables, *voyez* Toiles.						
Lits de Plumes, *voyez* Plumes.						
Livres imprimés, par appréciation.						
M						
MAchary à deux fils, *voyez* Manufacture.						
Manufactures sur les sorties, toutes Manufactures comme Draps, & autres étoffes d'Or, d'Argent, Soies, de Laines, qu'autrement (excepté les toiles fines & de voiles, &c. Canevas) de la valeur de *f* 100.	——				10	
Draps & étoffes teintes.	défendu.			——		
Tous Draps de la valeur de *f* 100.	3			——		
Toutes sortes de Manufactures de Soie avec ou sans or & argent, de la valeur de *f* 100.	3			——		
Toutes autres Manufactures travaillées ou fabriquées de Laines, d'Estames, de Coton, poils, fils, & semblables; y compris les Bombasin, Bas, Gands, Mitaines, Bonnets, & autres fabriques de même nature (excepté les Treillis, Toiles fines, Toiles de voiles, les Canevas, & aussi les Galons de sayette ou d'Estame, de laines, de fil ou de coton) de la valeur de *f* 100.	2				10	
Draps & étoffes teintes ou de couleur.	défendu.			——		
Crêpes, Chenilles & Gazes, de la valeur de *f* 100. Passemens, Franges, Cordons & Cordonnets, Dentelles, Bas de soie & Rubans de soie, de la valeur de *f* 100. Toutes sortes de Dentelles (excepté ceux de fil, sur quoi *voyez* les ouvrages au Coussin ou Fuseau) de la valeur de *f* 100.	3				10	
Meny, ou Mine rouge de Plomb, qui donne pour les tonneaux de tare 4 pour cent, les 100 livres.		3			3	
Mérain, ou Mairrin, *voyez* Bois.						
Marmites, *voyez* Cuivre.						
Maroquins, *voyez* Cuirs.						
Massicote, *voyez* Soude.						
Mâts, *voyez* Bois.						
Merceries, par appréciation.						
Mercure, *voyez* Argent-vif.						
Meubles, par appréciation.						
Meules, *voyez* Pierres.						
Miel de Marseille en barils, qui donnent de tare 20 pour cent, les 100 livres.		15			15	
Selon la grandeur des futs, ou barils à proportion.						

	Entrées fl.	s.	p.	Sorties fl.	s.	p.
Mil ou Millet, *voyez* Grains.						
Miroirs ou glaces de Miroirs, *voyez* Glaces.						
Mitraille, *voyez* Cuivre.						
Mouches à miel, *voyez* Abeilles.						
Mout ou Malt, *voyez* Grains.						
Moutons gras ou maigres, *voyez* Bétail.						
Munitions de guerre comme toutes armes à tirer & à la main, y compris les harnois, casques, épées, pistolets, & tous autres instrumens legers & maniables pour la guerre, de la valeur de ƒ 100. montés.	5			2		
Non montés.	2			6		
Le même article est porté aux Armes.						
Mêche, par appréciation.						
Muscades, *voyez* Epiceries.						

N

	Entrées fl.	s.	p.	Sorties fl.	s.	p.
NApes, *voyez* Toiles.						
Noix grosse, *voyez* Fruits.						
Noix de Gales, qui donnent de tare pour les tonneaux 12, & pour les sacs 6 pour cent, les 100 livres.		12		1		
Noix de Muscades, *voyez* Epiceries.						
Noizettes, *voyez* Fruits.						

O

	Entrées fl.	s.	p.	Sorties fl.	s.	p.
OEufs, par appréciation.						
Oignons, par appréciation.						
Olives, le quarteau de deux communes tonnes.	2				10	
Olones ou poil David, *voyez* Manufactures.						
Ou par appréciation.						
Or & Argent, *voyez* Argent & Or de toutes sortes.						
Oranges, *voyez* Fruits.						
Orge, *voyez* Grains.						
Orleane ou Rocou, humide & sec, les 100 livres.	1			2		
Orseille, les 100 livres.		8			6	
Orsette Etoffe, *voyez* Manufactures & par appréciation.						
Ouvrages d'argent, *voyez* Argent.						
Ouvrages de bois, par appréciation.						
Ouvrages de Fer, *voyez* Fer.						
Ouvrages de Terre.						
Comme pots, pannen, pichets, cruches, thuiles, briques, & autres pierres cuites, pipes à tabac, porcelaines, & enfin toutes sortes d'autres ouvrages de terre, de la valeur de ƒ 100.	8			} 2		
Cependant ceux qui viennent de Cologne, ou lieux & Pays circonvoisins, de la valeur de ƒ 100.	5					

P

	Entrées fl.	s.	p.	Sorties fl.	s.	p.
PAins & gâteaux, desquels on a sorti l'huile, de navette, de lin, &c. par appréciat.						
Panes & velours, *voyez* Manufactures.						
Papier de toutes les sortes, (excepté le bleu) duquel la rame est de valeur au dessus de ƒ 2 les 100 rames.	10				10	
Au dessous de ƒ 2 de valeur.	3				15	
En ce cas, celui qui approche de la valeur de ƒ 2, aura lieu sans tromperie.						
Papier bleu, les 100 rames.						
Petit format.	15			2		
Grand format.	20			3		
Passemens & dentelles d'or ou d'argent. *V.* Manufactures.						
Pastel ou crayon, par appréciation.						
Peaux de toutes sortes, *voyez* Cuirs.						
Peintures ou tableaux, par appréciation.						
Pelleteries de toutes les sortes crues & non apprêtées, y compris les Romani ou peaux de Cabrette de la valeur de ƒ 100.	2			1		
Perches, *voyez* Bois.						
Perpetuanes, *voyez* Manufactures.						
Pierres, cercueil, tombes, pieces de marbre, carreaux à paver, meules de moulins, & toutes sortes de pierres non cuites, de la valeur de ƒ 100.	6			} 6		
Meules de moulin descendantes ou venues par rivieres, les ƒ 100.	5					
Ardoises, le millier.		8			6	
Pipes, *voyez* Bois.						
Piques, } *voyez* Munitions de guerre.						
Pistolets, } *voyez* Munitions de guerre.						
Plaques de Fer, *voyez* Fer.						
Plets d'Ecosse & de Leyde, *voyez* Manufactures.						
Plomb y compris les dragées, les 100 livres.		3			2	
Plomb blanc ou blanc de plomb pour peindre, les 100 livres.	1				2	

Article	Entrées fl.	s.	p.	Sorties fl.	s.	p.
Plumes & tuyaux à écrire, les 1000 livres.		2			1	
Plumes & plumages, les lits, &c. qui donnent de tare des sacs 6 pour cent, les 100 l.	1			1		
Plumettes ou Cajentes de Lille, *voyez* Manufactures.						
Poils ou cheveux d'homme, de la valeur de *f* 100.	2			4		
Perruques & frisures, de la valeur de *f* 100.	5			1.	10	
Poils suivans, aussi de la valeur de *f* 100.						
De Castor, dit Bever.						
De Chameaux, Boucs & Chévres.						
De Liévres & Lapins ou Connins, & toutes sortes d'autres poils & cheveux, y compris le crin du col & queues de Cheval.	2			3		
Poil de Cochon ou soie de Porc, pour brosses & vergettes, &c. qui donne de tare 12 pour cent, les cent livres.		15			15	
Poires, *voyez* Fruits.						
Pois, *voyez* Grains.						
Poix Résine, qui donne de tare des tonnes 10 pour cent, les 100 livres.		4			4	
Pommes & Poires, *Voyez* Fruits.						
POISSON.						
Poisson frais d'eau douce & salée de toutes les sortes, de la valeur de *f* 100.	Franc.			6		
Tous Harengs en tonnes de Maesterland, & autres Pays étrangers, le last de 12 tonnes.	18			18		
Toutes sortes de Harengs de Maesterland, ou autres Harengs frais venans des Pays étrangers en pilles, le last de 12 milliers.	6			défendu.		
Toutes sortes de Harengs salés de la grande pêche du Pays, le last de 12 tonnes.	Franc.			2		
Toutes sortes de Harengs à pilles de la pêche du Pays, le last de 12 milliers.	Franc.			1		
Harengs de Brandt, dits Brandt-Harings de la pêche du Pair, le last de 12 tonnes, sçavoir :						
Jacobi Brandt.	Franc.			2.	10	
Barthelomi ou Kruys Brandts.						
Gos ou Rouaanche Brandts.	Franc.			4		
Harengs sorrés & Sprots d'Angleterre, le last de 12 milliers.	7.	10		1.	10	
Harengs de Maesterland & autres Harengs secs des Pays étrangers, le last de 12 milliers.	7.	10		5		
Harengs secs ou fumés du Pays ou Bocking, le last de 10000, ou 20 pailles.	—			1.	10	
Harengs Bocking pêchés entre les 13 jours après la Chandeleur, le last.	—				15	
Harengs Bocking de Mars ou Meibocking.	—				3	
Poisson salé en tonnes tant Merlu que Morue, dit Cabeljauw, Lengen, & autres, sçavoir de la pêche du Pays.	Franc.			—		
Des Pays étrangers, le last de 12 tonnes.	18			—		
En sortant sans différence ou exception, de celui du Pays ou étrangers, le last de 12 tonnes.	—			1.	10	
Saumon, salé ou fumé, de la valeur de *f* 100.	4			1.	10	
Stocfischs de toutes les sortes, les 100 livres.		1			2.	8
Tous autres poissons secs, de la valeur de *f* 100.	4			2.	10	
Huitres, la commune tonne.	Franc.				5	
Anchois, de la valeur de *f* 100.	6			2		
Poivre, *voyez* Epiceries.						
Poix noire & goudron, le last de 12 tonnes, sçavoir :						
A simple cercle ou relieure.	1.	10		1		
A double cercle.	3			2.	10	
Goudron de toutes sortes.	1				15	
Porcelaines, *voyez* ouvrages de terre.						
Pots, *voyez* ouvrages { de terre. / de fer.						
Potas & Weedas ou cendres, de la valeur de *f* 100.	1			1		
Noté ailleurs. Voyez Cendres.						
Pots de cuivre, *voyez* Cuivre.						
Pots de fer, *voyez* Fer.						
Pots de terre de toutes sortes, *voyez* Ouvrages de terre.						
Poude-soie, *voyez* Manufacture.						
Poudre à canon, par appréciation.						
Poulains Chevaux, *voyez* Bétail.						
Pourceaux gras & maigres, *voyez* Bétail.						
Poussiere d'Epiceries, *voyez* Epiceries.						
Poutres, *V.* Bois.						
Prunes séches, les 100 livres qui donnent de tare des tonneaux 12 pour cent.		2.	8		1.	8
Q						
Quincailleries ou Merceries, par appréciation.						
Quineque, *V.* Manufactures.						

	Entrées. fl.	s.	p.	Sorties. fl.	s.	p.
R						
Racines de Garance.	défendu.			—		
Raisins d'Espagne secs en Cabacs, ou Corves le Cabac, ou Corf y compris le refus.		3			2	
Tous autres raisins secs, qui donnent de tare sur les barils 10 pour cent les 100 livres.		4			3	
Rames & avirons, *voyez* Bois.						
Raz de toutes les sortes, *voyez* Manufactures.						
Réglisse ou Réguelisse, par appréciation.						
Résines, *voyez* Poix, Noir & Goudron.						
Rets ou toutes sortes de filets & autres lignes pour la pêche, tant vieux que neufs.	—			défendu.		
Reveches, *voyez* Manufactures.						
Ris, qui donne de tare des sacs ou balles 2 pour cent, les 100 livres.		6			4	
Rubans de toutes les sortes, *voyez* Manufactures.						
Ruches à Miel, *voyez* Abeilles.						
S						
Saffran, la livre ou livre de poids.		2			2	
Saffre ou Saffer / Saffloer } de la valeur de *f* 100.	3			6		
Salpêtre qui donne 10 pour 100 de tare sur les tonneaux, les 100 livres.		10			2	
Sapan Bois, ou Bois de Sapan, *voyez* Bois à teindre.						
Schalien, *voyez* Pierres.						
Satins de toutes les sortes, *voyez* Manufactures.						
Savon vert & commun, la tonne.	3				6	
D'Espagne ou d'Italie fait ou fabriqué de la même maniere qui donne de tare 14 pour cent, les 100 livres.	1				15	
Schorse ou Ecorce de chêne, pour la Tannerie du chapeau de 10 tonnes.						
Non moulue.	1			Franc.		
Non moulue.	2			Franc.		
Seigle, *voyez* Grains.						
Sel, du cent, sçavoir.						
Toutes sortes de Sel gros.	6			3		
Défendu de le transporter par rivieres ou charettes, y compris les Mers de Zeelandia.						
Sels rafinés blancs, le cent.	150			3		
Sels de Montagnes & de Roches, les 100 livres.	1			1		
Semences de choux, de navets, de chanvre, d'oignons, &c. *voyez* Graines.						
Serges de Seigneur & de toutes autres sortes, *voyez* Manufactures.						
Serviettes, *voyez* Toiles.						
Sindal tors, *voyez* Manufactures ou par appréciation.						
Sindal ou Echarpe, le même.						
Sirop, la Steekan ou mesure.		12			2	
Smalkens, Etoffes, *voyez* Manufactures ou par appréciation.						
Soude ou Baril, qui donne de tare des Nates, 12 pour cent, & des Barils ou tonnes 10 pour cent, les 100 livres.		4			4	
Soufre venant en tonneaux, qui donne de tare 10 pour cent, les 100 livres, sçavoir.						
Le non rafiné.		4			6	
Le rafiné.	1.	10			5	
Soies par livre de poids, celles qui viennent par eau donnent de tare 10 pour cent, & celles qui viennent par terre donnent 15 pour cent, la livre paye, sçavoir.						
Toutes celles qui sont travaillées.		2			1	
Florette.		1.	8		1	
Toutes soies crues, non travaillées.			8		2	
A coudre & à broder.		4			1	
Bourre, déchets & nits de soie de la valeur de *f* 100.	1			6		
Soyes de cochon, dites Swynsborstels, *voyez* Poils de cochon.						
Stamates de toutes sortes, *voyez* Manufactures.						
Suc de Citron, *voyez* Jus de Citron.						
Sucades, les 100 livres.	3			1.	10	
Sucres, dits Blancos, qui donnent de tare en caisse 20 pour cent, & en tonneaux ou bariques 15 pour cent, les 100 livres.	1			1.	10	
Moscouades, qui donnent de tare comme ci-dessus, les 100 livres.		12			10	
Panceles, qui donnent de tare comme ci-dessus, les 100 livres.		6			15	
Sucres blancs en pain, Sucre Candy bloud ou brun; & Sucre pour Banquet ou Festin, les 100 livres.	2.	10			8	
Suif, dit Roet, graisse & panne de cochon, qui donne de tare des tonneaux 20 pour cent, les 100 livres.		4			6	
Sumac, qui donne de tare pour les sacs 6 pour cent, les 100 livres.		3			4	

 LIS

	Entrée fl.	s.	p.	Sortie fl.	s.	p.
T						
TAbac filé ou roulé, ou en corde & coupé, y compris celui qui est renfermé en papier, (excepté les Verines & celui du Bresil) de la valeur de f 100.	5			1		
Tabac filé ou roulé de Verines & du Bresil, de la valeur de f 100.	2			1		
Tabac en feuille de toutes les sortes, de la valeur de f 100.	2			5		
Tabac en poudre à prendre par le nez, de la valeur de f 100.	5			1		
Tabis, *voyez* Manufactures.						
Tableaux, par appréciation.						
Taffetas Armoisins, *voyez* Manufactures.						
Tan, *voyez* Schorse.						
Tapis, *voyez* Manufactures.						
Tapisserie de cuirs dorés, de la valeur de f 100.	6			2		
Tapisseries de toutes autres sortes, *voyez* Manufactures, ou par appréciation.						
Tartre, dites Wynsteen, qui donne pour les tonneaux de tare 12 pour cent, les 100 livres.		8			10	
Teintures, par appréciation ou valeur.						
Térebenthine, par appréciation.						
Thé, les 100 livres.	10			5		
Toiles de toutes les qualités, Ammelakens, Damas & Serviettes de la valeur de f 100.	1			1		
Cambrais, de la valeur de f 100.	1			Francs.		
De Coton, de la valeur de f 100.	1.	5		1		
Toiles de voiles, & canevas de la valeur de f 100.	5			1		
Toilettes avec or & argent, *voyez* Manufactures.						
Toilettes de soie, *voyez* Manufactures.						
Torches, ou Flambeaux de résine, par appréciation.						
Tourbes, de la valeur de f 100.	—			6 Avec consentement & permission.		
Tournesol, *voyez* Orseille.						
Treillis d'Allemagne, *voyez* Toiles ou par appréciation.						
Tous Instrumens pour la pêche de la baleine.	défendu.			—		
V						
VAches, *voyez* Bétail.						
Vaches de Russie, *voyez* Cuirs.						
Veaux gras, *voyez* Bétail.						
Velours de toutes sortes, *voyez* Manufactures.						
Verdet ou Vert-de-gris, par appréciation.						
Vermillon ou Sinabre, qui donne pour les barils de tare 6 pour cent, les 100 livres.	3			1		
Vif-argent, *voyez* Argent vif.						
VIANDE.						
Toutes sortes de chairs ou Viandes salées en tonnes, barils, ou autrement, toutes sortes d'Andouilles, Boudins, Saucisses & Saucissons, dits Worsten, non compris le lard ni Jambons fumés.	défendu.			—		
Lard, les 300 livres ou schip livres.	7			Francs.		
Lard étant entré pour le retransporter hors du pays, sous la précaution du 5 art. à la suite de la présente *Liste*, les 300 livres ou schip livres.	2			Francs.		
Jambons fumés de France, les 100 livres.	1.	12		Francs.		
Tous autres Jambons, les 300 livres ou schip livres.	11			Francs.		
Etant entrés, pour être retransportés hors du pays, sous la précaution du 5 art. à la suite de la présente *Liste*, les 300 livres ou schip livres.	2			Francs.		
VINS.						
Vins du Rhin, la Voeder de 6 aames mesure du Haut-Pays, apportés par terre, l'aame de 4 ankers.	8			5		
Vin de France, le tonneau de 4 bariques.	3			2		
Vins d'Espagne & d'Italie; comme aussi le Muscadel & la Malvoisie, le tonneau de 2 botes ou pipes.	6			2		
Vin de Portugal, le tonneau.	4			1.	10	
Vin brûlé, Brandevin ou Eau-de-vie, sans exception, le tonneau de 122 vertels.	11.	10		8.	10	
Brandewyn & Voorloop de Mout, ou Eau-de-vie de grains, & toutes autres eaux distillées, la barique de 30 vertels.	35			1.	10	
Vinaigre de tous pays, le tonneau de 4 bariques.	2.	8		3		
Vinaigre de Biére, la grosse tonne de 4 ankers.	7.	4			4	
Verjus, Cidre & Poiré, la barique.	1.	5		1.	5	
Verjus du cru de France, le tonneau.	1			—		
Wouwle, sorte de teinture jaune, de la valeur de f 100.	2			4		
NB. Toutes marchandises & effets non spécifiés dans la susdite *Liste*; & aussi les marchandises auprès desquelles nous avons décrit & mis par appréciation, payeront, de la valeur de f 100.	3			1		

	Entrées.	Sorties.
Néanmoins, par rapport aux marchandises & effets, riches, précieux, non compris dans la présente *Liste*, de la valeur de *f* 15 la livre & davantage, sans diminuer le droit de proprieté ou d'approche. . .	fl. f. p. 1	fl. f. p. 1

REMARQUES TRES NECESSAIRES.

On a jugé à propos pour plus d'utilité des Marchands & Negocians, de noter & décrire plusieurs effets & marchandises non spécifiées sur la Liste ou Tarif de l'Etat, les ayant conjoints avec le Terme (par appréciation) ce que l'on doit comprendre être un renvoy aux deux susdites dernieres Postes ou Parties de la présente Liste; & c'est ce qui doit moins causer d'embarras aux personnes qui souhaiteront connoître les Droits de leurs marchandises & effets non spécifiés sur la Liste de l'Etat, pour plus d'éclaircissement d'un chacun, par pratique ou autrement. Prenez aussi garde qu'il y a auprès desdites marchandises ou effets non marques sur la Liste de l'Etat, le terme voyez, ce qui est un renvoy aux Postes ou Parties, desquelles telles marchandises appartiennent par rapport aux droits à payer.

ARTICLE PREMIER.

De toutes les Parties ou Postes appliquées sur la susdite *Liste*, auprès ou auproche de certaines quantités de pieces, mesures & poids, les respectives Déclaration & payement du plus ou du moins, devront être faits selon les quantités à l'avenant des nombres, mesures & poids extraits hors de la *Liste*; comme s'ils étoient exprimés auprès de chaque Poste ou Partie.

II.

Par rapport aux poids & mesures, on doit suivre le poids d'Amsterdam & l'aunage de la Haye.

III.

Les Marchands non contens des tares spécifiées & réglées dans cette *Liste*, se pourront adresser aux Colleges de l'Amirauté, ou dans l'absence d'iceux, au Commis général, & où il n'y a point de College de l'Amirauté aux Maîtres des convois ou aux Contrôleurs, pour régler & établir leurs tares: cependant hors ou excepté le fust & embalage, on ne souffrira ou admettra aucune autre tare, soit pour sable, poussiere ou autres saletés, quoique ce fût ou que ce puisse être de tels effets, sur lesquels les Marchands entr'eux auroient de coutume d'accorder & de passer de telles tares.

IV.

De plus il sera accordé aux Marchands pour coulage ou lacage, sur tous effets humides, y compris le miel & le sirop, sçavoir venans d'Angleterre & du petit *Oost* ou petit Orient, 6 pour cent.

Venans de France aussi du long de la Meuse, le long du Rhin & du Waal, 12 pour cent.

Et cela sans exception de differences de lieux ou places d'où ils pourroient venir; d'huiles de poisson, dites Traan, 12 pour cent, du lard de baleine 6 pour cent.

Bien entendu s'il est requis que le Marchand sera tenu & obligé de déclarer que les tonneaux seront constitués ainsi & de telle maniere comme ils seront entrés au Pays venans de dehors, sans aucunement avoir été remplis dans le pays.

V.

Toutes personnes qui désireront ou voudront faire entrer quelques beures, fromages, lards & Jambons pour les renvoyer hors du pays, devront satisfaire en payant les droits, selon les Postes ou Parties de la *Liste* y étant respectivement applicables, moyennant que tels effets ou marchandises grasses seront serrées & mises dans les magasins dits *Packhuys* sous la direction du Maître des ventes, & là où il n'y a point de College de l'Amirauté, sous la direction du Maître du Convoy ou du Contrôleur.

Et lesdits effets gras ne pourront être pris & transportés hors des magasins ou *Packhuys* que sur de suffisantes cautions, à la satisfaction de l'Amirauté, & où il n'y a point de College de l'Amirauté, à la satisfaction du Maître du Convoy ou du Contrôleur; aussi sous toute soumission à la Judicature & éxécution du College de l'Amirauté, par rapport au payement qui défaudra de l'entier droit d'entrée, ou autrement dans le tems qui sera stipulé & établi par le College de l'Amirauté, il sera suffisamment prouvé & démontré dans ledit tems, que les effets ou marchandises grasses déclarées & spécifiées, auront été bien arrivées & serrées aux lieux notés hors du pays.

Bien entendu sur le tout qu'il sera libre au Marchand d'en pouvoir disposer dans le Pays, moyennant qu'il satisfasse le reste des droits d'entrées en entier, établis sur lesdits effets.

VI.

Quant au Bénéfice de transition, il est ou doit être référé à ce qu'il en est ordonné par le Placard général sur ce sujet.

VII.

Pour ce qui concerne les vaisseaux & effets desquels on doit payer à la Compagnie générale, octroyée Occidentale du pays, comme aussi à la Société de Surinam, le récognitie & droit de l'étage, sur quoi on doit s'en référer ou rapporter à ce qui en est ordonné & décrit dans les art. 10, 1[illegible], 28, 29 & 198 du Placard général.

VIII.

Quoique par le Placard pour la levée des droits publics de Convoi & Licences arrêté cejourd'hui, il a été trouvé bon & à propos d'annuler le tiers d'augmentation & l'ordinaire payement du droit d'Apréciation nommé *Veylgeld*, il ne sera d'autant moins par raison de répétition, appliqué, levé, & devront être payées les extraordinaires Charges du droit d'Apréciation dit *Veylgeld*, selon le Placard du 6 Juin 1702.

IX.

L'extraordinaire droit d'Appréciation dit *Veylgeld*, soit d'entrées soit de sorties, devront & seront à l'avenir payés, non selon la valeur arrêtée par la précédente *Liste* de l'ordinaire droit d'Appréciation ou *Veylgeld*, mais selon la valeur intrinseque des effets, ou bien selon le prix courant des mêmes, excepté le fil à coudre, le bois de menuiserie, le bois pour tonneau, les bariques & pipes, tant d'entrée que de sortie, sur quoi par des raisons particuliéres il sera suivi la précédente *Liste* du droit d'Appréciation ou *Veylgeld*, ou valeur; selon que lesdits effets ont dû payer l'ordinaire Appréciation ou *Veylgeld*.

X.

Au regard du susdit ordinaire droit d'Appréciation ou *Veylgeld*, le droit d'Appropriation *benae-*

ring sera admis sur le pied ordinaire, & cela par conformité à l'art. 210, & quelques suivans du Placard général concernant la levée des droits publics arrêtés sur la Marine ou par eau cejourd'hui.

X I.

Il sera cependant accordé au profit du Marchand par rapport à cet extraordinaire droit d'Appréciation ou *Veylgeld*, égal coulage ou lacage, ou bien rabat, comme il est établi & statué au précédent 4 article.

Ainsi fait & arrêté à l'assemblée des Hauts & Puissans Seigneurs les Etats Généraux des Provinces-Unies des Pays-Bas, à la Haye le 31 Juillet 1725. Etoit paraphé *W. van Heukelen*, Ut. Audessous étoit de par l'Ordonnance des mêmes. Etoit signé *F. Fagel*. Etant imprimé sur l'espace ou *spacium*, le cachet de leurs Hautes-Puissances sur une oublie rouge couverte d'un carreau de papier.

Nota. *Comme il y a eu divers changemens en différens tems à ce Reglement, on travaille actuellement à un nouveau.*

LIT

LIT. Meuble qui sert à se coucher la nuit, ou à se reposer de jour.

Les Menuisiers en font toute la garniture de bois, comme le chalit ou couchette, le chantourné, l'impériale, & les avant-bois. Le reste est l'ouvrage des Tapissiers, comme les matelas, les paillasses, les lits de plume, les couvertures ou courte-pointes, & ce qu'on appelle le Tour de lit, qui consiste en rideaux, en pentes, en bonnes-graces, en dossier, en ciel, en chantourné, &c.

Les Lits de coton sont employés dans le Tarif des Entrées de 1664, & payent 5 liv. du cent pésant.

Il y en a aussi de deux autres especes tarifées dans celui de la Douane de Lyon; sçavoir les Lits de serge tant imprimés qu'autres, qui payent 12 s. 6 d. de la piece d'ancienne taxation, & 5 s. le cent pésant de nouvelle réapréciation.

Et les Lits de Razoir, *qui payent 10 s. aussi de la piece tant d'anciens que de nouveaux droits.*

LITS. Les Ciriers nomment de la sorte plusieurs morceaux de toile pliés en quarré, dans lesquels ils mettent les bougies de tables qu'ils travaillent à la cuillier avant de les rouler, soit dans l'attelier de l'apprêt, soit dans celui de l'achevement. *Voyez* l'article de la Cire, où l'on parle de la fabrique des bougies.

LITAGE. Terme de Manufacture de draps, dont les Teinturiers se servent aussi. C'est l'action de liter les étoffes. *Voyez* LITEAU & LITER.

LITARGE ou LITHARGE. Il y a de deux sortes de Litarge, la Litarge naturelle & la Litarge artificielle.

La Litarge naturelle est un minéral que l'on trouve quelquefois dans les mines de plomb, qui est rougeâtre, par écailles, facile à casser, & qui a quelque chose de la figure & de la nature du blanc de plomb.

Cette Litarge est si rare, que les Marchands Epiciers-Droguistes de Paris ne vendent & les Ouvriers n'employent que de la Litarge artificielle.

Cette seconde espece de Litarge est encore de deux sortes, celle d'or & celle d'argent, ou plutôt ce n'est que la même à qui la diversité des couleurs qu'elle reçoit des différens dégrés du feu par où elle passe, a fait donner ces deux noms.

Les Auteurs & même les Artistes ne conviennent pas trop de ce que c'est que cette Litarge artificielle.

Les uns disent que c'est une écume métallique qu'on leve de dessus le plomb qu'on fait fondre après qu'il a servi à purifier l'or, l'argent, ou seulement le cuivre.

D'autres prétendent que c'est une fumée métallique qui sort de ces métaux mêlée avec le plomb dont on se sert pour les purifier; & qui s'attachant au haut de la cheminée des fourneaux, s'y forme en especes d'écailles.

D'autres enfin que c'est le plomb même qui a servi à l'affinage de ces métaux, & sur-tout du cuivre, quand au sortir de la mine on le veut mettre en rosette.

Cette derniere opinion paroît la plus vraisemblable, sur-tout parce que la plus grande quantité de ces sortes de Litarge viennent de Pologne, de Suede & de Danemarck, où tout le monde sçait que les mines de cuivre sont plus communes que celles d'or ou d'argent.

La Litarge artificielle est d'un grand usage, soit dans la Médecine, soit parmi quantité d'Ouvriers, comme Potiers de terre, Teinturiers, Pelletiers, Peintres, &c.

Il n'est pas même jusqu'aux Cabaretiers de Paris qui, à ce qu'on dit, se servent de cette drogue pour sofistiquer leurs vins, quoique ses qualités soient très malignes, & qu'on la mette au nombre des poisons.

Outre les Litarges qu'on tire de Pologne, de Suede, & de Danemarck, il en vient aussi d'Allemagne & d'Angleterre. Celles de Pologne sont les plus estimées; & il faut les choisir véritables Dantzick, qui sont pour l'ordinaire moins terreuses & d'une plus belle couleur. La Litarge menue est préférable à la grosse, parce que c'est une marque qu'elle est plus calcinée, & par conséquent plus facile à dissoudre dans les liqueurs onctueuses dans lesquelles on a coutume de les employer.

Les Litarges d'or ou d'argent payent en France les droits d'entrée à raison de 12 s. du cent pésant, conformément au Tarif de 1664; & par celui de la Douane de Lyon, où elles sont appellées Litargues, *9 s. 9 d. tant pour l'ancienne taxation que pour les anciens & nouveaux quatre pour cent.*

LITEAU. Se dit de certaines rayes de différentes couleurs, que l'on conserve le long des pieces de drap entre la lisiere & l'étoffe, tant du côté de l'endroit que du côté de l'envers, pour faire connoître qu'elles sont de bonne teinture, & cela se fait en y cousant de petites cordes avant que de mettre les etoffes à la teinture.

Les Liteaux des draps écarlates, bleus & pourpres, sont ordinairement blancs; ceux des draps verds sont jaunes, ceux des draps violets sont d'un rouge clair, &c. *Voyez* LITER.

LITEAU. Se dit aussi des rayes bleues qui traversent les toiles d'une lisiere à l'autre. Il n'y a que les pieces de toiles pleines qui sont destinées à faire des napes & des serviettes qui ayent des Liteaux. Ces Liteaux sont disposés dans les pieces de maniere, que lorsque les napes ou les serviettes sont coupées, il leur reste à chaque bout un Liteau.

LITEMANGHITS. Nom que les Habitans de Madagascar donnent à cette espece de gomme que les Epiciers & Droguistes de Paris appellent Alouchi. Cette gomme coule du tronc de la canelle blanche. *Voyez* Canelle blanche.

LITER DU POISSON SALE'. C'est l'arranger par lits dans les gonnes, hambourgs, & barils. On dit que du poisson salé est bien Lité, lorsqu'il est bien arrangé par couches dans les futailles. Ce terme est commun pour le saumon, le hareng, & le maquereau.

Liter un Drap. C'est coudre ou attacher avec du gros fil ou de la menue ficelle certaines petites cordes de la grosseur du bout du petit doigt, le long de la piece entre l'étoffe & la lisiere, afin que la partie qui en a été couverte ne puisse prendre la teinture, & qu'elle conserve toujours son fond ou pied; ce qui est proprement la preuve de la bonne teinture de l'étoffe.

Les Marchands Drappiers, Manufacturiers, & autres qui donnent des draps pour teindre en écarlate violette, pensée, verd-brun, & verd-gay, sont obligés de les Liter avant que de les donner à teindre. Il est même défendu aux Teinturiers de les recevoir ni de les teindre, s'ils ne sont Lités. *Article 3 du Réglement des Teintures du mois d'Aout 1669.*

LITHARGE. *Voyez* LITARGE.

LITHOMAGRA. *Voyez* Agaric Mineral.

LITRON. Petite mesure ronde, ordinairement de bois, dont on se sert pour mesurer certains corps secs, comme grains, graines, pois, féves, & autres légumes; sel, farine, châtaignes, &c. Il faut seize Litrons pour faire un boisseau de Paris.

Le Litron se divise en deux demi-Litrons, & en quatre quarts de Litron, ou suivant quelques-uns, en trente-six pouces cubiques.

Par Sentence du Prevôt des Marchands & Echevins de la Ville de Paris, du 29 Décembre 1670, inserée dans l'Ordonnance générale de la même Ville du mois de Décembre 1672, chap. 24, le Litron doit avoir trois pouces & demi de haut sur trois pouces dix lignes de large, & le demi-Litron deux pouces dix lignes de haut sur trois pouces une ligne de diametre.

Quoique le sel se mesure avec le même Litron que les grains & graines, il a cependant des divisions beaucoup plus étendues. Les voici telles qu'elles se trouvent dans l'Ordonnance des Gabelles du mois de Mai 1680.

Le Litron se divise en deux demi-Litrons, ou en quatre quarts de Litron, ou en huit demi-quarts de Litron, ou en seize mesurettes.

L'étalonnage ou épalement du Litron, ainsi que celui des autres mesures rondes de bois, se fait à Paris en l'Hôtel de Ville par les Jurés Mesureurs de sel, qui sont les Dépositaires des étalons de cuivre, ou mesures matrices & originales qui doivent servir de regle à toutes les autres.

Litron. Se dit aussi de la chose mesurée. Un Litron de pois, Un Litron de farine, Un Litron de sel, &c.

LIV

LIVONIE, vaste Province de la Suede. *Voyez* ce qui est dit de son commerce & de ses productions dans l'Etat général, Tome I. page 295.

LIVOURNE. *Voyez* LIGOURNE.

LIVRAISON. Action par laquelle on met une chose entre les mains & en la possession d'un autre.

Ce terme est assez d'usage dans le Commerce, en parlant des marchandises que l'on vend ou qu'on achete. Nous sommes convenus du prix de deux cent pieces de drap, mais il ne m'en doit faire la Livraison qu'après Pâques. Je vous ai déja mandé que j'avois fait la Livraison de vos velours à votre Facteur.

LIVRE. Ouvrage d'esprit composé & imprimé pour l'utilité publique, ou quelquefois seulement pour la curiosité & le plaisir.

Comme il ne s'agit dans ce Dictionnaire que des matieres de Commerce, on ne parlera ici des Livres que par rapport au négoce qui s'en fait.

Ce sont les Imprimeurs qui font l'impression des Livres; les Relieurs qui les relient & les dorent; & les Libraires qui les vendent & les débitent, soit en gros, soit en détail. On traite ailleurs des Maîtres de ces trois professions, de leur art & de leur négoce. *V.* Imprimerie, Imprimeur, Libraire, Librairie, *&* Relieur.

Il y a des Livres manuscrits & des Livres imprimés. On appelle Usages ou Livres d'Eglise, ceux qui servent pour réciter & faire l'Office Divin.

Les Livres imprimés se distinguent par ce qu'on appelle leur Format, qui est de plusieurs sortes, comme l'in-folio, l'in-quarto, l'in-octavo, l'in-douze, &c. ce qui s'entend du pliage des feuilles, & de la quantité que chacune contient de pages ou de feuillets. *Voyez* Format. *Voyez aussi* Imprimerie.

Livre en blanc. C'est celui qui n'est pas relié. Les Auteurs, Imprimeurs, & Libraires qui obtiennent des Priviléges pour l'impression des Livres, ne sont tenus de fournir qu'en blanc à la Chambre Syndicale les huit Exemplaires ordonnés par les Edits & Déclarations.

Livre Relie'. C'est un Livre qui après avoir été battu, cousu, & rogné, est couvert d'un carton, & par dessus le carton, de quelque peau d'animal, d'étoffe, ou même d'argent. *V.* Relieur.

Livre Relie' a la corde. C'est celui qui est cousu avec ces ficelles qu'on appelle des Nerfs, mais qui n'est pas couvert. *Voyez* Relieur.

Livre Broche'. C'est un Livre qui n'est cousu que de quelques points d'aiguilles par dessus. Il ne se dit gueres que des livrets de peu de feuilles. *V.* Relieur.

Livre contrefait. C'est un Livre imprimé par d'autres que ceux qui en ont obtenu le privilége.

Livre prohibe'. C'est celui dont l'impression & le débit sont défendus par les Loix & Ordonnances. On comprend sous ce nom tous les Livres contre la Religion, l'Etat, & les bonnes mœurs; même ceux imprimés sans privilége, sans nom ou marque d'Imprimeur ou de Libraire, & où le lieu de l'impression n'est pas mis.

Il n'est gueres de commerce plus libre en France que celui des marchandises de la Librairie. Cette liberté du négoce des Livres consiste principalement dans une double exemption; l'une de tous droits d'entrée & de sortie du Royaume, ou d'autres semblables impositions au dedans; l'autre de toutes visites, hors celles des Syndic & Adjoints de la Librairie, qui encore ne se fait pas dans les Douanes & Bureaux, mais dans la Chambre Syndicale de la Communauté.

Ces deux exemptions sont anciennes, & ont été accordées & confirmées par les Rois de France en faveur d'un art si utile à la Religion, à l'Etat, & aux Belles-Lettres.

La Déclaration de Louis XII donnée à Blois le 9 Avril 1513, qui a servi de modele à ce grand nombre de Déclarations, Edits, Arrêts du Conseil, & du Parlement, rendus sous les Regnes suivans & jusqu'à présent, porte, Que tous Livres, soit en Latin & en François, soit reliés ou non reliés, seroient francs, quittes, & exempts de tous péages, chef-d'œuvres, chaussées, impositions foraines, pavés, quelque part qu'ils soient transportés, soit par eau ou par terre, soit dans ou hors le Royaume, sans payer aucun acquit, imposition, ou autre subside quelconque.

La Déclaration de Henri II du 27 Juin 1551, défend l'ouverture des balles de Livres apportées de dehors, qu'en présence des Syndic & Adjoints.

Ces deux Déclarations concernant l'affranchissement des Livres de tous droits & leur exemption de toutes visites, à l'exception de celles de la Chambre Syndicale, ont depuis été confirmées par tous les Rois successeurs de Louis XII & de Henri II; la premiere en 1543 par François I, & en 1547 par Henri II, & toutes les deux ensuite conjointement par Charles IX en 1560; par Henri III en 1587; par Henri IV en 1595; par Louis XIII en 1630; & enfin par Louis XIV, par plusieurs Arrêts du Conseil ou Déclarations dont les plus considérables sont les Arrêts du mois de Décembre 1651, & 18 Aout 1699, & la Déclaration du 11 Septembre 1703.

Les Visiteurs de la Douane de Paris ouvrent bien les balles, caisses, ou ballots où sont enfermés les Livres, pour voir s'il n'y a pas d'autres marchandises mêlées, mais sans visiter les Livres, qui sont renvoyés à la Chambre Syndicale.

La licence des Auteurs & celle des Imprimeurs & Libraires, dont les uns peuvent abuser de leur esprit pour composer, & les autres de leur profession pour imprimer & répandre dans le public des Livres dangereux à la Religion, à l'Etat, & aux bonnes mœurs, ont fait prendre dans tous les tems des précautions pour prévenir & arrêter ce désordre.

Avant l'invention de l'impression l'Université de Paris étoit seule chargée de ce soin pour les Livres qui se débitoient par les Libraires de cette Ville, qui lui étoient alors entiérement soumis, & qui n'en pouvoient exposer aucuns en vente, qu'ils ne les eussent communiqués aux Censeurs des Livres qu'elle avoit établis, pour être par eux approuvés & corrigés.

Une partie de cette inspection sur les Livres, au moins pour ce qui regarde ceux de Théologie, ou qui concernent la Religion, a été conservée à l'Université; & nul de ces sortes de Livres ne doit s'imprimer sans approbation des Docteurs.

Mais pour davantage prevenir l'impression & le débit des mauvais Livres de toute espece, l'on a sagement imposé la nécessité d'un Privilége du grand Sceau, ou d'une Permission des Officiers de Police, suivant la qualité des impressions; & encore outre cela de mettre aux Livres les noms des Auteurs, ceux des Libraires & Imprimeurs avec leur marque, & de plus le nom de la Ville où le Livre est imprimé, sans quoi tout Livre est censé de contrebande, & les Exemplaires sujets à la saisie & confiscation, aussi-bien que les Imprimeurs & Libraires à l'amende, même à plus grande punition, si le cas y échet.

On ne rapporte pas ici les divers Edits, Déclarations, & Arrêts, soit du Conseil, soit du Parlement, qui ont établi cette discipline pour le commerce de Livres; en ayant traité amplement & exprès en deux articles de ce Dictionnaire. *Voyez* LIBRAIRIE. *Voyez aussi* PRIVILEGE.

Comme ces Réglemens ne pouvoient pourvoir qu'aux impressions qui se font au dedans du Royaume, & que les Livres qui y entrent y venant du dehors, sur-tout ceux qui peuvent y venir d'un Etat voisin, également celebre par l'habileté & par la licence de ses Imprimeurs, pourroient contenir un venin plus dangereux, on a pris en France diverses précautions, soit pour y empêcher l'entrée des mauvais Livres ou des Livres contre-faits, soit pour les y découvrir quand ils ont trompé la vigilance des Inspecteurs.

Pour empêcher l'entrée des mauvais Livres ou des Livres contrefaits, Louis XIV, par un Arrêt de son Conseil du 11 Juin 1710, a reglé & spécifié les Villes par lesquelles seules tous les Livres & Livrets venans des Pays étrangers pourroient être adressés, & auroient entrée dans le Royaume.

Ces Villes sont au nombre de dix; sçavoir Paris, Rouen, Nantes, Bordeaux, Marseille, Lyon, Strasbourg, Metz, Reims, & Amiens, auxquelles celle de Lisle a été depuis ajoutée par Arrêt du Conseil du 18 Décembre 1717, pour les Livres & Livrets venant des Pays étrangers pour la Flandre Françoise.

Dans chacune de ces onze Villes, ainsi qu'il se pratique dans celle de Paris, est établie une Chambre, pour y être les Livres déposés, & ensuite visités par les Syndics de la Communauté des Libraires, ou par deux Libraires nommés à cet effet, dans les Villes où il n'y a point de Syndic. Enfin les Syndics ou Libraires commis sont tenus de dresser un catalogue exact de tous les Livres qui sont apportés & visités dans leur Chambre, & d'en envoyer chaque semaine une copie certifiée d'eux à M. le Chancelier, pour être par lui, sur les ordres qu'il recevra du Roi, reglé tout ce qu'il appartiendra par rapport à la suppression, confiscation, permission, vente, & débit de tous lesdits Livres & Ouvrages.

Cet Arrêt concernant l'entrée des Livres dans le Royaume fut suivi l'année d'après d'une Déclaration du même Roi donnée à Fontainebleau le 5 Septembre 1711, portant Réglement de ce qui doit être observé pour la vente des Livres dans la Ville de Paris.

Par cette Déclaration interpretée néanmoins par une autre Déclaration du mois de Novembre de la même année, il est ordonné en neuf articles:

1°. Que conformément au Réglement de 1686 pour la Librairie, il n'y aura que les Libraires & Imprimeurs qui pourront faire le commerce de Livres; avec permission néanmoins à tous particuliers de disposer de leurs Livres, Bibliotheques, & Cabinets, par vente ou autrement, après avoir été pourtant visités par les Syndic & Adjoints Libraires, & en avoir obtenu la permission du Lieutenant Civil & du Lieutenant Général de Police dans le cas de vente contentieuse, & du Lieutenant Général de Police seul pour les ventes volontaires.

2°. Que les Libraires & Imprimeurs qui auront acheté une Bibliotheque ou Cabinet en Compagnie, en feront transporter les Livres dans la Chambre Syndicale, la visite préalablement faite, pour y proceder en présence des Syndic & Adjoints au partage des Livres dont le débit est permis; pour à quoi travailler il ne leur est accordé que l'espace de huit jours, sans que pendant tout ce tems-là il y puisse être vendu aucun Livre sous quelque prétexte que ce soit.

3°. Que les Livres ainsi achetés en Compagnie ne pourront être transportés avant le partage ailleurs qu'en la Chambre Syndicale, ni après le partage autre part que dans les boutiques des Libraires ou Imprimeurs qui les auront achetés & partagés, à peine de confiscation & de quinze cent livres d'amende.

4°. Que si l'achat des Bibliotheques ou Cabinets de Livres ne se fait que par un seul Imprimeur ou Libraire, il pourra transporter lesdits Livres dans sa maison, pour les vendre dans sa boutique & non ailleurs, après qu'ils auront été visités sans déplacer sur le lieu de la vente.

5°. Qu'à peine de cinq cent livres d'amende aucune personne ne pourra donner à loyer aucun lieu pour y mettre des Livres, qu'après en avoir obtenu la permission du Sieur Lieutenant Général de Police.

6°. Que les Libraires ou Imprimeurs ne pourront avoir de magasins hors de leurs maisons, qu'ils n'en ayent fait déclaration aux Syndic & Adjoints, dont il sera fait mention sur un Registre particulier, à peine de confiscation des Livres qui seront trouvés dans lesdits magasins, & de 1500 livres d'amende; & que les Particuliers ne pourront donner à loyer lesdits lieux que par baux passés pardevant Notaires, & après qu'il leur aura apparu de ladite déclaration, sous pareille peine de 1500 liv. d'amende.

7°. Que lors de la levée des scellés, les Livres défendus ou imprimés sans permission, seront mis à part par le Commissaire qui aura apposé les scellés, pour être, après que le catalogue en aura été dressé, portés à la Chambre Syndicale, & remis aux Syndic & Adjoints sur leur récépissé au bas dudit catalogue.

8°. Qu'en cas de vente de Livres sans apposition de scellés, les Syndic & Adjoints seroient appellés pour en faire la visite, & les Livres de la qualité ci-dessus séparés des autres, & pareillement envoyés à ladite Chambre.

9°. Enfin il est ordonné à tout Imprimeur ou Libraire de ne faire aucune prisée de Livres, qu'il ne leur soit apparu d'un certificat de ladite visite, à peine de 500 liv. d'amende & d'interdiction pendant six mois.

A l'égard de la seconde Déclaration interprétative de cette premiere, elle porte, Que les formalités prescrites par icelle pour la vente & examen des Bibliotheques ou Cabinets de Livres, n'auront lieu que dans les cas de ventes volontaires ou forcées, & non quand il s'agira simplement de legs, de donations ou de présens desdites Bibliotheques & Cabinets.

LIVRE en terme de Commerce. *Voyez* LIVRES.

LIVRE. Poids d'une certaine proportion qui sert à juger de la pésanteur des corps graves, &, pour ainsi dire, à la mesurer. La livre est différente suivant les lieux.

A Paris la livre est de seize onces; elle se divise de deux manieres. La premiere division se fait en deux marcs, chaque marc en huit onces, chaque once en huit gros, chaque gros en trois deniers, chaque denier en vingt-quatre grains, & chaque grain pese environ un grain de blé.

La seconde division se fait en deux demi-livres, la demi-livre en deux quarterons, le quarteron en deux demis-quarterons, le demi-quarteron en deux onces, & l'once en deux demies-onces.

Ainsi suivant la premiere division l'on peut peser en diminuant depuis une livre jusqu'à un grain, qui est la 9216e partie de la livre; & suivant la deuxiéme division l'on peut peser en diminuant depuis une livre jusqu'à une demie-once, qui est la 32e partie de la livre.

L'on se sert ordinairement des poids de la premiere division, qui sont proprement les poids de marc, pour peser l'or, l'argent, & les marchandises précieuses; & l'on employe les poids de la seconde, qui sont les poids ordinaires pour peser celles qui ne sont pas d'un prix si considérable.

Les poids de marc sont ordinairement de cuivre, & les poids ordinaires sont ou de fer ou de plomb. *Voyez* MARC, *&* POIDS.

Différence de la Livre de Paris avec celle des principales Villes du Royaume.

A Lyon la livre du poids de Ville est de quatorze onces, les cent livres de Lyon font à Paris quatre-vingt-six livres, & les cent livres de Paris font à Lyon cent seize livres.

Pour réduire les livres du poids de Ville de Lyon en livres de Paris, il faut en se servant de la regle de trois, dire : Si 100 livres de Lyon font à Paris 86 livres, combien tant de livres de Lyon feront-elles de livres à Paris?

Et au contraire pour réduire les livres de Paris en livres de Lyon, poids de Ville, il faut dire en se servant de la même regle : Si 100 livres de Paris font à Lyon 116 livres, combien tant de livres de Paris feront-elles de livres à Lyon?

Cette maniere de réduire les livres de Lyon en livres de Paris, & les livres de Paris en livres de Lyon, peut servir d'exemple & d'instruction pour toutes les réductions que l'on aura à faire de toutes sortes de poids différens les uns des autres.

A Lyon outre la livre de poids de Ville, il y en a une dont on se sert pour peser les soyes : elle est de quinze onces; ce qui est une once moins que celle de Paris, & une once de plus que celle du poids de Ville.

A Toulouse & dans le haut Languedoc la livre est de treize onces & demie ou environ, poids de Paris; de maniere que 100 livres de Toulouse font 84 livres 3 quarts de Paris, & 100 livres de Paris font à Toulouse 118 livres. *Voyez* POIDS DE TABLE.

A Marseille & dans toute la Provence la livre est de treize onces ou environ, poids de Paris; ensorte que 100 livres de Marseille font à Paris 81 livres, & 100 livres de Paris font à Marseille 123 livres & demie. *Voyez* POIDS DE TABLE.

A Rouen la livre du poids de Vicomté est de seize onces & demie six cinquiémes; les 100 livres de Rouen font à Paris 104 livres, & les 100 livres de Paris font à Rouen 96 livres 2 onces & demie.

Pour les marchandises qui se vendent & achetent à Rouen, dont le poids est au dessous de 13 livres, l'on ne se sert point du poids de Vicomté, mais de celui de Paris, dont la livre est de 16 onces, ainsi qu'il a été dit ci-devant.

Egalité ou inégalité qui se trouve entre la livre de Paris & celle des Villes des Pays étrangers.

A Amsterdam, à Strasbourg & à Besançon la livre est égale à celle de Paris.

A Geneve la livre est de dix-sept onces : les 100 livres de Geneve font à Paris 112 livres, & les 100 livres de Paris font à Geneve 89 livres.

Une livre de Londres est à Paris quatorze onces cinq huit, & une livre de Paris est à Londres une livre une once trois huit ; ensorte que 100 livres de Londres font à Paris 91 livres, & 100 livres de Paris font à Londres 109 livres.

A Londres il y a une livre particuliere qui est en usage dans les Monnoies & ailleurs : on la nomme Livre de Troye. Elle ne pese que douze onces.

Pour ne point interrompre les réductions qui vont suivre, on a cru à propos de réserver pour la fin de cet article ce qui regarde plus particuliérement ces deux sortes de livres ou poids d'Angleterre. On peut y avoir recours.

La livre d'Anvers est à Paris quatorze onces un huit, & une livre de Paris est à Anvers une livre deux onces & un huit ; de maniere que 100 livres d'Anvers font à Paris 88 livres, & 100 livres de Paris font à Anvers 113 livres & demie.

Une livre de Venise est à Paris huit onces trois quarts, & une livre de Paris est à Venise une livre trois onces ; de sorte que 100 livres de Venise font à Paris 55 livres, & 100 livres de Paris font à Venise 181 livres 3 quarts.

La livre de Milan est à Paris neuf onces trois huit, & une livre de Paris est à Milan une livre onze onces un huit ; de maniere que 100 livres de Milan font à Paris 59 livres, & cent livres de Paris font à Milan 169 livres & demie.

Une livre de Messine est à Paris neuf onces trois quarts, & une livre de Paris est à Messine une livre dix onces un quart ; de sorte que 100 livres de Messine font à Paris 61 livres, & cent livres de Paris font à Messine 163 livres 3 quarts.

La livre de Boulogne, de Turin, de Modene, de Raconis & de Reggio, est à Paris dix onces & demie, & une livre de Paris est à Boulogne &c. une livre huit onces & un quart ; de maniere que 100 livres de Boulogne &c. font à Paris 66 livres, & 100 livres de Paris font à Boulogne &c. 151 livres & demie.

Une livre de Naples & de Bergame est à Paris huit onces trois quarts, & une livre de Paris est à Naples & à Bergame une livre onze onces un huit ; ensorte que 100 livres de Naples & de Bergame font à Paris 59 livres, & 100 livres de Paris font à Naples & à Bergame 169 livres & demie.

La livre de Valence & de Sarragosse est à Paris dix onces, & la livre de Paris est à Valence & à Sarragosse une livre neuf onces trois huit ; de façon que 100 livres de Valence & de Sarragosse font à Paris 63 livres, & 100 livres de Paris font à Valence & à Sarragosse 158 livres & demie.

Une livre de Genes & de Tortose est à Paris neuf onces sept huit, & la livre de Paris est à Genes & à Tortose une livre neuf onces trois quarts ; de maniere que 100 livres de Genes & de Tortose font à Paris 62 livres, & 100 livres de Paris font à Genes & à Tortose 161 livres 1 quart.

La livre de Francfort, de Nuremberg, de Bâle & de Berne est à Paris une livre un quart, & la livre de Paris est à Francfort &c. quinze onces cinq huit ; de sorte que 100 livres de Francfort &c. font à Paris 102 livres, & 100 livres de Paris font à Francfort &c. 98 livres.

Cent livres de Lisbonne font à Paris 87 livres 8 onces peu plus, & 100 livres de Paris font à Lisbonne 114 livres 8 onces peu moins ; ensorte que sur ce pied une livre de Lisbonne doit être à Paris 14 onces, & une livre de Paris doit être à Lisbonne une livre deux onces.

Lyon & Rouen étant, aussi-bien que Paris, deux des principales Villes de commerce de France, on ne sera pas fâché de trouver ici la proportion qu'il y a entre les poids de ces deux endroits & ceux des autres Villes du Royaume, même des Pays Etrangers.

Différence qu'il y a entre le poids de Ville de Lyon, & les poids de plusieurs Villes de France.

Cent livres de Lyon font en Avignon, à Toulouse & à Montpellier cent quatre livres, & cent livres d'Avignon &c. font à Lyon &c. quatre-vingt-seize livres. La livre d'Avignon &c. est à Lyon quinze onces.

Cent livres de Lyon font à Rouen quatre-vingt-trois livres, & cent livres de Rouen font à Lyon cent vingt livres. La livre de Lyon est à Rouen treize onces, & la livre de Rouen est à Lyon une livre trois onces.

Cent livres de Lyon font à Marseille cent six livres, & cent livres de Marseille font à Lyon quatre-vingt-quatorze livres. La livre de Marseille est à Lyon quinze onces.

Différence qui se rencontre entre le poids de Ville de Lyon & les poids de plusieurs Villes Etrangeres.

Cent livres de Lyon font à Londres quatre-vingt-quatorze livres & demie, & cent livres de Londres font à Lyon cent six livres.

Cent livres de Lyon font à Anvers quatre-vingt-dix-huit livres, & cent livres d'Anvers font à Lyon cent deux livres.

Cent livres de Lyon font à Venise cent cinquante-huit livres & demie, & cent livres de Venise font à Lyon soixante-trois livres.

Cent livres de Lyon font à Florence, à Ligourne & à Pise cent trente-une livres & demie, & cent livres de Ligourne &c. font à Lyon soixante-seize livres.

Cent livres de Lyon font à Naples & à Bergame cent quarante-sept livres, & cent livres de Naples & de Bergame font à Lyon soixante-huit livres.

Cent livres de Lyon font à Turin, à Modene, à Boulogne, à Raconis & à Reggio cent trente livres, & cent livres de Turin &c. font à Lyon soixante-dix-sept livres.

Cent livres de Lyon font à Milan cent quarante-cinq livres, & cent livres de Milan font à Lyon soixante-neuf livres. La livre de Milan est à Lyon onze onces.

Cent livres de Lyon font à Messine cent quarante-une livres, & cent livres de Messine font à Lyon soixante-onze livres. La livre de Messine est à Lyon onze onces.

Cent livres de Lyon font à Genes & à Tortose cent trente-neuf livres, & cent livres de Genes & de Tortose font à Lyon soixante-douze livres. La livre de Genes & de Tortose est à Lyon onze onces trois quarts.

Cent livres de Lyon font à Geneve soixante-dix-sept livres, & cent livres de Geneve font à Lyon cent trente livres. La livre de Geneve est à Lyon une livre cinq onces.

Cent livres de Lyon font à Francfort, à Nuremberg, à Bâle & à Berne quatre-vingt-quatre livres & demie, & cent livres de Francfort &c. font à Lyon cent dix-huit livres. La livre de Francfort

&c.

&c. est à Lyon une livre trois onces.

Cent livres de Lyon font à Valence & à Sarragosse cent trente-cinq livres, & cent livres de Valence & de Sarragosse font à Lyon soixante-quatorze livres. La livre de Valence & de Sarragosse est à Lyon douze onces.

Différence qui se rencontre entre les poids de Vicomté de Rouen, & les poids de plusieurs Villes de France.

Cent livres de Rouen font à Avignon, à Toulouse & à Montpellier cent vingt-cinq livres, & cent livres d'Avignon &c. font à Rouen quatre-vingt livres. La livre d'Avignon &c. est à Rouen douze onces trois quarts.

Différence qui est entre le poids de Vicomté de Rouen, & les poids de plusieurs Villes Etrangeres.

Cent livres de Rouen font à Londres cent treize livres & demie, & cent livres de Londres font à Rouen quatre-vingt-huit livres. La livre de Londres est à Rouen quatorze onces.

Cent livres de Rouen font à Anvers cent dix-sept livres & demie, & cent livres d'Anvers font à Rouen quatre-vingt-cinq livres. La livre d'Anvers est à Rouen treize onces.

Cent livres de Rouen font à Venise cent quatre-vingt-huit livres & demie, & cent livres de Venise font à Rouen cinquante-trois livres. La livre de Venise est à Rouen huit onces & demie & deux cinquiémes d'once.

Cent livres de Rouen font à Florence, à Ligourne & à Pise cent cinquante-six livres, & cent livres de Florence &c. font à Rouen soixante-quatre livres. La livre de Florence &c. est à Rouen dix onces.

Cent livres de Rouen font à Naples, à Bergame & en Calabre cent soixante-quinze livres & demie, & cent livres de Naples &c. font à Rouen cinquante-sept livres. La livre de Naples &c. est à Rouen neuf onces.

Cent livres de Rouen font à Turin, à Modene, à Boulogne, à Raconis & à Reggio cent cinquante-sept livres & demie, & cent livres de Turin &c. font à Rouen soixante-trois livres & demie. La livre de Turin &c. est à Rouen dix onces un quart.

Cent livres de Rouen font à Milan cent soixante-douze livres & demie, & cent livres de Milan font à Rouen cinquante-huit livres. La livre de Milan est à Rouen neuf onces un quart.

Cent livres de Rouen font à Messine cent soixante-neuf livres & demie, & cent livres de Messine font à Rouen cinquante-neuf livres. La livre de Messine est à Rouen neuf onces & demie.

Cent livres de Rouen font à Genes & à Tortose cent soixante-six livres & demie, & cent livres de Genes & de Tortose font à Rouen soixante livres. La livre de Genes & de Tortose est à Rouen neuf onces & demie.

Cent livres de Rouen font à Geneve quatre-vingt-douze livres & demie, & cent livres de Geneve font à Rouen cent huit livres. La livre de Geneve est à Rouen une livre une once & un quart d'once.

Cent livres de Rouen font à Francfort, à Nuremberg, à Bâle & à Berne cent deux livres, & cent livres de Francfort &c. font à Rouen quatre-vingt-dix-huit livres. La livre de Francfort &c. est à Rouen quinze onces & demie.

Cent livres de Rouen font à Valence & à Sarragosse cent soixante-trois livres trois quarts, & cent livres de Valence & de Sarragosse font à Rouen soixante-une livre. La livre de Valence & de Sarragosse est à Rouen neuf onces trois quarts.

La livre de Hollande a deux divisions: par la premiere, elle se divise en 16 onces, l'once en 8 dragmes, la dragme en 3 deniers, & le denier en 24 grains.

La seconde division est en 32 loots, le loot en 10 engels, & l'engel en 32 as.

Tous les poids dont on se sert à Amsterdam sont poids de marc, qu'en Hollandois on nomme Troygewicht. Il est vrai que les soyes, la cochenille & le corail se vendent au poids de Brabant, qui est plus fort de quatre pour cent que le poids de marc; aussi quand on pese ces marchandises au poids public, on y ajoute quatre pour cent pour les réduire au poids de Brabant, & le compte s'en fait de la maniere suivante.

Une balle de cochenille pésant	
225 l. à 46 f. fait	3105 l.
Augmentation de 4 pour cent..	124 l. 4 f.
Total . . . . . . f.	3229 l. 4 f.

La livre d'Abbeville ne pese que 15 onces poids de marc; en sorte que 100 l. de cette Ville ne rendent que 93 l. $\frac{3}{4}$ de Paris.

La livre d'Aire en Gascogne ne pese que 14 onces; en sorte que 100 l. ne font que 87 l. $\frac{1}{2}$ de Paris.

La livre de Beaucaire pese 2 onces 1 gros $\frac{1}{5}$ poids de marc. Sur ce pied 90 l. de Beaucaire rendent 86 l. de Paris.

La livre de Breslau en Silesie est de 12 onces $\frac{4}{5}$ poids de marc. Sur ce pied 100 l. de Paris font 125 l. de Breslau.

A Ragouse, Sebmico, Zazal, & autres Villes de Dalmatie sur les Côtes de la mer Adriatique, 62 l. de Paris font 83 l. du pays, ou bien 100 l. de Paris font 133 environ $\frac{8}{10}$.

A Retimo, il faut 137 l. $\frac{1}{10}$ pour 62 de Paris.

A Saloniki ou Thessalonique, 100 l. de Paris valent 125 l. $\frac{1}{8}$ un peu plus du pays, ou 62 l. de Paris 57 rotolis.

En Sardaigne, 1 cantor fait 145 l. de Venise, & 62 l. de Paris font 69 rotolis de Sardaigne.

Cent l. du poids de Lubeck font 95 $\frac{1}{4}$ de Paris.

A Tauris en Perse, 62 l. de Paris font 58 rotolis.

A Thomasa, 62 l. de Paris font 48 mas.

A Tortose, 100 l. de Paris en font 167 $\frac{1}{4}$ du pays, & 100 l. de Tortose n'en valent que 62 de Paris.

Une livre de Tortose, vaut à Paris 9 onces $\frac{3}{8}$, & une livre de Paris, fait une livre 9 onces de Tortose.

A Tunis, à Tripoli, & en quelques autres Villes de Barbarie, 62 l. de Paris font 59 petits rotolis.

A Udine & en quelques endroits de l'Istrie, qui se servent des mêmes poids, 100 l. du pays, n'en font que 62 de Paris.

A Vienne & dans toute l'Autriche, il y a deux poids; l'un qu'on appelle le gros poids, & l'autre qu'on nomme le poids subtil. Cinquante-deux l. gros poids rendent à Paris 62 l. & 66 l. poids subtil font pareillement à Paris 62 l.

A Zante, 62 l. de Paris y valent 75 l. ou 100 l. de Paris 121 de Zante.

A Rama & Jaffa, Ville de la Palestine, 62 l. de

Paris y font 12 rotolis $\frac{1}{2}$.

A Naples de Romanie, 62 l. de Paris font 78 l. du pays ou 100 l. de Paris, y valent 125 l. $\frac{3}{8}$ un peu plus, ou 62 l. de Paris y valent 57 rotules ou rotolis.

A Negrepont, Nicosie & dans tout l'Archipel, 62 l. de Paris y valent 77 à 78 l. du pays.

A Maroc, 62 l. de Paris valent 59 rotolis. La même proportion se trouve entre la livre de Paris & le rotoli de Nice en Provence.

En Norvegue, 100 l. de Paris en font 97, un peu moins.

A Oran, 62 l. de Paris rendent 59 petits rotolis ou 48 grands.

A Rimini, 100 l. de Paris y valent 119 l. du pays.

A Patras, Lépante, Modon & Coron en Morée, 62 l. de Paris en font 77 à 78 du pays.

A Corfou, 100 l. de Venise, poids subtil, valent 74 à 75 l. du pays, ou 100 l. de Paris en valent 119 $\frac{11}{11}$.

A Damas, 62 l. de Paris sont égales à 16 rotolis $\frac{1}{3}$.

A Durazzo en Albanie, 62 l. de Paris valent 63 à 64 l. du pays.

A Lazaro & à quelques autres Villes situées sur la mer Majour, 62 livres de Paris y font 5 rotolis ou 91 livres.

Dans toute la Macédoine 62 livres de Paris en font 74 du pays, ou 100 livres en font 119.

A Majorque 62 liv. de Paris, font 71 rotolis.

Dans l'Isle de Metelin 62 l. de Paris, font 119 rotolis.

A Alep & Liza en Syrie, 62 liv. de Paris y font 14 rotolis.

A Alger, 62 liv. de Paris font 55 rotolis.

En Bohême, il y a deux sortes de poids; un de 60 liv. & l'autre de 66, chacun de ces poids fait à Paris 100 livres.

A Buccia près de Satalie, 62 liv. de Paris valent 59 rotolis.

A Burse & à Caffa sur la mer Majour, 62 livres de Paris font 57 rotolis.

Au Grand Caire, 62 liv. de Paris font 69 rotolis.

En Candie 100 liv. subtils de Venise, ou bien 62 liv. de Paris en font 87 à 88 du pays; 100 liv. gros poids de Candie en font 110 gros poids de Venise.

A Cataro, à la Valonne, à Dulcigo, en Albanie & à Larta & Sainte-Marthe en Epire, 62 liv. de Paris y valent 75 livres du pays, ou cent livres de Paris en font 121 un peu moins de tous ces lieux.

A Cefalonie 62 livres de Paris en valent 75 du pays, le reste comme au précédent.

Dans l'Isle de Chipre 13 rotolis $\frac{1}{3}$, font 60 livres de Paris.

La livre de la Chine, comme celle de France, a seize onces, chaque once a dix gros que les Chinois appellent Tçien, chaque gros dix deniers, & chaque denier dix grains. Le grain a ses divisions & subdivisions toujours de dix en dix; mais il n'y a point de terme François pour les exprimer.

Les Marchands & Négocians se servent dans leurs écritures de ce caractere ℔, pour marquer que c'est de la livre de poids dont ils entendent parler, & non des livres de comptes qui s'expriment par d'autres caracteres, suivant leurs differens noms & valeurs, comme il se peut voir dans l'article suivant.

Le poids d'Angleterre se nomme Livre, ainsi qu'en France; & l'on a vû ci-dessus sous le titre de l'Inégalité & Egalité des Livres de Paris & des Pays étrangers, les rapports que ces poids ont ensemble.

Par le vingt-septiéme Chapitre de la Charte, que les Anglois nomment par excellence *Magna Charta*, tous les poids doivent être étalonnés sur les étalons ou matrices qui sont gardés dans l'Eschiquier par l'Officier qui pour cela s'appelle le Clerc ou Contrôleur du marché. Il y a deux sortes de poids dont les étalons s'y conservent, le poids de Troye, & celui d'Avoir du poids.

Le poids ou livre de poids de Troye n'est que de douze onces; & c'est à ce poids que se pesent les perles, les pierreries, l'or, l'argent, le pain, & toutes sortes de blés & de graines. Chaque once est de vingt deniers, & chaque denier de vingt-quatre grains; en sorte que quatre cent quatre-vingt grains font une once,& cinq mille sept cent soixante grains une livre. C'est aussi de ce poids que les Apoticaires se servent; mais ils le divisent autrement: vingt grains font un scrupule, trois scrupules une dragme, huit dragmes une once, & douze onces une livre.

La livre d'Avoir du poids est de quatre onces plus forte que celle du poids de Troye; mais aussi il s'en faut quarante-deux grains que l'once d'Avoir du poids ne soit aussi pésante que celle du poids de Troye, ce qui revient à peu près à un douziéme; de sorte qu'une once d'Avoir du poids n'est que de 438 grains, lorsque celle du poids de Troye est de 480; ce qui fait une différence comme de 73 à 80, c'est-à-dire, que 73 onces du poids de Troye feront 80 onces d'Avoir du poids, & que 80 livres d'Avoir du poids ne feront que 73 livres poids de Troye.

C'est à la livre d'Avoir du poids que se pesent toutes les marchandises grossieres & de volume, comme chair, beurre, fromage, fer, chanvre, filasse, suif, cire, plomb, acier, &c.

Cent douze livres d'Avoir du poids font le hundret ou quintal, cinquante-six livres le demi quintal, & vingt-huit le jod ou quart de quintal. Les Bouchers appellent Stone un poids de huit livres d'Avoir du poids dont ils se servent à peser leur viande.

Livre. C'est aussi une monnoie imaginaire dont on se sert pour les comptes: elle vaut plus ou moins suivant le nom qu'on ajoute & qu'on donne à livre, ou le Pays où elle est en usage. Ainsi l'on dit en France, Une livre tournois, Une livre parisis; en Angleterre, Une livre sterling; en Hollande & en Flandres, Une livre de gros.

La livre tournois est de vingt sols tournois, & chaque sol de douze deniers aussi tournois. Cette livre étoit la valeur d'une ancienne monnoie d'argent qu'on appelloit Franc, terme qui est encore sinonyme avec livre; car l'on se sert souvent de Franc au lieu de Livre: ainsi l'on dit, Deux cent livres ou deux cent francs, &c. On a joint le mot de tournois pour differencier la livre de vingt sols d'avec les autres monnoies de compte, auxquelles l'on donne pareillement le nom de Livre. On la distingue aussi par-là d'avec la livre de poids.

La livre Parisis est de vingt sols parisis, & le sol parisis de douze deniers parisis; chaque sol parisis valant quinze deniers tournois; ensorte qu'une livre parisis vaut vingt-cinq sols tournois ; ce qui est un quart en sus plus que la livre tournois. Le mot de Parisis se dit par opposition à tournois, à cause du prix de la monnoie, qui valoit un quart de plus à Paris qu'à Tours.

La livre sterling d'Angleterre, que l'on appelle aussi Pundt, & quelquefois Piece, vaut vingt sols sterling ou vingt schelins, le sol sterling valant douze deniers sterling ou douze penins, & le denier sterling ou penin estimé treize deniers un tiers tournois ; de maniere que la livre sterling d'Angleterre revient à treize livres six sols huit deniers monnoie de France ; ce qui doit s'entendre lorsque le change est sur le pied de cinquante-quatre deniers sterling pour un écu de soixante sols tournois, qui est le pair entre la France & l'Angleterre ; car lorsque le change hausse ou baisse, la livre sterling augmente ou diminue de valeur, à proportion de l'augmentation ou de la diminution du change.

Il est absolument impossible de déterminer d'une maniere fixe & permanente une juste proportion entre la valeur des especes courantes de France & d'Angleterre, à cause des différens changemens qui arrivent en France, où l'argent est tantôt plus haut, tantôt plus bas ; au lieu que les Anglois ne changent point du tout la valeur de leurs especes. Dans le tems qu'on a composé ce Dictionnaire universel (en 1718) on a dit à l'article COURONNE, que l'Ecu ou Croton d'Angleterre, valoit en France 3 liv. 15 sols ; mais présentement en 173 . . . & sur le pied qu'est l'argent en France, l'Ecu ou Croton d'Angleterre, qui est du poids d'une once (dont quatre font toujours une livre sterling) vaut environ 5 livres 10 sols, ce qui revient à 22 livres tournois pour une livre sterling, & c'est sur ce pied-là qu'est le change présentement.

Tout ce qu'on pourroit donc dire de mieux à mon avis & plus à propos, pour mettre un Négociant ou autre un peu au fait, c'est qu'une livre sterling est toujours environ un demi-marc ou quatre onces d'argent pésant. Ainsi il n'y a qu'à faire un moment de réflexion combien vaut le marc en France, & de-là conclure qu'un demi-marc & une livre sterling, sont à *peu près* la même chose pour la valeur courante.

L'on dit à *peu près*, parce qu'au fond il y a encore une petite différence, étant à remarquer que la livre pésante de France est un tant soit peu plus forte que la livre pésante d'Angleterre, qu'on appelle la livre de *Troy*, & par laquelle on pése l'argent, les diamans, les drogues d'Apoticaire, &c. y ayant une autre livre plus forte, qu'on appelle *avoir du poids*, pour les grosses marchandises, &c. comme le remarque fort bien l'Auteur du Dictionnaire. Mais comme on n'écrit pas ceci pour Messieurs de la Monnoie, on peut compter en gros & en général, comme on l'a dit, qu'une livre sterling en Angleterre, vaut à peu près un demi-marc d'argent en France, & encore plus sûrement, parce que le titre ou la bonté intrinseque des especes est précisément la même, c'est-à-dire, onze deniers de fin dans les deux Royaumes.

Si on demande donc quel est précisément le pair entre les especes de France & d'Angleterre, il n'y a point de Négociant un peu intelligent, qui ne réponde que c'est 54 contre 60 ; c'est-à-dire, que 54 pennys ou sols sterlings d'Angleterre, qui font quatre shillings & demi, valent précisément soixante sols ou trois livres tournois de France, ni plus ni moins ; auquel cas la livre sterling vaut à Paris précisément 13 livres 6 sols 8 d. comme on comptoit autrefois.

Cela est vrai au fond ; mais voici comment on doit l'entendre, c'est-à-dire, que quand les Ecus de France sont à la taille de 8 au marc, & qu'ils passent dans le commerce sur le pied de soixante sols ou trois livres seulement (& pas plus haut) en ce cas le pair est 54, c'est-à-dire, que 54 sols sterling valent précisément 60 sols tournois ; & la livre sterling, de vingt shillings ou de quatre écus, qui est la même chose, ne vaut à Paris que 13 livres 6 sols 8 d. En tout autre cas le pair change ; & comme on a vû ces dernieres années les écus à 8, 9 & 10 au marc, & même quelque chose encore au-dessous & de fort différente valeur extrinseque dans le commerce. Cela prouve très évidemment ce qu'on a dit au commencement, qu'il est absolument impossible de déterminer d'une maniere fixe & permanente une juste proportion entre la valeur des especes de France & d'Angleterre.

Après tout ceci, on prie le Lecteur de se souvenir toujours que ce qui est dit ici est seulement à peu près en général pour les Négocians, & non pas dans la derniere exactitude, ni pour Messieurs de la Cour des Monnoies, qui sont obligés d'entrer dans le dernier détail. *Voyez* l'article CROWN.

La livre de gros de Hollande se divise en vingt sols de gros, & le sol de gros en douze deniers de gros : elle vaut six florins ou vingt schelins, le florin estimé vingt-quatre sols tournois ; ensorte que la livre de gros de Hollande fait sept livres quatre sols monnoie de France : mais il faut observer qu'elle ne conserve ce prix que tant que le change est au pair, c'est-à-dire, à cent deniers de gros pour un écu de trois livres tournois ; car le change venant à augmenter ou à diminuer, la livre de gros augmente ou diminue à proportion que le change a augmenté ou diminué.

La livre de gros de Flandres & Brabant, dont la division se fait de même que celle de Hollande en vingt sols de gros, & le sol de gros en douze deniers de gros, vaut pareillement six florins ou vingt schelings, mais le florin est de vingt-cinq sols tournois ; de façon que la livre de gros de Flandres monte à sept livres dix sols monnoie de France ; cependant il faut remarquer qu'elle ne subsiste sur ce pied que pendant que le change est à quatre-vingt-seize deniers de gros pour un écu de trois livres tournois, ce qui est le pair du change ; car quand il augmente ou qu'il diminue, la livre de gros hausse ou baisse suivant l'augmentation ou la diminution du change.

Les Marchands, Négocians ou Banquiers se servent dans leurs écritures de quelques caracteres ou lettres initiales, pour exprimer en abregé les différentes sortes de Livres de compte ; comme L. ST. pour signifier Livres sterling ; L de G, ou L. G. pour dire, Livre de gros, & L ou ££, pour faire entendre que ce sont des livres tournois.

L'Arithmétique apprend à calculer les livres, les sols & les deniers, & à réduire les sols en livres, & les livres en sols.

En Hollande une tonne d'or est estimée cent mille livres.

Un million de livres c'est le tiers d'un million

d'écus, ou d'un million d'or.

On dit que des créanciers seront payés au sol la livre ou au marc la livre, lorsqu'ils sont colloqués à proportion de ce qui leur est dû, sur des effets mobiliaires, ce qu'on nomme par contribution; ou lorsqu'en matiere hypotecaire ils sont en concurrence ou égalité de privilége, & qu'il y a manque de fonds; ou encore lorsqu'en matiere de banqueroute ou de déconfiture, il faut qu'ils supportent & partagent la perte totale, chacun en particulier aussi à proportion de son dû.

En terme de commerce de mer on dit Livre à Livre, au lieu de dire, au sol la Livre.

LIVRE'E. Se dit parmi les Marchands de Toiles d'un fil de soie d'une certaine couleur attaché à la lisiere des batistes & linons du côté du chef. C'est dans ce fil qu'est passé le petit morceau de parchemin quarré, sur lequel est écrit le numero de la piece.

Chaque Marchand se sert de soie de couleur particuliere qu'il ne change jamais, & c'est ce qui a donné lieu d'appeller cette soie Livrée.

LIVRER. Donner, mettre entre les mains de quelqu'un, en sa possession, en son pouvoir, une chose qu'on lui a vendue, dont on lui fait présent ou qui lui appartient.

Ce terme est également d'usage parmi les Marchands & parmi les Artisans. Je dois livrer cent pieces de ce drap pour l'habillement des Troupes. Je ne vous payerai point que vous ne m'ayez livré ma marchandise. Les Artisans disent aussi, j'ai aujourd'hui livré ma besogne.

LIVRES au pluriel. S'entend en terme de Commerce de tous les Registres sur lesquels les Marchands, Négocians, & Banquiers écrivent par ordre, soit en détail, soit en gros, toutes les affaires de leur négoce, & mêmes leurs affaires domestiques qui y ont rapport. Ainsi l'on dit: Les Livres de ce Marchand sont en bon état. Ce Banquier tient un grand ordre dans ses Livres. Il n'y a nul ordre, nulle exactitude dans les Livres, &c. de ce Négociant.

On dit néanmoins quelquefois Livre au singulier en parlant du Journal d'un Marchand. J'ai chargé mon Livre de cette somme. Je vous donnerai un extrait de mon Livre. J'ai mis cela sur mon Livre: & quelques autres.

Les Marchands ne peuvent absolument se passer de Livres, & ils sont même obligés d'en avoir par les Ordonnances: mais ils en ont besoin de plus ou de moins, selon la qualité du négoce & la quantité des affaires qu'ils font, ou selon la maniere dont ils veulent tenir leurs Livres.

On les tient ordinairement ou en parties doubles ou en parties simples. Ceux qui se contentent de les tenir en parties simples (ce qui ne convient gueres qu'à de petits Merciers, ou du moins à des Marchands qui font peu d'affaires) peuvent se passer de très peu de Livres. Un Journal & un grand Livre leur pouvant suffire, l'un pour écrire les articles de suite, & à mesure que les affaires les fournissent; & l'autre pour former les comptes à tous les débiteurs & créanciers du Journal. Mais pour les gros Négocians qui tiennent leurs Livres à parties doubles (ce qui est le plus d'usage présentement) il leur en faut quantité dont on peut voir l'utilité & l'usage dans les articles suivans.

Presque tous les Auteurs conviennent que ce sont les Italiens & particuliérement ceux de Venise, Genes, & Florence qui ont appris aux autres Nations la maniere de tenir les Livres en parties doubles.

Livres en parties doubles.

Les trois principaux Livres pour les parties doubles sont, le Memorial, que l'on nomme aussi Brouillon, & quelquefois Brouillard; le Journal & le grand Livre qu'on appelle aussi Livre d'extrait ou Livre de raison.

Outre ces trois Livres dont on ne se peut passer, il y en a encore jusques à treize autres & même davantage qu'on nomme Livres d'Aydes ou Livres Auxiliaires dont on ne se sert qu'à proportion des affaires qu'on fait, ou selon le commerce dont on se mêle. Ces treize Livres sont:

Le Livre de Caisse & de Bordereaux.

Le Livre des Echéances qu'on appelle aussi Livre des Mois, Livre de Notes ou d'Annotations, ou des Payemens, & quelquefois Carnet.

Le Livre des Numeros.

Le Livre des Factures.

Le Livre des Comptes courans.

Le Livre des Commissions, Ordres, ou Avis.

Le Livre des Acceptations ou des Traites.

Le Livre des Remises.

Le Livre des Dépenses.

Le Livre des Copies de Lettres.

Le Livre des Ports de Lettres.

Le Livre des Vaisseaux.

Le Livre des Ouvriers.

A ces treize l'on peut encore en ajouter quelques autres, ce qui dépend du plus ou du moins d'exactitude & d'ordre des Marchands & Banquiers, ou des différens commerces que peut faire un seul Négociant; mais pour l'ordinaire ces treize peuvent suffire.

LIVRE MEMORIAL. Ce Livre est ainsi nommé à cause qu'il sert de Memoire. On l'appelle aussi Livre Brouillon, ou Livre Brouillard, parce que toutes les affaires du négoce s'y trouvent comme mêlées confusément, & pour ainsi dire brouillées ensemble. Ce Livre est le premier de tous, & duquel se tire ensuite tout ce qui compose les autres, aussi ne peut-il se tenir avec trop d'exactitude & de netteté, sur-tout parce qu'on y a recours dans toutes les contestations qui peuvent survenir pour cause de commerce.

Le Livre Memorial se peut tenir de deux manieres; la premiere en écrivant simplement les affaires à mesure qu'elles se font, comme acheté d'un tel, vendu à un tel, payé à un tel, prêté telle somme, & ainsi du reste.

La seconde maniere de le tenir est en débitant & créditant tout d'un coup chaque article; on estime celle-ci la meilleure, parce que formant d'abord une espece de journal, elle épargne la peine d'en faire un autre.

Quelques-uns pour plus d'exactitude divisent le Livre Memorial en quatre autres, qui sont le Livre d'Achat, le Livre de Vente, le Livre de Caisse, & le Livre de Notes. Des Négocians qui suivent cet ordre, les uns portent d'abord les articles de ces quatre Livres sur le grand Livre, sans faire de Journal; & les autres en mettant ces quatre Livres au net en font leur Journal, dont ils portent ensuite les articles sur le grand Livre.

LIVRE JOURNAL. Le nom de ce Livre fait assez entendre son usage, c'est-à-dire, qu'on y écrit jour par jour toutes les affaires à mesure qu'elles se font.

Chaque article qu'on porte sur ce Livre doit être composé de sept parties, qui sont la date, le débiteur, le créancier, la somme, la quantité & qualité, l'action ou comment payable, & le prix.

Ordinairement ce Livre est un registre in-folio de cinq à six mains de papier numeroté & reglé d'une ligne du côté de la marge, & de trois de l'autre pour y tirer les sommes.

C'est du Livre Journal dont l'Ordonnance du mois de Mars 1673 entend parler, lorsqu'il y est dit au titre 3, art. 1, 3, & 5, que les Négocians & Marchands tant en gros qu'en détail, auront un Livre qui contiendra tout leur négoce, leurs lettres de change, leurs dettes actives & passives, &c. Et c'est aussi faute de tenir ce Livre & de le représenter, que les Négocians lors des faillites peuvent être réputés Banqueroutiers frauduleux, & en conséquence poursuivis extraordinairement & condamnés aux peines portées au titre 11, art. 11 & 12 de la même Ordonnance.

Modéle d'un article du Livre Journal.

19 Février 1708.			
Vin doit à Caisse — ʃ 1600 :—:—: acheté de Duval comptant			
16 Muids de Vin de Bourgogne à . . . . ʃ 100	ʃ 1600	0	0

Grand Livre. Ce Livre outre ce nom qui lui vient de ce qu'il est le plus grand de tous les Livres dont se servent les Négocians, en a encore deux autres, sçavoir, Livre d'extrait & Livre de raison. On l'appelle Livre d'extrait à cause qu'on y porte tous les articles extraits du Livre Journal; & Livre de raison, parce qu'il rend raison à celui qui le tient de toutes ses affaires.

Sa forme est d'un énorme volume in-folio composé de plusieurs mains plus ou moins de papier très fort, très large, & très grand. Chaque page se regle à six lignes, deux du côté de la marge, & quatre du côté des sommes.

C'est sur ce Livre qu'on forme tous les comptes en débit & crédit, dont on trouve les sujets pour le Livre Journal. Pour former chaque compte, il faut se servir des deux pages qui au folio où l'on le veut mettre se trouvent opposées l'une à l'autre. La page à gauche sert pour le débit, & la page à droite pour le crédit. Le débit se marque par le mot *Doit*, que l'on met après le nom du débiteur, & le crédit par le mot *Avoir.*

Chaque article doit être composé de cinq parties ou membres, qui sont; 1°. La date. 2°. Celui à qui on débite le compte ou par qui on le credite. 3°. Le sujet, c'est-à-dire, pourquoi on le débite ou crédite. 4°. Le folio de rencontre; & enfin 5°. La somme ou le montant de l'article.

Deux exemples, l'un d'un article de débit, & l'autre d'un article de crédit feront mieux connoître la forme & l'usage de ce Livre.

Exemple d'un article en Débit.

		Antoine Robert DOIT				
1708. Janvier	14	à Caisse, payé par son ordre à Thomas	Fo 16	ʃ 1900	0	0

Exemple d'un article en Credit.

		AVOIR				
1708. Janvier	8	Par Caisse, pour sa remise sur Jacques	F° 16	ʃ 1900	0	0

Pour faciliter l'usage du grand Livre, on fait un Livre d'Alphabet, que l'on nomme aussi Table, Index, & Répertoire. Cette table se forme d'autant de feuillets de papier qu'il y a de lettres dans l'Alphabet commun, c'est-à-dire, vingt-quatre. Sur l'extrémité de chaque feuillet découpé en diminuant, on met en gros caractere une des lettres dans leur ordre naturel, & sur chaque feuillet ainsi marqué l'on écrit soit la premiere lettre du nom, soit celle du surnom des personnes avec qui l'on a compte ouvert, avec le folio du grand Livre où le compte est débité & crédité, de sorte que l'on trouve avec beaucoup de facilité les endroits du grand Livre dont on a besoin.

Cet alphabet n'est gueres nécessaire que pour les gros Marchands; car pour ceux qui ne font qu'un négoce médiocre, il leur suffit d'une simple table sur les deux premiers feuillets du grand Livre. Ce qui doit aussi s'observer dans tous les autres Livres dont l'on se sert dans le Commerce.

Livre de Caisse & de Bordereaux. C'est le premier & le plus important des treize Livres qu'on appelle Livres d'Aydes ou Livres Auxiliaires. On le nomme Livre de Caisse, parce qu'il contient en débit & crédit tout ce qui entre d'argent dans la caisse d'un Négociant, & tout ce qui en sort; & Livre de Bordereaux, à cause que les especes de monnoie qui sont entrées dans la caisse, ou qui en sont sorties, y sont détaillées par bordereaux.

Quand le Marchand ne le tient point lui-même, il le fait tenir par un Garçon ou Commis qu'on appelle Caissier.

Sur ce Livre s'écrivent toutes les sommes qui e

reçoivent & qui se payent journellement ; la recette du côté du débit, en marquant de qui on a reçû, pourquoi, pour qui, & en quelles especes ; & la dépense du côté du crédit, en faisant aussi mention des especes, des raisons du payement, & de ceux pour qui & à qui on l'a fait.

Le titre de ce Livre se met de la maniere qui suit. Tous les autres Livres en changeant seulement le nom, ont aussi leur titre de même.

LIVRE DE CAISSE ET DE BORDEREAUX.

N°. A. 1708.

Les articles du débit & crédit se forment suivant les modeles ci-après.

Article en Débit, qui doit être à la page à gauche.

CAISSE DOIT

Le 29 Janvier 1708.			
Réceu de Paul Creton pour 2 tonneaux du Cire vendus le 6 courant . . .	ƒ 1380	0	0
Un sac de . . . . . . ƒ 1000 : — : — :			
Pieces de 10ſ . . . . ƒ 300 : — : — :			
Douzains . . . . . . ƒ 80 : — : — :			
ƒ 1380 : — : — :			

Article en Crédit, qui doit être vis-à-vis de celui ci-dessus, à la page à droite

AVOIR

Du 14 Janvier 1708.			
Payé à Charles Harlan pour deux tonneaux de Cire achetés le 2 du courant.	ƒ 1350	0	0
Un sac de . . . . ƒ 1000 : — : — :			
Pieces de 20ſ . . . ƒ 300 : — : — :			
Douzains . . . . . ƒ 50 : — : — :			
ƒ 1350 : — : — :			

Livre des Echéances, que l'on nomme aussi Livre des Mois ou des Payemens, Carnet ou Bilan, & quelquefois Livre d'Annotations ou de Notes.

C'est un Livre dans lequel on écrit le jour de l'échéance de toutes les sommes que l'on a à payer ou à recevoir, soit par lettres de change, billets, marchandises ou autrement, afin qu'en comparant les recettes & les payemens, on puisse pourvoir à tems aux fonds pour les payemens, en faisant recevoir les billets & lettres échues, ou en prenant d'ailleurs ses précautions de bonne heure.

Deux modeles suffiront pour faire comprendre tout l'usage & toute la forme de ce Livre. Il faut observer seulement qu'il se dresse de la même maniere que le grand Livre, c'est-à-dire, sur deux pages qui sont opposées l'une à l'autre, que ce qui est à recevoir se met à la page à gauche, & ce qui est à payer s'écrit à la page à droite.

Modele de la page à gauche pour ce qui est à recevoir.

Janvier	1708. A RECEVOIR.			
1	Remise de Jean Vassor du 10 Décembre sur le Roi	ƒ 600	0	0
	De Cadeau pour Laines vendues le 16 Juillet	ƒ 1800	0	0
2				
3	De Duval, par obligation du 23 Mai dernier	ƒ 2000	0	0
	Remise de P. Daguerre du 25 Octobre sur les Coulteux	ƒ 1800	0	0
4				
5				

Modele de la page à droite pour ce qui est à payer.

Janvier	1708. A PAYER.		
1	A Ch. Harlan pour achat du premier Juillet	ſ 1200	0 0
	TRB. de J. du Peyron du 22 Novembre à Michel	ſ 2000	0 0
2	TRB. de T. le Gendre du 15 Décembre à Hesel	ſ 4456	0 0
	Mon billet du 25 Octobre au Porteur	ſ 3000	0 0
3			
4			
5			

Il n'est gueres nécessaire d'avertir qu'il faut être exact à rayer les parties reçues ou payées, ou du moins de mettre aux premieres un R, & aux autres un P.

Livre des Numeros. Ce Livre se tient pour connoître facilement toutes les marchandises qui entrent dans un magasin, qui en sortent ou qui y restent. Sa forme est ordinairement longue & étroite comme d'une demie-feuille de papier pliée en deux dans sa longueur : chaque page est divisée par des lignes transversales & paralleles, éloignées les unes des autres d'environ un pouce, & reglées de deux autres lignes de haut en bas, l'une à la marge, & l'autre du côté des sommes.

Dans chaque interval des quarrés longs que forment ces lignes, l'on écrit dans la page à gauche le volume des marchandises, c'est-à-dire si c'est une balle, une caisse, ou un tonneau; leur qualité comme poivre, girofle, miel, savon, &c. & leur poids ou leur quantité; & vis-à-vis du côté de la marge les numeros qui sont marqués sur les balles, caisses, ou tonneaux qu'on a reçus dans le magasin.

A la page à droite on suit le même ordre pour la décharge des marchandises qui sortent du magasin, en mettant vis-à-vis de chaque article de la gauche, d'abord à la marge la date des jours que les marchandises sont sorties du magasin, & dans le quarré long le nom de ceux à qui elles ont été vendues ou envoyées. En voici deux modeles, l'un de la page à gauche, & l'autre de la page à droite.

Page à gauche.

Numero		
1	Une balle Poivre blanc . . pésant	400 ℔
2	Une piece Damas cramoisy ... aunes	63
3	Un boucault de Girofle ...... pésant	284 ℔
4	Une caisse Toile de Hollande... pieces	29
5		

Page à droite.

Mars 15	Vendu à Charles Harlan.	
Avril 10	Envoyé à Miron d'Orleans.	
Mai 15	Vendu à Regnault . . . pieces	15

Livre des Factures. On tient ce Livre pour ne pas embarasser le Livre Journal de quantité de ratures qui sont inévitables en dressant les comptes ou factures de diverses marchandises reçues, envoyées ou vendues, où l'on est obligé d'entrer dans un grand détail. Les factures qu'on doit porter sur ce Livre sont les factures des marchandises que l'on achete & que l'on envoye pour le compte d'autrui.

Celles des marchandises que l'on vend par commission.

Les factures des marchandises que l'on envoye en quelque lieu, pour être vendues pour notre compte.

Celles des Marchandises qui sont en société, dont nous avons la direction.

Les factures des marchandises qui sont en société, dont d'autres ont la direction.

Enfin tous les comptes qu'on ne termine pas sur le champ, & que l'on ne veut pas ouvrir sur le grand Livre.

Livre des Comptes courans. Ce Livre se tient en débit & crédit de même que le grand Livre. Il sert à dresser les comptes qui sont envoyés aux Correspondans pour les régler de concert avec eux, avant que de les solder sur le grand Livre; & c'est proprement un double des comptes courans qu'on garde pour y avoir recours en cas de nécessité.

Livre des Commissions, Ordres ou Avis. On

écrit sur ce Livre toutes les commissions, ordres & avis que l'on reçoit de ses Correspondans.

Les marges de ce Livre doivent être très larges, pour y pouvoir mettre vis-à-vis de chaque article les notes nécessaires concernant leur exécution. Quelques-uns se contentent de rayer les articles quand ils ont été exécutés.

Livre des Acceptations, ou des Traites. Ce Livre est destiné à enregistrer toutes les lettres de change que les Correspondans marquent par leurs lettres missives ou d'avis qu'ils ont tirées sur nous.

Cet enregistrement se fait afin que l'on puisse être en état de connoître à la présentation des lettres si l'on a ordre de les accepter ou non.

Lorsque l'on ne veut pas accepter une lettre de change, on met sur le Livre des Acceptations à côté de l'article, un A. & un P. qui signifie à protester, afin que lors de la présentation de la lettre l'on puisse dire au Porteur qu'il la peut faire protester. Si au contraire on accepte la lettre, il faut mettre un A. à côté de l'article, qui veut dire Accepté, en y marquant aussi la date du jour de l'acceptation, en cas qu'elle soit à quelques jours de vue, & après avoir porté l'article sur le Livre des Echéances, le barrer.

Livre des Remises. C'est un Livre qui sert à enregistrer toutes les lettres de change à mesure que les Correspondans les remettent pour en exiger le payement.

Si elles sont protestées faute d'acceptation, & renvoyées à ceux qui en ont fait les remises, il en faut faire mention à côté des articles, en mettant un P. en marge, & la date du jour qu'elles ont été renvoyées, puis les barrer : mais si les lettres sont acceptées, on met un A. à côté des articles, & la date des acceptations si elles sont à quelques jours de vue ; & après les avoir portées sur le Livre des Echéances, on les croise.

Le Livre des Acceptations & celui des Remises ont tant de rapport ensemble, que plusieurs Marchands, Banquiers & Négocians n'en font qu'un des deux qu'ils tiennent en débit & crédit, mettant les Acceptations ou Traites au débit, & les Remises au crédit, observant dans tout le reste ce qui est marqué dans les deux articles ci-dessus.

Comme les Traites sont de deux sortes, c'est-à-dire, qu'un Négociant peut tirer des Lettres de change sur ses Correspondans, & que réciproquement ses Correspondans peuvent en tirer sur lui : beaucoup de Marchands & Banquiers aux deux Livres d'Acceptations & de Remises dont on vient de parler, en ajoutent un troisiéme, simplement pour les lettres qu'ils tirent sur les autres ; mais la plupart pour ne point trop multiplier les Livres d'Aydes, se contentent de n'en faire qu'un pour ces deux sortes de Traites.

Livre de Depense. C'est le Livre où se met en détail toutes les petites dépenses qui se font soit pour le ménage, soit pour son commerce, dont au bout de chaque mois on fait un total, pour en former un article sur le Mémorial ou Journal.

Livre des Copies de Lettres. Ce Livre sert à conserver des copies de toutes les lettres d'affaires que l'on écrit à ses Correspondans, afin de pouvoir sçavoir avec exactitude, & lorsqu'on en a besoin, ce qu'on leur a écrit, & les ordres qu'on leur a donnés.

Livre des ports de Lettres. C'est un petit registre long & étroit, sur lequel on ouvre des comptes particuliers à chacun de ses Correspondans, pour les ports de lettres qu'on a payés pour eux, & que l'on solde ensuite quand on le juge à propos afin d'en porter le total à leur débit.

Livre des Vaisseaux. Ce Livre se tient en débit & crédit, en donnant un compte à chaque vaisseau. Dans le débit se mettent les frais d'avituaillement, mise hors, gages, &c. & dans le crédit tout ce que le vaisseau a produit soit pour fret ou autrement, & ensuite le total de l'un & de l'autre se porte sur le Journal, en débitant & créditant le vaisseau.

Livre des Ouvriers. Ce Livre est particuliérement en usage chez les Marchands qui font fabriquer des étoffes & autres marchandises. Il se tient en débit & crédit pour chaque Ouvrier que l'on fait travailler : dans le débit on met les matieres qu'on leur donne à fabriquer, & dans le crédit les ouvrages qu'ils rapportent après les avoir fabriqués.

Outre tous ces Livres, il y a des Villes comme Venise, Hambourg, Amsterdam, dont les Marchands à cause des Banques publiques qui y sont ouvertes, ont encore besoin d'un Livre de Banque C'est sur ce Livre, qui se tient en débit & crédit, qu'ils mettent les sommes que leur paye ou que leur doit la Banque, & c'est par ce secours qu'il leur est facile de sçavoir en très peu de tems en quel état ils sont avec la Banque, c'est-à-dire, quels fonds ils peuvent y avoir.

Tous ces Livres ou écritures, qui sont plus ou moins nécessaires aux Marchands & Négocians, suivant qu'ils font plus ou moins de négoce, se tiennent presque de la même maniere pour le fond, dans les principales Villes de commerce de l'Europe ; mais non pas à la vérité par rapport aux monnoies, chacun se reglant à cet égard sur celles qui ont cours dans les Etats où ils se trouvent établis.

En France les Livres des Marchands & Banquiers se tiennent par livres, sols & deniers tournois, la livre valant vingt sols, & le sol douze deniers.

En Hollande, Flandre, Zelande & Brabant, ils se tiennent par livres, sols & deniers de gros, que l'on somme par vingt & par douze, parce que la livre vaut vingt sols & le sol douze deniers.

On les tient encore dans ces mêmes Pays par florins, patars, & penings, que l'on somme par vingt & par seize, à cause que le florin vaut vingt patars & le patar seize penings.

Il faut remarquer que la livre de gros vaut six florins, & que le sol de gros vaut six patars, en sorte que le florin vaut quarante deniers de gros, & le patar deux deniers de gros. Les mots de patars, stiwers ou sols florins signifient la même chose.

A Bergame les Livres se tiennent par livres, sols & deniers, qui se somment par vingt & par douze, parce que la livre vaut vingt sols & le sol douze deniers, que l'on réduit ensuite en ducats de sept livres de Bergame.

A Boulogne en Italie, ils se tiennent par livres, sols & deniers, qui se somment par vingt & par douze, à cause que la livre vaut vingt sols & le sol douze deniers dont on fait la réduction en écus de quatre-vingt-cinq sols de Boulogne.

A Dantzick & dans toute la Pologne ils se tiennent par richedales, gros ou grochs & deniers, qu'on somme par quatre-vingt-dix & par douze, parce

parce que la richedale vaut quatre-vingt-dix gros & le gros douze deniers.

On les tient aussi dans ce même Pays par florins, gros & deniers, qui se somment par soixante & par douze, à cause que le florin vaut soixante gros & le gros douze deniers.

Ils s'y tiennent encore par livres, gros & deniers, que l'on somme par trente & par douze, attendu que la livre vaut trente gros & le gros douze deniers.

A Francfort, Nuremberg & presque dans toute l'Allemagne, ils se tiennent par florins, creutzers & pennings ou phenings courans, que l'on somme par soixante & par huit, parce que le florin vaut soixante creutzers & le creutzer huit pennings.

On les tient encore à Françfort par florins de change, qui se somment par soixante-cinq & par huit, à cause que le florin vaut soixante-cinq creutzers & le creutzer huit pennings.

A Genes ils se tiennent par livres, sols & deniers, qui se somment par vingt & par douze, parce que la livre vaut vingt sols & le sol douze deniers qui se réduisent ensuite en piastres de quatre-vingt-seize sols.

A Hambourg ils se tiennent par marcs, sols & deniers lubs, que l'on somme par seize & par douze, à cause que le marc vaut seize sols & le sol douze deniers lubs.

On les tient encore à Hambourg de la même maniere qu'en Hollande.

A Lisbonne ils se tiennent par rayes qui se distinguent par des virgules de centaine en centaine de droit à gauche, que l'on réduit en mille rayes, dont chaque de ces milles font une demie-pistole d'Espagne.

A Florence, en écus, sols & deniers d'or, l'écu valant sept livres dix sols & le sol douze deniers.

A Livourne on les tient par livres, sols & deniers, que l'on somme par vingt & par douze, à cause que la livre vaut vingt sols & le sol douze deniers, qui se reduisent en piastres de six livres.

En Angleterre, en Ecosse & en Irlande, ils se tiennent par livres, sols & deniers sterlings, qui se somment par vingt & par douze, d'autant que la livre vaut vingt sols & le sol douze deniers sterlings.

A Madrid, à Cadix, à Seville & dans toute l'Espagne, ils se tiennent par maravedis, dont les trois cent soixante & quinze font le ducat, qui se distinguent par des virgules de gauche à droite.

Ils se tiennent encore en Espagne par réaux de plate & pieces de huit, dont trente-quatre maravedis font le réau & huit réaux valent une piece de huit ou piastre ou réale de deux cent soixante & douze maravedis.

A Messine, à Palerme & dans toute la Sicile, ils se tiennent par onces, taris, grains & picolis, que l'on somme par trente, par vingt & par six, d'autant que trente taris font une once, vingt grains un taris, & six picolis un grain.

A Milan ils se tiennent par livres, sols & deniers, qui se somment par vingt & par douze, à cause que la livre vaut vingt sols & le sol douze deniers.

A Rome ils se tiennent par livres, sols & deniers d'or d'estampe, que l'on somme par vingt & par 12, parce que la livre vaut vingt sols & le sol douze deniers d'estampe.

A Venise ils se tiennent par ducats & gros de Banque, dont les vingt-quatre gros font un ducat, ce qui se pratique particuliérement pour la Banque.

On les y tient aussi par livres, sols & deniers de gros, qui se somment par vingt & par douze, d'autant que vingt sols font la livre & douze gros le sol. Il faut remarquer que de cette seconde maniere la livre de gros vaut dix ducats.

On les tient encore à Venise par ducats courans qui different de vingt pour cent des ducats de Banque.

A Ausbourg, en talers & en creuxzers, le taler de quatre-vingt-dix creuxzers, & le creuxzer de huit penins.

A Bolzam comme à Ausbourg, & encore en florins & en creutzers, le florin de soixante creutzers.

A Naumbourg en richedales, gros & fenins, la richedale de vingt-quatre gros, & le gros de douze fenins.

A Geneve en livres, sols & deniers, & aussi en florins.

En Savoye, comme à Géneve.

A Raconis en florins & en gros.

En Suisse en florins, creutzers & pennins.

A Ancone en écus, sols & deniers, l'écu valant vingt sols & le sol douze deniers.

A Luques en livres, sols & deniers. On les tient aussi en écus de sept livres dix sols.

A Nove en écus, sols & deniers d'or de marc, l'écu d'or de marc valant vingt sols.

A Malthe en tarins, carlins & grains; ils s'y tiennent encore en sequins, & comme ils disent, en Dieci-Tarini.

Dans les Echelles du Levant, & dans tous les Etats du Grand-Seigneur, en piastres, abouquels & en aspres.

En Hongrie en hongres & demi-hongres d'or.

A Strasbourg en florins, creutzers & pennins monnoie d'Alsace.

A Berlin & dans une partie des Etats du Roi de Prusse, en richedales & en grochs, aussi en florins.

En Suede, en dalles d'argent & en dalles de cuivre.

En Dannemarc, en richedales, en hors & en schelings.

Enfin en Moscovie, en roupes, en altins & en grifs ou grives.

Livres de Bord. Ce sont les registres que les Capitaines où les Maîtres des vaisseaux Marchands doivent tenir ou faire tenir par leur Ecrivain, sur lesquels ils sont obligés d'enregistrer le chargement de leurs vaisseaux, c'est-à-dire, la qualité, la quantité, la destination & autres circonstances des marchandises qui composent leur cargaison.

Ces Livres font avec les connoissemens, les charte-parties & autres semblables papiers & expéditions, ce qu'on appelle les Ecritures d'un navire Marchand.

Par l'article 9 du titre premier de l'Ordonnance de Louis XIV sur le fait des cinq grosses Fermes, du mois de Février 1687, les Maîtres & Capitaines des vaisseaux sont tenus de justifier au plus prochain Bureau du lieu où ils ont relâché; quelle est la destination de leurs marchandises, & pour cela d'y produire & faire voir au Commis leurs Livres de bords, connoissemens, charte-partie, &c. *Voyez* Connoissemens, Charte-partie, & Ecritures.

Livre de Soubord, terme de commerce de mer. C'eſt un des livres que tient l'Ecrivain d'un Navire Marchand, dans lequel il enregiſtre toutes les marchandiſes qui compoſent le chargement du Bâtiment, ſoit pour le ſimple fret, ſoit pour être vendues ou troquées, à meſure que la vente s'en fait dans les lieux de leur deſtination, ou qu'elles ſe délivrent à leur adreſſe; le tout ſuivant qu'il eſt ſpécifié dans le connoiſſement du Capitaine ou du Maître du Navire.

L'ordre de ce livre eſt de mettre à part toutes les marchandiſes qui doivent être vendues, chacunes ſuivant les endroits où la traitte s'en doit faire; & pareillement à part toutes celles qu'on ne prend qu'à fret, auſſi chacunes ſuivant les perſonnes & les lieux à qui elles ſont adreſſées.

Il y a ordinairement à chaque page de ce livre deux colonnes à gauche & trois à droite; dans la premiere à gauche on met la marque du ballot ou de la caiſſe, & dans la ſeconde ſon N°. vis-à-vis on écrit le lieu où ſe doit faire la traitte, avec les marchandiſes qui y ſont contenues, en obſervant la même choſe pour celles qu'on a à fret. Enſuite on porte dans les trois colonnes qui ſont à droite les ſommes qui ont été reçûes, ſoit pour la vente, ſoit pour le fret.

On obſerve pour l'ordinaire de mettre les premieres, celles qui ſont pour la traitte, & celles pour le fret les ſecondes. Un exemple de quelques articles d'un livre de Soubord, ſuffira pour mieux faire comprendre la maniere de le tenir.

MODELE D'UN LIVRE DE SOUBORD.

Livre de Soubord des marchandiſes chargées à la Rochelle le 6e de Mars 1724 dans la Fregate l'Hirondelle, Capitaine le ſieur Cozal, pour, Dieu aidant, les mener & délivrer aux lieux & perſonnes de leur deſtination.

		Marchandises a fret pour Cadix.			
	N° 15	Pour délivrer au ſieur Paul David à Cadix un Ballot N° & marque comme en marge, contenant 36 douzaines de chapeaux de caſtor, tottons.	400		
		Marchandises de traitte pour les Canaries.			
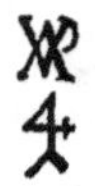	N° 36	Un boucault N° & marque comme en marge, contenant 400 pieces de toiles de Bretagne en troc de vin du pays, bariques. .	60	½	

Les livres de Soubord ne ſont proprement regardés que comme des écritures particulieres, & ne peuvent avoir la même autorité que les connoiſſemens, les chartes-parties, les factures & autres telles écritures pour juſtifier du chargement d'un Vaiſſeau.

Cette différence a été jugée par un Arrêt du Conſeil d'Etat du Roi du 21 Janvier 1693, par lequel Sa Majeſté déclare de bonne priſe diverſes balles d'étoffes chargées ſur le Vaiſſeau le Redempteur pris par un de nos Armateurs, qui n'étoient enregiſtrées que ſur un livre de Soubord qui ſe trouvoit ſeul dans ledit Bâtiment: Sa Majeſté déclarant qu'il n'avoit pû ſuppléer au manque de facture, de chartes-parties & de connoiſſement dont il ne s'étoit trouvé aucun dans le Navire.

Auſſi, malgré la réclamation d'un Marchand François, ces marchandiſes furent vendues au profit de l'Armateur, à la réſerve du dixiéme appartenant au Grand Amiral qui lui fut remis.

LIVRET. Terme d'arithmétique qui ſignifie un certain quarré qui en renferme pluſieurs autres qui contiennent les multiplications des nombres ſimples l'un par l'autre juſqu'à dix.

On le nomme auſſi la Table de Pytagore, la Table Pytagorique ou la Table de Multiplication. On dit par maniere de proverbe, que nul ne peut être bon Chiffreur s'il ne ſçait ſon livret par cœur, pour faire entendre qu'on ne peut bien ſçavoir l'arithmétique, ſans poſſeder parfaitement la maniere de multiplier les nombres les uns par les autres. *Voyez* Table de Pytagore.

LIZ

LIZARDES. Toiles qui ſe fabriquent au Caire; elles ſe vendent cent vingt meideins la piece de vingt-huit pics.

Il y a auſſi de ces ſortes de toiles à Alep; mais on les y nomme Lizales. Elles font une partie du commerce des Européens.

LIZER, ou ELIZER une piece de drap. C'eſt la tirer par les liſieres ſur ſa largeur afin de la bien étendre, pour en ôter les ribaudures & anguilles, qui ſont des eſpeces de faux-plis ou bourlets qui s'y ſont formés en la faiſant fouler, cauſés par la force des maillets ou pilons qui ſont tombés deſſus.

Il eſt néceſſaire de retirer pluſieurs fois la piece de la pile ou pot pour la lizer, afin qu'elle puiſſe ſe fouler uniment ſans ſe dégrader, & pour prendre ſa largeur comme il faut.

Liziere. Bord d'une étoffe ou d'une toile. *Voyez* Lisiere.

LIZIEUX, Ville de Normandie, de la Généralité d'Alençon. L'on fabrique dans cette Ville différentes étoffes de laine, & des toiles; & il y a un Bureau établi pour la marque & la visite des Fabriques circonvoisines. *V.* l'Etat général, Tome I. page 109.

L L A

LLAMAS. Espece de petits chameaux ou moutons du Perou. Les Peruviens les nomment Llamas, ceux du Chilly Chillehueques, & les Espagnols Carneros de la terra.

Ces animaux ont la tête petite à proportion du corps; elle tient tout ensemble du cheval & du mouton; leur levre de dessus est fendue comme celle du lievre; leur col long & courbé en bas comme les chameaux, & le pied fourchu comme le mouton.

Ils portent jusqu'à cent pésant, & marchent la tête levée & avec une espece de gravité, mais jamais on ne peut les faire marcher la nuit; ils mangent peu & ne boivent jamais. Leur nourriture est une sorte de jonc très fin que l'on nomme Ycho, qui est fort estimé dans cette partie de l'Amérique où se trouvent les llamas, à cause du grand usage dont cette herbe est dans les mines de vif-argent, où elle tient lieu de bois pour la fonte du minerai.

Les llamas sont si dociles & si faciles à dresser, que quand on les charge & qu'ils ont coutume de porter leur charge à certains endroits, ils y vont sans conducteurs, & étant déchargés reviennent aussi tout seuls retrouver leur Maître. Leur laine a une odeur forte & désagréable; c'est à quoi on la peut connoître, quand on en mêle avec celle de vigogne à laquelle elle est très inférieure. Elle est d'ailleurs longue, assez fine, mêlée de blanc, de gris & de roux. On en fait à peu près les mêmes étoffes & manufactures que de la laine de vigognes.

L O

LO. Les Chinois nomment ainsi une sorte de gaze qui se fabrique à Canton. Il y en a de trois sortes qui diminuent par dégrés de longueur & de largeur.

Les Los de la troisiéme sorte ont douze aunes de long sur vingt-trois pouces de large.

L O A

LOANDA, Ville du Royaume de Congo, & le principal établissement des Portugais dans ce Royaume. *Voyez* l'Etat général, Tome I. p. 383.

LOANGO, petit Royaume à la Côte d'Angole sur celles d'Afrique. La traitre des Negres fait tout le négoce de ce Royaume. *Voyez* ce qui en est dit dans l'Etat général, Tome I. page 384.

L O C

LOCAL. Ce qui appartient à un lieu. Une coutume locale, c'est une coutume qui ne s'observe qu'en un endroit qui lui est propre; un droit Local, c'est un droit qui se paye à l'entrée de certaines Villes ou de certains territoires, à un passage ou à un pont. Il y a beaucoup de ces droits Locaux sur la riviere de Loire.

Les Voituriers se chargent ordinairement de payer les droits Locaux qui se trouvent sur leurs routes; les Marchands & les Propriétaires des marchandises ne doivent pas néanmoins négliger d'en faire mention dans les marchés par écrit qu'ils font avec eux pour le transport & voiture de celles qu'ils leur confient.

LOCHES, Ville de France en Touraine. Les étoffes qui s'y fabriquent consistent en draps, en étamines, & en serges. *Voyez* l'Etat général, Tome I. page 72.

LOCMAN. Pilote établi dans les ports & aux embouchures des rivieres pour conduire les vaisseaux en sureté, soit en entrant, soit en sortant par les passages difficiles. On le nomme plus ordinairement Lamaneur. *Voyez* LAMANEUR.

Les fonctions de ces Pilotes & la police qui leur est reglée par les Ordonnances de la Marine tant de l'année *1681* que de *1689*, sont amplement expliquées à cet article.

LOCQUETS. Terme dont on se sert en Normandie, aux environs de Rouen & dans le Pays de Caux, pour signifier la laine que l'on coupe de dessus les cuisses des bêtes à laines. Elle est la plus grasse & la moins estimée de toutes; elle sert à faire des matelas; l'on en fait aussi entrer dans la fabrique des droguets de Rouen où elle sert à en faire la tréme. En Berry on les appelle Ecouailles. *Voyez* LAINE.

LOCRENAN. Nom que l'on donne à une sorte de grosse toile de chanvre écru, qui tire son nom du lieu où elle se fabrique en basse Bretagne, appellé Locrenan.

Cette espece de toile s'achete à la piece, qui contient trente aunes de long sur deux tiers de large mesure de Paris. On s'en sert à faire des voiles pour les grandes & petites barques ou chaloupes qui vont à Plaisance pour la pêche de la morue.

Les Anglois en tirent assez considérablement en tems de paix.

Il faut remarquer que les Espagnols & les Bayonnois qui en consomment aussi beaucoup, leur donnent ordinairement le nom de Toiles d'Olone, quoiqu'il ne s'en fabrique point en ce lieu de Poitou, au moins qui soit de cette qualité.

Il se manufacture encore en Basse Bretagne vers Quimper-Corentin une espece de toile toute pareille aux Locrenans: comme elle est destinée au même usage, on lui donne aussi le nom de Locrenan, quoiqu'elle n'y soit pas fabriquée. *V.* VOILE.

L O D

LODÉVE, Ville de France en Languedoc. La Fabrique de draps qui y est établie est très considérable & d'une grande réputation. *Voyez* l'Etat général, Tome I. page 214.

LODIER, ou LOUDIER. Grosse couverture piquée, remplie de laine ou de ploc entre deux étoffes ou deux toiles.

Les Lodiers, Courtepointes, & Couvertures de ploc payent en France les droits de sortie à raison de 22 s. du cent pésant.

L O G

LOGE. On appelle à Lyon, à Marseille, &c. Loge du Change, Loge des Marchands, un certain lieu dans les places ou bourses où les Marchands se trouvent à certaines heures du jour pour traiter des affaires de leur négoce.

On ne souffre point qu'un Marchand qui a fait faillite ou banqueroute, entre dans la Loge des Marchands. *Voyez* PLACE DU CHANGE, & BOURSE.

LOGE, que l'on appelle plus ordinairement COMP-

TOIR. Signifie aussi un Bureau général de Commerce établi en quelques Villes des Indes pour chaque Nation de l'Europe. *Voyez* COMPTOIR.

On nomme encore Loge les boutiques qui sont occupées par les Marchands dans les Foires.

LOGER-HU. Nom que les Anglois donnent à une sorte de tortue que les François appellent Kaouanne ou Cahoanne. *Voyez* TORTUE.

LOI

LOISTAULT, en Touraine. Ses Fabriques de laine consistent en ratz, partie serges trémieres, & partie droguets. *Voyez* l'Etat général, Tome I. page 92.

LOM

LOMBARD. Ancien Peuple d'Allemagne qui s'établit en Italie dans la décadence de l'Empire Romain.

On a long-tems donné en France le nom de Lombards aux Marchands Italiens qui venoient y trafiquer, particuliérement aux Genois & aux Vénitiens. Il y a même à Paris une rue qui porte encore leur nom, parce que c'étoit le quartier où la plupart tenoient leurs comptoirs de Banque, le négoce d'argent étant le plus considérable qu'ils y fissent.

Le nom de Lombard devint ensuite injurieux, & il ne signifia plus qu'un Marchand qui faisoit un commerce usuraire.

La place du Change d'Amsterdam conserve encore le nom de place Lombarde, comme pour perpétuer le souvenir du grand commerce que les Marchands Lombards y ont long-tems exercé, & qu'ils ont enseigné aux Habitans de cette Ville fameuse, qui l'ont porté encore plus loin qu'eux, mais avec plus de bonne foi & de probité.

LOMBARD. L'on appelle encore à Amsterdam la Maison des Lombards, une maison où tous ceux qui sont pressés d'argent en peuvent trouver à emprunter sur des effets qu'ils y laissent pour gages. On y reçoit des joyaux, des bagues, des montres, des meubles, enfin de tout, jusqu'à des chemises, & autres menues hardes sur lesquels on prête de l'argent.

Il y a dans les Lombards des Receveurs & des Estimateurs; les Estimateurs estiment la valeur du gage qu'on porte, à peu près à son juste prix; mais on ne donne dessus que les deux tiers, comme 200 florins sur un gage de 300, l'on délivre en même tems un billet qui porte l'interêt qu'on en doit payer, & le tems auquel le gage doit se retirer.

Quand ce tems est passé, le gage est vendu au plus offrant & dernier encherisseur, & le surplus, le prêt & l'interêt préalablement pris, est rendu au propriétaire.

Le moindre interêt que l'on paye à la maison des Lombards est de six pour cent par an, & plus le gage est de moindre valeur, plus l'interêt est grand, en sorte qu'il va quelquefois jusqu'à vingt pour cent.

DU LOMBARD, OU BANQUE D'EMPRUNT D'AMSTERDAM.

Ce qu'on a dit de cette Banque dans l'article ci-dessus, ayant été tiré d'un Mémoire bien moins ample que ce que le sieur Jean-Pierre Ricard en a donné dans son Traité du Négoce d'Amsterdam de la derniere édition (1722) on acru ne devoir pas envier au Lecteur la satisfaction de voir comme en parle un si habile Auteur.

La maison des Lombards appellée en Hollandois *Bank-van-leeninge*, ce qui signifie en François *Banque d'emprunt*, est un grand bâtiment que les Régens des pauvres avoient fait bâtir en 1550 pour leur servir de magasin. Ils le cederent à la Ville en 1614, pour y établir une banque où tous ceux qui auroient besoin d'argent, pourroient en avoir sur les gages qu'ils y apporteroient; aussi n'y a-t-il rien quelque précieux ou quelque vil qu'il puisse être, pourvu qu'il soit vendable & prisable, surquoi on n'y puisse emprunter de l'argent; & l'on y peut porter depuis les diamans du plus grand prix, jusqu'aux moindres ustenciles de ménage & aux hardes les plus médiocres, & souvent les plus vieilles.

L'intérêt de la somme qu'on emprunte se paye, sçavoir au dessous de cent florins, à raison d'un pennin par semaine de chaque florin, ce qui revient par an à $16\frac{1}{4}$ pour cent.

Depuis 100 jusqu'à 500 florins, on paye l'intérêt à raison de 6 pour cent par an.

Depuis 500 florins jusqu'à 3000, l'intérêt se paye à 5 pour cent par an.

Et depuis 3000 jusqu'à 10000 florins & au dessus, l'intérêt n'est qu'à raison de 4 pour cent par an.

Les particuliers qui y ont porté leurs effets, peuvent les retirer quand il leur plaît, en restituant la somme qu'ils ont reçue avec l'intérêt jusqu'au jour qu'ils la retirent, avec exception que comme l'intérêt en doit être payé par mois, il faut payer l'intérêt du mois dans lequel on est entré, ce qu'on évite en retirant ses effets justement à la fin du mois.

Si ceux qui y ont des effets ne les retirent pas au bout de l'an & six semaines, ou qu'ils ne prolongent pas le terme du payement en payant l'intérêt de l'année écoulée, le Lombard les fait vendre à l'enchere, & garde ce qui en provient de plus que la somme prêtée, les frais & intérêts déduits, pour le rendre aux propriétaires s'ils se présentent; & si un an après personne ne vient réclamer cet excédent, il est donné aux maisons des pauvres, d'où il n'y a plus d'esperance de le retirer.

Pour la commodité de ceux qui ne veulent pas être connus ni porter eux-mêmes leurs effets au Lombard, il y a plusieurs petits Bureaux établis par la Ville avec cette Inscription devant la porte: *Hier gaatmen in de Bank van leeninge*, c'est-à-dire, Par ici on va au Lombard. Les Commis établis dans ces Bureaux font serment au Lombard, & sont obligés d'y porter chaque jour les effets qu'on leur remet, recevant du Lombard 8 s. de chaque cent florins qu'ils prêtent sur les effets qu'ils y portent. L'engagement de tout ce qui passe par ces Bureaux, se fait au nom du Commis qui délivre l'argent à celui qui a porté les gages, avec un billet du Lombard, qui contient le nom du Commis, la qualité de la chose sur laquelle on a pris l'argent, & la somme qu'on y a avancée dessus.

Si on perd ce billet & qu'on veuille réclamer les effets en restituant la somme empruntée, on n'en est pas cru sur sa parole, & on ne peut les retirer qu'en donnant de bonnes cautions qu'on les rendra, s'il se trouve que le billet ait été cedé à un autre qui le vient réclamer dans la suite. Mais si le billet étant perdu ou même ayant été dérobé, celui qui l'a pris ou trouvé, vient demander les effets en payant l'argent qui a été prêté dessus; avant que le propriétaire se soit apperçu de la perte ou du vol de son billet : le Lombard les rend toujours à celui qui est le porteur de ce billet sans autre information, & le propriétaire est déchu du droit qu'il avoit de réclamer ses effets du Lombard.

Les ventes publiques que l'on fait dans cette maison se font pendant trois jours de chaque semaine. Toutes sortes de personnes y sont bien reçues à l'enchere, & même celles qui y sont connues y ont crédit pour trois mois, particuliérement pour les diamans & autres pierreries.

S'il arrive, comme en effet il arrive fort souvent, que les hardes, marchandises ou bijoux déposés au Lombard ayent été volés, ceux à qui ils appartiennent l'ayant découvert, peuvent les réclamer en prouvant qu'ils leur ont été pris, en donnant caution de la valeur, & restituant la somme qui avoit été prêtée dessus.

Tous les Officiers & Commis du Lombard sont payés par la Ville ; les uns tiennent le contrôle des hardes & en font l'estimation, d'autres le contrôle des marchandises, d'autres encore celui des joyaux & de la vaisselle d'argent. Pour cet effet il y a trois magasins dont les estimateurs sont responsables du prix auquel ils ont estimé les choses qui y entrent, en cas qu'elles soient vendues au dessous de l'estimation qu'ils en ont faite.

Enfin les sommes dont le Lombard a besoin se tirent de la Banque, & tous les profits qui en proviennent sont destinés pour l'entretien des Hôpitaux d'Amsterdam ; ce qui a été le principal motif de cet établissement, outre que l'argent de la Banque qui sans cela ne rapporteroit rien, est d'une grande utilité pour les pauvres, sans que la sureté publique y soit interessée en aucune maniere.

LOMBART. C'est aussi le nom que l'on donne dans les papeteries & dans le commerce du papier, à une des moyennes sortes de papier propre à l'impression. *Voyez* PAPIER.

LON

LONCHANS, en Bourgogne. Ses Fabriques de laine sont peu considérables. *Voyez* l'Etat général, Tome I. page 125.

LONCLOATH. Toiles de coton blanches ou bleues que l'on tire de la Côte de Coromandel. Elles ont ordinairement soixante & douze cobres de longueur, sur deux cobres & un quart de large, le cobre faisant dix-sept pouces & demi de France.

Les Anglois & les Hollandois en enlevent beaucoup pour leur commerce d'Inde en Inde, particuliérement pour envoyer à Manille.

LONDRES, Capitale de l'Angleterre. *Voyez* ce qui est dit du Commerce, dans l'Etat général, Tome I. page 251 *& suiv.*

LONDRES. Espece de draps de laine destinés pour le négoce du Levant ; ils se manufacturent en France, particuliérement en Provence, Dauphiné, & Languedoc.

L'origine du nom de Londres que l'on donne à ces draps paroît être la même que celle des draps londrins. *Voyez* LONDRINS.

Les draps londres se distinguent en londres larges & en londres.

Les londres larges doivent être fabriqués avec le refleuret de la laine de Languedoc, bas Dauphiné, Gandie, Roussillon, grand Albarazin & autres de pareille qualité ; ils doivent avoir deux mille quatre cent fils en chaîne & être faits dans des rots de deux aunes un huit, pour revenir au retour du Foulon à la largeur d'une aune un quart entre les lisieres.

Ces mots *Londres larges*, doivent être marqués au chef & premier bout de chacune piece.

Ceux appellés simplement Londres doivent être manufacturés avec le fleuret de la laine de Languedoc, bas Dauphiné, Roussillon, Gandie, petit Albarazin ou autre de semblable qualité ; leur chaîne doit être composée de deux mille fils & montée dans des rots de deux aunes, pour être au retour du Foulon d'une aune & un sixiéme de large entre les lisieres. Le mot de *Londres*, doit être mis au chef & premier bout de chaque piece. *Art. 4 & 5 du Réglement fait pour les draperies destinées pour le Levant le 20 Novembre 1708.*

LONDRINS. Draps de laine qui se fabriquent en France, particuliérement en Languedoc, en Provence & en Dauphiné, dont la destination est pour les Echelles du Levant.

Il y a toute apparence que ces sortes de draps ont pris leur nom de la Ville de Londres en Angleterre ; les Anglois ayant été long-tems avant les François en possession de faire le négoce de draperie en Levant ; en sorte que l'on peut dire avec quelque certitude que les Anglois sont les inventeurs de ces sortes de draps, & que les François en sont les imitateurs.

Il se fait de deux especes de londrins, les uns appellés Londrins premiers, & les autres nommés Londrins seconds.

Les londrins premiers doivent être fabriqués tout de laine prime Ségovie, tant en tréme qu'en chaîne ; la chaîne doit être composée de trois mille fils, & faite dans des rots de deux aunes, pour revenir au retour du Foulon à la largeur d'une aune & un quart entre les deux lisieres.

Ces mots *Londrins premiers*, doivent être marqués au chef ou premier bout de chaque piece.

Les londrins seconds doivent être faits de laine soria ou autre de semblable qualité pour la chaîne & de seconde Ségovie pour la tréme : cette chaîne doit être composée de deux mille six cens fils au moins dans des rots de deux aunes moins un seize, pour avoir au retour du Foulon une aune un sixiéme de largeur entre les lisieres. Les mots de *Londrins seconds*, doivent être mis au chef & premier bout de chaque piece. *Réglement concernant les draps qui se manufacturent pour le Levant du 20 Novembre 1708, art. 2. & 3.*

LONG-COURS. On appelle Voyages de long-cours ceux que les vaisseaux Marchands font au delà de la Ligne. *V.* VOYAGES DE LONG-COURS. *Voyez aussi l'article des Compagnies de commerce.*

LONGES. Terme de Carrier. Ce sont de moyens cordages avec lesquels les Carriers font des ances aux mannes ou paniers d'osier dont ils se servent pour vuider les trous, quand ils ouvrent une nouvelle carriere. C'est à ces longes que s'accroche le crochet du cableau. *Voyez* MANNES.

LONGUEUR. Dimension des corps considerés par leur plus grande étendue.

Dans la mesure des étoffes sa longueur se prend du chef à la queue, c'est-à dire, d'une entrebatte à l'autre.

Cette longueur n'est pas arbitraire, & les Manufacturiers doivent se conformer à ce qui en a été ordonné par les Réglemens.

Les longueurs des étoffes de laine sont fixées par le Réglement de 1669 & par divers Réglemens particuliers, comme ceux pour la sergetterie de Beauvais, pour la sayetterie d'Amiens, pour la draperie de Sedan, d'Elbœuf, d'Abbeville, &c. Les Réglemens pour les longueurs des étoffes de soie sont de l'année 1667; un pour Paris, un pour Lyon & un autre pour Tours : enfin les Réglemens pour la longueur des toiles sont des années 1676, 1680, 1682, 1684, 1693, 1700, 1701 & 1716. *Voyez l'article des Reglemens.*

LONGUIS. Ce sont des taffetas des Indes à carreaux. *Voyez* TAFFETAS DES INDES.

LONTOR, nom d'une des Isles comprises sous le nom de Banda. *Voyez* le commerce de ces Isles dans l'Etat général, Tome I. page 467.

LOO

LOOPEN. Mesure pour les grains dont on se sert à Riga. Les 46 loopens font le last de cette Ville; ils font aussi le last d'Amsterdam.

LOOPER. Mesure des grains dont on se sert dans quelques lieux de la Province de Frise, particuliérement à Groningue, Leeuwarden & Haarlingen. Trente-six loopers font le last de ces trois Villes, qui est de 33 mudes; ils font aussi 3 hoeds de Roterdam.

LOOT. C'est ainsi qu'on nomme à Amsterdam la trente-deuxiéme partie de la livre poids de marc. Le loot se divise en dix engels, & l'engel en 32 as. *Voyez* LIVRE.

LOQ

LOQUIS. On nomme ainsi sur les Côtes d'Afrique, particuliérement au Sénégal, une des sortes de Verroterie qui entrent dans le commerce que les François y font avec les Négres. Les loquis sont rouges en forme de petit cylindre ou de canon. *Voyez* VERROTERIE.

LOR

LORMERIE. Ouvrage de Lormerie. Sous ce mot sont compris tous les menus ouvrages de fer, comme gourmettes de chevaux, trourots des brides, anneaux de licols & autres semblables, qu'il est permis aux Maîtres Cloutiers-Lormiers de la Ville & Fauxbourgs de Paris, de forger & fabriquer. *Voyez* CLOUTIERS.

LORMERIE. On appelle aussi de la sorte tous les différens ouvrages que forgent & vendent les Maîtres Eperonniers, comme mords, éperons, cavessons, étriers, mastigadons, cavesines, filets, & autres semblables choses servant aux brides & harnois des chevaux, soit de selle, de carosse ou de charois, soit de tous autres animaux propres à la monture ou au tirage.

Il vient quantité de cette lormerie de Normandie, particuliérement de Vire & de l'Aigle; mais le bel ouvrage ne se fait que par les Maîtres Eperonniers de Paris. *Voyez* EPERONNIERS.

LORMIER, qui fait des ouvrages de lormerie. Les Cloutiers, Selliers & Eperonniers sont qualifiés dans leurs Statuts & Lettres de maîtrise, Maîtres Lormiers, parce qu'il est permis aux Maîtres de ces trois métiers qui composent trois différentes Communautés d'Artisans à Paris, de faire des ouvrages de lormerie; aux deux premiers sans se servir de lime ni d'estoc; & aux derniers en les limant & polissant.

LORRAINE, Duché souverain de l'Europe. On divise ordinairement la Lorraine en deux parties : en Lorraine proprement dite, & en Duché de Bar. *Voyez* ce qui est dit de ses Manufactures & de ses productions, dans l'Etat général, Tome I. page 225.

LOT

LOT. Portion d'une chose divisée en plusieurs parties, pour être partagée entre plusieurs personnes.

La plupart des Communautés des Arts & Métiers, sur tout si ce sont de simples artisans, ont coutume de diviser en lots les marchandises qui arrivent dans leurs chambres ou bureaux, afin d'ôter toute préference, & que le hazard en décidant la bonne ou médiocre marchandise tombe également aux anciens & nouveaux Maîtres, aux pauvres & aux riches.

Quelques Communautés ont des Lottisseurs chargés d'égaler les lots, & de regler les retours qui peuvent être dûs par ceux à qui tombent les meilleurs lots.

Pour donner un exemple de ce qui compose un lot. Voici ce qui se pratique pour les Lottisseurs des Courroyeurs, ce qui se fait à proportion dans le lottissage des autres Communautés. Les gros cuirs se lottissent un à un quand il y a beaucoup de Courroyeurs qui en veulent & peu de cuirs. Les vaches ou les veaux se lottissent deux à deux en observant de les egaler autant que l'on peut. *Voyez ci-après les articles* LOTTIR, LOTTISSAGE, LOTTISSEURS.

Les Compagnies de Commerce, comme en France celle des Indes Orientale, vendent le plus ordinairement leurs marchandises par Lots. Ainsi on dit : Un Lot de mousselines, un Lot de coton, un Lot de porcelaines; non pas que ces marchandises se lottissent, c'est-à-dire, se tirent au sort, mais parce qu'on les partage comme en Lot.

LOT. Se dit aussi en terme de Lotterie de la part en argent, en bijoux, en meubles, en marchandises, ou en autres tels deniers dont est composée une lotterie que le hazard fait tomber à quelques uns de ceux qui y ont mis, tandis que les autres n'ont aucun profit.

On appelle gros lot celui qui est le plus considérable de tous. Le gros lot de la lotterie Royale, qui fut tirée sous le Regne de Louis XIV. étoit de cent mille livres. *Voyez* l'article des lotteries.

LOT. On appelle aussi de la sorte dans la pêche de la morue, la part que l'équipage de chaque Bâtiment doit avoir dans le poisson qui a été pêché. En quelques endroits, comme à Saint-Malo, c'est le cinquiéme; en d'autres comme à Nantes, c'est le tiers. Le lot qu'on donne aux Matelots après la pêche, & le pot de vin qu'on leur avance avant de partir, leur tient lieu de tous salaires. *Voyez* l'article de la Morue, où il est parlé de la pêche qui s'en fait par les Malouins & les Nantois.

LOTTERIE. Espece de Blanque composée d'un grand nombre de billets, dont quelques-uns s'appellent billets noirs, & apportent du profit à ceux à qui ils échoient; & la plupart sont nommés billets blancs & ne donnent aucun gain.

Ces billets noirs ou blancs, qu'on achete ordinairement une somme assez modique, se distribuent au hazard à ceux qui sont interessés à la lotterie : les lots qui arrivent aux plus heureux, se payent sur les fonds qui proviennent des actions que chaque particulier y a prises : à l'égard de ceux qui n'ont point de lots, ils en sont quittes pour les petites avances qu'ils ont faites en achetant leurs billets, & pour la mortification d'en voir d'autres plus fortunés qu'eux.

Les lotteries qui dans leur premiere institution, n'étoient qu'un simple jeu, sont devenues dans la suite, & particuliérement dans le dernier siécle & dans celui qui court, une espece de commerce où les Souverains ont trouvé des ressources, soit pour réparer leurs finances épuisées par de longues guerres, soit pour acquitter les dettes de l'Etat; soit enfin pour soutenir des établissemens utils au Public, ou pour achever des Basiliques & des Eglises, aux dépenses desquelles les biens des plus riches particuliers n'auroient pu suffire.

On dira dans la suite un mot de ces divers ouvrages, où l'on a employé une partie des fonds des Lotteries, & des différens objets qu'ils ont eu en France dans les derniers tems.

Il y a apparence que les lotteries nous viennent des Romains, & les libéralités qui se faisoient ordinairement au Peuple à la fin des spectacles n'étoient autre chose; puisqu'elles se distribuoient au hazard comme les billets des nôtres; & que les lots comme chez nous y étoient différens; les uns riches; les autres peu importans: il est vrai qu'il n'en coutoit rien aux particuliers, tout s'y faisant aux dépens des Empereurs, des Consuls, des Tribuns ou des autres Grands Magistrats de Rome, à qui le Peuple étoit redevable de ces spectacles.

Entre ces especes de Lotteries dont l'Histoire nous a conservé la mémoire, celles d'Agrippa, de Néron, de Titus & de Stella, passent pour les plus considérables, particuliérement celles des deux Empereurs.

Les lots les plus riches consistoient en esclaves, en or & en argent, soit en masses, soit en especes, en vases précieux, en terres labourables, en vaisseaux & en maisons, dont plusieurs pouvoient passer pour de vrais palais; les moindres lots étoient toutes sortes de mets rares & exquis, des habits superbes, des bœufs, des chariots & des chevaux.

Toutes ces choses s'écrivoient sur des bulletins ou sur des pieces de bois carrées, assez semblables à nos dez, qui ensuite se jettoient au milieu du Peuple, & ceux qui étoient assez heureux d'en attraper quelques-uns, étoient exactement payés des choses portées par le bulletin qui leur étoit échu. C'étoit aussi une espece de lotterie, que ces lots écrits sur des coquilles, qu'on dit qu'Heliogabale, ce Prince la honte de l'Empire Romain, distribuoit à ses Commis à la fin des repas, ou plutôt des infâmes débauches où il les avoit appellés. En effet, on ne peut rien de plus inégal que ces lots que donnoit le hazard; puisque les uns ne trouvoient que des mouches, tandis que les autres avoient de beaux chevaux; qu'à ceux-ci il écheoit dix livres d'or, & à ceux-là seulement dix laitues: & que quelques-uns y avoient des mets délicieux, lorsque d'autres n'y avoient que de la chair de vache ou un morceau de quelque chair morte, ce qui revient assez à l'inégalité des lots de nos lotteries modernes.

Des Romains les lotteries ont passé aux Italiens, & tout le monde a entendu parler de cette fameuse lotterie de Gennes, où l'on diroit que toute l'Europe s'empresse à contribuer pour enrichir un seul bien-heureux; aussi-bien que celles de Venise, qui comme la lotterie de Gennes n'ont qu'un seul lot; mais si riche, qu'il suffit d'y être heureux une fois en sa vie pour n'avoir plus rien à désirer.

Il seroit sans doute curieux de découvrir qui a porté cette sorte de jeu de hazard en Egypte & au Caire, s'il est pourtant vrai ce que rapporte un unique Auteur (Sauval dans une Dissertation sur les lotteries qu'il a mise à la fin de ses Antiquités de Paris) si, dis je, il est vrai qu'on fait tant d'état des lotteries en Egypte, sur-tout au Grand Caire, qu'on n'y vend quasi rien que par leur moyen; & qu'elles font presque tout le commerce de cette grande Ville, avouant ingenuement qu'on n'a rien lû de pareil dans ce grand nombre de Mémoires & de voyages qu'on a parcourus, pour former les articles du Commerce du Caire, qui sont au commencement de ce Dictionnaire.

A l'égard de la France, c'est au même Laurent Tonti de la Ville de Naples, qui nous a donné l'invention des Tontines, dont je parlerai à leur propre article, que nous sommes redevables des lotteries.

Cet Italien n'ayant pu faire réussir à Paris ces Sociétés viageres qui ont pris son nom, qui cependant ont si bien réussi de nos jours, proposa ces lotteries en *1656*, que quelques-uns croyent pourtant avoir été apportées à Paris dès l'année *1644*, par le nommé de Chuyes Lyonnois d'origine, & Batteur d'or de profession, qui, dit-on, en avoit obtenu des Lettres Patentes dès la même année.

Quoi qu'il en soit de leur véritable Auteur, n'étant pas certain qu'aucun des deux l'ait été; puisque si on lit avec attention ce que Pasquier dit de la Blanque dans ses recherches, qui n'étoit rien autre chose qu'une vraie lotterie, que cet Auteur attribue aussi aux Italiens, on voit que les lotteries étoient établies en France un siécle entier avant qu'on n'y eût vu ni de Chuyes, ni Tonti: Quoi qu'il en soit, dis-je, du véritable Auteur des lotteries, elles furent d'abord annoncées sous le nom de Blanques Royales & de nouveau commerce en argent; & il en fut établi une en *1657*.

Cela n'ayant pas réussi, il s'en fit une en *1658* en faveur des Hôpitaux Généraux de France, qui eut un meilleur succès, & c'est la date de celle-ci qu'on peut regarder comme l'époque du premier établissement des lotteries de France.

Les billets de cette premiere lotterie furent de deux écus, les fonds devoient être de six cent mille livres; mais ils ne passerent pas cent mille francs. Elle fut tirée en public & en présence des Magistrats de Police, ce qui depuis a toujours été observé dans les lotteries ouvertes en conséquence des Lettres Patentes de Sa Majesté.

La liste des lots qui avoient si subitement & à si bon marché enrichi plusieurs particuliers, ayant été imprimée & répandue dans Paris, l'esperance du Peuple & sa cupidité en furent tellement flattées, que l'on ne vit plus que de nouvelles lotteries; & que la Cour, la Ville & les Provinces en furent bien-tôt inondées. Cependant comme presque toutes avoient été ouvertes sans autorité, & que d'ailleurs il s'y commettoit quantité d'abus, elles furent défendues, & inhibitions furent faites d'en ouvrir à l'avenir aucune sans permission expresse de Sa Majesté.

Le goût des lotteries, qui pour ainsi dire n'avoit été que suspendu, se fit revoir vingt ou vingt cinq ans après avec la même vivacité, & ce fut alors que se fit la grande Lotterie du Roi Louis XIV. dont les billets furent d'un Louis-d'or, & le gros lot de cent mille livres.

On remarquera seulement à l'égard de cette célebre Lotterie, que la fortune de ce grand Prince, qui l'avoit toujours accompagnée dans tant de glorieuses entreprises de guerre, se déclara encore pour lui au milieu de ses jeux, en lui faisant tomber le gros lot que ce Monarque remit néanmoins dans une seconde Lotterie, où il ne prit aucuns billets, afin que ses Peuples pussent seuls profiter de son bonheur, & partager entr'eux le present que le hazard lui avoit fait.

C'est depuis ce tems que se sont ouverts à Paris tant de différentes Lotteries, dont l'usage plein de pieté & d'utilité pour l'Etat, a, pour ainsi dire, levé le scrupule de plusieurs personnes, qui avoient peine à approuver un pur jeu de hazard, si capable d'exciter & d'entretenir la cupidité; & c'est aux secours qu'on y a trouvé, que Paris a été redevable en partie de la nourriture de ses pauvres dans les tems difficiles, & de l'entretien de plusieurs de ses Communautés & de ses Maisons Religieuses, prêtes à succomber sous la derniere misere, sans compter tant d'Eglises ou réparées, ou nouvellement construites, ou entiérement achevées; telles que sont entr'autres les Théatins, les Filles de Saint Thomas, & particuliérement la magnifique & étonnante structure de Saint Sulpice, que nous voyons presque achevée à l'aide des Lotteries, que Louis XV présentement regnant, lui a accordées dès le commencement de son regne; & qu'il y a apparence que ce Prince lui continuera jusqu'à ce qu'elle soit conduite à sa derniere perfection.

Les Lotteries n'ont pas moins fourni de ressources à l'Etat qu'à nos pauvres & à la fabrique de nos Eglises; & l'on se souvient encore de celles qui furent tirées sur la fin du dernier siécle & au commencement de celui-ci, surtout pendant le plus grand feu des guerres que Louis XIV eut à soutenir contre toute l'Europe conjurée à la perte de la France.

En effet, quelques-unes de ces Lotteries servirent à consommer & à retirer du Public une partie des papiers royaux que la nécessité avoit produits, & que le bien du commerce ne pouvoit plus souffrir; les autres produisirent de grandes sommes d'argent comptant dans les coffres du Roi, qui ne lui couterent que quelques rentes viageres, qui en composoient tous les lots: Toutes enfin apporterent du soulagement au besoin de l'Etat, & l'on trouva dans la contribution volontaire de ceux qui mirent à ces Lotteries, des secours que des impositions plus onereuses, ou peut-être plus odieuses, n'auroient pû produire si promptement.

Enfin pour conduire l'histoire de nos Lotteries Françoises jusqu'à présent, la Compagnie des Indes a fait en 1724 & 1725 deux fameuses Lotteries, également ingenieuses & utiles, composées partie d'argent comptant & partie d'Actions, ou de dixiémes d'Actions, par lesquelles elle a retiré une très grande quantité de ces mêmes Actions dont le Public étoit trop surchargé: il est vrai, qu'afin d'être en état de les plutôt remplir, elle avoit obtenu le privilége exclusif de faire seule des Lotteries, mais il lui fut ôté presque aussi-tôt, le Roi ne lui ayant laissé que la liberté d'en faire lorsque les Directeurs le jugeroient nécessaire au bien de son commerce, & seulement après en avoir obtenu la permission de Sa Majesté, ainsi que sont tenus de faire tous les autres Particuliers.

L'on ne dira rien ici des Lotteries d'Angleterre & de Hollande, qui ont eu toutes le même objet que nos Lotteries Françoises, c'est-à-dire, à l'égard des Angloises, pour y trouver des fonds assurés pour leurs Subsides & le soutien de leurs Compagnies; & à l'égard des Hollandois, pour aider à la Republique à acquitter une partie des dettes incroyables où ses longues Guerres avec la France l'avoient engagée.

Ce seroit ici le lieu de dire quelque chose de la maniere d'ouvrir, de conduire & de tirer une Lotterie; mais comme tout cela est extrêmement connu, on se contentera de faire, en finissant cet article, une courte description de l'ingénieuse machine qui a été inventée pour tirer les billets d'une Lotterie promptement & surement.

Avant qu'on se fût avisé de cette machine, les billets noirs qui composoient les lots se mêloient avec le grand nombre de billets blancs qui ne devoient apporter aucun profit. Alors, montassent-ils tous ensemble à un million de billets, il falloit les tirer les uns après les autres, suivant l'ordre des numeros qui se trouvoient dans les Registres, ce qui occupoit un grand nombre de séances, & étoit sujet à de grands inconvéniens.

Présentement les billets noirs & les billets blancs ne sont plus mêlés ensemble: ils se mettent séparément dans deux especes de roues creuses en dedans, garnies de glaces entre leurs rayes, qui se tournent chacune par le moyen d'une manivelle. On comprend assez que la roue des billets blancs est plus grande que celle des billets noirs, comme en devant contenir une plus grande quantité que l'autre.

Sur les billets noirs sont écrits les lots comme à l'ordinaire, & les blancs sont remplis de tous les numeros & des devises qui ont été enregistrés.

Lorsqu'on veut tirer la Lotterie, on emplit chaque roue des billets qui lui conviennent, c'est-à-dire, la grande des billets blancs & la petite des billets noirs; ensuite ayant été l'une & l'autre suffisamment agitées par le moyen de leur manivelle, on ouvre la porte de la grande, & un enfant en tire un billet, qu'une personne ouvre à l'instant à la vûe de tout le monde, & dont il lit le numero & la devise, qui sont aussi-tôt enregistrés par deux Greffiers qui ont chacun leur Registre.

Après cela la petite roue s'ouvre à son tour, & un autre enfant en tire pareillement un billet dont l'ouverture & la lecture se fait comme de l'autre, & le lot qu'il contient est ajouté sur les Registres, au numero qui y a été enregistré; ce qui se renouvelle jusqu'à ce que la petite roue soit entiérement vuidée, & par conséquent tous les lots distribués, en observant de tourner & ressasser souvent les billets de l'une & l'autre roue, surtout à chaque fois qu'on les veut ouvrir pour en tirer quelqu'un.

Il n'est pas nécessaire de dire que ce qui reste de billets dans la grande roue est tout-à-fait inutile, & ne contiennent que des numeros de rebut & que la fortune n'a pas voulu favoriser. On comprend aussi assez combien cette maniere de tirer une Lotterie, est courte & aisée en comparaison de l'ancienne, n'y ayant dans celle-ci que les billets noirs qui se tirent & qui peut se faire en peu de séances, & l'autre en occupant beaucoup, parce qu'il y falloit tirer & billets blancs & billets noirs réunis ensemble.

LOTTIR. Faire des lots. Presque tous les Artisans qui sont en Corps de Jurande font Lottir les marchandises foraines; il y a même dans leurs Statuts des articles qui ordonnent aux Marchands Forains

Forains de faire descendre toutes celles qu'ils amenent à Paris dans les Chambres & Bureaux des Communautés, non seulement pour y être visitées par les Jurés, mais encore pour y être lotties entre les Maîtres, ce qui se fait dans la forme & dans l'ordre suivant.

Les Lottisseurs, s'il y en a plusieurs; ou le Lottisseur, s'il n'y en a qu'un, partagent la marchandise foraine en autant de lots qu'il y a de Maîtres qui en désirent, s'il y en est arrivé une assez grande quantité pour cela, sinon en autant de lots que le peu qu'il s'en trouve peut le permettre.

Les lots faits & égalés autant qu'il est possible, chaque Maître, qui veut avoir part au lottissage, présente un jetton de cuivre où son nom est gravé d'un côté & une fleur de lys ou autre chose semblable de l'autre. Tous les jettons se mettent dans un sac, d'où après avoir été bien mêlés ils se tirent un à un, jusqu'à la quantité des lots qui ont été faits.

Les Maîtres dont les jettons ont été tirés, ont chacun un lot suivant l'ordre qu'il est sorti du sac, & ceux dont les jettons sont restés au fond de ce sac, s'en retournent sans marchandise, quand on n'a pas pû faire autant de lots qu'il y avoit de Maîtres.

Comme tous les lots ne peuvent jamais être tout-à-fait égaux, & qu'il faut que le Marchand retire le prix de sa marchandise, chaque lot est apprécié suivant sa qualité par les Lottisseurs, ensorte que tout le produit des lots monte à ce que vaut la marchandise en total.

LOTTISSAGE. C'est la division que l'on fait de quelque chose en diverses parts, pour être tirées au sort entre plusieurs personnes.

Ce terme n'est gueres d'usage que dans les Communautés de Paris qui font lottir les marchandises foraines qui arrivent dans leurs bureaux.

LOTTISSEMENT. C'est la même chose que Lottissage. Ce terme est très nouveau, & l'on ne se souvient pas de l'avoir lû dans aucun Réglement, avant celui du 4 Mars 1724, pour les verres à vitres destinés à la fourniture de Paris, où l'on dit toujours Lottissement, & jamais Lottissage. *Voyez* ce dernier article.

LOTTISSEUR. Celui qui fait le partage & la division des lots.

La plupart des Communautés qui font lottir les marchandises ont des Lottisseurs choisis d'entre les Maîtres de la Communauté; il y en a quelques-unes qui ont des Lottisseurs en titre d'Office, entr'autres celle des Courroyeurs & autres Artisans qui vont enlever les marchandises propres à leur métier, à la Halle aux Cuirs de Paris.

Ces Lottisseurs de cuirs sont au nombre de trois créés par Edit du mois de Juin 1627, avec attribution de droits à leur profit, pour chaque cuir qu'ils lottissent. *Voyez* COURROYEUR.

LOU

LOUCHET. Espece de pelle de fer très étroite, dont on se sert dans les Sucreries & Rafineries pour grater le sucre qui s'attache aux bords des canots. *Voyez* l'article du SUCRE.

LOUDIER, ou LODIER. Le Dictionnaire de l'Académie dit Lodier, les Tarifs toujours Loudier. *Voyez* LODIER.

LOUDUN, Ville de France en Touraine. L'on y fabrique différentes étoffes de laineries. Il s'y fait aussi de grosses dentelles. *V.* l'Etat général, Tome I. page 92.

LOUER. Prendre ou donner à louage des terres, des vignes, des maisons, & autres immeubles. Il se dit aussi des meubles, des voitures, des bestiaux, & encore des personnes & de leur travail.

Dans tous ces sens on dit dans le Commerce, Louer une boutique, un magasin, une échope, une place aux Halles, ou une loge à la Foire de Saint Germain; ce que font tous les Marchands suivant leur négoce.

Louer des meubles & des habits, ce qui est du trafic des Maîtres Tapissiers & des Maîtres Fripiers.

Louer un carosse, une litiere, un cheval, une place dans une voiture publique, ce qui appartient aux Voituriers, Messagers, Carossiers, Loueurs de chevaux, & Maquignons.

Enfin, Louer des Compagnons, des Garçons, des Gens de journée, ce que font les Maîtres des Communautés des Arts & Métiers.

On parle dans divers articles de ce Dictionnaire des conditions sous lesquelles toutes ces choses doivent se louer, conformément aux Réglemens & aux Statuts particuliers. *Voyez les articles des Voitures, Voituriers, & des Corps & Communautés des Arts & Métiers.*

LOUEUR. Celui qui donne quelque chose à louage. On le dit particuliérement des Loueurs de chevaux & des Loueurs de carosses. *Voyez* VOITURE, CHEVAL, & CAROSSIER.

LOUIS. Monnoie d'or qui se fabrique & qui a cours en France.

Quoique l'écu blanc qui est une monnoie d'argent, s'appelle aussi Louis blanc ou Louis d'argent, & qu'il y ait pareillement des Louis de cinq sols aussi d'argent. Quand on dit simplement un Louis, on l'entend toujours du Louis d'or.

On a parlé du Louis blanc ou d'argent, à l'article de l'écu, & l'on parlera à la fin de cet article du Louis de cinq sols.

Les Louis d'or ont été ainsi appellés de Louis XIII, sous le regne duquel ils furent premierement frappés.

Ce Prince par son Edit du dernier Mars 1640, en ordonna la fabrication à la taille & au remede portés par les Ordonnances pour les écus d'or, & au titre des pistoles d'Espagne.

Ce fut le celebre Varin, le plus habile des Graveurs modernes, & qui peut-être ne l'a point cédé aux anciens, qui en fit les poinçons & les coins.

Sous le regne de Louis XIV, fils & Successeur de Louis XIII, & sous celui de Louis XV, son arriere-petit-Fils, leur nom leur fut bien conservé, mais non pas leur premiere valeur.

Ces especes n'avoient d'abord été frappées que sur le pied de 10 livres piece; mais dès l'année 1648 le peuple les faisant valoir 12 livres, Louis XIV, ou plutôt la Reine Anne d'Autriche sa mere & la Régente du Royaume, les remit à leur ancien prix par une Déclaration du 20 Mars 1652, & depuis par une nouvelle Déclaration du 8 Avril 1656, les fixa à 11 livres.

Les Louis d'or demeurerent assez long-tems sur ce pied-là; mais les guerres presque continuelles que la France a entreprises ou soutenues depuis 1672, & les besoins de l'Etat y ont apporté jusqu'ici (1718) tant & de si divers changemens que le détail en seroit moins utile ou curieux qu'il ne deviendroit ennuyeux ou superflu. On remarquera seulement que sous le regne de Louis XIV, les Louis d'or n'ont pas valu au-delà de 20 livres, & que dès le commencement de celui de Louis XV, ils ont été poussés jusqu'à 30 livres, & ensuite jusqu'à 36, & même bien au-delà; avec cette différence néanmoins que dans quelqu'une des dernieres fabrications le poids a été augmenté à proportion du prix, ce qui n'avoit été que point ou peu observé dans les augmentations arrivées sous le Regne précédent.

Les Louis d'or, tant de l'ancienne fabrication que de la nouvelle, ont leurs diminutions & leurs augmentations. Au dessous du Louis d'or il y a le demi-Louis qui n'en vaut que la moitié; & au dessus le double Louis & le quadruple, l'un qui vaut deux Louis, & l'autre quatre.

Ces divisions n'ont été ainsi reglées parfaitement que par l'Edit du mois de Décembre 1689. Celui de 1640, qui en avoit ordonné la fabrication, ne parlant point de demi-Louis, & le Louis alors n'étant que de cinq livres, & le double-Louis de dix livres, qui depuis a été le Louis.

Sous Louis XIII, l'empreinte d'effigie du Louis étoit la tête de ce Roi avec son nom; & pour empreinte d'écusson une croix composée de huit L addossées & couronnées avec la légende, *Christus Regnat, Vincit, Imperat.* Sous le Regne de Louis XIV, ce revers a été changé autant de fois qu'il y a eu de nouvelles refontes; & l'on a de plus ajouté un cordon sur la tranche, pour en empêcher l'alteration & la rognûre.

Enfin sous le Regne de Louis XV, l'empreinte d'écusson des Louis de trente livres a été composée de quatre écussons couronnés & cantonnés d'autant de fleurs de lys; les écussons mis en croix, deux aux armes de France & deux avec celles de Navarre; & du côté de l'effigie le buste du jeune Roi avec la couronne Royale en tête. A l'égard des Louis de trente-six livres, l'effigie porte une couronne de laurier, & l'écusson une espece de croix de Malte, chargée au milieu des armes de France. Ce revers a encore été changé depuis.

LOUIS DE CINQ SOLS. Petites especes d'argent, qui d'abord n'ont été fabriquées que dans les Monnoyes de France.

Le Louis de cinq sols est une diminution de l'écu de soixante sols; il en fait le douziéme. La fabrication en fut ordonnée en 1641, sous le Regne de Louis XIII, d'où aussi-bien qu'au Louis d'or lui fut donné le nom de Louis.

Louis XIV, par sa Déclaration du mois de Décembre 1690, lui donna cours pour cinq sols six deniers, & en ordonna une nouvelle fabrication sur ce pied, au titre & du poids à proportion que les écus de soixante-six sols frappés en conséquence de l'Edit du mois de Décembre 1689. *Voyez* ESCU BLANC.

Cette petite monnoie d'argent, dont le commerce a fait un si grand bruit dans toutes les Echelles du Levant vers le milieu du dix-septiéme siecle, s'y appelloit par les Turcs, des Timmins. L'empreinte en étoit si belle & si nette, qu'aussitôt que les Provençaux y en eurent porté, les Turcs ne voulurent plus d'autres especes. Des Marchands l'entêtement passa aux femmes, & bien-tôt toutes leurs coeffures & leurs habits en furent brodés.

Les François profitant de leur bonne fortune, faisoient prendre d'abord ces timmins pour dix sols, ce qui étoit gagner cent pour cent; ensuite ils baisserent à sept sols six deniers; & enfin en 1670 ils furent tout-à-fait décriés.

L'avidité des Marchands Européens, (car les Hollandois, les Genois & quelques autres Nations Chrétiennes avoient part à ce commerce aussi-bien que les François) fut cause de ce décri. Non contens du gain immense qu'ils faisoient en donnant de bonnes especes, ils s'aviserent de les altérer; & la mauvaise foi aussi-bien que la temerité allerent si loin, qu'on porta dans le Levant des louis de cinq sols qui n'étoient que de cuivre argenté.

Orange, Avignon, Monaco, Florence & plusieurs Châteaux de l'Etat de Genes furent les lieux où cette infâme marchandise se fabriqua pendant les dernieres de treize années que dura cet injuste commerce.

Pour remedier à ce désordre, & pour empêcher du moins que les François continuassent d'y avoir part, le Parlement de Provence donna un Arrêt le 22 Décembre 1667, qui défendit de faire le négoce du Levant autrement qu'avec les monnoies de France, d'Espagne, de Mourgues & de Dombes, & d'aller à l'avenir sous peine de la vie charger aucun louis de cinq sols à Genes & à Livourne, ou autres lieux de cette Côte.

Ce fut moins toutefois ce severe mais juste Arrêt qui arrêta le cours de cette fausse monnoie, que le décry que l'on en fit bien-tôt après dans tout l'Empire Turc, & les avanies certainement bien méritées, que ce malheureux commerce attira à ceux des Marchands Chrétiens qui le voulurent continuer. *Voyez l'article des Compagnies de négoce, à l'endroit où il est parlé de celle de Genes pour le Levant. Voyez encore l'Etat général du Commerce.*

LOUISIANE, ou MISSISSIPI, vaste Pays que les François occupent dans le Continent de l'Amérique Septentrionale. *Voyez* l'Etat général, Tome I. page 514, *& suiv.*

LOUNG. Drogue pour peindre en jaune, dont on se sert dans la Chine, à Camboya & en plusieurs autres lieux des Indes Orientales. Elle se trouve dans les Royaumes de Camboya & de Siam, où elle coute jusqu'à dix-huit taels le pic. Les Chinois qui la vont querir y gagnent presque cent pour cent, les revendant à Canton jusqu'à trente-deux taels.

LOUP. Espece de chien sauvage, dont le poil est long & un peu rude, tirant sur le gris-brun-sale mêlé de blanc, qui habite les bois & forêts. La femelle du loup se nomme Louve, & les petits de la louve s'appellent Louveteaux ou Cheans, suivant le langage des Chasseurs.

Il y a de deux sortes de loups, sans compter le loup cervier, dont il sera parlé ci-après dans un article separé.

La premiere espece est de ceux qu'on nomme Loups levriers, qui sont très legers, & qui vivent des animaux qu'ils chassent, & qu'ils attrapent à la course de la même maniere que les chiens qu'on appelle Levriers. La seconde espece qui est plus pésante, s'appelle Loups mâtins: ceux-ci se repaissent de charogne. L'un & l'autre sont fort farouches, grands & rablus, ayant une gueule affreuse fendue presque jusqu'aux oreilles, & garnie d'un double rang de dents accompagnées de longs crocs tranchans comme l'acier.

Le loup fournit pour le commerce, de deux sortes de marchandises, qui sont sa peau & ses dents. Sa peau revêtue de son poil, & préparée par le Pelletier ou par le Megissier, s'employe à faire des housses de chevaux de charroi, & quelquefois de grands manchons pour les gens de campagne.

On en fait aussi des gants de chasse, après en avoir fait tomber le poil par le moyen de la chaux, & qu'elle a été passée en huile à la façon du chamois, ou en mégie, autrement dit en blanc.

Ses dents qui sont fort dures & très polies font une portion du négoce des Marchands Merciers-Quincailliers, qui les vendent attachées à des manches de bois aux Orfévres, Graveurs & Doreurs, qui s'en servent à polir leurs ouvrages. Autrefois les Blanchisseuses s'en servoient aussi pour relever la broderie des points de France, & en lisser le fond.

Plusieurs prétendent que le boyau du loup bien desséché est un remede spécifique pour guérir de la colique néphrétique, en l'appliquant à nud autour des reins en guise de ceinture.

Les peaux de loup payent en France les droits d'entrée & de sortie à raison de 3 s. de la piece.

Les droits qu'elles payent à la Douane de Lyon sont de 8 s. 10 den. la piece, tant pour l'ancienne & nouvelle taxation que pour les anciens & nouveaux quatre pour cent.

LOUP CERVIER. Animal sauvage très farouche, un peu plus grand que le renard, qui a les yeux étincelans, la vûe admirable, l'air gai, les oreilles courtes, garnies au haut d'un toupet de poil fort noir; la barbe comme celle du chat avec lequel il a beaucoup de rapport; les pieds fort velus, & divisés comme ceux du lion ou du tigre; le dos roux marqué de taches noires; le ventre & le dedans des jambes d'un gris cendré marquetés de mêmes taches, mais plus grandes & plus écartées. Chaque poil dans sa longueur est de trois couleurs, ayant la racine d'un gris-brun, sa partie du milieu tirant sur le roux, & son extrêmité blanche.

Il y a des loups cerviers de différentes especes & couleurs, suivant les Pays où ils se trouvent. Ils habitent pour l'ordinaire les montagnes couvertes de bois, où ils ne se repaissent que de bêtes sauvages qu'ils y surprennent; se cachant quelquefois sur des arbres, d'où ils se lancent à corps perdu sur plusieurs sortes d'animaux à quatre pieds; mais particuliérement sur le cerf, d'où il y a de l'apparence qu'ils ont pris leur nom de Loups cerviers.

Quelques-uns assurent que le loup cervier est la même chose que le Linx des Anciens, que d'autres prennent pour un animal fabuleux.

Quoi qu'il en soit, il est certain que le loup cervier, tel que nous le connoissons aujourd'hui, fournit pour le commerce de la pelleterie une peau très précieuse, qui étant bien apprêtée avec tout son poil, s'employe à diverses sortes de fourrures.

En France l'on en fait des manchons très beaux: en Turquie, & particuliérement à Constantinople on en double des vestes qui sont d'un grand prix. Ces sortes de peaux qui y sont presque toutes envoyées de Natolie, s'y vendent depuis dix jusqu'à douze piastres la piece. Celles qui ont le poil le plus long, le plus blanc & le plus moucheté de noir sont les plus estimées.

Outre les peaux de loups cerviers du Levant que nous tirons de Natolie par la voie de Marseille, il en vient d'Espagne & de Moscovie. Celles de ce dernier Pays nous sont apportées par les Anglois, Hollandois & Hambourgeois, qui les vont chercher à Archangel, où elles sont apportées de Ziberie, Province de Moscovie qui fournit la plus grande partie des belles fourrures qui se voyent en Europe.

Les peaux de Loups cerviers venant du Levant sont du nombre des marchandises sujettes au droit de vingt pour cent ordonné par l'Arrêt du Conseil du 15 Aout 1685.

Les peaux venant d'Espagne, de Moscovie & autres endroits payent 13 s. de la piece.

A l'égard des droits de sortie, les premieres payent 3 liv. par peau, & les autres 13 s.

LOUP MARIN. Animal amphibie qui a la tête semblable au loup. Quelques-uns néanmoins lui trouvent plus de ressemblance avec celle du chien, & d'autres avec celle du veau; d'où vient qu'on lui donne aussi le nom de Veau & de Chien marin.

Les marchandises que cet Animal fournit pour le commerce sont son huile, sa peau & ses grandes dents.

Son huile sert à brûler, & à tous les autres usages où l'on employe les huiles de poisson.

Ses dents sont une espece d'yvoire qui sert aux ouvrages de tabletterie.

Enfin sa peau qui a un poil fort ras, sert aux Malletiers & Bahutiers pour couvrir des coffres de campagne.

Les peaux de Loups marins payent en France les droits d'entrée à raison de 12 s. la douzaine, & ceux de sortie sur le pied de 18 s.

LOUP. Se dit aussi d'une espece de masque de velours noir, ordinairement doublé de peau de chien grasse, ou de toile de lin écrue, dont les Dames se servent pour conserver leur teint, ou pour empêcher d'être connues.

Il y a de deux sortes de Loups; l'un de figure ovale, qui prend depuis le front jusques sous le menton, lequel ne s'attache point, étant tenu par le moyen d'un bouton qui se met dans la bouche; l'autre qui est à demi rond par le haut & quarré par le bas, s'attache à la coeffure avec deux petits rubans. Ce dernier, que l'on appelle plus souvent Masque que Loup, ne se porte gueres qu'à la campagne.

L'on prétend que le nom de Loup leur a été donné, à cause qu'ils faisoient peur aux petits enfans dans le tems que les femmes ont commencé d'en porter.

Les loups font une portion du négoce de la Mercerie. Outre la consommation qui s'en fait à Paris & dans les autres Villes du Royaume, il s'en envoye aussi quantité dans les Pays étrangers; n'y ayant gueres qu'en France, & particuliérement à Paris, où l'on ait l'usage de les bien faire.

LOUP. On donne le nom de Dent de loup à divers outils ou instrumens d'Artisans, soit parce qu'en effet ils sont faits de crocs ou grosses dents de cet animal, soit parce qu'ils en ont quelque ressemblance.

La dent de loup des Orfévres & Graveurs leur sert à polir & brunir leurs ouvrages: elle est faite d'une vraie dent de loup attachée à un manche de bois.

La dent de loup des Relieurs est toute de bois de forme triangulaire: elle sert à dresser le papier des Livres.

LOUPPE. Terme d'Optique, qui signifie un verre

qui est ou plan convexe, ou convexe des deux côtés. Il sert aux Anatomistes, Dessinateurs, Graveurs, & généralement à tous ceux qui veulent découvrir ce que leurs yeux ne peuvent appercevoir.

LOUPPE DE BOIS. Terme d'exploitation & de marchandise de bois. Les Marchands de bois, les Menuisiers, les Tourneurs & les Ebenistes nomment ainsi certaines grosses bosses ou nœuds, qui sont des especes d'excroissances qui s'élevent sur la superficie du corps des vieux arbres, & qui sont adhérentes à leur écorce.

Les louppes viennent d'ordinaire vers le bas du tronc de l'arbre. Celles du noyer, de l'érable & du frêne sont fort estimées, étant propres à plusieurs sortes de beaux ouvrages de marquetterie, de tour, de menuiserie, &c. On dit qu'un arbre est louppeux, pour dire, qu'il est rempli de louppes.

Les Louppes payent à la Douane de Lyon les droits d'entrée à raison de 6 f. 6 d. de la tonnette pour tous droits, & au quintal 15 f. d'ancienne taxation, & la nouvelle appréciation à l'équipolent.

LOUPPES. Terme de Monnoyes. Ce sont les briques & carreaux des vieux fourneaux qui ont servi à la fonte de l'or & de l'argent. Ces louppes se broyent & se concassent pour en tirer par le moyen du moulin aux laveures, les particules de ces deux métaux qui peuvent s'y être attachées. *Voyez* LAVEURES.

LOUPPES. Se dit encore, en termes de Jouaillier, des perles & pierres précieuses imparfaites, & dans la formation desquelles la nature est, pour ainsi dire, restée à moitié chemin.

Les pierres qui le plus ordinairement restent en louppes sont les saphirs, les rubis & les émeraudes. A l'égard de ces dernieres, il ne faut pas confondre leurs louppes avec ce qu'on appelle Presme d'émeraudes. *Voyez* EMERAUDE.

Pour ce qui est des louppes de perles, ce n'est quelquefois que des endroits de nacre de perles un peu élevés en demie-bosse, que les Lapidaires ont l'adresse de scier & de joindre ensemble en forme de vrayes perles. *Voyez* PERLE.

LOUTRE, qu'on nomme aussi BIEVRE. Animal amphibie tout couvert de poil, qui réside tantôt sur terre, & tantôt dans l'eau, où il ne vit que de poisson, dont il fait un grand dégât.

Le loutre est ordinairement de la grosseur d'un chat. Il a quatre jambes fort courtes, la queue longue, les oreilles petites comme celles du castor, avec lequel quelques Anciens l'ont confondu, quoiqu'avec assez peu de fondement; le loutre ayant le poil du corps court & la queue fort pelue, au lieu que le castor a le poil beocoup plus long, la queue platte sans aucun poil, & de la figure d'une raquette couverte de certaines especes de petites écailles très minces, à peu près semblables à celles des poissons.

Les peaux de loutre garnies de leur poil, font une partie du commerce de la Pelleterie.

Les loutres communs qui se trouvent en France & en quelques autres Pays d'Europe, ne sont pas comparables, soit pour la grandeur, soit pour la belle couleur & la finesse du poil, aux loutres qui se tirent du Canada & des autres vastes Pays de l'Amérique Septentrionale.

Les unes & les autres, après avoir été bien passées & bien préparées, s'employent à diverses sortes de fourures.

Autrefois les manchons que l'on en faisoit étoient fort à la mode en France, & particuliérement à Paris; mais depuis quelques années il ne s'en porte presque plus, si ce n'est dans certaines Provinces où ils sont encore de quelque usage.

C'est une erreur de croire que le poil de loutre entre dans la composition des chapeaux mêlé avec celui du castor; & c'est apparemment sur de mauvais Mémoires que M. Furetiere l'a avancé dans le long article qu'il en a donné dans son Dictionnaire.

Les plus habiles Chapeliers de Paris que l'on a consulté là-dessus, conviennent de bonne foi que l'on n'en a jamais employé dans la fabrique des chapeaux; & que si l'on donne quelquefois le nom de Loutre à certains chapeaux, ce n'est que pour les déguiser, & les faire mieux valoir en les vendant au Public, à qui on en impose par un nouveau nom.

Il est vrai seulement qu'il y a du castor gras qui se tire du Canada, que les Sauvages ont engraissé de leur sueur dans le tems qu'ils en ont porté les peaux; & c'est ce castor gras, & non du loutre engraissé, comme dit M. Furetiere, qui s'emploie dans la fabrique des chapeaux de castor, en le mêlant avec un tiers de castor maigre. *Voyez* CASTOR & CHAPEAU.

Le poil de Loutre ou Bievre paye en France les droits d'entrée à raison de 15 liv. 7 f. 2 den. & demi de la livre; ou bien réduit au cent, 1536 liv. conformément au Tarif de 1699.

Il ne peut entrer que par Rouen, le Havre, Dieppe & la Rochelle, suivant l'Arrêt du 17 Mars 1693.

A l'égard des droits de sortie, le poil de Loutre paye 110 liv. en conséquence du Tarif de 1664, & le Loutre en peau 24 liv. l'un & l'autre le cent pésant.

LOUTRE. Les Chapeliers appellent un Chapeau de Loutre, un chapeau où ils supposent qu'il entre du poil de loutre. *Voyez l'article précédent.*

LOUVE. C'est la femelle du loup. Les dents & la peau de la louve servent aux mêmes usages que celles de son mâle. *Voyez* LOUP.

LOUVE. C'est aussi un instrument ou morceau de fer qui sert à élever les pierres de taille, imaginé pour en ménager les arrêtes & les membres ou moulures d'architecture, qui courent risque d'être gâtées quand on se sert de cordages pour attacher les pierres aux cables des engins.

Cet instrument est une espece de coin plus large par en bas qu'en haut, avec un trou ou anneau pour y passer une esse: deux autres morceaux de fer un peu recourbés par la partie superieure s'appliquent des deux côtés de la louve pour la serrer, & de-là sont appellés ses Louveteaux.

Pour se servir de la louve, on fait un trou dans la pierre qu'on veut élever; & quand elle y est placée, on y enfonce à côté d'elle ses louveteaux.

L'Ouvrier qui fait le trou s'appelle Louveur; & l'on dit, Louver une pierre, pour dire, y faire cette sorte de trou.

LOUVETEAU. Le petit d'une louve. La peau du louveteau garnie de son poil est une assez bonne fourrure, quand elle est bien préparée par le Pelletier. Son usage le plus ordinaire est pour des manchons, qui sont plus ou moins estimés, suivant que le poil en est plus ou moins beau. *Voyez* LOUP.

LOUVETEAUX. Ce sont aussi les deux coins de fer un peu recourbés, qu'on met à côté de la piece qu'on nomme une Louve. *V. ci dessus* LOUVE instrument.

LOUVEURS. Ce sont les Ouvriers qui font les trous dans la pierre, & qui y placent la louve. Ils font ce trou avec un long & fort ciseau tout de fer, qu'on nomme Ciseau à louver. *Voyez comme dessus.*

LOUVIERS, Ville de France, située en Normandie. Les draps que l'on y fabrique sont fort estimés. *Voyez* l'Etat général, Tome I. page 103.

L O Y

LOY. Terme de Monnoie, qui signifie le titre, le fin ou la bonté intérieure des especes.

On parle ailleurs de la loi des monnoies d'or & d'argent de France, aussi-bien que de la loi de l'or & de l'argent en général, sur quoi on peut voir l'article des Monnoies, & les articles du Titre, de l'Or ou de l'Argent; on va seulement mettre ici sur quel pied la loi de l'or & de l'argent s'estime en Espagne.

La valeur de l'argent par rapport à la loi s'estime par maravedis; ensorte que le marc ou huit onces d'argent valent huit piastres ou 2376 maravedis, qui en font la loi.

Quatre onces valent quatre piastres ou 1188 maravedis.

Deux onces valent deux piastres ou 594 maravedis.

Une once, une piastre ou 297 maravedis.

La demie-once vaut quatre réaux ou 148 maravedis.

Le quart de l'once vaut deux réaux ou 74 maravedis.

Enfin le huitiéme ou demi-quart d'once vaut une réale ou 37 maravedis.

Poids de l'or de Loy pour les réductions en Espagne.

Un castillan d'or de Loy, qui est vingt-deux carats & demi, contient quatre-vingt dix grains ou huit tomins; le tomin vaut onze grains & un quart, qui est la huitiéme partie de quatre vingt dix; & le carat aussi d'or de Loy vaut quatre grains.

Denier de Loy, qu'on appelle aussi Denier de Fin. C'est celui qui tire sa valeur du prix que le Prince donne par sa Loy ou son Ordonnance au marc d'or ou d'argent, pour être employé en especes; ou, pour mieux dire, cette partie du marc d'argent sur quoi s'évalue le titre ou le fin d'une espece, soit d'argent, soit de billon.

En France le marc d'argent de haute Loy, comme on l'appelle parmi les Officiers des Monnoies, se divise en douze deniers, & en Espagne en 2376 maravedis. *Voyez ci-dessus.*

Ville de Loy. Terme de Manufacture. C'est une Ville où il y a Communauté, Apprentissage, & Maîtrise de quelques Fabriques d'étoffes.

L'article 158 du Réglement de la Sayetterie d'Amiens de 1666 porte, Qu'aucun Etranger ne pourra exercer en la Ville d'Amiens le métier de Haute-lisseur, qu'il n'ait justifié avoir été reçû Maître en Ville de Loy, & qu'il n'ait été agréé par les Premier & Echevins.

LOYAL. Ce qui est bon, ce qui est conforme à la loy & suivant la regle. On dit qu'un Marchand est franc & Loyal, quand il fait son négoce avec probité & avec candeur, & qu'il n'employe point de petites ou de mauvaises finesses pour faire plus avantageusement ses affaires.

Loyal. Se dit aussi de la bonne qualité des choses, de ce qui a les conditions requises par la Loy & les Réglemens. Une marchandise bonne & loyale: Du blé loyal & marchand. On dit quelquefois d'un poids, qu'il est juste & loyal; pour signifier qu'il est étalonné juste & avec bien du soin sur le poids matrice.

LOYALEMENT. D'une maniere franche & loyale. Négocier loyalement, c'est négocier de bonne foi, sans surprise, sans finesse, avec probité. Payer loyalement, c'est payer à l'échéance, sans faire de chicannes ni de mauvaises difficultés.

LOYALLES. On appelle Bures Loyalles, les bures qui se fabriquent à Dreux, à cause qu'elles sont toutes de bonne mere-laine, & qu'il n'y entre point de bourre-tontisse. Il ne se fait plus gueres de ces sortes de Bures.

LOYAUTE'. On appelle Plomb de Loyauté dans la Sayetterie d'Amiens, le dernier plomb que les Esgards des Sayetteurs ou des Haute-lisseurs mettent aux étoffes que l'on porte à la Halle en Noir, pour témoigner qu'elles sont de la qualité, largeur, & aunage portés par les Réglemens.

L U B

LUBECK, Ville Impériale située dans la basse Saxe sur la riviere de Traves. *Voyez* le détail du commerce de cette Ville dans l'Etat général, Tome I. page 293.

LUBS. On appelle Sols Lubs à Hambourg & en plusieurs Villes d'Allemagne, une monnoie de compte qui vaut un cinquiéme plus que les sols tournois de France; en sorte qu'il ne faut que quarante-huit sols Lubs pour faire l'écu de soixante sols.

Ce terme ne se met jamais qu'après les mots de Marc, de Sol, ou de Denier.

Il y a aussi des deniers Lubs qui valent pareillement un cinquiéme plus que les deniers tournois.

Quand on tient les livres par richedales, marques, sols, & deniers Lubs, la richedale vaut quarante-huit Lubs, la dalle trente-deux, la marque seize, & le sol aussi douze deniers Lubs. *V.* Marc-lubs.

L U C

LUCQUES, Ville & République d'Italie en Toscane, célebre par ses belles Manufactures d'étoffes de soie. *Voyez* l'Etat général, Tome I. p. 309.

LUCRATIF. Ce qui apporte du gain, du profit. Le commerce du Change est lucratif. Cet homme fait un négoce lucratif, mais non pas honorable.

LUCRE. Gain, profit. Un Marchand doit préférer l'honneur au Lucre.

L U D

Le LUDE, petite Ville de France en Anjou. On y fait des droguets & des étamines. *Voyez* l'Etat général, Tome I. page 93.

L U M

LUMIERE. Se dit en termes de Méchanique, particuliérement parmi les Charpentiers, du trou ou ouverture dans laquelle entre le mammelon, c'est-à-dire, le tourillon du treuil & cylindre, qui sert aux engins, grues, gruaux, & autres telles machines, & où il est suspendu & tourne, lorsqu'on y devide le cable pour élever les fardeaux qui sont attachés à l'autre bout. *V.* Treuil. *Voyez aussi* Engin, Grue, & Gruau.

LUMIGNON. Sorte de fil d'étoupe de chanvre écru, très grossierement filé, dont les Marchands Epiciers-Ciriers se servent pour faire les méches ou bras des flambeaux de poing & des torches. *Voyez* Flambeau de poing.

N iij

LUN

LUNAIRE. On appelle dans le Levant Interêts Lunaires, les interêts usuraires que les Nations Chrétiennes payent aux Juifs chaque Lune, (les Turcs comptant par Lunes & non par mois) pour l'argent qu'elles empruntent d'eux. *Voyez* INTERESTS.

LUNETTE. Instrument qui sert à grossir, à approcher les objets, & à faciliter l'action de la vue.

LUNETTES, au pluriel. Sont deux verres enchassés dans deux cercles, qui sont ordinairement d'argent, de léton, d'écaille de tortue, ou de corne, & qui sont unis ensemble par le milieu par un demi cercle de la même matiere.

Ces verres s'appliquent au devant des yeux des personnes qui veulent s'en servir, soit en les mettant sur le nés par le moyen d'un demi-cercle qui les unit, & qui fait ressort pour les serrer; soit en les faisant pendre à une hauteur & une distance convenable avec un morceau de quelque métail fort plat, qu'on enfonce ou sous le chapeau ou sous la perruque.

Ces sortes de Lunettes servent aux vieillards, ou à ceux qui ont la vûe foible. Celles qui sont à l'usage de ces derniers se nomment des Conserves, parce qu'elles aident à conserver la vûe.

On estime beaucoup celles d'Angleterre, & elles sont en effet excellentes; mais il y a des Ouvriers à Paris qui en font qui ne leur cedent, que parce que Londres est un Pays étranger, & que les François n'estiment gueres que ce qui vient de loin, ou qu'il est difficile d'avoir.

C'est cette sorte de Lunettes dont quelques Auteurs font remonter l'utile invention jusqu'au milieu du douziéme siecle, & que quelques autres, peut-être plus probablement, ne mettent que sur la fin du treiziéme ou au commencement du quatorziéme; ce sont, dis-je, ces Lunettes qui ont donné le nom de Lunetiers aux Maîtres Miroitiers de Paris; car pour les Lunettes de longue-vûe, soit qu'elles ayent été inventées par hazard en Hollande, comme quelques-uns le croyent; soit qu'elles soient l'ouvrage du célebre Gallilei, qui certainement les a beaucoup perfectionnées, elles sont d'une datte trop inferieure aux Statuts de cette ancienne Communauté, pour avoir pû contribuer à donner aux Maîtres la qualité de Lunetiers, qu'ils portoient bien avant cette admirable invention des derniers tems.

Il seroit sans doute curieux de dire ici quelque chose de plus de l'inventeur des Lunettes de longue vûe, de la maniere d'en polir & d'en tourner les verres, de leurs différentes especes, & de leur usage dans l'Astronomie & dans l'Optique; mais la digression est trop étrangere à la matiere de ce Dictionnaire pour s'y abandonner; & l'on peut consulter là-dessus les Auteurs cités par M. Furetiere dans le sien, & quelques autres qui ont écrit depuis, entr'autres deux sçavans Anglois, ou se contenter du peu qu'il en rapporte lui-même.

LUNETTES, en termes de Tourneur. Sont des plaques de fer qu'on ajoute aux poupées, lorsqu'on veut tourner en l'air. Il y en a de simples, c'est-à-dire, qui ont simplement une ouverture sphérique au milieu, contre laquelle le mandrin s'appuye; d'autres brisées qui s'ouvrent en deux, & qui se rejoignent avec des vis & des écrous, pour porter l'arbre du tour quand on veut faire des vis & des écrous aux ouvrages, comme aux boêtes& aux tabatieres; & d'autres encore où l'on ajoute des pieces de rencontre, quand les arbres sont préparés pour tourner en ovale, ou en d'autres figures irregulieres. *Voyez* TOUR.

LUNETTES. Ce sont aussi des instrumens de fer dont se servent les Courroyeurs & autres Ouvriers en cuir, pour parer & ratisser leur cuir. La Lunette est de figure sphérique & très tranchante dans toute sa circonférence extérieure. Il y a en dedans une ouverture aussi de figure ronde, par où l'Ouvrier la peut prendre pour s'en servir.

Ces sortes d'outils se font en Allemagne; & c'est de-là que les Marchands Merciers-Quincailliers les tirent pour les débiter aux Courroyeurs, Peaussiers, & autres Ouvriers qui parent leurs cuirs à la Lunette. *Voyez* COURROYER.

LUNETTIER. Ouvrier qui fait des Lunettes & qui les vend. Comme ce sont à Paris les Maîtres Miroitiers qui font les Lunettes, ils ont pris de-là la qualité de Maîtres Miroitiers-Lunettiers. Les Marchands Merciers en font aussi quelque commerce, mais ils n'en fabriquent pas. *Voyez* MIROITIER.

LUP

LUPIN. Espece de gros pois qui sert à la nourriture des animaux, & qui est de quelque usage dans la Médecine.

La plante qui produit ce légume, & qu'on nomme aussi Lupin, pousse une tige ronde médiocrement grosse, qui s'éleve de terre environ de deux pieds. Ses feuilles qui sont étroites, sont d'un verd de mer par dessus, blancheâtres, & lanuginceuses par dessous. Ses fleurs naissent à la sommité de la tige: elles sont blanches, & sont soutenues par un calice dentelé. Enfin à ces fleurs succedent des gousses qui renferment les Lupins très semblables aux pois ordinaires, à la réserve qu'ils sont plus gros, plus blancs, & moins réguliérement ronds.

Les Lupins payent en France les droits d'entrée à raison de 30 s. du cent pésant conformément au Tarif de 1664; & suivant celui de la Douane de Lyon, 7 s. 6 den. le quintal.

LUQ

LUQUOISES. Etoffes de soie imitées en France sur celles qui se fabriquoient à Luques. Il s'en fait de pleines, de façonnées & d'autres avec de l'or & de l'argent. Elles doivent avoir, suivant le Réglement de 1667, une demie-aune moins un vingt-quatriéme. Leurs chaînes doivent être entierement de pure & fine soye cuite, sans qu'on y puisse mêler de la soye teinte sur cru; ni autres matiéres qui les puissent rendre défectueuses.

LUS

LUSIGNAN, petite Ville de France en Poitou, du Département de l'Inspecteur des Manufactures de Poitiers. On y fait des serges, des chapeaux, & des cuirs. *Voyez* l'Etat général, Tome I. page 63.

LUSTRE. C'est un brillant vif qui paroît sur les étoffes neuves, soit de laine, soit de soie: il est pourtant plus éclatant sur celles de soie. On dit, Le Lustre d'un satin, Le Lustre d'un taffetas, Le Lustre d'un drap.

LUSTRE. C'est aussi la composition ou la maniere dont quelques Ouvriers se servent pour donner cet éclat & ce brillant à leurs ouvrages.

Le Lustre des soies, qui est leur principale qualité, consiste à les bien faire cuire & decreuser, de quelque couleur qu'elles soient, avec de bon savon blanc ; étant défendu par les Statuts des Teinturiers en soie d'y employer du savon noir ; & après les avoir bien dégorgées en les battant & lavant à la riviere, les mettre dans un bain d'alun de Rome à froid, & non à chaud ; l'alun chaud faisant perdre le Lustre à la soie, & la rendant d'ailleurs âcre & rude.

Le Lustre des taffetas noirs est fait avec de la biére double & du jus d'orange ou de citron, bouillis ensemble. Ce dernier néanmoins y est moins propre, parce qu'il est sujet à blanchir. Les taffetas de couleur se lustrent avec de l'eau de courges distilée à l'alembic. *Voyez* TAFFETAS.

Souvent le Lustre ne se donne aux étoffes qu'en les faisant passer à la calandre, ou en les mettant en presse.

Le Lustre des Courroyeurs est de plusieurs sortes, suivant les couleurs qu'ils veulent éclaircir. Pour les noirs, le premier Lustre est fait de jus d'épine-vinette ; il se donne avant d'achever leur grain. Le second Lustre qui est composé de gomme d'Arabie, d'ail, de biére, de vinaigre, & de colle de Flandre bouillis ensemble, s'applique pour derniere façon après que le grain a été achevé de couper. Ils ont encore un autre Lustre, mais qui ne sert qu'aux cuirs de couleur. Il n'est que du blanc d'œuf battu dans de l'eau. *Voyez* COURROYER.

Le Lustre des Maroquiniers est fait de jus d'épine-vinette & de citron ou d'orange. *Voyez* MAROQUIN.

Le Lustre des Chapeliers n'est quelquefois que de l'eau toute simple ; quelquefois ils y mêlent une petite teinte de noir.

Les Pelletiers se servent du Lustre des Chapeliers, à l'exception que sur les fourrures blanches ou très claires ils n'y mettent point de teinte.

Quelquefois cependant ils composent un lustre pour les fourrures très noires, sur-tout pour celles dont ils font les manchons. Dans ce Lustre il entre de la noix de galle, de la couperose, de l'alun de Rome, de la moele de bœuf, & quelques autres ingrédiens.

Le Lustre des draps se donne en les faisant passer sous la calandre. C'est aussi sous la calandre que les moueres prennent ce lustre ondé qu'elles ont.

LUSTRER. Donner le lustre. Il ne se dit gueres que des étoffes, des chapeaux & des glaces.

LUSTRER UNE GLACE. C'est la rechercher avec le lustroir après qu'elle est achevée de polir. On dit aussi, Molleter une glace, parce que les Ouvriers appellent quelquefois le Lustroir une molette. *V.* GLACE.

LUSTREUX. Ce qui est brillant, ce qui a du lustre. Il se dit particuliérement des étoffes. Le satin est le plus Lustreux de toutes les étoffes de soie.

LUSTREUX. Se dit aussi des Ouvriers qui appliquent le lustre ; mais il est peu d'usage.

LUSTRINE. Sorte de nouvelle étoffe de soie qui se fabrique à Genes. Le lustre extraordinaire qu'elle a, lui a donné son nom.

LUSTROIR. C'est dans les Manufactures des Glaces une petite regle de bois doublée de chapeau, de trois pouces de long sur un pouce & demi de large. On s'en sert pour rechercher les glaces quand elles sont polies, & pour en enlever les taches qui ont échappé au polissoir. Cet instrument se nomme aussi une Molette. *Voyez* GLACE.

LUT

LUTH. Instrument de Musique monté de cordes, qui se touche avec les doigts.

Les Luths & autres instrumens de Musique payent en France les droits d'entrée à raison de 20 liv. du cent pésant, & pour ceux de sortie, comme mercerie, 3 liv. qui sont même réduits à 2 liv. par l'Arrêt du 3 Juillet 1692, quand ils sont de fabrique du Royaume, & qu'ils sont déclarés pour l'Etranger.

LUTHIER. *Voyez* FAISEUR D'INSTRUMENS.

LYO

LYON, Ville de France, Capitale de la Province du Lyonnois, sur le confluent du Rhône & de la Saône. *Voyez* ce qui est dit de la richesse & de l'étendue de son négoce, dans l'Etat général, Tome I. page 19 *& suiv.*

LYS

LYS. Monnoie d'argent frappée en Savoye, d'un vingtiéme moins pésante que l'écu de France de soixante sous & à peu près au même titre.

Il y avoit aussi autrefois en France des lys d'or & des lys d'argent, dont la fabrication avoit été ordonnée par une Ordonnance de Louis XIV du mois de Décembre 1655, mais qui furent décriés, ceux d'argent dès le mois d'Avril de l'année suivante, & ceux d'or par une Déclaration du 28 Mars 1679. Ces derniers, lorsqu'ils furent mis hors de cours, valoient 7 livres piece.

LYSPONDT. Sorte de poids qui pese plus ou moins, suivant les endroits où l'on s'en sert.

A Hambourg le lyspondt est de quinze livres, qui reviennent à quatorze livres onze onces un gros un peu plus de Paris, d'Amsterdam, de Strasbourg & de Besançon, où les poids sont égaux.

A Lubeck le lyspondt est de seize livres poids du Pays, qui font à Paris quinze livres trois onces un gros peu plus.

A Coppenhague le lyspondt est de seize livres poids du Pays, qui rendent quinze livres douze onces six gros peu plus de Paris.

A Dantzik le lyspondt est de dix-huit livres, qui en font seize de Paris.

A Riga le lyspondt est de vingt livres, qui font seize livres huit onces de Paris, &c.

M

M Douziéme Lettre de l'Alphabet. Dans les abbréviations des Marchands, Banquiers & Teneurs de Livres, M. C. signifie Mon compte. M. toute seule ou M^e. veut dire, Marc ou Marcs.

MAAYPOOSTEN. Sorte d'étoffe de soie qui est apportée en Europe par le retour des vaisseaux de la Compagnie des Indes Orientales de Hollande. Lorsque la Compagnie fait la vente de ses marchandises, les cavelins ou lots des maaypoosten ont coutume d'être de cinquante pieces. En 1720 chaque piece revenoit à huit florins & demi.

MAC

MACADOSSIN. Nom d'une drogue qui vient de l'Amérique. *Voyez* MECHOACAN.

MACAO, Ville de la Chine sur la Côte de la Province de Canton. *Voyez* en quoi consiste le Commerce de cette Ville, dans l'Etat général, Tome I. page 457.

MACARON. Terme de Tablettier-Peignier. On appelle Peigne à Macaron une sorte de petit peigne, dont les deux extrémités sont arrondies; ce qui représente assez bien cette espece de pâtisserie qu'on nomme Macaron. On leur donne cette forme, afin que les grosses dents ne puissent blesser. *Voyez* PEIGNE.

MACARONI. Pâte faite avec de la farine de ris. C'est une espece de vermiseili, dont la différence consiste seulement dans la grosseur; les macaroni n'étant gueres moins gros que le petit doigt, & les vermiselli ayant à peine une ligne d'épaisseur. Il s'en fait un grand négoce par toute l'Italie, d'où les Epiciers de Paris en tirent aussi, mais en petite quantité. En général toutes les pâtes faites de farine de ris s'appellent Farinelli. *Voyez* VERMISELLI.

MACASSAR, ou CELEBES, la plus grande des Isles Moluques. Le négoce qui s'y fait consiste en toiles, en ris, en or, en yvoire, & en coton. *Voyez* l'Etat général, Tome I. pages 283-465.

MACER. Arbre qui croît dans les Indes & en Barbarie, dont l'écorce qui porte le même nom, s'employe assez heureusement pour la guérison de la dissenterie.

Cette écorce qui est tirée du tronc & de la racine de l'arbre, est grosse, rougeâtre, d'un goût amer. Il en vient peu en France, c'est pourquoi il faut prendre garde qu'on ne substitue en sa place le macis, ce que font quelques Marchands Epiciers & Droguistes; ces deux drogues étant néanmoins bien différentes: le macer, comme on vient de le dire, étant une écorce, & le macis l'enveloppe de la coque de la muscade.

MACHACOIRE ou MAQUE. Instrument à rompre & à broyer le chanvre, pour en séparer la filasse de la chenevotte. *Voyez* CHANVRE.

MACHARY. Sorte d'étoffe dont il se fait négoce en Hollande. Les pieces simples sont de 12 aunes, les doubles de 24 aunes, on les nomme Macharis à deux fils. Les droits se payent à la piece. Elles sont tarifiées dans la nouvelle Liste ou Tarif de Hollande de 1725, sur le pied général des Manufactures. *Voyez* cette Liste à son article.

MACHE-FER. Ecume du fer. On le dit aussi des scories ou écailles qui sortent du fer quand on le bat à chaud. On les estime astringentes, & on les fait entrer dans la composition de quelques remedes topiques. *Voyez* FER.

MACHER ou MAQUER LE CHANVRE. C'est le briser avec la machacoire. *Voyez* CHANVRE.

MACHEMOURE. Biscuit de mer réduit en miettes. Les morceaux au dessous de la grosseur d'une noisette sont réputés Machemoure. *Voyez* BISCUIT.

MACHIAM, l'une des petites Isles Moluques. Le clou de gérofle est presque le seul commerce de cette Isle. *Voyez* l'Etat général, Tome I. p. 466.

MACHINE. Instrument qui sert dans les Méchaniques à augmenter les forces humaines & la vertu des forces mouvantes. Il y a cependant quelque différence entre la machine & l'instrument; celui-ci étant ordinairement très simple, comme le levier, le coin, le rouleau; & celle-là étant plus ou moins composée suivant son usage & sa destination, comme les engins, les grues, les gruaux, les verrins, les chevres, &c.

Il y a aussi diverses machines qui servent dans les manufactures, soit à préparer les matieres, soit à fabriquer les draps, toiles, étoffes, cuirs, &c. soit à leur donner leur derniere perfection: tels sont plusieurs métiers; quantité de machines & rouets pour le moulinage & dévidage des soies; d'autres pour le filage des laines, chanvres, lins, poils, &c. la machine à friser les draps; la calandre; les presses; les moulins à foulon, à papier, à tan; & divers autres.

Il y a pareillement plusieurs machines hydrauliques, c'est-à-dire, qui ont leur mouvement par le moyen de l'eau, qui servent pour le sciage des bois, pour forer les pieces d'artillerie, les canons des fusils, pistolets, mousquetons & autres petites armes, pour polir & limer ces canons & les lames d'épées: d'autres encore qui donnent le mouvement aux soufflets des fonderies, forges & martinets où se fondent & se forgent toutes sortes de métaux.

Enfin il n'y a gueres d'art ou de métier qui n'ait quelque machine particuliére plus ou moins composée pour aider à la fabrique de leurs différens ouvrages. Ces machines sont toutes rapportées & expliquées dans divers articles de ce Dictionnaire sous le nom qui les spécifie, & dans leur ordre alphabétique.

MACHINE à friser les étoffes de laine. Espece de moulin qui tire son mouvement ou de l'eau, ou d'un cheval, ou même de plusieurs hommes qui le font tourner par le moyen d'une manivelle. *Voyez* FRISER.

MACHINE. Se dit, en termes de Cordonnier, d'une composition de cire blanche & de souffre dont ces Ouvriers cirent le fil blanc de Cologne, duquel ils se servent pour coudre & assembler les empeignes & les quartiers des souliers qu'ils veulent coudre proprement.

MACHINER DU FIL. C'est, en termes de Cordonnerie, le cirer avec la cire préparée, qu'on appelle de-là Machine.

Il se dit aussi de la façon que les Cordonniers & Savetiers donnent à leurs souliers en en arrangeant les fils avec le machinoir.

MACHINOIR. Petit outil de buis qui sert aux Cordonniers & Savetiers pour ranger les points du derriere d'un soulier, & les décrasser. Il est fort mince, long de quatre ou cinq pouces, arrondi par les deux bouts, à l'un desquels il y a des especes de dents. Le milieu s'enfonce un peu en arc des deux côtés, afin que l'Ouvrier l'empoigne plus facilement. Ce sont les Marchands de crespin qui vendent ces sortes d'outils.

MACHO. On appelle en Espagne Quintal-macho, un poids de cent cinquante livres, c'est-à-dire, de cinquante livres plus fort que le quintal commun qui n'est que de cent livres. Il faut six arobes pour le quintal-macho, l'arobe de vingt-cinq livres, la livre de seize onces, & l'once de seize adarmes ou demi-gros; le tout néanmoins un peu plus foible que le poids de Paris; ensorte que les cent cinquante livres du macho ne rendent que cent trente-neuf livres & demie, un peu plus un peu moins, de cette derniere Ville.

MACHOACAN. *Voyez* MECHOACAN.

MACHURAT. On nomme quelquefois ainsi les Apprentifs Imprimeurs, pour la presse, qui commencent à apprendre leur métier. Ce nom leur vient du mot de Machurer, qui signifie en vieux François, noircir ou barbouiller du papier; ce qui arrive souvent aux nouveaux Imprimeurs.

Le célébre M. Naudé écrit *Mascurat*; & c'est ainsi qu'il nomme l'Imprimeur qui est un des Interlocuteurs du sçavant Dialogue qu'il donna au Public en 1649, qui a pour titre, Jugement de tout ce qui a été imprimé contre le Cardinal Mazarin.

MACHURER. Noircir ou barbouiller quelque chose. Il se dit particuliérement, en termes d'Imprimerie, des feuilles qui ne sont pas tirées nettes. *Voyez* IMPRIMERIE.

MACIS. Premiere écorce, enveloppe, ou fleur de la noix muscade. Cette écorce est tendre, odorante, de couleur rougeâtre ou jaunâtre. Elle se sépare de la muscade à mesure qu'elle se séche. Quelques-uns l'appellent, mais bien improprement, Fleur de muscade.

Le macis a les mêmes propriétés que la muscade; & les Hollandois qui en font un très grand commerce, l'estiment encore plus que la noix. Le mot de Macis est Indien.

On tire du macis une huile qui a diverses propriétés pour la Médecine.

Cette huile paye en France les droits d'entrée à raison de 20 f. la livre.

Les droits du macis sont les mêmes que ceux de la muscade, c'est-à-dire, à raison de 30 liv. le cent pesant, conformément au Tarif de 1664, & 12 liv. tant d'anciens que de nouveaux droits suivant celui de Lyon.

Lorsque la Compagnie des Indes Orientales de Hollande fait la vente de ses épiceries, chaque cavelin ou lot de macis est ordinairement d'un boucaut, du poids environ de 600 livres.

Le macis se vend à Amsterdam à la livre, & se paye en argent de banque; son prix est depuis 20 jusqu'à 20 $\frac{1}{4}$ sols de gros la livre. La tare est sur les tonneaux ou quarteaux, & la déduction pour le prompt payement, d'un pour cent.

MACON, Ville de France en Bourgogne. Les Fabriques de cette Ville sont peu considérables. Son plus grand commerce d'étoffes consiste en draperies Foraines. *Voyez* l'Etat général, Tome I. page 125.

MAÇON ou MASSON. Celui qui travaille en maçonnerie.

Il se dit également de l'Entrepreneur qui fait les marchés des ouvrages de maçonnerie dans un bâtiment pour les faire exécuter par d'autres, & de l'Ouvrier qui les construit, & qui y travaille de la main sous ses ordres; avec cette différence néanmoins que l'Entrepreneur s'appelle Maître Maçon, & est à Paris membre d'une Communauté considérable; & que l'Ouvrier s'appelle simplement Maçon, & n'est qu'un Manouvrier quelquefois à la tâche ou à la toise, mais le plus souvent à la journée. On parlera dans la suite des Maîtres Maçons.

Les Maçons, Manouvriers & Journaliers, sont de deux sortes; les uns qui ne travaillent qu'en plâtre, se sont conservés le nom de Maçons; les autres qui employent le mortier & la terre s'appellent Limosins, d'une Province de France d'où il en sort quantité chaque année, qui se répandent dans tous les atteliers du Royaume, & particuliérement de Paris. *Voyez* LIMOSIN.

L'emploi des Maçons de l'une & l'autre espece est de faire dans les bâtimens tout ce qui regarde la maçonnerie, comme de construire les murs & murailles, les élever jusqu'à l'entablement, les gopter, crespir & enduire; y employer les pierres de taille, libages, moelons, briques ou platras qui leur sont livrés; construire, bander & ceintrer les voutes; sceller les poutres, sablieres & solives, faire les entrevouts & aires des planchers; conduire les tuyaux de cheminée; faire les cloisons, lambris, corniches; & quantité d'autres choses où l'on employe le plâtre ou le mortier, soit de simple terre, soit de sable & de chaux ou de ciment.

Outre les Maçons, c'est-à-dire, ceux qui employent le plâtre & le mortier, il y a quantité d'autres Ouvriers qui ne sont occupés que pour les servir.

Les Appareilleurs donnent à tailler les pierres; les Tailleurs de pierre les taillent sur les panneaux & cartons que ceux-là leur fournissent; les Scieurs de pierre les scient & les débitent; les Poseurs les placent quand elles ont été élevées & guindées avec des engins; les Hallebardiers portent les leviers qui servent à mettre les pierres en chantier pour les tailler, & à les charger sur les charriots & binards pour les conduire au pied des engins; les Bardeurs portent le bar ou traînent les charriots & binards; les Aydes-Maçons & Aydes-Limosins, qu'on nomme ordinairement des Manœuvres, gâchent le plâtre, le sassent & en battent les gravoirs, ou courroyent les diverses sortes de mortier; enfin les Goujats portent les mortiers sur leurs épaules avec l'instrument qu'ils appellent un Oyseau.

Les Piqueurs qui font travailler les Maçons ou Limosins, & qui en tiennent les rôles; les Chasse-avant qui conduisent & font marcher les Ouvriers & les charriots, & empêchent qu'on ne perde de tems dans l'attelier; enfin les Louveurs qui font les trous dans les pierres pour y placer les louves de fer qui servent à attacher les cables avec lesquels on les éleve, sont encore des Ouvriers employés dans la maçonnerie, qui aussi bien que les autres seront expliqués à leurs propres articles.

Les outils, instrumens, engins & machines dont se servent les Maçons & tous les autres Ouvriers employés à les servir, sont en très grand nombre, en partie communs à d'autres Arts & Métiers, & en partie propres à celui de la maçonnerie.

Les engins & machines sont, l'Engin proprement dit, la Chevre, les Escoperches, la Grue, le Gruau, le Singe, le Vindas, les Rouleaux simples & sans fin, avec tous les cables, cordages & trousses nécessaires pour les faire agir & mettre en mouvement.

Les outils & instrumens sont, le Levier, la grande Regle à mouchette, la Regle commune, le Plomb à regle, le Plomb à chas, l'Equerre, le Buveau, la Sauterelle, la Fausse-équerre, la Louve avec son esse & ses louvereaux, le Ciseau à louver, le Niveau, l'Oiseau, les Rabots à courroyer le mortier, le Compas commun, le Compas à fausse-équerre, les Truelles à plâtre, à chaux & à sable, la Truelle bretée, les Testus, la Masse de fer, le Coin aussi de fer, les Marteaux brételés, la Langue de bœuf, le Gurlet, le Desceintroir, la Pioche & la Feuille de sauge, le Ciseau à ciseler, le Fer quarré, le Mailler, les Gouges, les Riflards bretelés, le Crochet, la Rondelle, la Rape, le Pic, la Pelle de bois, l'Auge & Auget, le Baquet à mortier, le Bar, le Bourıquet, le Binard, les Charriots, la Civiere, le Brancart, les Scies ou dentelées ou sans dents, les Couteaux à scies, la Fiche ou Couteau à mortier, la Pince, le Pied de chevre, les Poulies & les Moufles. *Voyez toutes ces machines & outils à leurs articles.*

Communauté des Maîtres Maçons de Paris.

Cette Communauté est ancienne, & à en juger par le stile des Statuts & Ordonnances dont elle se sert encore aujourd'hui & qu'elle a fait réimprimer en 1721, il paroît qu'elle étoit établie avant le treiziéme siécle.

Par ces Statuts qu'on va donner ici conformes à l'original, cette Communauté est composée de Maçons, de Tailleurs de pierre, de Plâtriers & de Mortelliers. Ceux sur qui elle a inspection, sont les Chaufourniers, Carriers, Jardiniers, Préauliers & Pionniers de France. Les Jardiniers & les Préauliers en ont depuis été détachés & composent une Communauté à part. *Voyez* Jardinier.

Vingt articles composent ces Statuts ainsi qu'il suit.

Article premier.

Il peut être Maître à Paris qui veut, pourtant qu'il sçache le métier, & qu'il œuvre aux Us & Coutumes du métier.

II.

Nul ne peut avoir en leur métier qu'un apprentif, & s'il a apprentif il ne le peut prendre à moins de six ans de service; mais à plus de service le peut-il bien prendre & argent, si avoir le peut: & s'il le prenoit à moins de six ans, il est en vingt sols Parisis d'amende, à payer à la Chapelle Monsieur Saint Blaise, si n'étoient ses fils tant seulement nés de loyal mariage.

III.

Les Maçons peuvent bien prendre un autre apprentif comme l'autre aura accompli cinq ans, à quelque terme qu'il eût le premier apprentif pris.

IV.

Le Roi qui ores, à qui Dieu doint bonne vie, a donné la maîtrise des Maçons à son Maître-Maçon, tant comme il lui plaira, & jura pardevant le Prévôt de Paris, qu'icelui qui à ce sera établi, que celui métier dessus dit il garderoit bien, & loyalement à son pouvoir, aussi pour le pauvre que pour le riche, & pour le foible comme pour le fort, tant comme il plairoit au Roi qu'il gardât le métier devant dit.

V.

Le Mortellier & le Plâtrier sont de la même condition & du même établissement des Maçons en toutes choses, le maître qui garde le métier des Maçons, des Plâtriers & Mortelliers de Paris de par le Roi, peut avoir deux apprentifs tant seulement en la maniere dessus devisée.

VI.

Les Maçons, les Plâtriers & les Mortelliers peuvent avoir tant d'aides & valets à leur métier comme il leur plaira, pourtant qu'ils ne montrent à nul d'eux nul point de leur métier.

VII.

Tous les Maçons & tous les Plâtriers doivent jurer sur SS. qu'icelui métier devant dit, garderont & feront bien & loyaument chacun en droit soi, & que s'ils sçavent que nul y mespregne, en aucune chose, qu'ils fassent suivant les Us & Coutumes de Paris devant dits, qu'ils le feront à sçavoir au Maître toutes les fois qu'ils le sçauront, & par leur serment.

VIII.

Le Maître à qui l'apprentif est à fin & a accompli son terme, doit venir par devant le maître du métier, & témoigner que son apprentif a fait son terme bien & loyaument; alors le Maître qui garde le métier doit faire jurer à l'apprentif sur SS. qu'il se contiendra aux Us & Coutumes du métier bien & loyaument.

IX.

Nul ne peut ouvrer des métiers devant dits, depuis Nones sonnées à N. D. en charnage, & en Carême au samedi, puisque Vêpres sont chantées à N. D. si ce n'est à une arche ou à un degré former, ou à une huisserie formant assise sur rue, & si aucun ouvroit puis les heures devant dites, fors aux ouvrages dessus devisés ou à besoin, ils payeront quatre deniers d'amende au Maître qui garde le métier, & peut prendre le Maître les outils à celui qui seroit repris pour l'amende.

X.

Le Mortellier & Plâtrier sont en la jurisdiction au Maître qui garde le métier devant dit de par le Roi. Si un Plâtrier envoyoit plâtre chez aucun homme, le Maçon qui œuvre à celui à qui on envoye le plâtre, doit prendre garde par son serment si la mesure du plâtre soit bonne & loyalle, il doit le plâtre mesurer ou faire mesurer devant lui, & s'il trouve que la mesure ne soit pas bonne, le Plâtrier en payera cinq sols d'amende, c'est à sçavoir, à la Chapelle saint Blaise devant dite, deux sols, & à celui qui le plâtre aura mesuré douze deniers, & au Maître qui garde le métier deux sols, & cil à qui le plâtre aura été livré, rabbattera de chacune année qu'il aura eû en tel ouvrage, autant comme on aura trouvé en celle qui aura été mesurée de rechef : mais un sac seulement ne peut l'ors pas mesurer. Nul ne peut être Plâtrier à Paris, s'il ne paye cinq sous parisis au Maître qui garde le métier de par le Roi, & quand il a payé les cinq sols, il doit jurer sur SS. qu'il ne mettra rien avec le plâtre duquel livrera bonne mesure & loyalle.

X I.

Si le Plâtrier met avec son plâtre autre chose qu'il ne doive, il est à cinq sous d'amende payer au Maître toutes les fois qu'il en sera reprins; & si le Plâtrier en est coutumier ni ne s'en veule amender ni châtier, le Maître lui peut défendre le métier, & si le Plâtrier ne veut laisser le métier pour le Maître, le Maître le doit faire sçavoir au Prévôt de Paris, & ledit Prévôt doit icelui Plâtrier faire forjurer le métier devant lui.

X I I.

Les Mortelliers doivent jurer devant le Maître du métier & par devant autres prud'hommes du métier qu'ils ne feront nul mortier fors de bon lyois, & s'ils le font d'autres pierres, & le mortier est de lyois & est perciés, car il doit être despechés & le doit amender au Maître de métier de quatre deniers; les Mortelliers ne peuvent prendre les apprentifs à moins de six ans de service & de cent sols parisis pour eux apprendre.

X I I I.

Le Maître du métier de la petite Justice pour les amendes des Maçons, des Plâtriers & des Mortelliers & de leurs aides & de leurs apprentifs, tant comme il plaira au Roi, si comme des entreprises de leur métier & de batture sans sang, & de clameur hors mises la clameur de proprieté.

X I V.

Si aucun des métiers devant dits est ajourné devant le Maître qui garde le métier, s'il défaut il est à quatre deniers d'amende à payer au Maître, & s'il vient à son jour & il cognoît il doit gager, & s'il ne paye dedans le mois, il est à quatre deniers d'amende à payer au Maître, & s'il nie il a tort, il a tort il est à quatre deniers d'amende à payer au Maître.

X V.

Le Maître qui garde le métier ne peut lever qu'une amende d'une querelle, & cil à qui l'amende est faite est si fort qu'il ne veuille obéir au commandement du Maître, le Maître lui peut défendre le métier.

X V I.

Si aucun du métier devant dit à qui le métier soit défendu de par le Maître, œuvre puis la défense du Maître, le Maître lui peut ôter les outils & les tenir tant qu'il soit payé de l'amende, & ce s'il lui vouloit efforcer, le Maître le devroit faire sçavoir au Prévôt de Paris & le Prévôt de Paris lui doit abbattre sa force.

X V I I.

Les Maçons & les Plâtriers doivent le Guet & la Taille, & les autres redevances que les autres Bourgeois de Paris doivent au Roi.

X V I I I.

Les Mortelliers sont quittes du Guet, & tous Tailleurs de pierres dès le tems de Charles Martel, si comme les prud'hommes l'ont oui dire de pere en fils.

X I X.

Le Maître qui garde le métier de par le Roi, est quitte du Guet pour le service qui lui fait de garder ledit métier.

X X.

Cils qui ont soixante ans passés, ni cil à qui la femme gist, tant qu'elle gist, ne doivent point de guet, mais ils le doivent faire sçavoir à ceux qui le Guet gardent de par le Roi.

Ces Statuts sont registrés au premier livre des Ordonnances faites sur les métiers, marchandises & Polices de la Ville de Paris, *folio* IX-XXV.

Il faut remarquer que celui que lesdits Statuts nomment Maître du métier, est proprement un Juré qui veille sur la police dudit métier; on l'a depuis appellé Maître & Général des œuvres & bâtimens du Roi en l'Art de Maçonnerie, & aujourd'hui ils se nomment Maîtres généraux des bâtimens du Roi, ponts & chaussées de France. Ces Maîtres généraux ont Jurisdiction particuliere dont on parlera dans la suite.

Les Rois qui ont confirmé les Statuts de la Maçonnerie sont Charles IX, par ses Lettres Patentes données à Vincennes le 3 Avril 1574, enregistrées au Parlement le 3 Septembre de la même année. Henri IV par ses Lettres données à Gonesse en 1590, & encore par celles de 1595 & de 1598, enregistrées le 12 Mars 1601; & celles de 1605, enregistrées le 8 Juin 1606; Louis XIII & Louis XIV, par divers Arrêts du Conseil, entr'autres ceux des 9 Novembre 1616, 20 Aout 1622, 20 Mars 1685, 30 Juin de la même année, 10 Juin 1688, & 3 Février 1690.

Toutes ces Lettres Patentes & Arrêts du Conseil, sont principalement pour la Jurisdiction des Maîtres généraux des bâtimens qu'ils confirment, déchargeant ceux qui y sont sujets de toutes assignations à eux données, ou des Jugemens contre eux prononcés dans d'autres Jurisdictions, nommément au Châtelet, aux Consuls, au Bailliage du Palais, à l'Hôtel de Ville & par les Trésoriers de France, les renvoyant par devant les Maîtres généraux des bâtimens, comme leurs Juges naturels.

Quelques-unes néanmoins des Lettres Patentes, concernent la police du métier de Maçon, entr'autres pour ce qui regarde les apprentifs qui doivent être reçûs par le Maître Garde dudit métier, conformément aux Lettres de 1574, & les amendes que ledit Maître peut prononcer, qui sont reglées jusqu'à la somme de dix écus par les Lettres de 1595, mais moderées ensuite par deux Arrêts du Parlement, d'abord à trois écus un tiers ou dix livres, & puis à cinq écus.

Il faut remarquer que ce dernier Arrêt de la Cour du 12 Mars 1601, est donné pour l'enregistrement de Lettres Patentes d'Henri IV, par lesquelles entr'autres choses le Roi ordonne que le Maître général des œuvres de Maçonnerie mettra son nom & qualité le premier aux tableaux des Maîtres Jurés Maçons établis à Paris; qu'il procedera à la punition des fautes & abus qui se commettront par lesdits Maçons & autres métiers qui en dépendent suivant les Statuts, jusqu'à la somme de dix écus & au dessous, & que ses jugemens seront exécutés nonobstant opposition ou appellation & sans préjudice d'icelles, lesquelles seront relevées & vuidées en la Cour comme pour fait de Police suivant les Ordonnances.

Maitres Jurés Maçons.

Ces Maîtres Jurés Maçons dont il est parlé dans les Lettres Patentes ci dessus & dont on va encore dire ici quelque chose, sont des Officiers établis par un Edit du Roi du mois d'Octobre 1574, pour faire les visitations des ouvrages de Maçonnerie en la Ville, Prévôté & Vicomté de Paris, vérifié le 8 Mars ensuivant, & encore confirmé par autres Lettres Patentes obtenues par lesdits Jurés le 3 Novembre.

Si le premier Edit avoit trouvé des oppositions à son enregistrement au Parlement, de la part du Maître général des œuvres de Maçonnerie & des Maîtres Maçons non Jurés. La vérification des secondes Lettres Patentes ne fut pas plus tranquille, & ne trouva pas moins d'opposans.

Ce fut pour arrêter les suites de ces contestations & prévenir celles qui pourroient naître, qu'intervint l'Arrêt de la Cour de Parlement en forme de Réglement, du 7 Septembre 1616. Par cet Arrêt la Cour ordonne :

I.

Que le Maître des œuvres commettra seul des Maîtres Jurés Maçons ou Maçons non Jurés, pour faire la recherche des malversations des atteliers & bâtimens, lesquels lui feront le rapport sans aucun salaire.

II.

Que pour faire les visitations, prisées & estimations en Justice de tous édifices pour partage, licitations, servitudes, toisées, rapports, & autres Actes dépendans de leur art, les Juges nommeront & prendront d'Office les Maîtres des œuvres, & lesdits Jurés Maçons & Charpentiers seulement.

III.

Que pour ce qui se fera sans Ordonnance de Juge, il sera en la liberté des Parties de prendre des Bourgeois & autres gens à ce connoissans, qu'ils accorderont autres que lesdits Jurés érigés en titre d'Office, suivant l'Arrêt du 8 Mars 1575.

IV.

Que le Maître des œuvres recevra au degré de maîtrise par chef-d'œuvre les Compagnons dudit métier, & à cet effet envoyera la Lettre du chef-d'œuvre cachetée aux Maîtres Maçons Jurés & non Jurés, tels qu'il voudra choisir pour voir faire auxdits compagnons le chef-d'œuvre, lesquels après lui certifieront la capacité ou incapacité, pour être reçû ou refusé par lui, & lequel ainsi reçû, fera derechef serment pardevant le Substitut du Procureur Général au Châtelet.

V.

Qu'en cas d'opposition par les Jurés ou autres lors de la protestation de serment par devant ledit Substitut, se pourvoiront les parties par devant ledit Maître des œuvres, pour les faire vuider & par appel en Cour.

VI.

Quant à ceux qui auront des Lettres de maîtrise du Roi, ils seront reçus par ledit Substitut, étant certifiés par ledit Maître des œuvres & deux Maçons Jurés, pour raison de quoi ne prendront iceux Jurés autre droit que celui qui est accoutumé d'être payé.

VII.

Que ledit Maître des œuvres & Jurés seront visités en leurs atteliers, tant par les Jurés Maçons qu'autres non Jurés, quand ils en seront requis par les Parties.

VIII.

Que les rapports desdites visites se feront pardevant le Prévôt de Paris ou son Lieutenant Civil.

IX.

Enfin que les Jurés Maçons & autres non Jurés, seront tenus d'assister ledit Maître des œuvres en l'exercice de la Justice qui lui est attribuée par les Ordonnances & Arrêts.

Les Maîtres Maçons Jurés ayant de nouveau contesté aux Maçons non Jurés le droit d'être nommés concurremment avec eux pour faire les visitations des ouvrages de Maçonnerie, & ayant même obtenu contre eux une Sentence du 4 Septembre 1621, qui faisoit défenses à toutes personnes de quelque qualité & condition qu'elles fussent autres que lesdits Jurés, de faire aucune visitation, rapports, toisés & autres Actes en Justice, dépendans de l'Office desdits Jurés :

L'affaire portée par appel au Parlement, il fut ordonné par Arrêt du 14 Aout 1622, qu'il demeureroit en la liberté des Parties au fait de visitations & rapports en Justice, & autres Actes dépendans de l'art de Maçonnerie & Charpenterie, de nommer & convenir d'Experts, Bourgeois & autres gens à ce connoissans, autres que lesdits Jurés érigés en titre d'Office ; lesquels seulement seront privativement pris & nommés par les Juges, quand ils en nommeront d'Office.

On trouve encore un Arrêt de la Cour de Parlement du 4 Septembre 1660, par lequel il est dit que l'Arrêt du 7 Septembre 1616 rapporté ci-dessus, seroit exécuté suivant sa forme & teneur, la Cour faisant itératives défenses d'y contrevenir; & en conséquence qu'aucun aspirant à la maîtrise du métier de Maçonnerie dépendant du Maître général des œuvres dudit métier, ne pourra être reçu Maître que conformément aux Statuts & Réglemens dudit métier.

Il faut remarquer que ces Jurés qui d'abord n'avoient été créés qu'au nombre de vingt, ont été depuis augmentés jusqu'au nombre de soixante. On parle ailleurs de cette derniere création. *Voyez* l'article des Architectes Experts-Jurés du Roi.

Jurisdiction du Maître Général des Bâtimens de Sa Majesté, Ponts & Chaussées de France.

Il y a deux Jurisdictions qui portent ce nom ; l'une très ancienne établie depuis près de cinq siécles, & l'autre très moderne, dont l'établissement n'est que du regne de Louis XIV.

Le Siege de cette derniere est à Versailles, & son établissement ne regarde proprement que les bâtimens qui se font dans cette Ville Royale : l'autre se tient dans la Cour du Palais de Paris à côté de la Conciergerie & est pour Paris même, & pour toute sa Prévôté & Vicomté.

Le Maître général des œuvres & bâtimens est à la tête de l'une & l'autre, & les jugemens s'y rendent par lui ou en son nom ; on ne parlera ici que de celle de Paris, ce qui suffira pour l'une & pour l'autre.

Les Officiers de ce Siege connoissent des contestations entre les Entrepreneurs & les Ouvriers employés à la construction des bâtimens, & encore des différends entre les Marchands Carriers & Plâtriers. Ce sont eux aussi qui ont soin de la police de la Maçonnerie. Les jours ordinaires d'audience sont les lundis & les vendredis au matin. C'est aussi les vendredis que se tient la Chambre de la Police.

Cette Jurisdiction est composée du Maître général des bâtimens, & ordinairement de trois ou quatre autres Maîtres Maçons, Jurés ou non Jurés nommés choisis par ledit Maître général, lequel a aussi le pouvoir de se nommer un Lieutenant pour tenir le Siege en son absence.

Quoiqu'il n'y ait qu'un seul Maître général, il est cependant d'usage d appeller tous ceux qui siégent avec lui Maîtres généraux des bâtimens.

Les autres Officiers sont deux Gardes un Greffier en chef, huit Procureurs, un premier Huissier, & deux autres Huissiers pour le service.

Maîtres Maçons de l'Institution de l'Hôpital de la Trinité.

L'Hôpital de la Trinité établi à Paris dans la rue saint Denis vers l'an 1200, fut d'abord destiné à recevoir des Pelerins; le désordre s'étant mis dans la suite, sa grande sale fut donné à louage à une troupe de farceurs qui se disoient Maîtres de la Confrérie de la Passion, qui depuis s'établirent à ce qu'on appelle présentement l'Hôtel de Bourgogne, où les Comédiens Italiens font leurs représentations. Enfin après avoir long-tems servi à des usages prophanes, on donna à cet Hôpital sous le regne de François premier, une destination conforme à sa premiere institution; & par l'Arrêt de Réglement dressé pour la subsistance des pauvres par la Cour de Parlement en 1545, il fut ordonné qu'il serviroit à l'avenir de retraite à un certain nombre d'enfans de l'un & l'autre sexe, que leurs parens n'auroient pas le moyen de nourrir ni d'élever.

Comme ces enfans doivent être nourris & enseignés dans cet Hôpital jusqu'à ce qu'ils soient en état d'être mis en apprentissage, nos Rois, pour leur faciliter cet apprentissage & épargner l'argent que les Administrateurs seroient obligés de donner pour les y mettre, ont établi une franchise pour différens métiers, par laquelle les Ouvriers qui veulent prendre ces enfans pour apprentifs & venir s'établir dans l'enclos de la maison, gagnent leur maîtrise dans les Communautés aux ouvrages desquels ils travaillent.

Ce sont ces Maîtres que l'on nomme communément Maîtres de l'Institution de la Trinité. Ce qui les distingue mais seulement de nom, des Maîtres de chef-d'œuvre, ayant les mêmes droits & privileges qu'eux, & étant appellés comme eux aux charges & fonctions des Communautés. *V.* MAISTRES DE L'INSTITUTION DE LA TRINITE'.

Différens Statuts, Lettres Patentes, Arrêts & Réglemens, particuliérement un Réglement du 3 Décembre 1678, avoient longtems arrêté les contestations qui s'élevoient entre les Maîtres de chef-d'œuvres & les Maîtres de l'Institution de la Trinité à l'occasion de l'élection aux charges : mais une contestation s'étant de nouveau élevée en 1706, au sujet de l'élection d'un de ces derniers à la charge d'Adjoint du Syndic de la Communauté des Maîtres Maçons de Paris, & les Administrateurs de l'Hôpital ayant été reçus intervenans dans l'instance, il intervint un nouvel Arrêt de la Cour de Parlement du 22 Aout 1708, par lequel il est ordonné que les Lettres Patentes d'enregistrement & Réglemens concernant ledit Hôpital de la Trinité seront exécutés ; & en conséquence que les Maîtres Maçons de l'Institution dudit Hôpital continueront d'être appellés aux assemblées & aux visites de la Communauté des Maîtres Maçons, & seront lesdits Maîtres Maçons tenus de nommer à la prochaine élection qui se devoit faire le 25 desdits mois & an fête de saint Louis, un des Maîtres Maçons de l'Institution dudit Hôpital pour Adjoint & pour faire les fonctions de Syndic l'année suivante, & de continuer ladite nomination de dix ans en dix ans ; sinon & faute de ce faire par ladite Communauté, permet auxdits Maîtres de l'Institution de la Trinité d'en présenter un qui sera admis à faire lesdites fonctions.

Quoique cet Arrêt n'ait pas été rendu commun à toutes les Communautés qui reçoivent des Maîtres de ladite Institution, il doit cependant être regardé comme tel, vû les Réglemens précédens dont il ordonne l'exécution.

MAÇONNAGE. Ouvrage fait par un Maçon. Ce sont les Maîtres Maçons & Jurés Experts, qui avec les Greffiers de l'Ecritoire reglent les difficultés qui arrivent en fait de maçonnage, soit pour la bonté & qualité de l'ouvrage, soit pour les toisés. *Voyez ci-dessus* MAISTRES MAÇONS.

MAÇONNER. Travailler du métier de Maçon.

MAÇONNERIE. On le dit également & de l'art de Maçonnerie & de l'ouvrage du Maçon. Dans le premier sens on dit : Ce Maître Maçon, Cet Entrepreneur s'entend bien en maçonnerie ; pour dire, qu'il est expert dans l'art d'ordonner & de conduire un bâtiment. Dans le second sens on dit : Il y a pour dix mille livres de maçonnerie dans cette maison ; pour dire, que le seul ouvrage des Maçons revient à cette somme.

Toutes les especes de maçonnerie dont on se sert présentement dans les bâtimens se réduisent à cinq ; sçavoir la maçonnerie en liaison, celle de brique, celle de moilon, le limosinage & le blocage. La maçonnerie de blocage est la moindre de toutes, & se fait des pierrailles jettées à bain de mortier. Le limosinage se fait avec du moilon sans parement. L'ouvrage de moilon est celui où les moilons sont d'appareil, bien équarris, posés de niveau & piqués en parement. Celui de brique se fait avec de la brique cuite posée en liaison, & proprement jointée avec du plâtre & de la chaux. Enfin la maçonnerie en liaison, qui est la meilleure de toutes est celle qui est construite de carreaux & de boutistes de pierres posées en recouvrement les unes sur les autres.

MAÇONNERIE. C'est aussi une Jurisdiction établie à Paris pour juger en premiere instance les contestations qui surviennent entre les Maîtres Maçons pour raison de leur art & métier. Les appels se portent au Parlement. Ceux qui l'exercent s'appellent Généraux des œuvres de Maçonnerie de France. Elle n'est pas ancienne, & n'a été établie qu'en 1645. Il faut entendre cela quant à la forme qu'elle a présentement : la Jurisdiction de

Maître général des œuvres qui est la même, ayant été établie dès le treizième siécle. Elle a ses Procureurs particuliers.

Ce fut en l'année 1690, que pour la commodité du Public on commença d'imprimer par ordre du Sur-Intendant général des bâtimens du Roi, un mémoire contenant en détail le prix de tous les ouvrages qui se font dans les bâtimens.

Cet usage si utile ayant duré jusqu'en 1710, il fut alors discontinué, parce que les divers mouvemens que le fameux sistême du sieur Law avoit causés dans les affaires de l'Etat & dans celles des particuliers, ayant influé jusques dans les bâtimens, il commença de n'y avoir plus rien de certain ni dans le prix des matereaux, ni dans les salaires des ouvriers, qui monterent au de-là de ce qu'on peut s'imaginer.

Il est vrai que ces prix si excessifs sont tombés depuis, & que les choses à cet égard commencent présentement à rentrer dans le train ordinaire. Cependant on n'a point encore rétabli l'ancien usage, & le Public est toujours privé du mémoire sur le prix des ouvrages. Pour y suppléer nous en donnons ici un nouveau qui a été fait sur l'avis des plus habiles gens du métier.

Prix des ouvrages de Maçonnerie, en 1733.

Murs en fondation, depuis 22 pouces d'épaisseur jusqu'à 28, dans lesquels il y a les portes des caves de pierre formées en ceintre, chaînes de pierres sous les arcs, la pierre de taille estimée à part, la toise quarrée . . . 26 liv.

Murs de face de pierre de taille S. Leu, avec 4 assises de pierre dure d'Arcueil par bas, faisant parement des deux côtés en 5 pieds de haut de 22 pouces d'épaisseur pas bas, pleinte, appui & entablement, les saillies non comprises : toise quarrée, ... 60 liv.

Mur mitoyen de 20 pouces d'épaisseur par bas, dans lesquels il y a des jambes de pierre de taille sous les poutres & sous les pans de bois, de moilon piqué au surplus du mur : la toise quarrée, 18 liv.

Murs de refan au dessus du rez de chaussée avec pieds droits aux portes de pierre de taille, une assise de pierre de taille dure par bas faisant parpin, de 18 pouces d'épaisseur, la plus value de la pierre de taille payée séparément : la toise quarrée, 18 liv.

Voutes & caves & des aisances, avec arcs de pierre de taille dure de 9 de 12 pieds d'espace de milieu en milieu, de 14 pouces d'épaisseur au couronnement, la plus value de la pierre de taille payée séparément : la toise quarrée, . 13 liv.

Marches de pierres dures d'Arcueil pour les grands escaliers, moulés, murs d'Echiffre de pierre auxquels il y aura deux assises de pierre dure par bas, le surplus de S. Leu, avec assises circulaires ou autres : la toise quarrée, . 45 liv.

Murs circulaires de puits avec des assises de pierre de taille cramponnées par bas, le surplus de moilon piqué, de 18 pouces d'épaisseur : la toise quarrée, ... 35 liv.

Nota. On en augmente le prix suivant la profondeur.

Souches de cheminée de brique avec pleinte & fermeture de pierre de taille de S. Leu : la toise quarrée, ... 18 liv.

Marches de pierre dure pour les descentes de caves & Echiffre, avec tête de pierre dure de 15 pouces d'épaisseur : la toise quarrée, . 35 liv.

Nota. Les voutes & bancaux se payent à part, la toise superficielle, . . 12 liv.

Les bornes de pierres dures de quatre pieds & demi de long seulement & posées d'icelles, la piece, ... 10 liv.

Les menus ouvrages de plâtre, comme tuyaux, manteaux, souches de cheminées, lambris, corniches, cloisons, aires sous les carreaux, scellement de lambourdes & autres : la toise quarrée, . 7 liv.

Fouilles, transports, & enlevemens des terres massives, tant pour les caves que pour les fosses d'aisances qu'autres terres, suivant l'éloignement de la décharge : la toise cube, . . 12 liv.

Il faut remarquer que tous ces prix sont entendus suivant le toisé des Us & Coutume de Paris, ce qui peut les augmenter ou diminuer suivant les toisés des autres Coutumes où les ouvrages se peuvent faire ; & encore par la difficulté du service & l'éloignement des lieux d'où se tirent les matéreaux.

MACOUTE. Espece de monnoie de compte ou de maniere de compter en usage parmi les Negres, dans quelques endroits des Côtes de l'Afrique, particuliérement à Loango de Boirie sur la Côte d'Angole.

La macoute vaut dix, & il en faut dix pour faire le cent, qui est aussi parmi ces Barbares une autre sorte de monnoie de compte.

Pour faire l'évaluation de leurs achats & de leurs ventes, ou plutôt de leurs échanges, ils fixent d'un côté le nombre des macoutes qu'ils veulent, par exemple, pour un Negre piece d'Inde, & de l'autre pour combien de macoutes ils consentent de recevoir chaque espece de marchandise qu'ils désirent avoir pour ce Negre.

Supposé donc qu'ils ayent fixé leur Esclave à 3500, ce qui revient à 305 macoutes ; pour faire ce nombre de macoutes en marchandises, chaque espece de ces marchandises a son prix aussi en macoutes.

Par exemple, deux couteaux Flamands se comptent une macoute ; une anabasse trois ; un bassin de cuivre de deux livres pésant & de douze pouces de diametre, aussi trois. Un fusil s'estime trente macoutes ; un baril de poudre de dix livres pésant, de même ; une piece de salampouris bleu cent vingt, que les Negres réduisent au cent, & comprent douze cens ; & ainsi du reste des marchandises ; ensuite de quoi ils prennent sur cette évaluation autant de ces marchandises qu'il en faut pour 305 macoutes ou 3500, à quoi ils ont mis leur Esclave.

A Malimbo & Cabindo, environ à 30 lieues plus loin, sur la même Côte d'Angole, on compte par piece. *Voyez* PIECE.

MACREAU. *Voyez* MAQUEREAU.

MACULATURE. Les Imprimeurs & Libraires appellent Maculatures, les mauvaises feuilles de papier blanc ou mal imprimées, qui ne servent qu'à empaqueter des Livres ou autres marchandises.

MACULATURE. C'est aussi un termo de papeterie, qui signifie une sorte de gros papier grisâtre qui sert à envelopper les rames de papier. On lui donne quelquefois le nom de Trace. *Voyez* PAPIER.

M A D

MADA-DORO ou MÆDA-DOURO. Monnoie d'or de Portugal, qui vaut six patacas ou pieces de huit & quinze vintins.

Il y a des demi-medas & des quarts qui valent à proportion.

Il est remarquable que l'effigie des Rois de Portugal ne paroit sur presque aucune de leurs monnoies d'or ou d'argent.

MADAGASCAR, Isle de la mer d'Ethiopie en Afrique. *Voyez* le détail des marchandises propres pour cette Isle, & de celles qu'on en peut tirer, dans l'Etat général, Tome I. page 392.

MADERE. Isle d'Afrique : il s'y fait un assez grand commerce de sucre, de miel, de cire, de citrons, d'oranges, de limons, vins & autres tels fruits de la terre : on en tire aussi des cuirs.

On parle ailleurs amplement de cette Isle & de son négoce. *Voyez* l'Etat général, Tome I. page 395.

MADOUINE. C'est la pistole de Piémont. Elle vaut 13 livres du pays & 10 liv. 16 s. 8 d. de France, en comptant l'écu sur le pied de 60 sols.

MADRAGUE. Filet fait de cordes de jonc, dont on se sert sur les Côtes de Provence pour la pêche du thon. *Voyez* THON.

MADRAS, ou MADRAPATAN, principal établissement des Anglois sur la Côte de Coromandel. *Voyez* l'Etat général, Tome I. pages 419-439.

MADRE'. Nom que l'on donne à quelques sortes de marchandises de diverses couleurs, particuliérement au savon & à cette espece de poix que l'on nomme Barras. *Voyez* POIX. *Voyez aussi* SAVON.

Du Bois madré, c'est ce qu'on nomme autrement du bois véné, comme le noyer, le hêtre, les racines de buis & autres semblables bois qui servent à la marqueterie & à la tableterie.

Il y a de l'apparence qu'on disoit autrefois du bois marbré ; c'est-à-dire, qui a des veines de diverses couleurs comme le marbre, & que par corruption on a dit madré.

MADRID, Capitale d'Espagne. *Voyez* ce qui en est dit dans l'Etat général, Tome I. page 241.

MADRURE. Ce sont les veines de couleurs & de figures différentes qui paroissent sur le bois.

On le dit aussi en termes de Pelleterie, des taches qui sont sur les peaux de quelques animaux, comme du tigre, du léopard, de la pantere, du chat & de quelques autres.

La moucheture des peaux d'hermine s'appelle quelquefois de la madrure, mais plus improprement.

MAG

MAGALAISE, qu'on appelle aussi MEGANAISE, MAGNE ou MAGNESE. C'est un minéral assez semblable à l'antimoine, à la réserve qu'il est plus tendre, & qu'au lieu d'aiguilles on y voit de petits brillans. Il y en a de grise & de noire. C'est de cette derniere que se servent les Emailleurs & les Potiers de terre, l'autre étant très rare. Les Verriers en employent aussi pour purifier leur verre, mais en petite quantité, parce qu'autrement ils lui donneroient un œil ou trop bleu, ou trop couleur de pourpre.

La magalaise vient de Piémont, où on la tire de quelques carrieres en morceaux de différentes grosseurs & figures. Il faut la choisir tendre, brillante, la moins remplie de roches & de menu que l'on pourra. Quelques-uns la confondent avec le safre & le perigueux ; mais ces minéraux sont bien différens les uns des autres.

La Magalaise paye les droits d'entrée comme l'antimoine crud, à raison de 15 s. le cent pésant, conformément au Tarif de 1664.

Les droits de la Douane de Lyon sont de 3 s. 3 d. d'ancienne taxation par quintal, 1 s. de nouvelle réappréciation, 8 s. pour les anciens quatre pour cent, & 4 s. pour les nouveaux.

MAGALEP, qu'on nomme aussi MAHALEP. C'est l'amande d'un petit fruit semblable à un noyau de cerises. L'arbrisseau qui le produit a des feuilles grandes, pointues & un peu reployées, ce qui fait croire à plusieurs que c'est le phylliarea.

Son plus grand usage est pour les Parfumeurs, qui, après l'avoir concassé & mis dans de l'eau commune ou de l'eau rose, le distilent pour en laver le savon dont ils font leurs savonettes.

Il vient du magalep de plusieurs endroits, particuliérement d'Angleterre ; il faut le choisir nouveau, le plus gros, le plus entier & le moins mêlé de coques qu'il est possible ; sur tout qu'il n'ait aucune mauvaise odeur.

Cette drogue n'est pas tarifée ; & ainsi suivant le tarif de 1664, elle doit payer à l'entrée cinq pour cent de sa valeur.

MAGASIN. Lieu où l'on serre des marchandises ; soit pour les y vendre par pieces, comme on dit, balles sous corde, ce que font les Marchands en gros ; soit pour les y réserver & garder jusqu'à ce qu'il se présente occasion de les porter à la boutique, comme font les Marchands en détail.

MAGASIN. C'est aussi chez les Détailleurs une arriere-boutique où l'on met les meilleures marchandises, & celles dont on ne veut pas faire de montre.

MAGASIN. Se dit encore de certains grands paniers d'osier que l'on met ordinairement au devant & au derriere des carosses, des coches, carioles, & autres semblables voitures publiques ; soit pour y mettre les hardes, malles, & cassettes des personnes qui vont par ces voitures ; soit pour y serrer les médiocres ballots, balles, & caisses de marchandises que les Marchands envoyent à leurs Correspondans par cette voye.

Pour la sûreté de ces marchandises, il faut avoir soin d'en faire charger les Registres du Commis établi dans chaque Bureau de ces carosses ; & pour la sûreté des Cochers qui les conduisent, ils doivent avoir des lettres de voiture aussi circonstanciées que celles de tous les autres Voituriers par terre. *Voyez* VOITURIER.

MAGASIN D'ENTREPOST. C'est un Magasin établi dans certains Bureaux des cinq grosses Fermes, pour y recevoir les marchandises destinées pour les Pays étrangers, & où celles qui y ont été entreposées ne doivent & ne payent aucun droit d'entrée ni de sortie, pourvû qu'elles soient transportées hors du Royaume par les mêmes lieux par où elles y sont entrées dans les six mois ; après quoi elles sont sujettes aux droits d'entrée. *Voyez* ENTREPOST.

On appelle Marchand en Magasin, celui qui ne tient point de boutique ouverte sur la rue, & qui vend en gros ses étoffes & marchandises.

Garçon-Magasin s'entend dans le même sens que Garçon de boutique, c'est-à-dire, un Apprentif Marchand, qui après son apprentissage sert chez les Marchands en Magasin, pour se fortifier dans le négoce par une plus longue expérience. La fortune des Marchands dépend quelquefois de l'habileté de ces sortes de Garçons.

Garde-Magasin est celui qui a le soin des marchandises qui sont enfermées dans un Magasin, soit pour les délivrer sur les ordres du Maître, soit pour en recevoir de nouvelles quand elles arrivent.

Garde-Magasin se dit aussi des marchandises qui sont hors de mode, & qui n'ont plus de débit. C'est pour le gros ce qu'est un garde-boutique dans le détail.

MAGASINER. Mettre des marchandises en magasin. L'Edit d'Affranchissement du Port de Marseille de 1669, porte, Que les Marchands étrangers y pourront charger, décharger, magasiner, & entreposer leurs marchandises sans payer aucuns droits. *Voyez* PORT FRANC.

MAGASINIER. Le Garçon ou le Commis qui est chargé du détail d'un magasin. C'est la même chose que Garde-magasin. On s'en sert moins dans le commerce que parmi les Entrepreneurs des vivres & munitions pour les armées & dans les Arsénaux du Roi.

MAGDALEON. Les Epiciers appellent un Magdaleon de souffre, ces pains de souffre en forme de cylindre qui font partie de leur commerce. Ces Magdaleons ont ordinairement six pouces de long sur dix-huit lignes de diametre. *V.* SOUFFRE.

MAGNE, ou MAGNESE. Espece de minéral qui a quelque rapport avec l'antimoine. *Voyez* MAGALAISE.

MAGNETTES. Toiles qui se fabriquent en Hollande & dans quelques Provinces voisines: elles pliées à plat, & quelquefois roulées, suivant la fantaisie du Tisserand ou du Marchand. Leur appréciation par les Tarifs de Hollande, est de 20 florins la piece. Elles payent 3 sols d'entrée & 4 de sortie, avec une augmentation de 8 pennins si elles entrent ou qu'elles sortent par l'Est, l'Orisont, ou le Belt.

MAGRABINES, ou MAUGUERBINES. Toiles de lin qui se fabriquent en plusieurs lieux d'Egypte, & qui se vendent au Caire. Leur prix est de 55 meidins la piece de 28 à 30 pics de longueur & sept huitiémes de pic de largeur.

MAH

MAHALEB, ou MAGALEP. C'est ce qu'on nomme du Bois de Sainte-Lucie, dont les Ebenistes & les Sculpteurs se servent pour divers de leurs ouvrages. Le meilleur vient de Lorraine. *Voyez* SAINTE-LUCIE, *& l'article de* BOIS.

MAHOUTS. Draps de laine destinés pour les Echelles du Levant, qui se manufacturent en Angleterre. Il s'en fait présentement quantité en France, particuliérement en Languedoc, Dauphiné, & Provence. *Voyez l'article* DRAP, *à l'endroit où il est fait mention de ceux dont la destination est pour le négoce du Levant, qui se fait par Marseille.*

MAI

MAIDAN, ou MAYDAN. On nomme ainsi presque dans toute l'Asie, & particuliérement en Perse, les places publiques destinées pour le commerce où se tient le marché des denrées & marchandises.

Le Maidan d'Ispaham passe pour le plus magnifique de tout l'Orient. On en parle ailleurs. *Voyez l'Etat général du Commerce, à l'endroit où l'on traite de celui qui se fait dans le Royaume de Perse.*

MAIDIN. Petite monnoie d'argent qui se fabrique & qui a cours en Egypte. Elle y vaut depuis dix-huit jusqu'à vingt-un deniers de France, suivant le change. *Voyez* MEIDIN.

MAJEUR. Celui qui est en âge de gouverner son bien, de le vendre, troquer, aliener, enfin d'en disposer de toutes les manieres licites & permises par les Loix ou par les Coutumes.

Le Droit Civil & la Coutume de Paris fixent l'état de Majeur à vingt-cinq ans, & la Coutume de Normandie à vingt ans & un jour. Il n'y a point d'âge certain pour la majorité de ceux qui se mêlent de commerce; & les Marchands sont réputés Majeurs pour le fait de marchandises dès le moment qu'ils entrent dans le négoce. *Voyez* MAJORITE'.

MAJEUR. Signifie aussi dans le négoce des Echelles du Levant, les Marchands qui font le commerce pour eux-mêmes; ce qui les distingue des Commissionnaires, Coages, & Courtiers. Ceux-ci appellent aussi quelquefois leurs Commettans, leurs Majeurs.

MAILLE ou OBOLE. Petite monnoie imaginaire ou de compte, estimée la moitié d'un denier tournois, ou la vingt-quatriéme partie d'un sou tournois. La Maille se subdivise en deux pites, & chaque pite en deux semi-pites.

Il paroît que la Maille a été autrefois une monnoie courante, & la plus petite de celles qui ont eu cours en France: aussi donnoit-on encore le nom de Maille parmi le peuple au denier tournois sous le Regne de Henri IV, par l'habitude où l'on étoit d'appeller de ce nom les plus petites des especes courantes.

Le mot de Maille se trouve souvent dans la bouche des Marchands & Négocians. Ils disent qu'il n'y a pas la Maille à perdre sur un marché; pour faire entendre, que le marché ne doit pas être mauvais: Qu'ils ne rabattront pas une Maille; pour dire, qu'il n'y a rien à diminuer du prix qu'ils proposent: Qu'une marchandise ne vaut pas la Maille; pour faire entendre, qu'elle ne vaut rien du tout: Qu'un Facteur ou Garçon a rendu compte jusqu'à la derniere Maille; pour signifier, qu'il a tenu compte jusqu'à la moindre bagatelle.

MAILLE. Se dit aussi chez les Marchands Orfévres & parmi les Monnoyeurs, d'une sorte de petit poids qui vaut deux felins ou la moitié d'un estelin. *Voyez* ONCE.

MAILLE. Est aussi un terme de Manufacture de Bonneterie; il se dit du travail entrelassé des bas, camisolles, & autres ouvrages de soie, de laine ou d'autres matieres qui se font au tricot ou au métier. Ainsi l'on dit: La Maille de ce bas est bien fine & bien serrée; pour faire entendre que le bas est fin & fabriqué comme il faut. Au contraire l'on dit que la Maille d'un ouvrage de bonneterie est trop grosse & trop lâche, pour dire que le travail n'en est pas bon & qu'il est trop grossier.

Plus le fil dont un bas est fabriqué est filé fin, plus la Maille est fine; & plus le fil est filé gros, plus la Maille en est grossiere.

Suivant l'article 12 du Réglement du 30 Mars 1700, les bas & autres ouvrages de bonneterie tant de soie que de laine, fil, poil, coton, ou castor, qui se fabriquent au métier, doivent être proportionnés & suffisamment étoffés, en sorte que la Maille soit remplie & faite d'une égale force & bonté dans toute leur étendue, sans maille double, maille mordue, arrachures, serrures, ni ouvertures. *Voyez* BAS.

MAILLE. Se dit aussi du tissu de plusieurs filets de fer dont étoient autrefois composées diverses sortes

tes d'armures, comme les Hauberts, les Jacques de Mailles, les Chemises, &c. On en faisoit aussi des gants & des especes de jambiers. Les chevaux mêmes en étoient souvent entiérement couverts. Tous ces ouvrages appartenoient au métier des Chaîneriers qui de-là s'appelloient Mailliers-Hauberteniers. *Voyez* CHAISNETIER.

MAILLE. Est encore une ouverture en forme de lozange, qui étant plusieurs fois répétée, sert à faire les treillis de fil de fer ou de léton. Cet ouvrage se vend au pied en quarré plus ou moins suivant que la Maille est large ou étroite, ou que le fil est gros ou menu. Ce sont les Maîtres Epingliers qui font les treillis à Mailles. *V.* EPINGLIER.

MAILLE. En terme de Pêche de poisson de mer & de poisson d'eau douce, est aussi l'ouverture quarrée & diverses fois recommencée faite avec du fil ou de la lignette, & travaillée avec une espece d'aiguille de bois qui compose les filets des Pêcheurs.

Les Ordonnances de la Marine ont déterminé la largeur que doivent avoir les Mailles de chaque filet à raison de la pêche où on les employe; & les Ordonnances des Eaux & Forêts ont fixé sur un seul moule les Mailles de tous les filets à pêcher en riviere. *Voyez l'article des Filets & des Pêcheries.*

MAILLEAU. Petit instrument de bois en forme de maillet, qui sert aux Tondeurs de draps pour faire mouvoir celui des deux coûteaux des forces à tondre que l'on nomme le mâle. Quand le Mailleau n'a point de manche, on lui donne le nom de Cureau. *Voyez* MANICLE.

MAILLER une toile de Batiste. C'est la battre sur une pierre de marbre avec un maillet de bois bien uni, pour en abattre le grain & lui donner un œil plus fin. *Voyez* BLANCHIR.

MAILLER un treillis de fil de fer ou de léton. C'est en former les ouvertures en lozange. *V.* MAILLE.

MAILLET. Espece de gros marteau de bois qui sert à plusieurs Ouvriers & Artisans qui travaillent du ciseau, tels que sont les Sculpteurs, Marbriers, Tailleurs de pierre, Maçons, Menuisiers, & Charpentiers.

Le Maillet est composé de deux pieces, du manche & de la masse.

Les Maillets des Sculpteurs, Marbriers, Tailleurs de pierre, & Maçons, sont plus ordinairement ronds; & les Maillets des Menuisiers & Charpentiers plus communément équarris.

Le Maillet des Vaniers a la tête en forme de cube, de quatre pouces en quarré. Ils s'en servent à frapper sur l'instrument qu'ils appellent la Beccasse, lorsqu'ils veulent border les hottes de clôture, & les vans à vanner les grains. *Voyez* BECCASSE.

Les Fondeurs de petits ouvrages ont aussi un Maillet, mais plus gros & plus pésant que celui des Menuisiers.

C'est avec quoi ils réduisent en pelotes le cuivre en feuilles qu'ils veulent mettre à la fonte. *V.* PELOTE.

Les outils que les Carriers appellent des Maillets, sont de grosses masses de fer de différens poids, dont ils se servent à frapper les coins de fer avec lesquels ils coupent la pierre: ils en ont ordinairement trois, un de quarante-cinq livres, un de vingt, & un de quinze. *Voyez* CARRIER, & CARRIERE.

MAILLET. Les Plombiers & les Tonneliers ont pareillement leurs Maillets, mais assez différens de ceux dont on vient de parler.

Le Maillet des Tonneliers a la masse très plate & n'a gueres plus d'un pouce & demi d'épaisseur. Sa forme est quarrée, plus longue que large, un peu cintrée par en haut & échancrée par bas; le manche est placé dans l'épaisseur de la masse; les Tonneliers qui s'en servent à enfoncer & faire joindre les cerceaux, l'ont fait plat, afin qu'il se couche le long de la piece en frappant le cerceau.

Le Maillet des Plombiers n'est proprement qu'un demi-Maillet des Sculpteurs, c'est-à-dire, une masse coupée en deux dans sa longueur, ensorte qu'un côté est plat, & l'autre en demi-cercle. Le manche est placé dans le demi-cercle; mais couché & parallele à la section du cylindre. On s'en sert pour battre le plomb par le côté qui est plat, & quelquefois pour frapper sur des outils par l'un des bouts. *V.* PLOMBIER.

MAILLET. Les Tourneurs & les Nattiers se servent aussi de Maillets, mais plus pésants & à plus long manche, pour battre sur la pierre la paille mouillée qu'ils employent, les uns pour empailler les chaises qu'ils font, & les autres pour tracer & faire leurs nattes. *V.* NATTIER, & TOURNEUR.

Les Maillets des Chauderonniers sont de buis: Ils s'en servent à diverses façons qu'ils donnent à leurs ouvrages en les fabriquant à froid. Ils en ont de gros, de petits, & de médiocres; les uns pour faire la quarre des chauderons, & les autres pour redresser & enlever l'ouvrage. *Voyez* CHAUDERONNIER.

MAILLIER. Artisan qui fait des armes composées de petites chaînettes ou mailles de fer. Cet Ouvrier s'appelle Chaînetier. *Voyez son article.*

MAILLON. Espece de petit anneau d'émail qui dans les métiers des Ferandiniers-Gaziers sert à attacher les lissettes aux plombs. *V.* GAZE.

MAIN. Partie du corps de l'homme qui est à l'extrêmité des bras. Il se dit figurément de plusieurs choses dans le commerce & parmi les Artisans.

Acheter de la viande à la main, c'est l'acheter sans la peser.

Lâcher la main, signifie diminuer du prix que l'on a d'abord demandé d'une marchandise, en faire meilleur marché, la donner quelquefois à perte. Si vous voulez vendre votre blé, il faut un peu lâcher la main. Vous prétendez vendre cette étoffe comme si elle étoit encore de mode, il faudra que vous lâchiez beaucoup la main si vous voulez vous en défaire.

Acheter une chose de la premiere main, c'est l'acheter de celui qui l'a recueillie ou fabriquée, sans qu'elle ait passé par les mains des Revendeurs.

L'acheter de la seconde main, c'est l'avoir de celui qui l'a achetée d'un autre pour la revendre.

Les Marchands en gros ont coutume d'acheter leurs marchandises de la premiere main, & les Détailleurs de la seconde.

On dit aussi troisiéme & quatriéme main, suivant le nombre des Marchands par les mains desquels une marchandise a passé.

C'est un grand avantage dans le négoce d'avoir les choses de la premiere main, & c'est de cet avantage que les Hollandois sçavent bien profiter dans le commerce des épiceries, dont ils sont seuls les Maîtres, & qu'il faut que toutes les autres Nations de l'Europe & même des Indes où elles croissent reçoivent d'eux, c'est-à-dire, de la seconde main.

Vendre hors la Main. Il se dit à Amsterdam des ventes particulieres, c'est-à-dire, de celles où tout se passe entre l'acheteur & le vendeur où tout au plus avec l'entremise des courtiers, sans qu'il y intervienne aucune autorité publique, ce qui les distingue des ventes au bassin qui se font avec la permission des Bourguemaîtres, & dans lesquelles préside un Vendu-Meester ou Commissaire nommé de leur part. *Voyez* Vendu-Meester.

Le Sr. Ricard dans son traité du négoce d'Amsterdam fait diverses observations sur les ventes hors la main, qui peuvent assurer leur exécution & prévenir les contestations qui n'y sont que trop ordinaires. On va en rapporter ici les principales.

1°. Si la marchandise vendue n'est point sujette au poids, l'acheteur est obligé de la recevoir dans le magasin, dans la cave ou sur le batteau du vendeur, & de la faire transporter chez soi à ses risques & dépens.

2°. Lorsque l'acheteur ou ses gens ont reconnu & aggréé la marchandise, elle est censée livrée & reste sur son compte.

3°. Si la marchandise vendue est sujette au poids, c'est au vendeur à l'envoyer au poids public à ses dépens; mais après qu'elle y a été pesée, l'acheteur doit la recevoir & elle reste à ses risques.

4°. S'il y a quelque défectuosité aux marchandises, l'acheteur doit la déclarer en les recevant, & ne les recevoir qu'après être convenus du rabais avec le vendeur, soit à l'amiable, soit par l'entremise des courtiers ou des arbitres. Si néanmoins les marchandises sont portées chez l'acheteur sans être déballées, & qu'à l'ouverture de la balle ou du tonneau elle est trouvée défectueuse, il en est cru à son serment & sur celui des travailleurs du poids.

5°. Lorsqu'en concluant un marché on ne dit rien du terme du payement ni de la tarre, on sous-entend toujours que c'est pour payer au comptant ordinaire ou au terme qu'on a coutume de donner pour les marchandises de pareille nature, ce qui se pratique aussi à proportion pour la tarre.

6°. Le comptant ordinaire est presque toujours de six semaines, à l'exception néanmoins du poivre & de peu d'autres marchandises qui se payent sur le champ, ou au moins deux ou trois jours après la livraison: le vendeur a neanmoins la faculté de se faire payer aussi-tôt que la marchandise est livrée; mais il est rare que des Marchands accrédités se servent de cette faculté.

Main. Morceau de cuivre, de fer ou de bois, qui soutient l'axe ou boulon autour duquel roule une poulie. On dit plus ordinairement la Chape d'une poulie & quelquefois l'Echarpe. *Voyez* Chape.

Main. On donne aussi ce nom à plusieurs crampons ou esses qui servent à tirer quelques fardeaux en haut. La main d'une corde à puits, la main d'une louve, la main d'un engin, d'une chevre, d'une grue, &c. *Voyez tous ces instrumens à leurs articles.*

Main d'Oublie. C'est un certain nombre d'oublies que les Oublieux ou Garçons Pâtissiers donnent pour faire l'essai de leurs corbillons à ceux contre lesquels ils le veulent jouer. *Voyez* Oublieux *ou* Patissier.

Main d'oeuvre. Terme de Manufactures. Il s'entend de deux manieres; quelquefois il signifie l'ouvrage que fait chaque fabriquant; & quelquefois il se prend pour le prix que l'Entrepreneur lui en donne; dans ce dernier sens un Auteur manuscrit qui a traité du Commerce, dit que c'est un grand avantage d'établir des manufactures dans un Etat, quand même les marchandises qui s'y font n'iroient pas à l'étranger, parce que c'est toujours profiter de la main d'œuvre, c'est-à-dire, épargner à l'Etat le prix de la façon qu'il faudroit payer pour les marchandises étrangeres.

Main. Poids des Indes Orientales qui ne sert gueres qu'à peser les denrées qui se consomment pour l'usage de la vie. Il se nomme plus ordinairement Mao. *Voyez* Mao.

Main de Papier. Assemblage de vingt-cinq feuilles de papier pliées en deux. Chaque rame doit être composée de vingt mains. *Voyez* Papier.

Main. Les Menuisiers appellent la main du sergent (instrument dont ils se servent pour coller ou cheviller leurs ouvrages) un crochet mobile qui monte ou qui descend le long de la barre de fer qui est la principale piece de cet instrument. *Voyez* Sergent.

Main. Instrument de cuivre ou de fer-blanc qui sert aux Marchands, Banquiers, Commis & Caissiers qui reçoivent beaucoup d'argent blanc, à le ramasser sur leur comptoir ou bureau après qu'ils l'ont compté, pour le remettre plus facilement dans les sacs.

Cet instrument appellé main à cause de son usage, est long environ de dix pouces, large de cinq à six, de figure quarrée, avec une espece de poignée par en haut. Il a des bords de trois côtés, celui par où se ramassent les especes n'en ayant point.

MAIN-TIERCE. Terme de Mesureur de grain qui est en usage à Landrecie. Il signifie ce qu'ailleurs on appelle Raz, c'est-à-dire, l'opposé de comble. Ainsi mesurer un boisseau de bled de main-tierce, c'est le mesurer raz.

MAINE, Province de France. *Voyez* le détail de ses Manufactures & de ses productions, dans l'Etat général, Tome I. page 94 *& suiv.*

MAJORITE'. Tems où l'on devient majeur, âge auquel suivant la Loy ou la Coutume les mineurs sont estimés capables d'avoir l'entiere administration de leurs biens, & d'en disposer sans pouvoir jouir, comme dans leur minorité, du bénéfice de la restitution, contre les aliénations qu'ils en auroient faites.

Il y a quelques Provinces de France, comme en Normandie, où l'on devient majeur à vingt ans & un jour; mais dans le reste du Royaume le tems le plus ordinaire de la majorité, qui est aussi celui prescrit par le droit civil, est l'âge de 25 ans.

Majorité des Marchands.

L'Ordonnance du mois de Mars 1673 n'a donné pour regle de la majorité de ceux qui exercent le commerce, que le moment auquel ils commencent à y entrer, & l'article 6 du premier titre de cette Ordonnance porte que *tous Négocians & Marchands en gros & en détail seront réputés Majeurs pour le fait de leur commerce & banque, sans qu'ils puissent être restitués sous prétexte de minorité.*

Cette Jurisprudence mercantille concernant la

majorité des Marchands & Banquiers, étoit déja établie en France bien avant l'Ordonnance, & l'on a plusieurs Arrêts du Parlement de Paris & de quelques autres Parlemens, qui décident que tout mineur faisant le commerce devient majeur pour le fait de son négoce, & que les enfans de famille faisant marchandise n'ont pas besoin du consentement de leur pere pour s'obliger, ce qui néanmoins s'entend toujours pour ce qui regarde leur négoce, ne jouissant de cette espece d'émancipation qu'à cet égard, & restant encore comme auparavant en minorité & sous la puissance paternelle pour tous les autres engagemens qui n'y ont pas de rapport.

Comme l'on pourroit demander pour expliquer l'article de l'Ordonnance, à quel âge donc il est permis d'entrer dans le commerce, & par conséquent à quel âge on peut être reputé majeur; Monsieur Savary remarque dans son Parfait Négociant que cela dépend s'il y a maîtrise ou non dans la Ville où un mineur veut s'établir & faire commerce.

A Paris par exemple où l'on ne peut être reçû Maître qu'à vingt ans, la majorité est reputée commencée du moment que le jeune Marchand entre dans la vingt-uniéme année. Dans les Villes où par les Statuts des Communautés la reception à la maîtrise est avancée ou reculée au de-là ou en deçà de vingt ans; la majorité doit suivre le tems fixé par ces Réglemens; & dans les Villes où il n'y a point de maîtrise; le mineur doit être reputé majeur, aussi-tôt qu'il commence à faire le commerce pour son compte particulier, n'eût-il que dix-neuf ans, n'en eût-il que dix-huit.

L'on peut voir dans le chapitre second du livre quatriéme de la premiere partie du Parfait Négociant, non-seulement tout ce qui concerne la majorité des Marchands, mais encore les précautions que l'on doit prendre, soit achetant des héritages & immeubles d'un Marchand mineur, soit en lui prêtant de l'argent ou de la marchandise sur l'hypotéque de ces mêmes immeubles, afin de s'assurer que les sommes ou prêtées, ou provenantes de ces immeubles achetés, aussi bien que les marchandises données à crédit, ne soient point employées à d'autres usages qu'à leur commerce, qui est le seul cas où selon l'Ordonnance les mineurs puissent être réputés en majorité.

MAIRRAIN, que quelques-uns écrivent aussi Mairain, Merrain, Meirain, Merrein ou Merin. C'est du bois de chêne refendu en petites planches plus longues que larges.

Il s'en fait de deux sortes; l'une propre à la menuiserie que l'on appelle Mairrain à panneaux; & l'autre destinée pour faire des douves, autrement douelles ou doelles pour la construction des tonneaux, que l'on nomme Mairrain à futailles.

Le Mairrain à panneaux a depuis un jusques à quatre pieds de long; celui de quatre pieds doit avoir un pouce ou un pouce & demi d'épaisseur, & celui au dessous n'en doit avoir qu'un : l'un & l'autre est au moins de six pouces de large, & sert à faire du parquet & d'autres ouvrages de menuiserie.

On lambrissoit autrefois les ceintres des Eglises de Mairrain, ce qui en consommoit une prodigieuse quantité; mais à present que la mode en est passée, on n'y en employe quasi plus, ensorte que le négoce de cette marchandise est de beaucoup diminué.

Le Mairrain à futailles, que l'on appelle aussi Bourdillon, Bois douvin, Bois à baril, Bois à pipes & Bois d'enfonçures, est différent selon les lieux & les divers tonneaux à quoi il est destiné; celui pour les pipes est de quatre pieds de long; celui pour les muids, qu'on nomme autrement Buisserie, de trois pieds; celui pour les barriques & demi-queues, de deux pieds & demi. Leur largeur est depuis quatre pouces jusqu'à sept, & leur épaisseur de trois quarts de pouces ou neuf lignes; les pieces qui sont au dessous sont réputées effautage ou rebut.

Il faut remarquer que le mairrain destiné pour les enfonçures ou fonds des tonneaux, ne doit avoir que deux pieds de long, six pouces au moins de large, & depuis sept jusques à neuf lignes d'épaisseur. Celui au dessous est pareillement reputé effautage.

Il se fait en France une consommation considérable de mairrain à futailles, particuliérement dans les Provinces où il y a de grands vignobles, comme la Champagne, la Bourgogne, l'Orleanois, le Blaisois, la Touraine, l'Anjou, le Bordelois, &c.

Les Pays de cidres & de Poirés, particuliérement la Normandie, en consomment aussi beaucoup, ce qui fait qu'il y a des Marchands dans les Provinces dont le seul négoce est de cette marchandise. On les nomme Marchands de Mairrain.

Les Hollandois tirent du Nord par la mer Baltique, & de Hambourg par la voye de l'Elbe une quantité prodigieuse de mairrain à futailles dont ils vendent pour des sommes considérables tant aux François, qu'aux Italiens, Espagnols & autres Nations de l'Europe.

Suivant le Tarif de 1664 les droits d'entrée & de sortie du Royaume & des Provinces réputées étrangeres, ont été fixés sur cette sorte de marchandise. Sçavoir :

Pour l'entrée sur le pied de 10 s. du millier en nombre de bois à baril; 15 s. du millier en nombre de bois douvin à pipes; & 13 s. du millier en nombre du bois mairrain de toutes sortes servant à muids & tonneaux.

Et pour la sortie, le bois mairrain à faire poinçons le millier en nombre de long bois & cinq cens d'enfonçure doit payer 8 livres.

L'Ordonnance de la Ville de Paris appelle les eschalas Mairrain à treillis. *Voyez* ESCHALAS.

MAIRVAIX, en Languedoc. *Voyez* l'Etat général, Tome I. page 217.

MAIS. Espece de bled ou de légume, qu'on nomme en France bled de Turquie. *Voyez* MAYS.

MAISON. Bâtiment propre à loger & à mettre à couvert soi, sa famille, ses gens, ses meubles, marchandises, &c.

MAISON DE VILLE. Lieu où s'assemblent les Officiers municipaux auxquels la conduite des affaires & la police d'une Ville sont confiées.

C'est dans l'Hôtel ou Maison de Ville de Paris que le Prévôt des Marchands & les Echevins tiennent leur Bureau, & exercent la Jurisdiction qu'ils ont sur plus de dix-huit cent Officiers établis sur les Ports & Etapes de cette Capitale du Royaume; & c'est aussi à leur Audience qui se tient les Lundis, Mardis, Jeudis & Vendredis de chaque semaine, qu'ils reglent & décident tout ce qui concerne les marchandises de vins & autres boissons, de grains, de bois, de charbons, de chaux, de plâtre, &c. qui arrivent à Paris par la riviere, & qui se vendent ou se déchargent sur les Ports. *V.* PREVÔT DES MARCHANDS.

MAISON. Lieu de correspondance que les gros Négocians établissent quelquefois dans diverses Villes de grand commerce, pour la facilité & sûreté de leur négoce. On dit en ce sens qu'un Marchand, Négociant, ou Banquier résidant dans une Ville tient Maison dans une autre, lorsqu'il a dans cette derniere une Maison louée en son nom, où il tient un Facteur & souvent un Associé, pour accepter & payer les lettres de change qu'il tire sur eux, ou pour procurer les payemens de celles qu'il leur envoye payables dans cette Ville; faire les achats & ventes des marchandises; enfin pour se mêler de tout le détail de son commerce, comme s'il l'exerçoit lui-même, & que ce fût le vrai lieu de sa résidence & de son négoce.

Il y a plusieurs gros Négocians & Banquiers de Paris, de Lyon, de Rouen, &c. qui tiennent de ces Maisons, non seulement dans les principales Villes du Royaume, mais encore dans les Pays étrangers; comme pareillement il y a des Etrangers qui ont Maison dans plusieurs Villes de commerce de France.

On dit qu'un Marchand fera bonne Maison, quand il est habile, heureux, & accrédité, & qu'il fait un commerce considérable.

MAITRE, ou MAISTRE. Celui qui est le supérieur, qui commande, qui gouverne, &c.

Ce terme a quantité de significations dans le commerce de terre & de mer, dans les Manufactures, dans les corps des Marchands, & dans les Communautés des Arts & Métiers, qui seront toutes expliquées dans la suite de cet article.

MAÎTRE EN FAIT D'ARMES. Celui qui enseigne l'art de bien se servir des armes & qui tient salle pour en donner leçon.

Les Maîtres en fait d'Armes composent une de ces cinq ou six Communautés de Paris qui n'ont aucun rapport au commerce, ainsi qu'on l'a remarqué dans l'article général des Communautés; elle a ses Statuts comme les autres, mais dont on ne fera ici aucun détail. *Voyez* COMMUNAUTE'.

MAÎTRES ROUTIERS. *Voyez* ROUTIERS. *Voyez aussi* la Section XI du Placard pour l'exécution du nouveau Tarif de Hollande de 1726, rapporté à l'article des Résolutions & Placards.

MAÎTRES ORDINAIRES DE VAISSEAU. *Voyez comme dessus.*

MAÎTRE TISEUR. *Voyez* TISEUR.

MAÎTRE DE VAISSEAU MARCHAND. C'est ainsi que l'on appelle sur l'Océan celui à qui la conduite d'un navire ou bâtiment de mer est confiée, qui le commande en chef, & qui est chargé des marchandises qui sont dans le bord: sur la Méditerranée on le nomme Nocher ou Patron, & sur les vaisseaux importans, particuliérement sur ceux destinés pour les voyages de long cours, il est appellé Capitaine.

Pour être reçû Maître de Vaisseau il faut justifier avoir navigé pendant cinq ans & subir un examen sur le fait de la navigation en présence des Officiers de l'Amirauté.

Les Maîtres de vaisseaux doivent être en personnes dans leurs bâtimens lorsqu'ils sortent de quelque port, havre, ou riviere, & ils ne les doivent point abandonner pendant le voyage pour quelque danger que ce soit, sans l'avis des principaux Officiers & Matelots qui sont dans leur bord.

C'est le Propriétaire du vaisseau qui commet le Maître, & c'est le Maître qui forme l'équipage, qui choisit & loue les Pilotes, Contremaîtres, Matelots, & Compagnons: cependant si le Propriétaire étoit dans le lieu où l'on équipe le vaisseau, en ce cas ce choix doit être fait de concert entre le Propriétaire & le Maître.

Chaque Maître de vaisseau est tenu d'avoir un livre journal cotté & paraphé par l'un des principaux interessés au bâtiment, sur lequel il doit écrire le jour qu'il a été établi, le nom des Officiers & Matelots de l'équipage, le prix & les conditions de leur engagement, le payement qui leur est fait, la recette & dépense concernant le navire, & généralement tout ce qui regarde le fait de sa commission: cependant lorsqu'il y a un Ecrivain chargé de tenir l'état de toutes ces choses, le Maître est dispensé de ce soin.

Un Maître de vaisseau convaincu d'avoir livré aux ennemis, ou d'avoir malicieusement fait échouer ou périr son bâtiment, doit être puni du dernier supplice. *Livre 2 du titre 2 de l'Ordonnance de la Marine du mois d'Aout* 1681. Voyez NAVIRE. On y explique, comme à un lieu plus convenable, quantité de choses qui concernent les obligations & les devoirs des Maîtres de vaisseau, & l'on y entre dans un détail plus circonstancié de plusieurs qu'on n'a rapportées ici qu'en abrégé.

Les provisions & les ustenciles d'un maître de Vaisseau, soit qu'il soit tenu de les fournir lui-même, soit qu'il doive en être fourni par ses Armateurs ou Marchands, sont; sçavoir pour les provisions:

De la rousine, du goudron, du suif, de l'oing, des feuilles de fer blanc, des peaux de moutons, des fils de voile, des peaux de vaches, des feuilles de corne, de la chandelle, ou de cire, ou de suif, de l'huile, du coton filé & du noir en baril.

A' l'égard des ustenciles, il lui faut des pelles ferrées, des pelles de bois, des pegoux, des mannes, des escoppes, des seillaux, des haches, des huilieres, des espissoirs, des grapins, différens crocs, une drague, une chaudiere à goudron, des caponieres, des esses, des lanternes, des émerillons, des barres à prisonner, des cadenats & des lampions.

MAITRE VALET. C'est un homme de l'Equipage d'un Vaisseau, qui a soin de distribuer les provisions de bouche. Son poste pour cette distribution est l'écoutille, qui est entre le grand mât & l'artimon. On peut voir à l'article de l'Inventaire d'armement les ustenciles qui sont nécessaires au Maître Valet.

MAITRE VALET D'EAU. Celui qui distribue l'eau. Dans les moindres Vaisseaux, une seule personne fait les deux fonctions.

MAITRE DE HACHE. On nomme ainsi sur les Vaisseaux l'Ouvrier, qu'on nomme ailleurs Charpentier. On peut voir à l'article cité ci-dessus les ustenciles que le Charpentier doit faire embarquer avec lui pour travailler de son métier.

MAITRE DE GRAVE. C'est celui qui ordonne aux échafaux, & qui a soin de faire sécher le poisson en Terre Neuve.

MAÎTRE. Chez les Marchands & Manufacturiers se dit de ceux qui ont droit ou privilége de tenir boutique ou magasin pour vendre des étoffes & des marchandises, ou pour travailler à en fabriquer. Nul ne peut être reçû Maître ou Marchand s'il n'a fait son apprentissage & le service chez les Maîtres.

On appelle Maîtres & Gardes ceux qui sont élus par les Maîtres ou Marchands pour avoir soin des affaires de leur Corps ou Communauté, & faire les visites nécessaires pour maintenir la police sur les marchandises, poids, & mesures, conformément à leurs Statuts. Ce sont les Maîtres & Gardes qui reçoivent les Apprentifs & les Maîtres ou Marchands, qui leur délivrent leurs lettres d'apprentissage & de Maîtrise. *V.* Gardes.

On nomme quelquefois chez les Marchands Maître Garçon, celui qui est le plus ancien dans la boutique ou magasin, qui sçait le mieux travailler, & qui fait agir les autres avec quelque supériorité.

On appelle chez les Notaires & chez les Procureurs, Maître-Clerc, celui qui est le principal Clerc de l'Etude.

Maîtres dans les Communautés des Arts & Métiers de la Ville & Fauxbourgs de Paris, ou des Villes dans lesquelles il y a Jurande, sont ceux qui après avoir fait apprentissage, servi en qualité de Compagnons le tems prescrit par les Statuts, & fait chef-d'œuvre ou seulement expérience, ont été reçûs à Maîtrise, & fait serment entre les mains du Procureur du Roi, si c'est à Paris, ou des autres Officiers, si c'est ailleurs.

C'est du nombre des Maîtres que se choisissent les Jurés, Gardes, ou Syndics des Communautés.

Aucun Maître ne peut avoir droit à l'élection qu'il n'ait au moins dix ans de Maîtrise & d'exercice actuel du métier : il y a même des Communautés où il en faut davantage.

On appelle anciens Maîtres ceux qui ont passé par la Jurande, & en cette qualité ils ont droit d'assister aux Assemblées pour l'élection des Jurés & autres Officiers.

Au dessous des anciens Maîtres il y a les Maîtres modernes & les jeunes Maîtres qui sont aussi appellés aux élections suivant l'ordre du tableau, ordinairement vingt des uns & vingt des autres, si la Communauté est assez nombreuse pour cela.

Maîtres Chef-d'oeuvriers. On appelle ainsi dans les Communautés des Arts & Métiers ceux qui sont parvenus à la maîtrise après avoir passé par l'apprentissage & fait leur chef-d'œuvre.

Maîtres de Lettres. Ce sont les Privilégiés qui exercent les Arts & Métiers dont il y a des Communautés à Paris, sans avoir été Apprentifs & sans avoir fait chef-d'œuvre ; mais seulement en vertu des Lettres que le Roi leur accorde pour plusieurs raisons & dans diverses occasions, comme heureux Avenemens, naissance de Dauphins, entrées & couronnement de Reines, &c. Ces Maîtres de Lettres n'ont aucun droit à la Jurande ni aux autres fonctions & priviléges des Communautés, à moins qu'ils n'ayent fait pour y être incorporés leur expérience ou chef-d'œuvre.

Maîtres-Marchands. Maîtres Ouvriers a façon. Ces deux sortes de Maîtres composent la Communauté des Marchands-Maîtres-Ouvriers en draps d'or, d'argent & de soie de la Ville de Lyon.

Les premiers sont ceux qui font travailler chez eux pour leur compte, ou qui donnent à travailler aux Maîtres Ouvriers à façon à qui ils fournissent l'or, l'argent, la soie & les autres matieres qui entrent dans ces sortes de manufactures, convenant avec eux du prix des façons.

Les autres sont les Ouvriers qui travaillent pour les Marchands & qui sans rien fournir que leurs métiers & leurs peines, exécutent eux-mêmes, ou font exécuter par leurs Apprentifs & Compagnons les ouvrages qu'on leur commande, suivant les desseins qui leur sont fournis, & pour le prix qu'ils reglent avec ceux qui les leur font faire. Ces deux sortes de Maîtres ont part aux charges, honneurs & gouvernement de la Communauté, mais non pas également, les Maîtres-Marchands en ayant les deux tiers, & les Maîtres-Ouvriers seulement le tiers, c'est-à-dire, que des six Maîtres & Gardes il y en a toujours quatre des uns & seulement deux des autres, ce qui s'observe pareillement dans les assemblées générales ou de police ou d'élection, qui sont toujours composées des deux tiers de Maîtres-Marchands, & du tiers de Maîtres-Ouvriers. *Voyez les Réglemens pour cette Communauté de 1667, 1700, & particuliérement de 1702.*

Les Maîtres-Ouvriers à façon sont encore de deux sortes ; les uns qui travaillent en plein, & les autres qui travaillent en façonné : tout est égal entr'eux ; & dans les élections annuelles des Maîtres & Gardes dont l'un doit toujours être un Maître-Ouvrier à façon, on en choisit alternativement un travaillant en façonné & un travaillant en plein.

Maîtres sans qualite'. Ce sont les Maîtres qui sont reçûs dans les Communautés des Arts & Métiers de Paris, & des autres Villes où il y a maîtrise, sans avoir fait apprentissage, sans chef-d'œuvre ni experience, & sans aucune autre enquête ou examen préalable sur leur capacité, mais seulement de leur Religion Catholique, Apostolique & Romaine, & de leur probité & bonnes mœurs.

Ces sortes de receptions qui sont non-seulement contraires aux Statuts & Priviléges des Corps & Communautés, mais aussi très préjudiciables à la perfection des Arts & Métiers, ne se sont introduites & ne se souffrent qu'à l'occasion des grandes nécessités de l'Etat, dont le salut étant la loi suprême, force quelquefois les meilleurs Princes de déroger aux Réglemens les plus sages & les plus utiles pour trouver des secours prompts & suffisans dans les taxes qu'ils imposent aux Maîtres des Communautés des Arts & Métiers, aussi bien qu'à leurs autres sujets.

Quoique sous les regnes précedens ces Maîtres n'ayent point été tout-à-fait inconnus, & qu'entre autres Henri III par son Edit du mois de Décembre 1581, confirmé depuis par celui d'Henri IV du mois d'Avril 1597, en ait ordonné trois pour chaque Corps des Arts & Métiers du Royaume, il est certain néanmoins que c'est le regne de Louis XIV, & particuliérement les trente dernieres années de ce regne qui en ont le plus produit.

Les charges de Jurés créés en titre d'Office en 1691, celles d'Auditeurs & Examinateurs des Comptes en 1694, d'autres de Greffiers, de Trésoriers, de Payeurs de deniers communs, de Gardes des archives, de Contrôleurs-Visiteurs des poids & mesures, &c. en 1701, 1704, 1706, & jusqu'en 1713, ayant été réunies & incorporées aux Corps & Communautés, pour lesquels elles avoient été créées presque aussi-tôt après leur création, il fut permis aux Jurés de recevoir de ces Maîtres sans qualité, en payant par les Aspirans de gros droits de reception, afin d'aider au payement de la finance reglée au Conseil pour la réunion de ces charges & offices.

Peu de Communautés se dispenserent de cet abus alors nécessaire, & il fut reçû dans les plus nombreuses jusqu'à douze Maîtres sans qualité, dans les médiocres six ou quatre, & deux seulement dans les moins considérables par le nombre de Maîtres, comme les Eperonniers qui ne sont que douze, & les Balanciers qui ne sont que huit Maîtres.

Maitres de l'Institution de l'Hôpital de la Trinité. On appelle ainsi dans les Communautés d'Arts & Métiers de la Ville de Paris, les Maîtres qui gagnent leur franchise en travaillant dans l'enclos de cet Hôpital pendant un certain nombre d'années, & qui prennent pour apprentif un des enfans qui y sont élevés & entretenus.

Ces Maîtres ne sont en rien différens des Maîtres de chef-d'œuvres : ils sont appellés comme eux aux assemblées & aux visites, & ont part comme eux aux élections & aux charges.

Quantité d'Arrêts, de Statuts, de Réglemens & de Lettres Patentes ont reglé cette égalité, entr'autres le Réglement du 3 Décembre 1678 & l'Arrêt du Parlement du 22 Aout 1708. On peut voir ce dernier dans ce Dictionnaire à l'article des Maçons, où il est parlé des Maîtres Maçons de l'Institution de l'Hôpital de la Trinité.

Il faut remarquer que tandis que les Ouvriers travaillent dans l'enclos de l'Hôpital pour gagner leur franchise, & qu'ils ont les enfans en apprentissage, ils ne sont pas exempts des visites des Jurés de la Communauté du Métier dont ils sont; & que d'ailleurs ils ne peuvent porter leurs ouvrages en Ville qu'ils n'ayent sur eux le bonnet de leur apprentif, faute de quoi la marchandise est sujette à saisie & confiscation.

On ne marque point ici quelles sont les Communautés qui doivent recevoir à maîtrise ces sortes d'ouvriers, n'y ayant gueres à Paris de Corps dont il n'y ait des gens qui travaillent dans l'enclos de cet Hôpital.

Maître de pelle. Terme de Boulanger, particuliérement en usage parmi les Boulangers qui font le biscuit de mer. C'est celui qui enfourne les galettes à mesure que le pétrisseur à piques les a croisées & piquées, & qu'elles sont assez ressuyées. On l'appelle aussi le Gindre. *Voyez* l'article du Biscuit.

Grand-Maître des Eaux et Forests. C'est le premier Officier dans chaque Département des Eaux & Forêts. Il n'y avoit autrefois en France qu'un seul Grand-Maître des Eaux & Forêts, présentement il y en a jusqu'à vingt. Les Lettres Patentes, Ordres & Mandemens de la Cour sont adressés au Grand-Maître pour en procurer l'exécution ; & ce sont eux, qui, en conséquence, font toutes les ventes & adjudications des Bois du Roi, tant futayes que taillis. *Voyez* Eaux et Forests.

Maître Particulier des Eaux et Forests. C'est un Officier qui tient le Siege de la Jurisdiction des Eaux & Forêts dans le District qui lui est assigné par les Reglemens ou ses Lettres d'érection. Chaque Grand-Maître a plusieurs Maîtres particuliers dans son Département. Celui de Paris en a jusqu'à douze, outre deux Gruries qui sont d'autres Jurisdictions subalternes. *V.* Gruries.

Maîtres de Manufactures. *Voyez* Manufacture.

Maîtres des Ponts. Ce sont des Officiers établis sur les rivieres pour faciliter le passage des batteaux par dessous les arches.

Maîtres des Pertuis. Ce sont pareillement des Officiers de rivieres qui sont chargés de passer les batteaux par les pertuis & passages difficiles : on les appelle assez ordinairement Chableurs. Les uns & les autres ont des Aides. *Voyez* Chableur.

Maîtres, en termes de Carrier. Signifie les deux principales pieces de bois des 6 dont est composé le bacquet des Carriers, c'est-à-dire, de cette sorte de civiere sans bras, sur laquelle ils arrangent le moilon qu'ils veulent tirer en haut : c'est aux 4 mantonnets des Maîtres qu'on attache les cordes où passe le crochet du cable. *Voyez* Bacquet.

MAITRESSES. Elles sont dans les Communautés de Marchandes & Ouvrieres ce que sont les Maîtres dans celles des Marchands & Ouvriers.

Il y a à Paris quelques Communautés des Arts & Métiers toutes de femmes & de filles, & d'autres partagées entre les personnes des deux sexes.

De la premiere espece sont les Communautés des Maîtresses Jurées Marchandes Lingeres, & des Jurées Maîtresses Couturieres ; de la seconde espece est la Communauté des Maîtres Jurés Marchands de fruits : la différence qu'il y a entre elles, c'est que dans la derniere les Maîtresses ne viennent jamais à la Jurande. *Voyez* Maîtres.

MAITRISE. Dignité, charge ou privilége qui donnent la qualité de Maître.

Maîtrise, dans les Corps des Marchands & dans les Communautés des Arts & Métiers de la Ville de Paris. Se dit de la qualité qu'on acquiert quand on y est reçû Maître : ce sont les Maîtres & Gardes, Syndics ou Jurés qui donnent les lettres de maîtrise aux fils de Maîtres & aux Apprentifs qui ont fait l'apprentissage, le service chez les Maîtres, & l'expérience ou chef-d'œuvre ordonnés par les Statuts. Les Aspirans à la maîtrise sont les Apprentifs ou Compagnons qui demandent chef-d'œuvre. Les veuves de Maîtres jouissent du droit de maîtrise de leurs maris défunts. *Voyez* Maîtres.

Grande Maîtrise des Eaux et Forests. C'est ce qui est compris dans le Département d'un Grand-Maître. *Voyez* Gruries.

Maîtrise Particuliere des Eaux et Forests. C'est une Jurisdiction des Eaux & Forêts, qui ne s'étend que sur une partie de chaque Département. *Voyez de même.*

M A K

MAKARIA, grand Monastere avec un Village de même nom, situé sur la riviere de Kersimie en Moscovie. Ce lieu est fameux par une grande Foire qui s'y tient tous les ans au mois de Juillet. *Voyez* l'Etat général, Tome I. page 303.

MAKELAER. L'on nomme ainsi en Hollande, & particuliérement à Amsterdam, cette espece d'entremetteurs soit pour la banque, soit pour la vente des marchandises qu'on nommoit autrefois à Paris Courtiers, & depuis quelque tems Agens de Banque & de Change. *V.* Agent de Change. *Voyez aussi* Courtier.

M A L

MALABAR. Pays sur la Côte d'Asie aux Indes

Orientales. Cette Côte fournit d'excellens fruits, le meilleur poivre, & plusieurs épiceries. Les Hollandois y font un commerce considérable. *V.* l'Etat général, Tome I. pages 286. 433.

MALACA. Ville & presqu'Isle aux Indes Orientales. Le commerce que les Hollandois y font est très considérable. Les Danois y entretiennent aussi quelque commerce. *Voyez* l'Etat général, Tome I. pages 285. 443.

MALAGA. Port du Royaume de Grenade sur la Méditerranée. *Voyez* le détail de son Commerce dans l'Etat général, Tome I. page 242.

MALAGUETTE, l'une des Côtes d'Afrique. Le commerce que les Européens y font, consiste principalement en morfil & en poivre. *Voyez* l'Etat général, Tome I. page 379.

MALANDRE, MALANDREUX. Termes fort en usage dans le commerce des bois quarrés. *Voyez* Bois QUARRE'.

MALAQUETTE. Nom que les Amériquains donnent au poivre de la Jamaïque vulgairement appellé Graine de girofle. *Voyez* INDE. Quelques-uns le confondent avec le cardamome ou maniguette, à cause que ce dernier s'appelle aussi Maleguette; mais ces deux poivres sont différens. *V.* CARDAMOME.

MALDER, ou MULDER. Mesure de continence pour les grains dont on se sert en quelques lieux d'Allemagne; trois Malders font deux septiers de Paris.

Le malder est aussi en usage dans plusieurs lieux d'Alsace, & des pays voisins.

A Landau, le malder de froment pese 174 liv. poids de marc, de méteil 175 liv. & de seigle 176 liv. Le malder ou maldre de Landau contient 11 boisseaux ⅞ mesure de Paris.

A Neustat, le malder de froment pese 186 liv. de méteil 184, de seigle 170.

A Philisbourg, le malder de froment pese 168 liv. de méteil 161, de seigle 154, & d'avoine 108.

A Hambourg & Bitche, le malder de froment pese 300 liv. de méteil 298, de seigle 280.

A Keiserloutre, le malder de froment pese 162 liv. de méteil 160, de seigle 158.

A Mont-Royal, le malder de froment pese 336 liv. de méteil 324, de seigle 312.

A Treves, le malder de froment pese 301 liv. ½, méteil 300, seigle 268, avoine 283.

A Thionville, le malder de froment pese 302 liv. de méteil 297, de seigle 293, d'avoine 248.

A Luxembourg, où on le nomme malter; celui de froment pese 295 liv. de méteil 292, de seigle 275, & d'avoine 230.

Toutes ces évaluations du malder sont faites au poids de marc.

MALDIVES, Isles d'Asie dans la mer des Indes. *Voyez* ce qui en est dit dans l'Etat général, Tome I. page 459.

MALDRE. Mesure de continence pour les grains. *Voyez* MALDER.

MALETOSTE. Grand batteau établi à Paris sur la riviere de Seine, où sont les Commis qui reçoivent les droits d'entrée pour les denrées & marchandises qui arrivent par eau; son véritable nom & celui que les Ordonnances du Roi lui donnent, est la Patache. *Voyez cet article.*

MALGUES. Port d'Espagne. *Voyez* ce qu'on dit des marchandises qu'on y charge, dans l'Etat général, Tome I. page 243.

MALHERBE. Plante d'une odeur forte qui croît dans le Languedoc & dans la Provence; cette plante est propre à la teinture; les Réglemens la défendent néanmoins également aux Teinturiers du grand & du petit teint, & ne la souffrent tout au plus que dans les Provinces où l'on ne trouve pas aisément les bonnes drogues, pour faire les mêmes couleurs dans lesquelles on fait entrer la Malherbe.

MALIMBO, à la Côte d'Angole sur celles d'Afrique. *Voyez* l'Etat général, Tome I. p. 384-386.

MALINES, Ville du Brabant, célebre par la beauté de ses dentelles, & la finesse du filage de ses fils. *Voyez* le détail de son Commerce dans l'Etat général, Tome I. page 222.

MALLARD. Marchandise employée dans le Tarif de la Douane de Lyon. Il paroît que ce sont les plus petites meules à Remouleurs.

Les Mallards payent les droits à raison de 10 d. le baril d'ancienne taxation, & 4 den. de nouvelles. Voyez MEULES.

MALLE. Espece de coffre de bois rond & long, mais plat par dessous & par les deux bouts, couvert de cuir, dont l'on se sert pour mettre des hardes que l'on veut porter en campagne, soit pour la guerre, soit pour le voyage.

Suivant les Statuts des Maîtres Coffretiers-Malletiers, les Malles doivent être de bois de hêtre neuf & sans ourdissure, dont les joints soient au moins éloignés d'un pouce, bien cuirées par tout d'une bonne toile trempée en bonne colle & suffisante: le cuir qui les couvre doit être de pourceau ou de veau, passé en alun & tout d'une piece; elles doivent être ferrées de bon fer, blanc ou noir, avec plus ou moins de bande suivant leur grandeur; les couplets & serrures doivent être pareillement bien conditionnés & de force requise. *Voyez* COFFRETIER.

MALLE. Est aussi une simple valise toute de cuir, plus grande ou moins grande suivant l'usage qu'on en veut faire. Il y en a de petites pour mettre sur la croupe des chevaux des valets, qui suivent leurs maîtres en voyages; de plus grandes où les Couriers & Postillons portent les paquets & lettres des ordinaires de la Poste; & de beaucoup plus grandes où l'on enferme les matelas, traversins & couvertures des lits de campagne; celles-ci ne se peuvent charger que sur des chevaux de bats, des surtous, ou des fourgons.

Par les Statuts des Coffretiers toutes ces sortes de Malles doivent être de bon cuir de vache, les ourlets & les trépointes de cuir de veau ou de bon mouton, doublées de bonne toile neuve ou de drap, & cousues à deux chefs de bonne ficelle bien poissée. *Voyez* COFFRETIER.

Les Malles, Mallettes, & Bougettes, payent en France les droits de sortie comme boëtes ferrées 26 s. le cent pésant, & avec mercerie comme mercerie.

MALLE. Est encore un panier ou manne faite d'osier, couverte par dessus d'une grosse toile, que les petits Merciers & les Marchands de toiles qui courent le pays portent sur leur dos, pleine de diverses sortes de marchandises qu'ils débitent dans les Villages & petites Villes.

La petite caisse de bois qui se ferme à clef, que les Savoyards portent aussi sur le dos, remplie de diverses curiosités & petits bijoux, se nomme pareillement un Malle. L'on a vû plus d'une fois d'immenses fortunes commencées par ces sortes de malles, & il est surprenant combien un négoce qui paroît de si peu de conséquence fait devenir à leur aise de ces sortes de Merciers de campagne.

MALLEABLE.* Ce qui est dur & ductile, qui se peut battre, forger & étendre sous le marteau sans se briser.

L'or, l'argent, le cuivre & tous les métaux sont malleables. *Voyez les articles des métaux en leur ordre alphabétique.*

Le vif-argent qui est une espece de métail liquide, ne peut jamais être tellement fixé par les opérations de Chimie qu'il puisse devenir malleable. *Voyez* VIF-ARGENT.

MALLEMOLLE. Mousseline ou toile de coton blanche, claire & très fine, dont la piece contient 16 aunes de longueur sur trois quarts à cinq seize, sept huit & quinze seize de largeur, qui est apportée des Indes Orientales, particuliérement de Bengale.

Il y a une autre espece de mallemolle que l'on appelle Tarnatane qui est à peu près semblable en qualité à celle qui vient d'être décrite, dont la piece a seize aunes de long sur sept huit à quinze seize & une aune de large; elle vient aussi de Bengale.

Les mametiatis, les hamedis, les doulebsais & les abrohanis, sont toutes différentes mousselines auxquelles on donne aussi le nom de mallemolles. *Voyez* MOUSSELINE, MAMETIATI, HAMEDIS, DOULEBSAIS, *&* ABROHANI.

Dans les ventes de toiles de coton que la Compagnie des Indes Orientales de Hollande a coutume de faire à l'arrivée de ses vaisseaux, les mallemolles sont distinguées en mallemolles à fleurs, en mallemolles fines & en mallemolles ordinaires.

Les lots ou canelins des deux premieres especes sont de 50 pieces, & les canelins des mallemolles ordinaires de soixante: ces dernieres en 1720 furent vendues depuis 12 jusqu'à 24 florins la piece, celles à fleurs depuis 21 jusqu'à 31, & les fines depuis 23 jusqu'à 26.

MALLEMOLLES. Ce sont aussi des mouchoirs ou fichus de mousseline des Indes, quelques-uns rayés d'or & de soie, d'autres seulement d'or, & quelques autres simplement bordés d'or. Les femmes s'en servent en France à mettre sur leur col & à cacher une partie de leur gorge, soit par modestie soit pour ornement; les pieces sont de cinq mouchoirs ou de dix, & chaque mouchoir a sept huitiémes en quarré.

MALLETIER. Celui qui fait des malles. Les Lettres Patentes accordées par Henri IV, à la Communauté des Maîtres Coffretiers de la Ville de Paris leur donnent aussi la qualité de Malletiers. *Voyez* COFFRETIER.

MALT. Les Anglois appellent ainsi le grain germé avec lequel ils brassent les différentes sortes de biéres qu'ils font.

Comme pour suppléer au défaut des vins que l'Angleterre, cette Isle d'ailleurs si abondante, ne produit point, on y fait quantité de cette boisson qui en tient lieu, l'impôt sur le malt est toujours un des fonds des plus assurés des subsides que le Parlement accorde pour les besoins de l'Etat. *Voyez* BIERE.

MALTE, Isle située dans la Mer d'Afrique, fort connue par la réputation de l'Ordre Militaire de S. Jean de Jerusalem qui en est en possession. *V.* en quoi consiste son négoce, dans l'Etat général, Tome I. page 400.

MALTER, qu'on prononce plus ordinairement Malder, en François Maldre. Mesure de contenance pour les grains, dont on se sert à Luxembourg. *Voyez* MALDER.

MALVOISIE. Vin Grec qu'on tire de quelques Isles de l'Archipel. Celui de Candie passe pour le meilleur. On appelle aussi Malvoisie, du vin muscat de Provence qu'on fait cuire jusqu'à ce qu'il soit réduit aux deux tiers. *Voyez l'article des* VINS.

MAM

MAMMUT. Animal monstrueux dont on trouve les os & les dents dans quelques endroits de la Tartarie Moscovite, particuliérement sur les rivages des rivieres de Jenisia, de Trugar, de Mongamsea, du Lena, & proche de Jakutskoi & jusqu'à la mer Glaciale. *Voyez* l'article de l'YVOIRE.

Ces dents se découvrent lorsque ces rivieres enflées par le dégel, emportent les terres des montagnes voisines. Elles sont tout-à-fait semblables aux défenses de l'éléphant, & l'on s'en sert à faire les mêmes ouvrages où l'on employe l'yvoire, particuliérement des peignes, dont il se fait un grand commerce dans toute la Moscovie.

Les Jakutes & les autres peuples des quartiers, où ces sortes de dents se trouvent, accoutumés à croire les fables les plus absurdes, s'imaginent que les mammuts vivent sous terre; que lorsqu'ils sont en mouvement, on voit la terre s'élever & s'abaisser, & qu'ils meurent aussi-tôt qu'ils apperçoivent la lumiere, ce qui fait qu'on n'en a jamais vû de vivans.

Les Russiens, du moins les plus habiles, ne doutent point que ces animaux ne soient de vrais éléphans, ou qui vivoient avant le Déluge dans cette partie de la terre qu'ils supposent avoir été plus temperée avant cette inondation universelle, ou qui y ont été entraînés par la rapidité des eaux qui la causerent.

Il y en a aussi qui veulent qu'Alexandre ayant poussé ses conquêtes jusques-là, ce sont les cadavres des éléphans qui se trouvoient dans son armée, qui se découvrent de tems en tems. Les Sçavans voyent assez sur quels fondemens est appuyée cette troisiéme opinion.

MAMOTBANI. Mousselines ou toiles de coton blanches, fines & rayées qui viennent des Indes Orientales. Les plus belles se tirent de Bengale. Les pieces ont huit aunes de long sur trois quarts à cinq six de large. *Voyez* MOUSSELINE.

MAMOUDI. Monnoie d'argent qui a cours en Perse, & en plusieurs lieux des Indes Orientales.

Le mamoudi Persan est de la forme & à peu près de la grandeur des louis de cinq sols de France. Il vaut deux chayés ou schacs. Il faut deux mamoudis pour faire l'abbassi, & cent pour faire le toman, qui est la plus forte monnoye de compte de Perse.

A l'égard des mamoudis des Indes, qu'on nomme aussi Mamedis, leur valeur n'est pas fixe. Dans la Province ou Royaume de Guzarate le mamoudi vaut douze sols. Il n'en faut que cinq pour faire l'écu de France, ou la réale de huit d'Espagne. Les petits mamoudis valent à proportion, c'est-à-dire, six sols dans le Guzarate, & plus ou moins au Bengale & autres lieux, suivant que le mamoudi y hausse ou y baisse.

MAMOUDIS. Toiles peintes qui se tirent des Etats du Grand Mogol par Surate. Elles sont du nombre de celles dont le négoce est défendu en France. *Voyez* l'article des Toiles peintes.

Mamoudis. Ce sont aussi des toiles blanches & fines qu'on apporte de la Mecque à Smirne. Elles sont du nombre des Cambrasines, à la réserve qu'elles sont plus jaunâtres, mais en récompense plus fines. *Voyez* Cambrasine.

MAN

MAN ou MEM. Poids dont on se sert aux Indes Orientales, particuliérement dans les Etats du Grand Mogol. Il y a de deux sortes de mans; l'un qui est appellé Man de Roi ou Poids de Roi; & l'autre que l'on nomme simplement Man.

Le Man de Roi sert à peser les denrées & choses nécessaires à la vie, même les charges des voitures. Il est composé de 40 serres, chaque serre valant juste une livre de Paris; de sorte que 40 livres de Paris sont égales à un man de Roi.

Le sieur Tavernier dans ses observations sur le commerce des Indes Orientales ne semble pas convenir de ce rapport du man avec les poids de Paris. Selon lui le man de Surate ne revient qu'à 34 livres de Paris, & est composé de 40 & quelquefois de 41 serres; mais la serre est près d'un septiéme moins forte que la livre de Paris.

Il parle aussi d'un man qui est en usage à Agra Capitale des Etats du Mogol, qui est de la moitié plus fort que celui de Surate, & qui sur le pied de 60 serres dont il est composé, fait 51 à 52 livres, poids de Paris.

Le second man, dont l'usage est pour peser les marchandises de négoce, est aussi composé de 40 serres, mais chaque de ces serres n'est estimée que douze onces ou les trois quarts d'une livre de Paris; de maniere que ce deuxiéme man ne pese que 30 livres de Paris; ce qui est un quart moins que le man de Roi.

On se sert encore dans les Indes Orientales d'une troisiéme sorte de poids, que l'on appelle aussi Man, lequel est fort en usage à Goa Ville Capitale du Royaume de Decan, possedée par les Portugais. Cette troisiéme espece de man est de 24 rotolis, chaque rotoli faisant une livre & demie de Venise, ou treize onces un gros de Paris, la livre de Venise n'étant estimée que huit onces six gros de Paris; ensorte que le man de Goa pese trente-six livres de Venise, & dix-neuf livres onze onces de Paris.

Le Man pese à Mocha, Ville celébre de l'Arabie, un peu moins de 3 liv. 10 mans font un trassel, dont les 15 font un bahart, & le bahart est de 420 livres.

Man. C'est pareillement un poids dont on se sert à Cambaye dans l'Isle de Java, principalement à Bantam, & dans quelques Isles voisines.

Man, qu'on nomme plus ordinairement Batman. Est aussi un poids dont on se sert en Perse. Il y en a deux, le man de petit poids & le man de grand poids. On les appelle aussi Man de Roi & Man de Tauris. *Voyez* Batman.

Man. C'est encore un des poids de Bandaar-Gameron dans le Sein Persique: il est de six livres. Les autres poids sont, le Man-cha qui pese douze livres, & le Man-surats qui en pese trente.

Il faut remarquer que les proportions qui se rencontrent entre les mans des Indes & le poids de Paris, doivent être regardées de même à l'égard des poids d'Amsterdam, de Strasbourg, de Besançon, &c. où la livre est égale à celle de Paris.

MAN-CHA. Poids dont on se sert à Bandaar ou Bander-Gameron. *Voyez ci-dessus* Man.

Le MANCHAC, petit ruisseau qui sort du Missisipi, & qui tombe dans le Lac de Maurepas. La Compagnie Françoise de l'Amérique a un établissement assez considérable sur ce ruisseau. Il en est amplement parlé dans l'Etat général du Commerce. *Voyez* Tome I. page 516.

MANCHON. Fourrure qu'on porte en hyver pour garantir les mains du froid. Sa forme est cylindrique avec une ouverture qui le traverse de bout en bout. Il s'en fait de toutes les peaux d'animaux qui entrent dans le commerce de la pelleterie, comme martres, hermines, renards, chiens, chats, ours, loups cerviers, loups communs, & plusieurs autres. On fait aussi des manchons de plumes de jais, de chenilles, d'étoffes, &c. qui tous sont fourrés en dedans. Ces derniers sont du métier de Mercier pour les dessus; tous les autres appartiennent au Pelletier.

Les Manchons de toutes sortes payent en France les droits de sortie à l'estimation de leur valeur à raison de six pour cent.

MANDEMENT. *Voyez* Assignation. *Voyez aussi* Rescription.

MANDIENS ou MANDIANS. On appelle Quatre-mandiens, quatre sortes de fruits secs qu'on mange en Carême, & que les Marchands Epiciers mêlent ordinairement ensemble. Ces fruits sont les figues, les Raisins, les Amandes & les Avelines. *Voyez ces quatre articles.*

MANDRAGORE. Plante médicinale, qui surtout entre dans la composition de l'onguent que les Marchands Apoticaires appellent *Populeum.*

Il y a de deux sortes de mandragore, la mâle & la femelle. Elles portent l'une & l'autre une espece de pommes assez semblables, mais de différente grosseur; les pommes de la mandragore mâle étant deux fois plus grosses que celles de la mandragore femelle. Leurs racines & leurs feuilles ont la même diversité pour leur longueur & grosseur, & le suc de ces deux plantes est également un violent poison.

Il n'y a gueres de plantes dont les Naturalistes ayent raconté plus de proprietés & d'effets merveilleux; mais à la réserve de sa vertu soporative, peut-être n'y en a-t-il aucune que nos habiles Botanistes voulussent aujourd'hui garantir; non pas même cette figure humaine que l'on dit qu'ont la plupart de ses racines; sur-tout depuis qu'on a découvert l'artifice avec lequel d'effrontés & d'adroits Charlatans sçavent les préparer pour surprendre la crédulité du peuple.

Les Marchands Droguistes ne vendent que l'écorce de la racine de mandragore mondée de son bois. Il la faut choisir nouvelle, de couleur grise au dedans, rougeâtre au dehors, & couverte d'une petite peau ou écorce qui soit un peu graveleuse.

La Mandragore paye en France les droits d'entrée à raison de 50 s. du cent pésant, conformément au Tarif de 1664; & suivant celui de Lyon, 25 s. 3 den. le quintal.

Mandragore de la Chine. C'est ce qu'on nomme autrement Ginseng, cette plante si estimée des Chinois, qu'une livre de sa racine vaut trois livres pésant d'argent. *Voyez* Ginseng.

MANDRENAQUE. Espece de toile dont la chaîne est de coton & la tréme de fil de palmier. Il s'en fabrique quantité dans plusieurs des Isles Philippines; & c'est un des meilleurs commerces que ces Insulaires, soit ceux qui sont soumis aux Espagnols, soit ceux qui sont encore Barbares, fassent entr'eux & avec les Etrangers.

MANDRERIE. Terme de Vanier. C'est cette partie du métier des Maîtres Vaniers où l'on travaille aux gros ouvrages; tels que sont les paniers ronds qu'on met sur le bast des bêtes de somme, les paniers à bras qui ne sont point à jour, les corbeilles couvertes à mettre du pain, & autres semblables pieces de vanerie. Les deux autres parties de ce métier sont la Clôture & la Faisserie; celle-ci où l'on fait tous les ouvrages à claire-voye, comme saladiers, clayes, paniers, corbeilles, &c. celle-là qui n'a que deux sortes d'ouvrages, sçavoir les hottes à vin & les vans à vaner les blés & autres grains. *Voyez* VANIER.

MANDRIER. Vanier qui fait des ouvrages de mandrerie. *Voyez l'article précédent.*

MANDRIN. Instrument dont se servent les Tourneurs pour tourner les pieces en l'air & hors des pointes. Le mandrin passe dans la lunette dont il est soutenu. *Voyez* TOUR & TOURNEUR.

MANDRIN. C'est aussi un gros poinçon d'acier ou de fer bien aceré, dont se servent les Serruriers & autres Ouvriers pour percer le fer à chaud. Il y a des mandrins de diverses grosseurs & figures, suivant les trous qu'ils veulent percer.

Outre ces mandrins il y en a en lozange, en quarré, en triangle, en ovale, &c. pour resserrer & former les trous après qu'ils ont été percés. Les petits mandrins qui servent à estamper & à percer à froid, se nomment simplement des Poinçons.

MANDRIN. C'est encore un outil de Fourbisseurs, qui leur sert à soutenir, entr'ouvrir & travailler plusieurs pieces de la garde de leurs épées & des fourreaux. Ils en ont de cinq sortes, qui sont le mandrin de plaque, le mandrin de garde, le mandrin de corps, le mandrin de branche & le mandrin de bout. Ce dernier sert pour le bout du fourreau, les quatre autres aux montures. Tous ces outils sont de fer.

MANEAGE. Terme de commerce de mer. Il se dit de la charge & décharge que les Matelots doivent faire dans un navire marchand, soit des planches ou du mairrain, soit du poisson verd ou sec, ou autres choses semblables, sans en demander de salaire au Marchand. On le nomme ainsi, parce que ce travail se fait avec les mains.

MANEQUE. Nom que les Hollandois donnent à une espece de muscade une fois aussi longue & un peu plus grosse que la muscade ordinaire. En France on l'appelle muscade mâle.

Les Hollandois n'apportent point de cette muscade en Europe pour la vendre plus avantageusement en Perse & aux Indes. Les Indiens s'en servent à arrêter subitement la maladie ordinaire des femmes, ce qu'elle fait sans aucun inconvenient ou accident fâcheux, étant au contraire très dangereux & même mortel aux femmes Européennes de s'en servir.

MANEQUIN. Ancienne mesure dont on se servoit autrefois en Angleterre. Elle contenoit huit balles ou deux cuves, autres mesures Angloises. Ces mesures étoient des especes de paniers d'osier. On ne sçait pas leurs réductions aux mesures modernes.

MANEUVRE. *Voyez* MANOEUVRE.

MANGALIS. Petit poids des Indes Orientales qui pese environ cinq grains. On ne s'en sert que pour peser les diamans; les émeraudes & les autres pierreries se pésant par catis de trois grains chacun. Le mangalis est different du mangelin. *Voyez ci-après* MANGELIN.

MANGALOR, Ville du Royaume de Canara, à la Côte de Malabar. Le poivre & le ris blanc & noir font le principal commerce de cette Ville. *Voyez* l'Etat général, Tome I. page 435.

MANGANESE. *Voyez* MAGALAISE.

MANGELIN. Poids dont on se sert pour peser les diamants aux mines de Raolconda & de Gani, autrement Coulours. Le mangelin de ces deux mines pese un carat & trois quarts de carat, c'est-à-dire, sept grains. Il y a aussi dans les Royaumes de Golconda & de Visapour des mangelins qui pesent un carat & trois huitiémes de carat. Les mangelins de Goa dont se servent les Portugais ne pesent que cinq grains. On les nomme plus ordinairement Mangalis. *Voyez* MANGALIS.

MANGER. On dit en termes de Sucrerie, Donner à manger à un moulin; pour dire, lui fournir de cannes pour en exprimer le suc, & les faire passer entre les trois tambours destinés à cet usage. Il faut deux Negresses pour donner à manger à un moulin; l'une qui présente les cannes entieres entre les deux premiers tambours; & l'autre qui est placée à son opposite, les tambours entre deux, pour les recevoir à demi brisées, & les remettre entre les deux derniers tambours. *Voyez* SUCRE.

MANGOURS. Petite monnoie qui a cours en Egypte: son véritable nom est Falle. *Voyez* FALLE.

MANIABLE. Ce qui est doux à la main, ce qui se manie facilement. Il se dit des étoffes de laine bien fabriquées & bien apprêtées, & de celles d'autres matieres où il n'y a point d'apprêt, & qui ne sont point gommées. Un bon drap doit être doux & maniable. Ce taffetas est trop gommé, il n'est pas assez maniable.

On le dit aussi des cuirs bien passés & bien courroyés. Un chamois, un buffle maniables.

MANICLE ou TASSEAU. Terme de Tondeurs de draps. Il signifie un instrument qui leur sert à faire agir leurs forces.

La manicle est composée d'un morceau de bois un peu long, ordinairement d'orme, d'une petite courroye de cuir appellée la Croix, qui passe au travers du morceau de bois, & qui se rejoint par les deux bouts; & d'une espece de fiche de fer qui d'un côté se termine en crochet, & de l'autre en vis avec son écrou, qui traverse aussi le morceau de bois d'un autre sens que la courroye, & dans toute la longueur.

La manicle s'attache par le moyen du crochet à celui des deux Couteaux des forces que l'on appelle la femelle, qui est toujours dessous, & presque sans mouvement, à cause de la charge de plomb qu'on lui donne: ensuite le Tondeur à l'aide d'une espece de petit maillet de bois appellé Mailleau, passé dans la courroye dont il tient le manche, pousse & fait agir le mâle, c'est-à dire, l'autre couteau des forces qui se trouve dessus.

Quelquefois à la place du mailleau les Tondeurs se servent d'un autre instrument nommé Cureau, qui lui est tout semblable à la réserve du manche qu'il n'a pas: c'est même l'usage le plus ordinaire dans bien des Provinces de France & dans les Pays étrangers, particuliérement en Hollande, de tondre au cureau.

MANICLE ou MANIQUE. C'est aussi chez plusieurs Artisans un morceau de cuir attaché à quelques-uns de leurs outils, pour y passer la main, & les tenir plus fermes.

L'arçon des Chapeliers a une manicle au milieu de sa perche, où l'Arçonneur passe la main gauche lorsqu'il fait voguer l'étoffe. *Voyez* Chapelier. *Voyez aussi* Courroyeur, Cordonnier, Savetier, *& autres tels Ouvriers.*

Manicles. Se dit aussi chez les Marchands Confiseurs, des morceaux de gros papier plié en plusieurs doubles, qui leur servent à lever la poele de dessus le feu, de crainte de se brûler les mains.

MANICORDION. Sorte de fil de léton ou de fer très fin & très délié, qui sert à faire des cordes de manicordions, clavesins, épinettes, psalterions & autres semblables instrumens de musique. *Voyez* Fil de Leton *&* Fil de Fer.

MANIEMENT. Action de toucher. La qualité & la bonté de presque toutes les étoffes & de quantité d'autres ouvrages se connoissent au maniement.

Les Marchands en détail ne doivent pas ignorer que le trop fréquent maniement des étoffes les gâte. *Voyez le Parfait Négociant, où il est traité du commerce en détail.*

On appelle le Maniement d'un cuir, la façon que le Courroyeur ou autres Ouvriers en cuir lui donnent, pour le rendre maniable. *Voyez* Courroyeur, Chamoiseur, *&c.*

Les monnoies souffrent quelque déchet par le continuel maniement des personnes qui les exposent dans le public. Ce maniement, en termes de Monnoyeurs, s'appelle Frai. *Voyez* Monnoye.

Maniement. Signifie aussi l'argent que les Commis, les Caissiers & autres Employés dans les Fermes du Roi, dans le commerce, & dans les affaires des Particuliers, reçoivent, & dont ils sont comptables. Ce Caissier a un grand maniement, il a toujours un million en caisse.

MANIER. Toucher avec la main, éprouver la bonté & la qualité d'une chose en la touchant.

Manier. Veut encore dire, donner une façon à une matiere à force de la faire passer par les mains. Manier un cuir, Manier l'étoffe d'un chapeau, &c. *Voyez* Courroyeur *&* Chapelier.

Manier, parmi les Ouvriers qui travaillent sur les métaux. Signifie quelquefois les mettre aisément en œuvre. Ce Serrurier manie bien le fer.

Manier du Ble'. C'est le remuer avec la pelle.

MANJETTE, dans le Maine. L'on y fabrique des étoffes de laine. *Voyez* l'Etat général, Tome I. page 94.

MANIEURS. Ce sont des Gagne-deniers établis sur les Ports de Paris, qui y subsistent en remuant avec des pelles les blés qui y restent quelque tems. Ils ne font pas de corps comme plusieurs autres petits Officiers de la Ville.

MANIFESTE. Les François, les Anglois & les Hollandois nomment ainsi dans les Echelles du Levant, ce qu'on nomme autrement une Déclaration.

Les Réglemens de la nation Angloise portent, Que les Ecrivains de vaisseaux seront tenus de remettre des manifestes fidéles de leurs chargemens, à peine d'être punis comme Contrebandiers, & chassés du service. Et par les Réglemens pour le commerce de la Nation Hollandoise, il est ordonné aux Capitaines, Pilotes & Ecrivains de remettre leurs manifestes au Trésorier, tant à leur arrivée qu'avant leur départ, & d'assurer par serment qu'ils sont fidéles, à peine de mille écus d'amende, & d'être mis hors d'emploi.

Ces manifestes s'envoyent tous les ans par le Trésorier des Echelles aux Directeurs du Levant établis à Amsterdam, pour servir à l'examen de son compte.

MANIGUETTE, qu'on nomme aussi MALAGUETTE. C'est le grand Cardamome, qui est une sorte de poivre qu'on apporte des Côtes d'Afrique, & que les Colporteurs vendent souvent pour du poivre des Indes, ou que du moins ils mêlent avec le vrai poivre. *Voyez* Cardamome.

Maniguette. On donne aussi ce nom, mais improprement, au poivre de la Jamaïque, autrement Graine de girofle. *Voyez* Malaquette. Ce dernier poivre vient de l'Amérique.

La Maniguette Afriquaine est du nombre des marchandises venant du Levant, sujette aux droits de vingt pour cent ordonnés par l'Arrêt du 15 Août 1685.

La Maniguette Américaine ne paye que 4 liv. du cent pésant.

La maniguette se vend à Amsterdam à la livre, sa tarre est sur les balles, elle donne deux pour cent de déduction pour le bon poids; & autant pour le prompt payement. Son prix est de 4 den. ½ la livre.

MANIQUE. *Voyez* MANICLE.

MANIQUETTE. *Voyez* MANIGUETTE.

MANILLE, Isle, ainsi nommée de sa Capitale. C'est la plus considérable de toutes celles que les Espagnols occupent dans la Mer des Indes. *Voyez* l'Etat général, Tome I. pages 456-469.

MANILLE, ou MENILLE. C'est une des marchandises que les Européens, entr'autres les Hollandois, portent sur les Côtes d'Afrique, pour traiter avec les Négres. Les François s'en servoient aussi beaucoup dans leur commerce avec les Habitans de l'Isle de Madagascar, lorsqu'ils y avoient un établissement.

La manille est une espece de grand anneau de cuivre jaune en forme de carcan ou de bracelet, dont ces peuples Afriquains se servent pour se parer, & qu'on leur donne en échange des Esclaves & des autres marchandises qu'on traitte avec eux. Cet ornement assez bizarre se met au bas de la jambe au dessus de la cheville du pied, & au gros du bras au dessus du coude.

Il y a de deux sortes de manilles; les unes simples, plattes & sans graveure; les autres rondes, plus épaisses & chargées de cizelures & de feuilages en relief: celles-ci sont de bon cuivre, & d'un ouvrage assez beau; les autres ne sont gueres que de mauvaise écume de ce métail. On les échange les unes & les autres au nombre ou au poids.

Les Madecasses ou Habitans de Madagascar se parent aussi volontiers de manilles; & même les plus riches & les premiers d'entre les blancs en ont qui sont d'or; mais celles-là ils les fabriquent eux-mêmes; fondant & convertissant en manilles toute la monnoie d'or qu'ils reçoivent quelquefois des Européens en échange de leurs marchandises. La plupart de leurs manilles de cuivre leur viennent des François, qui en faisoient un assez bon négoce lorsqu'ils étoient établis dans les Bayes d'Arougil & de S. Augustin.

MANIVEAU. Petit panier d'osier verd, très plat, & presque sans bords, de neuf à dix pouces de longueur & de quatre à cinq de largeur.

Les Marchandes de marée de la Halle & des autres marchés de Paris y arrangent l'esperlan, poisson de mer qui est petit, mais délicieux, que les Chasse-marées apportent en panier.

Chaque maniveau d'esperlan en contient plus ou moins, suivant la grosseur du poisson; mais toujours assez pour en faire un plat raisonnable. L'esperlan s'arrête sur le maniveau avec de petits brins de bouleau ou d'autre menu bois pliant qu'on passe pardessus.

MANIVELLE. Instrument ordinairement de fer, replié en esse avec un manche de bois, dont on se sert pour donner le mouvement à quelques machines des arts & métiers, particuliérement aux moulins à bras, aux roues des Couteliers & Cordiers, & à quelques autres semblables.

MANN. *Voyez* MAN.

MANNE. C'est le nom de cette nourriture céleste dont les Israélites userent pendant les quarante années, que pour punition de leur ingratitude & de leur murmure Dieu les fit errer dans le désert; & qui ne cessa de tomber, que lorsque sous la conduite de Josué, ce peuple entra enfin dans la terre que Dieu avoit promise à leurs peres & aux nôtres, Abraham, Isaac & Jacob.

MANNE. C'est aussi une gomme ou drogue médicinale, à laquelle il y a bien de l'apparence qu'on a donné ce nom, à cause qu'on a long-tems cru que c'étoit un miel qui tomboit du ciel comme une espece de rosée; n'y ayant point d'ailleurs d'autre rapport entr'elle & la Manne de l'Ecriture Sainte.

Cette drogue purgative est un suc ou liqueur blanche qui coule d'elle-même ou par incision des branches & des feuilles des fresnes tant ordinaires que sauvages. Les fresnes néanmoins ne donnent pas de la Manne sous toutes sortes de climats; & il semble que ce privilége ait été réservé par l'Auteur de la Nature aux seuls fresnes de l'une & de l'autre Sicile, tant deçà que delà le Phare, & à peu d'autres lieux.

Les Italiens distinguent trois sortes de Mannes; celle qui sort d'elle-même, ils l'appellent *Manna di corpo;* celle qui ne se recueille que comme par force, & en faisant des incisions, *Manna forzata* ou *forzatella*; & enfin cette espece de Manne qui sort par la partie nerveuse des feuilles, & qui est de la grosseur des grains de froment, *Manna di fronda.*

Toutes ces sortes de Mannes se recueillent dans les mois de Juin, Juillet, & Aout, & dans les jours les plus chauds & les plus beaux; les tems pluvieux & humides étant contraires à cette précieuse gomme; parce qu'à moins qu'en coulant elle ne soit aussi-tôt condensée par les rayons du soleil, elle tombe & se perd.

Les Marchands Droguistes & Epiciers vendent de plusieurs Mannes, qui ne sont toutefois différentes que par le nom des lieux d'où elles viennent, ou pour la figure qu'elles ont.

Ces Mannes sont, la Manne de Calabre, la Manne de Sicile, la Manne de Tolfe, la Manne en larmes, la Manne en grains, &c. La Manne de Calabre, dont la meilleure est celle du Mont Saint-Ange, est bonne, mais un peu grasse: la Manne de Sicile est ordinairement blanche & seche, mais sujette à être pleine de figues & de marons: la Manne de Tolfe est la moindre, étant d'un blanc mat, terne, trop séche, & trop remplie de menu.

La plus estimée de toutes les Mannes est la Manne en larmes. Bien des gens la croyent factice, & l'ouvrage des Juifs de Ligourne, mais il est certain qu'elle est naturelle; & que ce qui la rend de cette figure & en si grosses larmes, c'est que ceux qui font les incisions aux fresnes y mettent des brins de paille ou de petits bâtons, le long desquels la Manne coulant & se condensant à mesure qu'elle sort, prend la figure qu'on voit aux larmes.

On doit choisir la Manne, soit en grandes, soit en petites larmes, nouvelle, séche, légere, d'un blanc un peu rougeâtre, d'un goût agréable, peu remplie de menu, de figues, & de marons; & qu'étant rompue on trouve au dedans une espece de sirop, marque indubitable de sa nouveauté.

On tire de la Manne par la distillation un esprit acide, qu'on dit fort propre aux maux de poitrine. On en tire aussi une eau spiritueuse qui a toutes les qualités de la Manne: mais pour le dissolvant que quelques Artistes prétendent en pouvoir tirer, capable de dissoudre l'or, c'est ce qui n'est pas si certain, ou plutôt ce qui ne l'est point du tout.

Les Mannes de toutes sortes payoient en France les droits d'entrée à raison de 14 livres du cent pésant, conformément au Tarif de 1664: mais par l'Arrêt du 15 Aout 1685, elles ont été mises au nombre des marchandises du Levant, sujettes au droit de vingt pour cent de leur valeur.

La Manne de Briançon, qu'on confond ordinairement avec la Manne de Tolfe, quoiqu'elles soient toutes deux de différentes especes, est une gomme qui coule des branches du Melesse ou Larix. On l'appelle de Briançon du nom de la Ville d'où elle vient, qui est une Ville de Dauphiné.

Il y a encore des Mannes d'Afrique, de Mexique, de Perse, mais qui sont peu connues en France, & dont il ne se fait aucun commerce.

Voici ce que M. de Tournefort dit de la manne de Perse, dans la relation de son voyage au Levant, à l'occasion des plantes d'Alhagi qu'il trouva dans les Isles de Syra & de Tine, & qu'il estime être la même sur laquelle les Persans recueillent leur manne.

Les racines de cette plante sont ligneuses, épaisses de quatre ou cinq lignes, brunes, garnies de fibres ondoïantes, peu chevelues. Les tiges en sont épineuses, ont près de trois pieds de haut, sont épaisses d'environ deux lignes, verd-pâles, lissés, dures, pliantes, branchues dès le bas, accompagnées de feuilles assez semblables à celles de la renouée. Ses fleurs sont légumineuses, longues de demi-pouce, purpuraines vers le milieu, rouge effacé sur les bords avec des sommets jaunâtres. Son pistille est long de quatre lignes, & se termine par un filet. Le calice est un godet long d'une ligne & demie, verd-pâle, lisse, legerement carulé. Cette fleur produit une gousse d'environ un pouce, ses graines sont brunes, un peu larges & de la figure d'un petit rein.

Dans les grandes chaleurs les feuilles & les branches de cet arbrisseau se couvrent de petites goutes d'une espece de miel, qui s'épaississent & se durcissent par grains de la grosseur de ceux de Coriandre, on recueille ce miel & on en forme des pains roussâtres tirant sur le brun, plein de poussiere & de feuilles qui en alterent la couleur, & peut-être en diminue la vertu. Il s'en faut bien que cette manne asiatique ne soit si belle que celle d'Italie.

On en vend de deux sortes en Perse, la plus belle & la plus chere est par petits grains, l'autre est comme une pâte & contient plus de feuilles que de manne.

Elle se recueille autour de la Ville de Tauris; mais il s'en trouve aussi dans les plaines de l'Arménie & de la Georgie, on l'appelle en Perse Trungibin ou Teringabin.

Cette même manne aussi-bien que toutes les autres, n'est point une rosée du Ciel, mais le suc nourrissier de la plante qui s'extravase & en ouvre les pors.

Commerce de la manne à Amsterdam.

La manne se vend à Amsterdam à la livre, & se tarre au poids: sa déduction pour le bon poids est de deux pour cent; & celle pour le prompt payement d'un pour cent. Son prix est depuis 26 sols jusqu'à 65 la livre.

Il y a de deux sortes de Mannes liquides; l'une qu'on nomme Tereniabin, qui croît en quelques endroits de Perse, aux environs du Grand Caire & dans le voisinage d'Alep; l'autre vient d'Ormus & de quelques lieux de l'Asie mineure.

La premiere est semblable à du miel blanc, & se trouve sur une plante épineuse semblable à la Trenasse, & qui a des gousses comme le Bagnaudier. L'autre a les mêmes qualités, mais se recueille sur des arbres semblables aux chênes. Toutes deux sont rares chez nos Marchands Epiciers & Droguistes, n'y ayant que les plus curieux qui en conservent pour eux, & non pour vendre.

MANNE D'ENCENS. C'est de l'encens mâle choisi en petits grains très nets & très ronds, ayant à peu près la couleur de la plus belle Manne. On donne aussi ce nom aux miettes farineuses d'encens qui se trouvent dans le fond des sacs, & qui se sont faites par l'agitation causée par les voitures. *Voyez* ENCENS.

MANNE MASTICINE. *Voyez* CEDRE.

MANNE, qu'on nomme aussi BANNE, & quelquefois MANNETTE. Espece de grand panier quarré-long, d'osier ou de châtaignier refendu, de longueur & largeur à volonté, & de douze à dix-huit pouces de profondeur.

Plusieurs Marchands se servent de Mannes pour l'emballage de certaines sortes de marchandises. Les Marchands Chapeliers entr'autres font les envois de leurs chapeaux dans des mannes ou mannettes; & les chapeaux de Caudebec en Normandie, ne viennent que dans ces sortes de paniers.

MANNE. On appelle aussi Mannes ces petits paniers quarrés, dans lesquels de pauvres femmes portent dans les rues de Paris, des petits métiers, des macarons, des biscuits, & d'autres semblables friandises pour les enfans. Ce leger négoce ne laisse pas de faire vivre un assez grand nombre de ces pauvres femmes.

MANNE. Les Carriers nomment pareillement des Mannes, les paniers ronds faits de fort osier, avec lesquels ils tirent les terres des trous des carrieres, lorsqu'ils commencent à les ouvrir. Les anses de ces Mannes sont faites de cordages. On les appelle des Longes.

MANNES. Les mannes des Blanchisseurs de cire sont d'osier blanc, longues de quatre pieds, larges de deux, & profondes d'autant, elles servent à transporter sur des brouettes à l'Herberie, les cires en feuilles, qui ont été grelouées à la fonderie.

MANNETTE. Panier d'osier qu'on nomme aussi Manne & Banne. *Voyez les articles précédens.*

MANOEUVRE. Celui qui dans les atteliers pour la construction ou réparation des bâtimens, sert à porter aux Maçons, Limosins, & Couvreurs, les matériaux dont ils ont besoin, qui gâche le plâtre, corroye le mortier, & fait tous les autres services pour la maçonnerie, limosinerie, & couverture.

Ces sortes d'Ouvriers subalternes n'ont besoin d'aucun apprentissage pour ce service; quoique néanmoins en servant ainsi ils apprennent leur métier, & deviennent capables de travailler de leur chef.

On les appelle plus honorablement Aydes à Maçons, à Limosins, & à Couvreurs. *Voyez ces trois articles.*

MANOEUVRES-CARRIERS. Ce sont des gens de journée qui font tourner les roues dont on se sert à tirer les pierres du fond des carrieres, en montant le long de l'échellier de ces roues, c'est-à-dire, des chevilles qu'elles ont des deux côtés. On appelle Garçons-Compagnons-Carriers, ceux qui travaillent dans la carriere à couper & souschever les pierres.

MANOEUVRIER, ou MANOUVRIER. Compagnon, Artisan, Homme de peine & de journée, qui gagne sa vie en travaillant de sa main. On les confond quelquefois avec les Crocheteurs, Forts, & Gagne-deniers, quoiqu'il y ait quelque différence. *Voyez ces articles.*

MANOUF. Sorte de lin qui vient du Levant par la voie de Marseille. *Voyez* l'article du Lin.

MANQUER. Signifie dans le commerce, faire faillite, faire banqueroute. Ce Négociant passoit pour riche, il vient pourtant de manquer. Le plus puissant & le plus accrédité Banquier d'Amsterdam a manqué, on se sent déja à Paris de sa faillite: deux de ses Correspondans ont aussi manqué. *Voyez* FAILLITE, & BANQUEROUTE.

MANS, Ville de France, Capitale de la Province du Maine. L'on fabrique dans cette Ville différentes étoffes de laine. *V.* l'Etat général, Tome I. page 94.

MANSJA. Poids dont on se sert en quelques lieux de la Perse, particuliérement dans le Servan & aux environs de Tauris, il pese 12 livres un peu legeres. C'est à ce poids que se vend le ruynas sorte de racine propre à la teinture.

MAN-SURATS. Poids dont on se sert à Bandaar ou Bander-Gameron, Ville située dans le Golfe Persique. Il est de trente livres. *Voyez* MAN, *à la fin de l'article.*

MANTEAU. Habillement de dessus, ample, & large, dont les Gens d'Eglise & les Hommes de Robe se servent ordinairement; & que la plupart des autres prennent en esté pour se garantir de la pluye, & en hyver contre le froid & le mauvais tems.

MANTEAU. On appelle le Manteau d'un drap ou de quelqu'autre étoffe de laine apprêtée & pliée, le bout de la piece du côté du chef, qui en fait comme l'enveloppe ou la couverture, & qui est arrêté avec du fil ou de la menue ficelle par quelques points d'aiguille. Ainsi lorsque l'on dit, qu'une piece d'étoffe de laine a un beau Manteau, cela veut dire, que le bout qui l'enveloppe ou qui la couvre, est plus beau, plus fin, mieux tissé ou travaillé, & mieux teint que le reste de la piece. C'est une tromperie manifeste & intolérable qui n'arrive que trop fréquemment dans les Manufactures d'étoffes de laine, que de faire le Manteau plus beau que le reste de la piece.

MANTEGUE. Sain-doux du porc-sanglier, que les Boucaniers de Saint-Domingue ramassent de la graisse de ces animaux qu'ils tuent dans leur chasse. La Mantegue fait un des principaux objets de commerce de ces Chasseurs, qui la vendent non-seulement aux habitans François de l'Isle, mais qui en fournissent encore quantité aux Flibustiers ou Boucaniers-Armateurs. La potiche de Mantegue se vend six pieces de huit.

Les Turcs appellent le beurre, Mantegue. On la met dans des outres de peaux de bouc, quand on la veut transporter d'un Pays à l'autre. Il en vient de Derne en Barbarie à Constantinople une grande quantité. Elle s'achete dans le Pays ordinairement six piastres le quintal de quarante ocques, l'ocque pésant deux livres & demie poids de marc, ou quarante onces.

MANTES. Sorte de manteau ou d'écharpes, qui sont propres pour le commerce de l'Amérique; on y en envoie beaucoup par les navires de Regîstres, qui se frettent dans les Isles de Canarie.

MANTIL. Ancien mot François qui signifie le linge de table, particuliérement la nape qui sert à la couvrir. C'est sous le nom de Mantil que cette sorte de linge se trouve tarifé dans le Tarif de la Douane de Lyon de 1632; sçavoir:

Les Mantils vieux à raison de 5 s. le quintal.

Les Mantils à grain d'orge, 2 s. d'ancienne taxation, 1 s. de nouvelle réapréciation; & quand ils sont en balle 8 s. de la balle, & 4 s. de réapréciation.

Les Mantils & serviettes de Lorraine étrangers, 30 s. de la balle, ou 10 s. du cent pésant.

Et les Mantils blancs de Lorraine grossiers, 7 s. 6 den. de la balle, & 3 s. du cent pésant.

MANUFACTURE. Lieu où l'on assemble plusieurs Ouvriers ou Artisans pour travailler à une même espece d'ouvrages, ou à fabriquer de la marchandise d'une même sorte. Ce lieu se nomme aussi Lieu de Fabrique.

On appelle Maître de Manufacture, ou Entrepreneur de Manufacture, celui qui a fait l'assemblage de ces Ouvriers, qui a formé l'établissement de ce lieu pour y faire travailler pour son compte.

Un Contre-Maître de Manufacture est une espece de Maître Valet, Domestique ou Commis préposé par l'Entrepreneur ou le Maître, pour veiller perpetuellement sur les Ouvriers, & tenir la main à ce que tout se passe dans les regles.

Depuis plusieurs années il s'est établi en France un nombre infini de Manufactures ou inventées ou imitées des Etrangers. Il seroit difficile de les rapporter toutes. Voici les principales.

Manufactures établies à Paris, & dans les autres Villes & Bourgs de France.

Les Manufactures de draps & tissus d'or & d'argent; celles de velours, tripes de velours, pannes, pluches, satins, damas, tabis, taffetas, papelines, brocards, brocatelles, moncayards, crêpes, raz, &c.

De draps, de serges, ratines, baracans, camelots, calmandes, étamines, razes, crêpons, bayettes, sempiternes, flanelles, revêches, anacostes, cadis, burates, frises, droguets, pinchinats, tiretaines, & autres semblables étoffes toutes de laine, ou de laine mêlée de fil, poil, coton ou autre semblable matiere: des moquettes, mocades, tripes, & damas de laine, ligature, & autre pareille marchandise.

Il y a aussi des Manufactures de linge ouvré, de toiles de toutes sortes, de futaines, basins, coutils, & canevas.

De points de fil à l'aiguille, de dentelles de soie & de fil, au fuseau sur l'oreiller.

De tapisseries de haute & de basse-lisse, de bergames, de tontures de laine, &c.

De couvertures de laine pour lits.

De chapeaux de castor, demi-castors, caudebecs, &c.

De bas, camisoles, & autres ouvrages de bonneterie de soie, de laine, de fil, de coton, & de poil, tant au métier qu'au tricot.

On en a aussi établi pour des glaces de miroirs & de carrosses; pour des cristaux, des porcelaines, de la fayance, & pour des pipes à fumer.

Pour des cuirs de Hongrie, veaux façon d'Angleterre, maroquins, buffles, chamois, &c.

Pour toutes sortes d'armes offensives & défensives.

Pour des chandelles de suif moulées, pour des flambeaux de cire, pour de la colle forte, pour du fer blanc & noir en feuille, pour des savons noirs & blancs tant secs que liquides, pour du tabac en corde & en poudre, pour du papier, &c.

C'est à M. Colbert Sur-Intendant & Ordonnateur Général des Bâtimens du Roi, Arts & Manufactures de France, que ce Royaume a l'obligation de la plus grande partie de ces établissemens qui l'ont rendu l'un des plus florissans de l'Europe.

Il a été fait quantité de beaux Réglemens touchant les Manufactures, dont les principaux sont, ceux des mois de Mars, Avril, & Juillet 1667, pour les draps d'or, d'argent, & de soie, & autres étoffes mélangées qui se fabriquent à Paris, à Tours, & à Lyon.

Celui du mois d'Aout 1669, pour les draps, serges & autres étoffes de laine & de fil qui se font dans tout le Royaume.

Celui du 10 Aout 1700, sur la fabrique des chapeaux.

Ceux des 30 Mars & 17 Mai 1701, concernant les bas & autres ouvrages de bonneterie qui se manufacturent sur le métier.

Celui du 4 Janvier 1701, touchant les futaines & basins qui se font en la Ville de Troyes & aux environs.

Celui du 20 Janvier 1680, concernant les toiles qui se manufacturent dans la Province de Beaujolois.

Celui du 7 Avril 1693, touchant les toiles, serviettes, canevas, treillis & coutils que l'on fabrique dans les Généralités de Caen & d'Alençon.

Enfin celui du 24 Décembre 1701, qui regarde les toiles qui se font dans l'étendue de la Généralité de Rouen. *Voyez l'article des Reglemens.*

M. Savary dans son Parfait Négociant a donné deux excellens Chapitres concernant les Manufactures; ce sont les 6 & 7 du Livre premier de la seconde Partie de cet Ouvrage. Le premier contient ce qu'il faut observer auparavant que de les entreprendre pour bien réussir, tant dans celles que l'on a déja établies, que dans les autres que l'on veut inventer ou imiter; & le second parle de l'ordre qu'on y doit tenir, & ce qu'il faut faire pour s'y bien conduire.

MANUFACTURE ROYALE. C'est une Manufacture établie en conséquence des Lettres Patentes des Rois. Il y a quantité de manufactures à qui cette qualité honorable appartient en vertu de leur établissement; mais il y en a aussi plusieurs qui la prennent sans titre, & pour se donner du crédit & de la réputation. Cet abus s'étant particuliérement glissé dans les manufactures des draperies, Louis XV y a pourvû par un Arrêt de son Conseil d'Etat qu'on rapporte ailleurs. *Voyez* MARQUE DES ETOFFES DE DRAPERIE.

Privileges des Manufactures, Manufacturiers & Ouvriers.

Les Rois de France, particuliérement Louis XIV, sous le Regne duquel se sont faits les plus grands établissemens de manufactures dans le Royaume, ont accordé des privileges considérables, tant aux Entrepreneurs qu'aux Ouvriers qui y travailloient; mais différens suivant la qualité des entreprises, du bien qui en pouvoit revenir au Public, & des grandes dépenses où elles pouvoient engager.

De ces privileges accordés aux Entrepreneurs, les plus importans sont quelquefois la noblesse pour eux & leurs descendans; toujours des Lettres de Naturalité s'ils sont Etrangers; souvent la remise du total ou du moins d'une partie des droits d'entrée pour les matiéres nécessaires à leur fabrique qui viennent de dehors, ou de sortie pour les ouvrages de leurs manufactures qu'ils envoyent à l'Etranger: le prêt de sommes extraordinaires pendant plusieurs années sans intérêt; d'autres données en pur don: des pensions annuelles souvent augmentées à proportion du succès des manufactures: la faculté de prendre du sel au prix du Marchand; celle de brasser de la biére pour l'usage d'eux, de leur famille & Ouvriers: des lieux commodes pour la construction de leurs atteliers, machines & moulins: le droit de Committimus: enfin quelquefois l'exemption de toutes visites des Maîtres & Gardes des Communautés, soit pour les ouvrages faits dans leurs manufactures, soit pour les Ouvriers de différens métiers qu'ils sont obligés d'avoir à leurs gages, & de tenir près d'eux pour la construction de leurs machines, moulins, métiers & instrumens.

Les privileges des Ouvriers des manufactures de nouvel établissement consistent ordinairement dans la décharge de toutes tailles, subsides, logemens de Gens de guerre, tutelle, curatelle, &c. s'ils sont François; & outre cela dans la naturalité & exemption du droit d'aubaine, s'ils sont Etrangers; gagnant même assez souvent l'apprentissage & la maîtrise dans les Communautés des Arts & Métiers, en travaillant & fabriquant un certain tems dans les manufactures dont les ouvrages se trouvent de la dépendance de ces Communautés.

On peut voir des exemples de tous ces privileges singuliers dans les Lettres Patentes de l'établissement de l'Hôtel Royal des Gobelins, des Manufactures de Sédan, d'Abbeville, & de quelques autres raportés dans ce Dictionnaire. *Voyez ci-après* MANUFACTURIERS *&* GOBELINS.

Outre ces privileges, qui sont la plupart particuliers à certains Entrepreneurs & à leurs Ouvriers, & qui leur sont donnés comme une récompense des avantages que leurs entreprises apportent à l'Etat, il y en a d'autres accordés généralement à toutes les manufactures & à ceux qui y travaillent. Tel est ce privilege si important contenu dans l'article 55 du Reglement pour les manufactures de lainage du mois d'Aoust 1669, qui porte, Que les moulins, métiers, outils & ustenciles servant à quelques manufactures que ce soit, ne pourroient être saisis ni vendus par autorité de justice, si ce n'est pour le loyer des maisons occupées par les Ouvriers & Façonniers.

Ce privilege dans l'intention de Sa Majesté s'étoit à la vérité accordé pour toutes sortes de manufactures; mais plusieurs le voulant restraindre aux seules manufactures d'étoffes de laine, parce qu'il ne se trouvoit que dans le Reglement pour la draperie, sergetterie & autres ouvrages de laine & de fil, Louis XIV qui trente-cinq ans auparavant en avoit fait un des articles de ses Lettres Patentes, voulut bien l'expliquer en 1704, & l'étendre à toutes especes de manufactures de quelque nature qu'elles fussent, afin, comme il est dit dans sa Déclaration, que tous les Ouvriers pussent avoir la même assurance & jouir de la même tranquilité, pour être plus en état de s'appliquer uniquement à perfectionner & à augmenter leurs fabriques.

Cette Déclaration interprétative de l'article du Reglement de 1667, est du 19 Aout 1704, enregistrée au Parlement le 29 des mêmes mois & an. Elle porte entr'autres choses:

1°. Qu'il ne pourra à l'avenir être procédé par saisie, exécution ni vente forcée en justice, des moulins, métiers, outils, instrumens & ustenciles propres pour la préparation, moulinage & filage de la soie, de la laine, du coton, du chanvre, du lin, & des autres matieres propres pour la fabrication de toutes sortes d'étoffes de soie, de laine ou de poil, ou mêlées d'or ou d'argent, non plus que des métiers, instrumens ou ustenciles servant à faire toutes lesdites étoffes, ou à fabriquer des futaines, basins, bombasins, toiles de chanvre ou de lin de toutes façons, & aux apprêts & teintures de toutes lesdites marchandises, pour quelques dettes, causes & occasions que ce puisse être, si ce n'est pour les loyers des maisons qu'occuperont les Maîtres, Ouvriers & Façonniers, ou pour le prix desdits moulins, métiers, &c. qui se trouveront encore dûs à ceux qui les auroient faits & fournis; les exemptant même de saisie pour les deniers de Sa Majesté, & spécialement de la taille & impôt du sel, à peine d'interdiction de leurs Charges, de 150 liv. d'amende, & de tous dépens, dommages & intérêts envers les Parties saisies, contre les Huissiers ou Sergens qui auront fait lesdites saisies & ventes.

2°. Qu'en cas de faillite les Ouvriers & Façonniers seront tenus de déclarer pardevant les Juges-Consuls des Marchands du lieu de leur demeure, ou pardevant Notaires, s'ils veulent garder le tout ou partie de leurs moulins, métiers, outils, &c. pour continuer leurs manufactures, ou s'ils veulent seulement se réduire à leur travail personnel & journalier: voulant Sa Majesté dans cette derniere circonstance, qu'il soit remis aux Faillis sans rien payer, le nombre de leurs moulins, métiers, outils, &c suffisans & nécessaires pour leur occupation personnelle; & dans la premiere circonftance, que le tout ou partie desdits ustenciles demandés par les Faillis pour continuer leurs manufactures, leur soient laissés par compte & par nombre, pour après l'estimation faite, le prix être payé aux Créanciers, indépendamment de tous autres accords ou contrats d'atermoyement; sçavoir un tiers à la fin de la deuxiéme année, à compter du jour de l'estimation; le second tiers à la fin de la troisiéme année; & le troisiéme tiers à la fin de la quatriéme année; & à faute de payement par les Faillis, pourront les Créanciers faire vendre lesdits ustenciles par vente forcée en justice; avec défenses aux Faillis de les engager, déplacer ni vendre pendant lesdites quatre années, que du consentement de leurs Créanciers, à peine de punition corporelle pour les Vendeurs, & de restitution de ce qu'ils en auront reçû, & de 100 livres d'amende contre les Acheteurs, au payement de laquelle ils pourront être contraints même par corps.

Manufacture. On appelle Juges des Manufactures, les Juges commis par les Lettres Patentes du Roi du mois d'Aout *1669*, pour juger & régler les différens & contestations entre les Marchands & Ouvriers, & les Ouvriers entr'eux pour le fait des manufactures. *Voyez* Juges des Manufactures.

Manufactures etablies a Amsterdam. Avant la révocation de l'Edit de Nantes, & le passage des Réfugiés François en Hollande, les Manufactures d'Amsterdam étoient peu de chose: elles y sont présentement en assez grand nombre & assez considérables; mais toujours beaucoup inférieures à celles de France pour la qualité des marchandises qui s'y fabriquent.

Les principales de ces manufactures sont, des étoffes d'or & d'argent, des damas, des brocards, des parterres, des taffetas, des moires, des ras de soie, des armoisins, & de toutes sortes d'autres étoffes de soie façon de France & d'Italie.

Des velours, des tripes, des pannes, des gazes unies & à fleurs.

Des bas & bonnets tant de soie que de fil & de soie, soit au métier, soit à l'aiguille.

Des draps, des serges, des calmandres qu'on nomme Calaminques, des étamines, & presque toutes sortes d'étoffes de laine, de poil de chevre & de chameau.

Des rubans d'or & d'argent, de fil, de coton & de fleuret.

Des tapisseries de haute-lisse, d'autres de tontures de laine.

Des cuirs dorés & de toutes sortes; d'autres cuirs tannés, courroyés & passés en mégie.

Il y a aussi quantité de Teinturiers dont les teintures sont estimées, particuliérement celles en noir & en écarlate.

Enfin plusieurs Imprimeries pour les Livres; & plusieurs atteliers où l'on travaille à l'impression des toiles de coton, qui pour les desseins & la vivacité des couleurs ne le cedent gueres à celles des Indes Orientales.

Manufacture. Se dit aussi du travail ou fabrique qui se fait des étoffes, tapisseries, &c. dans les lieux destinés pour cela. Ainsi on dit, Ce drap est d'une bonne manufacture, il est bien travaillé, bien fabriqué: La manufacture des tapisseries de Beauvais l'emporte sur celle de Monlusson. *Voyez* Fabrique.

MANUFACTURER. Action de travailler manuellement à faire des étoffes, des chapeaux, des bas, des tapisseries, & autres sortes d'ouvrages ou marchandises. Ce terme a été tiré du Latin *Manufactus*, qui signifie fait de la main. On se sert aussi dans le même sens du terme de Fabriquer au lieu de Manufacturer. Le dernier est plus en usage dans le commerce, & parmi les Marchands & Négocians.

MANUFACTURIER. Celui qui a entrepris une manufacture, qui l'a établie, qui en est le maître, qui la conduit, & qui fait agir tous les Artisans qui y travaillent. Ces Artisans se nomment aussi quelquefois Manufacturiers; mais on les appelle plus ordinairement Ouvriers-Fabriquans.

Il s'est déja présenté plus d'une occasion, & il s'en présentera encore d'autres dans la suite, de parler, comme on a fait, de plusieurs Manufacturiers qui se sont rendus célébres en France par l'établissement de diverses manufactures. Ce seroit ici le lieu de ne pas oublier tant d'autres personnes fameuses par ces sortes d'entreprises depuis que les François s'y sont appliqués, & particuliérement depuis le Regne de Henri IV; mais le nombre en étant trop grand, on se contentera de dire quelque chose de ces deux hommes si distingués par leur profession, à qui la France est redevable de ne plus envier à l'Espagne, à l'Angleterre & à la Hollande ces beaux draps ou noirs ou de couleur, dont ils ont établi la fabrique dans le Royaume, & l'ont poussée à la derniere perfection.

L'un est Nicolas Cadeau à qui la Manufacture de Sédan doit ses commencemens & sa perfection; & l'autre Josse Van-Robais qui a fait l'établissement de celle d'Abbeville, qui a eu & qui a encore une si grande réputation.

Le premier, François de Nation, s'étant associé en *1646* avec Jean Binet & Yves de Marseille, comme lui riches & habiles Négocians de Paris, obtint des Lettres Patentes données à Fontainebleau au mois de Juillet de la même année pour sa nouvelle manufacture.

1°. Par ces Lettres les Associés furent établis pour être pendant vingt ans seuls Directeurs en France de la manufacture de draps de laine noirs & de toutes autres couleurs, de la qualité, façon & maniere de Hollande.

2°. Les trois Directeurs & leurs enfans nés & à naître furent annoblis, & honorés de tous les titres & prérogatives dont jouissent les Nobles en France.

3°, Le droit de Committimus leur fut accordé & à leurs descendans pendant les vingt années de leur concession.

4°. Leurs Ouvriers Etrangers furent déclarés naturalisés; & les François aussi-bien que les Etrangers déchargés de toutes tailles, subsides, logement de Gens de guerre, &c. ce qui fut pareillement accordé pour tous les logemens & maisons des Directeurs, & lieux où se feroient les fabriques.

5°. Les draps faits dans leurs Manufactures furent exemptés de toutes visites des Officiers de Police & des Maîtres & Gardes des Communautés; le Roi se réservant la connoissance des contraventions aux Ordonnances, si aucune y étoit faite.

6°. Il leur fut permis d'avoir une brasserie pour y faire de la biére, soit pour eux, leur famille, & Commis, soit même pour en vendre à leurs Ouvriers, sans payer aucuns droits d'aydes, imposition positions, &c. pendant lesdites vingt années.

7°. Enfin Sa Majesté voulant joindre l'utile à l'honorable, donna non-seulement 500 livres de pension annuelle à chacun des trois Directeurs leur vie durant, mais encore établit un fonds de 8000 livres par chacune des vingt années de leur privilége, dont il leur fit don & à leurs descendans, pour les indemniser des grandes dépenses où un tel établissement ne pourroit pas manquer de les engager.

L'on peut dire que le succès a passé de bien loin les espérances que l'on conçut d'abord de cette nouvelle Manufacture; & les draps qu'on nomme Draps de Sedan, du nom de la Ville où elle fut établie, pourroient être estimés les plus beaux de ces sortes de Fabriques, si ceux d'Abbeville, dont nous allons parler, n'avoient leurs partisans, & ne leur disputoient du moins l'égalité.

Le privilége exclusif du Sieur Cadeau alloit expirer, lorsque le sieur Josse Van-Robais Marchand Hollandois se présenta pour l'établissement d'une nouvelle Manufacture de draps fins façon d'Espagne & de Hollande, qu'il proposa de faire à Abbeville en Picardie.

Les Lettres Patentes qu'il obtint sont du mois d'Octobre 1665. Leurs clauses principales furent:

1°. Qu'il mettroit sur pied trente métiers à drapper, avec les moulins à fouler nécessaires, & qu'il feroit venir cinquante Ouvriers Hollandois pour y travailler.

2°. Qu'il auroit des passeports pour ses Ouvriers, & l'exemption des droits pour les métiers, draps, laines, & autres choses nécessaires pour son établissement.

3°. Qu'il lui seroit assigné des lieux commodes pour la construction de deux moulins à foulon, l'un à vent & l'autre à eau, & pour les bâtimens qu'il auroit besoin pour la fabrique & les logemens des Ouvriers; lui laissant toute liberté de choisir lesdits Ouvriers, même des Teinturiers, Chauderonniers, Cardeurs, Tondeurs, &c. sans qu'aucune Communauté des Arts & Métiers lui pussent causer aucun trouble, sous prétexte de défaut de maîtrise desdits Ouvriers.

4°. Que lui, ses enfans, Associés, & Ouvriers étrangers, seroient déclarés naturalisés François, & déchargés de toutes tailles, subsides, charges de Ville, logement de Gens de guerre.

5°. Qu'il auroit permission de construire à ses dépens une brasserie pour l'usage de sa famille & Ouvriers exempte aussi de tous droits d'aides ou autres impositions.

6°. Enfin pour faciliter cet établissement, & dédommager l'Entrepreneur d'une partie de ses premieres avances, non-seulement le Roi lui donna en pur don la somme de 12000 liv. une fois payée, & la quantité de huit minots de sel par chacun an des vingt années de sa concession sur le pied du prix du Marchand, mais encore 2000 livres par chacun des métiers qu'il monteroit pendant les trois premieres années, dont néanmoins à l'égard de ces dernieres sommes il ne lui seroit fait qu'un prêt pour être remboursé sans interêts.

Le Sieur Josse Van-Robais ayant pleinement rempli ses engagemens, obtint en 1681 une nouvelle prorogation de son privilége en son nom & en celui d'Isaac Van-Robais son fils aîné pour l'espace de 15 autres années, à la charge de monter cinquante métiers à la place de trente, en considération dequoi le Roi lui fit don de la somme de 20000 liv. sur celle de 80000, à quoi montoit le prêt qui lui avoit été fait pendant les trois premieres années de son ancienne concession.

Une troisiéme prolongation fut encore accordée pour dix ans en 1698 aux Sieurs Isaac & Josse Van-Robais frere, & fils du premier Entrepreneur, qui avoient fait monter jusqu'à quatre-vingt métiers ouvrants dans leur manufacture.

Enfin les métiers de cette manufacture allant à plus de cent en l'année 1708, & le Sieur Josse Van-Robais associé avec la veuve d'Isaac son frere voulant faire de nouveaux bâtimens, & pousser de plus en plus un si heureux & si grand établissement, qui peut-être n'en a point de semblable, obtint la même année une quatriéme prorogation de leur Privilége pour quinze ans avec de nouvelles prérogatives & exemptions pour eux, leurs Ouvriers & Associés; le Roi permettant à l'égard des Associés, à tous Nobles d'entrer dans ladite association, sans que ce commerce puisse leur être imputé à dérogeance.

Plan de la Manufacture de Messieurs Van-Robais à Abbeville.

Ce n'est pas seulement par la finesse, la beauté & la perfection de leurs draps, que ces habiles Manufacturiers se sont rendus célébres, l'ordre qui s'observe dans leur Manufacture, le grand nombre d'Ouvriers de toutes sortes qu'ils y ont rassemblés; & sur-tout la magnificence & la belle disposition des bâtimens & des vastes atteliers qu'ils y ont élevés, sont pour eux une autre espece de gloire qu'ils ne partagent avec personne, n'y ayant point en France & même dans toute l'Europe, de Manufacture qui à cet égard ne le cede de bien loin à celle d'Abbeville.

C'est pour conserver la mémoire d'un si bel établissement, & pour donner en même tems un modele de la distribution qu'on doit observer dans les bâtimens qu'on destine à ces sortes de Manufactures, qu'on a cru faire plaisir au Lecteur de mettre ici un plan abregé de celle de Messieurs de Van-Robais.

L'enclos de cette Manufacture est d'environ mille pieds en quarré, elle est située à une des extrémités de la Ville, ayant par derriere le grand Canal de la riviere de Somme, pardevant la Chaussée qui va en Normandie, d'un autre côté les remparts, & du quatriéme les maisons de plusieurs Bourgeois.

Deux des quatre côtés de ce terrain sont fermés de murailles, les deux autres ont de grands fossés d'eau vive, dont l'approche est défendu par d'épaisses hayes d'épines, qui sont plantées sur les bords.

Six portes donnent entrée dans cet enclos, dont la principale est au milieu du côté de la chaussée.

En passant par cette porte, qui aussi-bien que toutes les autres a un Portier aux livrées du Roi, on entre dans une cour de 120 pieds en quarré, qui a en face un corps de logis de 13 croisées. Aux deux côtés sont deux aîles doubles, de près de trois cens pieds de longueur, qui s'avançant du côté du jardin beaucoup au-delà du corps de logis, aboutissent à un canal d'eau vive, qui isole tout ce jardin, & sur lequel s'étend une large & belle terrasse qu'on trouve au sortir de la maison.

Hors de cette premiere enceinte du côté de la

riviere, sont deux corps de logis de cent cinquante pieds de long chacun. C'est là que sont les Atteliers où travaillent les Ouvriers de Lainerie; & c'est aussi où se trouvent les magasins pour les laines.

Derriere un des deux bâtimens est un troisiéme corps de logis de cent pieds de face, avec une grande cour au-devant. Celui-ci est destiné à la teinture, aux magasins des drogues & aux logemens des Teinturiers.

Au-delà de la cour sont ce qu'on appelle des rames, c'est-à-dire, les machines sur lesquelles l'on tire & l'on étend les draps; il y en a six de trois cens vingt pieds de long chacune. Derriere ces rames est un petit plan d'arbres qui couvrent la vue du rempart.

Plus loin que les rames on trouve une seconde cour dans laquelle on entre par la chaussée. Là sont les écuries & les remises; tout contre est une basse-cour où logent les Chartiers & où est la forge du Maréchal, & la meule pour affuter & remoudre les forces des Tondeurs.

De l'autre côté du principal corps de logis est un grand potager, qui est borné le long de la chaussée par divers petits bâtimens occupés par différens Ouvriers & par un autre grand édifice, qui ne contient que de grandes remises où l'on fait sécher les chaînes des draps; ce qui tout ensemble forme & enferme une quatriéme cour où l'on entre par la derniere des trois portes que la Manufacture a sur la chaussée.

Distribution de tous les Bâtimens.

Le rez-de-chaussée du grand corps de logis est composé d'un vaste vestibule & de diverses sales: des magasins, des comptoirs, les cuisines & les offices occupent le reste.

Au premier étage sont quatre grands appartemens complets, & au second il y a un corridor où logent les Commis & les Domestiques.

Des deux grandes aîles, celle qui est du côté de la Ville, a de grands souterrains où l'on conserve les provisions d'huile & de colle, & où l'on met en réserve les vieux métiers démontés & diverses sortes d'ustenciles servant à la Manufacture.

Un grand magasin pour serrer les laines qui servent aux mélanges, & les fils de tremes, occupe une partie de rez-de-chaussée de cette aîle; dans l'autre partie est le logement d'un Contre-Maître & de sa famille, c'est-à-dire, de celui qui distribue le travail, & qui a inspection sur tous les Ouvriers de ce canton.

Au dessus du magasin & de l'appartement du Contre-maître, sont quarante-deux métiers où travaillent quatre-vingt quatre Tisseurs & autant d'Epouleurs.

Le second étage est comme partagé en trois, d'un côté sont quarante à quarante-cinq Drousseurs, de l'autre côté sont quantité d'Ouvrieres, dont les unes grattent les draps & les espinsent en toiles, les autres épluchent la laine; & d'autres encore ourdissent les chaînes: au milieu sont ceux qui repassent la laine droussée.

Enfin tout au haut est un très grand grenier bien percé & bien airé pour faire sécher les laines.

L'aîle qui est à l'opposite de celle qu'on vient de décrire, a par bas vingt-cinq bacqs de Laineurs à deux hommes chacun & autant de petits garçons. La façon qu'on donne dans cet attelier se fait avec l'eau des canaux, qui est très belle & très claire, & qui y est conduite & employée avec une propreté infinie.

Un côté du double du premier étage sert de boutique aux Tondeurs, trente tables à tondre, les draps en occupent une partie, l'autre est remplie de quantité de draps ou tondus, ou prêts à tondre. Chaque table a deux Tondeurs.

L'autre partie du double de cet étage est une espece de grande sale ou de magasin presque tout rempli de draps, à qui il ne manque plus que d'avoir passé par les mains des Aplaneurs, pour être en état d'être mis à la presse. De distance en distance sont six tables où les Ouvriers les brossent, les plient & les rangent, pour être envoyés aux presses chacun en son tems.

Au second étage de cette même aîle il y a vingt tables d'Epinceuses à trois ou quatre filles chacune, avec plusieurs Ressertisseuses: c'est le Maître & sa femme qui conduisent cet attelier, qui comme les autres est aussi tout rempli de draps ou épincés ou ressertis, ou qui attendent leur tour pour l'être.

Le magasin des draps en toile est à côté de la sale des Epinceuses, les Ouvriers qui y sont, travaillent à les remuer & à les disposer pour les envoyer au foulon.

Une belle chardonniere occupe tout le grenier de cette aîle qui est très ouvert & bien percé, pour la conservation des chardons qui ont besoin d'air pour se maintenir en bon état: un grand nombre d'Ouvriers y travaillent sans cesse.

Du même côté de cette seconde aîle sont montées dans un grand attelier en forme de magasin, deux belles presses de fer & de fonte, avec la machine propre à les serrer; dans le même lieu est un souterrain en forme de fourneau pour chauffer les feuilles de fer qui servent aux presses: ensuite est un autre vaste magasin pour les laines, & au bout divers logemens; les uns pour les Contre-maîtres Laineurs & Tondeurs; & les autres pour les Ressertisseuses avec leurs familles.

Les deux bâtimens de 150 pieds chacun, qui sont du côté de la riviere, sont occupés par vingt métiers avec tous les Ouvriers & Ouvrieres, qui sont nécessaires pour les entretenir; ces métiers sont sous l'inspection d'un Contre-maître particulier.

Pour l'entretien de tous ces bâtimens il y a un ou deux Ouvriers de chaque métier, comme Maçons, Charpentiers, Menuisiers, Vitriers, Maréchaux, Couvreurs, Plombiers & Serruriers, tous entretenus dans la maison.

Les Ouvriers entrent & sortent par quatre portes sans aucune communication, avec la maison de Messieurs Van-Robais autant qu'ils le veulent permettre; & de leur côté ils entrent par leur maison dans tous les atteliers sans être apperçûs.

La fonction des Portiers qui, comme on l'a dit, sont tous aux livrées du Roi, consiste à ouvrir & fermer les portes aux heures que les Ouvriers entrent & sortent, d'empêcher qu'il ne vienne personne d'inutile; & surtout de n'y laisser entrer aucune eau-de-vie.

Quoique tous les bâtimens dont on vient de faire la description, & qui composent proprement la Manufacture de Messieurs Van-Robais, soient très considérables; ils ne peuvent pas néanmoins contenir encore tous les métiers & les Ouvriers de cette fabrique, y en ayant trente-trois montés dans l'ancienne maison de ces celébres Manufacturiers, qui outre cela occupent encore quatre autres grandes maisons où ils ont rassemblé mille ou douze cent Fileuses, qui sous des Maîtres & Maîtresses, filent une partie des laines, dont se font les beaux draps qui sortent de cette Manufacture, & qui nous empêchent de regretter ceux d'Angleterre & de Hollande, dont la France a été si long-tems entêtée.

MANZALE, Lac en Egypte, fort abondant en poisson. *Voyez* ce qui en est dit dans l'Etat général, Tome I. page 362.

M A O

MAO, MAN, ou MEIN. Poids en usage dans quelques lieux des Indes, qui n'a sans doute ces trois différens noms, qu'à cause de la diverse prononciation ou des Orientaux ou des Marchands de l'Europe que le commerce attire en Orient.

Le mao pese dix catis; mais en des endroits, comme à Java & dans les Isles voisines, le cati n'est que de vingt taels; & en d'autres, comme à Cambaye, il vaut vingt-sept taels, le tael pris sur le pied d'une once & demie poids de Hollande. On se sert du mao pour peser toutes les denrées qui servent à la vie.

Le maon d'Akgbar Ville du Mogol, pese 50 l. de Paris, celui de Ziamger autre Ville des Etats de ce Prince, en pese 60.

M A Q

MAQUE ou MACHACHOIRE. Instrument avec lequel on donne la premiere préparation au chanvre pour le réduire en filasse, après qu'il a été roui. On l'appelle plus communément Brayoire. *Voyez* CHANVRE.

MAQUER ou MACHER LE CHANVRE. C'est le rompre avec l'instrument appellé Maque ou Machachoire. *Voyez* CHANVRE.

MAQUEREAU. Poisson de mer qui n'a point d'écailles, dont le corps est rond, épais & charnu, finissant presque en pointe par les deux bouts. Toute sa longueur est ordinairement d'un bon pied de Roi. Sa bouche a beaucoup de rapport à celle du thon. Les yeux qu'il a fort grands sont de couleur dorée. Etant dans l'eau il paroît d'un jaune de souffre; & lorsqu'il est dehors, & qu'il est mort, il a le ventre d'un blanc argenté. Le reste du corps qui est pareillement argenté, se trouve traversé par quantité de traits d'un bleu verdâtre & foncé. Plus ces traits approchent du dos, plus ils paroissent rembrunis. Quelques gens habiles dans l'architecture navale veulent que le maquereau soit de tous les poissons celui dont la forme peut davantage servir de modéle pour la construction des bâtimens de mer.

Le maquereau se trouve en troupes en divers endroits de la mer Océane, mais particuliérement vers les Côtes de France & d'Angleterre. La pêche s'en fait ordinairement dans les mois d'Avril, Mai & Juin, même en Juillet, suivant les endroits.

Ce poisson mangé frais est excellent; & lorsqu'il a été bien préparé & salé dans des barils, il n'est pas mauvais. Il fait même une partie du négoce de la saline.

Quelques Naturalistes ont observé que l'eau dans laquelle ce poisson a bouilli quelque tems, produit une espece de lumiere quand elle est un peu agitée.

La pêche des maquereaux se fait du côté de Roscoff en Basse Bretagne par deux sortes de batteaux ou barques; les uns petits & sans pont; les autres plus grands & pontés.

Les petits bâtimens n'ont pour l'ordinaire que neuf à douze hommes d'équipage; ils vont à six ou sept lieues au Nord-ouest de l'Isle de Bas, où les Pêcheurs tendent leurs filets. Leur pêche étant faite, ils retournent le lendemain à Roscoff pour vendre leur poisson.

Il n'y a qu'environ vingt-deux petits batteaux employés à cette pêche, dont dix ou douze sont de la Hogue en Normandie, lesquels se rendent à Roscoff vers la fin du mois d'Avril, où ils restent jusqu'à la fin de Juin: les autres sont des environs de Roscoff. La pêche commence la premiere semaine de Mai, & finit à la fin de Juin. Chaque batteau pêche ordinairement pendant ce tems environ vingt-cinq milliers de maquereau.

Les Pêcheurs vendent leur poisson aux Habitans de Roscoff, qui le salent en pile dans d'autres batteaux, pour l'envoyer ensuite au Havre-de-Grace & à Dieppe pour le vendre. Ceux de ces endroits qui l'achetent, le font paquer dans des barils & demi-barils avec de la sauce ou saumure, pour le transporter à Paris, en Champagne, & en d'autres Provinces de France où ils sçavent qu'il peut avoir du debit.

Chaque baril contient pour l'ordinaire trois cent de maquereaux, & les demi-barils à proportion, quelquefois plus, quelquefois moins, suivant que le poisson est plus ou moins gros, ou que les barils sont grands ou petits.

La maniere de saler les maquereaux à Roscoff est de leur remplir le ventre de sel, en y en mettant autant qu'il en peut contenir: on le foule même avec une espece de cheville de bois, pour qu'il en soit plus exactement rempli; ensuite on l'arrange dans le fond des batteaux par lits ou couches, en observant de semer légerement du sel entre chaque lit de poisson; & c'est-là ce qu'on appelle Saler le maquereau en pile.

Les grands batteaux pontés dont on se sert pour la pêche des maquereaux, sont du port depuis vingt jusqu'à cinquante tonneaux, & leur équipage de douze à vingt hommes. Ils sont presque tous de Sainte Honorine, de Barfleur, de Dieppe, & de quelques autres endroits des Côtes de Normandie. Leur nombre est ordinairement de quinze ou vingt. Ils font leur pêche vers la fin d'Avril entre les Sorlingues & Ouessant, plus près d'Angleterre que de France. Ils viennent à la mi-Avril prendre du sel à Roscoff, excepté ceux de Dieppe, qui sont dans l'obligation depuis quelques années d'en prendre chez eux avant que de partir pour la pêche.

Les conditions qu'ils font avec les Habitans de Roscoff, sont qu'ils troquent les raves ou rogues de leur poisson pour du sel qu'on leur fournit.

Sept milliers de maquereaux donnent une barique de raves, & le compte en est si juste, que sept cent milliers de ce poisson rapportent à une barique près, plus ou moins, cent bariques de raves.

Ces raves, qui ne sont autre chose que les œufs ou coques des maquereaux, ne laissent pas de faire un objet de négoce assez considérable, s'en faisant une grande consommation sur les Côtes de Bretagne par rapport à la pêche des sardines, auxquelles ces œufs servent d'appas. On donne aussi à cette marchandise le nom de Resure, ainsi qu'aux œufs des autres poissons, qui servent pareillement à cette pêche. *Voyez* RESURE.

Il faut remarquer que les maquereaux entrent dans la Manche au mois d'Avril, & qu'ils avancent toujours vers le Pas de Calais, à mesure que l'esté approche; de maniere qu'à la fin de Juin ils passent Roscoff, & se trouvent en Juillet aux Côtes de Picardie & de Normandie; où il s'en fait aussi bien que sur les Côtes de Bretagne & d'Angleterre une pêche & des salaisons assez considérables, particuliérement à Dieppe, au Havre-de-Grace, à Honfleur & à Boulogne.

Ceux de Dieppe sont ordinairement fort menus; ce qui fait que les barils tiennent environ un demi-cent plus que ceux des autres lieux. Les maquereaux des Côtes de Bretagne, de Boulogne, &c. sont assez semblables pour la grosseur; ensorte que les barils contiennent à peu près la même quantité.

Sur les Côtes de Normandie le maquereau se sale d'une autre maniere qu'en Bretagne. On le met d'abord après la pêche dans des cuves pleines d'une saumure ou sauce faite d'eau douce & de sel, où l'on le laisse tremper pendant un certain tems pour prendre tout le sel qui lui est nécessaire pour sa conservation; d'où ensuite on le retire pour le mettre dans des barils.

Dans le Titre 15 de l'Ordonnance des Gabelles de France du mois de Mai 1680, il y a plusieurs dispositions touchant la salaison de ce poisson, dont voici les principales.

1°. Le sel nécessaire pour la salaison des maquereaux est reglé à deux minots & demi pour chaque millier.

2°. Il ne doit être délivré aucun sel pour cette salaison qu'après l'arrivée des batteaux dans les Ports au retour de la pêche.

3°. Les maquereaux ne peuvent être tirés de la cuve, qu'après y être restés pendant douze jours entiers.

4°. Ils ne peuvent être caqués qu'en présence d'un Commis de la Ferme, ou lui dûement appellé; lequel Commis est obligé de contremarquer dans les vingt-quatre heures chaque baril de la marque de l'Adjudicataire.

5°. Enfin il ne peut être mis aucun sel dans le ventre des maquereaux, ni entre les lits, mais seulement on a la faculté d'en semer une livre & demie à chaque bout des barils, afin que le poisson se puisse mieux conserver.

Les Hollandois envoyent quelquefois en France en tems de paix du maquereau salé, mais en petite quantité. Il ressemble assez pour la qualité & pour la grosseur à celui qui vient de Bretagne & de Normandie.

La pêche du maquereau se fait ou au filet ou à la ligne. Celle au filet est la plus considérable, & le poisson plus estimé. Elle se fait pendant la nuit. Les Pêcheurs sont tenus de montrer trois différentes fois un feu dans les tems qu'ils mettent leurs filets à la mer. Il est défendu à ceux qui arrivent à la mer de se mettre & jetter leurs filets en lieu où ils puissent nuire à ceux qui sont venus les premiers sur le lieu de la pêche, ou qui l'ont déja commencée. Il est aussi défendu à tous Pêcheurs qui se trouvent dans une flotte, de quitter leur rumb ou rang, pour se placer ailleurs après que les Pêcheurs de la flotte ont mis leurs filets à la mer. *Ordonnance de la Marine du mois d'Aout 1681, art. 6, 9 & 10 du Titre 2 du Livre 5.*

La pêche à la ligne se fait durant le jour; elle est peu considérable. Celle qui se fait de cette maniere à la Côte de Treguier en Basse-Bretagne peut aller par an au plus à deux ou trois petites barques d'environ vingt tonneaux.

Les maquereaux pris à la ligne sont moins estimés que ceux pêchés au filet. Il est facile d'en faire la différence; les premiers étant pour l'ordinaire petits, maigres, & ayant toujours la bouche ouverte.

Le maquereau se vend & s'achete au cent. A Roscoff le cent est de cent quatre; à Dieppe & au Havre il est de cent trente-deux, ainsi que dans les autres endroits de la Côte de Normandie.

Le négoce du maquereau n'est pas des plus considérables; la pêche de ce poisson étant une des moindres par rapport à celles des autres poissons qui composent le commerce de la saline, comme sont les sardines, les harengs, les morues & les saumons.

A l'égard du prix des maquereaux, il est peu certain. En Bretagne il s'achete depuis quarante sols jusqu'à cent sols le cent de cent quatre poissons; & à Dieppe & sur les Côtes de Normandie il se vend depuis quatre livres jusqu'à dix livres le cent composé de cent trente-deux poissons. Les droits & les frais en Normandie sont considérables: ils montent environ à quinze pour cent.

L'Evêque de Saint Paul de Leon en Basse-Bretagne prend un droit de quatre sols pour chaque millier de maquereau qui s'apporte à Roscoff. Il en est de même de celui qui se sale en mer, lorsque le sel est pris en ce lieu.

Un leth, un lest ou un last de maquereau signifie douze barils remplis de ce poisson.

On appelle Maquereau en vraque, celui qui n'est point encore paqué dans les barils, & qui est dans les batteaux tel qu'il y a été salé lors de sa pêche.

Le maquereau se paque dans des barils ainsi que le saumon & le hareng; c'est-à-dire, qu'on l'y arrange, & qu'on l'y presse bien fort.

La maniere de paquer le maquerau, c'est après qu'il a été salé comme il faut, de l'arranger dans des barils par lits ou couches, en observant de le presser bien fort; ce qui se fait par le moyen d'un rond de bois d'environ deux pouces d'épaisseur, & à peu près de la circonférence de l'entrée du baril, que l'on met sur le poisson, & sur lequel un homme bien lourd monte & saute à pieds joints & à diverses reprises; ce qu'il continue jusqu'à ce que le poisson soit bien pressé & paqué l'un contre l'autre, & le baril entiérement plein; car il faut que les barils soient bien remplis de poisson & de saumure; sur-tout qu'ils soient exactement fermés & étanchés, afin d'en conserver la saumure, & qu'il ne prenne point l'évent; ces deux inconvéniens étant capables de le faire jaunir; ce qui en diminueroit de beaucoup le prix.

Les Maquereaux payent en France les droits d'entrée à raison de 24 l. le leth de douze barils, conformément à l'Arrêt du Conseil du 4 Octobre 1691, soit qu'ils y soient apportés par les Etrangers, soit que ce soit les François qui les y apportent.

Ce droit a cependant été réduit à la moitié en faveur des Hollandois, lorsque c'est du poisson de leur pêche; le maquereau de Hollande ne payant que 12 l. suivant le Tarif arrêté entre la France & les Etats Généraux le 8 Décembre 1699.

Les droits de sortie se payent sur le pied de 5 liv. du leth aussi de douze barils.

MAQUIGNON. Celui qui achete des chevaux ruinés & défectueux, qui les rétablit & qui en couvre les défauts, pour les revendre plus cher qu'ils ne lui ont couté.

On confond presque toujours, particuliérement à Paris, les Maquignons de chevaux avec les Marchands de chevaux, quoiqu'il y ait bien de la différence; le nom de Marchand étant un nom d'honneur, qui suppose de la bonne foi dans le commerce; & celui de Maquignon étant un terme de reproche qui semble avertir qu'il faut se défier de ceux à qui on le donne, ou plutôt de ceux qui le méritent.

MAQUIGNON en quelques Provinces de France, & sur-tout en Berry, signifie toutes personnes qui se mêlent d'acheter à bon marché des petits Marchands & des pauvres Ouvriers, pour revendre bien cher à d'autres. Ce terme est fort en usage parmi ceux qui font le négoce des laines & des draperies de cette Province.

MAQUIGNONNAGE. Adresse de refaire des chevaux ruinés, & de les revendre pour bons. Il se dit aussi de tout négoce peu légitime, & où l'on tâche de tromper, en se défaisant de quelque mauvaise drogue dont on déguise les défauts.

MAQUIGNONNER. Se mêler de maquignonnage. Il ne se prend jamais en bonne part, soit au propre, en parlant du commerce des chevaux, soit en figuré, en l'appliquant à tout autre négoce.

MAR

MARACAIBO, grand Lac qui est au bout de la Baye de Venezuela, avec une Ville de même nom, appartenant aux Espagnols dans l'Amérique Méridionale. *Voyez* le détail du Commerce de cette Ville, dans l'Etat général, Tome I. page 485.

MARACAS, autrement COCHINES. On appelle ainsi dans le Pérou les vases qui servent à recevoir le baume précieux qu'on ne trouve qu'en cette partie de l'Amérique, & qui en porte le nom. *Voyez* BAUME.

MARAIS. Terre basse & humide, d'où les eaux qui s'y rassemblent ont peine à s'écouler.

Les Fauxbourgs de Paris sont remplis de ces sortes de terres; mais qui ayant été desséchées, sont devenues très fécondes & très propres pour y semer & élever toutes sortes d'herbages & de légumes.

C'est dans ces marais que cette grande Ville trouve des herbes potageres, des salades, des concombres, des melons, des artichaux & autres légumes, suffisamment pour en fournir chaque jour à tous ses Habitans.

Il est défendu de se servir pour fumer les terres de ces marais, de boues récentes de Paris, d'immondices, de gadoues ou de fiente de pourceaux: Et les Jurés de la Communauté des Maîtres Jardiniers de la Ville, Fauxbourgs & Banlieue de Paris sont tenus de faire la visite deux fois l'an pour empêcher cet abus, qui pourroit causer de grandes & dangereuses maladies parmi le peuple. *Voyez* JARDINIER.

MARAIS-SALANS. Ce sont des terres basses & glaizeuses, qui se trouvent sur les Côtes de quelques Provinces de France, qui sont propres à faire du sel gris. Le Comté Nantois, la Saintonge & le Pays d'Aunis sont presque les seules Provinces qui ayent des marais-salans. Les plus considérables de Bretagne sont, le Bourneuf, le Croizil & Gerandes. Dans le Pays d'Aunis & la Saintonge ce sont Brouage, Marans & l'Isle de Ré.

Les différentes parties d'un marais-salant sont les aires ou foyers, les vettes, l'anterneau, la vie ou vée, les croix, le lignon & le demi-lignon, le jas, la varaigne, les conches, les vettes ouvrées, le morte, le mean & les brusseaux.

L'on compte la valeur & le revenu d'un marais par livres, chaque livre composée de vingt aires.

Le terrain le plus propre à faire du sel est le chalon ou terroir gris & ensuite le bleuâtre. La terre glaise produit le sel doux; la terre grasse mêlée de sable le rend plus âpre. A l'égard de celle qu'on appelle Sable de bris, & qui est noire & jaune, elle n'y vaut rien du tout.

L'on appelle Sauniers & quelquefois Paludiers ceux qui travaillent aux différens ouvrages nécessaires pour sauner les marais salans, & pour en ramasser le sel.

Les outils dont se servent les Sauniers sont la bogue, le bouquet, la ferrée, l'estole, la palette, le roable, le surnion, les essagoires & le panier porte-sel.

L'Ordonnance pour les Gabelles de 1680 enjoint aux propriétaires des marais salans d'entretenir & sauner suffisamment leurs marais, en sorte que l'Adjudicataire de la ferme du sel puisse y en prendre quinze mille muids par an, du plus pur, du plus sec & du mieux grainé au prix du Marchand. *Voyez* SEL MARIN.

MARAISCHER. Jardinier qui cultive ou qui fait cultiver un marais. Les Maraischers des environs de Paris sont de la Communauté des Maîtres Jardiniers. *Voyez* JARDINIERS.

MARAVEDIS. Petite monnoie d'Espagne qui est de cuivre, mais qui y a peu de cours, quoique ce soit d'elle dont les Espagnols se servent dans tous leurs comptes, soit de finance, soit de commerce. Le maravedis est considéré ou comme monnoie réelle ou comme monnoie de compte. Il faut trente-quatre maravedis pour une réale de vellon, & soixante & trois pour la réale d'argent, en sorte que pour la piastre ou piece de huit reaux il faut cent dix maravedis, & pour une pistole qui vaut quatre piastres, il en faut 2040, ce qui dans les calculs des comptes des Espagnols monte enfin à des produits si extraordinaires, que les Etrangers qui sont leurs Correspondans se croiroient débiteurs ou créanciers de plusieurs millions, s'ils ne sçavoient que ces nombres immenses de maravedis composent quelquefois à peine quelques centaines de livres de France ou des autres Etats.

Les Négocians Etrangers établis en Espagne tiennent leurs livres autant pour leur propre commodité que pour un plus juste rapport aux monnoies des autres Pays, en maravedis & en réaux de plata ou d'argent. Pour les Espagnols c'est presque toujours en maravedis & en réaux de vellon ou de cuivre, ce qui fait près d'une moitié de différence pour les montans du total des maravedis, les trente-quatre maravedis de plata en valant soixante & trois de vellon, comme on l'a déja dit.

Un maravedis vaut quatre cornados qui sont de petites monnoies de compte comme les pites & demi-pites en France; les quartas autre monnoie de cuivre, valent quatre maravedis; les doubles quartas en valent huit, & les octavos deux maravedis ; il y a auſſi des octavos de quatre & de huit maravedis, ceux de quatre ne ſont autre choſe que les quartas.

MARAY, dans la Province de Touraine. Les étoffes de laine que l'on y fabrique ſont partie petits ratz, partie ſerges trémieres, & partie droguets. *Voyez* l'Etat général, Tome I. page 92.

MARBRE. Pierre extrêmement dure qu'on travaille difficilement, qui prend un beau poli & qui a ordinairement des veines & des taches de diverſes couleurs. Il y a néanmoins des marbres tout d'une couleur, comme de blancs, de noirs, d'agathes, &c.

On tire les marbres des carrieres où la nature les produit comme les autres eſpeces de pierres. En Italie pour les détacher de la montagne on trace les pieces tout à l'entour avec des outils d'acier faits en pointe, & on les ſépare enſuite avec des coins qu'on enfonce à coups de maſſe. En France on a trouvé le moyen de les ſcier dans la carriere & ſur le rocher même avec des ſcies de fer ſans dents, dont il y en a de près de vingt-cinq pieds de longueur.

Les marbres d'Egypte & de Grece ont toujours été en plus grande réputation qu'aucun autre; mais préſentement, quoique les Connoiſſeurs en faſſent toujours la même eſtime, ils ne ſont preſque plus d'uſage, & à peine ſont-ils connus par quelques curieux, ou qui conſervent dans leurs cabinets quelques ouvrages antiques qui en ſont faits, ou qui vont les admirer & les chercher dans les ruines reſpectables de l'ancienne Rome ou de quelques autres Villes de l'Italie, de la Grece & de l'Egypte.

Les principaux de ces marbres anciens ſont le porphyre, l'ophis ou ſerpentin, le parangon ou pierre de touche, les ſelenites ou marbres tranſparents, les différentes eſpeces de granite, & cet admirable marbre de Paros ſi renommé par ſa blancheur & ſi propre à tailler ces belles ſtatues qui ont fait tant d'honneur aux Sculpteurs Grecs.

Les marbres dont on ſe ſert préſentement ſoit pour la ſculpture des ſtatues, des buſtes & des bas-reliefs, ſoit pour les ornemens d'architecture, ſont ceux d'Italie, d'Eſpagne, de quelques endroits de Flandre & de l'Evêché de Liege, & de pluſieurs Provinces de France.

Les marbres d'Italie ſont les cipollini ou cebollini dont la couleur tire ſur le vert par grandes veines plus ou moins fortes ; les ſaligni qui ont pluſieurs endroits tranſparents en forme de congellations ; le portoro qui eſt noir avec de grandes veines couleur d'or ; le miſchio qui eſt mélangé de diverſes pierres unies & comme congellées enſemble, mais qui n'en ſont qu'une ſeule ; les couleurs qui y regnent davantage ſont le pourpre avec des veines blanches & jaunâtres.

Les marbres noirs & gris, ou mêlés de gris & de rouge, qui ſe tirent des montagnes de Carrare, les marbres blancs qui ſe trouvent dans celles de l'Etat de Genes, & quantité d'autres de cette derniere couleur, que fourniſſent les carrieres del Poluacio & celles de Pietra-ſanta qui ſont tous d'une couleur de lait ſi admirable & ſi propre à tailler des ſtatues, que les Sculpteurs d'aujourd'hui n'envient gueres aux anciens le marbre de Paros dont on a parlé ci-deſſus.

Des marbres d'Eſpagne, le plus connu, & dont l'on ſe ſert le plus en France, eſt celui que les Marbriers appellent de la brocatelle, le fond en eſt janne, veiné de quelques autres couleurs plus brunes.

En Flandre & dans le Pays de Liege l'on a les noirs de Liege, de Namur & de Dinan ; les blancs & rouges, & les blancs & noirs de cette derniere Ville, le blanc & rouge de Rance près d'Avennes ; un autre blanc & noir des carrieres de Barbançon.

Quoique les montagnes de France ſoient auſſi remplies de carrieres de marbres qu'aucune autre des Etats voiſins, & qu'il y ait des marbres François capables de le diſputer en fineſſe de grain, en dureté & en poli aux plus beaux marbres étrangers, ce n'eſt gueres cependant que depuis la Surintendance des Bâtimens de Monſieur Colbert, qu'on s'eſt appliqué ſérieuſement à exploiter celles qui étoient déja découvertes, & à en fouiller de nouvelles qui n'ont point fait regreter les peines & les dépenſes qu'il en a coûté d'abord.

En effet ces marbres ſont ſi beaux & en ſi grande quantité, que depuis l'année 1664 on n'en a gueres employé à Verſailles & dans les autres maiſons Royales, qui en ſont, pour ainſi dire, toutes bâties, que de ceux qui ont été tirés des carrieres du Royaume, & qu'encore juſqu'à préſent on ne s'eſt ſervi & l'on ne ſe ſert que de ceux-là dans les monumens publics qui ont été élevés dans la Capitale, & dans les principales Villes du Royaume à la gloire de Louis XIV, & dans ces ſuperbes Egliſes & ces belles maiſons qui ſont autant de palais qui ont été bâties & qui ſe bâtiſſent à Paris depuis la moitié du dix-ſeptiéme ſiecle.

Les Provinces de France où ſe trouvent davantage de carrieres de marbres, & où les marbres ſont les plus beaux, ſont la Provence, le Languedoc, le Bourbonnois, & celles qui ſont voiſines des Pirenées.

La plupart de ces marbres prennent leur nom du nom général de la Province d'où on les tire, comme les marbres de Languedoc, de Provence, & de Bourbonnois, d'autres des Villages où ſont ſituées les carrieres, comme le Serancolin, le Campan, le Barbaſan, l'Echet, la Braiche ; & d'autres enfin de leur couleur, comme le blanc, le noir, l'agathe, &c.

Le Serancolin qui eſt iſabelle, rouge, & agathe, ſe tire dans la vallée d'Or près de Sarancolin Village de l'Evêché de Saint Bertran. Les pieces n'en ſont pas longues, & n'ont gueres que huit à dix pieds ; mais il eſt en récompenſe d'une beauté & d'un luſtre extraordinaire. On le débite pour des chambranles de portes & de cheminées, ou on le ſcie pour du placage & des tables.

Dans le même Evêché près de Saint Beat, il y a d'autres carrieres où les marbres ſont les uns de couleur de chair avec des veines rouges & des taches blanches, & les autres tout blancs & qui approchent des marbres d'Italie de cette qualité. A Barbeſan & à Echet encore de ce Dioceſe, le marbre eſt fond noir avec des taches & des veines blanches. Les pieces portent au-delà de vingt pieds, prennent un beau poli, & ſont propres à faire des colonnes.

Le Campan eſt vert & blanc, rouge & couleur de chair ; on en fait auſſi des colonnes de plus de vingt pieds de long ; les carrieres d'où on le tire ſont dans l'Evêché de Tarbes dans la vallée de Campan près le Village du même nom.

Les marbres de Languedoc ſe trouvent principalement dans trois endroits ; ſçavoir près de

Cosne, & en deux carrieres, l'une aux portes de Roquebrune du Diocese de Besiers, & l'autre à une lieue de ce Bourg. La carriere la plus proche de Roquebrune fournit des marbres rouges & blancs propres à faire des colonnes de plus de trente pieds de longueur; l'autre qui en est à une lieue donne ces marbres couleur d'agathe dont on fait ces belles tables que l'on nomme Table d'agathe; cette derniere carriere est difficile à exploiter, & l'on en perd souvent la veine qui n'est pas aisée à retrouver, ce qui rend ce marbre également précieux par sa beauté & par sa rareté. A l'égard des marbres de Cosne ils sont incarnat & blanc pour l'ordinaire; on y en tire néanmoins de diverses autres couleurs; toutes peuvent se tailler en colonnes, & les pieces portent plus de vingt pieds.

Les marbres de Bourbonnois dont les carrieres ne sont pas loin de Moulins, sont jaunes, rouges, & bleus. Pour ceux de Provence qui se tirent dans cette célebre montagne qu'on appelle la sainte Baume, ils sont à fond jaune veiné de quelques couleurs, c'est-à-dire, assez semblables à la brocatelle d'Espagne dont on a parlé ci-dessus.

On appelle marbre fier celui qui a le grain très fin & qui s'éclate aisément; il est le plus léger de tous, c'est-à-dire, environ de cinq par cent.

Le marbre tendre est celui qui est plus facile à tailler que les autres, & qui prend mieux le poli.

Ce qu'on nomme des clous dans le marbre sont des duretés semblables aux nœuds que l'on trouve dans le bois. Ce qu'on appelle de l'Emeril est un mêlange de cuivre ou d'autres métaux qui fait des taches noires dans le marbre. Les nœuds sont ordinaires à presque toutes les especes de marbres. L'émeril ne se rencontre gueres qu'aux marbres blancs, ce qui gâte souvent les plus belles statues qu'on en fait, parce qu'on ne peut les prévoir & qu'il est quelquefois difficile de les éviter aux plus beaux endroits de l'ouvrage : ces deux défauts augmentent la difficulté de la taille & du poliment des marbres, & il faut toujours employer la marteline pour les enlever ou les façonner.

Le marbre n'a pas ordinairement ce qu'on appelle le délit ou le lit dans les pierres de tailles, en sorte qu'il peut se poser de tout sens sans craindre de le déliter, ce qui le rend très propre à faire des colonnes; il y en a cependant dont le délit, ou, comme disent les Marbriers, le Pout est trop fort pour les mettre à cet usage, tel est par exemple le marbre de Saint Beat qui s'éclate aisément quand il est chargé.

Un bloc de marbre est une grosse piece de marbre qui n'est pas encore débitée; on le dit néanmoins quelquefois d'un groupe de figures tout taillé & fait d'un seul bloc.

Le stuc dont on fait des statues, des bas-reliefs, des bustes, & toutes sortes d'ornemens d'architecture, n'est que du marbre pulvérisé, mêlé à certaine proportion avec du plâtre, & que l'on employe après que le tout a été bien tamisé, avec de l'eau commune, comme si c'étoit du plâtre seul.

Le marbre se mesure en France, se vend & s'achete au pied cube, qui pese environ deux cens livres, à moins que ce ne soit du marbre fier qui étant plus léger que les autres pese dix livres de moins.

Tout celui qui se travaille à Paris par les Sculpteurs & Marbriers, se prend dans les magasins du Roi, depuis l'Arrêt du Conseil du 11 Février 1700, qui a fait défenses à toutes personnes de quelque qualité qu'elles soient, de faire venir, vendre, ni débiter aucuns marbres; & à tous Marbriers, Sculpteurs, & autres particuliers d'en acheter d'autres que des magasins du Roi, jusqu'à ce que ceux qui étoient sur les Ports & dans les magasins appartenans à Sa Majesté, lesquels n'ayant pas le volume convenable pour servir à la constrnction de ses bâtimens & édifices, fussent vendus au profit de Sa Majesté suivant les prix qui en seroient reglés par le Sur-Intendant de ses bâtimens.

Le Marbre paye en France les droits d'entrée du Royaume à raison de 3 s. le pied quarré, & seulement 2 s. pour les droits de sortie, conformément au Tarif de 1664.

Les droits qu'il paye à la Douane de Lyon sont:
Pour le Marbre en table 25 s. du quintal.
Le Marbre relevé 30 sols.
Et le Marbre brut 7 sols.

Outre les marbres naturels on en fait de faux avec le gyp qui est une espece de gros talc ou pierre transparente & brillante qui se trouve dans les carrieres à plâtre qui sont aux environs de Paris.

Ces marbres peuvent tromper la vue quand ils sont de bonne main; on se réserve d'en parler ailleurs, l'on en donnera la maniere de le faire à l'article de la Mosaïque. *Voyez* Mosaïque.

Marbre. On nomme de la sorte en terme d'Imprimerie la pierre de liais sur laquelle le Compositeur dresse ses formes, ce qu'on appelle poser une forme. Le marbre est aussi une des principales pieces du train de la presse des Imprimeurs; c'est la pierre sur quoi se pose la forme quand on veut tirer ou imprimer les feuilles. *V.* Imprimerie.

Marbre. Les Peintres ont aussi un marbre pour broyer les couleurs qu'ils employent; & les Epiciers pour celles qu'ils préparent pour le négoce qu'ils en font : le meilleur est le porphyre, mais comme il est rare, ils ne se servent ordinairement les uns & les autres que d'une simple pierre dure & polie.

Marbre. On appelle aussi de la sorte dans les Manufactures des Glaces, sur tout parmi les Ouvriers qui préparent les feuilles pour mettre les glaces au teint, un bloc de marbre sur lequel s'allongent & s'applanissent sous le marteau les tables d'étain que l'on veut réduire en feuilles. *Voyez* Glaces. *Voyez aussi* Estain.

Marbre. Les Fondeurs de caracteres d'Imprimerie nomment encore ainsi un petit morceau de marbre très poli, de quatre à cinq pouces en quarré, & d'un pouce d'épais, sur lequel ils justifient avec le jetton l'épaisseur des lettres nouvellement fondues. *Voyez* Fondeur de Caracteres. *Voyez aussi* Justification.

MARBRE'. Ce qui représente du marbre. On fait plusieurs ouvrages de laine & de soie, à qui on donne le nom de Marbrés, à cause du mêlange de diverses couleurs dont ils sont tissus, faits ou tricotés. Il y a des draps Marbrés, des bas de soie, & des bas de laine Marbrés; des camelots Marbrés, &c.

Marbre'. Papier Marbré, c'est un papier peint de diverses nuances qui imite en quelque sorte les différentes veines du marbre; il y a même des Ouvriers qui sçavent l'imiter si parfaitement, qu'on eſt ſurpris de la reſſemblance. *Voyez* Papier *ſur la fin de l'article.*

MARBRER UN LIVRE. Terme de Relieur. C'eſt le moucheter de noir par deſſus la couverture avec un pinceau à noir que l'on frappe légerement ſur le doigt ou ſur un bâton que l'on tient à la main. On ne marbre que les livres dont la couverture eſt de veau ; après que la marbrure eſt achevée, on les glaire par deſſus avec du blanc d'œuf battu, enſuite de quoi on les liſſe avec le fer à polir.

L'on marbre auſſi les livres ſur la tranche ; mais dans cette marbrure il n'y entre point de noir ; le rouge, le bleu, ou quelque autre à la volonté du Libraire ou du Maître du livre, ſont les couleurs qu'on y employe le plus communément. *V.* Reliure.

MARBREUR. Artiſan qui marbre la couverture & la tranche des livres. On le dit auſſi de l'Ouvrier qui fait du papier marbré.

MARBREURE, ou MARBRURE. La Marbrure d'un livre conſiſte dans ces petites taches que l'on fait avec du noir ſur la couverture, & avec du rouge & du bleu ſur la tranche. *Voyez l'article précédent* Marbrer.

MARBRIER. Celui qui débite, taille, & polit le marbre.

Les Maîtres Marbriers de la Ville & Fauxbourgs de Paris n'y compoſent pas une véritable Communauté ; mais ſeulement une eſpece d'aſſociation, ſans Jurés & ſans les autres priviléges des Maîtres érigés en Corps de Jurande.

Il eſt vrai qu'ils en avoient obtenu le droit auſſi bien que des Statuts par des Lettres Patentes du mois d'Octobre 1609, portant création de leur art & métier en Communauté Jurée avec la qualité de Marchands Marbriers, Maîtres Scieurs & Poliſſeurs de marbre, Faiſeurs de tombes, épitaphes, manteaux de cheminées, & autres ouvrages de marbre ou pierres ſimples polies, gravées & ſculptées ; mais les Jurés Sculpteurs & Peintres de Paris, de qui ils avoient toujours dépendus, y ayant formé oppoſition au nom de leur Communauté, il intervint Sentence du Châtelet du 10 Novembre 1610, par laquelle il fut fait défenſe aux Marbriers de prendre la qualité de Maîtres, ni de proceder à l'élection des Jurés, avec permiſſion néanmoins d'uſer dans leurs maiſons de la ſcie & poliſſure pour les marbres lorſqu'il leur ſera commandé tant par les Sculpteurs & Peintres que Bourgeois.

Les Marbriers ayant appellé de cette Sentence, elle fut confirmée par deux Arrêts du Parlement, l'un du 16 Avril 1611 & l'autre du 14 Janvier 1612 ; ce dernier ordonne d'abondant qu'ils ſeroient tenus de fermer leur boutique & de ſe contenir au terme du premier Arrêt qui avoit ordonné l'exécution de la Sentence.

Enfin l'affaire ayant été portée au Conſeil, & les Marbriers y ayant demandé de jouir de leurs Lettres de Maîtriſe ſuivant l'Edit & leurs Statuts du mois d'Octobre 1609, ils en furent de nouveau déboutés par Arrêt du 20 Mars 1612.

Il y a encore une Sentence du Châtelet du 23 Janvier 1625, rendue ſur quelques contraventions à la pourſuite des Jurés des Maîtres Peintres & Sculpteurs, qui ordonne qu'en exécution des Sentences & Arrêts ci-deſſus rapportés, les Marbriers ne pourroient faire marchandiſe de marbre ni en acheter ; mais ſeulement travailler de la ſcie & poliſſure aux ouvrages qui leur ſeroient baillés. Les choſes depuis ſont demeurées ſur ce pied-là.

Les ouvrages auxquels travaillent les Marbriers ſont tous ceux où il faut ſcier le marbre, le tailler & le polir, à la réſerve néanmoins des ſtatues, bas-reliefs & autres ouvrages de Sculpture qu'il n'appartient de faire qu'à ceux qui ſont membres de l'Académie de Peinture, Sculpture, Gravûre, &c. & aux Maîtres Sculpteurs & Peintres de Paris.

A l'égard des outils & inſtrumens propres à débiter, ſcier, tailler, & polir le marbre, ils ſont communs aux Sculpteurs & Marbriers. Les plus ordinaires, car chacun en fait forger à ſa mode & ſuivant ſon beſoin, ſont :

La ſcie ſans dents & ce qui en dépend, comme la ſebille, galle ou jatte pour mettre l'eau & le grais battu, & la cuilliere à prendre l'un & l'autre dans la jatte ; les ſcies à main, la maſſe, la marteliere, le mailler, la pointe, la dent de chien, le ciſeau, la gradine, la hongnette, les rondelles, la boucharde, la rape, l'outil crochu, les trépans de diverſes ſortes, les fermoirs, la ripe, le niveau, le poinçon, le grattoir, & les compas.

MARBRIERE. Lieu d'où l'on tire le marbre. On dit plus ordinairement Carriere de Marbre.

MARC. Poids dont on ſe ſert en France & en pluſieurs Etats de l'Europe, pour péſer diverſes ſortes de marchandiſe & particuliérement l'or & l'argent : c'eſt principalement dans les Hôtels des monnoyes & chez les Marchands qui ne vendent que des choſes précieuſes ou de petit volume que le marc & ſes diviſions ſont en uſage.

Avant le regne de Philippe premier l'on ne ſe ſervoit en France, ſur-tout dans les monnoies, que de la livre de poids, compoſée de 12 onces. Sous ce Prince, environ vers l'an 1080, on introduiſit dans le commerce & dans la monnoie le poids de marc dont il y en eut d'abord de diverſes ſortes, comme le marc de Troye, le marc de Limoges, celui de Tours & celui de la Rochelle, tous quatre différens entr'eux de quelques deniers. Enfin ces marcs furent réduits au poids de marc, ſur le pied qu'il eſt aujourd'hui.

Le marc eſt diviſé en 8 onces, ou 64 gros, ou 192 deniers, ou 160 eſterlins, ou 300 mailles, ou 640 felins, ou 4608 grains.

Ses ſubdiviſions ſont, chaque once en 8 gros, 24 deniers, 20 eſterlins, 40 mailles, 80 felins & 576 grains.

Le gros en 3 deniers, 2 eſterlins & demi, 5 mailles, 10 felins & 72 grains.

Le denier en 24 grains, l'eſterlin en 28 grains 4 cinquiémes de grains.

Le felin en 7 grains 1 cinquiéme de grain.

Enfin le grain en demi, en quart, en huitiéme, &c.

Toutes ces diminutions ſont expliquées plus amplement à leurs propres articles.

Il y a à Paris dans le cabinet de la Cour des Monnoyes, un poids de marc original gardé ſous trois clefs, dont l'une eſt entre les mains du premier Préſident de cette Cour ; l'autre en celle du Conſeiller commis à l'inſtruction & jugement des monnoies, & la troiſiéme entre les mains du Greffier.

C'eſt ſur ce poids que celui du Châtelet fut étalonné en 1494, en conſéquence d'un Arrêt du Parlement du 6 Mai de la même année, & c'eſt encore

encore sur ce même poids que les Changeurs & Orfévres, les Gardes des Apoticaires & Epiciers, les Balanciers, les Fondeurs; enfin tous les Marchands & autres qui pésent au poids de marc sont obligés de faire estalonner ceux dont ils se servent.

Tous les autres Hôtels des Monnoies de France ont aussi dans leurs greffes un marc original, mais vérifié sur l'étalon du cabinet de la Cour des Monnoies de Paris.

Il sert à étalonner tous les poids dans l'étendue de ces Monnoies. A Lyon on dit Eschantiller, & en Bourgogne Egantiller, au lieu d'étalonner. *Voyez* Estalon & Estalonner.

Louis XIV ayant souhaité que le poids de marc, dont on se servoit dans les Pays conquis fût égal à celui du reste du Royaume, envoya en 1686 le sieur de Chasse-bras, Deputé & Commissaire pour cet établissement.

Les anciens étalons, qu'on nommoit Poids dormans, lui ayant été représentés, comme il paroît par son procès verbal, & ayant été trouvés dans quelques lieux plus forts & dans d'autres plus foibles que ceux de France, furent déformés & brisés, & d'autres établis à leur place pour être gardés à la monnoie de Lisle, & y avoir recours à la maniere observée dans les autres Hôtels des monnoies du Royaume. Ces nouveaux estalons sont époinçonnés & marqués de L couronnée de la couronne Impériale de France, & continuent d'y être appellés poids dormans, comme les anciens, qui avoient pour marque un soleil, au dessus duquel étoit une fleur de lys.

En Hollande, particuliérement à Amsterdam, le poids de marc se nomme Poids de Troy, il est égal à celui de Paris. *Voyez* Poids. *Voyez aussi* Livre.

On appelle en Angleterre un Marc les deux tiers d'une livre sterling. Sur ce pied les mille marcs font six cent soixante-six & deux troisiémes de livres sterling. *Voyez* Livre, *où il est parlé de la monnoie de compte.*

L'or & l'argent se vendent au marc, comme on l'a dit ci-dessus; alors le marc d'or se divise en vingt-quatre karats, le karat en huit deniers, le denier en vingt-quatre grains, & le grain en vingt-quatre primes.

Autrefois on contractoit en France au marc d'or & d'argent, c'est-à-dire, qu'on ne comptoit point les especes dans les grands payemens pour les ventes & pour les achats, mais qu'on les donnoit & recevoit au poids de marc.

Avant les fréquens changemens arrivés dans les monnoies de France sous le regne de Louis XIV, on faisoit quelque chose de semblable dans les caisses considérables, où les sacs de mille livres en écus blancs de trois livres pieces, ne se comptoient pas, mais se donnoient au poids.

Lorsque dans une faillite ou abandonnement de biens l'on dit que des créanciers seront payés au marc la livre, cela doit s'entendre qu'ils viennent à contribution entr'eux sur les effets mobiliers du débiteur, chacun à proportion de ce qui lui peut être dû. C'est ce qu'on appelle ordinairement Contribution au sol la livre.

Marc. S'entend aussi d'un poids de cuivre composé de plusieurs autres poids emboîtés les uns dans les autres, qui tous ensemble ne font que le marc, c'est-à-dire, 8 onces, mais qui séparés servent à péser jusqu'aux plus petites diminutions du marc. Ces parties du marc faites en forme de gobelets, sont au nombre de huit, y compris la boëte qui les enferme tous, & qui se ferme avec une espece de mantonniere à ressort, attaché au couvercle avec une charniere. Ces huit poids vont toujours en diminuant à commencer par cette boëte, qui toute seule pese quatre onces, c'est-à-dire, autant que les sept autres; le second est de deux onces, & pese autant que les six autres, ce qui doit s'entendre sans qu'on le repete de toutes les diminutions suivantes hors les deux dernieres; le troisiéme pese une once, le quatriéme une demie once ou quatre gros, le cinquiéme deux gros, le sixiéme un gros; enfin le septiéme & le huitiéme qui sont égaux, chacun un demi-gros, c'est-à-dire, un denier & demi, ou trente-six grains, à compter le gros à trois deniers & le denier à vingt-quatre grains.

Ces sortes de poids de marc, par diminution, se tirent tous fabriqués de Nuremberg; mais les Balanciers de Paris & des autres Villes de France, qui les font venir pour les vendre, les rectifient & les ajustent en les faisant vérifier & estalonner sur le marc original & ses diminutions, gardés, comme on l'a dit, dans les Hôtels des Monnoies.

Marc Lubs. Monnoie de compte en usage à Hambourg, qui revient à une livre tournois de France. La risdale de Hambourg qui est semblable à l'écu de soixante sols de France, est composée de trois marcs lubs, chaque marc lubs de seize sols lubs, ensorte que la risdale est de 48 sols lubs.

Marc Lubs. C'est aussi une monnoie d'argent de Dannemarc qui vaut seize sols lubs, ce qui revient à vingt sols de France. On l'appelle quelquefois Marc Dansch. Cette monnoie a ses diminutions & il y a des demi-marcs lubs & des quarts qui valent à proportion, c'est-à-dire, l'un dix sols de France & l'autre cinq sols. Le schesdal est un double marc lubs, & vaut quarante sols.

Marc. C'est aussi une monnoie de cuivre de Suede, qui vaut environ deux sols six deniers de France; ensorte que le pair de l'écu de France de soixante sols est de vingt-quatre marcs. Le marc vaut huit ronstiques ou roustiqs, & chaque roustique deux alleveures. Le marc d'argent qui est une monnoie imaginaire ou de compte, vaut trois marcs de cuivre. Quelques Auteurs donnent néanmoins le marc d'argent pour une monnoie réelle de Suede.

Marc Franc. C'est la premiere des quatre sortes de marc dont se servent les Charpentiers pour marquer les pieces de bois façonnées qui doivent être employées à la construction de quelque bâtiment, pour connoître celles de chaque côté.

Les 3 autres marques sont, le contre marc, le crochet & la patte d'oye. Quand ces quatre marques ne suffisent pas à cause du grand nombre de pieces du même assemblage, on fait des ronds avec la roinette, ou des chiffres avec le tracerer. *Voyez* Contre-Marc, Crochet & Patte d'oye.

MARCADANT, qu'on écrit plus ordinairement Mercadant. *Voyez* Mercadant.

MARCAIGE. Droit qui est dû au Roi sur les paniers de poisson de mer qui sont vendus à la halle. Ce droit est confondu avec plusieurs autres droits qui ont été aliénés du domaine, & cedés aux vendeurs de marée moyennant finance.

MARCASSITE. Minéral métallique qui est comme

le germe & la matiere premiere des métaux.

Suivant cette définition il devroit y avoir autant de marcassites que de métaux, & il y a apparence que cela est aussi. Cependant les Marchands Epiciers-Droguistes n'en vendent que de trois sortes, sçavoir celles d'or, celles d'argent & celles de cuivre. Quelques-uns croyent néanmoins que l'aimant est la marcassite du fer, l'étain de glace naturel celle de l'étain, & le zain mineral celle du plomb; mais laissant ces sçavantes ténebres à pénetrer aux Physiciens ou aux Chymistes, on ne parlera ici que des trois marcassites qui sont connues & hors de dispute, & dont on fait négoce.

La marcassite d'or est ordinairement en petites boules rondes, fort pésantes & difficiles à casser; celle d'argent est à peu près de la même figure, mais moins colorée; celle de cuivre est quelquefois ronde ou plate, mais le plus souvent bossue, de la grosseur d'une balle de jeu de paume; la ronde s'appelle Marcassite à rognon; la longue, Marcassite à boudin : l'une & l'autre rompue en morceaux est d'un jaune doré & toute en éguilles qui forment une espece de soleil.

Il faut conserver la marcassite de cuivre dans des lieux secs, car quoiqu'elle soit très solide & très dure, l'humidité la pénétre aisément, la convertit en vitriol, & enfin la réduit à rien.

Outre ces trois sortes de marcassites, on en vend encore chez les Droguistes de quarrées, de plates, de grises, de noires, de jaunes, &c. mais le sieur Pomet à qui sur ces sortes de choses il semble qu'on doive se fier, avoue de bonne foi dans son Histoire générale des drogues, que ceux qui les vendent, & que ceux qui les achetent n'y connoissent pas plus les uns que les autres, & que c'est travailler en vain que d'épuiser sa chimie sur de tels minéraux.

Les marcassites payent en France les droits d'entrée à raison de cent sols le cent pésant, conformément au Tarif de 1664.

Les droits de la Douane de Lyon sont de 5 liv. le busse; on nomme ainsi les barils dans quoi on les envoye qui en contienennt environ un quintal.

MARCHAND. Ce terme signifie en général toute personne qui négocie, qui trafique, ou qui fait commerce, c'est-à-dire, qui achete, qui troque, ou qui fait fabriquer des marchandises, soit pour les vendre en boutique ouverte ou en magasin, soit aussi pour les débiter dans les foires & marchés, ou pour les envoyer pour son compte dans les Pays étrangers. On se sert quelquefois parmi les Négocians du terme étranger Mercantiste, pour signifier Marchand. *Voyez* PROFESSION MERCANTILLE.

Il y a des Marchands qui ne vendent qu'en gros, d'autres qui ne vendent qu'en détail, & d'autres qui font tout ensemble & le gros & le détail. Les uns ne font commerce que d'une sorte de marchandise, les autres de plusieurs sortes; il y en a qui ne s'attachent qu'au négoce de mer, d'autres qui ne font que celui de terre, & d'autres qui font conjointement l'un & l'autre.

Pour qu'un Marchand soit réputé véritablement habile homme, & capable d'entreprendre & de faire toute sorte de commerce soit de terre soit de mer, il doit sçavoir plusieurs choses.

1°. Ecrire proprement & correctement.

2°. Toutes les regles d'arithmétique qui ont du rapport au commerce.

3°. Tenir les livres en parties doubles ou simples, journaux, grands livres & autres.

4°. Dresser des factures, des comptes, des sociétés, des chartes parties, des lettres de voiture, des contrats de grosse avanture & polices d'assurance, des lettres & billets de change, des lettres missives, des sentences arbitrales, des conventions, des marchés, & généralement toutes les écritures qui sont en usage parmi les Marchands & Négocians.

5°. Le rapport qu'il y a entre les monnoies, les poids & les mesures de toutes sortes de pays.

6°. Les lieux où se manufacturent les différentes sortes de marchandises, de quelle maniere elles se fabriquent, quelles sont les matieres dont elles sont composées & d'où elles viennent, l'apprêt que l'on donne à ces matieres avant que de les travailler, & aux marchandises après qu'elles sont fabriquées.

7°. Les longueurs & largeurs que les étoffes de soie, de laine & de poil, les toiles, les basins, les futaines, &c. doivent avoir suivant les divers Statuts & Réglemens des lieux où elles se manufacturent, leurs différens prix suivant les tems & les saisons.

8°. Les teintures & ingrédiens qui entrent dedans pour la formation des différentes couleurs.

9°. Quelles sont les sortes de marchandises qui se trouvent plus dans un pays que dans un autre, celles qui y sont rares, leurs différentes especes & qualités, & la maniere dont il s'y faut prendre pour les faire venir à bon marché, soit par terre, soit par mer ou par les rivieres.

10°. Quelles sont les marchandises permises & celles qui sont défendues, tant pour l'entrée que pour la sortie des Royaumes & Etats.

11°. Le prix du change suivant le cours des différentes places, & ce qui est cause qu'il hausse & qu'il baisse.

12°. Les droits qu'il faut payer tant pour l'entrée que pour la sortie des marchandises suivant l'usage des lieux, les Tarifs & les Réglemens.

13°. La maniere de bien empaqueter, emballer & entonner les marchandises pour les bien conserver.

14°. A quel prix & à quelle condition on peut freter un vaisseau Marchand, & assurer sur les marchandises que l'on porte d'un pays à un autre.

15°. La bonté & la valeur de toutes les choses nécessaires pour la construction & radoube des vaisseaux, les diverses manieres de les construire, ce que peuvent coûter les bois, le fer, les mâts, les cordages, les ancres, les canons, les voiles & tout ce qui peut convenir pour les équiper.

16°. Les gages que l'on donne ordinairement aux Capitaines, Officiers & Matelots, & la maniere de faire leur engagement.

17°. Les langues étrangeres qui peuvent se renfermer à trois principales outre la naturelle du pays d'où l'on est; premiérement l'Espagnole qui est en usage dans presque tout l'Orient, particuliérement sur les Côtes d'Afrique depuis les Canaries jusques au Cap de bonne Esperance; secondement l'Italienne, étant entendue dans toutes les Côtes de la mer Méditerranée & dans beaucoup d'endroits du Levant, & troisiémement la Theutonique ou Allemande, qui s'entend dans presque tous les Pays du Nord.

18°. La Jurisprudence Consulaire, les Loix, les Coutumes des Chambres d'assurances & des Consulats, suivant les différens pays, & généralement toutes les Ordonnances, Réglemens, & Arrêts qui ont du rapport au commerce soit de terre, soit de mer.

19°. Enfin quoiqu'il ne soit pas nécessaire qu'un Marchand soit bien sçavant, il est cependant à propos qu'il sçache un peu d'Histoire, particuliérement celle de son Pays, la Géographie, l'Hidrographie ou la science de la navigation, & qu'il ait connoissance des découvertes des Pays où le négoce s'est établi; de quelle maniere il s'y est établi, des Compagnies qui se sont formées pour soutenir ces établissemens, des colonies qu'on y a envoyées, dont il ne manque pas de mémoires, presque tous inserés dans ce Dictionnaire, & qu'il peut aussi apprendre des relations faites par les voyageurs. Toutes ces choses sont d'une très grande utilité pour les entreprises de commerce qu'il fera dans le dessein de faire.

Les Marchands Grossiers ou Magasiniers, sont ceux qui vendent en gros dans les magasins.

Les Marchands Détailleurs sont ceux qui achetent des Manufacturiers & Grossiers pour revendre en détail dans les boutiques: A Lyon & en d'autres endroits on les appelle aussi Marchands Boutiquiers. *Voyez* DETAILLEUR.

A Amsterdam & presque dans toute la Hollande on ne fait aucune difference entre les Marchands Grossiers & les Détailleurs, étant permis à tout Marchand de vendre sa marchandise en si grande & si petite partie qu'il lui plaît.

Il faut néanmoins en excepter les Marchands qui reçoivent des vins & des eaux-de-vie des pays étrangers, qui ne sont pas reçûs Marchands de vin, à qui il n'est pas permis de vendre moins de deux tonneaux de vin ou d'une piece d'eau-de-vie à la fois, à cause du tort qu'ils pourroient faire aux Marchands Détailleurs de vin & d'eau de-vie. Comme cependant il n'en coute que 52 florins ou environ pour se faire recevoir Marchand de vin, il y a très peu de Grossiers qui ne se fassent recevoir dans le Corps de ces Marchands pour avoir le privilége du détail.

Les Marchands Forains sont non-seulement ceux qui fréquentent les foires & marchés, mais encore tous les Marchands étrangers qui viennent apporter dans les Villes des marchandises pour les vendre à ceux qui tiennent boutiques & magasins.

A l'égard des Marchands Forains, il faut remarquer que les marchandises & autres effets mobiliers des Marchands étrangers qui viennent trafiquer dans le Royaume dans le dessein de s'en retourner & qui y descendent, ne sont point sujets au droit d'aubaine.

Les Marchands fréquentant les foires de Lyon ont encore un privilége particulier touchant le droit d'aubaine, les Consuls & Echevins de cette Ville ayant obtenu des Lettres Patentes au mois de Mars 1583, qui exempte de ce droit tous étrangers allant & venant ou retournant des foires de Lyon, demeurant, séjournant ou résidant en cette même Ville, négociant sous la faveur des priviléges d'icelles, sans néanmoins y comprendre les immeubles & rentes constituées quelque part qu'elles le soient, lesquelles pour ce regard sont tenues & reputées pour immeubles, & comme telles sujetes au droit d'aubaine, à moins qu'ils n'ayent obtenu des lettres de naturalité.

Outre le droit d'aubaine dont les Marchands étrangers, fréquentant les foires de Lyon, sont exempts, ils sont encore déchargés, la guerre avenant, de tous droits de marque, contre-marque présaille & représaille, conformément aux anciens priviléges de ces foires, confirmés par Lettres Patentes du mois de Juin 1615, & Arrêt du Conseil d'Etat du 22 Aout 1616.

Les Ordonnances de Police & les Statuts de la plupart des Corps & Communautés des Marchands de Paris, veulent que les Marchands Forains apportent & déchargent leurs marchandises dans les halles, foires, marchés, Bureaux & Chambres à ce destinés, pour y être vûes, visitées marquées, loties & vendues publiquement, afin d'empêcher les contraventions aux Statuts & Réglemens, & les monopoles que les plus forts Marchands pourroient faire au préjudice des plus foibles.

Il est défendu aux Marchands des Villes d'aller au devant des Marchands Forains pour acheter leurs marchandises en chemin.

On appelle à Paris les Six Corps des Marchands les anciennes Communautés des Marchands qui vendent les plus considérables marchandises.

Les premiers sont les Drappiers, Chaussetiers. *Voyez* DRAPPERIE.

Les seconds sont les Epiciers, Apoticaires, Droguistes, Confiseurs, Ciriers. *Voyez* EPICERIE.

Les troisiémes, les Merciers, Jouailliers, Quinquailliers. *Voyez* MERCERIE.

Les quatriémes sont les Pelletiers, Foureurs, Haubaniers. *Voyez* PELLETERIE.

Les cinquiémes sont les Bonnetiers, Aumulciers, Mitonniers. *Voyez* BONNETERIE.

Et les sixiémes sont les Orfévres, Jouailliers. *Voyez* ORFEVRERIE.

Les Marchands de vin sont ceux qui trafiquent du vin, ou qui en achetent pour le revendre.

Il y a des Marchands de vin en gros & des Marchands de vin en détail. Les Marchands de vin en gros sont ceux qui le vendent en pieces dans des celliers, magasins & halles. Les Marchands de vin en détail s'appellent autrement Cabaretiers & Taverniers: ce sont eux qui le débitent à pot & à pinte dans les caves, cabarets & tavernes.

Il y a à Paris un Corps ou Communauté de Marchands de vin qui comprend tous ceux qui font l'une & l'autre espece de commerce; mais quoiqu'il soit considérable & très puissant, soit par le grand nombre de Sujets qui le composent, soit par la richesse de plusieurs d'entr'eux, il n'a pu encore obtenir des six anciens Corps d'être traité d'égal avec eux, & d'être reçu dans leurs assemblées générales, quoique d'ailleurs il jouisse presque de tous leurs privileges.

Le Corps des Marchands de vin doit son établissement à Henri III. Avant son Regne le commerce de vin, soit en gros, soit en détail, étoit presque libre à toutes sortes de personnes; & pour le faire il suffisoit à Paris & par-tout ailleurs dans le Royaume, de quelques légeres permissions qu'on obtenoit aisément & à peu de frais, ou des Officiers de Police du Roi, ou de ceux des Seigneurs qui avoient le droit de ban, c'est-à-dire, de vente de vin.

Cette grande liberté dont jouissoient les Marchands de vin fut un peu restrainte par l'Edit de Henri III du mois de Mars 1577, qui, pour donner ordre aux abus qui se commettoient sur le fait de la marchandise de vin, comme il l'expose dans son Edit, ordonna, Que nul à l'avenir ne pouroit tenir hôtelleries, cabarets & tavernes ordinaires, qu'il n'eût pris des Lettres de Permission.

Cela ne regardoit que les Marchands de vin en détail; mais quatre années après le même Roi en donna un autre au mois de Décembre 1581, qui obligea les Marchands de vin en gros de prendre de semblables Lettres, & qui révoquoit toutes autres Lettres de permission ou congés donnés jusqu'alors, soit par ses Prédécesseurs Rois, soit par les Particuliers prétendant avoir droit d'en donner.

Les deux Edits furent exécutés, & il fut délivré près de sept à huit cens Lettres pour la seule Ville de Paris, partie aux Marchands en détail, partie aux Marchands en gros.

Ce grand nombre de Marchands n'avoit encore rien de commun que la qualité de leur commerce; & ne formant entr'eux ni Corps ni Communauté, ils n'avoient ni Statuts, ni Maîtres & Gardes, ni Jurés: mais ayant été troublés par les Maîtres Vinaigriers dans la liberté qu'ils avoient toujours eu de convertir en vinaigre leurs vins gâtés & leurs lies, & d'avoir chez eux des presses ou bacules pour cet usage, ils s'unirent non-seulement pour se pourvoir au Conseil en cassation d'un Arrêt du Parlement obtenu contre eux le 10 Mars 1581 par les Vinaigriers, mais encore pour demander d'être érigés en Corps & Communauté; ce qu'ils obtinrent par des Lettres Patentes en forme de Chartres données à Paris au mois de Décembre 1585.

La clause de leur érection porte, Que tous les Particuliers Marchands de vin en gros, Hôteliers, Taverniers & Cabaretiers seroient tenus de prendre du Roi des Lettres de provision dans un mois, pour avoir la faculté de faire des vinaigres, cendres & gravelées, & de les vendre en gros aux Marchands Forains, & qu'en conséquence ils seroient érigés en état juré pour y avoir Corps, Confrérie & Communauté, avec permission d'élire de deux ans en deux ans quatre Maîtres & Gardes, ainsi qu'il se fait dans les autres Communautés de la marchandise de la Ville de Paris.

Ces Lettres furent enregistrées en Parlement le 28 Juin 1587, nonobstant l'opposition que les Vinaigriers y avoient formée le 12 Avril 1586.

Le 21 Aout de la même année 1587, les Statuts dressés pour cette nouvelle Communauté furent renvoyés par Arrêt du Conseil aux Officiers du Châtelet; qui en ayant donné leur avis le 9 Septembre ensuivant, le Roi les agréa & confirma par son Edit du mois d'Octobre aussi de la même année, enregistré en Parlement le 6 Aout 1588.

Les Lettres Patentes d'érection & les Statuts des Marchands de vin ont été depuis confirmés par tous les Rois successeurs de Henri III, au mois d'Avril 1594, par Henri IV au mois de Juin 1611, & encore au mois de Mai 1615, par Louis XIII, & enfin par Louis XIV au mois d'Aout 1647, & au mois d'Aout 1686. L'on parlera plus au long de ces deux dernieres confirmations, après avoir donné ici un extrait de ces Statuts si souvent confirmés.

Le Corps ou la Communauté des Marchands de vin, comme on l'a déja dit, est composée de Marchands en gros & de Marchands en détail; mais par le Reglement de 1577, & par la Déclaration de 1644, rapportés à l'article des Vendeurs de vin, & encore par l'Ordonnance de la Ville de 1672, & celle des Aides de 1680, il n'est pas permis à tous ceux qui y sont reçûs de faire indifféremment l'un & l'autre commerce; les Hôteliers-Cabaretiers-Taverniers ne pouvant faire le négoce en gros, & étant obligés d'acheter leurs vins sur les Ports & dans les Places publiques de Paris; & au contraire les Marchands en gros n'en pouvant débiter en détail, & étant tenus d'aller chercher leurs vins à vingt lieues au-delà de la Ville. Il y a encore dans ces Reglemens & Déclaration plusieurs articles de police qui distinguent le commerce de vin en gros de celui en détail, qu'on ne répetera pas ici. *Voyez* VENDEURS DE VIN.

Les Statuts de ce Corps consistent en vingt-neuf articles, dont les dix derniers, à l'exception du vingt-neuviéme, concernent l'élection, les fonctions & les droits des Maîtres & Gardes, qui presque en tout sont égalés aux Maîtres & Gardes de la Draperie & des autres Corps des Marchands de Paris, aux Statuts desquels il est renvoyé pour plus grande intelligence.

Les Gardes de la marchandise de vin sont au nombre de quatre, dont deux sont élus chaque année pardevant le Prevôt de Paris ou son Lieutenant Civil, le Procureur du Roi aussi présent, qui doit recevoir le serment des nouveaux Elûs.

Les mêmes Maîtres ne peuvent être appellés deux ans de suite pour l'élection, ni tout le Corps y assister; mais pour la convocation, les Reglemens faits pour le Corps de la Draperie doivent être observés.

Les Maîtres élûs Gardes sont obligés d'accepter, s'ils n'ont des excuses valables, ou des empêchemens légitimes.

Les Anciens qui sortent de Charge sont tenus de remettre à ceux qui leur succedent les Statuts, Registres, Titres, Arrêts, Sentences & autres enseignemens concernant le Corps & Communauté; à quoi en cas de refus ils peuvent être contraints par toutes voies dûes & raisonnables. Les visites des Maîtres & Gardes se font comme dans les six Corps.

Nul ne peut être reçu Maître qu'il n'ait été Apprentif pendant quatre ans, ou qu'il ne soit Fils de Maître.

Nul Maître n'a droit d'obliger plus d'un Apprentif à la fois.

Les veuves peuvent achever l'Apprentif commencé par leur mari, mais non en faire un nouveau: du reste elles jouissent de tous les privileges du Corps, & peuvent avoir chez elles un Serviteur pour s'en servir au fait de leur marchandise de vin.

Nul ne peut prendre l'Apprentif ou Serviteur d'autrui sans un congé par écrit, ni l'Apprentif accusé de larcin ou autre mauvaise action, qu'il ne s'en soit purgé.

Si un Maître transporte à un autre l'Apprentif qu'il a obligé, les Gardes en doivent être avertis, pour en faire mention sur leur Registre.

Aucun n'est reçu à la Maîtrise qu'il n'ait obtenu Lettres de Provisions du Roi, & qu'il ne fasse apparoître de la quittance du droit qu'il en a payé.

Il est fait défenses à tous les Maîtres d'exercer les états de Vendeurs de vins, ou de Courtiers en Office, tant qu'ils seront réputés du Corps: pareilles défenses sont faites d'avoir chez eux des cidres & poirés pour en faire négoce, comme aussi de vendre du vin recueilli par terre.

Enfin il y a quelques articles concernant la fabrique & vente de vinaigre, cendre gravelée, lie, &c. que ces Maîtres étoient tenus d'observer tant que le commerce leur a été permis avec les Marchands Forains; mais qui leur sont devenus inutiles depuis que par Arrêt du Parlement du 13 Décembre 1647, le négoce en a été attribué aux seuls Vinaigriers.

Les Charges de Maîtres & Gardes ou Jurés créés en titre d'Office en 1691 pour tous les Corps & Communautés de Paris, furent incorporées à celui des Marchands de vin le 12 Juin de la même année, peu de tems après leur création, ce qui se fit aussi dans la suite des Offices d'Auditeurs des Comptes, Trésoriers, &c. créés en 1694, 1702 & 1704.

Outre les Marchands de vin & Cabaretiers qui composent le Corps dont on vient de donner l'extrait des Statuts, il y a encore douze Marchands de vin & vingt-cinq Cabaretiers suivant la Cour, & plusieurs des Cent Suisses de la Garde du Roi, qui font commerce de vin, soit en gros, soit en détail dans la Ville & Fauxbourgs de Paris, & qui y ont leurs celliers, magasins, cabarets & caves ouvertes, sans être tenus des visites des Maîtres & Gardes, mais qui sont seulement soumis à celle du Grand Prevôt de l'Hôtel, ou de ses Officiers.

Une des premieres & des plus importantes occasions où les six anciens Corps des Marchands ayent témoigné qu'ils ne vouloient souffrir aucune égalité avec le nouveau Corps des Marchands de vin, fut celle qui se présenta en l'année 1610.

Le Roi Henri IV dont la mort tragique & si fatale à la France suivit bien-tôt après, ayant résolu de faire couronner la Reine à S. Denis, & de lui faire une entrée magnifique à Paris, les Corps furent avertis par les Mandemens du Prevôt des Marchands & des Echevins de se tenir prêts pour y assister : celui des Marchands de vin fut mandé comme les autres, avec injonction d'y venir avec des robes de velours bleu & des habits de soie pour y porter le dais, ainsi que les autres Maîtres & Gardes.

Les six Corps instruits du commandement y formerent opposition, & se pourvurent au Conseil, comme n'appartenant qu'à eux l'honneur de porter le dais dans ces sortes de cérémonies; & sur leur opposition le Roi ordonna par Arrêt de son Conseil du 29 Avril de la même année 1610, qu'attendu que les Maîtres & Gardes du Corps de la marchandise de vin, n'étoient fondés en aucunes Lettres Patentes qui leur attribuassent le droit de porter le dais aux entrées des Rois & des Reines avec les Maîtres & Gardes des six Corps des Marchands, ils s'en abstiendroient; permis néanmoins à eux d'y assister avec les habits qui leur avoient été prescrits par les Prevôt des Marchands & Echevins, pour y marcher avec les six Corps selon le rang qui leur seroit marqué.

Depuis ce premier Reglement les choses sont à peu près restées au même état; les Marchands de vin faisant tous les efforts possibles dans les conjonctures qu'ils croyent favorables pour s'ériger en septiéme Corps, & les six anciens Corps s'y opposant toujours avec la même fermeté.

Les Lettres Patentes de Louis XIV du 17 Juillet 1647, dont on s'est contenté de donner ci-dessus la date, sembloient avoir terminé leurs différens : le Roi encore mineur y accorde d'abord en général au Corps des Marchands de vin en considération des grandes sommes qu'ils avoient financées, tous les honneurs & prérogatives dont jouissent les autres Corps; mais entrant dans le détail, il ordonne, Qu'à l'avenir ils auront part à l'honneur de porter le dais aux entrées des Rois & des Reines, & d'assister à toutes telles cérémonies; qu'en outre ils seront appellés aux assemblées pour l'élection des Juges-Consuls, & à toutes autres assemblées publiques & particulieres; avec injonction aux Prevôt des Marchands & Echevins de leur adresser leurs Ordonnances & Mandemens dans toutes les occasions comme aux autres six Corps, à peine de nullité pour toutes lesdites assemblées où les Maîtres & Gardes de la marchandise de vin ne seroient point invités.

Les guerres civiles de la minorité qui survinrent bien-tôt après & d'autres incidens ayant empêché pendant près de quarante ans les Marchands de vin de présenter leurs Lettres au Parlement, pour y être vérifiées & enregistrées, ils obtinrent des Lettres de Suranation le 30 Juin 1686; qui ayant été portées au Parlement, il y eut Arrêt du 23 Juillet ensuivant, qui ordonna qu'avant de procéder à l'enregistrement, les Lettres & Statuts seroient communiqués aux Lieutenant Général de Police & Procureur du Roi du Châtelet, pour sur icelles donner leur avis.

Enfin les Lettres & Statuts ayant été communiqués à M. de la Reynie lors Lieutenant de Police & à M. Robert Procureur du Roi, ce dernier requit pour Sa Majesté, qu'avant d'en donner son avis, elles seroient pareillement communiquées aux six Corps des Marchands, pour en dire ce que bon leur sembleroit; en conformité de quoi le Lieutenant Général de Police ayant donné son Ordonnance le 5 Aout 1687, l'Ordonnance, les Statuts & les Lettres Patentes furent signifiées l'onziéme du même mois aux Maîtres & Gardes de chacun des six Corps.

Il ne paroît pas que cette affaire si vivement commencée ait eu des suites, ni que ce septiéme Corps ait été plus intimement uni aux six anciens qu'il l'avoit été jusques-là.

Les Marchands Libraires sont ceux qui font imprimer & qui vendent & achetent toutes sortes de livres, soit en blanc, reliés ou brochés. *Voyez* LIBRAIRES.

Les Marchands de bois sont ceux qui font abattre & façonner les bois dans les forêts pour les vendre en chantier ou sur les ports.

A Paris il y a deux sortes de Marchands de bois à brûler, les uns qu'on nomme Marchands Forains, les autres Marchands Bourgeois. Ces deux sortes de Marchands sont ceux qui font venir le gros bois par les rivieres, & c'est à eux seuls à qui il soit permis d'en faire le commerce, étant défendu aux Regrattiers d'en revendre.

Ces Marchands ne peuvent avoir de Courtiers ni de Commissionnaires pour la vente de leur marchandise, & ils sont tenus de la faire par eux-mêmes ou par leurs gens.

Le tems de cette vente est depuis sept heures du matin jusques à cinq du soir, à commencer au premier Octobre jusqu'au dernier Février, & depuis six heures du matin jusqu'à sept heures du soir pour le reste de l'année.

Ces Marchands ne peuvent acheter les bois des autres Marchands pour les revendre, ni se mêler eux & leurs gens de mesurer ou compter les bois qu'ils vendent. *V. le reste des Reglemens concernant la vente des bois de chaufage à l'art. général des bois,*

Ceux qui vendent des grains, comme bled, avoine, orge, &c. Ceux qui vendent de la chaux, des tuiles & des chevaux prennent aussi la qualité de Marchands.

Les Lingeres, les Grainieres, celles qui vendent en détail du poisson de mer frais, sec & salé, & d'eau douce; les Fruitieres, &c. sont appellées & réputées Marchandes publiques, & comme telles peuvent s'obliger & leur mari sans qu'il leur soit besoin d'autre autorisation; ce qui doit s'entendre seulement touchant le fait & dépendance de la marchandise dont elles se mêlent. *Art. 234, 235 & 236 de la Coutume de Paris.*

La Coutume d'Angoumois porte que la femme Marchande publique ne peut faire aucune demande en Justice, même pour le fait de sa marchandise, sans être autorisée par son mari; mais elle peut être assignée & poursuivie par ceux avec qui elle a contracté, sans avoir besoin d'autorisation.

A l'égard de ceux des autres Communautés qui tiennent boutique ouverte, ils passent pour Artisans, encore que quelques-uns prennent le titre de Marchand, comme les Ouvriers en draps d'or, d'argent & de soie, les Chapeliers, les Chandeliers, les Tanneurs, les Megissiers, les Tapissiers, les Plumassiers, & quelques autres.

Les Marchands de saline sont ceux qui vendent le poisson de mer salé, comme morue, saumon, maquereau, hareng, sardines, anchois, &c. ceux-ci ne sont pour la plupart d'aucun Corps ni Communauté, étant permis en France à chacun de faire négoce de saline.

Aucun ne peut être reçû Marchand qu'il n'ait vingt ans accomplis, & ne rapporte son brevet & certificat d'apprentissage, & du service fait depuis chez les Maîtres.

Les Marchands en gros & en détail sont réputés Majeurs pour le fait de leur commerce, & ne peuvent être restitués sous prétexte de minorité. *Art. 3 & 6 du titre 1 de l'Ordonn. du mois de Mars 1673. Voyez* MAJORITE'.

On appelle Style Marchand ou Style Mercantoriste, la maniere dont les Marchands s'expriment ordinairement ou dans les discours ou dans les écritures qui concernent leur commerce.

Le Prevôt des Marchands est à Paris le premier Officier du Bureau de la Ville, où il juge avec les Echevins les différends qui regardent la police & les marchandises qui sont sur les ports, sur les rivieres & sur l'étape. *Voyez* PREVOST DES MARCHANDS.

La Jurisdiction ordinaire des Marchands est celle des Juges & Consuls, qui jugent sommairement toutes les contestations & affaires de Marchand à Marchand, & pour le fait de la marchandise dont ils se mêlent. *Voyez* CONSULS.

MARCHAND. Se dit aussi des Bourgeois & particuliers qui achetent. Cette boutique est fort achalandée, il y vient beaucoup de Marchands. On dresse les enfans & les garçons de boutique à appeller, à faire venir les Marchands. Ceux qui vendent à fausse mesure, à faux poids, trompent les Marchands.

MARCHAND, MARCHANDE. Se dit des marchandises qui sont de bonne qualité, sans tare ni défaut, & dont le débit est facile à faire. Ainsi l'on dit, Ce blé est bon, il est loyal & Marchand: Cette morue est trop petite, elle n'est pas Marchande.

Les Villes Marchandes sont celles où il se fait un grand négoce de marchandises, soit par rapport aux Ports de mer & aux grandes rivieres qui en facilitent le transport, ou à la quantité des Manufactures qui sont établies dans ces Villes.

On appelle Vaisseaux Marchands, toutes sortes de navires ou bâtimens de mer qui ne servent qu'à transporter des marchandises d'un endroit dans un autre. *Voyez* NAVIRE.

On dit qu'une riviere est marchande, lorsqu'elle est propre pour la navigation, qu'elle a suffisamment d'eau pour porter les batteaux, qu'elle n'est ni débordée ni glacée. On a rendu par art avec des écluses plusieurs rivieres marchandes en des endroits où elles ne l'avoient jamais été. La Loire n'est pas marchande la plus grande partie de l'année, à cause de son peu de profondeur & des sables dont elle est remplie.

MARCHAND. Se dit proverbialement en ces phrases: Marchand qui perd ne peut rire: & au contraire l'on dit: Il n'est pas Marchand qui toujours gagne. On dit, De Marchand à Marchand il n'y a que la main; pour faire entendre que les Marchands font leurs marchés de parole & sans écrit, & en se frappant dans la main. On dit à celui qui a acheté une chose dont le prix paroît trop médiocre: Vous avez trompé le Marchand; & lorsque l'on la demande à trop bon marché, on dit: Ce n'est pas le profit du Marchand.

On dit qu'un Négociant a été mauvais Marchand d'une chose, lorsqu'il a fait quelque mauvaise affaire où il y a eu beaucoup à perdre. On dit aussi qu'il faut être Marchand ou larron, pour exciter ceux qui achetent à se fier à la foi & à la parole de celui qui vend. On dit aussi, Disner de Procureur & souper de Marchand; à cause que ces derniers ne peuvent se reposer ni manger à leur aise que le soir, après que leurs affaires sont faites.

MARCHAND D'EAU-DE-VIE. C'est ainsi que se qualifient les Maîtres Limonadiers de la Ville & Fauxbourgs de Paris, érigés en Communauté en 1676. *Voyez* LIMONADIER.

MARCHAND DE CRESPIN. Petit Mercier-Quincailler qui vend tous les outils, les denrées & marchandises qui servent & qui s'employent dans le métier des Cordonniers & Savetiers. *Voyez* CRESPIN.

MARCHANDER. Offrir de l'argent de quelque marchandise que l'on veut acheter, faire en sorte de convenir de prix. Pour n'être pas trompé dans l'achat des marchandises il faut sçavoir marchander, étant désavantageux d'être pris au mot.

Il faut néanmoins remarquer qu'il y a grande différence entre Mésoffrir & Marchander; ce dernier étant prudence & bon ménage, & l'autre une vraye tracasserie.

MARCHANDISE. Se dit de toutes les choses qui se vendent & débitent, soit en gros, soit en détail, dans les magasins, boutiques, & foires, même dans les marchés; telles sont les drapperies, les soiries, les épiceries, les merceries, les pelleteries, la bonneterie, l'orfévrerie, les grains, &c. Cette boutique est bien achalandée, l'on n'y vend que des marchandises parfaites.

MARCHANDISE. Se prend aussi pour trafic, négoce, commerce. Ainsi l'on dit: Aller en marchandise; pour dire, aller en acheter dans les Foires, dans les Villes de Commerce, dans les lieux de fabrique, ou dans les Pays étrangers: Faire marchandise; pour dire, en vendre en boutique, en magasin. Ce Négociant ne fait marchandise que d'épiceries; son magasin en est bien fourni.

Marchandises d'oeuvres du poids. Ce sont celles, autres que les Epiceries & Drogueries, qui sont sujettes au droit du poids le Roi établi à Paris; ce droit pour ces marchandises est de 3 sols pour cent pésant. *Voyez* Poids le Roi.

Marchandises de Contrebande. Sont les marchandises prohibées ou défendues par les ordres des Princes & Etats Souverains, soit pour l'entrée ou pour la sortie, soit même pour le débit, le port & l'usage dans l'étendue de leurs Etats. Le terme de Contrebande est tiré de l'Italien *Contrabando*, qui veut dire, contre le ban & publication des défenses.

En France les marchandises réputées de contrebande pour la sortie, sont les armes, munitions, instrumens, & autres assortimens de guerre; comme fusils, mousquets, pistolets, canons, mortiers, pétards, bombes, grenades, saucissons, cercles poissés, affuts, poudre à feu, méches, salpêtre, balles, boulets, piques, épées, casques, cuirasses, hallebardes, javelines, selles de chevaux, fourreaux de pistolets, buffles, bandouillieres, baudriers, ceinturons, &c. les laines, le chanvre & le lin du cru du Royaume, les fils de lin, de chanvre, & d'étoupe, les chardons à Bonnetiers & à Drappiers, les chevaux de toutes sortes; les grains, comme blé, seigle, orge, avoine; les légumes, comme pois, féves, lentilles, &c. l'or & l'argent en barre, lingots, ou vaisselle, monnoyé ou non monnoyé; les pierreries fines de toutes les sortes; les perles & les joyaux; les râpes de raisins propres à faire le vinaigre, les vieux linges, drilles, & pattes à faire papier.

Les marchandises de contrebande, soit pour l'entrée, soit pour le débit, le port ou l'usage, sont les étoffes de soie, or & argent, d'écorce d'arbre, ou mêlées de soie, coton, ou écorce d'arbre, des Indes & de la Chine, & toutes sortes d'étoffes peintes ou imprimées; les étoffes de fil teint ou peint, appellés Droguets de fil; les toiles & ouvrages de coton, mousselines, & toutes autres sortes de toiles de coton blanches, peintes, teintes, ou imprimées, soit aux Indes, en Hollande, en Flandre, en France ou ailleurs; les toiles de chanvre & de lin tant vieilles que neuves, peintes ou imprimées de quelque Pays qu'elles puissent être; les glaces de Venise & de toutes sortes de Pays; les points de Venise & les mauvais livres.

Suivant les Ordonnances, Réglemens, & Arrêts du Conseil, toutes les marchandises de contrebande, soit à la sortie, soit à l'entrée du Royaume, doivent être confisquées avec les équipages qui ont servi à les conduire, même les autres marchandises qui se trouvent confondues & comprises avec elles, & les Marchands & Voituriers condamnés en des amendes, même en des peines afflictives, suivant la qualité des contraventions.

Les mêmes Ordonnances veulent encore que toutes les marchandises de contrebande qui se trouvent dans les magasins & boutiques, même dans les maisons des Particuliers, soient saisies & confisquées, & ceux à qui elles appartiennent condamnés en l'amende.

Il faut remarquer que quelquefois par rapport aux occasions & aux tems, le Roi accorde des passeports & permissions sous certaines conditions, pour faire entrer ou sortir quelques marchandises de contrebande, même d'en vendre & d'en débiter.

Il faut aussi observer que toutes sortes de marchandises venant des Pays étrangers avec lesquels Sa Majesté est en guerre déclarée, sont réputées de contrebande, à moins qu'il n'y ait passeport ou permission pour en faire commerce.

Toutes sortes de marchandises permises & non prohibées sont sujettes en France à des droits d'entrée & de sortie, qui sont réglés par les divers Tarifs dressés au Conseil de Sa Majesté Très-Chrétienne, ou par des Déclarations & Arrêts rendus subséquemment, qui augmentent, diminuent ou réforment lesdits Tarifs. *Voyez* Tarif. *Voyez aussi* Entrée, *&* Sortie.

Les droits pour la sortie se payent par toutes sortes de personnes, Ecclésiastiques & Nobles, sans aucune exemption ni privilége, soit du cru ou des Foires franches ou autres quelconques, suivant lesdits Tarifs, le tout compris caisses, tonneaux, balles, cordages, serpillieres, & tous autres emballages, à la réserve des marchandises de soie, sur lequel le poids des emballages doit être déduit.

Cette regle générale pour le payement des droits de sortie a pourtant quelques exceptions.

1°. Les denrées & marchandises vendues & échangées, & qui sortent pendant les Foires qui se tiennent en la Ville de Rouen à la Chandeleur & à la Pentecôte, ne payent que la moitié des droits.

2°. Celles qui sortent de la Ville de Lyon hors le tems des Foires de ladite Ville, n'en payent aussi que la moitié, en représentant l'acquit des anciens droits engagés aux Prevôt des Marchands & Echevins de Lyon, certifié des Commis de la Douane.

3°. Celles qui sortent pendant toute l'année pour aller & être consommées en la Ville de Sedan, ne sont pareillement sujettes qu'à la moitié des droits.

4°. Enfin on ne leve sur celles qui sont transportées par les Ecossois en leur Pays que les trois quarts desdits droits, en se purgeant par eux par serment en la maniere accoutumée.

Il faut remarquer que dans cette modération des droits de sortie, ne sont point compris les droits de la traitte domaniale, qui sont sur toutes sortes de personnes & en tout tems levés en leur entier, nonobstant tous les priviléges & exemptions.

Une autre remarque à faire sur le payement des droits de sortie des Provinces réputées étrangeres, consiste en ce que lesdits droits n'étant pas égaux dans toutes ces Provinces, lorsque les marchandises sont transportées d'une Province où les droits sont moindres qu'en une autre, le supplément en doit être payé par les Marchands.

A l'égard des droits d'entrée sur les marchandises, ils se payent pareillement comme ceux de sortie par toutes personnes exemptes ou non exemptes, y compris les emballages, à l'exception des drogueries & épiceries, sur lesquelles lesdits emballages doivent être déduits.

La regle générale n'a qu'une exception en faveur de la Ville de Lyon, où les marchandises qui y entrent pour les Habitans, & qui y sont conduites directement, ne payent que le quart des droits, en prenant par les Marchands, Facteurs, & Conducteurs d'icelles des acquits à caution, pour aller payer les droits de la Douane de ladite Ville de Lyon.

Pour le supplément, il se paye conformément au Tarif de 1664, en cas que les droits soient moins forts dans une Province que dans une autre.

Lorsque les marchandises ne sont pas comprises dans les Tarifs, soit d'entrée, soit de sortie, elles doivent être estimées à l'amiable par les Commis du consentement des Parties interessées, & lesdits droits sont perçûs à raison de cinq pour cent de leur valeur; à l'exception, à l'égard de ceux d'entrée, des marchandises de soie, or, & argent, poil, fil, & laine, & autres semblables manufacturées aux Pays étrangers, sur lesquelles il doit être levé dix pour cent de leur estimation.

Enfin une derniere remarque concernant les droits d'entrée que payent les marchandises en France, c'est que suivant l'Arrêt du 15 Aout 1685, toutes les marchandises de Levant, d'Italie, Barbarie, Terres du Grand-Seigneur, Roi de Perse & d'Afrique, tant celles apportées en droiture à Rouen ou à Dunkerque seulement, que celles qui auront été entreposées dans les Pays étrangers, payent outre les droits ordinaires vingt pour cent de leur valeur; & que lorsque les mêmes marchandises viennent à Marseille desdits lieux en droiture, elles ne payent rien; étant néanmoins sujettes auxdits droits tant ordinaires que de vingt pour cent, si elles n'arrivent dans ladite Ville de Marseille, qu'après avoir été entreposées dans les Pays étrangers.

L'Ordonnance de Louis XIV du mois de Décembre 1672 pour la Ville de Paris, contient divers Réglemens concernant les marchandises qui sont voiturées par eau pour la provision de cette Capitale du Royaume, & qui arrivent & sont déchargés dans ses Ports.

Par l'article dixiéme du second chapitre de cette Ordonnance, les marchandises destinées pour la provision de Paris, ne peuvent être arrêtées sur les lieux de leur chargement ni en chemin, sous quelque prétexte que ce soit, même de saisie, soit pour créances particulieres, soit pour salaires & prix des voitures; mais nonobstant lesdites saisies, doivent être amenées à Paris, à la garde néanmoins des Gardiens, pour y être vendues & débitées sur les Ports, & les deniers en provenans retenus en justice, pour être conservés à ceux à qui ils peuvent appartenir.

L'article 2 du troisiéme chapitre défend à tous Marchands d'aller au devant des marchandises destinées pour la provision de Paris, & de les acheter en chemin, à peine contre le Vendeur de confiscation, & de la perte du prix contre l'Acheteur.

Par le troisiéme article du même chapitre lesdites marchandises doivent être amenées aux Ports destinés pour en faire la vente; & en cas que lesdits Ports se trouvent remplis, les Voituriers sont obligés de garrer leurs batteaux aux lieux destinés par le Prevôt des Marchands & Echevins.

Les 7, 8, 9, & 10me reglent la décharge des marchandises qui ne peuvent être mises à terre par les Officiers, Forts, & Compagnons de riviere sans l'aveu des Propriétaires, ou du moins qu'après une sommation préalable de la part des Voituriers, ni être transportées par les Chartiers, Crocheteurs & Gagne-deniers dans les maisons desdits Propriétaires ou Commissionnaires que de leur consentement.

L'onziéme article définit le tems que certaines especes de marchandises doivent tenir port.

Les autres jusqu'au vingt-uniéme contiennent divers Réglemens sur le compte des marchandises, le bon de mesure, la saisie des batteaux & marchandises arrivés sur les Ports, leur exposition en vente, leur mélange & triage.

Enfin le vingt-uniéme veut que le prix d'une vente commencée ne puisse être augmenté; le vingt-deuxiéme, que les marchandises ne soient point transportées d'un Port à l'autre; le vingt-troisiéme, qu'il n'y ait aucun regrat sur les Ports & Places de Paris, que ceux permis par divers articles de ladite Ordonnance; & le vingt-quatriéme, que les Marchands Forains ne puissent mettre leurs marchandises en magasins, chantiers, greniers, caves, ou celliers, à l'exception des bois flottés à brûler, sinon en cas de nécessité, & après en avoir reçû la permission des Prevôt des Marchands & Echevins.

MARCHANDISE MARINÉE. C'est celle qui a été mouillée d'eau de mer : Marchandise naufragée, celle qui a essuyé quelque naufrage, qui lui a causé quelque dommage : Marchandise avariée, celle qui a été gâtée dans un vaisseau pendant son voyage, soit par tempête, échouement, ou autrement.

MARCHE. Signifioit autrefois ce qu'on entend aujourd'hui par Frontiere, c'est-à-dire, un terrain qui tout ensemble unit & separe deux Etats, deux Provinces ou deux Territoires.

MARCHE AVANTAGERE. On nomme ainsi en Bretagne, en Poitou & en Anjou, les limites qui séparent ces trois Provinces. Elles sont appellées avantageres, à cause de plusieurs priviléges & avantages dont jouissent les habitans des Bourgs & Villages, qui forment la ligne de ces marches, dont la plupart sont situés dans le département & la direction de Montaigu.

En général toutes les Marches avantageres jouissent d'une exemption totale des droits d'entrée pour les denrées destinées à leurs provisions, & de droits de sortie pour celles qu'ils recueillent de plus qu'ils n'en peuvent consommer, sans toutefois qu'il leur soit permis d'en faire commerce; auquel cas les habitans sont tenus d'en payer les droits.

Outre ce privilége général, il y en a de particuliers pour chacune des Villes, Bourgs & Villages des Marches.

A la Bruffiere, Gestigny, Boussé, Cuyan & Saint Symphorien, marches avantageres à la Bretagne, on jouit du droit de prévention; & l'on n'y paye ni aydes, ni tailles, mais seulement les fouages & devoirs de Bretagne.

A Torfou, Marche avantagere d'Anjou & de Poitou; on y jouit des mêmes priviléges à la réserve de l'exemption de la taille.

A Saint Etienne de Carcoue, S. Colombain, Saint Etienne du Bois, Lege, le Retail, Gau, la Trinité de Machecoub & l'enclave de Garnache, Marche avantagere à la Bretagne, les privileges sont comme à la Bruffiere.

A la Guyonniere, Treguier, Saint Hilaire de Louillé & Remouillé, Marches avantageres au Poitou, on paye aydes & tailles, que les Seigneurs Bretons & Poitevins partagent également, ce qui leur

leur tient lieu de cens & rentes, & d'émolumens de fiefs.

Enfin à Saint Hilaire du Bois, la Bernadiere & Saint Lumines, Marches avantageres à la Bretagne; on paye les fouages & devoirs, & les Seigneurs Bretons & Poitevins partagent également les cens & rentes, & émolumens de fief.

Nota. Le droit de prévention dont on a parlé ci-dessus, consiste en ce que, si l'on appelle quelqu'un devant les Juges de Poitou, de Bretagne ou d'Anjou, suivant que les Marches sont avantageres à quelques-unes de ces trois Provinces, la partie appellée est obligée d'y répondre, & d'obéir au choix de l'appellant.

MARCHE'. En général signifie un traité par le moyen duquel on échange, on troque, on achete quelque chose, ou on fait quelque acte de commerce.

MARCHE'. Se dit plus particuliérement parmi les Marchands & Négocians, des conventions qu'ils font les uns avec les autres, soit pour fournitures, achats ou trocs de marchandises sur un certain pied, ou moyennant une certaine somme.

Les marchés se font ou verbalement sur les simples paroles, en donnant par l'Acheteur au Vendeur des arrhes, ce qu'on appelle, Donner le denier à Dieu; ou par écrit, soit sous signature privée, soit pardevant Notaires.

Les marchés par écrit doivent être doubles, l'un pour le Vendeur, & l'autre pour l'Acheteur.

On dit que l'on a fait un bon marché, quand on espere gagner sur les marchandises que l'on a achetées; & au contraire que l'on a fait un mauvais marché, un faux marché, lorsque l'on croit qu'il y aura à perdre sur l'achat que l'on a fait. On dit aussi qu'il n'y a au marché que ce qu'on y met; pour faire entendre, qu'il faut suivre les conditions du marché.

On appelle Marché en bloc & en tâche, celui qui se fait d'une marchandise dont l'on prend le fort & le foible, le bon & le mauvais ensemble, sans le distinguer ni le séparer.

MARCHE'. Dans le commerce qui se fait à Amsterdam on distingue trois sortes de marchés, le marché conditionnel, le marché ferme, & le marché à option, qui tous trois ne se font qu'à terme ou à tems, comme disent les Marchands Hollandois.

Les marchés conditionnels sont ceux qui se font des marchandises que le Vendeur n'a point encore en sa possession, mais qu'il sçait qui sont déja achetées ou chargées pour son compte par les Correspondans qu'il a dans les Pays étrangers; lesquelles il s'oblige de livrer à l'Acheteur à leur arrivée au prix & sous les conditions convenues entr'eux.

Les marchés fermes sont ceux par lesquels le Vendeur s'oblige de livrer à l'Acheteur une certaine quantité de marchandises au prix & dans le tems dont ils sont demeurés d'accord.

Enfin les marchés à option sont ceux par lesquels un Marchand s'oblige moyennant une somme qu'il reçoit, & qu'on appelle Prime, de livrer ou de recevoir une certaine quantité de marchandises à un certain prix & dans un tems stipulé; avec liberté néanmoins au Vendeur de ne la point livrer, & à l'Acheteur de ne la pas recevoir s'ils le trouvent à propos, en perdant seulement leur prime.

Dans les marchés conditionnels l'on fait ordinairement deux actes ou contracts; l'un qui doit être signé du Vendeur, & qui reste entre les mains de l'Acheteur; & l'autre que signe l'Acheteur, qui est pour le Vendeur.

Par le contract du Vendeur il confesse avoir vendu à l'Acheteur une telle quantité de marchandises qu'il attend d'un tel endroit, par telle ou telle voie, qu'il s'oblige de lui livrer, si à l'arrivée elles se trouvent bonnes & livrables, à un tel prix, à payer comptant, ou sous les autres conditions stipulées, sans néanmoins être tenu d'en livrer d'autres en leur place, si elles se perdent en chemin.

A l'égard du contract de l'Acheteur, il porte ordinairement qu'il confesse avoir acheté du Vendeur une telle quantité de marchandise que ce dernier attend d'un tel endroit par une telle voie, laquelle marchandise il s'oblige de recevoir à son arrivée, si elle se trouve bonne & livrable, & de la payer aux conditions accordées; mais que si la marchandise vient à se perdre en chemin, le Vendeur sera déchargé de la lui livrer.

Lorsque la marchandise est arrivée & livrée, ou qu'on a certitude qu'elle est périe en chemin, chacun reprend son contrat, & le déchire comme nul.

Dans ces sortes de marchés, où il peut survenir quantité d'inconvéniens imprévûs, on a coutume de convenir par les contrats de deux ou de trois Arbitres, en cas qu'on ne puisse s'accommoder de gré à gré.

Les marchés fermes sont proprement la ressource de ceux qui n'ont pas de grands fonds devant eux, & qui pourtant veulent paroître faire un grand commerce; arrivant souvent qu'un Marchand qui n'a pas dix mille florins fait pour cent mille écus de ces marchés, à cause de la faculté qu'il a de les payer, comme on dit, sans bourse délier, en faisant une espece de virement de parties à d'autres Marchands, qui achetent de lui moyennant un gain modique. *On peut voir le détail de commerce dans le Traité du Négoce d'Amsterdam du Sieur Ricard, page 54 de l'Edition de 1722.*

Pour les marchés à option on fait des contrats comme dans les marchés conditionnels; l'un par le Vendeur, si c'est lui qui a reçu la prime; & l'autre par l'Acheteur, si c'est lui à qui elle a été donnée. On va donner deux modeles de ces contrats, tels qu'on les a extraits de l'Ouvrage dudit Sieur Ricard.

CONTRAT DU VENDEUR.

Je soussigné confesse avoir reçu du Porteur la somme de cent cinquante florins argent comptant, pour laquelle prime je m'engage & m'oblige de livrer dès à présent & à toute heure jusqu'au premier Janvier 1715, ce jour-là inclus, dix mille livres amidon de Hollande bon & livrable, au prix de seize florins argent courant les cent livres, à payer comptant, & suivant l'usage ordinaire; mais si le Porteur du présent ne m'annonce pas de lui livrer lesdites dix mille livres d'amidon entre ce jourd'hui & le premier Janvier 1715, & ce jour-là inclus, je serai libre & déchargé du présent contrat, & la prime me restera, sans que je puisse jamais être obligé de la restituer, ou que l'on puisse me la demander. Ainsi fait à la bonne foi à Amsterdam ce 16 Janvier 1714.

Cet Acte s'appelle Contrat de prime à livrer.

CONTRAT DE L'ACHETEUR.

Je soussigné confesse avoir reçû du Porteur la somme de cent cinquante florins argent courant, pour laquelle prime je m'engage & m'oblige de recevoir dès à présent & à toute heure jusqu'au premier Janvier 1715, ce jour-là inclus, dix mille livres amidon de Hollande bon & livrable, au prix de seize florins argent courant les cent livres, à payer comptant, & suivant l'usage ordinaire; mais si le Porteur du présent ne m'annonce pas de recevoir lesdites dix mille livres d'amidon entre ce jour & le premier Janvier 1715, & ce jour-là inclus, je serai libre & déchargé du présent contrat, & la prime me restera, sans que je puisse jamais être obligé de la restituer, ou que l'on puisse me la redemander. Ainsi fait à la bonne foi à Amsterdam ce 16 Janvier 1714.

Cet Acte se nomme Contrat de prime à recevoir.

Ces Actes se trouvent ordinairement tout imprimés, n'y ayant que les sommes & les dates à remplir; ces sortes de marchés étant très ordinaires à Amsterdam.

Ces contrats se vendent & revendent comme on veut, sans aucun endossement ni garantie de ceux qui les revendent, lorsqu'ils sont signés par des Marchands bons & connus.

On croit que dans ce commerce il est beaucoup plus avantageux de donner des primes que d'en recevoir; celui qui en donne ne se mettant en d'autres engagemens que de perdre sa prime, tandis que celui qui en reçoit peut être sujet à quantité d'inconvéniens.

On négocie tant en marché ferme qu'en prime les Actions des Compagnies de Commerce, & diverses sortes de marchandises, particuliérement le caffé, le cacao, la cochenille, les eaux-de-vie, les grains, les fanons & huiles de baleine, les amidons, le borax & plusieurs autres; n'y en ayant gueres qui n'entrent dans ce commerce, sur-tout lorsqu'ils commencent à en manquer.

Revenir contre son marché, c'est ne vouloir pas tenir le marché qu'on a fait. Tenir son marché, c'est l'exécuter. Courir sur le marché d'un autre, aller sur son marché, c'est offrir d'une marchandise plus qu'un autre n'en veut donner.

On appelle les Clauses & les Conditions d'un marché, les différentes choses dont on convient pour l'achat ou la vente d'une marchandise, comme le prix, le tems de la livraison, celui des payemens, la qualité de la marchandise & autres conventions semblables.

MARCHE'. Se dit aussi du prix des choses vendues ou achetées. Dans ce sens on dit, J'ai eu bon marché de ce vin, de ce blé, de ces étoffes; pour dire, que le prix n'en a pas été considérable: C'est un marché donné; pour signifier, que le prix en est très médiocre: Enfin, C'est un marché fait; pour faire entendre, qu'on n'en peut diminuer le prix; & que c'est un prix réglé.

Il y a aussi diverses expressions proverbiales dont l'on se sert dans le commerce, où l'on fait entrer le mot de marché. Les plus usités sont, Boire le vin du marché, Mettre le marché à la main, Faire un marché d'enfant ou un marché de paille. On dit aussi, On n'a jamais bon marché de mauvaise marchandise: Donner à bon marché vuide le panier & n'emplit pas la bourse; & quelques autres.

C'est une observation dans le commerce, qui a souvent été justifiée par l'évenement, qu'il faut se défier d'un Marchand qui donne ses marchandises à trop bon marché; ne le faisant ordinairement que pour se préparer à la fuite ou à la banqueroute, en se faisant un fonds d'argent comptant pour le détourner.

MARCHE'. Signifie aussi la halle, le lieu où l'on étale, où l'on vend des marchandises. Le marché au blé: Le marché aux chevaux.

Le marché est différent de la foire; en ce que le marché n'est ordinairement que pour une Ville ou un lieu particulier, & la foire regarde toute une Province, même plusieurs. Les marchés ne peuvent s'établir dans aucun lieu sans la permission du Souverain.

A Paris les lieux où se tiennent les marchés ont différens noms. Quelques-uns conservent le nom de Marché; comme le Marché à la Poirée, le Marché-Neuf, le Marché du Cimetiere S. Jean, le Marché des Quinze-Vingts, le Marché S. Antoine, le Marché de l'Apport de Paris, le Petit Marché du Marais & celui du Fauxbourg S. Germain, le Marché aux Chevaux, le Marché S. Nicolas.

D'autres se nomment Places: la Place Maubert, la Place aux Veaux.

D'autres enfin s'appellent Halles: la Halle au blé, la Halle au poisson, la Halle à la farine, la Halle à la filasse, la Halle à la marée, la Halle à la saline. Toutes ces Halles qui sont proches les unes des autres se comprennent sous un nom collectif. On les appelle en général les Halles. Il y a aussi la Halle au vin qui est différente des autres, la Halle aux draps, & la Halle aux toiles. *Voyez* HALLE.

MARCHÉS ET PLACES DE PARIS, où les Boulangers, tant de la Ville que du dehors, étalent leurs pains les Mercredis & les Samedis de chaque semaine, & le nombre qu'il s'en doit trouver dans chacune desdites Places & Marchés.

Aux grandes Halles,	342
Aux Halles de la Tonnellerie,	104
A la Place Maubert,	159
Au Cimetiere Saint-Jean,	158
Au Marché Neuf,	89
A la rue S. Antoine, vis-à-vis les Jesuites,	148
Au Quay des Augustins,	92
Au Petit Marché, Fauxbourg S. Germain,	147
Devant les Quinze-vingts,	95
A la Place du Palais Royal,	40
Rue S. Honoré, devant l'Hôtellerie des Bâtons Royaux,	30
Au Marché du Marais du Temple,	46
Devant le Temple,	22
A la Place de la porte S. Michel,	36
A la Halle du Fauxbourg S. Antoine,	16

Toutes ces Places ou Marchés sont au nombre de quinze, où étalent quinze cent vingt-quatre Boulangers, desquels cinq à six cent sont de la Ville & des Fauxbourgs, & les autres de différens endroits des environs, dont le principal est Gonesse & quelques Villages qui en sont voisins. Les lieux les plus éloignés dont les Boulangers apportent leurs pains aux Marchés de Paris, sont Saint-Germain en Laye à cinq lieues, Montl'hery à six & Corbeil à sept.

Jours que se tiennent les Marchés tant à Paris, que dans quelques autres lieux circonvoisins.

A Paris les marchés se tiennent les mercredis &

famedis de chaque femaine. Il n'y a que ces jours de marché qu'il foit permis aux Boulangers Forains de venir étaler & vendre leur pain à Paris.

A Seaux près Paris pour les beftiaux propres à la boucherie, le marché fe tient le lundi.

A Poiffy pour les mêmes beftiaux, le jeudi.

A Nangis les mercredis.

A Provins les famedis.

Marchés de la Province de Bretagne, où fe vendent les Toiles qui s'y fabriquent.

Basse Bretagne.

A Quintin, le marché s'y tient le mardi & le vendredi de chaque femaine.

A Uzel, le mercredi.

A Loudeac, le famedi.

A Pontivi, le lundi.

A Carhay, le famedi.

A Morlaix, le mercredi & le famedi.

A Landernau, le mardi, le vendredi & le famedi.

A Efneven, le jeudi.

A Saint-Paul de Leon, le mardi.

A Rofcof, le mercredi.

A Lannion, le jeudi.

A Gingam, le famedi.

Haute Bretagne.

A Dol, le famedi.

A Combourg, le lundi.

A Bazonges, le jeudi.

A Antram, le mardi.

A Fougeres, le mercredi & le famedi.

A Vitré, le lundi, le mercredi & le famedi.

A Rennes, le famedi.

A Madrignac, le mercredi.

A Dinan, le jeudi.

A Hede, le mercredi.

Marchés qui se tiennent dans differentes Provinces de France.

Normandie.

A Conches, tous les jeudis.

A Cormeilles, tous les vendredis.

A Danville, tous les mardis.

A Ducey, gros Bourg de Baffe Normandie, tous les mardis.

A Ducler au Pays de Caux, les mêmes jours.

A Efcouy, tous les vendredis, où il fe fait un grand trafic de bleds.

A Elbœuf, trois marchés par femaine, les mardis, vendredis & famedis. Il s'y vend beaucoup de bled.

A Eftrepagny, dans le Vexin Normand, un gros marché tous les mardis : on y porte quantité de bled.

A Fefcamp, un marché tous les famedis. La place où il fe tient, qu'on appelle auffi les Halles, eft vafte, & environnée de hautes & fortes murailles.

A Glos, près de la Ville de l'Aigle, un marché toutes les femaines.

A Gournay, tous les mardis un marché celebre pour la vente des beures de Bray qui font des meilleurs de la Province.

A Lions, les lundis & les jeudis.

A Harfleur, un marché tous les mercredis.

A Paffy fur la riviere d'Eure, tous les jeudis.

A Vernon, les mardis, les jeudis & les famedis. Ce dernier eft le plus fort des trois; il s'y vend quantité de beftiaux & de grains.

A Vilay, un gros marché de bled tous les mardis.

A Saint-André, les mercredis il s'y vend beaucoup de bled.

A Groffure à deux lieues d'Evreux, un marché de beftiaux.

A Mefle, un marché tous les mercredis.

A Montebourg, un marché tous les famedis. C'eft le plus confidérable de tout le Cotantin.

A Neubourg, un gros marché tous les jeudis : il s'y vend quantité de gros bétail, qu'on y amene du Pays d'Auge & d'autres lieux.

A l'Aigle, un grand marché tous les mardis, où fe porte & fe vend la plus grande partie des épingles qui fe font dans cette Ville.

A Alençon, trois marchés par femaine, le lundi, le jeudi & le famedi.

A Lefpieux dans l'Election de Valogne, les vendredis.

A Blangy gros Bourg du Comté d'Eu, trois marchés par femaine, le lundi, le mercredi & le vendredi; & encore un marché franc tous les troifiémes mercredis de chaque mois. Tous ces marchés font confidérables.

A Bolbec dans le pays de Caux, un marché tous les lundis de chaque femaine.

A Bourg-Heroulde dans le Diocefe de Rouen, un grand marché tous les famedis de l'année.

A Brionne, un marché tous les lundis de chaque femaine, on y porte beaucoup de grains; la mefure dont on s'y fert eft une des plus grandes de la Province.

A Cani au pays de Caux, un marché tous les lundis.

A Caudebec, un marché tous les famedis : il s'y fait un grand commerce de toiles & de grains, outre quantité de légumes fecs & autres denrées, & production de la terre qui s'y portent des environs.

A Bologne fur mer, tous les mercredis & famedis.

A Defure, le mardi & le famedi.

A Eftaples, un marché chaque femaine.

Il y a auffi chaque femaine des marchés de beftiaux à Rouen & à Neubourg.

Brie, & l'Isle de France.

A Colommiers, tous les premiers mercredis de chaque mois.

A Meaux, un marché franc tous les premiers famedis du mois, & deux autres marchés ordinaires tous les mercredis & famedis de l'année; c'eft à ces marchés que fe fait le principal commerce de ces excellens fromages, qu'on nomme fromages de Brie; on y vend auffi quantité de grains.

A Mitry, un marché tous les vendredis.

Beausse.

A Marville, les mardis.

A Montmorency les mercredis, & à Chartres les vendredis. Il fe fait un grand commerce de beftiaux à ces deux marchés.

Picardie.

A Gamache, un marché franc les premiers mercredis de chaque mois, & un marché ordinaire tous les autres mercredis.

A Granvilliers, un marché tous les samedis.

A Breteuil, un marché chaque semaine; il se tient sous de grandes Halles couvertes.

A Roye & à Abbeville, les derniers mercredis de chaque mois.

A Chaume, le quinze de chaque mois.

BOURGOGNE & FRANCHE-COMTÉ.

A Gemeau en Bourgogne, deux marchés par semaine.

A Montbazon en Franche-Comté, un marché toutes les semaines.

A Ancy-le-Franc petite Ville de Bourgogne, un marché tous les jeudis de l'année; on l'appelle communément les Halles d'Ancy-le-Franc.

MAINE.

A Bonnestable, les mardis.

A Mamers, les lundis.

ANJOU.

A Craon, tous les mercredis.

A Bourgueil, un marché toutes les semaines.

A la Fleche & à Besleme, tous les jeudis.

EN POITOU.

A Montmorillon deux marchés la semaine.

Il ne faut pas oublier les marchés de Tissy & de Damplepuis en Beaujolois, où se vendent presque toutes les toiles de cette petite Province & du Lyonnois.

MARCHÉ DE NAUMBOURG. C'est ainsi que l'on nomme en Allemagne une foire célébre qui se tient tous les ans dans cette Ville de Misnie.

On regarde ce marché comme une quatriéme foire de Leipsick, parce que la plupart des Marchands de cette derniere Ville ont coutume de s'y trouver.

Cette foire ou marché commence le 29 Juin, Fête des Apôtres S. Pierre & S. Paul, & ne dure que huit jours. Les acceptations des lettres s'y font le premier & second jour du marché, & y doivent être payées au plutard le troisiéme de Juillet, ou protestées faute de payement; mais ordinairement on n'a coutume de les renvoyer avec le protêt qu'après le cinquiéme du même mois que le marché finit. *Voyez l'article des Foires étrangeres.*

MARCHÉ ou BOURSE AUX GRAINS. On nomme ainsi à Amsterdam un grand bâtiment de bois en forme de halle couverte où s'assemblent les Marchands de grains, tant de la Ville que du dehors, tous les lundis, mercredis & vendredis, depuis dix heures du matin jusqu'à midy. Chaque Marchand y a son Facteur, qui a soin d'y porter les montres des grains qu'il veut vendre, dans des sacs qui en peuvent contenir une ou deux livres. C'est ordinairement sur ces montres que se font & se concluent les marchés; & comme le prix des grains se fixe autant sur leur poids que sur leur bonne & mauvaise qualité, il y a sur le derriere de la Bourse diverses petites balances, par lesquelles en pésant trois ou quatre poignées du grain qu'on marchande, on connoît la pésanteur du sac & du last.

MARCHÉ DE PETERSBOURG, Ville des Etats du Czar sur la Mer Baltique, en langue du pays il se nomme les Lawks, ce qui signifie les boutiques. *Voyez* LAWKS.

MARCHÉ. Se dit encore du tems que l'on fait la vente. Il y a ordinairement dans les Villes deux jours de marché chaque semaine.

MARCHÉ. Se dit pareillement de la vente & du débit qui se fait à beaucoup ou à peu d'avantage. Il faut voir le cours du marché. Le marché n'a pas été bon aujourd'hui. Chaque jour de marché on doit enregistrer au Greffe le prix courant du marché des grains.

MARCHE. Partie inférieure du métier des Tisserans, Tissutiers, Rubaniers, Ouvriers en draps d'or, d'argent & de soie, & autres Artisans & Fabriquans qui travaillent de la navette.

La marche ou plutôt les marches (n'y en ayant jamais pour une seule dans ces sortes de métiers) servent à faire lever ou baisser les fils de la chaîne, à travers lesquels la navette doit se lancer. Lorsque l'Ouvrier met le pied sur une marche, les fils qui y répondent par le moyen des lisses qui y sont attachées, se levent; & lorsqu'il en ôte le pied, ces mêmes fils se remettent dans leur situation ordinaire, à cause des plombs que les lisses ont à chaque bout.

Ces marches ne sont que de simples tringles de bois, attachées d'un bout à la traverse d'en bas du métier que l'Ouvrier a sous ses pieds, &, comme on le vient de dire, soutenues de l'autre aux ficelles des lisses. Il y en a plus ou moins, & elles sont plus ou moins larges, suivant qu'il y a plus ou moins de lisses, & que la piece montée doit être plus ou moins ouvragée & façonnée.

On les appelle Marches, à cause que le Tisseran marche, c'est-à-dire, met le pied dessus pour les baisser. *Voyez les articles des différens Ouvriers qui travaillent de la navette, ou des divers métiers dont ils se servent.*

MARCHE. On appelle aussi la marche d'un tour, la piece de bois sur laquelle le Tourneur pose le pied, pour donner un mouvement circulaire à la piece qu'il veut tourner.

Cette marche, qui souvent n'est qu'une simple tringle de bois, & quelquefois un bâti triangulaire de menuiserie, est suspendue par le bout opposé au Tourneur, à une corde qui par son autre extrémité est attachée à une perche qui pend du haut du plancher. *Voyez* TOUR.

BASSE-MARCHE. Les Ouvriers appellent quelquefois de la sorte, cette espece de tapisserie qu'on nomme plus ordinairement Basse-lisse. Ils lui donnent ce nom, qui n'est d'usage que dans les Manufactures, à cause de deux marches que l'Ouvrier a sous ses pieds, pour hausser & baisser les lisses. *Voyez* BASSE-LISSE.

MARCHER l'étoffe d'un chapeau. Terme de Chapellerie. C'est manier avec les mains, soit à froid sur la claye, soit à chaud sur le bassin, l'étoffe, c'est-à-dire, le poil ou la laine dont on a dressé les quatre capades d'un chapeau avec l'arçon ou le tamis.

Pour marcher l'étoffe à froid, on enferme chaque capade l'une après l'autre dans la feutriere; & pour les marcher à chaud, on les met aussi dans la feutriere, mais toutes ensemble les unes sur les autres, séparées néanmoins par des morceaux de toile qu'on nomme des Lambeaux.

Pour la façon à chaud il faut de tems en tems mouiller le bassin & la feutriere avec de l'eau qui se jette avec un goupillon. C'est à force de marcher l'étoffe qu'elle se feutre. *Voyez* CHAPEAU.

MARCO. Poids dont on se sert à Goa Capitale des Etats que les Portugais possedent encore aux Indes Orientales. Le Marco est de huit onces Portugaises, c'est-à-dire, d'un demi rotolis. On y pese l'ambre, le corail, l'argent, l'or, le musc, l'ambracane, la civette, & autres précieuses marchandises.

MARCY, en Bourgogne. Ses Fabriques ne consistent qu'en serges drapées. *Voyez* l'Etat général, Tome I. page 124.

MARDEBARRES, Bourg de France dans le Quercy, du département de l'Inspecteur des Manufactures de Montauban, ses foires sont assez considérables & beaucoup plus que ses fabriques. *Voyez* l'Etat général, Tome I. page 33.

MARE DE MOUCHES. Ce sont les ordures qui restent dans les sacs, après que la cire en a été tirée par le moyen de la presse. Les Chirurgiens s'en servent avec succès dans les foulures de nerfs, & les Maréchaux en employent aussi pour les maladies des chevaux. *Voyez* CIRE.

MAREAGE. Convention que le Maître d'un vaisseau, ou le Marchand qui le charge, font avec les Matelots qui doivent servir à le conduire.

Par cette convention les Matelots sont tenus au service du navire pendant tout son voyage, quoiqu'il aille plus loin qu'on n'avoit projetté, & ne peuvent exiger un plus grand salaire que celui convenu par l'acte de Mareage; obligation que n'ont pas les Matelots loués à deniers, qui à la vérité sont tenus de continuer le service sur le vaisseau; mais qui peuvent faire augmenter leurs loyers vûe par vûe & cours par cours, comme on dit en termes de Marine, c'est-à-dire, à proportion du chemin & du tems.

MARÉE. Poisson qui se pêche dans la mer. Il ne se dit ordinairement que du poisson frais, comme soles, rayes, barbues, turbots, vives, maquereaux, harengs, merlans, limandes, éperlans, & autres semblables qui s'apportent à Paris par les Marchands Forains nommés autrement Chasses-Marée.

Le Commerce de ce poisson est très considérable à Paris, où il s'en fait une consommation extraordinaire, particuliérement durant le Carême & pour les vendredis & samedis de chaque semaine; n'y ayant gueres pendant le reste de l'année que quelques Communautés Religieuses qui en mangent.

Toutes les Côtes de France sont abondantes en poisson excellent; mais il n'y a ordinairement que celles de Picardie & de Normandie qui fournissent à Paris sa provision de Marée, à cause de leur proximité de cette Capitale, le poisson frais de mer ne pouvant souffrir le transport au-delà de trente ou quarante lieues sans se corrompre.

Les Chasses-Marée Normands en apportent néanmoins davantage que les Picards; les Pêcheurs de Picardie ayant pris l'habitude de vendre leur pêche dans le Pays, ou d'en envoyer le poisson en Flandres & en Artois.

On distingue comme deux sortes de Pêcheurs parmi ceux qui vont à la pêche pour la marée fraîche, les Dreigeurs & les Pêcheurs à hameçon: ceux-ci peuvent pêcher pendant toute l'année; les autres doivent attendre les saisons.

Les vaisseaux Dreigeurs ainsi nommés de la dreige, espece de filet dont les Pêcheurs se servent, sont du port de cinq à six tonneaux, parce que cette pêche se fait en pleine mer. Les autres sont plus petits, & s'appellent Barques Costieres, parce qu'elles ne s'éloignent pas des Côtes.

Les dreigeurs Picards observent quatre saisons; la premiere, depuis la Chandeleur jusqu'à Pâques pour les soles, les rayes, les turbots, les barbues, &c. la seconde, des maquereaux depuis Mai jusqu'en Juillet; la troisiéme, qui est peu de chose, depuis Juillet jusqu'en Octobre pour les limandes, les petites soles & les petites rayes; & la quatriéme, depuis Octobre jusqu'à Noel pour le hareng.

Les Pêcheurs Normands ne comptent que deux principales saisons; la dreige pour les vives dont la pêche se fait en Carême, & la pêche des maquereaux à la fin d'Avril; continuant dans les autres saisons celles des soles, limandes, merlans, &c. dont ils destinent la plus grande partie pour Paris; le reste se consommant à Rouen & dans le reste de la Province.

La pêche des esperlans se fait à l'embouchure de la Seine vers Rouen & proche Caudebec. Ils ont deux saisons, celle d'esté & celle d'automne.

Les Marchands Forains de marée, c'est-à-dire, ceux qui voiturent & vendent en gros le poisson de mer frais, se nomment Chasses-marée. On en parle ailleurs. *Voyez leur article.*

On appelle Marchandes de marée les femmes qui en font le détail à Paris sous la halle à la marée, ou dans les autres marchés de la Ville.

Les Vendeurs de marée sont des Officiers établis pour vendre & lottir le poisson qu'apportent les Chasses-marée, & pour leur en payer le prix comptant, s'ils veulent se servir de leur ministere, en leur donnant un certain droit reglé par les Edits & Déclarations. *Voyez* VENDEUR DE MARÉE.

MARESCHAIS. Celui qui cultive un marais. On dit & l'on écrit plus ordinairement Maraischer. *Voyez* MARAIS *&* MARAISCHER. *Voyez aussi* JARDINIER.

MARESCHAL. Artisan qui ferre & qui panse les chevaux. Il appartient aussi aux Maîtres du métier de Mareschal, de ferrer les trains de carrosses, chariots & charrettes; de faire & forger tous ouvrages noirs & de grosse ferrerie, comme socs, coutres, houes, hoyaux, fourches, &c. aussi-bien que tous clous gros ou menus, soit pour attacher les fers aux pieds des chevaux, soit pour clouer les bandes aux roues qu'ils doivent ferrer.

Les Maréchaux ont de trois sortes d'outils; les uns leur servent à forger, les autres à ferrer, & les derniers à panser les chevaux.

Les outils pour la forge sont, un Soufflet, une Enclume, des Tenailles à mettre au feu, des Marteaux à frapper devant, des Fertiers pour forger les fers.

Les outils pour ferrer sont, un Brochoir, une paire de Triquoises, un Boutoir, un Rogne-pied, un Repoussoir, un Marteau & des Clous.

Les principaux outils qui servent à panser les chevaux, sont, une paire de Flammes pour saigner, une paire de Rainettes pour chercher dans les pieds, un Bistoury, une Feuille de saulx, une Lancette, une Gouge, une Espatule pour sonder les playes, une paire de Ciseaux, & des Couteaux pour mettre le feu aux jambes, &c.

Les Statuts des Feures Mareschaux de la Ville de Paris sont très anciens; & l'on voit une Ordonnance du Prévôt de cette Ville de 1473, qui ordonne que dix nouveaux articles seroient ajoutés aux anciens.

On y en ajouta encore vingt-huit autres en

1609, qui sur le veu & approbation des Officiers du Roi au Châtelet furent approuvés & confirmés par Lettres-Patentes de Henri IV du mois de Mars de la même année, renvoyées par Arrêt du Parlement du 5 Mai au Prévôt de Paris, pour en ordonner l'enregistrement où besoin seroit; ce qui fut fait le 12 du même mois aux Registres des Bannieres du Châtelet de Paris.

Enfin le 8 Mai 1651, sous le Regne de Louis XIV, il se fit une troisiéme addition aux anciens Statuts; & ces nouveaux articles furent homologués au Châtelet sur les conclusions du Procureur du Roi, pour être gardés & observés selon leur forme & teneur.

La compilation de tous ces Statuts & Réglemens contient entr'autres choses l'élection de quatre Prud'hommes d'entre les anciens & nouveaux Bacheliers de la Communauté, pour en être les Jurés & Gardes, deux desquels sont renouvellés chaque année, & choisis seulement d'entre ceux qui ont été deux ans auparavant Maîtres de la Confrérie de S. Eloi Patron de la Communauté, & encore auparavant Bâtonniers de la même Confrérie.

Chaque Maître ne peut avoir qu'un Apprentif outre ses enfans nés en loyal mariage.

L'apprentissage est de trois ans.

Chaque Maître a sa marque ou poinçon pour marquer son ouvrage, duquel poinçon l'empreinte reste sur une table de plomb déposée au Châtelet.

Avant d'être reçûs Maîtres, les Apprentifs font chef-d'œuvre, & ne peuvent tenir boutique avant l'âge de vingt-quatre ans: permis néanmoins aux enfans de Maîtres dont les peres & meres seront morts, de la lever à dix-huit ans.

Aucun Maître de Lettres ne peut entrer en Jurande, qu'il n'ait tenu boutique douze ans.

Enfin il n'appartient qu'aux seuls Maréchaux de priser & estimer les chevaux & bêtes chevalines, & de les faire vendre & acheter, même de prendre ce qui leur sera volontairement donné pour leurs peines par les Vendeurs & Acheteurs, sans pouvoir y être troublés, par aucuns soit disans Courtiers ou autres.

MARFIL ou MORFIL. *Voyez* MORFIL, *&* YVOIRE.

MARGALINE. Espece de marcassite dont il est fait mention dans le Tarif de la Douane de Lyon, au nombre des drogueries & épiceries.

Elle paye les droits à raison de 8 l. de la balle.

MARGE. Se dit parmi les Marchands & Négocians des bords des pages des livres ou des comptes, entre lesquelles ils écrivent les articles les uns après les autres.

Les marges à gauche servent à mettre les folio, les années & les dates en chiffres; & c'est sur les marges à droite que l'on tire les sommes aussi en chiffres. Il se servent quelquefois du terme Margini, pour dire, marge. *Voyez* LIVRES DES MARCHANDS.

MARGER. Terme d'Imprimerie. C'est compasser & faire des marges à une feuille d'impression; ce qui se fait en mettant une feuille de papier blanc le plus juste qu'il est possible sur la forme, afin de regler la position des autres feuilles sur le timpan, suivant cette premiere feuille.

MARGER UN FOUR. Terme de Verrerie. C'est boucher les ouvreaux du four avec de la terre glaise, pour y entretenir la chaleur les Fêtes & Dimanches, ou les autres jours qu'on ne travaille pas.

MARGEUR. Celui qui marge un four à verre.

MARGRIETE. C'est la plus grosse des Verroteries qui entre dans le commerce, que les Européens font avec divers Peuples de la côte d'Afrique, elles sont ordinairement bleu foncé tirant sur le noir, avec des rayes ou jaunes ou blanches. *Voyez* VERROTTERIES.

MARGRITIN. Espece de rassade ou rocaille très fine. Il s'en fait de plusieurs couleurs & de divers degrés de finesse. Les plus gros s'envoyent aux Isles & sur les Côtes de Guinée. Les plus fins de ceux qui sont colorés s'employent en broderies; & c'est avec la cendre, c'est-à-dire, avec ce qu'il y a de plus délicat parmi les blancs, que l'on fait en France ces sortes de glands que l'on porte & que l'on attache à l'extrémité des cravates.

Le margritin se vend ordinairement à la livre depuis cinquante sols jusqu'à soixante. Le plus beau se tire de Venise. Il s'en fait aussi à Rouen & en Allemagne. Celui de Venise est de pur émail: il entre du plomb dans ceux d'Allemagne & de Rouen.

Le margritin de quelque grosseur qu'il soit, se vend tout enfilé & en paquets, qu'on appelle des Masses composées de plusieurs cordons. *Voyez* RASSADES.

MARGUERITE, (Isle de la) une de celles que les Espagnols possedent à l'Amérique dans la Mer du Nord. Cette Isle est celebre par la pêche des perles. *Voyez* l'Etat général, Tome I. page 481.

MARGUERITE. Petite étoffe mêlée de soie, de laine & de fil, qui se fait par les Hautelisseurs de la Sayetterie d'Amiens. Cette étoffe se fait en trente-trois buhots, trente portées, & doit avoir un pied & demi de Roi de largeur entre deux gardes. Sa longueur hors de l'estille doit être de vingt-une aunes & demie, pour revenir toute apprêtée à vingt aunes un quart, ou vingt aunes & demie.

MARIANES, Isles situées dans la Mer des Indes. *Voyez* l'Etat général, Tome I. page 469.

MARIENGROS. Monnoie de compte dont les Négocians de Brunswic se servent pour tenir leurs livres & écritures. Le mariengros se divise en huit penins. Trente-six mariengros font la richedale.

MARILAND, Colonie Angloise dans la Terre-ferme de l'Amérique septentrionale. Le tabac y est le principal objet de son commerce. *Voyez* l'Etat général, Tome I. page 530.

MARIN. Ce qui vient de la mer, ce qui appartient à la mer.

On appelle Sel marin, le sel qui se fait avec de l'eau de mer, soit qu'il se cuise par l'ardeur du soleil, soit qu'on se serve du feu pour le fabriquer & le réduire en grains. *Voyez* SEL MARIN.

MARINE', MARINE'E, en fait de commerce de mer. Se dit des marchandises qui ont été imbibées ou mouillées d'eau de mer par quelque accident arrivé au vaisseau, comme naufrage, tempête, échouement, &c. Du tabac mariné, de la muscade marinée.

Du poisson mariné est du poisson de mer rôti sur le gril, & frit dans l'huile d'olive, qu'on a mis en sauce dans des barils, pour le mieux conserver & transporter. *Voyez* POISSON, *à l'endroit où il est parlé du poisson mariné.*

Il vient d'Angleterre des huitres marinées en petits barils, qui sont apprêtées d'une maniere particuliére qui les rend très excellentes.

MARINER le poisson de mer. C'est l'apprêter d'une certaine maniere, pour le pouvoir garder quelque tems sans se corrompre. *Voyez l'article précedent.*

MARJOLAINE. Herbe odorante qui fleurit deux fois l'année; ses feuilles sont blancheâtres & velues, ses fleurs qui viennent au bout des branches qu'elle pousse en quantité sont comme écaillées & renferment une graine fort menue. Cette plante est toujours verte, elle se dépouille néanmoins quelquefois de ses feuilles qui repoussent au printems. On en tire une huile d'une odeur agréable qu'on vend ordinairement à la Foire de Beaucaire, & qu'on peut faire venir en tout tems de Provence & de Languedoc.

Les huiles de marjolaine payent en France les droits d'entrée comme huile de romarin, à raison de cent sols du cent pésant.

Les droits de la Douane de Lyon se payent sur le pied de 4 liv. 10 s. le quintal.

MARIONETTE. Monnoie d'or qui se fabriquoit autrefois en Lorraine & en quelques lieux d'Allemagne; elle pésoit deux deniers treize grains. Les marionettes d'Allemagne tenoient de fin seize karats & un huitiéme de karat; celles de Lorraine n'en tenoient seulement que neuf karats.

MARLO. Bois de corde qui sert à chauffer les fours dans la Manufacture des glaces de S. Gobin. Il y a trois sortes de bois pour ce chaufage; sçavoir les marlos, les billettes & le bois de charbonnage. *Voyez* GLACE DE GRAND VOLUME.

MARMANDE, Ville de France dans l'Agenois, il s'y fait un assez grand négoce de vins & d'eau-de-vie; les chapeaux qu'on y fabrique sont bons. A l'égard de la draperie, quoiqu'il ne s'en fasse aucune dans cette Ville, le commerce en est assez considérable; mais seulement de celle qui vient de dehors. Marmande est du département de l'Inspecteur des Manufactures de Bourdeaux. *Voyez* l'Etat général, Tome I. page 37.

MARMELADE. Sorte de confiture demi-liquide. On en fait principalement de pêche & d'abricot. *Voyez* CONFITURE.

Les marmelades payent en France les droits d'entrée comme confitures, c'est-à-dire, 7 liv. 10 s. du cent pésant.

MARO. Cette marchandise se trouve employée dans le Tarif de la Douane de Lyon sous le titre de droguerie & épicerie.

Les droits qu'elle paye sont de deux livres d'ancienne taxation, & de 22 s. 6 den. de nouvelle réappréciation.

MAROC, Royaume de Barbarie. *Voyez* le détail de son Commerce dans l'Etat général, Tome I. page 364 *& suiv.*

MAROC. Rases de Maroc: ce sont des especes de petites sergettes qui se fabriquent à Reims. *Voyez* RASE DE MAROC.

MARON.
MAROQUIN.
MAROQUINER.
MAROQUINERIE.
MAROQUINIER.
} *Voyez ces mots par* MARRO.

MAROQUINS. Especes de raisins secs qui viennent d'Espagne. *Voyez* RAISIN *à la fin de l'article.*

MAROUCHIN. Sorte de pastel de mauvaise qualité que l'on fait de la sixiéme récolte des feuilles de la plante qui produit cette drogue si utile pour les teintures en bleu. *Voyez* PASTEL.

MARQUADISSE. On nomme ainsi au Levant, particuliérement à Smyrne, les veines & points couleur d'or qui se trouvent dans le Lapis Azuli. *V.* OUTREMER.

MARQUE, en terme de négoce & de manufacture, se dit de certains caracteres qui s'appliquent & s'impriment sur plusieurs sortes de marchandises, soit pour connoître le lieu de leur fabrique, soit pour rendre garants de leur bonté les Ouvriers qui les ont fabriquées ou apprêtées, soit pour faire connoître qu'elles ont été vûes & visitées par les préposés à la Police de leur manufacture, soit encore pour servir de preuve comme les droits imposés sur icelles ont été bien & dûement acquittés.

Les Reglemens généraux du mois d'Août 1669, & les Arrêts du Conseil des 4 Novembre 1687 & 7 Avril 1693, intervenus sur le fait des Manufactures de lainages & leurs teintures, veulent que chaque piece d'étoffe de laine qui se fabrique en France, soit revêtue de plusieurs marques.

1°. De celle de l'Ouvrier qui l'a fabriquée, laquelle doit être mise au chef & premier bout avec de la laine d'une couleur différente au reste, & contenir sans abréviation les nom, surnom & demeure du Fabriquant.

2°. De celle du Teinturier qui l'a teinte, supposé qu'elle soit sujette à la teinture.

3°. De celle des Gardes, Jurés ou Esgards des Ouvriers qui l'ont visitée en premier lieu dans l'endroit de sa fabrique, laquelle pour cela est appellée Marque de fabrique.

Et 4°. De celle des Maîtres & Gardes de la draperie qui l'ont vûe & visitée en dernier lieu dans les Villes ou Foires où elle a été portée pour y être vendue & débitée. Cette derniere marque se nomme Marque de visite, ou de vûe, ou Marque Foraine.

Toutes ces marques, à l'exception de celle de l'Ouvrier qui doit être en laine, ainsi qu'il a été dit, doivent être empreintes sur des plombs, appliqués à la tête ou chef de l'étoffe.

Il faut remarquer que les étoffes de laine, quoique revêtues des marques de fabrique & de vûe, ne laisseroient cependant pas d'être sujettes à saisie & confiscation, supposé qu'elles se trouvassent de mauvaise fabrique, & ceux qui les auroient mal marquées seroient susceptibles d'amende. *Arrêts du Conseil des 24 Juillet & 22 Sept. 1688.*

Il est défendu de mettre ou d'appliquer aux draps & autres étoffes de laine, aucunes lettres ou marques étrangeres, même aucunes lettres, caracteres, figures ou façons, autres que celles portées par les Reglemens des Manufactures. *Arrêt du Conseil du 5 Février 1692.*

Chaque Marchand Drapier & Mercier a sa marque particuliere qu'il applique aux étoffes de laine qu'il est obligé d'envoyer aux apprêts & à la teinture, ou qu'il vend en piece, afin de pouvoir les reconnoître. Cette marque est empreinte sur un plomb attaché à la lisiere de l'étoffe du côté du chef, & contient ordinairement les premieres lettres de leur nom & surnom.

Outre toutes ces marques ordonnées par les Reglemens pour être apposées aux étoffes de draperie, il y a des marques honorables qui distinguent les Manufactures Royales, c'est-à-dire, celles qui ont cette qualité par les Lettres Patentes de leur établissement, d'avec les Manufactures ordinaires.

La principale de ces marques accordées par Sa Majesté à plusieurs Entrepreneurs de draperies fines, consiste dans la permission qu'ils ont de mettre au chef de chaque piece des étoffes de leur fabrique le terme de *Manufacture Royale*, ou de se servir de plombs avec cette inscription.

Plusieurs Fabriquans particuliers pour se donner de la réputation s'étant ingérés sans aucune concession de s'attribuer ce titre, soit sur leurs plombs, soit au chef de leurs étoffes, le Roi Louis XV pour arrêter cet abus, ordonna par un Arrêt de son Conseil du 13 Mai 1719, que les seuls Entrepreneurs des Manufactures de draperies à qui il auroit été nommément & expressément accordé par leurs Lettres de mettre au chef de leurs étoffes les mots de *Manufacture Royale*, les y pourroient employer, avec défense à tous autres qui n'auroient pas une pareille concession, de s'en servir, à peine de cinquante livres d'amende, & d'être les pieces trouvées en contravention confisquées, enjoignant à tous Entrepreneurs de Manufactures, Fabriquans & Ouvriers du Royaume, de se conformer exactement à la disposition de l'Arrêt du 7 Avril 1693 pour la marque de leurs étoffes. Sa Majesté faisant pareillement défenses aux Gardes & Jurés des lieux de fabrique de faire graver sur leurs plombs, s'ils n'en ont une concession particuliere, ces termes de *Manufacture Royale*, ni de se servir desdits plombs à peine aussi de cinquante livres contre eux, & de pareille amende & de confiscation contre les Fabriquans à qui appartiendront les étoffes qui en auront été marquées.

Les draps d'or & d'argent & de soie, & autres étoffes mêlangées qui se manufacturent à Paris, à Lyon & à Tours, ne peuvent être exposés en vente qu'ils n'ayent la marque de l'Ouvrier qui les a fabriqués, & celle des Maîtres & Gardes qui les ont visités. Ces marques doivent être empreintes sur un petit plomb attaché avec un fil au chef de la piece. *Reglemens des mois de Mars, Avril & Juillet 1667.*

Les Teinturiers en soie, laine & fil sont obligés de mettre chacun leur marque sur les bottes de soie, de laine & de fil, & au chef des étoffes qu'ils teignent; & cette marque doit être empreinte sur un petit plomb attaché à la marchandise avec un fil. *Reglement du mois d'Aout 1669.*

Les Maîtres Tisserands ne peuvent livrer aux Marchands aucunes pieces de futaine & basin, qu'elles n'ayent la marque ou plomb de visite des Jurés de leur Communauté. *Reglement du 4 Janvier 1701.*

Les toiles de coton blanches, les mousselines & les autres marchandises des Indes Orientales dont la vente est permise en France, doivent être revêtues de la marque ou plomb de la Compagnie, sans quoi elles seroient sujettes à être saisies & brûlées, & ceux qui s'en trouveroient chargés encourroient l'amende de 3000 livres. *Arrêts du Conseil des 6 Février 1697 & 7 Septembre 1700.*

Les toiles de chanvre & de lin qui se manufacturent en France doivent avoir la marque de l'endroit où elles ont été fabriquées, & celle de la visite du lieu où elles ont été portées pour y être vendues, & il est défendu de les exposer en vente qu'elles n'ayent ces marques, qui doivent être imprimées aux deux bouts de chaque piece de toile avec du noir de fumée détrempé dans de l'huile. Ce qui est conforme aux Reglemens faits pour les Manufactures des toiles des 14 Aout 1676, 20 Janvier 1680, 7 Avril 1693 & 24 Décembre 1701.

Les balles & ballots de toiles qui sortent de la Ville de Rouen doivent être marquées suivant les différentes especes de toiles qu'elles contiennent. Ces marques qui s'impriment avec du noir détrempé dans de l'huile, doivent porter les armes de la Ville de Rouen, & au-dessous les caracteres suivans; sçavoir pour les ballots de toiles, fleurets ou blancards, F B. *Rouen* B F. qui signifient toiles, fleurets, blancard de Rouen bien fabriquées; & pour les toiles de cofre C. *Rouen* B F. ce qui veut dire toiles de cofre de Rouen bien fabriquées. *Reglement du 24 Décembre 1701, art. 52.*

Il faut observer que les toiles qui se fabriquent dans la Flandre & Hainant François, Cambraisis & Artois, même celles qui se font dans les Manufactures de Guise, S. Quentin, Ham, Peronne, & autres lieux des frontieres de Picardie, doivent avoir certaines marques particulieres que l'on y doit appliquer pour la conservation des droits de Sa Majesté. *Voyez l'Ordonnance des cinq grosses Fermes du mois de Février 1687, art. 1 du titre 4, & l'Arrêt du Conseil du 19 Janvier 1703.*

Les Marchands de Paris doivent aussi observer de ne point envoyer de toiles pour être blanchies, que la marque ou pouce des Jurés Auneurs n'y ait été préalablement empreinte, autrement elles seroient sujettes, lors de leur retour, à payer une seconde fois les droits d'aunage. *Edit de création des Jurés Auneurs de toiles de Paris du mois de Novembre 1702.*

Les dentelles de fil qui viennent tant de la Flandre Françoise que de la Flandre Espagnole, & autres Pays Etrangers, lorsque l'entrée en est permise, doivent être marquées de la marque du Fermier des dentelles, pour faire connoître que les droits d'entrée en ont été payés. Cette marque s'attache à un des bouts de la piece, & est empreinte sur du pain à chanter mis entre deux papiers. Elle est telle que le Fermier la veut choisir.

Les Maîtres Chapeliers sont obligés de mettre sur les chapeaux qu'ils manufacturent ou qu'ils font manufacturer, des marques particulieres qui désignent les matieres dont ils sont composés; sçavoir sur ceux de pur castor un C. sur les demi-castors un D. & un C.; sur ceux qui sont mélangés de plusieurs sortes de poils avec du castor ou sans castor, un M. & sur ceux tout de laine une L. *Arrêt du Conseil du 10 Aout 1700.*

Outre ces marques il est encore de l'usage parmi les Marchands Chapeliers & Ouvriers en chapeaux de marquer sur leurs chapeaux les premieres lettres de leur nom & surnom, soit afin de pouvoir connoître ceux qui les ont fabriqués, soit aussi pour les distinguer lorsqu'ils vont à la teinture. Toutes ces marques s'impriment avec un fer chaud sur le cordon du chapeau en dedans la forme.

Les bas, calleçons, camisolles & autres ouvrages de bonneterie tant de soie que de laine, fil, poil, coton, castor & d'autres matieres qui se font au métier, doivent avoir la marque des Maîtres qui les ont fabriqués ou fait fabriquer. Cette marque est un petit plomb attaché par un fil à l'ouvrage, portant d'un côté leur nom, & de l'autre celui de la Ville où ils font leur résidence.

Les particuliers ausquels le Roi a accordé des privileges pour établir des Manufactures de bonneterie au métier, sont pareillement obligés de mettre

mettre une marque aux marchandises qu'ils fabriquent, & cette marque differe de celle des Maîtres Bonnetiers, en ce que d'un côté du plomb il n'y doit avoir qu'une fleur de lys, & de l'autre les premieres lettres de leur nom & surnom. *Arrêt du Conseil du 30 Mars 1700.*

Pour appliquer ces marques aux ouvrages de bonneterie, il fut créé en 1708 des Inspecteurs, Controlleurs, Visiteurs & Marqueurs de bas ausquels il fut attribué des droits pour leurs peines & salaires, & un Tarif dressé au Conseil le 17 Mai de la même année, conformément auquel ces droits devoient être payés.

Les cuirs, tant ceux qui viennent des Pays Etrangers que ceux qui se fabriquent en France, doivent être marqués de quatre marques particulieres, suivant les divers droits qu'ils payent. 1°. De celle du controlle. 2°. De celle des Prud'hommes. 3°. De celle du Parisis. Et 4°. De celle des Jurés-Vendeurs. Ces marques s'impriment sur les cuirs par le moyen de certains marteaux dont les têtes sont gravées d'un côté. Aux gros cuirs elles s'appliquent sur la culée, c'est-à-dire, du côté de la croupe, & sur les petits cuirs elles se mettent à la tête vers la joue. Il faut observer que la marque sur les gros cuirs s'empreint par la seule force des coups de marteaux, & que celle sur les petits cuirs s'imprime par le moyen du noir de fumée détrempé dans l'huile dont les marteaux ont été frottés.

Dans toutes les Villes de France où il se fabrique des cuirs, & où il s'en fait commerce, il y a des bureaux établis pour cette marque, il n'y a qu'à Nantes & à Limoges où il n'y en a point.

Les fers sont sujets à une marque particuliere qui s'applique dessus dans les lieux de leur fabrique par des Officiers destinés à cet effet.

Le papier doit porter deux marques, dont l'une est celle de l'Ouvrier qui l'a fabriqué, & l'autre celle qui convient à sa qualité, comme grapes de raisin, serpens, noms de Jesus, &c. Ces marques se font en travaillant le papier, elles sont placées dans le milieu de chaque demie-feuille, & paroissent plus claire que le reste de la feuille. La marque de l'Ouvrier est ordonnée par le Reglement de 1671.

Les Déclarations données sous le regne de Louis XIV en 1704, 1705, & 1713, portant création, la premiere de 50 Controlleurs, Visiteurs, & Marqueurs du papier entrant dans la Ville & Fauxbourgs de Paris, & la derniere aussi de pareil nombre de semblables Officiers pour la même Ville, ordonnent une marque du papier seulement pour Paris, qui doit y être apposée par ces Officiers, & reglent le droit qui doit se payer pour chaque marque. *Voyez* PAPIER.

La marque du Libraire c'est une image qu'il met au dessous du titre d'un livre, ou la premiere page.

La marque de la monnoie est ordinairement l'image du Prince; c'est cette marque qui fait qu'elle a cours dans le commerce. Quand les Fermiers ou Graveurs des Monnoies sont reçus, ils sont dans l'obligation de déclarer par un acte en bonne forme, de quelles marques ils prétendent se servir, & il s'en tient registre à la Cour des Monnoies; ils ne la peuvent changer sans permission.

On met une marque sur la vaisselle d'or & d'argent, tant du poinçon du Maître qui l'a faite, que du poinçon de la Ville ou Communauté, pour faire connoître la bonté de son titre.

De la Marque de l'or & de l'argent par les Fermiers du Roi.

Outre la marque de l'Ouvrier & celle du Bureau ou Maison commune des Orfévres, il y en a une troisiéme ordonnée par Déclaration du Roi, dans les premieres années de la guerre de Hollande, commencée en 1672.

Cette marque forma d'abord une Ferme particuliere; mais la régie s'en faisant difficilement, elle fut ensuite réunie aux Fermes générales de Sa Majesté, auxquelles elle est restée jointe jusqu'à présent.

C'est cette troisiéme marque qui fait le second titre de l'Ordonnance du 22 Juillet 1681, où il est reglé en 19 articles, tout ce qui regarde le payement de ce droit & l'exploitation de cette ferme. On va donner l'extrait des principaux de ces articles.

Par le premier article, le Roi déclare que ces droits de la marque sur les ouvrages d'or & d'argent qui seront fabriqués & mis en œuvre par les Orfévres, Batteurs & Tireurs d'or, Fourbisseurs, Horlogeurs, & autres Ouvriers en or & en argent, seront levés dans tout le Royaume à raison de 3 livres pour chacune once d'or, & 40 s. pour chacun marc d'argent, & pour les ouvrages de moindre poids, à proportion. Le II article ajoute que les droits pour le vermeil doré, seront payés comme pour l'argent.

Le III article ordonne que ces droits de marque seront payés par les Orféyres, lorsque les Jurés & Gardes de leur Corps marqueront lesdits ouvrages de leur poinçon & après l'essai fait dans leur Bureau; Sa Majesté permettant pour cela au Fermier d'y établir un Commis pour contremarquer lesdits ouvrages avec un poinçon portant pour empreinte une fleur de lys & la lettre de la Monnoie au dessous: Sadite Majesté défendant en outre par le IV article auxdits Maîtres & Gardes, de faire leurs essais ni marquer aucun ouvrage qu'en présence dudit Commis.

Le V article regle la maniere dont seront marqués les ouvrages qui ne seront pas finis, & dont les droits ne peuvent être payés sur le champ.

A l'égard des ouvrages qui ne pourront souffrir la marque du poinçon, il est permis au Fermier par le VII article, de les cacheter avec un cachet où sera gravé une fleur de lys.

Par le VIII article, il est dit que les empreintes des poinçons & des cachets seront insculpées sur une table de cuivre, qui sera mise au Greffe des Cours des Monnoies, Sa Majesté défendant à toutes personnes de les contrefaire à peine de 3000 liv. d'amende pécuniaire, d'amende honorable & des Galeres pour cinq ans; & en cas de récidive, de Galeres perpétuelles. A l'égard des poinçons des Maîtres & Gardes, le IX article veut qu'ils soient mis dans un coffre à plusieurs serrures & clefs, une desquelles clefs restera entre les mains du Fermier ou de son Commis.

Les articles suivans jusqu'au XVIII, contiennent diverses précautions pour empêcher que le droit de marque ne puisse être fraudé.

Enfin le XVIII oblige les Marchands Merciers Joyailliers de déclarer au Bureau du Fermier dans les 24 heures, les ouvrages d'or & d'argent qu'ils auront fait venir des Pays étrangers; & le XIX

& dernier établit les Juridictions, où seront portées les contestations au sujet de la marque tant en premieres que dernieres instances.

L'expérience ayant fait connoître dans la suite que la principale contravention & la plus préjudiciable à la Ferme du droit de marque, étoit la contrefaction des poinçons avec lesquels se doit faire ladite marque; Sa Majesté pour arrêter le désordre, donna le 4 Janvier 1724 une Déclaration concernant ledit droit, par laquelle en IV articles elle ordonne de nouvelles peines contre ceux qui en seront convaincus, & regle aussi de nouveau les Jurisdictions où ce crime doit être poursuivi suivant l'exigence des cas.

Par le premier article, il est ordonné que ceux qui calqueront, contretireront, ou autrement contreferont le poinçon de Paris, celui de Lyon, & les poinçons des autres Villes du Royaume dans lesquelles il y a Jurande, ou qui s'en serviront pour une fausse marque, seront condamnés à faire amende honorable & à être pendus & étranglés.

Par le second il est enjoint pour prévenir toute surprise, à compter du jour de la publication de ladite Déclaration, que tous les ouvrages d'or & d'argent qui seront portés au Bureau du Fermier pour y être marqués du poinçon de décharge, seront entierement finis, achevés & polis, à peine de confiscation, & de cent livres d'amende pour chaque piece.

Le troisiéme article veut, que lorsque les poinçons tant du Fermier que de la Maison commune servant à ladite marque se trouveront contrefaits, & que le procès verbal de la fausseté en aura été dressé par le Commis du Fermier en la forme prescrite par l'Ordonnance du mois de Juillet 1681, la connoissance en appartienne en premiere instance aux Officiers des Elections, & par appel aux Cours des Aydes : mais que si il ne se trouve de falsifié que le poinçon du Bureau ou Maison commune, ou que les Maîtres & Gardes de l'Orfévrerie, ou les Officiers des Monnoyes en auront fait la saisie sans le secours des Commis; la connoissance de la fausseté appartiendra & sera poursuivie dans les Cours des Monnoies.

Le quatriéme article ne contient qu'une confirmation de toutes les Ordonnances, Edits, Réglemens, & Arrêts concernant les matieres d'or & d'argent, & la perception des droits du Roi sur lesdites matieres, en ce qu'ils ne seront point contraires à la présente Déclaration.

Les Potiers d'étain, les Couteliers, les Taillandiers, les Faiseurs de limes, & autres semblables Ouvriers, mettent leurs marques particuliéres sur les ouvrages qu'ils font, & cette marque est appellée Marque de Maître.

Les poids de cuivre tant de trébuchet, de marc, que massifs, doivent avoir la marque de l'étalonnage qui en a été fait en la Cour des Monnoies.

Pour ce qui est des poids de plomb, de fonte, ou de fer, ils ne sont sujets qu'à la marque des Maîtres Balanciers qui les ont fabriqués, pour faire connoître qu'ils ont été par eux ajustés en conformité des originaux qu'ils ont en leurs mains qui ont été étalonnés & marqués à la Cour des Monnoies.

Les aunes dont se servent les Marchands pour la vente de leurs marchandises doivent avoir la marque de la vérification ou étalonnage qui en a été faite au Bureau de leur Corps sur l'étalon qui y est gardé.

Les mesures de bois pour le sel, les grains, farine, légumes, fruits, graines, charbon de terre & de bois, &c. doivent avoir la marque de l'étalonnage qui en a été fait à l'Hôtel de Ville. Il en est de même des mesures d'étain pour les vins, biéres, & autres liqueurs. A l'égard des mesures de cuivre pour les huiles à brûler, la marque de l'étalonnage y doit être apposée par les Jurés Huiliers.

Dans les Bureaux de Douanes ou Traites, les Commis impriment des marques particulieres sur les plombs qu'ils appliquent ou attachent aux balles, ballots, paquets & caisses de marchandises, pour faire connoître qu'elles ont été vûes & visitées, & les droits payés. Ces marques empêchent qu'elles ne soient ouvertes dans les autres Bureaux de la route par où elles doivent passer : cela s'appelle vulgairement Plomber les marchandises.

Il faut remarquer que l'on ne plombe jamais de marchandise dans les Bureaux que l'on ne délivre en même tems une expédition ou acquit qui doit accompagner la marchandise.

MARQUE. Est aussi le poinçon ou instrument qui sert à faire l'empreinte sur la marchandise ou autre chose que l'on veut marquer.

MARQUE. Les Boulangers appellent de la sorte de petits morceaux de bois gravés en creux, avec lesquels ils impriment sur le pain qu'ils vendent & débitent soit aux marchés, soit à leur boutique la quantité de livres que chaque pain doit peser.

Quelques-unes de ces marques ont des chifres Arabes, les autres qui sont les plus ordinaires ont de petits ronds qui sont autant de fois multipliés qu'il y a de livres. Les plus grosses marques ne passent pas douze; les plus petites commencent à un. *Voyez* BOULANGER *ou* PASTE.

MARQUE. Est encore un certain caractere particulier ou un signe que chacun fait suivant son caprice pour distinguer une chose d'avec une autre.

Les Marchands mettent des marques & numeros sur les balles, ballots, paquets & caisses de marchandises qu'ils envoyent à leurs Correspondans, afin qu'ils puissent les reconnoître plus facilement. Les mêmes marques & numeros se mettent aussi sur les lettres de voitures & sur les factures, car il est nécessaire que la marque des balles, &c. celles des lettres de voiture & celles des factures ayent de la conformité.

Les Marchands se servent encore de certaines marques ou caracteres qui ne sont connus que d'eux seuls : elles s'écrivent sur de petits bulletins attachés aux marchandises, ou sur leur envelope, pour se ressouvenir du prix qu'elles ont couté. Ces marques qu'ils nomment aussi des numeros, se font suivant la fantaisie de ceux qui en ont besoin; mais ordinairement on se sert de plusieurs caracteres ou lettres de l'alphabet, qui ont chacune leur rapport particulier à un chifre.

Ces sortes de marques sont d'un si grand usage parmi les Marchands qu'il ne sera pas désagréable au Lecteur d'en voir ici une petite table pour servir de modéle aux jeunes gens qui voudront s'établir dans le commerce.

A	B	C	D	E	F	G	H	I	K	L	M
0	1	2	3	4	5	6	7	8	9	10	20

Un exemple suffira pour donner toute l'intelligence de cette table. Supposé donc qu'on veuille mettre sur une piece d'étoffe qu'elle revient à 37 livres 15 sols 6 deniers l'aune, il faudra mettre une M. qui signifiera 20 liv. une L. qui voudra dire 10 liv. une H. qui signifiera 7 liv. une L. qui exprimera 10 s. une F. qui voudra dire 5 s. & un G. qui sera 6 den. en sorte que toutes ces différentes lettres écrites de suite (en observant de séparer les sols des livres & les deniers des sols, par des points) feront cette marque, MLH, LF. G. qui signifiera que l'aune d'étoffe reviendra à 37 liv. 15 s. 6 d.

Les Marchands de bois mettent des marques pour reconnoître les bois qu'ils font flotter à bois perdu; & les Marchands Bouchers en ont aussi pour distinguer leurs bestiaux dans les marchés.

On appelle hareng de marque une sorte de hareng salé très excellent, qui vient de Hollande dans des barils marqués d'une marque de feu qui les fait distinguer des autres de moindre qualité. *Voyez* HARENG.

MARQUE. Est aussi un terme dont se servent les Manufacturiers de Drapperie d'Elbeuf, Rouen, Arnatal, Louviers, &c. pour signifier une certaine mesure de drap qui est de 3 aunes de Paris, ce qui a du rapport à la mesure que les Hollandois & les François, à leur imitation, appellent Enseigne. *Voyez* ENSEIGNE.

MARQUE. S'entend encore d'une monnoie de compte dont les Marchands & Banquiers se servent pour tenir leurs livres dans plusieurs Villes d'Alemagne. La marque vaut 16 sols lubs, ce qui revient à 20 sols tournois ou à la livre de France, le sol lub pris sur le pied de 15 deniers tournois, & l'écu à 60 sols.

MARQUE. Est pareillement une monnoie d'Ecosse qui vaut treize sols tournois de France.

MARQUENTINES DE VENISE. Marchandises employées dans le Tarif de la Douane de Lyon.

Elles payent 6 liv. le quintal d'ancienne taxation, ou 9 liv. la caisse avec la nouvelle réappréciation à l'équipolent.

MARQUER. Signifie appliquer ou mettre une marque artificielle à une chose pour la reconnoître. Les Marchands marquent leurs ballots de marchandises, leurs bois, leurs bestiaux. On marque dans les Forêts le bois que l'on doit couper en chaque coupe.

MARQUER. Signifie aussi faire une empreinte, une marque par autorité publique. Ainsi l'on dit, marquer la monnoie, marquer la vaisselle d'or ou d'argent au poinçon de la Ville. On marque l'étain fin par dessous & l'étain commun par dessus l'ouvrage.

Les Commis des Aydes vont marquer les vins dans les caves & celliers pour la sureté des droits du Roi. Les Manufacturiers & Ouvriers doivent faire marquer leurs étoffes d'or, d'argent, de soie, de laine, &c. leurs toiles, leurs basins, leurs futaines, &c. dans les Bureaux, Halles & autres lieux où les Maîtres, Gardes, Jurés ou Esgards des Corps & Communautés en doivent faire la visite. Dans ce dernier sens on dit aussi, ferer ou plomber les étoffes, ce qui signifie la même chose que marquer.

MARQUETER. Faire des ouvrages de marqueterie.

MARQUETERIE. Ouvrage composé de diverses pieces de rapport, quelquefois seulement de bois, & où quelquefois on fait aussi entrer d'autres matieres, comme l'écaille de tortue, l'ivoire, l'étain & le cuivre.

Il y a une autre sorte de marqueterie qui se fait avec des émaux & du verre de différentes couleurs; & encore une troisiéme où il n'entre que des pierres précieuses ou les marbres les plus riches. Ces derniers ouvrages s'appellent plus proprement Mosaïque. On en parle ailleurs. *Voyez* MOSAÏQUE.

Les Emailleurs & les Marbriers travaillent à la marqueterie d'émail & de pierre de rapport; & les Menuisiers de placage à la marqueterie de bois, d'écaille de tortue & d'ivoire. C'est aussi une partie du métier de Tabletier. *V.* PLACAGE, EBENISTE, *&* TABLETIER.

L'art de la marqueterie est ancien, & l'on croit qu'il a passé de l'Orient en Occident, comme une partie des dépouilles que les Romains remporterent de l'Asie. Mais il faut avouer que c'étoit alors peu de chose, qu'il ne s'est perfectionné en Italie que dans le quinziéme siécle, & que ce n'est que vers le milieu du dix-septiéme que les Ouvriers de France l'ont poussé jusqu'à sa derniere perfection.

Avant Jean de Verone contemporain de Raphael, les plus beaux ouvrages de pieces de rapport n'étoient quasi que de blanc & de noir. Ce fut ce Religieux qui avoit du genie, & qui étoit assez habile dans la Peinture, qui donna le premier des teintes à ses bois avec des teintures ou des huiles cuites qui les penetroient; mais il ne poussa gueres la marqueterie que jusqu'à représenter des bâtimens & des perspectives qui ne demandent pas une si grande varieté de couleur.

Ceux qui le suivirent non-seulement encherirent sur l'invention de teindre les bois par le secret qu'ils trouverent de les brûler sans les consommer, ce qui servit à imiter les ombres; mais encore en ramassant quantité de bois de diverses couleurs naturelles & très vives que leur fournit l'Amérique nouvellement découverte, ou qui croissent en France, & qui jusqu'alors étoient restés comme inconnus aux Ouvriers de marqueterie.

Avec ces nouveaux secours il n'y a rien que cet art n'ait été capable d'imiter. Il peut, comme celui de la peinture, représenter non-seulement des animaux, des fruits, des fleurs, des grotesques, mais encore des figures humaines, ce qui fait que quelques-uns lui donnent le nom de peinture en bois; & celui de Peintres & de Sculpteurs en mosaïque à ceux qui travaillent de cette maniere, regardant leurs ouvrages comme autant de véritables tableaux.

Chaque Ouvrier en marqueterie a sa pratique & ses drogues particulieres pour la teinte de ses bois, dont il fait un grand mystere. A l'égard de la maniere de les brûler, c'est-à-dire, de leur donner une couleur noirâtre qui sert pour les ombres, les uns les mettent dans du sable extrémement chauffé sur le feu; d'autres se servent d'eau de chaux & de sublimé, & d'autres encore d'huile de souffre.

Les fonds sur lesquels doivent s'arranger & se coler les petites parties des divers bois de couleur qu'on veut faire entrer dans un ouvrage de marqueterie, sont ordinairement ou de chêne ou de sapin bien secs: & comme ce qu'on a à craindre davantage est que les fonds ne se tourmentent & ne se déjettent, on les fait de plusieurs pieces collées ensemble, & autant qu'il se peut de mairain & non de bois de sciage.

Lorsque les bois ont été réduits en feuilles, & qu'on a mis ces feuilles d'épaisseur, c'est-à-dire, environ d'une ligne ou deux au plus d'épais, comme on l'a dit à l'article du placage, on les met à la teinture ou au sable si elles en ont besoin, & ensuite on les scie & on les contourne suivant les parties du dessein qu'elles doivent représenter.

Cette partie de la marqueterie est sans doute la plus difficile, & où l'on a besoin de plus de patience & d'attention. Deux outils ou instrumens servent à contourner les pieces; l'un est la scie & l'autre l'étau que quelques-uns appellent aussi un Asne.

L'on connoît assez la scie, & d'ailleurs on peut voir à l'article général des scies la description de celles des Ouvriers en marqueterie.

Pour l'étau qui sert à tenir les pieces quand on les scie, c'est une machine assez simple, mais ingenieuse. La table qui soutient cet étau est indifféremment ou ronde ou quarrée avec des bords tout autour. Lorsqu'elle est ronde elle n'a que trois pieds & est assez semblable à ce qu'on appelle une selle; si elle est quarrée elle est soutenue sur un chassis de bois presque du double plus long que la table; ce chassis n'a point de traverse par le devant, afin que l'Ouvrier puisse y entrer.

Au milieu de la table est l'étau; il est de bois composé de deux pieces posées perpendiculairement l'un devant l'autre; l'une est mobile, l'autre, qui ne l'est pas, est fortement attachée à la table: celle qui est mobile a une charniere avec laquelle elle tient par en bas à la piece immobile; cette charniere sert à l'Ouvrier pour y mettre ou en ôter les feuilles de bois, d'ivoire, d'écaille ou de métail s'il en entre dans la marqueterie. Les deux pieces paralleles s'appellent les machoires de l'étau, & l'endroit d'en haut par où elles se joignent, & où l'on met la matiere qu'on veut scier, se nomme le mord.

Pour serrer les 2 machoires, ou plutôt la machoire mobile, contre celle qui ne l'est pas, il y a vis-à-vis de la premiere un morceau de bois d'un pouce & demi ou environ d'équarrissage, & de dix ou douze de longueur, qui porte d'un bout sur la table où il est attaché avec une charniere, & de l'autre sur cette machoire mobile; & afin que ce morceau de bois la presse plus ou moins fortement, il a vers le milieu une corde qui traversant la table par un trou, tient à une marche qui est dessous, & sur laquelle l'Ouvrier en mettant le pied ou en le retirant, peut serrer ou desserrer le mord de l'étau.

Les feuilles qu'on veut contourner, car souvent on en joint trois ou quatre qu'on contourne ensemble, se mettent entre les machoires de l'étau après avoir collé sur la premiere la partie du dessein dont on veut qu'elles imitent le profil; ensuite l'Ouvrier pressant la marche du pied, & l'y tenant tant qu'il travaille, parcoure avec la scie tous les traits de ce dessein.

L'on joint ainsi plusieurs feuilles, non-seulement pour épargner le tems, mais encore pour que cette union leur donne plus de force, pour soutenir l'effort de la scie, qui quelque délicate qu'elle soit, & avec quelque legereté & quelque précaution qu'on la conduise, pourroit sans cela en emporter des morceaux qui rendroient l'ouvrage & plus difficile & moins parfait.

Lorsque c'est une marqueterie d'une seule sorte de bois ou d'écaille de tortue sur un fond de cuivre ou d'étain, ou au contraire, on ne contourne que deux feuilles l'une sur l'autre, c'est-à-dire, une feuille de métail & une feuille de bois ou d'écaille, ce qu'on appelle scier en contre-partie, c'est-à-dire, ensorte que remplissant les vuides d'une de ces feuilles des morceaux qui sortent de l'autre, le métail puisse servir de fond au bois, & le bois au métail. La contre-partie est toujours la moins belle, c'est celle où le métail sert de fond.

On fait aussi de ces ouvrages avec deux seules especes de bois; on les appelle des Moresques.

Toutes les pieces ayant été enlevées avec la scie, & cottées pour les reconnoître, on donne de l'ombre à celles qui en ont besoin de la maniere qu'on l'a dit ci-dessus; puis on les plaque, chacune suivant sa place, sur les fonds de bois commun qu'on a préparé, se servant pour les y arrêter de la meilleure colle d'Angleterre; le reste se fait comme aux simples ouvrages de placage, & ainsi qu'on l'a expliqué à son article où l'on peut avoir recours; à la réserve néanmoins que si ce sont des marqueteries de métail, de bois, ou d'écaille, on les acheve avec le burin aux endroits où il est nécessaire pour les nervures des branchages & pour quelques parties des figures, soit humaines, soit d'animaux, qui y sont représentées.

Les Ouvriers en marqueterie ont les mêmes outils soit pour les gros ouvrages, soit pour la marqueterie même, que les Ebenistes & les Menuisiers d'assemblage. On en parle dans ces deux articles où on peut avoir recours.

MARQUEUR. Celui qui marque. Marqueur de monnoie, Marqueur de draps, de serge, de toile, de futaine, de fer, de cuir, &c.

MARQUEURS DE MESURES. On nomme en Hollande, Jurés Maîtres Marqueurs de Mesures, de petits Officiers établis pour faire la marque, ou étalonnage des mesures qui servent dans le commerce. Leur principale fonction est de jauger & mesurer les vaisseaux qui sont sujets au droit de last gelt ou droit de last, & d'en délivrer l'Acte de mesurage, que l'on nomme autrement Lettre de Marque.

Ces Officiers sont tenus de faire le jaugeage par eux-mêmes, & de ne s'en pas rapporter au calcul que leur pourroient présenter les Capitaines, Maîtres ou Propriétaires desdits vaisseaux, à peine de déposition de leur emploi.

Il y a dans le Placard pour l'exécution de la nouvelle Liste ou Tarif de Hollande de l'année 1725, une section qui traite des fonctions de ces Officiers. *Voyez ci-après* l'article des Résolutions & Placards.

MARQUEUR. Signifie aussi en terme de Paumier celui qui marque les chasses, qui tient compte des jeux, & qui rend à ceux qui jouent tous les services nécessaires par rapport au jeu.

Les Statuts des Maîtres Paumiers ordonnent que les Marqueurs soient Apprentifs ou Compagnons du métier. Ordinairement ce sont de pauvres Maîtres qui en font les fonctions. *Voyez* PAUMIER.

MARQUINIER. Nom qu'on donne aux Tisserans dans quelques endroits de la Champagne, particuliérement à Laon, Guise, Chauni, Noyon, la Fere, &c. Il se dit plus ordinairement des Tisserans, qui travaillent en batistes, que des autres. *Voyez* TISSERAN.

MARRON, ou MARON. Espece de grosse chataigne, mais plus ferme & de meilleur goût que la chataigne ordinaire.

Il se fait à Lyon un grand commerce de marrons que les Marchands Lyonnois tirent de Dauphiné, du Forest & Vivarez. La destination de la plus grande quantité de cette marchandise est pour Paris où les Marchands Epiciers les vendent en gros, & les Chandeliers & Marchands Fruitiers & Regrattiers en détail, c'est-à-dire, au cent & au chapelet, le chapelet n'en contenant que vingt-cinq.

Les marrons payent en France les droits d'entrée à raison de 15 s. du cent pésant, conformément au Tarif de 1664, & pour les droits de sortie 6 s.

MARROQUIN, que l'on écrit aussi Maroquin. C'est la peau des boucs & des chévres, ou d'un autre animal à peu près semblable appellé Menon, dont il se voit beaucoup en Levant, qui a été travaillée & passée en sumac ou en galle, & qu'on a mise en quelle couleur on a voulu.

Plusieurs prétendent que ce terme vient de Maroc Royaume de Barbarie dans l'Afrique, d'où l'on a tiré la maniere de le fabriquer; aussi quelques-uns l'appellent-ils Cuirs de Maroc.

Il y a des marroquins de Levant, de Barbarie, d'Espagne, de Flandre, de France, &c. Il y en a de rouges, de noirs, de jaunes, de bleus, de violets, &c.

Les marroquins noirs se vendent au poids. Il s'en tire beaucoup des Pays étrangers, particuliérement d'Espagne, de Flandres & d'Avignon: il en vient quelques-uns du Levant & de Barbarie dont on ne fait pas grand cas. Il s'en fabrique aussi quantité en France, particuliérement à Paris, Lyon, Limoges & Rouen. Ceux de cette derniere Ville se nomment quelquefois Peaux fraîches, & plus ordinairement Marroquins façon de Barbarie, parce qu'ils sont pour la plupart faits de peaux apportées de ce pays-là. Ceux d'Espagne sont les plus estimés pour la bonté, & ceux de Rouen l'emportent pour la beauté.

Les marroquins rouges, jaunes, bleus, violets & d'autres semblables couleurs se vendent à la peau. Il en vient beaucoup du Levant, particuliérement de Constantinople, de Smyrne & d'Alep; il s'en fabrique néanmoins quantité en Avignon, à Marseille & à Paris; mais ceux du Levant sont plus estimés que tous les autres, soit pour la qualité, soit pour la vivacité des couleurs.

Paris n'en fournit gueres que de rouges, qui sont assez estimés. C'est le sieur Garon qui en a établi depuis quelques années la manufacture dans le Fauxbourg S. Antoine où il les vend, ainsi que les noirs qu'il fabrique dans le même endroit, en gros & en détail suivant le privilége qu'il en a obtenu du Roi, qui lui a aussi permis d'en établir des magasins dans le dedans de la Ville, sans qu'il puisse être troublé par les Marchands, Ouvriers & autres de quelque art & condition qu'ils soient, sous peine d'amende.

Il vient de Barbarie & du Nord quantité de peaux de boucs & de chévres séches en poil, propres pour la fabrique des marroquins. La France en fournit aussi beaucoup de cette espece; les Provinces d'où l'on en tire le plus sont l'Auvergne, le Bourbonnois, le Limosin, la Touraine & la Bourgogne; mais il en vient infiniment plus du Bourbonnois que de pas une autre.

Les marroquins font partie du négoce des Marchands Merciers & Epiciers, qui les vendent en gros & en détail aux Ouvriers & Artisans qui les employent, tels que sont les Relieurs de livres, Tapissiers, Cordonniers, Ceinturiers, Selliers, Gainiers, Bahutiers, &c.

Les différentes manieres de fabriquer les marroquins noirs & de couleurs ont paru si curieuses & si utiles, qu'on a crû que le Public ne seroit peut-être pas fâché de les trouver ici.

Maniere de fabriquer le marroquin noir.

Pour cette fabrique l'on prend ordinairement des peaux de boucs ou de chevres séches & en poil, que l'on nomme Peaux en merlut. On les met d'abord tremper dans des baquets remplis d'eau claire où elles restent trois fois vingt-quatre heures, d'où étant retirées elles sont étendues sur un chevalet de bois semblable à celui dont se servent les Tanneurs, sur lequel on les brise avec un grand couteau destiné à cet usage.

Ensuite on les remet tremper dans les baquets où l'on a mis de nouvelle eau que l'on change tous les jours, jusqu'à ce que l'on s'apperçoive que les peaux soient bien revenues.

En cet état on les jette dans un plain qui est une espece de grande cuve de bois ou de pierre mastiquée en terre, remplie d'eau, dans laquelle on a fait éteindre de la chaux qu'on a bien boulée, c'est-à-dire qu'on a bien remuée ou brouillée avec l'eau.

Les peaux doivent rester dans ce plain pendant quinze jours, d'où néanmoins il faut avoir soin de les tirer & de les y remettre chaque jour soir & matin.

Après ce tems on les rejette dans un nouveau plain dont l'eau & la chaux qui y a été détrempée n'ont point encore servi, duquel on les retire & où on les remet encore soir & matin pendant quinze autres jours.

Lorsque les peaux ont été retirées de ce second plain, on les rinse bien dans l'eau claire les unes après les autres, on leur ôte ensuite le poil sur le chevalet avec le couteau; & quand on l'a fait tomber entiérement, on les rejette dans un nouveau plain duquel elles sont retirées & où elles sont remises le soir & le matin pendant encore quinze à dix-huit jours suivant que l'Ouvrier le juge à propos.

Les peaux ayant été retirées pour la derniere fois de ce troisiéme plain, on les met dans la riviere pendant douze heures pour les faire boire, d'où étant sorties bien rinsées, elles sont placées dans des baquets où elles sont pilonnées avec des pilons de bois, en les changeant deux fois d'eau, ce que les Ouvriers appellent donner deux paires d'eau.

On les étend ensuite sur le chevalet pour les écharner avec le couteau, & en couper tout le tour qui ne peut être bon à rien.

Après cette façon on les remet dans les baquets remplis de nouvelle eau, d'où on les retire pour leur donner une autre façon du côté de la fleur, c'est-à-dire, du côté où étoit le poil, pour être de nouveau rejettées dans les baquets, desquels les eaux ont été changées; après les en avoir retirées on les jette dans un baquet particulier dont le fond est percé de plusieurs trous dans lequel elles sont foulées pendant une heure, en jettant de tems en tems de l'eau fraîche par dessus à mesure qu'on les foule.

Après que les peaux ont été suffisamment foulées, on les retire du baquet percé pour les étendre sur le chevalet où il leur est donné deux façons; l'une du côté de la fleur, & l'autre sur la chair.

Ces deux façons achevées, on les remet boire dans les baquets toujours remplis de nouvelle eau claire, & lorsqu'elles y ont suffisamment bû on les en retire pour les coudre tout autour en forme de sacs, en sorte que les jambes de derriere, qui ne sont point cousues leur servent comme d'embouchure, pour y pouvoir faire entrer une mixtion dont il sera ci-après parlé.

Les peaux ainsi cousues sont mises dans le confit, c'est-à-dire, dans une cuve remplie d'eau tiede, où l'on a bien fait fondre & dissoudre de l'excrément de chien, que l'on a ensuite bien passée. D'abord deux hommes ont soin de les y bien retourner avec de longs bâtons l'espace d'une demie-heure; après quoi on les y laisse reposer pendant douze heures, d'où étant retirées elles sont bien rinsées dans l'eau fraîche.

Quand les peaux ont reçû leur confit & qu'elles ont été bien rinsées, on leur donne le sumac de la maniere suivante.

On établit auprès l'une de l'autre une cuve de dix à douze muids & une chaudiere d'environ un muid, la chaudiere montée sur un fourneau propre à cet usage. Cette chaudiere étant remplie d'eau de riviere & d'environ cent livres de sumac, plus ou moins suivant le nombre des peaux que l'on a à apprêter, qui pour l'ordinaire est de trois ou quatre douzaines, ce qui s'appelle un Habillage, on fait chauffer raisonnablement cette mixtion d'eau & de sumac: lorsqu'elle est bien délayée & prête à bouillir, on en remplit les peaux par le moyen d'un antonnoir, & à mesure qu'elles sont remplies, on en lie les jambes de derriere pour en fermer l'embouchure.

En cet état on les descend dans la cuve, où lorsqu'elles ont été toutes placées deux hommes les remuent à force de bras pendant quatre heures sans discontinuer.

Cette façon finie on les entasse les unes sur les autres d'un seul côté de la cuve, & pour empêcher qu'elles n'éboulent on place une barre dans le milieu. Après un tems suffisant on les rechange de côté, en les étendant du mieux qu'il est possible pour empêcher les plis.

Elles demeurent ainsi entassées les unes sur les autres jusques à ce qu'elles soient bien égoûtées, ce qui peut aller à une heure & demie ou deux heures tout au plus.

Pendant qu'elles s'égoûtent on fait chauffer dans la chaudiere de l'eau tirée de la cuve qu'on y remet lorsqu'elle est suffisamment chaude, observant de la verser du côté où il n'y a point de peaux; alors les deux hommes délient les peaux & les remplissent de cette eau, & après les avoir bien reliées les remuent de nouveau à force de bras pendant deux heures sans aucun relâche, après quoi ils les remettent en pile & les font égouter comme la premiere fois & avec les mêmes précautions.

On leur donne encore après cela un semblable apprêt, à la réserve qu'on ne les remue seulement que pendant un bon quart d'heure, les laissant ensuite encuvées jusqu'au lendemain matin qu'on les retire de la cuve, pour les mettre sur un ratelier de bois qui est placé au dessus, & lorsqu'elles sont suffisamment égoutées, on les délie & on les découd pour en ôter le sumac qui est dedans.

Les peaux ayant été ainsi nétoyées comme il faut de leur sumac, sont pliées en deux de la tête à la queue, la fleur en dehors, & sont mises les unes sur les autres sur le chevalet; pour achever de les égouter; delà on les met à l'essuy, c'est-à-dire, qu'on les fait sécher en les attachant bien étendues par les jambes de derriere. Lorsqu'elles sont bien séches on les foule aux pieds deux à deux, puis on les étend sur une table de bois, pour en ôter avec un coûteau fait exprès toute la chair & le sumac qui peut y rester. Enfin on les frotte superficiellement d'huile du côté de la fleur, par dessus laquelle l'on met une couche d'eau.

Lorsque les peaux ont reçû leur huile & leur eau, on les roule & on les tord bien avec les mains, pour après les étendre sur la table la chair en dessus, ce qui se fait avec un instrument de fer appellé Etire, semblable à celui des Courroyeurs. Ayant été ensuite retournées de l'autre côté qui est celui de la fleur, on passe fortement par dessus une poignée de jonc, pour en faire sortir autant qu'il est possible toute l'huile qui peut être encore dedans.

Après cette façon on leur donne la premiere couche de noir du côté de la fleur par le moyen d'un paquet de crin tortillé qu'on trempe dans une sorte de teinture noire que l'on nomme Noir de Rouille, parce qu'il est préparé avec de la biere sure dans laquelle l'on a jetté de vieilles férailles rouillées.

Lorsque les peaux sont à demi-séches, ce qui se fait en les pendant à l'air par les jambes de derriere, on les étend sur la table, où avec une paumelle de bois on les tire des quatre côtés, pour en faire sortir le grain, par dessus lequel on donne une légere couche d'eau; puis on les lisse à force de bras avec une lisse de jonc faite exprès.

Etant lissées on leur donne une seconde couche de noir, & on les met sécher: elles reviennent encore sur la table, & pour lors on se sert d'une paumelle de liege pour leur relever le grain, & après une légere couche d'eau on les lisse de nouveau, & pour leur relever le grain une troisiéme fois on se sert d'une paumelle de bois.

Après que le côté de la fleur a reçû toutes ces façons on les pare du côté de la chair avec un couteau bien tranchant destiné à cet usage, & revenant aussi-tôt au côté de la fleur, on la frotte fortement avec un bonnet de laine, leur ayant auparavant donné une couche de lustre qui est fait de jus d'épine-vinette, de citron ou d'orange. Enfin tous ces divers apprêts se finissent en relevant légerement le grain pour la derniere fois avec la paumelle de liege, ce qui acheve de les perfectionner & de les mettre en état d'être vendues & employées.

Maniere de fabriquer le marroquin rouge.

Pour la fabrique des marroquins rouges on se sert d'ordinaire de peaux de boucs & de chevres seches en poil, de même que pour celle des marroquins noirs; mais les apprêts en sont différens.

D'abord l'on met tremper les peaux dans de l'eau de riviere pendant vingt-quatre heures, & lorsqu'elles en ont été retirées on les étend sur le chevalet, sur lequel on les brise avec le couteau; on les remet ensuite tremper pour quarante-huit heures dans l'eau, puis on les rebrise encore sur le chevalet.

Ayant été enfin trempées pour la derniere fois dans l'eau pendant vingt-quatre heures, elles sont jettées dans le plain, & pendant trois semaines, tous les matins, on les retire du plain & on les y rejette pour les disposer à être pelées, comme il se pratique pour l'apprêt des marroquins noirs.

Les peaux retirées pour la derniere fois du plain, on les pelle avec le couteau sur le chevalet, & lorsque le poil en a été entiérement abattu, on les jette dans des baquets remplis d'eau fraîche, dans laquelle elles sont bien rinsées, pour être ensuite écharnées avec le couteau sur le chevalet, où on leur donne une façon tant du côté de la fleur que du côté de la chair, passant ainsi alternativement des baquets sur le chevalet, & du chevalet dans les baquets, jusques à ce que l'on s'apperçoive que les peaux rendent l'eau toute claire.

C'est dans cet état qu'elles sont mises dans le confit composé de même que celui des marroquins noirs; quand elles y ont resté l'espace de douze heures, on les rinse bien dans de l'eau claire, ce qui est suivi d'une façon sur le chevalet tant du côté de la chair que du côté de la fleur, pour en faire sortir toute la chaux & le confit qui peuvent y être demeurés.

Elles sont ensuite pilonnées dans l'eau claire jusques à trois fois avec des pilons de bois, & chaque fois qu'elles sont pilonnées on les change d'eau.

Après le pilonnage on les met sur une torce où elles sont tordues avec une bille de bois pour en exprimer toute l'eau; puis on les étend de large sur le chevalet, & on les passe les unes après les autres dans une auge remplie d'eau, dans laquelle l'on a fait fondre de l'alun.

Lorsque les peaux ont été alunées, on les met égouter sur la torce jusqu'au lendemain qu'on les met sur une autre torce pour en exprimer toute l'eau en les tordant avec la bille; & lorsqu'elles ont été ensuite bien détirées sur le chevalet, on les plie uniment de la tête à la queue la chair en dedans. C'est alors qu'on leur donne la premiere teinture en les passant les unes après les autres dans un rouge préparé avec de la lacque en bâtons, mêlée de quelques ingrédiens qui ne sont bien connus que des seuls Marroquiniers; ce qui se réitere autant de fois qu'il est nécessaire, pour que les peaux puissent être parfaitement colorées.

Après que les peaux ont reçû leur teinture, elles sont bien rinsées dans l'eau claire, puis étendues de large sur le chevalet où elles restent à égouter l'espace de douze heures; ensuite on les jette dans une cuve remplie d'eau, dans laquelle on a mis de la noix de galle blanche pulvérisée & passée par le tamis, quatre hommes avec de longs bâtons les y tournant sans cesse pendant un jour entier. Lorsqu'on les retire de la cuve on les met en retraire, rouge contre rouge & blanc contre blanc, sur une longue barre de bois posée sur le travers de la cuve où elles passent toute la nuit. Le lendemain matin l'eau imprimée de galle, qui est dans la cuve, étant bien brouillée, on y remet les peaux, ensorte qu'elles soient entiérement couvertes d'eau & de galle; circonstance à laquelle les Marroquiniers doivent être soigneux de s'attacher, s'ils veulent que leurs marroquins soient bien parfaits.

Les peaux ayant ainsi resté environ vingt-quatre heures dans la cuve, on les releve sur la barre, puis on les rinse bien les unes après les autres dans une auge remplie d'eau claire, d'où ayant été tirées elles sont tordues & détirées sur le chevalet, puis étendues sur une table de bois sur laquelle on les frote du côté du rouge les unes après les autres avec une éponge imbibée d'huile de lin.

Après leur avoir donné l'huile on les pend par les jambes de derriere à des perches garnies de clous à crochets, où elles restent jusques à ce qu'elles soient entiérement seches.

Les peaux bien séchées on les roule aux pieds le rouge en dedans; ensuite on les pare pour ôter le reste de la chair & de la galle qui pourroit y être encore attachée. Puis on prend une éponge imbibée d'eau pure dont on les mouille légerement sur toute la superficie du côté de la couleur, & lorsqu'elles sont bien séches on les étend sur le chevalet où elles sont lissées à deux différentes reprises du côté du rouge avec un rouleau de bois bien poli, & après cette derniere façon elles se trouvent parfaites, & en état d'être vendues & employées.

Les marroquins jaunes, bleus, violets, & d'autres semblables couleurs se manufacturent à peu près comme les rouges, n'y ayant gueres que la couleur qui y puisse faire quelque différence.

Les Cordouans sont des especes de marroquins, avec cette différence que les Cordouans sont apprêtés avec le tan & que les véritables marroquins sont passés en sumac ou en galle. Plusieurs veulent que les Cordouans ayent pris leur nom de Cordoüe Ville d'Espagne sur le Guadalquivir dans l'Andalousie, où il s'en fabrique beaucoup.

Il se fait à Smyrne Ville & Port fameux de la Natolie sur l'Archipel, de la dépendance du Grand Seigneur, un très grand négoce de Cordouans ou marroquins de toutes les couleurs qui y sont envoyés de la Dadalie, dont ceux d'Ouchat sont estimés les meilleurs & les mieux colorés. Les blancs qui ne sont gueres connus en France, le sont beaucoup dans toute l'Italie où il s'en fait des envois considérables du port de Smyrne.

Les Marroquins & Cordouans payent en France les droits d'entrée & de sortie suivant leur qualité ou les lieux d'où on les tire.

Les Marroquins de Levant payent à l'entrée cent sols de la douzaine, conformément au Tarif de 1664.

Les Marroquins d'Espagne, Flandre, & autres Pays étrangers, 4 liv. de la douzaine.

Et les Marroquins passés en tan & en sumac, comme aussi les Marroquins & Cordouans de toutes autres sortes, 40 sols pareillement de la douzaine.

Les droits qui se payent à la Douane de Lyon sont:

Pour les Marroquins d'Espagne & autres Pays étrangers, 4 liv. 17 s. 6 den. la balle, & à la douzaine 25 s. tant d'ancienne taxation que de nouvelle réapréciation.

Pour les Marroquins de Dauphiné, Provence, & autres semblables, 30 s. de la balle, & à la douzaine 6 s. tant d'ancienne taxation, que de nouvelle réapréciation.

Les Marroquins du Levant sont du nombre des marchandises sujettes au droit de vingt pour cent ordonné par l'Arrêt du 15 Aout 1685.

A l'égard des droits de sortie, les Marroquins du Levant payent 3 liv. de la douzaine; & les Marroquins & Cordouans de toutes autres sortes, passés & non passés en tan, sumac, &c. 25 sols aussi de la douzaine.

MARROQUINER. Façonner des peaux de veau

& de mouton à la maniere du marroquin, pour qu'elles paroissent de véritables peaux de marroquin.

MARROQUINERIE. Art de faire le marroquin. C'est aussi le lieu où se fabriquent ces sortes de cuirs. On dit pourtant plus communément en ce dernier sens, Une Manufacture de Marroquin. Ce terme signifie encore les cuirs passés en marroquin.

MARROQUINIER. Faiseur de marroquin. Ce nom convient également au Maître Manufacturier qui conduit les ouvrages de marroquinerie, & à l'Artisan qui les fabrique.

MARS. On nomme ainsi les petits grains qui se sement au mois de Mars, comme les avoines, pois, vesses, & autres semblables. *Voyez tous ces articles.*

MARSEILLE, Ville de la France en Provence avec Port de mer sur la Méditerranée, très célebre par son grand commerce. Il en est amplement parlé dans l'Etat général du Commerce, Tome I. page 129 *& suiv.*

MARSILLIE. C'est le nom que les Turcs donnent à l'écu ou piastre d'Espagne; parce que les Provençaux, particuliérement les Marchands de Marseille, sont les premiers qui ont porté de grandes sommes de piastres à Smyrne & dans les autres Echelles du Levant. *Voyez* PIASTRE.

MARSOUIN. Grand poisson de mer fort gras, qu'on appelle aussi Pourceau de mer. Quelques-uns le confondent avec le dauphin; mais l'Ordonnance de la Marine du mois d'Aout 1681, y met de la différence, comme il y en a; le dauphin y étant placé au nombre des poissons Royaux, & le Marsouin seulement au rang des poissons à lard.

La chair du Marsouin n'est gueres bonne à manger; il s'en fait pourtant un assez grand usage sur les Côtes du Royaume où l'on en pêche. Il n'y a gueres que de sa graisse, qu'on nomme communément Huile de Marsouin, dont on fasse quelque commerce.

L'huile de Marsouin qu'on trouve chez les Marchands Epiciers-Droguistes de Paris, est de deux sortes; l'une pure & l'autre aromatisée. Leur différence ne consiste que dans quelques aromats que l'on y mêle, pour lui ôter une partie de son odeur forte & dégoutante. On attribue à cette graisse ou huile la propriété de guérir les humeurs froides.

L'Ordonnance de la Marine dont on vient de parler ci-dessus, veut, Que les Marsouins qui sont trouvés échoués sur les gréves, soient partagés comme espaves; & que ceux qui sont pris en pleine mer, appartiennent à ceux qui les ont pêchés.

Les Marsouins payent en France les droits d'entrée à raison de 10 sols le cent pésant, conformément au Tarif de 1664, & les droits de sortie sur le pied de 18 s.

A l'égard de l'huile, elle paye les droits tant en entrant qu'en sortant, comme huile de poisson; sçavoir pour l'entrée 12 liv. la barique, suivant le Tarif de 1667, réduits néanmoins pour les seuls Hollandois à 7 liv. 10 s. la barique du poids de cent vingt livres, conformément au Tarif arrêté avec eux en 1699, & pour la sortie 8 s. le cent pésant.

MARTAVANES. Grands vaisseaux de terre vernis dedans & dehors qui se font aux Indes, mais seulement dans les Royaumes de Pégu & d'Aracan. Elles ont la propriété de purifier l'eau dont on les remplit, ensorte qu'en vingt-quatre heures l'eau la plus mauvaise & la plus puante y perd son mauvais goût & sa puanteur. Les Hollandois & les Anglois s'en servent utilement sur leurs vaisseaux.

MARTE. Animal dont la peau s'employe à faire des fourrures. On l'écrit & on le prononce plus communément Martre. *Voyez* MARTRE.

MARTEAU. Instrument de fer avec un manche de bois.

Le marteau est de tous les outils dont se servent les Artisans, celui qui est d'un usage le plus commun; n'y ayant gueres ou plutôt n'y ayant point d'Ouvriers dans les arts & métiers à qui il ne soit utile.

Tous les Artisans ne se servent pas néanmoins des mêmes marteaux; & ceux dont ils se servent ont des noms & des formes différentes, suivant leurs divers usages, & les métiers où ils sont employés.

Les marteaux des Maçons s'appellent des Hachettes; ceux des Couvreurs, des Assettes & des Martelets; ceux des Tonneliers, des Essettes; ceux des Tailleurs de pierre, des Têtus & des Marteaux bertelés; ceux des Cordonniers & Savetiers, des Marteaux à champignons.

Les uns sont tranchans d'un côté, d'autres sont recourbés du côté du tranchant: quelques-uns n'ont qu'une tête qui est très longue, avec un manche très court, comme sont ceux des Chauderonniers & Potiers d'étain; quelques autres ont un manche très long avec une tête courte & pesante, comme ceux des Maréchaux & Serruriers pour la forge.

Il y a encore pour les Serruriers des marteaux à panne droite, pour frapper & élargir le fer; des marteaux à rabattre & à panne de travers, pour forger & étirer; des marteaux à devant, à main, à tête platte, à tête ronde, pour embouttir; & des marteaux d'étably, pour poser & ferrer la besogne.

Les marteaux des Tapissiers sont légers & ouverts d'un bout, ce qui forme deux especes de dents: le manche est presque tout de fer, dans lequel est emboëté un morceau de buis. Ceux des Batteurs d'or, des Relieurs, & des Marchands Papetiers ont la tête large, épaisse, & courte, avec un manche médiocre.

Les Paveurs ont le marteau à fendre, le marteau à paver, l'espinçoir, & le portrait. Le marteau à fendre est en coin des deux côtés, avec un manche assez court: le portrait est presque semblable, mais plus léger: l'espinçoir est différent, en ce que les deux bouts sont fendus, & forment chacun comme deux dents. Ces trois marteaux servent à fendre, tailler, & préparer le pavé de grès. Pour le marteau à paver, il a un manche rond d'environ deux pieds de long, avec une tête ronde d'un côté pour frapper le pavé, & platte & pointue de l'autre, pour fouiller la terre, & l'y placer.

Les marteaux des Chauderonniers sont de plusieurs sortes: ils ont entr'autres le marteau rond, le marteau à panne, le marteau à planer & le marteau à river.

Le marteau rond n'a qu'un côté, mais qui est long de plus d'un pied, avec son diametre d'environ un pouce. Il sert à enlever les chauderons, c'est-à-dire, à en faire le fonds sur la grande bigorne.

Le marteau à planer n'a pareillement qu'un côté, mais la masse en est large, platte, unie, & fort pésante : c'est avec quoi l'on plane les chauderons, en les battant sur l'enclume pour les rendre plus minces.

Le marteau à panne a deux côtés, & à la pésanteur près, est semblable à celui des Serruriers. Il sert à faire les bords des chauderons.

A l'égard du marteau à river, c'est un petit marteau ordinaire avec lequel les Chauderonniers rivent leurs clous de cuivre, soit sur la bigorne d'établie, soit contre l'enclumeau.

Ces quatre sortes de marteaux servent aussi au métier de Ferblantier.

Les Carriers se servent de trois sortes de marteaux ; sçavoir du grand marteau à grain d'orge, de la laye & de l'esse.

La laye est un vrai marteau de Tailleur de pierre, hors qu'il est courbé en croissant vers le manche. Il sert à layer la pierre, c'est-à-dire, à en faire les paremens.

L'esse, au contraire de la laye, est courbé par en haut, les deux bouts du croissant qu'il forme étant tournés en dehors. C'est avec l'esse que les Carriers souschevent, c'est-à-dire, qu'ils taillent chaque banc de pierre par dessous, pour le séparer du ban qui suit. On souscheve couché d'un côté sur de la paille ; ensorte que l'Ouvrier est comme enfermé dans un cercueil de pierre que forme les deux bans qu'il veut séparer.

Pour le grand marteau, il est pointu des deux bouts, plat & large dans le milieu, un peu courbé dans toute sa longueur qui porte dix-huit pouces. Il sert à couper & décintrer la pierre, n'étant gueres différent du décintroir des Maçons.

Ces trois sortes de marteaux sont emmanchés de forts morceaux de bois ; mais le manche de l'esse est plus long que celui des deux autres.

Enfin il y a de tant de sortes de marteaux & de tant de manieres différentes, qu'il ne seroit pas facile de les rapporter toutes ici ; outre que, comme ils ont presque tous des noms qui leur sont propres, on peut avoir recours à leurs articles où il en est fait la description.

Les Taillandiers sont ceux qui font & qui vendent les plus gros marteaux, & les autres se trouvent chez les Quincailliers.

MARTEAU. On nomme ainsi dans plusieurs Communautés des Arts & Métiers, des especes de poinçons emmanchés à la façon des marteaux ordinaires, sur lesquels sont gravées diverses légendes, armes du Roi ou fleurs de lys, &c. C'est avec ces marteaux qu'on marque les marchandises qui y sont tenues par les Arrêts & Déclarations ; tels que sont entr'autres les marteaux dont les cuirs sont marqués à la Halle & aux Bureaux des Vendeurs.

Ce sont les Maîtres Cordonniers, Tanneurs, & Courroyeurs qui gardent les marteaux de ces trois Communautés : ils ont pour cela des Jurés qu'on nomme Jurés du Marteau, qui ont chacun une clef du coffre où ils sont enfermés à la Halle aux Cuirs.

Les Commis des Vendeurs sont pareillement chargés de ceux qui les regardent, à l'empreinte desquels il n'y a qu'une certaine espece de cuirs qui soient sujets. *Voyez les articles des Cordonniers, des Tanneurs, des Courroyeurs, des Jurés du Marteau, & des Vendeurs de Cuirs.*

MARTEAU. C'est encore un poinçon pareillement fait en marteau, avec lequel les Officiers des Eaux & Forêts marquent les arbres qu'il faut couper ou réserver, lorsqu'ils y font leur descente, pour préparer les ventes & adjudications des bois.

On appelle Garde-Marteau l'Officier chargé de la marque des bois. Il est tenu après les bois marqués de remettre le marteau en dépôt, c'est-à-dire, dans le coffre de la Chambre du Conseil où il est enfermé sous trois clefs.

Outre le marteau du Roi, il y a encore trois autres marteaux qui servent à marquer les arbres des Bois & Forêts de Sa Majesté ; sçavoir, celui du Grand-Maître, celui de l'Arpenteur, & celui du Gruyer.

Le marteau du Grand-Maître est comme la contre-marque de celui du Roi. L'article XII du Titre IV de l'Ordonnance de 1669, porte que le Grand-Maître fera marquer de son marteau les pieds corniers des ventes & les arbres de réserve, dans toutes les occasions où il conviendra le faire. Les armes du Grand-Maître y sont ordinairement marquées.

Le marteau de l'Arpenteur marque aussi les Corniers & les réserves, & de plus les arbres de lisieres, les parois, les arbres de délits & les chablis : il a le nom de l'Arpenteur.

A l'égard du marteau des Gruyers, il ne sert à marquer que les chablis & les arbres de délits seulement dans l'étendue de chaque Gruerie. Il est distingué par le nom de la Gruerie.

Les Marchands adjudicataires des ventes ont aussi leur marteau, avec lequel ils marquent les bois d'ouvrage qu'ils vendent en pieds. Il leur est même permis d'en avoir plusieurs lorsqu'ils ont diverses ventes fort éloignées les unes des autres ; mais en ce cas non seulement ils doivent tous avoir la même empreinte, mais encore ils sont tenus d'en faire leur déclaration au Greffe, à quoi ils sont aussi obligés, quoiqu'ils n'ayent qu'un seul marteau.

MARTEAU. On appelle Monnoie au Marteau, la monnoie fabriquée avant que l'usage du moulin eût été établi en France.

Il semble d'abord qu'elle auroit été appellée de cette sorte, parce qu'en effet les Monnoiers se servoient du marteau pour la frapper avant l'invention de ce qu'on nomme présentement un Balancier ; mais il est plus vrai-semblable qu'elle a eu ce nom par opposition, parce que les lames étoient alors réduites à leur épaisseur par le marteau, & que depuis elles ont passé par le laminoir ou moulin, machine qui a donné aux nouvelles especes le nom de Monnoyes au moulin. *Voyez* MONNOYAGE. *Voyez aussi* LAMINOIR & MOULIN.

MARTELAGE. Terme des Eaux & Forêts. C'est la marque qui se fait avec un marteau par les Officiers des Eaux & Forêts sur de certains arbres, soit pour servir de pieds corniers, d'arbres de lisieres, ou de parois pour les coupes & ventes, soit pour distinguer ceux qu'on veut réserver pour la futaye, soit enfin pour marquer les arbres de délit & les chablis. *Voyez* MARTEAU & GARDE-MARTEAU.

Le Garde-marteau doit faire le martelage par-lui-même.

MARTELET. Petit marteau à manche de bois, dont les Couvreurs se servent pour couper & marteler leurs tuilles. *Voyez* ASSETTE.

MARTELINE. Petit marteau dont les Sculpteurs

& Marbriers se servent pour gruger le marbre, particuliérement pour enlever l'émeril qui se trouve dans les marbres blancs, & les nœuds qui sont dans les autres marbres.

La marteline est pointue d'un côté & a des dents de l'autre, qui sont forgées quarrément pour avoir plus de force. Le meilleur acier n'est pas trop bon pour cet outil; & l'on y employe celui que l'on appelle Acier de Carme. *Voyez* MARBRE.

MARTILLE. Drogue employée dans le Tarif de la Douane de Lyon au nombre des épiceries & drogueries.

La martille paye 2 s. 6 den. du quintal d'ancienne taxation, & 3 s. de nouvelle réapreciation.

MARTINET. Gros marteau qui se meut par la force d'un moulin à eau. Il se dit de diverses fabriques, comme du papier, du tan, &c. mais proprement il s'entend du moulin même où l'on travaille à la fabrique du cuivre & du fer, & où l'on bat ces métaux pour les étendre en planches, en barres & en feuilles. Il y a plusieurs de ces martinets en Champagne, & dans quelques autres Provinces de France. *Voyez* CUIVRE.

Il est défendu par Arrêt du Conseil d'Etat du 9 Aout 1723, d'établir aucuns nouveaux martinets qu'en vertu de Lettres Patentes, bien & dûement vérifiées, à peine de trois mille livres d'amende, de démolition desdits martinets, & de confiscation des bois, mines, charbons, & ustenciles servant à leur usage.

MARTINIQUE, (Isle de la) la principale, la plus riche, & la plus florissante des Isles Françoises de l'Amérique. *Voyez* le Commerce de ces Isles dans l'Etat général, Tome I. page 505.

MARTRE ou MARTE. Animal qui ressemble beaucoup pour la forme à une grosse fouine; toute la différence qui se rencontre entre la martre & la fouine consistant en ce que la premiere a la gorge jaunâtre & le poil tirant un peu sur le roux, au lieu que la seconde a le poil plus noir & la gorge blanche.

Les peaux de martres communes font une portion du négoce de la Pelleterie. Elles se tirent de différens Pays; mais les plus belles viennent de Canada, de Biscaye & de Prusse.

Il y a une autre sorte de martre plus estimée, que l'on appelle Martre Zibelline, Zebelline, Zybelline ou Sebeline, autrement Souris de Moscovie. Celle-ci est aussi une espece de fouine très sauvage, qui ne se trouve que dans les vastes forêts; mais dont la peau garnie d'un assez long poil, doux & lustré, tirant sur le noir, est du nombre des pelleteries des plus précieuses.

Les martres zibellines, que quelques-uns nomment par excellence Martres Sublimes, & que d'autres appellent encore Hermines, Hermelines, Armelines & Zebelles, se trouvent communément dans la Lapponie & dans la Ziberie, Provinces de Moscovie. Plus le poil de la martre zibelline est long, doux, noir & lustré, & plus la peau en est estimée.

La chasse des martres zibellines & des autres animaux qui fournissent les plus belles fourrures, fait une partie considérable du revenu du Grand Czar de Moscovie. Elle se fait en Ziberie, ou par des Criminels qu'on y a condamnés, comme l'on fait en Espagne aux mines, & en France aux galeres; ou par des Soldats qu'on y envoye par Regimens commandés par des Colonels & Officiers, qui y demeurent souvent sept à huit ans de suite.

Les uns & les autres de ces Chasseurs sont obligés de rapporter toutes les semaines dans les magasins du Prince une certaine quantité de peaux à laquelle ils sont taxés : & parce qu'ils doivent prendre garde sous des peines très rigoureuses que ces peaux ne soient percées ni gâtées de sang, cela fait qu'ils ne tirent qu'à balle seule, & visent toujours à la tête, à quoi ils se rendent fort adroits.

Comme cette chasse est extrémement pénible, & que son succès dépend d'une fort grande assiduité, cela fait que l'on permet aux Officiers d'interesser leurs Soldats, & de partager avec eux les peaux qu'ils rapportent de leur chasse au-delà du nombre qu'ils sont tenus de fournir dans les magasins du Czar; ce qui rend les emplois de ces Officiers si considérables, qu'ils ne peuvent les obtenir à la Cour de Moscovie, sans y avoir de fortes protections.

Les martres zibellines se tirent pour la plupart de Moscovie par la voye d'Archangel, où il s'en trouve des magasins. Elles s'y achetent par caisses assorties de dix masses ou timbres depuis numero un jusqu'à numero dix, qui vont toujours en diminuant de beauté, depuis le premier numero jusqu'au dernier.

La masse est composée de vingt paires ou couples de peaux entieres, c'est-à-dire, avec la tête, le col & les jambes, à la réserve du ventre, parce qu'il est peu estimé; ensorte que chaque caisse contient quatre cent peaux.

Les caisses de peaux de martres zibellines s'achetent en Moscovie différens prix. Les plus cheres coutent pour l'ordinaire deux mille cinq cent piastres; ce qui est à raison de six piastres & un quart de piastre la peau l'une portant l'autre : les moindres se donnent pour quinze cent piastres, qui est sur le pied de trois piastres & trois quarts de piastre, aussi l'une portant l'autre.

Pour qu'un assortiment soit parfait pour la Turquie, (car c'est dans ce Pays; & particuliérement à Constantinople où il s'en fait la plus grande consommation,) il faut qu'il y en ait autant de l'une que de l'autre.

Les Turcs font pour l'ordinaire neuf vestes d'une caisse; sçavoir quatre de l'échine, qui sont les plus belles, & qu'ils appellent la Martre; quatre des jambes, qu'ils nomment Jambettes; & une du col, qu'ils appellent Samoul-Pacha.

Les peaux de martres zibellines qui se voyent en France, se tirent presque toutes de Hollande, d'Angleterre ou de Hambourg. Ce sont à Paris les Marchands Merciers & les Fourreurs qui en font tout le négoce. Les premiers le font en gros, & les derniers après leur avoir donné quelque nouvelle préparation pour les adoucir, & les rendre plus belles, les employent à diverses fourrures, comme manchons, palatines, &c. qu'ils débitent ensuite dans leurs magasins & boutiques.

Les Martres payent en France les droits d'entrée & de sortie suivant leur nature & qualité.

Les Martres zibellines l'une portant l'autre, chaque timbre contenant vingt couples, payent les droits d'entrée à raison de 50 l. & les manchons de mêmes Martres à proportion.

Les Martres de Biscaye & autres Pays, 16 s. de la piece.

Et les Martres de Canada, 2 s.

A l'égard de la sortie, les Martres zibellines sublimes, le timbre de vingt couples, 40 liv.

Les Zibellines moyennes, 13 liv.

Et les Zibellines moindres, 5 liv. 10 s. aussi du timbre.

Les droits de la Douane de Lyon sont :

Pour les Martres communes ; la balle 22 liv. & à la piece 3 s.

Les Martres étrangeres, 3 s. la piece d'ancienne taxation, & 2 s. de nouvelle réapréciation.

MARUM. Plante dont les feuilles sont de quelque usage dans la Médecine. Il en croît beaucoup aux Isles d'Hieres en Provence, & c'est d'où la tirent ceux des Marchands Droguistes qui veulent faire des Trochisques d'Hedicroum, dans la composition desquels elle doit entrer, par préférence à l'Amaracus ou petite Marjolaine, qu'on a coutume de lui substituer.

Cette plante est foible, mais fort agréable à la vûe ; ses feuilles sont très petites, d'une couleur verdâtre, de la figure d'un fer de lance & d'un goût amer & désagréable ; après les feuilles naissent des especes d'épis assez semblables à ceux de la Lavande, qui sont toutes parsemées de petites fleurs très rouges & d'une bonne odeur.

Il faut choisir le Marum nouveau, d'une odeur forte, garni de ses fleurs & le plus verd qu'il est possible.

MAS

MAS ou MASE. Espece de petit poids dont on se sert à la Chine, particuliérement du côté de Canton, pour peser & distribuer l'argent dans le négoce. Le mas se divise en dix condorins. Dix mas font un tael. *Voyez* TAEL.

Le mas est aussi en usage dans plusieurs endroits des Indes Orientales, mais sur différens pieds. Il sert à peser l'or & l'argent.

LE MAS D'AGENOIS, en Guienne. Son Commerce consiste en draperies. *Voyez* l'Etat général, Tome I. page 38.

MASCATE, Ville de l'Arabie heureuse, sur le Golfe Persique à l'Orient du Mogol. *Voyez* le détail de son Commerce dans l'Etat général, Tome I. page 404.

MASE. Petit poids des Indes & de la Chine. *Voyez* MAS.

MASQUE. Visage artificiel fait de carte, coloré par dessus, creux par dessous, quelquefois doublé de toile, dont les hommes & les femmes se couvrent la face pour se déguiser ; & n'être point connus dans le tems du carnaval, qu'ils vont aux bals & aux assemblées. Les Comédiens & les Danseurs s'en servent aussi très souvent pour paroître sur le theatre.

Il se fait des masques de toutes sortes de formes & figures, soit serieuses, soit grotesques ; les uns très beaux & très fins, tels que sont ceux qui sont envoyés de Venise ; les autres moins fins qui se font à Paris, dont ceux de cette espece de la fabrique du Sieur Ducreux sur le Pont Notre-Dame, sont les plus estimés ; & d'autres tout-à-fait communs, qui viennent presque tous de Rouen. Les masques font partie du négoce de la Mercerie.

L'on voit aussi des masques doublés de toile incrustés par dessus de cire colorée, avec des yeux d'émail percés par le milieu. Ces derniers sont fort chers & fort estimés, parce qu'ils approchent le plus de la vérité de la nature. L'on prétend que c'est le sieur Benoist qui en a le premier fait en France. *Voyez* CIRE.

Il se fait encore des masques de velours noir, que l'on nomme plus communément des Loups. *Voyez* LOUP.

Les Masques payent les droits de la Douane de Lyon à raison de 8 liv. la caisse d'ancienne taxation, & 40 s. de nouvelle réapréciation.

MASQUE. C'est aussi un des poinçons ou ciselets dont se servent pour leurs ciselures, les Arquebusiers, Armuriers, Eperonniers, Fourbisseurs & autres semblables Ouvriers Ciseleurs.

Ces poinçons sont gravés en creux, & représentent diverses têtes d'hommes, de femmes, d'anges, de lions, de léopards, de chiens, &c. suivant la fantaisie du Graveur. Ils sont courts & d'un acier bien aceré, afin de mieux supporter le coup de marteau qu'on leur donne, quand on veut en imprimer le relief sur le métail que l'on a entrepris de ciseler.

Quand le masque est frappé, on le recherche & on le repare avec divers autres ciselets tranchants ou pointus, comme sont les gouges, les frisons, les pointes, les filieres, &c.

MASSE. Amas & assemblage de plusieurs choses, soit qu'elles soient de différente nature, soit qu'elles soient de même espece.

MASSE, en termes de Commerce. Se dit d'une quantité de marchandises semblables, que l'usage a fixées à un certain poids ou à un certain nombre pour en faciliter le débit ; telles que sont entr'autres les soies greges, les belles plumes d'autruche, les pelleteries, &c.

MASSE. Soie en masse. C'est de la soie grege & non ouvrée, mais telle qu'elle vient de dessus les cocons. On la tire du Levant, & particuliérement de la Perse. La maniere dont elle est pliée lui donne son nom. Ce pliage est de plusieurs sortes, & les masses de différens poids.

La masse des sourbastis est de demi-aune ; celle des legis d'une aune, & du poids de deux à trois livres ; celle des ardassines de deux pieds de longueur, & de près d'une livre pésant ; & enfin la masse des ardasses est de la même pésanteur que la précédente, & presque de double de la longueur. *Voyez* SOYES DU LEVANT.

MASSE. Plumes en masse. Ce sont des paquets de plumes d'autruche composés d'un demi-cent de plumes. Ce ne sont que les plumes blanches, & encore les plus fines & les plus belles, qui se mettent en masses ; les autres se vendent ou au cent ou à la livre. *Voyez* AUTRUCHE.

MASSE. Pelleteries en masse. Se dit particuliérement des martres zibellines & des hermines, dont on fait des paquets en les attachant deux à deux par la tête. Les Commis des Douanes & les Marchands Pelletiers les appellent aussi Timbres. Chaque masse de zibellines est composée de vingt paires de peaux. A Constantinople elles se vendent à la caisse ; la caisse composée de quatorze masses depuis numero un qui sont les plus belles, jusqu'à numero dix qui sont les moindres.

Les Tailleurs Turcs font ordinairement neuf vestes d'une caisse de martres, quatre de l'eschine quatre des jambes & une du col. *Voyez* MARTRE.

La masse d'hermines est pareillement de quarante peaux : il en faut trois masses & demie pour faire une veste. *Voyez* TIMBRE & HERMINE.

MASSE, qu'on appelle aussi POIRE & CONTREPOIDS. C'est un morceau de métail ordinairement rond, attaché par un esse aussi de fer au bec de corbin mobile que l'on fait courir le long de la verge du peson ou balance romaine, pour trouver l'équilibre de la marchandise dont on veut connoître le poids. *Voyez* BALANCE.

MASSE. On compte par masses les veroteries de diverses couleurs que l'on porte en Guinée; aussi-bien que les rasades qui sont pareillement une partie du commerce qui se fait sur cette Côte d'Afrique.

La masse des veroteries est de vingt mille grains, & pese de trois livres & demie à quatre livres. La masse de la rasade n'est que de quatre mille grains, & ne pese qu'une livre. *Voyez* RASADE *&* VEROTERIE.

MASSE. Signifie encore un fort gros marteau, dont se servent plusieurs Artisans & Ouvriers, soit pour dégrossir leur ouvrage, soit pour battre & préparer diverses matieres qu'ils y employent.

Les Relieurs ont des masses pour battre leurs livres en blanc, afin qu'ils occupent moins de place dans la relieure. Les Batteurs d'or s'en servent pour applatir les métaux dans la baudruche, & les réduire en feuilles. Celles des Cordonniers sont pour battre les gros cuirs dont ils font les dernieres semelles. Les Sculpteurs, les Maçons, les Tailleurs de pierre, les Carriers, ceux qui cassent des grais pour le pavé des villes & chemins publics, &c. se servent aussi des masses, mais toutes d'un grand poids, à cause de la dureté des matieres sur lesquelles ils travaillent, & de la difficulté de les briser & couper en morceaux.

Les masses sont l'ouvrage des Taillandiers & Forgerons qui les fabriquent & vendent: elles entrent aussi dans le négoce des Quincailliers, du moins pour les plus legeres. Celles des Cordonniers se vendent ordinairement par les Marchands de crespin.

MASSE. Se dit aussi en fait de Gabelles, d'une quantité de sel provenant d'une même voiture qu'on met en un seul tas dans les greniers à sel ou les dépôts, pour y être vendue & distribuée au public.

Les Réglemens portent que lorsqu'il y a plusieurs Masses dans un même grenier, elles seroient raisonnablement séparées les unes des autres.

Les Commis des Greniers sont obligés de tenir registre des jours que les nouvelles Masses sont entamées, & du nom de celui auquel on en a fait la premiere distribution. Ils y marquent aussi la fin des Masses, & il leur est défendu de ne laisser aucun blanc sur les Registres, entre la fin d'une Masse & le commencement de la distribution de l'autre. Enfin ils y doivent faire mention du déchet ou du bon de Masse.

Lorsqu'il y a des sels confisqués, on en fait des Masses séparées dans les greniers, & les registres de vente en doivent être nommément chargés.

MASSE. Les Bouchers se servent de deux sortes de masses pour abbattre & assommer les animaux dont ils vendent la chair à leur boucherie: l'une de fer dont la tête lourde & pésante est emmanchée d'un brin de bois d'environ deux pieds; celle-ci est pour les bœufs: l'autre qui est tout de bois, sert pour les veaux, comme moins difficiles à assommer. Cette derniere n'est faite que d'un bâton de chêne d'environ deux pieds, dont l'un des bouts est noueux & très pésant; l'autre qui est arrondi lui servant de poignée. Pour assommer le bœuf, il faut lui donner le coup de masse entre les deux cornes.

MASSE. Se dit aussi dans la Jurisprudence mercantille, d'un capital que l'on fait de tous les effets mobiliers d'un Marchand, ou de plusieurs Marchands associés qui ont mal fait leurs affaires, pour être partagés à leurs Créanciers au sol la livre. *Voyez* BANQUEROUTE. *Voyez aussi* EFFETS MOBILIAIRES.

MASSEUBE, gros Bourg de France en Gascogne. Il est du département des Manufactures de Montauban: il y a quelques fabriques d'étoffes de laine. *Voyez* l'Etat général, Tome I. page 34.

MASSICOT. C'est de la céruse qui a été calcinée par un feu moderé.

Il y en a de trois sortes, du blanc, du jaune & du doré. Leur différence ne provient que des divers degrés de feu qui leur ont donné des couleurs différentes.

Le massicot blanc est d'un blanc jaunâtre; c'est celui qui a reçû le moins de chaleur; le massicot jaune en a reçû davantage, & le massicot doré encore plus.

Les uns & les autres doivent être en poudre très fine, pésans, hauts en couleur. Les plus beaux Massicots sont envoyés de Hollande: ils n'ont d'autre usage que pour la peinture. *V.* CERUSE.

Les Massicots payent en France les droits d'entrée à raison de 20 s. du cent pésant, conformément au Tarif de 1664.

Les droits qu'ils payent à la Douane de Lyon sont de 11 s. du quintal.

MASSON. Terme dont on se sert à Smyrne dans le commerce des soies. Il signifie la même chose que Masse, c'est-à-dire, un paquet de soie; dans l'achat des soies legis, il faut observer que le Masson soit bien gros & que la ligature soit petite.

MASSON.
MASSONNAGE.
MASSONNER.
MASSONNERIE.
} *Voyez ces mots par* MAÇ.

MAST. Grand arbre & haute piece de bois rond, qui s'éleve sur les vaisseaux pour en porter les vergues, voiles, manœuvres, & qui sont arrêtés sur les haubans. Il y a plusieurs masts sur les grands navires, & souvent un seul sur les petits bâtimens.

L'Ordonnance de Marine distingue les Pêcheurs qui vont dans des batteaux à masts, voiles & gouvernail pour la pêche du poisson frais, d'avec les Pêcheurs qui vont aux grandes pêches, comme baleines, morues, harengs, &c. Ceux-ci sont obligés de prendre des congés à chaque voyage; ceux-là seulement une fois l'an.

Il y a quatre mâts dans les grands vaisseaux, & quelquefois cinq. Les petits en ont moins suivant leur grandeur ou leur gabari.

Ces mâts sont le grand mât, le mât de mizene, le mât d'artimon, & le mât de beaupré.

Il y a encore des mâts plus petits qui s'élevent sur ceux-ci, & qui en font comme partie; entre autres le mât du grand hunier, le mât du petit hunier, le mât de grand perroquet, le mât de petit perroquet, & le mât du perroquet de beaupré.

Ces mâts sont élevés & soutenus par des haubans & par divers cordages, & selon leur qualité ils ont des vergues, des voiles, des pendoux, des rouets, des étays, des cercles, des boute-hors, des poulies, &c. pour manœuvrer le vaisseau. *V.* tous ces articles. *Voyez aussi* l'article de l'Inventaire d'Armement.

MAST. Les Batteaux-coches, les foncets, les chalants & autres grandes voitures de riviere, portent aussi un mast, au haut duquel passe le cordeau ou corde qu'on appelle Cincenelle, où sont attachées les courbes de chevaux, pour les tirer tant en montant qu'en descendant. *Voyez* BATTEAU.

MAST. Les Pêcheurs sur rivieres appellent pareillement le mast de leur bachot, une perche d'orme de sept ou huit pieds, un peu courbée, qu'ils mettent à l'avant, lorsqu'ils remontent contre le fil de l'eau. Ils y attachent leur cordeau, qu'ils tirent ensuite de dessus le bord de la riviere.

Les Masts payent en France les droits d'entrée & de sortie suivant qu'ils ont plus ou moins de longueur & de grosseur à douze pieds du gros bout.

ENTRE'E.

Les Masts de sapin depuis sept paumes de grosseur jusqu'à douze, 16 s. de la piece.

Les Masts de douze paumes & au-dessus, 30 s.

Les Masts de six paumes & au dessous, 12 s.

SORTIE.

Les Masts de sapin de douze paumes de grosseur & au dessus, 35 s. la piece.

Les Masts depuis sept jusqu'à douze, 1 liv.

Les Masts de six paumes & au dessous, 10 s.

MAST DE RECHANGE. C'est un mât qui n'est pas dressé, & que l'on conserve dans le vaisseau pour remplacer ceux qui pourroient être endommagés par quelque fortune de mer.

MASTEREAU ou MASTEREL. C'est un petit mât ou le bout d'un mât. On nomme aussi quelquefois de la sorte le bâton du pavillon. *Voyez* PAVILLON.

MASTIC. Espece de gomme ou larme qui sort de l'arbre appellé Lentisque, d'où vient qu'on l'appelle chez les Droguistes & Epiciers Mastic en larmes, pour le distinguer du mastic ou ciment, que l'on fait avec de la résine & de la brique pulverisée.

Cette gomme coule du tronc & des grosses branches de l'arbre pendant les grandes chaleurs, sans qu'il soit besoin d'y faire d'incision; mais avec plus d'abondance quand l'arbre est incisé. On prépare seulement au pied du lentisque une fosse pavée, pour y recevoir la larme du mastic quand elle tombe.

Le meilleur mastic vient de l'Isle de Chio; & il est beaucoup plus gros & d'un goût plus balsamique que celui du Levant que l'on a par la voye de Marseille; cependant ce dernier est presque le seul que l'on apporte en France aussi par la voye de Marseille.

Il faut remarquer que les Négocians du Levant qui l'envoyent, mettent toujours le plus commun au fond, le médiocre au milieu, & le bon dessus, & qu'ils ne veulent jamais le vendre l'un sans l'autre.

L'on peut acheter à Smyrne tous les ans environ trois cent caisses de mastic, pésant chaque caisse un quintal un tiers.

La recolte de cette gomme qui se fait à Chio appartient au Grand-Seigneur. Elle tient lieu aux Habitans de cette Isle du carache ou de la taille qu'il exige ailleurs des Grecs & autres Habitans des Pays conquis & des Etrangers. Il l'afferme au Douanier de Constantinople, qui l'est ordinairement de Smyrne; mais avec une certaine réserve du plus beau pour Sa Hautesse, les Dames du Serrail & ses principaux Officiers. On peut lui avoir donné le nom de Mastic, parce que les Turcs, & particuliérement les femmes, en mâchent presque continuellement.

Voici ce que M. de Tournefort dans son Voyage du Levant, rapporte du Mastic.

C'est du Lentisque que découle le mastic. Les incisions qu'on fait à ces arbres commencent à Chio le premier jour d'Aout. Elles se font en coupant en travers, & à divers endroits l'écorce des troncs avec de gros couteaux, sans toucher aux jeunes branches. Dès le lendemain de ces incisions on voit distiler le suc nourricier de l'arbre par petites larmes, dont se forment peu à peu les grains de mastic. Ils se durcissent sur la terre, & composent souvent des plaques assez grosses; c'est pourquoi on balaye avec soin le dessous de ces arbres. Le fort de la récolte est vers la mi-Aout, pourvû que le tems soit sec & serein. Si la pluye détrempe la terre elle envelope toutes ces larmes, & c'est autant de perdu.

Vers la fin de Septembre les mêmes incisions fournissent encore du mastic, mais en moindre quantité.

On passe le mastic au sas pour en séparer les ordures, mais la poussiere qui en sort s'attache si fort au visage, que ceux qui y travaillent sont obligés de se laver avec de l'huile.

Chaque Village de l'Isle de Chio, où l'on cultive des Lentisques, doit rendre au Grand-Seigneur une certaine quantité de mastic. Le total se monte à deux cent quatre-vingt-six caisses, lesquelles pesent en tout cent mille vingt-cinq ocques.

Outre cela le Cadi reçoit trois caisses, du poids de 80 ocques chacune. L'Ecrivain qui tient les registres de ce que chaque Particulier doit fournir de mastic, en a aussi une. L'homme du Douanier qui le pese en prend une poignée sur chaque particulier, & un autre Commis qui est aussi au Douanier, en prend autant pour la peine qu'il a de le ressasser.

Si quelqu'un est surpris portant du mastic à la Ville ou aux Villages, où l'on ne cultive pas des Lentisques, il est condamné aux galeres, & dépouillé de tous ses biens. Les Paysans qui ne recueillent pas assez de mastic pour payer leur taxe, en achetent ou en empruntent de leurs voisins, & ceux qui en ont de reste le gardent pour l'année suivante, ou le vendent secretement. Quelquefois ils s'en accommodent avec le Douanier, qui le prend à une piastre l'ocque, & le vend deux piastres ou deux piastres & demi. Enfin ceux qui cultivent les Lentisques, ne payent que la moitié de la capitation, & par distinction ont le privilege de porter la sesse blanche autour de leur turban comme les Turcs.

Le mastic ne paye aucuns droits dans le Levant.

Il faut choisir le mastic en grosses larmes, d'un blanc doré, & qui étant un peu mâché, devienne comme de la cire blanche. Il est de quelque usage en Médecine, où l'on l'employe particuliérement pour appaiser les maux de dents. On s'en sert aussi dans la composition du vernis; & les Orfévres en mêlent avec de la térébenthine & du noir d'yvoire, qu'ils mettent sous les diamans pour leur donner de l'éclat.

Il y a un mastic noir qu'on apporte d'Egypte, dont on prétend qu'on peut se servir pour sophistiquer le camphre. *Voyez* LENTISQUE.

Le Mastic paye en France les droits d'entrée, conformément au Tarif de 1664, à raison de 8 liv. le cent pésant; & suivant le Tarif de la Douane de Lyon, 3 liv. 2 s. 6 den. d'ancienne taxation par quintal, 4 l. pour les anciens quatre pour cent, & 20 s.

pour la réapréciation des quatre pour cent.

Le Mastic est du nombre des marchandises venant du Levant, sujettes au droit de vingt pour cent ordonné par l'Arrêt du 15 Aout 1685.

VENTE DU MASTIC A AMSTERDAM.

Le Mastic se vend à la livre à Amsterdam : il se tare au poids. Sa déduction pour le bon poids est de deux pour cent, & celle pour le prompt payement d'un pour cent. Son prix est depuis 25 jusqu'à 27 sols la livre.

MASTILLY. Mesure dont on se sert à Ferrare Ville d'Italie pour les liquides. Le mastilly contient huit sechys.

LA MASTRE, Ville aux Echelles de la Mer Noire. Il s'y fait un assez bon commerce. *Voyez* l'Etat général, Tome I. page 359.

MASTURE. C'est en général tous les mâts d'un vaisseau. *Voyez ci-dessus* MAST.

MASULIPATAN, principal Port du Royaume de Golconde, sur la Côte de Coromandel. *Voyez* en quoi consiste son Commerce, dans l'Etat général, Tome I. page 440.

MAT

MAT. Ce qui n'est pas poli, ce qui ne reflechit guerres la lumiere. On le dit ordinairement de l'or & de l'argent par opposition à celui qui est bruni.

MATACHUSETS, (Baye des) Colonie Angloise détachée de la grande Colonie de la nouvelle Angleterre. Son commerce & ses productions sont les mêmes que celles de la nouvelle Angleterre. *Voyez* l'Etat général, Tome I. page 535.

MATADORES. Les Espagnols de l'Isle de Saint-Domingue nomment ainsi les Chasseurs de taureaux, que les François appellent Boucaniers. *Voyez* BOUCANIER, *au paragraphe des Boucaniers Espagnols.*

MATARA. Mesure pour les liquides dont on se sert en quelques lieux de Barbarie. Le matara de Tripoli est de 42 rotolis. *Voyez* ROTOLI.

MATASSE. Il se dit des soies qui sont sans apprêt. Il s'écrit plus ordinairement par deux tt. *Voyez* MATTASSE.

MATE'. Nom que les François donnent à l'herbe du Perou, que l'on connoît mieux sous celui de Paraguay ou Paragoue, que les Amériquains lui donnent, à cause du Paraguay, Province de l'Amérique Méridionale, où il croît quantité de cette herbe. *Voyez* PARAGUAY.

MATELAS. Il se dit d'une des pieces de la garniture des lits à coucher, qui est composée de deux toiles ou futaines remplies de laine cardée en dedans, & piquées à grands points en dehors.

Les matelas a coucher payent en France les droits d'entrée & de sortie à raison de 30 s. du cent pésant, conformément au Tarif de 1664.

Les droits qu'ils payent à la Douane de Lyon sont de 3 s. 6 den. la piece, tant pour l'ancienne taxation, que pour la nouvelle réapréciation.

MATELASSIER. Ouvrier qui fait des matelas.

MATELOT. Homme de mer qui sert à la conduite & à la manœuvre d'un Vaisseau.

L'expérience & la fidélité sont également nécessaires aux Matelots qui montent les Vaisseaux, soit qu'ils soient armés en guerre, soit qu'ils ne soient chargés que de marchandises. On a pourvû en France au premier, par l'établissement des Classes où les Matelots sont enregistrés dès leur premiere jeunesse, pour servir alternativement sur les Vaisseaux du Roi & sur ceux des Marchands, & où ils sont instruits du Pilotage & des autres choses concernant la Marine, que tout homme de mer ne doit point ignorer. On peut voir l'article des Classes.

A l'égard de la fidélité & de leur soumission aux ordres des Officiers qui les commandent, les Réglemens & Ordonnances de Marine contiennent divers titres qui leur enjoignent l'obéissance, & qui décernent différentes peines, suivant l'exigence des cas, contre ceux qui se révoltent eux-mêmes, ou qui excitent les autres à la révolte.

Un des principaux de ces Réglemens est contenu dans une Déclaration du Roi du 22 Septembre 1699.

Sa Majesté ayant reçu des plaintes des Marchands des Villes maritimes du Royaume, & des Propriétaires & Capitaines des Vaisseaux François, que les Officiers Mariniers & Matelots qui composoient les Equipages de ces Vaisseaux en avoient abandonné plusieurs à la mer, malgré les Capitaines & Maîtres qui les commandoient, sous prétexte quelquefois du mauvais état de ces Bâtimens, & d'autres, de crainte d'être pris par des Forbans & Corsaires ennemis à la vue du premier Vaisseau qu'ils voyoient venir à eux ; & jugeant qu'il étoit important de remedier à un si grand abus qui pouvoit entraîner la perte du commerce maritime s'il n'y étoit pourvû, & qui empêcheroit les Marchands de confier leurs biens à des gens capables de les abandonner aussi légerement.

Sa Majesté, après s'être fait représenter les Ordonnances & Réglemens faits de tems en tems sur le fait de la Navigation & Commerce Maritime, & avoir ordonné qu'ils seroient exécutés suivant leur forme & teneur ; fait en outre de très expresses inhibitions & défenses à tous Officiers, Mariniers, & Matelots d'abandonner en mer les Vaisseaux sur lesquels ils seront employés sans le consentement des Capitaines & Maîtres qui les conduiront, & même des Propriétaires & Marchands chargeurs, lorsqu'ils y seront embarqués, à peine de trois ans de galeres & de plus grande peine s'il y écheoit.

Cette Déclaration donnée à Fontainebleau, est enregistrée au Parlement en vacations, le 12 Octobre 1699.

MATELOTAGE. Salaire qui est dû & qui se paye par le Marchand ou le Maître d'un vaisseau, aux Matelots qui y font la manœuvre.

Il y a deux sortes de Matelotage ; l'un qu'on nomme Matelotage à deniers, & l'autre maréage. *Voyez* MAREAGE.

MATIERE. Se dit des corps qui sont mis en œuvre par les Manufacturiers, Ouvriers & Artisans. La laine est la principale matiere qui s'employe dans les manufactures de lainage, la soie pour les manufactures de soiries.

On appelle Matiere d'or & d'argent, l'or & l'argent qui sont encore en barres & en lingots. Ce Marchand fait un grand négoce de matieres d'or & d'argent. Ce sont les Orfévres & Tireurs d'or qui employent le plus de matieres d'or & d'argent. Il s'en consomme aussi beaucoup dans la fabrication des monnoies. L'acier, le fer, le cuivre, l'étain, le plomb, &c. sont des matieres propres à différens usages.

MATIERE. Est aussi un terme de Cartonnier, qui signifie les rogneures de papier qui servent à faire le carton.

Piler la matiere, c'est la battre dans un mortier avec de l'eau, & la réduire en bouillie pour en remplir les moules.

MATRICE. Veut dire en général & dans la signification propre, tout lieu qui sert à la génération de quelque corps; soit organisé, comme la matrice des animaux femelles pour la reproduction de l'espece; soit non organisé, comme des végétaux, des métaux & des minéraux. On parle de ces derniers dans les articles qui leur sont propres, à cause du rapport qu'ils ont au commerce. *Voyez entr'autres* MARCASSITE, *&c.*

MATRICE. Se dit aussi, mais figurément, de plusieurs choses dans lesquelles il se fait une espece de génération, & d'où de certaines matieres semblent prendre en quelque sorte un nouvel être, ou du moins une nouvelle maniere d'être. De cette espece sont les moules dans lesquels on fond les caractères qui servent à l'Imprimerie, *Voyez* IMPRIMERIE; & les carrés qui servent à la fabrique des monnoies & des médailles dont il est ici question.

Les matrices des monnoies, qu'on nomme aussi Carrés, & plus ordinairement Coins, sont des morceaux d'acier quarrés par un bout, & de la forme d'un dé, mais dont les angles sont adoucis par en haut, & un peu arrondis. C'est sur ces matrices ou carrés que sont gravés en creux les différentes figures, croix & écussons dont doivent être marquées les especes. Cette gravûre s'y fait avec divers poinçons qu'on frappe dessus, & qui étant gravés en relief, s'y enfoncent & s'y impriment. On explique ailleurs plus en détail la maniere de les graver. *Voyez* GRAVEUR SUR ACIER.

Les monnoyers distinguent deux sortes de matrices, les matrices d'effigie & les matrices d'écusson. Ils appellent matrices d'effigie, celles où sont gravés les effigies & portraits des Princes, dans les Etats desquels sont frappées les monnoies; ou bien, quand ce sont des Etats libres & Républiques, quelque type qui tient lieu d'effigie. Les matrices d'écusson sont celles où sont représentées le plus souvent les armes du Souverain; quelquefois des croix de différens desseins, si ce sont des Princes Chrétiens; d'autres fois quelques figures qui les caractérisent, ou bien seulement quelques inscriptions qui marquent le prix de l'espece.

Les unes & les autres de ces matrices sont ornées d'un grenetis qui en forme le contour, & chacune d'une légende convenable; c'est-à-dire, la matrice d'effigie, du nom & des qualités du Prince, avec le différent du Graveur; & la matrice d'écusson, de quelque verset de l'Ecriture, ou d'un mot à la façon des devises, avec le millesime & le différent des Villes.

Outre ces deux matrices qui servent à frapper les especes, il y en a encore trois autres, dont deux ont aussi le nom, l'un de Matrice d'effigie, & l'autre d'écusson, quoique bien différentes des premieres; & la troisiéme s'appelle la Matrice des légendes: ce sont celles que le Tailleur Général des Monnoies de France est obligé de fournir aux Tailleurs particuliers, & sur lesquelles ces derniers font les poinçons dont ils se servent pour les deux principales matrices avec lesquelles se frappent les flaons.

Dans ces sortes de matrices celles d'effigie ne portent simplement que l'effigie: celles des écussons sont les unes pour les couronnes, les autres pour les fleurs de lys, & d'autres pour les doubles lettres, dont on forme ordinairement les croix; & enfin celles des légendes n'ont chacune qu'une seule lettre. Tout ce qu'on dit ici des matrices des monnoies convient à quelque petite différence près aux matrices des médailles. *Voyez* POINÇON.

MATRICE. Les Fondeurs de caractères d'Imprimerie appellent aussi Matrices, ces petits morceaux de cuivre, à l'un des bouts desquels sont gravés en creux les différentes lettres & caracteres dont on se sert à dresser & composer les formes sur lesquelles on fait l'impression des livres.

Chaque lettre, & jusqu'aux virgules & aux points mêmes qui servent à la ponctuation du discours, ont leurs matrices particulieres, & par conséquent leurs poinçons pour les frapper. Ce sont les Graveurs sur métail qui les gravent.

La matrice, lorsqu'on veut fondre un caractere, se met au bout du moule préparé pour cette fonte; en sorte qu'en y jettant le métail, il puisse tomber jusques dans le creux, & en prendre l'empreinte. *Voyez* FONDEUR DE CARACTERES. *Voyez aussi* CARACTERES, *&* GRAVEUR SUR MÉTAIL.

MATRICE. Terme de Teinture. On appelle Couleurs matrices, les cinq couleurs simples dont toutes les autres dérivent ou sont composées, qui sont le Noir, le Blanc, le Bleu, le Rouge, & le Fauve ou Couleur de racine.

Quand on dit, Un échantillon de la couleur matrice, cela doit s'entendre d'un échantillon ou morceau que l'on a réservé d'une étoffe dont on est assuré de la bonté de la teinture. On se sert de ces échantillons à mettre dans les débouillis avec les échantillons d'autres couleurs semblables qu'on soupçonne d'être teintes contre les Reglemens, afin d'en pouvoir faire la comparaison quand le débouilli est achevé.

Ces échantillons se gardent dans les Bureaux des Maîtres pour y avoir recours dans l'occasion, & doivent être au nombre de seize, douze pour les draps & quatre pour les ratines, longs chacun environ de demie-aune.

Les échantillons pour les draps sont, noir de garance, minime, rouge de garance, couleur de Prince, écarlate rouge, rose séche, incarnat, colombin, couleur de rose, verd-gay, bleu turquin, & violet.

Les quatre pour les ratines sont, écarlate rouge, noir de garance, rouge-cramoisi, & couleur de pensée.

Tous ces échantillons sont marqués des marques des Drapiers & Teinturiers, & sont coupés en deux, afin qu'il en demeure un morceau à chaque Bureau; & qu'en cas de contestation on les puisse comparer les uns aux autres. *Voyez* DEBOUILLY.

On appelle Modéle chez les Teinturiers en soie, laine & fil, ce que les Teinturiers du grand teint appellent Echantillons matrices. *Voyez* MODELE.

MATRICE. Se dit encore des étalons ou originaux des poids & mesures qui sont gardés par des Officiers publics dans des Greffes ou Bureaux, & qui servent de regle pour étalonner les autres. *Voyez* ESTALONS.

MATTASSE. Soies en mattasses. Ce sont des soies sans apprêt, & qui sont telles qu'elles ont été levées de dessus les cocons. Elles sont ordinairement en masses ou en pelotes. On les appelle aussi Soies greges. *Voyez* SOYE.

MATTELINS. Sortes de laines qui viennent du Levant. *Voyez* LAINES DU LEVANT.

MATTER ou MATTIR. Terme de Doreur en détrempe. C'est passer sur l'or qui n'a pas été bruni, de la colle très foible, à laquelle on a donné une légere teinture de vermillon. *Voyez* DORURE EN DETREMPE.

MATTER. C'est aussi un terme d'orfévrerie & de Doreur sur métail, qui signifie, rendre l'or ou l'argent mat, les laisser sans les brunir ou les polir.

MATTOIR. Petit instrument de Fourbisseur, avec lequel on abat ou amattit le fil d'or ou d'argent d'un ouvrage damasquiné. *Voyez* DAMASQUINERIE.

MATULI. Mesure des liquides dont on se sert en quelques Villes de Barbarie. Le matuli de Barbarie est de trente-deux rotolis. *Voyez* ROTOLIS.

MAU

MAUBOUGE. Droit d'entrée qui se leve en Normandie & en d'autres lieux sur les boissons qui entrent & qui sont brassées dans les Villes & dans les lieux où il y a foires ou marchés. Les boissons qui sont sujettes au droit de Maubouge sont la biére, le cidre & le poiré.

MAUBOUGE. C'est aussi un droit qui est dû en quelques endroits sur tous les animaux qui ont l'ongle ou corne des pieds fendus, comme les bœufs, les vaches, les moutons, &c. A Paris on l'appelle le pied fourché. *Voyez cet article.*

MAUCAUD. Mesure des grains. *V.* MENCAULT.

MAUGARPINE. Drogue dont il est fait mention dans le Tarif ou Catalogue des drogues, imprimé en 1699, pour l'exécution de l'Arrêt du 15 Aout 1685, qui n'est comprise ni tarifée dans aucun autre Tarif. *Elle est du nombre des marchandises de Levant, Barbarie, Afrique, &c. sur lesquelles il doit être levé vingt pour cent de leur valeur, outre les droits ordinaires dans les cas exprimés dans ledit Arrêt.*

MAUG-BUND. Sorte de soie qui se fait dans les Etats du Mogol; elle est la moindre des six especes qui s'y recueille pendant l'année. *Voyez* l'article des Vers à soie.

MAUNE. Poids dont on se sert dans les Etats du Mogol. Il pese 55 livres d'Angleterre, ou 50 livres de Paris $\frac{1}{10}$.

MAURELLE ou TOURNESOL, que les Botanistes nomment Heliotropium ou Ricionoïdes. Plante propre à la teinture. *Voyez* TOURNESOL.

MAURES. Monnoie d'or qui a cours à Surate & dans les autres Etats du Grand Mogol.

MAURIS, qu'on nomme autrement PERCALE. Sorte de toile blanche de coton qui vient des Indes Orientales. *Voyez* PERCALE.

MAUVESIN. Ville de France dans le Comté d'Armagnac. Elle est du Département de l'Inspecteur des Manufactures de Montauban. Ses Foires, ses Marchés, & un assez grand nombre de Métiers où l'on travaille à diverses petites étoffes de laine, y entretiennent un assez bon négoce. *Voyez* l'Etat général, Tome I. page 32.

MAY

MAYENNE, Ville de France dans la Province du Maine. Il y a quelques Fabriques d'étoffes de laine. *Voyez* l'Etat général, Tome I. page 95.

MAYON, en Siamois SELING. Monnoie d'argent qui se fabrique & qui a cours dans les Etats du Roi de Siam. Il est de la quatriéme partie du tical, qui vaut trente-deux sols quatre deniers monnoie de France, à prendre l'once d'argent à trois livres dix sols; en sorte que le mayon est de huit sols un denier de la même monnoie.

Le mayon est aussi un poids dont on se sert à Siam, qui a précisément la pésanteur du mayon monnoie.

Au dessous du mayon est le fouang, la paye suit celui-ci, & enfin le clam qui pese douze grains de ris. Il y a aussi la sompaye qui est la moitié du fouang. Au dessus du mayon sont le tical, le taël, le catis & le pic, celui-ci est pour peser les marchandises de grand volume.

MAYS. C'est ce qu'on appelle Bled d'Inde ou Bled de Turquie. Ce bled vient par épics longs de dix ou douze pouces, ronds & épais, environ de seize ou dix-huit lignes de diametre. Les grains qui sont arrangés & pressés les uns contre les autres sont pour la figure & pour la grosseur assez semblables aux pois. La farine en est très blanche, quoiqu'il y ait du mays dont l'écorce tire presque sur le noir. Cette farine est nourrissante & rafraîchit & engraisse beaucoup.

Avant que les Européens eussent fait la découverte de l'Amérique, non-seulement une partie des Habitans de ce grand Continent s'en servoient pour leur nourriture & pour celle des animaux, mais encore ils en usoient comme de menue monnoie, aussi bien que du cacao espece d'amande qui de même que le mays y croît en abondance.

MAZ

MAZANET, dans la Province du Languedoc. L'on y fabrique grand nombre de pieces de cordelats. *Voyez* l'Etat général, Tome I. page 214.

MAZERES, Ville de France dans le Comté de Foix. Elle est du Département de l'Inspecteur des Manufactures de Montauban. Ses Fabriques d'étoffes de laine sont peu considérables. Ses Foires & ses Marchés soutiennent tout le négoce qui s'y fait. *Voyez* l'Etat général, Tome I. page 33.

MEA

MEACO, grande Ville du Japon dans l'Isle de Niphon. Cette Ville l'emporte sur toutes celles du Japon par le commerce, par le concours des Marchands, & par le nombre des Foires qui s'y tiennent tous les ans. *Voyez* l'Etat général, Tome I. page 474.

MEAGE. On appelle droit de Méage dans quelques Villes de Bretagne, un droit qui se paye à l'entrée desdites Villes, & qui fait une partie de leurs deniers communs & patrimoniaux.

Le Méage qui se paye à Nantes est de deux sols par muid de sel, de blé, de vin, &c. passant par la Ville, tant montant que baissant.

MEC

MECASULNIL. Les Indiens appellent ainsi la gousse qui renferme la graine de vanille. *Voyez* VANILLE.

MECHE. *Voyez* MESCHE.

MECHOACAM ou MACADOSSIN. Racine médicinale, ainsi nommée de la Province de Méchoacam dans la nouvelle Espagne, d'où d'abord elle

elle a été apportée en Europe. On l'appelle autrement Rhubarbe blanche, & encore Scamonée & Brionne de l'Amérique.

L'Isle de S. Domingue produit aussi une quantité prodigieuse de cette racine, qui est blanche dedans & dehors. Quand elle est en terre elle pousse des tiges très foibles; ce qui fait qu'elle rampe comme la coulevrée. Des tiges sortent les feuilles qui sont minces, faites en cœur d'un verd blancheâtre; & d'entre les feuilles naissent des grains ou bayes vertes d'abord, & rouges quand elles sont meures.

Il faut choisir le mechoacam en belles rouelles, blanc dehors & dedans, sec, pésant, d'un goût presque insipide, & prendre garde qu'il n'y ait de la brionne mêlée; ce qu'on peut aisément découvrir par le goût; celui du méchoacam étant doux, & celui de la brionne très amer.

Le méchoacam est bien déchu de son crédit, soit en France, soit en Espagne, parce que le jalap fait le même effet, & bien plus promptement; ce qui satisfait mieux l'impatience que tous les malades ont de guérir.

Le Méchoacam paye en France les droits d'entrée à raison de 10 liv. du cent pésant, conformément au Tarif de 1664.

Les droits qu'il paye à la Douane de Lyon sont 20 liv. du quintal d'ancienne taxation, & 30 liv. pour les quatre pour cent.

Cette grande différence de droits qui se trouve entre les deux Tarifs, outre que celui de Lyon l'appelle Machoacan & Macadossin, feroit croire volontiers que ce sont deux drogues différentes; à moins qu'on n'aimât mieux dire que depuis 1632, qui est la date du Tarif de Lyon, jusqu'en 1664 que fut dressé l'autre Tarif, cette drogue étoit tellement déchûe, qu'on avoit été obligé d'en diminuer les droits dans celui-ci.

MECOMPTE. Défaut de supputation, erreur de calcul. Ainsi l'on dit: Il y a du mécompte en cette addition, en cette regle; pour faire entendre, que le calcul n'est pas bon, qu'on s'y est trompé.

MECOMPTE. Signifie aussi ce qui manque au compte de quelque somme. Il y a du mécompte à mon argent.

MECOMPTE. Se dit encore du mauvais succès d'une entreprise, d'une affaire de commerce. Il trouvera bien du mécompte dans la vente de ses laines.

MECOMPTER. Se tromper, se méprendre dans son calcul.

MECONIUM. Nom que l'on donne au suc de pavot, quand il est tiré de la plante par expression. C'est une espece d'opium. *Voyez* OPIUM.

MED

MEDAILLE. Piece de métail en forme de monnoie, faite pour conserver à la postérité le portrait des gens illustres, ou la mémoire de quelque action considérable. *Voyez* les articles du Balancier, des Graveurs, & de la Gravure sur métail, & de la Monnoye des Médailles.

Le commerce des Médailles n'est proprement qu'un commerce de Sçavans & de Curieux, où l'interêt n'a aucune part, & qui ne se soutient que par la noble émulation qu'ils ont d'enrichir leurs cabinets, & de perfectionner les recueils qu'ils font de ces précieux monumens de l'antiquité.

Il ne laisse pas cependant de se faire un négoce de Médailles moins désinteressé que celui dont on vient de parler, & M. Patin remarque qu'il y a plusieurs des principales Villes d'Allemagne où l'on trouve des Marchands qu'on peut appeller Marchands Antiquaires, puisqu'ils n'amassent des Médailles que pour les revendre & y profiter; trafic, ajoute ce sçavant homme, qui a ses fraudes & ses tromperies, comme la plupart des autres négoces, & où l'acheteur doit bien examiner la marchandise s'il ne veut recevoir des Médailles ou peu rares, ou d'un coin contrefait, pour des Médailles vrayement antiques & curieuses.

Messieurs de Tournefort, Corneille le Brun, & Paul Lucas; celui-ci dans ses trois Relations d'Egypte; & les deux autres dans leurs voyages au Levant, parlent d'un pareil commerce, qui se fait dans les Isles de l'Archipel & dans presque toutes les Echelles du Levant, où les habitans du pays bien informés du goût que les Etrangers ont pour cette sorte de curiosité, ont soin d'en rassembler & de les leur vendre très cherement, & souvent avec encore moins de fidélité que les Antiquaires Allemands.

Ce commerce de Médailles qui se fait en Allemagne & dans le Levant, ne regarde que les antiques; mais à Paris il s'en fait un de Médailles modernes & bien plus sûr & bien plus important.

Ce négoce consiste principalement dans cette nombreuse & riche suite de Médailles qui ont été frappées pour consacrer à la postérité les plus célebres évenemens du regne de Louis le Grand; ou qu'on frappe encore tous les jours sur ceux du regne de Louis XV son arriere petit-fils.

Le Directeur Général de la Monnoye des Médailles, qui les vend, en fournit des seules d'or, d'argent, ou de bronze, suivant que l'acheteur est en état ou en volonté de les payer.

L'élegance & la beauté des ouvrages qui sortent de cette Monnoie, & l'intelligence de celui qui en a la direction (le Sieur de Launay 1723) y ajoute un grand prix, & l'on ne doit gueres douter qu'ils ne soient un jour recherchés avec le même empressement & la même vivacité que l'on a aujourd'hui pour les Médailles antiques les plus belles & les plus parfaites.

On croit devoir ne pas oublier que pour donner une suite complette de l'Histoire de France par les Médailles, le même Sieur de Launay a fait graver à ses dépens des poinçons & des carrés des Médailles de tous nos Rois, depuis le commencement de la Monarchie jusqu'à présent, où d'un côté est l'effigie du Prince, & de l'autre un court, mais exact abrégé, des plus grands évenemens de chaque regne. Cette suite de Médailles entre aussi dans le commerce des Médailles modernes qui se fait à Paris, & n'en est pas un des moins importans objets.

On va finir cet article par les diverses Médailles concernant le Commerce, qui se trouvent parmi celles qui ont été frappées sous le regne de Louis XIV, étant persuadé qu'il manqueroit quelque chose à la perfection de ce Dictionnaire, si l'on n'y trouvoit pas les monumens que la France a voulu laisser de son commerce, & de la protection qu'un si grand Roi lui a toujours accordée.

MÉDAILLES FRAPPÉES SOUS LE REGNE DE LOUIS XIV, sur divers établissemens de Commerce.

L'établissement de quantité de nouvelles Manufactures en France, & les anciennes portées à leur perfection, font le sujet de la premiere Médaille. Elle fut frappée en 1664, année remarquable par le grand nombre d'entreprises de Commerce qui commencerent alors, & qui furent continuées pendant tout le Ministere de M. Colbert.

On voit dans cette Médaille une Minerve, qui près d'elle a des fuseaux, une navette, des pelotons de laine, & une piece de tapisserie. La légende MINERVA LOCUPLETATRIX, signifie *Royaume enrichi par les Arts*, dont Minerve est le Symbole, l'exergue ARTES INSTAURATÆ. M. DC. LXIV.

Le sujet de la seconde Médaille est le rétablissement de la navigation, elle avoit été négligée assez long-tems en France, mais Sa Majesté en s'appliquant à la ranimer, rendit son Royaume aussi puissant sur mer que sur terre, & aussi florissant par le commerce que par les armes.

Cette médaille est de l'année 1665, on y voit un vaisseau qui va à pleines voiles, les mots de la legende sont NAVIGATIO INSTAURATA, qui signifient *la Navigation rétablie*, l'exergue marque la date.

La Compagnie des Indes Orientales, établie en 1664, & qui prit possession de l'Isle de Madagascar en 1665, donna occasion à la troisiéme médaille.

Cette colonie à la maniere des médailles antiques, est désignée par un de ces bœufs qui ont une bosse sur le dos, qui se trouvent en abondance dans l'Isle, il est près d'un ébenier, arbre fort commun en ce pays-là. Les mots de la légende sont COLONIA MADAGASCARICA, qui signifient *Colonie de Madagascar*, l'Exergue marque la date M. DC. LXV.

La jonction des deux mers si utile & si commode pour le commerce intérieur & extérieur de la France, est représentée dans la quatriéme médaille frappée en 1667.

Neptune armé de son trident dont il frappe la terre, semble achever cette importante entreprise : Un bouillon d'eau qui sort par l'effort du coup qu'il a donné, & qui se répand à droite & à gauche, marque l'Océan & la Méditerranée que le canal réunit. Elle a pour légende ces mots IUNCTA MARIA, qui signifient *la jonction des mers*, à l'exergue FOSSA A GARUMNA AD PORTUM SETIUM, *Canal depuis la Garonne jusqu'au Port de Sete*, M. DC. LXVII.

La cinquiéme Médaille a été frappée en 1680 pour conserver la mémoire de l'établissement des classes de la Marine.

Ces classes furent d'abord établies au nombre de trois chacune de vingt mille Matelots, dont une devoit servir sur les vaisseaux de guerre, l'autre sur les vaisseaux Marchands, & la troisiéme se reposa de trois années l'une. Ces classes depuis ont été augmentées jusqu'à cinq, mais qui ne font toujours que soixante mille Matelots. L'une est pour les armemens de guerre, les autres pour ceux en marchandise.

On voit dans cette Médaille un Matelot au bord de la mer, appuyé sur une colomne brisée, il tient en sa main un gouvernail chargé de fleurs-de-lys. La légende a ces mots BELLO ET COMMERCIO, qui signifient, *pour la guerre & pour le commerce*, à l'exergue, SEXAGINTA MILLIA NAUTARUM CONSCRIPTA. M. DC. LXXX. *Soixante mille Matelots enrolés*, 1680.

La sixiéme & derniere Médaille est pour la Chambre ou Conseil de Commerce. Comme on a parlé ailleurs très au long de l'établissement de ce Conseil, l'on se contentera de donner ici le type & la légende de la Médaille, qui fut frappée en 1700.

On y voit la Justice & près d'elle Mercure le Dieu du Commerce, qui d'une main tient son caducée, & de l'autre une bourse. Les paroles sont SEX VIRI COMMERCIIS REGUNDIS, qui signifient *six Commissaires préposés à la conduite du Commerce*, à l'exergue M. DCC.

MEDIAN. Monnoie d'or qui se frappe à Tremeçen, Ville & Port des Côtes de Barbarie. Il faut cinquante aspres pour faire un médian : deux médians font un dian, qu'on nomme autrement Zians. Ces deux especes sont fabriquées par les Monnoyers du Dey d'Alger, dont elles portent le nom, avec quelques lettres Arabes.

MEDIN. Monnoie d'argent qui a cours dans l'Empire du Grand Seigneur. Il vaut trois aspres de Turquie, ou dix-huit deniers monnoie de France. *Voyez* MEIDIN.

MEDOC. On appelle Pierre de Medoc, des cailloux brillans qui se trouvent en France dans cette petite contrée du Bourdelois qu'on appelle Pays de Medoc. C'est une espece de diamant. *Voyez* DIAMANT.

MEG

MEGANAISSE. Sorte de minéral qui ressemble assez à l'antimoine. On dit plus communément Magalaise. *Voyez cet article. Voyez aussi* ANTIMOINE.

MEGERE. Mesure des grains dont on se sert à Castres en Languedoc. Quatre megeres font l'émine, & deux mines le septier de cette Ville ; on divise la megere en quatre boisseaux.

MEGIE. Art ou maniere de préparer ou passer les peaux ou cuirs en blanc, pour les mettre en état d'être employées à certaines manufactures particulieres, dont la principale & la plus importante pour le commerce est la ganterie.

Toutes sortes de peaux se peuvent passer en mégie ; mais pour l'ordinaire on ne se sert que de celles des béliers, moutons, brebis, agneaux, boucs, chevres, chevreaux & isards ou francs chamois de montagne, comme étant les plus propres à être mises en œuvre par les Gantiers & Peaussiers.

Maniere de passer les peaux en Mégie, autrement dit en blanc.

Après que les peaux ont été pelées, c'est-à-dire, qu'on a fait tomber la laine ou le poil par le moyen de la chaux, ainsi qu'il se trouve expliqué à l'article du Chamois, à l'endroit où il est parlé de la maniere de passer les peaux de mouton en huile, on les couche dans le plain, qui est une espece de grande cuve de bois ou de pierre mastiquée en terre, remplie d'eau, dans laquelle l'on a fait éteindre de la chaux vive, où elles restent pendant un mois ou six semaines, suivant qu'il fait plus ou moins chaud, ou que l'on veut que les peaux soient plus ou moins douces ou molettes.

Durant le tems qu'elles demeurent dans le plain, on les change deux fois d'eau & de chaux, & tous les trois jours elles sont relevées & recouchées dans le plain.

Lorsque les peaux ont été relevées pour la derniere fois du plain ; c'est-à-dire, qu'elles en ont été retirées pour n'y plus rentrer, on leur donne la premiere façon, en les mettant tremper une nuit dans la riviere, pour en faire sortir le plus gros de la chaux; d'où étant retirées on en met six à la fois sur le chevalet, pour les écharner en les raclant bien fort les unes après les autres du côté de la chair, avec un outil d'acier tranchant à deux manches que l'on nomme Couteau, à peu près semblable à la planne d'un Charron.

A mesure qu'on écharne les peaux, on en coupe les pattes & le superflu qui peut être tout autour sur les bords.

Quand les peaux ont reçû cette premiere façon, on les met dans une cuve avec un peu d'eau, où elles sont foulées à force de bras avec des pilons de bois pendant un bon quart d'heure, après quoi on acheve de remplir la cuve d'eau, dans laquelle les peaux sont bien rincées.

On les jette ensuite sur le pavé bien net pour les faire égouter; & lorsqu'elles le sont suffisamment, on les remet dans la cuve avec de l'eau nouvelle. En étant encore retirées & bien rincées, on les reporte sur le chevalet six à la fois, tournées du côté de la fleur, par dessus laquelle on passe bien fortement une gueuse ou pierre à aiguiser, pour les adoucir, & les mettre plus en état de soutenir les quatre ou cinq façons qu'on leur donne sur le chevalet, tant du côté de la chair que du côté de la fleur; ce qui se fait avec le couteau & de la maniere qu'on l'a déja dit, en observant de les remettre dans la cuve, de les y fouler, les rinser, & les faire égouter entre chaque nouvelle façon qu'on leur donne sur le chevalet.

Les peaux ayant reçu toutes leurs façons, on les met dans une cuve avec du son de froment & de l'eau, dans laquelle on les tourne avec de longs bâtons jusqu'à ce que l'on s'apperçoive que le son s'y soit attaché; alors on les laisse en repos dans la cuve. Quand elles s'élevent d'elles-mêmes au dessus de l'eau par une espece de fermentation, on les renfonce dans le fond de la cuve, & en même tems on y met le feu, qui y prend presque aussi facilement que si c'étoit de l'eau-de-vie; mais qui s'éteint dans le moment que l'eau de la cuve couvre entierement les peaux.

Cette opération se réitere autant de fois que l'on voit que les peaux s'élevent au dessus de l'eau; & lorsqu'elles ne s'élevent plus, on les retire de la cuve, pour les mettre sur le chevalet du côté de la chair, par dessus laquelle l'on passe le couteau pour en abattre le son qui s'y trouve attaché.

Le son ayant été bien abattu de dessus les peaux, on les met dans une grande corbeille, où on les charge de grosses pierres pour les faire égouter; & lorsqu'elles le sont suffisamment, on leur donne de la nourriture; ce qui se fait de la maniere suivante.

Pour un cent de grandes peaux de mouton, telles que peuvent être celles qui proviennent des abatis des Bouchers de Paris, & pour les plus petites à proportion, l'on prend huit livres d'alun & trois livres de sel marin, que l'on fait fondre dans une chaudiere sur le feu avec de l'eau; & lorsque le tout est bien fondu, l'on verse cette eau encore tiéde dans une espece de huche, dans laquelle l'on a mis vingt livres de fleur de farine de froment, de la plus blanche & de la meilleure, avec huit douzaines de jaunes d'œufs, & de cela on forme une espece de pâte un peu plus liquide que celle destinée à faire de la bouillie aux enfans.

Cette sorte de bouillie étant faite, on la vuide dans un autre vaisseau, pour s'en servir de la maniere qui suit.

On fait chauffer de l'eau que l'on verse dans la huche où d'abord la bouillie ou pâte a été préparée: on y mêle ensuite deux escuellées de cette bouillie, se servant pour cela d'une escuelle de bois, qui contient justement ce qu'il en faut pour chaque douzaine de peaux; & quand le tout est bien délayé, on y plonge deux douzaines de peaux, ce que les Megissiers nomment une Passée observant sur-tout que l'eau ne soit point trop chaude; ce qui seroit capable de gâter la pâte, & de brûler les peaux.

Après qu'elles ont été dans la huche quelque tems, on les tire les unes après les autres avec les mains, en les étendant sur leur large; ce qui se réitere une seconde fois. Il est de conséquence de bien mesurer la pâte, afin qu'il puisse y en avoir suffisamment pour pouvoir passer tout l'habillage, c'est-à-dire, toute la centaine de peaux; car pour bien réussir, il ne faut pas que la derniere passée de peaux en ait moins que la premiere: mais c'est une chose qui dépend uniquement du jugement & de l'habitude du Megissier.

Après que les peaux ont toutes reçû leur pâte, on les met dans des cuviers, où elles sont de nouveau foulées avec les pilons de bois; ce qui acheve de leur faire prendre de la nourriture. Ensuite on les jette dans une cuve où elles restent pendant cinq ou six jours, quelquefois plus: car quand elles y demeureroient quinze jours ou trois semaines, même un mois, cela ne seroit pas capable de leur porter aucun dommage; c'est pourquoi l'on attend que le tems soit beau pour les en tirer, afin de les faire sécher à l'air, en les étendant sur des cordes ou sur des perches.

Plus les peaux séchent promptement & mieux c'est; car lorsqu'elles sont trop long-tems à sécher, le sel & l'alun qui sont dedans les font graner; ce qui est un défaut essentiel pour les peaux passées en mégie.

Les peaux étant bien séches, on les met par paquets que l'on trempe un instant dans l'eau claire, d'où étant retirées & égoutées, elles sont jettées dans une cuve sans eau, pour leur faire prendre ce que les Megissiers appellent l'Humeur.

Cette façon achevée, & qu'elles ont pris l'humeur, elles se foulent aux pieds, puis se passent les unes après les autres sur le pinçon ou palisson, qui est une sorte d'instrument de fer plat, large, & presque rond par le bout, à peu près semblable à un battoir de Lavandiere, emmanché d'un bâton planté dans un gros billot de bois solide. Cette façon s'appelle Ouvrir les peaux.

Après que les peaux ont été ouvertes, on les remet sécher à l'air sur les cordes ou perches; & quand elles sont bien séches, on les repasse une seconde fois sur le pinçon; & pour derniere façon on les met proprement l'une sur l'autre sur une table, où elles sont exactement détirées & étendues, en sorte qu'il ne leur reste aucuns plis; ce qui s'appelle Redresser les peaux: alors elles sont en état d'être vendues & employées.

Les Peaussiers teignent en diverses couleurs les peaux passées en mégie, & leur donnent, quoiqu'improprement le nom de Basanes. *Voyez* BASANE, *à la fin de l'article.*

Les peaux de bœuf, de vache, de veau, de

cheval, &c. destinées pour les Bourreliers, s'apprêtent & se passent par les Megissiers de la même maniere que les peaux de mouton & autres dont il vient d'être parlé, propres pour la ganterie, à l'exception qu'ils n'y employent point de pâte; se contentant seulement de les faire passer par l'eau salée & alunée.

Pour ce qui est des peaux de mouton en laine, que l'on nomme Houffes ou Bisquains, dont les Bourreliers se servent à faire des couvertures aux coliers des chevaux de harnois, les Megissiers ne font que les laver dans l'eau de riviere, les bien écharner avec le couteau sur le chevalet, & les passer dans l'eau salée & alunée, sans y employer de pâte.

Ils en usent de même à l'égard des peaux d'ours, de loups, de chiens, d'agneaux & autres semblables, destinées pour les grosses fourrures; comme aussi pour les peaux de veau, de sanglier & d'autres pareils animaux, dont ils veulent conserver le poil, & qui s'employent à couvrir des coffres, des paniers d'armée & des coliers de chevaux.

Quelques Megissiers, par ménage, employent au lieu de sel marin de la saumure de cochon, dans les apprêts qu'ils font de leurs peaux; mais l'on a remarqué que le sel marin pur est incomparablement meilleur, particuliérement pour les peaux fines; parce qu'étant d'une nature plus seche que celle de la saumure, il les dispose mieux à prendre le blanc.

Les Villes de France où l'on travaille le plus en mégie, sont, Paris, Moulins, Reims, Troyes, Amiens, Nevers, la Charité, Poitiers, Vendôme, Grenoble, Blois, & Lille en Flandres. De ces Villes, Vendôme, Grenoble & Blois sont celles où les Megissiers travaillent le plus en peaux fines, à cause des manufactures considérables de Ganterie qui y sont établies.

MEGISSERIE. Négoce qui se fait des peaux de moutons & agneaux, & autres passées en mégie.

La fine mégisserie se tire particuliérement de Vendôme, Grenoble & Blois.

Sous le nom de Mégisserie est aussi compris le trafic des laines qui se fait par les Mégissiers.

MEGISSIER. Artisan qui prépare ou qui passe les peaux en blanc, autrement dit en mégie, pour les mettre en état d'être employées par les Gantiers & Peaussiers.

Ce sont aussi les Mégissiers qui préparent certaines peaux dont on veut que le poil soit conservé, soit pour être employé à faire de grosses fourrures, soit pour servir à d'autres usages.

Ils se mêlent encore d'apprêter quelques cuirs ou peaux propres aux Bourreliers, & de faire le négoce des laines. *Voyez ci-devant* MEGIE; *les différens apprêts & préparations des peaux & cuirs de la dépendance des Mégissiers y sont expliqués.*

Ce sont pareillement les Mégissiers qui donnent la premiere préparation au parchemin & au velin. *Voyez* PARCHEMIN.

A Paris les Mégissiers composent une Communauté d'Artisans assez considérable, dont les anciens Statuts sont du mois de Mai 1407, du tems de Charles VI, depuis confirmés & notablement augmentés par François I au mois de Septembre 1517, & encore par Henri IV en Décembre 1594.

Suivant ces Statuts chaque Maître ne peut avoir qu'un Apprentif à la fois; & aucun ne peut être reçû Maître, s'il n'a fait au moins six années d'apprentissage, & n'ait fait chef-d'œuvre qui consiste à passer un cent de peaux de mouton en blanc.

Les Fils de Maîtres sont exempts de l'apprentissage, mais ils ne le sont pas du chef-d'œuvre.

Ceux qui sont à la tête de la Communauté des Maîtres Mégissiers, pour la gouverner & en soutenir les priviléges, sont appellés Maîtres Jurés, dont le nombre est de trois, deux desquels sont élûs tous les ans dans une assemblée générale des Maîtres de la Communauté, & c'est le Prevôt de Paris ou son Lieutenant qui reçoit le serment des Jurés nouvellement élûs.

Les mêmes Statuts contiennent plusieurs articles importans pour le négoce des laines, qui peut être fait par les Mégissiers; le Lecteur y peut avoir recours.

M E H

MEHON, ou MEU. Plante médicinale, dont la racine entre dans la composition de la thériaque.

Ses feuilles sont assez semblables à celles du fenouil, mais plus petites, plus découpées & beaucoup plus menues. Sa tige qui a environ un pied de hauteur, est chargée à son extrémité de quelques ombelles de fleurs blanches, composées de cinq petites feuilles, après lesquelles vient une graine brune & canelée. Quelques-uns à cause de la ressemblance qu'elle a dans presque toutes les parties avec le fenouil ou aneth, l'appellent aneth ou fenouil tortu.

A l'égard de la racine, elle est de la grosseur du petit doigt, noirâtre au dehors, blancheâtre au dedans, longue, accompagnée de quelques racines plus menues, un peu amere & d'une odeur aromatique.

L'on met le mehon au nombre des alexitaires & des sudorifiques; il est propre aussi pour exciter l'urine. Le meilleur vient des Alpes & des Pirennées : on en trouve encore dans les montagnes d'Auvergne d'où nos Epiciers le font venir.

Le meon de Bourgogne n'est pas le même que celui-ci : on les distingue en les écrivant différemment. *Voyez* MEON.

M E I

MEIDIN, ou MAIDIN, qu'on nomme aussi Para, Parat, & Parasi. Petite monnoie d'argent fort légere, que les Bachas du Caire font frapper au nom du Grand-Seigneur, qui a cours dans toute l'Egypte, & dont l'on se sert presque dans tous les payemens.

La forme de cette petite monnoie d'argent est ronde, grande environ comme un petit double, mais très mince; elle a quelques inscriptions Arabes assez mal gravées. On donne huit forles ou bulbas pour un meidin; ces monnoies sont de cuivre semblables aux doubles de France, mais plus épaisses, aussi valent-elles près de trois deniers. Trente-trois meidins font la piastre suivant le cours qu'elle a en Egypte; il ne faut que trente meidins pour la boquelle ou aboukels. *Voyez* ASPRE.

LA MEILLERAYE, en Poitou. Ses Fabriques consistent en tiretaines & en petits droguets laine & fil. *Voyez* l'Etat général, Tome I. page 64.

MEIN. Poids des Indes qu'on nomme autrement Man.

Le mein d'Agra Capitale des Etats du Grand Mogol, dont Surate est la Ville du plus grand commerce, est de soixante serres qui font 57 livres trois quarts de Paris. *Voyez* MAN.

MEIRAIN. Bois débité d'une certaine maniere propre aux Menuisiers, Tonneliers, Layetiers, & autres tels Ouvriers en bois. *Voyez* MAIRRAIN.

M E L

MELANGE. } *Voyez* { MESLANGE.
MELER. } { MESLER.

MELANTERIA. Sorte de matiere minérale vitriolique, qu'on nomme vulgairement Chalcite ou Colcotar. *Voyez* VITRIOL.

MELASSE. Qu'on nomme aussi Doucette ou Sirop de sucre. C'est cette partie fluide & grasse qui reste des sucres après qu'ils ont été rafinés, & à laquelle l'on n'a pû donner par la cuisson aucune consistance plus solide que celle de sirop.

La melasse n'est proprement que le résidu d'une sorte de sucre qu'on nomme la Chypre ou Sucre rouge qui est le rebut des autres sucres qu'on ne peut blanchir ni mettre en pain.

Les melasses qui proviennent des rafinages de France s'envoyent pour la plûpart en Hollande, où il s'en consomme beaucoup, soit dans la préparation des tabacs, soit pour les pauvres gens qui s'en servent au lieu de sucre.

L'on fait aussi des eaux-de-vie de melasses; mais attendu que l'usage en est très mauvais & très préjudiciable à la santé, elles ont été défendues en France par un Arrêt du Parlement de Paris du 13 Mars 1699, qui confirme une Sentence du Lieutenant Général de Police de la même Ville du 9 Septembre 1698. *Voyez* EAU-DE-VIE.

Les Melasses sortant du sucre payent en France les droits d'entrée & de sortie conformément au Tarif de 1664, sçavoir ceux d'entrée à raison de 10 liv. le tonneau de mer pésant deux milliers, & pour ceux de sortie, 4 livres 10 sols le tonneau contenant trois muids.

Les Melasses provenant des rafinages de France sont du nombre des marchandises dont les entrées dans les Pays, Terres, & Seigneuries de l'obéïssance des Etats Généraux ont été moderées par le Tarif de 1699.

Elles ne payent que cinq florins du cent pésant.

MELIKTU-ZIZIAR, ou Prince des Marchands. On nomme ainsi en Perse celui qui a l'inspection générale sur le commerce de tout le Royaume, particuliérement d'Ispaham. C'est une espece de Prévôt des Marchands, mais dont la Jurisdiction a beaucoup plus d'étendue.

C'est cet Officier qui décide & qui juge tous les différends qui arrivent entre Marchands. Il a aussi inspection sur les Tisserans & les Tailleurs de la Cour sous le Nazir, aussi-bien que le soin de fournir toutes les étoffes dont on a besoin au Serail: enfin il a la direction de tous les Courtiers & Commissionnaires qui sont chargés des marchandises du Roi; & qui en font négoce dans les Pays étrangers.

MELINDE, Royaume & Ville aux Côtes d'Afrique. *Voyez* le détail des marchandises que l'on en tire, & de celles qui y conviennent, dans l'Etat général, Tome I. page 389.

MELIORATIE, ou MELIORAT. On nomme ainsi à Amsterdam une des trois sortes d'orgencin de Bologne dont on y fait commerce. Les meliorats se vendent depuis cinquante & un jusqu'à cinquante-quatre livres le gros. *Voyez* l'article des Soies, où il est parlé du prix des Soies d'Italie, qui se vendent à Amsterdam.

MELON. Fruit d'esté qui rampe comme le concombre. Les Fruitiers & Regratiers font à Paris un négoce considérable de melons tant que la saison en dure. Les meilleurs se tirent de Langeais en Anjou; le reste, des marais & autres jardins potagers des environs de la Ville: De ceux-ci les melons de la plaine d'Ouille ont la préférence, quelques-uns même les préferent aux Langeais.

Le commerce des melons a paru assez considérable pour que cette sorte de fruit ait été tariffée. *Ils payent 10 sols du cent en nombre, conformément au Tarif de 1664.*

La graine du melon est du nombre des quatre semences froides. *Voyez* SEMENCE.

MELONIER. Celui qui fait le commerce de melons; il est peu d'usage. On dit, Vendeur de Melons.

M E M

MEMBRE DE BALEINE. *Voyez* BALEINE.

MEMBRON. Terme de Plomberie, c'est la troisiéme piece qui compose les enfaîtemens de plomb, qu'on met en haut des bâtimens couverts d'ardoises. Cette piece est en forme de quart de rond, & se place au bas de la bavette. *Voyez* ENFAÎTEMENT.

MEMBRURE. Sorte de mesure dont on se sert particuliérement à Paris pour mesurer le bois à brûler. *Voyez* CORDE.

MEMBRURE. Se dit aussi en général de certaines grosses pieces de bois de sciage propre à la menuiserie & à la charpente.

Les bois qui s'employent le plus ordinairement à faire les membrures sont, le chêne, le hêtre, le noyer, le poirier, le cormier, & l'aulne. *Voyez ces termes; les diverses largeurs, épaisseurs, & longueurs des membrures y sont expliquées, aussi bien que les choses à quoi on destine ces sortes de bois.*

MEMCEDA. Mesure des Liquides dont on se sert à Mocha en Arabie, elle contient trois chopines de France ou trois pintes d'Angleterre. 40 memcedas font un teman.

MEMOIRE. Ecrit sommaire qu'on dresse pour soi-même, ou qu'on donne à un autre pour se souvenir de quelque chose.

On appelle aussi quelquefois Memoires chez les Marchands & chez les Artisans, les parties qu'ils fournissent à ceux à qui ils ont vendu de la marchandise ou livré de l'ouvrage.

Ces memoires ou parties pour être bien dressées doivent non-seulement contenir en détail la nature, la qualité, & la quantité des marchandises fournies ou des ouvrages livrés à crédit; mais encore l'année, le mois, & le jour du mois qu'ils l'ont été, à qui on les a données, les ordres par écrit s'il y en a, les prix convenus ou ceux qu'on a dessein de les vendre, enfin les sommes déja reçues à compte. *Voyez* PARTIES.

Les Marchands, Négocians, & Banquiers appellent Agendas les memoires qu'ils dressent pour eux-mêmes, & qu'ils portent toujours sur eux, & conservent le nom de Memoires à ceux qu'ils donnent à leurs Garçons & Facteurs, ou qu'ils envoyent à leurs Correspondans ou Commissionnaires. *Voyez* AGENDA.

Les memoires que les Commissionnaires dressent des marchandises qu'ils envoyent à leurs Commettans s'appellent Factures, & ceux dont ils chargent les Voituriers qui doivent les conduire, se nomment des Lettres de Voitures. *Voyez* FACTURE, & LETTRE DE VOITURE.

Les Marchands, Banquiers, & Négocians ont aussi une espece de journal qui leur sert de memoire & sur lequel ils écrivent chaque jour le détail de leur négoce. On le nomme plus ordinairement Memorial. *Voyez l'article suivant.*

MEMORIAL. Livre qui sert comme de memoire aux Marchands, Négocians, Banquiers, & autres qui se mêlent de commerce & sur lequel ils écrivent journellement toutes leurs affaires, à mesure qu'ils viennent de les finir.

Le memorial est proprement une espece de journal qui n'est pas au net; aussi l'appelle-t-on quelquefois Brouillard ou Brouillon, parce que les choses qu'on y écrit y sont comme confondues & brouillées.

Ce livre tout informe qu'il paroisse, est le premier & peut-être le plus utile de tous ceux dont se servent les Marchands, desquels il est comme la base & le fondement, conservant & fournissant les matieres desquelles les autres livres doivent être composés. *Voyez* LIVRES.

MEN

MENCAULT, ou MAUCAUD. Mesure des grains dont on se sert en quelques endroits de Flandres, entr'autres à Landrecy, le Quesnoy & Casteau, &c.

A Landrecy le mencault de froment pese poids de marc 97 liv. de méteil 94, de seigle 90, & d'avoine 72. Il faut remarquer que pendant sept mois de l'année, qui sont depuis & y compris Aout, jusqu'à & y compris Février, le mencault d'avoine se mesure comble à Landrecy, & fait sept boisseaux $\frac{1}{2}$ mesure de Paris, ou 11 rations, comme disent les Munitionnaires; & que pendant les autres cinq mois il se mesure à main tierce, c'est-à-dire, raz, & ne fait que six boisseaux $\frac{2}{3}$ mesure de Paris, ou dix rations.

A Saint-Quentin le septier contient quatre boisseaux mesure de Paris. Il faut deux mencaults pour faire un septier; ainsi le mencault est de deux boisseaux de Paris.

Au Quesnoy le mencault de froment 80, de méteil 76, de seigle 79, & d'avoine 71.

A Casteau-Cambresy le mencault de froment pése 85, de méteil 80, de seigle 72, d'avoine 60: le tout poids de marc comme à Landrecy.

MENE'E. Terme en usage dans les Manufactures de lainage; il signifie friser à la machine une piece d'étoffe toute d'une tire ou toute de suite, c'est-à-dire, sans s'arrêter. Ainsi l'on dit, cette piece de ratine a été frisée toute d'une menée.

MENER LA TABLE. Terme de Cartier. C'est assortir les cartes à jouer, les jetter & les plier en jeu & en sixain.

MENEUR DE CISEAUX. C'est chez les Faiseurs de Cartes à jouer l'Ouvrier qui rogne les feuilles de grandeur après qu'elles ont été peintes & lissées, pour en composer des jeux.

MENEUR DE BILLETTES. Terme de Verrerie. *Voyez* BILLETTES.

MENEUSE. Terme en usage parmi les Revendeuses qu'on appelle à Paris Crieuses de vieux chapeaux. C'est une ancienne qui mene une novice ou apprentisse par les rues ou aux ventes publiques pour la dresser & lui apprendre le métier de Crieuse. *Voyez* CRIEUSE DE VIEUX CHAPEAUX.

MENEUSE DE TABLE. On nomme ainsi chez les Faiseurs de cartes à jouer, une fille de boutique qui trie les cartes après qu'elles ont été coupées pour en faire des jeux.

MENILLE, qu'on nomme plus communément Manille. Espece de bracelet ou de carcan de cuivre & quelquefois d'étain & d'argent, qui sert dans la traite que les Européens font avec quelques peuples d'Afrique. *Voyez* MANILLE.

MENON. Animal terrestre à quatre pieds semblable au bouc ou à la chevre, qui se trouve particuliérement dans le Levant, de la peau duquel on fait le marroquin. *Voyez* MARROQUIN.

MENTES. On nomme ainsi à Reims des especes de couvertures de laines, qui se fabriquent des plits & autres laines communes du Pays. *Voyez* COUVERTURE.

MENU. On entend par ce terme dans les Bureaux du Convoy de Bordeaux, toutes les marchandises généralement quelconques qui doivent droit au Convoy, & qui se chargent sur les vaisseaux à petites parties, la plupart de ces marchandises appartiennent aux Maîtres des vaisseaux & à leurs Matelots, qui en payent le droit comptant.

On appelle Registre du même un des Registres du Receveur du Convoy, où s'enregistrent toutes ces marchandises & les droits qu'elles payent.

On nomme aussi Issue du menu les droits de sortie, qui sont dûs pour les marchandises qui sortent en petite quantité.

Les entrées du sel au menu se disent au même lieu du sel blanc, qui ne passe pas un quart.

La sortie du sel au menu est quand le sel qui sort ne passe pas une mine.

MENU, en terme de Commerce. Signifie quelquefois la même chose que détail. Ce Marchand trafique tant en gros qu'en menu. *Voyez* DE'TAIL.

MENUE SEIZAINE. Petite corde propre aux Emballeurs, qu'en terme de Corderie on nomme plus ordinairement Fil-agor. *Voyez* FIL-AGOR.

MENUE MERCERIE. Ce terme comprend toutes les marchandises de peu de conséquence que les Marchands Merciers ont droit de vendre. *V.* MERCERIE.

MENUF. Espece de lin qui croît en Egypte & qui se vend au Caire; son prix est de 7 à 8 piastres le quintal de cent dix rotols. *Voyez* LIN.

Les toiles qu'on appelle Toiles de Menuf, ont 83 pics de longueur, & se vendent 83 meidins la piece, c'est-à-dire, un meidin le pic.

MENUISE. On nomme ainsi dans le commerce des bois à brûler, le bois qui est trop menu pour être mis avec les bois de compte ou de corde.

L'article II. du Réglement de 1724, défend aux Marchands de triquer les bois de menuise pour les mêler avec les bois de compte & de corde, & le V ordonne que les Plâtriers ne pourront prendre sur les ports que des bois de déchirage de batteaux, des bois blancs de menuise & de rebut. *Voyez* ce Réglement à l'article du Bois à brûler.

MENUISERIE. Profession de Menusier, art de polir & d'assembler le bois. On l'appelle Menuiserie pour le distinguer du métier de Charpentier, celui-ci n'employant que du gros bois, comme poutres, solives, chevrons, sablieres, &c. charpenté avec la cognée & paré seulement avec la besaigue; & les Menuisiers ne travaillant que sur de menus bois débités en planches ou autres semblables pieces de médiocre grosseur, & les courroyant & polissant avec divers rabots & autres instrumens.

MENUISERIE. Se dit encore de l'ouvrage même des

Menuisiers, taillé & assemblé avec propreté & délicatesse. On dit en ce sens, le Chœur de l'Eglise Métropolitaine de Paris est de la plus belle menuiserie qui ait encore été faite.

Menuiserie. Se prend aussi quelquefois collectivement de tout le bois que les Menuisiers ont employé ou doivent employer dans un bâtiment, ou seulement dans quelqu'un des appartemens qui le composent. La menuiserie de ma maison me revient à dix mille livres, c'est-à-dire, il m'a couté cette somme pour les portes, fenêtres, lambris, parquets, &c. que les Menuisiers y ont faits.

Menuiserie. Il y a quelques Corps de Marchands & quelques Communautés des Arts & Métiers, dans lesquels on appelle Menuiserie les petits ouvrages qui s'y fabriquent. Les Orfévres & les Potiers d'étain entr'autres les nomment de la sorte, & donnent le nom de Menuisiers à ceux qui ne fabriquent que de ces menus ouvrages, ou qui font seulement ce négoce. *Voyez l'article suivant.*

Prix de la Menuiserie pour les Bâtimens, pendant les années

	1690,	1710	& 1716.
Les croisées à panneau de verre, avec chassis dormans, chassis à panneau, volets brisés derriere à bouvement de 4 pieds ½ de large, toisés sur la hauteur seulement, le pied courant,	2 l. 10 s.	4 l. 10 s.	5 l. 10 s.
Les croisées sans volets de pareille hauteur & largeur que dessus, pour mettre sur les escalliers & autres endroits, le pied courant,		1 l.	10 s.
Les deux derniers Mémoires en mettent de deux sortes, sçavoir les croisées de chassis à la Mansarde à carreaux de verre sans volets, le pied courant,		2 l. 10 s.	3 l. 10 s.
Les croisées sans volets, de pareille largeur & hauteur comme dessus, pour mettre sur les escaliers & autres endroits, le pied courant, toisé sur la hauteur seulement,		1 l. 15 s.	2
Les portes à placard de 6 pieds 9 pouces de haut, sur 3 pieds d'ouverture, avec deux chambranles & revêtement, tant des murs de 18 pouces d'épaisseur, que dans les cloisons, pour chaque porte,	27	36	30
Les lambris à hauteur d'appui de 2 pieds 8 pouces de haut avec pilastres & compartimens de quadres, ornés d'un talon & d'une baguette, le panneau ravalé, pour chaque toise courante,	8	12	10
Les chambranles de cheminées avec revêtement de jambages par le dehors, gorges & corniches au-dessus, posés en place, la piece,	22		
Le second Mémoire en distingue de deux sortes; sçavoir, les quarrés communs dont il ne se fait plus gueres, la piece,		12	
Es les chambranles, avec revêtement de jambage, une tablette d'un pouce & demi d'épaisseur, les cintres avec pilastres & guaînes,		20	
Le troisiéme Mémoire ne met que cette derniere sorte,			18
Le parquet ordinaire dont le bâtis sera d'un pouce ou d'un pouce & demi, posé & attaché sur les lambourdes de 3 pouces en quarré, posé & mis en place, la toise quarrée,	24	25	36
Les portes de bois de chêne d'un pouce d'épaisseur, emboitées par les deux bouts, avec 3 clefs dans les joints & languettes de 6 pieds 9 pouces de haut, sur 3 pieds de large, la piece,	3	7	10
Les portes aussi de bois de chêne de 15 lignes d'épaisseur, de 6 pieds & demi de haut, sur 2 pieds 10 pouces de large, avec emboitures, clefs & languettes, comme dessus, la piece,	5. 10 s.	8	:
Les portes cocheres communes de 8 pieds ½ de large, sur 12 pieds de haut à l'ordinaire, tant pour grosseur, largeur & épaisseur de bois sec, la piece,	150	150	170
Les grandes portes cocheres de 8 pieds & demi de large, avec ornemens, la piece,		200	250
Ces portes dont ne parle point le premier Mémoire, augmentent ou diminuent de prix, suivant les ornemens & le travail.			
Les portes de caves de 15 à 16 lignes d'épaisseur, de bois de chêne, garnies par derriere de trois barres de 4 à 5 pouces de large, la piece,	4. 10	5. 10	5. 10
Les deux articles suivans ne sont pas dans le premier Mémoire.			
Les portes à placards à deux ventaux, de 9 pieds de haut, de 4 pieds ½ de large, avec embasemens doubles, paremens qua-			

dres & corniches au-dessus	1690,	1710,	1716.
dont les bâtis seront d'un pouce & demi & le reste à proportion, la piece,		75	80
Les auvents à bois de bout tous droits, garnis de leur chassis, recouverts d'ais à languettes & rainures, avec tringles par-dessus, le tout de bon bois, la toise courante,		10 l.	14 l.

MENUISIER. Celui qui ne travaille ou qui ne fait négoce que de petits ouvrages. Il y a des Menuisiers parmi les Orfévres, ce sont ceux qui ne fabriquent que des anneaux, des boucles, des crochets, ou ce qu'on appelle des Menages d'enfans. Il y en a aussi parmi les Potiers d'étain; leurs Statuts donnent ce nom à ceux qui ne s'attachent qu'aux menus ouvrages; &, comme ils disent, aux pieces de rapport. *Voyez* ORFEVRE, *&* POTIER D'ETAIN.

Les Menuisiers en bois sont les plus connus, & ceux qui pour ainsi dire en ont conservé par préférence le nom & la qualité dans l'usage ordinaire. *Voyez l'article suivant.*

MENUISIER. Ouvrier qui travaille en menuiserie. Il y a deux sortes de Menuisiers en bois, qui pourtant ne composent qu'une même Communauté. Les uns sont les Menuisiers en grosse besogne, qu'on appelle Menuisiers d'assemblage; les autres sont les Menuisiers de pieces de rapport & de marqueterie, qu'on nomme Menuisiers de placage; on les nomme aussi Ebenistes. On parle de ces derniers à leur propre article. *Voyez* EBENISTE. *Voyez aussi* MARQUETERIE.

Dans les Statuts de la Communauté des Menuisiers les Maîtres sont appellés Huchers-Menuisiers, du mot de huche, qui est une espece de coffre ou bahut qui est du nombre des ouvrages auxquels ces artisans travaillent.

Cette Communauté est ancienne à Paris, & ses Statuts lui ont été accordés par Lettres Patentes des Rois dès le mois de Septembre de l'an 1396, & confirmés pour la premiere fois au mois d'Avril 1580. La derniere confirmation où plusieurs des anciens articles de ces Réglemens ont été expliqués ou reformés, est du mois d'Aout 1645, que le Roi Louis XIV donna ses Lettres Patentes sur le vû des Lieutenant Civil & Procureur du Roi au Châtelet, enregistrées en Parlement le 20 Décembre ensuivant.

Les Officiers de la Communauté sont, un Principal qui s'élit tous les ans, trois jours après la Fête de sainte Anne qui est la Patronne, & six Jurés, dont trois sont élus aussi chaque année & le même jour par les anciens Bacheliers, ensorte que chaque Juré reste deux ans en place.

Ceux qui prétendent à la maîtrise doivent être originaires François ou du moins naturalisés.

Chaque Maître ne peut avoir qu'un Apprentif obligé pour six ans, en sorte néanmoins qu'il en puisse obliger un autre deux ans avant la fin de l'apprentissage du premier.

Les Apprentifs sont obligés au chef-d'œuvre, & payent pour le droit du Roi un écu sol, demi-écu sol à chacun des Jurés, six écus au Receveur de la Communauté, & un écu pour la Confrérie de sainte Anne.

Les droits des fils de Maîtres sont moins considérables, mais ils sont obligés au chef-d'œuvre comme les autres.

Les Maîtres de la Confrérie établie en l'Eglise des Billettes sont au nombre de quatre, de deux desquels se fait l'élection tous les ans à l'issue de Vêpres, le jour & Fête de sainte Anne.

Les Statuts qui sont composés de 76 articles entrent dans un grand & assez curieux détail de tous les ouvrages de menuiserie qui se peuvent faire par les Maîtres de la Communauté, & de la maniere dont ils doivent être faits & travaillés, pour n'être point sujets à saisie, ni les Ouvriers à l'amende.

Par Déclaration du Roi du 22 Mai 1691, les Offices héréditaires des Maîtres Jurés de la Communauté des Menuisiers de la Ville de Paris, créés par l'Edit du mois de Mars de la même année, lui furent réunis, & les droits & privileges desdits Offices leur furent attribués.

Il a fallu que les Menuisiers se soient fait encore incorporer depuis cette premiere réunion, diverses autres charges de nouvelle création, comme des Auditeurs des Comptes en 1694, des Greffiers, des Gardes des poids & mesures, des Gardes des archives & semblables Offices créés en 1704 & 1707, & presque jusqu'à la fin du regne de Louis XIV: mais quoiqu'ils ayent obtenu diverses augmentations de droits pour les visites, les apprentissages, les maîtrises, même pour la Confrérie, afin d'acquitter les sommes qu'ils avoient été obligés d'emprunter, les différentes Lettres Patentes qui les leur ont accordé n'ont point ou peu touché à la premiere discipline de leur Communauté établie par les anciens Statuts dont on vient de donner l'extrait, si ce n'est en ce qui regarde les Maîtres sans qualité, que comme les autres Corps des Arts & Métiers, ils ont eu permission de recevoir & qu'ils ont en effet reçus parmi eux.

Les outils & instrumens des Maîtres Menuisiers, qui leur servent tant à courroyer, raboter & emmortoiser leur bois, qu'à le scier, couper, dresser, tracer & mettre en place, sont: l'établi sur lequel se travaillent presque tous les ouvrages; diverses sortes de scies, les valets ou varlets, les maillets, le crochet ou sergent, les estreignoirs, les presses, les rabots de toutes sortes, divers ciseaux, le fermoir, le bec d'âne, les gouges, les trusquins, les reglets, les équéres & les triangles, le calibre, le compas, le marteau, les tenailles, les villebrequins, les rapes, les limes, le tourne-à-gauche & le niveau.

MENUS-MARCHE'S. Terme des Eaux & Forêts & du commerce des Bois. Il signifie la vente des chablis, des arbres de délit, & autres tels bois qui peuvent se rencontrer dans les Forêts du Roi, & qui ne font pas des ventes ni des coupes reglées ou entieres. On y comprend les glandées, les pâcages & les paissons.

Ces ventes se font à l'extinction des feux, & après deux publications à l'Audience de l'Amirauté, au Marché du lieu, & aux Paroisses voisines. *Voyez* CHABLIS.

MEO

MEON. Plante qui croît en Bourgogne, dont la racine ressemble à celle de l'Angelique, à laquelle on la substitue quelquefois. *Voyez* ANGELIQUE.

MER

MER NOIRE. *Voyez* le détail du Commerce des Echelles de la Mer Noire, dans l'Etat général du Commerce, Tome I. page 353 *& suiv.*

MER DU NORD. *Voyez* le Commerce des Espagnols sur cette Mer, dans l'Etat général, Tome I. page 481.

MER DU SUD. *Voyez* le Commerce des Côtes de l'Amérique Espagnole sur la Mer du Sud, dans l'Etat général, Tome I. page 489.

MERCADENT, ou MARCADANT. Terme de dérision qui se dit d'un Marchand peu habile dans le négoce & qui fait mal ses affaires; ou d'un petit mercelet qui veut faire l'important, quoiqu'il ne vende que des bagatelles. Ainsi l'on dit; ce Mercadent n'entend nullement son métier; ce petit Mercadent fait le suffisant. Ce terme est pris de l'Italien, *Un povero Marcadente*.

MERCANTI DI BARRETI. On nomme ainsi à Smirne & dans quelques autres Echelles du Levant, les Marchands François qui y font négoce, à cause qu'ils y apportent & qu'ils y vendent quantité de bonnets & de calottes de laine qui se fabriquent à Marseille. *Voyez* le Commerce de Smirne, dans l'Etat général.

MERCANTILLE. On dit qu'un homme est de profession mercantille, pour faire entendre qu'il se mêle de marchandise & de négoce. On dit aussi Arithmétique mercantille, pour distinguer celle qui n'est propre qu'aux Marchands, d'avec celle des Astronomes & des Géometres. *Voyez* PROFESSION MERCANTILLE. *Voyez aussi* ESCRITURE MERCANTILLE.

MERCANTILLEMENT. D'une maniere mercantille. Il se dit en ce sens; Il parle, il écrit, il s'exprime mercantillement; pour dire qu'il parle, qu'il écrit, qu'il s'explique selon les maximes, les usages & les termes qui sont affectés aux Marchands & Négocians.

MERCANTISTE. On se sert quelquefois de ce terme pour signifier un Marchand. *Voyez* MARCHAND.

MERCANTORISTE. Il se dit de la maniere de parler d'un Marchand. Ce stile est mercantoriste. *Voyez* STILE MARCHAND.

MERCELOT. Petit Mercier. Il se dit de ces petits Merciers qui étalent aux Foires de Village & de ceux qui portent à la campagne des balles ou paniers de menue mercerie sur leur dos, ou dans les rues de Paris des mannettes pendues à leur col remplies de peignes, de petits couteaux, de siflets & autres telles petites marchandises & jouets d'enfans de peu de conséquence.

MERCERIE. On appelle ainsi en général toutes les especes de marchandises que les Marchands Merciers vendent ou sont en droit de vendre.

Ce terme est tiré du mot Latin *Merx*, qui signifie toute marchandise, toute denrée, toute chose dont on puisse faire commerce ou trafic.

L'article XII des nouveaux Statuts des Marchands Merciers de la Ville & Fauxbourgs de Paris du mois de Janvier 1613, contenant dans un grand détail toutes les marchandises qui peuvent faire l'objet du commerce des Marchands qui sont reçus dans le Corps de la Mercerie; on va le rapporter ici en son entier en y faisant néanmoins quelques remarques sur les changemens qui y sont arrivés depuis, particuliérement pour les draps étrangers.

Article XII des Statuts des Marchands Merciers de la Ville & Fauxbourgs de Paris, contenant toutes les marchandises comprises sous le nom de Mercerie.

Pourront lesdits Marchands Merciers acheter, vendre & débiter, troquer & échanger, tant dans la Ville, Prevôté & Vicomté de Paris, Villes circonvoisines d'icelles, & en tous autres lieux du Royaume, même dans les Pays étrangers, en gros ou en détail, toutes sortes de marchandises:

D'or, d'argent, soies, ostades, serges de Florence, razes & estamets de Milan, serges de Seigneur, de Leyde, de Mouy, de Chartres, d'Orleans, d'Ascot & de toutes autres sortes, Pays & façons.

Camelots, burails, moncahiards, étamines, futaines, doublures, frises, revêches, boucassins, treillis & bougrans.

Draps de Borde, d'Espagne, Angleterre & autres Pays étrangers.

Toiles de toutes sortes, ouvrées & non ouvrées, tant Françoises qu'étrangeres, grosses, moyennes & fines; chemises, mouchoirs, collets, & toute autre sorte de lingerie.

Chanvres, lin, fils de toutes sortes teints & non teints, cordes, cordages, ficelles, sangles, panneaux & filets tant de chasse que de pêche.

Castors à faire chapeaux, laines filées & non filées, teintes & non teintes, bonnets, chapeaux, bas de chausse tant de soie, laine, que fil ou autre étoffe, camisolle, cotons filés & non filés.

Maroquins, cuirs de Levant, chamois, bufles, buffetins, chevrotins, vélins, peaux de moutons parées, cuirs de mégie, & généralement toutes sortes de cuirs.

Fourures, pelleteries, gands, mitaines & tous ouvrages faits des susdites étoffes.

Tapisseries, coutils, courtepointes, couvertures, castelognes & autres.

Franges, passemens, dentelles, lassis, points coupés, rubans, cordons, boutons d'or, d'argent, de soie, fil, crin, & de toutes autres étoffes, & de tous pays & façons, même l'or & l'argent tant fin que faux, filé sur soie ou sur fil.

Ensemble argent de Chipre, soies crues & non écrues, teintes & non teintes.

Pareillement toute sorte de jouaillerie, d'or, d'argent, pierres précieuses, perles, joyaux d'or & d'argent & d'autres métaux, corails, grenats, agathes, calcidoines, cristal, ambre, amatistes & toutes autres sortes de pierres taillées & non taillées & toute sorte de patenostrerie.

Droguerie, épicerie, brésil, pastel, cochenille, graine d'écarlate, garance & toutes especes de teintures.

Fer, acier, cuivre, airain, léton, ouvrés & non ouvrés, neufs ou vieux, même fil de léton & médailles.

Epées, dagues & poignards, lames, gardes & garnitures d'iceux, & éperons, étriers, mords de chevaux, fers & clous.

Ciseaux, lancettes, canivets, razoirs, couteaux, épingles & aiguilles.

Ceintures, porte-épée, peignes, éponges & aiguillettes.

Serrures, cadenats, fermetures d'huis, portes, fenestres, coffres & cabinets.

Dinanderie, quinquaillerie, coûtellerie, & de toutes autres sortes de marchandises de cuivre, fer, fonte, acier, & toutes autres œuvres de forge & fonte.

Miroirs, images, tableaux, tant en bosse qu'autrement, peintures, heures, pseautiers, catéchismes & autres livres de prieres.

Plumes, gaînes, étuis, boëtes, écritoires, &

généralement toutes autres sortes & especes de marchandises.

Il faut remarquer qu'encore qu'il paroisse par l'extrait ci-dessus que les Merciers soient en droit de vendre certaines especes de draps; cependant ils en ont été exclus par Arrêt du Conseil du 16 Aout 1687, rendu en faveur des Marchands Drapiers, qui ont été seuls réservés dans la faculté de faire commerce, & de vendre dans Paris, soit en gros ou en détail, toutes sortes de marchandises de draperies de laine, tant des Manufactures de France, que des fabriques étrangeres.

MERCERIE. On appelle menue Mercerie, ou Mercerie mêlée toutes les petites marchandises qui se vendent en détail par les Marchands Merciers.

Les Tarifs de France donnent aussi le nom de menue Mercerie à certaines sortes de marchandises dont les droits d'entrée & de sortie sont tariffés sur le même pied, à raison de tant du cent pésant.

Pour la commodité du Lecteur on va ajouter ici les deux catalogues qui en ont été dressés pour l'exécution de l'Arrêt du 3 Juillet 1692, par lequel les droits d'entrée de cette mercerie ont été augmentés & ceux de sortie diminués.

Mercerie de toutes sortes de façons & Pays qui doivent payer les droits d'entrée à raison de 10 livres du cent pésant, conformément à l'Arrêt du 3 Juillet 1692.

Ambre jaune en chapelets & autres ouvrages.	Ecritoires.
Bandouillieres.	Eperons.
Boëtes ferrées, malles & bougettes.	Etriers.
Boëtes de sapin peintes.	Fil d'arbalêtre.
Bois de miroirs sans enrichissemens.	Gros tapis & toiles peintes, & autres semblables.
Bourses de cuir & laine.	Horloges de sable.
Boutons de crin.	Jayet lis ou brut.
Cabinets d'Allemagne de peu de valeur.	Jettons.
Campannes.	Lames, gardes d'épées & dagues de fer.
Canivets.	Moules à boutons.
Cartes à jouer.	Manches d'alênes.
Ceintures de fil & laine.	Oripeaux & tous autres petits cuirs avec peintures.
Chiflets.	Patenostres.
Ciseaux.	Peignes de bois & de buis.
Clous à Cordonnier & Sellier.	Pinceaux.
Coquilles de nacre.	Pelotons.
Cordes à boyaux.	Poupées.
Cordons de toute sorte sans or, argent ni soie.	Raquettes.
Couteaux.	Ramonettes.
Cuillieres de bois & buis.	Rubans, cordons & tresses de laine.
Demi-ceints de plomb & d'étain.	Sangles.
Décrotoires.	Tabourets.
Dez de verre ou de corne.	Vestins.
	Verges & vergettes à esterdre.

Les droits d'entrée de cette mercerie n'étoient par le Tarif de 1664 que sur le pied de 4 livres du cent pésant.

A l'égard de la Douane de Lyon les droits tariffés par le Tarif de 1632, sont; sçavoir:

Mercerie de Milan & autres lieux d'Italie, chemises de coton, &c. 9 livres de la caisse d'ancienne taxation, & 20 s. du cent pésant de nouvelle réapréciation.

Mercerie de Flandre, ceintures, lacets, rubans, fil d'Epinay, le tonneau n'excédant quatre quintaux, 14 livres d'anciens droits, & 20 sols du cent pésant de nouveaux.

Menue Mercerie de Paris & Rouen, le tonneau n'excédant cinq quintaux, 7 livres 10 sols d'ancienne taxation, & pour la reapreciation 10 sols du cent pésant.

Mercerie de Forest, Auvergne, droguets, queues de singe, peignes de Languedoc & couteaux de Thiers, la charge n'excédant trois quintaux, 17 sols 6 deniers d'anciens droits, & pour les nouveaux 5 s. du cent.

Mercerie de S. Claude, 16 sols pour tous droits.

Mercerie d'Allemagne, 3 l. 5 s. d'ancienne taxation, & 15 s. de nouvelle.

Mercerie de toutes sortes & façons des Provinces du Royaume qui ne doivent payer que 2 livres du cent pésant de droits de sortie, suivant l'Arrêt du 3 Juillet 1691, lorsqu'elles sont déclarées pour les Pays étrangers, & qui autrement payent les droits à raison de 3 livres, conformément au Tarif de 1664.

Alênes.	Epoucettes.
Bas, bonnets, gans & autres ouvrages de laine.	Etuis.
Bassins & coupes de verre.	Etriers.
Boëtes de sapin peintes.	Fausses pierres.
Bombazins.	Fil d'arbalêtre.
Bourses de cuir & laine.	Filatrice.
Boucassins.	Feutres pour Sellier.
Boutons de crin, verre & rocaille.	Gans communs.
Cabinets d'Allemagne de peu de valeur.	Jettons.
Caffarts de Village.	Malles.
Canivets.	Meules.
Carrelets.	Mezelaines.
Castalognes & mantes.	Miroirs communs.
Chapeaux de feutre & laine, communs, garnis & non garnis.	Mitaines & moufles de laine.
Chapelets d'ambre, verre, rocaille & autres de bois.	Moucades.
Chaussons.	Mords de brides.
Clous à Cordonnier & Sellier.	Oripeaux & tous autres petits cuirs chargés d'or.
Ciseaux.	Patenostre sans orfévrerie.
Cordons de toutes sortes sans or, argent & soie.	Peaux de cuirs blanches & teintes.
Cornes de lanternes.	Peignes de buis & corne.
Couteaux.	Picottes, Plumettes & autres semblables étoffes sans soie.
Coutils.	Plumes à écrire.
Campannes.	Poupées d'eau.
Dez à coudre.	Raquettes.
Demi-ceints.	Ramonettes racoutrées en vergettes.
Décrotoires.	Sangles.
Droguets.	Seringues pour Apoticaires.
Escouvettes.	Sonnettes.
Ecritoires.	Soie de porc.
Eguillettes de cuir, de fil & laine.	Tableaux.
Eguilles.	Tabourets ou pelotons.
Eperons de fer.	Tapis de Tournay.
Epinettes, manicordions & autres instrumens.	Tapisseries & couvertures de Rouen.
Epingles.	Toiles peintes.
	Verges à esterdre.
	Verres à boire.

MERCERIE. Se dit aussi du Corps des Merciers, qui est le troisiéme des six Corps des Marchands de Paris.

Ce Corps fut établi par Charles VI qui lui donna ses premiers Statuts & Réglemens en 1407 & 1412 : ces Statuts furent ensuite confirmés & augmentés par plusieurs Rois ses Successeurs ; par Henri II en 1548, 1557 & 1558 ; par Charles IX en 1567 & en 1570 ; par Henri IV en Juillet 1601. Enfin Louis XIII en Janvier 1613 lui en donna de nouveaux confirmatifs des anciens, qui furent pareillement confirmés par Louis XIV au mois d'Aout 1645.

Quoique le Corps de la Mercerie ne tienne que le troisiéme rang parmi les six Corps des Marchands, il est cependant regardé comme le plus important, d'autant qu'il renferme & comprend, pour ainsi dire, tout le commerce des autres cinq Corps. Aussi ce Corps est-il si considérable & d'une si prodigieuse étendue, que les Marchands qui le composent se sont comme divisés en un grand nombre de classes différentes dont voici les principales.

1°. Les Marchands Grossiers qui vendent en gros, en balle & sous corde, tout ce que les autres Corps peuvent vendre en détail, à l'exception des draperies de laine qu'ils prétendent aussi pouvoir détailler, ce qui leur est néanmoins contesté.

2°. Les Marchands de draps & étoffes d'or, d'argent & de soie.

3°. Les Marchands de dorure, qui ne vendent que des galons, des bords, des campanes, des dentelles & guipures, des franges, des boutons, des boutonnieres & gances, des cordons & laises de chapeau, des ceintures, des pieces de corps & autres semblables marchandises manufacturées avec de l'or & de l'argent trait & filé sur soie, & fil tant fin que faux.

4°. Ceux qui font négoce de camelots, étamines, crêpons, razes, serges à doubler, moncahiards, droguets, tirtaines, baracans & autres semblables étoffes toutes de laine ou mêlées de soie, fil, coton, poil ou autre matiere.

5°. Les Jouailliers qui font commerce de pierres précieuses, perles, joyaux d'or & d'argent & toutes marchandises de jouaillerie. *V.* JOUAILLERIE & JOUAILLIER.

6°. Les Marchands de toiles, linge de table ouvré & non ouvré, menue lingerie, futaines, basins, coutils & autres semblables especes de marchandises.

7°. Les Marchands de points & dentelles de fil, de batistes, de linons, de mousselines, de toiles, de Hollande, demi-Hollande, &c.

8°. Ceux qui ne vendent que des soies en bottes.

9°. Ceux qui font commerce de peausseries, comme marroquins, bazannes, chamois, vaches de Russie, peaux de veaux, de moutons, de chévres, &c.

10°. Les Marchands de tapisseries tant de Bergame qu'autres, qui vendent aussi des courtepointes, des tapis, des couvertures, des portieres & des étoffes pour faire des meubles, comme brocatelles, satinades, tripes, mocades, moquettes, ligatures, pluches, callemandes, pannes de laine, &c.

11°. Les Marchands de fer qui vendent du fer en barres, en verges, en plaques, en tole, en fil, en clous, &c. même de l'acier, de l'étain, du plomb & du cuivre non ouvré.

12°. Les Quincailliers qui ne font négoce que de marchandise de quincaille, ce qui comprend les armes, la coutellerie, la taillanderie, serrurerie, instrumens & outils pour toutes sortes d'Ouvriers & Artisans, & autres menues marchandises d'acier, de fer ou de cuivre. *V.* QUINCAILLE.

13°. Ceux qui vendent des tableaux, des estampes, des candelabres, des bras, des girandoles de cuivre doré & de bronze, des lustres de cristal, des figures de bronze, de marbre, de bois & d'autre matiere, des pendules, horloges & montres ; des cabinets, coffres, armoires, tables, tablettes & guéridons de bois de rapport & doré, des tables de marbre & autres marchandises & curiosités propres pour l'ornement des appartemens.

14°. Les Marchands de miroirs & de glaces pour les carosses, de toilettes, de sacs, de carreaux & coussins de velours pour les Dames, &c.

15°. Ceux qui font négoce de rubans d'or, d'argent & de soie, de tabliers, d'écharpes & de coëffes de taffetas & de gaze, de bonnets d'étoffes d'or, d'argent, de velours, &c. d'éventails, de manchons, de gans, &c.

16°. Les Marchands Papetiers qui vendent de toutes sortes de papiers, de l'encre, des écritoires, des plumes, des canifs, des poinçons, de la poudre, de la cire d'Espagne, du pain & de la soie plate à cacheter, des livres & registres en blanc, des porte-feuilles, des cartons, des livres reglés destinés pour la musique, &c.

17°. Ceux qui font négoce de chauderonnerie, comme chaudieres, chauderons, cuves, cuvettes, poêlons, poêles à confitures, marmites, casserolles, réchaux, coquemards, caffetieres, chandeliers, chenets, bassins, passoires, écumoires, cuillieres à poêlon, bassinoires, cassolettes, mains à argent, lampes, alembics, gardes-feu, platines, & autres semblables ouvrages de cuivre jaune & rouge que l'on appelle aussi Marchandise de dinanderie ; comme aussi de toutes sortes d'ouvrages de fer, tant pour la chambre que pour la cuisine, tels que sont les chenets, feux ou grilles, pelles, pincettes, tenailles, tringles à rideaux, poêles, lèchefrites, broches, réchaux, trépieds, grils, cuillieres à pot, couvercles de marmites, même des plaques ou contrecœurs de cheminées, des marmites, des cloches & clochettes, & autres marchandises de forte.

18°. Les Vendeurs de toiles cirées en gros & en détail, qui vendent aussi des parapluyes, des guêtres, casaques, porte-manteaux, chapeaux, capes pour femme, & tous pareils ouvrages de toile cirée, même des guêtres de treillis & coutils.

19°. Les Marchands de menue mercerie qui vendent de la boutonnerie, des padoues, galons, rubans & rouleaux, soie & fil à coudre, boucassins, treillis, bougrans, crêpes, lassets, aiguilles, épingles, dez à coudre, &c.

20°. Et enfin les petits Merciers qui vendent de la patenostrerie ou chapelets ; des peignes, des livres d'enfans, des jambettes, des raquettes, des palettes, des volans, des sabots, corniches, toupies, balles, éteufs, lanieres de cuir, poupées, tambourins, violons, boêtes de bois peintes & façonnées, horloges de sable, jeux de quilles, étuis, siflets, tabatieres de corne, de bois & de buis, des damiers, des jeux d'échecs, & de toutes sortes de colifichets & jouets de carte & de bois pour les enfans, ce qui se nomme de la Bimbeloterie.

Le Corps de la Mercerie est consideré comme

le plus noble & le plus excellent de tous les Corps des Marchands, d'autant que ceux qui le composent ne travaillent point & ne font aucun ouvrage de la main, si ce n'est pour enjoliver les choses qui sont déja faites & fabriquées, comme de garnir des gans & des mitaines, attacher à des habits & autres vêtemens des rubans & autres sortes de galanterie : aussi ceux qui sont admis dans ce Corps sont-ils reçûs noblement, ne leur étant pas permis de faire ni manufacturer aucunes marchandises, mais seulement de les enjoliver, ce qui n'est pas des autres Corps qui sont regardés comme mixtes, c'est-à-dire, qu'ils tiennent du Marchand & de l'artisan. Ainsi à celui de la Drapperie ont été incorporés les Drappiers-Chaussetiers, qui taillent, cousent & vendent des bas de drap. Dans celui de l'Epicerie il y a des Apoticaires, des Confiseurs & des Ciriers, dont les premiers font chef-d'œuvre & travaillent à faire des sirops, confections, compositions, onguens, &c. les seconds à faire des dragées, massepins, pâtes & confitures de toutes sortes ; & les derniers à faire des cierges, de la bougie, des flambeaux, &c. Enfin dans les trois Corps de la Pelleterie, Bonneterie & Orfévrerie on travaille aussi de la main ; les Pelletiers font des manchons, aumuces, &c. les Bonnetiers des bonnets, des bas, &c. & les Orfévres de la vaisselle d'or & d'argent, & dans tous les trois on est obligé à faire chef-d'œuvre.

On ne doit pas être surpris de ce que le Corps de la Mercerie est regardé avec tant de distinction, puisque c'est lui qui a toujours soutenu le commerce des Pays étrangers, n'y ayant gueres de contrées dans le monde, pour reculées qu'elles puissent être, où il n'ait penetré pour y porter le négoce de la France, étant même certain que ce sont les particuliers de ce Corps qui ont entrepris les premiers de faire des voyages de long cours, particuliérement aux Indes Orientales & Occidentales : ensorte que l'on peut dire que sans le Corps de la Mercerie le commerce de France avec les Pays étrangers, ne feroit que languir ; outre que la plupart des marchandises qui croissent dans le Royaume ou qui y sont manufacturées en si grande quantité, resteroient sans aucun mouvement si les Marchands Merciers n'en soutenoient & n'en animoient la consommation & le négoce.

Pour être reçû Marchand dans le Corps de la Mercerie, il faut être né François, avoir fait apprentissage pendant trois ans, & servi les Marchands durant trois autres années en qualité de Garçon.

Aucun Marchand de ce Corps ne peut avoir qu'un Apprentif à la fois, & cet Apprentif ne doit point être marié. Le tems de l'apprentissage ne doit courir que du jour de l'enregistrement qui a été fait au Bureau de la Mercerie, du Brevet passé pardevant Notaire.

A la tête du Corps de la Mercerie sont sept Maîtres & Gardes préposés pour la conservation de ses priviléges & de sa police. Le premier qu'on appelle grand Garde, en est comme le chef ; il préside à toutes les assemblées du Corps accompagné des six autres, que l'on nomme vulgairement petits Gardes qui sont comme ses Conseillers.

On ne peut être reçû grand Garde qu'après avoir été petit Garde.

Tous les ans au mois de Juillet dans le Bureau du Corps de la Mercerie, en présence du Procureur du Roi du Châtelet, & de son Greffier, on procede à l'élection d'un nouveau grand Garde & de deux autres petits Gardes, qui après leur élection prêtent serment pardevant le Procureur du Roi ; ainsi chaque année il sort l'ancien grand Garde & les deux plus anciens des six petits Gardes.

Pour parvenir à cette élection qui se fait à la pluralité des voix, les sept Maîtres & Gardes en charge, mandent tous ceux qui ont déja passé par la garderie & quatre-vingt autres Marchands du Corps, à tour de rolle, de ceux qui n'ont point encore passé par les charges.

C'est l'Agent des affaires du Bureau qui fait l'appel des convoqués suivant la feuille qu'il a entre les mains, laquelle est signée des Maîtres & Gardes actuellement en charge, & les voix sont recueillies par le Greffier.

Les Gardes de la Mercerie en charge sont admis conjointement avec ceux du Corps de la Draperie, aux visites qui se font sous la Halle aux draps & dans les Foires S. Germain, du Landy & de S. Denis, des draps, serges & autres étoffes de laine & mêlées de laine & de fil, tant de drapperie que de mercerie, qui y arrivent ou qui y sont portées, & cela par Arrêt du Conseil d'Etat du 21 Juillet 1674.

Les Maîtres & Gardes Merciers en charge sont en droit de porter dans toutes les cérémonies publiques où ils sont appellés, la robe de drap noir à colet & manches pendantes, parementée & bordée de velours de pareille couleur : c'est proprement la Robe Consulaire.

Ceux qui sortent de charge rendent leur compte pardevant le Procureur du Roi du Châtelet.

Le Corps de la Mercerie a sa Confrérie établie en l'Eglise du Sepulcre, & prend pour Patron S. Louis Roi de France.

Lorsqu'un Marchand Mercier qui a été Garde de son Corps, ou qui l'est encore, vient à déceder, les quatre derniers petits Gardes en Charge sont obligés d'assister en robe à son convoi & enterrement, & de tenir chacun un des coins du poêle, qui est fourni par le Bureau de la Mercerie, avec douze flambeaux de poing de cire blanche, si c'est un grand Garde, & huit si ce n'en est qu'un petit, auxquels sont attachées les armoiries de la Mercerie.

Ces armoiries sont un champ d'argent chargé de trois navires, dont deux sont en chef & un en pointe, ces vaisseaux construits & mâtés d'or sur une mer de sinople, le tout surmonté d'un soleil d'or avec cette devise : *Te toto orbe sequemur* ; en François : *Nous te suivrons par toute la terre* ; comme si les Marchands Merciers vouloient faire entendre, que leur commerce se doit étendre par tout l'Univers, & depuis l'Orient jusqu'au Couchant représentés par le soleil.

Il arrive souvent des contestations entre le Corps de la Mercerie & celui de la Pelleterie pour la préséance ; le dernier prétendant être le troisiéme Corps, & par conséquent devoir avoir le pas sur l'autre : néanmoins le Corps de la Mercerie s'est toujours maintenu dans la possession du troisiéme rang, quelques protestations que les Pelletiers ayent pû faire au contraire dans toutes les occasions qui se sont présentées. *V.* Corps.

MERCEROT ou MERCELOT. Petit Mercier. *Voyez* Mercelot.

MERCIER, MERCIERE. Marchand ou Marchande qui vend toutes sortes de marchandises dépendantes du Corps de la Mercerie.

A Paris les Merciers composent le troisiéme des six Corps des Marchands de cette grande Ville, où il est regardé comme le plus puissant, le plus nombreux, & dont le commerce est le plus étendu.

Par leurs Statuts qui sont du mois de Janvier 1613, ils sont appellés Marchands Merciers-Grossiers-Jouailliers. Ces mêmes Statuts leur défendent de contracter aucune association avec des personnes qui ne sont pas de leur Corps, ni de prêter leurs noms ou marques pour le fait de leur négoce, ni de se servir des noms ou marques des Marchands Etrangers & Forains, à moins qu'ils n'y soient absolument contraints pour passer quelques détroits ou dangers des Ennemis, auquel cas ils sont tenus d'en avertir les Maîtres & Gardes de leur Corps avant l'arrivée des marchandises.

Il leur est encore défendu de tenir hôtellerie, d'être Courtiers ou Commissionnaires, même d'avoir plus d'une boutique ouverte, & de vendre aucunes marchandises dans des lieux détournés, qui puisse les mettre à couvert de la visite des Maîtres & Gardes de leur Corps. *Voyez* CORPS & MERCERIE.

Il y a à Paris vingt-six Marchands Merciers-Grossiers-Jouailliers privilégiés suivant la Cour & Conseils du Roi, qui ne font point partie du Corps des Merciers, quoiqu'ils soient en droit de faire le même commerce, suivant qu'il leur est permis par leurs Lettres de Privilége en parchemin, qui leur sont délivrées par le Prévôt de l'Hôtel du Roi & Grand Prévôt de France, comme Juge & Conservateur des Priviléges accordés par Sa Majesté aux Marchands & Artisans de sa Cour & suite.

Les Marchands Merciers privilegiés ne sont point tenus de faire apprentissage; aussi ne peuvent-ils faire d'Apprentifs, ni parvenir à aucune Charge du Corps de la Mercerie; ensorte qu'ils composent, pour ainsi dire, une espece de petite Communauté particuliere, qui n'a pour Supérieur & pour Juge que le Grand Prévôt de l'Hôtel.

MERCURE. Minéral que l'on appelle autrement Vif-argent, ou Argent-vif. *Voyez* VIF-ARGENT.

MERDE-D'OYE. Couleur entre le verd & le jaune, ainsi nommée de quelque ressemblance qu'elle a avec les excrémens de l'oye. *Voyez* COULEUR. *Voyez aussi* VERD.

MERDE-DE-FER. C'est ce qu'on nomme autrement Mache-fer ou Ecume de fer. *Voyez* FER.

MERE-LAINE. C'est la plus fine & la meilleure de toutes les laines qui se tirent de dessus une toison. Les Espagnols la nomment Prime, c'est-à-dire, premiere laine. *Voyez* LAINE.

MERE-PERLE. C'est ainsi que l'on nomme une sorte de poisson testacée, qui est une espece d'huistre beaucoup plus grande que les huistres ordinaires, où s'engendrent les perles. On l'appelle aussi simplement Perle. *Voyez* PERLE.

MERE. Se dit aussi en ce sens, des pierres précieuses. La mere d'un rubis, La mere d'une émeraude; pour dire, les pierres ou les matrices dans lesquelles elles commencent à prendre leur formation. *Voyez* RUBIS, EMERAUDE, *&c.*

MERIGAL. Espece de monnoie d'or qui a cours à Sofala & dans le Royaume de Monomotapa. Elle pese un peu plus qu'une pistole d'Espagne.

On dit que les mines de Sofala sont si abondantes, qu'on en tire tous les ans plus de deux millions de mérigaux. *Voyez l'Etat général du Commerce où il est traité de celui de l'Afrique.*

MERISIER. C'est une espece de cerisier sauvage. Le bois de cet arbre est très dur, & prend un assez beau poli. Sa couleur est d'un jaune un peu pâle. On en fait des ouvrages de tour, de tabletterie, & de marquetage. *Voyez l'article général des* BOIS.

MERLU, ou MERLUCHE. Nom que l'on donne à la morue séche ou parée. *Voyez* MORUE.

MERLUT. On nomme Peaux en merlut, les peaux de bouc, de chevre, & de mouton en poil & en laine qu'on a fait sécher sur la corde, pour les pouvoir garder sans se corrompre, en attendant qu'elles puissent être passées en chamois, en mégie, ou en marroquin. *Voyez* MEGIE.

MERRAIN.
MERREIN. } *Voyez* MAIRRAIN.
MERRIN.

MERU. Bourg de Picardie situé dans le Beauvoisis. Il est du Département de l'Inspecteur des Manufactures de Beauvais. On y fait des serges comme à Mony, qui n'en est qu'à trois lieues. *Voyez* l'Etat général, Tome I. page 18.

MES

MESANIO. On appelle Coral Mesanio une des sortes de coral que les Marchands d'Europe envoyent dans les Echelles du Levant. Le coral mesanio paye à Smyrne les droits d'entrée à raison de 50 aspres l'ocque.

MESCAL. Petit poids de Perse, qui fait environ la centiéme partie d'une livre de France de seize onces. C'est le demi derhem, ou demi dragme des Persans.

Trois cent derhems ou six cent mescals font le batman de Tauris, qui pese cinq livres quatorze onces de France. *Voyez* BATMAN.

MESCHE. Fil ordinairement de coton, que l'on enferme dans de la cire ou du suif, pour en faire de la bougie & des cierges, si c'est de la cire que l'on employe, & des chandelles si ce n'est que du suif.

On se sert aussi d'étoupe de chanvre pour la mesche de certains ouvrages des Ciriers, entre autres pour les flambeaux de poing, soit de cire blanche, soit de cire jaune, soit de poix résine, & pour ce qu'on appelle les Bras des torches. *V.* CIRIER, CHANDELIER, TORCHE, FLAMBEAU, & LUMIGNON.

MESCHE. C'est aussi une matiere séche préparée pour prendre feu aisément, le conserver, & le communiquer à d'autres matieres. La plus commune est celle qui est faite avec du linge brûlé. Il en vient une autre d'Allemagne, qu'on appelle Amadoue, dont on fait un assez grand commerce. *V.* AMADOUE.

L'une & l'autre sert quand on veut recueillir les étincelles ardentes qu'on excite avec cette pierre qu'on appelle Pierre à fusil, & un morceau d'acier qu'on nomme Fusil, en les frappant l'un contre l'autre.

MESCHE. C'est encore une corde filée lâche, & préparée pour prendre & conserver le feu dont on se sert pour l'artillerie, pour les mines, les mousquets, & les feux d'artifice.

Cette mesche est faite d'étoupe de chanvre filée au rouet comme la corde, mais dont le filage est fort lâche. On la compose de trois brins ou cordons que l'on recouvre de filasse, ensorte que ces trois brins ne paroissent qu'un quand elle est faite. Enfin pour lui donner cette couleur de pain d'épice qu'elle a, on la fait bouillir dans de l'eau de gravelée.

On fabrique de cette sorte de mesche en diverses Provinces de France, particuliérement à Peronne en Picardie, d'où elle est apportée à Paris par bottes de différentes longueurs & grosseurs.

Les Marchands Epiciers en gros & les Marchands de fer, qui sont du Corps de la Mercerie, en font le négoce.

La bonne qualité de la mesche est qu'elle soit bien serrée; ensorte qu'une piece de quarante à quarante-deux toises ne pese que huit livres à huit livres & demie: qu'elle soit bien lessivée, bien lustrée, bien séche; de maniere pourtant que quatre à cinq pouces de longueur durent une heure: enfin qu'elle fasse un bon & dur charbon qui se termine en pointe, & qui résiste quand on le presse contre quelque chose.

Depuis que l'on se sert de fusils en France au lieu de mousquets, il ne se fait pas une si grande consommation de mesche: il en faut pourtant toujours quantité pour les Arsénaux.

Les Mesches d'arquebuse payent en France les droits d'entrée a raison de 15 s. du cent pésant, conformément au Tarif de 1664; & suivant celui de la Douane de Lyon, 7 s. 6 d. de la balle pour l'ancienne taxation, & 2 s. 6 d. pour la nouvelle réapréciation.

Les Mesches d'arquebuse sont du nombre des marchandises réputées de contrebande pour la sortie du Royaume, conformément a l'Ordonnance de 1687.

Les cent livres de mesche se vendent à Amsterdam six florins ½. Elle donne un pour cent de déduction pour le prompt payement.

MESCHES. Attelier des Mesches: les Maîtres Ciriers appellent ainsi le lieu où l'on prépare les mesches pour la bougie de table. *Voyez* l'article de la CIRE, où il est parlé de la Manufacture d'Antony.

Les mêmes Ciriers appellent Taille-Mesches l'instrument à couper de longueur les mesches des bougies de table, que les Chandeliers nomment un couteau à pied. *Voyez* cet article.

MESCOMPTE. } *Voyez* { ME'COMPTE.
MESCOMPTER. } *Voyez* { ME'COMPTER.

MESESTIMER. Mépriser, faire peu de cas d'une marchandise.

MESLANGE. Terme de Manufacture de Draperie. C'est l'union, ou pour mieux dire, la confusion de plusieurs laines de diverses couleurs non encore filées, que l'on prépare pour la fabrique des draps que l'on appelle Meslangés. *Voyez* MESLANGE'.

MESLANGE. C'est aussi un terme de Chapelier qui s'entend de la quantité de chaque matiere qui sert à la fabrique des chapeaux, que l'on mêle ensemble pour chaque espece qu'on en veut faire; comme du castor sec avec du castor gras, du poil de lapin avec du castor, de la laine de vigogne avec celle d'agnelin ou de mouton, & ainsi du reste. *Voyez* CHAPEAU.

MESLANGE'. Drap mélangé. C'est un drap dont la chaîne & la tréme sont filées de laines de différentes couleurs, teintes, & mêlées avant le filage. Ces sortes de draps ne vont point au Teinturier; au contraire des draps fabriqués en blanc qu'on envoye à la teinture après la fabrique, pour être mis en couleur, comme noir, écarlate, &c. *V.* FEUTRE.

MESLANGER. C'est mêler & mettre ensemble des laines de couleurs différentes, pour les faire ensuite filer, & en fabriquer des draps mélangés. *Voyez* ROMPRE LA LAINE; *c'est le véritable terme.*

MESLE, Bourg de Poitou en France. On y fait des serges rases. *Voyez* l'Etat général, Tome I. p. 65.

MESLINS. Especes de toiles de chanvre qui se fabriquent en Champagne. *Voyez l'article général des* TOILES, *où il est parlé de celles de cette Province.*

MESLIS DE BRETAGNE. On nomme ainsi des toiles à voiles qui se fabriquent dans quelques Paroisses de l'Evêché de Rennes. Par le Réglement du premier Février 1724, les meslis doivent avoir 28 pouces de large, & être composées de 28 portées, chaque portée de 40 fils. *Voyez* ce Réglement à l'article des Réglemens des Toiles.

MESOFFRIR. Faire des offres déraisonnables, & bien au dessous du véritable prix que vaut une marchandise. S'il y a des Marchands qui surfont, il y a aussi des Acheteurs qui mésoffrent.

MESSAGER. Celui qui est commis par autorité publique, pour porter les marchandises, hardes, & paquets des Particuliers, & pour fournir de chevaux & autres sortes de voitures aux personnes qui veulent dans leurs voyages se servir de leur ministere; le tout pour les prix & aux clauses & conditions reglées par les Patentes de leur établissement, & exprimées dans les pancartes qu'ils sont obligés de tenir affichées dans leur Bureau.

Il y avoit autrefois & jusqu'à l'année 1676, plusieurs sortes de Messagers en France, qui partoient de Paris pour les Provinces, & qui voituroient & conduisoient les hardes, marchandises, & personnes jusqu'aux extrémités & presque dans toutes les Villes du Royaume.

Le Roi avoit ses Messageries, l'Université les siennes; & il y avoit encore outre cela plusieurs Seigneurs ou Particuliers, qui étoient propriétaires de quantité d'autres Messageries; soit qu'ils les eussent acquises par d'anciennes concessions, autorisées par une espece de prescription; soit qu'elles leur eussent été adjugées à cause de diverses finances qu'ils avoient payées aux coffres du Roi.

Sa Majesté ayant ordonné sur la fin de la même année 1676 le remboursement de la finance aux Particuliers propriétaires desdites Messageries, & la subrogation aux baux de celles appartenant à l'Université en faveur du Fermier Général des Postes de France, auxquelles elles furent réunies, toutes les Messageries ont été considérées depuis sur le pied de Messageries Royales; & ce fut en conséquence de cette réunion que fut donné en 1678 un nouveau Réglement général pour les fonctions des Messagers, Maîtres de coches & carosses, Voituriers, Rouleurs, & autres.

Comme c'est ce Réglement du 25 Juin 1678, qui s'observe encore aujourd'hui, du moins avec peu de changement, & qu'en partie il a été tiré des anciens Réglemens, il seroit assez inutile d'entrer dans le détail de plus de soixante-dix Edits, Déclarations, Ordonnances, & Arrêts du Conseil, donnés depuis le mois de Novembre 1576 jusqu'à celui d'Avril 1678, pour regler les fonctions des Messagers & des autres Voituriers par terre; l'on se contentera donc de donner ce dernier en extrait, étant très important que les

Négocians n'ignorent pas ce qu'il contient, tant par rapport aux envois qu'ils sont souvent obligés de faire de leurs marchandises par la voye des Messagers & des Maîtres des coches & carosses, qu'à cause qu'ils sont quelquefois contraints de se servir eux-mêmes de ces voitures pour les voyages où leur négoce les peut engager.

Ce Réglement consiste en vingt-un articles, dont le premier ordonne nommément l'exécution des Edits & Déclarations concernant la création, fonction, & exercice des Messagers Royaux des mois de Novembre 1576, Mai 1582, Février 1620, Décembre 1643, Juillet 1650, & Mars 1655, & en général de tous les autres donnés en conséquence.

Par le second, le Fermier Général des Postes est confirmé dans la faculté à lui accordée par l'Edit du mois de Novembre 1676, d'établir un ou deux Messagers ordinaires dans les Villes où il y a Bailliage, Sénéchaussée ou Election, où il n'y en avoit point encore eu d'établis.

Le troisiéme parle des privilèges & exemptions du Fermier Général & de ses Fermiers & Commis, comme de logement de gens de guerre, collecte, curatelle, &c.

Le quatriéme & le cinquiéme font quelques exceptions en faveur des Messagers non encore remboursés, & de ceux de l'Université, aux baux desquels le Fermier Général des Postes ne seroit pas encore subrogé; mais ces deux articles ne subsistent plus pour la réunion ou subrogation totale qui ont depuis été faites.

Il est fait défenses par le sixiéme à tous Rouliers, Coquetiers, Muletiers, & autres Voituriers, de porter aucune autre lettre que leur lettre de voiture, qui encore leur seront délivrées ouvertes.

Le septiéme permet au Fermier Général des Postes d'exercer conjointement ou séparément toutes les Messageries Royales dont il aura remboursé la finance, ou aux Fermiers desquels il aura été subrogé.

Les voitures dont les Messagers se peuvent servir sont expliquées par le huitiéme, & peuvent être toutes celles dont se servent les autres Voituriers, pourvû qu'elles ne soient point suspendues, enfoncées, ni ridelées, & qu'elles ne soient couvertes que de toiles, mais ni gommées ni cirées, sur chacune desquelles néanmoins ils ne pourront mener que trois personnes.

Par le neuviéme les Messagers ont la faculté de conduire à cheval tel nombre de personnes qu'ils voudront, soit qu'ils les prennent au lieu de leur départ, soit que ce soit en route, & d'entretenir pareillement autant de Muletiers qu'ils aviseront.

Le dixiéme donne aux Messagers le privilége exclusif de se charger de la conduite des prisonniers & du port de tous procès civils & criminels.

Par l'onziéme il est dit qu'ils se pourront charger de tous ballots de marchandises, or, argent, & généralement de tout ce qui se pourra transporter.

Le douziéme les décharge de répondre des vols qui pourront leur être faits en route, pourvû qu'ils justifient par bon procès verbal desdits vols, & qu'ils ont été faits entre deux soleils.

Les treiziéme & quatorziéme articles conservent à toutes personnes, Marchands ou autres, la liberté de se servir pour le transport de leurs deniers, marchandises, &c. de tels Voituriers & voitures qu'ils voudront, sans que les Messagers les puissent obliger de se servir d'eux.

Les jours des départs des Messagers sont fixés par le quinziéme article; & il est laissé au choix des Voyageurs de faire eux-mêmes leur dépense, ou de s'en accommoder avec le Messager.

Les seiziéme & dix-septiéme les oblige de tenir sur la porte & dans le lieu le plus apparent de leur Bureau, des tableaux & placards contenant les jours de leur départ & arrivée, & ensemble les lieux de leur route & passage; & d'avoir des Registres paraphés par les Juges des lieux pour y charger les marchandises, & y faire mention des personnes & autres choses dont ils feront voiture.

Le dix-huitiéme concerne les Maîtres des coches & carosses, à qui il n'est permis, outre les personnes qu'ils conduisent, de se charger que de paquets de trente livres pésant pour chacune desdites personnes.

Le dix-neuviéme est de peu de conséquence.

Le vingtiéme confirme les Rouliers, Coquetiers, Poulailliers, Muletiers, & autres Voituriers dans leurs anciennes fonctions & exercices.

Enfin le vingt-uniéme porte attribution des contestations entre les Messagers, Maîtres de coches & carosses, aux Juges des lieux en premiere instance, & par appel aux Cours de Parlement.

L'on a parlé ailleurs d'un Arrêt du Conseil du 8 Avril 1681, & d'un autre de l'année 1684, qui avoient changé quelques dispositions de ce Réglement, & qui restraignoient fort l'ancienne liberté des Rouliers & Voituriers par terre; mais on y a aussi rapporté un troisiéme Arrêt de 1701, qui a rétabli les choses sur le premier pied. *Voyez* VOITURIER.

Il y a aussi deux Sentences du Châtelet de Paris, rendues en forme de Réglement à la requisition & sur les conclusions des Gens du Roi; l'une concernant l'emballage des marchandises qui se confient aux Messagers & autres Voituriers, pour qu'ils en restent responsables, si elles sont gâtées par leur faute; & l'autre qui regle le prix des valises & coffres perdus par lesdits Messagers, leurs Cochers ou Commis. L'on a rapporté la premiere à l'article de l'Emballage, où l'on peut avoir recours; & l'on se contentera de donner ici un extrait du dispositif de l'autre.

Par cette Sentence, qui est du 18 Juin 1681, il est ordonné, Que tous ceux qui chargeront les Messagers, Rouliers, & Maîtres de coches & carosses, de valises & coffres fermés à clef, & ne feront point sur leurs Registres la déclaration de ce qu'ils contiennent, ne pourront demander que cent cinquante livres pour lesdites valises & coffres & choses y contenues, si elles se perdent, en affirmant par eux que lesdites choses valent jusqu'à cette somme; mais qu'en cas qu'ils en ayent fait la déclaration sur leursdits Registres, les Maîtres des coches, carosses, & messageries seront tenus de payer les choses qui y manqueront suivant leur juste valeur.

MESSAGERIE. Bureau du Messager d'où partent & où arrivent leurs voitures, où les marchandises se chargent & se déchargent, & où les personnes qui veulent voyager par cette voye vont arrêter & retenir leur place, en donnant des arrhes, & en se faisant inscrire sur un Registre.

MESSAGERIE. Se dit aussi du droit de tenir Bureau, & d'y recevoir les personnes, les hardes, & les marchandises pour les voiturer.

MESSALINES. Toiles fabriquées en Egypte, qui se vendent au Caire & à Alexandrie.

La piece de vingt-huit pics coute quatre-vingt meidins.

MESSETERIE, ou MESSETENE. Droit d'entrée qui se paye à Constantinople pour les marchandises qui y arrivent, particuliérement pour les pelleteries & le caffé. Ce droit fut établi pour l'entretien de la Sultane Validée, ou la Reine-mere.

MESSINE, Ville la plus marchande de la Sicile. *Voyez* le détail de son commerce, dans l'Etat général, Tome I. page 311.

MESTEIL. Froment mêlé avec du seigle. *Voyez* BLE', & ME'TEIL.

MESTIER. *Voyez* ME'TIER.

MESVENDRE. Vendre une marchandise à moindre prix qu'elle ne coute.

Rien ne décrie tant un Marchand que lorsqu'il se met sur le pied de mesvendre sa marchandise; & souvent la donner à trop bon marché fait juger qu'on médite une banqueroute.

MESVENDU, MESVENDUE. Une marchandise mesvendue est celle qu'on vend beaucoup au dessous de son juste prix.

MESVENTE. Vente à vil prix, sur laquelle il y a beaucoup à perdre.

Il se trouve souvent de la mesvente sur les marchandises sujettes à se gâter, ou qui sont hors de mode. La prudence d'un habile Négociant est de prévenir ces inconvéniens, en les vendant dans les tems & dans les saisons propres à les débiter; ou si par hazard ils les ont laissé passer, de s'en défaire au plutôt sans profit, afin de n'être pas obligé de les donner ensuite à beaucoup de perte.

MESURAGE. Action par laquelle on mesure. On le dit aussi de l'examen qu'on fait si la mesure est bonne. On dit: Je veux être présent au mesurage des deux muids d'avoine que j'ai achetés: Je suis satisfait du mesurage de mon blé.

MESURAGE. Se dit pareillement du droit que les Seigneurs prennent sur chaque mesure, aussi-bien que des salaires qui se payent à celui qui mesure.

Les blés qui s'achetent dans les marchés doivent le droit de Mesurage; mais ceux qui s'achetent dans les greniers n'en doivent point, parce qu'on y fait soi-même le mesurage, & sans être obligé d'y appeller les Officiers des Seigneurs. Ce droit s'appelle aussi Minage.

MESURE. Se dit en général de tout ce qui peut servir de regle pour connoître & pour déterminer la grandeur, l'étendue, ou la quantité de quelque corps.

La mesure des longueurs est la ligne ou grain d'orge, le pouce, le pied, la toise, qui étant multipliés, composent, chacun suivant leur valeur, les pas géométriques & communs, & les perches; & ceux ci pareillement multipliés font les arpens, les milles, les lieues, &c.

On met aussi au nombre des mesures des longueurs, celles dont on se sert à mesurer les étoffes, les toiles, les rubans, & autres semblables marchandises.

Comme ces mesures ne sont pas les mêmes dans les divers Etats, mais que souvent au contraire les Provinces du même Etat & les Villes de la même Province ne les ont pas semblables, on a cru que le Lecteur ne seroit pas fâché de voir ici d'un coup d'œil & comme dans un seul point de vûe, toutes celles qui sont en usage dans les différens lieux de l'Europe & des autres parties du monde où les François ont porté leur commerce; ce qu'on fera aussi des autres mesures des liqueurs & de celles des grains dont il doit être parlé dans cet article.

A Paris & dans la plupart des Provinces de France, on se sert de l'aune: c'est aussi l'aune qui est en usage à Amsterdam & dans toute la Hollande; en Flandres, en Brabant, dans une partie de l'Allemagne, à Stockolm & dans les autres Villes de Suede; en quelques Villes Hanséatiques, comme Dantzik & Hambourg; à Breslau, S. Gal, Geneve & Francfort; mais toutes ces aunes n'ont pas la même proportion & longueur, ainsi qu'il est expliqué à l'article de l'Aune. *Voyez* AUNE.

La canne est la mesure du Haut & Bas Languedoc, particuliérement de Montpellier & de Toulouse, de Marseille & de la Provence, de la Guienne, d'Avignon, de Naples & de Sicile. *Voyez* CANNE.

La brasse est en usage presque par toute l'Italie, à Bologne, Modene, Venise, Florence, Luques, Milan, Bergame & Mantoue. *Voyez* BRASSE.

A Turin c'est le raz, la verge en Angleterre & partie d'Espagne; le cavedos & le veras en Portugal; la barre en Arragon, Castille, Valence; le pan ou empan, qu'on appelle aussi la Palme, à Genes, où l'on a pareillement l'usage de la canne. On se sert aussi de la palme en quelques lieux du Languedoc; le picq à Constantinople, le Caire, Rosette, Smirne, Seyde, Alexandrette, Alep, Alexandrie, l'Isle de Chypre, & dans toutes les autres Echelles du Levant.

Les Moscovites ont deux mesures des longueurs, l'arcin & la coudée; il faut trois coudées pour deux arcins. Tout se mesure juste, c'est-à-dire, bois à bois & sans évent.

Enfin le cobre est la mesure des étoffes à la Chine, la gueze celle de Perse & de quelques Etats des Indes, le vare celle de Goa & d'Ormus; le cando ou candi celle d'une partie des Indes, sur-tout du Royaume de Pégu. On s'en sert aussi à Goa pour les toiles; le miou, le keub, le sok, le ken, le voua, le sen, le jod & le roeneug de Siam; le coiang de Camboye, l'ikiens du Japon, & le pan sur quelques Côtes de Guinée, particuliérement à Loango.

Toutes ces mesures sont expliquées à leur article, avec la proportion & réduction à l'aune de Paris.

Les mesures des liquides sont celles avec lesquelles on mesure les liqueurs, comme les vins, les eaux-de-vie, le vinaigre, le verjus & la biére. On y mesure aussi d'autres corps fluides, particuliérement toutes sortes d'huiles.

A Paris & dans une partie du Royaume dont elle est la Capitale, ces mesures, à commencer par la plus petite, sont le poisson, le demi-septier, la chopine, la pinte, la quarte ou le pot, dont en les multipliant on compose les quartaux, demi-muids, demi-queues, muids, queues, tonneaux, &c.

A Orléans, Blois, Nuits, Dijon, Mâcon, ce sont des queues; en Champagne des demi-queues; en Anjou des pipes ou Bussars; en Provence des millerolles; à Bordeaux & dans le reste de la Guienne des tonneaux & des bariques; à Nantes des poinçons.

A Amsterdam les mesures des liquides sont, à commencer par les diminutions, les mingles, les vier els ou verges, les stekans ou stekamens, les ankers & l'aem; & pour les huiles la tonne.

L'Angleterre a des tonneaux, des bariques, des gallons, des firkins, des kilderkins & des hoghsheads.

L'Espagne, des bottes, des robes, des sommiers & des carteaux.

Le Portugal a des bottes, des almudes, des cavadas, des quatas; & pour l'huile, des alquiers, qu'on nomme autrement Cantars.

En Italie, Rome mesure ses liqueurs à la brante, aux rubes & aux bocals; Florence au star, au baril & aux fiasques; Veronne à la brante & aux bassées; Venise à l'emphora, à la botte, au bigot, à la quarte & au tischauffera; Ferrare au mastilly & au sechis; l'Istrie aussi au sechis & à l'urna; enfin la Calabre & la Pouille aux pignatolis, au star & à la salme.

Les mesures des liquides sont; à Tripoli les rotolis & le matuli; à Tunis le matara & les rotolis; les autres Places de la Côte de Barbarie se servent à peu près de la même mesure.

Le feoder est la mesure dont on se sert presque par toute l'Allemagne, à la réserve qu'il n'a pas les mêmes augmentations ou les mêmes diminutions dans tous les divers Etats de tant de Princes & de tant de Villes libres qui la partagent. En quelques lieux le reoder est au dessus du feoder, & l'ame au dessous. Cette derniere se divise en fertels & en massens : à Nuremberg les divisions du feoder sont en heemers & ensuite en masses : à Vienne les heemers, les achtelins & les seiltins sont les diminutions du feoder. On mesure aussi dans cette Capitale de l'Autriche à la masse, au fertel ou schreve & au drichink. A Ausbourg la plus petite mesure est la masse; au dessus est le beson, puis le jé, & la plus forte le feoder. A Heidelberg l'ame suit le feoder, puis vient la vertelle, & après la masse. Enfin à Wirtemberg ces mesures se trouvent dans le même ordre qu'à Heidelberg, à la réserve que l'yune y tient la place de la vertelle.

Les mesures qu'en France on nomme communément Mesures rondes, sont celles qui servent à mesurer les grains, les graines, les légumes, les fruits secs, la farine, le sel, le charbon, &c. Elles sont de bois, & ce sont le litron, le boisseau, le minot & leurs diminutions. De deux minots on compose la mine, de deux mines le septier, & de plusieurs septiers, suivant les lieux, le muid ou le tonneau.

A Paris, Abbeville, Calais, Narbonne, Soissons, Toulouse, & plusieurs autres lieux de France, on compte par septiers, aussi-bien qu'à Revel & quelques endroits d'Allemagne.

A Agen, Clerac, Tonneins, Tournon, Valence en Provence, Thiel, Bruxelles, Roterdam, Anvers, & Grenade en Espagne, c'est par sacs; & à Amboise, Blois, Tours, la Rochelle, Bordeaux, Avignon, par boisseaux.

Le tonneau est la mesure de Beauvais, Brest, Nantes, S. Malo & Copenhaghen; les razes de Quinpercorentin, de Coucarnau & de Pont-l'Abbé; la rasiere celle d'Aire, de Lisle, de Dunkerque & d'Ostende; la charge celle de Marseille, de Toulon, de Candie & de quelques Isles de l'Archipel; le muid d'Orléans & de Rouen; l'asnée de Lyon & de Mâcon; la mine de Dieppe; l'éminet de Toulon; l'émine d'Auxonne, de Marseille & autres lieux de France, aussi-bien que de Barbarie; la tonne & les perrées de Vannes & d'Avray; le quartier de Morlaix; le bichet de Verdun, de Bonne, Châlons, Tournus, &c. le quartal de Dauphiné & de Bresse; le penel ou penaux de Franche-Comté; & la sivadiere de Mezieres.

A Naples on réduit les mesures des corps secs sur le pied du tomole, à Seville sur celui de l'anagros, à Tongren par muddes, à Anvers par vertels.

A Amsterdam, Conisberg, Dantzic & en Pologne, en leth ou lath. *Voyez* cet article.

Enfin il y a le staro de Venise; le fanegue de Cadis, de S. Sebastien & de Bilbao en Espagne; le schepel de Hambourg; l'alquier de Lisbonne; les conques de Bayonne & de S. Jean de Lus; & le galon, le pech, le comb, le carnock & la quarte de Londres.

La mesure de Briare en France, si connu par son canal, porte aussi le nom de Quarte.

La mesure pour les grains dont on se sert en Moscovie, se nomme Chefford : elle tient environ trois boisseaux mesure de Rouen. Elle se subdivise en quatre parties; mais elle n'est pas égale par tout le Pays. On parle ici de celle d'Archangel.

On trouvera toutes ces mesures & leurs réductions expliquées à leurs propres articles.

On n'a point mis aux mesures des liquides ni des grains, celles de l'Orient de cette sorte; non pas qu'elles soient échappées aux soins & à l'attention de l'Auteur, mais parce qu'il a remarqué dans ses recherches, que la plûpart des Nations Orientales, pour ne pas dire toutes, avec qui les peuples d'Occident trafiquent, n'en ont aucune; & que presque tout, même les liqueurs, s'y vend au poids; ainsi que ceux qui se plaisent à la lecture aussi utile que divertissante des voyages ont pû le voir dans les relations les plus sûres de la Chine, des Indes, & de Perse. On peut néanmoins mettre au nombre des mesures de liquides de Siam, le coco & le canan; & parmi celles des grains, le sat, le seste, & le cohi; & il ne faut pas non plus oublier les gautes, dont les Maures avec qui les François sont en commerce au Bastion de France, se servent pour mesurer les blés & les autres grains qui font une partie du négoce qu'on fait avec eux.

Le bâton de jauge & la verge sont aussi des mesures ou instrumens propres à mesurer les tonneaux ou vaisseaux à liqueurs, pour connoître ce qu'ils en peuvent contenir. Ces deux sortes de mesures sont expliquées chacune à leur article.

Les mesures pour les bois à brûler, sont la corde, la membrure, l'anneau, & la chaîne.

La mesure pour l'arpentage des Eaux & Forêts de France, est reglée à raison de douze lignes pour pouce, douze pouces pour pied, vingt-deux pieds pour perche, & cent perches pour arpent; ce qui pourtant ne s'observe que dans les mesurages des bois qui appartiennent au Roi. A l'égard des mesurages qui se font des bois des Particuliers, on suit l'usage ordinaire des lieux où ils sont situés.

L'Ordonnance du mois de Mars 1673, article 11 du titre premier, enjoint à tous Négocians & Marchands, tant en gros qu'en détail, d'avoir chacun à leur égard des mesures étalonnées, & leur fait défenses de s'en servir d'autres, à peine de faux & de 150 liv. d'amende.

L'Edit du mois d'Octobre 1669, inséré dans

l'Ordonnance de la Ville de Paris du mois de Décembre 1672, chap. 24, regle l'étalonnage des mesures pour les grains, graines, farines, &c. Il supprime les anciennes mesures, & ordonne qu'il sera fondu de nouveaux étalons ou mesures matrices, qui seront déposés & gardés en l'Hôtel de Ville, dans la Chambre des Jurés Mesureurs de sel, pour sur iceux être fait l'espalement de toutes les mesures de bois, qui doivent être marquées à la lettre courante de l'année.

Suivant une Sentence des Prevôt des Marchands & Echevins du 29 Décembre 1670, rapportée dans le même chapitre de l'Ordonnance de la Ville de Paris, les mesures de bois doivent être ceintrées par le haut & en dehors d'un cercle de fer, ou de tôle forte appliquée bord à bord du fust de la mesure.

La diversité qui se rencontre en France sur les mesures a toujours causé & cause encore souvent des contestations entre les Marchands & Négocians: aussi dès l'année 1321 Philippes V eut dessein de les rendre toutes uniformes dans son Royaume, de même que les poids; mais son idée n'eut point d'exécution. Depuis ce Regne il y a eu de tems en tems plusieurs propositions faites sur cette matiere, lesquelles ont eu un pareil succès.

Il paroît par les Mémoires de feu M. Savary Auteur du Parfait Négociant, qu'elles furent renouvellées pendant le Ministere de M. Colbert. Les plus habiles Négocians furent consultés; & M. Savary qui venoit de servir si utilement dans le Conseil de la Réforme, ne fut point oublié.

Ce qui reste dans sa famille des avis qu'il donna sur une matiere si importante, fait assez voir combien il croyoit ce projet utile au commerce, mais en même tems combien peu il le croyoit praticable; aussi paroit-il que depuis il a été entiérement abandonné.

Les suifs de bœuf, de vache, de mouton, & de brebis se vendent par les Marchands Bouchers sur le pied de la mesure, qui est une masse ronde en forme de cul de jatte, du poids de cinq livres & demie. *Voyez* SUIF.

Les Habitans de l'Isle de Candie nomment Mistache, une mesure qui contient une certaine quantité d'huile d'olive, pésant neuf à dix ocques poids de leur Pays; chaque ocque revenant à deux livres huit onces poids de marc, & à trois livres deux onces poids de Marseille. En 1699 les Candiots recueillirent trois cens mille mistaches d'huile. Le terroir de la Canée est celui qui en produit le plus; c'est aussi pour cette raison que le Consul de France avec la Nation y fait sa résidence; les François faisant seuls les deux tiers de tout ce commerce.

MESURE DE CANDIE.

La mesure dont on se sert en Candie pour le commerce des huiles, est différente selon les lieux. A Retimo elle pese dix ocques, & à la Canée seulement huit & demi. L'ocque pese trois livres deux onces, qui font quatre cent dragmes suivant la maniere de compter du Levant, où la livre est de cent vingt-huit dragmes, & la dragme de soixante grains.

MESURES D'AMSTERDAM.

Les mesures d'Amsterdam pour les longueurs, particuliérement pour les navires, les bâtimens tant de Massonnerie que de charpente & pour les bois, sont le pied d'Amsterdam, le pied du Rhin & la palme. Le pied d'Amsterdam se divise en onze pouces, & le pouce en quatre quarts ou quartiers, ce qui environ a 10 pouces quatre lignes du pied de France, qu'on appelle Pied de Roi.

Le pied du Rhin est de douze pouces, & la palme du tiers du pied d'Amsterdam. Cette derniere sert à mesurer la grosseur des mâts.

Les mesures d'Amsterdam pour les liquides sont l'aam ou haam, qui contient 28 mingles. Il sert à mesurer les vins de Rhin & les eaux-de-vie de grain.

Le stekan de 16 mingles; il est pour les huiles de grains & de poisson.

La verge ou verje qui contient six mingles, sert aussi aux eaux-de-vie.

Le mingle qui est du poids de deux livres quatre onces poids de marc plus ou moins, cependant suivant les liqueurs, les Détailleurs divisent le mingle en 2 pintes ou quatre demie pintes, ou en huit mutsies, ou en seize demie mutsies. *Voyez* tous ces articles.

Les vins de France se vendent par tonneaux de 4 bariques ou de six tierçons.

Les vins d'Espagne ou de Portugal aussi par tonneaux de 18 bottes ou pipes, la botte de 340 mingles.

Les eaux-de-vie de vin par 30 verjes.

Les huiles d'olive par tonneau de 717 mingles.

Les huiles de poisson & de baleine par quarteaux de 12 stekans.

Les huiles de graine par aams.

La biére à la tonne de 128 mingles.

Les beurres de Hollande & de Frise aussi à la tonne, pésant 300 livres avec ou sans bois. *Voyez* comme dessus.

Les mesures pour les grains dont on se sert à Amsterdam sont:

Le last qui contient 27 muddes ou 36 sacs.

Le mudde qui contient 4 schepels.

Et le sac qui en contient trois.

Les Détailleurs divisent le schepel en 4 vierdevats, & le vierdevat en huit kops.

Voyez l'article du last.

Le hareng, les graines de lin, de chanvre & de navette, le goudron & la poix se vendent ordinairement au last de 12 barils; le last de ces deux dernieres marchandises est néanmoins quelquefois de 13 barils.

Le sel se vend au cent de 404 mesures le cent, faisant environ 7 lasts; ce qui revient à 28 ou trente mille pésant.

A Beaune trois mesures de cette Ville valent 7 boisseaux mesure de Paris.

A Jussei près de Langres, 4 mesures font 4 boisseaux $\frac{2}{3}$ de Paris.

MESURE. Il y a quelques lieux de France, particuliérement en Franche-Comté, où les mesures de continence qui servent pour les grains, n'ont point de noms particuliers, mais s'appellent seulement la mesure.

A Besançon, la mesure de froment pese 36 liv. poids de marc; celle du méteil 35 liv. celle de seigle 34, & celle d'avoine 32.

A Gray, la mesure de froment pese 40 liv. de méteil 39, de seigle 38 & d'avoine 30 liv.

A Dan, la mesure de froment pese 38 liv. de méteil 36, & d'avoine 33.

MESURE DU QUAY. On nomme ainsi au Havre de Grace une mesure des grains, composée de trois boisseaux. Cette mesure pour le froment pese 151 liv. poids de marc, pour le méteil 145 liv. & pour le seigle 139.

On dit, Donner bonne mesure, Faire bonne mesure; pour dire, donner quelque chose au-delà ou au pardessus de la juste mesure.

Vendre à fausse mesure, c'est vendre à une mesure moindre que celle qui est reglée ou par les Ordonnances ou par l'usage. Ceux qui vendent à fausse mesure sont excommuniés par les Loix Ecclésiastiques, & punis de confiscations & d'amendes par les Loix civiles.

Echantillonner, épalmer, ou étalonner une mesure, c'est la rendre conforme à la mesure matrice ou originale qui est gardée dans le dépôt public, & la marquer pour servir de preuve qu'elle est bonne & juste. En Bourgogne on dit, Egandiller, au lieu d'échantillonner.

On dit communément, Que les petites mesures ne se rapportent pas aux grandes; pour faire entendre, que lorsque l'on vend en détail, il y a à perdre sur les petites mesures.

On a cru faire plaisir aux Munitionnaires, & à tous ceux qui se mêlent de la fourniture de Vivres aux Armées du Roi, de mettre ici deux Etats des poids & mesures des lieux d'où ils ont coutume de tirer leurs grains, particuliérement pour les Départemens de Flandres & d'Allemagne. Ces Etats sont distingués en six colonnes, dont la premiere contient les Villes, & la seconde les noms des mesures : dans les quatre autres, on marque le poids de chaque mesure par rapport aux quatre natures de grains dont se fait la fourniture desdites Armées.

La réduction de toutes ces mesures se fait au poids de marc.

ETAT DES POIDS ET MESURES DES PLACES DU DEPARTEMENT DE FLANDRES.

Places.	*Noms des mesures.*	*Poids de marc du froment.*	*Poids de marc du méteil.*	*Poids de marc du seigle.*	*Poids de marc de l'avoine.*
Dunkerque.	Raziere.	250 l.	247 l.	240 l.	
Bergues.	Raziere.	210	104	200	
Ypres.	Raziere.	179	173	168	
Ayre.	Raziere.	160	150	148	
Saint-Omer.	Raziere.	196	193	190	
Calais.	Quartier.	66	60	58	
	Septier.	264	240	232	
Doulens.	1 septier composé de 4 cartiers, & chaque quartier de 4 boisseaux, dont les 10 font le septier de Doulens.	$205\frac{1}{2}$	201	201	125 l. $\frac{1}{4}$
		212	208		
Amiens.	Septier.	49	49	48	48
Peronne.	Mine faisant moitié du septier.	44	43	42	27
	Septier.	88	86	84	54
L'Isle.	Raziere.	110	106	104	
Menin.	Raziere.	129	126	133	66
Tournay.	Raziere.	180	168	170	
Condé.	Raziere.	178	172	164	120
Valencienne.	Raziere.	75	74	74	
Cambray.	Mencault.	81	83	84	75 La rasiere qui fait 3 mencaults $\frac{1}{2}$
Douay.	Raziere.	129	125	125	
Arras.	Raziere, poids de Saint Van.	128	123	124	
Mons.	Raziere.	$76\frac{1}{2}$	$75\frac{1}{2}$	$73\frac{1}{2}$	43
Maubeuge.	Raziere.	106	94	88	50
Avesnes.	Raziere.	102	98	88	70
Landreci.	Mencault.	97	94	90	72
Le Quesnoy.	Mencault.	80	76	79	71
Le Casteau.	Mencault.	85	80	72	60
Soissons.	Septier.	158	156	158	124
Noyon.	Septier.	86	82	84	
La Ferre.	Septier.	71	69	65	50
Guise.	Jalois.	80	76	76	50
Saint Quentin.	Septier.	67	64	$62\frac{1}{2}$	44
Namur.	Septier.	$44\frac{1}{2}$	42	$41\frac{1}{4}$	$27\frac{1}{4}$
Dinant.	Septier.	$44\frac{1}{2}$	43	$42\frac{1}{2}$	62
Philippeville.	Retz.	55	54	$52\frac{1}{2}$	30
Givets.	Retz.	47	46	45	
Châlons.	Septier.	200	195	190	
Reims.	Septier.	130	124	118	
Rhetel.	Septier.	112	108	104	
Rocroy.	Cartel.	35	34	33	
Mezieres.	Cartel.	30	28	26	
Verdun.	Francarte.	38	34	32	25
Sedan.	Cartel.	39	38	37	35
Montmidy.	Cartel.	$48\frac{1}{2}$	47	50	

ETAT DES POIDS ET MESURES DES PLACES DU DEPARTEMENT D'ALLEMAGNE.

Places.	*Noms des mesures.*	*Poids de marc du froment.*	*Poids de marc du méteil.*	*Poids de marc du seigle.*	*Poids de marc de l'avoine.*
Châlons & Dijon.	Emine	45 l.	43 l.	41 l.	27 l.
Auxonne.	Emine.	27	26	25	20
Besançon.	Mesure.	36	35	34	32
Gray.	Mesure.	40	39	38	30
Port-sur-Sône.	Quarte.	60	59	58	48
Luxeuil. Saint-Loup. Favernay.	Quarte.	70	68	67	
Dole. Pontarlier. Salins.	Emine.	60	59	58	
Viller-Suxel. Monjeutin.	Emine.	45	44	43	
Montbelliard. Hericourt. Blamont.	Emine.	40	39	38	
Vanvilliers.	Quarre.	63	62	61	
Vesoul.	Quarte.	60	59	58	74
Betfort.	Quarte.	43	41		
Lanscron.					
Fribourg.	Boisseau.	27	25	25	
Brisack.	Rezal.	164	162	158	
Colmart.	Rezal.	160	156	154	
Schelestat.	Rezal.	168	166	164	
Sainte-Marie aux Mines.	Rezal.	178	175	176	
Strasbourg.	Rezal.	160	160	160	104
Haguenau.	Rezal.	165	160	155	112
Fort-Louis du Rhin.	Le Sac ou Fertelé.	161	156	150	110
Landau.	Maldre.	174	175	176	
Neustat.	Maldre.	186	184	170	
Wissembourg.	Rezal.	164	162	159	104
Philisbourg.	Maldre.	168	161	154	108
Phalsbourg & Littemberg.	Rezal.	184	183	182	104
Sarre-Louis.	Quarte.	110	109	108	96
Hombourg & Bitche.	Maldre.	300	298	280	
Sarrebourg.	Bichet.	23	22	21	146
Keyserloutre.	Maldre.	162	160	158	
Mont-Royal.	Maldre.	336	324	312	
Sarrebric.	Quarte.	128	126	116	108
Metz.	Quarte.	93 ¼	95 ¾	99 ¼	81
Toul.	Bichet.	134	129	119	80
Nancy.	Rezal.	174	173	172	144
Longwy.	Rezal de Nancy.	176	175	174	
	Bichet de Longwy.	27	26	26	
Thionville.	Maldre.	302	297	295	248
Treves.	Maldre.	301 ¼	300	268	285
Luxembourg.	Malter.	295	292	275	230
Pontamousson.	Quarte.	120	116	112	
Langres. (L'émine, mesure de Chapitre, contient une carte de plus que celle de Langres.)	Emine. (Contient 8 Bichets, le Bichet 2 Cartes.)	397	368	352	296
Void.	Bichet.	67	66	65	
Chaumont.	Bichet.	72	70½	74	41
Saverne.	Rezal.	170	165	160	
Bourbonne.	Penal.	72	70	68	58
	Bichet de Choiseul.	82	80	78	65
Rouen.	Mine.	135	133	130	
Le Havre.	Boisseau, mesure de la Halle,	55	53	51	
	mesure du Quay composé 3 Boisseaux.	151	145	139	
Port-Louis.	Tonneau à la mesure de Hambourg, Port-Louis.	2950	2920	2750	
	Tonneau mesure de Quimper.	2280	2250	2100	
	Tonneau, mesure de Vannes.	2400	2370	2200	

Places.	*Noms des mesures.*	*Poids de marc du froment.*	*Poids de marc du meteil.*	*Poids de marc du seigle.*	*Poids de marc de l'avoine.*
Belle-Isle.	Tonneau.	2400	2340	2280	
Bayonne.	Conque.	60	59	58	
Dax.	Mesure.	38	36	33	
Vaucouleurs.	Bichet.	88	83	80	58
Huningue.	Rezal.	163	160	159	

MESURER. C'est se servir d'une mesure certaine & connue, pour sçavoir précisément l'étendue, la grandeur ou la quantité de quelque corps, même la capacité de quelque chose.

La jauge est l'art ou la maniere de mesurer toutes sortes de vaisseaux ou tonneaux à liqueurs, pour en connoître la capacité, c'est-à-dire, le nombre des septiers ou des pintes qu'ils contiennent. *Voyez* JAUGE.

On dit, Mesurer du blé, de l'avoine, de l'orge, des pois, des féves, de la farine, du charbon, &c. pour dire, remplir plusieurs fois une petite mesure de ces sortes de choses, pour en composer une plus grande mesure.

En fait d'étoffes, de toiles, de rubans, & d'autres semblables marchandises, on ne se sert gueres du mot de Mesurer; celui d'Auner étant plus en usage, parce que l'on se sert de l'aune pour mesurer ces sortes de marchandises.

Dans le même sens on dit, Verger & Canner, parce que l'on se sert de mesures que l'on nomme Verge & Canne.

MESUREUR. Celui qui mesure.

A Paris les Mesureurs sont des Officiers de Ville établis en titre. Il y en a de plusieurs especes, qui forment des Communautés différentes suivant leurs fonctions particulieres. Les uns sont destinés pour mesurer les grains & farines; les autres les charbons de bois & de terre; les autres le sel; les autres les aulx, oignons, noix, & autres fruits; & les autres la chaux.

On leur donne à tous le nom de Jurés Mesureurs, parce qu'ils sont obligés lors de leur réception de jurer, ou faire serment devant les Prevôt des Marchands & Echevins, de bien & fidelement s'acquitter du dû de leur charge.

MESUREURS DE GRAINS.

Les Mesureurs de grains & farines étoient autrefois en titre d'Offices, & par diverses créations, particuliérement par celles faites sous le Regne de Louis XIV, s'étoient augmentés jusqu'au nombre de soixante-huit Officiers, avec attribution de quantité de droits considérables qui leur étoient payés pour leurs fonctions.

Ce grand nombre d'Officiers & la multiplicité de leurs droits étant à charge au public, Louis XV en ordonna la suppression en 1719; en conservant néanmoins leurs fonctions, pour être exercées par soixante-huit Commis Mesureurs.

Les droits de ces Commis fixés par l'Edit du mois de Septembre de la même année, sont de 1 liv. 4 s. par muid de farine, de 12 s. par chaque muid de blé, de 18 s. par muid d'orge, de vesse, & de grenailles, & de 1 liv. 4 s. par chaque muid d'avoine; les petites mesures à proportion.

Ces Commis sont nommés par les Prevôt des Marchands & Echevins, & dépendent d'eux pour la jurisdiction & police.

Par le chapitre 7 de l'Ordonnance de la Ville de 1672, les Mesureurs de grains & farines doivent se trouver sur les Ports, Places, & Marchés de la Ville, pour y faire les fonctions de leur Charge, qui consistent non seulement à faire le mesurage des grains & farines, mais encore à les visiter, pour connoître si ces marchandises sont bonnes, loyales, & marchandes, dont ils doivent faire leur rapport aux Prevôt des Marchands & Echevins.

Ils sont encore obligés de tenir Registre des Lettres de voiture & du prix des grains, même d'en rapporter des extraits au Greffe de la Ville.

Il leur est défendu de s'associer avec les Marchands, de faire regrat, de s'entremettre en l'achat d'aucuns grains, s'ils n'ont avec eux le Bourgeois acheteur.

Enfin ils ne peuvent prendre de la marchandise en payement de leurs droits.

MESUREURS DE CHARBON.

L'établissement des Jurés Mesureurs de Charbon est ancien; & il est fait mention de ces Officiers dans les Réglemens de Police du Roi Jean de l'année 1350, mais à la vérité comme n'étant pas alors différens des Mouleurs de bois.

Sous le Regne de Charles VI, ces Officiers faisoient déja deux Communautés séparées, & le nombre des Mesureurs de charbon fut réduit à neuf de douze qu'ils étoient; mais cette réduction faite en 1415, n'eut point de lieu.

En 1633 Louis XIII ajouta quatre nouvelles Charges aux douze anciennes.

Louis XIV en créa dix par Edit du mois de Mars 1644; deux autres en 1646, qui ne furent pas levées; & enfin quatorze qui furent incorporées & unies aux vingt-six d'ancienne création; desquelles quatorze trois ayant été vendues par la Communauté, le nombre des Mesureurs en Charge monta jusqu'à vingt-neuf; auxquels furent encore attribuées en 1706, moyennant finance, les fonctions & qualités d'Inspecteurs & Contrôleurs généraux de police sur les Ports.

Toutes ces Charges tant anciennes que nouvelles furent supprimées en 1719, par Edit du mois de Septembre, sous le Regne de Louis XV & la Régence de Philippes Duc d'Orléans, avec substitution de simples Commis nommés par les Prévôt des Marchands & Echevins de la Ville de Paris, pour remplir leurs fonctions.

Les droits attribués à ces Commis ne sont plus que de 2 s. par chaque voye de charbon de bois composée de deux minots, & de 15 s. pour chaque voye de charbon de terre de quinze minots. Les Commis Mesureurs établis par Arrêt du Conseil du 12 Septembre 1719, sont au nombre de vingt. Ces Officiers ont été rétablis par Edit de Juin 1730.

Par l'Ordonnance de la Ville de 1672, les Jurés Mesureurs de charbon sont obligés de se trouver aux jours & heures de la vente sur les Ports & Places, pour mesurer les charbons de bois & de terre.

Ils ne doivent point souffrir qu'il soit fait aucune mesure qu'en leur présence.

Les Marchands Forains de charbon, même ceux de la Ville, sont tenus de faire leurs déclarations en la Chambre des Jurés Mesureurs, & d'y représenter leurs Lettres de voiture, pour être enregistrées.

Les Jurés Mesureurs ont droit de contrôler tous les charbons qui arrivent sur les Ports, & d'en faire leur rapport au Bureau de la Ville, pour y faire mettre le prix sur les échantillons qui y ont été portés par les *Jurés* Porteurs de charbon ou leurs Garçons.

MESUREURS DE SEL.

Les Jurés Mesureurs de sel, qui ont aussi la qualité d'Etalonneurs des mesures de bois & de Compteurs de salines, ont diverses fonctions, dont les principales sont :

1°. De faire le mesurage des sels dans les greniers & batteaux.

2°. De faire l'épalement ou étalonnage des mesures de bois destinées, tant pour le sel que pour les grains, graines, fruits, légumes, &c. sur les étalons de fonte ou mesures matrices & originales, qu'ils gardent dans une chambre particuliere qu'ils ont en l'Hôtel de Ville.

3°. Ils comptent les marchandises de saline lorsqu'elles se déchargent des batteaux, en prennent des déclarations, en tiennent registre tant des quantités des marchandises qui s'enlevent, que des noms des Chartiers qui en font les voitures.

4°. Ils sont en droit d'aller en visite une fois l'année chez les Marchands qui font le regrat des marchandises de grains, graines, farines, fruits & légumes, pour connoître si les mesures dont ils se servent ont été bien & duement étalonnées & marquées à la lettre de l'année, & si elles n'ont point été altérées ni corrompues.

Toutes ces fonctions, droits & privileges des Mesureurs de sel sont reglés par le chapitre 25 de l'Ordonnance de la Ville de Paris de l'année 1672.

MESUREURS ET VISITEURS D'AULX, OIGNONS, &c.

Le Chapitre 28 de l'Ordonnance de la Ville de Paris de 1672, porte, Que les Jurés Mesureurs & Visiteurs d'aulx, oignons, noix, noisettes, châtaignes & autres fruits, sont tenus d'avoir des mesures de la continence marquées à la marque de l'année, pour mesurer toutes ces sortes de marchandises qui se vendent au minot, lesquelles doivent être par eux visitées, pour en cas de défectuosité faire leur rapport au Procureur du Roi & de la Ville, pour y être pourvû par les Prévôt des Marchands & Echevins. Lorsque les Regrattiers desdites marchandises veulent vendre au-delà du boisseau, ils sont obligés d'appeller les Jurés Mesureurs.

MESUREURS ET PORTEURS DE CHAUX.

Ces Officiers avant la suppression de leurs Charges en 1719, étoient au nombre de deux Mesureurs, de deux Contrôleurs & de trois Porteurs.

Leurs fonctions reglées par l'article 3 du chap. 29 de l'Ordonnance de la Ville de 1672, se font présentement par des Commis nommés par les Prévôt des Marchands & Echevins.

Leurs droits sont de 15 s. par muid de chaux composé de 48 minots, & pour les mesures au dessous à proportion.

Les Commis Mesureurs, Contrôleurs & Porteurs de chaux ne sont que deux, conformément à l'Arrêt du Conseil d'Etat du Roi du 12 Septembre 1719.

Les Mesureurs & Porteurs de chaux doivent empêcher qu'il ne soit exposé en vente aucune chaux, qu'elle ne soit bonne, loyale & marchande, & que le prix n'en ait été reglé par les Prévôt des Marchands & Echevins, duquel ils sont obligés d'informer les Acheteurs. Il est défendu aux Mesureurs & Porteurs de chaux de faire aucun commerce de cette marchandise.

MESUREURS DE PLASTRE.

Il y a encore des Mesureurs de plâtre, que l'on nomme plus ordinairement Toiseurs, lesquels sont tenus d'avoir de bonnes mesures, & d'empêcher qu'il ne soit vendu aucun plâtre défectueux.

Leurs Charges ont aussi été supprimées en 1719, pour être exercées par des Commis, dont les fonctions sont les mêmes que ceux des Mesureurs en titre d'Offices reglés par l'article 2 du 29e chapitre de la même Ordonnance de la Ville de 1672. Elles ont été depuis rétablies par l'Edit de Juin 1730.

Les Jaugeurs sont les Mesureurs des futailles ou tonneaux à liqueurs. *Voyez* JAUGEUR.

Les Mouleurs de bois sont des Mesureurs de bois à brûler. *Voyez* MOULEUR DE BOIS.

Les Auneurs de toiles & d'étoffes de laine sont les Mesureurs de ces sortes de marchandises. *Voyez* AUNEUR.

MESQUIS. On appelle Bazanes passées en mesquis, celles qui ont été apprêtées avec du redon au lieu de tan. *Voyez* BAZANE.

Les mesquis payent en France les droits d'entrée à raison de 3 s. le cent pésant, conformément au Tarif de 1684.

MET

METAIL ou METAL. Corps dur & fossile qui se fond au feu, & qui est ductile, c'est-à-dire, qui s'étend sous le marteau.

Ceux qui s'en tiennent précisément à cette définition des métaux, n'en reconnoissent que six; l'or, l'argent, le plomb, l'étain, le fer, le cuivre.

Mais les Chimistes, gens à mystere, & qui veulent faire quadrer le nombre des métaux à celui des planettes, y ajoutent le vif-argent pour septiéme, quoiqu'il ne soit ni dur, ni ductile : ainsi, selon eux, l'or répond au Soleil, l'argent à la Lune, le plomb à Saturne, l'étain à Jupiter, le fer à Mars, le cuivre à Venus, le vif-argent à Mercure. Ce dernier s'est si bien approprié le nom de sa planette, qu'on le connoît presque autant sous celui de Mercure que sous celui du Vif-argent.

Proportion du poids des Métaux entr'eux.

	onces.	gros.	grains.
Un pouce cube d'or pese	12	2	52
Un pouce cube de mercure pese	8	6	8
Un pouce cube de plomb pese	7	3	30
Un pouce cube d'argent pese	6	5	28
Un pouce cube de cuivre pese	5	6	36
Un pouce cube de fer pese	5	1	24
Un pouce cube d'étain pese	4	6	17

Par la proportion de ces poids on peut calculer celle de leur volume.

Le bismuth est une espece de métail ou demi-métail découvert depuis peu en Bohême, qu'on prétend qui tient le milieu entre le plomb & l'étain.

Le régule d'antimoine & le sputer passent aussi pour demi-métaux. On parlera des uns & des autres à leurs articles; & l'on tâchera sur-tout de ne rien oublier de ce qui regarde le commerce qui s'en fait en France & ailleurs.

MÉTAIL. Est aussi un terme de Fondeurs. On entend ordinairement par ce mot, du cuivre mêlangé qui est propre pour la fonte; ce qui se fait en mettant avec du cuivre rosette, qui est le plus précieux de toutes les sortes de cuivres, de l'étain d'Angleterre, du léton autrement cuivre jaune, & des tronçons de vieilles pieces de canon.

La bronze est en quelque chose inférieure à ce métail.

MÉTAIL. Se dit encore chez les Potiers d'étain, d'une sorte d'étain allié de régule d'antimoine, d'étain de glace & de cuivre rouge. *Voyez* ESTAIN, *à l'endroit où il est parlé de l'étain d'antimoine.*

MÉTAIL DE PRINCE ou PRINCE-MÉTAIL. C'est un cuivre extrêmement raffiné, & rendu plus propre à recevoir le poli & la dorure au feu par le mélange de quelque minéral. C'est une espece de tombac François. On en fait des tabatieres, des étuits, des boucles à souliers & à manchons, & autres petits bijous, qui la plupart du tems trompent les yeux, & peuvent se prendre pour de l'or véritable. *Voyez* TOMBAC.

MÉTAIL. Les Tarifs des entrées de France appellent Métail, ce qu'on nomme autrement Mitrailles de cuivre. *Voyez* MITRAILLES.

Le métail paye en France les droits d'entrée à raison de 20 sols du cent pésant, conformément au Tarif de 1664.

Et suivant celui de la Douane de Lyon; sçavoir:

Le métail & cuivre rouge rompu, la charge de trois quintaux, 15 s. d'ancienne taxation, & 10 s. du cent pesant de nouvelle réapréciation.

Le métail en fonte & en œuvre, 8 s. du quintal d'anciens droits, & 7 s. de nouveaux.

Enfin le métail vieux 5 s. du quintal d'ancienne taxation, & encore 5 s. pour la nouvelle.

METAYER. Celui qui cultive & fait valoir une ferme, qui la tient à loyer. *Voyez* FERMAGE & FERME.

METECAL. Espece de ducat d'or qui se frappe à Maroc, & dans quelques autres Villes de ce Royaume & de celui de Fez.

Le metecal de Maroc est différent du mortical de Fez, qui ne vaut que vingt sols de Hollande. Les vieux metecals sont excellens, plus pésans & d'un titre plus fin que les nouveaux. Ceux-ci sont de diverse bonté, & par conséquent de différens prix; ce qui fait assez de difficulté dans le commerce, où on les donne en payement.

Cette diversité vient de ce que n'y ayant point de lieu public établi pour la monnoie, ni de Monnoyeurs en titre d'office, tout Juif & Orfévre fabrique des ducats à sa mode; & même si effrontément, qu'il les fabrique à la vue de tout le monde dans sa boutique.

METEDORES. Terme Espagnol, particuliérement en usage à Cadix, où il signifie des especes de Braves qui favorisent la sortie de cette Ville aux barres d'argent que les Marchands ont été obligés d'y faire débarquer à l'arrivée des gallions ou de la flotte des Indes.

Ces Métédores sont les cadets des meilleures maisons du Pays, qui n'ont pas de bien, & qui moyennant un pour cent de tous les effets qu'ils sauvent aux Marchands, s'exposent aux risques que peut accompagner cette contrebande.

Il y a aussi des Métédores qui sauvent les droits des marchandises emballées, soit d'entrée ou de sortie. Ils se partagent ordinairement en deux troupes, dont l'une attend au pied des remparts de la Ville les ballots que l'autre qui reste en dedans vient leur jetter par dessus les murs. Chaque ballot a sa marque pour être reconnu; & c'est sur cette marque que les Métédores du dehors les portent aux diverses chaloupes des Marchands à qui les marchandises appartiennent. On fait à peu près le même manége pour faire entrer des ballots de marchandises dans la Ville. Il est vrai que pour sauver ces effets avec plus de sureté, on a soin de gagner le Gouverneur, le Major & l'Alcade de Cadix, même jusqu'aux Sentinelles; ce qui revient environ à dix-sept piastres par balot. Les Métédores gagnent d'ordinaire à chaque arrivée de la flotte ou des gallions deux ou trois mille pistoles chacun, qu'ils vont dépenser à Madrid, où ils sont connus pour faire ce métier.

Outre ces Métédores d'une qualité si distinguée, il y a aussi des Particuliers d'entre le peuple qui s'en mêlent; mais les uns & les autres avec une si grande fidélité, que les Etrangers n'ont jamais eu lieu de se plaindre.

METEIL, ou METIL, comme on le nomme à Amsterdam. Blé mêlé de froment & de seigle.

Le gros méteil est celui où il y a plus de froment que de seigle; le petit méteil quand il y a plus de seigle que de froment. Lorsque le mélange des deux grains est égal, on dit simple Méteil. *Voyez* BLÉ.

Le méteil se vend à Amsterdam au last, son prix est depuis 75 jusqu'à 85 florins d'or le last, il donne un pour cent de déduction pour le prompt payement.

METELIN, Isle de la Mer Egée, en Asie, est la fameuse Lesbos des Anciens. Elle tire son nom, de celui de sa Ville Capitale. *Voyez* le détail de ses productions dans l'Etat général, Tome I. page 346.

MÉTIER. Signifie en général toute profession que l'on exerce, & qui sert à gagner sa vie ou à s'occuper.

Dans une signification plus précise & plus propre, il ne se dit que de l'exercice & profession des Arts méchaniques.

Dans le premier sens, la guerre est le métier de la Noblesse; l'étude est le métier des Gens de Lettres, & particuliérement des Gens d'Eglise: dans l'autre sens, la Tisseranderie, la Cordonnerie, la profession de Coutelier & de Maréchal, celles de Boulanger, de Boutonnier, d'Eperonnier, de Tourneur: enfin tous ces différens Arts qui occupent tant de diverses sortes d'Ouvriers & d'Artisans, sont autant de métiers.

On appelle Communautés des Arts & Métiers, les sociétés de chaque espece de ces Artisans & Ouvriers qui sont unis ensemble, qui se conduisent par les mêmes Statuts & Reglemens, & qui ont les mêmes Officiers. On parle dans ce Dictionnaire de toutes celles qui sont établies à Paris en Corps de Jurande.

Gens de métier, ce sont les Ouvriers que l'on nomme communément Artisans, & qu'on distingue par-là des Marchands. Il y a néanmoins plusieurs de ces Gens de métier ou Artisans à qui leurs Statuts & les Lettres Patentes des Rois donnent la qualité de Marchands.

MÉTIER. Se dit aussi des établis, chassis & autres machines que les Ouvriers inventent pour faciliter le travail de leurs ouvrages.

Il y a des métiers pour les étoffes d'or, d'argent, de soie, de laine, de fil, de coton, &c. d'autres pour les ouvrages de bonneterie, de tapisserie, de rubannerie, de passementerie, &c.

Il n'y a gueres de ces sortes de métiers, particuliérement de ceux qui servent aux principales fabriques & aux plus riches manufactures, dont l'on ne trouve la description & l'usage dans plusieurs endroits de ce Dictionnaire. On peut lire les divers articles où il est traité en détail de chacun des Corps des Marchands ou des Communautés des Arts & Métiers.

Il est défendu par une Déclaration de Louis XIV. du 19 Aout 1704 de saisir les métiers, outils & instrumens servant aux Manufactures. *V.* MANUFACTURE.

Monter, dresser, établir un métier. Tous termes synonimes. Signifient parmi les Manufacturiers & les Ouvriers en étoffes de soie, de laine & de fil, &c. mettre la chaîne, c'est-à-dire, les fils de soies, de laines ou d'autres matieres qui doivent servir à la chaîne, sur les ensubles & ensubleaux, suspendre les lisses, placer les marches, lire le dessein, enfin disposer toutes choses pour mettre le Fabriquant en état d'employer la trême & de travailler à l'étoffe.

MÉTIER BATTANT, qu'on appelle aussi Métier ouvrant. C'est un métier qui travaille actuellement. Le premier se dit à cause de la chasse ou peigne dont l'Ouvrier serre & bat la tréme qu'il a jettée avec la navette entre les fils de la chaîne.

Le second vient de l'ancien mot Ouvrer qui veut dire travailler; ainsi lorsque dans les Lettres Patentes que le Roi accorde pour l'établissement des nouvelles manufactures, il est porté que l'Impétrant aura vingt, quarante, cinquante ou tel autre nombre de métiers Battans ou ouvrans; cela s'entend des métiers actuellement montés, occupés & travaillans.

MÉTIER à tirer les soies, qu'on nomme aussi Devidoir. C'est une machine avec laquelle on file & devide les soies qu'on tire immédiatement de dessus les cocons. *Voyez-en la description à l'article des Soyes.*

METKAL, ou MITKAL. Petit poids dont se servent les Arabes. Il faut douze metkals pour faire une once.

METRICOL, ou MITRICOL. Petit poids de la sixiéme partie d'une once. Les Apoticaires & Droguistes Portugais s'en servent dans les Indes Orientales. Au dessous du métricol est le métricoli qui ne pese que la huitiéme partie d'une once.

METRICOLI, ou MITRICOLI. Petit poids dont on se sert à Goa pour peser les drogues de la Médecine. *Voyez l'article précédent.*

METTRE. Ce terme a plusieurs significations dans le commerce.

METTRE ses effets à couvert. Se dit ordinairement en mauvaise part, d'un Négociant qui détourne ce qu'il a de meilleur & de plus précieux dans le dessein d'une banqueroute frauduleuse.

METTRE au dessus d'un autre. C'est encherir sur le prix qui a été offert d'une marchandise dans une vente publique.

METTRE. Signifie quelquefois s'enrichir. Ce Négociant doit être riche, il a bien mis dans sa bourse. On le dit souvent en mauvaise part pour taxer un homme d'avarice; il met sou sur sou.

METTRE. Veut dire aussi envelopper, empaqueter, emballer. Mettez ce velours dans sa toilette. Je vous ai dit de mettre ces marchandises dans une bannette.

METTRE. Avancer, dépenser. On le dit aussi de la part que l'on prend dans une société, dans une entreprise de commerce. J'ai mis cent mille écus dans cette manufacture: J'ai dépensé cent mille livres dans ce négoce, je n'y veux plus rien mettre; Je suis las de mettre & d'avancer sans rien recevoir.

METTRE de bon argent avec du mauvais. C'est faire des avances ou des dépenses sans esperance de les retirer.

METTRE, en terme de monnoies. C'est s'en défaire, les faire passer quoiqu'elles n'ayent pas cours dans le commerce. J'ai cent écus vieux, voudriez-vous me les mettre. Je ne puis mettre ces Louis d'or, ils sont un peu douteux.

METTRE, avec le pronom possessif. Signifie, s'appliquer, s'employer. Ce jeune homme a eu raison de se mettre au commerce, il y réussit.

METTRE. A aussi diverses significations parmi les Artisans & les Maîtres des Communautés des Arts & Métiers.

METTRE les cuirs en retraite. Terme de Tanneur, qui signifie retirer les cuirs du plain ou de la fosse au tan pour quelques jours, afin d'empêcher qu'ils ne se corrompent. *Voyez* TANNER.

Les Hongrieurs disent aussi qu'ils mettent leurs cuirs en retraite pour prendre nourriture, lorsqu'ils les laissent tremper quelques jours dans la cuve où l'on a jetté l'eau dont on s'est servi pour les fouler. *Voyez* CUIR, *à l'endroit où l'on explique la maniere de fabriquer les cuirs de Hongrie.*

METTRE les cuirs en coudrement. *Voyez* COUDREMENT, *&* COUDRER *ou* BRASSER LES CUIRS.

METTRE les peaux en chaleur. Terme de Chamoiseur. C'est faire des monceaux ou tas de vingt douzaines de peaux de moutons & de chevres passées en huile, qu'on enveloppe de couvertures de laine pour les échauffer, afin que l'huile qui est dedans puisse perdre toute sa force.

On dit aussi dans le même sens, garder le chamois en chaleur. *Voyez* CHAMOIS, *à l'endroit où il est parlé de la maniere de passer les peaux de mouton en huile ou chamois.*

METTRE les cuirs en couleurs. *V.* COURROYEUR.

METTRE en galle, mettre en pastel, mettre en écarlate, mettre en noir, &c. *Voyez* TEINTURE *&* TEINTURIER.

METTRE en bain. *Voyez de même. Voyez aussi* BAIN.

METTRE en presse, mettre au billon, mettre à la fonte, mettre à la coupelle. *Voyez* COUPELLE, FONTE, BILLON, PRESSE.

METZ, Ville de France, sur le confluent de la Seille & de la Moselle. *Voyez* le commerce des trois Evêchés, dans l'Etat général, Tome I. page 226.

MEU

MEULE. Il y a plusieurs choses dans les Arts & Métiers, & dans quelques autres professions, à qui, quoique de différentes matieres & propres à des usages

usages qui ne se ressemblent gueres, on donne le nom de meules.

Les meules à moulin sont des pierres dures & rabotteuses taillées en rond, d'un pied environ d'épaisseur, & d'un diametre à volonté, avec un trou au milieu que l'on appelle l'œuil; elles servent à écraser les grains pour en séparer la farine du son.

Des deux meules qu'il y a dans chaque moulin, celle de dessus qu'on appelle la meule mouvante est mobile; c'est proprement elle qui écrase le grain par son mouvement; l'autre qui est fixe se nomme la Meule gissante ou le Gîte.

Il y a en France quantité de molieres d'où se tire cette sorte de pierre, & il s'en fait un commerce considérable. C'est de ces pierres que les Rocailleurs se servent pour incruster & orner les grottes qu'ils dressent, les taillant de diverses figures, & en leur donnant diverses couleurs ou par le moyen du feu qui les rougit, ou par des eaux fortes, du vinaigre & du verd de gris qui les rendent verdâtres.

Les meules des Couteliers & Taillandiers sont de pierre de grais très-dure & d'un grain fort serré. Les meilleures viennent d'Angleterre; il s'en trouve aussi d'excellentes dans quelques molieres de France, particuliérement en Bourgogne. Ce sont les Quincailliers & Marchands de fer qui en font à Paris le commerce.

Les Couteliers & les Gagnes-petit, c'est-à-dire, ces pauvres gens qui courent la campagne leur boutique sur le dos ou sur une brouette qu'ils poussent devant eux, ont une meule de bois pour adoucir leur ouvrage après qu'ils l'ont passé sur celle de grais; on l'appelle polissoir. *Voyez cet article. Voyez aussi* COUTELIER.

Les Lapidaires ont diverses meules, des meules d'acier, d'autres d'étain & d'autres encore de bois, dont ils se servent suivant les pierres qu'ils veulent tailler, & suivant que l'ouvrage s'avance. *Voyez* LAPIDAIRE.

MEULE. Les Fondeurs de caracteres d'imprimerie appellent quelquefois la meule ce qu'ils nomment autrement & plus ordinairement le grais. *Voyez* GRAIS.

MEULE. Les Miroitiers-Lunetiers ont des meules qu'ils tirent de Lorraine, sur lesquelles ils arrondissent la circonference des verres des lunettes & autres ouvrages d'optique. *Voyez* GRAIS.

Les meules des Taillandiers & Couteliers ont différens noms suivant la grandeur de leur diametre; les petites s'appellent simplement Meules, celles au-dessus se nomment Meuleaux ou Oeillards. Ensuite sont les Meullardeaux, & enfin les Meullardes qui sont les plus grandes.

Les meullardes payent en France de droits de sortie 32 s. la piece, quand elles sont au dessous de quatre pieds; les meuleaux 16 s. la piece, & les meules à Taillandier 2 s. aussi la piece.

A l'égard des entrées les petits meullardeaux pour Taillandiers payent 30 s. la douzaine; ceux au dessous de quatre pieds 4 liv. aussi la douzaine; les meuleaux 4 s. piece, & les meullardes au-dessus de quatre pieds 16 sols.

Les meules à moulin payent pareillement suivant leur diametre; celles de six à sept pieds 8 liv. 4 s. la piece, & celles de quatre à cinq 3 liv. 4 s. de sortie. Les droits d'entrée sont pour tous diametres 4 liv. piece.

Les droits qui se payent à la Douane de Lyon sont: Sçavoir:

La meule de moulin Françoise 9 s. d'ancienne taxation, & 8 s. de nouvelle reapréciation.

La meule de moulin Chalonnoise 2 s. 6 d. d'anciens droits & 5 de nouveaux.

Les grands meullardeaux, ou comme les appelle le Tarif Molardeaux 12 s. la douzaine d'ancienne taxation, & 3 s. de réapreciation.

Les petits meullardeaux pour tous droits 9 s.

MEULES, ou PAINS. On nomme ainsi certains fromages ronds & plats qui viennent de Suisse, d'Italie & d'Angleterre, apparemment parce qu'ils ressemblent pour leur épaisseur & leur diametre aux meules des Couteliers. *Voyez* FROMAGE, *à l'endroit de l'article où l'on parle de ceux d'Italie, de Suisse & d'Angleterre.*

MEULE. Ce qu'on appelle une Meule de Sel dans les Salines de Lorraine, particuliérement dans celles de Moyenvic, est le sel que l'on tire de la chaudiere après qu'il est suffisamment cuit, & que l'on met en tas sur une espece de table nommée la Chevre, qui couvre une partie de cette chaudiere, ces meules se conduisent au magasin du banc pour s'y secher. *Voyez* l'article du Sel.

MEULIERE, ou MOLIERE. Carriere d'où l'on tire les pierres pour faire des meules à moulin. On le dit aussi des lieux où se trouvent & se taillent toutes les diverses meules à Taillandier & à Coutelier.

On appelle Pierre de Meuliere, la pierre dont se font les meules de moulin; elle n'a cependant ce nom que lorsqu'elle est cassée en morceaux propres à être employés par les Rocailleurs. *Voyez cidevant* MEULE A MOULIN.

MEULLARDEAUX, ou MOLARDEAUX. On nomme ainsi une espece de meules dont se servent les Taillandiers pour aiguiser & affuter les outils de fer qu'ils forgent. Il y a de petits & de grands meullardeaux; les grands sont ceux qui ont au dessous de quatre pieds jusqu'à un. *Voyez* MEULE.

MEULLARDES. Ce sont les plus grandes meules à Taillandiers, & qui ont au-dessus de quatre pieds de diametre. *Voyez comme dessus.*

MEULLEAUX. qu'on nomme autrement Oeillards. Moyennes meules à aiguiser, propres aux Couteliers & Taillandiers. *Voyez comme dessus.*

MEURIER, Arbre qui produit le fruit qu'on nomme Meure.

Le Meurier est de deux sortes, le rouge & le blanc. Les feuilles de l'un & de l'autre sont propres à la nourriture des vers à soie; celles du blanc y sont meilleures à cause qu'elles sont plus tendres.

Il y a eu long-tems dans le Jardin Royal des Tuilleries de Paris une allée qu'on nommoit l'Allée des Meuriers; elle y avoit été plantée par les ordres de Henri IV, dans le tems qu'il vouloit exciter ses sujets à la culture de la soie & des vers qui la produisent. *Voyez* VERS A SOYE.

MEUSNIER A FOULON. Celui qui a soin du moulin à Foulon, c'est-à-dire, du moulin où l'on revique les étoffes pour les dégorger. *Voyez* REVIQUER.

MEX

MEXICANES. On appelle piastres mexicanes, ou simplement mexicanes, des piastres qui se fabriquent au Mexique grand Royaume de l'Amérique Espagnole.

Le titre de ces piastres est à 11 deniers; elles s'achetent à tant pour cent de bénéfice en monnoie courante, plus ou moins suivant que ces especes sont plus ou moins abondantes, & qu'il s'offre de dépêches de flotte. Il faut observer que lorsqu'elles sont destinées à une refonte, il faut leur préférer celles qu'on nomme des Colonnes, à cause qu'elles portent pour revers les Colonnes d'Hercule avec la fameuse devise du *Nec plus ultra*: non pas que ces dernieres soient d'un titre plus fin que les mexicanes, mais à cause d'un verni de lie, que les Espagnols appellent *Leche*, qui à la fonte laisse un déchet de près d'un pour cent. *Voyez* PIASTRE.

MEXIQUE, Capitale de la nouvelle Espagne dans l'Amérique. *Voyez* l'Etat général du Commerce, où il est parlé de celui de l'Amérique Espagnole, Tome I. page 477.

M E Y

MEYBOCKING. On nomme ainsi en Hollande les harengs sorets ou fumés, qui ont été pêchés en Mars: c'est la moindre sorte des bockings. *V.* BOCKING.

M E Z

MEZELINE, ou MEZELAINE. Petite étoffe que l'on appelle autrement Ligature ou Brocatelle. *Voyez* LIGATURE.

Les Réglemens mettent aussi les mezelaines au nombre des picottes & des plumettes. *Voyez ces deux articles.*

Les Mezelines de Milan que le Tarif de la Douane de Lyon, nomme Mezolanes, payent conformément à ce Tarif 10 *s. de la piece d'ancienne taxation & 5 s. de réapréciation.*

MEZIERES, Ville de Champagne. Elle est du département de l'Inspecteur des Manufactures de Reims. *Voyez* le détail des Fabriques de cette Ville, dans l'Etat général, Tome I. page 22.

MEZIN de la Généralité de Guienne. *Voyez* ce qui est dit de son commerce dans l'Etat général, Tome I. page 38.

M I C

MICOCOULIER. *Voyez* ALISIER.

MICONE, Isle de la Mer Egée. Cette Isle produit du vin, de l'orge, du coton, & une grande quantité de gibier. *Voyez* l'Etat général, Tome I. page 346.

MICROSCOPE. C'est un instrument qui sert à distinguer & à découvrir les moindres parties d'un corps, parce qu'il les grossit à la vûe extrordinairement.

Il y a de plusieurs sortes de microscopes. Ceux qui servent pour l'ordinaire sont, le microscope à tombeau qui ne grossit pas beaucoup les objets, le microscope à trois verres & le microscope à liqueurs, qui monté d'une seule lentille fait un fort bel effet. *Voyez* LENTILLE.

Dans les microscopes à trois verres, le premier s'appelle Oculaire; le second, Verre du milieu; & le troisiéme, Lentille. On y en ajoute quelquefois un quatriéme que l'on met dans un tuyau de carton qui tient au pied du microscope; il sert à rassembler les rayons de lumiere au point du foyer de la lentille pour mieux distinguer l'objet; mais il y a quelques personnes qui le supriment, parce qu'effectivement la trop grande quantité de rayons de lumiere éblouit plus qu'elle ne sert. La circulation du sang, une des belles découvertes de ces derniers tems, se voit très distinctement à ces deux microscopes dans le mésentere d'une grenouille ou dans la queue d'un têtart. *Notre vue*, dit M. de Fontenelle, *s'étend depuis l'élephant jusqu'au ciron, & là elle finit; mais au ciron commencent une infinité d'animaux dont il est l'élephant, & que nos yeux ne peuvent appercevoir sans le secours des verres.*

On voit de très petites goutes de vinaigre remplies de serpens ou d'anguilles, & la moindre goute d'eau dans laquelle a infusé quelque plante, posée sur le porte-objet du microscope, paroît remplie de petits poissons qu'on n'auroit jamais crû y exister.

Les différentes sortes de microscopes & une partie des animaux que l'on y voit sont très bien décrits dans le livre de Monsieur Joblot imprimé à Paris chez Collombat. On peut voir aussi ce que M. Leeuwentioek en a écrit après un examen presque continuel. Ce sont les Marchands Miroitiers-Lunetiers & les Merciers qui en font commerce.

M I E

MIEL. Espece de suc doux que font les abeilles de la rosée qu'elles recueillent sur les fleurs ou sur les feuilles des plantes ou des herbes.

Il n'y a personne qui ne connoisse les abeilles ces insectes ou mouches si utiles, si industrieuses & si assidues à leur travail, que les Anciens nommoient Avettes; ainsi on n'en fera point la description.

Celle qu'en fait Virgile est un des plus agréables endroits de ses Géorgiques, quoiqu'elle ne soit pas extrémement conforme à la vérité, surtout en ce qui concerne la production de cet insecte.

Ce qu'on dit de leur Roi & du gouvernement de leur République est aussi en partie fabuleux; mais on sçait avec plus de certitude de quelle maniere ces admirables mouches composent leur miel, & l'enferment dans les petites cellules de cire qu'elles ont auparavant préparées; ainsi quelque détail sur cette matiere curieuse pourra n'être pas désagréable.

Aussi-tôt que l'hyver est passé, & que l'air est devenu plus doux, les abeilles sortent de leur ruche pour se fournir d'autant de cire qu'elles en ont besoin; au retour des champs où elles vont la chercher sur les fleurs que le printems a fait éclore, elles rentrent les pattes de derriere chargées de cire de différentes couleurs, blancheâtre, jaune, citronnée, quelquefois rouge: cette derniere qui est fort tenace & gluante leur sert à boucher exactement tous les trous de leurs ruches; des autres elles bâtissent leurs logemens à six pans si égaux, avec tant de proportion & avec si peu d'épaisseur, qu'il n'est pas possible de ne pas admirer un ouvrage si plein de délicatesse & de simétrie.

Quand le premier rang de leurs cellules est achevé, c'est-à-dire, ordinairement vers le mois d'Avril & de Mai, elles sortent dès l'aube du jour, & après avoir succé avec leurs petites trompes la rosée qui est très fréquente dans ces deux mois, & dont les fleurs & les herbes sont fort humectées, elles reviennent s'en décharger dans leur magasin, & lorsqu'elles y ont entiérement vomi cette rosée convertie en miel & comme digerée dans les parties de leur petit corps qui leur tiennent lieu d'estomac, elles ferment ces magasins avec un enduit de cire, travaillant ensuite à de nouveaux reservoirs qu'elles remplissent de même que les premiers, cet ouvrage industrieux durant quelquefois jusques à la fin de Juillet ou d'Aout. Voilà de quelle maniere se forme le miel dont on fait un si grand commerce par toute l'Europe & sur tout en France.

Les Marchands Epiciers & Droguistes de Paris vendent de trois sortes de miel; le miel blanc qu'on appelle autrement Miel Vierge, le miel jaune; & un troisiéme qui tient de l'une & de l'autre couleur; le miel blanc est le meilleur, le miel jaune est le moins bon, & celui qui a une couleur comme mitoyenne entre le blanc & le jaune, tient aussi le milieu entre les deux pour la bonté.

Le miel blanc appellé Miel Vierge, parce qu'il est tiré sans le secours du feu, sort & coule de lui-même des gâteaux nouvellement faits & nouvellement tirés des ruches que l'on met renversées sur des nates d'osier après les avoir coupées en morceaux. Ce miel qui est d'un blanc clair, & qu'on reçoit dans des vases de terre ou de bois bien nets, se congelle aisément & devient dur & grenu.

Le second miel qui est d'un blanc jaunâtre s'exprime des gâteaux en les mettant dans des sacs de cordes, & les serrant fortement par le moyen de la presse.

Enfin le miel jaune se tire aussi avec le secours du pressoir, mais seulement après que les gâteaux ont été quelque tems dans des chaudieres avec un peu d'eau sur le feu: le degré de chaleur plus ou moins fort est ce qui décide de la beauté & de la bonté de ce miel, aussi bien que la quantité d'eau qu'on y employe, trop d'eau ou de chaleur le rendant moins bon & moins beau.

Le miel blanc se tire de Languedoc, de Provence & même des environs de Paris; ce dernier s'appelle miel blanc de pays. Le meilleur miel blanc est celui de Narbonne qu'on tire principalement du petit bourg de Corbiere à trois lieues de cette Ville.

Le véritable Corbiere doit être nouveau, épais, grenu, d'un goût doux & piquant, d'une odeur douce & un peu aromatique, assez semblable à l'œil au sucre Royal.

Les Marchands qui envoyent les autres miels blancs de Languedoc & de Provence tâchent de lui donner cette odeur aromatique, en mettant dans le fond des barils un petit paquet de fleurs de romarin; mais les connoisseurs ne s'y trompent pas. Ce miel s'employe en confitures & en tisanes pectorales; bien des gens même en mangent en Carême.

Le miel jaune vient de Champagne, de Touraine, de Picardie, de Normandie, &c. Le plus estimé est celui de Champagne, le moindre est celui de Normandie; ce dernier est facile à reconnoitre non seulement par sa qualité & son odeur qui sont l'une & l'autre fort mauvaises, mais encore par les pots de grais dans lesquels on l'envoye, semblables aux pots à beure qu'on nomme Talevannes.

Il faut choisir le miel jaune de Champagne, s'il se peut, nouveau, d'une bonne consistance, d'un jaune doré, le plus grenu & le moins chargé de cire qu'il sera possible. L'usage du miel jaune est très commun en Médecine où on s'en sert ou pur ou composé.

Le miel composé est d'autant de sortes qu'on y mêle de fleurs ou de simples, comme le rozat, le violat, celui de nenuphar, &c. C'est aussi avec le miel jaune qu'on fait ce pain qu'on nomme Pain d'épice dont le débit est fort grand en France, sur-tout à Reims, à cause de la bonté des miels de Champagne & de la maniere de le faire que les autres Pain-d'épiciers ne peuvent imiter. *V.* EPICE.

Le miel qu'on tire de l'Isle de Candie est excellent, il est doré & plus liquide que celui de Narbonne; mais il a un goût de thim qui n'accommode pas tout le monde.

Les miels de la plûpart des Isles de l'Archipel sont aussi très bons, particuliérement ceux de Tine, de Thermie, de Scio, de Samos.

On tire du miel, par le moyen des opérations chimiques, une eau, un esprit, un sel, une huile, &c.

Le miel de toutes sortes paye en France de droits d'entrée 20 s. le cent pesant, & de sortie 26 s. conformément au Tarif de 1664.

Les droits de la Douane de Lyon sont de 2 s. 4 d. d'ancienne taxation, 1 s. 8 d. de nouvelle réapreciation, 4 s. d'anciens quatre pour cent, & 2 s. 8 d. de nouveaux; le tout par quintal.

COMMERCE DU MIEL A AMSTERDAM.

On vend à Amsterdam six sortes de miel, celui du Pays, celui de Bordeaux, celui de Bayonne, celui de Bretagne, celui de Marseille, & le miel de Hambourg.

Le miel du Pays se vend à la tonne pésant 330 liv. brut, son prix est depuis 25 jusqu'à 25 florins ½, il donne un pour cent de déduction pour le prompt payement.

Le miel de Bordeaux se vend au tonneau, le tonneau de quatre bariques ou de six tierçons qui ne se pesent pas, son prix est de 36 livres de gros le tonneau, la tare est de 12 pour cent pour les bariques, & de 14 pour cent pour les tierçons. Il donne un pour cent de déduction pour le prompt payement.

Les miels de Bayonne, de Bretagne, & de Marseille, se vendent au cent livres pésant, ils donnent également 20 pour cent de tare. A l'égard des déductions, les deux derniers donnent un pour cent de bon poids, & autant pour le prompt payement; celui de Bayonne ne donne aucune déduction. Pour les prix, ceux de Bayonne & de Bretagne, sont semblables, c'est-à-dire, depuis 8 florins ¾ jusqu'à 9 florins. Le miel de Marseille se vend depuis 13 florins ½ jusqu'à 15 florins ½.

Le miel de Hambourg se vend à la tonne pésant 330 livres brut: son prix est de 23 à 25 florins la tonne; sa réduction pour le bon payement d'un pour cent.

Les anciens mettoient le sucre & la manne du nombre des miels.

Une ruche à miel est un panier d'osier en forme de cloche dans lequel on enferme des abeilles pour y travailler à leur miel & à leur cire. *Voyez* RUCHE.

Une jettée ou jet de mouches à miel est un essain de l'année qui se sépare des anciennes mouches. Ce sont ces essains qu'on a soin de suivre quand ils sortent, afin de renouveller les mouches. On fait pour les abbattre ce qu'on appelle la Battue.

Un rayon de miel est un morceau de l'ouvrage

des abeilles où le miel est encore enfermé dans la cire.

MIEL ANACARDIN. *Voyez* ANACARDES.

MIEL ANTHOSAT. *Voyez* ROMARIN.

MIEL PESSULAT. *Voyez* RAISIN DE DAMAS.

MIEL ROSAT. *Voyez* ROSE.

MIEL VIOLAT. *Voyez* VIOLETTES.

Il y a encore quantité d'autres miels que composent les Apoticaires, comme le Mercurial, celui de Nenuphar, le Scillitique, &c. dont on peut voir la composition dans les pharmacopées.

M I G

MIGEAU. On nomme ainsi en Roussillon la laine de la troisiéme sorte que les Espagnols appellent Tierce. Elle est la moindre de toutes, & ne s'employe qu'à la fabrique des étoffes communes. *V.* LAINE D'ESPAGNE.

MIGLIARO, en François millier. Poids de Venise auquel l'huile se pese & se vend dans la Capitale & dans les Etats de terre ferme de cette Republique.

Le millier est composé de quarante mirres & la mirre de trente livres poids subtil ou leger de Venise, qui est de trente quatre pour cent plus foible que le poids de Marseille, c'est-à-dire, que les cent livres de Marseille en font cent trente-quatre du poids subtil de Venise.

MIGNONE. Terme d'Imprimerie. C'est un des corps de caracteres qu'on nomme Corps interrompus.

L'on range la mignone entre le petit texte & la nompareille. *Voyez* CARACTERE. *Voyez aussi* IMPRIMERIE.

MIGNONETTE. Sorte de dentelle de fil de lin blanc, très fine, très claire & très legere, qui se fabrique sur l'oreiller avec des fuseaux & des épingles, de même que les autres dentelles.

Il se fait des mignonettes de plusieurs desseins & hauteurs; mais les plus hautes ne passent pas deux ou trois pouces. Presque toutes celles qui se voyent en France se manufacturent à Louvre en-Parisis, à Fontenay, à Puiseux, à Morgas, à Gizors, à S. Pierre és Champs, à Espagny, à Doumesnil, à S. Denis en France, à Montmorency, à Villers-le-Bel, &c.

Il s'en fait cependant à Anvers & à Bruxelles, qui sont tout au plus d'un pouce de haut, n'étant propres qu'à rehausser d'autres dentelles des mêmes qualités & fabriques.

Quoique les mignonettes fassent une partie du négoce des Marchands Merciers, il est cependant permis aux Marchandes Lingeres d'en faire trafic.

Les mignonettes payent en France les droits d'entrée & de sortie comme dentelles. Voyez DENTELLES.

MIGOT. Terme Languedocien emprunté des peuples du Roussillon, avec néanmoins un peu de déguisement.

Les Habitans de cette derniere Province appellent Migeau la plus commune de toutes leurs laines qui est la tierce des Espagnols; mais en Languedoc migot ne marque que le rebut des laines, & proprement une laine qui est encore beaucoup au dessous de la troisiéme. *Voyez* LAINE D'ESPAGNE.

M I L

MIL, ou MILLET. Graine qui porte le nom de la plante qui la produit.

Cette graine est petite, dure, presque ronde, polie & de couleur jaunâtre tirant sur le blanc: il s'en fait un assez grand commerce en France.

Les Marchands Epiciers & Grainiers de Paris vendent la graine de mil ou en coque ou mondée de sa coque; celle en coque sert à la nourriture de quelques oiseaux, mais particuliérement des ortolans; la mondée qui est une espece de gruau ou grosse farine, s'employe en médecine à faire des cataplasmes anodins ou resolutifs.

Il y a quelques endroits où l'on en fait du pain dont la substance est très médiocre, cependant quand il est encore chaud le goût en est assez agréable: en Anjou & en quelques autres Provinces il s'en fait une espece de bouillie, qui étant froide se mange coupée par quartiers & qui sert de nourriture au commun du peuple.

La plus grande quantité du mil que l'on apporte à Paris soit en coque, soit mondé, vient des environs de la Forêt d'Orléans.

Le mil ou millet paye en France les droits d'entrée à raison de douze s. du cent pésant, conformément au Tarif de 1664.

MIL que l'on écrit plus ordinairement Mille. Terme d'aritmétique. *Voyez ci-après* MILLE.

MILAN, Ville d'Italie. *Voyez* ce qui est dit des riches étoffes qui s'y font, dans l'Etat général, Tome I. page 308.

MILAN, ou PARMESAN, qu'on nomme aussi Fromage de Lodi. *Voyez* FROMAGE, *où il est parlé de ceux d'Italie.*

MILIORATI. Sorte de soie qui se tire d'Italie, il y a des miliorati de Boulogne & des miliorati de Milan; les Négocians d'Amsterdam en font un assez grand commerce: ceux de Bologne se vendent depuis 51 jusqu'à 54 sols de gros la livre; & ceux de Milan depuis 40 jusqu'à 42 sols de gros. *Voyez* l'article des Soyes.

MILLAU, ou MILHAUD. Petite Ville de France dans le Rouergue. Elle est du Département de l'Inspecteur des Manufactures de Montauban. La fabrique des draps communs, des serges, des cadis, & autres petites étoffes de laine, y est considérable: ses Tanneurs & ses Chapeliers y font d'excellens chapeaux & de bons cuirs. On parle ailleurs de tout ce négoce. *Voyez* l'Etat général du Commerce, Tome I. page 33.

MILLE, que l'on écrit aussi Mil. Nombre composé de dix fois cent ou de cent fois dix; il s'exprime par le chifre qu'on met à la quatriéme colomne des nombres, qui précede celle des centaines. Ainsi l'on dit de suite en nombrant de la droite à la gauche, nombre, dixaine, centaine, mille, puis l'on compte dixaine de mille & centaine de mille. Si le chifre de la quatriéme colomne qui précede celui des centaines n'est que 1, il ne vaut simplement que mille; si c'est un 2 il vaut deux mille; si un 3 trois mille; si un 4 quatre mille. Il en est de même des autres chifres suivant leur différente valeur.

MILLEPERTUIS. Plante qui croît de la hauteur d'une coudée. Ses tiges sont à demie-rondes, roides, ligneuses, rameuses & rougeâtres, ses feuilles lissées & nerveuses, sont sans queues & comme appliquées le long des tiges, ainsi que celles de la petite centaurée ou de la marjolaine. On apperçoit sur ces feuilles quand on les regarde au soleil, de petits points transparents qui paroissent autant de trous; ce qui a donné lieu à quelques-uns d'appeller cette plante *Herba perforata*, ce qui revient au nom de Mille-pertuis qu'on lui a donné en France.

Ses fleurs qui naissent en quantité à la cime des branches, sont jaunes, composées chacune de cinq feuilles, disposées en rose & accompagnées de plusieurs étamines de semblable couleur. Ses graines sont menues, longuettes, de couleur obscure, d'un gout & d'une odeur resineux; enfin sa racine est dure, ligneuse, ayant une espece d'écorce de la couleur du buis.

Le millepertuis & l'huile que l'on fait de ses fleurs qui est regardée comme un véritable baume, sont au rang des drogues médicinales dont les Marchands Epiciers-Droguistes font négoce. *V.* BAUME *sur la fin de l'article; il y est parlé de la maniere de faire l'huile de Millepertuis.*

MILLERAY. Monnoie d'or de Portugal du poids de six deniers, au titre de vingt-deux carats & demi; il vaut un peu plus que la pistole d'Espagne; mais il n'y a point de cours, & ne se reçoit qu'aux Hôtels des monnoies pour être converti en especes courantes. On appelle aussi ces millerays des S. Estienne, à cause de la figure de ce saint qui y est représentée.

Les millerays à la petite croix sont proprement des demi-millerays du poids seulement de deux deniers dix sept grains, mais d'un demi-carat à plus haut titre que les S. Estienne, c'est à peu près la demi-pistole d'Espagne.

MILLERAY. C'est aussi une des monnoies de compte de Portugal; mais en ce sens on entend toujours le milleray à la petite croix, c'est-à-dire, cinq livres dix sols.

MILLEROLLE. Mesure dont on se sert en Provence pour la vente des vins & des huiles d'olive.

La millerolle revient à soixante & six pintes mesure de Paris, & à cent pintes mesure d'Amsterdam; elle pese environ cent trente livres poids de marc.

MILLET. Sorte de graine que les Marchands Epiciers de Paris & les Grainiers vendent ou en coque ou mondée. On l'appelle aussi Mil. *Voyez* MIL.

MILLIAR. Nombre d'une étendue extraordinaire, composé de mille millions.

Il s'exprime par un chifre qui se met à la dixiéme colomne des nombres avant celle des centaines de millions. Ainsi l'on dit en nombrant de suite de la droite à la gauche, Nombre, Dizaine, Centaine, Mille, Dizaine de mille, Centaine de mille, Millions, Dizaine de millions, Centaine de millions, Milliar.

Après les milliars on compte encore dizaine de milliars & centaine de milliars. Anciennement on disoit Bimillion, comme on le peut voir dans la Théorie pratique des nombres de Jean Savary imprimée à Paris en 1644.

MILLIASSE. Il se dit des nombres extraordinaires & dans le détail desquels il est difficile d'entrer. Quelques-uns néanmoins le mettent dans les opérations d'arithmétique au dessus des milliars.

MILLIER. Nombre qui renferme en soi mille ou dix fois cent choses d'une même espece. Un millier d'aiguilles, d'épingles, de clous de cuivre doré, d'ardoises, de tuiles, de fagots, de coterets, de planches, &c.

Quand on parle d'un millier de lattes, d'échalas ou de perches, cela veut dire mille bottes de chacune de ces especes de marchandises, chaque botte composée d'un certain nombre de lattes, d'échalas ou de perches.

On dit aussi un Millier de foin, un millier de paille, pour dire Mille bottes de l'une de ces sortes de marchandises. Un millier d'osier, un millier de ployon, c'est mille bottes de ployon ou d'osier.

MILLIER. Se dit aussi d'un certain poids composé de dix quintaux ou dix fois cent livres qui font en tout mille livres.

On le dit encore de la chose pesée; un millier de poivre, de laine, de plomb, d'étain, de cuivre, de fer, de fonte, &c.

On dit qu'un Marchand est riche à milliers, pour dire qu'il est extrêmement riche.

MILLIER, en Italien Migliaro. *Voyez* MIGLIARO.

MILLION. Grand nombre composé de mille fois mille, ou dix fois cent mille, ou de cent mille fois dix.

Ce nombre se dénote par un chifre qui se met à la septiéme colomne des nombres qui est avant celle des centaines de mille. Ainsi l'on dit en nombrant de suite les chifres des sept colomnes de droite à gauche, Nombre, Dizaine, Centaine, Mille, Dizaine de mille, Centaine de mille, Million.

Cette numération faite, si le chifre qui se trouve à la colomne des millions est un 1, il signifie un million; si c'est un 2, il veut dire deux millions; si un 3, trois millions; si un 4, quatre millions, &c. Après les millions on compte encore de suite, Dizaine de millions, Centaine de millions.

Un million d'or vaut trois millions de livres tournois ou un million d'écus de trois livres tournois chacun.

MILMILS. Sorte de toile de coton qui vient des Indes Orientales; les pieces ont vingt-sept cobres de long & un cobre & demi de large. Dans les ventes que la Compagnie des Indes de Hollande fait de ces sortes de toiles, les lots ou canelins ont coutume d'être de cent-cinquante pieces. En 1720 les milmils furent vendus depuis huit florins trois quarts jusqu'à neuf florins la piece.

MILO, Isle de l'Archipel. Il s'y fait un commerce assez considérable de vin, d'huile, de sel, de souffre, d'alun, de coton, &c. *Voyez* l'Etat général du commerce, Tome I. page 346.

MILTRAIN. C'est la mi-moëda ou demi-pistole de Portugal. *Voyez* MOEDA.

MIN

MINAGE. Droit que le Roi prend en quelques lieux par chaque mine de bled, seigle, avoine ou autres grains qui se vendent dans les marchés. C'est quelquefois aussi seulement un droit de Seigneur Haut-Justicier. *Voyez* MESURAGE.

MINALTOUN. Monnoie de compte dont on se sert en quelques endroits de Perse. Au dessous du minaltoun est l'yonaltoun qui en vaut la dixiéme partie; l'abassi vaut deux yonsaltoun, & cinq abassis le minaltoun. L'yonaltoun s'appelle aussi Mamoudi Lacizé.

On croit que cette maniere de compter vient des anciens Perses, & les Sçavans s'imaginent la reconnoître dans quelques endroits de Quinte-Curce, particuliérement dans le livre cinq de son Histoire d'Alexandre.

MINCIN. Marchandise dont il est parlé dans le Tarif des entrées de Smyrne; il y en a d'Angleterre, de Hollande, & de Venise, celui-ci paye les droits à la Douane sur le pied de 15 piastres le quintal; & les deux autres seulement cinq.

MINDANAO, l'une des Isles Philippines, dans l'Océan des Indes. *Voyez* le commerce de ces Isles, dans l'Etat général, Tome I. page 469.

MINE. Partie de la terre où se forment les métaux, les minéraux & même les pierres prétieuses. Ainsi il y a des mines d'or, d'argent, de fer, &c. des mines d'antimoine, de vitriol, de cinabre, d'arsénic, &c. des mines de diamans, d'émeraudes, de rubis, &c.

Les habiles Ouvriers & qui ont une longue expérience du travail des mines, reconnoissent aisément les lieux où se trouvent les métaux & les minéraux à l'inspection de quelques signes extérieurs.

Les principaux de ces signes sont la qualité des exhalaisons, la couleur des terres, la nature des eaux & même quelquefois la température de l'air & du climat.

Il y a aussi quelques personnes qui prétendent pouvoir faire ces heureuses & riches découvertes par la seule vertu du coudrier dont ils forment une baguette fourchue qui, à ce qu'elles disent, tourne d'elle-même entre leurs mains, mais diversement, suivant la différente nature des métaux ou des minéraux sur lesquels elles en font l'expérience.

Cette maniere de découvrir les mines fit grand bruit en France sur la fin du dix-septiéme siécle, des Sçavans pour la justifier employerent tout ce que la philosophie des atomes ou corpuscules a de plus probable & aussi de plus obscur; & d'autres plus soupçonneux criérent à l'imposture & à la crédulité. On peut avoir recours aux dissertations qui alors parurent pour & contre.

Mais comme en fait d'entreprise l'expérience doit prévaloir sur le raisonnement, il sera toujours plus sur de s'en fier pour ces sortes de découvertes aux lumieres qu'aura pû acquérir un habile Ouvrier par un long travail dans les mines, qu'à toutes les baguettes qui tournent entre les mains d'un simple paysan ou trompé ou trompeur.

Il seroit bien difficile & peut-être impossible de parler avec certitude de la formation des métaux, des minéraux & des autres corps que renferment les mines.

Quelques-uns croyent qu'ils sont l'ouvrage de la chaleur du soleil qui opere au dehors, d'autres des feux centraux qui agissent au dedans, & d'autres encore estiment qu'au contraire c'est le froid seul qui les forme, & qui unissant & resserrant certains sucs en fait ces précieuses congellations.

On appelle Filons les veines de la terre d'où se tire la matiere propre pour être fondue; cette matiere se nomme proprement la mine. Ces filons se trouvent à différentes profondeurs; ordinairement ils ne donnent du métail dans sa maturité, du moins pour l'or & l'argent, qu'après qu'on a fouillé quarante-deux pieds, & l'on regarde comme une espece de merveille que les filons des mines du Potosi paroissent au dehors & s'élevent comme des roches sur la surface de la montagne.

Les plus riches mines d'or & d'argent sont celles du Pérou & de la Province de Chilly dans l'Amérique. Les mines de fer sont plus abondantes en France que par-tout ailleurs. La Suede & le Dannemarc ont beaucoup de mines de cuivre; l'Angleterre en a d'étain, la Hongrie & l'Espagne de vif argent, & les grandes Indes de diamans, particuliérement Kaolconda.

On appelle Mines égarées celles où l'on ne trouve que quelque minerer épars çà & là, sans que les filons ou les veines se rencontrent de suite ou près les uns des autres.

Les mines fixes sont celles où les filons sont étendus en largeur & profondeur, de la maniere que les racines des arbres ont coutume d'être dans la terre sans presque d'interruption.

Les mines rubes sont celles dont le minerai se trouve sur la superficie des minieres sans avoir besoin de les ouvrir bien profondément pour y travailler. *Voyez ce qu'on a dit dans le present article de celles du Potosi.*

MINE. Se dit aussi de la glebe ou pierre métallique qu'on tire des mines, & dont par le moyen du feu on sépare le métail. Les Chimistes l'appellent Marcassite, & ceux qui travaillent aux mines lui donnent le nom de Mineray. *Voyez ces deux articles.*

La mine de cuivre paye les droits de la Douane de Lyon, à raison de 4 s. du quintal.

MINE DE PLOMB, qu'on appelle aussi Plomb minéral, Plomb de Mine, & Crayon. C'est une espece de pierre minérale d'un noir argenté & luisant, qui se trouve dans les mines de plomb, & qui semble du plomb qui ne seroit pas encore arrivé à sa maturité. C'est de cette pierre, que les Anciens nommoient Plombagine ou Plomb de mer, & que quelques Etrangers appellent Potelot, dont on fait les crayons dont les Peintres se servent à dessiner. Quelques Ouvriers en employent aussi dans leurs ouvrages.

Il y a de trois sortes de mine de plomb, la fine, la commune, & la mine ou crayon en poudre.

La fine est très rare & très chere: la meilleure vient d'Angleterre. Il faut la choisir bien brillante & bien argentée, ni trop dure ni trop molle, point graveleuse, d'un grain serré & fin, se sciant aisément, & se réduisant facilement en beaux & longs crayons.

La plus grande partie de la mine commune se tire de Hollande. Elle ne peut se couper en crayons, & aussi elle n'est propre qu'à mettre des planchers en couleur, & à parer certaines marchandises des Marchands Chauderonniers qui vendent du vieux. Tout le choix consiste à la prendre sans pierre, sans machefer & sans menu.

La mine ou crayon en poudre est de la mine de plomb de l'une & de l'autre sorte, bien broyée & réduite en poudre impalpable.

Il y a aussi de la mine de plomb rouge, que les Marchands Epiciers Droguistes appellent quelquefois *Minium*. Elle vient d'Angleterre, & est de quelque usage dans la Médecine à cause de sa qualité siccative. Les Peintres s'en servent, mais rarement. Les Potiers de terre en font la plus grande consommation pour vernir leur poterie en couleur rougeâtre.

Cette sorte de mine n'est point un minéral naturel: elle est faite avec de l'alquifoux ou plomb minéral mis en poudre & calciné au feu. *Voyez* ALQUIFOUX.

La mine de plomb paye en France les droits d'entrée a raison de 12 sols du cent pésant, conformément au Tarif de 1664.

MINE, se dit encore d'une mesure estimative qui sert à mesurer les grains, les légumes secs & les graines, comme le froment, le seigle, l'orge, les féves, les lentilles, les pois, le millet, la navette, le chenevis, &c.

La mine n'est pas un vaisseau réel tel que le minot, qui serve de mesure de continence, mais une estimation de plusieurs autres mesures.

A Paris la mine de grains, de légumes ou de graines est composée de six boisseaux ou de deux minots radés & sans grains sur bord. Il faut deux mines pour le septier, & vingt-quatre mines pour le muid.

A Rouen la mine est de quatre boisseaux.

A Dieppe les dix-huit mines font un muid de Paris, & dix-sept muddes d'Amsterdam.

A Peronne la mine fait la moitié du septier. La mine de froment pese poids de marc 44 liv. de méteil 43, de seigle 42, & d'avoine 25. On n'a qu'à doubler chacun de ces poids pour avoir le produit des septiers.

Il faut remarquer que l'avoine se mesure au double des autres grains; en sorte que chaque mine d'avoine doit être comptée pour douze boisseaux ras: cependant le muid d'avoine, ainsi que celui des autres grains, n'est composé que de douze septiers; mais chaque septier d'avoine est pris sur le pied de vingt-quatre boisseaux, au lieu que le septier des autres grains n'est que de douze boisseaux. *Voyez* AVOINE.

MINE. C'est pareillement une mesure de grains dont on se sert en quelques lieux d'Italie, particuliérement à Genes. Vingt-cinq mines de Genes font un last d'Amsterdam.

MINE. Est aussi une mesure de charbon de bois, qui n'est pas un vaisseau, mais un composé de plusieurs autres mesures.

La mine de charbon contient deux minots ou seize boisseaux. Il faut vingt mines de charbon pour faire un muid; ce qui doit s'entendre lorsque c'est pour le Bourgeois; car quand c'est pour le Marchand, il n'en faut que seize.

La mine de charbon se nomme quelquefois Sac ou Charge, parce que le sac de charbon qui contient un muid est la charge ordinaire d'un homme.

Il faut observer que le minot de charbon se mesure charbon sur bord; c'est-à-dire, que l'on doit laisser quelques charbons couchés au dessus du minot & sur toute sa superficie, sans cependant qu'il soit entiérement encomblé. A l'égard du boisseau, il se mesure tout-à-fait comble par les Regrattiers.

MINE. Se dit pareillement de la chose mesurée: Une mine de blé, Une mine d'avoine, une mine de charbon, &c.

MINERAL. Corps fossile ainsi nommé, parce qu'on le tire des mines.

La plûpart des Chymistes veulent faire croire que plusieurs des minéraux ne sont que des métaux imparfaits; & que n'ayant pas encore toute leur maturité, on peut en les perfectionnant par les opérations chymiques les pousser jusqu'à la nature des vrais métaux.

C'est cette agréable, mais dangereuse illusion qui a donné naissance à cette secte de Philosophes qui travaillent au grand œuvre de la transmutation des métaux; & qui se défaisant si follement du bon or qu'ils possedent, courent après la vaine chimere d'un or qu'ils ne posséderont jamais.

L'Antimoine, l'Emeril, la Calamine, la Magalaise, le Perigeur, le Zafre ou Safre, le Rusma, l'Orpin ou Orpiment, l'Arsénic, le Sel gemme, le Borax, l'Alun, le Vitriol, le Nitre, le Souffre, le Vif-argent, le Bismuth, & le Sputer, sont les principaux minéraux. On les expliquera tous à leur article, aussi-bien que quantité d'autres qui ne sont point ici nommés. On peut y avoir recours.

Quelques-uns ne distinguent que deux sortes de minéraux, à prendre le mot de Minéral dans sa signification générale: l'une est de ceux qui peuvent se fondre au feu & se forger sur l'enclume; ceux-ci sont les métaux: l'autre de ceux qui n'ont que l'une de ces deux propriétés; & ce sont les minéraux proprement dits.

Quelques autres admettent quatre minéraux simples; sçavoir, les pierres, toutes les especes de sels fossiles, les minéraux inflammables & les vrais métaux. Outre les minéraux simples, on en admet encore des composés entre le cinabre, l'antimoine, & les marcassites.

De tous les minéraux l'antimoine est celui qui approche le plus de la nature & de la qualité des métaux; & s'il étoit vrai qu'on le pût rendre malléable aussi facilement qu'on le peut fixer, il ne lui manqueroit rien pour être un vrai métail.

MINGLE. Mesure de Hollande pour les liquides. Les huiles d'olive se vendent à Amsterdam par livres de gros, le tonneau contenant sept cens dix sept mingles ou bouteilles mesure de cette Ville, à raison du pot de France, ou de deux pintes de Paris le mingle. Les bottes ou pipes d'huile contiennent depuis vingt jusqu'à vingt-cinq steckans de seize mingles chaque steckan.

La verge ou viertel pour les eaux-de-vie est de six mingles & demie.

En général la mingle pese environ deux livres quatre onces poids de marc plus ou moins, suivant la pésanteur des liqueurs. Elle se divise en deux pintes, en quatre demi-pintes, en huit mussies & en seize demi-mussies.

MINGRELIE, Province d'Asie dans la Georgie. Les soies, le lin, les marbres; du castor, de la cire, de deux sortes de miel excellent, sont les principales marchandises qu'elle fournit. *Voyez* l'Etat général, Tome I. page 415.

MINI. Marchandise dont il se fait commerce à Amsterdam; & de laquelle M. Jean Pierre Ricard parle dans son Traité du Négoce de cette Ville, imprimé en 1722, on n'a pû sçavoir son nom en François. Le mini se vend au cent pésant, son prix est depuis 7 florins jusqu'à 7 florins ½ les cent livres: il donne 3 pour cent de tare, 1 pour cent de déduction pour le bon poids; & autant pour le prompt payement.

MINIERE. Lieu d'où l'on tire les métaux & les minéraux. *Voyez les articles de* MINE, *& de* MINERAL.

MINIME. Couleur d'un gris fort obscur en tirant sur le noir ou tanné. Elle a pris son nom des Religieux de S. François de Paule, que ce saint Instituteur de leur Ordre voulut par humilité qui fussent nommés Minimes, qui ont coutume de porter des habits d'étoffes de cette couleur.

Le minime est une des nuances du noir, qui se fait comme les autres gris (lorsque les étoffes n'excedent pas trente sols l'aune) avec la galle, la couperose, & le bois d'inde; mais si elles excedent ce prix, il faut au lieu de bois d'inde se servir de pastel, de cochenille ou de garance, afin d'en rendre la couleur plus assurée.

A l'égard de la teinture des soies, laines, & fils en minime, les soies musc-minimes doivent être teintes avec le fustel, le bresil, le bois d'inde, & la couperose; & les gris-minimes doivent outre cela être engallées comme les noires, &

passées sur la teinture noire une fois seulement.

Les laines doivent être faites avec la galle à l'épine & la couperose; & les fils avec les mêmes ingrédiens, mais qui doivent être rabattus avec gaude, fustel, brésil, &c. suivant l'échantillon, conformément aux articles 30, 35, 48, & 69 des Statuts & Réglemens des Maîtres Teinturiers en soie, laine & fil de la Ville de Paris.

MINIUM. Les Apoticaires & les Peintres appellent ainsi cette couleur rouge & vive, que l'on nomme plus ordinairement Vermillon, qui se fait avec le cinabre minéral broyé dans l'eau-de-vie & l'urine. *Voyez* CINABRE, *&* VERMILLON.

MINORITÉ. Age où selon les loix ou les Coutumes l'on n'est pas en pouvoir de disposer de son bien. On parle ailleurs de la majorité & minorité des Marchands. *Voyez* MAJORITÉ.

MINOT. Mesure ronde composée d'un fust de bois ceintré par le haut en dehors d'un cercle de fer appliqué bord à bord du fust, d'une potence de fer, d'une fleche, d'une plaque qui la soutient, & de quatre goussets qui tiennent le fonds en état.

Il y a une Sentence des Prevôt des Marchands & Echevins de la Ville de Paris du 29 Décembre 1670, insérée dans l'Ordonnance générale de la même Ville du mois de Décembre 1672, chap. 24, qui veut que le minot ait onze pouces neuf lignes de hauteur sur un pied deux pouces huit lignes de diametre ou de large entre les deux fusts.

C'est de ce minot dont on se sert à mesurer les corps ou choses séches; comme les grains, qui sont le froment, le seigle, l'orge, &c. les légumes, qui sont les pois, les féves, les lentilles, &c. les graines, qui sont le chenevis, le millet, la navette, le sain-foin, &c. les fruits secs, qui sont les châtaignes, les noix, &c. les navets, les oignons, la farine, le son, &c.

Il contient trois boisseaux, chaque boisseau composé de deux demi-boisseaux, ou quatre quarts de boisseau, ou seize litrons. Il faut quatre minots pour faire un septier, & les douze septiers font le muid: ainsi le muid est de quarante-huit minots.

Les grains & autres marchandises ci-dessus exprimés, doivent être mesurés ras, sans laisser grains sur bord, c'est-à-dire, que le minot étant rempli par-dessus le bord, il doit être radé ou rasé avec la radoire, instrument de bois propre à cet usage; ce qui ne doit cependant s'entendre qu'à l'égard des grains, légumes, graines, & farines: car pour les noix & les châtaignes, elles se rasent avec la main; & pour ce qui est des oignons & des navets ils se mesurent comble.

L'avoine se mesure au double des autres grains; ensorte que le minot d'avoine doit contenir deux minots à blé, qui font six boisseaux; de maniere que le septier d'avoine est de vingt-quatre boisseaux, & douze de ces septiers font un muid. L'avoine se mesure raze de même que le blé.

Le minot dont on se sert pour mesurer la chaux contient ainsi que le minot à blé trois boisseaux, le boisseau quatre quarts, & le quart quatre litrons. Il faut quarante-huit minots pour faire un muid de chaux, laquelle se vend à mesure comble.

Le minot de charbon de bois, qui se mesure charbon sur bord, suivant l'Arrêt du Parlement du 24 Juillet 1671, inséré dans l'Ordonnance générale de la Ville de Paris du mois de Décembre 1672, contient huit boisseaux, & chaque boisseau se divise ou en deux demi-boisseaux ou en quatre quarts de boisseau, ou en huit demi-quarts de boisseau. Les deux minots font une mine; ensorte que les quarante minots font vingt mines qui composent le muid.

Quand on dit que le minot de charbon se mesure charbon sur bord; cela veut dire, que l'on doit laisser quelques charbons au-dessus du bord du minot & sur toute sa superficie, sans néanmoins qu'il soit entiérement encomblé.

En fait de charbon de terre on ne parle que par demi-minots, chaque demi-minot faisant trois boisseaux. Il faut trente demi-minots comble pour faire une voye de charbon de terre.

Les étalonnages & espallement des minots dont il a été parlé ci-dessus, & de toutes leurs diminutions, se fait en l'Hôtel de Ville de Paris par les Jurés Mesureurs de sel, Estalonneurs de bois, qui sont Gardiens des étalons de cuivre ou mesures matrices & originales qui doivent servir de modele à toutes les autres.

Le minot de sel se mesure ras avec la trémie; il contient quatre boisseaux, les quatre minots font un septier, & les douze septiers font un muid; ensorte que le muid de sel doit être composé de quarante-huit minots.

Le minot à sel doit être étalonné sur les matrices déposées au Greffe de l'Hôtel de Ville de Paris, en présence d'un Conseiller de la Cour des Aydes, & d'un Substitut du Procureur Général de la même Cour. Les mesurages & contre-mesurages du sel dans les dépôts & greniers doivent se faire au minot avec une trémie, en comptant depuis un minot jusqu'à douze, sans passer ce nombre; ensorte qu'après le douziéme minot le compte se recommence toujours depuis un autre premier minot jusqu'à un autre douziéme, & ainsi successivement. *Ordonnance des Gabelles du mois de Mai 1680, art. 5 & 9 du Titre 3.*

MINOT. Se dit aussi de la chose mesurée: Un minot de blé, Un minot de pois, Un minot de sel, &c.

M I O

MIOSTADE. Espece de petite serge qui est moins forte que les ostades. La piece contient ordinairement dix-huit à trente aunes. Il s'en fait beaucoup à Amiens. Il en vient aussi des Pays étrangers, particuliérement d'Angleterre. *V.* OSTADE.

Les Miostades ou demi-ostades de fabrique Françoise payent en France les droits d'entrée à raison de 8 liv la piece de dix-huit aunes, conformément au Tarif de 1664.

Les Miostades d'Angleterre payent 24 livres de la piece de vingt aunes, suivant l'Arrêt du 20 Décembre 1687, & ne peuvent entrer que par Calais & S. Vallery en conséquence dudit Arrêt de 1687, & de celui du 3 Juillet 1692.

Les droits de la Douanne de Lyon sont; sçavoir pour celles d'Amiens, 5 s. de la piece, & pour les étrangeres, 10 sols.

M I R

MIRABOLAN ou MIROBOLAN, qu'on écrit plus communément avec un Y. Petit fruit purgatif dont les Epiciers Droguistes & Apoticaires font un grand commerce. *V.* MYRABOLAN.

MIRANDE. Ville de France en Gascogne. Elle est du Département des Manufactures de Montauban. Toutes ses fabriques ne consistent qu'en Bonneterie. *Voyez* l'Etat général, Tome I. page 34.

MIRER.

MIRER. Terme de manufacture. Il signifie dans la fabrique des draps, examiner, regarder à contre-jour une piece de drap déployée & étendue sur la perche pour connoître s'il n'y a point de trous, de déchirures ou d'autres semblables tarres & défauts.

Dans les manufactures de drapperie qui sont de consequence, il y a des Ouvriers dont toute l'occupation est de mirer les draps pour en découvrir les imperfections & les rétablir. Ces Ouvriers se nomment ordinairement Rentrayeurs.

Les Marchands Drappiers Magasiniers & Boutiquiers ne doivent pas négliger de mirer les draps après qu'ils les ont reçûs, afin d'en reconnoître les tarres, pour s'en faire faire raison par les Manufacturiers ou Drappiers-drappans qui les leur ont vendus ou envoyés.

Les défauts qui se rencontrent aux draps en les mirant doivent être marqués à la lisiere avec un petit bout de ficelle, afin d'en avertir les Bourgeois & les Tailleurs, pour qu'on les puisse éviter dans la taille ou coupe des habits.

MIRLIPOT. Sauge infusée dans de l'eau chaude, qu'on prend quelquefois en guise de thé. *Voyez* SAUGE.

MIROIR. Superficie unie & fort polie capable de recevoir les objets & de les représenter. Il se fait des miroirs de différentes matieres, & il y en a de diverses formes & à plusieurs usages.

Pour les matieres, les plus communes sont l'acier poli, le cristal de roche, le verre, particuliérement celui qu'on appelle Glace à miroir, & un composé de plusieurs métaux & minéraux mêlés avec proportion, & fondus ensemble. Ce sont les miroirs faits de cette derniere matiere, qui servent ordinairement aux opérations de l'Optique, Catoptrique & Dioptrique, & dont on fait aussi les miroirs ardens.

A l'égard de la forme des miroirs, il y en a de plats, de convexes, de concaves, de cylindriques, de coniques, de figure pyramidale & à diverses faces.

Enfin leurs usages les plus communs sont pour ce qui est des miroirs plats, de servir à l'ornement des plus beaux appartemens & aux toilettes des hommes & des femmes pour s'y mirer, & pouvoir en s'y voyant représenté, s'habiller, se coeffer & se parer avec plus de propreté & d'élégance. Les autres miroirs de figures irrégulieres ne sont gueres propres qu'aux curiosités méchaniques des Mathématiciens, sur-tout des Opticiens, sur lesquels on n'entrera dans aucun détail, n'ayant qu'un rapport très éloigné avec ce Dictionnaire.

Il se fait en France un négoce considérable de toutes sortes de miroirs plats faits de verre. Outre la consommation pour la Ville & pour les Provinces, qui est très grande; l'entêtement à cet égard, ou, si l'on veut, la mode, ayant été poussée à Paris jusques au luxe & à la profusion, l'on en envoye beaucoup dans les Pays étrangers, sur-tout de celles de grand volume, & les vaisseaux François en ont même porté à Constantinople & jusqu'à la Chine.

On donne divers noms aux miroirs de glace, suivant les endroits où ils se placent dans les appartemens, ou suivant leur usage.

Les trumeaux sont de grands miroirs d'une ou de plusieurs glaces, plus hauts que larges, qui se mettent pour l'ordinaire entre les croisées, d'où ils ont pris leur nom, cet espace qui sépare les croisées s'appellant un trumeau en terme d'architecture. Ces glaces n'ont point ordinairement de chapiteau, mais seulement bordure assez étroite; elles sont attachées à plat dans les lambris de menuiserie dont elles font en quelque sorte une partie.

Les glaces de cheminées ne sont différentes des trumeaux que par le lieu où elles se mettent, & parce qu'autant qu'on peut on ne les fait que d'une seule glace.

Les miroirs, c'est-à-dire, les glaces qui conservent le nom de Miroirs, se placent au dessus des tables des appartemens; ils sont ornés de beaux chapiteaux & de riches bordures de bronze, de bois doré ou de glaces diversement taillées.

Il y en avoit autrefois en France avec des bordures d'argent dont la façon excédoit de beaucoup le prix de la matiere; mais cet excès fut condamné & défendu par une Déclaration de Louis XIV, qui donna lui-même un grand exemple de modération, en sacrifiant aux besoins de l'Etat les excellens ouvrages des Balins & des Delaunay, qui servoient d'ornement à ses palais, particuliérement aux superbes appartemens de Versailles.

Ces miroirs se suspendent un peu inclinés sur le devant pour faciliter la représentation des objets: ils sont toujours d'une seule glace; & l'on en fait en France d'un si grand volume, qu'on en a vû de cent dix pouces de hauteur de glace.

Les miroirs de toilette sont de médiocres miroirs plus hauts que larges, dont les plus grands n'excédent gueres dix-huit ou vingt pouces: leurs bordures sont toujours très étroites, ordinairement ceintrées par le haut; & ils ont derriere un soutien mobile pour les dresser sur la table de ce qu'on appelle une toilette quand les Dames viennent s'y coeffer & s'y parer. Les miroirs des toilettes des hommes sont plus simples & plus petits.

Enfin les miroirs de poche sont de très petits miroirs, le plus souvent de figure ovale, enfermés dans de riches boetes d'or, d'argent, d'écaille de tortues, & de chagrin diversement enrichies de piqueures de clous d'or, ou même de pierreries. Les Dames, sur tout les plus galantes, ne manquent gueres de cette sorte de miroirs portatifs, qu'elles consultent souvent pour réparer le désordre de leur coeffure, ou pour placer avec grace ce leger ornement qu'elles appellent mouche.

On ne dira rien ici ni de la fabrique des glaces dont sont faites toutes ces sortes de miroirs, ni de la maniere dont ces glaces se mettent au teint, ni du commerce qui s'en fait, soit en blanc, soit montées: tout cela a été traité ailleurs très amplement; & ayant reservé pour l'article suivant ce qui ne peut être mis plus convenablement dans d'autres articles. *Voyez* GLACE, *& ci-dessous* MIROITIER.

Par le Tarif de 1664 les miroirs d'ébeine & d'autres bois avec leurs glaces, enrichis ou non enrichis d'or, d'argent & de cuivre doré, payoient en France les droits d'entrée à raison de cinq pour cent de leur valeur; mais depuis par la Déclaration du Roi en forme de nouveau Tarif du 18 Avril 1667, les droits furent reglés sur le pied de la grandeur des glaces: sçavoir,

Celles de 30 pouces & au-dessus, la piece . 25 liv.
Celles de 20 à 30 pouces 15:
Celles de 14 jusques à 20 pouces . . 8:

Et celles de 12 pouces & au dessous la douzaine 9:

Ce Réglement pour les droits d'entrée des glaces de miroirs n'eut lui-même lieu que jusqu'en 1672, qu'il fut défendu par Arrêt du Conseil du Roi du 6 Septembre, de faire entrer dans le Royaume aucunes glaces à miroirs étrangeres pendant les vingt années du privilége de la Compagnie des Glaces, sous peine de confiscation, & de trois mille livres d'amende contre les contrevenans.

Enfin par l'article 7 du titre 8 de l'Ordonnance de 1687, les glaces de miroirs de toutes sortes furent mises au nombre des marchandises de contrebande dont l'entrée est défendue dans le Royaume.

Les bois de miroirs sans enrichissemens, ne payent d'entrée que sur le pied de mercerie, c'est-à-dire 10 liv. du cent pésant, conformément à l'Arrêt du 3 Juillet 1692.

A l'égard des droits de sortie n'ayant point été dérogé à cet égard au Tarif de 1664 par celui de 1667, ils se payent toujours ; sçavoir pour les miroirs avec leurs glaces, six pour cent de leur estimation, & trois livres comme mercerie le cent pésant pour les miroirs communs. A moins qu'ils ne soient destinés & déclarés pour les pays étrangers, auquel cas ils ne payent que 2 liv. conformément à l'Arrêt du 3 Juillet 1692.

On appelle à Amsterdam Guedasse de Miroir, la gravelée que l'on tire de Riga : il y en a de trois sortes, la meilleure, la moyenne, & la simple, les prix en sont différens suivant leur bonté, elles se vendent au last & se payent en livres de gros ; leur déduction pour le prompt payement est d'un pour cent. *Voyez* GRAVELÉE, & VEDASSE.

MIROIR. Se dit en terme d'Ouvriers en peaux de chagrin, des places qui s'y rencontrent vuides, & où le grain ne s'est pas formé. *Voyez* CHAGRIN.

MIROITERIE. Profession de Miroitier, ou commerce de miroirs.

MIROITIER. Ouvrier qui fait, ou Marchand qui vend des miroirs.

Les Miroitiers de Paris composent une Communauté d'autant plus considérable qu'elle a été grossie en divers tems par l'union de deux autres Communautés : de celle des Bimblotiers, avant le regne d'Henri III & de celle des Doreurs sur cuir, seulement vers le milieu du regne de Louis XIV.

Ces trois Communautés réunies ont aussi réuni les diverses qualités qu'elles prenoient chacune séparément, & les Maîtres, quoiqu'ils ne fassent plus qu'un seul corps de Jurande, se nomment Maîtres Miroitiers-Lunetiers-Bimblotiers, Doreurs sur cuir, Garnisseurs & Enjoliveurs, de la Ville, Fauxbourgs, Vicomté & Prévôté de Paris.

Les Statuts des Bimblotiers furent confondus avec ceux des Miroitiers-Lunetiers, lors de leur renouvellement & de leur confirmation par les Lettres Patentes d'Henri III du mois d'Aout 1581. Mais ceux des Doreurs sur cuir, qui leur avoient été donnés en 1594 subsistent toujours, & ils servent conjointement avec ceux des Miroitiers-Lunetiers-Bimblotiers pour la police de cette triple Communauté, à la réserve que le nombre des huit Jurés est réduit à quatre qui se choisissent également entre les Maîtres des Communautés réunies.

On ne va parler ici que des Statuts des Miroitiers-Lunetiers-Bimblotiers, ceux des Doreurs sur cuir ayant été rapportés à leur propre article, où l'on peut avoir recours. *Voyez* DOREURS SUR CUIR.

Les Statuts des Miroitiers du mois d'Aout 1581, consistent en vingt-quatre articles, partie concernant la Miroiterie & Lunecterie, & partie la Bimbloterie.

Quatre Jurés dont l'élection de deux se fait chaque année, ensorte qu'ils restent chacun deux années de suite en charge, gouvernent la Communauté, donnent les chef-d'œuvres, reçoivent les Maîtres, & font les visites, dans lesquelles lorsqu'il se fait quelque saisie, ils sont obligés d'en faire le rapport dans les vingt-quatre heures.

Nul ne peut vendre miroirs, lunettes ou bimblot, s'il n'est maître & s'il n'a fait chef-d'œuvre de l'un de ces trois ouvrages, auquel tous sont tenus, à la réserve des fils de maîtres qui ne doivent que simple experience, mais qui sont néanmoins obligés de payer les droits du Roi, & des Jurés.

Chaque Maître ne peut obliger qu'un seul apprentif à la fois. Il est permis toutefois d'en prendre un second la derniere année du premier.

L'apprentissage est de cinq années entieres & consécutives ; après lesquelles l'apprentif peut aspirer à la Maîtrise, & demander chef-d'œuvre, qu'on lui donne suivant la partie du métier qu'il a choisie, & qu'il a apprise : après pourtant avoir fait apparoître de son Brevet d'apprentissage.

Les Compagnons, qui sont qualifiés de valets & serviteurs, même ceux qui sont apprentifs de Paris, ne peuvent travailler pour eux, mais seulement pour les Maîtres ; & les Maîtres ne leur peuvent non plus donner d'ouvrage à faire en chambre, ni autre part qu'en leur boutique.

Les Compagnons Forains qui veulent avoir de l'ouvrage dans l'ouvroir des Maîtres, doivent cinq sous aux Jurés ; mais ni les forains, ni ceux de Paris, n'ont la liberté de les quitter avant d'avoir fini leur année ; ni les autres Maîtres les débaucher sous peine d'amende.

Les Veuves ont droit de tenir boutique ouverte & d'y faire travailler par des Compagnons & Apprentifs.

Les Ouvrages permis aux Maîtres de la Communauté à l'exclusion de tous autres, sont, des miroirs d'acier & de tous autres métaux, comme aussi des miroirs de verre, de cristal & de cristalin, avec leurs montures, bordures, couvertures & enrichissures. Des boutons pareillement de verre & de cristal ; des Lunettes & des Besicles de toutes sortes montées en cuivre, corne & écaille de tortue, les unes & les autres de cristal de roche, de cristalin ou de simple verre ; enfin tout ce qu'on peut appeller Ouvrage de Bimbloterie, d'étain mêlé d'alloy : comme boutons, sonnettes, annelets, aiguilles, & ces petits jouets d'enfans qu'ils nomment leur ménage & leur chapelle ; même des flacons d'étain servant à mettre vin & eau, cuillieres, salieres, & autres legeres bagatelles d'étain de petits poids, & à la charge que les salieres entre autres ne seront hautes que d'un demi doigt, & ne pourront peser qu'une livre & demie la douzaine.

Enfin le lotissage des marchandises & matieres propres au métier arrivant dans la Ville de Paris, est ordonné parmi les Maîtres sans distinction, comme pareillement la visite des Ouvrages apportés par les Marchands Forains : & afin que les Jurés puissent vacquer à tous ces devoirs de leur Jurande, ils sont déchargés du soin des boues & lanternes pendant leurs deux années d'exercice.

Les grands progrès & les nouvelles découvertes que les Philosophes modernes ont faites, sur tout depuis le commencement du dix-septiéme siécle, dans cette partie des sciences qui regarde l'Optique & l'Astronomie, ont de beaucoup augmenté les Ouvrages des Maîtres Miroitiers-Lunetiers, à cause de la taille des verres, & de la fabrique des miroirs de métail dont les Astronomes & les Opticiens ont besoin, les uns pour leurs expériences, & les autres pour leurs observations célestes.

C'est aussi depuis ce tems qu'une grande partie des Maîtres de cette Communauté s'est fait comme une Profession particuliere des Ouvrages d'Optique, en sorte qu'entr'eux ils se donnent la qualité de Maîtres Opticiens, & que ce n'est que dans leurs boutiques qu'on trouve ou qu'on puisse faire travailler sur le tour ou dans des bassins, les verres, les miroirs, les tubes & autres choses curieuses qui concernent ces sciences.

Outre tous les verres que les Miroitiers-Lunetiers-Opticiens travaillent, comme sont les Oculaires & les Objectifs, soit pour les Lunettes simples, soit pour les Telescopes ou Lunettes de longue vûe, les Binocles, les Lorgnettes, les Microscopes & autres semblables: on trouve aussi chez eux tous ces divers instrumens tout montés, aussi-bien que des Cylindres, des Cones, des Pyramides Poligones, des Boëtes à dessiner, des lanternes magiques, des Miroirs ardens, soit de métail, soit de verre; des Prismes, des Loupes, des Verres à facettes: enfin tout ce que l'art a pu inventer de curieux & d'utile dans l'Optique.

Cette partie du négoce des Miroitiers, particuliérement avec les Etrangers, soutient avec honneur, & enrichit plusieurs Maîtres de cette Communauté, qui ne font gueres d'autres Ouvrages que ceux-là.

Les outils, instrumens & machines dont se servent les Maîtres Lunetiers-Opticiens, sont; le tour, les bassins de cuivre, de fer ou de métail composé; les molettes; le rondeau de fonte ou de fer forgé; le compas ordinaire; le compas coupant; le gravoir; le polissoir: les spheres ou boules; divers moules de bois pour faire les tubes: enfin la meule de grais doux.

Les matieres qu'ils emploient pour travailler leurs verres, les adoucir & les polir, sont le grais, l'émeril, la potée d'étain, le tripoli, le feutre & le papier. Toutes ces choses sont expliquées & décrites à leurs articles dans l'ordre alphabétique. On peut voir à l'article des Glaces & du Teint tout ce qui regarde les ouvrages de Miroiterie, & les outils & instrumens dont les autres Maîtres Miroitiers se servent.

Les Compagnies des Glaces du grand & petit volume établies en France par Lettres Patentes du Roi Louis XIV. soit avant leur union, soit depuis qu'elles ont été unies, ayant prétendu avoir le droit aussi-bien que les Maîtres Miroitiers de Paris de mettre leurs glaces au teint; de les faire monter en miroirs; & de les vendre de même que leurs glaces en blanc, de la premiere main, & à quiconque en vouloit acheter d'eux; les Maîtres Miroitiers soutinrent au contraire qu'ils avoient le droit exclusif de mettre seuls les glaces au teint, de les monter, & de les vendre, & disputant même aux Intéressés aux Glaces la liberté de vendre les leurs en blanc à d'autres qu'aux Maîtres de leur Communauté; leurs contestations après avoir long-tems duré, furent enfin terminées par un Arrêt en forme de Reglement du dernier Décembre 1716.

Par cet Arrêt il est défendu à la Compagnie des Glaces & à ses Commis, sous peine pour ceux ci de quinze cens livres d'amende, & d'être révoqués de leur Commission, de vendre à d'autres qu'à des Miroitiers les Glaces de leur fabrique, ni de les faire mettre au teint, à l'exception néanmoins de celles destinées pour les Maisons Royales de Sa Majesté, ou pour être envoyées à l'étranger.

La Communauté des Miroitiers obtint le 9 Septembre 1691 des Lettres Patentes d'incorporation des Charges des Jurés créés en titre d'Office au mois de Mars précédent, & elle s'est fait pareillement réunir dans la suite toutes les Charges qui ont été nouvellement créées pour les Communautés des Arts & Métiers de Paris, pendant les vingt dernieres années du Regne de Louis XIV.

MIRRE. Espece de gomme qu'on met au nombre des parfums. *Voyez* MYRRHE.

MIRRE. Poids dont on se sert à Venise pour peser les huiles. Il est de trente livres poids subtil de cette Ville, qui est de trente-quatre par cent plus foible que celui de Marseille. Il faut quarante mirres pour faire le migliaro ou millier. *Voyez* MIGLIARO.

MIRRE. C'est aussi une mesure des liquides, & particuliérement des huiles. Alors la Mirre ou mesure d'huile ne pese que vingt-cinq livres aussi poids subtil.

MIRRHE. *Voyez* MYRRHE.

MIRTE. *Voyez* MYRTE.

MIRTILLES. *Voyez* MYRTILLES.

MIRZEOU, la premiere Place du Royaume de Canara à la Côte de Malabar. Le poivre fait l'objet le plus considérable de son commerce. *Voyez* l'Etat général, Tome I. page 435.

MIS

MISE. Signifie en terme de compte la dépense. La mise de ce compte excede la recette de plus de la moitié; pour dire, que le comptable a dépensé une fois plus qu'il n'a reçû.

Les deux principales parties d'un compte sont la mise & la recette; on y en ajoute souvent une troisiéme pour les deniers comptés & non reçus, qu'on appelle la reprise. *Voyez* COMPTE.

MISE. Signifie aussi ce qui a cours dans le Commerce: on le dit particuliérement des monnoies. Le dernier Arrêt des Monnoies a décrié les anciennes especes, mais elles seront toujours de mise dans les recettes de Sa Majesté. On dit au contraire: je ne veux point de cet écu, il est décrié, il n'est plus de mise.

MISE. Se prend encore pour une enchere, pour ce qu'on met au dessus d'un autre dans une vente publique. Toutes vos mises ne serviront de rien, j'enchérirai toujours au dessus.

MISE. Se dit quelquefois des marchandises & étoffes qu'on veut mépriser. C'est un vieux damas, il n'est plus de mise.

MISI ou **MISY.** Nom que les Anciens donnoient à une espece de matiere vitriolique minérale, que l'on appelle aujourd'hui Chalcitis, Chalcite ou Colcotar. *Voyez* CHALCITIS, & VITRIOL.

MISSEIT. Drogue propre à la teinture, qui croît & qui se cultive en Arabie.

Le Misseit vient à Surate par le retour des vaisseaux que les sujets du Mogol envoyent tous les ans à Adem. Les Européens n'en enlevent que très peu, presque toute cette drogue se consommant à Surate & dans les autres lieux du Guzarate où on l'emploie à l'impression & à la peinture des toiles de coton. *Voyez dans l'Etat général du Commerce, celui qui se fait dans les Etats du Grand Mogol.*

MISSISSIPI, ou LOUISIANE, vaste Pays que les François possedent dans le Continent de l'Amérique Septentrionale. *Voyez* le détail de son commerce, dans l'Etat général, Tome I. page 514 *& suivantes.*

MISSIVE. *Voyez* LETTRE MISSIVE.

MISSITAVIE. Droit de Douane qui se paye à Constantinople. Les marchandises qui viennent de Chrétienté à Constantinople & que l'on envoye à la Mer noire, ne payent point de Douane pour la sortie, mais seulement le droit qu'on nomme MISSITAVIE.

MISTACHE. Mesure des huiles & des vins, dont on se sert dans quelques Echelles du Levant, particuliérement dans l'Isle de Candie. Les cinq mistaches ¼ de la Cannée, font la milherolle de Marseille.

MIT

MITAINE. Espece de Gant à l'usage des femmes, qui n'a qu'un pouce & point de doigts, à la place desquels est une petite pate ronde & volante qui couvre seulement le dessus des doigts de la main, le dessous étant entiérement découvert. Ces sortes de mitaines sont de nouvelle invention.

On appelle encore Mitaines certains gros Gants ordinairement de cuir, fourés ou doublés d'une étoffe de laine chaude, dont les doigts ne sont point divisés, à la réserve du pouce. Ces sortes de mitaines ne servent gueres qu'aux vieilles gens incommodés, ou gouteux, ou aux petits enfans, pour leur tenir les mains chaudement.

Ce qu'on nomme des Mousles n'est autre chose que des Mitaines semblables à ces dernieres; si ce n'est que les Mousles sont d'un cuir plus grossier & plus dur, sans fourure ni doublure, & qu'elles ne se mettent aux mains que dans les occasions où l'on craint de se les écorcher ou piquer.

Les Maîtres Gantiers Parfumeurs de Paris peuvent faire, garnir & enrichir toutes sortes de mitaines, & tous autres ouvrages servant à couvrir la main, de telles étoffes qu'ils jugent à propos, comme de panne, de soie, de velours, & de toutes sortes de peaux, à la charge de les doubler bien & suffisamment de bonnes fourrures & doublures neuves, sous peine de confiscation & d'amende. *Art. 20. de leurs nouveaux Statuts du mois de Mars 1656.*

Les Marchands qui composent le Corps de la Bonneterie, sont appellés par leurs Statuts, Marchands Bonnetiers-Aumulciers-Mitonniers; & l'on prétend que le nom de Mitonnier leur a été donné parce qu'anciennement ils vendoient ou faisoient des mitaines d'étoffe, qui étoient de la même forme & figure que les mitaines tricotées ou travaillées sur le métier, qui font encore aujourd'hui une partie de leur négoce.

Il est permis aux Marchands Merciers de vendre des mitaines, ainsi que des gants, mais ils ne peuvent les tailler, coudre, tricoter, ni travailler sur le métier; ils ont néanmoins la faculté de les pouvoir parfumer, laver, parer & enjoliver.

MITAINES. Se dit aussi de certaine espece de peaux de castors, qui ne sont pas de la meilleure qualité. On les nomme apparemment ainsi parce qu'elles ne sont propres qu'à fourer des mitaines.

Ces sortes de castors sont estimés dans l'Arrêt de 1695, portant Reglement pour les prix de cette pelleterie dans les Bureaux des Fermes du Roi en Canada, sur le pied du castor gras d'été, qui etant le moindre de tous, n'y est fixé qu'à 2 l. 12 s. 6 d. la livre poids de marc. Voyez COMPAGNIE DE CANADA.

MITHRIDATE, que l'on écrit aussi MITRIDAT, & MYTRIDAT. Espece de contrepoison dont on attribue l'invention au fameux Mithridate Roi de Pont, qui fut vaincu par Pompée.

Le Mithridate d'aprésent est composé de bien d'autres ingrédiens que ne l'étoit celui dont Pline livre 23, chap. 8 de son Histoire naturelle, assure qu'on trouva la recette écrite de la main de ce grand & malheureux Prince, parmi les papiers qui tomberent entre les mains de son vainqueur; ainsi ce n'est plus proprement que ce nom fameux qui subsiste, la drogue étant très différente.

L'on fait du Mithridate à Paris dont on peut voir la composition dans l'Histoire générale des Drogues du Sieur Pomet, 2 part. liv. 1, chap. 29, ou dans les Pharmacopées; mais il en vient aussi en assez grande quantité des Pays étrangers, sur tout d'Italie.

Le mithridate paye en France les droits d'entrée à raison de cent sols du cent pésant, conformément au Tarif de 1664.

Et par le Tarif de la Douane de Lyon, 40 sols du quintal d'ancienne taxation; 13 sols de nouvelle réapréciation; 40 sols pour les anciens quatre pour cent, & 3 liv. pour les nouveaux. Cette drogue est aussi du nombre de celles sujettes au droit de vingt pour cent ordonné par l'Arrêt du 15 Aout 1685.

MITONNIERS. C'est une des qualités que les Marchands Bonnetiers de la Ville & Fauxbourgs de Paris, prennent dans leurs Statuts. *Voyez* BONNETIER.

MITRAILLE. Vieux cuivre rouge ou jaune, rompu, brisé ou coupé par morceaux, qui n'est propre qu'à refondre ou à faire de la soudure. *Voyez* CUIVRE.

La mitraille de cuivre ou d'airain paye en France de droits de sortie 40 s. le cent pésant, & d'entrée une livre.

MITRAILLE. Se dit aussi du vieux fer, comme têtes de clous & autres menues férailles qui servent à charger les canons ou pierriers, particuliérement sur les navires & bâtimens de mer.

Il se fait de grands envois de mitraille dans tous les ports de mer où se font les armemens; elle se transporte ordinairement dans de petites futailles. Ainsi l'on dit, un baril de mitraille, pour dire, un baril rempli de cette sorte de marchandise.

MITRAILLE. Est encore un terme usité dans le commerce. Il se dit de l'argent monnoyé qu'on envoye en barils par des Carosses, Messagers, Rouliers & autres Voituriers publics, en sorte que lorsqu'on parle d'un baril de mitraille, on doit entendre que c'est d'un baril plein d'écus, de piastres ou d'autres semblables especes.

Les Marchands, Banquiers & Négocians se servent de ce mot, de concert avec les Voituriers, pour couvrir à ceux qui en pourroient mésuser sur la route, la vérité de ce qui est contenu dans les barils, leur faisant prendre pour mitraille de cuivre ou de fer, ce qui n'est autre chose que de l'argent monnoyé.

MITRAILLE. Ce nom se donne encore par le peuple à la menue monnoie, comme aux sols marqués, aux doubles, aux liards, aux deniers & autres semblables especes de billon. Je ne veux point de cette mitraille, donnez-moi d'autre argent.

MITRE. Terme de Coutellerie. C'est ce petit rebord plat & rond, qui dans les couteaux de table sépare la lame d'avec la soie ou queue qui sert à les emmencher.

Cette partie des couteaux se fait avec deux outils de fer dont l'un s'appelle le Tas & l'autre la Chasse. *Voyez* TAS.

MITRON. L'Apprentif ou le Garçon d'un Maître Boulanger. Parmi les Compagnons de ce métier on en distingue comme de trois sortes; le Mitron qui est le premier après le Maître, le Geindre qui est le second; & l'Ayde qui est le troisiéme. *Voyez* BOULANGER.

M I U

MIULNOY-DIWOR. On nomme ainsi à Petersbourg le marché où se vendent les denrées & meubles nécessaires dans les maisons, c'est un grand bâtiment quarré; dans les boutiques des deux côtés qui donnent sur la rue, on vend toutes sortes de vivres & d'ustenciles propres au ménage, comme des pois, des lentilles, des féves, du son, du gruau d'avoine, de la farine, du lard, de la vaisselle de bois, des pots de terre, &c. Les magasins à la farine occupent les deux autres côtés qui regardent la riviere. Comme tous les magasins & les boutiques sont également de bois & couvertes de bois à la Moscovite, il y arrive souvent de grands incendies, qui troublent le commerce & ruinent les Marchands.

M O A

MOATRA. *Voyez* MOHATRA.

M O C

MOCA. Espece de séné très mauvais qu'on appelle aussi Séné à la pique. *Voyez* SE'NE'.

MOCADE, MOUCADE, ou MOQUETTE. Etoffe de laine propre à faire des emmeublemens communs. *Voyez* MOQUETTE.

MOCHA ou MOCCA. Ville de l'Arabie heureuse située à l'entrée de la mer Rouge, célèbre par son grand commerce; il n'y a gueres de Compagnie de Commerce d'Europe pour les voyages de long cours, qui n'y envoie des vaisseaux ou qui n'y aye des établissemens. C'est de Mocha que viennent presque tous les caffés qui se consomment en Europe. *Voyez* l'Etat général du Commerce, Tome I. page 287. *Voyez aussi* CAFFE'.

MOCHE. Soies en moche. Ce sont des soies non encore teintes & qui n'ont point eu tous leurs apprêts. On les nomme Moches de la forme qu'ont leurs paquets. *Voyez* SOYES EN MOCHE.

MOCHE. Il se dit aussi dans le commerce des fils de certains écheveaux de fils en paquets du poids de dix livres chacun. Ils se tirent de Rennes en Bretagne & ne sont point tords. *Voyez* FIL.

M O D

MODE. Vogue, débit qu'une marchandise ou une étoffe a pendant quelque tems.

On le dit ordinairement des étoffes nouvelles qui plaisant par leur couleur, leur dessein ou leur fabrique, sont d'abord recherchées avec empressement, mais qui cedent bien-tôt à leur tour à d'autres étoffes qui ont l'agrément de la nouveauté; avantage qui, particuliérement en France, décide du sort de presque toutes choses, & qui piquant le goût, ne peut pourtant le fixer.

On se sert du mot de Mode dans presque tout ce qui entre dans le commerce de laine & dans celui de soie, soit pour le vêtement, soit pour la parure, soit pour les emmeublemens, même pour des choses qui n'ont aucun rapport au négoce. Ainsi on dit; ce drap est d'une couleur à la mode; ce damas est d'une mode nouvelle; ce dessein est nouveau, mais la mode n'en durera pas; ces points, ces dentelles sont devenus de mode; les lits à la Duchesse sont à la mode; la mode des falbalas est passée, &c.

On dit qu'une étoffe n'est plus à la mode, qu'elle est hors de mode, lorsqu'elle n'est plus demandée, qu'elle n'a plus de cours.

Il est certainement avantageux à un Marchand d'inventer de nouvelles modes d'étoffes, s'il peut en avoir promptement le débit; mais il lui est dangereux de se charger inconsidérement de beaucoup de nouveautés qui peuvent aisément devenir des gardes magasins, ou qu'il est obligé assez souvent de donner à perte, soit par un changement subit de mode, soit par les deuils qui peuvent arriver & qui font cesser cette sorte de commerce; aussi est-ce une partie du négoce en détail, où l'Auteur du Parfait Négociant demande plus de prudence & de discrétion. *Voyez le chap. 6 du liv. 1. de la seconde partie de son ouvrage.*

MODES. On nomme ainsi dans le commerce des Peintres & Doreurs du Pont Notre-Dame & du Quai de Gêvres, non-seulement des Estampes qui representent les diverses modes Françoises qui s'établissent de tems en tems à la Cour & à la Ville, mais encore les bordures de cedre, de bois noir, de noyer, ou d'autres semblables bois, dans lesquels on les encadre.

Les bordures qu'on appelle modes ont 10 pouces 9 lignes de hauteur, sur 7 pouces 4 lignes de largeur.

MODELE, ou MODELLE. Original qu'on se propose d'imiter.

MODELE, en terme de Teinturiers en soies, laines & fils. Se dit des écheveaux de soies & de laines cramoisies sur lesquels se doivent faire les épreuves des teintures. Ces modéles tiennent lieu pour ces Teinturiers de ce qu'on appelle Echantillons de couleurs matrices parmi les Teinturiers du grand teint. *Voyez* DEBOUILLI & TEINTURIERS.

MODELE. Les Orfévres & les Sculpteurs nomment des Modeles les esquises en cire, en plâtre ou en terre glaise, d'après lesquels ils travaillent en grand les statues, les bas reliefs & autres ouvrages d'orfévrerie & de sculpture, qu'ils font d'or, d'argent, de cuivre, de marbre, de pierre ou de bois. *Voyez* SCULPTURE. *Voyez aussi* ORFEVRERIE.

MODELER. Faire un modele de cire, de plâtre, ou de terre pour faire un ouvrage d'après.

MODELER. Se dit encore des moules ou creux que l'on fait d'après la bosse pour y mouler des figures de plâtre.

MODELES. Terme de monnoyage. Ce sont des lames de cuivre qui servent à faire dans la terre, dont sont remplis les chassis à couler les métaux fondus, les empreintes ou creux pour recevoir ces métaux. *Voyez* LAME.

MODENE, Ville d'Italie. L'on en tire différentes étoffes de soie, comme velours, organsins, &c. *Voyez* l'Etat général Tome I. page 310.

MODESNE. Petite étoffe mêlée de fleuret, de poil, de fil, de laine, ou de coton. Sa largeur peut être ou de demie aune moins un seize, ou de demie-aune entiere, ou de demie-aune & un seize.

MOE

MOEDA, en François MOEDE. Espece d'or qui se fabrique & qui a cours en Portugal; c'est proprement la pistole; elle vaut deux mille rès ou reis. Il y a des doppio-moeda ou doubles pistoles qui valent quatre mille reis, & des demies pistoles qui n'en valent que mille.

Au dessus de la double pistole sont des especes de quatruples qui valent cinq pistoles simples ou dix mille reis; on les estime de meilleur or que les autres, & sont, dit-on, d'or fin de ducat. *Voyez* PISTOLE *ou* REIS.

MOELLE, MOUELLE, ou MOILE. Substance délicate contenue dans le creux des os. Il y a quelques sortes de moelles qui entrent dans le commerce des Marchands Epiciers.

Il se dit aussi de la substance molle qui se trouve dans le milieu de quelques arbres & de quelques fruits. *Voyez les articles suivans.*

MOELLE DE CASSE. *Voyez* CASSE.

MOELLE DE CERF. *Voyez* CERF.

MOELLE DE PIERRE. *Voyez* AGARIC MINERAL.

MOELLEUX, MOELLEUSE. On appelle une étoffe Moelleuse, celle qui est maniable, douce, bien travaillée & de bonne matiere. Ce drap est moelleux, il est bien fabriqué, bien manufacturé. Ces bas, ces bonnets, ces chaussons sont moelleux, ils sont faits tout de pure laine de Segovie.

MOELLON, qu'on écrit aussi MOUELLON & MOILON, & qu'on nomme quelquefois BLOCAGE. C'est une pierre à bâtir ou plutôt un éclat ou morceau des pierres de tailles & libages que les Ouvriers sont obligés de couper pour séparer les carreaux de pierre de la masse ou banc de la carriere.

Le moellon se mesure & se vend à la toise cube, chaque toise contenant deux cent seize pieds. *Voyez* PIERRE.

MOELLON. On appelle Moellons dans les Manufactures des Glaces, des pierres qui servent à addoucir les glaces de petit volume.

Il y en a de deux sortes, les moellons d'assiete, & les moellons de charge.

On nomme Moellon d'assiete une pierre de liais d'environ deux pieds de long, dix-huit à vingt pouces de large, & deux à trois pouces d'épaisseur, sous laquelle est mastiquée avec du plâtre une des glaces qui doivent s'addoucir par leur mutuel frotement.

Le moellon de charge est une pierre commune dont la pierre de liais est couverte, pour lui donner plus de poids & plus de force au frotement; il est de la figure du moellon d'assiete, mais épais & pésant autant qu'il est convenable pour qu'un seul Ouvrier le puisse mouvoir & tourner de tout sens sur la glace de dessous; quatre gros boutons ou boules de bois qui sont aux quatre angles servent à le tenir pour lui donner le mouvement. *Voyez* GLACE.

MOELLONNIER. Outil de Carrier. C'est le plus petit & le dernier des six sortes de coins dont les Carriers se servent pour couper la pierre; il a dix-huit pouces de long & pese vingt à vingt-deux livres. *Voyez* COIN. *Voyez aussi* CARRIERE.

MOF

MOFUMA. Grand arbre qui croît dans divers endroits de la basse Ethiopie; il se plaît dans les lieux aquatiques, particuliérement le long des rivieres. C'est une espece de liege dont le bois est très leger & propre à faire des canots; la principale marchandise qu'il produit est une sorte de coton ou de laine dont son tronc & ses branches sont entiérement couvertes, & qui peut servir à faire des matelats & des coussins; on le file aussi & l'on s'en sert quelquefois au lieu de chanvre.

MOG

MOGES DE MORUE. On nomme ainsi à la Rochelle ce qu'on appelle ailleurs Noues & Nos de morue, c'est-à-dire, les tripes de ce poisson. *Voyez* TRIPES DE MORUE.

Cette marchandise n'étant point tarifée, & devant payer les droits à raison de 5 pour cent de sa valeur par estimation, cette estimation a été reglée à la Rochelle, depuis dix jusqu'à douze livres la barique.

MOGOL, ou Empire du Grand-Mogol, qu'on appelle aussi INDOLSTAN, Royaume qui comprend la plus grande partie de la terre-ferme de l'Inde. *Voyez* ce qui est dit de sa fertilité, & du Commerce que les Européens y font, dans l'Etat général, Tome I. page 424.

MOH

MOHABUT. Toile de coton de couleur qui vient des Indes. La piece est de sept aunes & demie sur trois quarts de large.

MOHATRA. On appelle Contrat Mohatra un marché usuraire dans lequel un Marchand vend bien cher une marchandise à crédit, pour ensuite la retirer de l'acheteur à moitié ou aux deux tiers de perte argent comptant. Ce sont ces sortes de marchés qui ruinent la plûpart de la jeunesse de Paris, & qui deshonorent quantité de Marchands qui ne rougissent point d'acquerir du bien par des voies si peu légitimes. Le contrat mohatra est également condamné & défendu par les Loix Ecclesiastiques & les Loix civiles. *Voyez* CONTRAT.

MOHERE, MOUAIRE, ou MOIRE. Etoffe ordinairement toute de soie, tant en chaîne qu'en tréme, qui a le grain fort serré. C'est une espece de gros de Tours, mais plus foible.

On en fait de deux sortes, l'une qu'on appelle Mohere Lisse, qui est unie & sans onde; l'autre qu'on nomme Mohere Tabisée, qui a des ondes comme le tabis. La différence de ces deux étoffes ne consiste qu'en ce que la mohere tabisée passe sous la calendre, & qu'on n'y met pas la mohere lisse.

Il se fait cependant des moheres tant pleines, façonnées que figurées, qui ne sont tramées que de laine, de poil, de fil ou de coton.

De quelque qualité qu'elles soient le Réglement de 1667 pour les étoffes de soie qui se fabriquent à Paris, les fixe à quatre largeurs différentes; sçavoir, d'un quartier & demi, de demi-aune moins un seize, de demi-aune entiere & de demi-aune un seize, sans qu'elles puissent être plus larges ni plus étroites que de deux dents de peigne, c'est-à-dire, de l'épaisseur d'un teston, à peine de saisie & de soixante livres d'amende.

Le même Réglement défend pareillement de mêler dans les moheres la soie crue ou teinte sur cru avec de la soie cuite; mais enjoint qu'elles soient fabriquées ou tout de soie cuite, en chaîne, poil, tréme ou broché, ou tout de soie crue, à peine aussi de soixante livres d'amende pour la premiere fois, & de plus grande peine en cas de récidive.

Le Réglement de la même année 1667 pour la Ville de Lyon ajoute, que les moheres qui ne seront pas tout de soie tant en chaîne qu'en tréme, mais qui seront mélangées de poil, laine, fil & coton, auront une lisiere de différente couleur que celle de la chaîne, pour être distinguées & n'être pas vendues ou prises pour de pure soie.

Les moheres qui se fabriquent à Paris sont fort estimées, mais encore davantage, celles qui viennent d'Angleterre; il vient des moheres de la Chine qui sont peu de chose.

Ces étoffes payent les droits d'entrée & de sortie sur le pied de draps de soie. Voyez Draps *a la fin de l'article.*

Par le Tarif de la Douane de Lyon les moheres argent & soies payent 30 s. de la livre.

MOI

MOISON. Ancien mot qui signifie mesure.

Moison. On dit en terme d'estalonage & mesurage de grains, qu'une mesure propre à mesurer les grains, est de la moison de la mesure matrice, sur laquelle elle doit se vérifier pour être étalonnée, lorsqu'elle est de bonne consistence, & qu'elle tient précisément autant de grains de millet que l'estalon.

La comparaison qui se fait entre une nouvelle mesure & la mesure originale, pour vérifier si elle est de moison, s'appelle Espallement. *Voyez* Espallement.

Moison. S'entend aussi en terme de Manufacture de draperie, de la longueur de la chaîne d'une piece que l'on veut mettre sur le métier. On dit la Moison de cette piece est de vingt-quatre aunes, pour dire, la chaîne de cette piece est de vingt-quatre aunes de long. *Voyez* Drap.

Moison. Signifie encore dans les anciennes Ordonnances de la Ville de Paris, la grosseur & la longueur des bottes d'eschalats.

Suivant les Ordonnances la moison de ces sortes de bois doit être de quatre pieds & demi, c'est-à-dire, que chaque botte doit avoir cette longueur. *Voyez* Eschalats.

MOISSE, ou Bœuf marin. C'est ainsi que les Hambourgeois & les autres Pêcheurs de l'Elbe appellent cet animal amphibie, que nos François nomment Vache marine. Son véritable nom est Cheval marin. *Voyez* cet article.

MOITIE'. Se dit de l'une des parties d'un tout divisé en deux portions égales. Il est interessé pour moitié en cette manufacture; & la moitié de vingt sols est dix sols, qui est une des parties aliquotes de la livre tournois.

MOL

MOLIANT. Terme de Courroyeur. Il se dit des cuirs de vache, de veau, de mouton & même de bœuf, qui à force d'être souvent & successivement tirés & maniés avec les trois sortes de pomelles, sont devenus plus maniables & plus doux. *Voyez* Courroyeur.

MOLIENNE, ou LAINE DE MOLINE. C'est une des trois sortes de laines qui viennent de Barcelone. *Voyez* Laines d'Espagne.

MOLIERE. Carriere d'où l'on tire les meules à moulin. On dit aussi Meuliere. *Voyez* Meule.

MOLINE. Sorie Moline est une des sortes de laines que les Marchands de Bayonne tirent d'Espagne. C'est la même chose que laine Molienne. *Voyez* le Commerce de Bayonne, Tome I. page 54. *Voyez aussi* l'article des laines d'Espagne.

MOLINIER. Ancien mot qui signifie Meunier. L'usage de ce mot se conserve encore dans quelques Provinces de France, particuliérement dans les moulins à papier & les moulins à foulons. *V.* Foulon & Papier.

MOLLE. C'est ainsi qu'on appelle les bottes d'osier dont se servent les Vanniers & les Tonneliers.

Les molles d'osier fendu, qui est celui des Tonneliers, doivent être de trois cent brins; & les molles de l'osier rond qui est celui des Vanniers, seulement de cent. *Voyez* Tonnelier.

Molle. On le dit aussi des paquets ou bottes de cerceaux propres au métier des Tonneliers. Elles sont différentes suivant les différentes especes des cerceaux. Les molles de ceux à futailles sont composées d'un quarteron s'ils sont foibles, ou de seize s'ils sont plus forts; les molles pour les cuviers n'en ont que douze, & celles pour les cuves n'en ont que trois. *Voyez comme dessus.*

MOLLET. Petite Frange très basse. *Voyez* Frange.

Mollet. Terme d'Orfévrerie. Médiocre pincette de fer, dont les Orfévres se servent pour tenir leur besogne. *Voyez* Orfevrerie.

Mollet. Ce qui est maniable & doux au toucher. On le dit quelquefois des étoffes, mais tantôt comme une bonne, & tantôt comme une mauvaise qualité.

MOLLETON. Que quelques-uns écrivent aussi MOLETON & MOLTON. C'est une espece de petite serge, ou étoffe de laine croisée, tirée à poil, tantôt d'un seul côté, & tantôt des deux côtés.

Cette sorte d'étoffe, qui est très chaude & très molette, (d'où il y a de l'apparence qu'elle a pris son nom de Molleton,) sert ordinairement à faire des camisolles, des jupons, & des doublures pour l'hyver.

Les molletons ont pour l'ordinaire demi-aune demi-quart, ou deux tiers de large, sur vingt & une à vingt-trois aunes de longueur, mesure de Paris. Les lieux du Royaume où il s'en manufacture le plus, sont Sommieres en Languedoc, & Beauvais capitale de Beauvoisis. Ceux de Sommieres sont les plus estimés à cause de la bonté de la laine dont ils sont fabriqués.

La France tiroit autrefois des Molletons d'Angleterre, les uns unis & les autres frisés, dont on faisoit assez de cas; mais les François en ont presque perdu le souvenir, & ont raison de se contenter de ceux du Royaume qui ne leur sont pas inferieurs.

Les Molletons d'Angleterre doubles, ou doubles creseaux frisés ou unis, payent en France les droits d'entrée à raison de vingt-quatre livres la piece de vingt-cinq aunes suivant l'Arrêt du 20 Décembre 1687.

Ils ne peuvent entrer que par Calais & S. Vallery, conformément aux Arrêts du 8 Novembre 1687 & 3 Juillet 1692.

Il se fait à Rouen en Normandie une espece d'etoffe particuliere non croisée, & rayée sur sa largeur de différentes couleurs, à laquelle l'on donne quelquefois le nom de molleton, & plus communément celui de Flanelle, quoiqu'elle ne ressemble en aucune maniere aux étoffes qui portent ces noms, soit pour la matiere, soit pour la qualité. *Voyez* FLANELLE.

MOLLETTE. Petite Poulie de bois traversée par le milieu d'un fer recourbé, dont les Passementiers-Boutonniers, & les Tissutiers-Rubanniers se servent pour retordre les fils destinés à leurs différens ouvrages. La mollette est aussi en usage chez les Cordiers, elle leur sert pareillement à retordre.

MOLLETTE. C'est aussi une pierre platte & unie par dessous & ronde par-dessus, dont on se sert pour broyer quelque chose sur un marbre.

Les Apoticaires s'en servent pour préparer plusieurs de leurs remedes & confections, & c'est aussi avec la mollette que les Epiciers qui font le commerce des couleurs toutes préparées, & les Peintres qui les préparent eux-mêmes, ont coutume de les broyer, soit à sec, soit à huile ou en détrempe.

MOLLETTE. C'est encore un petit instrument de bois doublé de chapeau, dont les Ouvriers qui travaillent au poli des glaces dans les Manufactures de celles du grand volume, se servent pour les rechercher quand elles sont polies. On l'appelle plus ordinairement Lustroir. *Voyez* GLACE.

MOLLETTE. Les Miroitiers-Lunetiers appellent Mollettes, les morceaux de bois ou de buis, au bout desquels ils attachent, avec du ciment, les pieces de verre qu'ils veulent travailler, soit de figure convexe, dans des bassins, soit de figure concave, avec des spheres ou boules.

Ils ont de ces mollettes de diverses grosseurs, suivant le diametre du verre qui doit y être placé; la longueur ordinaire est de quatre à six pouces. Elles sont toujours rondes & tournées au tour, pour les mieux empoigner. Le ciment qui sert à y attacher le verre, est composé de cendre & de poix. *Voyez* BASSINS DE LUNETIER.

MOLLETTER. Se servir de la Mollette pour finir le poli des glaces. *Voyez* GLACE.

MOLTOLINOS. On nomme ainsi à Constantinople des peaux de mouton apprêtées par les Mégissiers du Levant d'une maniere particuliere. Elles font une partie des marchandises que les Marchands d'Europe tirent de cette Capitale des Etats du Grand-Seigneur.

MOLUE. Poisson de mer bon à manger, dont on fait de grandes salaisons, & un commerce considérable en Europe. *Voyez* MORUE.

MOLUQUES, (Isles) qui font partie de l'Archipel Oriental. *Voyez* le Commerce de ces Isles, dans l'Etat général, Tome I. page 465.

MOM

MOMIE, MOUMIE ou MUMIE. C'est proprement un corps embaumé à la maniere des anciens Egyptiens; mais les Marchands Epiciers-Droguistes & Apoticaires donnent aussi ce nom à quantité d'autres drogues qui n'ont pas bien du rapport aux momies Egyptiennes.

Il n'y a gueres de peuples qui ne se soient fait une espece de religion de prendre soin de la sepulture des morts, & à peine se trouve-t-il de nations assez barbares & assez sauvages pour négliger ce devoir d'humanité, qui bien qu'inutile à ceux à qui il est rendu, est néanmoins une sorte de consolation pour ceux qui le rendent.

Entre toutes les nations, il faut avouer que les anciens habitans de l'Egypte ont poussé le plus loin leur pieté pour les morts, & qu'autant qu'il a dépendu d'eux, ils ont assuré, pour ainsi dire, l'immortalité aux personnes qui avoient été pendant leur vie l'objet ou de leur respect, ou de leur amour.

On n'entrera point ici dans le détail, à la vérité curieux, mais assez peu nécessaire par rapport au Commerce, de ce que les Egyptiens ont imaginé pour faire comme revivre les hommes après leur mort. De ces superbes piramides qui subsistent encore après tant de siécles; de ces Catacombes où ils mettoient les corps après les avoir embaumés; de ces embaumemens faits à si grands frais & avec tant de cérémonies superstitieuses; ni enfin de tout ce qu'on peut lire dans les sçavantes & ingénieuses Relations des Pietro de la Valle, des Thevenot, des Vansleb, & de tant d'autres habiles voyageurs où le Lecteur pourra avoir recours.

On se fixe donc à ce qui est précisément de la Momie qu'on apporte du Levant, soit qu'elle soit véritable, soit qu'elle soit contrefaite, & l'on parlera aussi des autres drogues qui ont usurpé ce nom.

Il y a deux sortes de corps à qui l'on donne le nom de Momie. Les uns ne sont que des cadavres desséchés par l'ardeur du soleil, qu'on trouve assez souvent dans les sables arides de la Lybie. Cette sorte de momie n'est d'aucun usage dans la Médecine; & il n'y a que quelques curieux qui soient bien-aise de donner ce triste & affreux ornement à leurs cabinets.

Les autres momies sont des corps tirés de ces puits ou catacombes qui ne sont pas loin du Caire, dans lesquels les Egyptiens les enfermoient après les avoir embaumés, & c'est la véritable momie si rare, dit-on en Europe, & à qui l'on attribue tant de vertus & de qualités extraordinaires.

L'on voit par-là que ces momies ne sont autre chose que les chairs & les graisses du corps humain, qui ne font plus qu'un même tout, & comme une gomme de nouvelle espece, avec les aromates dont on les voit enduites pour les conserver.

Il faut choisir la momie la moins luisante, bien noire, d'une bonne odeur, & qui brûlée ne sente point la poix. L'on prétend que toute celle que l'on vend présentement chez les Marchands Epiciers Droguistes de Paris, soit qu'elle leur soit apportée de Venise ou de Lyon, soit même qu'ils la tirent en droiture du Levant par Alexandrie & Marseille, n'est qu'une momie, pour ainsi dire, factice, & qu'elle est l'ouvrage de certains Juifs, qui sachant le cas que les Européens font de la momie d'Egypte, la contrefont en faisant sécher au four des cadavres qu'ils ont auparavant préparés avec la poussiere de myrrhe, l'aloës cabalin, le bitume de Judée, de la poix noire, & d'autres gommes ou communes, ou mauvaises.

Si cette opinion est véritable, on devroit bien se desabuser de l'usage d'une si misérable drogue; mais comment se guérir aisément de la prévention si ordinaire pour tout ce qui est orné d'un grand nom, & qui est apporté de loin & à grands frais.

MOMIE. L'on appelle encore Momie une certaine liqueur qui coule quelquefois des corps humains, qui ont été embaumés, & qui n'est proprement que leur

leur graisse fondue mêlée de bitume.

MOMIES. Sont aussi de certaines especes de bitumes naturels qui coulent par quelques fentes de rochers qui se trouvent dans l'Arabie & dans d'autres pays chaux.

MOMIE MINE'RALE, OU MOMIE DE PIERRE, QUI SE TIRE DE LA PERSE.

C'est une liqueur minérale qui découle naturellement d'un rocher dans la Province de Laer, & le lieu où elle se recueille est une caverne ou grotte, que les Rois de Perse ont fait renfermer d'une petite forteresse où il y a garnison, laquelle est commandée par un Gouverneur particulier qui ne dépend que du Roi de Perse, & qui est chargé de recueillir tout ce qu'il peut de cette liqueur.

La grotte qui en produit la meilleure, est fermée & scellée du sceau du Roi, n'y ayant que le Gouverneur de Laer & quelques autres Seigneurs qui puissent y entrer pour l'envoyer au Roi. On n'en tire pas plus de 8 ou 10 onces par an, en sorte qu'elle est très rare.

Comme cette momie appartient uniquement au Roi & qu'il ne s'en produit gueres, il est difficile d'en obtenir, & sur-tout pour de l'argent. Cependant ceux qui en ont la direction ne laissent pas d'en faire quelquefois des présens en cachette aux principaux Ministres de l'Etat.

Mirconde Historien Persan, assure que des Chasseurs découvrirent cette espece de baume en poursuivant dans des montagnes des bêtes fauves, qui se sentant blessées alloient chercher cette liqueur & y frotter leurs playes.

Les plus curieux d'entre les Persans & les Médecins du Pays, assurent que c'est le suc de plusieurs simples & gommes inconnues, dont le jus des feuilles & des racines détrempées par les pluies & échauffées par les ardeurs du soleil, s'insinuent dans les fentes & pores de la roche dont elles distilent.

Cette momie est un cordial excellent qui repare les débilités du cœur, les crudités d'estomac, & empêche les mauvaises suites des indigestions.

C'est un contre-poison merveilleux contre tout ce que l'on peut boire & manger de nuisible, contre la corruption de l'air dont il prévient les malignes influences, sur-tout contre les maladies contagieuses de toutes especes.

On s'en sert contre la colique & contre les douleurs de ventre causées par les douleurs & les froidures; elle est bonne contre la peste, qu'elle fait sortir par des transpirations.

Elle rétablit les forces abattues,& les voyageurs Persans, Turcs & Indiens qui ont le moyen d'en avoir, en prennent de tems en tems pour se remettre des fatigues du chemin.

Elle guérit promptement les playes en en mettant une emplâtre dessus, & elle empêche la gangraine.

Elle est spécifique contre tous les accidens qui arrivent par des chutes, arrêtant les vomissemens de sang, guérissant les fractures de veines, & empêchant tout le mal que peut faire du sang extravasé.

Enfin une de ses principales vertus est de rejoindre promptement les os cassés, & lorsqu'on en veut acheter, on en fait l'expérience sur la patte d'une poule que l'on casse exprès, & que la grosseur d'un pois de cette momie fait rejoindre en 24 heures.

La dose, quand on la prend pour des fractures, est la grosseur d'une petite noisette dont on avale la moitié, & de l'autre on en fait des onctions sur la partie affligée, ou bien on l'applique comme une petite plaque de cire molle.

Lorsqu'il n'y a point d'onctions à faire sur des membres cassés, on n'en prend que la moitié de cette dose, & moins encore selon le besoin qu'on en peut avoir.

On la fait fondre dans une cuilliere d'argent avec un peu de beurre sans sel.

Elle entre dans la composition du baume de Jérusalem, sous le nom de Momie minérale.

Mehemed Bezabeg Ambassadeur de Perse, en présenta au feu Roi Louis XIV de la part du Roi son maître, lorsqu'il vint en France pour conclure un Traité d'alliance & de commerce entre les deux Empires.

La Province de Lorestan produit aussi une momie assez semblable à celle de Laer, mais qui a moins de vertu, ne pouvant procurer la guérison des fractions qu'en cinq ou six jours. Comme il n'y a gueres de différence extérieure entre ces deux gommes on en fait l'épreuve au feu, la fumée de la momie de Laer étant plus agréable que celle de la momie du Lorestan, qui sent tout-à-fait la poix.

L'on ne sera peut-être pas fâché de voir ici tout de suite les autres sortes de drogues qui se tirent du corps humain, puisqu'aussi-bien nos Droguistes & Epiciers en font quelque négoce.

L'axunge, est la graisse humaine préparée avec des herbes aromatiques; on la croit bonne aux rhumatismes, & aux autres douleurs causées par le froid.

L'usnée humaine est une mousse verdâtre qui croît de la hauteur de deux ou trois lignes sur le crâne des têtes de morts; on la dit souveraine au mal caduc; elle entre dans la composition de l'onguent simpatique de Crollius, & on la croit bonne pour arrêter le sang.

L'on tire outre cela par des opérations chymiques, des sels fixes & volatiles du sang, de l'urine, des cheveux & du crâne de l'homme; on en tire aussi des huiles. *Voyez tous ces articles.*

Les momies du Levant payent en France les droits d'entrée à raison de 6 liv. 5 s. du cent pésant, conformément au Tarif de 1664.

Les droits qu'elles payent à la Douane de Lyon, sont; sçavoir 52 s. 6 d. d'ancienne taxation; & 3 l. pour les anciens quatre pour cent.

Cette drogue est du nombre des marchandises venant du Levant, sujettes au droit de vingt pour cent, suivant l'Arrêt du 15 Aout 1685.

MON

MON DE BRONSWIC. On nomme ainsi une biére très forte qui se brasse dans la Ville de Bronswic & aux environs. Elle est propre pour les Indes; & les Hollandois qui en enlevent beaucoup, en chargent ordinairement les vaisseaux de la Compagnie préférablement à la biére de Hollande.

MONACO. Monnoie d'argent frappée à Mourgues, aux armes du Prince de Monaco.

Quoiqu'en général on appelle Monaco toutes les sortes d'especes fabriquées dans cette petite Principauté d'Italie, il se dit principalement des pieces de cinquante-huit sols, qui furent ainsi nommées à cause des deux Moines ou Religieux qui sont les supports des armes de la Maison de Grimaldi à qui cette Principauté appartenoit pour lors.

MONBELLIARD. Toile qu'on nomme ordinairement toile à matelas, à cause de leur usage. *Voyez* TOILE D'ALLEMAGNE.

MONCHA ou MONKA. Espece de boisseau, ou de mesure des grains dont se servent les habitans de Madagascar pour mesurer le ris mondé. *Voyez* TROUBOHOUACHE.

MONCAHIARD ou MOCAYAR. Etoffe très fine, ordinairement noire, composée d'une chaîne de soie & d'une trême de fil de laine de sayette : elle se fabrique en Flandre, particuliérement à Lille, à Roubais & à Turcoing. On l'appelle autrement Boura, Burat, Bura ou Burail.

Il s'en fait de deux especes, de simples ou lisses, & de croisés. Aux croisés on donne aussi quelquefois le nom de serge de Rome, quoique la longueur & la largeur des véritables serges de Rome soient différentes de celles des Moncahiards, comme il se voit par l'art. 19 du Reglement général des Manufactures du mois d'Aout 1669, rapporté dans l'article des Serges, auquel on peut sçavoir recours.

Les Moncahiards ont pour l'ordinaire deux tiers de large, & la piece vingt-trois aunes de longueur mesure de Paris.

Il s'en manufacture aussi à Anvers, mais en petite quantité : les marchands de cette Ville-là les tirent presque tous de Flandres, & les envoyent dans les principales Villes du Royaume, & particuliérement à Paris. Il s'en fait aussi des envois considérables dans les pays étrangers, mais plus en Espagne qu'ailleurs.

L'usage ordinaire des Moncahiards est pour faire des habits aux gens d'Eglise & de Palais.

Les Moncahiards payent en France les droits d'entrée comme Burails de Flandre, c'est-à-dire à raison de 4 liv. la piece d'onze à douze aunes, & les droits de sortie aussi comme Burails lisses & croisés, 7 liv. du cent pésant, conformément au Tarif de 1664.

Les droits de la Douane de Lyon, sont ; sçavoir pour les Moncahiards d'Abbeville 15 s. de la piéce, tant pour l'ancienne que pour la nouvelle taxation, & les Moncahiards d'Amiens pour tous droits 7 sols 6 deniers.

Les droits d'entrée des Burails étrangers ayant été augmentés en 1667 & 1687, & les Villes & Ports par où ils devoient entrer en France ayant été fixés en 1687, 1690, & 1692, les Moncahiards qui se fabriquent au dehors, dont les droits doivent être payés sur le pied de ces Burails, ont aussi été sujets à la même augmentation. Voyez BURAILS.

MONCONTAN, Ville de Poitou. Les étoffes qui s'y fabriquent sont toutes tiretaines, mais de différentes façons. *Voyez* l'Etat général, Tome I. page 64.

MONCORNET, Petite Ville de France en Picardie sur la frontiere de Champagne. Elle est du département de l'Inspecteur des Manufactures établies à Reims. Il s'y fabrique quantité d'étoffes de laines, qui sont le principal objet de son négoce. Ses autres Manufactures ont des toiles, des chapeaux & des cuirs. *Voyez* l'Etat général du commerce, Tome I. page 25.

MONDE'. Ce qui est pur & net. On appelle casse mondée la casse dont la moelle a été tirée du bâton & passée dans un tamis. *Voyez* CASSE.

De l'orge mondé, c'est de l'orge de dessus lequel on a levé cette peau dure & jaunâtre qui en fait le son. *Voyez* ORGE.

MONDER de la casse, monder de l'orge. C'est séparer la moelle de l'une de son bois & de ses noyaux, & purger l'autre de sa peau. *Voyez comme dessus.*

MONDILO. Mesure des grains dont on se sert à Palerme. Quatre mondili font le tomolo, & 16 tomoli le salme ; 685 mondili 2 tiers font un last d'Amsterdam.

MONDIQUE, Espece de Marcasite. *Voyez* PYRITES.

MONGOPOES. Toiles de coton qui se fabriquent aux Indes Orientales ; elles sont peu différentes des cambayes pour la qualité & point du tout pour l'aunage ; leur largeur & longueur sont de quinze cobres sur deux, le cobre de dix-sept pouces & demi de Roi. Elles sont bonnes pour les Manilles où les Anglois de Madras qui font le commerce d'Inde en Inde, en envoyent beaucoup.

MONNOYAGE. L'art de fabriquer la monnoie. Il signifie aussi le droit que le Souverain prend pour la monnoie qui se fabrique dans ses Etats ; mais en ce sens on dit plus ordinairement Seigneuriage, Rendage ou Traitte. Tous ces termes sont expliqués à leurs articles.

On disoit aussi autrefois Monnetage.

On appelle Denier de monnoyage toute sorte d'especes de monnoies qui a reçû l'empreinte qui lui donne cours dans le Public, de quelque métail qu'elles soient faites.

A chaque fonte de monnoies on réserve un denier de monnoyage de toute espece & de tout métail, pour être emboeté, c'est-à-dire, pour être gardé dans une boëte jusqu'à ce que la Cour des Monnoies s'en serve, pour juger si la fonte a été faite au titre & au remede reglés par les Ordonnances. Ces deniers se nomment Deniers de Boëte. *Voyez* TITRE, REMEDE & DENIER.

Le monnoyage se fait ou au marteau ou au moulin. La premiere maniere n'est plus gueres en usage en Europe, sur-tout en France, en Angleterre & en plusieurs lieux d'Allemagne.

Avant le Regne de Henri II on s'étoit toujours servi du marteau dans les Monnoies de France ; & ce fut ce Prince qui le premier ordonna en 1553, qu'il seroit fabriqué des testons au moulin dans son Palais à Paris. Cette machine avoit été inventée par un Graveur nommé Antoine Brucher, & non par Aubry Olivier qui a été le gardien ou conducteur de cette machine.

Henri III en 1585 rétablit les choses sur l'ancien pied ; & la fabrication au moulin ne servit plus que pour les médailles, les jettons & les pieces de plaisir.

Louis XIII par son Edit du mois de Décembre 1639, confirmé par une Déclaration du mois de Mars 1640, ordonna qu'on ne se serviroit plus du marteau dans la fabrique des monnoies, que lorsque les Ouvriers en pourroient battre de cette sorte dans la même perfection qu'avec les moulins.

Enfin l'ancienne maniere de fabriquer au marteau fut entiérement abolie par Louis XIV, qui par son Edit du mois de Mars 1645, défendit aux Ouvriers & autres Officiers des Monnoies, de fabriquer aucune monnoie ailleurs ni autrement que par la voie du moulin, & ce pour rendre toutes les monnoies uniformes, & éviter tous les abus qu'on pouvoit si facilement commettre, &

qui s'étoient commis dans la fabrication au marteau.

On a continué depuis ce tems à se servir du moulin dans tous les Hôtels des Monnoies de France, où il n'y a gueres d'apparence qu'on en quitte l'usage pour reprendre le marteau ; la commodité des Ouvriers & la beauté de l'ouvrage s'y trouvant également à un point de perfection où le marteau ne peut jamais arriver.

Quelque détail sur la maniere que se fait l'un & l'autre monnoyage ne sera pas, à ce qu'on croit, désagréable au Lecteur ; du moins ne pourra-t-il pas passer pour une digression étrangere à la matiere de ce Dictionnaire ; la plupart du commerce consistant présentement dans l'échange de l'argent monnoyé, ou contre de l'argent même par les changes & rechanges, qui est le négoce des Banquiers ; ou contre toutes sortes d'autres marchandises & de denrées, qui est celui de tous les autres Négocians.

Pour le monnoyage, soit au marteau, soit au moulin, il faut également des poinçons, des matrices ou des quarrés, avec lesquels on puisse imprimer sur les flaons ou flans, c'est-à-dire, sur les morceaux de métail disposés à être frappés, l'effigie du Prince ou les autres marques & légendes qui donnent le cours aux especes, & qui reglent leur poids & leur prix : mais comme on a parlé amplement ailleurs de la maniere de les tailler & graver, on ne le repetera pas ici. *Voyez* GRAVEUR, MEDAILLE, MATRICE & POINÇON.

L'alliage & la forme des métaux sont les premieres façons de l'un & l'autre monnoyage. On a traité de l'alliage à son propre article, où l'on peut avoir recours.

A l'égard de la fonte, si c'est de la monnoie d'or, elle se fait dans des creusets de terre, de peur que l'or ne s'aigrisse ; mais si c'est de l'argent, du billon ou du cuivre, on se sert de creusets de fer, fondus en maniere de petits sceaux sans ances.

Deux sortes de fourneaux sont propres pour la fonte des monnoies ; ceux à vent ou ceux à soufflets. Ils sont expliqués & décrits à l'article des Fourneaux.

Quand l'or, l'argent ou les autres métaux sont en bain, c'est-à-dire, entiérement fondus, on les brasse avec des cannes ou brassoirs, de terre cuite pour l'or, & de fer pour le reste : en cet état ils se coulent dans les moules ou chassis pour faire les lames ; ce qui se fait entiérement comme chez les Fondeurs en sable, tant pour les chassis que pour la maniere de courroyer la terre, & d'y arranger les modéles. *Voyez* FONDEUR & CHASSIS.

Les modéles des monnoies sont des lames de cuivre plattes, longues d'environ quinze pouces, & à peu près de l'épaisseur des especes à fabriquer. On en met dans chaque moule, huit pour faire des lames de louis d'or, dix pour les demi-louis, cinq pour les louis ou écus d'argent, six pour les demi-écus, & huit pour les quarts d'écus.

On en fait à proportion pour le cuivre : la seule différence qu'il y ait entre la maniere de jetter l'or en lames & celle dont on se sert pour les autres métaux, c'est que ces derniers se tirent des creusets avec de grandes cuillieres à long manche, pour les verser par le jet du moule ; & que pour l'or on se sert de tenailles à croissant faites comme celle des Fondeurs, avec lesquelles on porte aussi comme eux le creuset tout plein de l'or en bain, pour en remplir les moules.

Jusques-là tout est semblable pour les deux monnoyages ; & ce n'est que depuis la sortie des lames hors des moules qu'il y a de la diversité. On va donc d'abord continuer le monnoyage au moulin, & on parlera ensuite de ce qui reste à dire de celui au marteau.

Monnoyage au moulin.

Après que les lames sont retirées des moules, & qu'elles ont été ébarbées, boessées & brossées, on les passe plusieurs fois au laminoir pour les applattir, & les réduire à la juste épaisseur qu'elles doivent avoir, pour en faire des flaons ou flans ; avec cette différence néanmoins que les lames d'or se recuisent dans un fourneau, & s'éteignent dans l'eau avant que d'être mises au moulin ou au laminoir ; ce qui les adoucit & les rend plus faciles à s'étendre ; & que les lames d'argent se passent en blanc pour la premiere fois, c'est-à-dire, sans être recuites ; & qu'ensuite lorsqu'on les a recuites, elles se refroidissent d'elles-mêmes & sans les mettre à l'eau, de crainte que la matiere ne s'aigrisse. *Voyez* LAMINOIR. Cette machine qu'on appelle aussi Moulin, & quelquefois Jument, & qui est d'usage pour plusieurs Artisans qui travaillent aux métaux, y est décrite aussi bien que la maniere de s'en servir.

Les lames soit d'or, soit d'argent, soit de cuivre, ayant été réduites, autant qu'il est possible, à l'épaisseur des especes à fabriquer, on les coupe avec l'instrument qui s'appelle Coupoir, qui est fait d'acier bien aceré en forme d'emporte-piece, dont le diametre est proportionné à la piece qu'on veut frapper. Le morceau de métail en cet état s'appelle un Flaon ou Flan, & ne se nomme Monnoie que lorsque l'effigie du Roi y a été empreinte.

Les flaons coupés se livrent aux Ouvriers, Ajusteurs & Taillerestes, pour les ajuster, & les rendre, en les rapant avec des limes ou rapes qu'on nomme des Escouennes, du poids des deneraux, qui sont proprement les poids matrices ou étalonnés sur quoi doivent être reglées les monnoyes, chacune selon leurs especes. *Voyez* DENERAUX & DENIERS.

Après que les flaons ont été ajustés, on les porte à l'attelier du blanchiment, c'est-à-dire, au lieu où l'on donne la couleur aux flaons d'or, & où l'on blanchit les flaons d'argent ; ce qui se fait en les faisant recuire dans un fourneau, & lorsqu'ils en ont été tirés & refroidis, en leur donnant le bouillitoire.

Donner le bouillitoire aux flaons, c'est les faire bouillir successivement dans deux vaisseaux de cuivre appellés Bouilloirs, avec de l'eau, du sel commun & du tartre de Montpellier ou gravelle ; & lorsqu'ils ont été bien écurés avec du sablon, & bien lavés avec de l'eau commune, les faire sécher sur un feu de braise qu'on met dessous un crible de cuivre où on les a mis au sortir des bouilloirs.

Le blanchiment des flaons se faisoit autrefois dans les Monnoies bien différemment de ce qui se pratique aujourd'hui ; & parce que l'ancienne maniere s'est encore conservée parmi plusieurs Orfévres ou Ouvriers qui employent l'or & l'argent pour blanchir & donner couleur à ces métaux, on en a fait un article particulier. *Voyez* BLANCHIMENT.

Avant l'année 1685, les flaons à qui on avoit

donné le bouillitoire, étoient immédiatement portés au balancier pour y être frappés, & y recevoir les deux empreintes, de l'effigie & de l'écusson; mais depuis ce tems-là, & en conséquence de l'Ordonnance de 1690, on les marque auparavant d'une légende ou d'un cordonnet sur la tranche, afin d'empêcher par cette nouvelle marque, la rogneure des especes, qui est une des manieres dont les Faux-monnoyeurs alterent les monnoies.

La machine pour marquer les flaons sur la tranche est simple, mais ingénieuse. Elle consiste en deux lames d'acier faites en forme de régles, épaisses environ d'une ligne, sur lesquelles sont gravées ou les légendes ou les cordonnets, moitié sur l'une & moitié sur l'autre. Une de ces lames est immobile, & fortement attachée avec des vis sur une plaque de cuivre, qui l'est elle-même à une table ou étably de bois fort épais; l'autre lame est mobile, & coule sur la plaque de cuivre par le moyen d'une manivelle & d'une roue ou pignon de fer, dont les dents s'engrainent dans d'autres especes de dents qui sont sur la superficie de la lame coulante.

Le flaon placé horisontalement entre ces deux lames est entraîné par le mouvement de celle qui est mobile; ensorte que lorsqu'il a fait un demi-tour, il se trouve entiérement marqué.

Cette machine est si facile, qu'un seul homme peut marquer vingt mille flaons en un jour. Elle fut inventée par le Sieur Castaing Ingenieur du Roi; & l'on commença à s'en servir dans l'Hôtel des Monnoies de Paris au mois de Mai 1685.

Enfin lorsque les flaons sont marqués sur tranche, on les acheve au balancier, dont la description & l'usage se trouvent ailleurs. *Voyez* Graveur, Medaille *&* Balancier.

Les flaons ainsi marqués des trois empreintes, de l'effigie, de l'écusson & de la tranche, deviennent monnoies, ou comme on parle en termes de Monnoyer, deniers de monnoyage, mais ils n'ont cours qu'après la délivrance, c'est-à-dire, qu'après que les Juges-Gardes, qui les ont pesés à la piece & au marc, & qui ont examiné s'ils sont bien frappés, ont donné permission aux Maîtres des Monnoies de les exposer en public.

Monnoyage au marteau.

Pour cette sorte de fabrique de monnoie, les lames d'or, d'argent ou de cuivre ayant été tirées des moules ou chassis comme on l'a dit ci-dessus, on les étendoit sur l'enclume après les avoir fait recuire; ce qui s'appelloit Battre la chaude. Ayant été raisonnablement battues, elles se coupoient en morceaux; ce qu'on nommoit Couper carreaux. Ces carreaux étoient ensuite recuits & flattis, c'est-à-dire, recuits & étendus avec le marteau appellé Flattoir, puis ajustés; ce qu'on faisoit en coupant les angles avec des cisailles, après quoi en les coupant & arrondissant, on les réduisoit au poids des denereaux suivant les especes; ce qu'on appelloit Approcher carreaux. Enfin on les rechauffoit sur l'enclume, c'est-à-dire, qu'on achevoit de les arrondir avec un marteau nommé Rechauffoir, qui rabattoit les pointes qui restoient encore à la tranche; ensorte qu'on les réduisoit au volume des pieces qu'on vouloit fabriquer; ce qu'on appelloit adoucir & quelquefois flattir.

Les carreaux en cet état se nommoient Flaons, qui étoient ensuite portés au blanchiment, comme on l'a dit du monnoyage au moulin, & enfin donnés au Monnoyer pour les frapper au marteau.

Pour cette derniere opération qui achevoit la monnoie, on se servoit de deux poinçons ou coins; l'un nommé la Pile, & l'autre le Trousseau. Tous deux étoient gravés en creux; la pile portoit l'écusson, le trousseau l'effigie du Prince ou la croix; & l'un & l'autre leur légende, le grenetis, le millesime, &c.

La pile qui avoit environ huit pouces de hauteur, avoit une espece de talon au milieu, & finissoit en pointe. Elle avoit cette figure pour être plus facilement enfoncée, & plus solidement attachée au billot nommé Ceppeau, sur lequel se battoit la monnoie.

Le Monnoyer ayant mis le flaon horisontalement sur la pile, & le couvrant ensuite du trousseau qu'il tenoit ferme de la main gauche, il donnoit dessus ce trousseau plusieurs coups d'un maillet de fer qu'il tenoit de la main droite, plus ou moins suivant que l'empreinte des coins étoit plus ou moins gravée profondément.

Si le flaon après ces premiers coups n'avoit pas été suffisamment frappé, on le rengrenoit, c'est-à-dire, qu'on le remettoit entre la pile & le trousseau, jusqu'à ce que les empreintes de l'un ou de l'autre fussent parfaitement marquées. Ainsi s'achevoient les diverses especes de monnoies au marteau, qui non plus que celles que l'on fait aujourd'hui au moulin n'avoient cours qu'après que la délivrance en avoit été faite par les Juges-Gardes.

Comme les termes de Rengrener & de Rengrenement ont différentes significations qui ne regardent pas la monnoie, & qui meneroient trop loin, on en fera des articles exprès où l'on peut avoir recours.

Monnoyage. Depuis que le monnoyage au moulin inventé en France, a été imité dans quelques autres Etats de l'Europe, il faut avouer que ce sont les Anglois qui l'ont poussé à sa plus grande perfection, non-seulement par la beauté de leur gravûre, mais encore par l'invention des empreintes sur la tranche, si sûre pour empêcher l'altération des especes, comme on l'a dit ci-dessus. Avant cela leur monnoie se fabriquoit au marteau comme ailleurs; & ce n'est même que bien tard que ces dernieres especes ont cessé d'avoir cours en Angleterre, à cause de la grande altération que les Etrangers, sur-tout les Hollandois, à ce que prétend un Auteur moderne, y avoient faite depuis l'année 1689; de sorte qu'elles étoient diminuées par la rogneure des Billonneurs de Hollande, de près de la moitié de leur véritable poids.

Le monnoyage d'Angleterre se fait à Londres, dans ce lieu si connu que l'on appelle la Tour, qui sert aussi de prison aux Criminels d'Etat. Autrefois on retenoit, comme dans les autres Etats où il se fabrique des monnoies, ce qu'on y nomme les Droits de Seigneuriage & de Brassage; mais depuis la dix-huitiéme année du Regne de Charles II, on ne prend plus rien ni pour le droit du Roi, ni pour les frais de la fabrication des especes; le Parlement ayant reglé par un de ses Bils, confirmé par Sa Majesté Britannique, que toute la monnoie se frapperoit aux dépens de l'Etat; ensorte que l'on rend poids pour poids aux Particuliers qui vont porter leurs matieres d'or & d'argent à la Tour.

Il n'y a que les especes au coin d'Angleterre qui soient de contrebande pour la sortie, & qu'il soit défendu d'envoyer hors de l'Isle; étant permis par un Acte du Parlement du 27 Juillet 1673, de faire sortir de la Grande Bretagne les especes étrangeres, aussi bien que l'or & l'argent en vaisselle, en barres ou en lingots. Il est vrai que dans le dernier Parlement (1718) il y a eu de longues contestations pour apporter quelque remede à cette licence, qui épuise l'Angleterre de ces riches métaux; mais inutilement, le Parlement ayant été cassé avant d'avoir pris aucune résolution.

La premiere fabrication des louis d'or sous Louis XIII, fut faite aux dépens du Roi qui supporta toute la perte des especes rognées & les frais du monnoyage, & cela a été pratiqué plusieurs fois en France.

Le monnoyage d'Espagne est un des moins parfaits qu'il y ait en Europe : il est établi à Séville & à Ségovie, qui sont les seules Villes de ce Royaume où il se fabrique des especes d'or & d'argent. Il est vrai qu'il vient du Mexique, du Perou, du Chilly, & des autres Provinces de l'Amérique Espagnole, une si grande quantité de piastres & d'autres especes d'or & d'argent, qu'à cet égard il faut avouer qu'il n'y a point d'État au monde où il se fabrique tant de monnoies que dans ceux du Roi d'Espagne.

En Moscovie le Czar ne fait battre de la monnoie que d'argent, & seulement dans les Villes de Moscou, de Novogorod, de Twere, & de Pleskou. L'on peut présentement y ajouter Petersbourg, cette Ville favorite du Czar Pierre Alexiowits. Le monnoyage de chacune de ces Villes est donné à ferme, & fait un des revenus des plus considérables du Grand Duc de Moscovie.

Le monnoyage de Perse se fait dans les Capitales de chacune des Provinces de ce Royaume. Toute la monnoie s'y frappe au marteau; ce qui doit s'entendre du reste de l'Asie, de l'Amérique, & des Côtes d'Afrique situées sur la Méditerranée, même de la Moscovie dont on vient de parler; l'invention du moulin n'étant point encore sortie de l'Europe, & n'y étant pas non plus établie par tout. Le droit Royal en Perse est de sept & demi pour cent de tout ce qui s'y fabrique d'especes; ce qui se réduit à l'argent & au cuivre; ne s'y fabriquant point de monnoie d'or, si ce n'est une espece de médailles à l'avenement des Rois à la Couronne.

A Erivan où il ne se fabrique que de la monnoie d'argent, les Monnoyeurs Persans mettent le métail dans une fosse avec le charbon; & lorsqu'il est fondu, ils le jettent en lingots qu'ils forgent ensuite, & qu'ils étendent en lames; après quoi les uns les coupent, les autres les ajustent en flaons, ceux-là les pesent, ceux-ci les applatissent à coups de marteau : enfin les derniers, qui sont les principaux Officiers des Monnoies, y donnent l'empreinte; ce qui se pratique à peu près dans toutes les autres monnoies de Perse.

A Fez & à Tunis il n'y a aucune discipline pour le monnoyage; chaque Orfévre, Juif ou Particulier s'en mêlant; ce qui rend les monnoies fort mauvaises, & le commerce peu sûr.

MONNOYE, en général. C'est une portion, de quelque matiere que ce soit, à laquelle l'autorité publique, la coutume ou l'usage ont donné un poids & une valeur certaine, pour servir dans le commerce.

Dans ce sens il y a eu & il y a encore des monnoies d'or, d'argent, de billon, de cuivre, de fer, d'étain, de cuir, & de carte; enfin de divers coquillages & de quelques fruits, amandes, & grains.

MONNOYE, dans une signification moins étendue. Ne se dit que des menues & foibles especes de billon ou de cuivre, qui servent à changer celles qui sont d'une plus grande valeur. De cette sorte de monnoie sont les sous, les liards de France, les maravedis d'Espagne, les reis en Portugal, les patars de Hollande, les mangours de Turquie, & tant d'autres qui ont cours dans presque tous les Etats du monde, & qui sont d'une si grande commodité dans l'achat & la vente journaliere des denrées, & petits payemens qui se font dans le négoce.

L'on a déja remarqué dans l'article du Commerce, qu'on n'a point d'époque certaine de l'invention de la monnoie, & qu'il n'y a gueres plus de certitude dans tout ce qu'on dit de ceux qui en ont été les premiers inventeurs. On ajoutera seulement ici que la monnoie dans ses commencemens, de quelque métail ou matiere qu'elle ait été d'abord, a eu le sort de toutes les nouvelles inventions, & que ce n'est que successivement qu'elle est parvenue à l'état où nous la voyons en Europe : car pour les trois autres parties du monde, elles retiennent encore presque toutes quelque chose de l'ancienne institution des monnoies pour celles qui se fabriquent chez elles.

Il y a bien de l'apparence, quoiqu'on dise des monnoies de carte ou de cuir, dont se servirent d'abord les hommes, que les premieres monnoies furent de métail, moins pour leur prix qu'à cause de leur solidité qui les fait durer long-tems, & de leur usage presque universel pour tous les instrumens, les outils, & les ustenciles dont on ne peut se passer dans quelque art, métier ou profession que ce soit.

Après qu'on eut reconnu par une longue expérience l'incommodité du commerce qui se faisoit par les échanges, & qu'on vit qu'il y avoit même plusieurs des marchandises qui ne pouvoient se partager & se couper sans perdre beaucoup de leur prix, & sans de grands déchets; on s'apperçut aussi d'un autre côté qu'il n'y avoit gueres que les métaux qui ne diminuoient point de bonté, & si on peut le dire, d'intégrité par le partage; puisqu'il étoit facile en les refondant de les remettre en masse, de quel poids & de quel volume on les vouloit.

Ce fut donc cette propriété des métaux qui accoutuma d'abord les peuples qui négocioient ensemble, à les faire tenir lieu d'une partie des autres marchandises dans leurs échanges, & ensuite à les y substituer entiérement; comme ce fut aussi une autre propriété qu'ils ont de recevoir facilement & de conserver long-tems toutes sortes d'empreintes, qui, pour ainsi dire, les confirma dans le droit de servir dans le négoce, lorsque la police pour la sûreté du commerce prit part à la fabrique de la monnoie naissante.

Dans les premiers tems chacun coupoit son métail en morceaux de différentes grandeurs & de diverses formes, suivant ce qu'il en vouloit donner pour la marchandise qu'il desiroit acheter, ou que lui en demandoit le Marchand qui la vouloit vendre.

Il parut ensuite plus commode d'avoir des morceaux de métail tout pesés; & comme il en falloit de différens poids, suivant la valeur des différentes denrées, on marqua tous ceux d'une même pésanteur avec un semblable chiffre, ou du moins avec une marque pareille.

Enfin la mauvaise foi troublant le commerce si utile de la monnoie naissante, par les fraudes qui se commettoient dans le poids ou dans la matiere, l'autorité publique intervint, & de là sont venues les premieres empreintes des monnoies, auxquelles succederent le nom des Monnetaires, & depuis encore les effigies des Princes, les années des Consulats, les légendes, les millesimes, les grenetis & les autres marques & précautions qu'on a prises depuis contre l'altération des monnoies, dont on dira quelque chose dans la suite.

Sur le pied qu'est présentement la monnoie, on la peut diviser en monnoie réelle & effective, & en monnoie imaginaire & de compte.

L'on nomme Monnoie réelle & effective, toutes les especes d'or, d'argent, de billon, de cuivre ou d'autres matieres qui ont cours dans le commerce, & qui existent réellement, telles que sont les louis, les écus, les richedales, les piastres, les sequins, les ducats, les roupies, les abassis, les pagodes, les larins, & toutes celles dont on donnera la liste dans la suite de cet article, & qui sont expliquées avec leur réduction aux monnoies de France dans divers articles de ce Dictionnaire.

La monnoie imaginaire ou de compte est celle qui n'a jamais existé, ou du moins qui n'existe plus en especes réelles, mais qui a été inventée ou retenue pour faciliter les comptes, en les dressant toujours sur un pied fixe, & qui ne change pas comme les monnoies qui ont cours, que l'autorité du Souverain peut augmenter ou diminuer à sa volonté, suivant les besoins de l'Etat.

Il y a cependant encore quelques endroits où des monnoies courantes servent aussi de monnoies de compte. On donnera plus bas un état de toutes les monnoies de compte, tant de l'Europe, que des autres parties du monde où les Européens portent leur commerce.

On remarquera avec M. Boissart, de l'excellent Traité duquel on a emprunté plusieurs choses dans cet article des Monnoies, que la monnoie de compte est composée de certain nombre d'especes qui peuvent changer dans leur substance, mais qui sont toujours les mêmes dans leur qualité: Par exemple, cinquante livres sont composées de cinquante pieces appellées livres, qui ne sont pas réelles, mais qui peuvent être payées en diverses especes réelles qui peuvent changer, comme en louis d'or ou d'argent, qui augmentent ou diminuent souvent de prix.

L'on peut considerer plusieurs qualités dans les monnoies réelles; les unes qui sont comme essentielles & intrinseques aux especes, sçavoir la matiere & la forme; & les autres seulement arbitraires, & en quelque sorte accidentelles, mais qui ne laissent pas d'en être inséparables, comme le volume, la figure, le nom, le grenetis, la légende, le millesime, le différent, le point secret & le lieu de fabrication. On va parler en peu de mots des unes & des autres.

La qualité la plus essentielle de la monnoie est la matiere. En Europe on n'y employe que l'or, l'argent & le cuivre. De ces trois métaux il n'y a plus que le cuivre qu'on y employe pur; les autres s'allient ensemble; l'or avec l'argent & le cuivre, & l'argent seulement avec le cuivre. C'est de l'alliage de ces deux derniers que se compose cette matiere ou métail qu'on appelle Billon.

Les dégrés de bonté de l'or ou de l'argent monnoyés s'estiment & s'expriment différemment. Pour l'or on se sert du terme de Carats, & pour l'argent de celui de Deniers. *Voyez les articles de l'*Or *& de l'*Argent, *dans lesquels ces termes sont expliqués. Voyez aussi ceux de* Carat, *& de* Denier.

Plusieurs raisons semblent avoir engagé à ne pas travailler les monnoies sur le fin, & à se servir d'alliage; entr'autres le mélange naturel des métaux, la dépense qu'il faudroit faire pour les affiner, la nécessité de les rendre plus durs pour empêcher que le frai ne les diminue, & la rareté de l'or & de l'argent dans de certains Pays.

L'autre chose essentielle à la monnoie après la matiere, est ce que les Monnoyers appellent la Forme, qui consiste au poids de l'espece, en la taille, au remede de poids, en l'impression qu'elle porte, & en la valeur qu'on lui donne.

Par le poids on entend la pésanteur que le Souverain a fixée pour chaque espece; ce qui sert en les comparant, à reconnoître celles qui sont entiéres d'avec celles qui sont altérées; ou même les bonnes d'avec celles qui sont fausses ou fourrées.

La taille est la quantité des especes que le Prince ordonne qui soient faites d'un marc d'or, d'argent ou de cuivre.

Le remede de poids est la permission qui est accordée aux Maîtres des Monnoies, de pouvoir tenir le marc d'especes plus foible d'une certaine quantité de grains que le poids juste; ce qui s'appelle Foiblage.

L'impression, qu'on nomme aussi Image, est l'empreinte que reçoit chaque morceau de métail; la marque qui lui donne cours dans le public, qui le fait devenir denier de monnoyage, en un mot qui le fait piece de monnoie; marque sans laquelle il n'est qu'un simple morceau d'or, d'argent ou de cuivre, qui peut bien être employé à divers ouvrages, ou vendu comme une autre marchandise, mais non pas être reçû sur le pied de ceux qui portent cette impression ordonnée par le Souverain.

Enfin la valeur de la monnoie, c'est le pied sur lequel les especes sont reçues dans le commerce, pied bien différent de leur prix intrinseque; à cause qu'outre la valeur de la matiere, les droits du Prince qu'on appelle Seigneuriage, & les frais de la fabrication qu'on nomme Brassage, y doivent être ajoutés.

A l'égard des qualités moins essentielles, le volume de la monnoie n'est autre chose que la grandeur & l'épaisseur de chaque piece. La figure c'est cette forme extérieure qu'elle a à la vûe; ronde en France, irréguliere & à plusieurs angles en Espagne, quarrée en quelques lieux des Indes, presque sphérique dans d'autres, ou de la forme d'une petite navette en plusieurs.

Le nom lui vient, tantôt de ce que répresente l'empreinte, comme les Moutons & les Angelots; tantôt du nom du Prince, comme les Louis, les Philippes, les Henris; quelquefois de leur valeur, comme les quarts d'écus & les pieces de quatre sous; & d'autres fois du lieu où les especes sont frappées, comme autrefois les Parisis & les Tournois.

Le grenetis est un petit cordon fait en forme de

grain, qui regne tout autour de la piece, & qui enferme les légendes des deux côtés. Outre l'ornement que les pieces en reçoivent, il rend plus difficile l'altération des monnoies qui se fait par la rogneure. On a depuis ajouté les légendes ou les cordonnets sur la tranche, qui acheve de rendre cette sorte d'altération impossible.

La légende est l'inscription qui est gravée d'un côté autour de l'effigie, & de l'autre autour de l'écusson, ou qui quelquefois remplit tout un des côtés d'une piece de monnoie. On vient de dire qu'il y a une troisiéme légende qui se met sur la tranche. La légende de l'effigie contient le nom & les qualités du Prince qui y est représenté; les autres sont ordinairement composées de quelque verset de l'Ecriture Sainte, ou de quelques mots, comme ceux des devises, ou même du prix de la piece. On ne parle que de ce qui se pratique présentement, & particulierement en Europe.

Le millésime marque l'année que chaque piece a été frappée. Depuis l'Ordonnance de Henri II. de 1549, elle se met en chiffres Arabes du côté de l'écusson: auparavant on ne connoissoit gueres le tems du monnoyage que par le nom du Prince ou celui des Monnoitaires.

Le différent est une petite marque que les Tailleurs particuliers & les Maîtres des Monnoies choisissent à leur fantaisie; comme un soleil, une rose, une étoile, un croissant, &c. Elle ne se peut changer que par l'ordre de la Cour des Monnoies ou des Juges-Gardes. Elle se change nécessairement à la mort des Tailleurs & des Maîtres, ou quand il y a de nouveaux Juges-Gardes ou Essayeurs.

Le point secret étoit autrefois un point qui n'étoit connu que des Officiers de chaque Monnoie. Il se mettoit sous quelque lettre des légendes, pour indiquer le lieu des fabriques. Le point secret de Paris, par exemple, se plaçoit sur le dernier E de *Benedictus*, & celui de Rouen sous le B du même mot. Ce point n'est plus d'usage; on se contente présentement de la lettre de l'alphabet Romain, que les Ordonnances des Rois ont attribuée à chaque Ville où il se fabrique des monnoies.

Cette lettre, en termes de Monnoies, s'appelle Lieu de fabrication, ou Différent de Ville. Elle fut réglée par l'Ordonnance du mois de Janvier 1549. Elle se place communément au dessous de l'écusson ou à la pointe du millésime.

Il ne se peut faire de changement dans ces lettres que par des Edits ou Déclarations. C'est aussi par la même autorité que se donnent les différents ou lettres alphabétiques aux Villes où il se fait de nouveaux établissemens d'Hôtels des Monnoies.

Lettres en usage dans les Monnoies de France, pour marquer le lieu de fabrication, & servir de différent de Ville.

Paris,	A	Bayonne,	L
Rouen,	B	Toulouse,	M
Caen,	C	Montpellier,	N
Lyon,	D	Riom,	O
Tours,	E	Dijon,	P
Angers,	F	Perpignan,	Q
Poitiers,	G	Orléans,	R
La Rochelle,	H	Rheims,	S
Limoges,	I	Nantes,	T
Bordeaux,	K	Troyes,	V
Amiens,	X	Besançon,	CC
Bourges,	Y	Lille,	W
Grenoble,	Z	Pau,	U
Metz	AA	Aix,	&
Strasbourg,	BB	Rennes,	9

Toutes ces différentes marques & empreintes que l'on voit sur les monnoies, ont été successivement imaginées; quelques-unes pour le simple ornement des especes; mais la plupart pour en empêcher l'altération, ou pour reconnoître si elles ont été altérées, & de quelle maniere elles l'ont été.

On appelle Fausse-monnoie, celle qui n'est pas fabriquée avec les métaux ordonnés par l'Edit du Prince ou du Souverain Magistrat, comme des Louis d'or de France, qui ne seroient que de cuivre doré, ou des Louis d'argent faits d'étain, de plomb ou d'alchimie, couverts de quelques feuilles de fin.

La monnoie altérée est celle qui n'est pas faite au titre & du poids portés par les Ordonnances; ou qui ayant été fabriquée de bonne qualité, a été diminuée de son poids, en la rognant & la limant sur la tranche, ou en enlevant quelque partie de la superficie avec de l'eau régale, si c'est de l'or, ou avec de l'eau-forte, si c'est de l'argent.

Il y a une autre sorte de monnoie, qu'on nomme de la Monnoie fourrée, qui tient, pour ainsi dire, le milieu entre la fausse monnoie & la monnoie altérée. Elle est faite d'un morceau de fer, de cuivre, ou de quelque autre métail, que le Faux-Monnoyeur couvre des deux côtés de lames d'or ou d'argent, suivant l'espece qu'il veut contrefaire, & qu'il soude proprement & avec justesse tout autour de la tranche. Ce faux flaon se frappe comme les véritables, & peut même recevoir la légende & le cordonnet de la tranche; ce qui rend ces sortes de pieces très difficiles à reconnoître. On peut néanmoins les découvrir ou par le poids, ou par le volume, qui ne sont jamais bien semblables à ceux des bonnes especes, sur-tout le volume, qui est toujours ou plus épais ou plus étendu.

L'on peut commettre deux sortes de crimes capitaux sur le fait des monnoies; l'un est le crime de fausse monnoie, & l'autre celui de billonage.

Le crime de fausse monnoie est en France du nombre de ceux qui s'appellent crimes de Leze-Majesté au second chef, & qui s'y punissent de mort. Les Faux-Monnoyeurs y étoient autrefois condamnés à la peine du feu, ou comme disent les anciennes Ordonnances, à être bouillis & puis pendus. Quelquefois néanmoins on se contentoit de leur couper le poingt, comme on le voit dans les Capitulaires de Charles-le-Chauve: présentement on leur coupe la tête, ou on les pend, suivant qu'ils sont nobles ou roturiers.

Le crime de faux qui se commet en fait de monnoie, ne consiste pas seulement dans la fausseté de la matiere dont on fabrique les especes. L'on est aussi réputé Faux-Monnoyeurs, quand on se charge sciemment de fausse monnoie pour l'exposer, quand on altere la bonne, soit en la rognant & la limant, soit en la lavant avec diverses eaux fortes. On devient pareillement coupable du crime de fausse monnoie, en achetant l'or & l'argent qu'on sçait qui provient des raclures, limailles & autres altérations des especes; on l'est aussi quand on la fabrique sans la permission du Souverain, ou en d'autres lieux que ceux destinés pour le monnoiage, quoiqu'elle soit du titre & du poids ordonné, ou quand on falsifie l'image du Prince ou l'inscription qui y doit être.

Enfin les Monnoitaires & Monnoyers ne laissent pas d'être réputés Faux-Monnoyeurs & punis comme tels, quoiqu'ils travaillent avec l'autorité du Souverain & dans les Hôtels des Monnoies, s'ils font les especes plus foibles & de moindre titre que ne portent les Ordonnances.

A l'égard du billonage qui est le second crime capital sur le fait des monnoies, c'est un profit indu que l'on fait sur les especes au préjudice des Ordonnances; les Billonneurs de cette sorte sont sujets aux même peines que les Faux-Monnoyeurs. Il y a néanmoins un billonnage qui n'est pas défendu, & il y avoit autrefois des Billonneurs en titre d'Office, qui avoient soin de ramasser le billon propre à être refondu & à être employé au monnoyage des especes; ce sont présentement les Changeurs qui font une partie de leurs fonctions. On parle ailleurs de tout ce qui regarde cette matiere. *Voyez* BILLON, BILLONNAGE, BILLONNER, BILLONNEUR. *Voyez aussi* CHANGE & CHANGEUR.

Monnoies de compte de l'Europe & de l'Asie.

On ne parle ici que des monnoies de compte de ces deux parties du monde, l'Amérique n'en ayant point de particulieres, les Nations de l'Europe qui y ont des établissemens y ayant porté les leurs, & ne se servant que de la maniere de compter usitée dans les Etats des Princes d'où sont sorties leurs colonies.

A l'égard de l'Afrique, les Villes de Barbarie & celles de l'Egypte où les Européens font commerce, ne comptent gueres autrement que dans le Levant & dans les Etats du Grand-Seigneur; car pour le reste de cette grande étendue de Côtes où se fait la traite des Negres & le négoce du morfil, de la poudre d'or, de la cire, des cuirs & de quelques autres marchandises; ou bien leurs misérables Habitans ne connoissent point ce que c'est que monnoie de compte, ou s'ils en ont présentement ce sont celles que les Etrangers qui se sont établis parmi eux y ont portées. On parlera néanmoins de la Macoute & de la Piece, manieres de compter de quelques-uns de ces Barbares, qui peuvent en quelque sorte passer pour monnoie de compte.

En France l'ancienne monnoie de compte étoit le parisis, le tournois & l'écu d'or sol ou au soleil; mais depuis l'Ordonnance de 1667 on n'y compte plus qu'en livres, sols & deniers tournois. La pite, maille ou obole, la demi-pite, le franc, le blanc & le carolus y sont encore des monnoies de compte. On y compte aussi quelquefois par pistoles.

En Espagne, c'est le peso, les ducats d'argent & de vellon, la réale de vellon, le cornados & les maravedis d'argent & de vellon.

En Angleterre, la monnoie de compte est la livre, le sol & le denier sterling. On y compte aussi par pundt & par piece, ce qui revient au même; ces deux monnoies n'étant autre chose que la livre sterling sous d'autres noms.

En Hollande, en Zelande, dans le Brabant & à Cologne, on se sert de la livre, sols & deniers de gros. L'on y a pareillement les florins, les patards & les pennins, les Marchands & Banquiers se servant indifféremment de l'une & de l'autre maniere de compter & de tenir leurs livres.

En Suisse & dans plusieurs des principales Villes d'Allemagne, entr'autres à Francfort, on a les florins, mais sur un autre pied qu'en Hollande, les creux ou creutzers, & les pennins; dans d'autres comme à Nuremberg, les richedales, les florins & les creuxs; dans d'autres encore les richedales, les dalles, les marcs ou marques, les sols & deniers lubs. Ces trois derniers sont de même la monnoie de compte de Hambourg, où pourtant l'on se sert aussi de la livre, sols & deniers de gros.

Ausbourg & Bolzamont les talers & les creuxs; Naumbourg, les richedales, les gros & les fenins; Strasbourg, ses florins, ses creuxs & ses pennins; & Liege, ses livres, sols & deniers.

L'Italie a différentes monnoies de compte, & il y en a presque autant que de Villes de commerce. A Rome ce sont les écus, livres, sols & deniers d'or d'estampe, ou, comme ils disent, di stampa; à Venise les ducats & gros de banque, les ducats courants & les sols, livres & deniers: on se sert de ces quatre derniers à Lucques & à Bergame, & seulement des trois derniers à Boulogne, à Milan, à Geneve & en Savoie; mais Geneve a encore ses florins, & Livourne & Genes leurs piastres, outre les livres, sols & deniers. A Nove les monnoies de compte sont, les écus, sols & deniers d'or de marc: à Raconis les livres de compte, les florins & les gros; à Messine, à Palerme & dans toute la Sicile, les onces, les taris ou tarins, les grains & les picolis; à Ancone l'écu, le sol & le denier; à Naples, le ducat & le grain; enfin à Malte le tarin, le carlin & le grain.

A Dantzic & dans toute la Pologne, aussi bien qu'à Berlin & dans presque tous les Etats du Roi de Prusse, les monnoies de compte sont les richedales, les roups & les grochs, ou quelquefois le florin, le gros & le denier.

Les Hongrois ont leurs hongres & demi-hongres; les Suedois leurs dalles d'argent & de cuivre; les Danois leurs richedales, leurs hors & leurs schelings; & les Moscovites leurs rouples, leurs altins & leurs grifs ou grives.

L'Empire du Turc, soit en Europe, soit en Asie, soit en Afrique, a pour maniere de compter ce qu'on appelle des bourses; les unes d'argent qui sont les plus communes, les autres d'or dont on ne se sert que dans le sérail, & des demi-bourses d'or qu'on nomme Rizés. Les Marchands ont outre cela pour monnoies de compte les piastres ou abouquels, les meideins & les aspres.

En Perse c'est le toman, qu'on nomme aussi Man & Tumein, & le Dinar-bisti. On y compte encore en larins, particuliérement à Ormus & sur les Côtes du Golfe Persique. Les larins sont aussi en usage pour compter parmi les Arabes & plusieurs autres peuples d'Asie, & encore en beaucoup de lieux des Isles & du continent des Indes Orientales.

Dans la Chine, le pic, le picol & le tach qui sont des poids, y servent en même tems de monnoies de compte, ce qui s'étend jusques dans le Tunquin.

Le Japon a ses schuites, ses cockiens, ses oebans ou oubans & ses telles. L'Isle de Java, ses santa, ses sapacou, ses fardos & ses catis. Cette derniere monnoie de compte, aussi-bien que le lecth est d'un grand usage dans toutes les Indes Orientales, mais avec quelque changement de nom, ou peut-être seulement de prononciation, comme on l'explique

plique aux articles du Catis & du Lecth.

Enfin Surate, Agra & le reste des Etats du Grand-Mogol, ont leurs lacres ou acres; & Goa & tout le Malabar leurs tangas, leurs vintins & leurs pardaos xerafins.

Il y a plusieurs autres Isles, Villes & Etats des Indes Orientales dont on n'a point rapporté ici les monnoies de compte, tant parce qu'elles se réduisent toutes à quelqu'une de celles desquelles on vient de parler, que parce qu'en effet il n'en est fait aucune mention, soit dans la grande quantité d'Auteurs ou de relations qu'on a consultés, soit dans les mémoires qui ont été fournis à l'Auteur de ce Dictionnaire.

L'on peut mettre encore au nombre des monnoies de compte les millions simples & les millions d'or de France, les millions sterlings d'Angleterre, & les tonnes d'or de Hollande, de Flandre & de quelques Villes de la Basse-Allemagne.

La macoute & la piece sur lesquelles se font les évaluations des marchandises qui s'échangent sur quelques Côtes d'Affrique, depuis le Cap Verd jusques au Cap de Bonne Esperance, ne sont pas à la vérité des monnoies de compte parmi des Barbares qui ne connoissant aucunes monnoies réelles, ne peuvent avoir occasion de les évaluer sur des monnoies imaginaires; mais on peut dire qu'elles leur en tiennent lieu, puisque c'est sur le pied de l'une ou de l'autre qu'ils estiment également & les marchandises du Pays, & celles qu'on leur apporte d'Europe.

A Loango de Boirie & quelques autres lieux de la Côte d'Angole, les estimations se font par macoutes; & à Malimbo & Cabindo qui sont aussi sur la même Côte, les Negres comptent par pieces; chez les premiers la macoute vaut dix, & il faut dix macoutes pour cent qui est aussi une espece de monnoie de compte parmi eux; chez les autres la piece ne vaut qu'un, mais elle s'augmente par addition jusqu'à tel nombre qu'il convient pour la traite des marchandises d'Affrique, & leur échange contre celles d'Europe. On parle ailleurs de la maniere de faire ces évaluations. *Voyez* MACOUTE. *Voyez aussi* PIECE.

Toutes les différentes monnoies de compte rapportées dans cette liste, dont on s'est contenté de donner ici seulement les noms, sont amplement expliquées à leurs articles particuliers. On peut aussi lire l'article des Livres des Marchands, où il est parlé de la maniere de les tenir par toute l'Europe.

Monnoies & especes courantes de l'Europe, de l'Asie, de l'Affrique & de l'Amérique.

Toutes les monnoies qui ont cours dans ces quatre parties de la terre, sont faites de métaux, ou sont des coquillages & des fruits.

Les métaux sont l'or, l'argent, le cuivre, l'étain, & le plomb; de l'argent & du cuivre alliés ensemble en certaine proportion, se fait comme un sixiéme métail qu'on appelle Billon.

En Europe il n'y a que l'or, l'argent, le billon & le cuivre qui servent à la fabrication des monnoies. Dans quelques endroits des Indes Orientales outre l'or, l'argent & le cuivre on y emploie l'étain & le plomb; pour les coquillages & les fruits ce sont la menue monnoie de bien des lieux de l'Asie, de l'Affrique & de l'Amérique.

En 1718 il n'y avoit en France qu'une seule espece d'or, le louis d'or avec ses diminutions, sçavoir le demi & le quart; & ses augmentations, le double louis & le quadruple. On y a vu bien avant dans le dix-septiéme siécle des lys & des écus d'or; mais ils n'y ont plus cours. Les especes d'argent qui se fabriquoient en France en la même année, étoient les écus ou louis blancs avec leurs diminutions; sçavoir les demi, les quarts & les pieces de dix & de cinq sols. Le billon, qui sont les sols, y étoit de deux sortes, les uns de quinze deniers, les autres de vingt un. On peut ajouter les deniers qui ont cours dans le Lyonnois, en Provence & dans le Dauphiné. Enfin la monnoie de cuivre de France, qui est le liard de trois deniers, à qui on donne aussi assez communément le nom de double.

Les différens changemens arrivés en France depuis le mois de Mai 1718 jusqu'au même mois 1726, tant sur les especes d'or & d'argent, que sur les billets qui ont tenu lieu d'especes pendant ces dernieres années, font encore naître dans le commerce une infinité de contestations, sur lesquelles il est difficile aujourd'hui de statuer quelque chose de certain; la multiplicité des Edits & Arrêts qui sont intervenus sur cette matiere, a produit des variations que l'on a jugé à propos de fixer sous un simple point de vûe, en les rappellant sous chacune des trois especes qui ont eu cours pendant ces huit années, n'étant point survenu de changement depuis ce tems-là.

DETAIL SOMMAIRE DES

augmentations, diminutions & autres variations arrivées en France sur le fait des monnoies tant d'Or que d'Argent, depuis le mois de Mai de l'année 1718, jusqu'au pareil mois de l'année 1726.

VARIATIONS SUR L'OR.

Les Louis d'or au Chevalier (ainsi nommés, à cause de l'empreinte qui étoit une croix de Chevalier avec trois fleurs-de-lys au centre) sont à la taille de 25 au marc; ils ont été fabriqués au mois de Mai 1718, & avoient cours d'abord pour 36 l.

Par Arrêt du 4 Décembre 1718, la Banque générale établie le 2 & 20 Mai 1716, est déclarée Banque Royale.

Arrêt du 7 Mai 1719, les louis diminués à 35 l.

Le 25 Juillet 1719, diminués à 34 l.

Le 23 Septembre 1719, mais publié le 25, diminués à 33 l.

Le premier Décembre 1719, le Roi déclare qu'il a été fait pour six cent quarante millions de billets de banque.

Ce même Arrêt permet aux créanciers d'exiger de leurs débiteurs leur payement en billets de Banque, même dans le cas où lesdits billets gagneroient sur les especes.

Edit du mois de Décembre 1719, qui ordonne une fabrication de Quinzains d'or du titre de 24 karats, à la taille de 65 $\frac{5}{11}$ au marc, qui auront cours pour 15 l.

Nota, que cet Edit n'a jamais été mis en exécution, à cause de la difficulté de travailler l'or à ce titre.

Le 3 Décembre 1719, les louis diminués à 32 l.

Ditto. A commencer le premier Janvier 1720, diminués à 31 l.

ditto. A commencer le premier Février 1720, diminués à 30 l.

Le 21 Décembre 1719, les billets de Banque sont fixés à 5 pour cent, au dessus de la valeur de l'argent courant; auquel prix on les délivroit à l'Hôtel de la Banque.

ditto. Il n'y a plus que les payemens au dessous de 10 livres, qui puissent être faits en argent, & au dessous de 300 livres qui puissent être faits en or. Les payemens au dessus desdites sommes doivent être faits en billets de Banque, à peine de confiscation du montant des payemens, & de trois cent livres d'amende.

Ceux qui doivent quelque chose au Roi, & qui n'auront point de billets de Banque, seront obligés de payer cinq pour cent au dessus en payant en especes.

ditto. Les lettres de change même étrangeres doivent être payées en billets de Banque.

Le 29 Décembre 1719, ordonné de faire pour trois cens soixante millions de billets de Banque, qui avec les six cent quarante millions du premier de ce mois, font en tout mille millions.

Le 22 Janvier 1720, les louis augmentés à 36 l.

ditto. Il est permis de transporter hors du Royaume les especes tant anciennes que nouvelles, & les matieres d'or & d'argent, même sans passeport.

Le Roi promet article V de ce même Arrêt, qu'il ne sera fait aucune augmentation du prix des especes, au delà de celle portée par l'Edit du mois de Mai 1718, qui mettoit l'argent monnoyé à 60 liv. le marc.

Le 28 Janvier 1720, les louis diminués à 34 l.

ditto. Les billets de Banque auront cours dans toute l'étendue du Royaume.

Le 31 Janvier 1720, suspension, ou pour mieux dire, révocation de la permission de transporter l'or & l'argent hors du Royaume.

Le 25 Février 1720, les louis augmentés à 36 l.

ditto. Il n'est plus permis de prendre 5 pour cent au dessus de l'argent courant, pour changer les especes en billets de Banque.

Le 27 Février 1720, défenses à qui que ce soit, même aux Communautés Ecclésiastiques de garder en leur possession plus que 500 livres en especes, à peine de confiscation de l'excédent, & de 10000 livres d'amende, ni aucune matiere d'or ou d'argent.

ditto. Défenses à toutes personnes de faire des payemens des sommes de cent livres & au dessus, autrement qu'en billets de Banque, à peine de 3000 liv. d'amende.

Nota, *que le Roi déclare dans ce même Arrêt que la quantité des Especes qui sont actuellement dans le Royaume, passe douze cent millions.*

Le 5 Mars 1720, les louis augmentés à 48 l.

ditto. Le Roi reçoit les billets de Banque de 100 liv. pour 110 liv. pour les taxes, impositions, &c.

Le 11 Mars 1720, à commencer le 20 ditto diminués à 42 l.

ditto. A commencer le premier Avril 1720, diminués à 36 l.

ditto. A commencer le premier Mai, l'usage de l'or est entiérement aboli dans le commerce, avec défenses aux Officiers des Hôtels des Monnoies de souffrir qu'il soit fabriqué à l'avenir aucunes especes d'or de quelque qualité qu'elles puissent être.

Le même Arrêt fait défenses à tous, tant François qu'Etrangers, de garder aucunes especes d'or de France ou étrangeres, ni aucune matiere d'or, passé le premier Mai prochain, à peine de confiscation. Ensemble de tous les effets mobiliers qui se trouveront en la possession des contrevenans.

Le 19 Avril 1720, les billets de Banque augmentés jusqu'à douze cent millions; ils ont été encore augmentés à la suite jusqu'à deux milliards six cens quatre-vingt-seize millions quatre cent mille livres, quoiqu'il n'ait jamais paru d'Arrêt pour cela. *Voyez* plus bas l'Arrêt du 10 Octobre 1720.

Le 21 Mai 1720, les billets de Banque réduits à moitié de leur premiere valeur : mais petit à petit à tant par mois de diminution, ensorte que le premier Décembre prochain un billet de 1000 livres, par exemple, n'aura plus cours que pour cinq cent liv. & ainsi des autres.

Cet Arrêt a causé une si grande consternation dans le public, & un dérangement si général dans le commerce, que six jours après on a publié l'Arrêt suivant.

Le 27 Mai 1720, révocation de l'Arrêt du 21 du présent mois, & les billets de Banque rétablis en entier comme auparavant.

Le 29 Mai 1720, les louis d'or remis dans le commerce sans rien dire, & mis sur le pied de 49 l. 10 s.

Par le même Arrêt Sa Majesté permet à ses sujets & à tous autres, de faire à l'avenir entrer dans le Royaume toutes les especes & matieres d'or & d'argent qu'ils voudront, sans être tenus de payer aucuns droits : au lieu qu'auparavant par Arrêt du 22 Janvier 1720, on étoit obligé de payer dix pour cent d'entrée sur toutes les especes & matieres d'or & d'argent.

Le premier Juin 1720, révocation de la défense de garder des especes, & permis de garder telle somme que l'on voudra.

Le 10 Juin 1720 à commencer le premier Juillet, diminués à 45 l.

ditto. A commencer le 16 Juillet, diminués à 40 l. 10 s.

Le 11 Juin 1720, suppression d'une partie des billets à mesure qu'ils entreront dans la caisse de la Banque; & ordonne qu'il sera fait pour cinq cent millions de billets d'une nouvelle façon. Ordonne que tous les payemens au dessus de 100 liv. seront faits en billets de Banque : le Roi les prend pour ses droits & impositions à 10 pour cent au dessus de leur valeur, pendant la présente année seulement.

Le 14 Juin 1720 à commencer le premier Aout, diminués à 36 l.

Le 14 Juin 1720, révocation de la défense faite aux Officiers des Hôtels des Monnoies, de ne plus fabriquer aucunes especes d'or, & ordre de faire incessamment des louis à la taille de 25 au marc, qui auront cours pour 49 l. 10 s.

Le 30 Juillet 1720, les louis d'or augmentés à 72 l.

ditto. A commencer le premier Septembre, diminués à 63 l.

ditto. A commencer le 16 Septembre, diminués à 54 l.

ditto. A commencer le premier Octobre, diminués à 45 l.

ditto. A commencer le 16 Octobre, diminués à 36 l.

Arrêt du 15 Aout 1720. Le Roi permet de

faire dans toutes sortes de Contrats, & autres Actes qui seront passés pour sommes au dessus de 1000 l. des stipulations pour payemens en especes d'or & d'argent: auquel cas lesdits payemens ne pourront être faits qu'avec lesdites especes, & non en billets.

Edit du mois de Septembre 1720, nouvelle fabrique de louis au même poids que les autres, c'est-à-dire, à la taille de 25 au marc. L'empreinte est deux LL couronnées d'une seule & même couronne, & trois fleurs-de-lys dis[illegible]ées une à chaque côté, & la troisiéme au dessous. Ils ont été mis d'abord à 54 l.

Les anciens au Chevalier, quoique précisément de même poids, décriés & portés à la monnoie, & reçûs seulement pour 36 l.

Le 10 Octobre 1720. C'est ici le fameux Arrêt qui supprime entiérement tous les billets de Banque, qui n'auront plus cours après le 1 Décembre prochain.

Ce même Arrêt dit que la totalité desdits billets de toute espece, a monté à la somme de deux milliards, six cent quatre-vingt-seize millions, quatre cent mille livres. Il fait ensuite une énumération de la quantité des billets qui ont été brûlés : en sorte (dit l'Arrêt) qu'il ne reste plus de billets de Banque dans le commerce que pour la somme d'un milliard, cent soixante-neuf millions, soixante douze mille cinq cent quarante livres.

Le 24 Octobre 1720, les vieux louis (au Chevalier) sont augmentés & reçus à la Monnoie pour 46 l. 16 f.

Le 24 Octobre 1720, à commencer le 1 Décembre, les nouveaux louis diminués à 45 l.

Ditto, à commencer le 1 Janvier 1721, diminués à 36 l.

Le dix-huit Novembre 1720, augmentés & remis à 45 l.

Quoique mention expresse n'en soit pas faite dans l'Arrêt, mais seulement le prix des autres especes, & par conséquent les especes courantes comprises.

Le 21 Juillet 1723, diminués à 44 l.

Ditto. Les louis au Chevalier, qu'on porte à la Monnoie avec un huitiéme en certificats de liquidation, seront reçûs à la piece pour 36 l.

Ditto. Ceux qu'on y portera sans papier seront reçûs pour 37 l. 16 f.

Le 5 Aout 1723, cet Arrêt fixe le poids que doivent avoir les louis pour avoir cours dans le public, & ordonne qu'ils seront reçûs au poids dans tous les payemens sur le pied de sept deniers quinze grains; ce qui a causé un grand embarras dans le commerce. Ceux qui ne peseront que 7 deniers 14 grains, perdront cinq sols; & ceux qui se trouveront plus legers, seront portés à la Monnoie, & reçûs au marc.

Edit du mois d'Aout 1723, diminués à 39 l. 12 f.

Ditto. Nouvelle fonte des especes d'or, & fabrication de petits louis à la taille de 37 ½ au marc, qui est la même chose pour la valeur que 25 au marc, trois nouveaux louis pesant précisément deux vieux. L'empreinte est deux LL en sautoir couronnées, ces petits louis de 37 ½ au marc, ont cours pour 27 l.

Le quatre Février 1724, mais publié le 11, diminués à 24 l.

Le 4 Février 1724, les louis de 25 au marc entiérement décriés. Défense d'en faire des payemens, ou d'en recevoir à peine de 3000 liv. d'amende, à l'exception toutefois des Bureaux des recettes des deniers Royaux, où ceux du poids de 7 deniers 15 grains seront reçûs pour 35 l. 5 f.

Le 27 Mars 1724, mais publié le 4 Avril suivant, les petits louis nouveaux diminués à 20 l.

Le 22 Septembre 1724, publié le même jour à 7 heures du matin, diminués à 16 l.

Et déclare Sa Majesté qu'il ne sera plus fait de diminutions sur la valeur des especes à l'avenir, ainsi qu'il sera plus au long expliqué par l'Edit de Réglement, qui sera incessamment publié.

Le 4 Décembre 1725 à commencer le 1 Janvier 1726, les petits louis sont néanmoins diminués à 14 l.

Ditto. A commencer le premier Février 1726, diminués à 12 l.

Edit du mois de Janvier 1726, refonte générale & fabrication de nouvelles especes d'or & d'argent, l'empreinte des louis, les armes de France & de Navarre en deux écussons un peu en biais, couronnées d'une seule & même couronne. Ces louis sont à la taille de 30 au marc, & ont cours pour 20 l.

De sorte que le marc d'or monnoyé est toujours comme auparavant à 600 liv.

Cet Edit permet le cours des anciennes especes jusqu'au premier Mai prochain, sur le même pied où elles sont à present de 12 liv. le petit louis de 37 ½ au marc du poids de cinq deniers deux grains, conforme à la derniere diminution; mais on n'en voyoit point dans le commerce, parce que le Roi les prenoit à un plus haut prix à la Monnoie pourvû qu'ils fussent du poids de cinq deniers deux grains pour douze liv. dix-huit sols. 12 l. 18 f.

Par Edit du mois de Février 1726, article XI, il est défendu pendant six années sous peine de mort, de faire entrer dans le Royaume aucunes especes de cette derniere nouvelle fabrique, quand même lesdites especes auroient été véritablement fabriquées dans les Hôtels des Monnoies de France.

Le 26 Mai 1726, les nouveaux louis de cette derniere fabrique de trente au marc, sont augmentés & auront cours pour 24 l.

La proportion entre l'or & l'argent est d'environ 14 ½ à 1, autrefois c'étoit de 15 à 1. *Voyez* à la fin de ce Mémoire après les variations sur l'argent, où il en est parlé plus amplement.

VARIATIONS SUR L'ARGENT.

Les écus dont l'empreinte est les armes de France & de Navarre en un même écusson, sont à la taille de 10 au marc, ils ont été fabriqués au mois de Mai 1718, & avoient cours d'abord pour 6 l.

Le 4 Décembre 1718, la Banque générale établie les 2 & 20 Mai 1716, est déclarée Banque Royale.

Le vingt-trois Septembre 1719, publié le vingt-cinq, diminués à 5 l. 16 f.

Le premier Décembre 1719, le Roi déclare qu'il a été fait pour six cent quarante millions de billets de Banque.

Le trois Décembre 1719, les écus diminués à 5 l. 12 f.

Ditto. A commencer le premier Janvier 1720, diminués à 5 l. 8 f.

Ditto. A commencer le premier Février 1720, diminués à 5 l. 4 f.

Edit du mois de Décembre 1719, ordonne une fabrique de livres d'argent du titre de douze den. de fin à la taille de 65 $\frac{5}{11}$ au marc, qui auront cours pour 1 l.

L'empreinte est l'écu de France en hauteur.

Le 10 Décembre 1719, à commencer le premier Janvier 1720, les pieces de 20 sols (non pas ces dernieres) diminuées à 18 s.

Ditto. A commencer le premier Février 1720, diminuées à 17 s.

Le 21 Décembre 1719, les billets de Banque fixés à cinq pour cent au dessus de la valeur de l'argent courant, & ce n'est qu'à ce prix qu'on les délivroit à la Banque.

Ditto. Il n'y a plus que les payemens au dessous de dix livres, qui puissent être faits en argent, & au dessous de trois cent livres qui puissent être faits en or. Les payemens au-dessus desdites sommes doivent être faits en billets de Banque, à peine de confiscation du montant des payemens, & de trois cent liv. d'amende.

Ditto. Les lettres de change même étrangeres doivent être payées en billets de Banque.

Le 29 Décembre 1719, ordonne de faire pour trois cens soixante millions de billets de Banque, qui avec les six cent quarante millions du premier de ce mois, font ensemble mille millions.

Le 22 Janvier 1720, les écus augmentés à 6 l.

Ditto. Il est permis de transporter hors du Royaume les especes tant anciennes que nouvelles & les matieres d'or & d'argent, même sans passeport.

Le 28 Janvier 1720, les écus diminués à 5 l. 13 s. 6 d.

Par le même Arrêt, les billets de banque auront cours dans toute l'étendue du Royaume.

Le 31 Janvier 1720, suspension, ou pour mieux dire, révocation de la permission de transporter l'or & l'argent hors du Royaume.

Le 7 Février 1720, à commencer le premier Mars prochain, les livres d'argent fin de 20 s. diminuées à 18 s.

Le 25 Février 1720, les écus augmentés à 6 l.

Ditto. Les livres d'argent fin augmentées à 1 l.

Le 25 Février 1720, il n'est plus permis de prendre cinq pour cent au dessus de l'argent pour changer les especes en billets de Banque.

Le 27 Février 1720, défenses à qui que ce soit, même aux Communautés Ecclésiastiques, de garder en leur possession plus que 500 livres en especes, à peine de confiscation de l'excédent & de 10000 liv. d'amende, ni aucune matiere d'or ou d'argent.

Ditto. Défenses à toutes personnes de faire des payemens de sommes de cent livres & au dessus, autrement qu'en billets de Banque, à peine de 3000 liv. d'amende.

Le 5 Mars 1720, les écus augmentés à 8 l.

Ditto. Les livres d'argent augmentées à 1 l. 10 s.

Ditto. Le Roi reçoit les billets de Banque de cent livres pour cent dix livres pour les taxes, impositions, &c.

Le 11 Mars 1720 à commencer le premier Avril diminués à 7 l.

Ditto. A commencer le premier Mai, diminués à 6 l. 10 s.

Ditto. A commencer le 1 Juin, diminués à 6 l.

Ditto. A commencer le premier Juillet, diminués à 5 l. 10 s.

Ditto. A commencer le premier Janvier 1721, les écus & demi-écus entiérement décriés & supprimés dans le commerce, & même ils ne seront plus reçus dans les Hôtels des Monnoies ni exposés en aucun payement, à peine de confiscation desdites especes; ensemble de tous les effets mobiliers qui se trouveront en la possession des contrevenans; ensorte qu'il n'y aura que des tiers, sixiémes & douziémes d'écus qui auront cours dans le commerce, avec défenses aux Officiers des Hôtels des Monnoies, de souffrir qu'il soit jamais fabriqué à l'avenir des écus ou autres especes d'argent plus pesantes que de la taille de trente au marc, c'est-à-dire, des tiers d'écus.

Les livres d'argent fin & les sixiémes d'écus, ont cours actuellement pour trente sols, ci 1 l. 10 s.

Et par ce même Arrêt du 11 Mars 1720, sont diminués à commencer le premier Mai prochain, à 1 l. 7 s. 6 d.

A commencer le 1 Juin, diminués à 1 l. 5 s.

A commencer le 1 Juillet, diminués à 1 l. 2 s. 6 d.

A commencer le 1 Aout, diminués à 1 l.

A commencer le 1 Sept. diminués à 17 s. 6 d.

A commencer le 1 Oct. diminués à 15 s.

A commencer le 1 Nov. diminués à 12 s. 6 d.

A commencer le 1 Déc. diminués à 10 s.

Edit du mois de Mars 1720, qui ordonne une nouvelle fabrication de louis d'argent, autrement tiers d'écus à la taille de 30 au marc; l'empreinte est de quatre doubles LL couronnées avec quatre fleurs de lys, une entre chaque deux couronnes: ils auront cours d'abord pour trois liv. 3 l.

Ce qui augmente l'écu à neuf livres 9 l.

Et par ce même Edit du mois de Mars qui ordonne la fabrication (chose peut-être sans exemple) ils sont aussi diminués par avance de mois en mois, de la maniere qui suit.

Les tiers d'écus de cette nouvelle fabrique ont donc cours d'abord pour 3 l.

A commencer le premier Mai 1720, diminués à 2 l. 15 s.

A commencer le 1 Juin, diminués à 2 l. 10 s.

A commencer le 1 Juillet, diminués à 2 l. 5 s.

A commencer le 1 Aout, diminués à 2 l.

A commencer le 1 Sept. diminués à 1 l. 15 s.

A commencer le 1 Octob. diminués à 1 l. 10 s.

A commencer le 1 Nov. diminués à 1 l. 5 s.

A commencer le 1 Déc. diminués à 1 l.

Le 19 Avril 1720, les billets de Banque augmentés jusqu'à douze cent millions, ils ont été encore augmentés à la suite (quoiqu'il n'ait jamais paru d'Arrêt pour cela) jusqu'à deux milliards six cent quatre-vingt-seize millions quatre cent mille livres. *Voyez* plus bas l'Arrêt du 10 Octobre 1720.

Le 21 Mai 1720, les billets de banque réduits à la moitié de leur valeur, mais petit à petit, à tant par mois de diminution; ensorte que le premier Décembre prochain un billet de 1000 liv. par exemple, n'aura plus cours que pour 500 liv. & ainsi des autres. *Voyez* l'article de l'Ordonnance de cette même datte.

Le 27 Mai 1720, révocation de l'Arrêt du 21 du present mois, & les billets de Banque rétablis en entier comme auparavant.

Le 29 Mai 1720, les écus remis dans le commerce sans rien dire, & diminués à 8 l. 5 s.

Le premier Juin 1720, révocation de la défense de garder des especes au delà de 500 liv. & permis de garder telle somme qu'on voudra.

Le 10 Juin 1720, à commencer le premier

Juillet, les écus diminués à 7 l. 10 s.

Ditto. A commencer le 16 Juillet, diminués à 6 l. 15 s.

Le 11 Juin 1720, suppression d'une partie des billets à mesure qu'ils entreront dans la caisse de la Banque, & ordonne qu'il sera fait pour cinq cent millions de billets d'une nouvelle façon.

Ditto. Ordonne que tous les payemens au dessus de cent livres seront faits en billets de Banque. Le Roi les prendra pour ses droits & impositions, à 10 pour cent au dessus de leur valeur, c'est-à-dire, un billet de 100 pour cent dix livres pendant la présente année seulement.

Le 30 Juillet 1720, les écus augmentés à 12 l.

Ditto. Le louis d'argent ou tiers d'écu augmenté à 4 l.

Ditto. La livre d'argent fin augmentée à 2 l.

Ditto. A commencer le 1 Septembre 1720, les écus diminués à 10 l. 10 s.

Ditto. A commencer le 16 Septembre, diminués à 9 l.

Ditto. A commencer le premier Octobre, diminués à 7 l. 10 s.

Ditto. A commencer le 16 Octobre, diminués à 6 l.

Nota. Que les tiers d'écu & les pieces d'argent au-dessous ont augmenté & diminué toujours à proportion de l'écu de dix au marc.

Edit du mois de Septembre 1720, les écus & demi-écus remis dans le commerce, & ordonne une nouvelle fabrication des especes d'argent, c'est-à-dire, des louis d'argent ou tiers d'écu à la taille de 30 au marc, avec défenses de faire des pieces plus fortes, l'empreinte est les armes de France en écusson long couronné, & auront cours pour 3 l.

Ce qui met l'écu à neuf livres ainsi augmenté à 9 liv.

Le même Edit ordonne de porter les anciens écus (aux armes de France & de Navarre) à la Monnoie, pour y être remarqués ou réformés de cette derniere empreinte, & quoique précisément du même poids de 10 au marc, on les y reçoit seulement pour 6

Le 10 Octobre 1720, c'est ici le fameux Arrêt qui supprime entierement tous les billets de Banque, qui n'auront plus cours après le premier Décembre prochain.

Ce même Arrêt dit que la totalité desdits billets de toute espece, a monté à la somme de deux milliards, six cens quatre-vingt-seize millions, quatre cens mille livres. Il fait ensuite une énumération de la quantité des billets qui ont été brûlés; en sorte (dit l'Arrêt) qu'il ne reste plus de billets de Banque dans le commerce que pour la somme d'un milliard, cent soixante-neuf millions, soixante-douze mille, cinq cens quarante livres.

Le 24 Octob. 1720, les vieux écus de 10 au marc augmentés & reçûs à la Monnoie pour 7 l. 16 s.

Le 24 Octobre 1720, à commencer le 1 Décembre, les nouveaux écus de la derniere fabrique diminués à 7 l. 10 s.

Ditto. A commencer le premier Janvier 1721, diminués à 6 l.

Le 18 Novembre 1720, augmentés & remis à 7 l. 10 s.

Quoique mention expresse n'en soit pas faite dans l'Arrêt, mais seulement le prix des autres especes, & par conséquent les especes courantes comprises.

Le 21 Juillet 1723, les vieux écus qu'on porte à la Monnoie avec un huitiéme en certificats de liquidations, seront reçus à la piece pour six livres l'écu, 6 liv.

Ditto. Ceux qu'on y portera, mais sans aucun papier de certificat, &c. seront reçûs pour 6 l. 6 s.

Le 9 Aout 1723, révocation de la défense faite le 11 Mars 1720 aux Officiers des Hôtels des Monnoies, de ne plus fabriquer des écus; & ordre d'en fabriquer de 10 au marc, & des mêmes empreintes que ceux réformés en conséquence de l'Edit de Septembre 1720, & auront cours pour 7 liv. 10 s.

Edit du mois d'Aout 1723, diminués à 6 l. 18 s.

Le 4 Février 1724, mais publié le 11, diminués à 6 l. 3 s.

Le 24 Mars 1724, mais publié le 4 Avril, diminués à 5 l.

Arrêt du 22 Septembre 1724, & publié le même jour à sept heures du matin, diminués à 4 l.

» Ditto. Déclare Sa Majesté qu'il ne sera plus
» fait de diminutions sur la valeur des especes à
» l'avenir; ainsi qu'il sera plus au long expliqué
» par l'Edit de Réglement qui sera incessamment
» publié.

Edit du mois de Septembre 1724, refonte générale de toutes les especes d'argent, & nouvelle fabrication des écus à la taille de 10 $\frac{1}{8}$ au marc, fixés (à ce que dit l'Edit) à quatre livres, 4 l.

Le même Edit ordonne de fabriquer des demis, des quarts, des huitiémes, & des seiziémes d'écus: le tout suivant la valeur de l'écu de 4 livres. L'empreinte de toutes les pieces de cette nouvelle fabrique est quatre fleurs de lys en croix couronnées, & huit L. dont deux entre chaque deux couronnes.

Sa Majesté par cet Edit change l'ancienne proportion entre l'or & l'argent. *Voyez* plus bas après toutes les variations sur l'argent.

Le 4 Décembre 1725, à commencer le premier Janvier 1726, les écus de cette derniere fabrique sont diminués à 3 l. 10 s.

Ditto. A commencer le premier Février 1726, diminués à 3 l.

Edit du mois de Janvier 1726, registré en la Cour des Monnoies le 4 Février, publié à Paris le même jour 4 Février; & on a commencé à payer en nouvelles especes dès le lendemain.

Cet Edit ordonne une fabrication de nouvelles especes d'or & d'argent, des écus, des demis, cinquiémes, dixiémes, & vingtiémes à proportion. L'empreinte de toutes ces pieces est les trois fleurs de lys en cercle un peu ovale, couronnées avec des lauriers à côté. Les écus sont à la taille de 8 $\frac{3}{10}$ au marc, & ont cours pour cinq livres, 5 l.

En sorte que le marc d'argent monnoyé est toujours comme auparavant à 41 livres 10 s.

Cet Edit permet le cours des anciennes especes jusqu'au premier Mai prochain sur le même pied où elles sont à présent, de trois livres l'écu, conforme à la derniere diminution du 4 Décembre 1725; mais on n'en voyoit point dans le commerce, parce que le Roi les prenoit à la Monnoie pour 3 l. 4 s.

Par Edit du mois de Février 1726, article XI, il est défendu pendant six années sous peine de mort, de faire entrer dans le Royaume aucunes especes de cette derniere nouvelle fabrique;

quand même lesdites especes auroient été véritablement fabriquées dans les Hôtels des Monnoies de France.

Le 26 Mai 1726, les nouveaux écus de cette derniere fabrique de 8 $\frac{3}{10}$ au marc, sont augmentés à 6 l.

On n'a rien dit dans ce Mémoire des variations des menues Monnoies de billon & de cuivre, dont le détail auroit été ennuyeux, il suffit de remarquer qu'elles ont presque toujours suivi le sort de l'écu dans toutes ses augmentations & diminutions, de la maniere la plus proportionnée dont elles sont capables, sans causer trop d'embarras dans le commerce.

L'on a promis de dire un mot de la proportion qui est entre l'or & l'argent, elle étoit autrefois comme de 15 à 1; mais parce que depuis quelques années la proportion de quantité a changé entre ces deux métaux, le Roi a jugé à propos de changer aussi l'ancienne proportion de valeur, & l'a réduit & fixé à *environ* 14 $\frac{1}{2}$ à 1 par son Edit du mois de Septembre 1724.

Sa Majesté dit à *environ* 14 $\frac{1}{2}$ à 1, parce qu'à la vérité il y a quelque petit avantage du côté de l'argent, c'est-à-dire, que 14 marcs & demi d'argent valent quelque chose de plus qu'un marc d'or. Pour vérifier ceci nous en allons faire le calcul, afin de le rendre sensible à tout le monde.

Au tems de l'Edit du mois de Septembre 1724, les louis d'or courans étoient de 37 $\frac{1}{2}$ au marc, & avoient cours pour 16 liv. en sorte que le marc d'or monnoyé valoit juste 600 liv. Les écus courans étoient de 10 $\frac{3}{8}$ au marc, & avoient cours pour 4 liv. ainsi le marc d'argent monnoyé valoit 41 l. 10 s. & les quatorze marcs & demi valoient 601 l. 15 s. ce qui est 35 s. de plus que le marc d'or. Voici encore une fois le même calcul par rapport aux especes actuellement courantes.

Les louis d'or aujourd'hui sont de 30 au marc & ont cours pour 24 liv. de sorte que le marc d'or monnoyé vaut 720 liv. Les écus d'aujourd'hui sont de 8 $\frac{3}{10}$ au marc, & ont cours pour 6 liv. de sorte que le marc d'argent monnoyé vaut 49 liv. 16 s. & les quatorze marcs & demi valent 722 l. 2 s. ce qui est comme on voit 42 sols de plus que le marc d'or. Mais après tout, il est impossible de fixer une proportion plus juste entre ces deux métaux, sans causer dans le commerce des embarras presque insurmontables. Ainsi en général on doit compter que l'argent est à l'égard de l'or comme quatorze & demi à un . . . . . 14 $\frac{1}{2}$ à 1.

La proportion dont on vient de parler, est de la valeur de l'un de ces métaux à l'égard de l'autre. J'ajouterai encore un mot de la proportion du poids, qui est celui de l'or à celui de l'argent, comme de vingt à onze, c'est-à-dire, que de deux morceaux d'égales dimensions par tout, dont l'un d'or, l'autre d'argent; ou pour parler le langage de la Monnoie, un lingot d'or & une barre d'argent de même longueur, largeur, & épaisseur par tout : si le lingot d'or pese vingt onces, par exemple, la barre d'argent ne pesera que onze onces. Quoique je trouve dans un Auteur moderne assez exact, que la proportion est de 19 à 10, mais il parle de l'or pur à 24 karats, & de l'argent fin à 12 deniers; au lieu que la premiere supputation est de l'or & de l'argent monnoyé, où il y a toujours quelque alliage, & par conséquent quelque différence dans le poids.

A l'égard du billon, qui sont les sols, on les a tous mis à 14 deniers; & la monnoie de cuivre, qui est le liard, est toujours de 3 deniers.

L'Espagne & les Etats qu'elle possede dans l'Amérique, ont pour monnoie d'or la pistole qui a au dessus d'elle la double pistole & la piece de quatre pistoles, & au dessous la demi-pistole; elle a aussi des castillans d'or. Ses monnoies d'argent sont la piastre ou piece de huit réales & ses diminutions; & la réale simple avec les siennes. Les ochavos ou octavos, les quartas & les maravedis sont ses monnoies de cuivre.

En Angleterre les monnoies de cours sont pour l'or, la guinée, les Jacobus, les angelots, les nobles à la rose, les nobles Henry & les pieces à la croix. Ces cinq dernieres especes ne s'y trouvent pourtant presque plus, ayant été pour la plupart converties en guinées. Pour especes d'argent elle a les couronnes, les demi-couronnes, les schelins & les pennins; & pour especes de cuivre le fardin, & le double fardin. La marque est encore une monnoie d'argent d'Ecosse.

Les Saints-Estiennes, les ducats, les millerayes, les portugaloises ou portugaises, & les mœda-douro sont les especes d'or de Portugal. La cruzada, la pataca ou piastre, & le vintain sont d'argent. Il y a aussi des vintains de billon.

Les dallers ou écus, les ducatons, les florins & les eschalins qu'on frappe en Hollande, sont d'argent; ils ont les uns & les autres leurs diminutions. Le patard est de cuivre.

En Flandre il y a des impériales, des rides ou philippus, des albertus & des écus; toutes ces especes sont d'or; celles d'argent sont des philippus, des richedales, des patagons, des scalins, des guldens; & celles de cuivre des patards.

L'Allemagne a divers ducats d'or, des marionnettes, des oboles du Rhin & des florins aussi d'or. De ces derniers il s'en fabrique pareillement d'argent, & c'est encore de ce métail que sont les richedales, les iselottes & les guedes. Les creuxs ou creuxzers, & les fenins sont de cuivre.

Réduction des Monnoies d'Allemagne à celles de France, en mettant l'écu de France sur le pied de soixante sols.

Les Monnoies d'Allemagne dont on va donner la réduction dans la Table suivante, sont le florin, la richedale ou risdals, le konigsdallre, le kopfstuck, le battz, le grosch, & l'albs.

Pour la commodité de ceux qui se serviront de cette Table, on a fait la réduction de chaque espece jusqu'à dix; mais pour abreger, on a cru inutile de la pousser plus loin, étant très facile de la faire aller jusqu'aux sommes les plus grandes, par la simple addition ou par la multiplication.

Florins.	*Valeur en Monnoie d'Allemagne.*	*Monnoie de France.*
1	30 s.	2 liv.
2	60	4
3	90	6
4	120	8
5	150	10
10	300	20

Risdals.	Valeur en Monnoie d'Allemagne.	Monnoie de France.
1	1 flor. ½	3 liv.
2	3	6
3	4 ½	9
4	6	12
5	7 ½	15
10	15	30
Konigdallre.	*Valeur en Monnoie d'Allemagne.*	*Monnoie de France.*
1	50 sols.	3 l. 6 s. 8 d.
2	100	6 13 4
3	150	10 .
4	200	13 6 8
5	250	16 13 4
10	500	33 6 8
Kopfstuck.	*Valeur en Monnoie d'Allemagne.*	*Monnoie de France.*
1	10 sols.	13 s. 4 d.
2	20	1 l. 6 8
3	30	2
4	40	2 13 4
5	50	3 6 8
10	100	6 13 4
Batth.	*Valeur en Monnoie d'Allemagne.*	*Monnoie de France.*
1	2 sols.	2 s. 8 d.
2	4	5 4
3	6	8
4	8	10 8
5	10	13 4
10	20	1 l. 6 8
Grosech	*Valeur en Monnoie d'Allemagne.*	*Monnoie de France.*
1	1 s. ½	2 sol.
2	3	4
3	4 ½	6
4	6	8
5	7 ½	10
10	15	20
Albs.	*Valeur en Monnoie d'Allemagne.*	*Monnoie de France.*
1	8 fenins	1 s. 4 d.
2	16	2 8
3	24	4
4	32	5 4
5	40	6 8
10	80	13 4

Réduction de quelques autres Monnoies d'Allemagne, qui ont cours à Treves.

Un florin du Rhin vaut 30 albs, ce qui fait 2 livres monnoie de France.

Un florin de Brabant vaut 20 albs, faisant 1 liv. 6 s. 8 den. de France.

Une petremenne est comme l'albs ou sol d'Allemagne, avec cette différence qu'il faut 6 petremennes de Treves pour les 5 d'Allemagne, ou le demi kopfstuck.

La petremenne se divise en deux fetmen.

La Hongrie a ses hongres & demi-hongres d'or.

La Lorraine des leopolds, les uns d'or, & les autres d'argent; des marionnettes seulement d'or, des toures d'argent, & des gros qui ne sont que de billon.

La Suisse a ses ratzes & ses blases de billon. *Voyez* ce qu'on a dit de la monnoie de Geneve & de celle de Suisse, dans l'Etat général du Commerce, où il est parlé de celui de la Suisse & de Geneve, Tome I. page 235 *& suiv.*

En Pologne outre les richedales qu'on y fabrique, & qui lui sont communes avec tant d'autres Etats, on frappe des roups, des abras & des grochs d'argent. Les hors de Dannemarc, les marcs lubs & les scheldals sont aussi d'argent: mais les marcs de Suede ne sont que de cuivre, non plus que ce qu'on appelle simplement Monnoie de Suede. Il y a pourtant en Suede des christines, des carolines & des cavaliers d'argent. Les dallers, les roustiques & les alleveures sont de cuivre.

Les divers Etats d'Italie ont diverses monnoies courantes; il y en a cependant qui leur sont comme communes, entr'autres la pistole d'or, le ducaton & le florin d'argent. Rome en particulier a ses jules d'argent, ses pignatelles de billon & ses bayoques, demi-bayoques & quadrins de cuivre. Venise ses sequins d'or, ses justines & ses derlingues d'argent; Naples ses carlins; Mourgues ses monacos ou écus & ses louis de cinq sols; Genes ses croisats, & la Savoye ses lys aussi tous d'argent. Ce dernier Etat a outre cela ses papiroles & ses cavales seulement de billon. A Avignon il se fait des patacs de cuivre.

Il y a deux sortes de copecs en Moscovie, les uns d'or & les autres d'argent; ces derniers s'appellent aussi Dénains ou Deniers. Le poluske & le muskofske sont aussi des especes d'argent qui ont cours dans les Etats du Czar.

La monnoie de Moscovie, c'est-à-dire, du grand Duc, est quasi toute d'argent, elle est petite & en ovale, ayant d'un côté un cavalier armé tenant la lance en arrêt & un dragon à ses pieds, & de l'autre le nom de la Ville où elle a été battue.

Ces monnoies sont le ruble ou rubel, le copeck, le ritil, l'altin, la griste, le poluske, le muskofke & le pole.

Le ruble vaut 5 livres 8 s. monnoie de France.

Un copeck vaut un sol de la même monnoie.

Cent copecks valent un ruble, faisant deux ritils.

Un ruble vaut deux richedales.

Cinquante copecks valent une richedale moins un gros.

Un altin vaut trois copeks ou trois sols de France.

Une griffe vaut dix copecks.

Le polusche vaut un demi copeck.

Le muskofke vaut un quart de copeck.

Et un pole un denier de France un peu plus, les 120 poles faisant 12 sols de cette derniere monnoie; la plupart des poles se distribuent dans Boghar Ville de la Bactriane vers la mer Caspienne.

Le Sultanin, le sequin & le scherif, qui ne sont qu'une même monnoie sous trois noms différens, sont d'or, & la seule espece qui se fabrique de ce métail dans tous les Etats du Grand-Seigneur. Le para, parati ou parate, qu'on nomme aussi Meidein, & l'aspre, sont les menues monnoies qui ont cours dans ce vaste Empire ; elles sont d'argent.

Les monnoies courantes qui se fabriquent sur les Côtes de Barbarie, sont les rubies d'or, les médians, les ziams & les metecals aussi d'or ; ces derniers se frappent à Maroc, les autres à Fez, à Alger & à Tunis : ces deux dernieres Villes ont des doublas d'argent & des burbas de cuivre. Les Nasaras d'argent se font seulement à Tunis ; Maroc a des blanquilles d'argent & des felours de cuivre.

Le mérigal est une monnoie d'or qui se fait de l'or des mines de Sofala, & qui a cours dans ce Royaume & dans celui de Monomotapa. Mosambique a ses pardos d'argent.

Les monnoies qui ont cours parmi les Tartares Mahométans sont des aspres, qui sont moitié d'argent & moitié de cuivre, des réales d'Espagne & des talers de l'Empire. La monnoie de Pologne, de Moscovie & les monnoies de Turquie : les Hongres & les sequins de Venise y ont aussi cours.

La Perse n'a de monnoie que d'argent & de cuivre ; celles-là sont l'abassi, le mamoudi, le chayé & le bisti ; celles-ci le kabesqui & le demi kabesqui. Le tela ou cherrafis est d'or, mais c'est moins une monnoie qu'une médaille ; il a pourtant quelque cours dans le commerce.

Corneille le Bruyn, dans la relation de ses voyages, imprimée en 1718, a dit au sujet des monnoies de Perse :

La plus grande espece d'argent qu'il y ait en Perse est le *Hasaer-denarie*, qui vaut dix *Mamoedjes* ou mamoudis, à raison de huit sols le mamoudi monnoie de Hollande ; ensuite est le *Daezajie* ou piece de cinq mamoudis. Après, le paenszajie qui en vaut deux & demi, puis l'abbaajer ou abbassis, de deux mamoudis. Enfin le maoedjes ou mamoudis.

Il y a de deux sortes de mamoudis frappés avant le Regne du dernier Roi de Perse (1704) qu'on nomme mamoudis haviese. Le pays est rempli de cette monnoie, parce que les Marchands ne trouvent pas leur compte à la transporter ailleurs, n'étant pas du même poids & valeur que les autres. On s'en sert dans le négoce par-tout le Royaume, tant pour les marchandises du dehors que pour celles du dedans, sans qu'on y en emploie d'autre.

Le zaejie est le demi-mamoudi.

Il faut remarquer que les nouveaux mamoudis étant un peu plus forts que les mamoudis havieses, cela oblige les Marchands à en chercher de tous côtés, & d'en donner un, deux & quelquefois jusqu'à dix pour cent de profit, & lorsqu'ils en ont amassé, ils les envoyent en cachette à Surate, où ils trouvent encore leur compte en les changeant en ducats, en sorte que ce négoce de mamoudis est un des plus lucratifs que fassent quantité de gros Négocians.

A l'égard de la monnoie de cuivre il y en a de deux especes ; la plus grande qui vaut la dixiéme partie du mamoudi, & l'autre qui en est la vingtcinquiéme, cette derniere est d'une forme longue. Ce sont apparemment les kabesquis & les demi kabesquis.

La monnoie de l'Isle de Ceylan est toute de cuivre, les plus grosses especes sont de deux sols, & les moindres d'un denier ; mais la monnoie de Hollande y a cours.

Les pagodes, les roupies, les fanos ou fanons, & les coupans sont les principales monnoies des Indes & du Japon ; il y en a des uns & des autres d'or & d'argent. Les goltschuts de la Chine, & les Saint-Thomé de Goa ne sont que d'or. Les larins qui ont cours en Perse, le long du Golfe Persique, à Mocha & dans le reste de l'Arabie ; le pardao xerafin de Goa, les coupans de Patane, les fardos de Bantam & le tare de la Côte de Malabar, sont d'argent.

On reçoit à Mocha toutes sortes d'especes d'or & d'argent, entr'autres des écus de France & d'ailleurs, & des ducats de Venise, d'Allemagne, de Barbarie, de Turquie & d'Egypte. Mais les unes & les autres ne se reçoivent qu'au poids, & seulement suivant leurs différens dégrés de finesse.

La seule monnoie qui se fabrique dans le pays consiste en connasses qui n'ont jamais de prix fixe, dépendant du Gouverneur de Mocha de donner cours à cette petite monnoie, plus ou moins, suivant son caprice ou son intérêt.

Les comptes se font par cabeers, dont quatrevingt font un écu.

Le fanon de Maduré, le pecha ou pessa de Surate, d'Agra & du reste de l'Indoustan ; les caches de la Chine, les cassies ou casies du Japon, sont de cuivre aussi-bien que les doudous de Surate & de Ponticheri. Les basarucos & les chedas sont d'étain. Enfin les caxa, qu'on nomme aussi Cas & Pitis, sont de plomb mêlé d'une mauvaise écume de cuivre.

Le tical est une monnoie d'argent qui se frappe dans le Royaume de Siam. Ses diminutions qui sont aussi d'argent, sont le mayon, le foang, la sompaye & le demi-foang. On en parlera plus bas.

Les coquillages qui ont cours en Asie, & qui y servent en plusieurs endroits de menue monnoie, viennent des Maldives, & se nomment Cauris aux Indes. Sur les Côtes d'Afrique elles changent de nom ; on les y appelle des Bouges. Elles en prennent encore un nouveau dans l'Amérique ; ce sont des porcelaines. Il est vrai que ces dernieres ne viennent pas des Maldives. Il s'en trouve aux Indes Occidentales peu différentes de celles de l'Orient. Il y a aussi dans le Royaume de Congo des coquillages qu'on nomme Zimbi ; si pourtant ce ne sont pas les mêmes que les bouges ou cauris.

Trois sortes de fruits servent aussi de menues monnoies : deux dans l'Amérique, & particuliérement parmi les Mexiquains ; ce sont le cacao & le mays qui y croissent en abondance : l'autre dans les Indes Orientales ; ce sont des amandes qui y sont apportées de Lar, & qui croissent dans les deserts de l'Arabie.

Outre cette grande quantité de monnoies courantes qui ont des noms qui les specifient & qui les distinguent, il y en a beaucoup d'autres en Europe & en Asie, qu'on ne connoît que par leur valeur ; comme sont celles à qui on donne simplement le nom de Pieces, en y ajoutant leur prix ; telles que sont en France & ailleurs les pieces de quatre francs, de cinquante, de quarante, de trente, de quinze, de dix, de huit, de quatre & de deux sous, soit qu'elles soient d'argent, soit qu'elles ne soient que de billon.

A l'égard de celles d'Asie, si on les ignore, peut-être est-ce par la faute des Voyageurs qui ont négligé d'en rapporter le nom dans leurs Relations, quoiqu'ils n'ayent pas oublié d'en marquer la valeur. On peut voir pour ces sortes de monnoies

noies de l'Europe, ce qui en est dit à l'article qui leur est propre. *Voyez* PIECE.

Pour ce qui est des monnoies d'Asie, le Lecteur sera peut-être bien-aise de voir ici rassemblé ce qu'on en a recueilli de quelques Mémoires fidéles & des Relations les plus exactes.

Dans la Chine il ne se fabrique aucune monnoie d'or. Ce métail y est une marchandise dont on trafique comme des autres. Il s'y vend en masses ou pains, que de leur figure on appelle Batteaux, en Hollandois Goltschut. Il y a de ces pains d'or qui valent jusqu'à treize ou quatorze cens livres de France, d'autres seulement la moitié, & même beaucoup moins. *Voyez* GOLTSCHUT.

Il semble qu'on en peut presque autant dire de l'argent, qui se vend aussi en masses ou morceaux de diverses figures & de différents poids : cependant il paroît qu'il y a une espece d'écu d'argent que les Chinois appellent Leam, & les Portugais Tael, qui revient environ à quatre livres deux sous. Cet écu n'est pas frappé au coin du Prince : c'est un petit lingot ou piece d'argent de figure irréguliere, & telle qu'il plaît au Marchand de la couper, que l'on reçoit toujours au poids, & dont le poids est toujours égal. Si ce morceau d'argent est soupçonné ou de faux ou d'être fourré, celui qui l'achete a la liberté de le couper.

La menue monnoie de la Chine est de cuivre, un peu plus grande que les anciennes mailles de France. Il en faut dix pour un sou; & dix de ces sous font un peu moins que la dixiéme partie du leam ou écu Chinois. Ces especes de deniers sont marqués de différens caracteres, & ont un trou quarré au milieu pour les enfiler. Quand ils passent le nombre de douze, on en compose des cordons de douze, de vingt cinq, de cinquante & de cent, afin d'en faire plus facilement les payemens. Les caxas dont on parle ailleurs, & qui ne sont que de plomb & d'écume de cuivre, se fabriquent aussi dans les Provinces maritimes de la Chine; mais ils ont peu ou point de cours dans le reste de l'Empire, & s'envoyent presque tous dans l'isle de Java. *Voyez* CAXA.

Le Tunquin n'a point de monnoies d'or ni d'argent non plus que la Chine; il n'a pas même de mines de ces métaux. L'or qui s'y trouve vient de la Chine, & l'argent du Japon; les Tunquinois les recevant en échange de leurs soies, qui se recueillent en abondance dans leur Pays. Dans les grands payemens les Marchands se servent d'or en pains, les uns de trois & les autres de six cens livres ou environ monnoie de France. Pour l'argent il se débite en morceaux suivant la somme qu'on a à payer; chaque Marchand ayant toujours sa balance prête pour le peser. Cette balance est une espece de Romaine. La monnoie de cuivre de la Chine a aussi cours dans le Tunquin, ou du moins celle de ce dernier Royaume est tout-à-fait semblable à celle de l'autre.

Tout l'or qui sort du Japon est à un même titre un peu plus haut que celui des louis d'or de France. Il en est de même de l'argent à l'égard du titre.

Les Japonnois fabriquent des coupants d'or & d'argent. *Voyez* COUPANT.

Les autres monnoies d'or ou quasi monnoies du Japon, sont de trois sortes. La plus grosse est du poids de six réales, & pese quarante-huit taels, le tael sur le pied de cinquante-sept sous monnoie de Hollande. Dix pieces de la seconde monnoie d'or valent six taels & demi; & dix pieces de la troisiéme, qui est la plus petite, & qui pese cinq huitiémes d'une réale, valent un tael & un seiziéme de tael.

Outre les coupans d'argent, les Japonnois ont des lingots de ce métail, qui passent en quelque sorte pour monnoies dans le commerce. Il y en a de sept onces, qui à trois livres dix sous l'once reviennent à vingt-quatre livres dix sous; d'autres de deux onces trois gros & demi, qui font huit livres dix sols sept deniers; d'autres encore d'une once demi-gros douze grains, de la valeur de quatre livres cinq sous sept deniers : quelques-uns d'une once huit grains, faisant trois livres huit sous huit deniers : de plus foibles de deux gros & demi vingt-quatre grains, revenant à une livre quinze sous un denier : de plus foibles encore seulement de deux gros quatre deniers, valant une livre neuf sous : & enfin les plus legers d'un gros & demi vingt-quatre grains, qui ne valent que seize sous quatre deniers.

Les plus pesantes de ces sortes de monnoies d'argent, à qui il ne manque que le coin du Prince pour en être de véritables, sont en bandes longues & larges, de la forme des batteaux ou goltschut de la Chine : les plus petites, qui en ont même encore au dessous d'elles dont l'on n'a pu exprimer la valeur, sont comme de petites féves rondes. Celles-ci à qui on ne donne aucun poids fixe en les coupant se pesent par mases, les payemens ordinaires se faisant à un poids de dix mases. *Voyez* MASE.

La monnoie de cuivre du Japon est ronde, & trouée au milieu comme celle de la Chine & du Tunquin. Il en faut six cens pour une telle ou tael d'argent. On la nomme Cassie, Casie ou Case; les Relations leur donnant ces trois noms. *Voyez* CACHE. *Voyez aussi* TAEL.

Outre les roupies, les mamoudis & les pechas, les premiers d'or ou d'argent, les seconds d'argent, & les troisiémes de cuivre, qui se fabriquent dans les Etats du Grand-Mogol, il y a plusieurs Princes de ses voisins ou même quelques petits Rois & Rajas ses Tributaires, qui font battre de la monnoie à leur coin; les unes d'argent, d'autres de cuivre, ou de quelque moindre métail.

Entr'eux le Roi Matoucha, dont les terres sont au-delà d'Agra, tirant vers le Nord, fait frapper une petite monnoie d'argent qui ne pése qu'un gros dix-neuf grains, & qui est au titre des roupies. Les pieces de cuivre que ce Roi fait faire ne sont que de la valeur des pechas du Mogol, mais de la moitié plus pésante.

Le Raja de Parta-Jajoumoula, dont le Pays est au Nord de Patna, bat pareillement quelques petites pieces d'argent ou de cuivre de peu de valeur : & le Raja d'Ogen qui commande entre Brampour, Seronge & Amadabath, fait frapper une petite monnoie d'argent de sept sols six deniers, qui est sur le pied de trois livres dix sous l'once, & une de cuivre de six deniers; mais l'une & l'autre n'ont cours que dans ses Etats.

Le Roi de Cheda, qui l'est aussi de Pera, & qui a dans son petit Royaume une grande quantité de mines d'étain, ne fait battre monnoie que de ce métail. *Voyez* CHEDA.

Le Roi d'Achem fait fabriquer de petites pieces d'or fort legeres, dont le titre est beaucoup meilleur que celui des louis d'or de France : elles pesent dix grains, & valent seize sous huit deniers. Celles d'étain qu'il fait aussi frapper, pesent huit grains; de sorte qu'en mettant la livre d'étain à seize sols, il faut soixante-quinze de ces pieces pour un sou de France. Ces deux monnoies n'ont gueres cours que dans l'Isle de Sumatra.

La monnoie d'or du Roi de Macassar & de Celebes pese douze grains, l'or en est très fin. Les Hollandois la prennent pour un florin.

Le Roi de Camboya ne fait battre que des pieces d'argent; elles sont du poids de trente-deux grains. Ce Roi a quantité d'or dans ses Etats; mais il n'en fait point fabriquer de monnoie, ne le négociant qu'au poids, comme à la Chine. Il fait frapper aussi quelques pieces de cuivre de la grandeur des liards de France.

Les Rois de Java, de Bantam dans la même Isle, & ceux des Isles Moluques, n'ont que de cette monnoie de cuivre, mais marquée à leur coin; permettant que toutes les especes d'argent étrangeres ayent cours dans leurs Etats comme elles y viennent, mais n'en faisant battre aucune de ce métail.

L'on bat dans les Etats du Roi de Siam des pieces d'or qui pesent dix grains plus que la demi-pistole d'Espagne. Cette monnoie est plus de curiosité que d'usage dans le commerce.

Les pieces d'argent pesent trois gros & vingt-trois grains; ce qui revient à trente-deux sous quatre deniers de la même monnoie, à prendre l'once d'argent à trois livres dix sous. Cette monnoie s'appelle Tical, en Siamois Baat. Ses diminutions sont le mayon ou seling qui en vaut la quatriéme partie, le foang qui vaut la moitié du mayon, & la sompaye qui est le demi foang. Il y a aussi la paye & le clam; mais celles-ci sont plutôt des monnoies de compte que des especes courantes. *Voyez ces quatre articles.*

On ne voit nulle part des especes d'argent si étrangement fabriquées. Ce ne sont que des morceaux d'argent en forme de noisettes un peu applaties des quatre coins, dont il y en a trois de fendus comme un fer à cheval. Sur deux des côtés sont quelques lettres Siamoises. Les taels de la Chine, que les Siamois nomment Tamling, ont pareillement cours dans ce Royaume.

La monnoie de cuivre de Siam est ronde & épaisse comme les liards de France: il en faut deux cent pour un tical. Au dessous sont les cauris; huit cent font le foang. On les nomme Bia à Siam.

A Asem les pieces d'argent qui s'y fabriquent, pesent trois gros trois grains. On y bat aussi des fanos d'or.

Dans les Terres du Roi de Tipoura-Chatermani la seule espece d'argent qui s'y frappe est du poids de deux gros & demi vingt-deux grains; celle du Roi d'Arakan de deux gros & demi quinze grains; enfin celle du Roi de Pegu ne pese que deux gros & demi douze grains. Ce Prince fait aussi frapper des fanos d'or.

Monnoye de Suede. C'est une sorte de cuivre rouge très doux & très malleable qui vient de Suede, où il sert de monnoie. Il est en petites planches ou pieces quarrées, épaisses de trois écus blancs, du poids de cinq livres & demie, marqué aux quatre coins du poinçon de Suede. Il y a cours pour une rixdale. Le transport de ce cuivre est défendu sous de grosses peines, & le commerce en est de contrebande, à cause de la grande différence de sa valeur intrinseque & de celle pour laquelle il a cours. On l'appelle aussi Rixdale de cuivre & Toler. *Voyez* Cuivre, *où il en est parlé comme marchandise. Voyez aussi* Toler.

Monnoye Blanche. Il se dit de la monnoie d'argent; & Monnoie noire, de la monnoie de billon & de cuivre. Ce terme n'est gueres d'usage que parmi le petit peuple de Paris.

Petite Monnoie, c'est la Monnoie de billon & de cuivre qui sert à échanger les especes d'or & d'argent. On y comprend aussi les petites especes d'argent, comme les pieces de deux sous & de quatre sous, quand elles avoient cours.

On appelle Augmentation des Monnoies, lorsque la valeur des monnoies est augmentée par l'autorité du Prince; & Rabais des monnoies, la diminution de cette même valeur.

Fonte générale des Monnoies, c'est lorsqu'il est ordonné de porter à l'Hôtel des Monnoies toutes les especes courantes pour y être fondues, afin d'en fabriquer de nouvelles especes.

Réformation des Monnoies, lorsqu'elles ne sont pas fondues, mais qu'elles sont seulement frappées d'un nouveau coin, avec augmentation ou diminution de leur valeur.

Monnoye. S'entend aussi du lieu où se bat & se fabrique la monnoie.

La fabrique de la monnoie étoit regardée des Romains comme une chose en quelque sorte sacrée; & c'est pour cela qu'elle se frappoit dans les Temples des Dieux.

Les Rois de France n'en avoient pas une idée moins élevée; leur propre Palais servant à cet usage, & leurs Monnoitaires les suivant même dans leurs voyages & dans leurs expéditions militaires. Charles le Chauve fut le premier qui changea cet ordre, en établissant des Monnoies & des Officiers résidens à Paris, à Rouen, à Reims, à Narbonne & en quelques autres Villes. Alors les lieux de fabrique se nommoient simplement Monnoies; présentement ils s'appellent plus honorablement Hôtels des Monnoies; & c'est le nom qui leur est donné dans les Edits & Déclarations des Rois depuis près de deux siécles.

Il y a à Paris la rue de la Monnoie & la rue de la Vieille Monnoie; celle-ci où elle se tenoit anciennement, & celle-là où elle est encore présentement.

Dans les fréquentes refontes & conversions générales des Monnoies de France, qui furent faites pendant les vingt dernieres années du Regne de Louis XIV, on fut obligé de bâtir des atteliers au vieux Louvre, pour y préparer, fondre & affiner les matieres d'or & d'argent; mais ces bâtimens sont restés inutiles; & toute la fabrique des Monnoies se fait comme auparavant dans l'ancien Hôtel des Monnoies, au bout du Pont-neuf.

On avoit aussi commencé dans les premieres années de la minorité de Louis XV au Fauxbourg du Roule un grand bâtiment dans le lieu où étoit autrefois la Pepiniere Royale, & l'on y vouloit fixer à l'avenir la fabrication des monnoies; mais ce dessein a été abandonné.

Outre l'Hôtel des Monnoies de Paris, dans lequel se frappe la plus grande partie des especes au coin de France, il y a encore dans le Royaume vingt-neuf autres Villes qui ont le privilége de battre monnoie. *On peut voir ci-dessus leurs noms & les lettres qui leur servent de différent.*

Il y a dans chaque Monnoie une grande quantité de différens Officiers & de divers Ouvriers &

Ouvrieres. Des Officiers, les principaux sont les Maîtres ou en leur place les Directeurs généraux de la Monnoie, quand la ferme est en regie; les Juges & Gardes, qu'on nomme aussi Commissaires, les Contre Gardes, les Essayeurs, les Fiertonneurs, les Affineurs & les Tailleurs: ceux-ci sont les Graveurs qui font les coins & les poinçons.

De ces Tailleurs il y en a un qu'on appelle Tailleur Général, à qui il appartient seul de faire les poinçons sur lesquels les Tailleurs particuliers de chaque monnoie doivent travailler.

A l'égard des Ouvriers on comprend sous ce nom les Taillereslès, les Fondeurs, les Recuiteurs, les Ajusteurs, les Coupeurs, &c. Tous ces Ouvriers ont un Prévôt & son Lieutenant, qui reçoivent les lames & flaons des mains des Juges & Gardes pour les leur distribuer.

Enfin il y a les Monnoyers; ce sont ceux qui frappent la monnoie, qui comme les autres Ouvriers ont un Prévôt & son Lieutenant, qui se chargent aussi en compte des flaons préparés, & qui les rendent de même en compte, quand ils ont été frappés. On parle de tous ces Officiers & de leurs fonctions dans les articles qui leur sont propres.

MONNOYE DES MEDAILLES. C'est à Paris le lieu où se fabriquent & se frappent les Médailles & les Jettons. On l'appelloit autrefois le Balancier. Cette Monnoie est établie dans les Galleries du Louvre.

Le célébre Varrin est celui qui a commencé à mettre cette fabrique sur le pied d'excellence & de perfection où elle est présentement; & c'est à ce Balancier qu'ont été frappées ces admirables médailles qu'il gravoit lui-même, & qui font encore l'ornement des plus beaux cabinets.

L'intendance ou garde de cette Monnoie a passé depuis en différentes mains; mais c'est au Sieur de Launay à qui cette Monnoie doit sa derniere perfection, non-seulement par le goût exquis que cet habile homme a pour cet art, & pour l'orfévrerie qu'il a poussée encore plus loin que le Sieur Balin son beaupere qu'on croyoit inimitable, mais aussi par le bel ordre qu'il a donné au Cabinet des poinçons & carrés des Médailles du Roi, & par la beauté des balanciers de bronze qu'il a fait fondre, dont les bas reliefs & les ornemens qui sont de son dessein surpassent tout ce qu'on a vû jusqu'ici en ce goût. *Voyez* MEDAILLE, BALANCIER, GRAVEUR, LAMINOIR, *&c.*

COUR DES MONNOYES. C'est en France une Jurisdiction Souveraine qui connoît du fait des monnoies, tant pour le civil que pour le criminel.

Cette Cour qui est établie à Paris, & qui a rang après la Cour des Aydes, n'a pas encore deux siécles d'antiquité; Henri II l'ayant érigée en 1551, & l'ayant, pour ainsi dire, formée des débris de l'ancienne Chambre des Monnoies, & des nouveaux Officiers créés en 1522 par François I son pere. Elle a été long-tems unique dans le Royaume; les deux Cours des Monnoies créées en 1645 pour Lyon & pour Libourne ayant été supprimées presque au moment de leur création: mais en 1704 on a trouvé à propos d'en créer une nouvelle qui partage la France avec celle de Paris. Pour cet effet on a uni la Sénéchaussée & Siege Présidial de Lyon à une nouvelle Cour des Monnoies qui a été créée en la même Ville de Lyon en ladite année 1704. Son ressort est dans l'étendue des Provinces, Généralités & Départemens de Lyon, Dauphiné, Provence, Auvergne, Haut & Bas Languedoc, Montauban, Ville & Gouvernement de Bayonne, Monnoies en dépendantes, & dans les Provinces & Pays de Bresse, Bugey, Valromey & Gex.

Dans le premier établissement de cette premiere Cour elle ne consistoit en tout qu'en treize Juges; présentement elle est composée d'un Premier Président, de huit autres Présidens, de deux Chevaliers d'honneur, de trente-cinq Conseillers, d'un Procureur Général, de deux Avocats Généraux, d'un Secretaire de la Cour, d'un Greffier en chef, de deux Substituts, d'un premier Huissier & de seize autres Huissiers. Tous ces Officiers sont semestres, à la réserve du Premier Président & du Greffier en chef.

Deux Conseillers de cette Cour sont Contrôleurs Généraux de la Monnoie de Paris.

Il y a aussi des Commissaires en titre pour faire les visites ordinaires dans les Monnoies des Provinces; mais ces Commissions ne peuvent être remplies que par des Présidens ou Conseillers de la même Cour.

Outre la Cour Souveraine des Monnoies, il y a une autre Jurisdiction subalterne, qu'on appelle Prévôté Générale de la Monnoie. Le premier Officier de cette Prévôté se qualifie Prévôt Général. Il a séance en la Cour des Monnoies après le dernier Conseiller, mais sans voix délibérative; n'y ayant entrée que lorsqu'il s'agit du jugement des procès dont il a fait l'instruction, pour en rendre compte.

Les autres Officiers de la Prévôté sont, un Lieutenant Général, quatre autres Lieutenans commandans sous lui sa Compagnie d'Archers, un Assesseur, un Procureur du Roi, un Greffier en chef, un Greffier Commis, un Huissier Audiencier, huit Exempts, & quantité d'Archers.

Cette Jurisdiction avec son Prévôt a été créée en 1635, sous le Regne de Louis XIII, mais de beaucoup augmentée sous Louis XIV son successeur & son fils.

La Cour des Monnoies connoît privativement à toute autre, des abus & malversations qui peuvent être commises par les Maîtres & autres Officiers des Monnoies; comme aussi de toutes celles que commettent les Changeurs, Affineurs, Départeurs, Batteurs & Tireurs d'or & d'argent, les Gens employés aux mines & minieres, les Orfévres, Jouailliers, Lapidaires, Graveurs sur acier, Fondeurs & Mouleurs en sable, les Balanciers, les Distillateurs d'eau-de-vie & d'eau-forte, les Chimistes, les Horlogers, les Marchands vendant or & argent: jugeant pareillement de toutes les contestations nées au sujet des Priviléges & Statuts de tous les divers Arts & Métiers dont se mêlent ces Ouvriers & Artisans, pour lesquels on peut avoir recours aux divers articles de ce Dictionnaire, où il est traité des Corps & Communautés des Arts & Métiers.

MONNOYER. Fabriquer de la monnoie. *Voyez ci-dessus* MONNOYAGE.

MONNOYER. Ouvrier qui fabrique la monnoie. Il ne se dit que de celui qui donne la derniere façon aux flaons ou flans, en les marquant de l'empreinte prescrite par les Ordonnances du Prince. Les autres Officiers qui travaillent dans les Monnoies s'appellent Ouvriers, qui sont pourtant subdivisés en plusieurs sortes.

Les Monnoyers ne font qu'un seul Corps avec

les Ouvriers ; mais ils sont divisés en deux Compagnies qui ont chacune leur Prévôt & leur Lieutenant, avec un Greffier commun. Le Prévôt des Monnoyers, ou son Lieutenant, doit recevoir du Maître au poids & au compte les flaons préparés à être frappés, pour les distribuer aux Monnoyers des Balanciers, restant chargé des pertes & déchets tant que l'ouvrage est en ses mains. Les Monnoyers aussi-bien que les Ouvriers doivent être d'estoc & de ligne, & jouissent des mêmes privilèges, comme on en parlera amplement à l'article des Ouvriers. On peut y avoir recours. *Voyez* OUVRIER. *Voyez aussi* MONNOYAGE & MONNOYE.

MONNOYERIE. C'est le lieu ou attelier dans lequel sont placés les balanciers qui servent à frapper & marquer la monnoie. Dans chaque Hôtel des Monnoies il y a fonderie, essayerie, affinerie & monnoyerie, c'est-à-dire, des lieux destinés à fondre, à essayer, à affiner & à frapper les métaux dont on fabrique la monnoie.

MONNOYEUR. C'est la même chose que Monnoyer. Ce terme à la vérité est plus d'usage dans le public; mais l'on ne connoît gueres que celui de Monnoyer dans les Hôtels des Monnoies, & presque tous les Edits & Déclarations des Rois semblent l'avoir consacré à y signifier cet Ouvrier qui donne la derniere façon aux especes.

On appelle Faux-Monnoyeur, celui qui fait de la fausse Monnoie, ou qui altere la bonne. *Voyez ci-dessus l'endroit de l'article de la Monnoie, où il est parlé du crime de faux en fait de monnoie.*

MONOIOS. On appelle en Espagne du Tabac en Monoios, ce qu'on nomme ailleurs Tabac en corde. *Voyez* TABAC.

MONOMOTAPA, pays & Royaume aux côtes d'Afrique. L'on tire de ce pays une très grande quantité d'or. *Voyez* l'Etat général, Tome I. page 388.

MONOPOLE. Trafic illicite & odieux que l'on fait de quelque marchandise que ce soit, dont on s'est rendu tout seul le Maître, afin de l'encherir à sa volonté; tout le monde par la rareté dont elle devient étant obligé de passer par les mains de l'Usurier qui l'a achetée.

Il y a un nombre infini d'Ordonnances, d'Edits, de Déclarations & d'Arrêts tant du Conseil que du Parlement, qui défendent en France ces monopoles, non-seulement capables de ruiner le commerce, mais encore de causer la ruine totale d'un Etat.

Les monopoles des bleds sont sur-tout le plus sévérement défendus, & l'on ne peut se souvenir qu'avec une espece d'horreur de l'extrémité où ils réduisirent le Royaume en 1693, 1709 & 1725.

L'on peut voir à l'article des bleds les sages précautions qui furent prises alors contre ces monopoles, & les anciennes & nouvelles Ordonnances qui les ont de tems en tems défendus.

MONOPOLE. On peut aussi appeller de la sorte un commerce qui n'en est pas moins dangereux pour ne se faire que sous une autorité respectable. C'est lorsque des Particuliers surprenant la religion du Souverain, & abusant du crédit qu'ils ont, obtiennent des privilèges exclusifs de vendre seuls d'une certaine sorte de marchandise; monopole d'autant plus funeste pour le commerce, que celui qui le fait échape à la sévérité de la Loi, sous la protection surprise de celui qui est l'auteur de la Loi.

MONOPOLE. Est encore une intelligence frauduleuse & criminelle qui est quelquefois entre les Marchands ou Artisans d'un même Corps & Communauté, pour alterer leur marchandise, ou les encherir & ne la donner qu'à un certain prix.

MONOPOLER, faire des monopoles.

MONOPOLEUR, celui qui fait des monopoles. *Voyez les articles précédens.*

MONT. Signifie en terme de Commerce une Compagnie autorisée par des Lettres Patentes du Souverain pour prêter de l'argent sur des gages & des nantissemens que ceux qui empruntent sont obligés de donner pour sûreté du prêt qu'on leur fait. On les appelle en Italie Mont de Piété, nom honorable, mais qui ne convient pas à cet établissement puisque le prêt n'y est pas gratuit.

On a eu autrefois dessein d'établir en France de ces Monts de Piété, & il en fut en effet établi un sous le regne de Louis XIII, par un Edit du mois de Février 1626, mais qui fut révoqué par une Déclaration du 28 Juin de l'année suivante.

L'Edit de création portoit permission de prêter de l'argent au denier seize sur des nantissemens, & par le même Edit la direction en étoit donnée aux Commissaires des Saisies Réelles.

Il y a encore dans quelques Villes d'Italie des Monts de Piété d'une autre espece, où l'on ne reçoit que de l'argent comptant & des especes courantes, dont on retire l'interêt à tant pour cent par an. Boulogne a plusieurs de ces Monts qu'on distingue en Monts perpetuels & Monts francs. L'interêt des Monts francs n'est que de quatre pour cent par an, & celui des Monts perpetuels de sept ou huit pour cent.

A Rome la Chambre Apostolique a établi de tems en tems des Monts lorsqu'elle a eu besoin d'argent. C'est une création de rentes dont les contrats sont fort recherchés, parce que ces rentes se payent très réguliérement au porteur de quartier en quartier.

MONT DE PLASTRE. Terme qui se trouve dans le Tarif des entrées & des sorties de 1664, & dans quelques anciennes Ordonnances concernant la marchandise de Plâtre. Il signifie la même chose que muid. *V.* MUID. *Voyez aussi* PLASTRE.

MONT-REAL, Isle du Fleuve Saint-Laurent dans l'Amérique Françoise. La traite du castor fait le principal commerce de cette Isle. *Voyez* l'Etat général, Tome I. page 512.

MONT SAINT-VINCENT, de la Généralité de Bourgogne. *Voyez* ce qui est dit de la commodité de ce lieu pour l'établissement d'une Manufacture, dans l'Etat général, Tome I. page 125.

LA MONTAGNE DE CARCASSONNE, de la Généralité de Toulouse. L'on y fabrique des draps. *Voyez* l'Etat général, Tome I. page 214.

MONTANDRE, petite Ville de France dans la Province de Guyenne. Elle est du Département de l'Inspecteur des Manufactures de Bordeaux. Ses Foires & ses Marchés sont célebres dans la Province. *Voyez* l'Etat général, Tome I. page 38.

MONTANT. Batteau montant. C'est celui qui monte contre le cours d'une riviere.

Par le Réglement de la Ville de Paris de 1672, pour les Voituriers par eau, il est ordonné qu'aux passages des ponts & des pertuis les batteaux avalans, c'est-à-dire, qui descendent, se garent pour laisser passer les montans. *Voyez* VOITURIER.

MONTANT. Ce à quoi monte plusieurs sommes particulieres calculées ou additionnées ensemble. Le montant d'un compte, le montant d'un inventaire.

C'est du montant de la recette & de la dépense en les comparant ensemble par la soustraction, que se fait la balance ou l'arrêté d'un compte ou d'un inventaire. *Voyez* COMPTE. *Voyez aussi* BALANCE, & INVENTAIRE.

On appelle encore ainsi en terme de compte le total ou l'addition de chaque page que celui qui dresse le compte porte & inscrit au haut de chaque nouvelle page, afin de pouvoir plus aisément former le total général de la recette ou de la dépense à la fin du compte; ce qui se fait en mettant pour premier article de chacune desdites pages, cette espece de note. *Pour le montant de l'autre part*, ou *Pour le montant de la page ci-contre*, selon qu'on commence un folio recto ou verso.

MONTANT. Terme de Charpentier. Piece de bois dressée debout.

Les montans des sonnettes, machine à frapper des pilotis, sont deux pieces de bois paralleles & dressées sur ce qu'on nomme la sole, qui ont des rainures ou coulisses, dans lesquelles coulent les tenons du mouton lorsqu'on le hausse ou qu'on le baisse. *Voyez* SONNETTES.

Les montans d'une porte, d'une croisée, d'une armoire, sont les pieces de bois qui s'élevent à plomb, dans lesquelles sont emboëtées les traverses, & sur lesquelles on attache les fiches, couplets ou pentures.

On dit aussi les montans d'un métier, pour dire les quatre ou six pieces de bois en forme de pilliers qui en soutiennent l'assemblage. *V.* METIER.

MONTARGIS, Ville de la Généralité d'Orléans. L'on y fait des draps, des chapeaux, & des cuirs. *Voyez* l'Etat général, Tome I. page 90.

MONTASSINS, MONTASINS, & quelquefois PAYAS DE MONTASIN. Sorte de coton filé qui se tire du Levant par la voye de Marseille. Ce sont les plus fins de ceux qui viennent de Joselassar. Ces cotons se vendent depuis 23 jusqu'à 26 piastres le quintal de quarante-cinq ocos, tandis que les simples Joselassars ne se payent que depuis dix-huit jusqu'à vingt.

Les frais d'une balle de coton montassin pésant net 700 rottous à 23 piastres le quintal, montent environ à dix piastres. *Voyez* COTON.

MONTAUBAN, Ville de France dans le Quercy, célebre par le grand nombre de ses Foires, & par le riche commerce que ses Marchands font de leurs vins, des eaux-de-vie, & des autres productions du cru du pays. Un autre objet considérable de négoce pour cette Ville, sont les diverses Manufactures & Fabriques qui y sont établies & qui y fleurissent, dont les principales sont des cadis, des cordelats, des razes, des chapeaux, & des bas au métier. *Voyez* l'Etat général du Commerce, Tome I. page 31.

MONTBAR, de la Généralité de Bourgogne. L'on y fabrique des draps & des droguets. *Voyez* l'Etat général, Tome I. page 124.

MONT DE MARSAN. Ville de France dans la Gascogne. Les couvertures & les étoffes de laine font presque tout son négoce; celles-ci lui viennent du dehors, les autres se fabriquent dans la Ville. Elle est du Département de l'Inspecteur des Manufactures de Bordeaux. *Voyez* l'Etat général, Tome I. page 38.

MONTE', MONTE'E. Se dit à peu près dans tous les sens & des mêmes choses où l'on se sert du verbe Monter. Ainsi on dit, un métier monté, une futaille montée, &c. A l'égard de la futaille on le dit quelquefois par opposition aux futailles en botte ou en paquet, qui sont des futailles dont les douves sont toutes préparées & que l'on embarque sur des vaisseaux sans les relier, pour les monter lorsque l'on en a besoin.

MONTE'E. On appelle Barques de montées les barques chargées de marchandises, particuliérement de sels qui remontent la Gironde, depuis Verdon jusques à Blaye; celles qui descendent s'appellent Barques de descente. Ce terme est principalement en usage dans le Bureau des Fermes du Roi établi à Blaye.

MONTELIMARD, Ville de France en Dauphiné. Les étoffes que l'on y fabrique sont des ratines & des sergettes. *Voyez* l'Etat général, Tome I. page 128.

MONTER, terme de Teinturier. C'est donner à une étoffe une couleur plus vive qu'elle ne doit avoir, pour ensuite la rabattre & la réduire à sa véritable teinte avec d'autres ingrédiens. Ainsi l'Instruction pour les teintures, porte que les verds, roux, & couleurs d'olive doivent être alunés, puis montés de gaude & de fustel; & rabattus avec le bois d'Inde & la couperose.

MONTER UN ME'TIER. C'est le mettre en état d'y travailler l'ouvrage auquel il est propre. Il n'y a gueres de sortes de métiers dont on ne puisse trouver dans ce Dictionnaire la maniere de les monter, & les différentes pieces dont ils sont composés, particuliérement de ceux qui servent aux diverses étoffes d'or, d'argent, de soie, de laine, de poil, & de fil, qui se fabriquent dans les Manufactures de France. On peut avoir recours aux différens articles où il est traité de toutes ces Manufactures, Etoffes, ou Fabriques.

MONTER. Se dit aussi chez plusieurs Artisans, de l'assemblage qui se fait de diverses pieces qui doivent composer un tout. Monter une futaille, monter une charpente, monter un lambris, &c.

MONTER UN RÔLE DE TABAC. C'est mettre autour d'un bâton du tabac en corde pour en composer un rouleau, plus ou moins gros, suivant le poids qu'on lui veut donner. On monte des rôles de tabac depuis dix jusqu'à deux cent cinquante livres. *Voyez* l'article du Tabac, où il est parlé de la maniere de filer le tabac, & de monter les rôles.

MONTER. Veut dire encore dans le commerce, augmenter de prix, devenir plus cher. En ce sens on dit, le blé monte beaucoup, on n'a jamais vû le vin monter si haut en si peu de tems.

On se sert aussi de ce terme pour exprimer les encheres considérables qui se mettent sur une chose qui se vend au plus offrant. Cette tapisserie a beaucoup monté: il faut monter plus haut si vous voulez qu'on vous adjuge ce tableau.

MONTER, en terme d'Arithmétique. Signifie ce à quoi peut aller le produit de plusieurs sommes particulieres réunies ensemble pour n'en faire qu'un total. Ces quatre articles montent à vingt livres. Je ne croyois pas que les quittances que vous avez de moi montassent si haut.

MONTEROS. C'est un des noms que les Espagnols donnent aux Boucanniers de l'Isle de Saint-Domingue; l'autre nom est Matadores. *Voyez* BOUCANIER.

MONTICHICOURS. Etoffes de soie & coton qui se fabriquent aux Indes Orientales. Leur longueur est de cinq aunes sur deux tiers, & de huit aunes sur deux tiers, trois quarts, ou cinq sixiémes de largeur.

MONTIVILLIERS, Ville de Normandie. Son commerce consiste en dentelles, en toiles, & en Tanneries. *Voyez* l'Etat général, Tome I. p. 112.

MONTLUÇON, Ville de la Généralité de Moulins. L'on y fait des serges, des étamines, & des crêpons. *Voyez* l'Etat général, Tome I. page 98.

MONTLUET, petite Ville de la Généralité de Bourgogne. Ses Fabriques sont des droguets appellés Sardys. *Voyez* l'Etat général, Tome I. page 125.

MONTMIREL. Petite Ville de France, où il y avoit autrefois une Manufacture de draps, établie sous la protection de M. de Louvois, Ministre & Secretaire d'Etat qui en étoit Seigneur. On n'y fait plus que des serges & quelques chapeaux. Ce lieu de fabrique est du Département de l'Inspecteur des Manufactures à Reims. *V.* l'Etat général, Tome I. page 16.

LE MONTOIR, Ville de la Généralité d'Orléans. L'on y fabrique des serges blanches & grises qu'on appelle Tourangestes. L'on y fait aussi des chapeaux & des cuirs. *Voyez* l'Etat général, Tome I. page 88.

MONTPELLIER, Ville de France en Languedoc. Les Manufactures de cette Ville consistent en petites étoffes, en couvertures, en chapeaux, en passemens pour des livrées, en futaines, en toiles, & en Tanneries. *V.* l'Etat général, Tome I. page 214.

MONTPESAT, Ville de France dans l'Agenois. Elle est du Département de l'Inspecteur des Manufactures de Montauban. Ses Fabriques sont des cadis, des razes, des droguets, & de gros draps. *Voyez* l'Etat général, Tome I. page 36.

MONTRE. Se dit de l'exposition que les Marchands font de leur marchandise l'une après l'autre, à ceux qui se présentent pour en acheter. Les Marchands ne sont pas chiches de faire des montres; ils disent qu'il n'en coutera rien pour la montre. Les acheteurs les prient de ne leur point faire de montres, qu'ils leur fassent voir d'abord du meilleur & du plus à la mode. On dit qu'on a acheté du blé, de l'avoine, de l'orge, &c. sur la montre; pour faire entendre, qu'on l'a acheté sur un échantillon ou une poignée qui a été apportée au marché.

MONTRE. Se dit encore des étoffes ou des marques que les Marchands mettent au devant de leurs boutiques ou aux portes de leurs magasins, pour faire connoitre à ceux qui passent les choses dont ils font le plus de négoce. Ces étoffes, ces dentelles, ces rubans ne sont plus de mode, ils ne peuvent servir qu'à mettre sur la boutique ou à la porte du magasin pour servir de montre.

Les Marchands Merciers & Epiciers ont des montres de leurs merceries & drogueries pendues à leurs auvents. Les Orfévres & Jouailliers ont de certaines boëtes sur leurs boutiques qu'ils nomment leur montre, dans lesquelles il y a des bijoux & des ouvrages de leur profession.

LA MONTRE des Couteliers & des Eperonniers qui travaillent aux petits ouvrages, comme aux boucles d'acier pour manchons, ceintures, jarretieres, souliers, &c. ne sont gueres différentes de celles des Orfévres & Jouailliers, à la réserve qu'ils n'y exposent que des ouvrages de leur profession, & que celles des Couteliers ont ordinairement de plus leur marque ou poinçon gravés en relief au dessus de leurs boëtes de montre.

LA MONTRE des Boulangers est une grille composée partie de gros fer, & partie de treillis de fil d'archal, autrement fil de fer, qui occupe toute l'ouverture de leur boutique sur la rue. Au dedans de cette grille sont divers étages de planches sur lesquelles se mettent les différentes sortes de pains qui se débitent dans cette boutique.

MONTRE. Terme de Manufacture de lainage en usage dans la Province de Champagne. Il signifie proprement le chef d'une piece d'étoffe. L'article VIII du Réglement pour la fabrique des Droguets qui se font à Reims & dans ses Fauxbourgs, porte que le corps de la piece sera semblable à l'endroit vulgairement appellé la Montre.

MONTRE. Se dit aussi d'une petite Horloge portative. L'on dit montre simple, montre à réveil, montre sonante, montre sonante & à réveil, montre à répétition.

L'usage universel des montres dispense de faire la description de ce que c'est qu'une montre, & des différences considérables entr'elles. Le tems où leur usage a commencé n'est pas parfaitement connu, l'on sçait seulement que sous Charles-quint il fut fait présent d'une montre qui mérita dans ce tems-là d'être citée dans son histoire; mais selon toute vrai-semblance, c'étoit de ces horloges que l'on mettoit sur une table, & dont il nous reste encore des vestiges antiques tels qu'elles se faisoient avant que le célebre Monsieur Hughens nous eût donné l'invention du Pendule dans le siecle dernier. Cet illustre Mathématicien perfectionna aussi considérablement les montres par l'invention du ressort spiral, & qui que ce soit n'a trouvé rien de mieux depuis lui pour la justesse des pendules & des montres, quoiqu'il y reste encore beaucoup à souhaiter: il est vrai que la théorie l'emportant très loin, il inventa les montres sans corde ni chaîne, que l'on appelloit montres à pendules, mais l'expérience les fit abandonner peu de tems après. Il avoit eu principalement pour objet d'éviter les inégalités où la corde à boyau exposoit les montres; c'est à quoi l'on a substitué la chaîne. Et comme ce fut à Paris que Monsieur Hughens communiqua ses importantes idées, qu'il fit exécuter par les sieurs Thuret & Gaudron, dont la capacité a merité la grande réputation qu'ils ont acquise, il n'est pas étonnant que l'horlogerie de France en ait eue autant que de perfection, soit en faisant les plus petites montres qui ayent jamais été faites, jusques-là qu'un nommé Malo en fit une sonnante dans une bague que la Reine Marie Therese portoit à son doigt, soit par la justesse qu'ils ont donnée aux montres, & les diverses utilités qu'on en tire. Si les Anglois font état aujourd'hui de nous le disputer, ils le doivent particuliérement à la quantité d'Horlogers François que la révocation de l'Edit de Nantes a obligés de se réfugier à Londres; il seroit aisé de justifier que plus des trois quarts des montres qui viennent de ce pays-là, sont faites par des François. Il suffiroit d'en rapporter leurs noms, aussi-bien que des fameux ouvriers en bijoux, qui sortis de France par les mêmes raisons, ont porté la perfection de l'extérieur des montres au point où elle n'auroit pas monté. L'on sçait que les Ouvriers François sont les plus laborieux de tout l'Univers; ceux-ci se réfugioient presque tous sans emporter avec eux que leur industrie & leur aptitude au travail. Ils sont tombés dans un pays où les premieres attentions du Gouvernement roulent sur le commerce. Il leur étoit aussi nécessaire de travailler qu'il est naturel à notre Nation; ils ont même profité considérablement de la prévention ridicule & presque générale où sont les François sur ce qui leur vient de loin, prévention que l'on pourroit prouver, tant parce qu'ils payent volontiers le double de ce qui leur vient des Etrangers, quoiqu'il vaille souvent moins que ce qu'ils ont chez eux, que par ce qui s'est passé à cet égard dans ces derniers tems.

L'on commença en 1719 une fabrique de montres Angloises à Versailles. L'on avoit fait venir pour cet effet les meilleurs ouvriers; tout étoit Anglois jusqu'au Directeur. Cette fabrique fit d'abord grand bruit, tout sembloit favoriser sa réussite, proximité utile à tout égard, soit pour faire faire les ouvrages tels que l'on les souhaitoit, soit pour faire racommoder ce qui pourroit y manquer; soin que l'on prenoit de publier que cette fabrique étoit composée des plus experts ouvriers; en effet l'on ne peut contester qu'ils ne fussent habiles. D'ailleurs l'on n'avoit rien épargné pour faire réussir cette fabrique, jusques à employer ce qu'il y avoit de plus habile à Paris pour graver & pour cizeler leurs boëtes de montres. Le commerce de l'Horlogerie de Paris sembloit devoir être anéanti par cette double facilité d'avoir des montres Angloises: cependant cette fabrique tomba d'elle-même avant l'année révolue de son établissement, par la seule prévention françoise que ces montres ne venoient point d'Angleterre. L'Horlogerie de Paris s'est toujours soutenue & se soutiendra sans doute par l'exactitude avec laquelle les habiles Horlogers travaillent sans cesse à en augmenter la réputation & à la perfectionner, soit en cherchant tous les moyens d'approcher de la parfaite justesse, soit en faisant faire à leurs ouvrages toutes les opérations que l'on peut souhaiter pour l'utilité. En effet nos pendules ont toutes les perfections souhaitables; celles d'Angleterre n'ont pu balancer leur réputation; au contraire, les nôtres sont portées au plus haut dégré, sur-tout par celles que l'on a faites à Paris *novissimè* suivant les équations, &c. Et à l'égard de la justesse des montres, il faut convenir que les Anglois eux-mêmes ne l'ont point encore trouvée, puisqu'on promet chez eux une récompense considérable à celui qui la trouvera, pour parvenir à la connoissance des longitudes qui leur est si nécessaire pour la navigation. *Voyez* HORLOGER.

Les Montres d'Horloges comme les appelle le Tarif de la Douane de Lyon, payent les droits sur le pied de la piece d'Horloge, c'est-à-dire dix sols.

MONTREJAU. Ce lieu est du Département de l'Inspecteur des Manufactures de Montauban. On y fait des cadis, des rases, des burats, de la bonneterie, de la chapellerie & de la tannerie: mais son plus grand négoce lui vient de ses Foires qui sont très fréquentées des Marchands,& où l'on apporte du dehors quantité de marchandises. *Voyez* l'Etat général, Tome I. page 36.

MONTRESOR, Bourg de France dans la Touraine. Ses fabriques consistent en serges. *Voyez* l'Etat général, Tome I. page 92.

MONTREUIL-BELLAY, Ville de France en Anjou. On y fabrique des étamines, des serges trémieres, & des droguets. *Voyez* l'Etat général, Tome I. page 93.

MONTRICHARD, petite Ville de France dans la Touraine. Cette Ville est moins célébre par ses fabriques que par les Foires qui s'y tiennent cinq fois l'année. La Tannerie y est assez considérable. *Voyez* l'Etat général, Tome I. page 92.

MONTURE. Ce terme qui n'est gueres en usage que dans les Provinces qui avoisinent l'Espagne, particuliérement du côté de la Gascogne, signifie la charge d'un mulet, composée de deux balles de marchandises, de cent cinquante livres chacune. Ainsi lorsqu'un Marchand mande à son Correspondant, ou un Commissionnaire à son Commettant, qu'il lui envoie six montures de laine, cela doit s'entendre qu'il lui envoie dix-huit cens livres de cette espece de marchandise en douze balles sur six mulets.

MONTURE. Se dit aussi chez plusieurs Ouvriers de ce qui sert à monter quelque ouvrage.

La bordure, & ce qui en dépend, est la monture d'un miroir; le fust, est la monture d'un fusil, d'un pistolet, d'une carabine, & de semblables autres armes que font & montent les Arquebusiers. *Voyez* ARQUEBUSIER. *Voyez* MIROITIER, *&c.*

MONTURE. On appelle Monture en terme d'Eventailliste, les petits morceaux de bois ou d'autres matieres qui passent entre les papiers de l'éventail, & qui servent à le tenir & à l'ouvrir. Ce sont les Tabletiers qui font les montures & qui en fournissent les Eventaillistes, mais ce sont les Eventaillistes qui les employent & les appliquent.

Les matieres dont se font le plus ordinairement ces montures, qu'on nomme aussi des fléches, sont l'écaille de tortue, l'yvoire, le bois de diverses sortes, la baleine & les cannes d'Inde. *Voyez* EVENTAIL.

M O Q

MOQUETTE, que l'on appelle aussi MOCADE & MOUCADE. C'est une sorte d'étoffe veloutée qui se fabrique sur le métier, à peu près de même que la Peluche. *Voyez* PELUCHE.

La largeur la plus ordinaire de la moquette est de sept seiziéme, sur onze aunes de longueur mesure de Paris. Elle ressemble assez à la tripe quoique d'une qualité inférieure; il s'en fait de différentes couleurs & façons, dont la tissure, qui en est proprement le fond, est ordinairement le fil de chanvre; & le poil, qui en fait la superficie du côté de l'endroit, est composé, tantôt de coton & de laine, tantôt de lin & de laine, & quelquefois tout de laine. Il s'en fait de bas prix que l'on nomme piedcourt, qui n'ont que cinq douziémes de large, & dont la longueur est semblable à celle des autres.

Les lieux d'où il se tire le plus de ces sortes d'étoffes, sont Lille & Tournay en Flandres. Abbeville en Picardie & Rouen en Normandie en fournissent aussi assez considérablement, mais celles de Flandres sont les plus estimées. La moquette s'emploie à faire des meubles communs, comme tapisseries, chaises, fauteuils, tabourets, perroquets, formes, banquettes, tapis de tables & de pieds, portieres, &c. On en garnit aussi en dedans quelques carosses, chaises roulantes & à porteurs.

Les Moquettes ou Moucades payent en France les droits d'entrée à raison de 3 liv. la piece de onze aunes; & si elles sont en tapis à l'équipolent. Et les droits de sortie comme mercerie; les uns & les autres conformément au Tarif de 1664.

Les droits de la Douane de Lyon, sont ; sçavoir pour les Moncades étrangeres 11 sols de la piece d'ancienne taxation, & 4 sols de nouvelle réapréciation ; & pour les Moucades d'Amiens 7 s. 6 den. pour tous droits.

MOR

MORAILLE. Espece de Tenailles de fer dont on se sert dans la fabrique du verre en table, autrement verre de Lorraine, pour tirer & allonger le cylindre de verre avant de l'inciser & de l'ouvrir. *Voyez* VERRE DE LORRAINE.

MORAILLER le verre, se servir de la moraille pour l'allonger.

MORAINE. C'est la laine que les Megissiers & Chamoiseurs ont fait tomber avec la chaux de dessus les peaux de moutons & brebis mortes de maladie, soit dans les champs, soit dans les bergeries.

On donne encore à cette sorte de laine les noms de Mauris, Moris, Mortin, Mortain & Plures.

Les laines moraines sont du nombre de celles que l'art. 11 du Reglement du 30 Mars 1700, défend aux Ouvriers en bas au métier d'employer dans leurs ouvrages. *Voyez* LAINE.

MORAIS ou MURAIS. Mesure de continence qui est en usage en quelques lieux des Indes Orientales. *Voyez* MURAIS.

MORDANT, terme d'Imprimerie. C'est la piece qui tient & arrête la copie sur le visorion. *Voyez* IMPRIMERIE.

MORDRE LA TEINTURE. Terme de Chapelier-Teinturier. C'est prendre la couleur en plus ou moins de tems.

Il y a des étoffes, (les Chapeliers appellent ainsi le feutre de leurs chapeaux) qui mordent facilement la teinture, & d'autres qui la mordent mal-aisément. *Voyez* CHAPEAU.

MORFIL ou MARFIL. Ce sont les dents d'Elephant en l'état qu'elles se traitent avec les Negres sur les Côtes d'Afrique; c'est-à-dire, avant qu'elles ayent été débitées en morceaux, & qu'elles ayent reçu aucune façon de l'art. Lorsque le morfil est coupé & travaillé il s'appelle Yvoire. *Voyez* YVOIRE.

Le morfil paye en France les droits de sortie comme yvoire, à raison de 3 liv. 12 s. du quintal, conformément au Tarif de 1664.

MORILLONS. Sorte d'Emeraudes brutes qui se vendent au marc. Il y a aussi des demi Morillons. *Voyez* EMERAUDE.

MORINE ou MORIS, qu'on nomme plus ordinairement Moraine. Mauvaise laine qu'il est défendu d'employer dans la fabrique des bas au métier.

MORION. Armure dont les gens de pied, particuliérement les piquiers, couvroient autrefois leur tête. C'est une espece de casque très léger & qui n'a point de visiere.

Les Morions sont du nombre des marchandises de contrebande dont la sortie est défendue en France, conformément à l'Ordonnance de 1687.

Les Morions blancs ou noirs, dorés, gravés ou non gravés, payent les droits de la Douane de Lyon à raison de 2 s. 6 den. de la piece.

MORISQUE. Monnoie de compte dont on se sert à Alger. Il y en a de deux sortes, le simple & le double : le simple est estimé un réal de plate d'Espagne, c'est-à-dire, 7 s. 6 den. de France. Le double vaut 15 sols.

MORLAIX, Ville de France en Bretagne, célébre par le grand commerce qui s'y fait de toiles. *Voyez* le détail de ce commerce dans l'Etat général, Tome I. page 120.

MORNE. Terme de Teinturier. Une couleur morne est celle qui est sombre, & qui n'a ni vivacité, ni éclat.

MOROEDJE. Monnoie d'argent qui a cours en Perse, particuliérement à Hispaham. Il en faut sept pour faire un écu monnoie de Hollande.

MORS ou MORDS, en terme de relieure. Sont les deux angles intérieurs de chacun des cartons qui servent à la couverture des livres. On appelle faire les mors d'un livre, en couper ou échancrer ces quatre angles afin que le livre puisse s'ouvrir plus facilement. *Voyez* RELIEURE.

MORS. Se dit aussi de l'extrémité d'un Estau, c'est-à-dire des deux pieces de fer qui mordent & qui arrêtent les divers ouvrages qu'on y veut travailler. *Voyez* ESTAU.

MORT : ce qui n'a plus de vie. On se sert de ce terme dans le Commerce en plusieurs manieres figurées.

On appelle un argent mort, un fonds mort, ce qui ne porte aucun intérêt.

On dit que le Commerce est mort, quand il est tombé & qu'il ne s'en fait presque plus.

Un chardon mort, est un chardon à Drapier ou à Bonnetier, dont les pointes sont émoucées par le travail.

MORTAGNE, Ville de France dans le Haut-Perche. Son commerce consiste en toiles, en cuirs, & en fer. *Voyez* l'Etat général, Tome I. page 95.

MORTAIN ou MORTIN. Sorte de laine de très basse qualité. Les Reglemens de la Sayetterie d'Amiens, de 1666, art. 10, défendent aux Maîtres Houppiers de se servir de pelures procédant de Mortain. *Voyez* MORAINE. *Voyez aussi* HOUPPIERS.

MORT-BOIS. Terme de commerce de bois. *Voyez* BOIS.

MORTE-CHARGE. Terme de commerce de mer. Un vaisseau à morte-charge, est un vaisseau qui n'a point sa charge entiere. Le droit de fret ou de 50 s. par tonneau que payent les Navires Etrangers qui entrent dans les ports du Royaume, se paye à morte-charge, c'est-à-dire, tant pleins que vuides pour toute sa continence. L'Arrêt du Conseil du 6 Septembre 1701 concernant les marchandises venant d'Angleterre, porte aussi que les vaisseaux Anglois payeront à l'avenir trois livres dix sols de fret pour chaque tonneau de la continence à morte-charge desdits vaisseaux.

MORTE-SAISON. L'on nomme ainsi dans la pêche du hareng le tems qui n'est pas propre pour cette pêche. *Voyez* HARENG.

MORTE-SAISON. Se dit aussi du tems où le débit va mal, & qu'on vend peu de marchandises.

MORTICAL. Monnoie qui se bat à Fez, capitale du Royaume du même nom. Il revient à 20 s. de Hollande.

MORTIER. Vase de métail, de marbre, de pierre dure ou de bois, propre à contenir les matieres que l'on veut broyer & écraser dedans.

Les Chimistes, les Apoticaires, les Epiciers, les Droguistes, les Peintres, les Parfumeurs-Gantiers, faiseurs de Poudres à poudrer les cheveux, & quantité d'autres Marchands Artistes, Ouvriers & Artisans, se servent du mortier pour y piler, égruger & réduire en poudre avec un pilon les diverses drogues & matieres qui font partie de leur négoce, ou dont ils ont besoin pour les ouvrages de leur art, métier ou profession.

On observe ordinairement deux choses en se servant du mortier; l'une, que si les matieres sont fortes, dures, ou en grande quantité, que le mortier soit grand & profond, & le pilon trop pesant, on soutient ce dernier avec une corde qui y est attachée d'un bout, & qui de l'autre pend d'une perche posée au plancher au dessus du mortier, sur une espece de chevalet, afin que la perche faisant ressort, & le pilon se relevant comme de lui-même, l'ouvrier en ait moins de peine.

L'autre observation bien autrement de conséquence que la premiere, est, lorsque les matieres sont dangereuses, ou que les esprits s'en dissipent aisément, qu'il faut envelopper le mortier par en haut, d'un sac de cuir, au milieu duquel passe & soit attaché le collet du pilon; ce qui met l'ouvrier à l'abri de la malignité des vapeurs des drogues, & leur conserve toute leur force en en empêchant l'évaporation. Il y a même quelquefois des matieres d'une qualité si mauvaise, qu'il faut que l'artiste se serve d'un espece de capuchon en forme de masque, avec des verrieres aux yeux, sans quoi il courroit risque de la perte de quelque membre, souvent même de la vie.

Les mortiers de marbre payent les droits de la Douane de Lyon à raison de 2 sols de la piece.

Mortier. On appelle aussi de la sorte dans la plupart des moulins à foulon, soit pour les étoffes, soit pour la préparation de quelques cuirs; ou dans ceux dans lesquels se font le papier, la poudre à canon, le tan, & autres telles marchandises, ses pots, vases, cuvettes, auges, vaisseaux qui servent à ces Manufactures, & où sont foulées & pilonnées les matieres qu'on y emploie. Il est vrai néanmoins qu'outre ce nom général qu'ils ont tous, plusieurs en ont outre cela qui leur sont propres, comme les mortiers pour le papier, qu'on appelle Piles à Drapeaux; les mortiers pour les foulons qu'on nomme simplement des vaisseaux ou des pots, & en des endroits aussi des Piles; & ainsi des autres. On peut avoir recours à leurs articles.

Mortier aux pelottes. Les Fondeurs de menus ouvrages nomment ainsi un mortier de bois ou de pierre, & plus ordinairement de fonte, dans lequel avec un mailler ils forment des especes de boules ou de pelottes avec du cuivre en feuilles, qu'ils ont auparavant taillés en morceaux longs & étroits avec des cizailles.

Mortier. En terme de Maçonnerie, est un mélange de chaux & de sable courroyés ensemble avec de l'eau, dont les Maçons & Limosins se servent pour la liaison & construction de plusieurs de leurs ouvrages, particuliérement de ceux qui se font de simple moilon.

Il y a aussi du mortier de terre pour la Limosinerie commune, & du mortier de chaux & de ciment qu'employent les Paveurs de petit échantillon, les Fontainiers & autres semblables Ouvriers ou Artisans.

Le mortier se courroye dans une espece de bassin médiocrement creusé en terre: on se sert pour le courroyer d'un instrument qu'on nomme un Rabot; & ce sont de jeunes garçons, ou aides à Limosin, qu'on appelle des Goujats, qui le portent sur leurs épaules avec l'oiseau si le service est éloigné, ou avec une pelle de bois s'il est proche.

Lorsque le service du mortier se fait pour des fondations, on le coule en bas par le moyen d'une goutiere ou de deux planches qui en tiennent lieu: si c'est pour le haut des bâtimens, on le monte dans un baquet à mortier qu'on met sur le bouriquet, & qui se tire avec un engin ou une grue.

Mortier. C'est encore, parmi les Ouvriers qui éteignent de la chaux, le bassin de terre où elle s'éteint, & d'où, en levant une planche qui lui sert comme d'écluse, la chaux liquide tombe dans un trou profond qui est au dessous, duquel on la tire après qu'elle s'est épaissie, & quand on en a besoin.

MORTODES. Perles fausses dont on fait quelque commerce avec les Négres du Senegal & autres endroits de Guinée. En général elles s'appellent, Perles gauderonnées. Il y en a de plusieurs sortes & figures, particuliérement de façonnées en long, & d'autres en rond. *Voyez le Commerce de Guinée.*

MORT-PLAIN. Terme de Tanneur, de Chamoiseur & de Megissier. *Voyez* Plain.

MORUE ou MOLUE. Poisson de mer passablement gros, qui a la tête hideuse, les dents dans le fond du gosier, la chair blanche, la peau d'un brun grisâtre pardessus le dos, & un peu blancheâtre par dessous le ventre, couverte de petites écailles minces & transparentes.

Ce poisson mangé frais est excellent, & bien apprêté & salé comme il faut, se peut garder du tems sans se corrompre. La morue salée fait la plus grande partie du négoce de la saline qui est assez considérable. *Voyez* Saline.

Il y a de deux sortes de morue salée, l'une qui s'appelle morue verte ou blanche, & l'autre que l'on nomme morue séche ou parée, & quelquefois merlu ou merluche. Ce n'est néanmoins que la même espece de poisson, mais diversement salée & préparée pour la rendre de garde.

Morue verte.

La pêche pour la morue verte se fait dans la baye de Canada, sur le grand banc de Terre-neuve, & sur les battures du banc qui sont les banquereaux, le banc à vert, l'Isle saint Pierre, & l'Isle de sable. Ce qui se pêche ailleurs est peu considérable.

On se sert pour cette pêche, de vaisseaux à deux ponts ordinairement du port de cent à cent cinquante tonneaux pour apporter trente à trente-cinq milliers de morues au plus, parce que si l'on s'en chargeoit de davantage, il y auroit à craindre de ne la pas apporter en France toute de bonne qualité, celle qui a été la premiere pêchée pouvant se corrompre en chemin, à moins que d'avoir eu un soin très grand de la bien saler.

Ces vaisseaux se chargent de sel, de pain ou biscuit, de vin, & d'autres victuailles pour l'équipage, avec des lignes, des calles de plomb, des hameçons, & d'autres ustenciles pour cette pêche.

Les vaisseaux de cent tonneaux ont ordinairement vingt à vingt-deux hommes d'équipage compris le Capitaine & les mousses; & ceux de cent cinquante tonneaux en ont jusques à vingt-cinq, ainsi des autres, à proportion qu'ils sont plus ou moins grands.

Le plus essentiel de cette pêche est d'avoir un Capitaine qui sçache bien trancher la morue, un habile décoleur qui est celui qui lui coupe la tête, mais sur-tout un saleur vigilant & entendu; c'est de ce dernier Matelot que dépend la conservation de la morue, & par conséquent le succès du voyage.

Quelques-uns prétendent que ce sont les Basques, qui en poursuivant les baleines, ont fait la découverte du grand & petit banc des morues, cent ans avant la navigation de Christophle Colomb, aussi-bien que le Canada & la terre neuve de Bacalaos qui veut dire morue; & que ce fut un Basque Terreneuvier qui en porta le premier la nouvelle à Christophle Colomb, ainsi que le rapportent plusieurs Cosmographes, entre autres Antoine Magin, Corneille Wythler Flamand, & Antoine Saint-Romain Espagnol, dans l'histoire des Indes.

Quelques autres veulent que la découverte du grand banc soit due à un Malouin nommé Jacques Cartier; & c'est lui en effet qui en a montré le chemin aux Bretons. Mais quoi qu'il en soit du nom & de la nation des premiers avanturiers qui ont été en terre neuve, il est certain que depuis cette découverte toutes les Nations de l'Europe qui font le commerce de la mer ont consideré celui de la morue, comme l'un des plus surs, des plus commodes, & des plus lucratifs qui se fasse.

Au reste le grand banc est une montagne sous l'eau à vingt-cinq lieues de terre neuve, qui en a environ cent cinquante de long & cinquante en son plus large.

Les Négocians des sables d'Olonne dans le bas Poitou, sont de tous les François ceux qui donnent le plus dans la pêche & dans le commerce de la morue, & qui le font avec plus de succès, quoique leur Ville soit très petite & leur port étroit & mauvais, y ayant eu quelquefois des années qu'on a vû jusqu'à cent vaisseaux Olonois embanqués.

Les autres lieux de France d'où l'on envoye à cette pêche, sont Bordeaux, Marenne, la Rochelle, Pornic dans le Duché de Rets, Grandville, le Havre de Grace, Dieppe, Honfleur, & d'autres endroits de la côte de Normandie; mais les Normands ne font presque point ce commerce en tems de guerre à cause des risques qu'il y a à sortir & à rentrer dans la manche qui est ordinairement remplie de Corsaires.

Les salaires que l'on a coutume de donner au Capitaine & Matelots est le tiers de la morue qu'ils rapportent; de sorte qu'il y va de leur interêt d'en rapporter beaucoup, de pêcher dans les parages où la pêche se trouve la plus grande, & d'avoir l'œil à sa conservation.

Les meilleures, les plus grasses & les plus grandes de toutes les morues, sont celles qui se pêchent sur le grand banc du côté du Sud; aussi sont-elles toujours les plus estimées, & en quelque sorte réservées pour Paris où il s'en fait une grande consommation.

Celles qui se pêchent du côté du Nord sont ordinairement petites, & ne se vendent pas si cher à beaucoup près que les grandes. Dans les battures, l'on n'y trouve presque jamais de grandes morues, & celles que l'on y pêche sont plus seches que celles du grand banc, ce qui fait que les vaisseaux ne vont gueres sur les battures que lorsque la morue manque sur le banc, ou quand il y a des Corsaires qui croisent dessus.

La bonne saison pour aller à la pêche de la morue verte, est depuis le commencement du mois de Février jusqu'à la fin d'Avril; le poisson qui se retire l'hyver dans les endroits les plus profonds de la mer, revenant alors sur le banc, & s'y engraissant extrêmement.

Celui qui se pêche depuis Mars jusques en Juin se conserve bien, mais dès que viennent les mois de Juillet, Août & Septembre qu'il fait chaud sur les bancs & sur les battures de Terre-neuve, les morues que l'on y prend sont sujettes à se gâter & à se corrompre en peu de tems.

On a vû des navires partir quelquefois de France pour la pêche des morues au mois de Septembre & revenir au mois de Janvier pour en faire la vente dans le tems du Carême; mais dans cette saison on court risque de faire de mauvais voyages, non-seulement à cause des tems fâcheux que l'on a à essuyer dans les mers de Terre-neuve, où ils sont ordinairement très rudes, mais encore parce que les morues fatiguées par la rigueur des vents & du froid, quittent le grand banc & les autres plages où elles ont coutume de paroître en si grand nombre pendant la douce saison, & que ce qu'on y en trouve alors est peu de chose & encore presque toujours très maigre & d'assez mauvaise qualité.

La pêche se fait quelquefois en un mois ou six semaines, mais quelquefois aussi on est contraint d'y employer quatre ou cinq mois. Quand le Carême approche & que les Pêcheurs se voyent la moitié ou les deux tiers de leur charge, ils se hâtent ordinairement de s'en retourner pour arriver des premiers à cause que la vente est meilleure en ce tems-là; souvent même par cette raison ils partent encore avec moins de charge.

Il y a des Pêcheurs si heureux qu'ils peuvent faire un second voyage, tandis que les autres languissent dans leur pêche, & sont souvent obligés de débanquer avec une charge très médiocre.

Chaque Pêcheur ne pêche qu'une morue à la fois; les plus habiles en peuvent pêcher depuis trois cent cinquante jusques à quatre cent par jour, mais c'est le plus loin qu'on puisse aller, cette pêche étant très fatigante, tant à cause de la pésanteur du poisson que du grand froid qu'il fait sur le grand banc.

La morue verte se sale à bord. Quand elle est habillée, c'est-à-dire, que le Décoleur lui a coupé la tête, & que le Trancheur l'a ouverte & éventrée, on la porte au Saleur qui l'arrange à fond de cale tête contre queue, & qui en ayant fait une couche d'une brasse ou deux en quarrée, la couvre toute de sel, puis une seconde qu'il couvre encore de sel, & ainsi de suite de toute la pêche du jour, ne mêlant jamais ensemble celles de différens jours. Lorsque la morue a été ainsi trois ou quatre jours à égouter son eau, on la replace dans un autre endroit du navire, & on la sale de nouveau sel, après quoi l'on n'y touche plus jusques à ce que le vaisseau ait sa charge.

Les morues vertes se trient & se comptent différemment suivant les lieux où on les décharge des vaisseaux & où s'en fait la vente.

A Nantes on en trie de quatre sortes qui sont; 1°. La grande morue ou poisson marchand dont le cent en compte doit peser neuf cent livres. 2°. La morue moyenne ou poisson moyen estimé un tiers moins que le poisson marchand, le cent en compte ne pésant gueres plus de six cent livres. 3°. La petite morue ou raguet; & 4°. La morue de rebut, dans laquelle l'on comprend les plus petites morues au dessous du raguet, celles qui sont tachées ou douces de sel, rompues ou pouries, ou écorchées, même les lingues qui sont des morues un peu longues, mais qui n'ont presque que la peau & l'arrête.

Il y a des mesures pour la grandeur que doivent avoir les morues pour être admises au poisson Marchand, tant à l'égard de la longueur que de la largeur & épaisseur, mais on s'en sert peu dans les triages, les personnes préposées pour cela les faisant à la vûe.

A la Rochelle & à Bordeaux le triage se fait à peu près comme à Nantes, la seule différence qui s'y rencontre est que dans ces deux premieres Villes l'on fait entrer dans le raguet les plus petites morues pourvû qu'elles n'ayent point de défaut, & qu'à Nantes ces petites morues quoique de bonne qualité, ne laissent pas de se mettre dans le rebut.

Au Havre de Grace, à Honfleur, à Dieppe & dans les autres ports de Normandie on en trie de six sortes qui sont; 1°. la gaffe qui est une morue d'une grandeur extraordinaire. 2°. La morue marchande ou grand poisson qui est la plus grande d'après la gaffe. 3°. la trie qui est la grandeur d'après la marchande. 4°. La lingue & le raguet qui ne passent que pour une même sorte. 5°. La valide, ou patelet qui est la plus petite de toutes; & 6°. La viciée qui est le rebut des autres.

A Nantes & dans la plupart des Ports de France, la morue verte se compte & se vend à raison de 124 morues ou 62 poignées ou couples pour cent, ce qui s'appelle grand Compte ou Compte marchand.

Cependant à Orléans & en Normandie l'on donne 132 morues ou 66 poignées pour cent, ce qui se nomme aussi grand Compte ou Compte marchand.

A l'égard de Paris le cent n'est que de 108 morues ou cinquante-quatre poignées, ce qu'on appelle petit Compte.

Pour vendre & débiter la morue verte dans les marchés, on la fait dessaler dans l'eau, on la coupe & divise en queue, entre-deux, crêtes, flanchets & loquettes.

Nantes est la Ville du Royaume où il vient le plus de morues vertes, la riviere de Loire étant très propre pour la transporter dans toutes les autres Villes. Pendant la guerre elle y est toujours chere, mais en tems de paix les vaisseaux Normands & ceux d'ailleurs qui vont décharger au Havre de Grace, à Dieppe & à Honfleur d'où l'on la tire pour Paris qui est le principal objet pour la consommation de ce poisson, font qu'à Nantes il y est à très bon marché.

On envoye en France de Hollande & d'Islande dans les mois de Mars, d'Avril & de Mai des morues vertes en barils de deux cent cinquante à trois cent livres pésant, les unes en sel & sans sauce, & les autres en sauce ou saumur. Les premiers sont de meilleure garde, parce que la sauce des autres étant sujette à tourner & à se corrompre, elle gâte le poisson.

La morue en baril est ordinairement épaisse & coupée par tronçons ou morceaux; on la nomme quelquefois Cabillaud. Il faut remarquer que celle qui vient d'Islande est toujours plus petite que celle de Hollande. Les douze barils de cabillauds font un leth ou plutôt le leth est composé de douze barils.

Ce qu'on appelle Morue en tonne, ce sont des morues que l'on a mises dans des especes de futailles, pour les transporter plus facilement par charroi, & empêcher qu'elles ne se gâtent. Une tonne de morue tient ordinairement soixante-six poignées ou cent trente-deux poissons. Il n'y a gueres qu'à Rouen & à Orleans où l'on les entonne ainsi pour les envoyer en Champagne, en Bourgogne, &c.

Morue seche.

Pour ce qui est de la pêche & du commerce de la morue seche, on se sert de vaisseaux de toutes grandeurs, on les prend néanmoins ordinairement d'un grand fonds, parce que cette morue embarasse plus qu'elle ne charge.

Comme l'on ne peut faire sécher la morue qu'au soleil, il faut que les vaisseaux partent de France dans les mois de Mars & jusqu'à la fin d'Avril au plus tard, afin qu'ils profitent de l'esté pour faire sécher leur pêche.

On en peut aussi envoyer dans les mois de Mai & Juin, même en Juillet que l'on nomme Vaisseaux en sacque; mais ceux-ci ne vont que pour acheter la morue pêchée & sechée par les Habitans des Colonies Françoises de Terre-neuve ou des Isles voisines, dont la pêche s'appelle Pêche sédentaire, pour la distinguer d'avec celle des vaisseaux Terre-neuviers qui n'y vont que dans les saisons.

Ces vaisseaux en sacque portent des farines, des eaux-de-vie, du biscuit, des pois, des feves, des sirops de sucre, quelques toiles, quelques draps & peu d'autres marchandises qu'ils troquent avec ces Habitans contre leurs morues seches, leurs rogues & leurs huiles; aussi ce commerce se nomme-t-il ordinairement la Troque.

* La Côte de Plaisance où se fait la pêche des morues que l'on fait sécher, s'étend depuis le Cap de Rose jusques à la Baye des Experts, & dans cette étendue il y a plusieurs Ports où l'on fait la sécherie des morues, comme Plaisance; le Chapeau rouge, la Baye de fortune, les Isles de S. Pierre & la Baye des Experts; mais les plus commodes & les plus fréquentés de ces endroits sont, Plaisance & le Chapeau rouge; tant parce que Plaisance est la résidence du Gouverneur de Terre-neuve, & qu'il y a plus d'Habitans que dans les autres endroits avec lesquels l'on puisse négocier, que parce que le terrain y est mieux disposé pour bien faire sécher le poisson, outre que les morues que l'on y pêche sont les plus considerées en France, se conservant long-tems de bonne qualité, pourvû qu'elles ayent été bien apprêtées & séchées.

La morue séche qui est la plus rouge est pour l'ordinaire la plus estimée; néanmoins pour Lyon & pour l'Auvergne il faut qu'elle soit blancheâtre.

Il se pêche sur la Côte de Plaisance quantité de hareng dont on se sert pour mettre au bout des hameçons pour prendre les morues.

Outre la Côte de Plaisance il y en a une autre où les François vont à la pêche & sécherie des morues,

* *On remarquera que l'Auteur avoit composé cet article avant la paix d'Utrecht, & qu'aussi il parle de Plaisance comme appartenant encore aux François; on a crû cependant n'y devoir rien changer, & qu'il suffiroit d'avertir que les Anglois sont présentement Maîtres de Plaisance, & que les François ont établi leur pêche au Cap Breton qu'ils ont nommé Louis-Bourg & Isle Royale.*

rues, c'eſt la Côte du petit Nord, laquelle s'étend depuis l'Iſle de la grande Baye juſques aux Iſles de Fouges; elle contient différentes Bayes où l'on prend de petites morues que l'on ſale plus que celles de la Côte de Plaiſance, pour leur donner quand elles ſont ſéches une couleur blancheâtre, parce qu'il les faut de cette maniere pour l'Eſpagne & pour le Levant où l'on les porte.

Preſque tous les vaiſſeaux qui vont à la Côte du petit Nord font ordinairement leur retour a Marſeille & dans les autres Ports d'Italie & du Levant; & après qu'ils y ont vendu leur poiſſon, ils prennent d'autres marchandiſes pour leur compte ou à fret, pour les porter dans les mers du Ponant aux lieux d'où ils ſont partis.

La morue que l'on fait ſécher à la Côte du petit Nord ne ſe conſerve pas ſi long tems que celle de la Côte de Plaiſance, parce qu'étant extrêmement chargée de ſel, cela fait que lorſqu'elle reſſent de l'humidité elle eſt ſujette à reverdir & à ſe corrompre aiſément, à moins de l'expoſer promptement au ſoleil pour la faire ſécher.

Les ſalaires des équipages des navires qui vont à la pêche & au commerce de la morue ſéche, ſont ſemblables à ceux pour la morue verte, c'eſt-à-dire, le tiers du poiſſon qu'ils rapportent en France, avec cette différence que ſi on fait des avances aux équipages pour la morue verte ils en payent la groſſe avanture ſur un pied dont on convient avec eux, & on leur déduit le principal & le profit ſur ce qui leur revient pour leur part; & qu'à la morue ſéche il y a tel matelot à qui l'on donne dix piſtoles de pot-de-vin avant le départ du vaiſſeau, qui ne lui ſont point comptées au retour du voyage.

A l'égard des vaiſſeaux qui vont au petit Nord, les équipages ont pareillement le tiers, & quand le poiſſon eſt vendu dans le Levant & que le vaiſſeau revient chargé dans le Ponant, on les paye par mois depuis le jour qu'ils ont commencé à reprendre les marchandiſes de leur ſeconde charge.

La morue que les Pêcheurs deſtinent pour être ſalée, quoique de même eſpece que la morue verte, eſt beaucoup plus petite, ce qui la rend plus propre à ſe conſerver, le ſel pénétrant plus aiſément. La pêche de l'une & de l'autre ſe fait à peu près de même; mais celle de la morue ſeche eſt d'une plus grande dépenſe à cauſe du plus grand équipage de Matelots & du plus de tems qu'on y employe, il s'y conſomme toutefois la moitié moins de ſel.

Quand pluſieurs navires de Pêcheurs ſe rencontrent & qu'ils ont deſſein de pêcher au même Havre; celui dont la chaloupe aborde la premiere à terre a le billet d'Amiral, & en cette qualité eſt chargé de dreſſer & de faire garder à l'échafaut du croc l'affiche où chaque Maître de vaiſſeau eſt obligé de faire écrire ſon nom & le jour de ſon arrivée; mais auſſi il a par privilége le choix du galet, & par préférence tous les bois qui ſe trouvent à la Côte à ſon arrivée. *Voyez* AMIRAL.

A meſure que les Maîtres abordent ils dégarniſſent entiérement leurs vaiſſeaux, n'y laiſſant que les haubans pour ſoutenir les mats, & leurs Contre-Maîtres avec ſept ou huit hommes, & font en même tems travailler à terre à une tente couverte de branches de ſapin & de quelques voiles, & à un échafaut de gros troncs de ſapins de 12, 15, 16, & ſouvent 20 pieds de longueur: cet échafaut a ordinairement depuis quarante juſques à ſoixante pas de long, & eſt large d'un tiers de ſa longueur. Tandis qu'on le prépare on ne laiſſe pas de pêcher & d'apporter le poiſſon qu'on ſale ſur des eſpeces d'établis volants; mais la grande ſalaiſon ſe fait ſur l'échafaut.

Lorſque la morue a pris ſel, on la lave, & pour l'égoûter on la met en pile ſur les galaires qui ſont des eſpeces de petits échafauts; puis après qu'elle eſt ſuffiſamment égoutée on l'arrange ſur les vignaux à une ſeule d'épaiſſeur, queue contre tête & la peau en haut, & tandis qu'elle y reſte on la retourne quatre fois, ſoit de jour, ſoit de nuit, dans l'eſpace de vingt-quatre heures.

Les vignaux ſont quantité de petites pieces de bois attachées de travers à des pieux & qui ſont couvertes de branchages d'arbres dont on a ôté les feuilles, pour que l'air puiſſe plus aiſément paſſer.

Quand les morues commencent d'être ſéches, on les met en moutons, c'eſt-à-dire, dix ou douze l'une ſur l'autre pour qu'elles conſervent leur chaleur. Chaque jour on augmente le mouton juſqu'à vingt ou vingt-cinq; après on les porte ſur la grêve, où de deux moutons on n'en fait qu'un, qu'on prend ſoin de retourner chaque jour. Enfin on les reſſale en commençant par les plus vieilles ſalées, & l'on les met en piles quelquefois auſſi groſſes & auſſi hautes que des tours de moulin à vent, où elles reſtent juſqu'à ce qu'on les embarque.

La morue ſéche s'empile dans le navire, & s'y arrange ſur des branches d'arbres que l'on met dans le fond au deſſus du leſt & tout autour du navire avec des nattes, pour empêcher que cette marchandiſe ne contracte d'humidité.

Les Baſques paſſent pour les plus entendus de tous ceux qui vont à cette pêche; auſſi les Marchands de Bayonne & de Saint-Jean de Luz y envoyent-ils beaucoup de navires, outre ceux qui ſortent des Ports de la Rochelle, de Nantes, & de Saint-Malo. Ce ſont les Habitans de ce dernier Port qui envoyent le plus à la Côte du petit Nord.

Dans preſque tous les endroits où l'on fait commerce de morue ſéche, elle s'achete & ſe vend au poids, à la réſerve de celle qui eſt trop caſſée & trop humide pour paſſer au poids, laquelle eſt vendue au compte: cependant dans les Ports de mer de Normandie elle ſe vend au compte, ainſi que la morue verte, ſur le pied de ſoixante-ſix poignées, ou cent trente-deux morues pour cent. A Paris elle ſe vend auſſi au compte comme la morue verte, c'eſt-à-dire, ſur le pied de cinquante-quatre poignées ou cent huit morues.

La morue ſéche ſe trie de différentes manieres, ſuivant les lieux où elle ſe décharge.

A Nantes il s'en fait de ſept ſortes, qui ſont:

1°. Le poiſſon pivé, qui eſt une morue de couleur poivrée tirant ſur le rouge-brun. C'eſt la plus délicate & la plus graſſe de toutes les ſortes de morues ſéches; auſſi vaut-elle ordinairement quinze à vingt pour cent plus que les autres eſpeces, que l'on nomme Poiſſon marchand. Le poiſſon pivé ne ſe vend gueres que pour la Bretagne, l'Anjou & la Touraine; car pour Paris, Lyon, & Orléans, il ne s'y en envoye que très peu, n'y étant aucunement eſtimée.

2°. Le poiſſon gris, qui n'a de conſommation que dans les lieux où la qualité de la morue pivée eſt connue, n'eſt pas tout-à-fait ſi poivré ni ſi brun que le pivé; aussi n'est-il pas si cher : mais quand on le garde en magasin d'une année à l'autre, & qu'il est un peu gras, il devient en partie pivé. Il y a quelquefois trente à quarante sous & même jusqu'à trois livres de différence par quintal entre le prix du poisson gris & celui du poisson pivé.

3°. Le poisson grand marchand, dans lequel entrent toutes les plus grandes morues, lesquelles pour être réputées marchandes doivent être unies, bien coupées, point rompues ni brûlées, & nettes de toutes taches.

4°. Le poisson moyen marchand, qui est de la même qualité que le poisson grand marchand, à l'exception que les morues ne sont pas si grandes.

Ces deux sortes de poisson, grand & moyen marchand sont les plus connues dans le Royaume, & dont l'on fait un plus grand débit; aussi c'est de ces deux qualités que les vaisseaux apportent le plus.

5°. Le petit poisson marchand, que l'on appelle Fourillon, qui comprend toutes les plus petites morues pivées, grises, & marchandes. Il se vend ordinairement le même prix que les poissons grand & moyen marchand, & même quelquefois plus, quand il vient pendant le tems des caraisons. La plus grande consommation du fourillon se fait dans le Lyonnois & dans l'Auvergne.

6°. Le grand rebut, qui comprend les plus grandes d'entre les morues qui se trouvent rompues, huileuses, écorchées, tachées, mal coupées, dares, & brûlées.

7°. Enfin le moyen rebut, dans lequel l'on met toutes les morues moyennes & petites, qui ont les mêmes défauts que celles du grand rebut.

Les grand & petit rebut se consomment tout dans la Ville de Nantes & dans le Pays Nantois. Ils different ordinairement de dix à quinze pour cent de la valeur des poissons marchands.

A la Rochelle, à Bordeaux, à Bayonne, à Saint-Jean de Luz & dans toute la Côte Occidentale d'Espagne, l'on ne connoît que trois sortes de triages dans la morue séche, qui sont, 1°. le poisson marchand, 2°. le poisson moyen, & 3°. le rebut.

A Saint-Malo la morue séche ne se trie presque jamais; on met seulement à part les pourries & les rompues; toutes les autres se vendent pêle-mêle, à la réserve de quelques parties qui s'y vendent pour Rennes, & que les Acheteurs trient eux-mêmes à leur fantaisie.

Comme Saint-Malo n'est pas un endroit propre pour la consommation de cette marchandise, on n'y en fait pas un grand commerce : & quoique les Malouins envoyent beaucoup de navires pour le commerce & la pêche de la morue séche, cependant il n'en revient que très peu décharger dans leur Port; leur destination ordinaire étant pour les mers du Levant, ainsi qu'il a été dit ci-devant.

Il y a de quatre sortes de marchandises qui proviennent des morues, & dont il se fait quelque commerce; sçavoir les noues ou nos qui en sont les tripes, les langues, les rogues ou raves qui en sont les œufs ou coques, & l'huile qui se tire des foyes.

Les noues se salent dans les lieux de la pêche en même-tems que le poisson. Elles s'apportent en futailles ou barils du poids de six à sept cent livres.

Les langues se salent de même que les noues, & s'apportent aussi dans des barils du poids de quatre à cinq cens livres.

Ces deux sortes de marchandises ne sont pas d'un grand débit à Paris, non plus que dans le reste du Royaume; n'y ayant gueres que la Bourgogne & la Champagne qui en fassent une consommation un peu considérable; aussi les vaisseaux Terre-neuviers ne s'en chargent-ils pas de beaucoup.

Les rogues ou œufs de morues se salent pareillement dans des barils : ils servent à jetter dans la mer pour prendre le poisson, particuliérement les sardines; ce qui fait qu'il s'en consomme beaucoup sur les Côtes de Bretagne, où la pêche de ce poisson est considérable. *Voyez* Rogues.

L'huile de morue vient en pieces ou barriques ordinairement du poids de quatre à cinq cent livres, même jusqu'à cinq cent vingt. Il s'en envoye assez considérablement du côté de Geneve. On en consomme aussi en France dans les tanneries, même pour brûler lorsque les huiles de noix & de baleine viennent à manquer.

Il se pêche dans les mers du Nord d'Ecosse, vers les Côtes de Buchan, dans un endroit que l'on nomme Battray, une espece de petite morue très excellente, quoiqu'assez semblable à celle que l'on appelle Lingue. Elle se sale & se fait séchee au soleil sur les rochers, & quelquefois à la cheminée, comme l'on fait ces gros merlands nommés Egreffins. Le négoce de cette morue est peu considérable en France; presque toute la consommation s'en faisant sur les Côtes où elle se pêche, ou en d'autres endroits voisins.

L'Ordonnance de la Marine du mois d'Aout 1681, & du mois de Novembre 1684, regle plusieurs choses touchant la pêche des morues. L'article 2 du titre 1 du Livre 5, veut, Que les vaisseaux destinés pour cette pêche, prennent des congés de M. l'Amiral pour chaque voyage qu'ils font. L'on peut voir dans les Titres de la Pêche des Morues quantité de Réglemens de Police concernant l'arrivée des vaisseaux aux havres de Terre-neuve, les priviléges de ceux qui abordent les premiers, les amendes & dédommagemens encourus dans certains cas, & plusieurs autres choses semblables.

De la pêche de la Morue, qui se fait par les habitans de la Province de Bretagne, particuliérement par les Malouins & les Nantois, & des frais & profits de cette pêche.

Les deux Villes de la Province de Bretagne, où le commerce de la pêche, surtout de la morue, est le plus considérable, sont celles de Saint Malo & de Nantes; il est vrai qu'il s'en fait aussi au Croisic, à Brieux, au Port-Louis, à Belle-Isle, aux environs de Saint Paul de Leon, & en quelques autres endroits, comme on l'a dit ci-dessus; mais comme les Nantois & les Malouins arment plus de vaisseaux pour cette pêche que tous les autres ensemble, on se contentera de parler de celle de ces deux Villes, & de donner un détail des frais & des profits qu'on y peut faire, sur lequel il sera facile à toutes les autres qui font ce négoce, de se régler.

On va commencer par Saint Malo, après avoir fait remarquer que les Mémoires sur lesquels on a travaillé ayant été dressés peu de tems avant la paix d'Utrech, conclue en 1713, on n'y parle pas des cessions faites par la France à l'Angleterre au sujet de cette pêche, qui peuvent y avoir apporté quelques changemens, mais qui sont trop peu considérables, pour s'y arrêter, sur-tout ne s'agissant que de donner un état de ce qui regarde les frais des armemens qu'on y envoie, & les profits des retours.

Pesche de Saint Malo.

Il se fait par les habitans de Saint Malo trois sortes d'armemens pour la pêche de la morue; sçavoir pour le petit Nord, pour le Chapeau Rouge ou Plaisance, & pour le grand Banc. A Plaisance, comme on l'a remarqué ailleurs, a succédé le Cap Breton, appellé présentement l'Isle Royale, on va d'abord traiter du petit Nord.

Les Malouins ne fretent gueres de vaisseaux pour cette pêche, non plus que pour les deux autres; mais ils ont coutume de se servir des bâtimens qu'ils ont, dont les cargaisons & les frais sont plus ou moins considérables suivant qu'ils sont grands, ou suivant qu'ils sont vieux ou neufs.

Pour fixer un pied certain des frais & des profits de cette pêche, on va en faire l'estimation sur un vaisseau neuf de deux cent tonneaux.

Un vaisseau de cette sorte, tout prêt à faire voile avec tous ses agrêts & ustenciles, sans y comprendre pourtant ni les vivres, ni les salaires, peut ordinairement revenir à trente mille livres.

L'équipage doit être de quatre-vingt hommes; sçavoir.

Vingt Pêcheurs, huit Habilleurs, huit Décoleurs, huit Capalaniers, quatre Saleurs, quatre garçons pour aider à la grave, & le reste Matelots.

Cet équipage n'a point de salaire jusqu'à ce que la pêche soit finie; mais avant de s'embarquer on donne à chacun de ceux qui le composent, une somme qu'on regle suivant leur métier & le service qu'ils rendent. Cette avance s'appelle le pot de vin, elle peut aller le fort portant le foible, environ à cent vingt livres par chacun homme, par exemple on donne:

Au Capitaine cinq cent livres.

Au Maître quatre cent livres.

Au Contre-maître, trois cent livres.

Aux deux autres Officiers chacun deux cent cinquante livres.

Au Chirurgien trois cent livres.

Aux Ouvreurs & Décoleurs, cent quatre-vingt livres.

Aux Saleurs deux cent dix livres.

Aux Pêcheurs cent vingt à cent quatre-vingt livres suivant leur expérience.

Aux garçons dix livres, quelquefois rien.

En sorte néanmoins que toutes ces sommes différentes ne reviennent, comme on l'a dit, qu'à cent vingt livres par tête.

Les victuailles pour la nourriture de l'équipage, estimées à un prix moyen, sont les suivantes.

Trois cent vingt quintaux de pain ou biscuit à 10 liv. le quintal.

Vingt bariques de cidre, à 12 liv. la barique.

Trois mille deux cent livres de beure, à 20 liv. le cent.

Quatre mille livres de lard, à 15 liv. le quintal.

Quinze livres de bœuf salé, à 15 livres le quintal.

Quinze cent livres de morue, à 150 livres le millier.

Quarante boisseaux de pois, à 3 liv. le boisseau.

Six bariques de vin en bariques, & une barique en bouteilles, à 60 liv. la barique.

Une pipe d'eau-de-vie pour les Pêcheurs, à 150 liv. la barique.

Les poules & moutons pour les malades, & les autres rafraîchissemens pour la chambre, sont communément estimés à 500 liv.

A l'égard des ustenciles & autres choses nécessaires pour la pêche, il faut,

Cent vingt tonneaux de sel, à 50 liv. le tonneau.

Vingt-deux chaloupes, tant pour la pêche que pour les caplaniers & chafaudiers, & pour mettre les foies des morues, qui toutes équipées reviennent chacune à 170 liv.

Trois seusnes à 250 liv. piece, pour seusner du caplan ou petit poisson, pour faire de l'attrait aux ameçons.

Cinq cent aunes de redres à 10 liv. l'aune, pour pêcher du hareng; aussi pour les hameçons.

Trois cent vingt lignes à Pêcheurs, dont chaque ligne pese une livre un quart, à 30 sols le cent pésant.

Seize couteaux à Ouvrier, à 20 s. piece.

Trente-deux couteaux à décoler, à 10 s. piece.

Neuf cent ains ou hameçons, dont trois cent doivent être d'acier à 7 liv. le cent, & six cent de fer à 4 liv.

Trois cent vingt plombs, tant gros que petits, pésant cinq à six cent livres, à seize liv. le cent.

Deux cent livres de plomb plat pour les seusnes & les redres.

Dix-huit canaux, dix-huit barils & dix-huit canes à 10 s. piece.

Trois cent de planches, à 80 liv. le cent.

Quatre douzaines de planches d'orme à 36 liv. la douzaine.

Dix-huit barils de bray, à 24 liv. le baril.

Six barils de tarre, à 20 liv. le baril.

Deux mille cinq cent livres d'etoupes, à 7 liv.

Cent bariques à paquer les ustenciles, à 40 s. la piece.

Deux mille de clouds de toutes sortes, à 10 liv. le cent.

Deux cent de liege, à 10 liv. le cent pésant.

Trente touches de grands cercles, & trente de petits.

Trois chaudieres, dont une de cinquante livres, les autres moins grandes; outre une grande quantité d'autres menues ustenciles nécessaires pour l'usage & service de l'équipage, dont l'estimation peut aller à 600 liv. en tout.

Il faut observer que tous ces prix haussant ou baissant suivant le cours ordinaire des marchandises, la cargaison d'un vaisseau peut couter plus ou moins qu'on ne le met ici; mais cela est peu considérable & ne peut jamais faire une grande différence sur le total d'un armement, à moins que ce ne soit pendant la guerre que la dépense augmente environ d'un quart.

Les vaisseaux de Saint Malo destinés pour le petit Nord, partent depuis le 20 jusques au 30 Avril, afin d'arriver à Terre-Neuve au tems que les glaces se retirent de la Côte du petit Nord, ce qui arrive communément depuis la fin de Mai jusqu'à la Saint Jean.

La pêche dure depuis ce tems-là jusqu'à la fin de Septembre, auquel tems les vaisseaux ressortent avec leur pêche.

Le vaisseau étant chargé & hors de son havre, l'Equipage a un droit acquis qu'on nomme le lot, qui lui est payé suivant le nombre des morues qu'il a pêchées, & qui se monte au cinquiéme. Cette part qu'il a à la pêche lui est payée sur le pied de 25 liv. le millier, ce qui produit ordinairement à chaque Matelot 25 ou 30 liv.

Les Equipages ne gagnent aucuns autres salaires lorsque les vaisseaux reviennent directement à Saint Malo; mais lorsqu'ils vont en Portugal ou à Cadix, les salaires par mois commencent du jour qu'on voit le port où ils doivent faire leur décharge; & à l'égard de ceux qui vont dans la Méditerranée, leurs salaires commencent du jour qu'on passe les Monts, c'est-à-dire, le Détroit de Gibraltar; & pour les uns & les autres ces salaires continuent jusqu'à leur retour à Saint Malo.

Il est vrai que des quatre vingt hommes destinés pour la pêche, on n'en retient ordinairement que cinquante pour le voyage, à qui on donne par mois environ 21 livres par tête, le Capitaine non compris, les trente autres retournent à Saint Malo sur les vaisseaux qui y portent leur pêche, à qui on donne pour leur passage quinze à vingt livres de chaque homme, avec les vivres qui leur sont nécessaires.

Un vaisseau de deux cens tonneaux peut avec ses quatre-vingt hommes d'équipage pêcher communément quatre cens milliers de morues, qui font poids de Marseille, trois mille huit cent à quatre mille quintaux; chaque millier de morue de compte ne pésant en Provence que neuf quintaux & demi à dix quintaux; encore faut-il que les morues soient d'une grandeur raisonnable. Le poids de Marseille est de vingt-cinq pour cent moindre que celui de Paris.

En tems de paix les morues valent communément à Marseille depuis 9 liv. jusqu'à 9 liv. 10 s. le quintal poids de cette Ville; pendant la guerre elles augmentent assez souvent de moitié & quelquefois davantage à cause du risque des Armateurs.

En Italie le prix est à proportion du poids, & revient à peu près au même réduit audit poids de Marseille.

Il faut remarquer que le poisson qui se pêche au petit Nord, n'est propre que pour les côtes d'Espagne, de Provence & d'Italie; & que ce n'est aussi que pour ces Côtes, que les Malouins destinent celui qu'ils y prennent.

On paye pour les droits un sol par quintal à Marseille, six sols à Toulon & deux sols en Italie; on paye aussi en France les droits des cinq Grosses Fermes où elles sont établies.

Il semble qu'on pourroit conclure du détail ci-dessus; qu'il y a souvent plus de perte que de profit sur ces voyages; sur-tout s'ils se font avec des bâtimens neufs: & en effet il faut avouer que cela arrive quelquefois, mais ce qui entretient ce commerce, c'est qu'il y a toujours quinze ou vingt pour cent à gagner sur les retours des huiles & savons qu'on rapporte de la Méditerranée, ce qui suffit pour y engager les Malouins.

On a fait remarquer à dessein que les profits sont moins grands quand l'on envoie des bâtimens neufs à la pêche, que quand ils ont déja été, à cause des ustenciles, dont une partie est encore en état de servir aux seconds voyages, & qu'il en faut acheter de tout neufs aux premiers.

Les bâtimens qui vont au Détroit, sont ordinairement dix mois dans leur voyage, ceux qui reviennent directement à Saint Malo n'y emploient que six mois.

Les vaisseaux Malouins qui font la pêche du Chapeau Rouge, sont à peu près sur le même pied que ceux pour le petit Nord, soit pour le prix qu'ils courent, soit pour le nombre des hommes qui composent l'Equipage, soit pour les vivres & les ustenciles; sur quoi on peut voir ce qu'on a dit ci-dessus.

Voici en quoi consiste la différence. 1°. Le pot-de-vin est moins considérable que celui pour le petit Nord, ne revenant gueres qu'à cent livres par chacun homme, les Officiers non compris, aux uns plus & aux autres moins.

2°. Au lieu que le cinquiéme de la pêche, qui appartient à l'Equipage, se paye en argent aux premiers, les seconds peuvent le prendre en especes aux lieux de la décharge des vaisseaux, ou les vendre avec le poisson des Propriétaires.

3°. Enfin l'Equipage a aussi le cinquiéme dans le fret que les vaisseaux font du lieu de leur décharge dans tous ceux de sa route jusqu'à son retour à Saint Malo.

La morue seche se vend ordinairement depuis neuf jusqu'à dix livres le quintal, quitte de tous droits aux Vendeurs.

Les droits de Bourdeaux & de Bilbao, où l'on va ordinairement faire la décharge de cette sorte de poisson, vont à quarante sols par quintal, y compris les autres petits frais qui se font pour le payement des droits.

Les vaisseaux de cette pêche, qui reviennent décharger directement à Saint Malo, sont huit mois dans leur voyage; ceux qui déchargent à Bourdeaux & à Bilbao dix mois; & ceux qui vont dans la Méditerranée, ce qui arrive assez rarement, douze mois.

On emploie pour la pêche de la morue blanche, qui se fait sur le grand banc, de plus petits bâtimens, que ceux pour le petit Nord & le Chapeau Rouge: on en va faire l'estimation sur le pied d'un vaisseau neuf de cent tonneaux.

Un vaisseau de cette sorte avec tous ses agrets & prêt à faire voile, revient à quinze mille livres.

Son équipage doit être de dix-huit hommes & de deux Mousses, sçavoir, un Maître, un Contre-Maître, un Saleur, quinze Matelots & les deux Mousses.

Le Pot-de-vin avant de partir, est d'environ 60 liv. par chacun homme l'un portant l'autre, l'Equipage n'a point d'autres salaires réglés, mais il a le cinquiéme de toute la pêche & de l'huile qu'on en retire, moyennant quoi il est obligé de faire la décharge dans le port que les Propriétaires souhaitent, & de ramener le vaisseau d'où il est parti.

Les victuailles nécessaires sont:
Soixante quintaux de biscuit.
Vingt-quatre bariques de cidre.
Huit cent livres de beurre.
Huit cent livres de lard.
Quatre boisseaux de pois.
Une barique d'eau-de-vie.
Une barique de vin.
Et pour environ 100 liv. de rafraîchissemens.

A l'égard des ustenciles & autres choses nécessaires pour cette pêche, il faut,
Cinquante-cinq tonneaux de sel.

Cent lignes de quatre-vingt à cent brasses de longueur.

Cinquante plombs de quatre livres pésant chacun.

Deux cens hameçons d'acier & de fer, & quelques petits ustenciles pareils à ceux marqués ci-dessus pour la pêche du petit Nord, où l'on peut voir aussi les prix tant des ustenciles que des victuailles.

Un tel bâtiment peut faire à pêche commune vingt-cinq à trente milliers de poisson, qui se vend ordinairement depuis 350 l. jusqu'à 400 l. le millier grand compte, c'est-à-dire, à raison de treize cent liv. pésant.

Les droits en Normandie, où ce poisson se distribue pour la plus grande partie, sont de soixante & trois sols par cent de compte; mais les habitans ne payent que six livres du millier.

Ces vaisseaux sont trois ou quatre, & quelquefois jusqu'à six mois dans leur voyage, selon qu'ils trouvent à pêcher, étant toujours à la voile & en pleine mer.

Cette pêche est assez souvent troublée par les Sauvages qui tuent les matelots quand ils s'écartent. Pour les arrêter on arme un vaisseau, qu'on nomme le Guerrier, qui a avec lui neuf chaloupes armées pour courre pendant la pêche toute la côte où elle se fait. On fait pour cela un bail à qui pour moins, c'est-à-dire, au rabais, par lequel, avant que de partir, tous ceux qui s'embarquent pour la pêche, Officiers, matelots & mousses, payent une certaine somme à celui qui demeure adjudicataire du vaisseau guerrier, dont pourtant les Armateurs font les avances. Cette somme va pour l'ordinaire depuis quatre jusqu'à six livres par bâtiment. C'est aussi ce vaisseau qui rapporte les matelots qu'on veut renvoyer. Leur passage se paye depuis quinze jusqu'à vingt livres, de Terre-Neuve à Saint-Malo.

Pesche de Nantes.

Les Nantois font la pêche du petit Nord, du Chapeau-Rouge & de Terre-Neuve, aussi-bien que les Malouins, mais ils y emploient de moindres bâtimens.

Le prix de ces bâtimens, s'ils sont neufs, ce qui n'arrive gueres à Nantes, les mêmes navires servant à toutes les différentes sortes de commerce où ses habitans s'occupent, est à peu près semblable à celui des navires neufs de Saint-Malo.

L'équipage d'un vaisseau de cent tonneaux pour la morue seche, est de quarante hommes, & pour la morue verte de vingt-cinq.

Les avances ou pot-de-vin sont depuis quarante jusqu'à soixante livres, suivant les fonctions & les qualités de ceux à qui on les paye. Lorsque les vaisseaux reviennent sans pêche, les avances sont perdues pour les propriétaires.

Outre le pot-de-vin, l'équipage a le tiers de la pêche, tant de la morue verte que de la morue seche.

Les prix des victuailles & des ustenciles ne sont pas réglés, dépendant du tems & du cours des marchandises. On va cependant les mettre ici par estimation sur le pied le plus ordinaire.

Pour un vaisseau de cent tonneaux, monté de quarante hommes, allant à la morue seche, il faut:

Quatre quintaux de biscuit par chacun homme à 9 livres le quintal. Il y a des années où il vaut jusqu'à 15 livres, mais cela est rare. On peut juger des autres articles sur celui-ci.

Une pipe de vin par homme, depuis quinze jusqu'à vingt livres la pipe.

Une barique d'eau-de-vie, valant depuis quarante jusqu'à cinquante livres.

Six chaloupes.

Deux chazails, qui sont plus qu'une double chaloupe, de 100 livres piece.

Quatre-vingt lignes, de trente-cinq à quarante brasses chacune, à 30 liv. le cent pésant.

Quarante douzaines d'ains ou hameçons, à 24 s. la douzaine.

Cent quatre-vingt plombs, du poids de trois livres piece, à 15 livres le cent pésant.

Huit cables pour les chaloupes & chazails, de quatre-vingt brasses chacun & de quatre fils de grosseur, à 20 livres le cent pésant.

Huit grapins, de cinquante à soixante livres pésant, à 15 livres la piece.

Deux douzaines de couteaux dont une à trancher, à 30 s. la piece, & l'autre à décoler, à 20 s. piece.

Trente charges de sel, qui selon les tems, coutent depuis quarante jusqu'à cent livres la charge.

Et pour les autres petits ustenciles & les rafraîchissemens de la chambre, environ trois cent livres.

A l'égard de la pêche de la morue verte, il faut pour un navire de cent tonneaux, monté de vingt-cinq hommes:

Trois quintaux de biscuit par homme.

Une pipe de vin aussi par homme.

Cinquante lignes, de soixante & quatre-vingt brasses chacune.

Soixante & quinze plombs, de six à huit livres pésant.

Vingt-cinq douzaines d'hameçons.

Deux douzaines de couteaux, moitié à trancher & moitié à décoler.

Un quart d'eau-de-vie.

Trente-six charges ou muids de sel.

Outre les petits ustenciles pour l'usage de l'équipage.

Les bâtimens partent ordinairement pour la pêche de la morue seche au mois de Février, & pour la pêche de la morue verte, ils déplacent en tout tems, à l'exception seulement des mois d'Octobre & de Novembre.

Un vaisseau de cent tonneaux peut apporter jusqu'à vingt milliers de morue verte, & les autres à proportion de leur grandeur; ce qui s'entend néanmoins lorsque la pêche donne, & que les tems sont propres pour pêcher, étant assez ordinaire qu'ils reviennent à moitié chargés.

Un bâtiment de même port, peut apporter jusqu'à seize à dix-huit cens quintaux de morue seche.

Le prix du poisson n'est jamais bien reglé, & il vaut suivant l'abondance de la pêche, la qualité du poisson & les circonstances des tems, c'est-à-dire, de la paix ou de la guerre.

La morue seche a valu à Nantes depuis 1675 jusqu'en 1689, depuis six jusqu'à neuf livres le quintal, morue marchande, & le rebut un tiers moins. Depuis 1689 jusqu'en 1697, on l'a vendue quinze à dix-huit livres le quintal, avec une diminution du tiers pour le rebut. Pendant la guerre pour la succession d'Espagne, elle s'est soutenue sur le même pied, & même plus cher, mais la la paix d'Utrecht (1713) l'a de nouveau fait baisser considérablement.

Il en est de même à proportion de la morue verte, son prix, depuis l'année 1675 jusqu'en 1689 a été entre deux cent & quatre cent livres le millier, & depuis 1689 jusqu'à la paix de Ritswick, entre cinq cent cinquante livres & mille livres. Pendant le peu de tems que cette paix a duré, elle étoit tombée entre trois cent & quatre cent livres. Elle a depuis augmenté par la guerre, & encore diminué par la paix dont la France continue de jouir (1724.)

On paye à l'arrivée du vaisseau à Nantes, le quarantiéme de la valeur en espece ou en argent, à l'option du Receveur de la Prevôté, & 20 sols par millier pour les droits des deniers d'octroy qui appartiennent à la Ville.

On paye pour les morues qui vont dans les pays hauts, par la riviere de Loire, sortant de Bretagne, le trentiéme de la valeur pour la Traitte Domaniale.

A Ingrande, treize livres pour cent, non compris les signatures & les petits péages.

Il se consomme à Nantes & dans la Province près de six mille quintaux de morue seche, & mille à douze cens milliers de morue verte ou fraîche.

Le reste de la morue verte s'envoie par la riviere de Loire à Orleans, pour Paris, pour l'Auvergne & pour Lyon : à l'égard de la morue seche, ce qui ne se consomme pas en Bretagne, va à Bourdeaux, en Espagne & en Portugal.

Les Morues tant vertes que seches payent en France les droits d'entrée & de sortie conformément au Tarif de 1664 : sçavoir ceux d'entrée :

Les morues seches, merlus ou stocfichs, le millier en nombre entrant par la Normandie par mer, 8 liv. 10 sols.

Les mêmes entrant par Poitou, Picardie, Champagne, Bourgogne, Bresse, Berry, & Bourbonnois, aussi le millier en nombre 3 livres.

Les Morues vertes le cent en nombre entrant par la Province de Normandie par mer, 3 livres.

Les mêmes entrant par les Provinces de Poitou, Picardie, Bourgogne, Champagne, Bresse, Berry, & Bourbonnois, le cent en nombre 15 sols.

Les Morues ou Cabillauds, le leth de douze barils, 15 livres.

Les droits de sortie sont ; sçavoir :

Pour le leth de morue de douze barils, 6 livres.

La morue verte en pile, le millier en nombre, 6 l.

Et la morue séche, merlus ou stocfichs, le millier 4 liv. 10 sols.

Les droits de la Douanne de Lyon pour la morue séche se payent à raison de 4 s. du quintal.

Arrêt du Conseil d'Etat du 20 Décembre 1687, qui augmentoit lesdits droits, & qui ordonnoit qu'à commencer du premier Janvier ensuivant, les morues vertes & seches de ladite pêche, payeroient à l'entrée du Royaume, tant par mer que par terre, même par la Bretagne, & par les Ports de Marseille & Dunkerque ; sçavoir, la morue séche & merlue, le cent en nombre, 40 s. & la morue verte aussi le cent en nombre, huit livres pour tous droits d'entrée, & que les morues vertes & séches de la pêche des François, payeroient seulement les droits ordinaires & accoutumés.

Les droits d'entrée des morues tant séches que vertes & cabillauds venant de l'Etranger, ont été depuis augmentés par un Arrêt du 4 Octobre 1692 ; sçavoir :

Pour la morue séche, merlu, & stocfich, le cent pésant, 4 livres.

Pour la morue verte & cabillaud, 11 l. aussi du cent pesant.

Ces droits ont par la suite été modérés en faveur des Hollandois, & réduits par le Tarif de 1699, arrêté entre la France & les Etats Généraux des Provinces Unies, à raison de 100 s. du baril pésant trois cent livres, & les barils pesant plus ou moins à proportion, tant pour la morue verte que pour le cabillaud salé ; mais seulement pour le poisson de leur Pêche.

M O S

MOSAIQUE, que quelques-uns aiment mieux appeller MUSAIQUE, du mot Latin *Opus Musaicum.* Signifie généralement tous les ouvrages qui sont faits avec de petites pieces rapportées de diverses couleurs, ou ceux qui les imitent ; ce qui comprend non-seulement la Marqueterie & les ouvrages qu'on nomme de Pierres de rapport, mais encore les especes de fonds que les Peintres & les Brodeurs mettent quelquefois à leur peinture & à leur broderie, qui par leurs compartimens représentent l'ancienne Mosaïque.

On a parlé ailleurs de la Marqueterie : la Mosaïque des Peintres & des Brodeurs n'étant gueres du dessein de ce Dictionnaire, on va seulement dire ici quelque chose de la Mosaïque de pierres de rapport que font les Sculpteurs, les Marbriers, les Lapidaires, & les Emailleurs.

Ce qui reste des ouvrages de l'ancienne Mosaïque, particuliérement en Italie, a servi aux Modernes non-seulement à l'imiter, mais encore à en pousser l'art à sa derniere perfection.

Il semble que son usage n'ait été d'abord destiné que pour en faire le pavé des Temples & des Basiliques, & alors elle étoit très simple ; ne consistant qu'en quelques pieces de marbre de diverses couleurs que l'on mêloit, & dont on faisoit des compartimens.

Lorsque la Mosaïque se perfectionna, & que les Ouvriers par l'arrangement & la varieté des marbres furent parvenus à représenter des ornemens dans leurs ouvrages, comme des feuillages, des rinceaux & des masques, ils en incrusterent les murs des mêmes lieux dont auparavant ils en faisoient seulement le pavé.

Enfin la nature ne produisant point au gré de ces Ouvriers une assez grande diversité de couleurs dans les marbres, pour peindre en pierre toutes sortes d'objets, ils en contrefirent avec du verre & des émaux ; & cela leur réussit si bien, qu'ayant donné toutes sortes de teintes à une infinité de petites pieces de ces deux matieres, ils les arrangerent avec tant d'art, que leur mosaïque disputa presque à la peinture l'art de représenter les choses au naturel.

Les Modernes ont été encore plus loin ; & négligeant le verre & les émaux, comme des matieres trop viles pour entrer dans la composition des admirables ouvrages qu'ils méditoient, ils n'ont voulu mêler aux marbres les plus exquis que des pierres précieuses, comme le lapis, l'agathe, les cornalines, les émeraudes, les turquoises, & même le rubis, & les autres pierres les plus rares & de plus grand prix.

De ces trois sortes de mosaïques, celle de verre coloré & d'émaux n'est plus gueres en usage, bien qu'elle soit & d'une durée & d'un éclat extraordinaire. Des deux autres il n'y a que celle entiérement de pierres de rapport de marbre qui soit d'un usage commun ; la mosaïque où il entre des pierres précieuses demandant tant de tems & étant d'un si grand prix, que le peu d'Ouvriers qui s'y appliquent n'en font que de petits ouvrages d'un assez médiocre volume ; comme sont des tabernacles d'Eglise, ou des cabinets & des tables pour l'ornement des plus riches appartemens.

On n'y comprend toutefois pas la superbe Chapelle des Ducs de Florence, où l'on travaille depuis tant de tems ; & qui, si elle se finit jamais, sera également un monument de la piété & de la magnificence de ces Princes, & de la patience & de l'adresse des Ouvriers qu'ils y ont employés.

On va néanmoins entrer dans quelque détail de la maniere de travailler à ces trois sortes de mosaïques ; & l'on y en ajoutera une quatriéme espece plus moderne, mais très ingénieuse, qui se fait avec du gyp, cette espece de talc qui se trouve dans les carrieres d'où se tirent les pierres à plâtre.

Mosaïque de verres & d'émaux.

Pour travailler à cette mosaïque, il faut d'abord donner les teintes au verre ; ce qui se fait aux fourneaux à Verriers, en mettant dans divers creusets, préparés à cet effet, & remplis de verre en fusion, les différentes couleurs qu'on veut donner à ces émaux, suivant les ouvrages qu'on a dessein d'entreprendre.

Lorsque la couleur est assez incorporée avec le verre, on se sert de grandes cuillieres de fer, emmanchées de bois, pour y puiser dans chaque creuset la matiere liquide, qu'on verse sur un marbre bien uni, & qu'on applatrit par dessus avec un autre marbre ; ensorte que les pieces ayent environ seize ou dix-huit lignes d'épaisseur.

Aussi-tôt que le verre est applati, & avant qu'il se refroidisse, on le coupe en morceaux de diverses figures & de différentes grosseurs, avec un instrument de fer tranchant que l'on nomme Bec de chien, & l'on met ces morceaux chacun séparément, suivant les couleurs & la dégradation de leurs teintes, dans des boëtes à peu près comme les Peintres à fresque font de leurs couleurs, qu'ils arrangent dans de petits godets autour d'eux, pour s'en servir lorsqu'ils en ont besoin.

Si l'on veut qu'il y ait de l'or dans le tableau de mosaïque, soit pour les fonds, soit pour les ornemens & les draperies, on prend des morceaux de verre, de la couleur la plus approchante de l'or, préparés comme on vient de le dire, sur lesquels, après les avoir un peu mouillés d'eau de gomme, on applique une feuille d'or, & ensuite on les met recuire sur une pelle de fer à l'entrée du four à verre, en observant de les couvrir de quelque verre ceintré, & lorsque le verre est devenu rouge on les retire ; ce qui y attache si bien l'or, qu'il se conserve toujours en quelque lieu qu'on l'expose. L'argent s'applique à proportion de la même maniere.

Les couleurs préparées, on travaille à l'enduit sur lequel doit se dessiner l'ouvrage & se placer la mosaïque. Cet enduit est composé de chaux faite de pierre dure, de tuile ou de brique bien battue & bien sassée, de gomme adragant & de blancs d'œufs. Il se met assez épais, & peut rester frais & en état qu'on y applique les émaux trois ou quatre jours suivant la saison.

C'est sur cet enduit, que l'on ne met pourtant que successivement & par parties, que se calque le dessein du tableau que l'on veut représenter ; ce qui ne se fait aussi que par parties, & à mesure qu'on a mis sur le fond où l'on travaille une nouvelle portion de cet enduit.

Pour appliquer les morceaux de verre on se sert de petites pincettes de fer, avec quoi on les prend dans leur boëte, & on les arrange sur l'enduit suivant les contours & les couleurs du dessein ; les pressant ensuite avec une regle ou batte de bois, qui sert tout ensemble à les y enfoncer, & à en rendre la superficie parfaitement égale & unie.

Cette sorte de mosaïque a un grand brillant ; & l'enduit sur lequel on la fait s'endurcit si fort à l'air & par la longueur du tems, qu'on n'en voit jamais la fin.

Les plus beaux de ces sortes d'ouvrages qui ont passé jusqu'à nous, & sur lesquels les Ouvriers modernes ont renouvellé cet art entiérement perdu, se voyent à Rome dans l'Eglise de Sainte Agnès, autrefois le Temple de Bachus, à Pise, à Florence, & en quelques autres Villes d'Italie. Ceux qui sont les plus estimés parmi les nouveaux, sont les Mosaïques du Gioto, de Joseph Pin & du Chevalier Lanfranc, qui sont dans l'Eglise de S. Pierre de Rome. Il y en a aussi d'assez belles à Venise, faites d'après les plus beaux desseins des Peintres des meilleures Ecoles d'Italie.

Mosaïques de marbres & de pierres de rapport.

Ces deux sortes de mosaïques se ressemblent si fort dans l'art de les travailler, que pour ne point faire de repetition, on va donner ici la maniere de l'un & de l'autre, en observant néanmoins ce qui leur convient à chacune en particulier, soit pour les outils, soit pour le sciage & la disposition des pierres.

La mosaïque de marbre s'employe aux grands ouvrages ; comme au pavé des Eglises, des Basiliques & des Palais, & à l'incrustation & placage des murailles intérieures de ces mêmes édifices. A l'égard de la mosaïque de pierres de rapport, surtout où il y en entre de précieuses, on ne s'en sert, comme on l'a déja dit, qu'à des ouvrages d'un moindre volume, mais aussi d'un bien plus grand prix.

Les fonds de la mosaïque simplement de marbre sont ordinairement d'un massif aussi de marbre, le plus souvent blanc ou noir, mais quelquefois aussi d'autre couleur. Sur ce fond s'entaille au ciseau le dessein qu'on veut représenter, qu'on y a calqué auparavant ; & quand il est entaillé d'une profondeur suffisante, c'est-à-dire, d'un pouce ou même davantage, on le remplit de marbre d'une couleur convenable qu'on a auparavant contourné conformément au dessein, & réduit à l'épaisseur de l'entaille avec divers outils.

Pour faire tenir dans les entailles faites sur le fond ces petites pieces de marbre, dont les diverses couleurs doivent imiter les teintes du dessein, on se sert de stuc composé de chaux & de poudre de marbre, ou d'un mastic que chaque Ouvrier compose différemment, après quoi on polit l'ouvrage à demi avec le grès.

Quand les figures sont assez découvertes, le Peintre ou le Sculpteur lui-même trace avec le pinceau les couleurs des figures qui ne sont point terminées par le marbre du fond, & fait de la même maniere des traits ou des hachures aux endroits où doivent être les ombres ; & lorsqu'il a gravé avec le ciseau tous les traits que lui ou le Peintre a tracés, il les remplit d'un mastic noir composé en partie de poix de Bourgogne qu'il verse dessus à chaud, dont il ôte ensuite le superflu avec un morceau de grès ou une brique, qui avec de l'eau & du ciment battu enleve le mastic, polit le marbre, & les rend si unis, qu'on diroit que l'ouvrage n'est que d'une piece, & que c'est plutôt celui de la nature que de l'Ouvrier.

C'est de cette mosaïque que l'on a fait le pavé de la superbe Eglise des Invalides & de la belle Chapelle de Versailles, & que sont incrustées les embrasures des croisées & quelques appartemens entiers de cette magnifique Maison Royale.

Pour faire la mosaïque de pierres de rapport, il faut une pratique & des outils différens de ce qui sert à la mosaïque simplement de marbre, à qui il n'est gueres besoin que de ceux dont on a parlé à l'article des Marbriers.

Les principaux des outils qui sont propres à ce délicat & précieux ouvrage, sont les mêmes qui s'employent à la graveure des pierres précieuses, comme les Roues, les Tourets, les Platines d'étain, &c. qu'on peut voir à l'article des Lapidaires & de la Graveure des pierres; & outre ceux-là, la Scie à débiter les pierres en bloc, la Machine pour les tenir sur l'établi quand on les débite; l'Estau où l'on met les feuilles pour les contourner & pour les scier; l'archet avec quoi on les scie, la Lime de cuivre à main, & les Pincettes pour prendre & placer les pieces.

L'on a déja dit qu'il n'entroit dans cette sorte de mosaïque que les marbres les plus exquis, & des pierres ou des cailloux plus précieux encore que ces marbres: aussi pour en épargner la dépense on scie ces riches matieres en des feuilles très minces, & si minces qu'elles ont à peine une demi-ligne ou une ligne entiere d'épaisseur.

La scie avec laquelle on les débite, a sa feuille sans aucune dent comme celle des Marbriers, mais faite pour tout le reste & montée comme celle des Menuisiers.

Le bloc de pierre qu'on veut débiter, tel, par exemple, que l'agathe, le lapis, le porphire ou quelqu'autre, s'attache fortement avec des cordes sur l'étali, posé néanmoins un peu élevé sur un morceau de bois d'un ou deux pouces de hauteur. Deux chevilles de fer qui sont au côté du bloc, & qui servent à l'affermir, servent pareillement à diriger la scie, qui avec de l'émeril détrempé dans de l'eau, use & coupe insensiblement la pierre en autant de pieces qu'on en veut tirer.

S'il faut une grande patience pour cette premiere façon, il en faut encore davantage & une bien autre adresse pour contourner les pieces.

L'étau dans lequel on les met pour cela est de bois monté & affermi sur l'établi par une queue aussi de bois, qui entre carrément dans une entaille qui traverse cet établi, sous la table de laquelle une cheville en forme de coin le serre fortement. Des deux machoires de l'étau, l'une est mobile, & tient à l'autre par un tenon en forme de charniere : pour les ouvrir & les serrer il y a une vis d'acier qui les traverse l'une & l'autre par le pied, & qu'avec l'écrou qui est au dehors de la machoire mobile, & qui a deux petites branches, on peut lâcher à volonté: enfin un petit ressort qui est au bas entre les deux machoires, sert à les tenir entr'ouvertes quand on les sépare, en détournant l'écrou de la vis.

L'archet ou scie à contourner n'est qu'un fil de léton très menu, bandé sur un morceau de bois d'orme ou de quelqu'autre bois qui fasse ressort, plié en arc, qui avec de l'émeril détrempé contourne peu à peu la feuille, en suivant les traits du dessein fait sur du papier, & collé sur la piece.

Comme ces ouvrages sont de longue haleine, & qu'il ne seroit pas possible de tailler de suite toutes les petites pieces qui doivent les composer, on les place à mesure qu'on en a assez pour en former quelques fleurs entieres, ou quelqu'autre partie de ce que représente le dessein.

Les fonds qui soutiennent cette mosaïque ne sont gueres que de pierre de liais, assez épaisses, si ce sont des tables ou de grands tableaux, & moins si c'est pour des cabinets.

Un mastic ou une sorte de stuc se met sur la pierre pour lier les pierres, mais seulement par petites couches, & à mesure qu'on a des feuilles préparées : ces feuilles se prennent & se placent avec des pincettes; & si quelque contour n'est pas ou assez arrondi, ou assez carré, ou de la figure qu'il faut suivant l'endroit où il doit servir, lorsque la piece est un peu grande, on l'approche autant qu'on le peut avec la lime de cuivre; mais si elle est trop petite, on se sert du touret & des petits outils des Lapidaires, qu'on employe aussi pour couper & polir toutes les pierres précieuses qui entrent dans l'ouvrage.

L'on a long-tems travaillé aux Gobelins à cette sorte de mosaïque; & c'est de-là que sont sortis ces beaux cabinets & ces belles tables qui font l'admiration des Etrangers qui vont voir les appartemens de Versailles.

S'il y a peu d'Ouvriers qui continuent présentement en France à représenter en pierres précieuses d'aussi beaux & d'aussi difficiles desseins qu'autrefois, il n'y a gueres en recompense de Marbriers de Paris qui ne fassent de cette mosaïque par petits compartimens, qui a son prix, & où ils font entrer ce que les marbres ont de plus vif & de plus rare pour les couleurs. Cette derniere ne se fait pas différemment de l'autre; & ce qu'on a dit dans cet article suffit pour en donner une idée assez juste.

Maniere de faire la Mosaïque de gyp.

Le gyp est une espece de gros talc, ou de pierre brillante & transparente, qui se trouve dans les carrieres de Montmartre près Paris, parmi les pierres qu'on y cuit pour y faire du plâtre. Elle est différente de la pierre de plâtre; mais elle a retenu le nom de Gyp, que les Romains donnoient à cette derniere, qu'ils appelloient *Gypsum*.

C'est avec cette pierre calcinée au four, broyée dans un mortier & passée au tamis, que se font les faux marbres & que s'imitent les pierres précieuses, dont se compose ensuite cette espece de mosaïque qui a presque la durée & la vivacité des couleurs de la véritable; & qui a de plus l'avantage de former des tableaux ou des pieces de compartimens continus, & sans qu'on s'apperçoive de leur liaison.

Quelques-uns ne se servent que de plâtre, & d'autres d'une pierre de liais pour soutenir l'enduit du gyp. Quand on fait simplement le fond de plâtre, il faut le dresser dans un chassis de bois de la longueur & largeur convenables à l'ouvrage qu'on veut entreprendre, & dont, si la pierre est grande, l'épaisseur des bois soit à peu près d'un pouce & demi, au plus de deux.

Le bâti du chassis doit être mobile, c'est-à-dire, fait ensorte que les tenons ne tenant dans les mortoises qu'avec des chevilles, on puisse facilement les tirer, & démonter le chassis quand le plâtre est assez sec.

Deux ou trois tringles de fer grosses à discrétion, qui doivent servir à fortifier la table de plâtre, & empêcher qu'elle ne se cosine, se placent dans toute sa longueur; & afin qu'elles la traversent également, on les arrête par leurs extrémités dans des trous de terrieres qui sont percés aux bois des deux bouts du chassis; mais assez larges pour que la partie des tringles qui y est engagée, en sorte aisément.

Le chassis ainsi monté, on le couvre d'un côté d'une forte toile qu'on cloue tout-au-tour; & l'ayant couché horisontalement, la toile dessous, sur un plancher bien uni, on le remplit de bon plâtre au gros sas bien gâché.

Lorsque le plâtre est suffisamment pris, & presqu'à demi sec, on leve le chassis perpendiculairement, & on le laisse en cet état jusqu'à ce que la table étant entiérement ressuyée & parfaitement séche, on la tire du chassis qu'on démonte, en ôtant les chevilles des quatre angles. C'est le plus important de cette mosaïque, que le fond, quand on ne le fait que de plâtre, soit bien fait, & qu'il ne puisse ni se tourmenter ni se deverser.

Pour mettre le gyp tamisé en état d'être appliqué sur le fond qu'on lui a destiné, on fait fondre & bouillir dans de l'eau d'excellente colle d'Angleterre; & après avoir mêlé au gyp la couleur qu'on veut lui donner, on les détrempe ensemble avec cette eau dans une auge à Maçon, pour, quand on les a bien courroyés, & que le tout est réduit à la consistence du plâtre qui sert aux enduits, le mettre & l'étendre environ de l'épaisseur de six lignes sur ce fond posé sur des treteaux. Il faut observer que si c'est une table qu'on veut faire, ou quelqu'autre ouvrage qui ait des moulures, il faut les débaucher avec les gouges & autres outils avant que cet enduit soit tout-à-fait sec.

C'est sur cet enduit, à qui, ainsi qu'on vient de le dire, on a donné la couleur du marbre ou de la pierre précieuse qu'on veut qui serve de fond à l'ouvrage, comme de lapis, d'albâtre, d'agathe, &c. que se trace le dessein qu'on y veut representer, après qu'on l'y a ou poncé ou calqué.

Pour creuser & évider ce dessein, on se sert de tous les outils des Sculpteurs; cet enduit n'étant devenu gueres moins dur que le marbre même, sur lequel ces Ouvriers ont coutume de travailler. C'est du même gyp diversement coloré, & qu'on employe toujours avec la même eau de colle, que se remplissent les cavités du dessein évidé, & que se peignent, pour ainsi dire, les diverses figures de l'original.

Pour avoir sous la main les couleurs & les teintes nécessaires, on délaye dans de petits godets avec du gyp toutes celles qui conviennent à la partie de l'ouvrage où l'on travaille; & lorsque tout le dessein en est rempli, & qu'on l'a découvert en le polissant à demi avec de la brique ou du grès, on recommence à en évider de nouveau les endroits qui doivent être ou moins forts ou plus ombrés, pour les remplir encore de gyp; ce qui se recommence jusqu'à ce que ces diverses couleurs ajoutées les unes dans les autres representent exactement l'original.

Les nervûres où il en est besoin, se font aussi avec du gyp noir, après les avoir creusées avec le ciseau ou avec un gros burin.

L'ouvrage achevé se dégrossit avec un grès & du sable qu'on mouille, ensuite il s'adoucit avec la pierre-ponce, & enfin il se polit avec une molette de bois quelquefois doublée de chapeau, & l'émeril.

Pour derniere façon on le lustre; ce qui se fait en l'imbibant legerement d'huile, & en le frottant long-tems avec la paume de la main; ce qui lui donne un éclat qui le peut disputer même aux marbres naturels.

Si l'on veut ne faire que des tables ou d'autres ouvrages de marbre de diverses couleurs sans mosaïque, la pratique n'est pas tout-à-fait la même. Pour cela l'on prépare séparément dans de grandes sebilles de bois, à peu près autant de différentes couleurs que la nature en a mis dans l'espece de marbre qu'on veut imiter; & après les avoir bien courroyées avec le gyp & l'eau de colle, on en prend de chacune une petite truellée, que l'on met sans ordre dans une auge les unes sur les autres; & puis sans les mêler, ce qui confondroit les couleurs, mais seulement en les coupant une ou deux fois avec la même truelle, & les replaçant différemment, on leur donne cette bizarre confusion qui fait la beauté & le prix des vrais marbres; ensuite de quoi on en fait l'enduit des tables, ou bien on les dresse dans des moules selon les ouvrages qu'on veut faire. Le reste s'acheve comme on l'a dit ci-dessus.

On peut faire avec ce marbre factice tous les mêmes ouvrages qu'avec le véritable; & l'on en voit dans quelques Eglises de Paris de magnifiques Chapelles, dont les colomnes, les pilastres, les corniches, les architraves, enfin tout le placage & les autres ornemens, ne sont que de gyp; mais si solide, si beau & si poli, qu'il faut être bien connoisseur pour n'y être pas trompé.

MOSAMBIQUE, Ville & Royaume d'Afrique. Les Portugais sont les seuls Européens qui ayent des établissemens dans ce Royaume. Le commerce qui se fait avec les Habitans de Mosambique consiste en or. *Voyez* l'Etat général, Tome I. page 388.

MOSCH, qu'on nomme aussi AMBRETTE. Espece de graine de bonne odeur, qui entre dans la composition de quelques parfums. *Voyez* ABELMOSC.

MOSCOSQUE. Petite monnoie qui a cours à Archangel & dans le reste de la Moscovie. Deux moscosques font le copec, & cent copecs le rouble. Il faut vingt moscosques pour la grive.

La moscosque est aussi une monnoie de compte, & les Livres se tiennent à Archangel en roubles, grives & moscosques.

MOSCOVIE, Empire de l'Europe. *Voyez* le détail de son Commerce dans l'Etat général, Tome I. pages 301 *& suiv.*

MOSCOUADE, autrement SUCRE BRUT. C'est le sucre avant qu'il ait été raffiné, & tel qu'il sort des formes ou moules dans lesquels on le met au sortir de la quatriéme chaudiere, où le suc des cannes prend sa derniere consistence de syrop. *Voyez* SUCRE.

MOSECK, Ville d'Arabie. Son commerce est peu considérable & ne consiste gueres qu'en sel. *Voyez* l'Etat général Tome I. page 404.

MOT

MOT. Terme de commerce, & particuliérement de détail. Il se dit du prix que le Marchand demande de sa marchandise, ou de celui que l'Acheteur en offre. Ce drap est de vingt francs, c'est mon dernier mot; c'est-à-dire, c'est le prix que je veux le vendre, je n'en rabattrai rien. Vous offrez trop peu de cette toile, vous ne serez pas pris au mot; pour dire, qu'on est encore loin de sa valeur, qu'on ne peut la donner au prix qu'on en offre.

On dit qu'on a été pris au mot, quand le Marchand livre sa marchandise à l'Acheteur sur la premiere offre que ce dernier en a faite.

Un Marchand qui n'a qu'un mot, est celui qui ne surfait pas, qui déclare d'abord le prix qu'il veut avoir de sa marchandise, & qui n'en rabat rien dans la suite. Il y a des personnes qui s'accréditent par cette maniere; & on en a vû à Paris qui ont fait de grandes fortunes par la confiance qu'elle leur avoit acquise.

C'est aussi de la sorte que les Anabaptistes ou Quakers d'Angleterre & de Hollande se conduisent dans leur négoce, & ils le font pour l'ordinaire avec succès; mais il faut avouer que quoiqu'en apparence ce commerce si simple paroisse plus plein de bonne foi & d'équité que celui où le Marchand est presque obligé de surfaire, parce que l'Acheteur mesoffre toujours, il ne laisseroit pas néanmoins d'avoir ses désavantages; une trop grande confiance de la part de l'un pouvant devenir pour l'autre une occasion de tromperie, contre laquelle il ne resteroit pas même cette foible ressource qu'il semble que l'Acheteur trouve dans la liberté qu'il a de se débattre du prix, & de n'être trompé, pour ainsi dire, qu'à son corps défendant.

LA MOTHE-SAINT-GERAYE, petite Ville de Poitou. Les étoffes qui s'y font sont des serges rases qui sont fort estimées pour leur finesse. *Voyez* l'Etat général, Tome I. page 63.

MOTIER ou MOTIR, l'une des petites Isles Moluques. Son principal Commerce consiste en clou de gerofle. *Voyez* l'Etat général, Tome I. p. 466.

MOTTES A BRUSLER. Espece de petits pains ou manieres de tourteaux, qui se font avec de la tannée ou tan usé; c'est-à-dire, celui qui a servi à tanner les cuirs dans la fosse.

Les mottes à brûler, ainsi nommées de leur usage, se paitrissent avec les pieds, & se dressent dans des moules de cuivre: elles se sechent ensuite à l'air; n'étant bonnes & ne prenant aisément le feu, que lorsqu'elles sont extrêmement seches.

Quelque médiocre que paroisse cet objet de négoce, on ne peut dire combien les Tanneurs en débitent tous les ans; les pauvres gens, sur-tout ceux du Fauxbourg S. Marceau, où sont établies les tanneries de Paris, ne se servant gueres d'autre chose pour se chauffer pendant l'hyver. Les mottes à brûler se vendent au cent. *Voyez* TAN.

MOU

MOUAIRE, MOIRE & MOHERE. Etoffe de soie ordinairement ondée & passée à la calandre. *Voyez* MOHERE.

MOUCADE. *Voyez* MOQUETTE.

MOUCHE A MIEL. Petit insecte volant qu'on nomme ainsi du miel qu'il produit. On l'appelle aussi Abeille. Nos anciens François lui donnoient le nom d'Avette. *Voyez* MIEL.

MOUCHE. Il se dit aussi d'un petit morceau ordinairement de taffetas noir découpé, & quelquefois de velours couvert d'un côté d'un peu de gomme, que les femmes galantes mettent en quelques endroits de leur visage pour relover la blancheur & l'éclat de leur teint, ou pour faire appercevoir quelques agrémens qu'elles croyent avoir.

Ce sont les Maîtres Découpeurs-Egratigneurs d'étoffes qui découpent & gomment ces sortes de mouches, & qui en font le commerce. Le principal outil pour les faire est un emporte-piece. *Voyez* DE'COUPEUR.

Outre la consommation des mouches qui se fait à Paris, il s'en fait aussi des envois considérables dans les Provinces & dans les Pays Etrangers.

Elles payent les droits de sortie à l'estimation.

MOUCHETER. Les Marchands Pelletiers appellent Moucheter de l'hermine, y semer d'espace en espace, ordinairement en forme de quinquonce, de petits morceaux de fourrures noires qui représentent assez bien de grosses mouches.

On fait aussi des mouchetures sur les autres fourrures blanches, pour contrefaire ou imiter la vraie hermine. *Voyez* HERMINE.

MOUCHETER, en termes de Découpeur. Se dit des petites égratigneures ou découpures qu'ils font sur certaines étoffes, particuliérement sur le taffetas & le satin. *Voyez* DE'COUPEUR.

MOUCHETTE. Rabot dont les Menuisiers se servent pour pousser des moulures.

Le fust de la mouchette est étroit, & cavé par dessous en rond aussi-bien que son fer, suivant la partie du cercle qu'on veut représenter sur l'ouvrage.

Il y a des mouchettes pour pousser des quarts de rond, & des mouchettes à grain d'orge pour dégager les baguettes. Il y en a aussi dont le fust est un peu tourné en rond, pour faire les mêmes ornemens sur les ouvrages ceintrés.

MOUCHETTES. C'est un petit ustencile qui sert à moucher les bougies & chandelles. On en fait d'argent, de cuivre, d'étain & de fer. On dit, Une paire de mouchettes. *Voyez* PORTE-MOUCHETTES.

MOUCHETURE. Façon ou ornement que l'on donne à une étoffe, en la découpant & égratignant avec des fers.

MOUCHETURE. Se dit aussi de l'hermine quand elle est parsemée de petites mouches noires. Les Pelletiers le disent encore des taches naturelles qui sont sur les peaux de certains animaux. Les mouchetures d'une peau de tygre, d'une peau de panthere.

MOUCHOIRS. Il vient des Indes Orientales, particuliérement de Bengal, des toiles toutes de coton, & des especes de toiles ou étoffes de coton mêlées de soie, qui sont propres à faire des mouchoirs à tabac, d'où elles ont pris le nom de Mouchoirs. Ces toiles sont de différentes couleurs; les fils de soie & de coton qui les composent ayant été teints avant que d'être travaillés sur le métier.

Les pieces de mouchoirs toutes de coton, appellées Masulipatan, qui est le nom d'une Ville de la Côte de Coromandel dans les Indes où elles sont fabriquées, sont de trente-deux mouchoirs à la piece, chaque mouchoir a demi-aune en quarré.

Les pieces de mouchoirs nommés simplement Mouchoirs de coton, sont de vingt mouchoirs à la piece, & chaque mouchoir a trois quarts d'aune en quarré.

Et les pieces de mouchoirs soie & coton, sont de quinze & vingt mouchoirs à la piece, & chaque mouchoir a trois quarts d'aune de large.

Dans les ventes que les Directeurs de la Compagnie des Indes Orientales de Hollande, font de leurs marchandises, on distingue trois sortes de mouchoirs; sçavoir, les mouchoirs peints qu'on met au nombre des étoffes de soie, & deux autres especes qui sont de toile de coton. De ces derniers les uns s'appellent Roemaals de fil, & les autres Roemaals moitié tesser & moitié fil. Les mouchoirs de soie se vendirent en 1720 depuis 10 s. jusqu'à 33 s. le mouchoir. Le cavelin ou lot des deux sortes de Roemaals, est ordinairement de 150 pieces; la piece de 15 aunes de long sur une de large. Dans la même vente de 1720 les uns, c'est-à-dire ceux de pur fil, furent vendus depuis 4 florins trois quarts jusqu'à cinq florins trois quarts, & les autres quatre florins sept huitiémes la piece.

MOUFLE. Maniere de gros Gant, dont les doigts ne sont point séparés, à l'exception du pouce: c'est quasi la même chose que Mitaine. *Voyez* Mitaine.

Moufle, en terme de monnoyage. Est une espece de vaisseau de terre, plus long que large, tout-à-fait semblable à une pentoufle dont on auroit coupé le talon, & la semelle au niveau du dessus.

Ce vaisseau dans lequel les Essayeurs des Hôtels des Monnoies mettent leurs coupelles, est d'une longueur, largeur & hauteur proportionnées au fourneau d'essay. Il est tout-à-fait ouvert par un des bouts, qui en est l'entrée, & fermé par l'autre, où il n'y a qu'une petite ventouse en forme de croix. Des deux côtés sont aussi divers trous pareillement en forme de ventouse. *Voyez* Essay.

Moufle. On nomme aussi de la sorte parmi les Charpentiers, Maçons, Mariniers, &c. de doubles poulies dont ils se servent pour redoubler la force des machines avec lesquelles ils élevent de pésans fardeaux.

La moufle est ordinairement un morceau de bois quarré avec plusieurs mortaises où sont enfermées & enfilées dans le même essieu plusieurs roues de poulies. On appelle aussi la moufle ou écharpe d'une poulie simple la mortaise ou le morceau de fer dans lesquels elle roule.

Moufle. C'est aussi un petit arc ou coupelle de terre dont les Orfévres & Emailleurs se servent pour parfondre leurs émaux. *Voyez* Emailler.

MOUFLETTES. Ce sont les deux morceaux de bois creusés en dedans avec lesquels les Plombiers, Vitriers, Ferblantiers, &c. prennent l'outil qu'ils appellent Fer à souder lorsqu'ils le retirent du feu pour appliquer & étendre leur soudure; c'est proprement la poignée de l'outil coupée en deux, dont chaque partie a un demi-canal, & que l'on réunit sur la queue du fer chaque fois qu'on le prend chaud. *Voyez* Fer a souder.

MOUILLAGE. Terme de Courroyeur. Façon que l'on donne aux cuirs en les mouillant avec de l'eau pour les disposer à divers apprêts que le Courroyeur doit lui donner.

Le mouillage est de deux sortes; l'un se fait en laissant tremper les cuirs dans un tonneau d'eau claire; l'autre en les imbibant d'eau, soit avec le ballet, soit avec le gipon.

L'un & l'autre mouillage se fait encore ou avec foulure, ou sans foulure; c'est-à-dire, que le cuir se foule aux pieds après avoir été mouillé, ou qu'il se mouille seulement pour l'étendre plus facilement sur la table, & lui donner diverses façons. *Voyez* Courroyer.

MOUILLOIR. Petit vase dont les fileuses se servent pour mettre l'eau dont elles mouillent le bout de leurs doigts lorsqu'elles filent du lin ou du chanvre au rouet ou au fuseau. Quelques-unes ne se servent que d'une éponge legerement imbibée d'eau; les Dames qui s'occupent du filage ont des mouilloirs d'argent. *Voyez* Filage.

On se sert aussi du mouilloir pour retordre le fil.

MOULAGE. Droit que l'on paye aux Seigneurs qui ont des moulins banaux pour la mouture des grains.

Moulage. Se dit aussi de la partie d'un moulin qui sert à faire tourner les meules pour moudre. *Voyez* Moulin.

Moulage. Signifie encore le droit qui est dû aux Mouleurs de Bois, c'est-à-dire, à l'Officier de Police qui mesure les bois de chauffage sur les ports de Paris. On appelle pareillement moulage, le mesurage des bois à brûler, ou l'action par laquelle on les mesure. Les Commis au moulage étoient ceux qui depuis la suppression des Offices de Mouleurs de bois en 1719, ont été chargés par les Prevôt des Marchands & Echevins pour en remplir les fonctions. Le Reglement de 1724 pour la vente & distribution des bois à brûler, ordonne aux Commis au moulage de se trouver aux heures marquées dans les lieux qui leur sont indiqués pour l'exercice de leur Commission. Les Officiers Mouleurs ont été rétablis en 1730.

Moulage, en terme de Potier de terre. Veut dire la façon qu'il donne à la terre glaise en la mettant dans des moules pour en faire du carreau. On le dit aussi des carreaux déja moulés.

MOULANT. Le Garçon du moulin qui est chargé de veiller à la mouture des grains.

MOULE. Ce terme qui veut dire quelquefois le modele d'après lequel on copie quelque ouvrage, a encore diverses autres significations dans le commerce, & parmi les differens ouvriers des Arts & Métiers.

Les ouvriers qui travaillent à fondre le mineray ou pierre métallique qu'on tire des mines, ont chacun leurs moules pour y recevoir le métail au sortir de la fonderie, mais différens suivant la diversité du métail ou des ouvrages qu'ils fondent.

Dans les mines d'or, on a des moules pour les lingots: dans celles d'argent il y en a pour ce qu'on appelle des Barres. Les mines de cuivre en ont pour les saumons. Celles d'étain aussi pour des saumons, & encore pour des lingots & des lames: les mines de plomb pareillement pour les saumons, & de plus pour les navettes; & enfin celles de fer pour ce qu'on appelle des gueuses & pour des plaques de cheminées, des enclumes, des canons, des marmites & autres ustenciles & grosses marchandises de fer, qui se fondent, pour ainsi dire, de la premiere main. *Voyez les articles de ces métaux.*

Les Fondeurs de grands ouvrages, comme sont ceux qui fondent des statues, des cloches, des canons, & autres tels ouvrages de bronze & de fonte, font aussi des moules de cire soutenus en dedans par ce qu'on appelle un noyau, & couverts par dessus de ce qu'ils nomment la chappe. C'est dans l'espace qu'occupoit la cire, que l'on fait fondre pour l'en tirer, que se coule le métail liquide, & où il est porté par quantité de jets, c'est-à-dire, de petits canaux qui parcourent & couvrent tout le moule. *Voyez les articles de ces Fondeurs.*

Les Monnoyeurs appellent Moules, les chassis remplis de sable où l'on jette en moule les lames de métail, qui doivent servir à la fabrication des especes d'or, d'argent & de cuivre. *Voyez* CHASSIS & MONNOYAGE.

LES MOULES des Fondeurs de petits ouvrages sont tous semblables aux chassis des Monnoyeurs. C'est dans ces chassis, aussi remplis de sable, qu'ils impriment les différens ouvrages qu'ils veulent mouler, & où quand les deux chassis dont le moule est composé sont réunis, ils jettent & coulent le cuivre fondu. *Voyez* FONDEURS DE PETITS OUVRAGES.

LES MOULES des Fondeurs de caractéres d'Imprimerie, sont partie d'acier & partie de bois. Le bois ne sert proprement qu'à couvrir le véritable moule qui est en dedans, & empêcher que l'ouvrier qui le tient à la main, ne soit incommodé de l'impression de la chaleur du métail liquide. On ne peut fondre qu'une seule lettre à la fois dans chaque moule. *Voyez* FONDEURS DE CARACTERES.

MOULE, en terme de Manufacture de Papier. Sont de petites tables composées de plusieurs fils de léton ou de fer liés les uns aux autres par du fil aussi de léton encore plus fin. Chaque moule est de la grandeur de la feuille de papier qu'on veut dresser, & a un rebord de bois auquel les fils sont attachés. Ces moules se nomment plus communément des Formes. *Voyez* PAPIER.

Les Fournalistes faiseurs de Fourneaux & de Creusets, se servent aussi de moules pour une partie de leurs ouvrages, particuliérement pour les creusets; ils sont de bois de la forme même du creuset, c'est-à-dire, de la forme d'un cône dont la pointe seroit coupée. Un manche de bois sert à les tenir & à les tourner de tous sens, lorsque les ayant couverts de terre l'ouvrier les veut arrondir ou les applatir. *Voyez* FOURNALISTE.

LES MOULES pour fondre les balles de plomb de divers calibres, sont de petites tenailles de fer dont chacune des branches de la tête est creusée en demi-globe, qui en se fermant forment le globe entier. On appelle le jet un petit trou par où l'on y introduit le plomb fondu; le jet est à un des côtés par où les branches se joignent.

MOULES. Les Vitriers ont de deux sortes de moules; l'un qu'ils appellent Moule à liens, & l'autre qu'ils nomment Lingotiere. Tous deux servent à couler leur plomb. Dans l'un ils le fondent en petits lingots propres à être filés au rouet ou tire-plomb. *Voyez* LINGOTIERE. Dans l'autre ils moulent ces petites attaches de plomb d'une ligne d'épaisseur & de deux de largeur, qu'ils nomment liens, parce qu'ils lient les verges de fer qui attachent les panneaux aux chassis de bois. Ce dernier moule est assez semblable au Gauffrier des Patissiers, à la réserve que les deux tables sont traversées dans leur longueur de rainure de l'épaisseur des liens. On peut aussi tirer les liens dans le rouet à filer le plomb, qu'on nomme vulgairement Tire-plomb. *Voyez* TIRE-PLOMB.

Les Orfévres se servent aussi d'os de seche pour faire les moules de leurs plus petits ouvrages; ce qu'ils font en pressant leur modele entre deux os, & y laissant un jet pour y couler leur argent apres qu'ils en ont retiré leur modele.

MOULE. Les Appareilleurs & Tailleurs de Pierre appellent aussi de la sorte, & quelquefois Panneaux & Patrons, ces formes ou modeles de cuivre, de fer-blanc, de bois, ou seulement de carte, qui leur servent à tracer les profils des ornemens d'architecture dessinés par l'Architecte ou Maître Maçon.

MOULE. Est parmi les Maçons un morceau de bois dur ou de tole, évidé en dedans suivant les contours des moulures ou corniches qu'ils ont à tirer; ils le nomment autrement un Calibre.

MOULE. Est encore un petit morceau de bois rond un peu applati d'un côté, fait au tour, sur lequel les Maîtres Boutonniers montent ce petit tissu d'or, d'argent, de soie, de crin, de poil ou d'autre matiere travaillée à l'aiguille dont ils font leurs boutons. Les moules des petits boutons sont ordinairement presque ronds; ceux des grands sont plus plats. On se servoit aussi de moules d'étoffe qui ont été défendus en France sur la fin du dix-septiéme siécle; & l'on en met encore dans les boutons d'or, d'argent ou de cuivre en lame, dont la mode a commencé avec le dix-huitiéme siécle. *Voyez* BOUTONS.

Les Moules de boutons payent en France les droits d'entrée comme mercerie, a raison de 10 liv. du cent pésant, suivant l'Arrêt du 3 Juillet 1692.

MOULE. C'est aussi un grand cercle ou mesure de fer qui sert à mesurer & mouler les bois de compte & d'Andelle qui arrivent sur les ports de Paris; c'est de-là que ces bois sont appellés, bois de moule, & que les Officiers de Ville à qui il appartient de faire la mesure des bois, ont pris le nom de Mouleurs de Bois. Cette mesure s'appelle plus ordinairement un Anneau qu'un Moule. *Voyez* ANNEAU.

MOULE. Les Bimblotiers faiseurs de jouets d'enfans, ont différens moules. Les uns de fer gravé où ils jettent en étain ce qu'ils appellent de petits ménages; & les autres de plâtre, dans lesquels avec des cartons mouillés ils forment & moulent leurs poupées.

MOULE. Les Plombiers appellent Moules les tables sur lesquelles ils coulent leurs grandes & petites tables de plomb. Quelquefois néanmoins ils leur donnent simplement le nom de Tables. Ils ont aussi de véritables moules pour fondre & faire des tuyaux sans soudure. On parle ailleurs des uns & des autres. *Voyez à la fin de l'article des Plombiers les trois paragraphes où l'on explique la maniere de couler les grandes & petites tables, & de fondre des tuyaux sans soudure.*

MOULE. Les Miroitiers-Lunetiers se servent de moules de bois pour dresser & faire les tubes ou tuyaux avec lesquels ils montent les lunettes à longues vûes, & quelques autres ouvrages d'optique.

Ces moules sont des cylindres de longueur & de diametre à discrétion, & suivant l'usage qu'on en veut faire; mais ils sont toujours moins gros par un bout que par l'autre, pour la facilité du dépouillement, c'est-à-dire, pour en faire sortir plus aisément le tuyau qu'on a dressé dessus.

Les tubes qu'on fait sur ces moules sont de deux sortes; les uns simplement de carton & de papier, & les autres de copeaux de bois très minces, ajoutés au papier & au carton. Lorsque l'on veut faire de ces tubes, qui s'emboêtent les uns dans les autres, il n'y a que le premier qui se fasse sur le moule, chaque tube qui s'acheve servant ensuite comme de moule à celui qui le doit couvrir, sans néanmoins ôter le moule du premier. *Voyez* TUBE.

MOULE. Les moules des Vaniers sont très simples. Ce ne sont ordinairement qu'un brin d'osier tourné en ovale, en rond, en quarré, ou en diverses autres figures, suivant qu'ils ont à faire des paniers, des mannes, des hottes, ou d'autres especes d'ustenciles de ménage qui se font dans le métier de Vannerie. C'est sur ces moules qu'ils dressent, ou plutôt qu'ils mesurent tout ce qu'ils font; aussi en ont-ils de toute grandeur, de larges, de médiocres, & de très étroits. *Voyez* VANIER.

MOULE. Les Maîtres Chandeliers ont deux sortes de moules pour fabriquer leur chandelle; l'un pour la chandelle plongée, qu'on nomme autrement un abîme. Celui-ci est de bois, de forme triangulaire. *Voyez* ABÎME.

Les autres moules qui servent à la chandelle moulée, dont l'usage a commencé dans la Manufacture Royale du sieur Brès, établie à Paris au Fauxbourg S. Antoine, sont de léton, d'étain ou de fer-blanc.

Dans cette derniere sorte de fabrique chaque chandelle a son moule, au lieu que dans la fabrique des chandelles communes on y peut mettre jusqu'à deux brochées de dix-huit & vingt-quatre mêches la brochée.

On parle ailleurs très amplement des deux manieres de faire de la chandelle, & des moules qui y servent. *Voyez* CHANDELLE.

MOULE. Les Drouineurs, c'est-à-dire, les petits Chauderonniers qui courent la campagne pour raccommoder les vieux ustenciles de cuisine, ont coutume de porter avec eux deux sortes de moules; l'un pour fondre les cuilliers d'étain, & l'autre pour faire de petites salieres de même métail.

Ces moules sont de fer, & s'ouvrent en deux par le moyen de leurs charnieres. Les cuilliers se coulent par le manche, & les salieres par le côté. Ces moules ont des queues de fer pour les tenir.

Quand l'ouvrage est fondu & réfroidi, on l'ébarbe avec un petit instrument de fer très tranchant en forme de serpillon, qu'on nomme un Esbarboir.

MOULE. Se dit chez les Batteurs d'or, d'un certain nombre de feuilles de vélin ou de morceaux de boyaux de bœuf dégraissés & préparés, coupées quarrément d'une certaine grandeur & placées l'une sur l'autre, entre lesquelles ces ouvriers mettent les feuilles d'or ou d'argent qu'ils battent sur le marbre avec le marteau.

Il y a de quatre sortes de moules, dont deux sont de vélin, & deux de baudruche; c'est ainsi qu'on nomme les boyaux de bœuf qui servent aux Batteurs d'or. Le plus petit de vélin qui est de quarante à cinquante feuillets, se nomme petit moule à Caucher; & le plus grand qui contient environ deux cens feuillets, s'appelle grand moule à Caucher.

Les deux moules de baudruche sont de cinq cens feuilles chacun, dont le plus petit est nommé Chaudret, & le plus grand est appellé grand moule à achever. Chaque moule a son fourreau particulier composé de deux morceaux de parchemin qui servent à tenir les feuilles du moule en état, pour empêcher qu'elles ne se dérangent en battant dessus.

MOULE. Les Blanchisseurs de cire nomment des moules, de petites cavités d'environ quatre pouces de diametre & de trois à quatre lignes de profondeur, faites dans des planches de chêne, qu'ils remplissent de cire blanche liquide, pour en faire ce qu'on appelle des pains de cire. Chaque planche contient vingt moules en deux rangs, on les nomme communément Planches à moules; elles s'arrangent sur des chassis qui ont des pieds de bois, qui de cet usage ont le nom de Tables à moules, chaque table est de quinze planches. *Voyez* l'article de la Cire, où l'on parle de la Manufacture d'Antony.

BOIS DE MOULE. C'est une sorte de gros bois à brûler dont les buches doivent avoir dix-huit pouces au moins de grosseur & trois pieds & demi de longueur, conformément à l'article premier du chap. 17 des Ordonnances de la Ville, concernant la marchandise de bois neuf, flotté & d'ouvrage.

TUILE DU GRAND MOULE, TUILE DU PETIT MOULE, & TUILE DU MOULE BASTARD. C'est comme l'on distingue à Paris les diverses grandeurs de tuiles qui servent à couvrir les bâtimens.

Le grand moule doit avoir quatre pouces d'échantillon ou de pureau; le petit moule trois pouces & demi ou trois pouces: à l'égard du moule bâtard qui n'est plus gueres en usage, le pureau tient des deux autres. *Voyez* TUILE.

JETTER EN MOULE, terme d'Orfévre, de Sculpteur & de Fondeur. On jette en moule des ouvrages d'or, d'argent, de bronze, de plâtre, & de cire. *Voyez* SCULPTEUR, ORFEVRE, & FONDEUR.

MOULÉ. Ce qui est fait dans un moule. Il se dit aussi de ce qui est imprimé, par opposition à ce qui est écrit à la main. Cela n'est pas fait à la plume, cela est moulé. *Voyez* IMPRIMER.

MOULÉE. C'est une espece de terre ou sédiment, qui se forme des petites parties de fer & de pierre qui tombent au fond des auges dans lesquelles tournent les pierres ou meules sur lesquelles les Emouleurs, Couteliers, & Taillandiers émoulent leurs ouvrages. On se sert de cette moulée pour faire une sorte de noir qui est défendu aux Teinturiers du grand teint. *Voyez* NOIR.

La Moulée pour teindre paye en France les droits de sortie à raison de six sols du baril, conformément au Tarif de 1664.

MOULER du bois. C'est le mesurer avec l'anneau de fer qu'anciennement on appelloit un Moule. *Voyez* MOULEUR DE BOIS.

MOULER. Terme de Sculpteur & d'Orfévre. Il signifie quelquefois préparer un moule en cire, en terre ou en plâtre, pour y mouler un ouvrage: mais il se prend plus ordinairement pour jetter dans le moule déja préparé le métail ou la matiere dont on veut que soit son ouvrage. *Voyez* SCULPTEUR, & FONDEUR.

MOULER. Se dit aussi pour Imprimer, mais il n'est gueres propre & de peu d'usage. On dit pourtant de l'écriture moulée, pour faire la différence de celle qui est à la main. *Voyez* IMPRIMER.

MOULEURS DE BOIS. Nom que l'on donne à Paris à certains Officiers de Ville établis sur les ports & dans les chantiers pour mouler & mesurer les bois à brûler, & tenir la main à l'exécution des Ordonnances concernant la police qui doit être observée dans la vente & débit de cette sorte de marchandise.

Les Mouleurs de Bois composent une Communauté des plus considérables de Paris; elle fut établie

établie à ce qu'on croit par Louis le Jeune en 1170, d'autres disent seulement en 1190 par Philippes second, qui créa un Prevôt des Marchands, & quatre Echevins, avec quarante Officiers pour le bois de chauffage, pour agir en l'absence des Echevins dans les mêmes fonctions que les Mouleurs font encore à présent.

L'Ordonnance du Parlement de 1299, & le Réglement du Roi Jean de 1350, leur donnent le nom de Jurés Mesureurs de la Bûche. Ce dernier les fixa à cinquante.

Charles VI en 1415, les réduisit à leur ancien nombre de quarante, & l'Ordonnance de ce Prince pour la Jurisdiction de l'Hôtel de Ville de Paris, est la premiere où il leur soit donné la qualité de Jurés-Compteurs & Mouleurs de Bûche.

En 1633, sous le Regne de Louis XIII, il fut créé onze Officiers de Mouleurs de Bois, pour faire avec les quarante anciens le nombre de cinquante & un.

En 1644, sous le même regne, cette Communauté fut augmentée de quarante-neuf Officiers, pour faire avec les cinquante & un le nombre de cent.

En 1646, sous la minorité de Louis XIV, il fut encore créé soixante Mouleurs de Bois, lesquels joints avec les cent, firent le nombre de cent soixante, qui est l'état où la Communauté des Mouleurs de Bois est restée, tant qu'elle a subsisté; les autres créations faites encore sous le même Roi, n'ayant point eu lieu, ou du moins les Offices en ayant été unis & incorporés à la Communauté.

Les Mouleurs de Bois en vertu des Edits de leurs créations, particuliérement de ceux de 1644 & 1646, & conformément à l'Ordonnance de la Ville de Paris du mois de Décembre 1672, se qualifioient Commissaires, Controlleurs, Jurés Mouleurs, Cordeurs, Compteurs, Mesureurs, & Visiteurs de toutes sortes de bois à brûler dans la Ville, Fauxbourgs & Banlieue de Paris, & ils prétendoient que tous ces titres leur appartenoient.

1°. Ceux de Commissaires Controlleurs, parce qu'ils avoient la Faculté de faire des procès verbaux sur les contraventions aux Edits, Arrêts, & Réglemens concernant la police des bois à brûler, & autres contraventions, qui surviennent sur les ports & dans les chantiers.

2°. Celui de Jurés, parce que lors de leur réception, ils juroient & prêtoient serment devant les Prevôt des Marchands & Echevins, de bien & fidelement exercer les fonctions de leurs Charges.

3°. Celui de Mouleurs, à cause qu'ils mouloient ou mesuroient les bois d'Andelle & de Compte, avec un grand anneau de fer, que l'on appelle Moule.

4°. Celui de Cordeurs, parce qu'ils étoient présens au mesurage des bois de Corde, & qu'ils faisoient ranger par leurs Aydes, dans les membrures ou demi-cordes, ce qu'il en convenoit pour les remplir, & qu'ils faisoient mettre une bûche en travers par dessus le tout, pour faire connoître que le bois est bien & dûement cordé, & que les voyes sont complettes: outre qu'ils étoient tenus d'empêcher qu'il ne fût mis dans les membrures en cordant des bûches trop tortues, ni du bois blanc au delà d'un tiers.

5°. Celui de Compteurs, parce qu'ils étoient obligés de tenir la main à ce que les Marchands de Bois donnassent aux Bourgeois cent quatre cotterets, ou cent quatre fagots pour cent, en conformité de l'article 27 du chap. 17 de l'Ordonnance de la Ville ci-devant rapportée; & de ce que lorsqu'ils alloient dans les chantiers & sur les ports les premiers jours de chaque mois, ils mesuroient dans les anneaux le bois de moule ou de compte, pour connoître le nombre de bûches qu'il en faut pour composer une voye.

6°. Celui de Mesureurs, à cause qu'ils étoient tenus d'avoir des Mesures de quatre pieds de long pour vérifier les membrures, & mesurer les longueurs différentes des bois; comme aussi des chaînes pour mesurer la grosseur des Cotterets, fagots, & bois de corde, & des anneaux pour mesurer les bois de compte & d'Andelle.

7°. Enfin celui de Visiteurs, parce qu'ils devoient aller tous les jours sur les batteaux qui arrivent dans les ports pour visiter les cotterets, fagots, & autres bois à brûler, afin d'examiner s'ils sont des qualités requises pour en faire porter les échantillons au Bureau de la Ville, où le prix en doit être reglé sur ces échantillons, par les Prevôt des Marchands & Echevins.

Suivant l'Ordonnance de la Ville déja plus d'une fois rapportée; les Mouleurs de Bois devoient recevoir les déclarations des bois qui arrivent à Paris, tenir Registre des Lettres de voitures, & mettre des banderoles aux batteaux & piles de bois, contenant la taxe qui en a été faite au Bureau de la Ville.

Il faut remarquer qu'en 1707, il fut réuni à la Communauté des Mouleurs de Bois, des Offices d'Inspecteurs pour la Police sur les bois à brûler, ce qui est un nouveau titre qu'ils ont acquis, lequel paroît être à peu près semblable à ceux de Commissaires Controlleurs, dont ils jouissoient déja.

Les Offices des Mouleurs de Bois furent supprimés en 1719, sous le Regne de Louis XV, & la Régence de Son Altesse Royale Philippes Duc d'Orléans, par un Edit du mois de Septembre, qui ordonna la suppression de tous les Officiers établis sur les Ports, Quais, Halles, & Marchés de la Ville de Paris.

Les Fonctions des Mouleurs furent néanmoins conservées, & des Commis nommés pour les remplir, mais dans un nombre bien moins grand, & avec une attribution de droits bien moins considérables.

Le même Edit donne au Prevôt des Marchands & Echevins la nomination de ces Commis, & laisse à ces premiers Magistrats Municipaux de Paris, la police, inspection, & jurisdiction qu'ils avoient sur les Mouleurs de Bois.

Le nombre des Commis Mouleurs de Bois a été fixé à quatre-vingt par Arrêt du Conseil d'Etat du Roi, du 12 Septembre 1719.

Les Officiers Mouleurs de Bois ont été rétablis par l'Edit de Juin 1730. *Voyez* à l'article TARIF, les droits attribués à ces Officiers.

MOULEUR en Terre & en Sable. C'est une des quatre qualités que les Statuts des Fondeurs de la Ville & Fauxbourgs de Paris donnent aux Maîtres de cette Communauté. *Voyez* FONDEUR.

MOULEURES, en terme de glaces & de Miroitiers. Sont de longues tringles de glaces à biseau, qui ne portent tout au plus qu'un pouce & demi de large. A l'égard de la hauteur, il s'en fait depuis douze jusqu'à cent pouces de haut. *Voyez* GLACE *à la fin de l'article.*

MOULIN. Machine qui étant agitée par une force extérieure, donne une violente impression sur les choses qui sont exposées à son mouvement. On le dit principalement des machines qui servent à la mouture des grains.

Tous les Moulins se réduisent proprement à trois sortes qui prennent leur dénomination des forces qui leur donnent leur mouvement. Ces Moulins sont des Moulins à vent, des Moulins à eau, & des Moulins à bras. Parmi ces derniers on met aussi ceux dont on fait tourner les meules ou agir les pilons par le moyen des animaux, particuliérement des chevaux, des mulets, & des bœufs.

Des Moulins à eau, les uns se nomment Moulins à volets, les autres Moulins à auges; les premiers sont ceux où l'eau coule par dessous la roue; les derniers ceux où l'eau tombe par dessus.

L'invention des Moulins à bras & de ceux qui tournent par le moyen des animaux, est la plus ancienne. Celle des Moulins à eau a suivi, & à ce qu'on croit a été connue des Romains: à l'égard des Moulins à vent, la maniere de les construire n'a été apportée en Europe que du tems des Croisades, & ce sont les Orientaux qui l'ont apprise aux Européens.

Les Moulins sont aussi d'un grand secours dans les Manufactures & dans les Arts & Métiers pour la fabrique de bien des sortes de marchandises & d'ouvrages. On va parler ici des principaux, après qu'on aura dit un mot de leurs différentes especes.

MOULIN. Les Moulins à foulons, sont des Moulins à eau, qui font lever & baisser des pilons ou maillets de bois dans des vaisseaux que l'on nomme pots ou piles, pour fouler, dégorger, & dégraisser les étoffes de laine. *Voyez* FOULON.

MOULIN A TOILES. Il n'est gueres différent des Moulins à foulons, & sert à dégorger les toiles, après qu'elles ont été gayées au sortir de la lessive. Quelques-uns de ces Moulins tournent par le moyen d'une roue à eau, la plupart n'ont que des chevaux pour leur donner le mouvement; l'on se sert de ces Moulins en Champagne, particuliérement du côté de Troyes. *Voyez* TOILES.

MOULIN A SOUDE. On nomme ainsi dans les Manufactures de Glaces à miroir une sorte de Moulin dont on se sert pour réduire en poussiere la soude qu'on y employe. *Voyez* GLACE.

MOULIN A PAPIER. C'est pareillement un Moulin à eau qui a plusieurs martinets ou marteaux qui battent le chiffon ou drappeau dans des especes d'auges de bois pour le réduire en petites parcelles, & le rendre comme en bouillie par le moyen de l'eau que l'on fait entrer dans les auges par un petit canal. *V.* PAPIER.

LES MOULINS A SUCRE sont des machines qui servent à briser & presser les cannes ou roseaux à sucre, pour en exprimer toute la liqueur ou suc qui est renfermé dedans.

L'on peut faire quatre sortes de Moulins à sucre qui ne sont pourtant différens que par la diversité des forces mouvantes qui les font agir, les parties qui servent à écraser les cannes, & à en exprimer le suc, étant communes aux uns & aux autres.

Ces quatre sortes de moulins sont des moulins à eau, des moulins à vent, des moulins à bras que des hommes font tourner, & des moulins auxquels des chevaux ou des bœufs donnent le mouvement.

Les moulins à bras ont été les premiers en usage, mais on a cessé de s'en servir à cause de la trop grande fatigue qu'ils causoient aux malheureux Negres qui étoient destinés à ce travail; outre qu'ils expédioient peu, & que l'ouvrage n'avançoit gueres, quoique pour le service de ces moulins il fallût plus de quatre fois autant de Negres que pour les autres moulins.

Les moulins à vent sont les plus modernes, & sont encore très rares, particuliérement dans les Isles Antilles Françoises. Les Anglois en ont néanmoins quelques-uns à Saint Christophe & à la Barbade; & l'on en a même construit un à la Martinique. Ces moulins débitent beaucoup, surtout ceux qui sont faits à la Portugaise; mais ils ont un grand défaut, ne pouvant s'arrêter aussi subitement qu'il est quelquefois nécessaire quand il arrive quelque accident, ou aux Negresses qui donnent à manger au moulin, ou aux rouleaux & autres pieces qui composent cette admirable machine.

L'usage le plus commun est des moulins à eau & des moulins que des animaux font tourner: ceux-ci cependant ne se font gueres que dans des lieux où l'on ne peut se servir de la commodité de quelque riviere ou de quelque ruisseau; les moulins à eau étant d'une moindre dépense quand ils sont une fois construits, & pouvant faire un travail plus continuel & plus grand que les moulins auxquels des chevaux & des bœufs donnent le mouvement.

On n'entrera ici dans aucun détail des parties qui sont propres à chacun de ces moulins, & l'on se contentera d'expliquer celles qui leur sont communes à tous, que l'on comprend ordinairement sous le nom de Chassis d'un moulin à sucre. Ceux qui voudront un plus grand détail pourront avoir recours à l'excellent Ouvrage que le R. P. Labat Missionnaire Dominiquain a donné au Public & fait imprimer à Paris en 1722, sous le titre de *Nouveaux Voyages aux Isles de l'Amerique*, dont on avoue avec plaisir qu'on s'est servi pour reformer cet article & plusieurs autres de ce Dictionnaire.

Chassis d'un moulin à sucre.

Ce chassis est ordinairement de douze pieds de longueur sur quatre pieds de largeur. Il est composé de quatre poteaux de huit à dix pouces en quarré sur dix à douze pieds de long si on enfonce ces poteaux en terre, & seulement de sept pieds si on ne les enfonce pas.

Le bout des poteaux est emmortoisé dans des soles qui sont unies ensemble par des entretoises; ensorte néanmoins que les soles & entretoises débordent les poteaux de trois pieds quand les poteaux ne se mettent point en terre, afin de soutenir les liens qui appuyent ces poteaux.

Outre les deux petites entretoises de la sole, il y en a une autre à chaque bout du chassis qui est emmortoisée dans les poteaux, environ à deux pieds de terre; ces deux entretoises servent à soutenir la table du moulin.

On nomme la table du moulin une piece de bois plus longue que le chassis de deux pieds, épaisse de quinze à dix-huit pouces, & large au moins de vingt pouces. C'est au milieu de cette table qu'est enchassé ce qu'on appelle le colet, c'est-à-dire, une piece de fonte d'environ trois pouces de hauteur, percée d'une ouverture ronde de quatre pouces de diametre, à travers de laquelle passe le pivot de fer du grand tambour. Au dessous du colet (enchassé aussi dans la table) est la platine, dont les enfoncemens servent comme de crapaudine pour recevoir l'œuf du pivot, c'est-à-dire, l'extrémité du pivot qui est fait à peu près comme la moitié de l'œuf d'une oye.

Outre l'échancrure du milieu la table en a encore deux autres à distance égale du colet, & éloignées autant qu'il le faut pour placer les deux tambours des côtés. C'est dans ces échancrures que sont placées des pieces de fonte coupées en demi-cercle pour embrasser les pivots de chaque petit tambour, & les tenir fermes dans la crapaudine qui est au dessous; ces pieces se nomment des Embasses. Il y a aussi des embasses en haut qui servent à proportion au même usage.

Le bas de la table, c'est-à-dire, la partie qui porte sur les entretoises est garnie de chaque côté de deux planches d'un pouce d'épais qu'on nomme des Allettes, qui remplissent exactement le vuide qui est entre la table & les poteaux. Elles servent à recevoir le suc des cannes à mesure qu'elles sont écrasées entre les tambours; & comme elles sont un peu disposées en penchant vers l'endroit où est la sucrerie, ce suc tombe dans une goutiere qui le porte dans des canots disposés auprès des chaudieres où il doit être purifié & cuit.

Le dessus de la table est chargé de 3 tambours ou rouleaux posés en ligne droite suivant sa longueur; ils sont de fer fondu de deux pouces ou environ d'épaisseur. Leur hauteur n'est jamais moins de seize pouces, & n'excede point vingt-deux pouces; leur diametre par dedans est depuis quinze jusques à dix-huit pouces. Le vuide des tambours est rempli d'un rouleau de bois dur, plein & liant qu'on y affermit par le moyen de plusieurs serres de fer & de bois, faites en forme de coins qu'on y enfonce à force de coups de marteau, en observant de laisser déborder le rouleau de bois hors du tambour d'un bon pouce. Lorsque toutes les serres sont placées, on remplit de bray bouillant ce qui pourroit être resté de vuide, & l'on en couvre aussi tout ce qui paroît du rouleau de bois, afin que l'eau, l'humidité & le suc des cannes ne pénetrent point le bois qu'elles pourriroient infailliblement.

Les petits tambours étant remplis, on y place des pivots de fer qui les traversent dans toute leur longueur; ces pivots sont quarrés dans la partie qui est enfermée dans le tambour, & ronds dans celles qui sortent au dehors; celles-ci ont chacune trois pouces de diametre, l'autre a quatre pouces en quarré.

Il faut remarquer que présentement les petits tambours n'ont pas moins de diametre que le grand rôle ou grand tambour, & qu'on ne les nomme encore de la sorte que parce qu'effectivement autrefois celui du milieu étoit considérablement plus gros.

Le rouleau de bois dont on remplit le grand rôle, n'est autre chose que l'arbre même du moulin dont le bas est arrondi; ainsi il est plus ou moins long suivant que le Charpentier qui construit le moulin trouve à propos de donner de longueur à son arbre; la proportion ordinaire est de douze ou quinze pieds au dessus du chassis. Après que le tambour est bien assuré autour de l'arbre, on lui met son pivot qui est de fer, mais qui n'a que quinze ou dix-huit pouces de longueur.

Ce qui passe de l'arbre au dessus du chassis est taillé à huit pans, à la réserve du haut qui est rond & qui est réduit à quatre pouces de diametre en forme de pivot qui s'emboête dans ce qu'on appelle la Demoiselle, qui est une piece de bois percée en rond qui sert à tenir l'arbre droit.

Pour faire tourner les tambours des côtés à mesure que le grand tambour tourne, ils sont tous trois garnis de dents par en haut, qui s'engrainant les unes dans les autres, leur donne un mouvement commun, avec cette différence néanmoins que l'un des deux petits tambours tourne à droite & l'autre à gauche.

Les dents des tambours sont d'un bois dur & ferme; elles ont neuf pouces de longueur, sçavoir cinq pouces cachés dans leurs mortoises, & quatre pouces qui sortent au dehors. Pour leur donner de l'échapée on coupe leur vive arrête, & on les arrondit un peu par le bout. Lorsque le moulin travaille on a soin trois ou quatre fois le jour de les froter avec de la graisse, non-seulement pour les faire couler plus facilement, mais encore pour empêcher qu'elles ne s'échauffent trop.

Enfin au devant des tambours (des deux grands côtés du chassis) sont des especes de tables qui les couvrent à la réserve des endroits par où l'on présente les cannes, ce qu'on fait afin que les Négresses qui servent le moulin ne puissent approcher leurs doigts de l'ouverture par où doivent passer les cannes, à cause des terribles accidens qui en peuvent arriver, ces malheureuses esclaves pouvant être moulues toutes vives entre les tambours pour peu qu'elles s'y engageassent le bout des doigts, quoique la distance d'un tambour à l'autre soit à peine de l'épaisseur d'un écu.

Avant de finir cette description du chassis d'un moulin à sucre, il faut remarquer qu'on peut faire de deux sortes de moulins à eau, les uns qui sont droits, & les autres qui sont couchés; les droits sont ceux dont l'arbre & les tambours sont élevés perpendiculairement sur l'orison, qui sont ceux dont on vient de parler: & les autres au contraire sont ceux qui ont l'arbre du grand rôle, & leurs tambours paralleles au même orison.

On met ordinairement quatre Negresses pour le service d'un moulin, au plus cinq, quand le moulin débite beaucoup, ce que font les moulins à eau. Deux de ces Negresses donnent à manger au moulin, c'est-à-dire, font passer les cannes & les bagaces entre les tambours, les autres leur fournissent des cannes neuves ou emportent celles qui ont passé & dont le suc a été exprimé.

Des deux Negresses qui donnent à manger au moulin, la premiere ne présente que des cannes entieres, que la seconde qui est de l'autre côté reçoit pour les repasser entre les deux derniers tambours. Ce sont les cannes qui n'ont encore passé qu'une fois qu'on appelle des Bagaces. Pour mieux servir le moulin, il y a une espece de billot fait en triangle au devant des ouvertures des tambours sur lequel les Negresses posent les cannes qu'elles présentent, observant que les tambours soient toujours également remplis & ne tournent point à vuide.

On peut voir à l'article du sucre comment se purifie & se cuit le suc qu'on tire des cannes, combien de sortes de sucre on en peut faire, & la maniere de les rafiner.

Les Moulins à huile, soit à vent, soit à eau, à chevaux, ou à bras, servent à piler ou écraser les noix, les olives & les autres fruits ou grains dont on veut tirer le suc par expression pour en faire de l'huile. *Voyez* Noyer, & Huile d'olive.

Les Moulins à tan que l'eau fait aller, servent à mettre en poudre par le moyen de trois gros pilons pointus certaines écorces d'arbres propres à faire le tan. *V.* Tan.

Moulin à scie. Est un moulin à eau propre à scier plusieurs planches à la fois. Il s'en voit beaucoup en Dauphiné, particuliérement aux environs de la Chartreuse de Grenoble.

Moulin de forge que l'eau fait tourner. Sert à lever & baisser un marteau très pésant pour battre le fer dont on veut faire des barres, des ancres, des essieux & autres semblables gros ouvrages. *Voyez* Martinet.

Moulins à faire des lames d'épées. Ces moulins vont pareillement par le moyen de l'eau. Ce sont ceux que l'on voit à Vienne en Dauphiné qui servent à forger ces excellentes lames d'épées qu'on nomme Lames de Vienne. *Voyez* Martinet.

Moulin à Buffle. Ce moulin sert à fouler & préparer avec de l'huile les peaux de buffles, d'élans, d'orignaux, de bœufs, &c. pour en faire ce qu'on appelle des Buffles pour les gens de guerre; ce qui se fait par le moyen de plusieurs gros pilons qui se haussent & tombent dessus ces cuirs dans de grandes auges de bois par le moyen d'une roue qui est en dehors, que la force de l'eau fait tourner. C'est le sieur Jabac de Cologne qui le premier a établi de ces moulins en France. Celui que l'on voit encore aujourd'hui à Essone est de son invention. *Voyez* Bufle.

Moulin à poudre à canon. C'est celui qui sert à piler ou battre ensemble les ingrédiens dont cette poudre doit être composée, ce qui se fait dans des especes de mortiers de fer ou de fonte, & par le moyen des pilons aussi de fer qui sont agités par une roue qui est à l'extérieur du moulin sur laquelle l'eau tombe avec violence pour la faire tourner; tel est celui que l'on voit à Essone.

Moulin. Les Tireurs d'or nomment Moulins, de petites machines composées de deux cylindres d'acier très poli, qui leur servent à applatir le fil d'or ou d'argent, pour le réduire en lames. Ces moulins agissent par le moyen d'une manivelle qu'un homme fait tourner.

Il y a aussi des moulins à dévider & à mettre le fil d'or sur la soie, qui sont composés de plusieurs rangs de bobines qui tournent en même-tems par le moyen d'une manivelle.

Moulin. Il y a encore des moulins propres à filer & tordre les soies, qui sont de grandes machines faites en rond, en forme de petites tourelles de la hauteur de cinq à six pieds, & d'environ une toise de diametre, qui en tournant ou par la force de l'eau, ou par celle des hommes, fait agir en même tems une infinité prodigieuse de bobines ou rochets qui y sont attachés, sur lesquels la soie a été dévidée pour la filer & tordre.

L'on voit beaucoup de ces moulins en France, particuliérement à Lyon & à Tours; il y en a aussi à S. Chaumont & à S. Estienne en Forest. Il y a de ces moulins disposés de telle maniere que trois peuvent aller en même tems, ou par une seule roue agitée par l'eau ou par la force d'un seul homme.

On ne peut se dispenser de dire en passant que le public doit être très obligé, par rapport aux Manufactures de soiries, aux Inventeurs de ces sortes de moulins, que l'on peut nommer véritablement des Machines, puisque par leur moyen deux ou trois personnes peuvent plus filer & tordre de soie en un jour, que ne feroient quarante qui la fileroient ou tordroient à l'ordinaire, c'est-à-dire, à la quenouille ou au rouet. *Voyez ci-après* Moulinage.

Moulin. Les Lapidaires se servent aussi d'une sorte de moulin pour travailler les pierres précieuses. *Voyez* Touret.

Moulin de Monnoyeur. Machine qui sert à la fabrication des monnoies, & qui par le moyen de quelques rouleaux d'acier entre lesquels on fait passer les lames d'or, d'argent, & de cuivre, les réduit à l'épaisseur convenable au diametre, & au poids des especes qui doivent être fabriquées. C'est de ce moulin qu'on a nommé Monnoye au moulin celle qui a été frappée en France depuis que cette machine y est devenue d'usage, pour la distinguer de l'anciene maniere, qu'on nommoit Monnoie au marteau, de ce que les lames étoient réduites à leur épaisseur en les battant avec le marteau sur une enclume.

Ce moulin s'appelle présentement un Laminoir qui cependant n'est qu'une des deux parties essentielles de la machine. *Voyez* Laminoir.

Moulin. On peut mettre au nombre des moulins qui servent ou qui peuvent servir à la fabrique des monnoies, une machine de nouvelle invention presentée à l'Académie des Sciences en 1717. Comme on en fait ailleurs la description ou du moins qu'on en donne une idée, on n'en parle ici que pour en indiquer l'article. *Voyez* Balancier.

Moulin aux lavures. C'est une espece de grand cuvier au fond duquel sont deux pieces de fer ou de fonte, qui tournant l'une sur l'autre par le moyen d'une manivelle, servent dans les Hôtels des Monnoies, & chez les Orfévres, & autres Ouvriers en or & en argent, pour séparer les particules de ces deux métaux d'avec les terres & cendres où elles sont mêlées. *Voyez l'article des lavures, on y trouve la description de ce moulin & la maniere de s'en servir.*

Il y a encore diverses autres sortes de moulins moins considérables, comme les moulins aux épiceries, tel qu'il y en a un à Strasbourg; les moulins à broyer le poivre, & les moulins à caffé.

Les moulins à poivre payent les droits de la Douane de Lyon, suivant leur qualité, sçavoir les moulins de fer 3 sous de la piece, & ceux qui sont de bois un sou.

MOULINAGE. C'est le dernier apprêt que l'on donne aux soies filées avant que de les teindre, ce qui se fait par le moyen d'un moulin.

Pour préparer les soies au moulinage, il faut qu'elles ayent été cuites, c'est-à-dire, mises dans l'eau bouillante enfermées entre deux linges. C'est proprement pour rendre les soies plus ou moins torses, suivant la fabrique des étoffes où elles doivent être employées, qu'on leur donne le moulinage.

Le moulin qui sert à donner cet apprêt est une machine quarrée, mais plus longue que large; plusieurs pieces de bois emmortoisées les unes dans les autres en composent le chassis, qui est fait en forme de grande cage, dans le centre de laquelle sont deux roues couchées de champ l'une au dessus de l'autre, dont les axes posent sur deux traverses mises en haut & en bas.

Un homme seul, quand la machine est simple peut faire mouvoir ces roues par le moyen des lanternes où elles sont engrainées, & d'une forte manivelle qu'il tourne à la main. Si les moulins sont multipliés comme ils le sont à Lyon & à Tours, on augmente la force du mouvement, comme on le dira plus bas.

Les roues mises en branle par le moyen de la manivelle, communiquent leur mouvement à huit devidoirs, ou même davantage suivant la grandeur de la machine, sur les aîles ou bras desquels se devident les soies qui sont sur les bobines posées en deux rangs des deux côtés de la machine, chaque rang à la hauteur de l'une des deux roues qui sont au centre.

Ces bobines ont leur mouvement par des lanieres de cuir, qui posent sur de petits cylindres de bois qui les soutiennent, & qui roulent ensuite sur les deux roues du centre; ensorte que la soie qui est sur chaque bobine se tord en se dévidant, & forme séparément son écheveau, que l'on nomme Flotte.

Pour peu que la machine soit grande, elle peut faire mouvoir deux cent ou même trois cent bobines & plus, sur lesquelles une seule personne suffit pour avoir la vûe, soit pour en remettre de nouvelles à la place de celles qui sont déchargées de leur soie, soit pour relier les fils qui se rompent, soit pour arranger les écheveaux sur les dévidoirs, soit enfin pour remedier à tous les désordres qui peuvent arriver par le nombre & la finesse extraordinaires de tant de fils dont sont chargées les bobines.

La description de cette machine, une des plus belles & des plus commodes que l'art ait inventées pour les Manufactures de soierie, a été faite sur le seul de ces moulins, qu'il y ait à Paris; & qui quoiqu'un peu grossierement composé, a toutes les mêmes parties que ceux de Tours & de Lyon, que personne ne peut voir sans étonnement & sans admiration, particuliérement celui de l'Hôpital de la Charité de cette derniere Ville, où un seul homme fait mouvoir jusqu'à quarante-huit de ces moulins.

On va dire aussi quelque chose de ceux-ci; mais on avoue qu'on ne les a pas vûs, & que ce n'est que sur les relations qu'on en a entendu faire.

Ces moulins (on parle d'abord de ceux de Lyon) sont montés chacun de près de cinq ou six cent bobines, & sont rangés de distance en distance dans une vaste gallerie ou attelier destinés au moulinage.

Au dehors de cette gallerie est une grande roue de bois suspendue & faite à la maniere de celles des grues qui servent à élever des pierres & d'autres pésans fardeaux dans les bâtimens.

Au dedans de la roue marche sans cesse & d'un pas égal un Ouvrier qu'on relaye de tems en tems; & c'est par cette seule roue, son axe & ses lanternes, que les quarante-huit moulins ont leur mouvement & font leur dévidage par une communication de diverses cordes qui passent successivement sur les roues de champ de chaque moulin; ensorte que par une espece de magie on voit plusieurs milliers de bobines se dévider toutes seules sur les dévidoirs de chaque moulin, sans qu'on voye le principe de cette multiplicité d'opérations.

Enfin tandis que les moulins devident, il y a plusieurs Inspecteurs qui n'ont d'autre soin que de relier les soies quand elles se cassent, de substituer des bobines pleines à la place de celles qui se vuident, & de voir que rien ne se dérange dans la machine.

Le moulinage de Tours se fait avec moins de moulins; n'y en ayant ordinairement que cinq dans chaque attelier, l'un au milieu, & les autres aux quatre coins.

Une femme la quenouille à la main & filant sa soie se promene autour des moulins pour avoir soin des bobines, & pour relier les soies lorsqu'il s'en rompt. C'est ordinairement l'eau qui donne le mouvement à ces moulins: il y en a néanmoins plusieurs qui tournent à force de bras.

MOULINES-CAMPES. Sortes de laines qui s'employent à la fabrique des draps d'Usseau & des serges de Beauvais, en y mêlant des tierces de Segovie. *Voyez* LAINE.

MOULINET. Petit moulin. On le dit aussi des treuils ou cylindres de plusieurs machines dont un des bouts est traversé par deux léviers, qui étant disposés en croix forment comme quatre bras, avec lesquels on tourne le treuil pour y devider le cable, & donner du mouvement à la machine. Les chévres, les engins & les grues ont des moulinets.

MOULINET. C'est aussi une espece de singe ou d'engin dont les Carriers se servent pour tirer & vuider les terres dans des mannes d'osier, lorsqu'ils commencent à ouvrir un trou de carriere. Ce moulinet est composé d'un treuil avec son cable a & sa manivelle, & de deux fourches, c'est-à-dire, de deux soutiens qui sont faits chacun de deux grosses perches ou léviers, croisées l'une sur l'autre, & attachées par les bouts. *V.* CARRIERE.

MOULINET, en termes de Plombier. Est cette partie de l'étably à fondre des tuyaux de plomb sans soudure, où est attachée la sangle avec laquelle on tire le boulon hors du moule, après que le tuyau est fondu. *Voyez* PLOMBIER, *à l'endroit où il est parlé de la maniere de couler ces sortes de tuyaux.*

MOULINEUR, qu'on appelle aussi MOULINIER. Ouvrier qui travaille au moulinage des soies. *Voyez ci-dessus* MOULINAGE.

MOULINIER. Se dit aussi dans les Manufactures de lainage, de celui qui a soin de faire fouler les étoffes de laine dans un moulin à foulon; mais ce terme n'est gueres en usage en ce sens que dans la Province de Normandie, particuliérement du côté de Rouen & d'Elbeuf. Ailleurs on dit Foulon. *Voyez* FOULON.

MOULINS, Ville de France, Capitale du Bourbonnois. Les étoffes que l'on y fait sont des serges, des étamines, & des crêpons. *Voyez* l'Etat général, Tome I. page 98.

MOULINS-ENGILBERT, de la Généralité de Moulins. On y fait des toiles, & différentes étoffes de laine. *Voyez* l'Etat général, Tome I. page 98.

MOULTANS. Toiles peintes qui se font dans les Etats du Grand Mogol. Elles se tirent de Surate, d'où elles sont apportées en France par les vaisseaux de la Compagnie. Comme le débit en est interdit dans le Royaume, elles doivent y être marquées à leur arrivée, pour être envoyées à l'Etranger. *Voyez* TOILES PEINTES.

MOUMIE. *Voyez* MOMIE.

MOURIS. Toiles de coton qui viennent des Indes

Orientales. Il y en a de fines, de grossieres, de larges, d'étroites, de blanches & de rouges. Toutes les pieces de ces toiles ont douze aunes de long sur diverses largeurs; sçavoir les fines larges une aune trois quarts, les étroites de même qualité une aune un quart, les grossieres blanchies une aune trois quarts, & les rouges une aune cinq huitiémes.

Dans les ventes que la Compagnie de Hollande fait de ces toiles, les lots ou cavelins sont tous d'une balle contenant cent pieces. En 1720 les mouris fines larges revenoient depuis onze florins sept huitiémes jusqu'à treize florins trois huitiémes la piece, les étroites depuis neuf florins jusqu'à dix, les grossieres blanchies six florins trois quarts, & les rouges depuis six florins cinq huitiémes jusqu'à sept florins un huitiéme.

MOUSON, Ville de France dans cette partie de la Champagne qu'on appelle le Retelois. Son commerce consiste en serges. On y fait aussi de cette sorte d'eau-de-vie de pepin de raisin qui a été inventée sur la fin du dix-septiéme siécle. Cette Ville est du Département de l'Inspecteur des Manufactures établi à Reims. *Voyez* l'Etat général, Tome I. page 23.

MOUSQUET. Arme à feu qu'on porte sur l'épaule, & qui sert à la guerre.

Le mousquet étoit autrefois l'arme de l'Infanterie de campagne; présentement il ne sert plus gueres que pour la défense des Places.

Les mousquets sont du nombre des marchandises de contrebande dont la sortie hors du Royaume est défendue en France par l'Ordonnance de 1687.

Ils y payent les droits d'entrée à raison de 2 liv. du cent pésant conformément au Tarif de 1669.

Les droits de la Douane de Lyon sont de 30 s. la balle pour les mousquets venant d'Allemagne.

MOUSQUETS. Ce sont aussi des tapis de Turquie ou de Perse, que les Marchands François achetent à Smyrne, & qui arrivent dans le Royaume ordinairement par la voye de Marseille. Ils sont les plus fins de ceux qui se tirent du Levant, & se vendent à la piece depuis six piastres jusqu'à trente, suivant leur finesse & leur aunage. Il se fait des tapis de pareille fabrique, mais beaucoup plus beaux & mieux travaillés à la Savonnerie, Manufacture Royale établie au bout du Cours-la-Reine par Louis XIV pour les meubles de la Couronne, façon de Turquie & de Perse.

MOUSQUETON. Petit mousquet, mais dont le calibre est plus grand & la culasse plus renforcée qu'aux grands mousquets.

Les mousquetons payent en France les droits d'entrée comme mousquets, & de même qu'eux sont marchandise de contrebande pour la sortie.

MOUSSE, qu'on nomme aussi USNE'E. Petite plante qui croît sur les arbres, sur les pierres & sur les coquillages.

Il y a plusieurs sortes de mousses qui entrent dans le commerce des Marchands Epiciers, & qui servent ou à la Médecine ou aux Parfumeurs; entr'autres la Mousse marine, qu'on nomme autrement Coralline, qui est bonne contre les vers; *Voyez* CORALLINE; & la Mousse de cedre & de sapin qui entre dans la composition de la poudre de Chypre. *Voyez* CEDRE & SAPIN.

La mousse des arbres communs, comme du chêne, de l'orme, du peuplier, &c. sert aux Matelots & Mariniers à calfater & calfeutrer leurs navires & batteaux. Les Oiseliers en font aussi un petit trafic, & l'employent à préparer les cages dans lesquelles on met couver certaines sortes d'oiseaux.

Ce n'est que depuis l'usage des microscopes qu'on a reconnu que la mousse étoit une véritable plante qui avoit ses racines, ses tiges, ses feuilles, ses fleurs & sa semence. Ses feuilles sont molles, blanches & découpées en parties beaucoup plus minces que les cheveux.

En général on estime la mousse d'arbre d'une nature astringente; ce qui fait qu'on s'en sert dans les dévoyemens & les hemorragies. Les Epiciers ont coutume de la vendre sous le nom d'Usnée. *Voyez* USNE'E.

MOUSSELINE. Toile toute de fil de coton, ainsi appellée, parce qu'elle n'est pas bien unie, & qu'elle a de petits bouillons sur sa superficie, qui ressemblent assez à de la mousse.

La Compagnie des Indes Orientales de France apporte de Pondichery & de Bengale plusieurs sortes de mousselines; sçavoir :

Des Betilles simples.
Des Betilles Organdy.
Des Betilles Tarnatanes.
Des Tarnatanes Chanonis.
Des Adatais.
Des Mametiaty, } ou Mallemolles.
Des Abrohany, }
Des Doulebsais, }
Des Hamedis, }
Des Mallemolles simples.
Des Mallemolles Tarnatanes.
Des Casses.
Des Chabnam ou Rosées.
Des Doreas.
Des Mamotbanys.
Des Tanjebs.
Des Terindannes.
Des Toques.
Et des cravattes brodées & rayées.

Toutes ces différentes mousselines sont expliquées chacune à leur article; & leurs longueurs, largeurs & qualités y sont marquées.

Les mousselines payent les droits d'entrée à la Douane de Lyon comme toiles de coton, à raison de 6 s. la piece de dix aunes.

Les mousselines ont long-tems été comprises dans les défenses générales faites en France contre les étoffes des Indes & de la Chine & les toiles peintes, dont on a amplement parlé à l'article de ces étoffes; mais ces défenses subsistant toujours à l'égard des Particuliers, ont été levées en faveur de la Compagnie des Indes Orientales; & Louis XIV lui accorda sur la fin de son Regne d'en faire venir par les retours des vaisseaux qu'elle envoie chaque année en Orient, à la charge qu'elles seroient marquées dans les Ports de leur arrivée.

Louis XV pour empêcher le déversement des mousselines étrangeres dans le Royaume, qui seroit aisé si les Contrebandiers n'avoient qu'une marque à contrefaire, en a ordonné encore une seconde par un Arrêt de son Conseil d'Etat du 20 Janvier 1716, sans laquelle elles ne peuvent être vendues en aucune Ville.

Cette marque doit être apposée à Paris par le Lieutenant Général de Police, & dans les Provinces par les Intendans ou leurs Subdélegués; toutes les mousselines qui sont sans cette premiere & seconde marques étant réputées entrées en contravention, & confisquées comme telles; & les Marchands ou autres personnes qui en seront trouvés chargés, condamnés à l'amende de mille écus & autres peines portées par cet Arrêt & les précédens.

Il est pareillement ordonné par le même Arrêt, Que pour empêcher que d'autres mousselines que celles de la Compagnie puissent être débitées en France, & particuliérement à Paris, les mousselines en pieces ou coupons qui seront saisies en contravention aux précédens Arrêts à la diligence des Fermiers Généraux, ou des Intéressés à ladite Compagnie des Indes, seront confisquées au profit de ceux qui en auront fait la saisie, à condition qu'elles seront renvoyées à l'Etranger avec les précautions que les Arrêts ont prescrites; & que certificat de leur arrivée au lieu de leur destination sera rapporté.

Outre le catalogue des mousselines, tiré des cargaisons des vaisseaux François, qu'on vient de donner ci-dessus, on croit faire plaisir au Lecteur de lui donner pareillement ici celui qu'on a tiré d'une cargaison Angloise, à cause de la différence qui se trouve dans les noms & dans les aunages. Les noms de ces mousselines sont:

Des Cogmoria.
Des Tans.
Des Bans.
Des Cossas.
Des Muls.
Des Moss.
Des Seer-cossas.
Des Dom-cossas.
Des Bords-cossas.
Des Torps-cossas.
Des Tangs.
Enfin d'autres qui ne sont numérotées dans la cargaison que d'un A. D. ou d'un A. B. C.

Toutes ces sortes de mousselines se trouveront expliquées dans leur ordre alphabétique, & l'on y donnera leur aunage.

MOUSTACHE. Terme de Tireur d'or. C'est la manivelle qu'ils fichent dans leurs rochets ou bobines pour dévider & tirer leur fil d'or & de soie. *Voyez* TIREUR D'OR.

MOUSTILLE. Sorte de belette très sauvage qui ne vit qu'à la campagne, dont la peau revêtue de son poil entre dans le négoce de la pelleterie. *Voyez* BELETTE.

MOUTA. On nomme ainsi dans les Indes Orientales une des deux especes de soie crue que l'on tire du Bengale; c'est ce qu'on appelle en France Fleuret. L'autre espece de soie Bengaloise est le tani qui est la vraie soie. *Voyez* SOYE *où il est parlé des soies d'Orient.*

MOUTARDE. Petite graine qu'on nomme autrement Senevé. *Voyez* SENEVÉ.

MOUTARDE. Est aussi une composition de graine de senevé broyée avec du vinaigre ou du moust de vin, dont on se sert dans l'assaisonnement de quelques sauces & ragouts; ou pour manger avec de certaines viandes. La moutarde de Dijon est estimée, il s'en fait un grand négoce en France & même dans les Pays étrangers.

La graine de moutarde sert aussi à préparer les peaux de chagrin ou celle des autres animaux que les Ouvriers passent en chagrin. *Voyez* CHAGRIN.

MOUTARDIER. Celui qui fait ou qui vend la moutarde. Les Moutardiers à Paris sont de la Communauté des Vinaigriers. Il n'est permis à personne de faire, de vendre, ni d'avoir Garçons marchants par la Ville pour crier Moutarde, qui ne soit Maître. La moutarde ne se doit faire qu'avec de bon vinaigre & du senevé de la meilleure qualité; les moulins pour la broyer doivent être propres & non chansis, & les Jurés tenus d'y tenir la main. Il est même ordonné que les Serviteurs ou Garçons la criant par les rues soient sains de leurs membres & propres dans leurs habits, à peine de quatre livres d'amende. *Voyez* VINAIGRIER.

MOUTARDIER. C'est aussi une espece de petit boisseau de bois avec un couvercle que les Garçons des Vinaigriers portent suspendu à leur bras avec une sangle, ou qu'ils roulent sur une petite brouette qu'ils poussent devant eux, dans lequel ils tiennent proprement la moutarde qu'ils vont crier par les rues.

C'est encore un petit meuble de table d'or, d'argent, d'étain ou de fayance, dans lequel on sert la moutarde, pour la manger avec la viande.

MOUTASSEN. Sorte de coton qui vient de Smirne par la voie de Marseille. L'appréciation du coton moutassen, est de quatre-vingt-trois livres quatre sols le quintal.

MOUTON. Vieux agneau qu'on a châtré pour empêcher qu'il ne devienne Belier, afin qu'il s'engraisse plus facilement, & qu'il soit plus tendre pour être vendu à la boucherie & employé à la nourriture de l'homme.

Quand le petit de la brebis n'a pas un an complet, on le nomme Agneau; lorsqu'il en a deux, les Laboureurs l'appellent Antenet; quand il en a trois & qu'il a été châtré, on le nomme Mouton. Enfin lorsqu'il est parvenu à ce dernier âge & qu'on l'a laissé sans être châtré, pour en conserver l'espece, il prend le nom de Belier ou de Ran.

Outre la chair des moutons, une des nourritures des plus ordinaires & des meilleures dont l'homme se serve pour conserver & soutenir sa vie, on tire encore de ces animaux quelques marchandises dont il se fait un commerce considérable.

Leurs laines, leurs peaux, leurs graisses, soit celle dont on fait le suif, soit celle qu'on nomme Oesype, sont de ce nombre; elles se trouvent toutes expliquées à leurs articles particuliers qu'on peut consulter.

Les Moutons & Brebis vifs ou tués venant des pays étrangers, payent en France les droits d'entrée à raison de quinze sols de la piece; & ceux venant des Provinces du Royaume, 2. sols, conformément au Tarif de 1664.

Les droits de sortie suivant le même Tarif, sont pour chaque Mouton & Brebis, grands & petits, gras ou maigre, 4 sols.

Le terme de mouton se prend aussi quelquefois pour la peau de l'animal, différemment préparée; ainsi l'on dit, du Mouton passé en mégie, du Mouton passé en huile, autrement dit, en chamois, du Mouton passé en basanne. La plus grande partie du parchemin se fait de mouton. Ces diverses préparations du mouton se peuvent voir aux articles de Mégie, Chamois, Basanne & Parchemin.

Les Moutons habillés en blanc ou jaune en façon de chamois, payent trois livres de la douzaine de droits d'entrée, suivant le Tarif de 1667 & l'Arrêt du 15 Février 1689, & 16 sols de droits de sortie, par le Tarif de 1664.

Les Moutons passés en galle, 40 s. du cent pésant d'entrée; & les Moutons pelés 5 s. de la douzaine, par le même Tarif 1664.

Les droits de la Douane de Lyon, sont; sçavoir les

Moutons accoutrés en chamois, 12 s. la douzaine.

Des Moutons en galle 10 s. de la balle, & encore 3 s. du cent.

Les Moutons en jambas, comme ceux en galle.

Les Moutons pelés 2 s. la douzaine, ou 9 s. la balle de charrette, ou 4 s. du quintal; & la reappréciation des deux dernieres estimations à l'equipolent.

Moutons de Tartarie. Les moutons que nourrissent la plupart des Tartares qui viennent tous les ans sur le Volga, trafiquer avec les Moscovites, sont une espece différente de ceux d'Europe; ils n'ont point de queue, mais à la place ils ont quelque chose assez semblable à un brichet de bœuf qui leur croît au croupion, qui pese communément sept à huit livres. Leur chair est excellente, particuliérement celle de cet endroit de l'animal: leur toison est fort frisée & assez fine, mais non pas tant que celle des agneaux. Ces moutons vivans ou leur peau chargée de leur toison se troque par les Tartares avec les Moscovites pour differentes marchandises, dont on a parlé à l'article du Commerce des Tartares.

Moutons. Ce sont les quatre pieces de bois placées debout sur les lisoires qui servent à tenir un carrosse suspendu. Les moutons se font ordinairement d'orme ou de frêne. *Voyez* Orme & Fresne.

Mouton. Gros morceau de bois, dans lequel on fait entrer l'anse d'une cloche pour la suspendre.

Moutons. On appelle Moutons dans les sonnettes ou machines à battre & enfoncer les pilotis, de gros billots de bois armés ordinairement de fer par en bas, qui tombant sur la tête des pieux les battent & les enfoncent dans la terre.

Lorsque les billots sont attachés à ces autres machines, qu'on appelle des Engins, ils changent de nom, & se nomment des Hies. Quelquefois le mot de Mouton se prend pour la machine même. *Voyez* Sonnette.

MOUVANT. Epithete qu'on donne ordinairement à un grand Tableau exposé dans la plupart des Bureaux de Communautés, qui contient par ordre de reception les noms & surnoms de tous ceux de la Communauté, qui ont passé les charges de Gardes ou de Jurés.

Chacun de ces noms est écrit séparément en gros caracteres, sur une petite carte large d'un pouce, inserée dans le tableau. A mesure qu'il meurt quelqu'un, le Concierge a soin de tirer de sa place le nom du défunt, & de la remplir aussitôt du nom de celui qui suit, en faisant remonter tous les autres jusques au dernier, en sorte que les places d'en bas qui demeurent vacantes, soient destinées pour les premiers Gardes ou Jurés qu'on élira. C'est de ce changement fréquent, que ce tableau a été nommé Tableau mouvant.

MOUVOIR. Terme de Chandelier. C'est un outil de bois en forme de bâton de quinze ou vingt pouces de long & d'un pouce & demi de diametre, duquel les Chandeliers se servent pour remuer le suif liquide dont est rempli le moule où se fabriquent les chandelles plongées, crainte qu'il ne s'épaississe trop. *Voyez* Chandelle.

MOUWER. Mesure de grains dont on se sert à Utrecht; les 6 muddes font 5 mouwers, & 25 muddes le last.

On se sert aussi du mouwer à Nimegue, à Arnhem & à Doesbourg. Dans ces trois Villes il est de 4 schepels: huit mouwers font le hoed de Roterdam.

MOUY. Petite Ville de France, située dans cette partie de Picardie qu'on appelle Beauvoisis. Il s'y tient tous les ans une Foire assez considérable, & toutes les semaines un Marché. Son plus grand Commerce consiste en Serges, que de son nom on nomme Serges de Mouy. *Voyez* l'Etat général, Tome I. page 18.

M O Y

MOYEN-CAEN. Sorte de linge ouvré qui se fait aux environs de la Ville de Caen en basse Normandie. *Voyez* Linge.

Moyen-Lyon. Linge ouvré qui se fabrique dans la petite Province de Beaujolois, particuliérement à Regnie. *Voyez* Linge.

Moyen-Bazar. Coton filé. *Voyez* Coton. *Voyez aussi* Bazar.

Moyen-filé. Terme de Fabrique de Tabac. On nomme ainsi en Guyenne la seconde espece de tabac qui se file avec les feuilles sans côtes. Les autres sont le prim-filé & le gros-filé. *Voyez* l'article du Tabac.

MOYEUX. Se dit de certains tronçons de bois de charronage, ordinairement d'orme, qui se débitent & qui s'envoyent en grume. *Voyez* Orme.

Moyeux. Sont aussi des prunes dont il se fait une excellente confiture.

Presque tous les moyeux confits qui se vendent à Paris chez les Marchands Epiciers-Confiseurs, viennent de Dijon; ils sont ordinairement dans de petits pots de verre bleuâtre, ronds & un peu plats.

M U C

MUCQUIN. Drogue dont il est fait mention dans le Tarif de la Douane de Lyon.

Le Mucquin paye les droits à raison de 48 sols le quintal pour l'ancienne taxation, & 30 s. pour les anciens quatre pour cent.

M U D

MUDDE. Mesure des grains, dont on se sert à Tongres. Le mudde est de près d'un quart plus fort que le septier de Paris; il ne faut que 15 muddes pour faire 19 septiers. *Voyez* Septier.

MUDE. C'est aussi une mesure dont on se sert à Amsterdam pour mesurer les grains.

Le last contient 27 mudes ou 36 sacs, & 4 schepels font le mude.

Mude. Sorte d'étoffes faites d'écorce d'arbres, qui se fabrique à la Chine; elles contiennent ordinairement cinquante-six cobres Chinoises de long sur treize pouces de large. Il y en a de plus fines les unes que les autres; les moindres se vendent à Canton un tael la piece, les plus fines un tael trois mas; elles sont propres pour le commerce du Tonquin où l'on en donne un tael sept mas de celles-ci, & un tael cinq mas des autres.

M U I

MUID, que quelques-uns écrivent MUI ou MUY. Grande mesure des choses séches, comme blé, orge, avoine, pois, féves, lentilles, sel, plâtre, chaux, charbon de bois, &c.

Le muid n'est pas un vaisseau réel qui serve de mesure, mais une estimation de plusieurs autres mesures, telles que peuvent être le septier, la mine, le minot, le boisseau, &c.

A Paris le muid de blé, d'orge, de pois, de féves, de lentilles, & d'autres semblables marchandises qui se mesurent radées sans grains sur bord, est

est composé de douze septiers, chaque septier faisant deux mines, la mine deux minots, le minot trois boisseaux, le boisseau quatre quarts ou seize litrons; chaque litron est de 36 pouces cubiques.

Le muid d'avoine est double de celui de blé, quoique composé comme lui de douze septiers; mais chaque septier d'avoine est de vingt-quatre boisseaux, au lieu que le septier de blé n'est que de douze, en sorte que sur ce pied la mine d'avoine doit être de douze boisseaux, & le minot de six boisseaux, chaque boisseau se divisant en quatre picotins, le picotin en deux demi-quarts ou quatre litrons, & le demi-quart en deux litrons. L'avoine ainsi que le blé se mesure raze, sans grains sur bord.

Le muid ou les douze septiers de Paris, font dix-huit muddes d'Amsterdam, & les dix-neuf septiers un last.

Le muid de Rouen qui contient aussi douze septiers, mais qui en font 14 de Paris, doit peser 3360 liv. poids de marc. Les 4 muids sont égaux à trois lasts d'Amsterdam. Les 6 septiers font 10 muddes ou un muid un tiers qui font le last d'Amsterdam.

Le muid d'Orléans doit peser 600 livres: il se divise en 12 mines. Le muid fait 2 septiers ½ de Paris ou cinq boisseaux de Bordeaux, ou trois muddes ⅘ d'Amsterdam.

En Berry le muid de blé n'est que de vingt-un boisseaux, dont il y en a seize au septier.

Le muid de sel contient douze septiers, chaque septier composé de quatre minots, & le minot de quatre boisseaux. *Voyez* BOISSEAU, *à l'endroit où il est parlé de celui du sel, vous y trouverez toutes les divisions & subdivisions du boisseau de cette marchandise.* Il faut remarquer que le sel ainsi que les grains se vend à mesure raze.

Le muid de pierre de Saint-Leu, du Vergele & autres semblables, contient sept pieds cubes de pierre. Deux muids font le tonneau. *V.* PIERRE A BASTIR.

Le muid de plâtre contient trente-six sacs, & le sac suivant la derniere Ordonnance de Police, doit être de deux boisseaux radés, en sorte que le muid de plâtre est composé de soixante & douze boisseaux.

Le muid de chaux est composé de quarante-huit minots, le minot contenant trois boisseaux, le boisseau se divise en quatre quarts, & le quart renferme quatre litrons.

Le muid de charbon de bois contient vingt mines, sacs, ou charges, chaque mine composée de deux minots, le minot contient huit boisseaux, le boisseau se divise en deux demi-boisseaux, le demi-boisseau en deux quarts de boisseau, & le quart de boisseau en deux demi-quarts de boisseau.

Le muid de charbon se mesure ordinairement avec le minot, charbon sur bord, c'est-à-dire, que l'on laisse quelques charbons au dessus du bord du minot, & sur toute sa superficie, sans cependant l'encombler entiérement.

A l'égard du charbon qui se vend par les Regrattieres au boisseau, demi-boisseau, quart, & demi-quart de boisseau, il se mesure comble. *Arrêt du Parlement du 24 Juillet 1671, inséré dans l'Ordonnance générale de la Ville de Paris du mois de Décembre 1672.*

MUID. Est aussi une des neuf especes de futailles ou vaisseaux réguliers, dont on se sert ordinairement en France pour mettre les vins & autres liqueurs.

Le muid de vin se divise en demi-muids, ou feuillettes, en quarts de muid, & en demi-quarts ou huitiéme de muid, ensorte que le muid est composé de deux demi-muids ou de quatre quarts de muid, ou de huit demi-quarts de muid.

Le muid contient trente-six septiers, chaque septier composé de huit pintes mesure de Paris, de maniere que le muid est de deux cent quatre-vingt huit pintes; le demi-muid renferme dix huit septiers qui font cent quarante-quatre pintes, le quart de muid neuf septiers, qui font soixante & douze pintes, & le demi-quart de muid quatre septiers & demi, qui font trente-six pintes.

Un muid & demi fait une queue d'Orléans, de Blois, de Nuys, de Dijon ou de Mâcon, ou une pipe d'Anjou, qui est égale à la queue.

Les trois quarts de muid font une demi-queue des lieux ci-dessus, ou un bussard ou busle d'Anjou, qui est la moitié de la pipe.

Un muid & un tiers, ou quatre tiers de muid, font une queue de Champagne, & par conséquent deux tiers de muid font une demi-queue, & le tiers de muid fait un quarto, qui est la moitié de la demi-queue, ou le quart de la queue.

MUK

MUKEN. Mesure dont on se sert à Anvers pour les grains. Il faut quatre mukens pour faire le viertel, & 37 viertels ½ pour le last.

MUKHTESIB. On nomme ainsi en Perse celui qui a l'inspection des Marchés. Cet Officier de Police regle le prix des vivres & des autres denrées qu'on apporte dans les Bazars. Il examine aussi les poids & les mesures, & fait punir ceux qui en ont de fausses; après qu'il a fixé le prix des vivres & des Marchandises, ce qu'il fait tous les jours, il en porte la liste scelée à la porte du Palais.

MUL

MUL. Sorte de mousseline unie & fine que les Anglois rapportent des Indes Orientales. Elle a seize aunes de long, sur trois quarts de large.

MULET, MULE. Bêtes de sommes engendrées d'un âne & d'une cavale, ou d'un cheval & d'une ânesse. *Voyez l'article des Haras. Voyez aussi celui des Estalons.* On y parle amplement de la maniere d'élever ces animaux, & du commerce qui s'en fait tant au dedans qu'au dehors du Royaume.

Les mulets & mules, tant à selle qu'à porter charges, payent en France les droits d'entrée à raison de 4 liv. de la piece quand ils valent au dessus de trente écus, & seulement 2 liv. quand ils sont au dessous.

A l'égard des droits de sortie ils les payent comme chevaux, suivant leur différence, sçavoir ceux tant à selle qu'à porter, 6 liv. & les petits propres pour le labour 2 liv.

MULLE. On appelle à Amsterdam Garance-mulle la moindre de toutes les garances dont on y fait commerce. Les 100 livres de la garance-mulle ne s'y vendent que depuis 2 florins jusqu'à 8, tandis que la fine de Zelande y coute depuis 25 jusqu'à 32 florins.

MULTIPLIE. Terme d'Arithmétique qui signifie un nombre qui en comprend un autre plusieurs fois; 6 est multiple de 2 qui est compris trois fois en six; douze est multiple de 3 & de 4, il comprend l'un quatre fois & l'autre trois.

Les nombres sous-multiples sont ceux qui sont contenus dans les multiples: ainsi 4 & 6 sont les sous-multiples de 12 & de 18.

On nomme Proportion multiple, celle qui est entre les nombres de cette espece.

MULTIPLIABLE. Qui peut être multiplié. Toutes sortes de nombres sont multipliables par eux-mêmes à l'infini.

MULTIPLIANT. *Voyez ci-après* MULTIPLICATEUR.

MULTIPLICANDE. On appelle ainsi le plus grand nombre qui dans l'opération de la Multiplication est multiplié par le plus petit, que l'on nomme le Multiplicateur. Quelques-uns disent Multiplié au lieu de Multiplicande; mais le dernier est le plus en usage parmi les Arithméticiens.

MULTIPLICATEUR ou MULTIPLIANT. C'est le plus petit nombre, qui sert à multiplier le plus grand, qu'on appelle Multiplicande ou Multiplié.

Quand on fait la regle de multiplication, on pose le multiplicateur sous le multiplicande; & lorsqu'un nombre se multiplie par lui-même pour faire son quarré, le multiplicateur & le multiplicande sont égaux.

Au surplus ces divers noms de Multiplicande ou de Multiplié, & de Multiplicateur ou de Multipliant, ne sont point affectés au plus grand ou au plus petit terme des deux nombres dont on forme la multiplication.

MULTIPLICATION. C'est la troisiéme des quatre premieres regles de l'Arithmétique, qui enseigne à multiplier un nombre par un autre, ou par soi-même, c'est-à-dire, à trouver quelle somme feroit un nombre qui seroit ajouté ou redoublé autant de fois qu'il y a d'unités dans un autre; ensorte que la multiplication des nombres n'est, pour ainsi dire, qu'un abrégé de l'Addition. La multiplication de 4 par 5, fait 20, quatre fois cinq font vingt; & de quatre par soi-même fait 16, quatre fois quatre font seize.

Le nombre à multiplier, qu'on appelle le Multiplicande ou le Multiplié, se pose au dessus du nombre Multiplicateur ou Multipliant. L'on prend pour l'ordinaire le plus grand nombre pour le Multiplicande, & le plus petit pour le Multiplicateur; cependant de quelle maniere ils soient pris, le produit de la Multiplication qui est le résultat de la Regle, se trouve toujours le même, étant indifférent qu'on multiplie 4 par 3, ou 3 par 4, puisque de l'une des deux manieres le produit se rencontre parfaitement égal, d'autant qu'il est constant que quatre fois 3 font 12, & que trois fois 4 font pareillement 12.

A l'égard de l'utilité de la Multiplication, elle consiste particuliérement à trouver par le prix d'une chose la valeur de plusieurs, en telle espece qu'on a multiplié; de sorte que si on a multiplié par des livres tournois de vingt sols, il viendra au produit des livres tournois de vingt sols; si c'est par des sols de douze deniers, il viendra des sols de douze deniers; & si c'est par des deniers, il viendra des deniers, & ainsi du reste.

Quelques exemples de cette Regle dont les Multiplicateurs seront composés de nombres entiers, tels que peuvent être des livres tournois, pourront faire facilement comprendre la maniere d'operer, pourvû que l'on sache bien le Livret.

Exemple d'une Multiplication dont le Multiplicande est de deux chiffres, & le Multiplicateur d'un seul chiffre.

Je suppose que j'ai acheté cinquante-six aunes

d'étoffes à sept livres l'aune; je veux sçavoir combien je dois payer.

OPERATION.

Multiplicande	56 aunes.
Multiplicateur	7 livres.
Produit	392 livres.

EXPLICATION.

Après que le Multiplicande & le Multiplicateur ont été posés, & qu'on a mis une raye au dessous, comme dans l'exemple précédent, il faut commencer par le Multiplicateur, & dire, 7 fois 6, font 42, pose 2 & retient 4 dixaines; puis dire, 7 fois 5 font 35, & 4 que j'ai retenu font 39, qu'on doit poser avant le 2; ensorte que venant à nombrer suivant l'ordre de la numération, les trois chiffres posés qui sont 3, 9, & 2, on trouvera que le produit est de trois cent quatre-vingt douze livres, qui est ce que j'ai à payer, comme il se voit ci dessus à l'opération.

Autre exemple d'une Multiplication dont le Multiplicande est de trois chiffres, & le Multiplicateur de deux chiffres, sans zeros.

J'ai vendu trois cent quarante-six muids de vin, à trente-cinq livres le muid; je veux sçavoir le produit de ma vente.

OPERATION.

Multiplicande	346 muids.
Multiplicateur	35 livres.
	1730
	1038
Produit	12110 livres.

EXPLICATION.

Ayant posé le Multiplicande & le Multiplicateur, une raye dessous comme à l'autre opération: Je commence par la premiere figure du Multiplicateur qui est un 5, & je dis, 5 fois 6 font 30, pose zero & retient 3; puis je dis, 5 fois 4 font 20, & 3 que j'ai retenu font 23, pose 3 & retient 2 dixaines: ensuite je dis, 5 fois 3 font 15, qui joints au 2 que j'ai retenu font 17 que je pose avant le 3.

Après je passe à la seconde figure du Multiplicateur, qui est un 3, & en multipliant de nouveau, je dis, 3 fois 6 font 18, je pose 8 sous le même 3, en reculant d'une figure, & retiens une dixaine; ensuite je dis, 3 fois 4 font 12, & 1 que j'ai retenu font 13, je pose 3 & retiens une dixaine: enfin je dis, 3 fois 3 font 9, & une dixaine que j'ai retenue font 10, que je pose avant le 3: de maniere que faisant l'Addition de tous les chiffres que j'ai posés pour les deux produits, je trouve que le prix total de ma vente monte à douze mille cent dix livres; qui est semblable au produit de l'opération.

Il faut observer que lorsque le Multiplicateur est composé de 3 ou 4 figures, & même davantage, l'on doit suivre le même ordre que lorsqu'il n'y en a que deux, c'est-à-dire, qu'on doit reculer toujours le produit de chaque figure d'un degré.

Lorsqu'il y a des zeros au Multiplicateur, comme si 456 étoient à multiplier par 200, il faudroit poser les 456, & les 200 dessous; de maniere que le 2 des 200 fût directement placé sous le 6 & les 2 zeros avancés, n'y ayant simplement qu'à les poser au produit, sans se mettre en peine d'en faire la multiplication, parce que les zeros ne peuvent ni se multiplier, ni se diviser; ensuite on doit multiplier les 456 par 2, comme il se voit par l'opération suivante.

Multiplicande	456
Multiplicateur	200
Produit	91200

Et supposé qu'il y eût des zeros, tant au Multiplicande qu'au Multiplicateur, pour lors il faudroit multiplier les figures qui ne sont point des zeros, l'une par l'autre, comme il a été expliqué dans le deuxiéme exemple ci-devant rapporté, puis ajouter au produit tous les zeros de suite, soit du Multiplicande, soit du Multiplicateur, & ce qui se trouvera au total de l'Addition, sera le produit de la Multiplication. Comme par exemple, si l'on vouloit multiplier 34600 par 2700, il faudroit se conformer à l'opération ci-après.

Multiplicande	34600
Multiplicateur	2700
	2422
	692
Produit	93420000

Il en faut user de même dans toutes les autres Multiplications, où il se rencontre ainsi des zeros.

Comme le Multiplicateur n'est pas toujours composé de nombres entiers, tels que peuvent être des livres tournois, étant souvent accompagné de sols & de deniers, on a jugé à propos de mettre ici les divers moyens dont on se peut servir, pour trouver le produit des Multiplications, dont le Multiplicateur est composé de livres, sols & deniers.

PREMIER MOYEN.

On suppose qu'on a acheté 37 aunes d'étoffe à 13 l. 16 s. 6 d. l'aune, & qu'on veut sçavoir combien on doit payer pour le tout.

Pour y parvenir il faut d'abord multiplier les 37 aunes par 13 l. suivant l'usage ordinaire de la Multiplication pour les nombres entiers, laissant les deux produits ainsi qu'ils sont posés sans les ajouter. Puis l'on doit multiplier les mêmes 27 aunes par les 16 s. laissant pareillement les deux produits sans les ajouter.

Enfin il faut multiplier encore les mêmes 37 aunes par les 6 d. dont le produit sera 222 den. qu'on divisera par 12, & viendra au quotient 18 s. 6 den. lesquels 18 s. 6 den. seront ajoutés au produit des 16 s. & additionnant tous les sols, la somme qui sera de 610 s. 6 den. sera le montant des 37 aunes à 16 s. 6 den. l'aune.

Ensuite on réduira les 610 s. 6 den. en liv. en les divisant par 20 s. viendra 30 l. 10 s. 6 d. que l'on joindra au produit des 13 l. & en additionnant le tout, il se trouvera que le montant de 37 aunes à 13 l. 16 s. 6 d. sera de 511 l. 10 s. 6 d. comme il se voit par l'opération suivante.

OPERATION.

	37 aunes à 13 livres.	37 aunes à 16 sols.	37 aunes à 6 deniers.
	111	222	222
	37	37	
	30. 10. 6.	18. 6.	
Prod.	511. 10. 6.	610. 6.	

1 / 610 / 420 / 233 / 2	30 l. 10 s. 6 d.	2 / 512 / 222 / 122 / 1	18 s. 6 d.

SECOND MOYEN.

On suppose de même que ci-dessus, qu'on a acheté 37 aunes d'étoffe à 13 l. 16 s. 6 d. l'aune, & qu'on veut sçavoir le montant de ces 37 aunes. Pour operer suivant ce second moyen;

Il faut commencer par réduire les 13 l. 16 s. en sols, viendra 276 sols, puis réduire les 276 s. en deniers, & y joindre les 6 d. du Multiplicateur, viendra 3318 d. ensuite on multipliera les 37 aunes supposées, par les 3318 d. viendra 122766 d. Enfin on divisera ces 122766 d. par 12, viendra au quotient 10230 s. 6 d. qu'on réduira en livres, en tranchant la derniere figure à droit, & prenant la moitié des autres à gauche, viendra 511 l. 10 s. 6 d. qui sera le prix total des 37 aunes, conformément à ce qui est marqué en l'opération du premier moyen.

Quoique l'on puisse par les deux moyens qu'on vient de proposer, faire toutes sortes de multiplication par livres, sols & deniers, cependant comme les opérations en sont trop longues, on a encore jugé à propos de mettre ici un troisiéme moyen d'opérer, suivant les Parties Aliquotes, qui est beaucoup plus court que le précédent.

Il faut sçavoir avant toutes choses, que ce que l'on nomme Parties Aliquotes, sont les parties de quelque tout qui sont contenues plusieurs fois en icelui, & que l'on peut diviser en parties égales sans qu'il y ait de reste.

Les Parties Aliquotes de la livre tournois de 20 s. qui sont les plus en usage se trouvent comprises dans la table suivante.

Table des Parties Aliquotes de la livre de 20 sols.

10 sols font . .	la moitié de 20 sols.
5 s.	le quart.
4 s.	le cinquiéme ou quint.
2 s.	le dixiéme.
1 s.	le vingtiéme.
6 s. 8 d. . .	le tiers.
3 s. 4 d. . .	le sixiéme.
2 s. 6 d. . .	le huitiéme.
1 s. 8 d. . .	le douziéme.
1 s. 4 d. . .	le quinziéme.
1 s. 3 d. . .	le seiziéme.
10 d. . .	le vingt-quatriéme.
5 d. . .	le quarante-huitiéme.

Multiplier par les Parties Aliquotes, n'est autre chose que diviser un nombre par 4, par 5, par 6, &c. & cette division se fait en tirant le quatriéme le cinquiéme, le sixiéme, &c. du nombre qui est à multiplier.

Ensorte que si l'on veut multiplier par quelqu'une des Parties Aliquotes marquées dans la table, il faut tirer du Multiplicande la Partie Aliquote qui se trouve marquée vis-à-vis les sols & les deniers; comme vis-à-vis 10 sols il y a la moitié, 10 sols étant la moitié de 20 sols qui font une livre; vis-à-vis 5 sols, il y a un quart, parce que quatre fois 5 sols font 20 sols, ou une livre; vis-à-vis 6 sols 8 den. il y a un tiers, à cause que trois fois 6 s. 8 d. font aussi 20 s. ou une livre, &c.

Il faut observer, que si après avoir tiré une partie Aliquote du nombre à multiplier, il reste une, ou plusieurs unités, chaque unité restante doit être prise pour la valeur de la partie Aliquote, par laquelle on a multiplié, comme supposé que l'on eût multiplié par 10 sols qui est la moitié, & qu'il y eût un de reste à la fin, après cette moitié tirée, l'unité qui resteroit vaudroit 10 sols qu'on écriroit après les livres ; il en est de même de toutes les autres unités restantes, par rapport aux différentes Parties Aliquotes par lesquelles on aura à multiplier.

Pour mieux faire entendre la maniere de multiplier par les Parties Aliquotes de la livre de 20 s. suivant la table ci-devant donnée, on a jugé à propos d'en rapporter ici quelques exemples.

Exemple pour multiplier par 10 sols.

J'ai acheté 957 aunes de ruban de soie à 10 sols l'aune ; je veux sçavoir combien j'ai à payer.

OPERATION.

Multiplicande . . . . 957 aunes
Multiplicateur . . . . 10 s.
Produit . . . . 478 l. 10 s.

EXPLICATION.

Le Multiplicande & le Multiplicateur ayant été posés, une raye dessous, ainsi qu'il paroît ci-dessus, il faut prendre le Multiplicateur 10 sols, qui suivant la table des Parties Aliquotes est la moitié, & dire, la moitié de 9 est 4, pose 4, reste une dixaine que je joints au 5 qui suit le 9, qui font 15, & je dis, la moitié de 15 est 7, pose 7, reste une dixaine que je joints au 7 qui suit le 5, qui font 17, & je dis, la moitié de 17 est 8, pose 8, reste une unité, qui vaut 10 s. que je pose ensuite des livres.

De maniere qu'en nombrant, suivant l'ordre de la numération tous les chiffres posés, qui sont 4, 7 & 8, nombres entiers, & 10 qui est la Partie Aliquote restante, il se trouvera au produit 478 l. 10 s. ainsi qu'il paroît par l'opération.

Autre exemple pour multiplier par 6 sols 8 den.

J'ai vendu 347 aunes de ruban à 6 s. 8 d. l'aune, je veux sçavoir combien j'ai à recevoir.

OPERATION.

Multiplicande . . . . 437 aunes
Multiplicateur . . . . 6 s. 8 d.
Produit . . . . 115 l. 13 s. 4 d.

EXPLICATION.

Après que le Multiplicande & le Multiplicateur ont été posés, une raye dessous, comme il se voit ci-dessus, on doit prendre le Multiplicateur 6 s. 8 d. qui conformément à la table des Parties Aliquotes, est le tiers, & dire, le tiers de 3 est 1, pose 1 ; puis dire le tiers de 4 est 1, pose 1 reste une dixaine, qu'il faut joindre au 7, ce qui fait 17, & dire le tiers de 17 est 5, reste deux unités qui valent deux tiers, qui font 13 s. 4 d. que je pose après les livres ; ensorte que lorsque je viens à nombrer, suivant l'ordre de la numération, tous les chiffres que j'ai posés, qui sont 1, 1 & 5, nombres entiers, & 13 & 4 pour les deux Parties Aliquotes restantes, je trouve que j'ai à recevoir 115 l. 13 s. 4 d. ce qui est conforme à l'opération.

Outre les Parties Aliquotes de la livre tournois de 20 s. dont il vient d'être parlé, il y a encore d'autres parties de cette même livre que l'on nomme Parties Aliquantes, qui sont composées de plusieurs Parties Aliquotes ; comme 19 s. qui renferment trois Parties Aliquotes qui sont 10 s. la moitié, 5 s. le quart, & 4 s. le cinquiéme. Ensorte que si l'on vouloit multiplier par 19 s. il faudroit d'abord prendre pour 10 s. la moitié du nombre à multiplier, puis pour 5 s. qui en est le quart ; & enfin pour 4 s. qui en est le cinquiéme ; & quand les produits de ces trois Parties Aliquotes, qui composent la Partie Aliquante 19 s. auront été joints ensemble, la somme qui se trouvera sera le produit total de la Multiplication, comme il se voit par l'exemple suivant, qui peut servir d'instruction pour multiplier par toutes les autres Parties Aliquantes qui se pourront présenter.

OPERATION.

Multiplicande . . . 356 aunes
Multiplicateur . . . . . . 19 s.
178 l. pour dix sols.
89 . pour cinq sols.
71 . pour quatre sols.
Produit . . . . . 338 l. 4 s.

Et afin que l'on puisse avoir une plus parfaite connoissance des Parties Aliquantes de la livre tournois de 20 s. on en va donner ici une table.

Table des Parties Aliquantes de la livre de 20 s.

3 s. Partie Aliquante composée d'un 10e & d'un 20e.
6 s. . d'un cinquiéme & d'un dixiéme.
7 s. . d'un quart & d'un dixiéme.
8 s. . de deux cinquiémes.
9 s. . d'un quart & d'un cinquiéme.
11 s. de la moitié & d'un vingtiéme.
12 s. de la moitié & d'un dixiéme.
13 s. de la moitié, d'un dixiéme & d'un vingtiéme.
14 s. de la moitié & d'un cinquiéme.
15 s. de la moitié & d'un quart.
16 s. de la moitié, d'un cinquiéme & d'un dixiéme.
17 s. de la moitié, d'un quart & d'un dixiéme.
18 s. de la moitié & de deux cinquiémes.
19 s. de la moitié, d'un quart & d'un cinquiéme.

On se sert aussi de la Multiplication pour réduire une grande espece, soit de monnoie, de poids, de mesure, &c. pour sçavoir combien une quantité de ces grandes especes en contient de moindres, comme les livres tournois les réduire en sols, & les sols en deniers ; les marcs en onces, les onces en gros, les gros en deniers, & les deniers en grains ; les toises en pieds, les pieds en pouces, & les pouces en lignes, &c.

Pour operer en toutes ces sortes de réductions, il faut multiplier la quantité de la grande espece par le nombre, selon lequel elle contient la moindre : comme supposé qu'on voulût réduire des livres tournois en sols, il faudroit multiplier le nombre des livres par 20 sols que vaut la livre tournois ; des sols en deniers on doit multiplier le nombre des sols par 12 den. qui font un sol, &c.

La preuve de la Multiplication se fait en divisant le produit par le multiplicande ; & si le quotient se trouve égal au multiplicateur, la regle est bonne.

MULTIPLICATION. Quelques-uns appellent Table de Multiplication, ce que d'autres nomment Livret, autrement Table de Pythagore, ou Table Pythagorique. *Voyez* TABLE DE MULTIPLICATION.

MULTIPLIE'. *Voyez ci-devant* MULTIPLICANDE.

MULTIPLIER. Est trouver un nombre qui contienne autant de fois le multiplicande qu'il y a d'unités dans le multiplicateur. Lorsque l'on fait une regle de proportion, il faut multiplier le deuxiéme terme par le troisiéme, & diviser par le premier.

MUM

MUMIE. *Voyez* MOMIE.

MUR

MURAIS ou MORAIS. Mesure de continence dont on se sert à Goa & dans les autres Colonies des Portugais dans les Indes Orientales, pour mesurer le ris & les autres légumes secs. Le muray contient vingt-cinq paras, & le para vingt-deux livres poids d'Espagne.

MURET, lieu de Fabrique dans le Département de l'Insp.cteur des Manufactures de Montauban. *Voyez* l'Etat général, Tome I. page 36.

MUS

MUSC. C'est un parfum d'une odeur très forte, & qui n'est agréable que quand elle est modérée par le mélange d'autres parfums plus doux.

Le musc se trouve dans une espece de vessie ou tumeur que porte sous le ventre près du nombril, un animal qu'on appelle aussi Musc; ce qui apparemment a donné le nom à la drogue. Cette vessie est ordinairement de la grosseur d'un œuf, & renferme une maniere de sang caillé presque corrompu. L'animal qui produit le musc est assez semblable à une petite biche pour la couleur & pour la figure.

Les habitans des Royaumes de Boutan, de Tunquin, de la Cochinchine, & de quelques autres lieux de l'Asie, dont les forêts sont remplies de ces sortes d'animaux, coupent cette vessie aussi-tôt qu'ils en ont tué quelqu'un, & la taillent & cousent en forme de rognons, tels qu'on les apporte en Europe.

C'est une des marchandises qu'on tire des Indes où il est le plus aisé d'être trompé, tant les Indiens ont d'adresse à la sofistiquer, malgré les défenses rigoureuses de leurs Princes, & les précautions qu'ils ont tâché de prendre pour les en empêcher.

Le musc se vend chez les Marchands Epiciers & Droguistes de deux manieres, ou en vessie, ou séparé de son enveloppe.

Le musc en vessie doit être choisi bien sec, & prendre garde que l'enveloppe soit mince, & que le poil qui le couvre soit brun; & non pas blanc, le poil brun marquant que le musc est du Tunquin, qui est meilleur que celui de Bengale, dont le poil est blanc.

Le musc sans enveloppe doit être sec, d'une couleur tannée, d'une odeur forte & insupportable, d'un goût amer, le moins rempli qu'il se pourra de grumeaux durs & noirs, & que mis sur le feu il se consume tout entier, quoique cette derniere marque de bonté soit équivoque; l'épreuve n'étant bonne que pour le musc mélangé de terre, & non pas pour celui qui est mêlé de sang.

L'usage du musc est peu considérable en Médecine, sur-tout à cause des vapeurs que son odeur provoque aux femmes; mais les Parfumeurs en employent assez considérablement, quoique beaucoup moins qu'autrefois; les parfums en général & le musc en particulier ayant bien perdu de leur réputation.

Il n'y a gueres de gens qui ayent un peu de lecture qui ne sçachent ce que quelques Anciens ont dit de l'instinct du castor; (c'est le nom qu'ils donnent à l'animal qui produit le musc) qui pour se sauver de la poursuite des Chasseurs, se mutiloit, & leur abandonnoit cette partie précieuse de lui-même, à laquelle la nature sembloit lui faire connoître que ceux qui le poursuivoient en vouloient uniquement. Il est néanmoins étonnant que cette fable ait pu passer jusqu'à nous, & qu'elle n'ait pas encore perdu tout son crédit, puisque Pline lui-même dans son Histoire Naturelle ne l'a donnée que pour ce qu'elle est.

On commence à voir l'animal qui produit le musc aux environs du Lac de Baikal sur les frontieres de la Tartarie Moscovite, mais il est beaucoup plus commun à mesure qu'on avance dans la Tartarie Chinoise.

Les lieux de la Chine où l'on en trouve davantage, sont la Provine de Xanxi, particuliérement aux environs de la Ville de Leao: la Province de Suchuen, celle de Hanchungfu, celle de Paoningfu, près de Kiating & de la Forteresse de Tiencinen, & dans quelques endroits de la Province de Junan.

Cet animal est assez semblable au daim pour la grandeur & pour le poil, à la réserve qu'il n'a point de cornes, & que la couleur de son poil est plus noire & plus foncée; sa tête a quelque chose de celle du loup, mais il a deux défenses comme celles du sanglier, mais plus crochues. Il est si paresseux que les Chasseurs ont peine à le faire lever, & il se laisse ordinairement égorger presque sans défense. Les Chinois l'appellent Yehyam, c'est-à-dire, Cerf musqué.

La drogue qu'on nomme Musc, est renfermée dans une petite vessie qu'il a au nombril, couverte d'un petit duvet; c'est une espece de sang caillé ou de suc odoriferant. Aussi-tôt que l'animal est tué on lui ôte cette vessie qui est le véritable musc.

Les Chinois en font cependant de trois autres sortes, avec sa chair & son sang.

Le premier se fait avec les quartiers de derriere de l'animal depuis les rognons, qu'ils broyent dans un mortier de pierre, jusqu'à ce que le tout soit réduit en bouillie, y mêlant de tems en tems du sang qu'ils ont eu soin de recueillir aussi-tôt après sa mort. Cette bouillie s'enferme & se séche dans de petits sachets faits de la peau de l'animal.

Pour faire le second musc ils y employent indifféremment toutes les parties de cet animal, tant du devant que du derriere; & pour le troisiéme, ils ne se servent que des quartiers du devant. Le premier est le meilleur; le second vient ensuite, & le dernier est le moins bon. Mais il n'y a que la substance contenue dans la petite vessie du nombril qui soit le véritable musc; aussi est-il extrémement cher & se conserve-t-il presque tout pour le Palais du Roi de la Chine.

Le musc paye en France les droits d'entrée, à raison de 9 francs de la livre conformément au Tarif de 1664; & par celui de la Douane de Lyon 12 liv.

Le musc du Levant où il ne peut être apporté que par les Arabes qui trafiquent dans les Indes, est du nombre des marchandises sujettes au droit de vingt pour cent ordonné par l'Arrêt du 15 Aout 1685.

COMMERCE DU MUSC A AMSTERDAM.

Le musc dont on fait négoce à Amsterdam

vient ordinairement du Tunquin & du Bengale, & quelquefois de Moscovie. Celui du Tunquin est de deux sortes, en vessies ou hors des vessies; l'un & l'autre se vend à l'once. Celui en vessie depuis 5 jusqu'à 6 florins l'once, & celui hors des vessies depuis 8 jusqu'à 9 florins.

Le musc de Bengale se vend depuis 4 jusqu'à 5 florins l'once. Ils donnent tous également un pour cent de déduction pour le prompt payement.

A l'égard du musc de Moscovie, il est moins estimé que les autres; son odeur, quoique très forte d'abord, s'évaporant fort facilement. Son prix, quand il s'en trouve, est depuis 40 jusqu'à 50 sous de gros l'once.

MUSCADE. Espece de noix aromatique qui vient des Indes Orientales.

Il y en a de deux sortes, la muscade mâle & la muscade femelle.

La muscade femelle est celle dont on use ordinairement en France, qui est ronde, d'une agréable odeur & d'un goût chaud & piquant.

La muscade mâle est une muscade sauvage, un peu longue, presque sans goût, sans odeur & sans vertu. Cette derniere sorte de muscade se trouve en plusieurs endroits des Indes Orientales, & surtout dans l'Isle de Candore.

L'arbre qui produit la muscade mâle est de la grosseur du noisetier. Son fruit vient entre les branches comme la noisette; mais outre sa coque il est enfermé dans une gousse déliée, & encore dans une espece de fleur qui entoure la noix.

Tant que cette muscade est dans sa coque, elle est si semblable à la véritable muscade, que les yeux y sont toujours trompés; mais elle ne peut soutenir l'épreuve du goût ou de l'odorat. On l'appelle aussi Nouasse Azerbe ou Asserbe. *Voyez* Azerbe.

Cette fausse muscade est une marchandise qui n'est bonne à rien, & dont l'on ne parle ici qu'afin qu'on n'y puisse être trompé, si quelques Colporteurs, Epiciers ou Droguistes de mauvaise foi vouloient la substituer à la véritable muscade.

La véritable muscade croît sur un arbre grand comme le poirier. Ses feuilles ressemblent à celles du pêcher, sinon qu'elles sont plus petites. Sa fleur est en forme de rose d'une odeur agréable. Après que la fleur est tombée, le fruit paroît de la grosseur à peu près des noix d'Europe, lorsqu'elles sont vertes & propres à en tirer les cerneaux.

Les muscades sont enfermées dans trois différentes enveloppes.

La premiere enveloppe s'appelle Macis: d'autres, mais très improprement, la nomment Fleur de Muscade. Elle couvre la coque, & s'entr'ouvre à mesure que cette coque grossit. Le macis est mince, rougeâtre, d'une odeur agréable & d'un goût aromatique. *Voyez* Macis.

La coque, qui est la seconde enveloppe de la muscade, est dure, mince & noirâtre, & a au dessous une espece de brou verd qui n'est d'aucun usage. C'est ce brou qui est la troisiéme enveloppe dans laquelle se trouve la muscade, qui est proprement l'amande de ce fruit.

Chacune de ces amandes a un petit trou qu'on regarde mal-à-propos comme un défaut, puisque naturellement elles sont ainsi percées; & que ce qui empêche que ce trou ne paroisse en toutes les muscades, c'est une petite peau qu'on en estime le germe, qui reste aux unes, & dont les autres sont dépouillées.

Les arbres qui portent la muscade sont toujours chargés en même tems de fleurs & de fruits, dont on fait la récolte en Avril, en Aout & en Décembre. Celles de la récolte d'Avril sont les meilleures.

L'on croit vulgairement que la muscade ne vient que dans les Indes Orientales, & encore seulement dans quelques Isles dont les Hollandois sont les maîtres. Un Auteur François souvent cité avec honneur dans ce Dictionnaire [le Pere Labat] en a désabusé le Public; & il assure que lorsqu'il étoit à la Guadeloupe, le bruit y étoit commun que lorsque les Hollandois chassés du Brésil, furent reçus dans cette Isle, un d'eux y avoit apporté un muscadier qu'il avoit mis en terre dans son habitation. Il ajoute que cet arbre, quoique transplanté, profitoit à merveille, & qu'il auroit infailliblement apporté du fruit qui auroit servi à multiplier l'espece; mais qu'un autre Hollandois jaloux du trésor dont les François alloient devenir les maîtres, l'avoit arraché pendant la nuit & brûlé.

Il est vrai qu'il est incertain si le muscadier avoit été apporté en caisse des Indes Orientales, ou si il étoit venu de semence au Brésil; mais en l'un ou l'autre cas, l'Auteur cité ci-dessus ne croit pas qu'il fût impossible d'en avoir du plant, puisqu'à l'égard de la semence dont on pourroit faire l'épreuve elle est très commune, & que pour la plante en pied, il seroit moins difficile qu'on ne pense d'en avoir des Hollandois même, malgré toutes les défenses de leur Compagnie, que l'on pourroit d'abord élever dans l'Isle de Mascareigne, ou dans quelques autres établissemens de la Compagnie Françoise, d'où après en avoir étudié la culture, on pourroit en transporter l'espece dans nos Isles.

Les Hollandois sont les maîtres du commerce de la muscade; & il faut nécessairement passer par leurs mains pour en avoir, parce qu'ils possedent les Isles où elles croissent, entre lesquelles les principales sont les Isles de Nero, de Lontour, de Pouleay, de Rosgain, de Poleron & de Granapuis. *Voyez l'Etat général du Commerce, où il est parlé des Isles & du commerce des épiceries.*

Il faut choisir la muscade bien fleurie, pésante, d'un gris blancheâtre, bien marbrée par dehors, rougeâtre en dedans, qui ait une certaine humeur grasse & onctueuse, d'une odeur agréable, & d'un goût chaud, piquant & aromatique.

A l'égard du macis, il doit être en larges feuilles, haut en couleur, & avoir presque l'odeur & le goût de la muscade.

Les muscades se confisent en verd, & sont une confiture excellente pour fortifier l'estomac, & rétablir la chaleur naturelle. Les peuples du Nord sur-tout l'aiment beaucoup, & sur mer leurs vaisseaux en ont ordinairement bonne provision.

La poudre Duc, qu'on croit souveraine pour le rhume qui vient de froid, n'est que de la muscade pulvérisée avec du sucre & un peu de canelle. La dose est d'une livre de sucre avec deux onces de muscade, & de la canelle à discrétion.

On tire de la muscade, par distilation ou par expression, une huile à laquelle on attribue de grandes propriétés. La bonne doit être couleur d'or, épaisse, d'une agréable odeur, & fort aromatique.

On peut aussi tirer de l'huile du macis ou fleur de muscade qui a les mêmes qualités que celle de la muscade, mais qui revient à davantage.

L'écorce du tronc & des branches du muscadier est aussi de quelque usage, mais le débit en est peu considérable.

Les muscades entieres ou rompues, soit en macis, nouasses ou aserbes, payent en France les droits d'entrée à raison de 30 liv. le cent pésant; & les muscades confites 6 s. de la livre, conformément au Tarif de 1664.

Les droits de la Douane de Lyon sont de 3 liv. 12 s. 6 den. d'ancienne taxation du quintal, 3 liv. 17 s. 6 d. de nouvelle réapréciation, 6 liv. pour les anciens quatre pour cent, & 2 liv. pour les nouveaux.

Les muscades sont du nombre des drogueries & épiceries qui ne doivent entrer en France que par Rouen, la Rochellé, Calais, Bordeaux, Lyon & Marseille, suivant l'Ordonnance de 1687.

La Compagnie Hollandoise des Indes Orientales étant absolument la maîtresse de toute la muscade qui se débite en Europe, elle n'en fait pas la vente dans des encheres publiques comme pour le reste de ses marchandises; mais ses Directeurs en reglent le prix suivant qu'ils le trouvent à propos. Un Auteur moderne remarque que depuis plusieurs années jusqu'en 1721, ce prix a été fixé à 75 sols la livre argent de banque.

Toute la muscade qui arrive par les vaisseaux de la Compagnie se partage dans les diverses Chambres qui la composent au prorata de l'intérêt qu'ils y ont, & ces Chambres en font la vente chacune à leur tour suivant une espece de Tarif établi entr'elles; sçavoir d'abord la Chambre d'Amsterdam cent quarteaux toute seule; ensuite les Chambres de Zeelande & de Middelbourg ensemble cinquante quarteaux; puis celles de Rotterdam & de Delft vingt-cinq; & enfin les Chambres de Hoorn & d'Enkhuysen pareillement vingt-cinq quarteaux; ensorte que la Chambre d'Amsterdam n'en vend plus, que les autres ne se soient défaites de la partie reglée par ce Tarif; ce que celles-ci observent pareillement par rapport à la Chambre d'Amsterdam.

Le quarteau de muscade pese 550 à 600 livres net.

Lorsqu'on a acheté quelque quarteau de muscade, on en paye la valeur en banque à la Chambre de la Compagnie des Indes qui doit le livrer.

Tout ce qui s'achete des Chambres d'Amsterdam, de Delft, de Hoorn & d'Enkhuysen se paye dans la Banque d'Amsterdam; ce qui s'achete de la Chambre de Rotterdam, se paye à la Banque de Rotterdam; mais ce qui s'achete aux Chambres de Zeelande & de Middelbourg, se paye sur le lieu en argent de permission avec l'agio de banque que l'on a réglé le premier jour de la vente.

La muscade se vend à Amsterdam à la livre, argent de banque, la tare est sur les quintaux. Elle donne un pour cent de déduction pour le promt payement: son prix est de 75 sols de gros la livre.

MUSCADIER. Arbre qui porte la noix muscade. *Voyez ci-dessus.*

MUSKOFSKE. Petite monnoie d'argent de Moscovie, qui vaut le quart du copec. Cette monnoie est si petite, si incommode & si mal-aisée à manier, que les Moscovites se la fourrent à poignées dans la bouche, de peur qu'elle ne leur échappe des mains, sans que pourtant cela les embarrasse ou les empêche de parler.

MUSQUINIER. Tisserant qui fait de la batiste, de la demi-Hollande, du Cambray rayé & moucheté, & quelques autres sortes de pareilles toiles.

Le nom de Musquinier n'est en usage que dans la Picardie, le Cambresis, le Beauvoisis & l'Artois, où la fabrique de ces toiles est commune.

Ces Ouvriers ont une aune qui leur est propre, dont la mesure est irréguliere. On l'appelle de leur nom Aune de Musquinier. *Voyez* Aune.

MUSTACHIO. Mesure de Venise pour les liquides. Trente-huit mustaches font la botte ou muid, & soixante-seize l'amphora. *Voyez* Amphora.

MUSULIPATAN. On nomme ainsi les toiles des Indes à l'aunage. Ce sont les mieux peintes & les plus fines qui s'y fassent. *Voyez* Toiles des Indes, *ou le Commerce de la Côte de Coromandel & de Golconde.*

Musulipatan. On donne aussi ce nom à des mouchoirs qui viennent du même endroit. *Voyez* Mouchoir.

MUT

MUTSIE. Petite mesure des liqueurs dont les Détailleurs se servent à Amsterdam. Le mingle se divise en deux pintes, en quatre demi-pintes & en huit mutsies. Il y a aussi des demi-mutsies. *Voyez* Mingle.

MUY

MUY, qui s'écrit plus ordinairement MUID. Futaille pour mettre des vins & autres liqueurs. *Voyez* Muid.

MYR

MYRABOLAN, ou MIROBOLAN. Espece de petit fruit purgatif qui est d'un assez grand usage dans la Médecine.

Il y a de cinq sortes de Myrabolans, qui tous sont apportés des Indes Orientales, mais non pas des mêmes cantons; étant d'ailleurs assez différens les uns des autres & de vertu & de figure.

Ces cinq especes sont, 1°. les Myrabolans citrins, 2°. les Indiens ou Noirs, 3°. les Chepules ou Quibus, 4°. les Belleries, & 5°. les Emblis.

Les Myrabolans citrins, ainsi appellés en Europe à cause de leur couleur, mais nommés aux Indes *Arares*, croissent aux environs de Goa & de Batacala. Dans leur maturité ils sont assez semblables aux prunes de Mirabelles, mais un peu plus longs & partagés en petites côtes. Leur noyau enferme une petite amande qui a bien du rapport au pignon blanc.

Ces myrabolans sont apportés des Indes ou confits ou secs; mais il en vient plus grande quantité de secs.

Il faut les choisir d'un jaune-rougeâtre, longs, bien nourris, relevés en côtes, pésans, difficiles à casser, d'un goût astringent & désagréable, & prendre garde qu'on ne leur substitue les belleries ou les chepules qui s'en faut bien qui soient aussi excellens que les citrins.

Les myrabolans Indiens nommés aux Indes *Rezauvale*, sont de la forme d'une olive, noirs dehors & dedans, sans noyau & fort durs. Ils sont produits d'un arbre dont la feuille est semblable à celle de saule. Ils sont verds au commencement, brunissent en approchant de leur maturité, & secs deviennent noirs comme la plus noire ébene.

Il faut observer dans leur choix qu'ils soient bien nourris, secs & pésans, & d'un goût aigrelet.

Les myrabolans chepules ou quibus se trouvent vers Decan, & le Bengale où l'on les nomme *Areca*; il ne faut pas néanmoins les confondre avec le véritable Areca dont l'usage est si commun aux Indes, & dont on mâche le fruit mêlé avec le betel, cette feuille si fameuse dont les Indiens peuvent si peu se passer, que c'est la plus importante des clauses de leurs contrats de mariage, que le mari sera obligé de fournir de betel à sa femme tant qu'ils vivront ensemble.

L'arbre dont les myrabolans chepules sont le fruit, vient de la hauteur du pommier. Il a des feuilles comme le pêcher, & des fleurs rougeâtres formées en étoiles. Ces myrabolans sont assez semblables aux citrins, à la réserve qu'ils sont plus noirâtres & plus longs.

Pour être bons ils doivent être bien nourris, résineux & bruns au dedans, le moins noirs & le moins ridés au dehors qu'il soit possible, d'un goût astringent avec quelque amertume.

Les myrabolans belleries, connus parmi les Indiens sous le nom de *Gotins*, se trouvent attachés aux branches de l'arbre qui les porte en forme de petites gourdes jaunâtres. Ils sont gros comme la noix muscade, & ont un noyau dont l'amande est de nulle vertu. L'arbre est grand, & a des feuilles grandes, vertes & luisantes comme le laurier.

Les myrabolans emblis, en Indien *Annuales*, croissent sur un arbre de la hauteur du palmier, qui a des feuilles comme la fougere. Ils sont de la grosseur d'une noix de galle, noirâtres & comme chagrinés. Quand ils sont un peu gros leurs côtes se séparent facilement les unes des autres; c'est pourquoi en les choisissant il faut les prendre le moins remplis de noyaux qu'on pourra, & outre cela charnus & noirs. Cette derniere espece de Myrabolans n'a gueres d'usage dans la Medecine. Aux Indes on en mange le fruit verd; mais quand il est sec, il ne sert aux Indiens que pour faire de l'ancre, ou pour verdir leurs cuirs, comme nos Courroyeurs font ici avec le sumac.

Les Myrabolans Citrins, Emblis, Chepules, Beleries, & Indiens secs, payent en France les droits d'entrée à raison de 35 s. le cent pésant; & les Myrabolans confits, 7 liv. 10 s. conformément au Tarif de 1664.

Les droits de la Douane de Lyon sont de 4 sols 6 den. par quintal d'ancienne taxation, 15 s. 9 den. de nouvelle réapréciation, 10 s. pour cent d'anciens quatre pour cent, & 12 s. pour les nouveaux.

Les Myrabolans sont du nombre des marchandises du Levant, Barbarie, & autres Pays & Terres de la domination du Roi de Perse & du Grand-Seigneur, sur lesquelles outre les droits ordinaires il doit être levé vingt pour cent de leur valeur, suivant l'Arrêt du Conseil du 15 Aout 1685, dans les cas portés audit Arrêt.

MYRABOLANIER. Arbre qui porte des myrabolans. *Voyez l'article précédent.*

MYRA-BOLTS. Sorte de myrrhe qui vient d'Arabie, mais que les Européens tirent des Indes Orientales par Surate. Elle se vend dans cette Ville jusqu'à trente mamoudis le mein.

MYRA-GILET. Autre espece de myrrhe qui vient des mêmes lieux que la précédente, mais qui lui est beaucoup inférieure, soit pour la qualité, soit pour le prix. Le myra-gilet ne s'achete que sept mamoudis le mein. *Voyez l'article suivant.*

MYRRHE. Espece de gomme ou résine qui coule par incision, & quelquefois naturellement du tronc & des branches d'un arbre de moyenne grandeur qui croît dans l'Arabie, en Egypte & dans quelques lieux d'Afrique, sur-tout dans l'Abyssinie d'où lui est venu le nom de Myrrhe Abyssine.

Les Auteurs sont peu d'accord dans la description qu'ils font de l'arbre qui produit cette gomme; il est vrai qu'ils conviennent tous qu'il est petit & épineux, mais les uns lui donnent des feuilles semblables à l'ormeau, d'autres à l'olivier, ceux-ci au génévre, ceux-là au térébinthe, & quelques autres à l'yeuse ou chêne verd.

Ces arbres s'incisent deux fois l'année, & la liqueur qui en coule se reçoit sur des clayes ou nattes de jonc qu'on met au-dessous.

Les Marchands Epiciers & Droguistes vendent deux sortes de myrrhes, de la myrrhe en larmes qu'ils appellent Stacté en larmes, & de la Myrrhe onglée.

Le Stacté doit se choisir en belles larmes, d'un jaune doré, claire & transparente, friable, légere, d'un goût amer, d'une odeur forte & désagréable; mais comme cette myrrhe est très rare, l'on n'employe gueres que de la myrrhe onglée qui prend ce nom des petites taches blanches qu'on y remarque assez semblables à celles qu'on voit quelquefois sur les ongles des mains.

La meilleure est en petites masses ou grosses larmes rouges, claires & transparentes, qui étant rompues, ayent de ces taches blanches qu'on vient de dire, & contiennent une maniere de liqueur onctueuse, qui est ce qu'il y a de plus excellent dans la myrrhe, & qui est le véritable stacté des Anciens.

La myrrhe est apportée du Levant par la voye de Marseille dans de grosses balles de cuir de quatre ou cinq cens livres; il faut prendre garde qu'elle ne soit fourrée & mêlée de quantité d'écorces d'arbres & d'autres ordures, ou que même elle n'ait été triée, ce qui n'arrive que trop souvent.

Cette gomme entre dans la composition de plusieurs sortes d'onguens pour la guérison des playes, & c'est une des principales drogues dont on se sert pour embaumer les corps morts.

On tire de la myrrhe, par le moyen de la chymie, des huiles, des esprits, & des teintures à qui l'on attribue de grandes vertus.

Il n'y a gueres d'apparence que la myrrhe dont il est parlé en tant d'endroits dans l'Ecriture sainte & entr'autres dans le Cantique des Cantiques, & dans l'Evangile au sujet de l'Adoration des Mages & de la Sépulture de Notre-Seigneur Jesus-Christ, soit la même que celle que nous avons aujourd'hui, à moins qu'on ne veuille dire que ce ne soit cette myrrhe stacté si rare & si précieuse, & dont nos plus habiles Droguistes avouent de bonne foi qu'ils connoissent plus le nom que la chose, témoignage qu'entre autres le sieur Pomet rend assez ingénuement dans son Histoire générale des Drogues.

La Myrrhe paye les droits de la Douane de Lyon à raison de 52 s. 6 d. le quintal d'ancienne taxation, 3 liv.

5 liv. pour les anciens quatre pour cent & 20 s. pour leur nouvelle réapréciation.

Elle est du nombre des marchandises venant du Levant, sur lesquelles suivant l'Arrêt du 15 Aout 1685, il doit être levé vingt pour cent.

La Myrrhe se vend à Amsterdam à la livre, & se tare au poids, elle donne deux pour cent de déduction pour le bon poids, & un pour cent pour le prompt payement. Son prix est depuis dix jusqu'à trente liv. la livre.

MYRTE. Arbrisseau. *Voyez l'article suivant.*

MYRTILLES. Ce sont les bayes ou semences d'un arbrisseau assez connu qu'on nomme Myrte, que l'on cultive dans les jardins des Curieux de Paris avec les orangers & autres arbres précieux.

Il croît quantité de ces arbrisseaux en Languedoc & en Provence; ils sont aussi très communs en Espagne, surtout dans les montagnes de La-Sierra Morena.

Il y a de deux sortes de myrte, de mâle & de femelle; le mâle a ses feuilles pointues, lissées, odorantes & d'un verd pâle; celles du myrte femelle sont quatre ou cinq fois plus petites, d'un verd obscur, presque rondes, d'une odeur plus forte, arrangées également & assez près les unes des autres. Les fleurs de l'un & de l'autre sont blanchâtres, tirant sur le rouge, & naissent d'entre les feuilles.

Le fruit qui est ce qu'on appelle Myrtille, est verd au commencement, mais devient insensiblement noir; il a au dedans une graine assez blanche en forme de croissant, d'une substance solide & fort dure, & d'un goût astringent. Quand ce fruit est encore sur l'arbre, il est succulent & lisse, & ne devient ridé & acide comme les Marchands Epiciers & Droguistes le vendent, que parce que l'on le fait sécher au soleil pour la commodité du transport. Les myrtes femelles produisent les meilleures myrtilles & en plus grande quantité.

Les myrtilles sont d'un assez grand usage en France dans la Médecine, on en fait même de l'huile & des sirops.

Les Parfumeurs s'en servent dans leurs parfums & en tirent une essence.

Les Teinturiers Allemands en font une teinture bleue.

Les Anglois employent les feuilles & les branches du Myrte pour tanner leurs cuirs.

Les Myrtilles payent en France les droits d'entrée à raison de 20 s. du cent pésant, conformément au Tarif de 1664.

MYT

MYTRIDAT, ou MITHRIDATE. Drogue qui sert de remede contre les poisons. *Voyez* MITHRIDATE.

N

N Treiziéme lettre de l'Alphabet. N°. dans les Livres des Marchands & Banquiers, est un abrégé de Numero. N. C. veut dire Notre Compte.

NAC

NACARAT DE BOURRE. C'est une des sept couleurs rouges des Teinturiers. *Voyez* TEINTURE. *Voyez aussi* ROUGE, *&* BOURRE.

NACRE DE PERLES. On nomme Nacres de Perles les coquilles où se forment les perles; elles sont en dedans, du poli & de la blancheur des perles mêmes; & ont le même éclat en dehors quand avec un touret de Lapidaire on en a enlevé les premieres feuilles qui font l'enveloppe de ce riche coquillage.

Les nacres entrent dans les ouvrages de marqueterie & de vernis de la Chine. On en fait aussi divers bijoux, entr'autres de très belles tabatieres.

NACRE. Se dit pareillement des endroits relevés en demi-rond qui se trouvent quelquefois dans le fond des coquilles de nacres.

Les Lapidaires ont souvent l'adresse de les scier & de les faire entrer dans divers ouvrages de joaillerie, comme si c'étoit de véritables perles. On les nomme plus ordinairement des Loupes. *Voyez cet article.*

Les nacres de perles & coquilles de nacres payent les droits de la Douane de Lyon à raison de 3 liv. de la balle pour l'ancienne taxation, & de 20 s. pour la nouvelle réapréciation.

Les nacres en chapelets payent 40 sols pour tous droits.

Les coquilles de nacre sont du nombre des marchandises venant du Levant, sujettes au droit de 20 pour cent ordonné par l'Arrêt du 15 Aout 1685.

NAD

NADIEU. Sorte de Bures qui se fabriquent dans quelques lieux de la Généralité de Montauban, particuliérement à Villefranche. *Voyez* BURES.

NAI

NAIN-LONDRINS. Ce sont les draps fins d'Angleterre tous fabriqués de laine d'Espagne, qui sont destinés pour le négoce du Levant. Les plus gros se nomment Londres, dont s'habillent les gens du commun parmi les Turcs, les premiers étant destinés pour les personnes de considération. Les draps de France de Carcassonne sont de la qualité des Nains-Londrins, & se vendent à Smyrne sous leur nom. *V. le Commerce de Smyrne.*

NAL

NALI. Sorte de poids des Indes Orientales. *Voyez* HALI.

NAN

NANQUE. C'est le plus petit poids des cinq dont on se sert parmi les Habitans de Madagascar pour peser l'or & l'argent, il ne pese que six grains; au dessus sont les sompi, le vari, le sacare & le nanqui. *Voyez* SOMPI.

NANQUESAQUE ou NANKESAKI, Capitale de l'Isle de Bongo, l'une de celles du Japon. *Voyez* ce qui est dit du commerce qu'y font les Hollandois, dans l'Etat général Tome I. pages 470, 473.

NANQUI. C'est aussi un des cinq poids dont les Habitans de l'Isle Dauphine ou Madagascar en Afrique se servent pour peser l'or & l'argent; il n'a au dessous de lui que le nanque qui vaut six grains, & au dessus le sompi, le vari & le sacare, dont le sompi qui est le plus fort revient à la dragme ou gros, poids d'Europe. Le nanqui en est le demi scrupule. *Voyez* SOMPI.

NANTES, Ville de France, dans la haute Bretagne. *Voyez* le détail du Commerce de cette Ville dans l'Etat général, Tome I. page 114.

NANTIR. Donner des assurances pour le payement d'une dette, soit en meubles & argenterie, soit en autres effets & natures de biens, qu'on met actuellement entre les mains de son créancier. Je ne perdrai rien à la banqueroute de ce Marchand, je suis nanti de bons effets. Je ne vous prêterai rien que je ne sois nanti.

NANTISSEMENT. Sureté, gage que donne un débiteur à son créancier en meubles ou autres effets pour assurance de son dû. Les Usuriers ne prêtent rien que sur bons nantissemens.

NAO

NAOURS. Petit Village de Picardie dans le Département de l'Inspecteur d'Amiens. On y fait des Serges façon de Crevecœur. *Voyez* l'Etat général, Tome I. page 17.

NAP

NAPHE, ou NAFFE. Les Parfumeurs appellent Eau de naphe, l'eau de fleurs d'orange. *Voyez* ORANGE.

NAPHTA, ou NAPHTE. *Voyez ci-après* NAPTHA.

NAPLES, Capitale du Royaume de même nom, en Italie. *Voyez* le détail des marchandises qui font l'objet du Commerce de cette Ville, dans l'Etat général, Tome I. page 310.

NAPPE, ou PEAU DE CERF. *Voyez* CERF.

NAPPE. C'est aussi un morceau de toile ou de linge dont on couvre une table avant d'y servir à manger.

Ce qu'on appelle Nappe de Boucherie est un morceau de toile blanche de deux ou trois aunes de long plus ou moins, & de trois quarts de large, que les Bouchers attachent à la tringle où ils suspendent avec des allonges les pieces de viande à mesure qu'ils la dépecent. *Voyez* TRINGLE.

La piece de nappes ou mantils payent les droits de la Douane de Lyon à raison de 12 s. 6 d. d'ancien-

ne taxation, & 10 f. de nouvelle réapréciation.

Les nappes de Lorraine payent 22 f. 6 d. du quintal pour tous droits.

NAPTHA, ou NAPHTA, en François NAPTHE, ou NAPHTE. Espece de bitume mou, facile à s'enflammer. On en trouve en diverses Provinces de France, particuliérement en Auvergne; il ressemble assez à de la poix liquide par sa couleur qui est très noire. Il est de fort mauvaise odeur.

Il y a aussi du naptha d'Italie; celui-ci est une espece d'huile claire qui se trouve dans le Duché de Modene. Il est plus connu sous le nom de Petrolium, ou huile de petrole; il y en a de plusieurs couleurs. *Voyez* HUILE DE PETROLE. *On y parle amplement de ces deux naptha & de quelques autres.*

NAR

NARBONNE, Ville de France en Languedoc. Son plus grand commerce consiste en blés & autres grains. *Voyez* l'Etat général, Tome I. page 216.

NARD, ou SPIC-NARD. Plante qu'on met au nombre des drogues qui entrent dans la composition de la thériaque. *Voyez* SPICA-NARDI.

NARD SAUVAGE, autrement Azarum. Plante médicinale qui ressemble assez au véritable nard. *Voyez* AZARUM.

NARHVAL. Gros poisson qui se pêche dans les mers du Nord, particuliérement sur les Côtes du Groenland, duquel on tire de l'huile & une espece d'yvoire. *Voyez* VALRUS.

NAS

NASARA. Monnoie d'argent taillée en quarré qui se frappe à Tunis.

NASSE. Engin à prendre du poisson. Elle est faite d'osier en maniere de deux paniers ronds, mais pointus par le bout, enfoncés l'un dedans l'autre, dont le ventre est enflé en forme de cruche; à l'ouverture est une espece de bord de quatre ou cinq pouces, un peu recourbé en dedans. La nasse ne sert gueres qu'à prendre des écrevisses.

L'Ordonnance des Eaux & Forêts veut que les verges ou brins d'osier des nasses soient au moins à douze lignes de distance les unes des autres.

La nasse de reseaux ou filets s'appelle Verveux. *Voyez cet article.*

NAT

NATRON, en Latin *Natrum* ou *Anatrum*. Espece de sel noir & grisâtre qui se tire d'un lac d'eau morte dans le territoire de Terrana en Egypte. Il y a aussi du natron blanc qui n'est gueres différent de la soude blanche ou du salpêtre. Le peu que l'on voit en France de cette sorte de nitre qui sert au blanchiment des toiles mêlé avec d'autres soudes communes, y vient par la voye de Marseille & de Rouen. *Voyez* SALPESTRE. On y parle amplement du natron d'Egypte.

Le natron ou soude d'Egypte est du nombre des marchandises venant du Levant, sujettes au droit de vingt pour cent ordonné par l'Arrêt du 15 Aout 1685.

NATTE. Espece de tissu fait de paille, de jonc, de roseau, ou de quelques autres plantes, écorces, ou semblables productions faciles à se plier & à s'entrelasser.

Les nattes de paille sont composées de divers cordons & les cordons de diverses branches, ordinairement de trois. On met aux branches depuis quatre brins jusqu'à douze, & plus suivant l'épaisseur qu'on veut donner à la natte ou l'usage auquel elle est destinée.

Chaque cordon se natte, ou comme on dit en terme de Nattiers, se trace séparément & se travaille au clou. On appelle travailler au clou, attacher la tête de chaque cordon à un clou à crochet enfoncé dans la barre d'en haut d'un fort traiteau de bois qui est le principal instrument dont se servent ces Ouvriers. Il y a trois clous à chaque traiteau pour occuper autant de Compagnons, qui à mesure qu'ils avancent la trace, remontent leur cordon sur le clou, & jettent par dessus le traiteau la partie qui est nattée. Lorsqu'un cordon est fini, on le met sécher à la gaule avant de l'ourdir à la tringle.

Pour joindre ces cordons & en faire une natte on les coud l'un à l'autre avec une grosse éguille de fer longue de dix à douze pouces. La ficelle dont on se sert est menue, & pour la distinguer des autres ficelles que font & vendent les Cordiers, se nomme Ficelle à natte.

Deux grosses tringles longues à volonté, & qu'on éloigne plus ou moins suivant l'ouvrage, servent à cette couture qui se fait en attachant alternativement le cordon aux clous à crochet, dont ces tringles sont comme herissées d'un côté, à un pouce ou dix-huit lignes de distance. On appelle cette façon, ourdir ou bâtir à la tringle.

La paille dont on fait ces sortes de nattes doit être longue & fraîche; on la mouille, & ensuite on la bat sur une pierre avec un pésant maillet de bois à long manche pour l'écraser & l'applatir.

La natte de paille se vend au pied ou à la toise quarrée plus ou moins, suivant la recolte des bleds. Elle sert à couvrir les murailles & les planchers des maisons; on en fait aussi des chaises & des paillassons, &c.

Le commerce des nattes étoit autrefois très considérable à Paris, & malgré le grand nombre d'Ouvriers qui y travailloient alors, on étoit obligé d'en faire venir quantité de dehors: on en tiroit principalement de Pontoise.

Les nattes de jonc, du moins les fines, viennent du Levant, il y en a de très cheres & travaillées avec beaucoup d'art, soit pour la vivacité des couleurs, soit pour les différens desseins qu'elles représentent.

Avant que la magnificence des emmeublemens eût été poussée en France au point où elle est, on en faisoit des tapisseries de cabinet, des tapis d'estrades & autres légers meubles semblables, qui malgré leur simplicité ne manquoient pas d'agrément; l'usage s'en perd presque entiérement à Paris, les Provinces le conservent encore, mais la plus grande consommation s'en fait dans les Pays étrangers. Cette sorte de natte ne se trace pas par cordons, c'est une espece d'étoffe qui a comme sa chaîne & sa tréme. *Voyez* JONC.

Les nattes de paille & de jonc payent en France 15 sols d'entrée le cent pésant.

Il vient encore du Levant, de Provence & de quelques Provinces de France de grosses nattes de jonc qui servent d'emballage à plusieurs sortes de marchandises.

C'est de ce jonc qui n'est pas applati au maillet que les Faiseurs de ballays font ceux qu'on appelle Ballays de jonc. *Voyez* BALLAY.

Les nattes de Palmier servent à faire les grands & les petits cabats dans lesquels s'emballent plusieurs sortes de marchandises, & s'envoyent les figues séches dont il se fait une si grande consommation à Paris, surtout pour les desserts &

collations de Carême. *Voyez* FIGUE.

NATTES A FAIRE GRENIER. On nomme ainsi à la Rochelle des nates de jonc ou de paille, dont on se sert pour tenir sechement les différentes Marchandises & denrées que l'on charge en grenier sur les vaisseaux, c'est-à-dire, sans les mettre ou en futailles ou en balles.

Ces nates n'étant point tarifées, & devant payer 5 pour cent de leur valeur par estimation, elles ont été estimées de concert entre le Marchand & le Fermier à 15 livres le millier en nombre.

NATTER. Faire des nattes. On dit plus ordinairement, tracer quand on parle des nattes de paille. *Voyez l'article précédent.*

NATTIER. Ouvrier qui fait des nattes.

La Communauté des Maîtres Nattiers de la Ville & Fauxbourgs de Paris n'est plus aussi considérable qu'elle l'étoit autrefois; à peine même se maintient-elle en Corps de Jurande. Jusqu'au milieu du dix-septiéme siécle elle comptoit encore près de cent Maîtres; présentement (1718) il n'y en a pas plus de douze.

Cette Communauté comme les autres Corps a des Statuts, même assez anciens, qui sont peu observés par la misere de la plupart des Maîtres & des Apprentifs, si pourtant il se fait encore de ces derniers.

Deux Jurés, dont l'un se change tous les ans, ont soin de la discipline & des visites; ils donnoient aussi autrefois le chef-d'œuvre & le recevoient; mais cette fonction est devenue inutile, presque personne ne se présentant à la maîtrise d'un si misérable métier, hors quelques Fils de Maîtres qui sont reçûs sans chef-d'œuvre, & même sans expérience, à laquelle d'ailleurs ils sont seulement tenus.

L'apprentissage est de trois ans, les Fils de Maîtres n'en doivent point; les Filles & Veuves de Maîtres affranchissent les Compagnons qui les épousent. Les veuves restant en viduité jouissent des privilèges des Maîtres.

Les marchandises foraines sont sujettes à la visite des Jurés. Cet article présentement inutile dans la décadence de ce Corps de métier, étoit autrefois d'un grand usage par la grande quantité de nattes qui arrivoient journellement à Paris de vingt à trente lieues à la ronde. Les nattes de Pontoise étoient les plus estimées après celles de Paris.

Outre la fabrique de toutes sortes de nattes permises aux Nattiers, ils peuvent aussi faire des chaises de pailles & les rempailler; mais seulement en natte & non en paille torse, ce qui est du métier de Tourneur.

Le peu d'outils & d'instrumens qui suffisent aux Nattiers en paille, sont la pierre & le maillet pour battre leur paille après qu'elle a été mouillée, afin de la rendre plus pliante & moins cassante; le traitteau avec ses clous pour tracer la natte, c'est-à-dire, pour en faire les cordons; les tringles aussi avec leurs clous pour bâtir & ourdir les cordons, & l'aiguille pour les coudre & les joindre. *Voyez* NATTE.

NATURE DE BALEINE. *Voyez* BALEINE.

La nature de baleine, que le Tarif de 1664 nomme aussi Sperma-coli, paye en France les droits d'entrée à raison de 15 liv. le cent pésant.

NATUREL. Ce qui ne tient point de l'art les qualités qu'il a, mais qui les a de sa nature.

De la laine de couleur naturelle, c'est celle qui n'a point été mise à la teinture, & qui n'a que la couleur qu'elle avoit en toison ou sur le dos de l'animal.

Une étoffe de couleur naturelle, c'est celle qui est fabriquée avec des laines ou autres matieres qui n'ont point été teintes.

Un drap noir naturel, c'est celui qui est fait avec de la laine teinte en noir avant que d'avoir été filée.

La laine qu'on employe dans la fabrique de ces sortes de draps ne peut être mise à une trop bonne teinture, devant soutenir sans se décharger, ni changer de couleur, les différens apprêts qu'on donne aux autres draps, surtout l'épreuve du moulin à foulon.

On a toujours estimé en France les draps noirs naturels qui se font dans la draperie de Darnatal près Rouen, particuliérement ceux qui sont sortis de la Manufacture du sieur Baraguay.

NAV

NAVE'E. Se dit de la charge d'un vaisseau. Ce terme n'est en usage que dans quelques Ports de mer de France, particuliérement du côté de Normandie; l'on ne s'en sert gueres que dans le négoce de la saline. Ainsi l'on dit, une Navée de morue, pour dire, un vaisseau chargé de ce poisson; il est arrivé au Havre de Grace deux belles navées de morues.

NAVE'E. Se dit aussi sur les Ports de Paris de la charge des bateaux qui voiturent des pierres. Une navée de pierre de S. Leu.

NAVETTE, ou RABETTE. Graine d'une espece de chou sauvage que les Flamands nomment Colsa & Colzat. C'est de cette graine que l'on tire par expression l'huile que les mêmes Flamands appellent Huile de Colsa ou de Colzat, & les François Huile de navette ou de rabette.

La navette ou colsa est cultivée avec grand soin en Flandres & en Hollande; mais on ne s'applique pas moins à sa culture en Brie, en Champagne & en Normandie, où il se fait un très grand négoce de l'huile exprimée de cette graine, dont l'usage le plus ordinaire est pour les Ouvriers qui fabriquent des étoffes de laine, & pour ceux qui font des ouvrages de bonneterie. Il s'en consomme aussi beaucoup par les Couverturiers, & pour brûler dans la lampe, sur-tout lorsque l'huile de baleine manque, soit parce que la pêche n'a pas été heureuse, soit parce que la guerre empêche les Pêcheurs d'y aller, & les Marchands d'en tirer des Pays étrangers.

Les qualités de la bonne huile de navette sont, une couleur dorée, une odeur agréable, & qu'elle soit douce au goût. On la mélange quelquefois d'huile de lin; ce qui se reconnoit à l'amertume & à l'odeur moins agréable.

Il faut remarquer que la navette ou graine de colsa qui croît en Hollande ou en Flandres, est beaucoup plus grosse & mieux nourrie que celle de France; ce qui lui fait donner le nom de Grosse navette, au lieu que celle de France est appellée Navette ordinaire, ou Petite navette, parce qu'effectivement elle est beaucoup plus menue.

Les graines de Colzat, Navette ou Rabette payent en France les droits d'entrée à raison de 20 s. le septier mesure de Paris.

Les huiles tirées de ces graines payent les mêmes droits, conformément au Tarif de 1664, sur le pied de 4 liv. le baril; mais seulement 15 s. si elles vien-

nent des Provinces où ne sont point établis les Bureaux pour la levée des droits de ce Tarif.

Les droits de sortie sont de 20 s. le cent pésant de ces huiles.

Les droits de la Douane de Lyon se payent sur le pied de 6 s. le cent pésant.

NAVETTE. Terme de Manufacture. Signifie une espece d'outil dont les Tisseurs, Tissutiers ou Tisserans se servent pour former avec un fil qu'elle renferme, de laine, de soie, de chanvre ou d'autre matiere, la tréme de leurs étoffes, toiles, rubans, &c. ce qui se fait en jettant alternativement la navette de droit à gauche & de gauche à droit, transversalement entre les fils de la chaîne qui sont placés en longueur sur le métier.

Au milieu de la navette est une espece de creux que l'on nomme la Boëte ou la Poche, & quelquefois la Chambre de la navette, dans lequel est renfermé l'espoulle, qui est une partie du fil destiné pour la tréme, lequel est dévidé sur un tuyau ou canon de roseau, qui est une espece de petite bobine sans bords, que quelques-uns appellent Buhot, & d'autres Canette.

Il y a des Manufacturiers que l'on nomme Ouvriers de la grande navette, & d'autres, Ouvriers de la petite navette. Les premiers sont les Marchands Maîtres-Ouvriers en draps d'or, d'argent & de soie & autres étoffes mélangées ; & les derniers sont les Maîtres Tissutiers-Rubaniers. *Voyez* TISSUTIERS-RUBANIERS.

NAVETTE. La navette des Tissutiers-Rubaniers est assez différente de la plupart de celles des autres Ouvriers, quoique néanmoins elle leur serve au même usage. Elle est de buis, longue de six à sept pouces, large & haute de douze ou quinze lignes, ferrée par les deux bouts qui se terminent en pointe, & qui sont un peu recourbés l'un à droit & l'autre à gauche ; ce qui représente assez la figure d'une  mal formée posée horisontalement. La chambre ou cavité dans laquelle se place le canon est profonde. Ce canon est de buis avec des bords aux deux extrémités, ensorte que c'est une vraie bobine. *Voyez* TISSUTIER-RUBANIER.

NAVETTE. C'est chez les Maîtres Plombiers & les Marchands qui font négoce de ce métail, une masse de plomb de la figure à peu près d'une navette de Tisseran. On l'appelle plus ordinairement Saumon. *Voyez l'article du* PLOMB.

NAUFRAGE. Fracassement ou perte d'un vaisseau arrivée par la violence des vents & de la tempête, ou par le choc contre des rochers & des bancs de sable ; ou enfin en donnant & se brisant à la côte.

L'Ordonnance général de la Marine de 1681, & celle en particulier pour la Province de Bretagne de 1685 ont un titre exprès, qui est le onziéme du quatriéme livre, qui traite des naufrages, bris & échouement des vaisseaux sur les côtes du Royaume ; de la police qui doit s'observer par les Officiers de l'Amirauté pour la conservation des effets & marchandises qui en sont sauvés ; de leur publication aux Prônes des Paroisses prochaines des lieux du naufrage ; de la reclamation dans l'an & jour ; de leur vente & distribution après ledit tems, enfin de la peine qu'encourent ceux qui font violence aux personnes sauvées du naufrage, ou qui pillent les marchandises & effets naufragés.

Comme toutes ces choses sont déja expliquées ailleurs, on ne les repetera point ici, non plus que ce que porte le Titre cinquiéme de l'Ordonnance des cinq grosses Fermes de 1687, qui regle les droits que le Fermier peut prétendre sur les marchandises qui seront sauvées du naufrage. *V.* BRIS & ECHOUEMENT.

NAUFRAGE' NAUFRAGE'E. Terme de Commerce de mer, qui se dit des marchandises qui ont été gâtées par l'eau de la mer dans quelque naufrage. Du Coton Naufragé, de la Drapperie Naufragée.

On le dit aussi des effets & marchandises que l'on sauve des vaisseaux qui ont fait naufrage, ou qui proviennent des bris & échouemens des navires. L'Article 27 du tit. 11. du quatriéme livre des Ordonnances de la Marine de 1681 & 1685, porte que si les effets naufragés ont été trouvés en pleine mer ou tirés de son fonds, la troisiéme partie en sera délivrée incessamment & sans frais, en especes ou en deniers, à ceux qui les auront sauvés : & l'article 3 du tit. 5 de l'Ordonnance des cinq grosses Fermes de 1687, veut que les droits d'entrée soient payés pour cette troisiéme partie des effets naufragés, délivrée à ceux qui les auront trouvés. *Voyez* BRIS & ECHOUEMENT.

NAVIGATEUR. Celui qui navige. Quoique ce terme puisse s'entendre de tous ceux qui s'appliquent à la Navigation, soit sur la mer, soit sur les fleuves, les rivieres & les lacs, il ne se dit gueres néanmoins que de ceux qui entreprennent des voyages de longs cours ; & entre ceux-ci il semble qu'il soit particuliérement consacré pour marquer ces hommes fameux & hardis qui ont fait & qui continuent de faire de nouvelles découvertes, tels qu'ont été autrefois les Colombs, les Vespuces, les Magelant, les Vasco de Goma, & que sont aujourd'hui les Dampierre & quelques autres. *Voyez l'article des Compagnies de Commerce & celui des Voyages de longs cours.*

NAVIGATION. Art de naviger. C'est à cet art (que l'on croit nous être venu des Tyriens, & auquel il est certain, que les Carthaginois se sont aussi appliqués des premiers & avec beaucoup de succès,) que le Commerce doit son accroissement, ou pour mieux dire toute sa perfection. Aussi faut-il avouer que le Négoce ne fleurit dans un Etat maritime, qui a des ports considérables, qu'à proportion que la navigation y est solidement établie, & s'y soutient avec réputation ; & qu'au contraire on ne le voit languir & souvent tomber entiérement, que parce que la marine y est négligée, & que le commerce qui se fait par la mer y est abandonné.

L'on ne repetera pas ici ce qu'on a dit de la Navigation & du Commerce des Vénitiens, des Genois & Villes Anséatiques dans le quatorziéme & quinziéme siécle, du négoce & des entreprises maritimes des Portugais & des Espagnols dans une partie du quinziéme ; & l'on ne dira rien non plus du commerce immense des Anglois & des Hollandois, mais particulierement de ces derniers qu'on a vû croître à proportion de leur navigation depuis le milieu du seiziéme siécle jusques à présent ; que les uns & les autres ont poussé presque au dernier point de perfection.

Mais il est certain qu'en examinant les raisons qui ont fait passer successivement le commerce des Vénitiens, des Genois & des Villes Anséatiques aux Portugais & aux Espagnols, & de ceux-ci aux Anglois, & aux Hollandois, qu'on peut établir comme une maxime que les Relations du Commerce & de la Navigation, & si on le peut dire, leur union & leur societé sont si intimes, que la décadence de l'une entraîne presque nécessairement la perte de l'autre, & qu'il faut toujours ou qu'ils fleurissent, ou qu'ils périssent ensemble. *V. l'Etat général du Commerce & l'article des Compagnies pour les voyages de longs cours.*

Ce sont ces raisons qui ont donné lieu à ces sages Réglemens, connus sous le nom d'Us & Coutumes de la Mer, dont on parle à leur propre article. Ce sont elles qui ont fait naître tant d'Ordonnances de Marine, soit en France, soit ailleurs, desquels il est aussi traité à l'article de la Marine. Mais c'est particuliérement de là qu'est venu ce fameux Acte de la Navigation, qu'un célebre Auteur appelle le *Palladium*, ou le Dieu tutelaire de la Marine & du Commerce d'Angleterre, trop important pour n'en pas faire ici mention, puisqu'il sert de regle aux Anglois entr'eux, & aux autres Nations avec les Anglois sur le fait du Négoce de Mer. Et delà aussi pour la Marine de France, l'Ordon. de Louis XV du 20 Oct. 1723.

Ordonnance du Roi, concernant la navigation & les équipages des vaisseaux marchands.

Sa Majesté, pour tenir en exercice les Matelots François, & pour empêcher que les Etrangers ne fussent employés à leur préjudice dans les équipages des vaisseaux marchands de la Nation, avoit défendu par un Reglement du 4 Mars 1716, & ensuite par une Déclaration du mois de Janvier 1723, à tous Capitaines, Maîtres & Patrons des vaisseaux & autres bâtimens de ses Sujets, qui armeroient pour le commerce, de se servir de Matelots Etrangers, & qui ne seroient pas du nombre de ceux enregistrés aux classes; mais Sa Majesté ayant été depuis informée qu'il étoit nécessaire pour l'avantage du Commerce de son Royaume, de permettre qu'on pût embarquer sur les vaisseaux François un tiers de Matelots Etrangers, comme il se pratiquoit avant lesdits Reglement & Déclaration, Sa Majesté, par une Ordonnance du 20 Octobre de la même année 1723, en leve la défense, & y dérogeant en cela seulement, permet à tous ceux de ses Sujets qui armeroient pour le commerce, de pouvoir à l'avenir employer dans le nombre des Matelots qui composeront leurs équipages, jusqu'à la concurrence d'un tiers de Matelots Etrangers; voulant néanmoins que lesdits Capitaines, Maîtres & Patrons, leurs Capitaines en second, Lieutenans, Enseignes, Maîtres & premiers Pilotes, soient originaires François, résidens dans le Royaume, leur défendant à peine de quinze cens livres & de confiscation de leurs bâtimens & chargemens, d'y en employer un plus grand nombre que ledit tiers. Enjoignant Sa Majesté aux Commissaires & Commis des Bureaux des classes, de ne leur délivrer aucun rôle d'équipage, sans y faire mention du nombre de ces Etrangers, soit qu'il soit du tiers ou au-dessous, à peine de révocation : voulant au surplus que sur les rôles d'équipage dans la forme ci-dessus prescrite, les Officiers de l'Amirauté expédient sans difficulté les Congés nécessaires.

Acte de la Navigation Angloise.

C'est un Acte ou un Bil par lequel le Parlement d'Angleterre a reglé tout ce qui concerne la Navigation des Anglois, & leur Commerce par rapport à la Marine.

Avant cet Acte il étoit libre à toutes les Nations d'apporter en Angleterre sur leurs propres vaisseaux toutes sortes de marchandises, soit qu'elles fussent de leur crû, soit qu'elles eussent été chargées ailleurs.

Cromwel, cet homme presque à un dégré égal, grand scélérat, & grand politique, avoit le premier senti le préjudice que cette liberté causoit au commerce de sa Nation, que les Etrangers faisoient presque tout entier, particuliérement les Hollandois que le Protecteur auroit bien voulu mortifier, & qu'il n'aimoit pas. Mais soit prudence, soit manque d'occasion favorable, il s'étoit contenté d'animer les Anglois par quelques Bils à faire eux-mêmes le commerce que leur enlevoient leurs voisins, & en particulier il en avoit passé un qui interdisoit aux Hollandois de porter en Angleterre d'autres marchandises que celles qui croissoient ou qui se faisoient chez eux, ce qui les réduisoit à peu de chose.

Charles II, fils de Charles le Martyr, ayant été remis sur le trône de ses peres, peu de tems après la mort de l'Usurpateur,

Le premier Parlement que ce Prince assembla, distinguant ce semble dans Cromwel le parricide d'avec l'homme d'Etat, condamna la mémoire de l'un, & suivit le plan politique de l'autre, sur la navigation & le commerce des Anglois, en passant le célebre Bil ou Acte de Navigation qui subsiste encore dans toute son étendue, & qui s'observe dans sa premiere vigueur.

La datte de cet Acte est du Jeudy 23 Septembre 1660. Les principaux articles sont :

1°. Qu'il ne sera apporté ni emporté aucunes denrées ni marchandises dans toutes les Colonies Angloises d'Asie, d'Afrique, & d'Amérique, que sur des vaisseaux bâtis dans le pays de la domination d'Angleterre, ou appartenant réellement aux Anglois, & dont les Maîtres, & au moins les trois quarts des Matelots seront de la nation, sous peine de saisie & de confiscation des marchandises & bâtimens.

2°. Qu'aucune personne née hors des Etats du Roi d'Angleterre, ou qui n'y sera pas naturalisée, ne pourra exercer dans les mêmes Colonies aucun commerce pour lui ou pour les autres.

3°. Qu'aucunes marchandises du crû de l'Asie ou de l'Amérique, ne pourront être apportées dans les pays & terres de l'obéissance Angloise que sur les vaisseaux Anglois.

4°. Que les marchandises & denrées d'Europe ne pourront être portées en Angleterre par d'autres vaisseaux que ceux des Ports, des Pays, & des Etats où se fabriquent les marchandises, & où croissent les denrées.

5°. Que le poisson de toute espece, & les huiles & fanons de baleines qui n'auront pas été pêchés par des vaisseaux Anglois, ne pourront être apportés en Angleterre qu'en payant le double des droits de la Douane étrangere.

6°. Que le commerce de Port en Port d'Angleterre & Irlande, ne pourra se faire que par des Marchands & vaisseaux Anglois.

7°. Qu'il n'y aura que les vaisseaux bâtis en Angleterre, ou s'ils sont de construction étrangere appartenans en propre aux Anglois, les uns & les autres ayant le Maître & les trois quarts de l'équipage Anglois, qui jouiront de toutes les diminutions faites ou à faire sur les droits de la Douane.

8°. Il est défendu à d'autres qu'aux vaisseaux de la qualité de l'article précédent, d'apporter en Angleterre, Irlande, &c. les marchandises & denrées qui se fabriquent ou qui croissent en Moscovie; non plus que les mâts & autres bois, le sel étranger, le goudron, la résine, le chanvre, le lin, le raisin, les prunes, les huiles d'olive, toutes sortes de blés & de grains, les sucres, les cendres & savon, le vin, le vinaigre, les eaux-de-vie, les raisins de Corinthe, & autres denrées & marchandises des Etats du Grand-Seigneur, à l'exception néanmoins des vaisseaux étrangers bâtis dans les pays & lieux où elles croissent & se fabriquent, ou bien où l'on a coutume de les embarquer, pourvû toutefois que le Maître & les trois quarts des Matelots soient naturels du pays où se feront les embarquemens & chargemens.

9°. Que pour prévenir les fausses déclarations que pourroient faire les Anglois, pour favoriser l'entrée des denrées & marchandises étrangeres, toutes celles énoncées dans l'article 8 qui ne viendront pas sur des navires de la qualité tant de fois répétée, seront censées appartenir aux Etrangers, & comme telles payeront les droits du Roi, des Villes & des Pays qu'ont coutume de payer toutes sortes de marchandises.

10°. Qu'afin d'empêcher les fraudes dont on pourroit se servir en achetant & déguisant les vaisseaux étrangers; les Propriétaires desdits vaisseaux feront apparoir & affirmeront par serment, que lesdits vaisseaux sont à eux de bonne foi, & que les Etrangers n'y ont aucune part ni portion; & ce devant les Directeurs des Douanes de leurs demeures qui leur en donneront certificat; après quoi seulement leurs navires & bâtimens seront réputés de construction Angloise, & comme tels jouiront des privilèges à eux accordés.

11°. Que les vaisseaux Anglois ou réputés Anglois, pourront apporter dans tous les Etats de la domination du Roi d'Angleterre, les denrées & marchandises du Levant, quoiqu'ils ne les ayent pas chargées dans les lieux où elles croissent, & où elles sont travaillées, pourvû que le chargement s'en fasse dans un port de la Méditerranée, au de-là du détroit de Gibraltar. Ce qui s'entendra aussi des denrées & marchandises des Indes Orientales qui seront embarquées dans un port situé au de-là du Cap de Bonne-Espérance, & de celles des Canaries, & autres Colonies d'Espagne & des Açores, & autres Colonies de Portugal, qu'il leur sera aussi loisible de charger, les uns dans les Ports Espagnols, & les autres dans ceux de Portugal.

12°. Il est déclaré que les défenses, peines, & confiscations portées par cet Acte de navigation, ne s'étendront point sur les denrées & marchandises prises de bonne foi & sans intelligences sur les ennemis de l'Angleterre, non plus que sur le poisson de la pêche des Ecossois, leurs blés, leur sel, qui seront apportés en Angleterre par les vaisseaux de construction Ecossoise, dont les trois quarts de l'équipage seront Ecossois, & l'huile dite de Moscovie qui sera chargée en Ecosse par les vaisseaux Anglois.

13°. Il est imposé cinq schelins par tonneau sur chaque vaisseau François qui arrivera dans les Ports d'Angleterre, pour être levés tant que durera en France, (& même trois mois au de-là,) l'impôt de cinquante sols par tonneau sur les vaisseaux Anglois.

14°. Enfin il est ordonné que les sucres, tabacs, & autres marchandises provenant du crû des Colonies Angloises, ne pourront être apportés en Europe que dans les lieux appartenans à l'Angleterre, & que les vaisseaux qui partiront des Ports de la même Couronne situés en Europe pour les Colonies Angloises de l'Asie, de l'Afrique & de l'Amérique, donneront caution dans le lieu de leur départ, de mille livres sterlings s'ils sont au dessous de cent tonneaux, & de deux mille livres s'ils sont au dessus; qu'ils apporteront leur retour dans un Port de ladite domination; & qu'ils donneront pareillement en partant desdites Colonies, une déclaration de leur cargaison, avec obligation de la décharger toute en Angleterre.

NAVIRE. Bâtiment de haut bord propre à aller sur mer avec des voiles. Il se dit en général de toutes sortes de grands vaisseaux, à la réserve des galeres & des autres bâtimens de mer qui ne vont qu'à rames & à voiles latines.

Le sieur Aubin dans son Dictionnaire de Marine, définit le navire un bâtiment de charpenterie composé de plusieurs pieces, cloué & chevillé de bois & de fer, & qui est d'une construction propre à flotter, & à être conduit à la faveur du vent & à l'aide de ses mâts & de ses voiles par tout où l'on peut aller sur mer.

L'invention des Navires est très ancienne, mais très incertaine. Les Mythologistes l'attribuent au Dédale de la Fable, & prétendent que les aîles qu'il inventa pour se sauver du labyrinthe de Crete, ne furent autre chose que les voiles qu'il ajouta le premier aux bâtimens de mer, & avec lesquelles il trompa la vigilance & la poursuite de Minos.

D'autres en font honneur à Janus, à cause de diverses anciennes monnoies de Grece, d'Italie, & de Sicile, qui ont d'un côté sa tête à double front, avec laquelle on a coutume de représenter ce Prince, dont l'antiquité a fait un Dieu, & pour revers la proue d'un vaisseau, ou quelquefois la représentation d'un navire tout entier.

Enfin d'autres, & ce sont ceux qui certainement sont les mieux fondés à cause de l'autorité respectable sur laquelle ils appuyent leur opinion, qui regardent Noé comme le premier constructeur de navire, ayant eu l'avantage d'avoir été choisi pour la construction de cette arche fameuse qu'il fabriqua sur le modele qu'il en reçut de Dieu même, & dans laquelle il renferma l'espérance du genre humain, lorsque pour se garentir du déluge universel, il y entra avec sa famille & ce qui suffisoit d'oiseaux & d'animaux terrestres pour en sauver & en rétablir l'espece.

L'on divise ordinairement les navires en trois classes. Les uns se nomment Navires de Guerre; les autres Navires Marchands, & les troisiémes qui tiennent le milieu entre les deux premiers, sont les Navires armés, moitié en guerre & moitié en marchandise.

Ces trois sortes de navires sont presque d'une égale utilité pour le Commerce. Les navires marchands ou armés moitié en guerre, & moitié en marchandise, entretenant une mutuelle correspondance de négoce entre des nations que la nature sembloit avoir séparées pour toujours; & les navires de guerre mettant ceux-ci à couvert de la piraterie des Corsaires ou des incursions des Armateurs pirates, qui sous un nom plus honorable & à l'abri de leurs commissions, dont souvent ils abusent, interrompent & troublent encore davantage le Commerce que les véritables Corsaires.

Les navires de guerre qui servent d'escorte aux flottes marchandes, s'appellent des Conserves ou des Convois, Conserves dans les mers du Levant, Convois dans celles du Ponant. *Voyez* CONSERVE, *&* CONVOY.

Les navires Marchands sont tenus conformément aux Réglemens de la Marine de France, de prendre des congés de M. l'Amiral, & de les faire enregistrer aux Greffes de l'Amirauté des lieux de leur départ avant que de sortir des Ports du Royaume pour aller en mer. Les autres navires qui sont armés ou tout en guerre, ou moitié guerre & marchandise, outre le Congé doivent encore obtenir une Commission pour aller en course, sans quoi ils pourroient être traités comme forbans.

A l'égard des navires pêcheurs, ceux qui vont à la pêche des morues, hareng, & maquereaux, sur les côtes d'Irlande, d'Ecosse, d'Angleterre, & de l'Amérique, sur le banc de Terre-neuve, & généralement dans toutes les mers où elle se peut faire, sont tenus de prendre un Congé pour chaque voyage; & ceux qui ne vont qu'à la pêche du poisson frais, mais avec des bâtimens portant mât, voiles & gouvernail, sont obligés de prendre aussi un Congé, mais seulement tous les ans.

On appelle le Bourgeois d'un navire marchand celui qui en est le propriétaire, & qui le loue & donne à fret pour y charger des marchandises. C'est à lui à le fournir de bons apparaux, d'armes suffisantes & d'artillerie.

Ce qu'on appelle l'équipage d'un navire, sont ceux qui sont dessus & qui sont destinés ou pour sa défense, ou pour sa conduite, ce qui consiste aux gens de guerre & à leurs Officiers, s'il y en a, aux Matelots, & aux Officiers Mariniers, aux Garçons, Mousses, ou Gourmets. Il appartient au Maître de faire l'équipage du navire, & de choisir & louer les Pilotes, Contre-Maîtres, Matelots & Compagnons; ce qu'il doit faire néanmoins de concert avec les Propriétaires lorsqu'il est dans le lieu de leur demeure.

On comprend sous le nom de Victuailles & Munitions d'un navire, non seulement tout ce qui sert à la nourriture, comme farines, vins, eau, biscuits, huiles, légumes, &c. mais encore ce qui est propre à la défense, comme poudre, boulets, clouages, chaînes, carreaux, grenades; enfin tout ce qu'on appelle sur l'Océan, Armement, & sur la Méditerranée, Sartie de Navire: Celui qui fournit toutes ces choses s'appelle Victuailleur.

Lorsque les victuailles d'un navire manquent pendant le voyage, le maître peut contraindre ceux qui ont des vivres en particulier de les mettre en commun, à la charge de leur en payer le prix. Mais aussi il est défendu au Maître sous peine de punition corporelle, de revendre les victuailles ou de les divertir & receler.

Il peut néanmoins par l'avis & délibération des Officiers du bord, en délivrer aux navires qu'ils trouvent en pleine mer dans une nécessité pressante de vivres, pourvû qu'il lui en reste suffisamment pour son voyage, & à la charge d'en tenir compte aux Propriétaires.

C'est aussi aux Propriétaires que le Maître est tenu de remettre les victuailles & munitions qui lui sont de reste à son retour dans le port.

La grandeur d'un navire s'estime par la quantité de tonneaux qu'il peut porter, & cette estimation se fait par le jaugeage du fond de calle, qui est proprement le lieu essentiel de sa charge.

Le tonneau de mer se prend pour deux milliers pésant qu'on jauge à raison de quarante-deux pieds cubes chaque tonneau; ensorte qu'un navire dont le fond de calle se trouve de quatre mille deux cens pieds cubes, c'est un navire de cent tonneaux, qui par conséquent peut porter deux cent mille pésant de marchandises. *Voyez* JAUGE.

C'est à fond de calle & entre deux ponts que doivent se mettre les marchandises selon leur nature & qualité; les plus pésantes & les moins sujettes à se gâter, comme le fer, le plomb, &c. servant ordinairement de leth.

Il est sur-tout défendu aux Maîtres & Patrons de charger aucunes marchandises sur le tillac de leurs navires sans l'ordre ou le consentement des Marchands, à peine de répondre en leur propre & privé nom de tout le dommage qui en peut arriver.

Le Maître est aussi responsable de toutes les marchandises chargées dans son bâtiment, & est tenu d'en rendre compte sur le pied des connoissemens.

Il est défendu au Maître de vendre ou mettre en gage aucunes marchandises de son chargement, si ce n'est pour radoubs, victuailles & autres nécessités pressantes de son bâtiment, & encore alors seulement de l'avis des Contre-Maîtres & Pilotes, qui doivent attester dans le journal, de la nécessité de l'emprunt & de la vente, & de la qualité de l'employ.

Il n'est permis dans aucun cas au Maître de vendre son vaisseau, s'il n'en a une procuration spéciale du Propriétaire.

Par les Ordonnances de la Marine de France de 1681 & 1685, dont on a tiré une partie de ce qu'on a dit jusqu'ici au sujet de la police qui doit s'observer par les Maîtres des vaisseaux marchands, il est en outre porté:

1°. Qu'aucun ne pourra monter & commander un navire, qu'il n'ait navigé pendant cinq ans, & qu'il n'ait été examiné publiquement sur le fait de la navigation, & trouvé capable par deux anciens Maîtres en présence des Officiers de la Jurisdiction ordinaire & du Professeur d'Hydrographie, s'il y en a dans le lieu.

2°. Qu'aucun Maître de navire ne pourra débaucher un Matelot engagé à un autre Maître, à peine de 100 liv. d'amende, applicable moitié au Grand Amiral, ou au Gouverneur si c'est en Bretagne, & moitié au premier Maître qui pourra reprendre son Matelot si bon lui semble.

3°. Que tout Maître de navire sera tenu d'avoir un journal ou registre cotté & paraphé par les principaux Intéressés au chargement, dans lequel il écrira tout ce qui regarde son armement ou le fait de sa charge, à moins qu'il n'y ait sur son bord un Ecrivain chargé de ce soin par ses Marchands ou Armateurs.

4°. Tous Maîtres sont obligés sous peine d'amende arbitraire, d'être en personne dans leurs bâtimens lorsqu'ils sortent de quelque port, havre ou riviere.

5°. Avant de se mettre en mer le Maître doit laisser au Greffe du lieu d'où il part les noms, surnoms & demeures des Gens de son équipage, des Passagers & des Engagés pour les Isles, & de déclarer

clarer à son retour ceux qu'il aura ramenés, & les lieux où il aura laissé les autres.

6°. Le Maître de navire qui a pris sans nécessité de l'argent sur le corps, avictuaillement ou équippement de son bâtiment, ou vendu des marchandises de son chargement, engagé des apparaux, ou employé dans ses mémoires des avaries ou dépenses supposées, est tenu de payer en son nom, & est déclaré indigne de la maîtrise, & banni du port de sa demeure ordinaire.

7°. Les Maîtres fretés pour faire un voyage sont tenus de l'achever, à peine de dommages & intérêts des Propriétaires & des Marchands, & quand le cas y échet d'être poursuivis extraordinairement.

8°. Les Maîtres, Patrons, Pilotes & Matelots étant à bord pour faire voile, ne peuvent être arrêtés pour dettes civiles, si ce n'est pour les dettes qu'ils auroient contractées pour le voyage.

9°. Il est défendu aux Maîtres d'abandonner leurs navires & bâtimens pendant le voyage pour quelque danger que ce soit, sans l'avis des principaux Officiers & Matelots; & en ce cas ils sont tenus de sauver avec eux l'argent & ce qu'ils pourront de marchandises les plus précieuses de leur chargement, à peine d'en répondre en leur nom & de punition corporelle; & si les effets tirés du navire sont perdus par quelque cas fortuit, le Maître en demeure déchargé.

10°. Les Maîtres & Patrons des navires qui navigent à profits communs, ne peuvent faire aucun négoce séparé pour leur compte particulier; & s'ils en font, leurs marchandises pourront être confisquées au profit des autres Intéressés.

11°. Chacun des Maîtres navigeant comme dessus, est tenu avant le départ de donner au Propriétaire du navire un compte signé de lui, contenant l'état & le prix des marchandises de leur chargement, les sommes par eux empruntées, & les noms & demeures des Prêteurs, à peine de privation de la Maîtrise & de leur part du profit.

Tous ces Reglemens concernant les navires & les Maîtres qui les montent, sont tirés du Titre 1 du Livre 2 des Ordonnances de la Marine ci-devant citées. On a obmis quelques articles de ce Titre, qui ont été employés en un autre endroit de ce Dictionnaire. *Voyez* MAISTRE DE VAISSEAU.

Le Titre 8 du même Livre contient les Reglemens pour les Propriétaires des navires. *Voyez* PROPRIETAIRE DE VAISSEAU.

Par l'art. 1 du 10e Titre tous les navires & bâtimens de mer sont réputés meubles, & en conséquence déchargés de tout droit lignager & autres droits seigneuriaux; demeurant néanmoins affectés aux dettes du Vendeur jusqu'à ce qu'ils ayent fait un voyage en mer sous le nom & aux risques du nouvel Acquereur, si ce n'est qu'il ait été vendu par décret.

Le même Titre ordonne aussi, Que la vente d'un vaisseau étant en voyage, ou faite sous seing privé, ne pourra préjudicier aux Créanciers du Vendeur.

C'est aussi ce Titre qui regle le jaugeage des vaisseaux à raison de quarante-deux pieds cubes par tonneau de mer dont on a parlé ci-dessus.

En conséquence des mêmes Ordonnances tous navires & autres bâtimens de mer peuvent être saisis & décrétés par autorité de justice; & en vertu des décrets qui en sont faits dans les formes requises, tous privileges & hypotheques dont ils pourroient être chargés, sont purgés.

Ces formalités sont, 1°. Que le sergent après avoir fait commandement de payer, procedera par saisie du vaisseau, déclarant par son procès verbal le nom du Maître, celui du bâtiment & son Port, ensemble le lieu où il sera amaré, lequel procès verbal contiendra aussi un inventaire des agrès, ustenciles, armes, munitions, &c. & l'établissement d'un Gardien solvable.

2°. Que le procès verbal sera signifié au domicile du Saisi, s'il en a dans le ressort; & s'il n'a pas de domicile, au Maître du navire; & en cas que le Saisi soit étranger & hors du Royaume, au Procureur du Roi, avec assignation pour pouvoir procéder à la vente.

3°. Que les criées & publications seront faites par trois Dimanches consécutifs à l'issue de la Messe Paroissiale du lieu où le vaisseau sera amaré, & les affiches apposées au grand mast, sur le Quay, à la principale porte de l'Eglise & de l'Auditoire, & autres lieux accoutumés.

4°. Les encheres doivent être reçues incontinent après la premiere criée à jour marqué, & continuées de huitaine en huitaine.

5°. Enfin l'adjudication doit être faite immédiatement après la derniere criée, à moins que le Juge ne trouve à propos d'accorder une ou deux remises, qui seront pareillement publiées & affichées.

Au reste ces formalités ne sont nécessaires que pour les criées & l'adjudication des navires du port au dessus de dix tonneaux; car pour ceux au-dessous de dix tonneaux, il suffit qu'elles ayent été publiées sur le quay à trois divers jours ouvrables consécutifs, pourvû qu'il y ait huit jours francs entre la saisie & la vente.

Dans les ventes & adjudications des navires qui se font par autorité de justice, les loyers des Matelots employés au dernier voyage sont payés par préférence à tous Créanciers; après eux les Opposans pour deniers prêtés pour les nécessités du navire pendant le voyage; ensuite ceux qui ont prêté pour le radoub, victuailles & équippement avant le départ; en quatriéme lieu les Marchands Chargeurs; le tout par concurrence entre les Créanciers étant en même dégré de privilege.

Si le navire vendu n'a point encore fait de voyage, le Vendeur, les Charpentiers, les Calfateurs & autres Ouvriers employés à sa construction; ensemble les Créanciers pour les bois, cordages & autres choses fournies pour le bâtiment, doivent être payés par préférence sur tous autres Créanciers, & par concurrence entr'eux.

Lorsque l'on ne saisit qu'une portion d'un navire prêt à faire voile, les Intéressés audit navire peuvent naviger en donnant caution jusqu'à l'estimation qui sera faite de ladite portion. Il leur est pareillement permis de faire assurer la portion saisie, & prendre de l'argent à grosse aventure pour le coust de l'assurance, dont ils seront remboursés par préférence sur le profit du retour.

Un navire, ses agrès & apparaux, le fret & les marchandises chargées sont respectivement affectés aux conventions de la charte-partie. *Voyez* CHARTE-PARTIE, AFFRETTEMENT & NOLISSEMENT.

Chaque connoissement des marchandises chargées sur un navire doit être fait triple; l'un pour le Chargeur; l'autre pour celui auquel les marchandises doivent être consignées; & le troisiéme pour le Maître ou Ecrivain du navire. On parle ailleurs de toutes les formalités qui doivent s'observer dans ces sortes d'actes. *Voyez* CONNOISSEMENT.

Le fret ou nolis d'un navire, c'est-à-dire, son loyer, doit être réglé par la charte-partie, soit qu'il ait été loué en entier, soit qu'il ne l'ait été qu'en partie, soit que ce soit au voyage, soit que ce ne soit qu'au mois, soit enfin que ce soit au quintal ou à cueillette. *Voyez* FRET, NOLIS, QUINTAL & CUEILLETTE.

L'argent à la grosse peut être donné sur le corps & quille d'un navire, ses agrès & apparaux, armement & victuailles, conjointement ou séparément. *Voyez* GROSSE AVENTURE.

L'on peut assurer & faire assurer non-seulement les marchandises & autres effets qui sont chargés sur un navire, mais encore sur le navire même. *Voyez* ASSURANCE.

Les grosses avaries ou avaries communes, c'est-à-dire, qui ont été faites pour le bien & salut commun du navire & des marchandises, tombent & se prennent sur le tout au sol la livre; mais les avaries simples, c'est-à-dire, qui ne regardent ou que le navire seul, ou que les marchandises en particulier, sont supportées par la chose qui a souffert le dommage. *Voyez* AVARIE.

Suivant les Ordonnances de la Marine de France tout vaisseau marchand appartenant aux Sujets du Roi, qui est repris sur les Ennemis, après qu'il est demeuré entre leurs mains pendant 24 heures, est réputé de bonne prise; mais si la reprise en est faite avant les vingt quatre heures, il doit être restitué aux Propriétaires avec tout ce qui est dedans, à la réserve du tiers qui appartient au navire qui en a fait la recousse.

Outre les deux Ordonnances de la Marine dont on vient de donner de si longs extraits, il y a encore un Reglement du 24 Octobre 1681, pour la construction des navires, barques & autres bâtimens de mer, que les Sujets de Sa Majesté font bâtir ou achetent tant en France que dans les Pays Etrangers: on y parle aussi de quelques formalités échapées dans lesdites Ordonnances qui doivent être observées par ceux qui sont préposés pour la délivrance des congés & passeports du Grand Amiral.

Ce Reglement contient dix articles qu'il est difficile d'abreger, & que pour leur importance on va donner ici en leur entier.

PREMIER ARTICLE.

Sa Majesté fait défenses à tous ses Sujets de prêter leurs noms aux Etrangers, & d'acheter d'eux aucuns vaisseaux par contrats simulés, & à tous Maîtres Capitaines & Patrons François, de prendre des congés & passeports de M. l'Amiral, pour les faire naviger sous pavillon François, à peine de confiscation desdits vaisseaux & de mille livres d'amende, & même de punition corporelle en cas de récidive, tant contre ceux qui auront prêté leur nom, que contre les Maîtres & Patrons qui auront pris les congés.

I I.

Veut Sa Majesté que les commissions, congés & passeports, ne soient donnés qu'aux vaisseaux & bâtimens qui seront actuellement dans les ports de France; & que lesdits congés soient limités pour le tems qui conviendra pour le voyage pour lequel le congé sera expédié, & au plus pour six mois: qu'ils soient nuls après ledit tems, & qu'il en soit mis une clause expresse dans lesdits congés excepté pour les voyages de longs cours pour lesquels le congé sera expédié pour tout le voyage seulement, & toutefois le congé ne pourra servir que pour une année. Il a depuis été permis, comme on le dit à la fin de ce Paragraphe, de proroger jusqu'à deux ans les congés pour le Levant & pour les Indes Orientales.

I I I.

Permet Sa Majesté de donner des congés pour les vaisseaux que ses Sujets auront achetés ou fait construire dans les Pays Etrangers, & qui n'auront encore abordé aucun Port du Royaume; lesquels congés seront limités pour trois mois seulement, sans qu'il leur en puisse être donné d'autres, si dans ce tems-là ils ne sont amenés dans les ports du Royaume.

I V.

Veut Sa Majesté que les Marchands & autres particuliers, qui auront fait bâtir ou acheter des vaisseaux bâtis dans les ports du Royaume, fassent leurs déclarations pardevant les Officiers des Siéges d'Amirauté, de leur demeure, que le vaisseau leur appartient entiérement; ou en cas qu'aucun y ait part, qu'ils déclarent les noms de leurs participes, qui ne pourront être étrangers, mais seulement François demeurans dans le Royaume, & fassent enregistrer au Greffe les contrats de leur propriété.

V.

En cas qu'aucun François veuille faire bâtir quelque vaisseau dans les Pays Etrangers, Sa Majesté veut qu'il fasse sa déclaration ausdits Siéges, aussi-tôt qu'il en donnera le premier ordre, & qu'il la réitere aussi-tôt qu'il sera achevé de bâtir; laquelle déclaration contiendra le lieu où ledit vaisseau sera bâti, le port & le voyage auquel il le destine, ensemble les participes & intéressés en la propriété du vaisseau, lesquels seront François demeurans dans le Royaume ainsi qu'il est dit ci-dessus.

V I.

En cas qu'un François veuille acheter quelque vaisseau dans les Pays Etrangers, Sa Majesté veut qu'il en fasse sa déclaration aux Officiers de l'Amirauté du lieu de sa demeure, & qu'après l'achat il leur déclare les noms de ses participes; & en fasse enregistrer le contrat au Greffe du même Siége.

V I I.

En cas qu'il y ait un Consul de Nation Françoise, établi dans les Pays où les François feront construire ou acheteront des vaisseaux, veut Sa Majesté qu'ils soient tenus de rapporter aux Officiers de l'Amirauté l'attestation du Consul, contenant l'état & qualité du vaisseau, & la connoissance qu'il aura des Vendeurs ou Entrepreneurs; ensemble les Notaires ou autres personnes publiques, qui auront passé les contrats qui seront à cet effet par lui légalisés.

V I I I.

Veut Sa Majesté que les Propriétaires des vaisseaux bâtis dans le Royaume, ou bâtis & achetés dans les Pays Etrangers aux conditions ci-dessus, soient tenus de mettre aux Greffes de l'Amirauté le rôle des équipages desdits vaisseaux, contenant les noms, âge, demeure & pays des Officiers, Mariniers & Matelots dont ils seront composés, soit qu'ils soient en France, soit qu'ils soient dans les Pays Etrangers; & qu'il ne soit donné aucun congé ou passeport, si le Capitaine, Maître ou Patron, ensemble les Officiers & les deux tiers desdits équipages, ne sont François demeurans actuellement dans le Royaume.

Il avoit depuis été défendu par un Reglement de 1716, & une Déclaration de 1722, de prendre aucuns Etrangers pour servir dans les équipages des vaisseaux François, mais par l'Ordonnance du mois d'Octobre 1723, cette défense a été levée. *Voyez* cette derniere Ordonnance à l'article de la Navigation.

IX.

Enjoint Sa Majesté à ses Sujets, qui auront acheté ou fait construire des vaisseaux dans les Pays étrangers & qui les revendront aux Etrangers, d'en faire leurs déclarations, & enregistrer le contrat au Greffe de l'Amirauté du lieu de leur demeure.

X.

Sa Majesté veut que les Marchands, Capitaines, Maîtres, Patrons & Propriétaires du vaisseau, ensemble les Préposés à la délivrance des congés & passeports de Monsieur l'Amiral, qui n'observeront pas les conditions prescrites par le présent Reglement, soient punis par la confiscation des vaisseaux & marchandises de leur chargement, & par l'amende de mille livres, & de punition corporelle en cas de récidive.

L'expérience ayant fait connoître l'utilité de ce Reglement, Sa Majesté, quoiqu'il eût été toujours réguliérement observé, jugea à propos vingt ans après de le confirmer par de nouvelles Lettres Patentes, & attendu qu'il n'avoit été enregistré qu'au Siége de l'Amirauté, d'en ordonner l'enregistrement dans toutes les Cours de Parlement du Royaume, afin qu'elles puissent s'y conformer dans le jugement des procès qui pourroient y être portés.

Ces dernieres Lettres sont du 17 Janvier 1703, elles autorisent & confirment les dix articles du Reglement de 1681, & en ordonnent l'exécution, à la réserve néanmoins de l'article II. en ce qui concerne la durée des congés pour les voyages de long cours, Sa Majesté permettant de les proroger jusqu'à deux ans pour le Levant & pour les Indes Orientales.

NAVIRE MARCHAND. C'est un navire qui va en mer seulement pour faire le commerce.

NAVIRE EN GUERRE ET MARCHANDISE. Est celui qui étant marchand, ne laisse pas de prendre commission pour faire la guerre.

NAVIRE EN COURSE. C'est celui qui étant armé en guerre par des Particuliers, prend commission pour courir sur les Ennemis de l'Etat & interrompre leur commerce. Quelquefois on le nomme simplement Armateur. *Voyez* ARMATEUR.

NAVIRE A FRET. C'est un navire que le Bourgeois ou Propriétaire loue à des Marchands ou autres, pour transporter leurs marchandises d'un Port à un autre, ou même pour des voyages de long cours. *Voyez* FRET.

NAVIRE DE CONSERVE OU DE CONVOY. C'est un vaisseau de guerre qui accompagne des navires marchands, pour les défendre s'ils sont attaqués.

NAVIRE CORSAIRE, NAVIRE PIRATE, OU NAVIRE FORBAN. Tous termes sinonymes qui signifient un navire dont ceux qui le montent n'ont commission d'aucun Prince, & qui courent les mers pour piller indifféremment tout ce qu'ils rencontrent. La peine de mort est chez toutes les Nations de l'Europe le châtiment de ceux qui arment & qui montent de pareils navires. *Voyez* CORSAIRE.

NAVIRE ENVICTUAILLE'. C'est un navire qui a toutes ses provisions & munitions tant de guerre que de bouche. *Voyez* VICTUAILLES.

NAVIRE EN CHARGE. C'est un navire dans lequel on embarque les marchandises, & qui n'a pas encore sa cargaison entiere.

NAVIRE CHARGE'. C'est celui dont la cargaison est complette.

NAVIRE TERRE-NEUVIER. C'est un navire destiné à la pêche de la morue sur le grand banc de Terre-Neuve. On appelle Navire banqué, celui qui est placé sur le banc & qui y fait sa pêche; & Navire débanqué, celui qui a fini sa pêche, ou qui est dérivé de dessus le banc par le mauvais tems. *Voyez* MORUE.

NAVIRE. On donne aussi quelquefois aux navires le nom des Etats, des Provinces ou des Villes où ils ont été construits ou équippés. Ainsi on dit, Navire Anglois, Navire Normand, Navire Breton, Navire Malouin, Navire Nantois, &c.

NAVIRE DE REGISTRE. On appelle ainsi en Espagne & dans l'Amérique Espagnole, un navire marchand à qui le Conseil des Indes a accordé la permission d'y aller trafiquer moyennant une certaine somme & sous certaines conditions. *Voyez* REGISTRE; *cette matiere y est amplement traitée.*

NAULAGE.
NAULIGER.
NAULIS.
NAULISSEMENT.
NAULISSEUR.
} *Voyez tous ces mots par* NOL.

NAUMBOURG, Ville d'Allemagne en Misnie Province de Saxe. Cette Ville est célébre par ses Marchés. *Voyez* MARCHE' DE NAUMBOURG.

NAX

NAXIA ou NAXIE, Isle de la Mer Egée, & l'une des Cyclades. Quoique cette Isle manque de Port, il ne laisse pas de s'y faire un bon Commerce. *Voyez* l'Etat général, Tome I. page 346.

NAY

NAY, Ville de France dans le Bearn. Elle est dans le Département de l'Inspecteur des Manufactures de Bourdeaux. La draperie qu'on y vend y vient du dehors: le seul négoce qui soit, pour ainsi dire, de son cru, consiste dans ces bonnets qu'on nomme Bonnets à la Bearnoise. *Voyez* l'Etat général, Tome I. page 38.

NAZ

NAZIERE. Terme de Voiturier de navigation & de Pêcheur sur riviere. C'est un lieu où l'on tend des nazes pour prendre du poisson.

La Déclaration du Roi de 1703, pour le commerce & la navigation de la Loire, ordonne que les nazieres qui empêchent le cours de cette riviere, seront ôtés ou par les Propriétaires, ou par la Compagnie des Marchands fréquentans la Loire, aux dépens desdits Propriétaires. *Voyez* COMPAGNIE DES MARCHANDS FREQUENTANS LA LOIRE.

NEC

NECANE'ES. Ce sont des toiles rayées de bleu & blanc, qui se fabriquent dans les Indes Orientales; il y en a de larges & d'étroites. Les larges qu'on nomme Nécanées Brouard, ont onze aunes de long sur trois quarts de large. Les étroites qu'on appelle Nécanées Narou, ont dix aunes sur deux tiers.

NEF

NEFFLIER. Arbre de médiocre grandeur qui porte les nefles.

Le bois de cet arbre suffisamment connu, se doit débiter en morceaux de trois ou quatre pouces en quarré sur seize ou dix-huit pouces de longueur. Quand il est débité de cette maniere il se vend assez bien en plusieurs Villes de France, mais particuliérement à Paris. On en fait des chevilles & des fuseaux pour les rouets & les lanternes des moulins, aussi-bien que des outils pour les Menuisiers.

NEFRETIQUE, que l'on écrit plus ordinairement NEPHRETIQUE. Bois médicinal. Il se dit aussi d'une espece de pierre précieuse. *Voyez* NEPHRETIQUE.

NEG

NEGOCE. Commerce ou trafic de marchandises ou d'argent. Il se fait à Lyon un grand négoce d'argent sur la place du change. Le négoce fait toute la richesse des Hollandois. Bordeaux est une Ville d'un grand négoce. Ce Marchand ne fait que le négoce étranger. Le négoce de la draperie est un négoce solide.

En France le négoce en gros ne déroge point à la noblesse. *Voyez* COMMERCE, PROFESSION MERCANTILLE, PARFAIT NEGOCIANT, & TRAFIC.

Le négoce est une profession très honorable en Orient; les Particuliers ne sont pas les seuls qui le font; les plus grands Seigneurs & même les Rois l'exercent quelquefois en personne, mais toujours par leurs Commis.

C'est sur-tout en Perse que la qualité de Marchand a des honneurs & des prérogatives extraordinaires: aussi ce nom ne se donne-t-il point aux gens qui tiennent boutique ou qui trafiquent de menues denrées; ce sont seulement ceux qui entretiennent des Commis & des Facteurs dans les Pays les plus éloignés, qui sont appellés Marchands. Ces personnes sont souvent élevées aux plus grandes Charges; & c'est ordinairement d'entre ces sortes de Négocians que les Rois de Perse choisissent leurs Ambassadeurs. Le nom de Marchand en Persan est *Saudaguer*, qui signifie Faiseur de profit.

Le négoce se fait en Orient par Courtiers: les Persans les nomment *Delal*, c'est-à-dire, Grands Parleurs. La maniere de faire les marchés est singuliere. Après que les Courtiers se sont étendus en de longs & souvent d'inutiles discours, quand il s'agit de conclure ils ne parlent plus que par les doigts. Le Courtier de l'Acheteur & celui du Vendeur se prennent tous deux de la main droite qu'ils couvrent de leur manteau ou d'un mouchoir. Le doigt étendu vaut dix, le doigt plié cinq, le bout du doigt un, la main entiere cent, la main pliée mille. Ils marquent même jusqu'aux livres, sols & deniers en se maniant la main. Pendant tout ce trafic mystérieux les deux Courtiers, à quelque somme qu'aille le marché, paroissent aussi froids & aussi tranquiles que s'il ne s'agissoit de rien entr'eux. Les Commis que les Persans tiennent dans les Pays Etrangers se nomment Vikils. *Voyez* COMMERCE.

NEGOCIANT. Banquier ou Marchand qui fait négoce. Il est important aux Négocians de conserver leur crédit sur la place. *Voyez* MARCHAND & BANQUIER.

NEGOCIANT. On appelle *Parfait Négociant*, un Ouvrage composé & donné au Public en 1675, par M. Savary, contenant une instruction générale pour tout ce qui regarde le commerce de toutes sortes de marchandises tant de France que des Pays étrangers, avec une application des Ordonnances & Arrêts rendus sur toutes les questions les plus difficiles qui arrivent entre les Marchands, Négocians & Banquiers, sur toutes sortes de matieres concernant le commerce. *Voyez* PARFAIT NEGOCIANT.

NEGOCIATEUR. Celui qui se mêle de quelque négociation. Les Agens de Banque & les Courtiers sont les Négociateurs des Marchands & Banquiers.

NEGOCIATION. Se dit du commerce des billets & des lettres de change qui se font dans les Bourses & sur les Places de change. La Négociation que j'ai faite de votre lettre, de votre billet est avantageuse, il y a tant pour cent de benefice.

C'est par l'entremise des Agens ou Courtiers de change que la plupart des négociations des lettres & billets de change se font.

NEGOCIER. Trafiquer, commercer. Les Marchands négocient en différentes marchandises; les Banquiers négocient en argent, en billets & lettres de change. *Voyez* NEGOCE & COMMERCE.

NEGOCIER UNE LETTRE DE CHANGE. C'est la céder ou la transporter à un autre moyennant la valeur que l'Acheteur en donne au Cedant ou Vendeur; ce qui se peut faire de trois manieres, au pair, avec profit, ou avec perte.

On négocie au pair, quand on reçoit précisément la somme contenue dans la lettre de change; la négociation se fait avec profit, quand le Cedant reçoit plus que ne porte la lettre; & elle se fait avec perte, quand on cede une lettre de change pour une somme moindre que celle qui y est exprimée.

Quand le Tireur d'une lettre de change reçoit plus que le pair, cela s'appelle Avance pour le Tireur; on nomme au contraire Avance pour le Donneur d'argent, & perte pour le Tireur, lorsque le Donneur donne moins que le pair.

NEGRERIE. Lieu où ceux qui font le commerce des Négres ont coutume d'enfermer leurs Esclaves, soit sur les Côtes d'Afrique jusqu'à ce qu'ils puissent les embarquer, soit dans les Isles Antilles & autres endroits où ils les débarquent jusqu'à ce qu'ils ayent trouvé Marchand; d'autres disent Captiverie. *Voyez* NEGRES.

NEGRES. Peuples d'Afrique, dont le Pays a son étendue des deux côtés du fleuve Niger. L'on appelle Nigritie cette grande Région qu'ils habitent, qui a plus de huit cent lieues de côtes, & qui s'étend plus de cinq cent lieues dans les terres. Il est incertain si ces peuples ont communiqué leur nom au Pays, aussi-bien qu'au grand fleuve qui l'arrose.

Les Européens font depuis quelques siécles commerce de ces malheureux Esclaves, qu'ils tirent de Guinée & des autres Côtes de l'Afrique, pour soutenir les Colonies qu'ils ont établies dans plusieurs endroits de l'Amérique & dans les Isles Antilles.

Il est difficile de justifier tout-à-fait le commerce des Négres; cependant il est vrai que comme ces miserables Esclaves trouvent ordinairement leur falut dans la perte de leur liberté, & la raison de l'instruction Chrétienne qu'on leur donne jointe au besoin indispensable qu'on a d'eux pour les cultures des sucres, des tabacs, des indigos, &c. adoucissent ce qui paroît d'inhumain dans un négoce où des hommes sont les Marchands d'autres hommes, & les achetent de même que des bestiaux pour cultiver leurs terres.

Le commerce des Négres est fait par toutes les Nations qui ont des établissemens dans les Indes Occidentales, & particuliérement par les François, les Anglois, les Portugais, les Hollandois, les Suedois & les Danois.

A l'égard des Espagnols, quoiqu'ils soient les mieux établis dans cette vaste partie du monde qu'ils ont découverte les premiers, & dont ils ont été aussi les premiers Conquerans, ils n'ont gueres les Négres de la premiere main, & ce sont les autres Nations qui font des traités avec eux pour leur en fournir, comme ont fait long-tems la Compagnie des Grilles établie à Genes, celle de l'Assiente en France, & à present la Compagnie du Sud en Angleterre, depuis la Paix d'Utrecht en 1713, qui a terminé la guerre pour la succession d'Espagne.

Il paroît presque indubitable que ce sont les François qui ont fait les premiers le commerce du Cap verd & des Côtes de Guinée, où se fait présentement le plus grand négoce d'Esclaves Negres.

Les noms de Bayes de France, de Paris & de petit Diepe que plusieurs lieux de cette partie de l'Afrique conservent encore, rendent cette opinion plus que vrai-semblable; & il y a même des Auteurs qui parlant plus affirmativement avancent que les Diepois en ayant entrepris le voyage dès l'an 1364, s'y étoient établis & y avoient des habitations plus de cinquante ans avant que les Portugais en eussent eu connoissance.

Mais quand cette opinion seroit tout-à-fait certaine, il faut du moins convenir qu'il ne s'agissoit point alors du commerce des Négres, & que dans les commencemens, & même jusques en 1604 que les Anglois & les Hollandois en chasserent le peu de François qui étoient venus y relever les ruines des habitations de leurs ancêtres, ils n'y trafiquoient que de poudre d'or, de morfil, de cuirs, de gommes, de plumes d'autruches, d'ambre gris, de civette, de malaguette & d'autres telles marchandises.

Ce n'est même qu'assez long-tems après l'établissement des Colonies Françoises dans les Isles Antilles qu'on a vû des vaisseaux François sur les Côtes de Guinée pour y faire le trafic des Noirs qui commença à devenir un peu commun lorsque la Compagnie des Indes Occidentales eut été établie en 1664, & que les Côtes d'Afrique depuis le Cap-Verd jusques au Cap de Bonne-Esperance eurent été comprises dans sa concession.

La Compagnie du Senegal lui succeda pour ce commerce; quelques années après, la concession de cette derniere, comme trop étendue, fut partagée, & ce qu'on lui en ôta fut donné à la Compagnie de Guinée qui prit ensuite le nom de Compagnie de l'Assiente.

De ces deux Compagnies Françoises celle du Senegal subsiste toujours; mais celle de l'Assiente a fini après le Traité d'Utrecht, & la liberté du commerce dans tous les lieux qui lui avoient été cedés soit pour les Négres, soit pour les autres marchandises, a été rétablie dans la premiere année du regne de Louis XV. *Voyez* COMPAGNIES.

Les meilleures Négres se tirent du Cap-Verd, d'Angole, du Senegal, du Royaume des Joloffes, de celui de Galland, de Damel, de la riviere de Gambie, de Majugard, de Bar, &c.

Un Négre piece d'Inde (comme on les nomme) depuis 17 à 18 ans jusqu'à 30 ans, ne revenoit autrefois qu'à trente ou 32 livres en marchandises propres au Pays, qui sont des eaux-de-vie, du fer, de la toile, du papier, des masses ou rassades de toutes couleurs, des chandieres & bassins de cuivre, & autres semblables que ces Peuples estiment beaucoup. Mais depuis que les Européens ont pour ainsi dire encheri les uns sur les autres; ces Barbares ont sçû profiter de leur jalousie, & il est rare qu'on traite encore de beaux Négres pour 60 livres, la Compagnie de l'Assiente en ayant acheté jusqu'à 100 livres la piece.

Ces esclaves se font de plusieurs manieres; les uns pour éviter la faim se vendent eux-mêmes, leurs enfans & leurs femmes aux Rois ou aux plus puissans d'entr'eux qui ont dequoi les nourrir; car quoiqu'ils se passent de peu, la stérilité est quelquefois si extraordinaire dans certains endroits de l'Afrique, surtout quand il y a passé quelque nuage de sauterelles, qui est une playe assez ordinaire, qu'on n'y peut faire aucune recolte ni de mil ni de ris, ou d'autres légumes dont ils ont coutume de subsister.

Les autres sont des Prisonniers faits en guerre & dans les incursions que ces petits Roitelets font sur les terres de leurs voisins, souvent sans d'autres raisons que de faire des esclaves, lesquels emmenent jeunes, vieux, femmes, filles, jusqu'aux enfans à la mamelle.

Il y a des Négres qui se surprennent les uns les autres, pendant que les vaisseaux d'Europe sont à l'ancre, y amenant ceux qu'ils ont pris pour les y vendre & les y embarquer malgré eux, & il n'est point nouveau de voir des fils vendre de cette sorte leurs malheureux peres, des peres leurs propres enfans, & encore plus souvent ceux qui ne sont liés d'aucune parenté, mettre la liberté les uns des autres à prix de quelques bouteilles d'eau-de-vie ou de quelque barre de fer.

Ceux qui font ce négoce, outre les victuailles pour l'équipage du vaisseau, portent du gruau, des pois gris & blancs, des féves, du vinaigre & de l'eau-de-vie pour la nourriture des Négres qu'ils esperent avoir de leur traite.

Aussi tôt que la traite est finie, il ne faut point perdre de tems pour mettre à la voile, l'expérience ayant fait connoître que tant que ces miserables sont encore à la vûe de leur patrie, la tristesse ou le désespoir les prend, dont l'une leur cause des maladies qui en font mourir une bonne partie pendant la traversée; & l'autre les porte à s'ôter eux-mêmes la vie, soit en se refusant la nourriture, soit en s'ôtant la respiration par une maniere dont ils sçavent se plier & contourner la langue qui à coup sûr les étouffe, soit enfin en se brisant la tête contre le vaisseau, ou en se précipitant dans la mer s'ils en trouvent l'occasion.

Cet excès d'amour pour la patrie semble diminuer à mesure qu'ils s'en éloignent, la gayeté même leur prend, & c'est un secret presque immanquable pour la leur inspirer & pour les conserver jusques au lieu de leur destination, que de leur faire entendre des instrumens de musique, ne fussent que quelque vielle ou quelque musette.

A l'arrivée aux Isles chaque tête de Négre se vend depuis trois jusqu'à cinq cent livres suivant leur jeunesse, leur vigueur & leur santé; ce n'est pas pour l'ordinaire en argent, mais en marchandises du crû du Pays. *Voyez* ASSIENTE.

Ces Négres sont la principale richesse des Habitans des Isles; qui en a une douzaine, peut être estimé riche. Comme ils multiplient beaucoup dans les pays chauds, leurs Maîtres pour peu qu'ils les traitent avec douceur, voyent croître insensiblement cette famille de noirs & augmenter en même-tems le nombre de leurs esclaves, l'esclavage étant héréditaire parmi ces miserables.

Il est vrai qu'il est quelquefois dangereux d'avoir trop d'indulgence pour eux, étant d'un naturel dur, intraitable & incapable de se gagner par la douceur; mais il faut éviter les deux extrémités; un châtiment moderé les rend souples & les anime au travail, & au contraire trop de dureté les rebute, & dans leur désespoir ils se jettent parmi les Négres Marons ou Sauvages, qui se tiennent dans des lieux inaccessibles des Isles où ils ménent une vie très miserable, mais plus à leur gré, parce qu'elle est libre.

L'Edit suivant appellé le *Code Noir*, fut donné à Versailles au mois de Mars 1724. Cet Edit sert de réglement pour l'administration de la Justice, Police, Discipline, & le Commerce des esclaves Négres dans la Province de la Louisiane.

LOUIS par la grace de Dieu, Roi de France & de Navarre: A tous présens & à venir, Salut. Les Directeurs de la Compagnie des Indes Nous ayant représenté que la Province & Colonie de la Louisiane est considérablement établie par un grand nombre de nos Sujets, lesquels se servent d'Esclaves Negres pour la culture des terres; Nous avons jugé qu'il étoit de notre autorité & notre Justice, pour la conservation de cette Colonie, d'y établir une loi & des regles certaines, pour y maintenir la discipline de l'Eglise Catholique, Apostolique & Romaine, & pour ordonner de ce qui concerne l'état & la qualité des Esclaves dans lesdites Isles. Et désirant y pourvoir, & faire connoître à nos Sujets qui y sont habitués, & qui s'y établiront à l'avenir, qu'encore qu'ils habitent des climats infiniment éloignés, Nous leur sommes toujours présens par l'étendue de notre puissance, & par notre application à les secourir: A CES CAUSES, & autres, à ce Nous mouvans, de l'avis de notre Conseil, & de notre certaine science, pleine puissance & autorité Royale, Nous avons dit, statué, & ordonné, disons, statuons, & ordonnons, Voulons & Nous plaît ce qui suit.

ARTICLE PREMIER.

L'Edit du feu Roi Louis XIII, de glorieuse mémoire, du 23 Avril 1615, sera exécuté dans notre Province & Colonie de la Louisiane: ce faisant, enjoignons aux Directeurs Généraux de ladite Compagnie, & à tous nos Officiers, de chasser dudit Pays tous les Juifs qui peuvent y avoir établi leur résidence, auxquels, comme aux ennemis déclarés du nom chrétien, Nous commandons d'en sortir dans trois mois, à compter du jour de la publication des présentes, à peine de confiscation de corps & de biens.

II.

Tous les Esclaves qui seront dans notredite Province, seront instruits dans la Religion Catholique, Apostolique & Romaine, & baptisés: ordonnons aux Habitans qui acheteront des Negres nouvellement arrivés, de les faire instruire & baptiser dans le tems convenable, à peine d'amende arbitraire: Enjoignons aux Directeurs Généraux de ladite Compagnie, & à tous nos Officiers, d'y tenir exactement la main.

III.

Interdisons tous exercices d'autre Religion que de la Catholique, Apostolique & Romaine: Voulons que les contrevenans soient punis comme rébelles & désobéissans à nos Commandemens: Défendons toutes assemblées pour cet effet, lesquelles Nous déclarons conventicules, illicites & séditieuses, sujettes à la même peine, qui aura lieu même contre les Maîtres qui les permettront ou souffriront à l'égard de leurs Esclaves.

IV.

Ne seront préposés aucuns Commandeurs à la direction des Negres, qu'ils ne fassent profession de la Religion Catholique, Apostolique & Romaine, à peine de confiscation desdits Negres contre les Maîtres qui les auront préposés, & de punition arbitraire contre les Commandeurs qui auront accepté ladite direction.

V.

Enjoignons à tous nos Sujets, de quelque qualité & condition qu'ils soient, d'observer régulièrement les jours de Dimanches & de Fêtes; leur défendons de travailler, ni de faire travailler leurs Esclaves auxdits jours, depuis l'heure de minuit jusqu'à l'autre minuit, à la culture de la terre & à tous autres ouvrages, à peine d'amende & de punition arbitraire contre les Maîtres, & de confiscation des Esclaves qui seront surpris par nos Officiers dans le travail: pourront néanmoins envoyer leurs Esclaves aux Marchés.

VI.

Défendons à nos Sujets blancs de l'un & de l'autre sexe, de contracter mariage avec les Noirs, à peine de punition & d'amende arbitraire; & à tous Curés, Prêtres, ou Missionnaires séculiers ou réguliers, & même aux Aumoniers de Vaisseaux, de les marier. Défendons aussi à nosdits Sujets blancs, même aux Noirs affranchis ou nés libres, de vivre en concubinage avec des Esclaves; Voulons que ceux qui auront eu un ou plusieurs enfans d'une pareille conjonction, ensemble les Maîtres qui les auront soufferts, soient condamnés chacun en une amende de trois cens livres: Et s'ils sont Maîtres de l'Esclave de laquelle ils auront eu lesdits enfans, voulons qu'outre l'amende ils soient privés tant de l'Esclave que des enfans, & qu'ils soient adjugés à l'Hôpital des lieux sans pouvoir jamais être affranchis. N'entendons toutefois le présent Article avoir lieu, lorsque l'homme noir affranchi ou libre, qui n'étoit point marié durant son concubinage avec son Esclave, épousera dans les formes prescrites par l'Eglise ladite Esclave qui sera affranchie par ce moyen, & les enfans rendus libres & légitimes.

VII.

Les solemnités prescrites par l'Ordonnance de Blois, & par la Déclaration de 1639 pour les mariages, seront observées, tant à l'égard des personnes libres que des Esclaves; sans néanmoins que le consentement du pere & de la mere de l'Esclave y soit nécessaire, mais celui du Maître seulement.

VIII.

Défendons très expressément aux Curés de procéder aux mariages des Esclaves, s'ils ne font apparoir du consentement de leurs Maîtres : Défendons aussi aux Maîtres d'user d'aucunes contraintes sur leurs Esclaves pour les marier contre leur gré.

IX.

Les enfans qui naîtront des mariages entre les Esclaves, seront Esclaves & appartiendront aux Maîtres des femmes Esclaves, & non à ceux de leurs maris, si les maris & les femmes ont des Maîtres différens.

X.

Voulons, si le mari esclave a épousé une femme libre, que les enfans tant mâles que filles, suivent la condition de leur mere, & soient libres comme elle, nonobstant la servitude de leur pere ; & que si le pere est libre & la mere esclave, les enfans soient esclaves pareillement.

XI.

Les Maîtres seront tenus de faire enterrer en terre sainte, dans les Cimetieres destinés à cet effet, leurs Esclaves baptisés ; & à l'égard de ceux qui mourront sans avoir reçû le Baptême, ils seront enterrés la nuit dans quelque champ voisin du lieu où ils seront décédés.

XII.

Défendons aux Esclaves de porter aucunes armes offensives ni de gros bâtons, à peine du fouet, & de confiscation des armes au profit de celui qui les en trouvera saisis, à l'exception seulement de ceux qui seront envoyés à la chasse par leurs Maîtres, & qui seront porteurs de leurs billets ou marques connues.

XIII.

Défendons pareillement aux Esclaves appartenans à différens Maîtres de s'attrouper le jour ou la nuit, sous prétexte de nôces ou autrement, soit chez l'un de leurs Maîtres ou ailleurs ; & encore moins dans les grands chemins ou lieux écartés, à peine de punition corporelle, qui ne pourra être moins que du fouet & de la fleur-de-lys ; & en cas de fréquentes récidives & autres circonstances aggravantes, pourront être punis de mort ; ce que Nous laissons à l'arbitrage des Juges : Enjoignons à tous nos Sujets de courre sus aux contrevenans, & de les arrêter & conduire en prison, bien qu'ils ne soient Officiers, & qu'il n'y ait encore contre lesdits contrevenans aucun décret.

XIV.

Les Maîtres qui seront convaincus d'avoir permis ou toleré de pareilles assemblées composées d'autres Esclaves que de ceux qui leur appartiennent, seront condamnés en leur propre & privé nom, de réparer tout le dommage qui aura été fait à leurs voisins, à l'occasion desdites assemblées, & en trente livres d'amende pour la premiere fois, & au double en cas de récidive.

XV.

Défendons aux Esclaves d'exposer en vente au marché, ni de porter dans les maisons particulieres, pour vendre aucune sorte de denrées, même des fruits, légumes, bois à brûler, herbes ou fourages pour la nourriture des bestiaux, ni aucune espece de grains ou autres marchandises, hardes ou nippes, sans permission expresse de leurs Maîtres par un billet ou par des marques connues, à peine de revendication des choses ainsi vendues, sans restitution de prix par les Maîtres, & de six livres d'amende à leur profit contre les acheteurs par rapport aux fruits, légumes, bois à brûler, herbes, fourages, & grains : Voulons que par rapport aux marchandises, hardes ou nippes, les contrevenans acheteurs soient condamnés à quinze cens livres d'amende, aux dépens, dommages & interêts, & qu'ils soient poursuivis extraordinairement comme voleurs receleurs.

XVI.

Voulons à cet effet que deux personnes soient préposées dans chaque marché, par les Officiers du Conseil supérieur ou des Justices inférieures ; pour examiner les denrées & marchandises qui y seront apportées par les esclaves, ensemble les billets & marques de leurs Maîtres dont ils seront porteurs.

XVII.

Permettons à tous nos Sujets habitans du Pays, de se saisir de toutes les choses dont ils trouveront lesdits Esclaves chargés, lorsqu'ils n'auront point de billets de leurs Maîtres, ni de marques connues, pour être rendues incessamment à leurs Maîtres, si leur habitation est voisine du lieu où les Esclaves auront été surpris en délit ; sinon elles seront incessamment envoyées au magasin de la Compagnie le plus proche, pour y être en dépôt jusqu'à ce que les Maîtres en ayent été avertis.

XVIII.

Voulons que les Officiers de notre Conseil superieur de la Louisiane, envoyent leurs avis sur la quantité de vivres & la qualité de l'habillement qu'il convient que les Maîtres fournissent à leurs Esclaves ; lesquels vivres doivent leur être fournis par chacune semaine, & l'habillement par chacune année, pour y être statué par Nous : & cependant permettons auxdits Officiers de regler par provision lesdits vivres & ledit habillement : défendons aux Maîtres desdits Esclaves de donner aucune sorte d'eau-de-vie pour tenir lieu de ladite subsistauce & habillement.

XIX.

Leur défendons pareillement de se décharger de la nourriture & subsistance de leurs Esclaves, en leur permettant de travailler certain jour de la semaine pour leur compte particulier.

XX.

Les Esclaves qui ne seront point nourris, vêtus & entretenus par leurs Maîtres, pourront en donner avis au Procureur Général dudit Conseil ou aux Officiers des Justices inferieures, & mettre leurs mémoires entre leurs mains ; sur lesquels, & même d'office si les avis leur viennent d'ailleurs, les Maîtres seront poursuivis à la requête dudit Procureur Général & sans frais, ce que Nous voulons être observé pour les crimes & les traitemens barbares & inhumains des Maîtres envers leurs Esclaves.

XXI.

Les Esclaves infirmes par vieillesse, maladie ou autrement, soit que la maladie soit incurable ou non, seront nourris & entretenus par leurs Maîtres : & en cas qu'ils les eussent abandonnés, lesdits Esclaves seront adjugés à l'Hôpital le plus proche, auquel les Maîtres seront condamnés de payer huit sols par chacun jour pour la nourriture & entretien de chacun Esclave ; pour le payement de laquelle somme, ledit Hôpital aura privilége sur les habitations des Maîtres,en quelques mains qu'elles passent.

XXII.

Déclarons les Esclaves ne pouvoir rien avoir qui ne soit à leurs Maîtres, & tout ce qui leur vient par leur industrie ou par la liberalité d'autres personnes ou autrement à quelque titre que ce soit, être acquis en pleine proprieté à leurs Maîtres; sans que les enfans des Esclaves, leurs pere & mere, leurs parens & tous autres, libres ou esclaves y puissent rien prétendre, par successions, dispositions entre-vifs, ou à cause de mort; lesquelles dispositions déclarons nulles, ensemble toutes les promesses & obligations qu'ils auroient faites, comme étant faites par gens incapables de disposer & contracter de leur chef.

XXIII.

Voulons néanmoins que les Maîtres soient tenus de ce que leurs Esclaves auront fait par leur commandement, ensemble de ce qu'ils auront geré & négocié dans leurs boutiques, & pour l'espece particuliere de commerce à laquelle leurs Maîtres les auront préposés; & en cas que leurs Maîtres n'ayent donné aucun ordre & ne les ayent point préposés, ils seront tenus seulement jusqu'à concurrence de ce qui aura tourné à leur profit; & si rien n'a tourné au profit des Maîtres, le pecule desdits Esclaves que les Maîtres leur auront permis d'avoir, en sera tenu après que leurs Maîtres en auront déduit par préference ce qui pourra leur en être dû, sinon que le pecule consistât en tout ou partie en marchandises dont les Esclaves auroient permission de faire trafic à part, sur lesquelles leurs Maîtres viendront seulement par contribution au sol la livre avec les autres créanciers.

XXIV.

Ne pourront les Esclaves être pourvûs d'Offices ni de Commission ayant quelque fonction publique, ni être constitués Agens par autres que par leurs Maîtres, pour gerer & administrer aucun négoce, ni être arbitres ou experts: ne pourront aussi être témoins, tant en matieres civiles que criminelles, à moins qu'ils ne soient témoins nécessaires & seulement à défaut de Blancs: mais dans aucun cas ils ne pourront servir de témoins pour ou contre leurs Maîtres.

XXV.

Ne pourront aussi les Esclaves être parties ni être en jugement en matiere civile, tant en demandant qu'en défendant, ni être parties civiles en matiere criminelle; sauf à leurs Maîtres d'agir & défendre en matiere civile, & de poursuivre en matiere criminelle la réparation des outrages & excès qui auront été commis contre leurs Esclaves.

XXVI.

Pourront les Esclaves être poursuivis criminellement, sans qu'il soit besoin de rendre leurs Maîtres parties si ce n'est en cas de complicité; & seront les Esclaves accusés, jugés en premiere instance par les Juges ordinaires s'il y en a, & par appel au Conseil sur la même instruction, & avec les mêmes formalités que les personnes libres, aux exceptions ci-après.

XXVII.

L'Esclave qui aura frappé son Maître, sa Maîtresse, le mari de sa Maîtresse, ou leurs enfans avec contusion ou effusion de sang ou au visage, sera puni de mort.

XXVIII.

Et quant aux excès & voyes de fait, qui seront commis par les Esclaves contre les personnes libres, voulons qu'ils soient séverement punis, même de mort s'il y échoit.

XXIX.

Les vols qualifiés, même ceux de chevaux, cavales, mulets, bœufs ou vaches, qui auront été faits par les Esclaves ou par les affranchis, seront punis de peine afflictive, même de mort si le cas le requiert.

XXX.

Les vols de moutons, chévres, cochons, volailles, grains, fourage, pois, féves, ou autres légumes & denrées faits par les Esclaves, seront punis selon la qualité du vol par les Juges, qui pourront, s'il y échoit, les condamner d'être battus de verges par l'Exécuteur de la haute Justice, & marqués d'une fleur-de-lys.

XXXI.

Seront tenus les Maîtres, en cas de vol ou d'autre dommage causé par leurs Esclaves, outre la peine corporelle des Esclaves, de réparer le tort en leur nom, s'ils n'aiment mieux abandonner l'Esclave à celui auquel le tort aura été fait; ce qu'ils seront tenus d'opter dans trois jours, à compter de celui de la condamnation, autrement ils en seront déchus.

XXXII.

L'Esclave fugitif qui aura été en fuite pendant un mois, à compter du jour que son Maître l'aura dénoncé à la Justice, aura les oreilles coupées & sera marqué d'une fleur de lys sur une épaule; & s'il récidive pendant un autre mois, à compter pareillement du jour de la dénonciation, il aura le jarret coupé, & il sera marqué d'une fleur de lys sur l'autre épaule; & la troisiéme fois il sera puni de mort.

XXXIII.

Voulons que les Esclaves qui auront encouru les peines du fouet, de la fleur de lys, & des oreilles coupées, soient jugés en dernier ressort par les Juges ordinaires, & exécutés sans qu'il soit nécessaire que tels jugemens soient confirmés par le Conseil supérieur, nonobstant le contenu en l'article XXVI des présentes, qui n'aura lieu que pour les jugemens portant condamnation de mort ou du jarret coupé.

XXXIV.

Les affranchis ou Negres libres qui auront donné retraite dans leurs maisons aux Esclaves fugitifs, seront condamnés par corps envers le Maître, en une amende de trente livres par chacun jour de rétention; & les autres personnes libres qui leur auront donné pareille retraite, en dix livres d'amende aussi par chacun jour de rétention: & faute par lesdits Negres affranchis ou libres, de pouvoir payer l'amende, ils seront réduits à la condition d'Esclaves & vendus, & si le prix de la vente passe l'amende, le surplus sera délivré à l'Hôpital.

XXXV.

Permettons à nos Sujets dudit Pays qui auront des Esclaves fugitifs, en quelque lieu que ce soit, d'en faire faire la recherche par telles personnes & à telles conditions qu'ils jugeront à propos, ou de la faire eux-mêmes ainsi que bon leur semblera.

XXXVI.

L'Esclave condamné à mort sur la dénonciation

tion de son Maître, lequel ne sera point complice du crime, sera estimé avant l'exécution par deux des principaux Habitans qui seront nommés d'office par le Juge, & le prix de l'estimation en sera payé; pour à quoi satisfaire, il sera imposé par notre Conseil supérieur sur chaque tête de Negre la somme portée par l'estimation, laquelle sera reglée sur chacun desdits Negres, & levée par ceux qui seront commis à cet effet.

XXXVII.

Défendons à tous Officiers de notredit Conseil, & autres Officiers de Justice établis audit Pays, de prendre aucune taxe dans les procès criminels contre les Esclaves, à peine de concussion.

XXXVIII.

Défendons aussi à tous nos Sujets desdits Pays, de quelque qualité & condition qu'ils soient, de donner ou faire donner de leur autorité privée la question ou torture à leurs Esclaves sous quelque prétexte que ce soit, ni de leur faire ou faire faire aucune mutilation de membre, à peine de confiscation des Esclaves, & d'être procédé contre eux extraordinairement : Leur permettons seulement lorsqu'ils croiront que leurs Esclaves l'auront mérité, de les faire enchaîner ou battre de verges ou de cordes.

XXXIX.

Enjoignons aux Officiers de Justice établis dans ledit Pays, de proceder criminellement contre les Maîtres & les Commandeurs qui auront tué leurs Esclaves, ou leur auront mutilé les membres étant sous leur puissance ou sous leur direction, & de punir le meurtre selon l'atrocité des circonstances : & en cas qu'il y ait lieu à l'absolution, leur permettons de renvoyer, tant les Maîtres que les Commandeurs absous, sans qu'ils ayent besoin d'obtenir de Nous des Lettres de grace.

XL.

Voulons que les Esclaves soient réputés meubles, & comme tels qu'ils entrent dans la Communauté, qu'il n'y ait point de suite par hypotheque sur eux, qu'ils se partagent également entre les Cohéritiers, sans préciput & droit d'aînesse, & qu'ils ne soient point sujets au Douaire coutumier, au retrait lignager ou féodal, aux droits féodaux & Seigneuriaux, aux formalités des décrets, ni au retranchement des quatre quints, en cas de disposition à cause de mort ou Testamentaire.

XLI.

N'entendons toutefois priver nos Sujets de la faculté de les stipuler propres à leurs personnes, & aux leurs de leur côté & ligne, ainsi qu'il se pratique pour les sommes de deniers & autres choses mobiliaires.

XLII.

Les formalités prescrites par nos Ordonnances & par la Coutume de Paris, pour les saisies des choses mobiliaires, seront observées dans les saisies des Esclaves : Voulons que les deniers en provenans, soient distribués par ordre des saisies ; & en cas de déconfiture au sol la livre, après que les dettes privilégiées auront été payées ; & généralement que la condition des Esclaves soit reglée en toutes affaires comme celles des autres choses mobiliaires.

XLIII.

Voulons néanmoins que le mari, sa femme & leurs enfans impuberes, ne puissent être saisis & vendus séparément, s'ils sont tous sous la puissance

d'un même Maître : Déclarons nulles les saisies & ventes séparées, qui pourroient en être faites, ce que Nous voulons aussi avoir lieu dans les ventes volontaires, à peine contre ceux qui feront lesdites ventes, d'être privés de celui ou de ceux qu'ils auront gardés, qui sont adjugés aux Acquereurs, sans qu'ils soient tenus de faire aucun suplément de prix.

XLIV.

Voulons aussi que les Esclaves âgés de quatorze ans & au-dessus jusqu'à soixante ans, attachés à des fonds ou habitations, & y travaillant actuellement, ne puissent être saisis pour autres dettes que pour ce qui sera dû du prix de leur achat, à moins que les fonds ou habitations fussent saisis réellement ; auquel cas Nous enjoignons de les comprendre dans la saisie réelle, & défendons à peine de nullité, de proceder par saisie réelle & adjudication par décret sur des fonds ou habitations, sans y comprendre les Esclaves de l'âge susdit, y travaillant actuellement.

XLV.

Le Fermier judiciaire des fonds ou habitations saisis réellement conjointement avec les Esclaves, sera tenu de payer le prix de son bail, sans qu'il puisse compter parmi les fruits qu'il perçoit, les enfans qui seront nés des Esclaves pendant sondit Bail.

XLVI.

Voulons nonobstant toutes conventions contraires, que Nous déclarons nulles, que lesdits enfans appartiennent à la partie saisie si les Créanciers sont satisfaits d'ailleurs, ou à l'Adjudicataire s'il intervient un Décret ; & à cet effet il sera fait mention dans la derniere affiche de l'interposition dudit Decret, des enfans nés des Esclaves depuis la saisie réelle ; comme aussi des Esclaves décédés depuis ladite Saisie réelle dans laquelle ils étoient compris.

XLVII.

Pour éviter aux frais & aux longueurs de procedures, voulons que la distribution du prix entier de l'adjudication conjointe des fonds & des Esclaves, & de ce qui proviendra du prix des baux judiciaires, soit faite entre les Créanciers selon l'ordre de leurs privilèges & hypotheques, sans distinguer ce qui est pour le prix des Esclaves ; & néanmoins les droits féodaux & Seigneuriaux ne seront payés qu'à proportion des fonds.

XLVIII.

Ne seront reçûs les Lignagers & les Seigneurs Féodaux à retirer les fonds décrétés, licités ou vendus volontairement, s'ils ne retirent aussi les Esclaves vendus conjointement avec les fonds où ils travailloient actuellement, ni l'adjudicataire ou acquereur à retenir les Esclaves sans les fonds.

XLIX.

Enjoignons aux Gardiens nobles & bourgeois, usufruitiers, amodiateurs, & autres jouissans de fonds auxquels sont attachés des Esclaves qui y travaillent, de gouverner lesdits Esclaves en bons peres de familles : au moyen de quoi ils ne seront pas tenus après leur administration finie de rendre le prix de ceux qui seront décédés ou diminués par maladie, vieillesse ou autrement, sans leur faute : Et aussi ils ne pourront pas retenir comme fruits à leur profit, les enfans nés desdits Esclaves durant leur administration, lesquels Nous voulons être conservés & rendus à ceux qui en sont les maîtres & les proprietaires.

L.

Les Maîtres âgés de vingt-cinq ans pourront affranchir leurs Esclaves par tous Actes entre vifs ou à cause de mort : Et cependant comme il se peut trouver des Maîtres assez mercenaires pour mettre la liberté de leurs Esclaves à prix, ce qui porte lesdits Esclaves au vol & au brigandage, défendons à toutes personnes de quelque qualité & condition qu'elles soient, d'affranchir leurs Esclaves, sans en avoir obtenu la permission par Arrêt de notredit Conseil superieur, laquelle permission sera accordée sans frais, lorsque les motifs qui auront été exposés par les Maîtres, paroîtront légitimes. Voulons que les Affranchissemens qui seront faits à l'avenir sans ces permissions, soient nuls, & que les Affranchis n'en puissent jouir, ni être reconnus pour tels : Ordonnons au contraire qu'ils soient tenus, censés & réputés esclaves, que les Maîtres en soient privés, & qu'ils soient confisqués au profit de la Compagnie des Indes.

L I.

Voulons néanmoins que les Esclaves qui auront été nommés par leurs Maîtres, Tuteurs de leurs enfans, soient tenus & réputés, comme Nous les tenons & réputons pour affranchis.

L I I.

Déclarons les affranchissemens faits dans les formes ci-devant prescrites, tenir lieu de naissance dans notredite Province de la Louisiane, & les affranchis n'avoir besoin de nos Lettres de naturalité, pour jouir des avantages de nos Sujets naturels dans notre Royaume, Terres & Pays de notre obéissance, encore qu'ils soient nés dans les Pays étrangers : Déclarons cependant lesdits affranchis, ensemble le Négre libre, incapables de recevoir des Blancs aucune Donation entre vifs à cause de mort ou autrement; Voulons qu'en cas qu'il leur en soit fait aucune, elle demeure nulle à leur égard, & soit appliquée au profit de l'Hôpital le plus prochain.

L I I I.

Commandons aux affranchis de porter un respect singulier à leurs anciens Maîtres, à leurs Veuves & à leurs Enfans; ensorte que l'injure qu'ils leur auront faite, soit punie plus griévement que si elle étoit faite à une autre personne, les Directeurs toutefois francs & quittes envers eux de toutes autres charges, services & droits utiles que leurs anciens Maîtres voudroient prétendre, tant sur leurs personnes que sur leurs biens & successions, en qualité de Patrons.

L I V.

Octroyons aux Affranchis les mêmes Droits, Priviléges & Immunités dont jouissent les personnes nées libres; Voulons que le mérite d'une liberté acquise produise en eux, tant pour leurs personnes que pour leurs biens, les mêmes effets que le bonheur de la liberté naturelle cause à nos autres Sujets, le tout cependant aux exceptions portées par l'Article LII. des Présentes.

L V.

Déclarons les confiscations & les amendes qui n'ont point de destination particuliere par ces Présentes, appartenir à ladite Compagnie des Indes, pour être payées à ceux qui sont préposés à la recette de ses Droits & Revenus : Voulons néanmoins que distraction soit faite du tiers desdites confiscations & amendes au profit de l'Hôpital le plus proche du lieu où elles auront été adjugées.

NEGRES-CARTES. C'est ce qu'on appelle autrement Emeraudes brutes de la premiere couleur ; elles sont fort estimées & passent pour les plus belles de ces sortes de pierre. *Voyez* EMERAUDE.

NEGRIER. On appelle Navires négriers, Vaisseaux négriers, Bâtimens négriers, ceux qui servent au commerce des Négres, & avec lesquels les Nations d'Europe qui font ce négoce vont sur les côtes d'Afrique faire la traitte de ces malheureux esclaves, pour les transporter & les aller vendre aux Isles Antilles, & dans quelques endroits du continent de l'Amérique Espagnole. *Voyez* NEGRES.

NEGRILLO. Espece de pierre métallique ou minerai qui se tire de quelques mines d'argent du Chily; il est noir & assez semblable au machefer; quand il est mêlé de plomb on le nomme Plomo-ronco. *Voyez cet article ou celui de l'Argent à l'endroit où il est parlé des Mines du Chily & du Perou.*

NEGRILLON, NEGRILLONNE. Ce sont les petits Negres de l'un ou de l'autre sexe qui n'ont pas encore passé 10 ans; trois enfans de dix ans font deux pieces d'Inde, & l'on compte deux enfans de 5 ans pour une piece. *Voyez ci-dessus* NEGRE. *Voyez aussi* PIECE D'INDE.

N E M

NEMBROSI. Espece de safran. Il croît en Egypte & y est fort estimé; on le vend douze piastres les cent dix rotols. Il y en a un autre que l'on nomme Saïd qui ne vaut que six piastres. *Voyez* SAFRAN.

N E P

NEPHRETIQUE, que l'on écrit quelquefois NEFRETIQUE. Pierre précieuse. C'est une espece de jaspe; elle est de couleur grise mêlée d'un peu de bleu, quelquefois de blanc & de noir.

La nephretique differe du jaspe en ce qu'elle est plus dure, & que jamais elle n'a de rouge. Quand on la polit & qu'on la réduit à l'épaisseur du petit doigt; elle a un jour obscur & est à demi transparente; il s'en trouve des morceaux assez gros pour en faire des tasses raisonnables; elle vient de la nouvelle Espagne, il y en a néanmoins dans la vieille Espagne & en Bohême.

Cette pierre est fort chere à cause de l'admirable vertu qu'on croit qu'elle a contre la gravelle; une tasse qui en étoit faite fut achetée jusques à seize cens écus du tems de l'Empereur Rodolphe II. C'est peu si tout ce que les Auteurs disent de ses propriétés étoit véritable.

La meilleure pour être employée à la guérison des douleurs de la gravelle, doit être d'un gris bleuâtre, grasse & onctueuse comme le talc de Venise. Les Indiens de la nouvelle Espagne, qui les premiers à ce qu'on dit ont découvert & ensuite appris aux Européens l'usage de la nephretique, la portent pendue à leur col, après l'avoir taillée en différentes figures, mais sur-tout en becs d'oiseaux, ce qui fait que faute de vraies pierres nephretiques, des Charlatans taillent ou du jade ou d'autres pierres qui en approchent, de la même maniere, & la vendent fort cher à ceux qui y ont confiance contre les douleurs de la gravelle.

NEPHRETIQUE. Est aussi le nom que l'on donne à une sorte de bois médecinal qui croît dans la nouvelle Espagne, & principalement dans le

Royaume de Mexique. Les Indiens l'appellent Coult & Tlapalcypatly; en Europe on l'appelle Bois Nephretique, parce qu'il est souverain pour la colique nephretique. L'arbre est de la grandeur de nos poiriers & a des feuilles comme celles des pois chiches, mais plus petites.

Le bon bois nephretique doit être mondé de son écorce & de son aubier, d'un goût amer & d'un jaune rougeâtre, mais qui infusé dans l'eau froide lui donne une teinture de bleu céleste quand elle est regardée à contre-jour, & qui vue dans le jour paroisse de couleur d'or. Si l'on mêle quelque acide dans cette eau ainsi teinte, l'une & l'autre couleur disparoissent, mais avec un peu d'huile de tartre on lui rend son bleu céleste.

On tâche quelquefois de substituer au bois nephretique l'ébene rouge ou grenadille, & un autre bois rouge qui vient des grandes Indes & du Bresil; mais la tromperie se découvre par l'infusion dans l'eau, & tout bois qui ne donne point la teinture bleue n'est point nephretique. Cette sorte de bois fait une portion du négoce des Marchands Epiciers-Droguistes & Apoticaires.

Le bois nephretique paye en France les droits d'entrée comme bois de Bresil; sçavoir 12 sols du cent pésant.

NER

NERAC. Ville de France en Gascogne dans le Duché d'Albret: elle est du département de l'Inspecteur des Manufactures de Bourdeaux. La Bonneterie & la Tannerie qui y sont considérables, sont presque ses seules fabriques; n'en ayant aucune pour la Draperie, quoiqu'il s'y en fasse un assez grand négoce de celle qu'on y apporte de dehors. *Voyez* l'Etat général, Tome I. page 37.

NERF DE BOEUF. C'est le nerf séché qui se tire de la partie génitale de cet animal.

Quand ce nerf est réduit en maniere de filasse longue de huit à dix pouces par le moyen de certaines grosses cardes de fer, il s'employe par les Selliers à nerver avec la colle forte les arçons des selles & les panneaux des chaises & carrosses; il entre aussi dans la fabrique des battoirs propres à jouer à la paume. A Paris ce sont ces Ouvriers qui le préparent, qui le portent vendre aux Marchands Merciers-Quincailliers, par paquets du poids d'une livre, & c'est chez ces Marchands que les Artisans, qui en ont besoin, les vont acheter.

NERF ou PRIAPE DE CERF. *Voyez* CERF.

NERFS. Les Relieurs appellent de la sorte les ficelles ou petites cordes qu'ils mettent au dos de leurs livres & sur lesquelles se cousent & s'arrêtent les cahiers dont ils sont composés.

Les Statuts des Relieurs de 1686, ordonnent que les livres seront reliés avec ficelle & vrais nerfs.

NERINDE. Toile de coton blanche qui vient des Indes Orientales. C'est une des sortes de baffetas, mais étroite & assez grossiere. *Voyez* BAFFETAS.

NERPRUN, qu'on nomme plus communément NOIRPRUN. Espece d'arbrisseau qui fournit quelques couleurs à la peinture, & qui est du nombre des drogues que préparent les Apoticaires. *Voyez* NOIRPRUN.

NERVA, Ville de la Livonie. Son commerce, qui avoit cessé pendant près d'un siécle, est actuellement bien rétabli. *Voyez* en quoi il consiste, dans l'Etat général, Tome I. page 296.

NERVER UN LIVRE. C'est en dresser les nerfs sur le dos & les fortifier avec de bonne colle & parchemin, ce qu'on appelle autrement Endosser un livre.

NERVER. Se dit aussi de divers ouvrages sur lesquels pour les fortifier on applique avec de la colle des nerfs de bœufs battus & réduits en une espece de filasse.

On nerve des panneaux de carrosse, des arçons de selle, des battoirs de longue & courte paume, &c.

NERVURE. L'art d'appliquer des nerfs. On le dit aussi des nerfs mêmes quand ils sont appliqués. On appelle dans la Librairie la Nervure d'un livre ces parties élevées qui paroissent sur le dos des livres, & qui sont formées par les nerfs ou cordes qui servent à le relier.

NERVURE. C'est aussi un petit passepoil d'or, d'argent, de soie ou d'autre matiere que les Tissutiers-Rubaniers font, & que les Marchands Merciers vendent pour mettre sur les coutures des habits, ce qui y fait une sorte d'ornement.

NES

NESLE, petite Ville de Picardie dans le Santerre. Il s'y recueille assez considérablement de laine, dont pourtant les habitans n'ont aucune fabrique; presque tous s'occupant du négoce des toiles. *Voyez* l'Etat général, Tome I. page 16.

NESLE, petite monnoie de billon dont on se servoit encore en France vers le milieu du dix-septiéme siécle; elle valoit quinze deniers. Il y avoit aussi des doubles nesles qui avoient cours pour six blancs ou trente deniers. Les unes & les autres furent décriées & ne furent plus reçues que pour douzains.

On leur avoit donné le nom de Nesle, de la tour de Nesle où s'en étoit faite la fabrication. Cette tour étoit vers le Fauxbourg S. Germain où l'on a bâti depuis le College Mazarin, vulgairement appellé College des Quatre Nations vis-à-vis l'ancienne tour du Louvre.

NET

NET. Qui est pur & sans mêlange d'aucunes saletés. Ce caffé, ce ris, ce poivre, ce girofle est net, les ordures & le grabeau en ont été ôtés. Ce bled est net, il a été bien criblé. On appelle du vin net celui qui n'a point été falsifié ou frelaté, & qui est clair-fin.

NET. Se dit aussi de ce qui est sans tache, sans défaut. Les Marchands Jouailliers disent qu'un diamant est net quand il n'y a ni pailles, ni gendarmes. On dit des pierres précieuses qu'elles sont glaceuses ou cassidoineuses, quand il y a des taches, des nuées qui font qu'elles ne sont pas tout-à-fait nettes. Du cristal net est celui qui est tout-à-fait transparent.

NET. Se dit encore de ce qui reste après que l'on a ôté la tare du poids ort ou brut de la marchandise, c'est-à-dire, qu'elle a été pésée net hors de tout emballage. Ce baril de cochenille pese ort 450 livres, il y a de tare 50 livres, partant reste net 400 livres.

NET. Se dit pareillement dans les affaires qui sont claires, sans difficulté, qui ne sont point embrouillées. Par le finito ou par la balance de notre compte vous me devez tant de clair & de net; Les affaires de ce Négociant sont nettes, sans embarras. Ce Marchand a plus de cinquante mille écus de bien très net.

NET PROVENU. Expression dont se servent les Négocians pour marquer ce que quelque effet a rendu, toutes tares & frais déduits. Voici le compte de la vente de votre poivre; le net provenu duquel monte à tant, dont je vous ai crédité. On se sert quelquefois dans le négoce de ces mots étrangers Netto procedido, pour dire, Net Provenu.

NEV

NEVEL. Petite monnoie de bas aloy dont on se sert le long de la Côte de Coromandel. Huit à neuf nevels font le fanon, & quinze fanons la pagode; le nevel vaut depuis trois jusques à six casses.

NEVERS, Ville de France de la Généralité de Moulins. Ses Fabriques consistent en draps, en serges, & en toiles. Ses Tanneries sont assez estimées. *Voyez* l'Etat général, Tome I. page 98.

NEUF. Ce qui n'a point ou peu servi. Une étoffe neuve, une toile neuve, un habit neuf.

Il est défendu aux Maîtres Fripiers & aux Maîtres Savetiers de travailler en neuf ni d'en vendre. Ces derniers ont pourtant permission d'en faire pour eux, leurs femmes & leurs enfans.

NEUF. Dans le commerce du bois de chauffage on appelle Bois neuf, celui qui vient par batteau, & qui n'a pas flotté. *Voyez* BOIS.

NEUF. Nombre impair qui suit immédiatement celui de huit. Il est le dernier de ceux qui en chiffre commun ou Arabe s'expriment par un seul caractere.

Son composé est de trois fois trois, ou de deux & sept, ou de trois & six, ou de quatre & cinq, ou de cinq & quatre, ou de six & trois, ou de sept & deux, ou de huit & un. Que neuf soit multiplié par un, ou que un le soit par neuf, cela ne produira toujours que neuf.

Neuf en chiffre commun s'écrit ainsi (9.) en chiffre François, de finance ou de compte, de cette maniere (*ix.*) & en chiffre Romain ainsi (IX.)

Ce qui en Arithmétique mercantille est nommé la preuve de neuf, n'est autre chose qu'un retranchement de tous les neuf, soit de la somme donnée, soit de celle trouvée après l'opération de la regle, dont les restes doivent être semblables.

NEUFAY, dans la Touraine. Ses Fabriques sont de petits ratz, des serges trémieres, & des droguets. *Voyez* l'Etat général, Tome I. page 92.

NEUFCHASTEL, Ville d'Angleterre, qui n'est gueres recommandable que par ses mines de charbon de terre. *Voyez* l'Etat général, Tome I. page 252.

NEUILLY-Saint-Front. Gros Bourg de France dans le département de l'Inspecteur des Manufactures de Reims. Ce Bourg est célébre par son grand nombre de métiers, où l'on travaille diverses étoffes de laine. Les autres objets de son commerce sont des toiles, des bas, des chapeaux & des cuirs. *Voyez* l'Etat général, Tome I. page 25.

NEUFVIE'ME, que l'on écrit plus communément NEUVIE'ME. Ce qui vient ou est placé après huit. *Voyez* NEUVIE'ME.

NEURE. Petit bâtiment dont les Hollandois se servent pour aller à la pêche du hareng. C'est une espece de flute d'environ soixante tonneaux. *Voyez* HARENG.

NEUSTRE'. Artisan qui fait & qui vend des meubles. Cet ancien terme se trouve dans les Statuts des Courtepointiers qui composoient autrefois une des Communautés de Paris réunie en 1636 à celle des Tapissiers.

Ces derniers parmi leurs autres qualités conservent celle de Courtepointiers-Neustrés. *Voyez* TAPISSIER.

NEUVAINE. Mesure des bleds dont on se sert dans quelques endroits du Lyonnois, particuliérement depuis Trevoux jusqu'à Montmerle, & de Traverse jusqu'à S. Trivier. Cent neuvaines font cent douze ânées de Lyon.

NEUVIE'ME, que l'on écrit quelquefois neuviesme & neufviesme. C'est la partie d'un tout divisé en neuf portions égales. Il est intéressé pour un neuviéme en cet armement.

En fait de fractions ou nombres rompus, de quelque tout que ce soit, un neuviéme, trois neuviémes, cinq neuviémes, sept neuviémes, s'écrivent ainsi ($\frac{1}{9}\frac{3}{9}\frac{5}{9}\frac{7}{9}$); la verge ou zard d'Angleterre, qui est une mesure des longueurs, contient sept neuviémes d'aunes de Paris.

NEUVILLE', en Touraine. L'on y fabrique différentes étoffes de laine. *Voyez* l'Etat général, Tome I. page 92.

NIC

NICOTIANE. Les François donnerent d'abord le nom d'herbe Nicotiane au Tabac, parce que ce fut Jean Nicot Ambassadeur de François second en Portugal, qui le premier en apporta dans le Royaume. On le nomma ensuite Herbe à la Reine, à cause que ce Ministre à son retour en fit présent à la Reine Catherine de Medicis, mere du jeune Roi. *Voyez* TABAC.

NID

NIDS D'OISEAUX. Espece d'Epicerie qui est fort estimée à la Chine & dans toutes les Indes Orientales, qui se trouve au Tunquin & à la Cochinchine, mais particuliérement dans le Royaume de Campa ou Champa, qui est situé entre l'un & l'autre. Les oiseaux qui font ces nids pour y pondre & couver leurs œufs, sont assez semblables à des hirondelles; lorsqu'ils sont en amour, ils jettent par le bec une espece de bave tenace ou de matiere gluante, qui est la seule matiere dont ils bâtissent leurs nids, & qui les attachent aux rochers, en appliquant cette substance visqueuse par diverses couches l'une sur l'autre à mesure que les premieres se sechent. Ces nids sont de la forme d'une médiocre cuillere, mais avec des bords plus élevés.

Il y a tant de ces sortes de nids, qu'on en rassemble tous les ans plusieurs quintaux qui se portent presque tous à la Chine, où ils se vendent 50 taels le quintal, ce qui fait environ 100 ducats d'Espagne; on les croit bons à l'estomach & au cerveau, & ils donnent aux mets qu'on en assaisonne, un goût délicieux.

NIE

NIELLE. *Voyez l'article ci-après*, NIGELLE.

NIG

NIGELLE ROMAINE ou NIELLE, en Latin, NIGELLA, ou PAPAVER NIGRUM. Plante & graine médecinale, dont un des plus grands usages est d'être employée pour faire mourir les vers qui s'engendrent dans le corps humain. C'est de cette graine qu'on employe ordinairement à la place du *Semen contra vermes*, ou Poudre à vers.

Il y a de deux sortes de Nigelles; celle des jardins & la sauvage: l'une s'appelle Nigelle blanche, & l'autre Nigelle noire.

La Nigelle des jardins s'éleve environ deux pieds de haut, ses feuilles sont vertes, petites, découpées & assez minces; sa fleur semblable à celle du Seneçon, est faite en forme d'étoile, & tire sur le bleu; & sa graine qui vient dans des gousses, est longuette, d'une couleur grise, d'un goût piquant, & d'une odeur forte & assez aromatique.

La Nigelle sauvage a ses feuilles plus minces, plus découpées, & plus chevelues que celle des jardins, à laquelle elle est semblable dans tout le reste: on l'appelle autrement Poivrette ou Barbue.

Il y a une troisiéme espece de Nigelle ou Nielle, qui sont ces fleurs rouges qui croissent dans les bleds, qui ressemblent à la rose, mais elle n'a aucunes des propriétés médecinales des deux autres.

La meilleure de toutes les Nigelles, est celle d'Italie; il la faut choisir nouvelle, bien nourrie, d'une belle couleur jaune, & la plus aromatique qu'il se peut, tant pour le goût que pour l'odeur.

La Nigelle noire & grise paye en France les droits d'entrée à raison de trois livres du cent pésant, conformément au Tarif de 1664.

NIL

NIL. Monnoie de compte dont on se sert dans les Etats du Grand Mogol. Un nil de roupies vaut cent mille padans de roupies, un padant cent mille courons, & un couron cent mille laoks.

NILLAS. Etoffe d'écorce mêlée de soie qui vient des Indes. *Voyez* ECORCE.

NIO

NIORT. Ville de France dans le Poitou. Cette Ville est fort marchande & en grande réputation pour ses foires & ses marchés, qui se tiennent sous une Halle couverte, une des plus grandes qu'il y ait dans le Royaume. La riviere de Sevre, qui forme un port dans un de ses fauxbourgs, & qui est navigeable jusqu'à la mer, lui facilite un assez bon commerce de diverses marchandises, entr'autres d'Epicerie, de sel & de poisson, qui y viennent sur des barques; elle a quantité de fabriques de menues draperies, & quelques megisseries. *Voyez* l'Etat général, Tome I. page 63.

NIOU. C'est une des mesures des Siamois pour les longueurs; elle revient à un pouce de pied de Roi moins un quart. Au dessous du Niou est le Grain de Ris, dont les huit font le Niou; au dessus est le Ken, qui contient douze Nious. *Voyez* KEN.

NIS

NISAN. Racine médicinale très estimée dans la Chine, elle s'y vend deux cens soixante & dix écus la livre. On la croit souveraine pour diverses maladies, & particuliérement dans les évanouissemens.

Un Médecin Allemand, qui en avoit apporté quelques morceaux, les laissa au Cap de Bonne-Esperance en 1693, où ils furent plantés dans le jardin de la Compagnie; on n'a pas sçu depuis si le plant avoit réussi.

NISMES, Ville de France en Languedoc, de la Généralité de Montpellier. Les diverses fabriques qui s'y font, sont des étoffes, ou de soie, ou de laine, & d'autres mêlées de différentes matieres, des bas au métier, des chapeaux, & des cuirs. *Voyez* l'Etat général, Tome I. page 216.

NIT

NITRE. Espece de sel qu'on nomme plus ordinairement Salpêtre. *Voyez* SALPESTRE.

NIV

NIVEAU. Instrument de Géométrie dont on fait un grand usage dans la méchanique, & parmi plusieurs Artisans.

Les Plombiers, les Paveurs, les Charpentiers, les Menuisiers, les Massons, les Carleurs, les Sculpteurs, &c. se servent du Niveau, les uns pour poser leur piece horisontalement, comme les Maçons, Charpentiers, Menuisiers & Sculpteurs; les autres pour donner la pente nécessaire au terrain qu'ils dressent, ou sur lequel ils placent leurs ouvrages, comme les Plombiers, les Paveurs, les Terrassiers, & ceux qui se mêlent de la conduite des eaux.

L'on peut voir dans les Mémoires de l'Académie Royale des Sciences établie à Paris sous le regne de Louis XIV, la description de quelques niveaux curieux, & même utiles, & plus justes qu'aucun autre, inventés par de célebres Académiciens, tels que sont entre autres les niveaux d'eau & les niveaux d'air, que le sieur Buterfield, habile faiseur d'Instrumens de Mathématique, a si bien exécutés.

A l'égard du niveau commun, qu'on appelle Niveau à plomb, & qui est presque le seul dont l'on se serve dans la pratique ordinaire, il est de deux sortes, l'un que l'on nomme Niveau percé, & l'autre Niveau plein.

LE NIVEAU PERCE' est fait de deux regles, attachées ensemble par leurs extrémités à angles droits, & jointes vers le milieu par une traverse sur laquelle est tracée une ligne qui tombe d'aplomb d'un trou percé réguliérement au dessus du point où s'unissent les regles. C'est de ce trou que pend la corde, c'est-à-dire, une petite ficelle au bout de laquelle est attaché le plomb qui sert aux opérations du niveau.

LE NIVEAU PLEIN est une petite planche de bois, peu épaisse, coupée réguliérement en triangle; de l'un des angles se tire une ligne qui tombe perpendiculairement sur le point du milieu du côté qui lui est opposé, & qui doit servir de base à l'instrument. Du haut de cette ligne pend la corde avec son plomb; & afin que ce plomb puisse avoir son mouvement libre, il y a une petite échancrure dans le bas du niveau, ordinairement en demi cercle.

L'opération en est semblable à celle du niveau percé, & ils ne sont différens que parce que l'un est à jour & l'autre ne l'est pas.

Quand on veut voir par dessous œuvre, si un plancher, une corniche ou quelques pieces de charpente & de menuiserie sont de niveau, on se sert du niveau plein en déplaçant seulement la corde, & la mettant au milieu de la base, ensorte que le plomb tombe sur l'angle qui lui est opposé.

Il y a encore une sorte de grand niveau dont se servent les Charpentiers & ceux qui veulent niveler les terres. Il est fait de deux régles de bois, dont celle qui est la plus petite, tombe perpendiculairement sur la plus grande. La ligne à niveler est tracée le long de la perpendiculaire, du haut de laquelle pend le cordeau & son plomb. Ces niveaux sont quelquefois de plus de six pieds de longueur, & de deux de hauteur; l'opération en est plus sure que celle des petits niveaux, mais l'usage n'en est pas commode par tout.

Un habile Architecte, (le sieur Dulin) a inventé au commencement du dix-huitiéme siécle, une sorte de niveau, d'autant plus ingénieux & plus commode, qu'il peut tenir lieu tout ensemble du niveau percé, du niveau plein ou à talus, & du plomb des Maçons & des Menuisiers.

Ce niveau est simple, composé de quatre pieces de bois, dont les principales sont deux regles assez minces, mais longues & larges à volonté, ordinairement pourtant d'un pied ou d'un pied & demi pour la longueur. Ces deux pieces se croisent en forme de cette croix qu'on appelle de saint André, c'est-à-dire, ensorte que des quatre angles qui se forment de leur union, les deux collateraux soient obtus, & les autres soient aigus. Une traverse joint les deux branches d'enhaut par leur extrémité, & une autre plus petite unit les deux d'enbas, environ dans le milieu du triangle qu'elles forment. Ces quatre branches sont coupées d'équierre, ou comme on dit retournées d'équierre l'une sur l'autre. Enfin une ligne perpendiculaire tombant du milieu de la traverse d'enhaut sur le milieu de celle d'enbas, & coupant l'endroit où les regles sont jointes, sert à diriger le plomb & sa corde, qui passe par un trou percé sur la ligne de la traverse superieure.

La commodité de ce niveau consiste en ce que sans le changer de situation il sert à niveler les superficies par ses branches inferieures, & les pieces par sous-œuvre par ses branches supérieures, & qu'il tient lieu de plomb par ses côtés en les appliquant contre le bois de bout qu'on veut poser perpendiculairement.

NOB

NOBLE A LA ROSE. Ancienne monnoie d'or d'Angleterre, mais qui n'y a plus gueres de cours. On commença à battre en Angleterre des Nobles à la Rose sous le regne d'Edouard III vers l'an 1334. Le poids en étoit de six deniers, c'est-à-dire, de douze grains plus que les pistoles d'Espagne, & l'or au plus près du fin à vingt-trois carats trois quarts. On la nommoit Roosenobel.

Cette monnoie d'or a cours encore aujourd'hui en Hollande, où néanmoins il s'en trouve assez peu, elle s'y reçoit sur le pied d'onze florins.

NOBLE HENRY. Autre monnoie d'or d'Angleterre de quatorze grains moins pésant que le Noble à la rose, & prenant seulement de fin vingt-trois carats & demi.

Il y a eu aussi des Nobles à la rose & des Nobles Henry frappés en France pendant les guerres des Anglois sur la fin du regne de Charles VI, & pendant les commencemens de celui de Charles VII.

NOBLE HOMME. Qualité que les anciens Statuts de la Mercerie donnent aux Marchands Merciers à cause qu'il leur est défendu de travailler de la main comme les Artisans aux marchandises dont ils font commerce, leur étant seulement permis de les garnir & enjoliver. Aussi les mêmes Statuts disent-ils qu'ils sont reçûs noblement.

NOBLESSE. Prérogative de distinction, qui éleve ceux qui l'ont au dessus des roturiers.

C'a été long-tems une opinion presque générale en France que le commerce étoit incompatible avec la noblesse; ce qui pourtant malgré cette prévention, ne devoit s'entendre que du négoce en détail, que les nobles n'y ont jamais pû exercer & n'y exercent point encore sans dérogeance. Le commerce de mer leur a été au contraire permis de tout tems; & quantité d'Edits, de Déclarations & de Lettres Patentes des Rois, particuliérement de Louis XIII & de Louis XIV, ont étendu cette permission jusqu'au commerce en gros; & souvent jusqu'aux entreprises des Manufactures, quand elles sont considérables, & d'une grande utilité à l'Etat.

A l'égard de la noblesse accordée ou conservée aux Entrepreneurs des Manufactures, on en a des exemples dans les Lettres Patentes du mois de Juillet 1646 pour l'établissement de la Manufacture de Draps façon de Hollande à Sedan; dans celles du mois d'Octobre 1665 pour la Manufacture d'Abbeville, & dans celles du 16 Décembre 1698 pour les Manufactures de Châlons & de Reims. Sa Majesté ayant accordé la noblesse pour les deux premiers aux sieurs Cadeau & Vanrobais, aussi-bien qu'à leurs associés, & l'ayant conservée par les derniers au sieur Champlain qui avoit déja la qualité d'écuyer.

Pour ce qui est des Arrêts & Déclarations qui donnent la noblesse à ceux qui font le négoce en gros, ou qui exemptent de la dérogeance les nobles qui s'y interessent ou qui font celui de la mer, les plus considérables sont,

1°. L'Ordonnance de Louis XIII du mois de Janvier 1625 dont l'article 452 porte, que *les Marchands grossiers qui tiennent magasin sans vendre en détail, & autres Marchands qui auront été Echevins, Consuls & Gardes de leurs Corps, pourront prendre la qualité de nobles, &c.*

2°. Les Lettres Patentes du même Roi du mois de Mars 1638 en faveur du Consulat de Lyon; par lesquelles *il est permis aux Prévôt des Marchands & Echevins de ladite Ville, de faire le négoce & trafic, tant de l'argent par forme de banque, que de toutes marchandises en gros, sans que cela leur soit imputé pour acte dérogeant aux privileges de noblesse à eux accordés par les Lettres Patentes du mois d'Aout 1634, pourvû qu'eux, leurs enfans & posterité négocians en gros, soient actuellement demeurans dans ladite Ville de Lyon.*

Ces Lettres de 1638 ont été encore confirmées par d'autres du mois de Décembre 1643.

3°. L'Edit de Louis XIV du mois d'Aout 1669, par lequel Sa Majesté veut, que *tous Gentilshommes puissent par eux ou par personnes interposées, entrer en société & prendre part dans les vaisseaux marchands, denrées & marchandises d'iceux, sans que pour raison de ce, ils soient censés & réputés déroger à noblesse; pourvû toutefois qu'ils ne vendent point en détail.*

4°. L'Ordonnance de la Marine de 1681 & celle de 1684 pour la Province de Bretagne, par lesquelles au titre 8 du livre second, il est dit, que *les sujets de Sa Majesté de quelque qualité & condition qu'ils soient, pourront faire construire & acheter des navires, les équiper pour eux, les freter à d'autres, & faire le commerce de la mer par eux ou par personnes interposées, sans que pour raison de ce les Gentilshommes soient réputés faire acte de dérogeance à noblesse, pourvû toutefois qu'ils ne vendent point en détail.*

5°. Un autre Edit du mois de Décembre 1701, *par lequel il est permis à tous nobles par extraction, par Charges ou autrement, excepté ceux qui sont actuellement revêtus de Charges de Magistrature, de faire librement toutes sortes de commerce en gros, tant au dedans qu'au dehors du Royaume, pour leur compte ou par commission, sans déroger à noblesse.*

Le même Edit accorde pareillement la permission à tous ceux qui font le commerce en gros, *de posséder des Charges de Conseillers-Sécretaires du Roi, Maison & Couronne de France, sans avoir pour cela besoin d'Arrêt ni de Lettres de Compatibilité; lesquels Négocians en gros & leurs enfans, jouiront des privileges & prérogatives attachées auxdites Charges*, en faisant inscrire leurs noms dans les lieux indiqués pour cela par ledit Edit.

6°. Une Déclaration du 21 Novembre 1706, qui interprétant l'Edit du mois de Septembre précedent, par lequel il avoit été défendu à tous Officiers revêtus de Charges de Magistrature, même à ceux des Elections & Greniers à Sel, de faire aucun commerce ni en gros ni en détail; *leve lesdites défenses, & permet à tous Marchands en gros de pouvoir être reçûs auxdites Charges dans les Elections & Greniers à Sel du Royaume, & faire en même tems ledit commerce par eux ou par personnes interposées, soit pour leur compte particulier ou par commission, tant au dedans que dehors le Royaume, par mer ou par terre, le tout sans incompatibilité, & sans préjudicier à leurs exemptions & à leurs priviléges.*

7°. Enfin dans tous les Edits & Déclarations donnés en France pour l'établissement des grandes Compagnies de Commerce, particuliérement pour celles des Indes Orientales & Occidentales, aux mois de Mai & Aout 1664 pour la Compagnie d'Occident au mois d'Aout 1717, & enfin pour la réunion des Compagnies d'Orient & de la Chine à celle d'Occident, sous le nom de Compagnie des Indes, il est expressément déclaré que ces Compagnies seront composées de tous ceux des sujets du Roi qui voudront y entrer de quelque qualité & condition qu'ils soient, sans que pour cela ils dérogent à leur noblesse & priviléges, dont Sa Majesté les dispense.

En Angleterre la loi des successions attribue aux aînés dans les familles nobles, les biens immeubles à l'exclusion des cadets qui n'y ont aucune part. Ces cadets sans biens cherchent à réparer leurs pertes dans l'exercice du négoce, & c'est pour eux un moyen presque sûr de s'enrichir; devenus riches, ils quittent la profession, ou même sans la quitter, leurs enfans rentrent dans tous les droits de la noblesse de leur famille, sans avoir besoin d'aucune réhabilitation: leurs aînés prennent le titre de Milord, si leur naissance & la possession d'une terre Pairie le leur permettent, sans que le commerce qu'ont exercé ou qu'exercent encore leurs peres, y puisse apporter d'obstacle.

Aussi les Marchands, ce qui s'entend des Marchands en gros, sont respectés en Angleterre, & loin d'y être méprisés, ont pour ainsi dire rang après les premiers Ecclésiastiques & les principaux de la Noblesse.

Il faut néanmoins remarquer que quelque fiere que soit la Noblesse Angloise, lorsque les Nobles entrent en apprentissage, qui selon les Réglemens doit être de sept ans entiers, jamais ils ne se couvrent devant leur Maître, leur parlant & travaillant tête nue, quoique souvent le Maître soit roturier & de race marchande, & que les apprentifs soient de la premiere noblesse.

On a parlé ailleurs de la noblesse du négoce en Angleterre, en Italie & par tout l'Orient, & l'on y a aussi expliqué ce que signifie en Bretagne le terme si commun dans la bouche des nobles de cette Province, qu'ils laissent dormir leur noblesse. *Voyez l'article du Commerce au commencement.*

NOC

NOCHER ou Patron. On nomme ainsi sur la Méditerranée ce qu'on appelle sur l'Océan un Maître de Navire dans les vaisseaux du Roi. C'est le premier Officier Marinier. *Voyez* MAISTRE DE VAISSEAU. *Voyez aussi* NAVIRE.

NOE

NOEUD. Partie du bois par où il est le plus serré, le plus compact & le plus dur.

Le bois noueux est moins propre à la menuiserie ordinaire que le bois qui est sans nœuds. On cherche au contraire assez souvent pour la menuiserie de Placage & la Marquetterie, des bois noueux, comme sont le tronc & les racines du Noyer, & de quelques autres arbres semblables. *Voyez* MENUISERIE & MARQUETTERIE.

NOEUD. On appelle aussi de la sorte en terme de Sculpteurs & de Marbriers des endroits qui se trouvent dans le marbre à peu près comme les nœuds qui sont dans le bois. Ils sont si durs que les meilleurs outils rebouchent contre. On se sert ordinairement de la marteline pour les enlever. Ces nœuds sont toujours un défaut dans les marbres, particuliérement dans les marbres blancs. *Voyez* MARBRE.

NOEUD, en terme de Verrerie. Est ce gros bouton ou épaisseur de verre qui reste au milieu de ce que les Vitriers appellent un plat de verre. On nomme aussi ce nœud, la Boudine & l'Oeil de bœuf. *Voyez* VERRE.

NOEUD. Est encore en terme de Serrurier & d'Ouvriers sur métaux, qui montent des ouvrages à charnieres, ces divisions élevées, rondes & percées dans le milieu, qui s'emboitent les unes dans les autres, & qui sont toutes traversées & liées ensemble par une broche ou un clou rivé. Il y a des Fiches à plusieurs nœuds, celles qu'on appelle Fiches à Chapelet en ont quelquefois au de-là de vingt. *Voyez* FICHES.

NOEUD. Se dit pareillement des choses qui servent à en attacher & à en nouer d'autres ensemble, ou du moins qui semblent servir à cet usage, quoiqu'elles ne soient le plus souvent que de pur ornement. Tels sont les nœuds de chapeau, les nœuds d'épaule, les nœuds d'épée, & les nœuds de diamans, de rubis, de perles ou autres pierreries. Les Lapidaires & Jouailliers montent & vendent ceux-ci, les autres sont du commerce des Tissutiers Rubanniers, & des Marchands Merciers qui font le commerce de la Rubannerie.

NOEUD de Tisserant. C'est un nœud très ferme, & qui n'est point sujet à se lâcher, dont les Tisserans & les autres Ouvriers qui travaillent de la Navette, se servent pour rejoindre les fils de la chaîne ou de la trême de leurs Ouvrages qui se rompent en travaillant.

On dit Esnouer un drap, une étoffe de laine; pour dire, en ôter ces sortes de nœuds avec de petites pinces de fer. *Voyez* ESNOUER & ESNOUEUSES.

NOEUD. Terme de Plomberie; c'est l'endroit par lequel on joint ensemble avec de la soudure deux ou plusieurs tuyaux de plomb. Un mémoire sur le prix des ouvrages de plomberie, porte que les tuyaux de plomb pour les fontaines, soudés de long avec *nœuds* de soudure pour les joindre, se payent 14 liv. 10 s. le cent pésant en œuvre, y compris les tranchées pour les mettre en place, & le remplissage des tranchées.

Noeud. C'est encore une espece de roseau jaunâtre qui croît dans les Indes Orientales. Son nom lui vient de la quantité de nœuds dont sa tige est couverte de deux pouces en deux pouces. On s'en sert à faire ce qu'on appelle des cannes; c'est-à-dire, ces bâtons sur lesquels on s'appuye en marchant. *Voyez* Canne.

N O G

NOGENT-LE-ROTROU, Bourg de la Province du Perche, du département de l'Inspecteur des Manufactures d'Alençon. L'on y fabrique différentes especes d'étoffes, ou toute laine, ou laine & soie. *Voyez* l'Etat général, Tome I. page 110.

NOGUET. Espece de grand Panier d'osier, très plat, plus long que large, dont les angles sont arrondis, & les bords n'ont qu'environ deux pouces de hauteur; il a une anse de châtaigner qui le traverse dans sa largeur & qui sert à le tenir. Les femmes le portent sur la tête & le posent sur une toile roulée & pliée en rond qu'elles nomment un Tortillon; les hommes qui s'en servent le tiennent à la main.

L'usage du Noguet est pour y arranger de petits paniers de fruits, comme de pêches, d'abricots, de figues & de prunes que les Fruitiers & Fruitieres crient dans les rues; ou pour y mettre en été les pots de crême & les petits fromages dressés dans des éclisses que vendent les Laitieres.

Le Noguet de ces dernieres est garni de ferblanc de crainte que le petit lait qui se filtre à travers des éclisses ne puisse gâter les femmes qui portent ce panier sur leur tête.

NOGUETTE, nom que l'on donne à Paris par dérision aux filles qui servent les Maîtresses Lingeres dans leurs boutiques; il se dit particuliérement de celles du Palais. *Voyez* Lingere.

Noguette. Signifie aussi quelquefois une Revendeuse. *Voyez* Revendeuse & Crieuse de vieux Chapeaux.

N O I

NOIR. Corps opaque & poreux qui imbibe la lumiere, & qui n'en reflechit aucune partie. Le noir est la couleur la plus obscure de toutes, & la plus opposée au blanc.

Il y a plusieurs sortes de noirs qui entrent dans le Commerce, qui seront expliqués ci-après; sçavoir le noir des Teinturiers, le noir d'Allemagne, le noir d'yvoire ou noir de velours, le noir d'os, le noir de cerf, le noir d'Espagne, le noir de fumée ou noir à noircir, le noir de terre, & le noir des courroyeurs.

Noir des Teinturiers, autrement Bon-noir. C'est l'une des cinq couleurs simples & matrices de la teinture.

Ce noir se fait différemment suivant la qualité des étoffes qu'on veut teindre pour les étoffes de haut prix, comme les draps d'une aune & demie ou d'une aune un tiers de large façon d'Espagne & d'Hollande, les draps de Languedoc, de Sedan, d'Abbeville, d'Elbeuf, de Rouen, de Cherbourg, de Berry & de Dreux; les serges de saint Lo & de Beauvais, les ratines larges & étroites, les droguets de laine fine & quelques autres. Il faut pour en faire le noir se servir du meilleur guesde tirant sur le bleu brun ou bleu peint.

La bonne qualité de ce Guesde consiste à n'être fait que de six livres d'indigo tout aprêté sur chaque balle de pastel, lorsque la cuve est à doux, c'est-à-dire quand le pastel commence à jetter sa fleur bleue, & sans qu'après l'assiette de cette cuve elle puisse être réchauffée plus de deux fois.

Ensuite il doit être bouilli avec de l'alun, du tartre ou de la gravelle, & après garancé avec de la garance commune, ou de la croûte de belle garance, & enfin parachevé en noir avec de la noix de galle d'Alep ou d'Alexandrie, qu'on appelle Galle à l'Epine, de la couperose & du sumac qu'on adoucit, le repassant sur la gaude pour lui donner la perfection du noir.

Pour que ce noir soit bien assuré, & que les étoffes ne barbouillent ni ne noircissent point dans l'usage que l'on en peut faire, elles doivent être bien dégorgées en blanc au moulin à foulon, avant que de les mettre dans la guesde; & après avoir été guesdés, il les faut fouler aux pieds dans de l'eau, puis les garancer; & après qu'elles sont faites noires, les laver bien jusques à ce qu'elles ne poudrent plus.

Pour ce qui est des étoffes de médiocre prix, comme sont les petites Ratines, les Revêches, les Mollerons, les Serges d'Aumalle & de Mouy, les Ras de Châlons, les Etamines, les Camelots, les Baracans, même les Couvertures de laine; il suffit qu'elles soient seulement guesdées & mises en bleu, & après parachevées en noir avec galle & couperose, à cause que ces sortes d'étoffes ne peuvent porter les frais ni du garançage, ni des autres façons que l'on donne aux étoffes d'un prix plus considérable.

Aucunes étoffes ne doivent être teintes directement de blanc en noir, il faut nécessairement qu'elles ayent été guesdées & mises en bleu avant que d'être faites noires.

Tout ce qui vient d'être dit touchant le noir des Teinturiers, est conforme aux articles 8, 9, 11 & 12 du Reglement général des Teintures fait en Aoust 1669.

Il y a encore d'autres sortes de noir, qui quoique défendus par les Ordonnances, n'ont pas laissé de s'introduire mal-à-propos parmi les Teinturiers, comme celui qui se fait avec l'écorce d'aulne & la moulée qu'on prend des Emouleurs, Couteliers & Taillandiers, en y ajoutant de la limaille de fer ou de cuivre.

Il y a aussi le noir que l'on appelle Noir à froid ou à la Jésuite, qui se fait avec les mêmes drogues que le bon noir, mais sans avoir fait passer l'étoffe par le guesde ou bleu.

Pour faire cette sorte de noir on fait dissoudre les drogues dans de l'eau préparée en la faisant bouillir pendant quatre heures, puis on la fait réfroidir au point d'y pouvoir souffrir la main; après on jette l'étoffe dedans la cuve d'où on la retire, & on la remet jusques à six fois, quelquefois plus. Quelques-uns prétendent que le noir à froid est meilleur que pas un autre; ce qui est difficile à croire, d'autant que les étoffes qui sont ainsi teintes étant tout d'un coup mises de blanc en noir, sans auparavant avoir eu le pied de guesde, cela ne peut produire qu'un mauvais noir & mal assuré. Aussi l'article 12 du Reglement ci-devant rapporté défend-il sous des peines rigoureuses de teindre

teindre aucunes étoffes directement de blanc en noir.

On prétend que le nom de noir à la Jésuite que l'on a donné au noir à froid, vient de ce que les Jésuites en ont été les premiers inventeurs, & qu'ils teignent encore actuellement de cette maniere leurs étoffes dans la plupart de leurs maisons, où ils entretiennent des Teinturiers à leurs gages.

Le gris est la nuance du noir, depuis la plus basse couleur, qui est le gris-blanc, jusques à la plus haute qui est le gris-noir, telles que sont gris-de-perle, gris-de-plomb, gris-lavandé, gris-castor, gris-de-ramier, couleur d'ardoise, gris-de-maron, gris-brun, &c. *Voyez* COULEUR. *Voyez aussi* GRIS.

NOIR D'ALLEMAGNE. Ce Noir se fait avec de la lie de vin brûlée, lavée ensuite dans de l'eau, puis broyée dans des moulins faits exprès avec de l'yvoire, des os ou des noyaux de pêche aussi brûlés. C'est de ce noir dont les Imprimeurs en Tailles-douces se servent. Ce noir vient ordinairement de Francfort, de Mayence & de Strasbourg, ou en pierre, ou en poudre; il s'en fait néanmoins en France qui n'est au dessous de celui d'Allemagne que par la différence qui se trouve entre les lies de vin dont ils se font, celui de Paris est même plus estimé que celui d'Allemagne, & les Imprimeurs de Taille-douce le trouvent plus doux. *Voyez leur article.*

On appelle le noir qui se fabrique dans le Royaume, du nom des Villes où il a été fait, comme, Noir de Paris, Noir de Troyes, Noir d'Orleans. Il n'y a à Paris que trois ouvriers qui y travaillent.

Le noir d'Allemagne doit se choisir humide, sans néanmoins avoir été mouillé, d'un beau noir, luisant, doux, friable ou facile à mettre en poudre, leger, & avec le moins de grains luisans que faire se peut, & s'il est possible qu'il ait été fait avec l'yvoire, étant meilleure pour faire le beau noir que les os & les noyaux de pêche.

NOIR D'YVOIRE, autrement Noir de Velours. C'est de l'yvoire brûlé, pour l'ordinaire, entre deux creuzets bien lutés, qui étant devenu tout-à-fait noir & en feuilles ou écailles, est broyé à l'eau & mis en trochisques, ou petits pains plats, pour servir aux Peintres dans leurs ouvrages, & aux Orfevres qui mettent les pierres précieuses en œuvre, pour noircir le fond des chatons où ils enchassent les diamans pour leur donner ce qu'ils appellent le teint.

Pour que le noir d'yvoire soit de bonne qualité, il faut qu'il soit tendre, friable & bien broyé.

Les Apoticaires & autres qui poussent l'yvoire par le feu ne doivent point jetter l'yvoire brûlé qui se rencontre dans le fond de la cornue, pouvant être aussi propre à faire le noir d'yvoire que l'yvoire même, en le préparant comme il a été dit ci-dessus.

NOIR D'OS. Il se fait avec des os de bœufs, de vaches, &c. brûlés & bien broyés. Pour qu'il soit bon, il doit être tendre, facile à mettre en poudre, luisant & broyé extrêmement fin; on s'en sert beaucoup dans la peinture, mais il n'est pas si estimé que le noir d'yvoire.

NOIR DE CERF. C'est ce qui reste dans la cornue après que l'on a tiré de la corne de cerf, l'esprit, le sel volatil, & l'huile. Ce résidu se broye avec de l'eau, & fait une sorte de noir qui est presque aussi beau & aussi bon que celui d'yvoire, & dont les Peintres se peuvent très bien servir.

NOIR D'ESPAGNE, ainsi nommé parce que ce sont les Espagnols qui l'ont trouvé les premiers, & desquels on le tire presque tout. Ce n'est autre chose que du liege brûlé; on l'employe à divers ouvrages. Pour sa bonne qualité, il faut qu'il soit très noir, leger, le moins sableux & graveleux qu'il est possible.

Les noirs d'yvoire & d'os, aussi-bien que le noir de cerf, sont tarifés sous le nom de noir pour les Peintres. Ils payent à la Donane de Lyon les droits à raison de trois sols six deniers du quintal.

NOIR DE FUMÉE, que l'on nomme aussi Noir à noircir. C'est la fumée de la poix résine ou de l'arcançon.

Il y en a de deux façons; l'un en poudre & l'autre en masse. Celui en poudre se vend au boisseau ou en petits barils longs; & celui en masse se débite à la livre. Il s'en fait beaucoup à Paris avec les menus de la poix résine & de l'arcançon que l'on fait fondre & épurer dans des marmites & chaudieres de fer, ausquels on met ensuite le feu étant sous une cheminée ou autre endroit fait exprès, que l'on a tapissé par le haut avec des peaux de mouton, ou avec des morceaux de grosse toile pour en recevoir la vapeur ou fumée, qui est le noir. On le recueille ensuite secouant les peaux ou la toile, & on le met dans des tonneaux ou autres vaisseaux pour le conserver.

Le noir de fumée s'employe à diverses choses, mais particuliérement à faire de l'encre pour les Imprimeurs, en le mêlant avec de l'huile de lin & de la térébentine que l'on fait bouillir ensemble.

Les Epiciers & ceux qui font commerce de ce noir de fumée, doivent être avertis qu'il est extrêmement facile à s'enflâmer, particuliérement celui en poudre, & que quand une fois il est en feu on a beaucoup de peine à l'éteindre; c'est pourquoi ils ne peuvent trop prendre de précaution là-dessus. La meilleure maniere d'éteindre le feu qui est dans le noir de fumée, est de l'étouffer avec du linge, du foin ou de la paille mouillée; pour l'eau toute seule elle n'y fait presque rien.

Le noir à noircir paye en France les droits d'entrée sur le pied de quarante sols le cent pesant, & ceux de sortie à raison de vingt-cinq sols.

NOIR DE TERRE. Est une espece de charbon qui se trouve dans la terre, dont les Peintres se servent après qu'il a été bien broyé pour travailler à fresque.

On fait du noir avec de la noix de galle, de la couperose ou du vitriol, comme l'encre commune ou à écrire.

Il se fait encore du noir avec de l'argent & du plomb, dont on se sert à remplir les creux ou cavités des choses gravées.

NOIR DES COURROYEURS. On appelle premier noir chez les Artisans qui donnent le courroy aux cuirs quand ils ont été tannés, la premiere teinte de cette couleur qu'ils appliquent sur les vaches, veaux ou moutons. Ce noir est fait de noix de galle, de bierre aigre & de féraille. Le second noir est composé de noix de galle, de couperose & de gomme arabique. C'est sur ce noir que se donne les deux lustres. *Voyez* COURROYER.

NOIR DE ROUILLE. C'est la même chose que le premier noir des Courroyeurs. *Voyez l'article précédent. Les Maroquiniers s'en servent aussi.*

Noir de soie. C'est le second noir qu'on donne aux cuirs courroyés. *Voyez comme ci-dessus.*

Noir. En terme de Plumassier on appelle grandes noires ou noirs fins à pointe, les plumes d'autruches noires de la meilleure qualité, & qui sont propres à faire des panaches. Les petites noires à pointe platte sont au contraire de la moindre qualité, & ne servent qu'à faire des ouvrages de Mercerie, comme bonnets d'enfans, écrans & autres semblables. *Voyez* Autruche *&* Plumes d'Autruche.

NOIRATRE. Couleur qui tire sur le noir.

NOIRCIR. Rendre noir, mettre en couleur noire.

NOIRCISSEURS. Ouvriers qui font l'achevement des noirs. Il se dit particuliérement à Rouen, où les Noircisseurs sont du nombre des Maîtres qui composent la Communauté des Teinturiers. Les autres sont les Garançeurs & les Guesdrons. *Voyez* Noir. *Voyez aussi* Teinturier.

NOIRPRUN, ou NERPRUN. Arbrisseau épineux dont les feuilles ressemblent un peu à celles du poirier, & le fruit aux bayes du geniévre.

Les Teinturiers se servent de ces bayes dans leurs teintures; les Peintres, les Enlumineurs & les Faiseurs de cartes à jouer en tirent diverses couleurs; & la Médecine y trouve aussi un excellent mais violent purgatif.

Les couleurs qu'on peut exprimer des bayes du Noirprun, sont le jaune, le bleu & le verd; ce qui dépend de son plus ou moins de maturité.

Quand les bayes sont encore vertes, on en fait du jaune, en les laissant tremper & se macerer longtems dans de l'eau. Les Enlumineurs l'appellent Graine d'Avignon, parce qu'il s'en prépare beaucoup à Avignon où le noirprun croît en abondance.

La graine jaune ou graine d'Avignon paye en France les droits d'entrée à raison de 20 s. du cent pésant.

Pour faire du bleu, il faut que la maturité de ces bayes soit plus avancée, & pour le verd elles doivent être entiérement meures.

Le verd qu'on en tire s'appelle Verd de vessie; parce qu'après avoir bien fait bouillir les bayes dans de l'eau où l'on a fait dissoudre de l'alun, on conserve la couleur qu'on en exprime dans des vessies de bœuf ou de porc, & on la fait sécher à la cheminée, pour lui donner de la consistance. *Voyez* Verd de vessie, *&* Graine d'Avignon.

NOIRS. Habitans de la Nigritie sur les Côtes d'Afrique. *Voyez* Negres.

NOIX. Fruit qui vient au noyer. La noix a double enveloppe, dont la premiere est verte : on la nomme Brou ou Bru, & sert à la teinture : la seconde est dure & s'appelle Coque. La noix verte se mange en cerneaux vers le mois d'Aout : la noix séche se conserve pour l'hyver. On en fait une huile propre à brûler & à peindre. Les gens du commun dans quelques Pays en usent pour leur nourriture. *Voyez* Noyer.

Les noix communes payent en France les droits d'entrée à raison de 5 s. du muid ou poinçon, & 12 s. pour ceux de sortie.

Les huiles de noix payent en France les droits d'entrée sur divers pieds : sçavoir celles qui viennent des Provinces où les Bureaux pour la levée des droits du Tarif de 1664 ne sont pas établis, 15 s. du baril, & les autres 4 liv.

A l'égard de la Douanne de Lyon, les huiles de noix venant des Pays étrangers, payent 10 s. du quintal, & celle de France 8 s.

Les droits de sortie sont à raison de 20 s. du cent pésant.

Noix Vomique. C'est le fruit, ou comme quelques Auteurs veulent, le noyau du fruit d'un arbre qui croît en plusieurs endroits de l'Egypte, d'où ces noix viennent aux Marchands Epiciers & Droguistes de Paris par la voye de Marseille. Il s'en trouve aussi dans l'Isle de Timor & dans l'Isle de Ceylan, qui sont des Isles de la mer Indique.

Ces noix sont rondes & plattes, d'un gris de souris comme velouté au dehors, & de diverses couleurs en dedans, tantôt jaunes, tantôt blanches, tantôt brunes.

Les plus grosses, les plus blondes, les plus nouvelles & les moins remplies d'ordures sont les meilleures. Elles sont un poison assuré pour les animaux, mais non pas pour les hommes : au contraire le Sieur Paul Hermance fameux Botaniste de Leyde, qui a dressé la Relation Latine que l'on trouve peu correcte dans Pomet, prétend que les noix vomiques de Timor & de Ceylan, ou peut-être seulement le bois de l'arbre qui les porte, car cet endroit paroît assez obscur, apparemment par la faute de l'Historien Droguiste, sont d'excellens sudorifiques & febrifuges, & doivent aussi se mettre au nombre des remedes diurétiques.

Les noix vomiques payent en France les droits d'entrée à raison de 50 s. le cent pésant, conformément au Tarif de 1664; & par celui de la Douanne de Lyon, où elles conservent leur nom Latin, 32 s. 6 den. pour l'ancienne taxation du quintal, & 8 s. pour les anciens & nouveaux quatre pour cent.

Les noix vomiques sont du nombre des marchandises venant du Levant, sur lesquelles il doit être levé vingt pour cent de leur valeur outre les droits ordinaires, suivant l'Arrêt du 15 Aout 1685.

Noix de Cypre's. *Voyez* Cypre's.

Ces noix payent 15 s. du cent pésant par le Tarif de 1664, & 10 s. du quintal par celui de Lyon.

Noix de Gale. Excroissance qui vient sur une espece de chesne, & qui est propre à la teinture en noir. *Voyez* Gale.

Commerce de la Noix de Gale a Amsterdam.

L'on vend à Amsterdam deux sortes de noix de Gale; celles d'Alep & celles de Smyrne : elles se vendent au cent pésant, les Gales d'Alep depuis 40 jusqu'à 44 florins les cent livres; & les Gales de Smyrne depuis 38 jusqu'à 41 florins. Les premieres donnent six livres de tare par bale, & les autres huit. Leurs déductions pour le bon poids & pour le prompt payement sont égales, c'est-à-dire, un pour cent pour le bon poids, & un pour cent pour le prompt payement.

Noix d'Inde. C'est le fruit de l'arbre qu'on nomme Coco. *Voyez* Coco.

Les noix d'Inde payent en France les droits d'entrée à raison de 3 liv. le cent pésant.

Noix Muscade. Espece de noix aromatique qui vient des Indes. *V.* Muscade.

Noix. Les Potiers de terre appellent la Noix de la roue sur laquelle ils tournent les ouvrages de poterie, l'arbre ou pivot qui lui sert comme d'essieu. Ils le nomment ainsi, parce que la tête de cet arbre est presque ronde & en forme de noix, à la réserve qu'elle est applatie par en haut pour y placer le morceau de terre-glaise qu'on veut travailler. *Voyez* Potier de terre.

NOL

NOLAGE. Terme de commerce de mer qui signifie le louage d'un vaisseau, le prix qu'on en donne pour le fret. *Voyez ci-après* Nolis.

NOLIGER ou NOLISER. Terme de Commerce de mer en usage sur la Méditerranée. Il signifie la même chose que Fretter sur l'Océan, c'est-à-dire, louer ou donner à louage un vaisseau. *Voyez* Fretter.

NOLIS. Louage d'un vaisseau, ou la convention faite entre un Marchand & le Maître d'un bâtiment, pour transporter des marchandises d'un lieu à un autre. On ne s'en sert que sur la Méditerranée; sur l'Océan on dit Fret. *Voyez* Fret.

NOLISSEMENT. *Voyez ci-dessus* Nolis.

NOLISSEUR. *Voyez* Affretteur, *&* Fret.

NOM

NOM. Terme appellatif qui fait connoître une personne, & qui la distingue d'avec une autre.

Dans le commerce, c'est une signature que le Marchand met à toutes les promesses, lettres de change, souscriptions, & autres actes qui concernent son négoce pour s'y obliger & s'en rendre garand.

Faire le commerce sous son nom, c'est faire le commerce pour soi-même sans déguiser son véritable nom, & sans emprunter le nom d'autrui. Le faire sous le nom d'un autre, c'est être véritablement le Vendeur ou l'Acheteur des marchandises dont on trafique, tandis qu'un autre qui prête son nom en paroît le propriétaire, & en signe tous les actes : le faire au nom d'un autre, c'est ne le faire que par commission.

Prêter son nom, c'est consentir de mettre une affaire de commerce sous son nom, quoiqu'on n'y ait aucune part, & qu'elle appartienne toute entiere à un autre pour qui sont tous les profits & toutes les pertes.

On appelle Prête-nom, en termes de finance, celui sous le nom duquel se font les adjudications des Fermes du Roi. Ainsi Domergues & du Plantier dont les noms ont paru dans quelques adjudications de ces Fermes, n'étoient que des prête-noms, leurs Cautions en étant les véritables Adjudicataires.

On se sert aussi du terme de Prête-nom en fait de commerce; mais moins ordinairement.

S'engager à payer en son propre & privé nom, c'est faire sa dette particuliere d'une chose.

S'engager à payer au nom d'autrui, c'est s'obliger de payer pour un autre en cas qu'il ne paye pas.

Etre condamné en son propre & privé nom, c'est être condamné au payement d'une dette en son particulier.

Nom Social. Se dit dans une société générale & collective, du nom que les Associés doivent signer suivant la raison de la société; ensorte que supposé que la raison de la société fût sous les noms de Jacques, Philippes, & Nicolas pour le commerce qu'ils veulent faire ensemble, toutes les lettres missives, lettres de change, billets payables à ordre ou au porteur, quittances, factures, procurations, comptes & autres actes concernant cette société, doivent être signés par l'un ou l'autre des Associés, & sous le nom de Jacques, Philippes, & Nicolas en compagnie, qui est le nom social.

Un Associé qui signe le nom social oblige activement & passivement solidairement avec lui son Associé : cela est non-seulement conforme à l'usage établi entre les Marchands, Négocians, & Banquiers (qui est leur droit,) mais encore à l'article 7 du titre 4 de l'Ordonnance du mois de Mars 1673, qui porte, *Que tous Associés seront obligés solidairement aux dettes de la société, encore qu'il n'y ait qu'un qui ait signé, au cas qu'il ait signé pour la Compagnie, c'est-à-dire, du nom social, & non autrement.* Voyez Societé.

NOMBRE. Terme d'Arithmétique. Assemblage de plusieurs unités. Un grand nombre, un petit nombre.

Toutes sortes de nombres se peuvent exprimer par dix caracteres ou figures qui sont, 1. 2. 3. 4. 5. 6. 7. 8. 9. & 0. qu'on appelle des chiffres.

Nombre nombrant, & Nombre nombré. Le nombre nombrant est celui qui fait connoître par les unités qu'il renferme, combien il y a de choses nombrées; & le Nombre nombré, sont les choses nombrées; comme lorsque l'on dit, Il y a trente livres, aunes, écus, &c. ce nombre trente soit qu'il soit articulé par la parole, ou écrit sur le papier, est nommé Nombrant; & les livres, aunes, écus, &c. s'appellent Nombres nombrés.

Nombre entier. Se dit de plusieurs unités toutes entieres, comme trois écus, sept aunes, cent livres, &c.

Nombre rompu, ou en fraction. Est de deux sortes; l'une est des fractions simples, & l'autre des fractions composées. La fraction simple contient une ou plusieurs parties de quelque entier, comme un tiers de livre, trois quarts d'aune, cinq sixiémes d'un écu; & la fraction composée est celle qu'on nomme communément Fraction de fraction; comme lorsque l'on dit, les deux tiers de trois quarts de vingt sols, qui est la même chose que de dire les deux tiers de quinze sols qui font dix sols. *Voyez* Fraction.

Nombre simple. Signifie tout nombre qui est au dessous de dix, qui s'exprime par un seul chiffre, comme, 1. 2. 3. 4. 5. &c.

Nombre articulé. Est celui qui se partage également en dixaines, c'est-à-dire, tout nombre qui est formé de deux chiffres ou plus, desquels le premier à main droite est zero; tels sont, 10. 20. 30. 40. 50. 100. 200. 300. &c.

Nombre composé. Est un nombre formé du simple & de l'articulé, comme sont les nombres qui s'expriment par plusieurs figures, dont la premiere à droite n'est pas zero; par exemple, 24. 91. 102. 138. &c.

Nombre parfait. Est celui duquel les parties aliquotes étant ajoutées produisent leur tout, comme six, vingt-huit, &c. Les parties aliquotes de six sont trois, deux & un, lesquelles jointes ensemble font six. Les parties aliquotes de vingt-huit sont quatorze, sept, quatre, deux & un, lesquelles jointes ensemble font vingt-huit.

Nombre imparfait. Se dit de celui duquel les parties aliquotes étant jointes font plus ou moins que leur tout dont elles sont parties.

Les nombres imparfaits se distinguent en défectueux & en abondans; les défectueux sont ceux desquels les parties aliquotes jointes ensemble font moins que le nombre duquel elles sont parties; comme 16 dont les parties aliquotes 8.

4. 2. & 1. étant ajoutées, font seulement 15, qui sont moins que 16, & les abondans sont ceux desquels les parties jointes ensemble font plus que le nombre duquel elles sont parties, comme 12 dont les parties aliquotes 6. 4. 3. 2. & 1. étant ajoutées font 16, qui est plus que 12, &c.

NOMBRE PAIR. Est celui qu'on peut diviser en deux parties égales, sans reste ou fraction; comme 2. 4. 6. 8. 10. &c. Le nombre pair differe du nombre impair par une unité qu'il a de plus ou de moins.

On le nomme Pairement pair, lorsqu'il se peut mesurer par un nombre pair, comme 16 qui peut être plusieurs fois divisé en nombre pair; & Pairement impair, quand on le peut mesurer par un nombre impair, comme 10, qui peut être mesuré par 5. Tout nombre pair multiplié par quelque nombre que ce soit donne toujours un nombre pair, & s'il se multiplioit par un nombre pair, il produiroit un nombre pairement pair.

NOMBRE IMPAIR. Est celui qui surpasse le nombre pair d'une unité, & qu'on ne peut diviser en deux parties égales, sans reste ou fractions, tels que sont 3. 5. 7. 9. 11. &c. Deux nombres impairs joints ensemble forment un nombre pair, & deux nombres impairs multipliés l'un par l'autre produisent un nombre impair.

NOMBRER. Action par laquelle on compte combien il y a d'unités dans une quantité pour en sçavoir le total. Il est arrivé à Nantes une si grande quantité de morues, qu'il est presque impossible de les pouvoir nombrer, d'en sçavoir le total.

NOMBRER. Signifie aussi calculer, supputer la valeur de plusieurs caracteres arithmétiques mis par ordre pour en connoître le montant. Nombrez ces chiffres.

On fait mention dans tous les contrats que les sommes ont été payées, comptées, nombrées, & délivrées en louis d'or, louis d'argent, & autres monnoies ayant cours en présence des Notaires qui les ont passés. C'est ce qui s'appelle ordinairement Exprimer la réalité des especes.

NOMMER UN DESSEIN. Terme de Tissutier-Rubanier. C'est ce qu'on appelle chez les Ouvriers de la grande navette, les Gaziers, les Ferandiniers & autres Fabriquans d'étoffes, lire un dessein, c'est-à-dire, marquer en détail à l'ouvrier qui monte un métier quels fils de sa chaîne doivent se lever & se baisser pour faire la façon, afin qu'il attache des ficelles à nœud coulant aux hautes-lisses de son ouvrage. *Voyez* DESSEIN. *Voyez aussi* TISSUTIER-RUBANIER.

NOMPAREILLE, que l'on écrit aussi NONPAREILLE. Terme en usage parmi plusieurs Marchands & Artisans, dont ils se servent pour exprimer ce qu'ils vendent ou ce qu'ils fabriquent de plus petit, de plus menu ou de plus étroit.

En Flandre on appelle Nompareille ou Lamparillas une petite étoffe très legere & très étroite qui est une sorte de camelotin. *Voyez* LAMPARILLAS.

Les Marchands Merciers & les Tissutiers-Rubaniers nomment Nompareille une espece de petit ruban de soie d'environ deux lignes de large. *Voyez* RUBAN.

Chez les Marchands Epiciers-Confiseurs, la nompareille est la plus menue de toutes les sortes de dragées. *Voyez* CONFITURES, *vers la fin de l'article, à l'endroit où il est parlé des différentes especes de dragées.*

Parmi les Marchands Libraires, les Imprimeurs & les Fondeurs de lettres, on appelle Nompareille, l'un des plus petits caracteres dont on se serve pour l'impression des livres. Il est entre la Mignone, & la Sedanoise ou Parisienne. Il y en a de plusieurs sortes, de la nompareille ordinaire, de la nompareille à gros œil, de l'italique de nompareille & du Grec de nompareille.

NON

NONAN LE FUZELIERS, de la Généralité d'Orleans. L'on y fabrique des serges drapées blanches. *Voyez* l'Etat général, Tome I. page 89.

NONANTE, ou QUATRE-VINGT-DIX. Nombre composé de neuf dixaines, ou de dix fois neuf.

NONANTIE'ME. Ce qui est placé après le quatre-vingt-neuviéme.

NON-OUVRE'. Il se dit de matieres qui ne sont point travaillées ni mises en œuvre, particuliérement des métaux. De l'acier non-ouvré, du fer, du cuivre non-ouvré.

On appelle de la toile non-ouvrée, du linge non-ouvré, la toile & le linge qui sont unis, qui n'ont aucun ouvrage ni figure dessus. *V.* LINGE.

NONPAREILLE. *Voyez* NOMPAREILLE.

NONPARILLAS, ou LAMPARILLAS. Espece de petit camelot qui se fait en Flandre. *Voyez* LAMPARILLAS.

NON-VALEUR. Dette non-exigible par l'insolvabilité du débiteur. Ce Marchand a donné beaucoup d'effets à ses créanciers, mais il a bien des non-valeurs.

NOP

NOPAGE. On appelle le Nopage d'une piece de drap ou de quelque autre étoffe de lainerie, la façon qu'on leur donne, en leur arrachant les nœuds avec de petites pinces, après qu'on les a levés de dessus le métier. *Voyez les deux articles suivans.*

NOPER. Terme de Manufacture de Drapperie, particuliérement en usage dans celle de Sedan. Il signifie la même chose qu'esnouer. *Voyez* ESNOUER.

NOPEUSES. Ouvrieres qui nopent ou esnouent les pieces de lainerie au sortir du métier. *Voyez* ESNOUEUSES.

NOQ

NOQUET. Terme de Plomberie; petite bande de plomb que l'on met ordinairement dans les angles enfoncés de couverture d'ardoise, ce sont des especes de noues. Ces ouvrages se payent au cent pésant mis en œuvre. *Voyez* l'article de la Plomberie.

NOR

NORD. On appelle le commerce du Nord celui qui se fait par les François, Anglois & autres Nations dans les Parties les plus septentrionales de la terre, comme la Norwege, Archangel, le Groenland, la Laponie, &c. on y comprend aussi la mer Baltique. *Voyez* l'Etat général, Tome I. page 289.

NORMANDIE, grande Province de France, composée de trois Généralités, Rouen, Alençon & Caen. *Voyez* le détail du négoce, des fabriques & des productions de cette Province, dans l'Etat général, Tome I. pages 101—112.

NORWEGE, Royaume d'Europe, appartenant au

Roi de Dannemarck. *Voyez* le négoce de ce Royaume, dans l'Etat général, Tome I. page 299.

NOS

NOS, ou NOUES. Ce sont des tripes de morues salées qu'on apporte dans des bariques. *Voyez* MORUE.

NOSSARIS. Toile de coton blanche qui vient des Indes Orientales ; elles sont du nombre de celles qu'on appelle Baffetas. *Voyez* BAFFETAS.

NOT

NOTA. Terme Latin dont on se sert souvent dans le commerce ; il signifie une observation, une remarque qu'il faut faire aux endroits d'un compte, d'un registre, d'un journal, d'un mémoire, d'une facture, &c. où l'on voit le mot *Nota* écrit en marge, comme quand un article a été mal porté, une somme tirée autrement qu'il ne faut, un endroit obscur & mal exprimé, ou quelque autre défaut ou faute qu'on veut faire corriger.

On met aussi quelquefois le *Nota* seulement pour obliger à avoir de l'attention aux choses qu'on croit importantes, & dont on veut se souvenir.

NOTTE. Signifie dans le commerce un petit extrait ou mémorial que l'on fait de quelque chose pour s'en mieux souvenir.

Les Agens de change prennent la note des lettres & billets de change que les Marchands ou Banquiers ont à négocier ; quelquefois les Marchands les leur confient sur une simple notte signée d'eux. Pour plus d'exactitude l'agent doit faire toujours la note double, l'une pour le Banquier à qui appartiennent les lettres & billets, l'autre pour soi-même.

NOTTE. Veut dire aussi un mémoire, un état. Donnez-moi la notte de ce que je vous dois. J'ai fait notte des sommes que vous avez envoyées en Espagne, en Hollande & en Angleterre ; pour dire j'ai conservé le mémoire de ces sommes. Donnez-moi une notte, un état de ce que je vous dois.

NOTTE. S'entend encore de certains caracteres dont les Médecins, Chirurgiens & Apoticaires se servent entr'eux pour marquer le poids & la dose des drogues qui entrent dans leurs remedes. Voici les principales.

La livre ℔, la demi-livre ℔ß : une once ℥j, deux onces ℥ij, trois onces ℥iij, & ainsi jusqu'à la demi-livre ; la demi-once ℥ß : une dragme ʒj, deux dragmes, ʒij, trois dragmes ʒiij, & ainsi jusqu'à huit ; la demi-dragme ʒß : le scrupule ℈, le demi-scrupule ℈ß : enfin le grain *gr.* celle-ci ℞ qui se trouve au commencement de chaque composition de remede, signifie *Recette*, ou *Recepissé*.

NOU

NOUASSE. Espece de noix muscade sauvage. *V.* MUSCADE.

NOVE, petite Ville dans le Milanois. *Voyez* ce qu'on en dit à l'article des FOIRES.

NOUE, que quelques-uns écrivent & prononcent Noux. Terme de Plomberie. C'est une petite table de plomb pliée en demi canal, qui sert dans les couvertures d'ardoises à égouter les eaux. Ces ouvrages se payent au cent pésant plus ou moins, suivant que le plomb est plus ou moins cher. *Voyez* l'article de la Plomberie.

NOUE. Les Maîtres Couvreurs nomment aussi de la sorte, des tuiles de figures triangulaires un peu enfoncées, qui servent au même usage dans les couvertures de tuile, que les noues de plomb dans celles d'ardoises. On n'emploie plus gueres de ces noues de terre, & la plupart des Couvreurs d'àprésent se servent de tuiles hachées avec le martelet.

NOUE. C'est encore un terme de charpente ; il signifie des pieces de bois qui servent au lieu d'arrestiers à recevoir les empanons dans les angles enfoncés des couvertures.

NOUER. Signifie en terme de Manufacture & parmi les Ouvriers qui se servent de la navette, rejoindre les fils de la chaîne ou de la tréme de leur ouvrage qui se rompent en travaillant.

On appelle Nœud de Tisserand le nœud qui sert à reprendre ces fils cassés.

Esnouer, c'est la façon qu'on donne à l'étoffe pour en ôter les nœuds ; les Esnoueuses sont les Ouvrieres qui les ôtent. *Voyez* ESNOUER.

NOUES. C'est une des quatre issues des morues que l'on sale. On les nomme quelquefois Nos, mais leur véritable nom est Tripes de morues. Elles se lavent & s'apprêtent à peu près comme ce que les Bouchers appellent une Fraise de veau, à qui elles ressemblent beaucoup. Elles se salent dans les lieux de la pêche en même-tems que le poisson, & elles s'encaquent dans des futailles ou barils du poids de six à sept cent livres. *Voyez* MORUE *sur la fin de l'article*.

NOVICES. Les Revendeuses ou Crieuses de vieux chapeaux nomment ainsi entr'elles les filles ou femmes, qui voulant apprendre le métier choisissent une ancienne pour en être menées & instruites.

Cette espece d'apprentissage coute ordinairement douze ou quinze écus dont la novice fait present à sa meneuse ; cette gratification n'est pourtant pas de nécessité. *Voyez* CRIEUSES DE VIEUX CHAPEAUX.

NOURRITURE. Terme de Tannerie. Toutes les fois que les Tanneurs donnent aux cuirs qui sont dans la fosse une nouvelle poudre de tan imbibé d'eau, ils appellent cela leur donner de la nourriture. Ainsi quand un cuir n'est pas tanné comme il faut, ils disent qu'on ne lui a pas donné assez de nourriture, pour faire entendre qu'on lui a épargné l'eau & le tan, & qu'il n'a pas été assez long-tems dans la fosse. *Voyez* TANNER.

Les Hongrieurs disent qu'ils mettent leurs cuirs en retraite pour prendre nourriture, lorsqu'ils les laissent tremper un certain tems dans la cuve où l'on a jetté l'eau qui a servi à les fouler. *Voyez* CUIR *à l'endroit où il est parlé de la maniere de fabriquer les cuirs de Hongrie*.

Quand les Megissiers disent qu'ils donnent de la nourriture aux peaux de mouton qu'ils passent en megie, c'est-à-dire, en blanc, cela s'entend de la façon qu'ils leur donnent en les plongeant dans de l'eau chaude où l'on a délayé une sorte de pâte composée de fleur de farine de froment, de jaunes d'œufs & d'eau salée & alunée. *Voyez* MEGIE, *à l'endroit où la maniere de passer les peaux de mouton en megie est expliquée*.

NOUVEAU. Ce qui n'a point encore paru, ce qui n'a point encore servi.

NOUVEAU PLAIN, qu'on nomme aussi PLAIN NEUF & PLAIN VIF. Signifie en terme de Tanneurs, de Mégilliers, & d'autres Ouvriers qui apprêtent les cuirs, une cuve pleine de chaux nouvelle, &

qui n'a pas encore servi. *Voyez* Plain.

Vins nouveaux. Ce sont ceux qui sont recueillis de la derniere vendange. On compte ensuite par feuilles. Du vin de deux, de quatre, de six feuilles; pour dire, du vin de deux, de quatre & six ans. *Voyez* Vin.

Nouveau. On dit en terme de Teneurs de livres, Porter à nouveau compte; pour dire, porter la solde d'un compte arrêté sur une nouvelle feuille ou sur un nouveau livre. Cette somme est portée à nouveau compte sur le livre d'extrait n°. 3 à folio 3 recto.

Nouveau Stile. C'est une maniere de compter ou de supputer les jours, qui se pratique chez tous les peuples qui reconnoissent le saint Siege. Cette maniere de compter differe de dix jours de celle des Grecs & des Protestans qui suivent le vieux stile. Par exemple, lorsque les Catholiques comptent le 21 Mars, les Grecs & les Protestans ne comptent que le 11 Mars.

La maniere de compter suivant le nouveau stile fut reglée en 1581 par une Bulle du Pape Gregoire XIII, ce qui a donné le nom à notre calendrier de Calendrier Gregorien, & cela pour le distinguer du vieux calendrier, que l'on appelle Calendrier Romain ou Julien, parce que ce fut Jules César qui en fit faire la supputation, & qui le fit recevoir dans tout l'Empire Romain l'an de Rome sept cent huit, quarante-deux ou quarante-trois ans avant la naissance de Jesus-Christ.

Le nouveau calendrier ou stile Grégorien fut admis en France sous le regne de Henri III par Edit du 3 Novembre de l'année 1582.

Il faut remarquer que quoique les Hollandois soient Protestans ils ne laissent pas cependant de se conformer au nouveau calendrier; & que les Protestans d'Allemagne, les Suedois & les Danois ont arrêté qu'au 18 Février de l'année 1700 il seroit retranché onze jours du vieux stile, pour se conformer au nouveau, & cela à cause qu'en cette année 1700 la différence entre le vieux & le nouveau stile augmentoit d'un jour, de maniere qu'on n'eût compté que le dixiéme de Mars dans le vieux stile, lorsque l'on auroit compté le vingt & un dans le nouveau; la raison de cela étoit que l'année 1700 n'étoit point bissextille dans le nouveau, & qu'elle l'étoit suivant le vieux, ce qui faisoit l'augmentation d'un jour.

Ce changement doit donner lieu de juger que le vieux stile pourra bien s'abolir insensiblement chez les Peuples où il reste encore en usage. *Voyez* Vieux Stile.

NOUVEAUTE'. Ce qui est nouveau, ce qui n'a point encore paru.

On appelle ainsi au Palais toutes ces nouvelles modes d'écharpes, de coëfures, de rubans, &c. que les Marchands y inventent & y étalent chaque jour pour y satisfaire & y tenter le luxe & le goût changeant & inquiet de l'un & l'autre sexe. Le Gras a bien des nouveautés.

Les Marchands d'étoffes d'or, d'argent & de soie donnent aussi le nom de nouveautés aux taffetas & autres légeres étoffes qu'ils font faire tous les ans pour les habits d'esté des Dames, & qui ordinairement ne plaisent gueres au-delà des trois mois qu'on donne à cette saison. Il y a des nouveautés aux deux Anges qu'on ne voit point ailleurs.

L'Auteur du Parfait Négociant remarque dans le sixiéme chapitre du livre premier de la seconde partie de son ouvrage, où il parle des Manufactures, que quoique celles d'imitation puissent être très avantageuses à ceux qui les entreprennent en suivant les maximes qu'il donne, les Manufactures d'invention apportent pour l'ordinaire un bien autre profit & bien plus prompt à cause de la nouveauté & le changement que l'on aime en France, & particuliérement en fait d'étoffes.

Ce sage Auteur ne veut pourtant pas que quelque bien que réussisse d'abord une nouveauté pour le débit & par le cours qu'elle a, que le Marchand en fasse beaucoup fabriquer; & il lui conseille de ne s'en charger qu'après qu'on en a pû reconnoître le bon ou le mauvais usage; il court risque autrement par le décri de la marchandise de perdre encore plus sur les dernieres pieces qu'il n'auroit gagné sur les premieres, à moins que ce ne soit de ces étoffes dont la mode ne doit jamais passer une année, dont il faut avoir beaucoup afin d'en hâter la vente.

NOUVELLE ANGLETERRE, partie de l'Amérique Septentrionale. *Voyez* le détail du Commerce de cette Colonie Angloise, dans l'Etat général, Tome I. page 533 *& suiv.*

NOUVELLE ECOSSE ou ACADIE, vaste contrée de l'Amérique Septentrionale. *Voyez* en quoi consiste le commerce de cette Colonie, dans l'Etat général, Tome I. page 536.

NOUVELLE FRANCE. *Voyez* Canada.

NOUVELLE ORLEANS, partie de la Colonie de la Louisiane. *Voyez* ce qui est dit de l'excellence de son terrain pour la culture du ris & du tabac, dans l'Etat général Tome I. page 516.

NOUVELLE YORCK, connue ci-devant sous le nom de Nouveaux Pays-Bas, Colonie Angloise dans le continent de l'Amérique Septentrionale. *Voyez* le détail de son Commerce dans l'Etat général, Tome I. page 531.

NOUX. *Voyez* Noue.

NOY

NOYALLE. C'est ainsi que l'on appelle certaines especes de toiles de chanvre écrues, très fortes & très serrées, qui se fabriquent en divers lieux de Bretagne, dont l'usage est pour faire des voiles de vaisseaux & bâtimens de mer.

Les noyalles se distinguent en noyalles extraordinaires à six fils de brin, en noyalles extraordinaires à quatre fils de brin, en noyalles ordinaires à quatre fils, en noyalles courtes, en noyalles simples, & en noyalles rondelettes.

Les cinq premieres especes de ces toiles se font à cinq ou six lieues aux environs de Rennes, particuliérement à Janzay, à Piré & à Noyalle, & c'est de ce dernier endroit qu'elles ont toutes pris leur nom.

A l'égard des rondelettes, c'est à Vitré & aux environs de cette Ville qu'elles se manufacturent pour la plupart.

Les noyalles extraordinaires à six fils de brin sont ainsi nommées de ce que chaque fil de chaîne est composé de deux triples fils joints ensemble, quoique la tréme ne soit que d'un simple fil, & de ce que le fil que l'on y employe est fait d'un chanvre choisi, plus beau & plus fin que l'ordinaire, qui à cause de cela est appellé Fil de brin.

Cette espece de noyalle ne s'employe ordinairement que pour les vaisseaux de Roy, étant trop forte pour les moyens & petits bâtimens; leur largeur ordinaire est de demi-aune moins un vingt-quatriéme mesure de Paris.

Les noyalles extraordinaires à quatre fils de brin sont fabriquées de même que celles ci-dessus, à l'exception que chaque fil de chaîne de cette seconde espece n'est que de deux doubles fils joints ensemble.

Les noyalles ordinaires à quatre fils sont semblables aux noyalles extraordinaires à quatre fils de brin ; la seule différence qui soit entre elles est que les premieres sont fabriquées tant en chaîne qu'en tréme de fil de chanvre commun, & que les autres sont faites toutes de fil de chanvre de brin.

Les noyalles courtes sont appellées Courtes, à cause qu'elles sont de quatre pouces de Roi plus étroites que les noyalles simples, ce qui fait que la largeur des noyalles courtes est semblable à celle des noyalles extraordinaires à six fils de brin, c'est-à-dire qu'elles sont de demi-aune moins un vingt-quatriéme mesure de Paris.

Les noyalles simples, que l'on nomme Simples parce que le fil qui les compose tant en chaîne qu'en tréme n'est que d'un seul & simple fil, ont demi-aune un seize peu moins de large mesure de Paris.

Les noyalles rondelettes ont la même largeur que les noyalles simples; on les appelle Rondelettes parce que le fil tant de la chaîne que de la tréme dont elles sont fabriquées, est beaucoup plus tord & délié que celui qui s'employe à la fabrication des autres toiles noyalles, & c'est aussi par cette raison que les noyalles rondelettes ne s'employent ordinairement qu'à faire des voiles de chaloupes ou de menues voiles de vaisseaux.

Toutes les noyalles de quelques especes qu'elles soient, se vendent sur le pied de l'aune courante du pays, laquelle est plus longue d'un sixiéme que celle de Paris.

La plus grande consommation de ces toiles se fait dans les Ports de France; il s'en envoye cependant quantité dans les Pays étrangers, particuliérement en Angleterre, en Espagne & en Hollande, mais peu en ce dernier Pays, parce que les Hollandois ont des fabriques de toiles à voiles.

Les noyalles pour être manufacturées comme il faut, doivent être faites de fil de cœur de chanvre, bien battues ou frappées sur le métier, renforcées & unies, ayant du corps sans aucun apprêt; sur-tout que les lisieres soient bien faites, car c'est de-là principalement que dépend la bonté des voiles, d'autant que c'est par les lisieres que l'on coud & qu'on assemble les lez de toiles dont les voiles sont formées. *Voyez* Voile. *Voyez aussi l'article des Toiles.*

NOYAU. Terme de fonderie. Les Fondeurs appellent le Noyau ou l'Ame d'une figure, cette masse de terre à Potier & de fiente de cheval, ou de plâtre & de brique mêlés ensemble, qu'ils mettent dans le centre de leur ouvrage afin de soutenir la cire de leur moule.

Les pieces d'artillerie & les cloches ont aussi leur noyau. *Voyez* Fondeur.

NOYER. Grand arbre qui porte des noix.

Il n'y a presque point de partie dans cet arbre, trop connu pour le décrire, qui ne soit utile pour le Commerce. On sçait assez l'usage de son fruit, qui verd se confit ou se mange en cerneaux pendant l'été, & sec se conserve pour être mangé en hiver, & particuliérement dans le Carême.

De la noix seche on en tire de l'huile avec des presses ou moulins à peu près de la maniere expliquée dans l'article de l'huile d'olive; cette huile sert aux Peintres, aux Imprimeurs, & à quantité d'autres Artisans; elle sert aussi à brûler, à la friture, & même à la guérison des playes. Il en vient beaucoup de Bourgogne, de Touraine & d'Orleans.

Le plus menu de la racine du noyer, son écorce, ses feuilles, le brou ou premiere enveloppe de son fruit, sont employés par les Teinturiers pour teindre en fauve. *Voyez les articles de* Fauve *& de* Racine.

Son bois est fort estimé pour faire toutes sortes de meubles, comme chaises, tabourets, tables, guéridons, canapés, lits, armoires, cabinets, &c. Les Armuriers en montent leurs armes, & les Menuisiers de carosses en font leurs paneaux. Il se débite pour cela en planches, en poteaux, en membrures, en cartelles & en tables.

Les planches doivent avoir onze à douze pouces de large, un pouce & une ligne d'épais, & six, neuf & douze pieds de long.

Les poteaux, quatre pouces en quarré, sur six, neuf & dix pieds de long.

Les membrures, deux pouces une ligne d'épaisseur, six, sept & huit pouces de largeur, & six, neuf & douze pieds de longueur, ainsi que les planches, & les cartelles doivent avoir deux bons pouces d'épaisseur.

Les bonnes qualités du bois de noyer, débité comme il vient d'être dit, sont d'être bien net, sans gersures ni roulures.

Enfin le bas du tronc de l'arbre, ses loupes, & ses plus grosses racines se coupent en tronçons pour servir aux Ebenistes dans leurs ouvrages de marqueteries, aux Menuisiers pour leurs placages, & aux Tourneurs pour quelques menus ouvrages. Plus les loupes & les racines sont de couleur brunes & jaspées, & plus elles sont estimées. Les plus belles loupes viennent de Dauphiné, particuliérement de Grenoble.

NOYON. Ville de Picardie dans le Gouvernement de l'Isle de France. Elle est pour ses Manufactures dans le département de celui des deux Inspecteurs de Champagne qui est établi à Reims. La fabrique des toiles y est très considérable aussi-bien que celle des chapeaux; elle est aussi en réputation pour sa Bonneterie & pour ses Tanneries. *Voyez* l'Etat général, Tome I. page 25.

NUA

NUANCE. Adoucissement, diminution d'une couleur, depuis la plus sombre jusques à la plus claire de la même espece.

Il y a des nuances de rouge, de verd, de bleu, de gris-de-lin, de jaune &c. & chaque nuance contient huit ou neuf dégradations de couleurs.

Les Maîtres & Gardes des Teinturiers en soie sont obligés par leurs Statuts & Reglemens de teindre tous les deux ans deux livres de soie de seize sortes de nuances en cramoisi, sçavoir quatre rouges, quatre écarlates, quatre violettes, & quatre canelles, pour servir d'échantillons matrices sur lesquels les débouillis des soies de pareilles nuances doivent être faits. *Voyez* Teinturier en soie, laine & fil.

NUANCER, disposer les nuances d'une étoffe, d'une tapisserie, d'un ouvrage de broderie.

NUANCE', NUANCE'E. Se dit de la disposition des couleurs dans un ouvrage. On dit un satin à fleurs bien nuancé, pour dire un satin dont les dégradations de couleurs sont bien ménagées ; & au contraire, une tapisserie, une étoffe mal nuancée, pour signifier celle dont les couleurs sont mal assorties.

NUE

NUE'E. Terme de Lapidaire. Il se dit des parties sombres qui se trouvent assez souvent dans les pierres précieuses, qui en diminuent la beauté & le prix. *Voyez l'article du diamant & des autres pierres précieuses.*

NUER. Disposer les couleurs selon leurs nuances. Il signifie la même chose que nuancer, & est d'un usage plus ordinaire & meilleur. On dit pareillement un ouvrage bien *nué*, une tapisserie mal nuée.

NUI

NUITS, petite Ville de France, de la Généralité de Bourgogne. L'on y fabrique des draps & des droguets. *Voyez* l'Etat général, Tome I. page 124.

NUL

NUL. Ce qui est estimé comme n'étant pas, comme n'ayant point été fait, comme non avenu. Je consens que notre marché demeure nul. Notre convention est nulle.

NUM

NUMERAL. Ce qui sert à désigner un nombre. On appelle en terme de finance & de compte, Lettres Numerales, les lettres qui sont employées pour tirer les sommes en ligne au lieu des chifres Arabes ; telles sont V. X. L. C. M. qui signifient 5. 10. 50. 100. 1000. On les nomme aussi chifres Romains & chifres de Compte. *Voyez* CHIFRE.

NUMERATEUR. Terme d'Arithmétique, dont on ne se sert qu'en fait de fractions ou de nombres rompus. Il signifie le nombre qui dénote les parties de l'entier, qui se met au dessus de la petite barre qui sépare le nombre de dessous, que l'on nomme le Dénominateur, qui fait connoître en combien de parties l'entier est partagé ; par exemple, $\frac{7}{12}$, veut dire sept douziémes, sept est le Numérateur, & douze le Dénominateur. *Voyez* FRACTION.

NUMERATION. Compte, payement actuel fait en deniers comptans. La numération de cette somme a été faite en présence des Arbitres, des Notaires.

NUMERO. Ce terme qui est fort en usage chez les Marchands, Négocians, & Manufacturiers, signifie un certain nombre ou chifre, qui se met sur les marchandises pour les pouvoir distinguer plus facilement. Apportez-moi la piece de drap de Van-Robais numero 42. Il faut ouvrir la caisse d'étoffe de Lyon numero 8.

Dans les Livres, Factures & autres écritures mercantilles, le mot de numero s'exprime en abregé par cette figure, (N°.) & les nombres ou chifres s'écrivent ensuite de cette maniere (N°. 1. N°. 5. N°. 10. N°. 50. &c.)

NUMERO. On se sert aussi du terme de Numero pour faire entendre la grosseur, longueur, largeur, & qualité de certaines marchandises qu'il seroit difficile d'exprimer autrement.

Les épingles, par exemple, se connoissent beaucoup mieux par leur numero que par leur véritable grosseur & longueur ; ainsi on sçait parmi ceux qui font ce commerce que les numero 3. 4. & 5. sont les trois plus petites especes, qu'on nomme Camions ; qu'ensuite les numero 6. 7. 8. 9. 10. 11. 12. 13. & 14. augmentent imperceptiblement de grosseur & de longueur, & qu'enfin les 16. 18. & 20. numeros sont les plus fortes de celles qu'on met en papier : ensorte que quand un Marchand veut avoir de différentes grosseurs d'épingles, sans entrer dans un détail inutile, il lui suffit de mander à ses ouvriers ou correspondans de lui envoyer tant de sixains du numero 4. & tant des numero 8. & 9. ou de ceux dont il a besoin.

Il en est de même de plusieurs autres marchandises qu'on ne rapporte pas ici, mais dont il est parlé à leurs propres articles, entre autres dans ceux des rubans de soie, des padoues, des galons, des rubans ou rouleaux de laine & de fil, &c.

NUMERO. C'est pareillement avec ces Numeros que l'on marque les balles, caisses & balots de marchandises, lorsque les Commissionnaires, en envoient plusieurs à leurs Commettans par les voitures publiques ; ce qui se fait en écrivant sur les toiles d'emballage, ou sur les planches des caisses, avec de l'encre & une espece de plume ou de pinceau de bois, N°. 1. sur la premiere balle ou caisse, N°. 2. sur la seconde, & ainsi de suite quand elles sont pour le même Marchand ; ce qui se marque aussi avec les mêmes numero sur la Lettre de voiture qu'on donne aux Rouliers, Messagers ou Cochers.

NUMERO. Ce terme sert encore assez souvent pour désigner dans la table d'un Registre, la page sur laquelle quelque somme est portée ; ce qui est la même chose que si l'on disoit page premiere, 10e. 20e. &c.

Les Marchands se servent de certaines marques ou numeros mystérieux connus d'eux seuls, qu'ils mettent sur leurs marchandises, pour se souvenir du prix qu'elles leur ont couté, afin de ne se pas tromper dans la vente qu'ils en font. *Voyez* MARQUE.

On appelle Livre de Numero, une sorte de Livre que les Négocians tiennent, pour connoître avec facilité toutes les marchandises qui entrent dans leurs magasins, qui en sortent ou qui y sont actuellement. Le Livre des Numeros est du nombre de ceux, qu'en fait de parties doubles on appelle Livres d'Aides ou Livres Auxiliaires. *Voyez* LIVRES.

On dit par maniere de proverbe, qu'un homme entend le numero, lorsqu'il sçait découvrir le prix secret d'une marchandise, ou quand il pénetre par adresse ou par intelligence dans le secret de toutes autres sortes d'affaires, dans lesquelles il est question de profits ou de comptes.

NUMEROTE'. Ce qui est marqué d'un Numero. Toutes ces marchandises sont numerotées.

NUMEROTER. Mettre les numeros sur quelque chose. Avez-vous numeroté ces ballots ?

NUN

NUNNA. Toile blanche de la Chine, dont il se fait un négoce considérable au Japon. Il y en a de trois sortes de même longueur pour l'aunage, mais de différentes qualités pour la finesse. Leur longueur est de vingt-quatre cobres sur quatre punts de largeur. *Voyez dans l'Etat général du Commerce, celui qui se fait par les Chinois, de Canton au Japon.*

NUR

NUREMBERG, grande Ville Imperiale de la Franconie en Allemagne. *Voyez* le détail des marchandises que l'on tire de cette Ville, dans l'Etat général, Tome I. page 233.

LA

O

La quatorziéme Lettre de l'Alphabet. Les Marchands & autres personnes de commerce qui tiennent des Livres s'en servent dans leurs abbréviations. C. O. est l'abbréviation de Compte ouvert. ONC. ou ON. signifient Onces.

O B E

OBERE'. Celui qui est endetté, qui à cause de ses grandes dettes est hors d'état de continuer son commerce ou de payer ses créanciers. Ce Banquier est oberé, on paye mal à sa caisse, il ne peut manquer de faire faillite.

S'OBERER. S'endetter, contracter de continuelles & grandes dettes. Ce Négociant s'obere tous les jours, on risqueroit trop de lui prêter.

Un Marchand qui a de la sagesse & de la prudence, doit payer réguliérement & ne pas emprunter au-dessus de ses forces, de crainte de s'oberer. Il n'en reviendra jamais, il s'est oberé, il s'est endetté par dessus la tête.

O B L

OBLIGATION. Acte par lequel on s'engage à faire quelque chose, comme à payer quelque somme de deniers, à être la caution de quelqu'un, à servir d'apprentif chez un Maître. Ce dernier acte s'appelle ordinairement un Obligé. *V.* Oblige', *&* Apprentissage.

L'acceptation d'une lettre de change est une espece d'obligation qui va par corps faute de payement.

C'est une usure d'exiger des interêts d'une somme dûe par une simple obligation, & il n'est pas moins usuraire de les faire comprendre dans le brevet d'obligation.

Obligation a la grosse avanture. *Voyez* Contrat a la grosse avanture. *Voyez aussi* Assurance.

OBLIGE'. Acte par lequel un jeune homme se met en apprentissage chez un Maître pour le nombre d'années porté par les Réglemens de chacun des Corps & Communautés des Marchands ou des Arts & Métiers. Ces actes doivent être passés pardevant deux Notaires & enregistrés par les Jurés sur le registre du Corps & Communauté.

L'obligé porte un engagement réciproque des Apprentifs envers leurs Maîtres & des Maîtres envers les Apprentifs; aux uns de servir fidellement & assiduement tout le tems de leur apprentissage; aux autres de leur apprendre leur profession ou métier, & les garder chez eux & nourrir tant qu'ils sont Apprentifs.

Un obligé peut engager un Apprentif à plus d'années qu'il n'est ordonné par les Statuts, mais jamais à moins. *Voyez* Apprentissage.

OBLIGER UN APPRENTIF. C'est l'engager chez un Maître de quelque Corps ou Communauté, pour y apprendre pendant un certain nombre d'années reglées par les Statuts, la profession ou le métier du Maître chez qui il entre.

On dit aussi qu'un Maître ne peut obliger qu'un ou deux Apprentifs à la fois, pour dire qu'il ne peut avoir que ce nombre d'Apprentifs suivant les Réglemens. *Voyez comme dessus.*

Obliger. S'obliger pour quelqu'un, c'est lui servir de caution, s'engager à payer pour lui, répondre des pertes & dommages qui peuvent arriver par sa faute. *Voyez* Caution, *&* Cautionnement.

O B M

OBMISSION. Oubli, manquement de faire quelque chose. Il se dit dans le commerce, des articles de recette & de dépense qu'on a oublié de porter dans un compte. J'ai fait une obmission considérable dans mon dernier compte, il faut la rétablir.

En fait de finances lorsque l'obmission de recette est frauduleuse, le comptable est condamné à la peine du quadruple.

O B O

OBOLE. Il y avoit autrefois en France des oboles d'or, d'argent, & de cuivre qui étoient des monnoies courantes de diverses valeurs, suivant le métail & le poids. Dans le dix-septiéme siecle l'obole de cuivre y avoit encore cours sous le nom de Maille, & valoit la moitié d'un denier tournois, qui étoit aussi une espece réelle. Présentement (1718) l'obole ou maille ne sert plus que de monnoie de compte. *Voyez* Maille.

On voit en Allemagne des especes d'or qu'on appelle Oboles du Rhin, qui ne tiennent de fin que quatorze carats; elles pesent deux deniers douze grains; ce sont ceux d'entre les Electeurs de l'Empire qu'on nomme Electeurs du Rhin qui les font frapper.

Obole C'est aussi une des parties du poids dont on se sert en Médecine pour péser les drogues. L'obole pese dix grains ou un demi-scrupule. Il faut trois scrupules pour faire une dragme ou un gros. *Voyez* Scrupule *ou* Dragme.

O C A

OCAIGNER UN GANT. C'est après qu'il a été retourné, l'enduire d'une composition de gomme adragant & d'huile de senteur broyez ensemble, pour le disposer à mieux prendre le parfum qu'on lui doit donner du côté de l'endroit.

O C C

OCCIDENT. Parties de la terre situées du côté où le soleil se couche.

Domaine d'Occident est le Domaine appartenant au Roi dans les Isles Antilles & Terre ferme de l'Amérique où les François ont des Colonies.

OCCIDENTAL. Ce qui est situé à l'occident ou qui en vient. Des Perles Occidentales, du Baume Occidental, du Bezoard Occidental. *Voyez ces articles.*

On dit aussi, les Indes Occidentales par opposition aux grandes Indes ou Indes Orientales. *V.* Indes Occidentales.

OCH

OCHAVO, ou OCTAVO. Petite monnoie de cuivre qui a cours en Espagne comme les liards en France. *Voyez* Octavo.

OCHRE, ou OCRE. Terre jaune & fossile qui se tire de sa propre mine, ou qui se trouve dans les mines de cuivre & de plomb, & même quelquefois dans celles d'argent.

Il y a des Auteurs qui l'estiment une espece de minéral propre à fondre les métaux quand ils sont un peu trop aigres: le plus grand usage qui s'en fasse est pour la peinture.

Il n'y a que l'ochre jaune qui soit naturelle, l'ochre rouge n'est que la jaune poussée au feu de réverbere; la meilleure ochre se trouve en France & les mines en sont en Berry à Saint Georges sur la Prée; elle se tire à la maniere du charbon de terre.

Les filons sont ordinairement à cent cinquante & à deux cens pieds de profondeur, de l'épaisseur de quatre jusques à huit pouces, entre un sablon blanc qui les couvre par dessus, & une terre jaune & argilleuse qui sert comme de lit à la pierre d'ochre.

Outre l'ochre de Berry il en vient aussi en assez grande quantité d'Angleterre, mais qui n'approche pas de celle de France. L'ochre d'Angleterre est de plusieurs sortes, & suivant ses diverses couleurs elle a différens noms; celle qui est d'un jaune rougeâtre s'appelle Ochre de rue; celle qui est d'un rouge très brun & très foncé s'appelle Brun rouge, & cette derniere quand elle tire sur le noir, se nomme Potée; l'on s'en sert pour polir les glaces de miroirs.

Il faut choisir l'ochre, soit jaune, soit rouge, bien séche, bien tendre, haute en couleur, & point graveleuse.

L'ochre de quelque couleur qu'elle soit paye en France les droits d'entrée à raison de 10 s. du baril, & pour ceux de sortie 4 sols, conformément au Tarif de 1664.

Les droits de la Douane de Lyon sont de 2 s. 6 d. le quintal.

OCO

OCOCOL. Les Originaires de la nouvelle Espagne appellent ainsi les arbres qui fournissent le liquidambar ou ambre liquide, gomme qui est une espece de baume. *Voyez* Liquid-ambar, & Baume.

OCOS, OCQUA, ou OCQUE. Poids de Turquie qui pese quatre cent dragmes, ou trois livres deux onces poids de Marseille. Quarante-quatre ocques, & en quelques Echelles du Levant quarante-cinq, composent le quintal de Turquie de cent rottes ou rotous.

OCT

OCTANTE, ou HUITANTE. Terme d'arithmetique qui signifie huit fois dix. On dit plus ordinairement quatre-vingt.

OCTAVE. Terme de commerce qui signifie la huitiéme partie ou le demi-quart d'une aune. Ainsi quand on dit qu'un taffetas est de cinq octaves, cela doit s'entendre qu'il a cinq huitiémes d'aune ou une demi-aune demi-quart de large; qu'un autre est de trois octaves, cela veut dire qu'il est de trois huitiémes ou d'un quart & demi d'aune de large. On se sert de ce terme d'Octave pour distinguer les taffetas qui ont d'autres largeurs que la largeur ordinaire qui est une demi-aune.

Octave. Se dit encore dans le commerce du change, d'un certain droit ou salaire qui se paye aux Agens ou Courtiers de change, qui est de deux sols six deniers, ou de la huitiéme partie d'une livre tournois, pour chaque fois cent livres contenues aux lettres & billets de change, ou autres papiers dont ils procurent la négociation, ce qui est à raison de vingt-cinq sols par mille livres.

Les Agens de change reçoivent ordinairement deux octaves pour leurs droits de courtage; l'une de celui qui donne son argent, & l'autre de la personne qui le reçoit & qui fournit des lettres ou billets de change en place; ensorte qu'ils ont en tout pour leurs droits cinquante sols pour chaque fois mille livres qui se négocient par leur ministere.

OCTAVO. Les Marchands, Négocians, & Banquiers François se servent quelquefois de ce terme étranger, pour signifier Octave ou huitiéme. *V. ci-devant* Octave.

Octavo, ou Ochavo. Monnoie de cuivre qui a cours en Espagne.

L'octavo vaut deux maravedis de vellon, & il en faut dix-sept pour une réale aussi de vellon. Il y a des octavos de quatre & de huit maravedis, mais on les appelle ordinairement les uns des Quartas, & les autres des doubles Quartas. *Voyez* Quartas *&* Maravedis.

OCU

OCULI CANCRI, ou YEUX D'ECREVISSES. On nomme ainsi, quoiqu'improprement, de petites pierres blanches faites en forme d'yeux que l'on trouve dans la tête des écrevisses de rivieres. Toutes les saisons ne sont pas propres pour en tirer ces especes de pierres, & l'on n'y en trouve que lorsqu'elles quittent leurs écailles, c'est-à-dire, vers le mois de Mai ou de Juin.

Les yeux d'écrevisses que l'on vend à Paris viennent de Hollande; il s'en fait un si grand commerce, que cela a donné lieu à quelques Auteurs de soupçonner que ces pierres ne fussent factices, & le sieur Pomet entr'autres dans son Histoire générale des Drogues, semble d'abord être de ce sentiment sur le rapport d'un Médecin étranger, quoique dans la suite il revienne à l'opinion commune, forcé par les expériences chimiques du fameux M. Charas.

Quoi qu'il en soit de leur origine & par conséquent de leur vertu, les yeux d'écrevisses sont fort à la mode dans la Médecine moderne, & l'on leur trouve un alkali convenable à bien des maux: l'on s'en sert entr'autres maladies dans les vomissemens, pour purifier le sang, pour appaiser les douleurs de la gravelle, &c. Il faut choisir ces pierres les plus grosses & les plus blanches qu'il se pourra.

Les oculi cancri payent en France les droits d'entrée a raison de 7 liv. 10 sols le cent pésant, conformément au Tarif de 1664.

Et par celui de la Douane de Lyon 1 liv. 5 sols du quintal.

OEB

OEBAN, autrement OUBAN-D'OR. Espece de monnoie de compte du Japon. Les mille oebans font quarante-cinq mille taels d'argent. *Voyez* TAELS.

OEI

OEIL, qu'on prononce toujours OEUIL, & qui dans l'ortographe moderne s'écrit aussi de cette derniere maniere. C'est une partie de la tête de l'animal, qui lui sert à recevoir l'impression de la lumiere. *Voyez* OEUIL.

OES

OESYPE. C'est cette espece de graisse ou axonge que l'on nomme plus communément Suint, qui est adhérante à la laine des moutons & brebis, surtout à celle d'entre les cuisses & de dessous la gorge.

Ceux qui lavent les laines ont soin de recueillir cette graisse qui surnage sur l'eau où ils les lavent, & ils la mettent, après l'avoir fait passer par un linge, dans des petits barils dans lesquels les Marchands Epiciers & Droguistes la reçoivent.

Le Berry, la Beausse & la Normandie sont les Provinces de France qui fournissent davantage d'œsype ; sans doute à cause des nombreux troupeaux qui s'y nourrissent. Les Normands lui donnent le nom de Si, en Berry on l'appelle Serin, & ailleurs Soin.

Cette drogue doit être choisie nouvelle, d'une consistance moyenne, d'un gris de souris, sans saleté & d'une odeur supportable. Quand elle vieillit elle ressemble à du savon sec & s'empuantit à l'excès ; cependant elle a une proprieté extraordinaire, qui est qu'après un très long-tems & une insupportable puanteur, elle acquiert une odeur assez agréable & approchant de celle de l'ambre gris.

L'œsype est de quelque usage dans la Médecine ; entr'autres utilités qu'on en tire, elle a celle de pouvoir être substituée à la laine grasse que les Médecins ordonnent pour les fluxions de gorge en la mêlant avec de l'huile de lys & de camomille.

OEU

OEUF. Production de quelques animaux, particuliérement des oiseaux & des poissons, qui étant couvés par ceux-là, ou ayant reçû comme une espece de maturité par le fret de ceux-ci, servent à reproduire & à conserver leur espece.

Les œufs de poules & de cannes & autres semblables, payent en France les droits d'entrée à raison d'un sol du cent en nombre ; & pour ceux de sortie deux sols.

En Egypte on fait éclore les œufs de poules en les mettant successivement dans des fours auxquels on entretient différens degrés de chaleur par le moyen d'un feu de paille. On en parle ailleurs. *Voyez* FOUR. *Voyez aussi l'Etat général du Commerce où il est parlé de celui d'Egypte.*

Ce qu'on nomme du Kavia n'est autre chose que des œufs d'Esturgeons fumés. *Voyez* KAVIA.

Il y a encore quelques autres œufs de poisson dont il se fait un grand commerce, comme de ceux de Muges en plusieurs lieux de la mer noire ; & ceux d'Aloses aux Indes.

OEUF DE VACHE. Quelques-uns donnent ce nom à une espece de bezoard qui se rencontre assez souvent dans le ventricule de cet animal. On appelle aussi Oeuf de Chamois le bezoard du Chamois. *Voyez* BEZOARD D'ALLEMAGNE.

OEUF. On nomme ainsi dans les moulins à sucre le bout du pivot du grand tambour, à cause qu'il a la figure de la moitié d'un œuf d'oye. Cette piece s'ajoute au pivot, & y tient par le moyen d'une ouverture barlongue, qu'on y fait ; elle est d'un fer aceré posée sur une platine ou crapaudine de même matiere. *Voyez* MOULIN A SUCRE.

OEUIL, en terme de Négoce & de Manufacture. Se dit du lustre & de l'éclat des marchandises d'une certaine beauté extérieure qui frappe la vûe, & qui ne fait pourtant pas la plus grande perfection. Néanmoins comme l'on est souvent plus touché de l'œuil & du lustre d'une étoffe que de sa bonne fabrique ; c'en est aussi une des meilleures qualités pour le débit ; & si les Ouvriers doivent être attentifs à donner cet œuil à leurs ouvrages, les Marchands ne doivent pas moins l'être à le leur conserver.

OEUIL. En terme de Jouaillerie, signifie aussi le brillant & l'éclat des pierreries, quelquefois leur qualité & leur nature. Ce diamant a un œuil admirable, cet autre a l'œuil un peu louche, il l'a un peu noirâtre.

On le dit aussi des perles, mais plus ordinairement on dit l'eau, & c'est plus suivant les termes de l'art de dire qu'une perle est d'une belle eau, que de dire qu'elle a un bel œuil.

OEUIL & BATTE, terme de Marchand de Poisson d'eau-douce. Il signifie tout ce qui est contenu depuis l'ouie ou l'œuil du poisson jusqu'à la queue, qu'on appelle sa batte, à cause qu'il s'en sert à battre l'eau lorsqu'il nage. Ce brochet a deux pieds entre œuil & batte, c'est-à-dire, que dans la maniere de mesurer qui s'observe dans le commerce du poisson, il ne doit se vendre que pour être de deux pieds de long, quoique la tête & la queue comprises il y en ait souvent plus de trois. *Voyez* POISSON D'EAU-DOUCE.

OEUIL DE CHAT. Pierre précieuse. C'est une espece de Saphir. Il y a une autre espece d'Oeuil de Chat qu'on met du nombre des opales à cause de ses diverses couleurs, mais il est beaucoup plus dur que l'Opale. Enfin il y a une troisiéme espece d'Oeuil de Chat qui represente assez bien l'œuil de cet animal ; il n'est pas de grand prix en Europe, mais il est très estimé aux grandes Indes, ces Nations idolâtres lui attribuant de grandes vertus ; il s'y en vend quelquefois jusques à six cent écus. Cela dépend comme ailleurs du caprice & de la superstition. *Voyez* SAPHIR.

OEUIL D'ECREVISSE. Il ne se dit qu'au pluriel. On en parle ailleurs, & des vertus qu'on leur attribue. *Voyez* OCULI CANCRI. *Voyez aussi* YEUX D'ESCREVISSES.

OEUIL, en terme de Méchanique & parmi plusieurs Artisans. S'entend des trous qui servent à emmancher plusieurs de leurs outils, comme l'œuil d'un marteau, d'un pieu, d'une houe, d'une pioche, d'un descintroir, d'un têtu, &c.

On dit aussi l'œuil d'un étau pour signifier le trou par où passe sa vis, & l'œil d'une louve, instrument de fer qui sert à élever des pierres de taille, pour dire le trou où passe l'esse du cable.

L'œuil d'une meule à moulin, est le trou qu'elle a dans son centre.

Les grues, les engins, les chévres, & autres

semblables machines à élever des fardeaux, ont aussi leurs yeux. Ce sont les trous par où passent les cables.

Oeuil de Boeuf, en ouvrage de Verrerie. C'est ce nœud qu'on nomme communément, Boudine, qui est au milieu du plat de verre, & qui est inutile pour être employé en vitres, du moins dans les maisons de quelque considération, n'étant propre qu'à être jetté au groisil.

Oeuil. Terme de Tireur d'Or. C'est la plus petite ouverture d'une filiere par où passe le lingot de quelque métail pour le réduire en fil. *V.* Filiere.

Oeuil. Terme de Fondeur de Caracteres d'Imprimerie & d'Imprimeur. C'est la gravûre en relief qui est au haut des lettres de fonte qui servent à composer les formes d'Imprimerie; c'est l'œuil seul qui fait l'empreinte, le reste qu'on appelle le corps ne sert que pour le soutenir.

Gros œuil, petit œuil. Il se dit des corps de caracteres interrompus & non réguliers, c'est-à-dire, de ceux dont les lettres sont ou plus ou moins ouvertes qu'à l'ordinaire. Le petit Texte gros œuil; le Cicero petit œuil, & ainsi des autres. *Voyez* Imprimerie. *Voyez aussi* Caracteres *&* Fondeur de Caracteres.

OEUVRE. Se dit du travail des Artisans. On dit du bois, du fer, du cuivre mis en œuvre. Un diamant mis en œuvre est celui que le Lapidaire a taillé & à qui il a donné la figure qui lui convient pour en faire une table, un brillant ou une rose. Il se dit aussi par opposition au diamant brut, c'est-à-dire, qui est encore tel qu'il est sorti de la carriere. *Voyez* Diamant.

Il se dit pareillement de toutes les autres pierres précieuses.

On appelle Main d'œuvre dans les Manufactures, ce qu'on donne aux Ouvriers pour le prix & salaire des ouvrages qu'ils ont fabriqués: ainsi on dit, ce drap coute quarante sols par aune de main d'œuvre, pour dire qu'on en a donné quarante sols par aune au Tisserant.

Oeuvres blanches. On nomme ainsi les ouvrages de fer qui se fabriquent par un des quatre Métiers des Maîtres Taillandiers de Paris, tels que sont les cognées, besigues, haches, serpes, &c. appellés de la sorte à cause qu'on les blanchit en quelque sorte lorsqu'on les passe sur la meule pour les aiguiser. *Voyez* Taillanderie.

Oeuvres du poids. On appelle à Paris Marchandises d'œuvres du poids, quelques-unes des Marchandises qui sont sujettes au droit de Poids-le-Roi établi dans cette Ville. *Voyez* Poids-le-Roi.

O F F

OFFE. Espece de jonc qui se tire d'Alicante en Espagne, & dont on fait un grand usage en Provence, particuliérement pour faire des filets à prendre du poisson.

Le Tarif de Lyon le nomme Jonc à vertugalles. *Il paye les droits de cette Douane à raison de 3 s. 9 d. de la balle.*

OFFICIERS DE VILLE. A Paris on distingue deux sortes d'Officiers de Ville, les grands & les petits. Les grands Officiers sont; le Prevôt des Marchands, les Echevins, le Procureur du Roi, le Greffier, les Conseillers & le Receveur. Les petits Officiers sont; les Mouleurs de bois & leurs Aides, les Déchargeurs, les Mesureurs, les Débâcleurs & autres telles personnes établies sur les Ports pour la police & le service du Public. *Voyez leurs articles suivant l'ordre alphabétique.*

Officiers Passeurs d'eau. Ce sont les Maîtres Bateliers de Paris dont les fonctions consistent à passer d'un rivage à l'autre de la riviere de Seine les Passagers qui se présentent, leurs hardes & marchandises. Ils furent érigés en titre d'Offices sous le regne de Louis XIV. & sont au nombre de vingt, y compris les deux Syndics. *Voyez* Batelier.

OFFRE. Ce qu'on dit d'une chose qu'on veut acheter, le prix qu'on en veut donner. Vous aurez cent sols de cette toile, c'est ma derniere offre; pour dire qu'on n'en donnera pas davantage. Vous n'aurez pas ma marchandise à votre premiere offre; pour faire entendre qu'on n'en offre pas assez.

On dit, Faire des offres verbales; faire des offres en Justice.

OFFRIR. Faire une offre. Nous sommes bien loin de compte, vous ne m'offrez pas la moitié de ce que me coute la marchandise.

Mesoffrir, c'est ne pas offrir un prix raisonnable.

O I G

OIGNON, ou OGNON. Plante potagere dont il se fait un très grand commerce à Paris. L'oignon se vend de quatre manieres, à la torche, à la botte, à la glanne & au boisseau. La torche est de l'oignon que l'on attache autour d'un long bâton; la glanne, de l'oignon lié autour d'un menu faisseau de paille; & la botte, de l'oignon verd attaché seulement par les fannes, sans bâton ni sans paille. *Voyez* Foire aux Oignons.

L'oignon paye en France les droits d'entrée à raison de 8 sols du cent des bottes; & pour ceux de sortie 12 sols.

Les oignons de saffran payent à la Douane de Lyon 7 s. 6 d. du quintal.

O I N

OING. Espece de graisse que l'on nomme ordinairement Axunge ou Axonge, dont les Epiciers-Droguistes font quelque commerce. *Voyez* Axunge.

O I S

OISEAU. Animal à deux pieds, couvert de plumes, qui a deux aîles avec lesquelles il s'éleve en l'air, & dont il se sert pour s'y soutenir & y voler. Il y a cependant quelques especes d'oiseaux qui courent plutôt qu'ils ne volent.

On appelle Oiseaux de chant & de plaisir, ceux dont le ramage est agréable, ou ceux qui par l'éclat & la diversité de leur plumage plaisent aux yeux. On les nomme aussi Oiseaux de voliere, parce qu'on les enferme dans des volieres ou grandes cages de fil de fer ou de léton, pour les y élever & nourrir. Ce sont les Maîtres Oiseliers qui en font commerce. *Voyez* Oiselier.

On parle en divers endroits de ce Dictionnaire, de plusieurs autres oiseaux, soit domestiques, soit sauvages, qui par leurs plumes & leurs duvets contribuent à une partie du négoce de différents Marchands. De ce nombre sont les autruches, desquelles les Plumassiers apprêtent & vendent la riche dépouille des aîles & de la queue; les cignes & les oyes, dont les grandes plumes qui servent à écrire sont débitées par les Papetiers, & le duvet est employé par les Tapissiers à divers de leurs ouvrages: enfin les aigrettes dont le plumage qui retient leur nom est si précieux; & ces especes de faucons ou d'autours, qui fournissent le ledredon si leger & si chaud, qui n'est à la mode que depuis un demi-siécle. On peut voir tous ces oiseaux & quelques autres qui ont rapport au commerce, à leurs propres articles.

OISEAU, en termes de Maçonnerie, signifie une espece de demi-auget composé de deux ais ou planches legeres, arrondies par une extrémité & jointes en équerre par l'autre, dont celle d'en-bas est posée horisontalement sur deux morceaux de bois en forme de bras assez longs, & celle d'en-haut est attachée à deux autres petits bâtons qui tombent d'aplomb sur chacun des bras. C'est sur cette petite machine que de jeunes Manœuvres qu'on nomme Goujats, portent sur leurs épaules le mortier aux Maçons & Limosins, lorsque le service ne se peut faire à la pelle. *Voyez* MAÇON.

OISEAU, qu'on nomme aussi ESPERVIER. C'est encore une espece de palette sur laquelle les Sculpteurs mettent le mortier avec lequel ils travaillent de stuc.

OISELER. Tendre des filets, préparer des gluaux, ou se servir du miroir & des trebuchets pour prendre des oiseaux. En termes de Fauconnerie, Oiseler signifie dresser un oiseau, soit pour le poil, soit pour la plume. La premiere signification est du métier d'Oiselier dont on parlera plus bas.

OISELERIE. Métier de prendre, d'élever & de vendre des oiseaux. Il n'est pas permis à tout le monde ni en tout tems d'exercer l'oiselerie; & il n'y a que les Maîtres Oiseliers reçus à la Table de Marbre des Eaux & Forêts de la Ville de Paris, qui puissent aller oiseler, & encore seulement dans les tems & les saisons marqués par les Reglemens. *Voyez les articles suivans.*

OISELEUR. Celui qui prend des oiseaux. On dit plus ordinairement Oiselier, pour signifier celui qui prend de petits oiseaux pour les élever & pour les vendre. Les Statuts des Maîtres Oiseliers leur donnent néanmoins le nom d'Oiseleur.

OISELIER. Celui qui va chasser & tendre aux menus oiseaux, qui les éleve & qui en fait trafic. C'est aussi l'Oiselier qui fait les cages, les volieres & les cabannes, soit de bois, soit de fil de léton ou de fer, pour les renfermer & faire couver; les trébuchets pour les prendre, & les divers filets qui servent à cette innocente & agréable chasse.

Les Oiseliers composent à Paris une assez nombreuse Communauté, & qui n'y est pas des moins anciennes. Leurs Statuts & Reglemens leur ont été donnés de toute antiquité par les Officiers des Eaux & Forêts de Paris; & ceux dont ils se servent présentement leur furent délivrés au mois de Mai 1647, par le Greffier de cette Jurisdiction, comme extraits des anciens Registres.

Quinze articles composent ces Reglemens, dont les principaux fixent le tems que les Jurés doivent rester en Charge, le nombre d'années pour lequel les Apprentifs doivent être obligés; & le droit, la différence & l'ordre des visites.

Le tems de chaque Jurande ne peut être de plus de deux ans; celui de l'apprentissage est de trois; & les visites se font tant sur les Marchands Forains, que sur les Maîtres Oiseliers de la Ville & Fauxbourgs de Paris, comme on va le dire.

Tout Marchand Forain qui apporte des serins communs ou de Canaries à Paris, ne les peut mettre en vente, qu'il n'ait été au préalable les exposer depuis dix heures du matin jusqu'à midi sur la pierre de marbre du Palais aux jours d'entrée du Parlement, dont il est tenu de prendre acquit & certificat des Officiers des Eaux & Forêts. Il doit aussi attendre que les Gouverneurs des volieres du Roi, avertis par les Jurés, ayent déclaré que lesdites volieres en sont suffisamment fournies, & que les Maîtres Oiseleurs ayent pareillement refusé de les acheter; après quoi il leur est loisible de les vendre à qui bon leur semble, après pourtant avoir donné à chacun des Jurés pour leurs droits de visite un oiseau de chaque cabane.

En cas que les Maîtres Oiseliers achetent lesdits oiseaux des Marchands Forains, ils doivent les lotir entre les Maîtres qui en désirent.

Nul ne peut faire trafic des oiseaux de chant & de plaisir, ni y aller chasser, s'il n'est reçu Maître; & ne peut être reçu Maître sans apprentissage, s'il n'est Fils de Maître.

Il n'appartient qu'aux Maîtres de faire venir des ortolans & de les nourrir: ils ne peuvent néanmoins les vendre vifs à des Regratiers pour les engraisser & en faire des nourritures, à peine de confiscation des oiseaux & d'amende contre le Vendeur & l'Acheteur. C'est pareillement aux Maîtres de cette Communauté de faire seuls des cages pour oiseaux & des filets pour les prendre; leur étant même permis de faire & fondre toutes sortes d'abreuvoirs à oiseaux, soit de plomb ou d'autre matiére.

Les oiseaux qu'il n'est permis qu'aux Maîtres Oiseliers de chasser & de prendre à la glue, à la pipée, aux filets & autres harnois semblables, sont tous ceux qu'on nomme Oiseaux de chant & de plaisirs, comme les linottes, chardonnerets, pinsons, serins, tairains, fauvettes, rossignols, cailles, allouettes, merles, sansonnets, ortolans & autres de semblable qualité.

Le tems qu'il n'est pas permis de chasser est depuis la mi-Mai jusqu'à la mi-Aout, à cause que c'est celui de la pariade, & la saison qu'ils font leurs nids & leurs pontes; à l'exception néanmoins des oiseaux de passage, comme cailles, rossignols, ortolans, qui se peuvent prendre depuis le deuxiéme Avril jusqu'au deuxiéme Mai pour le remontage, & du premier jour d'Aout jusqu'à leur passage.

Les jours & lieux que les Oiseliers peuvent exposer en vente les oiseaux qu'ils ont élevés ou pris, sont leurs boutiques tous les jours, & la Vallée de misere les Dimanches & Fêtes, à la réserve des plus solemnelles ou des processions générales; leur étant permis lesdits jours de Dimanches & de Fêtes moins principales d'étaler & attacher leurs cages contre les boutiques & murs des maisons de ladite Vallée.

Outre les oiseaux mentionnés ci-dessus, les Maîtres de cette Communauté vendent aussi des tourterelles, des pigeons, des perroquets & péruches, des écureuils & autres petits animaux de plaisir.

Enfin par une très ancienne coutume & par deux articles de leurs Statuts, sçavoir le septiéme & le quinziéme, les Jurés sont obligés de se trouver aux Sacres des Rois pour y apporter des oiseaux, & les laisser aller dans les Eglises où les cérémonies se font; & les Maîtres sont pareillement tenus de lâcher en signe de joie au jour du S. Sacrement & aux entrées des Reines, telle quantité d'oiseaux qui est arbitrée par les Officiers des Eaux & Forêts.

O L E

OLEB. Sorte de lin qu'on recueille en Egypte. Il

est aussi bon que celui qu'on nomme Forfette, mais moins que le squinanti. Son prix est de sept piastres & un quart le quintal de cent dix rotols. *Voyez* LIN.

OLEP. Sorte de Lin qui vient du Levant par la voie de Marseille. *Voyez* l'article du Lin.

OLERON. Ville de France dans la Principauté de Bearn. Elle est du Département de l'Inspecteur des Manufactures de Bordeaux. Le papier & de petites étoffes de laines y entretiennent un commerce assez considérable. *Voyez* l'Etat général, Tome I. page 38.

OLEUM RODIUM, ou HUILE DE ROSE. Les Marchands Epiciers-Droguistes donnent ce nom à une huile blanche & odorante que l'on tire du bois de rose par la distillation. La meilleure vient de Hollande, où l'on a le secret de la mieux tirer que par-tout ailleurs. *Voyez* ROSE-BOIS.

O L I

OLIBAN. Sorte de gomme ou de résine, que l'on nomme plus communément Encens mâle. *Voyez* ENCENS.

L'oliban ou encens fin paye en France les droits d'entrée à raison de 50 s. du cent pésant, conformément au Tarif de 1664.

Les droits de la Douane de Lyon sont de 32 s. 6 d. du quintal d'ancienne taxation, 3 s. 6 d. de réapréciation, 12 s. pour les anciens quatre pour cent, & pareille somme pour les nouveaux.

L'oliban aussi-bien que les encens de toutes sortes, est du nombre des marchandises venant du Levant, sujettes au droit de vingt pour cent ordonné par l'Arrêt du 15 Aout 1685.

OLIVAISON. Saison où l'on fait la récolte des olives, soit pour en tirer l'huile, soit pour les confire & les mettre dans la saumure. *Voyez l'article suivant.*

OLIVE. Fruit que portent les oliviers.

Les Marchands Epiciers de Paris & d'ailleurs vendent de trois sortes d'olives qui different en grosseur & en bonté; les olives de Veronne, les olives d'Espagne & les olives de Provence.

Les olives de Veronne sont estimées les meilleures de toutes: il y en a du grand & du petit moule, & d'autres qu'on appelle des Semences. Il faut les choisir nouvelles, véritables, sur-tout bien ensaussées, c'est-à-dire, qu'elles nâgent dans la saumure; qualités qu'il faut aussi observer dans les autres especes.

Les olives d'Espagne sont de la grosseur d'un œuf de pigeon, d'un verd-pâle, & d'un goût un peu amer.

Les olives de Provence sont de diverses grosseurs; mais celles qu'on nomme Picholines, du mot Italien qui marque leur petitesse, ou peut-être du nom d'un fameux Marchand Provençal, comme le Sieur Pomet dans son Histoire des Drogues veut le faire croire, sont infiniment plus exquises que les autres. On les appelle aussi Olives de Luques, mais très mal à propos, venant certainement toutes de Provence.

Les olives n'ont pas sur l'arbre ce goût & ce dégré de bonté qui leur a fait trouver place sur les tables les plus délicates. Elles ne l'acquierent qu'après avoir été confites de la maniere suivante, ayant auparavant une amertume insupportable.

Quand les olives sont en état d'être confites, c'est-à-dire, dans les mois de Juin & de Juillet, & bien long-tems avant qu'elles soient propres à en tirer l'huile, on les cueille & on les met tremper quelques jours dans de l'eau fraîche. Après les en avoir tirées elles sont remises dans une autre eau préparée avec de la barille ou soude & des cendres de noyaux d'olives brûlées, ou bien de la chaux; ensuite on les fait passer encore dans une seconde saumure faite d'eau & de sel avec laquelle on les met dans ces petits barils dans quoi on les envoye: & pour leur donner cette pointe agréable qu'elles ont, on jette par dessus une essence composée ordinairement de girofle, de canelle, de coriandre, de fenouil, &c.

La composition de cette essence est une espece de secret parmi ceux qui se mêlent de confire des olives, & l'on peut dire aussi que c'est en cela que consiste toute l'habileté de ce commerce, le reste étant assez facile à faire.

Quand les olives sont tout-à-fait en maturité, c'est-à-dire, lorsqu'elles commencent à rougir, on en tire par expression une huile fort excellente dont il se fait un très grand négoce. *Voyez* HUILE D'OLIVE.

Les olives de toutes sortes payent en France les droits d'entrée à raison de 40 s. du cent pésant; & pour les droits de sortie, soit les olives de France, soit les olives d'Espagne, de Gennes & de Lucques, comme fruits secs, 12 s. conformément au Tarif de 1664.

Les droits de celui de la Douane de Lyon sont de 3 s. 4 d. pour les anciens quatre pour cent, & 7 s. 7 d. pour leur nouvelle réapréciation si ce sont des olives étrangeres.

A l'égard des olives du crû de France, elles ne payent que 10 s. du quintal.

Les olives se vendent en gros à barils & par bouteilles, & en détail à la pinte & à la chopine.

OLIVETTES. Fausses perles ou rasades de la figure d'une olive dont on fait commerce avec les Negres du Sénégal; elles sont ordinairement blanches. *Voyez* VEROTTERIE.

OLIVIER. Arbre qui porte les olives.

Cet arbre est très commun en quelques Provinces de France, sur-tout en Provence & en Languedoc; il est assez bas, ses feuilles sont longues, étroites & pointues, ses fleurs sont blanches & forment des especes de grapes. Son fruit assez connu pour n'avoir pas besoin d'être décrit, est d'abord verd, puis pâle, enfin d'un rouge très foncé quand il est mur. On fait confire les olives avant qu'elles soient en maturité, & quand elles sont très mures on en tire de l'huile. *V.* OLIVE. *Voyez aussi* HUILE D'OLIVE.

Outre ces deux marchandises que l'olivier fournit pour le commerce, on en fait encore un très considérable du bois de son tronc & de ses racines, qui prennent parfaitement le poli; les ouvrages de tour & de marqueterie qu'on en fait sont très agréables par la diversité des couleurs, des veines & des nœuds qui s'y rencontrent.

Le bois d'olivier paye en France les droits d'entrée à raison de 20 s. du cent pésant.

O L O

OLONE, qu'on nomme aussi PETITE OLONE & LOCRENAN Sorte de toile propre à faire des voiles de vaisseaux, qui se fabrique en quantité dans plusieurs endroits de la Bretagne. *Voyez* TOILE, *où l'on parle de celles de Bretagne.*

O M E

OMELETTE. Les Cabaretiers & Marchands de vin nomment ainsi des œufs cassés & battus qu'ils jettent (jaune, blanc & coquilles ensemble) par le bondon d'une piece de vin, pour l'éclaircir quand il reste trop long-tems trouble.

Cette maniere d'éclaircir n'est propre que pour les vins couverts, & sur lesquels la colle de poisson ne prend pas. Elle est très innocente & nullement préjudiciable à la santé. *Voyez* VIN.

O M P

OMPHACIN. On nomme Huile Omphacin ou Huile Omphacine, une sorte d'huile que l'on prétend qu'on tire des olives acerbes ou vertes. L'Auteur de l'Histoire des Drogues soutient que c'est être charlatan que de se vanter d'avoir de cette huile, n'étant pas possible d'en tirer aucune avant que les olives soient en parfaite maturité. *Voyez* HUILE D'OLIVE.

O N C

ONCE. Petit poids qui fait la huitiéme partie du marc, ou la seiziéme partie d'une livre de Paris : il y a des endroits où la livre est composée de plus ou moins d'onces. *Voyez* LIVRE.

L'once du poids de marc, ou l'once de Paris, se divise en 8 gros ou drachmes, le gros en 3 den. ou scrupules, & le den. ou scrupule en 24 grains; chaque grain estimé peser un grain de blé. L'once entiere est composée de 576 grains, une demi-once est 4 gros, & un quart d'once est 2 gros.

Parmi les Monnoyeurs & les Marchands Orféyres, la division de l'once se fait en 20 estelins, l'estelin en 2 mailles, la maille en 2 felins, & le felin en 7 grains & un cinquiéme de grain.

Les marchandises & choses précieuses se vendent à l'once, comme l'or, l'argent, la soie, &c. Les perles à l'once sont celles qui sont si menues qu'elles ne peuvent être comptées; on les nomme ordinairement Semences de Perles. *V.* PERLES.

On appelle Cotons d'once, certains Cotons filés que l'on tire de Damas, qui sont d'une qualité supérieure à toutes les autres sortes de Cotons. *Voyez* COTON.

ONCE. C'est aussi une Monnoie imaginaire ou de compte, dont on se sert en Sicile, particuliérement à Messine & à Palerme, pour évaluer les changes, & pour tenir les Ecritures & Livres de Commerce. L'once vaut trente tarins ou soixante carlins ou six cens grains. Le tarin vaut vingt grains, & le grain six piccolis.

ONCE. On appelle Pierre d'Once, une espece d'ambre jaune ou karabé, qui a presque les mêmes vertus que le véritable *Succinum*, & qui outre cela a, dit-on, la propriété de rompre la pierre dans la vessie. *Voyez* AMBRE JAUNE.

O N D

ONDE. Mouvement de l'eau qui s'éleve & qui s'abaisse, ou par le vent, ou par quelque chose qui l'agite.

C'est à l'imitation des ondes qui paroissent sur la superficie de l'eau légerement agitée, que les Ouvriers ont donné à divers de leurs ouvrages ou étoffes, des figures qu'ils nomment des ondes.

Dans plusieurs étoffes de soie ou de laine, comme dans les moires, les tabis, les camelots, même dans quelques toiles ou treillis, les ondes se font par le moyen de la calandre, dont les rouleaux gravés, appuyant inégalement sur l'étoffe qu'on passe entre deux, s'y impriment plus ou moins suivant qu'il la presse avec plus ou moins d'effort. *Voyez* CALANDRE.

ONDES. Petites étoffes de soie, de laine, & de fil, dont les façons sont ondées, qui se font par les Hautelisseurs de la Sayetterie d'Amiens. Elles doivent avoir vingt aunes un quart à vingt aunes & demie de longueur, sur un pied & demi & un pouce de Roi de largeur.

ONDES. Se dit aussi des différens desseins qui se représentent dans quelques tapisseries que l'on travaille à l'aiguille sur du cannevas. On dit, Les ondes du point de Hongrie, du point de la Chine, du point d'Angleterre. On les nomme de la sorte, parce qu'ils se continuent en montant & baissant le long de l'ouvrage à la maniere que les ondes d'une eau courante se suivent les unes les autres. Il y a aussi des bergames à ondes. *Voyez* BERGAME.

ONDE'. Ce qui est fait en ondes. De la moire ondée, Du tabis ondé, Du camelot ondé, Du treillis ondé. *Voyez toutes ces étoffes à leurs propres articles.*

O N G

ONGLE ODORANT, qu'on nomme en Latin *Unguis odoratus*, ou *Blatta Bizantia*. Espece de petit coquillage qui est de quelque usage dans la Médecine. *Voyez* UNGUIS ODORATUS.

ONGLI, Ville du Bengale, où se rassemblent toutes les Nations qui font le commerce de ce Pays. *Voyez* l'Etat général, Tome I. page 441.

O N I

ONIX ou ONYCE. Espece d'agate opaque, de couleur noire & blanchâtre. *Voyez* AGATE.

O N O

ONOR, Royaume d'Asie dans le Bisnagar, à la Côte de Malabar. Le poivre & le ris font les deux principaux objets du commerce de ce Royaume. *Voyez* l'Etat général, Tome I. page 435.

O N Z

ONZE. Nombre impair composé d'une dixaine & d'une unité: Dix & un font onze. En chiffre commun ou Arabe, onze s'écrit de cette maniere (11); en chiffre Romain ainsi (XI); & en chiffre François, de compte ou de finance, de la sorte (xj).

ONZIE'ME, que l'on écrit aussi ONZIESME. C'est une partie du tout divisé en onze portions égales.

En matiere de nombres rompus ou fractions de quelque tout que ce soit, un onziéme se marque ainsi, $\frac{1}{11}$. On dit aussi, Deux onziémes, Trois onziémes, Quatre onziémes, &c. jusqu'à dix onziémes, au-delà desquels c'est le tout. Pour les marquer on se sert des chiffres suivans, $\frac{2}{11}$, $\frac{3}{11}$, $\frac{4}{11}$, $\frac{5}{11}$, &c. Dix onziémes se chiffrent ainsi, $\frac{10}{11}$.

O P A

OPALE. Pierre précieuse de diverses couleurs. On y voit le bleu, le pourpre, le verd, le jaune, & le rouge, quelquefois le noir, le blanc ou la couleur de lait. Si l'on casse la pierre, toutes ces couleurs disparoissent; ce qui fait croire qu'elles ne naissent que de la réflexion d'une ou deux couleurs simples, comme il arrive dans le prisme.

Cette diversité de couleurs qui paroît rassembler toutes celles des autres pierres précieuses, lui fait disputer le prix au saphir & au rubis : elle n'a toutefois pour l'ordinaire de rang qu'après eux parmi les Marchands Jouailliers habiles.

Tavernier dans le second tome de ses Voyages, où il traite des pierres de couleur, assure, peut-être un peu trop positivement, qu'il n'y a de mines d'opale qu'en Turquie. En effet suivant divers Auteurs anciens & modernes, l'Isle de Chypre, l'Arabie, l'Egypte, même la Bohême & la Hongrie partagent l'avantage de produire une si belle pierre : aussi en fait-on deux especes, l'Orientale & l'Occidentale ; & l'on donne le prix à la premiere.

Le girasol est une fausse opale ; & l'on met aussi de ce nombre la pierre précieuse qu'on nomme Oeil de chat. *Voyez ces deux articles.*

L'opale est si molle, qu'au poliment elle ne peut soutenir l'étain ni le plomb, & qu'on est obligé de la polir avec le tripoli. Elle ne peut être contrefaite, à cause de la diversité de ses couleurs que l'art ne peut imiter.

Pline parmi les Anciens, & parmi les Modernes le Napolitain, à Porta, & Albert le Grand, ou plutôt l'Auteur qui a supposé à ce sçavant homme quelques petits Traités bien indignes de lui, ne s'épuisent point sur les vertus secretes de l'opale ; & parce qu'elle brille de toutes les couleurs des autres pierres précieuses, ils ajoutent aux qualités occultes qu'ils lui croyent, presque toutes celles que leur crédulité féconde a attribuées à chacune des pierres en particulier.

OPI

OPIUM. Suc que l'on tire de la tête des Pavots.

Les pavots sont trop connus pour qu'il soit nécessaire d'en faire la description : tous nos jardins en sont pleins ; & il y en a de doubles, de simples & de panachés.

Les Botanistes les divisent néanmoins en pavots que l'on cultive & en pavots sauvages. Le pavot sauvage est celui que l'on nomme en François, Coquelicot, Ponceau, & Confanon. Il y en a une troisiéme espece qu'on appelle Pavot cornu, à cause des gousses où il porte sa graine, qui sont courbées en cornet ; & une quatriéme auquel on a donné le nom d'Ecumant, à cause que sa tige & ses branches sont couvertes d'une maniere d'écume blanche.

C'est de la tête du pavot noir que l'on tire l'opium. Quand ce suc en sort par l'incision qu'on y fait, il garde son nom d'opium ; mais quand c'est par expression, il prend celui de Meconium.

Il y a une grande différence de qualités & de vertus entre ces deux sucs, & l'opium est préférable à toutes sortes d'égards au Meconium : aussi est-il rare que l'on envoye en France de l'opium de la premiere sorte ; les Turcs qui, comme tout le monde sçait, en font grand usage, & le nomment Amphiam, ne permettant pas qu'on le transporte, & le gardant pour eux.

C'est donc seulement du Meconium que les Marchands Epiciers-Droguistes vendent ordinairement pour Opium. Il leur vient du Levant, & particuliérement du Caire par la voye de Marseille ; encore n'est-il pas bien parfait ni bien pur ; les Levantins pour avoir plutôt fait, & pour multiplier leur suc, le tirent également des têtes & des feuilles des pavots par expression, & ensuite le réduisent en consistance d'extrait par le moyen du feu.

Cette drogue ainsi mal préparée, se reçoit en masses noirâtres, enveloppées dans des feuilles des pavots même ; de-là vient qu'on donne l'opium en France à si bon marché ; & il ne faut pas s'en étonner, sur-tout s'il est vrai qu'on y mêle souvent le suc du Glaucium, plante assez semblable au pavot cornu.

Quoi qu'il en soit, il faut choisir le Meconium, ou pour parler avec le vulgaire, l'Opium, le plus sec, le plus uni, & le plus noirâtre que l'on pourra, d'une odeur pour ainsi dire assoupissante, & qu'il ne soit ni gromeleux, ni adhérant, ni tout en une masse.

C'est une erreur qu'il y ait de l'Opium blanc ; car quoique ce suc en coulant de la tête du pavot par l'incision qu'on y fait soit de la couleur du lait, il est certain qu'en s'épaississant cette couleur se change, & devient enfin très brune. Il est vrai que dans les caisses que les Marchands reçoivent il s'en trouve de jaunâtre ; mais c'est seulement une marque que ce suc n'a pas été suffisamment cuit ; ce qu'on peut dire aussi de celui qui est mol, qui ne l'est que parce qu'il n'a pas eu une parfaite coction, ou qu'il n'est pas assez meur.

L'Opium préparé se nomme Laudanum. Il y en a de simple qui s'extrait par le moyen de l'eau de pluye & de l'esprit de vin ; & il y en a de composé qu'on appelle *Laudanum Opiatum*, où il entre bien des ingrédiens.

L'Opium & le Laudanum simple sont deux drogues dont il est dangereux d'user sans le conseil d'habiles Médecins ; & il est à craindre, comme il n'arrive que trop souvent, qu'au lieu de rappeller simplement le sommeil, ils n'en procurent un qui dure toujours.

L'on se sert quelquefois des têtes des pavots blancs & noirs qui croissent en quelques endroits des environs de Paris, pour en exprimer un suc approchant de l'Opium du Levant, mais qui n'agit pas avec tant de force : on l'appelle Diacodum simple.

Il y a aussi un syrop de Diacodum dont on peut voir la composition dans les Pharmacopées : aussi-bien que du Diacodum composé.

Il se fait une très grande consommation & un commerce considérable d'Opium dans tout le Levant. De Smyrne seul on en peut tirer jusqu'à mille ocos par an, encore plus du Caire, & des autres Echelles à proportion.

L'Opium paye en France par le Tarif de 1664, 20 liv. le cent pésant de droits d'entrée ; & par celui de la Douane de Lyon 4 liv. du quintal pour l'ancienne taxation, 40 s. pour la nouvelle réapréciation, 3 liv. 2 s. 6 den. pour les anciens quatre pour cent, & 5 liv. pour les nouveaux.

Cette drogue est du nombre des marchandises venant du Levant, sujettes au droit de vingt pour cent, suivant l'Arrêt du 15 Aout 1685.

L'opium se vend à Amsterdam à la livre ; on le tare au poids : sa déduction pour le bon poids est de deux pour cent, & pour le prompt payement d'un pour cent. Son prix est depuis 75 jusqu'à 80 sous de gros la livre.

OPO

OPO-BALSAMUM. Suc, gomme ou résine qui coulent de l'arbre, que les Latins nomment *Balsamum*, & les François Baume. On nomme vulgairement

gairement ce suc Baume du Levant, pour le distinguer de plusieurs autres baumes. *Voyez* BAUME.

OPOPANAX, communément OPOPONAX, en Latin *Panaces Heracleum*, du nom d'Hercules qu'on prétend qui l'a inventée, ou plutôt qui en a découvert les vertus spécifiques. C'est un des trois célébres panacés ou médicamens universels dont les Anciens racontent tant de merveilles. Les deux autres sont l'*Asclepium* & le *Chironium*; le premier trouvé par Esculape, & le dernier par Chiron.

L'Opopanax est une gomme qui découle par incision d'une plante qui croît en abondance dans l'Achaïe, la Beotie, la Phocide & la Macédoine, d'où elle est apportée en France par la voie de Marseille.

La racine de cette plante est blanche, couverte d'une écorce épaisse, & d'un goût un peu amer. Sa tige est assez haute, & chargée d'une espece de coton. Ses feuilles presque semblables à celles du figuier pour la figure, en ont aussi l'âpreté. Ses fleurs qui sont jaunes, & qui viennent tout à la cime de la plante, forment des ombelles comme celles de l'aneth. Le fruit que produit la tige est bon à manger; celui des branches ne vaut rien. Enfin la graine est d'une odeur forte, & d'un goût âcre & brûlant.

La gomme que donne la racine de cette plante par les incisions qu'on y fait, est blanche tant qu'elle est liquide; mais elle prend un beau jaune doré à mesure qu'elle se séche & qu'elle durcit.

Les Marseillois envoyent aux Marchands de Paris de trois sortes d'Opopanax; celui en larmes, celui en masse & l'Opopanax contrefait ou applatti.

L'Opopanax en larmes qui est le plus excellent, doit être en larmes blanches au dedans & dorées au dehors, d'une odeur forte, d'un goût amer & peu agréable, bien sec, & avec le moins de menu qu'il sera possible, y étant fort sujet.

L'Opopanax en masse est d'autant meilleur, qu'il est plus plein de larmes, & qu'il approche du premier pour la couleur & pour l'odeur; mais à l'égard de la troisiéme espece d'Opopanax, le plus sûr est de ne s'en point charger; n'étant qu'un mauvais mélange du véritable Opopanax, & d'une autre gomme de bas prix, que les gens sans conscience qui le sofistiquent ne connoissent que trop bien.

L'Opopanax est d'une odeur si violente quand il est nouveau, qu'il est dangereux d'en ouvrir alors les caisses; & c'est à quoi doivent prendre garde les Marchands Epiciers qui le font venir; mais cette odeur diminue avec le tems.

Cette gomme a presque les mêmes vertus que le Sagapanum pour la guérison des playes; ce qui fait qu'il entre dans la composition de l'onguent divin avec le Galbanum, l'Ammoniac & le Bdelium.

L'Opopanax paye en France les droits d'entrée à raison de 15 liv. du cent pésant, conformément au Tarif de 1664.

Les droits de la Douane de Lyon sont de 3 liv. 2 s. 6 den. le quintal d'ancienne taxation, 3 liv. pour la réapréciation, 6 liv. pour les anciens quatre pour cent, & 3 liv. pour les nouveaux.

L'Opopanax est du nombre des marchandises du Levant, sujettes au droit de vingt pour cent ordonné par l'Arrêt du 15 Août 1685.

OPP

OPPERLEER. On nomme ainsi en Hollande des peaux d'animaux apprêtées d'un côté, & chargées de l'autre de leur poil ou laine. Elles servent ordinairement à faire des couvertures, d'où elles ont pris leur nom. *Voyez* l'article des PEAUX.

OQU

OQUE, qu'on nomme plus ordinairement OCOS ou OCQUA. Poids de Turquie dont on se sert dans la plupart des Echelles du Levant. *Voyez* OCOS.

OR

OR. Métail jaune, le premier & le plus précieux de tous les métaux, sans doute parce qu'il en est aussi le plus pésant, le plus ductile, le plus brillant & le plus pur.

C'est selon toute apparence à cause de la beauté de ce métail, & du prix qu'il a au dessus de tous les autres métaux, que les Chimistes lui ont donné le nom de Soleil; voulant faire comprendre qu'il les surpasse tous autant que cet astre surpasse les autres planettes, sous les différens noms desquelles les six métaux inférieurs à l'or sont connus parmi les Artistes.

Toutes les parties du monde connues produisent de l'or, quoiqu'avec beaucoup de différence pour l'abondance & pour la pureté. L'Europe si riche en autres choses, est la moins feconde en or. L'Amérique est celle qui fournit davantage de ce riche métail, sur tout dans les mines du Perou & du Chilly. L'or d'Asie est estimé le plus fin, du moins celui de Menaricabo dans les Indes Orientales. Il s'en tire de quelques mines du Perou, dont le titre est de vingt-trois carats avant d'avoir été affiné. L'or d'Axime sur la Côte d'Afrique est de vingt-deux à vingt-trois carats.

Ordinairement l'or se tire des mines; mais l'on en trouve aussi dans les sables de quelques rivieres & de quelques torrens; & ce dernier s'appelle Or en poudre, Poudre d'Or ou Paillettes.

Il se trouve de la poudre d'or dans quelques rivieres de la Siberie, particuliérement dans une grande riviere qui vient du sud de cette Province & qui se décharge dans la mer Caspienne. Les Moscovites ont fait cette découverte vers l'année 1699, & commencent à en recueillir en assez grande quantité.

Il y a une troisiéme espece d'or qu'on ne trouve gueres que dans les coulées des montagnes du Chilly, qu'on sépare de la terre par le moyen du lavage, d'où les lieux où ils se trouvent sont appellés Lavaderos. Cette terre est ordinairement rougeâtre & mince vers la surface: à hauteur d'homme elle est mêlée de grains de gros sable, & c'est où commence le lit d'or: plus bas sont des bancs de fond pierreux comme d'un rocher pourri un peu bleuâtre, mêlé de quantité de pailles jaunes, qui ne sont pourtant point de l'or, mais seulement des pirites ou marcassites. Au dessous il ne se trouve aucun or.

Lorsque par les indices, qui sont presque toujours certains, on a découvert de ces terres abondantes en or, on tâche d'y faire passer quelques ruisseaux, qui sont fréquens dans ces montagnes & faciles à détourner, afin d'enlever par l'écoulement rapide des eaux cette premiere terre qui couvre celle où se trouve l'or; & pour avancer plus promptement l'ouvrage, on se sert de pioches & de pelles pour la remuer & délayer.

Aussi-tôt que le banc de terre à or se découvre, il faut en détourner l'eau, & creuser à force de bras cette terre précieuse qui s'enleve sur des mulets, & se porte aux lavaderos.

Les lavaderos sont des bassins, dont la figure pour leur plan horisontal revient assez à celle d'un soufflet dont les Forgerons se servent pour exciter le feu de leurs forges. La terre y ayant été mise, on y fait couler un ruisseau d'eau vive proportionné à la terre qu'on veut laver; & pour aider la rapidité de l'eau, on se sert d'un crochet de fer avec lequel on remue & délaye cette terre, ensorte qu'elle puisse être entraînée entiérement, & qu'il ne reste plus dans le bassin qu'un sédiment d'un sable noir avec lequel l'or se trouve mêlé, & duquel on ne le distingue gueres, à moins que les grains du métail ne soient de la grosseur d'une lentille. Il est vrai qu'il se trouve assez souvent des morceaux d'or pur du poids de six, de huit & même de dix marcs, que l'on nomme *Pepitas* en langue du Pays, & qui pour leur grosseur n'ont pas besoin d'être mis aux lavaderos; mais pour l'ordinaire ces grains d'or sont si menus, qu'on les distingue difficilement du sable qui reste au fond du bassin. *Voyez* PEPITAS.

La terre bien lavée, ce residu se met dans une espece de grand plat de bois, enfoncé dans son milieu de quatre ou cinq lignes, où à force de le laver à plusieurs eaux & de l'agiter fortement, ensorte que l'eau entraîne avec elle ce sable noir pardessus les bords, il ne reste plus qu'un sable de pur or, & propre sans autre préparation à être fondu & à être employé en toutes sortes d'ouvrages.

Cette maniere de tirer l'or dans les lavaderos est d'un grand profit; les frais en étant peu considérables en comparaison de ce qu'il faut dépenser pour l'exploitation des mines, où l'on consomme de grandes sommes en Ouvriers, en machines, en fourneaux & en vif-argent.

On trouve un grand nombre de ces lavaderos dans toutes les coulées du Chilly; mais le plus riche de tous est celui de la Estancia del Rey, à douze lieues de la Conception, Port & Ville de la Mer du Sud. La Thuringe & quelques endroits le long du Rhin sont les seuls en Europe où l'on recueille de l'or de cette maniere.

L'or des mines est de deux sortes; l'un en grains ou en morceaux de diverses formes & de différentes pésanteurs. De ceux-ci, parmi les échantillons que Christophle Colomb envoya en Espagne, pour faire juger de la richesse de sa découverte, il y en avoit de deux marcs quatre onces; & les Relations assurent qu'en 1502, il s'en trouva un de trente-deux livres.

L'autre sorte d'or est en pierre; & cette pierre est ce qu'on appelle proprement la Mine ou Minerai. Pour en tirer l'or on la casse & on la pile d'abord avec des mailloches de fer; puis on la porte aux moulins pour la réduire en poudre très déliée; & enfin on la passe à travers de certains tamis de cuivre, qui ne sont pas moins fins que des tamis de soie.

Cette poudre ainsi préparée ayant été mise dans des auges de bois avec une quantité proportionnée de vif-argent & d'eau, y est pétrie au soleil pendant deux fois vingt-quatre heures; après quoi l'eau & la terre inutile ayant été évacuées des auges par le moyen d'autres eaux chaudes qu'on fait couler par dedans, il n'y reste plus qu'une masse composée de vif-argent & de tout l'or qui étoit dans la mine, qu'on sépare encore l'un de l'autre par le moyen du feu & de grands alembics.

L'or en cet état s'appelle Or vierge, aussi-bien que celui qui se trouve en grains dans les mines, ou qu'on recueille en poudre dans les rivieres & torrens, c'est-à-dire, qu'il n'a point passé par le feu; mais pour l'ordinaire on le fond dans de grands creusets, & l'on le réduit en lingots ou en plaques.

L'Auteur de la Dissertation sur les métaux dont la France est remplie, donnée au Public en 1706, cet Auteur, dis-je, qui parle des mines d'or & d'argent sur de bons & fidéles mémoires, a raison de louer beaucoup la maniere de séparer ces métaux d'avec la terre de la mine par le moyen du vif-argent, qui épargne les grands frais des fourneaux & de la fonte; mais il se trompe certainement sur l'époque qu'il donne à cette utile invention, qu'il ne fait ancienne que de 60 ans; puisque dans une Relation du Perou écrite vers l'an 1625, & imprimée en Hollande en 1705, dans le Recueil des voyages faits pour l'établissement de la Compagnie des Indes formée dans les Provinces-Unies, il en est parlé comme d'un usage déja bien établi dans les mines du Potosi & du Chilly; & il n'y est fait au contraire aucune mention des autres manieres de travailler aux mines d'or & d'argent.

Les minieres d'or du Chilly, du Perou & de tous les autres Etats du Roi d'Espagne dans l'Amérique appartiennent à qui les découvre le premier; ce qui est aussi d'usage pour les mines d'argent & des autres métaux. Celui qui en fait la découverte présente requête pour se les faire adjuger: l'Officier Royal à qui il appartient d'en faire l'adjudication, en mesure d'abord quatre-vingt varres en longueur & quarante en largeur, la varre environ de trois pieds, pour celui qui l'a trouvée. Pareil mesurage se fait ensuite pour le Roi; ce qui se réitere tant que le peut permettre la surface de la mine découverte. Pour l'ordinaire le Roi vend sa part au Propriétaire, qui par-là en reste seul le maître.

La pierre minerale de l'or des mines du Chilly, qu'on nomme Minerai dans le langage des mines, n'a rien de certain pour la couleur; y en ayant de blanche, de noirâtre, & d'autre tirant sur le rouge.

Il en est de même pour la dureté, quelques minerays étant très durs, & d'autres assez friables. Pour l'exploitation elle s'en fait à peu près comme on l'a dit ci-dessus, suivant la qualité de la pierre minerale & la richesse des veines.

Un caxon, c'est-à-dire, cinquante quintaux de mineray, donne quatre, cinq & six onces d'or: quand il n'en donne que deux, le Mineur ne retire que ses frais.

De toutes les mines métalliques les mines d'or sont les plus inégales; &, pour ainsi dire, les plus capricieuses. La même veine qui est riche d'abord la devient souvent bien moins en la suivant; & au contraire souvent une veine très médiocre en son commencement, augmente en richesses dans la suite.

L'or aux mines Espagnoles se pese par castillans. Le castillan est la centiéme partie d'une livre poids d'Espagne, & six tomines font un castillan; de sorte que six castillans & deux tomines font une once: mais il faut remarquer qu'il y a six & un tiers pour cent de moins au poids d'Espagne qu'au poids de marc de France.

On ne paye au Roi d'Espagne que le vingtiéme

de l'or & le cinquiéme de l'argent. Ce droit s'appelle Covo.

Il y a peu de mines d'or dans la partie du Sud du Perou : on y trouve cependant quelques lavoirs très riches ; & l'on y parle encore avec admiration de deux pepitas ou morceaux d'or pur découverts dans la Province de Guanuco, du côté de Lima, l'un de soixante-quatre marcs, & l'autre de quarante-cinq marcs; ce dernier d'autant plus merveilleux qu'il étoit composé d'un or de trois alois différens, d'onze, de dix-huit & de vingt-un carats ; ce qui est peut-être l'unique de cette sorte dont l'on ait entendu parler.

Quoique les vaisseaux des Compagnies Françoises des Indes, de la Chine, de Gambie, du Senegal, de Guinée, &c. apportent quelques parties d'or dans leurs retours, néanmoins on peut dire que presque tout celui que l'on voit en France vient du Perou ; non pas en droiture, le commerce y étant interdit aux Etrangers, mais par les gallions d'Espagne qui arrivent à Cadix ; les Négocians Espagnols étant par rapport à ce négoce d'une fidelité à toute épreuve pour leurs Correspondans, de quelque Nation qu'ils soient, même dans le tems des guerres les plus longues & les plus allumées.

L'or du Perou qui se tire d'Espagne est pour l'ordinaire en lingots ou en plaques de huit ou dix marcs, sur lesquels le titre est marqué par carats & grains de fin, & le négoce s'en fait sur ce pied-là : mais comme le titre ne s'y trouve pas toujours bien juste, on ne s'en doit rapporter qu'à l'essai.

On partage les dégrés de l'or en vingt quatre carats aux Indes & en Espagne de même qu'en France ; mais chaque carat y est divisé en vingt-quatre grains ; & c'est pour cela que les Indiens & les Espagnols marquent le titre de l'or sur les lingots ou plaques par carats & grains de fin. Ces carats au Chilly s'appellent Quilates.

La poudre d'or de Guinée & du Senegal est ordinairement au titre de vingt-un carats trois quarts de carat, & même au dessus de vingt-deux carats, lorsqu'elle est pure & sans mélange : on dit, pure & sans mélange, parce qu'il arrive quelquefois que les Négres la chargent de poudre de léton ou de poudre d'émeril, qui sont approchantes de la couleur de l'or : c'est pourquoi elle ne doit être achetée que sur le pied de l'essai.

Mines d'Or de Hongrie.

La Hongrie est un des Pays d'Europe où il se trouve le plus de mines d'or, quoiqu'à la vérité infiniment moins riches que celles du nouveau monde. On en compte jusqu'à sept dont celle qui est auprès de Chremnitz est la plus considérable. Les autres sont Schremnitz, Newsol, Konisberg, Bochantz, Libeten & Tiln.

Ce que dit de celle de Chremnitz Edouard Brown Médecin Anglois, dans sa Relation imprimée en François en 1674, est si curieux, qu'on croit faire plaisir au Lecteur de lui en donner ici l'extrait.

Selon cet Auteur, il y a près de mille ans que cette mine est découverte & qu'on y travaille. Sa profondeur est de cent soixante-dix brasses, & elle s'étend sous terre plus de huit cent brasses. Il y a six ouvertures en forme de puits, qui servent à y descendre & à en tirer le minéral, auxquels on a donné des noms illustres ; sçavoir, le Rodolphe, la Reine Anne, le Ferdinand, le Mathias, le Leopold & le Wind-schaht.

On n'employe aucunes échelles pour la descente des Ouvriers, ou pour l'élevation du minerai, mais l'un & l'autre se fait par le moyen d'un cable qui se dévide sur le treuil d'une roue ; avec cette seule différence que la matiere minerale se monte dans des bacquets ou coffres, & que les personnes sont assises dans une espece de grand sac de cuir, où ils sont tout ensemble & doucement, & avec toute la sureté possible.

Une partie des filons de la mine coule du côté du Septentrion & le reste vers l'Orient. Le travail commence ordinairement à une ou deux heures du matin, mais il finit bien avant la chute du Soleil. Pour se conduire dans ces vastes & obscurs souterrains, les Ouvriers se servent d'un compas assez semblable au compas des pilotes, à la réserve qu'il n'a que vingt-quatre points, divisés en deux fois douze heures. Ils se servent pour s'y éclairer de torches de sapin, ou de quelqu'autre bois qui prenne feu aisément, qui conserve la flamme.

Lorsqu'on tire le minerai de la mine, il est quelquefois noir, quelquefois rouge, & d'autres fois jaune. Il y en a aussi de blanc avec des taches noires ; celui-ci est estimé le meilleur. Comme la mine n'est pas également riche par tout, il est difficile de supputer combien un certain poids de matiere métalique peut donner d'or. Pour séparer ce métal de la terre où il est mêlé, on imite ce que les Espagnols de l'Amérique font dans leurs lavadores, & on la lave dans les eaux d'une petite riviere que l'art a partagé en divers ruisseaux, qui en coulant sur le minerai, en emporte tout ce qui est inutile.

L'ouvrage ne cesse que six jours pendant toute l'année ; sçavoir, deux à Noel, deux à Pâques & deux à la Pentecôte.

A mesure que l'on coupe le minerai dans les rameaux de la mine, on en remplit des especes de petits coffres, qu'ils nomment Etriers, qui en contiennent environ quatre cent pésant. Des enfans les poussent devant eux sur de petits chariots à quatre roues, plus bas par devant que par derriere ; & afin qu'ils coulent plus aisément, & qu'ils ne s'écartent point du chemin, ils ont par dessous une languette de fer qui se glisse dans une maniere de tuyau de bois, dont toutes les routes de la mine sont traversées : ils ont aussi de plus grands chariots à huit roues, qui contiennent le double du minerai. On porte ordinairement à chaque lavage trois ou quatre cent de ces coffres par chaque puits de la mine.

Lorsque la matiere métalique est trop dure pour être lavée au sortir de la mine, on la concasse avec une espece de moulin, qui par le moyen de quatre roues, fait tourner de longs cylindres de sapin armés de fer, chaque roue faisant tourner six cylindres. Pendant que la machine est en mouvement, on fait passer de l'eau par dessus les cylindres, aussi bien que par dessous ; & cette eau tombant dans un grand reservoir, y entraîne la matiere toute lavée & prête à en séparer le métail.

L'or qui n'est point encore purifié de la terre s'appelle en Hongrie *Slichen*. De cet or ou plutôt de ce minéral, cent livres produisent ordinairement une once d'or pur, mais quelquefois seulement une demie once. Pour le purifier davantage

& pour en séparer l'argent qui est toujours mêlé à celui qu'on tire de la mine de Chremnitz, les Affineurs y mêlent un peu de chaux & de slacken, & font fondre le tout ensemble.

Après que l'or a été fondu une fois, ils l'appellent Lech, & lorsqu'ils l'ont encore fait brûler dans du charbon, ils lui donnent le nom d'or rôti; enfin pour le perfectionner, ils le font fondre dans la poële avec du sable.

En France l'or se pese & se vend au marc, qui est de huit onces. Son titre, c'est-à-dire, sa pureté ou affinage s'estime par carats. Le plus fin est à vingt-quatre carats un seiziéme, ou un trente-deuxiéme de carat moins. Les Affineurs prétendant qu'ils ne peuvent le pousser plus loin, parce qu'il y reste toujours quelque legere impureté. L'or au dessous de dix-sept carats perd son nom & sa qualité d'or : il n'est plus qu'argent tenant or, s'il est allié sur le blanc; ou cuivre tenant or, s'il paroît rouge.

Il y a trois principales manieres d'affiner l'or, la premiere avec l'antimoine, la seconde avec le sublimé, & la troisiéme avec l'eau-forte, qu'on appelle Départ d'or. On a parlé des deux premieres à l'article de l'Affinage, & l'on s'est réservé de parler ici de la troisiéme, comme la plus commune & la plus usitée.

Pour l'opération du départ, ou affinage à l'eau-forte, il faut prendre un marc de bas or & deux marcs d'argent : (sur cette proportion il est aisé d'en faire plus grande quantité) : ces trois marcs de métail ayant été fondus ensemble & bien brassés dans le creuset avec l'instrument qu'on appelle Brassoir, on les jette dans de l'eau commune, où ils se réduisent en grenaille de la grosseur de petits pois ou de grains d'orge : cette grenaille retirée de l'eau & séchée au feu, est mise dans le pot à départir, qui est un matras ou pot de grès, & l'on y joint trois livres d'eau-forte, c'est-à-dire, livre pour marc; après quoi le pot bien lutté avec de la terre glaise ayant été mis sur des charbons fort allumés, au bout d'une heure l'affinage est fait; & le pot étant ouvert, on n'y voit plus que l'eau-forte avec l'or réduit en sable, ou, comme on dit en termes de l'art, réduit en chaux.

Ordinairement pour pousser l'or à son véritable titre, on lui donne encore deux fois l'eau-forte, la premiere d'une demi-livre & la seconde d'un quarteron par marc; & à la troisiéme eau, si cette eau est bonne, l'opération est achevée, quelque charge d'impuretés que l'or puisse avoir.

Au reste les deux marcs d'argent & les impuretés de l'or s'incorporent si bien avec cette eau, qu'à n'en juger seulement qu'à la vûe, elle ne paroît ni augmentée ni impregnée d'aucune autre matiere. Cependant cet argent n'est point perdu, comme on va le dire, après qu'on aura ajouté que l'affinage fini, on lave l'or en chaux dans plusieurs eaux, & qu'ensuite on le met fondre dans un creuset, en le poussant au feu d'abord lentement, puis plus fortement, pour enfin le mettre en lingots.

Pour donner à l'argent son premier être, & le retirer des eaux fortes, on sépare ce qu'on en a dans plusieurs grandes poëles ou terrines de grès, qu'on acheve de remplir d'eau de fontaine, en observant d'y en mettre sept ou huit fois plus que d'eau-forte; après quoi l'on met dans chacune un ou plusieurs lingots de cuivre rouge, qu'on y laisse pendant vingt-quatre heures qu'il faut pour l'opération : au bout des vingt-quatre heures les esprits de l'eau-forte ayant quitté l'argent pour s'incorporer le cuivre, ce premier métail se trouve au fond des terrines en forme de chaux ou de cendre, d'où il est appellé Argent de cendre, qui est estimé à douze deniers.

Lorsque l'on veut ménager les eaux fortes, ensorte qu'elles puissent servir à une seconde opération, on les distille dans un alembic de terre ou de verre, dont on change le récipient pour en mettre un autre, quand la distillation est environ au tiers. L'eau du premier récipient s'appelle Eau simple, & celle du second Eau repassée, qui toutes deux sont propres aux départs, l'une pour les commencer, & l'autre pour les perfectionner.

La distillation achevée, on casse le matras, & l'on en tire l'argent pour le fondre & recuire au creuset, & en faire des lingots.

Outre les trois affinages, du sublimé, de l'antimoine & de l'eau-forte, on peut encore affiner l'or de quelques autres manieres, particuliérement de celle qu'on nomme à la Coupelle, c'est-à-dire, avec le plomb & des cendres; ou avec le ciment, qui est une pâte composée de brique, de sel commun, de sel armoniac, de sel gemme & d'urine. On en parle ailleurs. *Voyez* ESSAY & COUPELLE.

L'or s'essaye avec la pierre de touche, & l'on juge à peu près de son titre par sa couleur, sur tout en la comparant avec celle qu'impriment sur la pierre certains morceaux d'or appellés Touchaux, dont le titre a été auparavant fixé. L'essai au feu est néanmoins le plus sûr.

La proportion du poids de l'or à celui de l'argent est de onze à vingt, & la proportion de leur valeur, est que celle de l'or est environ quatorze fois celle de l'argent.

Le prix de ces deux riches métaux qui dans tous les Etats dépend de la volonté du Prince, est trop incertain pour vouloir ici en fixer quelque chose. En France quand il arrive quelque changement dans leur fixation, cela se fait par des Edits, des Déclarations, & des Arrêts du Conseil, que les Marchands, Négocians, & Banquiers ne peuvent avoir avec trop d'exactitude aussi-tôt qu'ils paroissent.

En Hollande le marc d'or fin, c'est-à-dire, qui est à vingt-quatre carats, est reglé par les Ordonnances de l'Etat à 355 florins argent courant. Le marc de cet or se divise en 24 carats, le carat en 12 grains, & le grain en vingt-quatre vingt-quatriémes.

On appelle à Amsterdam or brut celui qui est au dessous de 24 carats, le poids s'en exprime par marcs, par onces, par angels, demi, quart, & huitiéme d'angels. Le marc est de 8 onces, & l'once de 8 angels.

L'or en lingots ou en barres, comme les nomme M. Ricard dans son Traité du Négoce d'Amsterdam, est reglé dans le commerce qui s'en fait dans cette Ville à 355 florins le marc plus près du fin. Mais outre cela on donne depuis 5 jusqu'à 7 d'agio, c'est-à-dire, d'augmentation; ensorte qu'avec cet agio à six pour cent, sur le pied qu'il étoit en 1722 qu'écrivoit cet Auteur, le marc d'or valoit 376 florins 6.

On nomme Essayeurs Jurés, des Officiers commis par le Magistrat pour essayer l'or & l'argent; leur droit est de 30 sols par lingot pour l'essai de l'or, & de 10 sols pour l'essai de l'argent.

OR TRAIT, que l'on appelle aussi FIL D'OR. C'est

un lingot d'argent de forme cylindrique, superficiellement doré au feu, que les Tireurs d'or ont fait passer successivement par une infinité de pertuis ou trous de filiere très ronds, toujours en diminuant de grosseur, & qu'ils ont réduit par ce moyen à n'être pas plus gros qu'un cheveu, sans rien perdre de sa dorure. L'or trait de Lyon après celui de Paris, est le plus estimé.

Or en lame. Est de l'or trait qu'on a écaché ou applati entre deux rouleaux d'acier poli, pour le mettre en état d'être filé sur la soie, ou pour être employé tout plat sans être filé, dans la composition de quelques étoffes, broderies, dentelles & autres semblables ouvrages qu'on veut rendre plus riches ou plus brillans; on lui donne aussi le nom d'or battu.

Or filé, que l'on nomme ordinairement du filé d'or. Est de l'or en lame dont on a couvert un très long brin de soie, en le tortillant dessus par le moyen d'un rouet, & de quelques rochets ou bobines, passées dans de menues broches de fer. Il y a de l'or trait faux, de l'or en lame faux, & de l'or filé faux.

Les différentes manieres de tirer l'or & l'argent tant fin que faux, destiné à être employé en diverses sortes de Manufactures, soit en trait, en lame ou en filé, ont paru si curieuses & si utiles, qu'on a crû ne pouvoir se dispenser de les rapporter ici.

Maniere de tirer l'or & l'argent fin, pour le disposer à être employé en trait, en lame & en filé.

D'abord l'on prend un lingot d'argent du poids de trente-cinq à trente-six marcs, que l'on réduit, par le moyen de la forge en forme de cylindre de la grosseur à peu près d'un manche à ballay.

Après que le lingot a été ainsi forgé, on le porte à l'argue où on le fait passer par huit ou dix pertuis d'une grosse filiere, que l'on nomme Calibre, tant pour l'arrondir plus parfaitement, que pour l'étendre jusques à ce qu'il soit parvenu à la grosseur d'une canne, ce qui s'appelle tirer à l'argue, ou apprêter pour dorer. *Voyez* Argue *&* Filiere.

Le lingot ayant été tiré, comme il vient d'être dit, est reporté chez le tireur d'or, où il est limé avec exactitude sur toute sa superficie, pour ôter la crasse qui peut y être restée de la forge; puis on le coupe par le milieu, ce qui forme deux lingots d'égale grosseur, longs chacun d'environ vingt-quatre à vingt cinq pouces, que l'on fait passer par quelques pertuis de calibre, soit pour abaisser les crans ou inégalités que la lime y a pû faire, soit aussi pour le rendre le plus uni qu'il est possible.

Lorsque les lingots ont été ainsi disposés, on les fait chauffer dans un feu de charbon pour leur donner le dégré de chaleur propre à pouvoir recevoir l'or que l'on y veut appliquer; ce qui se fait de la maniere suivante.

On prend des feuilles d'or chacune du poids d'environ douze grains, & de quatre pouces au moins en quarré, que l'on joint quatre, huit, douze ou seize ensemble, suivant qu'on désire que les lingots soient plus ou moins surdorés; & lorsque ces feuilles ont été jointes de maniere à n'en plus former qu'une seule, on frotte les lingots tous chauds avec un brunissoir, puis on applique en longueur sur toute la superficie de chaque lingot, six de ces feuilles préparées, par dessus lesquelles on passe la pierre de sanguine pour les bien unir.

Après que les lingots ont reçu leur or, on les met dans un nouveau feu de charbon, pour y prendre un certain dégré de chaleur, & lorsqu'ils en sont retirés, on repasse par dessus une seconde fois la pierre de sanguine, soit pour bien souder l'or, soit aussi pour achever de le polir parfaitement.

Les lingots ayant été ainsi dorés sont reportés à l'argue, où on les fait passer par autant de pertuis de filiere qu'il est nécessaire, (ce qui peut aller environ à quarante) pour les réduire à peu près à la grosseur d'une plume à écrire.

Ensuite on les reporte chez le Tireur d'or pour les dégrosser, c'est-à-dire, les faire passer par une vingtaine de pertuis d'une sorte de filiere moyenne qu'on appelle Ras, ce qui les réduit à la grosseur d'un feret de lacet.

Le dégrossage se fait par le moyen d'une espece de banc scellé en plâtre, que l'on nomme Banc à dégrosser, qui n'est qu'une maniere de petite argue que deux hommes peuvent faire tourner.

Après que les lingots ont été dégrossés & réduits, comme on le vient de dire, & à la grosseur d'un feret de lacet, ils perdent leur nom de lingots pour prendre celui de fil d'or. Ce fil est ensuite tiré sur un autre banc, que l'on nomme Banc à tirer, où on le fait passer par vingt nouveaux pertuis d'une espece de petite filiere appellée *Pregaton;* après quoi il se trouve en état d'être passé par la plus petite filiere, qu'on nomme Fer à tirer, pour le porter à son dernier point de finesse; ce qui se pratique de la maniere suivante.

Premierement on passe le fil d'or par le trou du fer à tirer appellé *Pertuis neuf*, qu'on a auparavant rétressi avec un petit marteau sur un tas d'acier, & poli avec un petit poinçon d'acier très pointu, que l'on nomme *Pointe*. Ce pertuis est ainsi rétressi & repoli successivement avec de pareilles pointes, toujours de plus fines en plus fines, & le fil y est aussi successivement tiré jusques à ce qu'il soit parvenu à la grosseur d'un cheveu.

Ce qui paroît de plus admirable, est que tout délié & tout fin que soit ce fil, il se trouve si parfaitement doré sur toute sa superficie, qu'il seroit assez difficile de s'imaginer, sans le sçavoir, que le fond en fût d'argent.

Le fil d'or en cet état s'appelle, Or trait, & peut s'employer en crêpines, boutons, cordons de chapeau, & autres semblables ouvrages.

Il faut remarquer qu'avant que l'or trait soit réduit à cet extrême point de finesse, il a dû passer par plus de cent quarante pertuis de calibre, de filiere, de ras, de pregaton & de fer à tirer, & que chaque fois qu'on l'a fait passer par un de ces pertuis, on l'a frotté de cire neuve, soit pour en faciliter le passage, soit aussi pour empêcher que l'argent ne se découvre de l'or qui est dessus.

Pour disposer l'or trait à être filé sur la soie, il faut l'écacher ou applatir; ce que plusieurs appellent Battre l'or & le mettre en lame. On lui donne cette façon, en le faisant passer entre deux rouleaux d'une petite machine nommée Moulin à battre, ou Moulin à écacher.

Ces rouleaux qui sont d'un acier très poli, environ de trois pouces de diametre, c'est-à-dire, épais de douze ou quinze lignes, & très serrés l'un contre l'autre sur leur épaisseur, sont tournés par le moyen d'une manivelle attachée à l'un des deux, qui fait mouvoir l'autre; ensorte qu'à mesure que le fil trait passe entre les deux rouleaux, il s'écache & s'applatrit, sans pourtant rien perdre de sa dorure; & il devient en lame si mince & si flexible, qu'on peut aisément le filer sur la soie, par le moyen d'un rouet & de quelques rochets ou bobines passées dans de menues broches de fer.

Lorsque l'or en lame a été filé sur la soie, on lui donne le nom de filé d'or.

Quand on ne veut avoir que de l'argent trait, de l'argent en lame ou du fil d'argent, on ne dore point les lingots; à cela près tout le reste se pratique de la même maniere que pour l'or trait, l'or en lame & le filé d'or.

L'or & l'argent trait, battu ou en lame de Lyon se vend par bobines de demi-once & d'une once net, c'est-à-dire, sans comprendre le poids de la bobine, & ses différens dégrés de finesse se distinguent par des P, depuis un jusqu'à sept, toujours en diminuant de grosseur; en sorte que celui d'un P est le plus gros, & que celui de sept P est le plus fin, que l'on appelle à cause de cela du Superfin.

L'or & l'argent trait, battu ou en lame, qui se fabrique à Paris, se débite en bobines de différens poids; & ses divers dégrés de finesse ou de surdorure sont indiqués par des numeros depuis cinquante jusqu'à soixante-douze, qui vont toujours en diminuant de grosseur, & en augmentant de surdorure; de maniere que celui du numero cinquante est le plus gros & le moins surdoré, & celui du numero soixante-douze est le plus fin & le plus surdoré, & ainsi des autres numeros à proportion.

Les filés d'or & d'argent de Lyon se vendent tout dévidés sur des bobines de différens poids, & leurs divers dégrés de finesse sont distingués par un certain nombre d'S; ensorte que l'on commence par une S, qui est le plus gros, & que l'on finit par sept S, qui est le plus menu: ainsi l'on dit, Du une S, Du deux S, Du trois S, Du quatre S, Du quatre S & demi, Du cinq S, Du cinq S & demi, Du six S, & Du sept S, autrement Du superfin. Ceux d'une, deux, trois & quatre S sont par bobines de quatre onces; & ceux de quatre S & demi, de cinq, de cinq & demi, de six & de sept S, sont en bobines de deux onces, le tout net.

Il y a des filés d'or & d'argent que l'on nomme Filés rebours, parce qu'ils ont été filés à contresens, c'est-à-dire, de gauche à droit. Ces sortes de filés ne s'employent qu'en certains ouvrages particuliers, comme crespines, franges, molets & autres semblables, qui ont des filets pendans. Il en entre aussi dans la boutonnerie.

On compte de cinq sortes de filés d'or & d'argent rebours, qui se distinguent par une demie S, par une S, par deux S, par trois S & par quatre S, qui vont en diminuant de grosseur; de maniere que celui d'une demie S est le plus gros, & celui de quatre S le plus fin. Ces sortes de filés d'or & d'argent sont ordinairement par bobines de quatre onces net.

Ce qu'on appelle Or de Milan, est de l'argent trait qu'on a écaché ou applatti en lames très minces & très déliées d'une certaine longueur, qui ne sont dorées que d'un côté; de sorte que venant à être filées on n'apperçoit plus que de l'or, le côté de l'argent se trouvant entiérement caché.

La maniere de ne dorer les lames que d'un côté est un secret très ingénieux & très particulier, dont les seuls Tireurs d'or de Milan sont en possession depuis long-tems. Ceux de Paris & de Lyon ont plusieurs fois tenté de les imiter; mais ç'a toujours été sans un succès parfait.

Les filés d'or de Milan viennent par bobines de deux & de quatre onces net; & leurs dégrés de finesse se distinguent par un certain nombre d'S, de même que ceux de Lyon, ainsi qu'il a été ci-devant dit.

Maniere de tirer l'or & l'argent faux, pour le disposer à être employé en trait, en lame ou en filé, ainsi que le fin.

On prend du cuivre rouge appellé Rozette, dont on forme par le moyen de la forge un lingot semblable à celui d'argent; on le tire à l'argue, puis on fait des canelures ou filets sur toute sa longueur avec une espece de lime platte dentelée par les bords en façon de peigne, que l'on nomme Griffon; après quoi on applique dessus six feuilles d'argent, chacune du poids d'environ dix-huit grains: ensuite on chauffe le lingot dans un feu de charbon, d'où étant retiré on passe le brunissoir par dessus jusqu'à ce que les feuilles soient bien unies; puis on y applique encore six nouvelles feuilles d'argent semblables aux précédentes, & l'on emploie ainsi une once & demie d'argent en feuille sur un lingot de cuivre d'environ vingt marcs.

Le lingot ainsi argenté se remet dans un feu de charbon, où il chauffe jusqu'à un certain dégré de chaleur; & lorsqu'il a été retiré du feu, on passe par dessus le brunissoir, soit pour souder l'argent, soit aussi pour le rendre tout-à-fait uni.

Ensuite on le fait passer par autant de trous de filiere qu'il est nécessaire, pour le réduire de même que l'or & l'argent fin à la grosseur d'un cheveu: en cet état c'est ce qu'on nomme du Faux argent trait, ou de l'Argent trait faux.

Quand on désire avoir de l'or trait faux, on porte le lingot tout argenté à l'argue, où on le fait passer par sept ou huit pertuits de calibre, puis on le dore de la même maniere que les lingots d'argent fin; & l'on observe au surplus toutes les circonstances marquées pour les autres especes de fils traits.

L'or & l'argent traits faux s'écachent & se filent de même que le fin; avec cette différence néanmoins que le fin doit être filé sur la soie, & que le faux ne se doit faire que sur du fil de chanvre ou de lin, conformément aux Ordonnances de France, particuliérement à celle de Henri III. de l'année 1586, titre 47, art. 9.

L'or & l'argent faux, soit trait, soit battu ou en lame, vient la plus grande partie d'Allemagne, particuliérement de Nuremberg, par bobines de deux & de quatre onces net; & leurs différens dégrés de finesse se distinguent par des numeros depuis un jusqu'à sept, toujours en diminuant de grosseur; de sorte que le premier numero est le plus gros, & que le dernier est le plus fin. Il s'en fabrique quelque peu à Paris, qui est fort estimé pour sa belle dorure, dont les bobines ne sont point numerotées se vendant au poids, à proportion qu'il est plus ou moins fin, ou plus ou moins argenté ou surdoré.

L'or & l'argent traits faux & filés payent en France les droits de sortie à raison de 6 sols de la livre pésant, conformément au Tarif de 1664.

Les droits de la Douane de Lyon sont de 3 s. par marc d'ancienne taxation, & encore 3 s. de nouvelle réapréciation.

OR EN FEUILLE, que l'on appelle aussi OR BATTU. C'est de l'or que les Batteurs d'or ont réduit en feuilles si minces & si déliées, qu'il est surprenant qu'il soit possible que l'industrie & la patience des Ouvriers puisse aller jusques-là; car on a remarqué qu'une once d'or se peut multiplier en 1600 feuilles de 37 lignes en quarré, qu'on dit être 159092 fois plus que son premier volume.

L'or se bat sur un bloc de marbre ordinairement noir, très uni, d'un pied en quarré, élevé de terre de trois pieds. On se sert pour le battre de trois especes de marteaux en forme de masses ou maillets de fer poli; l'un du poids de trois à quatre livres, sert pour chasser; l'autre d'onze ou douze livres, sert pour fermer; & le dernier de quatorze à quinze livres, sert pour étendre & achever. Ce sont trois termes de l'art, qui comprennent depuis la premiere jusqu'à la derniere façon de l'or qu'on bat en feuille.

On se sert aussi de quatre moules de différentes grandeurs; sçavoir ceux de vélin, dont le plus petit, de quarante à cinquante feuilles, se nomme Petit moule à caucher; & l'autre d'environ deux cens feuilles, est appellé Grand moule à caucher.

Les deux autres de cinq cens feuilles chacun, sont d'un certain boyau de bœuf bien dégraissé & préparé, auquel on a donné le nom de Baudruche. Le plus petit s'appelle Chaudret, & le plus grand se nomme le Grand moule à achever. Chaque moule se met dans deux morceaux de parchemin appellés Fourreaux, parce qu'effectivement le moule se fourre dedans pour le tenir en état.

Pour ce qui est de la méthode de préparer & de battre l'or, elle se pratique de la maniere suivante.

D'abord l'on fond de l'or très fin & très pur, dont on forme un lingot que l'on réduit par le moyen de la forge à l'épaisseur d'une feuille de papier. Après que cet or a été ainsi forgé, on le couppe par petites feuilles d'environ un pouce en quarré, qu'on met dans le petit moule à caucher, pour commencer à les étendre; ce qui s'appelle les dégrossir.

Lorsque les feuilles ont été dégrossies, on les couppe en quatre, & on les met dans le grand moule à caucher, pour les étendre davantage, puis on les couppe en quatre, & on les met dans le chaudret pour les étendre encore plus; & enfin on les couppe de nouveau en quatre, pour les mettre dans le grand moule à achever, où on les bat pour les étendre jusqu'à ce qu'elles soient réduites au point d'épaisseur que l'on désire par rapport à l'emploi qu'on en veut faire.

L'ouvrage achevé, on tire les feuilles du moule, dont on emplit certains petits livrets de papier préparé avec du bol rouge, pour que l'or ne s'y puisse attacher. Chaque livret se nomme un Quarteron, parce qu'il contient vingt-cinq feuilles d'or.

Il se fait des livrets ou quarterons de deux grandeurs, dont l'une de trois pouces en quarré s'appelle Petite mesure; & l'autre de quatre pouces aussi en quarré se nomme Grande mesure. Les vingt-cinq feuilles d'or de la petite mesure ne pesent pas plus de cinq à six grains, & les vingt-cinq de la grande en pesent neuf à dix.

Il faut remarquer que l'or se bat plus ou moins, suivant la qualité des ouvrages ausquels il doit être employé; car celui pour les Tireurs d'or, dont ils se servent pour dorer leurs lingots d'argent qu'ils veulent réduire en trait, est beaucoup plus fort & plus épais, & par conséquent moins battu que celui qui s'employe à dorer les bordures de tableaux & autres semblables ouvrages.

L'argent se prépare & se bat pour le mettre en feuilles, de la même maniere que l'or, il en est de même des autres métaux, avec cette différence néanmoins, que l'or s'étend avec beaucoup plus de facilité que l'argent, l'argent que le cuivre, le cuivre que l'étain, & l'étain que le plomb.

On peut voir plus bas les droits d'entrée & de sortie de l'or fin battu en feuilles.

A l'égard de l'or battu qu'on nomme or d'Ulme, il paye à la Douane de Lyon 11 liv. 10 s. de la caisse pésant cent cinquante livres pour l'ancienne taxation, & 50 s. du cent pésant pour la réapréciation.

L'or faux en feuille, clinquant & brillant, & l'or de bassin, y payent 3 liv. 5 s. du quintal d'anciens droits, & 15 s. de nouveaux.

L'or en coquille se fait des rognures des feuilles d'or, même des feuilles entieres réduites en poudre impalpable, & broyées sur un marbre avec du miel, dont on met une très petite portion dans le fond d'une coquille où elle reste attachée. On l'employe avec l'eau gommée en différens ouvrages, mais particuliérement pour la mignature.

Il y a aussi de l'or faux en coquille, qui est fait de léton ou cuivre jaune, à peu près préparé comme le fin. Le meilleur vient d'Allemagne. C'est encore l'ouvrage des Batteurs d'or.

OR MONNOYÉ. C'est de l'or qu'on a mis en flaons ou morceaux ronds & plats qu'on a ensuite frappés sous le balancier ou au marteau par l'ordre du Prince, marqués le plus ordinairement de son image, ou des armes de l'Etat dans lequel les pieces ont été fabriquées. Le prix n'en est point fixé, & il augmente ou baisse suivant la volonté du Souverain & les besoins de ses Etats & de ses peuples. L'or ducat est estimé le meilleur or monnoyé, parce qu'il y a plus de fin & moins d'alliage ou de remede (terme de monnoie) que dans les autres.

Il est défendu à toutes sortes de personnes sous peine de confiscation & d'amende, même de punition corporelle, d'acheter de l'or monnoyé soit du coin de France ou autre, pour le fondre, difformer, résoudre ou recharger; ce qui est conforme à l'Ordonnance de Louis XII du mois de Novembre 1506, art. 7; à l'Edit de François I du 21 Septembre 1543, art. 19; aux Lettres Patentes de Henri II du 14 Janvier 1549; & encore à l'Edit de ce même Prince du mois de Mars 1554, article 18.

L'or monnoyé ou non monnoyé est du nombre des marchandises de contrebande qu'il n'est pas permis de faire sortir du Royaume sans passeports du Roi, conformément à l'article 3 du titre 8 de l'Ordonnance de 1687.

On peut cependant faire sortir de l'or sans passeports, pourvû qu'il soit battu, trait ou filé, ou en ouvrages d'orfévrerie ou filegrame, comme boucles d'oreilles, de ceinture & de souliers, agraphes, boutons, chaînes, tabatieres, boëtes à portraits & à mouches, étuis de poche, &c. en en payant les droits; sçavoir pour le battu à raison de 36 s. par millier de feuilles; pour le trait & filé sur le pied de 3 liv. 4 s. de la livre pésant; & pour celui en ouvrages d'orfévrerie & filegrame à raison de six pour cent de la valeur suivant l'estimation.

A l'entrée l'or est exempt de tous droits, il n'y a que le battu, le trait & le filé qui en doivent payer, le battu sur le pied de 30 s. par millier de feuilles, & le trait & filé à raison de 6 liv. de la livre pésant, tout cela conformément au Tarif du 18 Septembre 1664.

Les droits de la Douane de Lyon pour l'or & l'argent filés sur soie sont de 56 s. la livre pésant, ou 28 s. le marc.

Or bruni. C'est de l'or que l'on a lissé & poli avec un instrument de fer qu'on appelle Brunissoir, si c'est de l'or ouvré ou de la dorure sur métail; ou avec une dent de loup si c'est de la dorure sur détrempe. *Voyez* Dorure en detrempe & Dorure au feu.

Or mat. On appelle ainsi l'or qui n'a point été poli avec le brunissoir. *Voyez comme ci-dessus.*

Or verd. C'est de l'or en feuille appliqué sur ce que l'on nomme l'Assiette parmi les Doreurs après l'avoir brunie. Cet or est moins brillant que l'or bruni; mais il a beaucoup plus d'éclat que l'or mat; on s'en sert ordinairement pour dorer les visages, les mains & les autres parties nues des figures qu'on dore en détrempe. *Voyez* Dorure en de'trempe.

Or couleur. C'est une espece de couleur grasse & gluante dont les Doreurs se servent pour appliquer leurs feuilles d'or battu qu'ils veulent employer à l'huile. *Voyez* Dorure, *où il est parlé de la maniere de dorer à l'huile.*

Or d'essai. Est de l'or qui a passé par l'essai, qui après cela est très fin, & dont le titre est fort approchant de 24 carats.

Or en chaux, que l'on appelle aussi Or de de'part ou Or moulu. Est de l'or bien épuré, prêt à fondre dans le creuset, que l'on retire à l'instant du feu, & que l'on fait réfroidir. C'est de cet or dont on se sert pour faire le vermeil doré.

Or en paste. Est de l'or prêt à fondre dans le creuset.

Or en bain. Est de l'or entiérement fondu dans le creuset.

Or bas, ou Bas Or. Est de l'or au dessous du titre des especes jusques à douze carats; lorsqu'il est plus bas on l'appelle Billon d'or. *Voyez* Billon.

Un Million d'Or. C'est un million d'écus à trois livres tournois piece, autrement trois millions de livres.

Une Tonne d'Or. (Maniere de compter dont on se sert en Hollande & en quelques autres Pays.) C'est cent mille florins.

Un Marc d'Or. C'est huit onces pésant d'or. Le marc d'or se divise en vingt-quatre carats, le carat en huit deniers, & le denier en vingt-quatre grains; en sorte qu'un marc d'or est composé de 4608 grains.

On obmet ici quantité de choses curieuses qui ont du rapport à l'or, parce qu'elles n'en ont pas assez au commerce. On peut les voir ou en abrégé dans les Dictionnaires de Furetiere & de Trévoux, ou plus au long dans les Traités même d'où ces Auteurs les ont tirés.

Or novellan. On appelle ainsi dans le Royaume de Pégu l'or qui est au plus haut titre, comme qui diroit en France à 24 carats.

Or-Sol. On se sert quelquefois de ce terme pour évaluer & calculer les monnoies de France dans les remises qu'on en fait pour les Pays étrangers, ce qui triple la somme que l'on remet. Ainsi quand on dit qu'on a 450 liv. 15 sols 6 den. d'orsol à remettre à Amsterdam à 86 deniers de gros par écu, on sous-entend qu'on a 1352 liv. 6 sols 6 den. tournois, la livre d'or valant 3 liv. simples, le sol d'or trois sols, & le denier d'or trois deniers.

ORA

ORANGE, que l'on écrit aussi ORENGE. Fruit que produit l'oranger.

Ce fruit trop connu pour en faire la description, fournit une si grande quantité de diverses marchandises que vendent les Epiciers & Droguistes, qu'il ne peut être oublié dans ce Dictionnaire.

Nice, la Ciouta, Graces, les Isles d'Hieres, Genes, le Portugal, les Isles de l'Amérique, & même la Chine, sont les lieux d'où l'on tire ordinairement les oranges qui se consomment en France. Cependant la plus grande partie vient présentement de Provence.

Les oranges prennent leur nom spécifique ou des lieux d'où on les tire; comme les oranges de la Chine, de Portugal, de Provence; ou de leur nature & qualité, comme les oranges douces, les oranges aigres. Ces dernieres se nomment ordinairement des Bigarrades.

On dit aussi, des Oranges vineuses quand elles ont le goût relevé, & des Oranges pisseuses quand elles ont beaucoup de jus.

Les oranges communes payent en France les droits d'entrée à raison de 20 s. le millier en nombre, & celles de Portugal & de la Chine, sur le pied d'une livre le cent aussi en nombre. Les droits de sortie sont de 10 s. le millier; les uns & les autres conformément au Tarif de 1664.

Les droits de la Douane de Lyon sont de 2 s. de la charge, ou de 3 s. le millier en nombre, si elles sont vertes & à jus, & de 12 s. du quintal si elles sont séches.

On confit les oranges entieres, par moitié ou par quartiers, après les avoir pelées & vuidées, & ensuite on les séche à l'étuve. C'est ce qu'on appelle Ecorce d'orange confite. La plus belle vient de Tours.

L'Orangeat est de l'écorce d'orange coupée en lardons & confite. Lyon fournit le meilleur.

On fait venir de Provence & d'Italie de la fleur d'orange confite séche ou liquide.

Les écorces d'orange confites payent les droits d'entrée & de sortie comme confitures, conformément au Tarif de 1664.

Et par celui de la Douane de Lyon 12 s. du quintal si elles sont séches.

La bonne eau de fleurs d'orange, qu'on appelle aussi Eau de naphe, se fait en Provence; elle doit être amere au goût, d'une odeur douce & agréable, & de l'année; cette eau ne pouvant conserver son odeur plus d'un an.

Les eaux de fleurs d'orange ou de naphe, payent en France les droits d'entrée & de sortie à raison de 3 livres le cent pésant, conformément au Tarif de 1664.

Les droits de la Douane de Lyon sont de 30 s. de la charge.

On tire bien des sortes d'huiles de la fleur, des zestes & du fruit entier de l'orange. L'huile de Neroli est celle que donnent les fleurs par la distillation: la plus parfaite se fait à Rome; elle n'est gueres moins bonne en Provence; mais il y a des Artistes à Paris qui la font encore meilleure qu'en Provence & à Rome.

L'huile qui se tire des zestes & de la peau de l'orange par le moyen de l'eau & de l'alambic, est aussi excellente pour la douceur & la bonté de son odeur.

On appelle Huile de petit grain celle qui se fait avec de petites oranges, ou orangelettes, qu'on fait tremper cinq ou six jours dans de l'eau, & qu'on distille avec la même eau dans un alambic. Cette huile est d'un jaune doré & d'une odeur forte, mais agréable.

La plûpart de ces huiles qu'on croit bonnes pour faire mourir les vers des enfans, se font à Grasse, à Biot à trois lieues de Grasse, aux Canettes, & à Nice; mais à moins de les avoir de bonne main, l'on n'est gueres sûr qu'elles ne soient pas sofistiquées avec l'huile de ben ou d'amande douce.

Les petites oranges ou orangelettes se vendent pour faire des chapelets, & réduites en poudre, elles entrent dans la composition de cette poudre cordiale & universelle qu'on estime souveraine à plusieurs maladies de chevaux.

ORANGE'. Ce qui est de couleur d'orange, & qui tient presque également du jaune & du rouge. Un taffetas orangé, un ruban orangé.

L'orangé nacarat des étoffes se fait en France avec le jaune & le rouge de garance, ou avec celui de bourre. On y employe rarement le rouge écarlate, parce qu'outre qu'il est plus cher, la couleur ne se fait pas si commodément.

L'orangé de garance veut le jaune de gaude, avec un peu de terra-merita dans le garançage.

Les soies orangées se doivent teindre sur un feu de pur raucourt, après avoir été alunées & gaudées fortement; si la couleur en est brune, ils sont de nouveau alunés, & même s'il en est besoin on leur donne un petit bain de brésil.

Les laines couleur de feu, orangés, & nacarats, se teignent de bourre teinte en garance; & les fils orangés, isabelle couvert, isabelle pâle jusqu'au clair, aussi-bien que l'aurore, se teignent avec le fustel, le raucourt, & le gaude.

ORANGEADE. Boisson que l'on fait avec du jus d'orange, de l'eau, & du sucre. Cette boisson fait partie du commerce des Limonadiers.

ORANGEAT. Ecorce d'orange coupée en morceaux longs & étroits, confite au sec ou couverte de sucre en dragée. *Voyez ci-dessus l'article des Oranges.*

ORANGER. Arbre qui produit les oranges. Ses feuilles sont larges, grosses, lissées, odorantes & pointues par le bout; sa fleur est blanche avec plusieurs petits dards garnis d'une étamine jaunâtre. Il conserve sa feuille toute l'année & se plaît dans les Pays chauds; on en éleve & on en conserve cependant dans les climats froids, en les mettant l'hyver dans des serres, & en les y tenant dans une chaleur moderée.

O R B

ORBAYS, gros Bourg de France dans la Province de Champagne. Il est pour ses Manufactures du Département de l'Inspecteur de Reims. On y fait des serges. *Voyez* l'Etat général, Tome I. p. 26.

ORBIGNY, lieu de Fabrique dans la Province de Touraine. L'on y fait des serges de Berry. *Voyez* l'Etat général, Tome I. page 92.

O R C

ORCANETTE. Drogue dont les Teinturiers se servent pour teindre en rouge.

Il y a de deux sortes d'orcanette; l'orcanette de France qui croît en Provence & en Languedoc, l'orcanette de Constantinople qu'on nous apporte du Levant.

L'orcanette de France est une racine de moyenne grosseur & d'une longueur proportionnée à sa grosseur, d'un rouge foncé au dessus & blanche au dedans. Ses feuilles sont vertes, rudes, & semblables à la buglose, d'où vient que l'on l'appelle quelquefois Buglose sauvage; du milieu de ses feuilles s'éleve une tige droite garnie de petites feuilles & de fleurs en forme d'étoiles d'un bleu mourant.

La bonne orcanette doit être nouvelle, souple quoique séche, d'un rouge foncé au dessus & blanche en dedans, avec une petite tête de couleur bleue, & qui mouillée ou séche teigne d'un beau vermeil en la frottant sur l'ongle ou sur la main.

Cette orcanette dont la teinture ne consiste que dans le rouge dont elle est couverte sur la superficie, sert à donner une couleur rouge aux cires, à certaines huiles & à quelques graisses.

L'orcanette du Levant est aussi une racine assez souvent grosse comme le bras & longue à proportion. Elle ne paroît à la vûe qu'un amas de feuilles assez larges, roulées & tortillées à la maniere du tabac; au haut il y a une espece de moisissure blanche & bleuâtre qui est comme la fleur. Cette racine est mêlée de différentes couleurs, dont les principales sont le rouge & le violet; dans le milieu il y a une espece de mouelle ou cœur couvert d'une écorce très mince, & le cœur est rouge par dessus & blanc en dedans.

Cette sorte d'orcanette est celle qui doit être défendue aux Teinturiers du grand & du petit teint, parce qu'elle fait un rouge brun tirant sur le tanné, qui est une très mauvaise couleur & peu assurée.

L'orcanette paye en France les droits d'entrée sur le pied de 25 sols du cent pésant, conformément au Tarif de 1664.

ORCHEL ou URSOLLE, autrement ORSEILLE. Espece de mousse ou de drogue qui sert à diverses teintures tirant sur le rouge. *Voyez* ORSEILLE.

O R D

ORDINAIRE. Jour de poste, jour auquel les Couriers ont coutume de partir d'un lieu ou d'y arriver. Je vous ai écrit l'ordinaire dernier, c'est-à-dire, par le dernier Courier. J'attends de Lyon une remise de vingt mille livres par l'ordinaire prochain, c'est-à-dire, par le Courier de la premiere poste qui arrivera de Lyon.

On dit, l'Ordinaire de Paris, de Lyon, de Venise, &c. pour signifier la poste établie pour porter les paquets de lettres destinés pour ces différentes Villes, ou le jour que les Couriers en partent ou y arrivent.

Les Marchands, Négocians, & Banquiers qui sont chargés de beaucoup d'affaires, doivent être exacts à ne point laisser passer d'ordinaires sans écrire à leurs Correspondans. *Voyez* POSTE.

COURIER ORDINAIRE. C'est un Courier dont le départ est fixé à un jour marqué.

COURIER EXTRAORDINAIRE. C'est celui qu'on fait partir exprès suivant les affaires qui se présentent, ou pour faire plus de diligence.

ORDINAIRE. C'est aussi en terme de commerce de

mer ce que chaque Matelot peut porter avec lui sur un vaisseau Marchand, de hardes ou de petites marchandises. On le nomme autrement Portée ou Pacotile.

ORDINAL. Terme d'Arithmétique qui se dit des nombres qui marquent l'ordre des choses ou en quel rang elles sont placées. Le premier, le dixiéme, le centiéme, &c. sont des nombres ordinaux.

ORDONNANCE. Loi, précepte, commandement d'un Souverain ou d'un Supérieur.

Le terme d'Ordonnance est en quelque sorte consacré dans la Jurisprudence Françoise pour signifier les Loix établies par la seule autorité des Rois. On le dit néanmoins de ces Réglemens généraux faits dans les Assemblées des Etats pour la réforme des abus & le rétablissement du bon ordre; mais ces Ordonnances, quoique dressées sur les avis des Députés des trois Etats, n'ayant de force qu'autant qu'elles sont approuvées des Rois, & n'étant publiées ni exécutées qu'en leur nom; elles ne doivent être regardées que comme émanées du Prince qui a bien voulu avoir égard aux représentations de ses Sujets assemblés par ses ordres.

De ces dernieres sortes d'Ordonnances celles qui sont le plus connues, & dont on fait encore le plus d'usage dans le Barreau par rapport au Droit François, sont celles de Moulins, d'Orléans, & de Blois.

Entre les articles de celle d'Orléans qui concernent le Commerce, le 98 est le plus remarquable, & c'est à lui que l'on doit ce grand nombre de Statuts & Réglemens des Corps & Communautés des Arts & Métiers, dressés sous le regne de Charles IX, dont on rapporte les extraits dans les articles particuliers de chacune de ces Communautés, qui font une des principales matieres de ce Dictionnaire.

Il n'y a point ou du moins peu de Rois de France qui n'ayent publié des Loix, & fait dresser des Ordonnances pour le gouvernement de leur Royaume. Les anciens Capitulaires de la seconde race, les Ordonnances de Saint Louis & des autres Rois de la troisiéme qui l'ont précédé ou suivi, sont & seront toujours des monumens de l'attention des Princes François pour le repos & le bon gouvernement de leurs peuples; mais aucunes de ces Ordonnances ne peuvent entrer en comparaison avec celles de Louis XIV, soit pour leur nombre, soit pour la sagesse & l'équité avec laquelle elles ont été dressées.

Il n'y a presque point de ces Ordonnances de Louis XIV, qui n'ait au moins un rapport éloigné au commerce, & l'on en voit des articles cités en bien des endroits de cet ouvrage. On va pour cette raison donner les dattes de toutes ces Ordonnances, & extraire de plusieurs ce qu'elles contiennent concernant le commerce dont il n'est point parlé ailleurs, l'on se contentera d'indiquer les endroits où l'on pourra trouver le reste.

ORDONNANCE CIVILE, qu'on nomme aussi CODE CIVIL, & plus ordinairement CODE LOUIS. Est une Ordonnance de Louis XIV donnée à S. Germain en Laye au mois d'Avril 1667, pour regler les procédures & poursuites des procès en matiere civile. Elle est composée de 35 titres subdivisés en quantité d'articles.

Le 16 de ces titres qui concerne spécialement les Négocians, traite de la forme de procéder pardevant les Juges & Consuls des Marchands, & c'est à ce titre qu'ils sont renvoyés pour s'y conformer, par l'article 12 du titre 12 de l'Ordonnance de 1673, servant de Réglement pour le commerce.

ORDONNANCE SUR LE FAIT DES EAUX ET FORESTS. Cette Ordonnance est donnée à S. Germain-en-Laye au mois d'Aout 1669; elle fut enregistrée au Parlement & à la Chambre des Comptes le 13 du même mois. Son enregistrement au Conseil d'Artois, est du 11 Mai 1683; elle est distribuée en trente-deux titres, qui tous sont subdivisés en plusieurs articles.

D'un si grand nombre de titres, il n'y a gueres que le XV, le XVII, le XVIII, le XXVII, & le XXVIII, qui ayent tout-à-fait rapport au commerce & à l'exploitation des bois, quoiqu'il soit vrai qu'il y en a peu des autres où il ne se trouve quelques articles, qu'il est important que n'ignorent pas les Marchands qui s'appliquent à ce trafic.

Dans le premier de ces cinq titres qui est le plus considérable, il est traité en LII articles de l'Assiete, du Ballivage, du Martelage, & de la vente des Bois. *Voyez* tous ces termes dans leur ordre alphabétique.

Dans le second qui contient VII articles, on parle de la vente des chablis & des menus marchés. *Voyez* CHABLIS *&* MENUS MARCHE'S.

Le troisiéme qui n'a que IV articles, est pour les ventes & adjudications, des panages, glandées & paissons. *Voyez* ces trois termes.

On regle dans le quatriéme la police des forêts, eaux & rivieres. Ce titre est divisé en XLVI articles. *Voyez* EAUX ET FORESTS.

Enfin le cinquiéme est des routes & chemins Royaux ès forêts & marchepieds des rivieres. *Voyez* MARCHEPIED.

Deux autres titres qui sont le XXIX & le XXX concernent aussi le commerce, le premier traitant en VII articles les droits de Péages, de Travers & autres; & le second de la Pêche en XXVI articles. *Voyez* PEAGES, TRAVERS, *&* PESCHE.

Les vingt-cinq autres titres traitent, sçavoir le premier en XVI articles de la Jurisdiction des Eaux & Forêts. *Voyez* EAUX ET FORESTS.

Les dix suivans, des Officiers des Maîtrises, entr'autres des Grands Maîtres, des Maîtres particuliers, du Lieutenant, du Procureur du Roi, du Garde-Marteau, des Greffiers, des Gruyers, des Huissiers-Audianciers, des Gardes généraux, des Sergens, & enfin de l'Arpenteur. Ces dix titres contiennent CXIX articles. *Voyez comme dessus.*

Le douziéme en XII articles, concerne les Assises. *Voyez* ASSISES.

Le treiziéme parle de la Table de Marbre & des Juges en dernier ressort. Il a XI articles. *Voyez* TABLE DE MARBRE.

Le quatorziéme en X articles, est des Appellations.

Le seiziéme en XII articles, est pour des Recolemens.

Le 19 & le 20 en XXVI articles, sont des droits de pâturages, de pannage, de chaufage, & autres usages. *Voyez ces termes.*

Le 21 est des bois à bâtir pour les Maisons Royales & bâtimens de mer. Il a VII articles.

Les cinq titres suivans traitent en LXXX articles des Bois, Eaux & Forêts & Garennes tenus à titre de douaire, concession, engagement & usufruit: de ceux en gruries, grairies, tiers & danger : des bois appartenans aux Ecclesiastiques & gens de Main-morte, des bois, prés, marais, landes, pâtis, pêcheries, & autres biens appartenans aux Communautés & habitans des Paroisses, & des bois appartenans aux particuliers.

Le trentiéme regle en XLI articles tout ce qui regarde la Chasse.

Enfin le trente-deuxiéme & dernier titre, parle des peines, amendes, restitutions, dommages, intérêts & confiscations; il est composé de XXVIII articles.

Ordonnance Criminelle. Elle est aussi donnée à S. Germain en Laye au mois d'Aout 1670; il y est expliqué en 28 titres tout ce qui concerne les matieres criminelles; elle n'a rien de particulier par rapport au commerce.

Ordonnances, sont plusieurs compilations de Loix données par le Prince en différens tems sur différentes matieres; il y en a quelques-unes qui concernent tellement le Commerce, qu'un Négociant ne peut se dispenser de les avoir, & même de les sçavoir presque mot pour mot.

Ordonnance, ou Reglement pour le Commerce. On la nomme aussi Code Marchand. Elle est encore dattée de S. Germain en Laye au mois de Mars 1673. On peut dire qu'elle est universelle pour tout Marchand tant en gros qu'en détail, tout Banquier, tout Traittant, tout homme qui se mêle de Lettres de change. En un mot, elle est telle que personne ne la doit ignorer. *Voyez* Code Marchand.

Celle qui a été donnée au mois de Mars 1669, concernant la Jurisdiction des Prévôt des Marchands & Echevins, est de pareille nécessité pour les Marchands de vin, de bois, de charbon, de chaux, d'ardoise, de tuile, de fruits, & autres marchandises pour la provision de Paris, comme aussi pour les Voituriers par eau, & autres personnes étant du ressort de l'Hôtel de Ville.

L'Ordonnance de Marine donnée au mois d'Aout 1681, n'est pas moins nécessaire à toutes personnes qui font le commerce de mer, qui tirent des marchandises ou en envoyent par mer, qui assurent ou font assurer, qui prennent ou donnent de l'argent à la Grosse, qui sont propriétaires ou fretteurs de vaisseaux, qui prennent des Commissions du Prince, pour aller en course. *Voyez ci-après* Ordonnance de Marine.

On peut ajouter même que l'Ordonnance qui concerne les Fermes du Roi, est nécessaire à un Négociant qui est souvent exposé à avoir des démêlés avec les Traittans. Il faut qu'un bon Négociant soit Jurisconsulte, du moins en ce qui regarde les affaires dont il entend se mêler. *Voyez ci-après* Ordonnance sur le fait des cinq Grosses Fermes, *&* Ordonnances sur plusieurs droits des Fermes du Roi, &c.

Ordonnance sur le fait des Gabelles. Elle est du mois de Mai 1680, donnée comme les précédentes à S. Germain en Laye. Elle contient en 20 titres tout ce qui regarde l'achat du sel sur les marais, les greniers à sel soit d'impôt, soit de vente volontaire, le quart bouillon des salines de Normandie, les salaisons, le commerce du sel des Pays redimés, le faussonnage, & les Officiers établis pour la Jurisdiction des Gabelles. Presque toutes ces choses étant traitées ailleurs, on peut y avoir recours.

Voyez Sel, Salines, Gabelle, Faussonnage, Bouillon, Grenier a sel, *& autres semblables articles qui peuvent avoir rapport au commerce du sel.*

Ordonnance des Aydes. Cette Ordonnance donnée à Fontainebleau au mois de Juin 1680, ne concerne pas seulement les droits dûs au Roi pour les entrées du vin & autres boissons dans la Ville & Fauxbourgs de Paris; les droits de gros, ceux de la vente en détail, le huitiéme & autres semblables; mais encore plusieurs autres droits, comme le pied fourché, le droit sur le poisson de mer frais & salé, ceux sur le bois, les droits de la marque du fer, de l'acier & mines de fer, la marque & le contrôle du papier, & les droits sur le papier & parchemin timbré.

Tant de différentes matieres sont traitées dans cette Ordonnance en quatre titres principaux; le premier regarde les droits d'entrées dans la Ville & Fauxbourgs de Paris sur le vin & autres boissons; le second, les droits de gros sur le vin; le troisiéme les droits de détail sur le vin; & le quatriéme, le droit de subvention.

Chacun de ces quatre titres généraux sont encore subdivisés en d'autres titres particuliers; le premier en a sept, le second neuf, le troisiéme aussi neuf, & le quatriéme seulement deux. Les uns & les autres ont quelques paragraphes, particuliérement le second & le quatriéme qui sont comme autant de titres séparés.

Comme c'est sur cette Ordonnance que doivent se regler ceux qui font le commerce des vins & autres boissons, ou des marchandises, métaux, denrées & animaux, dont les droits y sont aussi réglés, on a répandu dans tous les articles de ce Dictionnaire ce qui leur est convenable par rapport à ce négoce; on peut surtout avoir recours aux articles des Marchands de vin, Cabaretiers, Taverniers, Hôteliers, Vendeurs de vin, Vendeurs de marée, Voituriers, Tonneliers, Vinaigriers, &c. *Voyez aussi les articles des* Vin, Eaux-de-vie, Cidre, Poiré, Biere, Pied fourché, Bois, Papier, Fer *&* Acier.

Ordonnance sur plusieurs droits des Fermes du Roi et sur tous en general. C'est comme une suite de l'Ordonnance des Aydes, & en même-tems une préparation à celle des cinq grosses Fermes, qui ne fut pourtant dressée que six ans après; la datte de cette Ordonnance générale pour tous les droits du Roi, est du 22 Juillet 1681, & Versailles la maison Royale d'où elle est datée. Cette Ordonnance est un mélange de plusieurs choses qui n'ont rien de commun ensemble que d'être également sujettes à plusieurs droits les uns de plus ancienne, & les autres de plus nouvelle imposition.

Autant de titres qu'il y a de droits différens ou plutôt de diverses choses, sur quoi ces droits se levent, composent cette Ordonnance, qui chacuns sont encore divisés en quantité d'articles. Le commerce du Tabac dans le Royaume, la marque sur l'or & l'argent, les octrois & deniers communs, les parisis, douze & six deniers sur les droits des Officiers des cuirs; le tiers retranché sur les cendres, soudes & gravelles; les droits sur l'étain, les droits de sortie sur les vins transportés hors du Royaume, par les Provinces de Champagne & Picardie; ceux sur les toiles, basins, futaines & canevas; ceux d'abord & de consommation sur le poisson, & enfin le droit de fret; sont les matieres de dix titres qui avec deux autres titres généraux, l'un des publications, encheres & adjudications des fermes & enregistrement des baux, & l'autre qui est commun pour toutes les Fermes, sont comme douze différentes Ordonnances réunies en un seul corps.

Le tabac, l'or, l'argent, l'étain, les toiles, basins, futaines, canevas, cendres, soudes, gravelles & autres telles étoffes, métaux & marchandises mentionnées dans les dix premiers titres de cette Ordonnance, ayant leurs articles particuliers dans ce Dictionnaire, on y renvoie le Lecteur. Qu'il voie aussi l'article du Fret.

Ordonnance de la Marine. Il y a diverses sortes d'Ordonnances sur cette matiere; l'une pour les armées navales & arcenaux de marine du Roi du 15 Avril 1689; & deux autres pour le commerce de mer en général, l'une du mois d'Aout 1681, pour tout le Royaume à la réserve de la Bretagne, & l'autre du mois de Novembre 1684 pour cette Province.

L'Ordonnance de 1689 pour les Armées navales n'a gueres de rapport au négoce; on y voit cependant quelques articles qui le concernent, comme dans le titre premier du livre 6, & dans les titres premier & troisiéme du livre 11, où il est parlé de la garde & police des ports & du lestage. Pour toutes les deux autres Ordonnances de Marine elles sont toutes entieres pour le Commerce; celle pour les Côtes de Bretagne étant plus ample que l'autre, c'est celle dont on va parler ici, étant d'ailleurs assez semblable.

Cette Ordonnance de Bretagne contient en quatre livres qui ont chacun dix titres, & chaque titre plusieurs articles, tout ce qui peut rendre le négoce maritime sûr & honorable. On y a ajouté un cinquiéme livre qui regarde la pêche qui se fait en mer.

Le premier livre comprend tout ce qui concerne la compétence des Juges connoissans des causes de mer, & l'on y traite particuliérement des congés & rapports, des ajournemens & délais, des prescriptions & fins de non recevoir, des jugemens & de leur exécution, de la saisie & vente des vaisseaux, & de la distribution de leur prix.

Le second livre traite des gens & des bâtimens de mer, de l'emploi & du devoir des Officiers & Mariniers, de la police sur les vaisseaux, des Propriétaires des navires, de quoi ils sont responsables, à quoi sont tenus les Associés Freteurs entre eux; enfin des ports & des jaugeages des navires, qui sont déclarés simples meubles, & comme tels nullement sujets aux retraits lignagers, ni à aucuns droits Seigneuriaux.

Dans le troisiéme livre on explique les différens contrats maritimes, leur forme, leur clause, leur usage, leur autorité. Ces contrats sont les chartes-parties, les affretemens ou nolissemens, les connoissemens & police de chargement, le fret ou nolis; les contrats à grosses avantures ou à retours de voyage, les assurances, les testamens, & en conséquence la succession de ceux qui meurent sur mer; enfin l'engagement & loyer des Matelots. On parle encore dans ce livre des avaries, du jet en mer, de la contribution & des prises. Toutes ces choses si importantes dans le commerce maritime, ont leurs propres articles où l'on peut avoir recours.

Le quatriéme livre est pour la police des ports, côtes, rades & rivages de la mer; on y regle entr'autres choses ce que sont tenus de faire les Maîtres des navires Marchands en entrant dans les Ports, & tant qu'ils y demeurent; du lestage & délestage des vaisseaux, des Pilotes, Lamaneurs ou Locmans, des naufrages, bris & échouemens & de la coupe du varech; sar ou gouesmon. *Voyez tous ces articles.*

Enfin le cinquiéme livre qui est de la pêche & qui n'a que sept titres, comprend ce qui regarde celle du hareng, de la morue & des poissons royaux; du nombre de ces derniers sont les dauphins, esturgeons, saumons, truites, baleines, marsouins, veaux de mer, thons souffleurs, & tous autres poissons à lard: on y regle aussi ce qui concerne les parcs & pêcheries, & l'on y explique aussi leurs especes & la maniere de les tendre s'ils sont de filets; de les construire s'ils sont de pierre, & de les élever & planter s'ils sont de bois. Toutes ces choses sont amplement expliquées ailleurs. *Voyez* Morue, Hareng, Baleine, &c. *Voyez encore* Parc, Pesche *&* Pescheries.

Ordonnance touchant la Police des Isles Françoises de l'Amérique, & ce qui doit s'y observer principalement par rapport aux Négres: elle est du mois de Mars 1685 c'est ce qu'on appelle dans ces Isles le Code Noir. *Voyez* Code Noir.

Ordonnance sur le fait des cinq grosses Fermes. Cette Ordonnance donnée à Versailles au mois de Février 1687, contient en quatorze titres, non-seulement la police qui doit s'observer par le Fermier & ses Commis dans les Douanes & Bureaux où se payent & se perçoivent les droits du Roi, soit à l'entrée & à la sortie du Royaume, soit à celles des Provinces réputées étrangeres, mais aussi tout ce que les Marchands négocians, leurs Facteurs & Commissionnaires, aussi-bien que les Voituriers, doivent sçavoir & pratiquer par rapport à l'acquit desdits droits, tant pour les marchandises qu'ils tirent du dehors, que pour celles qu'ils y envoyent; ce qui rend cette Ordonnance d'une égale utilité pour ceux qui font le commerce soit de terre soit de mer.

Le premier des quatorze titres traite des droits de sortie & d'entrée, des droits d'acquits, de payement & à caution, & des certificats de descente.

On y marque quand, comment & en quel cas il faut payer ou ne pas payer les droits d'entrée & de sortie; sur quels tarifs ils doivent être payés; quelles sont les Provinces censées être renfermées dans l'étendue de la Ferme, & quelles reputées étrangeres. On y fixe aussi les droits des acquits de payemens & à caution, ceux des certificats de descente & décharge & d'acquits; ceux des congés, passavants, brevets de contrôles, &c. *Voyez tous ces termes à leurs articles. Voyez aussi* Provinces reputées etrangeres.

Le second titre désigne les Bureaux auxquels se doit faire le payement des droits du Roi, soit à l'entrée, soit à la sortie; à quelles déclarations sont tenus les Voituriers & Conducteurs des marchandises, tant par mer que par terre; ce qu'elles doivent contenir; dans quel tems elles doivent se faire; comment les marchandises doivent être visitées, pesées, mesurées, & nombrées, en présence de qui, & en quel cas, & contre qui leur confiscation a lieu pour fausse déclaration: enfin on y parle de la délivrance des acquits par les Commis, & de ce qui doit y être contenu; de la représentation desdits acquits par les Voituriers, de la route qu'ils doivent tenir, par les Bureaux qui y sont marqués, & non par d'autres. Presque toutes ces matieres ont leurs propres articles où l'on peut avoir recours.

Le troisiéme titre ordonne par quels Bureaux certaines sortes de marchandises doivent seulement entrer; comme les Drogueries & Epiceries venant des pays étrangers, par la Rochelle, Rouen & Calais, pour les Provinces réputées de la Ferme; & par Bordeaux, Lyon & Marseille, pour celles reputées étrangeres. Les chevaux par Dourlens, Peronne, Amiens, Abbeville, S. Quentin & Guise, s'ils viennent par la Picardie; par Rocroi, Mezieres, Torcy, sainte-Menehout, Saint-Diziers & Langres, s'ils viennent par la Champagne; & par Fontaine-Françoise & Saint Jean de Launes'ils entrent par la Bourgogne. Les points & dentelles de fil, celles du Comté de Bourgogne, par Auzonne & Saint Jean de Laune; d'Angleterre par Calais, Dieppe & le Havre; de Lorraine par Chaumont; de Sedan par Torcy; d'Orillac par Gannat; & des Pays-Bas par Peronne. Enfin les bas, camisoles & dentelles de soie & autres ouvrages de semblables qualités venant d'Angleterre, doivent passer par Calais, Dieppe & le Havre. *Voyez* EPICERIE, DROGUERIE, DENTELLE, BAS *&* CHEVAUX.

Le quatriéme titre ordonne la marque des Toiles & autres Etoffes, comme camelots, draps, serges, &c. qui se fabriquent & manufacturent à Saint-Quentin, Ham, Guise, Peronne & autres lieux des frontieres de Picardie ou des Provinces de France, *Voyez* TOILES *& les articles de ces Etoffes.*

Dans le cinquiéme il est parlé des marchandises sauvées du naufrage, & il y est expliqué en quel cas les droits n'en sont point dûs, en quels cas au contraire les Propriétaires, les Seigneurs de Fiefs & autres, à qui les effets naufragés doivent appartenir de droit, sont tenus d'en faire le payement, & pour quelle quotité ils y sont tenus. *Voyez* NAUFRAGE, BRIS *&* ECHOUEMENT.

Les acquits à caution font la matiere du sixiéme titre. Il y est marqué dans quelles occasions & en quels lieux les Voituriers sont obligés d'en prendre, comment se doivent faire leurs déclarations & soumissions de rapporter certificat de la descente des marchandises. On y parle aussi de la forme de ces acquits, de leur usage, de ce qu'ils doivent contenir, de leur représentation à tous les Bureaux des passages; & enfin de la décharge desdits acquits qui doit être signée par les Commis du Bureau des lieux de leur destination s'il y en a, ou par les Juges Echevins & Syndics desdits lieux s'il n'y a point de Bureau: cette décharge doit toujours se mettre au dos desdits acquits, & être faite & rapportée dans le tems qui y est exprimé dans l'acquit, pour que les droits confisqués par les Marchands ou Voituriers, puissent être retirés, ou leurs cautions déchargés. *Voyez* ACQUIT A CAUTION.

Le septiéme titre ordonne les inventaires des vins & eaux-de-vie dans les quatre lieues proche des limites de la Ferme. Dans les Provinces d'Anjou, du Maine & du bas Poitou. Permet aux Commis la visite dans les caves & selliers, & la marque des futailles & tonneaux avec la rouane & le fer chaux. *Voyez* VIN *&* EAU-DE-VIE.

Le huitiéme titre regarde les marchandises de contrebande, soit pour l'entrée, soit pour la sortie, leur confiscation, la vente des choses confisquées, l'application des deniers qui en proviennent, & les passeports & permissions pour faire entrer dans le Royaume ou pour en faire sortir les choses comprises sous la qualité de contrebande. *Voyez* CONTREBANDE, *&* MARCHANDISE DE CONTREBANDE.

Le neuviéme titre ordonne l'établissement d'un magasin d'entrepôts, dans autant de Villes du Royaume où sont les principaux Bureaux de la Ferme, & prescrit les conditions sous lesquelles les marchandises destinées pour être envoyées à l'étranger, y doivent être reçûes, & le tems qu'elles y peuvent rester, sans être sujettes au payement des droits.

On oblige par le dixiéme titre tous les Marchands & Voituriers qui amenent des marchandises à Paris, de les conduire directement à la Douane pour y être visitées, & y représenter leurs acquits, congés & passavants. On y ordonne aussi que les ballots plombés ne pourront être ouverts qu'au dernier Bureau de la route, que l'empreinte du plomb sera mise au Greffe de l'Election, & qu'elle ne pourra être contrefaite à peine de faux.

Les quatre derniers articles qui sont des saisies, de la Jurisdiction des Juges, des droits de sortie & d'entrées, des amendes & confiscations, & de la police générale de la Ferme, ayant un rapport trop éloigné au Commerce, on se contente d'en indiquer les matieres sans entrer dans aucun détail.

Presque toutes les Ordonnances qu'on a jusqu'ici rapportées s'exécutent en leur entier, à l'exception de peu d'articles de celles du Commerce, des Aydes & des cinq grosses Fermes qui ont été changés en vertu de Déclarations ou d'Arrêts du Conseil, comme sont l'article de Billets au Porteur, celui du fret & celui des entrées du vin dans la Ville de Paris, mais on parle de ces changemens dans leur propre article où l'on peut avoir recours.

ORDONNANCE concernant la Jurisdiction des Prévôt des Marchands & Echevins de la Ville de Paris.

La plupart des Ordonnances, dont on vient de donner les extraits, sont communes à toutes les Provinces & Villes du Royaume, & il y en a même qui s'étendent au dehors, & jusques dans toutes les parties de la terre où les François portent leur commerce. Celle-ci ne regarde que la capitale, & particuliérement le négoce des marchandises qui y arrivent par les rivieres, ou qui se débitent sur les ports, places & étapes de cette grande Ville.

La Compilation des Ordonnances de la Ville de Paris faite dès l'an 1415 étant devenue comme inutile, non-seulement à cause de divers articles surannés & hors d'usage, mais encore parce qu'il y avoit quantité de nouveaux Réglemens faits depuis par les Prévôt des Marchands & Echevins, qui ne s'y trouvoient point: Louis XIV qui faisoit travailler dans son Conseil à la reforme des anciennes Ordonnances, ne négligea pas celles de sa capitale, & elles parurent en meilleure forme & de beaucoup augmentées en l'année 1672.

Les Lettres Patentes qui en ordonnent l'exécution, sont du mois de Décembre, & leur enregistrement au Parlement du 20 Février de l'année suivante.

Vingt-trois chapitres ou titres, dont la plupart regardent le Commerce qui se fait sur les ports où les marchandises arrivent & se déchargent, & dans les halles, marchés, places & étapes où elles se vendent & se distribuent, composent cette nouvelle compilation.

Le premier chapitre contient en onze articles tout ce qui concerne les rivieres & leurs bords ou rivages, pour la commodité de la navigation, & en attribue l'inspection aux Prevôt des Marchands & Echevins.

Les principales sur lesquelles cette inspection s'étend, sont la Marne, l'Yonne, l'Oise, Loing, la Seine & autres rivieres navigables & flotables y affluentes, avec pouvoir, & en même-tems injonction ausdits Prevôt des Marchands & Echevins de visiter & faire visiter lesdites rivieres; de recevoir les plaintes des Marchands & Voituriers; d'informer des exactions si aucunes y sont faites, & d'empêcher toutes levées de droits qui n'auront pas été établis en vertu de Lettres Patentes bien & duement vérifiées.

Le second chapitre regle aussi en onze articles, ce qui regarde la conduite des marchandises par eau. On trouve ailleurs ce qu'il y a de plus important sur cette matiere. *Voyez* VOITURE & VOITURIER PAR EAU.

Les vingt-quatre articles du troisiéme chapitre, regardent l'arrivée des batteaux & des marchandises aux ports de la Ville de Paris. Le quatriéme article en particulier, parle des privileges des Bourgeois pour la décharge de leurs provisions. *Voyez comme dessus* VOITURES & VOITURIERS. *Voyez aussi* PORTS, COMPAGNONS DE RIVIERE, MARCHANDS FORAINS & GAGNE-DENIERS.

Vingt-neuf articles composent le quatriéme chapitre, & servent de Reglement pour les fonctions des Maîtres des Ponts, leurs Aides, Chableurs, Maîtres des Pertuis, Gardes de Nuit, Boueurs, Planchéeurs, Débacleurs, Chargeurs & Déchargeurs de bateaux, Gagne-deniers & Chartiers. On parle de tous ces petits Officiers de Ville, & des Forts ou Manouvriers qui travaillent & charient sur les ports, à leurs articles propres où l'on peut avoir recours.

L'on voit dans les dix articles du cinquiéme chapitre, la police qui doit s'observer pour les bateaux ou coches par eau, & par les Maîtres Passeurs d'eau. *Voyez* COCHE & BATELIERS.

Les six & septiéme chapitres comprennent, l'un en douze articles, & l'autre en sept, ce qui regarde la marchandise des grains & les fonctions de Jurés Mesureurs & Porteurs desdits Grains, Bled, Seigle, Orge, &c. *Voyez* GRAIN, BLED, SEIGLE, ORGE, &c. *Voyez aussi* MESUREUR & PORTEUR DE GRAINS.

Sept chapitres depuis & y compris le huitiéme jusqu'au quatorziéme inclusivement, traitent en cinquante-cinq articles de la marchandise de Vin, Cidres & autres Liqueurs, de leurs mesures, des Jurés-Vendeurs, des Courtiers, des Jaugeurs, des Déchargeurs & Crieurs de Vin. *Voyez* CIDRES, VIN, POIRE', BIERRE, &c. *Voyez aussi les articles* MARCHAND DE VIN, TONNELIER, JAUGEUR & JAUGE, JAUGEAGE, LABOURAGE, ROULAGE, CABARET, CABARETIER, CRIEUR, DE'CHARGEUR, COURTIER DE VIN, *& encore l'article des Mesures des liquides.*

La marchandise de Poisson d'eau douce, fait la matiere des cinq articles du quinziéme chapitre. *Voyez* POISSON D'EAU DOUCE & VENDEURS DE MARE'E.

Le seiziéme chapitre qui n'a que trois articles est pour la marchandise de Foin. *Voyez* FOIN.

Le 17, 18, 19 & 20e chapitres parlent, l'un en trente-quatre articles du bois neuf, du bois flotté & du bois d'ouvrage; l'autre en quatre autres articles du merrain à treilles, de l'osier & du ploion; le troisiéme aussi en quatre articles, des Mouleurs de bois & des Controlleurs de Quantité; & le dernier seulement en deux articles des Aides aux Jurés Mouleurs, & des Déchargeurs de Bois en Charrette. *Voyez* MOULEURS DE BOIS, CONTROLLEURS DES QUANTITE'S, &c. *Voyez aussi sur tout l'article des Bois & ceux des Tonneliers, de l'Osier & des Cercles ou Cerceaux.*

La marchandise de Charbon tant de bois que de terre, & les fonctions des Jurés Mesureurs, & des Jurés Porteurs de Charbon, sont le sujet des 21, 22 & 23e chapitres composés en tout de dix-huit articles. *Voyez* CHARBON, *& les articles des Mesureurs & Porteurs de Charbon.*

Le vingt-quatriéme chapitre rapporte divers Edits, Déclarations, Arrêts & Reglemens sur les étalonnages des mesures, & sur les hauteurs & largeurs des mesures de bois servant à la distribution des grains, farines, légumes, fruits, charbon de bois & de terre. *Voyez* MESURE & ESTALONNAGE.

Deux chapitres qui sont le vingt-cinq & le vingt-six, reglent en dix-huit articles les fonctions des Jurés Mesureurs de sel, Estalonneurs de mesures de bois, Compteurs de salines sur la riviere, Porteurs, Briseurs & Courtiers de sel. *Voyez tous ces articles. Voyez aussi* SEL, SALINE & GABELLE.

Le vingt-septiéme chapitre en deux articles, parle des Courtiers de lard & graisses; le vingt-huit en quatre articles, des Jurés Visiteurs & Mesureurs d'aulx, oignons & autres fruits & gueldes. Le vingt-neuviéme en six articles, du plâtre crû, chaux, moislon, carreau de grès & ardoise venant par la riviere. Enfin le trentiéme en trois articles, des Courtiers de chevaux pour la marchandise d'eau. *Voyez ces petits Officiers de Ville à leurs propres articles, aussi-bien que les marchandises dont il est parlé dans ces quatre chapitres.*

Les trois derniers chapitres qui concernent les rentes sur l'Hôtel de Ville, les constructions, les réparations & entretennement des portes, remparts, quais, ports, &c. & les fonctions des Prevôt des Marchands & Echevins, Procureur du Roi, Greffier, Receveur & autres Officiers de la Ville; ayant peu ou point de rapport au commerce, on se contentera de les indiquer sans recourir à aucun article de ce Dictionnaire, à la réserve néanmoins de celui des Prevôt des Marchands & Echevins que l'on peut consulter.

ORDRE. En terme de commerce de lettres & billets de change, est un endossement ou écrit succint que l'on met au dos d'une lettre ou billet de change pour en faire transport, & la rendre payable à un autre.

Quand on dit qu'une lettre ou billet de change est payable à un tel, ou à son ordre; c'est-à-dire, que ce tel peut, si bon lui semble, recevoir le contenu en cette lettre ou en faire transport à un autre, en passant son ordre en faveur de cet autre. *Voyez* ENDOSSEMENT.

Ordre parmi les Négocians signifie aussi le pouvoir ou commission qu'un Marchand donne à son Correspondant ou Commissionnaire, de lui faire telles & telles emplettes, à tel ou à tel prix, ou sous telle autre condition qu'il lui prescrit. Un Commissionnaire ou Correspondant qui fait quelque chose sans ordre, ou qui va au-delà de l'ordre qui lui a été donné par son Commettant est sujet à désaveu.

Ordre se dit encore de la bonne regle qu'un Marchand tient dans le maniement des affaires de son commerce. Ainsi l'on dit, ce Négociant est d'un grand ordre, il tient ses écritures en bon ordre. Les Livres d'un Marchand qui ne sont pas tenus en bon ordre ne peuvent faire de foi en Justice.

O R E

ORE ILLE. Partie double de la tête de l'animal qui lui sert à ouir les sons.

Il y a quantité de chose dans les Arts & Métiers ausquelles les Ouvriers donnent ordinairement le nom d'oreilles, soit parce qu'elles ont quelque sorte de ressemblance, bien qu'éloignée, avec les oreilles naturelles, soit seulement à cause qu'elles sont doubles comme elles.

Les oreilles d'un ancre sont les deux bouts plats & pointus faits en langue de chat qu'on appelle aussi Pattes, qui lui servent à mordre & à tenir dans le sable. *Voyez* Ancre.

Les oreilles d'un minot à mesurer les grains sont les deux pieces plattes qui sont attachées au cintre pour y affermir la potence. *Voyez* Minot.

Les oreilles d'un chauderon, d'un sceau, d'une marmite, sont les morceaux de fer plat dans lesquels l'anse est mobile. *Voyez* Chauderonnier.

On dit aussi les Oreilles d'une écuelle, les Oreilles d'un soulier, les Oreilles d'un peigne, les Oreilles d'un ballot, & quelques autres. Comme celles du peigne & du ballot semblent plus considérables que les autres par rapport au Commerce, l'on en a fait des articles particuliers. *Voyez* Oreilles de peigne *&* Oreilles d'Emballeur.

Oreille. On appelle les oreilles d'une ancre, les deux morceaux de fer recourbés, par l'un desquels l'ancre s'arrête & mord dans le sable; il y a des ancres à deux oreilles & d'autres à une seule oreille: ces dernieres servent ordinairement sur les rivieres. Le Reglement de 1703, pour la navigation de la riviere de Loire, article III, défend de mettre dans ladite riviere aucune ancre qu'à une oreille.

OREILLER, que l'on appelle quelquefois COUSSIN ou CARREAU. C'est en terme de Passementier-Boutonnier une espece de petit pupitre quarré fait de bois léger plus long que large, couvert de quelque étoffe ou toile ordinairement verte, rembourrée un peu ferme, qui se met sur les genoux, pour fabriquer à la main avec des fuseaux & des épingles les dentelles, guipures & autres semblables ouvrages dépendans du métier de Passementier-Boutonnier.

Les Ouvrieres qui travaillent aux dentelles d'Angleterre, soit de soie, soit de fil, & toutes celles qui font des dentelles de Malines, du Havre, d'Aurillac, & autres semblables qui se font au fuseau, se servent aussi de l'oreiller; mais celui-ci est plus ordinairement rond que quarré. *Voyez* Dentelles.

Oreiller. Chez les Coûteliers est une espece de coussin de toile, rempli de paille d'avoine ou de bourre, que ces Ouvriers mettent sur le chevalet de leur roue à remoudre, afin de n'en être pas incommodés dans la situation contrainte où ils sont en rémoulant. *Voyez* Coutelier.

OREILLES DE PEIGNES. *Voyez* Peigne.

Oreilles. Terme d'Emballeur. Ce sont des morceaux de toile qu'on ménage aux quatre coins d'un ballot ou d'une balle, lorsqu'on en fait l'emballage, afin que les Crocheteurs, Forts ou Gagnedeniers, qui ont coutume de les charger ou décharger, ayent plus de prise pour les remuer & changer de place. On leur a donné le nom d'Oreilles, parce qu'en effet ils ont quelque ressemblance avec celles de ces animaux qui les ont les plus grandes. *Voyez* Emballeur.

OREILLONS, ou ORILLONS. Ce sont les rognures des cuirs ou peaux de bœufs, vaches, veaux, moutons, &c. dont on se sert pour faire la colle forte; on les appelle Oreillons, ou parce que les oreilles de ces animaux se trouvent en quantité parmi ces rognures, en sorte que le tout a pris sa dénomination d'une partie, ou parce qu'en effet les plus grands morceaux de ces rognures ne le sont pas plus que les oreilles de ces bêtes. *Voyez* Colle-forte.

Les oreillons de toute sorte à faire colle payent de droits de sortie 4 s. du cent pésant, & 3 s. pour ceux d'entrée.

ORELLANE. Plante qui croît en quelques lieux du continent de l'Amérique, particuliérement à Brébice Colonie des Hollandois près de la riviere de Surinam en terre ferme. Cette plante se cultive de la même maniere que l'indigo & en lui donnant à peu près les mêmes apprêts.

On en tire une teinture qu'on nomme aussi Orellane comme la plante, qui n'est pas moins bonne que l'indigo. *Voyez* Indigo.

ORENGE. *Voyez* Orange.

O R F

ORFEVRE. Artisan & Marchand tout ensemble, qui fabrique, qui vend & qui achete toute sorte de vaisselle & d'ouvrages d'or & d'argent. Les femmes & Veuves d'Orfevre sont nommées Orfevresses du nom de leurs maris.

Le terme d'Orfevre a été tiré d'or & febvre, ancien mot François imité du Latin *auri Faber*, comme qui diroit Artisan en or.

Les Orfevres sont aussi appellés Jouailliers, parce qu'il leur est permis de faire négoce de joyaux, de perles & de pierres précieuses, même de les monter & mettre en œuvre. Charles VI par Lettres Patentes de l'an 1407 les qualifia d'Orfevres Changeurs, duquel titre ils ont joui jusques au regne de Charles VIII.

Ce sont les Orfevres qui forment le sixiéme Corps des Marchands de Paris, qui de leur nom se nomme le Corps de l'Orfevrerie. *Voyez ci-après* Orfevrerie.

Le nombre des Orfevres de la Ville de Paris avoit d'abord été fixé à 100 Maîtres; ils s'étoient depuis considérablement augmentés, mais ils ont été réduits à 300 qui est le nombre où ils sont restés.

Par leurs Statuts les Orfevres sont tenus d'avoir leurs forges & fourneaux scellés en plâtre dans leurs boutiques & sur la rue; & il leur est défendu de fondre & de travailler ailleurs, & hors les heures reglées par la Police.

Chaque Orfevre est obligé d'avoir son poinçon particulier pour marquer son ouvrage, & ce poinçon doit être insculpé ou frappé sur une lame de cuivre tant à la Cour des monnoies qu'au Bureau du Corps des Orfevres, qui a aussi un poinçon commun marqué d'une des lettres de l'alphabet, qui change tous les ans lors de l'élection des Gardes.

Ce dernier poinçon qui est pareillement insculpé à la Cour des Monnoies & au Bureau, sert à contremarquer tous les ouvrages d'orfévrerie, qui y doivent être portés par les Maîtres qui les ont fabriqués.

Les Veuves des Maîtres Orfevres ne peuvent avoir de poinçon, il leur est seulement permis de continuer le commerce de l'orfevrerie & de la jouaillerie en boutique ouverte, en faisant travailler sous le poinçon d'un Maître Orfevre tenant actuellement boutique.

Les Orfevres qui ne tiennent point de boutiques ouvertes, ne peuvent se servir de leurs poinçons, étant obligés de les remettre entre les mains des Maîtres & Gardes de leur Corps pour y être cachetés & déposés dans le Bureau.

Il est défendu à tous Marchands & Artisans autres que les Orfevres & leurs Veuves, de faire aucun commerce d'orfevrerie du poinçon de Paris; il est cependant permis aux Marchands Merciers de la même Ville de vendre de la vaisselle & autres pieces d'orfevrerie venant d'Allemagne & autres Pays étrangers, à la charge d'en faire leur déclaration au Bureau des Orfevres qui les doivent marquer d'un poinçon particulier destiné à cet usage.

Les Orfevres ont la faculté de graver toutes sortes d'ouvrages d'orfevrerie, sceaux & cachets, & de faire & graver les poinçons & lames d'acier dont ils ont besoin pour fabriquer & orner leurs ouvrages, le tout conformément au Reglement général du 30 Décembre 1679.

Outre les Maîtres d'apprentissage on compte encore comme faisant partie du même Corps, les Orfevres qui travaillent & qui demeurent dans les Palais de nos Rois, particuliérement aux Galleries du Louvre; Henri IV ayant ordonné à l'égard de ces derniers par ses Lettres Patentes du 22 Décembre 1608, qu'après cinq années de résidence actuelle & de travail assidu ausdites Galleries, les Ouvriers seroient admis à la maîtrise sans être assujettis à faire chef-d'œuvre.

Ces Lettres furent enregistrées au Parlement le 6 Janvier 1609, ensuite confirmées par Louis XIII & encore depuis par Louis XIV au mois de Mars 1671.

Par Lettres Patentes d'Henri II du 14 Janvier 1549, il est défendu aux Orfevres d'acheter, de fondre ou de difformer aucunes especes d'or ou d'argent ayant cours ou décriées, pour employer en leurs ouvrages; & il leur est enjoint quand ils en sont requis de donner des bordereaux écrits & signés de leur main à ceux qui achetent d'eux des ouvrages d'or & d'argent, lesquels Bordereaux doivent contenir les poids & loi des pieces qu'ils ont vendus, ensemble le prix tant de la matiere que de la façon, l'or & l'argent devant être vendus séparément de la façon.

ORFEVRE-BOUTONNIER. L'on appelle ainsi depuis la fin du dix-septiéme siécle ceux du Corps de l'Orfevrerie qui fixent leur art & leur profession à la fabrique & à la vente des boutons d'argent emboutis. *Voyez* BOUTON DE METAIL EN LAME.

ORFEVRESSE. Femme ou Veuve d'un Marchand Orfevre. *Voyez* ORFEVRE.

ORFEVRERIE. Signifie toutes sortes d'ouvrages d'or & d'argent travaillés ou fabriqués par les Orfevres. Ainsi l'on dit: L'Orfevrerie de Paris est fort estimée, tant à cause de son titre que pour sa façon. Les boutons d'orfevrerie sont d'un bon usé.

ORFEVRERIE. Se dit aussi du négoce qui se fait des ouvrages d'or & d'argent fabriqués par les Orfevres. En ce sens on dit, Ce Marchand ne fait aucun commerce de jouaillerie, il se renferme uniquement dans le trafic de l'Orfevrerie. Les Marchands Merciers de Paris sont en droit de vendre toute sorte d'Orfévrerie d'Allemagne & des autres Pays Etrangers.

ORFEVRERIE. Se dit encore du Corps des Orfévres, qui est le dernier des six Corps des Marchands de Paris.

L'Orfévrerie fut érigée en Corps par Philippes VI dit de Valois en l'an 1330. Ce fut ce même Prince qui lui donna ses premiers Statuts au mois d'Aout 1345, & qui l'honora des armoiries qu'on lui voit encore aujourd'hui, qui sont une croix d'or dentelée en champ de gueule, accompagnée de deux couronnes & de deux couppes aussi d'or, à la banniere de France en chef.

Aucun ne peut être reçû Maître dans le Corps de l'Orfevrerie, s'il n'a fait un apprentissage de huit ans, servi les Maîtres deux autres années en qualité de Compagnon, fait chef-d'œuvre, & donné caution de la somme de mille livres.

Les Maîtres nouvellement reçus sont obligés de prêter serment à la Cour des Monnoies, & d'y faire insculper leurs poinçons aussi bien qu'au Bureau de l'Orfévrerie. Chaque Maître ne peut avoir qu'un Apprentif à la fois.

Le Corps de l'Orfevrerie, ainsi que les autres Corps des Marchands, a ses Maîtres & Gardes particuliers préposés pour tenir la main à l'exécution de ses Statuts & Reglemens, & veiller à la conservation de ses privileges. Leur nombre est de six; le premier desquels, qui est appellé Grand Garde, est regardé comme le Chef de tout le Corps, & c'est lui qui préside aux Assemblées, & qui porte la parole dans toutes les occasions. Celui d'après se nomme Second Garde ou Ancien Garde, & les quatre autres s'appellent Jeunes Gardes.

Tous les ans dans le mois de Juin après la translation de S. Eloy Patron du Corps de l'Orfevrerie, on procede à une élection nouvelle de trois Gardes, l'un ancien & les deux autres jeunes. Cette élection se fait à la pluralité des voix dans une Assemblée générale convoquée par les Gardes en Charge dans le Bureau de l'Orfevrerie, & qui se tient en présence du Lieutenant Général de Police & du Procureur du Roi du Châtelet. Ainsi chaque année il sort de Charge trois Maîtres & Gardes, qui sont le Grand Garde & les deux premiers des jeunes Gardes: à la place du Grand Garde monte celui qui étoit le second, & à la place du second l'ancien nouvellement élû. Ce sont les deux derniers Gardes qui doivent faire la Charge de Maîtres de Confrairie pendant la premiere année de leur élection.

Aucun Marchand du Corps de l'Orfevrerie ne peut être élû second Garde, qu'il n'y ait au moins dix ans qu'il ait été Garde; & l'on ne peut parvenir à la Charge de jeune Garde, que l'on n'ait au moins dix ans de reception de Maîtrise.

Les trois Gardes nouvellement élus sont tenus de prêter deux sermens; l'un pour ce qui regarde la police, pardevant le Lieutenant Général de Police,

lice, qui leur donne des Commissions pour les autoriser dans la fonction de leurs Charges, & l'autre pour ce qui concerne le fin & le faux des matieres d'or & d'argent & les poinçons, pardevant la Cour des Monnoies, dont il leur est donné Arrêt de prestation de serment.

Les Maîtres & Gardes de l'Orfévrerie sont en droit dans toutes les cérémonies publiques où ils sont appellés, de porter la robe de drap noir à colet & manches pendantes paramentées & bordées de velours de semblable couleur. Cette robe n'est autre chose que la robe Consulaire.

Lorsqu'il arrive le décès d'un Garde, soit qu'il soit en Charge, ou qu'il ait passé par les Charges, les Maîtres & Gardes actuellement en place sont dans l'obligation d'assister à son convoy & enterrement en robe, & de tenir les coins du poêle, qui est fourni par le Bureau avec l'argenterie nécessaire & six flambeaux de poing de cire blanche aux armes du Corps de l'Orfévrerie peintes sur des cartons. La même cérémonie s'observe à l'égard des femmes & veuves des Gardes, tant anciens que nouveaux.

Le Roi Jean I. permit au Corps de l'Orfévrerie de faire construire une Chapelle sous le nom & invocation de S. Eloy, & lui fit en même tems donner des Reliques de ce Saint par le Pape Innocent VI, qui tenoit alors le Saint Siege en Avignon. C'est dans cette Chapelle, l'une des plus magnifiques de Paris, & que l'on appelle vulgairement la Chapelle aux Orféves, que le Corps de l'Orfévrerie fait célebrer le Service Divin pendant tout le cours de l'année, & qu'il fait prier Dieu publiquement pour la personne sacrée de Sa Majesté, & pour le repos des ames des Marchands du Corps qui sont trépassés. Il ne décede aucun Garde de l'Orfévrerie, que l'on n'y fasse pour lui un Service solemnel, qui est ordinairement suivi d'une distribution d'aumônes assez considérable, qui se fait pour l'ordinaire par les parens du défunt, ou à leur défaut par les Maîtres & Gardes en Charge aux dépens du Bureau.

Les Maîtres & Gardes du Corps de l'Orfévrerie ont l'honneur conjointement avec ceux des autres Corps des Marchands de porter le dais sur la tête des Rois, Reines, Princes, & Princesses qui font entrée publique dans Paris. *Voyez* Corps.

Ceux qui voudront avoir une connoissance parfaite des Statuts, Ordonnances, Réglemens, & Privilèges concernant le Corps de l'Orfévrerie, peuvent avoir recours au Recueil qui en a été imprimé à Paris chez Lambert Roulland en 1688, aux frais du Bureau, & par les soins des Maîtres & Gardes qui étoient pour lors en Charge.

Ce Recueil est d'une si grande utilité pour le bien des affaires de ce Corps, que cela devroit bien exciter les Maîtres & Gardes des autres Corps d'en faire imprimer de semblables pour ce qui les concerne chacun en particulier.

ORG

ORGAGIS. Toile blanche de coton qui vient des Indes Orientales. C'est une des sortes de baffetas. On les appelle Orgagis du lieu où elles se fabriquent. *Voyez* Baffetas.

ORGANDY. Sorte de mousseline ou toile de coton. *Voyez* Betille.

ORGANSIN ou ORGENSIN. C'est de la soie ouvrée & apprêtée, c'est-à-dire, qui est filée & moulinée.

L'organsin est composé de quatre brins de soie, qui ont d'abord été filés & moulinés séparément deux à deux; & qui étant une seconde fois remis au moulinage tous quatre ensemble, ne composent plus qu'un seul fil.

Les orgensins empruntent ordinairement leur nom des Pays & Villes où on les apprête, & d'où on les tire; tels sont les Organsins de Milan, de Bologne, de Bergame, de Reggio, de Piémont, & de Bresse. Ceux de Messine, Ville du Royaume de Sicile, se nomment Organsins de Sainte-Lucie. Ils sont avec ceux de Bologne les plus estimés. *Voyez* Soye.

ORGE. Grain que l'on met du nombre de ces petits blés qu'on appelle ordinairement les Mars, parce qu'ils se sement dans le mois de Mars, ou dans le commencement d'Avril.

La plante qui produit l'orge a sa tige plus petite & plus fragile que celle du seigle, & sa feuille plus large & plus rude que celle du froment. A sa fleur succede une graine pointue par les deux extrémités, particuliérement par celle qui sort au dehors; ce qui rend son épy herissé d'une barbe longue & piquante, capable de le défendre des oyseaux.

Il y a deux sortes d'orges; l'une qu'on appelle Orge quarré ou Orge d'Automne, parce qu'elle se seme dans cette saison en même tems que le méteil : elle demande une terre grasse & bien labourée. L'autre qui se nomme Orge du Printems, qui est l'orge commune, commence à se semer à la mi-Avril, & se plaît dans une terre légere & séche, étant sujette à se convertir en avoine dans les terres fortes & humides.

Il y a encore de l'orge blanche, de l'orge rouge, & même de quelques autres couleurs, suivant le sol & les terres.

La farine que l'on tire de l'orge est blanche & bonne à faire du pain, sur-tout mêlée avec celle de quelques autres grains. Il y a des Provinces de France où elle sert de nourriture ordinaire, & dans les disettes de blé on y a recours dans les autres Provinces au défaut de la farine de froment ou de seigle; comme il arriva en 1709, que presque tout le peuple de la campagne & une partie de celui des Villes, même de celle de Paris, lui doivent leur conservation & la vie.

Outre cet usage de l'orge, il s'en consomme une grande quantité par les Brasseurs de biére, qui après l'avoir fait germer, fermenter & bouillir, en font cette boisson qui a une partie des qualités du vin, & qui en sert dans les lieux où le sol ne permet pas qu'on cultive la vigne.

On se sert aussi de l'orge pour la nourriture & l'engrais des bestiaux, des volatiles & autres oiseaux domestiques.

Ce sont les Marchands de blé, les Blatiers & les Fermiers de la campagne qui vendent en gros l'orge qui se consomme à Paris; les Grainiers & Grainieres la débitent en détail.

Il est défendu par l'Ordonnance de la Ville de Paris de 1672, aux Brasseurs, Maîtres Grainiers & Regrattiers, d'aller au devant des Marchands & Laboureurs pour acheter leurs orges, ni d'en acheter ailleurs que sur les Ports. Et afin que les Ports ne soient point dégarnis, non-seulement il n'est point permis auxdits Grainiers & Regrattiers d'en acheter hors des jours de marché, & lesdits jours qu'après midy; mais encore il leur est fait défenses d'en enlever plus de deux septiers à la fois, & d'en avoir dans leur maison en réserve plus de huit septiers.

L'orge se visite & se mesure sur les Ports & Marchés de Paris par les Jurés Mesureurs de grains.

L'orge paye en France les droits d'entrée à raison de 24 sols le muid mesure de Paris, contenant deux tonneaux & le tonneau six septiers; ce qui cependant ne s'entend que de celle qui entre par la Province d'Anjou.

Les droits de sortie sont de 13 liv. du muid aussi mesure de Paris; sçavoir 20 s. pour l'ancien droit, & 12 l. pour la traitte domaniale, le tout conformément au Tarif de 1664.

L'orge du crû du Royaume est du nombre des marchandises de contrebande pour la sortie, suivant l'Ordonnance de 1687, tit. 8. art. 6.

ORGE MONDÉE. C'est de l'orge qui a été dépouillée de sa premiere peau ou enveloppe. La meilleure vient de Vitry-le-François. Il s'en fait néanmoins d'assez bonne à Charenton près Paris. Il y en a de blanche & d'autre moins blanche. On la doit choisir nouvelle, séche, grosse, & bien nourrie, qui ne sente point le rance ni le moisi. L'orge mondée se vend à Paris par les Epiciers & Grainiers. L'on s'en sert dans la composition de plusieurs prisanes qu'on ordonne aux malades ou même aux personnes en santé, pour les rafraîchir. On estime toutefois les prisanes faites avec l'orge mondée un peu trop nourrissante.

L'orge mondée paye les droits d'entrée à raison de 10 s. du cent pésant.

L'orge se vend au last à Amsterdam, il donne pour toute déduction un pour cent de prompt payement. Son prix ordinaire est de 50 à 70 florins d'or le last. *Voyez* l'article des Grains.

ORGE. On appelle Futaine à grains d'orge, une sorte de futaine ouvragée, sur laquelle le Tisserand a relevé des façons assez semblables au grain de l'orge. *Voyez* FUTAINE.

Les Ciseleurs appellent Grains d'orge, de petits ciselets dont la pointe est ronde & fort aiguë.

Les Imprimeurs donnent aussi le nom de Grains d'orge aux caracteres en lozange qui leur servent à imprimer les notes du Plein-chant qui doivent être bréves.

ORGUEIL. Les Ouvriers nomment ainsi le coin, appuy ou billot qu'ils mettent sous leurs pinces & leurs leviers, lorsqu'ils veulent faire des pesées pour remuer & lever quelque fardeau. Plus l'orgueil est avancé sous le levier, plus l'effort de la pesée en est grand. On lui donne ce nom par une métaphore & une comparaison trop aisée à entendre pour en faire l'application. *Voyez* LEVIER.

ORI

ORIENT. Ce terme s'entend de toutes les parties du monde qui sont situées à notre égard vers les lieux où nous voyons lever le soleil. Il ne se dit néanmoins communément que de celles qui sont les plus éloignées de nous, comme la Chine, le Japon, le Mogol & le reste de l'Inde, l'Arabie & la Perse. Les autres dont nous sommes plus voisins, comme les Isles de l'Archipel & les Côtes de la Méditerranée, où sont Constantinople, Smirne, Alep, Seyde, &c. même le Caire, ne sont connues dans le commerce que sous le nom du Levant. *On peut voir dans l'Etat général du Commerce celui qui se fait dans tout l'Orient.*

ORIENTAL. Ce qui est situé vers l'Orient. Il se dit particuliérement des grandes Indes, ces vastes Pays où il se fait par les Nations d'Europe un si grand & si riche négoce. *Voyez* INDES ORIENTALES.

ORIENTAL. Se dit aussi de ce qui naît en Orient, de ce qui en vient. Des perles Orientales, Des marchandises Orientales.

ORIGINAIRE. Quelques Marchands appellent Marchandise originaire, celle qui croît & qui se fait dans un Pays, & avec des matieres du Pays même. Il est peu d'usage.

ORIGNAC ou ORIGNAL. C'est ainsi que les peuples de Canada & de toute l'Amérique Septentrionale nomment une sorte d'animal sauvage que nous appellons ordinairement Ellend, qui s'écrit aussi Elant. *Voyez* ELLEND.

ORILLAC ou AURILLAC. On appelle Points ou Dentelles d'Orillac, les dentelles qui se fabriquent en Auvergne. Ce nom leur vient de la petite Ville d'Orillac située dans cette Province, où en sont établies les meilleures manufactures. *Voyez* DENTELLE *&* POINT.

ORILLONS, que l'on nomme plus proprement OREILLONS. Ce sont des rogneures de cuirs ou peaux destinées à faire de la colle-forte. *Voyez* OREILLONS *ou* COLLE-FORTE.

ORIPEAU. Lame de léton fort mince & fort battue, qu'on employoit autrefois dans les étoffes de faux or. On ne s'en sert plus; & le nom n'en est resté que pour mépriser les vieilles étoffes ou gallons d'or qui ne sont plus de mode, & pour tourner en ridicule ceux qui s'en servent. Cette étoffe n'est que de l'oripeau. Cet homme croit être bien paré avec son oripeau.

ORISEL. *Voyez* SERETH.

ORIVAL, de la Généralité de Rouen. L'on y fait des draps façon d'Elbœuf. *Voyez* l'Etat général, Tome I. page 103.

ORL

ORLEANE. C'est ainsi que cette drogue propre à la teinture, qu'on nomme en France Rocou, est tarifiée dans la nouvelle Liste ou Tarif de Hollande de 1725. Il y en a de sec & d'humide, qui payent également les droits d'entrée & de sortie, sçavoir un florin à l'entrée & deux florins à la sortie, les cent livres pésant.

ORLEANS, Ville de la Province de l'Orléanois: elle est située sur la Loire, & est, pour ainsi dire, l'entrepôt de toutes les marchandises qui se transportent sur cette riviere, soit en montant, soit en descendant. *Voyez* l'Etat général du Commerce, Tome I. page 86 *& suiv.*

ORM

ORME. Arbre de haute futaye, dont l'ombrage agréable fait qu'on s'en sert souvent à former des avenues, des allées & des salles pour l'ornement des jardins & parcs des maisons de campagne.

Il y a de deux sortes d'ormes; l'un qui croît dans les champs, & l'autre sur les montagnes. Le dernier vient le plus haut; du reste ils sont assez semblables, soit pour le bois, l'écorce, les feuilles, &c. L'on veut que l'écorce, les rameaux & les feuilles de l'orme ayent une qualité astringente, qui les rend propres à consolider les playes.

L'orme ne fournit pour le commerce que son bois qui est jaunâtre, dur & difficile à fendre; ce qui fait qu'il est très bon pour le charronage. Il se débite ordinairement en moyeux, essieux, empanons, fléches, armons, jantes, lisoires, moutons, timons, brancards, &c.

Le bois d'orme destiné pour les moyeux, essieux, fléches, armons & empanons se débite & s'envoye en grume ou gourme, c'est-à-dire, par tronçons ou bûches de différentes grosseurs & longueurs garnies de leur écorce.

Le bois pour les moyeux est de six pieds & demi de long, & de dix jusqu'à seize pouces de diametre par le bout le plus menu. Le moyeu est le noyau ou milieu de la roue d'un carrosse, chariot ou charrette, qui est percé pour y faire passer l'essieu, autour duquel la roue tourne : les rayes ou rayons de la roue sont enchassés dans le moyeu.

Le bois pour les essieux a six pieds de long, & sept à huit pouces de diametre du côté du plus menu bout. L'essieu est la piece qui entre dans le moyeu des roues.

Le bois pour les empanons qui ne sont point chantournés est de même longueur que celui pour les essieux, & à peu près semblable en grosseur : mais quand les empanons sont chantournés, ils ne sont pas de si forts échantillons. Les empanons sont ces morceaux de bois qui sont placés sur le derriere du train d'un carrosse, & qui passent entre l'essieu & la lisoire, pour former les branches sur lesquelles montent les Laquais. Il y a aussi de petits empanons qui servent à joindre avec des liens de fer l'arc avec le bout de la fléche; mais ces derniers sont débités par les Charrons mêmes.

Le bois pour les fléches des carrosses à arcades ou arcs est de dix à douze pieds de long; & celui pour les fléches des carrosses sans arcs ou pour les chariots, de douze à quinze pieds aussi de longueur. Ce bois doit être, s'il se peut, naturellement courbé, sans nœuds & d'un bon braquement. La fléche est la principale piece d'un carosse ou d'un chariot : c'est celle qui joint le train de devant à celui de derriere.

Le bois pour les armons des carrosses à arcs est ordinairement de quatre pieds & demi de longueur sur neuf à dix pouces de gros; & celui pour les carrosses à longues fléches, de six pieds de long & de huit à neuf pouces de diametre par le menu bout. Les armons sont ces deux pieces de bois un peu courbées, qui portent d'un côté sur l'essieu de devant, & qui aboutissent de l'autre au timon. Ils servent à soutenir une cheville sur laquelle le timon est mobile pour le pouvoir lever & baisser quand on veut.

Le bois pour les jantes est en pieces ou morceaux chantournés depuis deux jusqu'à trois pieds de long. Les jantes sont ces morceaux courbés qui forment la circonference ou le cercle de la roue d'un carrosse, chariot ou charrette, sur lesquels sont clouées les bandes de fer.

Le bois pour les lisoires, moutons & timons, est appellé bois de sciage; parce qu'il se débite à la scie.

Celui pour les lisoires est de six pieds & demi de long, & de six & sept pouces de large sur quatre à cinq pouces d'épaisseur. Les lisoires sont certaines pieces de bois placées au dessus des essieux d'un carrosse, lesquelles portent les moutons.

Les moutons sont ces quatre pieces de bois posées debout sur les lisoires, sur lesquelles le corps du carrosse est suspendu : ils doivent avoir six pieds sept à huit pouces de long & cinq à six pouces de large sur trois à quatre pouces d'épaisseur.

Les pieces de bois pour les timons sont pour l'ordinaire de neuf pieds de long sur trois pouces & demi en quarré par le menu bout, & quatre pouces aussi en quarré par le gros bout. Le timon est ce long morceau de bois du train d'un carrosse ou chariot où sont attelés les chevaux, qui les sépare, & qui sert à gouverner le carrosse, soit pour reculer, soit pour tourner à droit ou à gauche.

Il y a encore d'autres bois pour le charronage, qui s'employe en brancards, limons de charrettes & autres pieces; mais ce sont les Charrons eux-mêmes qui les débitent; les bois destinés à ces usages leur étant amenés en grume de plusieurs longueurs & grosseurs. *Voyez* Brancards *&* Limons.

Les branchages droits, même les tortus lorsqu'ils ne sont point trop nouailleux, sont pareillement amenés en grume ou gourme, pour être débités par les Charrons; c'est ce qu'ils appellent Bois à débiter, dont ils forment toutes sortes de moyennes pieces pour les carrosses, chariots & charrettes.

Les gros tronçons d'orme de deux à deux pieds & demi d'équarrissage se débitent ou se scient par tables ou planches de quatre à six pouces d'épaisseur, qui sont très recherchées pour faire des tourtes & des rouets de lanternes de moulins.

Le bois d'orme ou bois de rouage paye en France les droits d'entrée à raison de 10 s. le cent en nombre.

ORN

ORNIS. Sortes de toiles de coton ou de mousseline, qui se font à Brampour Ville de l'Indostan entre Surate & Agra.

Ces toiles sont par bande, moitié coton & moitié or & argent. Il y en a depuis quinze jusqu'à vingt aunes.

ORO

OROBE. Plante dont la semence & la racine sont de quelque usage dans la Médecine & pour la teinture.

Les orobes payent en France les droits d'entrée à raison de 20 s. du cent pésant.

ORP

ORPIMENT ou ORPIN. C'est un mineral qui se trouve le plus ordinairement dans les mines de cuivre. L'on croit qu'il contient quelques petites parties d'or qu'on pourroit en tirer par le moyen de la chimie; mais que ce qu'on en auroit tiré ne suffiroit pas pour les frais.

L'orpiment est en pierres de différentes grosseurs & figures. Pour sa couleur elle est toujours jaune, mais mêlée de quelques autres nuances, comme jaune-doré, jaune-rouge & jaune-verd; quelquefois même il y en a de presque rouge, qui est le vrai sandarac des Grecs : mais ce qu'on appelle communément Orpiment rouge ou Arsenic rouge, ce n'est que de l'orpiment jaune poussé au feu, & ensuite mis dans un creuset avec de l'huile de chenevis, d'olive ou de noix.

Les Peintres, les Maréchaux & quelques autres Ouvriers font une assez grande consommation de ce mineral; mais comme c'est un poison très dangereux & un corrosif très violent, les Marchands qui en sont chargés doivent le vendre avec précaution & à gens connus.

Ce sont les Anglois & les Hollandois qui l'envoyent aux Marchands Epiciers-Droguistes de France, particuliérement à ceux de Paris qui en font le plus grand débit.

L'orpiment jaune-doré, en beaux morceaux, facile à s'écailler, dont les écailles sont minces, petites & luisantes comme de l'or, est le meilleur de tous : celui qui est moitié jaune, moitié rouge, ou rempli de veines rougeâtres, est encore assez bon, pourvû qu'il soit aussi en gros morceaux : mais pour l'orpiment qui est verdâtre & en petites pierres, il le faut rejetter.

L'orpin ou orpiment paye en France par le Tarif de 1664, 100 s. le cent pésant d'entrée.

Et par celui de la Douane de Lyon, 13 s. 4 den. du quintal pour l'ancienne taxation, & 20 s. pour les anciens quatre pour cent.

ORPIN. Sorte de mineral plus connu sous le nom d'Orpiment. *Voyez ci-dessus* ORPIMENT.

ORS

ORSEILLE, qu'on appelle aussi ORCHEL & URSOLLE. Drogue propre pour la teinture.

Le nom d'Orseille est commun à plusieurs drogues qui s'employent par les Teinturiers pour faire une nuance depuis la fleur de pêcher, silvie, aubifoin & gris-de-lin jusqu'au passe velours & amarante; quoique néanmoins ces drogues soient assez différentes les unes des autres.

Il y a de l'orseille de Hollande, de l'orseille de Lyon & d'Auvergne, de l'orseille des Canaries, de l'orseille de Roussillon, de Genes, de Nismes, de Montpellier, de Galargues en Languedoc, &c.

Ce qu'on appelle communément Orseille, & qui est la véritable, est une petite mousse ou croute qui se forme sur les pierres & les rochers des montagnes; & qui étant apprêtée avec la chaux & l'urine fait une fort belle nuance de couleurs.

L'orseille des Canaries, qu'on nomme Orchel ou Ursolle, n'est autre chose que cette mousse : elle est la plus estimée de toutes, & c'est la seule véritable.

L'orseille de Hollande, qu'on appelle aussi Tournesol, est une composition faite avec le tournesol en drapeaux, qui se tire de France, de la perelle, de la chaux & de l'urine. Cette drogue vient en pâte ou en pierre dans de petits barils d'environ trente livres. L'orseille en pierre est facile à falsifier; ce qui n'est pas si aisé de celle qui est en pâte. Cette orseille ou tournesol est absolument défendue aux Teinturiers de l'un & de l'autre teint. *Voyez* TOURNESOL.

L'orseille de Lyon se fait simplement avec la perelle, la chaux vive & l'urine : mais en composant la pâte, quelques-uns y mettent une teinture de bois de Bresil. Les autres orseilles se composent à peu près de même, & ne cedent toutes gueres à celle de Hollande.

La véritable orseille, qui est celle des Canaries, fait une belle couleur, mais qui n'est pas de durée. Elle est une des drogues permises aux Teinturiers du petit teint pour les basses couleurs de sa nuance, qui sont difficiles à imiter avec d'autres drogues, & pour le bel œil des racinages.

Cette permission a été accordée aux Teinturiers du petit teint; parce que ne pouvant teindre des étoffes d'un grand prix, les étoffes de moindre conséquence qu'ils mettent à la teinture ne sçauroient supporter la dépense des fortes couleurs.

L'orseille est plutôt permise que le bresil, quoique sa couleur ne soit pas beaucoup plus assûrée; parce qu'outre qu'il s'en fait un grand commerce en France, & que le bresil vient des Pays étrangers, les couleurs de sa nuance sont fort difficiles à imiter, & que celles du Bresil peuvent s'imiter facilement avec la garance, la bourre ou la cochenille.

Par le Tarif de 1664, les droits d'entrée de l'orseille ou Tournesol en herbe, en barils & non apprêtée, ne sont que de 10 s. par cent pésant; mais la même drogue en barils apprêtée paye 3 liv. du cent. Les droits de sortie de l'orseille non apprêtée sont de 34 s. & de celle qui est apprêtée de 40 s. aussi par cent pésant.

Les Commis de Gannat & de Vichy ayant voulu confondre la perelle à teinture qui vient d'Auvergne avec l'orseille qu'on tire des Pays étrangers, & leur faire payer les mêmes droits, il fut ordonné par un Arrêt du Conseil du mois de Février 1718, que les droits de la perelle ne se payeroient pas comme Orseille, mais sur l'ancien pied de 8 s. ces deux drogues, quoique toutes deux propres à la teinture n'ayant rien de commun ni de semblable. Voyez PERELLE.

Les droits que les orseilles payent à la Douane de Lyon sont de 32 sols 6 den. pour l'ancienne taxation, & 20 sols pour les anciens quatre pour cent par quintal.

ORSETTE. Sorte de petite étoffe qui se trouve tarifiée dans la nouvelle Liste ou Tarif de Hollande de 1725; elle paye les droits d'entrée & de sortie comme Manufacture, ou par appréciation.

ORT

ORT. Terme de Douane & de commerce. Peser ort, signifie peser les marchandises avec les emballages.

Le Tarif de 1664, & l'Ordonnance des cinq grosses Fermes de 1684, portent que toutes marchandises qui payent les droits aux poids, à la réserve de celles d'or & d'argent, & des épiceries, seront pesées avec leur emballage. *Voyez* BRUT.

ORTEZ. Ville de France dans le Bearn. Elle est du Département de l'Inspecteur des Manufactures de Bordeaux; son principal négoce se fait en Espagne, où elle envoye quantité de Draperies qu'elle tire d'ailleurs, n'en ayant aucune fabrique. Celles qui y sont établies & qu'on estime beaucoup, sont les cuirs de Tannerie. *Voyez* l'Etat général, Tome I. page 38.

ORTIE. Plante très commune en France dont on tire une espece de filasse propre à faire de la toile.

Il y en a de plusieurs sortes; celle qui fournit la filasse est appellée grande Ortie ou Ortie commune; elle pousse ses tiges de la hauteur de trois pieds garnies de feuilles opposées réguliérement deux à deux, larges à leur base, finissant en pointe, dentellées & couvertes d'une espece de duvet, très piquantes, & dont la piquure cause une extrême douleur.

Cette sorte d'ortie se rouit & se brise comme le chanvre, & sa filasse se peigne, se file & se tisse de même. *Voyez* CHANVRE.

On appelle Toile d'ortie la toile qui est faite de la filasse qui se tire de cette plante; elle est un peu grisâtre, & l'on s'en sert le plus souvent en écru. *Voyez l'article des Toiles.*

ORTOLAN. *Voyez* HORTOLAN.

OS

OS. Partie dure & solide des animaux, qui soutient toute la masse de leur corps & de leurs chairs.

Il ne paroît pas d'abord que cette partie des animaux quoique très connue, puisse être après leur mort de quelque utilité au commerce; cependant elle ne laisse pas de lui fournir plusieurs sortes de marchandises dont il se fait même une assez grande consommation.

Les os de bœuf, de vache, &c. brûlés & calcinés, servent à faire cette sorte de noir que l'on nomme Noir d'os, si en usage chez les Peintres. *Voyez* Noir.

Ces mêmes os servent encore à faire plusieurs ouvrages de tableterie, de tour & de coutellerie à la place de l'yvoire, & s'ils ne sont pas si blancs au commencement, du moins ils ne jaunissent pas si-tôt dans la suite.

Les os de bœufs & de vaches payent en France les droits d'entrée à raison de 10 sols du millier; & pour ceux de sortie 13 sols, conformément au Tarif de 1664.

Os. On appelle Os de cœur de bœuf, l'os ou cartilage qui se rencontre dans le cœur du bœuf; on le substitue quelquefois à celui de cerf. *Voyez* Boeuf.

Les droits d'entrée sont semblables à ceux de l'os de cœur de cerf, c'est-à-dire, cent sols du cent pésant.

Os. On nomme aussi Os de cœur de cerf, cet os ou cartilage qui se trouve dans le cœur de cet animal; il est estimé un excellent cardiaque & entre dans la composition de la confection d'hyacinthe. *Voyez* Cerf.

Les droits se payent en France comme à l'article précedent.

Os. Ce qu'on appelle Os de séche n'est autre chose qu'une espece d'os qui se rencontre sur le dos d'un poisson qui porte ce nom. Cet os est fort en usage chez les Orfevres & chez les Fondeurs pour faire des moules. *Voyez* Seche.

Les os de séches payent en France les droits d'entrée à raison de 15 s. du cent pesant, conformément au Tarif de 1664.

Et 2 sols 6 den. du quintal par celui de la Douane de Lyon.

Os de corne de cerf. C'est ainsi que le bois ou corne de cerf est appellé dans le Tarif de la Douane de Lyon, si pourtant ce n'est point une faute d'impression & qu'il n'y faille lire Os de cœur de cerf.

Cette drogue paye 13 sols 4 deniers du quintal d'ancienne taxation, & 10 sols pour les quatre pour cent.

OSI

OSIER. Arbuste dont les branches sont très flexibles. C'est une espece de saule nain qu'on taille presque à fleur de terre tous les deux ou trois ans, ce qui lui fait une tête comme au saule.

On en fait des clayes, des paniers, des hottes & plusieurs autres ouvrages du métier de Vannier; les Tonneliers en le fendant en trois s'en servent aussi à lier les cercles & cerceaux qu'ils mettent à leurs cuves, futailles & autres tonneaux; & les Jardiniers en employent les brins les plus petits & les plus plians à palissader leurs espaliers ou à faire des perches & des treillages.

Il y a deux sortes d'osier, l'osier franc & celui de riviere; le franc est le meilleur.

La plupart de celui que les Tonneliers & Vanniers employent à Paris vient de Champagne & d'Orléans en paquets de quatre pieds de long, qu'on appelle Molles, qui sont liées de trois liens.

L'osier rond, qui est celui des Vanniers, doit être de cent brins à la molle, & l'osier fendu de trois cens, ce qui revient au même, chaque brin de ce dernier étant fendu en trois; une partie de l'osier rond est apporté tout pelé & en blanc. Il vient aussi une assez grande quantité d'osier des deux sortes des environs de Paris. *Voyez* Tonnelier.

OSN

OSNABRUG, Ville Anséatique d'Allemagne, dans la Westphalie. Les toiles & les jambons sont les deux objets principaux de son commerce. *Voyez* l'Etat général, Tome I. page 234.

OSS

OSSETTE. Etoffe dont il est parlé dans les Tarifs de Hollande. Il y en a de large & d'autres plus étroites, elles ont également dix-huit aunes de longueur. Les droits s'en payent à la piece; sçavoir, les étroites, 3 s. d'entrée & 2 s. de sortie, & les larges 6 s. à l'une, & 4 s. pour l'autre. Si c'est par l'Orisont, les entrées & les sorties augmentent de 8 pennins par piece, leur appréciation est de 30 florins.

OST

OSTADE. Etoffe toute de laine dont l'usage s'est entiérement perdu; il en est parlé dans les Statuts du Corps de la Mercerie, & l'article 34 de ceux des Tissutiers-Rubaniers avant qu'ils fussent réduits à la petite navette, leur permettoit de faire toutes sortes de camelots, ostades, demi-ostades, serges, burails, étamines, le tout de laines & sayettes bonnes & valables.

Le Tarif de 1664 & celui de la Douane de Lyon en font aussi mention.

Les droits d'entrée des ostades & demi-ostades sont suivant le premier, de 8 liv. la piece de 18 aunes; & par le second, lorsqu'elles sont d'Angleterre, de 20 livres la charge de quatre quintaux d'ancienne taxation, & 20 s. du cent pésant de réappréciation.

OSTENDE, Ville & Port de mer des Pays-Bas Autrichiens en Flandres. C'est par les navires marchands qui s'arment dans cette Ville, que les autres Villes de Flandres & du Brabant font principalement leur commerce. *Voyez* l'Etat général, Tome I. page 223.

OSTERLINS. On appelle à Anvers Ville du Brabant, la Maison des Osterlins un vaste & superbe bâtiment composé de quatre grands corps de logis avec une cour dans le milieu & une haute tour sur la porte d'entrée, qui servoit autrefois de comptoir aux Villes Hanséatiques, du tems qu'elles en avoient dans les principales Villes de commerce de l'Europe.

C'étoit dans cette espece de Palais que résidoit le Directeur ou Consul de cette célebre société de Marchands, & qu'étoient d'immenses magasins de toute sorte de marchandises, non-seulement du Nord où avoit commencé la confédération, mais encore de toutes les Parties du monde alors connues, où ces Villes fameuses portoient leur commerce.

Les plus considérables comptoirs après celui

d'Anvers étoient ceux de Londres, de Novogorod en Russie, & de Berghen en Norwege. On voit encore dans cette derniere Ville une pareille maison à celle des Osterlins d'Anvers, qui sert de demeure à des Marchands qui y vivent sous de certaines loix, dont une des principales est de ne se point marier, tant qu'on y veut avoir son habitation, ce qui lui a fait donner le nom de Cloître. *Voyez* CLOÎTRE. *Voyez aussi* HANSE & VILLES HANSEATIQUES.

OSTIACKES, anciens habitans de la Siberie, présentement soumis au Czar. Ces Peuples sont fort pauvres, & presque réduits à la derniere misere : ils font cependant quelque commerce avec les Etrangers. Comme ils sont aussi ignorans que pauvres, & qu'ils ne peuvent faire ni promesses ni billets pour la sureté de leurs créanciers, ils y suppléent d'une maniere bien nouvelle. *Voyez-en* le détail dans l'Etat général, Tome I. page 301.

OUA

OUATE. Espece de coton très fin & un peu lustré.

Quoique quelques Auteurs prétendent que la véritable ouate se trouve en Orient autour de quelques fruits à qui elle sert de premiere enveloppe; il est néanmoins certain que la ouate est produite dans les gousses d'une plante qui croit communément en Egypte, & que quelques Curieux cultivent en France par rareté.

Cette plante se plaît dans les lieux humides & marécageux; ses feuilles sont assez larges, longues & arrondies par le bout; ses fleurs sortent en bouquets qui forment une maniere d'ombelle, & elles ont leurs feuilles renversées comme celles de martagon. La ouate est renfermée dans des gousses qui s'ouvrent quand elles sont en maturité; la semence qui s'y trouve mêlée est petite, ronde, plate, tirant sur le gris-brun. C'est d'Alexandrie que l'on tire cette marchandise, & elle vient en France par la voye de Marseille.

Il y a encore une sorte de coton que l'on nomme aussi Ouate, quoiqu'improprement; ce n'est autre chose que la bourre ou premiere soie qui couvre la coque des vers à soie; on la fait bouillir, & après cette seule préparation on la vend pour la véritable ouate, quoiqu'elle n'en approche en aucune maniere ni pour la finesse ni pour la beauté.

Ces ouates ne servent que pour fourer des robes de chambre, des courtepointes & autres meubles ou habillemens qu'elles rendent très chauds sans les rendre pésants. Elles ont communiqué leur nom à presque toutes les autres fourrures qui se mettent entre deux étoffes, & l'on appelle communément Ouatée, une robe fourée, un jupon, &c. quoique le plus souvent on n'y employe simplement que du coton ordinaire ou de la laine.

OUB

OUBAN-D'OR. Monnoie de compte du Japon. *V.* OEBAN.

OUBLAYERIE. Art de faire des oublies.

OUBLAYEUR. Celui qui fait des oublies. On dit présentement Oublieur.

OUBLIE, qu'on nommoit autrefois Oublaye. Sorte de pâte déliée & légere, mêlée de sucre, d'œufs, & quelquefois de miel, qui se cuit entre deux fers.

Il y a trois especes d'oublies; les grandes oublies qui sont celles que les Pâtissiers ou leurs Garçons vont crier la nuit dans Paris, à commencer le jour de la S. Michel; elles s'appellent autrement Oublies plates. Les oublies de supplications ce sont les gauffres; & les oublies qu'on nomme d'étriers, ce sont les petits métiers.

Les Pâtissiers sont qualifiés dans leurs Statuts Maîtres de l'art de Pâtissier & Oublayer, & sont obligés de faire chef-d'œuvre d'oublayerie aussi-bien que de pâtisserie. On appelle une Main d'Oublie cinq oublies; c'est ordinairement à la main que se jouent les oublies. On joue quelquefois tout le coffin ou corbillon. *Voyez* PATISSIER.

OUBLIEUR. Celui qui fait des oublies ou qui les va crier la nuit dans les rues de Paris.

Il est défendu aux Oublieurs de jouer en pleine rue, & même de jouer autre chose que des oublies dans les maisons où ils sont appellés. Ce qu'ils appellent présentement un Corbillon, se nomme Coffin dans leurs Statuts. *V.* PATISSIER.

OVE

OVERKEYKERS. On nomme ainsi en Hollande, particuliérement à Amsterdam, des serges blanches, qui se fabriquent à Leyden, elles se vendent ordinairement depuis 55 jusqu'à 56 florins la piece. *Voyez* l'article des Serges.

OVETACATES. Peuples Barbares du Brésil. Ces Peuples sont Antropophages. Les Portugais qui n'ont pû encore les apprivoiser, font cependant avec eux une espece de commerce. *Voyez* l'Etat général, Tome I. page 537.

OUP

OUPELOTE. Racine d'une plante qui croît en quelques endroits des Indes Orientales, particuliérement dans les Etats du Grand-Mogol. Les Orientaux la mettent au nombre des drogues médicinales. Elle se vend à Surate jusqu'à quatorze mamoudis le mein.

OUR

OURDIR. Terme de Manufacture qui signifie préparer ou disposer sur une machine faite exprès les fils de la chaîne d'une étoffe, d'une toile, d'une futaine, d'un basin, &c. pour la mettre en état d'être montée sur le métier, afin de la tisser en faisant passer à travers avec la navette le fil de la tréme.

Après que la chaîne d'une étoffe de laine a été ourdie, on la colle & on la fait sécher, sans quoi il seroit difficile de la pouvoir bien travailler. *V.* CHAÎNE.

OURDIR, en terme de Vanier. Signifie tourner & placer l'osier autour d'un moule pour commencer à monter l'ouvrage.

OURDIR. Les Maçons disent Ourdir un mur, pour signifier qu'ils y mettent le premier enduit.

OURDIR A LA TRINGLE. Terme de Nattier en paille. C'est bâtir & arrêter les cordons de la natte sur les clous de deux grosses & longues pieces de bois que les Nattiers nomment des Tringles. *V.* TRINGLE. *Voyez aussi* NATTE.

OURDISSOIR. Espece de machine dont les Tisseurs, Tisserans & Tissutiers se servent pour ourdir les chaînes de leurs étoffes, toiles, futaines, basins, &c. Il y a des ourdissoirs que l'on appelle Tours, qui sont en façon de devidoir ou petits moulins tournans debout sur un pivot; d'autres stables & sans mouvement composés de deux pieces de bois placées debout, un peu en talus contre la muraille à certaine distance l'une de l'autre, auxquelles sont attachées plusieurs chevilles du haut en bas.

L'Ourdissoir pour ourdir & monter les métiers des Gaziers ou Faiseurs de gaze est un moulin haut de six pieds ou environ. Il consiste en un chassis à quatre piliers & autant de traverses haut & bas, & en un axe posé perpendiculairement au milieu du chassis; cet axe a six grandes aîles sur lesquelles s'ourdit la soie. *Voyez* Gaze. *Cette machine y est décrite, & la maniere d'ourdir la chaîne des gazes expliquée.*

OURDISSURE. Action par laquelle on ourdit la chaîne d'une étoffe, &c.

OURDON, ou PETIT SENE'. C'est une espece de plante dont les feuilles se trouvent dans le fond des couffes ou balles de sené; souvent ce n'est que du plantin séché & brisé que les Colporteurs vendent pour du véritable séné. *Voyez* Sene'.

OURLET, ou ORLET. C'est chez les Ouvriers en couture l'extrémité d'une étoffe ou d'une toile redoublée & cousue, en sorte qu'elle y fasse une espece de petite bordure.

Les Maîtres Coffretiers-Malletiers, Maîtres Selliers & Bourreliers appellent un Ourlet le cuir mince, long & étroit avec lequel ils bordent les gros cuirs qu'ils employent en certains de leurs ouvrages. Les ourlets des malles, étuis, & fourreaux de pistolets que font les Coffretiers doivent être suivant les Statuts de leur Communauté, de cuir de veau ou de mouton cousus à deux chefs de bonne ficelle bien poissée. *Voyez* Coffretier.

Ourlet, en terme de Verrerie. C'est le tour du plat de verre qui paroît, & qui est en effet plus ferme & plus épais que le reste. Cet ourlet se fait avec la branche, lorsqu'en branchant la bosse on en refoule & replie les bords. *Voyez* Verre en plat.

OURS. Animal féroce assez connu pour qu'il ne soit pas nécessaire d'en faire la description.

On peut distinguer de deux sortes d'ours, de terrestres & de marins; les terrestres se retirent ordinairement dans les montagnes, les marins viennent au milieu des glaces de la mer Septentrionale; il s'en trouve de cette derniere espece d'une grandeur presque incroyable dans la nouvelle Zemble.

La peau d'ours est une pelleterie fort estimée, & il se fait un grand commerce de cette sorte de fourure, soit qu'elle soit de jeunes bêtes qu'on appelle Oursins & Oursons, soit qu'elle soit de vieux animaux. La peau de ces derniers s'employe ordinairement en housses ou couvertures de chevaux, & en sacs pour tenir les pieds chauds pendant les plus grands froids de l'hyver; des oursins on en fait des manchons & autres ouvrages de pelleterie.

Les peaux d'ours payent en France les droits d'entrée à raison de 20 s. la douzaine, & ceux de sortie sur le pied de 21 sols.

Outre la grande quantité de peaux d'ours que vendent les Marchands Pelletiers, les Epiciers-Droguistes en vendent aussi la graisse ou suif qu'ils font venir ordinairement de Suisse, de Savoye, & de Canada.

Cet axonge est un souverain remede pour la guérison des humeurs froides & des rhumatismes; on s'en sert heureusement pour la goute, & on l'employe dans plusieurs compositions galeniques.

La graisse d'ours pour être de bonne qualité doit être nouvelle fondue, grisâtre, gluante, d'une odeur forte & assez mauvaise, & d'une consistance moyenne; celle qui est trop blanche est sofistiquée & mêlée de suif ordinaire.

OURSIN, que l'on appelle aussi OURSON. Petit ours dont la peau est fort estimée pour les fourures. *Voyez ci-dessus* Ours.

OURSON. C'est la même chose qu'Oursin. On appelle aussi Oursons les manchons qui sont faits de la peau d'un jeune ours. *Voyez comme dessus.*

OUT

OUTIL. Instrument dont les Ouvriers & Artisans se servent pour travailler aux différens ouvrages de leur profession, art & métier.

Tels sont les marteaux, les compas, les rabots, les équeres, les villebrequins, &c.

A la fin de chaque article où l'on traite des Communautés des Arts & Métiers, on fait mention des machines, instrumens, & outils dont chacun des Maîtres qui les composent se servent, & ils sont encore décrits en particulier & assez au long dans tout le corps de ce Dictionnaire.

Outil crochu. Les Sculpteurs & Marbriers ont un outil au nombre de ceux dont ils se servent, à qui ils ne donnent point d'autre nom que d'outil crochu, ce qui lui vient de la figure qu'il a.

Cet outil est une espece de ciseau tranchant, tout d'acier ou du moins de fer bien aceré par un bout qui est à demi courbé en crochet. C'est avec ce ciseau qu'ils atteignent dans les endroits où les ciseaux quarrés ne peuvent entrer & où les pointus ne suffisent pas; ils sont propres sur-tout pour bien tourner les cheveux des bustes & statues & bien évider les plis des drapperies.

Les Artisans mettent quelque différence entre les outils & les instrumens; tout outil étant instrument; & tout instrument n'étant pas un outil.

Outil a fust. On appelle ainsi parmi les Menuisiers un instrument qui est composé d'un fust, c'est-à-dire, d'une piece de bois en forme de long billot, de diverses épaisseurs suivant son usage, d'un fer plat & tranchant, quelquefois uni par le bout, qui couppe, & quelquefois taillé autrement, & d'un coin de bois pour affermir le fer dans la lumiere.

Les outils à fust des Menuisiers s'appellent en général des Rabots. Leurs noms propres sont le Rabot, le Riflart, la Galere, les Varlopes, les Guillaumes, les Mouchettes, le Bouvement, les Bouvets, & les Feuillerets. *Voyez ces articles.*

Outil a manche. C'est tout outil de fer qui est emmanché de bois, comme les ciseaux, les fermoirs, le bec-d'asne, les gouges, &c.

Outil plat. Les Lapidaires appellent ainsi un petit cylindre, soit d'acier, soit de cuivre, attaché au bout d'un long fer, dont ils se servent dans la gravûre des pierres précieuses. Ils le nomment Plat, parce que la section du cylindre tournée du côté de la pierre, est platte & unie; ce qui distingue cet outil de celui qu'on appelle une charniere, qui est aussi en forme de cylindre, mais creusé comme une virole.

Outil a ondes. C'est un outil, ou plutôt une machine ingénieuse & très composée, dont les Menuisiers de placage, qu'on appelle Ebenistes, se servoient beaucoup autrefois, lorsqu'ils travailloient à ces belles tables & à ces magnifiques cabinets d'ébene qui ne sont plus à la mode, depuis que la marqueterie a été poussée en France à la perfection où on la voit.

C'étoit avec cet outil qu'on poussoit les moulures ondées qui faisoient une partie de la beauté de ces ouvrages, & qui servoient comme d'encadrement à ces sculptures d'un si grand prix, dont le dessus des tables & les guichets des cabinets étoient ornés.

M. Felibien qui a donné la description de cette machine, & qui l'a fait graver dans ses Principes d'Architecture, la conservera apparemment à la posterité, où un ouvrage aussi utile que le sien ne manquera pas de passer; n'y ayant plus gueres ou peut-être point du tout d'Ebeniste qui s'en serve présentement.

OUTRE, que l'on appelle aussi simplement BOUC. C'est la peau de l'animal appellé Bouc, qui étant encore garnie de son poil, cousue & préparée d'une certaine façon, sert comme de baril pour renfermer les liqueurs, afin de les pouvoir transporter avec plus de facilité.

En Espagne les outres sont d'un assez grand usage pour les vins; & en France on s'en sert très ordinairement pour les huiles. *Voyez* Bouc, & Peaux de Bouc.

OUTREMER. Nom qu'on donne au bleu qui se fait avec la pierre d'azur ou *Lapis Lazuli*. Ce bleu est regardé comme la couleur la plus précieuse que les Marchands Epiciers & Droguistes ayent dans leurs boutiques, & dont ils fassent commerce. Son plus grand usage est pour la peinture.

L'outremer se fait avec le plus beau lapis, qu'on calcine d'abord dans un mortier de fer, & qu'ensuite on broye très subtilement sur le porphire: l'ayant après cela mêlé dans un pastel ou pâte composée de cire, de poix grasse & d'huile, on lave bien cette pâte dans de l'eau très claire pour en séparer la partie colorante, qui se précipite au fond en une poudre très fine & très belle; puis on verse l'eau par inclination, & l'on fait sécher la poudre qui reste, qui est le véritable outremer.

Ceux qui préparent cette sorte de couleur en font jusqu'à quatre especes par le moyen des différentes lotions; la premiere étant plus belle que la seconde, & ainsi de suite en diminuant toujours de bonté.

Il y a de l'outremer jusqu'à cinquante écus l'once, & d'autre qui ne coûte que dix ou douze livres.

Quelques-uns disent que l'on lui a donné le nom d'Outremer, à cause que le premier que l'on a vû en France y est venu des Indes & de Perse par la voye de Smyrne, ou d'autres lieux au-delà de la mer; mais d'autres veulent simplement que c'est parce que son bleu est plus fort que celui de la mer.

On croit communément que le secret en a été trouvé en Angleterre; & qu'une personne de la Compagnie des Indes, qui avoit eu quelque démêlé avec ses Associés, crut ne pouvoir mieux se venger d'eux, qu'en rendant leur secret public.

Pour bien choisir l'outremer, il faut qu'il soit haut en couleur & bien broyé; ce qui se peut connoître en le mettant entre les dents; ou s'il est sableux, c'est une marque qu'il n'a pas été assez broyé. Pour sçavoir s'il est véritable & sans mélange, on en peut mettre quelque peu dans un creuset que l'on fera rougir au feu; si la couleur n'est point changée après cette épreuve, il est certain qu'il est pur; si au contraire on y remarque du changement ou quelques taches noires dedans, c'est une preuve qu'il a été falsifié. *Voyez* Azur, pierre minérale.

Il y a une autre espece d'outremer, que l'on appelle Outremer commun ou de Hollande, qui n'est autre chose que de l'azur en pierre, ou du smalte bien pulvérisé & broyé, dont la couleur, quand il est employé par les Peintres, approche beaucoup de celle du véritable outremer, quoique cependant beaucoup moins estimé. *Voyez* Azur en poudre.

L'outremer ou azur de roche fin, paye en France les droits d'entrée à raison de 40 liv. du cent pésant, & l'azur d'émail gros & commun 3 liv. suivant le Tarif de 1664.

Les droits de la Douane de Lyon pour l'azur fin sont de 2 s. 4 den. la livre d'ancienne taxation, 8 liv. le quintal d'anciens quatre pour cent, & 3 liv. de réappréciation.

L'azur moyen y paye 30 s. du quintal d'anciens droits, & 2 s. de réappréciation.

OUTRE-MOITIE'. Ce qui est au-delà de la moitié. La lezion outre-moitié suffit pour faire revenir un Acheteur contre le contrat d'une chose achetée.

OUV

OUVERT. On appelle entre Marchands, Négocians & Banquiers un Compte Ouvert, celui qui n'est point arrêté, où l'on ajoute journellement des articles, soit en recette, soit en dépense. *V.* Compte.

On dit aussi que les Ports sont ouverts, quand les vaisseaux marchands y peuvent entrer ou en sortir, & y faire leur commerce en liberté. *Voyez* Port.

OUVERTURE. On appelle l'Ouverture d'une foire, le jour fixé par le Magistrat pour y commencer l'achat & la vente des marchandises. L'ouverture de la foire de S. Germain & de la foire de S. Laurent se publie à Paris à son de trompe, & se fait en vertu d'une Ordonnance du Lieutenant Général de Police qu'on affiche aux principaux carrefours de la Ville. *Voyez* Foire.

OUVRABLE. Jour ouvrable, c'est celui où il est permis aux Marchands & Artisans d'ouvrir leurs boutiques, & d'y vendre, acheter & travailler en toute liberté. Il se dit par opposition aux jours de Fêtes, pendant lesquels les boutiques restent fermées, où il n'est permis aucun commerce que des denrées les plus nécessaires à la vie, & seulement des autres marchandises que dans une nécessité & des cas extraordinaires. On dit aussi Jour ouvrier.

OUVRAGE. Se dit dans le négoce de ce qui est fait par la main des Ouvriers, Manufacturiers & Artisans, chacun suivant le privilége ou permission qu'ils en ont par les Statuts & Réglemens de leurs Corps & Communauté. En ce sens on dit, Des ouvrages de bonneterie, de pelleterie, de menuiserie, de cordonnerie, & ainsi du reste, pour signifier les choses que les Bonnetiers, Pelletiers, Menuisiers, Cordonniers & autres Marchands & Artisans ont droit de fabriquer & de vendre.

Ouvrages noirs. Ce sont les gros ouvrages de fer que peuvent forger les Maîtres Maréchaux en vertu de leurs Statuts, comme sont des socs de charrues, des houes, des fourges, &c. *Voyez* Mareschal.

Ouvrages. Comme il y a beaucoup de marchandises qui sont employées dans les Tarifs, particulierement liérement dans le Tarif de la Douane de Lyon sous le nom d'ouvrages, on va pour la commodité du Lecteur, les mettre ici dans l'ordre qu'ils s'y trouvent, avec les droits qu'ils payent en France, soit pour l'entrée, soit pour la sortie du Royaume.

TARIF DE LA DOUANE DE LYON.

Les ouvrages, cannetilles d'or ou d'argent, pour fond, matiere & manufacture, 4 liv. 4 s. de la livre d'ancienne taxation, & 10 s. pour la nouvelle réapréciation.

Ouvrages, cannetilles à ornemens & habillemens, étant de fil d'or & d'argent, d'une ou plusieurs sortes ensemble, 56 s. de la livre pour l'ancienne taxation & 6 s. pour la nouvelle.

Ouvrages, comme passemens de soie, housses, chausses de soie sans cramoisi, 14 s. de la livre d'ancienne taxation, & 2 s. pour la réapréciation.

Ouvrages faits d'or ou de soie, 56 s. la livre.

Ouvrages avec or & argent, pieces de chamois en broderie, 56 s. de la livre.

Ouvrages de fer, le quintal 3 s. d'ancienne taxation, & 1 s. de nouvelle réapréciation.

Ouvrages de fer étranger, 8 s. le quintal.

Ouvrages de Flandres & d'ailleurs, en lingerie de lin grosse & moyenne, comme, toilettes, mouchoirs, chemises & autres, non compris les dentelles & points coupés, la livre. Voyez LINGERIE.

Ouvrages d'orfévrerie & pierreries payeront suivant l'estimation deux & demi pour cent.

TARIF DE 1664. ENTRE'ES.

Ouvrages de Flandres faits d'osier fin, le cent pésant, 30 s.

Ouvrages de Flandres sur toile, la livre payera comme lingerie 18 s.

SORTIES.

Ouvrages faits d'osier fin, soit de Flandres ou d'ailleurs, le cent pésant comme mercerie 3 liv.

Ouvrages de fil fin, soit de Flandres ou d'ailleurs faits sur toile, 18 s. de la livre.

OUVRAGER. C'est enrichir un ouvrage de divers ornemens. On le dit des brocards à fleurs, des velours à ramage, des damas, &c. comme aussi de plusieurs autres choses que fabriquent divers Artisans, Menuisiers, Orfevres, Sculpteurs, &c.

OUVRE'. Qui est travaillé. On dit du fer, du cuivre, du léton ouvré, &c.

Ce terme est très-commun dans les Tarifs pour la perception des droits d'entrée ou de sortie qui se levent sur les marchandises; & l'on lui oppose presque toujours celui de non ouvré, c'est-à-dire, qui n'est pas travaillé. Le fer non-ouvré est du fer en barres; le cuivre non-ouvré est le cuivre en lames; & ainsi des autres métaux. *Voyez leurs articles.*

Le linge ouvré est celui sur lequel le Tisserant a fait divers ouvrages, & représenté des figures, des fleurs, des compartimens. On l'appelle aussi Linge damassé. Ce linge ne s'employe qu'au service de la table, ou tout au plus à faire des rideaux de fenêtres. *Voyez* TOILE.

OUVREAUX. C'est dans les fourneaux à verre les bouches ou ouvertures où sont les pots dans lesquels se fondent les matiéres propres à la vitrification. C'est aussi par les ouvreaux que l'on cueille, c'est-à-dire, que l'on prend le verre au bout de la felle pour le souffler, qu'on le chauffe, & qu'on l'ouvre.

On appelle le grand Ouvreau, une ouverture du fourneau qui a plus du double des autres ouvertures, & qui est assez grande pour que le plat de verre, dont le diametre a plus de deux pieds & demi, puisse s'y ouvrir, & en sortir sans courir aucun risque d'être cassé en le retirant. Les deux ouvreaux des côtés s'appellent les Ouvreaux des aîles, & plus ordinairement les Ouvreaux à cueillir. *Voyez* VERRE.

OUVREUR, ou OUVRIER. Terme de Verrerie, c'est celui qui ouvre la bosse après que le Gentilhomme l'a soufflée; on le nomme plus ordinairement Bossetier. *Voyez cet article.*

OUVRIER. Se dit en général de tout Artisan qui travaille de quelque métier que ce soit.

On appelle Ouvriers en draps d'or, d'argent & soie & autres étoffes mélangées, ou Ouvriers de la grande navette, les Fabriquans & Manufacturiers qui fabriquent & font sur le métier avec la navette toutes sortes d'étoffes d'or, d'argent & de soie, ou mêlées d'autres matieres, comme fleuret, laine, coton, poil & fil; telles que sont les velours, les damas, les brocards & brocatelles, les satins, les taffetas & tabis, les moires, les papelines, les gazes, les crespes & autres semblables marchandises dont les largeurs sont d'un tiers d'aune & au dessus; celles au dessous étant réservées aux Maîtres Tissutiers-Rubaniers.

Les Ouvriers de la grande navette & les Tissutiers-Rubaniers ne faisoient autrefois qu'un Corps & Communauté; mais l'Arrêt du Conseil d'Etat du Roi du 8 Avril 1666, les a désunis, & en a fait deux Corps de métiers séparés. *Voyez* TISSUTIER-RUBANIER.

A Paris, à Lyon & à Tours les Ouvriers de la grande navette forment des Communautés considérables. Ces Communautés ont six Maîtres & Gardes Jurés pour la conservation de leurs privileges, & pour tenir la main à l'exécution des Statuts, Ordonnances & Reglemens qui les concernent.

Les Statuts de la Communauté de Paris sont du mois de Juillet 1667, ceux pour Lyon du 19 Avril de la même année, & ceux pour Tours du 27 Mars aussi de la même année. On leur y donne le titre de Marchands Maîtres-Ouvriers en draps d'or, d'argent & de soie & autres étoffes mélangées.

Suivant ces Statuts aucun ne peut être admis à la Maîtrise, s'il n'a fait apprentissage, servi les Maîtres en qualité de Compagnon & s'il n'a fait chef-d'œuvre.

A Lyon & à Tours l'apprentissage doit être de cinq ans, & le service des Maîtres en qualité de Compagnon de cinq autres années. A Paris l'apprentissage doit être aussi de cinq ans; mais le service des Maîtres en qualité de Compagnon ne doit être que de trois années.

Pour ce qui est du chef-d'œuvre il doit être fait tant dans l'une que dans l'autre de ces Villes, sur l'un des quatre draps ordonnés, qui sont le velour plein, le satin plein, le damas & le brocard d'or ou d'argent.

Ces Statuts veulent encore que les six Maîtres & Jurés en charge assistent aux enterremens des Maîtres & de leurs femmes qui viennent à décéder.

On parlera plus amplement des Reglemens faits pour les Ouvriers en drap d'or, d'argent & de soie, de Paris, de Lyon & de Tours à l'article général des Réglemens des Manufactures, où chacune de ces Villes si célébres par les riches étoffes qui s'y fabriquent, aura un paragraphe particulier. *Voyez* REGLEMENT.

OUVRIERS EN FER BLANC ET NOIR. Ce sont ceux que l'on nomme autrement Fer-Blantiers. Ils sont de la Communauté des Taillandiers, & se qualifient Maîtres Taillandiers, Ouvriers en fer blanc & noir. *Voyez* TAILLANDIER.

OUVRIERS, termes de Monnoies. On appelle ainsi dans les Hôtels des Monnoies, & particuliérement dans l'Hôtel de la Monnoie de Paris, ceux qui coupent, taillent & ajustent les flaons pour les réduire au poids des especes, & les rendre conformes aux deneraux ou poids matrices. On leur a donné le nom d'Ouvriers pour les distinguer des autres Ouvriers qui frapent les especes qu'on nomme Monnoyers. Les femmes & les filles de ces Ouvriers à qui les Rois, de toute ancienneté ont accordé le droit d'être reçues à travailler avec leurs peres & meres à tailler les especes, sont aussi appellées Ouvrieres; mais plus ordinairement Taillereſſes.

Les Ouvriers & Taillereſſes doivent l'être d'estoc & de ligne, c'est-à-dire descendant, ou des Ouvriers, ou des Taillereſſes, pour être reçus à faire la taille des especes, & n'ont besoin pour cela d'aucune Lettre ou Provision du Roi, mais seulement de la prestation du serment.

Les aînés des Ouvriers, Taillereſſes & Monnoyers, ont droit d'être Monnoyers: mais tous les autres enfans, même ceux des Monnoyers, ne peuvent être reçus qu'Ouvriers & Taillereſſes.

Quand du mariage des filles des Taillereſſes il n'est resté que des filles, ces filles n'ont plus droit de tailler dans les Monnoies, non plus que les enfans des Ouvriers dont les peres ont manqué à se faire recevoir. Dans ces deux cas cependant on peut obtenir des Lettres d'interruption, & en conséquence être rétabli dans son ancien droit de famille. Mais ces nouveaux Ouvriers & Taillereſſes sont tenus d'un an d'apprentiſſage qu'on appelle Accueillement. Les uns & les autres, tandis qu'ils sont Apprentifs sont nommés *Recuiteurs*, parce qu'autrefois, pendant qu'on faisoit la monnoie au marteau, ils faisoient recuire les lames & les carreaux.

Les Ouvriers sont en droit d'élire deux d'entre eux, l'un pour Prevôt & l'autre pour son Lieutenant. Ils ont aussi un Greffier, mais qui leur est commun avec les Monnoyers avec qui ils ne font qu'un seul corps, bien qu'ils soient séparés en deux compagnies. Ces Officiers sont à vie, & sont reçus pour les Juges Gardes.

La fonction du Prevôt ou de son Lieutenant, est d'aller recevoir des Maîtres des Monnoies, par compte & par poids les lames qui sont à ouvrer, pour les distribuer aux Ouvriers & Taillereſſes; étant responsables des pertes & déchets qui peuvent arriver pendant que l'ouvrage est entre leurs mains.

Les Ouvriers, auſſi-bien que les Monnoyers, ont de grands privileges accordés & confirmés successivement par presque tous les Rois de France depuis l'année 1211 jusques en l'année 1690; on les peut lire dans les Ouvrages de Messieurs Bouteroue, le Blanc & Boiſſard, & autres Auteurs qui ont écrit des Monnoies. *Voyez* MONNOYAGE.

OUVRIERS EN BAS AU METIER. *Voyez* BAS. *Voyez auſſi* BONNETIER.

OUVRIERS AU TRICOT. *Voyez comme deſſus.*

OUVRIERS DE FORGE. On nomme ainsi dans les anciens Statuts des Maîtres Selliers-Lormiers, ceux d'entre eux qu'on appelle autrement Lormiers-Eperonniers; c'est-à-dire, ceux qui forgent & vendent les mords, éperons, étriers & autres pieces de fer servant aux harnois des chevaux, ou qui sont propres à monter & suspendre des caroſſes, chaises-roulantes & autres sortes de voitures. Les autres Maîtres s'appellent Selliers Garniſſeurs.

Ces deux sortes d'ouvriers, qui ne faisoient autrefois à Paris qu'une même & seule Communauté, sont présentement séparés en deux corps de Jurande; l'un qu'on nomme vulgairement des Maîtres Eperonniers, quoiqu'ils conservent toujours leur commune qualité de Selliers-Lormiers; & l'autre des Maîtres Selliers, qui à ces deux anciens noms ajoutent encore celui de Caroſſiers. *Voyez* SELLIER. *Voyez auſſi* EPERONNIER.

OUVRIERS A FAÇON. On appelle ainsi dans les Manufactures de draps d'or, d'argent & de soie de la Ville de Lyon, les Maîtres-Ouvriers qui travaillent ou font travailler pour les Maîtres-Marchands, & à qui on ne paye que la façon de leurs ouvrages; le reste comme l'or, l'argent, la soie, &c. leur étant fourni par ceux qui les leur commande. *Voyez* MAISTRES-MARCHANDS, & MAISTRES-OUVRIERS A FAÇON.

OUVRIER, terme de Verrerie. *Voyez* OUVREUR.

OUVRIR LA LAINE, c'est la battre sur une claye pour en faire sortir la pouſſiere & les ordures, & la paſſer ensuite entre les deux groſſes cardes qu'on nomme Cardaſſes en Languedoc, dont le Cardeur en tient une à la main, & l'autre est attachée sur une espece de chevalet. *Voyez* CARDASSES.

OUVRIR LES PEAUX. Terme de Chamoiseur. C'est les faire paſſer sur l'apaliſſon ou poinçon pour les rendre plus molles & plus maniables. *Voyez* CHAMOIS, *où il est parlé de la maniere de paſſer les peaux de moutons en huile, ou comme on dit plus ordinairement Chamois.*

OUVRIR LA BOSSE. Terme de Verrerie. C'est lorsqu'après que le verre soufflé à plusieurs reprises, a pris enfin la forme d'un bocal, ou d'une calebaſſe, ce que les Ouvriers appellent Boſſe, & qu'il a été incisé & branché, on le présente au feu du grand ouvreau, & qu'on l'y tourne en rond jusqu'à ce que cette boſſe s'étende d'elle-même, & s'ouvre tout à fait, en sorte qu'elle forme ce qu'on appelle un plat ou rond de verre.

On dit auſſi ouvrir le verre à l'égard du verre en table, lorsque le Gentilhomme Verrier ayant incisé en long le cylindre qu'il a soufflé, & l'ayant coupé par les deux extrémités, le reporte à l'ouvreau; & qu'après qu'il est suffisamment chauffé, il l'ouvre & l'applatit avec une verge ou baguette de fer. *Voyez l'article du verre.*

OUVRIR UN COMPTE. C'est le placer dans le grand Livre. *Voyez* COMPTE.

OUVROIR. Vieux mot qui signifie Boutique. Il signifie encore aujourd'hui ces legeres boutiques mobiles, faites de bois, qu'ont les Maîtres Savetiers de Paris presque à tous les coins des rues, & derriere lesquelles ils étalent leur marchandise, & travaillent de leur Métier. On les appelle autrement des Etats ou Etaux. Ces deux termes sont employés en ce sens dans les sept & trentiéme articles de leurs nouveaux Statuts. *Voyez* SAVETIER.

OUVROIR. C'est auſſi dans les Manufactures de lainage, le lieu où sont montés les métiers, & où les Ouvriers travaillent. Cette Manufacture est considérable, elle a vingt Ouvroirs & vingt métiers battans dans chaque Ouvroir.

OXI

OXICEDRE. C'est un arbre de différentes grandeurs, ordinairement tortu, dont les feuilles sont longues & piquantes, toujours vertes, & ce semble même davantage en hiver. Son fruit verd dans son commencement, devient rouge en meurissant.

L'on tire du tronc de cet arbre en y faisant des incisions, une gomme très claire & très transparente, qui est le véritable Sandarac, mais que l'on voit rarement en France, & à laquelle on substitue la gomme du Genevre.

C'est du bois de l'Oxicedre que l'on tire par la cornue la vraie huile de Cade, autrement Cedria, pour laquelle, à cause de sa rareté, on employe ou l'huile tirée du grand & petit genevre, ou l'huile claire de la poix, à qui le nom d'huile de Cade est resté.

La véritable huile de Cade est souveraine pour les dartres vives & farineuses; on s'en sert aussi utilement pour guerir la galle des chevaux, des bœufs & autres bestiaux. *Voyez* HUILE DE CADE & SANDARAC.

OYE

OYE. Gros oiseau avec le col long, les jambes courtes & les pates fendues & faites peu différemment de celles des cannes. L'Oye est proprement amphibie, vivant sur la terre & nageant sur l'eau. Il y en a de deux sortes, l'Oye domestique & l'Oye sauvage. On donne le nom de Jars au mâle.

Cet oiseau est d'un grand rapport, & l'on en tire plusieurs marchandises pour le Commerce, outre le profit qu'il fait pour la cuisine lorsqu'on l'engraisse.

Le duvet, qui en est une plume fine & délicate, se tire du col, de dessus le ventre, & de dessous les aîles. Quelques-uns en font trois recoltes par an, & d'autres seulement deux. Ceux qui n'en font que deux, ôtent la premiere plume au printems & la seconde au mois de Novembre : cette derniere plus moderément à cause de l'approche de l'hyver.

Quand on veut faire trois recoltes de duvets, l'une se fait à la fin de Mai après leur premiere ponte; l'autre à la saint Jean, & la troisiéme au mois d'Aout. Mais dans quelque tems qu'on ôte le duvet il faut attendre qu'il soit mûr, ce qui se reconnoît lorsqu'il commence à tomber de lui-même; autrement les vers s'y mettent à cause du sang qui sort au bout du tuyau lorsque la plume n'est pas en maturité.

La plume d'Oye morte n'est pas si bonne que celle de l'Oye vivante, & a ordinairement une odeur forte & de relend.

Les Marchands Epiciers & Droguistes en gros, les Tapissiers & les Merciers, font le commerce du duvet. Il y a même de ces derniers qui ne font que ce négoce. Les Tarifs appellent le duvet, Plume à lit. *Voyez* DUVET.

Les plumes à écrire sont une seconde marchandise que l'Oye fournit au Commerce; elles se tirent des aîles de l'oiseau au mois de Mars & au mois de Septembre.

Il y en a de deux sortes, les grosses plumes & les bouts d'aîles. Elles se vendent par les Merciers Papetiers, au millier, au cent, au quarteron après les avoir préparées & affermies en les passant legerement sous de la cendre chaude, & les avoir mises en paquets qui sont liés ordinairement en trois endroits. *Voyez* PLUME A ECRIRE.

Les cuisses d'Oyes salées qu'on tire de Bayonne & d'Auch, & qui sont fort estimées, sont une troisiéme marchandise que fournissent ces oiseaux.

Enfin la graisse d'Oye est une quatriéme marchandise qu'on en tire. Elle sert en Médecine, & penetre, resout & rarefie facilement. On lui donne plusieurs qualités, mais ces proprietés ne sont pas de ce Dictionnaire.

On appelle Merde d'Oye une couleur jaunâtre mêlée de verd, qui ressemble en quelque sorte à l'excrément de cet oiseau. *Voyez* MERDE D'OYE.

OYER. Celui qui vend des Oyes. Les anciens Statuts des Maîtres Rotisseurs de la Ville & Fauxbourgs de Paris, leur donnent la qualité de Maîtres du Métier d'Oyers & Rotisseurs. *Voyez* ROTISSEUR.

P

P Quinziéme lettre de l'Alphabet François. Les Teneurs de Livres, Banquiers & Négocians, s'en servent pour les abréviations suivantes. P. signifie protesté ou payé. A P. à protester. ASP. accepté sous protest. ASPC. accepté sous protest pour mettre à compte. P$\frac{o}{o}$ pour cent.

PAC

PAC, PACT, PACTE. Chacun de ces termes signifie Traité, Accord, Promesse, Convention. On s'en sert quelquefois dans le Commerce, particuliérement dans les Provinces. Les termes de Traité, Accord, Promesse, Convention, sont plus d'usage. On les trouve néanmoins dans la Porte & autres Auteurs modernes qui ont écrit du Commerce.

PACKBUYS. On nomme ainsi en Hollande les magasins de dépôt, où l'on serre les marchandises soit à leur arrivée, soit à leur sortie du pays, lorsque pour quelques raisons légitimes, on n'en peut sur le champ payer les droits, ou qu'elles ne peuvent être retirées par les Marchands & Propriétaires, & autres telles conjonctures.

L'article CXXVI du Placard pour l'exécution du nouveau Tarif de Hollande de l'année 1725, ordonne que les passeports & acquits pour le payement des droits d'entrée des effets arrivant par les rivieres, accompagneront toujours lesdits effets, soit qu'ils ayent été déchargés immédiatement après leur arrivée, soit qu'ils ayent été quelque tems mis en dépôt dans le magasin dit Packbuys.

PACO. Le Paco est une des sortes de minerais ou pierre métallique qui se tire des mines d'argent du Chilly & du Perou; il est d'un rouge jaunâtre, mou & naturellement tout brisé en morceaux; il est peu riche, c'est-à-dire, qu'il produit peu d'argent. *Voyez* ARGENT.

PACOS. C'est aussi une espece extraordinaire de Brebis qui se trouve dans le Perou, dont la laine est très longue & très fine, & peut s'employer à quantité de beaux ouvrages. *Voyez* BREBIS *où il est parlé de celles du Perou.*

PACOTILLE, que quelques-uns écrivent aussi PAQUOTILLE. Terme de commerce de mer, qui signifie un certain poids, volume ou quantité de marchandises qu'il est permis aux Officiers, Matelots & gens de l'équipage, d'embarquer pour en faire commerce pour leur compte : on l'appelle aussi Portée.

La Pacotille ne paye aucun fret, ni pour l'aller ni pour le retour, il n'en est pas même ordinairement fait de mention dans les engagemens, étant une convention particuliere & verbale, qui se fait entre l'équipage & les propriétaires des navires marchands, singulierement de ceux destinés pour aller négocier dans les Pays éloignés par des voyages de long cours.

PACTION. Signifie accord & convention. On le dit aussi des diverses clauses qu'on met dans quelque marché ou traité.

PAD

PADAN. Monnoie de compte qui est en usage dans les Etats du Mogol. Un padan de roupies vaut cent mille courous de roupies, & un courous cent mille lack, un mille vaut cent mille padans.

LES PADOUCAS, un des Etablissemens de la Colonie Françoise de la Louisiane. On y trouve des mines d'or & d'argent, & diverses sortes de pelleteries. *Voyez* l'Etat général, Tome I. page 518.

PADOUE ou PADOU. Espece de Ruban, ordinairement composé de soie & de fleuret; il y en a aussi de pur fleuret, & même quelquefois de fleuret & de fil. Cette sorte de Ruban sert à border les jupes, jupons, robes de chambres, & autres habillemens de femmes; on en borde aussi les soutannes des Gens d'Eglise, les robes de palais, &c. enfin on l'employe à plusieurs sortes d'ouvrages de Couturieres, de Tailleurs, de Tapissiers & de Chasubliers.

L'on fabrique en France des Padoues en divers endroits, mais les meilleurs qui se fassent, sur tout de ceux où il entre de la soie & du fleuret, sont les padoues de Lyon, qu'on appelle de la sorte, non qu'ils s'y fabriquent tous, mais parce que c'est de cette Ville que les Marchands de Paris les tirent, quoique les Ouvriers qui les travaillent ayent pour la plupart leurs Métiers à saint Etienne petite Ville de Forest, & à saint Chaumont autre petite Ville du Lionnois.

Il y a des padoues de toutes couleurs & de toutes largeurs. Il ne s'en fait pourtant que de quatre numeros; c'est-à-dire, de quatre sortes dans les fabriques du Lionnois & du Forest. Ces numeros sont,

N°. 2. qui porte neuf lignes, ou les trois quarts du pouce de Roi, de largeur.

N°. 3. qui est d'un pouce trois lignes.

N°. 5. qui est d'un pouce six lignes.

Le dernier numero, qui n'a pas toutefois de chiffre qui le designe, est très large, & a au moins trois pouces dix lignes qui est la plus grande largeur qui se fabrique en padoue.

Les pieces de padoue sont ordinairement de 24 aunes.

Cette espece de Ruban qui est mis dans le Tarif de 1664, sous le nom de Ruban de Filozelle, paye en France les droits d'entrée sur le pied de Ruban de

soie, c'est-à-dire, quatre francs la livre, & pour ceux de sortie 8 liv. 8 sols le cent pésant.

PAE

PAENSZAJIE. Monnoie d'argent qui a cours en Perse, il vaut deux mamoudis & demi, deux paenszajies font le daezajie, & deux daezajies le hasaër denarie. *Voyez* l'article des Monnoies & celui du Mamoudi.

PAG

PAGALLE. Sorte de rame ou d'aviron dont on se sert à canoter, c'est-à-dire, à conduire les canots dans plusieurs endroits de l'Amérique.

PAGALLE. Se dit aussi dans les Sucreries des Isles Antilles, d'une grande espatule de bois semblable à la pagalle des canots, hors qu'elle est plus petite. On s'en sert pour remuer le sucre quand il rafraîchit afin d'en former le grain. *Voyez* SUCRE.

PAGAMENT. Quelques Marchands se servent dans le Commerce de ce terme demi Italien, pour signifier payement. Mais il n'est gueres d'usage qu'en Provence & en Dauphiné. *V.* PAYEMENT.

PAGIAVELLE. Certain compte des pieces de marchandise dont on se sert en quelques lieux des Indes Orientales, lorsque l'on vend en gros; ce qui est à proportion comme ce qu'on appelle en France une Grosse. Les toiles se vendent à Pegu au Pagiavelle de quatre pieces.

PAGODE. Monnoie d'or qui a cours en quelques Royaumes & Etats des Indes Orientales, particuliérement dans ceux des Royaumes de Golconde & de Visapour, & des Rayas de Carnatica & de Velouche. On s'en sert aux mines de diamans pour le payement de cette précieuse marchandise.

Les pagodes sont rondes du poids à peu près des demi-pistoles d'Espagne, mais elles sont à beaucoup plus bas titre : il y a aussi des demi pagodes. Les unes & les autres, c'est-à-dire, les Pagodes & les demies, se distinguent en vieilles & en nouvelles; ce qui fait une grande différence. Les vieilles quoiqu'à peu près du même or que les nouvelles, valent quelquefois quinze & vingt, & souvent vingt-cinq pour cent davantage que ces dernieres.

Les nouvelles Pagodes portent différentes empreintes ou figures suivant les divers Princes qui les font frapper; mais communément les vieilles n'ont qu'un petit point couvert, & comme couronné d'une espece de chevron brisé.

Il y a aussi des Pagodes que quelques nations d'Europe, qui ont de grands établissemens aux Indes, y font frapper. Les Anglois en fabriquent au Fort de S. Georges, autrement Madras-patan; elles sont du même poids, du même titre, & passent pour la même valeur que celles du Pays.

Celles que les Hollandois font battre à Palicate sont du même poids que celles des Anglois, mais le titre en est meilleur de deux ou trois pour cent, & par cette raison sont plus estimées & plus recherchées que les Angloises, & même que celles des Rois & des Rajas du Pays.

PAGODE. C'est aussi une monnoie d'argent qui se fabrique à Narsingue, Bisnagar & quelques lieux voisins. Ces pagodes sont ordinairement marquées d'un côté de la figure monstrueuse d'une Idole Indienne, ce qui leur a donné le nom de Pagode, qui est le nom général de toutes les fausses Divinités des Indiens, & des Temples où ils les adorent; de l'autre côté, au revers de l'Idole, est un Roi assis sur un char tiré par un éléphant.

Il y a des Pagodes de divers prix & à divers titres; les moindres sont de huit tangas, à prendre le tanga pour quatre-vingt-dix ou cent basarucos des Indes. *Voyez* BAZARUCO.

PAI

PAIGNES. Especes de tapis ou couvertures dont les Négres des Côtes de Guinée se couvrent. Elles sont ordinairement teintes avec de l'indigo. Il s'en fait un très grand commerce par les Portugais qui sont établis à Cachea & en d'autres lieux de cette Côte; ils en font la traite avec les Négres qui les revendent ensuite à ceux chez qui il ne s'en fait pas. *Voyez dans l'Etat général du Commerce l'article des Côtes d'Afrique.*

PAILLE. Le tuyau & l'épic des gros & menus bleds lorsqu'ils ont été battus.

Non-seulement la paille sert pour l'engrais des terres après avoir été réduite en fumier, & il s'en fait un grand commerce pour la nourriture de toutes sortes d'animaux, mais il y a même à Paris des Communautés des Arts & Métiers dont tous les ouvrages des Maîtres ne consistent qu'en paille, ou du moins qui font beaucoup d'ouvrages où il y en entre; tels sont entr'autres les Nattiers, & tels encore les Tourneurs-Empailleurs de chaises. *Voyez* NATTIER *&* TOURNEUR.

Les Chandeliers, les Regrattiers & Regrattieres font aussi un petit trafic de paille qu'ils débitent à la botte. *Voyez* CHANDELIER *&* REGRATTIER.

L'on se sert aussi de paille dans le négoce pour faire les emballages des ballots, & caisses de marchandises qu'on veut transporter au loin par des voitures. *Voyez* EMBALLAGE.

Les droits d'entrée qui se payent en France pour la paille, sont de 4 sols par char, & ceux de sortie de 2 sols.

PAILLE. Signifie aussi en terme de jouaillerie un défaut qui se trouve dans les pierres précieuses, particuliérement dans les diamans, c'est-à-dire, quelque petit endroit obscur, étroit & un peu long, qui se trouve dans le corps de la pierre, & qui en interrompt l'éclat & le brillant.

Quelques-uns confondent la paille avec la glace & la surdité, mais ces trois défauts sont différens. Les pailles diminuent considérablement le prix du diamant. *Voyez* DIAMANT *&* PIERRE PRECIEUSE.

PAILLE. C'est encore un endroit défectueux dans les métaux, qui les rend cassants & difficiles à forger; on le dit surtout du fer & de l'acier. Ce fer est plein de pailles. L'acier aigre a toujours des pailles. *Voyez* FER *&* ACIER.

PAILLES de fer, Pailles d'acier. Ce sont des especes d'écailles qui tombent de ces métaux quand on les forge à chaud. Elles servent à faire le noir & quelques autres couleurs des Peintres sur verre. *Voyez* PEINTURE SUR VERRE.

PAILLET. Il ne se dit que des liqueurs & particuliérement du vin. Le vin paillet est du vin rouge, mais d'un rouge foible & très clair. *Voyez l'article des Vins.*

PAILLETTE. Petite particule d'or que l'on recueille dans les lavadores, dans quelques rivieres, dans des torrens, & dans les lieux où il y a des mines de ce riche métail. Il se fait sur les Côtes d'Afrique & sur tout le long de la Côte d'or, un grand négoce de ces paillettes d'or. On les y appelle de la Poudre d'or. *Voyez* POUDRE D'OR.

Il y a aussi des paillettes d'argent, mais elles ne se trouvent que dans les mines de ce métail. On appelle Arpailleurs les Ouvriers des mines qui ont soin d'y recueillir tous ces petits grains d'or échapés à la premiere recherche. *Voyez* ARPAILLEUR.

PAILLETTE. Se dit aussi des petits grains d'or ou d'argent ronds & applatis, & percés au milieu, dont on parseme quelquefois les broderies pour leur donner plus d'éclat. On ne s'en sert plus gueres que pour des ornemens d'Eglise & pour des habits de théâtre & de masque; mais ces dernieres ne sont que de léton doré ou argenté. On fait aussi des paillettes d'acier qu'on mêle dans les jays blancs & noirs dont on fait des broderies pour le petit deuil des femmes.

PAILLEUR, ou PAILLEUX. Celui qui fait le commerce des pailles. Chaque grande maison a son Pailleur qui a soin de fournir ce qu'il en faut pour entretenir les écuries, pour le ratelier & pour la litiere. Ce négoce est libre & se fait ordinairement par les Fermiers de la campagne des environs de Paris, en payant le droit de barrage aux entrées de la Ville, à tant par cent.

PAILLEUX. Métail qui a des pailles. C'est un grand défaut pour le fer & pour l'acier d'être pailleux; outre que cela les rend cassans, ils souffrent un grand déchet à la forge.

PAILLON DE SOUDURE. Se dit chez les Marchands Orfévres d'un certain petit morceau de soudure ou métail mince & allié, qui sert à souder les ouvrages d'orfévrerie. Lorsqu'on veut souder quelque chose on coupe la soudure par paillons.

PAILLONS. Est encore un nom que l'on donne à de petites feuilles quarrées de cuivre battu très minces, colorées d'un côté, que l'on met par petits morceaux au fond des chatons des pierres précieuses & cristaux. *Voyez* BOESTE A LA FEUILLE.

PAIN. Masse de pâte cuite qui sert de principale nourriture à l'homme.

Ce sont les Maîtres Boulangers de la Ville de Paris qui paîtrissent, qui font cuire, & qui débitent le pain aux Habitans de cette grande Ville.

Il est néanmoins permis aux Boulangers des petites Villes & Villages des environs d'y apporter leurs pains & de les exposer en vente les jours de marchés fixés au Mercredy & au Samedy de chaque semaine. Les Boulangers de la Ville & ceux des Fauxbourgs qui composoient autrefois des Communautés séparées ont été réunis sous le regne de Louis XIV, par un Edit du mois d'Aout 1711. *Voyez* BOULANGER.

Les grains dont on se sert le plus communément en Europe, pour en tirer la farine de laquelle on fait le pain, sont le froment, le seigle, & le méteil; ce dernier est un mélange des deux autres. Dans les grandes cheretés de grains, les pauvres gens font du pain d'orge & d'avoine; le blé sarasin est aussi un grain dont l'usage est assez ordinaire dans quelques Provinces de France.

Le pain se fait de farine de mays dans plusieurs endroits de l'Asie, de l'Afrique, & de l'Amérique; outre le mays l'Amérique a encore la racine de cassave dont le suc est un poison, mais dont la farine que l'on en tire en la rapant fait un pain délicat & nourrissant.

Les diverses especes de farines dont les Boulangers de Paris font leur pain, sont la pure fleur de farine pour le pain mollet, la farine blanche d'après la fleur pour le pain blanc; les fins gruaux mêlés avec cette derniere pour le pain bis-blanc; les gros gruaux avec partie de farine blanche & de fin gruau pour le pain bis; enfin dans la rareté des grains & des farines on mêle aussi des recoupettes parmi les farines dont on fait le pain bis. Quelques Boulangers de Paris font remoudre les gruaux pour en faire des petits pains, parce qu'il bouffe plus que la fine fleur; mais il n'est pas si bon. *Voyez* FARINE.

Les Boulangers de Paris aussi bien que ceux de la campagne, qui apportent leur pain aux Marchés les Mercredis & les Samedis, doivent le marquer par dessus, afin que le Bourgeois qui l'achette en puisse connoître le poids.

Pour rendre ce poids juste il faut observer une certaine proportion entre la pâte avant de la mettre au four, & le pain lorsqu'il est cuit, à cause du déchet de la cuisson qui est toujours plus considérable pour le petit que pour le gros pain.

Le pain qui s'expose au marché est ordinairement de douze livres pour le plus gros qu'on appelle Pain de brasse, & de deux livres pour les moindres qu'on nomme petits Pains. La proportion du poids de la pâte crue & de celui du pain au sortir du four, pour les diverses pésanteurs qui sont depuis les pains de douze livres jusqu'à ceux de deux livres, est d'une livre pour les pains de douze, de trois quarts pour ceux de dix & de huit, de demi-livre pour ceux de six & de cinq, & d'un quart pour ceux de trois & de deux. Il se fait aussi des pains de neuf, de sept, & de quatre livres, dont on regle le déchet sur le pied de ceux dont ils approchent le plus.

Les anciens Statuts des Boulangers de Paris parlent de plusieurs especes de pains qui ne sont plus connues, comme sont le pain Chailly, le pain Fairis, le pain de Brode & le pain de Por.

Ceux que font & débitent présentement les Boulangers de petit pain, sont le pain de Chapitre, le pain à la Reine, le pain à la Montauron, le pain de Ségovie, le pain de Gentilly, le pain de condition, le pain long, & le pain cornu.

Les défauts du pain suivant les Réglemens, sont d'être reboutis, ratés, durs, ars, échaudés, & métournés.

Le pain chaland est un pain très blanc, fait de pâte broyée. Ce qu'on appelle Pain de Chapitre est comme le pain mollet du pain chaland.

Le pain chapelé est du pain dont on a enlevé le plus gros de la croute avec un couteau. La chapelure du pain sert à épaissir plusieurs ragoûts & se vend au litron.

PAIN A CHANTER. C'est du pain sans levain qui sert à la Consécration dans le Sacrifice des Catholiques. Il est fait de la plus pure farine de froment entre deux plaques de fer gravées en forme de gaufrier, que l'on frotte d'un peu de cire blanche pour empêcher que la pâte n'y tienne. Ce sont les Pâtissiers-Oublieurs qui les font; il y a plusieurs Maîtres qui ne vivent que de ce métier. *Voyez* PATISSIER.

PAIN BENIT, ou PAIN A BENIR. Pain que l'on offre à l'Eglise pour le benir, & qui se partage & se distribue aux Fideles qui assistent au service divin dans les Eglises Catholiques. Il semble tenir lieu des agapes ou festins sacrés des premiers Chrétiens, ce sont les Pâtissiers qui le font. *Voyez* PATISSIER.

Pain de mouton. Petit pain mollet doré par dessus avec du jaune d'œuf ; & couvert de quelques grains de froment. Ce pain qui ne se fait que vers le tems des étrennes, & qui sert à faire de petits présens dans les premiers jours de l'année, est du métier de Pâtissier & non pas de Boulanger.

Pain d'Epice. Sorte de pain assaisonné d'épices, qu'on paîtrit avec l'écume de sucre ou avec le miel jaune. *Voyez* Epice *&* Miel *vers la fin de l'article.*

On appelle Pain-d'épicier celui qui fait ou qui vend le pain d'épice. A Paris les Pain-d'épiciers forment une Communauté particuliere qui a des Statuts & des Jurés pour les faire exécuter.

Le pain d'épice paye en France les droits d'entrée à raison de 30 s. du cent pésant, & pour ceux de sortie 13 s.

Pain. Se dit aussi de plusieurs corps ou matieres que l'on réduit en masse pour en faciliter le transport & le commerce.

Pain de Bougie. C'est de la bougie filée que l'on a tortillée ou pliée d'une certaine maniere pour s'en pouvoir servir plus commodément. *Voyez* Bougie, *vers la fin de l'article.*

Pain de Cire. C'est une masse de cire plate & ronde, d'environ un pied de diametre & de trois pouces de hauteur. *Voyez* Cire.

Pain de Sucre. C'est du sucre affiné que l'on dresse dans des moules de figure conique, & que l'on vend enveloppé de gros papier bleu ou gris. *V.* Sucre.

Pain de Savon, qu'on appelle plus ordinairement Table de Savon. C'est du savon dressé dans des moules d'un pied & demi en quarré & d'environ trois pouces de hauteur.

Il y a cependant quelque différence entre la table & le pain de savon, la table s'entendant du savon au sortir du moule, & le pain lorsque la table a été coupée en morceaux. *Voyez* Savon.

Pain de Craye. C'est un morceau de craye de forme quarrée, arrondie, long de six pouces & épais de trois à quatre. *Voyez* Craye.

Pain de Lie. C'est la lie seche que les Vinaigriers tirent de leurs presses après en avoir exprimé tout le vin pour faire leur vinaigre. *V.* Vinaigrier.

Pain d'Acier. C'est une sorte d'acier qui vient d'Allemagne ; il est différent de celui que l'on appelle Acier en bille. *V.* Acier.

Pain de Rose, qu'on nomme aussi Chapeau de Roses. C'est le marc des roses qui reste dans les alembics après qu'on en a tiré l'eau, l'huile ou les autres extraits. *Voyez* Rose, fleur.

Pains, que l'on appelle autrement Meules & quelquefois Pieces. Ce sont de grands fromages plats & ronds, de la forme des meules à remouleurs. Il en vient d'Italie, de Suisse, & d'Angleterre de diverses grandeurs & de différens poids. *Voyez* Fromage.

Pains de navette de lin de Colzat, &c. On nomme ainsi en Hollande & en Flandres le résidu de ces graines, dont on a exprimé l'huile par le moyen de la presse ; on les appelle aussi gâteaux. Ils payent les droits d'entrée & de sortie par appréciation. *V.* Navette, Lin, Colzat, &c. & le nouveau Tarif de Hollande de 1725, à l'article Liste.

PAINES, ou **PESNES**. Les Courroyeurs nomment ainsi les morceaux de drap ou d'étoffe de laine dont ils font leur gipon. *Voyez* Gipon.

PAIR. Terme d'arithmétique qui se dit des nombres qui peuvent être divisés en deux parties égales sans reste. *Voyez* Nombre pair.

Parmi les Marchands, Négocians & Banquiers, on dit que le change est au pair, pour faire entendre qu'il est égal de part & d'autre, c'est-à-dire, qu'il n'y a rien à gagner ni à perdre dans les négociations que l'on fait d'argent & de lettres de change, en sorte que pour une somme qu'on donne en un endroit, on reçoit pareille somme dans un autre, sans qu'il en coûte de change ou de remise.

Quelques Négocians, particuliérement les Banquiers Provençaux se servent en ce sens du mot étranger Pari, au lieu de Pair.

Pair. Se dit aussi de l'égalité des monnoies entre elles, c'est-à-dire de ce qu'il faut donner d'une sorte d'espece pour y rencontrer juste la valeur d'une autre.

L'on va donner ici le pair de l'écu de France de soixante sols de neuf au marc, avec les monnoies étrangeres, soit réelles, soit de compte, des principales Villes de commerce de l'Europe, ce qui servira en même tems pour connoître le rapport de toutes les autres monnoies entre elles.

L'écu de soixante sols de France vaut cent deniers de gros de Hollande & cent un de Cologne.

Cinquante-quatre deniers sterlings d'Angleterre.

Quarante-huit sols lubs d'Allemagne & de Hambourg.

Quatre-vingt-huit creux d'Ausbourg. Quatre-vingt-dix de Francfort. Quatre-vingt-neuf de Nuremberg. Quatre-vingt-trois de Bolzam, & quatre-vingt-quatre de Suisse.

Huit jules & demi de Rome, autant d'Ancone.

Trois testons de Florence.

Cinquante huit soldi ou sols de Livourne. Quatre-vingt-trois de Boulogne. Soixante & trois de Geneve. Quatre-vingt-quatorze de Milan. Soixante de Nove.

Cinq lires ou livres de Gennes. Quatre lires & dix soldi de Luques. Huit lires de Bergame. Trois lires quinze soldi de Savoye.

Neuf carlins de Naples. Autant de Sicile.

Vingt & un gros & trois cinquiémes de Venise.

Vingt-quatre gros de Naumbourg.

Trois cens soixante & douze maravedis d'Espagne.

Six cens rays de Portugal.

Quatre tarins & quinze grains de Malte.

Cent vingt aspres de Constantinople.

Un demi-hongre d'or de Hongrie.

Deux florins de Liege. Trois de Strasbourg. Vingt de Raconis.

Quatre-vingt-dix grochs de Pologne. Vingt-quatre de Berlin.

Vingt-quatre marcs de cuivre de Suede.

Cinquante grives ou grifs de cuivre de Moscovie.

Enfin quatre hors de Dannemarc.

Il faut remarquer, comme on l'a insinué d'abord, qu'une partie des monnoies qu'on a réduites au pair de l'écu de France sont monnoies de compte, & les autres monnoies courantes. Elles sont toutes expliquées à leur article particulier.

Paire. Signifie deux choses parfaitement semblables, & dont l'une ne se vend presque jamais sans l'autre. Une paire de pendans d'oreilles, une paire de bas, de gants, de jarretieres, de souliers, de pantoufles, de chaussons, de chaussettes, de manches, de manchettes, de chenets, de pistolets d'étriers, d'étriers, &c.

PAIRE. Se dit aussi de certaines marchandises composées de deux parties pareilles, encore qu'elles ne soient point divisées. Une paire de lunettes, de mouchettes, de cizeaux, de forces, de tenailles, de pincettes, de sangles, &c.

PAIRE. Se dit encore par extension d'une chose seule qui n'est point appariée. Ainsi l'on dit, une paire de tablettes, une paire d'heures, une paire de vergettes, de décrotoires, &c. pour dire des tablettes, un livre d'heures, des vergettes, des décrotoires.

PAIREMENT-PAIR. PAIREMENT-IMPAIR. Terme d'Arithmétique. *Voyez nombre pair.*

PAISSEAU. Nom que l'on donne dans quelques Provinces à ce qu'on appelle à Paris & ailleurs des Eschallas. *Voyez* ESCHALLAS.

PAISSEAU. C'est aussi une étoffe de laine croisée, une espece de serge qui se fabrique en Languedoc, particuliérement à Sommiers & aux environs. *Voyez* SERGE.

PAISTRAIN. Vaisseau dans lequel l'on paîtrit & l'on fait la pâte.

Les Paîtrains des Boulangers sont des especes de huches ou coffres de bois à quatre ou six pieds, suivant la grandeur, y en ayant où l'on peut paîtrir jusqu'à vingt & vingt-quatre boisseaux de farine à la fois. Aux petits paîtrains, c'est-à-dire ceux qui ne peuvent contenir que sept ou huit boisseaux, le couvercle est attaché avec des couplets, & se leve sur le derriere comme aux bahus. Pour les grands ils ont un couvercle coupé en deux qui se tire à coulisse par le moyen d'une piece de bois à rainure qui traverse la largeur du paîtrain; & qui étant mobile, s'ôte & se remet à volonté. Près du paîtrain se placent deux tables, l'une qu'on appelle le Tour ou Table à tourner, & l'autre la Table à coucher. *Voyez* TOUR *&* TABLE.

PAISTRIR. Faire de là pâte pour en faire ensuite du pain ou des pâtisseries en les mettant cuire au four. L'on commence toujours à paîtrir la pâte destinée à faire du pain avec les mains; mais souvent lorsque l'ouvrage est difficile, & qu'il y a beaucoup de farine, on l'acheve avec les pieds, quelquefois nuds, & quelquefois pour plus de propreté, enfermés dans un sac. Cette maniere de paîtrir aux pieds se fait assez souvent dans les paîtrains mêmes s'ils sont grands & solides, mais plus souvent encore sur une table placée à terre où l'on étend la pâte qu'on veut achever aux pieds. Les Pâtissiers paîtrissent sur une espece de dessus de table mobile qui a des bords de trois côtés, qu'ils appellent un Tour, & quelquefois sur une table ordinaire. *Voyez* PASTE. *Voyez aussi* TOUR.

PAISTRISSEUR. Celui qui paîtrit dans la Boulangerie où l'on fait du biscuit de mer: les Boulangers sont pour ainsi dire de deux ordres, sçavoir, les Paîtrisseurs & les Gindres ou Maîtres de pelle; ceux-ci sont seuls chargés d'enfourner les galettes; les autres ne font seulement que paîtrir la pâte, & de la dresser en galettes: dans chaque Boulangerie il y a deux Paîtrisseurs & un Gindre. *Voyez* l'article du Biscuit de mer.

PAK

PAKLAKENS. Sorte de draps qui se fabriquent en Angleterre; ils s'envoyent ordinairement en blanc & non teints; les pieces sont de trente-sept à trente-huit aunes.

PAL

PALABRE. On appelle ainsi sur les Côtes d'Afrique, particuliérement à Loango de Boirie, à Melimbo & à Cabindo, situés sur celles d'Angola, ce qu'on nomme Avanie dans le Levant; c'est-à-dire un présent qu'il faut faire aux petits Rois & aux Capitaines Negres, pour le moindre sujet de plainte qu'ils ont véritablement, ou qu'ils feignent d'avoir contre les Européens qui font la traite avec eux, sur-tout s'ils se croyent les plus forts.

Ces Palabres se payent en marchandises, en eau-de-vie, en rassade & autres choses semblables, suivant la qualité de l'offense, ou plutôt la volonté de ces Barbares. *Voyez dans l'Etat général du Commerce, l'endroit où il est parlé de celui qui se fait sur la Côte d'Angole.*

PALAN, terme de marine. C'est une ou plusieurs cordes, selon la pésanteur du fardeau, qui avec des poulies ou des moufles servent à embarquer ou desembarquer les marchandises.

PALANCHE. Ce terme est employé dans le Tarif de 1664. On n'a pu en apprendre la signification.

Les Palanches payent en France les droits d'entrée à raison de 30 s. du cent pésant.

PALANQUER. Se servir des Palans pour charger les marchandises dans les navires ou pour les en décharger.

Il y a des especes de marchandises que les Matelots des navires marchands sont tenus de palanquer, c'est-à-dire de charger & décharger, sans qu'ils en puissent demander de salaire au Maître ou au Marchand. Tels sont par exemple les planches, le mérain, & le poisson verd & sec; ce qui se comprend tout sous le terme de Maleage. *Voyez* MALEAGE.

Ils sont aussi tenus de la décharge des grains, des sels, &c. ce qui s'appelle Paleage. *Voyez l'article suivant.*

PALEAGE. Action de mettre hors d'un vaisseau les grains, les sels & autres marchandises qui se remuent avec la pelle. Il se dit aussi de l'obligation qu'ont les Matelots de travailler gratis à cette décharge: il n'est rien dû aux Matelots pour le maneage & le paleage: mais ils sont payés pour le guindage & le remuage.

PALEMPUREZ. Tapis de toile peinte qui viennent des Indes, ils portent ordinairement deux aunes & un quart.

PALETTE. Petit battoir ou instrument de bois qui sert aux enfans à jouer. C'est de cette palette que plusieurs outils ou instrumens qui servent à divers Artisans & Ouvriers, ont pris leur nom: quoiqu'il y en ait plusieurs qui n'y ont gueres de rapport, soit pour la matiere, soit pour la figure.

PALETTE. Les Potiers de Terre Fournalistes, c'est-à-dire ceux qui ont été reçus à la Cour des Monnoies pour faire exclusivement tous les fourneaux & creusets qu'on employe à la fonte des métaux, ont diverses palettes de bois, qui sont presque leurs seuls instrumens pour dresser, battre & arrondir leur ouvrage.

Les plus grandes de ces palettes sont ovales avec un manche, en tout parfaitement semblables à la palette des enfans; les autres sont rondes ou échancrées en forme triangulaire; d'autres enfin sont faites à la maniere d'un grand couteau, & ont une espece de tranchant. Ces dernieres servent à ôter & ratisser ce qu'il y a de trop sur les moules, ou ou aux ouvrages que ces Potiers font à la main, comme les fourneaux & les réchaux à blanchisseuses. *Voyez* FOURNALISTE.

PALETTE. C'est chez les Doreurs un instrument fait de la queue de l'animal qu'on appelle Petit-gris. Il sert à prendre les feuilles d'or de dessus le coussinet pour les placer & les étendre sur l'or couleur, si l'on dore en huile, ou sur l'assiette si c'est en détrempe. *Voyez* DORURE, *où il est traité de la maniere de dorer.*

PALETTE chez les Peintres, est une petite tablette de bois ou d'ivoire, mince & fort unie, sur & autour de laquelle ils placent les diverses couleurs dont ils ont besoin. Le milieu leur sert à les mêler & à en faire les teintes qui conviennnent à leur ouvrage.

PALETTE. Les Imprimeurs appellent aussi Pallette un instrument de fer plat, arrondi par un bout, & emmanché de bois par l'autre, qui leur sert à ramasser leur encre dispersée sur l'encrier par le frappement des balles. *Voyez* IMPRIMERIE.

PALETTE. Les Relieurs & Doreurs de Livres, nomment aussi de la sorte quelques-uns des fers qui leur servent à dorer. *Voyez* RELIEUR.

PALETTE à forer. C'est un instrument qui sert aux Serruriers & autres Ouvriers en fer lorsqu'ils veulent percer ou forer quelque piece. La palette est de bois, de forme ovale d'un pouce d'épais avec un manche & quelquefois deux, le tout d'un pied ou environ de long. Une bande ou morceau de fer de quatre à cinq pouces de longueur, & de quatre ou cinq lignes d'épaisseur, percée de quelques trous qui ne la traverse pas tout-à-fait, est attachée dans le milieu de la palette. Lorsque l'Ouvrier veut forer il appuie la palette sur son estomach, & mettant la tête du foret dans l'un des trous de la bande de fer, il le fait tourner par le moyen de l'arçon ou archet, dont la corde passe sur la boëte du foret.

PALISSON, que quelques-uns nomment aussi PINÇON. Espece d'instrument de fer plat & poli planté debout dans un pieu, dont les Chamoiseurs se servent pour ouvrir les peaux, c'est-à-dire pour les rendre plus molles & plus maniables, en les passant les unes après les autres sur cet instrument. *Voyez* CHAMOIS *à l'endroit où il est parlé de la maniere de préparer ou passer les peaux de mouton en huile, autrement dit en Chamois.*

PALIXANDRE. Espece de bois violet propre au tour & à la marquetterie. Ce sont les Hollandois qui envoyent cette sorte de bois aux Marchands Epiciers & Droguistes de Paris. Il est ordinairement débité en de très grosses buches. Le plus beau est celui qui est le plus plein de veines, tant dehors que dedans, & qui a le moins d'obier.

PALMA CHRISTI. Arbrisseau qui croît en quantité dans les Isles Antilles; les habitans des Isles & les Caraïbes l'appellent Carapat.

Le tronc du Palma Christi n'est jamais plus gros que le bas de la jambe, son bois est leger, noueux & presque vuide, n'étant rempli que d'un peu de moelle blanche, son écorce est grise, mince, & polie. Ses feuilles sont découpées comme celles de la vigne, mais moins grandes & plus rudes: il porte deux fois l'année une sorte de féve ou d'amande enfermée dans des gousses qui forment une espece de bouquet. Ces féves sont lissées, polies, luisantes, de couleur brune, avec une marbrure de diverses couleurs qui représentent assez bien une palmette. Au dedans est une substance blanche, ferme & huileuse, dont le goût est un peu amer.

C'est de cette amande qu'on fait l'huile de Palma Christi, qui outre ses propriétés pour la guérison de différens maux, est très bonne à brûler.

MANIERE DE FAIRE L'HUILE DE PALMA CHRISTI.

On peut tirer cette huile de deux manieres, ou sans feu, ou avec le feu. La premiere en donne de meilleure, & la derniere davantage.

Pour faire celle-ci on pile dans un mortier de bois les amandes du Palma Christi, après les avoir dépouillées de leurs gousses; ensuite on les fait bouillir dans de l'eau, & à mesure qu'elles bouillent, on enleve avec une cuillere l'huile qui surnage; lorsqu'elles n'en rendent plus, on verse l'eau par inclination, & on presse le marc enveloppé dans un sac de grosse toile, afin d'achever d'en tirer ce qui y reste.

L'autre huile se tire seulement par expression sans eau chaude ni sans feu. On pile d'abord les amandes, & après les avoir mises dans un sac de grosse toile, on les met sous la presse pour en exprimer l'huile, celle-ci ne se rancit jamais & ne prend aucun mauvais goût; aussi c'est d'elle dont on se sert le plus communément dans les médicamens; quoique pourtant à son défaut on y employe l'autre assez heureusement.

Les maux où elle est bonne, sont les humeurs froides, où l'on s'en sert avec l'eau-de-vie après avoir fait des frictions à la partie, les meurtrissures, & les contusions, où il faut aussi de l'eau-de-vie avec l'huile pour en faire des compresses, qu'il faut mettre les plus chaudes qu'il est possible de les souffrir. Enfin les coliques dans lesquelles il en faut prendre une cuillerée & demi dans sept ou huit cuillerées de bouillon pour la guérison de ce dernier mal, elle excite le vomissement, & purge; ce qui l'emporte infailliblement.

Cette huile est douce, sans mauvais goût ni mauvaise odeur, aussi transparente que l'huile d'olive; elle éclaire pour le moins aussi-bien que l'huile de noix, & ne fait point de fumée, en quoi elle l'emporte de beaucoup sur l'huile de poisson, outre qu'il s'en consomme moins. On peut voir le Tome III des Voyages du Pere Labat de l'Edition de Paris, d'où l'on a tiré cet extrait.

Il ne faut pas oublier ce que l'habile Auteur ajoute, qu'il croit qu'avec quelqu'attention & quelque soin, il ne désespereroit pas qu'on la pût rendre propre à manger.

PALME, PAN ou EMPAN. Mesure étendue, qui a du rapport à la longueur de la main, lorsqu'elle est tout-à-fait étendue, ainsi nommée de ce que la paume de la main s'appelle en Latin *Palma.*

Le Palme antique Romain contenoit huit pouces six lignes & demie.

A l'égard du Palme moderne, il est différent suivant les différens lieux où il est en usage. A Rome il contient environ huit pouces & trois lignes: à Maroc & à Fez huit pouces juste.

A Genes, en Languedoc & en quelques autres Provinces de France le palme a neuf pouces deux lignes, ce qui fait cinq vingt-quatriémes d'aune de Paris, l'aune de Paris faisant quatre palmes quatre cinquiémes de palme; ensorte que vingt-quatre palmes de Genes ou de Languedoc font cinq aunes de Paris, & cinq aunes de Paris font vingt-quatre palmes de Genes.

A Livourne l'on se sert de deux sortes de palmes; l'une pour les étoffes de lainerie, & l'autre pour les soiries. La premiere est près d'un tiers plus foible que la derniere; ensorte qu'il ne faut que deux cens trente-huit de celle-ci pour cent aunes d'Amsterdam, & trois cens quarante-neuf de l'autre.

PALMER LES AIGUILLES. C'est les applatir avec un marteau sur l'enclume par le bout opposé à la pointe, pour commencer à en former le chas ou le cul. *Voyez* AIGUILLE, *à l'endroit où il est parlé de la maniere de les fabriquer.*

PALMIER. Arbre qui produit les dattes. Il croît en Egypte, dans la Mauritanie, & dans les Pays chauds. Son fruit est excellent à manger, & est aussi de quelque usage dans la Médecine. *Voyez* DATTES.

On fait avec les feuilles du palmier de grands & de petits paniers qui servent à mettre des fruits secs, comme figues & raisins. On les nomme Cabats. *Voyez cet article. Voyez aussi celui de la* FIGUE.

PALMIER DES INDES. C'est l'arbre qui porte les noix de coco. *Voyez* COCO.

PALO DE CASENTURAS. Nom que les Espagnols donnent à l'arbre dont se tire cette écorce médicinale & febrifuge, qu'on nomme communément Quinquina. *Voyez* QUINQUINA.

PAM

PAMIERS, Ville de France dans le Comté de Foix. Elle est du Département de l'Inspecteur des Manufactures de Montauban. Ses Foires & ses Marchés, plus que ses Fabriques, soutiennent son commerce; on y fait pourtant des cadis, des rasses, des burats, & des crespons. *Voyez* le détail de son négoce dans l'Etat général, Tome I. p. 33.

PAN

PAN ou EMPAN. Mesure étendue. *Voyez* PALME.

PANACHE. Espece de bouquet de plume qui n'est plus en usage. Les hommes de guerre en portoient sur leurs casques, les Courtisans sur leurs chapeaux, & les Dames sur leurs coeffures. Ces bouquets ne se mettoient que d'un côté de la tête au dessus de l'oreille, & étoient relevés avec des aigrettes de heron. C'est d'eux que les Maîtres Plumassiers de Paris ont pris le nom de Maîtres Panachers-Bouquetiers. *Voyez* PLUMASSIER.

PANACHE. Mesure dont on se sert dans l'Isle de Samos pour les grains & les légumes secs. La panache pese vingt-cinq livres, c'est-à-dire, huit ocques; il faut trois panaches pour faire le quillot qui pese 75 livres.

PANACHER. Celui qui vend ou qui fait des panaches. *Voyez* PLUMASSIER.

PANAGE. Droit que les Communautés & les Particuliers ont d'envoyer leurs porcs dans les Forêts manger du gland & du foin; on le nomme aussi Glandée & Paisson.

Personne ne peut jouir du droit de panage dans les Bois & Forêts du Roi, qu'il ne soit nommé dans l'état arrêté au Conseil. *Voyez* le Titre XVIII. de l'Ordonnance de 1669 sur le fait des Eaux & Forêts.

Outre les Usagers, les Officiers des Maîtrises ont aussi le droit de mettre un certain nombre de porcs en panage, sçavoir, le Maître particulier huit; le Lieutenant, le Procureur du Roi, & le Garde-Marteau, chacun six; le Greffier quatre; & le Sergent à Garde trois.

Lorsqu'il y a eu vente de glandée, l'Adjudicataire, outre le prix de son adjudication, doit laisser jouir les Usagers & les Officiers de leur droit de Panage. *Voyez* GLANDÉE.

PANAMA, Ville de l'Amérique méridionale en la Castille d'or, avec un Port sur la mer du Sud. Cette Ville fait en tout tems un négoce considérable, mais particuliérement à l'arrivée de la Flote d'argent & des Gallions. *Voyez* les circonstances & le détail de ce Commerce dans l'Etat général, Tome I. page 502.

PANCARTE. Affiche. On le dit plus particuliérement de celles qu'on met à la porte des Bureaux des Douanes & autres lieux & passages où l'on leve quelques droits ou impositions sur les marchandises. Elles doivent contenir la taxe qui en est faite, & souvent le titre en vertu duquel on leve les droits. *Voyez* TARIF.

FERMIER DE LA PANCARTE. Celui qui afferme les droits taxés par la Pancarte.

PANCE DE VACHE. *Voyez* PANSE DE VACHE.

PANCE. Terme de Fondeur. On nomme les Pances d'une cloche, les endroits où se fait la percussion du battant quand elles sont en branle. *Voyez* FONDEUR DE CLOCHES.

PANCER UNE FOSSE. Terme de Tanneur. *Voyez* FOSSE AU TAN.

PANCER UN PLAIN. Autre terme de Tanneur, qui est aussi en usage parmi les Mégissiers & Chamoiseurs. *Voyez* PLAIN.

PANEAU. Espece de chevalet qui soutient une des extrémités de la corde de l'arçon des Chapeliers, & sur lequel pose la chanterelle qui sert à la bander, & à lui donner, pour ainsi dire, le ton qui fait connoître qu'elle est assez tendue pour faire voguer l'étoffe. *Voyez* CHAPEAU.

PANEAU. Terme de Vitrier. C'est un assemblage de plusieurs morceaux de verre taillés de diverses figures, & attachés les uns aux autres par des plombs à rainures tirés dans le tire-plomb. Les vitrages des Eglises sont composés de divers paneaux. *Voyez* VERRE & VITRIER.

PANELLE. Espece de sucre brut qui vient des Isles Antilles. *Voyez* SUCRE.

Les panelles payent en France les droits d'entrée à raison de 4 liv. du cent pesant.

PANERÉE. Plein un panier, ce que peut contenir un panier. Une panerée de fruit, Une panerée de pain. *Voyez* PANIER.

PANETIER. Le Grand Panetier de France avoit autrefois toute jurisdiction sur les Boulangers de la Ville & Fauxbourgs de Paris. Il recevoit les Apprentifs & les Maîtres, faisoit faire des visites chez eux, leur donnoit des Statuts & Réglemens, & recevoit le serment des Jurés lors de leur élection. Il avoit même une Jurisdiction composée d'un Lieutenant & de divers Officiers, où se portoient les contraventions en fait de police concernant le métier de Boulanger.

Depuis le commencement du dix-huitiéme siécle les Boulangers sont rentrés sous la Jurisdiction du Lieutenant Général de Police; celle du Grand Pannetier ayant été supprimée moyennant une indemnité considérable que les Boulangers lui ont payée; leur Communauté jouit depuis ce tems-là du droit commun à tous les Arts & Métiers. *Voyez* BOULANGER.

PANGFILS. Sorte d'étoffe de soie qui se fait à la Chine, particuliérement dans la Province de

Nanquin, elles se vendent presque par assortimens pour l'usage du pays & pour le négoce du Japon.

PANIER. Vaisseau d'osier propre à contenir plusieurs choses, comme diverses marchandises, des fruits, des légumes, du poisson, &c. Il se dit aussi de la chose qui y est contenue. Un panier de pommes, Un panier de cérises; pour dire, un panier plein de ces fruits; ce qu'on nomme aussi une Panerée.

Les paniers suivant leur usage sont faits de différentes matieres & de différentes façons, & ont des formes & des noms qui leur sont propres.

Il y en a à claire-voye & d'autres pleins, la plupart d'osier, ou avec son écorce ou sans écorce, quelques-uns de châtaignier refendu & plat, les uns ronds, les autres longs, ceux ci carrés, plusieurs profonds, d'autres très plats: enfin il y en a à fond pointu, à fond rond & à fond applatti, à anse, sans anses ou avec deux anses; de fort grands & de très petits.

Les paniers dont les Marchands Merciers se servent pour emballer plusieurs de leurs marchandises, les Epiciers quelques drogues, & les Chapeliers leurs chapeaux, s'appellent des Mannes & des Mannettes. On appelle aussi Manne le panier carré que les Marchandes de petit métier portent devant elles.

On nomme dans le négoce des fruits, des Ceuilloirs, des Noguets, des Verveux, trois sortes de paniers qu'on y employe. Le Noguet sert aussi aux Laitieres à porter sur leur tête la crême & le lait caillé qu'elles vendent l'esté.

La Torquette, le Maniveau, & une sorte de panier en forme de mannequin, ou comme on disoit autrefois, de Mannequis, servent dans le commerce du poisson de mer frais.

Le Corbillon est le panier des Oublieux.

L'Inventaire celui des Regrattieres & petites Marchandes, qui portent & crient leurs marchandises par les rues de Paris.

Enfin on appelle des Desserts, ces paniers ou corbeilles d'osier fin qui servent à servir sur table les fruits frais ou confits & autres ouvrages de sucre inventés par ces Domestiques Confiseurs, que dans les grandes Maisons on nomme des Officiers.

Tous ces différens paniers qui ont des noms particuliers, & qui sont de quelque usage dans le commerce, sont expliqués & décrits à leurs propres articles.

Quelques Artisans se servent de paniers pour porter ou leurs outils ou leurs ouvrages. Les Serruriers ne vont jamais sans le leur; & les Boulangers de petit pain de Paris en ont de très grands à claire-voye, dans lesquels leurs Garçons portent les petits pains dont ils fournissent les tables délicates de la Ville. On appelle aussi Paniers ou Corbeilles, des paniers ronds & plats dans lesquels les mêmes Boulangers dressent leurs grands pains. *Voyez* CORBEILLE.

PANIER. Les paniers des Chandeliers sont quarrés, afin que les chandelles qu'ils y arrangent, soit pesées en livres, soit autrement, s'y placent plus aisément, qu'il y en tienne une plus grande quantité, & qu'elles se cassent moins. Ils sont ordinairement d'osier blanc, faits par les Vaniers-Mandriers, c'est-à-dire, ceux qui font des ouvrages de vannerie clos & non à claire-voye. Ces paniers ont des anses comme les paniers communs. *Voyez* CHANDELLE.

PANIER DE VERRE. L'on nomme ainsi dans le commerce du verre à vitre, non-seulement le panier dans lequel se transporte cette marchandise, mais encore la marchandise même qui y est contenue. Chaque panier, qu'on appelle aussi une Somme, est composé de vingt-quatre pieces ou plats de verre. *Voyez* VERRE EN PLAT, & VITRIER.

PANIER DE MESSAGER. Les Messagers qui font leurs voitures sur des chevaux de somme appellent Paniers, deux grandes & profondes corbeilles d'osier qui pendent des deux côtés des basts de leurs chevaux, dans lesquelles ils enferment les boëtes & petits paquets de marchandises. *Voyez* MESSAGER.

Les Coquetiers & Poulaillers, soit qu'ils apportent leur volaille, leur beurre & leurs œufs sur des fourgons, soit que ce soit sur des chevaux, se servent aussi de paniers. Quelques Boulangers Forains en ont pareillement pour mener leur pain aux marchés de Paris. *Voyez* COQUETIER, POULAILLER & BOULANGER.

PANIER. Les coches, carosses & autres voitures qui servent à transporter par terre les personnes, les hardes & les marchandises, ont ordinairement quelques paniers, le plus souvent deux, l'un à l'avant & l'autre au derriere de leurs coches & carrosses, où ils enferment les paquets qu'on leur confie. On les nomme des Magasins. *Voyez* MAGASIN.

PANIER A CIRE. On nomme ainsi dans les Manufactures pour le Blanchissage des cires, de grandes corbeilles rondes à deux ances, qui servent à transporter la cire en grain des magasins à la Fonderie; ils sont d'osier blanc, doublés de toile. Chaque panier contient vingt-cinq livres de cire. *Voyez* l'article de la Cire, où il est parlé de la Manufacture d'Antony & de sa Fonderie.

PANIER DE MARE'E. C'est une espece de mannequin de près de deux pieds de hauteur & de dix à douze pouces de diametre, dans lequel les Chassés-marée apportent à la Halle de Paris la marée pour la provision de la Ville. Chaque panier suivant la qualité & grosseur du poisson est composée d'un certain nombre de chaque espece. Ce sont ces paniers que les Vendeurs de marée en titre d'Offices publient & délivrent au plus offrant & dernier Encherisseur, & sur lesquels ils ont un certain droit reglé par les Déclarations du Roi. *Voyez* MARE'E, VENDEUR DE MARE'E, & CHASSE-MARE'E.

PANIER, en termes de pêche de mer. Signifie une espece de mannequin d'osier, dont l'on se sert à prendre sur la gréve à basse-eau des crevettes, grenades ou salicots, sortes de petites écrevisses. Les Ordonnances de la Marine de France défendent de prendre ces poissons avec ruches & paniers depuis le premier Mars jusqu'au dernier Mai. *V.* PESCHE DE MER.

PANISTON. *Voyez* PENISTON.

PANNE ou PANE. Etoffe de soie veloutée qui tient le milieu entre le velours & la pluche, ayant le poil plus long que celui-là, & moins long que celle-ci. Il se fabrique à peu près de même que le velours, & son poil provient d'une partie de la chaîne coupée sur la regle de cuivre.

L'article 48 du Réglement pour les Ouvriers en drap d'or, d'argent & de soie de la Ville de Paris de 1667, met la panne au rang des velours figurés, ras coupés & tirés, tant pour les largeurs que pour la qualité des soies qui doivent y être employées ; les chaînes & poils des uns & des autres devant être d'organsin filé & tordu au moulin, & la tréme de pure soie cuite & non crue. A l'égard de la largeur elle doit être d'onze vingt-quatriémes, à peine de confiscation & de soixante livres d'amende.

Il se fait en Flandres & en Picardie, particuliérement à Amiens des pannes de poil de chévre de toutes couleurs. Les pannes de laine s'appellent plus ordinairement Tripes & Moquettes. *Voyez ces deux articles.*

PANNE. C'est aussi en Anjou, & particuliérement à Doué, une espece de cuvier de bois, dont on se sert pour lessiver les toiles que l'on veut mettre au blanchiment. *Voyez* BLANCHIR, *&* BLANCHIMENT.

PANNE. Se dit encore de la graisse des animaux, particuliérement de celle du porc. C'est de la panne de ce dernier battue & fondue que se fait le sain-doux. La panne de cochon fait partie du commerce des Chaircuitiers. *Voyez leur article.*

PANNE. Se dit chez les Artisans qui se servent du marteau, de la partie de la masse qui est opposée à la tête, & qui va en diminuant. *V.* MARTEAU.

PANOSSAKES. Pagnes ou habits dont se servent les Negres sur la plupart des côtes d'Afrique. Les Européens qui trafiquent sur la riviere de Gambie, en tirent beaucoup du Royaume de Cantor où se font les meilleures, elles sont rayées de couleur de feu. *Voyez* le Commerce d'Afrique dans l'Etat général.

PANQUE. Plante qui croît dans le Chilly, grande Contrée de l'Amérique dans la mer du Sud. On se sert de sa tige pour teindre en noir, en la faisant bouillir avec le Maki & le Gouthiou autres arbrisseaux du Pays. Outre qu'elle fait un parfaitement beau noir, la teinture qu'on en tire ne brûle point les étoffes comme les noirs d'Europe.

Cette plante ne se trouve que dans les lieux marécageux. Sa feuille est ronde, tissue comme celle de l'Achante, & n'a gueres moins de deux ou trois pieds de diametre. Sa tige qui est rougeâtre se mange crue. Elle rafraîchit, & a une qualité fort astringente.

PANSE DE VACHE, ou PANCE DE VACHE. Nom que l'on donne à une des especes de linge ouvré qui se fabrique en Picardie. *V.* LINGE.

PANSES DE DAMAS ET DE SMYRNE. Ce sont de fort gros raisins qu'on fait sécher au soleil, comme on fait en Provence. *Voyez* RAISIN.

PANSY. Sorte d'étoffe de soie de la Chine.

PANTALON. Terme de Papeterie. C'est une des moyennes sortes de papier qui se fabrique aux environs d'Angoulême. Il est ordinairement marqué aux armes d'Amsterdam, parce qu'il est presque tout destiné pour les Marchands Hollandois. *Voyez* PAPIER.

PANTE. C'est ainsi que l'on appelle une espece de chapelet composé de plusieurs de ces petites coquilles blanches qu'on nomme Porcelaine, qui servent de monnoies dans plusieurs endroits de l'Asie, de l'Afrique & de l'Amérique. *Voyez* PORCELAINE.

PANTINE. C'est un certain nombre d'écheveaux de soie, de laine ou de fil encore en écru, liés ensemble pour être envoyés à la teinture.

Il est défendu aux Maîtres Teinturiers en soie de défaire les pantines qu'on leur donne à teindre ni devant ni après la teinture. *Voyez* SOYE.

La pantine de cette espece de laine qu'on nomme ordinairement Fil de sayette, est composée de six écheveaux. *Voyez* FIL DE SAYETTE.

Les écheveaux de la pantine des fils destinés à la teinture, ne sont pas reglés, y ayant des pantines plus grosses & d'autres plus foibles. *V.* FIL.

PAO

PAO-D'AQUILA. Mot Portugais qui signifie bois d'aigle. C'est une des sortes de bois d'aloes. *Voyez* ALOES.

PAON ou PAN. Grand oiseau dont le plumage, particuliérement celui de la queue est diversifié de plusieurs couleurs changeantes. Les plumes de cet oiseau font un grand objet de commerce dans la Chine, à cause que les Dames en ornent leurs coeffures, & s'en servent en forme d'aigrettes. Elles se vendent en paquet, qui en contient plus ou moins suivant leur finesse & leur beauté. *Voyez le Commerce de la Chine.*

PAP

PAPELINE. Ainsi nommée, à ce que croit M. Furetiere, de ce qu'elle a d'abord été fabriquée à Avignon & autres lieux du Comtat, qu'on appelle Terre Papale, parce qu'il appartient au Pape.

La papeline est une étoffe très légere, dont la chaîne est de soie & la tréme de fleuret ou filoselle. Il s'en fait de pleines, de figurées & de toutes couleurs. La plupart de ce qu'on appelle présentement en France des Grisettes, ne sont que de véritables papelines. Elles se font à deux, à quatre fils, & même au dessus ; mais toutes, quelque nom qu'on leur donne, & à tel nombre de fils qu'elles soient travaillées, doivent avoir de largeur ou une demie-aune entiere ou une demie-aune demi-quart ; & pour les discerner des étoffes de fine & pure soie, elles doivent avoir d'un seul côté une lisiere de différente couleur à la chaîne. *Art. 56 du Réglement pour Paris de 1667.*

Le Réglement de Lyon ajoute, Que les chaînes seront de bon organcin tordu & filé au moulin, de l'apprêt de Tours, & les trémes de fleuret, galettes & autres bourres de soie.

PAPETERIE. Lieu où se fabrique le papier. Les papeteries d'Auvergne sont les plus estimées du Royaume, & celles de Rouen sont les moindres de toutes.

PAPETERIE. Se prend aussi pour le négoce qui se fait du papier. Ainsi l'on dit : La papeterie est un bon commerce : Ce Marchand ne fait que la papeterie ; il a gagné tout son bien dans la papeterie.

PAPETIER. C'est le Manufacturier qui fait faire le papier, ou l'Ouvrier qui travaille à le fabriquer.

PAPETIER. Est aussi un Marchand qui vend & débite le papier.

Il y a à Paris plusieurs Corps & Communautés qui ont la faculté de vendre le papier.

Les Marchands du Corps de la Mercerie sont ceux qui en font le plus grand Commerce, soit en gros, soit en détail, en magasin ou en boutique. Les Merciers privilégiés suivant la Cour ont le même pouvoir.

Les Marchands Epiciers en vendent aussi ; mais ce ne sont que des gros papiers rouges, bleus & gris de Rouen, qui ne peuvent tout au plus servir qu'à empaqueter des marchandises.

Il est encore permis aux Chandeliers d'en vendre, pourvû que ce soit à la main.

Les Maîtres Cartiers-Cartonniers-Feuilletiers-Dominotiers, & les Maîtres Papetiers-Colleurs de feuilles & feuillets, peuvent aussi faire négoce de papier. *Voyez ci-après* PAPETIER-COLLEUR DE FEUILLES.

Enfin ceux qui ont des Lettres de regrat, que l'on nomme vulgairement Regrattiers, en peuvent pareillement vendre; mais ce ne peut être qu'à la feuille.

PAPETIER PRIVILEGIE' SUIVANT LA COUR. Est celui qui a des Lettres de Privilége du Grand Prévôt de l'Hôtel du Roi, par lesquelles il lui est permis de faire négoce de papeterie.

PAPETIER FORAIN. C'est un Marchand qui fait fabriquer son papier hors de Paris, & qui l'y fait amener pour le vendre aux Marchands de la Ville.

PAPETIER-COLLEUR DE FEUILLES. C'est un Artisan qui fait & fabrique des cartes & cartons de toutes sortes, en collant plusieurs feuilles de papier les unes sur les autres.

On l'appelle aussi Papetier travaillant en cuves, à cause qu'il fait pourrir de vieux chiffons dans des cuves, à peu près de la maniere qu'on fait pour la fabrique du papier, & qu'il se sert ensuite de ces chiffons bien consommés, & réduits en une espece de bouillie assez épaisse pour en dresser des cartons de toute grandeur & épaisseur, suivant les ouvrages auxquels ils sont destinés.

Il y a à Paris une Communauté de Maîtres de ce métier, qui prennent la qualité de Maîtres Papetiers, Colleurs de feuilles & feuillets, Travaillans en cuves, Faiseurs d'étuy à chapeaux, boëtes de cartes, & toutes sortes de porte-feuilles, Colleurs de papier sur chassis de la Ville, Fauxbourgs & Banlieue de la Prevôté & Vicomté de Paris.

Cette Communauté n'est pas ancienne; elle n'a des Statuts & des Jurés que depuis le Regne de Henri IV, qui leur accorda ces Statuts par des Lettres Patentes du mois d'Avril 1599, registrées en la Chambre du Procureur du Roi au Châtelet. Ces Statuts furent réformés, & les nouveaux contenus en vingt articles confirmés en 1659 par des Lettres de Louis XIV données à Toulouse au mois de Décembre, & enregistrées au Parlement le 26 Janvier de l'année suivante.

Deux seuls Jurés, qui demeurent deux années en Charge, & à qui on en substitue deux autres tous les deux ans, ont soin des affaires de la Communauté.

Chaque Maître ne peut avoir qu'un Apprentif obligé au moins pour quatre ans, & tenu de servir encore deux ans de Compagnon après son apprentissage.

Les Veuves tenant boutique peuvent continuer leur Apprentif, mais non en prendre un nouveau: elles peuvent aussi affranchir un Compagnon en l'épousant.

L'on n'est reçu à la Maîtrise qu'après avoir fait chef-d'œuvre, dont pourtant sont exempts les Fils de Maîtres.

On a déja remarqué au commencement de cet article des Papetiers, mais seulement en passant, que de tous les Marchands ou Artisans qui ont la faculté de faire à Paris le négoce de papeterie, les Marchands Merciers étoient ceux qui en débitoient le plus, soit en gros ou en détail, soit en boutique ou dans des magasins. On ajoutera ici que ce n'est cependant qu'après de longues contestations qui ont duré jusqu'à la fin du dix-septiéme siécle, que le Corps de la Mercerie s'est conservé ce commerce.

Deux sortes de Communautés disputoient ce négoce aux Marchands Merciers, & les attaquoient à différens égards.

Les Papetiers-Colleurs de feuilles & les Cartiers-Cartonniers en vouloient au fond du commerce même, prétendant qu'il n'appartenoit qu'à eux de vendre & débiter du papier dans la Ville de Paris, ou du moins des cartes & cartons de toutes sortes.

Les Maîtres Relieurs de Livres leur contestoient aussi le négoce du papier, mais seulement dans la maniere de le débiter; consentant qu'ils le vendissent comme ils le tirent des Manufactures, mais ne voulant pas qu'ils le pussent vendre battu, lavé & coupé, ou du moins qu'ils le fissent battre, laver & couper par leurs Garçons & Apprentifs; leur disputant outre cela la faculté de relier des registres, comme pareillement d'avoir des cousoirs à relier, des presses à rogner, des marteaux & pierres à battre & autres outils semblables qui paroissent propres aux Relieurs.

Deux Arrêts du Parlement rendus sur les conclusions du Procureur Général du Roi, ont maintenu le Corps de la Mercerie dans sa possession, & pour le fond du négoce de la papeterie, & pour la maniere de le faire; leur ayant été néanmoins défendu de relier des registres autrement qu'à dos quarré; ceux à dos rond ayant été conservés aux Maîtres Relieurs, comme trop semblables à la relieure des livres ordinaires, qui sont du commerce de la Librairie & du métier de Relieur.

Ceux des Marchands Merciers qui s'appliquent au commerce de la papeterie, vendent outre toutes les sortes de papiers qui servent pour l'écriture, pour l'Imprimerie & pour les emballages, tout ce qui y a du rapport, comme registres, porte-feuilles, cartes, cartons, plumes, écritoires, encre, poudre de buis, cire d'Espagne, pain à cacheter, canifs, &c.

Il leur est aussi permis de tenir chez eux tous les outils & instrumens des Relieurs, tant pour couper & battre leur papier que pour relier leurs registres, dont on ne parlera pas néanmoins ici, devant être tous décrits plus commodément ci-après à l'article des Relieurs où l'on peut avoir recours.

On ne parlera pas non plus de la composition de l'encre que font & vendent les Papetiers, en ayant été traité amplement en son propre article, aussi-bien que de ses usages & de son négoce. *Voyez* ANCRE *ou* ENCRE.

PAPIER. Espece de feuille factice, très mince, de figure quarrée, & de différentes grandeurs, couleurs & finesse. Le plus grand usage du papier est pour l'écriture à la main & pour l'impression des livres & estampes: il s'en fait néanmoins une très grande consommation pour empaqueter & envelopper diverses sortes de marchandises, ainsi qu'à quantité d'autres ouvrages.

Le papier moderne n'a gueres que le nom & l'usage de commun avec celui des Anciens, qu'ils appelloient *Papyrus*, du nom d'une espece de roseau qui croissoit en Egypte dans les marais le long du Nil.

Ce roseau, dont on lit dans Pline une description assez obscure, étoit couvert d'une écorce feuillue, que par le moyen d'une aiguille on séparoit aisément en plusieurs feuilles très legeres & très minces, sur lesquelles on pouvoit écrire; mais parce que l'encre s'y imbiboit aisément, & qu'elles étoient trop foibles pour durer long-tems, on s'avisa d'en coller plusieurs ensemble, de les mettre en presse & de les lisser, ce qu'on appella *Carta*; à quoi ressemble assez ce que du mot Latin nous nommons aussi des Cartes.

Pour ce qui est de notre papier, qui est bien d'une autre beauté, d'une autre utilité & d'une autre durée que celui des Anciens, on ne sçait point à qui l'on en doit l'invention; & Polidore Virgile dans son Traité *de Inventoribus rerum*, avoue qu'il ne l'a pu découvrir, à moins qu'on n'en voulût donner la gloire aux Chinois, qui depuis un grand nombre de siécles fabriquent leur papier à peu près comme celui d'Europe, à la réserve qu'ils le font de chiffons ou vieux drapeaux de soie, & que celui d'Europe n'est que de chanvre & de lin.

Fabrique du papier dans les Manufactures de France.

Le papier se fait avec de vieux linge de chanvre ou de lin, que l'on appelle vulgairement Chiffons, & que les Manufacturiers nomment Drapeaux, Peilles, Chiffes, Drilles ou Pattes. Des chiffons les plus fins se fait le plus beau papier, & des plus grossiers le plus commun.

Après que les chiffons ont été lavés, on les met tout mouillés pourrir dans des manieres de cuves ou lieux faits exprès, que l'on appelle Pourrissoirs; d'où le Reglement du 21 Juillet 1671 défend qu'on les tire qu'ils ne soient duement pourris, & propres pour les réduire en ouvrage.

Cette premiere préparation, d'où dépend en partie la bonté du papier, étant finie, on met les chiffons ainsi pourris dans des especes de mortiers garnis dans le fond d'une plaque ou platine de fer, qu'on nomme Piles à drapeaux, dans lesquelles par le moyen de plusieurs maillets ou pilons aussi garnis de fer par le bout, qui tombent alternativement dans chaque pile, & à qui des moulins à eau donnent le mouvement, ils sont réduits en une façon de bouillie ou de pâte, qui est le nom que les Ouvriers lui donnent.

Cette pâte est ensuite remise de nouveau dans d'autres mortiers, qu'on appelle Piles à fleurer. Celui qui a le soin des moulins & des piles, s'appelle Gouverneur ou Gouverneau.

La pâte ainsi disposée se met dans des especes de caisses de bois où elle se séche, & d'où on la retire pour la mettre dans des lieux de réserve; & lorsque l'on s'en veut servir pour fabriquer le papier, on la fait passer pour la troisiéme fois par un mortier que l'on nomme Pile de l'Ouvrier, dont les maillets ne sont point garnis de fer; & c'est dans cette troisiéme pile où elle prend sa derniere façon.

L'on fait ordinairement de trois sortes de pâte, la Commune ou Bule, autrement Gros-bon; la Moyenne ou Vanante, & la Pâte fine, qui servent suivant leur dégré de finesse, à faire du papier, ou très gros, ou médiocre, ou très fin.

La pâte perfectionnée, ainsi qu'on vient de le dire, se met dans de grandes cuves pleines d'une eau très claire & un peu chaude, où elle est remuée & brassée à plusieurs reprises avant que de l'employer, afin que l'eau en soit également chargée, & que le papier qu'on en doit faire soit d'une même finesse.

Les moules dans lesquels se fait chaque feuille de papier séparément, & l'une après l'autre, se nomment Formes. Ce sont de petits chassis de bois quarrés, plus grands ou plus petits suivant la qualité du papier qu'on fabrique.

Le fond du chassis d'un côté est fermé par quantité de menus fils de léton très serrés les uns contre les autres, & joints de distance en distance par de plus gros fils nommés Verjules ou Verjures. En deux endroits du fond, & justement au milieu de chaque demi-feuille se mettent d'un côté la marque du Manufacturier, conformément à l'article VI du Reglement, & de l'autre une empreinte convenable à la sorte du papier qui se fait; comme des grappes de raisin, des serpens, des noms de Jesus, &c. & comme ces marques ou empreintes sont de fil de léton aussi-bien que les verjules, & qu'elles excedent un peu le fond, elles s'impriment dans le papier, & paroissent au jour plus transparentes que le reste. Il y a des Manufacturiers assez curieux pour former leurs marques sur les moules avec du menu fil d'argent en maniere de filagrame.

Pour travailler au papier, chaque forme se plonge dans la cuve pleine de l'eau épaissie par la pâte faite de chiffons; & lorsqu'on l'en retire, elle se trouve couverte du plus épais de cette matiére, le plus clair s'écoulant par les intervales imperceptibles des fils de léton; ensorte que ce qui reste se congele dans l'instant, & devient assez solide pour que le Coucheur (Ouvrier destiné à cet effet) puisse renverser la feuille de papier sur le feutre ou porce, c'est-à-dire, sur un morceau de revêche ou autre étoffe de laine écrue.

Tandis que le Plongeur fait une seconde feuille de papier en plongeant une seconde forme dans la cuve, le Coucheur couvre la premiere d'un second feutre pour recevoir l'autre feuille qui se fabrique, & ainsi successivement jusqu'à ce qu'il y ait une pile suffisante de feuilles de papier & de feutres pour être mise à la presse qui en doit exprimer la plus grande partie de l'eau.

Au sortir de cette presse l'Ouvrier que l'on nomme Leveur leve les feuilles de dessus les feutres, & les met les unes sur les autres sur une planche quarrée, appellée le Drappant; puis elles sont remises une seconde fois sous la presse, afin de les bien unir & d'achever d'en exprimer toute l'humidité. Quand elles ont été suffisamment pressées on les met sécher sur des cordes dans les étendoirs, lieux où l'air se communique à proportion qu'on le juge nécessaire, par le moyen de certaines ouvertures faites exprès, que l'on ouvre & que l'on ferme par des coulisses.

Lorsque le papier est bien sec, on le colle, ce qui se fait en plongeant plusieurs feuilles ensemble dans une chaudiere de cuivre remplie d'une colle très claire & un peu chaude, faite de rognures de cuir ou de ratures & morceaux de parchemin, dans laquelle on jette quelquefois de l'alun de glace ou de la couperose blanche en poudre.

La meilleure colle est celle de parchemin; mais soit qu'on se serve de l'une ou de l'autre, le Reglement porte que le Saleran ou Seleran, c'est-à-dire, le Chef de la salle où l'on colle & où l'on donne les derniers apprêts & façons au papier, la fera bouillir seize heures, & ne l'employera pas qu'il ne l'ait coulée à travers d'une chauffe ou drapeau.

Après que le papier eft bien & duement collé, on le met en preffe afin d'en faire fortir le fuperflu de la colle; puis on tire les feuilles les unes après les autres pour les jetter fur les cordes qui font dans les étendoirs, ce qui fe fait par le moyen d'un inftrument de bois de la figure d'un T, que l'on nomme Ferlet, & quand les feuilles font entiérement féches, on les ôte de deffus les cordes (ce que l'on appelle les recueillir ou les ramaffer) pour les remettre encore fous la preffe.

Lorfqu'elles font retirées de cette preffe on les trie pour féparer les défectueufes d'avec les bonnes; puis on les liffe avec une pierre légerement frottée de graiffe de mouton, on les plie, on les compte pour en former des mains, & lorfque ces mains font formées on les remet de nouveau en preffe; enfuite on les ébarbe (c'eft-à-dire que l'on en rogne légerement les extrémités) & l'on les met par rames, chaque rame s'enveloppant de gros papier que l'on appelle Maculature ou Trace; enfin après qu'elles font liées d'une ficelle, on les met pour la derniere fois fous la preffe, ce qui eft la derniere façon qu'on donne au papier, étant pour lors en état d'être vendu ou employé.

Suivant le Reglement déja plus d'une fois rapporté, chaque main de papier doit être de vingt-cinq feuilles, & chaque rame de vingt mains; la premiere & la derniere main de chaque rame doivent être de même pâte & de même compte que le refte de la rame.

Il eft défendu de mélanger les rames de diverfes qualités, grandeurs ou forme de papier, auffibien que d'y fourrer des feuilles caffées & défectueufes; & afin que le Public n'y puiffe être trompé, le Manufacturier doit mettre fur l'enveloppe de chaque rame la quantité & l'efpece du papier qui y eft contenu.

La bonté du papier confifte à être bien collé & bien liffé, en forte qu'il ne boive point, c'eft-à-dire, que l'encre ne s'y imbibe pas, mais fe féche fur la fuperficie. Il eft néanmoins permis de faire du papier fans colle propre à certains ufages, & on l'appelle Papier fluant.

SORTES ET QUALITÉ'S DE PAPIER.

On diftingue le papier en trois fortes; les grandes fortes, les moyennes & les petites.

Les petites fortes font :

La petite Romaine.
Le petit Raifin ou bâton Royal.
Le petit Nom de Jefus.
Le petit à la main.
} Qui prennent leurs noms des marques qu'ils ont.

Le Cartier, propre à couvrir par derriere les cartes à jouer.

Le Pot, qui fert à mettre du côté des figures des cartes à jouer.

La Couronne qui a ordinairement les armes du Controlleur Général des Finances qui eft en place.

Celui à la Telliere avec les armes de feu Mr. le Chancellier le Tellier, & un double T.

Le Champy ou papier à chaffis.

La Serpente, du ferpent dont il eft marqué. Ce papier qui eft extrêmement fin & délié fert aux Evantailliftes.

Les moyennes fortes font :

Le grand Raifin fimple.

Le Carré fimple.
Le Cavalier.
Le Lombart.
} Pour l'Impreffion.

L'Ecu ou papier de compte fimple.

Le Carré double.
L'Ecu double.
Le grand Raifin double.
La Couronne double.
} Appellés Doubles à caufe qu'ils font plus forts que les fimples.

Le Pantalon ou Papier aux armes de Hollande.

Le grand Cornet qui prend fon nom de la marque qu'il a.

Les grandes fortes font :

Le grand Jefus.
La petite & grande Fleur de Lys.
Le Chapelet.
Le Colombier.
Le grand Aigle.
Le Dauphin.
Le Soleil.
L'Etoile.
} Ils ont tous leur nom des figures qu'ils portent, & font propres à imprimer des eftampes & des thefes, même à faire des grands livres de Marchands, & à deffiner des plans.

Le grand Monde, c'eft le plus grand de toutes les fortes de papiers.

Papiers gris & autres couleurs.

Outre ces papiers que l'on appelle les trois fortes, qui font tous blancs, quoiqu'avec quelque différence, & qui fervent tous à l'écriture ou à l'Impreffion, il s'en fait encore une grande quantité d'autres de toutes couleurs, foit collés foit fans colle.

Les principaux font :

Les papiers gris & bleu pour deffiner.

D'autres gris appellés papiers à patrons.

Les gargouches de la même pâte, mais plus forts.

Du papier à fucre qui eft bleu.

Encore un autre bleu moins fort pour couvrir les livres en feuilles ou brochures.

Les papiers, bas à homme & bas à femme, collés & non collés pour les Bonnetiers.

Les raifins collés & les raifins fluans pour empaqueter diverfes marchandifes.

Le jofeph fluant & le carré fluant pour l'impreffion des livres de peu de conféquence.

Le jofeph collé qu'on peint en rouge, verd, jaune, &c.

Le jofeph à foie dont on enveloppe les foies en bottes.

La main brune qu'on appelle auffi Trace, qu'on employe à faire le corps des cartes à jouer.

La licorne pour des enveloppes.

Le papier à Demoifelle gris, qui eft ce papier brouillard qui fert aux Chandeliers à mettre leurs chandelles.

Le même en blanc qu'on nomme Papier deux feuilles dont on enveloppe la laine.

Deux fortes de papiers rougeâtres que les Epiciers mettent en facs pour leurs drogues.

Le camelotier.

Celui appellé Maculature, qui eft grifâtre & très gros, dont on fe fert dans les Papeteries pour envelopper les rames de papier; on lui donne auffi quelquefois le nom de Trace, parce qu'il a beaucoup de rapport à celui qui porte ce nom.

Et enfin peut-être quelque autre échapé moins à la diligence de l'Auteur qu'à la mémoire des perfonnes qu'il a confultées.

L'on tire quelques papiers des Pays étrangers,

mais en petite quantité, dont celui de Rome est le plus en réputation, du moins celui qui sert à écrire. On tire aussi quelques Papiers bleus à dessiner de Flandre & de Hollande; de sorte que la plus grande consommation de papier qui se fasse en France n'est que de celui qui se fabrique dans le Royaume même.

Outre ce qui s'y consomme on fait aussi un commerce & des envois considérables de papiers dans les Pays étrangers, particuliérement en Angleterre, en Espagne, en Hollande, en Levant, & dans tout le Pays du Nord; il s'en envoye même jusques dans les Indes Orientales, les Indiens s'en servant présentement pour écrire au lieu de feuilles de bananier séchées au soleil, qu'ils mettoient en usage avant qu'on leur en eût porté de France & d'ailleurs.

Il est remarquable que le papier qu'on fait dans les Manufacturés de France pour la Hollande, est ordinairement aux armes d'Amsterdam.

Ceux qui font déja le négoce de papier ou qui voudront l'entreprendre, ne seront peut-être pas fâchés de trouver ici un état des lieux principaux où il se fabrique en France, & des sortes de papiers qui se font en chaque endroit.

Auvergne.

Il se fait à Ambert & à Thiers de toutes les trois sortes de papiers marqués ci-dessus; outre cela du papier gris & bleu pour dessiner, & toutes ces différentes especes de papiers sont estimées les meilleures qui se manufacturent en France.

On a remis à cet endroit la remarque qu'on auroit pû faire d'abord, qu'à la réserve de l'Auvergne le papier se vend à la rame dans toutes les Papeteries de France.

Dans cette seule Province il se vend au poids sur le pied de 14 onces à la livre, & chaque rame suivant sa sorte doit peser net, c'est-à-dire, sans maculature, enveloppe ni ficelle, un certain nombre de livres fixé par un Tarif.

Poids des rames de papier qui se fabrique dans les Papeteries d'Auvergne.

Petit à la main ou papier à Procureur, bule.	8 liv.
Petit Raisin moyen & bule.	10 liv.
Petit Nom de Jesus fin & moyen.	9 liv.
Petite Romaine fine & moyenne.	10 liv.
Couronne ordinaire fine, moyenne & bule.	12 liv.
Couronne double fine & moyenne.	14 liv.
La Telliere fine & moyenne.	14 liv.
Le petit Cadran fin & moyen.	12 liv.
Papier de Compte ou Ecu fin, moyen & bule.	18 liv.
Carré au raisin fin, bule & moyen.	18 liv.
Grand Raisin fin, moyen & bule.	30 liv.
Grand Nom de Jesus moyen & fin.	60 liv.
Chapelet moyen & bule.	75 liv.
Colombier fin & moyen.	110 liv.
Grand Aigle fin, moyen & bule.	150 liv.

Papier pour les Pays étrangers.

Le Pantalon pâte vanante ou moyenne, pour Flandre.	14 liv.
Amsterdam aux armes de Hollande pâte vanante ou moyenne, pour Flandre & Hollande.	14 liv.
Fleur de Lys moyenne & bule, pour Flandre.	11 liv.

Il y a à Thiers quinze Fabriques de papier, & à Ambert environ cinquante.

Limoges.

Il s'y fabrique, comme en Auvergne, du papier des trois sortes, qui s'employe presque tout à l'impression des Livres & des Estampes, ne pouvant gueres servir à écrire, n'étant pas si bien collé que celui d'Auvergne. Il s'y fait aussi de la Main brune propre à mettre dans le milieu des cartes à jouer, & du papier gris que l'on appelle Trace, destiné au même usage.

Angoumois.

Le papier qui se fait à Angoulême & dans quelques autres lieux de la Province, est fort estimé, il en vient peu à Paris, la plus grande consommation s'en faisant pour les Pays étrangers, & particuliérement pour la Hollande; aussi y met-on ordinairement les armes d'Amsterdam.

Remarques sur les Papiers de l'Angoumois, du Limosin & de Perigord, & sur les Moulins à Papiers, qui sont établis dans ces trois Provinces.

Les papiers qui se fabriquent en Angoumois, se distinguent en papier d'Angoumois & en papier de Perigord; quoiqu'à la vérité les uns & les autres soient faits dans les moulins de cette premiere Province.

Les papiers qu'on qualifie papier d'Angoumois, se fabriquent, partie dans les moulins situés sur les rivieres & ruisseaux qui sont proches d'Angoulême, & partie sur ceux situés sur la riviere de Nezonne, en remontant depuis Riberac en Perigord, jusques à Angoulême.

A l'égard des papiers qu'on nomme papier de Périgord, ils se font dans les moulins situés sur la riviere de Nizonne, depuis Riberac en descendant, jusques aux rivieres de Dronne & de Lisle, qui entrent les unes dans les autres, & dont la derniere tombe dans la Dordogne à Libourne.

Sur toutes ces rivieres il y a environ soixante moulins dont on parlera plus en détail dans la suite. On remarquera seulement ici que cette distinction de papier d'Angoumois & de papier de Périgord, n'a été imaginée que pour le payement du droit d'ancienne marque qui est plus fort sur le papier nommé d'Angoumois, que sur celui appellé de Perigord. Différence qui se trouve aussi à l'égard des papiers de quelques autres Provinces voisines, qui passent par l'Angoumois pour être envoyés dans les Pays étrangers.

Différentes especes de Papiers qui se fabriquent dans l'Angoumois, & le poids que chaque rame doit avoir.

Il se fait dans l'Angoumois jusques à huit sortes de papiers, sçavoir:

1°. Du papier fin dont la rame pese soixante livres, qui se vend, année commune, trente francs la rame.

2°. Du Royal, de quarante-cinq livres pésant la rame, dont le prix est depuis 17 jusqu'à 18 liv.

3°. Le grand Compte, du poids de 28 à 30 livres, qui coute 9 à 10 liv. la rame.

4°. Du moyen Compte pésant dix huit livres la rame, qui se vend 6 liv. la rame.

5°. Le petit Compte ou Compte ordinaire, du poids de douze à treize livres, & du prix de 4 à 4 livres 10 sols.

6°. Le

6°. Le petit Cornet, dont la rame pese dix livres, & coute 3 liv.

7°. Autre petit Cornet qu'on nomme de la petite sorte, ne pésant que neuf livres, & se vendant néanmoins autant que le précédent.

8°. Enfin du gros bon, dont la rame pese ordinairement de neuf à dix livres, du prix de 30 sols la rame.

Produit d'un Moulin à Papier.

Un moulin qui n'a qu'une cuve, fait par jour neuf à dix rames de papier, du poids de douze à treize livres la rame. Mais lorsqu'il travaille également tous les mois de l'année, il en fait plus de 2500 rames par an, parce qu'alors il travaille les Fêtes & les Dimanches, à cause que la peille étant prête, il la faut employer actuellement, ou qu'autrement elle se gâte.

Pour entretenir un moulin d'une seule cuve, il faut par an environ deux cent charges de peilles ou vieux linge, la charge du poids de trois cent livres; & à proportion, s'il y a plus d'une cuve, ensorte que les trente-huit moulins qui travailloient dans l'Angoumois lorsque ce Memoire a été dressé, en dépensoient par an plus de huit mille charges.

Il faut aussi pour le même nombre de trente-huit moulins, deux mille charges de rognures de cuirs, pour faire la colle nécessaire pour encoler le papier qui s'y fabrique, la charge pareillement du poids de trois cent livres.

De ces vieux linges & rognures de cuirs qui se consomment dans les moulins d'Angoumois, il en vient ordinairement le tiers par les Bureaux de Poitou, & le reste des Provinces, où les Bureaux des cinq grosses Fermes ne sont pas établis.

Il y avoit autrefois en Angoumois jusqu'à cinquante-cinq moulins à papier actuellement travaillant, dont il y en avoit dix-huit à deux cuves, ce qui faisoit en tout soixante & treize cuves. Dans le tems que ce Memoire a été dressé, les moulins étoient réduits à trente-huit; & il y a apparence que depuis il en est tombé encore quelques-uns, ou que parmi ceux qui avoient deux cuves, il y en a eu de réduits à une seule.

On ne laissera pas cependant de donner un état général de tous les moulins établis dans cette Province, pour ne point envier à la curiosité du Lecteur, un détail qu'on est sûr qui ne se trouvera point ailleurs, se contentant, pour distinguer ceux qui travaillent d'avec les autres, par le mot *arrêté* qu'on mettra à côté de ceux qui ne vont plus; & pour plus d'exactitude, on y ajoutera le nombre des cuves de chaque moulin.

Etat des Moulins à Papier du Département d'Angoumois, distingués par les Rivieres sur lesquelles ils sont situés.

Sur la Riviere appellée la grande Bobême.

Le moulin de Mouthier, 1 Cuve. Arrêté.
Le moulin de la Roche-Andry, 1.
Le moulin de Tudebœuf, 1.
Le moulin de la Courade, 2.
Le moulin de Beauvais, 2.
Le moulin de Chez-Martin, 2.
Le moulin de l'Abbaye, 2.
Le moulin du Got, autrement de Colas, 1.

Le moulin de Lussant ou de Barillon, 2 Cuves.
Le moulin de Netsac. 2.

Sur la Riviere appellée la petite Bohême.

Le moulin du Pont d'Etables, 1 Cuve.

Sur la Riviere de Charicaud.

Le moulin de Bourisson, 1 Cuve.
Le moulin de Poulet, 2.
Le moulin de Cottier, 1. arrêté.
Le moulin Neuf, 1. arrêté.
Le moulin de l'Estrade, 1. arrêté.
Le moulin de Brevety, 1.
Le moulin de Girac, 2.
Le moulin des Brandes, 1.
Le moulin de Saint-Michel, 1.

Sur la Riviere d'Eau-claire.

Le moulin de Chamoulard, 1 Cuve. ruiné.
Le moulin de Puy-moyen, 1.
Le moulin de Bremond, 1. arrêté.
Le moulin d'Augereau ou Montbron, 1. arrêté.
Le moulin de Chantoiseau, 1.

Sur la Riviere de Touvre.

Le moulin de Ruelle, 2 Cuves.
Le moulin de Frissac, 2. arrêté.
Le moulin de la Terriere, 1. arrêté.

Sur la Charente.

Le moulin de Vertheuil, 2 Cuves. arrêté.
Le moulin de Roche, 1.
Le moulin de Gros-bos, 1. arrêté.
Le moulin de Saint-Front, 1. arrêté.
Le moulin de Montignan, 1. arrêté.

Sur la Nezonne.

Le moulin de Giges, 1 Cuve. arrêté.
Le moulin de Cartier, 1.
Le moulin de la Chabaudie, 1. arrêté.
Le moulin de Negrimart, 2. une arrêtée.
Le moulin de Closureaux, 2. arrêté.
Le moulin de la Palune, 1. arrêté.
Le moulin de Chez-forcal, 1.
Le moulin de la Barde, 1.
Le moulin de la Fougere, 2. arrêté.
Le moulin de Châtillon, 2. une arrêté.
Le moulin de Clausure, 1.
Le moulin de Pisseloube, 2.
Le moulin du Marchais. C'est le plus beau qui soit sur toutes ces rivieres, 4. deux arrêtées.
Le moulin du Poutet, 1.
Le moulin du Mas de Monter, 1. arrêté.
Le moulin de Chez-Dexmier, 1. arrêté.
Le moulin de Brasac, 1.

Sur la Riviere de Dronne.

Le moulin de Ragot, 1 Cuve. arrêté.
Le moulin Neuf, 1.
Le moulin de Porcherac, 2. une arrêtée.
Le moulin de Lambrette, 1. arrêté.
Le moulin de Cheneaux, 1. arrêté.
Le moulin de la Roche-chalais, 2. arrêté.

Moulins de Périgord, que quelques-uns mettent du Département d'Angoumois.

Le moulin de la Cassague.

Le moulin de Chaudiras.
Le moulin de Marsac.
Le moulin de Saint-Estefle.
Le moulin de Nantia.

Papiers & Moulins de Limoges.

Le papier qui se fait le plus communément dans les moulins du Limosin, est du poids de 8 à 9 livres la rame; il s'en fait néanmoins d'autres qualités qui sont; sçavoir,

Le papier fort.
Le gros bon.
Le fin.
Le gros bon de trace.
Le second fin.
Le gros bon fin.
Et celui de trace seconde.

La plus grande partie des papiers qui se font dans les moulins de cette Province, sont pour l'Impression, & s'envoyent en Hollande.

Par un Procès verbal du 20 Décembre 1668, dressé par ordre de M. Daguesseau, lors Intendant à Limoges, il paroît que les moulins de cette Province, situés aux environs de cette Capitale, montoient à 62 moulins travaillans, qui contenoient 92 cuves, y non compris plusieurs autres moulins qui se trouvoient répandus dans divers endroits du bas Limousin.

Par le Mémoire dont on se sert ici dressé depuis peu d'années, tous les moulins de la Province se trouvent réduits à 51, qui contiennent 66 cuves; nombre qui apparemment est encore diminué depuis : on va néanmoins en donner le détail pour en conserver la mémoire, & s'en servir pour le rétablissement d'un commerce si important lorsqu'on voudra s'y appliquer.

Etat des Moulins du Limousin actuellement travaillans, suivant leur situation sur les Rivieres de Vienne & de Vezere, & les Ruisseaux & autres petites Rivieres qui y aboutissent, telles que sont la Correze, la Glane, la Gardante, le Touciou, &c. avec la quantité de cuves que contient chaque Moulin.

RIVIERE DE VIENNE ET AUTRES Y ABOUTISSANTES.

Le moulin de Pradier,	1 Cuve.
Le moulin de Buy,	1.
Le moulin du Puy-moulonier,	1.
Le moulin de la Ribiere,	1.
Le moulin du Medecingay,	1.
Le moulin de Tessonniere,	1.
Le moulin de Jean Claudet,	2.
Le moulin de Cassaigne,	2.
Le moulin de Beaufort,	2.
Le moulin de Vergné,	2.
Le moulin de Tarabon,	6.
Le moulin de Pouté,	1.
Le moulin de Bourdray,	1.
Le moulin de Beauvain,	1.
Le moulin de Pontabega,	1.
Le moulin de Laurent,	1.
Le moulin de Meneaf,	2.
Le moulin de Foulet,	1.
Le moulin Daniel,	1.
Le moulin de Lorieres,	1.
Le moulin de Chambon,	2.
Le moulin de Lavalade,	1.
Le moulin de Semia,	1.
Le moulin de Lapayre,	1.
Le moulin de Menager,	1 Cuve.
Le moulin de Graterolle,	2.
Le moulin de Tardif,	1.
Le moulin de Tellier,	1.
Le moulin de Saint-Ouan,	1.
Le moulin de Molieras,	1.

RIVIERE DE VEZERE.

Le moulin des Rivieres,	1 Cuve.
Le moulin de Germain,	1.
Le moulin de Linard,	1.
Le moulin de la Visitation,	1.
Le moulin de Rinac,	1.
Le moulin du Pont de pierre,	1.
Le moulin de Caguyenne,	1.
Le moulin du Soleil,	1.
Le moulin des Fay,	1.
Le moulin Pepin,	1.
Le moulin de la Croix,	1.
Le moulin d'Aubroche,	2.
Le moulin de la Combe,	1.
Le moulin de Vigeois,	1.
Le moulin du Juge,	1.
Le moulin de Payen,	2.
Le moulin de Beroinne,	1.
Le moulin de la Salle,	2.
Le moulin de l'Ecluse,	1.
Le moulin de l'Official,	1.
Le moulin de Pierre Fort,	1.

Autres moulins à Papiers.

Il y a aux environs de Bergerac dix moulins à papier, situés sur divers ruisseaux aboutissans à la riviere de Dordogne. Les papiers qui s'y fabriquent s'envoyent à Libourne & à Bordeaux.

Casteljaloux a aussi trois moulins sur un ruisseau qui tombe dans la Garonne, leur papier va uniquement à Bordeaux, d'où il se charge pour l'Etranger.

BEAUJOLOIS.

Les papiers de cette Province sont aussi de très bonne qualité. Ceux qu'on y fait le plus ordinairement sont, le Carré, le Cavalier, le Cartier, de la Couronne, du petit & grand Raisin, de l'Ecu, &c.

BRETAGNE.

Il se fait quantité de papier en Basse-Bretagne, sur-tout aux environs de Morlaix, mais grossier & de mauvaise fabrique. Le meilleur s'employe pour l'impression, dont les Anglois enlevent la plus grande partie. On y fait aussi du Pot & Main-brune, du Champy, & plus que de tout autre de deux façons de Carré.

NORMANDIE.

Le papier que l'on fait à Rouen est de plusieurs sortes, mais presque toutes des moindres qualités, comme papier à Patron, Gargouche, papier bleu à sucre & à brochure, Raisin fluant, Raisin collé, & enfin de presque toutes les qualités de papier dont on a parlé à l'article des Papiers gris & de couleurs. Il se fait aussi aux environs de Rouen beaucoup de papier marbré dont on parlera dans un article séparé. A Caen on fabrique du Carré pour l'impression, du Champy, du Pot ou Main-brune, & peu d'autres sortes. Presque tout s'enleve pour l'Angleterre.

A Evreux, du Pot ou Main-brune, & du petit à la Main ou papier à Procureur.

A Dreux, même fabrique qu'à Evreux.

LE PERCHE ET LE MAINE.

On y fait du petit à la main, du Pot, de la Main-brune. Le Pot de sainte Suzanne au Maine, est le plus estimé.

ESTAMPES.

Comme au Maine.

LE BOUCHET PROCHE ESSAUNE.

On y fait du Carré & du Champy de fort bonne qualité.

BRIE.

Il ne s'y fait pour l'ordinaire que du petit à la main.

CHAMPAGNE.

Aux environs de Troyes on fait de gros papier de différentes qualités, qui peuvent servir aux moyennes impressions, & même à écrire.

DAUPHINE'.

A Vigile près de Grenoble, il se fait de très beau papier fin des petites & moyennes sortes pour l'écriture; ainsi qu'à Chabeille près de Valence, aux environs de Bourgouin, de Rives & de saint Jean de Moiran, il se fait du papier commun. Une partie de ces papiers se consomme en France, & l'autre partie s'envoye dans le Levant.

VIVARAIS.

A Anonay il se fait du papier de toutes les sortes, qui est très blanc & bien collé, qui a le même débouchement que ceux du Dauphiné.

GUYENNE.

On fait en cette Province des papiers qui approchent beaucoup de ceux de Limoges.

POITOU.

A peu près pareils à ceux de Limoges.

PROVENCE.

Presque semblables à ceux qui se fabriquent en Dauphiné.

Le papier paye en France les droits de sortie & d'entrée ou suivant le Tarif de 1664, ou suivant l'Arrêt du Conseil du 3 Juillet 1692.

Les droits de sortie pour le papier blanc & noir de toutes sortes, soit à écrire ou à imprimer, sont à raison de 16 s. le cent pésant, conformément au Tarif de 1664; & ceux d'entrée pour tout papier venant des pays étrangers, sur le pied d'une livre dix sols de la rame, par l'Arrêt de 1692.

Le Tarif de 1664 fixe aussi les droits d'entrée du papier blanc de Limoges, d'Auvergne & autres Provinces du Royaume, à huit sols le cent pésant, & ceux du papier gris & noir, & du papier cassé, seulement à 3 s. aussi le cent pésant.

Les droits de la Douane de Lyon pour les papiers de fabrique de France, sont, sçavoir :

Le papier fin blanc & bleu, la balle, 7 s. 6 d.

Le papier de Trasse de Paris, 3 s.

Le papier blanc 3 s. de la balle, & de réapréciation 2 s. du cent pésant.

Papier fin du Pays, 7 s. le quintal.

Et le papier de Trasse, aussi du Pays, 2 sols du quintal.

Outre ces droits qui se levent à l'entrée ou sortie du Royaume sur le papier, il y en a qui ne se payent que pour le papier qui entre dans la Ville & Fauxbourgs de Paris.

Louis XIV ayant par un Edit du mois d'Aout 1704 fait une création de 50 Controlleurs-Visiteurs & Marqueurs de toutes sortes de papiers entrant dans Paris, leur attribua pour droit de marque 5 s. par chacune rame de papier. Par une autre Declaration du 20 Janvier 1705, leur droit fut de nouveau reglé. Il fut ensuite ordonné par Arrêt du 4 Aout 1705, qu'il seroit payé 10 s. aussi par rame de papier, appellé grand Raisin double du poids de 25 l. & au dessus entrant pareillement dans Paris. Enfin Sa Majesté ayant fait en 1713 par un Edit du mois de Février, une nouvelle création de cinquante Controlleurs-Visiteurs-Marqueurs de Papiers pour la même Ville, & ceux-ci ayant été réunis aux anciens par une Déclaration du 20 Juin ensuivant; les droits furent encore augmentés & doublés.

Reglement pour la fabrique & vente du Papier.

L'on a parlé en quelques endroits de cet article d'un Reglement concernant la fabrique du papier. On va en donner ici l'extrait.

Ce Reglement fut dressé sous le regne de Louis XIV. Sa Majesté informée des abus qui se commettoient dans la fabrique du papier, & dans la vente & débit qui s'en faisoit dans le Royaume, ordonna par un Arrêt de son Conseil du 3 Juin 1671, que pardevant Monsieur de la Reynie Conseiller d'Etat, alors Lieutenant Général de Police, il seroit fait une assemblée de trois Imprimeurs, trois Libraires & trois Marchands de Papiers, pour y convenir des moyens d'empêcher à l'avenir le désordre, & rétablir la fabrique du papier en toute sa bonne qualité & perfection.

L'assemblée ayant été tenue en la maniere ordonnée le 27 du même mois de Juin, & un projet de Reglement rédigé en dix-sept articles y ayant été examiné, pour servir de Statuts pour les Maîtres Fabriquans & Marchands Papetiers, il fut unanimement approuvé à la réserve de l'onziéme article concernant les grandeurs & le poids du papier, qu'on estima peu utile; ensorte qu'ayant été retranché, le Reglement ne fut plus composé que de seize articles que Sa Majesté arrêta en son Conseil le 21 Juillet 1671, & en ordonna l'exécution, tant par les Maîtres des Papeteries, Ouvriers & autres travaillant à la fabrique du papier, que par les Marchands qui en font le commerce & débit, voulant même qu'il fût signifié aux Maîtres des Papeteries du Royaume, à la diligence des Procureurs Généraux de Sa Majesté, pour qu'ils eussent à s'y conformer.

Par le premier article de ces Reglemens & Statuts, il est enjoint aux Maîtres travaillant dans les moulins, de tenir toujours leurs cuves fournies de peilles ou vieux drapeaux, ensorte qu'ils ne chaument faute de matiere, & leur défend de les retirer des cuves qu'ils ne soient suffisamment pourris & propres à être employés.

Le second article veut que les peilles ne s'achetent qu'au poids du Roi.

Par le troisiéme il est ordonné, que les cuves soient nettoyées de huitaine en huitaine, & les formes bien encouvertées afin que le papier soit plus carré.

Il est défendu par le quatriéme de faire aucun papier fin gris, ou gros-bon, gris brun ou tracé, ni de quelque nature que ce soit sans colle, excepté celui qu'on appelle Papier fluant.

Le cinquiéme parle des salerans, & regle la façon de faire bouillir la colle, & la maniere de l'employer au collage du papier ; ordonnant pour le premier qu'elle bouilliroit seize heures, & pour le second qu'on l'appliqueroit incontinent après qu'elle auroit été coulée à travers un drapeau.

Le sixiéme ordonne, la marque que tous les Maîtres & Marchands travaillans à la fabrique du papier, doivent appliquer sur chaque feuille de leur ouvrage, qui ne peut être contrefaite par d'autres, à peine de mille livres d'amende. Cette marque consiste aux deux premieres lettres de leur nom & surnom.

Le septiéme défend de mêler ensemble diverses sortes de papiers dans mêmes rames, qui doivent être au contraire si exactement triées, que le fin ne se trouve jamais mêlé d'autre pâte ; l'étroit fourré avec le large ; le mauvais avec le bon, ni le cassé avec l'entier.

Il est dit par le huitiéme, que la qualité du papier sera marquée sur chaque rame, comme le bon côté, les crochets, les feuillets, le fin, le gris, le brun,&c. afin qu'à la seule inspection on en puisse connoître la bonté ou la défectuosité, à peine de confiscation & de cinq cens livres d'amende encourue, sans autre examen que du simple défaut de marque.

Par le neuviéme, les rames doivent être composées de vingt mains & la main de vingt-cinq feuilles, la premiere & derniere main devant être de même pâte & de même compte que les autres.

Le dixiéme défend de faire aucun mélange dans les mains de papier, du vanant avec le fin, en sorte que le fin soit tout fin, & ainsi de chaque sorte.

L'onziéme parle de la vente du papier qui ne sera vendu que pour la qualité dont il est ; le fin pour fin, le moyen pour moyen, & le gros pour gros ; & que pour éviter toute surprise, chaque sorte sera vendue séparément & marquée sur la rame.

Le douziéme défend d'exposer en vente aucun papier, soit en gros, soit en détail, qui ne soit bien & duement collé & lissé, à l'exception du papier fluant, c'est-à-dire qui est sans colle, qui sera vendu pour tel.

Les quatre derniers articles concernent les Apprentifs, Compagnons & Ouvriers, & défendent ou ordonnent :

1°. Qu'aucun des Compagnons, Ouvriers & Apprentifs travaillant actuellement dans les moulins à Papier, ne quitteront leurs Maîtres ni abandonneront leur ouvrage qu'après six mois consécutifs de service, & qu'ils n'ayent demandé leur congé six semaines auparavant, à peine de cent livres d'amende, applicable moitié aux pauvres, & moitié à leurs Maîtres.

2°. Qu'aucun Maître ne pourra pareillement congédier ses Compagnons & Apprentifs qu'en les avertissant six semaines avant l'expiration de leur terme ; sinon, à faute dudit avertissement, les Maîtres seront tenus de les garder six autres semaines après le terme fini aux mêmes gages.

3°. Que les Maîtres ne recevront dans leurs moulins aucuns Compagnons ni Apprentifs, qu'ils n'ayent fait apparoître du congé des Maîtres qu'ils auront quitté.

4°. Que s'il arrive qu'un Compagnon pour forcer son Maître de le congédier gâte sa besogne, & qu'il en soit convaincu, il sera condamné, outre le dommage, à la peine portée par l'article XIII, c'est-à-dire, à cent livres d'amende.

L'article 16, qui est celui qui ordonne cette amende en punition de la malice des Compagnons, laisse aux Maîtres la liberté d'employer tels Compagnons qu'ils veulent & de quelque part qu'ils leur viennent, sans que les autres Compagnons les en puissent empêcher à peine de punition corporelle.

Commerce du Papier a Amsterdam.

Le papier se vend à Amsterdam à tant de sols ou de florins la rame suivant qu'il est blanc, grand ou petit. On en pese une ou deux rames après en avoir examiné la qualité, afin d'en mieux connoître la force & la bonté, il donne un pour cent de prompt payement pour toute déduction.

Appréciation & droits d'entrée & de sortie que le Papier paye en Hollande.

L'appréciation du papier blanc est de 2 florins la rame, les droits d'entrée & de sortie, 2 s. qui augmentent chacun de huit pennins si c'est par l'Orisont.

Il faut observer que le papier blanc valant 40 s. la rame & au dessous, peut se déclarer pour petit papier gris, suivant la résolution des Etats Généraux du 15 Janvier 1680, confirmée le 11 Avril 1687.

L'appréciation du petit papier gris est de 100 florins les cent rames, il paye 1 florin 10 s. d'entrée, & 1 flor. 12 s. de sortie ; l'entrée par l'Orisont est d'un florin 18 s. 8 penn. & la sortie 2 flor. 8. pennins.

L'appréciation du papier bleu petit format, est de 200 flor. les 100 rames, l'entrée est de 15 flor. la sortie de 6 flor. 10 s. si c'est par l'Orisont, elles augmentent chacune de 8 s. 8 pen.

L'appréciation du papier bleu grand format, est de 400 flor. les cent rames, l'entrée est de 20 flor. & la sortie de 7 flor. 10 s. par l'Orisont elles augmentent comme le précédent.

PAPIER MARBRE'. C'est un papier peint de diverses nuances, qui se fait en appliquant une feuille de papier sur de l'eau, où l'on a jetté plusieurs couleurs détrempées avec de l'huile ou du fiel de bœuf.

On se sert d'une espece de peigne pour donner aux couleurs les desseins que l'on veut, comme des ondes, des panaches, des fleurs, &c.

La plus grande partie du papier marbré qu'on voit en France se fait à Paris & aux environs de Rouen : celui de Paris est le plus estimé ; son usage est si connu qu'il seroit comme inutile d'en parler ; on dira cependant qu'il s'en consomme beaucoup pour la relieure des Livres, aussi-bien qu'à couvrir des boëtes de carte, & autres semblables ouvrages.

L'on a tenté, & assez heureusement, de mêler de l'or & de l'argent dans les papiers marbrés destinés pour la relieure des Livres de la Bibliotheque du Roi, & les modeles qu'on en a faits étoient très beaux, mais la dépense peut-être trop considérable a empêché l'exécution de ce dessein.

Il vient aussi du papier doré & marbré d'Ausbourg & de quelques autres endroits d'Allemagne qui est très beau.

PAPIER TIMBRE'. C'est du papier marqué d'une certaine empreinte suivant les diverses Généralités du Royaume, qui ne sert que pour les expéditions des Notaires & Actes ou procédures de Justice. Ce ne sont pas les Marchands Papetiers qui le vendent, mais des Commis des Traitans dans les Bureaux destinés pour cela : l'on prétend que l'invention en vient d'Espagne.

PAPIER. Se dit aussi des Livres Journaux, des liasses de Lettres Missives & de Voitures & de Factures des Marchands. Ainsi l'on dit : Ce Négociant a un grand ordre dans ses papiers.

PAPIER. Parmi les Banquiers, Agens de Change & autres qui se mêlent de commerce d'argent, s'entend quelquefois des Lettres & Billets de Change, comme quand un Négociant dit : Je n'ai point d'argent à vous donner, mais seulement du papier, ce papier vaut de l'argent comptant ; il veut faire entendre que les Billets, Lettres de Change, &c. qu'il offre seront bien payés.

PAPIER. On dit du bon papier, pour dire des Billets, Promesses, Obligations, &c. bien exigibles, & où il n'y a rien à perdre ; & mauvais papier, quand il n'y a pas d'apparence d'en recevoir facilement & exactement le payement.

PAPIER. Les Miroitiers qui mettent les glaces au teint, appellent ainsi une longue bande de fort papier, composée de plusieurs morceaux collés ensemble, dont la largeur n'est gueres que de sept ou huit pouces, & la longueur proportionnée au volume des glaces qu'on veut étamer ; ensorte néanmoins qu'elles les passent de huit ou dix pouces de chaque côté.

Ce papier sert à couvrir le bord de devant de la feuille d'étain après qu'elle a été chargée de vif argent, afin d'y poser la glace, & qu'en la glissant la feuille ne puisse être endommagée. *V.* GLACE.

PAPIER. Terme d'Eventailliste. Le papier d'un Eventail, est ce qui est étendu sur le bois, & qui sert en l'agitant, à rafraîchir l'air & à le pousser contre le visage de la personne qui cherche ce soulagement dans la chaleur. On l'appelle Papier, non pas que les Eventails soient toujours de papier, mais parce qu'ils en sont le plus communément. C'est de cette sorte de papier (qu'on appelle Papier à la Serpente) que les Eventaillistes emploient comme le plus propre à cet usage. Les autres matieres dont on se sert à la place du papier, sont le canepin, le vélin, le taffetas & la gaze. *Voyez* EVENTAIL.

PAPIER BLANC. Les Imprimeurs nomment ainsi le premier côté de la feuille qu'on couche sur la forme.

PAPIER BROUILLARD. C'est du papier qui n'est point collé & qui s'imbibe facilement. Les Commis teneurs de livres & Ecrivains s'en servent au lieu de poudre de buis pour sécher leurs écritures : c'est aussi à travers de cette sorte de papier que les Droguistes, Epiciers & Apoticaires filtrent diverses sortes de leurs liqueurs & de leurs drogues, où l'on ne peut se servir de la chausse.

Les Marchands se servent aussi quelquefois du terme de papier brouillard pour signifier leur brouillon, c'est-à-dire, cette espece de petit agenda dans lequel ils écrivent sans aucun ordre les affaires qu'ils font journellement. *Voyez* LIVRES DE MARCHANDS.

PAQ

PAQUAGE. Terme de Négoce de Saline, qui se dit de l'arrangement qui se fait du poisson salé dans les gonnes, hambourgs, barils & autres futailles, en les y foulant & pressant bien fort pour y en faire entrer le plus qu'il est possible. Ainsi l'on dit ; le Paquage d'un tel lieu est le meilleur, pour faire entendre que le poisson qui en vient est mieux conditionné & mieux arrangé dans les futailles qu'aucun autre. Ce terme, ainsi que les deux suivans, se dit également du saumon, du hareng, & du maquereau.

PAQUE'. Hareng paqué. C'est du hareng arrangé & mis par lits dans un baril ; ce qui les distingue du hareng en vrac, qui est bien enfermé dans des barils, mais qui n'y est pas arrangé.

La différence de ces deux sortes de harengs consiste en ce que lorsque les Pêcheurs sont à la mer & qu'ils ont pris du hareng, ils le jettent sur le tillac de leurs vaisseaux, le saupoudrent de sel, & l'ayant mêlé avec une pelle, le mettent confusément dans des barils pour le porter à terre. Alors on dit que le hareng est en vrac.

Quand les Pêcheurs sont arrivés à terre, ils vuident leurs barils & en jettent le poisson dans une cuve, d'où, après l'avoir salé de nouveau, ils le tirent & l'arrangent proprement dans des barils y mettant par dessus une saumure pour le conserver. On dit alors que le hareng est paqué. C'est en cet état qu'on a coutume de le vendre. *Voyez* HARENG.

PAQUEBOT. Est un petit vaisseau, établi de Douvres à Calais, pour passer en France les lettres d'Angleterre, & en Angleterre les lettres de France. Ce bâtiment passe pareillement les voyageurs de l'un & de l'autre Royaume, lorsqu'ils se présentent.

PAQUER. Signifie presser & fouler le poisson salé à mesure qu'on le tire ou qu'on l'arrange par couches dans les futailles. Il se rencontre plus ou moins de poisson dans les gonnes, hambourgs ou barils, suivant qu'il est bien ou mal paqué.

PAQUET. Assemblage de plusieurs marchandises qu'on joint, qu'on lie ou que l'on enveloppe ensemble. Un paquet d'étoffes, un paquet de bas, un paquet de gants. C'est un des premiers & des principaux soins d'un Apprentif de bien faire les paquets de la marchandise dont il veut entreprendre le négoce.

PAQUET DE LETTRES. Ce sont plusieurs Lettres Missives que l'on met sous la même enveloppe. Avez-vous porté ce paquet à la poste.

PAQUET. S'entend aussi du Courier qui apporte les paquets. Le paquet de Londres, d'Amsterdam, n'est pas encore arrivé, pour dire que le Courier n'est pas encore venu.

PAQUETER, mettre de la marchandise en paquet. Ce mot est moins en usage que celui d'empaqueter.

PAQUETEURS. On nomme ainsi en Angleterre ceux qu'on nomme en France, Emballeurs. C'est un des priviléges qu'on n'oublie gueres dans les Lettres Patentes pour l'établissement des nouvelles Compagnies de Commerce, que celui de pouvoir choisir leurs propres Paqueteurs. *Voyez* EMBALLEUR.

PAQUEUR. Celui qui paque le poisson salé, qui le foule & qui le presse en l'arrangeant dans les futailles.

PAQUOTILLE, que l'on écrit plus communément Pacotille, terme de commerce de Mer. *Voyez* PACOTILLE.

PAR

PARA, PARAT, ou PARASI. Petite monnoie

d'argent alteré, qui vaut en Turquie dix-huit deniers de France. Les 36 pesent autant que la Piastre d'Espagne, dont on en donne pourtant jusqu'à 50, à cause de l'altération plus ou moins suivant que les Piastres sont recherchées pour la Perse & les Indes. On l'appelle autrement Meidin. *Voyez* MEIDIN.

PARA. C'est aussi une Mesure de continence dont les Portugais se servent dans les Indes Orientales, à mesurer les pois, les féves, le ris, & les autres légumes secs. Le Para pese vingt-deux livres d'Espagne, & est la vingt-cinquiéme partie du Mourais.

PARACHEVER. Terme de doreur sur métail. C'est étendre sur l'argent ou le cuivre qu'on veut dorer, l'or moulu & le vif-argent amalgamés ensemble, avec l'avivoir ou le gratte-boesse. *Voyez* DORURE AU FEU.

PARACHEVER. C'est aussi un terme de Teinturier, qui se dit particuliérement des noirs qui se commencent avec le guesde, l'indigo, & le pastel, suivant leur qualité, & qui se parachevent en noir avec de la galle & de la couperose, &c. *V.* TEINTURE.

PARADA-BRAVA. *Voyez* PAREIRA-BRAVA.

PARAGOUANTE, ou PARAGUANTE. Terme demi Espagnol, qui signifie une gratification que l'on fait aux personnes qui viennent apporter de bonnes nouvelles, ou quelque présent considérable.

PARAGOUANTE. Se prend le plus souvent en mauvaise part pour un présent que l'on donne à une personne pour tenter sa fidélité, ou du moins se la rendre favorable dans les conjonctures d'affaires où son crédit peut servir.

Les Intendans des grands Seigneurs & leurs Gens d'Affaires, sont soupçonnés de recevoir de ces Paragouantes, des Marchands dont ils arrêtent les parties, ou dont ils sont chargés de procurer le payement. Aussi l'Auteur du Parfait Négociant, scrupuleux avec justice, & sagement rigide, instruisant les jeunes Marchands dans le 7 chap. du 4 liv. de la premiere partie de son ouvrage, de la maniere qu'ils doivent se conduire dans la vente de leur marchandise, leur remontre qu'il vaudroit mieux ne rien vendre du tout que d'en augmenter le prix excessivement à cause des paragouantes qu'il faut donner aux Intendans, & des remises qu'ils sont obligés de faire aux Fermiers sur lesquels on leur donne ordinairement des mandemens.

PARAGUAY, qu'on nomme aussi PARAGOUE' & MATE'. Plante ou plutôt arbrisseau, qui croît dans quelques Provinces de l'Amérique méridionale, particuliérement dans le Paraguay, dont elle a pris son nom.

Cette plante qui ne s'éleve guere de terre plus d'un pied & demi, a des rameaux très foibles, & des feuilles assez semblables à celles du Séné. On la peut regarder comme une espece de Thé occidental, qui de même que celui d'Orient, se prend infusé dans de l'eau chaude, à laquelle elle communique une couleur & une odeur assez approchante de celles du meilleur Thé qu'on voye en Europe.

Il y a deux sortes de Paraguay; l'un qui retient le nom d'herbe de Paraguay, & l'autre que l'on appelle Herbe Camini, en Espagnol, *Terva-Camini*. Cette derniere est la plus estimée, & se vend un tiers plus cher que le Paraguay, tant parce qu'elle est l'élite de toute celle qui se recueille, & qu'il y a moins de déchet, que parce qu'elle a quelque chose de plus agréable que l'autre.

Le Paraguay commun s'appelle en Espagnol, *Terva-con-palos*, ce qui signifie herbe avec ses petits bâtons, parce qu'en effet elle est remplie de plusieurs petites branches rompues. Celle-ci comme la moins bonne, ne sert qu'aux domestiques & aux esclaves; l'autre est la boisson des gens riches & accommodés; mais toutes deux sont d'un usage si grand, si commun & si nécessaire, que personne dans cette partie de l'Amérique ne pouvant ou ne voulant s'en passer, il s'en vend au Perou, au Chilly & à Buenos-Ayres, pour plus de deux millions par an, qui presque tout passe par les mains des Jesuites qui ont soin des Missions du Paraguay, du Gouverneur Général de la Province, & des Gouverneurs Particuliers des Villes.

L'on a parlé ailleurs du commerce de cette herbe, qui est un des plus considérables qui se fasse dans l'intérieur de l'Amérique Espagnole. *Voyez à l'Etat général du Commerce le Titre de celui de l'Amérique en général, & les Paragraphes où il est traité du négoce particulier du Paraguay, du Chilly, du Perou, & du Buenos-Ayres, page 486 & suivantes.*

La mode ou la nécessité de cette herbe est si bien établie dans toutes ces parties méridionales du nouveau Monde, sur tout au Perou, que les Espagnols, les Indiens & les Négres ne s'en peuvent passer; & que l'ouvrage des mines du Potosi cesseroit si les Maîtres n'avoient soin d'en pourvoir les malheureux esclaves qui y travaillent. Aussi les domestiques ne s'engagent-ils avec personne, qu'entre autres conditions, & comme une partie de leurs gages, on ne leur donne du Paraguay pour boisson.

L'usage de cette herbe commence insensiblement à s'établir aussi dans l'Europe, & les Anglois entre autres, ne l'estiment, ou du moins feignent de ne l'estimer pas moins que le Thé; peut-être autant par interêt que par goût, étant à portée d'en avoir, & seuls, & beaucoup, à cause du commerce qu'ils font avec les Espagnols de l'Amérique Méridionale, & à Buenos-Ayres, depuis le Traité d'Utrecht de 1713.

Ce fut par les vaisseaux de la Compagnie Françoise de l'Assiente, qu'on apporta pour la premiere fois directement de cette herbe en France.

Quelques-uns croient pourtant que Monsieur de Chabert, Chef d'Escadre des vaisseaux du Roi, en avoit déja apporté; mais apparemment c'étoit peu de chose, & comme un essai.

Les sacs dans lesquels cette herbe est transportée de l'Amérique en Europe, sont faits de peaux crues de taureau ou de vache cousues avec des lanieres ou courroyes de même cuir. Quand les Espagnols veulent les remplir, ils les pendent au plancher à quatre cordes pour les tenir ouverts; & à mesure qu'ils y mettent de l'herbe, qui doit être extrémement séche, ils la foulent avec des bâtons, ce qui sert à la conserver. Quand les sacs sont pleins, on acheve de les coudre.

Ces sacs sont quarrés, du poids de cinq ou six arobes, c'est-à-dire, de cent vingt-cinq ou cent cinquante livres chacun poids de France à prendre l'arobe à vingt-cinq livres.

Lorsqu'on ouvre les sacs, & qu'on en veut tirer l'herbe, elle est si dure & si serrée que ce n'est pas sans peine que l'on la brise, & qu'on la réduit en une espece de poudre un peu grosse mêlée de ces petits morceaux de bois dont on a parlé.

Pour préparer cette herbe & en faire de la boisson, il n'y a rien de différent de ce qui s'observe pour le Thé, à la réserve que l'on infuse & bois & herbe tout ensemble. Le trop d'herbe ou le trop d'infusion la rendent trop forte, & en couleur, & en goût; mais en cet état on lui croit plus de vertu.

Outre toutes les qualités que les Orientaux donnent à leur Thé, comme d'être bon aux maux de tête, à la poitrine, à l'estomach, contre la pituite, & à réparer le sommeil, les Amériquains lui croyent celle de purifier toutes sortes d'eaux, quelque impures & quelque corrompues qu'elles soient, en la faisant infuser dedans, soit à chaud, soit à froid. Aussi comme ils en ont toujours avec eux, s'ils ne trouvent que de mauvaise eau dans les montagnes & dans les vastes campagnes, presque toutes inhabitées, qu'ils sont obligés de traverser, pour aller de Buenos-Ayres au Perou & au Chilly, ils ne craignent point d'en boire après y avoir mis quelque tems infuser leur herbe, & prétendent que cette confiance qu'ils y ont, est justifiée par le succès & par une longue expérience.

On la croit aussi très souveraine pour le scorbut & les fiévres putrides; l'on s'en est servi heureusement pour la guérison de ces maladies sur les vaisseaux du Roi.

PARAISONNIER. Terme de Verrerie. C'est celui qui souffle les glaces à miroir. Le métier de Paraisonnier est très difficile à apprendre, & le travail en est très dur. A peine après dix ans d'apprentissage un ouvrier est-il capable de bien souffler une glace. Aussi éleve-t-on pour cela de jeunes enfans qu'on accoutume peu à peu au feu & au maniement du verre. *Voyez l'article des glaces soufflées.*

PARANGON. On appelle Perle Parangon, Diamant Parangon, les perles & les diamans qui se distinguent par leur grosseur, par leur beauté, & par leur prix. *Voyez* PERLES & DIAMANS.

PARANGON. Se dit aussi dans le même sens à l'égard des Rubis, des Saphirs, & des autres pierres précieuses, excellentes, qui n'ont pas de semblables.

PARANGON. Est encore un terme en usage parmi les Marchands Libraires & chez les Imprimeurs & Fondeurs de Lettres. C'est la deuxiéme grosseur des caracteres d'imprimerie après le gros Canon & le petit Canon.

Il y a deux sortes de Parangons, le gros Parangon & le petit Parangon. Le gros est le caractere qui est entre les deux points de Cicero & le petit Parangon: & le petit est celui qui est entre le gros Parangon & le gros Romain.

PARANGON DE VENISE. On nomme ainsi à Smyrne quelques-unes des plus belles étoffes que les Marchands Venitiens y apportent. Ils payent à la Douane de Smyrne les droits d'entrée, à raison de quatre piastres & demi la piece.

Il y a aussi des Parangons de Padoue, mais ceux-ci ne payent les droits que sur le pied de deux piastres.

PARAT. Le parat vaut en Candie six liards de France ou dix-huit deniers de Provence; il est d'argent comme dans tous les autres Etats du Grand-Seigneur, mais d'un très bas aloi. A la Canée on en donne quarante-quatre pour l'abouquet ou piastre de Hollande, mais seulement 42 à Retimo.

PARBAYOLLE. Petite monnoie qui a cours à Milan; elle vaut 2 s. ½ ou cinq sezins, à prendre le soldo Milanois pour 6 d. ⅗ de France.

PARC, qu'on nomme encore PARQUET. Il se dit de différens bassins ou séparations que l'on fait dans les marais salans pour y recevoir & faire entrer l'eau de la mer dont se fait le sel. Ces bassins ou parquets n'ont gueres plus d'un pied de profondeur, & sont séparés les uns des autres par de petites levées de terre entrecoupées d'écluses pour y recevoir & y retenir l'eau ou l'en faire sortir. Le fond de chaque parc est uni & comme battu. C'est dans ces parcs qu'on met aussi parquer les huîtres, & où elles s'engraissent & prennent cette couleur verte qui les rend également délicieuses au goût & agréables à la vûe. *Voyez* SEL MARIN.

PARC. Se dit aussi des Pescheries construites sur le bord de la mer.

Le Titre troisiéme du cinquiéme livre de la Marine de France, distingue deux sortes de Parcs, les hauts Parcs & les bas Parcs.

Les hauts Parcs sont ceux qui sont tendus en telle sorte que le bas du filet ne touche point au sable, & qu'il en soit éloigné d'un quart de pouce au moins.

Les bas parcs sont ceux qui sont tellement attachés aux pieux qui les soutiennent, que les rets touchent le sable, mais ne sont point enfouis.

Il y a aussi des Parcs bâtis de pierre, d'autres bâtis de bois & de filets, & d'autres qu'on nomme des Bouchots. *Voyez* PESCHERIE, *où toutes les sortes de Parcs sont expliquées, aussi-bien que la largeur de leurs pertuis & filets.*

Par l'article 4 des mêmes Titre & Livre de l'Ordonnance, tous Parcs dans la construction desquels il entre des bois & de la pierre, doivent être démolis à la réserve de ceux construits avant l'année 1544.

PARCHEMIN. Peau de Belier, Mouton ou Brebis, & quelquefois de Chevre, préparée d'une certaine maniere qui la rend propre à divers usages, mais particuliérement pour écrire ou pour couvrir des Livres, des Registres, & des Portefeuilles.

Jusqu'à l'invention de l'Imprimerie, tous les livres s'écrivant à la main sur du parchemin ou sur du vélin, le commerce de cette marchandise étoit si considérable à Paris, qu'on y avoit établi une halle dans la cour des Mathurins pour en faire le débit.

C'étoit là que tous les Parcheminiers, soit de la Ville, soit forains, étoient tenus de faire porter & descendre leurs marchandises de la parcheminerie, avec défense de les en tirer que les Parcheminiers de l'Université ne les eussent visitées, que le prix n'en fût fait & marqué, & que le droit de marque n'eût été payé au Recteur, ce qui s'appelloit Rectorier.

La halle au parchemin ne sert plus à cet usage, mais le droit subsiste encore, & l'Université a toujours ses Parcheminiers, sans lesquels les Jurés de la Communauté ne peuvent faire leurs visites. *Voyez* l'article des Parcheminiers, à la fin.

Le Parchemin se commence par le Mégissier & s'acheve par le Parcheminier.

On appelle Parchemin en cosse, ou Parchemin en croûte, celui qui est tel qu'il est sorti de la main du Mégissier, c'est-à-dire, qui n'a point encore été raturé par le Parcheminier avec le fer sur le sommier.

Le Parchemin en cosse s'envoye par les Mégissiers, en paquets de trente-six peaux chacun, que l'on nomme des Bottes de Parchemin.

Les Villes de France d'où l'on tire le plus de Parchemin en cosse, sont, Issoudun, Bourges, Chasteau-Roux, Vierzon, Aubigny, Orléans, Rouen, Argenton, Bernay, Orbée, Gisors, Coutance, Bayeux, Amiens, Abbeville, Senlis, Poitiers, Chartres, Quimpercorentin, Fontenay, Limoges, Saint-Leonard, Agen, Castres, & Troyes; il s'en tire aussi de Flandres, particuliérement de Lille, Tournay, & Ypres.

Le Parchemin est une sorte de marchandise dont il se fait une prodigieuse consommation dans le Royaume, & des envois considérables dans les Pays étrangers, particuliérement dans la Flandre Espagnole, en Hollande, en Angleterre, en Espagne, & en Portugal.

Celui qui se débite par les Parcheminiers, après l'avoir raturé, préparé, & marqué de leur marque particuliere, se vend ou à la botte, ou au cent en compte.

La botte de Parchemin sans être équarrié, c'est-à-dire, dont les bords n'ont point été coupés sous la regle, est composée de trente-six peaux.

La botte de Parchemin équarrié, pour servir aux Expéditions des Chancelleries, est aussi de trente-six peaux.

La botte de Parchemin en cahiers contient dix-huit cahiers de quatre feuilles chacun; ce qui fait en tout 72 feuilles ou 144 feuillets.

Les demi-peaux pour les Chancelleries, les quarrés pour Commissions, Brevets, & Expéditions des Greffiers & des Notaires, & ceux destinés pour quittances de l'Hôtel de Ville, de l'Extraordinaire des Guerres, du Trésor Royal, &c. se vendent au cent en compte.

Ce que les superstitieux nomment du Parchemin Vierge, qu'ils disent être fait de la coeffe que quelques enfans apportent en venant au monde, n'est autre chose qu'une espece de parchemin très mince & très délicat, propre à certains usages particuliers, comme pour faire des éventails, & d'autres semblables ouvrages, qui se fait avec la peau d'un chevreau ou d'un agneau mort-né ou très jeune.

Le parchemin Timbré est du parchemin ordinaire raturé, préparé & équarrié par les Parcheminiers, que les Fermiers des Aydes de chaque Généralité du Royaume ont fait marquer de leur marque particuliere, portant les armes du Roi, le nom de la Généralité, & le prix qu'il doit être vendu, suivant qu'il est plus ou moins grand.

C'est de ce parchemin dont on est obligé de se servir dans toutes les expéditions de Justice. La distribution & la vente s'en fait aux Greffiers, Notaires & autres qui en ont besoin, par des Commis établis par les Fermiers des Aydes dans des Bureaux publics destinés à cet effet.

Maniere de fabriquer le Parchemin.

Lorsque la peau a été pelée & planée par le moyen de la chaux & du plain (comme il se trouve expliqué à l'article du Chamois, à l'endroit où il est parlé de la maniere de passer les peaux de mouton en huile, autrement dit en Chamois) le Mégissier l'étend sur la herse qui est une espece de grand chassis composé de quatre membres de bois équarriés & emmortoisés l'un dans l'autre par les angles, & percés dans leur longueur de distance en distance de trous dans lesquels sont fourrées des chevilles de bois qu'on peut tourner quand on veut de même que celles d'une basse de violon.

Pour étendre la peau sur la herse, on y fait de petits trous tout autour dans lesquels l'on passe de deux en deux une petite brochette de bois à laquelle on attache une menue ficelle que l'on noue aux chevilles de la herse; ensorte que venant à les tourner également, les cordelettes bandes fortement, ce qui fait que la peau s'étend de toutes parts comme celle d'un tambour.

La peau étant bien étendue sur la herse, on l'écharne avec le fer qui est un instrument d'acier tranchant propre à cet usage; & lorsqu'elle a été écharnée, c'est-à-dire, qu'on a enlevé le plus gros de la chair qui peut être dessus, on la mouille avec un torchon; puis on seme par dessus du groizon qui est une espece de pierre ou craye blanche réduite en poudre fine.

Après que la peau a été superficiellement parsemée de groizon, l'on prend une grosse pierre ponce plate par dessous, à peu près semblable à la molette dont on se sert pour broyer les grosses couleurs, que l'on passe sur toute la peau, comme si l'on vouloit broyer le groizon qu'on a mis dessus, ce qui acheve d'ôter le reste de la chair.

Lorsque toute la chair a été exactement ôtée de dessus la peau, l'on passe de nouveau le fer par dessus; puis on la remouille avec le torchon sans y mettre de groizon, se contentant seulement de la frotter avec la pierre ponce, ce qui adoucit beaucoup le côté de la chair que l'on égoute ensuite avec le fer en l'appuyant fortement dessus sans en rien emporter.

Le côté de la chair ayant été bien égouté, l'on passe le fer par dessous, qui est le côté où étoit la laine ou le poil, puis l'on rebande bien fort la peau par le moyen des chevilles de la herse, & lorsqu'elle est suffisamment bandée, l'on passe encore le fer du côté de la chair, ce qui acheve de l'égouter entierement; plus la peau est égoutée, & plus elle devient blanche.

Après que la peau a été égoutée de la maniere qu'il vient d'être dit, on rejette du groizon par dessus que l'on balaye avec une peau d'agneau garnie de sa laine, ce qui l'unit & lui donne cette fleur blanche que l'on apperçoit sur toute la superficie du parchemin lorsqu'il sort de la main du Mégissier.

Quand la peau a reçu toutes les façons qu'on vient de dire, ce que les Ouvriers appellent le Travail à mouiller, on la laisse en repos sécher, & quand elle est bien séche, on la leve de dessus la herse en la coupant proprement tout autour avec un couteau, & c'est en cet état qu'on l'appelle du Parchemin en cosse ou en croute.

La peau ayant été préparée par le Mégissier de la maniere qu'on vient de l'expliquer, le Parcheminier la prend pour la raturer à sec sur le sommier par le moyen d'un fer semblable à celui dont on a déja parlé, si ce n'est qu'il est plus fin & plus tranchant, qu'il coule à force de bras depuis le haut de la peau jusques en bas, dont il enleve environ moitié de l'épaisseur de la peau.

La peau ainsi raturée à sec sur toute sa superficie le plus également qu'il a été possible, tant du côté de la fleur que du côté du dos, on passe la pierre ponce par dessus pour la bien unir des deux côtés, ce qui s'appelle Poncer le parchemin, &

& c'est cette derniere façon qu'on lui donne sur une espece de forme ou banquette couverte d'une toile rembourée, que l'on nomme Selle à poncer, qui le met en état de pouvoir recevoir l'écriture.

C'est le côté de la peau où étoit la chair que l'on nomme la Fleur du parchemin, & celui où étoit la laine ou poil s'appelle le dos du parchemin.

La façon de raturer les peaux à sec sur le sommier est la plus difficile de toutes celles qui se donnent au parchemin; c'est pourquoi les Mégissiers ne s'attachent gueres à la lui donner, laissant cet ouvrage à faire aux Parcheminiers qui en ont un plus grand usage.

Le sommier sur lequel le Parcheminier rature le parchemin, est une peau de veau bien tendue sur la herse, qui sert comme de soutien à la peau qui y est attachée par le haut avec un instrument de bois qui a une coche enfoncée: l'on appelle cet instrument un Clan ou un Gland. Enfin pour que l'on puisse passer plus facilement le fer par dessus, l'on met entre le sommier & la peau qu'on rature, une peau de parchemin en cosse bien unie que l'on appelle le contre-sommier.

On appelle Ratures de parchemin ce que le Parcheminier enleve avec le fer de dessus le parchemin en cosse; on en fait de la colle dont se servent plusieurs Ouvriers. *Voyez* RATURES DE PARCHEMIN.

Le vélin, ainsi nommé de ce qu'il est fabriqué de la peau d'un veau mort-né ou de celle d'un veau de lait, est aussi une espece de parchemin, mais plus fin, plus blanc & plus uni que le parchemin ordinaire.

Le vélin de même que le parchemin est d'abord préparé par le Mégissier, & ensuite achevé par le Parcheminier, avec cette différence néanmoins que le vélin ne passe point par la chaux, & qu'on y fait passer le parchemin.

On employe le vélin à divers usages, mais particuliérement à écrire des livres d'Eglise ou d'autres livres de conséquence, à dessiner des généalogies & des plans, à peindre en mignature, à imprimer des images & à couvrir quelques livres d'importance.

Les Flamands donnent au vélin le nom de Françin, & il y a de l'apparence qu'ils l'appellent ainsi à cause qu'ils en ont tiré l'invention de France.

La Ville d'Anvers en consomme considérablement par rapport à la grande quantité d'images qu'on y fait imprimer sur le vélin, dont il se fait de gros envois à Paris & dans plusieurs autres Villes d'Europe.

Il se fabrique du vélin dans tous les endroits où l'on fait du parchemin; mais celui de Lisle en Flandre, de Bayeux & de Coutance en Normandie, est le plus estimé.

Le Parchemin paye en France les droits d'entrée; sçavoir, le parchemin de Flandre, Bretagne & autres Pays à raison de 30 f. la grosse de peaux.

Et le parchemin vieux 6 f. du cent pésant.

Les droits de sortie sont pour le parchemin neuf 40 f. de la grosse, & pour le vieux 6 f. du cent pésant, le tout conformément au Tarif de 1664.

A l'égard de la Douane de Lyon les droits sont de 10 f. par balle pour l'ancienne taxation & de 3 f. pour la nouvelle réapréciation.

Le parchemin vieux paye 3 f. du quintal.

PARCHEMINERIE. Lieu où l'on prépare le parchemin. Il se dit aussi de l'art de le fabriquer & du négoce qui s'en fait.

Dans le premier sens l'on nomme à Paris Rue de la Parcheminerie une rue où sont établis la plupart des Parcheminiers; Dans le second sens il est très véritable de dire que c'est à Paris où l'on travaille le mieux en parcheminerie; & enfin dans le troisiéme sens on dit qu'un Marchand fait un très grand négoce de parcheminerie, pour dire qu'il vend & débite beaucoup de parchemin.

PARCHEMINIER. Ouvrier & Marchand qui achete des Mégissiers le parchemin brut, autrement dit en cosse ou en croute, qui ensuite le prépare d'une maniere propre à recevoir l'écriture en le raturant superficiellement sur le sommier avec un fer tranchant.

Chaque Maître Parcheminier a sa marque particuliere dont il marque le parchemin qui est apprêté dans sa boutique par lui ou par ses Compagnons.

A Paris les Parcheminiers forment une Communauté d'Artisans dont les Statuts sont des 1 Mars 1545, & 14 Mars 1550 sous les regnes de François I & de Henri II, & qui depuis ont été augmentés par Louis XIV, par Lettres Patentes du mois de Décembre 1654.

Suivant ces Statuts & Lettres Patentes, aucun ne peut être reçû Maître Parcheminier s'il n'a été Apprentif pendant 4 ans, servi les Maîtres trois années en qualité de Compagnon, & fait chef-d'œuvre ou expérience tel qu'il plaît aux Maîtres Jurés de la Communauté de lui prescrire.

Les Fils de Maîtres sont exemts de l'apprentissage & du chef-d'œuvre; il suffit pour être admis à la maîtrise qu'ils ayent exercé le métier dès leur jeunesse, & qu'ils soient certifiés capables & suffisans par les Maîtres chez lesquels ils ont travaillé.

Un Compagnon qui épouse la Veuve ou la Fille d'un Maître peut être reçû Maître sans faire chef-d'œuvre, pourvû qu'il ait fait apprentissage.

Il y a à la tête de la Communauté des Parcheminiers deux Maîtres Jurés préposés, tant pour en soutenir les priviléges que pour tenir la main à l'exécution de ses Statuts & Réglemens.

Ces Jurés se renouvellent tous les deux ans par l'élection qui s'en fait par les autres Maîtres de la Communauté, & sont tenus, de même que les Apprentifs, Fils de Maîtres & Compagnons qui épousent des Veuves, qui sont admis à la maîtrise, de prêter serment pardevant le Procureur du Roi du Châtelet.

Lorsque les Maîtres Jurés en charge veulent aller en visite chez les autres Maîtres de leur Communauté, ils sont obligés de se faire assister des quatre Maîtres Jurés Parcheminiers de l'Université, qui sont des Maîtres Parcheminiers distingués, qui agissent sous les ordres du Recteur dont ils ont pris des Lettres.

PARDAO, ou PARDO-XERAFIN. Monnoie d'argent de mauvais aloi que les Portugais fabriquent aux Indes Orientales, qui a cours à Goa & sur la Côte de Malabar.

Le pardao a pour empreinte d'un côté un S. Sebastien & de l'autre un paquet de quatre fleches; il vaut environ trois cent rays; on donne vingt fanos ou fanons d'argent pour le pardao. Il y a des demi-pardaos & des quarts qui valent à proportion: il paroît même par quelques Relations qu'il y a de doubles pardaos.

Il n'y a gueres de monnoie dans les Indes qui se falsifie davantage que celle-là ; ce qui arrive moins par la mauvaise foi des Portugais, que par celle des Indiens Payens qui les contrefont, & qui en fabriquent quantité de fausses dans des lieux assez avant dans les terres, & qui ensuite les transportent sur les Côtes & dans les Villes du plus grand commerce.

Il n'y auroit gueres moyen de recevoir de ces pardaos sans courir risque d'être trompé, si des especes de Changeurs qu'on appelle Xaraffes, qui sont des Indiens Chrétiens, ne se tenoient exprès au coin des rues pour les examiner ; ce qu'ils font au seul toucher, & sans autre précaution. Ils y sont néanmoins si experts & si seurs, que les Européens avec le trébuchet & la pierre de touche ne le sont pas davantage. *Voyez* Xaraffes.

Pardaos de Reales. On nomme ainsi les reales ou pieces de huit, qui sont les seules de toutes les monnoies d'Espagne qui ayent cours aux Indes.

Ces pardaos ou piastres, car la réale de huit & la piastre ne sont que la même chose, ont un certain prix fixe, au dessous duquel elles ne baissent jamais ; mais elles haussent assez considérablement, lorsque quelquefois les Marchands en veulent amasser quelques parties considérables pour envoyer à la Chine, où elles sont fort estimées. On les échange avec de l'or.

Quand on vend ou qu'on achete aux Indes, (ce qui ne doit s'entendre que des lieux où les pardaos ont cours,) il faut toujours convenir de l'espece de monnoie en laquelle se doivent faire les payemens, & s'ils se feront en pardaos xerafins, en pardaos de réale ou en pardaos d'or. Ces derniers sont les sequins ou ducats d'or de Venise & de Turquie, qui valent ordinairement deux doubles pardaos de réales.

Lorsque ce sont des perles, des pierreries, de l'or, de l'argent ou des chevaux que l'on veut acheter ou vendre, il suffit de marquer le nombre de pardaos qu'on en offre ou que l'on en demande, sans les spécifier davantage, parce qu'en ce cas on entend toujours des pardaos de six tangas ; mais pour toutes les autres marchandises, si l'on ne spécifie rien, ce ne sont que des pardaos de cinq tangas. *Voyez* Tangas.

Les pardaos xerafins servent aussi de monnoie de compte dans toute la Côte de Malabar, & particuliérement à Goa.

PARDOS. Espece de monnoie d'argent qui a cours à Mosambique & le long de la Côte d'Afrique. Le pardos vaut deux cent rais.

PARÉ. Du cidre paré est celui qui a perdu sa douceur, soit par artifice, soit à force de le laisser cuver. *Voyez* Cidre.

PAREAUX. Signifie, en termes de Pêcheurs, de gros cailloux, ronds, pésans & percés par le milieu, qu'ils attachent de distance en distance le long de la coulure d'en bas du filet qu'ils appellent une Seine, afin de la parer quand ils l'ont jettée à l'eau, c'est-à-dire, pour en arrêter le bas au fond, tandis que le haut flotte, à cause des lieges qui le soutiennent. *Voyez* Seine.

PAREIRA BRAVA. Plante qui croît aux Indes Occidentales, & sur-tout dans le Mexique & dans le Bresil. Sa racine qui a aussi le même nom, & qui a été apportée en France pour la premiere fois par M. Amelot présentement (1706) Conseiller d'Etat & Ambassadeur en Espagne, au retour de son Ambassade de Portugal, est regardée comme un remede spécifique pour la guérison de la pierre & de la gravelle.

Son nom, qui en Portugais veut dire Vigne sauvage ou bâtarde, a beaucoup de rapport à la nature de la plante, qui porte des branches chargées de feuilles tout-à-fait semblables à la vigne, & qui rampent le long des murailles & des arbres.

Il ne se fait pas encore un grand commerce en France de cette racine, que les Portugais estiment néanmoins sur le pied de l'Ipecacuanha. Quelques Droguistes François l'appellent par corruption Parada Brava, & d'autres lui donnent encore le nom de Botua.

PAREMENT. Terme de Manufacture. Les Mulquiniers ou Tisserands nomment ainsi une sorte de colle faite d'eau & de farine, dont ils enduisent les chaînes de leurs toiles, lorsqu'elles sont montées sur le métier ; ce qu'ils appellent les Parer. Ce terme n'est gueres en usage que dans la Picardie. Ailleurs on dit simplement : Coler la chaîne.

Parements, ou Triques de Fagots. Terme de commerce & d'exploitation de bois de chauffage. Ce sont les plus gros morceaux de bois dont les Bucherons ont coutume de parer les fagots qu'ils font, d'où leur est venu leur nom. *V.* Fagot.

PARER. Se dit de quelques préparations que l'on donne à certaines especes de marchandises, pour les rendre plus éclatantes, ou pour les disposer à faire un meilleur service.

Les Bonnetiers parent leurs bas & les Marchands & Manufacturiers leurs marchandises par des eaux qu'ils leur donnent, ou par la maniere de les presser, comme aux tabis, aux taffetas, aux camelots, aux calmandes, &c.

Parer. Chez les Courroyeurs, Peaussiers, Parcheminiers, &c. Veut dire, gratter ou racler superficiellement les cuirs ou peaux avec la lunette, ou quelque autre instrument d'acier tranchant, pour en ôter le superflu, afin de les rendre plus belles, plus unies & d'une meilleure vente. *Voyez* Lunette.

Les cuirs & les peaux se parent ordinairement du côté de la chair. On dit en ce sens, Un cuir paré, Une vache parée, une peau parée.

Parer. *Voyez ci-dessus* Parement.

Parer. Est aussi un terme fort usité dans les manufactures & fabriques de lainages. *V.* Lainer.

Parer. Les Relieurs de Livres appellent Parer une couverture de veau ou d'autre cuir, en enlever avec un tranchoir, qu'ils nomment Couteau à parer, ce qu'il y a de trop épais sur les bords du cuir, afin qu'ils se collent plus facilement sur le carton. On pare la couverture sur un marbre ou pierre de liais, après que la peau a été mouillée, ratissée & coupée. *Voyez* Relieure.

Parer, en termes de Pêcheur. Signifie tenir la seine au fond de l'eau. *Voyez* Pareaux.

Parer, en termes de Maréchal. C'est couper la corne d'un cheval avec le boutoir, pour la rendre plus unie & plus facile à y placer le fer. *Voyez* Boutoir.

Parer. Se dit aussi de quelques liqueurs, particuliérement des cidres & des poirés. C'est leur ôter le goût douceâtre qu'elles ont naturellement, & leur en donner un qui approche davantage de celui du vin. Quelques-uns se servent pour cela de l'eau-de-vie.

PARERE. Terme de commerce, plus Italien que François. Il signifie l'avis ou conseil d'un Négociant; parce que répondant en Italien ce qu'il juge à propos sur la demande qu'on lui fait, il dit en cette langue, *Mi pare*, qui signifie *il me semble*, en François.

La pratique du négoce, particuliérement de celui des Lettres de change, étant venue d'Italie, on a conservé presque dans toutes les Places de France, singuliérement en celle de Lyon, l'usage des Pareres, qui sont les avis des Négocians, qui tiennent lieu d'actes de notoriété, lorsqu'ils ont été donnés de l'autorité du Juge-Conservateur, ou par une consultation particuliere pour appuyer le droit de celui qui consulte.

Depuis l'érection des Chambres particulieres de commerce dans quelques principales Villes de France, en conséquence de l'Edit de 1700, & de l'Arrêt du Conseil de 1701, les Pareres faits sur les places de la Bourse ou du Change dans les Villes où ces Chambres sont établies, ne peuvent avoir d'autorité qu'après avoir été présentés & approuvés par lesdites Chambres. *V.* CHAMBRE DE COMMERCE.

M. Savary Auteur du Parfait Négociant a donné au Public en 1688, un Livre intitulé, *Parere ou Avis & Conseils sur les plus importantes matieres du Commerce.*

Ce livre contient la résolution des questions les plus difficiles concernant les banqueroutes & faillites, les lettres & billets de change, les ordres sans dattes & sans expressions de valeur, les signatures en blanc, les novations des billets & lettres de change, celles qui sont tirées ou acceptées par des femmes en puissance de mari, la minorité des Tireurs, les différentes Societés, la compétence des Juge & Consuls, & d'autres matieres touchant le fait du commerce; ensemble plusieurs Arrêts des Parlemens rendus en conformité des Pareres donnés sur toutes ces sortes de questions.

Ce Livre a depuis été réimprimé en 1715 par Guignard Libraire, avec une augmentation de trente-neuf Pareres sur différentes questions toutes nouvelles tirées des Mémoires de l'Auteur, par celui de ses Fils à qui on est redevable de la meilleure partie de ce Dictionnaire, & qui se préparoit à le donner au Public, quand il mourut au mois d'Avril 1716.

On peut dire sans aucune prévention que ce Livre des Pareres avec ses Augmentations (qui est proprement une suite du Parfait Négociant) ne peut être que très utile aux Marchands, Banquiers & Négocians pour la décision des difficultés qui naissent tous les jours entr'eux touchant les affaires de leur commerce. *Voyez* PARFAIT NEGOCIANT.

PAREUR DE DRAPS. C'est un des noms que les Lettres Patentes des Rois & les Statuts de la Communauté des Maîtres Foulons de la Ville de Paris leur donnent. *Voyez* FOULON.

PAREUR. Se dit aussi dans les manufactures de lainage, de l'Ouvrier qui les pare. On le nomme plus ordinairement Laineur. *Voyez* LAINEUR.

PARFAIRE, en termes de négoce. Signifie achever, rendre complet un compte, une somme. Il faut parfaire ce payement, c'est à-dire, achever de payer Il me devoit mille livres, j'en ai reçû huit cent comptant, & je me suis contenté de son billet de deux cent livres pour parfaire mon payement.

PARFAIT. Signifie accompli; où il n'y a rien à desirer ni à ajouter. Ce drap est parfait, il est bien fabriqué, il n'y a rien à redire. Cette piece de satin est parfaite, aussi est-elle du meilleur Façonnier.

PARFAIT NEGOCIANT. Celui qui entend parfaitement le négoce, le commerce, & tout ce qui y a du rapport.

Feu M. Savary pere des Auteurs de ce Dictionnaire, a donné au Public un Ouvrage de commerce sous le nom de *Parfait Négociant*: il contient une instruction sur tout ce qui regarde le négoce des marchandises de France & des Pays étrangers; pour la banque, le change & rechange; pour les sociétés ordinaires, en commandites & anonymes; pour les faillites, banqueroutes, séparations, cessions & abandonnement de biens; pour la maniere de tenir les livres journaux, d'achats, de ventes, de caisse & de raison; avec des formulaires de lettres & billets de change, d'inventaire, & de toutes sortes de societés.

Il y a joint l'application des Ordonnances & Arrêts rendus sur toutes les questions les plus difficiles qui arrivent entre les Marchands, Négocians & Banquiers sur toutes sortes de matieres concernant le commerce des lettres & billets de change.

Il y est aussi parlé des poids & mesures tant de France que des Pays étrangers, du Banco de Venise, du commerce des soies de Messine, & du négoce qui se fait par la mer Méditerranée dans toutes les Echelles du Levant, &c.

Le grand nombre des éditions de cet excellent Ouvrage, & les diverses traductions qui en ont été faites doivent suffire pour son éloge; & il ne siéroit pas aux Auteurs de ce Dictionnaire d'en dire davantage: ils ajouteront seulement que feu M. Savary a donné encore au Public un autre Ouvrage non moins considérable, intitulé, *Parere ou Avis & Conseils sur les plus importantes matieres du Commerce.* C'est proprement une suite du Parfait Négociant. *Voyez* PARERE. *Voyez aussi* MARCHAND & PROFESSION MERCANTILLE.

PARFAIT. Les Arithméticiens appellent un Nombre parfait, celui dont les parties aliquotes ajoutées ensemble font le même nombre dont elles sont les parties. Ainsi 6 ou 28 sont des nombres parfaits, parce que 1, 2 & 3, qui sont les parties aliquotes du premier, font 6, & que 1, 2, 4, 7 & 14, qui sont celles de 28, font aussi 28. *Voyez* PARTIES ALIQUOTES.

PARFOURNIR. Achever de fournir ce qui manque à une chose pour la rendre complette. J'ai payé ma part, c'est à vous à parfournir le reste.

Ce terme commence à vieillir, même dans le commerce: on dit simplement, C'est à vous à fournir, ou à payer, ou quelquefois à faire le reste.

PARFUM. Senteur agréable qui flatte l'odorat.

La plupart des parfums se font ou se composent avec le musc, l'ambre-gris, la civette, les bois de rose & de cedre, l'iris, la fleur d'orange, la rose, le jassemin, la jonquille, la tubereuse, & autres fleurs odorantes.

On y fait aussi entrer le storax, l'encens, le benjoin, le girofle, le macis & autres semblables drogues, que l'on nomme communément des aromats. *Voyez* AROMATS.

On compose encore quelques parfums avec des herbes aromatiques, telles que peuvent être la lavande, la marjolaine, la sauge, le thim, la sarriette, l'hysope, &c. *Voyez* AROMATIQUE.

Autrefois les parfums étoient fort en usage en France, particuliérement ceux où entroient le musc, l'ambre gris & la civette; mais depuis que l'on s'est apperçu qu'ils incommodoient le cerveau, l'on s'en est presque deshabitué.

Les parfums sont encore très à la mode en Espagne, en Italie, & en quelques autres Pays.

Par Arrêt du Parlement de Paris du 26 Novembre 1594, il est défendu aux Maîtres Gantiers Parfumeurs de vendre ni de débiter séparément aucuns parfums ni autres senteurs que ceux qu'ils ont faits & composez.

PARFUM. Se prend aussi pour les corps mêmes d'où s'exhalent les parfums. Les meilleurs parfums se tirent d'Orient & des Pays chauds.

PARFUM. Se dit encore en Médecine & parmi les Apoticaires, de quelques remedes topiques ou extérieurs composés de poudres & de gommes particulieres; lesquelles mêlées l'une avec l'autre, & jettées sur les charbons ardens, produisent une vapeur ou fumée capable de guérir plusieurs sortes de maladies. Ordonner un parfum: Préparer un parfum.

PARFUM. On nomme aussi de la sorte une composition de divers ingrédiens, dont quelques Tireurs & Escacheurs d'or & d'argent se servent pour donner le fumage au fil d'argent, afin de le faire passer pour fil d'or ou fil surdoré. Le parfum est défendu par les Reglemens. *Voyez* ARGENT FIN FUMÉ. *Voyez aussi* FUMAGE.

PARFUMÉ, PARFUMÉE. Se dit des choses qui ont reçu l'impression de quelque agréable parfum. Des gants parfumés: Des peaux parfumées.

La France tiroit autrefois d'Espagne & d'Italie quantité de peaux de chevres ou boucs toutes parfumées, qui s'employoient à faire des gants, des pourpoints, des poches, des bourses, à couvrir des corps de jupes, &c. quoique ces peaux fussent d'un grand prix & fort à la mode: cependant on ne les peut plus souffrir à cause de leur odeur trop violente; ensorte qu'elles ne tiennent présentement aucun rang considérable parmi les autres marchandises dont il se fait négoce dans le Royaume.

Les peaux parfumées payent en France les droits d'entrée à raison de 4 liv. la douzaine, & ceux de sortie sur le pied de 12 s. conformément au Tarif de 1664.

Les droits de la Douane de Lyon sont de 3 liv. la douzaine d'ancienne taxation & 20 s. de nouvelle réapréciation, à la réserve des peaux de chevrotins lavées en jassemin qui ne payent que 4 s. de la douzaine, & les grandes peaux de cabrons passées en fleurs d'orange qui payent 15 s. aussi la douzaine, tant d'ancienne que de nouvelle taxation.

PARFUMER. Action par laquelle on communique l'odeur d'un parfum à quelque corps capable de le recevoir. On parfume des peaux, des gants, de la poudre, du savon, de la pomade, du tabac, des liqueurs, &c. avec le musc, l'ambre-gris, le jassemin, la tubéreuse, la jonquille, &c.

L'Italie & l'Espagne sont les Pays où l'on sçait le mieux parfumer.

PARFUMER. Se dit aussi des précautions que l'on prend dans les tems de contagion, pour empêcher que les marchandises, les lettres & autres choses qui viennent des pays qui en sont infectés, ne puissent la porter & la communiquer dans les lieux de leur destination.

On trempe toutes les lettres dans une certaine composition de vinaigre, qui s'appelle parfum, & qui en rougit le dessus & le dedans; l'on parfume les marchandises avec les fumées de divers ingrédiens & drogues d'une odeur forte.

En ce sens on disoit il y a quelques années, toutes les lettres qui viennent de Provence, du Dauphiné & du Languedoc, sont toutes parfumées, c'est-à-dire, trempées dans une liqueur qui en ôte le mauvais air.

PARFUMER DU FIL D'ARGENT, c'est lui donner le parfum. *Voyez* PARFUM.

PARFUMEUR. Marchand & Ouvrier tout ensemble, qui compose, vend & emploie toutes sortes de parfums, qui fait & vend de la poudre pour les cheveux, des savonnettes, de la pâte pour les mains, des pastilles, eaux de senteur, essences, gants parfumés, sachets de senteur, pots pourris, cachou, &c.

Le métier de Parfumeur étoit fort en vogue parmi les anciens Grecs & les anciens Romains.

Quelques Marchands Merciers de Paris ont voulu autrefois se qualifier Marchands Merciers Maîtres Parfumeurs; mais par Arrêt du Parlement du 26 Novembre 1594, il leur a été défendu de prendre le titre de Parfumeur, qui n'est réservé qu'aux seuls Maîtres Gantiers, suivant qu'il est porté par leurs Statuts & Reglemens. *Voyez* GANTIER.

PARI. Ce mot est de quelque usage parmi les Marchands & les Banquiers qui sont en commerce avec les Italiens, ou qui habitent les Provinces de France qui les avoisinent. Il signifie Pair. *Voyez* PAIR.

PARIS, la plus grande & la plus peuplée Ville de l'Europe, Capitale du Royaume de France, & le centre de tout le Commerce qui s'y fait. On en parle amplement par rapport à son négoce, dans l'Etat général du Commerce, Tome I. p. 1 *& suiv.*

PARISIS. Monnoie de compte, autrefois monnoie réelle qui se fabriquoit à Paris, en même tems que les tournois se fabriquoient à Tours.

Les parisis étoient d'un quart plus forts que les tournois; en sorte que la livre parisis étoit de vingt-cinq sols, & la livre tournois de vingt; les sols & les deniers à proportion. On compte encore en livres, sols & deniers parisis. *Voyez* LIVRE.

PARISIS. S'entend aussi dans les Bureaux des Douanes du Roi & des Peages des Seigneurs, du quart en sus des droits reglés par les Tarifs & Pancartes. *Voyez* QUART EN SUS.

PARLOIR AUX BOURGEOIS. C'étoit anciennement à Paris ce qu'on nomme présentement l'Hôtel de Ville, c'est-à-dire, le lieu où les Magistrats Municipaux tenoient leur Jurisdiction, & terminoient les différends qui étoient de leur compétence, & qui survenoient entre les Bourgeois en fait de police & de négoce. Ce parloir étoit près de la porte S. Jacques. *Voyez* HOSTEL DE VILLE. *Voyez aussi* PREVOST DES MARCHANDS.

PARME, Ville d'Italie, Capitale du Duché de même nom. Ses soies crues & ses fromages sont ses principales marchandises. *Voyez* ces deux articles.

PARMESAN. Fromage qui vient de Parme en Italie, ou qui a la réputation d'en venir; tous les fromages qui portent ce nom & celui de Milan ne se faisant qu'à Lodi. *Voyez* FROMAGE, *où il est parlé des Fromages d'Italie.*

PAROIR. Instrument sur lequel les Courroyeurs & quelques autres Ouvriers en cuir parent ceux qu'ils préparent.

Le paroir est une espece de chevalet sur le haut duquel, & le long de sa traverse, est étendue une corde sous laquelle on engage un bout du cuir, tandis que de l'autre bout il est attaché avec une tenaille qui tient à la ceinture de l'Ouvrier, qui peut aussi tirer & lâcher à son gré la peau à mesure qu'il la ratisse avec la lunette. *Voyez* COURROYER.

PAROIR. Signifie aussi l'instrument de fer avec lequel les Maréchaux parent le pied des chevaux. On le nomme plus communément Boutoir. *Voyez* BOUTOIR.

PAROIRE. On nomme quelquefois ainsi un outil tranchant fait en fer de pique, avec lequel les Chauderonniers grattent & nettoyent le dedans des marmites, casseroles, tourtieres, coquemarts & autres ustenciles de cuisine faits de cuivre qu'ils veulent étamer. Son vrai nom est un Grattoir ou Grattoire. *Voyez cet article.*

PAROIS. Terme d'exploitation & de commerce de bois. Il se dit des arbres qui sont entre ce qu'on appelle les pieds corniers. Ceux-ci sont aux angles d'une vente, & sont marqués de deux faces avec les marteaux du Roi, du Grand-Maître, & de l'Arpenteur. Les autres n'ont qu'une face marquée; on les nomme Parois, parce qu'ils servent comme de murailles pour séparer les différentes coupes: il est défendu de toucher aux arbres de Parois.

L'Ordonnance de 1669, sur le fait des Eaux & Forêts, titre XV, art. VI, porte que l'Arpenteur en faisant l'assiete des ventes, marquera de son marteau tel nombre de pieds corniers d'arbres de lizieres & parois qu'il estimera convenables.

PAROS, Isle de la Mer Egée, autrefois célébre pour son marbre blanc. *Voyez* le détail des productions de cette Isle, dans l'Etat général, Tome I. page 346.

PARPIROLLE. Petite monnoie de Savoye fabriquée à Chambery. Elle est de billon, c'est-à-dire, de cuivre tenant deux deniers d'argent. C'est une espece de sol. Il y a d'autres parpirolles, qu'on nomme à la petite Croix: celles-ci sont frappées à Gex, & n'ont qu'un denier dix grains de fin.

PARQUER DES HUITRES. C'est les laisser pendant quelque tems dans les parcs ou parquets des marais salans pour s'y engraisser, & y prendre cet œil verd qui fait une des bonnes qualités de ce poisson testacé. *Voyez* HUITRE.

PARQUET. On nomme ainsi, & quelquefois Parc, chaque séparation des marais salans. *Voyez* SEL.

PART. Signifie, en termes de commerce, l'intérêt, la portion qu'on a dans une Société, dans une Compagnie de commerce, dans une Manufacture, &c. J'ai pris part pour un sixiéme dans la ferme du castor. Je ne veux plus prendre de part dans aucun armement, je n'y ai pas été heureux.

PART. S'entend aussi de l'autre côté d'un feuillet de papier opposé à celui où l'on écrit actuellement. J'ai reçu le contenu de l'autre part; pour dire, la somme contenue & exprimée dans le billet, lettre de change ou autre acte obligatoire écrits & libellés au dos de la quittance qu'on en donne.

PART. Les Teneurs de livres ou ceux qui dressent des comptes, en portant l'arrêté du folio recto qu'ils viennent de finir, mettent ordinairement au folio verso qu'ils recommencent, *Pour le montant de l'autre part*; c'est-à-dire, ce à quoi monte le total calculé au bas de la page de derriere.

On appelle Quote-part, la portion que des Associés doivent porter du gain ou de la perte, suivant qu'ils ont chacun dans le fond de la société. *Voyez* QUOTE-PART.

PARTAGE. Division qui se fait d'une chose en plusieurs parties & portions. Il faut faire le partage de nos marchandises.

PARTAGER. Diviser quelque chose, en faire le partage.

PARTAGEUR. Terme dont on se servoit autrefois en Arithmétique, pour dire, Diviseur ou Partiteur. *Voyez* DIVISEUR.

PARTENAY, Ville de France dans le Poitou. Les droguets que l'on y fait, sont estimés. Les uns sont tout de laine, & les autres, fil & laine. *Voyez* l'Etat général, Tome I. page 64.

PARTERES. Especes de satins ou de damas, on les nomme ainsi parce qu'ils sont semés de fleurs naturelles, qui par leur diversité représentent assez bien l'émail d'un parterre. Ils ont été inventés en France, & imités, mais assez grossierement, à Amsterdam.

PARTI. Traité que l'on fait avec le Roi; recouvrement de deniers dont on traite à forfait. Le parti du tabac: Le parti de la paulette. Il ne se dit gueres que des Fermes du Roi.

PARTICIPATION. On appelle Société en participation, une des quatre sociétés anonymes que font les Marchands. *Voyez* SOCIE'TE'.

PARTICIPE, en termes de finances. Est celui qui a part secretement dans un Traité ou dans une Ferme du Roi. Les Traitans & leurs Participes ont été également soumis aux taxes de la Chambre de Justice.

La différence qu'il y a entre un Traitant & un Participe, consiste en ce que le Traitant s'engage au Roi, & s'oblige sous son nom à être la Caution de l'Adjudicataire, & que le Participe n'a part à la ferme que par un traité secret qu'il fait avec le Traitant, & non pas avec le Roi.

PARTICIPE, en termes de commerce de mer. Signifie celui qui a part au corps d'un vaisseau marchand.

Ce terme aussi-bien que celui de Parsonnier, veut dire sur la Méditerranée, la même chose que Co-Bourgeois sur l'Océan. *Voyez* BOURGEOIS & CO-BOURGEOIS.

PARTICIPE. Se dit aussi dans le commerce tant en gros qu'en détail d'une des quatre sociétés anonymes que les Marchands ont coutume de faire entr'eux. On la nomme quelquefois Société en participation.

Dans cette sorte de société les Associés ne s'obligent point les uns pour les autres, mais chacun agit en son propre & privé nom. Quelquefois ces sociétés ne sont que verbales; quelquefois elles se font par écrit; mais en ce cas presque toujours par des lettres missives. Rarement elles contiennent plus d'un article, ne se faisant ordinairement que pour l'achat ou la vente comme momentanés de quelques marchandises; aussi ne durent-elles qu'autant que l'occasion de négoce qui les fait naître subsiste. *Voyez* SOCIETE' ANONYME.

PARTICIPER. Avoir part à quelque chose. Un Associé participe à tous les droits d'une société; il en partage de même les profits, & en supporte les pertes.

PARTIES. On nomme ainsi dans le commerce tant en gros qu'en détail, aussi-bien que parmi les Artisans & Ouvriers, les mémoires des fournitures de marchandises ou d'ouvrages qu'on a faits pour quelqu'un. *Voyez* MEMOIRE.

Il faut aussi ajouter aux parties les sommes reçues à compte, afin de les déduire de la somme totale de l'arrêté des parties.

Les parties des Marchands ou Ouvriers, conformément aux articles 7 & 8 du titre 1 de l'Ordonnance du mois de Mars 1673, doivent être arrêtées dans l'an après la délivrance des marchandises pour les uns, & de six mois de la délivrance des ouvrages pour les autres, sans quoi on peut se servir contre eux de la fin de non-recevoir; auquel cas néanmoins ils peuvent faire interroger les Débiteurs sur faits & articles, & les obliger de se purger par serment, s'ils ont payé les marchandises contenues aux parties, ainsi qu'il est porté à l'article 10 du même titre de l'Ordonnance. *Voyez* FIN DE NON-RECEVOIR.

PARTIES ARRESTÉES. Ce sont les mémoires au bas desquels ceux à qui les marchandises & ouvrages ont été livrés & fournis, reconnoissent qu'ils les ont reçus, qu'ils sont contens des prix, & promettent d'en faire le payement, soit que le tems de ce payement soit exprimé, soit qu'il ne le soit pas.

Dès que des parties sont arrêtées, ou qu'il y a promesse de payer les marchandises fournies, les Marchands & Ouvriers sont à couvert de la fin de non-recevoir, & leur action contre leurs Débiteurs subsiste pendant trente années.

PARTIES D'APOTICAIRE. On nomme ainsi les parties des Marchands & Ouvriers qui estiment leurs marchandises ou leurs ouvrages, & qui en demandent le payement beaucoup au-delà de leur juste valeur.

PARTIES SIMPLES, PARTIES DOUBLES, termes de Marchands, Négocians & Banquiers, ou de Teneurs de livres. Ils se disent des manieres différentes de tenir les livres de commerce, & de dresser des comptes. *Voyez* COMPTES. *Voyez aussi* LIVRES DES MARCHANDS.

PARTIES ALIQUOTES. Terme d'Arithmétique, qui signifie les parties de quelque tout que ce soit, qui sont contenues plusieurs fois en icelui, & qui peuvent se diviser en parties égales, sans qu'il y ait de reste. 2 est une partie aliquote de 8, il y est compris quatre fois. 16 est un nombre composé de quatre parties aliquotes, dont chacune est 4, ou de deux parties aliquotes, dont chacune est 8. Tous les nombres impairs, tels que sont 3, 5, 7, 9, 11, &c. n'ont point de parties aliquotes, ne pouvant se diviser en parties égales sans reste. *Voyez* MULTIPLICATION.

Une partie aliquante est celle qui étant prise plusieurs fois avec une de ses parties aliquotes, compose le tout. 8 est une partie aliquante de 20, & aliquote de 24; car 8 étant pris deux fois avec 4, qui est une des parties aliquotes, fait 20; & étant pris trois fois, il fait 24. Quelques-uns la définissent plus simplement par une partie qui ne mesure point son tout exactement: d'autres qui croyent s'expliquer encore mieux, disent que les parties aliquantes sont celles qui sont composées de plusieurs parties aliquotes, comme 19 s. qui est une des parties aliquantes de la livre de 20 s. se trouve composée de trois parties aliquotes; sçavoir 10 s. la moitié, 5 s. le quart, & 4 s. le cinquiéme.

PARTIR. On dit en termes de Carrier, Faire partir la pierre, pour dire, la séparer & l'ouvrir avec les coins de fer & les pomelles. *Voyez* CARRIER & CARRIERE.

PARTITEUR. Terme d'Arithmétique, qui signifie diviseur. Dans la regle de division on met le partiteur ou diviseur au dessous du premier nombre à diviser avec une barre entr'eux deux. *Voyez* DIVISEUR.

PARTITION. C'est la derniere des quatre premieres regles d'Arithmétique qui sert à diviser un grand nombre par un plus petit. Cette regle se nomme plus ordinairement Division. *Voyez* DIVISION.

PARUM. Marchandise employée dans le Tarif de la Douane de Lyon de 1632. *La charge paye 4 s. d'ancienne taxation, & 1 s. du cent de nouvelle réapréciation.*

PAS

PAS. Mesure dont l'on se sert pour arpenter les terres; le pas d'arpentage à la Martinique est de trois pieds & demi de la mesure de Paris: à la Guadeloupe & aux autres Isles Antilles Françoises, il n'est que de trois pieds.

PAS. Terme de Tisserand. C'est le passage du fil dans la lame. Estre hors du pas, c'est prendre un fil pour un autre, ou en échapper un sans le prendre.

PAS. Signifie, en termes de Carrier, chaque tour que le gros cable fait sur l'arbre de la roue d'une carriere. Ainsi lorsque les Carriers d'en bas crient à ceux d'en haut de lâcher un pas pour débrider, ils veulent faire entendre qu'il faut lâcher un tour de roue pour débrider la pierre qui a été mal bridée, & la brider plus seurement. *Voyez* CARRIER.

PAS DE CALAIS. On appelle ainsi le détroit ou bras de mer qui sépare la France d'avec l'Angleterre, dont les Villes les plus proches distantes de sept lieues l'une de l'autre, sont Douvres du côté de l'Angleterre, & Calais du côté de la France. C'est par ce détroit que passent les voyageurs d'un Royaume à l'autre au moyen d'un petit bâtiment nommé Paquebot, qui fait ce voyage autant de fois que le vent le lui permet.

PAS-DUR. C'est chez les Fabriquans-Gaziers la partie de leur métier où répond une des trois marches. Il sert à foncer la soie, c'est-à-dire, à la baisser. On l'appelle Pas-dur, parce qu'il est le plus pésant & le moins facile à faire mouvoir. *Voyez* GAZE.

PASSAGE. Droit de Passage. C'est une imposition que quelques Princes ont mis & font percevoir par leurs Fermiers ou Officiers dans quelques endroits serrés, &, pour ainsi dire, fermés de leurs Etats, soit par terre, soit par mer; sur les voitures, vaisseaux & marchandises, & même quelquefois sur les personnes qui entrent & qui sortent par les lieux où les Bureaux sont établis.

Le Passage du Sund (ce Détroit si fameux qui donne entrée de la mer Germanique dans la mer Baltique) est en Europe le plus célebre de ces passages. Les droits en appartiennent au Roi de Danemarck, & se payent à Elseneur ou à Cronembourg, Villes & Forteresses des Danois.

Toutes les Nations qui trafiquent dans cette partie du Nord ont toujours été sujettes à ce droit de passage, à la réserve des Suédois qui en avoient été exemptés par le Traité de paix de 1658, à cause qu'ils occupent l'autre côté du Détroit.

Mais la guerre du Nord, dont les évenemens ont été si malheureux à ces derniers, leur a fait perdre ce privilége, & par la paix conclue en 1720 entre le Danemarck & la Suede, leur condition n'est devenue gueres meilleure que celle des autres Nations.

Les François y ont aussi quelque exemption; mais elle ne regarde pas les droits, mais seulement la visite de leurs vaisseaux & marchandises, & le tems du payement pour lequel il leur est accordé trois mois. *Voyez dans l'Etat général du Commerce, où il est parlé de celui de la mer Baltique.*

PASSAGE. Est aussi un droit que l'on paye pour le transport par mer des personnes & marchandises. On le nomme autrement Fret. *Voyez* FRET.

PASSAGE. Terme d'Ouvrier en cuir. Il se dit de la préparation que l'on donne aux peaux en les passant dans diverses drogues pour les rendre maniables, & propres à différentes sortes d'ouvrages.

Le second article des Statuts des Peaussiers-Teinturiers en cuirs leur permet de mettre toutes especes de peaux en teinture, soit sur cuir blanc passé en mégie, soit sur cuir tanné, soit sur cuir passé en graisse ou en huile, soit enfin de tout autre passage que les cuirs ayent été apprêtés. *Voyez* PASSER.

PASSARILLES. On nomme ainsi à Frontignan Ville de Languedoc, les raisins secs qui s'y font, & qui avec ses excellens vins muscats, sont le plus grand objet de son commerce.

Lorsque les raisins sont en parfaite maturité; on en choisit les plus gros & les plus sains, qu'on attache à de longues perches, dont on tapisse, pour ainsi dire, le dehors de toutes les maisons, depuis le grenier jusqu'au bas, environ à cinq pieds du pavé, ce qui forme une décoration agréable, surtout lorsque les grappes en sont encore fraîches, & qu'elles n'ont point été séchées par l'ardeur du soleil.

Lorsqu'elles y ont suffisamment resté, on les encaisse dans de petites boetes de sapin, dans lesquelles elles sont envoyées non-seulement à Paris & dans les diverses Provinces du Royaume, mais encore dans les Pays étrangers où ils sont extrêmement estimés. *Voyez* l'article des Raisins.

PASSAS DEL SOL. On nomme ainsi à Grenade en Espagne, les raisins qu'on fait sécher simplement au soleil sans les y avoir préparés auparavant, en les passant par une sorte de lexive. Ceux à qui on donne cette préparation se nomment *Passas de lexia* raisins de lexive; en général les uns & les autres se nomment des Passarilles, qui est un terme de Languedoc. *Voyez* PASSARILLES.

PASSAVANT. *Voyez ci-après* PASSE-AVANT.

PASSE. Raisin de passe. C'est du raisin séché au soleil, dont on fait du vin en Afrique & au Levant.

Ce vin se fait en mettant environ deux cent pésant de raisins de passe dans une barique qu'on emplit d'eau, & qu'on laisse bouillir de soi-même pendant cinq ou six jours, qui suffisent ordinairement pour qu'il soit en état d'être bû. Il est blanc, un peu trouble, & qui ne laisse pas d'enyvrer ceux qui en boivent avec excès. *Voyez* RAISIN.

Les passes & raisins du Levant sont du nombre des marchandises sujettes au droit de vingt pour cent ordonné par l'Arrêt du 15 Aout 1685.

PASSE. Excédant, ou ce qu'une chose a plus qu'une autre, ou plus qu'elle ne doit avoir. On le dit aussi du supplément que l'on fournit pour égaler deux choses inégales.

Ce terme n'est gueres d'usage que dans le commerce, particuliérement pour faciliter les comptes des monnoies dans la valeur desquelles il y a quelques fractions. Quand on fait, par exemple, un payement de vingt sols en pieces de trois sols six deniers, & que pour avoir plutôt fait on les met sur le pied de quatre sols chacune, il en faut donner cinq, & deux sols six deniers de menue monnoie pour la passe, à raison de six deniers par piece. De même dans les diverses augmentations ou diminutions des monnoies que les besoins de l'Etat ont souvent renouvellées en France sous & depuis le Regne de Louis XIV, les comptes en especes se faisoient ou en donnant ou en recevant de la passe, ainsi qu'on le trouvoit tout calculé dans les différens Tarifs qui étoient publiés à chaque nouvelle fonte & nouvelle conversion d'especes.

PASSE. Se dit aussi de cette monnoie que les Caissiers, lorsque les écus blancs sont à trois livres, mettent à part dans un petit papier dans chaque sac de mille livres, pour achever leur compte, & retenir leur droit de sac.

PASSE. Est aussi un terme de Teinturier qui se dit de la derniere façon qu'on donne à certaines couleurs, en les passant légerement dans une cuve de teinture. On donne une passe de cochenille aux gris tannés. *Voyez* TEINTURE.

PASSE-AVANT. Terme de Finance, qui est aussi en usage dans le Commerce. C'est un billet ou maniere d'acquit que délivrent les Commis des Bureaux des Douanes ou des Entrées, pour donner permission ou liberté aux Marchands ou Voituriers de transporter & mener leurs marchandises plus loin, soit après avoir payé les droits, soit pour marquer qu'il les faut payer à un autre Bureau, soit enfin quand elles ne doivent rien, & que c'est un simple passage sans commerce.

Les Marchands & Voituriers doivent être exacts à prendre des passe-avants des Commis des Fermes dans les lieux où il y en a d'établis, pour les marchandises qu'ils envoyent, afin d'éviter l'embaras aux Bureaux des Fermes qui se peuvent trouver sur leur passage, où souvent les marchandises sont arrêtées; ce qui retarde la vente, ou en fait perdre le tems, & consomme les Marchands & Voituriers en frais.

PASSE-DEBOUT. Acquit que les Commis des Douanes & Bureaux des entrées donnent aux Marchand & Voituriers pour les marchandises qui doivent seulement traverser le Royaume, ou seulement quelques Provinces & quelques Villes, sans y être déchargées. *Voyez ci-après* PASSER DEBOUT. *Voyez aussi* ACQUIT.

PASSE'E. Les Mégissiers appellent une Passée, deux douzaines de peaux de mouton, qu'ils plongent tout d'un coup dans une espece de grande huche remplie d'une mixtion propre à leur faire prendre le blanc. *Voyez* MEGIE, *à l'endroit où la maniere de passer les peaux en mégie est expliquée.*

PASSE'E. On nomme aussi Passée chez les Basse-lissiers, l'aller & le venir de la flûte qui leur sert de navette, entre les fils de la chaîne de leur ouvrage, levés ou baissés par le moyen des marches, des lames, & des lisses. *Voyez* BASSE-LISSE.

PASSEMENT, que l'on nomme plus communément DENTELLE. C'est un ouvrage d'or, d'argent, de soie, ou de lin filé, qui se fabrique sur un oreiller avec des fuseaux & des épingles, en suivant les traits du dessein ou patron qui est au dessous de l'ouvrage. *Voyez* DENTELLE.

Les dentelles & guipures de soie payent en France les droits d'entrée à raison de 8 francs la livre, suivant le Tarif de 1667.

Les dentelles ou passemens de fil d'Angleterre, Bruxelles, Malines, & autres Pays étrangers, entrant dans la Flandre Françoise, 40 francs de la livre, conformément à l'Arrêt du 24 Aout 1688. Ces derniers ne peuvent entrer que par Roussélar & Condé, en consequence de l'Arrêt du 14 Juin 1689.

A l'égard des droits de sortie, les passemens & dentelles de fil payent comme dentelles de fil, c'est-à-dire, 40 liv. du cent pésant.

Et les passemens, rubans, & ceintures de capiton, bourre de soie, filoselle, & sayette, 8 liv. 8 s. aussi du cent pésant, suivant le Tarif de 1664.

Les droits de la Douane de Lyon payent; sçavoir:

Les passemens, rubans, prosilures, franges, ceintures & autres tissures & ouvrages de passemens de fil d'or ou d'argent filé ou trait, la livre, 3 liv. 18 s.

Les mêmes de fil d'or, d'argent, & de soie mêlés ensemble, 2 liv. 16 s de la livre.

Les mêmes de soie rouge-cramoisi, 2 liv. 8 s.

Enfin les passemens, tresses, & autres ouvrages semblables sans soie cramoisi, 14 s. de la livre d'ancienne taxation & 8 s. de nouvelle réapréciation.

Les passemens de S. Chaumond payent de la livre 3 s. tant d'ancienne que de nouvelle taxation.

PASSEMENTER. Garnir un habit ou un meuble de passemens.

PASSEMENTIER. Ouvrier & Marchand tout ensemble, qui fait & qui vend des passemens ou dentelles. Les autres ouvrages & marchandises du métier de Passementier, sont des Guipures, des Campanes, des Crespines, des Houppes, des Tresses, des Gances, des Lacets, des Eguillettes, des Cordons de chapeau, des Boutons, des Cordonnets, des Resnes, des Guides, & autres semblables ouvrages & marchandises qui seront plus amplement expliquées dans la suite de cet article.

A Paris les Passementiers forment une Communauté considérable, dont les nouveaux Statuts du mois d'Avril 1653, sont composés de quarante-quatre articles tirés des anciennes Ordonnances, qui leur avoient été accordés par Henri II, le 22 Mars 1558.

Par ces Statuts ils sont appellés Maîtres Passementiers-Boutonniers-Enjoliveurs.

Aucun ne peut être reçu en cette qualité, s'il n'a fait cinq ans d'apprentissage, servi les Maîtres quatre autres années sous le titre de Compagnon; & fait chef-d'œuvre.

Les Fils de Maîtres sont exempts de toutes ces formalités, n'étant tenus que d'une simple expérience. Ils ne peuvent cependant faire d'Apprentifs qu'après avoir atteint l âge de dix-huit ans.

Lorsqu'un Compagnon qui a fait apprentissage, épouse une fille de Maître, il peut être reçu à la Maîtrise après le mariage consommé, en faisant une legere expérience; ensorte que ce mariage le dispense des quatre années du service des Maîtres & du chef-d'œuvre.

Les Veuves de Maîtres peuvent exercer la Maîtrise tant qu'elles sont en viduité; & pendant ce tems les Apprentifs qui ont été obligés du vivant de leurs maris, peuvent parachever leur apprentissage chez elles, mais elles n'en peuvent pas obliger de nouveaux.

Aucun Maître ne peut faire ni vendre des passemens, boutons & autres ouvrages de son métier, soit d'or & d'argent fin, ou de soie fine, s'ils ne sont faits de bonne & loyale étoffe, suivant la qualité de l'ouvrage; ne lui étant pas permis de mêler l'or & l'argent fin avec l'or & l'argent faux filé ou non filé, quand même il en seroit requis par les Bourgeois.

Les Jurés de la Communauté sont au nombre de quatre, dont deux sortent de Charge toutes les années, à la place desquels il s'en élit deux autres; ensorte que chaque Juré reste deux ans en fonction.

L'élection des deux nouveaux Jurés se fait le premier mardy d'après la Chandeleur, à la pluralité des voix, en la Chambre & pardevant le Procureur du Roi du Châtelet, où ont été mandés à cet effet tous les anciens Bacheliers de Jurande, & le tiers de tous les autres Maîtres; sçavoir un tiers des anciens Maîtres qui n'ont point encore passé les Charges, un tiers des modernes, & l'autre tiers des jeunes Maîtres, chacun à leur tour; sans que ceux qui ont été appellés une année puissent être derechef appellés que la troisiéme année suivante.

Les Jurés en Charge ne peuvent intenter ni soutenir aucuns procès concernant les droits, réglemens & affaires de la Communauté, qu'auparavant ils n'ayent fait assembler tous les anciens Bacheliers de Jurande dans la Chambre de la Communauté, pour prendre leur avis, & se regler suivant iceux au plus grand nombre de voix.

Lorsque les Jurés sortent de Charge, ils sont tenus quinze jours après qu'ils sont sortis, de rendre compte de la recette & dépense qu'ils ont faites pour la Communauté pendant le tems de leur Jurande; lesquels comptes doivent être rendus en présence des Jurés en Charge & de tous les anciens Bacheliers de Jurande assemblés en la Chambre commune.

Il y a peu d'Ouvriers en France qui soient en droit de fabriquer & de vendre plus de sortes d'ouvrages ou marchandises, ni d'employer plus de différentes especes de matieres, que les Maîtres Passementiers-Boutonniers de Paris.

1°. Ils peuvent faire & vendre toutes sortes de passemens, de dentelles sur l'oreiller, aux fuseaux, aux épingles, & à la main; d'or, d'argent, tant fin que faux; de soie, de fil blanc & de couleur, fins & communs, tant grands que petits.

2°. Toutes sortes de passemens & dentelles pleins & à jour, de noueure & à la main, garnis & enjolivés.

3°. Toutes sortes de houppes & campanes coulantes ou arrêtées, montées sur moules & bourrelets, nouées & à l'aiguille, pour garnir toutes sortes d'ouvrages, soit pour ornemens d'Eglise ou emmeublemens.

4°. Toutes sortes de crespines grandes & petites, doubles & simples.

5°. Toutes sortes de bourses nouées, au crochet & à la main, pleines & à jour, garnies & sans garnir.

6°. Toutes sortes de tresses à gros & à petit point, gances rondes, quarrées & Italiennes, pratiques à cœur & sans cœur, nattes à petit cœur, bracelets, resnes, guides & cordons, chaînes, & tours de col, éguillettes tressées, sinets de livres, ceintures d'aubes & de soutanes; tresses, lacets, gances & raiseaux, cordons de rabats & tous autres enjolivemens qui se font sur le boisseau, à la jatte & au fuseau.

7°. Toutes sortes de cordons de chapeaux, bonnets, toques & affulemens; comme cordons à l'Angloise, à jonchées, à la Turque, à la Moresque, à l'Arménienne, à l'Indienne, à olives & à boutons,

boutons, à lanternes, à cordelieres, à deux, à trois & quatre branches, ou plus grande quantité; cordons à filets ronds & demi-ronds, plats & demi-plats, quarrés & à cannetilles & cartisannes; cordons d'or & d'argent trait faux & façonnés au crochet; cordons d'or & d'argent fin; cordons d'or & d'argent faux filé, cordons de crin & de cheveux, cordons à boutons, cordons encadenacés; cordons façon de broderie, enrichis & enjolivés, qui se façonnent à l'aiguille, aux doigts, au crochet & aux fuseaux.

8°. Toutes sortes de boutons à vases & olives, boutons à l'aiguille, à l'étoile, à la Turque, à points de Milan, à points de Florence, à roses, à carreaux, à grapes, à tête de More, à la Moresque, à la Royale, à l'Indienne, en lacs d'amour; boutons à la Polonoise, à longues queues; & toutes autres sortes de boutons lassés & garnis, à freluches & à cordelieres, enrichis & enjolivés, & de toutes autres façons qui se font au crochet, au doigt, à l'aiguille & au dé.

9°. Toutes sortes de cordons & cordonnets qui se façonnent au rouet; comme gances, canetilles pleines & creuses, chaînes & chaînettes, frisons satinés & chevillés, bouillons, frisures, guipures plattes & rondes, guipures à dentelles or & argent grapé & frisé, milanoises, millerets, cartisanes, frisades, & toutes autres sortes de retords & enjolivemens qui se font au rouet, guipoir, crochet, au moulin, chevalet, sabot, émerillon & à la molette.

10°. Toutes sortes de pots, vases & pommes de lits pleins & à jour, cousus & collés, garnis & chamarrés de passemens & tissus de rubans figurés & non figurés.

11°. Toutes sortes de bouquets après le naturel, guirlandes, éventails, fers de collets montés & porte-fraises, nœuds, roses, ceintures, guirlandes & gallands, nœuds & aigrettes garnis & enjolivés; houpes ballantes, masques, chaînes encadenacées, chapelets garnis de boutonnieres & de gallands, chapeaux de fleurs après le naturel, coeffures & affeulement montés sur fer, cuivre, baleine, léton; fond de cartes & cartons, campanes encollées, roses & rosettes servant à garnir & enjoliver les habits, bouquets, coeffures & affulemens, qui se font avec la pince & le glissoir, au rouet, à l'aiguille & au dé.

12°. Toutes sortes de ceintures, de noueures, lassures de tresses au crochet, pleines & à jour, rondes & quarrées, plattes & à demi plattes, au boisseau, aux fuseaux, à la jatte, à la resne & au chevalet, garnies de fer; chevilles, boucles, portes, boutons & autres enjolivemens.

13°. Enfin toutes sortes de bardures & harnois de chevaux, de noueures, lassures pleines & à jour, rondes, quarrées, plattes, garnies & enjolivées de toutes façons.

Les Passementiers-Boutonniers peuvent employer dans leurs différens ouvrages toutes sortes d'étoffes d'or & d'argent, tant fin que faux, de soie, fleuret, filoselle, fil, laine, coton, crin, cheveux, cuivre, léton, baleine, fer blanc, bois, pailles, talc, verre, jais, émail, parchemin, velin, brodé, enluminé & doré, toques, taffetas, satin, velours, gaze, tabis & toutes autres sortes d'étoffes, pourvû que le faux ne soit point mêlé avec le fin, ainsi qu'il a déja été dit.

Il est encore permis aux Maîtres Passementiers-Boutonniers de garnir toutes sortes de sacs, toilettes, porte-manteaux, valises & fourreaux de pistolets, & de faire toutes sortes de moules à boutons; comme glands, poires, vases, pommes, olives, coulans, boutons plats & chevilles, émerillons, molettes, & tous autres moules qui se font tant à l'arçon qu'au rouet servant à leur métier; leur étant aussi permis de se servir pour leur travail de toutes sortes d'outils, machines & engins, à l'exception seulement de la haute & basse-lisse, la marche, le peigne, la tire & la navette.

S. Louis est leur Patron; & leur Confrérie est établie dans l'Eglise des Grands Augustins.

PASSEMENTIER. A Amiens on appelle Passementiers, certains Ouvriers Maîtres qui composent une très petite Communauté, & qui font des rubans ou rouleaux de laine en blanc, pour ensuite être teints dans les couleurs que veulent les Marchands qui en font négoce. Les largeurs de ces sortes de rubans se distinguent par numeros depuis quatre, qui est la plus petite largeur, jusqu'à vingt-quatre, qui est la plus grande.

L'article 264 des Réglemens de la Sayetterie de 1666, ordonne aux Ouvriers Passementiers de mettre au bout de chaque piece leurs marques & entre-battes. *Voyez l'article des* REGLEMENS.

PASSE-PAR-TOUT. Espece de grande Scie dont les dents sont fort entre-ouvertes & détournées, & qui n'a que deux morceaux de bois à chaque bout pour lui servir de bras. Les Bucherons & ceux qui débitent le bois dans les forêts, s'en servent à scier les plus gros arbres. *Voyez* SCIE.

PASSE-PERLE. On nomme ainsi à Ligourne un Fil-de-fer très fin qui sert à faire des Cardes. Il fait partie des Marchandises que les Ligournois tirent de Hollande.

PASSE-PIERRE, ou PERCE-PIERRE. Plante qui est bonne en salade quand elle a été confite dans une saumure faite avec le vinaigre, le sel & quelques épices.

Il y en a de deux sortes; l'une qui est la Passe-pierre de nos jardins, & l'autre la Passe-pierre marine. Celle-ci est une espece de fenouil qui croît parmi les rochers & les dunes de la mer; ses feuilles sont charnues & étroites, mais un peu plus larges & plus courtes que celles du fenouil commun.

A l'égard de la Passe-pierre des jardins, elle est peu différente de la Passe-pierre marine, à la réserve du goût que celle-ci a de salé à cause de la proximité de la mer, & qui est assez doux dans l'autre.

La Passe-pierre paye en France les droits d'entrée à raison de 15 sols du cent pésant.

PASSE-PORT. Ordre par écrit donné par le Souverain, ou par celui qui a pouvoir de lui, pour la liberté & la sureté des personnes, hardes & marchandises de ceux en faveur de qui il est expedié.

PASSE-PORT. Signifie aussi la permission que le Prince accorde de faire entrer dans ses Etats ou d'en faire sortir des hardes, meubles & marchandises sans en payer les droits. Les Marchands en obtiennent quelquefois de cette sorte pour certaines especes de Marchandises, & l'on en expedie toujours aux Ambassadeurs & Ministres pour leurs hardes, meubles & équipages.

PASSE-PORT. C'est encore la licence que les Marchands ou autres personnes obtiennent de faire entrer ou sortir, en payant néanmoins les droits, les marchandises estimées de contrebande, & déclarées telles par les Ordonnances & Tarifs, comme sont l'or & l'argent monnoyé ou non monnoyé, les pierreries, les munitions de guerre, les salpêtres, les chevaux, les bleds, & plusieurs autres semblables.

L'Ordonnance des cinq grosses Fermes du mois de Février 1684, veut que toutes les Permissions & Passeports qui seront donnés pour l'entrée ou sortie des marchandises de contrebande soient contre-signés d'un Secretaire d'Etat, & visés du Contrôleur Général des Finances: Elle défend à tous Gouverneurs & Lieutenans Généraux des Provinces d'en accorder aucun, ni aux Fermiers ou Commis d'y avoir égard.

Le Passe port s'accorde aux amis, & les Saufs-conduits aux ennemis. L'usage cependant l'emporte. Passe-port se dit également pour l'ennemi & pour l'ami.

Les Marchands qui veulent aller dans les pays étrangers pendant la guerre, ont besoin de Passeports pour sortir du Royaume, sans quoi ils pourroient être arrêtés sur les frontieres.

PASSE-PORT. En terme de Commerce de mer, signifie aussi ce qu'on nomme autrement Congé. *Voyez* CONGE'.

PASSE-PORT DU DEDANS. On nomme ainsi dans les Bureaux des Fermes en Hollande, & autres des Provinces-Unies, les passeports que sont obligés de prendre les Marchands, Maîtres de Bâtimens, Voituriers & autres, qui veulent faire le commerce du dedans du pays.

L'on trouve dans le Placard pour l'exécution du nouveau Tarif de Hollande de l'année 1726, un titre ou section, qui traite de ces sortes de passeport, qui marque la maniere de les obtenir & de s'en servir, & qui regle les amendes & les peines contre les contrevenans. Cette section est la X. *Voyez* RESOLUTION ET PLACARD.

PASSER. On nomme ainsi à Gamron, autrement Bender-abassi, Ville du plus grand Commerce du Royaume de Perse, ce qu'ailleurs & à Hispaham même, on appelle *Bazar* ou Marché.

Le Passer de Gamron est une grande place toute voutée avec des boutiques autour, & une allée ou corridor au milieu pour la commodité du commerce. C'est là que l'on étale les marchandises les plus précieuses, & que les Benjanes, les plus habiles Négocians de l'Asie, tiennent leur Banque, & font leur négoce. *Voyez* BAZAR. *Voyez aussi l'article du Commerce de Bender-Abassi.*

PASSER. Ce terme s'employe pour signifier plusieurs apprêts & façons que l'on donne à diverses sortes de marchandises.

PASSER. Chez les Teinturiers, c'est mettre les laines, les soies, les fils ou les étoffes qui en sont faites, dans des chaudieres ou cuves pleines de drogues ou ingrédiens qu'ils employent pour leur teinture. Ainsi l'on dit *Passer* en alun ou aluner les soies, pour dire les faire tremper dans de l'eau d'alun. *Passer* un drap en vieille galle ou en galle fine, pour signifier le mettre dans une infusion faite de cette sorte de noir, ou qui a déja servi, ou qui est nouvelle. *Passer* une étoffe en noir, la *passer* en jaune, pour dire la faire bouillir dans des cuves remplies des ingrédiens & drogues qui servent à faire ces couleurs & ainsi des autres. *Voyez* TEINTURE.

PASSER. On passe les cuirs en suif, en huile, en alun, en sumac, &c.

PASSER LES CUIRS EN SUIF DE CHAIR ET DE FLEUR. C'est les imbiber de suif bouillant des deux côtés. C'est ainsi que les Courroyeurs passent les vaches & les veaux à chair grasse.

PASSER LE CUIR EN SUIF, SEULEMENT DE FLEUR ET EN HUILE DE CHAIR. C'est la maniere de passer les vaches & les veaux à chair blanche. Les moutons passés en noir ne se passent aussi qu'à chair blanche.

PASSER SEULEMENT EN SUIF DU CÔTE' DE LA FLEUR, ET NE METTRE NI SUIF NI HUILE DU CÔTE' DE LA CHAIR. C'est comme on passe ce que les Courroyeurs appellent, La Vache dure.

PASSER EN HUILE DU CÔTE' DE LA CHAIR, ET EN ALUN DU CÔTE' DE LA FLEUR. C'est l'apprêt des vaches, veaux & moutons que les Courroyeurs veulent courroyer en rouge, jaune & verd.

PASSER EN SUMAC. C'est se servir du Sumac pour donner aux veaux noirs des Courroyeurs, une couleur orangée du côté de la chair.

On peut lire l'article COURROYER où toutes ces différentes manieres de passer les cuirs, sont expliquées au long.

PASSER EN MEGIE. C'est donner à un cuir tous les apprêts que donnent ordinairement les Ouvriers en cuir qu'on nomme Megissiers. *Voyez* MEGIE.

PASSER PAR LA CALANDRE. Se dit des étoffes de soie & de laine, & des toiles de diverses fabriques & couleurs, qu'on met sous les plaques de la machine qu'on appelle une Calandre, pour leur faire prendre des ondes. *Voyez* CALANDRE *ou* CALANDRER.

PASSER PAR LA FILIERE de l'or, de l'argent, du cuivre, du léton, de l'étain, du fer. C'est réduire en fil de différens échantillons & grosseurs, tous ces métaux en les tirant successivement à travers des trous, plus grands d'abord & ensuite plus petits, d'une filiere d'acier. *Voyez* FIL D'OR, FIL D'ARGENT, FIL DE FER, &c. *Voyez aussi* FILIERE & TIREUR D'OR.

PASSER EN TEINTURE. C'est teindre les étoffes toutes faites, ou les matieres dont elles doivent être tissues & fabriquées comme de la soie, de la laine, du fil, &c. *Voyez* TEINTURE & TEINTURIER.

PASSER. C'est aussi épurer quelques liqueurs ou matieres liquides en les coulant à travers d'une chausse d'Apoticaire & de Chimiste, ou d'un sas ou tamis; ou enfin en les filtrant à travers du papier brouillard. Le vif argent se passe à travers la peau de chamois. *Voyez* VIF ARGENT, *& les divers articles des Drogues où il est parlé des operations Chimiques.*

PASSER. Se dit encore de la reception d'un Apprentif à quelque Maîtrise après les examens qu'il faut subir, ou le chef-d'œuvre qu'il faut faire pour entrer dans les six Corps des Marchands, & dans les Communautés des Arts & Métiers. En ce sens on dit: Il va se faire passer Marchand Mercier, Orfévre, Epicier, Drapier, &c. On dit de même: Il est passé Maître Cordonnier, Tapissier, Serrurier, &c.

PASSER EN BLANC, terme de Monnoyeur. C'est passer les lames de métail dont on doit fabriquer des especes, entre les rouleaux du laminoir, avant de les avoir fait recuire. Il n'y a que les lames d'argent & de cuivre qui se passent en blanc. Les lames d'or ne se passent point sans être recuites. *Voyez* MONNOYAGE.

PASSER EN CARTON. Terme de Relieur de Livres. C'est percer avec un poinçon le carton qui doit soutenir la couverture d'un livre, & y passer le bout des nerfs, c'est-à-dire des ficelles qui en font la nervûre. On fait ordinairement trois trous en triangle pour chaque nerf, afin de l'arrêter plus fortement. *Voyez* RELIEURE.

PASSER EN PARCHEMIN, autre terme de Relieur. C'est mettre du parchemin au dos du livre; le coler avec de la colle de farine, & puis ensuite l'encoller par dessus avec de la colle forte. *Voyez comme dessus.*

PASSER SON ORDRE. Terme de Banque & de Commerce de Lettres & Billets de Change. C'est mettre son ordre au dos d'une Lettre ou Billet de Change en faveur de quelqu'un, c'est-à-dire déclarer qu'on les cede à celui dont le nom est exprimé dans l'ordre; qu'elles lui doivent être payées; en un mot qu'on les lui transporte. *Voyez* ORDRE & ENDOSSEMENT.

PASSER. Traverser quelqu'endroit, aller d'un lieu à un autre.

PASSER DE BOUT, en terme de Commerce. C'est transporter des marchandises à travers d'un Etat, d'une Province, d'une Ville, ou par quelque Bureau, sans les y arrêter, décharger ni déballer pour y être visitées ou pour en payer les droits.

Les Marchands & Voituriers, qui veulent faire passer de bout des marchandises, doivent prendre des acquits de Passe-de-bout dans les Bureaux d'où ils partent, & rapporter des certificats du passage & sortie de leur marchandise & ballots par les lieux marqués par leur Passe-de-bout. *V.* ACQUIT.

PASSER DES MARCHANDISES EN FRAUDE. C'est les faire entrer ou sortir par d'autres endroits que par ceux où les Bureaux sont établis pour le payement des droits, afin de les frauder & ne les pas payer.

PASSER PAR HAUT. C'est la même chose que passer en fraude: mais ce terme n'est gueres commun en France, & n'est d'usage ordinaire qu'en Espagne, & particuliérement à Cadix, où il se dit des marchandises que les Nations qui ont part au Commerce de l'Amérique avec les Espagnols, ont coutume de faire entrer sans en payer les droits.

Comme ces droits sont très considérables, & montent au moins à vingt-trois pour cent, il n'est gueres d'Etrangers qui n'hazarde à passer par haut le plus important de sa cargaison, & cela avec d'autant plus de sécurité que le Garde que les Officiers de la Douane envoyent sur chaque vaisseau qui entre dans la baye de Cadix, est lui-même le complice & l'aide de la fraude, recevant ordinairement deux écus pour chaque ballot de toiles, & quatre pour chaque ballot de soierie qu'il souffre qu'on mette à terre sans les déclarer au Bureau.

Une autre raison qui engage les Etrangers à passer par haut leurs marchandises, est que lorsqu'ils sont surpris en contravention, ils en sont quittes pour payer les droits ordinaires pour ce qu'ils n'ont pas déclaré. Il est vrai que lorsque les marchandises passées en fraude sont surprises hors du vaisseau ou des maisons que les Etrangers ont tous à Cadix, elles sont confisquées.

Il faut aussi remarquer qu'on n'ouvre jamais à la Douane que les ballots de toiles & de soieries, & point du tout ceux qui contiennent d'autres marchandises.

PASSER. Se dit aussi du cours des Monnoies dans le commerce. Les pistoles d'Espagne passent sur le pied des louis d'or de France, c'est-à-dire, sont reçûes pour la même valeur. Il est défendu de passer des especes legeres, pour dire qu'il est défendu d'en donner ni d'en recevoir qui ne soient de poids.

PASSER. Se dit aussi des métaux que l'on éprouve pour en connoître la bonté ou le titre. Cet or a passé par le creuset, par la coupelle, par le feu.

PASSE' PASSE'E. On dit d'une étoffe, qu'elle est passée quand elle n'a plus sa premiere beauté, son premier lustre. Que la mode d'une marchandise est passée, quand la vente s'en refroidit & qu'elle cesse d'être recherchée; que des drogues; que des vins; que des fromages & autres telles denrées, sont passées, quand elles commencent à se gâter, & que pour les avoir trop gardées, ou en lieu non convenable, elles sont devenues hors de vente.

On se sert aussi de ces termes dans le Commerce en tous les sens où l'on employe celui de passer. Cette étoffe est passée sous calandre. Ce cuir est mal passé en mégie, &c. *Voyez ci-dessus* PASSER.

PASSERIES. On nomme ainsi une espece de traité ou de convention de commerce, qui s'observe même en tems de guerre entre les Frontaliers François & Espagnols, c'est-à-dire, entre les Sujets des deux Couronnes qui en habitent les frontieres du côté des Pyrennées, à qui il est permis en tout tems de commercer ensemble par les portes ou passages de ces montagnes, exprimés dans la convention.

C'est à Seix, lieu qui dépend du Diocese de Riex en Languedoc, qu'aboutissent les portes ou passages privilégiés, entr'autres ceux de Daula, de Salau & de Martelat.

Les ruines d'un ancien Château, qui y paroissent encore, ont fait croire aux habitans que c'étoit un reste de celui que Charlemagne y avoit fait bâtir pour s'assurer de ces passages dans son expédition d'Espagne.

Quoi qu'il en soit, il est certain que sans avoir besoin d'aucune autre fortification, ces passages se défendent assez d'eux-mêmes par un long défilé de plus de cinq heures de chemin, qui est d'ailleurs dominé par la célébre Montagne de Montcallier la plus haute des Pyrennées, dont le côté Méridional est à l'Espagne, & l'Oriental à la France.

L'origine du Traité des Passeries, non plus que le tems auquel il a commencé de s'observer, ne sont pas bien certains: tout ce qu'on en peut dire de moins douteux, c'est qu'il paroît par différentes lettres de confirmation des Rois de France & d'Espagne, que les Frontaliers des deux Royaumes en jouissoient dès l'an 1315 du tems de Roger Comte de Commenges, à qui cette partie du Languedoc appartenoit alors. Il paroît pareillement que tous les Rois de France depuis Charles VIII jusqu'à présent, ont confirmé le droit de Passeries, & maintenu les habitans de cette frontiere dans la possession & la liberté du commerce avec ceux d'Espagne, même en tems de guerre.

Cette convention ayant reçu quelque atteinte sous le regne de Louis XII, par les entreprises du Seigneur de la Bastide de Paulmès, ce Prince par ses Lettres Patentes de l'année 1512, en fit réparer le Fort, & confirma les Frontaliers dans leurs anciens privileges, ce qui donna lieu à un nouveau Traité qui fut arrêté l'année suivante dans l'assemblée de Brat, où se trouverent les Députés des lieux intéressés, tant de France que d'Arragon où les Passeries sont en usage.

Les principaux articles de ce Traité, qui s'observent encore aujourd'hui, mais qui se renouvellent tous les ans, consistent :

1°. Dans la liberté de transporter toutes sortes de marchandises qui ne sont pas de contrebande, & dans celle du passage des hommes & des bestiaux dans les limites convenus & par les portes nommées.

2°. Dans la stipulation qu'en cas que l'un des deux Rois n'en voulût pas la continuation, les Frontaliers seroient tenus de s'en avertir réciproquement trente jours avant que de commettre aucun acte d'hostilité les uns contre les autres.

3°. Dans la faculté & la permission de faire arrêter dans toute l'étendue des Passeries, les criminels de l'un ou de l'autre Royaume, qui voudroient se retirer par les portes & routes des montagnes, pour se mettre à couvert des poursuites de la Justice.

Cette derniere clause ne s'observe pas quoique portée dans chaque renouvellement de ce Traité.

PASSETS ou RAYONS. Ce sont des séparations qui sont dans des especes d'armoires que les Marchands mettent dans leurs boutiques & magasins pour placer & mettre les marchandises en bon ordre, chacune selon leur espece & qualité, comme les velours avec les velours, les satins avec les satins, &c.

Il faut que les Passets ou Rayons soient couverts de papier blanc collé sur le bois, & qu'il y ait un rideau de toile pardevant qui puisse se tirer, afin de tenir les marchandises proprement, particuliérement quand elles sont précieuses. On dit des armoires à Passets, des armoires à Rayons.

PASSEURS D'EAU. Ce sont à Paris des Bateliers établis par les Prévôt des Marchands & Echevins, pour passer les Bourgeois & autres Particuliers, avec leurs hardes & marchandises, d'un rivage à l'autre de la riviere de Seine, qui coupe en deux cette capitale.

Ces Bateliers composent une espece de Communauté, qui a ses Statuts, ses Apprentifs, son chef-d'œuvre, mais qui n'a eu des Lettres Patentes que sur la fin du dix-septiéme siécle qu'ils furent érigés en titre d'offices sous le nom de Maîtres Officiers Passeurs-d'eau. *Voyez* BATELIER.

PASSIONS. On nomme ainsi dans le commerce des Peintres & Doreurs du Pont Notre-Dame & du Quai de Gêvres, certaines sortes de bordures, ordinairement de bois uni, qui servent à encadrer des estampes d'une grandeur déterminée. Ces bordures portent *6* pouces 7 lignes de haut, sur 5 pouces *6* lignes de large.

Elles s'appellent Passions, parce que les premieres estampes pour lesquelles on en fit, représentoient ce sacré Mystere de notre Religion.

PASSIVE. On appelle dette passive une dette à laquelle nous sommes obligés envers quelqu'un ; au contraire de dette active qui est celle à laquelle quelqu'un est obligé envers nous. *Voyez* DETTE.

PASSOIRE. La passoire des Blanchisseurs de cire, est longue & étroite ; elle leur sert lorsqu'ils grêlouent la cire à mettre sur la grêlouoire, pour empêcher que les ordures de la cire fondue n'y tombent. Elle est de cuivre, longue de plus d'un pied, large de 7 à 8 pouces, & profonde d'autant. *Voyez* l'article de la Cire, où il est parlé de la Manufacture d'Antony & de sa Fonderie.

PASTE. Farine paîtrie & préparée pour faire du pain.

La farine paîtrie dont on fait le pain est ordinairement levée, ou avec du levain de pâte, si c'est du gros pain, ou quelquefois avec de la mousse ou écume de bierre si c'est du pain leger & molet.

Avant de paîtrir la pâte, on prépare le levain, c'est-à-dire, qu'on met un morceau de pâte aigrie & réservée à cet usage, ou une quantité de levûre de biere dans une petite partie de la farine qu'on veut paîtrir, & qu'après avoir paîtris ensemble avec de l'eau chaude, on laisse fermenter.

Cette premiere pâte suffisamment levée, se mesle avec le reste de la farine en la délayant de même avec l'eau chaude, qu'on met en moindre ou plus grande quantité, suivant la temperature de l'air, moins si le tems est doux, plus s'il est froid.

La pâte réduite à une certaine consistence qui se regle suivant que le pain doit être ferme ou leger, on la coupe avec le coupe-pâte, on la pese à la balance, si ce sont des Boulangers qui paitrissent, on la tourne sur le tour, & on la dresse sur la table à coucher ; où on la laisse jusqu'à ce qu'elle soit assez levée, & propre à mettre au four.

On paitrit ordinairement la farine, & on la réduit en pâte avec les mains, en la repliant plusieurs fois & en la foulant avec les points fermés, ce qui se fait dans des paitrins ou des bacquets.

Quelquefois pour certaine sorte de pains, lorsqu'elle est en consistence de bonne pâte, on la paitrit encore avec les pieds ou dans les paitrins, ou sur une table à terre. Les Boulangers les plus propres paitrissent les pieds dans un sac. Dans cette maniere de paitrir au lieu de replier la pâte on la coupe avec le coupe-pâte, & l'on en met les morceaux les uns sur les autres. *Voyez* PAITRIN. *Voyez aussi* LEVAIN *&* LEVEURE.

PASTE. Se dit aussi de la farine que les Cuisiniers & Pâtissiers préparent pour faire diverses pieces de four, soit avec de la viande comme les grands & petits pâtés, les godiveaux, les tourtes de pigeons & de béatilles, &c. soit avec des fruits, de la créme, des œufs & du sucre, comme les tourtes de confitures, les gâteaux, les biscuits, les tartelettes, les échaudés, &c.

C'est du mot de Pâte que vient celui de Pâtisserie qui a donné le nom à une des Communautés de Paris. La plupart des pâtes des Pâtissiers se font sans levain, il y en a néanmoins où il en faut, comme à ce qu'on appelle le pain benit. *Voyez* PASTISSERIE.

PASTE. Espece de bouillie dont se fabrique le papier. Elle est faite de vieux chiffons ou morceaux de toile de chanvre & de lin, que l'on appelle Drapeaux, Peilles, Chiffes, Drilles & Pattes. *Voyez* PAPIER.

PASTE-MOLLE. Espece de fromage de Hollande gras & mollet, qui s'appelle aussi Coste blanche. *Voyez* FROMAGE *où il est parlé de ceux qu'on tire de Hollande.*

PASTE. Les Cordonniers appellent aussi de la pâte, la colle de farine de seigle dont ils se servent pour coller les cuirs des pâtons avec l'empeigne de leurs souliers & autres ouvrages de Cordonnerie.

PASTE. On nomme aussi Pâte dans les moulins & dans la fabrique de la poudre à canon, la composition qui résulte du mêlange du salpêtre, du souffre & du charbon broyés ensemble dans les mortiers, & liés par l'eau qu'on y met de tems en tems.

La pâte se fait ordinairement en 20 heures lorsque le mouvement du moulin est raisonnablement bon. Au sortir du mortier, & lorsqu'elle a assez de consistance pour être grenée, on la porte au grenoir. *Voyez* l'article de la Poudre à canon.

PASTE. On nomme pareillement Pâte dans l'Amérique Espagnole, les barres d'argent qui n'ont pas été quintées, c'est-à-dire, qui n'ayant point été portées aux Bureaux du Roi pour y payer le droit de quint, n'ont point la marque qui en doit justifier le payement.

Les pâtes ou barres non quintées sont du nombre des contrebandes. Il s'en fait cependant un grand commerce, à cause du gain certain qu'on y trouve; mais elles sont sujettes à beaucoup de friponneries, les Essayeurs en Espagne n'ayant pas toute la bonne foi possible; & d'ailleurs étant très peu habiles: ce qui doit obliger les Etrangers de s'en charger avec beaucoup de précaution. *Voyez* l'article de l'Argent.

PASTE'. Piece de four de viande cuite qui s'enferme dans une croute faite de pâte.

PASTE' DE VEILLE. C'est un pâté que l'on donne aux Garçons, Compagnons & Apprentifs dans certains Corps & Communautés de Marchands & d'Artisans, lorsque l'hyver approchant ils commencent à veiller & travailler à la chandelle.

Les Marchands Pelletiers donnent leur pâté de veille à la Fête de la mi-Aout, & c'est de ce jour-là que leurs garçons commencent à se remettre au travail après souper.

Chez la plupart des Artisans le pâté ne se donne que le jour de la saint Remy.

PASTE' DE CHEVEUX. C'est une quantité de cheveux mis & fortement roulés sur des bilboquets pour leur donner la frisure, qu'on enferme dans de la pâte faite avec cette partie de la farine qui est la moindre de toutes, qu'on appelle des recoupettes, après qu'ils ont été bouillis & séchés.

Les Perruquiers pour faire ce pâté dressent leurs cheveux entre deux feuilles de papier, & les Pâtissiers y mettent la pâte qu'ils font cuire dans leur four jusqu'à ce qu'elle ait à peu près les trois quarts de sa cuisson. *Voyez* CHEVEUX.

PASTE'. Se dit aussi en terme de Brocanteur de plusieurs petites curiosités qu'on assemble pour vendre ou acheter en bloc, n'étant pas assez considérables pour les estimer & évaluer en particulier. C'est quelquefois dans l'achat de ces sortes de pâtés que l'on trouve de bons hazards, s'y trouvant assez souvent telle piece qui suffit pour payer toutes les autres.

PASTEL, que l'on nomme aussi Guesde. Drogue qui sert aux Teinturiers pour teindre en bleu.

Le Pastel vient d'une graine qu'on seme tous les ans au commencement du mois de Mars. Cette graine produit une plante dont les feuilles sont semblables à celles du Plantin. Elle croît & se cultive en Languedoc dans les Dioceses de Toulouse, saint Papoul, Mirepoix, Lavaur & Alby.

Il se fait ordinairement quatre recoltes par an de la feuille de cette plante, souvent cinq, & quelquefois jusques à six. L'on n'estime que les quatre premieres recoltes; la premiere étant la meilleure; & ainsi successivement. Le pastel qui se fait de la cinquiéme est très foible & celui de la sixiéme est absolument mauvais: on le nomme Marouchin.

Quand la feuille du pastel est mûre & qu'on l'a cueillie, on la laisse fletrir quelque tems avant que de la mettre sous la roue pour la piler, & cela exprès pour la meurir davantage, & lui ôter une partie de son suc huileux qui pourroit nuire au pastel.

Après que ces feuilles ont été pilées ou moulues, on les laisse huit ou dix jours en piles, & ensuite on les réduit en especes de boules semblables à des petits pains qu'on appelle Cocs ou Cocaigne, & qu'on met sécher à l'ombre sur des clayes jusques à ce qu'on veuille mettre le pastel en poudre.

Le pastel étant rompu avec des masses de bois, on le mouille avec de l'eau croupie; & après l'avoir d'abord bien remué & mêlé, on continue de le mêler pendant quatre mois, environ quarante fois, après quoi il est en état d'être emballé & employé dans la teinture.

Le pastel vieux est le meilleur, il se peut garder dix ans entiers. Une forte couleur de pastel est d'un bleu foncé quasi noir, & est la base de tant de sortes de couleurs, que les Teinturiers ont une échelle qui leur sert à composer les différentes nuances du pastel, depuis la plus claire jusques à la plus obscure.

Il y a encore une espece de pastel qu'on appelle pastel Bourg ou Bourdaigne, mais qui n'est qu'un pastel bâtard bien différent du véritable; leur graine à la vérité se ressemble, mais non pas la feuille. Celle du bon pastel étant unie & sans poil, & le bâtard ayant la feuille velue.

Le Vouede qui croît en Normandie, & dont on se sert aussi pour teindre en bleu, est une espece de Pastel. *Voyez* VOUEDE.

Le Pastel sauvage qui est une quatriéme espece de pastel, a les feuilles plus grandes que le pastel cultivé, & fort semblables à celles de la laitue. Ses tiges s'élevent de deux coudées de haut: à leur cime il y a de petites vessicules qui contiennent sa graine. Ses fleurs sont jaunes. *Voyez* BLEU, & COCAIGNE.

Le Pastel des Açores & autres Pays étrangers, paye en France les droits d'entrée à raison de 15 s. du cent pésant, & ceux de sortie sur le pied de 46 s. sçavoir 6 s. pour l'ancien droit, & 40 s. pour la traitte domaniale, conformément au Tarif de 1664.

Les droits de la Douane de Lyon sont, sçavoir, pour le Pastel étranger, 2 s. 3 den. de la balle d'ancienne taxation, & 6 s. du cent de nouvelle réapréciation.

Le Pastel de France 1 s. 6 den. du quintal d'anciens droits, & 3 s. 6 den. de nouveaux droits; & s'il est en charge de trois quintaux, 4 s. 6 den. de la charge d'ancienne taxation, & la nouvelle comme dessus, à proportion.

COMMERCE DU PASTEL A AMSTERDAM.

On fait en Hollande un très grand négoce de toutes sortes de pastels. Les lieux d'où les Hollandois les tirent sont Toulouse, Caen, Erford, Juliers, les Isles Canaries, l'Espagne & le Portugal. Leur appréciation & les droits d'entrée & de sortie sont différens suivant leur qualité.

Le pastel de Toulouse, la balle pésant deux cent livres ou environ, est appréciée 15 florins: les droits d'entrée sont de 15 sols, & ceux de sortie d'un florin cinq sols. Si c'est par l'Orisont, il paye

18 sols 8 pennins d'entrée, & un florin huit sols huit pennins de sortie.

Tous les autres pastels sont appréciés 12 florins les 100 livres, & payent de droits d'entrée & de sortie, sçavoir :

Le pastel d'Erford 5 sols d'entrée & 6 sols de sortie, & si c'est par l'Orisont 6 sols de l'un & 7 sols de l'autre.

Le pastel du pays de Juliers un florin d'entrée & autant de sortie, avec une augmentation de 3 sols, si c'est par l'Est, par l'Orisont ou le Belt.

Le pastel de Caen 15 sols d'entrée & 12 sols de sortie, avec 2 sols d'augmentation, comme dessus.

Enfin le pastel des Canaries, d'Espagne & de Portugal, 10 sols d'entrée & 12 sols de sortie; même augmentation que le précédent.

Pastel d'Escarlate. C'est la poudre qui se trouve dans la graine d'écarlate quand elle est nouvelle. *Voyez* Escarlate.

Le Pastel d'écarlate venant des Pays étrangers paye les droits de la Douane de Lyon à raison de 6 l. du quintal d'ancienne taxation, & 3. liv. de nouvelle réapréciation.

Pastel. Se dit aussi de certains crayons de toutes couleurs, faits de diverses sortes de terres réduites en pâte avec de l'eau de gomme. *V.* Crayon.

On nomme pareillement des Pastels, les ouvrages que les Peintres font avec ces crayons. *V.* Peinture.

PASTER. Terme de Cordonnier. C'est coller les cuirs des ouvrages de cordonnerie avec une sorte de colle qu'on appelle Pâte. *Voyez* Paste.

PASTES. Especes de confitures presque seches qui se font avec du sucre, des fruits, ou des fleurs. *Voyez* Confiture.

Les droits que les Pâtes de confitures payent à la Douane de Lyon sont de 8 deniers du quintal, si elles sont du dedans du Royaume, & 2 s. si elles viennent de l'Etranger.

PASTISSER. Faire de la pâtisserie.

PASTISSERIE. Ouvrage de cuisine faite avec de la pâte, qui se cuit ordinairement au four. On appelle aussi Pâtisserie, l'art d'assaisonner & dresser toutes les préparations de pâtes que font les Pâtissiers.

PASTISSIER. Celui qui fait & qui vend de la pâtisserie.

La Communauté des Pâtissiers n'est pas une des moins anciennes de celles qui ont été érigées en Corps de Jurande dans la Ville de Paris.

Les Maîtres de cette profession prennent la qualité de Maîtres de l'art de Pâtissier & Oublayer.

Les Statuts qui leur ont été donnés par Charles IX en 1566, en conséquence de l'Ordonnance d'Orléans, consistent en trente-quatre articles tirés en partie des anciens, & en partie ajoutés & dressés de nouveaux. L'enregistrement en Parlement des Lettres Patentes de confirmation est du 10 Février de l'année suivante.

Les Jurés sont au nombre de quatre, dont l'élection de deux se fait chaque année; ensorte qu'ils sont deux ans de suite en Charge.

Outre les Jurés il y a un Clerc de Communauté chargé des fonctions ordinaires à cette sorte d'Officiers, & encore institué pour l'ordre qui se doit tenir dans la distribution des Garçons aux Maîtres qui en ont besoin, qui doivent s'adresser au Clerc; les uns pour trouver Maîtres, les autres pour avoir des Garçons.

L'apprentissage est de cinq années consécutives. Trois mois d'absence sans le sçû & contre la volonté du Maître casse & annulle le Brevet, quelque tems que l'Apprentif ait déja servi.

Le chef-d'œuvre est d'obligation à tous Aspirans à la Maîtrise, même aux Maîtres de Lettres; il consiste pour la pâtisserie en six plats complets faits & cuits en un seul jour à la discrétion des Jurés; & pour l'oublayerie, en cinq cens de grandes oublayes, ou oublies, comme on parle présentement, trois cent de supplications & deux cent d'estriers, qu'il peut faire en un autre jour, mais dont lui-même doit préparer la pâte.

Les Garçons ou Serviteurs sont tenus de servir chez les Maîtres le tems dont ils sont convenus; autrement il est fait défenses aux autres Maîtres de les prendre à leur service, que le premier Maître n'y consente.

Les Veuves tant qu'elles ne se remarient point, peuvent tenir boutique, & jouissent de tous les droits des Maîtres, à la réserve de celui de faire des Apprentifs; ne leur étant permis seulement que d'achever l'Apprentif commencé par leur mary.

Outre les visites que les Jurés doivent faire chez les Maîtres, ils ont encore droit de visitation sur les fromages de Brie, les œufs & les beurres, & il leur est permis de les lotir entr'eux.

Le pain à chanter Messe, grand, ou petit, fait à Paris, ou apporté d'ailleurs, ne peut être exposé en vente par les Maîtres Pâtissiers qui s'appliquent à cette espece particuliere de pâtisserie, qu'il n'ait été vû & visité par les Jurés.

Les Maîtres sont conservés dans le droit de mesurer leur blé à la halle à l'heure accoutumée, parce que l'article 19 porte, Que le plus beau blé n'est pas trop bon pour faire pain à chanter Messe, & à communier, où le Corps de Jesus-Christ est célébré.

Il est défendu aux Maîtres de vendre aucunes pieces de four mal conditionnées ou réchauffées, de les envoyer crier dans les rues, ni d'en faire porter aux cabarets & tavernes, même de bonnes, qui ne leur ayent été commandées.

Il n'appartient qu'aux Maîtres de l'art de pâtisserie de faire toutes les pieces de four pour les nôces & festins qui s'ordonnent dans la Ville & Fauxbourgs de Paris.

Enfin il n'y a que les Pâtissiers ou leurs Garçons qui ayent droit de crier, de vendre & de jouer dans Paris des oublies pendant la nuit : il leur est néanmoins défendu de les jouer dans les rues : & même dans les maisons où ils sont appellés, ils ne peuvent jouer autre chose que leurs oublies, & non de l'argent; ce qui leur est interdit sous peine arbitraire.

Il est défendu aux Pâtissiers par l'article 7 du chapitre 6 de l'Ordonnance de la Ville de Paris de 1672, d'aller au devant des Marchands & Laboureurs pour acheter leurs grains, ni en acheter ailleurs que sur les Ports.

Et par l'article 10 du même chapitre il est reglé que les mêmes Pâtissiers ne pourront enlever de dessus les Ports par chacun jour plus grande quantité que six septiers de blé & trois septiers de farine, à peine de confiscation de ce qu'ils auroient acheté au-delà de ladite quantité.

PASTRAMA. C'est ainsi qu'on nomme à Constantinople le bœuf salé. Il en vient quantité de Caffa

& de diverses autres Echelles de la Mer Noire.

PASTREMENTS. Ce sont les peaux de bœufs & de vaches qui se levent en hyver. Ce terme n'est en usage qu'à Constantinople. Elles sont moins bonnes que les premiers couteaux qui se levent depuis Juin jusqu'en Novembre; aussi s'achetent-elles une demi-piastre moins que les autres. On prend toujours moitié peaux de bœufs & moitié peaux de vaches de cette espece; au lieu que des premiers couteaux l'on n'est obligé que de prendre dix vaches par cent de bœufs. *V.* COUTEAUX.

PASTURAGE. Herbe de pâturage. C'est une plante dont les Teinturiers se servent pour leur teinture en fauve. *Voyez* GENESTROLLE.

PAT

PATAC. Monnoie d'Avignon qui vaut un double ou deux deniers de France. Il a cours & est assez commun dans la Provence & dans le Dauphiné.

PATACA. C'est ainsi que les Portugais nomment la piastre d'Espagne ou piece de huit. Il y a des demi-patacas & des quarts de patacas. Le pataca vaut 750 reis, les demis & les quarts à proportion. *Voyez* PIASTRE, & REIS.

Samuel Ricard qui dans son Traité général du Commerce les appelle aussi Patagons, en distingue de deux sortes, qu'il n'évalue pas tout-à-fait sur le pied rapporté ci-dessus.

Les unes sont des pataques marquées, & les autres des pataques non marquées. Suivant cet Auteur les premieres valent jusqu'à 600 reis, & les autres seulement 500.

PATACH ou CENDRE. Cette cendre se fait d'une herbe qu'on brûle qui se trouve aux environs de la Mer Noire & des Châteaux des Dardanelles: elle sert pour faire le savon & pour dégraisser les draps, mais elle n'est pas estimée. Celles de la Côte de Syrie & sur-tout de Tripoli sont meilleures.

PATACHE. Petit bâtiment ancré dans un Port de mer ou dans une riviere, sur lequel résident & sont continuellement en garde le jour & la nuit les Commis des Fermes du Roi pour visiter les bâtimens & bateaux qui entrent ou qui sortent, pour examiner les lettres de voiture & passeports, & pour faire payer les droits des marchandises qui arrivent par eau. Ces pataches tiennent lieu des Bureaux qui sont aux barrieres des Villes où il se paye des droits d'entrée.

Il y a à Paris deux pataches sur la riviere de Seine; l'une au-dessus de la Porte Saint-Bernard pour les bateaux & voitures d'eau qui descendent la riviere; l'autre un peu au-dessous de la Porte de la Conférence pour ceux qui la remontent.

Les bâtimens & bateaux sont obligés d'approcher ou aborder la patache pour y faire leur déclaration; & les Commis qui résident dessus doivent y avoir affiché en lieu apparent les Tarifs & Pancartes contenant les droits qui sont dûs pour chaque espece de marchandise.

En bien des Ports de mer & embouchures de rivieres de France, on dit Gabare au lieu de Patache. *Voyez* GABARE.

Les Fermiers Généraux tiennent aussi dans quelques Rades & Ports de mer, & particuliérement aux Isles de l'Amérique, des pataches armées de canons pour courir dessus ceux qui fraudent les droits de la ferme, ou qui font des commerces étrangers & défendus.

PATAGON, que quelques-uns écrivent & prononcent PATTACON. Monnoie de Flandres faite d'argent, qui a cours à peu près sur le pied de l'écu de France de soixante sols; & qu'à cause de son prix & de sa figure cornue & mal frappée l'on confond avec les richedales & les réaux de huit.

Les patagons n'ont long-tems été reçûs en France que pour quarante-huit sols; ils y ont ensuite eu cours pour cinquante-huit sols; & enfin sur le pied de soixante sols. Ils y sont présentement (1718) décriés, & se reçoivent seulement au poids dans les Hôtels des Monnoies suivant le prix fixé par les Ordonnances. Les diminutions du patagon sont les demis & les quarts.

Outre les patagons de Flandres, il s'en fabriquoit aussi autrefois quantité en Franche-Comté; quelques-uns au poids & au titre de ceux de Flandres, c'est-à-dire, pésant vingt-deux deniers, & tenant de fin dix deniers sept grains; & quelques autres un peu plus forts; comme ceux qui avoient une croix à feuillages couronnée d'un côté, & de l'autre les armes de Bourgogne, qui pésoient vingt-deux deniers douze grains, & tenoient de fin dix deniers quatorze grains.

Quelques Auteurs donnent aussi le nom de Patagon à la pataca ou pataque de Portugal; & en effet le prix n'en est gueres différent. *Voyez* PATACA.

PATAQUE, en Portugais *Pataca.* Monnoie d'argent qui vaut environ l'écu de France de soixante sols. *Voyez* PATACA.

PATARD. Petite piece de monnoie toute de cuivre, qui a cours en Flandres & dans les Provinces voisines. C'est à peu près le double ou liard de France: aussi les Picards donnent-ils à ces deniers le nom de Patard.

PATARD. C'est aussi en Hollande une monnoie de compte. Lorsqu'on tient les livres en florins, patards & penins. Le patard vaut deux deniers de gros.

PATE. Masse de farine pétrie avec de l'eau, & fermentée avec du levain ou de la leveure de biére. *Voyez* PASTE.

PATÉLET ou VALIDE. Espece de morue verte qui tient le cinquiéme rang dans le triage que l'on fait en Normandie des diverses sortes de morues. *Voyez* MORUE.

PATENOSTRERIE. Marchandise de chapelets. Cette espece de marchandise est appellée Patenostrerie, parce que les grains qui composent les chapelets sont nommés vulgairement Patenostres.

Le négoce de la patenostrerie est assez considérable en France, particuliérement à Paris, où il fait partie de celui de la mercerie, suivant qu'il est porté par les Statuts de Marchands Merciers-Grossiers-Jouailliers du mois de Janvier 1613, art. 12.

PATENOSTRES. Chapelets ou grains enfilés sur lesquels on dit diverses prieres, particuliérement le *Pater noster*, ou Priere Dominicale, d'où vient le mot de Patenostres.

Les Patenostres ou Chapelets de bois payent en France les droits de sortie sur le pied de mercerie, quand ils sont avec de la mercerie, & seulement 40 s. du cent pésant, quand ils sont seuls, conformément au Tarif de 1664.

Les droits de la Douane de Lyon pour les patenostres qu'on nomme Patenostres Turquines, sont de 5 liv. par chacune caisse d'ancienne taxation, & 10 s. du cent de nouvelle réapréciation.

A l'égard des patenostres & chapelets de Saint-Claude, leurs anciens droits sont de 12 s. de la balle, & les nouveaux 12 s. par cent pésant.

PATENOSTRIER. Celui qui fait des patenostres, qui les enfile & qui les vend.

Il y a à Paris trois Corps de Patenostriers : les uns se nomment Patenostriers-Boutonniers d'émail, verre & cristalin : on les nomme plus communément Emailleurs. Ceux-ci ont été réunis aux Verriers-Marchands de fayance par Arrêt du Conseil du Roi de l'année 1706. *Voyez* ESMAILLEUR.

Les autres s'appellent Patenostriers en bois & en corne ; & les troisiémes se qualifient Maîtres Patenostriers en jays, ambre & corail. On va parler ici des Maîtres de ces deux Communautés.

PATENOSTRIERS EN AMBRE, JAYS ET CORAIL. Ces Patenôtriers ont été érigés en Corps de Jurande sous le Regne de Charles IX, trois ans après les Patenôtriers-Emailleurs. Leurs Lettres Patentes sont de 1569, confirmées successivement presque par tous les Rois jusqu'au Regne de Louis XV.

La matiere qu'ils doivent employer est naturelle & non factice ; & ils doivent tailler le jays, le corail & l'ambre sur des roues de grès ; en quoi ils sont différens des Emailleurs qui soufflent leurs ouvrages à la lampe ; & des Lapidaires, qui outre la roue de grès, en ont encore de fer, de plomb & d'étain.

Cette Communauté étoit autrefois considérable, & avoit, comme la plupart des Corps des Arts & Métiers de Paris, quatre Jurés pour la gouverner, & pour recevoir ses Apprentifs, dont l'Apprentissage n'étoit que de trois ans & demi.

Le métier étant beaucoup déchû, à cause du peu de cas que l'on faisoit en France, particuliérement à Paris depuis le milieu du dix-septiéme siécle, des colliers & chapelets d'ambre, de jays & de corail, le peu de Maîtres qui restoit pensa en 1718 à se réunir aux Patenôtriers-Emailleurs ; moins pourtant pour se fortifier par l'union de ces Maîtres, qui en 1706 avoient eux-mêmes été joints aux Fayanciers, que pour terminer les longues contestations qui étoient entre les deux Corps pour la fabrique des fausses perles.

Le Roi sur la remontrance des Patenôtriers en Ambre, Jays & Corail, ayant donné au mois de Septembre de la même année 1718, des Lettres Patentes d'union de leur Communauté avec les deux Communautés déja réunies, les Patenôtriers Emailleurs s'opposerent à leur enregistrement, & c'est de l'évenement de cette opposition qui n'est pas encore jugée (1719) que dépend leur état, ou plutôt la fin de leurs continuels démêlés, qui ne subsisteroient plus s'il leur étoit également permis à tous de faire de fausses perles, dont la fabrique est proprement partagée entre eux, quoique les uns & les autres prétendent se l'approprier entiérement à l'exclusion de leurs parties ; ce qui fait le prétexte ou le fondement de leur procès.

Quoique l'ambre, le jays & le corail soient véritablement la seule matiere du Métier de Patenôtriers dont on parle dans ce Paragraphe ; il semble néanmoins que l'invention des fausses perles, de la maniere qu'on les fait présentement en France, venant d'un Maître de leur Corps, on ne peut sans une espece d'injustice leur en interdire la fabrique, du moins concurremment avec les Emailleurs, à qui il appartient de faire le grain de verre qui forme la perle.

Fabrique des fausses Perles.

C'est au sieur Janin à qui cette curieuse invention est due ; invention d'autant plus belle, qu'outre qu'elle est simple, elle remédie aux mauvais effets des fausses perles faites avec le vif-argent mis au dedans, ou avec la colle de poisson mise en dehors.

Cet Artisan ingénieux ayant découvert, peut-être par hazard, que l'écaille d'un petit poisson qu'on nomme Able, qui se trouve en quantité dans la riviere de Marne, non seulement avoit tout l'éclat & tout l'œil des perles fines, mais encore qu'après s'être facilement dissous dans l'eau, il reprenoit en séchant le même brillant qu'il avoit auparavant, imagina d'introduire cette matiere dans la cavité du grain de girasol, c'est-à-dire, dans le grain de verre, tirant un peu sur cette pierre précieuse, qui fait le corps de la perle.

La difficulté étoit de l'y introduire, & quand elle y seroit introduite de la répandre également dans tout le grain.

Un petit tube de verre de six ou sept pouces de longueur & d'une ligne & demie de diametre, mais très pointu par un bout & un peu recourbé, lui servit pour introduire la matiere en la soufflant avec la bouche, après en avoir pris une goute par l'extrémité pointue du petit tuyau, & pour la répandre dans la circonférence intérieure de la perle, il se contenta de la sasser légerement & longtems dans un petit panier d'osier quarré, doublé de papier.

L'écaille dissoute, s'étant attachée par ce mouvement dans le dedans du cristalin, reprend son éclat en séchant ; mais pour le lui donner encore plus grand, si c'est en hyver on met les perles dans un sas de crin ou d'étamine, qu'on suspend au plancher, sous lequel on met à six pieds de distance des terrines de cendres chaudes ; & si c'est en été, on les met dans le sas que l'on suspend de même, mais sous lequel on ne met point de feu.

Les perles bien seches & bien brillantes s'emplissent de cire fondue avec un tube semblable à celui pour introduire l'écaille dissoute de l'Able ; & quand la cire est raisonnablement prise, l'on en nétoye les bavûres, ensuite on perce les perles avec une aiguille, on les enfile & on y met des rubans, si l'on en veut faire des colliers.

Les Perles en collier se vendent ou en détail par piece, ou à la douzaine, ou à la grosse, les autres se vendent au cent & au milier.

Des douze ou quinze Maîtres qui composent présentement la Communauté des Patenôtriers en Ambre, Jays & Corails, à peine y en a-t-il deux qui travaillent encore sur ces matieres, tous les autres s'étant adonnés à la fabrique des perles fausses, dont le débit est plus considérable, la façon plus prompte & plus facile, & le profit plus grand & plus certain par le goût des femmes qui ne peuvent se passer de cet ornement. *Voyez* PERLES.

PATENTES DE LANGUEDOC. Droit qui se leve à Bourdeaux sur certaines especes de marchandises. C'est ce qu'on nomme autrement la Foraine. *Voyez* le Commerce de Bordeaux, dans l'Etat général.

PATIN. Soulier de femme qui a une semelle de liege fort élevée. On le dit aussi du liege taillé en semelle.

L'usage des Patins étoit autrefois très commun en France,

France, & il se faisoit un si grand commerce de ces semelles toutes taillées, que les droits en sont tarifés pour la Douane de Lyon, à raison de 4 sols 3 den. le millier d'ancienne taxation, & 1 s. 3 den. de nouvelle réapréciation.

PATINO ou PATMOS, Isle de la Mer Egée. Cette Isle produit peu de choses propres au Commerce. *Voyez* l'Etat général, Tome I. page 347.

PATRON. Modele ou dessein sur lequel on fait quelque ouvrage.

PATRON. Ne signifie quelquefois qu'un morceau de papier, de carton ou de parchemin, taillé & coupé de certaine maniere sur lequel quelques Artisans reglent leur besogne. Les Tailleurs, par exemple, ont de ces sortes de Patrons pour la coupe des différentes pieces de leurs habits: les Cordonniers pour tailler les empeignes & les quartiers de leurs souliers, & les Marchandes du Palais & autres Ouvrieres qui travaillent en linge de femmes pour dresser & couper les coëffures & engageantes suivant les différentes modes qui ont cours ou qu'elles imaginent. Il y a encore quantité d'autres Ouvriers qui se servent de ces sortes de Patrons.

PATRON, dans les Manufactures d'étoffes d'or, d'argent & de soie, figurées. Est le dessein fait par le Peintre & rehaussé de couleurs, qui sert à monter le métier, & à représenter sur l'ouvrage les différentes figures de fleurs, d'animaux ou de grotesques dont le Fabriquant veut l'embellir. La beauté & la nouveauté des Patrons servent beaucoup au débit des étoffes.

PATRON. Se dit aussi des desseins sur lesquels les Ouvrieres en Points & en Dentelles à l'aiguille, travaillent à leurs ouvrages. On le dit pareillement des desseins des Dentelles au fuseau soit d'or, d'argent, de soie ou de fil, & des broderies.

PATRON DE HOLLANDE. Sorte de Linge ouvré qui vient de Flandres. *Voyez* LINGE.

PATRON DE CHEF-D'ŒUVRE. On appelle ainsi dans les Statuts des Maîtres Epingliers de la Ville & Fauxbourgs de Paris, le modéle ou échantillon des Epingles sur lequel l'aspirant à la Maîtrise doit travailler pour être reçu. *Voyez* EPINGLIER.

PATRON ou NOCHER. C'est sur la Méditerranée le Maître d'un vaisseau, d'une barque ou de quelqu'autre bâtiment chargé en marchandise. Dans le Ponant on dit Maître. *Voyez* MAISTRE DE VAISSEAU MARCHAND.

PATRON. Les Vitriers appellent Patron ou Table à Patron, une table de bois blanchie sur laquelle ils tracent & dessinent avec de la pierre noire les différentes figures des compartimens d'après lesquels ils veulent couper les pieces de leurs panneaux. Cette table qui est ordinairement de quatre à cinq pieds de long, & de trois à quatre de large, est mobile, & couvre la futaille où ils jettent leur groisil.

PATROUILLE, qu'on nomme plus ordinairement Escouvillon: Espece de balai fait de vieux drapeaux dont l'on se sert pour nettoyer l'âtre d'un four avant d'y mettre le pain. *Voyez* ESCOUVILLON.

PATTE. Signifie chez les Etaliers Bouchers, de petits crochets à queue d'ironde qu'ils clouent en plusieurs endroits de leurs boutiques pour y attacher avec des allonges, la viande à mesure qu'ils la dépecent.

Ils nomment aussi Pattes, des chevilles de bois de cinq ou six pouces de long avec un mantonnet au bout, qu'ils scellent en plâtre & qu'ils employent au même usage.

PATTE DE GINGEMBRE. *Voyez* GINGEMBRE.

PATTE. C'est un des noms que l'on donne aux vieux morceaux de chiffons de toile de lin & de chanvre dont on se sert dans les papeteries pour fabriquer le papier. *Voyez* PAPIER & CHIFFONNIER.

PATTE D'OYE. C'est une des marques dont les Charpentiers se servent pour marquer leurs bois après qu'ils sont façonnés, afin de ne les point mêler à l'assemblage.

Cette marque est appellée Patte-d'oye, parce qu'elle est composée de plusieurs traits faits avec la Roinette ou le Traceret, qui ont quelque ressemblance à l'empreinte que la patte de cette oiseau aquatique laisse sur le sable. *Voyez* MARC-FRANC.

PATTES & QUEUES. On nomme ainsi dans quelques Provinces de France, les laines de la moindre qualité & les plus courtes qui se levent de dessus l'animal.

Dans l'Arrêt du 19 Avril 1723, elles sont mises au rang des Pleures & Paignons, & payent comme elles 30 sols du cent pésant, quand elles entrent des Provinces réputées Etrangeres, dans celles de l'étendue des cinq grosses Fermes.

PATTIER. *Voyez* CHIFFONNIER.

PATTURE ou PASTURE DE CHAMEAU. Plante médicinale, qu'on nomme plus ordinairement *Juncus odoratus*. *Voyez* JUNCUS ODORATUS.

PAU

PAU. Ville de France Capitale de Bearn, elle est du département de l'Inspecteur des Manufactures de Bourdeaux: la Chapellerie & la Draperie sont le meilleur de son Commerce; celle-ci vient de dehors; l'autre a quantité de Maîtres dans la Ville & est fort estimée. *Voyez* l'Etat général, Tome I. page 38.

PAU. Mesure pour les longueurs ou espece d'aune dont l'on se sert à Loango de Boirie & dans quelques autres lieux de la Côte d'Angole en Afrique.

Il y a à Loango trois sortes de paux; le pau du Roi & de son Favori ou premier Ministre & Capitaine, le pau des Fidalgues & Capitaines, & le pau des particuliers.

Le pau du Roi a vingt-huit pouces de longueur & vaut trois macoutes, la macoute se comptant dix.

Le pau des Fidalgues est de vingt-quatre pouces, & le pau des particuliers seulement de seize pouces & demi; mais tous deux contenant & s'estimant trois macoutes comme celui du Roi & la macoute se comptant de même.

C'est à ces différens paux que les Européens qui font la traite des Negres mesurent les étoffes & les toiles qu'ils donnent en échange des esclaves & des autres marchandises, comme poudre d'or, morfil, cire, &c. qu'on tire de la Côte d'Angole; d'où l'on conçoit aisément qu'il est plus avantageux de faire la traite avec les particuliers qu'avec les Fidalgues, & encore avec les Fidalgues qu'avec le Roi; aussi cet excédent d'aunage qu'on accorde au Roi & à ses Capitaines, n'est-il que pour avoir la permission de la traite; nul particulier n'osant faire le moindre négoce avec les Européens que les Coutumes n'ayent été payées & le commerce ouvert par la permission du Roi & des Grands. *Voyez* MACOUTE. *Voyez aussi l'Etat général du Commerce où il est parlé de celui des Côtes d'Afrique.*

PAVAGE. Terme de Paveur. Il se dit de l'ouvrage qui se fait avec du pavé, aussi-bien que de l'action de celui qui pave. Le pavage est un métier bien rude : Voilà de beau pavage. *Voyez* PAVE' & PAVEUR.

PAVAGE. On appelle en quelques Provinces de France, particuliérement en Bretagne, droit de Pavage, un droit qui se leve sur certaines marchandises à l'entrée des Villes, pour la réfection du pavé.

Le droit de Pavage de la Ville de Nantes est de deux deniers par charrette, & d'un denier par somme.

PAVAME. Bois qui vient de la Floride & qui avec son écorce & sa racine est bon pour la guérison des maladies secrettes. *Voyez* SAXAFRAS.

PAVE'. On appelle Pavé, tout ce qui sert à couvrir les lieux qu'on veut affermir pour y marcher ou y faire rouler des voitures commodément.

En France le pavé des grands chemins, des rues & des places publiques des Villes, des cours, écuries, cuisines & autres lieux bas des maisons particulieres se fait ordinairement de grès ou de rabot qui est une espece de pierre dure un peu semblable à la pierre de liais.

On pave aussi tous ces lieux dans les Provinces où ces deux sortes de pierre ne sont pas communes, comme dans le Lyonnois, avec du cailloutage soit jetté à l'aventure, soit arrangé & battu comme le grès, ou avec d'autres pierres dures, telles que sont les pierres de rocaille & de meullieres.

Il y a aussi des endroits où l'on pave les rues & autres lieux avec de la brique placée de champ.

A Amsterdam & dans quelques principales Villes de Hollande, ce pavé s'appelle Pavé de Bourgue-Maître, pour le distinguer du pavé de pierre ou de caillou qui occupe le milieu des rues & qui sert de voie aux voitures, la brique qui borde celui-ci n'étant que pour les gens de pied. *Voyez* BRIQUE.

Le pavé de grès dont on pave les grands chemins, les rues & les places publiques s'emploie & s'assied avec le sable seul ; & le pavé des cours & des écuries & autres lieux bas des bâtimens, avec la chaux & le sable, ou à chaux & à ciment, surtout s'il y a des voutes & des caves dessous.

Celui dont on se sert à Paris vient presque tout du Gâtinois, particuliérement des environs de Fontainebleau.

On en distingue de deux sortes, l'un gros qui sert pour les lieux & passages publics, l'autre menu qui n'est propre qu'aux ouvrages particuliers ; on pourroit aussi les distinguer en grès tendre & en grès dur, y en ayant de ces deux especes.

Le gros pavé, qu'on appelle aussi Pavé du grand échantillon, & qui est nommé Carreau dans les Statuts des Maîtres Paveurs, porte de sept à huit pouces en quarré ; le menu ou du petit échantillon n'est que de quatre à cinq.

Ce dernier est encore de deux sortes ; l'un de tout échantillon ; c'est-à-dire, qui n'est pas taillé également, ni de largeur, ni de hauteur ; & l'autre d'un égal échantillon, c'est-à-dire, réduit à la même épaisseur & taillé bien quarrément. Ce dernier n'est guéres que pour les plus belles cours & pour les grottes & autres tels ouvrages de distinction ; aussi pour le rendre plus agréable on y mêle ordinairement du pavé noir qu'on dispose avec simétrie, & dont on fait une espece de mosaïque.

Le pavé de grès se vend sur la carriere à la toise cube, & s'employe à la toise courante & quarrée.

Prix commun du pavé de grès, l'estimation faite depuis l'année 1690 jusqu'à 1725.

Le gros pavé de rue de sept à huit pouces en quarré, posé sur une forme de sable, 12 liv. la toise quarrée.

Le pavé fendu en deux, posé avec mortier de chaux & sable, 8 livres.

Le pavé de même qualité posé avec mortier de chaux & ciment, 11 liv.

Le pavé vieux fourni par le Paveur, posé avec mortier de chaux & ciment, 7 liv. & posé avec chaux & sable, 5 liv.

Le pavé vieux fourni par le Bourgeois, posé à chaux & à ciment, 3 liv. 10 s. & posé à chaux & sable, 2 liv.

On a été obligé de donner ce Mémoire par estimation, à cause de la valeur excessive des ouvrages depuis l'année 1720, qui ne sont pas encore revenus à leur véritable prix.

PAVE'. Se dit aussi des marbres, pierre de liais, pierres communes, ardoises, carreaux de fayance & de terre ; enfin de toutes les matieres semblables propres à cet usage, qu'on employe avec le plâtre ou le ciment, pour couvrir & rendre unis & solides les planchers des bâtimens, soit au rez-de-chaussée, soit des étages d'en-haut ou sur les toits plats & les terrasses.

On parle ailleurs de tous ces pavés. *Voyez* MARBRE, LIAIS, FAYANCE, CARREAUX DE TERRE, ARDOISE, &c.

PAVER. Couvrir de pavé quelque endroit.

Quand on dit simplement Paver, sans rien ajouter qui en spécifie la matiere, on l'entend de l'ouvrage de grès. Quand on se sert de carreaux de terre cuite ou de fayance, on dit carreler ; & si l'on employe le marbre, le liais, la brique, on dit Paver de liais, de brique ou de marbre.

PAVER A BAIN DE MORTIER. C'est ne pas épargner le mortier en pavant, ce qui se fait ordinairement quand on pave des cours qui sont voutées par dessous.

PAVEUR. Ouvrier qui employe le pavé, qui en couvre les grands chemins, les rues, les places publiques, &c.

Les Maîtres Paveurs composent à Paris une des Communautés des Arts & Métiers. Leurs premiers Statuts leur furent donnés sous le regne de Louis XII, le 10 Mars 1501, par Jacques d'Estouville Garde de la Prevôté de cette capitale sur le vû & les conclusions des Gens du Roi du Châtelet.

Ces Statuts ont depuis été confirmés par des Lettres Patentes d'Henri III du mois d'Avril 1579 ; par d'autres de Henri IV du mois de Juin 1604, & enfin sous le regne de Louis XIV par plusieurs Edits, Déclarations & Arrêts du Conseil ; lorsque cette Communauté à l'exemple de toutes les autres Communautés de Paris se fit réunir & incorporer les divers Offices qui furent créés depuis l'année 1691 jusqu'en 1707, entr'autres les Offices de Jurés, de Greffiers, d'Auditeurs des Comptes, de Gardes d'Archives & quelques autres semblables.

Dix-neuf articles composent ces Statuts, dont les deux premiers érigent les Maîtres Paveurs en

Corps de Jurande, & déclarent qui sont ceux qui doivent à l'avenir former cette nouvelle Communauté.

Les Jurés sont ordonnés au nombre de quatre, desquels au moins deux doivent être changés chaque année, & deux autres élus en leur place pour faire les visites en la Ville & Banlieue de Paris de tous les ouvrages & carreaux qui y seroient amenés pour vendre; faire corriger & réparer les fautes & abus qui y seroient commis, & faire tous autres exploits que les Jurés des autres métiers ont coûtume de faire.

Chaque Maître ne peut tenir qu'un Apprentif à la fois, outre & avec ses enfans, lequel Apprentif il ne peut céder, vendre ni transporter à d'autres que du consentement de Justice & des Jurés.

Le tems de l'Apprentissage est de trois années consécutives chez les Maîtres, après lesquelles les Apprentifs aspirans à Maîtrise peuvent être reçûs en faisant le chef-d'œuvre qui consiste à faire une pointe ou un tournant, soit en coin, soit en rue, tel qu'il semble bon aux Jurés.

De ce chef-d'œuvre sont exempts les Fils de Maîtres qui ont été Apprentifs audit métier.

Les Compagnons étrangers qui passent chemin ne peuvent travailler librement chez les Maîtres que pendant un mois, après quoi ils sont tenus de payer le droit de compagnonage s'ils veulent continuer le travail.

Aucun Maître ne peut mettre en besogne les Compagnons déja employés en d'autres atteliers qu'après que lesdits Compagnons ont achevé le tems de leur service, ou fini l'ouvrage entrepris.

Nul Maître ne doit aller hors la Ville au devant des Marchands Forains pour acheter Carreaux (ce sont les pavés taillés) ou autres ouvrages propres audit métier.

Enfin nul Marchand Forain n'a permission de vendre ou distribuer Carreaux, qu'ils n'ayent été auparavant visités par les Jurés & trouvés loyaux & marchands, c'est-à-dire, de six à sept pouces en quarré.

Les autres articles des Statuts concernent la pente que les Maîtres Paveurs doivent donner à leurs ouvrages pour l'écoulement des eaux & vuidanges des rues & maisons de Paris, le prix qu'on donnoit alors de la toise desdits ouvrages & la qualité des Carreaux ou pavés qui y doivent être employés.

Les outils nécessaires aux Paveurs de grand échantillon, sont une pelle, une pince, divers marteaux, entr'autres un marteau à refendre, un autre à paver, un troisiéme à fouiller la terre, un épinçoir, une demoiselle & un niveau; A l'égard des ouvrages du petit échantillon on y employe outre quelques-uns des précédens, plusieurs outils de Maçon, comme la truelle, l'auge, la hachette, le rabot pour courroyer le mortier, l'oiseau pour le porter & peu d'autres semblables.

Tous ces outils sont décrits & expliqués à leurs propres articles.

PAVIE. C'est ainsi qu'on appelle une espece de linge ouvré qui se manufacture en Flandre & en basse Normandie. *Voyez* LINGE.

PAVILLON. Terme de Marine. C'est une banniere, ordinairement d'étamine, qu'on arbore sur le bâton de l'arriere ou à la pointe de quelque mât, pour distinguer les Nations d'où sont les vaisseaux, le rang des Officiers généraux qui les montent, & la qualité du vaisseau par rapport à son usage & à son armement, c'est-à-dire, pour faire connoître s'il est armé en guerre ou en marchandise.

Les pavillons en général sont de diverses couleurs & sont chargés de diverses armes suivant les Princes & les Nations; ils sont aussi coupés de différentes façons pour distinguer le rang que chaque vaisseau tient dans une flote, ou celui de l'Officier qui y commande.

PAVILLON MARCHAND. C'est le Pavillon ou banniere qui distingue un vaisseau armé en marchandise d'avec un vaisseau armé en guerre.

L'Ordonnance de la Marine de 1689 porte, que le pavillon ou enseigne de poupe des vaisseaux Marchands François sera bleu avec une Croix blanche traversante, & les armes du Roi sur le tout, ou telle autre distinction qu'ils jugeront à propos, pourvû que le pavillon ne soit pas entiérement blanc.

Outre le pavillon les vaisseaux Marchands mettent quelquefois aux mâts d'artimont de petits pavillons où sont les armes de la Ville ou du lieu dans lesquels le Maître fait son domicile ordinaire; & au mât d'avant les armes des Villes & lieux où demeurent les Affreteurs.

Non-seulement les vaisseaux Marchands des plus puissantes Nations de l'Europe qui font le commerce de mer, comme les François, Anglois, Espagnols, Hollandois, &c. ont des pavillons qui les distinguent des vaisseaux de guerre; mais encore toutes les Villes Anséatiques, & celles qui sont situées sur l'Océan Germanique, dans le Nord, & dans la mer Baltique ont le leur; telles sont entr'autres Hambourg, Emden, Bremen, Berghen, Lubek, Dantzic, Conisberg, Elbing, Stralsundt, Stetin, Riga, Revel, &c. mais il seroit trop long de les rapporter toutes, & l'on peut les voir dans le Dictionnaire de Marine, imprimé à Amsterdam chez Pierre Brunel en 1702.

Amener le Pavillon. C'est le baisser ou le mettre bas par respect; les vaisseaux Marchands amenent celui qui est arboré à leur poupe.

Faire Pavillon. C'est arborer le Pavillon par lequel on veut se faire connoître.

On fait Pavillon blanc quand on veut traiter & avoir pratique dans des lieux ennemis ou suspects; on fait aussi Pavillon blanc quand on demande quartier & qu'on se rend à des vaisseaux de guerre, à des Corsaires, des Pirates ou des Armateurs.

PAUME. Espece de mesure qui se dit de la hauteur de la main fermée, ce qui fait environ quatre doigts ou trois pouces; on ne le dit plus gueres que de la maniere de mesurer les chevaux. *Voyez* CHEVAL.

Quelques-uns confondent la paume avec l'ampan ou palme; mais il y a certainement de la différence, l'ampan étant de beaucoup plus grand.

PAUME. Jeu d'exercice auquel on joue avec des raquettes & des pelottes ou balles. *Voyez ci-après* PAUMIER.

PAUMELLE. Morceau de bois plat plus long que large, dentellé par dessus que l'on tient d'une main par le moyen d'une espece de manicle.

Cet instrument sert aux Courroyeurs à tirer leur cuir sur la table pour les rendre plus maniables, ou, comme ils disent, plus mollians.

Les Maroquiniers se servent aussi de Paumelles de bois & de liege, pour faire sortir & relever le grain des peaux de maroquins noirs qu'ils fabriquent. *Voyez* COURROYEUR & MAROQUINIER.

PAUMIER. Celui qui fait des raquettes & des balles, ou autre chose servant au jeu de paume. C'est aussi celui qui tient un jeu de paume, & qui fournit aux Joueurs les balles & des raquettes.

Il y a à Paris une Communauté de Maîtres Paumiers, Raquettiers, Faiseurs d'estœufs, pelottes, & balles.

Leurs Statuts sont du commencement du 17e siécle, enregistrés au Châtelet le 13 Novembre 1610.

Quatre Jurés gouvernent cette Communauté, veillent à ses privilèges, reçoivent les Apprentifs & les Maîtres, & font les visites tous les mois. On renouvelle chaque année deux de ces Jurés.

Les Apprentifs doivent être obligés pour trois ans pardevant Notaires, & leur brevet d'apprentissage porté aux Jurés huit jours après la passation pour être enregistré.

Tout Aspirant à la maîtrise doit faire chef-d'œuvre à l'exception des Fils de Maîtres.

Il n'y a qu'aux Maîtres de la Communauté qu'il soit permis de fabriquer & vendre des raquettes, des estœufs, & des balles, & d'en ouvrir boutique; comme il n'est aussi permis qu'à eux de tenir jeu de paume.

Ceux des Maîtres qui tiennent jeu de paume peuvent bien travailler aux ouvrages du métier pour leur propre usage, mais non en faire trafic & les exposer en vente.

Les Marqueurs doivent être pris d'entre les Apprentifs & Compagnons, & doivent faire apparoître de leur brevet d'apprentissage.

Enfin les veuves restant en viduité peuvent tenir boutique, & continuer les Apprentifs commencés par leurs maris, mais non en faire de nouveaux.

PAVOT. Plante d'où l'on tire l'opium. *Voyez* OPIUM.

PAUTKAS. Toiles de coton des Indes. Il y en a diverses sortes qui ont différentes longueurs & largeurs suivant leur qualité.

Les Pautkas Vhit sont des toiles de coton blanches, qui ont quatre aunes de long sur deux tiers de large.

Les Pautkas Broun sont aussi de coton, mais écrues, elles portent cinq aunes sur deux tiers.

Les Pautkas Blou sont des toiles de coton bleues, leur longueur est de cinq à onze aunes, & leur largeur d'un tiers à deux tiers.

PAUTONNIER. Celui qui est commis pour la perception des droits de pontenage ou pontonage qui se levent sur les marchandises. *Voyez* PONTONNER & PONTENAGE.

PAY

PAYAS. Soies blanches du Levant, qu'on tire particuliérement d'Alep. Elles se pesent à la rotte de sept cent dragmes, qui reviennent à sept livres sept onces & demie, poids de Marseille. *Voyez* SOYES DU LEVANT.

PAYAS. Ce sont aussi des cotons filés qu'on tire du Levant par Alep. On se sert de ce nom & de celui de Gondozolettes pour en distinguer le filage. Les plus gros s'appellent Filés payas, & les plus fins, Fils Gondozolettes. *Voyez* COTON DU LEVANT.

PAYAS DE MONTASSIN. Sorte de coton filé qui a peu de débit en France. *Voyez* COTON.

PAYABLE. Qui doit être payé, qui doit être acquitté dans un certain tems ou à certaines personnes.

Une lettre de change payable à vûe, est une lettre de change qui doit être acquittée sur le champ dans le moment qu'elle est présentée.

Une lettre payable à jour préfix ou à jour nommé, est celle qui doit être payée à un certain jour fixe qui est marqué dans la lettre.

Une lettre payable à tant de jours de vûe, est celle qu'on doit acquitter dans un certain nombre de jours désigné par la lettre, à compter de la date de son acceptation.

Une lettre payable à une ou plusieurs usances, est celle qui doit être payée dans autant de fois trente jours qu'il y a d'usances marquées dans le corps de la lettre, à compter du jour de sa date, chaque usance étant de trente jours.

Un billet payable au porteur, est un billet dont le payement doit être fait à la premiere personne qui le présente, sans qu'il soit besoin d'ordre ni de transport.

Un billet payable à un tel ou à son ordre, est celui qui doit être payé à la personne dénommée dans la lettre qui en a donné la valeur, ou à telle autre en faveur de laquelle il aura passé son ordre au dos du billet.

Un billet payable à volonté, est un billet qui n'a point de tems limité, & dont on peut exiger le payement toutes fois & quantes qu'on le juge à propos.

Un billet payable en lettres ou billets de change, ou en autre papier, est celui qui doit être acquitté en bonnes lettres ou billets de change, ou en tel autre papier désigné dans le billet, & dans le tems y marqué.

On dit qu'une obligation, qu'une promesse, qu'une assignation, qu'un mandement, &c. est payable; pour dire, que le tems ou terme du payement est échû, qu'il n'y a qu'à l'aller recevoir.

PAYE. Espece de monnoie de compte dont on se sert dans le Royaume de Siam.

PAYE. La paye est une monnoie courante à Ormus dans le Sein Persique. Elle vaut dix besorchs ou liards du Pays, qui sont de petites especes d'étain. Quatre payes font le soudis. *Voyez* BESORCH.

PAYE. Est aussi un poids dont la pésanteur est du double du clain. On évalue le clain à douze grains de ris: ainsi la paye pése vingt-quatre grains.

PAYÉ, PAYÉE. Un billet payé, une lettre de change payée, c'est un billet ou une lettre de change qui a été acquittée, ou dont le contenu a été compté ou délivré à celui qui en étoit le porteur, ou à qui il étoit payable.

Il se dit de même à l'égard des promesses, rescriptions, assignations, mandemens, obligations, &c.

Une lettre de change n'est point reputée payée tant qu'elle n'est point endossée de son payement, c'est-à-dire, que le reçû n'est point au dos.

Quand on dit que des Créanciers seront payés au sol la livre, ou au marc la livre par contribution, cela veut dire qu'ils recevront chacun à proportion de ce qui leur peut être dû sur la somme qui est à partager entr'eux, provenant des effets mobiliaires de leur Débiteur commun qui a fait faillite ou banqueroute. *Voyez* CONTRIBUTION.

PAYELLES. Grandes chaudieres dont on se sert en Flandre pour le raffinage du sel. Elles sont plattes, de douze à quinze pieds en carré, & d'un pied de profondeur. Le sel gris qu'on y raffine y perd beaucoup de son acrimonie, mais rien du tout de son grain. *Voyez* Sel marin.

PAYEMENT. Somme qu'on compte réellement en deniers, ou qu'on fait en lettres de change, billets, promesses, marchandises ou autres effets exigibles, pour s'acquitter de ce que l'on doit. J'ai fait ce payement en argent comptant. Il a bien voulu prendre en payement des promesses de la Douane, des lettres de change sur Lyon. Je ne puis faire ce payement qu'en marchandises, n'ayant ni argent dans ma caisse, ni papier dans mon porte-feuille.

Payement. Se dit aussi du tems qu'un Débiteur a obtenu de ses Créanciers pour les pouvoir payer plus facilement. Ce Marchand s'est accommodé avec ses Créanciers; il doit les satisfaire en quatre payemens égaux, de six mois en six mois, dont le premier écherra le tel jour.

Payement. On appelle en Hollande, particuliérement à Amsterdam, Prompt payement, lorsqu'un Débiteur s'acquitte & paye ce qu'il doit avant l'expiration du terme que son Créancier lui a accordé.

L'évaluation du prompt payement sur la plûpart des marchandises se fait ordinairement à raison d'un pour cent. Il y en a néanmoins quelques-unes dont l'évaluation est plus haute, & d'autres dont elle est plus basse. On va seulement rapporter ici celles dont l'évaluation est plus haute ou plus basse qu'un pour cent; leur nombre étant beaucoup moins considérable que des autres.

Les amandes douces & celles de Provence, deux pour cent.

L'anis d'Alicante, celui de Rome & de Magdebourg, deux pour cent.

L'assa-fœtida, deux pour cent.

Le bois de girofle, deux pour cent.

Les câpres, deux pour cent.

La cire du Pays, demi pour cent.

Les crêpes n° 18, & ceux nommés Crêpes à l'enclume, du même n°, deux pour cent.

Le cumin, *idem.*

Damas du Pays, *idem.*

Etoffes de soie & de laine du Pays, depuis trois jusqu'à quatre pour cent.

Figues en cabat ou en baril, deux pour cent.

Fil à coudre, *idem.*

Fil de léton, *idem.*

Futaines, *idem.*

Maniguette, *idem.*

Raisins de Corinthe & raisins longs, *idem.*

Ris, *idem.*

Savon d'Alicante & de Genes, *idem.*

Scammonée, *idem.*

Séné, *idem.*

Serges à deux & à trois plombs, *idem.*

Syrop brun ou prun de France, de Hambourg & de Pays, *idem.*

Suc de réglisse, *idem.*

Tabac en poudre, *idem.*

Taffetas, *idem.*

Térébenthine de Bordeaux & de Bayonne, *idem.*

Vitriol d'Angleterre, *idem.*

Payement. Signifie encore certains termes fixes & arrêtés, dans lesquels les Marchands, Négocians & Banquiers doivent acquitter leurs dettes, ou renouveller leurs billets.

Payemens de la Ville de Lyon.

Il y a à Lyon quatre payemens, de même que quatre foires franches; sçavoir:

Le payement des Rois, qui commence le premier Mars, & dure tout le mois.

Le payement de Pâques, qui commence le premier Juin, & dure tout le mois.

Le payement d'Aout, qui commence le premier Septembre, & du retour le mois.

Et le payement de Toussaint, qui commence au 1 Décembre, & dure pareillement tout le mois.

Suivant le Reglement de la Place des Changes de ladite Ville de Lyon du 2 Juin 1667, l'ouverture de chaque payement se doit faire le premier jour du mois non férié de chacun des quatre payemens sur les deux heures de relevée, par une assemblée des principaux Négocians de la place, tant François qu'Etrangers, en présence du Prevôt des Marchands, ou en son absence du plus ancien Echevin.

C'est de cette assemblée que commencent les acceptations des lettres de change payables dans le payement, qui continuent jusqu'au sixiéme dudit mois inclusivement; après quoi les Porteurs des lettres peuvent les faire protester faute d'acceptation pendant le reste du courant du mois.

Le troisiéme jour du même mois non férié l'on établit le prix des changes de la place avec les Etrangers, en une Assemblée qui se fait en présence du Prevôt des Marchands: & le sixiéme jour suivant non férié on fait l'entrée & l'ouverture du bilan & virement des parties; ce qui continue jusqu'au dernier du mois inclusivement; après lequel il ne se fait plus d'écritures ni de virement de parties; & s'il s'en faisoit quelques-unes, elles seroient de nul effet.

Les lettres de change acceptées payables en payement, & qui n'ont point été payées pendant icelui jusqu'au dernier du mois inclusivement, doivent être payées en argent comptant, ou protestées dans les trois jours suivans, dans lesquels les Fêtes ne sont point comprises.

Payemens des autres Villes du Royaume.

Quoiqu'à Paris, Bordeaux, Amiens, Tours, Reims, Rouen & autres Villes de France où il se fait un commerce considérable, & où il y a des manufactures établies, il n'y ait point de payemens réglés, cependant les Marchands, Banquiers & Négocians de ces Villes ne laissent pas de suivre à peu près l'usage de Lyon, soit pour faire valoir leur argent, ou pour sa disposition en lettres de change, soit aussi pour le tems ou pour le change; c'est-à-dire, de payemens à autres, qui sont de trois en trois mois.

Il est vrai que les acceptations & les payemens des lettres & billets de change ne s'y font pas de la même maniere: premierement, parce que les lettres qu'on tire sur toutes les Villes du Royaume, à l'exception de Lyon, doivent être acceptées purement & simplement dès le moment qu'elles sont présentées, si elles sont tirées à un certain nombre de jours de vue, autrement elles sont protestées faute d'acceptation, & à l'échéance faute de payement dans les dix jours de faveur: & en second lieu, parce qu'elles se payent en deniers comptans sans virement de parties; n'y ayant qu'à Lyon où cet usage soit établi: aussi cette Ville a-t-elle des privileges que les autres n'ont pas, qui ont été confirmés par l'article 5 du titre 7 de l'Ordonnance du mois de Mars 1673, dont voici la teneur: *N'entendons rien innover à notre*

Reglement du 2 Juin 1667, pour les acceptations, les payemens & autres dispositions concernant le commerce dans notre Ville de Lyon. Voyez Bilan, Virement, & Virer parties.

Payemens des soies greges & des soies prêtes & ouvrées.

Il y a deux Reglemens particuliers touchant les tems des payemens, pour la vente & achat des soies greges, des soies prêtes & ouvrées, & des marchandises fabriquées; l'un pour la Ville de Lyon, par Ordonnance des Juges de la Conservation du 14 Mars 1678; & l'autre pour la Ville de Tours, par Arrêt du Conseil d'Etat du Roi du 26 Aout 1686, dont voici l'extrait & les dispositifs.

POUR LYON.

Défenses sont faites à tous Marchands négocians sur la Place des changes de cette Ville, de vendre toutes sortes de soies ouvrées & fleurets, tant de France, d'Italie, qu'autres lieux, & toutes autres sortes de soies greges, tant de mer, France, que d'ailleurs, à l'exception des soies de Sicile, Reggio & Calabre, à plus long terme que d'un payement franc; sçavoir, pour le payement des Rois, le premier Septembre précédent; pour le payement de Pâques, le premier Décembre; pour le payement d'Aout, le premier Mars; & pour le payement des Saints, le premier Juin.

A l'égard des soies greges de Messine, de Palerme, Reggio & Calabre, défenses sont faites de les vendre que pour trois payemens francs, aux conditions de l'excompte à l'ordinaire aux plus prochains payemens; & sera l'ouverture desdites ventes faite au 20 Décembre pour le payement des Saints de l'année suivante, pour être excompté aux payemens des Rois aussi suivant; au vingtiéme de Mars, pour être excompté aux payemens de Pâques suivant; au 20e Juin, pour être excompté aux payemens d'Aout suivant; au vingtiéme Septembre pour être excompté aux payemens des Saints aussi suivant.

Comme aussi de vendre toutes sortes de draps & d'étoffes d'or, d'argent & de soie mêlés ou non mêlés avec fil, rubans de soie & crêpes, soit de France, d'Italie & autres Pays, pour plus long terme que d'un payement franc: sçavoir, pour le payement des Rois, au vingt Novembre; pour le payement de Pâques, au 20 Février; pour celui d'Aout, au 20 Mai; & pour le payement des Saints, au 20 Aout aussi précédent.

POUR TOURS.

A l'avenir les payemens pour les soies greges se feront à raison de quatre payemens francs; la rupture desquels payemens se fera pour lesdites soies greges, à commencer du 20 Aout de la présente année 1686, pour le payement d'Aout 1687; le 20 Novembre 1686, pour le payement de Toussaints 1687; le 20 Février 1687, pour le payement des Rois 1688; & le 20 Mai 1687, pour le payement de Pâques 1688.

Et à l'égard des soies prêtes & ouvrées, à raison de trois payemens francs; sçavoir, le 20 Aout 1686, pour le payement de Pâques 1687; le 20 Novembre 1686, pour le payement d'Aout 1687; le 20 Février 1687, pour le payement de Toussaints de la même année; & le 20 Mai 1687, pour le payement des Rois 1688.

Et pour les marchandises fabriquées, à raison de deux payemens francs; sçavoir, le 20 Aout 1686, pour le payement des Rois 1687; le 20 Novembre 1686, pour le payement de Pâques 1687; le 20 Février 1687, pour le payement d'Aout ensuivant; & le 20 Mai 1687, pour le payement de Toussaints audit an.

Que l'excompte se pratiquera à l'avenir à raison de deux pour cent par payement pour lesdites soies greges, qui sera huit pour cent pour les quatre payemens.

Pour les soies ouvrées & prêtes, à raison aussi de deux pour cent par payement, qui seront six pour cent pour lesdits trois payemens.

Et pour les marchandises fabriquées, à raison d'un & demi pour cent par payement, qui seront trois pour cent pour lesdits deux payemens.

PAYEMENT. On nomme ainsi en Hollande toute la petite monnoie de billon & de cuivre qui entre dans le commerce journalier des denrées & menues marchandises. Les plus communes de ces monnoies sont le schelling & les pieces de deux, de trois, de huit & de douze sols six deniers. La plus petite est la duyte ou denier, qui vaut environ deux deniers de France.

PAYENS. On nomme ainsi, en termes de Potiers de terre, deux pieces de bois qui ont diverses hoches ou entailles de distance en distance, sur lesquelles l'Ouvrier pose ses pieds de chaque côté, lorsqu'il tourne quelque vase ou autres ouvrages de poterie sur la girelle de la grande roue. *Voyez* Potier de terre.

PAYER. Action par laquelle on s'acquitte de ce qu'on doit, on se libere d'une dette.

Payer le prix d'une chose achetée, c'est en donner le prix convenu.

Payer comptant, c'est payer sur le champ & dans le moment que la marchandise est livrée.

Payer en papier, c'est donner en payement des lettres ou billets de change, des promesses ou autres semblables effets, sans donner aucun argent ni marchandise.

Payer en marchandises, c'est donner de la marchandise au lieu d'argent ou de papier, pour se décharger d'une dette qu'on a contractée.

Se payer par ses mains, c'est se payer soi-même sur les deniers ou effets qu'on a entre les mains, appartenans à son Débiteur.

PAYER. Se dit aussi des choses inanimées qui doivent un certain droit. La marchandise paye tant du cent pésant à la sortie du Royaume & des Provinces réputées étrangeres. L'eau-de-vie paye tant par pipe à l'entrée de Paris.

On dit, qu'il faut payer à César ce qui est dû à César; pour faire entendre, qu'il faut acquitter exactement les droits qui sont établis par les Princes. Cette espece de proverbe est respectable, & doit être religieusement observée, puisque Jesus-Christ lui-même a ordonné qu'on payât le tribut de César.

On dit aussi en proverbe, que Qui répond paye; pour dire, que celui qui s'est constitué la caution d'un autre, doit payer pour cet autre, en cas qu'il devienne insolvable: Qu'on ne veut ni compter ni payer, quand on refuse tous moyens raisonnables de satisfaire à ce qu'on doit: Qu'on paye bien, quand on paye comptant: Qu'on paye en chats & en rats, quand on paye par parcelles & en mauvaises marchandises ou denrées: Qu'on paye en monnoie de singe ou en gambades, quand on se moque de son Créancier par de vaines & d'inutiles promesses : Qu'on paye en louis, lorsqu'on obtient des Lettres de répy, à cause qu'elles commencent par ces mots, *Louis* &c. On dit au contraire de celui qui paye exactement ce qu'il doit, Qu'il paye comme un Changeur, Qu'il paye en Saunier. On dit aussi par ironie à celui à qui on a fait banqueroute : Vous voilà payé.

PAYEUR. Celui qui paye ou qui s'acquitte des sommes qu'il doit.

On dit qu'un Marchand est bon payeur quand il ne se fait point tirer l'oreille pour acquitter les billets qu'il a faits, ou les lettres de change qu'il a acceptées ; qu'il les paye ponctuellement aux termes de leurs échéances, & dans le moment qu'on les lui présente. Les Négocians qui ont réputation d'être bons payeurs, ne manquent jamais de crédit.

Les mauvais payeurs sont ceux qui font difficulté de payer, qui souffrent des protests ou des assignations, qui laissent obtenir des Sentences contre eux, pour gagner du tems. Rien n'est plus préjudiciable à un homme de commerce, que de passer pour mauvais payeur.

PAZ

PAZAN. On nomme ainsi l'animal qui fournit le Bezoard oriental. *Voyez* BEZOARD.

PEA

PEAGE. Droit local qu'on prend sur les personnes, les marchandises & les voitures qui passent par de certains endroits.

Ce droit se leve ordinairement pour la réparation des chemins, des ponts & chaussées, des bacs, & du pavé des Villes.

En quelques lieux les droits de Péage sont du domaine du Roi, en d'autres ils appartiennent aux Villes ou aux Seigneurs.

On leur donne des noms différens suivant la différence des passages où ils sont dûs & où ils se perçoivent.

Aux entrées des Bourgs fermés & des Villes, on les appelle Barrages à cause des barrieres qui s'ouvrent & qui se ferment pour arrêter ou laisser passer les voituriers. Aux passages des ponts on les nomme Pontenages, Billettes & Branchieres aux passages qui sont en pleine campagne ; Billettes, à cause du billot de bois qui marque l'endroit du péage ; & Branchiere, parce que ce billot est attaché à quelque branche d'arbre.

En quelques Provinces ce sont des droits de Coutume ; en d'autres des droits de Prevôté ; sur quelques frontieres, des droits de travers, ou de traverse. Enfin on appelle simplement Payages les droits qui se levent, soit pour le Roi, soit pour les Propriétaires des Canaux, aux passages des Ecluses qui y sont établies, comme au canal pour la jonction des deux mers, au canal de Briare, à celui de Montargis, &c.

En général lorsque les péages sont augmentés, doublés, quatruplés par des Edits & Déclarations du Roi, ou des Arrêts du Conseil, cette augmentation est censée ne regarder que ceux qui sont du domaine de Sa Majesté, ou qui tournent à son profit.

De toutes les Généralités de France, il n'y en a point où il y ait davantage de péages établis que dans la Généralité de Paris, soit qu'ils y soient connus sous le nom de péages, soit qu'on les y appelle Travers. *Voyez* ceux de cette Généralité, dans l'Etat général, Tome I. page 12.

PEAGER. Fermier du Péage, ou le Commis établi pour exiger & faire payer le droit.

Les Péagers sont tenus de faire mettre des billettes de bois en des lieux apparens près de leurs Bureaux, pour marquer que le droit est dû, & des tableaux ou pancartes contenant le tarif du droit.

Il est défendu à tous Péagers de saisir & arrêter les chevaux, équipages, batteaux, & nacelles, faute de payement des droits qui sont compris dans leur Pencarte, mais seulement il leur est permis de saisir des meubles, marchandises & denrées, jusqu'à la concurrence de ce qui sera légitimement dû par estimation raisonnable ; sur lesquelles choses saisies sera établi Commissaire pour être procédé à la vente s'il y échet, & s'il est ainsi ordonné par Justice. Ordonnance sur le fait des Eaux & Forêts de *1669*, au titre des Péages, Travers, & autres.

PEAU, en général. Signifie le cuir qui couvre & enveloppe le corps & toutes les autres parties des animaux.

Le terme de peau chez les Marchands & Artisans, se dit plus particuliérement de cette dépouille de l'animal qui est différemment apprêtée ou préparée par les Pelletiers, Tanneurs, Mégissiers, Chamoiseurs, Peaussiers, Courroyeurs, Parcheminiers, Maroquiniers, Gantiers, &c. *V.* CUIR.

Les Maroquins se font avec des peaux de Bouc & de Chevre, ou d'un autre animal à peu près semblable, que l'on nomme Menon. *Voyez* MAROQUIN.

Le Parchemin se fabrique d'ordinaire avec des peaux de bélier, de mouton & de brebis, & quelquefois de chevre. *Voyez* PARCHEMIN.

Le Vélin, qui est aussi une espece de Parchemin, se fait de la peau d'un veau mort-né ou d'un veau de lait. *Voyez* PARCHEMIN *à la fin de l'article.*

Le vrai Chamois se fabrique de la peau d'un animal du même nom, que l'on appelle aussi Isard, & il se contrefait avec des peaux de bouc, de chevre & de mouton. *Voyez* CHAMOIS.

Les Basanes sont des peaux de bélier, mouton ou brebis passées en tan ou en redon, & quelquefois en mégie. *Voyez* BASANE, *&* MEGIE.

Les fourrures ou pelleteries se font de peaux de martres, d'hermines, de castors, de tigres, de loutres, de vautours, de cygnes, de petits gris, de fouines, d'ours & oursons, de loups, de putois, de lapins, de lievres, de renards, de chats, de chiens, d'agneaux, &c. dont on conserve le poil, en les préparant d'une certaine maniere particuliere. *Voyez* PELLETERIE, *&* MEGIE *vers la fin de l'article.*

Les peaux de boucs & de chevres en poil, qu'on a cousues & disposées d'une maniere propre à pouvoir contenir des liqueurs, se nomment simplement Boucs, & quelquefois Outres. Quand elles n'ont été employées qu'à transporter des huiles, on peut encore les passer en chamois, au lieu de les laisser sécher & se perdre. *V.* BOUC, OUTRE, *&* CHAMOIS.

PEAUX PASSE'ES EN MEGIE, autrement dit en blanc. *Voyez* MEGIE.

PEAUX FRAISCHES. C'est un nom que l'on donne quelquefois aux maroquins façon de Barbarie, qui se fabriquent à Rouen. *V.* MAROQUIN.

PEAUX EN MERLUT. *V.* MERLUT.

PEAUX PASSE'ES EN HUILE. *V.* CHAMOIS, BUFLE, & ELLEND.

PEAUX ou CUIRS TANNE'S. *Voyez* TANNER.

PEAUX PASSE'ES EN MESQUIS. Ce sont des basanes qui ont été apprêtées avec le redon au lieu de tan. *Voyez* BASANE.

PEAUX COURROYE'ES. *V.* CUIR COURROYE'.

PEAUX ou CUIRS COUDRE'S ou PASSE'S EN COUDREMENT. *V.* TANNER.

PEAUX VERTES. Se dit de celles qui n'ont encore reçû aucune préparation, & qui sont telles qu'elles ont été levées de dessus le corps des animaux.

PEAUX ou NAPPE DE CERF. *Voyez* CERF.

PEAU ou CUIR EN CROUTE. *V.* TANNER.

PEAUX D'ESPAGNE ou PEAUX DE SENTEUR. Ce sont des peaux bien passées, puis parfumées de différentes odeurs dont on faisoit autrefois des gants, des corps de jupes, des pourpoints, des poches, &c. Ces sortes de peaux parfumées qui s'envoyoient presque toutes d'Espagne, & qui ont eu si fort la vogue en France, ne sont presque plus d'usage; elles faisoient une portion du négoce des Marchands Merciers, Parfumeurs, & Gantiers. A Constantinople la peau de chagrin est faite de la partie de derriere de la peau de cheval, mule, ou asne du pays; on la prépare & on la tane, & lorsqu'elle est devenue souple & maniable on l'étend sur un chassis, & l'on l'expose au soleil; ensuite l'on répand sur cette peau de la graine de moutarde qu'on a soin de repasser plusieurs fois avec la main, & cette graine aidée de la chaleur du soleil, éleve le grain qui se durcit ensuite. Ces peaux sont grises ordinairement, mais on les teint en telle couleur qu'on veut. La partie de derriere de l'animal, est plus propre que toutes les autres pour être mises en chagrin. *V.* CHAGRIN.

PEAU DE CHAGRIN. *Voyez* CHAGRIN.

PEAU DE BELIER. *Voyez* BELIER.

PEAU DE MOUTON. *Voyez* MOUTON.

PEAUX DE MOUTONS EN LAINE, autrement appellées Housses ou Bisquains. *Voyez* MEGIE *à la fin de l'article.*

PEAUX DE BREBIS. *Voyez* BREBIS.

PEAU D'AGNEAU. *Voyez* AGNEAU.

PEAU DE SANGLIER. *V.* SANGLIER.

PEAU DE CHIEN. *V.* CHIEN.

PEAU DE CHIEN DE MER. *V.* CHIEN DE MER.

PEAU DE DOUCETTE. *V.* DOUCETTE.

PEAU DE ROUSSETTE. *V.* ROUSSETTE.

PEAU DE VAUTOUR. *V.* VAUTOUR.

PEAU DE CYGNE. *V.* CYGNE.

PEAU DE MARTE. *V.* MARTE.

PEAU D'HERMINE. *V.* HERMINE.

PEAU DE TIGRE. *V.* TIGRE.

PEAU DE CASTOR. } *V.* CASTOR.
PEAU DE BIEVRE. }

PEAU DE LOUTRE. *V.* LOUTRE.

PEAU DE PETIT-GRIS. *V.* PETIT-GRIS.

PEAU DE LIEVRE. *V.* LIEVRE.

PEAU DE LAPIN. } *V.* LAPIN.
PEAU DE CONIL. }

PEAU DE FOUINE. *V.* FOUINE.

PEAU DE LOUP. *V.* LOUP.

PEAU DE PUTOIS. } *V.* PUTOIS.
PEAU DE PICTOIS. }

PEAU DE CHAT. *V.* CHAT.

PEAU DE RENARD. *V.* RENARD.

PEAU D'ELLEND. }
PEAU D'ORIGNAC. } *V.* ELLEND.
PEAU D'ORIGNAL. }

PEAU DE BOUC. *Voyez* BOUC.

PEAU DE CHEVRE. *Voyez* CHEVRE.

PEAU DE CHEVREAU. *Voyez* CHEVREAU.

PEAU DE MENON. *Voyez* MENON, & MAROQUIN.

PEAU D'ISAR. } *Voyez* CHAMOIS.
PEAU DE CHAMOIS. }

PEAU DE BOEUF. *Voyez* BOEUF.

PEAU DE VACHE. *Voyez* VACHE.

PEAU DE VACHE EN GRAIN. *V.* CUIR COURROYÉ, *à l'endroit où il est parlé de l'apprêt de la Vache grasse.*

PEAU DE VEAU. *V.* VEAU.

PEAU DE CHEVAL. *V.* CHEVAL.

PEAU DE JUMENT. } *Voyez* JUMENT.
PEAU DE CAVALLE. }

Droits d'Entrée & de Sortie qui se payent en France pour toutes sortes de Peaux.

ENTRE'ES. TARIF DE 1664.

Peaux de veau à poil, *la douzaine* 4 *sols.*

Peaux d'agneaux avec la laine, *la douzaine* 2 *s.*

Peaux de moutons & brebis en laine, *le cent en nombre* 15 *s.*

Peaux de chevres non apprêtées, venant de Barbarie, *la douzaine* 10 *s.*

Peaux de boucs & chévres non apprêtées, venant d'Ecosse & d'ailleurs, *la douzaine* 12 *s.*

Peaux d'origneaux & d'ellends, à poil, *la piece* 5 *s.*

Peaux d'ours, *la douzaine* 1 *l.*

Peaux d'ours marins apprêtés, tant grandes que petites, *la douzaine*, 1 *l.* 10 *s.*

Peaux de loups, *la piece* 3 *s.*

Peaux de loups marins, *la douzaine* 12 *s.*

Peaux de loups cerviers de Levant, *la piece* 3 *l.*

Ces peaux sont du nombre des marchandises qui payent vingt pour cent de leur valeur, conformément à l'Arrêt du 15 Aout 1685.

Peaux de chien d'Ecosse, *le cent pesant* 24 *s.*

Peaux de chiens de mer, *la douzaine* 30 *s.*

Peaux de cerfs & chevreuils, tant grandes que petites, avec le poil, l'une portant l'autre, *la piece* 4 *s.*

Peaux de cerfs apprêtées en bufles. Comme bufles, *le cent pésant* 15 *l.*

Peaux de senteur, *la douzaine* 4 *l.*

Peaux de chagrin, *la douzaine* 25 *s.*

Peaux de castor. *Voyez* CASTOR.

Peaux de vautours apprêtées, *la piece*, 10 *s.* non apprêtées, 4 *s.*

Peaux de lapins, crues & non ouvrées, ne servant à fourures, *le cent pésant* 40 *s.*

TARIF DE 1667, *& Arrêts du Conseil rendus depuis.*

Peaux de chamois ou peaux de chevreaux & de moutons habillés en blanc ou jaune, ou façon de chamois, suivant le Tarif de 1667, & l'Arrêt du 15 Février 1689, *la douzaine* 3 *l.*

Peaux de bœuf & vaches passées en bufles ou apprêtées en couleur, suivant les Arrêts du 10 Mai 1689, & 7 Septembre 1688, *vingt pour cent de la valeur.*

Peaux de chévres apprêtées, *la douzaine* 18 *s.* suivant les Arrêts des 15 Février & 10 Mai 1689.

Peaux

Peaux de veaux apprêtées, *la douzaine 6 l.* suivant l'Arrêt du 10 Mai 1689.

Peaux de veaux passées en couleur, *vingt pour cent de leur valeur*, suivant les Arrêts des premier Février & 10 Mai 1689.

TARIF *de la Douane de Lyon.*

Peaux de senteur. *V.* PARFUM *&* PARFUMÉ.

Peaux de romagne, pistoye & peaux de mer, *la balle 8 l. 15 s. d'ancienne taxation, & 40 s. du cent de nouvelle réapréciation.*

Peaux de pays habillées en jambes, *la balle 10 s. d'anciens droits, & 3 s. du cent pour les nouveaux.*

Peaux d'agneaux crûes étrangeres, *la balle 11 s. d'ancienne taxation, & 3 s. du cent pour la nouvelle.*

Peaux d'agneaux crûes de pays, chevreaux, & moutons, *6 s. de la balle d'ancienne taxation, & de nouvelle réapréciation, 3 s. du cent.*

Peaux de renard sauvagines, *la piece 9 den. ou 40 sols de la balle, la réapréciation à proportion.*

Peaux de loups communes, *la piece, 1 sol 4 den.*

Peaux de loups cerviers, *la piece, 7 s. 6 den.*

Peaux de pourceaux du pays, *la balle 8 s. d'anciens droits, & 3 s. le cent de réapréciation.*

Les mêmes venant de pays étrangers, *12 s. de la balle d'ancienne taxation, & 4 s. du cent pésant de la nouvelle.*

Peaux de chevres, moutons, veaux & chevreaux étrangers, *la balle 9 s. d'ancienne taxation, & 6 d. la douzaine de réapréciation.*

Les mêmes, *2 s. 3 d. la douzaine.*

Les mêmes, *le quintal 6 s. d'anciens droits, & 6 d. la douzaine de réapréciation.*

Peaux de moutons, chévres & veaux de pays, *1 s. 4 d. tant d'anciens que de nouveaux droits.*

Peaux de chien, *la charge 17 s. 6 den. d'ancienne taxation, & 2 s. 6 den. du cent de réapréciation.*

Peaux de moutons & de chévres habillées en chamois. *Voyez ci-dessus au Tarif de 1667.*

Peaux de veaux & moutons crûes, étrangeres, *8 s. pour l'ancien & nouveau droit.*

Peaux rases, la charge de trois quintaux, *une liv. 6 den.*

Peaux d'agneaux & chevreaux, *la douzaine 1 s.*

Peaux de conils, *la douzaine 6 d.*

Peaux de cerf, *3 s. la piece.*

Peaux de chien de mer, *3 l. 10 s. de la balle d'ancienne taxation, & 5 s. du cent pésant de réapréciation.*

Peaux d'agneaux de Rome, de senteur, *la douzaine, 7. s. 6 d.*

Peaux crûes de biévres, *3 s. la piece.*

Peaux de busles habillées en jaune, *20 s. la piece.*

Peaux de veaux d'Angleterre, & peaux de veaux habillées en busles. *V. ci-dessus au Tarif de 1667.*

Peaux de chamois crues, *la piece un sol.*

Peaux de chagrin, *la piece un sol.*

Peaux de chevreuils en poil, *la piece un s. 6 d.*

Peaux de moutons en trippe, *le quintal 6 s.*

Peaux d'ellend crûes, *la piece 5 s.*

Peaux blanches étrangeres. *Voyez ci-dessus au Tarif de 1667.*

Peaux de chamois habillées, & chamois habillés en blanc. *Voyez comme dessus.*

Peaux de veaux habillées à Annonay, *la douzaine 10 sols.*

Peaux de vaches habillées à Annonay, *la piece 4 s.*

Peaux de cerfs habillées, *la piece 10 s.*

Peaux de loups marins, *la piece 2 s.*

Peaux d'orignaux, *la piece 5 s.*

Peaux en jambes étrangeres, *15 s. du quintal.*

Peaux de lapins, étrangeres, *25 s. le quintal.*

Peaux de lapins du pays, *12 s. 6 d. le quintal.*

SORTIES. TARIF de 1664.

Peaux de moutons & chevreaux passées & apprêtées en façon de chamois, *la douzaine 16 sols.*

Peaux d'agneaux avec la laine, *la douzaine 5 sols.*

Peaux de cuir blanches, comme Merceries, *3 l. du cent pésant.*

Peaux de veaux tannées, *la douzaine comme basane. 6 sols.*

Peaux de veaux courroyées, *la douzaine 16 s.*

Peaux de chevres tannées, *la douzaine 9 s.*

Peaux d'orignacs & ellends avec le poil, *la piece 10 sols.*

Peaux d'ours, *la douzaine 21 s.*

Peaux d'ours marins apprêtées avec le poil, ou passées en mesquis de toutes sortes, *48 s. le cent pésant.*

Peaux d'ours marins non apprêtées, tant grandes que petites, *la douzaine 18 s.*

Peaux de loups, *la piece 3 s.*

Peaux de loups marins, *la douzaine 18 s.*

Peaux de loups cerviers de Levant, *la piece 3 l.*

Peaux de loups cerviers d'Espagne & autres pays, *la piece 13 s.*

Peaux de chiens non apprêtées, *le cent pésant 20 s.*

Peaux de chiens de mer apprêtées, *le cent pésant 6 liv.*

Peaux de bœufs ou de vaches apprêtées & passées en couleur, *la piece 10 s.*

Peaux de vaches de roussi, *la piece 12 s.*

Peaux de cerfs & chevreuils non apprêtées, tant grandes que petites, l'une portant l'autre, *la piece 6 s.*

Peaux de castors & biévres. *Voyez* CASTOR.

Peaux de senteur. *Voyez* PARFUM *&* PARFUMÉ.

TARIF de 1667.

Peaux ou Cuirs de bœufs & de vaches avec le poil, *6 l. la douzaine de peaux.*

Peaux de veaux en poil, *la douzaine 20 s.*

Peaux de boucs & de chévres non apprêtées, *la douzaine 12 s.*

COMMERCE DES PEAUX A AMSTERDAM.

On a parlé ci-devant à l'article des Cuirs, du Commerce des cuirs préparés, qui se fait à Amsterdam, on pourra y avoir recours. Ici on va traiter des peaux ou cuirs non préparés, qui se vendent dans la même Ville, de leur prix, de leur tare & de leur déduction.

La plus grande partie des peaux non préparées, dont il se fait négoce en Hollande, & particuliérement à Amsterdam, viennent des Indes Orientales; il en vient aussi plusieurs de Dantzic, de Dannemarc & des autres Villes du Nord : l'Irlande fournit le reste. On va en donner le détail après qu'on aura remarqué que tous ces cuirs se vendent à la livre à l'exception de ceux d'Irlande, qui se vendent au cent pésant : une séconde remarque est que la livre se paye plus ou moins, suivant le plus ou moins que chaque peau pese.

Les peaux que l'on nomme des caraques du poids de 30 à 31 liv. piece, se vendent 6 s. la livre, celles du poids depuis 26 jusqu'à 28 livres, se vendent 6 à 6 s. $\frac{1}{4}$ la livre.

Les vaches du poids de dix-huit à 22 liv. se vendent 5 f. $\frac{1}{4}$ la livre.

Les peaux du Bresil coupées, du poids depuis 36 jusqu'à 38 livres, se vendent depuis 6 f. jusqu'à 6 f. $\frac{1}{2}$ la livre.

Les mêmes avec les têtes du poids depuis 46 jusqu'à 48 livres, se vendent depuis 5 f. $\frac{1}{2}$ jusqu'à 6 f. $\frac{1}{4}$ la livre.

Les peaux de la Havane du poids depuis 36 jusqu'à 38 livres, se vendent 6 f. $\frac{1}{2}$ la livre.

Les mêmes de 26 à 28 livres, se vendent 6 f. la livre.

Les mêmes de 22 à 23 livres, se vendent 5 f. $\frac{1}{2}$ la livre.

Les vaches du même lieu se vendent depuis 4 f. jusqu'à 5 f. $\frac{1}{4}$ la livre.

Les peaux de Saint-Domingue du poids de 36 à 38 livres, se vendent depuis 6 f. jusqu'à 6 f. $\frac{1}{2}$ la livre.

Les mêmes du poids de 26 à 28, se vendent 5 f. $\frac{1}{2}$ la livre.

Les vaches du même endroit se vendent depuis 4 jusqu'à 5 f. $\frac{1}{2}$ la livre.

Les peaux de Dantzick d'Eté se vendent depuis 5 f. $\frac{1}{2}$ jusqu'à 6 f. la livre.

Les mêmes d'Automne depuis 5 f. $\frac{1}{4}$ jusqu'à 5 $\frac{1}{2}$ la livre.

Les genisses & les veaux de Dantzick se vendent depuis 3 f. $\frac{1}{2}$ jusqu'à 4 f. la livre.

Les peaux de Dannemarck depuis 3 f. $\frac{1}{4}$ jusqu'à 4 f. la livre.

Les bœufs salés du pays, du poids depuis 65 jusqu'à 70 liv. se vendent 2 f. $\frac{1}{8}$ jusqu'à 2 f. $\frac{5}{8}$ la livre.

La tare de toutes ces différentes peaux est la même, c'est-à-dire, de deux livres par piece, leur déduction pour le prompt payement est d'un pour cent.

Les peaux de bœuf salées de Corck, qu'on nomme peaux d'Eté, du poids de 70 à 75 liv. se vendent depuis 16 jusqu'à 16 florins $\frac{1}{2}$ les cent livres.

Les mêmes appellées d'Automne du même poids, se vendent depuis 15 florins jusqu'à 15 florins $\frac{1}{2}$ aussi les cent livres.

Les mêmes, du poids depuis 60 jusqu'à 65 liv. 13 florins $\frac{1}{2}$ les cent livres.

Celles de Dublin, du poids depuis 70 jusqu'à 75 livres, se vendent de 12 florins $\frac{1}{2}$ jusqu'à 13 aussi les cent livres.

Enfin les mêmes, du poids de 60 à 65 livres, se vendent 11 florins $\frac{1}{2}$ les cent livres.

Toutes ces peaux de bœuf salées donnent 8 liv. de tares par piece, & un pour cent de déduction pour le prompt payement.

Les peaux de castor se vendent aussi à la livre depuis 25 jusqu'à 30 f. elles donnent de tare 2 liv. par balle pour l'emballage, & une livre pour les cordes. Leurs déductions sont d'un pour cent pour le bon poids, & autant pour le prompt payement.

Les peaux de chien marin se vendent la piece depuis 9 jusqu'à 12 f. elles donnent un pour cent de déduction pour le prompt payement.

Les peaux de veaux de Bretagne, les cent de 104 au cent, se vendent depuis 25 jusqu'à 32 florins, elles donnent 2 pour cent de déduction pour le prompt payement.

Les peaux d'ours la piece, se vendent depuis 24 jusqu'à 30 florins : leur déduction pour le prompt payement est d'un pour cent.

Les peaux de lievres de Moscovie se vendent les blanches depuis 6 jusqu'à 7 florins le cent de 104, & les grises, le même compte, depuis 24 jusqu'à 28 florins. Elles donnent également un pour cent pour le prompt payement.

Les peaux de renard aussi de Moscovie, se vendent 30 à 40 f. la piece.

Il y a des renards de Moscovie, qui valent jusqu'à 5 à 600 florins la piece ; mais celles dont on vient de donner le prix, ne sont que des plus communes.

Appréciation & droits d'entrée & de sortie, que les peaux payent en Hollande.

Les peaux d'élans & de bufles sans apprêt, payent la piece 4 f. d'entrée & 15 f. de sortie ; si c'est par l'Est, par l'Orisont ou le Belt, elles payent d'augmentation 8 pennins, ce qui s'entend de toutes les suivantes quand on parle d'augmentation.

Les peaux de cerf & de rennes aussi sans apprêt, 2 f. d'entrée & 5 f. de sortie, l'augmentation comme au précédent.

Les peaux salées, soit de bœuf, de vaches & de chevaux venant de dehors, sont appréciées 12 flor. 10 f. la piece, & payent d'entrée 2 f. l'augmentation est de huit pennins.

Les peaux de l'Amérique séches, avec le rebut, sont appréciées 3 florins la piece, & payent 3 sols d'entrée ; même augmentation que ci-dessus.

Les peaux séches de Barbarie & d'Irlande, avec le rebut, sont appréciées 3 florins la piece, & payent 2 f. d'entrée ; même augmentation que les précédentes.

Les peaux séches de Guinée, du Cap Verd, du Sénégal, d'Oostland, & toutes les peaux d'Ecosse, avec le rebut, même appréciation que les précédentes, payent d'entrée un sol de la piece, avec l'augmentation de 8 pennins.

Peaux salées de toute sorte, de 35 à 50 livres la piece en sortant, sont appréciées à 4 flor. Les droits de sortie sont de 6 f. avec l'augmentation des précédentes.

Celles au-dessus de 50 livres sont appréciées 9 florins piece. Les droits de sortie sont de 10 sols, avec l'augmentation d'un sol.

L'appréciation des peaux salées de toutes sortes, de 35 livres & au-dessous, en sortant, est de 3 flor. la sortie 3 sols & l'augmentation 8 pennins.

Les peaux d'Ecosse salées, au-dessous de 20 liv. sont appréciées 2 flor. 10 f. la piece, & payent de sortie 2 f. l'augmentation comme dessus.

Les peaux séches de toutes sortes, pésant au-dessus de 40 liv. même celles de l'Amérique, avec le rebut, la piece, en sortant, est appréciée 9 florins. Les droits de sortie sont de 10 f. avec un sol d'augmentation.

Les peaux séches de toutes sortes, de 25 à 40 liv. avec le rebut, en sortant sont appréciées 5 flor. & payent 6 f. de sortie, avec l'augmentation de 8 pen.

Les mêmes, au-dessous de 25 liv. avec le rebut, en sortant sont appréciées la piece 3 flor. 10 f. & payent 3 f. de sortie ; augmentation comme dessus.

Les peaux de Guinée, du Cap Verd, du Sénégal, Schevinken, d'Oostland, & peaux séches d'Ecosse, au-dessus de 15 liv. y compris le rebut, en sortant, sont appréciées 3 flor. la piece & payent à la sortie 2 f. même augmentation que les précédentes.

Les peaux apprêtées hors du pays, les 100 liv. sont appréciées 35 flor. elles payent un florin d'entrée, autant de sortie; l'augmentation est de 3 sols 8 pen. tant à l'entrée qu'à la sortie.

Les peaux apprêtées dans le pays, les 100 livres sont appréciées 25 flor. payent un florin de sortie; l'augmentation est de 2 sols.

Les peaux, cols & ventres apprêtées, les 100 liv. payent 12 s. d'entrée & 15 s. de sortie; l'augmentation est de 2 sols.

Les peaux apprêtées, servant de couvertures, appellées en Hollandois *Opperleer*, payent d'entrée 6 s. & 4 s. de sortie; l'augmentation est de 8 pen.

Les peaux d'agneaux & de moutons blanchies, sont appréciées 15 sols la livre; payent la douzaine 2 s. d'entrée & un sol de sortie; l'augmentation est de 8 pennins.

Les peaux de boucs ou de chévres crues, de Moscovie, d'Irlande, & le *Deker* de 6 peaux, sont appréciées 18 flor. & payent 6 s. d'entrée & 13 sols de sortie; l'augmentation est d'un sol.

Les mêmes de Barbarie, d'Espagne, de Norvegue & d'Ecosse, le Deker, sont appréciées comme ci-dessus, & payent 4 s. & 6 s. de sortie; l'augmentation comme aux précedentes.

Les peaux de moutons en laine d'Angleterre & d'Oostland, les 100 pieces sont appréciées 90 flor. L'entrée est franche; les droits de sortie sont d'un florin. L'entrée par l'Est, &c. est d'un sol 8 pennins, & la sortie d'un florin aussi 8 pennins.

Les peaux de moutons nues ou sans laine, ont même appréciation que les précédentes; elles payent 8 pennins d'entrée, & 8 de sortie; l'augmentation par l'Est, &c. est d'un sol.

Les peaux de moutons en laine, venant d'Ecosse & d'Irlande, les 100 pieces sont appréciées comme dessus: elles entrent franc; la sortie est de 15 sols, & par l'Est, &c. l'entrée est d'un sol 8 pennins, & la sortie de 16 s. aussi 8 pennins.

Les peaux d'agneau, les cent pieces sont appréciées comme dessus. Les droits d'entrée sont de 5 s. & ceux de sortie de 10 sols; l'augmentation est d'un sol.

Les peaux d'agneaux mort-nés, en Hollandois *Smaesgens*, les 100 pieces sont appréciées 20 flor. elles payent 3 s. d'entrée & 8 s. de sortie; l'augmentation est de 8 pennins.

Les peaux de chamois & celles d'éland, de buffle, de cerf, renne, apprêtées en chamois, de la valeur de 6 flor. payent 4 s. d'entrée & autant de sortie: l'augmentation est comme aux précédentes.

Les peaux de veau crûes, les 100 pieces payent 10 sols d'entrée & autant de sortie; l'augmentation est de 4 s. 8 pennins.

Les peaux de vaches de Russie, venant de Moscovie, apprêtées & teintes en rouge, la piece simple paye un sol d'entrée & 2 sols 4 pennins de sortie; l'augmentation est de 8 pennins pour l'entrée & de 4 pour la sortie.

Par la Résolution des Etats Généraux du 4 Mars 1687, les peaux de vaches de Russie ne payent que demi sol la paire pour droit de sortie, & sont franches du tiers d'augmentation & du droit d'appréciation.

PEAUSSERIE. Marchandise de peaux & de cuirs, tels que sont les maroquins, bazannes, chamois, vaches de Russie, buffles, veaux, moutons, chevrotins & autres semblables peaux d'animaux passées & préparées pour faire divers ouvrages.

En France le Commerce de la Peausserie est très considérable, particuliérement à Paris où cette marchandise fait une partie du négoce de la Mercerie, y ayant des Marchands de ce Corps qui ne font d'autre trafic que de Peausserie, ainsi qu'il leur est permis par l'article XII de leurs Statuts, du mois de Janvier 1613.

La Peausserie fait aussi l'emploi & le négoce de ces sortes d'Artisans que de leur profession on appelle des Peaussiers; avec cette différence que ceux-ci préparent & vendent les peaux, & que les Merciers les vendent seulement sans les préparer.

PEAUSSIER. Marchand qui vend ou qui prépare les peaux.

L'on distingue à Paris deux sortes de Peaussiers. Les uns sont des Marchands Merciers qui s'appliquent uniquement au Commerce de la Peausserie, mais à qui la qualité de Peaussier ne convient qu'improprement, étant du Corps des Marchands Merciers, ne se gouvernant que par les Statuts de la Mercerie, & n'ayant rien de commun avec les Peaussiers, que le négoce qu'ils font de peaux en qualité de Merciers. *Voyez* MERCIERS.

Les autres Peaussiers dont on va parler dans la suite de cet article, & qui sont les seuls à qui ce nom appartient véritablement, sont des Artisans qui donnent de nouvelles préparations aux peaux après qu'elles sont sorties des mains des Chamoiseurs & des Mégissiers qui les mettent en teinture, & qui après leur avoir donné diverses couleurs, tant de fleur que de chair, en font plusieurs ouvrages qu'ils ont permission de vendre en détail ou en gros dans leur boutique.

Ce sont ces Peaussiers qui levent de dessus les peaux de moutons cette espece de cuir leger, ou plutôt cette pellicule que l'on nomme Cuir de Poule ou Canepin, dont les Maîtres Gantiers font des gands & les Maîtres Evantaillistes des évantails. *Voyez* CANEPIN.

Ces derniers Peaussiers que M. de Furetiere dit qu'on appelloit autrefois Pellissiers, quoiqu'on n'en trouve rien dans leurs plus anciens Statuts, composent à Paris une Communauté dont les Maîtres prennent la qualité de Maîtres Peaussiers, Teinturiers en cuirs, & Calçonniers de la Ville, Fauxbourgs, Banlieue, Prévôté & Viconté de Paris.

Ces Maîtres ont été érigés en Corps de Jurande vers le milieu du quatorziéme siécle, & leurs premiers Statuts leur furent donnés par le Roi Jean le 28 Février 1357.

Soit négligence soit autre raison, il ne paroît aucuns nouveaux Réglemens, non plus qu'aucune confirmation des Rois Successeurs du Roi Jean, jusques en 1664 que le Roi Louis XIV autorisa leurs anciens Statuts, ou plutôt leur en donna de nouveaux. Les Lettres Patentes qui les autorisent sont du mois de Novembre de la même année, & leur enregistrement au Parlement du 9 Janvier de l'année suivante.

Trente-sept articles composent leurs Réglemens, dont dix qui sont les 1, 2, 3, 4, 6, 7, 8, 9, 33 & 34, contiennent les marchandises qu'il leur est permis de fabriquer & de vendre, soit seuls, soit concurremment avec les Maîtres de différentes Communautés qui travaillent en cuir; & les vingt-sept autres expliquent la discipline des Maîtres entr'eux, & ce qui regarde les Jurés, les

Apprentifs, les Maîtres, les Visites & le Lottissage.

A l'égard des marchandises & ouvrages propres à cette Communauté, il n'appartient qu'aux Maîtres Peaussiers de pouvoir mettre ou faire mettre en teinture & couleur, soit sur fleur, soit sur chair, soit par teinture froide & chaude, ou par simple brossure, toutes sortes de peaux, de quelque passage qu'elles ayent été apprêtées & passées; ce qui comprend les cuirs blancs passés en mégie, les cuirs tannés, ceux passés de galle ou en huile, & toute autre sorte de peaux, comme veaux, moutons, chamois, agneaux, chevreaux, peaux de cerfs, biches, fans, chevreuils, dains, porcs, peaux de chiens, &c. à la réserve néanmoins des gros cuirs & vaches tannés.

Il leur étoit pareillement permis de fabriquer, vendre & débiter toutes sortes de caleçons, camisolles, chaussons faits de chamois ou d'autres sortes de peaux, même des collets & colletins de busle, & de relaver & mettre en couleur les cuirs qui ont servi à ces sortes d'ouvrages, comme aussi de reteindre les vieux baudriers & ceinturons; & c'est encore à eux seuls qu'il est permis de parer, égratigner & lever le canepin sur les peaux de moutons, agneaux, chevreaux & toute autre sorte de cuirs que ce puisse être, comme on l'a déja dit.

Quelques autres Communautés prétendant avoir un droit exclusif, ou du moins de concurrence pour la fabrique ou la vente de plusieurs de ces ouvrages & marchandises, celle des Peaussiers a souvent eu de longs procès à soutenir contre elles, particuliérement contre celle des Maîtres Courroyeurs & celle des Maîtres Boursiers; & ce n'est que bien avant dans le dix-septiéme siécle que leurs différends ont été terminés par plusieurs Arrêts.

Ceux rendus entre les Peaussiers & les Courroyeurs sont de 1657 & 1669, confirmés par un troisiéme du 23 Juin 1695, qui ordonne l'exécution des deux premiers; ces trois Arrêts maintiennent les Maîtres Courroyeurs dans la possession de courroyer & baudroyer seuls en suif, graisse & huile toute sorte de cuirs, & de les mettre en couleur; & les Maîtres Peaussiers-Teinturiers dans le droit & possession de vendre toute sorte de cuirs tant mis en teinture que ceux qui seront par eux apprêtés ou mis en couleur, en sortant des boutiques des Tanneurs & Mégissiers, ou par eux achetés aux Halles; avec défenses aux Courroyeurs d'acheter, vendre ni débiter aucunes peaux de veaux, & autres passés en alun ou dits d'alun; & aux Peaussiers pareillement de vendre ni débiter aucuns cuirs & peaux en la même maniere qu'ils les acheteront des Tanneurs & Mégissiers, ni de courroyer & baudroyer aucuns cuirs en suif, graisse & huile. *Voyez* Courroyeur.

A l'égard des contestations entre les Peaussiers & les Boursiers, elles cesserent & furent reglées par deux Arrêts l'un de l'année 1664, & l'autre du 15 Mars 1667, ayant été défendu par ce dernier aux Peaussiers malgré leur Requête civile, de plus faire & débiter caleçons, camisolles de chamois & autres ouvrages mentionnés dans les sixiémes articles de leurs anciens & nouveaux Statuts, avec permission seulement de les laver & repasser quand ils ont servi. *Voyez* Boursier.

Les Officiers de la Communauté des Maîtres Peaussiers sont deux grands Jurés ou Maîtres & Gardes, deux Maîtres de Confrérie, deux petits Jurés, & le Doyen des Maîtres; les six premiers se choisissent à la pluralité des voix; le dernier est de droit, & est, non le plus ancien Maître de toute la Communauté, mais le plus ancien de ceux qui ont passé par les charges.

Il se fait chaque année l'élection d'un grand Juré pour entrer à la place du plus ancien des deux qui sont en charge, ensorte que chacun d'eux y demeure deux années.

Les qualités pour avoir droit d'être élû, sont outre la probité, d'avoir été petit Juré & Maître de Confrérie, & de tenir actuellement boutique.

L'élection des Maîtres de Confrérie dont Saint Jean-Baptiste est le Patron, se fait pareillement d'un par chaque année sous les Charniers de l'Eglise de S. Eustache où elle est érigée, & c'est aussi tous les ans que l'on élit un des deux petits Jurés.

La différence qu'il y a entre ces petits Jurés & les grands Jurés, consiste en ce que ceux-ci sont chargés de toute la discipline du Corps, comme des visites, réceptions à l'apprentissage ou à la maîtrise, poursuite des affaires, &c. & que ceux-là ne sont que pour prendre garde aux Colporteurs & Chambrelans, étant même obligés lorsqu'ils font quelques saisies, de les remettre aux grands Jurés pour en faire le rapport par-devant le Procureur du Roi au Châtelet.

Chaque Maître ne peut obliger qu'un seul Apprentif à la fois, dont l'apprentissage est de cinq années; & le service chez les Maîtres en qualité de Compagnons, de deux autres années après l'apprentissage.

L'Apprentif qui quitte son Maître avant la fin des cinq années, est exclus de tout droit à la maîtrise, & ne peut même répeter ce qu'il auroit payé par avance à son Maître d'apprentissage en passant son brevet.

Les Apprentifs ne peuvent servir de Compagnons qu'après avoir été enregistrés sur le livre de la Communauté & avoir payé le droit de l'enregistrement.

Le Compagnon qui a fait apprentissage à Paris est déchu de la maîtrise s'il travaille chez d'autres que chez les Maîtres de la Ville; & par une espece de compensation les Maîtres ne peuvent se servir de Garçons qu'ils ne soient Apprentifs de Paris.

Nul, s'il n'est Fils de Maître, n'est reçû à la maîtrise qu'il n'ait fait le chef-d'œuvre ou l'expérience.

Les Veuves restant en veuvage jouissent de tous les priviléges des Maîtres, à la réserve de faire des Apprentifs; elles peuvent cependant achever celui que leur mari aura commencé.

Le lottissage des marchandises de cuirs de veaux d'alun, propres à couvrir des livres, se fait en commun par les Maîtres Peaussiers & les Maîtres Libraires & Relieurs, qui sont obligés de se faire mutuellement avertir par un acte, qu'ils veulent lottir; & qu'au préalable lesdites marchandises n'ayent demeuré vingt-quatre heures à la Halle. Les autres peaux & cuirs se lottissent entre les Maîtres Peaussiers qui en ont besoin, pourvû néanmoins que les Maîtres qui demandent le lottissage tiennent boutique ouverte, & qu'ils mettent au lot pour eux-mêmes.

Toutes les marchandises achetées dans les vingt lieues des environs de Paris doivent être lotties entre les Maîtres, même celles achetées au de-là, à moins qu'il n'apparoisse par un marché pardevant Notaire qu'elles ont été achetées hors des vingt lieues, & qu'elles n'arrivent à Paris dans les deux mois depuis l'achat, pour être vûes & visitées par les Jurés.

Enfin pour la sûreté & conservation des titres, papiers, Arrêts, & Sentences, &c. de la Communauté, ils sont enfermés dans un coffre à trois clefs, dont l'une est entre les mains du Doyen, l'autre dans celles de l'ancien Juré, & la troisiéme en la possession de l'ancien Maître de la Confrérie.

Outre ce droit de clef qui appartient au Doyen, on ne peut entreprendre aucune affaire sans la lui communiquer.

La Communauté des Peaussiers a souffert à peu près les mêmes changemens que les autres Communautés de Paris, depuis la création des Jurés en titre d'Offices de l'année 1691, qui lui furent incorporés au mois de Juillet de la même année; les Maîtres ont aussi demandé & obtenu comme les autres à prix de finances, l'incorporation des Charges d'Auditeurs créées en 1694, de Trésoriers en 1701, & de quelques autres Officiers jusqu'en 1706, qui ont augmenté les droits de reception, de visite & de Confrérie.

PEC

PEC, ou PECQUE. Hareng fraîchement salé, qui se mange crû, de même que les anchois. *Voyez* HARENG, *vers la fin de l'article*.

PECHA, que quelques-uns prononcent & écrivent PESSA. Petite monnoie de cuivre qui a cours dans plusieurs lieux des Indes, particuliérement dans les Provinces maritimes des Etats du Mogol, sur-tout dans le Royaume de Guzarate, dont les principales Villes sont Surate, Baroche, Cambaye, Bondra & Amadabad.

Le pécha vaut six deniers ou environ monnoie de France. Dans les endroits des Indes où les coris ou coquilles des Maldives ont cours, on en donne cinquante à soixante pour le pécha; & dans ceux où les amandes de Caramanie servent de menue monnoie, le pécha vaut quarante à quarante-quatre amandes. *Voyez* CORIS & AMANDES.

Il est assez difficile de réduire les roupies & les mamoudis en péchas, à cause que selon les lieux ces monnoies d'argent augmentent ou diminuent de valeur. On peut voir néanmoins l'article des roupies & celui des mamoudis, où l'on trouvera dequoi aider à faire ces réductions, les différens prix de ces deux principales monnoies des Indes y étant assez exactement fixés.

PECK, ou PICOTIN. Mesure dont on se sert en Angleterre pour mesurer les grains, graines, légumes & autres sortes de semblables corps solides.

Le peck tient deux gallons à raison d'environ huit livres poids de Troyes le gallon. Quatre pecks font un boisseau, quatre boisseaux un comb ou carnok; deux carnoks, une quarte, & dix quartes un lest qui tient 5120 pintes, ce qui revient à environ autant de livres poids de Troyes.

PECOULS, qu'on nomme aussi PETITS BASINS. Ce sont des bordures de bois unies qui servent à encadrer des estampes d'une grandeur déterminée. *Voyez* BASIN.

PECUNE. Vieux mot qui signifioit autrefois de l'argent monnoyé; on s'en sert encore quelquefois, mais toujours en plaisantant. Il a bien de la pecune: Je n'ai point de pecune.

Ce mot vient du Latin *Pecunia*, qui veut dire la même chose, & qui avoit pris son nom de *Pecus*, qui signifie Brebis ou Mouton; parce que la premiere monnoie des Romains portoit l'empreinte d'un de ces animaux.

Les deux dérivés *Pecuniaire* & *Pecunieux*, sont plus en usage.

PECUNIAIRE. On appelle Amendes pécuniaires celles qui se payent en argent.

Les punitions des contraventions aux Ordonnances sur le fait des marchandises de contrebande qu'on fait entrer ou sortir du Royaume, ou quand on fraude les droits, sont toujours la confiscation & l'amende pécuniaire, & selon les cas, même les peines afflictives. Il en est à peu près de la sorte des contraventions aux Réglemens des Manufactures, mais moins souvent les peines afflictives que les autres. A l'égard des Arts & Métiers, à moins qu'il n'y ait du monopole, les peines des contraventions aux Statuts ne sont que la confiscation & l'amende pécuniaire. *Voyez les Ordonnances, les Réglemens, & les Statuts des Communautés.*

PECUNIEUX. Celui qui a beaucoup d'argent comptant; il vient du mot de Pecune qui signifioit autrefois la même chose. *Voyez* PECUNE.

PEG

PEGU, Royaume d'Asie dans la presqu'Isle au de-là du Gange. Ce Royaume est plus connu par ses grandes guerres avec le Roi de Siam, que par son commerce avec les Européens. Les Hollandois y envoyent cependant des vaisseaux de leurs Comptoirs de la Côte de Coromandel & de Bengale. *Voyez* en quoi consiste le commerce qu'ils y font, dans l'Etat général, Tome I. page 443.

PEI

PEIGNE. Instrument qui sert à démêler & décrasser les cheveux.

On fait des peignes de diverses matieres & de différentes façons. Il y a des peignes de buis, d'ivoire, d'écailles de tortues, de cornes de divers animaux & de plomb. Ces derniers servent à donner une couleur ardoisée aux cheveux roux & trop ardens.

On a parlé ailleurs des peignes qui se font des dents ou os de mamorts qui se trouvent enfouis en terre en plusieurs endroits de Moscovie; ces peignes ne sont pas moins beaux que ceux d'yvoire. *Voyez* DENT.

Il est défendu par les Statuts du métier de Peignier de faire ou de mettre en vente des peignes de bois blanc; on peut néanmoins en fabriquer s'ils sont commandés.

A l'égard de la forme des peignes il y en a à dos, à deux côtés de dents, à l'Indienne, à macaron & de recourbés; ceux-ci sont toujours de corne, très petits & à dents à demi serrées; ils sont propres à relever les cheveux sur le front; mode qui a cours en France depuis le commencement du dix-huitiéme siecle.

Les peignes à dos sont arrondis d'un côté & n'ont qu'un rang de dents, qui s'enfonçant un peu dans le milieu forment une espece d'arc.

Les peignes à deux côtés ont double rang de dents qui sont séparées par une traverse où aboutissent le fond des dents.

Les peignes à l'Indienne sont ceux dont les deux côtés ne sont pas également enfoncés.

Enfin les peignes à macaron sont à peu près de forme ovale, & assez semblables à cette espece de pâtisserie, qu'on appelle Macarons, d'où ils ont pris leur nom; ils ont aussi deux rangs de dents.

Les Maîtres Peigniers de Paris tirent de Rouen presque tout le buis, dont ils font leurs peignes. Ce sont les Hollandois qui l'apportent à Rouen & qui le vont charger en Levant du côté de l'Archipel, Smyrne & Constantinople; il s'achete au cent pésant, & vient en buches; ce sont les Maîtres Peigniers qui le débitent.

C'est aussi de Rouen que vient la corne propre à la fabrique des peignes; elle y est apportée d'Angleterre. Il s'en fait à la vérité à Paris & même d'assez bonne : mais soit habitude (ce qui décide souvent en fait de négoce) soit qu'en effet la corne d'Angleterre convienne mieux au métier de Peignier, la corne Angloise a la préférence sur la corne Parisienne.

Les feuilles d'écaille de tortue & l'yvoire ou dents d'élephants se tirent pareillement de Rouen; mais il en vient encore en plus grande quantité de Nantes, de la Rochelle, de Bordeaux, & des autres Ports de France où les vaisseaux François les apportent; sçavoir les écailles de tortues, des Isles Antilles ou autres lieux de l'Amérique; & les dents d'élephans, de plusieurs endroits des Côtes d'Afrique, sur-tout de cette partie qu'on appelle la Côte des Dents, à cause de la quantité qui s'y en trouve.

Les instrumens dont les Peigniers se servent, sont, la Scie, l'Escouene, l'Escouenette, le Carlet, l'Estadou, le Gland, la Gresle, le Tourne-fil & l'Allumelle.

La scie est trop connue pour en faire ici une exacte description, outre qu'il en est amplement parlé à son propre article. Celle des Peigniers est toute d'acier, à la réserve du manche qui est de bois, un peu recourbé pour le mieux empoigner. Elle sert principalement à débiter les bûches de buis & les dents d'élephants, pour les réduire en copeaux.

L'escouene est de fer, d'un pouce & demi de largeur, & de six à sept pouces de longueur. Elle a par dessous des dents d'acier qui y sont ajoutées & rivées. Ces dents qui en traversent la largeur en forme de rainures, sont fort affilées & tranchantes, mises un peu en talus, & tournées vers le bout de l'instrument. Elles ont trois à quatre lignes de hauteur, & sont à pareille distance l'une de l'autre. La queue qui est aussi de fer, mais armée de bois pour la facilité de l'usage, est tournée sur le dos de l'escouene, & lui sert de manche ou de poignée. C'est avec cet instrument, qui est une espece de rape, que les Peigniers dégrossissent leurs copeaux. (Ils appellent ainsi les morceaux de buis qu'ils ont débités en petites tables de deux ou trois lignes d'épaisseur & de grandeur convenables aux peignes qu'ils veulent faire.)

L'escouenette est une petite escouene, ce qui s'entend seulement de la forme & de la longueur des dents, étant pour le reste toute semblable à l'escouene. Leur seule différence est que l'escouenette est entiérement d'acier & toute d'une piece, c'est-à-dire, que les dents sont prises & limées dans son épaisseur, qui n'est en tout que de deux ou trois lignes; aussi ne s'en sert-on que pour achever de parer le copeau, & en faire, comme ils disent, un peigne en façon.

Le carlet est un instrument d'acier de forme triangulaire, de quatre ou cinq lignes dans son plus épais; finissant en pointe d'un bout, avec un manche de bois de l'autre. Deux des côtés ont des dents fort fines : celui de dessus est uni. On se sert du carlet pour apprêter le peigne, c'est-à-dire, commencer, ou, comme on parle parmi ces Artisans, amorcer les dents. Il faut trois sortes de carlets pour chaque peigne.

L'estadou sert à former, à séparer & à enfoncer les dents. Cet instrument est le plus composé de ceux dont se servent les Peigniers, & aussi le plus difficile à conduire. Les deux principales pieces de l'estadou sont ce qu'on appelle les deux Feuillets : ils se nomment ainsi, parce qu'en effet ce sont deux feuilles de scie très minces, dont les dents sont très fines & fort acerées.

L'une de ces pieces se nomme le haut Feuillet, & l'autre le bas Feuillet; ayant cette diverse dénomination de la différente situation qu'ils ont, & de leur inégalité; le haut feuillet étant de toutes ses dents plus large que le bas. Ils sont d'ailleurs semblables, soit pour l'épaisseur, soit pour la longueur; celle-ci de six à sept pouces, celle-là de demi-ligne ou environ.

Un morceau de bois rond, en tout de quinze pouces de long, dont la moitié sert de manche, & deux pouces & demi de diametre, sert de monture aux deux feuillets, les soutient & les unit par le moyen d'une double rainure dans chaque ouverture de laquelle l'un & l'autre s'enfonce avec force. Cet instrument ainsi monté ressemble à une scie à main, & c'en est en effet une, à la réserve qu'ayant double feuille, elle a doubles dents.

C'est avec cet estadou que, comme on l'a dit ci-dessus en passant, l'on sépare les dents des peignes; outil d'autant plus commode, qu'il peut également servir pour les grosses & les menues dents; suffisant pour faire fin, de ne point ou peu séparer les feuillets; & pour faire gros, de mettre entre les deux une petite languette de parchemin ou de carte, pour les tenir plus entr'ouverts.

Le gland est un outil ou espece de tenailles tout de bois, qui sert à tenir le peigne lorsqu'il est en façon, & qu'on veut en faire les dents. Il a deux parties, toutes deux faites en façon de battoir carré; mais dont celui d'en-bas a un long manche pour l'affermir sur l'établi. Ces deux parties du gland sont posées l'une dessus l'autre, & unies par le milieu avec une cheville mobile de fer ou de bois seulement; ensorte que lorsqu'on y veut mettre le copeau & l'y arrêter, il suffit d'enfoncer un coin aussi de bois entre les deux manches; ce qui en les séparant fait baisser les deux parties opposées, & y serre fortement le morceau de buis ou d'yvoire dont on veut séparer les dents.

La gresle sert à dresser le peigne, c'est-à-dire, à l'achever : on s'en sert sur-tout à finir les grosses dents. C'est une espece de scie.

Le tourne-fil est d'acier avec un manche de bois. Il est de figure quarrée, long de quatre ou cinq pouces, & d'environ quinze lignes de large, épais de deux lignes dans le milieu, & finissant en une espece de taillant, mais qui est émoussé de trois côtés. C'est avec cet outil qu'on affûte l'escouene, l'escouenette & les carlets, & qu'on leur donne le fil à peu près comme les Bouchers affilent leurs couteaux avec le morceau de fer rond qu'ils appellent un Fusil.

Enfin l'allumelle, qui le plus souvent est faite d'un morceau de lame d'épée, mais dont le tranchant est rebouché, sert à polir & à lisser les peignes lorsqu'ils sont achevés ; ce qui est la derniere façon qu'ils reçoivent de la main du Peignier.

On appelle les Oreilles d'un peigne, ces deux especes de grosses dents qui le terminent des deux côtés, & qui renferment les véritables dents. C'est de ces oreilles que l'on commence à compter ce qu'on nomme les Tailles des peignes par lesquelles on distingue leurs numeros, c'est-à-dire, leur grandeur. Chaque taille est à peu près estimée sur le pied de six lignes de largeur.

Le commerce des peignes est très considérable en France ; & il s'en fabrique de toutes les sortes en plusieurs de ses principales Villes : mais c'est principalement à Paris & à Rouen qu'il s'en fait & qu'il s'en débite de meilleurs & en plus grande quantité.

Les envois de Rouen se font ordinairement par numeros, dont il y en a de deux sortes pour ce qui regarde les peignes de buis, & d'une seulement pour les peignes de corne.

Les plus petites especes de buis se désignent par des numeros de lettres, & les plus grandes par des numeros de chiffres.

Les lettres sont n° A, n° B, n° C, n° D, & n° O, après quoi commencent les numeros de chiffres, qui sont n° 1, n° 2, n° 3, & ainsi de suite jusqu'à n° 12, qui sont les plus grands.

Le n° A, qui est le plus petit, n'a gueres que deux pouces de largeur d'une oreille à l'autre ; & de cette mesure tous les autres numeros tant de lettres que de chiffres, s'augmentent successivement de tailles en tailles, c'est-à-dire, de chacun environ six lignes ; ensorte que les plus grands peuvent avoir huit à dix pouces.

Comme on ne fait point de peignes de corne aussi petits que de buis, les numeros de ces premiers ne commencent qu'au n° 4 des autres ; mais aussi vont-ils plus loin, & l'on en compte depuis le quatriéme n° jusqu'à n° 15 avec la même proportion des tailles que pour ceux de buis.

Il n'y a point de numero pour les peignes d'écaille ou d'yvoire ; la beauté & le prix de ces matieres les ôtant de la régle commune, outre qu'il ne s'en fait gueres qu'à Paris.

Ce qu'on vient de dire de ce qui s'observe par rapport aux numeros dans le négoce des peignes qui se fabriquent & se vendent à Rouen, suffit pour donner une idée de tous les autres ; n'y ayant aucune ou peu de différence.

Les peignes de bois, de buis & de corne payent en France les droits d'entrée & de sortie sur le pied de mercerie ; sçavoir 4 liv. le cent pésant d'entrée, & 3 liv. de sortie aussi le cent pésant, conformément au Tarif de 1664.

S'ils viennent des Pays Etrangers, ils payent aussi comme mercerie, mais à raison de 10 liv. du cent pésant, suivant l'Arrêt du 3 Juillet 1692 ; & à la sortie, s'ils sont déclarés pour l'Etranger, seulement 2 liv. conformément au même Arrêt.

Les droits de la Douane de Lyon sont, sçavoir :

Les peignes de Roince 3 s. de la caisse d'ancienne taxation, & 1 s. du cent pésant de nouvelle réapréciation.

Les peignes de Languedoc 8 s. 9 den. de la caisse d'anciens droits, & 3 sols du cent pésant de nouveaux.

Et la charge 17 s. 6 den. la réapréciation, comme dessus.

PEIGNE. C'est aussi parmi les Ouvriers qui travaillent sur le métier avec la navette une espece de chassis long & étroit, qui est divisé en quantité de petites ouvertures.

Ces ouvertures sont formées par de menus fils d'archal un peu applattis, & quelquefois avec de petits morceaux de cannes ou roseaux coupés fort déliés, & attachés très près les uns des autres en égale distance entre deux manieres de regles de bois.

C'est dans les petites espaces qui restent entre les fils de fer ou les roseaux, qu'en termes du métier on nomme des Dents, qu'on fait passer les fils qui composent les chaînes des étoffes, des toiles, des basins & autres tels ouvrages de navette.

Les deux grosses dents ou morceaux de bois qui sont aux deux extrémités ou bouts des peignes, sont appellés Gardes.

Le peigne est enchassé dans le bas de cette partie mobile du métier que l'on nomme la Chasse ou le Battant, & est aussi long que l'étoffe ou la toile doit être large. On l'appelle aussi Rot ou Rocq, à cause de ces petits morceaux de roseau dont la plupart des peignes sont composés. *Voyez* CHASSE. *Voyez aussi l'article des Metiers des Manufactures.*

Les peignes de Tisserant payent les droits de la Douane de Lyon ; sçavoir 20 sols la balle pour l'ancienne taxation, & 4 sols pour la nouvelle réapréciation.

Les peignes à faire les velours & futaines payent 25 sols de la balle, tant d'anciens que de nouveaux droits.

PEIGNE. C'est encore une sorte d'instrument en forme de grande carde de fer, dont les dents sont longues, droites & fort pointues par le bout, dont on se sert dans les manufactures de lainage à peigner la laine destinée pour faire la chaîne de certaines étoffes. C'est cette laine ainsi peignée que l'on appelle ordinairement Estaim.

On se sert aussi de peignes dans quelques autres manufactures, pour peigner diverses sortes de matieres, comme bourre de soie, chanvre, &c. lesquels sont en quelque maniere semblables à ceux pour la laine, mais plus petites.

PEIGNE. On appelle encore de la sorte un instrument dentellé dont se servent les Hautelissiers pour battre & serrer leur ouvrage. Il est de bois dur & poli, de huit à neuf pouces d'épaisseur du côté du dos, d'où il va toujours en diminuant jusqu'à l'extrémité des dents. On s'en sert à la main.

Le peigne des Basselissiers est à peu près de même, hors qu'il a des dents des deux côtés. Les uns & les autres sont ordinairement de buis ou d'yvoire. *Voyez* HAUTE-LISSE.

PEIGNE. Les Tonneliers nomment le Peigne d'une futaille, l'extrémité des douves à commencer depuis le jable. On dit Remettre un peigne à une piece de vin, pour dire, ajouter une allonge à une douve qui s'est rompue sur le jable.

PEIGNE. Les Boulangers qui font le biscuit de mer appellent quelquefois un peigne un petit instrument dont ils se servent à faire diverses figures sur leurs galettes. Son véritable nom est une Croisétte. *Voyez cet article.*

PEIGNE', PEIGNE'E. De la soie peignée, Du chanvre & du lin peignés, De la laine peignée. Ce sont celles de ces matieres qui ont passé par cette espece de grandes cardes qu'on nomme des Peignes.

PEIGNER LA LAINE. C'est la tirer ou la faire passer à travers les dents d'une espece de grande carde que l'on nomme Peigne, pour la disposer à être filée.

Lorsque la laine a passé par le peigne, & qu'elle a été peignée, on l'appelle Laine Estaim; & quand elle a été filée après avoir été peignée, on lui donne le nom de Fil d'Estaim. *Voyez* CARDES & ESTAIM.

PEIGNERAN. Terme de Manufacture, particuliérement en usage dans la Sayetterie d'Amiens. Il signifie l'Ouvrier qui fait les peignes dont se servent les Houpiers qui apprêtent les laines de cette Manufacture.

Par l'article 1 du nouveau Réglement de 1722 pour les Manufactures d'Amiens, il est défendu aux Peignerans ou faiseurs de peignes, de faire aucuns peignes de moindre compte que de vingt-quatre broches, sur le compte de six pouces & demi de ville pour le talon, & sur celui de six pouces entre la premiere & la vingt-quatriéme brochée. *Voyez* l'article des Réglemens.

PEIGNEUR DE LAINE. Ouvrier qui démêle la laine, qui la peigne avec une espece de grande carde de fer, que l'on nomme Peigne.

Les Maîtres Cardeurs de Paris sont qualifiés par leurs Statuts, de Maîtres Cardeurs-Peigneurs & Arçonneurs de laine, &c. *Voyez* CARDEUR.

PEIGNIER. Celui qui fait des peignes.

Les Peigniers sont une Communauté des Arts & Métiers de la Ville & Fauxbourgs de Paris.

Ils sont qualifiés dans leurs Statuts Maîtres Peigniers, Tabletiers, Tourneurs & Tailleurs d'images d'yvoire.

Ces Statuts leur furent donnés ou plutôt renouvellés par Jacques Toutteville Prevôt de Paris en 1507; Henri III les confirma par ses Lettres Patentes du mois de Juin 1578; & Henri IV par les siennes de 1600, dont néanmoins l'enregistrement au Greffe du Châtelet fut reculé jusqu'en 1604: enfin les charges de Jurés en titre d'Office créées au mois de Mars 1691, ayant été réunies & incorporées à cette Communauté le 12 Juin de la même année, Louis XIV par ses Lettres Patentes de réunion les confirma de nouveau, y ajoutant quelques articles de discipline pour les droits de réception à l'apprentissage & à la maîtrise.

La Communauté est gouvernée par des Jurés dont l'élection & les visites se font comme dans les autres Communautés.

L'apprentissage est de six ans.

Chaque Maître ne peut avoir qu'un Apprentif à la fois; il lui est néanmoins loisible d'en prendre un second pourvû qu'il soit Fils de Maître.

Le fils de Maître n'est point tenu au chef-d'œuvre, non pas même à l'expérience, le témoignage des Jurés leur en tient lieu; tout autre Aspirant le doit.

L'Apprentif étranger, c'est-à-dire, qui a fait apprentissage dans les Villes du Royaume où il y a maîtrise, ne peut être reçû à celle de Paris qu'il ne justifie de son apprentissage, & qu'il n'ait servi encore trois ans chez les Maîtres.

Aucun Compagnon n'a licence de travailler en chambre, ni les Maîtres de leur fournir de la besogne, ou d'acheter celle qu'il a faite, sous peine d'amende.

Enfin toute marchandise foraine doit être visitée & cellé de la Ville marquée au poinçon de chaque Maître, dont l'empreinte doit se conserver sur le Tableau déposé dans la chambre du Procureur du Roi.

Il faut remarquer que cette marque ne s'observe ordinairement que pour les peignes, & que presque toujours elle ne consiste qu'en quelques lettres majuscules de l'alphabet, comme un A couronné & autres semblables.

Une autre remarque c'est que les Maîtres de cette Communauté semblent s'être partagés les ouvrages de leurs métiers, les uns ne faisant que des peignes, & les autres que de la tabletterie. *Voyez* TABLETTIER.

Le Patron de cette Communauté est S. Hildevert Evêque de Meaux dont elle célebre la Fête dans l'Eglise de sainte Croix de la Cité, où est érigée la Confrérie de ce Saint.

PEIGNONS, ou PIGNONS. Sortes de laines d'une très mauvaise qualité qui ne sont proprement que les rebuts, ou plutôt ce qui reste des laines qui ont été peignées avant que d'être filées pour faire la chaîne de certaines sortes d'étoffes.

Les peignons sont du nombre des méchantes laines qu'il n'est pas permis aux Ouvriers & Façonniers de mêler avec celles de bonne qualité pour la fabrique des draps, serges, ratines, & autres semblables étoffes de prix. L'article 11 du Reglement du 30 Mars 1700, fait pour la fabrique des bas & autres ouvrages au métier, ordonne qu'il ne pourra être employé dans lesdits ouvrages aucunes laines peignons.

PEIGNURES. Cheveux qui tombent quand on se peigne. On met les peignures au nombre des cheveux morts, qui sont moins propres à faire des perruques que ceux qu'on appelle Cheveux vifs. *Voyez* CHEVEUX.

PEILLES. Vieux chiffons ou morceaux de toile de chanvre & de lin qui s'employent dans la fabrique du papier. *Voyez* PAPIER. *Voyez aussi* CHIFFONS.

PEILLIER. Celui qui ramasse des peilles ou chiffons; on le nomme plus communément Chiffonnier. *Voyez* CHIFFONNIER.

PEINDRE. C'est employer des couleurs pour représenter quelque objet. On peint en huile, à fresque, en détrempe, en mignature, en pastel, en émail.

Les matieres les plus ordinaires sur lesquelles on peut peindre sont la toile, le bois, l'or, le cuivre, le vélin, le papier.

Les enduits de plâtre servent aussi pour les grands ouvrages, sur-tout aux dômes ou coupoles des Eglises, aux plafons des palais & grands bâtimens, aux perspectives des jardins ou autres lieux, & dans tous les endroits qui peuvent être exposés aux intemperies de l'air.

Les couleurs qui servent à la peinture sont les blancs de chaux, de plomb, de céruse, les massicots jaunes & blancs, l'orpin, la mine de plomb, le cinnabre ou vermillon, la laque, les cendres bleues & vertes, l'inde, le stile de grain, les noirs de fumée ou d'yvoire, le verd de gris, l'émail; diverses terres, comme le jaune de Naples, le verd de Veronne, le rouge violet d'Angleterre, la terre d'ombre, la terre de Cologne, l'ocre de Ruth & les ocres jaunes & rouges, le verd d'iris, le verd de montagne, enfin le carmin & l'outremer; ces deux dernieres sont précieuses & de grand prix.

Ces couleurs se vendent par les Marchands Epiciers.

ciers-Droguistes ; il en est parlé de toutes dans leurs articles où l'on peut avoir recours.

Les liqueurs qui lient & délayent les couleurs sont, pour la peinture en huile, les huiles de noix, de lin, d'aspic & de thérébentine ; Pour celles à trempe, ou comme on dit ordinairement, en détrempe, la colle forte ou celles faites avec des rognures de gands ou de parchemins, quelquefois de la gomme bien bouillie ; & pour la mignature, de simple eau raisonnablement gommée.

C'est aussi chez les Epiciers-Droguistes que se vendent ces drogues, aussi-bien que les différens vernis, soit qu'ils soient faits avec la thérébentine & le sandarac ; ou avec l'esprit de vin, le mastic, la gomme laque & l'ambre blanc.

On parlera de la peinture sur l'émail & sur le verre à leur article particulier.

A l'égard des différens objets que l'on peut représenter à l'aide du dessein & de la diversité des couleurs, ils sont, pour ainsi dire, infinis, parce que le Peintre ne se borne pas seulement à ceux qui frappent ses yeux, mais à tous ceux qu'une imagination féconde est capable de diversifier, comme dans des grotesques au-delà de ce qu'on peut dire. *Voyez* PEINTRE *ou* PEINTURE.

PEINT, PEINTE. On appelle Satins peints, Toiles peintes, des satins & des toiles de coton des Indes, ou contrefaites en Europe, sur lesquelles sont représentées en couleurs très vives diverses figures d'hommes, d'animaux & de fleurs.

Les satins des Indes peints, autrement nommés Furies ; & les toiles peintes aussi des Indes qui ont quantité de noms différens suivant leurs différentes qualités & les lieux d'où on les tire, ont fait autrefois un grand objet de commerce en France ; & ce n'est pas sans raison que le négoce & l'usage en ont été interdits par tant d'Edits, de Déclarations & d'Arrêts du Conseil, soit sous le regne de Louis XIV, soit au commencement de celui de Louis XV.

En effet on a vû longtems les manufactures des légeres étoffes propres à faire des habits aux femmes du commun, ou à être employées en meubles de campagne, négligées & abandonnées, & l'entêtement pour ces satins & ces toiles étoit venu à un tel point à la Cour & à Paris, que contre le goût ordinaire des Dames qui aiment la parure & la magnificence, elles ne vouloient plus s'habiller d'autres étoffes ; en sorte que les manufactures de Lyon & de Tours pour les riches étoffes qui servent aux habits d'hiver, ou pour les taffetas simples ou façonnés pour ceux d'été, avoient eu le même sort, & que le commerce de ces deux Villes s'en alloit entiérement être perdu.

On pourroit ici entrer en quelque détail du négoce & des qualités de ces toiles & de ces satins ; mais peut-être auroit-il été plus à propos de n'en avoir point du tout parlé, & de laisser dans un oubli éternel des marchandises & un entêtement qui ont réduit à la mandicité un si grand nombre de malheureux Ouvriers.

PEINTADE. Ce mot signifie une toile peinte. Tavernier en parlant de Masulipatan, place importante du Royaume de Golconde, dit que c'est en cette Ville que se font les plus belles peintades de toutes les Indes.

PEINTRE. Celui qui exerce l'art de Peinture.

Il y a à Paris une Communauté des Maîtres de cet art, à laquelle celle des Maîtres Sculpteurs fut unie dès le commencement du dix-septiéme siécle.

Quoique ce ne soit que depuis le regne de François I le restaurateur des sciences & des beaux Arts en France, que la peinture ait commencé de s'y perfectionner & de s'y élever à ce point de goût & de génie où on la voit parvenue depuis le milieu du dix-septiéme siécle ; cependant il paroît assez que cet art, tout informe qu'il étoit alors, y a toujours été en estime & en réputation, puisque la Communauté des Peintres est une des plus anciennes, & depuis plusieurs siécles une des plus considérables de celles qui se sont établies dans la Capitale du Royaume.

Les Statuts de cette Communauté ne sont à la vérité que de l'année 1391 ; mais les huit articles qui composoient tous leurs premiers Statuts, & qui y sont rappellés, sont d'un stile si simple & si naïf, qu'on ne peut douter qu'ils ne soient au moins du même âge que la troisiéme race des Rois de France.

Charles VI en 1430 ajouta aux priviléges contenus dans ces Statuts, l'exemption de toute taille, subsides, guet, garde, &c. Henri III les confirma par des Lettres Patentes du 5 Janvier 1583, & y ajouta deux articles concernant les Apprentifs ; l'un qui régle leur apprentissage à cinq ans, & l'autre qui les oblige à servir encore quatre autres années chez les Maîtres en qualité de Compagnons.

L'union des deux Communautés des Peintres & des Sculpteurs ayant été faite, comme on l'a dit, il fut ordonné par Sentence du mois de Mars 1613, confirmée par Arrêt du mois de Septembre de la même année, que l'union subsisteroit ; & pour mieux l'entretenir, que des quatre Jurés de la Communauté deux seroient Peintres & deux seroient Sculpteurs, & qu'aucun chef-d'œuvre ne seroit donné ni fait qu'en presence des uns & des autres.

Trente-quatre nouveaux articles furent dressés en 1619, pour être ajoutés aux anciens Statuts, & sur le vû des Officiers du Châtelet en date du 10 Octobre 1620, ils furent confirmés par Lettres Patentes de Louis XIII au mois d'Avril 1622 ; mais y ayant eu quelque défaut dans les Lettres pour l'adresse qui n'avoit pas été faite au Parlement, il fallut encore deux Arrêts du Conseil, l'un de 1623, & l'autre de 1637 pour leur vérification & enterinement.

La Communauté des Maîtres Sculpteurs & Peintres de la Ville de Paris demeura en cet état jusqu'en l'année 1651, que l'érection de l'Academie de Peinture & Sculpture, faite à Paris trois ans auparavant en vertu des Lettres Patentes de Louis XIV, y apporta quelque changement.

Ce fut cette année que se fit la jonction des deux corps, & que pour entretenir la paix & ménager réciproquement leurs priviléges, il fut dressé un Réglement en 12 articles pour leur servir de Statuts communs.

Le premier de ces articles ordonne que l'union se fera sous le nom d'Académie Royale de Peinture & Sculpture, & qu'il y aura un lieu destiné aux Assemblées ; & par un autre article ce lieu est appellé la Chambre de la jonction.

Le deuxiéme accorde à tous les Académiciens & aux Maîtres qui ont passé par les Charges, la faculté d'assister, s'ils veulent, aux Assemblées.

Par le troisiéme les enfans des Académiciens &

des Maîtres sont également reçûs à dessiner à l'Académie; & par le sixiéme les Académiciens sont déchargés de la visite des Jurés des Maîtres. Les autres sont moins importans.

Le Contrat de l'union est du 4 Aout 1651; & l'Arrêt du Parlement qui le confirme, obtenu en conséquence du douziéme & dernier article, est du 7 Juin 1652.

Depuis les Statuts de 1622 il est intervenu plusieurs Arrêts du Conseil & de la Cour du Parlement, & quantité de Sentences des Lieutenans Civil & de Police qui les ont confirmés en certains articles & changés en d'autres.

Les principaux sont une Sentence du 19 Décembre 1639, pour la visite qui se doit faire tous les mois, même dans les lieux privilégiés; une autre du 20 Juillet 1660, qui défend aux Maîtres d'avoir plus d'un Apprentif; une du Lieutenant de Police en forme de Réglement pour la distribution des jettons d'argent aux quatre Jurés, aux douze anciens Maîtres & aux six jeunes, qui assistent aux receptions des Aspirans du 20 Septembre 1669; une du 16 Juin 1671, pour la reddition des comptes; une du 30 Septembre 1676, pour l'élection des Jurés, qui porte que tous les anciens Maîtres qui ont passé par la Jurande, vingt modernes & vingt jeunes seront mandés aux Assemblées; un Arrêt du Parlement du 9 Mars 1679, qui augmente du double la distribution des jettons d'argent ordonnée par la Sentence de 1669, qui en attribue quatre à chacun des anciens Maîtres & deux à chacun des six jeunes qui assistent aux receptions; enfin un Arrêt du Conseil du Roi du 15 Mai 1696, portant réunion & incorporation à la Communauté des quatre charges de Jurés en titre d'Offices créées par l'Edit de 1691, & de celles d'Auditeurs-Examinateurs des Comptes aussi créées par celui de 1694.

Il y en a quantité d'autres qui conservent aux Maîtres de la Communauté le droit qu'ils ont seuls de faire & vendre toutes sortes de tableaux & ouvrages de peinture & sculpture, & qui en défendent le commerce & la fabrique aux Maîtres des autres Communautés, particuliérement aux Maîtres Maçons, Charpentiers, Parfumeurs, Merciers, Fondeurs, Selliers, Tourneurs, Doreurs sur cuirs, &c. même aux Huissiers ou autres Particuliers de faire des ventes publiques de tableaux, si ce n'est en cas d'inventaire & saisie, ou en vertu d'une Ordonnance obtenue du Lieutenant Civil.

Cette Communauté comprend plusieurs autres professions qui y ont rapport, & elle se qualifie la Communauté des Maîtres de l'art de peinture, sculpture, gravure & enluminure de la Ville & Fauxbourgs de Paris.

Ce qu'on a dit ci-dessus de la jonction de l'Académie Royale avec la Communauté des Peintres est une espece d'engagement d'en donner au moins une legere idée avant que de finir cet article.

L'Académie Royale de Peinture & de Sculpture doit son établissement à M. Sublet des Noyers Sécretaire d'Etat, Intendant des Finances, & Surintendant des bâtimens du Roi; elle est redevable de son accroissement au Cardinal Mazarin & au Chancelier Seguier; mais pour son entiere perfection elle la doit à M. Colbert à qui la France doit aussi tant d'autres établissemens si utiles pour l'avancement des beaux Arts & des Manufactures.

Les Lettres Patentes du Roi pour l'érection de cette Académie sont du mois de Février 1648, mais seulement enregistrées au mois de Juin 1652 par le même Arrêt, qui (comme on l'a dit plus haut,) confirma le Contrat de jonction des Académiciens & des Maîtres Peintres qui avoient fait opposition aux Lettres.

En 1654 il fut ajouté vingt-un articles de Réglement aux anciens Statuts de l'Académie confirmés par de nouvelles Lettres Patentes du 4 Décembre, vérifiées & enregistrées au mois de Juin de l'année suivante. Le 28 du même mois de Décembre le Roi accorda à l'Académie par un Brevet la Gallerie du College Royal pour y tenir les Assemblées, & y faire les leçons publiques & exercices de l'Académie.

Il faut remarquer qu'elles furent depuis transferées dans cette partie du Palais Royal qu'on nommoit alors le Palais Brion, & qu'y ayant été tenues jusqu'en 1692, elles furent enfin fixées dans un des Appartemens du vieux Louvre; honneur que cette Académie partage avec l'Académie Françoise & les deux Académies des Médailles & des Sciences.

Le même Brevet de 1654 assigne un fond de mille livres pour les gages des Officiers & Modéles, il donne aussi droit de committimus à 30 des Officiers ou anciens Académiciens.

D'autres Lettres Patentes de 1655 confirment & augmentent les priviléges jusques-là accordés à l'Académie, nomment le Cardinal Mazarin pour Protecteur & révoquent toutes Lettres jusques-là données aux Particuliers pour faire leçons publiques de peinture & sculpture, ou poser modéle ainsi qu'il y en eut aussi en 1663 qui révoquérent toutes Lettres de Peintre du Roi, avec obligation à ceux qui les avoient de s'unir à l'Académie s'ils en vouloient jouir.

Enfin au mois de Décembre de cette même année, le Roi ajoutant toujours de nouveaux témoignages de sa protection Royale pour l'Académie de Peinture & Sculpture, augmenta le fond de 1000 livres jusqu'à 4000 livres pour les pensions des Professeurs, distribution des prix, payemens des modéles, &c. & nomma pour remplir la place de Protecteur vacante par la mort du Cardinal, le Chancelier Seguier, & pour Vice-Protecteur M. Colbert pour lors Intendant des Finances; qui depuis devenu Secretaire d'Etat, Contrôleur Général des Finances, Sur-Intendant & Ordonnateur Général des Bâtimens & Jardins du Roi, Arts & Manufactures de France, fut aussi Protecteur après la mort du Chancelier.

C'est dans ces mêmes Lettres que les Eleves des Académiciens sont déclarés capables après trois ans d'étude, d'être Aspirans à la Maîtrise, & d'être reçûs Maîtres des Arts de Peinture & Sculpture dans toutes les Villes du Royaume, de même que les autres Apprentifs des Maîtres. Elles ne permettent néanmoins aux Académiciens d'avoir qu'un seul Eleve à la fois.

C'est de cette Ecole Françoise que sont sortis tant d'excellens Peintres & d'habiles Sculpteurs, qui l'emportent de bien loin sur tous ceux des Écoles modernes, & qui suivent de si près, s'ils ne les égalent pas, ces Peintres & ces Sculpteurs célébres qui ont rendu les Ecoles d'Italie si fameuses.

PEINTRE AU GROS PINCEAU. Il se dit des Ouvriers qui impriment des peintures en huile ou en détrempe sur toutes sortes d'ouvrages, & qui ne se servent que d'une grosse brosse pour appliquer les couleurs.

PEINTRE EN EMAIL. *Voyez* EMAIL.

PEINTRE SUR VERRE. *Voyez* VERRE.

PEINTRE EN MIGNATURE. *Voyez* MIGNATURE.

PEINTRE EVANTAILLISTE. *Voyez* EVANTAILLISTE.

Commerce des Maîtres Peintres du Pont Notre-Dame & du Quay de Gesvres.

Les Peintres qui font ce commerce ne sont point différens des Maîtres Peintres dont on a rapporté les Statuts. Ils composent avec eux une seule & même Communauté; ils sont reçûs comme eux à l'apprentissage & à la Maîtrise: ils ont les mêmes Jurés, & sont comme eux sujets aux visites & à tout le reste de la discipline, & de la police du Corps. En un mot, la seule différence qu'il y a entr'eux ne consiste guere qu'en ce que les Peintres Marchands ne se contentent pas, comme les autres, de vendre leurs propres ouvrages, s'ils sont assez habiles pour en faire, mais encore font négoce de ceux d'autrui, & y ajoutent encore toute sorte d'ouvrages de dorures & de sculpture, qu'ils font faire par les Sculpteurs & Doreurs de leur Communauté.

Le commerce de ces Peintres comprend donc tout ce qui se peut faire en peinture & en sculpture, soit dorée, soit argentée, soit cuivrée, en détrempe, & à l'huile.

Pour ce qui regarde la peinture, leurs tableaux se distinguent par différens noms, dont les principaux sont les tableaux curieux ou de cabinet, les dessus de portes, les dessus de cheminées, les dévotions, les grotesques, & les portraits de Cour. On peut y ajouter des estampes de toutes sortes qu'ils mettent en cadre.

Tous ces ouvrages, à la réserve des estampes & des portraits de Cour, ne se consomment gueres que dans Paris & dans quelques Provinces qui en sont voisines; à l'égard des portraits de Cour & des estampes en cadre, on en envoye beaucoup à l'Etranger, particuliérement aux Isles Françoises de l'Amérique & en Flandres. On en faisoit aussi un grand commerce à Lima & aux autres Villes Espagnoles de la mer du Sud, lorsque les Malouins avoient permission d'y envoyer leurs Vaisseaux.

Les ouvrages de sculpture & dorure que les Peintres-Marchands ont coutume d'avoir dans leurs Magasins, sont des bordures de toutes sortes, des consoles, des pieds à goblets; des pieds à campanne, des bras, des plaques, des pieds de pendules, des lustres, des bâtons de Confrérie, des expositions, des tabernacles, des chandeliers, des croix, des moulures ou tringles pour les miroirs, unies ou sculptées, depuis un pouce de large jusqu'à trois, & de six, sept ou huit pieds de haut, des Crucifix d'yvoire, montés sur du velours & bordés, des bouquets artificiels, des pots à bouquets, des tables de marbre avec leurs pieds, & quelques autres semblables ornemens, particuliérement pour les Eglises.

Tous ces ouvrages de dorure, sont ou dorés, ou argentés ou cuivrés: ceux qui sont dorés, s'ils sont ordinaires, sont dorés d'un or qu'on appelle or pâle ou or commun, & si l'on veut qu'ils soient propres, on y employe de l'or qu'on nomme or jaune. Ces deux ors s'appliquent de la même maniere, à la réserve que sur l'or commun, on met un vermeil qui en rehausse la couleur, & que sur l'or jaune on passe une couche légere d'une colle salie. Les ouvrages d'or jaune, sont au moins d'un cinquiéme plus chers que ceux où l'on n'employe que de l'or pâle. *Voyez* l'article de la Dorure.

Les ouvrages argentés se font de deux manieres; les uns s'argentent en blanc, & les autres s'argentent en jaune. On appelle ouvrage argenté en blanc celui où l'on laisse à l'argent la couleur qui lui est naturelle, & argenté en jaune celui auquel par le moyen d'un verni, on donne la couleur de l'or; ce dernier, en terme de Doreur, se nomme argent verni, argent colorié, ou argent doré, ces trois noms ne signifiant que la même chose. Quand cet argent est nouvellement fait, & que le verni est bien employé, il est difficile de le distinguer d'avec la dorure fine, mais il se dissipe à la fin & devient presque blanc.

Enfin les ouvrages cuivrés sont ceux où l'on ne se sert que d'or faux, c'est-à-dire, de cuivre battu en feuilles & mis en œuvre comme l'or fin.

Cette derniere dorure, aussi bien que celle d'argent verni, sont défendues par une Sentence de Police en forme de Réglement du 27 Juin 1721, confirmée par un Arrêt du Parlement du 16 Décembre ensuivant, & seulement permis sous certaines conditions.

A l'égard du dernier, il est dit que conformément aux articles six, sept & huit des anciens Statuts de la Communauté, les Maîtres pourront l'employer dans leurs bordures, pieds de table & de chaises, & autres ouvrages, à la charge de mettre auxdits ouvrages une marque d'argent en lieu apparent; & avant de les dorer d'argent verni, de les porter au Bureau de leur Communauté, pour être marqués par les Jurés d'un plomb, sur lequel seront imprimées d'un côté les armes de ladite Communauté, & de l'autre ces mots, ARGENT VERNI SANS OR.

Pour ce qui est des ouvrages cuivrés, il est pareillement fait défense aux Maîtres de faire ni d'exposer en vente aucune bordure de cette sorte, sans un ordre exprès & par écrit des particuliers qui leur en demanderont; auquel cas lesdits Maîtres seront tenus de faire leur déclaration au Bureau de la Communauté sur un registre qui sera tenu à cet effet, de la quantité des bordures & autres ouvrages qui leur auront été commandés; ensemble du nom & domicile de ceux qui leur en auront donné l'ordre; lesquels ordres lesdits Maîtres seront tenus de garder par devers eux, pour les représenter toutes fois & quantes ils en seront requis; & que lesdits Maîtres seront pareillement tenus d'apporter au Bureau lesdites bordures & autres ouvrages cuivrés, pour y être marqués d'un plomb comme ceux d'argent verni avec cette inscription: OUVRAGES DE CUIVRE, le tout à peine de confiscation & de cent livres d'amende.

Il est aussi défendu de mêler l'argent verni ou le cuivre avec l'or fin, & cela pour prevenir la tromperie de quelques Maîtres peu scrupuleux, qui se contentent de faire en or tous les devans des bordures & n'employent dans les derrieres & dans les gorges que de l'argent verni ou du cuivre.

Détail des différentes Bordures qui se vendent par les Maîtres Peintres.

On peut distinguer les bordures en deux sortes, sçavoir en bordures à tableaux, & en bordures pour estampes; les unes & les autres ont des noms différens & des grandeurs déterminées.

Les bordures à tableaux se divisent en bordures dorées unies, en bordures à la Romaine, bordures à cordons, bordures à cartouches ou ornemens, bordures à coins simples, bordures à coins & milieu, enfin en bordures à ornemens en dedans. Il s'en fait quelquefois de ces dernieres dont les ornemens sont d'une espece de pâte que l'on modele dans des moules; on les nomme bordures de composition. Il n'y a que deux boutiques à Paris où il se vende de ces sortes de bordures, encore n'y a-t-il gueres d'apparence que cette fabrique dure long-tems, non-seulement pour le mauvais usage de cette fausse sculpture, dont les ornemens sont sujets à tomber, mais encore à cause de l'opposition des Maîtres Sculpteurs, qui en 1724 ont intenté procès à ceux qui font de ces bordures, pour leur en faire interdire la fabrique & la vente.

Les noms des bordures à estampes, sont les modes, les basins, les grecs, les pecouls ou petits basins, les passions, les têtes de mort, les grands vélins, les vélins bâtards, & les petits vélins. Ces noms viennent, ou de quelques Graveurs dont les ouvrages ont été recherchés, comme les Basins & les Pecouls, ou de certaines estampes qui ont été en vogue, comme les modes, ou enfin d'autres estampes dont les grandeurs sont toujours certaines, comme les vélins, c'est-à-dire, les images imprimées sur du vélin.

Toutes ces bordures, tant celles à tableaux que celles à estampes, ont des hauteurs, & des largeurs déterminées; ces dernieres par le volume des estampes, & les autres par la grandeur des toiles ordinaires sur lesquelles les Peintres ont coutume de peindre leurs tableaux qui est toujours la même. Il est vrai qu'il se trouve quelquefois des tableaux plus grands ou plus petits que les mesures déterminées, mais ceux-ci s'appellent fausses mesures, & il en faut commander les bordures exprès.

Il faut remarquer que dans ce commerce, les toiles des Peintres s'estiment à un certain prix, comme une toile de 30 sols, de 3 livres 10 sols, & de 4 livres, &c. non pas que ce n'en soit leur prix effectif, mais seulement parce qu'il sert à en faire connoître la grandeur, toutes ces toiles ayant conservé le nom du prix qu'elles coutoient véritablement autrefois; aussi se sert-on de la même expression pour estimer la grandeur des bordures qui leur sont propres: ensorte que si l'on a à encadrer un tableau peint sur une toile de 20 s. il suffit de demander une bordure de toile de 20 s. étant sûr qu'elle se trouvera justement proportionnée au tableau qu'on veut enborduter.

Proportions & grandeurs des toiles & bordures à Tableaux.

La toile ou bordure de 8 liv. porte 6 pieds sur 5.
Celles de 7 liv. 6 pieds sur 4 pouces ½.
Celles de 6 liv. 6 pieds sur 4 pouces.
Celles de 5 liv. 5 pieds sur 4 pouces.
Celles de 4 liv. 4 pieds ½ sur 3 pouces ½.
Celles de 3 liv. 10 s. 4 pieds 3 pouces, sur 3 pieds 3 p.
Celles de 3 liv. 4 pieds sur 3 pouces.
Celles de 50 s. 3 pieds 7 pouces, sur 2 pieds 9 p.
Celles de 40 s. 3 pieds 1 pouce sur 2 pieds ½.
Celles de 30 s. 2 pieds 10 pouces, sur 2 pieds 3 p.
Celles de 25 s. 2 pieds ½ sur 2 pieds.
Celles de 20 s. 2 pieds 8 pouces sur 1 pied 10 p.
Celles de 18 s. 2 pieds 1 pouce 6 lig. sur 1 pied 9 p.
Celles de 15 s. 2 pieds sur 1 pied 9 pouces.
Celles de 12 s. 1 pied 10 pouces sur 1 pied 7 p.
Celles de 10 s. 1 pied 8 pouces ½ sur 1 pied 5 p.
Celles de 8 s. 1 pied 5 pouc. sur 1 pied 2 pouc. ½.
Celles de 6 s. 1 pied 3 pouces sur un pied.
Celles de 5 s. 1 pied 1 pouce sur 10 pouces.
Celles de 4 s. qu'on nomme aussi fond de 6, portent 1 pied sur 9 pouces.

Il ne se fait point de toiles déterminées ni au dessus ni au dessous des grandeurs qu'on vient de rapporter.

Proportions & grandeurs des bordures à Estampes.

La plupart de ces bordures se font de bois de cedre, de bois façon de cedre, d'ébeine ou façon d'ébeine, de bois brun, de bois de noyer ou autres semblables bois. Les unes sont unies, d'autres sculptées, d'autres à feuillette commune, & d'autres encore à feuillette fine. On en dore aussi quelques-unes, mais alors on se sert de bois ordinaire.

Les modes sont les plus grandes, elles portent dix pouces 9 lignes de hauteur sur 7 pouces 4 lignes de largeur.

Les Basins 9 pouces 4 lignes sur 7 pouces 4 lignes.
Les Grecs 8 pouces 4 lignes sur 6 pouces 4 lignes.
Les Pecouls ou petits Basins, 7 pouces 9 lignes sur 5 pouces 6 lignes.
Les Passions 6 pouces 7 lignes sur 5 pouces 6 lignes.
Les Têtes de Mort 6 pouces sur 4 pouces 9 lignes.
Les grands Vélins 5 pouces 3 lignes sur 3 pouces 9 l.
Les Vélins batards 4 pouces 6 lignes sur 3 pouces 9 l.
Les petits Vélins 3 pouces 6 lignes sur 2 pouces 9 l.

PEINTURE. C'est un des Arts libéraux qui enseigne à représenter les objets, & à leur donner une espece de vie par le contour des traits & les diverses teintes des couleurs.

La peinture a pris, dit-on, naissance chez les Egyptiens; mais les Grecs qui l'apprirent d'eux, la pousserent à sa derniere perfection, si l'on en croit les merveilles que l'on raconte des Apelles & des Zeuxis.

Il y eut aussi de grands Maîtres en cet Art chez les Romains dans les derniers tems de la République, & sous les premiers Empereurs; mais l'inondation des Barbares qui ruinerent l'Italie, fut fatale à la peinture, & elle y revint presque à ses premiers élemens.

Ce fut néanmoins en Italie qu'elle reprit son ancien honneur: on la vit fleurir dès le quinziéme siecle dans les Ecoles de Rome, de Florence, de Lombardie. Enfin les François l'apporterent de chez eux sous le Regne de François I. & elle s'y est élevée sous celui de Louis le Grand à un point de perfection que la France ne doit gueres envier la gloire de la Grece ou de l'Italie.

Il y a à Paris deux Corps célebres qui font profession de Peinture; l'un est l'Académie Royale de Peinture & de Sculpture, où sont aussi reçûs les habiles Graveurs; l'autre est la Communauté des Maîtres de l'Art de Peinture, Sculpture, Graveure, & Enlumineure. *Voyez ci-dessus* PEINDRE & PEINTRE.

PEINTURE. Se prend quelquefois pour l'ouvrage du Peintre. Voila une belle peinture; une peinture bien finie.

Les Peintures en toiles payent les droits de la Douane de Lyon; sçavoir:

Les Peintures étrangeres de toutes sortes, 25 sols du quintal; & la réappréciation sur le pied des Images.

Et les Peintures du Pays à raison de 15 s. & la réappréciation aussi comme Images.

PEINTURE. Il se dit aussi des couleurs que les Peintres employent à leurs ouvrages. On se sert plus ordinairement du terme de couleurs. *Voyez* COULEURS.

PEINTURE D'IMPRESSION. Il se dit de diverses couches de couleurs en huile ou en détrempe, dont on imprime dans les bâtimens les ouvrages de Menuiserie, de Charpente, de Maçonnerie, & de Serrurerie, ou qui sont à l'air, ou que l'on veut embellir & mettre d'une même teinte. Les Italiens disent *Imprimatura*, dont quelques-uns de nos Peintres ont fait Imprimature, & d'autres Imprimeure.

Le véritable mot François est Impression, que l'on distingue néanmoins en disant, Impression à huile, ou Impression en détrempe, suivant la liqueur & les ingrédiens qui y entrent. *Voyez ces articles.*

PEINTURÉ. Ce qui n'est peint ou enduit que d'une seule couleur sans dessein ni sans compartimens. On le dit comme par opposition à *Peint*, qui signifie une chose peinte avec art. Ainsi on dit: une gallerie bien peinte lorsque le Peintre l'a ornée de différens ouvrages de peinture ou tableaux: & une gallerie bien peinturée quand elle a été bien imprimée d'une seule couleur.

PEL

PELACHE. Espece de peluche grossiere faite de fil & de coton, dont les pieces portent dix à onze aunes de longueur.

Les Pelaches payent en France les droits d'entrée à raison de 36 s. de la piece, conformément au Tarif de 1664.

PELADE. C'est le nom de la laine que les Megissiers & Chamoiseurs font tomber par le moyen de la chaux de dessus les peaux de moutons & brebis provenantes des abbatis des Bouchers. On l'appelle aussi, Pelure, Pelis, Avalis.

Les laines pelades sont inferieures aux laines de toison; & il n'est pas permis aux Ouvriers en bas au Métier d'en employer dans leurs ouvrages, ainsi qu'il est porté par l'article 11 de leur Réglement du 30 Mars 1700.

Leur usage le plus ordinaire est pour faire les trêmes de certaines sortes d'étoffes, celles de toison étant plus propres à faire les chaînes. *Voyez* LAINE.

PELAINS. Ce sont des Satins de la Chine, mais qui passent par les mains des Indiens de qui les Commis de la Compagnie les reçoivent & les achetent. Leur longueur est de huit aunes sur sept seiziémes de largeur.

PELARD. Sorte de bois à brûler dont on a ôté l'écorce pour faire du Tan. *V.* BOIS A BRULER.

PELÉ. Ce dont le poil est ôté. Un velours pelé, une panne pelée, un drap pelé, une couverture de laine pelée, un manchon pelé, une fourure pelée, &c. Dans toutes ces choses pelé se prend en mauvaise qualité & comme un défaut dans les étoffes & dans les pelleteries.

PELER. Oter le poil ou l'écorce à quelque chose.

PELER LE BOIS. C'est en ôter l'écorce. Les Marchands de bois disent plus ordinairement, écorcer le bois. *Voyez* ECORCER LE BOIS.

PELER UN CUIR. C'est en ôter le poil. *Voyez* PLAMER UN CUIR.

SE PELER, perdre son poil. Les velours à quatre poils, les draps bien couverts, bien tondus & bien apprêtés, ne se pelent pas si facilement que les autres. Cet aulmuce, cette palatine se pelent tout.

Il se dit aussi des bois dont on leve l'écorce; le chesneau, le châtaigner, le liege se pelent aisément.

PELEURE ou PELURE. Sorte de laine que l'on nomme aussi Pelade, Pelie & Avalie.

L'article X des Reglemens de la Sayetterie d'Amiens de 1660 porte que les Houpiers ou Peigneurs de laine ne se serviront que de mere laine ou de bonne peleure non procédant de mortain. *Voyez* PELADE. *Voyez aussi* HOUPPIERS.

PELIE. Sorte de laine qu'on nomme autrement Pelade. *Voyez* PELADE.

PELING. Etoffe de soie qui se fabrique à la Chine. Il y en a de blanche, de couleur, d'unie, d'ouvrée, de simple, de demi-double & de triple.

Parmi un grand nombre d'étoffes qui se font dans la Chine, la plupart de celles que les Hollandois apportent en Europe sont des pelings, parce qu'ils en font plus de débit & qu'ils y trouvent un plus grand profit. Les pelings entrent aussi dans les assortimens pour le négoce du Japon.

PELISSONS ou PELLISSONS. Jupes ou Jupons faits de peaux & de fourrures communes.

Les pelissons payent les droits de la Douane de Lyon à raison de 50 s. de la charge pésant trois quintaux pour l'ancienne taxation, & de 5 s. du cent pésant pour la nouvelle réappréciation. Leurs droits de sortie suivant le Tarif de 1664, sont de 9 s. de la piece.

PELLE. Ustencile de ménage qui fait partie de ce qu'on appelle le feu d'une cheminée. Elle est de fer en forme de palette quarrée, plus ou moins large suivant l'usage, avec un long manche aussi de fer pour la tenir.

Quand les feux qui servent dans les cheminées des plus beaux appartemens ont des ornemens d'argent ou de cuivre doré, la pelle a aussi le sien de l'un ou de l'autre métail qu'y mettent les Orféves, s'ils sont d'argent, & les Fondeurs & Doreurs sur métail s'ils sont de cuivre.

Les pelles de fer communes se font par des Serruriers de Province, & se vendent à Paris par les Quincailliers. Les pelles polies & d'un ouvrage achevé se fabriquent par les Maîtres de la Ville.

PELLE. C'est aussi un instrument de bois propre à divers Artisans & Ouvriers. Celle qui sert aux Boulangers & Patissiers pour enfourner leur pain & pâtisserie, a le manche plat & très long afin de pouvoir atteindre au fond du four. Sa palette qu'on nomme aussi Pellatre, est large ou étroite, suivant les pieces de four ou les pains qu'on y veut placer, mais toujours très mince & très platte, afin qu'ils puissent couler sur l'âtre avec plus de facilité.

Les pelles des Pâtissiers & des Boulangers les plus étroites se nomment des Pellerons.

La pelle des Maçons, Paveurs, Jardiniers, & autres tels Artisans & Manouvriers, a le manche rond & la palette un peu creusée en-dedans & convexe dehors pour la facilité du service.

Toutes ces pelles de bois payent en France de droits d'entrée & de sortie 6 s. du cent en nombre, suivant le Tarif de 1664.

La pellé des Gagne-deniers Mesureurs de charbon, que de-là on nomme Garçons de la Pelle, a la palette très large & presque quarrée : le manche qui est rond & assez court, n'y est pas attaché tout droit comme aux autres pelles, mais forme avec elle une espece d'angle irrégulier. Le manche par le bout & la palette tout autour sont ferrés. *Voyez* CHARBON *ou* GARÇON DE LA PELLE.

PELLERON. Pelle longue & étroite dont les Pâtissiers & Boulangers se servent ; ceux-ci pour enfourner leurs plus petits pains, & les autres pour mettre au four les petits pâtés, tartelettes & darioles, & autres plus légeres pieces de pâtisserie. *Voyez* PELLE.

Les Pellerons payent les droits comme Pelles de bois.

PELLETERIE. Signifie toutes sortes de peaux garnies de poil destinées à faire des fourrures, telles que sont les peaux de martres, d'hermines, de castors, de loutres, de tigres, de petits gris, de fouines, d'ours & ourçons, de loups, de putois, de chiens, de chats, de renards, de liévres, de lapins, d'agneaux, & autres semblables qui se trouvent expliquées chacune à leur article.

Les plus belles & les plus précieuses pelleteries viennent des pays froids, particuliérement de la Laponie, de Moscovie, de Suede, de Dannemarc & de Canada ; celles des pays chauds leur sont inférieures ; aussi les appelle-t-on ordinairement Pelleteries communes.

On nomme Pelleteries crûes ou non apprêtées, celles qui n'ont encore reçu aucune façon ni apprêt, & qui sont telles qu'elles ont été levées de dessus le corps des animaux.

Ce qu'on appelle Sauvagine n'est autre chose que de la pelleterie crûe ou non apprêtée, provenant de la dépouille de plusieurs animaux sauvages, qui se trouvent communément en France. *Voyez* SAUVAGINE.

La Pelleterie apprêtée ou ouvrée, est celle qui a passé par la main de l'ouvrier, qui l'a façonnée & mise en état d'être employée en fourrures.

Les plus grosses pelleteries se préparent & s'apprêtent par les Megissiers, & les plus fines par les Marchands Pelletiers ; mais ce sont les derniers qui les mettent en œuvre. *Voyez* MEGIE.

La Pelleterie paye les droits d'entrée & de sortie de France, ou à la piece, ou à la douzaine, ou au cent pésant, suivant son espece & qualité. Il n'y a que les martres zibelines, & les hermines ou rosereaux qui payent au timbre, chaque timbre composé de vingt couples de peaux.

On peut voir aux articles du castor, de la martre & des autres animaux qui fournissent les plus précieuses pelleteries, les droits d'entrée & de sortie, qu'elles payent chacune suivant leur qualité, & l'on ne mettra ici que ceux qui se payent pour les pelleteries communes.

Les Pelleteries communes de toutes sortes non apprêtées, payent les droits d'entrée à raison de 10 liv. du cent pésant, & si elles sont apprêtées 28 liv. conformément au Tarif de 1664.

Les droits de sortie fixés par le même Tarif, sont pour toutes les menues pelleteries crûes ou ouvrées, c'est-à-dire, apprêtées ou non apprêtées, 3 liv. pareillement du cent pésant.

Les droits de la Douane de Lyon sont, sçavoir :

La Pelleterie noire de Naples 5 liv. 5 sols de la balle d'ancienne taxation, & 20 sols du cent de réapréciation.

La Pelleterie blanche 35 sols de la balle d'anciens droits, & quinze sols du cent de nouveaux.

La Pelleterie accoustrée 8 liv. 15 sols de la balle d'ancienne taxation, & 30 sols du cent de nouvelle.

Les Pelleteries d'agneaux & étrangeres 5 liv. 5 sols de la balle pour les anciens droits, & 20 sols du cent pésant pour la nouvelle réapréciation.

La Pelleterie commune 3 liv. le quintal.

Plusieurs mettent au rang des pelleteries les peaux de vautours & de cygnes, quoiqu'elles ne soient garnies que de duvet. *Voyez* VAUTOURS & CYGNES.

PELLETERIE. Veut dire aussi Commerce, Négoce, Trafic ou Marchandise de peaux propres aux fourrures. Ainsi l'on dit : les Hollandois font un grand commerce de pelleteries de celles qu'ils tirent de Moscovie.

Il est permis aux Marchands Merciers de Paris de faire négoce en gros, en balle & sous corde, de toutes sortes de pelleteries & fourrures. Le trafic des Marchands Foureurs ne consiste qu'en pelleterie & fourrures. La marchandise de pelleterie est de difficile garde étant sujette à s'échauffer & à être mangée des vers.

PELLETERIE. Se dit encore du Corps des Pelletiers, qui est le quatriéme des six Corps des Marchands de Paris.

Quelques-uns prétendent qu'anciennement il étoit le premier, & qu'il a cédé son droit de primogéniture à celui de la Draperie, qui en jouit encore à présent.

Quoiqu'il en, soit il est certain que dans toutes les cérémonies publiques où les six Corps des Marchands de Paris sont appellés, la Pelleterie le dispute à la Mercerie pour le troisiéme rang. Mais quelques protestations & instances que la pelleterie ait pû faire, la Mercerie s'est toujours maintenue dans son rang de prescéance sur la Pelleterie.

Les Statuts du Corps de la Pelleterie sont de l'année 1586, sous le regne de Henri III. Ils furent confirmés & augmentés en 1618 par Louis XIII, & encore confirmés & augmentés en 1648 par Louis XIV.

Autrefois les Pelletiers Haubanniers Foureurs formoient deux Corps de Communauté distinctes & séparées, dont l'une étoit composée des Pelletiers Haubanniers, & l'autre des Foureurs. Ces deux Communautés ont été unies & incorporées par Henri III quelque tems avant les Statuts de 1586.

Personne ne peut être admis dans le Corps de la Pelleterie, s'il n'a fait quatre ans d'Apprentissage, servi les Maîtres pendant quatre autres années en qualité de Compagnon, & s'il n'a fait chef-d'œuvre.

Chaque Marchand Pelletier ne peut avoir qu'un Apprentif à la fois, lequel ne doit être ni marié, ni forain, ni étranger ; & le Brevet d'Apprentissage doit être enregistré au Bureau du Corps de la Pelleterie huit jours après sa passation.

Le Corps de la Pelleterie a six Maîtres & Gardes, dont la fonction est de gerer les affaires du Corps, de veiller à la conservation de ses privileges, & de tenir la main à l'exécution de ses Statuts & Reglemens.

Trois de ces Maîtres & Gardes sont appellés Anciens, parce qu'ils ont déja passé par la Garderie, & les trois autres sont nommés Nouveaux ou Modernes, à cause que c'est pour la premiere fois qu'ils ont été élus Gardes.

Des trois Anciens le premier est le grand Garde ou premier Garde du Corps de la Pelleterie, & il est regardé comme le Chef. C'est lui qui préside dans toutes les Assemblées, & qui porte la parole dans les occasions importantes qui se présentent.

Le dernier des trois nouveaux Gardes est chargé du détail des affaires : c'est lui qui fait la recette & dépense, dont il rend compte devant les Maîtres & Gardes en charge, & ceux du Corps qui ont déja passé par les charges, lesquels sont mandés à cet effet au Bureau de la Pelleterie.

Tous les ans le Samedi d'entre les deux Fêtes du Saint Sacrement, après les Vêpres, dans la salle des Chevaliers de l'Ordre de saint Lazare, établie aux Carmes des Billettes, en présence du Procureur du Roi & d'un Greffier du Châtelet, on procede à l'élection de deux Gardes; sçavoir, d'un Ancien & d'un Nouveau, & il en sort ainsi deux, un Nouveau & un Ancien.

L'élection se fait à la pluralité des voix, après que l'Huissier du Bureau a fait l'appel de tous ceux qui doivent composer l'Assemblée où tous les Marchands du Corps ont droit de se trouver; les Marchands qui ont été en charge, sont appellés suivant leur ancienneté dans les charges, & les autres suivant l'ordre de leur reception dans le Corps. C'est le Greffier du Châtelet qui recueille les voix.

Les Maîtres & Gardes en charge ont le pouvoir de porter dans toutes les cérémonies où ils sont mandés, & dans les occasions où ils sont obligés de paroître, pour les affaires du Corps, la robe de drap noir à colet & manches pendantes, bordée & parmentée de velours de semblable couleur, qui est proprement la robe Consulaire.

Le Corps de la Pelleterie a sa Confrérie établie en l'Eglise des Carmes des Billettes. Sa Fête est celle du saint Sacrement dont le Service est remis au Dimanche de l'Octave à cause de celui de l'Eglise. Il prend aussi pour Patronne la sainte Vierge, & il en fait la Fête au mois de Septembre, le Dimanche d'après la Nativité Nôtre-Dame.

Lorsqu'un Marchand du Corps de la Pelleterie qui a été Garde, ou qui l'est actuellement, ou sa femme vient à décéder, les quatre derniers Gardes sont tenus d'assister à la cérémonie funebre en robe, & de tenir les quatre coins du poile qui est fourni par le Bureau, avec six flambeaux de poing de cire blanche, aux armes du Corps de la Pelleterie, qui sont au champ d'azur chargé d'un Agneau Pascal d'argent à la banniere de gueule, ornée d'une croix d'or. L'écu de ces armories est soutenu par deux hermines d'argent, & surmonté d'une couronne Ducale d'or mêlée de fleurs de-lys, & par derriere un aulmuce d'argent, dont la partie qui se voit placée au bas de l'écu, forme une espece de petit manteau Ducal.

Le Corps de la Pelleterie prétend avoir eu pour chef ou protecteur un Duc de Bourbon, Comte de Clermont, grand Chambellan de France, qui vivoit en 1368 sous le regne de Charles V & que c'est de lui qu'il tient la couronne Ducale dont ses armories sont timbrées. *Voyez* CORPS.

PELLETIER. Marchand qui achette & qui vend tant en gros qu'en détail, qui apprête ou qui prépare toutes sortes de pelleteries ou peaux garnies de poil, & qui en fait des ouvrages de fourrures.

Les Pelletiers de Paris sont appellés par leurs Statuts, Maîtres Marchands Pelletiers Haubaniers Foureurs.

L'on prétend que ces divers noms leur ont été donnés, sçavoir, celui de Pelletier à cause du pouvoir qu'ils ont de faire commerce de Pelleteries crues & préparées destinées à faire des fourrures; celui d'Haubanier, parce qu'anciennemenc ils payoient au domaine du Roi un droit que l'on nommoit Droit de Hauban, pour avoir la faculté de lottir leurs marchandises dans toutes les foires, halles & marchés de Paris. Ce droit de Hauban avoit encore cours sous le regne de Louis le Gros. Enfin on leur donne le nom de Foureur à cause que ce sont eux qui fourrent ou qui garnissent de peaux apprêtées avec leur poil, les juste-à-corps, robes, manteaux, gants, mitaines, &c. & qu'ils font aussi des manchons, des aulmuces, & autres semblables ouvrages de fourrures.

Il est défendu aux Pelletiers par les Statuts de leur Corps,

1°. De prendre aucuns Compagnons à leur service, s'ils n'ont des congés ou certificats en bonne forme des derniers Maîtres qu'ils ont servi.

2°. De mêler du vieux avec du neuf.

3°. De fourer des manchons pour les Merciers.

4°. De travailler & fourer pour les Fripiers.

5°. De faire le courtage de la marchandise de Pelleterie & Fourure.

Enfin de contracter aucune societé avec les Marchands Forains ou autres qui ne sont pas de leur Corps.

Suivant les mêmes Statuts, les Pelletiers sont obligés sous peine d'amende, de se rendre au Bureau de la Pelleterie pour déliberer sur les affaires de la Communauté toutes les fois qu'ils en sont requis de la part des Maîtres & Gardes actuellement en charge. *Voyez* PELLETERIE.

PELLISSIER. Celui qui fait ou qui vend des Pelisses ou des Pelissons. On le dit aussi de ceux qui préparent les peaux. *Voyez* PEAUSSIER.

On appelle Pelisses, des Robes de chambre fourées faites à peu près comme les vestes de dessus que portent les Turcs; & Pelissons, des especes de Jupons de fourures dont les vieilles femmes se servent pour les garantir du froid. *Voyez* PELLETERIE. *Voyez aussi* PELISSONS.

PELOIR. Outil de Chamoiseur & de Mégissier, qui leur sert pour peler sur le chevalet les peaux de moutons, brebis, agneaux, & autres semblables qu'ils veulent passer en mégie ou en chamois. Le Peloir est une espece de cylindre ou bâton rond d'un peu plus d'un pouce de diametre, & d'environ un pied & demi de longueur. *Voyez* MEGIE & CHAMOIS.

PELOTAGE. Laine pelotage de vigogne, c'est la troisiéme sorte des laines de vigogne. On l'appelle Pelotage, parce qu'elle vient d'Espagne en pelotes. *Voyez* VIGOGNE-LAINE.

PELOTE. Masse que l'on fait en forme de boule de diverses choses. Une pelote de fil, de laine, de soye, de cotton.

PELOTE. C'est dans les fours à verre une espece de petit étably de terre couverte de braise éteinte, sur laquelle on met quelque tems reposer le plat de verre au sortir du grand ouvreau avant de le mettre dans les arches du four à recuire. *Voyez* VERRE EN PLAT.

PELOTE. C'est aussi une marque blanche qui vient au front des chevaux. On l'appelle autrement, Etoile.

Les Marchands de Chevaux, Maquignons & autres qui se mêlent du commerce des chevaux, mettent les pelotes au nombre des marques qui dénotent un bon cheval. *Voyez* CHEVAL.

PELOTES. Les Fondeurs de petits ouvrages nomment ainsi le cuivre en feuilles qu'ils ont préparé pour mettre à la fonte.

On réduit le cuivre en pelote afin de le mettre plus commodément dans le creuset avec la cueillere du fourneau, qui de là est appellée Cueillere aux pelotes.

On nomme aussi Mortier & Maillet aux pelotes ceux de ces outils qu'on employe à cet usage dans les atteliers des Fondeurs.

La préparation des pelotes est ordinairement le premier ouvrage des Apprentifs. *Voyez* FONDEURS DE PETITS OUVRAGES.

PELOTES, que l'on appelle aussi Pelotons. Ce sont en terme de Paumiers, les balles à jouer à la paume avant qu'elles ayent été couvertes de drap.

Suivant les Statuts des Maîtres Paumiers, la pelote ou peloton doit être bien ronde, faite de morceaux de rognures de drap, avec une bande de toile seulement, serrée bien ferme avec de bonne ficelle. L'instrument avec lequel on fait les pelotes, est un billot qu'on nomme autrement une chévre.

Les Maîtres Paumiers prennent dans leurs Statuts la qualité de Maîtres Paumiers Raquetiers Faiseurs de Pelotes. *Voyez* PAUMIER.

Les Pelotes ou Pelotons payent en France les droits d'entrée comme Mercerie à raison de 10 liv. du cent pésant, suivant l'Arrêt du 3 Juillet 1692.

PELOTES. L'on nomme ainsi dans le commerce des soies, les soies greges & non ouvrées qui viennent ordinairement de Messine & d'Italie, & qui sont pliées, ou plutôt roulées en grosses pelotes. *Voyez* SOYE.

PELOTES. Terme de Chandelier. Les Chandeliers appellent Pelotes de coton les échevaux de coton qu'ils ont dévidés pour faire la mêche de leur chandelle.

On nomme Tournettes aux pelotes les dévidoirs sur lesquels on les dévide, & panier aux pelotes une petite corbeille d'osier dans laquelle on les met quand on veut les couper. *Voyez* COUTEAU A MECHE & TOURNETTES.

Outre les petites pelotes de Coton dévidé, les Chandeliers en composent d'autres très grosses du poids de vingt à trente livres & davantage, qu'ils nomment *Pelotes d'Etalage*. Celles-ci sont faites d'écheveaux entiers qu'on tourne ainsi en forme spherique pour les mieux conserver. On les pend ordinairement au plancher de boutiques, ce qui leur a fait donner le nom de Pelotes d'étalage. *Voyez* COTON.

PELOTON. Petite pelote de soie, de laine, de fil, de coton & autres matieres, filée, dévidée en rond. Un peloton de laine, un peloton de fil, &c.

PELOTON ou PLOTON, balle à jouer à la paume. On le dit ordinairement de celles qui ne sont pas encore couvertes, & qui ne sont encore qu'en corde. *Voyez ci-devant* PELOTE DE PAUMIER.

PELOTON. Mettre le tabac en pelotons. C'est en former de grosses pelotes à mesure qu'on le file : comme c'est au sortir du filage qu'il fait son plus grand déchet, & qu'il en fait moins tant qu'il reste en pelotons, on a coutume de l'y laisser le plus longtems qu'il est possible. Après qu'il a été en pelotons on le roule, ce qui s'appelle le mettre en Rôles. *Voyez* l'article du Tabac.

PELUCHE, que l'on écrit & qu'on prononce souvent PLUCHE. Etoffe veloutée du côté de l'endroit, composée d'une tréme d'un simple fil de laine & d'une double chaîne, dont l'une est de laine de fil retors à deux fils, & l'autre de fil de poil de chevre.

La peluche se fabrique de même que les velours & les pannes, sur un métier à trois marches. Deux des marches séparent & font baisser la chaîne de laine, & la troisiéme fait lever la chaîne de poil ; alors l'Ouvrier lance ou jette la tréme, & la fait passer avec la navette entre les deux chaînes de poil & de laine, mettant ensuite une broche de léton sous celle de poil sur laquelle il la coupe avec un instrument destiné à cet usage, que l'on appelle communément Couteau, ce qu'il fait en conduisant ce couteau sur la broche, qui est un peu cavée dans toute sa longueur, & c'est ce qui rend la surface de la pluche veloutée.

Quelques-uns prétendent que l'invention de la peluche soit venue d'Angleterre, d'autres veulent qu'elle ait été tirée de Hollande, particuliérement de Harlem. Quoi qu'il en soit, il est certain que ce n'est gueres que vers l'année 1690 qu'on a commencé d'en fabriquer en France.

Les Villes du Royaume où il s'en manufacture le plus, sont, Amiens, Abbeville & Compiegne ; les Lyonnois en font aussi, de même que les Flamands, particuliérement ceux de Lille ; mais la plupart de celles qui viennent de ces derniers endroits ont une chaîne de fil de chanvre, ce qui les rend de beaucoup inférieures à celles qui se font dans les autres lieux. Les bonnes qualités de la peluche sont d'avoir le poil court & si serré, qu'on ne puisse appercevoir le fond de l'étoffe.

Il s'est fait en France des peluches de plusieurs largeurs jusqu'à la fin de l'année 1716, dont les plus ordinaires se réduisent à quatre ; sçavoir demi-aune moins un seize ou sept seize, demi-aune moins un vingt-quatriéme ou onze vingt-quatriémes, qui est la même que celle des velours & des pannes ; d'un quart & demi ou trois huit, & d'un tiers ; chaque piece contenant depuis vingt jusqu'à vingt-cinq aunes de longueur, le tout mesure de Paris.

Mais par Arrêt du 5 Décembre 1716, la largeur des peluches d'Amiens & autres fabriques de Picardie a été fixée à une demie-aune moins un douze au sortir du métier pour les plus étroites.

A l'égard des portées, le même Réglement ordonne, Que la chaîne de laine sera composée de trente à trente-deux portées de vingt-quatre fils chacune, & de douze fils ou buhots par demi-portée ; & que les fils seront doubles & deux fois retors.

Pour la chaîne de poil, elle doit être de quinze à seize portées de fil de chanvre sans mélange, chaque portée de vingt-quatre fils doubles retors, non compris les lisieres ; ensorte que les pieces teintes, & ayant reçu leur dernier apprêt, ayent au moins un quartier & demi & un pouce de largeur entre les deux lisieres, & vingt-quatre aunes de long : avec liberté néanmoins aux Fabriquans de donner plus de largeur & de longueur à ces étoffes, mais sans diminuer le nombre de fils & de portées spécifiées par l'Arrêt, sous peine de 50 livres d'amende ; avec injonction sous même peine aux Maîtres de mettre leur nom & surnom au chef de la piece, lorsqu'elle sera mise sur le métier.

On fabrique des peluches de toutes les couleurs,

leurs, dont le principal usage est pour des culottes, des vestes & des jupons d'hyver. On s'en sert aussi très souvent à faire des meubles, & quelquefois des paremens d'Autels.

PELUCHE. C'est aussi une sorte d'étoffe toute de soie, dont le côté de l'endroit est couvert d'un poil un peu long. Cette espece de peluche se manufacture sur un métier à trois marches, ainsi que les autres peluches, les velours & les pannes.

Sa chaîne & son poil doit être d'organsin filé & tordu au moulin, la tréme de pure & fine soie cuite, & sa largeur d'onze vingt-quatriémes d'aune. *Art. 48 des Statuts des Marchands-Maîtres-Ouvriers en draps d'or, d'argent & soie de la Ville de Paris du mois de Juillet 1667.*

Il se fabrique encore une autre espece de peluche toute de soie, qui a du poil des deux côtés, dont l'un, qui est celui de l'endroit, est court & d'une couleur; & l'autre, qui est du côté de l'envers, est plus long & d'une autre couleur. Cette derniere sorte de peluche est extraordinaire, & de très peu d'usage.

Les peluches de fleurs & fil faites à Geneve payent les droits de la Douane de Lyon, à raison de 7 s. de la livre d'ancienne taxation, & 2 s. de nouvelle réapréciation.

PEN.

PEN. *Voyez* PENNY.

PENAL. Espece de mesure de grains, différente suivant les lieux où elle est usitée. En Franche-Comté le penal est semblable au boisseau de Paris. A Gray les huit penaux font quinze boisseaux de Paris; ce qui est égal à l'asnée de Lyon; ensorte que le penal est à peu près le double du boisseau de Paris. A Bourbonne, le penal de froment pese 72 liv. poids de marc, de méteil 70, de seigle 68, & d'avoine 58 livres. On s'y sert aussi du bichet. *Voyez cet article.*

PENDOUR, ou PENDEUR. Terme de Marine. C'est un bout de corde à laquelle tient une poulie pour passer la manœuvre: il y a des pendours de balanciers, d'autres d'escoutes, d'autres de caliornes, d'autres de bras, & d'autres de palans. *Voyez* leur usage dans le Dictionnaire de Marine du sieur Aubin.

PENDULE. Petite Horloge de chambre. Il y en a de plusieurs sortes. *Voyez* HORLOGE & MONTRE.

PENIN ou PENNING. C'est le denier de Hollande. Il vaut un cinquiéme plus que ne valoit le denier tournois de France.

Le penin sert de monnoie de compte, quand on tient les livres par florins & patards. Douze penins font le patard, & vingt patards le florin de la valeur de vingt-cinq sous de France.

A Nuremberg & à Hambourg le penin de compte est juste de la valeur du denier tournois. Il en faut huit pour le kreux, soixante pour le florin de ces deux Villes, & quatre-vingt-dix pour l'écu de France de soixante sols, de neuf au marc.

PENISTON ou PANISTON. Etoffe de laine qui se fabrique en Angleterre. C'est une espece de molleton.

Les penistons payent en France les droits d'entrée à raison de 24 liv. la piece de vingt-cinq aunes, suivant l'Arrêt du 20 Décembre 1687.

Ils ne peuvent entrer que par Calais & S. Vallery, conformément aux Arrêts des 8 Novembre 1687, & 3 Juillet 1692.

PENNES, PAINES, PESNES, ou PIENNES. Ce sont les bouts de laine ou de fil qui restent attachés aux ensubles, lorsque l'étoffe ou la toile est levée de dessus le métier.

Les pennes de fil servent à enfiler les chandelles en livres.

Les pennes de laine se hachent & se passent au tamis, pour faire de la tapisserie de tonture.

Les pennes de fil ou de laine de toutes sortes payent en France les droits d'entrée à raison de 30 s. du cent pésant, & ceux de sortie sur le pied de 20 s. conformément au Tarif de 1664.

PENNY. C'est ainsi qu'on appelle en Angleterre le denier sterling.

PENNY. C'est aussi une petite monnoie d'argent, & la plus petite de celles qui se frappent de ce métail en Angleterre: elle vaut six pennys ou deniers sterling. La piece de douze pennys s'appelle Schilling ou Schelling.

Outre les especes d'argent de douze & de six pennys, qui se fabriquent & qui ont cours en Angleterre, il y a encore des pieces de trente pennys qu'on nomme Halft-croones, & d'autres de treize pennys & demi. Il faut quatre fardins ou liards sterlings pour faire un penny. *Voyez* SCHILLING.

PENSACOLA, le plus beau port que les François ayent sur les Côtes de la Louisiane. *Voyez* l'Etat général, Tome I. page 518.

PENSE'E. On appelle Couleur de pensée, une espece de violet tirant sur le pourpre. *Voyez* TEINTURE *ou* TEINTURIER.

PENSILVANIE, Province de l'Amérique Angloise, qui fait partie de la Nouvelle York. *Voyez* le détail de ses productions, & celui des marchandises qui font l'objet du commerce de cette Colonie, dans l'Etat général, Tome I. page 532.

PENTE. Mettre le tabac à la pente; c'est le pendre par la queue, sur des cordes ou sur des perches, après que les feuilles ont été enficelées. Dans les lieux de la Guyenne où l'on fabrique du tabac, on a de grands atteliers couverts pour mettre les tabacs à la pente: c'est là qu'ils sechent & qu'ils prennent couleur.

Il ne faut pas croire néanmoins qu'on les fasse secher assez pour les mettre en poudre; on se contente de leur laisser évaporer leur plus grande humidité, & les faire amortir ou mortifier suffisamment pour pouvoir être filés, à peu près comme on file le chanvre, & ensuite être mis en rôles ou rouleaux. *Voyez* l'article du Tabac.

PEP

PEPITAS, en François PEPINS. Morceaux d'or pur que l'on trouve dans quelques mines du Chilly & du Perou, mais particuliérement dans les lavaderos des montagnes de ce premier Royaume. Il est assez ordinaire de voir des pepitas de 4, de 6, de 8 & de 10 marcs pésant; mais les plus gros dont les Espagnols conservent la mémoire, & dont nos François qui ont navigé dans la mer du Sud depuis le Regne de Philippes V parlent avec admiration, sont les deux pepitas trouvés dans un lavadero de la Province de Guanum près Lima; l'un de 64 marcs, l'autre de 45. Ce dernier avoit cela de singulier, qu'il étoit composé d'or de trois alois, de 11, de 18 & de 21 carats. *Voyez* OR.

PER

PERCALLES-MAURIS. Toiles de coton blanches, plus fines que grosses, qui viennent des Indes Orientales, particuliérement de Pondichery. Les percalles portent sept aunes & un quart de long sur une aune & un huit de large.

PERCE-PIERRE. Espece de fenouil marin. *Voyez* PASSE-PIERRE.

PERCER L'AIGUILLE. C'est en former le trou par le moyen d'un petit poinçon d'acier bien trempé, que l'on frappe avec un marteau sur l'enclume, de chaque côté du plat de la tête de l'aiguille. *Voyez* AIGUILLE, *à l'endroit où il est parlé de la maniere de les fabriquer.*

PERCER UNE ESTOFFE. Terme de manufacture de lainage. Il se dit des étoffes qui à force d'être foulées deviennent trop étroites, & perdent de la largeur ordonnée par les Reglemens. On dit aussi Eschauffer ou Vuider. *Voyez* ESCHAUFFER.

LE PERCHE, Province de France. *Voyez* le détail de ses productions & de ses manufactures, dans l'Etat général, Tome I. page 95.

PERCHE. Morceau ou piece de bois long en forme de grosse gaule, ayant un bout beaucoup plus menu que l'autre.

Les perches sont ordinairement de bois de châtaignier ou de bois d'aulne. Elles servent à faire des espaliers, des treilles & des perchis ou clôtures de jardins. On les vend à la botte, chaque botte composée d'un certain nombre, suivant qu'elles sont plus ou moins grosses.

L'Ordonnance de la Ville de Paris du mois de Décembre 1672, ch. 18, art. 3, porte, Que les perches servant aux treilles auront, sçavoir :

Celles dont les bottes ne sont composées que de quatre perches, dix pouces de tour depuis le gros bout, sur la longueur de six pieds de haut.

Celles dont la botte est de six perches, pareille grosseur de dix pouces jusqu'à trois pieds & demi de haut.

Celles dont la botte contient douze perches, au moins huit pouces au gros bout, & deux pouces au moins par le haut.

Celles dont il y a vingt-six perches à la botte, au moins six pouces au gros bout, & à l'extrémité au moins un pouce.

Et pour ce qui est des bottes composées de cinquante perches, chacune perche doit avoir du moins quatre pouces par le gros bout, & un pouce à son extrémité. L'on peut mêler parmi ces dernieres jusqu'à treize perches de moindre grosseur, pour servir de lozanges dans les jardins.

PERCHE. Se dit aussi de certains longs bâtons placés en l'air pour y poser les choses que l'on veut faire sécher. Les Teinturiers ont des perches à leurs fenêtres pour y faire sécher les étoffes, les soies, les laines & les fils qu'ils ont teints. Les Blanchisseurs d'étoffes en ont aussi pour étendre leurs draps & leurs serges après les avoir blanchis.

Les Statuts des uns & des autres reglent la hauteur à laquelle leurs perches doivent être placées, lorsqu'elles sont sur la rue. *Voyez* TEINTURIER.

PERCHE. Est aussi une mesure dont on se sert pour l'arpentage ou mesurage des terres. La perche a plus ou moins de longueur suivant les différentes coutumes des lieux.

En fait de mesurage des bois & forêts la perche est uniforme dans tout le Royaume. Elle doit contenir vingt-deux pieds de douze pouces chacun, & le pouce doit être de douze lignes. Les cent perches quarrées font un arpent. *Ordonnance des Bois & Forêts du 13 Aout 1669, art. 14 du Titre concernant la police & conservation des forêts.* Voyez ARPENT.

On se sert aussi de la perche pour l'arpentage des terres dans quelques endroits de la Guyenne, particuliérement à Damazan, Puche de Gontault & Monhurt. On la nomme perche d'Albret, parce qu'on s'en sert aussi dans cette Ville; les trois quartonnats font la perche : elle est différente de celle de Paris. *Voyez* l'article de l'Arpentage.

PERCHE DE LISSES. Terme de fabrique de tapisseries de haute-lisse. C'est un long morceau de bois rond fait au tour, de trois pouces de diametre, & de toute la longueur du métier. Cette perche pose des deux bouts sur les fiches & crochets de fer qu'on nomme des Hardilliers. Elle sert à ouvrir & croiser la chaîne de l'ouvrage par le moyen des lisses qui y sont enfilées. *Voyez* HAUTE-LISSE.

PERCHE. Se dit dans les manufactures de lainage, d'un certain morceau de bois de la grosseur du bras, long d'environ quinze pieds pendu en l'air par les deux bouts, sur lequel les Emplaigneurs ou Laineurs étendent l'étoffe pour la lainer ou tirer à poil. On dit Tirer un drap à la perche, pour dire, le lainer, en tirer le poil avec les chardons sur la perche.

PERCHE. Les Tourneurs nomment aussi une Perche un morceau de bois faisant ressort, qu'ils attachent au plancher, & d'où pend la corde qui donne le mouvement sphérique à leurs ouvrages. *Voyez* TOUR.

PERCHIS. Terme de Jardinier. Il signifie quelquefois une clôture faite avec des perches, & quelquefois un treillage qui n'est pas fait avec des échalats. *Voyez* PERCHE. *Voyez aussi* ESCHALATS.

PERÇOIR, ou PERÇOIRE. Instrument avec quoi on perce. Les Ouvriers en fer disent plus ordinairement Poinçon ou Mandrin que Perçoir ou Perçoire, quand ils veulent signifier l'instrument de fer pointu & aceré avec lequel ils percent le fer ou à chaud ou à froid. *Voyez* POINÇON & MANDRIN.

PERCOUERE. Outil dont se servent les Serruriers, Taillandiers, Maréchaux & autres Ouvriers qui travaillent les métaux, & particuliérement le fer.

La percouere est un morceau de fer rond & troué, ou une espece de grosse virolle percée à jour, sur laquelle on appuye une piece de métail pour y faire un trou avec le poinçon ou le mandrin.

Les Serruriers ont des percoueres d'enclume & d'autres d'établi. Il y a des unes & des autres, de rondes, de quarrées, de plattes, de barlongues, d'ovales, &c. suivant la figure du trou qu'on veut percer.

PERDRE. Souffrir quelque dommage, ne pas faire quelque profit. Il faut qu'un Marchand sçache perdre & gagner. Je perds moitié sur ces marchandises.

PERDU. Faire flotter du bois à bois perdu. Terme de marchandise de bois. C'est le jetter dans de petites rivieres qui ne peuvent porter ni train ni batteau, pour le rassembler à leurs embouchures dans de plus grandes, & en former des trains, ou en charger des batteaux.

Lorsqu'il y a plusieurs Marchands qui jettent leurs bois à bois perdu dans le même tems & dans le même ruisseau, ils ont coutume de marquer chacun le leur à la tête de chaque bûche, avec un marteau de fer gravé des premieres lettres de leur nom, ou de quelque autre figure à leur volonté, afin de les démêler quand on les tire à bord.

Ils ont aussi à communs frais des personnes

qui parcourent les rives de ces petites rivieres des deux côtés, & qui avec de longues perches armées d'un croc de fer remettent à flot les bois qui donnent à la rive, & qui s'y arrêtent. *Voyez* Bois flotté.

PERÉ, ou POIRÉ. Jus exprimé des poires, dont on fait une boisson assez agréable, qui sert en Normandie & ailleurs à la place du vin & des autres liqueurs. *Voyez* Poiré.

PERELLE. Espece de terre grise en petites écailles, que les Marchands Epiciers & Droguistes font venir de saint Flour, Ville de la Haute-Auvergne.

Cette terre se trouve attachée sur les rochers où elle est portée par les vents, & où ensuite ayant été mouillée de la pluye, elle se calcine par l'ardeur du soleil, & devient comme une espece de croute ou de mousse.

Ce sont les paysans Auvergnacs qui la vendent après l'avoir ratissée avec des instrumens de fer, de dessus les rochers, où elle est ordinairement de l'épaisseur d'une piece de quinze sols, & sur lesquels elle se reproduit peu de tems après.

Cette terre n'est d'usage que pour faire une espece d'orseille, quoiqu'elle soit néanmoins bien différente de la véritable Orseille. Aussi les Commis des Bureaux de Gannat & de Vichy les ayant voulu confondre ensemble afin d'augmenter les droits d'entrée de la Perelle, & la faire payer sur le pied de vraie Orseille, il fut ordonné par un Arrêt du Conseil du premier Février 1718;

Que la Perelle venant de la Province d'Auvergne, appellée communément Perelle à teinture, continueroit de ne payer que huit sols du cent pésant, conformément au Tarif de 1664. Par le même Tarif les droits de sortie de cette drogue sont de 9 sols aussi le cent pésant.

On distingue trois sortes de Perelles dans le Tarif de la Douane de Lyon : sçavoir, la Perelle en terre, la Perelle du Pays, & la Perelle du Puy. Cette derniere paye 22 sols 6 den. de la charge d'ancienne taxation, & 5 sols du cent pésant de nouvelle réapréciation. A l'égard de la Perelle en terre elle ne paye qu'un sol 4 den. le quintal pour les anciens droits, & 4 sols 8 den. pour les nouveaux.

La Perelle du Pays paye 26 sols 6 d. de la charge.

Il faut choisir la Perelle en belles écailles, fort grise & fort seche, & la moins remplie de menu & d'ordure qu'il se peut. *Voyez* Orseille.

PERIDOT. Quelques-uns disent PELIDOR. Pierre précieuse tirant sur le verdâtre; elle est difficile à tailler : c'est une espece d'émeraude. Ce qui la distingue c'est qu'elle est plus dure, & qu'il s'en trouve des morceaux d'un bien plus grand volume que de la véritable Emeraude. Elle prend bien le poliment, & est ordinairement très nette.

PERIER ou PERRIERE. C'est chez les Fondeurs des gros ouvrages de fonte, comme statues, cloches, canons, &c. un morceau de fer, ou espece de pince emmanchée dans du bois dont ils se servent pour déboucher l'ouverture du fourneau d'où doit couler le métail fondu. *Voyez* Fondeur.

PERIGORD. Sorte de pierre que l'on nomme plus ordinairement Perigueux. *V.* Perigueux, pierre.

PERIGUEUX, Ville de France Capitale du Perigord; elle est du Département de l'Inspecteur des Manufactures de Bordeaux. Les vins & les eaux-de-vie font une partie de son négoce, une autre partie consiste dans la vente de ses fers, dont il y a quantité de forges aux environs. A l'égard de ses Fabriques elles sont si peu considérables, qu'elles n'y sont aucun objet de commerce. Il est vrai qu'il s'y débite quantité de Draperie, mais les Marchands les tirent du dehors, & en renvoyent une partie dans plusieurs des principales Villes de la Généralité. *Voyez* l'Etat général, Tome I. page 38.

PERIGUEUX. Espece de pierre dure, pésante & noire comme du charbon de terre, difficile à pulvériser. Elle se trouve dans de certaines mines en Dauphiné & en Angleterre, d'où elle vient en morceaux de différentes grosseurs; elle se vend aux Emailleurs & aux Potiers de terre : on l'appelle autrement Perigord ou pierre de Perigord.

PERLE. Substance dure, blanche & claire, qui se forme au dedans de certaine espece d'huîtres.

Le poisson testacé où se trouvent les perles, est trois ou quatre fois plus grand que les huîtres ordinaires : on le nomme communément *Perle* ou *Mere-perle.*

Chaque mere-perle en produit ordinairement dix ou douze; cependant un Auteur qui a traité de leur production, prétend en avoir vû dans une huître jusques à cent cinquante, mais dans divers dégrés de perfection. La plus parfaite se pousse toujours la premiere, les autres restent sous l'huître au fond de l'écaille.

Il se pêche des perles dans les mers des Indes Orientales, dans celles de l'Amérique, & en quelques endroits de l'Europe.

Les *Pescheries* de l'Orient sont:

1°. L'Isle de Bahren ou Baharem dans le golphe Persique. Les Portugais ont été les maîtres de cette pescherie, tant qu'ils ont possedé Ormus & Mascaté, mais elle est retournée au Roi de Perse depuis qu'à l'aide des Anglois ce Prince leur a enlevé Ormus, & que les Arabes ont repris Mascaté.

2°. La pêcherie de Carifa sur la côte de l'Arabie heureuse, vis-à-vis de Bahren.

3°. Celle de Manar, gros Bourg maritime de l'Isle de Ceylan. Les perles qu'on y pêche sont les plus belles de toutes celles de l'Orient pour l'eau & pour la rondeur, mais rarement en trouve-t-on qui passent trois ou quatre carats.

4°. Enfin il y a aussi des huîtres à perles sur la côte du Japon; elles sont grosses & fort baroques; mais comme les Japonois font peu d'estime des joyaux, on n'y pêche point de perles, ou au moins très peu.

Les perles de Bahren ou de Carifa se vendent pour la plupart aux Indes : elles tirent un peu sur le jaune; mais dans une partie de l'Orient, on ne les en estime pas moins, & l'on dit qu'elles sont mûres ou cuites, les Orientaux estimant que celles qui ont naturellement cette couleur jaunâtre, ne changent jamais de couleur, & que l'eau blanche au contraire ne dure que trente ans, & prend dans la suite un vilain jaune à cause de la chaleur du païs, & de la sueur des personnes qui s'en parent. On en porte aussi à Balsora.

Les perles qui sont destinées pour la Perse ou la Moscovie, se vendent au Bender-Congo à deux journées d'Ormus.

Les pêcheries de l'Amérique sont toutes dans le grand Golfe du Mexique, le long de la côte de Terre-ferme. Il y en a cinq qui se suivent d'Orient en Occident.

1°. La pêcherie de Cubagna, Isle à cinq lieues de la nouvelle Andalousie, à dix dégrés & demi de latitude Septentrionale.

2°. La pêcherie de l'Isle de la Marguerite, autrement l'Isle des Perles, à une lieue de Cubagna.

3°. Celle de Comogore assez près de la Terre-ferme.

4°. Celle de la riviere de la Hache, qu'on nomme la Rencheria.

5°. La pêcherie de Sainte-Marthe, à soixante lieues de la riviere de la Hache.

Les perles de ces trois dernieres pêcheries sont d'assez bon poids, mais d'ordinaire elles sont mal formées, & ont l'eau plombeuse. Celles de Cubagna ne passent pas cinq carats, mais elles s'y trouvent en abondance. La plus grande quantité & les plus belles, tant pour leur poids que pour leur eau, sont celles de la Marguerite.

Il y a une sorte de perle appellée *Lenpes*, qui se pêche dans quelques Isles du Bresil. Les Sauvages qui les recueillent n'ont gueres le commerce en vue dans les peines qu'ils se donnent pour cette pêche; & ce n'est que pour vivre des huîtres, qu'ils plongent au fond de la mer pour les arracher à belles dents, des rochers où elles sont attachées. Les Portugais ne laissent pas cependant d'en tirer une assez grande quantité en échange des petites curiosités d'Europe qu'ils leur portent.

Il y a aussi quelques pêcheries de perles dans la mer du Sud, mais c'est peu de chose. Il s'en fait une dans la Tartarie Chinoise, dont on parlera ci-après.

Les pêcheries d'Europe sont dans quelques endroits des côtes d'Ecosse & dans une riviere de la Baviere. On en fait des coliers qui vont jusques à mille écus & au de-là; mais ces perles ne peuvent nullement entrer en comparaison avec les perles Orientales ou celles de l'Amérique.

Maniere de pêcher les Perles en Orient.

La pêche des perles s'y fait deux fois l'an; la premiere en Mars & Avril; la seconde en Aout & Septembre. Pour la vente elle se fait depuis Juin jusques en Novembre. Plus il tombe de pluye pendant l'année, plus la pêche est abondante. On pêche depuis quatre jusques à douze brasses de profondeur.

Il se trouve quelquefois sur les bancs jusques à deux cent cinquante barques. Dans les plus grandes il y a deux plongeurs, & dans les petites un seul. Chaque barque part de la côte avant le soleil levé, par un vent de terre qui ne manque jamais, & reviennent par un vent de mer qui lui succede sur les onze heures ou midi. Ces bancs sont environ à six lieues en mer.

Quand les barques y sont arrivées, on lie une corde sous les bras du plongeur dont l'extrêmité reste attachée à la barque, & on lui lie aussi une pierre de vingt ou trente livres au pied pour plonger plus promptement. Le plongeur porte avec lui un fer pour arracher les huîtres du rocher, & un panier pour les y mettre.

Lorsque le panier est rempli, ou quand le plongeur n'a plus assez d'haleine pour rester sous l'eau, il délie la pierre qu'il a au pied, & secoue la corde qu'il a sous les bras pour avertir qu'on le retire, ce qui se fait avec une grande promptitude. Chaque plongeur descend plusieurs fois pendant dix ou douze heures que dure la pêche, & n'a gueres qu'un quart d'heure pour se reposer.

Les barques étant revenues à terre, ceux qui ont besoin d'argent vendent d'abord ce qu'ils ont pêché, autrement ils gardent toutes leurs huîtres jusques à ce que la pêche soit finie. On les met ordinairement dans du sable où elles se corrompent par la chaleur extraordinaire du soleil; & en s'ouvrant d'elles-mêmes, elles font paroître leurs perles, non pas également, quelques huîtres en ayant plusieurs, d'autres moins, & d'autres point du tout.

Après que les perles ont été nettoyées & séchées, on les fait passer par des especes de cribles suivant leurs différens degrés de grosseur. Les plus petites se vendent au poids pour semence de perles, & les autres sont mises à l'enchere & données au plus offrant.

Maniere de pêcher les Perles dans les Pêcheries de l'Amérique.

La pêche s'y fait pour l'ordinaire depuis le mois d'Octobre jusqu'au mois de Mars. Dans ce tems il part de Cartagene dix ou douze barques sous l'escorte d'un navire de guerre, qu'on nomme *Larmadilla*. Chaque barque a deux ou trois esclaves plongeurs. Entre les barques il y en a une qui se nomme *la Capitana*, où toutes les autres sont obligées d'apporter le soir ce qu'elles ont pêché pendant la journée, afin de prévenir toute tromperie. Les Esclaves plongeurs ne durent gueres à cause des grands efforts qu'ils font, demeurant quelquefois plus d'un quart d'heure sous l'eau. Le reste s'y passe à peu près comme dans les pêcheries de l'Orient.

Avant la découverte de l'Amérique les Indiens connoissoient déja le prix des perles, & les Espagnols y en trouverent quantité d'amassées, dont les Américains faisoient cas. Elles étoient néanmoins presque toutes imparfaites, & leur eau jaune & enfumée, parce qu'ils se servoient du feu pour ouvrir les huîtres, & en tirer les perles.

Perles de Tartarie.

Il se fait une pêche de perles dans la Tartarie Chinoise près de la Ville de Nipehoa, située sur un lac du même nom. Elles sont moins belles que celles de Baharem dans le sein Persique, & la pêche n'y est pas si abondante.

C'est cette pêche de Nipehoa qui avoit causé la guerre entre les Chinois & les Moscovites, qui fut heureusement terminée sur la fin du dix-septiéme siécle par les Peres Pereira & Gerbillon Jesuites. Le Lac qui est d'une grande étendue, ayant été en quelque sorte partagé entre les deux Nations, qui chacune le prétendoient tout entier.

La perfection des perles, soit qu'elles soient rondes, en poires, en olives, ou baroques, consiste particuliérement dans l'éclat & la netteté de leur eau. Il y en a dont l'eau est blanche, & ce sont les plus estimées en Europe. D'autres dont l'eau tire sur le jaune, que quelques Indiens & les Arabes préferent aux blanches. D'autres qui sont plombées. D'autres enfin tirant sur le noir, & même toutes noires: telles étoient ces six perles parfaitement rondes aussi noires que du jays, qui pesoient l'une portant l'autre douze carats, qui étoient venues en France de l'Amérique par un retour des gallions d'Espagne, & dont Tavernier parle dans ses voyages.

Les perles en Europe se vendent au poids de carat, le carat pésant quatre grains. En Asie les poids pour peser les perles sont différens suivant les Etats des divers Princes. *L'abas* des Perses pese un huitiéme moins que le carat. *Le Ratis* du Mogol, de Golconda & de Visapour pese comme l'Abas Persien; & à Goa les Portugais ont leur *Chegos* dont les quatre ne pesent que le carat.

On appelle Perles *Baroques* celles qui sont d'une figure irréguliére. Les Perles *Parangon* sont celles dont la grosseur est extraordinaire.

L'on peut mettre de ce nombre toutes celles dont le même Tavernier nous a laissé les figures gravées, & dont la plus grosse est entre les mains des Rois de Perse; le Prince qui regnoit en 1633, l'ayant achetée d'un Arabe trente-deux mille tomans, qui à quarante-six liv. six deniers le toman reviennent à quatorze cent soixante & douze mille huit cent livres de vingt-sept livres au marc d'argent.

Le Négoce des perles se fait en France par les Marchands Orfévres & Jouailliers qui ne font qu'un Corps. *Voyez leurs articles.*

Les Epiciers-Droguistes en font aussi quelque commerce, mais c'est seulement de celles qu'on appelle Perles à l'once, Perles à pister, ou communément Semence de Perles, qui sont les plus menues de toutes. Elles se trouvent dans les huîtres & coquilles qui se pêchent dans la mer à la côte des Indes. Pour être de la qualité requise, il faut qu'elles soient blanches, claires, transparentes, & véritablement orientales. L'usage de ces sortes de perles est pour la médecine, où on en fait des potions cordiales, autrefois fort estimées, & présentement extrémement déchues de leur premiere réputation. Les habiles Médecins méprisent ces drogues, & les laissent aux Charlatans.

L'entêtement des Dames pour leur beauté donne encore quelque cours à plusieurs préparations, où on leur fait croire qu'il entre beaucoup de perles; telles sont les blancs de perles ou arcannet, les fleurs, les esprits, les essences, les teintures, & quelques autres semblables: mais ce qu'il y a de plus réel dans toutes ces drogues, c'est l'argent qu'elles coutent & les mauvais effets qu'elles font, en gâtant pour l'ordinaire le teint de celles qui s'en servent pour s'embellir.

Toutes sortes de personnes peuvent apporter des perles dans le Royaume, en payant les droits d'entrée; sçavoir pour les rondes de compte à raison de cinq pour cent de leur valeur; pour celles au poids sur le pied de cent sols de l'once, & pour la semence soixante sols de la livre pésant.

Quant à la sortie les perles sont regardées comme marchandise de contrebande, & en cette qualité sont sujettes à la saisie & confiscation, à moins qu'elles ne soient accompagnées d'un passeport du Roi, auquel cas les droits en doivent être perçus de même que pour les pierreries, à raison de six pour cent de leur valeur, suivant l'estimation qui en doit être faite, conformément au Tarif de 1664.

Les droits de la Douane de Lyon pour les perles au poids, sont de 7 l. 2 s. 6 d. le quintal d'ancienne taxation, & pour la nouvelle réapréciation, suivant l'estimation qui en est faite à l'once ou à la livre, par rapport aux lieux d'où elles viennent; & pour les anciens quatre pour cent, vingt-huit livres du cent pésant, avec leur réapréciation comme dessus.

COMMERCE DES PERLES A AMSTERDAM.

Il se fait en Hollande, & particuliérement à Amsterdam, un commerce considérable de toutes sortes de perles soit Orientales, soit Occidentales, comme par tout ailleurs. Le prix des plus belles ne peut être fixe, & il ne se regle que suivant leur beauté & leur grosseur: elles donnent ordinairement un pour cent pour la déduction du prompt payement.

Les perles à l'once ainsi qu'on les appelle en France, ou perles à piler, comme on dit à Amsterdam, se vendent, sçavoir, les Orientales depuis 9 jusqu'à 10 florins l'once, & les Occidentales depuis 6 s. jusqu'à 90: leur déduction pour le prompt payement est d'un pour cent.

NACRE DE PERLE, qu'on nomme aussi Mere-perle. C'est la coquille de l'huître perliere. Elle est en dedans d'une aussi belle eau que la perle même, & elle n'a pas moins d'éclat par le dehors lorsqu'on l'a découverte par le moyen de l'eau forte & du touret. On en fait divers ouvrages de bijouterie, comme tabatieres, étuis & boetes à mouches; elle entre aussi dans la damasquinerie & les ouvrages de pieces de rapport. *Voyez* NACRE.

LOUPES DE PERLES. Ce sont des écroissances en forme de demi-perles, qui s'élevent sur la superficie interieure des nacres de perles, que les Jouailliers sçavent scier adroitement & qu'ils mettent en œuvre au lieu de véritables perles dans divers bijoux. *Voyez* LOUPES.

COLIER DE PERLES OU FILET DE PERLES. Ce sont plusieurs perles assorties & enfilées ensemble que les femmes mettent autour de leur col pour leur servir d'ornement. On dit aussi un Esclavage de perles, un Bracelet de perles, une Attache de perles; pour signifier divers autres ouvrages faits avec des perles, que les Dames font entrer dans leur parure.

BLANC DE PERLE. C'est une espece de fard dont les femmes croyent s'embellir. *Voyez ce qu'on en a dit ci-dessus. Voyez aussi* BISMUTH.

GRIS DE PERLE. Couleur qui approche de celle des perles. *Voyez* GRIS.

Dans les Mémoires dont on s'est servi pour composer les articles des pierres précieuses dont il est parlé dans cet ouvrage, il s'en est trouvé un concernant l'évaluation des perles. Comme ce Mémoire vient de bonne main, & qu'il a paru pouvoir être de quelque utilité à ceux qui font déja le négoce de cette sorte de marchandise, ou aux jeunes gens qui voudront l'entreprendre, on a crû ne pouvoir mieux faire que de l'inserer à la fin de cet article.

Evaluation de toutes sortes de Perles par rapport à leurs differens poids.

SEMENCES DE PERLES.

Semence de perles non percées, propres à broyer, peut être achetée	6 liv. l'once.
Belle semence de perles percées pour broderies ou petits coliers.	14
Autre dite un peu plus grosse.	24
Autre dite encore un peu plus grosse.	30

PERLES BAROQUES.

De 500 à l'once peut valoir	40
De 400.	60
De 300.	80
De 200.	100
De 150.	150
De 120.	180

De 100.	240
De 80.	350
De 60.	450
De 40.	800
De 30.	1000

PERLES RONDES PARFAITES.

Une d'un demi-grain peut valoir		2 s.	6 d.
Une d'un grain		5	
Une d'un grain & un quart		10	
Une d'un grain & demi		13	
Une d'un grain trois quarts	1 liv.		
Une de 2 grains	1	15	
De 2 grains 1 quart	2	5	
De 2 grains & demi	3		
De 2 grains 3 quarts	4		
De 3 grains	5		
De 3 grains & demi	8		
De 3 g. 3 quarts	10		
De 4 g. ou 1 carat	12		
De 4 g. & demi	16		
De 5 g.	20		
De 5 g. & demi	24		
De 6 g.	30		
De 6 g. & demi	36		
De 7 g.	42		
De 7 g. & demi	50		
De 8 g. ou 2 carats	60		
De 8 g. & demi	72		
De 9 g.	80		
De 9 g. & demi	100		
De 10 g.	110		
De 10 g. & demi	115		
De 11 g.	130		
De 12 g. & demi	150		
De 13 g.	180		
De 14 g.	210		
De 15 g.	280		
De 16 g. ou 4 carats	300		
De 17 g.	380		
De 18 g.	400		
De 19 g.	430		
De 20 g. ou 5 carats	500		
De 21 g.	600		
De 22 g.	700		
De 23 g.	900		
De 24 g. ou 6 carats	1100		
De 25 g.	1250		
De 26 g.	1320		
De 27 g.	1400		
De 28 g. ou 7 carats	2000		
De 29 g.	2500		
De 32 g. ou 8 carats	3000		
De 36 g. ou 9 carats	3500		
De 40 g. ou 10 carats	4000		

Pour ce qui est des perles en poires, encore qu'elles soient des mêmes poids, & aussi parfaites que les rondes, elles ne sont pas pour cela plus estimées, au contraire leur valeur est beaucoup moindre ; cependant lorsqu'il s'en rencontre deux bien égales, elles ne diminuent que d'un tiers de prix.

PERLES FAUSSES. Ce sont des perles contrefaites auxquelles on donne une eau, ou couleur qui approche assez de celles des vrayes perles.

Autrefois on les faisoit seulement de verre avec une sorte de teinture de vif-argent en dedans ; depuis on s'est servi de cire couverte & enduite d'une colle de poisson fine & brillante ; enfin on a inventé en France une maniere de les faire si approchante de l'éclat & de l'eau des perles fines, que les yeux y sont trompés, & qu'il n'est gueres de Dames, qui ne s'en servent au défaut des vraies perles dont elles méprisent les petits colliers, & dont les gros sont quelquefois d'un trop grand prix. Le commerce de ces sortes de perles qui imitent le naturel est très considérable à Paris ; & il s'en fait aussi des envois non seulement dans les Provinces mais encore dans les Pays étrangers. *Voyez-en la fabrique à l'article des Patenostriers en Ambre & Jays.*

PERLES. On appelle Perles en terme de fabrique de gaze, de petits globes d'émail percés par le milieu avec une petite queue ouverte ; cette queue sert à les attacher aux lisses, & le trou du milieu à y passer les soies de la chaîne ; De toutes les étoffes de soie il n'y a que la gaze qui se fasse à la perle. *Voyez* GAZE.

PERLOIR. Les Fourbisseurs, Arquebusiers, Eperonniers, & autres Ouvriers qui ornent leurs ouvrages de ciselure & damasquinerie, appellent ainsi de petits ciselets ou poinçons gravés en creux, avec lesquels ils forment d'un seul coup de marteau ces petits ornemens de relief, qui sont faits en forme de perle. *Voyez* CISELET.

PERMISSION. On nomme en Flandre, en Brabant, & en Zélande, Argent de Permission, ce qu'on nomme ordinairement dans le commerce Argent de change, c'est-à-dire, l'évaluation sur laquelle se font les remises & les changes de ces Provinces dans les Pays étrangers. *Voyez* ARGENT DE PERMISSION.

PERNAMBOUC, Province du Brésil dans l'Amérique méridionale. Le sucre & le bois de Brésil sont le principal négoce de cette Province. *Voyez* l'Etat général, Tome I. page 539.

PERNAU, petite Ville de la Livonie sur une riviere de même nom. *Voyez* le détail de son commerce, dans l'Etat général, Tome I. page 296.

PERONNE, Ville de Picardie dans le Santerre. Les toiles font presque tout son commerce. Elle fournit cependant avec ses environs assez de laines pour entretenir des fabriques d'étoffes, mais elles s'envoyent toutes au dehors. *Voyez* l'Etat général, Tome I. page 16.

PEROT. Terme d'exploitation & de marchandise de bois. Il se dit d'un arbre qui a deux âges de coupes ; de sorte que si la coupe se fait tous les vingt-cinq ans, le perot en a cinquante.

Il y a trois sortes de baliveaux, les estalons, les perots, & les tayons. *Ordonnance des Eaux & Forests de France.*

PEROU. Province de l'Amérique méridionale sur les Côtes de la mer du Sud, riche particuliérement en mines d'or & d'argent.

Les Espagnols en firent la découverte en 1525 & la conquête en 1531 ; ils en sont depuis restés les Maîtres, & il n'est permis à aucun étranger d'y faire commerce sous peine de la vie.

Cependant l'on peut dire que de toutes les Nations de l'Europe ce sont les Espagnols qui profitent le moins de ses richesses, & que presque tout le négoce qui s'y fait, bien qu'il paroisse sous le nom des Marchands de Cadix & des autres Villes de commerce d'Espagne est néanmoins pour le compte principalement des François, des Anglois & des Hollandois.

On parle ailleurs très amplement des marchandises qui sont propres pour le Perou, & que ces trois Nations portent en Espagne sur leurs vaisseaux, de celles qui en viennent par les retours des vaisseaux Espagnols, & de tout ce qu'il y a de curieux & de considérable concernant le commerce qui se fait au dedans & au dehors de cette vaste & riche partie de l'Amérique. *Voyez* l'Etat général du Commerce, Tome I. page 490 *& suiv.*

PEROU. Ce terme est passé en proverbe dans le commerce, pour signifier un négoce, une entreprise où il y a beaucoup à gagner. Ce Négociant s'enrichira en peu de tems dans la Manufacture qu'il a établie à Abbeville, c'est un Perou.

PERPETUANNE. Sorte d'étoffe de laine croisée qui vient ordinairement d'Angleterre. *V.* SEMPITERNE.

PERRAU. Sorte de grand chauderon de cuivre étamé, étroit, rond & profond, dont les Marchands Epiciers-Ciriers se servent pour faire chauffer l'eau dans laquelle ils font amolir la cire qu'ils employent dans la fabrique des cierges à la main.

PERRE'E. Mesure de grains dont on se sert à Vannes & à Auvray en Bretagne. La perrée n'est pas égale dans ces deux Villes, celle de Vannes étant plus forte de dix pour cent que celle d'Auvray. Dix perrées font le tonneau dans l'une & l'autre Ville, avec cette différence que le tonneau d'Auvray est égal à celui de Vannes, & que celui de Vannes rend à Nantes dix pour cent de bénéfice. Le tonneau de Nantes est un peu plus que les trois quarts du muid de Paris.

PERRIERE. Carriere d'où l'on tire des pierres. Il se dit principalement en Anjou des Ardoisieres. *Voyez* ARDOISE.

PERRIERE, qu'on nomme aussi Perier. Instrument de fondeurs de grands ouvrages. *Voyez* PERIER.

PERROQUET. Nom que l'on donne quelquefois à la plante qu'on appelle plus communément Aloes. *V.* ALOES.

PERROQUET. Terme de Marine, c'est le mât le plus élevé du vaisseau; il y en a ordinairement quatre, autant que de principaux mâts: c'est au haut des perroquets que se mettent les girouettes. *Voyez* MAST. *Voyez aussi* GIROUETTES.

PERRUQUE. Longue chevelure que les Latins appelloient *Coma*, d'où une partie de la Gaule a été appellée *Gallia comata*, à cause des longs cheveux que les Gaulois portoient en signe de liberté. Présentement Perruque signifie ces faux cheveux avec lesquels on tâche d'imiter la chevelure naturelle en les tressant, les étageant, & leur donnant une frisure qui en approche.

Les faux cheveux n'ont point été inconnus aux Anciens; mais il n'y a pas encore un siecle que l'usage s'en est établi en France & depuis dans la plus grande partie de l'Europe, du moins sur le pied qu'il est à présent; il y avoit même une espece de honte aux jeunes gens à s'en servir dans les commencemens, à cause que la perte des cheveux à cet âge étoit attribuée à une maladie dont le nom seul est un reproche: Mais enfin la mode l'a emporté sur le scrupule, & presque tous, jeunes & vieux, jusqu'à l'artisan & au peuple, s'en servent présentement, & renoncent sans nécessité aux commodités de la chevelure naturelle.

Les premieres perruques que l'on fit à Paris vers l'année 1620, étoient composées de peu de cheveux passés un à un par le moyen d'une éguille au travers d'un leger callepin pour mieux imiter la nature, & toutes pour lors étoient à calote. Les tresses furent enfin imaginées, & l'on s'en est tenu jusqu'à présent à cette industrieuse invention, capable de tromper les yeux sur le naturel, si l'assujettissement à la mode n'avoit même entraîné les plus sages, & ne les avoit forcés à se cacher la tête dans une forêt de cheveux frisés à l'excès, dont il n'est pas possible que la pésanteur n'incommode beaucoup.

Ces grandes perruques s'appellent des Perruques quarrées; après sont les Perruques nouées, ainsi nommées des nœuds qui en rattachent & racourcissent les devants; puis les perruques à l'Espagnole, qui sont plus légeres & plus courtes, ne tombant que sur les épaules; enfin les perruques naturelles dont la frisure est très légere, & qui ont peu de cheveux; les perruques d'Abbés ou avec couronne ou sans couronne; les simples coins qui ne sont que de quelques tresses de cheveux qu'on mêle & qu'on cache parmi ses propres cheveux à l'endroit des oreilles, ou pour les épaissir s'ils sont trop clairs, ou pour les allonger s'ils sont trop courts; & les tours qui environnent toute la tête, & qui sont tressés comme les coins.

On fait des perruques d'autant de couleurs que la nature en donne aux cheveux dont elle couvre la tête des hommes; de blondes, de noires, de châtaignes, de cendrées; & afin que la vieillesse trouve aussi son ornement & sa commodité convenable à l'âge, il s'en fait de mêlées de blanc & d'autres de toutes blanches.

Ce sont pour l'ordinaire des Ouvrieres qui tressent les cheveux; & l'article 23 des Statuts des 200 Maîtres Barbiers-Etuvistes & Perruquiers de la Ville de Paris, porte que nul Barbier & Perruquier ne pourra prendre la Tresseuse de l'un de ses Confreres sans qu'elle lui fasse apparoître d'un congé par écrit du Maître d'où elle sera sortie, à peine de 200 livres d'amende contre le Perruquier qui la prendra ou retiendra à son service & de 50 livres d'amende contre la Tresseuse & Ouvriere.

A l'égard de la monture de la perruque, c'est l'ouvrage du Maître lui-même ou des plus habiles de ses Compagnons & Apprentifs.

On appelle la Coeffe de la perruque ce réseau ordinairement de soie, sur lequel sont montées & étagées les tresses des cheveux, & qu'on tient de largeur & de profondeur capable de contenir tout le haut de la tête depuis le front jusques à la nuque du col, en passant sur l'une & l'autre oreille. Pour tenir cette coeffe de réseau plus ferme, on la borde d'un large tissu, & on la traverse d'un autre encore plus large, depuis le milieu du front jusques à l'endroit qui touche la nuque du col; on appelle celui-ci Ruban de plaque, & celui-là Ruban de tour. *Voyez l'article suivant & celui des Cheveux.*

PERRUQUIERS. Celui qui fait des perruques ou qui en fait négoce.

Lorsque la fabrique des perruques s'établit en France, le débit en fut si peu considérable qu'il ne parut pas si-tôt nécessaire de mettre les Ouvriers qui les fabriquoient en Maîtrise ni en Communauté. Quelque tems après, & à mesure que l'usage s'augmenta, on créa quarante-huit Barbiers-Baigneurs, Etuvistes, Perruquiers suivants la Cour; & on les voit confirmés en cette qualité par deux Arrêts du Conseil des 11 Avril & 5 Mars 1634.

En 1656 le Roi Louis XIV créa par Edit du mois de Décembre un Corps & Communauté de

200 Barbiers, Perruquiers, Baigneurs, Etuvistes, pour la Ville & Fauxbourgs de Paris, mais l'Edit n'eut point d'exécution. Enfin par un autre Edit du mois de Mars 1673, il s'en fit une nouvelle création à peu près sur le pied de celle de 1659, & c'est cette Communauté qui subsiste encore aujourd'hui.

Les Statuts de ce Corps dressés au Conseil le 14 Mars 1674, & enregistrés en Parlement le 17 Aout ensuivant, consistent en 36 articles dont les trois premiers parlent de l'élection des Prevôts, Syndics & Gardes au nombre de six, dont les trois anciens seront changés chaque année, en sorte qu'ils restent chacun en charge deux années entieres. Ils reglent aussi la quantité de voix nécessaires pour ladite élection & la qualité de ceux qui ont droit de la donner.

Le quatriéme article ordonne que les bassins qui pendront pour enseigne à leurs boutiques, seront blancs pour les distinguer des Chirurgiens qui n'en mettront que de jaunes; il marque aussi la diversité des vitrages que doivent avoir les boutiques des uns & des autres.

Les 5, 6 & 7e articles parlent des visites & saisies que pourront faire les Prevôts, Syndics & Gardes.

Les huit articles suivans traitent des Apprentifs & de leur réception à la maîtrise.

Le 23 défend de prendre la Tresseuse de son Confrere sans congé par écrit; cet article est plus au long rapporté sur la fin de l'article précédent.

Les 24 & 25 établissent la Fête de la Communauté & la Confrérie de S. Louis qui en est le Patron.

Le 26 marque à qui il appartient de convoquer les Assemblées.

Le suivant parle des titres & registres.

Le 28, du droit accordé aux Perruquiers de faire & vendre dans leurs boutiques des poudres, opiats, savonettes, &c.

Enfin le 29 leur donne la faculté de vendre les cheveux, & défend à tous autres d'en faire le commerce, sinon en apportant leurs cheveux au Bureau des Perruquiers.

Les autres articles qui ne sont pas rapportés ici sont de discipline & de peu de conséquence. *Voyez ci-devant* PERRUQUE *& l'article des Cheveux.*

PERS. Ce qui est de couleur bleue ou tirant sur le bleu; on le dit particuliérement du filet ou fil à marquer le linge.

L'article 59 des Statuts & Reglemens de 1669 pour les Maîtres Teinturiers en soies, laines & fils, portent que le fil pers appellé vulgairement Fil à marquer, retors & simple, & le bleu brun clair & mourant, seront teints avec inde plate ou indigo. *Voyez* BLEU.

PERSE, vaste Royaume de l'Asie. *Voyez* le détail des marchandises, des fabriques, & des productions de la Perse, dans l'Etat général, Tome I. page 407 *& suiv.*

PERSE. Rase de Perse, sorte de petite étoffe de laine qui se fabrique à Reims. *Voyez* RASE DE PERSE.

PERSE, se dit aussi des toiles peintes qui viennent de Perse, & qu'on suppose y avoir été fabriquées & peintes; quoique souvent ce soient des toiles Indiennes qu'on fait passer pour Persannes. Les Perses sont les plus estimées de toutes les toiles qui viennent d'Orient, & surtout en France, les Dames les préferent à toutes les autres, même aux Masulipatans, que les connoisseurs ne croyent pas cependant devoir leur ceder.

Pour faire l'éloge d'une toile peinte, on dit simplement, c'est une Perse; quelquefois on ajoute, c'est une vraie Perse, pour les distinguer de celles qu'on imite en Hollande, dont quelquefois il est difficile de connoître la différence.

PERSIL de Macédoine, en Latin *Petroselinum Macedonicum.* Plante dont la graine entre dans la composition de la thériaque.

Cette plante croît au Levant d'où n Droguistes la tirent. La Macédoine où elle se trouve lui a donné son nom, & Andromaque sa réputation, en la mettant au nombre des contrepoisons. C'est une plante à ombelles, comme le fenouil & le persil commun; il n'y a que la semence qui soit d'usage en Médecine. Il la faut choisir nouvelle, nette, bien nourrie, longuette, d'un verd tirant sur le brun, d'une odeur aromatique, & prendre garde qu'on n'y substitue ou la graine du persil commun, ou celle d'une espece d'ache qu'on éleve dans nos jardins, sous le nom de sellery ou même de persil de Macédoine, quoiqu'il y ait bien de la différence dans leurs qualités.

Cette drogue n'est point tariffée; ainsi en conséquence du Tarif de 1664, elle paye cinq pour cent d'entrée: elle paye de plus les vingt pour cent ordonnés par l'Arrêt du 15 Aout 1685, comme marchandise venant du Levant.

PERTE. Dommage que l'on souffre: diminution de bien & de profit. Ce Marchand est de bonne foi; s'il a manqué, ce sont les grandes pertes qu'il a faites depuis 2 ans qui sont cause de sa faillite.

Vendre sa marchandise, donner sa marchandise à perte; c'est la vendre, c'est la donner à moins qu'elle ne coûte. Je vous donne ce velours, cette panne à perte; ils me reviennent à beaucoup plus que vous ne m'en payez.

PERTE. Se dit aussi d'une sorte de toile de chanvre ordinairement écrue, qui se fabrique à Vitré & à la Guerche en Bretagne, mais plus particuliérement en un village des environs de ces lieux appellé Perte, d'où cette toile a tiré son nom.

Les pertes ont toutes trois quarts de large mesure de Paris, & s'achettent sur le pied de l'aune courante de Bretagne qui est de sept sixiémes d'aunes de Paris. Il s'en fait de fines & de fortes ou communes. Les premieres s'employent ordinairement à faire des draps de lits, & l'on se sert des autres pour faire de menues voiles de navires. Il s'en envoye beaucoup aux Isles Françoises de l'Amérique, en Angleterre & en Espagne. *Voyez* VOILE.

PERTE, Village de Champagne près de Reims, où il se fabrique quantité d'étamines blanches. *Voyez* l'Etat général, Tome I. page 24.

PERTUIS. Ancien mot qui signifie un trou; qui n'est plus guéres d'usage en ce sens que parmi les Tireurs d'or ou autres Ouvriers qui réduisent les métaux en fil, pour signifier les ouvertures ou trous des filieres à travers desquels ils font passer successivement ces métaux. Chaque pertuis a son embouchure & son œil; l'embouchure est le côté par où entre le fil, & l'autre par où il sort. On passe le lingot par plus de sept vingt pertuis avant de le porter jusqu'au superfin. *Voyez* FILIERE.

PERTUIS. Signifie aussi en terme de Voituriers par eau & de gens de riviere, un passage étroit fait par le moyen des digues & des jettées dont l'ouverture se se ferme en forme d'écluse par des barres & des aiguilles.

Comme ces pertuis construits pour hausser & retenir l'eau sont préjudiciables au commerce qui se fait par les rivieres, plusieurs Ordonnances y ont pourvû en France, entr'autres celle du Roi Louis XIV pour la Ville de Paris du mois de Décembre 1672.

L'article 4 du chapitre 1 de cette Ordonnance défend en général de mettre aucun empêchement sur les rivieres, à peine de tous dépens, dommages & intérêts des Marchands & Voituriers.

Le 5 enjoint à ceux qui par concessions bien & duement obtenues ont droit d'avoir arches, gors & pertuis, de leur donner 24 pieds au moins de largeur, de les tenir ouverts en tout tems, & la barre tournée, en sorte que le passage soit libre aux Voituriers montant & avalant leurs batteaux & trains, lorsqu'il y a deux pieds d'eau en riviere, & quand les eaux sont plus basses, de faire l'ouverture de leurs pertuis toutes & quantes fois ils en sont requis, avec défense aux Gardes des pertuis de rien recevoir pour l'ouverture ou fermeture des pertuis, à peine du fouet & de restitution du quadruple.

L'article 6 veut que lorsqu'il conviendra de faire quelques ouvrages aux pertuis, gors, arches, vannes, moulins, &c. pour leur réparation ou autrement, les propriétaires soient tenus d'en faire faire la publication dans les Paroisses voisines un mois auparavant de les commencer, & d'y déclarer quand lesdits ouvrages pourront être faits & la navigation rétablie, à peine de dépens, dommages & intérêts pour le retard des Marchands & Voituriers.

Enfin l'article 7 du même titre & chapitre ordonne, que toutes chaînes & barrieres mises aux ponts, passages, écluses & pertuis pour la perception des droits & péages qui ne sont pas établis avant cent ans ou réservés par Déclaration du Roi, seront levées & ôtées. *Voyez* VOITURIERS PAR EAU.

PERTUISANE. Espece de hallebarde qui a le fer plus long & plus large que les autres.

Les pertuisanes sont du nombre des marchandises de contrebande pour la sortie hors du Royaume suivant l'Ordonnance de 1687.

PES

PESANT. Terme relatif opposé à Léger, ce qui tend à occuper le lieu le plus bas: de tous les métaux l'or est le plus pésant. Ce tonneau, ce ballot, ce fardeau de marchandise est extraordinairement pésant.

PESANT. Se doit entendre aussi de ce qui a un poids certain & réglé. Une piece d'or, une piece d'argent monnoyé est réputée pésante, lorsqu'elle est du poids ordonné par les Reglemens du Prince. Dans le commerce on ne peut obliger à recevoir que des especes ou monnoies pésantes. On vend tant le cent pésant de cuivre, de fer, d'étain, de plomb, &c.

PESANT. Se dit aussi parmi les Tapissiers, Couturieres, Tailleurs, Chasubliers & autres Ouvriers qui travaillent en couture, d'un morceau de plomb couvert d'étoffe qu'ils mettent sur leur ouvrage pour le tenir. On dit plus ordinairement un plomb à cause de la principale matiere dont il est fait.

PESANT. On nomme ainsi dans le commerce des Côtes d'Afrique, particuliérement dans le Sénégal, une des especes de Verroterie qui y sert à la traite: il y en a de deux couleurs, de jaune & de vert. *Voyez* VERROTERIE.

PESCHE. Action par laquelle on prend du poisson. L'art de prendre du poisson.

Il y a plusieurs sortes de pêches qu'on peut regarder en quelque maniere comme autant d'especes différentes qui ont leurs subdivisions; les principales sont la pêche de mer, la pêche de riviere & la pêche d'étang. Ces deux dernieres appartiennent à ceux qui sont propriétaires des étangs & qui ont le droit de pêche sur les rivieres qui traversent leurs Terres & Seigneuries. Pour la pêche de mer elle est libre en France & la fait qui veut; mais cependant conformément à certains Reglemens portés dans les Ordonnances de Marine. On va d'abord parler de la pêche de mer. *Voyez* PESCHEUR.

Pêche de mer.

Le titre premier du titre cinquiéme de l'Ordonnance du mois de Novembre 1684, déclare la pêche commune à tous les Sujets du Roi, soit en pleine mer, soit sur les gréves, mais seulement avec les filets & engins permis par la même Ordonnance.

Ces filets sont les folles, les dreiges, les tramaux, les tramaillades, les picots, les fichures, les bastudes, les bouliers, &c. On parle ailleurs de ces engins & filets. *Voyez leurs propres articles. Voyez aussi* PESCHERIE.

Les Pêcheurs qui vont aux grandes pêches comme à celles des morues, harengs & maquereaux sur les côtes d'Irlande, d'Ecosse, d'Angleterre & de l'Amérique, & sur le banc de Terre-neuve, & généralement dans toutes les mers où elles se peuvent faire, sont tenus de prendre un congé de M. l'Amiral, ou du Gouverneur du lieu d'où ils partent pour chaque voyage. *Voyez* CONGE'.

A l'égard des Pêcheurs de poisson frais avec bateaux portant voiles & gouvernail, ils sont seulement tenus d'en prendre un par chaque année sans être obligés de faire aucun rapport à leur retour, si ce n'est de choses importantes, comme s'ils ont vû quelque débris, découvert quelque flote, ou fait quelque rencontre extraordinaire, dont ils doivent faire déclaration, qui doit être reçûe sans frais par les Officiers ordinaires.

On peut voir ci-après à l'article des Pêcheurs, ce à quoi sont tenus les Pêcheurs de mer, & la police qu'ils doivent observer entre eux.

On appelle grandes pêches la pêche des baleines, du valrus, des morues, du hareng, des maquereaux & des sardines, auxquelles on peut ajouter celles des poissons royaux, comme dauphins, esturgeons, saumons, truites, marsouins, veaux de mers, tons, souffleurs & autres poissons à lard. *Voyez l'article général des poissons, & les articles particuliers de chacune de ces diverses especes.* Voyez *encore pour la pêche de la baleine ce qu'on en dit ci-après à l'article des Pêcheurs de mer.*

Instruction pour ceux qui veulent s'engager pour la Pêche de la Baleine.

Les Ports où l'on s'embarque ordinairement pour la navigation vers la Groenland, sont Amsterdam, Roterdam, Enchuysen, Horn, Hambourg, Londres, Bayonne, Saint-Jean de Luz, Saint-Sebastien, la Rochelle, & quelques autres.

L'on a mis ici la Ville de Londres au nombre de celles où l'on s'embarque pour la pêche de la baleine, quoique ce ne soit pas un port de mer, mais on l'a fait à cause que ses Marchands s'intéressent à cette pêche beaucoup plus que ceux des autres Villes d'Angleterre, & que c'est où se font la plupart des associations & chartes-parties Angloises.

Les engagemens se font ordinairement vers le 10 ou 15 Avril.

Les gages que l'on donne à ceux qui veulent aller à cette pêche, pour le compte des Marchands associés, sont 15 livres ou florins par mois pour la premiere fois, avec la nourriture franche pendant le voyage. On augmente ces gages à proportion des campagnes qu'on a déja faites.

Après l'engagement ou enrôlement, on passe en revûe, & on reçoit un mois de paye d'avance; sur quoi on se fait un coffre, & l'on se munit de hardes, mais les gages ne commencent à courir que du moment qu'on est en mer.

Il faut pour ce voyage de bons gros habits.

Deux bonnes couvertures de laine.

Tout au moins demie douzaine de chemises.

Cinq ou six paires de gros bas.

Du moins autant de paires de mitaines.

Des souliers d'un cuir fort & épais.

Une paire de botines fourrées, s'il se peut.

Un baril de brandevin de douze pots.

Du pain d'épice, si l'on veut.

Quelques citrons, oranges & raisiné; le tout confit, avec un cent ou deux de bonnes pommes.

Mais sur tout une bonne bouteille de vinaigre, & quelques antiscorbutiques.

Moins on est accoutumé à la mer & aux fatigues de ce voyage, plus ces provisions sont nécessaires.

Ceux qui sont sujets aux maux de cœur & d'estomach, auront soin de faire diete en tems de tourmente; du reste les évacuations qui suivent ces maux ne sont pas mauvaises, parce que l'estomach s'en accoutume mieux à la nourriture & à la fatigue de la mer.

A l'égard de la nourriture, on a tous les matins une grande éculée d'orge mondé cuit où l'on met un quarteron de beure fondu; on donne ensuite du fromage, du beure & du biscuit.

Pour le dîner, &c. on donne des pois au lard ou de la viande salée, du stocfict, &c.

Le beure, le fromage, le biscuit & la biere sont assez à discrétion; on oblige même à bien manger, afin que le froid ne saisisse pas; outre que le froid & la nécessité de faire la manœuvre sur le Vaisseau, obligent assez à prendre beaucoup de nourriture.

Les principaux interessés à la pêche de la baleine sont les Marchands associés d'Amsterdam.

Le trajet d'Amsterdam au Texel, que l'on fait quand on s'engage dans cette Ville, est dangereux pour les Mariniers étrangers, à cause des bancs de sable, & il y a moins à craindre en pleine mer.

On prend des baleines vers l'Islande & près la Norvege, mais ce n'est pourtant pas encore la véritable pêche; elle se fait beaucoup plus avant, & surtout depuis la partie Sud-occidentale du Groenland jusqu'au Spitsberg.

La baleine n'a rien de bon à manger hors la langue, & quelque peu de chair à la queue. L'Auteur de cette Instruction assure qu'il a mangé de tout ce qui est mangeable de ce poisson, & qu'il n'étoit pas moins bon que le lard frais. La maniere de l'apprêter est de le griller sur les charbons, après l'avoir coupé en tranches très menues, & pour sauce du beure, du sel & du poivre.

Les baleines ont leurs saisons, comme plusieurs autres animaux. Elles paroissent dans les mois de Mai, Juin & Juillet; passent en troupes & se suivent les unes les autres sans sortir des mers du Nord.

Il se trouve quelquefois tout à la fois à cette pêche jusqu'à sept ou huit cent chaloupes, dans chacune desquelles il y a six hommes, dont les uns portent des cordages, des harpons, des coutelats; sur l'avant des chaloupes est le harponneur.

On peut voir une ample & exacte description de cette pêche, & un extrait des Reglemens qui doivent s'y observer, aux articles de la Baleine & des Pêcheurs de baleine.

Toutes les baleines n'étant pas également grosses & grasses, on n'en tire pas également la même quantité de lard & d'huile. Il y en a qui rendent jusqu'à 128 bariques de lard, & quelquefois plus.

Ces tonneaux ou bariques ont ordinairement quatre pieds de haut, sur deux & demi de large. Un Navire peut en porter aisément jusqu'à huit ou neuf cent, de sorte que huit ou neuf poissons peuvent faire pour un Navire une très bonne capture.

Une baleine de cent bariques d'huile peut se vendre depuis huit jusqu'à neuf mille francs, & le reste quinze à dix-huit cent livres, d'où l'on peut voir les profits immenses de cette pêche lorsqu'elle a réussi; arrivant assez souvent que les associés, bien loin d'y gagner, perdent de leur capital.

Quand la pêche de la baleine n'a pas été abondante vers les côtes de Groenland, on s'avance en deça vers le Nord-Ouest, & l'on pêche dans la mer d'Islande, mais les baleines qu'on y prend ne sont pas si grosses ni si estimées, ni de la même sorte que celles de Groenland. Ordinairement elles ne rendent que 50 ou 60 bariques d'huile.

Ceux qui s'associent au fret d'un Vaisseau pour cette pêche, doivent se mettre sur le pied d'avoir des gens entendus, & un équipage choisi, bonnes victuailles, de l'exactitude à payer & un bon teneur de livres qui soit fidéle: sur tout point de mauvais traitement à l'équipage.

On a dit au commencement de ce Mémoire, que les gages de l'équipage sont de quinze livres par mois, quand on s'enrôle pour la premiere fois. Pour plus d'exactitude, on ajoutera ici que les rameurs ont 15 à 20 liv. les harponneurs 25, 28 ou 30 liv.

Le Commandeur 80 à 100 livres.

Outre ces gages, l'équipage a sur chaque barique ou tonneau de lard 25 à 30 sols de droit.

Il ne faut pas oublier que les mers du Nord sont de ces lieux privilégiés où l'on batise ceux qui n'y ont pas été. Les gens de mer sçavent ce que c'est que ce batême. Les autres peuvent en trouver l'explication dans ce Dictionnaire à l'article du Batesme.

Il y a encore quelques autres pêches plus importantes qui se font dans les mers des Indes Orientales, dans celles de l'Amérique, & dans la mer Méditerranée: telles sont la pêche des perles, la pêche du corail, & la pêche de la tortue. *Voyez ces trois articles.*

Outre les pêches de poissons frais qui se font

avec bateau portant voiles, il s'en fait encore sur les gréves de la mer & aux bayes & embouchûres des rivieres navigables avec diverses sortes de filets, entr'autres ceux qu'on nomme hauts & bas Parcs, Ravoirs, Courtine & Venets; bien entendu qu'ils soient de la qualité & en la maniere prescrite par le titre 3 du livre 5 de la même Ordonnance. *Voyez ci-après* PESCHERIE.

Il se fait aussi de petites pêches permises dans certaines saisons de l'année & défendues dans d'autres. De ce nombre sont celles des crevetes, grenades ou salicots, qu'il n'est pas permis de faire avec bouteux ou bouts de quievres, ruches, paniers, &c. depuis le premier Mars jusqu'au dernier du mois de Mai, étant pareillement défendu de pêcher en aucune saison de l'année avec colerets, seines ou autres semblables filets qu'on traîne sur les gréves de la mer.

La pêche des moules a aussi trouvé place dans l'Ordonnance, & il est pareillement fait défenses sous peine d'amende de dreiger dans des moulieres, d'en racler les fonds avec couteaux, ou autres semblables ferremens; d'attacher le fray des moules, & d'enlever celles qui ne sont pas encore en état d'être pêchées.

Enfin il est défendu de faire la pêche du guanguy, du bregin, du marquesequc & du nonnat, pendant les mois de Mars, Avril & Mai, comme pareillement de pêcher pendant ledit tems avec des bouliers à deux cent brasses près des embouchures des étangs & rivieres.

Pêche sur rivieres & de poisson d'eau douce.

Cette pêche se fait de deux manieres, ou avec des lignes, ou avec filets, harnois ou engins.

La pêche à ligne & verge, c'est-à-dire, avec une ligne de crin armée de quelques ameçons, & attachée au bout d'une longue & legere baguette, est libre & permise à tout le monde. La pêche à engins & à ligne de fond ne se peut faire que par ceux qui ont droit de pêche sur les rivieres, *ou par les Pêcheurs* à qui ils afferment ce droit. Pour la pêche à ligne dormante elle est défendue à tout le monde. *Voyez* LIGNE.

Il n'y a que la pêche à engins ou harnois & à lignes de fond, qui mérite véritablement le nom de pêche, la pêche à la ligne de crin n'étant qu'un divertissement, & celle à la ligne dormante étant un crime que les Loix punissent, hors dans les tems & avec les filets prescrits par les Ordonnances des Eaux & Forêts.

La pêche à engins se peut néanmoins faire en France.

Le tems de la pêche en riviere ne doit commencer qu'à soleil levant & doit finir à soleil couchant, celle pendant la nuit étant défendue.

Les mailles des filets & engins doivent se faire sur un moule ou morceau de bois d'environ un pouce de diametre; il n'est pas néanmoins permis de se servir de toutes sortes de filets, & l'on ne peut pêcher avec l'épervier & le gille.

La pêche avec la coque de Levant, drogue qui enyvre le poisson, est séverement défendue, même sous peine de galere.

Les gors pour la pêche des anguilles qui sont sous les ponts doivent avoir au moins vingt-quatre pieds de largeur, & s'ouvrir pour le passage des bateaux & des trains. A l'égard des gors en pleine riviere, qui ordinairement n'ont que quatre ou cinq pieds d'ouverture, ils doivent être placés ensorte qu'ils n'empêchent point la navigation.

Enfin on ne doit se servir de la seine que depuis Pâques jusques à la saint Remy.

Les harnois, engins & filets dont on se sert à cette pêche, sont le bateau avec ses deux avirons, son croc, son affiche, son mât & son cordeau. La seine, l'épervier, le verveu, l'échiquier, la trouble, la nasse, le gort, le gille, la ligne de fond & les hameçons armés pour le brochet. *Voyez tous ces termes à leurs propres articles.*

La pêche des étangs, viviers, fossés & autres eaux qui ne sont pas courantes, se fait quelquefois à la découverte, c'est-à-dire, en les vuidant, & n'y remettant l'eau qu'après qu'on en a tiré le poisson qu'on prend partie à la main, & partie avec de petites troubles.

PESCHER. Prendre du poisson. Pêcher un étang, un vivier. Pêcher dans la riviere, dans la mer.

PESCHERIE, Côte de la presqu'Isle deçà le Gange, vis-à-vis l'Isle de Ceylan. Ce pays est fort stérile. *Voyez* le détail curieux du tems & de la maniere dont s'y fait la pêche des perles, dans l'Etat général, Tome I. page 437.

PESCHERIE. Lieu où l'on fait quelque pêche.

PESCHERIE. Se dit particuliérement de quelques plages de la mer ou orientale, ou occidentale, & même de quelques rivieres où l'on pêche des huîtres perlieres.

Les pêcheries d'Orient sont celle de l'Isle de Bahren dans le golfe Persique, de Carifa sur la côte de l'Arabie heureuse, de Manar sur les côtes de l'Isle de Ceylan, & de quelques endroits de celles du Japon. Les pêcheries des Indes d'Occident sont toutes dans le golfe du Mexique le long de la côte de Terre-ferme de l'Amérique, entre autres à la Cutagna, à la Marguerite, à Comogote, à la Rencherie & à sainte Marthe. Enfin les Pêcheries d'Europe qui sont les moins considérables sont le long des côtes d'Ecosse, & dans une riviere des Etats de l'Electeur de Baviere en Allemagne. *Voyez l'article des Perles, & dans l'Etat général du Commerce celui qui se fait en Asie & dans l'Amérique.*

PESCHERIE. S'entend aussi des lieux ou parcs destinés à la pêche sur les gréves & côtes de la mer, & aux bayes & embouchûres des rivieres.

Ces Pêcheries ont différens noms suivant leur construction, & les divers filets dont on se sert pour y arrêter & prendre le poisson.

Les unes s'appellent Parcs, dont il y a de deux sortes, les hauts & les bas; les autres se nomment Ravoirs, d'autres Courtines, d'autres encore Venets, & d'autres Bouchots.

Toutes ces Pêcheries sont permises par les Ordonnances de la Marine de France de 1681 & 1684, mais sous les conditions & les réserves portées par les divers articles du tit. 3 du cinquiéme livre de ces Ordonnances.

Les mailles des bas parcs, ravoirs, courtines & venets, doivent avoir deux pouces en quarré, & être attachés à des pieux plantés dans les sables sur lesquels les rets sont tendus sans les y pouvoir enfouir. A l'égard des mailles des hauts parcs, elles doivent être d'un pouce ou neuf lignes au moins, & tendus ensorte qu'ils ne touchent point le sable, & qu'ils en soient éloignés au moins de trois pouces.

Les parcs de pierre doivent être en forme de

demi cercle, de quatre pieds de haut au plus, sans chaux, ciment, ni maçonnerie, avec une ouverture de deux pieds dans le fonds du côté de la mer, fermée d'une grille de bois, dont les trous en forme de maille doivent être d'un pouce en carré, depuis la saint Remy jusques à Pâques, & de deux pouces depuis Pâques jusques à la saint Remy.

Les Bouchots sont construits de bois entrelassés en maniere de clayes avec une ouverture de deux pieds par le bas du côté de la mer. Cette ouverture ne peut être fermée de filets, grilles de bois ni paniers, depuis le premier Mai jusqu'au dernier Aout.

A l'égard des parcs faits partie de bois & partie de filets, ils doivent être de simples clayes, & les filets seulement d'un pouce de maille. L'ouverture de deux pieds qu'ils ont au fonds comme les autres parcs, ne doit être fermée que d'un filet dont les mailles ne soient que d'un pouce en quarré depuis la saint Remy jusqu'à Pâques, & de deux depuis Pâques jusqu'à la saint Remy.

Tous parcs & bouchots ne peuvent se construire à l'embouchûre des rivieres navigables, ou sur les gréves de la mer, qu'à deux cens brasses du passage ordinaire des vaisseaux, & au-dessous : ce qui est aussi ordonné pour les guideaux. *Voyez* GUIDEAUX.

Enfin il est fait défenses à tous Gouverneurs, Officiers & Soldats des Isles, Forts, Villes & Châteaux construits sur le rivage de la mer, d'apporter aucun obstable à la pêche qui se fera dans le voisinage de leurs places.

PESCHEUR. Celui qui fait le Métier de Pêcher.

Les Ordonnances de la Marine reglent la police des Pêcheurs de mer ; & les Ordonnances des Eaux & Forêts & de la Ville de Paris, celle de Pêcheurs sur rivieres.

On distingue ordinairement trois sortes de Pêcheurs de mer ; les uns qui font les grandes pêches comme ceux qui vont aux morues, à la baleine & aux harengs ; les autres qui font la pêche du poisson frais, mais qui y vont avec bateau, portant mast, voiles & gouvernail ; & les troisiémes qui pêchent aussi du poisson frais, mais qui se servent de pêcheries & de parcs construits sur les gréves de la mer & aux embouchures & baye des rivieres.

L'on peut voir aux articles de la morue, du hareng, de la baleine, &c. à quoi sont tenus les pêcheurs qui vont à ces grandes pêches, & à l'article précedent comment doivent se construire les pêcheries & parcs de la troisiéme sorte de Pêcheurs. On ne parlera donc ici que de ce qui concerne les Pêcheurs de poisson frais qui en font la pêche avec des bateaux à voiles, mât & gouvernail.

Tout Pêcheur qui veut pêcher la nuit, doit montrer trois différentes fois un feu quand il met les filets en mer.

Les bateaux dreigeurs qui ne peuvent dériver à cause de quelque accident, doivent montrer un feu tant qu'ils sont sur le lieu où leurs filets se sont arrêtés.

Aucun Pêcheur arrivant en mer ne doit se mettre ou jetter ses filets en lieu où il puisse nuire à ceux qui y sont avant lui.

Les Pêcheurs qui vont en flote ne peuvent quitter leur rumb ou rang pour se placer ailleurs quand les autres Pêcheurs de la même flote ont mis leurs filets à la mer.

Chaque Maître de bateau est tenu de prendre un congé tous les ans, & en le prenant de mettre au Greffe une liste de ceux qui composent son équipage contenant leur nom, âge & demeure.

Enfin tout Pêcheur de l'âge de dix-huit ans & au dessus, allant en mer, est obligé au premier jour de Carême de chaque année, de se faire inscrire sur le rôle. Et dans les lieux où il y a jusqu'à huit Maîtres Pêcheurs, il doit aussi se faire par chacun an l'élection de l'un d'eux pour Garde & Juré de leur Communauté, qui prête serment, & qui fait journellement la visite des filets, & le rapport des contraventions aux Ordonnances.

Les Pêcheurs sur riviere de la Ville & Fauxbourgs de Paris, n'y sont pas érigés en corps de Jurande. Ils furent néanmoins employés en cette qualité dans l'état arrêté au Conseil le 10 Avril 1691 en exécution de l'Edit du mois de Mars de la même année, portant création des Maîtres & Gardes & Jurés en titre d'Office ; & on les y voit non seulement sous le nom de Pêcheurs à Engins, mais encore sous celui de Pêcheurs à Verge. Il ne paroît pas pourtant que cet Edit & état ayent eu aucune exécution à leur égard.

On peut lire ci-dessus ce qu'on a rapporté de leurs Reglemens en parlant de la pêche sur riviere, & encore ce qu'on en dira plus bas à l'article du Poisson d'eau-douce.

Reglement des Eaux & Forêts pour la Pêche du Poisson d'eau douce, & les Pêcheurs.

Ce Reglement est compris dans l'Ordonnance de *1669*, dont il fait le trente-uniéme Titre. Il est divisé en XXVI articles, dont on va donner ici l'extrait des plus importans.

1°. Il est défendu à toutes personnes, autres que les Maîtres Pêcheurs reçus aux Sieges des Maîtrises, de pêcher sur les fleuves & rivieres navigables, à peine de cinquante livres d'amende, & de confiscation du poisson, filets & autres instrumens de Pêches pour la premiere fois, & pour la seconde de cent livres d'amende, outre pareille confiscation, même de punition plus severe, s'il y échet.

2°. Nul ne peut être reçu Maître, s'il n'a vingt ans.

3°. Les Maîtres Pêcheurs de chaque Ville ou Port, s'ils sont huit & au-dessus, doivent élire tous les ans aux Assises des Maîtrises, un Maître de Communauté, pour avoir l'œil sur eux, & avertir les Officiers des abus qui pourroient se commettre ; ou s'ils ne sont pas nombre compétent, ils se joindront plusieurs Maîtres des lieux voisins pour faire semblable élection.

4°. Il est défendu de pêcher les jours de Dimanche & de Fête ; & pour prévenir cet abus, chaque Maître sera tenu, la veille desdits jours, de porter leurs engins & harnois après soleil couché, au logis du Maître de la Communauté, qui ne leur seront rendus que le lendemain desdits jours après soleil levé.

5°. La pêche n'est permise, dans quelque tems & saison que ce soit, que depuis le lever du soleil jusqu'à son coucher, sinon aux arches des ponts & des moulins où se tendent des dideaux, ausquels lieux on peut pêcher, tant de nuit que de jour.

6°. Il est défendu de pêcher dans le tems de la fraye ; sçavoir, aux rivieres où la truite abonde plus que le reste du poisson, depuis le premier Février jusqu'à la mi-Mars : & aux autres depuis le premier Avril jusqu'au premier Juin, à peine pour la premiere fois de vingt livres d'amende & d'un mois de prison; du double de l'amende & de deux mois de prison pour la seconde fois; & pour la troisiéme du carcan, du fouet & du bannissement hors du Ressort de la Maîtrise pendant cinq ans.

On excepte néanmoins de la défense la pêche aux saumons, aloses & lamproyes qui peuvent se continuer en la maniere accoutumée.

7°. Pendant le tems de la fraye il est pareillement fait défenses de mettre des bires ou nasses d'osier au bout des dideaux. Il est néanmoins permis d'y mettre des chausses ou sacs du moule de dix-huit lignes en quarré. Dans les autres tems on peut se servir de nasses d'osier, mais dont les verges soient éloignées les unes des autres de douze lignes au moins.

8°. Tous engins & harnois prohibés par les anciennes Ordonnances, sont de nouveau défendus, & encore les giles, les tramails, le furet, l'épervier, le chasson & le sabre; comme aussi ce qu'on appelle le barandage & les bacs en riviere.

9°. Il leur est en outre ordonné de ne pas bouiller avec bouilles & rabots, tant sous les chevrins, racines, saules &c. qu'autres lieux; ensemble de ne pas mettre des lignes avec échots & amorces unies; & encore de ne point porter chaînes & clairons dans leurs batelets; enfin de n'aller à la fare ou pêcher sur les noues pour y bouiller & pour prendre le poisson & le frai qui a pu y être porté par le débordement des rivieres.

10°. Les Pêcheurs sont tenus de rejetter dans les rivieres les truites, carpes, barbeaux, brêmes & mouniers qu'ils auront pris, ayant moins de six pouces entre l'œil & la queue, & les tanches, perches & gardons qui en auront moins de cinq.

11°. Tous les engins & harnois des Pêcheurs doivent être marqués d'un plomb, sur lequel seront les Armes de Sa Majesté, & autour le nom de la Maîtrise, le coin duquel sera gardé au Greffe de chacune desdites Maîtrises.

12°. Il est fait défenses à toutes personnes de jetter dans les rivieres aucune chaux, noix vomiques, coque de Levant, momie ou autres drogues ou appasts, à peine de punition corporelle.

13°. Il est fait inhibition à tous Mariniers, Contre-Maîtres, Gouverneurs & autres Compagnons de riviere, conduisant nefs, bateaux, besognes, &c. d'avoir avec eux aucuns engins à pêcher, soit permis, soit défendus.

14°. Toutes les espaves pêchées sur les fleuves & rivieres, doivent être garées sur terre, & les Pêcheurs qui les ont trouvées, doivent en donner avis pour en être ordonné ce que de raison par les Officiers des Maîtrises.

15°. Il est fait défenses à toutes personnes d'aller sur les mares, étangs & fossés lorsqu'ils sont glacés pour en rompre la glace & y faire deux trous, & d'y porter flambleaux, brandons & autres feux, à peine d'être punis comme de vol.

16°. Il est ordonné que pour le rempoissonnement des étangs de Sa Majesté, le carpeau aura six pouces au moins, la tanche cinq, & la perche quatre; & à l'égard du brocheton, il sera de tel échantillon que l'Adjudicataire voudra; mais il ne se jettera aux étangs, mares & fossés qu'un an après leur rempoissonnement; ce qui s'observera pareillement aux étangs des Ecclésiastiques & Communautés.

17°. La connoissance des délits commis par les Maîtres Pêcheurs & autres sur les fleuves & rivieres navigables, appartiendra aux Officiers des Eaux & Forêts, & non aux Juges des Seigneurs.

18°. Il est permis au Maître, Lieutenant & Procureur du Roi des Eaux & Forêts, de visiter les rivieres, bannetons, boutiques & étuits des Pêcheurs; & s'ils y trouvent du poisson qui ne soit pas de l'échantillon & grandeur prescrite, ils en feront leur procès-verbal, & assigneront les Pêcheurs pour répondre du délit, le tout néanmoins sans frais.

19°. Enfin lorsque les Officiers des Maîtrises trouvent des engins défendus, ils les doivent faire brûler à l'issue de l'Audience devant la porte de ladite Audience, & condamner les Pêcheurs sur qui ils auront été saisis, aux amendes portées par le Reglement.

PESCHEURS DE BALEINES. Il se dit également & des Propriétaires des vaisseaux qui vont à la pêche de la baleine, & des Matelots qui montent sur ces vaisseaux.

On nomme en Hollande le Corps des Pêcheurs de la Baleine une association des principaux Marchands des Villes qui envoyent à cette pêche, ou des Maîtres & Pilotes qui y vont avec leurs propres navires.

Ce Corps n'a point de privilege exclusif, & il est permis à tous particuliers d'y aller ou d'y envoyer, quoiqu'il ne soit pas de cette espece de Compagnie, mais tous, s'ils veulent aller en flotte, sont également obligés de se soumettre aux Reglemens qui ont été dressés par les Commissaires députés de l'Association; & avant de partir de jurer entre les mains de ces Commissaires, de s'y conformer.

Reglement général pour la pêche de la Baleine.

Les Reglemens pour la pêche de la Baleine, consistent en douze principaux articles.

1°. Lorsqu'un vaisseau pêcheur a fait nauffrage, & que le Capitaine & l'équipage se sont sauvés, le premier navire qui les trouve est obligé de les prendre. Si l'on fait rencontre d'un second vaisseau, celui-ci doit se charger de la moitié de l'équipage sauvé, & cette moitié de l'équipage doit y passer, à moins que ce bâtiment ne fût déja occupé par d'autres Matelots naufragés, auquel cas le partage des uns & des autres se doit faire également entre les deux vaisseaux: ce qui s'observe pareillement pour tous les autres qu'on rencontre ensuite.

2°. Les victuailles que les équipages nauffragés portent à bord des vaisseaux où ils se sauvent, doivent être consommés par eux-mêmes, & partagés avec ceux d'entre eux qui passent sur d'autres bâtimens; & en cas qu'ils n'apportent aucuns vivres, ils doivent être nourris par charité, à la charge de travailler avec l'équipage des navires où ils sont reçus.

3°. Si un vaisseau s'échoue avec sa charge, le Capitaine du vaisseau, le Pilote ou autre qui les représente peut faire sauver les effets naufragés & traiter avec qui il lui plaît pour les sauver & les charger; mais il reste au choix des Capitaines des autres vaisseaux qui s'y trouvent de se charger desdits bâtimens & effets sauvés ou de les refuser.

4°. Si quelque Capitaine de vaisseau vient ou se rencontre en un lieu où il se soit fait quelque naufrage, & que les effets naufragés soient abandonnés; il peut s'emparer de tout ou de partie de ce qu'il trouve, soit agrés, ustenciles, lard, fanons, &c. Et étant arrivé dans le port de Hollande d'où il est parti, il est obligé d'en délivrer la moitié aux Propriétaires du navire naufragé, quitte de fret & autres frais, tels qu'ils soient.

5°. Si un navire fait naufrage & est abandonné par l'équipage, ledit équipage ne peut rien prétendre des effets sauvés, soit qu'il soit engagé à la part ou par mois, & tout ce qui en revient doit appartenir uniquement à l'Armateur.

6°. Lors cependant que l'équipage du vaisseau naufragé est présent quand quelque autre en sauve les effets, & a lui-même aidé à les sauver, cet équipage doit avoir le quart des choses sauvées; sçavoir les gens naufragés engagés par mois, leurs gages ainsi qu'ils ont été accordés; & ceux engagés à la part, pour leur travail; à raison de vingt florins par mois jusqu'au jour de la perte du vaisseau: si la quatriéme partie des choses sauvées n'est pas suffisante pour payer tout l'équipage sur ce pied, tant les engagés à mois, que ceux engagés à part, doivent perdre à proportion; mais s'il y a du reste, il doit rester aux Armateurs.

7°. Le Capitaine du vaisseau qui sauve quelques effets naufragés, partage à ce qui en provient, aussi-bien que ceux de son équipage qui sont engagés à la part, mais ceux de l'équipage qui sont accordés au mois n'entrent point en partage.

8°. Les marchandises & effets sauvés qui sont chargés dans quelque vaisseau, sont sujets aux avanies, pertes & dommages, comme les propres effets du vaisseau.

9°. Celui qui ayant tué un poisson dans les glaces ne peut le conduire à bord du navire, en demeure néanmoins le propriétaire aussi long-tems qu'il le fait garder par quelqu'un de ses gens; mais s'il n'y laisse personne, le Capitaine qui survient peut s'en emparer, quoique le poisson soit attaché à une piece de glace.

10°. Si celui qui a pris un poisson est près de terre, il peut l'attacher à un ancre ou à une corde qui tiendra à terre & y laisser une marque ou bouée, & pour lors il lui appartient sans qu'il puisse être pris par un autre.

11°. Si allant à la pêche, ou en revenant en flotte quelqu'un est blessé ou estropié en se défendant contre les ennemis, les Commissaires de la pêche de la baleine se chargent de lui faire donner une récompense raisonnable à laquelle toute la flotte doit contribuer.

12°. Enfin s'il arrivoit quelque cas dont il n'auroit pas été fait mention dans le Reglement, il doit être reglé par des Arbitres.

Outre ce Reglement général que tous les Capitaines, Pilotes & Maîtres qui commandent les vaisseaux destinés à la pêche de la baleine doivent jurer d'observer avant de mettre à la mer, il y en a encore un autre qui regarde chaque équipage particulier, & que tous les Officiers & Matelots, lorsqu'ils passent en revue avant le départ, sont tenus de jurer d'exécuter en présence d'un des Commissaires députés de la pêche de la baleine qui se rend à bord de chaque vaisseau pour la prestation du serment.

Ce Reglement est une espece de charte-partie, le contrat est conçu en ces termes.

Charte-partie ou Reglement particulier entre les Capitaines, Pêcheurs de baleine, & leurs équipages.

NOUS Officiers & Matelots nous sommes loués au Capitaine N. N. . . commandant le navire N. N. . . . pour aller cette année . . . . à la pêche de la baleine pour le prix auquel chacun de nous est convenu, promettant d'obéir en toutes choses audit Capitaine tant en mer qu'à terre, & à celui qui lui succedera s'il vient à mourir.

Premiérement nous promettons de nous rendre le matin & soir aux prieres, & de les écouter avec dévotion & modestie, à peine de payer telle amende que le Capitaine ordonnera.

2°. Promettons de ne pas boire jusqu'à s'enyvrer, de ne faire querelle ni mutinerie, de ne lancer rien sur quelqu'un, ni frapper, ni tirer le couteau, à peine de perdre la moitié des gages.

3°. Si quelqu'un ayant querellé vient à se battre & en blesse un autre, il perdra tous ses gages, sera mis à terre ou entre les mains du Magistrat suivant l'exigence du cas.

4°. Aucune personne de l'équipage ne pourra faire de gageure sur la bonne ou mauvaise pêche, ni achetter ni vendre à ces sortes de conditions, *si on prend un ou plusieurs poissons*, à peine de vingt-cinq florins.

5°. Si le Capitaine trouve à propos de faire société avec quelqu'autre pour pêcher en compagnie, l'équipage promet d'aider à celui avec qui il sera entré en société, comme si c'étoit leur propre Capitaine, aussi à peine de vingt-cinq florins.

6°. L'équipage promet de se contenter des victuailles qui seront distribuées par le Maître Valet par ordre du Capitaine, à peine desdits vingt-cinq florins.

7°. Si par la longueur du voyage, ou à cause qu'on auroit sauvé quelques Matelots ou autres gens naufragés, les vivres se trouvoient fort diminués, ils promettent de se contenter de la ration que le Capitaine ordonnera suivant qu'il le trouvera expédient, à peine de vingt-cinq florins.

8°. Promettent pareillement de ne point allumer de feu, de chandelle ni de méche, soit de jour ni de nuit, sans la permission du Capitaine; sous la même peine de vingt-cinq florins.

9°. Le Capitaine de sa part promet que si quelqu'un est blessé & estropié, en défendant le vaisseau, de le satisfaire suivant les loix du Pays, ou par accommodement dont les Parties seront contentes.

10°. Si quelqu'un de l'équipage avertit de quelque mal ou préjudice qu'on voudroit faire au navire ou marchandises, ou s'il donne quelque avis profitable, il recevra une bonne récompense.

11°. Les cas qui n'auront pas été spécifiés dans cette Charte-partie, seront réglés suivant les usages & coutumes de la mer; & le provenu des amendes appartiendra, sçavoir les deux tiers à la Communauté des pauvres du domicile du Directeur de l'armement, & l'autre tiers au Bailly du même lieu.

Fait à bord du navire, &c.

Après que la lecture de ce reglement a été faite, le Commissaire député & le Capitaine s'étant placés dans la chambre du vaisseau, on y appelle tout l'équipage pour y recevoir ce qu'on nomme le pot-de-vin, c'est-à-dire, une gratification que l'on fait avant le voyage, & une assurance d'une autre somme qu'on leur regle pour le retour, suivant que la pêche aura été abondante ou non.

Le Capitaine reçoit comptant pour son pot de vin depuis cent jusqu'à cent cinquante florins, même davantage suivant son habileté & sa réputation, outre vingt-cinq ou trente sols par quarteau de lard qu'on lui paye au retour, ainsi qu'il en est convenu avec l'Armateur.

Le Pilote pour le pot-de-vin, depuis quarante jusqu'à soixante florins; & au retour treize, quatorze ou quinze sols par quarteau.

Chaque Harponeur, qu'on nomme aussi Harponier, pour pot-de-vin; depuis quarante jusqu'à cinquante florins, & au retour douze & quatorze sols par quarteau de lard.

Chaque Découpeur ou Trancheur de lard qui sont ordinairement aussi Harponeurs, reçoivent au retour cinq florins de chaque baleine, outre le droit de quarteau comme les Harponeurs.

Le Charpentier qui va au mois reçoit	36 fl.
Le Chirurgien	28 fl.
Le Contre-Maître	26 fl.
Le Maître-Valet, qui a soin des vivres,	26 fl.
Chaque Matelot expérimenté, depuis 18 jusqu'à	20 fl.
Chaque Matelot peu expérimenté 12 à	13 fl.

Ce qui s'entend de tous ceux qui vont au mois.

Ceux des Matelots qui gouvernent les chaloupes ont outre leurs gages 2 ou 3 fl. pour chaque baleine qu'on prend. Quelquefois ils sont accordés à 6, 7 & 8 f. par quarteau de lard, & en ce cas ils reçoivent pour pot-de-vin depuis 16 jusqu'à 20 fl. mais alors ils ne sont pas au mois.

Le Matelot qui a soin de la ligne dans la chaloupe, reçoit outre ses gages 30 ou 40 sols par baleine.

Enfin les Matelots qui vont *à la part*, & non au mois, reçoivent comptant pour pot-de-vin depuis 6 jusqu'à 15 fl. & au retour pour chaque baleine 15 ou 16 fl.

Ce n'est gueres que depuis le milieu du dix-septiéme siécle que les Hollandois se sont sérieusement appliqués à la pêche de la baleine; mais il faut avouer qu'ils y ont si bien réussi que présentement cette pêche fait un des principaux objets de leur commerce.

Ils tenterent d'abord de faire leurs établissemens en Grohenland; mais n'y ayant pas réussi, ils se fixerent à faire leur pêche du côté de Spitsberg, qui s'étend Nord & Sud depuis 76 dégrés 40 minutes jusqu'au 80 dégré de latitude Septentrionale, & dont l'étendue d'Orient en Occident est environ de 80 lieues de France.

C'est au côté Occidental de ce pays, environ à cinquante ou soixante lieues au large que les Pêcheurs s'établissent pour harponer la baleine; le côté Oriental y étant moins propre, à cause qu'il est presque toujours rempli de glaces.

Le lieu de l'assemblée de leur flotte pour le départ n'est pas fixe, mais ils choisissent souvent la Baye de Kokbay où se trouve Klokrinier.

Les particuliers qui veulent envoyer un vaisseau à la pêche & y aller en flotte, après avoir fait choix d'un Capitaine expérimenté & avoir mis leur navire en état, font examiner l'un & visiter l'autre par les Commissaires des Villes qui composent le Corps des Pêcheurs de baleine, & qui ont soin de veiller à la sureté de cette navigation. C'est après cet examen & cette visite que les Commissaires prennent le serment des Propriétaires & Armateurs pour l'observation du Reglement général rapporté ci-dessus.

Quand tout s'est trouvé en état, les Propriétaires & les Capitaines forment leurs équipages, & dès qu'ils sont prêts ils se rendent au Texel, où les Commissaires députés examinent de nouveau les vaisseaux, font la revue des équipages, leur font lecture de la charte-partie & leur font payer le pot-de vin.

Il faut observer que lorsque les Armateurs veulent équiper un vaisseau neuf, ils doivent commencer dès l'automne, afin que le corps du vaisseau, les victuailles & les choses nécessaires pour la pêche puissent être prêtes dès le commencement de l'année pour partir au mois d'Avril.

S'ils frettent un vaisseau qui ait déja été en mer pour ce commerce, il suffit d'y travailler pendant l'hyver & d'arrêter leurs équipages vers le commencement de l'année.

Quand les vaisseaux qui partent en flotte sont prêts de mettre à la mer, les Commissaires observent toujours de faire prendre un Pilote Côtier à chaque vaisseau pour les conduire hors des bancs jusqu'en pleine mer, après quoi le Pilote Hauturier du navire en prend la conduite.

La flotte prend ordinairement sa route sur les Isles d'Island qui s'étendent depuis 60 jusqu'à 61 dégrés de latitude; après quoi les laissant à l'Ouest elle single au Nord par 73, 74 & 75 dégrés de latitude où l'on commence à trouver les glaces.

C'est à travers des grands morceaux de glaces dont tout ce parage est rempli que l'on commence à voir des baleines, & c'est là où la plupart des vaisseaux s'arrêtent pour faire leur pêche. Mais comme en avançant vers le Nord les baleines y sont plus grandes & plus grasses, il y a des Capitaines qui se hazardent d'aller jusqu'à 80 ou 82 degrez de latitude en courant vers le Nord.

On parle ailleurs de la pêche de la baleine & du commerce des marchandises que l'on en tire. *Voyez* BALEINE. On ajoutera cependant ici quelques particularités qui ont pû échapper dans l'article indiqué, surtout une cargaison d'un navire Hollandois allant à cette pêche, qui n'a été communiquée qu'après l'impression du premier volume de ce Dictionnaire. On donnera aussi l'état du produit d'une pêche faite en 1697, qui est la plus considérable qui ait été faite depuis 60 ans & plus.

Pendant la route de la flote depuis sa sortie du Texel jusqu'au lieu de la pêche, les Harponneurs après avoir tiré entr'eux au sort pour le choix des chaloupes & ceux qui les doivent gouverner, pour les Rameurs, & même pour les rames, on les met en bon état, & on dispose les harpons, les lances, les lignes & tous les autres ustenciles servant à la pêche.

Un vaisseau de trois cent à trois cent vingt tonneaux, a six chaloupes, sur chacune desquelles on met six Harponneurs & cinq Matelots pour ramer. Avec ces cinq Rameurs il y a un Harponneur qui rame sur l'avant de la chaloupe, & un autre sur l'arriere; n'y ayant point de gouvernail dans ces chaloupes.

Il faut sept lignes de trois pouces de circonférence dans chaque chaloupe, sçavoir cinq derriere & deux devant, pour servir au besoin. Les cinq de derriere font ensemble six cens brasses; & en y ajoutant les deux autres, la longueur totale est de huit cent quatre-vingt brasses. Si la baleine plonge plus avant, ou fuit sous la glace, il faut couper la ligne, afin que la chaloupe à laquelle elle est attachée ne périsse pas.

Il y a dans chaque chaloupe deux coffres pratiqués dans la longueur, qui servent à mettre les harpons, les lances, les couteaux & les autres instrumens servant à la Pêche, qui n'en sortent point qu'elle ne soit finie, afin que tout soit prêt au premier ordre.

Après qu'un poisson est harponné & pris de la maniere qu'on le dit à l'article de la Baleine, on lui coupe la queue & les nageoires; & la liant avec une longue corde à l'endroit où étoit la queue, on la mene au vaisseau, qui de son côté s'avance au devant des chaloupes qui se mettent de fil pour la tirer.

Tant qu'on voit des baleines en mer, on ne perd point de tems à couper celles qu'on a prises, mais on continue à en pêcher d'autres.

Lorsqu'on n'en voit plus, ou qu'on en a assez de prises, on travaille à en enlever le lard & les fanons de la maniere suivante.

La baleine étant attachée le long du vaisseau, on la tourne sur le côté, & l'on met deux palans, l'un sur la tête, & l'autre à l'endroit de la queue, afin de tenir ces deux extrêmités élevées sur la surface de l'eau. De l'autre côté de la baleine vers la mer, on poste deux chaloupes prêtes à recevoir les pieces de lard, les ustenciles & les hommes qui pourroient tomber à l'eau de ce côté-là.

Après cette disposition & ces précautions prises, trois ou quatre hommes descendent sur la baleine, avec des crampons de fer sous les pieds pour les empêcher de glisser.

On ouvre d'abord la baleine par le côté en allant vers le ventre, & l'on en coupe des pieces larges de trois pieds & longues environ de huit, dans le bout desquelles on fait entrer un croc attaché à un palan, que l'on tourne au capestan ou au guindeau. Outre le lard des côtes on coupe encore la gorge & la babine de dessous jusqu'à la machoire; observant de ne point embarquer de maigre.

Quand tout le lard est levé, on coupe avec une hache faite exprès les fanons qui sont attachés à la machoire superieure du poisson. Avant de les couper on saisit tous ceux d'un même côté, afin qu'ils se tiennent fermes; ce qui en facilite la coupe, & empêche qu'il n'en tombe à la mer; & quand ils sont à bord, on en fait des paquets de cinq ou six fanons qu'on met à fond de calle entre les quarteaux.

Tout le lard & les fanons étant levés, on laisse dériver la carcasse & ce qui reste de la baleine, qui servent de pâture aux ours qui en sont très friands.

A mesure que les grandes pieces de lard s'embarquent dans le vaisseau, ce qui y reste de l'équipage s'employe à les mettre en plus petites pieces, & à en ôter le maigre qui s'y peut trouver: en cet état on les jette en bas sous le pont, où elles demeurent jusqu'à ce qu'on ait plus de loisir, & que tout le lard des baleines prises soit à bord.

Alors on les coupe encore en de plus petits morceaux que l'on porte dans des bailles, dans les endroits du fond de calle où les quarteaux sont placés; les faisant entrer à force par l'ouverture du bondon des pieces, qui est d'une largeur raisonnable, & les y pliant afin qu'il en tienne davantage.

Quand le vaisseau est en charge, & qu'il a bien été netoyé en jettant du sable sur les ponts, afin de les dégraisser, le Capitaine appareille & fait route pour les Ports de Hollande, si c'est en tems de paix; mais si les Provinces-Unies sont en guerre, les Capitaines des vaisseaux pêcheurs ont un ordre secret de se trouver à certain lieu de rendez-vous que les Etats indiquent aux Commissaires de la Pêche, où ils font trouver une escadre de vaisseaux de l'Etat, pour conduire la flote en sureté.

Cargaison d'un vaisseau Hollandois allant à la pêche de la baleine.

Les navires Hollandois qui sont employés à la pêche de la baleine sont ordinairement des flûtes de deux cent à trois cent tonneaux, & de trente-six à quarante-deux hommes d'équipage.

Ces navires s'affretent à raison de deux mille sept cent cinquante florins, s'ils sont de deux cent cinquante tonneaux, & à proportion s'ils sont plus ou moins forts.

Pour chaque navire il faut trois, quatre ou six chaloupes, suivant la grandeur du vaisseau.

Autant de mâts de chaloupes, leurs vergues & leurs voiles.

Autant de preslats ou toiles gaudronnées, qui servent à couvrir les chaloupes lorsqu'il fait de la pluye.

Six gaffes pour les chaloupes. La gaffe est une espece de croc de fer emmanché d'une longue perche de bois.

Six petits marteaux pour frapper sur les chevilles de fer qui tiennent les rames.

Six compas de chaloupe pour trouver la route dans le tems obscur.

Dix cornets pour se faire entendre lorsqu'il fait de la brume.

Vingt ou trente petits marteaux ferrés pour pousser les glaces.

Cinquante avirons de chaloupe.

Soixante-cinq lances à attaquer la baleine quand elle est harponnée.

Cinquante bois de lances de rechange.

Soixante-dix ou quatre-vingt harpons.

Quarante bois de harpons de rechange.

Huit harpons plus petits de fer & plus longs de bois.

Six couteaux à couper la queue & les fanons.

Vingt-quatre lances à vache marine.

Douze couteaux à couper le lard sur la baleine.

Six grands couteaux que les Matelots portent lorsqu'ils vont à terre pour se défendre des ours, ou pour tuer des vaches marines.

Dix-huit couteaux pour couper le lard à bord.

Douze petits gaffes emmanchés.

Douze autres gaffes plus grands, que les Hollandois nomment Malemokahaak.

Huit couteaux à hacher.

Douze couteaux plus petits pour porter dans les chaloupes.

Deux gros maillets de bois.

Six chandeliers pour coucher le mast de la chaloupe dessus.

Douze crocs à deux branches pour pendre le lard.

Quatre haches pour couper les fanons, & les séparer de la machoire de la baleine en frappant sur la tête de la hache.

Vingt-quatre haches pour couper la glace.

Six paires de crampons de fer que les Coupeurs mettent sous leurs souliers, pour se tenir sur la baleine quand elle est amenée & amarée au vaisseau.

Six ancres à crochets, sortes d'instrumens qui servent à tenir les fanons qui sont dans la gueule de la bête lorsqu'on les coupe.

Deux crocs pour mettre dans le nez de la baleine, quand il faut faire lever la tête qui s'enfonce dans l'eau.

Douze haches pour accommoder & couper les fanons.

Dix-huit crochets à main pour prendre les pieces de lard.

Soixante lignes de trois pouces de circonference pour les harpons.

Des palans pour hisser les chaloupes contre les vaisseaux.

Deux caisses pour mettre les instrumens servant à la pêche dans le navire.

Deux caisses pratiquées dans chaque chaloupe pour y mettre les mêmes instrumens de la pêche.

Trois ciseaux de Charpentier pour couper les fanons.

Six grapins pour les chaloupes avec leurs cableaux.

Deux pinces de fer, six pelles ferrées, & six racles pour racler le lard.

Six coins de fer pour fendre les os de la baleine & les séparer, & pour fendre la glace.

Six amarres pour remorquer ou touer les baleines.

Trois amarres pour amarrer à terre ou sur les glaces, & deux palans pour roidir dessus.

Quatre chevalets pour haller les amarres dessus.

Un grand palan du grand mât.

Deux autres palans, un à poulie double, & l'autre à poulie simple.

Un grand palan du grand mât de mizaine.

Deux autres palans, un à poulie double, & l'autre à poulie simple.

Un autre palan portatif pour servir où il est nécessaire.

Quatre palans à potence pour hisser les chaloupes à côté du vaisseau.

Vingt-quatre gros palans de rechange.

Deux petits palanquins.

Dix eslingues de diverses grandeurs.

Six barres de capestan.

Dix bancs à trancher dessus la baleine.

Dix bailles à porter le lard.

Un dalle de bois qui conduit le lard à fond de calle.

Six grandes cuillieres de cuivre.

Deux chauderons avec un bec de corbin.

Trois chaudieres de cuivre.

Deux entonnoirs de cuivre.

Deux sacs ou conduits de cuir pour clouer au bout de la dalle d'où sort le lard.

Trois passoires de cuivre.

Quatre culottes de cuir pour ceux qui coupent le lard sur les baleines.

Quatre paires de bottes pour les mêmes.

Trois bariques de scieure de bois pour frotter les mains quand elles sont grasses.

Huit ou neuf cent quarteaux vuides, dont six font un last, & trois un tonneau.

Un millier de bondons pour boucher les quarteaux.

Une meule à aiguiser & six pierres fines pour affiler les outils.

Une assiette de Tonnelier, un tire-fond & une tarriere.

Douze picoux ou chandeliers à deux pointes pour ficher dans le bois.

Huit maillets ou petits marteaux de fer qu'on porte dans les chaloupes pour dresser les outils.

Et généralement toutes les munitions, victuailles, agrez & ustenciles nécessaires pour la navigation & les rechanges ordinaires, ainsi que les autres vaisseaux sont équipés lorsqu'ils partent des Ports à proportion de leur grandeur & du tems qu'ils doivent rester à la mer.

Produit d'une pêche de baleine.

On a choisi pour regler ce produit la pêche que les Hollandois firent en l'année 1697, comme la plus heureuse qui ait été faite depuis soixante ans. On y ajoutera aussi la pêche que firent les autres Nations qui allerent cette année au Spitsberg, parmi lesquelles on ne trouvera point de vaisseaux François, à cause que la guerre qui fut heureusement terminée cette même année par la paix de Riswick, duroit encore.

Il se trouva en 1697 cent quatre-vingt neuf vaisseaux de diverses Nations à la pêche de la baleine.

Ceux de Hollande étoient au nombre de cent vingt-un: leur flote avoit été composée de cent vingt-neuf, mais sept firent naufrage.

Les Hambourgeois en avoient quarante-sept, qui leur restoient de cinquante-un; les quatre autres ayant peri.

Les Suedois en avoient deux, les Danois quatre, ceux de Breme douze, ceux d'Emden deux, & ceux de Lubeck un.

Toutes les baleines qui furent prises monterent à 1868; sçavoir 1255 par les Hollandois, 449 & demie par les Hambourgeois, 113 par les Suedois, 52 par les Danois, 96 par les Bremois, & deux par ceux d'Emden.

La pêche des Hollandois rendit 41344 quarteaux de lard, celle des vaisseaux de Hambourg 16414, celle des Suedois 540, celle des Danois 1710, celle des Bremois 3790, & celle d'Emden 28.

Estimation totale de la pêche.

En estimant le quarteau de lard à 30 florins, suivant le prix courant de l'année 1697, le total de cette pêche montant à 63826 quarteaux, fait . . .	1914780 fl.
Pour les fanons, à raison de 2000 livres pésant de fanons par baleine, sur le pied de 50 florins le quintal de fanons, ...	1868000 fl.
Total, . . .	3782780 fl.

Estimation particuliere de la pêche des Hollandois.

41344 quarteaux de lard à raison de 30 florins le quarteau, font .	1240320 fl.
2510000 livres pésant de fanons, à 50 florins le quintal, .	1255000 fl.
Total, . . .	2495320 fl.

qui font argent de France, suivant le cours du change de ladite année 1697, qui étoit de 85 gros argent courant pour 60 sols de France, 3522805 l.

Il faut remarquer que les baleines, quand elles sont grasses, rendent ordinairement 40 à 50 quarteaux de lard; & que celles qui furent prises en 1697, n'en rendirent gueres que 33 à 34 quarteaux l'une portant l'autre: mais leur nombre suppléa à leur peu de graisse; chaque vaisseau, évaluation faite du fort au foible, ayant pêché dix baleines neuf vingt quatriémes; ce qui fait une bonne pêche, & qui n'arrive presque jamais.

PESE'E. Ce qui se pese en une seule fois.

Un Marchand qui vend une grosse partie de marchandise d'une même espece sujette au poids, est dans l'obligation de faire plusieurs pesées.

Chaque pesée de marchandises doit avoir son trait, c'est-à-dire, être trebuchante, & emporter le poids qui est dans l'autre bassin de la balance. *Voyez* TRAIT.

PESE'E, en Perse, où les sacs d'argent se pesent & ne se comptent pas. On fait cinquante pesées de chaque sac d'abassis, qui doit être composé de deux mille pieces de cette monnoie; ensorte que chaque pesée n'est que d'un toman ou de cinquante abassis: mais lorsqu'on soupçonne qu'il y a dans les sacs des pieces ou fausses ou legeres, les pesées ne sont que de vingt-cinq abassis qu'on pese, non contre un poids, mais les uns contre les autres; ce qui en découvre la legereté ou le faux.

PESER. C'est examiner la pesanteur de quelque chose, la confronter avec un poids certain, reglé & connu, tel que peut être la livre, le marc, le cent, le quintal, &c.

Pour peser les métaux, les drogueries & épiceries, les cotons, les laines, les huiles, & autres semblables marchandises d'œuvres de poids que l'on vend en gros, l'on se sert de la romaine ou des grandes balances à plateaux.

A l'égard des mêmes marchandises qui se vendent en détail, c'est de la petite balance à bassins ou du peson dont on se sert. Le trébuchet est pour peser l'or, l'argent, & autres choses précieuses.

On dit qu'il faut peser des marchandises net, pour faire entendre qu'elles doivent être pesées sans emballages, caisses ni barils. Au contraire, quand on dit qu'elles doivent être pesées ort ou brut, cela veut dire qu'il faut les peser avec leur emballage, leurs caisses & leurs barils.

PESER LA PIERRE, terme de Carrier. C'est la soulever de dessus le tas avec la grosse barre pour la mettre sur les boules. *Voyez* CARRIER & CARRIERE.

PESEUR, celui qui pese. Il se dit plus ordinairement de la personne qui tient le poids du Roi. Dans toutes les Villes de commerce bien policées, les peseurs Royaux ou publics, sont obligés de prêter serment devant le Magistrat, & de tenir bon & fidéle Registre de toutes les marchandises qui se pesent à leur poids. Ce sont eux qui reglent ordinairement les contestations qui arrivent entre les Marchands pour raison du poids de leurs marchandises.

PESEURS. Les Peseurs qui servent dans les Poids publics de la Ville d'Amsterdam, sont au nombre de douze établis en titre d'Offices pour peser toutes sortes de marchandises sujettes au poids. Comme il leur étoit autrefois permis de toucher aux cordes des balances en pesant, il leur étoit facile de favoriser le vendeur ou l'acheteur selon qu'ils recevoient davantage de l'un ou de l'autre. Mais pour prévenir & arrêter cet abus, il leur a été défendu par une Ordonnance des Bourguemestres de 1719, de toucher de quelques manieres que ce soit, aux balances en faisant les pesées.

PESEURS DE FILS. Petits Officiers de Police établis dans la Ville d'Amiens pour peser les fils de sayette & autres fils de laine que les Filattiers apportent dans les marchés.

Ils sont au nombre de douze qui tiennent leur Bureau dans de petites loges où ils sont obligés de se trouver aux jours & heures desdits marchés avec une balance & des poids de cuivre marqués aux armes de la Ville, & repassés chaque année au poids étallon.

Le Réglement de la Sayetterie de 1666 leur défend de peser ailleurs que dans leurs loges, ni de peser plus de trois poids à la fois.

Leur droit est deux deniers par chacun desdits poids.

Ils peuvent se transporter aux hôtelleries & maisons où les Filatriers arrivent & déchargent leurs fils pour en voir la quantité & en compter les bottes, afin d'obliger lesdits Filattiers de representer au marché la même quantité de fils qu'ils ont fait entrer dans la Ville.

PESEURS DE FILS DE CHANVRE ET DE LIN. Ce sont aussi d'autres petits Officiers établis au nombre de quatre dans la même Ville d'Amiens pour y peser toutes ces sortes de fils qui se vendent dans les halles & marchés. Ils sont obligés d'observer une semblable police que les Peseurs de fil de sayette.

PESNES ou PENNES, terme de Tisserant. Ce sont les bouts de fils qui restent attachés aux ensubles des Tisserans lorsque la toile est finie, & qu'elle est levée de dessus le métier. C'est de ces pesnes dont les Chandeliers se servent pour enfiler & mettre en livres la chandelle commune. *Voyez* CHANDELLE PLONGE'E *ou* COMMUNE.

PESNES. Se dit aussi dans la même signification dans les Manufactures de Lainage, des laines qui restent sur les ensubles lorsqu'on en a détaché les pieces. *Voyez* PENNES.

PESO. Monnoie de compte d'Espagne. Les dix mille pesos valent douze mille ducats. *Voyez* DUCAT.

PESON A CONTREPOIDS. C'est une espece de balance qui sert à peser diverses sortes de marchandises. On l'appelle aussi Crochet ou Balance Romaine. *Voyez* BALANCE.

PESON A RESSORT. Sorte de machine assez ingénieuse, dont on se sert pour peser certaines especes de marchandises, comme le foin, la paille, le fil, la filasse, la chair, &c.

Ce sont les petits Marchands qui vont aux Foires; les Etapiers, les Fouriers & les Vivandiers d'Armée, qui se servent le plus ordinairement du Peson à ressort.

Il y en a de différentes grandeurs pour peser depuis une livre jusques à cinquante. Les premiers qui parurent à Paris furent apportés de Besançon; ce qui a donné lieu à quelques-uns de croire que c'est à cette Ville que l'on a l'obligation de l'invention de cette machine; cependant bien des gens veulent qu'elle vienne d'Allemagne.

Le Peson à ressort est composé de plusieurs pieces.

1°. D'un anneau qui sert à le suspendre en l'air.

2°. D'une menue branche presque carrée, ordinairement de cuivre, & quelquefois de fer ou de buis sur l'une des faces de laquelle sont marquées les différentes divisions des poids. C'est au haut de cette branche que l'anneau est attaché par une esse.

3°. D'un ressort de fil d'acier en forme de tireboure arrêté au bas de la branche par un écrou, la branche passant de haut en bas au travers du ressort.

4°. D'une boete ou canon de figure cylindrique qui renferme la branche & le ressort.

5°. Enfin d'un crochet attaché par une esse au bas de la boete, qui sert à acrocher la marchandise que l'on veut peser.

Pour se servir du Peson à ressort, il faut le tenir par l'anneau suspendu en l'air perpendiculairement; ce qui fait que le poids de la marchandise tirant le crochet en enbas resserre le ressort; de sorte que la branche sortant par le haut de la boete à proportion du poids, l'on découvre les divisions qui y sont marquées par des rayes & des chiffres, ce qui dénote la pésanteur de la marchandise.

Ce peson, quoiqu'assez industrieusement fait, & assez commode en apparence, n'est cependant pas si juste que le peson à contre-poids ou romaine. Le défaut de justesse provient de ce que le ressort est sujet à se relâcher & à s'affoiblir par son trop grand usage.

Les Chinois se servent aussi d'une espece de peson qui ressemble assez à la balance romaine. On en peut voir la description à l'article de la balance.

PESSA. Petite monnoie de cuivre des Indes, de la valeur de six deniers de France. On la nomme plus ordinairement Pecha. *Voyez* PECHA.

PET

PETENUCHE, ou GALLETTE DE COCOLE. C'est une bourre de soie d'une qualité inférieure à celle qu'on appelle Fleuret.

Quand elle est filée, teinte & bien apprêtée, on l'employe à la fabrique de certaines étoffes, comme papelines, &c. On s'en sert aussi à faire des padoues, des gallons de livrée, des lassets, & d'autres semblables ouvrages.

La petenuche ou gallette de cocole en bourre & sans être filée, paye les droits de la Douane de Lyon a raison de 23 s. 6 den. de la balle pour l'ancienne taxation, & 10 s. du cent pésant pour la nouvelle réapréciation.

La petenuche filée paye 45 s. de la balle.

PETIT CORPS. On appelle ainsi dans la Sergetterie de Beauvais, les Sergers qui ne fabriquent que de petites serges, & de certaine qualité & nature.

Les Statuts & Reglemens de ladite Sergetterie de 1667, confirmés & homologués au mois de Février de la même année par le Roi séant en son Conseil Royal des Finances, contiennent quatre articles concernant les portées des étoffes permises aux Sergers du Petit Corps; sçavoir les 45, 46, 47 & 48.

Par le premier de ces quatre articles il est dit, Qu'il leur est loisible de faire des serges blanches & grises de soixante-dix portées, à vingt-huit fils chaque portée; qui seront, apprêtées pour vendre, de vingt-une aunes de longueur au moins, & de trois quarts de largeur au plus; dans lesquelles ils employent leurs moyennes laines, sans qu'elles ayent néanmoins de lisieres, ni qu'elles puissent être lavées ni enversées.

Le second ordonne, Que les sergettes drapées blanches & grises, façon de Mouy, auront quarante-six portées au moins, à vingt-huit fils chaque portée; & au retour du moulin demi-aune demi-quart de largeur & vingt aunes & demie de longueur au moins; & que les chaînes seront de leur longueur ordinaire.

Le troisiéme parle des revêches qui pourront être fabriquées par le Petit Corps, qui n'excederont pas le nombre de vingt-sept portées, à vingt-huit fils chacune, & qui auront demi-aune demi-quart de large au moins, sur vingt aunes de longueur aussi au moins, qui seront bien lavées & enversées, évrées & ébuquées.

Enfin le quatriéme article ordonne la visite desdites marchandises du Petit Corps, ainsi qu'il en est usé pour celles des deux Corps réunis de la Draperie & Sergetterie dudit Beauvais, conformément à l'article 10 des mêmes Statuts, à la réserve néanmoins de la marque, qui ne doit pas être du Sceau Royal, mais seulement du plomb ordinaire de la Ville. *Voyez* SERGETTERIE.

PETITS CORPS DES MARCHANDS. C'est ainsi que les trois premiers Corps, qui sont la Draperie, l'Epicerie & la Mercerie, appellent les trois derniers Corps, qui sont la Pelleterie, la Bonneterie & l'Orfévrerie.

Ils se servent sans doute de ce terme de Petit, non pas par rapport au nombre des Marchands dont ces trois derniers Corps sont composés; car il est certain que celui des Bonnetiers & celui des Orfévres, sont chacun séparément beaucoup plus nombreux que celui des Drapiers, qui a cependant la préséance, mais on les appelle Petits-Corps par rapport à leur rang.

Aussi l'usage s'est introduit insensiblement que de quatre Négocians qui entrent chaque année dans le Consulat, il y en a toujours un de chacun des trois premiers Corps; & à l'égard des trois derniers, à peine permet-on qu'il y en entre un de chaque Corps en trois ans, c'est-à-dire, un de l'un des trois chaque année.

PETIT-GRIS. Nom que l'on donne à une sorte de riche fourure faite des peaux d'une espece de rats ou d'écureuils, dont le poil de l'échine est d'un très beau gris cendré, & celui de la queue & du vendre d'un blanc tirant un peu sur le gris.

Ces sortes de rats ou d'écureuils se trouvent communément dans les Pays froids, sur-tout dans la Siberie, Province dépendante du Grand Duc ou Czar de Moscovie, d'où les Hollandois en tirent quantité par la voye d'Archangel, de Hambourg & de Lubeck. Le grand négoce qu'ils en font est cause que quelques-uns les appellent Ecureuils de Hollande.

Furetiere dit que le petit-gris étoit autrefois une fourure précieuse que portoient les Dames & les grands Seigneurs, & qu'il étoit défendu aux Courtisanes d'en avoir. Présentement elle se porte indifféremment par toutes sortes de personnes qui veulent en porter, & en ont le moyen.

Le petit-gris destiné pour la Turquie se vend en Moscovie par millier de peaux assorties depuis numero un jusqu'à numero quatre, qui vont toujours en diminuant de beauté & de prix depuis le premier numero jusqu'au dernier. Les Turcs, particuliérement ceux de Constantinople, en consomment une prodigieuse quantité pour leurs vestes, dont ils en font onze d'un millier de peaux entieres ; sçavoir cinq de l'échine, qui est le plus beau & le plus cher ; & six du ventre, qui est le moins estimé.

Presque tout le petit-gris qui se voit en France y est envoyé ou de Hollande ou d'Angleterre. Ce sont à Paris les Marchands Merciers & les Pelletiers qui en font tout le négoce. Les premiers le vendent en gros au cent de peaux ; & les autres l'employent en fourures, comme bas, manchons, aumusses, jupons, couvre-pieds, manteaux de lit, robes de chambre, vestes, juste-au-corps, &c.

On nomme aussi quelquefois, mais mal-à-propos, Petit-gris, les peaux de lapin dont le poil est d'un gris approchant de celui du véritable petit-gris. Quoique le petit-gris de lapin s'employe aux mêmes usages que le véritable petit-gris, il est cependant beaucoup moins estimé. *Voyez* Lapin.

Petit-gris. Se dit encore d'une espece de duvet ou petites plumes qui se tirent du ventre & du dessous des aîles de l'autruche. Ce Petit-gris est regardé comme le rebut des autres plumes de cet oiseau, & par conséquent peu estimé. Il se vend au poids. *Voyez* Autruche.

PETIT-NOIR. C'est une sorte de plume noire qui provient aussi de l'autruche. Elle n'est pas fort estimée, quoique plus chere des trois quarts que le petit-gris dont il a été parlé dans l'article précedent.

PETIT GIROFLE ROND. C'est un des noms que l'on donne au poivre de Thevet. *V.* Poivre.

PETIT MOULE A CAUCHER. Terme de Batteur d'or. *Voyez* Moule.

PETITE MESURE. Autre terme de Batteur d'or. *Voyez* Quarteron.

PETIT COMPTE. Terme de commerce de saline. *Voyez* Morue.

PETIT-PIED. Terme de teinture. *Voyez* Pied.

PETIT GRAIN. Nom que l'on donne aux orangelettes ou petites oranges, dont on fait l'huile appellée Huile de Petit-grain. *Voyez* Orange.

PETIT VERDUN. Sorte de dragée. *Voyez* Confiture, *vers la fin de l'article, où il est parlé des diverses especes de dragées.*

PETIT CANON, PETIT PARANGON, PETIT ROMAIN, PETIT TEXTE. Termes dont se servent les Marchands Libraires, les Imprimeurs & les Fondeurs de caracteres pour exprimer & distinguer quelques corps ou assortimens de lettres qu'ils employent dans l'impression des Livres. *Voyez* Canon, Parangon, Romain & Texte. *Voyez aussi* Caractere & Imprimerie.

PETIT-TEINT. C'est le nom que l'on donne à la Communauté de cette sorte de Teinturiers qui n'employent que des drogues communes dans leurs teintures, & qui ne peuvent aussi teindre que les moindres étoffes ; au contraire des Teinturiers du grand & bon teint, à qui les bonnes étoffes sont reservées, mais qui aussi ne doivent se servir que des meilleures drogues. *Voyez* Teint.

PETIT-BARRAGE. Sorte de linge ouvré qui se fait aux environs de Caen. *Voyez* Linge.

PETIT-LION. Autre espece de linge ouvré qui se fabrique à Reygnie & en quelques autres endroits de la petite Province de Beaujolois. *Voyez* Linge.

PETITE BORDURE. Sorte de ruban ou bord de laine plus étroit que les autres, qui se fabrique à Amiens. *Voyez* Bord.

PETITE ESPICE, ou ESPICE BLANCHE. Noms que l'on donne au gingembre battu, & réduit en poudre. *Voyez* Gingembre.

PETITE ESTOFFE, BASSE ESTOFFE, CLAIRE ESTOFFE, ou CLAIRE SOUDURE. Ce sont les différens noms que les Potiers d'étain donnent à une espece d'étain moitié plomb & moitié étain neuf. *Voyez* Estain, *vers le milieu de l'article.*

PETITE VENISE. Nom que l'on donne à une espece de linge ouvré qui se fabrique en Basse-Normandie. Il y a aussi une autre sorte de linge ouvré appellé Rosette ou Petite Venise, qui vient de Flandres. *Voyez* Linge.

PETITE TOILE. Toile qui se manufacture en Normandie. Il y en a de rayées & d'autres à carreaux. *Voyez l'article géneral des* Toiles, *au titre de celles de Normandie.*

PETITE OLONE. C'est le nom que l'on donne à une sorte de toile de chanvre écrue propre à faire des voiles de navire & autres bâtimens de mer.

Cette toile se fabrique à Medrignac & aux environs de ce petit Bourg de Bretagne ; ne s'en faisant point de cette espece dans la Ville d'Olone en Poitou, quoiqu'elle en aye pris le nom, à cause que ce sont les Olonois qui en ont fait les premiers le négoce.

Ces sortes de toiles qui ont vingt pouces de Roi de large, se vendent à la piece, qui contient ordinairement quatorze à quinze aunes mesure de Paris. *Voyez* Voile.

PETITS DRAPS. Ce sont des étamines ou autres étoffes semblables qui se fabriquent à Argentan & à Escouché, petites Villes du Duché d'Alençon, dont la consommation se fait toute dans le Pays. *Voyez* Estamine.

PETITS FINS. C'est la seconde sorte de fils de sayette, ou laines filées du filage de Flandres.

PETITS PAINS DE SAVON. Morceaux de savon blanc presque quarrés, pésant depuis une livre & demie jusqu'à deux livres, qui viennent par caisses ou tierçons & par demi-caisses. *Voyez* Savon.

PETREMENNE. Petite monnoye de cuivre qui a cours dans plusieurs endroits d'Allemagne, particuliérement à Treves ; c'est comme le sol ou l'albs, à la réserve qu'il faut six petremennes pour faire 5 s. d'Allemagne ou le demi-Kopfstuck.

La petremenne se divise en deux Fermens.

PETREOL, ou PETROLE. Huile minérale qui se tire de quelques endroits d'Europe, particuliérement d'Italie. *Voyez* Huile de Petrole.

PETRICHERIE. Terme de Marine, qui se dit de tout l'appareil qui se fait pour la pêche des morues, comme chaloupes, hameçons, couteaux, lignes, &c.

Les Basques & les autres Terre-Neuviers qui vont à cette pêche, ont emprunté ce mot des Espagnols, qui appellent Petrechos un équipage de guerre ou de chasse. *Voyez* Morue.

PETROLE. Espece d'huile extrêmement inflammable, qui brûle dans l'eau, & qui est de quelque usage dans la Médecine. Elle est du nombre des drogues qui font partie du négoce des Epiciers-Droguistes. *Voyez l'article géneral des Huiles.*

PETROLEUM. Huile de Petrole noire, qu'on nomme aussi Huile noire de Gabian. *Voyez* Huile de Petrole.

PETTAN, Ville du Royaume de Guzarate, célébre par ses étoffes de soie, & ses toiles de coton. *Voyez* l'Etat général, Tome I. page 426.

PETUN. C'est le nom que les Amériquains qui habitent le continent, donnent à la plante que ceux des Isles appellent Yoli, & que nous nommons vulgairement Tabac. Le mot de Petun est cependant de quelque usage en France, l'ayant pris de ces Indiens; mais on ne s'en sert gueres que pour marquer l'excès que l'on en fait en le fumant, ou l'endroit où on le prend en fumée. *Voyez* TABAC.

Grand petun, c'est une des quatre especes de tabac que l'on cultive dans l'Amérique. *Voyez* l'article du Tabac.

PEU

PEUILLE, terme d'Affineur. C'est un petit morceau de métail dont on fait l'affinage, sur lequel on fait l'essay, & qui sert à juger du titre du reste. *Voyez* AFFINAGE *ou* ESSAY.

PEUPLE ou PEUPLIER. *Voyez ci-après* PEUPLIER.

PEUPLER, une étoffe en boutons, terme de Manufacture de Lainage. C'est la friser, soit par l'envers comme certains draps, soit par l'endroit comme des ratines.

On dit qu'une étoffe est bien peuplée lorsque les boutons de la frisure y sont si épais & si drus que l'on a peine à appercevoir le fond de l'étoffe. *Voyez* FRISER.

PEUPLIER, que l'on nomme aussi PEUPLE. C'est un arbre très haut qui croît le long des rivieres, sur les bords des fossés, & dans les endroits aquatiques & marécageux. Quelques-uns le distinguent en stérile & en fertile, ou en mâle & en femelle. D'autres en admettent de trois especes, qui sont le blanc, le noir & le lybique, qu'on appelle communément Tremble. *Voyez* TREMBLE.

On ne s'arrêtera point ici à expliquer les différentes natures de Peupliers, non plus qu'à faire la description de toutes leurs parties, on se contentera seulement de rapporter ce que l'on en tire de propre pour le négoce.

Le bois du Peuplier se débite pour l'ordinaire en volilles ou petites planches depuis trois jusques à cinq lignes d'épaisseur sur dix pouces de large, & six pieds de long, pour foncer des cabinets & faire des bieres. On en débite aussi quelquefois en planches d'un bon pouce d'épaisseur, & d'onze à douze pouces de large, dont on se sert à faire des portes, des fenêtres, & autres semblables ouvrages de Menuiserie.

Les Sculpteurs emploient beaucoup de ce bois à faire des statues & des ornemens de sculpture, & les Charrons s'en servent quelquefois à faire des brancards pour de petits carrosses.

PEY

PEYSES. Petite monnoie de cuivre qui a cours dans les Indes Orientales, particuliérement à Amadabath ville considérable des Etats du Mogol.

Les 26 peyses font un mamoudis, & les 54 une roupie; ainsi la peyses est environ 8 deniers de France.

PEZ

PEZENAS, Ville du Bas Languedoc. *Voyez* l'Etat général, Tome I. page 214.

PHA

PHARMACIE. Deuxiéme partie de la Médecine qui enseigne la maniere de préparer toutes sortes de remedes propres pour le corps humain. La Pharmacie n'est autre chose que la profession des Apoticaires.

PHARMACIEN, celui qui travaille en Pharmacie: on le nomme plus ordinairement Apoticaire. Les Pharmaciens ou Apoticaires font partie du Corps de l'Epicerie. *Voyez* APOTICAIRE *&* EPICERIE.

PHARMACOPE'E. Traité de Pharmacie, qui enseigne l'élection, la préparation & la mixtion des médicamens. Divers Auteurs ont donné au public des Livres de Pharmacie, dont les plus connus sont Quercetan, Zwelfer, Bauderon, Lemery, Charras, Penicher, &c.

PHARMACOPOLE. Nom de dérision que l'on donne aux Apoticaires. *Voyez* APOTICAIRES.

PHI

PHILIPPE ou PHILIPPUS, monnoie d'or de Flandres, d'un titre assez bas. On la nomme Ride en Allemand. *Voyez* RIDE.

Il y a aussi des Philippus d'argent qui pesent près de six deniers plus que les écus de France de neuf au marc, mais qui ne prennent de fin que neuf deniers vingt grains.

Les Philippes d'Espagne qui ont un grand cours en plusieurs Villes d'Allemagne, où on les appelle *Philippe-Daller*, particuliérement à Francfort & à Nuremberg, s'y reçoivent sur le pied de cent crutzers communs, ou de quatre-vingt-deux crutzers de change.

C'est ordinairement sur cette espece de monnoie que se réduisent & s'évaluent les payemens qui se font.

Les Philippes, lorsqu'ils sont considérés comme monnoie réelle & courante, se mettent à Milan pour sept lires ou livres courantes; mais quand ils sont monnoie de change ou de compte, ils ne sont évalués & calculés qu'à cinq lires cinq sols; la lire de vingt sols, & le sol de douze deniers.

Il y a aussi des ducats ou écus de change à Milan, mais la monnoie de change la plus ordinaire de cette Ville sont les Philippes, à peu près comme les écus de trois livres en France, & les ducats d'argent de six livres quatre sols à Venise.

PHILIPPINES, Isles d'Asie dans la Mer des Indes, entre la Chine & les Moluques. *Voyez* le détail des marchandises que l'on en tire, & de celles qui y sont propres, dans l'Etat général, Tome I. page 469.

PHILOSOPHIE. Les Imprimeurs appellent de la sorte un des corps de caracteres dont ils se servent quelquefois pour l'impression des livres. Il est du nombre de ceux qu'on nomme Interrompus, & à qui les Fondeurs doivent mettre le cran dessus pour ne les pas confondre avec les corps réguliers. *Voyez* CARACTERE. *Voyez aussi* IMPRIMERIE.

PIA

PIASTRE. Monnoie d'argent, d'abord fabriquée en Espagne, & ensuite dans plusieurs autres Etats de l'Europe, qui a cours dans les quatre parties du monde.

On l'appelle aussi Piece de huit & Réale de huit, parce qu'elle vaut huit Reaux d'argent. Elle est à peu près au titre & du même poids que les écus ou louis blancs de France de neuf au marc. *Voyez* REALE.

Il y a deux sortes de piastres ou écus d'Espagne. Les unes qui se fabriquent au Potosi, que l'on appelle Piastres du Perou: les autres qui viennent du Mexique, que l'on nomme Piastres Mexiquaines. Ces dernieres pesent un peu plus que les autres, (mais comme par compensation) elles ne sont pas d'un argent aussi pur que celles du Potosi.

La piastre a ses diminutions qui sont la demi-piastre ou réale de quatre; le quart de piastre ou réale de deux; le huitiéme de piastre ou réale simple; & le seiziéme de piastre ou demi-réal.

La piastre de huit réaux d'argent, vaut quinze réaux de vellon, ou comme on le prononce en Espagnol de *Veillon*; ensorte que par rapport à cette différence de réaux d'argent ou de vellon, il faut pour chaque piastre seulement 272 maravedis d'argent, & jusqu'à 510 maravedis de vellon.

Il arriva en 1687, quelque changement en Espagne au sujet des anciennes piastres ou pieces de huit qui furent augmentées jusqu'à dix réaux d'argent, & à qui l'on donna le nom d'écu d'argent. Mais en même tems l'on en fabriqua de nouvelles de moindre poids qui eurent cours sur le pied de huit réaux comme avoient eu auparavant les anciennes. Ce changement néanmoins n'a point empêché que la piastre n'ait toujours eu cours sur le premier pied.

Le change d'Espagne en Angleterre se fait par piastres ou pieces de huit.

On nomme Dallers les piastres ou réales de huit que l'on fabrique en Hollande & en plusieurs lieux des Pays-Bas & d'Allemagne. Les Hollandois se servent des leurs dans leur commerce du Levant, où elles sont appellées Aslani, à cause de la figure d'un lion qu'elles ont pour empreinte d'un côté. *Voyez* Aslani. *Voyez aussi* Daller.

La Piastre est reçue aux Indes Orientales pour deux Roupies six Pessas, chaque Roupie valant quarante-cinq Pessas.

PIC

PIC. Gros poids de la Chine dont on se sert, particuliérement du côté de Canton, pour peser les marchandises. Il se divise en cent catis, quelques-uns disent en cent vingt-cinq; le catis en seize taels, chaque tael faisant une once deux gros de France, en sorte que le pic de la Chine revient à cent vingt-cinq livres poids de marc.

Pic. On se sert aussi du pic à Siam pour peser les marchandises de grand volume; mais il contient le double des catis Siamois qui ne valent que la moitié des catis de la Chine. *Voyez* Sohang.

Pic, ou Picq. C'est aussi une mesure des longueurs dont on se sert à Constantinople & presque par toutes les Echelles du Levant. *Voyez* Picq.

Pic. C'est aussi un instrument de fer un peu courbé, pointu & acéré avec un long manche de bois qui sert aux Maçons & Terrassiers à ouvrir la terre ou à démolir les vieux bâtimens. Les Carriers s'en servent aussi pour déraciner & découvrir les pierres dont ils veulent trouver le banc. Cet outil est peu différent de la pioche pointue, à la réserve que le fer en est plus long, plus fort & mieux acéré.

PICARDANS. Espece de raisins secs à peu près semblables à ceux que l'on appelle Raisins aux Jubis. *Voyez* Raisins Picardans.

PICARDIE, Province de France. *Voyez* ce qu'on dit de ses productions, Manufactures & Fabriques importantes, dans l'Etat général, Tome I. page 14.

Picardie. Canal de Picardie. *Voyez* Riviere, à l'article qui traite de ce Canal.

PICHINA DE HAUBOURDIN. Etoffe qui se fabrique à Haubourdin près la Ville de Lille en Flandre; elle est de laine brune, croisée, d'une aune de large ou de cinq quarts, sur environ vingt-trois à vingt-quatre aunes de longueur mesure de Paris. Ces sortes d'étoffes servent ordinairement à habiller les Carmes.

PICHOLINES. Petites olives. *Voyez* Olives.

PICK, ou PIC. Gros poids de Siam qui revient à cent vingt-cinq livres poids de Paris, d'Amsterdam, de Strasbourg & de Besançon. *Voyez* Pic.

PICOL. Poids dont on se sert à la Chine pour peser la soie. Il contient soixante & six catis & trois quarts de catis; ensorte que trois picols font autant que le bahar de Malaca, c'est-à-dire, deux cens catis. *Voyez* Bahar.

Picol. Est aussi un poids en usage dans divers lieux du Continent & des Isles des Indes Occidentales. Il pese environ vingt livres poids de Hollande.

PICOLETS. Les Serruriers appellent de la sorte deux petites pieces de fer rivées au côté de chaque poupée de leur tour, à travers desquelles passent les bras qui soutiennent le support. *Voyez* Tour.

PICOLI. Monnoie de compte dont on se sert en Sicile, particuliérement à Messine & à Palerme, pour les changes & pour tenir les livres soit en parties doubles soit en parties simples. Huit Picolis valent un ponti & six Picolis font le grain.

On compte par onces, tarins, grains & Picolis qu'on somme par 30, par 20 & par 6; l'once valant 30 tarins, le tarin 20 grains & le grain 6 Picolis.

PICOT. C'est la partie qui forme le bas d'une dentelle ou passement, & qui regne d'un bout à l'autre. Il y a de l'apparence qu'on lui a donné ce nom à cause qu'elle se termine en petites pointes placées les unes contre les autres. On estime fort les dentelles dont le picot est bien travaillé & bien serré, parce qu'elles durent plus que les autres. *Voyez* Dentelle.

Picot. Ce que les Carriers nomment un picot, est une espece de marteau pointu qui n'a qu'un côté; il porte environ huit pouces de longueur & un pouce en quarré à l'endroit où il est emmanché. Son manche n'a pas moins de cinq pieds de long, c'est un des outils qui servent à souchever la pierre. *Voyez* Souchever.

PICOTÉ, ou GUEUSE. Etoffe toute de laine d'un très petit prix qui est une espece de petit camelot.

Cette sorte d'étoffe se fabrique à Lille en Flandre où il s'en fait de plusieurs longueurs, largeurs & qualités. Elle est à peu près semblable aux lamparillas & polimites, mais non pas de si bonne qualité; sa destination la plus ordinaire est pour l'Espagne, car pour en France il ne s'y en consomme presque pas. Il y a aussi des picotes qui sont mêlées de soie. *Voyez* Camelot, Lamparillas & Polimites.

Les Picotes sans soie payent en France les droits de sortie & d'entrée sur le pied de mercerie; sçavoir ceux-ci à raison de 10 liv. du cent pesant conformément à l'Arrêt du 3 Juillet 1692; & pour ceux de sortie 3 liv. ou même seulement 2 liv. suivant le même Arrêt, si elles sont destinées & déclarées pour les Pays étrangers.

PICOTIN. Sorte de petite mesure à avoine qui contient quatre litrons, c'est-à-dire, le quart d'un boisseau de Paris. Le picotin dont se servent les Bourgeois pour la distribution de l'avoine à leurs chevaux, est ordinairement d'osier; mais celui dont se servent les Regrattiers & Maîtres Grainiers doit être de bois. L'Ordonnance de la Ville de Paris du mois de Décembre 1672, art. 9 du chap. six, leur défendant expressément de se servir ni d'avoir chez eux aucuns picotins ni mesures d'osier, mais seulement des mesures de bois étalonnées & marquées de la Lettre courante de l'année.

Il faut remarquer que chez ces sortes de petits Marchands détailleurs de grains & de graines, cette mesure est appellée tantôt un quart de boisseau & tantôt un picotin; & qu'ils ne se servent du dernier nom que lorsqu'il s'agit de mesurer l'avoine; car lorsqu'ils l'employent pour les autres grains & graines, ils lui donnent absolument le nom de Quart de boisseau.

Le picotin de bois qui n'est autre chose, ainsi qu'il vient d'être dit, que le quart du boisseau de Paris, doit avoir 4 pouces 9 lignes de hauteur, sur 6 pouces 9 lignes de diametre ou de large entre les deux fusts, ce qui est conforme à une Sentence du Bureau de ladite Ville du 29 Décembre 1670, inserée dans le chapitre 24 de l'Ordonnance de 1672, ci-devant rapportée.

Le picotin est une mesure pour les grains, dont on se sert à Londres & dans le reste de l'Angleterre. Quatre picotins font un galon ou boisseau; huit galons font le quarteau ou barique, & dix quarteaux un quart font le last.

PICOTIN, est aussi une mesure qui sert à l'arpentage dans quelques lieux de la Guyenne, particulierement à Aiguillon & à Colleigne. Il faut 12 escats pour faire le picotin, chaque escait de 12 pieds mesure d'Agen, qui est environ de trois lignes plus grande que le pied de Roi. *Voyez* l'article de l'Arpentage.

PICQ, ou PIC. Mesure étendue dont on se sert en Turquie, ainsi que l'on fait de l'aune en France, pour mesurer les corps de longueurs, comme étoffes, toiles, &c.

Le picq contient deux pieds deux pouces deux lignes qui font trois cinquiémes d'aune de Paris, en sorte que cinq picqs font trois aunes, ou trois aunes font cinq pics.

On appelle à Smyrne Tapis de picq la seconde sorte de tapis de Turquie ou de Perse qui s'y achetent par les Nations qui font le commerce du Levant. Ils sont ainsi nommés parce qu'ils ne se vendent pas à la piece, mais au picq quarré. *Voyez* TAPIS.

PICTOIS. Terme corrompu de Purois. Animal sauvage dont la peau est du nombre des pelleteries communes. *Voyez* PUTOIS.

PIE

PIECE, en terme de Commerce & de Manufactures. Signifie quelquefois un tout; & quelquefois seulement une partie d'un tout.

Dans la premiere signification on dit, une Piece de drap, une Piece de velours, une Piece de ruban, une Piece de toile; pour dire, une certaine quantité d'aunes de toutes ces choses reglée par les Ordonnances ou par l'usage, qui n'est point encore coupée ni entamée.

Dans l'autre signification on dit, une Piece de tapisserie, pour dire un morceau de tapisserie travaillé séparément, qui avec plusieurs autres morceaux compose une tenture entiere. On dit aussi dans le même sens, quoique dans une signification un peu différente, une Piece de bœuf, une Piece de pain, une Piece de fromage.

On appelle une Piece de vin, une Piece de cidre, une Piece de biere, un tonneau plein de l'une de ces liqueurs.

Couper à la piece, c'est ne point prendre le reste d'une piece, mais faire couper ce qu'on veut d'étoffe de toile, &c. ou d'une piece entiere, ou d'une piece où l'on n'a pas encore fait beaucoup de levées.

Entamer une piece de drap, d'étoffe d'or ou de soie, de ruban, &c. c'est y faire la premiere levée.

Les étoffes qui doivent être marquées au chef du nom du Fabriquant, ou qui doivent y avoir des plombs ou de fabrique ou des Inspecteurs des Manufactures, s'entament toujours par la queue afin de laisser les enseignemens qui sont au chef.

Lever une aune, deux aunes, &c. d'une piece; c'est en couper cette quantité d'aunes. Quand on dit qu'on n'a encore rien levé d'une piece, c'est faire entendre qu'elle est encore toute entiere & qu'on ne l'a point entamée.

PIECE, en terme de monnoie. Signifie quelquefois la même chose qu'espece. Cette piece est bien frappée, cette piece est legere, cette piece est fausse.

Quelquefois on s'en sert en y ajoutant le prix de l'espece, pour parler de celles qui n'ont point de nom particulier. Une piece de trente sols, une piece de vingt-cinq sols, une piece de quinze sols.

PIECE, en Angleterre. Signifie tantôt la guinée & tantôt la livre sterling, ce qui revient pourtant au même, la guinée valant vingt schellings qui font le pundt ou la livre sterling. Ce diamant m'a couté vingt Pieces; c'est comme si on disoit, m'a couté vingt guinées ou vingt livres sterlings. *V.* GUINÉE. *Voyez aussi* LIVRE STERLING.

PIECE DE HUIT. On appelle ainsi en Espagne la piastre, parce qu'elle vaut huit reaux. *Voyez* PIASTRE *ou* REALE

PIECE DE DIX SOLS. Espece d'argent fabriquée dans les Monnoies de France faisant le sixiéme de l'écu de soixante sols, & le dixiéme de celui de cent sols.

La fabrication des especes de dix sols a commencé en France dès l'an 1685 sous le regne de Louis XIV, qui ordonna par son Edit du mois de Septembre, qu'il seroit fait dans la monnoie de Lille des pieces de quatre livres, de quarante sols, de vingt sols, de dix sols & de cinq sols, au coin & aux armes de France écartelées de Bourgogne; mais pour avoir cours seulement dans les Provinces & Villes conquises par Sa Majesté dans les Pays-Bas.

Près de 20 ans après & sous le même regne, il fut ordonné qu'il se fabriqueroit dans toutes les Monnoies du Royaume des pieces de dix sols pour y avoir cours & y être reçûes dans le négoce comme les anciennes especes.

L'Edit qui en ordonna la fabrication est du mois de Mai 1703; il porte que ces nouvelles especes seroient fabriquées du poids de deux deniers neuf grains trébuchans, au titre de dix deniers de fin, à la taille de soixante & dix-neuf pieces au marc, & au remede de trois grains de fin & d'une piece & demie par marc.

Ces pieces furent depuis diminuées à proportion de l'écu, de six deniers en 1706, & ensuite à diverses reprises encore de dix-huit deniers; ensorte qu'elles avoient été réduites sur la fin du regne de Louis XIV à huit sols piece; mais l'écu ayant été remis à cent sols au commencement du regne de Louis XV, les pieces de dix sols reprirent aussi leur ancienne valeur, & même furent mises depuis à 12 sols, lorsqu'en 1718 les écus furent mis à six livres.

Le 19 Décembre de la même année par Déclaration du Roi enregistrée à la Cour des Monnoies le 29 ensuivant, il fut ordonné la fabrication de nouvelles pieces de vingt sols & de dix sols au même titre des écus fabriqués en conséquence de l'Edit du mois de Mai précédent, pour tenir lieu des quarts d'écus, dixiémes & vingtiémes auparavant ordonnés, lesquelles nouvelles pieces furent nommées des sixiémes & douziémes, & pour les distinguer, marquées du côté de l'écusson par ces chiffres de leur valeur. XX. S. X. S.

PIECE DE QUATRE SOLS. PIECE DE DEUX SOLS. Ce sont deux petites especes d'argent qui commencerent d'être fabriquées & d'avoir cours en France en 1674.

La Déclaration qui en ordonna la fabrication porte, qu'elles seront frappées dans les Monnoies de Paris & de Lyon, à dix deniers de fin au remede de trois grains, à la taille, celles de deux sols de trois cens pieces au marc, & celles de quatre sols de cent cinquante pieces; au remede de trois pieces par marc pour celles de deux sols, & pour celles de quatre sols d'une piece & demi, le fort portant le foible.

Ces especes furent réduites en 1679, celles de quatre sols à trois sols six deniers & celles de deux sols à un sol neuf deniers; on les appella alors par dérision, des Invalides, nom que l'on donne en France aux Soldats qui ont été mutilés de quelqu'un de leurs membres. Depuis elles furent converties & réformées par une Déclaration du mois d'Aout 1691, qui ordonna qu'il en seroit fabriqué de nouvelles qui auroient cours pour quatre sols. Il s'en fabriqua encore d'autres en exécution d'une Déclaration du 8 Avril 1704; enfin elles ont été tout-à-fait décriées par un Arrêt du Conseil d'Etat du Roi de l'année 1711.

Il y a quantité de semblables petites pieces fabriquées dans les Pays étrangers, qui valent plus ou moins suivant leur poids ou suivant qu'elles tiennent de fin. Voici les principales.

Celles de Piedmont de 1629 & 1630 pésant 3 d. 12 g. tiennent 3 d. de fin. Celles de même fabrique de 1640 & 1642, qu'on nomme Soldes ou Soldi pesent autant, mais n'ont que 2 d. 6 g. de fin; les demi-soldes du poids d'un d. 8 g. tiennent de fin 3 d.

Les pieces de 4 s. de Piedmont tiennent de fin 3 d. 12 g. celles de Savoye 4 d. 17 g. les pieces de 3 s. aussi de Savoye 2 d. 23 g. celles de Genes pésant 3 d. tiennent de fin 4 d. 22 g. d'autres seulement 3 d. 8 g.

Les pieces de 6 s. du même Etat ne tiennent de fin que 5 d. 14 g. quelquefois 8 g. encore de moins. Toutes ces monnoies sont moins especes d'argent qu'especes de billon, les especes n'étant réputées d'argent que lorsque l'argent est au-dessus de 6 d.

Il y a néanmoins des pieces de 8 s. de 6 s. de 4 s. & de 3 s. de Genes, qui sont des monnoies d'argent & qui tiennent de fin depuis 11 d. 6 g. jusqu'à 10 d. 6 g.

PIECE. Se dit aussi de quelques especes de billon & de cuivre qui se fabriquent en France, & qui n'ont pas de nom particulier, comme sont les Pieces de 6 blancs, de 30, de 15, de 6, de 4 & de 2 deniers. *Voyez* LIARD & DENIER. *Voyez aussi* SOU.

PIECE. C'est aussi une espece de monnoie de compte ou plutôt de maniere de compter en usage parmi les Negres de la Côte d'Angole en Afrique, particuliérement à Malimbo & à Cabindo.

Le prix des esclaves, des autres marchandises & des rafraîchissemens qui se traitent dans ces deux lieux, aussi-bien que les coutumes qui se payent aux petits Roys à qui ils appartiennent, s'estiment de part & d'autre en pieces; c'est-à-dire, que si ces Barbares veulent avoir dix pieces pour un esclave tête d'Inde; les Européens de leur côté évaluent pareillement en pieces les denrées & les marchandises qu'ils en veulent donner en échange.

Par exemple dix anabasses valent une Piece, un fusil une Piece, un baril de poudre de dix livres une Piece; une piece de Salampouris bleue quatre Pieces, dix bassins de cuivre une Piece; une piece de toile Indienne deux Pieces; & une piece nicannée une Piece; ce qui fait les dix pieces fixées pour le prix d'un esclave, lorsque la convention en a été faite pour cette valeur. Cela doit s'entendre à proportion de toutes les autres marchandises qui servent au commerce de la Côte d'Angole & qu'on y échange pour des Negres, ou pour de la poudre d'or, du morfil, de la cire, des cuirs, &c. *Voyez l'Etat du Commerce au paragraphe où il est traité de celui des Côtes d'Afrique qui sont baignées par l'Océan.*

PIECE D'INDE. On appelle dans la traite ou commerce des Negres, Negre Piece-d'Inde, un homme ou une femme depuis quinze jusqu'à vingt-cinq ou trente ans au plus, qui est sain, bien fait, point boiteux & avec toutes ses dents.

Il faut trois enfans au dessus de dix ans jusqu'à quinze pour deux Pieces, & deux au dessus de cinq ans jusqu'à dix pour une Piece. Les Vieillards & les malades se réduisent aux trois quarts. *Voyez* NEGRE. *Voyez aussi* ASSIENTE.

PIECE. Sorte d'outil fait de cuivre avec un manche de même métail qui sert aux Chapeliers à estamper leurs chapeaux. *Voyez* CHAPEAU & ESTAMPER.

PIECE DE RAPPORT. On appelle Ouvrage de Pieces de rapport, un ouvrage composé de plusieurs petits morceaux de pierres précieuses, de marbres les plus riches, ou de bois de diverses couleurs disposées & arrangées avec art pour représenter quelque dessein de grotesque, de compartimens, de fleurs, d'oiseaux, &c. Ce sont les Menuisiers de placage & de marquetterie, si les ouvrages ne sont que de bois, ou les Marbriers & les Lapidaires, s'ils sont de marbre ou de pierres précieuses, qui travaillent en Pieces de rapport. *Voyez* MOSAIQUE, MARQUETTERIE & MENUISIER DE PLACAGE.

PIECE, qui s'appelle aussi PAIN & quelquefois MEULE. C'est une sorte de fromage plat & rond, semblable à peu près à ces meules de Remouleurs qu'on nomme des Gagne-petits. Il vient de ces fromages d'Italie, de Suisse & d'Angleterre. *Voyez* FROMAGE *aux endroits où l'on parle de ceux de ces différens Pays.*

PIECE. Se dit aussi parmi les Artisans, de certains outils ou instrumens qui ne sont pas distingués par des noms spécifiques, mais qui s'appellent simplement Pieces.

PIECE QUARRÉE. Outil dont se servent les Menuisiers pour voir si les bois de leurs assemblages se joignent quarrément. Il est simple & ne consiste qu'en qu'en la moitié d'une planche exactement quarrée, coupée diagonalement d'un angle à l'autre.

PIECE DE RENCONTRE. Les Tourneurs appellent ainsi un morceau de fer attaché au haut de la lunette d'une poupée, qui par sa rencontre avec la piece ovale fait baisser ou hausser l'arbre sur lequel on tourne des ouvrages de figures irrégulieres.

La piece ovale ou les autres pieces irrégulieres de cet arbre sont ordinairement de cuivre, afin que la rencontre en soit plus douce. *V.* TOUR.

PIED DE ROI. Mesure des longueurs dont on se sert en France.

Le pied de Roi se divise en douze pouces, le pouce en douze lignes & la ligne en six points. Six pieds de Roi font une toise longue.

L'étalon ou mesure originale du pied de Roi se trouve attaché contre la muraille au bas de l'escalier du grand Châtelet de Paris en montant à main gauche.

Ses subdivisions sont la poignée, l'inch ou pouce, & le grain d'orge ou ligne; 3 grains font l'inch, 4 inchs font une poignée & 3 poignées un pied; un pied & demi fait 1 cubit ou coudée, 2 cubits font un yard, un yard & un quart fait une aune. Cinq pieds font un pas géométrique; six pieds une brasse; seize & demi la perche, qu'on appelle aussi Gaule ou verge. Quarante perches font un furlong & huit furlongs le mille d'Angleterre.

Le pied Rhenan ou le pied de Leiden en Hollande, sert de mesure à tout le Septentrion; sa proportion avec le Pied Romain est comme de 950 à 1000. Casimir Simieirowics Polonois, dans sa Pyrotechnie, a fait la réduction au Pied Rhenan de tous les autres pieds des plus considérables Villes de l'Europe; le Lecteur curieux peut y avoir recours.

Réduction des pieds tant anciens que modernes, au pied de Roi du Châtelet de Paris, tirée de divers Mémoires par le Sieur Daviler.

PIEDS ANTIQUES.

Le pied d'Alexandrie avoit 12 pouces, 2 lignes, 2 parties de ligne.

D'Antioche, 14 pouces, 11 lignes, 2 parties.

L'Arabique, 12 pouces, 4 lignes.

Le Babilonien, 12 pouces, 1 ligne $\frac{1}{2}$, selon Capellus, 14 pouces, 8 lignes $\frac{1}{2}$, & selon M. Perrault, 12 pouces 10 lignes $\frac{1}{2}$.

Le Grec, 11 pouces, 5 lignes $\frac{1}{2}$, selon M. Perrault, 11 pouces, 3 lignes.

L'Hebreu, 13 p. 3 l.

Enfin le Romain, selon Riccioli & Vilalpande, 11 p. 1 l. 8 part. de lignes, suivant Lucas Pœtus au rapport de M. Perrault & selon M. Picard, 10 p. 10 lignes 6 parties de ligne, qui est la longueur de celui qui se void au Capitole, & apparemment la meilleure mesure : cependant selon M. Petit, qui prend le milieu de toutes ces différentes mesures, il est de 11 pouces.

PIEDS MODERNES.

Le pied d'Amsterdam a 10 pouces, 5 lign. 3 parties de lignes.

D'Anvers, 10 pouces, 6 lignes.

D'Avignon & d'Aix en Provence,, 9 p. 2 lig.

D'Ausbourg en Allemagne, 10 p. 11 l. 3 part.

De Baviere en Allemagne, 10 p. 8 lignes.

De Bésançon en Franche-Comté, 11 pouces, 5 lignes 2 parties.

Le pied ou brasse de Boulogne en Italie, 14 pouces selon Scamozzi, & 14 pouces 1 ligne, suivant M. Picard.

Le pied ou brasse de Bresse, 15 p. 7 l. $\frac{1}{3}$ selon le même Scamozzi, & 18 p. 5 l. 4 parties suivant M. Petit.

Le pied ou derub du Caire en Egypte, 20 pouces, 6 lignes.

Celui de Cologne, 10 p. 2 lignes.

Celui de Comté & de Dole, 13 p. 2 l. 3 part.

Le pied ou pic de Constantinople, 24 p. 5 lig.

De Coppenhague en Dannemarck, 10 p. 9 lignes $\frac{1}{2}$.

De Cracovie en Pologne, 13 p. 2 lignes.

De Dantzic en Allemagne, 10 pouces 4 lignes 6 part. selon M. Petit, & 10 p. 7 lignes suivant M. Picard.

De Dijon en Bourgogne, 11 p. 7 l. 2 parties.

Le pied ou brasse de Florence, 20 pouces, 9 lign. 6 part. selon Maggi, 21 p. 4 l. $\frac{1}{2}$ selon Lorini, 22 p. 8 l. selon Scamozzi, & 22 p. 4 lign. suivant M. Picard.

Le pied ou palme de Genes, 9 pouces, 2 lign. selon M. Petit.

De Geneve, 18 pouces, 4 parties de lignes.

De Grenoble en Dauphiné, 12 pouces, 7 lig. 2 part. de lig.

De Heydelberg en Allemagne, 10 pouces, 2 lign. selon M. Petit, & 10 pouces, 3 lign. $\frac{1}{2}$ suivant une mesure originale.

De Leipsik en Allemagne, 10 pouces, 7 lign. 7 parties de ligne.

Le pied de Leyde en Hollande, ou le pied Rhenan, qui sert de mesure à tout le Septentrion, 11 pouces 7 lignes.

De Liege, 10 p. 7 lign. 6 parties.

De Lyon, 12 pouces, 7 lign. 2 parties selon M. Petit, & 12 pouces, 7 lignes $\frac{1}{2}$ suivant une mesure originale; 7 pieds $\frac{1}{2}$ font la toise de Lyon.

De Lisbonne en Portugal, 12 pouces, 6 lignes, 7 parties selon Snellius.

De Londres & de toute l'Angleterre, 11 p. 3 lign. ou 11 p. 2 lign. 6 part. selon M. Picard, mais selon une mesure originale, 11 p. 4 lignes. Le pouce d'Angleterre se divise en 10 parties ou lignes.

De Lorraine, 10 pouces, 9 lignes, 2 part.

De Manheim dans le Palatinat du Rhin, 10 pouces 8 lignes, 7 part. selon une mesure originale.

Le pied ou brasse de Mantoue en Italie, 17 pouces, 4 lign. selon Scamozzi.

De Mâcon en Bourgogne, 12 p. 4 lign. 3 part. il en faut 7 & $\frac{1}{2}$ pour la toise.

De Mayence en Allemagne, 11 p. 1 lign. $\frac{1}{2}$.

De Middelbourg en Zelande, 11 p. 1 lign.

Le pied ou brasse de Milan, 22 pouces.

Le pied ou palme de Naples, 8 pouces, 7 lign. selon Riccioli.

Celui de Padoue en Italie, 13 pouces, 1 ligne selon Scamozzi.

Le pied ou palme de Palerme en Sicile, 8 p. 5 lign.

Celui de Parme en Italie, qu'on nomme aussi brasse, 20 pouces, 4 lignes.

Celui de Prague en Bohême, 11 p. 1 l. 8 part.

Celui du Rhin, 11 pouces, 5 l. 3 parties selon Snellius & Riccioli, 11 p. 6 lign. 7 part. selon M.

Petit, 11 p. 7 lign. selon M. Picard, & 11 p. 7 l. ½ selon une mesure originale.

Celui de Rouen, il est semblable au pied de Roi.

Celui de Savoye, 10 pouces.

Celui de Sedan, 10 pouces ¼.

Celui de Sienne en Italie, qui se nomme brasse, 21 pouces, 8 lign. 4 parties.

Celui de Stokolm en Suede, 12 p. 1 lign.

Celui de Strasbourg, 10 p. 3 l. ½.

Le pied de Tolede, ou pied Castillan, 11 pouces, 2 l. 2 part. selon Riccioli, & 10 p. 3 lign. 7 parties selon M. Petit.

Le pied Trevisan dans l'Etat de Venise, 4 p. ½ selon Scamozzi.

Celui de Venise, 12 pouces, 10 lign. suivant le même Scamozzi & Lorini, 12 p. 8 lign. suivant M. Petit, & 11 p. 11 lign. suivant M. Picard.

Celui de Veronne en Italie, égal à celui de Venise.

Celui de Vienne en Autriche, 11 p. 8 lign.

Celui de Vienne en Dauphiné, 11 p. 11 lign.

Enfin le pied d'Urbain & de Pezaro en Italie, 13 p. 1 lig. selon Scamozzi.

Le pied Chinois est presque semblable au pied de Roi, ce dernier ne surpassant l'autre que d'un centiéme.

Pied cube. Se dit d'un corps qui a un pied de toutes les faces. Un pied cube de terre, un pied cube de pierre, un pied cube de bois; & ainsi de toutes les autres matieres mesurables.

On a crû que le Lecteur ne seroit pas fâché de trouver ici une Table de la proportion du poids de différens corps ou matieres réduites à la grosseur du pied cube.

TABLE.

Un pied cube d'or pese,	1368 liv.	
Un pied cube d'argent,	744	
Un pied cube de cuivre,	648	
Un pied cube d'estain,	576	
Un pied cube de plomb,	829	
Un pied cube de vif-argent,	977	1/7
Un pied cube de terre,	95	1/3
Un pied cube de sable de riviere,	132	
Un pied cube de sable de terre & de mortier,	120	
Un pied cube de chaux,	59	
Un pied cube de plâtre,	86	
Un pied cube de pierre commune,	140	
De pierre de liais,	165	
De pierre de Saint Leu,	115	
Un pied cube de marbre,	252	
Un pied cube d'ardoise,	156	
Un pied cube d'eau-douce.	72	
D'eau de mer,	73	5/7
De vin,	70	1/2
D'huile,	66	1/3
Enfin un pied cube de sel,	110 liv.	1/3

Pied. Se dit aussi d'une mesure de cuivre, de fer, de bois ou de quelque autre matiere que ce soit dont les Géometres se servent, & qui sert aussi à la plupart des Ouvriers, entr'autres aux Charpentiers, Menuisiers, Maçons, Couvreurs & autres semblables pour mesurer leurs ouvrages.

Il y a de ces pieds qui sont tout d'une piece, d'autres qui se plient & sont brisés, d'autres encore qui en s'ouvrant portent leur équerre. Ce sont les Faiseurs d'instrumens de mathématique qui font ordinairement les pieds de cuivre; ils en font aussi d'argent pour mettre dans des étuis portatifs: les uns & les autres sont divisés en pouces & le premier pouce en lignes.

Les pieds de fer ou d'ouvrage commun se vendent par les Quincaillers.

Pied. Signifie aussi une mesure de proportion. Toutes les monnoies d'or se reglent pour leur poids & leur valeur sur le pied de l'écu sol à proportion de son titre. Le prix de l'argent dans le commerce est sur le pied de tant pour cent. Le change de Paris pour Amsterdam est sur un tel pied. On a fait cette contribution sur le pied de 20000 liv.

Pied fort, en terme de monnoie. Se dit d'une piece d'or, d'argent ou d'autre métail, plus forte ou plus épaisse que les monnoies ordinaires, quoique presque toujours frappée au même coin, mais qui n'a point de cours dans le commerce comme les autres especes.

Ce sont les Monetaires ou Monnoyeurs qui les font frapper par curiosité, soit pour les garder, soit pour donner à leurs amis. On voit à Paris dans les cabinets des Curieux, des pieds forts de quatre Louis d'or, de huit, de douze & de seize, presque tous gravés par le célebre Varin cet habile Monetaire, à qui la monnoie de France est redevable de sa perfection.

Outre les pieds forts qui sont frappés sur de l'or, on en a aussi quantité d'argent & de cuivre gravés par cet excellent Tailleur, qui égalent la beauté des Médailles les plus estimées.

Pied. On appelle le pied d'une bougie de table le bout d'en-bas qui est opposé à la méche. Le côté de cette méche se nomme la tête.

Pied d'Alexandrie. Racine Médecinale, qui est une espece de Pirethre. *Voyez* Pirethre.

Pied, en terme d'exploitation & de commerce de bois. Se dit aussi des arbres dont une coupe doit être composée. Il y a tant de pieds d'arbres dans cette forêt.

On nomme Pieds Corniers les gros arbres qui sont dans les encoigneures des ventes, qui se font dans les forêts, & qui se marquent par le Garde-marteau.

Pied, en fait de teinture. C'est la premiere couleur qu'on donne à une étoffe avant que de la teindre dans une autre couleur, comme le bleu avant que de teindre en noir: ce qui s'appelle, Pied de Pastel ou de Guede.

On dit de même, Pied de Garance, Pied de Gaude, Pied de Racine; & ainsi des autres drogues dont est composée une teinture.

Une seule étoffe a autant de pieds de couleur, qu'elle est successivement teinte en différentes couleurs; & les Teinturiers sont obligés d'y laisser autant de roses ou rosettes que de pieds, pour faire voir qu'ils ont donné les pieds de leur couleur, en conformité du Reglement de 1669. Ce qui se peut aussi connoître par le débouilly. *Voyez* Rose *&* Debouilly.

Petit pied de garance, de gaude, de guede, &c. C'est lorsque la teinture en ces sortes de couleurs est foible & n'a pas toute sa perfection.

Pied. Se dit aussi de la partie inférieure des rotz qui servent à la fabrique des étoffes & des toiles, la partie supérieure s'appelle la tête. *Voyez* Teste.

Pieds-droits. Terme de Plomberie. Ce sont les plaques ou tables de plomb dont on couvre la charpente des lucarnes pour empêcher que les bois ne pourrissent à la pluye. Les pieds-droits se payent à tant le cent pésant mis en œuvre, plus ou moins suivant le prix du plomb. *Voyez* PLOMBERIE.

PIED FOURCHÉ. Les Marchands de Bétail appellent Bestiaux à pied fourché, les animaux qui ont le pied fendu en deux seulement, comme sont les bœufs, vaches, cochons, moutons, chevres, &c.

Le pied fourché est aussi un droit qu'on leve aux Entrées de quelques Villes de France, sur les bestiaux à pied fourché qui s'y consomment, dont il est fait une Ferme. La Ferme du Pied fourché est différente de celle du pied rond.

Les droits du pied fourché se payoient autrefois à Paris en conséquence de deux Tarifs; l'un pour le barrage de l'année 1640; & l'autre de l'année 1651 pour le Domaine. Ces deux droits ayant été réunis en un seul par Déclaration du Roi du 17 Septembre 1692 pour la facilité du recouvrement, les droits de pied fourché, quoiqu'ils eussent toujours été payés en exécution desdits deux anciens Tarifs, furent cependant oubliés dans le nouveau. Comme cette omission pouvoit faire croire que le droit eût été entiérement supprimé, Sa Majesté pour en prévenir les suites, donna une nouvelle Déclaration le 5 Mars 1693, par laquelle elle ordonne que les droits sur les bœufs, vaches, moutons & autres bestiaux à pied fourché, continueront d'être payés ainsi qu'ils l'avoient été par les Tarifs de 1640 & 1668; sçavoir, pour chaque bœuf 11 den. pour chaque vache ou porc, 8 deniers, pour chaque veau 6 den. & pour chaque brebis, mouton, chevre & chevreau, 3 den. pour le payement desquels Sa Majesté entend que les Voituriers tant par eau que par terre; ensemble les Fermiers ou Commis préposés à la perception desdits droits, observeront tout ce qui est ordonné par la Déclaration du mois de Septembre 1692.

PIED, en fait de dentelle. Se dit d'une dentelle très basse, qui se coud à une plus haute, engrêlure contre engrêlure. *Voyez* DENTELLE.

PIED DE CIRE. C'est ainsi qu'on appelle le Sédiment ou ordure de la cire qui s'échappe à travers la toile ou par les trous du pressoir, & qui tombe au fond des moules, où l'on a jetté la cire étant encore chaude. On se sert d'un couteau ou d'un autre instrument de fer fait exprès pour séparer la bonne cire d'avec le pied de cire, qui se trouve toujours au dessous des pains, après qu'on les a retirés des moules. Moins la cire a de pied, & plus elle est estimée. *Voyez* CIRE.

PIED POUDREUX. Se dit parmi les Marchands & Négocians de ceux dont la réputation & la solvabilité ne sont pas bien connues. C'est un pied poudreux que cet homme, il n'y a pas de seureté à lui prêter sa marchandise.

Quand on dit qu'un Marchand est réduit au petit pied, cela veut dire que son commerce est tombé manque de crédit, & qu'il est obligé de n'avoir plus qu'une petite boutique, & point de garçons. Au contraire, lorsque l'on dit qu'un Négociant est sur un bon pied, cela signifie que son commerce est considérable, & son crédit bien établi.

En fait de commerce de mer, on dit que des marchandises sont en pied, pour faire entendre qu'elles sont encore en nature, & que les Marchands les peuvent revendiquer, en payant les frais de sauvement.

PIED-COURT. C'est le nom que l'on donne aux Moquettes de bas prix, qui n'ont que cinq douziémes de large. *Voyez* MOQUETTE.

PIED. L'on appelle en terme de Fondeur de caracteres d'Imprimerie, le pied d'une lettre l'extrêmité qui est opposée à l'œil, c'est-à-dire, à cette partie gravée en relief qui sert à l'empreinte de la lettre.

C'est au dessous du pied qu'est cette petite cavité faite au rabot, qu'on appelle la rainure de la lettre. Il faut qu'une lettre bien fondue ne soit ni forte en pied, ni forte en tête, & que les deux extrêmités du pied contiennent ensemble la moitié du corps. *Voyez* FONDEUR DE CARACTERES.

PIED DE CHEVRE. Espece de pince de fer recourbée & refendue par le bout, dont les Charpentiers, Maçons, Tailleurs de pierres & autres Ouvriers se servent pour remuer leurs bois, leurs pierres & semblable fardeau. *Voyez* PINCE.

PIED DE CHEVRE. C'est aussi en terme d'Imprimeurs l'outil dont ils se servent pour démonter leurs bales.

PIED DE CHEVRE. C'est encore la piece de bois qu'on ajoute à l'engin que les Charpentiers appellent une Chevre, lorsqu'on ne peut l'appuyer contre un mur. *Voyez* CHEVRE.

PIERRE. Corps solide & dur, qui se forme dans les entrailles de la terre, & même quelquefois dans celles des hommes & des animaux. Il y a aussi des pierres qu'il semble que la mer produise, comme la pierre Ponce & la pierre d'Eponge; & d'autres encore qui sont un effet de la vertu de l'eau de certaines fontaines capables, dit on, de pétrifier toutes sortes de matieres. Ce sont de ces pétrifications que les curieux se ventent de conserver dans leurs cabinets.

De ce grand nombre de pierres, qui sont toutes l'ouvrage de la nature, les unes ne servent simplement que pour la magnificence & l'ornement; comme toutes celles qu'on appelle par excellence, Pierres Précieuses, qui font le commerce des Lapidaires & des Joyailliers. D'autres plus utiles, si toutes les vertus qu'on leur attribue étoient certaines, s'employent dans la Médecine & se vendent par les Apoticaires Droguistes & Epiciers; telles sont les divers Bezoars, la Pierre Judaïque, la Pierre d'Aigle, & quelques-autres semblables. D'autres encore sont d'usage dans la peinture, soit pour en préparer diverses couleurs en les calcinant & broïant, soit pour servir en crayons aux Dessinateurs; de ce nombre sont la pierre Armenienne, la Plombiere, la Sanguine, la pierre Noire, &c. qui font partie du commerce des Epiciers en gros & en détail: Enfin la plus grande quantité qui sont aussi d'un usage plus nécessaire & plus commun, servent aux bâtimens, & en font, ou l'élévation, ou la liaison, ou l'ornement; de celles-là sont la Pierre de Taille, le Libage, le Moilon, la Pierre à Chaux & la Pierre à Plâtre.

On parlera dans la suite de cet article de plusieurs de ces pierres, autant néanmoins qu'elles auront rapport au Commerce : les autres seront renvoyées à leurs propres articles.

PIERRE A BASTIR. Cette sorte de pierre se forme par lits, ou comme on dit en terme de Carrier, par bancs. Ces lits qui sont posés les uns sur les autres, sont de différentes qualités, soit pour la dureté, soit pour l'épaisseur, soit pour leur resistance à l'air, soit enfin pour la facilité à prendre le poli; ce qui fait qu'on les employe à divers ouvrages.

Les lieux souterrains d'où l'on tire ces pierres, s'appellent des Carrieres, & les Ouvriers qui y travaillent des Carriers; les uns & les autres sans doute, à cause que les lits ou bancs de pierre se coupent & se débitent par grosses masses ou carreaux, afin de les enlever plus aisément du fond de la carriere.

Les instrumens dont on se sert pour les couper & les remuer, sont des masses, des coins, plusieurs sortes de marteaux, divers ciseaux & des pinces de fer, des leviers & des rouleaux de bois. Les engins & machines qu'on employe pour les monter, sont des tourniquets & des roues, celles-ci doubles ou simples auxquelles des hommes donnent le mouvement, ou en marchant dans la cavité des roues doubles, ou en montant le long des chevilles ou échelliers des roues simples. Une longue échelle à chevilles posée perpendiculairement dans l'ouverture de la carriere, donne aux Ouvriers la commodité ou d'y descendre, ou d'en remonter. Il y a néanmoins des carrieres où l'on travaille à découvert, & où les Carriers n'ont besoin ni d'échelles, ni de roues, les charrois pouvant venir prendre leur charge jusqu'au lieu du travail.

L'Italie si féconde en beaux marbres a aussi quantité de carrieres de pierre à bâtir. Tivoli est renommé pour son Trevertin, les environs de Rome par le Piperno, & l'Etat de Florence par la Serena.

La France qui a aussi ses marbres, ne cede pas non plus à l'Italie pour les pierres à bâtir. Sur tout les pierres des environs de Paris sont excellentes pour être employées à toutes sortes d'ouvrages, & les carrieres en sont si abondantes & pour ainsi dire si inépuisables, qu'elles ont suffi jusqu'à présent, non-seulement à ce nombre incroyable de magnifiques Eglises, de superbes Palais, & d'autres beaux bâtimens presque tous de pierre de taille qu'on continue d'y élever depuis un siécle, mais encore à ces agréables maisons de campagne dont les environs de cette capitale sont embellis.

Les principales carrieres d'où se tire la pierre qui s'employe à Paris, sont celles des Chartreux dans un des Fauxbourgs de la Ville, de Vaugirard, de S. Cloud, d Arcueil, d'Yvry, de la Vallée de Fescamp, de S. Maur, de Passy, de Charenton, de Montesson, de S. Leu, de Seran, de Trossi, de S. Maximin, du Camp de César, de Meudon & de Senlis. Celle-ci est plus éloignée de quelques lieues que les autres.

C'est d'une carriere de Meudon qu'ont été tirées les deux pierres si extraordinaires qui couvrent le fronton de la façade du Louvre, & qui y furent montées au mois de Septembre 1674, par le moyen d'une machine également simple & ingénieuse. Ces pierres qui n'en faisoient qu'une sur la carriere, portent chacune mises en œuvre cinquante-deux pieds de long sur huit pieds de large & dix-huit pouces d'épaisseur.

On n'entrera ici dans aucun détail des différens noms & des différentes qualités des pierres qu'on tire de toutes ces carrieres: l'on trouvera dans les Principes d'Architecture de M. Felibien ce que c'est que le haut & bas Cliquart, le Bon-banc, le Souchet, le Franc-liais, le Liais-ferault, le Vergelé, le S. Leu, le Coquillart, le Banc de marche, &c. aussi-bien que les lieux des édifices où elles doivent être employées suivant leur plus ou moins d'épaisseur, de dureté & de resistance aux impressions de l'air. On peut voir néanmoins les articles des Carriers & des Carrieres, où l'on est entré dans le détail de quelques-unes de ces différentes choses.

La pierre de taille ordinaire se vend à Paris au chariot qui contient deux voyes, & chaque voye cinq carreaux, c'est-à-dire, environ quinze pieds de pierre cubes.

La pierre qu'on appelle de Libage se vend aussi à la voye, qui ne se nomme néanmoins de la sorte, que lorsqu'il y a six ou sept libages à la voye. On appelle Quartier de voye, quand il n'y en a qu'un ou deux.

La pierre de S. Leu & de Vergelé se vend au tonneau, chaque tonneau contenant quatorze pieds de pierre cubes. Le tonneau se divise en deux muids, à raison de sept pieds cubes de pierre le muid.

Le moilon, qu'on nomme aussi Blocage, se mesure & se vend à la toise cube, qui contient deux cent seize pieds; ce qu'on appelle moilon, qu'on écrit aussi moelon & moillon, est de la pierre débitée en médiocres morceaux, ou plutôt ce sont des morceaux de diverses grosseurs que les Carriers sont obligés de rompre pour débarrasser la pierre de taille & les carreaux qu'ils veulent avoir.

La pierre a batir paye les droits d'entrée & de sortie sur le pied du tonneau pésant deux milliers; ceux de sortie sont de 8 s. par tonneau, & ceux d'entrée seulement de 4 s.

Pierre a Plastre. C'est une sorte de pierre qui étant cuite & calcinée dans un four propre à cette cuisson, & ensuite battue & réduite en poudre, sert à faire ce qu'on appelle du Plâtre. *Voyez* Plastre.

Pierre a Chaux. C'est de la pierre propre à brûler pour faire de la chaux. *Voyez* Chaux.

Pierre a feu, Pierre a fusil, Pierre a arquebuse. Ce sont des caillous qui étant cassés & taillés ensorte qu'ils ayent une espece de tranchant, produisent facilement des étincelles de feu, lorsqu'on les frape avec un morceau d'acier qu'on appelle Fusil. Ces pierres sont une partie du négoce des petits Marchands Merciers, des Quincailliers, de quelques Marchands de fer, & de ceux qui vendent de la poudre & du plomb à gyboier. Elles servent aux petites armes à feu, comme fusils, carabines, mousquetons, pistolets, &c. & à ce qu'on nomme des Fusils de chambre & de cuisine.

Elles payent en France 1 liv. 6 s. de droits de sortie, & 15 s. de droits d'entrée le cent pésant.

Les droits de la Douane de Lyon, sont de 10 s. de la balle d'ancienne taxation, & de 2 s. du cent pésant de nouvelle réapréciation.

Pierre a Faucheur, Pierre a affiler, Pierre de Faux ou Dail, Pierre de Levant, Pierre de Liege, Queue ou Pierre de Gre's, Pierre a huile, & Pierre Emouloire. Ce sont toutes pierres qui servent pour aiguiser les outils de fer qui sont tranchans.

Les plus fines, que vendent ordinairement les Couteliers en détail, & les Merciers en gros, servent à affiler les couteaux, les rasoirs, les ciseaux, & tous instrumens de chirurgie.

Celles de moindre qualité que débitent les Marchands de crespin & les Quincailliers, sont pour les tranchets, couteaux de pied, & autres outils des Cordonniers, Savetiers, Selliers, Carossiers, Bourreliers, &c.

Enfin les plus grosses, que vendent aussi les Quincailliers, sont propres aux Faucheurs, Charpentiers, Charrons, Menuisiers & autres Ouvriers en bois, pour affuter leurs faux, leurs haches, leurs divers ciseaux & les méches ou fers de leurs outils à fusts.

Ces pierres payent 8 s. d'entrée & 12 s. de sortie le cent pésant, suivant le Tarif de 1664.

Les droits de la Douane de Lyon sont de 8 s. par balle pour les pierres émouloires du Pays, & 15 s. pour les étrangeres.

La pierre de Levant est jaunâtre à peu près comme la cire des abeilles au sortir de la ruche. C'est pour les ciseaux.

La pierre de liege est blanc de lait par dessus & noir d'ardoise par dessous. Elle sert aux rasoirs.

La pierre à lancette est verte : c'est une espece de caillou.

La queue ou pierre de grès n'est qu'un morceau de grès grisâtre taillé en long. On y affile les couteaux.

Enfin la pierre à huile est assez semblable à la pierre du Levant. C'est sur cette pierre que plusieurs Ouvriers affutent les petits instrumens d'acier, comme les pointes, les échopes, les burins, &c. qui servent à ciseler & à graver, soit au burin soit à l'eau-forte, soit en bois.

Les Graveurs de médailles & de jettons & les Tailleurs des monnoies s'en servent aussi pour plusieurs de leurs outils; mais outre cela ils les employent à polir les carrés pardessus, quand ils ont achevé de les travailler en creux. *Voyez ces quatre sortes de Graveurs. Voyez aussi l'article des Couteliers.*

Pour la commodité ces pierres s'enchassent dans du bois, à la réserve de la queue & de la pierre du Levant.

PIERRE. Il y a plusieurs sortes d'Artisans qui se servent de pierres pour diverses préparations de leurs ouvrages. Les uns les appellent simplement Pierres, quoiqu'elles soient de marbre; d'autres au contraire les nomment des Marbres, bien que ce ne soit que des pierres. On a expliqué à l'article des Marbres toutes celles à qui les Ouvriers donnent ce nom : l'on va parler ici de celles à qui les Artisans conservent celui de Pierre.

Les pierres dont on se sert dans les Manufactures des glaces, sont de plusieurs sortes, & ont différens noms suivant leurs divers usages; les unes servant à les adoucir, d'autres à les polir, & d'autres encore à les mettre au teint.

On nomme simplement la Pierre dans les atteliers de l'addouci, une grande table de liais sur laquelle se pose la glace brute. On appelle Pierre du teint, une semblable pierre de liais où l'on étend la feuille d'étain battue, pour la charger de vif-argent, & y couler la glace. Enfin les pierres qui servent à dégrossir les glaces de petit volume s'appellent, les unes des moilons d'assiette, & les autres des moilons de charge. Il y a aussi des blocs de marbre pour battre & étendre les feuilles d'étain, qu'on nomme quelquefois des Pierres, mais pour l'ordinaire ils conservent leur véritable nom. *Voyez* GLACE, MOUELLON & MARBRE.

Les pierres des Tourneurs & des Nattiers leur servent à battre les pailles dont les uns & les autres empaillent leurs chaises, & dont les derniers font leurs nattes. *V.* TOURNEUR & NATTIER.

La pierre des Fondeurs de caracteres d'Imprimerie, sur laquelle ils frottent & usent les lettres nouvellement fondues, est de grès d'Angleterre. Ils la nomment plus ordinairement Grès ou Meule. *Voyez ces deux articles.*

PIERRE PRECIEUSE. C'est une nature de pierre très dure & brillante : la rareté ou la mode en font ordinairement le prix. Le diamant cependant a toujours obtenu & gardé le premier rang entre les pierres précieuses : les autres, comme le rubis, le saphir, l'émeraude & l'opale en ont si souvent changé, qu'il est difficile de le leur fixer, toutes seront expliquées à leur ordre & à leur propre article.

Ce sont les Jouailliers & Orfévres qui font ordinairement commerce de pierres précieuses. Les Marchands Epiciers-Droguistes en vendent aussi, mais de celles qu'on croit de quelque usage en Médecine, & qui pour l'ordinaire ne sont que des pierres très petites de peu de prix, & qu'on ne pourroit ni tailler, ni polir, ni mettre en œuvre.

PIERRE-BONNE. Nom que l'on donne aux cabochons d'émeraudes. *Voyez* ESMERAUDE.

Les pierreries ou pierres précieuses fines de toutes sortes sont déclarées marchandises de contrebande à la sortie du Royaume par l'article 3 du titre 8 de l'Ordonnance de Louis XIV, sur le fait des cinq grosses Fermes du mois de Mars 1687, & en consequence sujettes à confiscation, aussi-bien que de l'équipage sur lequel elles sont trouvées, & de toutes les marchandises quoique permises avec lesquelles elles se trouvent, & en outre sous peine de cinq cent livres d'amende contre les Marchands ou Voituriers & autres Contrevenans.

Lors néanmoins que lesdites pierres fines, soit en œuvre ou autrement, sortent du Royaume sous des permissions ou passeports, qui toutefois ne sont valables que lorsqu'ils sont contre-signés par un Secretaire d'Etat, & visé du Contrôleur Général des Finances, les droits de sortie en sont dûs suivant le Tarif de 1664, c'est-à-dire, sur le pied de six pour cent de leur prix suivant l'estimation qui en est faite.

Les droits d'entrée desdites pierres sont de cinq pour cent de leur valeur.

PIERRE-PONCE. Espece de pierre spongieuse, poreuse & friable.

Les Auteurs Naturalistes ne conviennent pas trop de la nature & de l'origine de cette pierre. Quelques-uns l'estiment des morceaux de roche à demi brûlés & calcinés que jettent les volcans ou montagnes enflammées, tels que le Vesuve & le Mont Ethna; & qui à force d'avoir été lavées par les eaux de la mer perdent la couleur noire que l'impression des feux souterrains leur avoit donnée, & en prennent une plus blanche, & quelquefois seulement grise, suivant le plus ou le moins qu'elles ont surnagé sur la mer, ou y ont été agitées des vents.

D'autres Auteurs croyent que la Pierre-ponce se détache du fond de la mer, où par le moyen des feux souterrains elle contracte avec le tems cette qualité legere & poreuse qu'elle a; ce qu'ils croyent justifier par le goût salé qu'elle conserve toujours, & encore plus parce qu'il s'en trouve quantité dans des plages de mer, où elles n'ont pû être lancées par l'effet d'aucun volcan; outre que plusieurs Relations assurent qu'on en a quelquefois vû des endroits de l'Archipel presque tout à coup entiérement couverts, & seulement après quelque mouvement intérieur, & quelques secousses arrivées au fond de la mer.

Quoi qu'il en soit il n'y a gueres de pierre qui soit d'un plus grand commerce, ni d'un usage plus commun parmi plusieurs Ouvriers que la Pierre de ponce.

Comme il y en a de plusieurs grosseurs, de diverses figures & de différentes couleurs, il semble que tous les Ouvriers qui s'en servent se les soient comme partagées entr'eux. Les Parcheminiers & les Marbriers prennent les plus grosses & les plus légeres; les Courroyeurs employent les plus pésantes & les plus plattes; les Potiers d'étain les plus petites: & pour la Médecine où elle a aussi quelque usage, quoique bien moindre que celui que, selon Pline, on en faisoit autrefois, on choisit les plus fines & les plus blanches.

La pierre-ponce paye de droits d'entrée 16 s. du cent pésant, conformément au Tarif de 1664.

Les droits de la Douane de Lyon sont de 2 s. 6 den. du quintal d'ancienne taxation, 3 sols 6 den. de nouvelle réapréciation; & pour les 4 pour cent 8 s.

PIERRE DE TOUCHE, que les Anciens appelloient Pierre Lydienne. C'est la pierre qui sert aux Monnoyeurs & aux Orféves & Jouailliers à faire l'essay des métaux. *Voyez* TOUCHE.

PIERRE DE CERF. *Voyez* CERF.

PIERRE D'ESCREVISSE. *Voyez* ESCREVISSE, *ou* YEUX D'ESCREVISSE.

PIERRE D'ESPONGE. *Voyez* ESPONGE.

PIERRE NAXIENNE. C'est la pierre qu'on nomme autrement Queux. *Voyez ci-devant* PIERRE A COUTELIER.

PIERRE PHRIGIENNE. Les Teinturiers s'en servoient autrefois à dégraisser les étoffes qu'ils vouloient mettre à la teinture, comme ils font à présent du savon ou de la terre-glaise.

Cette pierre étoit spongieuse, pesante, mal liée, de couleur pâle, traversée de veines blanches, d'un goût âcre, & d'une qualité un peu corrosive.

PIERRE JUDAÏQUE, en Latin *Lapis Judaïcus*, nom que le Tarif des Entrées de France de l'année 1664 lui a conservé. C'est une pierre de la grosseur d'un gland pour l'ordinaire, quelquefois blanche, quelquefois grise, & assez souvent rougeâtre. De quelle de ces trois couleurs elle soit, elle est presque toujours couverte de petites lignes qui la traversent d'un bout à l'autre, tracées avec tant d'industrie, qu'à les voir on croiroit que l'art a un peu aidé la nature à les tirer avec tant de justesse.

Quoique cette pierre soit une espece de caillou, elle n'est pas néanmoins fort dure. Cassée elle paroît luisante & d'un blanc grisâtre.

Elle est de quelque usage dans la Médecine, sur tout réduite en sel par le moyen du souffre & de quelques vinaigres distilés. On la croit souveraine pour la pierre. Le nom de cette pierre marque assez le principal lieu d'où on l'apporte, qui est la Judée. Il en vient aussi de Syrie & de Phénicie, qui portent pareillement les noms des endroits d'où elles viennent.

La pierre Judaïque ou Lapis Judaïcus, *paye en France les droits d'entrée à raison de 3 liv. 15 s. du cent pésant, suivant le Tarif de 1664.*

PIERRE D'EMERIL. *Voyez* EMERIL.

Le cent pésant paye 18 s. d'entrée, & autant pour la sortie.

PIERRE ARMENIENNE. Petite pierre d'un bleu verdâtre, parsemée pardessus de petites particules blanchâtres & luisantes en forme de diamans. C'est de cette pierre bien broyée & bien lavée qu'on fait la cendre verte ou verd de terre dont se servent les Peintres, & que quelquefois on nomme Bergbleau.

Le verd de terre étant à bien meilleur marché que le verd de montagne, il ne se trouve que trop souvent des Marchands de couleurs qui mettent moitié du premier sur moitié de l'autre, & qui vendent le tout pour véritable verd de montagne. Cette friponnerie est difficile à découvrir, mais non pas impossible. *Voyez* VERD DE MONTAGNE.

PIERRE PLOMBIERE. Dioscoride appelle ainsi une sorte de pierre minérale qui ressemble beaucoup à du plomb, & à laquelle il donne les mêmes propriétés qu'à l'écume de ce métail. Quelques-uns prétendent; & c'est le sentiment de Matthiole, que la véritable Pierre-plombiere est la mine de plomb qui n'a pas encore souffert le feu; cette mine ayant beaucoup de ressemblance au plomb, soit pour sa couleur, soit pour sa pésanteur. *Voyez* PLOMB.

PIERRE HEMATITE que le Tarif des entrées de France de 1664, en lui conservant son nom Latin, appelle *Lapis Hematites*. C'est une sorte de minéral rouge qui se trouvera expliqué à son article. *Voyez* HEMATITE.

La pierre hematite paye en France les droits d'entrée a raison de 3 l. du cent pésant, conformément au Tarif de 1664.

PIERRE INFERNALE, que les Artistes nomment plus ordinairement Lune Caustique. C'est de l'argent dissous dans de l'eau-forte, qu'on laisse cristaliser.

PIERRE D'AIGLE. Espece de pierre estimée souveraine pour les femmes enceintes. *Voyez* AIGLE.

PIERRE CALAMINAIRE. Sorte de minéral ou terre fossile, que l'on appelle aussi Calamine ou Cadmie. *Voyez* CALAMINE.

PIERRE DE FIEL, que l'on appelle autrement Bezoard de Bœuf. Est une sorte de pierre qui se trouve quelquefois dans la vessicule qui renferme le fiel de cet animal. *Voyez* FIEL & BOEUF.

PIERRE DIVINE. *Voyez* JADE.

PIERRE D'AIMANT. *Voyez* AIMANT.

PIERRE DE PERIGORD. *Voyez* PERIGUEUX.

PIERRE DE SYRIE. *Voyez* PIERRE JUDAÏQUE.

PIERRE DE PHENICIE. *Voyez* PIERRE JUDAÏQUE.

PIERRE D'ESSAY. C'est le nom que les Potiers d'Estain donnent à une sorte de petit moule de pierre de Tonnerre, qui leur sert à faire l'essay de leurs étains. *Voyez* ESTAIN, *à l'endroit où il est parlé de la maniere d'en faire l'essay.*

PIERRE D'AGATE. *Voyez* AGATE.

Les pierres d'agate ouvrées payent les droits de la Douane de Lyon, à raison de 10 s. de la livre.

PIERRE NOIRE. *Voyez* CRAYE.

La pierre noire paye à Lyon les droits d'entrée sur le pied de 3 s. le quintal.

PIERRE DE ROCHON. *Cette sorte de pierre dont on n'a pû trouver l'explication, paye à Lyon 1 s. 6 den. du quintal.*

PIERRE DE MANGAYER. Espece de pierre propre à souder, qu'on ne trouve que dans le Tarif de Lyon. *Elle paye 1 s. 2 d. du quintal.*

PIERRE. On appelle coton en pierre, du coton qui n'est pas séparé de sa graine. *Voyez* COTON.

PIERRE DE SANGLIER DES INDES. *Voyez* BEZOARD.

PIERRE DE MALACA OU DE PORC-EPIC. *Voyez* BEZOARD.

PIERRE DE SINGE. *Voyez* BEZOARD.

PIERRE ou STEEM. Sorte de poids plus ou moins fort, suivant les lieux où il est en usage.

A Anvers la pierre est de huit livres, qui en font sept de Paris, d'Amsterdam, de Besançon & de Strasbourg ; y ayant égalité de poids entre ces quatre Villes.

A Hambourg la pierre est de dix livres, qui font à Paris, à Amsterdam, &c. neuf livres douze onces six gros peu plus.

A Lubeck la pierre est aussi de dix livres ; mais ces dix livres ne font que neuf livres huit onces trois gros de Paris.

A Dantzick & à Revel il y a la petite & la grosse pierre : la premiere qui sert à peser les marchandises fines est de vingt-quatre livres, qui font à Paris, Amsterdam, &c. vingt-une livres cinq onces cinq gros ; & la seconde qui est en usage pour les grosses marchandises, comme cire, amandes, ris, &c. est de trente-quatre livres, qui rendent à Paris trente livres quatre onces un gros.

A Stetin il y a aussi une petite & une grosse pierre ; la petite est de dix livres, qui font neuf livres quatorze onces de Paris ; & la grosse est de vingt-une livres, qui reviennent à vingt livres onze onces six gros peu plus du poids de Paris.

A Conisberg la pierre est de quarante livres, qui en font trente-deux de Paris.

PIERRE-FITE, de la Généralité d'Orléans. L'on y fabrique différentes sortes de serges. *Voyez* l'Etat général, Tome I. page 89.

PIERRE-PONS, Bourg de France dans le Valois. Ses Fabriques sont des sangles & des toiles. Il est du département de l'Inspecteur des Manufactures établi à Reims. *Voyez* l'Etat général, Tome I. page 24.

PIERRERIES. Amas de pierres précieuses.

Les perles, quoiqu'elles ne soient pas des pierres, se mettent au nombre des pierreries. Ainsi celui qui fait ou qui a droit de faire négoce de pierreries, le fait également de perles, comme de diamans, de rubis, &c. *Voyez* PIERRE PRÉCIEUSE.

PIERRIERES ou PERRIERES. L'on nomme ainsi en Anjou les carrieres d'où se tire la pierre propre à faire des ardoises. *Voyez* ARDOISIERE.

PIERRIERS de Pierres naturelles. Les Maîtres Lapidaires de Paris avoient cette qualité dans leurs anciens Statuts de l'an 1290. *Voyez* LAPIDAIRE.

PIETOT. Petite monnoye qui se fabrique & qui a cours dans l'Isle de Malte.

Le pietot vaut un grain & demi ou 3 deniers de France.

Il a d'un côté les armes du Grand-Maître avec cette inscription *F 10 Paulus Lascaris Castellarum M. M. H.* à l'entour d'un aigle à deux têtes, & de l'autre côté un 3 qui marque la valeur de la piece.

PIETRE. Ce qui est sale, mal-propre, vilain, gâté, dont on ne peut pas facilement se défaire. On dit qu'une étoffe est piétre, lorsqu'elle est fripée, sans éclat, hors de mode, qu'il y a trop long-tems qu'elle garde la boutique.

PIETRERIE. Marchandise qui est piétre, hors de vente, ou qui est de très bas prix & de peu de conséquence. Il n'y a que de la piétrerie, que du rebut dans cette boutique. Un Marchand doit être exact à bien replier sa marchandise, & soigneux de l'empaqueter comme il faut, s'il veut éviter qu'elle ne devienne de la vraye piétrerie.

PIG

PIGEON. Oiseau domestique qu'on éleve & qu'on nourrit dans des colombiers. On appelle Pigeons ramiers, les pigeons sauvages qui perchent sur les arbres comme les autres oiseaux.

On a parlé ailleurs des pigeons couriers, dont ceux qui font le commerce d'Alexandrette & d'Alep tirent un si grand secours pour donner & recevoir des nouvelles de l'arrivée des vaisseaux d'Europe. *Voyez dans l'Etat général du Commerce, où il est parlé de celui du Levant.*

On ajoutera seulement ici qu'on se sert assez ordinairement de ces pigeons dans les Etats du Grand Mogol ; & que même en Europe l'usage n'en est pas inconnu ; & que ç'a été quelquefois par leur moyen que des Gouverneurs de places assiégées ont reçu des nouvelles du dehors, ou en ont donné des leurs.

PIGEON. Les clous à pigeon sont de grands clous à crochet, qu'on nomme autrement Bec-de-canne. Ils servent à attacher dans les volets & colombiers les paniers où l'on met pondre & couver les pigeons. *Voyez* CLOU.

PIGNATELLE, autrement PINATELLE. Petite monnoie de billon qui se fabrique à Rome, & qui y a cours à peu près sur le pied des sous marqués de France ; & les pignatelles prennent de fin depuis trois deniers cinq grains jusqu'à trois deniers vingt grains.

PIGNATOLIS, en Italien *Pignatella*. Petite mesure qui est en usage dans cette partie de l'Italie qu'on nomme la Pouille, pour mesurer les liqueurs On s'en sert aussi en quelques endroits de la Calabre. C'est à peu près la pinte de Paris.

PIGNES. C'est ainsi qu'on nomme dans le Perou & le Chilly des masses d'argent poreuses & légeres, faites d'une pâte desséchée qu'on forme par le mélange du mercure & de la poudre d'argent tirée des minieres.

Quand la pierre métallique, qu'on appelle autrement le Minoray, a été tirée des veines de la mine, on la concasse pour être en état d'être moulue dans des moulins destinés à cet usage, ausquels l'eau donne ordinairement le mouvement, & qui ont des pilons de fer du poids de 200 livres.

Le mineray réduit en poussiere se passe par des cribles de fer ou de cuivre, pour être ensuite bien pétri dans l'eau, en sorte qu'il soit réduit en une espece de boue assez épaisse.

Cette boue à demi séche se coupe en table d'un pied d'épais & d'environ vingt-cinq quintaux pésant. Chaque table qu'on nomme *Cuerpo*, est de nouveau pétrie avec du sel marin qui s'y fond & s'y incorpore ; il en faut ordinairement 200 livres par table : suivant la qualité du mineray on l'augmente ou on le diminue.

Après cette préparation où l'on employe trois jours, on lui donne le mercure depuis dix jusqu'à vingt livres suivant la richesse de la mine ; plus si elle est riche, moins si elle ne l'est pas. On recommence ensuite à repétrir chaque table jusqu'à ce que le mercure ait bien ramassé & se soit bien incorporé dans tout l'argent.

Cet ouvrage très dangereux à cause des mauvaises qualités du vif argent, est le partage des malheureux Indiens, qui le recommencent huit fois par jour. Neuf ou dix jours suffisent pour cette amalgamation dans les lieux tempérés ; mais dans les païs froids on y employe quelquefois un mois ou six semaines.

La chaux & les minerais de plomb ou d'étain, qu'on est souvent obligé d'y mêler, facilite beaucoup l'opération du mercure; il faut même dans de certaines minieres se servir du feu pour en avancer l'effet.

Quand on croit le mercure & l'argent bien amalgamés, on en fait l'essai en prenant un peu de terre de chaque *Cuerpo*, & la lavant dans de l'eau sur une assiette; si le mercure est blanc il a eu son effet, s'il est noirâtre il faut le pêtrir de nouveau en y ajoutant du sel ou autre drogue.

Quand enfin l'essayeur est content, on l'envoye aux lavoirs qui sont trois bassins construits en pente, qui se vuident successivement l'un dans l'autre, & d'où la terre qui est mise dans le plus élevé, s'écoule à force d'être bien délayée par l'eau d'un ruisseau qui y tombe, & qu'un Indien agite avec les pieds, ce que font aussi deux autres Indiens dans les deux bassins suivans.

Lorsque l'eau sort toute claire des bassins, on trouve au fond, qui est garni de cuir, le mercure incorporé avec l'argent, ce qu'on appelle la *Pella*, & c'est de cette Pella que se forment les Pignes, après qu'on en a exprimé le plus que l'on peut de mercure en la mettant d'abord dans des chausses de laine de vigogne qu'on presse & que l'on bat fortement, & ensuite en la foulant dans un moule de bois de figure piramidale octogone, au bas duquel est une plaque de cuivre percée de plusieurs petits trous.

On fait les pignes de divers poids à discrétion; & pour connoître la quantité que chacune peut contenir d'argent, on les pese, & en déduisant les deux tiers de leur pésanteur pour le mercure, on sçait à peu près ce qu'il doit y avoir d'argent net.

La pigne tirée hors du moule & soutenue de la plaque de cuivre trouée, se pose sur un trépié au dessous duquel est un grand vase rempli d'eau. Tout cela se couvre d'un grand chapiteau de terre qu'on environne de charbon qu'on allume & qu'on entretient bien ardent. Le mercure que contient encore la pigne réduit alors en fumée par l'ardeur du feu, & ensuite condensé dans l'eau où il se précipite, laisse comme une masse de grains d'argent de différentes figures, qui se joignant par leur extrémité, la rendent fort poreuse & legere, & ce sont ces sortes de Pignes que les mineurs tâchent de vendre en cachette aux vaisseaux étrangers qui vont dans la mer du Sud, & qui ont fait faire de si grands profits aux Négocians qui se sont hazardés dans les dernieres guerres à ce commerce de contrebande.

Ceux qui achetent l'argent en pignes doivent bien se donner de garde de la mauvaise foi des Mineurs Espagnols, qui pour les rendre plus pésantes en remplissent le milieu de sable ou de fer. La précaution la plus sure est de les ouvrir; on peut aussi les faire rougir au feu; & si elles sont falsifiées, elles noircissent ou jaunissent. On fraude encore l'acheteur en mêlant dans la même pigne, de l'argent de différent aloy.

Les pignes, comme on vient de dire, sont marchandises de contrebande hors des minieres, & il est défendu d'en vendre aux étrangers, & même aux Espagnols, à cause du Quint du Roi qui est dû quand on les porte aux Caisses Royales. *Voyez* ARGENT.

PIGNOLAS. C'est le Pignon blanc quand il est encore dans sa coque. *Voyez ci-après* PIGNON.

PIGNON BLANC. Espece de petites amandes longuettes & à demi-rondes, d'un goût très doux. Lorsqu'elles sont encore couvertes de leur coque qui est ligneuse & très dure, on les appelle *Pignolas*.

Ces coques ou noyaux se trouvent dans les pommes-de-pin où elles sont enfermées dans plusieurs cellules ou cavités. Pour les en tirer avec plus de facilité, on met les pommes-de-pin ou sur les charbons, ou dans des fours chauds. On envoye les pignons mondés de leur coque; & pour les vendre & s'en servir il faut encore les monder d'une petite pellicule mince, legere & rougeâtre, que quelques gens estiment être ce qui les conserve.

Les pignons viennent le plus ordinairement de Catalogne; il en vient néanmoins de Languedoc & de Provence, & de toutes les autres Provinces de France où les montagnes sont couvertes de l'arbre qui porte la pomme-de-pin. Il faut choisir les Pignons blancs, gros, nouveaux, peu remplis de coques & de pellicules, & qui ne sente ni l'huile ni le moisi.

Le Pignon étoit autrefois à la mode. Il entroit dans tous les ragoûts, & sur-tout il n'y avoit point de bonne maison où l'on n'en fît sa provision pour le Carême; mais il est bien déchu présentement, & d'autres assaisonnemens ont pris sa place sur les tables délicates. Il s'en fait néanmoins encore un assez grand commerce, soit dedans, soit dehors le Royaume.

On peut tirer du pignon une huile très douce, & qui a toutes les autres qualités de l'huile d'amandes; & du marc des pignons dont l'huile a été exprimée, on peut faire de la pâte à laver les mains.

Les Pignons payent en France les droits d'entrée à raison de 24 s. le cent pésant, & pour ceux de sortie comme fruits secs, 12 sols, conformément au Tarif de 1664.

Les droits de la Douane de Lyon sont 4 s. 3 d. du quintal d'ancienne taxation, 4 s. 6 d. de nouvelle réappréciation, 10 s. pour les anciens quatre pour cent, & 5 s. pour leur réappréciation.

Les Pignons sont du nombre des marchandises venant du Levant sujettes au droit de vingt pour cent, suivant l'Arrêt du 15 Aout 1685.

PIGNON D'INDE. C'est une espece de petit fruit purgatif qu'on nomme aussi *Grain de Tilli*, qui est apporté des Indes.

La plante qui le produit est peu connue en Europe; quelques-uns croyent que c'est le *Ricinus fructu glabro* de Monsieur Hermans dans son *Paradisus Batavus*, auquel on peut avoir recours: quoiqu'il en soit le Pignon d'Inde que débitent les Marchands Epiciers & Droguistes de Paris, est une petite amande de la grosseur d'un pois, d'un blanc jaunâtre, d'un goût âcre & désagréable. Chacune de ces amandes est couverte d'une petite pellicule blanche & mince, & par dessus la pellicule d'une coque dure & épaisse. Ces fruits sont très purgatifs, & ne doivent être employés que pour des personnes très robustes, & encore avec de sages précautions; il faut les choisir nouveaux & pésans.

Il y a plusieurs autres sortes de Pignons étrangers propres à la Médecine, comme les gros Pignons de Barbarie, les gros & petits Pignons de l'Amérique qui sont tous très rares en France, & ne ne se trouve que chez des Marchands Droguistes des plus curieux.

Le fruit du *Palma Christi* est aussi une espece de Pignon, & souvent on le substitue au Pignon d'Inde, sur tout s'il n'est point marbré, y en ayant de deux sortes, comme tout le monde sçait.

PIGNON. Se dit aussi de tout ce qui sort du cœur du chanvre quand on l'apprête & qu'on l'habille en le passant par les serans. *Voyez* CHANVRE.

PIGNON, ou PEIGNON. C'est encore une laine de médiocre qualité, qui tombe de la laine fine lorsqu'on la peigne avec les cardes & cardasses.

Il y a de trois sortes de Pignons de laine, sçavoir, de bons & fins Pignons, de moyens & de gros, qui chacun selon leur qualité peuvent être employés dans diverses natures d'étoffes de laine.

Les Statuts pour les Manufactures de Draperie & Sergetterie de Beauvais, du 18 Aout 1670, reglent dans quelles étoffes il est défendu ou permis d'employer des Pignons de ces trois sortes ou qualités, & dans quels lieux de la Ville ils peuvent être exposés en vente.

Le troisiéme article permet les bons & fins plis & pignons dans les serges façon de Londres.

Le quatriéme les défend dans les ratines dites finettes, de quatre tiers & d'une aune ; & le cinquiéme dans les ratines doubles ou fines fortes, & dans les serges à deux envers & à poil, façon d'Espagne.

Le sixiéme article souffre qu'on en mêle dans les trémes des ratines ou serges à deux envers, & à poil, dites entre fines & moyennes.

Le septiéme ordonne, qu'il ne sera employé tant aux chaînes qu'aux trémes des serges à poilbures, que des plis & pignons les plus fins & de la meilleure qualité ; ce qui est aussi reglé par le huitiéme pour les revêches.

Il est défendu aux Drappiers par le dix-septiéme article, d'acheter & faire provisions de moyens & gros plis & pignons, sous prétexte de faire les cardeaux & lisieres de leurs étoffes, en plus grande quantité qu'ils n'en peuvent employer pendant six mois, suivant le nombre de leurs métiers ; laquelle quantité est évaluée par le dix-huitiéme article, pour chaque métier de ratines & serges à deux envers, & autres telles qualités d'étoffes, à 60 livres. Pour chaque métier à serges razes, à 120 liv. & pour un métier de revêche à 110 livres.

L'article dix-neuf ordonne, que la visite des plis & pignons, de quelque qualité qu'ils soient, se fera par le plus ancien Garde de la Draperie, par deux Drapiers drapans du Boujon, & par deux Maîtres Esgards Sergers de semaine ; & par le vingt-uniéme article il est défendu à tous Drapiers d'exposer en vente aucuns des plis & pignons qui leur sont défendus, ni d'en tenir chez eux ou ailleurs.

Les articles concernant l'exposition en vente des plis & pignons, sont le 14, le 15, & le 16, dont le premier enjoint aux Forains de ne les exposer, s'ils sont gros & moyens, qu'en la cour de la halle & dans la petite gallerie à côté. Les deux autres donnent aux Marchands de la Ville le marché pour les moyens & gros pignons, & la place vis-à-vis l'Hôtel de Ville pour les bons & fins pignons propres aux Drapiers.

PIL

PILE. Masse de plusieurs choses entassées, élevées & rangées les unes sur les autres. Une pile de pieces de draps, une pile de morue, une pile de bois.

On dit en terme de Foulon, mettre une piece de drap dans la pile ; pour dire, la mettre dans le vaisseau où elle doit être foulée.

La plupart des moulins à fouler les étoffes de laines, sont à deux piles. *Voyez ci-après* PILES.

PILE, terme de Monnoyage au marteau. C'est le poinçon ou coin sur lequel (quand on frappoit encore en France les monnoyes au marteau) étoient gravés en creux les armes, la croix ou autres figures & inscriptions, qui devoient faire le revers des especes. C'est ce qu'on appelle présentement les Matrices ou Carrés d'écusson. *Voyez* MONNOYAGE AU MARTEAU.

On nomme encore aujourd'hui la pile d'une espece d'or, d'argent ou de cuivre, le côté de l'écusson ; & l'on dit jouer à croix & à pile, pour dire, se divertir à un jeu de hazard, qui se joue en jettant en l'air quelque espece de monnoie, & en devinant, avant qu'elle soit retombée, sur lequel des deux côtés elle doit tourner. Dans ce jeu l'écusson se nomme Pile & la tête s'appelle Croix, parce qu'anciennement dans la plupart des Monnoies de France, une croix tenoit lieu de l'effigie du Prince qu'on y met présentement.

PILE des Chartreux. Ce sont des laines primes d'Espagne, qui, avec la pile des Jésuites, passent pour les meilleures de toutes les laines Espagnoles. *V.* LAINE, *où l'on parle des Laines de Segovie.*

PILE'E. Terme de Manufacture de lainage, qui veut dire la quantité d'étoffe que l'on met dans l'auge ou vaisseau de bois destiné pour la faire fouler.

Quelques-uns, particuliérement du côté d'Amiens, disent Vaisselée. Le mot de Pilée vient de Pile ; y ayant bien des endroits où les vaisseaux à fouler s'appellent ainsi. *Voyez* VAISSEAUX A FOULER, & FOULON.

PILE'E. C'est aussi, en termes de Couverturier, la quantité de couvertures que le moulin à foulon peut fouler à la fois.

Cette quantité s'estime ordinairement au poids, ensorte que si un moulin peut fouler quatre-vingt livres, & que chaque couverture pese vingt livres, la pilée est de quatre couvertures, & ainsi à proportion des pilées de tous les autres moulins.

PILER. Réduire un corps en menues parties, en le cassant ou broyant avec des instrumens de fer, de cuivre ou de bois dans des mortiers ou autres vaisseaux de diverses matieres, suivant la qualité de ce qu'on a à piler. Piler des drogues dans un mortier : Piler le tan avec les pilons d'un moulin.

PILER LE SUCRE. Terme de Sucrerie. C'est le briser par morceaux dans des bacs ou dans des canots faits exprès pour cela, lorsqu'il sort de l'étuve. *Voyez* PILON A SUCRE.

PILES, ou POTS. Especes d'auges ou vaisseaux de bois dont on se sert pour fouler les étoffes de laine. *Voyez* VAISSEAUX A FOULER & FOULON.

PILES. Se dit aussi des mortiers qui servent dans les Papeteries pour préparer la pâte qui doit être employée à faire le papier. Il y a de trois sortes de piles ; les unes que l'on nomme Piles à drapeaux, les autres Piles à fleuret, & les autres Piles de l'Ouvrier. *Voyez* PAPIER.

PILES. Ce sont encore de grands vaisseaux de pierre dure, dont les Italiens & les Provençaux se servent pour mettre les huiles qu'ils veulent garder, en attendant le tems favorable de les vendre. On les met aussi dans des jarres, qui sont de grands vaisseaux de terre cuite.

PILLARDS ou PILLIERS. C'est ainsi que les piastres qui ont pour empreinte deux colonnes sont quelquefois appellées en Hollande. *V.* PIASTRE.

Par l'Ordonnance des Etats Généraux des Provinces-Unies rendue en *1699*, pour fixer le prix du fin des matieres & monnoies d'or & d'argent, les pilliers ou pillards sont estimés à vingt-deux florins six sols de banque le marc, qui font argent courant vingt-trois florins quatre sols.

PILON. Ce qui sert à piler, écraser, réduire en poudre, battre, fouler, amollir, &c.

On se sert de pilon dans plusieurs Manufactures & à différens ouvrages. Quelques étoffes se foulent au pilon ; le tan s'y coupe & s'y hache ; les drapeaux dont on fait le papier s'y battent & s'y réduisent en boulie. Quelques sortes de cuirs s'y préparent ; & les matieres dont on fait la poudre à canon s'y broyent. *Voyez* FOULON, DRAP, PAPIER, TAN, CUIR, *&c.*

PILON A SUCRE. On appelle ainsi dans les Sucreries, des especes de grosses masses d'un bois dur & pésant, emmanchés aussi de bois. La masse doit avoir 8 pouces de hauteur sur 5 de diametre, & le manche *6* pieds de long. Ils servent à piler le sucre terré au sortir de l'étuve, & à le réduire en cassonade avant de le mettre dans les bariques. *V.* SUCRE TERRE'.

PILON. L'on dit en termes de Librairie, Envoyer des Livres au Pilon ; pour dire, les déchirer par morceaux, ensorte qu'ils ne puissent plus servir qu'aux Cartonniers, pour être pilonés & réduits en cette espece de boulie dont on fait le papier & certaines sortes de carton. *Voyez* CHAMBRE ROYALE DE LA LIBRAIRIE. *Voyez aussi* LIVRES.

PILONER. Se servir du pilon.

PILONER LA LAINE. C'est la remuer fortement avec une pelle de bois, dans une chaudiere remplie d'un bain plus que tiede, composé des trois quarts d'eau claire & d'un quart d'urine, pour la dégraisser au sortir de la balle, avant que d'être battue sur la claye.

PILORI. Lieu infâme où l'on expose certains Criminels par ignominie un ou plusieurs jours de marché à la vue & à la dérision de la populace.

Le Pilori de Paris est une tour antique de pierre de taille, élevée au milieu des halles, ouverte par en haut de tous côtés. Dans le centre est un échafaud de bois qui tourne sur un pivot, ensorte qu'on puisse faire voir successivement l'endroit où est attaché le Criminel aux diverses ouvertures de la tour.

Le malheureux qui y est condamné est debout, le col & les deux poignets engagés dans des trous de deux planches qui se rejoignent ; & c'est en cet état que l'Exécuteur de la haute Justice faisant tourner l'échafaud sur son pivot, lui fait faire les tours ordonnés par son Arrêt ; l'arrêtant quelque tems à chaque ouverture, pour qu'il y serve de spectacle au peuple.

Cette punition infamante s'ordonne pour plusieurs crimes ; mais ce sont particuliérement les Banquerouтiers frauduleux, & ceux qui les ont aidés de leurs conseils & secours pour faciliter leur faillite & détourner leurs effets, qui y sont condamnés.

Autrefois ceux qui faisoient cession de biens à leurs Créanciers, étoient obligés de faire quelques tours au pied du Pilori, avec le bonnet verd sur la tête, qui étoit alors, c'est-à-dire, assez avant dans le dix-septiéme siécle, la marque infamante de ceux qui étoient réduits à cette extrémité.

PILORIER. Exposer un Criminel au pilori, lui faire faire les tours ordonnés par sa Sentence ou par son Arrêt de condamnation.

PILOT. On nomme ainsi en Bretagne ce qu'on nomme ailleurs drilles, c'est-à-dire, de vieux chiffons de lin ou de chanvre, qui servent à la fabrique du papier.

Il sort chaque année de Bretagne pour environ dix mille francs de Pilot, sans ce qui s'en consomme dans les Papeteries de la Province. *Voyez* PAPIER.

PILOTAGE, ou LAMANAGE. Terme de commerce de Mer, qui signifie les droits qui sont dûs aux Pilotes ou Lamaneurs qui aident aux navires à entrer dans les Ports ou à en sortir. *Voyez* LAMANAGE.

P I M

PIMENT, autrement Poivre de Guinée ou Corail de jardin. *Voyez* POIVRE.

P I N

PIN. Grand arbre qui produit cette espece d'amande qu'on nomme du Pignon blanc. Son fruit vient en forme de grosses pommes longues, écailleuses, dures & ligneuses, dont chaque écaille contient une coque osseuse où est renfermé le pignon. On tire aussi du Pin une sorte de résine par les incisions que l'on fait dans son tronc & dans ses plus grosses branches. *Voyez* PIGNON *&* RESINE.

PINASSES. Etoffes des Indes Orientales, qui sont faites d'écorce d'arbre. *Voyez* ESCORCE.

PINCE. Gros levier de fer rond, de quatre pieds de long & de deux pieds de diametre, coupé d'un côté en biseau, pour lui donner plus de prise & d'entrée dans les joints des pierres ou autres matieres qu'il sert à remuer, à disjoindre & à démolir.

Il y a aussi de petites Pinces qui servent seulement à mettre en place des ouvrages de menuiserie, de charpente, ou ceux des Marbriers & Tailleurs de pierre. Les Pinces qu'on appelle Pieds de chévres, sont recourbées & refendues par le bout ; ensorte qu'elles ont assez la figure du pied de l'animal dont elles ont pris le nom.

Plusieurs Ouvriers se servent de la pince ; entr'autres les Maçons, Charpentiers, Paveurs, Tailleurs de pierre, Carriers, &c.

Ce sont les Taillandiers qui font & qui vendent les pinces quand elles sont grosses : les petites se font par les Serruriers. Il s'en trouve aussi dans les boutiques des Quincailliers.

PINCE. C'est encore une espece de tenaille de fer de dix à douze pouces de longueur, dont la tête est très massive, ordinairement de figure cubique & dentelée en dedans, ensorte que les dents d'un des côtés s'engrainent dans les dents du côté opposé.

Cette pince est particuliere aux Cordonniers, qui s'en servent pour mettre le soulier sur la forme, après que l'empeigne & les quartiers ont été cousus.

Quand cette pince est fermée, ils usent de la tête comme de marteau, pour coigner les clous à brocher ; & des bouts des branches qui sont fendus, comme de tenailles pour les retirer; mais son plus grand usage est pour tirer le cuir & l'étendre sur la forme, & comme ils disent, pour le brocher, c'est-à-dire, pour le bâtir & le mettre en état qu'on y couse la semelle de dedans. La masse est large & dentelée, afin qu'elle tienne fermement le cuir, sans pourtant le pouvoir déchirer.

Ces pinces se vendent par les Marchands de crespin. Les autres Quincailliers en font aussi commerce; mais les Cordonniers s'en fournissent plus volontiers chez les premiers.

PINCE. C'est aussi un outil de Relieur de Livres, en forme de tenailles de fer. Le mors de cette petite tenaille, c'est-à-dire, l'endroit par où elle pince, est plat. On s'en sert pour pincer les nervûres; ce qui se fait en approchant avec la pince, de chaque côté des nerfs, les ficelles dont le livre est fouetté. *Voyez* RELIEURE.

PINCE, qu'on nomme plus communément PINCETTE. Est encore une petite tenaille dont le mors est ou plat ou rond, qui sert aux Horlogeurs, Arquebusiers & autres Ouvriers, pour prendre ou placer les goupilles & autres legeres pieces de leurs ouvrages. Les Fourbisseurs se servent aussi de diverses pinces, de rondes, de pointues, de carrées, la plupart petites; à la réserve de la pince à tourner le crochet, qu'on met au haut des fourreaux d'épées, qui n'a gueres moins de dix pouces de long, & qui est forte à proportion de sa longueur. *Voyez* PINCETTES.

PINCE. Est pareillement un petit instrument de fer, aussi en forme de tenailles pointues, dont se servent les Passementiers-Boutonniers, pour redresser les fleurs de leurs campanes & autres semblables ouvrages.

PINCE. Les pinces des Chauderonniers sont des tenailles de fer assez semblables à celles des Serruriers, Maréchaux & Taillandiers, mais beaucoup plus petites. Ils s'en servent pour tenir leur ouvrage, quand il est nécessaire de le mettre au feu.

PINCE A PINCE. On dit Auner une étoffe pince à pince; pour dire, l'auner juste, sans donner de bonne mesure. *Voyez* AUNER.

PINCEAU. Instrument dont se servent les Peintres pour appliquer leurs couleurs.

Il y a des pinceaux de diverses sortes, & faits de différentes matieres. Les plus ordinaires sont ceux de poil de blaireau & de petit-gris; ceux de duvet de cigne & ceux de poil de sanglier. Ces derniers sont attachés au bout d'un bâton plus ou moins gros, suivant l'usage auquel on les destine. Quand ils sont gros, on les appelle des Brosses. Les autres sont enfermés dans le tuyau d'une plume. Il y en a de cette sorte qui sont d'une finesse extraordinaire. Les plus gros servent aux Doreurs pour étendre leur or après qu'ils l'ont mis sur l'or-couleur, ou sur l'assiette avec la palette.

Ce sont les Marchands Epiciers qui font le négoce des pinceaux. Les Maîtres Brossiers-Vergettiers en font & en vendent aussi, mais seulement de soie ou poil de sanglier. *Voyez* PEINTRE & VERGETTIER.

Les pinceaux payent en France les droits d'entrée comme mercerie, c'est-à-dire, à raison de 10 *l. du cent pesant, conformément à l'Arrêt du* 3 *Juillet* 1692.

PINCER UN LIVRE. Terme de Relieur. C'est approcher avec de petites pinces de fer, de chaque côté des nerfs qui sont au dos d'un livre, les ficelles qui n'en sont pas assez proches quand on l'a fouetté. *Voyez* RELIEURE.

PINCETTES. Ustencile de ménage, qui sert à attiser le feu.

PINCETTES. Ce sont aussi de petites tenailles, les unes simples, & les autres à ressort, dont se servent divers Ouvriers pour placer les différentes pieces de leurs ouvrages, qui sont trop petites pour être mises à la main; comme sont les goupilles, les petites vis & autres semblables, particuliérement dans l'Horlogerie. Les deux branches de ces tenailles sont courbées en demi-cercle, pour donner plus de force & de tenue au mors lorsqu'on les presse. A l'égard du mors, il est toujours étroit & sans courbure; mais aux unes plat & carré, & aux autres plat & pointu.

Les Jouailliers se servent aussi de pincettes très fines pour prendre les pierres précieuses qui sont d'un très petit volume, & les ranger sur les desseins des diverses pieces de jouaillerie qu'ils veulent monter.

PINCEURE. Petit faux-pli que les draps prennent quelquefois au foulon. *Voyez* LIZER.

PINCHINA. Sorte d'étoffe de laine non croisée, qui est une espece de gros & fort drap qui se fabrique à Toulon & aux environs, dont la largeur est d'une aune, & la longueur des pieces de vingt-une à vingt-deux aunes mesure de Paris.

Il se fait des Pinchinas tout de laine d'Espagne, & d'autres entiérement de laine de Pays. Les premiers se consomment pour l'ordinaire en France; & les autres s'envoyent pour la plupart en Italie, en Barbarie & dans l'Archipel. Cette espece d'étoffe a une odeur de violette, qu'on lui fait prendre par le moyen de l'iris.

Châlons en Champagne fournit une étoffe de laine très forte, d'une aune de large, à laquelle on donne aussi le nom de Pinchina, parce que sa qualité approche assez de celle des véritables Pinchinas de Toulon. Ce sont les Sieurs Moreau & Darras très habiles Manufacturiers qui les premiers en ont établi la fabrique.

On appelle encore Pinchina, une sorte d'étoffe croisée toute de laine, d'une aune de large sur vingt-une à vingt-deux aunes de long, qui se tire de Berry; laquelle n'a d'autre rapport aux Pinchinas de Toulon que par sa largeur; ne devant être regardée tout au plus que comme un corda ou grosse serge drapée, qui n'est propre qu'à vêtir des gens de basse condition. Les Pinchinas de Berry sont faits pour l'ordinaire de grosses laines de Pays naturelles, c'est-à-dire, telles qu'elles ont été tirées des moutons, n'ayant point passé par la teinture.

Depuis quelque tems les Fabriquans & les Marchands de France se sont avisés de donner le nom de Pinchina à quantité d'étoffes de demie-aune, de demie-aune demi-quart, & de deux tiers, qui ne sont proprement que des droguets. *Voyez* DROGUET.

PINÇON ou PALISSON. Terme de Chamoiseur. *Voyez* PALISSON.

PINE'E. Nom que l'on donne à une sorte de morue séche, qui est la plus estimée de toutes. *Voyez* MORUE.

PINTE. Espece de moyen vaisseau ou mesure dont on se sert pour mesurer le vin, l'eau-de-vie, l'huile & autres semblables marchandises que l'on débite en détail, même les olives.

La pinte de Paris, qui, à ce qu'estiment les Sçavans, est à peu près la sixiéme partie du Conge

Romain, se divise en deux chopines que quelques-uns appellent Septiers; la chopine est de deux demi-septiers & le demi-septier contient deux poissons, chaque poisson étant de six pouces cubiques. Les deux pintes font une quarte ou quarteau que l'on nomme en plusieurs endroits Pot.

La pinte de S. Denis en France est presque le double de celle de Paris, ne s'en manquant gueres que la valeur d'un verre, ce qui fait qu'on lui donne en divers lieux le nom de Pot.

La Pinte d'Angleterre est la plus petite des mesures dont on se sert pour les liquides dans ce Royaume; elle pese environ une livre d'avoir du poids, c'est-à-dire 16 onces. Deux pintes font une quarte; deux quartes un pot; deux pots un gallon ou broc. *Voyez* GALLON.

PINTE. Se dit aussi des choses que l'on a mesurées avec la pinte. Une Pinte d'olives, une Pinte d'eau-de-vie, une Pinte de vin, &c.

PIO

PIOCHE. Outil de fer avec un long manche de bois qui sert aux Terrassiers, Carriers & Maçons pour remuer la terre, tirer des pierres, saper, démolir, &c. Il y en a de plusieurs sortes; les unes dont le fer a deux côtés, comme un marteau, & un œil au milieu pour l'emmancher; chaque extrémité de cette pioche est pointue.

Deux autres sortes de pioches s'emmanchent par le bout du fer; toutes deux sont un peu courbes, mais l'une est pointue comme le Pic, & l'autre qu'on nomme Feuille de sauge, a le bout large & tranchant.

PIP

PIPE. C'est une des neuf especes de futailles ou vaisseaux réguliers propres à mettre du vin & d'autres liqueurs.

La pipe qui est particuliérement en usage en Anjou & en Poitou, est composée de deux bussards ou busses, ce qui est égal à deux demi-queues d'Orleans, de Blois, de Dijon, de Nuys & de Mâcon, qui font un muid & demi de Paris, le muid composé de 36 septiers, chaque septier faisant 8 pintes, de maniere que la pipe contient 54 septiers qui font 432 pintes de Paris.

On dit aussi une Pipe de bled, comme l'on dit en d'autres endroits un Muid.

En Bretagne la Pipe est une mesure des choses séches, particuliérement pour les grains, les légumes & autres semblables denrées.

La pipe entendue de cette sorte contient dix charges, chaque charge composée de quatre boisseaux, ce qui fait quarante boisseaux par pipe; elle doit peser six cens livres lorsqu'elle est pleine de bled.

PIPE. Espece de long tuyau délié fait ordinairement de terre cuite très fine, qui sert à fumer le tabac. A l'un des bouts du tuyau qui est recourbé, est une façon de petit vase que l'on appelle le Fourneau ou la tête de la pipe, dans lequel on met le tabac pour l'allumer & le fumer, ce qui se fait avec la bouche en aspirant la fumée par le bout du tuyau opposé à celui du fourneau.

Il se fabrique des pipes de diverses façons, de courtes, de longues, de façonnées, d'unies, de blanches sans être vernissées, & de vernissées de différentes couleurs. On les tire ordinairement ou de Hollande, ou de Rouen.

Celles de Hollande sont les plus estimées, étant droites, d'une belle forme & d'une terre très fine; il y en a d'une longueur extraordinaire: elles sont envoyées dans des caisses de sapin avec de la paille ou coque de bled sarazin, pour empêcher qu'elles ne se cassent; les caisses ont coutume de contenir depuis quatre jusques à vingt-quatre grosses de douze douzaines chacune. L'on prétend que celles qui viennent en petites caisses de quatre grosses sont moins sujettes à se briser.

La plupart des pipes de Hollande se font à Gouda, qu'on nomme autrement Tergouw. Il s'y en débite une quantité incroyable.

Les pipes qui se manufacturent à Rouen, quoiqu'à l'imitation de celles de Hollande, sont cependant beaucoup moins estimées; la terre en étant plus grossiere, d'une vilaine couleur, la plupart tortues & mal formées; elles sont apportées dans de petits caissons de bois de hêtre qui ne contiennent pour l'ordinaire qu'une grosse; on y met du foin pour les mieux conserver.

Ceux qui font commerce de pipes en gros, les vendent aux Détailleurs sur des échantillons, sans faire l'ouverture des caisses, ensorte que celles qui se trouvent rompues & cassées restent pour le compte de l'Acheteur. C'est un usage établi parmi les Marchands qui font ce négoce.

Les Turcs se servent de pipes de trois ou quatre pieds de long; plus ou moins grandes, de roseaux ou de bois troué comme des chalumeaux, au bout desquelles ils attachent une espece de noix de terre cuite qui sert de fourneau & qu'ils détachent après avoir fumé.

Ce qu'on appelle un Brûle-gueule, n'est autre chose qu'une Pipe dont le tuyau a été cassé à cinq ou six doigts du fourneau.

Pipe grasse est celle qui à force d'avoir servi à fumer est devenue d'un brun obscur presque noir; quelques-uns prétendent que la Pipe grasse pulvérisée & prise dans du vin blanc est très spécifique pour le flux de sang.

Les Pipes a tabac de fabrique de Hollande payent en France les droits d'entrée à raison de 5 liv. la grosse de douze douzaines, suivant le Tarif de 1699.

Et les Pipes à tabac, autres que celles de Hollande, payent 24 s. de la grosse, conformément à l'Arrêt du 3 Juillet 1692.

PIPOT. On nomme ainsi à Bordeaux certaines futailles ou barils dans lesquels on met les miels; c'est ce qu'on nomme ailleurs un Tierçon. Le tonneau de miel est composé de quatre bariques, ou de six pipots.

PIQ

PIQUE. Arme offensive faite d'un long bois de douze à quatorze pieds, ferré par un bout d'un fer plat & pointu.

Les piques ont été long-tems en usage dans l'infanterie Françoise; mais elles leur ont été ôtées sur la fin du dix-septiéme siécle, les bayonnettes qu'on met au bout du fusil leur ayant été substituées.

Les piques sont du nombre des marchandises de contrebande pour la sortie du Royaume, conformément à l'Ordonnance de 1687.

Elles payent les droits d'entrée soit qu'elles soient ferrées ou non, à raison de 20 s. le cent pésant, & pour la sortie avec paseport 18 s.

PIQUE. On dit, Traiter à la Pique avec des Nations sauvages; pour dire, faire commerce avec elles en se tenant sur ses gardes, & pour ainsi dire la pique à la main. On traite particuliérement de cette sorte avec quelques sauvages voisins du Canada,

& avec quelques Negres des Côtes d'Afrique. *Voyez dans l'Etat général, le Commerce des Côtes d'Afrique & de l'Amérique Septentrionale.*

Traiter à la Pique, s'entend aussi du négoce de contrebande qui se fait par les Anglois & les Hollandois dans plusieurs endroits de l'Amérique Espagnole voisins des colonies que ces deux Nations ont dans les Isles Antilles. Peut-être faudroit-il dire, Traiter à Pic, c'est-à-dire, le vaisseau sur ses ancres, parce que ce commerce qui est défendu sur peine de la vie, ne se fait que dans des rades où les vaisseaux restent à l'ancre & attendent les Marchands Espagnols, qui quelquefois en cachete, mais le plus souvent d'intelligence avec les Gouverneurs & autres Officiers du Roi d'Espagne, viennent échanger leur or, leurs piastres, leur cochenille & les autres riches productions du pays contre des marchandises d'Europe.

Ceux qui veulent qu'on dise en cette occasion Traiter à la Pique, entendent que c'est traiter à la longueur de la pique, à cause d'une certaine distance à laquelle les étrangers sont obligés de se tenir pour faire ce commerce, ne leur étant jamais permis d'entrer dans les Ports, & n'étant même soufferts dans les rades que par une espece de collusion, y ayant des armadilles ou vaisseaux de guerre qui veillent ou doivent veiller sans cesse pour empêcher ce négoce comme trop préjudiciable à celui que les Espagnols d'Europe font en Amérique par leur flotte & leurs gallions. *Voyez dans l'Etat général, à l'article du Commerce de l'Amérique, celui que les Anglois de la Jamaïque & les Hollandois de Curaço font sur les Côtes Espagnoles des Indes Occidentales.*

PIQUÉ, PIQUÉE. Ce sur quoi un Ouvrier a fait de la piqueure. Un satin piqué, un taffetas piqué, une couverture piquée, un baudrier piqué d'or.

PIQUÉ. Se dit aussi des taches que l'humidité cause quelquefois sur des étoffes de soie, comme de jaune sur le blanc, de blanc sur le jaune. Ce gros de Tours est tout piqué.

PIQUÉ. S'entend encore des piqueures de vers qui se trouvent dans les draps & autres étoffes de laine. Un drap piqué, une serge piquée.

PIQUER. Ce terme est d'un assez grand usage dans les Manufactures & les Communautés des Arts & Métiers.

Les Tapissiers piquent des matelats, des couvertures ou courtepointes, des chantournés & des dedans & doublures de lits; les Matelats d'espace en espace avec une longue aiguille de fer, de la ficelle & des flocons de coton pour les dresser & arrêter la laine entre les toiles; les autres avec de la soie & sur des desseins donnés par les Dessinateurs pour leur servir d'ornement.

Les Tailleurs pour femmes piquent des corps de jupe & des corcets entre de la baleine ou de la corde pour les affermir.

Les Ceinturiers piquent des baudriers & ceinturons avec de la soie, de l'or & de l'argent pour les enrichir, &c.

PIQUER, en terme de Découpeur. C'est enlever avec un fer quelque partie d'une étoffe & y faire quantité de petites mouchetures.

On pique de cette sorte les satins, les taffetas, les draps & les cuirs, particuliérement ceux qui sont parfumés & dont on fait quelques ouvrages pour l'usage des Dames, tels que sont des corps de jupes & des souliers.

PIQUER, en terme de maçonnerie. Signifie faire sur les matériaux qu'on employe à la construction extérieure des bâtimens, plusieurs petits points ou creux qui leur servent d'ornement.

On pique de cette sorte la pierre de taille, le moîlon & le grais, particuliérement pour l'ordre Toscan.

On dit aussi piquer du moîlon, pour dire, le tailler un peu grossiérement; on l'employe ordinairement de la sorte aux voûtes des caves, aux puits & aux murs de clôture des meilleurs ouvrages.

PIQUER LE BOIS. Veut dire en terme de Charpentier, le marquer d'une certaine maniere. *Voyez* CHARPENTIER.

PIQUER LA VIANDE. Signifie en terme de Rotisseur & de Cuisinier, la larder proprement & la couvrir entiérement de petits lardons ou morceaux de lard conduits également avec la lardoire.

PIQUER UNE PIECE DE VIN. Se dit de la petite ouverture que le Tonnelier, le Marchand de vin ou le Cabaretier y font avec le foret pour essayer & gouter le vin, soit pour le vendre, soit pour le mettre en perce. *Voyez ces articles.*

PIQUET. Mesure des grains dont on se sert en quelques endroits de Picardie, particuliérement à Amiens: quatre piquets font le septier qui pese 50 liv. poids de Paris, ce qui fait 12 liv. ½ pour chaque piquet. Sur ce pied il faut dix-neuf piquets ⅓ ou quatre septiers ¾ d'Amiens pour faire un septier mesure de Paris.

PIQUET. Petit instrument de fer à trois pointes, dont les Boulangers qui font le biscuit de mer, se servent pour piquer le dessous de leurs galettes avant de les mettre au four, afin que la chaleur penetre plus facilement jusqu'au centre, & en chasse toute l'humidité. *Voyez* l'article du Biscuit.

PIQUETS. Ce que les Blanchisseurs de cire nomment des piquets, sont de grandes chevilles de plus de dix-huit pouces de longueur, qui sont placées de distance en distance, autour des tables ou carrés de l'Herberie. Ces piquets servent à relever les bords des toiles, où l'on met blanchir la cire. *Voyez* l'article de la Cire, où il est parlé du blanchissage d'Antony.

PIQUETTE. Méchant vin, ou qui est foible, dont on ne fait nul cas. *Voyez* VIN.

PIQUEUR. C'est dans les grands atteliers de maçonnerie un homme préposé & commis pour tenir le rôle des Ouvriers, & marquer ceux qui manquent à l'ouvrage, qui y arrivent trop tard ou qui en sortent avant l'heure. Il se dit aussi de l'Ouvrier qui pique du moîlon. *Voyez* MAÇON.

PIQUEURE. Ornement que l'on fait sur une étoffe par compartiment & avec cimétrie en la piquant & coupant avec un emporte-piece de fer tranchant.

C'est aussi un corps de femmes piqué par le Tailleur avant qu'il soit couvert d'étoffe.

PIQUOT. Espece de petites dents que l'on met aux dentelles & aux points à l'opposite de l'engrelure. *Voyez* PICOT.

PIR

PIRETHRE, PIRETTE, ou PIRESTRE. Racine médicinale qui vient du Royaume de Tunis par la voie de Marseille dont on se sert pour appaiser la douleur des dents, & que les Vinaigriers employent aussi dans la composition de leurs vinaigres.

La Pirethre est une racine de moyenne longueur, de la grosseur du petit doigt, grisâtre au dehors, blanchâtre en dedans, garnie de quelques fibres & d'un goût âcre & brûlant. La plante qu'elle produit a ses feuilles vertes & très petites & ses fleurs incarnat semblables à nos marguerites.

On veut que Pyrrhus Roi d'Epire lui ait donné son nom; mais sans y chercher tant de mystere, il y a bien plus d'apparence qu'elle l'a pris de sa qualité brûlante, & qu'elle lui vient du mot Grec Πῦρ, qui signifie Feu.

On doit choisir la Pirethre nouvelle, bien nourrie, séche, malaisée à rompre, du goût & de la couleur qu'on vient de dire.

On appelle aussi la Pirethre Racine salivaire, parce qu'elle fait beaucoup cracher.

Il y a une autre espece de Pirethre qu'on nomme autrement Pied d'Alexandre, qui est communément apportée de Hollande, bien qu'il vienne d'autres endroits. Sa racine est longue d'un demi-pied, gris brun à l'extérieur, blanche dessous, garnie de quelques fibres & entourée d'une espece de frange ou barbe à l'endroit d'où ses tiges commencent à sortir. Ses feuilles sont petites, d'un verd jaune & ses fleurs par ombelle, d'un rouge pâle. Le goût âcre & mordicant de sa racine fait qu'on la substitue quelquefois à la véritable Pirethre; mais si elle est aussi bonne pour le vinaigre, elle n'a pas la même vertu pour le mal de dents.

La Pirethre paye en France les droits d'entrée à raison de 30 s. du cent pésant, conformément au Tarif de 1664; & par celui de la Douane de Lyon 18 s. 8 d. tant d'anciens que de nouveaux droits du quintal: elle est du nombre des drogues & marchandises venant du Levant, sur lesquelles suivant l'Arrêt du 15 Aout 1685, il doit être levé vingt pour cent.

PIS.

PIS-ASPHALTUM. Asphaltum sofistiqué & mêlé avec de la poix noire. *Voyez* ASPHALTUM.

PISCELIEU, Village de Picardie dans le Beauvoisis: on y fait quantité de serges de la qualité de celles de Crevecœur. *Voyez* l'Etat général, Tome I. page 18.

PISSOTTE. Petite canelle de bois que l'on met au bas d'un cuvier à lessives, pour donner passage à l'eau que l'on jette de tems en tems sur les cendres qui sont enfermées dans le charier.

Dans les atteliers où se fabrique le salpêtre, les cuviers où se font les lessives des terres propres à en tirer ce minéral, ont aussi leur pissotte. Elle se place ordinairement dans le bas du cuvier à deux ou trois doigts du sable avec deux billots de bois aux deux côtés en dedans, pour soutenir le faux fonds qu'on met au bas, sur lequel se mettent les cendres & les terres dont les cuviers se remplissent; c'est au-dessous de la pissotte que l'on met les recettes. *Voyez* l'article du Salpêtre.

PISTACHE. Fruit que l'on apporte de plusieurs endroits de l'Asie, & particuliérement d'Alep & de Perse.

Ce fruit est de la grosseur & de la figure des amandes vertes, quand il est couvert de toutes ses envelopes; mais quand on en a levé la premiere & qu'il ne reste qu'avec sa coque, il ressemble à nos noisettes; l'amande qui est enfermée sous cette coque est d'un verd mêlé de rouge par dessus & toute verte en dedans; elle est d'un goût très agréable.

L'arbre qui produit la Pistache est de la hauteur d'un noyer; ses feuilles sont jaunâtres & presque rondes; & son fruit qui vient en forme de grape, est très agréable à voir à cause du verd mêlé de rouge dont sa premiere envelope est colorée.

Les Pistaches viennent d'Alep, Alexandrette, & autres Ports de cette Echelle, & les Marchands Epiciers de Paris les tirent de Marseille.

Il faut choisir celles qui sont en coques, nouvelles, pésantes & bien pleines; à l'égard des pistaches cassées, les plus nouvellement cassées, les plus entieres & celles qui ont le mieux conservé leur couleur tant dehors que dedans doivent être préférées, car pour la grosseur c'est suivant la fantaisie ou l'usage qu'on en veut faire.

Les Pistaches entrent dans quantité de ragoûts, & l'on en fait ces excellentes dragées qui n'en ont gueres de pareilles pour la bonté.

Les Pistaches payent en France les droits d'entrée à raison de 40 s. du cent pésant, suivant le Tarif de 1664.

Les droits de la Douane de Lyon sont de 23 s. 9 den. le quintal pour tous droits.

Elles sont du nombre des marchandises venant du Levant, sur lesquelles il doit se lever 20 pour cent, conformément à l'Arrêt du 15 Aout 1685.

Outre les Pistaches d'Asie qui sont les seules dont les Marchands Epiciers fassent commerce en France, il y a encore de fausses Pistaches que l'on appelle Pistaches des Isles, parce qu'il en croît quantité dans les Isles Antilles de l'Amérique. Quelques-uns les confondent mal à propos avec les véritables Pistaches, dont elles sont néanmoins très différentes, soit par rapport à l'arbre ou plutôt à la plante qui les produit, soit par rapport à leur qualité & à leur bonté.

La plante qui porte les fruits que les Habitans des Isles nomment des Pistaches, ne s'éleve gueres plus d'un pied hors de terre, où elle rampe ordinairement à cause de la foiblesse de sa tige; ses feuilles ressemblent assez à celles de cette espece de câpres qu'on nomme Capucines, à la réserve qu'elles sont plus jaunes avec un peu de rouge aux extrémités. Le fruit n'est point attaché aux branches, mais se trouve adhérant à la racine & comme enfermé dans son chevelu. Chaque gousse est ordinairement de douze jusqu'à dix-huit lignes de longueur, & de quatre, cinq ou six de diametre. Quelquefois la cosse ne contient qu'une seule amande, & pour lors elle a la figure d'une olive; mais comme ordinairement il s'y en trouve deux ou trois, la pistache a une forme irréguliere. La substance de ce fruit est blanche, compacte & pésante, & a un peu l'odeur & le goût du gland.

Ce fruit se mange rarement crû à cause de ses mauvais effets; il est meilleur & moins nuisible roti, mais ordinairement on le met en dragées & en massepains. On s'en sert aussi dans les ragoûts en forme de marons, & l'on en fait des ratafias; mais alors il faut qu'il soit roti. De quelque maniere qu'on le mange il est toujours indigeste: en un mot il n'a de ressemblance à la vraye Pistache que parce qu'il échauffe beaucoup.

PISTACHIER. Arbre qui produit les Pistaches.

Les Pistachiers sont très communs en Perse, ils y viennent raisonnablement hauts avec une belle tête, & y portent quantité de fruits; les feuilles en sont assez semblables à celles du laurier, hors qu'elles sont un peu plus grandes & plus rondes, pour la plupart renversées & d'une couleur tirant sur le verd & jaune. L'écorce en est rouge & jaune lorsque l'arbre est en pleine vigueur, autrement claire, verte & jaune. On fait confire la coquille de la pistache lorsqu'elle est encore verte, & l'on estime fort cette confiture : on en mange aussi l'amande marinée & préparée au vinaigre, comme on fait en France les petits concombres qu'on nomme cornichons. Pour mariner les pistaches, il ne faut pas qu'elles soient dans leur parfaite maturité.

On trouve aussi des pistaches sauvages dans les montagnes, dont le fruit est fort petit. Ils produisent une gomme fort estimée en Médecine, & dont l'on fait d'excellens onguents pour la guérison des playes; elle a l'odeur & la couleur de la thérébentine. On la recueille au mois d'Aout, & coule par des incisions que l'on fait à la tige & aux branches de l'arbre au dessous desquels on fait de petits godets de terre à Potier. On la met ensuite dans de petits sacs de cuir pour la vendre. *Voyez l'article précédent.*

PISTOLE, ou DOUBLON. C'est une monnoie d'or au titre & du même poids qu'étoient autrefois les Louis d'or de France, avant toutes les refontes, conversions & augmentations arrivées en fait de monnoie depuis le milieu du regne de Louis XIV.

La pistole a plusieurs augmentations & diminutions; entr'autres les quatruples ou pieces de quatre Pistoles; les doubles Pistoles & les demi-Pistoles.

Il y a plusieurs sortes de Pistoles, c'est-à-dire, frappées en divers lieux, dont la plus connue & qui a le plus de cours, est la Pistole d'Espagne. Les autres sont les Pistoles d'Italie, entr'autres celles de Rome, de Milan, de Venise, de Florence, de Savoye, & de Genes. Il y en a aussi de Mourgues ou Monaco, d'Orange, de Dombes, d'Avignon, de Besançon, de Dole; enfin de Lorraine & de Zurik en Suisse, toutes à peu près du même poids que celles d'Espagne, c'est-à-dire, de cinq deniers six grains; la plus grande différence n'étant que de deux grains, à la réserve de celles d'Italie qui sont encore de moindre poids.

La Pistole en Espagne y vaut

2 écus d'or.
4 piastres d'argent.
32 réaux plate vieille, réelle.
40 réaux plate nouvelle, imaginaire.
60 réaux de vellon ou billon.
1088 maravedis monnoie vieille.
1360 maravedis monnoie nouvelle.
2040 maravedis de vellon ou billon.

Il y a en Espagne Monnoie vieille & Monnoie nouvelle.

La Monnoie vieille qui a cours à Séville & Cadix, dans l'Andalousie & quelques autres lieux, vaut vingt-cinq pour cent plus que la monnoie nouvelle (imaginaire) dont on compte à Madrid, Bilbao, S. Sebastien, &c. c'est-à-dire, que 100 de monnoie vieille vaut 125 de monnoie nouvelle.

Ce fut le Roi Charles II qui augmenta ses monnoies (en 1686) de 25 pour cent pour en empêcher la sortie hors du Royaume; mais il n'y put réussir qu'en partie, puisque diverses Provinces conserverent l'ancien prix.

Les changes d'Espagne en France & en Italie, à l'exception de la Foire de Nove, se font par Pistoles, c'est-à-dire, que l'on paye tant par Pistole.

Quand on dit simplement une Pistole, cela s'entend d'une Pistole de dix livres. Par une Pistole d'or on veut dire la Pistole sur le pied qu'elle a cours.

Les Pistoles se reçoivent au poids de marc à Venise, mais sur différens pieds suivant leur fabrique; celles de Venise, de Florence, & d'Espagne se prennent par l'Ordonnance du Prince pour 29 livres ou lires du Pays. On les pese vingt, quarante, & jusqu'à cent à la fois; & l'on déduit pour chaque grain de légereté 4 s. 6 d. Comme ces Pistoles sont les plus estimées, les Marchands les font souvent valoir jusqu'à 30 lires & quelquefois davantage.

Les Pistoles d'Italie (on comprend principalement sous ce nom celles du Pape, de Genes, de Turin, de Milan, de Parme, de Mantoue, de Modene & de Geneve) comme moins bonnes, ne se prennent à Venise que pour 28 lires. On les pese de même que les autres, & la déduction de ce qui manque au poids est aussi semblable.

La Pistole de Florence ne vaut dans cette Ville & dans tous les Etats du Grand Duc que vingt lires ou trente jules; mais les Marchands la prennent pour vingt & une lire juste.

PISTOLET. Petite arme à feu que les Cavaliers portent à l'arçon de la selle; il y a aussi des pistolets de ceinture & des pistolets de poche.

Les pistolets payent en France les droits d'entrée comme armes de fer, c'est-à-dire, à raison de 40 sols du cent pésant suivant le Tarif de 1664.

Les droits de la Douane de Lyon sont pour ceux qui viennent d'Allemagne, de Milan, & autres Pays étrangers, 15 s. de la piece; & pour les Pistolets garnis de rouets montés, 40 s. de la douzaine.

A l'égard de la sortie ils sont réputés marchandise de contrebande suivant l'Ordonnance de 1687; mais lorsqu'ils sortent avec passeport, ils payent cinq pour cent de leur valeur.

PIT

PITE. Monnoie imaginaire qui est le quart d'un denier tournois ou la moitié d'une maille ou obole. La pite se divise en deux semipites. *V.* MAILLE

PITE. Espece de chanvre ou de lin qui se trouve en plusieurs endroits de l'Amérique Equinoxiale, particuliérement le long de la riviere d'Orenoc. Ce chanvre est beaucoup plus long & plus blanc que celui qui croît en Europe, & ne se pourrit pas si facilement à l'eau.

Les Indiens se servent de cette pite à plusieurs ouvrages, particuliérement à leurs lits ou hamacs, aux toiles dont ils font les voiles de leurs canots, & aux cordages qui en font les manœuvres. On en fait aussi du fil très fort, bien que très fin, qui leur sert à divers ouvrages, particuliérement pour empaner leurs fleches & pour la couture, qu'ils ne font néanmoins avec des aiguilles d'acier, que depuis qu'ils ont quelque commerce avec les Européens.

PITHIVIERS, petite Ville de la Généralité d'Orléans. L'on y fabrique des serges drapées & des serges appellées Filins. Ses chapeaux & ses Tanneries sont estimées. *Voyez* l'Etat général, Tome I. page 90.

PITIS. Les Javans appellent ainsi une petite monnoie de très bas aloi, moitié plomb & moitié écume de cuivre, qui leur est apportée de la Chine, & qui a grand cours à Bantan & dans tout le reste de l'Isle de Java, aussi-bien que dans plusieurs Isles voisines.

Le nom Chinois de cette monnoie est Caxa, dont les deux cens valent neuf deniers de Hollande, ce qui ne revient pas tout-à-fait à onze deniers de France. *Voyez* CAXA.

PIZ

PIZE, qu'on nomme aussi BIZA. Poids dont on se sert dans le Royaume de Pégu. *Voyez* BIZA.

PLA

PLACAGE. Terme de Menuiserie. Il se dit des ouvrages faits de diverses feuilles ou bandes de différens bois précieux très minces, appliquées & collées sur des fonds bâtis d'autres bois communs & ordinaires.

Tous les Maîtres Menuisiers ont droit de travailler en placage. Il y en a néanmoins, qui parce qu'ils ne font que de ces sortes d'ouvrages à compartiment, sont appellés Menuisiers de placage, pour les distinguer des autres que l'on nomme Menuisiers d'assemblage.

Outre les bois de diverse nature que l'on employe au placage, on se sert aussi de l'écaille de tortue, de l'yvoire, de l'étain & du cuivre; de ces deux derniers battus & réduits en tables très plates; & des autres débités en feuilles très minces.

L'on peut, pour ainsi dire, distinguer comme deux sortes de placage; l'un qui est le plus commun, ne consiste qu'en quelque compartiment de différens bois; l'autre où il y a beaucoup plus d'art représente au naturel des fleurs, des oiseaux & d'autres choses semblables. Celui-ci s'appelle proprement Marqueterier. On ne va parler dans cet article que du placage par compartiment, ayant déja traité de l'autre à l'article de la Marqueterie.

Le bois destiné au placage se débite avec la scie à refendre, en feuilles environ d'une ligne d'épaisseur. Pour le débiter, les buches ou les planches, suivant le bois qu'on employe, se mettent dans ce qu'on appelle la presse à scier debout, dont on peut voir la description à l'article des Presses. Les feuilles se coupent en bandes, & se contournent en différentes figures conformes au dessein qu'on s'est proposé, & après que les joints en ont été réguliérement faits, & qu'elles ont été mises d'épaisseur & de largeur avec différens rabots propres à cet usage, on les colle sur un fond de bois bien sec avec de forte colle d'Angleterre.

Quand toutes les feuilles sont plaquées, jointes & collées, on les met dans une presse, si ce sont de petits ouvrages, ou s'ils sont grands on les laisse sur l'étably; & les ayant couverts par dessus de quelque ais ou morceau de planche proportionné à l'ouvrage, on les serre avec des *goberges*, c'est-à-dire, avec des perches capables de faire un peu de ressort, dont un bout touche au plancher de la boutique, & l'autre porte sur l'ais qui couvre l'ouvrage; & afin d'affermir davantage les goberges, & qu'elles serrent plus fortement le placage, on les calle avec un morceau de bois taillé en coin.

Après que la colle est parfaitement seche, & qu'on a levé les goberges, on acheve l'ouvrage d'abord avec de petits rabots dont le dessous du fust est garni d'une plaque de fer, & ensuite avec les outils qu'ils nomment Racloirs.

Comme quelques-uns de ces rabots ont des dents à peu près semblables à celles des limes, ou des truelles bretées, on les employe plutôt pour limer le placage que pour le raboter.

Les racloirs qui sont des morceaux d'acier ou de fer bien acerés, bien tranchans & affutés sur une pierre à huile, servent à emporter les rayes ou breuures que les rabots ont laissées.

L'ouvrage raclé se polit avec la peau de chien marin, la cire, la brosse & le polissoir de prêle, qui est la derniere façon qu'on lui donne.

On appelle ordinairement Ebenistes les Menuisiers qui travaillent en Placage. On ne repetera pas ici ce qu'on a dit à leurs articles de leur art & de leurs outils. *Voyez* EBENISTE.

PLACARD. Il se dit en Hollande des affiches par lesquelles on rend publiques les résolutions & Ordonnances des Etats Généraux des Provinces-Unies, soit pour le Gouvernement, soit pour la Police, soit pour le Commerce.

Un des plus importans placards de cette derniere espece, qui ait depuis long-tems paru en Hollande, est celui pour l'exécution de la nouvelle Liste ou nouveau Tarif de l'année 1725, pour la levée des droits d'entrée & de sortie dans toute l'étendue des Etats de la Republique. Il est composé de 254 articles divisés en XVIII sections; à la tête se trouvent les Ordonnances ou Résolutions des Etats Généraux, pour l'établissement de cette Liste; & à la fin est la Liste elle-même, & quelques éclaircissemens pour en faciliter l'exécution.

On parle amplement de ce placard dans deux endroits de ce Dictionnaire; dans l'un on fait un extrait des XVIII sections qui le composent; & dans l'autre on donne la Liste en son entier, sans même avoir voulu reformer le stile de la traduction Françoise, qui est très mauvais, crainte de l'affoiblir, ou de prendre quelques marchandises les unes pour les autres.

Les deux endroits où l'on parle du Placard pour l'exécution de cette Liste, & où la Liste est rapportée en entier, sont pour la Liste, l'article LISTE, & pour l'extrait du Placard l'article RESOLUTIONS & PLACARDS. *Voyez* ces deux articles.

PLACE DU CHANGE, ou PLACE COMMUNE DES MARCHANDS. C'est un lieu public établi dans les Villes de négoce, où les Marchands, Négocians, Banquiers, Agens ou Courtiers de change, & autres personnes qui se mêlent du commerce des lettres & billets de change, ou qui font valoir leur argent, se trouvent à certains jours de la semaine pour y parler & traiter des affaires de leur commerce, & sçavoir le cours du change.

A Paris on dit simplement la Place; elle est située dans la cour du Palais sous ce qu'on appelle la Salle ou Gallerie Dauphine. A Lyon on la nomme aussi la Place; mais quelquefois on dit la Place du Change; dans quelques Villes de France comme à Toulouse c'est la Bourse. C'est aussi le nom que l'on lui donne dans presque tous les Pays étrangers, particuliérement à Londres & à Amsterdam; celle-ci s'appelle néanmoins quelquefois Place Lombarde. *Voyez* BOURSE. *Voyez aussi l'article du Change.*

Faire des traites & remises de Place en Place, c'est faire tenir de l'argent d'une Ville à une autre par le moyen des lettres de change, moyennant

nant un certain droit qui se regle suivant que le change est haut ou bas. *Voyez* Remise.

Il est très dangereux à un Négociant ou Banquier qui a coutume de paroître sur la Place, de s'en absenter sans cause légitime, une absence de quelques jours de Place étant quelquefois capable de lui faire perdre son crédit.

Quelquefois le mot de Place se prend pour tout le Corps des Marchands Négocians & Banquiers d'une Ville. Dans ce sens on dit, que la Place de Lyon est la plus considérable & la plus riche de France, pour dire qu'il n'y a point dans le Royaume de Marchands & de Banquiers si riches & si acrédités que ceux de Lyon. Le principal Réglement qui ait été fait pour la Place de Lyon, est celui de l'année 1667 : il contient tout ce qui regarde les payemens en Foires, autrement dits les quatre payemens des Rois, de Pâques, d'Aout & des Saints ; les présentations des Lettres de Change ; le virement des Parties ; le prix du Change ; enfin tout ce qui concerne le Commerce des Lettres de Change qui se fait dans la Place de cette importante Ville. On en parle ailleurs. *Voyez* Payement. *Voyez aussi* Foires de Lyon.

On dit en termes de Commerce : C'est demain jour de Place ; je vais à la Place ; il y a peu d'argent sur la Place ; l'argent de la Place est à tant ; ce Marchand a perdu son crédit sur la Place ; le Change est haussé ou est baissé sur la Place, &c. Toutes expressions où le nom de Place ne signifie autre chose que l'assemblée & le concours des Marchands qui négocient les uns avec les autres.

Places. On appelle encore Places certains endroits destinés dans les ports de mer pour mettre les bâtimens Marchands.

L'art. 4 du tit. 3 du liv. 12 de l'Ordonnance de Marine du 15 Avril 1689, porte que le Capitaine de Port marquera les places des bâtimens Marchands, en observant qu'ils ne soient point mêlés ni engagés parmi ceux de Sa Majesté.

Les bâtimens Marchands ne peuvent prendre leur place dans le port qu'ils n'ayent auparavant déchargé leurs poudres & les autres matieres combustibles qu'ils peuvent avoir sur leur bord.

Place. C'est encore un lieu public dans lequel se tiennent les foires & marchés, où les Marchands ont leurs échopes ou petites boutiques, & où ils étalent leurs denrées & marchandises.

Quelquefois ces places sont franches, c'est-à-dire, qu'on y étale sans payer aucun droit ; quelquefois au contraire il y est dû un droit d'étalage ou au Roi, ou aux Seigneurs particuliers. *Voyez* Halle, Foire *&* Marche'.

A Paris les Marchands & Marchandes d'herbages & de légumes verds, & d'autres semblables denrées qui viennent de la campagne les apporter à la Ville chaque matinée pour les vendre aux halles, devoient autrefois un leger droit à l'Exécuteur de la Haute-Justice, qui l'envoyoit recueillir par ses valets, qui marquoient chaque Marchand avec de la craye à mesure qu'ils en recevoient le payement ; mais ce droit est supprimé, & on lui a assigné un fond annuel.

Place. Se dit aussi du lieu que les Maîtres de quelques Communautés des Arts & Métiers de Paris ont droit d'avoir aux halles pour y étaller les jours de marché les marchandises qu'ils y portent pour vendre. La place des Potiers de terre ; la place des Maîtres Savetiers.

Les Statuts de ces Communautés portent la plupart des Reglemens concernant l'ordre & la police qui doivent s'observer dans ces places par les Maîtres qui y étalent. On peut avoir recours aux articles de ce Dictionnaire, où l'on traite de ces Métiers & Professions.

Place. S'entend pareillement des endroits où les Vendeurs d'Images & les Petits Merciers qui ne vendent que des jouets d'enfans & de la menue Mercerie, étalent leur marchandise, comme sont à Paris les charniers du cimetiere des saints Innocens, & les murailles des Eglises & des grands hôtels. La place est contre l'hôtel de Sully. Cet Imager a sa place sous les Charniers.

PLACER. Mettre une chose en sa place, la ranger.

Un Marchand en détail doit placer ses marchandises avec ordre dans sa boutique, ensorte qu'il les ait toujours sous la main quand il vient des chalans.

Placer son argent. C'est l'employer à quelque chose ; quelquefois c'est le mettre à profit. Je viens de placer mes fonds ; pour dire, je viens d'en disposer. J'ai placé mon argent à la grosse avanture. Je l'ai placé sur un tel vaisseau.

Il faut qu'un Marchand soit attentif à bien placer ses fonds s'il veut réussir dans le Commerce.

On dit placer un jeune homme ; pour dire, le mettre en apprentissage. J'ai bien placé mon fils, je l'ai obligé à un Mercier aussi honnête homme qu'habile Marchand.

Une boutique bien placée, c'est celle qui est bien exposée à la vue des chalans, qui est dans un quartier achalandé & de grand débit. On dit aussi un Marchand bien placé, pour signifier la même chose.

PLAIN, que l'on écrit quelquefois PLEIN. Sorte de grande cuve profonde, de bois ou de pierre mastiquée en terre, dont on se sert dans les Tanneries pour mettre les cuirs ou peaux que l'on veut plamer, c'est-à-dire, dont on veut faire tomber le poil ou bourre par le moyen de la chaux détrempée dans l'eau, pour les mettre ensuite dans la fosse au tan. Le bord du plain se nomme la Traite. On dit mettre un cuir en plain, pour dire le mettre dans la cuve ; le tirer du plain ou le mettre sur la traite, pour dire le tirer de la cuve pour le mettre égouter sur le bord du plain.

Pancer un plain. C'est tirer les cuirs de la cuve pour y mettre de la chaux nouvelle.

Plain. Se dit aussi de l'eau de chaux qui est dans la cuve. Ainsi l'on dit Plain mort ou mort plain ; plain vieux ou vieux plain ; pour dire un plain qui a déja servi. Plain neuf ou plain vif ; nouveau plain ou plain nouveau ; pour dire un plain qui n'a point encore servi. *Voyez* Tanneur.

Les Megissiers, les Chamoiseurs & les Maroquiniers, se servent aussi du plain pour la préparation de leurs cuirs & peaux. *Voyez* Megissiers, Chamoiseurs *&* Maroquiniers.

PLAINDIN. Serge qui se fabrique en Ecosse, qui porte ordinairement vingt cinq aunes de longueur. Ils ne peuvent entrer en France que par les ports de Calais & de Saint-Vallery, suivant les Arrêts du 20 Novembre 1687, & 3 Juillet 1692, *& payent 8 liv. d'entrée la piece de vingt-cinq aunes, soit qu'ils soient larges, demi-étroits, blancs ou teints, neuf ou vieux, conformément au même Arrêt du 20 Novembre 1687. Voyez* Serge.

PLAMER UN CUIR. C'est lui faire tomber le poil ou bourre après qu'il a passé par le plain, pour le disposer à être tanné. Quelques-uns disent Peler au lieu de Plamer. *Voyez* PLAIN & TANNER.

PLANCHE. Ais ou piece de bois de sciage, large & peu épaisse. Les bois dont on fait le plus ordinairement les planches sont le chêne, le hêtre, le sapin, le noyer, le poirier, & le peuplier. *Voyez ces termes*, vous y trouverez leurs différentes longueurs, largeurs & épaisseurs, de même que les choses à quoi elles peuvent être propres.

Les planches payent en France les droits d'entrée & de sortie suivant leur qualité. A l'égard de l'entrée les planches de cedre payent 20 s. du cent pésant.

Les planches de sapin de toutes longueurs, 50 s. le cent en nombre.

Pour ce qui est des planches de chêne à bâtir navires, elles sont exemptes de droits d'entrée, mais elles payent ceux de sortie à raison de 40 s. le cent de pieces lorsqu'elles sont de deux pouces d'épaisseur & d'un pied de largeur.

Les droits de sortie des planches de sapin sont de 3 liv. 10 s. du cent en nombre.

COMMERCE DES PLANCHES A AMSTERDAM.

Le commerce des planches aussi-bien que des autres bois de menuiserie, de charpente & de tonnellerie, est un des plus considérables qui se fasse par les Hollandois; on en parle dans plusieurs endroits de ce Supplément. On ne s'arrêtera ici qu'à celui des planches qui se fait à Amsterdam : toutes se vendent au cent, mais à presque toutes il y a plus ou moins de planches au cent.

Les planches de Christiaan se vendent 58 florins, le cent de 126 planches.

Les planches de Cooperwyk se vendent 65 flor. le cent de 132 planches.

Les planches du Nord se vendent 48 florins, le cent aussi de 132 planches.

Enfin les planches de Westerwyk se vendent 60 florins le cent de 124 planches.

PLANCHES DE GRAVEUR EN TAILLES-DOUCES. C'est une feuille de cuivre polie, sur laquelle on grave au burin ou à l'eau forte. *Voyez les articles de ces sortes de Graveures.*

PLANCHE DE GRAVEUR EN BOIS. C'est un petit ais plat de bois de poirier, de buis ou de quelque autre bois dur, uni & sans nœuds, sur lequel on grave en relief avec des canifs, des échopes & des ciselets. *Voyez* GRAVEUR EN BOIS.

PLANCHE A SOUDER. Les Chauderonniers nomment ainsi une planche sur laquelle ils mettent d'un côté leur soudure, & de l'autre l'écuelle au borax ou celles du zin, du sel armoniac & de la poix résine lorsqu'ils se préparent à souder quelque piece.

PLANCHES OU PLAQUES. Dans le commerce du cuivre on nomme ainsi de grandes pieces de cuivre, plates, plus longues que larges, dont les Graveurs en Taille-douce se servent pour graver, & que les Chauderonniers employent à divers de leurs ouvrages. Il y en a de différente grandeur & de différent poids. *Voyez* CUIVRE.

PLANCHES A MOULES. On nomme ainsi dans le blanchissage des cires, des planches d'un pied de large, & de trois pieds & demi de long, sur lesquelles sont les moules pour dresser les pains de cire blanche. *Voyez* l'article de la Cire, où il est parlé de la Manufacture d'Antony.

PLANCHEYEURS ou PLANCHEYERS. Petits Officiers de Ville, commis & établis sur les Ports de Paris par les Prevôt des Marchands & Echevins, pour poser des planches, madriers & traiteaux sur les bateaux chargés de marchandises qui y arrivent, soit pour entrer dans ceux qui sont les plus près du rivage, soit pour traverser & passer d'un bateau à l'autre, & faciliter le transport des marchandises.

Les droits & les fonctions des Officiers Plancheyeurs sont réglés par les Ordonnances de la Ville.

Il est défendu aux Déchargeurs de vins, cidres & autres breuvages & liqueurs, de rouler & labourer les vins qu'ils déchargent par dessus les planches posées par les Plancheyeurs, mais seulement par des chemins construits & établis par eux-mêmes avec de grosses & fortes pieces de bois.

PLANCHETTE, terme de Tissutiers-Rubanniers. C'est une petite planche de bois carrée & très mince, qui soutient la chaîne à l'endroit où le Tissutier travaille. *Voyez* TISSUTIER-RUBANNIER.

PLANE. Instrument qui sert à préparer, unir & polir le bois. Il y a aussi des planes pour l'étain, pour le plomb & pour d'autres matieres, mais qui sont différentes de la plane ordinaire. On en parle aux articles de ces métaux, ou à ceux des Ouvriers qui y travaillent : on en a aussi réservé quelques-unes pour cet article.

La plane ordinaire est de deux sortes, c'est-à-dire, à un tranchant ou à deux tranchans. L'un & l'autre sont de fer acéré, longues de dix-huit à vingt pouces, & ont deux manches pour les tenir & s'en servir. Ces manches sont néanmoins diversement tournés; ceux des planes à un tranchant plus courbés, & les manches de celles à deux tranchans presque droits.

Plusieurs ouvriers se servent de la plane, particuliérement les faiseurs de treillages en échalats, les Layetiers & les Tonneliers, &c. Ces derniers, outre la plane plate dont ils préparent leurs douves, ont encore une plane ronde dont ils reparent leurs futailles en dedans quand elles sont montées. On en fait ailleurs la description. *Voyez* TONNELIER.

Les planes des Plombiers sont de trois sortes, la plane de cuivre, la plane droite, & la plane ronde, qu'on nomme aussi Débordoir rond. On parle de cette derniere à son propre article.

La plane de cuivre n'est pas un instrument tranchant, mais une petite table de ce métail de 7 à 8 pouces en quarré, épaisse d'un pouce, plate par dessous, avec une poignée aussi de cuivre; cette plane a deux usages, l'une pour planer ou planir le sable après qu'il a été labouré, & battu ensuite avec une batte ou un maillet, afin d'achever de l'unir & dresser avant d'y couler la table de plomb; l'autre pour unir & dresser cette table, même par dessus, après qu'elle a été coulée.

On se sert de la plane droite, qui n'est autre chose que la plane commune dont on a donné ci-dessus la description, pour couper les bavûres des bords de la table nouvellement fondue; ce qu'on appelle déborder une table : on l'employe aussi pour dresser les morceaux de plomb que l'on a débités pour les souder ensemble.

La plane ronde sert à l'un & l'autre usage. *Voyez* DEBORDOIR.

La plane des Arquebusiers est la plane à un ou à deux tranchans, dont on a parlé ci-dessus. Ils la nomment Couteau à deux manches. C'est avec cet instrument qu'ils ébauchent & dégrossissent les fusts des armes qu'ils veulent monter.

PLANER DE L'ETAIN. C'est le battre avec le marteau sur une platine de cuivre placée sur une enclume, avec un cuir ou deux de castor entre l'enclume & la platine; ce qu'on fait pour le rendre uni, tant dessus que dessous.

On appelle Marteau à planer le marteau dont on se sert pour battre l'étain. *Voyez* ETAIN *à l'endroit où il est parlé de l'étain plané.*

PLANER DU PLOMB, terme de Plombier. C'est l'unir & le dresser; ce qui se fait avec une plane de cuivre. On le dit aussi de la façon qu'on lui donne après qu'il a été fondu, en coupant & dressant les bavûres avec une plane de fer, ce qu'on appelle plus ordinairement déborder, & la plane dont on se sert, un Débordoir. *Voyez ces deux articles*, PLOMB & PLOMBIER.

PLANER OU PLANIR LE SABLE, autre terme de Plombier. C'est l'unir & le dresser avec la plane de cuivre après qu'il a été mouillé & labouré avant qu'on y verse le plomb. *Voyez* PLOMBIER.

PLANER DU BOIS, DES DOUVES, DES ECHALATS. C'est les préparer, les unir & les polir avec la plane plate. On dit aussi planer le dedans d'une futaille, c'est-à-dire, en égaler les joints avec la plane ronde. *Voyez* TONNELIER.

PLANEUR, Ouvrier qui travaille avec la plane. On le dit particuliérement des Compagnons qui planent l'étain, c'est-à-dire, qui le battent chez les Potiers d'Etain. On se sert aussi de ce terme chez les Orfévres.

PLANTER UNE FORME, terme de sucrerie. C'est la mettre sur son pot pour lui faire son fond & la préparer à recevoir la terre qui blanchit la cassonade. *Voyez* SUCRE TERRE'.

PLANTEURS. Les Anglois nomment ainsi les Habitans qui passent dans de nouvelles colonies pour établir des plantations, ce qui les distingue des Avanturiers qui sont ceux qui prennent des actions dans les Compagnies formées pour soutenir ces Colonies. Les Planteurs se nomment en France Habitans Colons ou Concessionnaires; & les Avanturiers, Actionaires.

PLANTOIR. Instrument de Jardinier avec lequel il plante.

Il y en a de deux sortes; le grand Plantoir qui sert à planter le buis des parterres dans les naissances & contours des broderies où l'on ne peut planter à la rigole. Celui-ci est plat, large d'un pouce & demi, & armé de fer par le bout; son manche est recourbé par le haut.

Le petit plantoir n'est qu'une cheville ronde d'une médiocre grosseur, pointue d'un bout & courbée de l'autre; c'est avec ce plantoir qu'on transplante & qu'on met en place les plantes qu'on a semées & élevées sur des couches.

PLAPPER. Petite monnoie de billon qui se fabrique à Basle en Suisse, & qui n'a point de cours dans les autres Cantons.

Le Plapper vaut six raps ou un sol de France, à prendre le raps pour deux deniers tournois. On donne deux schellings de Lucerne pour le plapper de Basle.

PLAQUES. Nom que l'on donne à certains morceaux d'or ou d'argent de divers poids & titres, qui ont retenu la figure des vaisseaux dans lesquels ils ont été fondus. On tire des Indes & d'Espagne de l'or & de l'argent en plaque. *Voyez* OR & ARGENT.

PLAQUES, ou PLANCHES. Se dit aussi de certaines grandes pieces de cuivre peu épaisses, plus longues que larges dont les poids sont différens, qui s'employent par les Graveurs en Tailles douces & par les Chauderonniers. *Voyez* CUIVRE.

PLAQUE-SEIN. Espece de petite écuelle de plomb un peu en ovale, dans laquelle les Vitriers détrempent le blanc dont ils signent ou marquent les endroits des pieces de verre qu'ils veulent couper au diamant.

PLAQUE'. Cuirs plaqués. On appelle ainsi les cuirs forts qui ont été plamés & tannés, & qu'on a fait sécher après avoir été tirés de la fosse au tan. *V.* TANNER.

PLASMES. Emeraudes brutes propres à broyer pour faire entrer dans quelques médicamens. Les meilleures sont celles qui sont d'un verd un peu gay. *Voyez* EMERAUDE.

PLASTRE. Pierre fossile qui sert à plusieurs usages dans les bâtimens, & que l'on employe aussi dans la sculpture pour mouler & faire des statues, des bas-reliefs, & autres ornemens d'architecture.

Il y a deux sortes de plâtre; l'un que l'on appelle Plâtre cru & en pierre, & l'autre que l'on nomme Plâtre cuit & battu.

Le plâtre cru, c'est-à-dire, qui est tel qu'on le tire de la carriere, est du nombre des pierres que l'on nomme Moilons; il se mesure & se vend à la toise comme les autres moilons, & est propre ainsi qu'eux à être employé dans les édifices, mais seulement dans les fondemens, à cause qu'il s'amollit aisément à l'air.

Le Plâtre cuit est celui que le Plâtrier ou Chaufournier a mis au feu & calciné dans un four, & qu'il a ensuite battu & réduit en poudre; celui-ci qui sert de liaison & comme de ciment dans les bâtimens, se vend au muid qui est de trente-six sacs; chaque sac suivant les Ordonnances de Police doit être de deux boisseaux radés, ensorte que le muid de plâtre contient soixante & douze boisseaux.

C'est ce plâtre qui bien tamisé & réduit en poudre impalpable, sert aux ouvrages de sculpture & d'architecture; il est bon aussi à enlever les taches de graisse de dessus les étoffes de soie & de laine.

Le plâtre qui se tire des carrieres de Montmartre près Paris est estimé le meilleur de ceux qu'on employe dans les bâtimens qui s'élevent sans cesse dans cette grande Ville. Il s'en fait aussi d'assez bon à Gagny, Montreuil & près de Creteil autres Villages des environs de Paris. Celui qui vient par la riviere est le moins bon.

L'on trouve dans les carrieres qui produisent le plâtre une espece de faux talc qui sert à contrefaire toute sorte de marbre; on en parle ailleurs. *Voyez* GYP.

L'article premier du chapitre vingt-neuf de l'Ordonnance de la Ville de Paris de 1672, défend que la marchandise de plâtre arrivant par la riviere soit déchargée autre part que dans le Port de sa destination, qui delà est appellé le Port au Plâtre; & le second article du même chapitre enjoint aux Toiseurs (on nomme ainsi les Mesureurs de plâtre) d'avoir de bonnes mesures, & d'empêcher qu'il ne soit vendu aucun plâtre défectueux, à peine d'interdiction de leur charge.

Le muid, ou comme porte le Tarif de 1664, le mont de plâtre paye 20 s. de droits d'entrée & seulement 3 s. de sortie.

PLASTRIER. Celui qui brûle, qui bat, qui vend le plâtre & qui le voiture.

PLASTRIERE. La carriere d'où l'on tire le plâtre. On le dit aussi de quelques femmes qui en voiturent aux environs de Paris.

PLAT. On nomme ainsi quelquefois les bassins des grandes balances, particuliérement de celles qui sont destinées à peser les marchandises de grand poids ou de grand volume. On les appelle ainsi de la forme qu'ils ont ordinairement, ces bassins étant faits de planches quarrées & plattes, à chaque angle desquelles sont attachées les cordes qui les soutiennent. *Voyez* BALANCE.

PLAT. Se dit encore dans le commerce du cuivre des plaques de la rosette qui n'ont reçû aucune façon, & qui sont telles qu'on les apporte des mines. *Voyez* CUIVRE.

Le Tarif de la Douane de Lyon les appelle des Plattes. *Voyez ci-après.*

PLAT DE VERRE. C'est un grand morceau de verre de figure ronde, au milieu duquel il y a un gros nœud qu'on nomme Oeuil de bœuf ou Boudine.

Le plat de verre a un peu plus de deux pieds de diametre; il sert à faire des vitres. Il se vend au panier ou à la somme de 24 plats chacun. *Voyez* VERRE EN PLAT.

PLATA. Ce terme Espagnol signifie de l'Argent; & de même le mot de Vellon qu'on prononce Veillon, signifie du Cuivre.

On se sert de ces deux termes non-seulement pour exprimer les especes de ces deux métaux qui sont fabriquées en Espagne, ou qui y ont cours, mais encore pour mettre de la différence entre plusieurs monnoies de compte dont les Espagnols se servent pour tenir leurs livres dans le commerce.

L'on dit dans cette derniere signification, un Ducat de Plata & un Ducat de Vellon; un Real de plata & un Real de Vellon; enfin un Maravedis de Plata & un Maravedis de Vellon : ce qui augmente ou diminue les sommes de près de la moitié; trente-quatre Maravedis de Plata faisant soixante & trois Maravedis de Vellon, & la Piastre ou piece de huit ne valant que 272 Maravedis de Plata & 510 Maravedis de Vellon. *Voyez* PIASTRE, REAL, DUCAT, MARAVEDIS.

PLATA BLANCA. C'est une sorte de minerai ou de métail, comme on parle au Perou & au Chilly; qui se tire des mines d'argent, du Potosi, de Lipes, & de quelques autres montagnes de ces deux parties de l'Amérique Espagnole.

Ce minerai est blanc, tirant sur le gris, mêlé de quelques taches rouges & bleuâtres, d'où apparemment il a pris son nom, Plata-blanca signifiant Argent blanc en Espagnol. *Voyez* ARGENT.

PLATE. On nomme ainsi en Hollande ce qu'on nomme en France monnoie de Suede, c'est-à-dire, des pieces de cuivre de figure quarrée, marquées au poinçon de Suede. *Voyez* MONNOYE DE SUEDE, *&* CUIVRE.

PLATEAU. Espece de planche quarrée & platte. C'est entre deux plateaux que l'on met les étoffes sous la presse.

PLATEAU. Se dit aussi des bassins des grosses balances particuliérement quand ils sont de bois. *Voyez* BALANCE.

PLATILLE. On appelle ainsi certaines especes de toiles de lin très blanches, qui se fabriquent en plusieurs endroits de France, particuliérement à Cholet en Anjou & à Beauvais en Picardie.

Les Platilles se vendent en petites pieces de cinq aunes de long sur trois quarts & demi de large mesure de Paris; les unes plus grosses, les autres plus fines. Ce sont les Espagnols à qui elles sont toutes envoyées, qui leur ont donné le nom de Platilles.

Elles sont pareillement propres au commerce qui se fait en quelques endroits des Côtes d'Afrique, particuliérement au delà de la riviere de Gambie.

Il se tire de Silesie, particuliérement de Breslaw Capitale de cette Province d'Allemagne, quantité de toiles auxquelles l'on donne pareillement le nom de Platilles. Ces sortes de toiles qui sont à peu près semblables à celles d'Anjou & de Picardie, sont aussi destinées pour les mêmes Pays, c'est-à-dire, pour l'Espagne, l'Amérique & l'Afrique, & y sont portées par les Hambourgeois. *Voyez l'article des Toiles, où il est parlé des toiles Françoises & étrangeres qui sont bonnes pour le commerce des Indes & d'Espagne.*

PLATINE, ou ROULOIR. Instrument de buis dont se servent les Marchands Epiciers-Ciriers pour rouler leurs bougies & leurs cierges sur la table. *Voyez* ROULOIR.

PLATINE, en terme de Pâtissier. Signifie un rond d'étain sonnant avec un pied en forme de grande soûcoupe qu'ils mettent à l'étalage de leurs boutiques. C'est sur ces Platines qu'ils placent les grands ouvrages de pâtisseries, comme sont les pains benis & les pâtés.

PLATINE. On nomme la Platine d'un moulin à sucre une piece de fer aceré, longue de six pouces & large de trois, sur le milieu de laquelle on a pratiqué deux ou trois enfoncemens pour recevoir la pointe du pivot du grand rolle. Elle s'emboête dans ce qu'on appelle la Table du moulin. *Voyez* MOULIN A SUCRE.

PLATINE, terme d'Imprimerie. C'est cette partie de la presse qui est au dessous de l'arbre, & qu'on fait hausser ou baisser par le moyen du barreau. *Voyez* IMPRIMERIE.

PLATINE. Ce que les Tissutiers-Rubaniers appellent les Platines du métier sur lequel ils travaillent aux tissus d'or & d'argent & aux rubans façonnés, sont de petites lames de plomb qui pesent environ un quarteron chacune, & qui sont attachées au bout des ficelles qui font tomber les hautes-lisses & les marches du métier. *Voyez* TISSUTIER-RUBANIER.

PLATTE, en Espagnol PLATA. C'est de la monnoye d'argent.

On se sert en Espagne de deux sortes de monnoie de Platte, sçavoir de vieille Platte & de nouvelle Platte; cette derniere est de vingt-cinq pour cent moindre que l'autre. La vieille Platte a cours à Cadix & à Seville; & la nouvelle à Madrid, à Bilbao & à S. Sebastien; ce qui fait que le change sur Cadix & sur Seville est toujours plus haut à Amsterdam, que sur Madrid & Bilbao. *Voyez* PLATA.

PLATTE. C'est le nom que le Tarif de la Douane de Lyon donne à cette sorte de cuivre qu'on appelle Rosette, parce qu'il vient ordinairement en plaques très minces.

La Platte ou Rosette paye à Lyon 8 s. du quintal d'ancienne taxation, & 12 s. pour la nouvelle réapréciation.

PLATTE. Espece de grand bateau dont les bords sont très plats.

La Platte ou grand bateau paye en France les droits de sortie à raison de 10 liv. la piece; & la Platte moyenne 5 liv.

Les droits d'entrée de la grande Platte sont de

3 l. aussi la piece ; & ceux de la moyenne 40 s.

PLE

PLEIGE. Caution qui s'oblige en Justice de représenter quelqu'un, ou de payer la somme ordonnée par le Juge en cas qu'il ne le représente pas au jour marqué.

En France, & particuliérement à Paris, les Marchands arrêtés prisonniers pour dettes se servent assez souvent de ces pleiges ou cautions judiciaires pour se procurer la liberté pendant quelque tems, & avoir le loisir de traiter eux-mêmes avec leurs créanciers & d'accommoder leurs affaires. Cela s'appelle se mettre en la garde d'un Huissier ; ce qui certainement a son utilité, mais qui aussi est très dispendieux & va à grands frais ; ces Officiers se faisant payer chérement à tant par jour, & prenant d'ailleurs leurs précautions par de bons effets qu'on leur consigne & autres sûretés contre la fuite du Prisonnier, qu'ils sont obligés de réprésenter & de remettre en prison sur la premiere Ordonnance du Juge, sinon de payer pour lui les sommes pour lesquelles il avoit été constitué prisonnier & écroué.

On ne peut jouir de cette liberté à caution & sortir de prison en la garde d'un Huissier, que le Juge ne l'ait ordonné contradictoirement avec la partie.

PLEIGER. Cautionner en Justice, répondre pour quelqu'un, s'engager de le représenter ou de payer certaine somme arbitrée par le Juge, ou celles pour laquelle ses créanciers l'avoient fait arrêter. *Voyez l'article précédent.*

PLEIN, ou PLAIN. Espece de grande cuve dans laquelle les Ouvriers qui préparent les cuirs les mettent pour en faire tomber le poil. *V.* Plain.

PLETS. Sorte d'étoffe qui se fabrique en Ecosse, dont les pieces ont ordinairement 24 aunes de longueur ; il y en a aussi quelques Manufactures établies en Hollande, particuliérement à Leyden.

Dans le payement des droits d'entrée & de sortie les pieces se mesurent en double, & ainsi ne passent que pour douze aunes. Leur appréciation par les Tarifs Hollandois, est de neuf florins la piece ; elles payent un sol d'entrée & deux de sortie, avec une augmentation de 8 pennins, quand elles entrent ou sortent par l'Est, l'Orisont ou le Belt. *Voyez* le Tarif à l'article Liste.

PLEURES. Ce sont les laines qui se coupent sur la bête après qu'elle est morte ; elles sont d'une très mauvaise qualité, aussi ne les employe-t-on qu'à la fabrique des couvertures les plus grossiéres, en les mêlant avec les laines de Barbarie. Il en vient de Mulhosen, de Wismard, du Rhin, &c. *Voyez* Laine.

PLEURON, petit Village de Picardie dans le Beauvoisis. Il s'y fait de grosses serges, qui se vendent pour serges de Tricot. *Voyez* le Commerce de Tricot dans l'Etat général, Tome I. page 18.

PLEYON. Menu osier dont se servent les Vanniers & les Tonneliers. *Voyez* Osier.

Pleyon. Se dit aussi de la paille de ségle la plus grosse & la plus longue. *Voyez* Paille.

PLI

PLI. Ce qui fait qu'une chose n'est pas unie. Il faut prendre garde de donner de mauvais plis, de faux plis aux étoffes, cela les appietrit & les met hors de vente.

Pli. Signifie aussi la marque qui reste le long d'une étoffe qu'on a pliée par le milieu dans toute sa longueur. Le Pli d'un drap, le Pli d'une serge. Le Pli de ce drap de Hollande est tout mangé ; on a donné la presse trop forte à cette serge ; elle est coupée à l'endroit du Pli.

PLIAGE. Maniere de plier les étoffes. Le pliage des étoffes de lainage se fait sur une espece de table ou métier qu'on appelle Plioir ; lorsque le pliage est achevé, on l'assure en mettant la piece entre deux plateaux & la serrant raisonnablement dans une presse. On plie les étoffes après qu'elles ont été faudées & devant que de les appointer. *V.* Fauder *&* Appointer.

Les Manufacturiers & Marchands ne peuvent avoir trop de précautions dans le pliage de leurs étoffes, mais sur tout ils le doivent faire avec beaucoup de bonne foi, y ayant des pliages frauduleux & qui peuvent faire paroître les étoffes plus larges qu'elles ne le sont.

Lorsque les Marchands achetent des marchandises qui sortent des Manufactures sujettes au mauvais pliage, ou qui en sont soupçonnées, ils doivent les bien examiner, & surtout prendre garde si le pli est bien au milieu.

Le pliage des petites étoffes se fait avec un instrument de bois plat en forme de grand couteau ; les Marchands de drap s'en servent aussi pour replier les draps qu'ils ont dépliés sur leur bureau pour la montre & pour la vente. *Voyez ci-après* Plioir.

Pliage des soyes. C'est la maniere ou l'action de plier les soies au sortir de la teinture pour ensuite les mettre en bottes. Les Ouvriers qui font ce pliage s'appellent Plieurs de soies. *Voyez* Plieur. *Voyez aussi* Botte *&* Soye.

Pliage. Se dit aussi des fils qu'on met à la teinture, & qu'au sortir de chez le Teinturier on met en bottes. *Voyez* Fil.

PLIER LES ETOFFES. C'est leur faire un pli au milieu dans toute leur longueur, & leur en faire ensuite plusieurs dans leur largeur également distans les uns des autres, qu'on range alternativement en dedans & en dehors. Il y a bien de l'art à plier juste & proprement un drap.

Plier. Se dit aussi chez les Marchands, pour remettre une étoffe dans ses premiers plis. A quoi vous amusez-vous, que ne pliez-vous ces draps ?

Plier des soyes. C'est mettre les écheveaux de soie, au sortir de la teinture, en deux ou en trois, suivant la longueur qu'on veut donner aux bottes ; & ensuite, si ce sont des soies plattes, les tordre & les arrêter par le bas d'un nœud facile à défaire. On dit aussi Plier du fil.

Plier un Eventail. Terme d'Eventailliste. C'est le monter, y mettre le bois. Il se dit quelquefois seulement des plis qui se font au papier, pour le mettre en état de recevoir la monture. *Voyez* Eventail.

PLIEUR. Celui dont le métier est de plier. On appelle Plieurs dans les manufactures de lainage, des Ouvriers qui ne sont occupés qu'à faire le pliage des étoffes.

Il y a aussi des Plieurs de soie & des Plieurs de fil, qui n'ont d'autre occupation que d'en faire le pliage, & de les mettre en bottes. Ces Plieurs ont de grosses & longues chevilles de bois sur lesquelles ils dressent & plient leurs soies & leurs fils, en les secouant & les tirant plusieurs fois à eux.

PLINGER LA CHANDELLE. Terme de Chandelier. C'est donner la premiere trempe à la chandelle commune, c'est-à-dire, à celle qu'on fait en plongeant les méches dans le suif fondu.

La seconde couche se nomme Retourner, la troisiéme Remettre : pour la pénultiéme on dit Mettre prêtes, & pour la derniere Rachever.

Entre la troisiéme trempe, qu'on appelle aussi Remise, & la pénultiéme, il y en a quantité d'autres suivant la grosseur & le poids des chandelles, mais qui n'ont point de nom particulier. *Voyez* CHANDELLE PLONGÉE OU COMMUNE.

PLIOIR. Métier ou instrument qui sert à plier.

Dans les Manufactures de lainage il y a deux sortes de plioirs; l'un qui est pour les draps & les étoffes qui sont larges, qui est une espece de table ou de métier sur lequel on les met pour en faire le pliage; l'autre qui sert aux petites étoffes, est une lame ou couteau de bois très mince, large de quatre ou cinq pouces, & long de deux pieds & davantage, avec une poignée ronde aussi de bois. C'est sur ce couteau ou plioir qu'on dresse les plis, en le mettant entre les deux parties de l'étoffe qui composent chaque pli. Les Drapiers se servent aussi de ce plioir.

PLIOIR. Les Fabriquans-Marchands-Faiseurs de gaze appellent aussi Plioir, & plus souvent Lanterne, un instrument composé de plusieurs legers morceaux de bois, qui sert à ourdir & monter les soies dont ils font la chaîne de leurs gazes. On en fait ailleurs la description. *Voyez* GAZE.

PLIOIR. Les Relieurs & les Marchands Merciers-Papetiers ont aussi des plioirs; les uns pour plier les cahiers & les feuilles des livres qu'ils préparent pour la relieure; les autres pour plier le papier qu'ils veulent battre & rogner, particuliérement le grand & petit papier à lettres. Les plioirs des uns & des autres sont d'yvoire, de buis, ou d'autres bois qui prennent le poli. Ils sont en forme de régle très mince, arrondie par les deux bouts de huit ou dix pouces de long & d'un pouce & demi de large.

PLIOIR, en termes de Layetier. Est une espece de pince de fer en maniere de petite tenaille, de sept à huit pouces de longueur, de laquelle ils se servent pour couper & plier le fil de fer, dont ils usent presque toujours au lieu de clous. *Voyez* PINCE.

PLIS. Sortes de laines de la moindre qualité, qui se levent de dessus les bêtes tuées pour la boucherie.

Il y a de trois sortes de Plis; de fins, de moyens & de gros. Les fins s'employent dans des ratines, des serges & des revêches de certaines qualités; les autres servent à faire les cordeaux & lisieres des étoffes. Le Reglement pour la Draperie & Sergetterie de Beauvais de 1670, marque en plusieurs articles, dans quelles sortes d'étoffes les bons & fins plis peuvent être mis, & dans quelles il est défendu de les employer. On ne répétera pas ici ce qui a été rapporté de ce Reglement à l'article des pignons, autre sorte de laine, qui sont permis ou défendus comme les Plis. *Voyez* PIGNON, laine.

PLIS. On appelle Cours-plis dans la Fabrique & Commerce des toiles qui se font en Bretagne, le pliage qui n'est pas conforme aux Reglemens, & dont les plis ont moins d'une aune de longueur.

L'article XI de l'Arrêt en forme de Reglement du premier Fevrier 1724, pour les toiles à voiles qui se fabriquent dans l'Evêché de Rennes en Bretagne, porte qu'en cas qu'il se trouve des cours-plis dans les pieces qui seront portées au bureau, pour y être visitées & marquées, elles seront confisquées, & les Fabriquans ou les Marchands condamnés à cent livres d'amende. *Voyez* l'article des Reglemens.

PLO

PLOC. Signifie proprement poil; cependant il ne se dit gueres que des poils de vaches, de chévres, de chevrotins & de chiens.

Dans le Tarif de 1664 la laine d'autruche est regardée comme une espece de Ploc; aussi donne-t-on quelquefois à cette laine le nom de Poil. *Voyez* AUTRUCHE *ou* POIL D'AUTRUCHE.

Le Ploc de vache sert particuliérement à faire des couvertures. Il y a de ces couvertures qu'on appelle Couverture à ploc, & d'autres Couvertures à poil. *Voyez* COUVERTURE.

Le ploc ou poil de vache & de chien blanc & gris paye en France les droits d'entrée à raison de 15 s. du cent pésant, & ceux de sortie sur le pied de 13 s. conformément au Tarif de 1664.

PLOK-PENIN. On nomme ainsi à Amsterdam ce qu'on donne dans les ventes publiques au dernier Encherisseur d'une marchandise. C'est une espece de Denier-à-Dieu, par lequel on signifie qu'elle lui a été adjugée. Le Plok-penin est différent suivant la qualité des marchandises & le prix des lots ou cavelins. Ordinairement il est depuis vingt sols jusqu'à cinquante sols. Quelquefois il est arbitraire & dépend de la volonté de l'Acheteur, & quelquefois il est reglé par les Ordonnances des Bourguemaîtres. Par exemple, les Plok-penins des vins de France sont fixés à deux florins, ceux du vin muscat de Frontignan à vingt sols, ceux des vins du Rhin & de la Moselle à deux florins; pour les vinaigres vingt sols, & pour les eaux-de-vie trente sols; ce qui s'entend néanmoins suivant la qualité du cavelin ou lot, qui est pareillement fixée par l'Ordonnance. Il y a aussi des marchandises où l'on ne donne point de Plok-penins, & d'autres où les Plok-penins sont souvent du double de ce qu'on a dit jusqu'ici. *Voyez* VENDU-MEESTER.

PLOMB. Métail très grossier, le plus mou & le plus facile à fondre de tous les métaux quand il est purifié. Les Chimistes l'appellent Saturne.

Ceux qui en ont fait l'analyse trouvent qu'il y entre un peu de mercure, quelque souffre, & beaucoup plus de terre bitumineuse.

Pline & les Anciens confondant l'étain avec le plomb, en ont fait de deux sortes, du noir & du blanc. Ambroise Calepin & le Pere Kirker parmi les Modernes croyant ne suivre que leur autorité, ont suivi leurs erreurs; & ceux qui pour justifier le sçavant Naturaliste ont prétendu que par le plomb blanc il entendoit le bismuth ou l'étain de glace, ne se sont pas moins trompés; puisque ce qu'il rapporte des propriétés de ce plomb, sur-tout pour les soudures des autres métaux & les opérations chimiques, ne peut convenir qu'au véritable étain.

La mine ou mineray du plomb, qu'on nomme aussi Plomb minéral, est noire; cependant en la cassant elle paroît pleine de ces aiguilles ou filets brillants qu'on voit dans l'antimoine. Elle se tire de la terre en assez gros morceaux, quelquefois purs & nets, mais le plus souvent mêlés avec de la roche.

Pour la fondre on la met dans un fourneau fait exprès, avec beaucoup de feu de charbon par desfus; le plomb fondu coule par un canal ménagé à côté, & la terre, les pierres & les scories restent avec les cendres du charbon.

On purifie le plomb en l'écumant avant qu'il soit réfroidi, ou en y jettant du suif & d'autres sortes de graisses. Les moules où l'on le reçoit ont la forme de saumons ou de navettes; ce qui donne ces noms aux masses de plomb qu'on en tire.

Les Marchands les nomment ordinairement Saumons, & les Plombiers Navettes.

D'habiles Physiciens ont cru que le poids du plomb augmentoit à l'air : l'expérience a appris aux Ouvriers que cette opinion est fausse, aussi-bien que celle de quelques autres qui se sont imaginés que le plomb pouvoit se reproduire dans les mines épuisées de métail, en les laissant long-tems reposer.

Outre que le plomb sert à la fonte & à l'affinage de quelques métaux, comme de l'or, de l'argent & du cuivre, à qui l'on dit qu'il communique son humidité, il s'employe encore à divers autres usages; & sur-tout il est d'une grande utilité pour toutes sortes de bâtimens.

Les Basiliques, les grandes Eglises, les édifices publics, particuliérement les dômes & coupoles, ont ordinairement leurs couvertures toutes entiéres de plomb. Aux Palais des Princes & aux plus belles maisons des Particuliers on en couvre, les faîtes, les plates-formes, les balcons, les lucarnes des combles; & dans toutes les autres on en fait les goutiéres & les conduites pour la chute des eaux de pluye.

Les canaux des fontaines & les réservoirs en consomment aussi quantité. On en fait des statues & des ornemens d'architecture de toutes sortes : & enfin les ouvrages des Vitriers, Bimblotiers, Potiers d'étain & de terre, Balanciers, Chauderonniers, aussi-bien que le plomb pour la guerre ou pour la chasse, n'en font pas une médiocre consommation.

Presque tout le plomb qui se voit en France vient d'Angleterre : on en tire pourtant d'Allemagne par la voie de Hambourg; & les Hollandois en apportent de Pologne. Celui d'Angleterre est le meilleur. La France a aussi quelques minieres de plomb : on ne parle pourtant gueres que de celles du Limosin; encore ne sont-elles pas beaucoup abondantes. Celles de Linarès en Espagne sont à peu près sur le même pied.

Combmarton, Newcastel & Derby sont les endroits d'Angleterre d'où il s'en tire davantage; & sur-tout le Peak, Canton de cette derniere Province, en a des mines très abondantes.

Childrey dans son Histoire Naturelle d'Angleterre, remarque deux choses singulieres sur les mines du Peak : l'une, que la pierre minérale se trouve presque sur la superficie de la terre; ce qui fait qu'on les exploite facilement, & presque toujours comme de plein-pied & à découvert : l'autre, que quoique la mine de plomb soit très facile à fondre, les Fondeurs Anglois non-seulement y employent de grands feux, mais encore sont très attentifs à ne dresser leurs fourneaux que sur des lieux élevés, & à les exposer au vent d'ouest, pour en rendre par cette exposition la chaleur plus grande & plus vive.

Le plomb en Angleterre se vend à la foudre, qui est, pour ainsi dire, une espece de quintal extraordinaire, ou plutôt un poids qui n'existe pas, mais qui signifie dix-neuf cens quintaux, à cent livres le quintal.

Ce sont les Marchands Merciers & les Epiciers en gros qui font à Paris le négoce de plomb en navettes & en saumons. Ces masses sont de différens poids : les petites sont de cent à cent cinquante livres; il y en a de trois à trois cens cinquante; & les plus grosses sont de cinq cens.

Suivant l'Arrêt du 25 Novembre 1687, le plomb doit payer à l'entrée du Royaume & des Provinces réputées étrangeres, 40 s. du cent pésant, & à la sortie 12 s. soit qu'il soit ouvré ou non ouvré.

Les droits de la Douane de Lyon sont différens suivant la qualité du plomb, ou suivant les lieux d'où il vient.

Le plomb de France ou réputé François paye 3 s. du quintal d'ancienne taxation, & 2 s. pour la nouvelle.

Le plomb etranger 4 s. 4 den. aussi du quintal d'anciens droits, & 3 s. 9 den. de reápréciation.

Le plomb en dragée 9 s. le quintal.

Et le plomb de mer 11 s.

Le plomb d'Angleterre, d'Ecosse & d'Irlande, ayant été mis au nombre des marchandises de contrebande pour l'entrée dans le Royaume par un Arrêt du Conseil du 6 Septembre 1701; & Sa Majesté ayant cependant été informée que dans le dessein d'introduire en France cette sorte de marchandise, contre la disposition de cet Arrêt, on les faisoit passer pour plombs d'Allemagne & du Nord, à la faveur de quelques Certificats mandiés. Pour remédier à cet abus, Sadite Majesté a trouvé à propos de prendre des précautions pour laisser l'entrée libre aux véritables plombs d'Allemagne & du Nord, & la fermer à ceux du cru d'Angleterre.

C'est ce qui a été fait par un Arrêt du 3 Mars 1722, distribué en six articles.

Par le premier article il est ordonné que les plombs déclarés pour être du cru d'Allemagne ou du Nord, ne pourront être reçus dans les Ports de France, à moins qu'ils ne soient accompagnés d'un Certificat des Magistrats des Villes & lieux d'Allemagne & du Nord, où ils auront été chargés, exprimant la qualité & le poids des saumons de plomb, les mines d'où provient ledit plomb & sa destination.

Par le II article Sa Majesté entend, qu'en cas que les plombs soient apportés par des vaisseaux venant des pays où il n'y a aucunes mines de plomb, ils ne puissent pareillement être admis aux entrées du Royaume, que sur la représentation qui sera faite à leur arrivée aux Bureaux des Fermes, non-seulement d'un Certificat des lieux du cru, comme il est dit ci-dessus, mais encore d'un Certificat signé des Juges des Amirautés, ou autres faisant pareille fonction dans les Villes & lieux où lesdits plombs auront été chargés : ce second Certificat portant que lesdits plombs sont les mêmes, en tout ou en partie, que les Négocians auront fait venir d'Allemagne ou du Nord, ainsi qu'il apparoîtra par le Certificat des Officiers des Villes d'où ils auront été tirés en premier lieu.

Par le III article, tous les plombs qui seront apportés dans les Ports du Royaume, venant des pays où il n'y a point de mines de cette espece, & sans être accompagnés des deux Certificats ci-dessus, seront réputés plombs d'Angleterre, & comme tels confisqués, & les Marchands qui les auront fait venir ainsi pour leur compte condamnés en trois mille livres d'amende.

Le IV article n'est que pour fixer un tems avant

lequel les plombs venant d'Allemagne & du Nord ne pourront être saisis ni confisqués en exécution du present Arrêt, faute du certificat requis par le premier article.

Enfin par le V & dernier article, Sa Majesté veut en outre que lesdits Certificats, pour plus grande validité, soient attestés par les Consuls de la Nation Françoise, s'il y en a d'établis dans les Villes & Ports étrangers, où les plombs seront expediés pour France.

Arrêt du Conseil concernant les Droits d'entrée des plombs dans le Royaume.

Les droits d'entrée des plombs venant d'Allemagne & autres Pays étrangers avoient été réglés à 40 sols du cent pésant par différens Arrêts du Conseil, entr'autres par ceux des 25 Novembre 1687, 29 Avril 1704 & 27 Aout 1720; mais s'étant mûes diverses contestations entre quelques Marchands de Saint-Malo & le Commis des Fermes pour le payement desdits droits, sur lesquelles les Juges des Traites n'avoient prononcé que des Sentences Interlocutoires, attendant de juger diffinitivement après la décision du Conseil sur la demande que ledit Commis des Fermes y avoit faite pour le payement desdits droits; Sa Majesté faisant droit sur le renvoi porté par les Sentences dudit Juge des Traittes, ordonne, que conformément auxdits Arrêts qui seront exécutés suivant leur forme & teneur, les droits sur les plombs qui viendront d'Allemagne & autres pays étrangers, seront payés & acquittés à leur entrée dans le Royaume, à raison de quarante sols du cent pésant, en observant par les Marchands & Négocians les formes prescrites par l'Arrêt du Conseil du 3 Mars 1722, pour empêcher l'introduction dans le Royaume du plomb d'Angleterre dont l'entrée est défendue par l'Arrêt du 6 Septembre 1701.

On a donné ci-dessus un extrait dudit Arrêt du 3 Mars 1722, où l'on peut avoir recours.

On trouvera aussi celui de 1701 dans l'Etat général du Commerce d'Angleterre, Tome I. page 273.

Le plomb destiné pour la guerre ou pour la chasse se fond en balles de différentes grosseurs. Il y en a de vingt-deux à vingt-quatre à la livre, qui s'enfoncent dans des barils de deux cens enchappés, ou de cent sans chappes. Il y en a pour les arquebuses à croc & les mousquets de remparts, dont le calibre est plus fort. Celui pour les pistolets & les petites armes est plus petit. Enfin il y a de la dragée & de la cendrée ou poudre de plomb de différentes grosseurs propres à giboyer.

Commerce du Plomb a Amsterdam.

Le plomb se vend à Amsterdam au cent pésant: son prix ordinaire est de 21 sous de gros les cent livres. Il donne un pour cent de déduction pour le prompt payement.

C'est aussi au cent qu'il paye les droits d'entrée & de sortie, & qu'il est apprécié dans les Tarifs Hollandois; son appréciation est de 7 florins les cent livres. Il paye 3 sols d'entrée & autant de sortie, avec une augmentation de 8 pennins quand il entre, ou sort par l'Est, l'Orisont ou le Belt.

Plomb de Vitrier. C'est du plomb réduit en petites bandes plattes & étroites, avec des feilleures des deux côtés, dont les Vitriers se servent pour monter & assembler leurs panneaux. Ils en font aussi de plus étroites sans feilleures, desquelles ils font les liens pour attacher les vitrages sur les verges de fer. *Voyez* Verre *ou* Vitrier.

Du Plomb en table. Est du plomb fondu & coulé de plat sur une longue table couverte de sable bien uni. Sa largeur ordinaire est depuis quinze pouces de Roi jusqu'à soixante-douze, & son épaisseur plus ou moins forte, suivant les choses à quoi il peut être destiné.

Les Maîtres Plombiers sont tenus, suivant l'article 35 de leurs Statuts, de jetter le plomb en table avec telle égalité, que tous les bouts, endroits & côtés soient d'une épaisseur pareille, sans qu'ils en puissent vendre ni mettre en œuvre, qu'elles ne soient débordées, c'est-à-dire, que les deux côtés ou bords des tables n'ayent été coupés & unis avec la plane, qui est un instrument ou outil tranchant propre à cet usage. On donnera à l'article des Plombiers la maniere de jetter le plomb en table.

Les Plombiers appellent du Plomb blanchi, les tables de plomb qu'ils ont étamées ou colorées avec de l'étain de même que le fer blanc. Dans les bâtimens neufs les Plombiers sont obligés, suivant l'article 33 de leurs nouveaux Statuts, d'employer du plomb blanchi sur les enfaîtures, enusures, & amortissemens, chesneaux, cuvettes, tuyaux de descente, & autres endroits qui sont en vûe.

Du Plomb en culot. C'est du vieux plomb qui a servi, & qu'on a fait refondre & épurer dans une poêle de fer. On lui donne le nom de Plomb en culot, à cause de la forme ronde de culot que le fond ou cul de la poêle lui a donnée, ou pour le distinguer du plomb neuf, qui s'appelle du Plomb en saumon ou navette. Il est défendu à toutes personnes autres que les Maîtres Plombiers, d'acheter, fondre & mettre en culot les vieux plombs. *Article 37 de leurs nouveaux Statuts.* Voyez Plombier.

Plomb mineral. Il y en a de trois sortes: l'un que l'on nomme ordinairement Alquifoux, qui n'a autre usage en France que pour les Potiers de terre, qui s'en servent, après l'avoir pulvérisé, à vernir leur poterie. *Voyez* Alquifoux.

L'autre est une drogue qu'on confond souvent avec le premier, quoiqu'elle soit de nulle valeur. Pour n'y point être trompé, en voici la différence. Il est plus dur, & ne se fond point au feu. Quand il est cassé, il paroît d'un gris de souris, & est d'un grain fort aigre, quoiqu'assez doux par dessus; ce qui lui donne quelque ressemblance avec le crayon noir.

Le troisiéme est proprement ce qu'on appelle Mine de plomb noire, Plomb de mine ou Crayon. Il y a aussi de la mine de plomb rouge appellée Minium. *Voyez* Mine de plomb, *&* Minium.

Plomb en poudre. Les Potiers de terre s'en servent au lieu de l'alquifoux ou plomb minéral, pour vernir leurs ouvrages. Il se fait en jettant du charbon pilé dans du plomb bien fondu, & en les remuant long-tems. Pour en séparer le charbon, l'on n'a qu'à le laver dans l'eau & le faire sécher. Les Potiers se servent aussi de la cendre ou écume de plomb, qui n'est autre chose que les scories du plomb que l'on a purifié pour quelque usage, ou qu'on a employé pour faire du menu plomb & de la dragée.

Plomb brusle'. C'est une préparation chimique qui a quelque usage dans la Médecine. Des lames de plomb commun fondues avec du souffre dans un un pot, se réduisent en une poudre brune, & c'est-là le plomb brûlé des Chymistes.

Ce qu'on appelle du Blanc de plomb, n'est autre chose que du plomb dissous avec du fort vinaigre. *Voyez* BLANC DE PLOMB.

On nomme Chaux de Plomb, ou Céruse, du blanc de plomb réduit en poudre & broyé à l'eau. *Voyez* CERUSE.

Les Massicots de diverses couleurs & le sandix sont pareillement des préparations du blanc de plomb poussé au feu à divers dégrés. *Voyez* SANDIX, *&* MASSICOT.

La Litarge d'or ou d'argent n'est autre chose que le plomb qui a servi à purifier le cuivre sortant de la mine pour le mettre en rosette. *Voyez* LITARGE.

L'on tire encore du plomb par le secours de la chymie, des sels, des baumes, des huiles, du vinaigre & un magister, auxquels on ajoute le nom de Saturne, ou pour les déguiser aux Ignorans, ou pour faire souvenir les Sçavans qu'on les tire du métail à qui il leur a plû de donner le nom de Saturne, à cause de la froideur que l'on lui croit commune avec cette planette. On laisse aux Chymistes à expliquer l'usage de ces excellentes drogues, & la maniere de les préparer.

PLOMB, en termes de Manufacture & de Négoce. Se dit d'un petit morceau de plomb fondu exprès, de figure ronde & platte, qui s'imprime de quelque marque particuliere, & qui s'applique sur les étoffes d'or, d'argent, de soie, de laine, &c. sur les basins, futaines, toiles de coton, mousselines, bas, &c. même sur les balles, ballots, paquets, & caisses de marchandises dont les droits de Douane ont été payés. *Voyez* MARQUE.

PLOMB DE FABRIQUE. C'est un plomb qui s'applique aux étoffes dans les endroits de leur Manufacture après qu'elles ont été examinées par les Gardes, Jurés ou Esgards des lieux.

PLOMB DE VISITE OU DE VEUE, que l'on appelle aussi PLOMB FORAIN. C'est un plomb apposé sur les étoffes, après que la visite en a été faite par les Maîtres & Gardes dans les Foires, Halles, & Bureaux des Villes & lieux où elles ont été envoyées ou apportées par les Marchands Forains ou Manufacturiers, pour y être vendues & débitées.

PLOMB DE LOYAUTE'. C'est le nom que l'on donne dans la Manufacture de la Sayetterie d'Amiens au plomb qui s'applique sur les étoffes apprêtées, que les Jurés Sayetteurs ou Hautelissiers trouvent loyales & marchandes, lorsqu'elles leur sont apportées dans la Halle en noir.

PLOMB D'ARREST. Se dit des plombs ou marques que l'on appose sur les étoffes de laine défectueuses que les Maîtres & Gardes, Jurés ou Esgards arrêtent lors de leurs visites dans les Bureaux, Halles & Foires.

PLOMB D'AUNAGE. C'est un plomb que les Jurés Auneurs, les Presseurs, les Marchands Fabriquants, &c. appliquent aux étoffes, pour faire connoître le nombre d'aunes qu'elles contiennent, suivant l'aunage qui en a été fait.

PLOMB DE CONTROLLE. C'est un plomb qui s'appose aux étoffes de laine, dans les Foires & Marchés ou lieux de fabrique, par ceux qui ont pouvoir de les controller, & de percevoir quelques droits sur chacune piece.

Les Marchands Drapiers & Merciers mettent des plombs ou marques particulieres à leurs étoffes, lorsqu'ils les envoyent chez les Ouvriers pour les apprêter, afin de les pouvoir reconnoître plus facilement.

La Compagnie des Indes Orientales de France met aussi son plomb ou marque particuliere sur les toiles de coton, mousselines, & autres marchandises qu'elle a permission de vendre & débiter dans le Royaume.

Les Tondeurs de draps & autres étoffes de laine appellent Plombs, certaines masses de plomb, ordinairement du poids de cinq, dix, & vingt livres, dont ils se servent pour charger plus ou moins les forces dont ils tondent les étoffes. Plus la force est chargée de ces plombs, & plus elle tond de près.

PLOMB DE MANUFACTURES. La Communauté des Maîtres Peintres & Doreurs a deux sortes de plombs dont l'usage est ordonné par le Réglement de 1721. Tous deux ont d'un côté les Armes de la Communauté; de l'autre, le premier a pour inscription ces mots: *Argent verni sans or;* & le second, ceux-ci: *Ouvrages de cuivre.* Celui-ci est ordonné pour être mis aux Ouvrages cuivrés, & l'autre pour être apposé aux Ouvrages d'argent verni pour empêcher les Doreurs de mauvaise foi de les faire passer pour dorures d'or fin. *Voyez* l'article des Peintres.

PLOMB. Se dit aussi d'une espece de chaudieres plattes & quarrées faites de plomb, dans lesquelles on travaille au sel blanc dans les salines de Normandie. Chaque plomb est environ de trois pieds de long, de deux de large & de six pouces de profondeur. Quatre plombs font une saline. *V.* SEL DE NORMANDIE.

PLOMB. L'on appelle Plombs parmi les Ouvriers-Miroitiers qui mettent les glaces au teint, des plaques de plomb longues d'un pied, larges de cinq à six pouces, & de trois à quatre lignes d'épaisseur, avec une poignée de fer par dessus pour les prendre & manier commodément.

Ces plombs servent à charger la glace quand elle a été placée sur le vif-argent; après néanmoins avoir pris la précaution de la couvrir de revêche ou de molleton, de crainte qu'ils ne la rayent & ne la gâtent. Quelques uns mettent des boulets de canon posés dans des especes de sébilles de bois, à la place des plombs; mais les bons Ouvriers ne se servent de boulets que pour arrêter les glaces, & non pour les charger. *Voyez* GLACE.

PLOMB. Les Menuisiers, Charpentiers, Maçons, & autres Artisans qui sont obligés de placer leurs ouvrages d'aplomb, c'est-à-dire, perpendiculairement sur l'horison, ont diverses sortes d'instrumens qu'ils appellent Plomb, à cause d'un petit morceau de ce métail qui en fait partie, quoique pourtant on y mette le plus souvent du cuivre ou du fer.

Le plomb des Maçons & des Menuisiers est ordinairement de cuivre, en forme de petit cylindre, de six ou sept lignes de diametre & d'un pouce de hauteur. Il pend à une ficelle qui se nomme la Corde ou Cordeau, qui passe à travers une petite platine aussi de cuivre, quarrée & très mince, appellée le Chas. Cette plaque qui n'a que la largeur du cylindre monte & descend à volonté le long du cordeau, & sert à appuyer contre l'ouvrage qu'on veut mettre d'aplomb.

Le plomb des Charpentiers n'a point de chas: il est plat en forme de rose à jour, de deux pouces environ de diametre. On le fait de plomb, de fer ou de cuivre. Il est ainsi percé pour donner passage à la vue, & que l'Ouvrier puisse mieux adresser à l'endroit où il veut piquer le bois, c'est-à-dire, le marquer.

Le plomb à niveau, qui est un véritable niveau, est un plomb dont la corde descend le long d'une regle ou de bois ou de cuivre, dressée perpendiculairement sur une autre. *V.* NIVEAU.

Le plomb à talus n'est autre chose que le niveau plein dont la corde se déplace. *V.* NIVEAU.

Le plomb à regle est une simple regle qui a une échancrure à sa base, & une ligne perpendiculaire tracée du haut en bas, sur laquelle bat la corde où est attaché le plomb.

PLOMB A LA MAIN. Terme de Graveur sur acier. C'est du plomb fondu & versé sur un morceau de papier pour tirer l'empreinte d'une médaille, ou de quelque ouvrage travaillé en creux. On l'appelle Plomb à la main, parce qu'il suffit de fraper le carré par dessus avec la main, pour en imprimer la figure sur le plomb. *Voyez* GRAVEUR.

PLOMB. Les Maîtres Couteliers appellent le Plomb une masse de ce métail, sur laquelle ils coupent avec le rosettier ces petites rosettes dont ils se servent pour monter les lancettes & les rasoirs. *Voyez* ROSETTIER.

PLOMB, en termes de Marine. Signifie la sonde avec laquelle les Pilotes sondent le fond des mers sur lesquelles ils navigent. Ainsi l'on dit: Il ne faut aborder cette côte que le plomb à la main; pour dire, que la sonde à la main. Ils l'enduisent au bout de suif pour connoître si le fond est de vaze, de sable, ou de roc.

PLOMBACINE. C'est parmi les Modernes la glebe minérale où l'on trouve le plomb & l'argent mêlés ensemble.

PLOMBAGINE. Les Anciens appelloient ainsi la mine de plomb noire dont on fait les crayons à dessiner. Ce mot & celui de Plombacine sont trop semblables, pour ne pas croire que ce dernier n'ait pas été emprunté de l'autre, ou que peut-être ils ne signifient la même chose. La plombagine est aussi le plomb de mer des anciens, qui selon un Auteur qu'on ne garentit pas (Pomet) étoient persuadés que cette drogue étoit une production de la mer & non pas un minéral sorti des entrailles de la terre, ce qui est peu croyable.

PLOMBE'. Terme en usage chez les Marchands Libraires & parmi les Relieurs. Il se dit d'une certaine composition faite de mine de plomb & de colle détrempée & broyée avec de l'eau, qui sert à plomber & colorer la tranche de quelques livres d'Eglise ou de Prieres, particuliérement de ceux destinés pour les Religieux & Religieuses, ou pour les personnes qui sont en deuil.

PLOMBE'E. Etoffe plombée, marchandise ou balle plombée, sont celles sur lesquelles il a été apposé un plomb ou marque particuliere.

Les Réglemens des Manufactures veulent que toutes les étoffes de laines qui se fabriquent dans le Royaume soient plombées des plombs ou marques de fabrique, & des plombs de visite ou de vûe.

Les caisses & balles de marchandises qui ont été une fois plombées dans les Bureaux des Douanes ou traites, ne doivent point être ouvertes en chemin, si ce n'est au dernier bureau de la route où elles peuvent être contrôlées pour connoître s'il n'y a point eu de fraude.

PLOMBE'E. Se dit aussi d'une sorte de composition fait avec la mine de plomb ou le minium, dont quelques Ouvriers ou Artisans colorent leurs ouvrages en rouge.

PLOMBER. Signifie mettre, appliquer ou apposer un plomb, une marque à une piece d'étoffe, à une paire de bas, à une balle de marchandise, &c.

Les Marchands, les Manufacturiers & les Ouvriers, sont obligés de faire plomber ou marquer leurs étoffes dans les Bureaux, Halles, Foires & lieux où s'en doit faire la visite.

A Amiens au lieu de dire Plomber une étoffe; on dit la ferer; ailleurs on dit la marquer, y apposer, y mettre le plomb.

Si les Marchands veulent que leurs balles, ballots ou caisses de marchandises ne soient point ouvertes ni visitées en chemin, il faut qu'ils les fassent acquitter & plomber dans les Bureaux des Fermes du Roi.

PLOMBER. C'est aussi un terme de Potier de terre qui signifie vernisser avec le plomb les ouvrages de poterie. *Voyez* PLOMMER.

PLOMBERIE. Art de fondre & de travailler le plomb. Il se dit aussi des ouvrages des Plombiers.

Voyez l'article de la Maçonnerie pour y apprendre l'usage du Mémoire suivant à quatre colomnes.

PRIX DE LA PLOMBERIE DES BASTIMENS, & pour les tuyaux de fontaines pendant les années 1690, 1710, & 1716.

	1690,	1710,	1716.
Le cent de plomb tant pour terrasses, noux, noquets, pieds droits, enfêtemens, brisiers, bourseaux, membrons, annusures, cheneaux, bavettes, cuvettes, canons ou godés, hottes ou entonnoirs, le cent pésant,	13 l. 10 s.	25 l.	17 l. 10 s.
Les vieux plombs qui se pourront employer, le cent pésant en œuvre,	4 l.	4 l.	5 l.
La soudure employée, en fournissant par les Plombiers le charbon, la livre,		14 s.	14 s.
Cet article n'est pas dans le premier Mémoire.			
Les tuyaux de plomb pour les fontaines soudés de long, avec nœuds de soudure pour les joindre, faire les tranchées pour poser lesdits conduits & les remplir, le cent pésant en œuvre,	14 l. 10 s.		
Les tuyaux moulés pour les fontaines, avec nœuds de soudure, pour les joindre depuis deux pouces de diametre jusqu'à six pouces aussi de dia-			

1690, 1710, 1716.

metre, les tranchées & remplage comme dessus, le cent posé & mis en œuvre, 14 l.

Ces deux derniers articles ne sont pas dans les Mémoires de 1710 & 1716.

PLOMBEUR. Celui qui plombe, qui applique les plombs ou marques aux étoffes & autres marchandises.

A Amiens on dit Fereur, & en d'autres endroits Marqueur.

PLOMBIER. Ouvrier qui fond le plomb, qui le façonne, qui le vend façonné, & qui le met en œuvre dans les bâtimens, fontaines, &c.

A Paris les Plombiers forment une Communauté considérable dont les derniers Statuts composés de quarante articles sont du mois de Juin 1648; par ces Statuts ils sont qualifiés de Maîtres Plombiers Fontainiers.

Les Chefs de cette Communauté, c'est-à-dire, ceux qui sont préposés pour tenir la main à l'exécution de ses Statuts, & qui sont chargés du soin des affaires qui la regardent, sont au nombre de trois; le premier est appellé Principal, & les deux autres Jurés.

Tous les ans le Mardi d'après la Trinité Patrone des Maîtres Plombiers, on fait en présence du Procureur du Roi du Châtelet l'élection d'un nouveau Principal & d'un nouveau Juré; ensorte que le Principal n'est qu'un an en fonction, & chaque Juré y reste deux années.

Suivant ces Statuts, aucun ne peut être reçû Maître Plombier à Paris s'il n'est originaire François & né sujet du Roi, ou qu'il n'ait obtenu de Sa Majesté des Lettres de naturalité.

L'apprentissage doit être de quatre années complettes, & le chef-d'œuvre tel qu'il plaît aux Jurés de le prescrire.

Les Fils de Maîtres sont exempts d'apprentissage & de chef-d'œuvre & il suffit pour être admis à la maîtrise, qu'ils ayent servi leurs peres pendant 2 ans, & qu'ils ayent fait une simple expérience.

Les Compagnons qui ne sont pas Apprentifs de Paris ne peuvent parvenir à la maîtrise, qu'ils n'ayent auparavant servi les Maîtres pendant deux ans, & fait chef-d'œuvre de même que les Apprentifs de Paris.

Les veuves des Maîtres Plombiers tant qu'elles sont en viduité, peuvent faire travailler & tenir boutique ouverte, de même que leurs maris, pourvû qu'elles ayent pour la conduite de leurs travaux un Compagnon capable & expérimenté.

Les Maîtres sont tenus de marquer de leur coin particulier tous les plombs qu'ils vendent & qu'ils employent dans les atteliers & bâtimens, & cette marque qui contient ordinairement les premieres lettres du nom & surnom du Maître, doit être apposée sur le plomb avant qu'il puisse sortir de sa boutique.

Il est défendu aux Plombiers de jetter du plomb sur toiles & de l'employer, non plus que celui passé par le moulin.

Les Plombiers se servent de quantité d'outils & d'instrumens, & même de quelques machines pour fondre, couler, souder & travailler les plombs qu'ils ont auparavant préparé suivant les divers ouvrages auxquels ils les destinent. On n'en donnera ici que les noms, se réservant d'en faire la description & d'en apprendre l'usage à leurs propres articles où l'on pourra avoir recours.

Pour fondre & couler le plomb il faut une fosse à fondre, un moule avec ses traitteaux pour le jetter en grandes tables; un autre moule pour les petites tables; une poesle de fer à verser le plomb; une cuilliere à puiser; une autre cuilliere percée & des rables pour les grandes & petites tables.

Pour travailler ces tables soit en tuyaux, soit en cuvettes ou autres choses semblables nécessaires au bâtiment, ou pour les mettre en place, les Plombiers ont des tondains, des poesles & des cuillieres à souder des polastres; un niveau, des compas, un marteau, des maillets plats d'un côté, des bourseaux, des serpes, des serpettes, des couteaux, des planes, des gouges, des rapes, des débordoirs ronds, des grattoirs, des fers ronds à souder, d'autres fers en triangle au même usage & des attelles.

Lorsque l'on veut faire des tuyaux sans soudure on se sert d'une poesle ou chaudiere de fonte posée sur son trépied, d'un étably avec son moulinet au bout, garni d'une sangle & de son crochet, d'un moule pour les tuyaux avec son boulon, ses rondelles & ses portées; enfin pour étamer, d'un fourneau qu'on nomme Fourneau à étamer.

L'on va seulement mettre ici la maniere de couler les grandes & petites tables, & celle de fondre des tuyaux dans des moules comme à l'endroit le plus convenable pour ces matieres.

Maniere de fondre & couler les grandes tables de plomb.

Le plomb destiné à cet usage se met en fusion dans une fosse bâtie & maçonnée de grès & de terre cuite en forme de grande chaudiere qu'on fortifie au dehors par un massif de moilon & de plâtre. Au bas de cette espece de chaudiere est un endroit plus enfoncé où se place une poesle ou marmite de fonte pour recevoir le culot du plomb, c'est-à-dire, ce qui peut rester de ce métail quand la table est coulée; cette fosse ou chaudiere est élevée sur l'aire du plancher, ensorte que la poesle de fonte soit appuyée dessus.

Chaque fois qu'on veut se servir de cette fosse il faut l'échauffer avec de bonne braise qu'on met dedans, afin que le plomb fonde plus facilement & ne s'y attache pas; ensuite de quoi on y jette le plomb pêle-mêle avec du charbon ardent pour le faire fondre.

Assez près de la fosse est la table sur laquelle le plomb doit se jetter; elle est ainsi placée pour la commodité du service & pour y verser plus promptement le métail quand il est fondu.

Cette table qu'on appelle quelquefois le Moule, est faite de grosses pieces de bois bien jointes & liées de barres de fer par les bouts, soutenue par deux ou trois traitteaux de charpente : autour regne une espece de chassis ou bordure aussi de bois de deux à trois pouces d'épaisseur, & d'un pouce ou deux d'élevation au dessus de la table. La largeur ordinaire des tables est de trois à quatre pieds; leur longueur de dix-huit à vingt pieds.

Sur la table est du sable très fin qu'on prépare en le mouillant avec un petit arrosoir & en le labourant avec un bâton, & ensuite pour le rendre uni & égal on le bat avec un maillet plat, & l'on le plane avec une plane ou plaque de cuivre.

Au dessus de la table est le rable qui porte sur les bords du chassis qu'en terme de l'art on appelle les éponges; il est de bois, haut & fort à discrétion; entaillé des deux bouts qui sont appuyés sur les éponges, ensorte qu'il reste entre lui & le sable plané une distance proportionnée à l'épaisseur qu'on veut donner à la table de plomb; ce rable sert à pousser le métail encore liquide jusqu'au bout du moule.

Au haut de la table est une poesle de fer de figure triangulaire, qui n'a des bords que par derriere & aux côtés, afin qu'elle se vuide plus aisément quand on la veut verser; elle pose pardevant sur la table même, & par derriere sur un traitteau plus bas que la table, afin qu'en cette situation elle puisse contenir le métail, n'ayant point de bord pardevant pour le retenir. Il y a de ces poesles capables de recevoir quinze & seize cens livres de plomb & plus.

Tout étant ainsi disposé on puise avec une grande cuilliere de fer dans la fosse où le plomb est en fusion, le métail pêle-mêle avec le charbon pour en remplir la poesle triangulaire, & lorsqu'elle en est pleine on en ôte le charbon & l'on nétoye le plomb avec une autre cuilliere de fer percée en forme d'écumoir; puis on leve la queue de la poesle, & le métail liquide coulant & se répandant sur le moule, le Plombier le conduit & le pousse jusqu'au bout avec le rable posé de champ sur les éponges, ce qui le rend par tout d'une égale épaisseur.

Les tables ainsi jettées on les déborde, c'est-à-dire, qu'on les dresse des deux côtés avec des planes à déborder. On a déja dit à l'article du Plomb, qu'il est défendu aux Plombiers par leurs Statuts de vendre ni mettre en œuvre des tables qu'elles n'ayent été débordées.

Maniere de couler des tables de plomb sur la toile.

Quoiqu'on ait remarqué en faisant l'extrait des Statuts des Plombiers au commencement de cet article, qu'il leur est défendu de jetter du plomb sur toile, de le vendre ou de l'employer, on ne laissera pas d'en expliquer ici la méthode, y ayant des occasions où non-seulement ces sortes de tables de plomb sont permises, mais dans lesquelles mêmes elles sont nécessaires, sur tout pour la construction des grands édifices, comme celui du Louvre par exemple, où au lieu de mortier on a mis de ces lames jettées en toile, pour remplir les joints des pierres de taille.

La table ou moule pour jetter du plomb sur toile est de bois, longue & large à volonté suivant l'ouvrage, & seulement bordée par un côté. Sur cette table au lieu de sable s'étend un long morceau de drap ou d'autre étoffe de laine que l'on cloue par les deux bouts pour le tenir mieux tendu, & sur le drap se met encore une toile très fine (on peut aussi se servir de treillis.) Cette table qui est soutenue sur des traitteaux inégaux ne se place pas de niveau, mais doit avoir une pente raisonnable.

Un rable de bois, mais bien différent du rable qu'on a décrit dans le paragraphe précédent, sert à contenir & à conduire le plomb liquide qu'on veut couler: c'est une espece de boëte de bois sans fond, seulement fermée de trois côtés, raisonnablement élevée sur le derriere, & dont les deux ais paralleles vont toujours en diminuant jusqu'au bout, depuis l'endroit où ils se joignent au troisiéme ais, qui a sept ou huit pouces de haut. La largeur de cet ais qui fait celle du rable, est plus ou moins grande suivant la largeur que l'on veut donner à la table de plomb qu'on veut jetter.

Le rable se place sur le haut du moule que l'on a auparavant couvert en cet endroit d'une carte qui sert alors comme de fond à cette espece de boëte, ce qu'on fait crainte que la toile ne brûle pendant qu'on le remplit de plomb liquide. On comprend assez que l'endroit par où le rable est ouvert doit être tourné en haut, parce qu'autrement il ne pourroit retenir le métail.

Le rable étant plein de plomb suivant la quantité qu'on en veut couler, deux hommes, un de chaque côté du moule, ne font que laisser aller le rable en bas, ou bien le tirent avec vitesse, ce qui fait la table plus ou moins épaisse, son plus ou moins d'épaisseur dépendant du plus ou moins de promptitude avec laquelle le rable descend le long du moule, qui comme on l'a dit est disposé en penchant.

Il faut observer qu'il n'y a qu'un certain dégré de chaleur qu'il faut donner juste au plomb pour le couler sur la toile, soit crainte de brûler la toile s'il étoit trop chaud, soit de peur qu'il se refroidisse avant la fin de l'opération s'il ne l'étoit pas assez. Pour trouver ce dégré convenable on éprouve la chaleur du plomb en fusion avec du papier; si le papier qu'on met dedans s'enflame, le métail est trop chaud; s'il ne roussit pas il ne l'est pas assez; une couleur tirant sur le jaune est la marque de la chaleur convenable.

Maniere de faire des tuyaux sans soudure.

Pour faire ces tuyaux il faut une espece de fourneau composé d'une grande poesle ou chaudiere de fonte soutenue sur un trépied de fer assez haut. Autour de la poesle & jusqu'au bord s'éleve un massif de briques maçonnées de terre franche auquel on réserve pardevant une ouverture assez large pour y mettre du bois & y allumer du feu, & par derriere une autre ouverture, mais plus petite, pour servir de ventouse.

C'est dans cette poesle que l'on fait fondre le plomb après l'avoir échauffé par le feu qu'on fait dessous. Pour avancer la fusion on met de la braise ardente avec le plomb; le métail s'écume & se puise avec les mêmes cuillieres dont on a parlé ci-dessus. *Voyez le paragraphe de la fonte des grandes tables.*

Près du fourneau doit être un étably garni par un bout d'un moulinet avec ses bras ou leviers pour le tourner quand il en est besoin; une forte sangle armée d'un crochet de fer à une de ses extrémités, est attachée par l'autre au treuil ou cylindre du moulinet, autour duquel elle se roule quand on le tourne. C'est sur cet étably que se pose horisontalement le moule des tuyaux, & c'est avec le moulinet & la sangle que lorsque les tuyaux sont fondus on en retire le boulon de fer qui en fait le noyau.

Le moule de ces tuyaux est de cuivre, fait de deux pieces qui s'ouvrent par le moyen des charnieres qui les joignent & qui se ferment avec des crochets; le calibre ou diametre intérieur est à volonté suivant la grosseur du tuyau qu'on veut fondre; la longueur est ordinairement de deux pieds & demi.

Dans le milieu du moule se place le boulon, c'est-à-dire, un morceau de cuivre ou de fer rond un peu plus long que le moule. Pour soutenir le boulon suspendu au milieu de la cavité du moule il y a deux rondelles de cuivre, une à chaque bout, avec chacune une portée, qui sont de petits tuyaux de l'épaisseur qu'on veut donner à l'ouvrage. Ces quatre pieces sont de cuivre & serrent les rondelles pour fermer les deux bouts du moule & les portées pour tenir le boulon ; à un bout du moule est le jet qui est un petit entonnoir de cuivre par où se verse le métail.

Lorsque le moule a son boulon & qu'il est fermé par ses rondelles, on le couche sur l'étably où il est affermi par des liens de fer, & on y verse le plomb fondu par le jet avec une cuilliere à puiser, qui sert à le prendre dans la chaudiere après qu'il est en parfaite fusion & qu'on l'a bien écumé avec la poesle percée.

Quand le moule est plein, & après que le métail est assez refroidi, on passe le crochet de la sangle dans un trou qui est au boulon, & en tournant le moulinet à force de bras, on fait sortir le boulon du moule ; ensuite on ouvre le moule, & en ayant tiré le tuyau (si l'on veut l'alonger) on en met un bout à la place de la rondelle d'en bas, & replaçant le boulon, ensorte que le tuyau nouvellement fondu lui serve de rondelle & de portée, on referme le moule en mettant par en haut sa rondelle & sa portée ordinaire, & l'on verse de nouveau du plomb par le jet ; ce qu'on recommence autant de fois qu'on veut augmenter la longueur de l'ouvrage.

A l'égard des tuyaux soudés ils se font sur des tondins. *Voyez* TONDIN. *Voyez aussi* TUYAU.

Quand les Plombiers veulent étamer & blanchir les tables & autres ouvrages de plomb ausquels ils sont tenus de donner l'étain par leurs Statuts, ils se servent d'un fourneau à étamer, sur lequel deux Compagnons tiennent & font chauffer l'ouvrage, tandis qu'un troisiéme Ouvrier y applique des feuilles d'étain avec de la poix-résine qu'il étend & fait tenir en les frottant par dessus avec des étoupes lorsque l'étain commence à fondre. *Voyez* ESTAMER. *Voyez aussi* FOURNEAU.

Pour la matiere qui sert aux soudures & la maniere de souder. *Voyez* SOUDER & SOUDURES.

PLOMBIERE. Femme ou Veuve d'un Maître Plombier, qui continue le métier & le commerce de la plomberie.

PLOMBIERE. C'est aussi une pierre minérale qui ressemble beaucoup au plomb. *Voyez* PIERRE PLOMBIERE.

PLOMMER. Terme de Potier de terre. C'est la même chose que Plomber ; c'est-à-dire, vernisser la poterie de terre, parce que le vernis se donne avec du plomb, ou du moins des minéraux qui en tiennent lieu, & des drogues tirées de ce métail.

Les Potiers se servent ordinairement à cet usage de l'alquifoux ou plomb minéral ; du plomb en poudre, qui se fait en jettant du charbon pilé dans du plomb en fusion ; & des cendres de plomb, qui ne sont autre chose que son écume & ses scories. *Voyez* ALQUIFOUX, PLOMB EN POUDRE *&* POTIER DE TERRE.

PLOMO-RONCO. C'est le plus riche de tous les minerais d'argent qui se tirent des mines du Chilly & du Perou, le plus facile à exploiter, & celui dont l'exploitation se fait à moins de frais. Il est noir & mêlé de plomb, d'où il a pris son nom. Ce mélange aide à le fondre sans avoir recours au vif-argent ; le plomb poussé au feu s'évaporant aisément ; & l'argent restant aussi net que si on l'avoit amalgamé.

Les Indiens avant l'arrivée des Espagnols à l'Amérique n'ayant aucune connoissance du mercure & de son usage dans le travail des mines, ne fondoient que de ce mineray. *Voyez* ARGENT.

PLONGE, PLONGE'E. On appelle de la Chandelle plongée ou plingée, celle qui se fait en plongeant la méche dans le suif. *Voyez* CHANDELLE.

MESCHE PLONGE'E OU PLINGE'E. C'est la méche qui n'a encore eu que la premiere façon, c'est-à-dire, qui n'a été mise qu'une fois en suif. *Voyez comme dessus.*

PLONGER DE LA CHANDELLE. C'est lui donner plusieurs couches de suif, en la trempant dans l'abîme ou moule qui en est rempli.

PLONGEUR. Celui qui se plonge & se cache sous les eaux.

On appelle Plongeurs dans la pêche des perles, ceux des Pêcheurs qui vont au fond de la mer détacher des bancs & des rochers les huitres qui les produisent. *Voyez* PERLES.

PLONGEUR. C'est aussi dans les manufactures & moulins à papier, un Ouvrier dont la seule occupation est de plonger les formes ou moules dans la cuve où est la pâte, & de les remettre entre les mains du Coucheur. *Voyez* PAPIER.

PLOUMIERS, Village de la Généralité de Soissons. Ses Fabriques consistent en draps communs, en serges, en toiles, & en bonneterie. *Voyez* l'Etat général, Tome I. page 25.

PLU

PLUCHE ou PELUCHE. Sorte d'étoffe le plus souvent partie laine & partie poil de chevre ; quelquefois de fil de chanvre & de poil de chevre, & quelquefois toute de soie. *Voyez* PELUCHE.

PLUIE. Espece de droguet dont la chaîne est de soie ou de poil, & la tréme en partie d'or ou d'argent. On lui donne le nom de Pluie, à cause des petits brillants dont la superficie de cette étoffe est toute parsemée, qui paroissent comme une légere brouine qui y seroit tombée. On en fait des habits d'hommes & de femmes pour l'été. *Voyez* DROGUET.

PLUMASSIER. Marchand ou Ouvrier qui teint, blanchit, apprête, monte & vend toutes sortes de plumes d'oiseaux, particuliérement d'autruche, soit véritables, soit imitées, propres à faire des capelines, bouquets & tours de chapeaux, bouquets pour l'ornement des hauts dais & des lits, aigrettes, attaches de héron, & enfin tous autres ouvrages de plumes pour les entrées, mascarades, carousels, comédies & cérémonies publiques.

Les Maîtres Plumassiers de la Ville & Fauxbourgs de Paris n'ont été érigés en Communauté & en Corps de Jurande que sous le Regne de Henri IV. Leurs Lettres d'érection & leurs premiers Statuts sont du mois de Juillet 1599, confirmés par Louis XIII en 1612, & par Louis XIV en 1644. De nouveaux Statuts leur furent donnés en 1659 & en 1692. Les Charges de Jurés créés en titre d'Offices par l'Edit de 1691, furent unies & incorporées à leur Communauté avec quelques legers changemens par rapport aux droits de réception, de visite, & autres choses semblables.

Les Maîtres Plumassiers sont qualifiés par leurs anciens & nouveaux Statuts, Marchands-Maîtres de la Communauté des Plumassiers, Panachers, Bouquetiers & Enjoliveurs de la Ville, Fauxbourgs, Banlieue, Prevôté & Vicomté de Paris.

Deux seuls Jurés, dont l'un s'élit tous les ans,

gouvernent les affaires de la Communauté, font les visites, veillent sur les Brevets des Apprentifs, leur donnent chef-d'œuvre; & s'ils sont jugés capables, assistent au serment qu'ils prêtent chez le Procureur du Roi au Châtelet, & leur délivrent des Lettres de Maîtrise.

Chaque Maître ne peut avoir qu'un seul Apprentif, obligé pardevant Notaires au moins pour six ans: permis néanmoins à lui d'en obliger un second à la fin de la quatriéme année du premier.

Aucun Apprentif n'est reçu à chef-d'œuvre, comme Aspirant à la Maîtrise, qu'il n'ait achevé son apprentissage, & servi quatre autres années de Compagnon chez les Maîtres.

Les Fils de Maîtres ne sont point obligés au chef-d'œuvre, non plus que les Apprentifs qui épousent leurs Filles ou Veuves.

Les Assemblées générales sont composées des Jurés qui y président, de tous les anciens Bacheliers, c'est-à-dire, des Maîtres qui ont passé par la Jurande, de six Maîtres qui ont été Administrateurs de la Confrairie & de deux Modernes: il est néanmoins permis à tous les Maîtres modernes & jeunes de s'y trouver; mais on n'est pas obligé de les en avertir.

Enfin il n'y a que les Maîtres de cette Communauté qui ayent la faculté de faire tous ouvrages de plumes de quelque espece d'oiseaux que ce soit, même de les enjoliver & enrichir d'or ou d'argent fin ou faux: leur étant néanmoins défendu de mêler aucune plume de héron faux parmi les plumes de héron fin; non plus que les plumes de vautours, cygnes, paons, oyes, &c. parmi les plumes d'autruches, sinon dans les ouvrages de balets & mascarades. *Voyez* AUTRUCHE.

PLUME. Ce qui couvre l'oiseau, qui lui sert à voler & à se soutenir en l'air.

Les plumes de certains oiseaux sont en France, particuliérement à Paris, un très grand objet de commerce.

Les Marchands & Artisans qui en font le négoce, qui les apprêtent ou qui les employent, sont les Maîtres Plumassiers, les Marchands-Merciers-Papetiers, les Marchands Merciers-Ferroniers, les Marchands Epiciers, les Marchands Fourreurs, les Chapeliers & les Tapissiers.

Les Maîtres Plumassiers font le commerce des plumes d'autruche, de celles du héron, des aigrettes, des queues de paon, & de toutes sortes d'autres plumes fines & précieuses qui servent à la parure des hommes & des femmes, & aux ornemens de certains emmeublemens, comme aux hauts dais, aux impériales de lit, & de quelques autres semblables. *Voyez* PLUMASSIER.

Les Marchands Merciers-Papetiers vendent les plumes d'oye, de cygne & de corbeau, qui sont propres pour l'écriture & pour les desseins à la main. *Voyez* PAPETIER.

Les Marchands Merciers-Ferronniers, c'est-à-dire, ceux des Merciers qu'on nomme Marchands de fer, font négoce en gros de duvet ou plumes à lit. *Voyez* MARCHAND DE FER.

Les Epiciers font aussi le commerce en gros de duvet d'oye & autres volailles, de l'édredon ou duvet de faucon, des plumes d'autruche, & des plumes & pinceaux de cygne. *Voyez* ESPICIER.

Les Marchands Fourreurs préparent & vendent les peaux de cygne & de vautour garnies de leur duvet, en font des manchons & palatines, aussi bien que de diverses autres sortes de plumes teintes ou naturelles. *Voyez* CYGNE & VAUTOUR.

Enfin les Tapissiers employent en lits de plumes, en traversins & autres meubles le duvet & l'édredon, les Chapeliers la laine fine ou poil d'autruche dans la fabrique de quelques-uns de leurs chapeaux, & les Manufacturiers de draps du gros d'autruche pour faire les lisieres de ces sortes d'étoffes.

COMMERCE DES PLUMES A AMSTERDAM.

Les plumes à écrire brutes se vendent à Amsterdam au millier, & les plumes préparées, ou, comme on dit en France, hollandées, au cent. Le prix des premieres est depuis 16 f. jusqu'à 4 florins le millier, & le prix des autres depuis 8 f. jusqu'à 40 f. le cent. Elles donnent également un pour cent de déduction pour le promt payement.

Les plumes à lit, ou comme les François les nomment, le duvet, se vendent au cent pésant: leur prix est depuis 25 jusqu'à 38 florins les cent livres. La tare est de 6 pour cent, & la déduction pour le promt payement, d'un pour cent.

PLUMES D'AUTRUCHE. Ce sont les plumes que l'on tire des aîles & de la queue de ces oiseaux. Les Marchands Plumassiers en comptent de plusieurs sortes; entr'autres les premieres, les secondes, les tierces, les femelles claires, les femelles obscures, les bouts de queue, les bailloques, le noir grand & petit & le petit-gris. *Voyez* AUTRUCHE, *on y traite à fond de ce commerce.*

PLUMES EN MASSE. On appelle masse de plumes d'autruche, un paquet de plumes qui en contient cinquante. Il n'y a que les plumes blanches & fines qui se vendent à la masse; les autres se vendent au cent.

PLUMES EN FAGOT. Ce sont des plumes d'autruche qui sont encore en paquets.

PLUMES BRUTES. Ce sont des plumes d'autruche telles qu'on les reçoit de la premiere main, & qui n'ont pas encore eu les divers apprêts qu'ont coutume de leur donner les Maîtres Plumassiers.

PLUMES D'AUTRUCHE APPRESTE'ES. Ce sont celles qui ont été teintes ou blanchies, & qui sont propres à être montées, ou qui le sont déja en bouquets de plumes, en plumets, & en d'autres ouvrages de plumasserie.

LAINE, PLOC OU POIL D'AUTRUCHE. Ce sont les différens noms que l'on donne au duvet de cet oiseau. *Voyez* AUTRUCHE.

On appelle Bouquet de plumes, diverses plumes d'autruche élevées en divers rangs sur un chapeau. Ces sortes de bouquets de plumes ne sont plus d'usage en France que dans les grandes cérémonies: le plumet leur a succedé. *Voyez* PLUMET.

Les Plumes d'autruche de Barbarie ou d'autres lieux payent en France les droits d'entrée à raison de 20 f. de la livre; & ceux de sortie; sçavoir celles non apprêtées, y compris les bouts, 3 f. de la livre; & celles qui sont apprêtées 6 f. conformément au Tarif de 1664.

Les droits de la Douane de Lyon se payent différemment suivant les différentes qualités des plumes, ou suivant les lieux d'où elles viennent.

Les plumes d'autruche d'Orient, la caisse pésant environ cent livres, payent 35 liv. d'ancienne taxation, & 7 l. 10 f. de nouvelle réapréciation.

Les plumes d'autruche d'Alexandrie, la caisse 25 l. d'anciens droits, & 5 liv. de nouveaux.

Les plumes d'autruche nommées plumes d'aigrettes

ou plumes apprêtées, 9 f. de la livre.

Celles non apprêtées, 6 f.

Les plumes d'autruche font du nombre des marchandises du Levant sur lesquelles il doit être levé vingt pour cent suivant l'Arrêt du 15 Aout 1685.

Par Arrêt du Conseil du 6 Septembre 1707, il est ordonné qu'à l'avenir il ne sera payé pour tous droits de la Douane de Lyon, tiers surtaux & quarantiéme, pour les plumes d'autruche appellées Petit noir à pointe platte, que 20 liv. du cent pésant; sçavoir, aux Receveurs des droits de la Douane de Lyon, 13 l. 6 f. 8 den. & aux Receveurs du tiers surtaux & quarantiéme, 6 liv. 13 f. 4 den. en ce non compris l'ancien sol & les nouveaux 2 fols pour livres.

PLUMES A ESCRIRE. Ce sont des plumes d'oye, de cygnes, de corbeaux & de quelques autres oiseaux, mais particuliérement d'oyes, qui servent à l'écriture à la main, en les ouvrant & taillant d'une certaine maniere.

On a dit ci-dessus que les Papetiers en faisoient le plus grand commerce. Ils les tirent de plusieurs Provinces du Royaume, entr'autres de Guyenne, de Normandie & du Nivernois. Celles qui leur viennent de Hollande sont estimées les meilleures; peut-être seulement à cause qu'elles sont apportées de dehors. *Voyez* OYE.

Ces plumes se tirent des aîles de l'oye. On en distingue de deux sortes, les grosses plumes & les bouts d'aîles. Elles se vendent au millier, au cent & au quarteron, & même en détail à la piece. On en trouve aussi chez les Papetiers de toutes taillées pour la commodité de ceux qui n'en sçavent pas la maniere.

PLUMES HOLLANDE'ES. Ce sont des plumes préparées à la maniere de Hollande, c'est-à-dire, dont on a passé le tuyau sous la cendre pour l'affermir & en faire sortir la graisse.

Les plumes a ecrire payent en France les droits d'entrée à raison de 10 liv. du cent pésant, suivant l'Arrêt du 3 Juillet 1692, à l'exception de celles du cru de Hollande, qui ne payent que 4 liv. conformément au Tarif de 1699, les droits ayant été ainsi modérés en faveur des seuls Hollandois.

Les droits de sortie pour les plumes à écrire de toutes sortes se payent comme mercerie, c'est-à-dire, à raison de 3 liv. du cent pésant, conformément au Tarif de 1664, & seulement 2 liv. suivant l'Arrêt du 3 Juillet 1692, dans les cas portés audit Arrêt.

PLUMES A FAIRE LITS. C'est ce qu'on nomme autrement du Duvet. *Voyez* DUVET. *Voyez aussi* OYE.

Les plumes à faire lits payent en France les droits d'entrée à raison de 22 f. du cent pésant, & pour ceux de sortie 32 f. conformément au Tarif de 1664.

Les droits de la Douane de Lyon sont, sçavoir;

Les plumes pour lits 5 f. de la balle d'ancienne taxation, & 5 sols de réappréciation.

Et celles qu'on appelle Plumes de duvet, 10 f. aussi de la balle, & 5 f. de nouveau droit.

PLUMET. C'est ainsi qu'on nomme à Paris des Gagne-deniers ou gens de peine qui travaillent sur les Ports, Places & Halles de la Ville à porter sur la tête, le charbon, les grains & la farine. Ce sont proprement les Aides des Jurés Porteurs de grains, farine & charbon. *Voyez* PORTEUR.

PLUMET. Les Plumassiers nomment aussi de la sorte une simple plume d'autruche qui fait à peu près tout le tour du chapeau, & qui en couvre entierement le bord. Le plumet a succedé au bouquet de plume.

PLUMETTE. Petite étoffe, quelquefois avec de la soie, mais plus ordinairement toute de laine.

Les Plumettes payent les droits d'entrée à raison de 10 liv. du cent pésant suivant l'Arrêt du 3 Juillet 1692, & pour ceux de sortie 3 liv. conformément au Tarif de 1664, ou seulement 2 liv. dans les cas portés dans ledit Arrêt de 1692.

PLUMOTAGE. Terme de raffinage de sucre. Il se dit d'une façon que l'on donne à la terre qui sert au raffinage, en la rafraîchissant & la paîtrissant sans l'ôter de dessus le sucre, & en y versant dessus une ou deux cuillerées de terre claire. Les Connoisseurs défendent aux Raffineurs de faire le plumotage, à cause du dommage que le Maître de la Sucrerie en reçoit ordinairement par la précipitation du coulage qui rend les pains plus légers qu'ils ne devroient être, à proportion de la matiere qu'on a mise dans les formes. *V.* SUCRE.

PLUMOTER. Faire le plumotage. *Voyez l'article précédent.*

POC

POCHE, ou POCHETTE, qui en est le diminutif. C'est une espece de petit sac de toile ou de cuir, qui est attaché à quelques habillemens des hommes & des femmes, & qui servent à serrer & porter diverses choses qu'on veut avoir sur soi. Il y a ordinairement des poches aux juste-aux-corps, aux sur-touts, aux vestes, & aux culottes: celles des culottes se font de cuir de mouton passé en mégie. Ce sont les Maîtres Boursiers qui les taillent & fabriquent, d'où ils ont pris un de leurs noms.

POCHE DE NAVETTE. Terme de Manufacture. C'est la partie creuse qui est au milieu de la navette, dans laquelle l'Ouvrier place l'espoulle ou petit tuyau de roseau sur lequel on devide le fil de la tréme des étoffes ou des toiles. On l'appelle aussi Boëte de navette. *Voyez* NAVETTE.

POCHE. Est aussi un sac de Meûnier, qui contient un sac de grain ou de farine. Il y a à Paris sur les Ports & dans les Halles & Marchés où se vendent les grains, des personnes qui ne vivent que du gain qu'ils font en louant des poches ou sacs aux Marchands, Meûniers ou Particuliers pour le transport des blés, farines & autres grains qu'ils y achetent.

POCHE. C'est une espece de poche ou de sac, dans lequel les Cloutiers de Tanchebray près Falaise, vendent les différentes sortes de broquettes qu'ils fabriquent. Chaque poche contient soixante livres pésant de broquettes, à la réserve des broquettes d'un quart au millier, qui ne pesent, ou dont les sacs ne sont que de trente livres.

POCHE. Terme de Verrerie: c'est une espece de grande cuilliere de fer dont on se sert à rejetter le verre en fusion, c'est-à-dire, à le vuider d'un pot dans un autre suivant son dégré de cuisson.

POCHE'E, qu'on appelle aussi sachée. C'est la quantité de broquettes qui peut tenir dans une poche ou sac d'une certaine grandeur. Il n'y a qu'à Tanchebray en basse Normandie où l'on vende les broquettes à la pochée. *Voyez ci-dessus* POCHE, *ou l'article des Clous.*

POCHES, en terme de Pêcheurs. Signifie certaines parties creuses qui se font autour du filet qu'on nomme Espervier, en les relevant avec de la lignette. C'est dans ces poches que se prend le poisson. *Voyez* ESPERVIER.

POCHETTIER. Celui qui taille & fait des poches. Il ne se dit proprement que de l'Artisan qui en fait de cuir. Les Maîtres Boursiers de la Ville de Paris prennent la qualité de Boursiers, Colletiers, Pochetiers, &c. *Voyez* BOURSIER.

POE

POESLE, ou POUELLE. Ustencile de cuisine fait de tole ou fer battu, avec une longue queue aussi de fer. Elle sert à cuire, fricasser, & frire diverses sortes de mets & de ragoûts que les Cuisiniers apprêtent. *Voyez* TRAITEURS.

Les poesles de fer se vendent au cent pésant à Amsterdam; leur prix est de 16 florins les cent livres; elles donnent un pour cent de déduction pour le prompt payement.

La poesle à confiture est de cuivre, sans queue, mais avec deux mains ou poignées de fer pour la mettre sur le fourneau ou l'en ôter.

Il y a aussi des poesles dans les Hôtels des Monnoies pour y faire recuire les lames & les flaons. *Voyez* MONNOYAGE.

POESLES DES PLOMBIERS. Les Plombiers ont diverses sortes de poesles pour fondre leur plomb, ou pour le verser lorsqu'il est fondu.

Celle qu'ils mettent au fond de la grande fosse est de fonte, plus semblable à une petite marmite qu'à une poesle; elle sert à rassembler le plomb lorsque la fosse en est épuisée.

LA POESLE à fondre le plomb pour jetter en moule les tuyaux sans soudure, est aussi de fonte faite en maniere de chaudiere large & profonde, soutenue sur un trépied de fer; elle est maçonnée tout au tour en forme de fourneau. *Voyez* PLOMBIER, *où l'on parle des tuyaux sans soudure.*

LA POESLE à verser le métail pour couler les grandes tables, est pareillement de fonte, de forme triangulaire, plate par dessous, ouverte par devant, beaucoup plus longue que large, avec une forte queue par derriere pour la lever quand on veut verser le métail. *Voyez comme dessus, où l'on explique la maniere de fondre les grandes tables de plomb.*

Enfin ils ont encore des poesles communes de fonte à trois pieds, dans lesquelles ils font chauffer leurs fers à souder & fondre leur soudure dans une cuilliere de fer.

Celle des Doreurs sur métail où ils mettent au feu les pieces qu'ils dorent, est toute semblable à cette derniere. *V.* PLOMBIER, *&* DOREUR SUR METAIL.

LA POESLE du fourneau des Peintres sur verre, est de terre bien cuite & propre à résister au feu, de forme carrée, comme le fourneau même, profonde de sept à huit pouces. C'est dans cette poesle que se mettent les pieces de verre après qu'elles sont peintes, pour y incorporer les couleurs. *V.* VERRE, *où il est parlé de la Peinture sur verre.*

POESLE. Les Chauderonniers ont aussi une poesle de fonte garnie de sa cuilliere de fer pour faire fondre l'étain, dont ils font l'étamure des marmites, des casseroles, & autres tels ustenciles de cuivre qui servent à la cuisine.

Il faut remarquer à l'égard de cette étamure, que le cuivre rouge s'étame avec la poix résine, & le jaune avec le sel armoniac.

POESLE A CHANDELLE. Les Maîtres Chandeliers nomment ainsi en terme du métier, ce qu'on appelle communément une chaudiere. Cette poesle, dans laquelle ils font fondre leur suif, est de cuivre jaune avec un bord de deux ou trois pouces de large & d'un demi pouce d'enfoncement. *Voyez* CHANDELLE.

POESLE. On nomme indifféremment poesle ou bassine, le grand bassin de cuivre sur lequel les Ciriers travaillent leurs ouvrages à la cuilliere. *Voyez* BASSINE. *Voyez aussi* l'article de la Cire, où il est parlé de la fabrique des Bougies.

POESLE. Il se dit aussi des chaudieres dans lesquelles on met fondre les cires jaunes qu'on veut blanchir, elles sont de cuivre estamé. *Voyez comme dessus.*

POESLON, petite poesle. On appelle chez les Chauderonniers, poeslon à poix résine un petit poeslon de cuivre dans lequel ils tiennent leur poix résine toute écrasée lorsqu'ils veulent étamer ou souder. *V.* CHAUDERONNIERS.

POET, ou POEDE. Gros poids dont on se sert en Moscovie, particuliérement à Archangel; il pese quarante livres du pays, qui reviennent environ à trente-trois livres de Paris. Dix poets font un berkewits, autre poids qui pese 400 livres d'Archangel. C'est à ce dernier poids que se pesent les marchandises grossieres comme le chanvre & les potasses.

POG

POGE. Droit de coutume qui est dû à l'Evêque de Nantes sur le hareng ou sardine blanc ou soret passant le trépas de S. Nazaire, ce droit est de demie obole par millier.

POGE. Se dit aussi d'une petite monnoie de cuivre, qui avoit autrefois cours en Bretagne, & qui est restée monnoie de compte: la poge vaut une demie obole.

POI

POIDS. Qualité naturelle à tous les corps graves, qui les fait tendre naturellement en bas, vers ce qu'on appelle le centre de gravité, avec plus ou moins de vitesse, suivant ce qu'ils ont plus de densité & de volume, ou selon que le milieu par où ils passent, leur fait plus ou moins de résistance.

POIDS. Signifie dans le commerce les instrumens qui servent à connoître, & pour ainsi dire, à mesurer la pésanteur de certaines especes de marchandises, pour en fixer le prix à proportion de ce qu'elles pesent.

Les deux instrumens les plus ordinaires, ou pour mieux dire, les seuls dont on se sert pour juger de cette pésanteur, tous les autres ayant rapport à l'un ou à l'autre, sont la Balance & la Romaine, qu'on nomme autrement Crochet & Peson. On se contente de les indiquer ici; leur description & leur usage dans le commerce se trouvant à leurs propres articles, où l'on peut avoir recours.

Le Trébuchet qui est une petite balance propré à peser les especes d'or & d'argent & les pierreries, sera aussi décrit en son lieu. *Voyez* TREBUCHET.

POIDS. On appelle bon poids en Hollande, & particuliérement à Amsterdam, un excédent de poids que le vendeur accorde à l'acheteur par gratification.

On peut en distinguer de deux sortes; l'un qui est établi depuis long-tems & qu'on paye toujours sans contestation; l'autre qui est nouveau & qui cause souvent des disputes. Les Marchands acheteurs voudroient établir ce dernier pour leur tenir lieu d'un excédent de poids indirect qu'ils ne manquoient jamais de trouver lorsqu'il étoit permis aux peseurs publics de mettre la main à la balance,

lance, & qu'ils ont perdus depuis qu'il a été défendu aux mêmes peseurs de procurer à qui que ce soit ce profit indirect.

La déduction pour le bon poids anciennement établie, va pour l'ordinaire à un pour cent, au plus à deux suivant les marchandises. Par exemple, l'alun de Rome, l'amidon, la baleine en fanons, le borax, &c. n'ont qu'un pour cent de déduction de bon poids. Au contraire, l'anis d'Alicante, l'assa-fœtida, le bois de girofle, le cacao de carraque, la cassia lignea, la colle d'Angleterre, les cubebes & plusieurs autres ont une déduction de deux pour cent de bon poids, mais la plus grande partie est des marchandises qui n'ont aucune réduction de bon poids; ce qui seroit ici trop long à rapporter, & surquoi on pourra consulter la table qu'en a donné le sieur Ricard dans son négoce de la Ville d'Amsterdam, imprimé en 1722.

A l'égard du nouvel excédent de bon poids que les acheteurs voudroient établir, & que les vendeurs se défendent autant qu'ils peuvent de payer, il est tout-à-fait arbitraire, les uns en demandant le plus qu'ils peuvent, & les autres ne leur en accordant que le moins qu'il leur est possible.

Poids-du-Roy *ou* Poids-le-Roy. C'est en France une balance publique établie dans la Douane de Paris pour péser toutes les marchandises qui y arrivent, & qui sont contenues dans les Tarifs dressés à cet effet.

Le droit attribué pour peser ces marchandises, dont il est tenu registre par les Commis du Poids, est de deux sortes; l'un qui est de dix sols cinq deniers par cent pésant, & du plus ou du moins par proportion jusqu'à une livre, se paye sur toutes les drogueries & épiceries; & l'autre qui n'est que de trois sols aussi le cent pésant, & du plus ou du moins jusqu'à vingt-cinq livres, se perçoit sur toutes les autres marchandises communes d'œuvre de poids, comme parlent les Ordonnances.

Ce droit de poids-le-Roy qui appartenoit autrefois au Chapitre de l'Eglise de Paris, & qui a été depuis réuni au Domaine, se paye conformément à deux Tarifs enregistrés au Parlement par Arrêt du 12 Mai 1661, & encore en conséquence de l'Arrêt du Conseil du 16 Juin 1693 qui a ordonné ladite réunion.

Amsterdam que l'on peut regarder comme la Ville du plus grand commerce de l'Europe, & peut-être du monde, a aussi ses poids publics, dont l'un est établi dans la place du Dam, devant l'Hôtel de Ville; les droits qui s'y payent font un des principaux revenus de cette Ville. Les deux autres qui sont dans le marché neuf & dans le marché au beurre, sont moins considérables. Le revenu en appartient aussi à la Ville. Dans le poids public établi sur le Dam, il y a sept balances pour peser les marchandises grossieres, comme les sucres, les prunes, les fanons, les laines, &c. & une pour peser les marchandises fines, comme les soies, la cochenille, l'indigo, le safran, &c. Dans le poids du marché neuf il y a cinq balances, & dans celui du marché au beure seulement quatre.

L'on ne se sert à Amsterdam que du poids de marc, dont la livre est de seize onces, mais pour réduire certaines marchandises, comme les soies, la cochenille & le corail, au poids de Brabant, on y ajoute quatre pour cent; ensorte que si une balle de cochenille pésant 225 liv. revient à 3105 sols de gros, on augmente la somme de 124 sols 4 den. qui font en tout 3229 s. 4. d.

En Angleterre les droits du Poids-le-Roy, sont de cinq sols sterling pour une pesée d'un millier, & deux sols pour une pesée de deux cens dont les François payent deux tiers plus que les Anglois.

L'établissement du poids-le-Roi à Paris est d'une grande antiquité, & bien auparavant le tems de Louis VII. Jusqu'au regne de ce Prince, il avoit été du Domaine Royal; mais en 1669, il fut aliené à des particuliers, à la charge néanmoins de la foi & hommage.

A ce poids se pesoient la plupart des marchandises qui arrivoient, & qui se vendoient à Paris, à la réserve de la cire, qui avoit alors son poids à part, qui étoit établi dans un endroit différent de celui du Roi; ce dernier s'étant toujours tenu dans la rue des Lombards, où nous l'avons vû de nos jours, & l'autre dans des maisons que l'on appelloit le Poids de la Chancellerie, à cause apparemment de la grande quantité de cire qu'on a toujours employée pour mettre les sceaux aux Chartres & Lettres de nos Rois. Il y a long-tems que ce poids de la cire ne subsiste plus.

Il paroît qu'en 1238, les droits du poids-le-Roi étoient retournés au Domaine, ce qui dura plus d'un siecle; après quoi ayant de nouveau été aliénés, une partie passa au Chapitre de Paris en 1384, qui en acquit l'autre moitié en 1417, & qui en a depuis été en possession jusqu'en 1693, qu'il fut de nouveau réuni pour toujours au Domaine; les autres réunions qui avoient été faites n'ayant point eu de suite, comme on le dira plus bas.

Bien auparavant que le Chapitre de Notre-Dame fût devenu le propriétaire de ce poids, on en avoit établi un aux Halles, qui subsiste toujours, sous un appentis au milieu de la Halle à la Farine, ce qui fut fait pour la commodité des Marchands & du pésage.

Un Auteur moderne (Sauval) remarque que pendant très long tems les poids dont on se servoit pour peser les marchandises au poids-le-Roi, n'étoient que de Cailloux, d'où l'Aide du Péseur étoit appellé *Lieve-Caillou*, ce qui lui fait croire qu'alors les étalons n'étoient eux-mêmes que de pierres; ce que paroissent autoriser les poids de quelques lieux d'Allemagne, qui conservent encore le nom de Pierre, dont on a parlé ci-devant.

Quoique le Chapitre de Notre-Dame fût propriétaire du poids-le-Roi, il ne paroît pas que ce fût lui qui en nommât les principaux Officiers; & l'on trouve que le Juré Péseur étoit ordinairement présenté au Prevôt de Paris par le Corps des Epiciers, sans qu'il paroisse que le Chapitre y soit jamais intervenu, à la réserve de la nomination faite en 1632, où il donna son consentement pardevant Notaires, ce que le même Sauval remarque comme un exemple unique.

Le Chapitre de Notre-Dame, après avoir été propriétaire du poids-le-Roi, & en avoit reçu les droits conformément à divers Tarifs successivement arrêtés au Conseil, pendant plus de deux cens cinquante ans, en fut enfin dépossédé en l'année 1675, par Arrêt du Conseil du 30 Mars de la même année. Par cet Arrêt, le dédommagement ordonné aux Doyen, Chanoines & Chapitre de Paris fut de 5500 livres à prendre sur le Domaine du Roi.

Sa Majesté, pour des considérations particulieres, ayant huit mois après remis le Chapitre en possession du poids-le-Roi, il n'en jouit néanmoins que cinq à six ans, Sa Majesté ayant ordonné par un Arrêt du 4 Juillet 1691, que celui du 30 Mars 1675 seroit exécuté selon sa forme & teneur, & en conséquence, que l'union du poids-le-Roi au Domaine de Sadite Majesté, auroit lieu, & que pour régler l'indemnité qui pouvoit être dûe au Chapitre de Notre-Dame, ledit Chapitre remettroit entre les mains du Sieur de Pontchartrain, les Titres en vertu desquels il jouissoit dudit droit; ensemble les Baux faits depuis dix ans, & les Registres de recette tenus pendant ledit tems.

Par ce dernier Arrêt Sa Majesté ordonne que le droit de poids-le-Roi en la Ville & Fauxbourgs de Paris, demeurera réuni à son Domaine, & commet le Sieur Aubert pour en faire la recette; auquel effet ledit sieur Aubert seroit mis en possession des deux Bureaux servant de toute ancienneté audit poids; l'un situé dans la rue des Lombards, & l'autre dans la Halle au Blé; ensemble les poids, fleaux & balances qui s'y trouveront; & pour faciliter la perception dudit droit, Sa Majesté, conformément aux anciens Edits & Reglemens, fait défenses à tous Marchands Forains de vendre & débiter aucunes marchandises d'œuvres de poids, qu'elles n'ayent été pésées & acquittées une fois audit poids-le-Roi, à peine de confiscation: Sa Majesté faisant pareillement inhibitions à tous Marchands ou autres, de péser ou faire péser en ladite Ville & Fauxbourgs de Paris, aucunes marchandises d'œuvres de poids pour autrui ailleurs qu'ausdits Bureaux, à peine de cent livres d'amende; comme aussi sous pareilles peines, à tous Marchands d'avoir fleaux & balances en leurs maisons au dessus du poids de vingt-cinq livres, à la réserve cependant des Marchands Epiciers & Merciers, ausquels Sa Majesté permet comme par le passé, d'en avoir de tel poids qu'ils jugeront à propos, sans néanmoins qu'ils puissent péser pour autrui; faisant aussi défenses aux Hôteliers de ladite Ville & Fauxbourgs, d'avoir chez eux aucunes balances, fleaux & Romaines.

Le nouveau Tarif pour la perception des droits du poids le-Roi ne parut qu'au mois de Juin 1693, & par l'Arrêt du Conseil qui l'avoit arrêté & qui en ordonnoit l'exécution, l'union de ce droit au Domaine qui s'étoit faite dès l'année 1675, & renouvellée en 1691, fut encore confirmée.

L'on n'a parlé ci-devant que de ce dernier Arrêt de 1693; pour rendre cet article complet, on va encore y ajouter deux autres Arrêts importans, concernant les droits de poids-le Roi, l'un du 16 Juin 1696, & l'autre du 10 Aout 1700.

Par le premier de ces Arrêts qui sert de Reglement pour le payement de ces droits, Sa Majesté ordonne, que conformément aux offres des Marchands de la Ville & Fauxbourgs de Paris, il seroit payé 10 s. 6 d. pour chacun cent pésant de marchandises de droguerie & épicerie entrant dans la Ville & Fauxbourgs de Paris, & 3 s. pour cent pésant de toutes autres marchandises, au moyen de quoi il ne seroit perçu aucuns autres droits de sortie, de toutes sortes de marchandises voiturées au poids, hors de ladite Ville & Fauxbourgs; mais seulement pour les hardes & bagages, balles & ballots qui seroient voiturés par les Maîtres des coches & carrosses, messagers & rouliers & ce sur le pied de 18 deniers pour cent.

A l'égard du second Arrêt, il supprime ce dernier droit de sortie; & Sa Majesté ayant été informée qu'il étoit fort à charge à tous les voituriers, par l'obligation où il les mettoit d'aller faire péser au Bureau du poids-le-Roi, toutes lesdites hardes, bagages, balles & ballots, ce qui retardoit souvent leur départ & les engageoit à de grands frais, outre que cela leur servoit souvent de prétexte pour augmenter le prix des voitures; Sadite Majesté pour pourvoir à tant d'inconvéniens, ordonne qu'à l'avenir il ne seroit perçu aucun droit du poids-le-Roi pour les marchandises, hardes, bagages, balles & ballots, qui sortiroient de la Ville & Fauxbourgs de Paris tant par eau que par terre, en quelque maniere que ce fût, avec défenses au Fermier du Roi ou à ses Commis d'en exiger aucun, ni d'arrêter aux portes & barrieres les voituriers qui sortiront, sous prétexte du payement dudit droit, à peine de cinq cens livres d'amende, & de tous dépens, dommages & intérêts.

Poids. Marchandises d'œuvre du poids. Ce sont les marchandises autres que les drogueries & épiceries, qui sont sujettes au droit de poids-le-Roi établi à Paris. *Voyez* l'article précédent.

Poids. Se dit aussi des corps de métail ou d'autres matieres destinées à opposer aux choses dont on veut connoître la pésanteur. Ces poids sont ordinairement de cuivre, de plomb ou de fer. Il y en a néanmoins en quelques endroits des Indes Orientales qui ne sont que de simples cailloux, ou même seulement des especes de petites féves, comme le Conduri & le Saga dont on parlera ailleurs.

La sureté & la bonne foi du commerce dépendant en partie de la fidélité & de la justesse de ces poids, il n'y a gueres de Nation pour peu qu'elle soit policée, qui n'ait pris des précautions pour en empêcher la falsification; la plus sûre de ces précautions est ce qu'on appelle communément l'étalonnage, c'est-à-dire, la vérification & la marque des poids par des Officiers publics sur un poids matrice & original, qu'on appelle Etalon déposé dans un lieu sûr pour y avoir recours quand on en a besoin.

Cet usage est ancien, & bien des Auteurs croyent que ce qu'on appelloit chez les Juifs le Poids du Sanctuaire, étoit moins un poids différent du poids commun, que le poids étalon & original qui se gardoit dans le Sanctuaire, & sur lequel il n'appartenoit qu'aux Prêtres de vérifier les poids dont on se servoit dans le public.

En France le poids étalon se garde sous plusieurs clefs dans le cabinet de la Cour des Monnoies. Chaque Monnoie des Provinces a aussi son étalon, mais vérifié sur celui de Paris.

En Angleterre l'étalon est gardé à l'Echiquier, & reste entre les mains d'un Officier que l'on nomme le Clerc ou Contrôleur du Marché. C'est sur ce poids que le chapitre 27 de l'Ordonnance, que les Anglois appellent la grande Charte, veut que tous les poids d'Angleterre soient étalonnés. *Voyez les articles du* Marc, *des* Balanciers, *de l'*Étalon *& de l'*Etalonnage. *Voyez aussi celui de la* Monnoye.

Poids-de-Marc. Ce sont des poids de cuivre qui viennent pour la plupart de Nuremberg, & qui étant subdivisés & emboetés l'un dans l'autre, servent, en les séparant, à péser les marchandises les plus précieuses. On les appelle Poids-de-marc, parce que tous ensemble, la boete y comprise, ils pesent juste huit onces ou le marc. *Voyez* Marc.

Les poids-de-marc de cuivre ou de léton payent en France les droits de sortie sur le pied de Mercerie, c'est-à-dire 3 l. du cent pésant, conformément au Tarif de 1664.

Les Poids qu'on appelle Cloches, de la figure qu'ils ont, sont massifs. Ils se font par les Fondeurs, & s'achevent par les Balanciers.

Les Poids de fer sont ordinairement carrés, & ont un anneau aussi de fer pour les prendre plus commodément sur tout ceux dont la pésanteur est considérable. La plus grande quantité de ceux dont on se sert à Paris, viennent des forges de fer qui sont dans les Provinces, quoique néanmoins il s'en fonde aussi quelques-uns dans cette Ville. Il y en a depuis un quarteron jusqu'à cent livres. C'est de ces Poids dont on se sert pour peser les marchandises les plus pésantes & du plus grand volume.

Les Poids de plomb servent au contraire à peser les marchandises les plus legeres, ou celles qui sont en plus petite quantité. Tous ces poids se font ou s'achevent par les Maîtres Balanciers, & s'étalonnent sur ceux de la Cour des Monnoies. *Voyez* Balancier. *Voyez aussi l'article de la livre.*

L'Ordonnance du mois de Mars 1673 enjoint à tous Négocians & Marchands, tant en gros qu'en détail, d'avoir chacun à leur égard des poids étalonnés, & leur fait défenses de s'en servir d'autres à peine de faux, & de 150 liv. d'amende.

Poids dont on se sert dans les quatre parties du monde.

La plupart des peuples, sur tout ceux qui plus policés, ou peut-être seulement plus attentifs au gain que les autres, s'appliquent au commerce, ont des poids qui leur sont propres; chaque Etat même en a souvent presqu'autant que de Provinces ou de principales Villes.

Cette diversité de poids irrémédiable pour tous les peuples en général, & très difficile à changer pour chaque Etat en particulier, est sans doute une des choses des plus embarrassantes du négoce, à cause des réductions continuelles que les Marchands sont obligés de faire d'un poids à un autre, & de la facilité de se tromper dans ces opérations arithmétiques.

On a tenté plus d'une fois en France, où, plus qu'en aucun autre Etat on trouve cette différence de poids, de les réduire en un seul, mais toujours inutilement.

Charlemagne fut le premier qui en forma le dessein, & s'en tint au projet. Philippes le Long, bien long-tems après, alla jusqu'à l'exécution; mais à peine commença-t-il, que ce dessein, quoique si louable & si utile, causa une revolte presque générale dans le Royaume, & que le Clergé & la Noblesse se liguerent avec les Villes pour l'empêcher.

On voit encore diverses Ordonnances de Louis XI, de François I. d'Henri II, de Charles IX, & d'Henri III à ce sujet, qui toutes n'ont point été exécutées. Enfin lorsque sous le regne de Louis XIV, on travailla au Code Marchand, ce projet fut de nouveau proposé: mais les plus habiles Négocians de Paris, entr'autres Monsieur Savary, Auteur du Parfait Négociant, qui étoit du Conseil de la Réforme, ayant été consultés; ce dernier donna d'excellens mémoires, qu'on a encore, qui montrent également, & les seuls moyens de faire réussir ce projet, & les difficultés presque insurmontables qu'il appréhendoit qui n'empêchassent qu'il ne réussît jamais.

On trouve dans quelques Chapitres du Parfait Négociant de cet Auteur, non-seulement le rapport de tous les poids de France les uns aux autres, mais encore de ceux de Paris avec tous ceux de l'Europe; ce qui en quelque sorte peut tenir lieu comme d'un poids universel pour cette partie du monde; mais afin de remplir son dessein, on a ajouté dans ce Dictionnaire les réductions des Poids des lieux des trois autres parties de la terre où les Européens portent leur commerce, aux poids dont on se sert en Europe, & particuliérement en France. On peut avoir recours aux divers articles des poids dont on trouvera un catalogue à la fin de celui-ci.

Livre Poids de Marc. A Paris & dans toutes les Villes de l'Europe, quand on parle d'une livre poids de marc, on l'entend toujours d'une livre de seize onces ou de deux marcs. En Hollande, particuliérement à Amsterdam, le poids de marc se nomme Poids de Troy.

Il y a plusieurs Villes en France & dans les Pays étrangers, où il y a deux poids différens pour peser diverses marchandises.

A Lyon le poids que l'on nomme Poids de Ville, & à qui on donne aussi quelquefois le nom de Poids subtil ou leger, n'est que de quatorze onces poids de marc; & celui qu'on appelle poids de soie parce qu'il sert à peser les soies, est plus fort d'une once, c'est-à-dire, que la livre en est de quinze onces aussi poids de marc.

Il est défendu par le cinquiéme article des Statuts des Maîtres Tireurs & Ecacheurs d'or & d'argent, à eux & à tous autres Marchands, soit de la Ville de Lyon, soit Forains qui y trafiquent, de vendre l'or [illegible] argent trait, battu, filé ou non filé, & mis [illegible] œuvre de canetilles, tasserans & frisons, tant [illegible] que faux, soit en gros soit en détail, au poids subtil, autrement dit poids de Lyon, mais seulement au poids du Roi de huit onces au marc, & de huit gros à l'once, à peine de trois cent livres d'amende.

Rouen a aussi deux sortes de poids; l'un est le poids de marc, l'autre le poids de Vicomté: la livre de ce dernier poids est plus forte d'une demi-once six cinquiémes que celle du poids de marc, ensorte que les cent livres du poids de Vicomté rendent cent quatre livres poids de marc, & c'est d'où vient que les poids de fer ou de plomb dont on se sert pour peser au poids de Vicomté sont de cent quatre, de cinquante-deux, de vingt-six & treize livres pésant; mais il faut remarquer qu'au dessous de treize livres on ne se sert plus du poids de Vicomté, & que l'on vend les marchandises au poids de marc.

Poids de table. C'est encore un poids différent du poids de marc dont on se sert en Provence & en Languedoc; il est vrai que la livre poids de table est composée de seize onces aussi bien que celle poids de marc; mais les onces n'en sont pas si fortes, les seize onces poids de table ne faisant gueres que 13 onces ou 13 onces & demi poids de marc, un peu plus, un peu moins suivant les lieux, celui de Marseille par exemple étant moins fort que celui de Toulouse. *Voyez* Livre.

A Londres & dans toute l'Angleterre & l'Irlande il y a pareillement deux poids; l'un qu'on nomme Poids de Troyes, & l'autre Avoir du poids.

Au poids de Troyes vingt-quatre grains font le denier sterling d'Angleterre, vingt deniers l'once & douze onces la livre; on se sert de ce poids pour peser les perles, les pierreries, l'or, l'argent, le bled & toute sorte de grains; c'est aussi le poids des Apoticaires, mais qui se divise autrement; vingt grains font un scrupule, trois scrupules une dragme, & huit dragmes une once.

L'Avoir du poids est de seize onces; mais il s'en faut près d'un douziéme, c'est-à-dire, quarante-deux grains, que l'once d'avoir du poids soit aussi pésante que l'once du poids de Troyes. C'est à l'avoir du poids que se pesent toutes les grosses marchandises, comme filasse, cuir, cire, beure, fromage, fer, &c. Cent douze livres d'avoir du poids font le quintal qu'en Angleterre on appelle Hundred.

Les Marchands Anglois qui font le négoce des soies se servent aussi de ce qu'ils appellent l'Once de Venise qui ne pese que treize deniers & douze grains, de sorte que douze onces de Venise ne font que huit onces quatre deniers poids de Troyes & neuf onces d'avoir du poids; mais ce poids n'est point autorisé par le Magistrat, il n'est que toleré, & l'usage en est volontaire.

Le poids d'Hambourg qu'on appelle Poids de Ville, est de deux pour cent plus foible que le poids de marc; il sert à peser seul toute sorte de marchandise; ce qu'il y a de particulier en cette Ville par rapport au poids, c'est qu'il y a des Jurés Peseurs qui tiennent registres de toutes les marchandises qui s'y pesent; ils sont à peu près comme les Commis du Poids-le-Roi de Paris.

A Venise il y a le gros poids & le poids subtil; la livre de l'un & de l'autre est de onze onces, mais les onces ne sont pas semblables, cent cinquante-huit livres poids subtil font cent livres poids gros. On se sert pour l'une & pour l'autre de la romaine du Prince, & les Peseurs vont chez les Particuliers pour la commodité publique.

En Perse on fait distinction entre le poids civil & le poids légal; le poids civil est encore de deux sortes; celui du Roi & celui de Tauris; le poids du Roi qu'on nomme aussi grand Poids, est le double de celui de Tauris. *Voyez* MAN *ou* BATMAN.

Les Persans mettent aussi de la différence entre le poids commun & les poids qui servent à peser les pierreries & les drogues propres à la Médecine, qui sont encore de deux sortes.

Dans les Etats du grand Mogol le poids du Roi & le poids commun sont différents; celui du Roi est d'un quart plus fort que le commun. *Voyez* MAN.

Le poids de Goa Capitale du Royaume de Decan, & la résidence du Viceroi des Portugais aux Indes Orientales, pese un tiers moins que le poids commun du Mogol. *Voyez aussi* MAN.

POIDS E'TALONNE'. C'est un poids qui a été marqué par les Officiers de la Cour des Monnoies après avoir été vérifié & pesé sur le poids matrice qui se garde dans le cabinet de cette Cour. L'étalonnage se fait avec un poinçon d'acier.

Outre le poinçon d'étalonnage, chaque Balancier est tenu d'y mettre sa propre marque, qui ordinairement est la premiere lettre de son nom. *Voyez* BALANCIER, ESTALON, ESTALONNAGE, ESTALONNER.

POIDS DORMANT. On appelle ainsi en Flandre & dans le reste des Pays conquis, le poids ou marc matrice & étalon qui se garde dans la Monnoie de Lille; il fut reformé sous le regne de Louis XIV en 1686; & a depuis pour marque une *L* couronnée à la place du Soleil & de la Fleur-de-lys qu'il avoit auparavant. *Voyez* MARC.

Poids dont on se sert en Europe & dans les Echelles du Levant & autres Etats du Grand-Seigneur.

Le quintal, la livre, le marc, l'once, le gros, le denier, l'esterlin, les mailles, le felin & le grain sont les poids en usage en France pour toutes sortes de marchandises, à l'exception de l'or, de l'argent, des pierreries, & des drogues pour la Médecine qui ont leurs poids particuliers.

Pour l'or & les pierreries on a le carat, le denier & le grain; pour l'argent le denier & le grain; & pour la Médecine l'once, la dragme, le scrupule, l'obole & le grain.

Chacun de ces poids ont comme leurs divisions, & il y a le demi-quintal, le quart de quintal, la demi-livre, le quarteron, le demi-quarteron, la demi-once, le demi-gros & ainsi du reste; il y a encore le sextule, le treseau & le sicilique.

C'est aussi de ces poids dont on se sert dans la plus grande partie de l'Europe, mais sous différents noms, différentes divisions & différentes pesanteurs.

L'Espagne a en particulier son quintal macho, ses arobes, ses adarmes; & pour l'or ses castillans & ses tomins.

L'Angleterre a ses hundreds, ses jods, ses stones & son pundt.

L'Italie, particuliérement Venise, se sert de miglieri, de mirre & de saggi; en Sicile ce sont des rottolis.

A Genes on se sert de cinq sortes de poids; du gros poids qui est celui de la Douane où se pesent toutes les marchandises; du poids de caisse pour peser les piastres & autres especes; du cantaro ou quintal pour les marchandises les plus grossieres; de la grosse balance pour les soies crues & non fabriquées, & de la balance legere pour les marchandises fines.

Le Portugal pese à l'arate, au chego & au faratelle; il a encore comme en Sicile ses rottolis.

L'Allemagne, les Villes Anseatiques, la Suede, le Dannemarc, la Pologne, &c. ont leurs schisponds; quelques-unes des Villes du Nord & d'Allemagne leurs lyspondts; & en particulier le Brabant, Conisberg, Dantzic, Lubec, Revel & Stetin leurs grosses & petites pierres qu'on nomme autrement Steems; presque toutes à la vérité de différents poids.

A Archangel & dans toute la Moscovie on pese les marchandises de grand volume au bercheroct, & les moindres au pund ou ponde; les Moscovites ont de plus le poet.

A Constantinople & à Smyrne c'est au batman, à l'ocos ou ocqua & au chequi; à Alexandrette, Alep & Alexandrie à la rotte, rottons ou rottolis dont il y a de trois sortes.

Dans l'Isle de Chypre à l'ocos; à Seyde au damasquin; & à Acre & au Caire au rottol, à l'ocos & au quintal gerouin.

Toutes les autres Echelles du Levant qu'on ne nomme pas ici, se servent de quelques-uns de ces poids, principalement de l'oco ou ocqua, du rotoli, & de la rotte, ainsi qu'on l'explique, & suivant les évaluations qu'on en donne à chacun des articles de ce Dictionnaire où l'on traite de ces poids en particulier.

Poids de la Chine, de la Perse, de l'Indoustan & de toutes les Isles & Etats des Indes Orientales & de l'Asie.

La Chine a pour poids le pic, le picol, le bahar, bahaire ou barre, trois noms du même poids; le tael, le catis, que suivant la diverse prononciation des Européens ils appellent encore catis & cate; le mas qu'on nomme aussi Mase, & les condorins ou conduris.

Le Tunquin a tous les poids de la Chine comme il en a les mesures & les monnoies.

Le Japon n'a qu'un seul poids qui est le catti, différent pourtant de celui qui est commun à la Chine & au Tunquin; mais les Etrangers y pesent les soies au pancado, poids dont les Portugais se servent à Goa, & quelquefois à la mase & au tael.

A Surate, à Agra & dans tous les Etats du Mogol on se sert du mein & de la serre, qu'on nomme aussi Ser; ce mein peut être regardé comme le poids commun & général des Indes Orientales: mais avec quelque diversité de nom, ou peut-être seulement de prononciation; à Cambaye on l'appelle Mao & en d'autres endroits Man. La serre qui est proprement la livre Indienne est aussi d'un usage presque universel; on en peut dire autant du grand & petit bahar, du tael & du catti dont on a parlé ci-dessus.

Les poids de Siam sont le pic, le schang, le tamling, le baat, le seling, le fouang, la sompaye, la paye & le clam; il faut observer que les poids de ce Royaume n'ont gueres d'autres noms que les monnoies mêmes, & que l'on se sert de ces dernieres pour peser quantité de choses, ensorte que les Etrangers peu instruits s'imaginent qu'il y a des denrées assez communes qui se vendent leur poids d'argent pésant. En général les Siamois appellent Dingt toutes sortes de poids. *Voyez cet article.*

Le Gantan est propre à Bantan & à l'Isle de Java. Golconde, Visapour & Goa ont aussi des furatelles, des mangelins ou mangalis pour peser les diamants & autres pierreries; des chegos, des rotolis, des metricols ou métricoli, & des paucados pour les soies & autres marchandises; & des vals pour peser les piastres & les ducats.

En Perse l'on se sert de deux batmans ou mans, dont l'un se nomme Cahi ou Cheray, & l'autre Batman de Tauris. Le ratel, le derheim, le mescal, le dung, le vachié, le toman ou tumein, & le sah-cheray sont encore des poids qui y sont en usage, aussi-bien qu'à Ormus & dans toutes les Villes du sein Persique qui appartiennent au Roi de Perse.

Tous ces poids de l'Orient sont expliqués à leurs articles particuliers.

Poids de l'Amérique & de l'Afrique.

On ne dit rien des poids de l'Amérique, les Nations Européennes qui l'occupent se servant dans leurs Colonies de ceux qui sont en usage dans les Etats des Princes de l'Europe de qui elles dépendent; car pour l'aroue du Perou qui pese vingt-cinq livres, on voit assez que ce n'est autre chose que l'arobe Espagnole avec un nom un peu déguisé à l'Indienne.

A l'égard des poids de l'Afrique, n'y ayant gueres que l'Egypte & les Côtes de Barbarie où il y ait des poids, on en a parlé dans ce qu'on a dit ci-dessus des Echelles de la Méditerranée & des Etats du Grand-Seigneur; & pour les Côtes depuis le Cap-Verd, Guinée, Royaume de Congo, jusqu'à Sofola, Mosambique & au-delà, ou bien il n'y a point de poids, ou bien les François, Anglois, Hollandois, Portugais & Danois qui y ont des établissemens & qui y trafiquent, y ont porté les leurs.

L'Isle de Madagascar a pourtant les siens, mais qui ne passent point la dragme ou gros, & qui ne servent qu'à peser l'or & l'argent; les autres choses, marchandises & denrées ne se pésant point.

Le gros se nomme Sompi, le demi-gros Vari, le scrupule ou denier Sacare, le demi-scrupule ou obole Nanqui, les six grains Nangue; pour le grain il n'a point de nom.

On a crû que l'on feroit plaisir au Lecteur d'ajouter ici une table de la réduction du poids d'Amsterdam à celui des principales Villes d'Europe.

Table Alphabétique du rapport des poids d'Amsterdam avec ceux des Villes du plus grand commerce de l'Europe.

Cent livres d'Amsterdam sont égales à
108 liv. d'Alicant.
105 liv. d'Anvers.
120 liv. d'Archangel, ou trois poedes.
105 liv. d'Arschot.
120 liv. d'Avignon.
98 liv. de Bâle en Suisse.
100 liv. de Bayonne en France.
166 liv. de Bergame.
97 liv. de Bergopsom.
95 liv. un quart de Bergue en Norwegue.
111 liv. de Berne.
100 liv. de Besançon.
100 liv. de Bilbao.
105 liv. de Boisleduc.
151 liv. de Bologne.
100 liv. de Bordeaux.
104 liv. de Bourg en Bresse.
103 liv. de Bremen.
125 liv. de Breslaw.
105 liv. de Bruge.
105 liv. de Bruxelles.
105 liv. de Cadix.
105 liv. de Cologne.
125 liv. de Coninsbergen.
107 liv. & demi de Coppenhague.
87 rottes de Constantinople.
113 liv. & demi de Dantzik.
100 liv. de Dordrecht.
97 liv. de Dublin.
97 liv. d'Edimbourg.
143 liv. de Florence.
98 liv. de Francfort sur le Mein.
105 liv. de Gand.
89 liv. de Geneve.
163 liv. de Genes, poids de caisse.
102 liv. de Hambourg.
100 liv. de la Rochelle.
106 liv. de Leyden.
105 liv. de Leipzic.
105 liv. & demi de Liege.
114 liv. de Lille.
116 liv. de Lyon, poids de Ville.
106 liv. & demi de Lisbonne.

143 liv. de Livourne.
109 liv. de Londres du grand quintal de 112 liv.
105 liv. de Louvain.
105 liv. de Lubec.
141 liv. & demi de Luques, poids leger.
114 liv. de Madrid.
105 liv. de Malines.
123 liv. & demi de Marseille.
154 liv. de Messine, poids leger.
168 liv. de Milan.
120 liv. de Montpellier.
125 bercheroots de Moscou.
106 liv. de Nancy.
100 liv. de Nantes.
169 liv. de Naples.
98 liv. de Nuremberg.
100 liv. de Paris.
112 liv. & demi de Revel.
109 liv. de Riga.
146 liv. de Rome.
100 liv. de Rotterdam.
96 liv. & demi de Rouen, poids de Vicomte.
100 liv. de S. Malo.
100 liv. de S. Sebastien.
158 liv. & demi de Sarragosse.
106 liv. de Seville.
114 liv. de Smyrne.
110 liv. de Stetin.
81 liv. de Stokolm.
118 liv. de Toulouse & haut Languedoc.
151 liv. de Turin en Piedmont.
158 liv. & demi de Valence.
182 liv. de Venise, poids subtil.

Monsieur Ricard remarque que quelque soin & quelque précaution que l'on prenne pour trouver l'égalité des poids entre une Ville & une autre, il arrive rarement qu'on y réussisse dans la pratique, n'arrivant que trop souvent que l'incapacité ou la mauvaise foi des Peseurs ou des Commissionnaires fassent trouver du mécompte sur les marchandises qu'on tire d'un lieu ou qu'on y envoye; ensorte, dit-il, qu'il faut presque toujours compter sur un ou deux pour cent de moins que les évaluations rapportées dans la table précédente.

Poids public d'Amsterdam. *Voyez* l'article des Travailleurs & des Péseurs.

Les trois poids publics d'Amsterdam sont régis par une Compagnie de Fermiers, dont la Ferme se renouvelle tous les ans. C'est au poids du Dam que les Fermiers tiennent leur comptoir général, & que les Péseurs & Travailleurs se trouvent tous les matins pour recevoir les ordres du Bureau, conférer ensemble de leurs intérêts communs, & s'avertir mutuellement des marchandises que leurs Marchands ont à livrer au poids, & auquel des trois poids elles doivent être pésées.

Celui qui livre la marchandise doit la faire porter au poids à ses dépens, & celui qui la reçoit la fait porter aux siens depuis le poids jusques chez lui.

Quand on vend une grosse partie de marchandise, ou que les marchandises sont pésantes & de grand volume, on peut si l'on veut (pour éviter les frais du transport) faire venir une balance & un Péseur la péser devant la maison où elle se trouve, avec une machine qu'on nomme un Prikel, ce qui ne coute en tout que 3 florins 3 s. pour le droit du Bureau, & 6 à 8 s. pour le port de la machine. Cette machine est simple & ne consiste qu'en trois morceaux de bois liés ensemble par le haut, qui s'arcboutant l'une contre l'autre, soutiennent la balance par le moyen d'un anneau qui est attaché à l'endroit où les pieces de bois se joignent.

Toute marchandise qui se vend au poids est sujette aux droits de poids, & ce droit se paye chaque fois qu'elle passe d'un lieu ou d'une main à une autre.

Il n'est permis à personne d'avoir chez soi de grandes balances pour péser les marchandises qu'on vend en gros, à moins d'en avoir obtenu la permission du Fermier du poids; ce qui s'obtient assez facilement, mais toujours sans préjudice du droit qui se paye de même que si la marchandise avoit été pésée au Bureau. Ces permissions se payent suivant les affaires qu'on fait, y ayant des Marchands qui n'en donnent que 15 ou 20 florins, & d'autres jusqu'à 50 & plus par an.

Tous les droits du poids se payent également par moitié par le vendeur & l'acheteur, à l'exception de ceux des syrops & des fromages; les droits de ces derniers se payent suivant un Tarif particulier, & le vendeur acquittant entiérement ceux des syrops. C'est toujours l'acheteur qui fait les avances du droit, sauf à lui à s'en faire tenir compte de la moitié par le vendeur.

Celui qui a une balance chez lui & qui y livre sa marchandise, est tenu du droit en entier, à moins qu'il n'en soit convenu autrement avec l'acheteur.

Lorsque la marchandise se livre au poids, & que l'acheteur l'a examinée & l'a reçue, le vendeur en rigueur n'est plus tenu des défauts qui s'y trouvent dans la suite, mais entre gens de bonne foi le vendeur a coutume d'y avoir égard. Si la marchandise s'achete telle qu'elle est, ou sur un échantillon, pourvu qu'elle soit semblable à l'échantillon, l'acheteur n'a point de dédommagement à prétendre de celui qui la lui a livrée.

Le vendeur peut obliger l'acheteur de porter son argent au poids, pour en recevoir son payement aussi-tôt après qu'elle est pésée; mais on n'en use gueres ainsi qu'avec des gens dont on se défie. Si on est convenu de payer aussi-tôt après la marchandise pésée & que l'acheteur y manque, le vendeur est en droit de le faire saisir entre les mains des travailleurs, qui, s'il est nécessaire, la peuvent mettre en magasin jusqu'à ce que les parties soient d'accord.

Il faut remarquer que depuis une livre jusqu'à 25 liv. le droit du poids est comme de 25 liv. depuis 25 jusqu'à 50 liv. comme de 50 liv. depuis 50 jusqu'à 75 liv. comme de 75 livres; & depuis 75 jusqu'à cent liv. comme de 100 livres. On peut voir dans le Traité du Négoce d'Amsterdam donné au Public en 1722, par M. Jean-Pierre Ricard, le Tarif général des droits du poids pour toutes les Marchandises qui y sont sujettes, & quelques Tarifs particuliers pour de certaines especes de Marchandises, entr'autres les fromages, les beurres & les syrops. Ces Tarifs contiennent non-seulement le droit de la Ville & celui de la Province, mais encore le dixiéme d'augmentation.

Outre tous ces droits, l'Ordonnance du 24 Janvier 1704, a encore ajouté un nouveau droit de Pésée; sçavoir aux balances de dehors depuis une livre jusqu'à 399 liv. un sol par chaque pésée depuis 400 liv. jusqu'à 799 liv. un sol huit pennins; & depuis 800 liv. jusqu'à 2000 liv. & au dessus, deux sols.

A l'égard de la balance du dedans, on paye toujours 2 sols par pésée, excepté pour la cochenille, la soie, le safran, la rhubarbe & le sperme de baleine, qui payent 3 sols.

Quelques Péseurs ne s'étant pas comportés fidélement dans la fonction de leurs emplois, & favorisant les uns plus que les autres, en touchant aux balances qu'ils faisoient pencher pour qui ils vouloient; les Magistrats furent obligés en 1719, de leur défendre de toucher aux balances : ce qui s'est depuis observé à la rigueur.

POIDS. Les clouds au poids sont proprement ceux qui dans le négoce de Clouterie sont distingués des clouds legers, & qui font la seconde espece des clouds ordinaires, c'est-à-dire, de ceux qui sont plus forts que les broquettes, & qui commençant où elles finissent, sont depuis deux livres jusqu'à quarante livres au millier.

Les clouds au poids n'ont que la longueur des clouds legers dans les mêmes sortes, mais ils sont plus materiels & plus lourds; d'où leur vient le nom de clouds au poids.

Ils s'achetent presque tous à la somme composée de douze milliers; cela s'entend quand on les tire de la premiere main, car pour le détail c'est, ou à la livre, ou au compte. *Voyez* CLOU.

Les clouds de la plus grande & de la plus grosse sorte, se nomment particuliérement Clouds au poids.

POIGNARD. Petite dague pointue & affilée des deux côtés. Cet arme étoit autrefois de grand usage, mais à présent il n'y a plus gueres que des assassins ou des gens qui méditent quelque mauvais coup qui en portent. L'assaut à l'épée & au poignard est cependant toujours une des expériences de l'art & exercice des Maîtres en Fait-d'Armes. *Voyez* MAISTRE EN FAIT-D'ARMES.

Les Poignards sont en France du nombre des marchandises de contrebande dont la sortie du Royaume est défendue par l'Ordonnance de 1687.

POIGNE'E, terme en usage dans le négoce de la Saline, qui signifie deux morues. Ainsi l'on dit, une poignée de morue, pour dire deux morues.

En France les morues se vendent sur le pied d'un certain nombre de poignées au cent, & ce nombre est plus ou moins grand suivant les lieux. A Paris le cent est de cinquante-quatre poignées ou cent huit morues; à Orleans, à Rouen, & dans tous les Ports de Normandie, le cent est de soixante-six poignées ou cent trente-deux morues; à Nantes & dans tous les autres ports du Royaume le cent est de soixante-deux poignées ou cent vingt-quatre morues.

POIGNE'E. Se dit aussi chez les Marchands Merciers de plusieurs écheveaux de fil attachés ensemble; ainsi l'on dit vendre le fil à la poignée. *Voyez* FIL.

POIGNE'E, est aussi un terme d'Emballeur; il signifie une certaine oreille ou pointe de toile que les Emballeurs laissent aux quatre coins d'un ballot pour le pouvoir remuer plus facilement. *Voyez* EMBALLAGE.

POIL. Filets déliés qui sortent par les pores de la plupart des animaux à quatre pieds, & qui sert de couvertures à toutes les parties de leur corps.

Il se fait en France & dans les Pays étrangers un commerce & une consommation considérable de plusieurs sortes de poils qui s'employent en diverses especes de Manufactures. Les uns sont filés, & les autres encore tels qu'ils ont été levés de dessus la peau des animaux qui les ont fournis.

Les principaux sont le castor ou bièvre, la chévre, le chameau, le lapin, le liévre, le chien, le bœuf, la vache & le veau. *Voyez les articles particuliers où il est parlé de ces differentes sortes d'animaux, vous y trouverez à quoi l'on employe leurs poils, & le négoce qui s'en fait.*

Les poils d'animaux payent en France les droits d'entrées & de sorties suivant leurs différentes nature & qualités.

ENTRE'E.

Le poil de castor & de loutre, autrement castor & biévre en poil, paye de la livre 15 liv. 7 s. 2 den. & demi, c'est-à-dire, 1536 liv. le cent pésant, conformément à l'Arrêt du 17 Mars 1693, & ne peut entrer que par Rouen, Dieppe, le Havre & la Rochelle.

Le poil de chévre 12 s. du cent pésant, suivant le Tarif de 1667.

Ce même droit de 12 s. d'entrée sur le poil de chévre, donna lieu en 1701 à une instance considérable au Conseil, entre les Marchands Négocians de Lyon & autres Villes du Royaume, & les Fermiers du Roi; ceux-ci prétendant que ce n'étoit que par erreur qu'on avoit mis dans le Tarif seulement 12 sols, pour 12 livres qu'il devoit y avoir; sur quoi néanmoins ils proposoient quelque réduction par forme d'accommodement.

Le Roi après avoir pris communication des Mémoires des parties, & sur-tout ayant été justifié au Conseil par les Registres de la Cour des Aides où ledit Tarif de 1667 avoit été enregistré, que la véritable énonciation d'icelui étoit douze sols & non douze livres, Sa Majesté ordonna par l'Arrêt de son Conseil du 6 Septembre de ladite année 1701, que conformément audit Tarif de 1667, il ne seroit perçu que 12 sols pour tous droits d'entrée par cent pésant de poil de chévre, tant au Bureau de Septeme & autres Bureaux sur la route de Marseille à Lyon, qu'à tous les autres Bureaux d'entrée du Royaume; sans préjudice toutefois du droit de vingt pour cent, qui continuera d'être levé dans les lieux où il doit être perçu sur le poil de chévre, ainsi que sur les autres marchandises du Levant, suivant les Arrêts & Reglemens.

Le poil de chien & autres semblables, comme ploc.

Le poil de lapin & de chameau, le cent pésant 50 s. Ces deux articles par le Tarif de 1664.

Le poil de chameau, qu'on nomme aussi laine de chevron, est du nombre des marchandises du Levant sur lesquelles on leve vingt pour cent de leur valeur, outre les droits ordinaires, conformément à l'Arrêt du 15 Aout 1685 dans les cas spécifiés audit Arrêt.

Les droits de la Douane de Lyon sont,

Pour le poil de chameau, 8 s. du quintal.

Pour le poil de lapin étranger, 50 s.

Pour le poil de lapin de pays, 25 s.

Pour le poil de porc de pays non ouvré, 10 s.

SORTIE.

Le poil de chévre paye 50 s. du cent pesant suivant le Tarif de 1667.

Le poil de chien & autres semblables, comme ploc, 13 s. du cent pésant.

Le poil de lapin & chameau 6 l. Ces deux derniers articles selon le Tarif de 1664.

L'Autruche fournit une sorte de duvet que l'on appelle aussi poil de laine. Il y en a de deux sortes, l'un fin & l'autre gros, dont le premier entre dans la fabrique des chapeaux communs, & l'autre sert à faire les lizieres des draps blancs les plus fins destinés pour être teints en noirs. *Voyez* AUTRUCHE, *& LISIERE à l'endroit où il est parlé de celles des draps de laine. Voyez aussi* LAINE D'AUTRUCHE.

On appelle un chapeau à poil, celui qui n'est point ras & qui est extérieurement velu.

On dit tirer le poil ou tirer à poil une revesche, une sommiere, une ratine, une espagnolette, un molleton, une bayette, une flanelle, une serge, une couverture, &c. pour dire, en faire sortir le poil, en tirer le poil sur la perche par le moyen du chardon à Drapier ou à Bonnetier, pour couvrir l'étoffe & la rendre plus molette & plus chaude.

Les bas drapés se tirent aussi à poil avec le chardon.

POIL. Se dit pareillement de la laine qu'on laisse sur le drap ou sur quelqu'autre étoffe de laine après l'avoir tirée du fonds de l'étoffe avec le chardon, & qu'elle a été tondue. Ainsi l'on dit, ce drap, cette ratine est trop chargée de poil, le poil en est trop long, il faut le tondre de plus près.

Les Tondeurs couchent le poil des draps & autres étoffes qu'ils tondent avec un instrument appellé Thuile.

POIL. Se dit encore de la soie & du poil de chevre qui couvre la chaîne de certaines étoffes, telles que sont les velours, les pannes, les pluches, &c. Les velours à trois poils se distinguent par le nombre des lignes jaunes marquées sur la lisiere. On dit, cette panne est bonne, elle a le poil bas & serré. Cette pluche n'est pas assez couverte de poil, on en apperçoit le fond.

La tripe est une espece d'étoffe dont le poil est de laine, & qui est travaillée comme le velours.

La moquette est fabriquée comme la tripe, mais le poil en est de fil & de laine.

POIL DE CHEVEUX. Les cheveux à faire perruques sont ainsi tarifés dans le Tarif de la Douane de Lyon. *Voyez* CHEVEUX.

Le poil de cheveux paye à Lyon 5 s. de la livre.

POIL NOIR. Espece d'ardoise. *Voyez* ARDOISE.

POIL ROUX. Autre sorte d'ardoise. *Voyez aussi* ARDOISE.

POINÇON. Coin ou morceau de fer acéré, sur un des bouts duquel est gravé en creux ou en relief quelque figure, lettre ou marque dont on fait des empreintes sur quelque métail ou autre matiere, en le frapant avec un marteau par le bout où il n'y a rien de gravé.

Il y a beaucoup d'Ouvriers des Corps & Communautés des Arts & Métiers de Paris, particuliérement de ceux qui travaillent sur l'or, l'argent & les autres métaux, qui par leurs Statuts sont obligés d'avoir des poinçons pour marquer leurs ouvrages. Tels que sont par exemple les Orfévres & Jouailliers dans les six Corps des Marchands, & les Taillandiers, Couteliers, Tabletiers, faiseurs de Peigne, Balanciers, les Potiers d'Etain, & plusieurs autres dans les Communautés des Artisans, comme on le peut voir dans les divers articles de ce Dictionnaire où leurs Statuts sont rapportés.

Les empreintes de ces poinçons pour qu'ils ne puissent être changés ni altérés, & afin qu'on puisse y avoir recours, sont ordinairement contretirées sur une table de cuivre ou de plomb, qui se met dans la chambre du Procureur du Roi au Châtelet de Paris; quelquefois même il s'en met une seconde dans la Chambre ou Bureau où se tiennent les Assemblées des Corps ou Communautés qui sont assujetties à cette police.

C'est sur ces empreintes, qui sont comme les matrices & étalons de tous les poinçons des Maîtres de chaque Corps & Communauté, que se font les comparaisons par les Experts, lorsqu'il y a soupçon de faux, & c'est ce qu'on appelle Rengrenner, & l'opération Rengrennement. *Voyez ces deux articles.*

Outre le poinçon duquel les Orfévres, plus particuliérement que les autres Marchands ou Ouvriers, sont obligés de marquer leurs ouvrages, il faut qu'ils soient de plus marqués de deux autres poinçons, l'un qu'on appelle la marque de l'or & de l'argent, qui est un droit ou imposition à tant par marc, que les besoins de l'Etat obligerent Louis XIV de mettre sur ces deux métaux dès la guerre de Hollande commencée en 1672; & l'autre est le poinçon qui marque le lieu de la fabrique & en quelque sorte le titre de l'or & de l'argent.

Le Poinçon de Paris est plus estimé que celui des Pays étrangers; sur tout on n'en fait nulle comparaison pour le titre & la beauté avec le Poinçon d'Allemagne, qui est toujours d'un titre bien au dessous.

POINÇON. Chaque Marchand Drapier a son Poinçon sur lequel est gravé son nom ou son chiffre pour marquer les étoffes qu'ils envoyent aux apprêts afin d'empêcher qu'elles ne soient changées contre d'autres ou par mégard, ou par malice.

Il y a aussi des Poinçons dans chaque Manufacture pour apposer aux draps & autres étoffes le plomb de fabrique. *Voyez* PLOMB.

POINÇON, en terme de Monnoye & de fabrique de Médailles. Est un morceau de fer acéré, c'est-à-dire, d'acier mis sur le fer, sur lequel le Tailleur ou Graveur grave en relief les différentes figures, écussons ou lettres qui doivent servir pour faire les matrices & carrés qu'on employe pour la marque des monnoies.

Les Monnoyers distinguent trois sortes de Poinçons, qui sont, le Poinçon d'effigie, les Poinçons de croix ou d'écusson, & les Poinçons des légendes.

LE POINÇON D'EFFIGIE, est celui où le Graveur taille en relief l'effigie du Roi, qui sert à faire ce qu'on appelle la Matrice d'effigie, dans laquelle doit être ensuite frappé le côté du flaon, qui doit porter la tête ou portrait du Roi. Ce Poinçon a plus ou moins de diametre suivant que les especes doivent avoir plus ou moins de circonférence.

LES POINÇONS DE CROIX *ou* D'ECUSSON, sont petits, le Tailleur n'y gravant qu'une partie ou portion des pieces qui composent les croix ou écussons. Comme par exemple une fleur de lys & une couronne pour les écussons, & une L quand les croix se font avec cette lettre, ou une petite couronne pour mettre dessus; ce qui compose en les rassemblant sur les matrices de croix ou d'écusson, les écussons & les croix telles qu'elles conviennent à chaque espece.

Enfin LES POINÇONS DES LEGENDES, ne contiennent chacun qu'une lettre, & servent également à faire les creux pour la legende de l'effigie & pour celle de l'écusson.

Il y a aussi des Poinçons pour les millesimes, pour les différens, soit des Villes, soit des Graveurs,

veurs, & pour les grenetis.

L'on a parlé ailleurs de la maniere dont se gravent les Poinçons, & l'on y a dit comment ils se trempent, & de quelle sorte on s'en sert pour en faire les empreintes en creux sur les Matrices. *V.* GRAVEUR SUR ACIER, *&* MEDAILLES.

On se sert aussi de Poinçons pour graver en creux les matrices dans lesquelles se fondent les caracteres d'Imprimerie. *Voyez* IMPRIMERIE.

POINÇON. Se dit pareillement de divers ferremens de plusieurs grosseurs & figures dont se servent les Graveurs en creux sur les métaux. Les Graveurs de Cachets surtout, en ont un grand nombre pour les différentes pieces des armories qu'ils veulent graver. *Voyez* GRAVEUR, *&* GRAVURE.

POINÇON. C'est aussi un outil dont se servent plusieurs Ouvriers & Artisans.

Il y a diverses sortes de poinçons suivant les matieres sur lesquelles on les employe, & les usages auxquels ils servent.

Les Sculpteurs, surtout ceux qui travaillent sur les métaux, & qui jettent des statues en fonte ou en plomb, ont des poinçons d'acier bien acéré pour les réparer au sortir des moules. Les Sculpteurs en marbre & en pierre en ont aussi; mais ils les appellent plus communément des Pointes. Il y en a néanmoins un qu'ils appellent spécialement Poinçon, qui est d'acier renforcé par le bout, par lequel on le frappe, & pointu en demi-rond par l'autre.

Les Serruriers sont ceux de tous les Ouvriers qui se servent de poinçons qui en ont de plus de différentes sortes. Ils en ont pour percer à chaud, & d'autres pour percer à froid: ceux-ci conservent le nom de Poinçons; pour les autres on les appelle des mandrins. *Voyez* MANDRIN.

Des poinçons à froid il y en a de quarrés, de ronds & en ovale, pour percer les ouvrages chacun suivant sa figure. Les poinçons plats, qu'on appelle communément Poinçons à piquer, servent à piquer les rouets des serrures & autres pieces limées en demi-rond. Il y a d'autres poinçons à piquer dont se servent les Arquebusiers, avec lesquels ils ouvrent les trous des pieces qu'ils veulent forer ou fraser. Ceux-ci ont une petite pointe ou cône pointu très acéré, qui fait une ouverture raisonnable à la piece sur laquelle on le frappe.

Les poinçons barlongs servent à percer les trous des pieds des ressorts, des coques & autres pieces de cette façon. Les contre-poinçons dont les Serruriers en ont d'autant de façons qu'il y a de poinçons, servent à contre-percer les trous, & pour river les pieces. Outre ces poinçons à percer, il y a encore ceux qu'ils appellent Poinçons à emboutir & Poinçons à relever rosettes. Ces deux sortes leur servent à travailler le fer en relief sur le plomb, ou sur quelqu'autre matiere, comme est le mastic des Orfévres. Ce sont des especes de ciselets.

POINÇON. Les Relieurs de Livres, Papetiers, Tailleurs, Tapissiers, Selliers, Bourreliers, Couturieres, &c. ont aussi un petit outil de fer emmanché de bois qu'ils appellent un Poinçon, dont ils se servent pour percer des trous dans les différentes matieres, cuirs, étoffes, cartons, qu'ils employent dans leurs ouvrages.

Les Couteliers nomment pareillement un Poinçon, ce petit outil d'acier poli, quelquefois percé par le haut en forme d'aiguille, qu'ils mettent assez souvent dans un même étuy avec une paire de ciseaux.

Le poinçon des Maîtres Layettiers est ordinairement un bout de vieille lame d'épée très appointée & affutée sur le grès avec un manche de bois grossierement fait.

POINÇON. Les Chauderonniers ont des poinçons de plusieurs sortes, particuliérement de ronds & de quarrés. Ils s'en servent pour faire des trous dans les ouvrages de chauderonnerie où ils employent des clous de cuivre.

POINÇON. Outil de Vanier. C'est une grosse cheville de fer, pointue par un bout, avec une forte tête de l'autre. *V.* VANIER.

POINÇON. Est encore en quelques lieux de France, particuliérement à Nantes & en Touraine, une des mesures pour les liquides.

Le poinçon dans la Touraine & le Blaisois est la moitié d'un tonneau d'Orléans ou d'Anjou.

A Paris c'est la même chose que la demi-queue.

A Rouen il contient treize boisseaux. *Voyez* MESURE.

POINÇON. Signifie en termes de Sucrerie, un fer ou un bâton long d'un pied, avec lequel on perce la tête des formes à sucre pour les faire purger. *V.* SUCRE.

POINDRE ESPINGLE. C'est en faire la pointe, la passant sur la meule, & ensuite sur le polissoir. *Voyez* ESPINGLE.

POINT. Terme de Manufacture de Dentelle. Il se dit de toutes sortes de dentelles & passemens de fil faits à l'aiguille, comme Point de France, Point de Paris, Point de Venise, &c. quelquefois il s'entend aussi de celles qui sont faites au fuseau; comme Point d'Angleterre, Point de Malines, Point du Havre, Point d'Aurillac; mais pour ces dernieres especes on les appelle plus ordinairement Dentelles. Il y a en France plusieurs Manufactures de Points. *Voyez* MANUFACTURE DE POINT. *V. aussi* DENTELLE.

Conformément à l'Ordonnance de 1687, article 4, titre 3, les points & dentelles de fil du Comté de Bourgogne, d'Angleterre, de Lorraine, de Sedan, & d'Aurillac ne peuvent entrer, sçavoir:

Celles du Comté de Bourgogne, que par Auxonne & Saint Jean de Laune.

Celles d'Angleterre, par Calais, Dieppe & le Havre.

Celles de Lorraine, par Chaumont.

Celles d'Aurillac, par Gannat.

Et celles de Sedan, par Torcy.

MANUFACTURE DES POINTS DE FRANCE.

La Manufacture des points de France fut établie par Lettres Patentes du 5 Aout 1665; M. Colbert à qui le Commerce des François a tant & de si grandes obligations, procura cet établissement pour guérir la Nation de l'entêtement qu'elle avoit pour les points de Venise & de Genes, qui faisoient sortir de si grandes sommes du Royaume pour des ouvrages que l'expérience a depuis fait voir qu'on pouvoit faire en France & de meilleur goût & à moins de frais.

Le privilege fut accordé exclusif pour dix années, & Sa Majesté pour aider & animer les Entrepreneurs, leur accorda un prêt ou plutôt une gratification de trente-six mille livres.

Les premiers associés furent les sieurs Pluimer, Talon Sécretaire du Cabinet, un autre Talon surnommé de Beaufort, & M. le Bie homme d'esprit

& de mérite, qui quoiqu'Etranger, fut depuis choisi successivement par plusieurs de Messieurs les Contrôleurs Généraux des Finances, pour être à la tête d'un de leurs principaux Bureaux; distinction qui étoit sans doute bien due à sa vertu & à son intelligence dans les affaires de Finances & de Commerce.

Un an après, la Compagnie fut augmentée de quelques Associés, & les fonds furent réglés à huit mille francs pour chaque Actionnaire.

Le huit Février *1668*, il se fit une nouvelle augmentation d'associés & de fonds; ceux-ci furent réglés à 22 mille livres par part: les principaux des autres furent les sieurs Delaulnay & Morand.

Le crédit de la Manufacture augmentant par la beauté & la perfection des ouvrages qui s'y faisoient, les Actionnaires assemblés la même année chez M. de la Reynie alors Lieutenant de Police, non-seulement reçurent parmi eux plusieurs autres Marchands, mais encore se choisirent des Directeurs au nombre de huit, & aux gages de 12000 liv. par an, avec pouvoir de régir seuls & conduire les affaires de la Compagnie & celles de la Manufacture.

Les sieurs Pluimer & le Bie furent du nombre des Directeurs, & resterent en ce poste jusqu'à l'expiration du privilege & résolution de la Société.

Le Bureau des Directeurs & le Magasin de la Manufacture furent établis à l'Hôtel de Beaufort, & le sieur Delaunay un des anciens Actionnaires, fut choisi pour tenir la caisse.

La premiere distribution des profits fut faite au mois d'Octobre *1669*, & monta pour chaque part ou Action à *6705* liv. 17 sols 8 deniers; mais seulement, comme porte l'Acte de délibération, pour ce qui provenoit des anciens livres, c'est-à-dire, jusqu'en *1668*. En *1670* il s'en fit encore une, dont le fonds total montoit à 120000, & en *1673* une troisiéme encore plus considérable; enfin à l'expiration du privilege en *1675*, les fonds furent rendus, & le reste des profits partagés.

C'est à l'établissement de cette Manufacture, que l'on doit la perfection de tant de beaux ouvrages qui ont été depuis fabriqués en France, & qui outre la consommation qui s'en fait dans le Royaume, sont envoyés en si grande quantité dans les Pays étrangers, où ils ont la même réputation & la même vogue qu'y avoient autrefois les points de Venise & de Genes.

Par les Lettres Patentes qui furent accordées aux premiers Entrepreneurs, les points de Venise ou autres semblables, qui se font dans plusieurs Villes d'Italie, furent mis au nombre des marchandises de contrebande, ce qui a encore été confirmé par l'Ordonnance de 1684, Titre VIII, article VII.

POINTE. Extrémité d'un corps aigu, propre à percer ou à trancher quelque chose.

Il y a plusieurs Ouvriers & Artisans qui donnent le nom de Pointes à quelques-uns de leurs outils, mais qui sont bien différens les uns des autres, soit pour la forme, soit pour l'usage.

POINTE DE RELIEURS DE LIVRES. C'est un outil qui sert à couper le carton de la couverture d'une largeur & longueur convenables à la tranche. Il est de fer avec un manche de bois, de dix-huit ou vingt pouces de long, y compris le manche. Le bout de l'outil est coupé en chanfrain & très tranchant. *Voyez* RELIEURE.

POINTE A TRACER. Les Menuisiers de placage & de marquetterie s'en servent pour tracer leurs desseins sur les feuilles de métaux ou de bois qu'ils veulent contourner avec la scie. Elle a encore quelques autres usages dont on parle ailleurs. Cet outil est une espece de poinçon d'acier, avec un manche de bois proportionné à sa petitesse. *Voyez* MARQUETTERIE.

POINTE. C'est encore un outil de Graveur en taille-douce. Il est tout d'acier, de huit ou neuf pouces de long, tourné en spirale par le milieu, & terminé en deux pointes très aiguës. *Voyez* GRAVEUR EN TAILLE-DOUCE.

POINTE. L'outil que les Fourbisseurs nomment une Pointe, est un morceau de fer, de bon acier, de dix à onze pouces de long, de forme triangulaire, dont les angles qui sont très tranchants, se terminent en pointe d'un côté, & en une queue de l'autre, qui sert à le monter dans un manche de bois. Cet outil sert à percer & ouvrir le pommeau, qui est la derniere piece de la monture d'une épée.

POINTE. Les Ciseleurs appellent aussi pointes, de petits ciselets pointus dont ils se servent pour achever & rechercher les figures, & leur donner plus de relief.

POINTE. Les Graveurs à l'eau-forte se servent aussi de pointes pour leur gravûre; mais ce ne sont que des aiguilles de différentes grosseurs, entêtées & emmanchées dans de petits manches de bois. C'est avec ces pointes qu'ils tracent, qu'ils dessinent & qu'ils achevent tout leur ouvrage sur le vernis. *Voyez* GRAVEURE A L'EAU-FORTE.

La Pointe des Sculpteurs en marbre & des Tailleurs de pierre est une espece de ciseaux de fer acéré, aigu par un bout, avec une tête de l'autre. Ils servent, les uns pour ébaucher leur ouvrage; ce qu'on appelle Approcher à la pointe: les autres pour percer des trous, & travailler dans les endroits étroits & profonds où les ciseaux quarrés ne pourroient approcher. Les Sculpteurs nomment Pointe double ou Dent de chien, un ciseau quarré partagé en deux par le bas en forme de dents: ils s'en servent après avoir approché à la pointe.

La pointe des Vitriers est d'acier, longue de huit à neuf pouces, terminée des deux bouts par un petit triangle très aigu & très acéré. On s'en sert pour percer des pieces de verre en rond, & même quelquefois pour les découper en diverses figures.

Les Lapidaires appellent aussi des Pointes, de petits morceaux ou pieces de fer qu'ils rapportent sur leur tour, & au bout desquels ils enchassent une pointe de diamant. Elles servent à percer les pierres précieuses quand ils en ont besoin.

Les Tourneurs donnent le nom de Pointes à deux pieces de fer pointues par un bout, qui s'entaillent dans les poupées de leur tour. Elles forment à peu près la figure d'un Z, dont la ligne du milieu seroit perpendiculaire & non diagonale. *Voyez* TOUR.

La Pointe des Imprimeurs est un petit poinçon avec lequel ils déplacent dans les formes d'Imprimerie les lettres qu'il y faut changer sur l'épreuve corrigée par le Correcteur. *Voyez* IMPRIMERIE.

POINTE. On nomme dans le commerce des plumes d'autruche, noires fin à pointe, les grandes plumes noires, qui sont propres à faire des panaches. Les moindres de cette qualité s'appellent petit-noir à pointe platte. *Voyez* AUTRUCHES, & PLUMES D'AUTRUCHE.

POINTE. L'on nomme la Pointe des cheveux, en termes de Perruquier, cette extrémité par où l'on commence à tourner la boucle de la frisure : l'autre bout s'appelle la Tête. C'est par la tête que les cheveux se tressent. *Voyez* CHEVEUX.

POINTER. Terme de Manufacture, qui signifie faire quelques points d'aiguille avec de la soie, du fil ou de la ficelle à une piece de drap ou autre étoffe, pour conserver ses plis & empêcher qu'elle ne se chiffonne. *Voyez* EMPOINTER.

POINTER L'AIGUILLE. C'est en former la pointe avec la lime. *Voyez* AIGUILLE.

POINTES. Ce sont des clous qui n'ont point de tête. Ils servent aux Serruriers à ferrer les fiches qui s'attachent aux portes, croisées & guichets.

On les achete en gros ou à la somme, qui est de douze milliers, ou au compte quand ce sont de celles qu'on appelle Fiches au poids. Dans le détail on les vend à la livre & au compte.

Il y a encore une autre sorte de pointes dont se servent les Vitriers pour attacher leurs panneaux & carreaux de verre sur les bois des croisées & chassis. Ce ne sont pas ordinairement des clous faits exprès, mais seulement le bout des clous que les Maréchaux employent à ferrer les chevaux. *Voyez* CLOU.

POINTES. Les Tireurs d'or nomment ainsi certains petits poinçons d'acier très fins & très pointus, qui vont toujours en diminuant de grosseur, dont ils se servent pour polir les pertuis ou trous neufs de cette sorte de petite filiere qu'ils appellent Fer à tirer. Il y a de ces pointes si fines, que le fil d'or que l'on tire par les pertuis qu'ils ont polis n'a pas la grosseur d'un cheveu. *Voyez* TIREUR D'OR, & FILIERE.

POINTES NAÏVES. Nom que les Diamantaires & Lapidaires donnent à certains diamants bruts d'une forme extraordinaire, qui se tirent particuliérement de la mine de Soumelpour, autrement la riviere de Gouel, au Royaume de Bengale. *Voyez* DIAMANT, *à l'endroit où il est parlé de cette mine.*

POINTUS. Les Chapeliers appellent de la sorte les quatre petits morceaux d'étoffe ordinairement plus fine que celle du fond du chapeau, qu'ils couchent sur les capades; ce qui en termes du métier se nomme Faire le dorage du chapeau. *Voyez* DORAGE.

POIRE, qu'on nomme aussi MASSE, ou CONTRE-POIDS. Signifie, en termes de Balancier, ce morceau de métail, ordinairement de cuivre ou de fer, attaché à un anneau qu'on coule le long de la verge de la romaine ou péson, pour trouver la pésanteur des marchandises qu'on met au crochet de cette balance. *Voyez* MASSE. *Voyez aussi* BALANCE & ROMAINE.

POIRE. Se dit aussi des fournimens faits de carton couvert d'un cuir mince coloré, qui servent à mettre de la poudre à canon ou à giboyer. Il y a de grosses & de petites poires; les unes qu'on met dans la poche, les autres qu'on porte pendues en écharpe avec une grosse tresse de soie. On les nomme Poires, parce qu'elles ont assez la figure du fruit à qui on donne ce nom.

Ce sont les Marchands Merciers-Quincailliers qui en font le négoce : ils les tirent presque tous de Rouen.

Elles sont aussi-bien que les fournimens du nombre des marchandises de contrebande pour la sortie du Royaume, conformément à l'Ordonnance de 1687.

POIRE. Sorte de fruit dont il y a bien des especes. Les Epiciers-Confiseurs font un grand commerce de diverses poires cuites & séchées au four, qu'on met au nombre des fruits de Carême. Les plus estimées sont les gros Rousselets de Reims. Ils vendent aussi quantité de ces poires en confitures liquides & séches: celles-ci leur viennent la plupart de Rouen, quoiqu'ils en tirent aussi de Reims. *Voyez* CONFITURE.

Il se tire aussi des poires fraîches, après qu'elles ont été pilées, un jus clair & assez bon à boire, qu'on nomme Poiré. *Voyez l'article suivant.*

POIRÉ. Boisson faite avec des poires écrasées. C'est une espece de cidre. *Voyez* CIDRE.

Il s'en faut bien que le poiré soit aussi bon que le cidre fait de pommes; aussi ne paye-t-il gueres que la moitié des droits fixés par l'Ordonnance des Aides de 1680, soit pour les entrées du cidre à Paris, soit pour la vente en gros & en détail.

Suivant cette proportion le Poiré arrivant à Paris, par terre ou par eau, ne paye que 17 s. 6 d. par muid mesure de Paris, 2 s. 6 d. pour droit d'augmentation, le quart de ce qui se paye sur le vin pour la vente en détail, à pot ou à assiette, & 6 s. 8 den. pour le droit de subvention.

A l'égard du droit de gros, le Poiré paye le vingtiéme du prix qu'il est vendu, comme les autres boissons, & à la sortie du Royaume ou des Provinces réputées étrangeres, 26 s. le tonneau, comme la biére.

POIRIER. Arbre fruitier qui produit les poires. Il y en a de deux sortes; l'un qui se cultive, l'autre qui vient naturellement sans culture; ce qui fait qu'on lui donne le nom de Poirier sauvage. Le premier devient beaucoup plus grand que l'autre.

Il se fait un grand négoce de bois de poirier; & on l'employe en divers ouvrages de menuiserie, de tabletterie & de tour. On s'en sert aussi pour faire des instrumens de musique à vent, particuliérement des bassons & des flûtes.

Une de ses principales qualités est de prendre un aussi beau poli & un noir presque aussi brillant que l'ébene; ce qui fait qu'on le substitue à ce dernier en bien des occasions.

Les Marchands de bois le font débiter pour l'ordinaire en planches, poteaux & membrures.

Les planches sont d'onze à douze pouces de large sur treize lignes d'épaisseur franc-sciées, & six, neuf & douze pieds de longueur.

Le poteau a quatre pouces de gros en quarré, sur depuis six jusqu'à dix pieds de long.

Et la membrure vingt-cinq lignes franc-sciée d'épaisseur, sur six, sept & huit pouces de large, & six, neuf & douze pieds de long ainsi que les planches. *Voyez* PLANCHE, POTEAU & MEMBRURE.

POIS. Espece de légume dont il se fait un assez grand commerce en France.

On ne sçait que trop le prix excessif que l'opinion ou la bonne chere ont coutume de mettre tous les ans aux pois verds dans leur nouveauté; mais on ne parle ici que des pois secs, à cause que les Marchands Epiciers & Grainiers de Paris en font quelque négoce.

Il y a de plusieurs sortes de pois secs; des blancs, des jaunes, des verds, des pois chiches, des pois à oeil noir, des lupins, &c.

Il en vient quantité de Normandie, particuliérement d'Isigny & de Ducler près Rouen. Gallardon en fournit aussi beaucoup. La plus grande consommation s'en fait dans le Carême. Il s'en fait aussi de grands envois pour les Ports de mer, où ils servent de nourriture aux équipages de marine.

Les pois chiches & autres sortes de pois entrant par la Province d'Anjou, payent en France les droits d'entrée à raison de 1 liv. 5 s. le muid mesure de Paris, contenant deux tonneaux, & le tonneau six septiers.

Les pois du crû du Royaume sont du nombre des marchandises de contrebande qu'il est défendu d'en faire sortir sans permission, conformément à l'article 6 du titre 8 de l'Ordonnance de 1687.

Lorsqu'ils sortent avec permission, ils payent comme légumes 12 liv. du muid mesure de Paris; sçavoir 30 s. pour l'ancien droit, & 10 liv. 10 s. pour la traite domaniale.

POIS-ROUGES, autrement POIS DE L'AMERIQUE. Ce sont les fruits de deux arbres de différente espece, mais qu'on appelle tous deux Arbres de corail. *Voyez* CORAIL.

POISSE. Fascine ou petit fagot enduit & trempé de poix, dont on se sert dans la défense des places de guerre.

Les poisses sont du nombre des assortimens de guerre qu'il est défendu de faire sortir du Royaume, suivant l'Ordonnance de 1687.

POISSON. Animal qui vit dans les eaux.

Il y a des poissons de mer, comme la baleine, la morue, le hareng, &c. des poissons d'eau-douce, comme le brochet, la carpe, &c. & d'autres qui viennent également dans l'eau de mer & l'eau douce, comme les saumons, les aloses, &c.

On parlera d'abord des poissons de mer par rapport au grand commerce que l'on en fait, & aux diverses marchandises & drogues que l'on en tire. L'on dira ensuite quelque chose des autres, & de la police qui doit s'observer pour la marchandise du poisson d'eau-douce.

POISSON DE MER.

Les poissons salés sont ceux qui composent le commerce que l'on appelle Commerce de saline. Il s'en compte de six principales sortes; sçavoir le saumon, la morue, le hareng, la sardine, l'anchois & le maquereau. On les trouvera tous expliqués à leurs articles.

Le poisson verd est celui qui vient d'être salé, & qui est encore tout humide: ainsi l'on dit, De la morue verte.

Le poisson mariné est du poisson de mer frais qu'on a rôti sur le gril, puis frit dans l'huile d'olive, & mis dans des barils avec une sausse composée de nouvelle huile d'olive & d'un peu de vinaigre assaisonné de sel, de poivre, de clou de girofle & de feuilles de laurier ou de fines herbes. Les meilleurs poissons marinés & dont il se fait quelque négoce, sont le thon & l'esturgeon. *Voyez leurs articles.*

Les poissons secs sont des poissons qui ont été salés & desséchés, soit par l'ardeur du soleil, soit par le moyen du feu; tels sont la morue que l'on nomme Merluche ou Merlu, le stockfisch, le hareng sor & la sardine sorette. *Voyez leurs articles, ils y sont expliqués.*

Les poissons que l'on appelle en France Poissons Royaux, sont les dauphins, les esturgeons, les saumons & les truites; ils sont ainsi nommés parce qu'ils appartiennent au Roi quand ils se trouvent échoués sur les bords de la mer.

Des poissons à lard sont les baleines, les marsouins, les thons, les soufleurs, les veaux de mer & autres poissons gras; lorsqu'il s'en rencontre d'échoués sur les greves de la mer, ils sont partagés comme épaves, ainsi que les autres effets échoués.

Il faut remarquer que les poissons tant Royaux qu'à lard qui sont pris en pleine mer, appartiennent à ceux qui les ont pêchés.

Ce qui vient d'être dit concernant les poissons Royaux & à lard, a été tiré du titre 7 du livre 5 de l'Ordonnance de la Marine du mois d'Aout 1681.

Poisson Marchand; grand Poisson; Poisson piné; Poisson gris; Poisson grand, petit & moyen Marchand. Ce sont les divers noms que l'on donne tant aux morues vertes qu'aux morues séches suivant leur grandeur & qualité. *Voyez* MORUE.

Par le Tarif de 1664 le poisson de mer salé de toutes sortes dont il n'est point fait mention spéciale dans ledit Tarif, paye 5 liv. le cent pésant des droits de sortie; & le poisson pecque soit en sel ou en sauce, dans le même cas paye d'entrée 7 liv. 10 s. du leth qui est de douze barils.

Le poisson nourrain, qu'on nomme autrement Tillette, paye d'entrée 5 s. du millier en compte.

La colle de poisson est faite des parties nerveuses & mucilagineuses d'une espece de gros poisson qui se rencontre très ordinairement dans les mers de Moscovie. *Voyez* COLLE DE POISSON.

L'huile de poisson n'est autre chose que de la graisse ou lard de poisson fondue, ou que l'on a tirée du poisson en le pressant; c'est de la baleine dont on en tire le plus. *Voyez* BALEINE & HUILE.

POISSON D'EAU-DOUCE.

Le poisson d'eau-douce est celui qui, comme on l'a dit ci-dessus, se pêche dans les rivieres, viviers, étangs, canaux, &c. comme la truite, la carpe, le brochet, la perche, la tanche, &c. On parle ailleurs de la pêche qu'on en fait, & des filets & engins dont on se sert pour la faire. *Voyez* PESCHE & FILET.

Le Chapitre 15 de l'Ordonnance de la Ville de Paris de l'année 1672, contient en cinq articles les Réglemens pour l'arrivée & vente de la marchandise de poisson d'eau-douce dans les Marchés & Ports de cette Capitale du Royaume.

Par le premier il est enjoint à tous Pêcheurs tant de la Ville que des environs à deux lieues de distance, d'envoyer ou apporter leur poisson aux marchés publics, avec défense de les vendre à chacun Marchand de poisson.

Le second défend aux Marchands de Paris d'acheter des Forains aucunes marchandises de poisson soit en gros soit en détail, pour les revendre, à peine de confiscation desdites marchandises & d'interdiction du commerce.

Par le troisiéme il est défendu aux Regrattieres de poisson, d'en faire achat aux boutiques qui sont aux Ports de la riviere de Seine à Paris, avant neuf heures du matin, à peine aussi de confiscation.

Le quatriéme article regle le port où les Marchands Forains doivent faire arriver leurs boutiques à poisson, & l'établir à ce qu'on appelle l'Arche *Beaufils*, à commencer quatre toises au-dessus de la descente de pierre joignante la derniere maison de l'aîle du Pont Marie jusqu'audit

Pont, enjoignant au Débâcleur du Pont de tenir libre cet espace pour les boutiques desdits Marchands Forains.

Enfin le cinquiéme & dernier article marque deux Ports où les Marchands de Paris pourront faire arriver leurs boutiques & marchandises de poisson & les y tenir; l'un depuis le Pont Marie jusqu'au Port au foin, & l'autre depuis le Pont au Change jusqu'à l'Abbrevoir Pepin; leur ordonnant, pour que leursdites boutiques n'incommodent pas le chemin de la navigation, de faire survuider dans leurs grandes boutiques & réservoirs les poissons qui leur arriveront, sans laisser les petites boutiques dans les Ports où elles arrivent, à peine d'amende.

Outre ces boutiques de Marchands de poisson où les Poissonnieres & Regrattieres vont acheter celui qu'elles débitent, soit dans les places qu'elles ont aux Halles & Marchés de Paris où elles le conservent & étalent dans des baquets à trois pieds pleins d'eau, soit par les rues de Paris sur des inventaires couverts de cuir ciré, les Pêcheurs des rivieres de Seine & de Marne qui sont dans les deux lieues marquées par l'Ordonnance de la Ville, en apportent aussi beaucoup ou qu'ils vendent eux-mêmes aux Bourgeois ou que les Poissonnieres & Regrattieres achetent d'eux.

La Halle du poisson d'eau-douce de Paris est située dans la rue de la Cossonnerie, & c'est-là pareillement, aussi-bien que tout le long de cette même rue que se vend le poisson qu'on appelle Poisson de somme.

Poisson de somme, c'est un poisson assommé au sortir de l'eau, que l'on envoye empaillé dans des paniers d'osier, ordinairement sur des chevaux & autres bêtes de somme d'où il a pris son nom.

Il n'y a gueres de poisson de somme que celui qui se pêche dans les étangs situés dans des lieux où il ne peut y avoir de communication avec Paris & autres principales Villes par les rivieres, & que ne trouvant pas à débiter dans les Provinces, on aime mieux risquer d'envoyer de la sorte, que de le perdre entiérement. Ce poisson est beaucoup moins estimé que le poisson en vie, & l'on n'en sert point sur les bonnes tables.

En quelques Provinces de France & en plusieurs Etats de l'Europe & des autres Parties du monde, le poisson se vend à la livre. Dans d'autres lieux comme à Paris, le débit s'en fait à la piece, au cent, au millier.

Le poisson qui se vend à la piece, lorsqu'il est au dessus d'une certaine longueur, se mesure aux pouces que l'on compte depuis les ouyes du poisson, jusqu'où commence la nageoire de la queue ce qu'on appelle entre œil & batte, cette nageoire s'appellant la Batte du Poisson, parce qu'il s'en sert pour battre l'eau. Ainsi l'on dit; Je veux un cent de carpes de vingt pouces entre œil & batte. Ce brochet étoit monstrueux, il avoit 36 pouces entre œil & batte.

Poisson. Est aussi l'une des plus petites mesures pour les liqueurs; elle ne contient que la moitié d'un demi-septier, ou le quart d'une chopine, ou la huitiéme partie d'une pinte mesure de Paris. Le poisson est de six pouces cubiques; on lui donne encore les noms de Posson ou de Roquille.

Poisson. Se dit encore de la liqueur mesurée. Un Poisson de vin, un Poisson d'eau-de-vie, &c.

POISSONNERIE. Lieu, marché, halle où l'on vend du poisson soit de mer, soit d'eau-douce, soit salé, soit frais, soit vivant, soit de somme.

A Paris on dit ordinairement Halle: la Halle à la marée, la Halle au poisson d'eau-douce. A Lyon & presque dans toutes les Provinces qui sont au-delà, on se sert plus communément du terme de Poissonnerie. Je viens de la Poissonnerie. Avez-vous été à la Poissonnerie?

POISSONNIERE. Celle qui vend du poisson.

A Paris les Poissonnieres étalent dans les Halles & Marchés, dans des baquets qu'elles ont devant elles où le poisson vivant nage & se conserve dans l'eau dont ils sont remplis. Il ne se dit que des Marchandes de poisson d'eau douce; les autres se nomment Marchandes de marée, si leur négoce est de poisson de mer frais; ou Marchandes de saline, si elles font commerce de poisson de mer salé. *Voyez* Saline, Mare'e, *& ci-devant* Poisson.

Poissonniere. Ustencile de cuisine qui sert à cuire le poisson.

POITIERS, Ville de France Capitale du Poitou. Les Fabriques les mieux établies dans cette Ville & qui font son principal négoce, sont les camelots, les serges, les étamines, les crespes, la Bonneterie, la Tisseranderie, la Tannerie, & la Megisserie; on en parle en détail ailleurs. *Voyez* l'Etat général, Tome I. page 63.

POITOU. Grande Province de France, qui a pour confins la Bretagne & l'Anjou au Septentrion, la Touraine, le Berry & la Marche à l'Orient, l'Angoumois & la Saintonge au Midi, & l'Océan au Couchant. Elle compose une des Généralités du Royaume qui est divisée en huit Elections: on donne ailleurs un détail assez ample du commerce de cette Province, & des Manufactures qui y sont établies. *Voyez* l'Etat général, Tome I. page 61.

POITRINIERE. Les Tissutiers-Rubaniers appellent la Poitriniere du métier où ils travaillent la traverse de devant, sur laquelle ils s'appuyent la poitrine. Ils nomment Rouleau de la Poitriniere un petit cylindre de bois qui y est attaché avec des tenons, & sur lequel l'ouvrage passe à mesure qu'il s'avance avant que d'être roulé sur la grande ensuble. *Voyez* Tissutier-Rubanier.

POIVRE. Fruit aromatique qui a une qualité chaude & séche, qui vient en grains, dont on se sert pour l'assaisonnement des sauces.

Ce fruit si connu en Europe par le grand commerce & la grande consommation qu'il s'en fait, est produit par une plante ou arbrisseau qui croît dans divers endroits des Indes Orientales.

Cette plante est foible & rampante, ce qui oblige ceux qui la cultivent de la planter au pied de quelques grands arbres tels que l'areca & le cocos; ses feuilles ressemblent assez à celles du lierre pour la figure; mais pour la couleur elles sont moins vertes & plus jaunâtres, ayant d'ailleurs une odeur forte & un goût piquant.

Le poivre sort par petites grapes à la façon de nos groseilles; les grains dont ces grapes sont composées paroissent verts au commencement; ensuite ils deviennent rouges à mesure qu'ils meurissent, & enfin noirs après qu'on les a laissé quelque tems exposés au soleil, c'est-à-dire, tels qu'on voit ici le grain du poivre noir.

Il n'y a point deux sortes de poivre dont l'un soit blanc & l'autre soit noir; & il paroît qu'on s'en doit tenir à cette opinion, malgré ce qu'en dit le sieur Pomet dans son Histoire des Drogues, depuis que la relation des Indes Orientales de M. Dellon Médecin fameux, Auteur de l'Histoire de l'Inquisition de Goa, est devenue publique ; cet habile Voyageur disant positivement & sur la foi de ses yeux & d'une longue expérience, que toute la différence entre le poivre blanc & le poivre noir que l'on voit en Europe ne vient que de ce que le noir a sa Peau. & que le blanc en est dépouillé, ce qu'on fait en le battant avant qu'il soit tout-à-fait sec, ou lorsqu'il est séché en le laissant tremper quelque tems dans l'eau.

Quoique le poivre vienne en plusieurs endroits des Indes, il croît plus abondamment qu'en aucun autre lieu depuis Rajapour jusques au Cap de Comorin ; celui des terres de Malabar, c'est-à-dire, depuis le mont d'Eli jusques à l'extrémité méridionale de la Côte est plus petit, mais il produit davantage, & c'est-là principalement que les Européens s'en fournissent pour le transporter en Europe.

Le poivre qui se consomme en France vient en partie par les vaisseaux de la Compagnie Françoise des Indes, mais on en tire encore quantité de Hollande & d'Angleterre.

Le poivre noir que les François tirent des Anglois & des Hollandois est de trois sortes ; le Malabar, le Jamby & le Bilipatham ; ce dernier est le moins estimé en Europe à cause de sa petitesse & de son aridité, ce qui au contraire lui donne un grand prix parmi les Indiens qui n'aiment que le petit poivre qu'ils trouvent moins chaud.

Il faut choisir le poivre blanc véritable Hollande, gros, bien nourri, pésant, sans mélange de grains noirs ni de pousse, (c'est ainsi qu'on nomme le grabeau ou poussiere de l'un & l'autre poivre) qu'il n'ait point été blanchi, & qu'étant réduit en poudre sa farine soit belle & d'un gris tirant sur le blanc.

A l'égard du poivre noir, avec presque toutes les qualités du blanc, il faut encore prendre garde que les grains ne soient point ridés, qu'il y en ait beaucoup de blancs parmi, & que les plus gros n'en ayent point été séparés pour les blanchir ; métier dont se mêlent bien des gens tant en Hollande qu'à Paris & à Rouen.

Une grande partie du poivre tant blanc que noir se vendant tout battu, il est facile aux malhonnêtes gens de le sofistiquer, ce que font ordinairement les Colporteurs en mêlant dans le noir des épices grises d'Auvergne, de la maniguette, de la pousse de poivre & de la croute de pain ; & dans le blanc, des épices blanches ou du poivre noir blanchi avec du ris battu ; ce qui est très difficile à reconnoître, & ne se peut éviter qu'en l'achetant de personnes fidéles & de connoissance.

On avoit toujours crû que le poivre, cette Epicerie si nécessaire, & dont on fait un si grand négoce dans toutes les parties du monde, n'étoit pas seulement une plante originaire des Indes Orientales, mais même qu'il n'étoit pas possible de le transplanter & de le faire produire ailleurs.

Le Pere Labat est le premier qui a désabusé le Public de cette erreur, & il assure dans ses curieuses & sçavantes relations, qu'il ne seroit pas impossible d'en transporter la culture & le commerce dans quelques lieux des Indes Occidentales, particuliérement aux Isles Antilles Françoises.

Cette opinion que la seule autorité de l'Auteur pourroit rendre probable, est encore soutenue par l'expérience ; & ce Pere assure en avoir lui-même semé qui avoit réussi, & dont les jets avoient plus de quatre pouces de hauteur quand il partit des Isles, mais que n'y étant point retourné ainsi qu'il l'avoit esperé, il n'avoit pû sçavoir ce qu'étoit devenu son plant.

Comme cet habile homme toujours attentif au bien des Isles en particulier & du Royaume en général, a crû ne pas devoir oublier cette observation dans ses Mémoires, dans l'espérance qu'il pouvoit exciter quelque habitant de nos Isles d'en faire l'épreuve ; on a voulu entrer dans son esprit & imiter son zele, en l'ajoutant aussi dans ce Dictionnaire.

Le poivre ainsi que les autres drogueries & épiceries ne peuvent entrer en France que par Rouen, la Rochelle, Calais, Bordeaux, Lyon & Marseille, suivant l'Ordonnance de 1687, titre 3, article 1.

Le poivre de toutes sortes, à la réserve du poivre long & du poivre de Bresil ou piment, paye en France les droits d'entrée à raison de 14 liv. du cent pésant, conformément au Tarif de 1664.

Les droits de la Douane de Lyon sont, sçavoir :

Le poivre 3 liv. 2 s. 6 d. le quintal d'ancienne taxation & 6 liv. pour les anciens quatre pour cent.

Le poivre appellé Poivre leger, 47 s. 6 d. d'ancienne taxation, & 3 liv. 2 s. 6 d. pour les anciens & nouveaux quatre pour cent.

Il y a quantité d'autres sortes de poivre que vendent les Marchands Epiciers & Droguistes, & dont divers Voyageurs ont fait la description dans leurs relations, comme le Poivre de Madagascar, le Poivre de Mascarene ou Isle Bourbon, le Poivre de la Chine, le Poivre long des Indes Orientales, de l'Amérique & d'Ethiopie, le Poivre de Guinée ou Piment, le Poivre de la Jamaïque, le Poivre de Thevet, le Poivre d'Afrique, &c.

Le poivre de Madagascar dont parle le sieur de Flacour s'appelle en langue Madecasse *Lalé Vilsic* ; il est blanc & croît d'une plante qui rampe sur terre, dont la tige & les feuilles ont la même odeur que le fruit qui meurit aux mois d'Aout, Septembre & Octobre.

Le poivre de Mascarenne qui vient aussi de l'Isle de Java, s'appelle Cubebe ou Poivre à queue ; il est tout semblable au poivre noir, à la réserve qu'il a une queue & qu'il est plus gros. La plante qui le produit est rampante, & il y est attaché en forme de grapes ; il le faut choisir gros, bien nourri & point ridé.

Le poivre de la Chine décrit par le Pere le Comte dans ses sçavans & agréables Mémoires, a les mêmes propriétés que celui des Indes. L'arbre qui le produit est grand comme nos noyers. Son fruit est de la grosseur d'un pois, de couleur grise mêlée de quelques filets rouges. Quand il est meur il s'ouvre de lui-même, & fait voir un petit noyau noir comme du jays. Après qu'on l'a cueilli on l'expose au soleil pour le sécher, & l'on en jette le noyau qui est d'un goût trop fort, ne réservant que l'écorce. L'odeur de ces arbres à poivre est si violente, qu'il faut en cueillir le fruit à plusieurs reprises crainte d'en être incommodé.

Le poivre long, qui est comme une espece d'amas de plusieurs petits grains serrés fortement les uns contre les autres, croît sur un arbrisseau dont les feuilles sont minces, vertes, & avec une queue assez courte.

Ce poivre est de trois sortes ; celui des Indes

Orientales, que les Marchands Epiciers & Droguistes de France tirent d'Angleterre & de Hollande; celui de l'Amérique & celui d'Ethiopie, qu'on appelle aussi Grain de zelim. Il n'y a proprement que celui des Indes qui soit le véritable poivre long; les autres même lui ressemblent assez peu.

Le bon poivre long doit être nouveau, bien nourri, gros, pésant, mal-aisé à rompre, point carié, sans pousse & sans mélange de terre. Son usage est pour la Médecine, où il entre dans quelques compositions galéniques, même dans la thériaque. On le mêle aussi quelquefois avec les épices.

Le poivre long paye en France les droits d'entrée à raison de 10 l. du cent pésant, conformément au Tarif de 1664.

Et par celui de la Ville de Lyon 3 liv. 2 s. 6 den. d'ancienne taxation, & 6 liv. pour les anciens quatre pour cent.

Le poivre de Guinée est un poivre rouge de couleur de corail, qui se cultive en Languedoc, sur-tout dans des Villages auprès de Nismes, & dont l'on voit assez communément dans nos jardins, & sur les boutiques des Droguistes & Epiciers. Les Vinaigriers s'en servent pour faire leur vinaigre. On le confit aussi au sucre. Il doit être choisi nouveau, en belles gousses, séches, entiéres & bien rouges.

Les Habitans de l'Amérique, d'où ce fruit est passé en Europe, en font beaucoup de cas. Ils l'appellent Chile, les Espagnols Piment, & les François Corail de jardin.

Il y en a de quatre sortes: le premier se nomme Chilchotes; le deuxiéme, qui est fort petit, Chilterpin; (ces deux especes sont d'un goût âcre & fort piquant;) le troisiéme est le Tonalchiles, qui est médiocrement chaud, & que les Indiens mangent comme d'autre fruit avec du pain; le quatriéme se nomme Chilpelagua: il n'est ni si piquant que les deux premiers, ni si doux que le troisiéme; & c'est celui dont les Espagnols font le plus d'estime; s'en servant ordinairement dans la préparation du chocolat.

Il y a encore une cinquiéme espece de piment qui ne croît qu'au Pérou, où on l'appelle Agy. Il s'en cultive une grande quantité dans une petite plaine de six lieues près le village de S. Michel de Sapa, peu distant de la Ville d'Arica sur la Côte du Pérou, & dans les vallées de Sama, Tacna & Cocumba. Ces quatre lieux, quoique de peu d'étendue, & quoique le piment y soit à très grand marché, en fournissent tous les ans pour plus de six cens mille piastres; ce qui paroîtroit presque incroyable, si l'on ne sçavoit que cette fiente d'oiseaux, qu'on nomme Guana, dont les Peruviens fument leurs terres, les rendent si fécondes, que les grains qu'on y seme, & particuliérement l'agy, y rendent quatre & cinq cens pour un.

Le poivre de Guinée, qu'on nomme aussi dans les Tarifs Poivre de Brésil & Piment, paye en France les droits d'entrée, suivant celui de 1664, à raison de 3 liv. le cent pésant.

Le poivre de la Jamaïque, autrement Amomi, est le fruit que produit l'arbre qui fournit le bois d'inde. *Voyez* Inde.

Le poivre de Thevet, que les Hollandois appellent Amomi, à cause de sa ressemblance avec le vrai amomi ou poivre de la Jamaïque, est un petit fruit rond, de la grosseur du poivre blanc, un peu rougeâtre, & avec une espece de petite couronne à un des bouts. On lui donne encore le nom de Petit girofle rond, à cause qu'il a le goût du véritable girofle.

A l'égard du poivre d'Afrique, que l'on nomme autrement Maniguette, Malaguette ou Cardamome, on peut avoir recours aux articles de Cardamome & Maniguette, il y est expliqué assez au long.

Le Sieur Furetiere parle aussi d'un poivre verd & d'un poivre d'eau; mais il n'a pas été possible d'en trouver la description dans aucun Auteur, & elle manque dans son Dictionnaire.

On appelle Moulin à poivre, un petit moulin qu'on tourne avec une manivelle, qui sert aux Epiciers à broyer & réduire en poudre le poivre en grain. *Voyez l'article des Moulins.*

Commerce du Poivre a Amsterdam.

On vend à Amsterdam de trois sortes de poivre, le blanc, le brun & le poivre long; les deux premiers se vendent en banque, tous les trois se vendent à la livre.

Le prix ordinaire du poivre blanc est depuis 38 jusqu'à 45 deniers la livre, la tare est de 4 liv. par balle.

Le poivre long se vend depuis 16 jusqu'à 18 s. la livre, on le tare au poids. Il donne deux pour cent de déduction pour le bon poids, & un pour cent pour le prompt payement.

L'appréciation du poivre se fait par les Tarifs Hollandois au cent pésant, sur le pied de 55 florins le cent y compris le grabeau. Il paye d'entrée 2 flor. & de sortie 1 flor. 10 s. avec une augmentation de 4 s. 8 penn. s'il entre ou s'il sort par l'Est, l'Orisont ou le Belt.

Il faut remarquer que le poivre qui vient en Hollande sur les vaisseaux de la Compagnie, est franc de sortie; mais que lorsqu'il y est apporté sur d'autres bâtimens, il paye tous les droits tant d'entrée que de sortie.

POIVRIER. Arbrisseau qui produit le poivre. *Voyez les articles précédens.*

Poivrier. Marchand qui fait commerce de poivre.

Il ne se dit gueres que de ces petits Marchands qui courent la campagne, & qui vont de village en village débiter du poivre & des épiceries ordinairement sofistiquées.

A Paris ce sont les Marchands Epiciers qui font le commerce du poivre tant en gros qu'en détail.

POIX. Espece de gomme qui se tire des pins par l'incision qu'on y fait. Elle a divers noms suivant ses préparations, ses couleurs ou ses qualités. Quand elle coule de l'arbre elle se nomme Barras; mais ensuite elle prend double dénomination. Celle qui est la plus belle & la plus claire, a le nom de Galipot; & celle qui est moins propre & plus chargée d'ordures & de couleur, s'appelle Barras marbré ou madré. Le galipot sert à faire toutes les différentes sortes de poix qui font la matiere de cet article.

Commerce de la Poix a Amsterdam.

Le commerce de la poix est très considérable en Hollande, les endroits d'où les Négocians Hollandois en tirent davantage, sont Stokholm, Wibourg, Christianstad, Carelshave, Westerwyk, Calmar & la Caroline. Celle de Stokolm, est la plus estimée & la plus chere. A Amsterdam on n'en trouve gueres que de Westerwyk, de Calmar & de la Caroline.

Toutes ces sortes de poix se vendent à tant de livres de gros le last de 12 barils, elles donnent une déduction d'un pour cent pour le prompt payement.

La poix de Westerwyk se vend à Amsterdam depuis 15 jusqu'à 16 liv. de gros le last; celle de Calmar est du même prix, & celle de la Caroline ne coûte que depuis 12 jusqu'à 12 liv. ½ de gros aussi le last.

POIX GRASSE, qu'on appelle aussi Poix blanche de Bourgogne. C'est du galipot fondu avec de l'huile de térébenthine. Quelques-uns prétendent néanmoins que cette poix coule naturellement de quelques arbres résineux qui se trouvent dans les montagnes de la Franche-Comté. *Voyez* GALIPOT.

POIX-RE'SINE. C'est, suivant quelques Auteurs, une gomme qui coule du térébinthe, du meleze, du lentisque ou du cyprès: mais il y a bien plus d'apparence, à ce que d'autres assurent, fondés sur l'expérience, que ce n'est que du galipot cuit jusqu'à certaine consistance, & réduit en pain de cent ou de cinquante livres.

La meilleure poix-résine vient de Bayonne & de Bordeaux. Il faut la choisir séche, blonde, point remplie d'eau ni de sable. Les Ferblantiers, Chauderonniers, Plombiers, Vitriers & autres Ouvriers qui doivent souder & étamer avec l'étain, en employent beaucoup.

Il s'en vend de deux sortes à Amsterdam, la jaune & la brune.

Le prix de la poix-résine jaune rafinée est de 5 florins les 100 liv. & le prix de la brune rafinée de 4 florins ¼. Elles donnent deux pour cent de déduction pour le bon poids, & un pour cent pour le prompt payement.

La poix noire, qui est proprement celle qui se connoît & se vend sous le nom de Poix, n'est aussi que du galipot brûlé & réduit en arcançon, où l'on met, quand il est encore tout chaud, certaine quantité de goudron pour le noircir. Il y en a de dure & de molle qui ne différent que par cette seule qualité.

On lit dans les Voyages de Wheler une autre maniere de faire la poix noire, dont l'on se sert dans le Levant, qui n'est pas beaucoup différente de celle que M. Furetiere rapporte dans son Dictionnaire. La voici.

On choisit un monceau de terre, que l'on creuse en y faisant une fosse d'environ deux aunes de diametre par le haut, mais qui va toujours en étrécissant jusqu'au fond: on emplit cette fosse de branches de pin, en choisissant celles qui ont le plus de gomme, après les avoir fendues en petits éclats, que l'on met les uns sur les autres jusqu'à ce que la fosse soit remplie: lorsque cela est fait, on couvre le dessus de cette fosse de feu, qui brûle ce bois jusqu'au fond, & qui fait distiler la poix, qui sort par un petit trou que l'on a fait au bas de cette fosse.

La meilleure poix noire vient de Norwege & de Suede: celle qu'on fait en France ne lui est comparable en aucune maniere. La bonté de la poix noire dure consiste à être d'un noir luisant, bien cassante & bien séche, formant des especes de soleils quand on la casse. Quantité d'Ouvriers se servent de poix noire; & il s'en consomme aussi beaucoup pour calfater les vaisseaux.

Ce que l'on appelle Poix navale en Médecine, devroit sans doute être de la poix véritablement raclée des navires qu'elle a servi à calfater; mais il est certain que la plupart des Apoticaires n'y font pas tant de façon, & que la poix noire commune leur tient lieu de cette poix navale.

On tire de la poix noire une huile à laquelle pour les grandes vertus qu'on lui attribue, on donne le nom de Baume de poix.

Les différentes sortes de poix, soit la blanche, la noire ou la poix-résine paye également les droits d'entrée en France à raison de 15 s. le cent pésant, conformément au Tarif de 1664.

Les droits de la Douane de Lyon que paye la poix blanche de Bourgogne, sont de 9 s. le quintal.

La poix-résine paye 9 den. le quintal d'ancienne taxation, & 1 s. 4 den. de réapréciation.

La poix en bouillon 6 den. d'anciens droits le bouillon, & 8 den. du quintal pour les nouveaux.

A l'égard de la sortie, toutes sortes de poix payent 16 s. du cent pésant, suivant le même Tarif de 1664.

POIX, gros Bourg de Picardie du Département de l'Inspecteur des Manufactures d'Amiens. Il a un Marché considérable, où se portent non-seulement les étoffes qui s'y fabriquent; mais encore toutes celles qui se portoient autrefois à Aumale. Les étoffes qui s'y font sont des serges. *Voyez* l'Etat général, Tome I. page 17.

POL

POLASTRE. Espece de poêle de cuivre fort mince, de deux ou trois pieds de long, sur quatre ou cinq pouces de large & autant de haut, avec un long manche de bois, arrondie par le bas, & quarrée par l'ouverture. Elle sert aux Plombiers à chauffer par dedans les grands tuyaux de plomb qu'ils veulent souder. *Voyez* TUYAU DE PLOMB.

POLDINGUE ou DINGUE. Monnoie d'argent qui se fabrique & qui a cours en Moscovie. Il faut six dingues pour faire un altin, vingt-deux dingues pour faire une grive, & deux cens dingues pour faire un rouble.

POLE. Monnoie de cuivre, qui se frappe à Boghar ancienne Province de Perse, qui est présentement gouvernée par un Prince particulier. Il faut six vingt poles pour faire la monnoie d'argent de la même Ville, qui vaut environ 12 s. valeur qui n'est pourtant pas toujours sûre, le Prince la faisant hausser & baisser comme il lui plaît.

POLEMIT. C'est un des noms que les Flamans donnent à une sorte de petit camelot qui se fabrique ordinairement à Lille. *Voyez* POLIMITE.

POLI. Le lustre, l'éclat, le brillant d'une chose. Il se dit particuliérement des pierres précieuses, des marbres & des glaces.

On appelle le Poli d'une glace, la derniere façon qu'on lui donne avec l'émeril ou la potée; & l'on nomme dans les Manufactures l'Attelier du poli, le lieu destiné à donner aux glaces cette derniere façon. *Voyez* GLACE.

POLICANDRO, petite Isle de l'Archipel. Les habitans en sont fort pauvres. Le seul négoce un peu considérable qui s'y fasse, consiste en toiles de coton propres à faire des serviettes. *Voyez* l'Etat général, Tome I. page 347.

POLICE. Se dit en général de toutes les Loix, Ordonnances & Reglemens dressés pour la conduite d'un Peuple, d'une Ville ou d'une Communauté.

POLICE. Plus spécifiquement se prend pour les Ordonnances, Statuts & Reglemens dressés pour le gouvernement

gouvernement & discipline des Corps des Marchands & des Communautés des Arts & Métiers, & pour la fixation des taux & prix des vivres & denrées qui arrivent, soit dans les halles & marchés, soit sur les Ports des grandes Villes, ou qui se débitent à la suite de la Cour, & dans les camps & armées.

POLICE. Se dit encore des conditions dont des Contractans conviennent ensemble pour certaines sortes d'affaires; ce qui pourtant n'a gueres lieu que dans le commerce. En ce sens on dit, Une Police d'assurance; & presque au même sens, Une Police de chargement. *Voyez ci après.*

Enfin POLICE. Signifie quelquefois un état, un tarif sur lequel certaines choses doivent se régler. C'est de ces sortes de Polices qu'ont, par exemple, les Fondeurs de caracteres d'Imprimerie, pour fixer le nombre de caracteres que chaque corps & fonte de lettres doivent avoir. *Voyez plus bas.*

OFFICIERS DE POLICE. Magistrats ou Personnes publiques commises pour veiller à l'exécution des Loix, Ordonnances & Reglemens de Police.

A Paris c'est particuliérement le Lieutenant Général de Police, & avec lui le Procureur du Roi au Châtelet, qui ont soin de faire éxécuter les Statuts des Corps des Marchands & des Communautés des Arts & Métiers, & sous eux les Maîtres & Gardes de chaque Corps & les Jurés de chaque Communauté.

Il y a néanmoins de certaines Communautés dont la Police est commise à la Cour des Monnoies & à son Procureur Général, comme sont les Distillateurs, Fournalistes, Affineurs, Graveurs sur métail, & plusieurs autres. *Voyez* LIEUTENANT GENERAL DE POLICE.

Le Prevôt des Marchands & les Echevins de Paris veillent sur la police des Ports, & sur celle que doivent observer les Voituriers par eau, les Vendeurs & Crieurs de diverses sortes de marchandises, & sur quantité de petits Officiers, comme Forts, Gagne-deniers, Déchargeurs, Rouleurs, Poseurs de planches, Bouttes-à-terre & autres semblables. Ils mettent aussi le taux à certaines denrées & marchandises qui arrivent & se déchargent ausdits Ports pour y être vendues, tels que sont le bois, le foin, le charbon, &c. Enfin c'est à eux à qui il appartient d'ordonner des minots & autres mesures pour les charbons; & des chaînes, anneaux & membrures pour les bois de corde, de moule, fagots, falourdes, cotterets, &c.

Le Grand Prevôt de France, qu'on nomme aussi Grand Prevôt de l'Hôtel, est chargé de la Police de tous les Privilégiés des Corps & Métiers & des Marchands suivant la Cour. Il met pareillement le taux aux vivres à la suite du Roi.

Enfin le Grand Prevôt de la Connétablie & ses Lieutenans sont chargés de la Police de tout ce qui regarde le commerce qui se fait dans les camps & armées, & de la vente des vivres & denrées par les Vivandiers & Vivandieres.

Il seroit inutile de dire que chaque Ville, & même chaque Village a ses Officiers de Police. Les Jurats, les Capitouls, les Maires, &c. sont ceux des grandes Villes; les Procureurs Fiscaux des Seigneurs particuliers & leurs Voyers sont ceux des Villages.

POLICE ET SÛRETÉ pour le commerce établi à l'Hôtel de Soissons. C'est un Reglement qui fut dressé au Conseil du Roi le 22 Juillet 1720, pour établir & conserver le bon ordre dans la nouvelle place qui avoit été destinée dans la Ville de Paris au négoce des Actions de la Compagnie Royale des Indes.

Le Peuple, plutôt que les véritables Actionnaires de cette Compagnie, s'étoit d'abord choisi la rue Quinquempoix & les rues voisines pour y faire son négoce, comme on l'a dit en plusieurs endroits de ce Dictionnaire, particuliérement à l'article des Actions & des Compagnies.

Les assemblées de la rue Quinquempoix ayant été défendues, on les revit presqu'aussi-tôt reparoître aux environs de la Banque Royale & ensuite dans la place de Louis le Grand, mais toujours sans que l'autorité du Prince y fût intervenue.

Enfin la Cour qui étoit attentive à donner une forme solide & raisonnable à un négoce si utile, & qui vouloit arrêter & prévenir les désordres continuels qui arrivoient journellement dans ces places arbitraires, crut avec raison que le moyen le plus sûr seroit de le fixer dans une place permanente, & de donner des articles de Reglemens pour y être observés.

Le Jardin de l'Hôtel de Soissons, qui avoit été vendu à des Entrepreneurs, pour y percer des rues pour la commodité publique, fut destiné à cet usage; & l'on construisit tout autour quantité de Bureaux où les Actionnaires pourroient faire commodément leurs négociations.

Quand tout fut en état, l'ouverture s'en fit avec solemnité & avec apparat le premier Aout de la même année 1720, & le jour auparavant l'on publia & l'on afficha dans les carrefours & les rues de la Ville, le Reglement que Sa Majesté vouloit être observé dans la nouvelle Place.

Ce Reglement qui parut sous le titre de Police & Sûreté pour le commerce établi à l'Hôtel de Soissons, contient huit articles.

Par le premier il est ordonné qu'il y aura deux Corps-de-Garde clos, couverts & séparés; l'un pour les Officiers; & l'autre pour les Soldats.

Le second ordonne que pour éviter la confusion il y aura deux portes, & à chaque porte un Suisse de la livrée de Sa Majesté.

Le troisiéme marque les jours & heures que la place sera ouverte; sçavoir, pour l'heure, depuis sept heures du matin en Eté, jusqu'à sept heures du soir; & en Hyver, depuis huit jusqu'à cinq; & pour les jours, seulement ceux qu'on appelle jours ouvrables.

Par le quatriéme il est défendu à tous Négocians Teneurs de Bureaux & autres, d'y négocier, ni même d'y demeurer après lesdites heures, à peine de prison, & pour l'exécution de cet article, l'assemblée sera avertie une demi-heure auparavant par un Trompette qui sonnera la retraite.

Pareilles défenses sont faites par le cinquiéme, de faire construire ni tenir aucuns Bureaux dans les rues adjacentes, à peine de trois mille livres d'amende.

Pour éviter les fréquens accidens qui étoient arrivés jusqu'alors par la perte ou vol des porte-feuilles, il est encore défendu par le sixiéme article, à toutes personnes qui entreront dans ladite place, d'y consommer aucune négociation autre part que dans les Bureaux établis pour cela, à peine d'être chassés de l'assemblée.

Par le septiéme il est fait très expresses défenses à tous Artisans, Ouvriers, Colporteurs, gens de livrée ou sans aveu, d'entrer dans ladite place, sous peine de prison pour la premiere fois, & de plus grande en cas de récidive, l'intention de Sa Majesté étant que l'assemblée ne soit composée que de Négocians porteurs d'effets négociables.

Enfin par le huitiéme & dernier, l'entrée de la place est pareillement interdite à tous carrosses, chaises à porteurs & autres voitures.

POLICE D'ASSURANCE. Terme de commerce de mer. C'est un contrat ou convention par lequel un Particulier que l'on appelle Assureur se charge des risques qui peuvent arriver à un vaisseau, à ses agrès, apparaux, victuailles & aux marchandises de son chargement, soit en tout ou partie, suivant la convention qu'il en fait avec les Assurés, & moyennant la prime qui lui en est par eux payée comptant.

Le terme de Police est Espagnol, & vient de *Poliça*, qui signifie *Cédule*; mais il est venu des Italiens & des Lombards, & originairement du Latin *Policitatio*, qui veut dire *Promesse*. Ce sont les Négocians de Marseille qui l'ont mis en usage dans le commerce.

Autrefois il se faisoit des Polices simplement de parole, qu'on appelloit Police de confiance, parce qu'on supposoit que l'Assureur les écrivoit sur son Livre de raison; mais à present que la bonne foi n'est pas si commune parmi les Négocians qu'elle étoit dans les anciens tems, on les fait toujours par écrit. *Voyez* ASSURANCE. Vous y trouverez tout ce qui concerne les Polices d'Assurance qui se font en France. On ajoutera seulement ici les diverses Polices qui se font à Amsterdam.

Des Polices d'Assurance qui se font à Amsterdam.

Il n'y a point de Ville au monde où il se fasse autant d'assurances que dans la Ville d'Amsterdam. Son grand commerce par mer & le nombre extraordinaire de vaisseaux qui en partent tous les jours, suffiroient sans doute pour occuper une quantité considérable d'Assureurs; mais ce qui en augmente encore le négoce, & qui, pour ainsi dire, y multiplie à l'infini les Polices d'assurance, c'est la réputation & la probité des Négocians de cette grande Ville, qui engagent la plupart des Marchands étrangers de les préferer à ceux de leur propre Nation, & d'assurer à Amsterdam leurs vaisseaux & leurs marchandises, quoiqu'il leur fût néanmoins facile de trouver des Assureurs dans les Ports où ils font leurs armemens.

Le nombre des Assureurs d'Amsterdam ne monte pas toutefois à plus de cinquante ou soixante; mais ce petit nombre de Négocians qui se mêlent des assurances est si riche & si accrédité, qu'en tout tems & pour toutes sortes de Pays on n'y manque jamais d'Assureurs, quelque richement chargés que soient les vaisseaux, & quelque pleins de risques que paroissent les voyages qu'ils entreprennent.

L'Ordonnance, pour ainsi dire, primitive qui régle les Polices d'assurance qui se font à Amsterdam, est de la fin du seiziéme siécle. Elle fut d'abord redigée en trente-six articles; mais quantité de ces articles ont été depuis reformés ou expliqués par onze Ordonnances subséquentes, dont les principales sont celles des années 1600, 1601, 1606, 1607, 1614, 1626 & 1688.

C'est par cette derniere Ordonnance que la forme des Polices d'assurance fut, pour ainsi dire, fixée pour toujours, les Seigneurs de la Justice ayant statué qu'à l'avenir on n'imprimeroit & on ne présenteroit aucune Police qui ne contînt mot à mot les termes des formules qui en furent alors dressées; & qui ne fussent parafées par le Secretaire de la Chambre des Assurances, à peine de cinquante florins d'amende contre les Courtiers des Polices faites dans une autre forme, ou qui les présenteroient aux Marchands pour les signer.

Les Polices d'assurance qui se font à Amsterdam sont de trois sortes; sçavoir celles qui se font pour assurer les corps des navires, celles par lesquelles on assure les marchandises qui sont chargées sur ces vaisseaux, & celles qui regardent la liberté des personnes.

Les Polices pour les corps des navires doivent contenir le nom de l'Assureur & de l'Assuré, celui du vaisseau, le lieu d'où il doit partir, où il doit aller, le voyage qu'il doit faire, le tems pour lequel on l'assure, ceux & quel est le Capitaine qui le doivent commander : après ce premier détail l'Assureur déclare qu'il prend sur son compte les risques, périls & avantures dudit vaisseau, avec son artillerie, ses munitions, ses agrès & dépendances; lesdits périls & dangers consistant en tous ceux qui peuvent arriver par le feu, la tempête & le vent, & autres fortunes de mer, même par arrêt d'amis ou ennemis, lettres de marque & contre-marque, imprudence du Capitaine, baraterie de Matelots & autres telles avantures, sans exception d'aucune, pourvû qu'elles arrivent sans intention ou participation de l'Assuré, pour être toutes payées & reparées par l'Assureur au prorata de la somme pour laquelle il aura signé, & cela dans un mois après avoir été averti de la perte ou du dommage; consentant l'Assureur que l'Assuré ou autres en sa place puissent dans tous lesdits cas vendre & aliener ledit corps de vaisseau, & en distribuer les deniers à l'avantage ou à la perte de l'Assureur, qui s'engage d'ailleurs de payer tous les frais faits en ces occasions, dont ceux qui en fourniront le compte en seront crus sur leur serment. Enfin pour derniere clause de la Police on ajoute la somme qui doit être payée à l'Assureur par l'Assuré pour le prix ou prime de son assurance.

Les Polices d'assurance sur marchandises doivent être dans la forme suivante :

» Nous soussignés assurons à vous
» ou à tous autres qu'il appartiendra,
» soit en tout ou en partie, ami ou ennemi, sça-
» voir chacun pour la somme signée ci-dessous de
» & cela sur les effets,
» marchandises ou denrées de quelque sorte ou na-
» ture qu'elles puissent être, corruptibles ou in-
» corruptibles, sans exception d'aucunes, char-
» gées ou encore à charger dans le navire, que
» Dieu veuille garder, nommé
» commandé par le Capitaine
» ou par quelque autre Capitaine (ou Capitaines)
» qui puissent être mis en sa place, ou de quelque
» autre maniere que le nom du Maître ou du na-
» vire soit ortographé ou épelé
» dont nous prenons les risques, périls ou avan-
» tures à notre charge, dès l'heure & jour que les-
» dites marchandises auront été portées par Nous
» ou nos Commis sur le quai ou rivage, pour de-là
» être chargées sur ledit vaisseau, ou sur des ba-
» teaux, barques ou alleges pour les transporter à
» bord dudit vaisseau, & durera jusqu'au tems que
» ledit navire sera arrivé au lieu sus mentionné, &
» que la marchandise aura été déchargée & mise à

„ terre librement, paisiblement & sans aucun „ dommage, entre les mains de Nous Assuré, ou „ de celui qui en aura reçû l'ordre. *Le reste est comme à la Police précédente sur les engagemens que prennent les Assureurs de réparer tous les dommages qui pourroient arriver auxdites marchandises; après quoi „ la presente Police finit par ces mots:* Moyennant „ quoi il Nous sera payé en argent comptant pour „ le prix de cette assurance „ pour cent, sous soumissions de nos personnes & „ biens presens & à venir: renonçant comme „ gens d'honneur à toutes chicanes & exceptions „ qui pourroient être contraires à la Présente. „ Ainsi fait à Amsterdam, &c.

La Police d'assurance pour la liberté des personnes doit être conçûe en ces termes:

„ Nous soussignés assurons à vous „ ou à qui il appartiendra, sçavoir chacun „ pour la somme ci-bas signée de „ à condition d'aller de tous côtés pendant tout le „ voyage, & de pouvoir toucher en tous lieux „ & en tous Pays en chemin, d'avancer, de reculer, de relâcher, décharger & charger à la volonté du Capitaine ou du Commis, soit du gré „ ou du consentement de l'Assuré ou du Commis, „ ou non, & cela sur le corps & la personne de „ allant pour „ sur le navire, que Dieu garde, nommé „ commandé par le Capitaine „ Et en cas que le navire vînt à se perdre, ou ne „ pas achever le voyage, Nous courons le même „ risque sur le navire (ou sur les navires) sur lesquels ledit pourra s'embarquer pour poursuivre „ & achever son voyage, soit sur mer, soit sur „ terre; courant seulement le risque de sa prise „ par quelque Nation que ce puisse être, soit „ Turque, More, Barbare, ou autres Pirates infidéles, desquels au cas que ledit „ vienne à être pris, emmené ou rançonné, (ce „ qu'à Dieu ne plaise) Nous promettons de payer „ promptement à l'Assuré ou au Porteur de la „ présente sans aucun rabais, chacun la somme „ par Nous assurée pour son rachat avec les autres „ frais qui pourroient être faits pour ce sujet, & „ cela aussi-tôt qu'on aura reçû avis & qu'il Nous „ aura paru qu'il a été relâché, ou que l'on aura „ payé sa rançon, & que les lettres de change „ auront été acceptées; mais les sommes par Nous „ assurées ne pourront être employées que pour „ son rachat & ses dépendances, & à rien autre. „ Pour l'accomplissement de ce que dessus Nous „ engageons nos personnes & nos biens, &c. & „ nous avons accordé pour la prime „ Ainsi fait à Amsterdam, &c.

POLICE DE CHARGEMENT, terme de commerce de mer qui signifie la même chose sur la Méditerranée, que Connoissement sur l'Océan. C'est la reconnoissance des marchandises qui sont chargées dans un vaisseau. Elle doit être signée par le Maître ou par l'Ecrivain du bâtiment. *Voyez* CONNOISSEMENT.

POLICE. Signifie aussi Billet de Change, mais ce terme n'est presque en usage que sur la mer & sur les côtes.

POLICE, en terme de Fondeur de caractères d'Imprimerie. Est un état ou tarif qui sert à regler le nombre de chaque lettre ou caractere dans une Fonte complette, c'est-à-dire, combien à proportion du total d'un corps entier il doit y avoir de chaque espece de caractere en particulier.

Par exemple un corps de cent mille caracteres doit avoir onze mille caracteres pour l'*e* courant, cinq mille pour l'*a*, trois mille pour l'*m*, trente seulement pour le *k*, autant ou peu davantage pour l'*x*, l'*y* & le *z*, & à proportion pour les autres lettres, les grandes & petites capitales, les initiales, les points, les virgules, les lettres doubles, celles à accents, les guillemets, les reglets, &c. *Voyez* FONDEUR DE CARACTERES.

POLIMENT. L'action qui donne le lustre & l'éclat à quelque chose. Il se dit aussi du lustre même & de l'éclat qu'une chose a reçû de l'ouvrier qui l'a polie. Cette Emeraude a pris un beau poliment; le poliment de ces marbres est parfait. *V.* POLI.

POLIMITTES, POLEMITS ou POLOMITTES. Ce sont les divers noms que les Flamands donnent à certaines étoffes fort legeres, qui ne sont autre chose que des especes de petits camelots de la fabrique de Lille, dont la largeur est d'un quart & demi ou trois huitiémes d'aune de Paris. Il s'en fait de différentes longueurs; les unes toutes de laine, les autres de laine mêlées de fil de lin, d'autres dont la chaîne est de laine & la trême de poil, & d'autres toutes de poil de chévre.

On prétend que ce sont ces dernieres qui sont les véritables Polimittes, & qu'on ne les appelle ainsi que parce qu'elles sont faites de pur poil, tant en chaîne qu'en tréme; celles qui sont fabriquées d'autre matiere étant plus ordinairement appellées Lemparillas ou Nompareilles. *Voyez* LEMPARILLAS & CAMELOT.

POLIR. Rendre unie une surface, lui ôter toutes ses inégalités, lui donner du lustre & de l'éclat.

POLIR UNE GLACE DE MIROIR. C'est lui donner sa derniere façon avec l'émeril ou la potée. *Voyez* GLACE.

POLIR LES AIGUILLES. C'est les dérouiller avec de l'huile & de l'émeril. *Voyez* AIGUILLE.

POLIR AU PAPIER, terme de Lunetier. C'est après qu'un verre a été travaillé au bassin & poli avec l'émeril ou la potée, en achever le poliment sur un morceau de papier qu'on cole au fond du bassin où il a été fait. *Voyez* VERRE DE LUNETTE.

POLISSEURS. Nom que l'on donne dans les Manufactures des Glaces aux Ouvriers qui travaillent au Poli. *Voyez* GLACE.

POLISSOIR, qu'on nomme quelquefois Brunissoir. C'est un instrument avec lequel l'on polit ou l'on brunit l'or, l'argent, les autres métaux qu'on dore & qu'on argente, & les matieres propres à prendre le poli.

POLISSOIR. C'est souvent le lieu ou l'étably où se fait le poliment, & c'est ainsi que les Aiguilliers appellent la table sur laquelle ils dérouillent leur marchandise, & donnent le poli à leurs aiguilles. *Voyez* AIGUILLE.

LES POLISSOIRS sont différens suivant les ouvrages & les Ouvriers. Les Doreurs sur métail en ont de fer pour préparer les métaux avant de les dorer, & de pierre de sanguine pour les brunir à clair après qu'ils sont dorés. Les Doreurs en détrempe se servent aussi de la sanguine, & encore de dent de loup ou de chien, emmanchée dans du bois. *Voyez* DORURE.

LE POLISSOIR DES EPERONNIERS, qui leur sert à polir les mords, étriers, éperons & autres ouvrages étamés, est partie de fer & d'acier, & partie de bois.

Cet instrument est un archet de fer, qui a d'un

bout un manche de bois pour le tenir, & de l'autre un crochet pour l'attacher à un autre morceau de bois qu'on serre dans le mord de l'étau quand on travaille. Au milieu de l'archet en dedans, est ce qu'on nomme proprement le Polissoir, qui est un morceau d'acier triangulaire, avec une queue par laquelle il est rivé à l'archet.

Le Polissoir des Serruriers, & de quelques autres Ouvriers, est tout de fer, mais moins composé que celui des Eperonniers. *Voyez les divers articles des Ouvriers qui travaillent en fer. Voyez aussi* Brunissoirs ; *ces termes étant souvent synonimes, & la plupart des Artisans qui s'en servent les confondant.*

Les Polissoirs dont on se sert dans les Manufactures des Glaces pour leur donner le poli, n'ont rien de semblable à ceux dont on vient de parler. Ceux-ci sont composés de deux pieces de bois ; l'une platte, qu'on appelle la Plaque qui est doublée de chapeau épais ; l'autre plus longue & demi-ronde qui est attachée par dessus la plaque ; celle-ci s'appelle le manche. Cette derniere piece qui excede la plaque de quelques pouces des deux côtés, afin que le Polisseur la puisse empoigner, a par dessus un trou, où quand on travaille au polissement on fait entrer ce qu'on appelle le Bouton de la Fleche. Il y a de ces Polissoirs de diverses grandeurs, les plus grands ayant huit à dix pouces de longueur, & les plus petites seulement trois ou quatre. Ceux-ci ne servent qu'au poli des Bizeaux.

Polissoirs. Ce que les Couteliers appellent de la sorte, sont des especes de meules de bois de noyer, d'un pouce environ d'épaisseur, & d'un diametre à volonté. C'est sur ces meules que la grande roue fait tourner, qu'ils adoucissent & polissent leur ouvrage avec de l'émeril & de la potée, suivant l'ouvrage.

Il est défendu par le 20 article des Statuts des Maîtres Couteliers de Paris, aux Remouleurs ou Gagnes-petit, rémoulant par les rues de cette Capitale, d'avoir aucun polissoir s'ils ne sont Maîtres : & par le 27, il est pareillement fait défenses à tous Marchands Merciers d'avoir meules ou polissoirs de Couteliers chez eux. *Voyez* Couteliers.

Polissoirs. Les Polissoirs des Menuisiers de Placage & de Marquetterie, sont des especes de brosses rondes, faites ordinairement de jonc, dont ils se servent pour achever leurs ouvrages, après qu'ils l'ont raclé avec les racloirs & nettoyé à la presse. *Voyez* Placage *ou* Marquetterie.

Polissoirs. Les Maîtres Miroitiers-Lunetiers nomment Polissoirs, des morceaux de bois d'un pied & plus de longueur, de 7 ou 8 pouces de largeur, & de dix-huit lignes ou environ d'épaisseur, couverts par dessus d'un vieux feutre de chapeau de castor, sur lesquels ils polissent les chasses d'écaille ou de corne, qui servent à monter leurs lunettes.

POLIUM MONTANUM. Plante qui entre dans la composition de la Thériaque.

Cette plante qui croît dans les lieux montueux de la Provence & du Languedoc, ne s'élevent gueres plus d'un demi-pied ; ses feuilles sont petites, épaisses & dentelées, garnies par dessous d'un petit duvet d'un jaune doré ; ses fleurs sont rondes, & en s'épanouissant forment de petites étoiles couleur d'or.

Il le faut choisir nouveau & avec ses fleurs, d'un goût amer & désagréable.

Il y a une seconde espece de Polium qui croît le long des chemins, & au milieu des sables de ces mêmes Provinces ; mais il est bien différent de l'autre, ses feuilles sont plus petites, moins cotonnées ; il est aussi plus amer & tout blanc.

POLIZEAUX. Espece de toile qui se fabrique en Normandie. *Voyez* Toile, *à l'endroit de l'article où il est parlé de celles de cette Province.*

POLOMITTE. Espece de camelot très leger, qui se fabrique en Flandre, & particuliérement à Lille capitale de la Flandre Françoise. On le nomme plus ordinairement Polimite. *Voyez* Polimitte.

POLOSUM. Espece de cuivre rouge que l'on allie avec de l'étain pour en faire ce métail composé que l'on appelle de la Fonte verte. *V.* Fonte.

POLUSKE. Petite monnoie d'argent qui se fabrique & qui a cours en Moscovie. Le Poluske vaut la moitié du Copec. *Voyez* Copec.

POLYPODE. Plante de la hauteur d'environ huit pouces de Roi, semblable à la fougere.

Les Droguistes & Epiciers en vendent de deux sortes, le Polypode commun, & le Polypode de chêne. Le commun croît ordinairement sur les murailles de la campagne parmi la mousse dont elles sont couvertes sur le chaperon. Le Polypode de chêne se trouve sur les branches de cet arbre à l'endroit où elles se fourchent, s'y nourrissant d'un peu de terre qui s'y amasse par la poussiere que le vent y éleve, humectée de l'eau de pluye qui y croupit.

Il faut choisir le Polypode de chêne qui est infiniment meilleur que l'autre nouveau, bien nourri, sec, facile à casser, d'un rouge tanné au dessus, verdâtre au dedans, d'un goût doux & sucré, assez approchant de celui de la réglisse.

Cette plante s'employe en Médecine, particuliérement la racine, que l'on estime laxative, propre pour empêcher les obstructions des viscères, pour le scorbut, & pour l'affection hypocondriaque.

POLLE-DAVY. C'est ainsi que l'on nomme une espece de grosse toile de chanvre écrue, qui a pris son nom de la Paroisse de Polle-davy, située dans l'Evêché de Cornouaille en basse Bretagne, où elle se fabrique ordinairement.

Cette sorte de toile s'achette à la piece, contenant trente aunes de longueur sur trois quarts de largeur mesure de Paris : elle sert à faire des voiles aux bâtimens de mer, particuliérement aux grandes & petites chaloupes qu'on envoye à Plaisance pêcher de la morue. En tems de paix les Anglois en tirent beaucoup.

Il se fait encore en basse Bretagne aux environs de Quimpercorentin, une sorte de toile tout-à-fait semblable, & propre aux mêmes usages que celle ci-dessus ; ce qui fait qu'on lui donne aussi le nom de Polle-davy. *Voyez* Voile.

POM

POMELLE, ou POMMELLE. Instrument dont on se sert pour l'apprêt des cuirs courroyés. Il y en a de trois sortes, deux de bois, & l'autre de liege montée sur du bois.

La grande pomelle de bois est un instrument plat, épais d'environ un pouce & demi ou deux pouces, long de douze, & large de six ; le dessous est coupé en travers par des especes de dents qui tiennent toute sa largeur, & dessus il y a une manicle de cuir par où le courroyeur passe la main pour la faire aller & venir sur le cuir. Cette Pomelle sert à le manier & à le rendre plus molliant, c'est-à-dire, plus maniable & plus doux.

La Pomelle moyenne qui est aussi de bois, sert à étirer le cuir pour lui couper le grain, & la Pomelle de liege qui est toute semblable à l'autre, à la réserve qu'à la place des dents elle a un morceau de liege fortement attaché sur le bois, elle s'employe à étirer & manier le cuir après qu'il a été rebroussé. *Voyez* COURROYER.

POMELLE. C'est aussi un instrument dont se servent quelquefois les Fouleurs & Apprêteurs de bas pour tirer la laine des ouvrages de Bonneterie en les foulant & apprêtant.

L'article 32 des Statuts des Bonnetiers de Paris, du mois de Juillet 1618, & l'article 18 du Réglement des Bas au Métier du 30 Mars 1700, défendent aux Fouleurs & Apprêteurs de Bas, Bonnets, Camisoles, & autres ouvrages de Bonneterie de laine, de se servir de pomelles & cardes de fer, pour apprêter & appareiller ces sortes de marchandises.

POMELLE. On appelle aussi Pomelles en terme de Carrier, les deux petits coins ou morceaux de bois de chêne qu'on met des deux côtés des coins de fer pour faire *partir la pierre*, c'est-à-dire, l'entr'ouvrir & la séparer du banc dont elle fait partie.

Ces Pomelles sont si nécessaires à cet usage, que si le coin n'en étoit point appuyé, quelque gros qu'il fût, & avec quelque force qu'on le poussât, il ne feroit jamais partir la pierre. *Voyez* CARRIER.

POMERANIE, Duché d'Allemagne, le long de la mer Baltique. *Voyez* le détail de son commerce, dans l'Etat général, Tome I. page 296 *& suiv.*

POMMADE, composition faite avec des pommes & des graisses, qui sert à divers usages.

On appelle Pommades de jasmin, de fleurs d'orange, de jonquille, &c. celles où l'on fait entrer les fleurs ou les essences de toutes ces choses. Celles-ci se trouvent ordinairement sur les toilettes des Dames, & servent à entretenir leurs cheveux ou leur teint.

Ce sont les Maîtres Gantiers Parfumeurs qui font le commerce des Pommades. Les meilleures sont celles d'Italie.

Les Pommades de jasmin & autres senteurs payent à la Douane de Lyon 4 liv. 10 s. du quintal.

POMME, fruit à pepin, excellent à manger, & propre à faire diverses confitures séches ou liquides. Ce fruit vient en esté & en automne. Les pommes qui se cueillent en automne se peuvent conserver tout l'hyver; les pommes d'esté doivent se manger à mesure qu'elles se cueillent.

Les Provinces de France les plus abondantes en pommes, sont la Normandie, particuliérement cette partie qu'on nomme basse Normandie, & l'Auvergne, sur tout ce canton si abondant & si beau que l'on connoît sous le nom de la Limagne d'Auvergne.

La Bretagne en produit aussi beaucoup. Une partie est envoyée à Paris, dans les autres Provinces, & jusques dans les Pays étrangers pour y être mangés crûs ou en compotes & confitures; mais la plus grande consommation s'en fait en cydre. Celui qui vient de Normandie est le meilleur.

POMMES. Terme de Marine. Ce sont des ornemens en forme de boules, & quelquefois en cul de lampe que l'on met sur mer aux pavillons, aux flammes & aux girouettes; les pommes de pavillon sont ordinairement dorées. Il y en a deux aux flammes, & seulement une aux pavillons & aux girouettes.

POMMES DE RAQUE. *Voyez* RAQUE.

POMME'. Boisson qui se fait avec le jus ou suc qu'on exprime des pommes en les écrasant sous une pierre, & en les mettant au pressoir. On le nomme plus ordinairement Cydre. *Voyez* CYDRE.

POMMELLE. *Voyez* POMELLE.

POMMIER. Arbre qui produit les Pommes.

POMMIER. Se dit aussi d'un petit ustencile de ménage qui sert à faire cuire des pommes, des poires & autres fruits devant le feu. Les Ferblantiers en font de fer blanc en forme de demi-cylindres qui se soutiennent avec de gros fils-de-fer. Les Potiers de Terre en fabriquent aussi de terre. Ils sont les uns & les autres du nombre des ouvrages qu'il leur est permis de faire par leurs Statuts.

POMPE. Machine longue & creuse en forme de tuyau, qui sert à élever les eaux; on s'en sert sur mer pour vuider les eaux qui s'amassent au fond de calle d'un vaisseau; il y en a deux dans les navires médiocres & quatre dans les grands. On les place l'une à stribord & l'autre à babord quand il n'y en a que deux; & quand il y en a quatre, les deux autres se mettent près de l'artimon. Les parties de la pompe sont le corps de pompe, le bâton, la potence, la brimbale, & la verge. Il y en a de plusieurs sortes, entr'autres des Pompes à la Françoise, des Pompes à la Vénitienne, des Pompes à l'Angloise & des Pompes ordinaires. Il y a aussi de petites pompes de cuivre ou de fer blanc, qui servent à tirer l'eau ou les autres liqueurs des futailles; celles-ci sont du nombre des ustenciles du Maître-Valet.

POMPER, c'est faire jouer la Pompe.

POMPHOLIX, qu'on appelle autrement *Calamine blanche*, *Fleurs d'airain*, & quelquefois, *Cendre de bronze*, quoiqu'improprement. C'est une matiere blanche, legere & friable que produit la fonte du cuivre jaune, & que l'on trouve attachée aux carreaux qui couvrent les creusets, ou aux tenailles dont les Fondeurs se servent.

La meilleure Calamine blanche vient de Hollande; on en a cependant d'aussi bonne à Paris, & pourvû qu'on la choisisse bien blanche, il est assez indifférent de laquelle on prenne. Le Pompholix est de quelque usage dans la Médecine, particuliérement pour toutes sortes de fiévres. Son effet est néanmoins trop violent pour s'en servir sans précaution.

PON

PONANT. Terme de Marine en usage parmi les Marchands & Négocians qui font le commerce de la mer. Il signifie la mer Océane Athlantique par opposition à la mer Méditerranée, qu'on appelle la mer du Levant.

Négocier dans le Ponant signifie négocier chez toutes les Nations qui habitent les côtes de l'Ocean.

PONCE. Sorte de pierre spongieuse. *Voyez* PIERRE PONCE.

PONCE, dans le négoce des Toiles. Se dit d'une sorte d'encre composée de noir de fumée broyé avec de l'huile, dont on se sert pour imprimer certaines marques sur le bout des pieces de toiles;

ce qui se fait avec un morceau de cuivre ou de fer gravé que l'on noircit ou qu'on frotte de cette encre par le moyen d'une espece de balle à imprimer qui en est imbibée. La ponce ne peut être ôtée ni s'en aller au blanchissage, & c'est la raison pour laquelle on s'en sert pour marquer les toiles.

PONCEAU. Se dit d'un rouge foncé qui fait un très beau couleur de feu. Les étoffes & les rubans de soie teinte en ponceau sont d'un prix considérable. Les rubans d'Angleterre de cette couleur sont fort estimés & ne peuvent gueres être imités ni pour la teinture, ni pour la fabrique dans les Rubanneries des autres Nations.

Cette couleur a pris son nom de la fleur du ponceau, qui n'est autre chose que le petit pavot simple, appellé vulgairement Coquelicoc, qui croît naturellement dans les blés, & dont la couleur est d'un parfaitement beau rouge.

PONCER UNE TOILE. C'est la marquer à l'un des bouts de la piece avec une sorte d'encre faite de noir de fumée broyé avec de l'huile.

Les Marchands de Paris avant que d'envoyer leur toile au blanchissage ou ailleurs, doivent les faire poncer ou marquer par les Jurés Auneurs, s'ils veulent éviter de payer une seconde fois les droits d'aunage.

La Compagnie des Indes Orientales de France a fait en divers tems poncer ses toiles de coton, ses moussselines & ses étoffes, au lieu de les faire plomber.

Toutes les toiles qui se fabriquent dans le Royaume doivent être marquées ou poncées dans les lieux de leur fabrique.

PONCER. C'est se servir d'une pierre de Ponce pour enlever de dessus quelque superficie ce qui la rend moins unie & moins douce.

PONCER. Se dit aussi chez les Orfévres lorsqu'on rend la vaisselle d'argent matte en la frottant avec de la pierre de Ponce.

PONCER. Est encore un terme de Chapelier, qui signifie tondre un chapeau avec la pierre de Ponce, en ôter les plus longs poils pour le rendre plus ras. On dit Rober lorsque l'on en ôte le poil avec la peau de chien marin. *Voyez* TONDRE.

PONCER UN CUIR. C'est enlever avec une pierre de Ponce très rude les petits morceaux de chair qui peuvent rester sur les peaux qu'on courroye après qu'ils ont été boutés & écharnés par le Courroyeur. Cette façon ne se donne qu'aux peaux de veaux. Ce qui s'appelle Poncer de chair. *Voyez* COURROYER.

PONCER LE PARCHEMIN. C'est passer la pierre de Ponce par dessus pour le bien unir après qu'il a été raturé sur le sommier. On ponce le parchemin sur une espece de forme ou banquette couverte de toile & rembourée, qu'on appelle selle à poncer. C'est la derniere façon que l'on donne au parchemin pour le rendre capable de recevoir l'écriture.

PONCHE. C'est la liqueur favorite des Anglois, elle a été inventée dans les Isles que cette Nation possede dans l'Amérique, d'où elle est passée aux Isles Françoises.

Elle est composée de deux parties d'eau-de-vie & d'une d'eau ordinaire; on y met du sucre, de la canelle, du gérofle en poudre, du pain rôti & des jaunes d'œufs, qui la rendent épaisse comme du brouet: souvent au lieu d'eau on y met du lait, & c'est la plus estimée; elle est très nourrissante, & on la tient excellente pour la poitrine.

PONDE, qu'on nomme aussi PUND. Poids de Moscovie dont on se sert particuliérement à Archangel.

La Ponde est de quarante livres poids du pays, qui revient environ à trente-trois livres de France; le poids de Moscovie étant près de dix-huit par cent plus foible que celui de Paris.

PONDT-VLAEMS. C'est une des monnoies imaginaires dont on se sert dans les Changes de Brabant & de Flandres, qu'on nomme autrement Livre de Gros. Le Pondt-vlaems vaut vingt sols de gros, ou deux cent quarante gros.

PONS. Ville de France dans la Saintonge, elle est du Département de l'Inspecteur des Manufactures de Bordeaux. Ses blés, ses étamines & ses Tanneries font son plus important négoce. *Voyez* l'Etat général, Tome I. page 38.

PONT ou PUNT, mesure des longueurs dont on se sert à la Chine. Il faut dix ponts pour un cobre, le cobre revenant à treize pouces deux lignes de France. *Voyez* COBRE.

PONT-DE-L'ARCHE, Ville de France en Normandie, de la Généralité de Rouen. Les draps que l'on y fabrique ont beaucoup de réputation. Le commerce des bois y est aussi très considérable. *Voyez* l'Etat général, Tome I. page 103.

PONTGOUIN, de la Généralité d'Orléans. Ses Fabriques consistent en serges. *Voyez* l'Etat général, Tome I. page 90.

PONT-PIERRE, dans la Touraine. Les étoffes qui s'y fabriquent consistent en petits ratz, en serges trémieres, & en droguets. *V.* l'Etat gén. Tome I. page 92.

PONT-EN-ROYANS, dans le Dauphiné. L'on y marque les étoffes de dix-sept Paroisses, dont les Fabriques consistent en draps. *Voyez* l'Etat général, Tome I. page 128.

PONT-LE-VAUX, Ville de la Généralité de Bourgogne. L'on y fabrique des draps, & quelques droguets. *Voyez* l'Etat général, Tome I. p. 125.

PONTANIER. Celui qui perçoit sur les marchandises un droit de Pontenage. *Voyez* PONTONNIER & PONTENAGE.

PONTENAGE, ou PONTONAGE. C'est un droit local que certains Seigneurs particuliers sont en possession de lever sur les marchandises qui passent sur les ponts & dans les bacs qui sont sur les rivieres qui leur appartiennent, & qui sont dans l'étendue de leurs Terres & Fiefs.

PONTICHERY, ou PONDICHERY, sur la Côte de Coromandel, est un lieu où les François ont un Comptoir. L'on y fabrique différentes especes de toiles. *Voyez* le détail de différentes marchandises que l'on tire du Coromandel par Pontichery, dans l'Etat général, Tome I. page 438.

PONTIL, terme de Verrerie. C'est un instrument de fer dont on se sert dans la fabrique des Glaces qui se soufflent à la selle.

Il est composé de deux pieces; l'une est une forte verge ou baguette de fer, longue d'environ cinq pieds; l'autre une traverse aussi de fer, depuis huit jusqu'à dix-huit pouces de long, qui est attachée à l'une des extrémités de la verge, & qui forme avec elle une espece de T. Le Pontil sert à reprendre la glace quand on l'a coupée du côté opposé à la selle, afin qu'en ayant été détachée il tienne lieu de selle pour reporter la glace au grand ouvreau où elle doit être chauffée afin d'en élargir le diametre. *Voyez* GLACE, *où il est parlé de celles qui se font à la selle.*

PONTILLER. C'est se servir du pontil pour reprendre la glace à l'opposite de la selle. *Voyez l'article précédent.*

PONTIVY. Toiles de lin qui se fabriquent à Pontivy petite Ville de Bretagne. *Voyez* TOILE, *à l'endroit de l'article où il est fait mention de celles de cette Province.*

PONTONAGE. *Voyez* PONTENAGE.

PONTONNIER, PAUTONNIER, ou PONTANIER. Celui qui est commis par un Seigneur pour percevoir les droits de pontenage sur les marchandises qui y sont sujettes, au passage des rivieres dans l'étendue de son fief.

POQ

POQUELLE. Plante que l'on trouve dans le Chilly partie de l'Amérique sur les Côtes de la mer du Sud; sa fleur qui est une espece de bouton d'or, sert à teindre en jaune & sa tige en verd.

POR

PORC, que l'on appelle aussi COCHON & POURCEAU. Animal domestique à quatre pieds fourchus, dont la peau est couverte d'un long poil fort & rude, qu'on a châtré & qu'on nourrit pour engraisser.

Lorsqu'il n'a point été châtré on le nomme Verrat, & sa femelle encore jeune s'appelle Truye, & lorsqu'elle est vieille & grasse & qu'elle a fait bien des portées, on la nomme Coche. Le petit de la truye qui ne fait encore que téter, est nommé Cochon de lait & quelquefois Goret; quand il a six mois on l'appelle Porcelet.

Il y a des personnes qui ne font d'autre négoce que de porcs & de truyes en vie, ce qui fait qu'on les appelle Marchands de porcs ou de cochons; ce sont eux qui les vont vendre dans les Foires & Marchés où ils les font conduire par troupes comme des moutons, par des valets que l'on nomme Porchers. *Voyez* FOIRES GRASSES.

Ce sont les Chaircuitiers qui font à Paris le commerce de la chair de porc fraîche & cuite & de toutes les marchandises & issues qu'on peut tirer de cet animal. *Voyez* CHAIRCUITIER.

Outre l'utilité que l'on tire du porc par rapport à la vie, il fournit pour le négoce & les manufactures plusieurs sortes de marchandises; sçavoir les jambons, qui viennent des Provinces ou des Pays étrangers, qui font partie du commerce des Epiciers. *Voyez* JAMBONS.

Le poil ou soie qui se vend par les Merciers-Quincailliers. *Voyez* SOYE DE PORC.

Le saindoux dont on se sert dans les Manufactures pour l'ensimage des étoffes de laine. *Voyez* SAINDOUX.

La graisse fondue que l'on appelle Flambart ou Suif de porc, qui s'employe dans la fabrique des savons, & que les Chandeliers de mauvaise foi mêlent avec les suifs de mouton & de bœuf dont ils font de la chandelle. Les Tondeurs de draps se servent aussi de cette sorte de graisse au lieu de saindoux pour ensimer les étoffes, ce qui leur est néanmoins défendu par les Réglemens généraux des Manufactures. *Voyez* FLAMBART, SUIF & ENSIMAGE.

Enfin l'on tire du porc certains grands morceaux de graisse ou panne longs & étroits que l'on nomme des Fleches de lard, dont les Chaircuitiers, particuliérement ceux de Paris, font un négoce assez considérable. *Voyez* FLECHE DE LARD.

Les porcs payent en France les droits d'entrée & de sortie suivant leur âge & qualité, ou suivant les lieux d'où ils viennent.

ENTRE'ES.

Les porcs gras vifs ou tués & habillés, venant des Pays étrangers, payent 20 s. de la piece.

Et ceux des Provinces de France où les Aides n'ont point cours, 5 s.

Les porcs communs venant des Pays étrangers, 20 s. & ceux des Provinces de France, 2 s.

Les porcelets de six mois venant des Pays étrangers, 4 s. & ceux venant des Provinces de France, 1 s. le tout conformément au Tarif de 1664.

SORTIES.

Les porcs & truyes, la piece, 15 s.

Les porcelets de six mois, 5 s.

Le sanglier n'est autre chose qu'un porc sauvage, qui ne vit que dans les forêts & qui ne peut jamais être apprivoisé.

Sans parler de la chair & de la hure ou tête de cet animal qui servent de mets sur les tables des plus grands Seigneurs; on en tire de trois sortes de choses pour le négoce, qui sont:

La peau qu'on apprête avec son poil pour couvrir des coliers de chevaux de harnois, des panniers & des coffres de campagne. *Voyez* MEGIE *vers la fin de l'article.*

La soie ou poil dont plusieurs Ouvriers & Artisans se servent comme d'aiguille pour coudre leurs différens ouvrages.

Et ses jambons qui sont fort estimés lorsqu'ils sont bien salés & fumés. *Voyez* SOYE DE PORC *ou* SOYE DE SANGLIER, & JAMBONS.

PORCA, ou PERCATS, petit Royaume à la Côte de Malabar. *Voyez* le détail des différentes épiceries, gommes, légumes, &c. que l'on en tire, dans l'Etat général, Tome I. page 436.

PORCELAINE. Espece de coquillage blanc qui sert de monnoie en divers endroits d'Asie, d'Afrique & d'Amérique. *Voyez* BOUGES, CORIS & ZAMPI.

Les Porcelaines ont aussi quelque usage dans la Médecine, & on les employe broyées ou pilées en forme de perles.

Ce sont les Marchands Epiciers-Droguistes qui font à Paris le commerce de ce coquillage médicinal; on le leur envoye de Hollande enfilé en maniere de chapelets qu'on appelle Pantes. Chaque paquet est composé de plusieurs pantes & contient environ un millier de coquilles.

Les plus petites & les plus blanches sont les plus estimées.

PORCELAINE. C'est aussi une espece de poterie fine & précieuse qui se fait particuliérement à la Chine, mais qui est apportée en Europe de plusieurs endroits de l'Orient & sur-tout des grandes Indes, comme du Japon, de Siam & de Surate; il en vient aussi de très belle de Perse.

Quelques Sçavans du premier ordre ont cru que ce que les Romains appelloient *Vasa myrrhina*, que l'on vit pour la premiere fois à Rome au triomphe de Pompée, & qui y devinrent ensuite si chers & si précieux, étoient la même chose que la Porcelaine d'aujourd'hui. Cela peut être; mais si, comme le cite M. Furetiere, cette opinion n'est fondée que sur la description que Pline a faite de ces vases dans son Histoire naturelle, on n'y reconnoît point la [illegible] mais une espece de pierre précieuse presque blanche & veinée de différentes couleurs, qui se trouvoit dans quelques endroits de la Perse.

Sans davantage entrer dans ces curieuses antiquités, on va se contenter de parler ici de la Porcelaine de la Chine sur les plus sûres relations.

C'est une ancienne erreur (peut-être inventée pour faire valoir la porcelaine) que la matiere dont elle est composée soit faite de coquilles d'œufs ou des écailles d'une espece d'huître pulvérisées; c'en est encore une que cette matiere soit des cent & deux cens ans à se préparer & à se meurir.

La porcelaine, comme toutes les autres poteries, se fait avec de la terre ou plutôt avec une espece de pierre molle & blanche qu'on tire des carrieres du Quangsi.

Cette terre après avoir été pilée d'abord assez grossiérement, se lave pour en séparer le sable; ensuite on la broye plus exactement & on la réduit en poudre très subtile presque impalpable pour en faire une pâte que l'on brasse & que l'on bat encore long-tems; lorsque cette pâte est suffisamment voquée, on en forme des vases ou autre vaisselle de porcelaine, soit à la main, soit dans des moules, soit à la roue, comme l'on fait en France la poterie de terre.

Ces ouvrages finis suivant le goût & l'intelligence de l'Artisan, ou les desseins que les Marchands lui ont fourni, on les expose au soleil soir & matin, prenant garde néanmoins que la chaleur ne soit trop grande, crainte qu'ils ne se tourmentent; quand ils sont secs on les peint de différentes couleurs & de divers ornemens, & afin de leur donner cet œil & ce lustre qui fait en partie le prix des porcelaines, on passe par dessus à plusieurs reprises une espece de bouillie très claire faite avec la même matiere dont sont formés les vases; enfin on les met au fourneau où on les cuit par le moyen d'un feu lent & uniforme.

Il n'est pas facile de s'imaginer combien la porcelaine est commune dans toutes les Provinces de la Chine; on en fait non-seulement toutes sortes d'ustenciles de ménage; mais on s'en sert à couvrir le toît des maisons, & à incruster les murailles; aussi y en a-t-il de très vilaine, & celle qui se fait à Fokien est si noire & si grossiere qu'elle n'approche pas même de notre fayance la plus ordinaire.

La porcelaine la plus fine & la plus estimée est celle de Quangsi, & l'on croit que sa beauté vient de la qualité des eaux dont on se sert à préparer la matiere. Parmi les plus belles de cette Province on en distingue de trois couleurs, de jaune, de grise & de blanche peinte en bleu: les jaunes, quoiqu'elles ne prennent pas si bien le poli, & qu'effectivement elles n'approchent pas de la finesse des autres, sont toutes réservées pour l'usage du Palais de l'Empereur & de sa propre personne. Les grises sont hachées d'une quantité de petites lignes irrégulieres qui dans leur confusion même font un très bel effet; on n'en a point encore vû en Europe, quoiqu'elles ne soient pas moins belles que celles qu'on y apporte: les blanches & bleues sont semblables à celles qui viennent par le retour des vaisseaux des Compagnies de France, d'Angleterre, de Hollande, & qui sont devenues si communes en France, qu'à peine les estime-t-on quelquefois autant que de belles fayances.

L'on fait une grande différence parmi les Curieux de l'Europe entre ce qu'on appelle de l'ancienne & de la nouvelle porcelaine, non qu'en effet celle qui se travaille présentement à la Chine soit moins belle que celle qui s'y travailloit autrefois; mais parce que les Marchands Européens ou n'ont point de goût pour en faire le choix sur les lieux, ou n'ont plus commerce avec les bons Ouvriers, ne se souciant que de la quantité & du débit, sans se mettre en peine de la finesse & du beau.

Quoiqu'il soit difficile de dire précisément en quoi consiste la perfection de la porcelaine, n'étant qu'une beauté d'opinion, il semble néanmoins qu'on peut la mettre dans la finesse de la matiere, la blancheur, le poli, le dessein des figures & des ornemens, la vivacité des couleurs & la forme des vases.

Il y a quinze ou vingt ans que l'on a commencé en France à tenter d'imiter la porcelaine de la Chine; les premieres épreuves qui furent faites à Rouen réussirent assez bien, & l'on a depuis si heureusement perfectionné ces essais dans les Manufactures de Passi & de S. Cloud près Paris, qu'il ne manque presque plus aux porcelaines Françoises, pour égaler celles de la Chine, que d'être apportées de cinq ou six mille lieues loin, & de passer pour étrangeres dans l'esprit d'une Nation accoutumée à ne faire de cas que de ce qu'elle ne possede point, & à mépriser ce qu'elle trouve au milieu d'elle.

En effet pour la finesse du grain de la matiere, pour la beauté de la forme des vases, pour l'exactitude du dessein & pour l'éclat des couleurs, surtout du bleu, il faut avouer que les porcelaines de Quangsi ne sont pas plus parfaites que celles de France; une seule chose manque à ces dernieres, c'est l'œil du blanc qui est encore un peu louche, ou quelquefois trop matte, & qui poussé à la perfection dont les Ouvriers ne doivent pas désespérer après leurs premiers succès, ne laissera plus gueres appercevoir de différence entre les porcelaines Françoises & les étrangeres.

La porcelaine fine ou moyenne, grande ou petite, paye en France les droits d'entrée à raison de douze liv. le cent pésant, conformément au Tarif de 1664.

Les droits de la Douane de Lyon sont de 37 s. 6 d. le quintal d'ancienne taxation, & 40 s. pour les anciens quatre pour cent.

PORCELAINE. On nomme fausse Porcelaine cette poterie blanche peinte de bleu, qu'on appelle plus communément Fayance. *Voyez* FAYANCE.

La porcelaine contrefaite, même celle de Hollande, paye en France les droits d'entrée sur le pied de 10 liv. du cent pésant, suivant le Tarif de 1664 & celui de 1699 arrêté entre la France & les Etats Généraux des Provinces-Unies.

Cet article de la porcelaine avoit été composé avant la mort de Monsieur Savary des Bruslons, & paroît avoir été fait principalement sur les Mémoires de la Chine du Pere le Comte Jésuite.

Une lettre du Pere d'Entrecolles autre Religieux de la Compagnie de Jesus, écrite au Pere Orry de Jaotcheou le premier Septembre 1712, ayant été depuis donnée au public, & contenant quantité de choses curieuses sur la maniere de faire la porcelaine, qui étoient échapées au Pere le Comte, ou dont il n'avoit pû être informé, on a crû qu'on feroit plaisir au Lecteur d'en donner ici un extrait, d'autant plus qu'on y traite en en quelques endroits du Commerce que les Européens font à la Chine de cette sorte de marchandise, & des tentatives que quelques Anglois ou Hollandois ont faites d'en apporter le secret en Europe.

L'ART DE FAIRE LA PORCELAINE, TIRÉ D'UNE LETTRE DU PERE D'ENTRECOLLES MISSIONNAIRE DE LA CHINE.

Les Chinois nomment Thski les ouvrages de cette poterie fine & précieuse qu'en Europe & particuliérement en France on appelle Porcelaine; ce dernier nom qui n'est gueres connu dans la Chine que par quelques Ouvriers ou quelques Marchands qui en font commerce avec les Européens, semble venir de Porcellane qui en Langue Portugaise signifie une tasse ou une écuelle, y ayant bien de l'apparence que les Portugais qui ont été les premiers d'entre les Nations Chrétiennes qui ont eu connoissance de la Chine, & qui y ont fait quelque négoce à Canton, donnerent d'abord à tous ces ouvrages du Thski le nom qui ne convenoit qu'aux tasses & aux écuelles, ces ustenciles de ménage ayant sans doute été les premiers ouvrages de porcelaine qui leur furent présentés. Ce qui doit paroître cependant assez bizarre, c'est que les Portugais par qui ce nom semble être passé à toutes les autres Nations d'Europe, ne l'ont pas conservé pour eux, & appellent Loca en leur Langue ce que les autres nomment communément Porcelaine.

L'on ne sçait qui a été l'inventeur de la Porcelaine, & les Annales générales de l'Empire Chinois, qui contiennent tout ce qui y arrive de mémorable, non plus que les Annales particulieres des Provinces qui conservent la mémoire des faits singuliers qui s'y passent, n'en font aucune mention.

On n'est gueres mieux instruit de l'époque de cette invention, & tout ce qu'on en sçait est qu'elle doit au moins être du commencement du cinquiéme siécle de l'Ere Chrétienne; les Annales de Feoulam rapportant que depuis la seconde année du regne de l'Empereur Tam ou Te, de la dinastie de Tam, c'est-à-dire, vers l'an 442 de Jesus-Christ, les Ouvriers en porcelaine de cette Province en avoient seuls fourni aux Empereurs qui y envoyoient deux Mandarins pour présider à l'ouvrage.

Il se fait de la porcelaine dans diverses Provinces de la Chine, particuliérement dans celles de Fou-kien, de Canton & de Kimtetchim, mais celle qui se fabrique dans les atteliers de cette derniere, est la plus estimée, & c'est elle que par distinction on appelloit autrefois en langage Chinois, & comme en espece de proverbe, les Bijoux précieux de Jaotcheou.

On doit considérer quatre choses essentielles dans la fabrique de la porcelaine: sçavoir, la matiere dont on la fait; l'art d'en former des vases ou d'autres sortes d'ouvrages; les couleurs qui servent à la peindre, & enfin la cuisson, & pour ainsi dire la science de la pousser au feu jusqu'au dégré qui lui est propre. On va traiter de ces quatre choses en quatre différens paragraphes.

Matiere dont est composée la Porcelaine.

Il entre dans la composition de la porcelaine deux sortes de terre & deux especes d'huile ou de vernis. Des deux terres, l'une s'appelle Petuntse, & l'autre Kaolin. A l'égard des huiles, celle qui se tire des Petuntse se nomme Yeou de Petuntses, c'est-à-dire, Huile de Petuntse, ou Tsi de Petuntse, ce qui signifie Vernis de Petuntse. L'autre qui se fait avec la chaux, s'appelle Huile de Chaux.

Le Kaolin est parsemé de corpuscules qui ont quelque éclat. La Petuntse est simplement blanche, mais très fine & très douce au toucher. Toutes ces deux terres se trouvent dans des carrieres à vingt ou trente lieues de Kimtetchim, Ville où sont établis les atteliers dans lesquels se font les plus belles porcelaines de toute la Chine, & où ces terres, ou plutôt les pierres dont on fait ces terres, sont transportées sur un nombre infini de petites barques qui montent & descendent sans cesse la riviere de Joatcheou.

Les Petuntses arrivent à Kimtetchim en forme de briques, ayant été taillées de cette sorte sur la carriere où elles ne sont naturellement que des morceaux d'une roche très dure. Le blanc de la bonne Petuntse doit tirer un peu sur le vert.

La premiere préparation des briques de Petuntse est d'être brisées & réduites à force de bras en poudre assez grossiere, avec des maillets de fer. On acheve ensuite de les broyer dans des mortiers avec des pilons dont la tête est de pierre armée de fer, qui ont leur mouvement ou par le secours de l'eau, ou par le travail des hommes, à peu près comme dans nos moulins à tan ou à poudre à canon.

Quand la pierre est assez broyée & que la poudre est presque impalpable, on la jette dans une grande urne remplie d'eau, & on la remue fortement avec une espece de pelle de fer. Après que l'eau s'est reposée quelque tems, on leve de dessus la superficie une substance blanche qui s'y forme de l'épaisseur de quatre ou cinq doigts, & l'on met cette espece de cresme dans un autre vase rempli d'eau: continuant alternativement de remuer l'eau de la premiere urne, & de l'écrêmer jusqu'à ce qu'il ne reste plus que le gravier des Petuntses, qu'on remet de nouveau au moulin pour en tirer une nouvelle poudre.

A l'égard de la seconde urne où l'on a jetté ce qui a été recueilli de la premiere, lorsque l'eau en est bien reposée, & qu'elle est devenue tout-à-fait claire, on la vuide par inclination, & du sédiment qui reste & qui s'épaissit en forme de pâte, on en remplit des especes de moules, d'où quand elle est presque seche on la tire pour la couper en carreaux, qui sont proprement ce qu'on appelle des Petuntses, qu'on met en réserve pour les mêler avec le Kaolin dans la proportion qu'on expliquera dans la suite.

Ces carreaux se vendent ordinairement au cent, mais il est rare qu'ils ne soient point falsifiés. Les Ouvriers de Petuntses, qui comme tous les autres Chinois, sont de très mauvaise foi dans leur commerce, y mêlant souvent du marc; ensorte qu'on est presque toujours obligé de les purifier avant que de s'en servir.

Le Kaolin qui, ainsi qu'on l'a déja remarqué, est la seconde terre qui entre dans la composition de la porcelaine, est beaucoup moins dur que le petuntse quand on le tire de la carriere, & c'est cependant son mélange avec celui-ci qui donne de la fermeté à l'ouvrage. Le Pere d'Entrecolles remarque que quelques Anglois ou Hollandois ayant fait acheter en secret des petuntses, & ayant essayé d'en faire de la porcelaine à leur retour en Europe, ils n'y avoient pû réussir faute d'avoir pris du Kaolin : ce que les Chinois ayant sçû, ils disoient en plaisantant, que les Européens étoient admirables de vouloir avoir un corps dont les chairs se soutinssent sans ossemens.

Les montagnes d'où l'on tire le Kaolin sont couvertes au dehors d'une terre rougeâtre ; les mines en sont profondes, & il s'y trouve en grumeaux à peu près comme la pierre de craye si connue en Europe. L'Auteur croit que la terre blanche de Malthe, qu'on appelle terre de saint Paul, n'est gueres différente du Kaolin, à l'exception des petites particules argentées qui ne se trouvent point dans celle de Malthe.

La préparation du Kaolin n'est point différente de celle des petuntses, hors que le travail en est moins rude, à cause du peu de dureté de la matiere. On la réduit aussi en carreaux comme les petuntses.

L'huile ou vernis qui est la troisiéme matiere que les Chinois font entrer dans la composition de leurs porcelaines fines, est une substance blancheâtre & liquide que l'on tire de la petuntse, c'est-à-dire, de la pierre dure dont on fait les petuntses. Toute sorte de pierre n'y est pas également propre, & l'on n'y employe que celle qui est la plus blanche, & dont les taches sont les plus vertes. On va d'abord parler de la maniere de la faire, après quoi l'on ajoutera comment se fait l'huile de chaux qui n'est pas moins nécessaire que celle de petuntse pour donner un beau vernis aux ouvrages de porcelaine.

Quand on a choisi les pierres de petuntses les plus belles on les lave, après quoi on leur donne les mêmes préparations que pour faire les carreaux de petuntse, à la réserve qu'on ne met pas la matiere de la seconde urne dans des moules, mais qu'on en prend le plus pur & le plus fin pour en composer l'huile.

Sur cent livres ou environ de cette matiere, on jette une livre d'une pierre minérale assez semblable à l'alun. (*Les Chinois* l'appellent Chekao.) Cette pierre se rougit auparavant au feu, & ensuite se réduit dans un mortier ou sur le marbre en une poudre impalpable. C'est comme la presure qui donne la consistance à cette huile, que d'ailleurs on a soin d'entretenir toujours liquide.

La préparation de l'huile de chaux est bien plus longue & bien plus diversifiée. On prend d'abord de gros quartiers de chaux vive qu'on dissout & qu'on réduit en poudre, en y jettant légerement de l'eau avec la main. Sur cette poudre on fait un lit de fougere séche, & sur la fougere une autre couche de chaux amortie, & ainsi alternativement jusqu'à ce qu'il y en ait une hauteur raisonnable ; après quoi on met le feu aux fougeres.

Lorsque tout est consumé, on partage les cendres qui restent sur de nouveaux lits de fougere séche : où l'on met pareillement le feu ; ce qu'on recommence jusqu'à cinq ou six fois de suite, & même davantage, l'huile en étant d'autant meilleure que les cendres sont plus recuites.

On lit dans les Annales de Feouleam, qu'outre la fougere on se servoit autrefois du bois d'une espece de nefflier, & que c'étoit ce qui donnoit aux anciennes Porcelaines cet œil admirable qu'on ne peut imiter dans les modernes : mais ce bois est devenu si rare, qu'il a fallu se réduire à la fougere seule ; il est vrai que l'on croit que la nature de la fougere & de la chaux contribue beaucoup à la bonté de l'huile ; celles qui viennent de certains endroits étant bien plus estimées que celles qui viennent d'ailleurs.

Après qu'on a ramassé des cendres de chaux & de fougere jusqu'à une certaine quantité, on les jette dans une urne pleine d'eau en y mêlant sur cent livres de cendres une livre de Chekao qu'on y fait dissoudre, le reste se fait à peu près comme quand on prépare la terre des petuntses, & le sédiment qui se trouve au fond de la seconde urne, & qu'on a soin de conserver toujours liquide, est ce qu'on nomme huile de chaux, que les Chinois regardent comme l'ame de la premiere huile, sans laquelle l'émail des Porcelaines n'est proprement qu'un émail mort & sans vivacité.

Cette huile est très facile à sofistiquer, suffisant d'y mettre de l'eau pour en augmenter le volume, & d'y ajouter du Checkao à proportion pour la conserver dans la consistance qu'elle doit avoir.

L'on met ordinairement dix mesures d'huile de petuntse contre une mesure d'huile de chaux ; quelques-uns par épargne n'en mettent que trois de la premiere. Pour que le mélange soit juste, il faut que les deux huiles soient également épaisses ; ce qu'on éprouve avec des carreaux de petuntse qu'on plonge dans l'une & dans l'autre jusqu'à ce qu'ils en sortent avec la même épaisseur de liqueur.

Maniere de former les vases & autres ouvrages de Porcelaine.

Le premier travail consiste à purifier de nouveau le Petuntse & le Kaolin pour en ôter entiérement le marc qui peut y être resté, ce qui se fait à peu près pour le Petuntse de la maniere qu'on a décrite ci-devant pour la préparation des carreaux de Petuntse ; car à l'égard du Kaolin, comme il est plus mou & qu'il se dissout aisément, il suffit sans le briser ni le broyer, de le plonger dans une urne pleine d'eau enfermée dans un panier très clair. Le marc qui reste de l'un & de l'autre est inutile, & l'on en vuide les atteliers après qu'on en a amassé quelque quantité.

Ces atteliers sont de vastes enceintes de murailles où sont élevés divers grands appentis de charpente sous lesquels travaillent les Ouvriers, & quantité d'autres bâtimens qui leur servent de demeures, étant presque inconcevable combien est grand le nombre des personnes qui sont occupées à ces ouvrages, n'y ayant gueres de morceau de Porcelaine qui ne passe dans plus de vingt mains avant que d'être porté aux atteliers des Peintres, & par plus de soixante pour avoir leur entiere perfection.

Pour faire un juste mélange du Petuntse & du Kaolin, il faut avoir égard à la finesse des Porcelaines qu'on veut faire. On met autant de l'un que de l'autre pour les porcelaines fines ; quatre parts de Kaolin sur six de Petuntse pour les moyennes, & jamais moins d'une part de Kaolin sur trois de Petuntse, même pour les porcelaines les plus grossieres.

Le plus pénible du travail est de pétrir ensemble ces deux terres, ce qu'on fait dans des especes de grands bassins ou de creux bien pavés & bien cimentés, dans lesquels des Ouvriers qui se relayent les uns les autres les foulent continuellement aux pieds jusqu'à ce que cette masse bien mêlée se durcisse & prenne le dégré de consistance qu'elle doit avoir pour être employée par les Potiers.

La terre au sortir des bassins se pétrit une seconde fois, mais par morceaux & à la main sur de larges ardoises destinées à cet usage : c'est proprement de cette façon que dépend toute la perfection de l'ouvrage, le moindre corps étranger qui resteroit dans la matiere, ou le moindre vuide qui pourroit s'y trouver, étant capable de tout gâter ; & le plus petit grain de sable, quelquefois un seul cheveu, est suffisant pour que la Porcelaine se felle, éclate, coule ou se déjette.

La Porcelaine se fait ou à la roue, ou dans des moules. Les Porcelaines unies comme les tasses, les urnes, les soucoupes, se fabriquent toujours à la roue ; les autres, c'est-à-dire, celles qui sont de relief, comme les figures d'hommes ou d'animaux se font de la derniere maniere, mais elles s'achevent au ciseau : il y en a aussi qui sont faites partie à la roue & partie au moule ; ce sont celles auxquelles après qu'elles sont tournées on ajoute quelques ornemens.

Les grandes pieces de Porcelaine se font à deux fois, une moitié est élevée sur la roue par trois ou quatre Ouvriers qui la soutiennent jusqu'à ce qu'elle ait pris sa figure ; & lorsqu'elle l'a, on y applique l'autre moitié qui a été fabriquée de même, les unissant toutes deux avec de la terre à Porcelaine qu'on rend liquide en y ajoutant de l'eau, & qu'on polit avec une espece d'espatule de fer. C'est aussi de cette maniere qu'on réunit les diverses pieces de Porcelaines qui se font au moule ou à la main, & que l'on ajoute des ances aux tasses & autres semblables ouvrages qui ont été faits à la roue.

Les moules se font à peu près comme ceux dont se servent les Sculpteurs pour mouler des figures de rond, de bosse, ou des bas-reliefs, c'est-à-dire, qu'ils se font de diverses pieces, qui prennent séparément l'empreinte des parties du modéle qu'on veut représenter, & qui ensuite se réunissent pour former le creux d'une figure entiere.

La terre dont on fait ces moules est jaune & grasse. Elle a ses propres carrieres où on la trouve comme en grumeaux. Il y en a beaucoup aux environs de Kimtetchim. Elle se paitrit comme la terre glaise ; & lorsqu'elle est suffisamment voquée & qu'elle est douce, fine & raisonnablement durcie, on en prend autant qu'il en faut pour le moule qu'on a dessein de faire ; & après l'avoir battue fortement, on lui donne la forme que l'on souhaite, soit sur le tour pour les ouvrages unis, soit à la main pour les ouvrages façonnés. Ces moules sont extrêmement chers, mais ils durent fort long-tems quand on en a soin.

Tous les ouvrages qui se font dans des moules, s'achevent & se perfectionnent à la main avec divers instrumens propres à creuser, à polir & à rechercher différens traits qui échapent au moule ; ainsi c'est plutôt l'ouvrage du Sculpteur que du Potier. Il y a des ouvrages où l'on ajoute des reliefs tout préparés comme sont les dragons & les fleurs qu'on voit sur quelques-unes des Thérieres qu'on apporte en Europe. Il y en a d'autres qui ont des empreintes en creux ; ceux-ci se gravent avec des especes de poinçons ou de cachets.

En général toutes sortes d'ouvrages de Porcelaines doivent être mis à couvert du froid, leur humidité les faisant éclater quand ils ne séchent pas également. Aussi est-il assez ordinaire d'allumer du feu dans les atteliers pour prévenir cet inconvénient.

Pour mieux faire comprendre par combien de mains il faut que passe une piece de Porcelaine avant que d'avoir sa derniere perfection, on va finir ce paragraphe par ce que dit le Pere d'Entrecolles du nombre d'Ouvriers qui ont part à la fabrique d'une simple tasse seulement pour être en état d être portée aux Peintres. Une tasse, dit cet exact Auteur, commence par le Potier qui a soin de la roue où elle reçoit sa premiere forme, sa hauteur & son diametre. Cet Ouvrier n'a que trois deniers de chaque planche garnie de vingt-six pieces, aussi sortent-elles de ses mains d'une figure très imparfaite, & particuliérement vers les pieds qui ne sont que des morceaux de terre informes qu'il faut ensuite tailler au ciseau, quand les tasses sont séches & qu'elles ont de la consistance.

Au sortir de la roue la tasse est reçûe par un second Ouvrier qui l'asséoit sur sa base. Un troisiéme la prend presqu'aussi tôt, & l'applique sur son moule pour la réduire à sa véritable forme ; ce moule est sur une espece de tour.

Un quatriéme Ouvrier polit la tasse avec le ciseau sur tout vers les bords, & la rend déliée autant qu'il le faut pour lui donner de la transparence, ce qu'il fait en la mouillant légerement de tems en tems de peur qu'étant trop séche elle ne se brise. Un autre quand elle a été mise d'épaisseur, la roule doucement sur son moule pour l'unir en dedans, prenant garde de le faire également, crainte qu'il ne s'y forme quelques cavités, ou qu'elle ne se déjette. D'autres Ouvriers y ajoutent, ceux-ci des ornemens en relief, ceux-là des empreintes en creux, d'autres seulement des anses, suivant que la qualité de la tasse le demande ; enfin on arrondit & l'on creuse son pied en dedans avec le cizeau, ce qui est aussi l'ouvrage d'un Ouvrier particulier qui ne travaille point à autre chose.

L'expérience a fait connoître que loin que cette multiplicité d'Ouvriers retarde l'ouvrage, il n'en va que plus vîte, & ne s'en fait que plus parfaitement, chaque Ouvrier qui n'a qu'une chose à faire étant plus capable de s'y perfectionner, pouvant achever sa portion de l'ouvrage sans être obligé ou d'attendre qu'il soit sec ou de changer d'outils, ce qui ne laisse pas d'occuper du tems quelque diligence qu'on fasse.

Des Peintres qui travaillent aux Porcelaines, & des couleurs qu'on y employe.

En général tous les Peintres de la Chine, particuliérement ceux qui font la figure, sont de très médiocres Ouvriers, & il faut avouer que la peinture est un Art que cette Nation, d'ailleurs si ingénieuse en toutes autres choses, semble avoir entiérement négligé.

Ce défaut se trouve parmi les Hoapei ou Peintres de Porcelaine, encore plus ce semble que parmi les autres, & à la réserve des fleurs, des animaux & des païsages, qui sont supportables & qui ont quelque régularité, il est certain que les plus médiocres Apprentifs d'Europe surpassent aisément leurs plus grands Maîtres pour la beauté & l'exactitude des desseins.

Il n'en est pas de même des couleurs que ces Hoapei employent, elles sont si vives & si brillantes qu'il est difficile d'esperer que les Ouvriers d'Europe puissent jamais les imiter dans leurs ouvrages de porcelaines fines.

Le travail de la Peinture est partagé dans un même laboratoire entre un grand nombre d'ouvriers. L'un a soin uniquement de former le premier cercle coloré qu'on voit près des bords de la porcelaine ; l'autre trace des fleurs que peint un troisiéme : celui-ci est pour les eaux & les montagnes ; celui-là pour les oiseaux & pour les autres animaux. Les figures humaines ont aussi leurs ouvriers particuliers, mais comme on l'a remarqué, elles sont les plus maltraitées de toutes.

Il se fait à la Chine des porcelaines de toutes couleurs, soit pour les fonds, soit pour les représentations dont on les orne.

A l'égard des couleurs des païsages & autres desseins, quelques-unes sont simples, comme de toutes bleues ; ce sont celles-là qu'on voit le plus communément en Europe : d'autres sont mêlées de toutes sortes de teintes ; d'autres encore relevées d'or. Les Européens en apportent aussi quelques-unes de ces dernieres ; & quand elles sont de bonne main, elles sont fort estimées.

Le bleu se fait avec de l'azur qu'on prépare en le faisant brûler pendant vingt-quatre heures dans un fourneau, où on l'ensevelit dans du gravier de la hauteur d'un demi-pied. Quand il est cuit on le réduit en une poudre impalpable, non sur le marbre, mais dans des mortiers de Porcelaine qui ne sont point vernissés & avec des pilons dont la tête est de même matiere.

Pour le rouge on se sert de couperose que les Chinois nomment Haosan. Ils en mettent une livre dans un creuset couvert, au couvercle duquel on laisse une petite ouverture qui le couvre aussi de telle sorte qu'on le puisse aisément découvrir quand il en est besoin ; ensuite de quoi on pousse le creuset à un feu de réverbere. Tant que la fumée s'éleve noire, la cuisson n'est pas en état ; mais lorsqu'il n'en sort qu'un nuage fin & délié, le rouge est dans sa perfection. On en fait néanmoins l'essai sur une planche de sapin en délayant dans l'eau un peu de la matiere, & s'il vient un beau rouge on retire le creuset du feu, & on le laisse réfroidir. Une livre de couperose donne quatre onces de rouge qu'on trouve en culot au fond du creuset. Il s'en attache toutefois quelque partie au couvercle, & celui-là est le plus fin.

Outre la blancheur naturelle de la porcelaine, augmentée encore par l'huile ou le vernis dont on la couvre, il y a un blanc particulier dont on fait les fonds de la porcelaine de diverses couleurs. Ce blanc se fait d'une poudre de caillou transparent, qui se calcine au feu de même que l'azur, & que l'on mêle avec de la céruse pulvérisée. La proportion de ces deux poudres est d'une once de céruse sur une demi-once de poudre de caillou.

Cette poudre de caillou entre aussi dans la composition de presque toutes les autres couleurs. Par exemple, pour faire le verd il faut trois onces de tomhoapien, ou scories de cuivre battues, sur une demi-once de poudre de caillou & une once de céruse. Le violet se fait en ajoutant une dose de blanc au verd préparé. Plus il y a de verd, plus le violet est foncé. Pour le jaune il faut sept dragmes de blanc & trois dragmes de rouge de couperose.

La plupart de ces couleurs s'appliquent avec de l'eau gommée, dans laquelle on a dissout un peu de salpêtre, de céruse ou de couperose, mais plus ordinairement avec la céruse seule.

Quand on fait des porcelaines entiérement rouges, le rouge s'applique le plus souvent à huile : ce qui s'entend de l'huile ordinaire de la porcelaine, ou d'une autre huile faite de caillou blanc.

Il se fait encore un autre rouge, qu'on appelle du Rouge soufflé, parce qu'en effet on le souffle avec un tuyau, dont une des ouvertures est couverte d'une gaze très fine : on applique légerement le bas du tuyau sur la couleur dont la gaze se charge ; ensuite de quoi on souffle contre la porcelaine, qui se trouve toute semée de petits points rouges. Cette porcelaine est très rare & très chere.

La porcelaine noire a aussi son prix & sa beauté : on l'appelle Oumien. Ce noir est plombé, & semblable à celui des miroirs ardens de métail. Cette sorte de porcelaine est ordinairement rehaussée d'or. On fait cette couleur avec trois onces d'azur sur sept onces d'huile ordinaire de pierre ; mais plus ou moins de l'un ou de l'autre, suivant qu'on la veut plus ou moins foncée. On ne donne le noir à la porcelaine que quand elle est séche ; & il faut aussi laisser sécher cette couleur avant de mettre l'ouvrage au feu. L'or ne s'applique qu'après la cuisson, & se recuit dans un fourneau particulier.

Pour appliquer l'or on le broye & on le dissout dans de l'eau au fond d'une porcelaine, jusqu'à ce qu'il s'éleve sur la superficie de l'eau un petit nuage doré. Il s'employe avec l'eau de gomme ; & pour lui donner du corps, on met trois parties de céruse avec trente parties d'or.

Il se fait aussi une espece de porcelaine marbrée, non pas en y appliquant les marbrures avec le pinceau, mais en ne se servant pour la vernir que de l'huile de cailloux blancs, qui fait gerser l'ouvrage, & qui le coupant en mille traits bizarrement jettés, en forme une sorte de mosaïque. La couleur que donne cette huile est d'un blanc un peu cendré. Cette porcelaine se nomme Tsoniki.

Il y a encore diverses autres sortes de porcelaines, mais plutôt pour la curiosité que pour l'usage. Les plus agréables sont les porcelaines découpées & les porcelaines magiques, c'est-à-dire, celles dont les figures ne paroissent que lorsqu'elles sont remplies de quelque liqueur.

Les porcelaines découpées sont doubles : au dehors est une découpure à jour faite en compartimens, & au dedans est une coupe solide propre à contenir la liqueur, qui ne fait qu'un corps avec l'ouvrage découpé. [On a vû en France des tasses & des pots de cette sorte de découpure, mais dont la coupe intérieure étoit de verre ; ce qui fait un bien meilleur effet qu'une coupe de porcelaine. Ces ouvrages découpés sont ordinairement de porcelaine blanche, & la coupe de dedans de porcelaine de couleur.]

A l'égard des porcelaines magiques que les Chinois appellent Kiatsim, c'est-à-dire, azur mis en presse, le secret en est presque perdu. Voici néanmoins, dit le P. d'Entrecolles, ce qu'on en a retenu.

La porcelaine que l'on veut peindre ainsi doit être très mince. On la peint en dedans au contraire des autres porcelaines, qui se peignent en dehors. Lorsque la couleur est séche, on la couvre d'une légere couche d'une colle faite de la terre même de la porcelaine ; ce qui l'enferme entre deux especes de lames de terre : après que cette colle est parfaitement séchée, on jette de l'huile au dedans de la porcelaine ; & quand il y en a suffisamment, on la remet sur le moule & au tour, pour la rendre au dehors la plus mince & la plus transparente qu'il est possible ; ce qu'elle supporte aisément, à cause qu'elle est renforcée en dedans, comme on le vient de dire. Quand le tout est sec, on la cuit dans le fourneau ordinaire. C'est toujours du plus bel azur dont on se sert dans ces sortes de porcelaines ; & les figures qu'on y fait sont des poissons, comme plus convenables à la liqueur qu'on met dans le vase, où ils semblent nâger.

Lorsque toutes les diverses sortes de porcelaines dont on vient de parler, sont entiérement peintes des différentes couleurs qui conviennent à leurs especes, & que ces couleurs sont parfaitement séches, on acheve de les polir, pour les préparer à recevoir l'huile ; ce qui se fait avec un pinceau de plumes très fines qu'on humecte d'un peu d'eau, & qu'on passe par-tout très légerement, pour en ôter jusqu'aux plus petites inégalités.

L'huile ou vernis (que les Fayanciers de France appelleroient de l'émail) est la derniere façon qu'on donne à la porcelaine avant de la porter au fourneau. Elle se donne plus ou moins épaisse & à plus ou moins de reprises suivant la qualité de l'ouvrage. Aux porcelaines qui sont fort minces & fort déliées il en faut deux couches, mais fort légéres ; aux autres il n'en faut qu'une, mais qui toute seule en vaut deux pour son épaisseur.

Il faut un grand art pour appliquer l'huile, soit pour n'en pas mettre plus qu'il n'en faut, soit pour la répandre par-tout également. Les couches du dedans se mettent, pour ainsi dire, par aspersion, & celles du dehors par immersion, c'est-à-dire, que pour celles-ci on plonge la piece qu'on veut vernir dans l'urne qui est remplie d'huile, & que pour les autres on jette au dedans avec la main autant qu'il faut de cette huile pour l'arroser partout. On commence toujours par les couches du dedans ; en observant néanmoins de ne donner l'autre, que quand la premiere est entiérement séche.

Il faut remarquer que ce n'est qu'après que la porcelaine a reçu son huile qu'on en acheve le pied, qui jusques-là étoit demeuré massif ; ce qui se fait sur le tour ; & c'est alors qu'après qu'on l'a creusé, on y peint un petit cercle de couleur, & souvent une lettre Chinoise. Quand cette peinture est séche, on vernit aussi le creux du pied ; & c'est par où finit l'ouvrage, qu'on porte de l'attelier au fourneau pour y être cuit.

L'Auteur avoue qu'il a souvent été surpris de voir qu'un homme tienne en équilibre sur ses épaules deux planches longues & étroites sur lesquelles sont rangées les porcelaines, & qu'il passe ainsi par plusieurs rues fort peuplées sans briser sa marchandise. Il est vrai, ajoute-t-il, que chacun évite sa rencontre, crainte d'être obligé de réparer le dommage qu'on lui auroit fait : mais toujours est-il étonnant qu'il puisse lui-même tellement ménager sa marche, qu'il ne perde jamais rien de son équilibre.

De la cuisson de la Porcelaine, & des fourneaux où on la fait cuire.

On se sert de deux sortes de fourneaux pour la cuisson de la porcelaine ; de grands fourneaux pour celle qu'on ne met qu'une seule fois au feu, ce qui est l'usage le plus commun ; & de petits fourneaux pour celle qui a besoin d'une double cuisson. On parlera des uns & des autres, mais plus amplement des premiers par où l'on va commencer.

Les grands fourneaux à porcelaine sont présentement beaucoup plus élevés, plus profonds & plus vastes qu'ils n'étoient autrefois : anciennement ils n'avoient que six pieds de largeur & autant de hauteur ; aujourd'hui on leur donne deux brasses Chinoises de hauteur, & presque quatre de profondeur.

Ils sont faits du mélange de trois sortes de terres, dont l'une qui est jaune & assez connue, y domine par sa quantité, & en fait comme la base ; les deux autres sont plus rares, & se tirent de certaines mines très profondes où l'on ne peut travailler qu'en hyver ; l'une qu'on nomme Laotou, est une terre forte ; l'autre qu'on appelle Yeoutou, est une terre huileuse.

Les parois & la voûte du fourneau sont si épais, qu'on peut y toucher ou marcher dessus, lorsque le feu y est le plus ardent, sans craindre d'être offensé de la chaleur. Au haut de la voûte, qui en dedans est assez de la forme d'un entonnoir, est une grande ouverture pour donner passage aux tourbillons de flamme & de fumée, qui en sortent sans cesse quand on a mis le feu au fourneau. Outre cette principale ouverture, il y en a encore cinq ou six plus petites autour, qui servent pour augmenter ou diminuer la chaleur, comme sont les trous des fourneaux des Chymistes, qu'on appelle des Registres. On s'en sert aussi pour voir au dedans du fourneau si la porcelaine est suffisamment cuite.

Le foyer du fourneau qui en occupe toute la largeur, & qui est placé sur le devant précisément à l'ouverture de la porte, est profond de deux ou trois pieds, & large d'un ou deux : on le passe sur une planche pour entrer dans la capacité du fourneau, lorsqu'on veut y arranger les caisses de Porcelaine. Quand on a allumé le feu du foyer, on mure aussi-tôt la porte, n'y laissant que l'ouverture nécessaire pour y jetter du bois. Enfin l'âtre du fourneau est couverte de sable pour y enterrer une partie des premieres caisses de Porcelaine, qu'on y arrange ainsi qu'on le dira dans la suite.

Ces fourneaux se placent ordinairement à l'extrémité d'un vestibule long & étroit, qui leur sert comme de soufflet, à cause que l'air ou le vent qui s'y engouffrent viennent fraper droit au foyer qui est sur le devant de chaque fourneau. C'est aussi des deux côtez de ce vestibule que se rangent les caisses dans lesquelles on enferme les Porcelaines avant que de les exposer au feu.

Ces caisses ou étuits sont faits de la même terre dont sont construits les fourneaux. Chaque Porcelaine, pour peu considerable qu'elle soit, a sa caisse, à la réserve des plus petites, comme les tasses à thé ou à chocolat, dont on en enferme plusieurs dans une seule caisse. Elles n'ont point de couvercles, mais elles s'en servent mutuellement, le fond d'une seconde caisse s'emboêtant sur l'ouverture de la premiere, & ainsi de suite jusqu'au haut de chaque colomne que l'Ouvrier en forme au dedans du fourneau ; n'y ayant que la derniere caisse de la pile qui ait son propre couvercle, qui pourtant n'est aussi qu'une petite caisse.

Chaque caisse, qui ordinairement est de figure

cylindrique, afin que le feu se communique plus également aux Porcelaines qui sont au dedans, a au fond un petit lit de sable très-fin qu'on couvre encore de poussiere de kaolin, afin que le sable ne s'attache pas à l'ouvrage. On prend garde aussi que la Porcelaine ne touche point aux parois de son étuy.

Lorsque les caisses où l'on met les plus petites Porcelaines sont un peu larges, on n'en place point au milieu, à cause que celles qu'on y mettroit n'auroient pas le feu aussi vif qu'il le faut pour une cuisson parfaite. Chacune de ces sortes de petites Porcelaines se met sur un petit pied ou massif de terre de l'épaisseur de deux écus, qu'on couvre aussi de poudre de kaolin. Les caisses des petites Porcelaines n'ont environ que quatre pouces de hauteur.

Lorsque ces petites tasses sont d'une Porcelaine très-fine, l'Ouvrier ne les met pas à la main dans leurs caisses. Il a pour cela une petite fourchette de bois legere, aux fourchons de laquelle sont attachez des cordons. C'est avec cet instrument qu'il les enleve de dessus la planche; tenant la fourchette aussi entr'ouverte qu'il le faut suivant le volume de la piéce, par le moyen des cordons qu'il a auparavant croisez l'un sur l'autre.

Le Pere d'Entrecolles remarque qu'on donne ces étuis aux Porcelaines, pour empêcher que l'impression du feu, si elles la soutenoient immédiatement, n'en diminuât l'éclat; & il ajoûte agréablement qu'à la faveur de ces voiles épais la beauté, ou, s'il l'ose dire, le teint de la Porcelaine n'est point halé par l'ardeur du feu.

A mesure que les caisses se remplissent, un Ouvrier les arrange dans l'intérieur du fourneau, & en forme des colonnes, en les emboêtant les unes dans les autres, dont celles qui sont au milieu ont au moins sept pieds de hauteur. Les deux caisses qui sont au bas de chaque colonne sont vuides; parce qu'étant en partie enfoncées dans le sable dont l'âtre du fourneau est couvert, le feu n'y peut agir assez fortement; & c'est aussi par la même raison qu'on ne remplit pas la caisse qui est placée au haut de chaque pile, outre qu'elle ne sert proprement que comme de couvercle à celle qui est au dessous. Tout le fourneau se remplit ainsi de ces sortes de colonnes, à la réserve néanmoins de l'endroit qui est précisément sous la grande ouverture où l'on n'y en leve point.

On observe en arrangeant les caisses de placer au centre les piles de la plus fine Porcelaine, dans le fond celles qui le sont moins, & à l'entrée celles qui sont un peu fortes en couleur, qui sont composées d'une matiere où il entre autant de petuntse que de kaolin, ou ausquels on a donné l'huile de la moindre qualité, c'est-à-dire, qui est faite avec de la pierre qui a des taches rouges ou un peu noires.

Toutes ces piles sont placées fort près les unes des autres, & sont liées & unies en haut, en bas & au milieu par des morceaux de terre; en telle sorte néanmoins que la flamme puisse avoir un passage libre pour s'insinuer également de tous côtez; ce qui n'est pas la moindre partie de l'art de l'Ouvrier qui arrange les piles, & ce qui contribue le moins à la parfaite cuisson de la Porcelaine.

Une autre observation qui est importante, c'est de ne pas faire une fournée toute entiére de caisses nouvelles, & qui n'ayent pas été cuites, mais d'en mettre moitié des unes & moitié des autres; au haut & au bas des piles celles qui ont déja servi, & dans le milieu celles qui sont nouvellement faites. Le mieux seroit qu'elles eussent toutes été cuites dans un fourneau à part avant que de les faire servir à la Porcelaine, comme on faisoit autrefois: mais comme on va présentement à l'épargne, on se contente de les mêler.

Ces caisses, du moins celles dont parle le Pere d'Entrecolles, s'apportent toutes préparées d'un gros Village qui est au bas de la riviere, à une lieuë de Kimtetchim. Avant qu'elles soient cuites elles sont jaunâtres; & quand elles ont été au feu, elles deviennent d'un rouge fort obscur.

Quand le fourneau est entiérement rempli de caisses, on en mure aussi-tôt la porte, à la réserve d'une petite ouverture, par laquelle, comme on l'a dit ci-dessus, on jette dans le foyer le bois qui doit y entretenir le feu. Ce bois est ordinairement coupé en morceaux de la longueur d'un pied, mais assez étroits.

On chauffe d'abord le fourneau pendant un jour & une nuit, en y poussant la chaleur par degrés; mais ensuite deux hommes qui se relevent ne discontinuent point d'y jetter du bois.

On brûle communément pour une fournée jusqu'à cent quatre-vingt charges de bois; ce qui est peu en comparaison de ce qui s'en consommoit autrefois; chaque fourneau ayant besoin de deux cens quarante charges de bois, & même de vingt de plus, si le tems étoit pluvieux, ce qui provient sans doute de ce qu'anciennement les Porcelaines avoient plus de corps, & par consequent demandoient une plus forte cuisson.

Pour sçavoir si la Porcelaine est assez cuite, on ouvre l'œil du fourneau qui est devant le grand soupirail, & avec des pincettes de fer on leve le couvercle de l'une des piles. Si le feu paroît extrémement vif & clair, si les piles sont également enflammées, & sur-tout si les couleurs des Porcelaines qu'on a découvertes saillissent avec beaucoup d'éclat, la cuisson est achevée: on discontinue le feu, & l'on acheve de murer pour quelque tems le trou qu'on avoit réservé à la porte du fourneau.

Si les fourneaux ne sont remplis que de petites Porcelaines, on les en retire douze ou quinze heures après que le feu en a été éteint: si la fournée est de grosses Porcelaines, on différe deux ou trois jours à ouvrir le fourneau; en quoi la pratique est différente de celle d'autrefois, où l'on ne démuroit point la porte qu'après dix jours pour les grandes pieces, & seulement après cinq pour les petites.

Comme après l'ouverture du fourneau la Porcelaine est encore brûlante, l'Ouvrier qui la retire s'aide pour la prendre de longues écharpes pendues à son cou.

Une chose surprenante & presque inconcevable, c'est qu'on ne trouve aucunes cendres dans le foyer, quelque grande quantité de bois qui s'y soit consumé. Une autre chose qui n'est pas moins admirable, c'est que les Ouvriers qui travaillent aux fourneaux se désalterent en buvant continuellement du thé dans lequel ils font fondre du sel.

Il se fait à la Chine une sorte de Porcelaine que l'on peint & que l'on cuit à deux fois; & c'est à la seconde cuisson de cette Porcelaine que les petits fourneaux sont destinez.

On peut faire ces fourneaux de fer quand ils sont très-petits; mais pour l'ordinaire quand ils sont un peu grands, on les construit avec des carreaux de terre cuite, épais d'un peu moins d'un pouce, hauts d'un pied, & larges d'un pied & demi. Ils se font avec cette terre dont on fait les caisses à Porcelaine. Les plus grands de ces fourneaux n'ont guéres que cinq pieds de hauteur & trois pieds de diametre. Comme ils sont à peu près de la forme d'une ruche de mouches à miel, on donne aux pieces de terre cuite dont ils sont composez un peu de courbure pour élever l'ouvrage en rond.

L'âtre du fourneau est élevé de terre d'un demi-pied, & formé de deux ou trois rangs de briques ordinaires, épaisses, mais peu larges: sur ce massif se construit le fourneau. A mesure que sa construction avance, on bâtit tout-au-tour, environ à un demi-pied de distance, une enceinte de briques communes qu'on joint au fourneau par des especes d'éperons ou d'arcsboutans de terre qui servent à le fortifier. On en fait ordinairement quatre ou cinq éloignez également les uns des autres; au bas de l'enceinte sont quelques soupiraux pour donner de l'air au feu quand il y est allumé.

Le haut du fourneau se fait en voûte avec des pieces de la même poterie que le fourneau, qui portent les unes sur les autres, & qui sont bien cimentées avec de la terre. Tout au haut est une ouverture que l'on couvre aussi d'un morceau de terre cuite, quand les Porcelaines ont été mises dans le fourneau: c'est par cette ouverture que les Ouvriers voyent si la cuisson s'avance.

Les Porcelaines ne s'enferment pas dans des caisses comme aux fourneaux ordinaires; ce fourneau lui-même leur en servant, & étant si exactement fermé, qu'elles n'y reçoivent d'autre impression du feu que celle de la chaleur du charbon que l'on allume dans le foyer qui est au dessous du fourneau, aussi-bien que sur sa voûte, & dont on remplit les vuides qui sont entre lui & l'enceinte extérieure qui est faite de briques.

Pour que la Porcelaine soit propre à être recuite, il faut qu'elle ait reçû son huile à la maniere ordinaire, & qu'elle ait été mise au grand fourneau: en cet état on la peint de diverses couleurs; & sans lui donner d'autre vernis, on la range en piles dans le petit fourneau, en mettant les petites dans les grandes, & les élevant ainsi en forme de pyramide. Quelquefois on donne aux Porcelaines cette seconde cuisson pour conserver plus d'éclat, & donner en même tems une espece de relief à ses couleurs: mais le plus souvent ce n'est que pour en cacher les endroits défectueux, en les couvrant de peinture: il est facile toutefois d'en connoître l'artifice, y restant toûjours des inégalitez que l'on sent à la main.

Lorsque l'Ouvrier trouve la cuisson assez avancée, il leve la piéce qui couvre l'ouverture: si la Porcelaine lui paroît éclatante & peinte de couleurs vives & animées, il retire tout le charbon; & quand le fourneau est suffisamment refroidi, il en ôte la Porcelaine.

Quelque bien fabriquée, & quelque belle que puisse être la Porcelaine moderne, le goût de l'antiquité qui regne aussi-bien dans la Chine qu'en France, donne un prix à la Porcelaine ancienne, qui la met beaucoup au dessus de celle d'aujourd'hui. On trouve pourtant des Défenseurs du travail moderne.

Il est vrai que la Porcelaine d'autrefois semble être plus fine pour la matiére, plus parfaite pour la cuisson, & d'un œil plus agréable, soit pour le blanc, soit pour les couleurs, que la plûpart des ouvrages que l'on fait présentement; mais il est certain aussi qu'il est facile d'y tromper même les plus habiles & les plus connoisseurs; & qu'il y a des Ouvriers Chinois qui imitent, pour ainsi dire, l'art du Padoüan, & qui font des Porcelaines anciennes, comme celui-ci faisoit des médailles antiques. L'on appelle Koutom la Porcelaine qui a plusieurs siécles; & c'est le même nom que l'on donne à la Porcelaine moderne faite à la mode ancienne.

La matiere de ces faux koutoms est une terre jaunâtre qui se trouve assez près de Kimtetchim. Il n'y a rien de particulier dans le premier travail de leur fabrique, sinon qu'on les fait plus épais, & qu'on leur donne une huile faite de pierre jaune mêlée avec l'huile ordinaire. Cette huile donne à la Porcelaine une espece de verd de mer.

Quand cette Porcelaine est tirée du fourneau, on la jette dans un boüillon très-gras fait avec des chapons & d'autres viandes, où elle se cuit une seconde fois. Enfin on l'ensevelit dans un égout le plus bourbeux qu'on puisse trouver, d'où on ne la retire qu'après qu'elle y est restée un mois ou six semaines, & même davantage, selon qu'on veut lui donner plus ou moins de siécles d'antiquité. Outre leur épaisseur & leur couleur, ces fausses antiques ont encore cela de semblable avec les véritables, qu'elles ne raisonnent point lorsqu'on les frappe, & qu'il ne s'y fait aucun bourdonnement quand on les approche de l'oreille.

On croit communément en Europe que la Porcelaine acquiert de la perfection en restant plusieurs années ensevelie sous terre; mais les Chinois rient de cette opinion qui n'a aucun fondement. Il est vrai néanmoins qu'on découvre quelquefois par hazard, soit en démolissant de vieux bâtimens, soit en nétoyant des puits encombrez depuis long-tems, des piéces admirables d'ancienne Porcelaine, mais qui n'y avoient pas été mises pour y acquerir quelque nouveau degré de beauté; y ayant seulement apparence qu'elles y avoient été cachées dans les tems des révolutions causées par les Tartares; & que dans cette précaution on préferoit toujours les plus précieuses à celles qui l'étoient moins, dans l'esperance de les trouver après les troubles. Tout ce que la Porcelaine acquiert en vieillissant dans la terre, est quelque changement dans son coloris qui la fait reconnoître pour être ancienne.

Malgré le grand nombre de Porcelaines qui se fabriquent presque dans toutes les Provinces de l'Empire de la Chine, elles ne laissent pas d'y être extrémement cheres, mais non pas autant qu'elles l'étoient autrefois. Les Annales conservent la mémoire des tems où une seule urne coûtoit jusqu'à quatre-vingt-dix écus & davantage; & encore n'y en avoit-il pas suffisamment pour satisfaire l'empressement des Curieux, qui les encherissoient même avant qu'elles fussent tirées du fourneau.

Ce qui cause présentement la cherté de la Porcelaine, & sur-tout le prix extraordinaire qu'elle se vend en Europe, c'est qu'outre les gros gains que font les Marchands Européens, & ceux que font sur eux leurs Commissionnaires Chinois, il est rare qu'une fournée réüssisse entiérement; que souvent même elle est toute perduë; & qu'il arrive assez ordinairement qu'en ouvrant le fourneau, au lieu de trouver de belles Porcelaines, on ne trouve qu'une masse informe & dure, dans laquelle ont été réduites & les Porcelaines & leurs caisses, soit que celles-ci fussent mal conditionnées, soit qu'on leur eût donné un trop grand feu aux unes & aux autres.

Une autre raison qui tient toujours (même parmi les Chinois) le prix des Porcelaines assez haut, est que les matiéres qui entrent dans leur composition & les bois qui servent à leur cuisson devenant tous les jours plus rares, deviennent aussi plus chers; outre que les vivres sont encheris, & que les Ouvriers étant moins habiles, ne peuvent fournir assez d'ouvrages aux Marchands.

On peut ajouter une troisiéme cause qui augmente le prix de la Porcelaine, mais qui ne regarde que les Européens; elle consiste en ce que presque toute celle qu'on transporte en Europe se faisant ordinairement sur des modéles nouveaux, souvent bizarres, & où il est difficile de réussir, pour peu qu'il y ait de défauts elle est rebutée de ceux qui l'ont commandée,& reste entre les mains de l'Ouvrier; qui ne pouvant pas la vendre aux Chinois, à cause qu'elle n'est pas de leur usage ni de leur goût, augmente le prix de la Porcelaine qu'il livre, afin que les piéces qu'on prend portent les frais de celles qu'on rebute.

Les différens ouvrages de porcelaine que les vaisseaux des Nations d'Europe rapportent de la Chine, du Japon, & de divers endroits des Indes Orientales, sont:

Des tasses.
Des gobelets.
Des sous-coupes.
Des écuelles.
De grandes urnes.
Des assiettes.
Des sucriers.
Des gamelles.
Des pots à beurre.
Des plats.
Des lions.
Des chiens.
Des burettes.
Des petites fioles en forme de tabatieres.
Des pots à thé.
Des flacons.
Des bouteilles.
Des pots.
Des vases.
Des pagodes.
Des paons.
Des chats-huans.
Des cocqs.
Des petites figures de toutes sortes.
Des bandeches ou cabarets.

On fait dans toute la Perse une très grande quantité de porcelaine, mais si belle & si parfaite, qu'elle se distingue difficilement de celle de la Chine pour laquelle les Hollandois qui en apportent beaucoup en Europe, ont assez souvent coutume de la donner. La matiere dont on la compose, est du verre & de petits cailloux de riviere broyés avec un peu de verre. Cette composition devient si dure, qu'elle résiste au feu; & qu'on en fait des mortiers & des moules à fondre des balles de plomb. La plus belle porcelaine se fait à Chiras Capitale de la Perside, à Merched Capitale de la Bactriane, à Yesd & à Kirvan dans la Caramanie; surtout dans le Bourg de Zorende.

Les Potiers s'appellent Kachipez, Cuiseurs de Fayance; il y en a de si adroits, qu'ils recousent les porcelaines cassées avec du fil de léton, & en passant sur la couture une composition de chaux, ils les mettent en état de tenir l'eau.

Il ne se fait point de porcelaine dans toutes les Indes Orientales, & toutes celles qui y sont & qu'on en tire en si grande quantité, y viennent pour la plupart de Perse, & le reste de la Chine & du Japon.

PORCELET. Petit Porc qui a atteint l'âge de six mois. *Voyez* Porc.

PORPHYRE. Marbre précieux, rouge & fort dur. *Voyez* Marbre.

PORT. C'est un lieu commode situé à l'embouchure de quelque riviere, ou sur quelque côte de mer, capable de recevoir & de contenir plusieurs vaisseaux, où ils peuvent rester à l'abri des vents, & à couvert des entreprises des flotes ennemies.

Il y a deux sortes de Ports; des Ports naturels, que la Providence semble avoir ménagés pour faciliter par mer la communication & le commerce des peuples les uns avec les autres; & des Ports artificiels, que les Souverains font construire dans leurs Etats, ou pour augmenter le négoce qui est déja établi chez eux, ou pour l'y attirer en pourvoyant par-là à la sûreté des bâtimens de mer.

Les Ports naturels sont ordinairement formez par l'enfoncement dans les terres de quelque anse ou de quelque petit golfe, dont les passes & les entrées étroites sont faciles à défendre, & qui sont à couvert des vents par la situation un peu haute des terres voisines. Pour les Ports artificiels, formez par des moles & des jettées, ils imitent en quelque sorte ce que la nature a fait en faveur des premiers, & servent à les couvrir des attaques du dehors, Le Port de Brest en Bretagne est un des plus beaux Ports naturels qu'il y ait au monde; & celui de Dunkerque étoit le plus fameux des Ports artificiels, avant qu'il eût été comblé & son risban ruiné en exécution du Traité d'Utreck.

Comme il n'y a rien qui enrichisse davantage un Etat que le commerce de mer, il n'y a rien aussi qui favorise davantage ce commerce, que la quantité & la sûreté des Ports & des Havres qui s'y rencontrent.

L'on peut dire que la France a ce double avantage pardessus tous les autres Etats de l'Europe, & peut-être de tout le monde; mais un troisiéme avantage qui n'est pas moins considerable, c'est la police qui s'observe dans tous les Ports, soit à l'égard des vaisseaux de guerre, soit pour les navires marchands qui y entrent, qui y sejournent & qui en sortent.

L'on peut voir dans l'Ordonnance de la Marine de 1689, les Reglemens qui concernent les vaisseaux de guerre de Sa Majesté, quand ils sont dans les Ports & quand ils y arrivent, ou qu'ils en partent; & l'on se contentera ici d'en extraire seulement le peu d'articles qui regardent les navires marchands, lorsqu'ils se trouvent dans les Ports où sont les vaisseaux de Roi.

Par ces articles, qui sont le trois, le quatre & le cinquiéme du Titre de la Police des Ports, tous vaisseaux marchands, de cent tonneaux & au dessus, qui veulent entrer dans lesdits Ports, sont tenus de prendre des Pilotes pour les conduire & éviter les abordages, à peine de 50 l. d'amende & de réparation des dommages. Ils sont aussi tenus avant que d'y entrer, de faire décharger les poudres, pour être portées dans les magasins du Roi, pour ne les reprendre qu'après leur sortie: Et enfin si les bâtimens sont chargez de chaux vive & non éteinte, les Maîtres & Patrons sont obligez de les tenir éloignez des vaisseaux du Roi, sans en pouvoir approcher ni y attacher aucune amarre.

Les Ordonnances de la Marine de 1681 & de 1685 étant proprement des Ordonnances de Marine marchande, & qui ne traitent que de la police des vaisseaux marchands, soit lorsqu'ils sont dans

dans les Ports, soit lorsqu'ils y entrent ou qu'ils en sortent, on ne peut se dispenser d'entrer dans quelque détail, & d'en rapporter au moins les principaux articles, sur-tout ceux qui sont les plus nécessaires, & qui ne doivent être ignorez d'aucun Négociant qui fait le commerce de mer; renvoyant néanmoins pour quantité d'autres aussi importans, mais qui ne regardent pas les Ports, aux Ordonnances mêmes, ou aux différens endroits de ce Dictionnaire où il est parlé de ce commerce.

Voici donc en quoi consiste la police des Ports.

1°. Tout navire étant dans le Port doit avoir des Matelots à bord, pour faciliter le passage des vaisseaux entrans & sortans.

2°. Les navires ne peuvent être amarez qu'aux anneaux & pieux destinez à cet effet.

3°. Les vaisseaux dont les Maîtres ont les premiers fait leur rapport, sont les premiers rangez à quai; d'où néanmoins ils sont obligez de se retirer après leur décharge.

4°. Les Maîtres & Patrons qui veulent se tenir sur les ancres dans les Ports, sont tenus d'y attacher hoirin, bouée ou gaviteau, à peine de 50 l. d'amende, & de réparer les dommages qui en pourroient arriver.

5°. Si les navires ont des poudres, ils sont tenus aussi sous la même peine de les faire porter à terre incontinent après leur arrivée, & de ne les reprendre qu'après être sortis du Port.

6°. Les Marchands, Facteurs & Commissionnaires ne peuvent laisser sur les quais leurs marchandises plus de trois jours, sous peine d'amende arbitraire.

7°. Les radoubs, calfats des navires, gaudronnage des funains & cordages, & autres ouvrages où il s'employe du feu, ne peuvent se faire qu'à cent pieds au moins de distance des autres vaisseaux, & de vingt pieds des quais.

8°. Dans les Ports où il y a flux & reflux, chaque vaisseau doit avoir deux poinçons d'eau sur le tillac pendant qu'on en chauffe les soutes; & dans les Ports d'où la mer ne se retire point, être muni d'écopes, ou longues pelles creuses propres à tirer l'eau.

9°. Il est ordonné que les vaisseaux en charge soient en une place, les déchargés dans une autre, & ceux destinés à être dépecés & rompus aussi en une autre.

10°. Il est défendu de porter & allumer pendant la nuit du feu dans les navires étant dans les bassins & havres, sinon en cas de nécessité pressante, & en la présence ou par la permission du Maître du Quai.

11°. Dans les Ports dont l'entrée & la sortie sont difficiles, & où il y a des Pilotes Lamaneurs établis, les Maîtres des vaisseaux sont obligés de s'en servir, ou à leur défaut de Pêcheurs; & lorsque le Lamaneur est à bord, de leur déclarer combien leurs bâtimens tirent d'eau, à peine de 25 liv. d'amende au profit du Lamaneur pour chaque pied recélé; lequel Lamaneur ne doit être payé de ses salaires que conformément au tableau déposé au Greffe, & affiché sur le quai.

12°. Que les Maîtres des vaisseaux ne peuvent non plus être contraints de payer aucuns droits de Coutume, Quayage, Balissage, Lestage, Délestage & Ancrage, que ceux inscrits dans une pancarte approuvée par les Officiers, & affichée sur le Port.

13°. Tous Maîtres & Capitaines de navires arrivant de la mer sont obligés de faire leur rapport au Juge ordinaire vingt-quatre heures après leur arrivée dans le Port, représenter leur congé, & déclarer le lieu & le tems de leur départ, le port & le chargement de leur vaisseau, la route qu'ils ont tenue, les hazards qu'ils ont courus; enfin toutes les circonstances de leur voyage; même la quantité de lest qu'ils ont dans leur bord, à peine de 25 liv. pour l'omission de ce dernier article de leur déclaration.

14°. Il est défendu à tout Maître de vaisseau de décharger aucune marchandise après son arrivée, qu'il n'ait fait auparavant son rapport, sinon en cas de péril éminent, à peine de punition corporelle, & de confiscation des marchandises.

15°. Si un vaisseau est obligé de relâcher en quelque port, le Maître ou le Capitaine est tenu de déclarer au Lieutenant de l'Amirauté du lieu la cause de son relâchement, & de lui représenter son congé, mais non d'en prendre un nouveau pour remettre en mer.

16°. Il est défendu à tous Capitaines & Maîtres de navires de jetter leur lest dans les Ports, Canaux, Bassins & Rades, sous peine de 500 livres d'amende pour la premiere fois, & de saisie & confiscation des bâtimens en cas de récidive. Il leur est aussi défendu de travailler ou faire travailler au lestage ou délestage de leur vaisseau pendant la nuit, & de faire porter leur lest ailleurs que dans les lieux destinés par les Syndics & Echevins des Villes, pour y recevoir ledit lest.

17°. Enfin tout Maître de navire voulant aller en mer, ne peut sortir des Ports sans un congé des Officiers de l'Amirauté, ou même du Gouverneur de la Province, si c'est en Bretagne; lequel doit contenir le nom du Maître, celui du vaisseau, son port & sa charge, le lieu d'où il part, & celui de sa destination.

Port Franc, en termes de commerce de mer. C'est un Port où il est libre à tous Marchands, de quelque Nation qu'ils soient, de décharger leurs marchandises, & de les en retirer lorsqu'ils ne les ont pû vendre, sans payer aucun droit d'entrée ni de sortie.

Les Marchands jouissent de cette franchise dans le Port de Genes. Il y a même assez près du Port un vaste bâtiment qu'on appelle *Porto Franco*, à cause de la liberté dont les marchandises y jouissent, & où il se trouve des magasins grands & commodes pour les y mettre en dépôt.

Depuis que l'Empereur, en conséquence des Traités d'Utrecht & de Rastadt est resté en possession des Etats d'Italie qui appartenoient à la Maison d'Autriche Espagnole, il semble s'être déterminé à établir un semblable Port Franc dans quelqu'une des Villes qu'il posséde sur la Mer Adriatique.

Port Franc. Se dit aussi de la franchise totale & de l'exemption qu'ont les Marchands, de tous droits, soit pour les marchandises qu'ils apportent dans les Ports de quelque Etat, soit pour celles du crû du Pays qu'ils en veulent remporter. Tel fut le privilége des Anglois pendant plusieurs années après qu'ils eurent découvert le Port d'Archangel, Ville de Moscovie, situé sur la Mer Blanche; le Czar ou le Grand Duc qui regnoit alors leur ayant accordé cette franchise générale pour attirer le commerce dans ses Etats. L'on parle ailleurs des raisons qui firent perdre à la Nation Angloise un si grand avantage. *Voyez l'Etat général du Com-*

merce, où il est parlé de l'Angleterre & du Nord.

FERMER UN PORT. C'est empêcher que les vaisseaux qui y sont n'en sortent, ou que ceux qui viennent de dehors n'y entrent. Quelquefois les ports ne sont fermés que pour l'entrée, & quelquefois seulement que pour la sortie. Souvent c'est raison de commerce, plus souvent encore ce sont raisons de politique qui obligent de tenir les ports fermés.

PORT. Se dit aussi sur les rivieres des lieux où abordent les bateaux, comme à Paris le port de saint Paul, le port de saint Nicolas, le port de l'Ecole, le port au Foin, le port au Plâtre, &c.

PORT DE CHARGE. C'est un port où les Voituriers par eau prennent les marchandises dont ils composent la voiture de leurs bateaux.

Par l'article 8 du second chapitre de l'Ordonnance des Prévôt des Marchands & Echevins de la Ville de Paris, de l'année 1672, il est défendu à tous Voituriers de partir des Ports de charge sans Lettres de Voiture. *Voyez* VOITURIER.

PORT DE DE'CHARGE, qu'on nomme aussi, Port de Vente. C'est un port où les Voituriers par eau doivent conduire les marchandises chargées sur leurs bateaux pour y être vendues.

La même Ordonnance de 1672, art. 11 du 3 chapitre oblige les Voituriers qui ont amené des grains, foins, bois, charbons, &c. dans les ports de Paris pour les y vendre, d'y rester, ou comme porte l'article, d'y tenir port pendant quinze jours. Le terme pour les vins est du double, ils doivent tenir port pendant un mois. *Voyez comme dessus.*

PORT. Signifie aussi la charge d'un vaisseau, ce qu'il peut porter. Cette charge ou port s'évalue par tonneaux de deux mille livres pesant chaque tonneau. Aussi quand on dit, un bâtiment du port de cent tonneaux, on entend un bâtiment capable de porter tant en marchandises qu'en lest, munitions, armes & hommes d'équipage, cent fois deux mille livres ou deux cens mille livres pésant, ou deux mille quintaux; ce qu'on doit entendre à proportion de ceux de mille & de deux mille tonneaux & au-delà, qui sont les plus grands, & qu'en fait de guerre l'on nomme vaisseau du premier, du second rang, &c. dont le port suivant cette évaluation passe souvent le poids de quatre millions de livres.

PORT. S'entend encore de ce qu'il en coute pour les salaires des Crocheteurs & Porte-faix. J'ai payé vingt sols à cette homme pour le port de ma valise & de mes hardes.

Il se prend aussi pour les frais de voitures que l'on paye aux Messagers, Maîtres de Carosses & autres Voituriers soit par eau, soit par terre. Ce Roulier a pris un sol pour livre pour le port de mes marchandises.

Enfin il se dit du droit taxé pour les Lettres qui arrivent par les Couriers des Postes. Les Commissionnaires ne mettent point ordinairement en compte à leurs commettans les ports de lettres qu'ils en reçoivent pour le fait de leurs Commissions, mais bien celles qui regardent d'autres affaires.

Un paquet, un ballot franc de port, c'est un ballot ou un paquet dont les droits & frais de voiture ont été affranchis, & payés par celui qui l'envoye.

PORT DE LETTRES, ce qu'il en coute pour l'envoy d'une Lettre par la poste. On appelle une Lettre affranchie ou franche de port, celle dont le port a été payé au Commis de la Poste d'où elle est partie, ou qui n'étoit tenue d'aucun droit, comme sont les Lettres pour les affaires du Roi, qui sont envoyées des Bureaux des Ministres & Secretaires d'Etat, dont le cachet des armes & le nom mis sur l'enveloppe marquent l'affranchissement.

TENIR PORT. C'est rester dans un Port de décharge le tems prescrit par les Ordonnances & Réglemens de Police. *Voyez ci-dessus* PORT DE DE'CHARGE. *Voyez aussi l'article* TENIR.

PORT DE LA COROGNE, en Galice. Ce Port est admirable, & un des meilleurs de toute l'Espagne. La pêche de la sardine fait presque tout le négoce des Habitans. *Voyez* l'Etat général, Tome I. page 243.

PORT-LOUIS. Port considérable de France dans la Bretagne. Le commerce de Port-Louis se réduit presque à la pêche de la sardine. *Voyez* l'Etat général, Tome I. page 120.

PORTAGE, action de porter. Il faudra tant de chariots, tant de mulets pour le portage de ces marchandises.

PORTAGE. Se dit encore sur mer, & particuliérement sur les vaisseaux Marchands, des voitures franches que l'on donne aux Officiers & Matelots, des hardes & marchandises qui leur appartiennent jusqu'à une certaine quantité. On l'appelle autrement Ordinaire. *Voyez* ORDINAIRE.

PORTAGE. Est aussi un trajet que les coureurs de bois & ceux des habitans de la nouvelle France à qui on accorde la traite avec les Sauvages, qu'ils font ordinairement avec des canots ou petits bateaux sur les rivieres & étangs aux bords desquels se trouvent les habitations de ces Sauvages, sont obligés de faire à pied lorsqu'ils trouvent des fauls & des endroits difficiles dans leur chemin, pendant lequel ils doivent porter sur leur dos leurs canots, hardes, marchandises & provisions. *V.* COUREURS DE BOIS. *Voyez aussi* TRAITE.

PORTATIF. On nomme ainsi à Bordeaux une espece d'Agenda ou Journal manuel, que portent les Visiteurs tant d'entrée de mer que d'issue, sur lequel ils mettent un état abrégé des visites qu'ils font sur les vaisseaux qui entrent ou qui sortent du port de cette Ville, pour ensuite les mettre tout au long sur leur Registre.

PORTATIF. Se dit aussi parmi les Commis & Employés aux Aydes, d'un petit Registre long & étroit, sur lequel ils font leurs extraits lorsqu'ils vont faire la visite dans les caves & selliers des Vendans vin. Ces portatifs doivent être signés de deux Commis en chaque exercice qui se fait sur chacun desdits Vendans vin. Il faut de plus qu'il y soit fait mention que les feuilles ont été délivrées & laissées aux Cabaretiers, Taverniers, &c. chez lesquels ledit exercice a été fait.

PORTE-AUNE. Machine de bois dont se servent quelques Marchands, pour soutenir leur aune, afin de faire eux seuls l'aunage de leurs draps, étoffes, toiles, rubans, & autres marchandises. *Voyez* AUNE *à la fin de l'article.*

PORTE-BALLE. Petit Mercier qui court la campagne, & qui porte sur son dos une petite Balle, ou une caisse legere remplie de menue mercerie qu'il débite dans les Villages. Il y en a qui ne vendent que des toiles, & d'autres de petits bijoux; ces derniers étant la plupart Savoyards, qui ont été Ramonneurs, s'appellent aussi quelquefois des Haut-à-bas. *Voyez* MERCIER.

PORTE-BROCHES. Outils dont se servent les Arquebusiers. C'est un manche mobile fait de bois avec une virole de fer, où peuvent s'emmancher les différentes broches qui sont propres à ces Ouvriers. *Voyez* BROCHE.

PORTE-CÉDULE. Petit Porte-feuille long & étroit, ordinairement couvert de cuir, dans lequel les Marchands, Négocians, Banquiers & Gens d'Affaires portent sur eux les Lettres & Billets de Change, Mémoires, Promesses & autres Papiers de conséquence qu'ils doivent avoir à la main. *Voyez* CEDULE.

PORTE-CHAPPE. C'est une des quatre qualités que prennent dans leurs Statuts les Maîtres Traiteurs de Paris, du mot de *Chappe* qui signifie le Couvercle, ordinairement de fer blanc, fait en forme de cône, qui sert à couvrir les plats des divers services des grandes tables afin de les maintenir chaux. *Voyez* QUEUX.

PORTE-COL, terme de Gabelle. On appelle ainsi celui qui fait le faussaunage dans des sacs qu'il porte ordinairement pendus au col. *Voyez* FAUSSAUNAGE.

PORTE-COL, terme des Aydes. C'est aussi le nom que l'Ordonnance de 1680 donne à de pauvres gens qui gagnent leur vie en revendant à petites mesures, depuis quatre deniers jusqu'à douze, l'eau-de-vie qu'ils ont achetée des Détailleurs au pot ou à la pinte. *Voyez* EAU-DE-VIE, *ou bien*, VENDEUR & VENDEUSE D'EAU-DE-VIE.

PORTE-FAIX, celui qui porte des fardeaux à prix d'argent & pour la commodité du public. On le nomme plus communément Crocheteur, à cause des crochets dont il se sert, & Fort à cause de l'extrême force qu'il faut avoir pour cette profession. Ce dernier terme n'est en usage que sur les Ports de la Ville de Paris. *Voyez* CROCHETEUR. *Voyez aussi* FORT.

PORTE-LETTRE, qu'on nomme autrement Porte-cédule. *Voyez ci-dessus* PORTE-CEDULE.

PORTE-RAMES. C'est une planche percée d'une large rainure, au milieu de laquelle est un cylindre roulant sur lequel glissent les ficelles qui s'appellent Rames. On s'en sert dans les métiers de plusieurs Ouvriers qui travaillent de la navette, particuliérement dans ceux des Tissutiers-Rubanniers. *Voyez* TISSUTIER-RUBANNIER.

PORTE-TARRIERE, outil dont on se sert dans les ouvrages d'Arquebuserie. Il n'est différent du Porte-broche, que parce qu'il sert à emmancher les tarrieres. *V. ci-devant* PORTE-BROCHE.

PORTÉE. Terme de Manufacture de Lainage. C'est un certain nombre de fils qui font partie de la chaîne d'une étoffe.

La chaîne d'une étoffe de laine doit être composée d'une certaine quantité de portées, & chaque portée d'un certain nombre de fils. Le nombre des portées que chaque étoffe doit avoir, est fixé par les Statuts & Réglemens du lieu où elle se fabrique, suivant la largeur, son espece & sa qualité. Ainsi lorsque l'on dit que la chaîne d'une étoffe aura soixante-sept portées de quarante fils chacune, cela doit s'entendre que cette chaîne doit contenir en tout deux mille six cent quatre-vingt fils.

Les chaînes des étoffes de laine s'ourdissent ordinairement par demi-portées, c'est-à-dire, que chaque portée est partagée en deux, & cela pour avoir plus de facilité à les mettre sur le métier. Il y a des lieux de Manufactures où les demi-portées sont appellées Guisettes. *Voyez* CHAÎNE. *Voyez aussi l'article des Réglemens.*

PORTÉE, est aussi un terme de Manufacture de Soyeries. Il signifie comme dans les Manufactures de Lainages, un certain nombre de fils de soie, qui font une portion de la chaîne d'une étoffe; en sorte que lorsque l'on dit qu'un taffetas de onze vingt-quatriémes d'aune de largeur entre les lizieres, aura vingt-quatre portées de quatre-vingt fils chacune, cela doit s'entendre que toute la chaîne qui est employée à faire ce taffetas, doit être composée de dix-neuf cent vingt fils.

En fait de velours les portées se distinguent en portées de poil, & en portées de chaîne. Un velours à trois poils doit avoir soixante portées de poil & soixante portées de chaîne, & chacune de ces portées doit être de quatre-vingt fils.

Les portées que doivent avoir toutes sortes de velours, taffetas & tabis, suivant leurs différentes largeurs, especes & qualités, sont reglées par les Statuts des Ouvriers en Draps d'or, d'argent & de soie, des Villes de Paris, Lyon & Tours, faits en 1667. On peut y avoir recours. *Voyez l'article des Réglemens.*

PORTÉE, en terme de Commerce de mer. Signifie une certaine quantité de marchandise qu'on permet aux gens d'Equipage d'un vaisseau marchand, de porter & d'embarquer pour leur compte sans payer de fret: c'est ce que l'on nomme aussi Pacotille. Lorsqu'il n'y a que leurs coffres & leurs hardes on l'appelle l'Ordinaire; ce qui doit être chargé le premier. *Voyez* PACOTILLE.

PORTÉE. Est encore un terme de marine qui signifie la capacité d'un navire. Désigner la portée d'un navire, c'est en exprimer la grandeur & le port. *Voyez* PORT.

PORTÉES. Les Plombiers nomment les portées d'un moule à fondre les tuyaux sans soudure, deux petits tuyaux de cuivre de deux pouces de long ou environ, & de l'épaisseur que l'on veut donner aux tuyaux de plomb qui traversent les rondelles qui sont aux deux bouts du moule. *Voyez* PLOMBIER, *où l'on explique la maniere de fondre des tuyaux sans soudure.*

PORTER. Terme de Teneur de Livres. C'est la même chose qu'écrire ou mettre un article, une partie, une dette, un payement à l'endroit d'un registre ou d'un compte, qui leur convient suivant leur différente nature. On dit porter sur le grand livre, porter sur le journal, porter à compte, porter en débit, porter en crédit, porter en recette, en dépense, en reprise, &c. *Voyez tous ces termes. Voyez aussi l'article des Livres des Marchands & celui de* COMPTE.

PORTER. En terme de Manufacture & de Commerce d'étoffes & de tapisserie, veut dire la longueur & la largeur qu'elles ont. Ce drap porte vingt aunes de longueur sur une aune de largeur; cette serge doit porter deux tiers de large sur vingt-deux aunes de long. Cette tapisserie porte tant d'aunes.

PORTER. Se dit aussi en même sens dans la marchandise du bois carré. Cette poutre porte trente pieds. Ce chevron porte six pouces sur quatre d'écarrissage, & vingt-deux pieds de long.

PORTER. Se dit quelquefois de la charge dont un vaisseau Marchand est capable, & des équipages & canons dont il est monté. Le vaisseau que la Compagnie de la Chine y a envoyé cette année, est considérable, il porte vingt pieces de canon, cent soldats, à proportion de matelots & d'Officiers, Mariniers, & plus de deux mille tonneaux de marchandise.

Un navire qui porte de la marchandise de contrebande, c'est-à-dire, qui en est chargé, est sujet à confiscation.

PORTER PAROLE. Signifie faire des offres. On m'a porté parole de cent mille livres pour la part que j'ai dans le retour du vaisseau l'Amphitrite : pour dire, on m'en a offert cette somme.

PORTER LA PAROLE. Signifie parler au nom d'une Assemblée, d'une Communauté, d'un Corps.

Dans chacun des six Corps des Marchands de la Ville de Paris, c'est le grand Garde qui porte la parole; & lorsque les six Corps sont assemblés, c'est le Grand Garde de la Drapperie.

Les Syndics & les Jurés dans les Communautés des Arts & Métiers, portent la parole chacun pour leur Corps.

PORTES. Il se dit en Languedoc & en Guyenne des passages des Pyrennées, où est établi le privilege des passeries. Les principales de ces portes ou passages sont les portes d'Aula, de Salan & de Martelat, qui aboutissent au Pont de Seix, lieu du Diocese de Riex. *Voyez* PASSERIE.

PORTEUR. Celui qui porte pour autrui. Il y a à Paris des Porteurs de Sel, des Porteurs de Grains & Farines, & des Porteurs de Charbons, qui sont des Officiers du Roi ou de la Ville.

Les Porteurs de Sel que l'Ordonnance de la Ville du mois de Décembre 1672, chap. 26, nomme Jurés Hanouard Porteurs de Sel, ont été établis pour porter le Sel du bateau au grenier, & du grenier aux maisons des Bourgeois, moyennant un certain droit qui leur est attribué sur chaque minot de cette marchandise.

Ce sont les Porteurs de Sel qui doivent fournir de Radoires aux Jurés Mesureurs. Le mot d'Hanouard est très ancien, il signifioit Porteur de Sel; il en est parlé dans la grande Ordonnance du Roi Jean du 30 Janvier 1350, c'étoit alors des Officiers qui dépendoient absolument de la Ville, les Gabelles n'étant pas encore établies en France.

Les Jurés Porteurs de Grains & Farines doivent résider actuellement dans la Ville : ils sont tenus de se trouver sur les ports & places dans les tems nécessaires pour faire les fonctions de leurs Charges, qui consistent à décharger les sacs de grains & farines à mesure qu'ils arrivent du dehors, & à les charger après que la vente en a été faite. Ils ont la faculté de se faire aider par des gens de peine ou Gagne-deniers, que l'on appelle ordinairement Plumets, lesquels ne doivent rien prendre ni exiger des Marchands & Bourgeois, les Jurés Porteurs étant seuls tenus de satisfaire à leurs salaires.

Il est défendu aux Jurés Porteurs de Grains de s'associer avec les Marchands de Grains, ni de s'entremettre en l'achat d'aucuns grains sur les ports & places, s'ils n'ont avec eux les Bourgeois acheteurs; il leur est encore défendu de prendre de la Marchandise de grains en payement de leurs droits. *Ordonnance de la Ville du mois de Décembre 1672. Art. 3, 4, 5, 6 & 7, chap. 7.*

Les Jurés Porteurs de Charbon sont obligés de se rendre tous les jours sur les ports & places de la Ville pour faire le portage du charbon acheté par les Bourgeois. Ils peuvent néanmoins, ainsi que les Porteurs de grains, se faire aider par des Plumets ou Gagne-deniers, en les satisfaisant de leurs salaires, les Bourgeois n'en étant point tenus. Ce sont les porteurs de Charbon qui doivent porter au Bureau de la Ville les échantillons des charbons qui doivent servir à en fixer le prix sur le rapport des Jurés Mesureurs. *Art. 1, 2, 3, du chap. 23 de l'Ordonnance ci-devant rapportée.*

PORTEURS D'ARGENT. C'est ainsi que dans les caisses considérables, & chez les gros Marchands, Négocians, Banquiers & autres qui font un grand négoce d'argent, on appelle certains serviteurs qui sont uniquement employés à porter l'argent sur leur dos dans de petites hotes ou paniers d'ozier faits exprès.

Ce sont ordinairement les Porteurs d'argent qui vont faire accepter les Lettres de Change, qui les reçoivent à leurs échéances, & qui ont soin de faire faire les protests faute de payement ou d'acceptation. Ils aident aussi à peser & à compter les sacs, à reporter ceux qui ne se trouvent pas bons : enfin ce sont eux qui font tout le gros ouvrage qui regarde la caisse.

Ceux qui sont dans l'obligation de se servir de ces sortes de gens, n'en doivent point prendre sans répondant, ni qui ne sache lire, écrire & calculer, étant nécessaire pour le bon ordre de la caisse, que les Porteurs d'argent tiennent un petit livre de bordereau de toutes les parties qu'ils vont recevoir en Ville.

PORTEURS. Se dit aussi en fait de Lettres de Change, de ceux qui les ont en main, & en faveur desquels les derniers ordres ou endossemens ont été passés.

L'Ordonnance de 1673 renferme plusieurs dispositions importantes concernant les Porteurs de Lettres de Change; elles sont rapportées dans l'article qui parle de ces sortes de Lettres. *Voyez* LETTRE DE CHANGE.

Quand on dit qu'un Billet est payable au Porteur, cela doit s'entendre qu'il est payable à celui qui l'a entre les mains, & qui le présentera à son échéance. Pour être payé de ces sortes de Billets, on n'a besoin ni d'ordre ni de transport : il est cependant bon de sçavoir à qui l'on paye. *Voyez* BILLET.

PORTO, Ville de Portugal, considérable pour son Commerce & par son ancienneté. *Voyez* l'Etat général, Tome I. page 249.

PORTO-BELLO, Ville de l'Amérique Espagnole. Les gallions qui séjournent pendant un mois dans cette Ville, la rendent le lieu du plus riche commerce qu'il y ait au monde. *Voyez* ce que l'on en dit dans l'Etat général, Tome I. page 481.

PORTO-CAVALLO, Ville de l'Amérique Espagnole sur la Mer du Nord. *Voyez* le détail du Commerce de cette Ville dans l'Etat général, Tome I. page 485.

PORTO FRANCO. C'est à Genes un magasin où tous les Marchands & Négocians Etrangers, de quelque Nation qu'ils soient, peuvent apporter leurs marchandises, & où elles sont reçûes sans payer aucun droit pour le simple dépôt.

Lorsque ceux à qui les marchandises appartiennent ont trouvé à s'en défaire, soit totalement, ou en partie, ils en payent alors les droits aux Bureaux de la République à proportion de la vente; mais s'ils ne vendent rien, il leur est permis de les enlever & de les retirer du magasin, sans qu'il leur en coute quoi que ce soit. *Voyez ci-devant* Port Franc. *Voyez aussi l'Etat général du Commerce, où il est parlé de celui de Genes.*

PORTO A PORTO. C'est ainsi que l'on nomme quelquefois chez les Droguistes & Epiciers le sumac qui vient du Port de Porto en Portugal. *Voyez* Sumac.

PORTO-RICO, Capitale d'une Isle de même nom située dans la mer du Nord vers l'Amérique. *V.* le détail de son Commerce dans l'Etat général, Tome I. page 480.

PORTRAIT. Les Maîtres Paveurs appellent ainsi un des marteaux dont ils se servent pour fendre & tailler le pavé de grès, particuliérement celui qu'on nomme du Petit échantillon. Il est tout-à-fait semblable au gros marteau à fendre, à la réserve qu'il est plus leger. *Voyez* Marteau a fendre des Paveurs.

PORTUGAISES, ou PORTUGALOISES, comme le Maréchal de Bassompierre les appelle dans le Journal de sa vie. Etoient de grosses pieces d'or frappées en Portugal, du poids d'une once trois deniers, au titre de vingt-trois carats trois quarts. Ces especes d'or ont eu cours en France bien avant sous le Regne de Louis XIII, mais le peu qui s'en trouve encore ne se reçoit plus qu'au marc dans les Hôtels des Monnoies, suivant le prix fixé par les Edits & Déclarations.

PORTUGAL, Royaume de l'Europe dans la partie Occidentale de l'Espagne. *Voyez* le détail de ses productions & de son Commerce dans l'Etat général, Tome I. page 246.

POS

POSER. Mettre quelque chose en certaine situation.

Poser. Se dit en terme d'arithmétique des chiffres qui se mettent au dessous des sommes ajoutées pour en former le total par l'addition. Sept & huit sont quinze, pose cinq & retient un. Poser des chiffres, placer des chiffres.

Poser une Forme. Terme d'Imprimerie. C'est la même chose que la dresser. *Voyez* Dresser.

POSEUR. C'est dans les grands atteliers de maçonnerie un Maçon habile & Expert qui prend le soin de poser chaque pierre, après qu'elle a été taillée, à l'endroit qui lui convient & avec l'aplomb & fruit qu'elle doit avoir; le reste de l'ouvrage se fait par les Maçons ordinaires ou par de simples Limosins. *Voyez* Maçon.

POSITION. Terme d'arithmétique qui veut dire supposition. Une regle de fausse position simple ou double se fait lorsque calculant sur de faux nombres & qui ne subsistent que dans l'imagination, on découvre par les différences qui s'y rencontrent le véritable nombre inconnu que l'on cherchoit. *Voyez* Regle.

POSSON, que l'on nomme aussi Poisson ou Roquille. Petite mesure pour les liqueurs qui contient la moitié d'un demi-septier ou un quart de chopine de Paris. *Voyez* Poisson.

POSTE. Diligence que fait un Courier en changeant de chevaux de tems en tems. Il se dit aussi de l'homme même qui court, & encore des maisons disposées de distance en distance sur les grands chemins pour y tenir des chevaux prêts pour ceux qui veulent s'en servir.

Dans ces différens sens on dit : Je suis arrivé en poste de Rome, c'est-à-dire en diligence : C'est la poste de Lyon qui passe, pour signifier le Courier qui apporte la malle de Lyon. Enfin on dit, Il y a des postes à Lonjumeau, à Linas, à Châtres, &c. pour dire qu'on trouve des chevaux de relais dans tous ces lieux.

Les postes, sur le pied qu'elles sont en France, sont d'une invention assez moderne, & quoiqu'on les veuille faire remonter jusqu'à Charlemagne, il est certain qu'on les doit à la politique, ou si l'on veut à la défiance de Louis XI. Ce Prince si inquiet les établit par une Ordonnance du 19 Juin 1464, pour être plutôt & plus sûrement instruit de tout ce qui se passoit & dans son Royaume & dans les Etats de ses voisins.

Le commerce a heureusement profité de cette invention, & c'est par cette voie que se fait le plus grand négoce de lettre de change & les remises d'argent les plus considérables, soit dans les principales Villes de France, soit dans les Pays étrangers; aussi les jours de poste, ou comme l'on dit, les jours d'ordinaires sont-ils les plus importans de la semaine pour les Marchands, Négocians & Banquiers exacts, & qui font un grand commerce. On en parle ailleurs. *V.* Ordinaire. *Voyez aussi* Remises.

POSTS. On nomme ainsi en Languedoc des bois débités de certaine forme & grandeur, & que l'on vend à la botte. Il y a des posts de noyer de la grande & de la moyenne forme; des posts de fayar, des posts de sapin & des posts d'audance.

Les posts de noyer de la grande forme, la douzaine estimée 10 l. doit 16 s. 8 d. pour les droits forains, & 10 den. pour le denier S. André, & pour la réapréciation 1 liv. 3 s. 4 d. du premier droit, & 1 s. 2 den. du second. Les posts du même bois de la moyenne forme, estimés cinq livres la douzaine, payent 8 s. 4 den. de droits forains, & 5 den. du denier Saint André, & pour la réapréciation 11 s. 8 den. des droits forains.

Les posts de fayar & les pointes de sapin fortes, estimés 40 s. la douzaine, payent 3 s. 4 den. de droits forains, & deux den. du denier Saint André; & pour réapréciation 1 s. 8 den. des uns & 1 den. des autres.

Les posts de sapin simples, la douzaine estimée 20 s. doivent 1 s. 8 den. pour droits forains, & 1 d. ob. pour le denier Saint André, & pour la réapréciation des premiers 10 den.

Les posts d'audance simples, la douzaine estimée 18 s. doivent pour droits forains 1 s. 6 den. & pour la réapréciation desdits droits 6 den.

POT

POT. Vase ou vaisseau qui est un des plus communs ustenciles du ménage. Il signifie plus précisément le vase où l'on boit & où l'on conserve les boissons dont on se sert journellement.

On fait des pots de bien des matieres, de bien des formes & pour bien des sortes d'usages. L'argent, l'étain, le cuivre, le fer, la porcelaine, la fayance, la terre-glaise ou terre à Potier & le grès en sont les matieres les plus ordinaires. La forme dépend du goût de l'Ouvrier, de celui qui commande l'ouvrage, & des usages ausquels on le destine. Pour ces usages ils sont en trop grand nombre pour entrer dans tout le détail; les plus communs néanmoins sont des pots à boire, des pots au lait, des pots à biére, des pots à confitures, des pots à fleurs, &c.

Ces derniers, quand ils sont ornés de moulures & de sculpture, s'appellent des Vases. Le mot & la fabrique des pots ont donné le nom à deux

Communautés de la Ville & Fauxbourgs de Paris; ce sont celles des Maîtres Potiers d'étain & des Maîtres Potiers de terre. *Voyez leurs articles.*

Les pots & plats de terre payent en France les droits d'entrée à raison de 2 s. la douzaine; & les pots de terre garnis d'étain 6 s. conformément au Tarif de 1664.

Les droits de la Douane de Lyon pour les pots de fer, sont de 16 s. 8 den. du quintal, ou 2 den. de la piece.

A l'égard de la sortie, les pots & marmites de fer payent comme fer ouvré 8 s. du cent pésant; & les pots & plats de terre tant grands que petits, 8 d. de la douzaine.

POTS DE FER. Les pots de fer se vendent à Amsterdam au quintal de cent livres; leur prix est d'environ 6 florins le quintal: ils donnent un pour cent de déduction pour le prompt payement.

POT A PAÎTRIR. Les Boulangers nomment ainsi un grand vase de cuivre avec une anse mais sans col, dont l'ouverture est presqu'aussi large que le fond. Ils s'en servent lorsqu'ils paîtrissent, à puiser l'eau chaude dans la chaudiere, soit pour rafraîchir le levain, soit pour le faire, soit pour paîtrir à forfait. *Voyez* PAÎTRIR.

POT A SUCRE. On appelle Pot à sucre dans les sucreries & les rafineries, de grands pots de terre que l'on met sous les formes lorsqu'elles sont remplies, afin de recevoir les syrops qui en coulent après qu'on en a ôté le tampon & qu'on les a percées avec le poinçon. *Voyez* SUCRE, *où l'on parle des ustenciles des sucreries.*

POT A CIRE. Les Blanchisseurs de cire nomment ainsi une espece de petite marmite de cuivre sans pieds, avec une anse & une goulotte dont ils se servent pour distribuer la cire liquide dans les éculons, avec lesquels ils remplissent les moules où se font les pains de cire blanche. *Voyez* l'article de la Cire, où l'on parle de la Manufacture d'Antony.

POT. Espece de vaisseau ou mesure des liqueurs que l'on appelle aussi Quarte ou Quarteau.

Le Pot en plusieurs endroits est de deux pintes mesure de Paris, chaque pinte composée de deux chopines, la chopine de deux demi-septiers, & le demi-septier de deux poissons, le poisson estimé être de six pouces cubiques. En d'autres endroits le Pot ne tient que pinte; & à S. Denis en France, où la pinte est à peu près le double de celle de Paris, elle est nommée par quelques-uns Pot.

POT. Vendre du vin à Pot. C'est le vendre en détail, mais sans pouvoir donner à manger à ceux à qui on le débite, ce qui n'est permis qu'aux Cabareriers, Taverniers & autres qui le vendent à l'assiete.

L'Ordonnance des Aydes de 1680, regle les droits qui sont dûs pour le vin vendu à Pot; ces droits dont on parle à l'article des Vins, sont différens suivant les lieux. *Voyez* VIN, *où il est traité de la vente en détail.*

Les Bourgeois de Paris ont droit de vendre à Pot le vin de leur crû, mais à la charge de n'y mêler aucun vin d'achat, à peine d'être déchus de leur privilege, & que le vin de leur cave, tant celui de leur crû que celui d'achat, en soit tiré pour être vendu sur les Ports pour la premiere fois, & de confiscation de l'un & l'autre vin en cas de récidive. *Voyez l'article second du titre 8 de l'Ordonnance de la Ville de 1672.*

POT DE VIN, dans sa signification naturelle, s'entend d'une certaine mesure remplie de cette liqueur. L'on dit aussi dans ce sens un Pot de biére, un Pot de cidre, &c.

POT-DE-VIN, se dit aussi figurément, & alors c'est un présent que l'Acheteur fait au Vendeur, ou le Preneur à ferme au Propriétaire qui lui passe bail, au-delà du prix convenu entre eux.

Souvent le Pot-de-vin se donne à l'Entremetteur ou à celui qui passe bail pour un autre, ce qui ne se fait gueres du consentement des Propriétaires des choses vendues ou affermées, qui souvent n'en sçavent rien, & à qui ces conventions secrettes sont toujours préjudiciables.

Les Commissionnaires parmi les Marchands sont tenus de faire bon à leurs Commettans, des pots-de-vin qu'on leur donne pour les marchés, ventes ou achats qu'ils font, à moins que ces derniers ne consentent qu'ils le retiennent. *Voyez* COMMISSIONNAIRES.

POT-DE-VIN. Il se dit aussi en Bretagne, particuliérement à Saint-Malo & à Nantes, d'une avance que les Propriétaires ou Armateurs des vaisseaux, qui vont à la pêche de la morue séche, ont coutume de donner à leur équipage, pour leur servir comme de salaire jusqu'à ce qu'on soit arrivé au lieu de la pêche. Ce pot-de-vin est plus ou moins fort suivant la qualité ou la fonction de celui à qui on le donne; par exemple, à Saint-Malo les Capitaines ont 500 liv. le Maître 400 liv. le Contre-Maître 300, au Chirurgien 300, aux Décoleurs 180, aux Saleurs & aux Caplaniers 200 liv. & ainsi des autres. *Voyez* l'article de la Morue, où il est parlé de la pêche qui s'en fait par les habitans de la Province de Bretagne.

POT A SUIF. On appelle ainsi dans la fabrique des chandelles moulées un pot de fer-blanc avec son anse & son goulot, dont les Chandeliers se servent pour remplir les moules d'étain qu'ils ont préparés & dressés sur la table à moules. Ce pot contient environ pinte de Paris. *Voyez* CHANDELLE MOULE'E.

POT. Se dit encore de certains vaisseaux ou vases de grès dans lesquels les beurres salés & fondus sont envoyés; ils sont de différentes formes, figures & poids.

Ceux qui viennent de Bretagne sont un peu plats & très petits, ne contenant tout au plus qu'un quarteron ou une demie-livre.

Les beurres fins que l'on appelle Beurres d'herbes, qui sont envoyés de Basse-Normandie, particuliérement d'Isigny, sont pour l'ordinaire dans de petits pots plus hauts que ceux de Bretagne, aussi contiennent-ils davantage, leur poids étant d'une livre ou d'une demie-livre.

A l'égard des gros beurres salés & fondus qui viennent du même Pays, ils sont pour la plupart dans des pots très hauts & étroits, de figure cylindrique que l'on nomme Tallevannes; ils pesent depuis six livres jusques à quarante livres.

On dit un Pot de beurre de Bretagne, un Pot de beurre de Normandie, pour dire, un Pot rempli de beurre venant de ces Provinces.

POT. On appelle dans les Verreries communes Pots à cueillir, deux des six pots du fourneau à verre: c'est dans ces deux pots seulement où l'on cueille, c'est-à-dire, où l'on prend avec la felle le verre liquide pour le souffler. *Voyez* VERRE.

POT. Dans les Manufactures de Glaces il y a de deux sortes de pots, les uns qu'on appelle simplement Pots & les autres qu'on nomme Cuvettes. Les premiers servent à fondre les matieres, & les autres à les porter jusqu'à la table à couler. *Voyez* GLACE DE GRAND VOLUME.

POT. On nomme aussi chez les Foulons les Pots du moulin, certains vaisseaux de bois en forme d'auges dans lesquels on foule les étoffes de laine ; on les appelle autrement Piles. *Voyez* VAISSEAU A FOULER, & FOULON.

POT. C'est aussi le nom que l'on donne à une des petites sortes de papier qui se fabrique dans plusieurs Papeteries de France. Il sert aux Faiseurs de cartes à jouer pour mettre du côté de la figure. *Voyez* PAPIER.

POTAKI. C'est ainsi qu'on nomme à Constantinople les cendres & potasses qui viennent de la mer noire. Les Potaki sont une partie du négoce des Anglois & des Hollandois dans cette Echelle ; ces deux Nations en enlevent tous les ans une très grande quantité pour l'apprêt de leurs draps, ces sortes de cendres étant très propres pour les dégraisser. *Voyez l'article suivant.*

POTASSE. Espece de cendre gravelée que les Marchands Epiciers de Paris tirent de Moscovie, de Pologne & de Dantzick. C'est une des drogues dont les Teinturiers se servent. On la nomme quelquefois Vedasse. *Voyez* GRAVELE'E.

COMMERCE DES POTASSES A AMSTERDAM.

L'on vend à Amsterdam quantité de potasses qui viennent de Dantzick, de Conisberg, de Riga, de Moscovie, d'Allemagne & de Dannemarck. Elles s'achettent au cent pésant, à dix-huit mois de rabat.

Le prix des potasses de Dantzick est depuis 38 jusqu'à 58 sous de gros les cent livres.

Les potasses de Conisberg depuis 38 jusqu'à 50, de Riga, depuis 36 jusqu'à 44, & d'Allemagne, calcinées, depuis 40 jusqu'à 46 sous de gros.

A l'égard de celles de Moscovie, il y en a de trois sortes ; la meilleure, la moyenne & la commune ; mais il ne s'y en trouve pas toujours à Amsterdam, non plus que de celle de Dannemarck.

POTEAU. Piece de bois de sciage quand elle est au dessous de six pouces, quoique de brin & quarrée, & d'équarrissage quand elle est au dessus ; ordinairement de chêne, de hêtre, de noyer, de poirier, de cormier ou d'aune. *Voyez les articles de ces six differens arbres, vous y trouverez les diverses grosseurs des poteaux qu'on en peut tirer, & les différens ouvrages où ils peuvent être employés.*

POTE'E D'EMERIL. *Voyez* EMERIL *à la fin de l'article.*

POTE'E D'ESTAIN. *Voyez* ESTAIN, *sur la fin de l'article.*

POTE'E. C'est aussi une sorte d'ochre presque noir qui vient d'Angleterre. *Voyez* OCHRE.

POTE'E. Signifie encore en terme de Fondeurs de grands ouvrages, une espece de terre préparée dont ils couvrent la cire de leurs moules avant que d'y mettre le plâtre. *Voyez* FONDEURS DE GRANDS OUVRAGES.

POTELEUR. On nomme ainsi en fait d'Aydes les Bourgeois qui ont droit de vendre le vin de leur crû au pot. *Voyez* POT.

POTELOT. Espece de pierre minérale qu'on appelle communément Mine de plomb, & quelquefois Plomb minéral, Plomb de mine & crayon. C'est cette pierre que les anciens nommoient Plombagine ou Plomb de mer. *Voyez* MINE DE PLOMB.

POTENCE. On appelle la Potence d'un minot à mesurer les grains une verge de fer qui traverse diametralement le minot d'un bord à l'autre & qui sert à le lever. C'est par dessus cette verge que l'on passe la radoire quand on mesure raz & non à comble. *Voyez* MINOT.

POTENCE. C'est aussi un outil d'Arquebusier, qui prend son nom de sa figure qui n'est gueres différente de celle de l'équerre. Une des branches de la potence a divers trous, elle est toute de fer, & sert à limer dessus cette partie des armes à feu montée sur des fusts qu'on appelle la platine.

POTERIE. Marchandise de pots & de vaisselle de terre ou de grais.

Il se fait en plusieurs endroits de France & des Pays étrangers, un grand négoce de poterie. Celles de Beauvais, de Champagne, du Pont S. Esprit, de Normandie & des Pays-Bas, tant de ceux qui sont soumis à la France que des autres, sont les plus estimées, & il s'en transporte quantité jusqu'à Paris où néanmoins il y a une Communauté de Maîtres Potiers de terre.

La poterie Foraine qui arrive à Paris doit être descendue aux Halles pour y être visitée par les Jurés, à qui il est dû pour droit de visitation deux sols parisis par chariot, seize deniers par charrette, huit deniers pour charge de cheval, & au fur pour l'emplage. *Voyez* POTIER DE TERRE.

POTIER. Celui qui fait ou qui vend des pots & de la vaisselle. Si les pots & vaisselles sont d'étain, on l'appelle Potier d'étain ; & Potier de terre, s'il ne travaille qu'en vaisselle & poterie de terre.

Ces diverses sortes d'ouvrages donnent le nom à deux Communautés de Paris ; l'une est la Communauté des Maîtres Potiers d'étain dont on va parler ; & l'autre celle des Maîtres Potiers de terre dont on parlera ensuite. *Voyez les deux articles suivans.*

POTIER D'ETAIN. Artisan qui fabrique ou qui fait fabriquer, qui vend & qui achette toutes sortes de vaisselle, ustenciles & ouvrages d'étain, comme pots, éguieres, bassins de commodité, bassins à laver les mains & à savonner le linge, jattes, plats & assiettes de toutes sortes, écuelles, cuillieres, fourchettes, salieres, marmites, chenets, seringues, écritoires, calices, patenes, ciboires, croix, soleils, lampes, burettes, chandeliers, &c.

A Paris les Potiers d'étain forment une Communauté considérable qui a pour Patron S. Fiacre ; ses derniers Statuts sont du mois de Mai 1613. Par leurs Lettres de maîtrise ils sont appellés Potiers d'étain & Tailleurs d'armes sur étain, étant en droit de graver & armorier toutes les sortes d'ouvrages d'étain qu'ils fabriquent ou font fabriquer.

Suivant les Statuts & Reglemens de cette Communauté aucun n'y peut être reçû Maître par chef-d'œuvre, s'il n'a fait six ans d'apprentissage, servi les Maîtres trois autres années après l'apprentissage en qualité de Compagnon, & fait le chef-d'œuvre.

Le chef-d'œuvre consiste à faire, sçavoir, par le Potier rond un pot dont le corps doit être tout d'une piece ; par celui qui veut être passé Maître de forge, une jatte & un plat au marteau d'une rouelle ; par le Menuisier (c'est-à-dire, par celui qui ne veut s'attacher qu'aux menus ouvrages & pieces de rapport) une écritoire.

Les Fils de Maîtres sont exemts de tous droits, & ne sont point tenus de l'apprentissage non plus que du chef-d'œuvre, suffisant pour être admis à la maîtrise qu'ils ayent travaillé pendant trois ans chez leur pere ou sous quelque autre Maître de la Communauté.

Les Veuves de Maîtres peuvent faire travailler & tenir boutique ouverte tant qu'elles sont en viduité.

Tous les Maîtres Potiers d'étain soit qu'ils ayent été reçûs par chef-d'œuvre ou par lettres, sont tenus d'avoir chacun leurs poinçons ou marques particulieres pour marquer leurs ouvrages, & ces marques doivent être empreintes ou insculpées sur les tables ou rouelles d'essai qui sont dans la Chambre du Procureur du Roi du Châtelet, & dans celle de la Communauté des Maîtres Potiers d'étain pour y avoir recours en cas de suspicion de fraude, & aucun ne les peut changer sans encourir la peine de faux & une amende de cent livres.

Chaque Maître Potier d'étain a ses deux marques, l'une grande & l'autre petite; la grande contient la premiere lettre de son nom de batême & son nom de famille en toutes lettres; & la petite ne contient que deux lettres qui sont la premiere du nom & la premiere du surnom; outre ces noms & lettres, chaque marque contient encore la devise du Maître, qui est telle qu'il l'a voulu choisir.

Les ouvrages d'étain d'antimoine, d'étain plané & d'étain sonnant, se marquent par dessous l'ouvrage, & ceux d'étain commun par dessus. *V.* Estain.

Il est permis aux Maîtres Potiers d'étain de faire toutes sortes d'ouvrages de bon & fin étain sonnant, allié de fin cuivre & d'étain de glace; & d'en fabriquer d'autres avec de bon étain commun, allié de telle sorte qu'il puisse venir à la rondeur de l'essai avec la blancheur requise, à l'exception des calices & des patenes qui ne doivent être que d'étain sonnant. Il leur est cependant défendu d'enjoliver aucuns de leurs ouvrages avec l'or ou l'argent, s'ils ne sont destinez pour l'usage de l'Eglise.

Les Potiers d'étain ne peuvent travailler du marteau avant cinq heures du matin ni après huit heures du soir; ils ne doivent vendre ni avoir dans leurs boutiques aucuns ouvrages neufs s'ils n'ont été faits à Paris ou par un Maître de Paris, & il leur est défendu d'en vendre de vieux pour de neufs.

La Communauté des Maîtres Potiers d'étain a quatre Jurés & Gardes préposez pour tenir la main à ce que les Statuts & Ordonnances qui la concernent soient exactement gardez & observez, & pour vaquer aux affaires qui la regardent; chacun de ces Jurés doit rester deux ans en charge, ensorte que tous les ans les deux plus anciens sortent de fonction & soient remplacez par deux nouveaux qu'on doit élire le 26 Janvier à la pluralité des voix de tous les Maîtres de la Communauté tenant boutiques ou travaillant, assemblez pardevant le Procureur du Roy du Châtelet; autrefois cette élection se faisoit le 2 Janvier au lieu du 26.

Potier de Terre. Artisan qui travaille en vaisselle & autres ouvrages de terre.

La Communauté des Maîtres Potiers de terre est ancienne à Paris; ils étoient érigez en Corps de Jurande & avoient des Statuts bien avant le regne de Charles VII. Robert Destouville Prevôt de Paris leur en ayant dressé d'autres au mois de Juillet 1456, ou plûtôt ayant donné son avis sur ceux que les Maîtres lui avoient présentez, Charles alors régnant abrogea les anciens & confirma les nouveaux par ses lettres Patentes du mois de Septembre de la même année données à Ganat. Henry IV. donna aussi ses Lettres de confirmation au mois d'Avril 1607, & c'est encore par ces Réglemens rédigez en dix-huit articles que la Communauté se gouverne.

Les Jurés qui ont soin des affaires du Corps; qui font les visites, & qui reçoivent à l'apprentissage & à la maîtrise, sont au nombre de quatre, dont il se fait tous les ans élection de deux nouveaux, à la place de deux anciens, ensorte que chacun d'eux reste deux ans en charge.

Les Maîtres ne peuvent avoir qu'un seul Aprentif à la fois, qu'ils sont tenus d'obliger au moins pour six ans.

L'Aspirant à la Maîtrise doit chef-d'œuvre, les Fils de Maîtres nez de légitime mariage en sont exemts, & ne tiennent point lieu d'Aprentif chez leur pere, en quelque nombre qu'ils soient.

Les Compagnons cherchant Maîtres sont distribués par les Jurés chez ceux du métier qui en ont besoin: néanmoins les Maîtres qui n'en ont point sont préférés aux autres qui en ont déja.

Les Compagnons engagés au mois ou à l'année, ne peuvent quitter leurs Maîtres, ni d'autres Maîtres les recevoir, qu'ils n'ayent achevé leur tems.

La marchandise foraine doit se décharger à la halle pour y être visitée. Celle des Maîtres de Paris y peut être portée, s'ils le veulent, tous les samedis pour y être vendue; à la charge, comme il est porté dans le seiziéme article, *de tournoyer & changer place à tour par chacun samedi.*

Les Regratiers ayant Lettres Royaux ne peuvent vendre que de la poterie appellée de Beauvais, comme bouteilles, pots à boire, godets, &c.

Il n'est permis qu'aux seuls Maîtres de la Communauté de tenir en leurs ouvroirs roues assises à tourner pots, & pieux fichés pour ennancer.

Enfin il est défendu à tous Potiers de terre d'embourer, allumer ni estouper leurs ouvrages; & au contraire il leur est ordonné de les bien plommer & rannir.

La roue & le tour sont presque les seules machines & les seuls instrumens dont les Potiers de terre se servent pour donner la forme à leur poterie. La roue sert pour les grands ouvrages, le tour pour les petits; mais dans le fond ils ne sont guéres différens l'un de l'autre pour la maniere de s'en servir.

La roue des Potiers consiste principalement dans la noix, qui est un arbre ou pivot posé perpendiculairement dans une crapaudine de grès, qui est dans le fond de ce qu'on appelle l'Emboiture. Des quatre coins de cet arbre, qui n'a guéres moins de deux pieds de hauteur, sortent par en haut quatre barres de fer, qu'on nomme les Rais de la roue; qui formant chacune avec l'arbre des lignes diagonales, tombent & sont attachées par en bas sur les bords d'un cercle de bois très-fort, de quatre pieds de diametre, semblable en tout aux jantes d'une roue de carosse, à la réserve qu'il n'a ni essieu ni rayons, & qu'il ne tient à l'arbre qui lui sert comme d'essieu, que par les quatre barres de fer.

Le haut de la noix est plat, de figure circulaire, & d'un pied de diametre: c'est-là où se pose le morceau de terre-glaise qu'on veut tourner. Cette partie de la noix se nomme Girelle, ou la Tête de la roue.

La

La roue ainsi disposée est entourée des quatre côtés de quatre diverses piéces de bois, soutenues par un chassis aussi de bois.

La piéce de derriere, qui n'est qu'une simple planche, s'appelle le Siége; & c'est en effet où l'Ouvrier est assis en travaillant : elle est posée en panchant vers la roue.

La piéce de devant sur laquelle se mettent les morceaux de terre préparés pour être mis sur la girelle, se nomme le Vaucourt : on y met aussi l'ouvrage quand il a été tourné : c'est une espéce de table moins haute que le siége.

Enfin les deux piéces de bois des côtés, qu'en termes de l'art on appelle les Payens, sont très-fortes, & ont des coches de distance en distance. Comme elles sont disposées en panchant, & appuyées par le haut contre le siége de l'Ouvrier, il s'en sert pour y arrêter ses pieds, à telle hauteur qu'il est nécessaire pour la grandeur du vase ou du pot qu'il veut tourner.

A côté droit de l'Ouvrier est le terra ou tera, c'est-à-dire, un auget plein d'eau, dont il mouille de tems en tems ses mains, pour empêcher que la terre-glaise ne s'y attache.

Pour se servir de cette roue, le Potier ayant préparé sa terre, & en ayant mis sur la girelle un morceau convenable à son ouvrage, se met sur son siége, les cuisses & les jambes fort élargies, & les pieds appuyés sur telles des coches des payens qu'il trouve à propos.

En cette situation il prend à la main le tournoir; (on nomme ainsi un bâton de grosseur & de longueur raisonnable propre à tourner la roue, en l'appuyant & la poussant avec force sur les raies de fer qui la soutiennent); & lorsqu'il trouve le mouvement de sa roue assez vif, il quitte le tournoir; & ayant mouillé ses mains dans l'eau du terra, il creuse le vase en l'élargissant par le milieu, ou bien lui donne en dehors la figure qu'il veut reprenant le tournoir chaque fois que le mouvement s'affoiblit, & mouillant ses mains pour achever, adoucir & polir l'ouvrage.

Lorsque le vase se trouve trop épais, on se sert de l'atelle pour en diminuer l'épaisseur.

Cette atelle est un morceau de fer plat, d'une ligne ou deux d'épaisseur & de quatre ou cinq pouces en carré, avec un trou au milieu pour le tenir. C'est avec cet outil qui est un peu coupant d'un côté, que les Potiers enlevent ce qu'il y a de trop de terre au vase, à peu près comme les Tourneurs en bois se servent de leurs ciseaux à deux biseaux pour dégrossir leurs ouvrages. Il faut mouiller l'atelle quand on s'en sert.

Enfin lorsque le vase est fini, on le détache de dessus la girelle avec un fil de fer qui a comme deux mains de parchemin ou de vieille toile, pour ne point se blesser, lorsque l'Ouvrier le passe & le tire par dessous le vase. On l'appelle la Scie.

Le tour des Potiers de terre est aussi une espéce de roue, mais moins forte & moins composée que celle qu'on vient de décrire.

Les trois piéces principales du tour sont un arbre de fer de trois pieds & demi de hauteur, & de deux pouces de diametre; une petite roue de bois toute d'une piéce, d'un pouce d'épaisseur, & de sept ou huit de diametre, posée horisontalement au haut de l'arbre qui sert de girelle; & une autre plus grande roue aussi de bois, & toute d'une piéce, de trois pouces d'épaisseur, & de deux à trois pieds de large, attachée au même arbre par en bas, & pareillement parallele à l'horison.

L'arbre porte par le pivot qu'il a par en bas, dans une crapaudine de fer, & est enfermé par en haut, à un demi pied au dessous de la girelle, dans un trou virolé de fer percé dans la table que l'Ouvrier a devant lui.

Ce sont les pieds de l'Ouvrier assis devant la table qui donnent le mouvement au tour, en poussant la grande roue de dessous alternativement avec l'un & l'autre pied, & lui donnant plus ou moins de vivacité suivant qu'il convient à l'ouvrage.

On travaille au tour à peu près de la même maniere & avec les mêmes instrumens qu'à la roue; avec cette différence néanmoins qu'on a déja remarquée, que les grands ouvrages se font à la roue, & les petits au tour.

Tant la roue que le tour ne servent qu'à former & tourner les corps des vases & des pots; les pieds, les anses, les queues & les ornemens, s'il y en a, hors les moulures, se faisant & s'appliquant ensuite à la main.

Quand il y a de la sculpture à l'ouvrage, elle se fait ordinairement dans des moules de terre ou de bois préparés par le Sculpteur, à moins que l'Ouvrier ne soit assez habile pour la faire à la main; ce qui est assez rare.

On ne dit rien ici de la maniere de tannir ou vernisser les ouvrages de poterie, en ayant parlé ailleurs. *Voyez* Plomb *&* Plomber. *Voyez aussi* Vernis.

POTIN. Espece de cuivre. Il y a de deux sortes de potin; l'un qui est composé de cuivre jaune & de quelque partie de cuivre rouge; l'autre qui n'est composé que des lavures ou excrémens qui sortent de la fabrique du leton, ausquels on mêle du plomb ou de l'étain, pour le rendre plus doux au travail. La proportion de ce mélange est d'environ sept livres de plomb pour cent.

La premiere espece de potin, que l'on appelle ordinairement Potin jaune, peut s'employer dans des ouvrages considérables; & en y mêlant de la rosette ou cuivre rouge, il sert fort bien dans la confection des mortiers, canons & autres piéces d'artillerie.

De l'autre potin on ne fait que des robinets de fontaine, des canelles pour les tonneaux, & des ustenciles grossieres de cuisine, sur-tout quelques especes de pots, d'où peut-être il a pris son nom. On en fond aussi des chandeliers & autres ouvrages d'Eglise de peu de conséquence. Ce dernier potin n'est point net, point ductile, & ne peut se dorer. On le nomme communément Potin gris, à cause de sa couleur terne & grisâtre : quelquefois il est appellé Arcot, & c'est le nom qu'il a chez les Fondeurs. Le potin gris se vend pour l'ordinaire un à deux sols par livre moins que le jaune. *Voyez* Cuivre.

Le potin gris paye en France les droits d'entrée à raison de 10 s. le cent pesant. Le potin jaune paye comme cuivre.

Le potin se vend à Amsterdam au quintal de cent livres. La tare est sur les futailles, & il donne un pour cent de déduction pour le promt payement.

Le potin jaune coute ordinairement 41 florins les cent livres, & le potin gris 38.

POU

POUCE, que l'on écrit quelquefois **POULCE**. Est la douziéme partie d'un pied de Roi, qui contient douze lignes. Chaque ligne se partage en six points; le pouce quarré contient cent quarante-quatre lignes; & le pouce cubique mille sept cens vingt-huit. *Voyez* PIED DE ROY.

POUCE EVENT, en fait d'aunage d'étoffe de laine. Signifie mettre le pouce de la main devant le bout de l'aune en aunant les étoffes, afin d'en augmenter la mesure.

Le Reglement général des Manufactures du mois d'Aoust 1669, art. 44, veut que toutes les étoffes soient aunées bois à bois & sans évent; n'étant pas permis aux Auneurs d'en user autrement, sous peine de cent livres d'amende pour chacune contravention. *Voyez* AUNAGE.

POUCHOC. Drogue qui se trouve à Siam, & qui fait une partie du négoce des Siamois avec la Chine, particuliérement à Canton.

Cette drogue est également propre pour la médecine & pour la teinture en jaune. Les Chinois en portent beaucoup au Tunquin, où elle est de bon débit. Elle coûte à Canton quinze taels, & se vend vingt taels au Tunquin.

POUDE ou POUTE. Poids de Moscovie qui revient à quarante livres du Pays, c'est-à-dire, à trente-deux livres poids de marc de France. On s'en sert sur-tout pour peser le sel à Astracam Ville fameuse de Tartarie sur le Wolga, à douze lieues de son embouchure dans la mer Caspienne. Le seipod ou esquipon contient dix poudes.

Les marchandises qui se vendent au seipod & au poude payent à Archangel un pour cent pour le droit du poids. Tout se pese entre deux fers.

La livre est partagée en 96 parties, qui se nomme Zoledenie; mais cette division n'a lieu que dans le détail.

POUDRE. Petite partie d'un corps qui a été broyé, concassé & réduit en atomes presque imperceptibles, soit naturellement, soit par les opérations de la chymie ou de la méchanique.

POUDRE A CANON. Composition qui se fait avec du salpêtre, du souffre & du charbon. La proportion de ces drogues est un quart de souffre & de charbon sur les trois quarts de salpêtre. Le charbon donne le corps à la poudre, & empêche que la vivacité de l'opération du salpêtre n'éteigne le feu du souffre; le souffre enflamme la composition; & le salpêtre lui donne la force, par l'extrême facilité qu'il a de se rarefier.

On se sert de moulins à eau pour incorporer ensemble ces trois drogues. Les piles & les pilons sont de fer, ce qui rend cette fabrique très-dangereuse; n'étant que trop ordinaire que les pilons frapant à vuide sur quelque partie des piles, & y excitant des étincelles, causent des incendies subites où il n'est pas possible de remédier.

La poudre bien préparée au moulin, se grene par le moyen de certains cribles, dont les ouvertures plus ou moins larges font la différence des diverses poudres dont les Marchands font commerce.

POUDRE GRENUE. C'est une poudre dont le grain est très-gros: elle sert à charger les piéces d'artillerie, & même les mousquets, soit les plus legers qu'on porte en campagne, soit les plus pesans qu'on employe à la défense des places.

POUDRE FINE. C'est celle dont le grain est extrémement délié. Son usage est pour amorcer l'artillerie, & pour charger les petites armes, comme fusils, pistolets, carabines, mousquetons, &c.

POUDRE NEUVE. C'est, en termes de Marine, de la poudre qui n'a point encore été portée à la mer.

POUDRE SOURDE, qu'on nomme aussi POUDRE MUETTE & POUDRE BLANCHE. C'est de la poudre qui a les mêmes effets que la poudre ordinaire; mais qu'on suppose qui ne fait aucun bruit en s'enflammant.

Le Sieur Aubin dans son Dictionnaire de Marine dit, qu'elle se compose avec de la poudre commune, en y ajoutant du borax, de la calamine, ou du sel armoniac, ou des taupes vives calcinées, ou de la seconde écorce de sureau.

POUDRE A FEU. C'est la même chose que Poudre à canon.

La poudre à feu est du nombre des marchandises & assortimens de guerre dont la sortie est defendue hors du Royaume & des Terres & Pays de l'obéissance du Roi, conformément au titre 8 de l'Ordonnance de 1687.

Les poudres à canon venant des Pays Etrangers payent en France les droits d'entrée à raison de 3. l. le cent pesant; & celles venant des Provinces du Royaume seulement 20 s., conformément au Tarif de 1664.

Les droits de la Douane de Lyon sont de 15 s. 6 d. du quintal d'ancienne taxation, & encore 12 s. pour les anciens quatre pour cent.

COMPOSITION DE LA POUDRE A CANON.

Les matieres dont la poudre à canon est composée, ainsi qu'on l'a déja dit, sont le salpêtre, le soufre & le charbon.

Il entre dans cette composition les trois quarts de salpêtre, & l'autre quart est partagé également entre le soufre & le charbon, ensorte que pour faire cent livres de poudre il faut:

En salpêtre,	75 livres.
En soufre,	12 $\frac{1}{2}$.
En charbon,	12 $\frac{1}{2}$.
Total,	100 livres.

Le salpêtre se fabrique dans le Royaume. *Voyez ci-après*, l'article du Salpêtre.

Le soufre se tire principalement d'Italie par des Marchands de Marseille, qui en font leur principal commerce. *Voyez aussi* l'article du Soufre.

Enfin le charbon qui est la troisiéme matiere qui entre dans la composition de la poudre à canon se fait en France, mais seulement d'un certain bois qui est propre à cet usage qui s'appelle Bourdaine. On va donner la maniere de le faire. *Voyez* BOURDAINE.

Le bois de bourdaine, qu'on nomme aussi Mort-bois, ne se trouve que dans les taillis, où il ne devient gueres plus gros que le pouce, après quoi il meurt. Quand il a été bien pelé, ensorte qu'il n'y reste aucune écorce, on le coupe par morceaux d'environ deux pieds pour le mettre au fourneau; où, après qu'il est suffisamment brûlé, on l'éteint en l'étouffant avec de la terre, sans se servir d'aucune eau, comme on le fait quelquefois au charbon ordinaire; ce qui seroit très pernicieux à la poudre.

Ce charbon ainsi fait se trouve très leger; & c'est en quoi consiste toute sa perfection: on le réduit ensuite en poudre très menue en le battant; & pour le rendre encore plus fin, lorsqu'il est arrivé au moulin, on le tamise avec soin pour en ôter le poussier, & toutes autres sortes d'ordures, particuliérement jusqu'à la plus petite pierre, qui étant négligée, pourroit causer des incendies, comme il n'arrive que trop souvent.

On se sert aussi du côté de Provence du charbon de chenevotte, qui à la vérité peut être plus leger que celui de bourdaine, & par conséquent donner plus de vivacité à la poudre; mais pour contrebalancer cet avantage on le croit moins sec, & ainsi plus sujet à donner une espece d'humidité à la poudre qui en altere la qualité.

Comme il arrive rarement que le soufre d'Italie soit d'assez bonne qualité pour entrer dans la composition de la poudre à canon, sans être préparé & rafiné, on ne manque gueres de lui donner le rafinage suivant, pour en ôter la graisse, & quantité d'ordures qui y sont ordinairement mêlées.

La chaudiere dont on se sert pour rafiner le soufre doit être de fer coulé; on l'emplit de pains ou canons de soufre, plus ou moins, suivant que le rafinage doit être plus ou moins considérable. La fonte se fait sans y mêler aucune eau, & lorsque la matiere est entiérement fondue, on y jette de l'huile de baleine, qui fait monter sur la surface toute l'ordure & l'impureté qui s'y trouve, qu'on enleve avec une écumoire. Le rafinage fini, on jette le soufre dans de petits baquets de bois où il prend corps en se refroidissant, & se trouve d'un beau jaune, ne contenant alors que le plus pur de la matiere.

A l'égard du salpêtre, on en peut voir l'afinage à son propre article.

Quand les trois matieres qui entrent dans la fabrique de la poudre ont été suffisamment rafinées & épurées, on les rassemble dans les magasins des moulins pour s'en servir dans les tems que l'on en a affaire.

Les moulins à poudre sont construits au courant de quelque riviere ou à la chute de quelque ruisseau. Chaque moulin est gouverné par un Maître Poudrier, un Maître Garçon, & autant de garçons qu'il en faut, suivant la grandeur & la force des moulins; ce qui s'estime sur le nombre des mortiers: 24 mortiers, par exemple, ayant besoin de huit garçons.

La composition se fait par le Maître, qui la proportionne à la grandeur de chaque mortier, qui ordinairement en peut contenir jusqu'à vingt livres.

On appelle Tinettes des especes d'auges de bois où se mettent d'abord les matieres, sur le pied qu'on a dit ci-dessus, ensorte que chaque mortier contenant 20 livres de composition, il doit y entrer 15 livres de salpêtre, 2 livres & demie de soufre, & 2 livres & demie de charbon; ce qui s'augmente ou se diminue à proportion que les mortiers sont plus grands ou plus petits.

Des tinettes, on jette les matieres dans les mortiers, en y ajoutant la dose nécessaire d'eau pour en faire l'alliage par le moyen des pilons qui les écrasent & les mêlent par le mouvement alternatif que leur donne la roue du moulin.

Il est difficile de déterminer précisément pendant combien de tems les matieres doivent être battues, cela dépendant de la force de l'eau qui fait tourner le moulin; ordinairement toutefois, lorsque le courant est raisonnablement bon, la *Pate*, c'est ainsi que s'appelle cette composition quand elle est achevée, peut se faire en vingt heures, y compris le tems des quatre arrosages, pendant lesquels les batteries cessent. On appelle Arrosage, l'eau que l'on renouvelle dans les mortiers, à mesure que celle qu'on y a mis d'abord s'y consomme.

Lorsque la pâte est suffisamment faite, c'est-à-dire, quand les trois matieres sont bien incorporées, on la tire des mortiers d'où elle est portée dans un attelier du moulin qu'on nomme le Grainoir. C'est là qu'on la réduit en grain, en la passant dans des cribles de peau de veau, faits & percés à peu près comme ceux avec lesquels se criblent les grains.

La pâte grenée s'expose à l'air sur des échafauts de bois, couverts de grandes & fortes toiles, où elle reste au soleil jusqu'à ce qu'il n'y ait plus aucune humidité.

En cet état, on la tamise dans un tamis de crin assez serré pour que le grain n'y puisse passer, mais seulement la poussiere.

Le grain ainsi nétoyé se met dans des barils de différens volumes, suivant l'usage auquel la poudre est destinée.

Pour les magasins de l'Artillerie de terre, les barils doivent être de 200 livres, & pour les magasins de marine, aussi bien que pour la consommation du public, les barils ne doivent être que de 100 liv. Une autre différence, c'est que les premiers s'encaquent chacun dans un second baril qu'on nomme la *Chape*, & que les derniers ne s'encaquent point; les 100 livres de poudre s'enfermant seulement dans un sac de grosse toile que l'on met ensuite avec la poudre dans le baril.

La raison de cette différence de barillage, consiste en ce que les poudres qui se fournissent pour l'Artillerie de terre, se conservant ordinairement dans les souterrains, leurs doubles envelopes les garantissent de l'humidité; outre qu'étant souvent voiturées pour des siéges ou pour des batailles, elles ne pourroient pas soutenir l'ébranlement des voitures sans ce double barillage; inconvénient que les poudres pour la marine ou pour la consommation du public ne doivent point craindre: celles-ci se débitant presqu'aussi-tôt qu'elles sont fabriquées, & celles-là étant d'abord déposées dans des magasins très secs, & ensuite dans les soutes des Vaisseaux où elles ne doivent appréhender aucune humidité.

La poudre fabriquée & embarillée, il ne s'agit plus que de la faire voiturer dans les lieux où Sa Majesté en a ordonné la fourniture, où le Traitant a soin d'en retirer ses décharges des Gardes-magasins, duement visées & contrôlées des Officiers superieurs, afin d'en recevoir le prix stipulé par son Bail.

Le prix de la poudre de chasse qui se débite dans le public est fixé par les Ordonnances & les Déclarations du Roi. Par celle du 30 Novembre 1677, elle étoit à 24 sols la livre, sçavoir 20 sols pour le Traitant & 4 sols de benefice pour les Marchands & Particuliers revendeurs. Par la Déclaration du 1 Octobre 1699, elle fut mise à 26 sols. Présentement elle est à 30 sols, sans qu'elle puisse être augmentée, à peine de concussion.

Par une clause des Baux que le Roi fait avec les Traitans, il est toujours porté qu'aucun Marchand revendeur ne peut vendre de la poudre qu'en vertu d'une Commission signée desdits Traitans, à cause que leur Privilége est exclusif.

Etat des Villes de France près desquelles il y a des Moulins à Poudre, le nombre des mortiers qu'il y a à chaque Moulin, & la quantité de poudre qu'ils peuvent fabriquer par année.

Villes.	*Mortiers.*	*Poudres.*
Essonne a,	63	Et fabrique 450 mill.
Rouen,	72	400.
Brest,	48	300.
S. Jean-d'Angely,	48	300.
Limoges,	48	250.
Bordeaux,	48	200.
Toulouse,	60	250.
Montpellier,	28	150.
Perpignan,	24	150.
Marseille,	100	500.
Toulon,	24	150.
Vienne,	48	250.
Auxonne,	48	250.
Besançon,	20	120.
Brisack,	24	120.
Colmar,	48	200.
Metz,	20	100.
Verdun,	40	200.
Charleville,	24	120.
La Fere,	24	120.
Valenciennes,	48	250.
Douay,	72	350.
Saint-Omer,	48	250.
23 moulins.	1027 m.	5430 mill.

Vente de la Poudre à Canon à Amsterdam.

La poudre à canon se vend à Amsterdam au quintal de cent livres. L'acheteur paye les barils, que l'on tare avant que de les remplir : le prix est de 24 florins le quintal. On déduit un pour cent pour le prompt payement.

Poudre de Plomb, qu'on nomme aussi Cendre'e. C'est le plus petit plomb à giboyer. *Voyez* Plomb.

Poudre d'Estain. *Voyez* Estain, *vers la fin de l'article, a l'endroit où il est parlé de la potée d'étain.*

Poudre. Terme de Tanneur. C'est le tan pilé dont ils se servent pour tanner leurs cuirs.

Les cuirs forts reçoivent jusqu'à cinq poudres, c'est-à-dire, qu'on y remet cinq fois de nouveau tan. *Voyez* Tanner.

Poudre de Trois, autrement Poudre Cornachine. C'est une poudre dans la composition de laquelle il entre de la scammonée & quelques autres drogues. *Voyez* Scammone'e.

Poudre a Cheveux. C'est de la farine bien sassée & préparée pour sécher les cheveux naturels & les perruques. On en fait de farine de froment & de farine de féves. La moins bonne est celle où il entre de l'amidon. Ce sont les Gantiers & Parfumeurs qui la fabriquent & qui en font le commerce.

Poudre de Senteur. Ce sont des poudres tirées des fleurs ou des drogues aromatiques, comme sont la poudre de violette, la poudre de Chypre, la poudre d'iris & quelques autres : elles servent à donner de l'odeur aux poudres à cheveux.

Les poudres de violette payent en France les droits d'entrée sur le pied de 5 liv. le cent pesant, & les poudres de Chypre 7 liv. 10 s. suivant le Tarif de 1664.

Les Droits de la Douane de Lyon sont de 4 liv. le quintal, tant d'ancienne que de nouvelle taxation.

Poudre de Chypre. C'est la poussiere du bois de pin pourri que l'on détrempe avec de l'eau, & dont on fait une pâte qui est recherchée à Venise, où on la parfume.

Poudre d'or. *Voyez l'article de* l'Or.

POUDRER. Terme de Teinturier. Il se dit d'une certaine poudre qui sort des étoffes après qu'elles ont été teintes en noir, & qui y reste des différentes drogues & ingrédiens qu'on a coutume d'employer à cette teinture.

Les Reglemens enjoignent aux Teinturiers de laver les noirs quand ils sont achevez jusqu'à ce qu'ils ne poudrent plus. *Voyez* Teinture.

POUDRIER. L'Ouvrier qui fait la poudre à canon, ou le Marchand qui la vend.

Les Marchands Poudriers de Paris sont du Corps de la Mercerie. Par les Ordonnances du Roi & les Réglemens du Grand Maître de l'Artillerie de France il leur est défendu de se fournir de poudre ailleurs qu'aux magasins de Sa Majesté, d'en tenir chez eux une trop grande quantité, & d'en vendre ni débiter à la chandelle. Ces deux derniers articles de police sont à cause des accidens du feu.

POUF. Terme de Sculpteur & de Marbrier. On dit que le marbre est pouf quand il se grene aisément, & qu'il se réduit en poudre en le taillant.

Les Paveurs le disent aussi du grès.

POULAILLE. Se dit de toutes les sortes d'oiseaux domestiques qui se nourrissent dans les basses-cours des fermes & maisons de campagne, comme poules, poulets, chapons, poulets d'Inde, dindons, cannes, cannetons, oyes, oysons, &c.

Le commerce de la poulaille est très-considérable dans quelques Provinces de France qui sont à portée de la faire voiturer à Paris; il en vient surtout une grande quantité du pays du Maine & de Normandie, particuliérement du pays de Caux.

Ce sont les Marchands Poulailliers & les Coquetiers qui en font le négoce, & qui les aportent ou dans de grands paniers ronds & profonds sur des chevaux de bats, ou dans d'autres Paniers faits en forme de manes quarrées sur des fourgons. Il en vient aussi beaucoup par les Messagers de ces Provinces, mais seulement pour les particuliers.

A l'égard des Coquetiers, ils sont obligés de mener ce qu'ils en aportent au Bureau, pour delà être étalé à la place appellée la nouvelle Valée, sur le quay des grands Augustins près le Pont-neuf de Paris, afin que les Bourgeois & ensuite les Rotisseurs puissent s'en pourvoir. *Voyez* Volaille *&* Rotisseur.

Poulaille Sauvagine. C'est ainsi qu'est appellée dans les Statuts des Maîtres Rotisseurs toute sorte de gibier à plume, comme faisans, perdrix, beccasses, coqs de bruyere, pluviers, canards, halebrais, ortolans, grives, moviettes, cercelles, cailles, &c. aussi bien que tous les jeunes petits de ces oiseaux. *Voyez* Rotisseur.

POULAILLIER. Celui qui fait commerce de poulaille. Il se dit proprement de ces Voituriers qui arrivent deux fois la semaine à Paris avec la volaille qu'ils ont ramassée dans les Provinces voisines de cette Capitale du Royaume, & qui se servant des Vendeurs de volaille qui y sont établis en titre d'Offices, débitent leurs marchandises aux Bourgeois & aux Rotisseurs dans la place qui est destinée à ce négoce. *Voyez ci-dessus* Poulaille. *Voyez aussi* Rotisseurs *&* Vendeurs de Volaille.

POULAIN. C'est le petit de la jument : on la nomme Pouline & Pouliche quand c'est une femelle. Les Poulains ne s'appellent Chevaux que lorsqu'ils sont en état de travailler, ce qui ne se permet pas avant l'âge de trois ans dans les haras de France. *Voyez* CHEVAL & HARAS.

POULAIN. Instrument dont les Tonneliers se servent pour descendre les futailles pleines dans les caves, ou pour les en retirer.

Il y en a de deux sortes ; le petit poulain qui est une espéce de traîneau;& le grand poulain qui est une sorte de grande échelle. *Voyez* TONNELIER.

POULAIN. C'est aussi une espece de traîneau sans roues, sur lequel on voiture de gros fardeaux, particuliérement les balles & ballots de marchandises. Il ne consiste qu'en deux grosses piéces de bois pareilles l'une à l'autre, assemblées par trois ou quatre traversieres aussi de bois ; on le fait tirer par un ou deux chevaux qu'on y attelle à deux forts crochets de fer qui sont aux deux jumelles sur le devant : sur le derriere sont deux trous pour y mettre deux longues chevilles de fer qui soutiennent & arrêtent les ballots.

POULANGIS. Sorte de grosse tirtaine laine & fil, fabriquée en Bourgogne, particuliérement aux environs d'Auxerre. Il s'en fait aussi beaucoup à Beaucamps le vieux en Picardie. *V.* TIRTAINE.

POULCE. La douziéme partie de la mesure des longueurs qu'on appelle Pied. *Voyez* POUCE.

POULCIER. C'est ainsi que les Ouvriers Laineurs ou Eplaigneurs d'étoffes de laine nomment un petit morceau de corne de bœuf qu'ils s'attachent au poulce de la main qu'ils appellent Main de derriere avec laquelle ils tiennent la croix où sont montez les chardons morts dont ils se servent pour leur aider à lainer ou éplaigner les étoffes sur la perche. *Voyez* LAINEUR.

POULIE. Instrument ou machine qui sert à élever ou tirer en haut les fardeaux.

La poulie est composée de trois piéces ; du mousle qui en est comme le chassis dans lequel elle est enfermée ; du cylindre ou roue cannelée sur quoi roule la corde ; & du goujon, c'est-à-dire, de l'axe ou essieu sur lequel elle tourne & qui l'attache au mousle. On fait des poulies de toute grandeur & de plusieurs matiéres ; le cuivre, le fer, le bois y servent le plus ordinairement. Les poulies à diverses roues s'appellent des Mousles ; ce sont les plus fortes de toutes les machines pour élever des fardeaux, & un seul homme avec des mousles peut élever sans beaucoup de peine des poids que vingt hommes n'éleveroient pas avec une poulie simple. *Voyez* MOUFLE.

Il n'y a gueres d'instrument qui soit d'un plus grand usage dans la manœuvre d'un Vaisseau que la poulie. Il y en a pour l'ordinaire de quatre sortes dont on se sert plus communément; sçavoir, la poulie commune, la poulie simple, la poulie de palans & la poulie à deux, trois & quatre rouets. Celles-ci s'appellent doubles poulies. Plusieurs sont frappées pardessus & pardessous, ensorte que leur essieu ne sorte pas. Les autres ne le sont que d'un côté, celles-ci sortent & se remettent : les plus petites sont dans ce qu'on appelle un Etrope. Toutes ces poulies ont differens noms, suivant les differens usages où elles sont destinées ; ainsi il y a des poulies de palans, des poulies de sabord, des poulies de grande drisse, de drisse de misene, & de drisse de sivadiere, des poulies d'estagues, des poulies de guinderesse, des poulies de pendeur, des poulies d'escoutes, des poulies de caliornes, des poulies de capon, & quelques autres. On se dispensera de décrire ici l'usage de toutes ces poulies, n'y ayant gueres que les Matelots ou au plus les Officiers de Vaisseau qui ayent besoin de cette connoissance ; d'ailleurs on en peut trouver l'explication dans le Dictionnaire de Marine du Sieur Aubin.

POULIEUR. L'Ouvrier qui fait des poulies, ou le Marchand qui en fait commerce.

POULINE ; POULICHE. Cavale nouvellement née qui conserve ce nom jusques à trois ans qu'on commence en France à la faire travailler. *Voyez* CHEVAL.

POULIOT DE VIRGINIE. Plante qui entre dans la composition de la thériaque & qu'on tient souveraine contre la morsure des serpens. *Voyez* SERPENTAIRE DE VIRGINIE.

POUNDAGE. Droit qui se leve en Angleterre sur les vaisseaux Marchands, à raison de tant par livre sterlin de la valeur des marchandises dont ils se trouvent chargés.

Cet impôt est nommé Poundage, parce qu'une livre sterlin s'appelle Pound en Anglois. Ce droit de poundage fut accordé à Charles II. Roi d'Angleterre pour sa propre personne par un acte de l'année 1660 ; il en a été de même du droit de Tonnage. *Voyez* TONNAGE.

POUPART. Figure de carte peinte grossiérement faite dans un moule de plâtre ou de terre qui représente un jeune enfant en maillot, c'est-à-dire, avec les bras enfermés dans ses langes. C'est le premier jouet que l'on donne aux enfans. *Voyez l'article suivant.*

POUPE'E. Se dit en général de tous les jouets d'enfans que font les Bimbloriers, lorsque ces jouets ont une figure humaine ; c'est de ces jouets dont il se fait un si grand négoce à Paris & particuliérement au Palais. Ce terme s'entend néanmoins plus ordinairement de ces figures proprement habillées & coefées, soit d'homme, soit de femme, qu'on envoye dans les Pays étrangers pour y apprendre les modes de la Cour de France, ou qu'on donne aux enfans d'un moyen âge pour les amuser. *Voyez* BIMBLOT.

POUPE'E, en terme de Tourneur. Signifie les deux piéces de bois ordinairement mobiles, qui se mettent entre les jumelles du tour pour soutenir l'ouvrage qu'on veut tourner.

Il y a de plusieurs sortes de poupées, entr'autres des poupées à pointes, des poupées à lunette & des poupées à faire des vis. Il y en a aussi qui au lieu de pointes n'ont qu'une couette ou crapaudine ; d'autres dont les pointes sont à vis pour les avancer & reculer sans déplacer la poupée.

Des poupées à lunettes quelques-unes sont simples, c'est-à-dire, dont les lunettes sont simplement percées dans une plaque de fer ; d'autres sont brisées, celles-ci ont des lunettes de deux piéces qui se joignent avec des vis & des écrous ; & enfin d'autres qui sont composées de quelques piéces ajoutées pour tourner en ovale ou en d'autres figures irreguliéres. On parle ailleurs de toutes ces sortes de poupées de Tourneur, on en fait la description & l'on en explique l'usage. *Voyez l'article du* TOUR.

POUPETIER. Marchand qui fait ou qui vend des poupées & autres jouets d'enfant. M. Furetiere l'appelle ainsi dans son Dictionnaire, on ne sçait sur quel fondement ; son véritable nom est Bimblotier. *Voyez* BIMBLOTIER.

POURCEAU. Animal domestique qui fournit diverses espéces de marchandises qui entrent dans le négoce, & dont on se sert aussi dans quelques Manufactures. *Voyez* PORC.

POURCEAU DE MER. Grand poisson que l'on nomme plus communément Marsouin. *V.* MARSOUIN.

POURCELAINE. Sorte de poterie très-fine & très-estimée, que l'on nomme plus ordinairement Porcelaine.

C'est aussi un petit coquillage qui sert de monnoie en quelques lieux d'Asie, d'Afrique & d'Amerique. *Voyez* PORCELAINE.

POURPOINTIER. Marchand Pourpointier, celui qui fait ou vend des pourpoints. Le pourpoint est un vêtement dont l'on se servoit autrefois beaucoup en France; il descendoit jusques au défaut des reins où il finissoit par des basques, & avoit des manches dans lesquelles on mettoit les bras. La Communauté des Marchands Pourpointiers étoit très-considérable à Paris; elle a été réunie en 1655 à celle des Tailleurs d'habits. *Voyez* TAILLEUR.

POURPRE. Couleur rouge tirant sur le violet, dont il y a plusieurs nuances depuis la plus claire jusques à la plus foncée. Elle se fait avec la cochenille ou la graine d'écarlate, & un pied de pastel. *Voyez* COULEUR.

La pourpre étoit fort estimée des anciens, surtout la pourpre Tyrienne, à cause qu'on lui donnoit plus de teintes qu'aux pourpres ordinaires; & la beauté & la rareté de cette couleur l'avoient rendue comme propre aux Empereurs, aux Rois & aux premiers Magistrats. Cette pourpre n'étoit pas néanmoins plus belle que celle qui est présentement en usage, & l'on n'a apparemment cessé de s'en servir que parce que la pourpre moderne se fait à moindre frais & est plus éclatante. L'ancienne se teignoit avec le sang d'un poisson de mer testacé, dont l'on voit la description dans plusieurs Auteurs & des coquilles dans les cabinets de quantité de Curieux.

Il se trouve dans les mers des Indes Occidentales Espagnoles, une espece de coquillage ou de poisson à coquille tout-à-fait semblable, & qui peut-être est le même que celui qui donnoit la pourpre des Anciens. Voici comme Thomas Gage en parle.

Le poisson qu'on nomme Pourpre & qui est enfermé dans un coquillage, se trouve dans les mers des Indes Espagnoles aux environs de Micoza. Ce poisson vit ordinairement sept ans; il se cache vers le lever de la canicule, & continue ainsi caché 300 jours durant; on en ramasse au printems, & en les frottant l'un contre l'autre, ils rendent une certaine salive ou glaire épaisse comme de la cire molle; mais la teinture de pourpre est dans la gueule du poisson, & la plus fine est dans une petite veine blanche, n'y en ayant point dans le reste du corps qui est de nul usage. Le drap de Ségovie qui en est teint se vend jusques à vingt écus l'aune, & il n'y a que les plus grands Seigneurs Espagnols qui s'en servent.

Les Isles Antilles Françoises ont aussi leur pourpre marine; le poisson dont on la tire se nomme Burgan de teinture, il est de la grosseur du bout du doigt, & ressemble aux limaçons ordinaires qu'on nomme des Vignaux; sa coque est assez forte quoiqu'elle soit fort mince, elle est de couleur d'azur brun; sa chair est blanche, ses intestins sont d'un rouge très vif dont la couleur paroît au travers de son corps, & c'est ce qui teint l'écume qu'il jette quand il est pris, qui est d'abord d'un violet tirant sur le bleu.

Pour obliger ces animaux à jetter une plus grande quantité d'écume, il n'y a qu'à les mettre dans un plat, les agiter & les battre les uns contre les autres avec la main ou avec des verges; dans un moment ils remplissent & couvrent le plat de leur écume, laquelle étant reçûe sur un linge se change en rouge de pourpre à mesure qu'elle se séche.

L'Auteur François (le Pere Labat) du voyage duquel on a tiré cette description, plus modeste que l'Auteur Anglois, n'ose assurer comme lui que la pourpre que produit son poisson soit la même que celle des Anciens; & il se contente de dire que si c'est la véritable pourpre Tyrienne, on a du moins perdu le secret de fixer & de cuire cette couleur qui s'affoiblit peu à peu & qui se dissipe presque entiérement à mesure qu'on lave le linge qui en a été teint.

On trouve encore aux Antilles une autre sorte de teinture qui approche beaucoup de la pourpre marine, mais qui se tire d'une plante qu'à cause de la couleur qu'elle donne on appelle Lianne à sang.

La feuille de cette plante est tout-à-fait semblable à celle du lierre; son écorce est brune, épaisse & spongieuse comme le liege: le bois & l'écorce ont ordinairement trois à quatre pouces de diametre; elle est fort simple, de couleur brune quand elle est séche; mais quand on la coupe sur pied elle paroît toute rouge, à cause d'une liqueur épaisse comme du sang de bœuf & de la même couleur dont elle est remplie. Les toiles qu'on y trempe deviennent d'un beau rouge; mais cette teinture a le même défaut que celle de la pourpre marine, c'est-à-dire, qu'elle se décharge beaucoup en lavant l'étoffe qui en est teinte.

Il paroît que le Pere Labat à qui on est redevable de plusieurs recherches curieuses dont on a enrichi ce Dictionnaire, & de qui l'on a emprunté cette description de la lianne à sang, ne desespere pas qu'on puisse fixer cette couleur, l'ayant lui-même tenté avec quelque succès.

En effet ayant fait bouillir cette liqueur avec de l'alun qu'il y fit dissoudre, non-seulement il s'apperçut que la toile & les étoffes de laine & de coton qu'il y trempa prirent une couleur plus vive & plus belle, mais encore qu'après avoir été à la lessive & savonnées cinq ou six fois, elles se déchargeoient peu & ne teignoient point les autres toiles; il remarqua même que les étoffes de laine & de coton réussissoient mieux, prenoient plus aisément la couleur, & la conservoient mieux.

POUSET. C'est le pastel, c'est-à-dire, cette couleur rouge qui se trouve dans la graine d'écarlate & qui sert pour la teinture. *Voyez* ECARLATE.

POUSSE. C'est la poussiere ou le grabeau du poivre & de quelques autres drogues & épiceries, entr'autres du gingembre, de la muscade, du macis & de la graine d'écarlate. *Voyez ces articles.*

La pousse du gingembre pointé paye en France les droits de la Douane de Lyon à raison de 1 liv. 9 s. 3 d. le quintal d'ancienne taxation, & 3 liv. des premiers quatre pour cent.

La pousse d'écarlate de France 6 liv. pour tout droit.

L'Etrangere 14 liv. 10 s.

La pousse de muscade ou macis 47 s. 6 d. d'ancient

droits & 6 liv. pour les quatre pour cent.

POUSSE'. Vin poussé : c'est du vin gâté & aigri pour avoir bouilli & fermenté dans la futaille par quelque accident. *Voyez* VIN.

POUSSER. On dit en terme de Doreur sur cuir & de Doreur Relieur, pousser des filets, pousser des nervures, &c. pour signifier former sur le cuir ces sortes d'ornemens, en y appliquant de l'or en feuilles par le moyen des petits fers à dorer. *Voyez* DOREUR SUR CUIR, *&* RELIEUR.

POUSSER AU TROU, terme de Carrier. C'est conduire la pierre sur les boules ou rouleaux jusqu'au dessous du trou où l'on doit la brider avec le cable & son crochet pour la tirer ensuite sur la forme de la carriere par le moyen de la roue & de son arbre. *Voyez* CARRIER.

POUT, ou POU DE SOYE. Etoffe toute de soie tant en chaîne qu'en tréme, forte & pleine de fils, dont le grain tient le milieu entre celui du gros de Naples & du gros de Tours, moins serré que celui-ci, mais plus que l'autre, son grain étant d'ailleurs plus gros & plus élevé que celui de l'une & l'autre de ces étoffes : c'est une espece de ferandine mais toute de soie. Le pout de soie étoit autrefois très de mode, & il n'y avoit que les gens de conséquence qui s'en habillassent : présentement il n'est plus gueres d'usage, & les Réglemens de 1667 pour les Manufactures de soie n'en parlent point parmi tant d'autres étoffes même assez anciennes dont ils font mention. *V.* FERANDINE.

Le pout de soie de Tours paye les droits de la Douane de Lyon à raison de 6 s. de la livre.

POUTE, ou POUDE. Poids de Moscovie. *Voyez* POUDE.

POUTRE. *Voyez* l'article des Bois de Charpente.

Les Poutres, tant de bois de chêne que de sapin ou autres bois, se vendent à Amsterdam à tant de florins la piece. Elles déduisent un pour cent pour le prompt payement.

POUZANGES, dans le Poitou. On y fait des tiretaines & des droguets. *Voyez* l'Etat général, Tome I. page 64.

PRA

PRALINES, ou AMANDES A LA PRALINE. *Voyez* CONFITURES, *à l'endroit où il est parlé des dragées.*

PRATIQUE. Terme de commerce de mer. Il signifie Traité, Communication de commerce qu'un vaisseau Marchand obtient dans les Ports où il aborde, ou sur les Côtes des Terres & Isles qu'il reconnoit ou qu'il découvre. Nous n'avons jamais pû avoir pratique avec les Habitans de la nouvelle Zemble. De même : Ces Sauvages sont des gens doux & paisibles, nous avons eu facilement pratique dans leur Isle; nous avons fait avec eux un assez bon commerce.

Obtenir Pratique, c'est avoir la liberté d'hanter un Port, de descendre à terre, de commercer avec les Habitans, de vendre & d'acheter.

Refuser Pratique, c'est ne vouloir pas souffrir qu'un vaisseau aborde une terre, qu'il y fasse négoce & y ait communication. On refuse ordinairement pratique aux vaisseaux qu'on soupçonne qui viennent des lieux infectés de mal contagieux, où on ne la leur accorde qu'après les avoir obligés à faire quarantaine.

Les Maîtres des vaisseaux Marchands ne doivent pas celer en arrivant dans les Ports s'ils ont eu Pratique dans des lieux affligés de peste ou d'autres maladies épidémiques. Les Ordonnances prononcent de grandes peines contre ceux qui ne le font pas.

PRATIQUE. Se dit aussi de la chalandise des Marchands & des Artisans : Il est néanmoins plus en usage pour les gens de métier. Ce Cordonnier a tant de pratiques, qu'il faut lui commander des souliers six mois d'avance. Ce Marchand meurt de faim, il n'a pas grande pratique.

PRATIQUE. Signifie encore celui à qui un Marchand a coutume de vendre, ou pour qui un Ouvrier travaille ordinairement. Ce Seigneur est ma pratique : Je suis la pratique de ce Drappier.

On appelle Bonne Pratique, celui avec qui il y a beaucoup à gagner, qui paye libéralement & réguliérement : Mauvaise Pratique, celui qui fait peu travailler, ou qui paye mal.

PRE

PRE' ou PERE', nom que les Normands donnent à une sorte de boisson faite de jus de Poire, qu'on appelle plus ordinairement Poiré. *Voyez* POIRE'.

PRECAIRE. Commerce Précaire, c'est celui qui se fait par une Nation avec une autre Nation son ennemie, par l'entremise d'une troisiéme qui est neutre. Ainsi l'on dit que les Anglois font un commerce Précaire avec les Espagnols par le moyen des Portugais, lorsque les deux premieres Nations étant en guerre, la troisiéme leur prête ses vaisseaux, ses pavillons & son nom pour continuer leur négoce. *Voyez* COMMERCE.

PRECOMPTER. Déduire les sommes qu'on a reçûes d'un débiteur sur le total de la dette lorsqu'il en acheve l'entier payement. Vous devez précompter sur les mille livres que je vous dois par mon billet, cent livres que j'ai payées à votre acquit, & deux cent livres pour les marchandises que je vous ai fournies; ainsi reste sept cens livres que voilà comptant.

Les interêts usuraires, quand on les peut prouver, se précomptent, c'est à-dire, se déduisent sur le principal de l'obligation.

PRE'FIX, tems certain & déterminé. On appelle jour préfix dans le commerce de Lettres & Billets de Change, le jour marqué précisément pour leur payement. *Voyez* LETTRES DE CHANGE.

PREGATON. Sorte de petite Filiere dont les Tireurs d'or se servent pour disposer le fil d'or, d'argent ou de cuivre, & être passé par une autre plus petite filiere qu'ils appellent Fer à tirer. *Voyez* FILIERE.

PRELE. Sorte d'herbe qui sert à polir le bois. *Voyez* PRESLE.

PRELER, se servir de la Prêle pour adoucir un ouvrage. Il est particuliérement en usage chez les Doreurs en détrempe. *Voyez* DOREUR.

PRE'LEVER. Lever une somme sur le total d'une société avant de la partager. Nos profits montent à cent mille livres, surquoi il faut prélever onze mille livres pour l'obtention de nos Lettres Patentes & frais de notre établissement; ainsi reste quatre-vingt-neuf mille livres à partager.

PREME ou PRESME D'EMERAUDE. *Voyez* ESMERAUDE, *à la fin de l'article.*

PREMIE D'ASSURANCE, terme de commerce de mer. C'est ce qu'on nomme communément Prime d'Assurance. *Voyez* PRIME D'ASSURANCE.

PREMIERES COULEURS, sortes d'Emeraudes qui se vendent au marc. C'est ce qu'on appelle plus ordinairement Negres-Cartes. *Voyez* EMERAUDE.

PRENEUR, celui qui prend. On donne ce nom dans le commerce à celui qui prend une Terre & des héritages à ferme, ou une maison à loyer. Le Copreneur est celui qui s'oblige solidairement avec le Preneur : c'est un second Preneur.

PREOLIER. C'est ainsi que sont nommés dans leurs Statuts & Lettres Patentes, les Maîtres Jardiniers de la Ville, Fauxbourgs & Banlieue de Paris. *Voyez* JARDINIER.

PREPARER UN PEIGNE, terme de Tabletier-Peignier. C'est en amorcer les dents avec le Carrelet, c'est-à-dire, faire sur le peigne, après qu'il est mis en façon, la premiere ouverture de chaque dent, pour ensuite les achever avec l'estadiou. *Voyez* PEIGNE.

PRESCRIPTION. *Voyez* FINS DE NON RECEVOIR.

PRESCRIRE. Signifie ordonner précisément à quelqu'un ce qu'il doit faire, limiter un pouvoir. Tout Commissionnaire qui passe son pouvoir, & les bornes qui lui ont été prescrites par son Commettant pour l'achat de quelques marchandises, est sujet à desaveu, & les marchandises doivent rester pour son compte.

PRESENTER UNE LETTRE DE CHANGE. C'est la porter au Marchand, Négociant, Banquier, ou telle autre personne que ce soit, sur qui elle est tirée, & la lui mettre entre les mains pour l'accepter, & ensuite la payer au tems de l'échéance. Cette lettre m'a déja été présentée, je ne puis l'accepter. *Voyez* LETTRE DE CHANGE.

PRESLE, autrement Queue de cheval, en Latin *Equi Setum.* C'est une espece d'herbe dont les Ebenistes & autres Ouvriers en bois se servent pour polir leurs ouvrages après qu'ils les ont rapés & à demi polis avec la peau du chien de mer.

PRESME ou **PREME D'EMERAUDE.** *Voyez* EMERAUDE.

PRESSE. Machine de fer, de bois, ou de quelqu'autre matiere qui sert à serrer étroitement quelque chose.

Les Presses ordinaires sont composées de six pieces ; sçavoir de deux ais ou planches plattes & unies, entre lesquelles on met les choses qu'on veut presser ; de deux vis qui sont attachés à la planche de dessous, & passent par deux trous dont la planche de dessus est percée ; & de deux écrous taillés en forme d'S qui servent à presser la planche de dessus qui est mobile, contre celle de dessous qui est stable & sans mouvement.

Les PRESSES pour exprimer les liqueurs, sont de plusieurs sortes ; les unes ont presque les mêmes parties des presses communes, à la réserve que la planche de dessous est percée de quantité de trous pour faciliter l'écoulement des sucs qu'on exprime, & qu'il y a au dessous une espece de cuvette pour les recevoir ; d'autres n'ont qu'une vis ou arbre au milieu auquel est attachée la planche mobile qui descend dans une espece de boëte ou vaisseau de bois quarré percé de tous côtés par où s'écoulent les sucs & les liqueurs, à mesure qu'on tourne l'arbre par le moyen d'un petit levier, ou de fer ou de bois, suivant la matiere de la presse.

La PRESSE des Menuisiers qui leur sert à serrer les bois qu'ils ont collés, & sur-tout les panneaux des lambris, est très simple ; elle n'a que quatre pieces, deux vis & deux morceaux de bois de quatre ou cinq pouces en quarré, & de deux ou trois pieds de longueur, dont les trous qui sont aux deux bouts servent d'écrous aux vis.

PRESSE. Il y a aussi des presses de marqueterie & des presses à Fondeurs. Celles de Fondeurs, qu'on appelle Presses à Coins, & quelquefois des Serres, sont de forts chassis de quatre pieces de bois quarrées, bien emboitées les unes dans les autres par des tenons & des chevilles : elles sont de diverses largeurs suivant l'épaisseur des chassis à moule qu'on y doit mettre. Il en faut deux pour chaque moule, aux deux bouts desquels on les place ; ensorte qu'en chassant avec des maillets des coins de bois entre le moule & les côtés de la presse, on puisse fortement unir les deux chassis dans lesquels on doit couler le métail. Quand les chassis des moules sont peu épais, on se sert de la presse commune.

La PRESSE des Ouvriers en marqueterie est presque semblable à celle des Menuisiers, à la réserve que les bois en sont plus épais, & qu'il n'y en a qu'un de mobile : l'autre qui est faite en forme de chevalet étant soutenue par deux jambes ou pilliers emboités à tenons, dans chacune de ses extrémités, qui sont fortement scellés dans le plancher. Cette presse sert à refendre & scier de bout les bois propres à ces sortes d'ouvrages. Quand les pieces sont trop longues on leur donne de l'échappée dans un trou qui est fait au dessous dans la terre ou dans le plancher.

PRESSE D'IMPRIMERIE. C'est une machine très composée qui sert à serrer sur les formes que l'Ouvrier a imbibées d'encre, le papier qui est attaché au tympan, ensorte que les caracteres dont les formes sont composées, puissent s'y imprimer. Les parties de cette presse sont les deux jumelles, les trois sommiers, le derriere de la presse où se met l'encrier, le brayon & les balles ; la grande vis & son écrou où tiennent la grenouille & le pivot ; la crapaudine & la platine, & son rouleau, le berceau avec ses bandes, le train avec ses crampons, le marbre, le coffre, les cornieres, les vaches, le chevalet, les tympans & leurs blanches ou blanchets, la frisquette ; enfin la manivelle pour faire avancer ou reculer le train, & le barreau pour faire agir l'arbre & baisser la platine sur les formes. On explique ailleurs la forme & l'usage de toutes ces pieces. *Voyez* IMPRIMERIE.

PRESSE. Est aussi la machine avec laquelle les Imprimeurs en Taille-douce impriment ou tirent leurs Estampes & Images ; elle est moins composée que celle des Imprimeurs de Livres. *Voyez* IMPRIMEUR EN TAILLE-DOUCE.

PRESSE. En terme de Monnoyeurs, est une des machines qui servent à frapper la monnoie ; elle est différente du balancier en ce qu'elle n'a qu'une barre de fer pour la mettre en mouvement & presser les quarrés ; qu'elle n'est point chargée de plomb à son extrémité, & qu'on ne se sert point de cordage pour la tirer. *Voyez* MONNOYE & BALANCIER.

La PRESSE A ROGNER dont se servent également les Maîtres Relieurs-Doreurs de Livres, les Marchands Merciers, qui font le commerce du Papier, & les Maîtres Cartonniers Papetiers, consiste en deux grosses pieces de bois en forme de jumelles, qui sont jointes par deux fortes vis aussi de bois, qui étant tournées avec une barre de fer, peuvent approcher ou reculer les jumelles autant qu'il est nécessaire pour mettre entre deux les Livres ou les papiers qu'on veut rogner.

Ces jumelles sont placées à plat sur un pied aussi de bois en forme de bahu, que l'on nomme l'Asne, dans lequel tombent & se gardent les rognûres.

A

A côté des vis des jumelles sont deux pieces de bois aussi longues que les vis mêmes; elles servent pour diriger les jumelles & les empêcher de s'approcher ou de s'éloigner inégalement quand on tourne les vis.

Au dessus des jumelles est ce qu'on appelle le fust auquel le couteau à rogner tient avec une vis qui a sa clef pour le démonter quand il a besoin d'être aiguisé.

Le fust a plusieurs parties, entr'autres une vis aussi de bois, qui s'engrainant dans les écroues des deux pieds qui la soutiennent sur les jumelles, font approcher le couteau du papier ou du livre qui est serré dans la presse entre deux ais à rogner. Cette vis qui a un assez long manche, a ses deux directoires, c'est-à-dire, deux pieces de bois qui font le même effet, & qui sont à peu près semblables à celles des vis des jumelles.

Pour faire couler d'équerre le fust sur les jumelles, & que le couteau fasse une rognûre égale quand le Relieur le pousse, un des pieds du fust, qui est celui où ne tient pas le couteau, a une espece de coulisse dont le coulisseau qui la dirige est attaché le long de l'une des jumelles.

Enfin le couteau est une piece d'acier de six à sept pouces de long, plat & fort mince, tranchant & finissant en pointe de lame d'épée par un bout, & de forme quarrée par l'autre bout qui sert à l'attacher au fust.

Outre la presse à rogner les Relieurs ont la grande presse pour mettre les livres dessouettés.

PRESSE. Dans les Manufactures de lainages, c'est une grande machine de bois qui sert à presser les draps, les ratines, les serges, &c. pour les rendre plus unies, & leur donner le cati, qui est cet œil luisant que l'on remarque à la plupart des étoffes de laine.

Cette machine est composée de plusieurs pieces dont les principales sont les jumelles, l'écroue & la vis accompagnée de sa barre qui sert à la faire tourner & descendre perpendiculairement à force de bras sur le milieu d'un épais plateau ou planche de bois quarrée, sous laquelle on place les pieces d'étoffes que l'on veut presser ou catir. *Voyez* CATI & CATIR.

Il y a une autre sorte de presse plus petite que la précédente, à laquelle l'on donne le nom de Guinda, dont on se sert aussi à presser les étoffes de laine. *Voyez* GUINDA.

La Calandre est encore une espece de presse, qui sert à presser ou calandrer certaines étoffes & toiles. *Voyez* CALANDRE.

Il y a quantité de Marchands qui ont chez eux de petites presses portatives qui leur servent à presser les étoffes qui ont pris de faux plis, ou qui se sont fripées en les dépliant pour les faire voir. Cette derniere espece de presse est la presse ordinaire dont on a donné la description au commencement de l'article.

PRESSE. Mettre le tabac en presse: terme usité en Guyenne parmi ceux qui s'y occupent à la culture & à la fabrique du tabac. C'est mettre les feuilles de tabac en piles après qu'elles ont été quelque tems séchées à la pente afin qu'elles y puissent suer. Quand la sueur tarde à venir on couvre la pile de planches sur lesquelles on met quelques pierres pesantes. La pile ou presse doit être environ de trois pieds de hauteur. *Voyez* l'article du Tabac.

PRESSER. Serrer avec une presse quelque étoffe, quelque toile pour la rendre plus polie, plus lustrée & plus unie qu'elle n'étoit auparavant. C'est ce que l'on appelle dans les Manufactures de lainages, Catir, & dans celles de soiries & de toileries, Calandrer. *Voyez* CATIR, CALANDRE & CALANDRER.

PRESSER, en terme de commerce de mer. Signifie obliger ou contraindre les équipages des bâtimens Marchands à servir sur les vaisseaux de Guerre. Cette maniere de parler n'est gueres en usage qu'en Hollande & en Angleterre. En France on dit ordinairement Fermer les Ports, & quelques-uns disent mettre un Embargo. *Voyez* EMBARGO.

PRESSEUR. Ouvrier dont l'emploi est de presser sous une presse les étoffes, les toiles, les bas, &c. Ceux qui pressent les étoffes de laine sont ordinairement appellés, Catisseurs; & ceux qui pressent celles de soie & les toiles, sont vulgairement nommés Calandreurs.

PRESSIER. Ouvrier qui est à la presse d'une Imprimerie. *Voyez* IMPRIMERIE.

PRESSOIR. Les Maîtres Evantaillistes appellent ainsi une pelotte de linge fin remplie de coton, dont ils se servent à appliquer l'or ou l'argent en feuilles sur les papiers dont ils font leurs Eventails. *Voyez* EVENTAIL.

PRESSOIR. C'est aussi une machine propre à exprimer des liqueurs.

Les Vinaigriers se servent d'un pressoir pour pressurer leurs lies, & en tirer un reste de vin qu'ils mettent sur les rapés dont ils font leur vinaigre; ou qu'ils font distiler pour en faire de l'eau-de-vie.

Il est défendu par l'article 37 des nouveaux Statuts des Maîtres Vinaigriers de Paris, aux Taverniers, Cabaretiers, Regratiers & Marchands de vin, d'avoir dans leurs caves ou celliers des bacules & pressoirs à faire vinaigre. *Voyez* VINAIGRIER.

PRESSOIR, terme de Chaircuitier. C'est une espece de grand saloir dans lequel ils font la salaison de leurs lards.

PREST. Action par laquelle on donne à quelqu'un ou une somme d'argent, ou quelque autre chose dont il a besoin, à la charge de les rendre, ou dans un tems marqué, ou quand il en sera requis par le Prêteur. Prest s'entend aussi quelquefois de la chose qui a été prêtée. Un prest d'argent, un prest de marchandises.

PREST GRATUIT. C'est celui dont on ne retire ni intérêt ni autre chose qui en puisse tenir lieu, & qui ne se fait que par pure générosité & pour faire plaisir à celui à qui on prête. En un mot c'est le prêt Evangelique qui doit se faire gratuitement & sans en rien esperer.

PREST USURAIRE. C'est celui dont on a tiré un intérêt défendu par les Loix. *Voyez* USURE.

PREST SUR GAGES. Celui qui se fait en donnant ou recevant des meubles, marchandises, hardes, pierreries, vaisselle d'argent, &c. pour la seureté de l'argent prêté.

En général tout prêt sur gages est défendu par les Loix & les Ordonnances. Celle du mois de Mars 1673, semble cependant y faire quelque exception pour ce qui regarde les prêts sur gages qui se font entre Marchands, & les articles 8 & 9 du titre 6 prescrivent la maniere dont ils doivent être faits pour que le Prêteur puisse avoir privilege sur les gages qu'il a reçus. *Voyez* GAGE. *La disposition de ces deux articles y est rapportée.*

PRESTE-JEAN, ou ABISSINIE, Empire d'Ethiopie. *Voyez* le détail du Commerce des Abiſſins, dans l'Etat général, Tome I. page 390.

PRESTER, action de celui qui prête. Il ſignifie auſſi faire un prêt. Je viens de prêter cent piſtoles. Il ſe dit dans toutes les ſignifications de prêt. Prêter ſans intérêt, prêter ſur gages, prêter à uſure. *Voyez ci-deſſus.*

PRESTER. Signifie auſſi vendre ſa marchandiſe à crédit.

L'Auteur du Parfait Négociant parlant des trois cauſes les plus ordinaires des faillites des Marchands (qu'il eſtime être leur ignorance, leur imprudence & leur ambition,) fait conſiſter cette derniere dans leur convoitiſe, qui pour s'enrichir en peu de tems les engage à prêter inconſidérément, ou aux grands Seigneurs qui ne les payent que quand il leur plaît, ou à de jeunes gens qui ſe font relever en majorité des dettes qu'ils ont contractées étant mineurs.

PRESTER. Se dit encore de ce qui s'allonge, de ce qui s'élargit aiſément : c'eſt quelquefois une bonne, & quelquefois une mauvaiſe qualité.

Un drap qui préte c'eſt celui qui eſt trop lâche, qui n'eſt pas aſſez frappé ſur le métier. Un bas qui préte, celui qui n'étant pas tricoté ſerré s'élargit facilement. L'un & l'autre ne ſe dit gueres en bonne part, étant un défaut de fabrique.

Au contraire un gand qui préte, du maroquin, du veau qui prétent, ſe prennent comme une bonne qualité, qui veut dire qu'ils ſont maniables, molets & bien paſſés.

PRESTEUR. Celui qui prête ſon argent, ſes marchandiſes. Les prêteurs ſur gages ſont regardés comme des uſuriers.

PRESURE. C'eſt un compoſé d'eau, de ſel, & de veſſie de veau, dont les Suiſſes, particuliérement ceux de Griers & de Berne, ſe ſervent pour faire cailler le lait, qu'ils employent à fabriquer le premier fromage. *Voyez* FROMAGE, *à l'endroit où il eſt parlé de ceux de Suiſſe.*

PREVAT, l'une des Echelles de la Mer Noire. *Voyez* le détail des marchandiſes que l'on en tire, dans l'Etat général, Tome I. page 358.

PREVOST DES MARCHANDS. C'eſt ainſi que ſe nomme dans quelques Villes de France le premier Magiſtrat Municipal, qu'ailleurs on appelle ordinairement Maire.

La Ville de Paris Capitale du Royaume, & Lyon cette autre Ville ſi célébre par ſon floriſſant commerce, ont leur Prevôt des Marchands.

Celui de Paris préſide au Bureau de la Ville, & conjointement avec les Echevins juge toutes les cauſes des Marchands pour fait de marchandiſes qui arrivent par eau ſur les Ports. Il connoît auſſi des cauſes des Officiers de la police de la Ville pour raiſon de leurs Offices & fonctions ; des délits commis par les Marchands, Commis & Facteurs au fait deſdites marchandiſes ; des rentes conſtituées ſur l'Hôtel de Ville ; des immatricules & des différends qui naiſſent pour raiſon deſdites rentes, tant entre les Payeurs & Rentiers, qu'entre les Payeurs, autres Officiers des rentes & leurs Commis. Il met le taux aux marchandiſes & denrées qui abordent ſur les Ports ; & cela ſur les échantillons qui lui en ſont repréſentés par les Officiers de la Ville. Il a juriſdiction ſur la riviere de Seine tant en remontant qu'en deſcendant, pour en tenir les rivages & la navigation libres. Il eſt l'Ordonnateur de la conſtruction, réparation & entretenement des ponts, remparts, quais, abreuvoirs, fontaines & autres ouvrages qui regardent la décoration & la commodité de la Ville. Il regle les cérémonies publiques quand il en a reçu l'ordre du Roi ; & y repréſente, accompagné des quatre Echevins & autres Officiers de Ville, les Bourgeois & le peuple de Paris. Enfin il a droit de juſtice & juriſdiction ordinaire en pluſieurs rues de la Ville.

Les principaux Officiers des Ports & autres ſur leſquels le Prevôt des Marchands a juriſdiction, ſont, les Jurés Meſureurs & Porteurs de grains ; les Jurés Vendeurs, Courtiers, Jaugeurs & Déchargeurs de vins ; les Crieurs de corps & de vins ; les Jurés Mouleurs de bois & Controleurs des quantités ; les Aydes à Mouleurs & Chargeurs de bois dans les charettes ; les Jurés Meſureurs & Porteurs de charbon ; les Jurés Meſureurs de ſel, Etalonneurs de meſures de bois & Compteurs de ſalines ſur la riviere ; les Porteurs, Briſeurs & Courtiers de ſel ; les Courtiers de lard & graiſſes ; les Jurés Viſiteurs & Meſureurs d'aulx, oignons & autres fruits & gueldes ; les Courtiers de chevaux de la marchandiſe de l'eau ; les Toiſeurs de plâtre ; les Jurés Meſureurs & Porteurs de chaux ; les Maîtres des ponts, leurs Aydes, les Chableurs & les Maîtres des pertuits ; les Gardes de nuit, les Planchéeurs, les Débacleurs, les Maîtres Paſſeurs & les Boueurs des Ports, &c.

On parle de tous ces Officiers à leurs articles particuliers où l'on peut avoir recours.

Le Prevôt des Marchands tient ſon audience à l'Hôtel de Ville tous les lundis, mardis, jeudis & vendredis de chaque ſemaine depuis onze heures du matin juſqu'à une heure après midi ; & les appellations de ſes Sentences reſſortiſſent & ſont directement portées au Parlement.

Tous les Hiſtoriens attribuent la création de la Charge de Prevôt des Marchands & de celles des Echevins de la Ville de Paris à Philippe Auguſte. Du Haillan en fixe l'époque vers l'an 1190. Ce n'eſt pas que cette grande Ville eût été juſques-là ſans un premier Magiſtrat Municipal ; & les Aſſemblées de Ville qui ſe tenoient au Parloir aux Bourgeois, que Gregoire de Tours nomme *Domus Negotiantium*, avoient ſans doute un Chef & un Préſident qui y tenoit lieu de Prevôt des Marchands. Ce que Philippe Auguſte fit par cette nouvelle création, ce fut de donner de nouveaux noms, de nouveaux droits & un nouveau luſtre aux Magiſtrats qui juſques-là avoient eu ſoin des affaires & des interêts de cette Capitale de ſon Royaume.

Pluſieurs des Rois de France ont depuis ajouté des privileges à ceux que leur avoit attribué Philippe. Charles V. par ſes Lettres du 9 Août 1371, Charles VI. par les ſiennes du 5 Août 1390, & Louis XI. par celles de Septembre 1449, ont donné même aux Bourgeois le droit de tenir fiefs ſans payer finance, de porter des armoiries timbrées, & de ſe ſervir des marques de Chevalerie, comme s'ils étoient nobles de race.

C'eſt ſur-tout à Henri III. que les Prevôt des Marchands & Echevins ſont redevables de leurs plus grands avantages. Ce Prince par ſes Lettres Patentes du mois de Janvier 1577, les ayant annoblis, eux & leurs enfans à l'avenir, ſans être tenus de faire d'autres preuves de nobleſſe, que de montrer qu'eux & leurs peres ont été dans l'une de ces Charges, & qu'ils n'ont point depuis dérogé ; accordant de plus au Prevôt des Marchands en particulier, le titre de Chevalier avec les droits attachés à cette qualité; & déclarant qu'il auroit ses causes commises aux Requêtes du Palais, comme s'il étoit Officier Commençal de la Maison Royale.

Louis XIV. par son Edit perpétuel & irrévocable du mois de Novembre 1706, a de nouveau confirmé tous les priviléges accordés par ses Prédécesseurs aux Prevôt des Marchands & Echevins de Paris, & nommément ceux contenus dans les Lettres Patentes des Rois Charles V. de l'an 1371, Charles VI. de l'an 1411, Henri III. de l'an 1577; & en conséquence ledit Prevôt des Marchands est maintenu dans le titre, dignité & qualité de Chevalier, avec droit de manteau, armes timbrées, &c. & les Echevins, Procureur du Roi, Greffier & Receveur de la Ville, & leurs enfans nés & à naître sont pareillement confirmés dans les droits & prérogatives de noblesse à eux ci-devant accordés par Edit de 1656; & à ceux d'entr'eux qui sont Marchands & Négocians & à leurs enfans, a donné la faculté de continuer leur négoce & trafic en gros, sans dérogeance à ladite noblesse.

Par le même Edit de 1706 sont créés quatre Conseillers-Intendans des fontaines, regards, aqueducs & conduits publics, un Conseiller-Syndic général des Communautés dépendantes de l'Hôtel de Ville de Paris, & un Tresorier des deniers destinés à l'entretenement des Hôtels des deux Compagnies des Mousquetaires du Roi.

Le Prevôt des Marchands est à peu près à Paris ce qu'étoit à Rome le *Præfectus Urbis*; & leurs fonctions sont assez semblables. Le Magistrat Romain avoit toutesfois, ce semble, un droit de police plus étendu que le Parisien; & pour une plus parfaite ressemblance, il faudroit joindre à la jurisdiction du Magistrat Municipal de Paris, celle de Lieutenant de Police de cette même Ville.

Le Prevôt des Marchands est élu de deux ans en deux ans, & peut être continué: l'élection s'en fait le lendemain de l'Assomption de la Vierge au mois d'Août. Dans les cérémonies il marche en robe de Palais, mi-partie de velours rouge & tanné pardessus une soutanne de satin rouge-cramoisi, avec boutons, ceinture & cordons d'or. Quand il a l'honneur de parler au Roi au nom de la Ville, & à la tête des Echevins & autres Officiers, il harangue à genoux.

Ce n'est que sous le regne de Henri IV. & par Edit du mois de Decembre 1595, que la Ville de Lyon a commencé d'avoir un Prevôt des Marchands pour premier Magistrat Municipal, & quatre Echevins, pour tenir avec lui la Jurisdiction des Bourgeois de ladite Ville. Henri II. avoit bien eu dessein de faire cet établissement, & en avoit même donné son Edit, mais il étoit demeuré sans exécution. Avant ce tems-là douze Conseillers ou Consuls, dont six étoient élus chaque année en la place des six plus anciens qui sortoient de Charge, étoient chargés du Consulat; (c'est ainsi que se nommoit cette Jurisdiction des Bourgeois de Lyon.) L'Edit le plus ancien portant Reglement pour l'élection, droits & privileges de ces douze Conseillers, est de Charles VIII. en Decembre 1495. Il y est dit néanmoins que de toute ancienneté les affaires communes de cette Ville avoient été régies, gouvernées & administrées par douze Conseillers.

Le principal privilege accordé à ces douze Magistrats Municipaux étoit le titre & privilege de noblesse & le droit de franc-fief. Louis XII. en Juin 1498, François I. en Fevrier 1514 & Janvier 1544, Henri II. en Septembre 1550, François II. en Octobre 1559, Charles IX. en 1570, & enfin Henri III. en Octobre 1574, ont donné leurs Lettres Patentes confirmatives de tous les privileges contenus dans l'Edit de Charles VIII.

Henri IV. faisant le changement raporté ci-dessus au nom & au nombre des Officiers de la Ville de Lyon, ne changea rien à leurs privileges, mais au contraire il les confirma par ses Lettres du mois de Novembre 1602. Outre le Prevôt des Marchands & les quatre Echevins, il est aussi créé & érigé par ledit Edit de 1595, un Procureur du Roi & un Secretaire ou Greffier de ladite Ville. La Jurisdiction de ces Magistrats Municipaux de Lyon s'étend à peu près sur les mêmes Officiers, & les mêmes droits & affaires que celles du Prevôt des Marchands & Echevins de la Ville de Paris, à l'instar desquels, comme parle l'Edit, ils ont été établis.

PREVOST DE SALE. C'est celui qui apprend chez les Maîtres en fait d'armes l'exercice de l'escrime, pour en donner lui-même leçon. Le Prevost avant d'être reçu Maître doit servir deux ans; & quand il a été reçu, encore quatre autres années avant de pouvoir tenir sale. *Voyez* MAISTRE EN FAIT D'ARMES.

PREVOSTS. Ce sont aussi ceux qui ont soin des affaires, qui font les visites & qui veillent à l'exécution des Statuts de la Communauté des Maîtres Chirurgiens Jurés de Paris. Ils sont à proportion ce que sont les Jurés dans les Communautés des Arts & Métiers. *Voyez* CHIRURGIEN.

PREVOSTS. Ce sont encore une espece d'Officiers subalternes dans les Monnoies de France. Il y en a de deux sortes, les Prevosts des Ouvriers & Tailleresses, & ceux des Monnoyers. Ils sont à vie, & se font par élection.

C'est au Prevost des Ouvriers de se charger des lames d'or, d'argent & de cuivre pour les leur distribuer, afin qu'ils les taillent au coupoir, & qu'ils leur donnent les autres façons qui les rendent flaons, c'est-à-dire, propres à recevoir la marque qui leur fait avoir cours dans le public. Le Prevost des Monnoiers en fait autant des flaons; & c'est de sa main qu'ils les reçoivent pour les frapper au balancier. L'un & l'autre répond des lames ou des flaons tant qu'ils restent entre leurs mains. *Voyez* OUVRIER & MONNOYER. *Voyez aussi* MONNOYAGE.

PREVOTE' DE NANTES. On nomme ainsi en Bretagne la Ferme des droits du Roi qui se levent sur certaines Marchandises, à l'entrée ou à la sortie de la Ville de Nantes, ou en passant dans les Bureaux établis dans l'étendue de la Prevôté de ladite Ville. *Voyez* le Commerce de Bretagne dans l'Etat général du Commerce, Tome I. page 117.

PREVOTE' DE LA ROCHELLE. On nomme à la Rochelle droit de Tablier & Prevôté, un droit de 4 den. par livres sur certaines marchandises qui sortent de cette Ville pour les Pays Etrangers & la Bretagne. *Voyez* le Commerce de la Rochelle dans l'Etat général, Tome I. page 69.

PREUVE. Terme d'Arithmetique. C'est une opération par laquelle on vérifie une régle. La preuve de la Multiplication est la Division; la Soustraction sert de preuve à l'Addition; & l'Addition à la Soustraction. *Voyez les articles où l'on traite de ces règles.*

PREXILLAS-CRUDOS. C'est ainsi qu'on appelle en Flandre une espéce de toile d'étoupe de lin qui se manufacture particuliérement aux environs de Bruges, Courtray, Gand & Ypres. On la nomme encore dans le Pays, Brabante. *Voyez* TOILE, *à l'endroit où il est parlé de celles de Flandre.*

PRI

PRIAPE, ou NERF DE CERF. *Voyez* CERF.

PRIEUR. C'est le nom que l'on donne en quelques Villes de France, comme à Rouen, à Toulouse, à Montpelier, à celui qui préside au Consulat des Marchands : il y tient la place que le Grand Juge tient à la Jurisdiction Consulaire de Paris. *Voyez* CONSULS.

PRIMA ou PRIMO. Terme dont les Marchands & Négocians Provençaux se servent quelquefois dans leurs écritures pour signifier premier. Le voisinage d'Italie l'a fait passer en France.

PRIMAGE. On nomme ainsi en Provence & dans les Echelles du Levant, ce qu'ailleurs on appelle Prime en fait d'Assurance. *Voyez* PRIME.

PRIME. Nom que l'on donne à la premiere sorte de laine d'Espagne, qui est la plus fine & la plus estimée pour la fabrique des étoffes, bas & autres ouvrages de laine. On lui donne aussi à cause de sa grande finesse le nom de Refin ; & pour faire connoître le lieu précisément d'où elle vient, on ajoute ordinairement le nom de la Ville. Ainsi l'on dit, Prime Segovie, Refin Segovie. *Voyez* LAINE, *où il est traité des laines d'Espagne.*

PRIME, dans la division du marc d'argent. Se dit de la vingt-quatriéme partie d'un grain ; ensorte qu'un grain est composé de vingt-quatre primes.

PRIME, en fait d'Arithmetique. Signifie une dixiéme partie de l'unité.

PRIME. Se dit aussi dans le commerce de la morue séche de celle qui arrive en Europe de la première pêche de ce poisson, & qui par conséquent y est du meilleur débit, à cause de sa nouveauté.

La morue prime s'entend particuliérement de celle qui donne au Cap-Breton, cedé à la France par le Traité de 1713, & que les François nomment présentement Louis-bourg. Les endroits où la pêche commence la première sont, sur-tout le Fourillon, le Cap-Nord & Neganiche ; aussi ces trois lieux, entr'autres Neganiche, quoique ce dernier ne puisse au plus contenir que trois vaisseaux à la fois, sont toujours les premiers occupés par les Pêcheurs François, tant à cause que la morue y est toujours prime, que parce que le poisson y est excellent. *Voyez* MORUE. *Voyez aussi dans l'Etat général du Commerce de l'Amerique, ce qu'on y dit de celui du Cap-Breton, Tome I. page 520.*

PRIME D'ASSURANCE. Terme de commerce de mer, qui signifie la somme que l'Assureur reçoit comptant en signant la police d'assurance de celui qui fait assurer sa marchandise ou son vaisseau. On la nomme Prime, à cause qu'elle se paye premiérement & par avance. En quelques lieux elle est appellée Primeur, Premie, Coust, ou Agio d'Assurance. Elle se trouve autorisée par l'Ordonnance de la Marine du mois d'Août 1681, livre 3, art. 1 du titre 6. *Voyez* ASSURANCE & POLICE D'ASSURANCE.

PRIMEUR D'ASSURANCE. *Voyez l'article précédent.*

PRIMITIF. Terme d'Arithmetique. On appelle un nombre primitif, celui qui ne peut être exactement mesuré que par l'unité, comme sont les nombres de sept, de onze, de vingt-sept, &c.

PRIMO. *Voyez* PRIMA.

PRINCIPAL. Le capital d'une somme dûe ou prêtée. Il se dit en ce sens par opposition à interêt, qui signifie le profit que l'on tire de son argent en le prêtant, ou en le donnant à constitution. Les interêts montent présentement plus haut que le principal. Les interêts usuraires doivent se précompter sur le principal.

On s'en sert aussi par opposition aux frais. Dans ce procès il ne s'agissoit pas de cent écus de principal, il y a pour mille écus de frais.

On dit, Imputer un payement sur le principal & non sur les interêts ou les dépens ; ou au contraire, l'imputer sur des dépens & interêts & non sur le principal, pour dire, en tenir compte sur les uns ou sur les autres.

PRINCIPAL. Fonds principal. S'entend du premier fonds que des Associés ont mis dans une société ; ce qui le distingue des fonds qu'on est quelquefois obligé de faire subsidiairement, quand le premier n'est pas suffisant. Notre fonds principal n'est que de cent mille écus, mais nous avons été obligés de faire de nouveaux fonds qui montent presque aussi haut.

PRINCIPAL COMMERCE D'UN MARCHAND. Est celui auquel il s'applique par préférence aux autres négoces. Le principal commerce de cet Epicier sont les drogues pour la médecine & la teinture. Le principal commerce des Hollandois est celui des Indes Orientales.

PRIN-FILE'. Terme en usage en Guienne dans les Manufactures du tabac, & dans les Bureaux de la Ferme. Il signifie le filage le plus fin qui se puisse faire avec des feuilles de tabac sans cordes, les deux autres sont le moyen filé & le gros filé. *Voyez* l'article du tabac.

PRISE. Se dit des vaisseaux & bâtimens enlevés & pris en mer sur les Ennemis de l'Etat, ou sur les Pirates, par des vaisseaux de Roi, ou par des Armateurs ayant commission de l'Amiral ; ce qui s'entend pareillement des vaisseaux & bâtimens que les Ennemis ou Pirates enlevent sur les Marchands.

L'Ordonnance de la Marine du mois d'Aout 1681, titre 9 du livre 3, article 4, 5, 6, 7, 8 & 12, déclare de bonne prise,

1°. Tous vaisseaux appartenans aux Ennemis du Roi, ou commandés par des Pirates, Forbans & autres courans la mer sans commission d'aucun Prince ni Etat Souverain.

2°. Celui qui combat sous autre pavillon que celui de l'Etat dont il a commission, ou ayant commission de deux différens Princes ou Etats.

3°. Les vaisseaux avec leur chargement, dans lesquels il ne se trouve point de charte-partie, connoissement ni factures.

4°. Ceux qui se trouvent chargés d'effets appartenans aux Ennemis du Roi.

5°. Les marchandises des Sujets & Alliés de Sa Majesté, qui se rencontrent dans des vaisseaux ennemis.

6°. Les bâtimens des Sujets du Roi repris sur les Ennemis, après être restés entre leurs mains vingt quatre heures.

7°. Les vaisseaux qui refusent d'amener leurs voiles, après la semonce qui leur en a été faite par les vaisseaux de Sa Majesté, ou par ceux de ses

Sujets armés en guerre, peuvent y être contraints; & s'ils font résistance, & qu'ils combattent, ils sont de bonne prise.

Cette même Ordonnance, titre 2 du livre 1, veut que ce soient les Juges de l'Amirauté qui connoissent privativement à tous autres, des contestations qui arrivent concernant les prises.

Les marchandises provenant des prises faites en mer par les vaisseaux de guerre François, ne sont sujettes à aucuns droits, soit qu'elles soient déclarées de bonne prise, ou que mainlevée en ait été faite aux Propriétaires, pourvû qu'elles soient transportées hors le Royaume un mois après leur arrivée, sans y avoir été vendues; mais elles sont sujettes aux droits d'entrée, si elles sont vendues dans le Royaume; & elles sont encore sujettes aux droits de sortie, si elles sont portées hors du Royaume après avoir été vendues. *Ordonnance des cinq grosses Fermes du mois de Février 1687, titre 1, article 10.*

PRISE. Se dit aussi chez les Marchands Epiciers, Droguistes & Apoticaires, de quelque dose de drogue propre à la Médecine. Une prise de quinquina: Une prise de poudre de vipere.

PRISÉE. La valeur d'une chose estimée ou à l'amiable, ou par autorité de justice; soit par les Officiers qui ont titre de le faire en conséquence de leurs Charges, comme sont les Huissiers-Priseurs & les Experts Jurés; soit par des personnes intelligentes convenues par les Parties interessées.

PRISER. Mettre le prix à une chose. Ce sont les Huissiers-Priseurs qui mettent le prix aux meubles, ustenciles de ménage & marchandises qui se vendent par autorité de Justice dans les encans publics. Les Maîtres Jurés Experts Charpentiers & Maçons prisent les ouvrages de charpente, maçonnerie & couverture, dont les prix sont en contestation entre les Bourgeois & les Entrepreneurs & Ouvriers. *Voyez les divers articles de ces Officiers de Police.*

PRISEUR. Officier qui met le prix aux choses dont la vente se fait par Ordonnance du Juge. *Voyez comme dessus.*

PRIVILEGE. Permission que l'on obtient du Prince ou du Magistrat de fabriquer & vendre quelque marchandise, ou faire quelque commerce, soit à l'exclusion des autres, soit concurremment avec eux. Le premier s'appelle Privilége exclusif, & l'autre simplement Privilége.

Les Priviléges exclusifs ne devroient s'accorder que rarement, à cause du préjudice qu'ils apportent ordinairement au commerce, en ôtant l'émulation qui le fait fleurir. Ils sont néanmoins justes & nécessaires en certains cas, puisqu'ils sont comme une espece de récompense de la peine que donne l'invention des Manufactures, des ouvrages & des machines utiles au public, ou des grandes entreprises de commerce. Il arriveroit même assez souvent que les Inventeurs s'étant engagés dans des dépenses grandes & indispensables pour des choses dont l'exécution ne coûte quelquefois presque rien, ne se hâteroient pas de les rendre publiques si un privilége exclusif ne leur ôtoit la crainte de l'imitation, & ne leur donnoit l'espérance de se rembourser.

A l'égard du privilége exclusif de faire le Commerce étranger, il ne s'accorde ordinairement qu'aux conditions suivantes. 1°. Pour des choses qui viennent des lieux fort éloignés, où l'on ne peut aller sans courir de grands risques, & qui servent plutôt aux commodités superflues qu'aux nécessités absolues de la vie. 2°. Que le Privilége ne soit pas perpétuel, parce qu'il restraint la liberté naturelle, mais qu'il soit limité à un certain tems proportionné pour que les Privilegiés puissent amplement s'indemniser. Ce tems est aisé à connoître par la vûe du commerce qu'on entreprend, & des lieux où il doit se faire. 3°. Qu'il ne soit pas permis à ces Privilégiés de monopoler, c'est-à-dire, de hausser le prix de leurs marchandises à leur fantaisie, mais que la vente en soit proportionnée aux armemens & frais, aux avances & interêts d'avances, aux prix des achats sur les lieux, aux risques de la mer, & au gain qui se peut légitimement faire, toutes considérations balancées. 4°. Que les Privilégiés secourent l'Etat dans ses besoins sur les gains considérables qu'ils font, & cela à la décharge des autres contribuables qui sont privés par l'exclusion de la part qu'ils auroient pû avoir à ce gain. 5°. De remettre au public la liberté de ce commerce aussi-tôt que le tems est expiré sans le prolonger, à moins qu'il n'y ait des nécessités pressantes & interessantes pour l'Etat, afin que tous les Citoyens puissent partager à un gain légitime, & qu'un petit nombre n'accumule pas des richesses immenses, qui quelquefois portent à la désobéissance & à la revolte.

PRIVILEGE POUR L'IMPRESSION DES LIVRES. Ce Privilége est proprement exclusif; c'est une permission qu'un Auteur ou un Libraire obtient au grand Sceau, pour avoir seul la permission d'imprimer ou faire imprimer un Livre, avec défense à tous autres de l'imprimer, vendre & débiter pendant un certain nombre d'années, avec les clauses & sous les peines qui y sont exprimées.

Ce n'est gueres que depuis le commencement du seiziéme siécle que les Libraires & les Imprimeurs ont pris des permissions d'imprimer. Le Roi, le Parlement & le Prévôt de Paris les accordoit indifféremment, suivant qu'on s'adressoit à l'un ou à l'autre pour les avoir. On ne voit point de permission accordée par les Rois avant celles de Louis XII de 1507, ni aucune obtenue du Parlement avant 1508, il y en a quelques-unes du Prévôt de Paris depuis 1517.

Il étoit alors libre de prendre & de ne prendre pas de ces permissions. Ce ne fut d'abord que pour éviter cette jalousie si ordinaire parmi les personnes de même profession, qui excitoit quelques Imprimeurs à contrefaire les Ouvrages de leurs Confreres aussi-tôt qu'ils paroissoient, que l'on eut recours à l'autorité du Souverain ou des Magistrats qui le représentent pour arrêter cet abus.

Dans la suite l'interêt de la Religion & celui de l'Etat fixerent cette liberté, & rendit les permissions de nécessité. Dès que l'on vit la France innondée des livres de Luther & de Calvin, & troublée par les libelles infâmes qui ne respiroient que l'hérésie & la révolte qui s'y répandoient sans cesse contre les Puissances les plus respectables, on songea à arrêter cette licence; mais les premieres tentatives n'ayant pas réussi, Charles IX donna enfin cette celebre Ordonnance du 10 Septembre 1563, qui défend sous peine de confiscation de corps & de biens à toutes personnes de faire imprimer aucun Livre, Lettre, Harangue, &c. sans permission scellée de la Chancellerie, & à tous Libraires d'en imprimer sans pareille permission sous peine de la vie.

Cette injonction d'ailleurs si juste & si raisonnable de prendre des Privileges du grand Sceau pour l'impression des Livres, a néanmoins eu besoin que les Rois successeurs de Charles IX l'ayent souvent de nouveau ordonné par quantité d'Edits, de Déclarations & d'Arrêts du Conseil. L'Edit du 21 Aout *1686*, & les Arrêts du 2 Octobre 1701, & 13 Aout 1703, contiennent les Réglemens qui s'observent en France dans la Librairie sur le fait des Privileges.

Par l'article *66* de cet Edit en forme de Statuts pour les Imprimeurs & Libraires, il leur est défendu d'imprimer ou faire imprimer aucun Livre sans Lettres Patentes du grand Sceau, ou de les imprimer ou faire imprimer autre part qu'au lieu de leur résidence.

L'article 4 ordonne que les Privileges ou Extraits des Privileges soient inserés à la fin ou au commencement des Livres; mais l'Arrêt de 1701 ordonne qu'ils y seront imprimés tout au long, & non par Extrait.

L'article 2 de l'Arrêt de 1703, veut pareillement que les Lettres Patentes desdits Privileges, & même leur cession, soient enregistrées fidélement & tout au long dans les Registres de la Communauté des Libraires & Imprimeurs dans les trois mois du jour de l'obtention desdites Lettres, & dans pareil terme de la datte de leur cession.

L'article *65* du même Edit de *1686*, défend à tous Libraires & Imprimeurs de contrefaire, vendre ni débiter les Livres pour lesquels il aura été accordé des Privileges ou continuation de Privileges.

Enfin l'article *67* explique les différens ouvrages d'Imprimerie pour lesquels il n'est pas nécessaire, mais qu'il est même défendu d'obtenir des Privileges, comme sont les Factums, Requêtes, Placets, Billets d'Enterrement, Pardons, Indulgences, Monitoires, &c. à la réserve néanmoins des Pardons, Indulgences & autres ouvrages propres à chaque Diocese qui peuvent être imprimés sur les Privileges spéciaux qu'en auront obtenus les Evêques.

Le nouveau Réglement pour la Librairie & l'Imprimerie, arrêté au Conseil d'Etat du Roi le 28 Février 1723, a non-seulement réuni dans le XVe titre qui traite des Privileges & de leurs continuations, tout ce que les anciens Reglemens donnés sur cette matiere avoient de plus sage, particuliérement ceux de 1686, 1701 & 1703 rapportés ci dessus; mais encore il y a ajouté quelques articles non moins importans, & qui semblent avoir mis la derniere main à la Police de la Librairie & de l'Imprimerie à cet égard.

On ne rapportera ici que ce qu'il y a de nouveau, renvoyant pour le reste à ce qu'on en a dit ci-devant.

L'article CII. porte que les Libraires ou autres ne pourront imprimer ou faire réimprimer aucun Livre, ni même de feuilles volantes & fugitives, sans en avoir obtenu permission du Lieutenant Général de Police, & sans approbation; & sous ledit nom de livres, ne seront compris que les ouvrages dont l'impression n'excédera pas la valeur de deux feuilles en caractere de Cicero.

Dans le CIV[e]. il est dit que si les ouvrages pour lesquels on demande privilege, contiennent plusieurs Traités, Parties & Volumes, dont il n'y auroit que les premiers d'achevés quand les permissions seront accordées, aucuns Libraires ou Imprimeurs ne pourront imprimer lesdits Traités, Parties & Volumes qui resteront, qu'ils n'ayent été examinés & approuvés comme le reste, ce qui sera exécuté même à l'égard des Préfaces, Avertissemens, Epitres Dédicatoires, Suplémens, Tables, &c.

Par l'article CVII. il est permis de faire imprimer dans toute l'étenduë du Royaume les livres pour lesquels on aura obtenu Lettres de Privilege ou Permissions, & il est défendu d'en faire imprimer aucun hors d'icelui Royaume, à peine de confiscation des exemplaires & de quinze cens livres d'amende. La premiere partie de cet article est dérogatoire à l'article LXVI. du Reglement de *1686*, qui défendoit aux Libraires & Imprimeurs de faire imprimer lesdits Livres hors du lieu de leur résidence.

Le CXI[e]. article regle ce qui concerne l'impression des Factums, Requêtes, Mémoires, Arrêts, &c. & ordonne qu'à l'égard des trois premiers ouvrages, ils ne pourront être imprimés qu'ils ne soient signés d'un Avocat inscrit sur le tableau, ou d'un Procureur, & que pour les Arrêts de la Cour du Parlement & de la Cour des Aides de Paris, ils ne pourront l'être sans une permission particuliere, obtenue par Arrêt sur Requête, à l'exception néanmoins des Arrêts de Reglement & de tous ceux qui concernent l'ordre & la discipline publique, qui doivent être imprimés par les soins des Procureurs Généraux de Sa Majesté: comme aussi des Arrêts d'Ordre & d'homologation des Contrats, pour être signifiés aux Parties.

Enfin il est défendu par l'article CXII. à tous Graveurs, Imagers & Dominotiers, de graver, imprimer ou faire imprimer aucunes Cartes Géographiques & autres planches, ni explications étant au bas d'icelles, sans Privilege du grand Sceau ou permission du Lieutenant Général de Police, qui seront registrés sur le Livre de la Communauté des Libraires & Imprimeurs de Paris.

PRIVILEGE. Il y a à Lyon un Juge Conservateur des Privileges des Foires franches dont la Jurisdiction se nomme, La Conservation, & les Magistrats Juges Conservateurs. *Voyez* CONSERVATION.

PRIVILEGE. C'est encore un droit que le Roi accorde à des Particuliers d'être reçûs Maîtres dans des Corps & Communautés sans y avoir fait d'Apprentissage, & sans être obligés d'y faire de chef d'œuvre, mais seulement une simple experience.

Il y a plusieurs occasions où les Rois, même quelques Princes, par la concession des Rois, ont la faculté de donner une certaine quantité de ces Privileges dans chaque Communauté, comme les joyeux avenemens, les mariages, les entrées, les Batêmes, les naissances de Dauphins & de premier Prince du Sang, &c. Autrefois aucuns Corps ni Communautés n'en étoient exempts. Présentement une grande partie en a obtenu l'exemption, & s'en est rachetée par le payement de quelque finance portée aux coffres du Roi. Ces sortes de Maîtres sans apprentissage & sans chef-d'œuvres, sont appellés simplement Privilégiés, ou Maîtres de Lettres, pour les distinguer des Maîtres Chef-d'œuvriers.

PRIVILEGIE'S. Ce sont des Particuliers qui en vertu des Lettres Patentes du Roi, ont droit d'exercer certains commerces ou certains Arts & Métiers sans avoir fait Apprentissage, ni avoir été reçû Maîtres dans les Corps & Communautés. Ces Privilégiés sont obligés de faire enregistrer leurs Lettres au Greffe du Châtelet, sont sujets aux visites en certains cas, & n'ont aucun droit à la Jurande ni aux autres privileges des Maîtres de Communautés. *Voyez* MAîTRES DE LETTRES.

PRIVILEGIE'S SUIVANT LA COUR. Ce sont des Marchands ou Artisans qui ont droit d'exercer leur négoce ou métier dans tous les lieux où la Cour se trouve. Ils sont sous la protection, justice & visite du Grand Prévôt de l'Hôtel.

PRIVILEGIE'S. On appelle à Paris Lieux Privilégiés, ou plutôt prétendus Privilégiés, ceux dans lesquels des Artisans & Ouvriers, sans avoir été reçûs à la Maîtrise dans aucun Corps ou Communauté des Arts & Métiers, ont la liberté de les exercer sans être sujets à la jurisdiction & à la visite des Maîtres de ces Communautés. Il y a cependant de certains cas où les Jurés ont droit de visite chez eux & sur leurs ouvrages, mais alors ils se doivent faire accompagner d'un Commissaire du Châtelet, & même le plus souvent, suivant les lieux & les occasions, obtenir une Ordonnance du Lieutenant Civil ou de celui de Police.

Les lieux privilégiés ou prétendus privilégiés de Paris, sont le Fauxbourg S. Antoine, le Cloître & Parvis Notre-Dame, la Cour saint Benoît, l'enclos de saint Denis de la Chartre, celui de saint Germain des Prez, celui de saint Jean de Latran, la rue de Loursine, l'enclos de saint Martin des Champs, la Cour de la Trinité, & celle du Temple.

On peut mettre aussi de ce nombre les Galleries du Louvre, l'Hôtel Royal des Gobelins, & les Maisons des Peintres & Sculpteurs de l'Académie, qui méritent avec tant de raison par l'excellence des Arts qui s'y exercent, & par l'habileté de ceux qui en font profession, les grands privileges qui leur ont été accordés, quand d'ailleurs à l'égard des deux premiers ils ne seroient pas véritablement des Maisons Royales.

Les Palais & Hôtels des Princes du Sang sont aussi respectés comme des lieux privilégiés, & même les Colleges de l'Université, ont des especes de privileges, particuliérement pour les Ouvriers & Artisans qui leur servent de Portiers, mais bien moins fondés que ceux des lieux dont on vient de parler, & ausquels souvent on n'a pas beaucoup d'égard.

PRIX, valeur, estimation d'une chose.

Le prix des marchandises dépend ordinairement de leur abondance & de la rareté de l'argent, quelquefois de la nouveauté & de la mode qui y mettent la presse, plus souvent de la nécessité & du besoin qu'on en a. Mais par rapport à elles-mêmes leur prix véritable & intrinséque doit s'estimer sur ce qu'elles coûtent au Marchand, & sur ce qu'il est juste qu'il y gagne, eu égard aux différentes dépenses où il est engagé par le négoce qu'il en fait.

Vendre au prix coûtant, c'est vendre une étoffe ou autre marchandise sur le pied qu'elles reviennent au Marchand rendues dans son magasin.

Faire le prix d'une chose, d'une denrée, d'une marchandise, c'est en fixer la valeur. Les Prevôt des Marchands & Echevins de Paris, fixent le prix des bois, charbons, chaux, ardoises, &c. qui arrivent sur les Ports de cette Ville. Le Lieutenant Général de Police a aussi le droit de fixer certaines denrées, grains, &c. dans les halles & marchés de la Ville, & il appartient pareillement au Grand Prevôt de l'Hôtel de fixer celui des denrées qui se vendent à la suite de la Cour, comme le Grand Prevôt des Maréchaux, le fixe dans les Camps & Armées du Roi.

On dit ordinairement : Cette marchandise est très bonne, vous n'avez qu'à vous défendre du prix, pour dire, tâchez de n'en donner que le moins que vous pourrez.

Une marchandise hors de prix est une marchandise qui se vend beaucoup au-delà de sa juste valeur.

PRIX FAIT. C'est le prix d'une marchandise ou d'un ouvrage dont on est convenu avec le Marchand ou l'Ouvrier qui la doit livrer. On le dit aussi du prix qu'une chose vaut communément dans le commerce. Pourquoi marchander ? c'est un prix fait.

PRIX COURANT, est un Mémorial qu'on imprime toutes les semaines en différentes places de Commerce, sur-tout à Amsterdam, des prix de toutes les marchandises & des changes ; & qui s'envoye dans toutes les autres places de l'Europe ; avec lesquelles on est en relation d'affaires.

PRO

PRO. Terme usité parmi quelques Négocians, qui veut dire par, ou pour. Ainsi l'on dit, *Pro cento*, *Pro mille* & *Pro resto*, pour signifier par cent, par mille & par reste ; ou, pour cent, pour mille ou pour reste. On dit pareillement, *Pro comptant*, pour dire pour comptant.

PROCEDIDO NETTO. Quelques Marchands se servent de ce terme pour signifier ce qu'on entend en François, par provenu net, ou net provenu. *Voyez* NET PROVENU.

PROCE'S-VERBAL DE CONTRIBUTION. *Voyez* CONTRIBUTION AU SOL LA LIVRE.

PROCURATION. Acte par lequel on donne pouvoir à quelqu'un d'agir, traiter, recevoir, &c. en son nom ; & de faire dans une affaire particuliere quand elle est spéciale, ou même quand elle est générale dans toutes les affaires qui concernent celui qui donne la Procuration, comme s'il étoit présent & s'il agissoit en personne.

Ainsi de ces deux sortes de Procurations, l'une s'appelle Procuration spéciale, & l'autre Procuration générale.

C'est une maxime que l'Auteur du Parfait Négociant estime, que les Syndics & Directeurs des Créanciers d'un failli, doivent observer de n'admettre personne aux Assemblées, qui ne soient du nombre des Créanciers, ou du moins qui n'y assiste comme porteur de Procuration spéciale d'un ou de plusieurs des Créanciers, pour consentir & accorder tout ce qui sera fait & délibéré à la pluralité des voix.

PROCUREUR, PROCURATRICE. Celui ou celle qui est chargé de la Procuration d'un autre pour agir en son nom. Ce Commissionnaire n'agit en cette banqueroute que comme Procureur : cette femme traite tant en son nom que comme Procuratrice de son mari. Elle a les Procurations & autorisations nécessaires.

C'est un proverbe mercantil, que celui qui fait

ses affaires par Procureur, va ordinairement en personne à l'hôpital.

PRODUIRE, en terme d'Arithmétique. Se dit du nombre qu'on fait résulter de plusieurs nombres ajoutés ou multipliés; six & six ajoutés ensemble produisent douze. Six multipliés par soi-même produit trente-six.

PRODUIT. Ce qui résulte de plusieurs nombres ajoutés ensemble ou multipliés l'un par l'autre. Le produit de vingt multipliés par cinq c'est cent; le produit de cinq ajoutés à dix & à quinze, c'est trente.

PRODUIT. Se dit aussi en terme de finance & de Fermes du Roi, de ce à quoi monte une Ferme. Le produit des Aides de cette Election est de deux cens mille francs par an; pour dire, que les droits que les Fermiers reçoivent chaque année montent à cette somme.

PRODUIT. En terme de commerce, signifie le profit qui revient d'une société, le capital ou le fond qu'on y a mis, & les dépenses déduites. Le produit de notre société a été de dix mille écus en trois ans, revenant à chacun des Associés.

PROFESSION MERCANTILLE. Signifie Condition, état de Marchand, de celui qui fait marchandise, commerce, négoce ou trafic. *Voyez* MARCHAND.

La Profession mercantille doit être regardée comme noble & indépendante. En France Louis le Grand par deux de ses Edits, l'un du mois d'Aout 1669, & l'autre du mois de Décembre 1701, a permis à sa Noblesse de faire le commerce en gros tant par mer que par terre, sans déroger, & on a souvent vû des Marchands François & Etrangers annoblis par nos Rois, en considération de l'utilité de leur commerce, ou pour avoir fait à Paris & dans les Provinces des établissemens importans de Manufactures.

En Bretagne le trafic même en détail ne déroge point à la Noblesse: lorsque les Nobles de cette Province veulent entreprendre le négoce, ils laissent dormir la Noblesse, c'est-à-dire, qu'ils ne la perdent point, mais seulement qu'ils cessent de jouir des privileges des Nobles tant que leur commerce dure; & qu'ils reprennent la Noblesse en quittant le trafic, sans qu'ils soient tenus de prendre aucunes lettres de réhabilitation.

Dans beaucoup d'autres Etats, sur-tout dans les Républiques, la Profession mercantille est très estimée; la plupart des Nobles s'y engagent sans s'en croire deshonorés, & particuliérement en Angleterre il n'est pas extraordinaire de voir les fils & les freres puînés des Milords l'embrasser, qui ensuite rentrent dans les droits & dans les honneurs de leur naissance, lorsque leurs aînés viennent à mourir.

Ce seroit un grand bonheur pour la France si les gros Négocians des principales Villes du Royaume & surtout de Paris étoient aussi persuadés que les Etrangers de l'excellence de la Profession mercantille; & s'ils étoient assez sages, suivant en cela les intentions du Roi & l'exemple des autres Nations, pour ne point quitter si légerement le négoce lorsqu'ils s'y sont enrichis: la fortune des Particuliers en seroit plus grande & plus assurée; le commerce en deviendroit de jour en jour plus florissant, & les entreprises importantes se soutiendroient plus facilement & auroient de plus heureux succès; au lieu que l'empressement qu'ont la plupart des Négocians de se tirer du commerce pour entrer eux-mêmes dans les charges ou pour y faire entrer leurs enfans, arrête non-seulement la source de toutes leurs richesses, mais les épuisent souvent de telle sorte, que de Marchands très à leur aise, & qui le pouvoient devenir davantage, ils deviennent & restent toute leur vie des Officiers & des Magistrats très incommodés.

PROFIT. Avantage, gain, bénéfice qu'on retire d'un négoce, soit par l'achat, soit par l'échange, soit par la vente des marchandises dont on fait commerce.

Il y a de grands coups à faire dans le commerce de mer; les risques sont grands, mais les profits sont quelquefois immenses, ils vont souvent à plus de cent pour cent. J'ai fait un profit de quinze pour cent sur les draps de Languedoc que j'ai achetés sur la fin de cet été.

La vente a été bonne cet hyver, j'ai fait de grands profits.

PROFIT PERMIS ET LEGITIME. Celui qui se fait dans un commerce juste & qu'on exerce avec probité.

PROFIT ILLICITE ET ODIEUX. Celui qui se fait par de mauvaises voies & dans un négoce défendu par les Loix, comme sont les prêts sur gages & les prêts à usure.

PROFIT. L'on dit qu'un Marchand vend à profit, non pas quand il gagne beaucoup sur une marchandise, mais quand il fixe son profit sur le pied de tant par livre de ce que la marchandise lui revient rendue dans le magasin. C'est la maniere la plus commode pour le Marchand & pour l'Acheteur, l'un ne vendant qu'à un mot & l'autre sçachant précisément ce qu'il veut bien que le Marchand gagne avec lui; mais comme on l'a dit ailleurs, il est dangereux de se fier à l'équité des hommes: il faut une conscience bien sure & une probité bien éprouvée pour ne pas quelquefois abuser de la confiance que le Public peut avoir en vous sur le prix que l'on met soi-même à sa marchandise.

Une des clauses que l'on n'obmet gueres de mettre dans les actes de société entre Marchands est: *Pour partager entre nous les profits & pertes qu'il plaira à Dieu nous envoyer pendant le tems de notre présente société.*

PROFITER. Tirer du gain, de l'avantage de quelque chose. Ce Marchand fait profiter son argent sur la Place, à la Bourse, dans les Armemens. Les Usuriers font profiter leur argent au denier fort.

PROGRAME. Terme introduit assez nouvellement dans l'impression des livres par souscription, c'est la même chose que *Prospectus*. *Voyez* PROSPECTUS.

PROHIBER UN COMMERCE. C'est le défendre, c'est empêcher qu'une marchandise n'entre dans le Royaume ou s'y débite. Les étoffes des Indes & les toiles peintes sont prohibées en France par plus de quarante Edits, Déclarations & Arrêts du Conseil.

PROHIBITION. Défense de faire une chose. Il se dit particuliérement en stile de Déclarations, des défenses générales qui se font d'acheter, vendre & débiter, même de se servir, soit en vêtemens soit en meubles, de certaines sortes de marchandises.

On appelle Contrebande ou Marchandises de Contrebande, celles dont on fait commerce contre & nonobstant les prohibitions portées par ces Déclarations.

Les plus importantes de ces prohibitions par rapport aux Manufactures de France, sont celles des étoffes étrangeres, particuliérement de celles qui viennent d'Orient. *Voyez* ETOFFES DE LA CHINE.

PROJET. On appelle ainsi sur la Côte de Barbarie, & surtout au Bastion de France où se fait la pêche du corail, celui des Corailleurs qui jette l'espece de filet ou de chevron avec lequel on tire le corail du fond de la mer. Il a pour ses peines deux parts de treize que l'on fait dans chaque sateau ou barque coralliere du corail qui se pêche chaque jour. *Voyez* CORAIL.

PROMESSE. Cédule, écrit qu'un Négociant fait à un autre pour une somme qu'il lui doit payer dans un tems, ou pour des lettres de change & des marchandises qu'il lui doit fournir. Les simples Promesses ne portent point d'hypotheque jusqu'à ce qu'elles soient reconnues en Justice; & celui qui les a faites, quoique Négociant, ne peut pas non plus avant cette procédure être contraint par corps à leur payement; il faut même une condamnation en Justice qui ne peut être obtenue que contre les Négocians.

PROMESSE de la caisse des Emprunts. *Voyez* CAISSE DES EMPRUNTS.

PROPOLIS. C'est le nom que l'on donne à la cire vierge qui n'est autre chose qu'une espece de cire rouge dont les mouches à miel se servent pour boucher & mastiquer les trous ou fentes de leurs ruches. Le propolis est estimé très souverain pour les maladies des nerfs. *Voyez* CIRE.

PROPORTION, terme d'Arithmétique. Quelques-uns nomment Regle de Proportion ce que d'autres appellent Regle de trois ou Regle d'or. *Voyez* REGLE.

PROPORTION MULTIPLE. Autre terme d'Arithmétique. *Voyez* MULTIPLE.

PROPRE. On nomme ainsi dans les sucreries des Isles Françoises de l'Amérique la seconde des six chaudieres dans lesquelles on cuit le suc des cannes à sucre. On l'appelle de la sorte parce que le vesou ou suc qu'on y met au sortir de la premiere est déja purgé de ses plus grosses écumes, outre que quand on travaille en sucre blanc, on y passe ce suc dans des blanchets ou morceaux de draps blancs & propres. *Voyez* SUCRE.

PROPRIETAIRE DE NAVIRE ou DE VAISSEAU MARCHAND. C'est celui qui a fait construire à ses dépens, ou acheté de ses deniers un bâtiment de mer.

Il est permis à toutes sortes de personnes de faire construire ou acheter des navires, les équiper pour eux, les fretter à d'autres, & faire le commerce de la mer par eux ou par personnes par eux interposées, sans que pour raison de ce les Gentilshommes soient réputés faire acte de dérogeance, pourvû toutefois qu'ils ne vendent point en détail.

Le Propriétaire d'un navire est responsable des faits du Maître, mais il en est déchargé en abandonnant son bâtiment & son fret. Cependant les Propriétaires des navires équipés en guerre ne sont point responsables des délits & dépradations commis en mer par les gens de guerre étant sur leurs vaisseaux, ou par les équipages, sinon jusques à concurrence de la somme pour laquelle ils auront donné caution, si ce n'est qu'ils en soient participans ou complices.

Un Propriétaire de navire peut congédier, quand bon lui semble, le Maître en le remboursant s'il le requiert, de la part qu'il peut avoir au vaisseau au dire de gens à ce connoissans. En tout ce qui concerne l'interêt des Propriétaires, l'avis du plus grand nombre doit être suivi; & est réputé le plus grand nombre, ceux des interessés qui ont la plus grande part au vaisseau. *Tout cela est conforme au tit. 8 du livre 2 de l'Ordonnance de Marine du mois d'Aout 1681.*

PRORATA. Terme dont se servent assez ordinairement les Marchands & Négocians pour signifier proportion. Ainsi quand on dit en parlant de quelque entreprise de commerce, que chacun partagera le profit ou supportera la perte au prorata de son interêt; cela doit s'entendre que chacun profitera ou perdra à proportion du fonds qu'il aura mis dans la chose entreprise.

PROROGATION. Terme, délai que l'on accorde pour le payement d'une dette ou l'exécution d'une chose.

PROROGER. Donner un délai, accorder un terme plus long que celui dont on étoit convenu ou qui étoit porté par un acte. Il faut proroger notre compromis. Voulez-vous que nous prorogions le pouvoir que nous avons donné à nos Arbitres.

Les termes de Prorogation & de Proroger sont très en usage dans le commerce & parmi les Marchands. Quelques-uns disent, Prolonger un délai, pour proroger; mais l'autorité de l'Auteur moderne qui s'en sert dans un Traité de commerce, ne paroît pas suffisante pour lui donner cours.

PROSPECTUS. Mot latin nouvellement introduit dans le commerce de la Librairie, particuliérement dans celui des livres qui s'impriment par souscription. Il signifie le projet ou programe de l'ouvrage qu'on propose à souscrire, la matiere qu'il traite, le format & la quantité de volumes qu'il doit avoir, le caractere, le papier soit grand soit petit, qu'on veut employer dans l'édition; enfin les conditions sous lesquelles se fait la souscription, ce qui comprend principalement la remise qu'on fait aux Souscripteurs, & le tems auquel l'ouvrage souscrit doit se délivrer.

L'article XIX. du Reglement de 1723, pour la Librairie & l'Imprimerie, qui est le III. du titre des Souscriptions, porte que les Libraires ou Imprimeurs qui proposeront un Ouvrage à souscrire, seront tenus de distribuer avec le *Prospectus* qu'ils publieront, au moins une feuille d'impression dudit ouvrage, laquelle sera imprimée de même forme qu'il doit l'être tout entier.

PROTEST. Acte de sommation que le Porteur d'une lettre de change est obligé de faire dans un certain tems à celui sur qui elle est tirée, lorsqu'il fait refus de l'accepter ou de la payer. Cet acte est nommé Protest, parce qu'il contient des protestations de répeter toutes pertes, dépens, dommages & interêts; même de prendre de l'argent à change, & de renvoyer la lettre au Tireur.

Il y a de deux sortes de Protest; l'un que l'on appelle Protest faute d'acceptation, & l'autre que l'on nomme Protest faute de payement.

Le Protest faute d'acceptation se fait dans le tems que les lettres sont présentées par les Porteurs à ceux sur qui elles sont tirées, au cas qu'ils fassent refus de les accepter soit pour les tems ou pour les sommes y mentionnées, ou qu'ils allèguent le défaut de provision ou d'avis.

Le Protest faute de payement se fait à l'échéance des lettres de change, lorsque ceux sur qui elles sont tirées refusent de les payer, soit qu'ils les ayent acceptées ou non, soit qu'elles soient payables à vûe, à jour nommé, ou à une ou deux usances, ou à tant de jours ou de semaines de date, ou en payement des Rois, de Pâques, d'Aout ou des Saints, ainsi qu'il se pratique à Lyon.

Les Porteurs des lettres de change qui ont été acceptées, ou dont le payement échoit à jour certain, sont obligés de les faire payer ou protester dans les dix jours de faveur accordés après le tems de l'échéance, & ces dix jours doivent être comptés du lendemain de l'échéance, sans que le jour de l'échéance y puisse être compris, mais seulement celui du protest, des Dimanches & des Fêtes, même des Solemnelles. *Ce qui est conforme à l'article 4 du titre 5 de l'Ordonnance du mois de Mars 1673, & à la Déclaration du Roi du 10 May 1686.*

Il faut cependant remarquer, qu'il n'en est pas de même à l'égard des lettres de change qui sont tirées sur la Ville de Lyon payables en payemens; car celles-là doivent être protestées dans trois jours non fériés après le payement échû qui dure jusqu'au dernier jour du mois inclusivement, ce qui a été ainsi déterminé par l'article 9 du Réglement de la Place du Change de Lyon du 2 Juin 1667.

Suivant les articles 8, 9 & 10 du même titre de l'Ordonnance de 1673, ci-devant rapportée, les Protests ne peuvent être faits que par deux Notaires, ou par un Notaire accompagné de deux témoins, ou par un Huissier ou Sergent assisté de deux Recors, & il y doit être fait mention des noms & domiciles des témoins ou des recors. Les lettres de change doivent être entiérement transcrites dans l'acte de Protest, ensemble les ordres s'il y en a, & la copie du tout signée doit être laissée à la Partie sous peine de faux, & des dommages & interêts. Cet acte de Protest ne peut être suppléé par aucun autre acte public, soit demande, sommation ou assignation. Il faut absolument pour avoir son recours contre le Tireur ou Endosseur, protester au refus d'acceptation ou de payement.

Par une Déclaration du Roi du 25 Avril 1712, les Protests des lettres & billets de change qui sont faits & passés par les Notaires & Tabellions sont non-seulement sujets au Controlle des Actes des Notaires, établi par l'Edit du mois de Mars 1693; mais encore au droit de Controlle des Exploits créé par l'Edit du mois d'Aout 1669, conformément aux Déclarations des mois de Mars 1671 & Février 1677, qui les y avoient assujettis.

Le Protest a tant de force, que par son seul moyen les interêts du principal & du premier change sont dûs, sans qu'il soit nécessaire de les demander en Justice; mais à l'égard du second change que l'on nomme Rechange, des frais du protêt & du voyage s'il en a été fait, ils ne sont dûs que du jour de la demande, encore faut-il qu'il y ait une Sentence qui les adjuge.

Les billets de change doivent se protester faute de payement ainsi que les Lettres de change.

Les Places étrangeres de l'Europe ont leurs différens usages touchant le tems que les Protests doivent être faits. Voici ce qui en est rapporté par Dupuis de la Serra dans le Chapitre 14 de son traité de l'Art des Lettres de Change, qui se trouve à la fin du Parfait Négociant de M. Savary imprimé à Paris en 1713 & 1721 par Guignard & Robustel.

» A Londres l'usage est de faire le Protest dans » les trois jours après l'échéance, à peine de ré» pondre de la négligence; & il faut encore ob» server que si le troisiéme des trois jours est férié, » il faut faire le protest la veille.

» A Hambourg, de même pour les lettres de » change tirées de Paris & de Rouen; mais pour » les lettres de change tirées de toutes les autres » Places, il y a dix jours, c'est-à-dire, qu'il faut » faire le Protest le dixiéme jour au plus tard.

» A Venise l'on ne peut payer les lettres de » change qu'en banque, & le Protest faute de » payement des lettres de change doit être fait » six jours après l'échéance; mais il faut que la » Banque soit ouverte, parce que lorsque la Ban» que est fermée, l'on ne peut pas contraindre » l'Acceptant à payer en argent comptant, ni faire » le Protest: ainsi lorsque les 6 jours arrivent, il » faut attendre son ouverture pour demander le » payement & faire les Protests, sans que le Por» teur puisse être reputé en faute. La Banque se » ferme ordinairement quatre fois l'année pour » quinze ou vingt jours, qui est environ le 10 » Mars, le 20 Juin, le 20 Septembre & le 10 » Décembre; outre ce en Carnaval elle est fer» mée pour huit ou dix jours, & la Semaine sainte » quand elle n'est point à la fin de Mars.

» A Milan il n'y a pas de terme reglé pour pro» tester faute de payement, mais la coutume est » de différer peu de jours.

» A Bergame les Protests faute de payement se » font dans les trois jours après l'échéance des » lettres de change.

» A Rome l'on fait les Protests faute de paye» ment dans quinze jours après l'échéance.

» A Ancone les Protests faute de payement se » font dans la huitaine après l'échéance.

» A Boulogne & à Livourne il n'y a rien de » reglé à cet égard: l'on fait ordinairement les » Protests faute de payement peu de jours après » l'échéance.

» A Amsterdam les Protests faute de payement » se font le cinquiéme jour après l'échéance, de » même à Nuremberg.

» A Vienne en Autriche la coutume est de faire » les Protests faute de payement le troisiéme jour » après l'échéance.

» Dans les Places qui sont Foires de change, » comme Nove, Francfort, Bolzan & Lintz, les » Protests faute de payement se font le dernier » jour de la Foire.

» Il n'y a point de place où le délai de faire le » Protest des lettres du change soit si long qu'à » Genes, parce qu'il est de trente jours, suivant » le chapitre 14 du quatriéme livre des Statuts.

» Les Négocians de quelques Places, comme » ceux de Rome, se persuadent n'être pas obligés » de protester faute de payement; mais cette opi» nion choque non-seulement l'usage universel, » mais encore la raison naturelle, parce que tant » qu'ils ne feront pas apparoir à ceux contre qui » ils prétendent recourir, que l'Acceptant au tems » de l'échéance a été refusant de les payer, ils ne » pourront pas établir leur recours; c'est pour» quoi il faut tenir pour constant que tout Por» teur de lettres de change est obligé de protester » à l'échéance, suivant les usages des Places où

„ les lettres de change doivent être payées ; & le „ Protest est d'une nécessité si indispensable, qu'il „ ne peut être suppléé par aucun acte.

Samuel Ricard dans son Traité général du Commerce, de l'édition de 1714, ajoute que les lettres de change tirées d'Anvers ou d'Amsterdam sur l'Espagne, y doivent être protestées faute de payement le quatorziéme jour après celui de l'échéance, après lequel temps la lettre non-protestée reste aux risque & fortune du Porteur & non des Tireurs & Endosseurs, en cas que les Accepteurs vinssent à faillir après ledit quatorziéme jour. Il remarque cependant qu'à cet égard on n'est ni si sévere, ni si exact qu'en France & en Hollande, ou en plusieurs autres Villes de commerce, le Porteur ne courant aucun risque pour avoir négligé quelques jours de faire protester sa lettre.

PROTESTER une Lettre ou Billet de change. C'est en faire le protest au refus que l'on fait de les accepter ou de les payer à l'échéance. *Voyez ci-dessus* PROTEST.

PROVEDITEUR DE LA DOUANE. On nomme ainsi à Ligourne celui qui a l'Intendance & le soin général de la Douane & des droits d'entrée & de sortie de cette Ville d'Italie, si célebre par son grand commerce. Il tient le premier rang après le Gouverneur : on appelle Sous-Provéditeur celui qui a soin de la Douane en son absence.

C'est à cette Douane que l'on est obligé de venir déclarer toutes les marchandises qui arrivent à Ligourne par mer ou par terre, & où ces déclarations sont enregistrées par des Commis.

Les marchandises qui ont pratique, c'est-à-dire, qui ne viennent point de lieux suspects de contagion, entrent d'abord dans la Ville, & celles qui viennent de lieux suspects sont déchargées dans des lazarets situés hors de la Ville, sur les ordres du Chancelier de la Douane. *Voyez* LAZARET.

Après que les marchandises y sont restées le tems ordonné, le Chancelier en fait faire la délivrance aux Propriétaires sur un billet du Douanier, qui leur est délivré conformément à la déclaration qu'ils en ont faite sur le registre de la Douane. Deux mois après, à compter du jour de la Déclaration, on est tenu de payer le droit d'étalage, à peine, ledit tems passé, de payer le quart en sus du droit qui est très modique, n'allant gueres qu'à un écu par balle. A l'égard des droits du lazaret ils se payent au Sous-Provéditeur de la Douane. Ce Droit revient à un pour cent ou environ du prix des marchandises.

Outre le Provéditeur & le Sous-Provéditeur, il y a encore à la Douane de Ligourne un Chancelier & un Sous-Chancelier qui expédient les Patentes & les expéditions nécessaires aux Marchands, & un Receveur général ou Trésorier qui reçoit tous les deniers.

Il y a encore à cette Douane un Corps de Facchini ou Gagne-deniers qui peuvent seuls charger & décharger les marchandises qui viennent à Ligourne & les portent dans les maisons des Négocians : leur salaire est de 20 sols par millier dans les endroits qui sont proches de la marine, & de 2 livres pour ceux qui sont plus éloignés. Ils rendent au Grand Duc une partie de ce droit suivant l'adjudication qu'on leur fait de cette espece de ferme.

Le poids public est aussi à la Douane, & c'est à ce poids que se pesent les soies, les fils de chevres & autres marchandises fines ; à l'égard des marchandises plus grossieres, elles se pesent chez les Marchands mêmes avec une romaine ; mais dans l'un & l'autre cas c'est toujours par le ministere des Peseurs publics qui sont du nombre des Facchini : on paye pour le droit du Peseur une livre par millier.

Les droits qui se payent à Ligourne sont, le droit d'encrage de 40 livres monnoie du pays, qui reviennent à 21 livres de France pour chaque vaisseau de deux cens tonneaux ; le droit du Capitaine du Port & autres menus Officiers 15 livres de France ; le droit de chapelle 40 sols de France ; & pour les Patentes de la Douane, 4 livres monnoie de France. Le reste se paye conformément aux Tarifs.

On paye le droit de Consulat suivant le Tarif établi pour chaque Nation.

Il arrive communément en tems de paix à Ligourne trois cens vaisseaux par an, huit à neuf cens barques & un grand nombre de felouques. *Voyez l'Etat général du Commerce où il est parlé de celui d'Italie.*

PROVENCE, Province de France. *Voyez* le détail de ses productions & de ses Manufactures, dans l'Etat général, Tome I. page 128.

PROVINS. Ville de France dans la Province de Brie. Elle fait quelque commerce avec ses voisins par le moyen de la Vousie, qu'on a rendue navigable, en la soutenant par des écluses. Les Marchandises que ses Marchands envoyent au dehors, sont des bleds, des vins, & autres denrées & productions du cru du pays. Elle a peu de Fabriques, & l'on y fait seulement quelques Tiretaines ; elle est de l'Inspection des Manufactures de Châlons & Troyes. *V.* l'Etat général, Tome I. page 28.

PROVISION. Terme de commerce de lettres de change. C'est le fonds que celui qui tire une lettre de change a coutume de remettre à son Correspondant sur qui il l'a tirée, pour qu'il soit en état de la payer à son échéance.

Un Marchand Banquier ou autre n'est pas obligé de payer une lettre ou billet de change, pour lequel il n'a point de provision entre les mains : mais quand il fait honneur à la lettre de son Ami ou de son Correspondant, c'est-à-dire, qu'il l'accepte sans provision, il en fait sa propre dette par son acceptation ; & le Porteur de la lettre, sans être tenu de la faire protester faute de payement pour avoir son recours sur le Tireur, peut s'en faire payer par l'Accepteur, & le contraindre par les voyes de Droit de l'acquitter. *Voyez* LETTRE DE CHANGE.

PROVISION. Signifie aussi le salaire d'un Commis, d'un Facteur, d'un Commissionnaire, qui ordinairement s'estime à tant par cent de l'achat ou de la vente des marchandises qu'ils font pour le compte du Commettant. Je donne à mon Commissionnaire de Gennes demi pour cent de provision.

PROXIMA. Terme de quelque usage parmi les Négocians, qui signifie Mois prochain. Ainsi quand dans leurs écritures ou dans leurs discours ils disent qu'une lettre de change est payable au six Proxima, cela doit s'entendre, que cette lettre échoira au six du mois prochain.

PRU

PRUDHOMME. Se disoit autrefois d'un homme

sage, prudent, expérimenté, équitable.

Dans plusieurs des anciens Statuts des Communautés des Arts & Métiers de la Ville & Fauxbourgs de Paris, les Jurés y sont appellés Prudhommes; dans d'autres on donne ce nom aux anciens Maîtres du Corps, qu'on a nommé depuis Bacheliers, c'est-à-dire, à ceux qui ont passé par les Charges.

On appelle encore dans la Halle aux cuirs de Paris, Prudhommes, des Officiers créés par Déclaration du Roi pour la visite des cuirs.

A Marseille les Prudhommes sont les Juges des Pêcheurs qui connoissent de tout ce qui concerne la pêche. Ces Prudhommes peuvent condamner jusqu'à deux sols d'amende sans appel.

PRUNEAUX. Ce sont des prunes séchées & cuites dans le four ou au soleil.

Les Marchands Epiciers font un grand commerce de pruneaux de toutes sortes. La plus grande quantité vient de Touraine, particuliérement de Tours, de S. Maur & de Chinon, comme les gros & petits Sainte-Catherine, les Saint-Julien, les petits pruneaux noirs de damas, &c. Il s'en envoye aussi beaucoup de Bordeaux, où il s'en fait en tems de paix un négoce assez considérable avec les Etrangers; les Anglois & les Hollandois en enlevant beaucoup. Les pruneaux de Bordeaux sont gros, longs & noirs. Il y a encore les pruneaux de Montmirel, qui sont les Perdrigons, les Imperiales ou dattes, &c. Les boëtes dans lesquelles viennent les plus beaux pruneaux, sont des especes de petits boisseaux qu'on appelle Gallons. Les communs se mettent ordinairement dans des tonneaux.

Les pruneaux de toutes sortes payent en France les droits d'entrée à raison de 6 s. le cent pesant, conformément au Tarif de 1664; & suivant celui de la Douane de Lyon, 3 s.

Les droits de sortie se payent comme fruits secs; sçavoir 12 s. du cent pesant.

PRUNES DE BRUGNOLES. *Voyez* BRUGNOLES.

Les prunes de Brugnoles payent en France les droits d'entrée sur le pied de 30 s. du cent pesant.

PRUNES SECHES OU CUITES. *Voyez ci-dessus* PRUNEAUX.

COMMERCE DES PRUNES A AMSTERDAM.

Il se vend à Amsterdam deux sortes de prunes séches; les prunes longues & les prunes rondes; elles se vendent au quintal de cent livres, & donnent 18 pour cent de tare, 2 pour cent de déduction pour le bon poids, & un pour cent pour le prompt payement.

Le prix des prunes longues est de 18 à 19 sols de gros les cent livres, & celui des rondes depuis 8 florins $\frac{1}{2}$, jusqu'à 9 $\frac{1}{4}$.

PRUSE, en Turquie, l'une des plus belles & des plus grandes Villes de la domination du Grand-Seigneur. La soie s'y recueille en abondance. Les plus habiles ouvriers de Turquie sont à Pruse, & ses Manufactures de soie sont les plus estimées. *V.* l'Etat général du Commerce, Tome I. p. 349.

PRUSSE, Province de Pologne. Elle se divise en Prusse-Royale & en Prusse-Ducale. *Voyez* le commerce de l'une & de l'autre dans l'Etat général du Commerce, Tome I. page 297.

PUC

PUCHY. Village de France dans le Beauvoisis. On y fabrique d'excellentes serges de la qualité de celles de Crevecœur, qui ont coutume d'être vendues comme veritables Crevecœur, & sous leur nom; c'est un des trois Villages du voisinage de Crevecœur, où se font ces sortes de serges: les autres sont Blecourt & Pisselieu. *Voyez* l'Etat général du Commerce, Tome I. page 18.

PUE

PUE. Terme de manufacture de lainage, qui est particuliérement en usage dans celles de Poitou. Il se dit de l'arrangement & de la disposition des fils de diverses matiéres, dans la chaîne des droguets & autres étoffes.

Le Réglement des Manufactures de 1698, pour la Province de Poitou, ordonne, Que les chaînes des droguets mêlés de soie & de laine, seront montées de 34, 35 ou 36 portées, de 16 fils chacune, moitié soie & moitié laine; ensorte qu'il n'y ait pas moins de deux fils de soie en pue, ni moins de deux fils de laine aussi en pue. *Voyez* DROGUET.

PUI

PUISOIR. Terme de Salpetrier. C'est un instrument fait en forme de grande cuilliere, qui sert à tirer des chaudieres l'eau des cuittes, lorsqu'elle a suffisamment bouillie & qu'elle est en état de se cristaliser. Le puisoir est toujours de cuivre garni de sa douille aussi de cuivre, le manche est ordinairement de bois. *Voyez l'article du Salpêtre.*

PUITS. Ouverture que l'on fait dans la terre, pour y découvrir quelque source d'eau.

Les Cureurs de puits forment avec les Cureurs de retraits une des Communautés des Arts & Métiers de la Ville & Fauxbourgs de Paris. Leurs Lettres Patentes leur donnent aux uns & aux autres la qualité de Vuidangeurs. *Voyez cet article.*

PUL

PUL. Les Perses nomment ainsi en général toutes sortes d'espéces de cuivre qui se fabriquent dans leurs monnoies, & qui ont cours dans leur Empire. En particulier ils appellent Kabesqui & Demi-kabesqui, deux petites monnoies de ce métail, dont l'une vaut environ cinq deniers & une maille de France, & l'autre la moitié.

Ces espéces ont d'un côté la devise ou hieroglife de la Perse moderne, qui est un lion avec un soleil levant; & de l'autre l'année & le lieu de leur fabrication.

Adam Olearius, qui a fait une Relation de Perse fort estimée, & qui étoit à Ispaham en 1637, à la suite des Ambassadeurs de Holtein, remarque & donne comme une chose certaine, que chaque Ville a sa monnoie de cuivre & sa marque particuliére qu'on change tous les ans, & qui n'a cours que dans le lieu où elle a été fabriquée & dans son ressort; de sorte qu'à chaque commencement d'année, qui est à l'équinoxe du printems, l'ancienne monnoie se décrie, & la nouvelle paroît en sa place.

L'interêt de l'Etat en général & celui du Prince en particulier se rencontrent dans ce fréquent changement. Le Prince y trouve le sien, n'achetant la livre de cuivre que dix-huit sols six deniers, & la taille des kabesquis étant de soixante-quatre à la livre; ce qui est plus d'un tiers de profit, le kabesqui valant près de deux liards de France. A l'égard du Public, la monnoie de cuivre y est moins fréquente, & s'y réduit à une certaine quanrité qui est presque égale chaque année.

Dans le tems que l'Auteur dont cette particularité est tirée, étoit en Perse, les kabesquis étoient marqués à Ispaham d'un lion, à Scamachie d'un diable, à Kaschan d'un coq, & en Kilan d'un poisson.

PUM

PUMICIN. C'est ainsi qu'on nomme l'huile de Palme, autrement l'huile de Senegal. *V.* HUILE DE PALME.

PUN

PUNDAGE. Droit qui se leve en Angleterre sur les vaisseaux à raison de tant de livres sterling sur le prix des marchandises dont ils sont chargés. Cet impôt s'appelle Pundage, parce qu'une livre sterling se nomme Pundt. Il fut accordé à Guillaume III. pour sa personne par acte de 1689. Il est différent du droit de tonnage, qui ne se leve que sur la quantité de tonneaux qui peuvent faire la charge d'un vaisseau.

PUNDT. Monnoie de compte d'Angleterre, qu'on appelle autrement Livre sterling & Piéce. *Voyez* LIVRE, monnoie.

PUNDT. C'est aussi le poids ou livre dont on se sert à Londres. Elle est d'un neuviéme par cent moins forte que celle de Paris; ensorte que cent livres Angloises ne font que quatre-vingt-onze livres Parisiennes.

PUNDT, qu'on nomme plus ordinairement PONDE. Est encore un poids dont on se sert à Archangel, & dans les autres Etats du Grand Duc ou Czar de Moscovie. *Voyez* PONDE.

PUNTAS DE MOSQUITO. Espéce de dentelles qui sont propres pour le commerce de l'Amerique Espagnole. Les Hollandois qui font ce négoce les envoient à Cadix par assortimens de vingt piéces, dont il doit y en avoir la moitié d'un même dessein, depuis trois jusqu'à huit ou dix doigts de large; & l'autre moitié d'un autre dessein, depuis quatre jusqu'à dix doigts de largeur.

PUR

PUREAU. Terme de Couvreur. C'est la portion de chaque tuile qui reste découverte, après que la couverture est finie. Le plus ou le moins du pureau se regle sur ce que porte de longueur la qualité des tuiles qu'on employe; le grand moule en ayant davantage que le moule bâtard, & celuici plus que le petit moule. Cette partie de la tuile qui demeure à l'air se nomme aussi quelquefois Echantillon. *Voyez* TUILE.

PURGER DE SUCRE. Terme de sucrerie. C'est en ôter toutes immondices, ou en faire couler les syrops qui ne peuvent pas se grener. Le sucre brut se purge dans des bariques, les cassonades & les sucres blancs dans des formes. *Voyez* SUCRE.

PURGERIE. Terme de raffinage de sucre. L'on nomme ainsi à la Martinique & dans les autres Isles Françoises de l'Amerique, le lieu où l'on met les formes de sucre pour les blanchir.

La purgerie doit être séparée de la sucrerie, autant qu'il se peut, crainte que la fumée & l'exhalaison grasse des chaudieres qui se répandent de tous côtés, pénétrant jusqu'à la purgerie, ne s'attachent au sucre qu'on y travaille, & ne le gâtent.

On fait ordinairement les purgeries beaucoup plus longues qu'elles ne devroient être à proportion de leur largeur; par exemple, de cent vingt pieds de long sur vingt pieds de large. Quelques-unes n'ont qu'un étage, d'autres en ont deux; mais lorsqu'elles sont à deux étages, les ais qui composent le plancher du second, doivent être parfaitement joints, afin que si quelque pot venoit à se renverser ou à se casser, le sirop qui seroit répandu ne puisse gâter le sucre qui seroit dans l'étage de dessous.

Une purgerie, dans la proportion qu'on vient de donner ci-dessus pour exemple, peut contenir jusqu'à dix-huit cent formes par étage.

Il faut beaucoup de jour dans une purgerie; mais il faut que les ouvertures & fenêtres qu'on y fait puissent se fermer avec des contre-vents lorsque le sucre est sous terre, afin que l'air & le vent ne desséchent point trop la terre, & ne consument point l'eau qui doit filtrer à travers le sucre.

On observe de mettre à l'un des bouts de chaque purgerie deux chaudieres montées pour y cuire les sirops fins, & les y raffiner, aussi-bien qu'un appenti pour y mettre les bacs où l'on fait tremper la terre d'affinage, & les balances pour la peser: il faut pareillement que l'étuve ne soit pas éloignée de la purgerie, & qu'on puisse y aller à couvert. *Voyez l'article du* SUCRE.

PUT

PUTAIS. C'est ainsi qu'on nomme par corruption le Putois, qui est un animal sauvage dont la peau s'employe en fourures communes. *Voyez l'article suivant.*

PUTOIS. Animal sauvage à quatre pieds, qu'on nomme ainsi à cause de son extrême puanteur. Le Putois qui est fort connu en France, a le poil brun, & ressemble assez pour la forme à la fouine. Sa peau est du nombre des pelleteries que l'on appelle Sauvagines, & ne sert qu'aux ouvrages communs. Quelques-uns lui donnent le nom de Pictois, d'autres celui de Putais. Son véritable nom est Putois.

PUY (le) Ville de France, Capitale du pays de Velay en Languedoc. Son commerce consiste en dentelles. On y fait aussi, dans ses foires, un assez grand négoce de mulets & de cuirs apprêtés. *V.* l'Etat général du Commerce, Tome I. p.217.

PYL

PYLAKENS. Draps d'Angleterre dont l'aunage est depuis 24 jusqu'à 26 aunes; il y en a aussi depuis 15 jusqu'à vingt.

PYR

PYRITES. Nom que les Chymistes donnent à une espéce de marcassite de cuivre, c'est-à-dire, à la matrice où se forme le métail parmi la pierre. C'est de cette marcassite d'où l'on tire le vitriol romain. Ce terme a été tiré du Grec Πῦρ, qui signifie feu: aussi cette matiére conçoit-elle le feu avec plus de facilité qu'aucune autre pierre: on l'appelle autrement Quis. Ses pailles sont dorées ou argentées. Anciennement on s'en servoit à faire des pierres d'arquebuses à rouet. *Voyez* VITRIOL.

PYRITES. Se dit généralement de la marcassite de tous les métaux, dont le nom est différent suivant le métail dont elle participe; comme Chrysites celle de l'or, Argyrites celle de l'argent, Chalcites celle de cuivre, Molybdites celle du plomb, Siderites celle du fer, &c.

PYROLA. Cette plante a pris son nom de la figure de ses feuilles, qui sont semblables à celles du poirier.

Quelques-uns l'appellent aussi verdure d'hyver, à cause qu'elle conserve sa feuille malgré la rigueur de cette saison. Elle se plaît dans les pays froids, & est assez commune en Allemagne d'où nos Droguistes la font venir.

Ses tiges ont au plus un pied & demi de hauteur, elles portent à leurs sommitez plusieurs petites fleurs blanches d'une bonne odeur.

Comme cette plante est rare dans les pays chauds & qu'elle est assez chere à Paris, les Herboristes y substituent de véritables feuilles de poirier, dont ils sement le pepin, les coupant quand elles sont de la grandeur de celles du véritable Pyrola, & les faisant sécher pour qu'elles leur ressemblent davantage. La décoction de cette plante est très-astringente, & est bonne pour nétoyer & guérir les ulceres.

Q

QUADRAN. *Voyez* CADRAN.

QUADRAT. Terme d'Imprimerie. Il se dit de certaines pieces de plomb, ainsi appellées de leur figure quarrée, dont les Compositeurs se servent pour remplir les divers endroits de leurs formes qui doivent rester blancs; comme sont la fin des lignes, les intervales des titres, les vuides des citations que l'on met en marge, &c.

Les grands quadrats se nomment des quadrates, & les petits, des quadratins. Ils sont tous de la même hauteur, mais de diverses épaisseurs. On les place dans les derniers cassetins du casseau inférieur, chacun suivant son espece, c'est-à-dire, suivant son plus ou moins d'épaisseur. *Voyez* IMPRIMERIE.

QUADRIN. C'est proprement le denier Romain moderne. Il faut cinquante quadrins pour le jule.

A l'égard du quadrin de Florence, que par mépris on appelle *Quattrino Nero*, il en faut trois pour le soldo ou sou, qui n'est pas une espece réelle, mais une espece de compte. Cinq quadrins font la grace, qui est une monnoie de billon, c'est-à-dire d'argent mêlé de cuivre. Quarante quadrins font le jule.

QUADRUPLE, que quelques-uns écrivent & prononcent QUATRUPLE. C'est une somme ou nombre multiplié par quatre, ou compté quatre fois.

QUADRUPLE. Monnoie d'or qui vaut quatre fois autant que l'espece dont elle est une des augmentations.

Le quadruple de la pistole d'Espagne s'appelle aussi Piece de quatre pistoles, qui sur le pied d'onze livres la pistole, vaut quarante-quatre livres, monnoie de France.

Le quadruple du louis d'or, qui est une espece qui se fabrique en France, n'est pas la même chose dans les Hôtels des Monnoies & dans le public. Dans les Monnoies ce n'est que le double-louis, c'est-à-dire, quarante-huit livres sur le pied de vingt-quatre livres le louis, mais dans le Public ce seroit quatre vingt-seize livres, sur la même évaluation du louis. Cette différence vient de ce que lorsque Louis XIII ordonna en 1640 la fabrication des louis, le louis que depuis le Public s'accoutuma à appeller demi-louis, ne fut que de cinq livres dix sols, ou, pour parler plus exactement, de cinq livres qui fut sa premiere fixation, le double de dix, & le quadruple de vingt.

Quelquefois par quadruple l'on n'entend que le double-louis, à cause de ce qu'on vient de dire de la premiere fabrication des louis; alors pour signifier une piece de quatre louis, on dit un double-quadruple.

QUADRUPLER UNE SOMME. C'est la multiplier par quatre.

QUAI. } *Voyez* { QUAY.
QUAIAGE. } { QUAYAGE.

QUAISSE. } *Voyez* { CAISSE.
QUAISSIER. } { CAISSIER.

QUALITE', en termes de commerce. Se dit de la nature bonne ou mauvaise d'une marchandise, ou de la perfection ou du défaut d'une étoffe. Ce blé, ce vin ne sont pas de bonne qualité; ou au contraire, sont d'une qualité excellente. La qualité de ce drap, de ce velours est défectueuse; ou bien, est admirable.

QUALITE'. Signifie aussi ce qui distingue une chose d'avec une autre, soit parce qu'elles ne sont pas de même nature, comme l'or & l'argent sont de différente qualité entr'eux & avec les autres métaux; soit parce que bien que semblables de nature, elles ont quelque apprêt ou quelques perfections différentes, comme les métaux quand ils sont ouvrés ou non ouvrés.

L'article 4 du titre 2 de l'Ordonnance sur le fait des cinq grosses Fermes du mois de Février 1687, veut, Que les déclarations contiennent la qualité, le poids, le nombre, & la mesure des marchandises. *Voyez* DECLARATION.

QUANTAL, ou CANTAL. C'est une espece de gros fromage qui prend son nom d'une montagne de la haute Auvergne où il s'en fait beaucoup. On l'appelle quelquefois Tête de Moine. *Voyez* FROMAGE, *à l'endroit où l'on fait mention de ceux qui se tirent d'Auvergne.*

QUANTITE'. C'est le nombre de plusieurs choses rassemblées dans un même lieu.

En terme de commerce Quantité s'entend du nombre des marchandises enfermées dans une balle, un ballot, une barique, un paquet, &c. ou de celles qui composent la charge d'un vaisseau Marchand, ou d'un Voiturier soit par terre, soit par eau.

L'Ordonnance des cinq grosses Fermes porte, que les déclarations des Marchands & Voituriers contiendront la qualité, le poids, le nombre ou quantité, & la mesure des marchandises.

La Facture que les Commissionnaires & Facteurs envoyent à leurs Commettans, doit aussi contenir la quantité des pieces & ballots dont ils ont chargé les Voituriers. *Voyez* DECLARATION & LETTRES DE VOITURE.

QUARANTAINE, Nombre de quarante. Ainsi l'on dit une Quarantaine de pistoles, une Quarantaine d'écus, une Quarantaine de livres, &c. pour dire, Quarante pistoles, Quarante écus, Quarante livres, &c.

QUARANTAINE. Se dit aussi du séjour de quarante jours que les vaisseaux Marchands & autres bâtimens de mer venant des Pays soupçonnés de contagion sont obligés de faire dans certains endroits marqués, pour s'airier avant que d'entrer dans les Ports. Ce navire a fait sa quarantaine, il n'y a plus rien à craindre; il est fâcheux à un navire Marchand d'être obligé de faire Quarantaine.

Les Capitaines & Maîtres de navires Marchands sont tenus en arrivant dans les Ports d'y déclarer les lieux où ils ont eu pratique, afin que le Magistrat leur ordonne la quarantaine entiere ou la réduise à un moindre tems, ou même les en décharge tout-à-fait, suivant que les lieux de leur départ sont plus ou moins soupçonnés de contagion ou ne le sont point du tout.

QUARANTAINE. C'est encore un terme de marine qui signifie une corde de la grosseur du petit doigt dont les Matelots se servent pour raccommoder leurs cordages.

QUARANTAINS. Terme de Manufacture de draperie qui se dit particuliérement en Languedoc, en Dauphiné & en Provence, des draps de laine dont la chaîne est composée de quarante fois cent fils qui font en tout quatre mille fils. Dans les autres Provinces de France ces sortes de draps sont appellés des quarante cent. On prétend que le terme de Quarantains est passé d'Angleterre dans les Manufactures Françoises.

QUARANTE, que quelques-uns écrivent Quarente, & que l'on prononce Karante. Nombre pair composé de 4 fois 10, ou de 10 fois 4; ou de 5 fois 8, ou de 8 fois 5. En chiffre commun ou Arabe, quarante s'écrit ainsi [40.] En chiffre Romain de cette maniere [XL.] & en chiffre François, de compte ou de finance, de la sorte [*xl.*] Quarante se joint aussi aux nombres simples; ainsi on compte, Quarante-un, Quarante-deux, Quarante-trois, &c. jusques à Quarante-neuf; puis l'on dit Cinquante, ce qui se marque en chiffre commun de cette maniere [41. 42. 43. &c.] en chiffre Romain de la sorte [XLI. XLII. XLIII. &c.] & en chiffre François ainsi [*xlj. xlij. xliij.* &c.]

QUARANTE-UN POUR QUARANTE. On nomme ainsi à Libourne en Guyenne, une déduction que le Fermier du Roi fait aux Marchands de sel qui en amenent dans la Ville, d'une pipe de sel sur quarante-une pipes. Quand le nombre n'y est pas entier, on leur déduit à proportion de leur déclaration.

QUARANTIE'ME, que l'on écrit quelquefois Quarentiéme. C'est la partie d'un tout divisé en quarante portions égales. Ainsi l'on dit: J'ai un Quarentiéme en cet armement; pour dire: Je suis intéressé pour une quarantiéme portion.

En fait de fractions ou nombres rompus de quelque tout que ce soit, un quarantiéme s'écrit de cette maniere [$\frac{1}{40}$]. On dit aussi un Quarante-uniéme, un Quarante-deuxiéme, un Quarante-troisiéme, &c. & ces différentes fractions s'écrivent de même que celle ci-dessus, à l'exception que l'on met un 1, un 2, un 3, &c. au lieu du zéro qui est après le quatre, ce qui se marque ainsi, [$\frac{1}{41}$, $\frac{1}{42}$, $\frac{1}{43}$, &c.] On dit encore deux Quarantiémes, trois Quarantiémes, &c. que l'on écrit de cette maniere [$\frac{2}{40}$, $\frac{3}{40}$, $\frac{4}{40}$, &c.] Le quarante-huitiéme de vingt sols est cinq deniers, qui est une des parties aliquotes de la livre tournois.

QUARANTIE'ME. C'est aussi un devoir ou droit qui se leve à Nantes & dans toute sa Prevôté sur les marchandises qui passent devant Saint-Nazaire, en montant de la mer à Nantes, ou en descendant de Nantes à la mer. Ce droit revient à six deniers par livre du prix de la marchandise. Il est au choix du Fermier de le prendre en marchandise ou en argent.

QUARRE. Terme de Chapelier qui signifie le tour de la forme du chapeau par le haut. *Voyez* CHAPEAU.

QUARRE. Les Cordonniers disent aussi la Quarre d'un soulier, pour en signifier le bout; & les Tailleurs la Quarre d'un habit, pour dire la Taille du haut d'un habit.

QUARRE. Les Chauderonniers appellent la Quarre d'un chauderon, d'un poeslon ou d'une marmite, l'endroit où le fond de ces ouvrages se joint au bord.

Faire la quarre d'un chauderon, c'est l'arrondir avec le maillet de buis sur cette espece d'enclume ronde qu'en terme de chauderonnerie on nomme une Boule. *Voyez* BOULE DE CHAUDERONNIER.

QUARRE'. On appelle Bois quarré le bois de charpente & de sciage dont on fait les poutres, les solives, les poteaux, & autres sortes de bois qui se débitent pour les ouvrages des Charpentiers & les assemblages des Menuisiers.

Un Marchand de bois quarré est celui qui ne fait commerce que de bois d'équarrissage. On donne aussi ce nom aux Marchands d'allumettes, mais seulement en plaisantant. *Voyez* BOIS.

QUARRE', terme de Monnoyeur. C'est la matrice ou coin d'acier gravé en creux, avec lequel on imprime en relief sur les monnoies les différentes figures qu'elles doivent avoir pour être reçues & avoir cours dans le public. On appelle aussi Quarré ce qui sert au même usage dans la fabrique des médailles & des jettons. *Voyez* MATRICE. *On y parle amplement de tout ce qui concerne cette matiere.*

QUARREAU. Signifie tantôt un oreiller ou coussin, tantôt une sorte de fer à repasser; & tantôt une sorte de pavé de marbre, de fayance, de pierre & de terre cuite. Dans toutes ces significations il s'écrit plus ordinairement Carreau. *Voyez cet article. Voyez aussi* OREILLER.

QUARREAUX, terme de monnoie au marteau. Ce sont les lames d'or, d'argent ou de billon réduires à peu près à l'épaisseur des especes à fabriquer & coupées en morceaux quarrés approchant du diametre des mêmes especes. *Voyez* MONNOYAGE AU MARTEAU.

QUART. Signifie la quatriéme partie d'un tout ou entier divisé en quatre portions égales. Ainsi cinq sols est le quart d'une livre tournois valant vingt sols, & quinze sols le quart d'un écu de soixante sols ou de trois livres tournois.

Quand il s'agit d'additions de fractions d'aunages, vergeages, &c. un quart se marque en chiffre Arabe ainsi [$\frac{1}{4}$,] & trois quarts de cette maniere [$\frac{3}{4}$.]

Lorsque l'on dit qu'il n'y a eu qu'un quart pour cent [ce qui se met ainsi en écriture mercantille $\frac{1}{4}$ p. $\frac{o}{o}$] de bénéfice ou de perte sur une lettre ou billet de change négocié sur la Place; cela doit s'entendre qu'on a gagné ou perdu autant de fois cinq sols (qui est le quart d'une livre tournois) que cette lettre ou billet contient de fois 100 liv. ensorte que si la lettre ou le billet étoit de 900 liv. il y auroit ou à perdre ou à gagner quarante-cinq sols sur cette somme.

Quand on dit qu'un Marchand ou Négociant a pris un quart d'intérêt dans un armement ou autre entreprise de commerce, cela veut dire qu'il s'y est associé ou qu'il y a pris part pour cinq sols sur le pied de vingt sols au total, & qu'ayant fait ses fonds sur ce pied, il doit avoir le quart dans le profit, ou supporter le quart de la perte.

QUART. Se dit aussi d'une petite mesure qui fait la quatriéme partie d'une plus grande : ainsi un quart de muid, un quart de boisseau, un quart d'aune, un quart de verge, &c. signifie une petite mesure qui est la quatriéme partie de celles qui portent ces différens noms.

Le quart d'un muid de vin que l'on appelle quelquefois aussi Quartaut ou Quarto, doit contenir neuf septiers ou soixante-douze pintes mesure de Paris. *Voyez* QUARTAUT.

Le quart du boisseau mesure de Paris doit être de quatre pouces neuf lignes de haut sur six pouces neuf lignes de diametre. *Voyez* BOISSEAU.

Un demi-quart est la moitié d'un quart ou la huitiéme partie de toute la mesure.

QUARTS. Se dit encore de certaines caisses de sapin plus longues que larges, dans lesquelles l'on envoye de Provence des raisins en grapes, que l'on nomme Raisins aux Jubis. *Voyez* RAISINS, *à l'endroit où il est parlé de ces especes de raisins.*

QUART-EN-SUS, que l'on appelle aussi Parisis. (Terme en usage dans les anciens contrats de constitution & de vente, & dans quelques Bureaux des Fermes du Roi ou des péages des Seigneurs.) Signifie une augmentation du quart de la somme énoncée, qui se paye avec & outre la somme même. Ainsi lorsque l'on dit qu'une marchandise doit payer quarante sols du cent pesant avec le quart-en-sus ou le Parisis, cela veut dire, qu'il faut qu'elle paye en tout cinquante sols pour chaque cent pésant.

QUART D'ECU. Monnoie d'argent qui commença à avoir cours en France sous le regne de Henry III, & qui a cessé d'être reçue dans le commerce dans les premieres années de celui de Louis XIV. Il valut d'abord quinze sols, & monta ensuite jusqu'à seize; il étoit du poids de sept deniers treize grains, au titre d'onze deniers. *Voyez* ESCU.

QUARTAL. Sorte de mesure de grains en usage en quelques lieux de France, particuliérement dans le Pays de Bresse & à Beaurepaire en Dauphiné.

Le quartal de Bresse est égal au bichet de Châlons-sur-Saône, lequel contient quatorze boisseaux de Paris.

A Beaurepaire le quartal, dont les quatre font le septier du même lieu, tient un boisseau de Paris quelque peu plus.

QUARTAS. Petite monnoie de cuivre dont on se sert en Espagne dans les payemens de peu de conséquence. Le quartas vaut quatre maravedis d'où il a pris son nom. Il y a des doubles quartas qui valent huit maravedis. *Voyez* MARAVEDIS.

QUARTAUT, que l'on écrit quelquefois Quarto. Petit vaisseau ou futaille propre à mettre les liqueurs, particuliérement le vin.

Le quartaut est plus ou moins grand suivant la diversité des lieux où il est en usage. En France il y en a de deux sortes, lesquels sont du nombre des vaisseaux réguliers marqués sur la jauge ou bâton dont on se sert pour jauger les divers tonneaux à liqueurs; l'un est le quartaut d'Orléans, & l'autre celui de Champagne.

Le Quartaut Orleannois est la moitié d'une demi-queue ou le quart d'une queue du Pays; il contient treize septiers & demi, chaque septier de huit pintes de Paris, ce qui revient à cent huit pintes. A Blois, à Nuits, à Dijon & à Mâcon, le quartaut est semblable à celui d'Orléans.

Le Quartaut de Champagne est aussi la moitié d'une demi-queue ou le quart d'une queue de cette Province. Il contient ordinairement douze septiers faisant quatre-vingt-seize pintes ou le tiers d'un muid de Paris.

Il y a aussi des demi-quartauts qui tiennent à proportion des quartauts.

Quelques-uns appellent Quartaut ou Quarto une sorte de petite futaille à vin qui est la quatriéme partie d'un muid de Paris, mais c'est improprement qu'on lui donne ce nom, d'autant que ce vaisseau s'appelle ordinairement Quart. Il est, ainsi que les quartauts d'Orléans & de Champagne, un des vaisseaux réguliers marqués sur le bâton de jauge. Le quart de muid doit contenir neuf septiers ou soixante-douze pintes de Paris, le muid étant composé de deux cens quatre-vingt-huit pintes ou trente-six septiers.

Il y a quelques Pays étrangers où l'on se sert de même qu'en France du mot de Quartaut. En Allemagne les quatre quartauts font le muid, & en Angleterre le muid contient trente-deux quartauts. En Espagne les quatre quartauts font le sommer, les huit sommers la robe, & les vingt-huit robes la pipe.

QUARTAUT. C'est aussi la mesure de continence dont on se sert en Bretagne, particuliérement à Nantes pour mesurer les sels. Cinquante-deux quartauts Nantois font le muid de sel à Nantes, & c'est sur ce pied-là qu'on en paye les droits du Roi, conformément au Chapitre six de la Pancarte de la Prévôté de cette Ville.

QUARTE, en Italien *Quartario.* Mesure des liquides en usage à Venise. Quatre quartes font le bigo, huit quartes la botte, & seize quartes l'amphora.

QUARTE. C'est pareillement à Venise une des mesures des grains. La quarte pese environ 32 livres gros poids; quatre quartes font le staro, cent quarante-quatre quartes quatre cinquiémes font le last d'Amsterdam.

QUARTE. Mesure des liqueurs qui se nomme en plusieurs endroits Quartot ou Pot. Elle contient à peu près deux pintes mesures de Paris. *Voyez* POT.

QUARTE. Est aussi une sorte de mesure de grains, particuliérement en usage à Briare; elle approche assez du boisseau de Paris, car les onze quarts de Briare font un septier de Paris qui est composé de douze boisseaux.

On se sert aussi de la Quarte à Port-sur-Sône, à Luxeuil

Euxeuil, à Saint-Loup, à Favernay, à Vanvillers, à Vesoul, à Betfort, à Sarre-Louis, à Sarrebric, à Metz, & à Pont-à-Mousson. Quelques-unes sont égales pour le poids, les autres sont différentes.

A Port-sur-Sône, la quarte de froment pese 60 livres poids de marc, celle de méteil 59, celle de seigle 58 & celle d'avoine 48.

A Euxeuil, Saint-Loup & Favernay, la quarte de froment pese 70 livres, de méteil 68 & de seigle 67.

A Vanvillers, la quarte de froment pese 63 livres, de méteil 62, & de seigle 61.

A Vesoul, la quarte de froment pese 60 livres, de méteil 59, de seigle 58, d'avoine 44 liv.

A Betfort, la quarte de froment pese 43 livres & celle de méteil 41.

A Sarre-Louis, la quarte de froment pese 110 liv. de méteil 109, de seigle 108 & d'avoine 96.

A Sarrebric, la quarte de froment pese 128 liv. de méteil 126, de seigle 116, d'avoine 108.

A Metz, la quarte de froment pese 93 liv. $\frac{1}{4}$, de méteil 95 $\frac{1}{2}$, de seigle 99 $\frac{1}{4}$, d'avoine 81 liv.

A Pont-à-Mousson, la quarte de froment pese 120 livres, de méteil 112 & de seigle 112. Toutes ces pesées sont au poids de marc.

QUARTEEL. *Voyez* KARDEL.

QUARTERON. Compte qui fait le quart d'un cent.

Il y a beaucoup d'endroits en France, particuliérement à Paris, où le quarteron de hareng, de coterets, de fagots, de foin, d'aiguilles & d'autres semblables marchandises est composé de vingt-six, sçavoir vingt-cinq qui est le quart du cent & un qu'on donne au par-dessus.

Le demi-quarteron est treize, dont le treiziéme est compté pour le par-dessus, & ces par-dessus se donnent ainsi, parce que presque toutes ces sortes de marchandises se vendent sur le pied de cent quatre pour cent. Il n'en est pas de même des épingles dont les quarterons ne sont composés que de vingt-cinq juste.

QUARTERON, chez les Batteurs d'or. Signifie un petit livret de papier quarré qui contient vingt-cinq feuilles d'or ou d'argent battu. Il y a des quarterons de trois pouces en quarré qui se nomment petite mesure, & des quarterons de quatre pouces aussi en quarré qui s'appellent grande Mesure. Il ne s'en fait que de ces deux grandeurs. *Voyez* BATTEUR D'OR.

QUARTERON, en fait de poids. Veut dire le quart d'une livre. Le quarteron poids de marc est de quatre onces, & le demi-quarteron de deux onces qui est la huitiéme partie d'une livre. *Voyez* LIVRE.

QUARTERON. Se dit aussi de la chose pésée. Un Quarteron de girofle, de poivre, de fromage, de sucre, d'huile, de broquettes, de clous de fer, &c. Dans le même sens on dit un demi-quarteron, pour signifier la moitié d'un quarteron.

QUARTIER. Une partie du tout divisé en quatre; il se dit particuliérement des mesures. Un Quartier de drap, de toile, de ruban, &c. c'est le quart d'une aune de toutes ces choses.

QUARTIER, en terme de marchandise de bois. Se dit quelquefois par opposition à du bois qui n'est point scié ou fendu; ainsi on dit du bois de quartier & du bois de pied.

Des échalats de quartier sont des échalats faits de bois de chêne fendu en plusieurs morceaux : on le dit pour le distinguer des échalats de bois blanc comme de saule, de tremble, &c. qui sont des branches de ces arbres seulement émondées & coupées de longueur. *V.* BOIS & ESCHALATS.

QUARTIER DE PIERRE DE TAILLE. C'est une grosse pierre de taille qui suffit seule pour faire une voie. Au dessous des quartiers sont les carreaux dont il en faut cinq pour faire la voie. *Voyez* PIERRE A BASTIR.

QUARTIER DE VOIE. C'est à peu près la même chose que quartier de pierre de taille, à la réserve qu'il y en a quelquefois deux à la voie.

QUARTIER. On dit en terme de Courroyeur, dresser un cuir des quatre quartiers, quand on le plie des quatre côtés, de patte en patte. Le dresser des quatre faux quartiers, c'est le plier des quatre coins un peu en biaisant. Le dresser de travers, c'est le plier d'abord en deux œil contre œil, & puis encore la queue contre la tête. Ces façons se donnent ou avec l'étire ou avec la pomelle. *Voyez* COURROYER.

QUARTIER. C'est aussi une mesure de grains en usage à Morlaix en basse Bretagne. Les dix-huit quartiers font le tonneau de Morlaix, qui est de dix pour cent plus fort que le tonneau de Nantes. Celui-ci revient environ à neuf septiers & demi de Paris, c'est-à-dire, un peu plus de trois quarts du muid.

QUARTIERE. Mesure pour les grains dont on se sert dans quelques lieux d'Angleterre, particuliérement à Neucastel. Il faut 10 quartieres pour faire le last; 10 gallons font la quartiere. Le gallon pese depuis 56 jusqu'à 62 livres.

QUARTO, que l'on appelle plus ordinairement Quartaut. Petite futaille qui fait le quart d'un muid, d'une queue ou de quelqu'autre semblable tonneau. *Voyez* QUARTAUT.

QUARTO, terme de compte & de Teneur de Livres. Il signifie quatre ou quatriéme, mais il ne se dit point qu'il ne soit précédé du mot *folio*. Cet article est porté au grand Livre *folio quarto*, c'est-à-dire, au quatriéme feuillet.

QUARTO. On appelle en terme de Librairie un Livre *in quarto* celui dont les feuilles sont pliées en quatre. *Voyez* LIVRES.

QUARTONAT. Mesure d'arpentage dont on se sert dans quelques endroits de la Guyenne. Elle est plus ou moins grande suivant les lieux. *Voyez* l'article de l'Arpentage.

QUARTOT, mesure des liqueurs qui contient à peu près deux pintes. Elle se nomme plus ordinairement Quarte ou Pot. *Voyez* POT.

QUATAS, petite mesure du Portugal pour les liquides. Il faut quatre Quatas pour un Cavadas; six Cavadas pour un Alquier, & deux Cavadas pour l'Almude. Le Cavadas est semblable au Mingle ou Bouteille d'Amsterdam : ainsi le Quatas qui est le quart du Cavadas, est environ un demi-septier.

QUATORZE, que l'on prononce Katorze. Nombre pair composé d'une dixaine & de quatre unités, ou de deux fois sept, ou de sept fois deux. Quand on dit que le muid de vin contient quatorze vingt pintes, cela doit s'entendre qu'il renferme en soi deux cens quatre-vingt pintes mesure de Paris. Quatorze en chiffre Arabe s'écrit ainsi (14,) en chiffre Romain de cette maniere (XIV,) & en chiffre François de compte ou de finance de cette sorte (*xiiij.*)

QUATORZIE'ME. C'est la partie d'un tout divisé

en quatorze portions égales. Je suis interessé pour un quatorziéme en cette affaire.

En matieres de fractions ou nombres rompus de quelque entier que ce soit; un quatorziéme, trois quatorziémes, cinq quatorziémes, &c. s'écrivent de cette maniere: ($\frac{1}{14}$, $\frac{3}{14}$, $\frac{5}{14}$, &c.)

QUATRE. Nombre pair composé de trois & un, ou de deux fois deux. En chiffre commun ou Arabe, un quatre s'écrit ainsi (4.) En chiffre Romain de la sorte (IV;) & en chiffre François de compte ou de finance de cette maniere (*iiij* ou *iv.*) Le nombre quatre se joint aussi à plusieurs autres nombres; quatre-vingt; quatre-vingt-dix; quatre cens; quatre mille; quatre millions, &c.

Quatre sols est le quint ou la cinquiéme partie de vingt sols, qui est une des parties aliquotes de la livre tournois. *Voyez* CINQUIE'ME.

QUATRE POUR CENT. Droit qui se paye à Lyon sur la plupart des marchandises qui y entrent conformément au Tarif de 1632. Outre les anciens quatre pour cent, il y a un second droit qu'on nomme la réapréciation des quatre pour cent.

QUATRE SOLS POUR LIVRE. C'est une nouvelle imposition qui fut mise sur tous les droits qui se payoient en France dans les dernieres années du Regne de Louis XIV, & dans les plus pressans besoins de l'Etat. Cette imposition fut ôtée au commencement du Regne de Louis XV, & a été rétablie en 1722.

QUATRE MANDIENS. Assortiment de quatre sortes de fruits secs que vendent les Epiciers pour servir aux collations de Carême. *Voyez* MANDIENS.

QUATRIE'ME. Partie d'un tout divisé en quatre parties égales. Avoir un quatriéme dans une affaire de commerce, dans un armement, dans une société, c'est y être interessé pour une quatriéme portion. *Voyez* QUART.

QUATRUPLE, qui est repeté quatre fois, qui contient q[illegible] unités. On dit plus ordinairement, Quadruple. *Voyez* QUADRUPLE.

QUAY. Espace sur le rivage d'un port de mer ou d'une riviere, destiné pour la charge & décharge des marchandises.

On appelle dans les ports de mer de France, Maîtres de Quays, des Officiers qui sont chargés d'y faire observer la police reglée par les Ordonnances de la Marine.

Ces Officiers sont reçûs par les Lieutenans des Amirautés des lieux de leur résidence, & leurs Commissions y doivent être enregistrées au Greffe de cette Jurisdiction.

Leurs fonctions sont, 1°. De faire ranger & amarer les vaisseaux dans les ports, & de faire exécuter tout ce qui concerne leur police.

2°. De faire en l'absence du Capitaine du port tout ce que le Capitaine lui-même feroit s'il étoit present, comme de faire toutes les rondes & coucher à bord de l'Amiral quand il y a des vaisseaux de Roi dans les ports.

3°. D'empêcher qu'il ne soit fait de jour ou de nuit aucun feu dans les navires & autres bâtimens marchands entrés & amarés dans les ports, quand il s'y trouve des navires de Sa Majesté.

4°. D'indiquer les lieux propres pour chauffer les bâtimens, goudronner les cordages, travailler aux radoubs & calefats, & pour lester & délester les vaisseaux; comme aussi de poser & entretenir les feux, balisses, tonnes ou bouées aux endroits nécessaires.

5°. De visiter une fois le mois & toutes les fois qu'il y a eu tempête, les passages ordinaires des navires pour connoître si les fonds n'ont point changé, & d'en faire leur rapport.

6°. Il leur est permis en cas de nécessité de couper les amares que l'on refuseroit de débarquer après en avoir réiteré les injonctions verbales. *Ordonnance de la Marine, tit. 2 du liv. 4.*

QUAYAGE, terme de commerce de mer. C'est un droit que les Marchands payent pour avoir la faculté de se servir du quay des ports où arrivent leurs navires, & d'en occuper quelques endroits pour la décharge des marchandises qui leur sont venues. *Voyez* QUAY. *Voyez aussi* PORT.

En France il y a des Seigneurs particuliers qui ont droit de Quayage. Ceux qui en jouissent sont tenus par les Ordonnances de la Marine d'entretenir à leurs dépens les anneaux qui servent à attacher les vaisseaux, & de faire toutes les réparations qui sont nécessaires aux quays.

En Angleterre le droit de Quayage se paye par les François le double de ce qu'en payent les Anglois.

QUAYAGE. Se dit aussi de l'occupation du quay par les marchandises déchargées d'un vaisseau.

L'on paye les droits de Quayage pour la décharge & demeure des marchandises sur les quays & ports de la Ville de Paris, à proportion du quayage, c'est-à-dire, à proportion de l'espace que les marchandises y occupent, & quelquefois du tems qu'elles y restent. *Voyez* PORT, DEBACLEUR & DECHARGEUR.

QUE

QUEBEC, Ville Capitale de la nouvelle France, dans l'Amerique. *Voyez* le commerce du Canada, dans l'Etat général, Tome I. page 510.

QUEMKAS, autrement BOUILLE-COTONIS ou BOUILLE-CHARMAY. C'est une sorte d'Atlas ou de satin qui vient des Indes Orientales. *Voyez* ATTLAS.

QUENOUILLE. C'est un bâton ou roseau d'environ trois pieds & demi de longueur, & de sept ou huit lignes de grosseur, ordinairement tournée autour, sur le haut duquel on attache ou bien l'on étend les chanvres, lins, cotons, soyes ou laines que l'on veut filer. Les quenouilles pour les filasses sont différentes de celles pour les laines ou soies, en ce que ces dernieres ont seulement un croissant de métail ou de bois au bout pour y attacher ce que l'on veut filer, & que les autres sont enflées & grossies vers ce même bout, soit avec une espéce de cône de bois ou de liege, soit avec de la boure couverte de toile ou d'étoffe, pour y étendre les filasses. L'on se sert également de quenouille, soit que l'on file au fuseau, soit que l'on file au rouet. *Voyez* FUSEAU & ROUET.

QUENOUILLE. Se dit aussi de tout le fil qui a été tiré de la quenouille, & dont le fuseau est chargé. On se sert plus ordinairement du terme de Quenouillée.

QUENOUILLE'E *Voyez* QUENOUILLE.

QUENOUILLETTES. Verges ou tringles de fer, qui ont à l'un des bouts une espéce de cylindre aussi de fer, arrondi par l'extrémité, de quelque pouce de hauteur & d'un diametre convenable. Les Fondeurs s'en servent pour boucher les godets ou entrées des jets qui aboutissent à l'écheno, jusqu'à ce qu'il soit suffisamment rempli de métail liquide pour qu'il tombe en même tems dans le moule par tous les jets dont on retire les quenouillettes. *Voyez* FONDEUR.

QUENTA. Mot étranger, ou plutôt à demi barbare, dont quelques Marchands, Négocians & Banquiers se servent dans leurs écritures mercantilles pour signifier Compte. *Voyez* COMPTE.

QUEUE, Mesure pour les liquides, particuliérement pour les vins, dont on se sert en plusieurs Provinces & Villes de France. Les queues d'Orleans, de Blois, de Nuys, de Dijon, de Macon, sont semblables, & reviennent à un muid & demi de Paris, c'est-à-dire, qu'elles contiennent chacune 420 pintes de Paris.

QUEUE. C'est ainsi qu'on appelle le dernier bout d'une piéce d'étoffe ou de toile lorsqu'elle n'a point été entamée; au contraire du premier bout que l'on nomme Chef, Tête, Cap. *Voyez* CHEF.

Les queues ou bouts d'étamines payent les droits de la Douane de Lyon à raison de 10 s. le quintal, tant d'ancienne que de nouvelle taxation.

Les queues de drap que le même Tarif nomme autrement Cappes, & les queues d'étain payent les droits sur le même pied; sçavoir, 8 s. d'ancienne taxation, & 2 s. de nouvelle réapréciation.

Enfin les autres marchandises que l'on y appelle Queues de Fontes, & celles nommées Queues de Singes, payent les unes onze sols du quintal, & les autres onze sols 9 d. la balle.

QUEUE DE CHEVAL, que l'on nomme Presle. *V.* PRESLE.

QUEUE DE RAMES. On appelle ainsi dans les métiers à fabriquer de la gaze brochée, ce qui tient les fourches, c'est-à-dire, les ficelles qui passent sur les poulies du Cassin. *Voyez* GAZE.

QUEUX. Vieux mot qui signifie Cuisinier.

Il ne sembleroit pas que ce terme, non plus que ceux qui lui sont synonimes, ou qui y ont rapport, dussent avoir place dans ce Dictionnaire de Commerce. Cependant l'engagement qu'on a pris de n'omettre aucune des Communautés de la Ville de Paris qui ont Jurande, est cause qu'on a cru devoir au moins donner un légere idée de celle-ci & de quelques autres, moins à cause de cette espéce de négoce qu'elles font, que pour rendre plus parfait le traité de ces Communautés, qu'on a, pour ainsi dire, répandu dans tout ce Dictionnaire.

La Communauté des Maîtres Queux-Cuisiniers-Portes-Chapes & Traiteurs de la Ville & Fauxbourgs de Paris, ne fut établi en corps de Jurande que sur la fin du seiziéme siécle. Elle doit ses premiers Statuts à Henri IV. qui en accorda ses Lettres Patentes au mois de Mars 1599. Louis XIII. par les siennes du mois de Novembre 1612. les confirma, & enfin ils furent de nouveau examinés, réformés & confirmés par celles de Louis XIV. du mois d'Aout 1663. enregistrées au Parlement le 29 Janvier 1664.

La réunion des Charges de Syndic, Jurés & Auditeurs des Comptes créés en titre d'Office en 1691 & 1694, & l'incorporation de celle de Tresorier, Receveur & Payeur, pareillement créée en 1702, ayant apporté quelque changement dans la discipline de cette Communauté, les Maîtres obtinrent une Déclaration en forme de Réglement du 15 Décembre 1704, enregistrée le 14 Janvier suivant, qui porte non-seulement lesdites réunions & incorporations, mais qui en confirmant les anciens Statuts, y ajoute huit nouveaux articles, & ordonne l'exécution de plusieurs Sentences & Arrêts rendus à l'occasion des entreprises de quelques autres Communautés sur les privileges accordés par les Statuts de 1663.

Les Maîtres de cette Communauté ont seuls le droit de faire toutes Nôces, Festins, Banquets, Collations, Ambigus, & autres choses dépendantes du Métier de Traiteur, & il n'appartient aussi qu'à eux de tenir salles & maisons propres à cet effet.

Quatre Jurés ont soin des affaires de la Communauté, & quatre Administrateurs de celles de la Confrérie établie en l'Eglise des saints Innocens sous l'Invocation de la Nativité de la sainte Vierge.

L'élection des Jurés, dont deux sortent chaque année, se fait le 15 Octobre, & l'élection des Administrateurs le 8 Septembre, dont pareillement deux nouveaux sont élus.

L'Apprentissage est de trois années, & chaque Maître ne peut obliger qu'un Apprentif à la fois.

Les Veuves jouissent des privileges des Maîtres.

Les Aspirans à la Maîtrise, s'ils ne sont fils de Maîtres, doivent chef-d'œuvre en chair & en poisson, selon la saison & à leurs dépens; ce qui pourtant ne s'entend pas des Ecuyers de Cuisine, Potagers, Hâteurs & enfans de Cuisine du Roi, des Reines, Princes & Princesses, qui sont reçus sur la simple exposition de leurs Lettres & Certificats; mais néanmoins en payant les droits.

Enfin leurs Statuts finissent par un article d'une police pleine de piété. Il est défendu à tous les Maîtres à peine de punition exemplaire, d'entreprendre aucun Festin, Repas, &c. en viande ni chair défendue pendant le saint tems de Carême, vigiles, jeûnes, & autres jours maigres réservés & qui sont de commandement.

QUEUX. Pierre dure, sur laquelle plusieurs Ouvriers, particuliérement les Couteliers, aiguisent & avivent les instrumens de fer destinés à couper. Il y a différentes sortes de queux; les unes pour les razoirs, les autres pour les couteaux; d'autres pour les lancettes, & d'autres encore pour les cizeaux. *Voyez* PIERRE A AIGUISER, *ou* COUTELIER.

QUEUX ou QUEUXE, terme de Tanneur. C'est une espéce de pierre à aiguiser, qui sert au quiossage des cuirs. *Voyez* QUIOSSE.

Les Queux ou Queuxe payent en France les droits d'entrée à raison de 3 s. du cent pesant, conformément au Tarif de 1664.

QUI

QUIAQUIL, Ville du Perou, dans la Province de Quito. Ses Habitans font un assez bon commerce avec les Etrangers. *Voyez* le détail de ce commerce dans l'Etat général, Tome I. page 493.

QUIBUS. Espéce de Myrabolans, qu'on appelle autrement Chepule. *Voyez* MYRABOLANS.

QUIGNETTE ou QUINETTE. Sorte de Camelot qui se fabrique à Lille en Flandres & à Amiens. *Voyez* QUINETTE.

QUILBOQUET. Instrument de Menuisier pour sonder le fond des mortoises, & voir si elles sont taillées carrément. Il est fait de deux petits morceaux de bois dont l'un traverse l'autre à angles égaux.

QUILLAGE. Terme de commerce de mer. On appelle droit de quillage, un droit que payent en France les Vaisseaux Marchands qui entrent pour la premiere fois dans quelque Port du

Royaume. A Bourdeaux, ce droit est de 3 l. 4 sols.

QUILLE. Terme de Marine qui signifie la plus grosse & la principale piéce de bois d'un vaisseau, qui regne depuis la poupe jusqu'à la proue, qui est comme la base & le fondement de tout le corps du bâtiment. L'on fait des assurances sur le corps & quille du vaisseau, ses agreils, apparaux, & victuailles. *Voyez* ASSURANCE.

QUILLE. C'est aussi un instrument dont se servent les Gantiers. Il est de bois dur & poli, d'environ dix-huit pouces de long, ressemblant à une véritable quille, si ce n'est qu'il est beaucoup plus menu par le haut. Il sert à allonger les doigts des gants pour leur donner une meilleure forme.

QUILLOT. Mesure des grains dont on se sert à Smirne, à Constantinople, & dans quelques autres Echelles du Levant. 4 quillots ½ font la charge de Marseille, y ayant même quelque chose de bonne mesure.

Le quillot de Constantinople est de 22 ocques. 4 quillots font le fortin, qui est encore une autre mesure de ces Echelles.

Les quillots de Senderly, de Volon, du Golfe de Salonique, de celui d'Izeron & de Tenedos sont un peu moindres que celui de Constantinople, mais dans la vente des grains on les réduit tous à ce dernier, qui est proprement un quillot de compte.

Le quillot de l'Isle de Samos revient environ à 75 liv. poids de France : chaque quillot contient 3 panaches, & chaque panache 8 ocques, les ocques pesant 25 liv. chacune.

Huit quillots de Constantinople font la salme de Malte.

Deux quillots le sac de Livourne.

Quatre quillots font 3 émines ½ de Gennes.

Deux quillots ½ la quartiere de Malhiergue, un peu plus.

Deux quillots font la fanegue de Barcelone, & quatre pour cent de plus.

Six quillots font le caffis à Alicante & une charge ½ de Marseille.

QUILO. Monnoie d'argent qui se fabrique & qui a cours à Florence & dans tous les Etats du grand Duc. Il vaut treize sols quatre deniers monnoie du pays.

QUINA-QUINA. C'est ce fameux febrifuge, si sur & dont on se sert avec tant de succès dans la Médecine. *Voyez* QUINQUINA.

QUINCAILLE, que l'on écrit & qu'on prononce quelquefois, quoiqu'improprement, CLINQUAILLE. C'est un terme general de Négoce qui renferme une infinité d'espéces differentes de marchandises d'acier, de fer & de cuivre ouvré, qui font partie du commerce de la Mercerie. Les principales de ces marchandises sont des couteaux, cizeaux, razoirs, canifs, instrumens de Chirurgie, tirebouchons, & autres ouvrages de Coutellerie.

Des haches, faux, couperets, faucilles, croissans, cizailles, doloires, planes, betches, houes, hoyaux, cizeaux, tondres, ratissoires, & autres marchandises de Taillanderie.

Des cadenats, serrures, gaches, veroux, targettes, fiches, couplets, briquets, pentures, gonds, heurtoirs, loquets, loquetaux, clous à vis, & autres pareils menus ouvrages de Serrurerie.

Des marteaux, tenailles, étaux, alicattes, bigornes, forets, vrilles, méches de villebrequins, tirre-fonds, enclumes, lingotieres, filieres, limes, burins, poinçons, alesnes, carrelets, aiguilles à emballer, scies, compas, équieres, niveaux, regles, porte-crayons, pieds-de-Roi, & autres instrumens & outils propres à toutes sortes d'Ouvriers & Artisans.

Enfin des boucles de souliers, boutons, anneaux de rideaux, chaînes à chiens, mouchettes, porte-mouchettes, binets, éteignoirs, cuillieres, fourchettes, perçoirs & fontaines à vin, moules à dragées & à balles de plomb, éprouvettes à poudre, marteaux d'armes, tire-boures, tourne-vis, fers de bandoulieres, mords de brides, caveçons, filets, mastigadours, étrilles, éperons, étrillers, bandes, panneaux & boucles de selles; en un mot toutes autres menues marchandises de semblable nature.

Plusieurs mettent encore au rang de la Quincaille les ouvrages d'Arquebuserie, telles que sont les arquebuses, pistolets, fusils, mousquets, mousquetons, carabines & canardieres, même les armes blanches, comme sabres, épées, bayonnettes, halebardes, espontons & piques.

On appelle de la quincaille de balle, celle qui est envoyée de loin dans des balles, qui étant pour l'ordinaire fabriquée avec peu de soin ou trop à la hâte, par de mauvais ouvriers, avec de méchante matiere, est bien au dessous de celle qu'on commande & qu'on fait faire à de bons Maîtres que l'on voit travailler devant soi. Ainsi l'on dit, ces serrures, ces mords de brides, ces razoirs, ces pistolets ne valent pas grande chose, ils ne sont que de balle.

La plus grande partie des marchandises de Quincaille qui se voyent en France, particuliérement à Paris, se tirent de saint Estienne en Forez, & de Tiers en Auvergne. Il en vient cependant beaucoup de Liege, d'Aix la Chapelle, de Nuremberg, de Francfort, & de quelques autres endroits d'Allemagne. L'Angleterre en fournit aussi, mais en petite quantité, ordinairement très-fine & fort estimée.

QUINCAILLERIE, marchandise de Quincaille. Il vient d'Allemagne quantité de quincaillerie; il y a des Marchands qui ne font commerce que de quincaillerie.

La quincaillerie paye en France les droits d'entrée, sçavoir, celle de cuivre 6 l. du cent pesant, & la grosse quincaillerie de fer ou d'acier, 3 l. conformément à l'Arrêt du 3 Juillet 1692; ce qui semble s'entendre de celle qui vient de l'étranger. La quincaillerie du Royaume ne payant suivant le Tarif de 1664. que 5 l. quand est de cuivre, & 32 s. si elle est de fer, ou d'acier.

Les droits de sortie suivant le dernier Tarif, sont de 2 l. du cent pesant pour celle de cuivre, & 1 liv. pour celle de fer.

QUINCAILLIER, QUINCAILLIERE, Marchand ou Marchande, dont le principal négoce est de Quincaille ou Quincaillerie. Quelques-uns prétendent que le mot de Quincaillier soit dérivé du Latin *Quinzalarum*. A Paris les Marchands Quincailliers sont du Corps de la Mercerie. *V.* MERCERIE. On appelle aussi Quincailliers, les Ouvriers ou Artisans qui fabriquent la Quincaille.

QUINCAILLIER. Les Maîtres Vanniers de la Ville & Fauxbourgs de Paris, ont cette qualité dans les Lettres Patentes de leur érection en corps de Jurande. *Voyez* VANNIER.

QUINEQUE. Cette étoffe se trouve tarifée dans la nouvelle Liste ou Tarif de Hollande de 1725;

elle paye les droits comme Manufacture.

QUINETTE ou QUIGNETTE. Espece de Camelot ordinairement tout de laine, & quelquefois mêlé de poil de chevre, qui se fabrique à Lille en Flandre & aux environs, dont la largeur est de deux tiers, & la longueur des piéces de vingt à vingt & une aunes mesure de Paris. La destination la plus ordinaire de ces sortes de camelots, est pour l'Espagne.

Il se fait à Amiens en Picardie, certains petits camelots de demi-aune de large, ausquels on donne le nom de Quinette. *Voyez* CAMELOT *à l'endroit où il est parlé de ceux qui se manufacturent à Amiens.*

QUINQUEMPOIX. Nom d'une des rues de Paris, qui depuis le commencement de l'année 1719 est devenue célébre par le concours que tous les Agioteurs de Paris, & bien-tôt après, tous ceux du Royaume, & même des Etats voisins, y ont comme de concert & sans aucune destination du Prince qui ait paru aux yeux du public, fixé & établi pour la Négociation des Papiers Royaux, qui faisoient tout l'objet de ce tems-là.

Les premieres affaires s'y firent d'abord sourdement & sur le pavé; mais l'affluence des Négociateurs devint bien-tôt telle, que la rue ne fut plus assez large pour les contenir. On contraignit à force d'argent la plupart des Bourgeois à ceder leurs maisons pour y faire autant de Bureaux qu'il y avoit de chambres. Ceux qui furent assez courageux pour résister à cette tentation, se trouverent bien-tôt comme assiégés dans leurs propres maisons, n'en pouvant sortir sinon en fendant la foule, & n'y pouvant presque rentrer après qu'ils en étoient une fois sortis; jusques-là que faute d'issue, ils manquoient souvent des choses même les plus nécessaires à la vie, qu'on ne pouvoit leur apporter. Une légion de gueux & de femmes de réputation fort équivoque, y crioient à haute voix & sous toutes sortes de noms jusqu'alors inouis, les papiers qu'ils avoient à vendre, de la même maniere qu'on crioit les plus viles légumes dans les autres quartiers de la Ville. On y vit même naître un jargon composé tout exprès pour n'être entendu que de ceux qui y prenoient interêt, dans lequel les termes les plus obscenes étoient les plus employés. On y vit indistinctement confondus des personnes de tous états, de tout âge, de tout sexe, qui ne rougissoient pas de négocier comme de pair à pair avec la plus méprisable populace, pour ne pas dire avec toute la racaille de l'Univers.

On n'y parloit que de millions, il ne falloit que tendre la main pour en avoir, se baisser pour en ramasser. Tel qui en avoit gagné plusieurs en un jour, revenoit dès le lendemain pour en gagner encore davantage. Personne ne perdoit; les mines du Perou n'approchoient pas des richesses dont chacun de ces nouveaux venus se croyoit rempli: le peu de personnes qui ne donnoient pas dans ce travers, étoient l'objet de la risée de ceux-ci, qui les regardoient comme autant de fous qui s'obstinoient à courir à leur ruine. Enfin en moins de deux ans l'enchantement a cessé; les Bureaux ont été rompus, les Bourgeois ont repris leurs maisons, le vent a emporté le papier, & ces nouveaux riches, au moins la plus grande partie, n'ont plus rien trouvé dans leurs mains. La rue Quimquempoix leur a obligation d'avoir par leur moyen mérité une place dans ce Dictionnaire du Commerce, quoique celui auquel elle s'est prêtée, n'ait pasé des plus approuvé.

QUINQUINA ou KINKINNA, que quelques-uns appellent aussi QUINAQUINA ou CHINACHINA. C'est l'écorce d'un arbre qui croît aux Indes Occidentales, que les Espagnols ont nommé *Palo de Cassenturas*, c'est-à-dire, Bois de fiévre, à cause des qualités surprenantes & spécifiques qu'elle a pour arrêter toutes sortes de fiévres intermittentes.

L'arbre qu'on dépouille de cette utile & précieuse écorce, se trouve uniquement au Perou dans la Province de san Francesco de Quitto ou Quinto: sur-tout il y en a abondamment dans les montagnes qui sont près de la Ville de Loxa; on dit néanmoins qu'il s'en rencontre aussi dans celle du Potosi, qu'on estime même le plus excellent.

Cet arbre ne s'éleve guéres plus haut que nos cerisiers ou nos poiriers; ses feuilles sont assez semblables à celles du treffle, à la réserve qu'elles sont dentelées: sa fleur longue & rougeâtre produit une espece de gousse dans laquelle est renfermée sa graine qui est plate comme une amande; son écorce quand il en est encore couvert, est lissée d'un jaune blancheâtre par dehors, d'un tanné pâle par dedans. Les Indiens le nomment aussi, Arbre à enyvrer. Ce nom qui est le plus commun au Perou, lui vient de la propriété qu'il a d'enyvrer les poissons, lorsqu'après avoir battu son bois ou son écorce, on le met enfermé dans un sac dans les étangs & autres eaux dormantes.

Il n'y a guéres plus de soixante ans que cet excellent fébrifuge est connu en France, où le Cardinal de Lugo l'apporta en 1650. On l'appella d'abord du nom de ce Cardinal, & ensuite la Poudre des Jesuites, parce qu'ils le distribuoient; ce Prélat qui avoit été de leur Société leur en ayant beaucoup laissé. On dit que la prise s'en vendoit alors un écu d'or.

Ce prix trop considérable, ou peut-être le peu d'effet que cette drogue produisoit faute d'en bien sçavoir la préparation, en fit négliger l'usage; & elle commençoit à n'être plus guéres connue lorsque le Chevalier Talbot Anglois, vers l'année 1680, la remit en vogue par le grand nombre de guérisons surprenantes qu'il fit à la Cour & à la Ville avec cette poudre préparée à sa maniere, dont le secret devint public par la magnificence de Louis XIV. qui récompensa en grand Roi cet habile Anglois pour l'obliger à communiquer sa préparation, à laquelle depuis nos plus sçavans Médecins ont changé, augmenté & diminué chacun suivant leurs découvertes & leurs expériences.

Le Quinquina se vend chez les Marchands Epiciers & Droguistes, en écorce ou en poudre. Ceux qui l'achettent en écorce doivent le choisir d'une substance compacte & très-sec, qui n'ait point été mouillé, & qui ne se réduise point trop facilement en poudre en le rompant. Les petites écorces fines, noirâtres, chagrinées par dessus, rougeâtres par dedans, d'un gout amer & désagréable, sont les plus estimées.

Pour le Quinquina en poudre il doit être bien passé au tamis, & le prendre chez des Marchands fidéles & de connoissance, étant très-facile de le sofistiquer, & très-difficile à s'en appercevoir.

L'on avoit toujours cru, & c'est l'opinion que l'Auteur de ce Dictionnaire a suivie; l'on avoit, dis-je, toujours cru que l'arbrisseau qui produit le Quinquina ne se trouvoit que dans le Perou; mais le Pere Labat dans la relation qu'il a donnée des

Isles Antilles en 1722, revendique, pour ainsi dire, cette précieuse écorce, & veut faire part de ce trésor à l'Isle de la Guadeloupe.

L'arbre que cet Historien veut faire passer pour celui qui produit le Quinquina, s'appelle aux Isles Paletunier, & est une espéce de Mangle noir. Il est vrai qu'il s'y éleve beaucoup plus haut, & qu'il y devient bien plus gros qu'au Perou, mais à cette seule diversité près qu'on peut attribuer à la différence du terroir, l'habile naturaliste n'y en trouve aucune autre.

Comme cependant il avertit qu'il a écrit à la Guadeloupe pour avoir de ces écorces, & en faire des expériences, on ne doute point qu'il n'en fasse part au public, qui jusqu'à cet éclaircissement, doit au moins suspendre son jugement & le parti qu'il doit prendre dans cette nouvelle découverte.

La racine de Gentiane qui est aussi un fébrifuge, est appellée par quelques-uns, Quinquina d'Europe. *Voyez* GENTIANE.

Le Quinquina ne se trouve tarifé dans aucun des Tarifs de France, à l'exception de celui de la Douane de Lyon, où il paye 3. s. de la liv. Ainsi conformément au dernier article du Tarif de 1664, les droits doivent s'en payer à raison de cinq pour cent de sa valeur, dont l'estimation doit être faite à l'amiable entre les Marchands & les Fermiers; ou en cas de contestation par les Officiers de Traite.

COMMERCE DU QUINQUINA A AMSTERDAM.

Le Quinquina se vend à Amsterdam depuis 36 jusqu'à 54 sols la livre. La tare est de 12 & 14 par seron; la déduction pour le bon poids, de deux pour cent, & celle pour le prompt payement d'un pour cent.

QUINT. La cinquiéme partie d'un tout divisé en cinq parties égales. J'ai mon quint dans cette société, dans cet armement, c'est-à-dire, j'y suis intéressé pour un cinquiéme.

En fait de Parties Aliquotes, quatre sols sont le quint ou la cinquiéme partie de la livre tournois. ce qui s'exprime par cette figure $\frac{1}{5}$. *Voyez* CINQUIÉME.

QUINT. Ce terme est particuliérement en usage dans l'Amerique Espagnole, pour signifier ce qui est dû au Roi pour le droit qu'il leve sur tout l'or & l'argent qui se tire des mines, ou que l'on y recueille autrement.

Ce droit est si considérable, qu'on prouve par les Registres de l'or & de l'argent quintés, que des seules mines du Potosi le Roi d'Espagne a tiré en moins de cinquante ans plus de cent onze millions de Pesos, à treize Réales un quart le Peso.

Le quint est dû aussi au Roi pour toutes sortes de Pierreries; & sous ce nom sont compris, non seulement les pierres qu'on appelle Précieuses, & qui ont de l'éclat, mais encore le Bezoard, le Corail rouge, l'Aimant, le Jays, l'Arcanson & le Vitriol. *Voyez* QUINTER.

QUINTAL, signifie le poids ou la pesanteur de cent livres. Ce terme est plus en usage dans la Provence & dans le Languedoc, que par tout ailleurs: on s'en sert cependant en différentes autres Provinces de France pour signifier un cent pesant.

L'on voiture des marchandises par mer, par les rivieres & par terre, sur le pied du quintal ou du cent pesant. L'on vend, l'on achette, & l'on estime certaines marchandises à raison du quintal.

Le quintal, quoique de cent livres, n'est pas égal partout; il differe quelquefois de cinq, de dix ou de vingt pour cent plus ou moins, suivant que la livre est composée de plus ou de moins d'onces, ou que les onces sont plus fortes ou plus foibles dans les lieux où l'on charge & où l'on achette & vend les marchandises.

Par exemple, le quintal poids de Paris rend à Marseille cent vingt-trois livres, & le quintal poids de Marseille ne rend à Paris que quatre-vingt-une livre. Cette différence provient de ce que la livre de Paris est composée de seize onces, & que celle de Marseille n'est composée que de treize onces, ce qui se doit entendre poids de marc; car la livre de Marseille est aussi de seize onces poids de table.

Quand on convient du prix d'une voiture, ou que l'on fait quelque achat ou quelque vente de marchandise sur le pied de tant le quintal poids de marc, cela doit s'entendre que le quintal doit peser cent livres de seize onces chacune, parce que la livre poids de marc est toujours composée de seize onces. Au contraire quand on traite sur le pied du quintal sans autre explication, le quintal se prend sur le pied de la livre des lieux; c'est-à-dire, que si la livre n'est que de treize onces poids de marc comme celle de Marseille, le quintal ne sera que de quatre-vingt-une livres poids de marc. Il en doit être de même des autres lieux où la livre est composée de plus ou de moins d'onces poids de marc.

La livre de quintal sur mer, lorsqu'il s'agit du fret ou nolis d'un vaisseau, n'est réputée que de quinze onces; & par conséquent le quintal de mer ne doit peser que quatre-vingt-treize livres, à prendre la livre sur le pied de seize onces poids de marc.

QUINTAL. Le quintal de Constantinople est estimé le plus pesant de tous les quintaux dont on se sert au Levant: il est de quarante-cinq ocques, l'ocque pesant quatre cens dragmes ou deux livres neuf seiziémes d'Amsterdam.

Ce quintal pese cent douze livres trois quarts d'Amsterdam, cent quatre-vingt-une de Venise, & cent soixante de Livourne.

On peut aussi diviser le quintal en rottes, à raison de cent rottes par quintal. La rotte est de cent quatre-vingt dragmes.

QUINTAL. Le quintal est un des quatre poids ausquels se pésent & s'achetent à Smirne les marchandises qu'on en tire pour l'Europe. Il est composé de cent rottes que l'on nomme aussi rotons, ou de quarante-cinq ocos qui doivent faire cent quarante livres dix onces poids de Marseille, quoique les Coagis ou les Commissionnaires n'en donnent compte à leurs Commettans que de cent trente-trois livres.

Ce qu'on nomme au Caire Quintal Gerouin, est le poids le plus fort dont on se serve dans cette capitale & dans les autres Villes de commerce de l'Egypte pour peser les marchandises les plus pesantes ou du plus grand volume. Il est de deux cens dix-sept rotols ou rotolis du Caire dont les cent dix font cent huit livres de Marseille.

Le QUINTAL d'Angleterre qu'on nomme Hundred, est composé de cent douze livres d'avoir du poids; le demi quintal de cinquante-six livres; & le quart qu'on appelle Jod de vingt-huit.

QUINTAL-MECHO. On appelle ainsi en Espagne, à Buenos-Aires, & dans le reste de l'Amérique Espagnole, un quintal qui est de moitié plus fort que le quintal commun. Il est de six arobes, & ce dernier seulement de quatre ; c'est-à-dire, l'un de cent cinquante livres, & l'autre de cent, à prendre l'arobe sur le pied de vingt-cinq livres ; ce qui rend poids de Paris quatre-vingt-treize livres pour le quintal commun, & cent trente-neuf livres & demi pour le quintal-mécho.

A Livourne le quintal est plus ou moins fort suivant les marchandises qu'on y pese. Par exemple, le quintal de l'alun de Rome, de la morue, du hareng fumé ou salé, & du saumon aussi salé, est de cent cinquante liv. & le quintal des moscouades & des sucres du Brésil, de cent cinquante-une liv.

QUINTAL. On dit sur la Méditerranée charger au quintal, pour signifier ce qu'on entend sur l'Océan par charger à cueillette, c'est-à-dire rassembler des marchandises de divers Marchands pour faire toute la charge d'un navire. *Voyez* CUEILLETTE.

QUINTE ou QUINTIN. Sorte de toile de lin très fine & très transparente qui se fabrique à Quintin en Bretagne & aux environs. *V.* TOILE, *où l'on parle de celles de Bretagne.*

QUINTE-ESSENCE. C'est ainsi que les Marchands Apoticaires & Droguistes nomment ce qu'il y a de plus exquis, de plus pur & de plus subtil dans les corps naturels, tiré ou extrait par le moyen du feu. Chez les Chimistes ce terme signifie la même chose.

QUINTE-ESSENCE DE ROMARIN. *Voyez* ROMARIN.

QUINTE-ESSENCE D'ANIS. *Voyez* ANIS.

QUINTE-ESSENCE DE CANELLE. *Voyez* CANELLE.

QUINTELAGE ou QUINTILAGE. Terme de marine dont on se sert dans quelques endroits pour signifier ce qu'on nomme plus communément Lest. Les Flamans disent Quincelage. *Voyez* LEST.

QUINTELAGE. Signifie aussi en Basse-Bretagne l'ordinaire ou le port des hardes des Matelots, c'est-à-dire ce qu'il est permis à chaque matelot qui s'embarque, de porter avec soi ; ce qui se regle au poids, & dont ils conviennent en s'engageant. Ailleurs il se nomme Matelotage. *Voyez* MATELOTAGE.

QUINTER L'OR ET L'ARGENT. C'est le marquer après l'avoir essayé & pésé, & en avoir fait payer le droit de quint au Roi.

Ce terme est particuliérement en usage dans les mines du Potosi, du Chyli & de la nouvelle Espagne, d'où il a passé en Europe parmi ceux qui font le commerce de l'or & de l'argent en matiere, & non en espece. *Voyez les articles de ces deux métaux.*

QUINTE', QUINTE'E. On appelle un lingot d'or quinté, une barre d'argent quintée, ces métaux en barres ou en lingots, qui ont été essayés, pésés & marqués par les Essayeurs & Commis Royaux. *Voyez comme dessus.*

QUINTIN. *Voyez* QUINTE.

QUINZAINE, que l'on prononce KINZAINE. Nombre qui renferme en soi quinze unités ou choses d'une même espece, une quinzaine de pistoles, une quinzaine d'écus, de livres, &c.

QUINZE, que l'on prononce KINZE, Nombre impair composé de 10 & de 5, ou d'une dizaine & de la moitié d'une dizaine, ou de trois fois cinq, ou de cinq fois trois. Quinze en chiffre commun ou Arabe s'écrit de cette maniere (15,) en chiffre Romain de la sorte (XV) & en chiffre François de compte ou de finance ainsi (*xv.*)

On dit par maniere de proverbe qu'une personne en veut faire passer quinze pour douze, pour faire entendre qu'il ne dit pas les choses comme elles sont dans la vûe de tromper quelqu'un.

QUINZIE'ME, qu'on prononce KINZIE'ME. Se dit de la partie d'un tout divisé en quinze portions semblables. J'ai mon quinziéme dans cet armement.

Lorsqu'il s'agit de fractions ou nombres rompus, un quinziéme, trois quinziémes, cinq quinziémes, sept quinziémes, &c. s'écrivent en chiffres ($\frac{1}{15}$, $\frac{3}{15}$, $\frac{5}{15}$, $\frac{7}{15}$, &c.) Le quinziéme de vingt sols est un sol quatre deniers, qui est une des parties aliquotes d'une livre tournois.

QUIOSSAGE. Terme de Tanneur, qui se dit des cuirs qui ont passé sous la quiosse. Le quiossage des cuirs ne se fait qu'après qu'ils ont été lavés & écharnés à la riviere. Les Mégissiers se servent du même terme à l'égard des peaux qu'ils préparent. *Voyez ci-après* QUIOSSE', QUIOSSE & QUIOSSER.

QUIOSSE'. On appelle un cuir quiossé, celui sur lequel on a fait passer la quiosse étant sur le chevalet.

QUIOSSE, que quelques-uns appellent aussi Queux ou Queuxe. Est une espece de pierre à éguiser, dont les Tanneurs & les Mégissiers se servent pour préparer leurs peaux & leurs cuirs. *Voyez* QUEUX.

QUIOSSER LES CUIRS ou LES PEAUX. C'est les frotter à force de bras sur le chevalet avec la quiosse pour faire sortir toute la chaux & les ordures qui peuvent être restées du côté de la fleur ; c'est-à-dire du côté où étoit le poil & la laine. Les Tanneurs ne quiossent les cuirs qu'après avoir été lavés & écharnés à la riviere, & c'est la derniere façon qu'ils leur donnent avant que de les mettre dans la fosse au tan. Les Mégissiers quiossent les peaux pour en adoucir la fleur afin qu'elle se puisse conserver dans les diverses façons qu'ils leur donnent avant que de les mettre dans la cuve avec le son. *Voyez* TANNER & MEGIE.

QUIRAT. Petit poids dont on se sert au Caire & dans le reste de l'Egypte. La dragme vaut seize quirats, & le quirat quatre grains.

QUIS ou PYRITES. Espece de Marcassite de cuivre dont on tire le vitriol Romain. *Voyez* PYRITES.

QUITALE. Mot Espagnol qui signifie la même chose que Carat. *Voyez* CARAT.

QUITO, Ville de l'Amérique Espagnole sur la Mer du Sud. Cette Ville est comme la Capitale du Haut-Pérou. L'on y fabrique des draps, des serges, & des toiles de coton. *Voyez* l'Etat général, Tome I. page 493.

QUITTANCE. Acte ou écrit par lequel on décharge quelqu'un d'un payement, d'une dette, ou d'autre chose qu'il s'étoit obligé de faire ou d'acquitter.

Il y a des quittances pardevant Notaires, & des quittances sous seing privé ; toutes également valables, mais non également sures pour les évenemens, les dernieres étant quelquefois sujettes à de grands inconvéniens.

Le reçu que l'on met au dos d'une Lettre de Change acquittée, est une véritable quittance, mais qui par l'usage a obtenu un autre nom. On l'appelle endossement. *Voyez cet article.*

QUITTANCER. Donner une quittance, un reçu, un acquit, au pied ou au dos de l'acte par lequel le débiteur étoit obligé à son créancier. On quittance des mémoires, & des parties arrêtées de marchandises fournies lorsqu'on en reçoit le payement. Les obligations & autres actes obligatoires qui ont minutes, se quittancent au dos de la minutte, & la grosse se rend à ceux qui les acquittent.

On ne dit pas quittancer une lettre de change, mais l'endosser, quoiqu'effectivement ce soit la même chose. *Voyez* ENDOSSER.

On dit simplement Donner quittance, quand la quittance se donne séparément, & non sur l'acte qui obligeoit le débiteur.

QUITTE. Celui qui ne doit rien, qui a payé tout ce qu'il doit. Ce Marchand a donné de bons effets pour demeurer quitte envers ses créanciers. Je vous envoye mille écus pour rester quitte avec vous de toutes choses.

QUITTER, donner quittance, ou déclarer qu'on ne demandera rien d'une dette. J'aime mieux le quitter de tout que d'avoir un procès avec lui. Je l'ai quitté pour la moitié de ce qu'il me devoit.

QUO

QUOAILLE, qu'on écrit plus ordinairement COAILLE. Laine très grossiere & comme le rebut des toisons qui se levent de dessus les brebis. *Voyez* COAILLE.

QUOTE ou QUOTTE, qui s'écrit plus ordinairement Cote. *Voyez* COTE.

QUOTIENT. Terme d'Arithmétique qui exprime le nombre provenant de la partition ou division qui se fait d'un plus grand nombre par un plus petit, & qui fait connoître combien le plus petit est compris de fois dans le plus grand; ou combien de fois le partiteur ou diviseur est contenu dans le dividende ou nombre à diviser.

Le quotient est proprement le résultat de la division, & renferme autant d'unités que le dividende contient de fois le diviseur. Le quotient se place pour l'ordinaire à droite au bout de la ligne du nombre à diviser, avec une petite barre ou ligne perpendiculaire entre deux.

Le quotient de quinze divisé par trois est cinq. Ce terme a été tiré du mot Latin *Quoties*, qui signifie combien de fois tel nombre inférieur est-il dans un autre supérieur? Par exemple combien trois est-il de fois en quinze? cinq fois, parce que cinq fois trois sont quinze.

R

R. Dix-septiéme Lettre de l'Alphabet. Elle sert dans le Commerce pour les Abréviations suivantes : R^{S}, Remises : R, Reçû : R^{O}, Recto : R^{X} ou R^{LE}, Richedale ou Rixdale.

RAA

RAAGDAER. Officier en Perse qui perçoit les droits de Raagdarie : ce sont des especes de Voyers. Les Raagdaers sont partagés par cantons, & chacun ne répond que des lieux dont il s'est chargé. En conséquence des droits qu'on leur paye, ils sont obligés d'entretenir & d'assurer les grands chemins, & de restituer au Propriétaire la valeur des marchandises & autres effets qu'on a volés, lorsqu'ils ne peuvent pas les recouvrer ; mais s'ils les recouvrent, ils en retiennent le tiers pour leur peine. Ils ont sous eux plusieurs Escouades de Soldats pour la sureté des Voyageurs & des Marchands : mais un ordre si beau est souvent mal exécuté ; & quelquefois les Gardes des chemins en sont les plus grands voleurs.

RAAGDARIE. On nomme ainsi un droit que l'on fait payer en Perse sur toutes les marchandises pour la sureté des grands chemins, particuliérement dans les lieux dangereux, & où la rencontre des voleurs est ordinaire.

RAB

RABAIS. Diminution de valeur ou de quantité. Il se dit des monnoies & des marchandises, même quelquefois des liqueurs & des grains ; mais on dit plus ordinairement Déchet, quand il s'agit de diminution de quantité. On a publié le rabais des monnoies. Il y a beaucoup de rabais à faire sur ce damas, il n'est plus à la mode. Les étoffes de soie ne se vendent pas le même prix que l'année derniere, il y a plus de dix pour cent de rabais.

RABAIS. Se dit aussi quand on retire moins qu'on ne l'esperoit d'un fonds ou d'une entreprise de commerce. Le retour de ce vaisseau devoit me rapporter 30000 livres de profit, mais il y a bien du rabais, la meilleure partie se trouve consommée en avaries & en frais.

RABAIS. Se prend encore pour la remise dont on convient pour payer une somme avant l'échéance du payement. Voulez-vous me faire un tel rabais, je vous payerai comptant ? Quelques-uns disent Rabat, mais plus improprement que Rabais. Le véritable mot est Excompte. *Voyez* EXCOMPTE.

RABAISSE & RABAISSEMENT. Se disent à peu près dans la même signification que Rabais ; mais ils sont moins en usage, particuliérement Rabaisse, dont on ne se sert presque jamais.

RABAISSER. Diminuer de prix. Le blé est bien rabaissé : Les monnoies sont rabaissées.

RABAISSER LE CARTON. Terme de Relieur de Livres. C'est couper avec une pointe d'acier le carton, qui fait la partie la plus solide de la couverture d'un Livre, & le rendre de tous côtés égal à la tranche ; ensorte néanmoins qu'il l'excede de quelques lignes. *Voyez* RELIEURE.

RABAT. Terme de Commerce très usité à Amsterdam. C'est un excompte ou diminution que l'on fait sur le prix de certaines marchandises, lorsque l'Acheteur avance le payement de la somme dont il étoit convenu avec le Vendeur. *Voyez* EXCOMPTE.

Le rabat s'estime par mois, & s'accorde seulement pour certaines sortes de marchandises. Ces marchandises sont, suivant l'usage d'Amsterdam,

Les laines d'Allemagne	qui se vendent à	15	mois de rabat.
Les cendres & potasses		18	
Les soyeries d'Italie		18	
Les sucres de Brésil nommés Moscouades		18	
Les laines d'Espagne		21	
Les soies d'Italie		33	

C'est-à-dire, que ces marchandises se vendent à payer comptant, en déduisant ou rabattant l'intérêt de l'argent qu'on ne devroit payer qu'au bout de quinze, de dix-huit, de vingt-un, ou de trente-trois mois. Cet intérêt qu'on appelle Rabat est pour l'ordinaire reglé à huit pour cent par an, qui sont incorporés dans le prix de la marchandise par le Vendeur ; lequel pouvant donner sa marchandise pour cent florins argent comptant, la vent cent huit florins, s'il la vend à un an de terme.

Les Marchands n'étant pas toujours en état de payer comptant les marchandises qu'ils achetent, on a imaginé le rabat, tant pour donner le moyen à ceux qui le sont de payer comptant, que pour engager les autres à se libérer le plûtôt qu'ils le peuvent en vûe de cet excompte.

RABAT. Les Blanchisseurs de cire nomment de la sorte un morceau de grosse toile qu'on met sur le tour ou tourillon de la gresloire à quelque distance pour rabattre, qui s'éleve de la baignoire en tournant. *Voyez* l'article de la Cire, où il est parlé de la Manufacture d'Antony & de sa Fonderie.

RABAT DE COULEUR. Terme de teinture. C'est quand une drogue faisant une couleur trop haute ou trop vive, on se sert d'une autre drogue pour la rabattre ou diminuer. C'est presque la même chose que Brunissure.

Il se dit aussi d'une legere façon qu'on donne aux étoffes de peu de valeur pour les achever. Le rabat des couleurs d'olive passées en verd se donne avec de la suie de cheminée.

RABATAGE. On nomme ainsi à Bordeaux ce qu'ailleurs & particuliérement à Amsterdam on appelle Rabat, c'est-à-dire, une espece d'escompte qui s'accorde par le Vendeur à l'Acheteur en faveur du prompt payement : Rabatage signifie aussi quelquefois la même chose que tare. *Voyez* Rabat & Tare.

La piece d'eau-de-vie de 50 veltes donne à Bordeaux 2 liv. 10 s. de rabatage, c'est-à-dire, de tare.

RABATTRE. Oster, retrancher, déduire, diminuer. On dit, C'est un prix fait, je n'en puis pas rabattre un denier : Je vous rabattrai quatre pour cent si vous payez comptant.

Rabattre. Terme de Tireur d'or. C'est par le moyen d'un rouet faire passer sur la rochette le trait qui est autour de la bobine. Rabattre du trait : Trait rabattu.

Rabattre. Terme de tannerie. On rabat les cuirs en les jettant dans un vieux plain au sortir de l'eau. *Voyez* Tanneur.

RABES DE MORUE. Ce sont les œufs de la morue que l'on sale & qu'on met en barique. Ce terme n'est en usage qu'à la Rochelle, ailleurs on dit des raves. Cette marchandise ne se trouvant point dans les Tarifs, les Fermiers du Roi & les Marchands de la Rochelle en ont fixé l'estimation pour regler les cinq pour cent que payent les marchandises omises. Cette estimation est de 25 liv. la barique à l'entrée, & de 30 liv. à la sortie.

RABETTE. Graine d'une espece de choux dont on fait de l'huile. *Voyez* Navette.

RABLE, qu'on nomme plus ordinairement FOURGON. Grand crochet de fer emmanché d'une longue perche de bois, dont les Pâtissiers, Boulangers, Pain-d'Epiciers, &c. se servent pour attiser le bois dont ils chauffent leurs fours.

Rable. C'est aussi un instrument de bois, dont les Plombiers se servent pour étendre & faire couler également le plomb sur leurs moules, lorsqu'ils fondent des tables de ce métail.

Ces Ouvriers ont deux sortes de rables qui n'ont que le nom & l'usage de commun, étant fort différens dans tout le reste. Un de ces rables sert pour les grandes tables de plomb, l'autre pour les petites.

Le rable aux grandes tables est une piece de bois, d'un pouce d'épaisseur ou environ, de quatre de hauteur, & de toute la largeur des moules ou tables à jetter le plomb, sur les éponges ou bords desquelles le rable doit porter, & être comme enchassé par deux entailles qu'il a aux deux bouts. Au milieu du rable est un long manche de bois pour le conduire. C'est avec cet instrument que quelques-uns nomment aussi un Rabot, que lorsqu'on a levé la poêle à verser, & que le métail liquide commence à se répandre sur le moule, les Compagnons le poussent & le conduisent jusqu'au bout. *Voyez* Plombier.

Le rable pour les petites tables est une espece de caisse de bois sans fond, & seulement fermée de trois côtés. La principale piece qui joint les deux autres, est de cinq à six pouces de hauteur, & d'autant de longueur qu'on veut que les petites tables ayent de largeur. Les deux pieces paralleles sont taillées en triangle, c'est-à-dire, qu'elles diminuent depuis le bout où elles sont jointes à la piece du milieu, & se terminent en pointe. C'est dans cette espece de caisse que l'on verse le plomb fondu pour couler les petites tables. *Voyez l'usage de cet instrument à l'article des Plombiers.*

Les Facteurs d'orgues se servent aussi de ce rable pour couler les tables d'étain avec lesquelles ils font les tuyaux dont leurs orgues sont montées. *Voyez* Orgue, *ou* Facteur d'Orgues.

RABOT. Outil à courroyer le bois & à le rendre uni. Il y en a de plusieurs sortes, de différentes grandeurs & à divers usages, mais qui tous ont leurs noms particuliers.

L'instrument qu'on nomme proprement Rabot, est composé de trois pieces, deux de bois & une de fer. De celles qui sont de bois la principale s'appelle le fust. C'est une espece de billot de dix à douze pouces de longueur, & de deux pouces ou deux pouces & demi d'équarrissure. La face de dessous est fort polie pour couler plus aisément sur le bois. Au milieu de ce billot est une entaille diagonale, qu'on appelle la lumiere, plus ou moins large suivant la qualité du fer qu'on y veut placer : elle traverse de la partie supérieure du fust à la partie inférieure. Le coin est la seconde piéce de bois ; elle est échancrée par le bas & coupée en chanfrain ; elle sert à arrêter le fer dans la lumiére à la hauteur convenable. Le rabot n'est que pour polir l'ouvrage après qu'on l'a courroyé & dégrossi avec la varlope ou la demi-varlope, &c.

Les autres sortes de rabots qui servent aux Menuisiers, sont le Riflard, la grande & petite Varlope, la Varlope à onglet, divers Guillaumes, les deux Mouchettes, le Bonnet, le Bouvet, le Bec-de-canne & le Feuilleret. *Voyez ces outils à leurs propres articles.*

Les Menuisiers-Ebenistes, c'est-à-dire, ceux qui travaillent en placage & en marquetterie, ont tous les rabots des Menuisiers ordinaires ; & outre ceux-là ils en ont d'autres dont les fers sont différens, & qu'ils taillent ou font tailler suivant la dureté des bois qu'ils employent. Les uns ont le fer demi-couché, d'autres où il est debout, & quelques autres qui ont des dents en façon de limes, ou en maniere de truelles brettées : ceux-là servent à dégrossir leur bois. Ils ont aussi des rabots de fer, c'est-à-dire, dont le fust est garni par dessous d'une plaque de fer fort unie : ceux-ci servent à raboter l'ouvrage quand les pieces de rapport ont été collées, afin de courir moins de risque d'en emporter quelqu'une. *Voyez* Ebeniste & Marquetterie.

Les rabots des Charpentiers sont le Rabot rond semblable à celui des Menuisiers, & la Galere. *Voyez* Galere.

Le rabot des Serruriers sert à planir le fer & à y pousser des filets & des mouleures.

Rabot. C'est aussi un instrument dont se servent les Fondeurs de caracteres d'Imprimerie, pour pousser cette petite cavité ou rainure qui est sous le pied de chaque lettre. Il n'a de ressemblance avec tous les rabots dont on a parlé jusqu'ici que par le nom & par l'usage : pour le reste il en est tout-à-fait different. On en fait ailleurs la description, & on y parle de la maniere de s'en servir. *Voyez* Fondeur de caracteres d'Imprimerie.

Rabot. Ce que les Fondeurs de gros ouvrages appellent un Rabot, est une bande ou plaque de fer platte, en forme de douve de tonneau, de douze ou quinze pouces de longueur, & de cinq ou six de hauteur, qui a un long manche partie de fer, partie de bois : elle sert à ces Ouvriers comme d'écumoire pour ôter les crasses ou scories qui s'élevent sur le métail fondu. *Voyez* Fondeur de gros ouvrages.

Le Rabot dont on se sert aux verreries de saint Gobin pour couler les glaces de grand volume, & celui des Plombiers pour faire ce qu'ils appellent les Tables de plomb, sont de bois : on les nomme plus ordinairement des Rables. *Voyez* RABLE.

RABOT. C'est aussi un des instrumens dont se servent les Maçons, Limousins, Paveurs, &c. pour éteindre la chaux & pour la courroyer avec le ciment ou le sable, dont ils se servent au lieu de plâtre dans plusieurs de leurs ouvrages. C'est un billot de bois de huit à dix pouces de longueur, & de deux ou trois pouces de grosseur, emmanché par le milieu d'une longue perche. *Voyez* MAÇON & PAVEUR.

RABOT. Celui des Jardiniers est simplement une des douves du fond d'une futaille, qui est la plus ceintrée, percée au milieu d'un trou de terriere pour y attacher la perche qui lui sert de manche. Ils s'en servent pour tirer les allées de leurs jardins après qu'ils ont employé le rateau. *Voyez* JARDINIER.

RABOT. Le diamant à rabot est un instrument dont se servent les Miroitiers pour équarrir leurs glaces, & les Vitriers pour couper les verres épais, comme celui qu'on nomme Verre de Lorraine. On l'appelle diamant, parce que véritablement la principale piece consiste en une pointe de diamant fin. *Voyez* DIAMANT DE VITRIER.

RABOTER. Se servir du rabot. *Voyez les articles précédens, perticuliérement où il est parlé des Rabots des Menuisiers, Ebenistes, Charpentiers & autres Ouvriers en bois.*

RABOUGRI. Terme d'exploitation & de commerce de bois. On appelle du bois rabougri, celui qui n'est pas de belle venue, & qui ne profite pas bien. *Voyez* BOIS.

RAC

RACAGE. Terme de Marine. Ce sont de petites boules de bois enfilées les unes avec les autres qu'on met autour d'un mât vers le milieu de la vergue, afin que le mouvement de cette vergue en soit plus facile ; toutes les vergues en ont, hors la sivadiere.

RACAILLE. Terme de mépris qui se dit de ce qui est de moindre valeur en chaque chose. Il n'y a que de la racaille dans cette boutique, pour dire, qu'on n'y vend que de la marchandise de rebut, que de la piétrerie.

Payer en racaille, c'est faire des payemens en especes de cuivre ou de billon. Je n'ai que faire de cette racaille, je vous ai prêté mon argent en beaux écus.

RACHALANDER. Remettre une boutique en chalandise, faire revenir les Chalans. Le bon marché, la bonne marchandise & les agréables façons du Marchand ou de la Marchande sont les meilleurs moyens de rachalander une boutique, un magasin.

RACHETER. Acheter une seconde fois. Cette étoffe ne me plaît pas, j'en racheterai une autre. Je m'étois défait de mes toiles, il m'a fallu en racheter une partie de celui à qui je les avois vendues, il m'a obligé de lui en donner cinq pour cent de profit.

RACINAGE. Terme de teinture. C'est le bouillon ou la décoction de la racine, écorce & feuille de noyer, & coque de noix. *Voyez* FAUVE.

RACINAUX. Terme de Charpentier qui a différentes significations. Les racinaux d'une grue sont les huit extrémités des quatre pieces de bois qui composent son empatement. *Voyez* GRUE.

Les racinaux d'un pont ou de quelque autre bâtiment qu'on construit sur pilotis, sont de grosses pieces de bois posées de champ qui servent comme de fondement.

On nomme aussi Racinaux, les petits poteaux ou pieces de bois dans lesquels sont assemblées les longues traverses qui font les auges ou mangeoires des écuries.

RACINE. Partie des arbres, plantes ou herbes, qui reçoit d'abord le suc de la terre, & qui le distribue ensuite à toutes les autres. Cette partie, qui est ordinairement fibreuse & couverte d'une écorce plus ou moins épaisse, se trouve presque toujours cachée dans la terre, y en ayant peu qui paroisse au dehors.

Il y a de plusieurs sortes de racines qui entrent dans le commerce, dont le plus grand nombre fait partie du négoce des Marchands Epiciers-Droguistes & Apoticaires ; les unes étant propres pour la médecine, les autres pour la teinture ; plusieurs pour les épices, & quelques-unes pour divers usages.

Les racines médicinales sont l'Esule, le Doronic Romain, le Jalap, le Turbit, la Salsepareille, le Souchet qu'on appelle aussi Cyperus, la Reglisse, le Rapontic, la Rhubarbe, la Pirethre, le Pied d'Alexandre, le Mechoacam, la Gentiane, l'Esquine, l'Ipecacuanha, le Costus Arabicus, l'Azarum, autrement Cabaret ou Nard sauvage, l'Azarina, le Galanga, l'Acorus verus, l'Angelique, autrement Archangelique ou Racine du Saint-Esprit, & le Meon.

Les Racines propres aux teintures sont le Terra merita, autrement Concoume, l'Orcanette & la Garance.

Le Gingembre est la racine d'une plante qui entre dans la composition de ce qu'on appelle communément les quatre Epices.

Les Racines propres à différens usages sont celles de l'Iris, de l'olivier & du noyer.

Toutes ces différentes especes de Racines sont expliquées chacune à leur article.

Le Tarif de la Douane de Lyon regle les droits de trois sortes de marchandises sous le nom de Racines.

La premiere, qu'il appelle simplement Racines, paye 4 s. de la balle d'ancienne taxation, & 1 s. du cent pesant de nouvelle réapréciation.

La seconde qui est tariffée sous le nom de Racines de Savoye, paye 5 s. de la balle d'anciens droits & 1 s. du cent pesant pour les nouveaux.

Enfin les Racines de Brionias payent 12 sols du quintal.

RACINE. On appelle Couleur de racine en termes de Teinturier, la couleur fauve qui est une des cinq couleurs simples & matrices. *Voyez* COULEUR MATRICE.

RACINE. Veut aussi dire la Racine de noyer qui sert à faire cette couleur ; mais sous le nom de Racine on comprend l'écorce & la feuille du noyer & encore la coque de noix.

La Racine du noyer n'est bonne en teinture que dans l'hyver, parce que la séve de l'arbre s'y trouve comme retirée ; l'écorce, lorsque l'arbre est en séve, la feuille, quand les noix ne sont pas encore bien formées ; & la coque de la noix, lorsque les noix sont encore dans leur coque verte, & qu'on les a ouvertes pour en tirer le cerneau.

Pour conserver long-tems la teinture de ces différens ingrédiens que fournit le noyer, il faut les mettre dans une cuve bien remplie d'eau, & ne les en tirer que pour les employer. *V.* COULEUR.

RACINER, terme de teinture. C'est donner aux étoffes la couleur fauve qui se fait avec la racine, l'écorce & les feuilles du noyer, & coque de noix. *Voyez* Couleur.

RACLER. Ratisser quelque chose, en ôter quelque partie, quelques inégalités, ou ce qui y est de superflu.

Les Parcheminiers & les Courroyeurs raclent; ceux-ci leurs cuirs, & les autres les peaux des animaux dont ils font leur parchemin & leur velin. *Voyez les articles de ces Artisans, vous y trouverez la description des outils & instrumens qu'ils employent à cet usage, & la maniere dont ils s'en servent.*

Racler, en terme de Mesureurs de grains. Signifie ôter avec le racloire ou radoire ce qu'il y a de trop de grain sur les minots, boisseaux & autres telles mesures, lorsqu'elles ne doivent pas être données combles. On dit plus ordinairement Rader que Racler. *Voyez* Rader.

Racler la tranche d'un livre. Terme de Doreur-Relieur de livres. C'est l'unir avec le racloir pour la préparer à la dorure. *Voyez ci-après* Racloir.

RACLOIR. Instrument avec quoi on racle. Les Chauderonniers ont des racloirs pour gratter les ustenciles de cuisine qu'ils veulent étamer; les Graveurs au burin, pour ratisser les faux traits de leur gravure; les Tonneliers, pour nétoyer les douves par le dedans des futailles. Ceux des Graveurs & Chauderonniers se nomment plus proprement des Grattoirs, & le Racloir des Tonneliers est ce qu'on appelle une essette. *Voyez ces articles.*

Racloir. Ce que les Doreurs de livres appellent de la sorte, est un instrument de fer composé d'une petite platine très mince & arrondie d'un côté, & d'une queue aussi de fer attachée au milieu du dos de la platine, avec laquelle elle forme un angle droit. Cet outil sert à unir la rognure de la tranche, avant que d'y mettre l'assiette pour la dorer. *Voyez* Dorure des Relieurs.

Racloir. C'est aussi un outil dont se servent les Menuisiers de Placage & de Marquetterie. Il est partie d'acier & partie de bois: ce qui est d'acier est une espece de lame très tranchante de trois à quatre pouces de longueur, & de deux ou trois de haut; la partie de bois qui lui sert de poignée est de même longueur, arrondie par en haut, & avec une rainure par en bas, dans laquelle la lame est engagée. *Voyez* Marquetterie *&* Placage.

RACLOIRE, ou RADOIRE. Instrument de bois fait en forme de regle qui sert à racler ou rader les mesures de grain quand elles sont trop pleines & qu'on veut les vendre radées & non combles. *Voyez* Radoire.

RACLURE. Ce qui se détache d'un corps qu'on racle. On le dit particuliérement de l'yvoire & de la corne ou bois de cerf. *Voyez* Cerf *&* Yvoire.

RACOUR. Se dit des étoffes de laine qui au retour de la teinture & des apprêts se trouvent racourcies & diminuées de leur longueur. Cette piece de drap avoit vingt-deux aunes de long avant que d'avoir passé par la teinture; à present qu'elle est teinte elle n'en a plus que vingt & demi, c'est une aune & demi de racours.

Les Marchands se font exactement tenir compte des racours par les Ouvriers & Manufacturiers. Les étoffes de laine doivent être reguliérement aunées au retour de la teinture & des apprêts pour en bien connoître les racours.

Les racours proviennent ordinairement de ce que les étoffes étant encore en blanc ont été par trop tirées & allongées par le moyen des rames & moulinets, ou parce qu'elles ont été mal fabriquées.

L'article 20 du Réglement de la Draperie-Sergetterie de Beauvais, porte que les serges à deux envers blanches & grises, &c. auront la largeur & longueur prescrites par le même article, étant apprêtées & exposées en vente, & sans aucuns racours; & que pour connoître s'il y en a, pourront les Acheteurs faire jetter lesdites piéces à l'eau vingt-quatre heures après l'achat & délivrance d'icelles; & où il s'en trouveroit, le Vendeur sera tenu d'en déduire la valeur sur le pied de la vente.

RAD

RADE. Lieu d'Ancrage à quelque distance de la côte, à couvert des vents, où les navires trouvent fond, & où ils mouillent ordinairement en attendant le vent ou la marée propre pour entrer dans le Port ou pour faire voile. Bonne Rade se dit d'un endroit dont le fond est net de roches, où la tenue est bonne, & quand on est à l'abri d'un certain vent. Les grands bâtimens se mettent à la Rade lorsqu'ils ne trouvent pas de Ports qui ayent assez de profondeur, ou quand ils en sont trop éloignés.

Les Rades qui sont dans l'étendue de la domination du Roi de France, sont libres à tous les vaisseaux Marchands des Sujets de Sa Majesté, même à ceux de ses Alliés; & il est défendu à qui que ce soit de les troubler ni empêcher à peine de punition corporelle.

Les Capitaines & Maîtres des navires qui sont forcés par la tempête de couper leurs cables & de laisser quelques ancres dans les Rades, sont obligés d'y mettre des hoirins, bouées & gaviteaux, sous peine d'amende arbitraire & de perdre leurs ancres, lesquels en ce cas doivent appartenir à ceux qui les ont pêchés.

Les Maîtres de navire qui viennent prendre Rade, doivent mouiller à telle distance les uns des autres que les ancres & cables ne puissent se mêler & porter dommage, à peine d'en répondre, & d'amende arbitraire.

Lorsqu'il y a plusieurs bâtimens en même Rade, celui qui se trouve le plus avancé vers l'eau est obligé d'avoir du feu à son fanal pendant la nuit, afin d'avertir les vaisseaux qui viennent de la mer.

Si un navire qui est en rade veut faire voile pendant la nuit, le Maître est tenu dès le jour précédent de se mettre en lieu propre pour sortir sans aborder ou faire dommage à aucuns de ceux qui sont dans la même rade, à peine de tous dépens, dommages & interêts, & d'amende arbitraire.

Titre 8 du livre 4 de l'Ordonnance de la Marine du mois d'Aout 1681.

RADEAU. *Voyez* Train de Bois.

RADER. Se mettre à la rade.

Rader, en terme de Mesureurs de grains. Signifie passer la radoire par dessus les bords de la mesure pour en ôter ce qu'il y a de trop & la rendre juste. On dit aussi Racler. *Voyez ci-après* Radoire.

RADERIE. Droit qui se paye en Perse pour l'entretien des Gardes, qui veillent pour la sureté des grands chemins, personne n'en est exempt; il n'est cependant établi que pour les Marchands. *Voyez* Raagdaer.

RADEUR. Celui qui est chargé de la radoire lorsqu'on mesure des grains, des graines ou du sel. Il y avoit autrefois des Radeurs en titre d'Offices dans les Greniers à sel. *Voyez* MESUREUR DE SEL & MESUREUR DE GRAINS.

RADIX DICTAMI. *Voyez* DICTAME.

Le radix dictami paye en France les droits d'entrée à raison de 3 l. du cent pesant.

RADOIRE, que l'on nomme aussi Racloire. Instrument de bois plat en maniere de regle, d'environ deux pieds de long, dont les côtés, l'un carré & l'autre rond s'appelle Rives. Les Jurés Mesureurs de grains s'en servent pour rader ou racler les mesures par dessus le bord quand elles sont pleines, afin de les rendre justes & sans comble, ce qui s'appelle Mesurer ras.

Les grains, la farine, les graines, &c. se radent ou se raclent du côté de la rive quarrée, & l'avoine par le côté de la rive ronde à cause que ce grain est long & difficile à rader autrement. Les Mesureurs de sel se servent aussi de radoires.

RAF

RAFFES. Ce sont les rognures des peaux que les Tanneurs & Megissiers ont préparées, ou que les divers Ouvriers qui travaillent en cuir ont débitées.

Les raffes de peaux payent les droits de la Douane de Lyon a raison de 2 s. de la balle d'ancienne taxation, & 1 s. du cent pesant de nouvelle réapréciation.

RAFFES DE VERRE. C'est ce qu'on nomme plus ordinairement du groisil. *Voyez* GROISIL.

Les raffes de verre payent à Lyon 1 s. la caisse d'anciens droits, & 6 d. le cent pesant de nouveaux droits.

RAFFINAGE, ou RAFINAGE. On le dit des métaux, du sucre & du sel; de celui-ci quand à force de le faire bouillir on le fait devenir blanc; de celui-là lorsque le clarifiant à plusieurs reprises & en le faisant cuire à diverses fois, on lui donne certain dégré de blancheur & assez de solidité pour le mettre dans des moules & le dresser en pains; & des métaux, en leur donnant plusieurs fusions. *Voyez* SEL, SUCRE & MÉTAIL.

RAFFINAGE. Signifie aussi le sucre même raffiné. Donnez-moi du raffinage de Rouen, de la Rochelle, d'Orleans, pour dire du sucre raffiné dans ces Villes.

Depuis quelques années le raffinage des sucres se fait aux Isles Antilles Françoises, ce qui a presque fait tomber tous les raffinages de France.

RAFFINAGE DU SALPESTRE. On rafine le salpêtre en le faisant fondre avec de l'eau dans une chaudiere de cuivre, & en y jettant, quand il est bien écumé, de la colle forte d'Angleterre, dissoute auparavant dans dix pintes d'eau bien chaude; & ensuite jettée toute bouillante dans quatre seaux d'eau froide. La proportion de la colle & du salpêtre est de 12 onces de celle-ci sur 2000 liv. de l'autre.

On se sert aussi pour affiner le salpêtre, de blanc d'œuf, de sel armoniac, d'alun & de vinaigre; la colle forte vaut mieux. *Voyez* l'article du Salpêtre.

RAFFINAGE DU SOUFRE. Le soufre se rafine dans une chaudiere de fer coulé, où on le fait fondre sur un feu médiocre sans le mélange d'aucune eau. Quand il est bien fondu on y jette de l'huile de baleine, qui pousse d'abord sur la surface de la chaudiere toutes les ordures & les impuretés qui peuvent être dans le soufre. Après qu'il a été bien écumé, on le jette dans de petits baquets de bois où il se refroidit & prend corps. *Voyez comme dessus.*

RAFFINE'. Sucre raffiné, celui qui a passé par le raffinage; l'autre se nomme Moscouade.

RAFFINER. Affiner une seconde fois; il se dit particuliérement des métaux qui se raffinent par plusieurs fusions. *Voyez les articles particuliers de chaque métail.*

On dit aussi, Raffiner du sucre, Raffiner du sel; le terme d'Affiner est cependant plus d'usage.

RAFFINERIE. Lieu où l'on raffine.

Il n'y a guéres de Ville en Europe où il y ait plus de Raffineries de toutes sortes qu'à Amsterdam; il y en a jusqu'à soixante seulement pour le sucre, & à proportion encore davantage pour le camphre, le vermillon, le souffre, l'azur, le sel, le borax, le brai & la résine. *Voyez tous ces articles.*

RAFFINEUR. Ouvrier qui raffine les métaux, le sucre & le sel. *V.* AFFINEUR. *Voyez aussi* SUCRE.

RAFFUSTER un chapeau, c'est le raccommoder entiérement, lui donner les grandes façons; quand on ne lui donne que le lustre, cela s'appelle rebouiser. *Voyez* REBOUISAGE.

RAFRAISCHIR. Réparer, remettre les choses en meilleur état, leur donner un nouveau lustre. On rafraîchit une tapisserie de haute-lisse en lui donnant plusieurs lessives & en ravivant les couleurs. Les Chapeliers rafraîchissent les chapeaux en rognant les bords, & en les lustrant avec de l'eau.

RAFRAISCHISSOR, terme de sucrerie. On nomme ainsi aux Isles Antilles Françoises un vaisseau de cuivre rouge, dans lequel les Ouvriers en sucre mettent rafraîchir les sirops qu'on a travaillés en sucre blanc. *Voyez* SUCRE.

RAG

RAGUET. C'est une sorte de petite morue verte.

En Bretagne dans le triage que l'on fait des différentes espéces & qualités de morue, le Raguet tient le troisiéme rang, & en Normandie il tient le quatriéme; mais il faut remarquer que dans cette derniere Province le Raguet se confond toujours avec une autre espéce de morue que l'on nomme Lingue, ensorte que la lingue & le Raguet se vendent ordinairement ensemble. *Voyez* MORUE.

RAI

RAILETTE, terme d'Aiguillier. *Voyez* CANELLE.

RAIS. Ce sont les bâtons ou morceaux de bois d'une roue, qui portent d'un bout dans le noyau ou moyeu, & de l'autre dans les jantes. Dans quelques machines de méchanique on les appelle bras.

RAIS, en terme de Potier de terre. Signifie les quatre barres de fer qui suspendent & attachent la roue à la noix. Ces rais ne sont pas placés comme dans les roues ordinaires, mais pendent en lignes diagonales du haut de l'arbre. Ils ont deux usages, l'un de lier & former la roue, l'autre de lui donner le mouvement lorsque l'Ouvrier les pousse avec le tournoir. *Voyez* POTIER DE TERRE.

RAISEAUX DES INDES. Ce sont des ouvrages de soye propres à faire des ceintures ou des jarretiéres. Ceux qui sont destinés pour des ceintures sont apportés des Indes garnis aux deux bouts de houpes d'or ou d'argent. Ils ont deux aunes ou environ de longueur sur un tiers ou cinq douziémes de largeur.

RAISIN. Fruit de la vigne, duquel en le foulant dans une cuve, ou en le mettant sous le pressoir, on tire le vin, cette liqueur si délicieuse & si utile à l'homme. *Voyez* Vin.

Il y a un nombre très grand de différentes espéces de Raisins qui se mangent frais ou secs; mais l'on ne parlera ici que de ceux dont les Marchands Epiciers & Droguistes font négoce, soit qu'ils soient utiles à la médecine, soit qu'ils servent à la nourriture, comme ceux qui sont du nombre des fruits qu'on nomme Fruits de Carême.

Raisins de Damas. Ces raisins sont fort d'usage pour la composition de prisannes, & on les y employe ordinairement avec les jujubes, les sebestes & les dattes. Ils sont nommés de Damas du nom de la Capitale de Syrie, aux environs de laquelle ils se cultivent, & d'où ils s'envoyent dans des espéces de boetes de sapin à demi-rondes qu'on appelle *Bustes*, qui sont de différentes grandeurs, y en en ayant du poids depuis quinze livres jusques à soixante.

Ces raisins tels qu'on les apporte à Paris sont égrainés, plats, de la longueur & grosseur du bout du pouce, ce qui doit faire juger de leur grosseur extraordinaire quand ils sont frais, & empêcher qu'on trouve tout-à-fait incroyable ce que des Voyageurs ont écrit dans leurs relations, qu'il y a des grappes de ces Raisins qui pésent jusques à vingt-cinq livres.

Il faut choisir les Raisins de Damas nouveaux, gros & bien nourris, & surtout prendre garde que ce ne soit des Raisins de Calabre ou des Raisins aux Jubis applatis & mis dans les bustes ou boetes des véritables Damas, ce qu'on reconnoîtra aisément au gout, ceux-ci l'ayant fade & désagréable, & ceux qu'on leur substitue étant doux & sucrés.

Les Raisins de Damas payent en France les droits d'entrée à raison de 40 s. du cent pesant, conformément au Tarif de 1664, & suivant celui de la Douane de Lyon 10 s. du quintal d'ancienne taxation & 2 s. 6 d. de nouvelle réapréciation.

Ils sont du nombre des marchandises venant du Levant, sujettes au droit de vingt pour cent de leur valeur, suivant l'Arrêt du 15 Août 1685.

Raisins de Corinthe. Ce sont des petits Raisins égrainés de différentes couleurs, rouges, noirs ou blancs, de la grosseur des groseilles communes, qu'on apporte de plusieurs endroits de l'Archipel, & entr'autres de l'Isthme de Corinthe d'où ils ont pris leur nom.

Ils viennent ordinairement par la voie de Marseille dans des balles du poids de deux à trois cens livres où ils sont extrémément pressés & entassés. Les Anglois & les Hollandois en tems de Paix en apportent aussi quantité à Bordeaux, la Rochelle, Nantes & Rouen.

Les Raisins de Corinthe doivent se choisir nouveaux, petits, en grosses masses, & prendre garde qu'on ne vende en leur place de petits raisins d'Espagne. Quand ils sont bien emballés ils peuvent se garder deux ou trois ans en ne les remuant point & ne leur donnant aucun air. Ils entrent dans l'assaisonnement de plusieurs ragouts & dans quelques compositions médicinales où ils peuvent tenir lieu de Raisins de Damas.

Ce que M. Wheler rapporte dans son Voyage de Dalmatie & de Grece, des Isles d'où se tirent ces sortes de Raisins & de la maniere qu'on les y prépare, est si curieux, qu'on ne sera peut-être pas fâché de le voir ici dans les propres termes du Traducteur.

» Xante Isle de la mer Ionnienne, au midi de » Cephlalonie, vers la Côte Occidentale de la » Morée sous la domination des Venitiens, est le » principal endroit d'où viennent les Raisins de » Corinthe dont on fait plusieurs ragouts en Angleterre, en France & en Hollande. Ils ont pris » leur nom de Corinthe cette fameuse Ville proche l'Isthme de la Morée; c'est delà que les Latins les ont appellés *Uva Corinthiaca*, c'est-à-dire, Raisins de Corinthe, quoiqu'il n'y en croisse » point à présent, y ayant peut-être été négligés, » parce qu'ils n'en avoient pas la vente, la jalousie » des Turcs ne permettant pas aux grands vaisseaux d'entrer dans le Golfe. Ils ne croissent pas » sur des buissons comme nos groseilles rouges » & blanches, quoiqu'on le croye ordinairement, » mais sur des vignes comme l'autre raisin, excepté que leurs feuilles sont un peu plus épaisses, & que la grappe est un peu plus petite; ils » n'ont aucun pepin, & en ce pays ils sont tout » rouges ou plutôt noirs. Ils croissent dans une » plaine fort agréable qui est environnée de montagnes & de coteaux dont l'Isle est couverte; » cette plaine est séparée en deux vignobles. On » vendange ces raisins dans le mois d'Aout lorsqu'ils sont murs, & on en fait des couches sur la » terre jusqu'à ce qu'ils soient secs: après qu'on les » a rassemblés, on les nétoie & on les apporte dans » la Ville pour les mettre dans les magasins que » les Habitans du pays appellent des Seraglio, & » où ils les versent par un trou, jusqu'à ce que le » magasin soit rempli jusqu'au haut; ils s'entassent » tellement par leur propre poids, qu'on est obligé de les fouir avec des instrumens de fer, ce » qu'ils appellent les remuer. Lorsqu'ils les mettent en baril pour les envoyer en quelque lieu, » des hommes se graissent les jambes & les pieds » nuds, & les pressent avec les pieds afin qu'ils se » conservent mieux & qu'ils ne tiennent pas tant » de place. On les vend environ douze écus le » millier, & on paye autant de coutume à l'Etat » de Venise. L'Isle de Zante en porte assez tous les » ans pour en charger cinq ou six vaisseaux; Cefalonie pour en charger trois ou quatre; & Nathaligo ou Anatolico, Messalongi & Patras » pour en charger un; on en transporte aussi quelque peu du Golfe de Lepante.

» Les Anglois ont un comptoir à Zante qui est » conduit par un Consul & cinq ou six Marchands » pour faire ce commerce: les Hollandois y ont » un Consul & un ou deux Marchands; & les François n'y ont qu'un Commis qui fait le Consul & » le Marchand tout ensemble. Les Anglois y font » le principal commerce de cette marchandise, » étant certain qu'ils en consomment plus dans » leurs ragoûts six fois que la France & la Hollande ensemble. Ceux de Zante n'ont pas beaucoup de connoissance de ce que nous en faisons; » mais ils sont persuadés que nous ne nous en servons que pour teindre les draps, & ils ignorent » encore le luxe des pâtés de Noël, des ragoûts, » des gâteaux & des tartes ou poudins, &c. dont » les Anglois se regalent.

Les Raisins de Corinthe payent en France les droits d'entrée à raison de 40 s. du cent pésant, conformément au Tarif de 1664.

Les droits de la Douane de Lyon sont de 10 s. pour les anciens quatre pour cent.

Ils sont du nombre des marchandises venant du Levant, sur lesquelles outre les droits ordinaires il doit être levé vingt pour cent de leur valeur, en conséquence de l'Arrêt du 15 Aout 1685, ce qui empêche les Anglois d'en apporter en France autant qu'ils faisoient autrefois.

RAISINS AUX JUBIS, que l'on appelle communément Raisins en caisse ou Raisins de caisse. Ce sont des Raisins qu'on tire pour l'ordinaire de Provence, particuliérement de Roquevaire, d'Orriol & des environs de ces lieux. Quand ces Raisins sont murs on les cueille en grappe, & après les avoir trempés dans une lessive de barille, on les met sur des clayes pour les sécher au soleil, en les retournant de tems en tems, & quand ils sont secs on les met dans des caisses de sapin plus longues que larges, ordinairement de deux grandeurs; les plus petites appellées Caissetins sont de dix-sept à dix-huit livres, & les autres qu'on nomme des Quarts sont d'environ quarante livres. Ces sortes de Raisins sont d'un goût doux, sucré & très agréable; ils servent aux desserts & collations du Carême. Les plus nouveaux, les plus secs & en plus belles grappes sont ceux qu'il faut choisir. *Voyez ci-après les droits d'entrée & de sortie que payent ces sortes de Raisins.*

RAISINS PICARDANS. Ces sortes de Raisins approchent assez des Jubis, mais ils sont plus petits & plus secs. Ils viennent de Provence & de Languedoc en grappes, dans de longues caisses de sapin qui pesent depuis quatre-vingt livres jusques à cent. *Ils payent les droits comme les Jubis.*

RAISINS DE CALABRE. Ce sont des Raisins d'un très bon goût, quoiqu'un peu gras, qui viennent par petits barils, du poids de quatre-vingt-dix à cent livres, les grappes enfilées d'une menue ficelle, à peu près comme des morilles. *Voyez ci-après pour les droits.*

RAISINS MUSCATS. Ces raisins sont très bons, de moyenne grosseur ou en grappes, d'un goût musqué & fort délicat; ils se tirent de Languedoc, particuliérement des environs de Frontignan en petites boëtes de sapin quasi rondes, qui pesent depuis cinq livres jusques à quinze. *Voyez ci-après pour les droits.*

RAISINS D'ARCQ & AU SOLEIL, que l'on nomme communément Raisins Sol ou Sor. Ce sont des Raisins égrainés de couleur rougeâtre, bleuâtre ou violette, très bons à manger, que l'on tire d'Espagne, en barils de quarante à cinquante livres; mais l'on appelle particuliérement Raisins d'Espagne de petits Raisins un peu plus gros & moins secs que ceux de Corinthe qui viennent dans des barils du poids d'environ cent livres. Il y a encore les Maroquins qui sont des Raisins d'Espagne très peu connus à Paris.

Suivant le Tarif de 1664, tous ces Raisins doivent payer les droits d'entrée & de sortie du Royaume & des Provinces réputées étrangeres; sçavoir à la sortie à raison de 12 s. du cent pésant; & à l'entrée sur le pied de 10 s.

Les droits de la Douane de Lyon pour les Raisins secs, sont, sçavoir:

Les Raisins du crû de France, 5 s. le quintal.

Les Raisins de Savoye, 5 s. d'ancienne taxation & 3 s. de nouvelle réapréciation.

COMMERCE DES RAISINS A AMSTERDAM.

Tous les raisins secs se vendent à Amsterdam au quintal de cent livres, le prix de ceux de Corinthe est depuis 6 jusqu'à 17 florins le quintal, leur tare est de 16 pour cent; & leurs déductions de deux pour cent pour le bon poids & autant pour le prompt payement.

Les raisins longs se vendent depuis 11 jusqu'à 11 florins $\frac{1}{2}$ les cent livres, leur tare est de 10 pour cent; & leurs déductions comme les précédens.

Les raisins ronds de cabas s'achetent depuis 7 jusqu'à 8 florins le quintal, ils ne déduisent en tout qu'un pour cent pour le prompt payement.

RAISON, terme de Teneur de Livres à Parties doubles. On appelle Livre de Raison parmi les Négocians, Marchands & Banquiers, un gros registre sur lequel on forme tous les comptes en débit ou crédit dont on trouve les Sujets, c'est-à-dire, les articles sur le livre Journal. On le nomme Livre de Raison, parce qu'il sert à se rendre raison à soi-même & à ses Associés de l'Etat de son commerce: on lui donne plus ordinairement le nom de grand Livre, & assez souvent de Livre d'extrait; ce dernier à cause qu'on y porte tous les articles extraits du livre Journal, & l'autre parce qu'il est le plus grand par son volume de tous les livres dont on se sert dans le négoce. *Voyez* LIVRES DES MARCHANDS. *On y parle amplement du Livre de raison & de la maniere de le tenir.*

RAISON. Signifie aussi la part d'un Associé dans le fond d'une société. On dit, ma raison est du quart, sa raison n'est que d'un douziéme. Votre raison est des trois quarts dans cet armement, dans cette Manufacture; pour dire, que les Associés y contribuent suivant cette proportion, & qu'ils doivent porter les pertes & avoir part aux profits sur ce pied-là.

RAISON. Veut dire encore proportion, rapport. Je vous payerai cette étoffe à raison, c'est-à-dire, sur le pied de vingt livres l'aune. Le change d'Amsterdam est à raison de dix pour cent. C'est un Usurier, il prête son argent à raison de deux sols par écu la semaine.

On dit qu'une marchandise, qu'une chose est hors de raison, quand le prix en est excessif, ou qu'elle se trouve difficilement. Le bled est hors de Raison, on le vend cinquante livres le septier. L'argent est hors de raison, on n'en peut trouver qu'à dix pour cent d'intérêt par an.

RAISON, en terme d'arithmétique. Signifie la proportion que des nombres ont entre eux. La raison de quatre à huit est comme de deux à quatre.

RAISON, en terme de commerce de mer. Est la quantité de biscuit, de boisson & autres vivres que l'on regle pour chaque Matelot sur les navires Marchands pour leur pitance de chaque jour. En quelques endroits on l'appelle l'Ordinaire, sur les vaisseaux du Roi on dit Ration.

RAISON. Terme de societés générales. On appelle la raison d'une Societé, les noms des Associés rangés & énoncés de la maniere que la Societé signera les Lettres missives, les Billets, les Lettres de Change.

Ainsi on dit, La raison de la Societé sera la veuve du Val & fils.

La raison de la Societé sera Guillaume & Jacques de la Lande.

RAISONNER, terme de commerce de mer. Il se dit de l'Obligation qu'ont les Capitaines & Maîtres des navires Marchands lorsqu'ils rentrent dans les Ports, d'envoyer montrer à l'Officier ou Commis qui est en garde sur la patache leur congé & leur charte-partie, leur manifeste de chargement & autres papiers & instructions qu'ils sont obligés de communiquer en conséquence des Ordonnances de la Marine. J'ai envoyé raisonner à la patache, je puis me faire lammaner pour entrer dans le port.

RAISONNER. Signifie encore expliquer, déclarer la marchandise dans les Bureaux des Doüanes & des Traites, pour en payer les droits portés par les Tarifs, suivant leur poids, mesure, nombre & qualité. Il faut aller raisonner à ce Bureau; pour dire, y faire sa déclaration & payer les droits d'entrée ou de sortie s'il en est dû. Ce terme n'est gueres en usage que dans les Provinces de France du côté du Rhône. *Voyez* DECLARATION.

RAM

RAMAGE. On appelle Velours à ramage celui où sont représentés divers grands ornemens en maniere de rinceaux ou de palmes veloutées sur un fond satiné ou de gros de Tours. On le nomme ainsi pour le distinguer du velours ciselé & du velours plein, dont le premier n'a que de petites façons, & le dernier n'en a point du tout. *Voyez* VELOURS.

RAMAGE. Se dit aussi de la façon que l'on donne aux draps & étoffes de laine en les mettant & étendant sur une machine qu'on appelle Rame. *Voyez* RAME & RAMER.

RAMAILLAGE. Action de Ramailler. Terme de Chamoiseur. *Voyez l'article suivant.*

RAMALLER. C'est donner aux peaux de boucs, de chevres & de chevreaux la façon nécessaire pour les passer en chamois, ce qui ne se fait que lorsqu'elles ont été passées en huile. *Voyez* CHAMOIS.

RAMASSER LE PAPIER. Terme de Papeterie. *Voyez* RECUEILLIR LE PAPIER.

RAMASSER L'EMAIL, terme d'Emailleur. C'est le prendre chaud & liquide dans la cuilliere de fer où il a été mis en fusion avec du verre, pour en faire ce que les Emailleurs appellent du Canon, c'est-à-dire, ces bâtons ou filets d'émail de diverses grosseurs dont on travaille les ouvrages à la lampe.

Pour ramasser l'émail on se sert de deux bouts de tuyaux de pipes à fumer du tabac, qu'on plonge ensemble dans la matiere fondue, & que tenant des deux mains on éloigne à volonté. Si l'on veut des filets plus longs que l'étendue des bras de l'Ouvrier, un Compagnon en tire un des bouts toujours attaché au morceau de tuyau de pipe; ce qui s'appelle tirer l'émail à la course. *V.* EMAIL.

REMBOURAGE. Terme de Manufacture de Draperie. C'est un des apprêts que l'on donne aux laines de diverses couleurs qu'on a mêlées ensemble pour la fabrique des draps mélangés. *Voyez* FEUTRE.

REMBOURG. Espece de futaille qui sert à mettre du saumon salé & de la bierre. On l'appelle plus communément Hambourg. *Voyez* HAMBOURG.

RAME ou RAMA, Ville de la Terre-Sainte dans la Tribu d'Ephraïm. Un Marché ou espece de Foire, qui se tient toutes les semaines à Rame, rend son commerce considérable. *Voyez* l'Etat général, Tome I. page 351.

RAME. Machine ou instrument dont on se sert dans les Manufactures de Draperies, pour allonger ou élargir les draps, ou seulement pour les unir & les dresser quarrément.

Cette machine qui est haute d'environ quatre pieds & demi, & qui a plus de longueur que la plus longue piece de drap, est composée de plusieurs petites solives ou morceaux de bois quarrés, placés de même que ceux qui forment les barrieres d'un manege; ensorte néanmoins que les traverses d'en-bas puissent se hausser & baisser suivant qu'on le juge à propos, & être arrêtées solidement par le moyen de quelques chevilles. Il y a le long des traverses tant hautes que basses des clouds à crochets placés de distance en distance.

Maniere de mettre une piece de drap sur la Rame.

La piece de drap étant encore toute mouillée, le chef en est attaché à l'un des bouts de la Rame, puis on la tire à force de bras par le côté de la queue pour la faire aller au point de longueur que l'on s'est proposé. La queue du drap étant bien arrêtée, on accroche la lisiere d'en haut aux traverses d'en haut, & la lisiere d'en bas aux traverses d'en bas, que l'on fait descendre par force jusqu'à ce que le drap soit à la largeur qu'on desire. Ayant été ainsi bien étendu & arrêté, tant sur son long que sur son large, on brosse la piece à poil, & on la laisse sécher; ensuite on la leve de dessus la rame, & tant qu'elle n'est point remouillée, elle conserve toujours la même largeur & longueur que cette machine lui a donnée.

On dit qu'une piece de drap est à la rame, pour dire qu'elle est étendue sur la machine qui porte ce nom. *Voyez ci-après* RAMER.

RAME. C'est aussi un paquet de papier composé de vingt mains, chaque main de vingt-cinq feuilles, ensorte que la rame contient en tout cinq cens feuilles. La premiere & la derniere main doit être de même pâte & de même compte que le reste de la rame. *Article 9 du Réglement du 21 Juillet 1671. Voyez* PAPIER.

RAME DE BOUC, *ou* BARBE DE RENARD. *Voyez* ADRAGANTH.

RAME. Terme de Tissutier-Rubannier, & de quelques autres Ouvriers qui travaillent de la navette.

On appelle Rames dans le métier de ces Artisans, de longues ficelles qui ont à un bout des fuseaux ou aiguilles de fer pour les appesantir, & qui de l'autre sont attachées aux fils de la chaîne. Elles servent à ouvrir & baisser la chaîne pour y passer ou y serrer la tréme. On appelle Porte-rames des planches de bois ouvertes par le milieu d'une large rainure, dans laquelle est attaché un long cylindre mobile, sur lequel roulent les rames pour se lever & se baisser plus facilement. Il y a deux portes-rames dans chaque métier, l'un devant, l'autre derriere. *Voyez* TISSUTIER-RUBANNIER.

RAME. Fin de rame, sorte de coton qui vient de Seyde. *Voyez* FIN DE RAME.

Il y a aussi du coton rame moyen, qui ne vaut que 57 liv. 12 sols.

RAMEAU. Il se dit dans les mines des métaux, particuliérement dans celles de l'or & de l'argent, des veines ou filons qui se séparent en différentes parties. *Voyez les différens articles des métaux.*

RAMENDABLE. Ce qui peut se ramender. *Voyez les articles suivans.*

RAMENDER. Diminuer de prix. Etre à meilleur marché.

RAMENDER UNE ETOFFE. Se dit en terme de Teinturier, quand ayant été jugée défectueuse par les Gardes & Jurés, on est obligé de la remettre à la teinture. Une étoffe ramendée est toujours plus

plus dure & moins bonne que celle qui a eu sa perfection dès le premier teint.

RAMENDER. Se dit aussi de toute autre besogne & ouvrage des Artisans, où ils sont obligés de retoucher pour les remettre en meilleur état; & lorsqu'ils sont poursuivis en Justice pour un mauvais travail, ils sont reçûs à ramender si la chose est ramendable.

RAMENDER, en terme de Doreur. C'est reparer & recouvrir les endroits de l'or qui se sont gersés ou cassés en l'appliquant. On ramende d'abord avec de petits morceaux du même or; mais quand c'est pour finir l'ouvrage, on se sert d'or à coquille; ce qui s'appelle boucher d'or moulu. *Voyez* DORURE EN HUILE ET EN DE'TREMPE.

RAMER ou ARRAMER. Terme de Manufacture de Draperie, qui signifie mettre une piece de drap encore toute mouillée sur une espece de machine ou instrument de bois que l'on appelle Rame, pour en tirant l'étoffe à force de bras, la faire venir au point de la longueur & de la largeur que l'on s'est proposée. *Voyez ci-devant* RAME.

Quoique le ramage des draps soit présentement en usage dans la plupart des Manufactures de Draperies, & qu'il semble même comme toleré, les Marchands, Manufacturiers & Ouvriers le prétendant absolument nécessaire pour dresser quarrément les draps: cependant les inconvéniens qui en pouvoient arriver, ont donné lieu à plusieurs Ordonnances & Réglemens qui font assez connoître qu'il a toujours été jugé préjudiciable au public & aux Manufactures.

Charles VI par Lettres Patentes en forme de Statuts données en faveur des Tondeurs de Draps de la Ville de Paris, en l'an 1384, art. 13, fait défenses d'étendre aucuns draps mouillés sur l'esselette à peine d'un marc d'argent pour chacune piece de drap. Il faut remarquer que l'esselette étoit une maniere de rame à peu près semblable à celle dont on se sert à présent.

Charles IX par Ordonnance donnée à Orleans en 1560, art. 147, défend aux Ouvriers & Marchands de faire tirer leurs draps avec des rouets, poulies & autres semblables instrumens, sous peine d'amende.

Le même Roi par les Statuts donnés aux Drapiers de Paris, le 13 Décembre 1573, art. 38, donne pouvoir aux Gardes de ce Corps de faire abattre par un Commissaire ou par un Sergent, toutes sortes de poulies & autres machines servant à étendre & à tirer les draps.

Louis XIV a ordonné par le Réglement général concernant les Manufactures de Lainages du mois d'Aout 1669, art. 52, que les Maîtres Drapiers-Sergers, Ouvriers, Foulons & autres, ne pourront tirer, allonger ni arramer aucunes pieces de marchandises, tant en blanc qu'en teinture; de telle sorte qu'elles se puissent racourcir de sa longueur, & étressir de sa largeur, à peine de cent livres d'amende, & de confiscation de la marchandise pour la premiere fois; & en cas de récidive, d'être déchûs de leur Maîtrise.

Enfin par Arrêt du Conseil du 3 Octobre 1689, il est défendu conformément à ce qui est porté par l'article ci-dessus, & sous les mêmes peines, de tirer, allonger ni arramer aucunes pieces d'étoffes, tant en blanc qu'en teinture.

L'attention que l'on voit qu'on a toujours eu à empêcher le ramage ou tirage des étoffes de laine, doit faire comprendre que l'on s'est apperçû qu'il étoit très pernicieux. Et en effet il est certain que le tirage de la rame trop outré rend l'étoffe d'une très mauvaise qualité, qu'il l'éfondre en désunissant la chaîne d'avec la tréme; & qu'ainsi il la rend lâche, creuse & inégale; ensorte que la rame est proprement un instrument qui détruit ce que le foulon a tâché de faire, qui est de bien serrer & bien unir la chaîne avec la tréme.

Aussi des personnes très intelligentes dans les Manufactures de Draperies, sans se laisser éblouir de quelques legers avantages qu'on ne peut disconvenir qu'apporteroit l'usage de la rame, si l'on n'en abusoit pas, avouent de bonne foi, que deux principaux motifs engagent la plupart des Manufacturiers à la vouloir soutenir. L'un est d'éviter la rigueur des Réglemens sur la largeur des étoffes; & l'autre d'augmenter considérablement l'aunage de leurs pieces.

Pour le premier on voit assez, que si pour avoir épargné une partie des fils de la chaîne, une étoffe au sortir du foulon ou de la teinture, ne se trouve que d'une aune moins un seize en la tirant sur sa largeur, par l'effet de la rame on lui donne aisément l'aune entiere ordonnée par les Réglemens; & au contraire, il est d'expérience, que si une piece au sortir du foulon ou de la teinture, n'est que de dix-huit aunes, on la peut pousser à l'aide de la rame jusqu'à vingt-une aunes en la tirant sur sa longueur. Ensorte que dans l'un & l'autre cas le public est trompé, & les Réglemens sont méprisés par le seul amour d'un gain illicite & criminel. Ce qui fait voir qu'il ne faut pas abuser de ce qu'on a dit ci-devant, que le ramage des draps paroissoit être toleré.

En effet puisque cette tolerance semble n'être fondée que sur un Arrêt du Conseil en forme de Réglement fait le 20 Novembre 1708, touchant les draps destinés pour le Levant, dont l'article 22 porte que les draps ne pourront être tirés par le moyen des rames au de-là de trois quarts d'aune, sur une piece de trente aunes, & ainsi à proportion de plus ou moins grand aunage; l'on juge assez qu'à le bien prendre c'est plutôt une interdiction qu'une permission de ramer les draps. L'article proprement ne regardant que ceux qui sont destinés pour le Levant; ce qui est en quelque maniere donner l'exclusion aux autres.

Cet abus avoit été poussé si loin qu'il paroît par un procès verbal fait par Monsieur Blondel Consul de France à Smyrne, du 10 Octobre 1690, que sur des draps d'une Manufacture du Languedoc, il s'étoit trouvé dix-sept pour cent de diminution, tant en longueur qu'en largeur, après avoir soufflé dessus de l'eau, & les avoir passé sous le fer chaux, suivant l'usage & pratique du pays, avant de les employer, au lieu d'un & demi ou deux pour cent au plus qu'ils doivent racourcir de la longueur & étrecir de la largeur.

Les mémoires que ce Consul envoya pour lors à la Cour, concernant le Commerce des Draps que les François font en Levant, ont servi de matieres à plusieurs Réglemens qui ont été faits depuis touchant ce commerce; & l'attention qu'on a eu de les faire exécuter, leur a donné tant de réputation, qu'à présent les draps de France sont plus recherchés en Turquie que ceux des Anglois & des Hollandois.

Quoiqu'il soit arrivé quelqu'adoucissement sur la défense de l'usage des rames dans la fabrique des draps, depuis la mort de l'Auteur, l'on n'a pas crû devoir rien changer à cet article qu'il avoit composé sur la fin du Regne de Louis XIV, sur tout, ses observations étant si sages & soutenues de si bonnes raisons, que ce seroit priver les Lecteurs d'un des meilleurs endroits de son Dictionnaire par rapport aux Draperies, que d'en retrancher des réflexions si sensées. On a donc crû qu'il suffisoit de remettre ici, comme par addition, ce qui concerne la nouvelle permission que les Fabriquans Drapiers ont obtenue de se servir de rames dans leurs Manufactures.

Cette permission a été accordée par un Arrêt du Conseil du 12 Février 1718.

Les Fabriquans de draps de la Manufacture d'Elbeuf, & de quelques autres lieux de la Généralité de Rouen, ayant representé qu'il étoit nécessaire qu'il fût dressé un Réglement concernant l'usage des rames, compatible avec les apprêts qu'ils étoient obligés de donner à leurs draps; & la Requête qu'ils avoient presentée au Conseil, ayant été communiquée par ordre du Roi à l'Intendant de ladite Généralité, à la Chambre du Commerce de Normandie, aux Marchands Drapiers-Merciers unis de la Ville de Rouen, & à l'Inspecteur des Manufactures de Lainerie de la Généralité de Rouen, Sa Majesté en rapprochant en quelque sorte les divers avis, dont les uns condamnoient absolument l'usage des rames, & les autres l'étendoient trop, a ordonné;

1°. Que les pieces de drap fabriquées dans toutes les Manufactures du Royaume, qui après avoir été tirées à la rame, se trouveront n'avoir augmenté de longueur que de demi-aune sur vingt aunes, au dessus de l'aunage qu'elles avoient au sortir du foulon, ne seroient point regardées comme défectueuses, & pourroient être marquées du plomb de fabrique.

2°. Qu'à l'égard des pieces de drap, pareillement de vingt aunes, qui se trouveroient avoir augmenté de longueur au dessus d'une demie-aune, jusqu'à trois quarts à proportion, les Manufacturiers qui les auroient fabriquées seroient condamnés à l'amende depuis vingt livres jusqu'à quarante.

3°. Que pour les draps de même aunage qui seroient augmentés au dessus de trois quarts sur vingt aunes & à proportion, ils seroient saisis & confisqués, & les Fabriquans condamnés à cent livres d'amende.

4°. Qu'à l'égard de la largeur, les pieces de cinq quarts, qui après avoir été ramées n'auroient augmenté que d'un seiziéme au dessus de ce qu'elles avoient au sortir du foulon, & à proportion pour les draps de moindre largeur, ne seroient point pareillement regardées comme défectueuses, & pourroient être marquées du plomb de fabrique.

5°. Que pour lesdites pieces de cinq quarts qui auroient augmenté de largeur au dessus d'un seiziéme jusqu'à un demi-quartier, & à proportion, les Ouvriers seroient condamnés comme dessus, depuis vingt livres jusqu'à quarante.

6°. Enfin que les draps de ladite largeur qui seroient augmentés d'un demi-quart, seroient saisis & confisqués, & les Fabriquans condamnés à cent livres d'amende.

RAMES. On nomme Coton de Rames des cotons filés de médiocre qualité, qui viennent de Judée. On s'en sert à faire la tréme des toiles cotonines dont on fait les grandes & petites voiles des bâtimens de mer. *Voyez* Coton.

RAMETTE. Les Imprimeurs appellent ainsi un chassis de fer, qui n'a point de barre au milieu. Il sert à dresser les formes d'Imprimerie pour les ouvrages qui n'ont qu'une seule page, ou du moins un seul feuillet, comme les Placards, Monitoires, Affiches, &c. *Voyez* Imprimerie.

RAMILLES. Terme d'exploitation & de commerce de bois. Ce sont les petites branches qui se ramassent dans les ventes, après qu'on en a tiré le bois de corde, les cotterets & les fagots. Les Ramilles ne sont bonnes qu'à faire des bourées. *Voyez* Bois.

RAMONETTE. *Voyez* Raquette.

RAN

RAN. C'est ainsi qu'on appelle quelquefois l'animal à laine qu'on nomme communément Belier. *Voyez* Belier.

RANCHE. Grosse cheville qui traverse de pied en pied ce qu'on appelle le rancher d'un engin ou d'une grue, & qui sert comme d'échelons pour monter en haut.

RANCHER, ou ESCHELLIER. Piece de bois garnie de chevilles qui passent à travers; c'est une maniere d'échelle pour monter ou descendre dans des lieux profonds ou élevés. Les engins, les grues & les gruaux ont leur échellier; il y a aussi des ranchers pour les Carriers avec lesquels ils vont au fond de leurs carrieres & en remontent. *Voyez* Eschellier. *Voyez aussi* Engin & Grue.

RANGE. Terme de Paveur de petit échantillon. C'est un rang de pavé de même grandeur le long d'un ruisseau sans caniveaux ni contre-jumelles.

RANGER le poil d'un drap ou d'une étoffe de laine. C'est en coucher le poil avec le cardinal, la brosse ou la tuile, après qu'elle a été tondue à fin. *Voyez aux articles de ces trois instrumens, on y explique comment cette façon se donne.*

RANNIR. Ancien terme des Statuts des Maîtres Potiers d'étain. C'est ce qu'on appelle présentement vernisser. Il leur est ordonné par le huitiéme article de ces Réglemens que leurs ouvrages soient bien & suffisamment plommés & rannis, c'est-à-dire, plombés & vernis. *Voyez* Vernisser & Potier d'Etain.

RAP

RAPATELLE. Nom que l'on donne à une espéce de toile claire faite de crin de cheval, qui sert à faire des tamis ou sas pour passer l'amidon, le plâtre & autres choses semblables que l'on veut mettre en poudre fine. Ce qui fait qu'on l'appelle quelquefois toile à tamis ou à sas.

Cette toile qui se fabrique par morceaux presque carrés, depuis un quart jusques à environ trois quarts d'aune de Paris, quelquefois suivant la longueur du crin, se vend par paquets de douze morceaux chacun, dont les plus grands sont appellés Amidonniers, du nom des Ouvriers qui s'en servent le plus.

Les Rapatelles se fabriquent pour la plupart dans la basse Normandie aux environs de Coutance, particuliérement dans les Villages de Guyebert, de Beauchamps, de Menil Rogue & dans le bourg de Gauray. C'est en ce dernier lieu où il s'en fait le plus, & où les Ouvriers des autres endroits les apportent chaque semaine pour les vendre au marché.

La plus grande partie des Rapatelles s'envoyent en Bretagne, & celles que l'on voit à Paris y sont apportées par des Colporteurs qui les vendent aux Boisseliers, Crainiers, & Faiseurs de sas ou tamis. Ces sortes d'Ouvriers ne laissent pas cependant d'en tirer quelquefois de Rouen, les Marchands de cette Ville en faisant venir des endroits mêmes où elles se fabriquent.

Quoiqu'il ne se fasse pas un grand négoce de cette marchandise, néanmoins le Tarif de 1664 ne laisse pas d'en parler & d'en fixer les droits sur le pied de 12 s. du cent pesant, tant à l'entrée qu'à la sortie.

RAPE. Outil de fer trempé en forme de lime qui est parsemé de plusieurs dents ou pointes de fer, & qui est monté par un bout d'un morceau de bois arrondi qui lui sert de manche.

Les rapes sont ordinairement plates d'un côté & d'une figure spherique de l'autre. Il y a encore une sorte de rapes qui ont des dents ou rainures tranchantes; celles-ci s'appellent des Escouennes si elles sont grandes, & des Escouennettes si elles sont petites. Ce sont les Ouvriers des monnoies & les Peigniers Tabletiers qui se servent de ces dernieres.

Les autres sont du nombre des outils des Cordonniers, Tourneurs, Menuisiers, Serruriers, Sculpteurs, Plombiers, Ebenistes, Arquebusiers, Fourbisseurs, &c. *Voyez* ESCOUENNE & ESCOUENNETTE.

RAPE. C'est aussi une petite monnoie de cuivre qui se fabrique dans presque tous les Cantons Suisses, & qui a cours à peu près sur le pied du double de France, c'est-à-dire, pour deux deniers tournois. Il faut dix rapes pour faire un bon bat & seulement neuf pour le bat court ou de Suisse. On nomme ainsi les bats qui se fabriquent à Berne, Lucerne & Fribourg. Trois rapes font le schellin de Lucerne.

RAPE'. Tonneau rempli à demi de raisins en grains triés & choisis, sur lesquels on passe les vins usés & affoiblis pour leur redonner de la force & les mettre en état d'être bus & vendus.

L'Ordonnance des Aydes de 1680, titre 2 de la vente du vin en détail, régle la quantité de Rapés de raisins que les Vendans vins en détail peuvent tenir dans leurs caves, à un rapé de demi muid s'ils y ont actuellement vingt muids de vin; & à un rapé d'un muid en une ou deux piéces s'ils ont quarante muids, & au dessus, à peine de confiscation des rapés qui sont en plus grande quantité, & cent livres d'amende.

RAPE' DE COPEAU. Tonneau entiérement rempli de copeaux neufs faits de bois de hêtre, bien séchés, bien propres & bien imbibés auparavant d'excellent vin, sur lesquels on passe le vin qu'on veut éclaircir promptement & conserver toujours clair quelque vin qu'on jette dessus. Il est défendu par la même Ordonnance de 1680 à tous ceux qui vendent du vin en détail de se servir d'aucun rapé de copeau en quelque maniere que ce soit, sous les mêmes peines de confiscation & de cent livres d'amende.

RAPONTIC DU LEVANT. Racine que l'on confond quelquefois avec la rhubarbe. *Voyez* RHUBARBE.

RAPONTIC DE MONTAGNE, ou RHUBARBE DES MOINES. *Voyez* RHUBARBE.

Le rapontic ou comme l'appelle le Tarif de 1664 Responti, paye en France les droits d'entrée conformément audit Tarif à raison de 10 s. du cent pesant.

Les droits de la Douane de Lyon dans le Tarif de laquelle il est nommé Responti sont de 4 l. 1 s. 3. d. d'ancienne taxation, 4. l. pour la nouvelle réapréciation, & 25 l. pour les quatre pour cent.

Le rapontic est du nombre des marchandises venant du Levant, sur lesquelles outre les droits ordinaires il doit être levé vingt pour cent de leur valeur, en conséquence de l'Arrêt du 15 Aout 1685.

RAPORTON. Masse de pierre propre à fendre en ardoise. On l'appelle autrement Callot. *Voyez* ARDOISIERE.

RAPPORT, en terme de commerce de mer. Signifie une Déclaration que le Maître d'un vaisseau Marchand doit faire à l'Amirauté vingt-quatre heures après son arrivée dans le Port, par laquelle il déclare le lieu d'où il est parti, le tems de son départ, & en quoi consiste le chargement de son navire, les hazards qu'il a courus, les désordres qui sont arrivés dans son bord, & toutes les circonstances essentielles de son voyage; en faisant cette déclaration il doit représenter le congé qu'il a eu de l'Amiral pour aller en mer.

La vérification des Rapports peut être faite par la déposition de l'équipage, sans préjudicier aux autres preuves, mais les Officiers de l'Amirauté ne peuvent pas contraindre les Maîtres de vérifier leur Rapport; il faut cependant observer que les Rapports qui n'ont point été vérifiés ne peuvent faire foi pour la décharge des Maîtres.

Il n'est pas permis aux Maîtres & Capitaines des vaisseaux, non plus qu'aux Marchands de faire décharger aucunes marchandises après l'arrivée du bâtiment, lorsque le Rapport n'a pas encore été fait.

Quand une prise est amenée dans un Port ou rade du Royaume, le Capitaine qui l'a faite, s'il y est en personne, sinon celui qu'il en a chargé, est tenu de faire son rapport aux Officiers de l'Amirauté, de leur représenter & mettre entre les mains les papiers & Prisonniers, & de leur déclarer le jour que le vaisseau a été pris, en quel lieu, à quelle heure; si le Capitaine a refusé d'amener les voiles, ou de faire voir sa commission au congé; s'il a attaqué ou s'il s'est défendu; quel pavillon il portoit, & les autres circonstances de la prise & de son voyage.

Les droits qui se payent aux Greffes des Amirautés pour les Rapports ne sont point du nombre des avaries, ils doivent être acquittés par les Maîtres des vaisseaux.

Les Greffes des Amirautés doivent être ouverts en tout tems depuis huit heures jusques à onze heures du matin, & depuis deux heures après midi jusques à six, pour recevoir les Rapports.

Tout ce qui vient d'être dit est conforme à l'Ordonnance de la Marine du mois d'Aout 1681, articles 4, 5, 7, 8, 9 & 10 dudit tit. 10 du liv. 1, art. 9, du tit. 7 du liv. 3, & art. 21 du tit. 9 du même livre.

RAPPORT. On appelle Ouvrages de Rapport des ouvrages faits de plusieurs pierres, ou de bois de différentes couleurs dont on forme des desseins & des représentations de compartimens, d'oiseaux, de feuillages & même de figures humaines. La mosaïque & la marqueterie sont des ouvrages de Rapport. *Voyez ces deux articles.*

RAPS. Monnoie qui a cours à Bâle & dans quelques autres lieux de la Suisse. Le bon bats est de dix raps; le gros, de sept raps & demi; & le plapper, de six.

RAPURES D'YVOIRE, ou RAZURES EBORIS.

C'est de l'yvoire rapé assez grossiérement. *Voyez* Yvoire.

Les rapures d'yvoire payent en France les droits d'entrée à raison de 20 s. du cent pesant, conformément au Tarif de 1664; & par celui de la Douane de Lyon, où elles sont aussi appellées Raclures d'yvoire, 10 s. du quintal.

Rapures. On nomme aussi Rapures de Bresil, de Sandal, & des autres bois qu'on employe à la teinture ou à la médecine, ces bois ou rapés à la main par des Ouvriers, ou moulus dans des sortes de moulins propres à cet usage. On appelle à Amsterdam Rasphuys, le lieu où l'on rape les bois des Teinturiers. *Voyez* Rasphuys.

RAQ

RAQUETTE ou RAMONETTE. Maniere de palette dont on se sert à jouer à la paume & au volant, qui est composée d'une espéce de treillis de cordes à boyaux, dont les unes s'appellent Travers, & les autres Montans. Ces cordes sont très tendues sur un tour de bois, qui a un manche de moyenne longueur garni & entortillé d'une bande de peau de mouton. L'un des côtés de la Raquette se nomme les Nœuds, & l'autre les droits.

Ce sont ordinairement les Maîtres Paumiers qui font les Raquettes. Il est cependant permis aux Maîtres Vergetiers-Brossiers d'en fabriquer, mais ils en font peu. Les uns & les autres en vendent aux petits Marchands Merciers qui en débitent, particuliérement de celles propres pour le jeu du volant. Il en vient beaucoup de Rouen de ces dernieres sortes. *Voyez* Bois de Raquette.

Les raquettes ou ramonettes payent en France les droits de sortie sur le pied de mercerie, c'est-à-dire, 3. liv. du cent pesant, conformément au Tarif de 1664; & seulement 2 liv. si elles sont déclarées pour être envoyées à l'Etranger, suivant l'Arrêt du 3 Juillet 1692.

Raquette. On nomme ainsi dans les Isles Françoises de l'Amérique la plante, dans le fruit de laquelle on trouve l'insecte qu'on appelle cochenille. *Voyez* cet article.

RAQUETTIER. Ouvrier qui fait des raquettes. Les Maîtres des tripots ou jeux de paume prennent la qualité de Paumiers & de Raquettiers. *Voyez* Paumier.

Raquettiers. C'est aussi comme se qualifient les Maîtres Vergettiers-Brossiers de Paris, parce qu'il leur est permis concurremment avec les Paumiers de faire & vendre des raquettes. *Voyez* Vergettier.

RAQUETON. Grande raquette dont les Joueurs de paume se servent pour mieux garder ce qu'en termes de ce jeu on appelle Le dedans. *Voyez* Raquette.

RAS

RAS. Mesure de longueur dont on se sert en Piémont pour mesurer les étoffes.

Le Ras de Piémont est semblable à la brasse de Luques, qui contient un pied neuf pouces dix lignes, ce qui fait une demi aune de Paris; ensorte que deux Ras de Piémont font une aune de Paris, ou une aune de Paris fait deux ras de Piémont.

Ras. Se dit aussi de la chose mesurée avec le ras. Un ras de drap: Deux ras de taffetas.

Ras. Se dit aussi de plusieurs sortes d'étoffes de laine croisées, qui sont des espéces de serges particuliéres fort unies, dont le poil ne paroît point ou très peu. Ainsi l'on dit, du Ras de S. Lo, du Ras de Châlons ou du Ras à la Cordeliere, du Ras de S. Mexent, du Ras de Lusignan, du Ras de la Mothe &c. Quand on joint le mot de Serge à celui de Ras, on parle en feminin; & l'on dit, une Serge rase, au lieu de dire tout court, un Ras. *Voyez* Serge.

Un drap de laine ras de poil, est celui dont le poil a été tondu & coupé de près. Les draps ras de poil sont plus estimés que les autres, pourvu qu'ils ne soient point trop découverts; c'est-à-dire, que l'on n'en apperçoive point le fond ou la tissure. *Voyez* Drap.

Les velours ras sont des velours dont les poils n'ont point été coupés sur la petite regle, en les travaillant sur le métier: ils se coupent aux autres velours que l'on nomme Velours à poil. *Voyez* Velours.

Ras de Saint Maur. Sorte d'étoffe croisée en maniere de serge, qui se manufacture à Paris, à Lyon & à Tours.

Les Ras de S. Maur sont tout noirs, de demi-aune de large; les uns entiérement de soie, les autres dont la chaîne est de soie & la tréme de fleuret, & les autres dont la tréme est de laine finement filée & la chaîne de soie. Ceux de Paris sont les plus estimés. Ils ont pour l'ordinaire soixante-quinze aunes à la piéce, quelquefois même jusqu'à quatre-vingt-dix: ceux de Tours & de Lyon n'en ont que cinquante à cinquante-deux.

Les soies qui s'employent pour faire les chaînes des Ras de S. Maur qui se fabriquent à Paris, sont des organcins de Sainte-Lucie, qui se tirent de Messine; mais les chaînes de ces Ras qui se font à Lyon & à Tours, ne sont que d'organcin de Piémont. A l'égard des soies qui servent aux trémes des uns & des autres, elles viennent de Boulogne en Italie.

Les Ras de S. Maur tout de soie, s'emploient ordinairement à faire des habits de cérémonie & de petit deuil. Ceux de soie & fleuret servent dans les grands deuils; & ceux de soie & de laine ne sont propres que pour les veuves.

Cette sorte d'étoffe a pris son nom de Ras de S. Maur, d'un gros Bourg près Paris, appellé S. Maur des Fossés, où le Sieur Marcelin Charlier, le plus habile Manufacturier de son tems, en établit en 1677 la premiere fabrique.

Ras de Saint Cyr. Nom que les Marchands & les Manufacturiers donnent à une espéce d'étoffe toute semblable au Ras de S. Maur, à l'exception qu'elle est grise, & que la tréme en est toujours de fleuret. *Voyez ci-devant* Ras de Saint Maur.

Ras de Chypre. Etoffe à gros grain, non croisée, toute de fine soie noire tant en chaîne qu'en tréme, qui a beaucoup de rapport pour le travail à une sorte de taffetas, que l'on appelle vulgairement Gros de Tours. Les Ras de Chypre ont une demi-aune demi quart de large, & quarante à quarante-deux aunes à la piéce, quelquefois plus, quelquefois moins. Les lieux de leur manufacture sont Paris, Tours & Lyon.

Ras. Les Tireurs d'or nomment ainsi une espéce de moyenne filiere dont ils se servent pour dégrossir leurs lingots d'or, d'argent & de cuivre. *Voyez* Filiere.

RASADE. Se dit de plusieurs petites étoffes rases & sans poil. En quelques lieux on les appelle Rasettes.

Rasade, qu'on nomme aussi Rocaille, mais qui

s'appelle plus proprement RASSADE. Petits grains de verre teint de diverses couleurs, dont il se fait un grand trafic sur les Côtes d'Afrique, & presque par toute l'Amerique. *Voyez* RASSADE. *Voyez aussi* VERROTERIE.

RASE. Serge rase. *Voyez* RAS.

RASE, ou RAZE DE MAROC. Espece de petites serges qui se fabriquent en divers endroits de Champagne, particuliérement à Reims, elles se font partie de laines Françoises & partie de laines communes d'Espagne. *Voyez* le Commerce de Champagne, Tome I. page 21.

RASE DE MAROC. C'est une espece de sergette qui se fabrique aux mêmes lieux, & des mêmes laines que la précedente dont elle est peu différente. *V. comme dessus. Voyez aussi* RAZ & SERGETTE.

RASE. Est aussi un terme de Marine, qui signifie de la poix mêlée avec du bray pour servir à calfater les bâtimens de mer.

RASER. Terme de commerce de chevaux. Il se dit des chevaux qui passent sept ans, & qui ne marquent plus. *Voyez* CHEVAL.

RASETTE. Petite étoffe sans poil. *Voyez* RASADE.

RASIERE. Mesure de grains dont on se sert en Flandres.

Il y a de deux sortes de Rasieres; l'une que l'on nomme à Dunkerque Rasiere, ou mesure de mer; & l'autre que l'on appelle Rasiere de terre. La premiére pése deux cens quatre-vingt livres, & quelquefois jusqu'à deux cens quatre-vingt-dix livres; & la seconde ne pése que deux cens quarante-cinq livres.

A Bergue la rasiere a son poids particulier, qui est de deux cens soixante livres. Tous ces différens poids doivent s'entendre poids de marc, dont la livre est de seize onces.

A Ostende la rasiere est de deux pour cent plus grande qu'à Dunkerque.

Il y a aussi les rasieres de Lisle & d'Aire: quarante une rasieres de Lisle font dix-neuf septiers de Paris, & trente-deux rasieres d'Aire vingt-un septiers aussi de Paris.

Il y a encore diverses autres Villes soit de Flandres, soit des Provinces de France qui en sont voisines, où l'on se sert de la rasiere, mais presque partout d'une différente continence, entr'autres Ypres, Saint-Omer, Menin, Tournay, Condé, Valenciennes, Cambray, Douay, Arras, Maubeuge & Avennes.

A Ypres la rasiere de froment pese 179 livres poids de marc, de méteil 173, & de seigle 168 livres.

A S. Omer la rasiere de froment 196 liv. de meteil 193, de seigle 190.

A Menin la rasiere de froment 129 liv. de méteil 126, & de seigle 133.

A Tournai la rasiere de froment 180 liv. de meteil 168, & de seigle 170.

A Condé la rasiere de froment 178 liv. de méteil 172, & de seigle 164.

A Valenciennes la rasiere de froment 75 liv. de méteil 74, de seigle 74.

A Douay la rasiere de froment 129 liv. de méteil 125, de seigle 125.

A Arras poids de S. Vast, la rasiere de froment pese 128, de méteil 123, & de seigle 124.

A Mons la rasiere de froment poids de marc pese 76 $\frac{1}{2}$, de méteil 75 $\frac{1}{2}$, & de seigle 73 $\frac{1}{2}$.

A Maubeuge la rasiere de froment pese 106 livres, de méteil 94, & de seigle 88.

A Avennes la rasiere de froment pese 102 liv. de méteil 98, & de seigle 88.

Il faut remarquer que partout où l'on n'a pas exprimé le poids, on doit toujours entendre poids de marc.

Vingt-deux rasieres $\frac{1}{2}$, font le last de S. Omer.

La rasiere de Dixmude & de Lille, fait deux schepels de Roterdam; il en faut 30 $\frac{1}{2}$ pour le last de bled à Dixmude, & 24 seulement pour l'avoine. A Lille il en faut 38 pour le last de bled, 30 pour celui d'avoine. Les 18 rasieres de Dunkerque font le hoed de Roterdam; la mesure de mer est de 9 rasieres, qui pesent 280 à 290 liv. poids de marc, celle de terre ne pese que 245 livres.

Les 22 rasieres de Gravelines y font un last de bled, il n'en faut que 18 $\frac{3}{4}$ pour l'avoine.

La rasiere d'Aire en Gascogne, pese 180 livres poids de la Ville qui n'est que de 14 onces, de maniere que 32 rasieres rendent 21 septiers de Paris.

RASPHUYS. On nomme ainsi à Amsterdam une maison de correction, où l'on met les Malfaiteurs & les jeunes gens incorrigibles.

Cette maison par un Privilege des Etats de Hollande & de West-frise du 11 Mai 1602, confirmé en 1646 & 1660, a seule le droit de faire raper & couper les bois qui servent à la teinture, comme les bois de Bresil, de Sandal & de Sainte-Marthe, le bois de Rose, le bois de Campêche, de Sassafras & plusieurs autres.

Les Administrateurs de cette Maison ont établi près de la Ville un moulin à vent, pour débiter, moudre & raper toutes ces sortes de bois; mais le plus fort de l'ouvrage se fait à la maison même, où ceux qui y sont enfermés, s'ils sont un peu vigoureux, doivent fournir à deux, cinquante livres de bois rapé par jour, & les moins forts une certaine quantité de bois haché ou coupé en morceaux.

On paye trente sols par cent livres pour la rapure, & vingt-quatre sols pour la mouture, outre vingt-cinq sols pour le sac. On accorde cinq livres de tarre par sac.

Il n'est pas permis de moudre ni raper des bois de teinture en aucun endroit des Provinces de Hollande & de West-frise, autre part que dans cette Maison, à peine de deux cens florins d'amende; excepté dans les Villes où il y a de pareilles Maisons de correction qui en peuvent raper ce qu'il en faut pour leur consommation; mais la différence des rapures d'Amsterdam & des autres Villes est grande; celles-ci rapent toutes sortes de bois qu'on leur apporte; & le mauvais bois au contraire est rejetté dans le Rasphuys d'Amsterdam.

RASSADE, que quelques-uns prononcent & écrivent RAZADE, mais assez improprement. C'est une espece de verroterie, ou petits grains de verre de diverses couleurs, dont les Negres des Côtes d'Afrique & les peuples de l'Amérique se parent, & qu'on leur donne en échange de quantité de riches marchandises.

Toute sorte de rassade n'est pas propre pour les Côtes d'Afrique. Sur celles d'Angole, particuliérement à Loango de Boirie & à Malimdo & Cabindo, il n'en faut gueres que de noire & de blanche & noire. Cette derniere s'appelle du Contre-brodé. La noire se vend, ou, pour mieux dire, s'échange à la masse pésant trois livres & demie; & le contre-brodé aussi à la masse, mais non au poids. Chaque masse contient un certain nombre de colliers.

Dans une cargaison pour traiter six cens douze Negres, principalement entre la riviere de Sestre & la riviere d'Ardres, il faut environ trois mille livres de rassade ; sçavoir douze cens livres de contre-brodé, huit cens livres de rassade noire, & mille livres de toutes les autres couleurs. *Voyez* VERROTERIE.

La rassade se vend à Amsterdam depuis 4 jusqu'à 12 sols la livre. Elle donne un pour cent de déduction pour le prompt payement.

RASTEAU. } *Voyez* { RATEAU.
RASTELIER. } { RATELIER.

RASURES ou RAZURES EBORIS. Yvoire grossiérement rapé. *Voyez* YVOIRE.

RAT

RAT. Les Ouvriers Tireurs d'or appellent Rats, les trous médiocres des filieres qui leur servent à dégrossir l'or, l'argent & le léton, pour les réduire en fils, en les faisant passer successivement par d'autre trous plus petits jusqu'à celui qu'ils nomment Superfin. *Voyez* FILIERE, *ou* TIREUR D'OR.

RAT. Terme de Teinturiers. On appelle Gris-de-rat, une couleur qui est semblable à celle de la peau de l'animal qu'on nomme Rat. Cette couleur est de quelques nuances plus brune que celle qu'on nomme Gris-de-souris.

RAT. On appelle Queue de rat, une lime ronde raisonnablement longue & pointue, qui sert à limer & arrondir les trous percés dans les métaux. *Voyez* LIME.

RATEAU. Terme de Cordier. C'est une piece de bois garnie de dents aussi de bois, qui est élevée horisontalement au bout de l'attelier des Cordiers. C'est entre les dents du Rateau que l'Ouvrier met ses fils ou ses cordons à mesure que l'ouvrage s'avance. *Voyez* CORDE & CORDIER.

RATEAU. Est aussi un outil de Jardinier dont il se sert pour tirer les allées des jardins, après qu'on en a arraché les herbes avec la ratissoire. Il y a des rateaux à dents de fer, & d'autres à dents de bois.

RATEAU. Le rateau des blanchisseurs de cire est de bois avec les dents fort serrées; il sert à retirer les cires de dessus les toiles de l'herberie quand elles y sont restées suffisamment suivant leur qualité. *V.* l'article de la Cire, où il est parlé de la Manufacture d'Antony.

RATE'E. Cannes Ratées. On nomme ainsi aux Isles Françoises de l'Amérique, les cannes à sucre, qui ont été entamées par les rats; ces cannes s'aigrissent presque aussi-tôt, le dedans en devient noirâtre, & elles deviennent absolument inutiles à faire du sucre, ne pouvant au plus servir qu'à faire de l'eau-de-vie.

Les rats des Isles se prennent avec des chiens élevés à cette chasse ; les chats qu'on y porte ou qui y sont nés, n'étant gueres propres à détruire un animal si nuisible, outre que les Negres pour qui les chats sont un grand ragoût, songent à les prendre, bien loin de les élever à faire la guerre aux rats.

Ces derniers animaux font un si grand dégât dans les terres plantées de cannes, qu'il y a des Chasseurs établis & payés exprès pour les prendre ; ce qu'ils font avec une espece de traquenar d'osier en forme de panier, dans lequel est placé un nœud-coulant. On ne sçauroit croire le grand

nombre qui s'en prend.

RATEL. Poids dont on se sert en Perse, qui revient environ à la livre de seize onces de France. Le Ratel est la sixiéme partie du petit batman, qu'on appelle autrement Batman de Tauris. *Voyez* BATMAN.

RATELIER. Terme de bonneterie, qui se dit d'une espece d'instrument sur lequel on foule les bas, les bonnets & autres semblables ouvrages de laine, qui se font au tricot ou au métier.

Par l'article 16 du Reglement du 30 Mars 1700, il est défendu de se servir d'autres instrumens que de rateliers de bois ou à dents d'os, pour fouler les bas & autres ouvrages de bonneterie de laine qui se font sur le métier.

RATIERE. Terme de Rubanier. C'est le métier dont les Rubaniers se servent pour faire cette espece de petit tissu rond en forme de cordonnet, qu'on appelle une Gance. *Voyez* GANCE.

RATIFICATION. Acte qui approuve ce qui a été fait par un autre en notre nom.

RATIFIER. Approuver, confirmer ce qu'un autre a fait. Je ratifie volontiers tous les marchés & achats que vous avez faits pour moi.

Il y a quantité d'occasions où les Correspondans, Commissionnaires, Facteurs & Commis doivent faire ratifier par leurs Commettans ce qu'ils ont fait en conséquence de leur Commission.

RATINE. Sorte d'étoffe de laine croisée, qui se fabrique sur un métier à quatre marches, de même que les serges & autres semblables étoffes, qui ont de la croisure.

La Ratine est une maniere de tissu fait de fils de laine entrelassés les uns dans les autres d'une certaine maniere qui en forme la croisure. Les fils qui vont en longueur depuis le chef jusqu'à la queue de la piece, se nomment Fils de chaîne ; & ceux qui sont placés de travers sur la largeur de l'étoffe sont appellés Fils de tréme; ensorte qu'une piece de Ratine est composée d'une chaîne & d'une trême.

Il y a des Ratines drapées ou apprêtées en draps, des Ratines à poil non drapées, & des Ratines dont le poil est frisé du côté de l'endroit ; ce qui fait qu'on les appelle ordinairement Ratines frisées. Les unes sont blanches & les autres de différentes couleurs, soit que la laine en ait été teinte avant que d'être filée, ou que l'étoffe ait été mise de blanc en teinture après avoir été fabriquée.

Les lieux de France où il se fabrique le plus de ratines, sont Sommieres en Languedoc, Rouen en Normandie, & Beauvais en Beauvoisis. Il s'en fait aussi à Caen, à Elbeuf & à Dieppe en Normandie, mais en petite quantité. Celles de Caen & d'Elbeuf, qui sont pour l'ordinaire ou drapées ou frisées, tiennent le premier rang ; celles de Sommieres vont après, ensuite celles de Rouen, puis celles de Dieppe, & enfin celles de Beauvais.

Les Ratines de Sommieres, de Rouen, de Dieppe & de Beauvais se tirent pour l'ordinaire en blanc & à poil, sans être ni drapées ni frisées ; & ce sont les Marchands qui s'en chargent qui les font apprêter & teindre de la maniere dont ils le jugent à propos pour les mieux débiter.

L'article 7 du Reglement général des Manufactures du mois d'Aoust 1669, porte, Que les Ratines larges de Rouen, Dieppe, Beauvais & d'autres lieux, auront une aune & un tiers de large lisieres comprises, & les étroites une aune de large

& de quinze à seize aunes de long, les demi-piéces & les doubles piéces à proportion.

Il se tire de Hollande, particuliérement de la Ville de Leyden, des Ratines de deux tiers, de cinq quarts & de quatre tiers de large, sur, depuis quinze jusqu'à trente-deux aunes de long mesure de Paris, les unes drapées ou apprêtées en draps, & les autres frisées. Quoique ces Ratines étrangeres soient fort estimées, ce n'est pas paroître partial, que de dire qu'il s'en voit de Caen & d'Elbeuf aussi belles, aussi bonnes & aussi bien fabriquées que les Hollandoises; ce qui doit faire juger que les Manufacturiers François sont capables d'imiter toutes sortes de Manufactures.

Florence en Italie fournissoit autrefois à la France quelques Ratines très fines & très estimées; mais depuis que les François se sont avisés d'en fabriquer & d'en tirer de Hollande, il ne leur en reste plus gueres que le souvenir. Les Ratines de quelque espece qu'elles puissent être, sont des étoffes d'hyver qui servent à faire plusieurs sortes de vêtemens tant pour hommes que pour femmes. On se sert aussi des larges qui sont à poil pour faire des couvertures de lit.

Par le Tarif du 29 Mai 1699, arrêté entre la France & les Etats Généraux des Provinces-Unies, les Ratines fabrique de Hollande payent, sçavoir :

Les Ratines drapées ou apprêtées en draps de cinq quarts ou quatre tiers de largeur, la piece de vingt-cinq aunes 55 liv. les plus grandes, & les moindres à proportion.

Les Ratines drapées de deux tiers de large, la piece de vingt-cinq aunes 27 liv. 10 s.

Les Ratines frisées de cinq quarts ou quatre tiers, la piece de vingt-cinq aunes 42 liv.

Les Ratines frisées de deux tiers, la piece de vingt-cinq aunes 21 liv.

Toutes ces Ratines Hollandoises ne peuvent entrer que par Calais & S. Vallery, conformément à l'Arrêt du 8 Novembre 1687.

Les Ratines de toutes sortes, d'autre fabrique que celles de Hollande, la piéce de vingt-cinq aunes 80 l. ne peuvent pareillement entrer que par Calais & Saint-Vallery, suivant le même Arrêt du 8 Novembre 1687.

RATIS. Les Bouchers appellent ainsi la graisse qu'ils ôtent des boyaux des animaux qu'ils tuent, particuliérement des boyaux du bœuf. Ils lui ont donné ce nom, parce qu'ils la ratissent avec un couteau, que de son usage ils nomment Couteau aux Ratis. Ils appellent aussi Table aux Ratis, une petite table sur laquelle ils dégraissent les boyaux. Ces ratis fondus font une partie des suifs qu'ils vendent aux Chandeliers & aux Courroyeurs.

RATIS. Poids dont on se sert pour péser les diamants à la mine de Soumelpour dans le Royaume de Bengale.

Le Ratis est de sept huitiémes de carat, c'est-à-dire, trois grains & demi. On se sert du même poids dans tout l'Empire du Mogol; & l'on s'en sert aussi pour péser les perles.

RATISSER. Racler quelque chose pour en ôter l'ordure ou le superflu, ou pour la réduire à une certaine épaisseur.

RATISSER LE PARCHEMIN. *Voyez* RATURER LE PARCHEMIN. *Voyez aussi* PARCHEMIN.

RATISSER UNE LETTRE. Terme de Fondeur de caracteres d'Imprimerie. C'est l'unir avec un canif des deux faces latérales, avant de la frotter sur le grais. Cette façon se donne à chaque lettre en particulier. On appelle aussi quelquefois Ratisser, cette façon que l'on donne aux caracteres pareillement avec le canif, quand on les a mis en ligne sur le compositoire. Cela néanmoins se nomme plus communément Composer. *Voyez* COMPOSER. *Voyez aussi* FONDEUR DE CARACTERES.

RATISSOIRE. Instrument avec quoi on ratisse. Il se dit particuliérement de celui dont se servent les Jardiniers pour ôter les herbes des allées de leurs jardins. Ils en ont de deux sortes; l'une platte, & qui se pousse en avant; l'autre qui forme un angle avec son manche qu'on tire devant soi. Toutes deux sont de fer plat, un peu tranchant, avec un long manche de bois.

RATISSOIRE. C'est aussi un petit instrument tout de fer, large de quatre ou cinq pouces, étroit par un bout, & recourbé par l'autre, pour lui servir de manche, dont se servent les Boulangers & Pâtissiers pour ratisser la pâte qui s'attache à leurs fours ou à leurs paîtrins.

RATISSURE ou RATURE DE PARCHEMIN. C'est ce qu'on appelle ordinairement Colle de parchemin. *Voyez ci-après* RATURE DE PARCHEMIN.

RATTARS. Mot Persan qui signifie Commis des Douanes, & quelquefois Gardes établis sur les grands chemins pour la sûreté des Voyageurs & des Marchands.

Les Rattars des Douanes de Perse font rarement des avanies aux Francs, & le plus souvent n'ouvrent pas même leurs valises ou leurs ballots & caisses de marchandises; ils se contentent de leur simple déclaration, & n'exigent que les droits d'entrée & de sortie qui leur sont légitimement dûs.

Il n'en est pas de même des Rattars ou Gardes des grands chemins, qui sont ordinairement de plus grands voleurs que ceux dont ils devroient garantir les Marchands; ce qu'il ne faut pourtant entendre que des Rattars qui se rencontrent sur les chemins de Tauris à Ispaham : ceux d'Ispaham à Bender-Abassi (qui sont les deux routes que les Francs tiennent en entrant en Perse, ou en sortant de ce Royaume) sont aussi humains & aussi peu concussionnaires, que les autres semblent l'être beaucoup.

RATURE. Trait de plume qui efface quelque mot, ligne ou page d'un écrit.

Il faut autant qu'il est possible que les Marchands, Négocians & Banquiers ne fassent aucune rature dans les livres qu'ils tiennent pour leur commerce; les livres raturés étant souvent soupçonnés de faux, & faisant difficilement foi en justice. Comme il est néanmoins facile de se tromper dans le corps des articles & dans la position des sommes, les plus habiles sans raturer la faute se contentent de la rectifier, en écrivant à côté, Je veux dire telle chose, au lieu de telle autre chose, où ils restornent la partie mal posée.

RATURE OU RATISSURE DE PARCHEMIN. C'est la raclure du parchemin, ou plutôt cette superficie que les Parcheminiers enlevent de dessus les peaux de parchemin en cosse ou en croute, lorsqu'ils les raclent à sec avec le fer sur le sommier, pour en diminuer l'épaisseur, afin de le mettre en état de recevoir l'écriture.

Les Parcheminiers lui donnent aussi le nom de Colle de parchemin, parce qu'elle sert à plusieurs Ouvriers pour faire une sorte de colle très claire qu'ils employent dans leurs ouvrages. Ceux qui s'en servent le plus sont les Manufacturiers d'étoffes de laine, pour empeser les chaînes de leurs étoffes; les Papetiers, pour coller leur papier; & les Peintres en détrempe, ou Peintres à la grosse brosse, pour faire tenir le blanc, l'ocre & les autres couleurs dont ils impriment ou barbouillent les murailles & planchers.

La colle de ratures qui se fait pour empeser dans les manufactures les chaînes des serges, doit bouillir pendant environ deux heures, & ensuite se passer dans un tamis. Pour une chaîne de dix à douze livres, il faut environ un sceau d'eau & une livre de ratures. *Voyez* COLLE.

Il se fait en France un assez grand négoce de Rature de parchemin, par rapport à la consommation considérable qui s'en fait dans les manufactures de lainage. Il s'en tire de tous les endroits où l'on fabrique du parchemin; mais les Provinces qui en fournissent le plus sont le Berry, la Normandie, la Picardie, le Limousin & le Poitou, à cause du grand nombre de Parcheminerie qui y sont établies.

La Rature de parchemin se vend en détail à la livre, & en gros au quintal par sachées, les sacs étant propres à en faciliter le transport.

Pour faire la colle de parchemin, il faut faire bouillir la rature dans de l'eau claire plus ou moins de tems, suivant que l'on veut qu'elle soit plus ou moins forte par rapport à l'usage qu'on en veut faire, & ensuite la passer ou couler à travers une chausse, drapeau ou tamis. *Voyez* PARCHEMIN.

RATURE D'ESTAIN, ou ESTAIN EN RATURE. C'est de l'étain en petites bandes très minces, larges d'environ deux lignes, dont les Teinturiers se servent pour leurs teintures, en le faisant dissoudre dans de l'eau-forte. *Voyez* ESTAIN, *sur la fin de l'article.*

RATURER. Effacer d'un écrit un ou plusieurs mots, soit comme inutiles, soit pour en substituer d'autres en leur place. *Voyez* RATURE.

RATURER ou RATISSER LE PARCHEMIN. C'est le racler fortement à sec sur le sommier avec un fer tranchant pour en diminuer l'épaisseur, & par cette façon le rendre propre à recevoir l'écriture. *Voyez* PARCHEMIN, *où il est parlé de la maniere de le fabriquer.*

RATZE. Petite monnoie de billon, c'est-à-dire, de cuivre allié d'un peu d'argent, qui se fabrique en quelques Villes des Cantons Suisses, ou de leurs Alliés.

Les Ratzes tiennent de fin depuis quatre deniers seize grains jusqu'à deux deniers douze grains. Celles de Montbelliard sont au premier titre, & celles de Lucerne au second. Les autres sont les Ratzes de Fribourg, de Neuchastel & de Soleure. Elles ont toutes cours environ pour un sol marqué de France. Les blazes de Berne sont à peu près sur le même pied.

R A V

RAVALER. Terme de Doreur sur métail. On appelle Ravaler l'or ou l'argent, la façon qu'on donne à chaque couche de feuilles de ces métaux, en les étendant avec le brunissoir de fer sur la piece qu'on dore, avant de la mettre au feu. *Voyez* DORURE AU FEU.

RAVALER. Terme d'Ouvrier en cuir. Ravaler un cuir, c'est le ratisser & le rendre moins épais. *V.* COURROYEUR & MEGISSIER.

RAVAUDER. Raccommoder, mettre des piéces à de vieux bas & à de vieilles hardes.

RAVAUDEUR ou RAVAUDEUX, RAVAUDEUSE, celui ou celle qui ravaude.

Les Fripiers sont les véritables Ravaudeurs; on ne leur donne pourtant guéres ce nom, & il est, pour ainsi dire, resté à de pauvres Couturieres qu'on nomme Ravaudeuses, & qui étallent & travaillent aux coins des rues dans de petites échopes semblables à celles que les Savetiers appellent Etats ou Etaux.

RAUCOURT. Drogue qui sert à la teinture. *Voyez* ROCOU.

RAVENSARA. Nom que les habitans de l'Isle de Madagascar donnent à l'arbre qui produit la canelle giroflée. *Voyez* CANELLE GIROFLÉE.

RAVES. Oeufs de certains poissons de mer dont on se sert pour la pêche des sardines. *Voyez* RESURE. *Voyez aussi* SARDINE.

RAVESTANS. Espéces de Paniers dont l'on se sert dans les Verreries, pour mettre en dépôt les plats de verre au sortir du four à cuire, jusqu'à ce qu'on les empaille dans les paniers où on les met pour les transporter à Paris & ailleurs. *Voyez* VERRE EN PLAT.

RAVOIR. Terme de pêche de poisson de mer. C'est une espéce de parc, partie de claie & partie de filets, qu'on tend sur la gréve pour y prendre du poisson, au monter & à la descente des marées. Les mailles des Ravoirs sont reglées par les Ordonnances de Marine. *Voyez* PESCHE & PESCHERIE.

R A Y

RAYAUX. Terme de Monnoier. Il se dit des moules ou canaux dans lesquels on jette les métaux pour les réduire en lingots, de l'épaisseur & largeur propres pour la fabrication des differentes espéces. *Voyez* MONNOIE.

RAYE. Trait ou ligne qui marque, qui sépare ou qui diversifie les choses.

Les livres des Marchands ont différentes rayes, ordinairement du haut en bas, pour marquer la position des chiffres, suivant leur valeur en livres, sols & deniers. *Voyez* LIVRES DES MARCHANDS, *on y a donné des modéles de leur différentes rayeures à leur usage.*

Les velours à deux & trois poils &c. se marquent & se distinguent par quelques raies de soie de couleur, que l'ouvrier est obligé de mettre à la liziere. *Voyez* VELOURS.

On fait des étoffes d'or, d'argent, de soie, de laine, de fil, de coton, &c. à grandes, moyennes & à petites raies, de deux ou de plusieurs couleurs. Ce sont les diverses couleurs de la chaîne qui font cette rayeure.

RAYE. Se dit aussi de la ligne ou barre que l'on tire au dessous de quelques régles d'Arithmétique, pour séparer les chiffres qu'on veut calculer, soustraire, ou multiplier, d'avec ceux que produit l'opération. *Voyez* ARITHMETIQUE.

RAYONS ou PASSETZ. Séparations qui sont dans des armoires propres à mettre les marchandises dans les boutiques & magasins. *Voyez* PASSETZ *ou* ARMOIRES.

RAYURE. Changement de couleur qu'on fait par rayes sur une étoffe. La rayure d'un drap, d'un tafferas, d'un satin, d'une mouere.

RAYURE. C'est aussi un défaut qui se trouve dans les étoffes pleines & toutes d'une couleur, lorsqu'il y apparoît différentes rayes plus brunes & plus claires que les autres.

Ces rayures proviennent de ce que les soyes ou les laines n'ont pas été filées également, ou qu'elles ne sont pas de même qualité.

RAZ

RAZ. Mesure de continence pour les grains & les légumes, qui est en usage dans le pays de Bresse. C'est proprement le Bichet. *Voyez* Bichet.

RAZE. Aussi Mesure de grains dont on se sert dans quelques lieux de Bretagne, particuliérement à Quimpercorentin, à Pont-l'Abbé, & à Concarnau. C'est une espéce de grand boisseau.

Trente razes de Concarnau font le tonneau de cette Ville, qui est égal à celui de Nantes; celui-ci revient environ à neuf septiers & demi de Paris.

Les razes de Pont-l'Abbé & de Quimpercorentin, sont un peu plus fortes que celles de Concarnau; ensorte que les trente razes, qui font aussi le tonneau de ces deux endroits, rendent à Nantes cinq pour cent de bénéfice.

REA

REAGAL. Minéral ou espéce d'arsenic rouge, qu'on appelle aussi Reisgar & Risagal; il n'est guéres différent de l'arsenic blanc que par la couleur, & l'un & l'autre sont des poisons violens; on s'en sert néanmoins en Chirurgie, & les Maréchaux en font quelqu'usage. Il y a du réagal factice. Si toutefois il est vrai qu'il y en ait de naturel, d'habiles Droguistes estimant que le réagal n'est qu'une composition. *Voyez* Arsenic.

Le Réagal paye en France les droits d'entrée à raison de 30 s. du cent pesant, conformément au Tarif de 1664.

Les droits de la Douane de Lyon sont, sçavoir, 13 s. 4 d. du quintal d'ancienne taxation, 12 s. pour les anciens quatre pour cent, & 3 s. pour leur nouvelle réapréciation.

REALAYO, ou REALEIO. Port de l'Amérique Espagnole sur la mer du Sud. Les habitans de Guatimala y font un assez grand commerce, & en tirent quantité de sucre, de cire, de miel, de poix, de goudron, &c. en échange des marchandises qu'ils y portent. *Voyez* l'Etat général, Tome I. page 503.

REALE ou REAL, qu'on prononce au pluriel, REAUX. Monnoie d'Espagne, qui est d'argent.

La réale vaut la huitiéme partie d'une piastre de plata ou d'argent, c'est-à-dire, environ sept sols six deniers monnoie de France, en comptant la piastre sur le pied de soixante sols, le sol de douze deniers aussi de France. Cette proportion de la réale simple à la piastre ou piece de huit, fut changée en 1687, & l'on donna dix réaux pour la piastre: présentement la réduction se fait sur l'ancien pied.

Une réale de plata ou d'argent vaut trente-quatre maravedis d'argent. Une réale de veillon vaut aussi trente-quatre maravedis de veillon, mais qui ne reviennent qu'à dix-huit maravedis d'argent. On a expliqué ailleurs la différence de la plata & du veillon, c'est-à-dire, de l'argent & du cuivre. *Voyez* Veillon *&* Plata.

Il y a des réales ou réaux de huit; des réaux de quatre, des réaux de deux, & des demi réaux. Les réaux de huit sont les piastres; les réaux de quatre sont les demi-piastres, les réaux de deux sont le

quart de la piastre, & la demi-réale en est le seiziéme.

Les réaux de huit d'Espagne sont du poids de vingt-deux deniers huit grains, & tiennent de fin onze deniers deux grains, à la réserve de ceux fabriqués dans le Royaume d'Arragon en 1611, qui ne pesent que vingt-un deniers neuf grains, & qui ne prennent de fin que dix deniers vingt-deux grains. Les réaux au moulin de 1620 pesent vingt-un deniers douze grains, & ne prennent de fin que dix deniers vingt-un grains.

En 1673 les réaux de vingt-un deniers huit grains trébuchans, eurent cours en France par Déclaration du Roi Louis XIV d'abord pour cinquante-huit sols piece, & ensuite pour soixante; ils ont été depuis décriés, & ne sont reçûs qu'au marc dans les Hôtels des Monnoies suivant le prix courant ordonné par les Déclarations. *V.* Piastre.

L'on porte quantité de réales ou réaux de huit dans les Indes Orientales, mais qui n'y sont pas reçûs sur un même pied; les Marchands Indiens en faisant comme trois classes, qui sont, la réale vieille d'Espagne, la réale seconde, & la réale nouvelle. La vieille se connoît quand il n'y a point de chapelet autour: la seconde, quand les grains du chapelet sont gros, & que les branches de la croix se terminent en tête de clou: enfin la nouvelle quand les grains sont petits, & la croix simplement potencée. Toutes ces réales doivent peser soixante-treize vals, sinon celui qui les vend en doit suppléer le prix. Sur ce pied on donne deux cens quinze roupies un quart pour cent réales vieilles; deux cens douze un quart pour la réale seconde; & deux cens huit & un quart pour la réale nouvelle.

Réale. C'étoit aussi autrefois une monnoie d'or qui se fabriquoit en Flandres; elle étoit du poids de quatre deniers, & tenoit de fin vingt-trois carats un quart.

Reale de Vellon. Ce n'est en Espagne qu'une monnoie de compte, comme en France la livre ou le franc. Il faut quinze réales de vellon pour faire la piastre de plata ou d'argent; ensorte que la piastre étant à soixante sols de France, la réale de vellon ne vaut que quatre sols de la même monnoie.

REALISER. Ce terme qui n'étoit gueres connu qu'au Palais, a passé dans le commerce en 1719; c'est-à-dire, en même-tems qu'on a vû en France ces immenses fortunes que des Particuliers y ont faites par le négoce des Actions.

On entendit alors par le mot de réaliser, cette précaution qu'eurent la plupart de ceux qui avoient fait ces fortunes énormes, de convertir leurs papiers en effets réels, tels que sont des terres, des maisons, des rentes, de riches meubles, des pierreries, de la vaisselle d'argent, & sur tout grand nombre d'especes courantes. Précaution à la vérité, capable de ruiner l'Etat, si la sagesse & l'application de ceux qui le gouvernent ne leur avoit inspiré de prendre de justes mesures pour faire rentrer dans le public l'argent que l'on tenoit caché.

REALVILLE. Petite Ville de France dans le Quercy. Elle est du Département de l'Inspecteur des Manufactures de Montauban. On y fabrique des bures, des rases, des serges & de gros draps. *Voyez* l'Etat général, Tome I. page 32.

REAPRECIATION. Seconde apréciation d'une

chose, d'une marchandise. Ce terme est sur tout en usage dans le Tarif de la Douane de Lyon de 1632, dans lequel tous les droits sont distingués en ancienne taxation & en nouvelle réapréciation; c'est-à-dire, en droits d'ancienne & de nouvelle imposition.

REARPENTAGE. Nouvel arpentage, second arpentage.

Ce terme est fort usité dans les Ordonnances des Eaux & Forêts.

Lors du recollement des ventes, qui se fait par les Officiers des Maîtrises, il y a toujours un réarpentage des coupes, mais fait par d'autres Arpenteurs que ceux de l'arpentage pour l'adjudication.

Si par le réarpentage il se trouve surmesure d'arpens, le Marchand doit la payer; si au contraire il y en a moins, on lui en tient compte.

R E B

REBOUISAGE. En terme de Chapelier on dit donner le rebouisage à un chapeau, le battre, le brosser & mettre un nouveau lustre. Quand on lui donne une plus grande façon, cela s'appelle raffustage. *Voyez* cet article.

REBOUISER un chapeau, c'est le nettoyer & le lustrer à l'eau simple : on dit aussi donner le bouis.

REBROUSSE, terme de Tondeurs. C'est un instrument de fer en forme de petit peigne rond par le dos : il y en a de deux sortes; l'un qui a des dents pointues, & l'autre qui n'en a point.

La Rebrousse sert aux Tondeurs de Draps pour rebrousser ou relever le poil ou la laine sur la superficie de l'étoffe, afin de la pouvoir tondre plus facilement. Il y a bien des endroits où l'on ne se sert point de Rebrousses dentées, parce que l'on prétend qu'elles peuvent énerver ou alterer le fonds des étoffes.

REBROUSSER ou REBOURSER. C'est se servir de la Rebrousse pour relever le poil du drap avant que de le tondre. *Voyez l'article précédent.*

Rebrousser le cuir, terme de Courroyeur. C'est après qu'on a coupé le grain du cuir qu'on a étendu sur la table du côté de la chair, & qu'on a tiré à la moyenne pomelle, le retourner de l'autre côté, c'est-à-dire, du côté de la fleur, pour lui donner la même façon. *Voyez* Courroyer.

REBROUSSOIR ou REBOURSOIR. Quelques Tondeurs de Draps appellent de la sorte l'instrument que plus communément on nomme Rebrousse. *Voyez* Rebrousse.

REBUT. Se dit en terme de Commerce, d'une marchandise passée, de peu de valeur, hors de mode, que tout le monde rejette & ne veut point acheter. Je veux du plus beau, & vous ne me montrez que le rebut de votre boutique.

Mettre une étoffe, une marchandise au rebut, c'est la ranger dans un coin de sa boutique ou de son magasin, où on a coutume de placer celles dont on fait peu de cas, & desquelles on n'a pas d'esperance de se défaire aisément.

REBUTER UNE MARCHANDISE. Ne vouloir pas la mettre du nombre de celles qui accommodent & qu'on veut bien acheter; la mettre à l'écart & hors du rang des marchandises qui plaisent. Nous ne ferons point d'affaire ensemble; vous rebutez tout ce que je vous montre.

Rebuter. Signifie aussi recevoir mal les Marchands, les dégouter par des manieres brusques & peu polies, ou en leur surfaisant trop la marchandise.

L'un & l'autre est également d'une dangereuse conséquence dans le Commerce. L'on peut voir les sages conseils que donne là-dessus l'Auteur du Parfait Négociant, dans plusieurs endroits de la premiere partie de son Ouvrage.

R E C

RECAMER, terme de Manufactures de Soie. C'est enrichir un brocard d'or, d'argent ou de soie, en y ajoutant une espéce de broderie élevée, faite au métier comme le reste de l'étoffe, mais comme après coup, & en mettant de nouvelles chaînes & de nouvelles trémes d'or, d'argent & de soye.

Les brocards recamés sont les plus riches & les plus chers; cette maniére d'enrichir & de relever la beauté des étoffes aussi bien que le mot qui l'exprime, viennent d'Italie. Les Italiens disent, *Ricamare.*

RECENSEMENT. Se dit dans les Bureaux de Traites & Douanes, des marchandises dont on fait une nouvelle vérification, un nouvel examen, pour connoître si leur poids & leur qualité sont conformes à ce qui est porté par l'acquit de payement, & si les droits en ont été bien tirés par les Commis qui en ont fait les expéditions.

Lorsque par le recensement on a remarqué qu'il y a de l'excédent sur les marchandises, on en fait payer les droits par supplément : le recensement ne se fait ordinairement que dans les derniers Bureaux, ou dans les Bureaux de Contrôle.

Les Marchands demandent le recensement de leurs marchandises, quand ils croyent avoir trop payé de droits, afin que le trop ou excédent leur soit remboursé.

Recensement. Les Marchands font aussi des recensemens dans leurs magasins & boutiques, pour connoître si les marchandises qui leur ont été envoyées par leurs Correspondans ou Commissionnaires sont conformes aux factures.

Ils sont aussi tenus par l'Ordonnance de 1673, de faire tous les deux ans de nouveaux inventaires, ou du moins le recensement des anciens. *V.* Inventaire.

RECENSER. Signifie vérifier, examiner de nouveau des marchandises, pour sçavoir si les droits en ont été bien ou mal payés, ou si elles sont conformes aux factures.

RECEPISSE' ou RECEPICE'. Ce terme est plus en usage au Palais que dans le négoce; cependant les Négocians ne laissent pas de s'en servir en plusieurs occasions. Il signifie écrit, billet ou acte sous seing privé, par lequel on se charge de quelques lettres & billets de change ou autres papiers qu'on reçoit en dépôt, ou dont on doit faire le recouvrement.

J'ai donné mon récépissé de cette lettre de change. Avant de vous payer il faut me rapporter mon récépissé. Je lui ai confié ce dépôt sur sa bonne foi, je n'en ai point voulu de récépissé.

Recepisse'. Se dit aussi de la reconnoissance que l'on donne de quelque somme que l'on reçoit pour une autre; ce qui est différent de la quittance qu'on donne de ce qu'on reçoit pour soi-même. *Voyez* Quittance.

RECETTE ou RECEPTE. Se dit, en termes de Comptable, du premier des trois chapitres qui composent ordinairement un compte : la Recepte contient les deniers reçus ou censés reçus; les deux autres chapitres sont la Dépense & la Reprise.

Mettre en recepte une somme, c'est l'écrire sur un compte dans son ordre de datte, avec le nom de celui de qui elle a été reçue, & souvent avec d'autres notes ou enseignemens nécessaires, ou pour la sureté du comptable, ou pour l'éclaircissement de celui à qui on doit rendre compte.

Les Marchands doivent être exacts à écrire en recepte sur leurs livres tous les payemens & les à compte qu'on leur fait, pour ne pas demander deux fois la même dette.

RECETTE. Est encore parmi les Marchands, particuliérement ceux qui font le commerce en détail, les sommes en deniers comptans qu'ils reçoivent chaque jour, du débit qui se fait dans leurs magasins & boutiques. La recepte journaliere de ce Marchand monte à plus de cent écus.

On dit que le Commis d'un Banquier est allé à la recette, quand il est allé recevoir le payement des lettres de change & autres billets ou obligations échues. Chez les gros Négocians il y a ordinairement un Garçon dont tout l'emploi est d'aller chaque jour à la recette, & de solliciter les dettes.

RECETTE. On nomme ainsi dans les atteliers où se fabrique le salpêtre, de petits baquets de bois, qui sont au dessous de la Carelle ou Pissotte des cuviers, pour y recevoir les eaux impregnées de salpêtre, qui en coulent à mesure qu'on en jette sur les terres & les cendres dont ils sont remplis. Il y a autant de recettes que de cuviers : ainsi chaque attelier en a 24, qui est le nombre ordinaire des cuviers : on y puise l'eau avec des seaux. On se sert aussi de recettes qu'on emplit d'eau froide pour avancer la cristalisation du salpêtre qu'on veut réduire en roche. *Voyez* la Fabrique du salpêtre.

RECEU ou REÇU. Acquit, quittance, décharge, acte par lequel il paroît qu'une chose a été payée & acquittée. Ce Marchand m'a donné son reçu au pied de son mémoire de fourniture. Avez-vous écrit le reçu de cette somme sur votre livre ?

On dit aussi, Mettre son reçu au dos d'une lettre ; mais en ce sens on se sert plus ordinairement des termes d'acquit & d'endossement.

RECEVABLE. Ce qui est bon, qui est de qualité à ne pouvoir être refusé. Ce blé est recevable, il est bon & marchand. On dit au contraire non-recevable, de ce qui est mauvais ou décrié. Ces écus ne sont pas recevables dans le public, l'exposition en a été defendue par le dernier Arrêt du Conseil. Cet ouvrage n'est pas recevable, il n'est qu'à demi fini.

RECEVOIR. Prendre, accepter ce qu'on nous paye, ce qui nous est dû. Je viens de recevoir le contenu en votre billet. Il faut être exact à recevoir les lettres & billets de change à leur échéance, & faute de payement les faire protester.

RECEVOIR. On nomme ainsi dans la Fabrique des salpêtres un vase de cuivre fait en forme de grand chaudron dans lequel on met l'eau de la cuite au sortir des chaudieres pour la faire rassoir quelque tems. Le recevoir a un robinet au bas à quatre doigts du fonds pour tirer la cuite à clair, & sans que les ordures qui s'y sont précipitées puissent couler avec.

Il y a aussi des recevoirs de bois, qui sont des especes de petites auges ou baquets. *Voyez* l'article du Salpêtre.

RECHANGE. C'est un second droit de change, ou plutôt le prix d'un nouveau change dû pour les lettres de change qui reviennent à protêt, lequel doit être remboursé aux Porteurs des lettres par ceux qui les ont tirées ou endossées.

Ce qui produit le Rechange, c'est lorsque le Porteur d'une lettre de change, après l'avoir fait protester faute d'acceptation ou de payement, emprunte de l'argent sur sa promesse ou obligation, ou qu'il prend dans le lieu où le payement a dû être fait une lettre de change sous protêt, tirée sur celui qui avoit fourni la premiere lettre, pour raison de quoi il paye un second change, qui étant joint au premier qu'il a déja payé au Tireur de la premiere lettre, font deux changes, que l'on nomme proprement Change & Rechange, le premier étant le change, & le second le rechange.

Le Porteur d'une lettre protestée est en droit de repéter l'un & l'autre sur celui qui a tiré la lettre : cependant la simple protestation que fait un Porteur de lettre par l'acte de protêt, de prendre pareille somme à rechange faute de l'acceptation ou du payement de la lettre, n'est pas suffisante pour le mettre en état de demander son remboursement du rechange, il faut conformément à l'article 4 du titre 6 de l'Ordonnance du mois de Mars 1673, qu'il justifie par pieces valables avoir pris de l'argent dans le lieu sur lequel la lettre a été tirée, autrement le Rechange ne seroit que pour la restitution du change avec l'interêt, & du voyage, s'il en a été fait après l'affirmation en Justice.

Suivant les articles 5, 6 & 7 du même titre de l'Ordonnance ci-devant rapportée, une lettre de change, même payable au Porteur ou à ordre, étant protestée, le Rechange n'en est dû par celui qui l'a *tirée*, que pour le lieu où la remise a été faite, & non pour les lieux où elle a pû être négociée ; sauf à se pourvoir contre les Endosseurs pour le payement du Rechange des lieux où elle a été négociée suivant leur ordre.

Le Rechange est dû par le Tireur des lettres négociées pour les lieux où le pouvoir de négocier est donné par les lettres, & par tous les autres, si le pouvoir de négocier est indéfini, & pour tous les lieux.

Enfin l'interêt du Rechange, des frais du protêt & du voyage n'est dû que du jour de la demande.

L'on prétend que ce furent les Gibelins chassés d'Italie, par la faction des Guelphes, qui les premiers établirent à Amsterdam où ils s'étoient refugiés, l'usage du Rechange, sous prétexte des pertes, dépens, dommages & interêts qu'ils souffroient, lorsque les lettres de change qui leur étoient fournies pour les effets qu'ils avoient été obligés d'abandonner en quittant le Pays, n'étoient pas acquittées, & qu'elles revenoient à protêt.

Les Auteurs qui ont traité le plus amplement du Rechange, sont M. Savary dans son Parfait Négociant : Du Puys dans son Art des lettres de change, & Bornier dans sa Conference des nouvelles Ordonnances ; le Lecteur y peut avoir recours pour une plus grande instruction. *Voyez* CHANGE & LETTRE DE CHANGE.

RECHANGE, en termes de commerce de mer. Signifie toutes les manœuvres qu'on met en réserve dans les vaisseaux, pour s'en servir au défaut de celles qui sont en place : ainsi l'on dit, Voile, Vergue, Funin, &c. de Rechange, ou Agrès & Apparaux de Rechange ; pour faire entendre, que ce sont des choses qu'on tient toutes prêtes pour en changer en cas de nécessité. Dans le Levant on se sert dans le même sens, de termes de Respect ou de Respit, au lieu du mot de Rechange.

RECHAUD. Ustencile de ménage qui sert à mettre du feu pour cuire ou rechauffer les choses refroidies. On en fait de fer, de cuivre, & quelquefois d'argent. Les deux premieres sortes sont du métier de Chauderonnier ; la derniere de celui d'Orfévre.

Les Rechauds de fer payent en France les droits de sortie comme chauffrettes de fer, c'est-à-dire, à raison de 10 s. du cent pésant.

RECHAUD. Terme de Teinturier de grand teint. On dit, Donner le premier ou le second réchaud ; pour dire, Donner le premier ou le second feu ; ce qui veut dire, passer une premiere ou seconde fois l'étoffe que l'on veut teindre dans la chaudiere où est la teinture chaude. *Voyez* TEINTURE & TEINTURIER.

RECHAUSSER CARREAUX. Termes de monnoies au marteau. C'est rabattre les pointes des carreaux pour les arrondir, en les frappant doucement sur la tranche avec le rechaussoir pour en ôter & rabattre toutes les pointes. *Voyez* MONNOYAGE AU MARTEAU.

RECHAUSSOIR ou RECHAUSSOIRE. Marteau leger dont les Ouvriers ou Taillerésses se servoient pour rechausser les carreaux. *Voyez l'article précédent.*

RECHERCHE. Terme de Couvreur. C'est l'ouvrage que l'on fait légerement sur une couverture pour en ôter les tuiles pourries ou cassées, & mettre d'autres bonnes à la place. Cette recherche se fait ordinairement à la toise quarrée de 36 pieds de superficie par toise. *Voyez* l'article de la Couverture d'ardoise ou de tuile, on y trouvera le prix de ces sortes d'ouvrages.

RECHERCHER UNE COUVERTURE. *Voyez* l'article précédent.

RECHERCHER. L'on dit, en termes de commerce, Qu'une marchandise est de recherche, quand elle est fort à la mode, qu'on en demande beaucoup, & qu'il s'en débite quantité. *Voyez* DEBIT.

RECHINSER. Terme de manufacture dont on se sert dans la Sayetterie d'Amiens.

RECHINSER LA LAINE. Signifie la rincer, la laver dans de l'eau claire pour la bien dégraisser. Les Réglemens de cette Sayetterie de 1666 enjoignent aux Maîtres & Ouvriers Houppiers de bien laver ou faire laver leurs houppes, c'est-à-dire, les laines qu'ils peignent en lessive claire ou en suif avec savon noir & les rechinser en eau pure & nette. *Voyez* HOUPPIER.

RECIF. On nomme ainsi à Amsterdam un recepissé que le Pilote d'un vaisseau Marchand donne aux Cargadors des marchandises qu'il reçoit à bord, & qui doivent faire la cargaison de son navire. Ce recif porte une déclaration de la quantité des balles, tonneaux ou pieces qui lui ont été remises, & des marques qu'elles ont ; c'est sur cette déclaration que le Marchand dresse son connoissement. *Voyez* CARGADOR.

RECLAMATEUR. Celui qui reclame, qui revendique une chose qui lui appartient. Il est principalement d'usage dans les Amirautés de France, pour signifier un Négociant ou autre personne qui redemande un Vaisseau ou les Marchandises de son chargement, quand il prétend n'être pas de bonne prise, & qu'il conteste aux Armateurs qui s'en sont rendus maîtres.

Il y a en France un Arrêt du Conseil d'Etat du Roi qui regle les contestations qui peuvent survenir entre les Reclamateurs & les Armateurs. *V.* VAISSEAU ARMÉ EN COURSE.

RECLAMATION, revendication d'une chose, d'un bien, d'un effet. *Voyez* l'article précédent.

RECLAME. Terme d'Imprimerie. C'est le premier mot d'un cahier d'un livre que l'on met au bas de la derniere page du cahier précédent pour faire connoître la suite de tous les cahiers, & par-là en faciliter le pliage & la relieure. *Voyez* IMPRIMERIE.

RECLAMER, revendiquer. *Voyez comme dessus.*

RECOLEMENT. Terme des Eaux & Forêts. C'est un Procès verbal de visite que font les Officiers des Eaux & Forêts, six semaines après le tems de la vuidange des bois abattus, pour voir si le Marchand adjudicataire en a fait la coupe conformément à son Adjudication. *Voyez* VENTE.

RECOMMANDER UNE CHOSE VOLÉE. C'est faire courir chez les Marchands qui pourroient l'acheter, des billets contenant sa nature, sa qualité, sa forme, &c. afin que si elle leur étoit apportée, ils pussent la retenir, & en donner avis. On m'a volé des flambeaux d'argent, je les ait fait recommander chez les Orfévres.

RECOMPTER, que l'on écrit aussi RECOMTER, & que l'on prononce RECONTER. C'est compter de nouveau pour voir si l'on ne s'est point mépris en comptant la premiere fois. Recompter son or ou son argent : Recompter un mémoire.

RECONNOISSANCE. Acte ou écrit par lequel on demeure d'accord qu'on est redevable, ou que quelque chose nous a été mise entre les mains. Je lui ai confié dix mille écus, je n'en ai point de reconnoissance. Je lui ai donné ma reconnoissance des lettres de change qu'il m'a mises entre les mains.

RECONNOISTRE. Avouer, déclarer par écrit qu'on est obligé de payer ou de faire quelque chose, ou qu'on en est dépositaire.

RECONVENTION. Nouveau marché, nouvelle convention qui se fait entre Marchands. J'avois fait marché de ses blés à cent écus le muid ; mais par notre reconvention, le prix en est diminué.

RECOUPE. Farine que l'on tire du son remis au moulin. Il n'y a gueres que les pauvres gens qui mangent du pain de Recoupe. *Voyez* GRUAU & FARINE.

RECOUPETTE. Troisiéme farine que l'on tire du son des recoupes mêmes : quelquefois il se prend pour le gruau des recoupes. *Voyez comme dessus.*

RECOURS. Garantie, action par laquelle on est en droit de se faire payer par un tiers, d'une somme qu'on est en danger de perdre par l'insolvabilité du véritable Débiteur.

Le Porteur d'une lettre de change dont l'Accepteur a fait banqueroute, a son recours sur le Tireur & l'Endosseur, à son choix, pour se faire rembourser du contenu dans la lettre de change, pourvû néanmoins qu'il ait fait ses diligences dans le tems de l'Ordonnance.

RECOURS, en termes de monnoie. Se dit d'une permission que le Prince accorde de quelque foiblage sur le poids de l'espece. Il signifie aussi le rapport de l'espece au marc & du marc à l'espece; c'est-à-dire, la quantité d'especes, comme d'écus ou de pistoles, par exemple, qui doit se faire de chaque marc d'or ou d'argent. *Voyez* MONNOYE.

RECOUS. Terme de commerce de mer, qui se dit d'un vaisseau repris sur les ennemis. Les Ordonnances de la Marine reglent le tems qu'un vaisseau doit rester entre les mains des ennemis, pour être déclaré simplement recous, ou censé une nouvelle prise. *Voyez* NAVIGATION. *Voyez aussi* RECOUSSE.

RECOUSSE. Terme de commerce de mer qui veut dire Reprise sur les Corsaires, Pirates, Forbans, Ecumeurs de mer & ennemis de l'Etat, des vaisseaux Marchands & autres effets qu'ils avoient volés & pris sur mer. On dit ordinairement; c'est un tel Armateur ou un tel Capitaine qui a fait la recousse d'un tel bâtiment Marchand; pour dire, que c'est cet Armateur ou ce Capitaine qui l'a repris.

Lorsqu'un navire François est recous ou repris sur l'ennemi de l'Etat, après qu'il a été en ses mains pendant vingt-quatre heures, la prise en est réputée bonne, & si la reprise est faite avant les vingt-quatre heures, le vaisseau doit être restitué au Propriétaire avec tout ce qui étoit dedans, à l'exception d'un tiers qui doit appartenir au navire qui a fait la recousse.

Quand un navire sans être recous ou repris est abandonné par l'ennemi, ou que par tempête ou autre cas fortuit il revient en la possession d'un Armateur François avant qu'il ait été conduit dans aucun Port ennemi, il doit être rendu au Propriétaire qui en doit faire la réclamation dans l'an & jour, quoiqu'il ait été plus de vingt-quatre heures dans les mains de l'ennemi.

Les vaisseaux Marchands & effets des Sujets du Roi & de ses Alliés, repris sur les Corsaires, Pirates, Forbans & Ecumeurs de mer, qui sont reclamés dans l'an & jour de la déclaration qui en a été faite en l'Amirauté, doivent être rendus aux Propriétaires en payant le tiers de la valeur du vaisseau & des marchandises pour les frais de recousse.

Tout cela est conforme à l'Ordonnance de Marine du mois d'Aout 1681, livre 3, art. 8, 9 & 10 du titre 9.

On se sert encore du terme de Recousse en ce sens: On a bien sauvé quelques marchandises d'un bâtiment qui étoit échoué à la Côte; mais c'est une pauvre Recousse pour les Marchands qui y ont intérêt. *Voyez* CORSAIRE *&* ARMATEUR.

RECOUVE'ES. Crues recouvées; ce sont des toiles du nombre de celles qu'en France on nomme des Crés: elles sont propres pour le commerce des Isles Antilles. *Voyez* CRE'.

RECOUVREMENT. Recherche que l'on fait de ses dettes & de ses effets. Ce Marchand a quitté le commerce, il s'occupe présentement à faire le recouvrement de ce qui lui est dû.

RECOUVREMENT. Se dit aussi de la recette dont un Commis est chargé. Je suis chargé du recouvrement des effets de la Compagnie du Sénégal.

RECOUVRER. Recevoir ce qui nous est dû, ou retrouver ce qu'on a perdu.

RECTO. Folio recto, qu'on écrit ainsi en abregé, F. R°. Terme dont se servent les Marchands & Teneurs de livres pour indiquer la page où ils ont porté quelque article ou quelque autre chose & affaire concernant leur commerce.

Il signifie la premiere page d'un feuillet, celle qui se présente d'abord à la vûe. La seconde s'appelle Folio Verso & s'abrege ainsi F. V°. *Voyez* FOLIO.

RECTORIER. Payer au Recteur de l'Université de Paris un droit qui lui est dû d'une grande antiquité sur la Marchandise de Parcheminerie. Ce droit est de seize deniers parisis. *V.* PARCHEMIN.

RECUEILLIR LE PAPIER. C'est l'ôter de dessus les cordes des étendoirs après qu'il a été collé & bien séché afin de le mettre en presse. On dit aussi Ramasser le papier. *Voyez* PAPIER.

RECUEILLOIR. Terme de Cordier. C'est un outil de bois dont se servent les Cordiers pour tortiller leur ficelle, ce qu'on appelle Recueillir la ficelle.

RECUIRE LES LAMES. Terme de Monnoie. C'est les mettre au feu avant que de les passer au laminoir; ce qui se fait dans une espece de fourneau dont l'âtre est de carreau ou de brique, avec une grille de barres de fer posée sur leurs arrêtes. Les lames s'arrangent sur la grille, dessous se fait un feu de bois, tandis que par dessus on les couvre de braise. Les lames d'or se recuisent toujours avant que d'être mises au moulin. Pour celles d'argent & de cuivre on les passe d'abord une fois en blanc, après quoi on les fait recuire. *Voyez* MONNOYAGE.

RECUIT. Mettre au recuit. Il se dit des métaux & du verre. Les Monnoyeurs disent qu'un flaon a été au recuit,quand on l'a mis au fourneau qui sert à recuire les especes avant qu'on les frappe. Les Ordonnances veulent que les Ouvriers mettent les flaons & carreaux au recuit à toutes les façons qu'ils donnent à l'ouvrage. *Voyez comme dessus.*

Le recuit du verre consiste à être mis dans une arche du fourneau des Verriers pour achever d'y prendre sa parfaite cuisson. *Voyez* VERRE.

RECUITEURS. Ouvriers des monnoies qui ont soin de recuire les flaons, ce sont proprement les Apprentifs. On leur donne ce nom parce que c'est ordinairement la fonction des nouveaux Ouvriers, & comme leur apprentissage en fait de monnoyage, de donner le recuit aux lames & aux flaons. *Voyez* MONNOYAGE.

RED

REDANT, ou REDENT. Terme de commerce de bois quarré. *Voyez* BOIS QUARRE'.

REDEVIDER. Devider une seconde fois. Les Ouvriers des Manufactures sont obligés de redevider souvent leurs soies & leurs laines suivant les différentes fabriques de leurs étoffes. *Voyez* DEVIDER *&* DEVIDAGE.

REDHIBITION. Action que l'Acheteur a contre le Vendeur pour lui faire reprendre la marchandise défectueuse qu'il lui a vendue. Cette action n'a gueres lieu que pour la vente des effets mobiliaires, lorsqu'il y a eu de la mauvaise foi ou de la fraude du côté du Vendeur, qui a caché ou dissimulé sciamment les défauts de sa marchandise; sur tout si l'Acheteur a été trompé de plus de moitié du juste prix.

REDHIBITOIRE. Action redhibitoire. *Voyez* REDHIBITION à l'article précédent.

Cette action s'exerce très souvent dans le commerce à la vente des chevaux, à cause qu'il est facile de cacher certains défauts de ces animaux, & que ceux qui en font négoce, sur tout les Maquignons, ne font aucune conscience d'y tromper les Acheteurs.

Il faut cependant observer, que l'action redhibitoire ne s'accorde pas, lorsque les défauts ou vices de la Marchandise sont apparents, comme si un cheval est borgne ou gâté de farcin, mais seulement si ces défauts sont cachés, comme la pousse, la morve, &c. à cause qu'il y a des secrets pour les suspendre pendant quelque tems. L'action redhibitoire pour les chevaux ne peut s'exercer que pendant neuf jours, après quoi l'Acheteur n'y est plus recevable.

REDON, que plusieurs appellent aussi Rodon ou Roudon. Sorte d'herbe ou plante qu'on seme toutes les années, de même que le chanvre qui croît en plusieurs lieux de France, mais plus abondamment dans la Haute-Gascogne aux environs de Laytour, Armagnac, Condom & Auch.

Cette sorte d'herbe étant bien séche & mise en poudre, se substitue quelquefois à la place du tan, dont elle a la vertu pour passer les peaux de béliers, moutons & brebis en basane, que l'on appelle autrement Peaux passées en mesquis.

Les Tanneurs Gascons s'en servent aussi pour donner aux peaux de vaches & de veaux, ce qu'ils appellent la premiere nourriture; & les Russiens chez lesquels cette herbe est très commune, l'employent dans la préparation des peaux de vaches qu'on nomme communément Vaches de Russie.

REDRE. Grand filet qui sert à prendre du hareng. Les Pêcheurs qui font la pêche de la morue en ont toujours provision pour ne point manquer de hareng pour leurs ameçons; lorsque le caplan, autre sorte de petit poisson dont la morue est fort friande, leur manque. *Voyez* l'article de la Morue.

REDRESSER LES PEAUX. Terme de Chamoiseur. C'est les faire passer pour la seconde fois les unes après les autres sur le palisson ou pinçon, qui est une espece d'instrument de fer plat & poli, planté debout dans un pieu.

Le redressage des peaux est la derniere façon qu'on leur donne après qu'elles ont été passées en huile, & qui les met en état d'être vendues & employées *Voyez* Chamois, *a l'endroit où il est parlé de la maniere de préparer ou passer les peaux de mouton en huile, autrement dit en Chamois.*

Redresser les Peaux. Est aussi un terme de Mégissier, qui signifie détirer les peaux, les étendre avec les mains sur une table, afin qu'il ne leur reste aucun plis. *Voyez* Megie *vers la fin de l'article.*

Redresser les gants. Terme de Gantier. C'est leur donner la derniere façon en les détirant & rafraîchissant avec la main. On dit aussi redresser les estavillons, pour dire Ouvrir les Gants en large & les étendre en long avec les fuseaux ou bâtons à gants.

REDRESSOIR. Instrument de Potier d'étain qui sert à redresser la vaisselle d'étain quand elle est bossuée. C'est une espece de boule de buis qui est attachée au bout du manche en forme de marteau.

REDUCTION. Terme d'arithmétique. Il se dit des nombres, des poids, mesures, monnoies, &c. lorsque l'on veut sçavoir le rapport qu'elles ont les unes aux autres. Ainsi l'on dit, Faire la réduction des nombres entiers en fractions, & des fractions en nombres entiers; faire la réduction des poids étrangers en poids de France, & des poids de France en poids étrangers; faire la réduction des mesures étrangeres en mesures de France, & des mesures de France en mesures étrangeres; faire la réduction des deniers en sols & des sols en livres, ou des livres en sols & des sols en deniers, & ainsi du reste. *Voyez les divers articles de ce Dictionnaire, où il est parlé des poids, des mesures ou des monnoies, vous y trouverez leurs réductions a celles de France.*

REDUIRE. Faire la réduction. Il s'entend & se dit en arithmétique des mêmes opérations où l'on peut se servir du terme de Réduction. Ainsi l'on dit, Réduire des verges d'Angleterre en aunes de France; réduire les livres tournois en livres sterling, pour dire, faire la réduction des unes aux autres.

REF

REFACTION. Terme de Douane & de commerce. Il signifie la remise que les Commis des Bureaux d'entrée & de sortie sont tenus de faire aux Marchands, de l'excédent de poids que certaines marchandises peuvent avoir lorsqu'elles ont été mouillées, au dessus de celui qu'elles auroient naturellement si elles étoient séches; telles que sont les laines, les cotons, les chanvres, les lins, & autres marchandises de pareille espece.

Par l'article VIII du nouveau Réglement du 9 Aout 1723, concernant les déclarations des marchands, il est dit qu'il sera fait refaction aux Marchands sur les marchandises mouillées, si le poids en est augmenté jusqu'à cinq pour cent & au dessus. Quand le poids n'est augmenté que de cinq pour cent & au dessous, il ne se fait aucune refaction.

REFAIRE LE CUIR. Terme de Tanneur. C'est le remettre une seconde fois au tan. *Voyez* Tanner *&* Tanneur.

REFAIT. Cheval refait. Il se dit dans le commerce des chevaux d'un cheval ruiné ou qui a quelque défaut, qui a passé par la main du Maquignon, qui l'a mis en état d'en affronter quelqu'un. *Voyez* Cheval.

Refait. Beurre refait. C'est de vieux beurre ou de mauvaise qualité qu'on a remis en état de vente en le lavant dans diverses eaux. *Voyez* Beurre.

REFE. Mesure des longueurs dont on se sert à Madagascar: c'est environ ce qu'on appelle une Brasse en Europe.

On mesure à la refe les pagnes, les cordes & autres choses semblables qui entrent dans le commerce par échange que font ensemble ces Insulaires. Ils se servent aussi de la demi-refe, c'est-à-dire, de l'ouverture de la main depuis l'extrémité du pouce jusques au bout du petit doigt, ce qui fait l'empan qu'en leur langue ils nomment une Main.

REFIN. Terme de Manufacture de lainage qui se dit d'une sorte de laine très fine. Ainsi l'on dit, Refin Segovie, pour dire Laine prime ou laine premiere de Segovie qui est la plus fine laine de toutes celles qui viennent d'Espagne; Refin Villecastin & autres semblables, suivant les lieux d'où elles se tirent. *Voyez* Laine, *où l'on parle des laines d'Espagne.*

On se sert aussi des termes de Refin, de Refino & de Superfin pour exprimer une étoffe très fine, ou qui a été fabriquée avec de la laine ou autre matiere la plus fine. *Voyez* Superfin.

REFLEURET, qu'on appelle aussi seconde Laine. C'est la meilleure espéce des laines d'Espagne, après celle qu'on nomme Prime, ce qui n'est pourtant vrai que pour les laines de Castille & d'Arragon, le refleuret de Roussillon tenant le premier lieu parmi les laines qu'on tire de cette Province. *Voyez* Laine d'Espagne.

REFONTE. Seconde fonte que l'on fait de quelque matiere.

Les Salpêtriers appellent Refonte en roche, la façon qu'ils donnent au salpêtre après qu'il a été rafiné, lorsqu'ils le veulent réduire en même espece de pierre, afin qu'il puisse se conserver plus long-tems dans les magasins.

La refonte en roche se doit faire dans une chaudiere de fer fondu, où l'on doit la mettre en fusion sans aucune eau. La premiere fonte qui est celle du rafinage, se fait au contraire avec de l'eau & dans une chaudiere de cuivre. Ces deux refontes causent ordinairement un tiers de déchet.

REFORME. Terme de commerce en détail. Il se dit de la note qu'un Marchand met sur le billet ou numero attaché à une piéce d'étoffe entamée, de la quantité d'aunes qui en a été levée, ce qui reforme les premiers aunages. *Voyez* Numero.

REFOULER. Terme de Manufacture. Fouler une seconde fois. Il faut refouler ce chapeau, le remettre à la foulerie. A-t-on porté cette piéce de drap au Moulinier pour la refouler. *V.* Fouler.

REFOURNIR. Se fournir de nouveau. Il faut que j'aille à la foire de la Guibray pour me refournir de plusieurs marchandises qui sont sorties de mon magasin.

REFRACTION. Terme de quelque usage dans le commerce, dont des Auteurs modernes qui en ont fait des traités, se sont servis dans leurs ouvrages.

Il se dit lorsqu'un Marchand s'étant trompé dans un compte à son préjudice, ou au désavantage d'un autre, demande ou fait restitution des sommes omises ou ajoutées par erreur. Il faut me faire refraction de trente livres que vous avez oubliées dans votre compte. Je vous ferai refraction de quarante livres que j'ai mis de trop sur mon mémoire; c'est autant que Faire raison, tenir compte.

REFRAYER. Terme de Potier de terre. C'est achever un ouvrage de poterie avec le doigt pour la polir & la rendre plus unie.

REG

REGARNIR un drap, une ratine ou quelqu'autre étoffe de laine. C'est en tirer une seconde fois le poil avec un chardon. Il faut renvoyer cette ratine chez l'Aplaigneur pour la faire regarnir. *Voyez* Aplaigneur.

REGAYER. Terme de Filassier. C'est repasser le chanvre dans le regayoir pour en faire sortir toutes les ordures.

REGAYOIR. Instrument qui sert à préparer le chanvre. C'est une espéce de seran dont les dents achevent de nétoyer la filasse; il sert aussi à l'affiner. *Voyez* Chanvre.

REGAYRES. Ce sont les restes de la filasse qui demeure entre les dents du regayoir quand on y a fait passer le chanvre.

REGIE, administration ou direction d'une affaire de finances ou de commerce. Dans quelques Edits & Déclarations du Roi concernant la police de la Compagnie des Indes, ou les divers commerces que Sa Majesté lui a permis, on se sert souvent du terme de Regie; & alors ceux qui en ont la direction, au lieu de Directeurs, sont appellés Regisseurs. Il y a aussi des commerces particuliers de cette Compagnie qui sont en regie; telles sont entr'autres les Fermes du Tabac & du Caffé. *Voyez* les articles du Caffé & du Tabac.

REGIME. On nomme ainsi le fruit de quelques arbres lorsqu'il est encore en grappe. Les Droguistes de Paris donnent ce nom aux dattes que produit le palmier; & les François des Isles Antilles le donnent pareillement au fruit du bananier.

REGISSEUR. Celui qui a la regie ou la direction d'une affaire de commerce ou de finance. Ce mot est nouveau, & n'est gueres en usage que depuis l'établissement de la Compagnie des Indes: c'est la même chose que Directeur. *Voyez* ce terme. *Voyez aussi* Regie.

REGISTRE. Grand livre de papier blanc, ordinairement couvert de parchemin, & comme disent les Relieurs & Papetiers, relié à dos plat, qui sert à écrire & enregistrer les actes, délibérations, Arrêts, Sentences, Edits, Déclarations, & autres telles choses de conséquence dont on veut conserver la mémoire.

La relieure des registres a fait la matiére d'un long procès entre les Maîtres Relieurs & les Marchands Papetiers de la Ville de Paris, ceux-là voulant interdire aux autres toute sorte de relieure soit à dos quarré, soit à dos rond; & ceux-ci voulant au moins se conserver la relieure des registres à dos quarré. On parle ailleurs de l'Arrêt qui a terminé ces contestations, & qui par une espéce de partage a laissé aux Relieurs seuls la relieure à dos rond, & a rendu commune aux uns & aux autres la relieure à dos quarré. *Voyez* Papetier.

Les registres soit à dos quarré, soit à dos rond, sont d'un grand usage dans le commerce, n'y ayant point de Marchands, Négocians & Banquiers, non plus que de Fabriquans & Manufacturiers qui n'en doivent tenir de plusieurs sortes, pour y écrire journellement les affaires de leur négoce. On les appelle plus communément des livres que des registres parmi les Négocians. On dit pourtant quelquefois les Registres d'un Banquier & d'un Agent de Banque. *Voyez* Livre.

Les six Corps des Marchands & toutes les Communautés des Arts & Métiers de la Ville & Fauxbourgs de Paris, ont des registres paraffés par les Officiers de Police ou par le Procureur du Roi du Châtelet, pour y écrire & enregistrer non-seulement leurs délibérations, mais encore les élections de leurs Maîtres & Gardes, Syndics, Jurés, ou autres Officiers & Administrateurs de leurs Confréries, les obligés des Apprentifs, les réceptions à la maîtrise; enfin tout ce qui regarde & concerne les affaires & la police de ces Corps & Communautés.

Les Inspecteurs des Manufactures, les Gardes des halles & magasins, les Receveurs, Controlleurs, Visiteurs & autres Commis des Douanes & Bureaux des Fermes & Recettes des deniers Royaux, aux entrées ou sorties du Royaume, se servent aussi de registres pour y écrire en détail & journellement, les uns le payement des droits, les autres la réception des marchandises dans leurs dépôts; ceux-ci le nombre & la qualité des étoffes ausquelles ils apposent leurs plombs, & ceux-là la visite des balles & ballots qui passent par les Bureaux, les lettres de voiture, les acquits à cautions & autres tels actes qu'on leur présente ou qu'ils délivrent aux Marchands & Voituriers.

Tous ces registres doivent être aussi paraffés, mais diversement; ceux des Inspecteurs des Manufactures par les Intendans des Provinces, à la réserve des registres de celui de la Douane de Paris qui doivent l'être par le Lieutenant Général de Police; & ceux des Commis des Fermes générales des Aides & Gabelles, &c. par les Fermiers généraux de ces droits, chacun suivant le département qui leur est donné par le Controlleur Général ou le Président des Finances.

Registre. On appelle dans les Indes Occidentales de la domination Espagnole, Navires de Registre, ceux à qui le Roi d'Espagne ou le Conseil des Indes accorde la permission d'aller trafiquer dans les Ports de l'Amérique; ils sont ainsi nommés de ce que cette permission doit être enregistrée avant qu'ils mettent à la voile du Port de Cadix où se font le plus ordinairement les chargemens pour Buenos-Ayres & les autres Ports pour lesquels il part des navires de registre.

Ces navires ne doivent être que du port de trois cens tonneaux, & les permissions le portent ainsi; mais l'intelligence des Maîtres à qui ils appartiennent, avec les Officiers du Conseil des Indes résidens en Europe; & les présens considérables qu'ils font à ceux de l'Amérique, & aux Gouverneurs des Ports où ils arrivent, sont cause que ce réglement n'est nullement observé, y ayant souvent de ces navires de cinq cens cinquante, & même jusqu'à six cens cinquante tonneaux.

Les permissions coutent jusqu'à trente mille piastres chacune, mais elles en couteroient cent mille que les Marchands qui frettent ces vaisseaux ne trouveroient encore que trop leur compte, & que le Roi d'Espagne n'y auroit jamais le sien.

Le Conseil des Indes prend néanmoins des précautions qui sembleroient devoir empêcher l'abus que l'on peut faire de ces permissions, en voulant que chacune de celles qu'on accorde porte & la qualité & la quantité des marchandises dont la cargaison des vaisseaux de registre doit être composée en partant d'Europe; & que les certifications des Gouverneurs & Officiers du Roi qui résident à l'Amérique expliquent pareillement en détail la nature & le nombre de celles qui doivent faire leurs retours. Mais cette double précaution qui devroit assurer le droit du Roi, est précisément ce qui fait qu'on le fraude plus hardiment, & que les Gouverneurs & Officiers Royaux y font doublement leurs affaires.

Les présens que les Propriétaires & Armateurs des navires leur donnent en arrivant, font qu'ils permettent de débarquer bien au-delà de ce qu'ils doivent apporter des marchandises d'Europe suivant leur permission; & ceux qu'on leur fait au départ, font aussi qu'ils en obtiennent aisément des certifications que ces vaisseaux ne sont chargés pour le retour que de telles marchandises de l'Amérique & en telle quantité, mais toujours bien au-dessous de leur véritable chargement.

On a des mémoires certains & de bonne main qu'il y a eu souvent des navires de registre dont la certification ne portoit que douze mille cuirs, & seulement cent mille piastres & à proportion des autres marchandises du retour, qui avoient à bord des trois ou quatre millions en or & en argent; vingt-six mille cuirs & plus, & ainsi du reste, ensorte que le quint du Roi d'Espagne & ses autres droits n'alloient presque à rien en comparaison de ce à quoi ils eussent dû monter.

Outre ces gains indirects du Marchand, les profits qu'il fait sur les marchandises d'Europe sont immenses, & l'on a vu en 1703 & 1705 tel de ces navires de registre vendre celles qu'il avoit apportées l'une portant l'autre à plus de trois cens pour cent de profits; ensorte qu'un chapeau se vendoit dix-huit piastres, l'aune de drap commun douze piastres, le plus fin seize & dix-huit, la soie vingt-cinq piastres la livre, vingt piastres la paire de bas de soie pour homme & dix ceux de femmes; le fil de Bretagne six piastres, & ainsi à peu près sur le même pied les autres marchandises.

Il est vrai qu'elles baisserent de plus d'un tiers les deux années suivantes, à cause de cinq ou six vaisseaux de France qui y arriverent, & qui en apporterent trop grande quantité; inconsidération assez ordinaire dans le commerce où les Négocians ne font pas autant de réflexion qu'ils le devroient, que la rareté ou plutôt un assortiment médiocre de marchandises apporte plus de profit que quand l'abondance en est trop grande; mais indiscretion que les François plus que les autres devroient éviter après l'expérience qu'ils en ont faite pendant la guerre pour la succession d'Espagne, où ceux de leurs premiers vaisseaux qui passérent dans la mer du Sud en revinrent avec des profits immenses & presque incroyables, & où au contraire ceux qui y allérent négocier les derniers n'arrivérent en France qu'à demi-charge & avec très peu de gain, pour ne pas dire avec perte.

L'on peut mettre au nombre des navires de registre à qui il est permis de faire le commerce des Indes Espagnoles, un navire de cinq cens tonneaux que le Roi d'Espagne permet que la Compagnie Angloise de l'Assiente, ou plutôt la Compagnie du Sud de cette Nation qui en a pris la ferme, envoye chaque année aux Foires qui se tiennent à Porto-Bello, à Carthagéne & autres Villes maritimes de l'Amérique. On parle ailleurs de la concession de ce vaisseau, & l'on ajoutera seulement ici que ces nouveaux Marchands ont pris tout le génie de ceux d'Espagne, & qu'ils sçavent aussi bien & mieux qu'eux, parce qu'ils ne craignent point les suites, gagner les Gouverneurs & les Officiers Royaux, même par des présens publics & d'éclat, faits en conséquence des délibérations de la nouvelle Compagnie de l'Assiente. *Voyez* Assiente.

Registre. En terme d'Imprimerie. C'est la rencontre des lignes & des pages déja imprimées d'un côté d'une feuille de papier avec celles qu'on veut imprimer de l'autre. On appelle être de Registre quand les deux pages d'un même feuillet sont juste l'une sur l'autre. Le registre se fait par le moyen des deux pointes du grand tympan. *Voyez* Imprimerie.

Registre. Les Fondeurs de caracteres appellent aussi Registre, une des piéces intérieures du moule dans lequel ils fondent leurs lettres. Il sert à rejoindre avec justesse les deux parties du moule quand on l'a ouvert pour en retirer la lettre lorsqu'elle est fondue. *Voyez* Fondeur de Caracteres.

REGISTRER. Ecrire quelque chose dans un registre. On se sert plus ordinairement du mot d'Enregistrer. *Voyez* Enregistrer.

REGLE. Se dit en Arithmetique de certaines opérations qui se font sur le papier avec des caracteres que l'on nomme Chiffres, pour connoître les sommes ou nombres qui sont inconnus.

Chaque régle d'Arithmétique a son nom particulier suivant l'usage à quoi elle peut être destinée.

Les

Les quatre premieres qui servent de fondement à tout ce grand art, s'appellent Addition, Soustraction, Multiplication & Division ou Partition : de ces quatre premieres régles qui se trouvent expliquées chacune à leur article, se forment toutes les autres dont les principales & les plus en usage parmi les Marchands & Négocians, sont la Regle de trois ou de proportion, que quelques-uns nomment aussi Regle d'or, & que l'on distingue en Regle de trois simple directe en nombres entiers, Regle de trois simple en fractions, Regle de trois double ou composée de cinq termes en nombres entiers, Regle de trois double en entiers & fractions ou en fractions seulement, Regle de trois inverse en entiers, & Regle de trois inverse en fractions; la Regle de Compagnie simple & à divers tems; la Regle d'alliage ou d'alligation; la Regle de change; la Regle d'Escompte; la Regle de dépense pour sçavoir à tant par jour combien par an; la Regle de gain ou perte pour cent; la Regle pour tirer la carre; enfin la Regle de fausse position simple & double.

Ceux qui désireront s'instruire amplement sur toutes ces différentes sortes de Regles, pourront consulter les ouvrages des sieurs Jean Savary, Irson & le Gendre dont celui du dernier paroît être le plus clair & le plus facile à entendre à ceux qui n'ont pas acquis encore beaucoup de lumiéres en Arithmétique.

Regle. Bonne conduite. On dit qu'un Marchand a une grande regle dans son commerce, ou qu'un autre ne tient aucune regle dans ses affaires; lorsque l'un est exact, attentif, qu'il paye exactement, qu'il tient bien ses livres, & a un grand ordre, soit au dehors avec ses Correspondans, les Manufacturiers & Ouvriers; soit au dedans en veillant sur son magasin, sa boutique & ses Garçons, & que l'autre fait le contraire de toutes ces choses.

Regle. Instrument qui sert à tracer une ligne droite ou à mesurer les longueurs. Cet instrument est le plus simple de tous ceux qui servent dans la geometrie & pour les méchaniques, & ne consiste qu'en une tringle assez mince, ordinairement de bois, dont les deux côtés sont exactement dressés parallelles l'un à l'autre. On en fait aussi de fer, de cuivre & d'yvoire. Les Ouvriers qui se servent le plus communément de la regle, sont les Charpentiers, les Maçons, les Menuisiers, les Vitriers & les Serruriers. Cet instrument est aussi d'un usage indispensable, non-seulement aux Géometres, aux Dessinateurs & aux Ecrivains, mais encore dans tous les Arts & Métiers où l'on a besoin de dresser & mesurer quelque chose.

Regle a mouchette. C'est une longue regle de bois, le long de l'un des côtés de laquelle est poussée avec le rabot une espéce de moulure; elle sert aux Maçons à faire des mouchettes, c'est-à-dire, cette espéce d'istel ou quart de rond enfoncé qui est au-dessous d'une plinthe. Outre cette regle ces Ouvriers en ont plusieurs autres de diverses longueur & épaisseur, soit pour faire les feuilleures des portes & des croisées, celles-là ont un pouce & demi d'équarrissage, soit pour prendre leur niveau; celles-ci sont les plus longues de toutes.

Ils ont aussi ce qu'ils appellent un Plomb à regle, qui est une ficelle chargée d'un petit plomb par un des bouts, & attachée par l'autre au haut d'une regle sur laquelle est tracée une ligne perpendiculaire. *Voyez* Plomb.

Les regles des Charpentiers sont de bois; ils en ont deux, l'une qu'ils appellent la grande regle pour tracer les piéces en longueur; l'autre qu'ils nomment la petite regle plate pour les tracer en largeur. Les mortoises, les tenons &c. se tracent avec les diverses équeres, dont l'une des jambes sert de regle.

Les regles de fer des Serruriers leur servent pour dresser leurs piéces, soit à chaud, soit à froid.

Outre la regle commune de bois dont les Vitriers se servent pour tracer leurs panneaux, ils en ont encore une petite aussi de bois qu'ils nomment Regle à main, le long de laquelle ils coupent le verre au diamant. Cette regle a deux petits mantonnets, ou seulement une petite piéce de bois de cinq ou six pouces de longueur attachée par dessus, avec laquelle ils l'appuyent d'une main sur la piéce de verre, tandis que de l'autre ils conduisent le diamant le long d'un de ses côtés.

La Regle des Menuisiers s'appelle plus communément un Regler qu'une Regle par ceux qui sçavent les termes du métier.

REGLEMENT. Ordre prescrit, regle donnée par un Superieur.

On se sert particuliérement de ce terme pour signifier les Statuts accordés par les Rois ou par les Magistrats pour entretenir la Police, la subordination & l'uniformité dans les Corps des Marchands & les Communautés des Arts & Métiers. *Voyez* Statuts.

Reglement. Se dit aussi des Ordonnances des Rois pour l'administration de la Justice civile ou criminelle, la perception des droits & impositions, & la Jurisdiction des Magistrats Municipaux; telles sont les Ordonnances des Aydes, des cinq grosses Fermes, des Gabelles, de la Ville de Paris, & celle de 1673 concernant le Commerce. *V.* Ordonnance.

Reglement. S'entend encore des Edits, Déclarations, Lettres Patentes, Ordonnances, Arrêts du Conseil, Ordres par écrit des Ministres, enregistrés aux Siéges Royaux; enfin des Délibérations des Communautés des Marchands & Fabriquans, autorisées par des Arrêts ou du Conseil ou des Parlemens, concernant la fabrique, nature, qualité, largeur & longueur des étoffes d'or, d'argent, de soie, de laine ou autres matiéres.

Outre ceux de ces Réglemens que nous allons rapporter ici, plus ou moins en détail, selon qu'ils nous ont paru plus ou moins importans, nous renvoyons le Lecteur, pour ceux qui n'y sont pas compris, aux articles des marchandises ou autres parties du Commerce qui ont donné lieu ausdits Réglemens.

REGLEMENS POUR LES LONGUEURS, LARGEURS, QUALITE'S ET FABRIQUES DES DRAPS, SERGES ET AUTRES ETOFFES DE LAINE, DEPUIS 1401, JUSQU'EN 1601.

Quoique ce ne soit proprement que sous le Regne de Louis XIV, & le ministere de Monsieur Colbert, Sur-Intendant des Arts & Manufactures, que la fabrique des draps & autres étoffes de laine ait commencé à être poussée à ce degré de perfection où elle est enfin parvenue, & qui ne laisse plus regretter les fabriques Etrangeres; il y a eu néanmoins plusieurs Rois de France, qui de tems en tems ont fait dresser des Réglemens pour perfectionner les Manufactures de Lainage, & maintenir le nombre des fils ou portées que les étoffes qui s'y font doivent avoir.

Louis XII par son Ordonnance du 20 Octobre 1508 donnée à Rouen, enjoint que les draps seront faits suivant les lez ou largeurs, & le nombre de fils accoutumés, & défend qu'ils soient pressés à fer ni à airain sous peine d'amende arbitraire, & de plus grande punition s'il y échet.

Charles IX aux Etats d'Orleans tenus en 1560, fit inserer l'article 147, qui porte entre autres choses, Que les étoffes seroient remises à leur mesure & largeur ancienne, &c. & que les draps ne pourroient être vendus qu'après avoir été mouillés & rafraichis, & ensuite bien & duement séchés, non tirés à rouet, poulies & semblables engins, ni pressés en fer ni airain, à peine de confiscation & d'amende.

En 1567 on mit encore dans l'Edit de la Police générale du Royaume, donné à Fontainebleau le 25 Mars, un article concernant les draps de laine, qui seroient remis à l'ancienne largeur d'une aune & un quart; commettant les Juges des Sieges Royaux & subalternes pour les entretenir dans cette largeur.

Le même Roi par un Edit du mois de Mars 1571 concernant la Draperie & les Etoffes de laine, regla en vingt articles la mesure & moison de toutes les sortes de draps, serges & autres sortes de laines qui se fabriquoient alors dans les Manufactures du Royaume, & fixa en vingt-deux autres articles le droit de marque ou plomb qu'il avoit ordonné par le même Edit être apposé à chaque piece de lainerie qui seroit de bonne fabrique, & des portées & aunages fixés par les vingt premiers articles.

L'on a cinq Réglemens d'Henri III, concernant les Draperies & Etoffes de laines, contenus dans autant d'Edits & de Déclarations, des 22 Mars 1571, du mois de Février 1582, de celui de Décembre de la même année, du 22 Avril 1583; & enfin du 14 Mai 1584, ce dernier donné à saint Maur.

L'Edit du mois de Décembre 1582, & les deux suivans, regardent l'établissement des Contrôleurs des Manufactures de Draperies pour la marque des Etoffes de laines, ordonnée par l'Edit de Charles IX du mois de Mars 1571.

Enfin l'on trouve dans l'Ordonnance d'Henri IV donnée à Fontainebleau le 8 Juin 1601, plusieurs articles de Réglement concernant la fabrique & apprêt des Draperies, & la vente des Etoffes de laineries.

Outre tous ces Réglemens généraux donnés jusqu'en 1601, il y a eu encore des Réglemens particuliers pour quelques Manufactures de Draperies établies dans différentes Villes & lieux du Royaume.

De ces derniers, les plus considérables sont ceux qui concernent les Manufactures des Draps, Serges & autres Etoffes de laine de la Ville de Rouen, entr'autres le Réglement du 29 Octobre 1401, pour les Foulons, Laneurs & Tondeurs de cette Ville: celui de 1408 pour les Maîtres Boujonneurs & Drapiers de la grande Draperie de Rouen: celui de 1451 servant de Statut à la même Draperie: ceux du 29 Novembre 1452 & de 1462, qui reglent les contestations entre les Drapiers drapans, & les Foulons, Laneurs & Tondeurs. Enfin celui du 24 Novembre 1490, concernant la visite sur les Métiers & dans la maison du Boujon.

L'on peut mettre aussi de ce nombre les Statuts & Réglemens pour la Manufacture des Draps Serges & autres ouvrages de laines du Bourg & Vallée de Darnetal lès Rouen, dressés par le Bailly de Rouen le 15 Septembre 1586, & ratifiés par Lettres Patentes du Roi Henri III de 1587; mais attendu qu'ils ont été reformés partie en 1605 & 1608 sous le Regne de Henri IV, & partie en 1626, sous celui de Louis XIII, & ensuite confirmés en 1644 par Louis XIV. on les met parmi les Réglemens des 17 & 18e siécles, dont dans la suite on parlera plus ou moins au long suivant qu'ils paroîtront plus ou moins importans.

1401.

Le Réglement de 1401 pour les Maîtres & Ouvriers Fouleurs, Laneurs & Tondeurs en la Draperie Foraine de Rouen, par le Bailly de cette Ville sous le Regne de Charles VI, & confirmé par Lettres Patentes de ce Prince de la même année, est le premier qui ait été donné par écrit pour ces sortes d'Ouvriers, & ne contient que dix articles.

Par le 6e l'Apprentissage pour obtenir la franchise des trois Métiers, est de trois ans; mais si l'Apprentif ne veut être que de deux Métiers, seulement de deux ans; & par le 9e chaque Maître ne peut avoir qu'un seul Apprentif à la fois.

Le 8e regle les droits qui doivent se payer aux Gardes & Compagnons pour la Maîtrise par ceux des Apprentifs qui veulent lever ouvroir des trois Métiers ou de l'un d'iceux.

Le 10e défend à tous Maîtres ou Ouvriers du Métier, & à tous Tisserans de porter fouler, laner, tistre, ni apprêter ses draps qu'aux Maîtres du bon aunage & visitation.

Le 5e fait pareillement défenses aux Maîtres Laneurs de laver seuls en l'eau des draps qui ont plus de cinq aunes.

Les autres articles traitent des Ouvriers étrangers, comment ils peuvent devenir Ouvriers Jurés, & à quelle heure eux & les Maîtres doivent commencer & finir l'ouvrage.

1408.

La grande Draperie de Rouen n'ayant point eu de Statuts jusqu'en l'année 1408, & la police ne s'y observant que par une espece de tradition, qui dépendoit en partie des Maîtres & Gardes, le Bailly de Rouen, après avoir tenu plusieurs Assemblées où furent appellés les notables de tous états & condition, & les principaux Drapiers drapans & Tisserans, dressa un Réglement en cinq articles, qui se ressentent de la simplicité de ces tems, où les Manufactures de France étoient, pour ainsi dire, dans leur berceau & dans la premiere enfance.

Les deux premiers articles reglent l'heure du travail qui ne doit commencer qu'au soleil levant, & qui doit finir les jours ordinaires après les Complies chantées en la grande Eglise, & les Samedis & veilles de Fêtes après Nones.

Le troisiéme n'accorde la permission d'avoir des Apprentifs qu'à ceux qui auront été Boujonneurs, c'est-à-dire, Gardes ou Jurés, ou qui du moins entreront en l'office du Boujon. Les autres Maîtres ne pouvant se servir que de Valets & Ouvriers gagnant journées & salaire.

Le quatriéme, fixe l'apprentissage à trois ans consécutifs chez le même Maître, dont néanmoins il exempte les fils de Maîtres; & en cas que par le marché passé entre l'Apprentif & le Maître, le premier se fut réservé quelques jours au mois d'Aout ou autre saison, pour labourage, moisson, &c. il est ordonné qu'il ne pourroit avoir la franchise, qu'il n'ait remplacé ledit tems; comme pareillement, que quand après son apprentissage il auroit acquis la franchise, & qu'il voudroit ouvrir boutique & lever ouvroir, il seroit tenu de payer dix sols huit deniers aux Gardes pour sa Maîtrise; ce droit étant néanmoins réduit à la moitié pour les fils de Maîtres.

Enfin le cinquiéme & dernier article déclare que l'Apprentif dont le Maître décederoit avant son apprentissage accompli, le pourroit finir chez la veuve en cas qu'elle restât en veuvage, ou qu'elle épousât un Maître du Métier, sinon qu'il l'acheveroit chez un autre qui lui seroit nommé par les Gardes.

1451.

Ce peu d'articles de Réglement, & encore si mal digeré, n'étant pas suffisant pour entretenir le bon ordre & la Police dans la grande Draperie de Rouen, sur tout depuis qu'en 1424 la Draperie Foraine lui avoit été réunie, le Bailly de Rouen lui en donna de nouveaux & de plus amples en 1451, peu de tems après que cette Ville, dont les Anglois avoient été long-tems les Maîtres, fut rentrée sous l'obéissance de Charles VII.

Ces Statuts au nombre de soixante-seize articles, sont les mêmes dont on se sert encore dans cette fameuse Manufacture, à la réserve néanmoins de quelques-uns, où il a été dérogé par le Réglement général de *1669*, dont on parlera ci-après suivant l'ordre de sa datte, & de plusieurs qui se sont abrogés, pour ainsi dire, d'eux-mêmes, par le tems & par le non-usage.

On auroit bien voulu entrer dans le détail de ce grand nombre d'articles, mais ils sont faits & dressés en partie avec si peu d'ordre, qu'il ne seroit pas possible d'en donner un extrait raisonnable. On se contentera donc de les parcourir & de rapporter quelques-uns des articles des plus remarquables & des plus importans.

Le premier article confirme autant que besoin seroit, l'union des deux Draperies pour ne faire plus qu'une seule Communauté sous le nom de Draperie de Rouen.

Par le 47 & 48, le nombre des Gardes qu'on nomme Boujonneurs, & leurs Offices Boujons, est fixé à vingt-quatre, dont une nouvelle élection se fait tous les ans la veille de Noel par ceux qui sortent de charge. De ces vingt-quatre, seize doivent être choisis parmi les anciens Boujonneurs, & huit parmi les nouveaux Maîtres qui n'ont point encore été Gardes; & de ces huit, trois doivent se prendre du Métier de Tisseur, & les cinq autres des trois autres Métiers, c'est-à-dire, des Foulons, Laneurs & Tondeurs.

Ce sont ces Gardes qui déliberent de toutes les affaires, qui ont soin que la Police soit observée, qui font les visites, & qui marquent les étoffes à la maison du Boujon, où six d'entre eux sont de service chaque semaine, & sont tenus de se trouver deux fois par jour.

Ils sont aussi les gardiens du Scel ou Poinçon dont se plombent les étoffes, qui a pour empreinte d'un côté la figure d'un agneau, & de l'autre une S. & une R. couronnées accompagnées de deux fleurs-de-lys; lequel Poinçon ne doit être mis que par un des Boujonneurs, & seulement sur les draps de la fabrique de Rouen.

Il y a encore une autre sorte de Gardes, qui n'ont inspection que sur les Marchands & marchandises de laine, qui s'exposent en vente dans les halles & marchés destinés à ce Négoce.

L'article 53 veut que ces Gardes soient au nombre de quatre; sçavoir, deux Boujonneurs actuellement en charge, & deux Maîtres Ouvriers & Marchands de la Draperie. De ces quatre il en sort deux chaque année, auxquels on supplée par une nouvelle élection d'un Boujonneur & d'un Maître Ouvrier Marchand.

Nul laine ne peut être exposée en vente dans la Ville & Banlieue de Rouen, qu'elle n'ait été visitée par lesdits Gardes, & qu'elle ne soit des qualité & nature expliquées & extrêmement détaillées dans le 54e article & les suivans au nombre de vingt-un, par où finit le Réglement.

On traite de l'apprentissage des Apprentifs & de ceux à qui appartient le privilége d'en faire, dans les 15, 17, 19, 37, 38, & 46 articles; & l'on y rappelle tout ce qu'on a déja rapporté sur cette matiere dans le Réglement pour les Foulons, Laneurs & Tondeurs de 1401, & dans celui pour les Drapiers de 1408, qu'on peut voir ci-dessus.

Par quelques articles on regle la laine, la forme, la couleur & la façon des lizieres qui doivent distinguer la fabrique de Rouen d'avec celle du reste du Royaume. D'autres parlent de la qualité & bonté des laines qui doivent être employées aux Ouvrages de cette fabrique, de leur ensimage & teinture; des sortes de draps qui s'y peuvent faire; de leur portée & nombre de fils; de leur longueur & largeur; des fausses teintures & des tarres qui s'y peuvent trouver, soit au sortir du métier, soit après avoir été *pouliés*.

Le dixiéme ordonne la marque des draps en écru; & avant d'avoir été mouillés; permettant néanmoins qu'on les puisse ébrouer avec le congé des Boujonneurs. Quelques autres déclarent quels draps peuvent & doivent être marqués, & quant, & comment.

Enfin il y en a jusqu'à sept pour les différens apprêts des draps, cinq ou six pour les Courtiers & Regrattiers desdits draps & des laines; dix ou douze pour quantité de petits droits, & deux pour l'aunage & la maniere de le faire.

Il ne faut pas oublier le cinquante-uniéme, qui ordonne que chacun Maître & Ouvrier, soit de fouler, laner, tondre & tistre, fasse son métier sans entreprendre l'un sur l'autre; article qui dès l'année suivante causa de grandes contestations, & un procès entre les Tisserans ou Drapiers drapans, & les Fouleurs, Laneurs & Tondeurs.

Le reste des articles est peu important, & ce n'est souvent qu'une simple répétition de ce qui a été dit en d'autres articles.

1452.

Ce fut l'exécution du 51 article du Réglement de l'année 1451 qui donna lieu au Réglement de 1452.

Le sujet de la contestation consistoit dans les entreprises que les Maîtres Tisserans & les Maîtres Foulons, Laneurs & Tondeurs faisoient réciproquement les uns sur les autres.

Comme il paroissoit difficile de réduire les uns & les autres précisément à ce qui étoit de leur métier, à cause des divers apprêts qui semblent leur est communs, on les fit consentir à une espece de partage dans lequel le fond, & comme le principal de chaque métier, restoit propre à ceux qui en faisoient profession; & seulement les dépendances, ou, ainsi que porte le Réglement, les branches & les sequelles des deux Métiers appartiendroient en commun à l'un & à l'autre.

En conséquence de cet expédient consenti par tous les Maîtres réunis de la Draperie de Rouen dans une Assemblée de Notables convoquée à cet effet, il fut ordonné qu'à l'avenir les Maîtres & Ouvriers pourroient fouler, laner & tondre; & les Maîtres & Ouvriers de tistre, pourroient également & concurremment élire, battre, peigner & courroyer la laine, la creder, filer, bobiner, tramer, ourdir, désourdir, & toutes telles menues choses nécessaires, jusqu'à monter la chaîne & en retenir le bout.

Qu'en outre chacun des Tisserans, avec sa famille & Domestique, pourroient avant de mouiller les draps qu'ils auroient fabriqués, les nétoyer, en ôter les nœuds, les buques, les boueilles & généralement tout ce qui leur sembleroit y être nuisible, soit sur le métier ou autrement, sans pouvoir néanmoins y donner aucun autre apprêt, si ce n'est de les ramer quand ils seroient encuvés pour empêcher qu'ils ne s'échaufassent; les autres apprêts & l'achevement entier des draps étant conservés aux Foulons, Laneurs & Tondeurs, à qui seul il appartiendroit de les épincher, rouer, applagner, agréer, &c.

A cet article, le principal du Réglement, & qui en avoit été l'occasion, il en fut ajouté onze autres dont le premier ordonne l'élection de quatre anciens du Boujon, qui seroit faite chaque année la veille de Noel par les 24 Gardes Boujonneurs sortant de charges, pour veiller à l'exécution dudit article.

Les dix autres sont moins considérables, & ne contiennent que quelque police pour les Ouvriers & Apprentifs, soit entr'eux, soit avec leurs Maîtres.

1462.

Les Tondeurs de la Draperie de Rouen ne se contentant pas de travailler à ce qui concernoit leur métier & profession, & s'étant érigés en Marchands de draps dont ils tenoient boutique ouverte, il fut dressé un nouveau Réglement par les Juges de l'Echiquier, au terme de Pâques 1462, par lequel il fut ordonné en 7 articles :

Qu'aucun drap ne s'exposeroit en vente qu'il ne fut tondu de près & marqué du plomb de la Draperie.

Que le Vendredi de chaque semaine lesdits draps ne pourroient être mis en vente qu'à la Halle aux draps.

Que les Tondeurs ne pourroient tenir en leurs maisons les draps qu'ils auroient tondus, mais seroient tenus de les rendre incessamment à ceux à qui ils appartiendroient sans en tenir boutique, ni les vendre.

Que les draps portés aux Halles qui n'y auroient pû être vendus, ne seroient point reportés dans les maisons des Tondeurs, mais dans celles de ceux à qui ils seroient.

Qu'aucuns Drapiers ou Tondeurs ne pourroient mettre les draps en presse qu'ils n'eussent été visités & scellés.

Que les draps qu'apporteroient à Rouen les Marchands Forains seroient exposés en vente aux Halles les Jeudi & Vendredi de chaque semaine & non ailleurs.

Enfin que lesdits jours les Courtiers de draps ne pourroient s'en pourvoir ni en acheter que dans lesdites Halles.

1490.

Il y avoit été ordonné par tous les Réglemens dressés jusqu'alors pour la Draperie de Rouen, que tous les draps de cette fabrique seroient portés en écru à la maison du Boujon pour y être visités & marqués, avec permission néanmoins de les ébrouer auparavant après en avoir obtenu le congé des Boujonneurs.

Cependant ces Gardes négligeant la visite & la marque qui se devoit faire au Boujon, se contentoient de visiter & marquer les draps dans les maisons des Tisserans, sous prétexte qu'on remarquoit mieux leurs défauts quand ils étoient encore sur le métier que lorsqu'ils en étoient levés, & qu'il étoit plus facile d'en compter les portées & le nombre des fils, ce qui en même tems dispensoit les Ouvriers de demander permission de les ébrouer avant la marque.

Ce fut pour remedier à ces contraventions qu'il fut rendu à l'Echiquier de Rouen au terme de la S. Michel 1490, une Ordonnance en forme de Réglement, portant :

Que conformément aux Statuts anciens & nouveaux la visite & marque des draps en écru se feroit en la maison du Boujon par les six Gardes Boujonneurs de semaine.

Que le congé pour ébrouer avant la visite & marque ne s'accorderoit que par un avis unanime des six Boujonneurs.

Que cependant il leur seroit permis d'aller visiter les draps sur le métier & de les marquer non avec un plomb, mais sur de la cire, d'un poinçon, de l'empreinte duquel lesdits Boujonneurs conviendroient, sans néanmoins pouvoir exiger aucune chose pour ladite marque sur cire, ni rien prétendre au delà de leur droit reglé par lesdites Ordonnances.

REGLEMENS POUR LES DRAPS ET AUTRES ETOFFES DE LAINE, DEPUIS 1601 JUSQU'EN 1725.

1601.

Les Ordonnances de 1508 & 1560, portant défenses aux Ouvriers en draps & autres étoffes de laine de se servir de presses de fer ou d'airain pour presser & catir à chaud leurs étoffes, ayant été négligées à cause des guerres civiles & étrangeres, qui durerent presque pendant tout le seiziéme siécle; enfin les Gardes du Corps de la Draperie de Paris, s'aviserent au commencement du dix-septiéme d'ouvrir les yeux sur les suites pernicieuses d'une si longue négligence, & soit zele pour l'interêt du public, soit ressentiment contre quelques particuliers, ayant saisi dans le cours de leurs visites diverses tables de fer & plusieurs fourneaux propres à presser ou catir les étoffes à chaud, ils en demanderent la confiscation pardevant le Prevôt de Paris, & la condamnation aux peines & amendes portées par les Ordonnances de Louis XII & de Charles IX, contre ceux qui s'en étoient servis.

L'affaire long-tems discutée, le Procureur du Roi entendu dans ses Conclusions, quantité d'expériences faites par les plus habiles Ouvriers en présence des Magistrats, & l'avis pris des principaux du Corps de la Draperie, il fut enfin ordonné que dans huitaine les fourneaux, presses, & platines de fer saisis, seroient rompus, avec défenses aux Propriétaires desdits instrumens & à tous autres, de s'en servir à l'avenir sous les peines portées par les Ordonnances de 1508 & 1560, dont l'exécution fut de nouveau ordonnée; que lesdites défenses seroient publiées sous la Halle aux draps de Paris, & permission laissée aux Gardes de la Draperie d'obtenir des Lettres du Roi, pour que la publication en fût pareillement faite par tout le reste du Royaume.

Cette Sentence est du 21 Mars 1601. Le 8 Juin ensuivant Henri IV accorda ses Lettres données à Fontainebleau, par lesquelles vû ladite Sentence & la confirmant, Sa Majesté ordonne & entend que le Réglement porté en icelle, seroit observé dans tout le reste du Royaume, défendant à tous Marchands Drapiers, Ouvriers ou Manufacturiers, de tenir sus & en état aucunes desdites petites presses à feu, ni aucuns fourneaux, lames, & ustenciles servant à icelles, dont l'usage seroit à l'avenir & pour toujours défendu, vû les expériences faites à cet effet, & les pernicieux effets qui s'en peuvent ensuivre.

L'enregistrement des Lettres fut ordonné à la requisition du Procureur Général du Roi, par Arrêt de la Cour du Parlement du 22 Septembre 1601, la Cour en vacation.

1605, 1626, 1644.

Le Réglement pour la Draperie du Bourg & Vallée de Darnatal est un des premiers qui ait été dressé dans le dix-septiéme siécle.

Henri III à la vérité avoit donné aux Maîtres de cette Communauté quelques articles de police dès l'année 1587; mais les 13 articles qui y furent ajoutés sous le regne d'Henri IV en 1605, peuvent être regardés comme leurs premiers Statuts étant ceux qui ont proprement fixé leur discipline.

Les Drapiers-Façonniers de cette Draperie ayant en 1625 demandé la confirmation, interprétation & augmentation de ces treize articles, & leur requête ayant été renvoyée au Premier Président, Avocat & Procureurs Généraux du Parlement de Rouen, pour avoir leur avis, il fut dressé au mois de Décembre de la même année dix articles qui avec les treize autres furent confirmés & homologués par Lettres Patentes de Louis XIII du 24 Février 1626, enregistrées au Parlement de Rouen le 27 Mai ensuivant.

Ces 23 articles servant de Statuts à la Draperie de Darnatal, furent encore confirmés sous le regne de Louis XIV, par des Lettres du mois d'Aout 1644, enregistrées aussi au Parlement au mois de Novembre de ladite année.

Par l'un de ces 23 articles, dont quelques-uns des dix derniers expliquent, changent, ou même en abrogent plusieurs des treize autres, le nombre des Maîtres & Gardes est fixé à quatre, dont deux doivent s'élire tous les ans; de ces quatre Gardes deux doivent toujours être du Bourg de Darnatal, & des deux autres, un de la Paroisse de Longpont & un de celle de S. Pierre de Carville ou de S. Leger de Bour-demy.

La visite des draps, serges, frocs, catalognes, & autres étoffes qui se fabriquent dans cette Draperie, doit se faire par les Gardes, tant sur les métiers que hors d'iceux, avant que d'être foulées & portées au moulin, & encore renouvellées après qu'elles ont reçû tout leur apprêt, pour être ensuite marquées d'un plomb propre à cette Manufacture, portant entr'autres choses le chiffre de l'année courante, afin que les Gardes puissent rester garants de leur visitation.

Tout Maître est obligé de faire tistre sur le métier avec une laine de couleur, son nom & surnom.

Nul Maître ne peut faire en même-tems des draps, des serges, & des catalognes, mais doit s'en tenir à la fabrique de l'un desdits ouvrages.

Il est loisible aux Maîtres de prendre tels Compagnons qu'ils veulent pour travailler à leurs ouvrages, en préférant néanmoins ceux de la Jurande de Darnatal à tous autres.

Les Maîtres ne peuvent retenir chez eux les Compagnons plus de huit jours, & lesdits Compagnons, aussi bien que tous autres Ouvriers desdites Manufactures, hommes ou femmes, doivent tous les lundis se trouver à la place du Bourg pour y être pris & loués par les Maîtres.

Des autres articles quelques-uns parlent du foulage, teinture, moulinage, & autres apprêts des draps, serges, catalognes, frocs, &c. Quelques autres de la qualité des laines qui doivent être employées dans ces sortes d'ouvrages; & le reste des portées & nombre de fils que les étoffes fabriquées dans cette Draperie doivent avoir. *Voyez sur cette derniere matiere les articles généraux des draps, serges, catalognes, & frocs, suivant leur ordre alphabétique.*

1666.

Les Réglemens pour les Manufactures de laine, si fréquens & si considérables sous le regne de Louis XIV, commencerent à paroître en 1666.

Il y en eut trois cette année; ceux de la Sayetterie d'Amiens du mois d'Aout, ceux de Sedan du mois de Septembre, & ceux de Falaise du mois de Novembre.

Amiens.

Il semble que les Réglemens de la Sayetterie de la Ville d'Amiens ayent été les premiers où M. Colbert ait eu part.

Ils furent projettés, dressés, & arrêtés dans les Assemblées qui se tinrent par l'ordre du Ministre dans l'Hôtel de cette Ville pendant tout le mois d'Octobre 1665, & furent approuvés, confirmés, & homologués par un Arrêt du Conseil & par des Lettres Patentes du mois d'Aout de l'année suivante.

Ce sont peut-être les Réglemens les plus amples qui ayent été donnés à aucune Communauté, étant composés de deux cens quarante-huit articles.

Ce nombre extraordinaire surprendra moins toutefois quand on fera réflexion que bien que la Sayetterie d'Amiens soit regardée comme une seule Communauté, elle ne laisse pas d'en comprendre jusqu'à sept ou huit qui ont tous leurs Esgards & leurs Jurés particuliers, & qui trouvent dans ces deux cens quarante-huit articles chacune les Statuts qui leur sont propres rédigés sous différens titres.

Les Maîtres de ces différentes Communautés réunis sous le nom de Sayetterie, sont les Houppiers, les Sayetteurs, les Haute-lisseurs, les Foulons, les Teinturiers, les Tondeurs, les Retordeurs, les Corroyeurs, les Calandreurs, & les Passementiers.

Comme on parle ailleurs du partage & de la distribution de ce grand nombre d'articles à chacune des Communautés de la Sayetterie, on s'abstiendra d'en rien dire ici. *V.* Sayetterie.

Sedan.

Le Réglement pour la Draperie Royale de Sedan est du 16 Septembre 1666.

Vingt ans auparavant, le sieur Nicolas Cadeau avoit établi dans cette Ville la fameuse Manufacture de draps façon d'Espagne & de Hollande, dont on a parlé à l'article des Manufacturiers.

Son privilege étant expiré, & le Roi voulant rendre aux Manufacturiers établis à Sedan la liberté de la fabrique de ces sortes de draps, & en même tems y former une Communauté capable d'en soutenir la réputation, ordonna qu'il seroit dressé des Réglemens dans une Assemblée générale des Magistrats, Echevins, autres Officiers de la Ville, & des Particuliers qui travailloient alors à cette Manufacture.

L'Assemblée ayant été tenue à l'Hôtel de Ville le 24 Aout 1666 en présence du sieur de Fustemberg nommé pour y assister de la part de Sa Majesté, les Statuts dressés par les plus habiles Officiers & Fabriquans au nombre de soixante & six, y furent approuvés & reçûs, & ensuite confirmés par Lettres Patentes données à Vincennes le 16 Septembre ensuivant, enregistrées au Parlement de Metz le 8 Janvier 1667.

Par les premiers articles de ces Statuts, on érigea en Communauté & en Corps de Jurande tous les Maîtres établis alors à Sedan, & les Maîtres étrangers qui voudroient s'y établir; les premiers en se faisant inscrire dans l'an & à la charge d'avoir deux mois après leur inscription au moins deux métiers battans; & les derniers en faisant apparoître de leur maîtrise en d'autres lieux ou en faisant chef-d'œuvre.

L'apprentissage ordinaire des François est de quatre années, celui des étrangers seulement de trois.

Les Maîtres sont obligés de recevoir chaque année chacun un Apprentif en cas qu'il s'en présente, à peine d'interdiction du métier pour un an s'ils en sont refusans.

Nul Apprentif ne peut se faire passer Maître, que celui sous lequel il a fait son apprentissage, ne certifie qu'il en est content.

L'Apprentif qui veut être reçû à la maîtrise doit appeller les Gardes en charge, & quelques Anciens pour être présens à son passé-Maître, & pour faire lire devant eux son obligé & son certificat, afin qu'on puisse connoître par l'obligé si son tems est fini, & par son certificat si le Maître est content de son service.

Tout s'étant trouvé en forme, le Maître qui veut mener son Apprentif au serment qui se fait devant le Juge de Police, est tenu d'aller le Samedi au Bureau & d'y prendre les Gardes qui sont de semaine, pour l'accompagner & présenter l'Aspirant.

Les Fils de Maîtres sont exemts d'apprentissage, s'ils sont nés depuis la maîtrise de leurs peres, autrement ils y sont tenus.

Survenant la mort du Maître, la Veuve peut continuer son Apprentif, sinon le remettre aux Jurés.

Chaque Maître est tenu d'avoir sa propre marque enregistrée sur le livre de la Communauté pour marquer les draps qu'il fabrique & non autres, avant de les porter à la Chambre.

Tout Maître qui use de la marque d'une autre Ville que de celle de Sedan, ou qui fait appliquer celle-ci ou la sienne à des draps étrangers, doit être mis au carcan pendant six heures au milieu de la place publique avec un écriteau portant la fausseté qu'il a commise.

Les Jurés qui doivent s'élire tous les ans le premier jour de Mai, sont au nombre de quatre, sçavoir deux Maîtres Drapiers, un Teinturier & un Tondeur.

Le même jour on fait l'élection d'un Marchand Drapier pour assister aux visites qui se font des draps après leur apprêt.

L'Assemblée des Gardes & Marchands pour la visite & la marque des draps doit se tenir deux fois la semaine au lieu destiné pour cet effet; auquel Bureau tous les draps qui sont fabriqués dans la Ville, doivent être marqués trois fois; l'une quand ils sont encore en toile, l'autre au retour du moulin, & la troisiéme après la teinture & leur dernier apprêt.

Les draps doivent avoir un plomb suivant leur qualité. Le plomb de la premiere sorte doit porter l'effigie du Roi avec ces mots, *Louis XIV. Restaurateur des Arts & du Commerce*; & de l'autre les armes de la Ville de Sedan, & autour *Draperie Royale de Sedan*.

Le plomb de la seconde qualité porte simplement les armes de la Ville, & de l'autre *Draps seconds de Sedan*.

Le plomb de la troisiéme qualité est semblable au précédent, à la réserve qu'il y est écrit *Draps de la troisiéme sorte de Sedan*.

Ces trois qualités de draps se distinguent par celle des laines dont ils sont faits.

Les premiers sont de fine laine de Segovie sans aucun mélange, les seconds de laine Segoviane avec le grand Albarazin seconde Segovie & laine Soris, & les troisiémes avec toutes les autres moyennes sortes de laine d'Espagne.

Les droits des Jurés pour la marque sont d'un sol pour la premiere & petite marque, & pour la seconde & la grande quatre sols.

Pour faire plus exactement les visites & mettre les marques, il doit y avoir dans la Chambre de la Communauté trois échantillons matrices des trois qualités de draps sur lesquelles doivent être confrontés ceux qui y seront apportés.

Outre les quatre Jurés des Drapiers il y en a quatre autres qu'on nomme Gardes-Visiteurs des laines, dont deux sont élus chaque année par les Gardes Drapiers en charge & les anciens Gardes. C'est à eux à veiller que les Marchands de laine ne les vendent qu'aux lieux, aux jours, & des qualités portées par le Reglement.

La marque des Gardes-Visiteurs de laines se met sur les sacs & consiste seulement en trois numeros; N°. 1°. pour les fines, N°. 2°. pour les secondes, & N°. 3°. pour les troisiémes.

Les Assemblées de Police doivent se tenir de six mois en six mois dans l'Auditoire du Bailliage, où doivent se trouver les Maîtres & Gardes, & tous ceux qui ont assisté aux visites, avec deux Marchands Drapiers pour donner leur avis, & deux Marchands de laine pour répondre aux plaintes qu'on peut faire contre eux. Le résultat de ces

Conseils doit s'envoyer au Sur-Intendant des Arts & Manufactures.

Les Gardes anciens & les Gardes en Charge doivent encore tenir deux autres Assemblées, l'une à la S. Thomas, & l'autre à la S. Jean, pour traiter des affaires & rendre leurs comptes, qui après avoir été examinés, arrêtés & signés par ceux qui sont présens, doivent être portés aux Magistrats & Echevins pour les approuver, & les rendre exécutoires contre ceux qui ne voudroient pas payer les taxes ausquelles ils auroient été imposés par lesdites Assemblées.

On ne dit rien ici du nombre des fils des portées, & des largeurs & longueurs des draps de cette Manufacture, les articles du Reglement qui les ordonnent ayant déja été rapportés à l'article général des draps. *Voyez* Drap.

Enfin il est traité en différens articles des Foulons, des Tondeurs, des Tisseurs, des Nopeuses, des Espincheuses & des autres Ouvriers qui travaillent pour les Maîtres de cette Communauté, de leurs obligations, & des amendes qu'ils encourent pour ne s'en pas bien acquitter.

Les amendes ausquelles peuvent être condamnés les Tisseurs sont 20 s. par piece pour les vilaines lisieres, 2 s. pour les fils non tirés, 1 s. pour les ploiés & les filets qui sont plus près de deux doigts, 6 den. pour les filets rompus qui courent deux doigts, 5 s. s'ils sont des bouts de navettes ou des brûlures aux draps, autant pour les grapes ou pas de chat, 6 d. pour les demi-claires voyes ou entre-bas, 2 s. pour celles qui sont entieres, 10 s. si la chaîne n'est pas bien bandée, 20 s. si le drap n'est pas bien frappé ou inégalement tissu; enfin 1 s. pour les fourlansures ou lardages, & 1 s. pour les douzes d'huile.

Falaise.

Les Statuts & Reglement du Corps de la Draperie de la Ville de Falaise sont du 11 Novembre 1666, homologués par Arrêt du Conseil du 26 Février 1667.

Cette Communauté est composée non-seulement des Maîtres de la Ville & de ses Fauxbourgs, mais encore de tous ceux qui fabriquent des étoffes de draperie & de sergerie dans les bourgs, villages & hameaux qui sont deux lieues aux environs.

Les Maîtres ne peuvent vendre ni débiter aucunes pieces, qu'elles n'ayent été visitées & marquées par les Jurés, à peine de confiscation & de 300 liv. d'amende pour la premiere fois, & de 500 liv. pour la seconde; & en cas de récidive, d'être dégradés du Corps.

Le plomb de visite autrement appellé Sceau Royal, est gardé & doit être apposé dans l'Hôtel de Ville, où le Bureau des Jurés est établi, mais seulement aux étoffes fabriquées dans l'étendue de la Maîtrise.

Ce Sceau porte pour empreinte d'un côté les armes de France, avec ces mots autour, *Louis XIV. Restaurateur des Arts & Manufactures*; & de l'autre les armes de la Ville avec ces paroles, *Fabrique de Falaise.*

S'il arrive des contestations au sujet de cette visite & marque, elles doivent être décidées sur le champ par le Vicomte Maire, ou Procureur du Roi, de l'avis néanmoins de deux Marchands Drapiers de la Ville, appellés pour reconnoître les défauts des Manufactures contestées.

Les Tisserans sont obligés de mettre au chef & premier bout de chaque piece la premiere lettre du nom, & le surnom en entier de celui pour qui ils les fabriquent, & ce au métier, & non à l'aiguille; & toutes lesdites pieces doivent être marquées en écru par les Jurés, à peine de 300 l. d'amende pour la premiere fois, & de dégradation en cas de récidive.

Il est défendu aux Foulons de se servir de cardes pour lainer ou renverser les serges, mais seulement de chardons; ne leur étant pas même permis de tenir en leur maison aucunes desdites cardes, à peine de 60 s. d'amende pour la premiere contravention, & de 20 liv. en cas de récidive; & en outre d'être déchûs du prix qu'on a coutume de leur donner pour chaque piece.

Il est pareillement fait défenses ausdits Foulons de haller ou tirer aucune piece de serges, lingettes ou autres, pour les allonger, à peine de 60 s. d'amende pour la premiere fois, & d'être appliqués au carcan au milieu de la place pendant deux heures en cas de récidive. Que si c'est par ordre du Marchand qu'il ait hallé la piece, outre la confiscation le Marchand doit être condamné à 20 liv. d'amende.

Les articles 19, 20 & 21 de ces Statuts reglent le nombre des fils & des portées, les couleurs & façons des lisieres, & les largeurs & longueurs des serges blanches & grises; des serges trêmieres & des lingettes aussi blanches & grises, qui se fabriquent dans la Draperie de Falaise; mais attendu qu'il en sera parlé ci-après à l'article des serges, on se contente ici de les indiquer.

A l'égard des amendes où peuvent être condamnés les Tisserans pour divers legers défauts de leurs ouvrages, les plus fortes sont de 5 s. par pieces pour les vilaines lisieres, pour les coups de navettes, pour la chaîne mal tendue, pour le tissu de la serge inégalement frappée, ou pour les deux bouts de la piece tissus aussi avec inégalité; les autres sont de 2 s. 6 d. pour avoir laissé tomber plus de vingt fils sous les soubles, ou quand il s'en trouve plus d'un à chaque cuissette, ou enfin s'il y a quelque amas de trême dans les serges; 2 s. pour les ouvrages sales, & 1 s. pour ceux dont les fils n'ont pas été tirés.

1667. Beauvais.

Le Reglement pour la Draperie & Sergetterie de la Ville de Beauvais suivirent de près ceux de Falaise.

M. Colbert les fit dresser par ordre du Roi; & ayant ensuite été lûs dans une Assemblée tenue à l'Hôtel de Ville de Beauvais le 24 Février 1667, où se trouverent, outre le Maire, les Pairs & les autres Officiers de la Ville, les principaux Drapiers tant au teint que Façonniers & les Sergers, ainsi que les Gardes & Jurés des métiers de Laneurs, Tisserans, Peigneurs & Boujonneurs, où ils furent unanimement approuvés, Sa Majesté étant dans son Conseil Royal de Commerce, les confirma par Arrêt & par des Lettres Patentes des mêmes mois & an.

Cinquante-six articles composent ces Reglemens, dont les 20, 21, 22, 23, 24, 25, 26, 45 & 47 ordonnent la largeur & la longueur que doivent avoir les ratines, serges, revêches, sergettes & autres étoffes qui se fabriquent dans la Draperie & Sergetterie de Beauvais, estimées sur le nombre des fils & portées que doivent avoir leurs chaînes. *Voyez* Serge, Ratine & Revesche.

Le reste des articles du Reglement établit la police des différents corps qui composent la draperie & sergetterie, la reception des Apprentifs & & des Maîtres, l'élection des Esgards, Jurés & Boujonneurs, leurs visites & fonctions, enfin la marque des étoffes. On en parle ailleurs. *Voyez* Sergetterie.

Les Drapiers & Sergiers de Beauvais qui avoient été réunis par Arrêt du Parlement de Paris du 30 Aout 1661, ensorte néanmoins qu'il y avoit quelque distinction entr'eux, ces derniers s'appellant toujours Sergiers réunis, ayant eu quelque contestation sur les laines qu'il étoit permis ou défendu aux uns ou aux autres d'employer, & les étoffes qu'ils pouvoient fabriquer, il fut arrêté dans une Assemblée tenue à l'Hôtel de Ville de Beauvais dans les formes ordinaires le 18 Aout 1670; Qu'à l'avenir les Drapiers tant de la Ville que des Fauxbourgs, & d'une lieue à la ronde de la Ville, & les Sergiers réunis par ledit Arrêt de 1661, ne feroient ensemble qu'une même Communauté sans aucune différence, & que tous également ils seroient appellés & réputés Sergiers.

Il fut en même tems dressé vingt-huit articles de Reglement au sujet de cette réunion, concernant les différentes sortes de laines qui pourroient être employées suivant les diverses especes d'étoffes de laine qui se fabriquent à Beauvais; ensemble des lieux, heures & maniere que pourroient être exposées en vente les laines foraines fines, & les bons, moyens & gros pignons; leurs visites par les Boujonniers & Esgards, & la quantité de moyens, gros plis & pignons que chaque Drapier pourroit avoir chez soi pour faire leurs cordeaux & lisieres.

Ce Reglement ayant été envoyé à M. Colbert, il l'agréa, & en ordonna l'exécution par sa lettre du 2 Septembre 1670, enregistrée au Greffe de l'Hôtel de Ville de Beauvais.

Ces deux Reglemens de 1667 & 1670 sont ceux qui continuent de s'observer dans la Sergetterie.

Elbeuf.

Le Reglement pour la Manufacture des draps d'Elbeuf est aussi de l'année 1667. Il y fut envoyé par M. Colbert, & reçû dans une Assemblée des Maîtres de cette Communauté tenue le 19 Avril en présence du Bailli du Duché d'Elbeuf. Son homologation par Arrêt du Conseil Royal du Commerce est du 13 Mai, & son enregistrement au Greffe du Duché d'Elbeuf du 2 Aout ensuivant.

Trente-six articles composent le Reglement, qui pour la plupart paroissent copiés sur ceux de la Draperie Royale de Sedan, rapportés ci-dessus sous l'année 1666. Ainsi pour éviter la répétition, on se contentera d'ajouter ici ce qu'il a de différent, soit pour la police, soit pour les autres chefs qui sont ordinairement la matiere des Statuts.

Le corps du métier fut d'abord composé de tous les Maîtres qui avant le premier Janvier 1666 travailloient aux draperies, & continuoient d'y travailler, quoiqu'ils n'eussent point fait d'apprentissage, dont ils furent dispensés, à la charge de se faire inscrire dans le mois de la publication des Lettres Patentes sur le Registre de la Communauté.

L'apprentissage pour l'avenir fut fixé à trois ans consécutifs, dont furent néanmoins exemptés les Maîtres forains ou étrangers qui feroient apparoître de leur réception à maîtrise dans les lieux qu'ils auroient quittés, & les Fils de Maîtres qui auroient servi chez leurs peres pendant pareil tems de trois années. Ces derniers peuvent être reçûs à quinze ans gratis, & seulement en faisant le serment.

Les Forains & Etrangers, soit qu'ils entrent dans la Communauté en justifiant de leur maîtrise ailleurs, soit qu'ils y soient reçûs après l'apprentissage, sont déclarés Naturels & Regnicoles, dispensés des droits d'aubaine, & traités en tout, même sans avoir besoin de Lettres de Naturalité, comme véritables & anciens François, à la charge toutefois de ne pas quitter le Royaume pour s'aller établir en Pays étrangers, auquel cas leurs biens appartiennent à Sa Majesté.

Le chef-d'œuvre est donné par les Jurés, & fait en leur présence & de deux anciens Maîtres qui ont passé par les charges, que les Jurés sont tenus d'y appeller.

Chaque Maître ne peut prendre qu'un seul Apprentif par chaque année, dont il doit d'abord faire enregistrer le brevet, & ensuite le certifier après les trois ans de service de chacun des Apprentifs.

Deux seuls Jurés gouvernent la Communauté. Un d'eux, qui est toujours le plus ancien, sort de Charge chaque année le jour de la Saint Louis, & un autre est élû en sa place à la pluralité des voix par tous les Maîtres du métier.

Les visites générales sont fixées au nombre de quatre par an, dans lesquelles les Jurés doivent être accompagnés de deux Anciens.

Les visites particulieres peuvent se faire une fois chaque semaine, outre celles qui dépendent de la volonté desdits Jurés, & qui se font suivant le besoin.

L'Assemblée des Jurés en Charge & des Anciens pour la visite des draps en cru, doit se tenir chaque semaine dans le Bureau de la Communauté; & celle pour la marque des draps revenus de chez le Foulon, réparés & tondus, deux fois. A l'égard des Assemblées pour les comptes, il ne doit y en avoir que deux par an.

Le Sceau Royal de cette Manufacture, dont doivent être plombés tous les draps qui s'y fabriquent, porte d'un côté les armes du Roi, avec ces mots gravés autour, *Louis XIV Restaurateur des Arts & Manufactures*, & de l'autre côté la marque de la fabrique d'Elbeuf.

Enfin il doit se tenir tous les trois mois dans le lieu accoutumé, mais en présence du Bailly, un Conseil de Police, où doivent assister les Marchands, Gardes, & Maîtres Jurés en Charge, ensemble les Anciens; pour le Résultat desdits Conseils être envoyé au Sur-Intendant des Arts & Manufactures.

Quatre articles, qui sont les 17, 18, 19, & 20, reglent les portées, largeur, & longueur de tous les draps qui se fabriquent dans cette Manufacture; mais attendu qu'ils ont été rapportés à l'article des Draps, on s'abstiendra d'en parler ici.

1669.

Le Réglement de 1669 est le principal de tous ceux qui ont été faits en France pour les Manufactures de lainage, celui que par excellence on nomme simplement le Réglement ou l'Ordonnance, quand il s'agit de la fabrique des étoffes de laine, de leurs portées, longueurs, & largeurs, & de ceux qui les fabriquent; celui enfin qui continue

tinue d'être observé par tout le Royaume, si l'on en excepte peu de Manufactures particuliéres, qui ont obtenu des Réglemens particuliers par des Arrêts du Conseil, qui dérogent à quelques articles de ce Réglement général.

Ce Reglement a pour titre: *Statuts, Ordonnances & Reglemens pour les longueurs, largeurs & qualités des draps, serges & autres étoffes de laine & fil que Sa Majesté veut être observés par tous les Marchands Drapiers, Maîtres Drapans, Sergers, Ouvriers & Façonniers des Villes, Bourgs & Villages de son Royaume.*

Les Maîtres & Gardes des Marchands Drapiers de la Ville de Paris ayant dressé ces Reglemens, & les ayant présentés au Roi, comme les seuls moyens de remédier aux abus qui se commettoient dans la fabrique des étoffes de laine, ils furent renvoyés par Arrêt du Conseil Royal de Commerce tenu à Fontainebleau le 22 Juillet 1669, au Lieutenant Général de Police, & au Procureur du Roi au Châtelet, pour les examiner & en donner leur avis.

Ces Magistrats y ayant satisfait le 8 Aout ensuivant, & leur avis ayant été qu'ils les trouvoient très nécessaires pour le rétablissement & perfection des manufactures des étoffes de laine & fil de France, Sa Majesté les confirma & approuva par des Lettres Patentes données à S. Germain, & enregistrées au Parlement le 13 du mois, le Roi y séant en son Lit de Justice.

Ces Reglemens contiennent cinquante-neuf articles, partie pour les longueurs & largeurs de toutes les étoffes de laine & fil, partie pour la police des Marchands & Ouvriers qui les vendent & les façonnent. Les articles des longueurs & largeurs sont au nombre de trente-trois, & les autres vingt-six articles regardent la discipline.

Des articles concernant les étoffes, les six premiers reglent la longueur & la largeur de toutes sortes de draps; le 7 celles des ratines; les suivans jusqu'au 10 inclusivement, & les 24, 25, 26 & 29, celles des serges, à l'exception pourtant du 16 qui est pour les razes façon de Châlons: le 18 est pour les longueurs & largeurs des camelots; le 19 pour celles des baracans; le 20 & 22 pour celles des étamines; le 21 pour celles des razes; le 23 pour celles des frocs; le 28 pour celles des droguets; enfin le 27 fixe la longueur & largeur des tiretaines.

On n'entre pas ici dans un plus grand détail sur cette matiere importante, tous les articles étant rapportés en leur entier aux divers endroits de ce Dictionnaire où l'on parle de toutes ces étoffes & de leur fabrique, & où l'on rapporte pareillement les différens Reglemens qui ont été faits depuis, par lesquels il est dérogé à quelques articles de celui-ci. On peut y avoir recours selon l'ordre alphabétique.

Des quatre autres articles du Reglement général qui concernent encore la fabrique des étoffes, le trentiéme ordonne, Que desormais il ne sera fait aucunes étoffes, de si petit prix qu'elles puissent être, qu'elles n'ayent une demi-aune de large mesure de Paris: le trente-uniéme enjoint à tous Maîtres Drapiers-Drapans & Sergers de faire les lisieres des draps de pareille longueur que l'étoffe: le trente-deuxiéme veut, Que les étoffes de laine & de fil de même nom, ou même sorte & qualité que celles ci-dessus, & qui n'ont pû être spécifiées, auront uniformement même longueur & largeur, force & bonté que les susdites, sans aucune différence; & que les Tisserans & Ouvriers n'en pourront ourdir les chaînes, sinon sur les largeurs, ni employer des laines ou autres matieres plus fines à un bout de la piece que dans tout le reste, sous peine de 20 liv. d'amende pour chaque contravention. Enfin le trente-troisiéme article accorde quatre mois après la publication du Réglement pour changer les lames & rots des métiers, & les réduire à la largeur & grandeur ordonnées, après lesquels ils seroient actuellement rompus pour être refaits sur lesdites grandeur & largeur, & ceux à qui ils appartiendroient condamnés à l'amende de 3 liv. pour chaque métier.

C'est au trente-quatriéme article que commencent ceux qui concernent la police des manufactures de laine, & des Maîtres Fabriquans & Ouvriers qui y travaillent, qui, comme on l'a dit, sont au nombre de vingt-six.

Ce trente-quatriéme article ordonne la réunion en Corps & Communauté de tous les Drapiers & Sergers des Villes & Bourgs du Royaume, qui avoient été reçûs Maîtres auxdits métiers, ou qui les exerçoient en vertu de Lettres Patentes, à la charge de se faire inscrire dans un mois de la publication du Réglement sur les Registres des Juges de Police des Manufactures, & sur ceux de leur Communauté, après quoi ils ne pourroient exercer la maîtrise sans permission nouvelle, ou sans faire apprentissage.

Le trente-cinquiéme article ordonne & regle l'élection des Gardes & Jurés des métiers de Drapiers & Sergers en nombre convenable, eu égard aux lieux & aux Maîtres dont seroit composée chaque Communauté.

Les fonctions des Auneurs sont fixées par les deux articles suivans, aussi-bien que l'Aunage par le quarante-quatriéme; avec défenses aux Auneurs d'auner aucunes marchandises qu'elles ne soient marquées de la marque du lieu, & où le nom de l'Ouvrier ne soit sur le chef, fait au métier, & non à l'aiguille: leur étant pareillement fait défenses d'être Courtiers, Commissionnaires ou Facteurs, ni d'acheter ou faire acheter pour eux ou pour qui que ce soit, aucunes laines & marchandises de draperie & sergetterie, pour les revendre à leur profit. Les Courtiers ne peuvent pas non plus être Auneurs.

A l'égard de l'aunage, il est ordonné, pour le rendre uniforme par tout le Royaume, Que toutes sortes de marchandises seront aunées bois à bois & sans évent; & que pour celles où l'usage est de donner un excédent d'aunage, il ne pourra être que d'une aune & un quart au plus sur vingt-une aunes & un quart, & pour les demi-pieces à proportion. On explique ailleurs ce que c'est qu'Évent excedent d'aunage & Auner bois à bois. *Voyez ces articles.*

Les 38, 39, 40, 41, 42 & 43e articles parlent tant des visites générales des Officiers de Police des Manufactures, que des visites particulieres des Gardes & Jurés, soit chez les Maîtres, soit dans les halles & aux foires. On y ordonne aussi la marque de toutes les marchandises, & on regle la maniere, le tems & les lieux qu'elle doit se faire. *Voyez* MARQUE & VISITE *dans leur ordre alphabétique.*

Outre la visite des laines enjointe par le quarante-uniéme article il est défendu aux Marchands desdites laines de les mouiller ou mettre en lieux humides, ni de mêler & emballer ensemble celles qui sont de différentes qualités; ce mélange rendant les draps creux & imparfaits.

Les Marchands Drapiers des Villes & Bourgs du Royaume qui auront acheté des marchandises des Drapiers-Drapans & Sergers, soit aux halles ou aux foires & autres lieux, sont tenus par le quarante-cinquiéme article de faire & arrêter leurs comptes dans deux ou trois jours au plutard après la vente & délivrance desdites marchandises, à peine contre les Marchands Drapiers en cas de retard, de 40 s. par chacun jour du séjour desdits Drapans & Sergers, depuis la protestation qu'ils en auront faite jusqu'au jour de l'arrêté du compte.

L'apprentissage, le chef-d'œuvre, la reception à la maîtrise, les obligations des Apprentifs & Compagnons & le privilége des veuves, font la matiere des 46, 47, 48, 49 & 50e articles.

Pour toutes ces choses il est renvoyé aux Réglemens particuliers des Communautés qui ont obtenu des Statuts, confirmés & homologués au Conseil Royal de Commerce; & à l'égard de celles qui n'ont point de Statuts, il est ordonné & statué:

1°. Qu'aucun ne sera reçû à la Maîtrise qu'il n'ait fait apprentissage chez un Maître; sçavoir de deux années pour les Drapiers, & de trois pour les Sergers, dont il y aura Brevet pardevant Notaires, enregistré sur le Livre de la Communauté.

2°. Que les Maîtres ne pourront débaucher ni attirer chez eux l'Apprentif ou Compagnon des autres Maîtres, ni leur donner emploi directement ou indirectement à peine de 60 livres d'amende.

3°. Que les Maîtres ne pourront avoir plus de deux Apprentifs à la fois, ni les congedier sans cause légitime jugée telle par le Juge de Police; & qu'aussi les Apprentifs ne pourront s'absenter de la maison de leurs Maîtres que sous les mêmes conditions.

4°. Que l'apprentissage étant fait, l'Aspirant à la Maîtrise fera son chef-d'œuvre, & étant jugé capable, sera reçû, & ses Lettres délivrées en payant six livres pour tout droit; & qu'en cas de contestation pour la reception du chef-d'œuvre, il sera vû & visité par le Juge de Police, ou autre par lui commis.

5°. Que les Fils de Maîtres seroient reçûs à seize ans accomplis & non moins, en faisant une simple expérience.

6°. Enfin que les Veuves des Maîtres pourront tenir ouvroir & faire travailler, mais non s'associer avec aucun autre qu'un Maître: qu'elles pourront achever l'apprentif commencé, non pas en faire un nouveau: Et que les filles de Maîtres épousant un Compagnon, l'affranchiront du tems qu'il seroit obligé de servir les Maîtres suivant les Réglemens, en faisant néanmoins chef-d'œuvre, mais ne payant aucun droit que ceux dûs par les fils de Maîtres.

Le 51e article enjoint à tous Maîtres, Ouvriers & Façonniers de mettre leur nom sur le chef & premier bout de chaque piece, fait sur le métier & non à l'aiguille, à peine de douze liv. pour chaque contravention.

Il est défendu par le 52e article à tout Maître Drapier, Sergier, Ouvrier, Foulon & autres, de tirer, allonger ni aramer aucune piece de marchandise, tant en blanc qu'en teinture, de telle sorte qu'elle se puisse racourcir de la longueur, & étressir de la largeur, à peine de cent liv. d'amende & de confiscation de la marchandise pour la premiere fois; & en cas de récidive d'être déchû de leur Maîtrise.

Il a été depuis dérogé en partie à cet important article, & l'usage des rames a été permis, mais pourtant avec restriction par un Arrêt du Conseil d'Etat du Roi du 12 Février 1718. On en parle amplement à l'article des rames où l'on peut avoir recours.

Le 53 article fait défenses aux Tondeurs de se servir de flambart pour l'ensimage des draps & des serges; mais seulement de saindoux de porc du plus blanc, ni de cardes pour les coucher; mais seulement de Chardons. *Voyez* FLAMBART, ENSIMAGE *&* TONDEUR.

Le 54 ordonne que les pauvres Maîtres du métier de draperie & sergetterie qui travailleront pour les autres Maîtres, subiront les mêmes loix que les Compagnons, & ne pourront vendre, engager ni retenir les marchandises ou les matieres & outils servant à les faire qui leur auront été confiés pour travailler, à peine de punition exemplaire.

Le Roi accorde par le 55e article en faveur des Manufacturiers, le privilege qu'il ne pourra être procédé par justice, exécution, ni vente forcée en justice, des moulins, métiers, outils & ustenciles servant à quelque manufacture que ce soit, pour quelque dette, cause & occasion que ce puisse être, ni même pour les deniers des tailles, ou impôt du sel, à peine de 150 livres d'amende & de tous dépens, dommages & intérêts des parties saisies, contre les Huissiers & Sergens qui feroient lesdites saisies & vente, exceptant néanmoins de ce privilege les loyers des maisons occupées par lesdits Ouvriers & Façonniers.

Ce privilege ne paroissant concerner que les Manufactures de lainage, & causant de fréquentes contestations, il fut donné 35 ans après sous le regne de Louis XIV à qui on étoit redevable du Reglement de 1669, une Déclaration du 19 Aout 1704 en interprétation de cet article 55, portant défenses de saisir les métiers, outils, ustenciles & instrumens servant à toutes sortes de Manufactures d'or, d'argent, de soie, de laine, &c. On l'a rapportée à l'article des Manufactures où l'on peut avoir recours.

Le 56e article ordonne l'enregistrement du Reglement dans les Registres des Communautés.

Le 57 regle les Assemblées ordinaires des Jurés à chaque premier lundi de tous les mois à deux heures de relevée, dans la Chambre de la Communauté, avec permission d'en tenir plus souvent s'il est besoin, & même dans les affaires de conséquence d'en convoquer de plus nombreuses où assisteront ceux qui auront été en charge les deux années précédentes & au moins 5 des autres Maîtres.

Les amendes encourues & ordonnées sont partagées par le 58e article, sçavoir moitié au Roi, un quart aux Gardes, & l'autre quart aux pauvres.

Enfin le 59 & dernier article ordonne une Assemblée générale au mois de Janvier de chaque année, convoquée & indiquée par les Juges de Police des Manufactures, à laquelle se trouveront les Gardes & Jurés en charge des métiers, ceux qui seront sortis de charge l'année précédente, quatre autres Maîtres au choix du Juge de Police, & deux notables Bourgeois, pour y être traité des moyens de les perfectionner, des contraventions & inobservations du Reglement & des remedes convenables, pour de tout être dressé un procès verbal qui sera envoyé un mois après au Surintendant des Arts & Manufactures de France.

Reglement pour les Marchands Maîtres Teinturiers en grand & bon teint des draps, serges & autres étoffes de laine.

Le même jour que le Reglement pour les longueurs & largeurs des étoffes de laine fut enregistré au Parlement, le Roi y séant en son Lit de Justice, on y fit aussi l enregistrement du Reglement pour les Teinturiers.

Il avoit été projetté & dressé comme le précédent par les Maîtres & Gardes des Marchands Drapiers de la Ville de Paris, & renvoyé par Arrêt du Conseil d'Etat du Roi du 20 Mai *1669* aux Officiers de Police, pour en donner leur avis, que ces Magistrats donnerent le 13 Juillet, & sur le vû duquel Sa Majesté l'approuva & confirma par ses Lettres Patentes données à Saint-Germain au mois d'Aout de la même année.

Ce Reglement consiste en 62 articles qu'on peut diviser en deux classes, dont l'une qui en contient le plus grand nombre établit & sépare les deux corps du grand & petit teint, regle leur police & discipline, & leur est donnée pour Statuts; l'autre en 22 ou 25 articles déclare quels sont les bons & mauvais ingrédiens, ceux réservés aux Teinturiers du grand teint, ou permis à ceux du petit teint, & enfin desquelles de ces drogues & ingrédiens on doit se servir dans les différentes teintures des étoffes de laine. On a déja parlé de quelques articles de cette derniere classe à celui des drogues, & on traitera des autres à l'article de la Teinture. Pour ce qui concerne la premiere classe, on peut voir à l'article des Teinturiers les deux paragraphes des Maîtres du grand & petit teint.

1670.

Reglement entre les Drapiers-Drapans, les Sergers & les Tissiers en toile pour les Manufactures, vente & débit des droguets, tiretaines, ou autres étoffes dont la chaîne est composée de lin ou de chanvre & la trême de laine.

Ce Reglement qui fut donné par un Arrêt du Conseil Royal du Commerce du 29 Septembre 1670 rendu sur les prétentions respectives de ces Ouvriers qui vouloient se donner réciproquement l'exclusion pour la vente de ces sortes d'étoffes, ordonne que les uns & les autres pourroient faire, vendre & débiter des droguets, tiretaines & autres étoffes de la qualité ci-dessus, à la charge d'y mettre une liziere rouge, & sur chaque piece le nom de l'Ouvrier fait sur le métier & non à l'aiguille, avec défenses de se troubler ni empêcher à l'avenir dans la façon, vente & débit desdites marchandises, à peine contre les Contrevenans de cent livres d'amende, & de tous dépens, dommages & intérêts.

CONCERNANT LES MANUFACTURES D'ABBEVILLE.

Les Manufactures d'Abbeville ont toujours été en réputation; & les serges, les bouracans, les belinges, les camelots & quelques autres semblables étoffes de laine qui s'y fabriquent, y ont de

tout tems entretenu un commerce très considérable.

La Communauté des Maîtres Sergiers & Bouracaniers qui y est très ancienne, ayant eu besoin de nouveaux Statuts, les Egards eurent ordre de la Cour d'en dresser de nouveaux plus convenables au tems, & plus capables de porter leurs Manufactures à la perfection, en corrigeant quelques défauts qui s'y étoient insensiblement glissés, ou en prévenant ceux qui pourroient encore s'y glisser par la suite.

Les anciens Réglemens ayant donc été réformés, & de nouveaux articles y ayant été ajoutés dans une Assemblée générale des Magistrats, des principaux Marchands, & des Maîtres Fabriquans de la Ville, ils furent présentés au Conseil du Roi, au mois d'Octobre 1670, pour y être approuvés & homologués; l'homologation est du 30 des mêmes mois & an.

Les principales matieres qui sont traitées & reglées dans le grand nombre d'articles dont ces Statuts sont composés, peuvent se réduire à cinq principaux chefs, sçavoir; 1°. La bonne fabrique des étoffes, leurs portées, leurs largeurs & longueurs. 2°. Les défauts & malfaçons qu'il faut éviter en les fabriquant. 3°. La visite & la marque ou ferrage. 4°. Le devoir des Foulons. 5°. Enfin la discipline de la Communauté, ce qui comprend l'Apprentissage, le Compagnonage, la réception & la Maîtrise, le privilege des veuves, & quelques autres choses qui y ont rapport.

On ne dira rien de ce dernier chef, parce qu'il n'est gueres différent de ce qu'on en trouve dans presque tous les autres Statuts qui ont été rapportés dans plusieurs articles de ces Réglemens où l'on peut avoir recours. A l'égard des quatre autres chefs, on va entrer ici dans quelque détail de ce qu'ils contiennent, étant les plus importans.

Le premier Chef qui contient la fabrique des étoffes, comprend neuf articles, qui sont le cinquiéme & les suivans, jusques & y compris le quinziéme, à la réserve néanmoins du XI & XII qui traitent d'autres matieres.

ARTICLE V.

Par le premier de ces neuf articles les serges de Limestre, qui seront faites de laine d'Espagne ou d'autre laine fine, doivent avoir 75 portées à 20 buhots chacune. Celles de laine d'Angleterre ou de France, 79 portées & 19 buhots par demi portée, pour avoir au retour du moulin une aune de Paris de large.

ART. VI.

Les serges façon de Londres doivent avoir 60 portées à 20 fils chaque bauche, si elles sont de laine d'Espagne fine; les autres de laine de France ou d'Angleterre 57 portées & 19 fils, chaque demie portée, trois quarts de large de l'aune de Paris, & 18 à 19 aunes de long.

ART. VII.

Les serges drapées larges, blanches ou grises, qui seront sans lisieres, d'une aune de large & de 21 aunes de long, auront: sçavoir, celles de pure laine de Pays 58 portées; & celles de laine d'Angleterre ou de laine fine de France 60 portées à 19 buhots chaque demie portée. Les moyennes de ⅔ de large & de 21 aunes de long, qui seront de pure laine du pays, auront 44 portées & 17 buhots à chaque demie portée; & celles de laine d'Angleterre ou laine fine de France 45 portées

& 19 fils à chaque buhot, observant que celles qui ne seront pas de laine pure auront la lisiere blanche.

ART. VIII.

Les baracans façon de Valenciennes, seront faits de pure laine de pays, sans mélange de pignons, pelures, mortains ou bourres, de $\frac{2}{3}$ de l'aune de Paris de large, & seront en compte de 9 buhots & de 52 portées de 18 fils par chaque portée, & les rots de 468 broches, & auront, étant bien débouillis, 23 à 23 aunes $\frac{1}{2}$ de longueur.

ART. IX.

Les belinges façon de baracans, dont la chaîne sera de fil de lin, & les enflures de laine filée au grand rouet, auront 28 portées & 20 fils chaque demie portée; ladite chaîne du poids de 7 l. à 7 l. $\frac{1}{2}$ au plus, & les enflures de 14 liv. aussi au plus suffisamment tissues, & après qu'elles auront été dégraissées & débouillies, auront 23 aunes $\frac{1}{4}$ à 23 aunes $\frac{1}{2}$ de longueur aunage de Paris, & les lisieres non comprises $\frac{2}{3}$ de large; lesquelles lisieres seront de couleur rouge.

ART. X.

Les autres belinges dont l'enflure sera filée au petit rouet, auront 30 portées &   buhots à chaque demie-portée, pour revenir étant débouillis, à deux tiers d'aune de large non compris les lisieres, & à 23 ou 23 aunes $\frac{1}{2}$ de long.

ART. XIII.

Pourront les Sergers, Baracaniers faire toutes sortes de serges, droguets & étoffes dépendantes du métier de serge, en les faisant conformes aux Réglemens généraux du Roi.

ART. XIV.

Il sera permis ausdits Sergers & Baracaniers d'augmenter le nombre des portées & buhots de leurs ouvrages, mais non de les diminuer sous quelque prétexte que ce soit, sous peine de confiscation & de 20 livres d'amende, applicable, moitié à la Ville & moitié aux Egards & aux Dénonciateurs.

ART. XV.

Les rots desdits Sergers & Baracaniers seront proportionnés à la largeur & au compte des fils ordonnés par les précédens articles, à peine de confiscation, & de 10 liv. d'amende applicable comme dessus.

Le second Chef qui comprend les mauvaises façons, n'a que deux articles, sçavoir le seiziéme & le dix-septiéme.

ART. XVI.

Les Tisseurs des serges, baracans & camelots, qui feront de vilaines lizieres lâches ou trop courtes, payeront 10 sols d'amende pour chaque piece.

Pour les ouvrages qu'ils vendront sales ou sans avoir bien tiré les filets, 2 s.

Pour chaque trou de navette ou claire-voye, 6 den.

Pour chaque fil non repris, s'il est plus long que d'un demi quartier, 6 den.

Pour n'avoir pas assez bandé la chaîne, 5 s.

Pour n'avoir pas bien tissu ou frappé également l'ouvrage, une amende proportionnée au défaut.

Enfin si les défauts sont considérables, la piece doit être coupée en deux, le bon d'un côté, le mauvais de l'autre, & rendus aux Ouvriers pour en faire leur profit, sans les pouvoir envoyer au dehors, à peine de confiscation.

ART. XVII.

Et afin qu'on puisse reconnoître les Maîtres qui auront fait ou fait faire des ouvrages défectueux, il leur est enjoint suivant les Réglemens généraux, de faire tisser leur nom & surnom au Chef de chaque piece, sur le métier & non à l'aiguille, à peine de 12 liv. d'amende pour chaque contravention.

Les visites des Egards & le ferage, font le troisiéme Chef, & sont contenus en cinq articles, qui sont le dix-huitiéme inclusivement, jusques & y compris le vingt-deuxiéme.

ART. XVIII.

Il est enjoint aux Egards de faire régulierement leurs visites dans les ouvroirs des Maîtres Sergers & Baracaniers, d'y appliquer le plomb sur l'estille à toutes les pieces d'étoffes qui seront montées, qui se trouveront du compte & nombre des fils portés par les presens Statuts, avec défenses de le mettre à celles qui n'y seront pas conformes, à peine de 10 liv. d'amende & de répondre en leur nom, des dommages & interêts pour la premiere fois, & pour la seconde de plus grande amende & de privation de leur office. Et en cas de défaut au nombre des fils, seront tenus lesdits Egards de saisir la piece défectueuse, la contresceller & la dénoncer sans retardement & à l'heure même à l'Hôtel de Ville, sous peine de l'amende ci-dessus.

Le même article ordonne que les plombs seront de 40 à la livre, & qu'il sera payé 6 den. aux Egards pour chaque plomb.

ART. XIX.

Il est défendu aux Maîtres de couper aucune piece du métier, qu'elle n'ait été visitée & plombée, à peine de 6 liv. d'amende, & aux Marchands d'en acheter à peine de 20 liv. d'amende.

ART. XX.

Les Maîtres Sergers & Baracaniers sont tenus aussi-tôt leurs pieces achevées tant blanches que de couleurs, de les porter à la Halle dans l'Hôtel de Ville, afin d'y être aunées & de nouveau visitées, tant sur le nombre des fils que sur leur propreté & bonne fabrique, & pour, si elles se trouvent bien conditionnées, & de largeur & longueur conforme aux presens Statuts, y être apposé un second plomb; & en cas du contraire, seront lesdites pieces défectueuses présentées aux Mayeur & Echevins, pour y être pourvû suivant la rigueur des Réglemens.

ART. XXI.

S'il se trouve des défauts de compte de fils ou d'aunage aux pieces, où les plombs de l'estille & de la halle se trouveront, lesdites pieces seront confisquées à la perte du Serger ou Baracanier, qui sera tenu de rendre le prix au Marchand à qui il les aura vendues; & sera en outre condamné à l'amende portée par le present Réglement; & pour la connivence des Egards qui y auront appliqué le plomb malgré leur défectuosité, ils seront pareillement condamnés à l'amende.

Le même article porte en outre, que, lorsque les pieces de serges ou de baracans, qui seront apportées à la Halle, se trouveront plus longues qu'elles ne doivent être de quelques quartiers, les Egards ne pourront en couper l'excédent, à peine de 10 liv. d'amende.

ART. XXII.

Il est défendu aux Egards de ferrer aucunes pieces de serges ou de baracans, qui viendront de dehors & qui n'auront pas été faites dans ladite Ville d'Abbeville, soit qu'elles soient en blanc ou en noir, à peine de pareille amende de 10 liv. à moins qu'elles ne soient fabriquées en conformité des Réglemens, auquel cas elles pourront être ferrées par lesdits Egards.

Enfin le quatriéme chef qui concerne le Foulage & les Foulons, est contenu dans un seul article qui est le trente-troisiéme.

ART. XXXIII.

Si un Foulon par sa négligence laisse trouer, échauffer, vuider, ou trop fouler une piece desdites Marchandises, il sera tenu d'indemniser celui à qui appartiendra la piece, suivant qu'il en sera jugé par les Mayeur & Echevins de la Ville, sur le rapport qui leur en aura été fait par les Jurés; & de plus ledit Foulon sera condamné à telle amende que de raison. Lesquels Foulons seront tenus de marquer toutes les pieces qu'ils fouleront, d'un plomb portant d'un côté l'aunage de la piece, & de l'autre leurs noms & surnoms, & le Marchand à qui elle appartiendra, sera tenu de payer au Foulon le prix dudit plomb ou de lui en fournir.

Reglement ou Arrêt du Conseil du 24 Décembre 1670, qui ordonne des peines contre les Marchands & Ouvriers qui fabriquent & exposent en vente des marchandises défectueuses & non conformes aux Reglemens.

Les peines ordonnées par cet Arrêt sont que les étoffes défectueuses de fabrique Françoise seront exposées sur un poteau de la hauteur de 9 pieds garni de son carcan, élevé devant la principale porte du lieu où les Manufactures doivent être visitées & marquées, avec un écriteau portant le nom & surnom du Marchand ou de l'Ouvrier trouvé en faute, pour lesdites marchandises y demeurer pendant deux fois vingt-quatre heures, ensuite de quoi elles en seront ôtées, pour être coupées, déchirées, brûlées ou confisquées; & en cas de récidive, le Marchand ou l'Ouvrier tombés en faute sujette à confiscation pour la seconde fois, seront blâmés en pleine Assemblée par les Gardes ou Jurés de leur profession, outre l'exposition de leur marchandise; & pour la troisiéme fois mis eux-mêmes & attachés audit carcan pendant deux heures, avec des échantillons des marchandises sur eux confisquées.

1671.

Le Reglement du 19 Février 1671 donné sur les remontrances des Maîtres & Gardes & Jurés des Marchands & Ouvriers des Communautés de plusieurs Villes du Royaume, ordonne, attendu qu'il se fait dans divers lieux qui ne sont pas de l'obéissance du Roi, différentes Manufactures pareilles à celles de France, & où les longueurs & largeurs fixées par le Reglement de 1669 ne sont pas observées, qu'à l'avenir lesdits Ouvriers & Fabriquans pourroient faire des draps, serges, droguets, tiretaines, telons & baracans sur d'autres longueurs & largeurs prescrites par ce nouveau Réglement, qui seroient marqués par les Gardes & Jurés, & ensuite débités dans le Royaume, pourvû qu'ils eussent la force, finesse & bonté uniformement en toute l'étendue des pieces requises à leur espece & qualité, & qu'ils fussent teints en conformité des Reglemens.

Le même Arrêt permet pareillement aux Marchands d'envoyer toutes lesdites étoffes dans telles Villes que bon leur semblera, pour les apprêter & teindre, à la charge néanmoins qu'au sortir de l'apprêt elles seront directement portées aux Bureaux destinés pour la marque & visite des marchandises pour y être visitées & marquées, sinon saisies.

On ne rapporte point ici les différentes longueurs & largeurs permises par le Reglement; il en est parlé à chacun des articles particuliers de ces sortes d'étoffes où l'on peut avoir recours.

1672.

Reglement pour la largeur des estamets & enversins.

Le Réglement de 1669 ni les Réglemens suivans n'ayant rien déterminé pour la largeur de ces deux étoffes dont il se fabrique une assez grande quantité à Châlons, les Juges des Manufactures ordonnerent le 24 Aout 1672 sur la remontrance de l'Inspecteur au Département de Champagne, que conformément à l'article 11 des anciens Réglemens, les enversins auroient sur le métier deux aunes mesure de Châlons, & les estamets une aune sept huit, pour revenir bien & duement foulés, ceux-ci à trois quarts & demi au moins, aunage de Paris, & ceux-là à trois quarts.

1673.

L'Arrêt du Conseil du 11 Mars 1673, quoique particulier pour la nouvelle Manufacture des camelots façon de Bruxelles & de Hollande établie à Amiens en 1669 par le sieur Marisal, semble néanmoins porter un Réglement général pour ces sortes de camelots.

Par cet Arrêt le Roi en dérogeant à l'article des Réglemens de 1669, qui ordonne que les camelots qui se fabriqueront en France qui seroient au dessus de demi-aune, auront trois quarts au moins, permet audit Marisal d'en faire de demi-aune demi-quart de large, attendu que les camelots de Bruxelles & de Hollande ne sont ordinairement que de cette largeur.

Plusieurs Marchands Ouvriers de la Province d'Auvergne, particuliérement des Villes de Sauxillanges, Curilhas & Olliergues, ayant remontré au Conseil du Roi qu'il s'étoit toujours fabriqué dans la Province des étamines de six différentes largeurs, depuis un tiers d'aune & un pouce, jusqu'à un tiers & demi, destinées pour l'Allemagne où elles servent à couler le lait, & pour la Rochelle, Rochefort, Brest & Toulon où elles étoient employées en banderolles pour les vaisseaux, n'étant propres qu'à cet usage, & que néanmoins les Inspecteurs des Manufactures vouloient obliger les Ouvriers à les faire toutes au moins d'une demi-aune mesure de Paris, conformément à l'article 30 du Reglement de 1669, ce qui en feroit tomber absolument la fabrique & le commerce. Sa Majesté par l'Arrêt de son Conseil du 13 Mai 1673, accorda aux Marchands & Ouvriers desdits lieux & de toute la Province d'Auvergne, la permission de continuer la fabrique de leurs étamines, de la largeur & longueur qu'ils faisoient avant le Réglement de 1669, sans être tenus de leur donner demi-aune de large, les déchargeant même de l'obligation de les porter au Bureau des Marchands pour y être visitées & marquées.

Au mois de Juillet de la même année 1673, le Roi accorda pareillement par un Arrêt de son Conseil aux Marchands Drapiers-Drapans & Sergers de la Ville d'Alby, de continuer la fabrique des cordelats & bayettes suivant l'ancien usage & largeur, c'est-à-dire, de deux pans deux quarts revenant annage de Paris à demi-aune moins un seize, nonobstant le trentiéme article du Réglement de mil six cens soixante-neuf; à la charge néanmoins que les draps & autres étoffes de plus grand prix qui se fabriquent dans ladite Ville d'Alby, seroient faites de la largeur & longueur établies par ledit Réglement, sous les peines portées par icelui.

Il fut encore rendu un Arrêt du Conseil d'Etat du Roi le 14 Octobre de cette année 1673, sur les remontrances des Etats de Languedoc, lequel dérogeant en faveur des Manufacturiers des Pays de Vellai, Gevaudan, Sevennes & lieux circonvoisins, aux articles 20 & 30 des Reglemens pour les largeurs & longueurs, & 21 & 36 pour les teintures; leur permet de fabriquer les étoffes appellées Cadis, seulement de deux pans, avec défenses de les faire de moindre largeur, sous les peines portées par lesdits Reglemens généraux de 1669; Sa Majesté accordant pareillement permission ausdits Ouvriers Manufacturiers, & à ceux d'Auvergne, de teindre en rouge avec le brésil les cadis & burattes, au lieu de les teindre avec la garance, à la charge que les draps & autres étoffes qui se fabriquent dans lesdits lieux, seroient faits de la largeur & teinture ordonnées par lesdits Réglemens.

Par un quatriéme Arrêt aussi du Conseil d'Etat du 18 Novembre de la même année 1673, le Roi sur la Requête des Maîtres & Gardes du métier de Drapiers-Drapans du Bourg de Bollebec en Normandie, & conformément au Procès verbal de l'Intendant de la Généralité de Rouen, permet ausdits Drapiers-Drapans de fabriquer des serges de trois quarts & demi, propres à faire les affublets des femmes du Pays, ainsi qu'ils en faisoient avant le Réglement de 1669, à la charge qu'elles seront de la bonté & qualité portées par les Réglemens & Statuts du Corps desdits Drapiers, & que toutes autres serges qui se font pareillement audit lieu de Bollebec, y seroient fabriquées de la largeur, longueur & qualité ordonnées par l'article 11 dudit Réglement de 1669.

1675.

Par un Arrêt du Conseil du 31 Décembre de cette année, il est ordonné que les Maîtres-Gardes & Jurés Drapiers & Sergers des Villes, Bourgs & Villages du Royaume, tiendront bon & fidéle registre de toutes les piéces d'étoffe tant de soie, de laine & fil qu'ils visiteront & marqueront, comme aussi des amendes & confiscations qui seroient prononcées: lequel registre seroit paraphé par les Maire & Echevins & autres Juges, à qui la connoissance des Réglemens pour les Manufactures est attribuée, & par les Commis ou Inspecteurs employés à l'exécution d'iceux; & que les appointemens desdits Inspecteurs à raison de 2000 livres par an, seroient pris sur le produit du sol par piéce, qui se paye ausdits Maîtres & Gardes Jurés pour la visite & marque, & sur le quart des amendes & confiscations.

Comme cet Arrêt est rappellé & confirmé par un Arrêt subséquent du 22 Octobre 1697, qu'on trouvera ci-après dans ce Supplément, on s'est contenté d'en extraire le seul dispositif.

1676.

Réglement pour les largeurs & qualités des draps qui se fabriquent en Languedoc pour les Echelles du Levant.

Par ce Réglement du 15 Mai 1676, il est ordonné que dans les Manufactures du Languedoc & autres du Royaume, il ne seroit fabriqué pour le commerce du Levant que de trois sortes de draps; sçavoir:

La premiere sorte, de ceux qu'on nomme Refins & trente dixains pour les couleurs doubles, & vingt-huit ou trentains pour les couleurs simples, de pure laine de Ségovie tant en chaîne qu'en tréme.

La seconde sorte, de ceux nommés Fins vingtsixains, de laine du Pays dans la chaîne, & de laine d'Espagne dans la tréme.

Et la troisiéme sorte de ceux nommés Communs vingtains, de laine du Pays tant en chaîne qu'en tréme.

Lesquelles trois sortes de draps doivent être toutes d'une aune & un sixiéme de largeur entre les deux lisieres marquées de la marque de l'Ouvrier qui les aura façonnés, & du lieu de la fabrique, avec une inscription de la qualité du drap & de sa destination pour le Levant.

Le même Réglement ordonne de plus, que pour éviter toute surprise chaque sorte de drap auroit ses toilettes particulieres; la premiere sorte des toilettes, de taffetas; la seconde sorte, moitié taffetas & moitié cannevas ou treillis; & la troisiéme sorte, toute de treillis.

Cet Arrêt du Conseil n'ayant pas paru suffisant pour remedier aux abus qui se commettoient dans la fabrique des draps destinés pour les Echelles du Levant, ni pour en assurer la perfection, il en fut rendu successivement deux autres; l'un du 22 Novembre 1697, plus ample & plus détaillé, & l'autre du 20 Novembre 1708 encore plus étendu que ces deux premiers, dont on parlera ci-après suivant l'ordre de leur datte. C'est celui de 1708 qui s'observe encore aujourd'hui dans toutes les Manufactures dont les draps doivent être transportés dans le Levant.

1677.

Il avoit été ordonné par l'Arrêt du 31 Décembre 1675, que les Maîtres & Gardes Jurés Drapiers & Sergers de toutes les Villes, Bourgs & Villages du Royaume, tiendroient un fidéle registre de toutes les étoffes qu'ils visiteroient & marqueroient, comme aussi des amendes & confiscations qui seroient prononcées contre les contrevenans aux Réglemens; & par le même Arrêt, les appointemens des Inspecteurs des Manufactures avoient été réglés à deux mille livres par an, qui seroient pris sur le produit du sol pour piéce qui se perçoit pour la visite & marque des étoffes, & sur lesdites amendes & confiscations. L'article 39 du Réglement général de 1669, portoit pareillement qu'il y auroit dans toutes les Villes, Bourgs & Villages du Royaume une Chambre ou Bureau, pour faire lesdites visites & marques.

Mais le Roi ayant été informé que lesdits registres ne se tenoient, & que les Inspecteurs ne pouvoient être payés de leur appointement sur le produit dudit sol pour piéce, à cause que lesdits Maîtres & Gardes & Jurés en disposoient à autres choses, & que même en plusieurs lieux l'on avoit négligé d'établir des Bureaux pour la visite & la marque.

Sa Majesté, pour arrêter ces abus & y remédier, ordonne par un Arrêt de son Conseil du 3 Juillet 1677, que lesdits Arrêts & Réglemens seroient exécutés suivant leur forme & teneur; & en conséquence que les Maîtres & Gardes & Jurés des Ouvriers en soie, Drapiers, & Drapiers Sergers, payeront les appointemens des Commis & Inspecteurs, suivant le produit du sol pour piéce dans les tems portés par ledit Arrêt de 1675, à quoi faire ils seroient contraints par les voies portées par icelui; comme aussi que conformément à l'article 39 desdits Réglemens généraux de 1669, les Maire & Echevins des Villes seroient tenus de fournir des Bureaux dans les Hôtels de Ville ou autres lieux, pour visiter & marquer les étoffes; Sa Majesté faisant défenses ausdits Maîtres & Gardes & Jurés, de prendre sur le produit dudit sol pour piéce, autres frais par préférence aux appointemens des Inspecteurs, que ceux des plombs servant à la marque, & des registres dans lesquels lesdites étoffes doivent être enregistrées à peine d'en répondre dans leurs propres & privés noms.

1682.

Il y a de cette année une Ordonnance rendue par l'Intendant du Languedoc le 17 Décembre, qui décharge du droit de visite & de marque, les Cadis qui se fabriquent dans le Gevaudan, le Velay, les Sevennes & autres lieux circonvoisins, attendu leur peu de valeur; & que ces étoffes ne sont ni de prix ni de qualité à recevoir l'apprêt & les teintures prescrites pour les étoffes plus considérables.

Cette Ordonnance a été depuis confirmée par un Arrêt du Conseil du 7 Octobre 1692, rendu à la sollicitation des Députés des Etats de la Province de Languedoc; on peut voir cet Arrêt dans ce Supplément, sous la datte de cette année.

1683.

Manufactures de draps propres pour le Levant, établies en Languedoc.

Il ne s'est guéres fait sous le regne de Louis XIV. & pendant le ministere de M. Colbert, d'établissement plus considérable ni plus utile au commerce que celui des Manufactures de Draperies à Clermont & à Saptes. Il est vrai que les Fabriques de ces deux lieux étoient déja en réputation; mais comme elles n'avoient été entreprises & n'étoient soutenues que par des particuliers, il n'étoit guéres possible qu'elles pussent arriver à une entiere perfection, & qu'il s'y pût faire une aussi grande quantité d'étoffes qu'il étoit nécessaire pour entretenir le commerce des François au Levant.

Ce fut donc dans l'Assemblée des Etats de Languedoc de l'année 1682, que suivant les projets proposés quelque tems auparavant, on prit les dernieres résolutions pour l'entretien & l'augmentation de ces deux Manufactures; & qu'en même tems que le Roi leur accorda sa protection Royale, les Etats leur assurerent des secours considérables, & prirent des mesures avec une nouvelle Compagnie qui se forma & qui avoit à sa tête les sieurs Hindret & Thomé, pour affermir & augmenter ces deux établissemens.

Les Commissaires du Roi nommés pour présider à l'assemblée au nom de Sa Majesté, ayant ménagé cette affaire conformément à leurs instructions, les Etats par leur délibération du 4 Décembre de la même année 1682, accordérent à la Compagnie qui seroit formée pour ces Manufactures, la somme de cent mille livres payables en trois années, sçavoir: un tiers comptant, un tiers au mois de Décembre 1683, & le dernier tiers au mois de Décembre 1684, en donnant par ladite Compagnie les suretés nécessaires, de rendre ladite somme après six années sans interêts, du jour que les payemens auroient été faits.

Par la même délibération, il lui fut encore accordé une autre somme de trente mille livres pour l'achat des métiers, ustenciles & laines étant dans ladite Manufacture de Clermont, ladite somme payable à la Compagnie, pour être pareillement rendue à la Province, après six années du jour du payement sans interêts.

Les Etats se chargerent aussi de payer les loyers des maisons & bâtimens de ladite Manufacture, jusqu'à la concurrence de quatre ou cinq mille livres.

Enfin pour animer encore davantage les Entrepreneurs, la Province s'engagea à leur payer une pistole pour chaque piéce de Draps fins qui seroient fabriqués dans lesdites Manufactures de Saptes & de Clermont, tant pour le dedans du Royaume, que pour les Pays étrangers.

Le Roi réserva aussi en même tems la somme de dix mille livres par an sur la forme des droits de quarantiéme, de ceux du tiers surtaux & autres dont jouissoit la Ville de Lyon, pour être payée pendant six années ou à ladite Compagnie, ou à celle qui devoit se faire, pour envoyer les Draps de ces Manufactures au Levant à la volonté de Sa Majesté.

Ce fut alors qu'après que la Société entre lesdits sieurs Gaspard, Hindret & Pierre Thomé, pour faire valoir ladite Manufacture de Clermont pendant lesdites six années, eût été entiérement reglée, il s'en forma une autre entre plusieurs Particuliers, pour le commerce & le débit des draps, tant de ladite Manufacture que de celle de Saptes, aux Echelles du Levant & ailleurs.

Quand tout fut ainsi disposé, les Interessés à l'ancienne Compagnie donnerent au mois de Mars 1683, un Acte pour que les métiers, outils & ustenciles qui se trouvoient dans la maison qu'ils avoient occupée jusqu'alors & où la nouvelle Compagnie devoit s'établir, demeurassent attachés à ladite maison, pour faire partie de la propriété d'icelle, en considération dequoi les loyers en seroient augmentés à proportion par lesdits Etats.

Il ne manquoit plus à ce nouvel établissement, que d'être confirmé par l'autorité Royale. C'est ce qui fut fait par un Arrêt du Conseil du 8 Mai 1683.

Par cet Arrêt, Sa Majesté approuve, confirme & agrée la délibération prise en l'assemblée des Etats de Languedoc, & la Société faite entre lesdits Hindret & Thomé; ordonne qu'ils seront mis en possession des maisons, bâtimens, eaux, métiers & ustenciles de ladite Manufacture de Clermont, dont les loyers seront payés à leur acquit à l'ancienne Compagnie de la Manufacture par les Etats de la Province, ainsi qu'il sera reglé par le sieur Daguesseau Intendant. Et à l'égard des laines, filasses, & autres choses nécessaires ausdits Hindret & Thomé, qui se trouveront dans ladite maison, ils en payeront la valeur aux anciens Interessés, suivant l'estimation qui en sera faite par Experts.

Sa Majesté ordonne en outre, que sur les cent mille livres d'une part, & trente mille livres d'autre, contenus en ladite délibération des Etats, il sera délivré, sçavoir, ausdits Hindret & Thomé, soixante-dix mille livres, & à Pierre de Varenne & autres Interessés en la Manufacture de Saptes soixante mille livres, en faisant par lesdits Hindret & Thomé leur soumission solidaire de rendre ladite somme de soixante-dix mille livres sans interêt aux termes portés par ladite délibération. Et par ledit de Varenne & associés pareille soumission; le tout à condition d'entretenir le même nombre de trente métiers battans en chacune desdites Manufactures & de les augmenter de deux ou trois tous les ans, dequoi ils feront leur soumission au Greffe du Conseil.

Sa Majesté ordonne pareillement que les Prevôt des Marchands & Echevins de la Ville de Lyon, payeront à la Compagnie du commerce qui se chargera du débit des Draps fabriqués dans lesdites Manufactures, dix mille livres par chacun an pendant les six années portées par l'Arrêt du Conseil du 13 Février 1683, & ce aux termes qui seront convenus.

Veut aussi Sa Majesté que conformément à ladite délibération des Etats, il soit payé par la Province ausdits sieurs Thomé, Hindret, & de Varenne & leur Compagnie, une pistole pour chacune piéce de Draps fins, fabriqués dans lesdites Manufactures.

Enfin Sa Majesté pour donner une plus grande marque de la protection qu'elle donne à ces Manufactures, accorde encore ausdits Thomé, Hindret & de Varenne, une autre pistole pour chaque piéce desdits draps, qui sera envoyée au Levant; laquelle leur sera payée par les Trésoriers généraux de ses Bâtimens, Arts & Manufactures, en rapportant les certificats des Intendans des ports où les embarquemens seront faits.

POUR LE SOL PAR PIECE D'ÉTOFFE DESTINÉ AUX APPOINTEMENS DES INSPECTEURS DES MANUFACTURES.

1686.

Le Roi avoit ordonné par un Arrêt de son Conseil du 11 Décembre 1675, que les appointemens de deux mille livres accordés aux Commis & Inspecteurs des Manufactures, leur seroient payés sur le produit du sol pour livre par piéces d'étoffes, tant de soie que de laine & de fil, qui seroient visitées & marquées par les Maîtres & Gardes & Jurés Drapiers & Sergers des Villes, Bourgs & Villages du Royaume, dont lesdits Jurés tiendroient registre, aussi-bien que des amendes ausquelles les Marchands trouvés en fraude auroient été condamnés. Mais Sa Majesté ayant été informée que les Maîtres & Gardes & Jurés de la Généralité de Tours négligeoient de tenir lesdits registres; & que même ceux des plus fortes Communautés n'étoient pas fidéles, n'y faisant pas mention de toutes les pieces qui s'y marquent, non plus que des amendes encourues, ensorte qu'ils en retenoient le produit qui devroit être employé au payement des appointemens desdits Inspecteurs, à quoi étant besoin de pourvoir, afin que lesdits Commis étant payés, pussent s'employer utilement à l'exécution des Réglemens & Statuts concernant lesdites Manufactures:

Sa Majesté par un Arrêt du 8 Mars 1686, ordonne de nouveau, que les Maîtres & Gardes & Jurés de toutes les Communautés, où il y a des Manufactures établies, tant en ladite Généralité de Tours qu'aux autres Généralités du Royaume, seront tenus & obligés d'avoir un registre, parafé sans frais, par les Juges ausquels la connoissance des Manufactures est attribuée, dans lequel registre lesdits Gardes seront tenus d'insérer toutes les pieces d'étoffes généralement qui leur seront apportées pour être marquées; ensemble les amendes ausquelles les Marchands trouvés en fraude auront été condamnés, à peine d'amende contre lesdits Gardes & Jurés, laquelle sera arbitrée par l'Intendant ou Commissaire départi en chaque Généralité, sur la plainte qui leur en sera portée: Enjoignant Sa Majesté aux Commis & Inspecteurs des Manufactures, tant en ladite Généralité de Tours, qu'autres du Royaume, de tenir la main à l'exécution du présent Arrêt, & de se faire représenter lesdits registres dans le cours de leurs visites, pour vérifier si les Gardes & Jurés y auront employé toutes les pieces qui leur auront été apportées pour être marquées, & les amendes ausquelles ceux qui auront été trouvés en fraude, auront été condamnés, &c.

1686.

L'Intendant de la Province de Languedoc rendit cette année une Ordonnance pour décharger les cadis qui s'y fabriquent, de l'obligation d'être visités & marqués, ainsi que le portent les Réglemens. Cette Ordonnance est du 16 Novembre 1686. Comme les motifs sont semblables à ceux de l'Ordonnance de 1682, dont on a parlé ci-dessus, & qu'elle a été confirmée par le même Arrêt de 1692, on renvoye les Lecteurs à ces deux années.

1687.

Les Intendans de Picardie & d'Artois ayant donné deux Ordonnances en forme de Réglement, l'une du 9 Juin 1677, & l'autre du 29 Septembre 1686, concernant les portées que doivent avoir les serges qui se fabriquent à Aumale, Gramilliers, Feuquiers, & Creve-cœur; Sa Majesté les confirma & en ordonna l'exécution par un Arrêt de son Conseil d'Etat du 20 Février 1687, dont on ne rapportera pas ici le dispositif, attendu qu'il en sera parlé plus convenablement à l'article des Serges où l'on peut avoir recours.

Les Manufactures de Draperie de Sedan établies par le sieur Cadeau & poussées par ses soins & son habileté à la derniere perfection, s'étoient jusqu'en l'année 1666 conduites par les articles de Réglemens contenus dans les Lettres Patentes qui lui avoient été accordées.

A l'expiration de son privilege qui n'étoit que de 20 années, il fut dressé un Réglement particulier pour les Manufactures de Draperie de la Ville de Sedan en 66 articles, confirmé par un Arrêt du Conseil du 16 Septembre de la même année 1666, & observé nonobstant le Réglement de 1669 jusqu'en 1687, que l'Inspecteur des Manufactures au Département de Champagne voulut, à ce que prétendoient les Echevins, les Maîtres & Gardes de la Draperie, & les plus gros Marchands de Sedan, les troubler dans leur possession, & les réduire à l'exécution du seul Réglement de 1669.

La contestation ayant été portée au Conseil d'Etat, le Roi en amplifiant l'un & l'autre Réglement y ajouta par un Arrêt de son Conseil du 9 Avril 1687, treize nouveaux articles pour être exécutés & gardés tant par l'Inspecteur que par les Maîtres & Gardes, Marchands & Manufacturiers.

Le premier & le second ordonnent aux Jurés de tenir registre des étoffes qu'ils marqueront, & de de rendre leurs comptes pardevant les Juges des Manufactures un mois après qu'ils seront sortis de Jurande.

Le troisiéme défend aux Auneurs d'auner aucune piece qui ne soit marquée du plomb de fabrique, & qui n'ait au chef le nom de l'Ouvrier fait au métier.

Le quatriéme enjoint aux Ouvriers de mettre leur nom au chef, travaillé au métier & non à l'aiguille.

Le cinquiéme défend de tirer, allonger, & arramer aucune piece de marchandise, tant en blanc qu'en teinture; ensorte qu'elles ne se puissent racourcir de la longueur & étrecir de la largeur; voulant à cet effet qu'elles puissent être tirées jusqu'à deux aunes par piece ourdie de treize ou quatorze enseignes, qui pourront rapporter venant de la foulerie 27 à 28 aunes en tout; pour la vérification de quoi le Tondeur avant de mettre la piece à la teinture, y apposera son plomb contenant sa longueur; ce qu'il observera aussi pour les draps ou ratines de couleur avant de les porter à la rame, pour les rendre unies & quarrées, afin de vérifier si elles n'auront pas allongé.

Le sixiéme permet aux Tondeurs de se servir d'huile vierge fine au lieu de graisse ou sain-doux pour l'ensimage, avec défenses de se servir de cardes pour coucher le poil à la rame.

Le septiéme renouvelle en faveur des Manufactures de Sedan le privilege accordé à toutes les autres; sçavoir, que les moulins, métiers, outils, &c. servant auxdites Manufactures, ne pourront être saisis ni vendus en Justice.

Le huitiéme regle le partage des amendes, conformément au Réglement de *1669*.

Le neuviéme défend de se servir des marques d'un autre lieu, ni de les contrefaire, à peine de 1500 liv. d'amende, & d'interdiction de tout commerce.

Le deuxiéme regle les visites des Jurés à une fois par mois, & ordonne que leurs procès verbaux seront certifiés par les Juges des Manufactures, qui jugeront des contraventions.

Il est défendu aux Jurés par l'onziéme article de transporter leurs marques pour aller marquer chez les Ouvriers, à peine de 100 l. d'amende.

Enfin le douziéme & le treiziéme enjoignent aux Teinturiers de mettre leur plomb à chaque piece qu'ils auront teinte, & de laisser une rose bleue au chef des noirs, & ainsi des autres couleurs.

Concernant l'Aunage.

Il se trouve deux Arrêts de cette année, l'un pour la Province de Languedoc du 24 Juin, & l'autre du 7 Octobre pour le Dauphiné, qui y défend l'usage des cannes pour mesurer les étoffes, & ordonne que pour le cannage ou aunage, on ne se servira plus dans ces deux Provinces que de l'aune de Paris, & que lesdites étoffes ne seront plus à l'avenir aunées par les lizieres, mais par le dos ou milieu. Comme ces deux Arrêts sont entiérement semblables, on se contentera de rapporter ici celui rendu pour le Languedoc.

Le Roi ayant été informé que selon l'usage de la Province de Languedoc, les Marchands, Ouvriers ou autres qui fabriquent & vendent des marchandises de laine, soie ou fil, se servent pour mesurer leurs étoffes d'une mesure appellée Canne, qui est plus grande que l'aune de Paris de deux tiers, & que cette mesure, qui n'est pas en usage dans les autres Provinces du Royaume, oblige les Marchands qui trafiquent en lad. Province de Languedoc à des réductions, d'où il arrive beaucoup de difficultés, & fait naître des Procès entre les uns & les autres à ce sujet; à quoi Sa Majesté jugeant à propos de remedier, & voulant en même-tems pourvoir aux plaintes qui lui avoient été faites par les Corps des Marchands Drapiers de la Ville de Lyon & de plusieurs autres Villes considérables du Royaume, d'un abus manifeste qui se commet depuis plusieurs années en ladite Province de Languedoc, consistant en ce que les Fabriquans ou Marchands de draps, au lieu de les canner par le dos ou milieu desdits draps, qui est l'endroit où les Fabriquans de draps des autres Provinces ont coutume de mesurer leurs piéces, ils les aunent par la liziere; ce qui cause un préjudice considérable à ceux qui achetent d'eux des draps ainsi aunés, Sa Majesté ordonne qu'à l'avenir tous Fabriquans, Ouvriers, Marchands & autres qui achettent ou vendent des étoffes & marchandises en ladite Province de Languedoc, soit de laine, soie, fil & autres, de quelque qualité qu'elles soient, seront tenus & obligés, dans la vente & débit de leurs marchandises, soit en gros ou en détail, de se servir de l'aune, mesure de Paris, au lieu de cannes, desquelles cannes Sa Majesté défend très-expressément l'usage en ladite Province de Languedoc, à peine aux contrevenans d'amende arbitraire, applicable, moitié au dénonciateur & moitié aux Hôpitaux généraux. Sa Majesté ordonnant en outre que dorénavant les Ouvriers, Fabriquans & Marchands de drap de ladite Province de Languedoc, seront aussi tenus & obligés d'auner leurs marchandises; sçavoir, les draps estamés & ratinés par le milieu de l'étoffe & non par la liziere, & les serges, droguets & autres pieces de marchandises de laine, de demi-aune & au-dessous, par la plus courte liziere, à peine de confiscation desdites étoffes: enjoignant Sa Majesté à l'Intendant, &c.

Il y a encore eu dans cette même année *1687* deux autres Arrêts du Conseil concernant les Manufactures de la Province de Languedoc, l'un du 4 Novembre concernant la marque des étoffes en toile, & l'autre du 5 Novembre pour les teintures en noir. On va les donner suivant l'ordre des dates.

Arrêt concernant la Marque des Etoffes en toile.

Le Roi ayant été informé des abus qui se commettent dans la Province de Languedoc dans les Manufactures de draperie, par l'inobservance des Réglemens sur ce fait, principalement en ce qui regarde la marque qui doit être mise à la tête des pieces de drap, laquelle marque doit contenir le nom de l'Ouvrier qui a fabriqué l'étoffe & celui de sa demeure. Que cette marque, comme l'avoient reconnu les Inspecteurs dans le cours de leurs visites, n'étoit faite pour l'ordinaire, par la plupart des Fabriquans, que de fil à l'aiguille après la manufacture desdits draps, ce qui étoit très facile à ôter; & par conséquent pouvoit donner occasion aux Ouvriers de changer comme il leur plaît, ou leur nom ou celui de leur demeure, ensorte qu'il leur étoit bien aisé de faire passer par ce changement des draps de la Montagne, pour draps de Carcassonne, & ceux de Carcassonne pour ceux d'Angleterre; ce qui n'arriveroit pas si ladite marque se faisoit suivant ce qui est prescrit par le LIe article du Réglement général concernant les Manufactures, lequel porte que le nom de l'Ouvrier doit être marqué à la tête de l'étoffe, & fabriqué sur le métier, & non fait à l'aiguille. Surquoi les Marchands ayant représenté que la plupart des Ouvriers ne connoissant point aucune lettre, ils ne sont pas capables de les employer à la tête de leurs ouvrages, qu'en outre, il faut plus de tems pour faire cette marque au métier, que pour travailler la piece d'étoffe entiere. Que d'ailleurs il n'étoit pas difficile de remédier à l'inconvénient provenant de la marque à l'aiguille, & qu'il ne faudroit pour cela que marquer les draps en toile, lorsqu'ils sont encore sur le métier avec de la laine d'une couleur différente de celle de l'étoffe où l'on employeroit le nom de l'Ouvrier, & celui du lieu de fabrique sans aucune abréviation : cette maniere de marquer les draps ne pouvant être ôtée comme celle de fil à l'aiguille, parce que lorsque les draps sont portés au foulon, la marque de laine s'y incorpore de telle sorte que l'on ne peut non plus l'ôter ni effacer, que si elle avoit été faite au métier, suivant les Réglemens. Surquoi Sa Majesté ayant agréé lesdites remontrances, & étant bien-aise de faciliter aux Ouvriers le moyen de faire leurs ouvrages avec œconomie & moins de perte de tems, pourvu qu'il n'en puisse arriver d'abus, sans avoir égard à ce qui est porté par le XXI article du Réglement général de *1669*, a permis aux Ouvriers en fait de draperie de la Province de Languedoc, de marquer à l'avenir, si bon leur semble, leur nom & celui de leur demeure, sans abréviation, à la tête des pieces d'étoffes en toile avec de la laine d'une couleur différente de celle de la piece où sera ladite marque, au lieu de la faire sur le métier ; ensorte que la piece étant portée au foulon, ladite marque s'y incorpore de telle sorte qu'elle ne puisse être non plus ôtée ni effacée, que si elle avoit été faite au métier. Sa Majesté voulant au surplus que ledit Réglement général soit exactement observé, & que suivant icelui nulle marque ne puisse être faite de fil à l'aiguille sur les chefs des pieces, sous les peines y portées.

Arrêt concernant les Teintures en noir.

Les Marchands Teinturiers de la Province de Languedoc ayant présenté au Roi une requête, tendante à ce que pour les causes & considérations y contenues, il leur fût permis de faire trois degrés de teinture pour les étoffes de laine qui doivent être mises en noir ; sçavoir, de teindre les draps fins en noir dans un bon guesde en bleu pers, avec garence, comme ils ont fait jusqu'à présent, conformément au IXe article du Réglement du mois d'Aout *1669*, les draps communs, du prix de trois, quatre ou six livres l'aune en bleu turquin, & les étoffes de plus bas prix en bleu céleste simplement : Sa Majesté, après avoir vu les Mémoires & les Avis qui lui ont été donnés sur ce sujet, & voulant fixer en Languedoc le pied de la teinture en noir desdites étoffes de laine, a ordonné que l'article IX dudit Réglement du mois d'Aout *1669* concernant les Teintures sera suivi & exécuté par lesdits Marchands & Maîtres Teinturiers, à l'égard des draps non fins, depuis le plus haut prix jusqu'à celui de quatre livres l'aune : Que l'article XI du même Réglement sera aussi exécuté à l'égard des draps noirs, depuis le prix de quatre livres l'aune jusqu'à celui de trois livres ; & quant aux draps & autres étoffes de laine du prix de trois livres l'aune & au-dessous, qu'ils seront teints en bleu céleste : ordonnant en outre Sa Majesté, que dans tous les endroits de ladite Province de Languedoc, où il y aura des Teinturiers établis & où il se fera des Teintures, il y aura, à l'égard des étoffes teintes en noir de médiocre & de bas prix, un échantillon ou matrice dans un dépôt public, pour servir de regle, tant ausdits Teinturiers & Marchands, qu'aux Commis des Manufactures & aux Juges d'icelles, Sa Majesté enjoignant à l'Intendant de Languedoc d'y tenir la main, &c.

1688.

Le Réglement particulier pour les Manufactures de lainerie de la Ville de Reims du 4 Octobre *1666*, confirmé par Arrêt du Conseil du 13 Septembre *1669*, étant en quelques articles différent du Réglement général du mois d'Aout de la même année *1669* ; & S. M. voulant pourvoir aux contestations qui survenoient souvent à ce sujet entre les Marchands & Ouvriers desdites Manufactures, ordonna par un Arrêt de son Conseil d'Etat du 14 Février 1688, que l'un & l'autre Réglement seroient exécutés selon leur forme & teneur, à la réserve des articles ausquels il seroit dérogé par l'Arrêt ; ce qui ne consiste néanmoins qu'en deux chefs.

1°. Il est dit que sans avoir égard aux articles 21 & 22 du Réglement particulier, suivant lequel les étoffes y mentionnées ne doivent avoir en toile que demi-aune entre les deux lisieres, l'article 30 du Réglement général, qui porte qu'il ne sera fait d'étoffes de si bas prix qu'elles puissent être, qu'elles n'ayent au moins demi-aune mesure de Paris toutes apprêtées, sera suivi & exécuté, même pour les étoffes de nouvelle mode inventées & faites depuis.

2°. En dérogeant aux articles 36 du Réglement particulier & 51 du Réglement général, il est permis aux Ouvriers des Manufactures de Reims, de marquer, si bon leur semble, leur nom & celui de leur demeure sans abréviation au chef de leurs étoffes, avec de la laine d'une couleur différente de celle de l'étoffe, au lieu de la faire au métier ; ensorte néanmoins qu'étant portée au Foulon, cette marque s'y incorpore, & ne puisse non plus en être ôtée, que si elle étoit faite au métier.

POUR LES CHARTIERS ET VOITURIERS qui passent debout dans les Villes du Royaume, chargés de Draps & autres Etoffes de Laine.

Le Roi ayant été informé qu'il se commettoit plusieurs fraudes & abus contre les droits des cinq grosses Fermes par les Chartiers & autres Voituriers qui passent debout dans les Villes de Paris, &c. chargés de draps & autres étoffes de laine, comme aussi par les Messagers, Maîtres de Coches & Carosses des Villes & lieux qui y apportent de semblables marchandises, Sa Majesté pour y pourvoir, ordonna par un Arrêt de son Conseil du 7 Fevrier 1688, qu'à l'avenir tous les Chartiers & autres Voituriers qui transporteront d'un lieu à un autre, dedans ou dehors l'étendue des cinq grosses Fermes, des marchandises de draps & autres étoffes de laine sur des charrettes ou bêtes de somme, passant debout dans la Ville de Paris, seront tenus d'aller descendre à la Halle aux Draps, & d'y laisser leurs charrettes ou autres charges pendant une nuit, où ils les iront reprendre le lendemain au matin, après avoir pris à la Douane les acquits & passavants dont ils auront besoin. Et à l'égard des Messagers, Maîtres de Coches & Carrosses, qu'ils seront tenus d'envoyer à la Douane dans le même jour de leur arrivée, les ballots de semblables marchandises dont ils seront chargés, à peine de confiscation desdites marchandises, même des chevaux & charrettes, & de cent livres d'amende contre lesdits Voituriers, Messagers & Maîtres des Coches & Carrosses.

Contre les Gardes et Jurés qui marquent, comme bonnes, des Etoffes défectueuses.

Il avoit été ordonné par l'article XXXIX du Réglement général des Manufactures du mois d'Aout *1669*, que tous les draps, serges & autres étoffes seroient vues & visitées au retour du foulon par les Gardes, Jurés en charge, & marquées par eux de la marque du lieu où elles auroient été faites, pour reconnoître si elles sont des qualités requises, pour & en cas de défectuosité les faire saisir, & la confiscation en être poursuivie de la maniere prescrite par ledit Réglement : cependant la plupart desdits Gardes ne laissoient pas, dans leurs visites, de marquer celles qui se trouvoient défectueuses, comme si elles avoient les longueurs, largeurs & qualités requises, ce qui entretenoit les Ouvriers dans le relâchement qu'ils font sur la fabrique des étoffes.

Le Roi informé de cet abus, & voulant y pourvoir, ordonna par un Arrêt du Conseil du 24 Juillet *1688*, que l'article XXXIX dudit Réglement de *1669*, seroit exécuté selon sa forme & teneur ; & y ajoutant que si à l'avenir les Gardes, Jurés ou autres, ausquels Sa Majesté a attribué par ledit Réglement le droit de visite & marque des Draps & autres étoffes, marquent comme bonnes des étoffes défectueuses, soit en longueur, largeur & qualité, ils soient condamnés chacun en dix livres d'amende pour chaque piece d'étoffe qui sera trouvée défectueuse, au payement de laquelle somme ils seront contraints comme pour les propres deniers de Sa Majesté ; & afin de connoître l'année dans laquelle ces étoffes auront été marquées, Sa Majesté veut que lorsque les nouveaux Jurés seront élus en charge, ils feront faire une marque nouvelle où sera la datte & l'année qu'ils auront été élus, de laquelle ils se serviront pour marquer les étoffes sur lesquelles ils ont droit de visite. Ordonnant que le présent Arrêt soit enregistré par tout où besoin sera, & exécuté nonobstant opposition ou appellation quelconques, dont si aucune intervient, Sa Majesté s'en réserve & à son Conseil la connoissance, &c.

Contre les Marchands qui se trouveront saisis de Marchandises défectueuses.

L'Inspecteur des Manufactures du Département d'Orléans, ayant dans le cours de ses visites trouvé dans les Magasins de cette Ville plusieurs pieces d'étoffes défectueuses, & entr'autres quatre pieces de drap blanc de la Fabrique d'Aubigny, marquées sur le chef, *Mahon*, adressées à un Marchand de ladite Ville nommé Godefroy, lesquelles il auroit fait saisir & assigner ledit Godefroy, lequel auroit déclaré qu'il les avoit demandées de la qualité & bonté portées par les Réglemens, ledit Inspecteur auroit aussi pour raison de ce, fait assigner ledit Mahon. Le Roi informé de cette contravention, & voulant pour l'interêt du Public y pourvoir, ordonna par un Arrêt de son Conseil du 30 Septembre *1688*, aux Juges des Manufactures de ladite Ville d'Orleans, de prendre connoissance de ladite contravention, & de la juger suivant & conformément aux Réglemens rendus sur le fait des Manufactures : & pour empêcher que de semblables abus ne se commettent en aucunes autres Villes du Royaume, Sa Majesté enjoint aux Juges des Manufactures d'icelles d'en juger avec la même severité à l'endroit des Marchands qui se trouveront saisis de pieces défectueuses. Voulant Sa Majesté que tant ledit Godefroy que les autres Marchands qui tomberont en pareille faute, portent seuls les peines ordonnées par lesdits Réglemens, contre ceux qui se trouveront saisis d'étoffes défectueuses, sans qu'ils puissent avoir recours contre celui ou ceux qui leur auront envoyé lesdites étoffes défectueuses, & desquels ils les auront achetées. Enjoignant Sa Majesté aux Intendans & aux Juges des Manufactures chacun à son égard, de tenir la main à l'exécution du présent Arrêt.

Il y a encore deux Arrêts de cette année *1688*, sçavoir, un du 17 Février, & l'autre du 16 Mars, rendus au sujet des Draperies de laine étrangeres. Ils sont rappellés dans celui du 19 Novembre *1694*, où l'on peut avoir recours ; il se trouve dans ce Dictionnaire dans l'ordre de la datte des années.

1689.

La plupart des Ouvriers employés dans les Fabriques & Manufactures des draps & autres étoffes de laine s'étant avisés, pour augmenter l'aunage de leurs étoffes, de les tirer par le dos ou faîte, ensorte qu'une piece de vingt aunes mesurée par les lisieres, en avoit quelquefois vingt-deux ou vingt-trois mesurée par le dos, Sa Majesté pour remedier à cet abus capable de décrediter les Fabriques du Royaume, ordonna par un Arrêt de son Conseil d'Etat, en forme de Réglement du 3 Octobre *1689*, que conformément à l'article 52 du Réglement général, aucune étoffe, soit en blanc, soit en teinture, ne pourroit être tirée, allongée ni arramée de telle sorte qu'elle se pût racourcir de la longueur & étrecir de largeur, à peine de cent livres d'amende contre les contrevenans pour la premiere fois, & en cas de récidive d'être déchûs de la Maîtrise. Permet Sa Majesté à tous Marchands & autres qui acheteroient des marchandises, de faire auner la piece tant par la lisiere que par le dos, & d'en payer le prix sur le pied du moindre aunage.

Concernant les Etoffes de Laine, & Fil & Laine, qui s'apportent aux Foires de Poitou.

L'article XL du Réglement général du mois d'Aout *1669* concernant les Manufactures, avoit ordonné que les draps, serges, & autres étoffes de laine & de fil qui seroient apportées aux Foires, y seroient vûes, visitées, & marquées par les Maîtres Gardes Jurés de la Draperie du lieu où se tiendroient lesdites Foires. Cependant plusieurs Marchands & Ouvriers fréquentans les Foires de Poitou, par une contravention manifeste à cet article, faisoient décharger dans les maisons des Particuliers les étoffes dont ils faisoient commerce, où les Marchands les alloient acheter, sans qu'au préalable elles eussent été visitées ni marquées par les Gardes Jurés en Charge, d'où il arrivoit que les Ouvriers, assurés du débit de leurs étoffes, continuoient à les faire de mauvaise qualité, ce qui pouvoit contribuer à détruire dans les Pays étrangers la réputation des Manufactures de France, & étant d'ailleurs très préjudiciable au Public.

Le Roi informé de cet abus, & pour y remedier, ordonna par un Arrêt de son Conseil du 21 Mars 1689, que conformément audit article du Réglement de 1669, les draps, serges, & autres étoffes de laine & de fil qui seroient apportées aux Foires de ladite Province de Poitou, seroient vûes, visitées, & marquées, avant que d'être exposées en vente, par les Gardes Jurés de la Draperie du lieu où se tiendroient lesdites Foires; & en conséquence, fait de très expresses inhibitions & défenses à tous Marchands, Ouvriers, & autres de décharger les draps, serges, & autres étoffes de laine & de fil dans les maisons des Particuliers, à peine de confiscation d'icelles & de trois cens livres d'amende pour chaque contravention contre les Marchands, Ouvriers & autres, qui auront déchargé lesdites étoffes, & de deux cent livres d'amende contre celui qui les aura reçues dans sa maison, Sa Majesté déclarant lesdites amendes encourues, *ipso facto*, par les contrevenans, sans qu'elles puissent être diminuées par les Juges, pour quelque cause, occasion & sous quelque prétexte que ce puisse être, à peine d'en répondre en leur propre & privé nom, Sa Majesté enjoignant à l'Intendant de Poitou d'y tenir la main, &c.

1690.

Il fut rendu cette année le 3 Octobre, un Arrêt du Conseil concernant les Draperies de laines étrangeres, & l'ordre prescrit pour la fabrique & marque des draps des Manufactures de France; il est rappellé dans un autre du Conseil du 19 Octobre 1694. *Voyez ci-après* ce dernier Arrêt.

1692.

L'Arrêt du 5 Février 1692, rendu en conséquence d'un autre Arrêt du 31 Décembre 1675, rapporté ci-dessus au sujet des Registres que doivent tenir les Maîtres & Gardes & Jurés des étoffes de soie, laine & fil, qu'ils visiteront & marqueront, & des appointemens des Inspecteurs des Manufactures à prendre sur le sol pour pieces, qui se paye pour la marque de chacune piece d'étoffe, porte qu'il seroit fait par les Sieurs Intendans dans chaque Généralité, des départemens de ladite somme de 2000 liv. sur toutes les Villes & lieux de l'Inspection de chacun desdits Commis, à proportion du produit dudit sol pour pieces; auquel effet les Jurés seroient tenus de représenter leurs Registres & autres pieces, pour être les sommes contenues ausdits départemens payées ausdits Commis Inspecteurs.

On ne dira rien davantage de cet Arrêt, ayant été depuis confirmé par celui du 22 Octobre 1697, où il a été rappellé. *Voyez* cet Arrêt, *ci-après*.

Les Députés de la Province de Languedoc ayant représenté au Roi par l'article VII de leur cayer, que les étoffes appellées Cadis, qui se fabriquent dans le Gevaudan, le Velay, les Sevennes & autres lieux circonvoisins, avoient été exceptées par Arrêt du Conseil du 14 Octobre 1673, du Réglement général des Manufactures du mois d'Aout 1669, pour toutes les autres étoffes qui se font dans le Royaume; & que sur ce fondement elles avoient été déchargées du droit de visite & de marque par les Ordonnances rendues par les Sieurs Daguesseau & de Bâville, les 17 Décembre 1682 & 16 Novembre 1686; mais que comme ces Ordonnances ne pouvoient être exécutées que dans l'étendue de la Province de Languedoc, il arrivoit journellement que, lorsque ces étoffes étoient portées hors la Province, elles étoient saisies par les Gardes & Jurés des Marchands Merciers, Drapiers, prétendant que n'étant pas marquées, elles étoient sujettes à la confiscation, ce qui troubloit le débit de ces sortes d'étoffes, à quoi lesdits Députés supplioient très humblement Sa Majesté qu'il fût pourvû.

Le Roi après s'être fait représenter ledit Arrêt du 14 Octobre 1673, & lesdites deux Ordonnances, & avoir vû l'avis dudit Sieur Daguesseau, portant que lesdites étoffes avoient été exemptées de la rigueur des Réglemens à cause de leur peu de valeur, & qu'elles ne sont ni de prix, ni de qualité à recevoir l'apprêt & les teintures en la maniere prescrite pour les étoffes plus considérables; & qu'ainsi il n'y avoit point d'inconvénient d'accorder aux Etats ce qu'ils demandoient: Sa Majesté par un Arrêt du 7 Octobre 1692, ordonne que ledit Arrêt de 1673, & lesdites deux Ordonnances seront exécutées, & en conséquence fait défenses aux Gardes-Jurés des Marchands de draps & tous autres, de saisir & arrêter les cadis & burats du Gevaudan, Velay, Sevennes & autres lieux circonvoisins de la Province de Languedoc, sous prétexte qu'ils ne seront pas marqués, ni d'exiger aucun droit pour la marque & visite dont Sa Majesté les a déchargés, &c.

1693.

Il fut donné cette année un Arrêt du Conseil concernant la maniere dont les Entrepreneurs des Manufactures des draperies, & les Maîtres Drapiers-Drapans de toutes les Provinces du Royaume, doivent mettre leur nom & celui de leur demeure sur le chef de chaque piece d'étoffes.

Cet Arrêt qui est du 7 Avril, ordonna l'exécution de l'article LI des Réglemens généraux de 1669, & de l'Arrêt du Conseil du 4 Novembre 1687, & en conséquence que les Entrepreneurs des Manufactures, & les Maîtres Drapiers Drapans de tout le Royaume, seront tenus de mettre leur nom au chef & premier bout de chaque piece sur le métier, conformément audit article LI. ou de marquer leur nom & celui de leur demeure sans abréviation, ensemble le N°. des pieces d'étoffes, à la tête de chaque piece en toiles, soit qu'elles soient sujettes à la teinture ou non, avec de la laine d'une couleur différente de celle de la piece, au lieu de la faire sur le métier; en sorte que la piece étant portée au foulon, ladite marque de laine s'incorpore avec la piece; & qu'elle ne puisse être non plus ôtée & effacée que si elle avoit été faite au métier suivant ledit Arrêt du 4 Novembre 1687, le tout sous les peines portées par lesdits Reglemens de 1669: Que néanmoins lesdits Entrepreneurs & Drapiers Drapans, pourront si bon leur semble, outre ladite marque ainsi faite sur le métier, ou avec de la laine sur les pieces d'étoffes sujettes à la teinture, y en ajouter une autre à l'aiguille faite avec du fil ou du coton, ou telle autre matiere que bon leur semblera.

On peut voir ci-dessus ledit Arrêt de 1687, & le Réglement de 1669.

1 6 9 4.

Le Roi ayant été informé qu'au préjudice des Arrêts du Conseil du 17 Février & 16 Mars 1688, & 3 Octobre 1690, rendus au sujet des draperies de laines étrangeres, & l'ordre prescrit pour la fabrique & marque des draps des Manufactures de France, divers Marchands commettoient plusieurs abus tant contre lesdits Arrêts, que contre les Réglemens généraux; les uns en ajoutant & faisant rentrer aux pieces de draps de fabrique étrangere, des lisieres avec les marques des fabriques de France; & d'autres en faisant mettre aux draps de fabrique de France, des marques étrangeres, & que d'ailleurs il se trouveroit quantité d'étoffes qui n'avoient aucune marque ni de fabrique, ni de visite.

Pour y pourvoir, Sa Majesté après avoir vû les procès verbaux des saisies faites en exécution desdits Arrêts, ordonne de nouveau qu'ils seront exécutés selon leur forme & teneur, & qu'à l'égard des draps saisis, il sera procedé pardevant le Sieur Lieutenant de Police de Paris, pour y être pourvû conformément ausdits Arrêts ainsi qu'il appartiendra de raison. Ce dernier Arrêt est du 19 Octobre 1694.

1 6 9 7.

Le Réglement de 1676 concernant les draps destinés pour les Echelles du Levant, n'ayant pas paru suffisant, comme on l'a dit ci-dessus, il en fut dressé un nouveau par Arrêt du Conseil d'Etat du 22 Octobre 1697, qui prescrivit en vingt-trois articles les longueur & largeur de ces sortes de draps, les laines qui devoient y être employées, la maniere de les travailler & fabriquer, la marque contenant le nom de l'Ouvrier & le lieu de la fabrique, la façon de les fouler avec du savon & non avec de la terre, leur tonture & apprêt, leur teinture, leurs visites par les Gardes & Jurés en Charge, leur arramage, leur aunage, les fonctions des Inspecteurs par rapport à ces sortes de draps, & leur visite à Marseille, avant que d'être embarqués pour le Levant, par lesdits Inspecteurs accompagnés de deux Marchands.

On n'est entré dans aucun détail de ces vingt-trois articles, parce qu'ils se trouvent tous fort étendus & augmentés dans le Réglement de 1708, dont on parlera ci-après très amplement.

CONCERNANT LA MARQUE DES ÉTOFFES de la Province de Languedoc, les Registres que les Maitres & Gardes en doivent tenir, & les appointemens des Inspecteurs.

Le Roi avoit ordonné par le Réglement de 1667, pour les Manufactures d'étoffes de soie, & par celui de 1669 pour les étoffes de laine, que lesdites étoffes seroient visitées & marquées par les Gardes-Jurés des Fabriquans dans les lieux de Fabrique, & par les Maîtres & Gardes Marchands dans les Villes où elles seroient portées pour y être débitées; & par un Arrêt de son Conseil du 31 Décembre 1675, que les Maîtres, Gardes & Jurés Drapiers & Sergers des Villes, Bourgs & Villages du Royaume, tiendroient bon & fidele Registre de toutes les pieces d'étoffes, tant de soie que de laine & fil, qu'ils visiteroient & marqueroient: comme aussi des amendes & confiscations qui seroient prononcées; lequel Registre seroit paraphé par les Maire, Echevins, Jurats, Capitouls, Consuls ou autres Juges, ausquels la connoissance des Réglemens & Statuts des Manufactures est attribuée, & par les Commis employés à l'exécution d'iceux; & que les appointemens desdits Commis, à raison de deux mille livres par an, seroient pris sur le produit du sol par piece, qui se paye ausdits Maîtres, Gardes & Jurés pour la visite & marque & sur le quart des amendes & confiscations qui seront adjugées; & par autres Arrêts du 5 Février 1692, qu'en conséquence du précédent Arrêt, il seroit fait par les Sieurs Intendans dans chaque Généralité, un département de ladite somme de deux mille livres sur toutes les Villes & lieux sujets à l'Inspection de chacun desdits Commis, & où la visite & marque des étoffes est faite par lesdits Gardes & Jurés à proportion du produit du sol pour piece, auquel effet lesdits Jurés seroient tenus de représenter leur Registre & autres pieces pour être les sommes contenues ausdits départemens, payées ausdits Commis, après qu'ils auront remis ausdits Sieurs Intendans les procès verbaux ou états des visites qu'ils auront faites en chacun desdits lieux; & qu'ils en auront obtenu les Ordonnances pour le payement des sommes contenues ausdits départemens.

Mais Sa Majesté ayant été informée que lesdits Réglemens & Arrêts n'étoient pas exécutés dans la Province de Languedoc, en ce qui concerne le Registre, ce qui donne lieu à diverses fraudes & abus de la part des Fabriquans & de la part des Marchands, & à des contestations entre les Commis préposés pour l'exécution des Réglemens de ladite Province, & les Maîtres, Gardes & Jurés de Communautés sur le payement des appointemens desdits Commis, à quoi il étoit nécessaire de pourvoir.

Sa Majesté par un nouvel Arrêt de son Conseil du 22 Octobre 1697, a ordonné que, conformément ausdits Réglemens & Arrêts, les étoffes tant de laine que de soie, qui seront à l'avenir fabriquées en ladite Province, seront vûes, visitées & marquées du plomb de fabrique par les Gardes & Jurés des lieux où il se fabrique desdites étoffes; & qu'elles seront encore vûes, visitées & marquées du plomb de vûe dans les Villes & Bourgs, où elles seront vendues & débitées par les Maîtres & Gardes des Communautés des Marchands desdites Villes & Bourgs, à peine de confiscation de celles qui se trouveront n'avoir pas été marquées; & que les Maîtres & Gardes & Jurés, tant desdits Marchands que des Fabriquans des Villes, Bourgs & Villages de ladite Province, tiendront bon & fidele Registre de toutes les pieces d'étoffes qu'ils visiteront & marqueront, & des amendes & confiscations qui seront ordonnées sur les contraventions ausdits Reglemens, à peine de cent livres d'amende contre les Maîtres, Gardes & Jurés desdites Villes, Bourgs & Villages, dans lesquels lesdits Commis des Manufactures ne trouveront point de Registre dans un mois, à compter du jour de la publication dudit Arrêt, qui en sera faite en chaque lieu de fabrique & de débit, par les Juges des Manufactures, qui assembleront les Marchands & Fabriquans à cet effet; & de 20 liv. d'amende contre les Maîtres Gardes, & Jurés par chacune piece d'étoffe qui aura été marquée & non enregistrée, lesquels Registres seront paraphés sans frais ainsi qu'il est prescrit par ledit Arrêt du 31 Décembre 1675, & représentés ausdits

Commis par lesdits Maîtres, Gardes & Jurés tous les trois mois, & toutes fois & quantes qu'ils en seront requis, pour être par lesdits Commis tiré des extraits desdits Registres contenant la quantité des pieces d'étoffes qui auront été visitées & marquées, & des amendes & confiscations qui auront été adjugées; lesquels extraits lesdits Commis remettront au Sieur Intendant de ladite Province, avec les procès verbaux & états de visites de leur département, conformément audit Arrêt du 5 Février 1692, lequel au surplus sera exécuté selon sa forme & teneur : Enjoignant Sa Majesté audit Sieur Intendant de tenir la main à l'exécution du présent Arrêt, & aux Juges des Manufactures de s'y conformer dans leurs Jugemens.

Défenses de se servir de presses à feu.

Les contraventions aux Réglemens concernant les presses à feu, avoient obligé Henri IV en 1601, d'en ordonner l'exécution par des Lettres Patentes du 8 Juin de ladite année 1601, Louis XIV se trouva en 1697 dans la même nécessité, & ce fut pour maintenir une discipline si nécessaire, que fut rendu l'Arrêt du Conseil d'Etat du mois de Décembre de la même année 1697.

Sa Majesté expose dans le préambule de l'Arrêt qu'ayant été informé qu'il s'étoit établi dans plusieurs endroits du Royaume, spécialement dans la Ville de Paris, un usage de presses à chaud, à fer & airain, quoiqu'expressément défendu par les Ordonnances de 1508 & 1560, & par celle de 1601, sous prétexte que le Réglement général de 1669 n'en rapelloit pas l'exécution. Que comme cette maniere de presser les draps en cache les inégalités & les défauts, ce qui pourroit donner occasion aux Ouvriers & Fabriquans de se négliger & de faciliter des fraudes dans le commerce, Sa Majesté se trouvoit obligée d'y pourvoir. Qu'en consequence elle ordonnoit que lesdites Ordonnances des années 1508, 1560 & 1601, seroient exécutées selon leur forme & teneur. Que conformément à icelles elle faisoit d'expresses inhibitions & défenses à tous Marchands Drapiers, Manufacturiers fabriquans, Foulans, Aplagneurs, Tondeurs & autres, tant de la Ville de Paris que dans les autres Villes & lieux du Royaume, d'avoir & tenir chez eux aucune presse à fer, airain & à feu, ni de s'en servir pour presser les draps & étoffes de laine, à peine de confiscation desdites presses & ustenciles, & de 500 livres d'amende pour chacune contravention, Sa Majesté faisant pareillement défense à tous Marchands de commander ni exposer en vente aucuns draps ni étoffes de laine, qui eussent été pressés à fer, airain & à feu, à peine de cent livres d'amende pour chacune piece, & de plus grande en cas de récidive. Enjoignant Sa Majesté au Sieur Lieutenant Général de Police de Paris, & aux Sieurs Intendans & Commissaires départis dans les Provinces de tenir la main à l'exécution du présent Arrêt, qui seroit lu, publié & affiché par tout où besoin seroit.

1698.

Les Ouvriers des Manufactures des serges & autres étoffes de laine, établies dans tout le Duché d'Aumale & dans l'étendue de la Prevôté de Grandvilliers, n'observant presque aucun article, soit de leur Réglement particulier du 23 Octobre 1666, soit du Réglement général du mois d'Aout 1669, concernant la visite & la marque des étoffes, l'obligation d'y mettre leur nom au chef, l'établissement des Chambres & Bureaux dans des lieux commodes pour faire lesdites marques & visites, l'élection des Jurés des Communautés; il fut ordonné par un Arrêt du Conseil d'Etat du 13 Mai 1698, que conformément ausdits Réglemens :

1°. Tous les Fabriquans du Duché d'Aumale & Prevôté de Grandvilliers mettroient leur nom & celui du lieu de leur demeure au chef de chaque piece, au métier & non à l'aiguille, avant que d'être portée au Foulon.

2°. Que pour la visite & marque des étoffes il seroit établi des Chambres & Bureaux dans la Ville d'Aumale, à Grandvilliers, à Lignieres & à Mollieu, à chacun desquels, suivant la destination faite par l'Arrêt, tous les Fabriquans & Ouvriers des endroits y dénommés, seroient obligés de porter leurs étoffes.

3°. Qu'il se feroit élection chaque année de Gardes & Jurés aux lieux où seront établis lesdits quatre Bureaux de visite, pour faire lesdites marques & visites, conformément aux Réglemens particuliers & généraux.

4°. Qu'aucun Fabriquant ou autres ne pourroient vendre ni exposer en vente aucunes pieces d'étoffe, sans les avoir fait visiter & marquer du plomb de fabrique du Bureau, auquel elles doivent être visitées & marquées suivant le present Arrêt, & non d'autre, sans préjudice néanmoins des Bureaux établis à Feuquiers & Hardivillers où les étoffes desdits lieux & autres circonvoisins continueront d'être portées.

Le Réglement pour les Manufactures de la Province de Poitou du 4 Novembre 1698, consiste en trente-trois articles, dont partie prescrit les portées, longueurs & largeurs des diverses étoffes de laine qui se fabriquent dans cette Province, & les laines dont elles doivent être faites; & l'autre partie regarde leurs marques & visites & autres articles de police & de discipline, qui doivent être observés par les Gardes & Jurés, Maîtres & Ouvriers desdites Manufactures.

Les articles concernant les étoffes sont les 1, 2, 7, 9 & 16 pour les serges; les 3, 4, 5, 6, 11 & 12 pour les droguets; les 7 & 8 pour les étamines; le 10 pour les draps; les 13, 14 & 15 pour les tiretaines; le 17 pour les revêches; les 18 & 19 articles sont de la bonne fabrique de toutes ces étoffes, dans lesquelles, à la réserve des serges drapées croisées, des tiretaines communes & des revêches croisées, il n'est pas permis d'employer des pignons. Tous ces articles étant rapportés à ceux des diverses étoffes dont il y est parlé, on n'en fera ici aucun extrait. *Voyez* SERGE, DROGUET, TIRETAINE, REVESCHE, ESTAMINE & DRAP.

On va présentement parcourir les articles de police & de discipline qui commencent au vingt-uniéme du Réglement.

Ce vingt-uniéme article défend la fabrique de toutes ces étoffes à tous autres qu'aux Maîtres des Communautés des Drapiers Sergers & autres Fabriquans d'étoffes.

Le vingt-deuxiéme ordonne la visite des étoffes en toile avant que d'aller au Foulon, & enjoint que la quantité d'aune qu'elles contiennent sera marquée à un des bouts de chaque piece, avec un fil de laine différente de l'étoffe, aussi-bien que le numero du rang qu'elles auront passé au Bureau;

ce qui sera aussi mis sur le Registre des Gardes & Jurés.

Les vingt-troisiéme & vingt-quatriéme défendent aux Foulonniers de mettre à leur moulin aucune piece non marquée, à peine de 3 liv. d'amende contr'eux, & de 10 liv. contre le Fabriquant, non plus que de fouler des étoffes de pure & bonne laine avec des étoffes mêlées de pignons, à peine de 10 livres pour la premiere fois, & d'être chassés des moulins en cas de récidive.

Le vingt-cinquiéme défend pareillement à tous Foulonniers, Tondeurs, & Apprêteurs de rouler aucune étoffe à chaud, soit en mettant du feu dessous, soit en faisant chauffer les rouleaux, à peine de 100 liv. d'amende pour la premiere fois, & d'être déchus de la Maîtrise en cas de récidive.

Il est ordonné par le vingt-sixiéme, que toutes les étoffes seront apprêtées à apprêt d'eau, afin qu'elles ne puissent se retirer lorsqu'elles seront mouillées.

Le vingt-septiéme veut, que les étoffes soient visitées une seconde fois par les Gardes & Jurés, après avoir été foulées & apprêtées, pour être marquées d'un plomb, conformément à l'article 39 du Réglement de *1669*: Et par le vingt-huitiéme il est permis auxdits Jurés, lors de la seconde visite, d'en faire mouiller quelques pieces pour vérifier la bonté de l'apprêt.

Le vingt-neuviéme enjoint auxdits Jurés de ne frapper aucun plomb, qu'il ne soit appliqué à une piece d'étoffe, à peine de 100 liv. d'amende & de déchéance de la Jurande.

Les visites générales des Jurés sont reglées par le trentiéme article au moins à quatre par an; & le trente-uniéme leur permet outre les visites générales, d'en faire de tems en tems de particulieres, quand bon leur semblera.

Le trente-deuxiéme article accorde aux Jurés divers privileges, comme l'exemption de la collecte des tailles, de logement de gens de guerre, &c. pendant leur Jurande, qui ne pourra durer plus de deux années; le nombre des Jurés étant reglé à quatre, dont deux changeront chaque année.

Enfin par le trente-troisiéme & dernier article l'exécution du Réglement général de *1669* est ordonnée en ce qui n'y est pas dérogé, sous les peines y portées.

Reglement pour les Tondeurs de Sedan.

Les difficultés & les différens qui arriverent journellement entre les Drapiers & les Tondeurs de la Ville de Sedan, donnerent lieu à une Ordonnance en forme de Réglement du 5 Juillet 1698, par laquelle M. Larcher Intendant de Champagne, après avoir entendu les Maire & Echevins de ladite Ville, Juges de ladite Manufacture, les Maîtres & Gardes, & Jurés desdits Drapiers, les principaux d'entre les Maîtres de ladite Communauté, & les Tondeurs, regle en douze articles tous lesdits différends, soit pour le prix des ouvrages faits par lesdits Tondeurs, soit pour les tems du payement desdits ouvrages, soit pour le mesurage des étoffes, soit pour les rames, pour la frisure, pour le striquage & le couchement du poil; soit enfin pour le nombre des Apprentifs que chaque Maître Tondeur peut avoir.

L'extrait de ce Réglement est rapporté plus au long ci-après à l'article des Tondeurs où l'on peut avoir recours.

Pour les Draps qui s'envoyent au Levant.

1699.

Le commerce des draps est un des principaux que les François fassent au Levant; c'est aussi pour perfectionner la Fabrique de ceux qui se font dans les Manufactures du Royaume, qu'ont été donnés tant de Réglemens capables s'ils étoient bien observés, de leur attirer par leur bonne qualité la préférence sur les draps étrangers, ou du moins de les faire entrer en concurrence avec eux.

Mais le Roi ayant été informé que tout ce qu'on avoit fait jusqu'alors n'avoit pas eu le succès qu'on avoit raison d'en attendre, & que malgré les soins de la Chambre du Commerce & de l'Inspecteur établi à Marseille, les Fabriquans ou les Négocians trouvoient le moyen de faire passer au Levant leurs étoffes quoique défectueuses & quoique rebutées par ladite Chambre & par ledit Inspecteur, ce qui en décréditoit la fabrique & en diminuoit le débit, à quoi étant important de pourvoir, Sa Majesté par une Ordonnance du 23 Septembre 1699, veut & entend qu'à l'avenir toutes les pieces de draps des Manufactures de France, qui seront apportées dans les Echelles du Levant, sur quelques bâtimens que ce soit, sans être marquées de la marque des Echevins, & de l'Inspecteur de Marseille, seront renvoyées par les Consuls, lesquels dresseront procès verbal contenant l'état de chaque piece, les noms des Chargeurs & des Commissionnaires ausquels elles auront été adressées, & renvoyeront le tout ausdits Echevins, pour y être par eux statué conformément aux Réglemens: Voulant Sa Majesté que les Consuls informent le Secretaire d'Etat ayant le département de la Marine, de ce qu'ils feront en exécution de la présente Ordonnance, à laquelle ils tiendront la main à peine d'en répondre en leur propre & privé nom.

Concernant les Bayettes, Sempiternes et Anacostes.

1703.

Il y avoit déja quelque tems que les Ouvriers François s'étoient appliqués à imiter diverses petites étoffes de fabriques étrangeres, entr'autres les bayettes, les sempiternes ou perpetuanes & les anacostes, dont il se fait quantité en Flandres, & dont le débit le plus ordinaire est pour l'Espagne & l'Italie. Le Roi informé de l'établissement de ces nouvelles Manufactures dans le Royaume & de leur succès, voulant favoriser ce commerce naissant de ses Sujets, donna cette année deux Arrêts de son Conseil; l'un du 14 Juillet, & l'autre du 23 Octobre.

Par le premier, Sa Majesté ordonne que lesdites étoffes de nouvelle fabrique de Manufacture Françoise, lorsqu'elles sortiroient pour l'Espagne, par quelle voie que ce soit, payeroient une fois seulement au plus prochain bureau des Fermes du lieu de l'enlevement pour tous droits de sortie tant en sortant des Provinces de l'étendue des cinq Grosses Fermes, que des autres Provinces, à la sortie desquelles il est levé des droits au profit de Sa Majesté, dix sols du cent pesant, au moyen dequoi lesdites étoffes seroient exemtes

& déchargées du payement des droits de la Douane de Lyon, tiers-surtaux & quarantiéme, des droits de la Douane de Valence & Coutume de Bayonne, en passant dans l'étendue desdites Douanes, & de tous autres droits locaux, octrois, péages, &c. sans préjudice au surplus de la franchise accordée pour les marchandises qui seront vendues dans les foires franches de Lyon, Bordeaux & Troyes.

Par le second Arrêt le Roi ordonne pareillement que lesdites étoffes de fabrique du Royaume, qui sortiroient pour l'Italie par quelque route que ce soit, payeroient une fois seulement au plus prochain Bureau des Fermes du lieu de l'enlevement, pour tous droits de sortie trente sols aussi du cent pesant.

Cette diminution de droits de sortie en faveur des nouvelles Manufactures, fut bien-tôt l'occasion d'un abus capable, si on l'eut toleré, de causer un grand préjudice à la perception des droits de Sa Majesté.

Plusieurs Particuliers s'aviserent de déclarer aux Bureaux de sortie du Royaume pour bayettes, perpetuanes & anacostes, beaucoup d'autres petites étoffes d'ancienne fabrique, comme serges, cadis, cordeillats, burattes, droguets & autres semblables, qui s'envoyent ordinairement dans les Pays étrangers, afin de ne payer pour ces dernieres que les droits portés dans les deux Arrêts ci-dessus, & modérés seulement pour faciliter le commerce des premiéres, quoiqu'il fût aisé cependant d'en connoître la différence, les bayettes, sempiternes & anacostes étant d'une aune trois quarts, d'une aune & demie ou d'une aune au moins, & les petites étoffes d'ancienne fabrique du Royaume n'étant que de demie aune, de deux tiers, ou de trois quarts au plus, & que leur qualité est différente, ce qui devoit suffire pour distinguer celles qui devoient payer les droits portés par les tarifs, d'avec celles qui devoient profiter de la modération accordée par les Arrêts.

Sa Majesté pour empêcher cette confusion qui commençoit à s'introduire, & pour établir une distinction sure entre les étoffes d'ancienne & les étoffes de nouvelle fabrique, ordonna par un troisiéme Arrêt du 22 Décembre de la même année 1703, que les deux Arrêts des 14 Juillet & 23 Octobre précédens seroient exécutés; ce faisant, que les Fabriquans qui voudroient faire des bayettes, sempiternes & anacostes, seroient tenus de mettre le nom de l'étoffe au chef de chaque piece, permettant aux Commis des Fermes de faire ouvrir dans les Bureaux où se feront les déclarations desdites nouvelles étoffes, les balles & ballots desdites marchandises, & où il se trouveroit dans les balles ou ballots des étoffes qui n'auroient point au chef le nom de bayettes, perpetuanes & anacostes, ou ayant moins d'une aune trois quarts, d'une aune & demie, & d'une aune de large, lesdits ballots seront saisis pour être confisqués, & ceux à qui ils appartiendront, condamnés en cinq cens livres d'amende, & seroient au surplus les anciens Tarifs & Réglemens exécutés selon leur forme & teneur pour la sortie des serges, cadis, cordeillats, burattes, droguets & autres petites étoffes d'ancienne fabrique, qui seront envoyées dans les Pays étrangers.

Concernant les Bayettes, Perpetuanes, et Anacostes.

1705.

Il s'étoit donné trois Arrêts du Conseil en 1703, concernant les petites étoffes de nouvelle fabrique, nommées Bayettes, Sempiternes ou Perpetuanes, & Anacostes.

Les deux premiers contenoient une modération des droits de sortie du Royaume, pour celles qu'on envoyoit en Espagne & en Italie: & le dernier ordonnoit que l'on mettroit au chef de chaque piece de cette qualité le nom qui leur convenoit, afin de les distinguer des petites étoffes d'ancienne fabrique de France, comme Serges, Cadis, Cordeillats, Burattes, Droguets & autres semblables, que les Marchands & Fabriquans déclaroient souvent sous le nom de Bayettes, de Sempiternes ou Anacostes, pour les faire jouir de la diminution qui n'étoit accordée qu'à celles-ci.

Cependant le Roi ayant été informé que malgré la précaution prise par ce dernier Arrêt, il survenoit de continuelles contestations entre les Marchands & les Fermiers de ses droits, à cause que les largeurs de ces étoffes de nouvelle fabrique qui se faisoient en France n'étoient pas semblables à celles des étoffes étrangeres de même qualité que les Ouvriers François vouloient imiter, & que d'ailleurs l'obligation de mettre leur nom au chef de chaque piece étoit trop embarrassante; Sa Majesté pour remedier à ces contestations & faciliter le commerce de ces étoffes de nouvelle fabrique, ordonna par un quatriéme Arrêt du 13 Janvier 1705, qu'au lieu de mettre par les Fabriquans le nom desdites étoffes appellées Bayettes ou Bayes, Sempiternes ou Perpetuanes & Anacostes ou Anascottes, au chef des pieces desdites étoffes, il seroit apposé à l'avenir un plomb à chaque piece, portant d'un côté le nom de l'étoffe, & de l'autre côté le nom du lieu où elle aura été fabriquée & que lesdites étoffes ainsi marquées d'un plomb avec le nom d'une desdites sortes d'étoffes & du lieu de fabrique, & ayant les largeurs ci-après expliquées: sçavoir, pour les Bayettes ou Bayes, une aune & demie ou une aune trois quarts; pour les Anascottes ou Anacostes, une aune de large, & pour les Sempiternes ou Perpetuanes trois quarts de large, sortiroient du Royaume en payant seulement les droits de sortie, conformément aux Arrêts du Conseil des 14 Juillet, 23 Octobre, & 22 Décembre 1703, lesquels au surplus seroient exécutés selon leur forme & teneur.

1706.

La Manufacture de Draperie de Romorantin n'est pas une des moins considérables du Royaume. Elle avoit reçû en *1666* des Réglemens qui fixoient entr'autres choses les portées ou nombre de fils dont devoient être composées les chaînes de leurs draps & de leurs serges: mais le Réglement général de *1669* ayant été donné trois ans après, les Fabriquans de cette Manufacture uniquement appliqués à faire que de quelque maniere que ce fût, la largeur & longueur de leurs étoffes se trouvassent conformes à celles prescrites par le dernier Réglement, avoient négligé de leur donner le nombre des portées fixées par leur Réglement particulier de *1666*.

Un autre désordre qui s'étoit glissé dans cette Manufacture

Manufacture étoit sur la qualité des laines qu'ils employoient dans leurs étoffes, dont plusieurs n'y étoient pas propres, & desquelles il avoit été trouvé nécessaire de défendre l'usage.

Le Roi, pour remedier à l'un & à l'autre abus, capables de décrier & ensuite de faire tomber une fabrique si utile, particuliérement pour la consommation & le débit des laines du Berry & de Sologne, qui font la plus grande richesse de ces deux Provinces, confirma & approuva par un Arrêt de son Conseil d'Etat du 27 Avril 1706, le projet de Réglement dressé par les Maîtres & Gardes en présence des Juges & de l'Inspecteur de la Manufacture dudit Romorantin, pour y être à l'avenir observé suivant sa forme & teneur.

Des vingt-cinq articles de ce Réglement il y en a huit qui concernent les laines qui peuvent être employées dans cette Manufacture, ou celles qui y sont défendues; sept qui fixent les portées, largeurs & longueurs des serges & des draps qui s'y fabriquent; & dix pour la police des visites & marques des laines & des étoffes par les Maîtres & Gardes.

Les sept articles des largeurs & longueurs des draps & des serges étant rapportés où il est parlé dans ce Dictionnaire des étoffes de ces deux qualités, on ne donnera ici l'extrait que des articles pour les laines & pour la police. *Voyez* DRAP, & SERGE.

Les laines permises sont celles de Berry & de Sologne, pour les laines du Royaume; & pour les laines d'Espagne, celles qu'on nomme Prime-Ségovie, Prime-Soria, & Prime-Ségoviane.

Les laines dont l'usage est interdit, sont les laines d'Espagne d'autres qualités inférieures, les laines de Navarre, les laines de Barbarie, & toutes autres sortes de laines.

A l'arrivée des laines elles doivent être directement portées au Bureau des Gardes & Jurés, pour y être visitées; & les balles, si elles sont de la qualité ci-dessus, marquées avec de l'encre & de l'huile, d'une marque portant ces mots, *Bonne Laine*, avec les chiffres de l'année, puis renvoyées chez le Marchand ou le Fabriquant à qui elles appartiennent.

Les laines d'autres qualités, & qui ne sont pas permises, doivent être saisies, pour être renvoyées dans le mois hors de l'étendue de la Manufacture, sinon confisquées.

Les laines de bonne qualité, mais mal lavées ou meslangées, ou ayant quelqu'autre défaut provenant de la préparation, seront pareillement saisies, mais seulement pour être réparées avant d'être employées. Toutes autres laines que de bonne qualité, même celles-ci, si elles ne sont visitées & marquées par les Gardes & Jurés, ne peuvent être reçûes chez les Marchands, Fabriquans, Teinturiers, Foulons, & Hôteliers de Romorantin, à peine de 300 liv. d'amende; & toutes les laines confisquées doivent être vendues, à la charge d'être transportées hors l'étendue de la Manufacture.

Par les dix articles de police il est ordonné:

Que les draps & serges seront portés au Bureau au sortir du métier & en toile, pour être enregistrés avec le nom du Fabriquant & le numero des pieces. Le travail en doit être examiné avant d'être envoyé au Foulon; & si elles sont trouvées défectueuses, être saisies & représentées au Juge de Police, pour en ordonner ce qu'il appartiendra par rapport à leur défaut.

Qu'au retour du Foulon elles y seront de nouveau portées, pour, si elles sont de bonne qualité & bien foulées, le plomb de fabrique y être apposé, sinon saisies, & en être ordonné par le Juge de Police, conformément aux Réglemens généraux & aux Arrêts du Conseil; Qu'il sera tenu bon & fidele Registre de celles où le plomb aura été mis.

Que le Bureau pour la visite & la marque des étoffes, sera ouvert tous les lundis, mercredis, & vendredis de chaque semaine depuis neuf heures du matin jusqu'à onze, & depuis deux heures après midy jusqu'à quatre, où assisteront au moins trois Gardes Jurés chaque fois.

Que chaque année, le lendemain de l'élection des Gardes, les anciens poinçons seront rompus en présence du Juge de Police, & d'autres gravés aussi-tôt avec les chiffres de l'année courante.

Que les visites des Gardes Jurés se feront une fois le mois chez les Maîtres Fabriquans, Foulons, Teinturiers, &c.

Que les Auneurs ne pourront être Courtiers ni les Courtiers Auneurs, Commissionnaires ou Facteurs.

Enfin que les Réglemens, tant le particulier de 1666 que le général de 1669, seroient exécutés en ce qui n'y étoit point dérogé par le présent Réglement.

1708.

Les draps qui se fabriquent dans les Manufactures des Provinces de Languedoc, Provence, Dauphiné, &c. faisant un des principaux objets du commerce des François au Levant, & le succès de ce commerce dépendant absolument de la bonne fabrique de ces draps qu'on y envoye, l'on avoit crû y avoir pourvû suffisamment par les Réglemens de 1676 & de 1697; mais l'expérience ayant fait reconnoître qu'il falloit de nouvelles précautions pour assurer la perfection de ces étoffes, il fut rendu le 20 Novembre 1708 un troisiéme Arrêt du Conseil d'Etat en forme de Réglement qui fixe pour toujours la fabrique de ces draps, sans pourtant dispenser les Fabriquans & Négocians de l'observation des deux anciens Réglemens; en ce qui n'y seroit point dérogé par ce dernier.

Trente-quatre articles composent ce Réglement: mais comme on en a déja rapporté douze à l'article général des Draps, concernant les laines dont doivent être fabriqués ceux de Languedoc, de Provence & de Dauphiné destinés pour le Levant, le nombre des portées, & les largeurs & longueurs qu'ils doivent avoir; on se dispensera de les repeter ici, & l'on se contentera de parler des vingt autres, après avoir averti que les douze articles dont on a parlé ailleurs, sont les 1, 2, 3, 4, 5, 6, 7, 8, 9, 13, 14, & 22. *Voyez* DRAP.

Le 10e article ordonne que les draps qui ne seront pas de la qualité désignée par les mots qui auront été mis au chef, conformément à ce qui en est ordonné dans les huit premiers articles, seront confisqués.

Le 11e porte que les draps seront uniformes en force & bonté dans toute l'étendue de la piece, sans qu'il puisse y être employé de laines d'autre qualité ou finesse, tant à un bout qu'à l'autre ou au milieu.

Le 12e, qu'ils seront clos & serrés, & non creux ni lâches; & qu'à cet effet les Tisserans seront tenus de tremper en pleine eau la tréme des draps mahouts & londrins premiers & seconds, & de les battre également sur le métier, les remplissant bien de tréme, & ne laissant pas courir les fils.

Il est défendu par le 15ᵉ article aux Marchands Fabriquans & Entrepreneurs, d'acheter en toile les draps spécifiés dans l'article précedent, d'autres Fabriquans, & d'y mettre leur nom.

Les cinq articles suivans veulent, que les draps ne soient dégraissés & foulés qu'avec du savon, & non de la terre ou autre lessive; Qu'ils soient tondus de bien près avant d'être envoyés à la teinture: Qu'ils reçoivent des Tondeurs & Apprêteurs toutes les tontures & apprêts nécessaires pour les rendre parfaits en bonté & en beauté: Que les Tondeurs & Pareurs ne se serviront point de cardes de fer pour les coucher & garnir, & ne les pourront garnir de long: Que les draps seront tondus d'affinage avant de les envoyer à la teinture, en donnant trois façons au moins aux draps fins, & deux au moins aux communs: Et que les Teinturiers ne les pourront recevoir ni mettre à la teinture qu'ils n'ayent été tondus comme il vient d'être dit.

Les 22, 23, 25, & 26 articles, ordonnent qu'il sera fait trois visites des draps dans le Bureau. La premiere en toile au sortir du métier; la seconde au retour du foulon, dans laquelle ils seront marqués d'un plomb contenant l'aunage des pieces; & la troisiéme, après avoir été apprêtées & teintes pour reconnoître s'ils n'ont point été tirés avec excès par le moyen des rames, sçavoir de plus de trois quarts d'aune sur une piece de trente aunes, & ainsi à proportion pour le plus & moins grand aunage; pour lesquelles trois visites les Gardes Jurés qui les feront, ne tiendront qu'un seul & même Registre suivant le modele représenté dans l'un de ces deux articles. Enfin que lesdits Gardes & Jurés seroient tenus à chaque visite de saisir les pieces défectueuses, pour les faire juger par les Juges des Manufactures contre les contrevenans; & qu'en cas que le défaut provienne de l'abus des rames, les Marchands Fabriquans seront condamnés à cent liv. d'amende avec confiscation des draps pour la premiere fois, & déchûs de la Maîtrise pour la récidive.

Il est permis aux Foulonniers par le 24ᵉ article, d'ôter des draps teints en bleu ou en verd, avant de les dégorger, le plomb qui y aura été mis à la seconde visite, en marquant néanmoins auparavant à un bout de la piece, avec du fil blanc, l'aunage marqué sur le plomb.

Le 27ᵉ article rend les Foulonniers, Teinturiers, Tondeurs, Affineurs & autres travaillans aux apprêts des draps, responsables envers les Marchands Fabriquans, chacun pour ce qui concerne leur travail, des amendes & autres peines prononcées.

Par le 28 les Marchands Fabriquans, & Entrepreneurs, qui seront convaincus d'avoir ordonné la fabrique des draps & leurs apprêts en contravention du present Réglement, payeront le double des amendes, suivant les défauts des draps fabriqués par leur ordre.

Le 29 ordonne l'aunage des draps par le dos & non par les lisieres; & de se servir de l'aune de Paris, sous les peines portées par les Arrêts du Conseil des 14 Juin & 27 Octobre 1687.

Il est dit par les 30 & 31 articles, que les draps tant blancs que teints destinés pour le Levant, seront representés aux Inspecteurs des Manu[factu]res du département où ils auront été fabri[qués], avant que d'être envoyés à Marseille ou aux [Foi]res de Beaucaire, Pezenas & Montagnac, [pour y] être marqués sans frais d'un nouveau plomb [par] ledit Inspecteur, s'il y trouve celui des Garde[s] Jurés, & qu'ils soient conformes aux Réglem[ens]. Ordonnant en outre, qu'en cas qu'ils ne fu[ssent] pas marqués du plomb des Gardes, ils leur se[ront] renvoyés pour être visités, & leurdit plom[b y] être appliqué; après quoi l'Inspecteur y ajou[tera] le sien, avec permission dans l'un & l'autre [cas] de les saisir & arrêter s'ils sont défectueux [pour] les faire juger par les Juges des Manufactures [&] en cas que les pieces défectueuses eussent été [mar]quées par les Gardes Jurés, faire condamner [les]dits Gardes solidairement à cent liv. d'amend[e].

Il est ordonné par le 32ᵉ article, qu'il seroit [fait] à Marseille une troisiéme visite de ces draps a[vant] que de pouvoir les envoyer au Levant. Cell[e-ci] par l'Inspecteur qui y est établi, & par [deux] Marchands nommés par les Maire & Eche[vins] députés du commerce, pour en être les quali[tés,] matieres, apprêts, longueurs, largeurs, & teint[ures] par eux de nouveau examinées, sous les peines [en] cas de contravention, ordonnées par l'Arrê[t du] Conseil d'Etat du premier Septembre 1693 [;] que s'il se trouvoit que lesdits draps n'eu[ssent] point été marqués par les Gardes-Jurés, ou [par] l'Inspecteur du département où ils auront été [fa]briqués, pour leur être renvoyés, & leur pl[omb] y être apposé, afin d'être ensuite rapportés à M[ar]seille, sans que lesdits draps non marqués puis[sent] l'être par l'Inspecteur de Marseille, quand m[ême] ils se trouveroient conformes aux Reglemen[s. Il] est de plus ordonné par le 33ᵉ article, que s[i les] draps marqués du plomb des Gardes-Jurés & [de] l'Inspecteur du département où ils ont été fa[bri]qués, sont jugés défectueux à Marseille, les M[aire] & Echevins de cette Ville remettront entre [les] mains de l'Intendant de Provence, une copie [de] leur jugement ou Procès verbal, pour être pa[r lui] envoyée au Contrôleur Général des Finances, [afin] qu'il soit pourvû contre l'Inspecteur qui les [au]roit marqués.

Enfin le 34 & dernier article, ordonne l'[exé]cution des Réglemens généraux de 1669, e[n ce] qu'il n'y est changé ni dérogé par le present [Ré]glement.

1716.

La premiere année du nouveau Regne de L[ouis] XV, arriere petit-fils & successeur de Louis X[IV] commença, pour ainsi dire, par un Réglemen[t de] Commerce.

L'inobservation des Réglemens généraux [de] 1669 pour les fabriques de lainage, l'introduct[ion] des Draperies étrangeres, & l'usage des étoffe[s &] toiles des Indes & de la Chine dans les Ville[s &] pays des trois Evêchés de Metz, Toul & Verd[un,] avoient obligé le défunt Roi d'établir à Metz [un] Inspecteur des Manufactures, pour y veiller, a[insi] qu'il se fait dans les autres départemens du Roy[au]me; mais les différentes Communautés des M[ar]chands & Ouvriers de la Ville de Metz, s'y ét[ant] opposés, & l'affaire qui avoit été portée au Co[n]seil étant restée indécise par la mort du Roi, e[lle] fut reprise sous le nouveau Regne; & par un A[r]rêt du Conseil d'Etat du Roi, Monseigneur [le] Duc d'Orléans Régent du Royaume, present, [le] 25 Janvier 1716 il fut ordonné:

Que les Ordonnances, Arrêts & Réglemens concernant les Manufactures de France, les Draperies étrangeres, & les toiles peintes & étoffes de la Chine & des Indes, seroient observés, notamment l'Arrêt du Conseil du 4 du même mois de Janvier, dans toute l'étendue des trois Evêchés: Qu'à cet effet il y seroit établi un Inspecteur, & que pour favoriser les sujets de Sa Majesté dans lesdits Evêchés & Pays Messin, les Draperies & étoffes de laine de toute sorte qui s'y transporteroient de toutes les Provinces du Royaume, seroient doresnavant exemptes de tous droits de sortie passant par les Bureaux de Châlons & de Sainte-Menehoult.

Il se donna encore la même année un autre Arrêt du Conseil portant Réglement pour les étoffes appellées Frocs, qui se fabriquent à Lizieux, Bernai, Tardouet, Fervaques & aux environs.

Ces étoffes se trouvant pour la plupart défectueuses, soit pour la qualité des laines, soit pour le nombre des fils, & la largeur des rots, Louis XIV avoit ordonné quelque tems avant sa mort, qu'il seroit fait des Assemblées des principaux Marchands & Fabriquans de tous ces lieux en presence des Inspecteurs des Manufactures du Département d'Alençon; lesquelles Assemblées ayant été tenues les premier Juillet 1713 & 19 Octobre 1714, & leurs Actes portés au Conseil, aussi bien que l'Avis de l'Intendant de cette Généralité, l'Arrêt rédigé sous le regne précedent, ne parut que sous celui de Louis XV le 4 Février 1716. Cet Arrêt en forme de Réglement porte en huit articles;

I. Qu'il ne se fabriquera plus à l'avenir à Lizieux, Bernai, &c. que des frocs de deux qualités, sçavoir, ceux appellés Frocs en fort, & ceux nommés Frocs en foible, à peine de trois cens livres d'amende contre ceux qui en fabriqueront d'autres.

II. Que les Frocs en fort auroient au moins trente portées en chaîne de trente-deux fils chacune, faisant neuf cens soixante fils, sans y comprendre les liteaux & lizieres. Qu'ils seroient fabriqués dans des rots de demi-aune & demi-quart au moins entre les liteaux, pour être au retour du foulon d'une demi-aune de large aussi sans les liteaux; & qu'ils ne pourroient excéder vingt-quatre à vingt-cinq aunes de long.

III. Que les Frocs en foible pour doublure, auroient au moins vingt-six portées aussi de trente-deux fils, faisant huit cens trente-deux fils, dans des frocs au moins de demi-aune un douze entre les liteaux, pour être au retour du foulon d'une demi-aune de large, avec pareille longueur que les précedens.

IV. Que les liteaux ou lizieres des frocs en foible seront composés de trois fils au moins de laine bege, ou de couleur bleue de bon teint, pour les distinguer des frocs en fort.

V. Que l'article 51 des Réglemens généraux de 1669, & l'Arrêt du Conseil du 7 Avril 1693 seroient exécutés; & en conséquence, que les Fabriquans seroient tenus de mettre leur nom & demeure, faits à l'aiguille au chef des pieces, avant de les envoyer au foulon.

VI. Que nuls Fabriquans ne pourroient employer ausdits frocs, tant en fort qu'en foible, ni avoir chez eux aucunes matieres de mauvaises qualités, comme pleures ou plis d'agnelins, boures, méchans pignons, moraines & autres semblables laines.

VII. Qu'il ne pourra être exposé en vente, ni se vendre aucuns frocs pendant tout le cours de l'année, qui ne soient bien secs.

VIII. Enfin il est ordonné que les contraventions seroient jugées conformément ausdits Réglemens généraux, & Arrêts du Conseil; & enjoint à l'Intendant de la Généralité d'Alençon, de tenir la main à l'exécution du present Arrêt, qui seroit publié & affiché où besoin seroit.

1717.

Le Roi ayant été informé que plusieurs Fabriquans d'Aumale, Grandvilliers, Feuquieres, Crevecœur, Blicourt, Tricor, Beaucamp le-vieil & autres lieux des environs, s'étoient relâchés sur les largeur, longueur & qualité des étoffes qu'ils fabriquoient; & voulant y pourvoir par un Réglement qui remît l'uniformité & le bon ordre dans toutes ces Manufactures, Sa Majesté, de l'Avis de S. A. R. Monseigneur le Duc d'Orleans Regent du Royaume, en fit dresser un dans son Conseil, & en ordonna l'exécution par un Arrêt du 17 Mars 1717.

Ce Réglement contient vingt-un articles, dont les neuf premiers concernent les longueurs, largeurs & portées des étoffes qui se fabriquent dans ces Manufactures, & les qualités des laines dont elles doivent être composées; & les douze autres sont de discipline & de police pour l'observation des neuf premiers.

Par le I article, les Serges moyennes d'Aumale, Grandvilliers & Feuquieres, tant blanches que grises, doivent être au moins de quarante portées de trente-huit fils chacune, faisant quinze cens vingt fils, dans des rots de trente-un pouces trois quarts pour revenir au retour du foulon à demi-aune demi-quart de large mesure de Paris, avec permission néanmoins aux Fabriquans d'augmenter le nombre des portées & la largeur des rots, si bon leur semble.

II. Chacune piece desdites serges n'auront plus que quarante à quarante-deux aunes; & en cas de plus d'aunages, l'excédent sera coupé pour être distribué aux pauvres Ouvriers; & celui à qui appartiendra la piece, condamné à six livres d'amende.

III. Les serges larges de Crevecœur, Hardivilliers, Blicourt, Piscelieu, Tilloi & autres lieux où il s'en fait de pareille qualité, doivent avoir cinquante-deux portées de trente-quatre fils chacune, pour être en toile de trois quarts de large, & au retour du foulon de demi-aune demi-quart, & les étroites de quarante-deux portées au moins, aussi de trente-quatre fils, pour être au sortir du métier de demi-aune un douze, & un pouce, & au retour du foulon de demi-aune de largeur, les pieces étant de vingt aunes & demi de long.

IV. Les serges de Tricot & autres lieux où il s'en fait de semblable qualité, tant blanches que grises, se doivent faire de quarante-cinq portées de trente fils chacune dans des rots de trente-neuf pouces de largeur, pour être au retour du foulon de deux tiers d'aune de large & de vingt-une aune de long.

Nota. Il a été dérogé à cet article par un Arrêt du Conseil du 7 Aout 1718. *Voyez ci-après.*

V. Les tiretaines fil & laine qui se fabriquent à Beaucamp-le-vieil & autres lieux des environs, tant blanches que grises, doivent être faites dans des rots de quarante-un pouces de largeur, & avoir trente portées de vingt fils chacune, pour revenir au retour du foulon à demi-aune de largeur, & avoir trente-cinq à quarante aunes de long.

VI. Les chaînes de ces tiretaines doivent être d'un fil fin & uni, & la tréme filée de loquets peignon & boures de draperie, avec défenses d'y employer aucune boure provenant des vaisseaux à foulon des tiretaines, ni de boures de bœuf, à peine de confiscation, & de dix livres d'amende pour chaque contravention.

VII. S'il se trouve sur les métiers de ces sortes d'étoffes montées à moins de portées que celles fixées ci-dessus, ceux à qui elles appartiendront seront condamnés à trois livres pour le défaut d'une portée, à six pour deux portées, & à douze livres pour trois; & s'il en manque plus grand nombre, les étoffes seront coupées de cinq aunes en cinq aunes, & distribuées aux pauvres Ouvriers de la Communauté, & celui à qui elles appartiendront, condamné à dix livres d'amende.

VIII. Si les étoffes se trouvent trop étroites au retour du foulon, ceux à qui elles sont doivent être condamnés à trois livres d'amende pour un pouce, à six liv. pour deux, & à douze liv. pour trois; & au delà, lesdites étoffes doivent être coupées & distribuées comme dans l'article précédent, sauf à l'Ouvrier d'avoir son recours contre le Foulon, si le défaut provient de sa négligence ou autrement.

IX. Enfin les Maîtres Sergers & autres qui seront trouvés une seconde fois en contravention de pareille nature, seront condamnés au double de l'amende prononcée la premiere fois contre eux; au triple pour la troisiéme fois, & à cent livres pour la quatriéme fois, ensemble à la confiscation des étoffes.

Par les douze derniers articles de ce Réglement qui concernent la discipline & la police, il est ordonné;

Que les Fabriquans, sans exception, feront enregistrer leurs déclarations du nombre des Métiers qu'ils feront travailler; des pieces qui y seront montées; du lieu de leurs demeures, & des noms de leurs Ouvriers.

Qu'où les Tisserans & Maîtres Sergers déguiseroient leurs noms & fermeroient leurs portes, les Syndics des Villages, les Marguilliers, ou quelques-uns des principaux habitans des lieux où il y a fabrique, accompagneroient les Inspecteurs & Jurés dans leurs visites.

Que les Maîtres ou Ouvriers Tisseurs ne pourroient fermer leurs portes ni démonter leurs métiers avant que les pieces d'étoffes montées fussent achevées.

Qu'aucunes desdites étoffes ne pourroient être exposées en vente ni achetées si elles ne sont conformes au Réglement, & si elles n'ont le plomb de fabrique du Bureau duquel les Fabriquans & Ouvriers dépendent.

Qu'en cas que des étoffes étroites soient achetées par des Marchands ou leurs Commissionnaires, & qu'elles soient arrêtées lors de la visite du contrôle, elles seront saisies & coupées, puis rendues au Marchand qui sera condamné à vingt livres d'amende pour chaque piece, sans recours contre l'Ouvrier Vendeur, si ce n'est que le Marchand n'ait reçû lesdites marchandises par envoi des Ouvriers.

Qu'afin que les Sergers ne puissent se dispenser de la marque & visite de leurs étoffes, les Auneurs seront tenus de donner à l'Inspecteur du Département de trois mois en trois mois, un état du nombre de pieces que chaque particulier Serger aura fait auner dans les moulins à Foulon.

Qu'aucuns Foulonniers ne pourront rendre aucunes pieces par eux foulées, qu'elles n'ayent été aunées & plombées par les Auneurs Jurés, avec défense ausdits Auneurs d'auner aucunes pieces que le nom de l'Ouvrier ne soit au chef.

Que pour faire les visites & marques des étoffes les anciens Gardes Jurés de chaque Bureau nommeront tous les ans un nombre convenable de nouveaux Gardes Jurés qui entreront en exercice au second Janvier de chaque année.

Que lesdits Gardes élus seront du nombre des Fabriquans établis dans lesdits Bureaux ou lieux en dépendans, & prêteront serment de bien & duement s'acquitter de leur emploi.

Que tous les Fabriquans seront tenus de se faire inscrire dans les Registres des Jurés de leur fabrique, par noms, lieux & demeures, & de souffrir les visites de l'Inspecteur & desdits Jurés.

Que tous les rots & lames des métiers non conformes au present Réglement, seront changés & remis à la largeur & grandeur prescrites, sinon après le délai de trois mois accordé pour les réduire au terme du Réglement, ils seront rompus & les Ouvriers condamnés à trois livres d'amende pour chaque métier.

Enfin que les Juges des Manufactures seront obligés de juger en conformité dudit Réglement sans pouvoir en moderer les peines ni les amendes à peine d'en répondre en leur propre & privé nom.

Il fut encore rendu un Arrêt du Conseil les mêmes jour & an que le Réglement précédent, portant Réglement pour les Manufactures d'Amiens dont les Fabriquans n'ont point de statuts particuliers, & pour plusieurs sortes d'étoffes qui s'y font pour le travail desquelles il n'y avoit point eu jusques-là de regles certaines.

Treize articles composent ce nouveau Réglement dont les quatre premiers sont pour les camelots de diverses especes qui se fabriquent à Amiens; les quatre suivans pour les étamines, & le neuviéme pour les crêpons; les quatre derniers sont de police, & seront les seuls qu'on rapportera ici, les autres se trouvant aux articles des trois sortes d'étoffes dont ils reglent les longueurs & largeurs, nature & qualité. *Voyez* Camelot, Crespon, Estamine.

Par le premier des articles de police il est dit, que les Maîtres Fabriquans de ces étoffes seront tenus de mettre leurs noms & surnoms au chef de chacune piece, & de les porter à la Halle en blanc au sortir de l'estille ou métier, pour y être vûes & visitées conformément à l'article CII des Réglemens des Manufactures d'Amiens de 1666, & à l'article LI des Réglemens généraux de 1669.

Le second ordonne que les étoffes nommées dans le Réglement seront portées aux Halles pour y être pareillement vûes, visitées, plombées, & marquées par les Esgards ou Jurés, comme il se pratique pour toutes celles qui se fabriquent à Amiens.

Le troisiéme fait défenses à tous Maîtres Fabriquans desdites Manufactures, à leurs femmes, & à tous autres de s'ingerer du courtage desdites marchandises ; ni de s'entremettre d'en vendre d'autres que celles qu'ils auront fabriquées, à peine de 20 livres d'amende.

Le quatriéme & dernier permet aux Maîtres Fabriquans d'avoir dans leurs maisons, même hors de leurs maisons, autant de métiers qu'ils jugeront à propos, & qu'ils auront le moyen d'employer ; à la charge néanmoins de ne pouvoir monter aucun desdits métiers sans en donner avis aux Jurés, à peine de 50 livres d'amende.

1718.

L'usage outré des rames a toujours été défendu dans les Manufactures des draps & des autres étoffes de laine ; l'on a des Réglemens faits à ce sujet dès l'année 1384, sous le Regne de Charles II, qui ont souvent été renouvellés depuis, & Louis XIV en a fait un article exprès dans celui du mois d'Aout 1669, confirmé ensuite par un Arrêt du Conseil du 3 Novembre 1689.

L'on a vû ci-dessus un Réglement de l'année 1708, qui le premier a accordé quelque modération pour l'aramage des draps, mais seulement pour ceux destinés pour le Levant.

L'Arrêt du Conseil du 12 Février 1718 à étendu cette permission pour tous les draps & dans toutes les Manufactures de France ; mais néanmoins sous certaines proportions qui doivent être observées par les Fabriquans, à peine d'amende & de confiscation. Ce nouveau Réglement ayant été rapporté ailleurs, on se contentera d'en indiquer l'endroit. *Voyez* RAME, & RAMER.

Il s'étoit rendu un Arrêt au Conseil d'Etat du Roi le 7 Juin 1718, qui fait défenses aux Ouvriers de Langogne & autres lieux du Gevaudan, de rouler avec le tour les étamines ou burates de laine ; mais n'y étant point parlé, ni dans aucun Réglement des portées de ces sortes d'étoffes, Sa Majesté par un nouvel Arrêt de son Conseil en forme de Réglement du 5 Aout de la même année, Monseigneur le Duc d'Orléans Régent présent, ordonna :

I. Que les chaînes desdites étamines & burates fabriquées à Langogne & autres lieux du Gevaudan, seroient composées de huit portées & trois quarts, appellées *Liens*, de quatre-vingt-seize fils chacun.

II. Que les rots ou peignes pour passer & monter ces chaînes seroient de deux pans deux pouces.

III. Que ces étoffes au retour du Foulon auroient deux pans, mesure de Montpellier, revenant à un tiers & un douziéme, mesure de Paris.

IV. Qu'il ne sera employé auxdites étoffes que de la laine du Pays ou d'Espagne de bonne qualité, à peine de confiscation & de deux cens livres d'amende.

V. Enfin ledit Arrêt du Conseil du 7 Juin de la même année pour le pliage des étamines ou burates, seroit exécuté selon sa forme & teneur.

Tricot & Piennes Villages de Picardie, dont le premier a donné le nom à une sorte de serge assez connue dans le commerce des étoffes de laine, avoient obtenu des Réglemens & Statuts dès le mois de Mars 1669, conformément auxquels ils avoient toujours reglé les portées, longueur, & largeur de leurs serges; mais le Réglement du 17 Mars 1717 pour les serges de Normandie & de Picardie y ayant apporté quelque changement, ce qui causoit un grand préjudice au négoce & à la fabrique de ces deux Villages ; le Roi étant en son Conseil, de l'avis de Monseigneur le Régent, dérogeant à l'article IV du Réglement de 1717, ordonne que l'article XVI des Statuts des Fabriquans de Tricot de 1669, concernant les portées, longueur, & largeur de leurs serges, seroit observé, & qu'en conséquence leursdites serges auroient au moins quarante-six portées de vingt-huit fils chacune, & n'excéderoient pas le nombre de cinquante portées, & qu'elles pourroient avoir de vingt-cinq à vingt-six aunes de long ; Sa Majesté veut au surplus que ledit Réglement de 1717 soit exécuté.

Cet Arrêt en faveur des Fabriquans de Tricot & Piennes est du 7 Aout 1718. *Voyez l'article des Serges. Voyez aussi ci-dessus le Réglement de l'année* 1717.

Le Réglement du 21 Aout 1718 pour les Manufactures des Provinces de Bourgogne, Bresse, Bugey, Valromey & Gex, est le plus ample qui ait été donné pour la fabrique des étoffes de laine sous le regne de Louis XV.

Les 37 articles dont il est composé, peuvent se diviser comme en six diverses classes ; sçavoir l'une qui concerne les draps, l'autre qui est pour les serges, la troisiéme qui est commune à ces deux sortes d'étoffes, la quatriéme pour les droguets, la cinquiéme pour les apprêts, & la sixiéme pour la police des Manufactures.

La classe des draps contient les six premiers articles ; celle des serges en a douze qui sont les suivans ; celle des droguets trois qui suivent pareillement ; la classe commune aux draps & aux serges quatre ; celle de l'apprêt trois, & enfin la classe de la police neuf articles.

L'on ne parlera ici que des deux classes de l'apprêt & de la police, renvoyant les quatre autres aux articles des draps, des serges & des droguets.

Articles pour les apprêts.

Ces articles sont le 28, le 29 & le 30.

Le 28e article du Réglement ordonne que les Marchands Maîtres Teinturiers ne pourront teindre au petit teint. Que chacun d'eux mettra son plomb, autour duquel son nom sera gravé, à chaque piece de bon teint, afin qu'au débouilli on puisse connoître qui a fait la fausse teinture, le tout à peine de cent cinquante livres d'amende pour chaque contravention.

Le 29 confirmant le premier article des Réglemens des Maîtres Teinturiers de 1669, fait défenses à toute personne, autre que les Teinturiers, de faire aucune teinture d'étoffes, bas, marchandises de laine, soie, fils, habits neufs ou vieux, à peine de trois cens livres d'amende, sans préjudice néanmoins de la permission accordée aux Maîtres Drapiers, Sergers, Tisserans & Droguetiers, de teindre les laines servant à la fabrique de leurs étoffes.

Le 30 enjoint aux Foulonniers, Tondeurs, Cardeurs & Apprêteurs de ne se servir que de chardons pour leurs apprêts, & leur défend d'y employer des cardes de fer, ni même d'en avoir dans leurs maisons, à peine de cent livres d'amende.

Articles de Police.

La Police contient le 26 & le 27, & depuis, & y compris le 31 jusqu'à la fin du Réglement.

Par le 26 il est défendu aux Marchands Acheteurs d'exiger des Maîtres Drapiers-Tisserans, Droguetiers & Fabriquans d'étoffe Vendeurs, sur 21 aunes & un quart plus d'une aune & un quart, vulgairement appellé 21 quart, pour 20 aunes; & des demi-pieces à proportion, à peine de cent livres d'amende; & sous la même peine il est ordonné que toutes les pieces d'étoffes seront aunées bois à bois sans évent ni excédent d'aunage, & que pour cet effet chaque piece aura un buletin contenant ce qu'elle contiendra.

Par le 27, conformément au Réglement de 1669, il est enjoint aux Maires, Echevins, Juges de Police & de Manufacture, d'établir un Bureau ou dépôt dans la Maison de Ville ou dans les Halles des Villes & lieux de fabrique, propre à y déposer les marchandises foraines & les y vendre & débiter, comme aussi pour en faire la visite & la marque, aussi-bien que de celles des fabriques du Pays.

Le 31 article du même Réglement ordonne que les Maîtres & Gardes-Jurés des Marchands Drapiers & Merciers, des Villes & lieux où se débitent les étoffes des Manufactures, du département de Bourgogne & autres Provinces du Royaume, ne se contenteront pas en faisant leur visite d'apposer leur marque foraine sur le plomb de fabrique, mais y ajouteront un second plomb pour ladite marque foraine, à peine de dix livres d'amende pour chaque piece autrement marquée; & pour connoître ceux qui y auront contrevenu, qu'il sera fait chaque année un nouveau poinçon avec le chiffre de l'année courante.

Le 32 regle les visites & marques soit de fabrique soit marque foraine, ainsi que les droits dûs pour chaque plomb desdites marques, fixant les droits à un sol par piece pour le plomb de fabrique, & encore à un sol pour le plomb de marque foraine, pour être le produit desdits droits employé à payer les appointemens de l'Inspecteur du Département; déclarant en outre que toutes étoffes de laine, fil & laine, fil, poil & coton, mêlées de couleur & non mêlées, seront sujettes aux visites & marques si elles ont plus de cinq aunes de longueur, & si elles peuvent être exposées en vente, défendant à tous Foulonniers, Teinturiers & Aprêteurs d'étoffes qui ne seront pas éloignés de plus de deux lieues des Bureaux, de délivrer aucunes desdites étoffes, qu'elles n'ayent été préalablement portées ausdits Bureaux, pour être visitées & marquées si elles sont conformes au Réglement.

Le 33 ordonne que dans les lieux où il se tient des Foires & Marchés, dans lesquelles il n'y a point de Maîtres & Gardes établis pour y visiter & marquer les étoffes qui s'y portent & qui s'y débitent, les Juges de Police & des Manufactures nommeront & commettront un Marchand & un Maître Drapier ou Fabriquant d'étoffes, demeurant dans les lieux les plus voisins de ceux où se tiennent lesdites Foires & Marchés, pour y faire les fonctions de Gardes-Jurés, & visiter & marquer d'une marque foraine toutes les pieces d'étoffes au dessus de cinq aunes qui seront sans les plombs de fabrique & de visite, pour laquelle marque il sera payé un sol par piece: enjoint ausdits Juges & ausdits Gardes-Jurés des Fabriquans d'étoffes ou ceux commis en leur place, d'accompagner l'Inspecteur du Département dans ses visites ausdites Foires & Marchés s'ils en sont par lui requis, & de lui prêter main-forte en cas de rébellion.

Les 34, 35 & 36 articles défendent sous peine de concussion, de restitution & d'amende, aux Juges des Manufactures & à leurs Greffiers, d'exiger aucune chose des Gardes-Jurés, ni lors de leurs élection & prestation de serment, ni quand ils seront par eux requis de les accompagner dans leurs visites, enjoignant à ceux-ci de se transporter avec l'Inspecteur sur sa premiere requisition chez les Marchands & Ouvriers pour y faire sa visite, à peine de 300 livres d'amende en cas de refus par lesdits Gardes-Jurés de le faire; enjoignant pareillement aux Juges des Manufactures d'accompagner ledit Inspecteur dans les visites chez les Fabriquans & Ouvriers, & délivrer gratuitement & sans frais lesdits Procès verbaux de visite; permettant néanmoins aux Inspecteurs de procéder seuls à la visite & saisies des étoffes, si le cas y échoit, lorsque les Gardes-Jurés auront refusé de les y assister.

Enfin le 37 & dernier article ordonne au surplus que les Réglemens généraux de 1669 & les Arrêts du Conseil seront exécutés selon leur forme & teneur, en ce qu'ils ne sont point contraires au présent Réglement.

1719.

Il s'étoit rendu deux Arrêts du Conseil d'Etat; l'un dès l'année 1693, & l'autre au mois de Juin 1717, qui ordonnoit qu'il seroit payé 10 livres du cent pésant compris l'emballage, des draps & autres étoffes de laine bruttes & sans leur dernier apprêt, fabriquées dans l'étendue de la Province de Dauphiné, qui seroient transportées aux Pays étrangers.

L'expérience ayant fait voir combien l'imposition de ce droit étoit préjudiciable aux fabriques de cette Province, il fut donné un nouvel Arrêt le 8 Mai 1719, par lequel il fut sursis à l'exécution des deux autres jusqu'à ce qu'autrement il en fut ordonné, avec défenses aux Commis des Fermes unies de percevoir aucuns droits sur lesdites étoffes, que ceux qui étoient perçus avant lesdits Arrêts.

La plupart des Manufactures de Draperie fine établies en vertu des Lettres Patentes, ont coutume d'avoir des marques honorables qui leur sont accordées par les Rois pour les distinguer des fabriques ordinaires.

Quelques unes ont la permission de mettre au chef des pieces d'étoffes qu'elles ont fabriquées, les termes de *Manufacture Royale*, travaillés sur le métier, outre leur nom & celui de leur demeure, & d'autres le gravent sur les plombs que leurs Gardes & Jurés y attachent lors de leurs visites.

Ces marques de distinction ayant été imitées sans concession par des Fabriquans particuliers, & plusieurs Drapiers drapans & Sergers les usurpant soit sur leurs étoffes, soit sur les plombs dont elles sont marquées par leurs Jurés afin de donner plus de relief & de réputation à leurs Fabriques, en les faisant passer pour Manufactures Royales, il fut donné le 13 Mai 1719 un Arrêt du Conseil portant Réglement pour la marque des étoffes de draperie, par lequel, afin de pourvoir à cette usurpation des Fabriquans particuliers & pour maintenir les véritables Entrepreneurs des Manufactures Royales dans leurs privileges, il est ordonné que ceux-ci jouiroient seuls des prérogatives qui leur ont été accordées par leurs Lettres Patentes, & que ceux-là se renfermeroient pour la marque de leurs étoffes dans ce qui en est porté dans les Réglemens généraux.

On parle plus en détail de cet Arrêt en un autre endroit de ce Dictionnaire. *Voyez* MARQUE.

Il fut encore rendu un Arrêt du Conseil d'Etat le 24 Juin 1719 au sujet de l'usurpation d'une autre marque dont les Fabriquans d'Orival se servoient au préjudice de la Manufacture des draps d'Elbeuf.

Ces Ouvriers à la vérité n'usurpoient pas proprement la marque des draps d'Elbeuf; mais étant habitués à mettre sur le bout de chaque piece de leur fabrique ces mots, *d'Orival près d'Elbeuf*, des Marchands de mauvaise foi qui se fournissoient des draps de cette Manufacture, les vendoient ensuite en détail pour vrais draps d'Elbeuf.

Pour remédier à cet abus il fut défendu aux Fabriquans d'Orival d'ajouter le mot d'*Elbeuf* à leurs draps, & ordonné qu'ils ne mettroient à l'avenir que le mot d'*Orival*.

POUR LES FABRIQUES DES SERGES RASES DE S. LO.

1721.

L'article VIII. des Réglemens généraux des Manufactures du mois d'Aout *1669*, ordonne que les serges rases de S. Lo, Caen, Condé, &c. auront une aune de large; & les articles XXV & XXVI du même Réglement, fixe la largeur des serges d'Aumale, Grandvilliers, Feuquieres &c. à demie aune demi quart.

Les Fabriquans de Feuquieres ayant entrepris dans la suite contre la disposition de ces articles, de faire des serges d'une aune, qu'ils vendroient à Paris pour serges de S. Lo, ou façon de S. Lo; cette Fabrique leur fut de nouveau défendue en 1719, & leurs serges furent réduites à leur premiere largeur, de demie-aune demi-quart, par Sentence du Lieutenant Général de Police de Paris du 11 Aout de la même année.

Sa Majesté étant informée que l'entreprise des Sergers de Feuquieres qui s'etoient pourvus au Conseil contre cette Sentence, étoit capable de détruire non-seulement la Fabrique de S. Lo, mais même celle de Feuquieres de demie-aune demi quart: après s'être fait représenter ladite Sentence de 1719, les Réglemens généraux de *1669*, & les Réglemens particuliers de *1698* & 1717, pour la fabrique des serges d'Aumale, Grandvilliers, Feuquieres, &c. faisant droit sur l'intervention des Sergers de S. Lo, ordonna par un Arrêt de son Conseil du 22 Février 1721, que conformément ausdits Reglemens & à ladite Sentence, les Sergers de Feuquieres ne pourroient faire aucunes serges d'une aune de large, ni les vendre ou débiter, ou comme serges de S. Lo, ou comme façon de S. Lo, à peine de trois cens livres d'amende pour chaque contravention; & en conséquence qu'à la diligence des Inspecteurs des Manufactures, des Sergers de S. Lo, ou de ceux commis de l'autorité des Juges des lieux, les rots de tous les métiers montés pour lesdites étoffes, seroient réduits à la largeur ordinaire portée par ledit article XXV des Réglemens généraux.

Les Sergers de Feuquieres ayant dans la suite représenté qu'ils étoient prêts de satisfaire à ce qui leur étoit ordonné par cet Arrêt, mais qu'étant chargés de quantité d'étoffes des qualités condamnées, ausquelles il leur avoit été permis de travailler par provision, pendant l'instruction du procès, ils supplioient très humblement Sa Majesté de leur accorder un tems competant pour se défaire tant des étoffes déja faites, que de celles commencées sur les métiers.

Ces représentations donnérent lieu à un second Arrêt du 18 Mars ensuivant, par lequel, après avoir pris les précautions ordinaires, entr'autres le plomb que l'on appelle le plomb de grace, dont lesdites marchandises ou déja faites ou commencées sur les métiers, devoient être marquées, il est accordé le terme de trois mois, pendant lequel il seroit loisible aux Ouvriers, Façonniers & Marchands qui en seroient chargés, de vendre & débiter lesdites marchandises ainsi marquées, sans toutefois qu'après ledit tems, ils puissent en vendre aucunes, à peine de confiscation; d'être les lisieres déchirées publiquement, & de cent livres d'amende contre l'acheteur pour chaque contravention.

POUR LES ETOFFES QUI SE FABRIQUENT DANS LES VALLÉES D'AURE ET AUTRES LIEUX CIRCONVOISINS.

Les quatre vallées d'Aure sont situées au pied des Pyrennées: dans le voisinage sont Nestes, Barousses, Magnrac, Nebousant, S. Gaudens, Valentine, & quelques autres, partie dans l'Intendance de Languedoc, & partie dans celle de Guyenne. Les Fabriques qui y sont établies, sont différentes sortes de Cadis, de Rases, de Burats, de Fleurets & de Cordelats, toutes étoffes à la vérité assez grossieres, mais dont néanmoins il se fait un débit assez considérable, en Espagne & autres Pays étrangers.

Jusqu'en 1721, il ne s'étoit fait aucun Reglement pour les Manufactures de ces Vallées & lieux circonvoisins, qui pût en assurer & en perfectionner la fabrique.

Celui du 13 Janvier de la même année, a été dressé sur les Mémoires des Directeurs de la Chambre de Commerce de Toulouse, sur ceux des Inspecteurs des Manufactures établies dans les Généralités de Toulouse & d'Auch, & sur l'avis des sieurs Intendans de ces deux Généralités. Il consiste en XVIII articles.

ARTICLE PREMIER.

La chaîne des cadis ordinaires, étroits & simples, sera de trente & une portée, à vingt-huit fils chaque portée, dont huit fils pour les deux cordons ou lisieres, faisant huit cens soixante-huit fils; & seront travaillés sur des peignes ou rots de deux pans trois quarts de large, pour revenir après le foulon à deux pans un tiers, & auront de longueur quarante-deux cannes la piece, & vingt & une canne la demie piece.

II.

La chaîne des cadis larges sera de trente-huit portées, à vingt-huit fils chaque portée, compris les lisieres, faisant mille soixante & quatre fils; & ils seront travaillés en des rots de la largeur de trois pans deux tiers, pour revenir après le foulon à trois pans, & les pieces auront de longueur trente-cinq à quarante cannes.

III.

La chaîne des rases, passe-communes & communes, sera de trente-quatre portées de vingt-huit fils chacune compris les lisieres, faisant neuf cens cinquante-deux fils; & seront travaillées en des rots de deux pans trois quarts de large, pour revenir après le foulon à deux pans un tiers, & leur longueur sera de vingt-huit à trente cannes.

IV.

La chaîne des burats grenés à petit grain, sera

de trente-quatre portées à vingt-huit fils chacune compris les lisieres, faisant neuf cens cinquante-deux fils, & seront travaillés sur des rots de deux pans trois quarts de large, pour revenir après le foulon à deux pans un tiers; & les pieces auront de longueur quarante à quarante-deux cannes.

V.

La chaîne des burats, petits à petit grain, sera de trente portées à vingt-huit fils chacune compris les lisieres, faisant huit cens quarante fils; & seront travaillés en des rots de deux pans & trois quarts de largeur, pour revenir après le foulon à deux pans un tiers; & les pieces auront de longueur quarante cannes.

VI.

La chaîne des burats doubles sera de trente-sept portées à seize fils chaque portée, compris les lisieres, faisant cinq cens quatre vingt-douze fils, & seront travaillés sur des rots de trois pans de large, pour revenir après le foulon à deux pans & demi; & auront de longueur trente-deux à trente-trois cannes.

VII.

La chaîne des burats demi-doubles & communs sera de vingt-huit portées à vingt-huit fils chaque portée, compris les lisieres, faisant sept cens quatre-vingt-quatre fils; & seront travaillés sur des rots de deux pans trois quarts de largeur, pour revenir après le foulon à deux pans un tiers; & auront de longueur quarante à quarante-deux cannes.

VIII.

La chaîne des fleurets ou cordelats d'Aure à fil fin, sera de trente & une portées à vingt-huit fils chaque portée faisant huit cens soixante fils; & seront travaillées sur des rots de trois pans un tiers de large, pour revenir après le foulon à deux pans un tiers.

IX.

La chaîne des fleurets ou cordelats d'Aure à fil gros, sera de trente portées à vingt-huit fils chaque portée compris les lisieres; & seront travaillés en des rots de trois pans un tiers de large, pour revenir après le foulon à deux pans un tiers.

X.

Toutes autres étoffes de laine non comprises dans les articles ci-dessus qui se fabriquent ou se pourront à l'avenir fabriquer dans ledit pays, ne pourront être après le foulon de largeur moindre de deux pans un tiers.

XI.

Ses longueurs & largeurs tant des rots que de toutes lesdites étoffes mentionnées aux précédens articles, seront mesurées & fixées à la canne de Montauban, conformément à l'Arrêt du Conseil du 25 Septembre 1677 rendu pour la fabrique desdites étoffes, & auront les largeurs & longueurs prescrites par le présent Réglement, à peine de confiscation & d'amende, tant contre le Proprietaire que contre le Foulonnier; à cet effet tous les rots seront reformés & réduits à la mesure ci-dessus donnée.

XII.

Toutes lesdites étoffes seront fabriquées de bonnes laines, & seront travaillées également dans leur longueur & largeur, à peine de vingt livres d'amende contre les Fabriquans qui auront employé des laines de mauvaises qualités ou inférieures, suivant les différentes especes d'étoffes, ou qui ne les auront pas fabriquées également.

XIII.

Comme aussi toutes lesdites étoffes ne pourront être tirées à la rame ou autrement, avec excès, à peine de confiscation & de cinquante livres d'amende pour chacune desdites pieces d'étoffes, qui étant mouillées, se trouveront racourcies plus de demie canne par piece d'étoffes de vingt-deux cannes de longueur, & à proportion pour les étoffes de plus grandes longueurs.

XIV.

Toutes lesdites étoffes seront vues & visitées au retour du foulon, par les Juges, Gardes en charge, & par eux marquées de la marque du lieu où elles auront été faites, si elles sont conformes au présent Réglement; & si ils y trouvent des défectuosités, ils les feront saisir, & en feront leur rapport aux Juges de Police des Manufactures, pour en ordonner conformément aux articles ci-dessus; & pour faciliter lesdites visites & marques desdites marchandises, les Consuls de S. Gaudens, Valentines & quatre Vallées, fourniront dans leur Hôtel de Ville un Bureau de la grandeur nécessaire, dans lesquels les Gardes Jurés se rendront chaque jour de marché pour lesdites visites, & où les Fabriquans seront tenus de porter toutes les étoffes de leur Fabrique pour y être marquées.

XV.

Les étoffes desdites Fabriques, qui seront portées en d'autres lieux pour être débitées, seront directement transportées dans les Halles ou dans les Bureaux des Gardes pour y être de nouveau visitées & marquées du second plomb, si elles sont conformes au présent Réglement; sinon confisquées, & l'amende prononcée tant contre les Propriétaires, que contre les Gardes de la Fabrique, qui les auront marquées, ne le devant pas.

XVI.

Cet article contient diverses précautions pour connoître & distinguer les étoffes mentionnées au présent Réglement, qui auront été faites avant sa publication, d'avec celles qui n'auront été fabriquées que depuis. Il accorde aussi aux Ouvriers & Façonniers qui en auront de marquées de la marque de Grace, qui les doit distinguer le tems de six mois après la publication du présent Arrêt pour les vendre & débiter; sans toutefois qu'après ledit tems passé, il leur soit loisible d'en plus vendre de cette qualité, à peine de confiscation, d'être les lisieres déchirées publiquement, & de cent livres d'amende contre le Propriétaire, Achetteur ou Commissionnaire pour chaque contravention.

XVII.

Toutes les amendes qui seront adjugées en consequence du présent Arrêt, seront applicables, sçavoir moitié à Sa Majesté, un quart aux Gardes & Jurés en charge; & l'autre quart aux pauvres du lieu, où les Jugemens portans condamnation desdites amendes seront rendus.

XVIII.

Le dernier article commet l'exécution du présent Réglement aux Intendans des Provinces & Généralités de Languedoc, Auch, Montauban, Bordeaux & Roussillon, & leur ordonne de le faire observer selon sa forme & teneur dans chacun des lieux où lesdites étoffes sont ou seront fabriquées.

POUR LES PIECES DE LONG AUNAGE.

La plupart des serges & autres étoffes de laines, qui sont de long aunage, se coupant ordinairement en deux, & se vendant par demies pieces, il arrive nécessairement que l'un des bouts se trouve sans plomb de fabrique & sans celui de visite, ce qui pourroit faire soupçonner assez raisonnablement, que la piéce entiere n'a été ni marquée ni visitée, & par consequent sujette à confiscation.

Sa Majesté pour y pourvoir, & empêcher que sous ce prétexte, les Détailleurs ne fussent troublés dans le commerce, a ordonné par un Arrêt de son Conseil du 16 Septembre 1721, qu'à l'avenir les Fabriquans de serges & autres étoffes de laine, qui se font de long aunage, seroient tenus de mettre sur le métier & non à l'aiguille, leurs noms & celui de leurs demeures, à la queue & second bout de chaque piece d'étoffes de cette espece qu'ils voudroient vendre par demies pieces : comme aussi d'appliquer le nom de Fabrique audit second bout ; Sa Majesté faisant défenses de vendre des pieces d'étoffes de la qualité ci-dessus en demies piéces, sans être marquées du nom de l'Ouvrier & du nom de Fabrique sur chaque demie piece : ordonnant néanmoins que les pieces desdites étoffes que les Fabriquans vendroient entieres, continueroient d'être marquées au chef & premier bout seulement.

Au sujet du manque d'aunage des étoffes de laine.

Le défaut d'aunage des serges & autres étoffes de laine, qui se fabriquent à Aumalle & à Granvilliers, faisant naître de fréquentes contestations entre les Marchands qui achetent ces sortes d'étoffes, soit en toile & en blanc, ou après la teinture & l'apprêt, & les Fabriquans Vendeurs ; ces derniers étant souvent inquiétés par les Marchands deux ou trois années après la livraison de leurs marchandises sur le manque d'aunage des pieces, quoique ce défaut puisse également venir ou du côté des Fabriquans, qui sous prétexte de les dresser, les tirent trop à la rame ; ou du côté des Marchands, qui sous prétexte de les dégorger, les font refouler pour les rendre de meilleure qualité.

Sa Majesté, après avoir fait examiner en son Conseil les représentations sur ce sujet des Inspecteurs des Manufactures d'Aumalle, de Granvilliers, de Beauvais & d'Elbeuf ; ensemble, vû l'avis des Députés du Conseil de Commerce, a ordonné par un Arrêt du 30 Septembre 1721, qu'à l'avenir les Marchands Acheteurs des serges & étoffes des Fabriques du Duché d'Aumalle & Prevôté de Granvilliers, pourront dans six mois, pour les serges & étoffes desdites fabriques qu'ils auront achetées en toile ou en blanc & sans apprêt ; & dans trois mois pour celles qu'ils auront achetées étant apprêtées, à compter du jour de la livraison qui leur aura été faite, ou à leurs Commissionnaires desdites serges & étoffes, former devant les Juges qui sont en droit ou en possession d'en connoître, les actions qu'ils croiront devoir exercer pour raison dudit défaut d'aunage ; leur faisant défenses après ledit tems de six & de trois mois, d'intenter aucune action pour l'aunage, sous quelque prétexte que ce soit, à peine des dommages & intérêts des Fabriquans qu'ils auroient fait assigner au-delà dudit délai : Défendant pareillement Sa Majesté aux Juges de rendre aucuns Jugemens sur des exploits donnés après ledit tems de six & de trois mois, à peine de nullité desdits Jugemens ; avec injonction, en procédant au Jugement desdits recours en garantie, de se conformer aux Réglemens rendus au Conseil ; & en conséquence de condamner aux amendes portées par iceux, ceux des Fabriquans qui se trouveront avoir tiré ou fait tirer à la rame ou autrement avec excès, lesdites serges & étoffes, sous prétexte de les redresser : comme aussi de condamner à de pareilles amendes, ceux des Marchands Acheteurs, qui ayant fait refouler lesdites serges & étoffes, voudroient rendre audit cas les Fabriquans garands du défaut d'aunage provenant dudit refoulement.

NOUVEAU REGLEMENT POUR LES MANUFACTURES D'AMIENS.

1722.

Ce Reglement est du 19 Novembre 1722, & est composé de seize articles.

Les motifs sur lesquels a été rendu l'Arrêt du Conseil d'Etat du Roi qui l'ordonne, sont :

1°. Que les Manufactures de la Ville d'Amiens & des environs, étoient tellement augmentées, qu'un seul Inspecteur ne suffisant plus pour veiller à l'exécution des Réglemens, tant dans l'intérieur de la Ville qu'au dehors, il étoit nécessaire d'y pourvoir, en y établissant un second Inspecteur qui partageât avec l'ancien un Département d'une si grande étendue.

2°. Que les Egards-Ferreurs en blanc ayant été supprimés, il s'y étoit introduit une infinité d'abus, à cause que les Houpiers Fabriquans, Teinturiers & autres Ouvriers employés dans lesdites Manufactures, n'étoient plus surveillés, & qu'il falloit y pourvoir en rétablissant les fonctions desdits Egards-Ferreurs en blanc, si l'on n'en rétablissoit pas les Offices.

3°. Enfin que différens articles du Réglement de 1666, & des autres intervenus depuis, avoient besoin d'augmentation, de correction ou d'interprétation sur bien des choses considérables & nécessaires pour pousser ces Manufactures au plus près de la perfection dont elles sont capables.

Sa Majesté, après avoir fait examiner les Mémoires envoyés au Conseil sur ces trois chefs, tant par le Maire & Echevins, Juges de Police & des Manufactures de ladite Ville d'Amiens, que par les Marchands & les Communautés des Sayetteurs & Hautelisseurs ; ensemble l'Avis du Sieur Chauvelin Intendant de la Généralité d'Amiens ; celui des Députés du Commerce, & celui des Sieurs Commissaires du Bureau établi pour les affaires du Commerce, Sadite Majesté, conformément à l'Avis dudit Sieur Chauvelin, a ordonné ce qui suit.

ARTICLE PREMIER.

Les Peignerans ou faiseurs de peignes, ne pourront faire aucuns peignes pour l'usage des Houppiers employés à l'apprêt de laines de moindre compte que de vingt-quatre broches, sur le compte de six pouces & demi de ville pour le talon, & sur celui de six pouces, entre la premiere & vingt-quatriéme broche, lesquels peignes ne pourront être exposés en vente par lesdits Peignerans sans être marqués de leur marque particuliere, & sans les avoir fait pareillement marquer aux deux extrémités du talon à l'Hôtel de Ville & du coin d'icelle, en présence de deux Gardes-Jurés, à peine de confiscation, & de dix livres d'amende pour la premiere fois & d'interdiction pour la seconde.

I I.

Les Houppiers seront tenus de réformer tous les peignes qui ne seront pas du compas ci-dessus, & de les porter à l'Hôtel de Ville, pour y être la marque apposée, avec défense de se servir d'aucuns peignes & d'en avoir dans leurs Ouvroirs qui ne soient pas marqués.

I I I.

Conformément aux articles CIX & CLXXX des Réglemens de 1666, il est défendu aux Lamiers & Rotiers d'exposer en vente aucunes lames ni rots; & à tous Fabriquans & Ouvriers d'en avoir dans leurs ouvroirs ni de s'en servir qu'ils n'ayent été visités & marqués à l'Hôtel de Ville, à peine de confiscation desdites lames & rots & de dix livres d'amende; & pour donner à l'avenir plus de facilité de compter le nombre des broches dont lesdits rots sont composés, & connoître s'ils sont conformes aux Réglemens, seront lesdits Rotiers tenus de mettre dans ceux qu'ils fabriqueront, une broche noire de vingt-cinq en vingt-cinq broches.

I V.

Que le nombre des Egards de chacune des Communautés des Sayetteurs & Hautelisseurs sera fixé à douze, parmi lesquels il en sera choisi quatre dans chaque Communauté par l'Intendant de la Généralité d'Amiens, pour faire les fonctions que faisoient ci-devant les Egards-Ferreurs en blanc, dont les Offices sont & demeureront supprimés, & les huit autres Egards seront chargés des autres fonctions ordinaires, & du soin des affaires de leur Communauté.

V.

Lesdits quatre Egards choisis pour faire les fonctions des Ferreurs en blanc dans chaque Communauté des Sayetteurs & Hautelisseurs, seront tenus, chacun à leur égard, & conformément aux articles CV & CLXXVIII des Réglemens de 1666, d'aller en visite dans les Ouvroirs des Maîtres Sayetteurs & Hautelisseurs; pour y compter les fils & buhots de toutes les pieces montées sur les métiers, & y appliquer leur plomb à celles qui se trouveront conformes aux Réglemens, ou les saisir en cas de contravention; Sa Majesté donnant pouvoir audit Sieur Intendant de les destituer en cas de malversation, négligence, ou incapacité.

V I.

Il est enjoint pareillement ausdits Egards-Ferreurs en blanc, chacun à leur égard, & conformément aux articles CX & CLXXX des Réglemens de 1666, de visiter exactement les lames & rots, & de veiller à ce qu'aucun Fabriquant n'en ait qui ne soient marqués du coin de la Ville.

V I I.

Les Fabriquans sont tenus de porter à la Halle toutes leurs marchandises, notamment les étamines pour y recevoir le plomb en blanc; faisant Sa Majesté défenses aux Marchands d'en acheter qu'elles n'ayent ledit plomb; & seront, tant les Marchands que les Fabriquans, tenus d'y faire apposer un second plomb par les Jurés de leur Communauté, après l'apprêt, pour connoître si elles n'auront rien perdu de leur largeur, longueur & qualité; le tout aux peines portées par les Statuts de 1666 & par les Réglemens généraux de 1669.

V I I I.

Enjoint Sa Majesté aux Maîtres Sayetteurs & Hautelisseurs de composer leurs pieces d'une même nature de laine & de fil de pareille filure, sans altération ni mélange; ensorte que la piece soit au chef, au milieu & à la queue de même qualité; comme aussi de laisser aux deux bouts de chaque piece, un demi-quart de la chaîne sans être tissue ni fabriquée, nouées par portée, pour être lesdites pieces envoyées à la Halle dans les vingt-quatre heures après les avoir ôtées de dessus le métier, & y être ensuite vues & visitées par les Egards, & le nombre des fils dont la chaîne est composée par eux comptés; après quoi le plomb de fabrique y sera apposé, en cas qu'elles se trouvent faites en conformité des Réglemens.

I X.

Il est fait défenses à tous Maîtres Sayetteurs, & Hautelisseurs, de faire, pour raison de la marque de leurs pieces à la Halle, aucun abonnement avec les Egards & Jurés, à peine, tant contre les Fabriquans, que contre les Egards, de cent livres d'amende, laquelle ne pourra être ni remise ni moderée, sous quelque prétexte que ce soit.

X.

Il est enjoint aux Egards Jurés de chacune Communauté des Sayetteurs & des Hautelisseurs d'avoir un Registre paraffé par les Maire & Echevins, à la tête duquel seront inscrits les noms & les surnoms des Maîtres & Veuves de Maîtres de leur Communauté, sur lequel lesdits Maîtres & Veuves seront tenus de faire une déclaration de leurs noms, surnoms & demeures & du nombre des pieces qu'ils font travailler, tant en leur maison qu'ailleurs, pour être toutes les pieces qui seront marquées à la Halle par les Egards Jurés, par eux inscrites sur ledit Registre, jour par jour, ainsi que le nom du Maître à qui elles appartiendront, avec l'espece & la qualité desdites pieces; & ledit Registre sera représenté à la fin de chaque mois par lesdits Egards aux Maire & Echevins; ensemble un Etat contenant les noms des Maîtres & Veuves qu'ils auront reconnu n'avoir point fait marquer leurs marchandises.

X I.

Il est fait défenses, conformément à l'article V du Réglement général du mois d'Aout 1669, aux Teinturiers du bon teint de ladite Ville d'Amiens, d'avoir en leurs maisons, ni d'employer dans la composition de leurs teintures, aucun bois d'Inde, orseille & autres ingrédiens de fausses couleurs, ni de délivrer aucunes pieces d'étoffes teintes sans y avoir apposé leur plomb, & aux Marchands de les recevoir & avoir chez eux sans que ledit plomb y ait été apposé, conformément à l'article XXXVIII du même Réglement.

X I I.

Tous Gardes des Marchands ayant inspection sur les Marchandises Foraines & Teintures, seront tenus de faire débouillir toutes les pieces d'écarlate violette & cramoisi, pourpre & noir, pour connoître si elles sont de bon teint, & si le plomb du Teinturier y aura été appliqué; faute de quoi les pieces qui se trouveront en contravention seront saisies & arrêtées.

X I I I.

Enjoint Sa Majesté aux Maire & Echevins de

ladite Ville d'Amiens de se conformer à ce qui est prescrit par le Réglement de *1666* pour les apprentissages, chef-d'œuvres & réceptions des aspirans à la Maîtrise.

XIV.

Par cet article Sa Majesté ordonne l'établissement d'un nouvel Inspecteur des Manufactures au Département d'Amiens, outre celui qui y est déja; desquels deux Inspecteurs, l'un sera tenu de veiller sur les Marchandises Foraines qui s'apportent toutes les semaines dans la Halle aux Draps, ainsi que sur les Manufactures qui sont établies dans les autres Villes & lieux de ce Département; & l'autre aura l'inspection de la Manufacture interieure de la Ville d'Amiens, & veillera, tant sur la conduite des Egards & Ferreurs, que sur celle des Sayetteurs, Hautelisseurs, Fabriquans, Houpiers, Peignerans & Teinturiers; ensemble sur la qualité des matieres qui sont employées dans la Fabrique & sur toutes les Marchandises qui sont envoyées à l'apprêt par les Marchands & Fabriquans.

XV.

Les appointemens du nouvel Inspecteur sont reglés à deux mille livres par an, ainsi que ceux de l'Inspecteur déja établi; & pour pourvoir au payement desdits appointemens, Sa Majesté veut qu'au lieu des deux deniers qui se levent actuellement en conséquence de l'article CVII du Reglement de *1666*, il soit levé à l'avenir à la Halle par les Egards-Ferreurs en blanc, huit deniers en tout pour la marque de chaque piece d'étoffes en blanc, sur le produit desquels huit deniers seront prélevés les appointemens dudit Inspecteur, & le surplus employé aux frais, tant des Registres que des plombs & des coins de marque.

XVI.

Enfin Sa Majesté ordonne que lesdits Egards-Ferreurs compteront annuellement du produit desdits huit deniers pardevant les Maire & Echevins de ladite Ville d'Amiens, ainsi qu'il en a été usé pour les deux deniers qui se levoient ci-devant.

Il faut observer que dans toutes les copies imprimées de ce nouveau Réglement, qui ont été distribuées dans le Public, il y a trois fautes considérables d'impression; sçavoir, 1°. à l'endroit où il est parlé des Sayetteurs & Hautelisseurs, que la copie nomme toujours Faiteurs; 2°. à l'endroit dans lequel on ordonne la reforme des lames & des rots, où l'on substitue le mot de Laines à celui de Lames; 3°. enfin en nommant Lainiers au lieu de Lamiers, les ouvriers qui font les lames; ce qui cause un sens tout-à-fait in-intelligible dans le nouveau Réglement.

On peut voir là-dessus les Statuts ou Réglemens de *1666*, dans lequel on met toujours Sayetteurs & non Faiteurs, à cause que la Manufacture d'Amiens se nomme Sayetterie; & Lames & Lamiers, pour signifier cette partie du métier qu'on appelle Lame, & les Ouvriers qui les font.

1723.

L'avivage que l'on donne à quelques étoffes de laine, après qu'elles ont passé par la teinture, est quelquefois une façon qui donnant plus de vivacité à la couleur sans déteriorer l'étoffe ou sans en cacher la mauvaise fabrique, doit être permise aux Teinturiers, comme est, par exemple, l'avivage du bleu avec de l'eau tiede un peu alunée. Il n'en est pas de même de l'avivage dont l'on se servoit jusqu'en 1723 à Nogent le Rotrou, & dans différens lieux de la Touraine & de la Généralité d'Orleans, pour couvrir les défectuosités de quelques-unes de leurs étoffes.

Entre les différentes sortes d'étoffes qui se font dans ces deux Provinces, les étamines qui se fabriquent avec une trame de laine brune sur une chaîne de laine blanche, ne sont pas celles qui ont le moins de réputation. Lorsque l'ouvrage en est bon, & que la trame couvre entiérement la chaîne, elles ont une belle couleur grise; & au contraire, elles paroissent rayées, lorsqu'elles sont mal tissues. C'est pour cacher ces défauts que les Marchands & les Fabriquans avoient imaginé ce qu'ils appellent l'Avivage, c'est-à-dire, une teinture faite du bois d'Inde qui rendoit la couleur uniforme, & en ôtoit entiérement la rayeure.

C'est contre cette teinture frauduleuse qu'a été donné l'Arrêt du Conseil du 19 Janvier 1723, par lequel Sa Majesté fait très expresses inhibitions à tous Fabriquans & Marchands d'étamines dont la chaîne est composée de laine blanche & la trame de laine brune, de donner ausdites étoffes après qu'elles auront été fabriquées aucune sorte de teinture, appellée vulgairement *Avivage*, sous quelque prétexte que ce puisse être, à peine de confiscation desdites étoffes & de vingt livres d'amende pour chacune contravention, lesquelles peines ne pourront être remises ni moderées.

Il faut remarquer que dans les copies de cet Arrêt on a mis Avinage au lieu d'Avivage, mais c'est une faute d'impression.

Le Roi ayant été informé que les serges fabriquées dans les Villes d'Usez, d'Alais & autres Villes & lieux de la Province de Languedoc, n'avoient pas la largeur portée par les Réglemens rendus en différens tems; & que les Ouvriers dont la contravention étoit reconnue, prétendoient se disculper en soutenant que le défaut de largeur provenoit de ce que ces étoffes avoient été trop foulées, & non pas de n'y avoir point employé le nombre de fils prescrit; ce qui ne peut plus être vérifié quand elles ont été au foulon, & que par cette façon la chaîne est mêlée & confondue avec la trame:

Sa Majesté, pour ôter dorénavant aux Fabriquans tout prétexte d'abus, a ordonné par un Arrêt de son Conseil du 19 Janvier 1723, que les Réglemens Généraux de *1669* & autres depuis rendus concernant le nombre des fils & largeur de chaque espece d'étoffes seroient exécutés selon leur forme & teneur; & en conséquence, qu'à l'avenir, conformément au Réglement du 20 Octobre 1708, pour les Manufactures de Mende & de Marenjols, tous les Ouvriers qui fabriquent des serges, cadis & autres especes d'étoffes ausquelles ils employent des chaînes de laine peignée appellée Estame, tant dans la Province de Languedoc que dans les autres Provinces du Royaume, seront tenus de laisser à la tête de chaque piece la longueur de quatre pouces aux chaînes sans les remplir & couvrir de la trame, afin que les fils & les portées des chaînes puissent être comptées, pour reconnoître si le nombre fixé par les Réglemens a été observé, à peine de confiscation desdites étoffes & de vingt livres d'amende pour chaque contravention, lesquelles confiscations & amendes ne pourront être remises ni moderées par les Juges, à peine d'en répondre en leurs propres & privés noms & d'interdiction.

Il avoit été fait défenses par un Arrêt du Conseil du 5 Février 1692, à tous Entrepreneurs de Manufactures, aux Ouvriers travaillant en Draps & autres étoffes de laine, & généralement à toutes personnes d'appliquer ou mettre à aucunes marchandises ou pieces d'étoffes de laine, aucunes lettres ou marques étrangeres; même aucunes lettres, caracteres, figures ou façons, de quelque qualité qu'elles puissent être sans exception, outre le nom de l'Ouvrier & les marques portées par les Réglemens : comme aussi à tous Marchands Drapiers des Villes du Royaume, de faire mettre aucunes desdites marques sur leurs draps de laine, & d'en avoir aucunes ainsi marquées dans leurs Boutiques & Magasins, ni de les exposer en vente; le tout à peine de confiscation & de quinze cens livres d'amende.

Néanmoins comme sous prétexte que pendant la Guerre on avoit crû devoir user d'indulgence & tolerer un semblable abus, pour faciliter aux Marchands le débit de leurs étoffes dans les Pays étrangers, plusieurs d'entre eux continuoient de se servir desdites marques; Sa Majesté, pour arrêter cette contravention qui ne pouvoit plus se dissimuler sans causer un préjudice considérable au Commerce de France, sans décrediter en quelque sorte les Manufactures du Royaume, qui ayant par leur perfection une si grande superiorité sur toutes les Manufactures étrangeres, n'ont pas besoin de ces fausses marques pour acquerir du crédit.

Sa Majesté, par un nouvel Arrêt du 26 Avril 1723, a ordonné l'exécution de l'Arrêt de 1692, sous les mêmes peines de confiscation & de quinze cent livres d'amende contre les contrevenans; lesquelles peines ne pourront être remises ni moderées pour quelque cause & sous quelque prétexte que ce puisse être.

Le Roi ayant fixé par l'article III du Réglement du 17 Mars 1717, le nombre des portées & des fils des serges qui se fabriquent à Crevecœur, Hardiviliers, Blicourt, &c. & étant informé que les Fabriquans de Villers & des lieux circonvoisins négligeoient de s'y conformer, quoique les étoffes qui s'y fabriquent, se débitassent sous le nom de serges de Blicourt : Sa Majesté, vû l'avis du sieur Chauvelin Intendant dans la Généralité d'Amiens, ensemble, celui des Députés du Commerce, ordonna par un Arrêt de son Conseil, du 14 Décembre 1723.

Que l'article III du Réglement du 17 Mars 1717, seroit exécuté selon sa forme & teneur. Ce faisant, que les serges qui se fabriquent à Villers & lieux circonvoisins, auroient cinquante-deux portées de trente-quatre fils chacune pour être en toile, de trois quarts de large, & au retour du Foulon de demi-aune demi-quart : & que les étroites auroient quarante-deux portées au moins, aussi de trente-quatre fils chacune, pour être au sortir du métier de demi-aune un douze & un pouce : & au sortir du Foulon de demi-aune de largeur, & de vingt aunes & demi de long, conformément à l'article XXVI du Réglement général.

Qu'à cet effet tous les lames & rots servant à la fabrique desdites étoffes qui ne seroient pas conformes à la disposition dudit article, seroient changés dans les trois mois après la publication du present Arrêt, & passé ledit tems, rompus, & les Ouvriers condamnés en trois livres d'amende pour chaque Métier.

Sa Majesté ordonnant en outre, que les Fabriquans seroient tenus de porter lesdites serges à la Halle des Marchandises Foraines de la Ville d'Amiens, pour y être visitées & marquées du plomb de Contrôle, en cas qu'elles fussent de celui de fabrique de Villers, fabriquées en conformité des Réglemens; sinon qu'elles seroient coupées de cinq aunes en cinq aunes, & rendues aux Fabriquans qui seront condamnés à vingt livres d'amende.

Sa Majesté faisant au surplus défenses ausdits Fabriquans d'en exposer en vente, & aux Marchands d'en acheter, qu'elles n'ayent lesdits deux plombs, à peine de cinquante livres d'amende pour chaque contravention.

1724.

On compte jusqu'à six Réglemens qui ont été rendus cette année; sçavoir, un du 18 Janvier, deux du 7 Mars, un du 10 Mai, un du 15 Aout, & un du 25 Novembre : on en a donné les extraits suivant leur ordre de date.

Il sembloit que dans les Réglemens généraux qui avoient été faits en France, depuis près de soixante & dix ans, pour la perfection des Manufactures, on avoit presque entierement prévenu les fraudes qui pouvoient se commettre dans les Fabriques des Etoffes. Cependant le Roi ayant été informé que malgré tant de sages précautions, le commerce desdites Etoffes se faisoit dans la Ville de Troyes sans aucune des formalités ordonnées, & que la plupart des Marchands achetoient celles qui s'y fabriquoient, ou qui y étoient apportées, sans examiner si elles étoient défectueuses en largeur & en qualité. Que même pour ôter aux Inspecteurs la connoissance du mauvais commerce qu'ils en faisoient, ils les faisoient décharger directement dans leurs maisons, en quoi ils étoient favorisés par les Gardes de la Draperie qui leur prêtoient leur poinçon pour les marquer. Que le grand Garde lui-même, marquoit ses propres étoffes à huis clos & celles des autres particuliers. Que d'ailleurs quelques Marchands prétendoient, au moyen des privileges attribués aux charges dont ils se font pourvoir, & entr'autres celle de Secretaire du Roi, être dispensés de se conformer aux Réglemens rendus sur le fait des Manufactures, & refusoient sous ce prétexte, que les Inspecteurs établis par Sa Majesté fissent aucune visite dans leurs Magasins, ensorte que si tous ces abus étoient tolerés, le commerce en souffriroit considérablement. Sa Majesté desirant y pourvoir, ordonna par l'Arrêt de son Conseil du 18 Janvier 1724 :

1°. Que les Réglemens généraux rendus sur le fait des Manufactures, ensemble l'Ordonnance du Lieutenant Général de Police de la Ville de Troyes, du 6 Novembre 1723, seroient exécutés suivant leur forme & teneur.

2°. Qu'en conséquence, toutes les étoffes de laine qui seroient fabriquées, ou apportées dans ladite Ville, seront marquées de la marque ordinaire dans la Halle aux Draps, tous les jours; sçavoir, en esté depuis huit heures du matin, jusqu'à dix; & en hyver, depuis neuf heures du matin jusqu'à onze.

3°. Que desdites étoffes & marques, il seroit tenu Registre par le Concierge de ladite Halle, lequel Registre seroit paraphé par ledit Lieutenant Général de Police.

4°. Que Sa Majesté fait expresses défenses au grand Garde, aux Gardes des Marchands, & aux Maîtres Jurés des Fabriquans, d'en marquer sous quelque prétexte que ce soit, à d'autres heures que celles ci dessus, ni ailleurs que dans ladite Halle, à peine de cinquante liv. d'amende & de confiscation, même de plus grande peine en cas de récidive.

5°. Il est pareillement défendu à tous Marchands d'en recevoir dans leurs Boutiques & Magasins, qu'elles n'ayent été vûes & visitées, & marquées.

6°. Que les Gardes & Jurés ne pourront prêter leurs clefs, ni le Concierge de ladite Halle s'en servir pour cet effet; ou laisser marquer lesdites étoffes à autres heures à peine d'interdiction de leurs fonctions, & de pareille amende de cinquante livres.

7°. Que tous Marchands qui prétendront jouir de quelques privileges, à quelque titre que ce puisse être, seront tenus de se conformer ausdits Réglemens, & de souffrir que les Inspecteurs des Manufactures fassent des visites des marchandises qu'ils auront en magasin, à peine d'interdiction de tout commerce, & d'être en outre déchus pour toujours de leurs privileges.

8°. Enfin à l'égard de la prévarication commise par le grand Garde de la Communauté des Marchands de ladite Ville de Troyes: Sa Majesté veut & entend qu'outre l'amende de dix livres, à laquelle il a été condamné par le Lieutenant Général de Police, il soit destitué de toutes les fonctions de ladite qualité; lui faisant défense de s'y immiscer à peine de désobéissance; & un autre grand Garde élû en sa place, en la maniere ordinaire & accoutumée.

Des deux Arrêts en forme de Réglement du 7 Mars de l'année 1724, le premier n'est proprement qu'une interprétation de celui du 14 Décembre de l'année précedente; ou plûtôt une facilité pour son exécution, en accordant une marque de grace pour les serges fabriquées en contravention dudit Arrêt; Sa Majesté ordonnant que l'Inspecteur des Manufactures du département d'Amiens, assisté d'un Officier de Police de ladite Ville, se transporteroit tant à Villers que dans les lieux circonvoisins pour apposer sur les serges qui s'y fabriqueroient, & qui seroient encore sur les métiers, ladite marque de grace, telle qu'elle seroit désignée par les Intendans de la Généralité d'Amiens, avec permission, en consequence, aux Fabriquans desdits lieux, de vendre les serges ainsi marquées pendant six mois, à compter du jour de la publication du present Arrêt.

L'autre Réglement du 7 Mars 1724 regarde les étamines, Virées doubles-soies.

Le Roi avoit ordonné par l'article 6 du Réglement du 17 Mars 1717, concernant les Manufactures d'Amiens, Que les étamines Virées doubles-soies auroient la chaîne de trente-cinq à trente-six portées, de seize à dix-huit fils ou buhots chacune, & la trame de laine d'Angleterre. Mais Sa Majesté ayant été informée que les Fabriquans n'y employoient que seize fils, & que quand ils se conformeroient à ce qui est porté par ce Réglement, il ne seroit pas possible que ces étoffes fussent de la qualité dont elles devroient être; que d'ailleurs cela donnoit lieu aux Fabriquans de vendre les étamines communes, lorsqu'elles étoient bien façonnées, pour étamines fines, Sa Majesté, pour y pourvoir, auroit ordonné par le présent Arrêt, qu'à l'avenir les étamines Virées doubles-soies seroient de dix-huit à vingt buhots, sur trente-sept à trente-huit portées, la trame de laine d'Angleterre naturelle, & la chaîne de fil de Turcoin, dérogeant, pour ce regard seulement, audit article VI dudit Réglement du 17 Mars 1717, & qu'à cet effet les Fabriquans seroient tenus de faire réformer leurs lames & leurs rots, & de les porter ensuite à l'Hôtel de Ville d'Amiens, pour y être marqués en présence des Gardes-Jurés de leur Communauté. Permettant néanmoins Sa Majesté ausdits Fabriquans d'employer les chaînes ourdies en seize buhots pendant un mois, à compter du jour de la publication du présent Arrêt; lequel délai expiré toutes lesdites étamines qui se trouveroient à un moindre nombre de portées que celui fixé ci-dessus, seroient confisquées, & les Fabriquans condamnés à vingt livres d'amende.

Le quatriéme Réglement de cette année est un Arrêt du Conseil d'État du Roi, donné en exécution de celui du 13 Mai 1719.

Par ce dernier, il avoit été ordonné que les Entrepreneurs des Manufactures de Draperies qui en auroient expressément & nommément obtenu le droit par des Lettres Patentes, pourroient seuls y employer ces mots: *Manufacture Royale*, au chef & premier bout de chaque piece d'étoffes de leur Fabrique, outre le numero de la piece, les noms & demeures desdits Entrepreneurs, qui y seroient mis sans aucune abbréviation, avec défenses à tous autres Fabriquans & Ouvriers d'employer lesdits termes, & aux Gardes Jurés de les faire graver sur les marques, & imprimer sur les plombs, ou de quelque autre maniere que ce fût, à peine de confiscation des étoffes trouvées en contravention, & de cinquante livres d'amende, tant contre lesdits Fabriquans & Ouvriers, que contre lesdits Gardes Jurés. Cependant, Sa Majesté ayant été informée qu'au préjudice des dispositions dudit Arrêt, & encore contre la teneur d'un autre du 14 Aout 1717, par lequel les Sieurs Glucq & Julienne auroient été maintenus dans la possession où ils étoient, comme seuls privilegiés dans la Ville, Fauxbourgs, & Banlieue de Paris, de marquer d'un plomb doré, sur lequel d'un côté étoient les Armes du Roi, & de l'autre cette inscription, *Teinture Royale, par Privilege aux Gobelins à Paris*, il s'apposoit sur les draps teints dans le Bourg de Darnetal un plomb doré, sur lequel d'un côté étoient les Armes du Roi, avec ces mots: *Manufactures de Teintures à Darnetal*, & de l'autre ces termes: *Par de Vitry Maître Teinturier aux Gobelins de Paris*. Sa Majesté pour arrêter & punir ladite contravention, a ordonné par le présent Arrêt du 10 Mai 1724, que les Réglemens & Arrêts concernant la marque, seroient exécutés selon leur forme & teneur, & en conséquence, fait expresses défenses à tous Maîtres Teinturiers, de faire graver sur leurs plombs les Armes de Sa Majesté, s'ils n'en ont expressément & nommément obtenu le droit par des Lettres Patentes, à peine de confiscation des pieces d'étoffes, sur lesquelles lesdits plombs auroient été appliqués, sauf le recours des Marchands, auxquels elles appartiendront, contre lesdits Teinturiers qui seront en outre condamnés à cinq cent livres d'amende ; & pour la contravention commise par ledit Vitry, Sa Majesté l'a condamné à trois cent livres d'amende, que S. M. a moderée à ladite somme par grace & sans tirer à conséquence.

On parle ailleurs de la Manufacture desdits Sieurs Glucq & Julienne, & de leurs privileges. *Voyez* dans ce Dictionnaire l'article des Manufacturiers.

Le cinquiéme Réglement, est un Arrêt du 15 Aout 1724, concernant les droguets de la Manufacture de la Ville & Fauxbourgs de Reims.

Le Roi ayant été informé que depuis quelques années, les Fabriquans de la Ville de Reims s'étoient appliqués à faire des droguets de différentes qualités, & que pour en conserver la réputation, & en augmenter le commerce, il étoit nécessaire de prescrire des regles certaines aux Manufacturiers qui fabriquent ces sortes d'étoffes, en les renfermant dans la fabrique de deux especes seulement, Sa Majesté a ordonné qu'à l'avenir il ne seroit plus fabriqué dans la Ville & Fauxbourgs de Reims, que de deux sortes de droguets, & de la maniere & façon portées par les huit articles suivans.

ARTICLE PREMIER.

Les droguets de la premiere sorte seront fabriqués de laines de Ségovie, & les chaînes composées au moins de cinquante portées dans des lames & rots de trois quarts d'aune, pour revenir, au retour du Foulon, à demi-aune entre les lisieres, & environ trente-deux à trente-trois aunes de long.

II.

Ceux de la seconde sorte, seront fabriqués de laine de Berry, dont les chaînes seront de quarante portées, chaque portée de 24 fils d'estain non compris les lisieres, dans des lames & rots de trois quarts d'aune, pour être lesdits droguets en toile de deux tiers de large entre les lisieres, & de quarante à quarante-deux aunes de long ; pour revenir au retour du foulon, à demi-aune de large, & à environ trente-deux à trente-trois aunes de long.

III.

Veut Sa Majesté, qu'il ne soit employé dans la fabrique desdits droguets que des chaînes du poids d'une livre trois quarts au plus.

IV.

Veut aussi Sa Majesté qu'il ne soit employé dans la trame desdits droguets, que des laines d'Espagne, prime, & seconde ségovie; prime ségovienne; prime soria, & des plus fines de Berry, & ne pourra y être employé aucune laine de l'Auxois ni autres moyennes laines, à peine de confiscation desdites étoffes, & de cent livres d'amende.

V.

Les lisieres seront composées chacune au moins de trois doublots de laine verte.

VI.

Après que lesdits droguets auront été foulés, l'envers sera paré par une seule tonte, & l'endroit sera tondu deux fois, dont la seconde tonte se fera avec des Forces appellées Bottes.

VII.

Après que la visite aura été faite, & la marque du Bureau apposée auxdits droguets en toile, les nœuds en seront coupés avant que d'être portés au Foulon par les Marchands qui les acheteront en toile, ou par les Retendeurs qui les font apprêter pour le compte des Fabriquans.

VIII.

Ordonne en outre Sa Majesté, que le corps de la piece sera semblable à l'endroit vulgairement appellé la montre, & au cas qu'il se trouve d'une qualité inférieure, la piece d'étoffe sera confisquée, & le Fabriquant à qui elle appartiendra, condamné à cent livres d'amende. Enjoint Sa Majesté au Sieur Intendant de la Province de Champagne, de tenir la main à l'exécution du présent Arrêt, &c.

Le sixiéme Réglement de cette année, concerne la Manufacture des draps de la Ville de Sedan; il est du 25 Novembre.

Par l'Arrêt du Conseil en forme de Réglement du 19 Septembre 1718, donné en interprétation du Réglement particulier du 16 Septembre 1666, concernant la fabrique des draps de ladite Ville de Sedan, le Roi avoit ordonné entr'autres choses qu'il continueroit d'y être fait & fabriqué trois sortes de draps; sçavoir deux sortes de draps fins, & une troisiéme de draps communs; mais Sa Majesté ayant été informée qu'au préjudice desdits Réglemens, quelques Fabriquans de draps fins de la seconde sorte, les faisoient passer pour draps de la premiere, d'où il arrivoit que non-seulement la foi publique étoit trompée ; mais encore que l'émulation des bons Fabriquans étoit ralentie, désordre important qui subsistoit, même malgré toutes les précautions que les Juges des Manufactures avoient apportées pour y remedier, & particuliérement le Jugement provisionnel par eux rendu le 23 Décembre 1723, qui ordonne un nouveau plomb pour la distinction desdits draps, & quelques autres dispositions tendantes à même fin. Sa Majesté s'étant fait représenter lesdits deux Réglemens de 1666 & 1718, ensemble celui desdits Juges des Manufactures, a ordonné que les deux premiers seroient exécutés selon leur forme & teneur, & en consequence, que conformément à l'article XI dudit Réglement de 1718, les draps fins de la premiere sorte seroient marqués d'une nouvelle marque de plomb, représentant d'un côté Sa Majesté à cheval avec ces mots: *Louis XV, Restaurateur des Arts & du Commerce*; & de l'autre, les Armes de la Ville de Sedan, autour desquelles seroit cette autre legende *Draperie Royale de Sedan*, faisant Sa Majesté défenses aux Gardes Jurés, & à tous autres, d'apposer ladite marque à d'autres draps qu'aux draps fins de la premiere sorte, sous les peines portées par lesdits Réglemens : voulant aussi Sa Majesté, que les draps fins de la seconde sorte & les draps communs de la troisiéme soient marqués chacun d'une marque différente, qui les distingue. Ordonnant en outre que pour reconnoître ceux des Jurés, contre lesquels on pourroit avoir recours dans le cas où il se trouveroit que les draps d'une qualité inferieure auroient été marqués de la marque propre & particuliere aux autres draps, il sera mis en tête de la visite, sur le Registre desdits Jurés avec la datte, le nom des Jurés qui se trouveront de visite & marque; & à côté du Numero qui se sera trouvé de la premiere sorte, il sera marqué *drap fin.* Voulant encore Sa Majesté, que dans le nombre des Jurés de la Draperie, qui seront élus tous les ans, il y en ait un au moins qui fabrique des draps fins, à peine de nullité de l'élection. Enjoignant Sa Majesté au Sieur Intendant de Champagne, de tenir la main à l'exécution du présent Arrêt.

1725.

Arrest du Conseil pour la Teinture en noir des petites étoffes.

Le Roi s'étant fait représenter en son Conseil l'Arrêt du 23 Mai 1718, par lequel Sa Majesté avoit permis pendant trois ans aux Teinturiers, de teindre de blanc en noir, après un bain de racine de noyer, les étamines à voile & autres petites étoffes qui ne passent point au Foulon, & celui du 29 Janvier 1722, par lequel Sa Majesté auroit prorogé pour trois autres années ladite faculté; & Sa Majesté étant informée que les Marchands qui font commerce de ces sortes d'étoffes, ne leur font pas donner le fond de racine de noyer, afin de trouver un plus grand profit dans la vente & le débit qu'ils en font, à quoi étant nécessaire de pourvoir, Sa Majesté ordonne que conformément audit Arrêt du 29 Janvier 1722, les Teinturiers seront tenus de donner un fond de racine de noyer ausdites étoffes. Voulant Sa Majesté que lesdits Teinturiers laissent des rosettes aux deux bouts de chaque piece d'étoffe du fond de racinage qu'elles auront; à peine de confiscation desdites étoffes, & de deux cens livres d'amende. Cet Arrêt est du 30 Janvier 1725,

Arrest du vingt-deux Avril 1725, pour la Teinture au petit teint des Cadis & Cordelats étroits, qui se fabriquent dans la Province de Languedoc, du Rouergue, de l'Auvergne, & autres lieux.

Le Roi ayant été informé que quoique par l'art. 30 des Réglemens généraux faits pour les Marchands Maîtres Teinturiers, en grand & petit teint des étoffes de laine, enregistrés en Parlement le 13 Aout 1669, il eût été ordonné que les Teinturiers du petit teint ne pourroient teindre autres Marchandises que frisons, tiretaines, petites sergettes à doubler, façons de Chartres & d'Amiens, & autres pareilles petites étoffes, qui en blanc n'excédoient pas le prix de quarante sols l'aune. Cependant l'on étoit toujours resté dans l'usage de teindre en rouge de brézil & autres couleurs du petit teint faites avec l'orseille, le campeche & autres ingrédiens, les Cadis du Gevaudan & des Sevennes, les cordelats de Mazavet, de Dourgue & de Boissesons, les cadis de Rouergue & d'Auvergne, & les cadis & cordelats de Montauban, de Toulouse, d'Auch, &c. qui valent plus de quarante sols l'aune; tant parce que les peuples d'Italie, & du Pays situé le long de la Riviere de Gennes, où les étoffes sont envoyées & consommées, les préferent étant teintes avec le brésil & le campeche, par l'éclat & le brillant qu'elles ont au dessus de celles teintes en garance & pastel; que parce que ces étoffes, quoiqu'au dessus de quarante sols l'aune, sont encore d'un si bas prix, qu'on en diminueroit la consommation, si on ne toleroit qu'elles fussent teintes avec du bois de brézil & de campeche, & avec l'orseille & autres ingrédiens; à quoi Sa Majesté voulant pourvoir, elle a permis par le présent Arrêt aux Marchands & Fabriquans, & aux Teinturiers desdites Provinces & Généralités, de teindre & faire teindre en petit teint, avec du bois de brézil & de campeche, avec de l'orseille & autres ingrédiens, les cadis & cordelats de demie-aune de largeur & au dessous, qui se fabriquent dans lesdites Villes & lieux; ordonnant Sa Majesté que toutes les autres étoffes de laines seront teintes en conformité desdits Réglemens généraux de 1669, qui seront au surplus exécutés selon leur forme & teneur en ce qui n'y est pas dérogé par ce présent Réglement; faisant Sa Majesté défenses ausdits Marchands, Fabriquans & Teinturiers, de mettre & faire mettre au bout desdites piéces d'étoffes en petit teint, des rosettes d'autres couleurs que du fond de la piece; sous les peines portées par lesdits Réglemens.

REGLEMENS DES MANUFACTURES DES DRAPS D'OR, D'ARGENT ET DE SOIE.

La fabrique des draps d'or, d'argent & de soie s'est établie assez tard en France où elle a été apportée d'Italie.

Les premiers établissemens s'en firent d'abord à Tours & ensuite à Lyon, & ces deux Villes porterent bien-tôt la perfection de leurs étoffes jusqu'à ne plus laisser desirer les ouvrages de Venise, de Florence & de Genes, autrefois si estimés & dont on s'étoit toujours servi en France depuis que la Nation s'étoit accoutumée au luxe Italien. *Voyez l'article des Soyes.*

Paris a reçû encore plus tard ces riches Manufactures. Il y avoit à la vérité dans cette Capitale du Royaume, une Communauté dont les Maîtres prenoient la qualité d'Ouvriers en draps d'or, d'argent & de soie; mais ces Ouvrages y étoient rares, & presque tous les Maîtres qui composoient cette nombreuse Communauté ne s'occupoient gueres qu'à la Tissuterie-Rubannerie, qui étoit alors la principale occupation de ces Artisans Marchands, comme elle l'est encore devenue depuis 1666.

Ce fut Henri IV, ce Monarque si attentif au bonheur de ses sujets, & qui étoit si persuadé qu'il n'y avoit rien de plus capable d'y contribuer que le Commerce & les Manufactures, qui en fit établir une dans sa Capitale en 1603. Ce fut celle qu'on a longtems appellée la Manufacture de la Place Royale, parce qu'elle fut placée dans l'ancien Parc du Palais des Tournelles, dont on avoit destiné une partie aux bâtimens de cette Place magnifique, qui fait un des plus beaux ornemens de Paris, & qu'on appelloit déja la Place Royale.

Ces trois Manufactures de draps d'or, d'argent & de soie, établies à Paris, à Lyon & à Tours, ont eu chacune presque dans le même tems, leurs derniers Réglemens, dont on va parler séparément, parce qu'encore qu'ils conviennent en plusieurs articles, ils sont néanmoins différens en quantité d'autres.

Réglement pour Paris, 1603.

L'Edit pour l'établissement de la Manufacture des draps, d'or, d'argent & de soie de la Ville de Paris, est du mois d'Aout 1603, vérifié & enregistré au Parlement, en la Chambre des Comptes, à la Cour des Aydes & à la Cour des Monnoies.

Par cet Edit, les premiers Entrepreneurs de la Manufacture, qui furent les sieurs de Moissel, Saintot, Lumaque, Camus, Parfait, Oudart & Coullebert, furent entre autres franchises & immunités, honorés eux & leurs successeurs du titre de noblesse, à la charge de prendre soin de cet établissement pendant douze ans; & il fut accordé à tous ceux qui y auroient travaillé en qualité d'Ouvriers Compagnons ou Apprentifs, de jouir des privileges de la Maîtrise sur le seul certificat des Entrepreneurs, & sans être tenus de faire chef-d'œuvre, ou de prendre Lettres du Roi, pourvû néanmoins qu'ils eussent servi dans la Manufacture le tems prescrit par l'Edit.

Le nombre des Ouvriers parvenus à la Maîtrise par les prérogatives de l'Edit, étant devenu considérable pendant les douze ans écoulés depuis qu'il avoit été rendu, & paroissant suffisant pour composer une Communauté, on leur dressa des Statuts & Réglemens au mois d'Aout 1615, qui furent enregistrés au Parlement le 22 des mêmes mois & an.

Quoique ces Réglemens soient les prémices qui ayent été donnés aux Maîtres & Ouvriers en draps d'or, d'argent & de soie de Paris, on n'en donnera néanmoins qu'un léger extrait parce que la plupart des articles ont été réformés ou augmentés par le Réglement de 1667, qui sera rapporté dans la suite.

Les articles du Réglement de 1615, sont au nombre de 38. Les Jurés y furent fixés à trois, dont un seroit élû chaque année.

Nul à l'avenir ne devoit être reçû Maître s'il n'avoit fait apprentissage de quatre années & chef-d'œuvre, qui devoit se faire sur l'un des quatre draps désignés, qui furent le satin plain, le damas, le velours plain, & le brocard d'or & d'argent; & après l'apprentissage, il fut ordonné un service de quatre autres années chez les Maîtres.

Chaque Maître ne pouvoit avoir au plus que trois Apprentifs, le premier travaillant lorsqu'il prendroit les deux autres. Les Fils de Maîtres ayant fait apprentissage, étoient exemts de tous frais & de chef-d'œuvre.

Les Filles de Maîtres affranchissoient le Compagnon des frais, mais non du chef-d'œuvre.

Les veuves pouvoient faire travailler, mais n'affranchissoient personne.

Enfin tout Maître de Paris pouvoit demeurer & exercer le Métier dans toutes les Villes, Bourgs & autres lieux du Royaume en y faisant seulement enregistrer l'acte de sa Réception.

Le Privilege de la Manufacture de la Place Royale étant expiré, & la nouvelle Communauté des Ouvriers en draps d'or, d'argent & de soie ayant de continuelles contestations avec celle des Tissutiers-Rubanniers, qui alors pouvoient fabriquer les mêmes étoffes; les Jurés & la plûpart des Maîtres des deux Communautés, passerent une Transaction d'union le 10 Mai 1644, qui après deux ans de procédures de la part de plusieurs opposans des deux Corps, fut enfin confirmée par un Arrêt du Parlement du 8 Février 1648.

Tant que l'union dura les Communautés réunies furent gouvernées également suivant les anciens Réglemens des Tissutiers-Rubanniers de 1585, & le Réglement des Ouvriers de draps d'or de 1615; mais ces deux Corps ayant encore été désunis en 1666 par l'Arrêt du Conseil d'Etat du Roi, rapporté à l'article des Tissutiers-Rubanniers, il fut dressé & donné un nouveau Réglement aux Ouvriers en draps d'or & d'argent, qui est celui dont on va parler présentement.

1667.

Les Lettres Patentes qui confirment & homologuent ce Réglement, sont du mois de Juillet 1667, données sur l'Avis du Lieutenant de Police & du Procureur du Roi au Châtelet de Paris, à qui il avoit été renvoyé par Arrêt du mois de Septembre 1666.

Ce Réglement comprend en 64 articles tout ce qui regarde les Jurés & leurs fonctions; les Maîtres, leurs Apprentifs & leurs Compagnons, les ouvrages permis aux Maîtres, leurs façons, leur largeur, leur visite & leur marque; enfin les Marchands Forains & leur marchandise.

Six Maîtres & Gardes-Jurés font observer les Ordonnances & les Réglemens, & veillent au bien de la Communauté, les deux Anciens sortent de charge chaque année, après y être resté trois ans, & deux nouveaux sont élûs à leur place.

L'élection s'en fait au mois d'Aout, le lendemain de la saint Roch, en présence du Procureur du Roi au Châtelet, dans le Bureau de la Communauté. A l'Assemblée pour élire doivent assister les Maîtres & Gardes en charge, les anciens Gardes sortis de charges, & soixante autres Maîtres, dont trente doivent être du nombre des Anciens, vingt des Modernes, & dix des Jeunes. Le même jour sont nommés pareillement à la pluralité des suffrages, deux Anciens du Corps pour visiter les Jurés eux-mêmes.

Tous Marchands, Maîtres & Ouvriers dudit Etat, sont sujets à la visite des Jurés, & sont tenus, à leur premiere requisition, de leur ouvrir leurs maisons, boutiques, magasins, chambres, armoires, &c. pour leurs étoffes être vûes & visitées, même saisies, confisquées & enlevées, si le cas y échéoit.

Lors desdites visites, il est enjoint à tous Fils de Maîtres & Compagnons de donner leurs noms & surnoms aux Maîtres & Gardes, & de leur faire voir leurs obligations, quittances & certificats pour être enregistrés.

Tous Marchands & Maîtres sont tenus d'envoyer au Bureau l'empreinte de leur marque particuliere, sans la pouvoir changer par la suite, comme aussi le lieu de leur demeure quand ils prennent nouvelle boutique, magasin ou maison, afin que lesdits Maîtres & Gardes y puissent aller voir & visiter leurs ouvrages & leurs poids & mesures; leur étant aussi défendu de vendre ni débiter aucunes marchandises qu'ils auront fait venir de dehors, sans pareillement en avertir lesdits Gardes pour les visiter & marquer.

Les Visites générales sont fixées à six par année, avec permission néanmoins aux Maîtres & Gardes d'en faire de particulieres, où & quand ils le trouveront à propos pour l'utilité publique.

Les Assemblées ordinaires se doivent tenir tous les Mardis de chaque semaine, & les extraordinaires suivant les besoins, pour dans lesdites Assemblées traiter des affaires de la Communauté, & visiter, marquer, acheter & lotir les marchandises foraines. En cas d'affaires importantes, les Anciens qui ont passé par les Charges de Maîtres & Gardes, doivent être appellés aux Assemblées.

Enfin les Maîtres & Gardes sont tenus d'avoir dans leur Bureau des mesures de fer ou de métail, étalonnées des armes du Roi, de la Ville & de la Communauté, pour éviter tout abus & mécompte dans leurs visites; comme aussi d'avoir un Registre pour servir aux affaires du Corps; & d'y tenir un Rolle de tous les Maîtres, à chacun desquels une fois seulement, ils délivreront gratis une

une copie imprimée des Statuts, & leur en feront signer la Réception.

L'apprentissage est de cinq ans consécutifs, avec demeure & service actuel chez les Maîtres à qui les Apprentifs se sont obligés; pendant lequel tems l'Apprentif ne peut s'en absenter que pour cause légitime, & jugée telle par les Maîtres & Gardes; faute dequoi le Maître le peut faire arrêter ou le sommer de revenir; sinon & à faute d'obéir au bout d'un mois, le rayer du Registre sans que le tems passé dans le premier apprentissage puisse être compté sur un nouveau: Il est pareillement loisible à l'Apprentif que le Maître auroit quitté & laissé sans emploi, aussi pendant un mois, de s'adresser aux Maîtres & Gardes pour être mis chez un autre Maître.

L'Apprentif avant que d'aspirer à la Maîtrise, est tenu de servir encore trois années chez les Maîtres, & ne peut être reçû qu'il n'ait sa quittance d'apprentissage; son certificat de service; qu'il n'ait fait chef-d'œuvre, & qu'il n'ait été reconnu de bonnes vie & mœurs, & de la Religion Apostolique & Romaine.

Le chef-d'œuvre doit se faire dans le Bureau, en présence des Maîtres & Gardes & de huit Anciens qui ont passé par les charges, & doit être visité par lesdits Gardes, huit Anciens & huit Modernes & Jeunes Maîtres: il se fait ou sur du velours plain, ou sur du satin plain, ou sur du damas, ou enfin sur du brocard d'or & d'argent. Les fils de Maîtres néanmoins ne sont tenus que de simple expérience.

A l'égard des Compagnons Forains & Etrangers, ils ne peuvent gagner franchise qu'ils ne se soient fait inscrire sur le Registre de la Communauté, & qu'ils n'ayent travaillé cinq ans chez les Maîtres; après quoi ils peuvent être reçûs à la Maîtrise comme les Apprentifs & Compagnons de Paris, & en conséquence de leur réception, s'ils sont Etrangers, ils sont déclarés & réputés regnicoles & naturels, & dispensés du droit d'aubaine, sans avoir besoin d'autres Lettres que le présent Réglement, & sans payer aucune finance.

Les veuves de Maîtres peuvent continuer leur négoce, mais non faire des Apprentifs; les mêmes veuves & les filles de Maîtres affranchissent pour une fois seulement le Compagnon de Paris ou le Forain qui les épouse, c'est-à-dire, leur font remettre le tems du service chez les Maîtres, & réduisent leurs droits de réception à celui des fils de Maîtres; ils sont au surplus obligés au chef-d'œuvre.

Les 30 & 31 articles contiennent divers privileges accordés aux Maîtres en considération de leur Manufacture; entre autres que les étoffes, soies, fleurets, laines, &c. non plus que les métiers, outils, instrumens, &c. ne pourront être saisis ni vendus par vente forcée, comme aussi que le Lieutenant de Police avec sept Conseillers du Châtelet, par lui appellés, jugeront en dernier ressort les malversations & vols des Maîtres travaillant à façon, Compagnons, Ouvriers, Apprentifs, Devideuses, Molinieres, &c. jusqu'à 250 livres d'amende, restitutions, & réparations civiles, & aux peines afflictives de la fleur-de-lys, du fouet, application au carcan, & de toute autre condamnation, à l'exception de celles des Galeres & de mort. *Voyez* PRIVILEGE.

Les Marchands & les Maîtres ne peuvent avoir qu'une boutique ouverte sur rue, ou échope, tant dans la Ville qu'aux Fauxbourgs & au Palais, où il leur est loisible de mettre des tapis, & sur iceux telles étoffes que bon leur semble, de celles qu'ils font fabriquer.

Les Marchands & Maîtres de Paris peuvent aller exercer leur état & métier dans telles Villes du Royaume qu'ils jugent à propos, en faisant apparoître de leur acte de Réception, & en le faisant enregistrer au Greffe de la Justice du lieu où ils veulent s'établir.

Les Maîtres ne peuvent prendre d'Ouvriers ou Compagnons, qu'ils ne sçachent de ceux de chez qui ils sont sortis, s'ils en sont contens.

Le Maître voulant congédier son Compagnon ou Ouvrier, ou l'Ouvrier & Compagnon voulant quitter son Maître, doivent s'en donner avis un mois d'avance; & de plus, le Compagnon est obligé de finir la piece d'ouvrage qu'il a montée ou commencée.

Les Compagnons Forains travaillant chez les Maîtres de Paris, doivent faire apparoître par un certificat des Maîtres & Gardes du lieu d'où ils viennent, qu'ils y étoient Compagnons, & que leur Maître étoit content d'eux.

Les Marchands & Maîtres, ou leurs veuves, faisant travailler, doivent tenir un Registre de la quantité & qualité des soies, or, & argent qu'ils auront délivrées aux Maîtres travaillant à façon, ou aux Ouvriers pour mettre en œuvre, de même que des soies & étoffes reçûes desdits Ouvriers, avec le poids, aunage, & façon; ensemble l'argent compté & avancé.

Les Ouvriers sont pareillement tenus d'avoir un semblable Registre, mais écrit de la main desdits Marchands & Maîtres, leurs enfans ou leurs commis, qui leur ont délivré lesdites soies, or, ou argent, & les sommes à eux avancées, étant au surplus lesdits Maîtres & Ouvriers travaillant-façon, aussi-bien que les Devideuses, tenus de représenter toutefois qu'ils en seront requis, les soies qui leur auront été données pour ouvrer & devider, lesquelles, ainsi que les autres matieres propres à ces Manufactures, & les étoffes qui en sont fabriquées, ne peuvent être reçues par qui que ce soit, en payement de ce qui sera dû par lesdits Ouvriers, Apprentifs, Compagnons, Devideuses, &c. à peine, tant contre les acheteurs que les vendeurs, s'ils ne retiennent lesdites choses, & n'avertissent les Maîtres & Gardes, d'être traités & punis comme recelleurs & larrons.

Aucuns Maîtres ni veuves de Maîtres ne peuvent exercer le courtage, ni prêter leur nom ou marque pour travailler, faire travailler & vendre des marchandises & étoffes pour des Etrangers, & pour autres personnes qu'eux-mêmes.

Aucuns draps d'or, d'argent, de soie, & autres étoffes mêlées, ne pourront, ni être vendues, ni être exposées en vente, qu'elles n'ayent deux plombs, l'un de fabrique, c'est-à-dire, du Marchand Fabriquant, & l'autre de visite, c'est-à-dire, des Maîtres & Gardes; lequel second plomb aux étoffes faites par les Maîtres & Gardes eux-mêmes, sera mis par les deux anciens Maîtres à ce commis, comme il a été dit ci-dessus; & sera différent d'un côté de celui des Maîtres & Gardes; & pour éviter tout abus, il doit être tenu Registre au Bureau des deux plombs de visite, avec les noms & surnoms des Fabriquans à qui les étoffes plombées appartiennent.

Le droit de marque dû aux Maîtres & Gardes,

est de douze deniers tournois par chaque marque, moitié pour leur vacation, & moitié pour le profit & pour les affaires de la Communauté.

Les Marchands Forains sont tenus de faire porter au Bureau leurs marchandises, pour y être vûes & marquées dans les vingt-quatre heures par les Maîtres & Gardes; & si elles sont trouvées bonnes & de la qualité requise, y être achetées & loties par les Marchands & Maîtres, si bon leur semble, sinon rendues aux Forains pour les vendre en tems de Foire. Le droit de Marque Foraine & l'emploi de ce qui en provient, sont semblables à ce qu'on vient de dire des droits de la Marque de visite.

Les Marchands & Maîtres peuvent tenir moulin à soie, mouliner, appareiller, acheter, & vendre toutes sortes de soies, suivant les filages marqués par le soixantiéme article. *Voyez* RETORDEMENT, SOYE & MOULINAGE.

Toutes Lettres que les Rois ont accoutumé de donner en plusieurs occasions, comme joyeux avenement, majorité, mariage, &c. à des Maîtres sans qualité, sont supprimées pour toujours: & il est ordonné pour la meilleure & plus exacte exécution du Réglement, que chaque Maître tiendra dans sa boutique un tableau sur lequel ledit Réglement sera mis par écrit, le tout sous les diverses peines & amendes portées par chaque article, applicable, un tiers au Roi, un tiers aux pauvres, & l'autre tiers aux Maîtres & Gardes en charge.

Enfin, pour ne pas oublier les devoirs du Christianisme, il est défendu de travailler, vendre ou faire vendre aucune étoffe les Dimanches & Fêtes commandées par l'Eglise; & il est ordonné d'assister le jour de la Saint Louis, choisi pour Patron de la Communauté, à la Messe celebrée aux Blancs-Manteaux, & le lendemain au Service pour les Marchands & Maîtres décedés: Et pour honorer les funerailles desdits Maîtres & de leurs Veuves, leur corps doit être accompagné des six Maîtres & Gardes en Charge, & des autres Maîtres conviés de s'y trouver par le Clerc du Bureau.

On n'a point fait ici l'extrait des treize articles contenant les qualités, nature, fabrique, portées & largeurs des diverses étoffes que peuvent fabriquer & faire fabriquer les Marchands & Maîtres-Ouvriers en drap d'or, d'argent & de soie, quoiqu'on sçache que c'est la partie la plus importante & la plus nécessaire du Réglement; mais attendu que ce ne seroit qu'une répetition inutile, puisqu'il en est suffisamment parlé dans plusieurs endroits de ce Dictionnaire, on se contentera d'indiquer les articles où l'on doit avoir recours. *V.* Velours, Panne, Peluche, Drap d'or & d'argent, Gros de Naples, Poul de soie, Satin, Damas, Vénitienne, Damassin, Luquoise, Valoise, Serge de soie, Tabis, Taffetas, Papeline, Filatrice, Brocatelle, Escharpe de soie, Egyptienne, Camelotine, Modene, Legatine, Estamine du Lude, Tripe de velours, Ostades, Basin, Futaine, Montcaiart, Moires, Burats ou Ferandines, Toile de soie, Gaze, Crapaudailles & Prisonnieres.

Réglement pour Lyon.

La Ville de Lyon, de toute ancienneté si celebre par son grand commerce, ayant été après Tours, comme on l'a remarqué ci-dessus, la premiere Ville de France où les Manufactures des draps d'or, d'argent & de soie se soient établies, a aussi reçû de bonne heure des Statuts & des Réglemens, tant pour l'union des Maîtres en Communauté, que pour l'exercice de la police dans ce nouveau Corps, & pour la fabrique de diverses étoffes que les Maîtres Façonniers pouvoient faire, ou desquelles il étoit permis aux Maîtres Marchands de faire négoce.

Les premiers Statuts, Ordonnances & Réglemens touchant l'art & manufacture des draps d'or, d'argent & de soie de la Ville & Fauxbourgs de Lyon & de tout le Pays Lyonnois, sont du milieu du seiziéme siécle, sous le Regne de Henri II. Les Rois Prédécesseurs de Henri avoient à la vérité déja donné quelques articles de Réglement; mais avant les Lettres Patentes de ce Prince de l'année 1554, la discipline de ce Corps n'étoit gueres assurée, & le peu de Statuts qu'ils avoient s'observoit assez mal.

Henri IV en 1596, & Louis XIII en 1619, confirmerent & autoriserent ces Statuts de Henri II par de nouvelles Lettres; mais Louis XIV en 1667, & depuis en 1700 & en 1702, les reforma, changea, & augmenta tellement, qu'ils doivent être regardés comme des Statuts entiérement nouveaux, qui néanmoins conservent toujours quelques articles tirés de leurs anciens Réglemens.

C'est de ces trois derniers Réglemens dont on va donner ici un extrait.

1667.

Le Réglement de 1667, redigé en soixante-sept articles dans plusieurs assemblées des principaux Maîtres, Marchands & Façonniers de la Ville de Lyon, signé d'eux, & vû & approuvé, sous le bon plaisir du Roi, par les Prévôt & Echevins de ladite Ville, Juges des Arts & Métiers, le 19 Avril 1667, fut autorisé & homologué au Conseil d'Etat du Roi tenu à S. Germain en Laye le 13 Mai de la même année, à la réserve toutefois de ce qui regarde les petits velours, à quoi il fut dérogé; les Marchands & Fabriquans de Lyon ayant sur leur remontrance été confirmés dans la faculté de les faire de soie crue mêlée avec la cuite. *Voyez ce qu'on a dit de cette dérogation à l'article des velours.*

On ne repetera point ici ce que ce Réglement pour Lyon a de commun avec celui pour la Ville de Paris de la même année, dont on a donné ci-dessus un si long extrait; & on se contentera de rapporter quelques articles de police & de discipline, en quoi ils sont différens; étant d'ailleurs tout semblables pour ce qui regarde la fabrique, largeurs, portées, lisieres, &c. des étoffes d'or, d'argent & de soie.

La Sainte Vierge est déclarée Patrone de la Communauté. La Fête de la Confrérie est le jour de l'Assomption, & l'Eglise des Peres Jacobins le lieu des assemblées de Religion.

Les Maîtres & Gardes, qui jusqu'alors n'avoient été qu'au nombre de quatre, sont augmentés jusqu'à six, dont trois doivent s'élire chaque année: des trois nouvellement élûs deux sont choisis par le Prevôt des Marchands & les Echevins, & l'autre par les anciens Maîtres qui ont passé par les Charges, & par trente Maîtres nommés par lesdits Prevôt & Echevins. Les nouveaux Gardes entrent en Charge le premier jour de chaque année, après avoir prêté le serment pardevant les Prevôt & Echevins & le Lieutenant Général.

Les Assemblées des Maîtres & Gardes & Anciens en leur Bureau, pour y entendre les plaintes réciproques des Marchands contre les Apprentifs & Ouvriers, & de ceux-ci contre les Marchands, & pour y pourvoir, sont réglées à une fois la semaine; & ce qui est ordonné dans lesdites Assemblées doit être exécuté, ou jusqu'à l'Assemblée prochaine, ou jusqu'à fin de procès, qui doit être jugé par le Prevôt des Marchands & les Echevins.

Outre les cinq années d'apprentissage, nul Compagnon ne peut aspirer à la Maîtrise, qu'il n'en ait fait encore cinq autres de compagnonage, c'est-à-dire, qu'il n'ait servi ce tems-là en qualité de Compagnon chez les Maîtres.

Les Fils de Maîtres peuvent être reçûs en faisant apparoître qu'ils ont quinze ans complets; & tant eux que les Compagnons aspirans à la Maîtrise, doivent prêter le serment pardevant les Prevôt des Marchands & Echevins; & leur nom être inscrit sur deux Registres, dont l'un reste entre les mains du Secretaire de la Ville, & l'autre au Bureau de la Communauté.

Il est défendu à tous Maîtres, Compagnons & Ouvriers de faire aucune assemblée pour quelque cause & occasion que ce soit, sans permission par écrit des Prevôt des Marchands & Echevins, à peine d'être déclarés Perturbateurs du repos public, & être punis comme tels.

Les amendes adjugées pour les contraventions sont applicables, un quart à l'aumône générale, un quart aux pauvres Maîtres de la Communauté, un quart pour les affaires d'icelle, & l'autre quart aux Maîtres & Gardes en Charge.

Enfin il est ordonné que tous les mois il sera tenu un Conseil de police pour les manufactures de draps d'or, d'argent & de soie en l'Hôtel de Ville, pardevant les Prevôt des Marchands & Echevins, auquel assisteront les Maîtres & Gardes & anciens Maîtres en Charge, ou qui y ont passé, avec quatre Marchands ou Maîtres ordinairement employés à faire apprêter, appareiller & mouliner les soies, pour donner leur avis, afin de perfectionner lesdites Manufactures, & empêcher les abus qui s'y commettent, pour le procès verbal qui en sera dressé, être envoyé dans le mois au Sur-Intendant Général des Arts & Manufactures de France.

1671.

Le Réglement de 1667 pour la Ville de Lyon, & le Réglement général pour toutes les Manufactures du Royaume de 1669, avoit ordonné entr'autres choses, Que toutes les marchandises de laine, de soie ou autrement, seroient marquées des plombs de fabrique, de teinture & de visite: Et le Réglement particulier pour Lyon portoit, Que tous les Marchands, Maîtres, Ouvriers & Particuliers travaillant & faisant travailler dans ladite Ville, ses Fauxbourgs & la Sénéchaussée du Lyonnois, feroient enregistrer leurs noms, surnoms & demeures, tant à l'Hôtel de Ville qu'au Bureau de la Communauté: mais ces deux articles importans ayant été négligés, Sa Majesté par l'Arrêt de son Conseil du 19 Février 1671, en ordonna de nouveau l'exécution; & en conséquence que dans un mois il seroit établi un Bureau pour la marque des marchandises tant foraines que de celles qui seroient faites & fabriquées à Lyon; & que dans le même tems lesdits Maîtres, Ouvriers & Marchands se feroient inscrire sur le Livre du Consulat de la Ville, & sur celui de la Communauté, sous les peines portées par l'Arrêt.

1700.

Quoique les Réglemens & Statuts de 1667 eussent été dressés par la plupart, ou du moins du consentement de la plus grande partie des Marchands, Maîtres-Ouvriers en draps d'or, d'argent & de soie de la Ville de Lyon les plus accrédités, & qu'il y eût plus de trente ans qu'ils eussent été donnés & même exécutés, Sa Majesté se trouva néanmoins obligée en 1700, d'y ajouter douze nouveaux articles pour appaiser les troubles de la Communauté, causés par l'inégalité qui paroissoit entre les Maîtres-Marchands & les Maîtres-Ouvriers. Ces derniers au nombre de plus de sept cens, se plaignoient qu'ils n'avoient presque aucune part aux charges, aux honneurs & à l'exécution de la police de leur Corps, dont ils faisoient une partie si considérable; & avoient présenté requête au Conseil pour être reçus opposans à l'Arrêt d'homologation desdits Réglemens du 13 Mai 1667.

Par le premier de ces douze articles il est ordonné, Que dans les Assemblées générales il seroit appellé avec les Maîtres & Gardes en Charge, & avec les Anciens qui auroient passé par les Charges, trente jeunes Maîtres-Ouvriers qui n'y auroient pas passé; Et que dans les Assemblées particulieres qui doivent se tenir toutes les semaines il seroit aussi appellé quatre jeunes Maîtres qui auroient voix délibérative avec les Maîtres Gardes & Anciens dans les affaires qui se présenteroient à régler.

Le second donne pareillement entrée à six jeunes Maîtres-Ouvriers dans les Conseils de police qui se tiennent tous les mois.

Le troisiéme veut que dans le nombre des six Maîtres & Gardes il y ait toujours au moins deux Maîtres-Ouvriers.

Il est défendu par le quatriéme de recevoir à l'avenir aucun Marchand-Maître, qu'après avoir fait apprentissage pendant cinq ans, & avoir fait chef-d'œuvre de compagnon; & qu'après avoir servi comme Compagnon chez les Maîtres de la Ville, & avoir fait le chef-d'œuvre de Maîtrise; à laquelle obligation de faire chef-d'œuvre les Fils de Maîtres, ceux qui épouseront les veuves & les filles de Maîtres, & tous autres Aspirans, seroient assujettis.

Le cinquiéme fait aussi défenses aux Marchands & Maîtres de la Communauté, de faire travailler aux ouvrages des manufactures de draps d'or, d'argent & de soie, leurs Domestiques & Serviteurs, s'ils ne sont obligés pour Apprentifs, ou s'ils n'ont fait leur apprentissage & le chef-d'œuvre de Compagnon.

Le sixiéme regle le nombre des Apprentifs à un seul à la fois; & le septiéme veut, Que les Marchands-Maîtres qui voudront faire des Apprentifs, ayent une boutique ouverte garnie de métiers & de toutes les choses nécessaires pour travailler.

Par le huitiéme il est permis à tous les Marchands & Maîtres, tant les Maîtres-Ouvriers que les Maîtres-Marchands, d'entreprendre toutes sortes d'ouvrages pour toutes personnes indifféremment, même pour en faire commerce; à la charge néanmoins qu'ils ne pourront travailler à façon pour autres que pour les Marchands & Maîtres-Ouvriers, lesquels seuls peuvent faire travailler à façon dans la Ville de Lyon.

Il est pareillement permis par le neuviéme article aux Maîtres-Ouvriers qui ont plusieurs métiers montés dans leur boutique, d'entreprendre de l'ouvrage pour différens Maîtres-Marchands à la fois; à la charge néanmoins que les ouvrages montés seront continués & finis par les mêmes Ouvriers qui les ont commencés; & que les Maîtres-Ouvriers ne pourront changer ni mêler l'or, l'argent & la soie, ou autres matieres, qui leur auront été données par les différens Maîtres-Marchands.

Enfin le dixiéme ordonne, Qu'en cas que le Maître-Ouvrier se trouve débiteur envers le premier Maître-Marchand pour qui il aura entrepris de l'ouvrage, le second Maître-Marchand qui donnera de l'ouvrage audit Maître-Ouvrier, sera obligé de payer au premier Maître-Marchand la huitiéme partie de la façon de l'ouvrage qu'il aura donné audit Maître-Ouvrier.

Les onziéme & douziéme articles ne contiennent rien de nouveau, mettant les parties sur les autres demandes & contestations hors de Cour, & ordonnant l'exécution du Réglement de 1667, où il n'y est point dérogé par le présent Arrêt du Conseil du 2 Novembre 1700.

1702 & 1703.

Ce dernier Réglement de 1700 n'ayant pu encore, non plus qu'une Ordonnance des Prevôt des Marchands & Echevins de Lyon, Juges des Arts & Métiers, du 25 Octobre 1701, donnée en consequence, terminer les contestations, & rétablir la paix entre les Marchands-Maîtres-Ouvriers & les Maîtres-Ouvriers à façon, il fut arrêté le 21 Février 1702 un nouveau projet de Réglement consenti par les Parties, approuvé au Conseil du Roi le 26 Décembre de la même année, & enfin de nouveau confirmé & autorisé par des Lettres Patentes du 2 Janvier 1703.

Ce Réglement composé de trente-quatre articles, établit comme une nouvelle discipline pour la Communauté des Marchands-Maîtres & Ouvriers de draps d'or, d'argent & de soie de la Ville de Lyon, sans néanmoins donner atteinte aux Réglemens de 1669 & 1700, non plus qu'aux Ordonnances rendues par les Prevôt des Marchands & Echevins, en ce qui n'y est pas dérogé.

Voici ce que ce dernier Réglement contient de plus important.

1°. Le nombre des Maîtres & Gardes est fixé comme auparavant à six, dont deux doivent être Maîtres-Ouvriers à façon, & de ces derniers alternativement l'un Maître-Ouvrier travaillant en plein, & l'autre travaillant en façonné, qui sçauront lire & écrire, & ne seront pas retentionnaires de soie.

2°. Les Assemblées générales de police ou celles tenues pour l'élection des Maîtres & Gardes doivent toujours être composées, les deux tiers de Maîtres-Marchands, & l'autre tiers de Maîtres-Ouvriers.

3°. Les visites particulieres se doivent faire par les six Maîtres & Gardes, s'ils le jugent à propos, ou par deux seulement; sçavoir un Maître-Marchand & un Maître-Ouvrier ensemble, & non autrement.

4°. Le Bureau de la Communauté doit se tenir alternativement chez les Maîtres & Gardes Marchands & chez les Maîtres & Gardes Ouvriers à façon, à la charge que les uns & les autres donneront caution de cinq mille livres pour sureté des deniers de la Communauté.

5°. Les Assemblées de chaque semaine ne doivent être composées que des six Maîtres & Gardes & de trois Anciens pour Adjoints, dont l'un sera Maître-Ouvrier à façon.

6°. Les registres, comptes, papiers, titres, &c. de la Communauté, sont déclarés communs aux Maîtres & Gardes Marchands & aux Maîtres & Gardes à façon, qui pourront en prendre communication sans déplacer, après quoi ils seront remis au Bureau, & enfermés sous deux clefs.

7°. Il n'est permis qu'aux seuls Maîtres-Marchands ou Maîtres-Ouvriers tenant boutique & ayant métiers travaillans, de faire des Apprentifs.

8°. Il est défendu aux Maîtres Marchands d'avancer aux Maîtres-Ouvriers à façon plus de 150 livres en argent, si c'est pour ouvrages pleins, ni plus de 300 livres s'ils travaillent en façonné; audelà desquelles sommes les autres Maîtres-Marchands de qui les Maîtres-Ouvriers à façon prendront de l'ouvrage, n'en seront point responsables.

9°. Les Maîtres-Marchands sont obligés, à peine de cent livres d'amende, d'arrêter le prix des façons des Maîtres-Ouvriers un mois au plutard après que les étoffes leur auront été rendues, & d'en marquer le prix sur les Livres qui doivent être tenus de part & d'autre: Et pareillement les Maîtres-Ouvriers sont tenus sous peine de 30 liv. aussi d'amende, d'écrire sur le Livre de leurs Compagnons, les prix convenus pour la façon des étoffes huit jours après qu'elles auront été achevées.

10°. Les Compagnons qui se croient lezés dans le prix des ouvrages, n'ont que la huitaine pour se pourvoir pardevant les Maîtres & Gardes, afin de se faire regler; & faute de se pourvoir dans ledit tems, le prix porté sur leur Livre demeurera arrêté.

11°. Le privilege pour les avances que les Maîtres font aux Compagnons travaillant chez eux, ne va que jusqu'à la somme de 20 livres.

12°. Les Maîtres & Gardes sont tenus de faire au moins une visite générale par chaque année, & les visites particulieres le plus souvent qu'il leur sera possible; & dans lesdites visites les Maîtres sont obligés de recevoir les Maîtres & Gardes depuis sept heures du matin jusqu'à sept du soir, & de les traiter avec honnêteté.

13°. Les Maîtres-Ouvriers à façon, tant en plein que façonné, ne peuvent entreprendre de l'ouvrage pour deux Maîtres-Marchands en même tems, sans un consentement exprès & par écrit du premier.

14°. Les Marchands faisant fabriquer chez eux, & les Maîtres-Ouvriers travaillant à façon, ne peuvent avoir chacun plus de quatre métiers travaillans dans leurs boutiques, à peine de confiscation des métiers surnumeraires & des marchandises montées dessus, & de 60 liv d'amende: Et ne peuvent pareillement employer aucun Compagnon forain ou étranger, ni filles & femmes foraines & étrangeres, qui ne sont point reçus par les Maîtres & Gardes, & enregistrés sur le Livre de la Communauté, à peine de 150 liv. aussi d'amende pour la premiere fois, & d'être privés de la Maîtrise en cas de récidive.

15°. Les filles, femmes ou veuves de Maîtres, employées par les Maîtres de la Communauté, sont tenues de justifier de la Maîtrise de leurs pere & mari.

16°. Nul Maître ne peut faire d'Apprentif étranger, ou né hors la Ville & Fauxbourgs de Lyon.

17°. Les Maîtres-Marchands après avoir fait banqueroute ou faillite, ne peuvent davantage faire commerce, ni fabriquer dans la Ville, mais seulement travailler à façon pour les Maîtres-Marchands; & en cas qu'ils l'entreprissent, les marchandises fabriquées pour leur compte, & les sommes qui leur pourroient être dues pour icelles, appartiendront à ceux qui étoient leurs créanciers lors de leur faillite & banqueroute, & en outre seront condamnés à 3000 liv. d'amende.

18°. Les Maîtres travaillant à façon ne peuvent retenir les marchandises qu'ils ont faites par l'ordre & pour le compte des Maîtres-Marchands, à peine d'être déchus pour toujours de la Maîtrise, & d'être poursuivis extraordinairement.

19°. Il est permis aux Maîtres-Marchands & aux Maîtres travaillant pour leur compte, qui ont des étoffes à eux appartenantes, de les porter eux-mêmes dans les maisons de la Ville pour les vendre sans l'entremise des Courtiers.

20°. Enfin il est défendu à tous Courtiers & à toutes autres personnes, excepté les Maîtres-Marchands de la Communauté, les Maîtres travaillant pour leur compte, & les autres Marchands de la Ville, de tenir magasin, ni avoir chez eux des soies crues ou teintes, ni des étoffes de soie, d'or ou d'argent, ni de les porter vendre dans les maisons particulieres, cabarets, hôtelleries, comptoirs & magasins, à peine de confiscation & de cent livres d'amende; avec permission néanmoins aux Courtiers ayant Provisions de Sa Majesté pour la Ville de Lyon, de s'entremettre de la vente des étoffes, en indiquant les maisons, magasins, &c. des Maîtres-Marchands, des Maîtres travaillant pour leur compte, & des autres Marchands de la Ville qui ont des marchandises à vendre.

Il y a quelques autres articles de police dans ce Réglement qu'on ne rapporte point ici, ou parce qu'ils sont peu importans, ou parce qu'ils ne sont donnés que pour un tems; comme la défense faite aux Maîtres & Gardes de recevoir aucun Compagnon forain & étranger pendant dix années; & aux Maîtres de faire des Apprentifs, même des enfans de la Ville, durant cinq ans, & quelques autres semblables.

1557. *Réglement pour la Ville de Tours.*

Les Réglemens pour le Corps & Communauté des Marchands-Maîtres-Ouvriers en draps d'or, d'argent & de soie de la Ville & Fauxbourgs de Tours de l'année 1667, sont tirés & compilés des anciens Statuts de cette Communauté, particuliérement de l'an 1557, enregistrés au Parlement en 1581.

Ces Réglemens furent d'abord projettés dans plusieurs Assemblées des Gardes du Corps des Marchands, des Jurés-Gardes des Marchands-Maîtres-Ouvriers, & des principaux Bourgeois & Marchands de ladite Ville de Tours.

Le projet en ayant été ensuite envoyé à Paris & à Lyon pour y être examiné; à Lyon par les Prevôt des Marchands & Echevins, & les principaux Bourgeois & Marchands de cette Ville; & à Paris par les Gardes des Marchands-Maîtres-Ouvriers en soie, il fut de nouveau revû & approuvé à Tours dans une Assemblée générale tenue le 5 Mars 1667, par les ordres & en présence du Sieur Voisin de la Noraye lors Intendant de Touraine, où assisterent les Lieutenant Général & Procureur du Roi au Bailliage, le Maire de la même Ville, les Gardes du Corps des Marchands, & les Gardes-Jurés du Corps des Marchands-Maîtres-Ouvriers en soie.

L'Arrêt confirmatif de ces Reglemens & les Lettres Patentes pour leur homologation sont du 27 des mêmes mois & an, & son enregistrement au papier des Remembrances du Siege Présidial de Tours du 6 Mai aussi de la même année 1667.

Ce Réglement pour les Manufactures & étoffes de soie de la Ville de Tours est si semblable à ceux de Paris & de Lyon, que pour éviter la répétition de ce qu'on a déja ci-dessus extrait des deux autres, on se contentera d'ajouter ici le peu d'articles des soixante-quatre dont il est composé, qui peuvent n'y être pas tout-à-fait conformes.

1°. Le Patron de la Communauté est S. Sebastien; & l'Eglise où les Maîtres en célébrent la Fête, & s'assemblent en divers tems pour y assister au Service Divin, celle des Augustins.

2°. Six Maîtres & Gardes-Jurés sont préposés pour faire observer & exécuter les Statuts, dont deux seulement s'élisent chaque année, ensorte qu'ils restent chacun trois années en Charge. On élit aussi tous les ans deux Conseillers anciens pour visiter & marquer les Manufactures des Maîtres & Gardes en Charge, & des autres Maîtres qui travaillent à façon pour lesdits Gardes Jurés.

3°. Les visites générales sont réglées à six par chacun an, & les particulieres toutes fois & quantes les Maîtres & Gardes le trouvent à propos.

4°. L'élection des Gardes-Jurés & des Conseillers anciens se fait tous les ans le 23 Janvier au Bureau de la Communauté ou au Palais en présence du Lieutenant Général & Procureur du Roi de la Ville, par cinquante nouveaux Maîtres tirés au sort, avec les Gardes-Jurés en Charge, les anciens Gardes, & les Procureurs & Receveurs. C'est aussi le même jour & de la même maniere que tous les trois ans se fait l'élection des Procureur & Receveur de la Communauté.

5°. Les Assemblées ordinaires se tiennent deux fois la semaine dans le Bureau de la Communauté, & sont composées des Maîtres & Gardes & des Anciens.

6°. Enfin l'apprentissage est de cinq années, & le compagnonage ou service chez les Maîtres, d'autres cinq années, comme dans les Statuts de Lyon, ceux de Paris ayant réduit le compagnonage à trois seulement.

1688.

On peut mettre au nombre des Réglemens pour les Manufactures des étoffes d'or, d'argent & de soie de Tours & de sa Généralité, l'Arrêt du Conseil du 24 Mars 1688.

Les Maîtres-Marchands-Ouvriers en soie de la Ville de Tours prétendoient exempter leurs étoffes de la visite des Inspecteurs, parce que ces Commis n'ayant été chargés que de l'exécution du Réglement général de 1669, qui ne regarde que la draperie & autres étoffes de laine, & les teintures, le Roi sembloit n'y avoir point voulu assujettir les étoffes d'or, d'argent & de soie; mais Sa Majesté informée que sous ce prétexte, & par la connivence ou négligence des Gardes-Jurés desdits Marchands, qui par-là restoient seuls chargés des visites, les Réglemens étoient mal exécutés, & qu'il se commettoit quantité d'abus dans la fabrique desdites marchandises, ordonna, oui le rapport du Marquis de Louvois alors Sur-Intendant des Arts & Manufactures, Que doré-navant lesdits Commis des Manufactures auroient inspection & droit de visite sur les étoffes de soie, qui seroient fabriquées, tant dans la Ville de Tours que dans les autres Villes du Département ou qui y seroient apportées d'ailleurs, pour y être vendues & débitées, sans qu'ils puissent y être troublés ni empêchés par la Communauté des Marchands-Ouvriers dudit Tours, ni autres, pour quelque cause & sous quelque prétexte que ce soit.

Réglement pour les Marchands de la Ville d'Orléans.

La Ville d'Orléans n'a qu'un seul Corps & Communauté de Marchands, à qui il appartient de faire indifféremment tout le commerce de la draperie & de toutes autres étoffes de laine, de soie, de fil & coton, ou fleuret mêlé avec la laine, même des soies en botte, &c.

Ces Marchands jusqu'en l'année *1670*, n'avoient, pour ainsi dire, ni Statuts, ni Maîtres & Gardes, ni Assemblées, ni Bureau; ou s'il s'observoit quelque police & quelque discipline entr'eux, n'ayant point été jusques-là revêtus de l'autorité du Prince, elles avoient toujours été très mal exécutées.

Les premiers Statuts de ce nouveau Corps furent donc dressés & signés le 21 Juillet 1670, dans une Assemblée des principaux Marchands qui le devoient composer à l'avenir : ils furent approuvés le 2 du mois d'Aout suivant par les Maire & Echevins de la Ville d'Orléans; & Sa Majesté les homologua, les autorisa, & en ordonna l'exécution par un Arrêt de son Conseil d'Etat du 11 des mêmes mois & an.

Les articles de ces Réglemens sont au nombre de vingt-un.

Ils déclarent d'abord quels sont les Marchands qui doivent composer la Communauté naissante, & les restraint à ceux qui tenoient actuellement boutique ou magasin dans la Ville & les Fauxbourgs d'Orléans, d'étoffes de soie, de laine, de fil de coton ou fleuret mêlé avec de la laine, ou des soies en botte; lesquels seroient tenus dans le mois après la publication des Statuts & Réglemens, de faire leur déclaration sur le Registre de l'Hôtel de Ville d'Orléans, & sur celui de la Communauté qu'ils entendent être dudit Corps, & se soumettent ausdits Statuts; lequel tems passé aucun ne pourroit ouvrir boutique ou tenir magasins desdites marchandises dans ladite Ville & les Fauxbourgs, qu'il n'eût demeuré trois ans consécutifs chez un Marchand du Corps, & qu'il n'eût été reçû dans icelui par les Maîtres & Gardes, si ce n'est qu'il n'eût épousé la fille d'un Marchand de ladite Ville, qui le prît en Compagnie avec lui.

Quatre Maîtres & Gardes dont deux sont élus chaque année dans l'Hôtel de Ville, en présence des Maire & Echevins, veillent à l'observation des Statuts, & pour en découvrir & en faire punir les contraventions, sont obligés de faire six visites générales. Ils doivent s'assembler tous les quinze jours à leur Bureau pour y déliberer des affaires ordinaires de la Communauté, ils sont tenus pour les extraordinaires d'y appeller les anciens Gardes.

Les comptes se rendent tous les ans par les Gardes qui sortent de charge, à ceux qui y entrent en présence de l'un des Echevins & des Maîtres & Gardes de l'année précédente; enfin ils sont obligés à peine de 100 livres d'amende, de dresser chaque année le premier Janvier une liste de tous les Marchands du Corps, pour être transcrite sur le Registre de la Communauté & sur celui de l'Hôtel de Ville.

Toutes marchandises foraines ou étrangeres apportées dans la Ville & Fauxbourgs d'Orléans, pour y être débitées ou qui y sont apprêtées, n'y peuvent être exposées en vente, ni transportées ailleurs, qu'elles n'ayent été vûes, visitées & marquées par les Maîtres & Gardes d'un plomb sur lequel d'un côté est gravé *Marchandise Foraine*, & de l'autre *Gardes Drapiers d'Orléans* : à l'exception néanmoins des pieces qui sont en toiles, qui ne doivent être marquées qu'au retour du Foulon, & des marchandises qui ne font que passer debout qui ne sont sujettes à aucunes visite ni marque, aussi-bien que celles qui auroient déja été marquées de deux plombs en deux différentes Villes & lieux.

Les marchandises foraines ne peuvent être marquées que dans le magasin établi à l'Hôtel de Ville, ni les poinçons ou marques transportés hors dudit dépôt, sinon lors des six visites générales; les Maîtres & Gardes restant de plus responsables de toutes les marchandises déposées au magasin desquelles ils doivent tenir bon & fidele registre, & les rendre deux jours après qu'elles y sont entrées, si elles n'y sont détenues par saisie.

Il est défendu à tous Marchands de prêter à qui que ce soit leurs plombs particuliers, ni de s'associer avec d'autres Marchands qui ne sont pas du Corps, non plus que de donner, aucune chose aux Tailleurs qui leur feront vendre quelques étoffes, étant tenus au surplus de ne se servir que de l'aune de Paris, & de reprendre les draps & serges qu'ils auront vendus, même déja coupés, s'il y a des tarres & verjages.

Les veuves & enfans des Marchands peuvent tenir boutique de toutes les marchandises de laine, de soie & autres, & les faire apprêter & vendre, comme devant la mort de leur mari & pere, sans payer aucuns droits à la Communauté.

Il est fait défenses à tous lesdits Marchands de travailler ou faire travailler en couture, ni entreprendre sur le métier de Tailleur, Tapissier ou Fripier; & pareillement aux Artisans desdits métiers de vendre aucune marchandise à la piece ou à l'aune, ni de se mêler du commerce reservé audit Corps.

Les Commissionnaires doivent être presentés par les Maîtres & Gardes, & reçûs par les Maire & Echevins; ils sont tenus de prêter serment & de tenir registre des marchandises qui leur sont envoyées par les Marchands Forains; leur étant d'ailleurs interdit tout commerce desdites marchandises pour leur compte particulier, si ce n'est qu'ils les eussent façonnées; ils ne peuvent aussi s'associer directement ou indirectement avec aucun Marchand.

Les Maire & Echevins sont déclarés Juges naturels de tous les différens concernant l'exécution du présent Réglement & du Réglement général de 1669, à peine de cent cinquante livres d'amende contre ceux qui se pourvoiroient ailleurs.

Enfin il doit se tenir le premier Janvier de chaque année dans l'Hôtel de Ville, une Assemblée générale de tous les Marchands du Corps en presence des Maire & Echevins, pour aviser aux moyens de perfectionner les Manufactures, soit dans leur fabrique, soit dans leurs apprêts, & corriger ou prévenir les abus qui s'y peuvent commettre. Le Procès verbal en doit être envoyé dans la quinzaine au Sur-Intendant général des Arts & Manufactures de France.

REGLEMENS CONCERNANT LA FABRIQUE DE DIFFERENTES SORTES DE MANUFACTURES, OUVRAGES ET MARCHANDISES.

Tous les Réglemens dont on a parlé jusqu'ici dans cet article, & desquels on a donné les extraits, ne regardent que la fabrique des étoffes d'or, d'argent, de soie & de laine, qui certainement font l'objet le plus étendu & le plus riche des Manufactures de France ; mais y ayant encore divers autres ouvrages qui se fabriquent & se vendent, soit par les Ouvriers de quelques Corps de Marchands, soit par les Maîtres de plusieurs Communautés des Arts & Métiers, qui font aussi une partie très considérable du négoce de Paris & des autres Villes du Royaume, on a crû ne pouvoir se dispenser d'ajouter ici les divers Réglemens qui ont été faits de tems en tems pour porter à la derniere perfection ces différens ouvrages & Manufactures, chacune suivant sa nature & qualité.

Les principaux de ces Réglemens sont ceux concernant les bas & autres ouvrages de bonneterie, soit au tricot soit au métier ; ceux pour la fabrique des chapeaux ; ceux pour les futaines & les basins ; & ceux pour les diverses sortes de toiles qui se font en plusieurs Provinces du Royaume.

Reglemens pour les ouvrages de Bonneterie tant au tricot qu'au métier.

Il y a eu pendant quelque tems à Paris ou dans les Fauxbourgs trois Corps ou Communautés différentes de Marchands ou Ouvriers faisant le commerce & travaillant aux ouvrages de la Bonneterie.

Le plus ancien Corps qui subsiste toujours, est celui des Marchands Bonnetiers - Aumulciers-Mitonniers, qui tient le cinquiéme rang parmi ceux que par une distinction honorable on appelle à Paris les six Corps des Marchands.

Le second qui étoit pareillement d'une assez grande antiquité ; mais qui a été réuni au premier en 1716 & 1718, étoit la Communauté des Maîtres Bonnetiers au tricot, établie dans les Fauxbourgs de Paris, particuliérement dans celui de S. Marcel, communément appellé de Saint Marceau.

Enfin le troisiéme Corps de Bonnetiers, de beaucoup plus nouveau que les deux autres, est la Communauté des Maîtres Ouvriers en bas au métier, dont les Lettres Patentes d'établissement ne sont que de l'année 1672.

Les premiers Réglement & Statuts du Corps de la Bonneterie de Paris sont anciens ; ils en ont du commencement du seiziéme siécle, & il paroît que leur érection en Corps de Marchands peut même remonter bien plus haut.

Les Statuts dont ils se servent présentement ne sont que du premier Février 1608, mais tirés & compilés des anciens, aussi bien que de plusieurs Sentences du Châtelet ou Arrêts du Parlement ; entr'autres de l'Arrêt du 5 Aout 1575, servant de Réglement entre les Marchands Merciers & les Marchands Bonnetiers ; & des Sentences des 13 & 20 Novembre 1596 pour la visite & marque des marchandises foraines. Ces Statuts furent enregistrés au Parlement le 4 Juillet de la même année 1608, & au Châtelet le 4 Aout suivant.

Les quarante-neuf articles qui composent ces Réglemens des Bonnetiers, contiennent non-seulement la Police du Corps concernant le nombre de Maîtres & Gardes, leurs fonctions, leurs visites, leurs Assemblées, l'Apprentissage, & la Maîtrise, &c. dont on a déja parlé aux articles de la Bonneterie & des Bonnetiers où l'on peut avoir recours ; mais encore ils expliquent assez au long quelle sorte d'ouvrages il est permis aux Maîtres de fabriquer & de vendre ; d'où ils peuvent tirer ceux qu'ils ne fabriquent pas ; quand & comment les Forains doivent exposer en vente les marchandises qu'ils apportent ; quelle bonneterie les Marchands Merciers peuvent tenir chez eux ; la permission qui est accordée auxdits Merciers d'en vendre seulement en gros, sixains & sous corde, avec défenses de les étaler ni débiter par piece ; les visites qu'ils doivent souffrir être faites dans leurs boutiques & magasins par les Maîtres & Gardes Bonnetiers, & de quelle maniere ceux-ci doivent proceder auxdites visites ; l'achat & vente des ouvrages de Bonneterie qui se font à Dourdan & autres lieux de la Beausse les plus voisins de Paris, aussi-bien que de ceux fabriqués par les Bonnetiers des Faux-bourgs & revendus par les Fripiers & Revendeuses.

Enfin il est traité dans trois articles qui sont les 35, 36, & 37, des Foulons & des apprêts qu'ils donnent auxdits ouvrages, auxquels il leur est défendu de se servir d'urine pour les dégraisser, mais seulement de savon & de terre ; comme aussi de ne point employer de cardes, pomelles, ou autres outils, pour tirer le poil aux ouvrages de bonneterie, à peine d'être déchûs de la Maîtrise & de punition corporelle.

Les Réglemens des Bonnetiers-Ouvriers en bas au tricot des Fauxbourgs ayant été abrogés par leur réunion avec les Bonnetiers de la Ville, on se dispensera d'en parler ici, outre que ce qu'on en a dit ailleurs peut suffire. *V.* BONNETIER, *&* BONNETERIE. On remarquera seulement que l'Arrêt du 23 Février 1716, qui ordonne ladite réunion, porte aussi un Réglement conformément auquel il se doit faire, & qui fixe le rang des nouveaux Maîtres réunis, leur entrée aux charges, le payement des dettes des deux Communautés & l'union de leurs deux Confréries, aussi-bien que de leurs ornemens & argenterie. On peut voir ce Réglement à la fin de l'article des Bonnetiers.

Quoique la Communauté des Maîtres Ouvriers en bas au métier soit la plus nouvelle, & qu'elle n'ait été établie qu'en 1672, comme on vient de le dire, c'est pour elle cependant qu'il a été fait le plus grand nombre de Réglemens dont quelques-uns à la vérité lui sont communs avec les Marchands Bonnetiers & Ouvriers en bas au tricot, mais desquels aussi la plûpart lui sont propres & particuliers.

Le premier de ces Réglemens pour les bas au métier, est compris dans les Statuts de 1672 & les Lettres Patentes qui les homologuent.

Le second est un Arrêt du 12 Janvier 1684, par lequel il leur est permis outre les bas de soie auxquels ils avoient d'abord été restraints, d'en faire aussi de fil, de laine, & de coton.

Le troisiéme est un autre Arrêt du Conseil d'Etat du 30 Mars 1700.

Et le quatriéme encore un Arrêt aussi du Conseil du 17 Mai 1701, donné en interprétation du précédent.

Ces quatre premiers Réglemens, sur-tout les deux derniers, étant rapportés presque tous entiers aux articles des bas au métier & des Bonnetiers, on se contente de les indiquer; les autres qui ont suivi sont aussi au nombre de quatre; un du 3 Octobre 1716; un autre du 19 Decembre de la même année; un autre encore du 16 Octobre 1717; & enfin un dernier du 6 Mars 1719, desquels on va donner un extrait plus ou moins étendu suivant l'importance des articles qu'ils contiennent.

1716.

Le Réglement pour les Bas au métier du 3 Octobre 1716, qui est le premier de ces quatre, ordonne que les 19, 20, 21, & 22 articles du grand Réglement du 30 Mars 1700, qui concerne la marque des ouvrages de Bonneterie au métier, seront exécutés; accordant néanmoins trois mois pour que lesdits ouvrages non marqués pussent l'être par les Inspecteurs des Manufactures d'un plomb particulier qui ne pourroit servir après ledit tems: il ordonne au surplus que les marchandises qui n'auront point ledit plomb, seront confisquées après les trois mois expirés.

Les Marchands chargés de ces sortes d'ouvrages non plombés, ayant négligé l'exécution de cet Arrêt & refusé de payer les frais de la marque, Sa Majesté par un nouvel Arrêt, qui est celui du 19 Decembre de la même année 1716, ordonna que lesdits frais de marque seroient payés par tous les Marchands qui auroient dans leurs boutiques des ouvrages au métier sans marque, comme les ayant contre la disposition du Réglement de 1700, & régla ces frais à six deniers pour chaque plomb qui seroit apposé sur chaque camisolle, calleçon ou paire de bas, & seulement trois deniers pour la marque de chaque bonnet, paire de gands & autres menus ouvrages au métier.

1717.

Le Réglement du 17 Octobre 1717 pour la fabrique, le poids & la teinture des bas & autres ouvrages de Bonneterie de soie qui se font au métier, avoit été précédé par un Arrêt préparatoire du 30 Aout 1716, qui ordonnoit que les Intendans des Provinces & Généralités où est permise la fabrique de ces marchandises, assembleroient les Ouvriers & Marchands tant en gros qu'en détail, qui fabriquent & font commerce desdits ouvrages, pour s'informer s'il convenoit d'apporter quelque changement aux articles quatriéme & septiéme du Réglement de 1700, ou s'il falloit continuer de les faire exécuter suivant leur forme & teneur.

C'est sur les Procès verbaux envoyés par les Intendans des Provinces, sur celui de M. Dargenson lors Conseiller d'Etat, Lieutenant Général de Police, des expériences faites par ses ordres pour justifier de la bonne ou mauvaise qualité de la soie teinte en noir, avant ou après avoir été travaillée au métier, & sur l'avis des Députés au Conseil Royal de Commerce, que les quatre articles de ce nouveau Réglement furent arrêtés, pour être exécutés conjointement avec l'ancien Réglement de 1700. Ces articles portent:

I. Que l'article quatriéme dudit Réglement de 1700 seroit exécuté selon sa forme & teneur; ce faisant que les soies destinées pour lesdits ouvrages ne pourroient être employées qu'à huit brins; & de plus que tous les bas pour homme seront du poids de quatre onces au moins, & ceux pour femmes de deux onces & demie, à peine de confiscation des bas & des métiers, de cent livres d'amende, & d'être déchûs de la maîtrise contre les Fabriquans, & de deux cens livres d'amende & d'interdiction de leur commerce en cas de récidive, contre les Marchands.

II. Que néanmoins il sera permis aux Fabriquans de fabriquer des bas destinés à être envoyés en Espagne & autres Pays étrangers, en moins de brins & de moindre poids que ceux fixés par l'article précédent, en y mettant une marque où seront écrits ces mots, *Pour l'Etranger*, avec le nom de la Ville & de l'Ouvrier, sans que ces sortes de bas puissent être exposés en vente, ni vendus en détail dans leurs boutiques & magasins, ou ailleurs sous les mêmes peines.

III. Il est ordonné aussi sous les mêmes peines, que conformément à l'article sept du Réglement de 1700, les bas ou autres ouvrages de soie destinés à être mis & usés en noir, seront travaillés de soie blanche, & ne pourront être teints qu'après avoir été achevés & levés de dessus le métier, à l'exception néanmoins des bas & autres ouvrages de soie noire fabriqués à Lyon, qu'il leur sera libre de fabriquer avec des soies teintes en noir avant que d'être employées, à condition que la marque de la Ville de Lyon & de l'Ouvrier y sera attachée, & que la doublure du bord sera de soie blanche.

IV. Enfin il est pareillement ordonné que dans les autres Villes du Royaume où les bas de soie noire doivent être travaillés avec de la soie blanche; ceux mêlés & où il entrera de l'or & de l'argent, puissent être faits avec des soies teintes en noir; laquelle exception aura même lieu à l'égard des bas dont les coins sont de soies différentes ou de fil d'or ou d'argent, en tout & en partie, pour tous lesquels on pourra aussi se servir de soies teintes en noir avant que d'être employées.

1719.

Le Réglement du 6 Mars 1719 pour la fabrique des bas de filoselle, de fleuret & de soie, qui se font au métier, a été dressé ainsi que le précédent sur les Mémoires envoyés par les Intendans & sur les avis des Députés au Conseil de Commerce.

Il ne contient non plus que quatre articles.

Par le premier il est ordonné que les Arrêts du 30 Mars 1700 & 19 Décembre 1716 seront exécutés, & en expliquant en tant que besoin seroit, l'article premier de celui du 16 Octobre 1717, que

que sous les peines y portées tous les bas de soie, en quelque Ville & lieu du Royaume qu'ils soient fabriqués, ceux pour homme peseront, *poids de marc*, quatre onces au moins, & ceux pour femmes deux onces & demie.

Le second article porte, Que la filoselle & le fleuret destinés à faire des bas ne pourront être employés qu'en trois brins; & que tous les bas pour hommes qui en seront faits, seront du poids de cinq onces, & ceux pour femmes de trois onces aussi *poids de marc*; & qu'ils ne pourront être fabriqués que sur des métiers depuis le jauge de vingt-deux plombs à deux aiguilles gros jusqu'à celui de vingt-deux plombs de trois aiguilles fin, à peine de confiscation des bas & des métiers, de 100 liv. d'amende, & de déchéance de Maîtrise contre le Fabriquant, & de 200 liv. d'amende & d'interdiction de leur commerce en cas de récidive contre les Marchands.

Le troisiéme article, en ordonnant l'exécution des articles 19, 20, 21 & 22 du Réglement de 1700, & celle de l'Arrêt du 19 Décembre 1716, enjoint à tous les Fabriquans d'apposer au bas de filoselle & de fleuret, le plomb de fabrique, sous les peines prononcées par les Arrêts.

Enfin il est ordonné par le quatriéme & dernier article, Que conformément aux anciennes Ordonnances, Réglemens & Arrêts du Conseil, & notamment celui du 3 Février 1670, les bas & autres ouvrages de bonneterie provenant des Pays étrangers, & qui seront composés de soie, filoselle & fleuret, ne pourront entrer dans le Royaume par mer que par le Port de Marseille, & par terre que par le Pont de Beauvoisin, pour être conduits directement sans aucune vente, débit ni entrepôt en la Ville de Lyon, y acquitter les droits ordinaires, comme soieries, & y être plombés du plomb de la Douane de Lyon, à peine de confiscation desdites marchandises, & des charrettes, chevaux, mulets, bateaux & autres équipages.

REGLEMENS POUR LES TOILES, COUTILS, basins, futaines, canevas, treillis, bougrans & linge ouvré.

On comprend ces diverses marchandises & ouvrages sous le même titre, parce qu'en effet ils ne sont tous que des tissus en forme de toile faits avec la navette & sur le métier des Tisserans avec des fils de chanvre, de lin, & de coton.

Comme il ne s'agit ici précisément que des Réglemens donnés de tems en tems pour la fabrique de toutes ces especes de toiles, l'on peut voir à leurs articles particuliers & suivant l'ordre alphabétique, ce qui concerne leur qualité, nature, fabrique & commerce, aussi-bien que les Provinces de France où on les fait, & les Etats & Pays étrangers d'où l'on tire ceux qui viennent du dehors.

Le commerce des toiles ayant toujours été très considérable en France, il s'est fait de tout tems des Réglemens pour assurer la bonté de leur fabrique, aussi-bien que de leurs largeurs & longueurs. Il faut cependant avouer qu'on n'en a jamais tant vû ni de si importans que sous le Regne de Louis XIV.

On en compte au moins dix-huit depuis celui de 1659, compilé de tous les anciens par le Lieutenant Général de Rouen, jusqu'aux deux Réglemens du 4 Janvier 1716, donnés dans la premiere année du Regne de Louis XV.

Celui de 1659, & un autre de 1664, ayant été comme abrogés, ou du moins fondus, pour ainsi dire, dans ceux qui les ont suivis, on ne commencera que par le Réglement de 1676, dont on donnera des extraits, ainsi que de tous les autres rendus depuis, qu'on ne rapportera pourtant que suivant l'ordre de leur datte.

Il y a aussi une Instruction importante du 9 Mai 1692 pour la visite des toiles par les Inspecteurs; mais on en a parlé ailleurs. *Voyez* INSTRUCTION.

1676.

Le Roi Louis XIV, qui bien qu'engagé à soutenir une grande guerre contre les Etats Généraux des Provinces-Unies, ne perdoit point de vûe le dessein qu'il avoit formé, & qui lui avoit été inspiré par M. Colbert, de pousser, s'il étoit possible, les Manufactures de son Royaume à la derniere perfection, ayant ordonné par un Arrêt de son Conseil d'Etat tenu au Camp de Kievrain, que deux des principaux Marchands & Négocians de chacune des Villes de Paris, de Rouen & de S. Malo se rendroient incessamment à Paris, pour, en présence de ce Ministre, qui étoit alors Contrôleur Général des Finances, donner leur avis sur le rétablissement du commerce des toiles, particuliérement dans les Provinces de Bretagne & de Normandie, il parut le 14 Aout de la même année 1676 un Réglement en dix articles, confirmé, autorisé & homologué par des Lettres Patentes données à Versailles, & enregistrées au Parlement de Rouen les mêmes mois & an.

Il est ordonné par ce Réglement, 1°. Que les toiles appellées Blancardes, Fleurets & Reformées, seroient faites de pur lin, tant en chaîne qu'en tréme, ou toutes de chanvre, ou toutes d'étoupes, sans mélange & d'une égale bonté & filure tant aux bouts, aux lisieres qu'au milieu.

2°. Que les métiers desdits fleurets seroient montés de deux mille six cens fils au moins; ceux des blancardes, de deux mille deux cens; ceux des toiles nommées Toiles de coffre, de mille huit cens; & ceux des toiles appellées Toiles brunes, de douze cens fils & au-dessous, afin qu'elles se trouvassent de trois quarts & demi un sixiéme de large; ce qu'on appelle Laize ou Largeur de bonjon.

3°. Que les toiles brunes qui doivent servir à la teinture, n'auroient que dix à douze aunes de longueur; que l'excédent des pieces plus longues sera coupé, & le Tisserand condamné à cent livres d'amende.

4°. Que toutes les lames & rots des métiers des Tisserans de la Province de Normandie pour la fabrique desdites toiles, seroient reformés, & auroient une aune entre les deux gardes, sans être renforcés aux lisieres ni au milieu, à peine de cent livres d'amende pour les Rotziers qui en feroient d'autre qualité, & de vingt livres pour ceux qui s'en serviroient.

5°. Qu'on ne devideroit point de gros fil avec du fil menu dans une même piece, ni du fil de chanvre avec du fil de lin; mais qu'ils seroient devidés sans mélange chacun suivant leur nature.

6°. Que la visite des toiles ayant été faite par les personnes préposées pour la faire, elles seroient marquées aux deux bouts de chaque piece avec de l'huile & du noir, de la marque des lieux où elles auroient été fabriquées; & celles qui seroient reconnues défectueuses, saisies, confisquées & coupées publiquement par morceaux de deux aunes ; avec défenses d'exposer en vente, ni acheter aucunes toiles, qu'elles n'ayent été marquées.

7°. Que pareillement les Blanchisseurs & Curandiers ne pourroient en blanchir, ni les Commissionnaires ou Courtiers en acheter, ni les Emballeurs en emballer pour les Pays étrangers, si elles n'ont ladite marque.

8°. Que les Marchands & Ouvriers ne pourroient apporter à Rouen des toiles *empointées*, ni leurs Hôtes, Commissionnaires & Facteurs les garder que jusqu'au prochain jour des halles, ni les montrer ni déballer dans leurs maisons ; mais qu'elles seroient portées ausdites halles dans leur emballage, pour y être déballées, visitées & marquées, & ensuite être exposées en vente, & vendues chaque vendredi de la semaine, & non ailleurs.

9°. Qu'aucuns Ouvriers ni Auneurs ne pourroient acheter ni mettre en curage aucune toile pour leur compte particulier.

10°. Enfin, Que les Marchands & Ouvriers en toile seront tenus de souffrir les visites des Jurés & Inspecteurs.

Les Lettres d'homologation de ce Réglement, en le confirmant & en ordonnant l'exécution, permettent outre cela à tous les Marchands du Royaume d'acheter ou faire acheter dans la Ville de Rouen & autres lieux que bon leur semblera, des toiles écrues, même hors le tems des foires, dérogeant en cela à tous privileges des Marchands de ladite Ville de Rouen. Lesdites Lettres ordonnent au surplus que les contraventions audit Réglement & les contestations entre Marchands & Ouvriers en exécution d'icelui, seront portées en premiere instance pardevant les Juges ausquels est attribuée la connoissance & jurisdiction des Manufactures par l'Edit de 1669.

On peut voir ci-après quelques autres Réglemens concernant les blancardes & fleurets, comme ceux de 1683, 1684 & 1716, qui ordonnent l'exécution de celui dont on vient de donner l'extrait, & qui y ajoutent plusieurs nouveaux article.

1680 & 1682.

Les Statuts & Réglemens pour les longueurs, largeurs & qualités des toiles qui se fabriquent dans la Province de Beaujolois, furent arrêtés à Villefranche le 20 Janvier 1680, mais seulement homologués au Conseil Royal de commerce tenu à S. Germain en Laye le 7 Avril 1682.

Ces Réglemens consistent en 13 articles, par lesquels il est ordonné :

I. Qu'il y auroit quatre Marchands Maîtres choisis & députés chaque année le 2 Novembre dans une Assemblée qui se tiendroit à Villefranche, où assisteroient les Echevins de ladite Ville, & tous les Marchands & Ouvriers en toile de la Province de Beaujolois ; lesquels quatre Députés Jurés auroient soin de faire exécuter les Réglemens.

II. Que lesdits Jurés n'entreroient dans l'exercice de leur commission que du jour de la prestation de leur serment.

III. Que les quatre Députés pourroient tous les jours, excepté les Dimanches & Fêtes, faire leurs visites dans les maisons des Ouvriers ; les magasins, boutiques & greniers des Marchands, même dans les blanchiries & autres lieux de ladite Province qu'ils trouveroient à propos.

IV. Que les visites des Députés se feroient gratuitement & sans frais, même celles dans les halles & marchés de Villefranche & de Thisy ; avec permission néanmoins à eux d'enlever & déposer au Greffe du Bailliage les toiles trouvées en contravention au présent Réglement dans tous ces lieux, d'en poursuivre la confiscation & l'amende de cent livres.

V. Que dans les visites qui se feroient dans les blanchiries, les Jurés examineroient si les crochets où les Blanchisseurs mesurent les toiles ont cinq quarts d'aune francs, afin d'en assurer l'aunage, à peine, si lesdits crochets ne sont pas de cette mesure, de deux cens livres d'amende contre les Blanchisseurs qui s'en serviront.

Les articles VI, VII, VIII, IX, X & XI, qui sont les plus importans, reglent la largeur des différentes toiles qui se fabriquent dans cette petite Province, la maniere de leur pliage, les lieux & les jours où elles doivent être exposées en vente, & vendues, & la marque qui doit y être apposée. *On peut voir toutes ces choses à l'article général des Toiles, à l'endroit où il est parlé de celle de la Province de Beaujolois.*

A l'égard des XII & XIIIe articles qui sont les deux derniers, l'un adjuge la moitié des amendes aux pauvres de l'Hôtel-Dieu de Villefranche, & l'autre moitié aux quatre Jurés ; & le XIIIe article permet ausdits Députés Jurés d'étendre leurs visites dix lieues à la ronde de la Province de Beaujolois pour y faire observer le Réglement.

1683.

Le Réglement de cette année pour les toiles est du 10 Avril. Il y est ordonné que toutes les toiles appellées Fleurets, Blancards & Brunes qui sont fabriquées tant dans la Ville de Rouen que dans les Villes, Bourgs & Villages des environs & dans toute l'étendue du Bailliage, seroient apportées en écru sous la halle de ladite Ville de Rouen, pour y être visitées & marquées de la marque de la Ville.

1684.

L'Arrêt du Conseil d'Etat du Roi en forme de Réglement, du 17 Juillet 1684, principalement rendu pour l'exécution du Réglement de 1676, concernant les toiles de Bretagne & de Normandie, enjoint aux Juges des Manufactures de juger en conformité, à peine d'interdiction, & de répondre en leur propre & privé nom des amendes & confiscations qu'ils auroient dû prononcer ; & d'ordonner, lorsque le cas y écheroit, que les pieces de toiles jugées défectueuses seroient coupées en morceaux de deux aunes, sans qu'ils puissent moderer cette peine.

Cet Arrêt défend d'abondant aux Ouvriers, Curandiers & Blanchisseurs de tirer à l'avenir les toiles sur la longueur ou largeur, à peine de trois cens livres d'amende ; & aux Commissionnaires, Courtiers & Emballeurs de mêler dans un même ballot destiné pour l'Espagne ou les Indes, des toiles de différentes qualités, à peine de confiscation & de 500 livres d'amende.

Cet Arrêt est compris dans le Réglement général de 1701, dont on parlera en son rang.

1693.

Le Réglement général de 1676, n'ayant pas paru suffisant, ni assez étendu pour remédier aux abus qui se commettoient dans la fabrique des toiles de plusieurs endroits de Normandie, particuliérement dans les Généralités de Caen & d'Alençon, il en fut projetté un particulier pour ces deux Généralités en *1693*, qui ayant été dressé & rédigé sur les avis des principaux Négocians faisant le commerce des toiles, & des plus habiles Tisserans de cette partie de la Normandie, fut ensuite confirmé & homologué par un Arrêt du Conseil du 7 Avril de la même année.

Ce Réglement comprend non-seulement toutes les sortes de toiles qui se fabriquent dans les Généralités de Caen & d'Alençon, mais encore tous les autres linges & ouvrages faits de fil par les Tisserans, comme les serviettes ouvrées, canevas, treillis, coutils, &c.

Trente-quatre articles composent ce Réglement. Vingt de ces articles depuis le sixiéme inclusivement reglent les longueurs & largeurs de toutes les toiles, linge ouvré, canevas, treillis & coutils qui se font dans cette partie de la Normandie.

Les autres articles sont de police, & ordonnent ce qui doit être observé par les Marchands qui font le commerce des toiles, les Tissiers & Tisserans qui les fabriquent, les Lamiers & Rorziers qui travaillent aux lames & rots des métiers, les Curandiers qui blanchissent les toiles, les Gardes Jurés & Inspecteurs qui les visitent & les marquent; enfin où & quand les toiles doivent être exposées en vente, comment s'en doit faire le pliage, & de quelle maniere elles doivent être liées pour la vente, afin que l'Acheteur en puisse mieux examiner la qualité.

L'on n'extraira rien ici des vingt articles concernant les longueurs & largeurs des toiles, parce qu'on les peut voir au paragraphe de celles de Normandie, dans l'article général des toiles, ou aux articles particuliers du linge ouvré, du canevas, du treillis & du coutil; on va seulement remarquer ce qu'il y a de plus important pour la police, qui ne soit pas compris dans le Réglement de *1676*, dont l'exécution est ordonnée par celui-ci, particuliérement les articles *6* & *7* concernant la marque.

Chaque espece de toile doit être composée de même nature de fils, de pareille filure, sans aucun mélange de moins bon avec de meilleur, & également serrées tant aux lisieres qu'au milieu, d'un bout à l'autre.

Les lames, rots & peignes doivent être également compassés, ensorte que les dents des peignes ne soient pas plus larges au milieu qu'aux deux extrémités: Et pour éviter l'abus des dents inégales, les Tissiers ne pourront se servir, ni les Lamiers vendre que des rots, lames & peignes visités par un Juré Lamier.

Que les fils arrivant aux marchés seront visités par les Jurés Tissiers, & que nul Tissier n'en pourra acheter avant la visite.

Que les marchés ne pourront être ouverts, ni la vente des toiles commencer que la visite & marque des toiles ne soient finies, & le Bureau où elles se font, fermé.

Qu'outre les jours de marché, il sera indiqué un autre jour pour la visite & marque des toiles qui n'auront pû être visitées ni marquées les jours desdits marchés; auquel jour indiqué les Gardes & Jurés seront tenus de se trouver au Bureau à l'heure reglée.

Qu'à chaque élection de Jurés, ceux qui seront élus feront faire une nouvelle marque avec la datte de l'année de leur élection.

Que les Tissiers & Marchands ne pourront *Empointer* les piéces de toile qu'ils exposeront en vente; mais se contenteront de les lier avec des ficelles à nœud coulant seulement, les pliant par plis d'une aune de long, sans enfermer ni rouler aucun bout desdites toiles; ce qui sera aussi observé pour le pliage des pieces de serviettes, dont les plis seront de la longueur de la premiere serviette.

Enfin que pour les contraventions qui pourroient être faites au Réglement, & les contestations qui surviendroient sur son exécution elles seroient jugées, & les amendes & confiscations adjugées, lesquelles seroient appliquées, ainsi qu'il est porté par ledit Réglement de l'année *1676*.

1700.

Les Marchands & Fabriquans de toiles de la Ville de Laval & des lieux circonvoisins, s'étant assemblés dans ladite Ville de Laval en conséquence des Ordres de Sa Majesté, le 25 Novembre *1699*, pour examiner ce qui pourroit contribuer à la perfection des Manufactures desdites toiles, & à l'augmentation du commerce qui s'en fait, avoient cru avantageux que les lames servant à la fabrique des toiles au dessous de quarante-huit portées, fussent également compassées, tant au lis qu'au milieu; & que celles pour les toiles au dessus desdites quarante huit portées, fussent un peu plus pressées au lis qu'au milieu, & avoient pareillement demandé que défenses fussent faites aux Marchands qui font le commerce des Fils, d'en mêler de différente qualité dans le même paquet.

Mais le sieur de Miromenil alors Intendant de Touraine, ayant, sans avoir égard à cet avis des Marchands & Fabriquans, donné son Ordonnance du 27 du même mois de Novembre *1699*, par laquelle il étoit dit que les Tisserans seroient tenus de se servir à l'avenir, conformément aux anciens Réglemens, de lames également compassées; & remis sur la vente des fils à ce qui en seroit reglé au Conseil, où précédemment il avoit envoyé son avis sur ladite vente des fils mélangés; le Roi en son Conseil tenu à Versailles le 30 Mars 1700, ordonna:

Que l'Ordonnance dudit sieur Intendant seroit exécutée selon sa forme & teneur, & qu'en conséquence les Tisserans de Laval & des autres lieux & Villes de la Généralité de Touraine, ne pourroient se servir pour la fabrique de leurs toiles de quelque largeur qu'ils les fissent, & de quelque nombre de portées qu'elles fussent composées, que de lames également compassées, tant au lis qu'au milieu; avec défenses aux Lamiers d'en fabriquer qui ne fussent pas égales par tout, & aux Tisserans de s'en servir qui ne fussent marquées.

Et qu'à l'égard du commerce des fils il seroit défendu aux Marchands & autres personnes faisant ledit négoce d'en mêler de différentes qualités dans un même paquet; comme aux Tisserans d'en acheter ainsi mêlés, à peine de confiscation & de cent livres d'amende, tant contre l'acheteur que contre le vendeur, & que pour prévenir l'abus, les fils qui seroient exposés en vente dans le marché de Laval, & des autres lieux & Villes de la Généralité de Touraine, seroient visités par les Jurés Tisserans avant l'ouverture des marchés.

1701.

Le Réglement donné le 24 Decembre 1701,

pour toutes les toiles qui se fabriquent dans la Généralité de Rouen, est proprement l'interprétation & l'extension du Réglement général de 1676, & une récapitulation de tous ceux qui avoient été faits auparavant, ou dressés depuis, concernant les toiles de la Province de Normandie, dans laquelle il s'est toujours fait, & se fait encore un si grand commerce de toutes especes & qualités de toiles.

Les motifs du nouveau Réglement furent, Qu'il se trouvoit quantité de différentes qualités de toiles dont il n'étoit fait aucune mention dans les Réglemens faits jusqu'alors.

Qu'il s'étoit glissé de grands abus, tant dans la fabrique des toiles Blancards, Fleurets, & Brunes, mentionnées dans celui de 1676, que dans les envois qui s'en font dans les Pays étrangers.

Que contre la disposition du Réglement de 1683, qui ordonne que lesdites toiles seroient portées en écrû sous la halle de la Ville de Rouen, pour y être visitées & marquées de la marque de la Ville, les Fabriquans de S. Georges & des environs, les portoient aux Bureaux nouvellement établis à Bernay & à Beaumont, quoique ces Bureaux ne fussent pas destinés pour la marque des toiles Blancards, Fleurets, & Brunes, mais pour des toiles d'autres qualités; & qu'à la faveur de ces marques surprises, les toiles défectueuses de ces premieres especes étoient blanchies dans les Curanderies desdits lieux, & se répandoient dans le commerce comme si elles eussent été de bonne qualité.

Enfin, qu'encore qu'il eût été défendu par un autre Réglement de 1684, de mêler dans un même ballot destiné pour l'Espagne & pour les Indes, des toiles de différentes qualités, les Marchands ni les Emballeurs ne se donnoient plus le soin de les séparer, & de n'emballer ensemble que celles des mêmes espece & nature; toutes contraventions ou défauts si essentiels, que la fabrique & le commerce des toiles de la Province de Normandie, & particuliérement de la Généralité de Rouen, coureroit risque s'il n'y étoit pas incessamment pourvû.

Le Réglement par lequel on y pourvoit, contient cinquante-neuf articles.

Les trois premiers & le seiziéme traitent de la nature & qualité des fils qui doivent être employés dans les différentes especes de toiles. Les huit suivans aussi-bien que le 15, le 17, le 18, & le 23, reglent les largeurs que chaque sorte de toile doit avoir en écru, & les longueurs des Fleurets, & des Blancards. Trois autres qui sont le 12, le 13, & le 24, fixent le nombre des fils dont la chaîne de ces dernieres toiles doit être composée. Quatre articles depuis le 18 jusqu'au 21, ordonnent l'égalité des rots d'un bout jusqu'à l'autre, & la marque que les Rotziers qui les fabriquent doivent y mettre avant que de les vendre aux Tisserans. Il y a jusqu'à douze articles pour la visite & marque des toiles, l'élection & fonction des Marchands Inspecteurs; l'obligation à l'Inspecteur des Toiles commis par le Roi, de s'y trouver; le lieu où la visite doit se faire, & la forme & inscription des marques ou moules qui doivent être apposées: ces douze articles commencent au 24 & finissent au 35. Les six suivans jusqu'au 42 exclusivement, sont pour l'aunage & les Auneurs; & le 42 & 43, pour les Marchands & Commissionnaires. Le 44 & 45 ordonnent la saisie & confiscation des marchandises défectueuses, & reglent l'application des amendes adjugées. Les quatre qui suivent parlent des Curandieres & Curanderies; défend aux premiers de se servir de chaux, & les soumet à la visite de l'Inspecteur des Toiles. Tous les autres, à la réserve des deux derniers, reglent l'emballage des toiles, la marque des ballots, les fonctions & obligations des Emballeurs, & la visite de l'Inspecteur du Roi, & des Inspecteurs Marchands sur tous les emballages avant que les ballots soient fermés par la tête. Le penultiéme ordonne que tous les ballots & balles de toiles qui seront déclarés à la sortie être des Toiles, Fleurets, & Blancards, & qui ne seront point marqués, soient saisis dans les Douanes & Bureaux des Fermes, ainsi que les balles & ballots des autres toiles non marquées, les Marchands condamnés à cinq cens livres, & l'Emballeur à deux cens livres d'amende pour chaque balle & ballot. Enfin le dernier article ordonne de nouveau que le Réglement de 1676 soit exécuté suivant sa forme & teneur, en ce qui n'y auroit point été dérogé par celui-ci.

La plupart de ces matieres étant expliquées & traitées ailleurs; entr'autres la qualité des fils, la façon des rots, les portées des toiles, les obligations des Curandiers par rapport à la marque, & plusieurs choses concernant cette même marque & l'emballage des toiles dans les Réglemens précédens; & les largeurs, longueurs, & qualités des toiles, à l'article général des Toiles à l'endroit où il est parlé de celles de Normandie, où l'on peut avoir recours, on se contentera de noter ici ce qui peut être de particulier dans le Réglement de 1701, & qui ne pourroit se trouver dans d'autres articles de ce Dictionnaire.

1°. Il est ordonné que les Toiles, Fleurets, & Blancards, seroient fabriquées en chaîne & en tréme, tout de fil blancard, ou tout de fil brun lessivé, sans que les Tisserans puissent faire la chaîne de fil brun lessivé avec la tréme de fil blancard, ou la chaîne de fil blancard avec la tréme de fil brun lessivé.

2°. Que toutes les mêmes toiles fabriquées dans la Généralité de Rouen, même celles qui se font à Bernay & à Beaumont, & aux environs dans la Généralité d'Alençon, seroient portées en écrû sous la halle seulement de la Ville de Rouen, pour y être vûes, visitées & marquées, & non aux Bureaux desdits Bernay & Beaumont ni ailleurs.

3°. Que toutes les visites & marques, tant desdites toiles que des autres, seront faites par l'Inspecteur des Manufactures commis par le Roi; par deux principaux Marchands de la Ville de Rouen, & par deux Maîtres Jurés Toiliers.

4°. Que l'élection des deux Inspecteurs Marchands se feroit tous les six mois par les Prieurs & Consuls en charge, & par les anciens Consuls: Qu'ils seroient choisis parmi les anciens Echevins, les anciens Juges Consuls, & les principaux Négocians ayant fait ou faisant commerce de toiles: Qu'ils pourroient, s'ils y consentoient, être encore continués six mois & non davantage, & qu'ils seroient exempts de tutelle, curatelle, guet & garde pendant le tems de leur exercice.

5°. Que chaque piece trouvée de bonne fabrique, largeur & qualité, seroit marquée aux deux bouts, à l'un sur un coin, & à l'autre au milieu: Que chaque qualité de toile aura sa marque particuliere : Que les moules des marques seroient enfermés sous trois clefs & trois serrures, & que l'une des clefs seroit entre les mains des Inspecteurs Marchands ; l'autre entre les mains de l'Inspecteur du Roi, & la troisiéme en celles des Jurés Toiliers.

6°. Que les toiles, fleurets & blancards, continueroient d'être portées au marché de saint Georges par les Fabriquans pour y être vendues, auquel lieu les Auneurs de Toiles de Rouen seroient obligés d'envoyer deux d'entr'eux pour auner lesdites toiles s'ils en étoient requis ; qu'en ce cas ils marqueroient avec du noir & de l'huile leur aunage sur chaque piece, duquel aunage ils seroient garants, & même en donneroient leur certificat & facture si on les leur demandoit, sans néanmoins pouvoir exiger audit marché de saint Georges d'autres droits que ceux qui leur sont payés à Rouen, ni prétendre un nouveau droit pour les toiles qu'ils y auroient déja aunées, lorsqu'elles rentreront dans ladite Ville de Rouen, à moins qu'on ne leur en demande un nouvel aunage.

7°. Que tous les Marchands ou Commissionnaires qui acheteroient des toiles au marché de saint Georges, qui seroient ensuite trouvées défectueuses ou de mauvais aunage à la visite qui s'en feroit à Rouen, ne pourroient avoir aucun recours contre les Fabriquans pour les confiscations & amendes, ausquelles ils pourroient être condamnés à moins, à l'égard de l'aunage, qu'ils ne les eussent fait auner en les achetant audit saint Georges.

8°. Que non-seulement les Curandiers ou Blanchisseurs de la Généralité de Rouen, mais encore ceux de la Généralité d'Alençon établis à Bernay, à Beaumont & aux environs, ne recevroient dans leurs curanderies & blanchisseries aucunes pieces de toiles, fleurets & blancards sans la marque de la Ville de Rouen, à peine de cent livres d'amende pour chacune piece ; & que l'Inspecteur des toiles de la Généralité de Rouen, pourroit faire ses visites sur lesdits Curandiers de la Généralité d'Alençon, & y saisir lesdites toiles qui y seroient trouvées sans la marque de Rouen.

9°. Que les Curandiers ne pourroient se servir de chaux dans les blanchissages des toiles, à peine de cinquante liv. d'amende, & de l'interdiction de la profession en cas de récidive.

10°. Que chaque qualité de toile seroit emballée séparément, à peine de cinq cens liv. d'amende pour la premiere fois, contre le Marchand chez lequel il auroit été trouvé des ballots mélangés, & l'interdiction de commerce pour toujours en cas de récidive. Que les ballots & balles de toiles qui seroient transportés hors de Rouen, après le blanchissage, seroient visités & marqués par l'Inspecteur des Manufactures, & un des Inspecteurs Marchands. Que la marque destinée à y être apposée, & qui s'imprimera avec de l'encre & de l'huile sur un des côtés de chaque ballot, auroit les armes de la Ville, & au dessous les caracteres suivans, (F. B. Rouen B. F.) pour les blancards & fleurets, & (C. Rouen B. F.) pour les toiles de coffres. Qu'afin que la visite des balles & ballots se puisse faire plus aisément, les pieces seroient pliées ensorte que le coin de la piece, où la marque aura été mise, paroisse au dehors ; & que dans l'emballage toutes les pieces auroient leurs marques tournées du côté de la tête du ballot ou balle que l'Emballeur laissera ouverte jusques après la visite faite ; que les Marchands & Emballeurs seroient tenus d'avertir les Inspecteurs quand leurs balles & ballots seroient en cet état, & lesdits Inspecteurs obligés de se transporter chez les Marchands aussi-tôt après avoir été avertis, à la réserve néanmoins des jours de la visite à la halle qu'ils ne pourroient être mandés.

1703.

La guerre pour la succession d'Espagne ayant interrompu, ou du moins rendu très difficile le commerce par mer entre la Bretagne & Dunkerque, & les autres Villes Françoises de la Manche ; il fut donné un Arrêt du Conseil d'Etat le 19 Juin 1703, pour faciliter par terre le transport des toiles Noyales & autres toiles propres à faire des voiles de navires, qui se fabriquent en Bretagne ; que ces Villes pendant la paix en tiroient par mer.

Cet Arrêt fixe les droits dûs au Roi pour lesdites toiles, soit à titre de droits d'entrée, de sortie de payage, soit autrement, à quarante sols du cent pésant ; ce qui néanmoins ne dureroit que pendant la guerre.

1716.

Il fut fait cette année deux nouveaux Réglemens concernant les toiles, tous deux par Arrêt du Conseil du quatre Janvier ; l'un pour les toiles de Laigle, Vimoutier, Mortagne & autres lieux de la Généralité d'Alençon ; l'autre pour les toiles blancards & fleurets de Normandie.

Le premier fut donné pour remedier à un abus qui commençoit à s'introduire à Laigle, Vimoutier, Mortagne, &c. dont les Marchands faisoient blanchir & emballer leurs toiles de la maniere que celles appellées Blancards & Fleurets, ont coutume d'être blanchies & emballées, & les envoyoient ensuite sous ce nom dans les pays étrangers, bien qu'elles ne fussent fabriquées qu'avec du chanvre.

Sa Majesté ayant été informée de cette conduite si contraire à la bonne foi, qui doit être l'ame du commerce, & ayant reçû & examiné les avis de l'Intendant de la Généralité d'Alençon, des Inspecteurs, & des principaux Marchands & Fabriquans de toile de ces trois Villes & des environs, ordonna qu'à l'avenir les Marchands & Fabriquans de tous ces lieux seroient tenus sous peine de cinq cens liv. d'amende, de marquer en écrû les toiles de leurs fabriques d'une marque portant ces mots : *Toiles de Chanvre*, avec le nom de la Manufacture où elles auroient été fabriquées, & que la même marque seroit apposée aux ballots qui en seroient faits ; & qu'à l'égard de la largeur & du blanchissage desdites toiles, il en seroit usé comme auparavant, & en conformité des Réglemens.

Le second Réglement de cette année 1716 contient huit nouveaux articles pour être ajoutés aux autres Réglemens faits jusqu'alors pour la fabrique des toiles de la Province de Normandie, appellées Fleurets & Blancards, qui ainsi qu'on l'a pû remarquer, ont toujours été un des principaux objets du Conseil de Commerce dans tous les Arrêts qui y ont été rendus pour les Manufactures des toiles de cette Province.

Ces huit articles furent dressés sur les représentations des Syndics de la Chambre du Commerce de Rouen, & de l'avis du sieur Roujeaut, alors Intendant de cette Généralité, pour remédier aux abus qui s'étoient de nouveau glissés dans la fabrique, l'apprêt & le négoce de ces toiles; & pour les maintenir en réputation, tant dans le Royaume, que dans les pays étrangers.

Premiérement, il est ordonné, Que toutes les toiles, Fleurets & Blancards, qui étant en écrû, auroient été confisquées & coupées pour quelque contravention, ne pourroient être blanchies, sous peine aux Curandiers & Blanchisseurs de mille liv. d'amende pour la premiere fois, qui ne pourroit être modérée non plus que toutes les autres amendes ci-après énoncées; & en cas de récidive, d'interdiction pour toujours. Permis néanmoins de faire teindre lesdites toiles coupées en toutes sortes de couleurs, ou de les employer en écrû.

Secondement, que les Curandiers & Blanchisseurs mettroient leurs marques avec de l'huile & du noir sur les pieces de blancards & de fleurets qui leur seroient données à blanchir avant que de les mettre sur le pré & dans leurs cuves. De laquelle marque, qui contiendroit le nom & la résidence du Curandier, il seroit fait une empreinte sur un Registre de l'Hôtel de Ville destiné à cet usage; au dessous de laquelle chaque Blanchisseur signeroit & reconnoîtroit que c'est la marque dont il veut se servir, à peine pour les Curandiers trouvés en contravention, de cinq cens liv. d'amende; & pour l'exécution de cet article, les Inspecteurs seroient tenus de faire chaque année une visite dans les Curanderies de leur département.

Troisiémement, que les envois & expéditions de ces toiles pour l'Etranger, ne pourroient plus se faire à l'avenir que par le port de Rouen, après y avoir été acquittées au Bureau de la Romaine & après la visite duement faite, sous peine de trois mille liv. d'amende.

Quatriémement, que les Emballeurs ne pourroient tenir chez eux aucuns coupons desdites toiles blanchies, & seroient tenus de marquer les ballots qu'ils feroient des fleurets & blancards, avant de les exposer à la visite des Inspecteurs, d'une marque qui leur seroit propre, & dont l'empreinte seroit enregistrée à l'Hôtel de Ville, comme celle des Curandiers, sous la même peine de cinq cens liv. d'amende; avec défenses ausdits Emballeurs d'acheter aucunes toiles pour les Marchands, soit en écrû, soit en blanc, si auparavant ils n'ont prêté serment devant les Prieur & Juges-Consuls de Rouen.

Cinquiémement, que toutes lesdites toiles seroient blanchies à fin avant de les rendre à ceux qui les auroient données à blanchir, à peine contre les Curandiers de pareille amende de cinq cens livres.

Sixiémement, que tous les Réglemens faits concernant les toiles blancards, seront aussi exécutés pour les toiles appellées Toiles de Coffre.

Le septiéme article accorde une marque de grace pendant deux mois pour les toiles blanchies avant le Réglement. Et le huitiéme & dernier, qu'à la diligence des Maire & Echevins, le présent Réglement seroit imprimé, & des copies distribuées aux Curandiers & Emballeurs lorsqu'ils viendront apporter l'empreinte de leur marque à l'Hôtel de Ville de Rouen.

1719.

Les Tisserans d'Artois & de la Flandre Françoise, aussi bien que les Marchands de toile de ces deux Provinces réputées Etrangeres, ayant coutume d'envoyer blanchir leur toile à Beauvais ou autres lieux qui sont dans l'étendue des cinq grosses Fermes; les Commis & Receveurs des Bureaux par lesquels ces toiles entroient pour être blanchies, ou sortoient quand elles l'avoient été, prétendirent les assujettir aux droits d'entrée & de sortie que les autres toiles payent ordinairement.

La contestation ayant été portée au Conseil par les Marchands qui prétendoient au contraire être exemts de ces droits, ne s'agissant que d'un simple blanchissage; Sa Majesté, pour conserver à ses sujets le bénéfice du blanchissage des toiles d'Artois & de Flandres, & ôter aux Marchands le prétexte de les faire passer dans les pays étrangers pour les y faire blanchir, ordonna par un Arrêt de son Conseil du 15 Juillet 1719, qu'à l'avenir les toiles de ces deux Provinces qui entreroient dans l'étendue des cinq grosses Fermes pour y être blanchies seulement, & retourneroient ensuite dans le lieu de leur fabrique, seroient exemtes de tous droits, & ne payeroient que quatre sols par piece de quinze aunes pour droits de controlle & de marque, à la charge qu'elles ne pourroient entrer ni sortir que par les Bureaux d'Amiens, Peronne & Saint-Quentin, où chaque piece seroit pésée & marquée aux deux bouts par les Commis, & qu'il seroit pris ausdits Bureaux un acquit à caution, sur la soumission des Propriétaires ou leurs Commissionnaires, de les représenter au retour du blanchissage dans le délai de quatre mois pour être fait la vérification de la marque & du poids, mais sans déplier ni auner lesdites toiles, à peine contre les Marchands contrevenans & leurs cautions de payer le quadruple des droits d'entrée sur le pied du Tarif de 1664; Sa Majesté ordonnant en cas de fraude que les toiles & équipages soient confisquées, & les Marchands & Voituriers condamnés à 300 l. d'amende.

1719.

Les Réglemens qui avoient été faits tant pour la fabrication des toiles que pour l'établissement des Commis dans les Provinces de Lyonnois, Forest & Beaujolois, n'ayant pas paru suffisans & ayant même causé des contestations entre les Prevôt des Marchands & Echevins de la Ville de Lyon & les Maire & Echevins de Villefranche, & encore entre ceux ci & les Gardes-Jurés Fabriquans de toile dans la Province de Beaujolois, soit pour l'étendue de leur Jurisdiction, soit pour la régie qui devoit être observée dans des Provinces si voisines, soit enfin pour les lieux où les uns & les autres prétendoient avoir droit de marque & de visite; Sa Majesté crut nécessaire de donner une Déclaration en forme de Réglement capable de terminer & de prévenir toutes sortes de contestations, & de régler en même tems la police qui devroit à l'avenir s'observer dans les Manufactures des toiles de ces Provinces pour leur fabrique & blanchiment, aussi bien que pour les visites & la marque desdites toiles.

Cette Déclaration est du 16 Décembre 1719; elle contient vingt-trois articles, dont la plus grande partie concerne les toiles qui se fabriquent dans les Provinces de Lyonnois, Forest & Beaujolois, & quelques-uns les basins, futaines & cordats qui se font dans les mêmes Provinces.

Par le premier de ces articles il est ordonné que les toiles nommées Regny auront demi-aune franche de largeur; celles appellées S. Jean, qui sont de différentes largeurs, les unes cinq huitiémes, les autres trois quarts francs, & les autres sept huitrémes; il est permis néanmoins aux Ouvriers de faire des toiles de deux tiers & des toiles fines, aussi-bien que des Auxonnes jaunes, mais qui ne pourront être moindres que des largeurs réglées par cet article.

II. Les toiles appellées Tarare & Rouleau de Beaujeu, auront de largeur sept douziémes d'aune.

III. Les toiles larges de demi-aune auront vingt-cinq portées; celles de deux tiers, trente-quatre portées; les toiles de trois quarts, quarante-deux portées; & celles de sept huitiémes, cinquante portées.

IV. Aucune piece de toile ne sera exposée en vente pliée en rouleau, mais seulement en plat, & ne pourront être que d'une piece, sans qu'on y puisse ajouter des coupons, ce qui sera observé sous peine de confiscation, aussi-bien que les trois articles précédens.

V. Les Ouvriers seront tenus de mettre aux deux bouts de chaque piece une marque faite avec de l'huile & du noir contenant leur nom & surnom avec l'aunage, y compris trois ou quatre pouces d'excédent, à peine de cinq sols d'amende lorsque la piece se trouvera moindre d'un quart d'aune, dix sols pour demi-aune, quinze sols pour trois quarts, & trente sols pour une aune; & en cas qu'il manque plus d'une aune, la piece sera confisquée, & l'Ouvrier condamné à l'amende.

VI. Les toiles seront de même force, bonté & finesse au milieu & aux deux bouts, & les peignes servant à leur fabrique égaux dans toute leur étendue, à peine de confiscation desdites toiles & de cent livres d'amende contre les Ouvriers & Marchands qui s'en trouveroient saisis; vingt livres d'amende contre les Faiseurs de peignes & rots défectueux, & destitution des Commis qui auront marqué lesdits peignes ou des toiles d'autre qualité que celles qu'elles auront.

VII. Toutes les toiles de coton, toiles barrées jaunes & de couleur, toiles appellées Montbelliard, toiles dites de ménage, seront visitées, marquées & sujettes aux largeurs ci-dessus prescrites, à la réserve de celles que les Particuliers feront fabriquer pour leur usage qu'ils seront tenus de faire ourler aux deux bouts, & d'y faire mettre au chef leurs noms ou marque avec de l'huile & du noir sur le métier, sans quoi les Blanchisseurs ne les pourront recevoir sous peine de dix livres d'amende & de confiscation desdites toiles qui sera déclarée encourue contre lesdits Blanchisseurs, sans aucun recours contre lesdits Particuliers.

VIII. Les toiles appellées Siamoises ou Chamoises auront de largeur au moins cinq huitiémes d'aune, & pourront être augmentées de huit en huit.

IX. Les largeurs ci-devant désignées seront exactement observées par les Ouvriers; & en cas qu'elles excedent de plus d'un pouce, les pieces seront coupées & confisquées sans qu'il soit à l'avenir loisible de fabriquer des toiles d'aucune autre qualité & largeur, sans en avoir préalablement communiqué le projet & les échantillons aux Prevôt des Marchands & Echevins de la Ville de Lyon ou à la Chambre établie à Villefranche.

X. Il est défendu à tous Ouvriers & Fabriquans en toiles rayées & à couleurs de mêler dans leurs ouvrages aucuns fils ou cotons gâtés & de mauvaise qualité ou de fausse teinture avec ceux de bon teint; & il leur est ordonné de fabriquer tout en petit ou tout en bon & grand teint tant en chaîne qu'en tréme, à peine de confiscation de leur marchandise pour la premiere fois, & de plus grande peine en cas de récidive.

XI. Les Commis sont tenus de faire le débouilli desdites toiles le plus souvent qu'ils le pourront lorsqu'elles seront apportées aux Halles ou à leur Bureau, pour être visitées & marquées du bon teint; & en cas de contravention ils les saisiront & en poursuivront la confiscation.

XII. Afin que les toiles, futaines, cordats & autres ouvrages fabriqués dans le Beaujolois puissent être plus facilement visités & marqués; il est ordonné que les Maire & Echevins de Villefranche choisiront deux Commis pour marquer lesdits ouvrages; sçavoir un dans la Ville de Beaujeu & l'autre dans le lieu de Lay, en la même forme & maniere que ceux établis à Villefranche, Thisy & Amplepluys, lesquels auront pour leurs peines chacun la somme de cent livres par an.

XIII. Lesdits Commis à peine de destitution ne pourront marquer lesdits ouvrages ailleurs que dans leur bureau, ni en mesurer la largeur sur des tables barrées, mais seulement avec l'aune.

XIV. Les Ouvriers travaillant en toiles dans lesdites trois Provinces n'en pourront faire sortir aucunes qu'après les avoir fait marquer aux Bureaux établis; ni les Marchands en enlever aucunes non marquées à peine de cent livres d'amende & de confiscation.

XV. Dans chaque marché des lieux ci-devant nommés sera établi un coffre fermant à deux clefs, pour après le marché fini les marques y être renfermées; desquelles deux clefs l'une restera au Commis, & l'autre sera remise entre les mains du principal Officier.

XVI. Les Commis tiendront dans leurs Bureaux un registre paraphé, pour y inscrire chaque jour de suite & sans aucun blanc les pieces qu'ils auront marquées, & y faire mention des défectueuses, de la qualité de leurs défauts, des noms & demeures des Contrevenans & des condamnations prononcées en conséquence.

XVII. Les toiles, futaines & autres ouvrages qui seront transportés dans lesdits lieux pour y être débités & vendus, seront déchargés directement dans les Halles & Bureaux destinés pour la visite & marque, à peine de saisie & de confiscation.

XVIII. Les Commis seront tenus de dresser & signer les Procès verbaux de saisie qui porteront assignation aux Contrevenans pour comparoître pardevant les Prevôt des Marchands & Echevins de la Ville de Lyon, ou en la Chambre de Police de Villefranche, & y mettre la contravention jugée sans aucun délai ni renvoi.

XIX. Pour la facilité du Commerce il sera permis aux Ouvriers du Lyonnois qui sont plus à portée de Villefranche, de Thisy, d'Amplepluys, de Beaujeu ou de Lay, que de Tarare, d'y faire marquer indifféremment leurs toiles; comme aussi ceux du Beaujolois qui sont plus près de Tarare que de Villefranche & des autres Bureaux, pourront les porter à Tarare; & pour éviter toute surprise, les Maire & Echevins de Villefranche mettront au Secrétariat de Lyon une empreinte de la marque qu'ils auront donnée aux Commis établis dans le Beaujolois, & pareillement les Prevôt des Marchands & Echevins de Lyon donneront aux Maire & Echevins de Villefranche une empreinte de la marque dont on se servira à Tarare.

XX. Si l'Inspecteur des Manufactures du Beaujolois & les Gardes & Commis de ladite Province trouvent dans leurs visites ou autrement des marchandises défectueuses marquées ou non marquées, fabriquées par des Ouvriers du Lyonnois, ils en dresseront leurs Procès verbaux qu'ils remettront aux Maire & Echevins de Villefranche, pour être par eux envoyés avec la marchandise saisie aux Prevôt des Marchands & Echevins de Lyon qui en useront de la même maniere lorsque leurs Commis feront des saisies de toiles défectueuses fabriquées par les Ouvriers du Beaujolois.

XXI. Les Blanchisseurs de la Ville de Lyon & ceux établis dans le Lyonnois, Forest & Beaujolois, seront tenus d'étendre les toiles doucement sur les prés, de les porter sur leurs épaules, de les faire tirer à menu en les passant dans la serve, & de les angeller pliées en livres & non en fagots, avec défense de laisser aller les bestiaux dans les prés pendant que les toiles y sont étendues. Il leur est en outre ordonné de faire leurs lessives suivant l'ancien usage sans y ajouter un excédent de chaux, & de fournir les charris nécessaires pour les lessives sur le cuvier sans y employer les toiles qu'on leur donne à blanchir, à peine de cent livres d'amende contre chacun des Contrevenans.

XXII. Il est ordonné que la moitié des amendes sera appliquée aux Hôpitaux des lieux où les contraventions seront jugées.

XXIII. Enfin ce Réglement est déclaré commun à tous les Blanchisseurs & Ouvriers travaillant en toile dans les Provinces de Lyonnois, Forest & Beaujolois, même aux Marchands Toiliers de la Ville de Lyon.

Cette Déclaration fut enregistrée au Parlement le 9 Mars 1720, & des copies envoyées à la diligence du Procureur Général du Roi aux Sénéchaussées de Lyon & de Villefranche.

1722.

La Ferté-Macé est un Bourg de Normandie dans la Généralité d'Alençon, où il se fait, aussi-bien que dans quelques Paroisses voisines, des coutils & des treillis de demi-aune seulement, & même quelquefois d'une moindre largeur.

Cette contravention aux Réglemens, particuliérement aux articles XIX & XX de celui de 1693, pour les toiles des Généralités de Caen & d'Alençon, qui ont fixé la largeur de ces Fabriques à deux tiers, ou trois quarts de large, ayant donné lieu à diverses saisies dans les Villes & lieux où ces coutils & ces treillis avoient été exposés en vente : & les Fabriquans dudit Bourg & des environs, ayant représenté qu'il seroit impossible de soutenir leurs Manufactures, si on vouloit les assujettir à tenir leurs Ouvrages de la largeur prescrite par lesdits articles ; & qu'il seroit peut-être plus convenable de leur donner un Réglement particulier, & des Jurés pour le faire exécuter.

Sa Majesté, sur ces représentations, & pour pourvoir à ces difficultés, après avoir fait examiner les Mémoires des Fabriquans desdites Toileries, & entendu les principaux Marchands qui en font commerce, l'Inspecteur des Manufactures de toiles de la Généralité d'Alençon, ensemble l'avis des Députés au Conseil de Commerce, & celui du Sieur Intendant de ladite Généralité, a ordonné ce qui ensuit par un Arrêt de son Conseil d'Etat en forme de Réglement, du 22 Février 1722.

PREMIER ARTICLE.

Les Tisserans Ouvriers en Toile établis au Bourg de la Ferté-Macé, seront tenus de proceder incessamment à l'élection de deux d'entr'eux, pour faire la fonction des Gardes Jurés de leur Communauté pendant le cours d'une année ; après laquelle expirée, l'un desdits Gardes Jurés sortant de Charge, il en sera élû un nouveau pour la seconde année, & ainsi successivement ; ensorte que chaque Juré exerce ledit Emploi pendant deux années de suite, & que chaque année il y en ait toujours un nouveau & un ancien en exercice ; & faute par lesdits Fabriquans de faire lesdites Elections de Jurés, il en sera nommé d'Office pour la premiere fois par les Sieurs Intendans d'Alençon, & les années suivantes, par les Officiers de Police de la Ferté-Macé.

II.

Les fonctions desdits Gardes Jurés se feront dans un Bureau établi dans ledit Bourg ; dans lequel Bureau, toutes les toiles, coutils, & treillis, qui auront été fabriqués, tant dans ledit lieu que dans les Paroisses circonvoisines, seront apportés pour être visités & marqués en la maniere accoutumée, de la marque de la Fabrique, qui sera convenue, Sa Majesté faisant très expresses inhibitions & défenses auxdits Fabriquans de la Ferté-Macé & des environs, de vendre ni d'exposer en vente aucuns Ouvrages de leur Fabrique, s'ils n'ont été auparavant marqués de la marque, à peine de confiscation des coutils, treillis, & autres toiles non marquées, & de cent livres d'amende qui ne pourra être remise ni moderée.

III.

Les Gardes Jurés du métier de Tisserand de la Ferté-Macé, seront tenus de se rendre tous les Jeudis, ou tel autre jour de chaque semaine, dont on conviendra, & plus souvent, si besoin est, audit Bureau, pour y visiter toutes les toiles, coutils, & treillis qui y seront apportés, tant de la Ferté-Macé, que des lieux circonvoisins, & marquer ceux qui seront trouvés de bonne qualité, & conformes au Réglement.

IV.

La marque de Fabrique contiendra ces mots : *Toiles, Coutils, ou Treillis de la Ferté-Macé*, & sera appliquée avec de l'huile & du noir aux deux bouts de chaque piece.

V.

Les toiles qui ne se trouveront pas conformes aux Réglemens intervenus sur la fabrique des toiles ; & les coutils & treillis de la Ferté-Macé, qui seront reconnus avoir été faits en contravention à ce qui sera ci-après ordonné, par rapport à cette Manufacture, seront coupés de deux en deux aunes publiquement, suivant l'Arrêt du Conseil du 7 Juillet 1684, & seront en outre les contrevenans condamnés aux peines y portées.

VI.

Sa Majesté ayant égard aux remontrances qui lui ont été faites sur la largeur que doivent avoir les coutils & treillis de la Ferté-Macé, pour en procurer plus facilement le débit ; Permet aux Tisserans de ce Bourg & des lieux circonvoisins, de les faire de demi-aune de large, au lieu de deux

deux tiers & de trois quarts fixés par les articles XIX & XX, de l'Arrêt du Conseil du 7 Avril 1693, pour les coutils & treillis des Généralités de Caen & d'Alençon, auxquels Sa Majesté déroge à cet égard en faveur de ladite Manufacture de la Ferté Macé, sans néanmoins que lesd. Tisserans puissent faire leurs coutils & treillis de moindre largeur que de demi-aune, aux peines ordonnées par le précédent article; à l'effet de quoi les lames & rots des métiers servant à les fabriquer seront réformés, & seront lesdits Tisserans tenus de monter les chaînes de leurs coutils & treillis de trente-trois portées de quarante fils.

VII.

Ordonne Sa Majesté, que si pour cause de contravention au présent Réglement, il se fait des saisies de toiles, coutils, & treillis, fabriqués à la Ferté-Macé, & dans les lieux voisins, les Procès verbaux en seront portés devant le Juge de Police dudit Bourg, lequel sera tenu d'envoyer des expéditions, tant de chacune des Sentences qu'il pourra rendre pour cause de contravention, que desdits Procès verbaux, au Sieur Intendant de la Généralité d'Alençon, pour en informer le Conseil.

VIII.

Enjoint Sa Majesté à l'Inspecteur des Manufactures de toiles de ladite Généralité, de visiter exactement chez les Tisserans, Calendreurs, & autres Apprêteurs de toiles de la Ferté-Macé, & des environs, tant leurs métiers que les toiles, coutils, & treillis de leur Fabrique; & auxdits Ouvriers de souffrir les visites tant dudit Inspecteur, que des Gardes Jurés de leur métier, & en cas de refus de leur part, pourront ledit Inspecteur & lesdits Gardes Jurés, se faire assister d'un Officier de Justice aux frais des contrevenans.

IX.

Pour pourvoir au débit des coutils & treillis fabriqués avant ledit Réglement, Sa Majesté accorde un mois, pendant lequel les Tisserans de la Ferté-Macé, qui en auront sur leur métier ou dans leurs ouvroirs; & les Marchands dans les boutiques & magasins desquels il s'en trouvera, seront tenus de les faire marquer d'une marque de grace; & ledit mois expiré, Sa Majesté donne encore autres six mois pour se défaire desdites marchandises ainsi marquées, & après ledit tems ne pourra en être vendu ni débité, s'ils ne sont fabriqués & marqués en conformité du présent Réglement, aux peines ci-dessus ordonnées.

X.

Veut & entend Sa Majesté que les toiles, coutils, & treillis de la Fabrique de la Ferté-Macé, qui seront transportés à Rouen ou autres Villes pour y être vendus, ne puissent en y arrivant être déchargés & entreposés dans les Hôtelleries ou dans des maisons particulieres, aux peines portées par les Réglemens; mais qu'elles soient d'abord déchargées sous les Halles, afin qu'on y reconnoisse si ces Toileries sont de bonne fabrique & marquées ainsi qu'il est ci-dessus ordonné.

XI.

Ordonne au surplus Sa Majesté que lesdits Réglemens concernant la Fabrique des toiles en Normandie des 14 Aout 1676, & 7 Avril 1693, seront exécutés selon leur forme & teneur en ce qui n'est point contraire au présent Arrêt.

1723.

Le nombre excessif des Manufactures de toiles rayées & à carreaux, siamoises, stinkerques, mouchoirs, fichus, & autres tels ouvrages qui s'établissoient journellement dans toute la Normandie, particuliérement dans la Généralité de Rouen, occupant la plupart des Ouvriers & de ceux qui avoient coutume d'être employés à la culture des terres, & principalement à la récolte des grains; il arrivoit souvent que faute de Moissonneurs quantité de bleds ne pouvant être serrés dans les tems convenables, il s'en perdoit plusieurs qui germoient sur pied. Sa Majesté informée d'un désordre d'une si grande consequence, & voulant balancer les avantages que la Province peut retirer de ses Manufactures, avec le préjudice que la trop grande quantité pourroit apporter à la culture des terres, qui est la plus solide & la plus véritable richesse de l'Etat, se trouva obligée d'ordonner par un Arrêt du 28 Juin 1723, que toutes lesdites Manufactures de toiles & étoffes de fil de coton de toutes couleurs, mêlées de soies & autres matieres, sous le nom de toiles rayées & à carreaux, siamoises, fichus, stinkerques, ou sous telle autre dénomination que ce soit, qui sont établies dans les Villes, Bourgs & lieux de la Province de Normandie, à l'exception de celles établies dans la Ville & Fauxbourgs de Rouen & Bourg de Darnetal, cesseroient tout travail à commencer au premier Juillet de chaque année, jusqu'au 15 de Septembre inclusivement. Faisant Sa Majesté défenses à tous Maîtres & Entrepreneurs desdites Manufactures, de faire travailler pendant ledit tems, à peine de cinq cens livres d'amende & de confiscation des métiers; & à tous Ouvriers de travailler à peine de cent livres d'amende contre chacun des contrevenans: Sadite Majesté se réservant à pourvoir au nombre desdites Manufactures, qui pourront être conservées dans chacun desdits lieux, après avoir fait examiner en son Conseil les Mémoires qui lui seront envoyés à cet effet.

1724.

Les toiles à voiles, particuliérement les noyales, ont toujours fait un des principaux objets du Commerce de la Bretagne, sur-tout de l'Evêché de Rennes. La grande quantité qui s'en consomme pour la Marine Françoise, & le nombre extraordinaire que les Etrangers en enlevent tous les ans, ont toujours tenu la Cour attentive à en soutenir la Fabrique dans toute la perfection que ces sortes de toiles peuvent avoir. C'est encore pour en rétablir la réputation au dedans & au dehors du Royaume, & pour pourvoir à quelques abus qui commençoient à s'y glisser, qu'a été donné l'Arrêt du Conseil en forme de Réglement du premier Janvier 1724.

Seize articles composent cet Arrêt par lesquels Sa Majesté ordonne.

ARTICLE PREMIER.

Que toutes les toiles fabriquées à Noyale, sçavoir, celles larges d'un fil de la premiere & seconde qualité, seront de vingt-quatre pouces de laize ou largeur, & composées de dix-sept portées & demi de quarante fils chacune, faisant sept cens fils. La chaîne sera de pur brin, & la têture de chanvre, dont le brin est tiré.

II.

Les Noyales étroites d'un fil seront de dix-neuf à vingt pouces de laize, composées de quinze portées de quarante fils chacune faisant six cens fils, la chaîne & la têture comme au précédent article.

I I I.

Les Noyales de quatre fils seront aussi de dix-neuf à vingt pouces de laize, & seront composées de vingt-quatre à vingt-cinq portées de quarante fils chacune; la chaîne & têture de celles qui seront fabriquées pour les vaisseaux de Sa Majesté, seront toutes de pur brin; & les ordinaires auront seulement la chaîne de pur brin, & la têture de chanvre dont le brin est tiré.

I V.

Celles à six fils auront pareillement dix-neuf à vingt pouces de laize, & seront composées de vingt-neuf à trente portées de quarante-deux fils chacune, & la chaîne & têture de pur brin.

V.

Les toiles renforcées, fabriquées à Vitré, seront de vingt-six pouces de laize, & composées de vingt-deux portées de quarante-six fils chacune, faisant huit cens quatre-vingt fils; & seront toutes de pur chanvre sans aucun mélange de lin.

V I.

Les toiles larges fabriquées au même lieu, autrement dites meslis de Bretagne, seront de vingt-huit pouces de laize, & composées de vingt-huit portées de quarante fils chacune, faisant onze cens vingt fils, toutes de pure chanvre, sans aucun mélange de lin.

V I I.

Les rondelettes d'un fil seront de vingt-quatre pouces de laize, & composées de dix-huit portées de quarante fils chacune; faisant sept cens vingt fils, la chaîne de pur brin, & la têture de chanvre, dont le brin est tiré sans aucun mélange de lin.

V I I I.

Les courtes menues ou fines d'un fil, seront de vingt pouces de laize, composées de seize portées de quarante fils chacune, faisant six cens quarante fils; la chaîne & la têture comme au précédent article.

I X.

Toutes lesdites toiles & autres à voiles de quelque nom & qualité qu'elles soient, qui seront fabriquées dans les Paroisses de l'Evêché de Rennes, & qui n'auront pas été marquées au Bureau établi à Nantes, seront portées à Rennes, dans un lieu qui sera désigné par le Sieur Intendant de la Province de Bretagne, & ne pourront être vendues qu'auparavant elles n'ayent été visitées & marquées d'une marque noire aux armes de ladite Ville par deux Marchands en gros, qui seront nommés par ledit Sieur Intendant, sur l'indication de l'Inspecteur des Manufactures de toiles; lesquels Marchands demeureront responsables des toiles qu'ils auront marquées.

X.

Veut Sa Majesté qu'il soit payé un sol pour chaque piéce de toile qui sera marquée, pour le produit être employé sans aucun divertissement, sur les Ordonnances dudit Sieur Intendant, tant pour le payement du loyer du lieu, qui sera destiné pour apporter lesdites toiles, que pour les gages du Concierge qui y sera établi, & autres frais nécessaires; duquel droit le Concierge tiendra bon & fidéle Registre, & sera tenu d'en rendre compte tous les ans pardevant ledit Sieur Intendant.

X I.

En cas de contravention à aucun des articles ci-dessus, ou qu'il se trouve des courts plis ayant moins d'une aune de longueur, les pieces de toiles seront confisquées, & les Fabriquans ou les Marchands condamnés en cent livres d'amende, applicable un tiers au Roi, un tiers aux Hôpitaux de la Ville de Rennes & un tiers au dénonciateur.

X I I.

Les Tisserans ou Fabriquans qui font les toiles mentionnées aux précédens articles, seront tenus, sous peine de confiscation & de trente livres d'amende, de faire reformer incessamment & au plus tard dans trois mois, du jour de la publication du présent Arrêt, leurs lames & rots sur le pied que doit avoir chaque espece de toile, & de les tenir égaux à la tête comme au pied, sans qu'ils puissent se servir de tamplons pour la fabrique de celles de quatre & de six fils. Laquelle amende de trente livres sera pareillement encourue par les Ouvriers faiseurs de lames & de rots qui ne se seront pas conformés au présent article; à l'effet de quoi les Tisserans & Fabriquans seront tenus de mettre chacun leur marque particuliere sur chaque piece de toile qu'ils fabriqueront, sous peine de confiscation & de trente livres d'amende, applicable comme dessus.

X I I I.

Pourront néanmoins les Marchands en gros & en détail vendre & débiter pendant six mois les toiles à voiles qui se trouveront fabriquées au jour de la publication dudit Arrêt, à condition par eux de les représenter devant les Officiers de Police qui y apposeront, sans frais, une marque de grace, &c. & ledit délai de six mois expiré, toutes les toiles qui se trouveront chez les Marchands n'être pas marquées de ladite marque, seront confisquées, & les Marchands condamnés à cent livres d'amende, applicable comme dessus: & en cas qu'après le délai ci-dessus expiré, il se trouve des pieces de non toile marquées des Armes de la Ville de Rennes, elles seront pareillement confisquées, & les Marchands condamnés en pareille amende que dessus, & sera même procedé extraordinairement contre les coupables & leurs complices, en cas de fausse marque.

X I V.

Fait Sa Majesté défenses à ceux qui apporteront des fils dans les Marchés, d'y en mêler de mauvaise qualité, à peine de confiscation & de dix livres d'amende; enjoint à ceux & à celles qui les filent, de les filer uniment, à peine de confiscation.

X V.

En cas de contestation sur aucuns des articles du présent Réglement, veut Sa Majesté qu'elles soient jugées par ledit Sieur Intendant; lui attribuant à cette fin toute Cour, Jurisdiction & connoissance.

X V I.

Enjoint Sa Majesté aux Inspecteurs & autres Préposés à la visite des toiles dans la Province de Bretagne, de se conformer à la disposition des articles ci-dessus, & audit Sieur Intendant de tenir soigneusement la main à l'exécution du présent Arrêt, qui sera lu, publié & affiché où besoin sera.

1 7 2 5.

Le Roi ayant été informé, qu'au préjudice de l'Arrêt du Conseil du 7 Avril 1693, portant réglement pour les Manufactures de toiles des Généralités de Caen & d'Alençon, il s'étoit introduit des abus dans la fabrique de celles appellées Brionnes, tant par rapport à la largeur que ces toiles doivent avoir, que sur la longueur & la pliure, Sa Majesté jugeant à propos d'y remédier, a ordonné par un Arrêt de son Conseil du 13 Mars 1725.

1°. Qu'à l'avenir toutes les toiles qui seroient fabriquées à Brionne, à Beaumont-le-Roger & à Bernay, n'auront que trois quarts moins un demi-seize en écru, au lieu de trois quarts qu'elles ont dû avoir jusqu'à présent, suivant l'article XIII dudit Arrêt du 7 Avril 1693, auquel Sa Majesté déroge pour cet égard seulement.

2°. Que les pieces desdites toiles ne pourront être fabriquées que de la longueur de soixante-dix aunes mesure de Paris, à peine de cinquante livres d'amende contre les contrevenans.

3°. Qu'en ce qui concerne la pliure desdites pieces de toiles, l'article XXX dudit Arrêt du 7 Avril 1693, sera exécuté selon sa forme & teneur, tant par les Fabriquans de Bernay, que par ceux de Beaumont-le-Roger & Brionne, sous les peines portées par ledit Arrêt & par le Réglement du 14 Aout 1676.

4°. Que pour l'exécution du présent Arrêt toutes les lames & rots servant à la fabrique desdites toiles, seront reformés trois mois après la publication qui en sera faite, à peine de cinquante livres d'amende pour chaque contravention : Sa Majesté néanmoins permettant ausdits Fabriquans qui auront chez eux des toiles de trois quarts, & aux Marchands qui en seront chargés, de s'en défaire dans quatre mois.

Réglement pour la fabrique des Futaines & des Basins.

Il y a eu de tout tems en France quantité de Manufactures de futaines & de basins, entre lesquelles les plus célebres ont toujours été celles de Lyon, de Rouen & de Troyes.

Celle de Troyes sur tout a eu tant de réputation dès les premiers tems de son établissement pour la beauté & la finesse de ses ouvrages de coton filé, que les Statuts dressés pour la police des Maîtres Tisserans & Fabriquans de cette Ville ont depuis ordinairement servi de regle pour tous les autres Tisserans & Fabriquans de futaines & de basins du Royaume.

C'est aussi principalement pour les Manufactures de basins & de futaines établies dans cette Capitale de la Province de Champagne & des environs, qu'a été dressé le Réglement de 1701 dont on va parler ici.

Plus de cent ans auparavant Henri IV avoit donné à la verité des Statuts aux Tisserans & Fabriquans de Troyes qui fixoient les aunages & portées des futaines & basins qui s'y fabriquoient alors; mais ces Réglemens de 1598 étant devenus presque inutiles par les changemens arrivés depuis un siécle entier dans ces sortes de fabriques, la plupart des métiers qui auparavant ne travailloient que pour des ouvrages communs, n'étant plus montés que sur le fin dont il n'étoit fait aucune mention dans ces Statuts, on fut enfin obligé de donner plusieurs nouveaux articles pour servir comme de supplément aux anciens.

Ces articles au nombre de vingt-deux, qui avoient été projettés dans plusieurs Assemblées des principaux Marchands de Troyes qui font le commerce des basins & futaines, de l'Inspecteur des Manufactures au Département de Champagne, & des plus habiles Maîtres de la Communauté des Tisserans & Fabriquans, ayant été arrêtés dans une derniere Assemblée tenue le 21 Avril 1700, furent enfin confirmés & homologués par un Arrêt du Conseil d'Etat du Roi du 4 Janvier de l'année suivante, qui ordonna au surplus l'exécution des anciens Statuts en ce qui n'y seroit point dérogé par les nouveaux.

Les seize premiers articles de ce Réglement de 1701, établissent les largeurs, longueurs & portées des pieces de futaines & de basins; reglent la quantité des fils de coton qui doivent les composer, tant en tréme qu'en chaîne; ordonnent l'égalité des rots & des dents des peignes d'un bout à l'autre, & fixent le nombre des barres & des raies qu'ils doivent avoir dans leur largeur; toutes matieres qu'on a traitées ailleurs. *Voyez les articles particuliers de* Basin *& de* Futaine *dans leur ordre alphabetique.*

Les six derniers articles sont de police.

Le dix-septiéme & le dix-neuviéme assujettissent à la visite & à la marque les basins & les futaines, ainsi que les autres étoffes, & ordonnent l'établissement d'un Bureau, auquel les Jurés seroient obligés de se trouver chaque semaine aux jours marqués par les Juges de police, pour vaquer ausdites marque & visite.

Le vingtiéme regle les droits de marque à huit deniers par piece, qui ne pourroient jamais être augmentés.

Le suivant enjoint aux Tisserans & aux Fabriquans, de souffrir la visite de l'Inspecteur des Manufactures toutes fois & quantes il le trouvera à propos.

Enfin le vingt-deuxiéme adjuge les confiscations & les dix livres d'amende par piece vendue sans être marquée, prononcée par le dix-huitiéme article, moitié aux Jurés, & moitié à l'Hôpital des pauvres de la Ville de Troyes.

Le plomb de visite doit avoir d'un côté les Armes de la Ville, & de l'autre ces mots, *Fabrique de Troyes.*

Réglement pour la fabrique des Chapeaux.

Le commerce du castor étant presque le seul ou du moins le plus important qui se fasse en Canada, & celui qui aide davantage a en soutenir les Colonies, on a souvent tenté d'en augmenter & d'en assurer la consommation en France par plusieurs Réglemens faits pour la fabrique des chapeaux.

Ce fut le motif des Arrêts du Conseil du 21 Juillet 1666, 8 Novembre 1667, 2 Juin 1670 & 1673, & 12 Décembre 1693 qui renouvellant les articles 26 & 27 des Statuts des Maîtres Chapeliers, leur firent défenses de fabriquer aucuns chapeaux dits de Castor, autrement que de pur castor, sans aucun mélange d'autres étoffes de poil ou de laine, ni de faire aucuns chapeaux dits Demi-castors.

Les Arrêts du 5 Février & 12 Avril 1685, furent aussi rendus sur le même fondement; & il fut désigné un certain nombre de Maîtres Chapeliers, à qui seuls il fut permis de manufacturer & fabriquer les castors pendant un tems fixé par lesdits Arrêts.

Enfin il fut ordonné par un dernier Arrêt du

13 Octobre, 1699, qu'à l'avenir il ne se fabriqueroit plus en France que de deux sortes de chapeaux; les uns de pur castor, sans aucun mélange de quelque autre matiere que ce fût; & les autres de laine, dans lesquels on pourroit mêler de la vigogne & du poil de chameau seulement.

Tant de dispositifs d'Arrêts & de Réglemens pour la fabrique des chapeaux, qu'on avoit crû favorables au commerce du castor, ayant produit un tout autre effet que celui qu'on en avoit esperé, on fut obligé de rendre aux Maîtres Chapeliers leur ancienne liberté par un dernier Arrêt, & de leur permettre de fabriquer des chapeaux de toutes les sortes dont ils en faisoient auparavant.

Cet Arrêt en forme de Réglement est du 10 Aout 1700, & contient quatre principaux articles.

Premierement il est permis à tous Maîtres Chapeliers, dans toutes les Villes & autres lieux du Royaume, de faire des chapeaux de pur castor; ensemble des demi-castors composés de laine de vigogne & de castor seulement; & enfin des chapeaux de poil de lapin, de chameau & autres poils mêlés avec de la vigogne; excepté néanmoins le poil de lievre, qui est absolument défendu dans la fabrique de quelques chapeaux que ce soit.

Il est ordonné en second lieu, que toutes les matieres permises seroient bien mêlangées & cardées ensemble, de maniere qu'il ne pût faire de dorage avec le castor ou aucune autre desdites matieres, à peine de punition contre les Compagnons & Ouvriers qui seroient trouvés en faisant ledit dorage.

Troisiémement, que les Maîtres seroient obligés de marquer les chapeaux de leur fabrique d'une marque à chaud sur le cordon, laquelle marque porteroit un C. pour les chapeaux de pur castor; un D. & un C. pour les demi-castors; une M. pour les chapeaux mélangés de plusieurs sortes de poil avec du castor ou sans castor; & une L. pour les chapeaux de pure laine.

Enfin pour empêcher absolument l'usage du poil de liévre dans la fabrique des chapeaux; il est fait défenses aux Maîtres Chapeliers d'en avoir chez eux sous quelque prétexte que ce soit, & aux Maîtres & Ouvriers, Coupeurs, Arracheurs & Cardeurs de tenir chez eux des peaux desdits liévres, & d'en arracher, couper & carder le poil.

C'est ce Réglement qui continue d'être observé en France pour la fabrique des chapeaux.

Un droit de marque ayant été établi sur tous les chapeaux par un Edit du mois d'Avril 1690, il fut en même-tems dressé un Réglement en quatorze articles pour la reception de ce nouveau droit, dont néanmoins on ne parlera point ici, non plus que des Arrêts des 13 Mai & 7 Aout 1691, 4 Janvier 1693, 27 Aout & 28 Septembre 1697, & 26 Mai 1699, rendus en conséquence, le droit ayant été supprimé depuis par une Déclation du Roi du 20 Décembre 1701, & la fabrique des chapeaux, aussi-bien que le commerce qui s'en fait, déchargés des formalités & obligations portées par ledit Edit.

REGLER, faire des Reglemens. Il se prend aussi pour Servir de regle; comme quand on dit que les Statuts d'une Communauté reglent les visites à quatre par an.

On dit, que des Marchands se font régler, lorsqu'ils prennent des amis communs pour décider de leurs différends sur le fait de Commerce: qu'ils seront réglés en Justice, quand ils portent leurs affaires devant les Juges; & qu'ils seront réglés par arbitrage quand ils conviennent d'arbitres. *Voyez* ARBITRAGE.

REGLER, en fait de société. Signifie liquider les affaires des Associés; compter ensemble, faire le partage des dettes actives & passives, voir ce que chacun doit porter de la perte ou avoir du gain au *prorata* & à proportion de ce que chaque Associé doit fournir à la caisse, & l'intérêt qu'il a pris au fond de la société. *Voyez* SOCIETE'.

REGLER UN COMPTE. C'est l'examiner, l'arrêter, le solder, en faire le bilan ou la balance. *Voyez* COMPTE.

REGLER LE COUP. Terme d'Imprimerie. C'est marquer avec de la craye sur le tympan l'endroit où doit poser la platine afin de donner à propos le coup de barreau. *Voyez* IMPRIMERIE.

REGLET, instrument de Menuisier. C'est proprement ce que les autres Ouvriers en bois appellent Regle. Il y a deux Reglets pour la Menuiserie; le Reglet plat qui est la Regle commune avec laquelle les Menuisiers mesurent leur ouvrage, le dressent & le tracent; & le Reglet à pieds qui est une Regle montée par les deux bouts sur deux petits soutiens d'une égale hauteur; elle est de bois équarri au moins d'un pouce en quarré, de peur qu'elle ne se courbe.

REGLET, terme d'Imprimerie. Les Imprimeurs se servent de trois sortes de Reglets; l'un pour espacer les lignes des formes, il est de bois très mince d'environ trois lignes de hauteur, il se met de long entre deux rangées de caracteres; l'autre est de métail de huit à dix lignes de longueur, mais qu'on augmente en en arrangeant plusieurs de suite; on en fait les séparations de quelques Ouvrages à plusieurs colomnes; leur plus grand usage est pour régler le papier de plain-chant & de musique. Enfin il y en a de cuivre ou de fer-blanc, que l'on coupe de longueur convenable.

REGLETTE, est encore un terme d'Imprimerie. C'est une petite tringle de bois mince, dont le Compositeur se sert pour lever les lignes de dessus son compositoire, & les mettre sur la gallée à mesure qu'elles sont faites. *Voyez* IMPRIMERIE.

REGLEUR, terme de Libraire & de Relieur de Livres. C'est l'Ouvrier qui regle avec une encre qui tire sur le rouge, les feuillets des Livres qu'on veut qui soient un peu propres, & qu'on a lavés auparavant. Cette façon ne se donne plus gueres présentement qu'aux Breviaires, Missels, & autres Livres d'Eglise. On regle aussi du papier blanc.

REGLISSE, en Latin GLICYRRHIZZA, ou LIQUIRITIA, & aussi RADIX DULCIS, racine douce, à cause de sa vertu douce & rafraîchissante. Il n'y a gueres de racine qui soit plus connue en France. Son usage & son débit y sont surprenant, & il s'y en consomme une quantité prodigieuse, tant pour les sucs que l'on en tire, que pour les remedes, & sur-tout les prisannes qu'on en compose.

La Réglisse est une plante dont la racine coure entre deux terres; & se faisant jour de tems en tems produit autant de nouvelles plantes, qui toutes ne s'élevent gueres plus de deux coudées. Elle a ses feuilles vertes, gluantes & gommeuses, épaisses, luisantes, & à demi rondes; sa fleur est rouge, semblable au hyacinte; sa semence est renfermée dans des gousses presque rondes, & qui pressées & serrées les unes contre les autres, forment une espece de boule.

La Réglisse croît en bien des endroits, & l'on en recueille en quelques Provinces de France : cependant la meilleure vient d'Espagne, & particuliérement de l'Arragon. Celle qu'on apporte de Saragosse Capitale de ce Royaume, vaut incomparablement mieux que celle qu'on a par la voie de Bayonne.

Il s'en recueille encore quantité en Allemagne & en Moscovie; mais c'est sur-tout en Perse que cette racine profite d'une maniere extraordinaire, & il en vient sur les bords du Carasu, du Senki & du Kerni-arpa, dont la grosseur excede celle du bras, & qui pour ses qualités & sa bonté, est préférable à toutes les réglisses du monde.

Cette racine est envoyée par balles, & se débite ou fraîche ou seche, & l'une & l'autre est une marchandise de difficile garde, de grand déchet, & sujette à pourrir si elle est venue par un mauvais tems, ou si elle a été mal conservée.

La Réglisse fraîche ou nouvelle doit être choisie unie, de la grosseur du gros doigt, rougeâtre par le dehors, d'un jaune doré en dedans, facile à couper, & d'un goût doux & agréable.

La Réglisse seche doit avoir les mêmes qualités, à la sécheresse près, qui y change quelque chose; il faut sur-tout prendre garde que ce ne soit le rebut des ballots de la nouvelle qu'on ait fait sécher.

De tous les sucs qu'on appelle Sucs ou Jus de Réglisse, il n'y a proprement que les noirs qui méritent ce nom, & qui en soient de véritables extraits. On les tire de la réglisse par le moyen de l'eau chaude qui en retient une teinture jaune après que cette racine y a longtems bouilli. Cette eau étant ensuite évaporée sur le feu, il reste un sédiment solide & noir qui est ce qu'on nomme Jus ou Suc de Réglisse. Ce suc vient ordinairement d'Espagne, de Hollande & de Marseille, en pains de différentes grosseurs, mais le plus souvent de quatre onces ou d'une demi-livre.

Les bonnes qualités de ce suc sont d'être noir par dessus, & noir lustré par dedans, facile à casser, & d'un goût assez agréable. Celui qui est molasse, rougeâtre, graveleux, & qui a un goût de brûlé, doit être rejetté. C'est ce seul Jus de Réglisse qui soit bon pour le rhume & le poulmon; les Jus de Réglisse blancs & jaunes de Blois, de Reims & de Paris, en pastilles plates ou tortillées, en rond, n'étant bons que pour les personnes saines qui veulent s'amuser à faire les malades, & non pas les vrais malades qui veulent guérir, puisque véritablement ils ne sont composés que de sucre, d'amidon, d'iris de Florence, de gomme adragan, & d'un peu de poudre de Réglisse.

La Réglisse paye en France les droits d'entrée, à raison de 16 s. du cent pésant, conformément au Tarif de 1664.

Les droits de la Douane de Lyon sont de 4 s. 3 den. d'ancienne taxation, & 1 s. 9 d. pour la nouvelle réapréciation, 2 s. pour les anciens quatre pour cent, & 6 s. pour leur augmentation.

Le suc de réglisse se vend en gros à Amsterdam au quintal de cent livres. On le tare au poids: ses déductions sont deux pour cent pour le bon poids, & un pour cent pour le promt payement. Son prix est depuis 19 jusqu'à 22 florins le quintal.

REGLOIR. Terme de Marchand Epicier Cirier. Il signifie un morceau de buis en forme de petite regle, sur laquelle leur nom est gravé, dont ils se servent pour marquer leurs cierges. *Voyez* Cierge, *où l'on parle de ceux qui se font à la cueillere.*

Regloir. C'est aussi un petit instrument de bois ou d'os dont se servent les Cordonniers & Savetiers. *Voyez* Bisbigle.

Regloir. C'est encore un outil de Papetier pour regler le papier en blanc. Il est composé d'une planchette quarrée très mince, sur laquelle des cordes à boyau forment de part & d'autre des parallelogrames de diverses grandeurs suivant le format du papier, y en ayant pour des In-folio, des In-quarto, des In-octavo, &c.

Ce Regloir se met au milieu du cahier qu'on veut regler qui prend l'impression des cordes sur lesquelles on passe un petit outil à deux dents ordinairement de bouis ou d'ivoire.

REGLURE. Ce terme se dit des regles ou rayes que les Libraires, Relieurs & Papetiers font sur leurs Livres imprimés, ou sur les Registres en blanc.

REGNY ou **REGNIE.** Espece de toile qui se fabrique en Beaujolois. *Voyez* Toile, *vers la fin de l'article où l'on traite des toiles de cette petite Province.*

REGRAT. Petit négoce qui se fait en détail & à petites mesures, de certaines especes de marchandises, particuliérement des grains & légumes, du sel, du charbon, &c.

REGRATTER. Faire le Regrat, vendre en détail & à petites mesures.

REGRATTERIE. Trafic des choses qu'on achette pour revendre.

REGRATTIER. Marchand qui fait & qui exerce le Regrat.

De tous les Regrattiers, ceux qui se mêlent du Regrat du Sel, c'est-à-dire, qui le vendent à petites mesures, sont les plus considérables.

Nul en France ne peut être Regrattier de la marchandise de sel, qu'il n'ait une Commission enregistrée au Greffe du Grenier à Sel, dans l'étendue duquel il exerce le négoce, & qu'il n'ait prêté le serment entre les mains des Officiers du Grenier.

Le sel de revente doit être sel de Gabelle pris au Grenier.

Les mesures ausquelles il doit se vendre sont, pour Paris, le boisseau, le demi-boisseau, le quart & demi-quart, & la mesurette. Pour les autres Villes & Greniers, les petites mesures ne commencent qu'au litron, & doivent être étalonnées; les premieres, par les Contrôleurs Gardes, sur les matrices de fonte déposées au Greffe de l'Hôtel de Ville de Paris; & les autres par les Officiers de chaque Grenier à Sel, sur les modeles qui y sont gardés.

Tous les Regrattiers, Regrattieres & Revendeuses de Sel, doivent avoir un Tarif contenant le prix de chaque mesure, affiché à la boutique ou place où ils font leur débit; & il leur est défendu, à peine de cinq années de galeres pour les hommes, du fouet & du bannissement aussi pour cinq ans pour les femmes, de vendre le sel à plus haut prix que celui du Tarif, ou d'y mêler aucun sel de salpêtre & de verreries, ou autres corps étrangers.

Ces Réglemens concernant le Regrat du sel, sont contenus dans les articles 2, 3, 4, 5, 6 & 7 du neuviéme titre de l'Ordonnance des Gabelles du mois de Mai 1680, concernant la revente du sel à petites mesures.

L'Ordonnance de la Ville de Paris du mois de Décembre 1672 regle les autres Regrats, particuliérement ceux des grains, des légumes & du charbon.

L'article 23 du troisiéme chapitre, fait en général défenses à toutes personnes d'acheter des marchandises sur les ports & places de Paris, pour les y revendre; & à tous Regrattiers d'acheter plus grande quantité de marchandise que celle reglée par les chapitres particuliers de cette Ordonnance pour chacune espece de marchandise.

Par les articles 8 & 9 du sixiéme chapitre concernant la marchandise de grains, il est défendu à tous Regrattiers d'acheter ou faire acheter par eux ou par personnes interposées, aucun grain sur les ports, qu'aux jours de marché & après midi, afin que les Bourgeois soient préalablement fournis, & les ports ne soient point dégarnis: il est en outre ordonné qu'ils ne pourront enlever à la fois plus grande quantité que six septiers d'avoine & deux septiers des autres grains; sans pouvoir avoir dans leur maison plus de deux muids d'avoine, ni plus de huit septiers de chaque sorte des autres grains ou legumes, avec inhibition de vendre & débiter leurs grains autrement qu'à petites mesures, qui sont le boisseau, le demi boisseau & au dessous, sans pouvoir se servir de mesures ou picotins d'osier, mais seulement de bois, bien étalonnées & marquées à la lettre courante de l'année.

Ceux à qui il est permis d'être Regrattiers de charbon, sont les Chandeliers & Fruitiers, & les femmes des Gagne-deniers, vulgairement appellés, *Garçons de la Pelle*, ou autres tels Ouvriers travaillans sur les Ports à la décharge des bateaux de charbons, à l'exception des plumets & des Jurés Porteurs.

Tous les Regrattiers, en conséquence des Reglemens contenus dans le 21 chap. de ladite Ordonnance, ne peuvent avoir en leur maison plus grande quantité de six mines de charbon à la fois y compris leur provision, si ce n'est les femmes desdits Garçons de la Pelle, qui ont nouvellement vuidé quelques bateaux ou foncets chargés de charbon, & à qui le fond du bateau a été donné pour payement de leur salaire, qui en ce cas ont un mois pour la vente & débit de leur charbon; après quoi tout ce qui se trouve excéder la quantité des six mines accordées aux autres Regrattiers, doit être rapporté sur les places publiques pour y être vendu.

Le regrat du charbon ne se peut faire à plus grande mesure qu'au boisseau, & aucun Regrattier ne doit se servir de mesure si elle n'est bien & duement étalonnée & marquée à la lettre de l'année; avec obligation d'avoir en leur boutique & étalage une pancarte contenant le prix de chaque mesure, dans lesquelles ils débitent leur charbon, sans qu'il leur soit néanmoins permis d'acheter pour leur regrat le charbon que les Marchands Forains apportent à sommes & sur des chevaux dans les rues de Paris, qui ne doit être vendu qu'aux Bourgeois & Artisans. *Voyez* CHARBON.

Pour entretenir tous ces Réglemens de Police, & particuliérement ce qui concerne l'étalonnage & épalement des mesures, le 6 art. du 25 chap. porte que les Jurés Mesureurs de Sel qui en sont les gardiens, sont obligés de prendre chaque année une Commission des Prevôt des Marchands & Echevins pour aller faire visite dans les maisons des Marchands qui font le regrat des grains & farines, fruits & légumes, avec pouvoir de saisir les mesures non étalonnées ni marquées de la lettre de l'année, & d'assigner à la Ville ceux chez qui se seroient trouvées lesdites mesures.

REGRELOUER. C'est greloüer la cire une seconde fois. *Voyez* GRELOUER. *Voyez* aussi l'article de la Cire, où il est parlé du blanchissage d'Antony.

REGULE. C'est ainsi que les Chimistes nomment la partie pure du métail qui se précipite au fond du creuset, quand on fond la mine métallique avec le nitre & le tartre.

Les Regules les plus connus & les plus en usage chez les Marchands Apoticaires & Epiciers-Droguistes, sont le Regule d'antimoine & le Regule martial.

Le Regule d'antimoine est de l'antimoine de salpêtre & du tartre fondus ensemble, & jettés dans un mortier qu'on a frotté de graisse, sur lequel on frappe un petit coup de marteau, qui fait tomber ou précipiter le Regule dans le fond, où il se forme en culot. Le bon Regule d'antimoine doit être blanc, en belles écailles, & tout-à-fait semblable au bismuth, ou étain de glace.

A l'égard du Regule martial, ce n'est autre chose que de l'antimoine fondu avec une certaine portion de fer, le reste se pratiquant de même que pour le Regule d'antimoine. On l'appelle Regule martial, à cause du fer qui entre dedans, que les Artistes nomment communément Mars. Pour les bonnes qualités du Regule martial, elles doivent être toutes pareilles à celles du Regule d'antimoine, si ce n'est qu'il doit paroître une forme d'étoile sur la superficie du premier.

L'on se sert de l'un & de l'autre de ces Regules pour former des gobelets qui rendent le vin qu'on y met purgatif, ou plutôt émétique. On en fait aussi des pilules rondes comme des balles de mousquet, que l'on fait avaler à ceux qui ont les boyaux noués, autrement la colique de miserere. Ces sortes de pilules sont appellées Pilules perpetuelles, parce qu'après qu'elles sont sorties du corps de l'homme, on les lave bien pour s'en servir toutes les fois qu'on en a besoin. Le vin dans lequel on a fait infuser à froid pendant douze heures une de ces pilules, est un violent purgatif, qui ne doit être donné qu'à ceux dont le temperament est assez robuste pour le soutenir. Les Potiers d'étain font entrer du Regule d'antimoine dans l'alliage de quelques-uns de leurs étains. *Voyez* ANTIMOINE.

On appelle Regule d'arsenic, de l'arsenic, de la cendre gravelée & du savon mis au feu dans un creuset, & jetté dans un mortier un peu graissé. On tire ce Regule de l'arsenic pour en diminuer la force, & le rendre moins crud. *V.* ARSENIC.

REH

REHABILITATION. Action par laquelle le Prince par des Lettres Patentes remet ceux qui ont failli ou dérogé en l'état où ils étoient avant leur faute ou leur dérogeance.

Les Marchands, Négocians & Banquiers qui ont fait faillite, banqueroute & cessions de biens à leurs Créanciers, ou qui ont obtenu des Lettres de Repy, ou des Arrêts de surséance, ou de défenses générales, sont notés d'infamie, & comme tels sont exclus de tous emplois & fonctions publiques, à moins qu'ils n'obtiennent en la Grande Chancellerie des Lettres de Rehabilitation, qui se signent en commandement; mais ces sortes de Lettres ne leur sont accordées qu'en justifiant qu'ils ont entiérement payé leurs créanciers, tant en principaux qu'interêts.

M. Savary dans le chap. 5 du livre 4 de la seconde partie de son Parfait Négociant, a donné quatre modéles de Lettres de Rehabilitation, auxquels ceux qui auront été assez malheureux de tomber dans quelques-uns des cas y mentionnés, & qui se trouveront par les suites en état de se faire réhabiliter, pourront avoir recours.

Le premier de ces modeles regarde ceux qui ont obtenu des Lettres de Répi contre leurs créanciers; le second concerne ceux qui après avoir obtenu des Arrêts du Conseil portant défenses à tous leurs créanciers de les contraindre en leurs personnes & biens, ont fait des contrats d'accord avec eux, par lesquels ils leur ont fait remise d'une partie de leur dû; le troisiéme est pour ceux qui ont fait des cessions & abandonnemens de biens à leurs créanciers, qui les ont consentis & accordés volontairement par des contrats d'accord; & le quatriéme peut servir à ceux qui ont fait judiciairement des cessions & abandonnemens de biens à leurs créanciers.

REHABILITER. Signifie rétablir quelqu'un en son premier état, encore qu'il ait failli ou dérogé. Il n'y a que le Roi seul qui puisse réhabiliter un Négociant qui a fait faillite, banqueroute, & cession, ou obtenu des Lettres de Répi, ou Arrêts de défenses générales.

REHAUSSER. Faire augmenter de prix. Les acaparemens sont défendus, parce qu'ils font rehausser le prix des marchandises. *Voyez* ACAPARER.

REI

REICHDALE. Les Allemands écrivent & prononcent ainsi ce qu'on nomme en France Richedale. Monnoie d'Allemagne qui vaut un écu de soixante sols. *Voyez* RICHEDALE.

REICHDOLLAR. *Voyez* DALLER.

REJETTER. Mettre au rebut, ne vouloir pas recevoir; mépriser. Ce Banquier a rejetté toutes les pieces étrangeres, ou qui ne sont pas de poids. Vous êtes difficile, de rejetter ainsi ma marchandise, vous n'en trouverez pas ailleurs de plus belle.

REJETTON. Tabac de rejetton. C'est celui que l'on fait avec les nouvelles feuilles que la plante pousse après qu'elle a été coupée une premiere fois. Ce tabac n'est jamais bien bon, les feuilles dont on le fait n'étant ni aussi grandes ni aussi charnues ni aussi fortes que celles qu'elle a poussé d'abord, qui l'ont comme entiérement épuisée. Il y a même des habitans aux Isles, qui ne cherchant que la grande quantité, & non pas la bonne qualité de la marchandise, font du tabac des troisiémes feuilles; mais si celui de rejetton est si mauvais, que doit-on penser de ce dernier: il est vrai qu'ils ne les employent pas toutes seules, & qu'ils les mêlent avec les premieres & les secondes; mais ce mêlange & cet artifice n'a fait que décrier le tabac de la fabrique des Indes, qui autrefois alloit de pair avec le tabac de Bresil.

REJETTONNER LE TABAC. C'est après que le tabac a été arrêté, jusqu'à ce qu'il soit dans sa parfaite maturité, en arracher tous les deux jours les rejettons, les fausses tiges ou fausses feuilles qu'il produit, autres que celles qu'on lui a réservé pour être fabriquées & mises en corde.

REILBON. Espece de garance qui se trouve au Chilly dans l'Amérique Méridionale, dont il a été rapporté quelques essais par les vaisseaux de Saint-Malo, qui ont fait le commerce de la Mer du Sud pendant la guerre pour la succession d'Espagne. La feuille du Reilbon est à peu près semblable à celle de la garance, de laquelle se servent les Teinturiers en Europe, à la réserve qu'elle est un peu plus petite. C'est de la racine de cette plante cuite dans de l'eau qu'on tire une couleur rouge assez semblable à celle qu'on appelle en France Rouge de Garance. *Voyez* GARANCE.

REIMS, Ville de France en Champagne. Les principaux objets de son commerce sont diverses Fabriques d'étoffes de laine, ou partie soie & laine; la Chapellerie, la Manufacture des couvertes de laine, la Tannerie, la Mégisserie, & la Fabrique des toiles de diverses sortes. Il y a un Inspecteur des Manufactures établi dans cette Ville. *Voyez* l'Etat général du Commerce, Tome I. page 21.

REINS, ou RAINS. Terme d'exploitation & de marchandise de bois. On appelle dans l'Ordonnance des Eaux & Forêts, les reins d'une forêt ce qui en fait les bords & les limites; ainsi on dit, que tels & tels bois sont situés sur les reins de la forêt de Fontainebleau, pour dire qu'ils en sont très proches. On le dit aussi des bois qui avoisinent les Gardes de cette même forêt; entr'autres celle de la Croix de Guise, & celle de la Croix de S. Heran. Le bois Gautier étant sur les reins de la premiere, & les bruyeres des Religieux de la Trinité sur les reins de la seconde. *Voyez* GARDE.

REISGAR, ou REAGAL. Espece d'arsenic rouge. *Voyez* REAGAL.

REIS. Petite monnoie de cuivre de Portugal, qui revient environ au denier tournois de France, & qui est tout ensemble & monnoie courante & monnoie de compte; les Portugais comptant & tenant leurs livres par Reis, comme les Espagnols par maravedis.

Les Etrangers sont souvent surpris des milliers de Reis qu'on leur demande, lorsqu'il ne s'agit que de quelques piastres ou de quelques pistoles, la piastre valant 750 Reis, & la pistole à proportion.

Les deux cens Reis du Brésil font la livre de vingt sols de France.

REL

RELAIS. Terme de Haute-lissier. C'est une ouverture que l'on laisse en travaillant aux tapisseries de haute & basse-lisse, lorsqu'on change de couleur ou de figure. Les Relais ne se reprennent ordinairement qu'à la fin de l'ouvrage. Il est défendu de les coudre avec du fil blanc, ni autrement qu'à l'envers.

RELEVER SUR LA TRAITTE. Terme de Mégissier, de Tanneur, de Chamoiseur, & de Maroquinier, qui signifie retirer les peaux ou cuirs de dedans la chaux, pour les mettre égouter sur le bord du plain, qui en termes du métier s'appelle la Traitte. *Voyez* PLAIN.

RELEVER UNE BRODERIE. C'est l'emboutir, c'est-à-dire, la remplir par dessous de laine ou d'autre matiere, pour la faire paroître davantage au dessus de l'étoffe qui lui sert de fond. *Voyez* EMBOUTIR, *ou* BRODEUR.

Un ouvrage relevé en bosse, se dit chez les Sculpteurs, les Orfévres, Ciseleurs, &c. de celui qui a du relief. Il y a des ouvrages de pleine bosse, & d'autres de demi-bosse; ce qui s'entend du plus ou du moins que les figures ou autres ornemens ont de saillie.

RELIAGE. Terme de Tonnelier. Application de nouveaux cerceaux sur quelque ouvrage de Tonnellerie. *Voyez* RELIER. *Voyez aussi* TONNELIER.

RELIER. Terme de Librairie. C'est coudre ensemble les cahiers d'un Livre, & leur mettre une couverture. On dit Brocher, quand on les coud seulement avec quelques points d'aiguille par dessus, sans y employer des cordes pour y faire des nervûres. Relier à la corde, c'est quand on se sert de ficelle, que l'on met au dos de distance en distance pour tenir les cahiers unis, sans pourtant y ajouter de couverture. L'on dit simplement Relier, pour signifier une relieure parfaite avec des nervures, des tranche-fils, des cartons, & une couverture convenable. Enfin l'on dit Relier en parchemin, en vélin, en veau, en maroquin, en basane, en cuir de truye; pour dire, couvrir un Livre de quelqu'une de ces peaux.

RELIER. Se dit aussi chez les Imprimeurs, pour signifier Mettre en réserve une partie des caractères, ou même quelques corps entiers de lettres dont on n'a pas besoin.

RELIER, en termes de Tonnellerie. C'est mettre des cercles ou cerceaux sur une cuve, une futaille, une pipe, ou autres semblables ouvrages des Tonneliers, pour les monter, & en tenir & joindre les douves, après qu'elles ont été dressées. On dit aussi, Relier une piece de vin; pour dire, y remettre quelques cerceaux qui y manquent, ou même y en mettre entiérement de neufs. *Voyez* TONNELIER.

RELIEUR. Celui qui relie des Livres.

La Communauté des Relieurs-Doreurs de Livres de la Ville & Fauxbourgs de Paris est très nouvelle, quoique la profession en soit très ancienne. Jusqu'au mois d'Aout 1686, ces Ouvriers avoient été du Corps de la Librairie, & en faisoient le commerce concurremment avec les Libraires; même quelques-uns tenoient Imprimerie. Deux Edits de Louis XIV, l'un servant de Réglement pour les Imprimeurs & Libraires, & l'autre qui érigea les Relieurs-Doreurs de Livres en Communauté & Corps de Jurande, rompirent une union qui duroit depuis plusieurs siecles.

Dans la premiere institution du Corps de la Librairie, il n'y avoit que deux Relieurs & deux Doreurs sous le nom d'Enlumineurs. L'invention de l'Imprimerie qui multiplia les Libraires, fit croître aussi le nombre des Relieurs & Doreurs; & bien-tôt les deux professions qui ne faisoient qu'une même Communauté furent confondues, le Relieur devenant Libraire, & le Libraire faisant le métier de Relieur.

Les Edits de 1685 pour reformer l'abus & le prévenir pour l'avenir, conserverent au Corps de la Librairie les Imprimeurs, les Libraires & les Fondeurs de caractères, & firent des Relieurs & Doreurs de Livres une nouvelle Communauté, à qui il fut donné des Gardes & des Statuts particuliers.

L'on parle ailleurs du Réglement des Libraires & Imprimeurs: *Voyez* LIBRAIRIE: mais l'on va extraire ici ce qu'il y a de plus important dans celui des Relieurs & Doreurs.

Par cet Edit donné à Versailles au mois d'Aout 1686, & enregistré au Parlement le 7 Septembre de la même année, le Roi ordonne:

1°. Que la Communauté des Maîtres Relieurs & Doreurs sera à l'avenir entiérement séparée de la Communauté des Libraires & Imprimeurs, sans que les deux Communautés puissent jamais être unies & incorporées.

2°. Que la profession des Relieurs & Doreurs demeurera érigée en titre de Maîtrise, & les Maîtres réunis en Corps de Communauté, pour être regis & gouvernés suivant les Statuts & Réglemens qui leur furent donnés par le même Edit.

3°. Que ceux qui exercent ensemble les deux professions de Libraires & de Relieurs, seront tenus de faire option, pour ensuite demeurer dans l'une ou l'autre Communauté qu'ils auront choisie, suivant les cas & circonstances qui sont expliqués dans l'Edit.

4°. Enfin que les Maîtres Relieurs & Doreurs de Livres continueront en ladite qualité, d'être censés & réputés du nombre des Suppots de l'Université, & comme tels jouiront de tous les privileges dont ils ont bien & duement joui auparavant. Qu'ils n'auront avec les Maîtres Libraires & Imprimeurs qu'une même & seule Confrairie, sans que pour cela ils puissent être appellés aux Assemblées, ni assister à l'élection & nomination du Syndic & Adjoints de la Librairie, mais que le lendemain de ladite Election, ils s'assembleront pour faire à la pluralité des voix celle des Gardes de leur propre Communauté.

Dix-sept articles composent les Statuts donnés par l'Edit de 1686.

Les Maîtres y sont appellés Relieurs & Doreurs de Livres chacun d'eux pouvant les relier & les dorer, soit sur tranche, soit sur cuir. Pour l'ordinaire néanmoins ils font option de l'une de ces trois parties de la Relieure; les uns ne se mêlant simplement que de la Relieure, les autres seulement de la dorure sur tranche, & d'autres encore ne travaillant qu'à la dorure sur cuir. *Voyez* DOREUR, DORURE & RELIEURE.

Les Gardes de la Communauté sont fixés au nombre de quatre, dont deux sont élus chaque année, pour entrer en la place des deux plus anciens. L'élection s'en fait à la pluralité des voix dans une Assemblée composée des Gardes en Charge, de tous les anciens Gardes, & de douze Maîtres mandés.

Les visites générales des Gardes sont reglées à deux par année, outre lesquelles les Maîtres Relieurs & Doreurs sont tenus de souffrir celles du Syndic & des Adjoints de la Librairie, à qui il est permis de visiter leurs boutiques, maisons & ouvroirs toutes & quantes fois qu'ils le jugent à propos, & même de saisir & enlever tous les Livres défendus ou contrefaits qui s'y pourroient trouver.

L'apprentissage est de trois années consécutives, & le service chez les Maîtres après l'apprentissage d'une année en qualité de Compagnons.

Les Compagnons se présentant à la Maîtrise, doivent avoir l'âge de vingt ans, sçavoir lire & écrire, & être certifiés capables par deux Maîtres de la Communauté. S'il y a concurrence, ils sont reçus suivant l'ordre & la datte de leurs Brevets, & comme ils se trouvent inscrits dans le Livre de la Communauté.

Les Fils de Maîtres, ou les Compagnons qui épousent

épousent la fille ou la veuve d'un Maître, sont reçûs à leur premiere requisition, les uns en payant à la Boëte les droits reglés, & les autres sans aucuns frais.

Il ne doit être reçû qu'un seul Maître par an, outre les Fils & Gendres de Maîtres, & ceux qui ont épousé des veuves de Maîtres.

Les Veuves jouissent des privileges de la Maîtrise, sans pourtant pouvoir faire de nouveaux Apprentifs.

Il est défendu à tous Relieurs & Doreurs sous les peines portées par les Ordonnances, d'avoir ni de relier aucuns Livres défendus ou contrefaits, aucuns libelles diffamatoires, ou composés contre la Religion, l'Etat, & les bonnes mœurs.

La demeure de tous les Maîtres est fixée dans le quartier de l'Université; à l'exception néanmoins des Colleges & des Communautés Séculieres ou Régulieres qui s'y trouvent, où il leur est défendu de tenir leurs boutiques & ouvroirs. Les limites de ce qu'on doit entendre par le Quartier de l'Université sont marquées par le quatriéme article de leurs Statuts.

Enfin il n'appartient qu'aux Relieurs de relier, dorer, & orner toutes sortes de Livres qui leur sont ordonnés; de ne les relier qu'entiers & parfaits; de ne coudre au plus que deux cahiers ensemble avec de la ficelle & vrais nerfs; & de ne les endosser qu'avec du parchemin, & non du papier.

Les Libraires néanmoins peuvent plier chez eux, coudre, brocher, rogner, & couvrir en papier ou parchemin simple & sans carton, toutes sortes d'ouvrages & de livres, sans être obligés d'employer les Relieurs.

Les Relieurs & Doreurs ayant fait en 1711, une Déliberation dans leur Communauté, portant entr'autres choses défenses aux Maîtres de faire des Apprentifs pendant un certain tems; & l'ayant fait homologuer par une Sentence du Lieutenant Général de Police, les Syndic & Adjoints de la Librairie y formerent opposition, sur laquelle ayant été fait droit, il fut ordonné par une nouvelle Sentence du 16 Mai 1712, rendue sur les conclusions des Gens du Roi, Que conformément à l'Edit de 1686, il seroit reçû comme auparavant un Maître par chaque année, & que les Maîtres Relieurs seroient tenus de faire des Apprentifs quand il s'en présenteroit.

Toutes les Communautés des Arts & Métiers ayant été obligées de financer à diverses fois des sommes considérables pour l'union & incorporation de plusieurs Charges créées sous le Regne de Louis XIV, depuis 1691 jusqu'en 1707, celle des Relieurs & Doreurs de Livres contribua comme les autres à secourir l'Etat dans ses besoins pressans; mais les diverses Lettres Patentes ou Arrêts du Conseil qu'elle obtint pour ces réunions ne changerent rien ou peu de chose à la discipline contenue dans les Statuts de 1686 : seulement les droits d'apprentissage, de réception à la Maîtrise, de visite & autres semblables furent augmentés; à la charge toutefois que cette augmentation cesseroit aussi-tôt après le remboursement des sommes empruntées pour ces sortes de finances.

Les principaux outils & instrumens dont se servent les Maîtres Relieurs & Doreurs de Livres, sont le Plioir, le Marteau à battre & sa Pierre; le Cousoir pour relier, avec les Clavettes; l'Aiguille à relier, le Poinçon, diverses sortes de Ciseaux, un Compas ordinaire & un Compas à dorer; la Presse pour rogner, garnie de son fust, de son couteau, de sa clef, & soutenue par cette espece de coffre de bois qu'ils nomment l'Asne; la grande Presse, la Pointe à couper le carton, le Couteau à parer les cuirs, les Ais à rogner, à fouetter & à presser, la Pince pour dresser les nervures, le ganteles pour fouetter, le Gratoir pour endosser; divers Pinceaux pour marbrer & pour coller, le Racloir à dorer sur tranche, le Fer à polir; enfin divers autres fers différemment faits & gravés pour appliquer l'or sur les couvertures, ou pour y faire des ornemens sans or, avec tout le petit équipage pour dorer sur tranche. *On peut voir la description & l'usage de tous ces outils à chacun des articles qui leur sont propres. Voyez aussi* RELIEURE.

Les Maîtres Relieurs ont voulu prétendre que les Marchands Merciers & les autres Maîtres des Communautés qui font à part le commerce du papier, ne pouvoient avoir chez eux plusieurs de ces outils & instrumens, particuliérement ceux qui servent à battre, couper & relier les Livres; mais par un Arrêt du Parlement de la fin du dixseptiéme siécle la pierre & le marteau à battre, la presse à couper & le cousoir ont été conservés aux Papetiers; à la charge néanmoins qu'ils ne pourroient relier des Registres qu'à dos quarré; & que les Registres à dos rond, comme ouvrages de Librairie, ne pourroient être faits que par les Maîtres Relieurs.

RELIEURE. Art, profession de relier les Livres. Il se dit aussi des ouvrages des Relieurs, & plus spécifiquement encore de la couverture des Livres. Dans ce dernier sens on dit Relieure en veau, en maroquin, en parchemin, en basane, &c. pour signifier que la couverture d'un Livre est faite de l'une de ces peaux. Dans le second sens on dit, Cette relieure est parfaite; pour dire, qu'un Livre est bien relié : On doit à ce Relieur tant de Relieures in-quarto & tant in-octavo; pour dire qu'on lui doit ce nombre de Livres reliés. Enfin dans le dernier sens pour dire qu'un Ouvrier entend parfaitement l'art de relier des Livres, on dit qu'il réussit bien en Relieure.

Il y a bien de l'apparence que l'art de relier les Livres est aussi ancien que la science de les composer, & que l'un & l'autre ont suivi d'assez près l'invention des caracteres qui servent à les écrire.

Quelle que ait été d'abord la matiere sur laquelle les hommes ont tracé ces caracteres, il paroît qu'ils ont dû en unir ensemble les diverses parties, autant pour en faire un corps que pour les mieux conserver; & de-là est venue l'origine de la Relieure, que l'on doit assez vraisemblablement aux Egyptiens, cette Nation si sçavante, & parmi laquelle les beaux arts & les sciences ont fleuri de si bonne heure.

La maniere de relier les Livres en volumes, c'est-à-dire, d'en coudre les feuilles les unes aux autres, pour les rouler sur des morceaux ou cylindres de bois arrondi, paroît la plus ancienne; quoique celle de les relier en forme quarrée, en cousant plusieurs cahiers les uns sur les autres, soit aussi d'une grande antiquité.

La premiere de ces deux Relieures, qu'on peut appeller Egyptienne, a duré bien long-tems au-delà du siécle d'Auguste; mais elle n'est plus présentement d'usage que dans les Sinagogues des Juifs, où l'on continue d'écrire les Livres de la Loi sur des velins cousus ensemble, qui ne font, pour ainsi dire, qu'une longue page avec deux rouleaux, & leurs Umbilics d'or ou d'argent aux deux bouts.

Pour la Relieure quarrée, dont on fait Auteur un des Attales Roi de Pergame, qui le fut aussi de la maniere de préparer ces peaux qu'on nomme Parchemin, & en Latin du nom de la Capitale de ses Etats, *Carta Pergamea*; c'est celle dont on se sert encore aujourd'hui dans la Librairie, mais bien différente pour sa beauté & pour sa commodité, de ce qu'elle étoit auparavant.

Maniere de relier les Livres.

La premiere façon que le Relieur donne au Livre qu'il veut relier, c'est d'en plier les feuilles, suivant les formats; en deux pour l'in-folio, en quatre pour l'in-quarto, en huit pour l'in-octavo, & ainsi du reste jusqu'aux plus petits, qui quelquefois plus par curiosité que par utilité vont jusqu'à l'in-six-vingt.

Ce sont ordinairement des femmes qui s'occupent au pliage des Livres. On les appelle Plieuses, & l'instrument dont elles se servent Plioir. Ce plioir est une espece de regle de buis ou d'yvoire, très mince, arrondie par les deux bouts, longue de huit ou dix pouces.

Les reclames & les signatures, qui sont, celles-ci au bas des pages, & celles-là à chaque cahier, dirigent le pliage, & empêchent les Plieuses de mettre les cahiers hors de leur véritable rang. *V.* Imprimerie.

Les feuilles pliées & mises les unes sur les autres par ordre de signatures, se battent au marteau sur la pierre pour les presser & applattir, ensorte qu'elles tiennent moins de place à la Relieure.

Des Couseuses les cousent ensuite sur le cousoir avec une longue aiguille d'acier un peu recourbée. Ce qu'on appelle coudre un Livre, c'est y attacher au dos, à certaines distances & en nombre convenable, des Cordes qu'on nomme des Nerfs; ce qui se fait en conduisant un fil de chanvre dans le milieu de chaque cahier, à commencer du premier de ces nerfs jusqu'au dernier, & en faisant faire à ce fil un tour sur chaque nerf. On met six nerfs aux in-folio, & cinq à tous les autres. Les cordes de la nervure sont de differente grosseur, suivant la grandeur du format. A l'égard du Cousoir, c'est l'instrument sur lequel on place les feuilles pour les coudre, & où sont tendues perpendiculairement les cordes des nerfs. *V.* Cousoir.

L'on fait la tranche dans la presse à rogner, c'est-à-dire, qu'on rogne les feuilles d'un Livre de trois côtés, en le mettant dans cette presse entre deux ais un peu plus longs que le Livre, & en conduisant & serrant peu à peu le couteau sur l'extrémité des feuilles par le moyen de la vis du fust où il est attaché. De ces deux ais, qui de leur usage se nomment Ais à rogner, celui de derriere est plus élevé que l'autre, & sert à soutenir les bords du Livre; & celui de devant qui est plus bas, sert à diriger le couteau qui coule dessus. *Voyez* Presse a rogner.

La tranche achevée, on passe le Livre en carton, c'est-à-dire, qu'on y met le carton sur lequel dans la suite se doit appliquer le maroquin, le veau, ou autre matiere dont on couvre ordinairement les Livres. Le carton qui avant d'être placé doit avoir été fortement battu au marteau sur la pierre, s'attache aux Livres par le moyen des nerfs, dont le bout passe dans trois trous disposés en triangle, que le Relieur perce avec un poinçon sur le bord du carton, vis-à-vis de chaque nerf.

On appelle Rabaisser le carton, le couper à l'égal de la tranche avec la pointe, qui est un long instrument de fer bien aceré & bien tranchant, garni d'un fort manche de bois, que l'Ouvrier pousse avec l'épaule, & conduit avec la main le long d'une regle de fer posée sur le carton qu'on veut rabaisser. *Voyez* Pointe.

Après que le carton a été rabaissé, on passe le Livre en parchemin; ce qui s'entend d'une bande de parchemin de la longueur du Livre, qu'on met de chaque côté en dedans; ensorte néanmoins que l'ayant entaillé à l'endroit des nerfs, elle puisse revenir par dehors entre le carton & les feuilles du Livre, pour en couvrir le dos lorsqu'on le veut endosser. Pour lui donner cette façon on serre le Livre dans la grande presse; & après avoir gratté le dos avec un instrument de fer à dents qu'on appelle Gratoir, pour y faire entrer la colle de farine, dont d'abord on colle le parchemin: on y ajoûte pour le fortifier de la colle-forte d'Angleterre par dessus.

Le tranche-fil, qui est un ornement de fil ou de soie de diverses couleurs, ou même quelquefois d'or ou d'argent, que l'on met aux deux bouts du dos du Livre, sur le bord de la tranche, se fait après qu'il a été passé en parchemin. C'est une espece de tissu travaillé sur un seul morceau de papier roulé, s'il est simple, ou sur deux l'un sur l'autre s'il est double. Outre l'ornement il sert aussi à arrêter le haut & le bas des cahiers du Livre. On appelle Coeffer un Livre, en arranger le tranche-fil avec le bout d'une aiguille après qu'il a été foueté, comme on le dira ci-après.

Quand le Livre est en cet état, il ne reste plus qu'à en faire les mords, & en marbrer, rougir, noircir ou dorer la tranche, pour ensuite le couvrir, c'est-à-dire, y appliquer la peau qui en doit faire la couverture. Faire les mords d'un Livre, c'est échancrer en dedans le carton, & abatre les quatre angles pour en faciliter l'ouverture. L'on entend assez ce que c'est que rougir, marbrer ou noircir un Livre sur tranche, pour qu'il soit nécessaire d'entrer là-dessus dans aucun détail; mais y ayant quelque chose de particulier à la dorure, qui se met pareillement sur la tranche, on peut avoir recours aux articles où il en est traité. *Voyez* Dorure & Doreur de Livres.

Quoique divers Ouvriers en cuir donnent aux peaux dont l'on se sert à la couverture des Livres plusieurs façons, les Relieurs leur en donnent aussi d'autres qui sont propres à leur art: c'est ce qu'on va expliquer, mais seulement des peaux de veau, étant celles ausquelles les Relieurs en donnent davantage, & les autres s'employant à proportion de même.

Les peaux de veau, après avoir été mouillées & largement imbibées d'eau, se ratissent sur le chevalet avec l'instrument à ratisser, qui est une espece de couteau de fer peu tranchant, à deux manches de bois. Pour le chevalet il est très simple, ne consistant ordinairement qu'en une longue douve de pipe à eau-de-vie, sur le haut de laquelle le Relieur s'appuye, tandis qu'il enleve de dessus la peau avec le couteau ce qui pouvoit y être resté de moins uni.

La peau ratissée & encore moëte se taille avec

de gros ciseaux ou especes de forces, en morceaux quarrés convenables aux livres qu'on a à relier; & en cet état se pare sur le marbre avec le couteau à parer, outil assez semblable au tranchoir des Cordonniers, mais à lame plus platte & plus courte. Parer une couverture, c'est en ôter l'épaisseur des bords du côté que la peau doit se coller sur le carton.

On juge assez que toutes ces façons, à la réserve de la derniere, ne peuvent convenir au maroquin à la basane, au velin, au velours & aux autres étoffes, dont quelquefois on couvre les Livres que l'eau gâteroit si on les mouilloit.

La couverture ayant été trempée de colle de farine (c'est le terme) ce qui se fait avec le pinceau à colle, s'étend sur le carton en dehors, & se replie sur le même carton en dedans, après qu'on en a échancré & ouvert les quatre angles, & l'avoir entaillée & aussi repliée à l'endroit des tranche-fils.

On appelle fouetter un Livre, le serrer entre deux ais, de-là nommés Ais à fouetter, avec une sorte de ficelle que les Cordiers appellent du Fouet. On lui donne cette façon pour plus fortement appliquer la couverture sur le carton & sur le dos, aussi-bien que pour en mieux former les nervûres. Un gantelet, ou morceau de cuir ainsi nommé, sert au Relieur, qui le met autour de la main droite, à pouvoir plus fortement tirer la ficelle sans se blesser; & une petite pince de fer pour approcher cette ficelle plus près de chaque nerf. L'ouvrage qu'on fait avec cette pince s'appelle Pincer un Livre.

On met sécher au feu le Livre qui vient d'être fouetté; & quand il est suffisamment sec, on le defouette, c'est-à-dire, qu'on en ôte la ficelle & les ais pour le mettre dans la grande presse entre d'autres ais plus épais & moins larges, qu'on nomme des Ais à presser; ensuite de quoi, avant que de le marbrer, si on lui donne cette façon, & d'en coller les gardes & le papier sur le carton en dedans, on le bat encore sur le plat avec le marteau. Les gardes sont de petits morceaux de parchemin, qui sont de chaque côté des tranche-fils, & qui se collent sur le carton; le papier soit blanc soit marbré se colle par dessus les gardes. Dans les plus belles Relieures ont met au lieu de papier, du maroquin de diverses couleurs, qu'on orne encore de dorure.

Lorsqu'on marbre la couverture, ce qui se fait avec un pinceau à marbrer trempé dans du noir qu'on fait rejaillir dessus en forme de petites taches, en frappant légerement le pinceau sur un bâton, ou seulement sur le second doigt de la main gauche, on laisse sécher la marbrure avant que de la glairer.

Les couvertures de veau marbré, aussi-bien que celles de veau fauve, se glairent deux fois avec du blanc d'œuf battu, & puis se lissent avec le fer à polir. Cet instrument qui est de fer emmanché de bois, se passe à chaud sur les couvertures glairées; ce qui y donne le lustre. *Voyez* Fer a polir.

Au dos des Livres en veau un peu propres on colle une piece de maroquin rouge, pour y mettre en lettres d'or le titre du Livre: elle se met dans la seconde nervûre d'en haut; quelquefois on y en ajoute encore une autre dans la nervûre au dessous pour y mettre aussi en or le numero des tomes.

Ce sont les Doreurs sur cuir, c'est-à-dire, ceux des Relieurs qui ne s'occupent que de cette dorure, qui mettent ces titres, & qui font sur les couvertures les divers ornemens de filets d'or & d'armoiries dont on a coutume de les embellir. On en parle ailleurs. *Voyez* Fer a dorer. *Voyez aussi* Dorure & Doreur de Livres.

On appelle Antiquer, faire sur la tranche d'un Livre avec des fers chauds, diverses figures & lineamens qui lui donnent une sorte d'agrément. Ce terme est moderne, & inventé pour signifier cette ancienne maniere d'orner la tranche des Livres qui s'étoit perdue, & que quelques Doreurs veulent faire revivre.

Les outils dont se servent les Relieurs, & les termes usités dans leur profession qui ne sont pas assez expliqués ou décrits dans cet article, le sont davantage & plus au long à leurs propres articles, où l'on peut avoir recours.

RELIGIEUSE. On appelle Fil à la Religieuse, une sorte de fil demi-blanc qui se fabrique à Lisle en Flandres, d'où les Marchands Merciers de Paris qui en font le négoce, ont coutume de le tirer. *Voyez* Fil.

Voile de Religieuse. Espece d'étamine très claire dont on fait les voiles des Religieuses, d'où elle a pris son nom. Elle sert aussi à faire des doublures de juste-au-corps en esté, & même des manteaux courts pour les Gens d'Eglise & de Robe, qui sont très commodes pour leur legereté. *Voyez* Estamine.

RELIQUAT DE COMPTE. C'est ce qui est dû par un Comptable après que son compte est arrêté. *Voyez* Compte.

RELIQUATAIRE. Celui qui doit par un reliquat de compte. On le dit aussi de tous ceux qui ne payent pas entiérement une dette, un billet, une obligation, un mémoire, & qui ne donnant qu'à compte, restent encore redevables.

RELOUAGE. Terme de pêche de hareng. C'est le tems que ce poisson fraye, ce qui arrive vers Noel. Le hareng dans cette saison est de très mauvaise qualité; & c'est pour cela que les Anglois en défendent la pêche; outre qu'elle depeuple la mer de ces poissons, qui ne peuvent multiplier étant pris dans le tems que la nature a marqué pour leur génération.

Les François n'ont pas cette précaution, & font presque toute cette pêche, qui est si abondante à la hauteur du Havre-de-Grace, qu'il y a des années que dans les Ports de cette Côte on en donne jusqu'à trente-deux pour dix-huit deniers. Il n'y a gueres pourtant que les pauvres qui en mangent dans ce tems-là.

REM

REMANIEMENT A BOUT. Terme de Couvreur; c'est l'ouvrage qu'on fait sur une couverture lorsqu'on la découvre entiérement, qu'on la latte de neuf, & qu'on la recouvre de la même tuile, & au défaut de l'ancienne de nouvelle. Le remaniement se paye ordinairement à la toise quarrée de 36 pieds de superficie par toise. *Voyez* Couverture de Tuile: on y donne le prix de tous les ouvrages des Couvreurs.

REMANIER A BOUT. *Voyez* l'article précédent.

Remanier. Manier plusieurs fois. Il faut Remanier souvent un drap pour en connoître la qualité. Les étoffes de soie s'appietrissent à force de les remanier.

Remanier, en termes d'Imprimeur. Signifie

changer quantité de lettres & de lignes, & réparer plusieurs défauts dans une forme d'Imprimerie. On dit simplement Corriger, quand il y a peu de choses à raccommoder. *V.* IMPRIMERIE.

REMARCHANDER. Marchander plusieurs fois. Vous aurez beau marchander & remarchander, vous n'aurez pas ce satin à meilleur marché.

REMBALLER. Remettre en balle ou ballot des marchandises. Les quatre balles de draps de ce Marchand ont été visitées, il n'y a plus qu'à les remballer, pour que le Visiteur y mette son plomb.

Je n'ai pû vendre mes marchandises à la foire, il les faut remballer.

REMBOURSEMENT. Action par laquelle on paye, on rembourse ce qui étoit dû, ou ce qui avoit été reçû. Celui qui a donné une lettre de change en payement, en doit faire le remboursement lorsqu'elle revient à protêt faute d'acceptation ou de payement.

REMBOURSER. Rendre à quelqu'un l'argent qu'il a déboursé ou avancé. Les Marchands doivent rembourser aux Voituriers les droits qu'ils ont payés pour leurs marchandises, outre la voiture.

REMBOURSER. Signifie aussi rendre le prix qu'une chose avoit couté à son Acquereur. Il m'a cedé le lot de marchandises qui lui avoit été adjugé à la vente faite à Nantes par les Directeurs de la Compagnie des Indes Orientales, à la charge de le rembourser du prix de l'achat, & des droits & frais de voiture, avec un profit de cinq pour cent.

REMEDE. Terme de Monnoyeur. C'est la permission qu'ont les Maîtres des Monnoies de tenir les especes un peu plus foibles de poids, ou de titre qu'il n'est porté par les Ordonnances. Le premier s'appelle Remede de poids, & le second Remede de loi.

Le Remede de loi, qu'on appelle aussi Escharceté, regarde la bonté interieure des especes, qu'il est permis au Maître d'affoiblir de quelques grains, par l'impossibilité qu'il y auroit de faire les essais si justes, que l'alliage n'excedât jamais la quantité ordonnée par le Prince. Ainsi les louis d'or qui devroient être à vingt-deux carats, ne sont qu'à vingt-un carats trois quarts; ce qui est un quart de Remede accordé au Maître; & les louis d'argent qui devroient être à onze deniers, ne sont aussi qu'à dix deniers vingt-deux grains; ce qui fait deux deniers de remede de loi pareillement accordé au Maître. *Voyez* ESCHARCETÉ.

REMEDE DE POIDS, nommé aussi FOIBLAGE. Est ce qui manque aux especes du véritable poids qu'elles devroient avoir. Le Roi l'accorde aux Maîtres des Monnoies, parce qu'il est difficile que les especes d'or & d'argent puissent être toutes d'un poids égal, & que leur taille soit si juste qu'il ne se trouve point quelques grains plus ou moins dans chaque marc d'or ou d'argent. Aux especes d'or, le remede de poids permis est de deux felins par marc, qui valent quatorze grains deux cinquiémes de grains; & aux especes d'argent de quarante-trois grains sept cens septiémes de grains, qui reviennent environ à cinq sols six deniers monnoie de France. *Voyez* FOIBLAGE. *Voyez aussi* FORÇAGE.

REMEDE DES POIDS DE MARC. Terme de Balancier. C'est un excédent de pesanteur que les Balanciers sont obligés de donner à tous les poids qu'ils fabriquent au de-là de la véritable pesanteur qu'ils doivent avoir. Comme par exemple, un poids de deux livres doit peser deux livres trois grains ou environ; ce qui s'appelle Remede sur le fort, au lieu que celui de poids des especes est un remede sur le foible.

L'Ordonnance de 1540 a reglé ce remede, & enjoint aux Changeurs, Orfévres & Jouailliers, &c. d'avoir de bonnes & justes balances, & des poids sans aucun remede sur le foible, mais bien sur le fort; sçavoir, d'un esterlin & demi sur le poids de vingt-cinq marcs, de trois felins sur huit marcs, de demi esterlin sur quatre marcs, d'un felin sur deux marcs, & d'un demi felin sur un marc.

A l'égard des petites pieces ou poids, pesantes ensemble depuis quatre onces jusqu'à demi felin, ils se font sans aucun remede.

REMESURER, mesurer une seconde fois. J'ai remesuré cette étoffe chez moi; je n'y ai pas trouvé l'aunage du Marchand. Quand on remesure souvent le grain on y trouve du déchet. *Voyez* MESURER.

REMETTRE un paquet, une lettre, une somme d'argent à quelqu'un. C'est les lui envoyer, les lui faire tenir. J'ai remis votre lettre à son adresse; je donnerai ordre qu'on remette en main propre le paquet à Monsieur votre frere.

REMETTRE. Se dit chez les Marchands, Négocians & Banquiers, du commerce d'argent qui se fait par Lettres de Change ou autrement. J'ai remis cette semaine dix mille écus à mon Correspondant de Lyon en rescriptions sur les Gabelles.

Je vous remettrai incessamment dix mille francs en trois Lettres de change payables à vûe, tirées sur N. Banquier de votre Ville. *Voyez ci-après* REMISE. *Voyez aussi* TRAITTE, BANQUE, BANQUIER, COMMISSIONNAIRE, *&* LETTRE DE CHANGE.

REMETTRE. S'entend encore en terme de Banque, de ce qu'on a coutume de donner, & pour ainsi dire, d'excompter à un Banquier pour en avoir des Lettres de Change. Les Lettres de Change sur Amsterdam sont rares; il faut remettre tant à ce Banquier si vous voulez qu'il vous en fournisse pour une si grosse somme.

REMETTRE. Signifie aussi céder à son débiteur une partie de son dû. Je veux bien vous remettre le quart de ce que vous me devez, en me payant le reste comptant. Il y a beaucoup à perdre dans la faillite de ce Marchand; il faudra que ses créanciers lui remettent les trois quarts.

REMETTRE. Veut dire aussi differer. Ma dette est trop peu de conséquence pour me remettre ainsi de jour en jour: il y a assez long-tems que vous me remettez; quand voulez-vous donc me payer?

Rien ne porte plus de préjudice à la réputation & au crédit d'un Marchand que de remettre le payement de ses billets, & ne les pas acquitter exactement.

REMETTRE. Se prend quelquefois pour confier. J'ai remis mes interêts entre les mains d'un arbitre. On s'en sert aussi avec le pronom possessif. Je me remets à vous de cette affaire: votre Facteur est habile; vous faites bien de vous remettre à lui d'une partie de votre commerce.

REMETTRE. Terme de Chandelier. Remettre la chandelle, c'est lui donner la troisiéme couche de suif. Pour la premiere trempe on dit plinger. Pour la seconde, c'est retourner. Les autres suivantes qui sont en plus grand ou plus petit nombre suivant le poids de la chandelle qu'on façonne, n'ont point de nom, à la réserve des deux dernieres dont l'une s'appelle mettre prêtes, & l'autre rachever. *Voyez* CHANDELLE PLONGE'E ou COMMUNE.

REMETTEUR. Il se dit quelquefois dans le commerce des Lettres & Billets de Change, de celui qui en fait les remises dans les lieux où l'on en a besoin.

REMISE, terme opposé à Traitte. C'est le commerce d'argent qui se fait par les Marchands, Négocians, Banquiers & autres personnes soit par Lettres & Billets de Change, soit par rescriptions, mandemens, &c. C'est par ces traittes & remises qu'on fait passer sans risque & sans voiture une somme d'argent qu'on a dans une Ville, en une autre Ville où l'on n'en a pas, & où l'on en a besoin. J'ai fait cette année pour un million de remises à Amsterdam. Les Banquiers de Paris font des remises pour toutes les Villes de l'Europe. *Voyez* TRAITTE, BANQUE & LETTRES DE CHANGE.

REMISE. S'entend aussi des Lettres de Change même, que l'on remet d'une place en une autre. Les remises sont difficiles à trouver pour Copenhague, c'est-à-dire, qu'on a peine à avoir des Lettres de Change pour cette Ville.

REMISE. Se dit pareillement dans le négoce de la Banque, lorsqu'en accusant le payement d'une Lettre de Change qui vous a été envoyée, vous nommez en même-tems celui qui vous l'avoit adressée. J'ai reçû six mille francs à votre remise. J'ai été payé de mille écus à la remise de votre Correspondant. Monsieur N. Banquier de votre Ville, doit vous avoir payé cent écus à ma remise.

REMISE. Est encore le droit que l'on donne au Banquier, tant pour son salaire, que pour la tare de l'argent & la différente valeur des especes, dans le lieu où vous lui donnez votre argent, & dans celui où il vous le fait tenir. La remise de l'argent à Londres est très forte. On dit plus ordinairement Change & Rechange. *Voyez* CHANGE & RECHANGE.

REMISE. Signifie quelquefois le fond en argent qu'un Négociant a remis entre les mains de son Correspondant ou de son Commissionnaire. Vous ne deviez pas faire difficulté de payer ma derniere traitte; vous avez pour vingt mille livres de remises, & jusqu'ici je n'ai tiré sur vous que dix-huit mille livres.

REMISE. Se prend aussi pour l'escompte ou pour les intérêts illégitimes que les usuriers exigent de ceux à qui ils prêtent. Je veux la moitié de remise sur ce billet; pour dire: Je ne le prendrai qu'à moitié de perte.

REMISE. Se dit encore de la perte volontaire qu'un créancier veut bien faire d'une partie de ce qui lui est dû pour être payé avant l'échéance des billets ou obligations qu'il a de son débiteur. Souvent cette remise est stipulée dans les Actes, & alors elle n'est plus volontaire, la remise étant de droit en faisant les payemens conformément aux termes convenus.

REMISE. Est pareillement ce qu'on veut bien relâcher de sa dette par accommodement avec un Marchand qu'on croit insolvable ou qui a fait banqueroute. Les créanciers de ce Marchand lui ont fait remise des trois quarts par le Contrat qu'ils ont fait avec lui.

REMPAQUEMENT. Terme de pêche & de commerce de poisson salé. Il se dit de l'obligation où sont les pescheurs étrangers qui apportent en France leur hareng en vrac, de le tirer des barils pour le saler une seconde fois, & ensuite le pacquer, c'est-à-dire, l'arranger par lits dans les mêmes barils.

L'article 12 du Traité de Riswick, porte, que les Hollandois pourront faire entrer & débiter en France du hareng salé sans distinction & sans être sujets au rempaquement. *Voyez* PAQUAGE ou HARENG PAQUE'.

REMPAQUETER. Remettre une marchandise en paquet, en ballot, dans son enveloppe. Rempaquetez ces toiles, ces soies, ces gands.

REMPLACER. Remettre une chose à la place d'une autre. J'ai détourné mes fonds; je vais travailler à les remplacer.

REMPLAGE ou REMPLISSAGE. Ce qu'il faut de liqueur pour remplir un tonneau où il y a quelque déchet, soit par la fermentation & la coulure, soit par quelque autre accident. Il a fallu vingt pintes de remplage à cette pipe d'eau-de-vie. Cette pipe de vin est presque en vuidange; cinquante pintes ne seront pas suffisantes pour le remplage. On le dit pareillement de l'huile, du cidre, de la bierre, du poiré, &c. Il se dit aussi de l'action de remplir.

Il y a à Paris des Courtiers de vin sur les ports, pour juger si les vins n'ont point été chargés d'eau ou autres mauvais remplages. *Chap. 11 de l'Ordonnance de la Ville de 1672. Voyez* COURTIER.

Les Marchands qui font arriver leurs vins par les voitures d'eau, donnent aux Voituriers quelques pieces de vin pour le remplage, plus ou moins, à raison du nombre qui compose la voiture.

L'Ordonnance des Aydes défend aux Brasseurs de travailler aux remplages ou remplissages de leurs tonneaux ou futailles, à chaque nouveau brassin de bierre, qu'ils n'ayent dûement averti & appellé les Commis.

REMPLAGE. Terme de commerce de bois. C'est ce qu'on donne quelquefois aux Marchands pour les dédommager des vuides qui se sont trouvés dans leurs coupes.

L'Ordonnance des Eaux & Forêts défend de donner aucun bois en forme de remplage.

REMPLIR. Rendre plein un tonneau qui est vuide. Il faut deux cens quatre-vingt pintes de vin mesure de Paris pour remplir un muid de la jauge de cette Ville.

REMPLIR. Se dit aussi pour remplacer la liqueur qu'on a tirée d'une futaille, ou qui en est sortie par accident. Il faut remplir ce baril d'huile avant de l'envoyer. Les Cabaretiers ont soin de remplir de tems en tems les vins qu'ils ont en chantier dans leurs caves & leurs celliers.

REMPLISSAGE. L'action de remplir ce qui est vuide. On le dit aussi de la quantité de liqueur qu'il faut pour remplir une futaille & la rendre entiérement pleine. *Voyez ci-dessus* REMPLAGE.

REMPLISSAGE. Est aussi un terme de Manufacture de points & de dentelles de fil, qui signifie le travail des Ouvriers qui en refont les tissus & les toilés. *Voyez* POINT.

REMPLISSEUSE. Ouvriere qui fait métier de remplir des points & des dentelles.

REMPOISSONNEMENT. Terme des Eaux & Forêts. Il se dit du poisson d'un certain échantillon, que les Adjudicataires des étangs, fosses, mares, & autres semblables eaux dormantes, soit du Roi, soit des Communautés & particuliers, sont obligés d'y mettre après la pêche finie, pour les repeupler.

Les échantillons du poisson reglés par l'Ordonnance de 1669 sont, sçavoir : pour le carpeau six pouces au moins, pour la tanche cinq, & pour la perche quatre.

A l'égard du brocheton, il est tel qu'il plaît à l'Adjudicataire, en observant néanmoins de ne le jetter dans les étangs, mares, &c. qu'un an après qu'ils ont été rempoissonnés d'autre poisson, afin de donner le tems à ceux ci de se fortifier, la voracité du brochet étant telle, que sans cette précaution, il n'y resteroit bien-tôt plus d'autres sortes de poisson.

REMPOISSONNER. Terme de Pêcheur & de commerce de poisson d'eau douce. C'est repeupler de poisson un étang & un vivier. Ceux qui achetent la pêche des eaux dormantes, sont ordinairement obligés de les rempoissonner, c'est-à-dire, d'y remettre du peuple. *Voyez* PESCHE & POISSON D'EAU DOUCE.

REMPRUNTER. Emprunter de nouveau. Ce Marchand ne sera jamais quitte, il n'a pas payé une partie de ses dettes, qu'il remprunte aussi-tôt; pour dire, qu'il ne fasse de nouvelles dettes.

REMUAGE. Action par laquelle on remue quelque chose. Les Matelots sont en droit de se faire payer de leurs peines pour l'évent & le remuage des grains qui sont dans un vaisseau.

On appelle chez les Marchands de vin, Billet de Remuage, un certain billet qu'ils sont tenus d'aller prendre au Bureau général des Aydes lorsqu'ils sont obligés de transporter leur vin d'une cave en une autre, soit par changement de demeure ou autrement ; ce qui s'observe aussi à l'égard des Bourgeois.

REMUER UN COMPTE, en fait de teneur de Livres. C'est le porter ou renvoyer d'un folio à un autre dans le même livre, ou à un autre folio d'un livre nouveau lorsqu'il ne reste plus de place dans l'ancien pour le continuer, & cela après qu'on en a fait la balance au pied des pages qui sont remplies.

REMUER. Se dit aussi de l'argent lorsqu'il revient dans le commerce. Pendant la paix l'argent se remue parce que le commerce se rétablit avec les Etrangers. On dit d'un Marchand, d'un Négociant, d'un Banquier très riche, qu'il a de l'or & de l'argent à remuer à la pelle.

REN

RENARD. Animal sauvage à quatre pieds, de la grosseur d'un moyen chien, dont le poil pour l'ordinaire tire sur le roux, qui a les oreilles courtes, le museau un peu long & presque pointu, la queue longue & fort touffue. La femelle du Renard se nomme Renarde, & ses petits s'appellent Renardeaux.

Ce qu'on tire du Renard pour le commerce ne consiste qu'en sa peau, laquelle étant bien passée & apprêtée par le Pelletier, s'employe à diverses sortes de fourrures.

Outre les peaux de Renards que la France fournit, & qui sont regardées comme les plus communes de toutes, il s'en tire beaucoup des pays étrangers, particuliérement de Suisse & d'Espagne. Celles qui viennent de Moscovie, de Suede & de Dannemarck, sont les plus estimées; il y en a de noires, de blanches, de cendrées, & même (à ce que l'on prétend) de bleues. Ce sont les Lapons qui fournissent aux Moscovites, Danois & Suedois les plus belles peaux de Renards, & c'est d'eux que les Anglois, Hollandois & Hambourgeois, les achetent ou les échangent contre d'autres marchandises qu'ils leur portent de leur pays, pour les revendre ensuite aux François & autres Nations de l'Europe & de l'Asie qui s'en servent.

La Natolie, l'Arménie & la petite Tartarie, fournissent aussi quantité de peaux de Renards, dont celles qui se tirent d'Asaf, de Caffa & de Krin, sont réputées les plus belles. Il s'en envoye beaucoup à Constantinople, & en quelques autres endroits de l'Europe. Celles de ces pays-là destinées pour la France, qui sont en petit nombre, viennent pour l'ordinaire par la voye de Marseille.

C'étoit autrefois la mode en France de porter des manchons de peaux de Renards toutes entieres, c'est-à-dire, avec les jambes, la queue & la tête, à laquelle l'on conservoit toutes les dents, & où l'on ajoutoit une langue de drap écarlate, & des yeux d'émail, pour imiter autant qu'il étoit possible la vérité de la nature ; ce qui formoit un effet assez plaisant à la vûe : cependant cette mode s'est tout-à-fait perdue.

Des plus belles queues de Renards l'on en fait des cravates de campagne pour l'hiver, & les autres s'employent à ôter la poudre des tableaux & des meubles précieux que l'on veut conserver, en les attachant au bout d'un long manche en guise de balay de plumes.

Les peaux de Renards de quelque pays qu'elles puissent venir, font une portion du commerce de la Pelleterie, qu'il n'est permis de faire à Paris qu'aux seuls Marchands Merciers & Pelletiers; les premiers en gros & les autres en détail, après avoir donné aux peaux leur dernieres préparations, & les avoir employées à diverses sortes de fourrures.

Les peaux de Renards payent en France les droits d'entrée comme Pelleteries communes ; sçavoir, 10 l. du cent pésant quand elles ne sont pas apprêtées, & 28 l. lorsqu'elles le sont.

Les droits de sortie sont de 3 l. aussi du cent pésant, soit qu'elles soient crûes, soit qu'elles soient ouvrées.

RENCHERIR. Devenir plus cher, augmenter de prix. Les soies sont bien renchéries. La guerre a fait renchérir les épiceries. Il se dit aussi des Marchands qui demandent de leurs marchandises plus qu'ils n'ont coutume de les vendre. Pourquoi voulez-vous renchérir votre farine? Vous avez renchéri votre drap, votre toile, vos étoffes, &c.

RENCONTRE. Cas fortuit, chose à laquelle on ne s'attendoit pas. Il se dit également en bonne & en mauvaise part.

Les Marchands, pour faire entendre qu'ils ont eu bon marché d'une chose, disent : c'est une rencontre. Ils disent aussi : j'ai eu cela de rencontre; c'est-à-dire, de hazard; je ne l'ai point acheté chez les Marchands.

L'on dit encore en terme de commerce de Lettres de Change : J'ai trouvé rencontre pour Amsterdam, pour Lyon, pour Anvers; pour signifier qu'on a trouvé des Lettres de Change pour ces Places.

RENCONTRE. Aller à la rencontre de quelqu'un, c'est aller au-devant de lui.

Tous les Statuts des Communautés des Arts &

Métiers défendent aux Maîtres d'aller à la rencontre des Marchands Forains qui arrivent aux Villes où il y a Maîtrise ; ordonnant que les marchandises, matieres ou ouvrages convenables à chaque métier & profession soient portées aux Bureaux établis pour chaque Corps, pour y être visitées par les Jurés, & ensuite loties entres les Maîtres qui en veulent.

L'Ordonnance de la Ville de Paris de 1672, article 2 du chapitre 3, fait défenses à tous Marchands d'aller au-devant des marchandises destinées pour la provision de Paris, & de les acheter en chemin, à peine contre les Marchands Vendeurs, de confiscation de la marchandise, & de la perte du prix contre l'Acheteur ; & en cas de récidive, d'interdiction du commerce.

RENCONTRE'E valeur de moi-même, ou Rencontrée en moi-même. Stile de Lettres de Change. Les Lettres de Change où ces termes se mettent, font la troisiéme espece de Lettres de Change : on les libelle de la sorte, afin que lorsqu'un Banquier ou Négociant tire une Lettre sur son Débiteur, elle paroisse toujours être de ses propres deniers, à cause de la créance qu'il a de pareille somme sur celui sur qui il l'a tirée ; ce qui ne seroit pas si le Tireur mettoit valeur reçûe en deniers comptans, parce qu'alors le Commissionnaire ou l'Ami à qui elle auroit été remise pour la recevoir, pourroient prétendre que la Lettre leur appartiendroit, puisqu'il paroîtroit par la Lettre qu'ils en auroient fourni la valeur. *Voyez* LETTRE DE CHANGE.

RENDAGE. Terme en usage dans les Hôtels des Monnoies. Il signifie ce que les especes, quand elles sont fabriquées, rendent à cause de l'alliage qu'on y mêle, au-dessus du véritable prix de l'or & de l'argent avant ce mélange ; ce qui comprend également le droit de Seigneuriage dû au Souverain sur les monnoies, & le droit de Brassage accordé aux Maîtres des Monnoies pour les frais de la fabrication. *Voyez* SEIGNEURIAGE *&* BRASSAGE.

RENDETTER. S'endetter une seconde fois. Ce Marchand s'étoit acquitté, il s'est rendetté plus que jamais.

RENFORCE'E. On appelle aussi toiles renforcées, des toiles à voiles qui se fabriquent à Vitré en Bretagne. Par le Réglement de 1724, ces sortes de toiles doivent avoir vingt-six pouces de laize, & être composées de vingt-deux portées de quarante fils chacune. Elle doivent en outre être faites de tout pur chanvre, sans aucun mélange de lin. *Voyez* l'article des Réglemens pour les Toiles.

RENFORCE'S. On appelle Velours renforcés, la quatriéme sorte de velours ; c'est-à-dire, ceux qui sont du nombre des petits velours. *Voyez* VELOURS.

RENFORMER UN GANT. *Voyez* BASTONNER UN GANT.

RENFORMOIR, que l'on appelle quelquefois DEMOISELLE ou SERVANTE. Espece d'instrument de forme pyramidale, fait de bois dur, poli & tourné, à plusieurs coches, d'environ un pied de haut, dont la base est platte & la sommité ronde. C'est sur cet instrument que les Gantiers renforment leurs gants ; c'est-à-dire, les élargissent par le moyen des deux bâtons qu'ils appellent Tourne-gants. *Voyez* GANT.

RENGRENNEMENT. Ce terme signifioit dans les Hôtels des Monnoies, lorsqu'on y faisoit encore le monnoyage au marteau, l'opération du Monnoyer lorsqu'il remettoit le flaon entre la pile & le trousseau, c'est-à-dire, entre les quarrés d'effigie & d'écusson, afin que s'il n'avoit pas été bien marqué du premier coup de marteau, on pût en achever plus parfaitement l'empreinte par un second coup.

Pour que le rengrennement fût bien fait, il falloit que chaque piece du grenetis ou de l'empreinte rentrât dans le même creux d'où elle étoit sortie, ce qui se jugeoit quand l'espece ne varioit point après avoir été remise entre les quarres, autrement les empreintes devenoient doubles, ce qu'on appelloit treffler. C'est du grenetis qui borde le contour des especes qu'est venu le terme de Rengrennement & de Rengrenner. Depuis qu'on fabrique la monnoie au moulin & qu'on se sert du balancier, on ne fait plus gueres le rengrennement des especes.

A l'égard des médailles, comme elles sont d'un grand relief, il faut souvent en faire le rengrennement & les recuire à chaque fois qu'on l'a recommencé. Lorsque le relief est excessif, comme il l'est ordinairement dans les médailles, il faut quelquefois en recommencer le rengrennement jusqu'à quinze ou seize fois, & à chaque fois limer la matiere qui déborde au delà de la circonférence. *Voyez* MEDAILLES.

RENGRENNEMENT. Se dit aussi de la comparaison qui se fait par des Experts en conséquence d'une Ordonnance de Justice, de quelque poinçon soupçonné de faux, avec l'empreinte qui en est conservée sur une table de cuivre ou de plomb dans la Chambre du Procureur du Roi au Châtelet ; si le rengrennement se fait juste, c'est-à-dire, si le poinçon remplit aisément & parfaitement tout le creux de l'empreinte, le poinçon doit être déclaré bon par les Experts, & au contraire s'il ne rengrenne pas juste.

RENGRENNER, en terme de Monnoies & de Médailles. C'est remettre les especes ou les médailles entre les quarrés, & faire rentrer les différentes empreintes en relief que les unes ou les autres ont déja reçûes, dans les mêmes creux d'où elles sont sorties. *Voyez l'article precedent.*

RENGRENNER. Se dit encore dans les Hôtels des Monnoies, lorsque le Graveur ou Tailleur, pour achever ou perfectionner son ouvrage, ôte & remet ses poinçons & ses matrices les unes sur les autres, jusqu'à ce qu'à force de les frapper, le poinçon ait pris tout son relief, ou la matrice tout son creux.

RENGRENNER, en terme de rapport d'Expert. C'est faire comparaison d'un poinçon soupçonné de faux avec l'empreinte qui s'en conserve dans la Chambre du Procureur du Roi au Châtelet. *Voyez* RENGRENNEMENT.

RENNES, Ville de France, Capitale de la Bretagne. Quelques Manufactures établies dans cette Ville ou aux environs, y attirent un commerce assez avantageux. *Voyez* l'Etat général, Tome I. page 113.

RENOUVELLEMENT. Action par laquelle on renouvelle ou on continue une chose. On dit, le renouvellement d'un billet, d'une promesse, d'une obligation. *Voyez l'article suivant.*

RENOUVELLER. Confirmer une chose ou la faire de nouveau : il se dit aussi de la continuation d'un écrit ou d'un engagement. Il est ordinaire dans le commerce de renouveller les billets, les promesses & les obligations à leur échéance, c'est-à-dire, d'en faire de nouvelles, ou d'en stipuler la continuation au bas des anciennes.

Mes billets de la Compagnie des Indes étoient échûs, les Directeurs me les ont renouvellés & en ont augmenté l'interêt de deux pour cent.

Les promesses de la caisse des Emprunts, établissement si commode pour le Commerce, se renouvelloient tous les ans à leur échéance, & alors les intérêts s'en payoient au Porteur de chaque promesse.

RENTIERS. L'on appelle ainsi à Maroc & dans toutes les Villes de ce Royaume, soit maritimes ou autres où il se paye des droits d'entrée & de sortie, les Juifs qui en sont Fermiers. Cette Nation qui se trouve par tout où il se fait commerce, qui s'entend merveilleusement à le faire à son profit, s'entremet beaucoup de celui de Maroc, & il est difficile aux Marchands Chrétiens de ne pas passer par leurs mains, ce qui cependant est très dangereux. *Voyez le Commerce de Salé au titre de celui de Barbarie.*

RENTONNER. Remettre dans un tonneau une liqueur qu'on en a tirée ou qu'on a tirée d'un autre. Les Ordonnances des Aydes défendent aux Cabaretiers de rentonner du vin dans une piece marquée & en perce. *Voyez* CABARETIER.

RENTRAIRE, en terme de Tapissier. C'est recoudre les relais d'une tapisserie de haute ou basse-lisse : il se dit aussi lorsque quelques endroits d'une tapisserie étant considérablement gâtés, on est obligé d'y faire une nouvelle chaîne & un nouvel ouvrage sur le patron de l'ancien ; ces chaînes de la rentraiture doivent être de laine & non de fil. *Voyez* HAUTE *ou* BASSE-LISSE.

RENTRAIRE, en terme de Manufacture. Signifie raccommoder, rejoindre, coudre proprement avec de la soie les déchirures & trous qui se sont faits dans une piece de drap en lui donnant l'apprêt.

Non seulement ce soin est permis, mais encore il est de conséquence qu'il y ait d'habiles Rentrayeurs dans les Manufactures : il est néanmoins défendu de rentraire les chefs de draperie étrangere sur une piece de drap de fabrique Françoise, ou au contraire le chef d'un drap du Royaume sur une piece fabriquée ou en Hollande ou en Angleterre, soit pour frauder les droits du Roi, soit pour tromper les Marchands, comme il est quelquefois arrivé ; tromperie dont on doit la découverte à l'habileté du sieur Savary des Bruslons Auteur de ce Dictionnaire, quelque tems avant sa mort.

RENTRAITURE. Raccommodage ou couture des déchirures & des trous qui se trouvent dans une piece de drap. Les rentraitures passent pour tarres & doivent se diminuer sur le prix des pieces par les Manufacturiers.

M. Savary, Auteur du Parfait Négociant, établit comme une regle qui certainement est fondée sur l'équité, que tout Manufacturier de bonne foi doit marquer les rentraitures ou tarres de ses draps avec une petite ficelle attachée à la lisiere, qui en indique l'endroit aux Marchands, & que pareillement les Marchands doivent en avertir les Tailleurs ou Particuliers à qui ils les vendent, afin que dans la coupe des étoffes elles ne puissent leur porter de préjudice, y ayant même des exemples (à ce qu'il rapporte) de Marchands condamnés à reprendre leur drap tout coupé, pour n'avoir pas averti des rentraitures ou autres tarres.

On ne peut s'empêcher de rapporter & de louer à cette occasion le procedé d'un Marchand Anglois, qui envoyant à son Correspondant de Paris une piece de drap tarrée en un endroit, mit une espece d'or d'un prix considérable sur la tarre pour tenir lieu du déchet qu'elle devoit apporter au Marchand François.

Comme cet exemple est peut-être unique, il faut qu'un Marchand habile déplie entiérement les pieces de drap qui lui viennent, pour les exposer au grand jour & les y examiner, ce qu'on appelle Mirer un drap, afin d'y découvrir les rentraitures & autres tarres dont le Manufacturier est obligé de lui tenir compte.

RENTRAYEUR. Ouvrier dont l'emploi est de rentraire les draps. Dans les Manufactures importantes, il y a ordinairement un Ouvrier Rentrayeur dont toute l'occupation est de rentraire les draps, soit au retour du Foulon, soit après qu'ils ont reçû l'apprêt.

RENTRAYEUR. C'est aussi une des qualités que les Tapissiers de la Ville & Fauxbourgs de Paris prennent dans leurs Statuts. *Voyez* TAPISSIER.

RENVELOPPER. Envelopper une seconde fois un paquet, le remettre dans l'enveloppe d'où on l'a tiré. Les Marchands ne doivent point être négligens à renvelopper leurs étoffes & autres marchandises après les avoir fait voir, c'est-à-dire, à les renfermer dans les toilettes ou papiers dont elles sont ordinairement couvertes pour les garentir de l'air & de la poussiere.

RENVOI. Signifie retour de quelque chose que l'on avoit envoyée en quelque lieu.

On appelle Marchandises de renvoi celles qui ont été renvoyées par un Marchand à celui de qui il les avoit reçues. Ces sortes de renvois se font ordinairement ou parce que les marchandises ne se sont pas trouvées des qualités qu'on les avoit demandées, où à cause qu'elles se sont rencontrées défectueuses ou tarrées.

Un Marchand doit être exact à n'envoyer que des marchandises bien conditionnées & conformes aux mémoires qui lui sont envoyés, afin d'en éviter les renvois qui ne lui peuvent être que très préjudiciables, particuliérement pour celles qui lui sont renvoyées des Pays étrangers ou des Provinces réputées étrangeres, d'autant qu'elles sont sujettes aux droits d'entrées encore qu'elles ayent déja payé ceux de sortie, outre qu'il en coute les ports de l'aller & du retour, ce qui surcharge extraordinairement la marchandise de frais qui tombent toujours en pure perte sur celui à qui elle appartient, & qui en a fait l'envoi.

RENVOY, Village de Champagne du Département de l'Inspecteur des Manufactures établi à Reims. On y travaille en Bonneterie. *Voyez l'Etat général, Tome I. page 24.*

REO

REODER. Mesure d'Allemagne qui est la plus haute où l'on puisse réduire celles qui servent aux liqueurs, & que l'on peut dire proprement n'être qu'une mesure de compte ou mesure idéale. Le reoder est de deux feoders & demi, le feoder de six ames, l'ame de vingt fertels, & le fertel de quatre masses ; ainsi le reoder contient douze cens masses.

LA REOLLE, Ville de Guyenne dans l'Agénois. On

On y fait des coutils & des gallons de fil de chanvre. *Voyez* l'Etat général, Tome I. page 37.

REP

REPALLEMENT. Confrontation, comparaison que l'on fait d'un poids de cuivre, de fer ou de plomb avec l'étalon ou poids matrice, pour voir si par l'usage ou autrement il n'est point alteré. Ce terme n'est gueres en usage qu'en Picardie, particuliérement à Amiens.

REPALLER. Confronter, comparer un poids avec l'étalon.

L'article 48 du Réglement de la Sayetterie d'Amiens de 1666, enjoint aux Peseurs de fil d'avoir dans leurs loges une balance avec toute maniere de poids de cuivre, le tout justifié & marqué des Armoiries de la Ville; lesquels poids doivent être repallés tous les ans à l'étalon de la Ville dans l'Hôtel commun d'icelle.

REPARAGE. Terme de Tondeurs de draps. Il signifie donner avec les forces une deuxiéme coupe aux draps : ainsi l'on dit; Tondre en reparage, pour dire, Tondre le drap une seconde fois. *Voyez* TONDRE.

REPARAGE. Se dit aussi chez les Laineurs ou Aplaigneurs de toutes les façons qu'ils donnent aux étoffes de laine avec le chardon sur la perche. Ainsi l'on dit : Cette piece de drap a eu tout son Reparage; pour faire entendre que le Laineur lui a donné toutes les voyées de chardon qui lui étoient nécessaires.

On appelle un demi-Reparage ou un Couchage, la façon que cet Ouvrier donne à l'étoffe lorsqu'elle lui est apportée de la teinture. *Voyez* APPREST.

REPARAGE. Est encore un terme de Teinturier. Il signifie Bisage. *Voyez* BISAGE.

REPARE'E. Etoffe reparée. *Voyez* BISE'E; *c'est un terme de Teinture.*

REPARER une étoffe de laine. C'est y faire venir le poil sur la superficie par le moyen du chardon. *Voyez* LAINEUR.

REPARER. Est aussi un terme de Cizeleur & de Sculpteur, qui signifie retoucher un ouvrage au sortir du moule avec des ciseaux, des rapes, des ciselets, & autres semblables outils, pour l'achever & lui donner sa derniere perfection. *Voyez* CIZELEUR & SCULPTEUR.

REPAREURS. Nom que l'on donnoit autrefois aux Teinturiers du petit teint. *Voyez* BRISEURS. *Ces termes sont synonimes.*

REPARTIR. Diviser entre plusieurs Associés les profits ou les pertes d'une société. Il se dit particuliérement des profits qui se font par les Actionnaires dans les Compagnies de Commerce. Faire une repartition est plus en usage que repartir dont on ne se sert gueres dans le négoce.

REPARTITION. Division, partage qui se fait d'une chose entre plusieurs personnes qui y ont un interêt commun. Il s'entend principalement parmi les Négocians, des profits que produisent les Actions que l'on a dans les fonds d'une Compagnie.

Ces sortes de repartitions de Compagnies se font ordinairement en argent à tant par cent du fonds ou actions que les interessés y ont. Quelquefois néanmoins elles se font en especes, c'est-à-dire, en quelques-unes des marchandises venues par les vaisseaux.

En 1610, la Compagnie Hollandoise des Indes Orientales fit deux repartitions de cette maniere; l'une au mois d'Avril de soixante-quinze pour cent en macis, & l'autre au mois de Novembre de cinquante pour cent en poivre.

L'on remarque comme une chose singuliere que toutes les Compagnies qui s'étoient formées en Hollande pour les Indes Orientales depuis l'année 1592 & qui se réunirent en 1602, n'avoient encore apporté aucun profit à leurs Actionnaires jusqu'en 1610, & qu'il ne s'y étoit fait aucune répartition; mais cette constance à soutenir par des dépenses immenses une entreprise d'abord si infructueuse, fut amplement recompensée dans la suite, & les trois répartitions qu'on fit en 1610 monterent tant en marchandise qu'en argent à cent trente-deux pour cent; les deux de 1612 tout en argent à quatre-vingt-sept & demi pour cent, & celle de 1613 aussi tout en argent à quarante-deux un tiers; exemple qui devroit guerir les François de cette avidité impatiente qui veut dès les premieres années d'un établissement de commerce, faire des répartitions, & qui ne pouvant attendre le bénéfice du tems toujours favorable dans ces sortes d'entreprises, se déconcertent & abandonnent tout quand les profits ne sont pas aussi prompts & le succès aussi heureux qu'on s'en étoit flatté. *Voyez à l'article des Compagnies de Commerce celle de Hollande pour les Indes Orientales. Voyez aussi* ACTION.

REPASSER. Passer une seconde fois. En terme de teinture Repasser signifie reteindre de nouveau une étoffe dans une couleur qu'elle a déja; comme teindre de bleu en bleu, de noir en noir. C'est encore chez les Teinturiers en soie redonner un nouveau lustre à une étoffe après l'avoir bien lavée & décrassée, ce qu'on fait en la remettant à la calandre. *Voyez* TEINDRE, *& l'article de la* CALANDRE.

REPASSER LES CRASSES. Terme de Fondeurs de caracteres d'Imprimerie. C'est refondre les scories ou l'écume qui se forme sur la fonte lorsqu'elle est en fusion, & en y mêlant de nouvelle matiere la rendre propre à servir de nouveau. *Voyez* FONDEUR DE CARACTERES.

REPASSER DU VIN. C'est jetter du vin usé, affoibli ou de mauvaise qualité, sur un rapé de raisin, ou le mêler avec du vin nouveau, pour lui donner de la force & le rendre potable. *Voyez* RAPE', CABARETIER & VIN.

REPASSER DES CUIRS. C'est les remettre en couleur, & leur donner un nouveau lustre. Les Bourreliers le disent ordinairement des harnois des chevaux, & les Selliers des cuirs des carosses qu'ils noircissent avec le noir des Courroyeurs. *Voyez* SELLIER & BOURRELIER.

REPASSER OU PASSER UN CHAPEAU NEUF AU FEU. C'est en applatir le poil avec un fer semblable à celui des Lingeres ou Blanchisseuses, hors qu'il est plus large & plus épais. Cette façon est nouvelle en France, & vient des Chapeliers Anglois. *Voyez* CHAPEAU.

REPASSER UN CHAPEAU VIEUX. C'est le remettre à la teinture, lui donner un nouvel apprêt & un nouveau lustre.

Il y a des Maîtres Chapeliers qui ne font commerce que de chapeaux repassés, tels que sont ceux qui étalent sous le petit Châtelet & en quelques autres lieux & places de Paris, ou aux solemnités des Fêtes des Paroisses ausquelles le concours du peuple assemble quelques Marchands. On parle ailleurs de ces Maîtres, qui bien que Chapeliers aussi-bien que les autres, ne peuvent cependant faire du neuf tant que dure l'option qu'ils ont faite sur le Registre de la Communauté, de ne faire négoce que de vieux. *Voyez* Chapelier.

Repasser un Compte. C'est l'examiner, le calculer de nouveau, pour voir si l'on n'a rien oublié, ou si l'on ne s'est point trompé.

Repasser une Addition, une Division, une Soustraction, &c. C'est faire de nouveau ces opérations arithmétiques, pour s'assurer que les premieres sont bonnes, & qu'il n'y a point d'erreur.

REPERER, signifie retrouver plusieurs pieces de drap, ou autres choses pour les rejoindre ensemble.

REPERTOIRE. C'est un des divers noms que les Négocians & Teneurs de Livres donnent à une sorte de Livre formé de vingt-quatre feuillets, qui se tient par ordre alphabétique. Il sert à trouver avec facilité sur le grand Livre ou Livre de raison, les divers comptes qui y sont portés. Les autres noms du Repertoire sont, Alphabet, Table ou Index. *Voyez* Livres, *à l'endroit où il est parlé du grand Livre à parties doubles.*

REPESER. Peser une seconde fois. *Voyez* Peser, *ou* Poids.

REPEUPLEMENT. Terme des Eaux & Forêts, qui se dit également des bois & des eaux dormantes.

En fait de bois, il signifie le soin que l'on a de les replanter, soit en y semant du gland, soit en y mettant du plant élevé dans des pepinieres; & en fait d'étang & autres eaux dormantes, c'est l'obligation qu'ont les Adjudicataires d'y rejetter après la pêche de nouveau poisson, suivant les échantillons reglés par les Ordonnances & le nombre convenu. Dans ce dernier sens on dit plus ordinairement Rempoissonnement. *Voyez* cet article.

Toutes les Ordonnances qui ont été faites en France sur le fait des Eaux & Forêts, parlent avec une application particuliere de leur repeuplement, & semblent le regarder comme l'unique, ou du moins comme le principal moyen de conserver cette partie si importante du Domaine de nos Rois.

L'Ordonnance de 1573 entr'autres, après avoir reglé les coupes des hautes futayes à cent ans, veut qu'ensuite de leur exploitation par les Marchands Adjudicataires pour proceder à leur repeuplement, elles soient labourées & semées de gland, entourées de fossés & plantées de hayes vives à la diligence & aux frais desdits Marchands, avec injonction aux Officiers des Eaux & Forêts, de ne laisser entrer dans les bois ainsi labourés & semés aucun bétail, que lesdits bois n'ayent atteint l'âge de vingt ans.

Un habile homme, des mémoires duquel on a beaucoup profité sur ce qui regarde l'exploitation & le Commerce des bois, est persuadé que l'inexécution de ce Réglement, est en partie cause du dépérissement des forêts Royales, aussi-bien que de celles des Ecclesiastiques & des Communautés; soutenant, comme en effet il est très certain, qu'il n'est pas possible que les troncs des arbres coupés, qui repoussent plusieurs tiges qu'on laisse croître sans attention, ainsi que c'est la pratique d'aujourd'hui, puissent pousser d'aussi beaux bois & d'aussi forts, que feroit un jeune arbre produit d'un gland bien choisi, bien planté, bien cultivé & bien entretenu.

REPIT ou REPY. Delai, terme, surcéance. *Voyez* Respit.

REPIT ou RESPECT. Terme de commerce de mer, dont on se sert dans le Levant. *Voyez* Rechange.

REPLIER. Plier une seconde fois. On déplie les pieces d'étoffes pour les faire voir, & ensuite on les replie pour les resserrer.

Les Garçons & Apprentifs doivent bien prendre garde de replier les étoffes dans les mêmes plis, de peur de leur en faire prendre de faux; ce qui les gâte, les appietrit, & les met hors de vente.

REPOUSSOIR. Instrument rond, ordinairement de fer, de douze ou quinze pouces de long, & de diametre à proportion, qui sert à repousser des chevilles, & à les faire sortir des trous de tarrieres où elles ont été placées.

Les Charpentiers & les Menuisiers ont de ces sortes de Repoussoirs pour repousser ce qu'ils appellent les Chevilles d'assemblage, qui sont de grosses chevilles de fer qu'ils ne mettent pas à demeure, mais pour assembler leurs bois.

Les Repoussoirs des Serruriers, dont les Menuisiers se servent aussi, sont courts & moins gros. Ce ne sont que de petites verges de fer, qui servent aux Menuisiers à démonter la menuiserie d'assemblage, & aux Serruriers à détacher les fiches, les couplets & autres semblables ouvrages qui sont placés en bois.

Les Tailleurs de pierre & les Sculpteurs ont aussi des Repoussoirs, mais qu'ils employent à un usage bien différent que les autres Ouvriers. Ce sont de longs ciseaux de fer, de seize à dixhuit pouces de longueur, avec lesquels ils poussent des moulures.

REPRISE, en terme de commerce de mer. Veut dire un vaisseau ou navire marchand qu'un Corsaire ou Armateur Ennemi avoit d'abord pris, & qui ensuite a été repris par un bâtiment du parti contraire. *Voyez* Recousse.

Reprise, en termes de comptes. Se dit d'un des chapitres d'un compte où l'on a employé des deniers comptés & non reçûs. La Reprise est la troisiéme partie d'un compte : la recette & la dépense sont les deux premieres. *Voyez* Compte.

RES

RE'S. Monnoie de compte dont on se sert en Portugal pour tenir les Livres des Marchands, Négocians & Banquiers. 400 Rés font une cruzade. Comme cette monnoie est la plus petite qui ait été jusqu'à present imaginée, & qu'il en faut un très grand nombre pour faire une somme considérable, on les sépare dans les comptes & factures par millions, par milliers & par centaines, ainsi qu'on le peut voir dans l'addition suivante.

3. 530 m. 454 Rés.
2. 620 m. 640
1. 452 m. 820
7. 603 m. 914 Rés.

c'est-à-dire, 7 millions 603 mille 914 Rés. Les ducats d'or fin valent 10000 Rés, la dopio-mœda ou double pistole 4000 Rés, la mœda ou pistole 2000 Rés, la mi-mœda ou demi-pistole 1000

Rés, enfin les cruzades d'argent non marquées 400 Rés.

RESCAMPIR. Terme de Doreur en détrempe. C'est réparer avec du blanc de ceruse les taches que le jaune ou l'assiette ont pû faire en bavochant sur les fonds que l'on veut conserver blancs. *Voyez* DORURE EN DE'TREMPE.

RESCHAUD. *Voyez* RECHAUD.

RESCOCHER, la pâte; terme de boulangerie: c'est la battre une seconde fois du plat de la main. *Voyez* ESCOCHER.

RESCONTRER. Terme dont se servent quelques Négocians, pour signifier une compensation ou évaluation qui se fait d'une chose contre une autre de même valeur. Il faut rescontrer les 500 liv. que je vous dois pour marchandises avec pareille somme contenue en une Lettre de change que j'ai sur vous; pour dire, il faut compenser les 500 l. que je vous dois avec les 500 l. de la Lettre de change que j'ai sur vous.

RESCRIPTION. Ordre, mandement que l'on donne par écrit à un Correspondant, Commis, Facteur, Fermier, &c. de payer une certaine somme à celui qui est le porteur du mandement. Les Rescriptions ne sont ordinairement que d'un Superieur sur son Inferieur, ou d'un Créancier sur son Débiteur.

Les grands Seigneurs donnent aux Marchands des Rescriptions sur leurs Fermiers. On prend à Paris des Rescriptions des Gabelles, des Aydes & des cinq grosses Fermes sur les Receveurs de ces Fermes du Roi dans les Provinces; ce qui est une grande commodité pour y faire passer son argent sans aucuns frais.

Les Rescriptions des Banquiers se traittent comme Lettres de change.

MODELE DE RESCRIPTION.

Vous payerez, ou, *Je vous prie de payer à M. Robert Banquier de votre Ville, la somme de trois mille livres, de laquelle je vous tiendrai compte sur les deniers de la recette que vous faites pour moi, en rapportant la presente Rescription avec la quittance dudit Sieur Robert. A Paris ce 20 Novembre 1719.*

GOBIOU.

Pour la somme de 3000 liv.

RESCRIT. Se dit en quelques lieux dans la même signification que Rescription. *Voyez l'article precedent.*

RESIDU. Ce qui reste à payer d'un compte, d'une rente, d'une obligation, d'une dette. En fait de compte on dit plus ordinairement Reliquat. *V.* RELIQUAT.

RESINE. Gomme ou suc gras & visqueux, qui coule de plusieurs sortes d'arbres, & qui s'enflamme aisément. *Voyez* GOMME.

RESINE DE CEDRE. *Voyez* CEDRE.

RESINE DE GAYAC. *Voyez* GAYAC.

RESINE DE JALAP. *Voyez* JALAP.

RESMOUDRE. Esmoudre encore une fois, refaire le taillant ou la pointe à un instrument coupant comme à un couteau, un rasoir, une lancette, &c.

RESMOULEUR. Celui qui repasse & refait la pointe ou le tranchant à quelque instrument sur une meule tournante.

Quoique tous les Couteliers soient des Resmouleurs, il ne se dit gueres que de ce qu'on appelle plus vulgairement des Gagne-petits.

Il est défendu par l'article 20 des Statuts des Maîtres Couteliers de Paris, à tous Resmouleurs de resmoudre & repollir aucune besogne de coutellerie dans les places publiques de cette Ville, ni en boutiques ou places arrêtées sur les rues, s'il n'est Maître Coutelier. *Voyez* COUTELIER & GAGNE-PETIT.

RE'SOLUTIONS & PLACARDS. L'on nomme ainsi en Hollande les Ordonnances des Etats Généraux, soit pour la Police, soit pour la Politique, soit enfin pour le Commerce. Quelques-uns néanmoins mettent quelque différence entre la Résolution & le Placard, regardant la résolution comme l'Ordonnance même, & le placard comme l'affiche qu'on expose dans les lieux publics, pour donner part aux peuples des Réglemens qu'ils doivent observer.

On ne parlera ici que des Résolutions & Placards qui concernent le Commerce, & pour en donner une idée parfaite, on va extraire ce qu'il y a de plus important dans les Résolutions & Placards des 25 & 31 Juillet 1725, pour n'être néanmoins exécutés qu'au premier Novembre de la même année au lever du Soleil.

Cette résolution a pour titre: Résolution & Placard sur la levée des convois & *licenten*, ensemble la Liste des Droits d'entrées & de sortie; comme aussi du last-geld ou droit de lestage sur les Vaisseaux.

A la tête de ce Placard est un extrait du Registre des Résolutions des Etats Généraux du 31 Juillet 1725. Par cet Extrait on rappelle quatre précédentes Résolutions; sçavoir, celles du 22 Novembre 1720, 11 Février 1721, 15 Octobre & 31 Décembre 1723, qui n'étoient que préparatoires, & seulement pour demander & attendre le consentement des Provinces interessées pour la confection d'une nouvelle Liste ou Tarif.

Il est dit ensuite, que quoique ce consentement, sur-tout de la part des Etats de Zélande, n'aye point été accordé, les Etats Généraux avoient néanmoins résolus,

1°. Qu'il seroit procedé à la Liste des revenus publics établis sur les Droits d'entrée & de sortie.

2°. Que ledit Placard & Liste seront en diligence imprimés & envoyés afin qu'en tous lieux, & par tout, dans un même jour, nommément le 17 Septembre de ladite année 1725, ils soient publiés & affichés.

3°. Que l'exécution d'iceux par tout soit commencée le premier Novembre ensuivant, au soleil levant, ou le soleil se levant.

4°. Que pour la tranquillité & égale pratique dans la levée des revenus par eau suivant ledit Placard & Liste, sera fermement établi & arrêté par les présentes.

Le même Extrait contient le nouveau serment que doivent faire, tant les Conseillers de l'Amirauté que les autres Officiers & Commis préposés pour l'exécution de ladite résolution, & la perception des Droits.

On nomme ensuite des Commissaires, tant pour arrêter & fixer lesdits Placard & Liste, que pour veiller à l'exécution d'iceux, auxquels Commissaires il est donné en six articles un Réglement auquel ils doivent se conformer dans les cas y énoncés.

Enfin les Députés pour les Affaires de la Marine, sont priés de donner leur avis sur ce qui pourroit être utile à l'Etat par rapport à cette nouvelle

Liste, particuliérement sur ce qui regarde la Résolution des Etats Généraux du 8 Mars 1687, concernant la décharge des droits pour les Vaisseaux de guerre & ceux destinés pour les Indes Orientales & Occidentales, & autres Colonies de l'Etat, & l'obligation de ne prendre de certaines sortes de victuailles que de ceux du crû du Pays pour l'avictuaillement desdits Vaisseaux.

Placard.

Cet extrait des Registres des Résolutions des Etats Généraux est suivi d'un Placard, composé de 254 articles divisés en 18 Sections qui ont eu chacune leur titre particulier, mais qui sont composées d'un nombre inégal desdits articles.

I. Section.

La premiere Section regarde les droits d'entrée & de sortie en général, & contient six articles, c'est-à-dire, depuis le premier jusqu'au sixiéme desdits 254 articles.

Dans cette Section, on explique sur quoi lesdits droits doivent être levés, c'est-à-dire, généralement sur les Effets & Marchandises, y compris les chevaux & toute sorte de bétail, ensemble les cochons : lesquels droits seront levés suivant la nouvelle Liste & Tarif, à moins qu'ils n'en soient exemptés par icelle Liste ; & ce autant de fois que les effets des Provinces-Unies, Pays associés & District de la Généralité, sortiront hors de la Jurisdiction des Etats, ou venant hors de leur Souveraineté & entrant dans lesdites sept Provinces, Pays associés, &c. & en consequence, ne seront aucuns menus & courts effets, francs du payement desdits droits.

II. Section.

Quels Effets seront francs, & jusqu'où.

Cette Section est composée de 19 articles ; ce qui contient depuis & y compris le septiéme article des 254 jusqu'au 26 exclusivement.

Les effets qui jouissent de cette exemption, sont :

1°. Tous ceux qui sont envoyés sur les passeports de leurs Hautes Puissances, aux Forts & Places ayant garnison, aux magasins & armées de l'Etat, &c.

2°. Toutes victuailles transportées à bord des Vaisseaux de guerre, Vaisseaux particuliers avec Commission ou autres destinés au commerce.

3°. Toutes Marchandises, Provisions de bouche, &c. qui seront transportées aux Indes Orientales & Occidentales de cet Etat ; comme aussi le poivre, clou de gerofle, fleurs de muscades, qui seront transportées hors de l'Etat, & ce tant que la convention du 15 Mars 1700 continuera.

4°. Tous les effets qui entreront ou sortiront, dont il aura été payé à la Compagnie des Indes la reconnoissance accordée par l'octroi du 30 Novembre 1700.

5°. Tous les effets envoyés aux Colonies de Surinam ou qui en reviennent.

6°. De tous ceux allant ou venant d'Allemagne, Brabant & Flandres, passant par ce Pays, ne sera payé qu'un seul droit ; sçavoir, celui d'entrée ou de sortie, mais toujours celui qui sera le plus haut.

7°. Pour ce qui regarde la Ville de Mastric & le Territoire ou Pays d'outre Meuse, il sera observé ce qui sera reglé par le Placard qui en doit être dressé.

8°. Les Vaisseaux qui entreront par nécessité de danger ou pour hiverner, ne seront point tenus aux droits d'entrée du Pays, à moins qu'ils ne fussent obligés de vendre quelques-uns des Effets & Marchandises dont ils seront chargés, desquels seulement ils payeront les droits.

9°. Ne seront non plus obligés au payement des droits les Marchandises qui seront déchargées des Vaisseaux pour peu de tems & par nécessité, comme pour reparer & radouber lesdits Vaisseaux, le parage des havres & autres semblables.

Les autres articles de cette Section contiennent diverses précautions pour empêcher qu'on ne fraude les droits des Marchandises, sous prétexte qu'elles sont dans le cas de celles qui en sont exemptes par les diverses exceptions de cette Section.

On y parle aussi des Marchandises de Transit dont le tems est reglé à six semaines, au delà desquelles le droit est dû, à moins qu'on n'obtienne une prorogation dudit tems ; à quoi l'on ajoute diverses précautions & réglemens concernant ledit Transit, & pour y empêcher la fraude.

III. Section.

Réglemens sur les Déclarations.

Cette Section a 16 articles ; sçavoir, depuis le vingt-six inclusivement jusques & y compris le quarante-deux.

Cette Section déclare quels sont les Effets & Marchandises sujets à déclarations & celles qui en sont exemptes ; comme aussi en quelle forme doivent être dressées lesdites déclarations & ce qu'elles doivent contenir.

En général, aucune personne ne pourra charger ou décharger aucuns Effets ou Marchandises, sortant ou entrant dans le Pays, qu'auparavant ils n'ayent été déclarés, & d'iceux avoir obtenu suffisans Passeports & Acquits, que le Placard appelle Cedules détachées.

Qu'il y aura pareille obligation de déclarer, même les Effets francs, excepté de tous joyaux, especes, materiaux d'or & d'argent pour les monnoies, tant sur les entrées, que sur les sorties, & encore les harengs, pêche de la baleine, poisson frais & salé, tous de la pêche du Pays, & qui y sont apportés & entrés.

Pareille exemption est aussi accordée aux Effets appartenant aux Compagnies des Indes Orientales & Occidentales & à celle de Surinam, sans faire exception, s'ils sont transportés sur les vaisseaux desdites Compagnies ou sur ceux des Particuliers. Dans laquelle exemption ne sont pas pourtant compris les Effets des Particuliers qui auront payé ausdites Compagnies le droit de reconnoissance ou lastgeld, qui ne pourront être chargés pour la sortie, sans qu'auparavant ils ayent été déclarés aux Colleges, soit qu'ils soient chargés sur les Vaisseaux desdites Compagnies, soit sur des Vaisseaux de Particuliers.

A l'égard de la forme des Déclarations, elles doivent être faites & signées des Marchands ou des Commissionnaires qui en restent responsables. Elles doivent contenir le nom des Capitaines ou Maîtres de Vaisseaux, ceux des Chartiers & Rouliers ; & pour les Effets & Marchandises qui sortent, le lieu de la place de destination, & pour ceux qui entrent, le lieu d'où ils viennent.

La Déclaration doit contenir en outre un détail des Marchandises qu'on veut charger ou décharger, sous le véritable nom desdites Marchandises; comme aussi les N° & marques des pieces, ballots, paquets, balles, &c. avec la quantité, le poids ou la mesure, suivant la qualité d'iceux Effets.

Et pour ceux dont les droits doivent être payés suivant leur valeur, cette valeur sera exprimée dans les Déclarations; lesquelles pourront être reformées par les Marchands, s'il s'y étoit glissé quelque erreur ou abus.

Les derniers articles de cette Section servent d'instruction aux Commis & Maîtres Jurés, & leur apprend la maniere d'estimer & peser les Marchandises, de jauger les tonneaux, bariques, &c. mesurer les Effets, soit en le faisant en détail, soit en calculant le total sur une partie d'iceux déja mesurés, pesés & jaugés.

IV. Section.

Confiscations & amendes ou peines.

Les 13 articles de Section qui commencent au 43 inclusivement, jusqu'au 55 exclusivement, expliquent en quels cas confiscation a lieu sur les effets non déclarés & recelés; quand il n'y a que les Marchandises recelées qui doivent être confisquées, & quand elles emportent la confiscation des autres Effets, avec lesquels elles se trouvent: Quand ce sont les Maîtres & Marchands qui sont tenus des amendes & confiscation, & quand ce sont leurs serviteurs, chartiers & voituriers; à quelles peines afflictives ces derniers sont tenus, lorsqu'ils ne peuvent payer lesdites confiscations & amendes; enfin qui est tenu de payer les frais faits en consequence d'icelles, lorsque la vente des Marchandises confisquées ne suffit pas pour les acquitter.

V. Section.

Réglement général sur les chargemens & déchargemens.

Cette Section est une des plus longues & des plus importantes de celles de ce Placard: elle contient jusqu'à 25 articles, c'est-à-dire, depuis le 55 inclusivement jusqu'au 80 exclusivement.

Après la déclaration des Marchandises faites par les Marchands, il doit leur être délivré un Passeport ou Cedule détachée pour le chargement des Effets qui entrent ou le déchargement de ceux qui sortent, lesquels Passeport & Cedule doivent être remis aux Commis des Recherches pour faire la visite desdits Effets, & voir s'ils sont conformes à la déclaration.

Les chargemens des Effets & Marchandises qui sortent hors du Pays, aussi-bien que de celles qui viennent du dehors & qui y entrent, doivent se faire en presence des Commis, & seulement pendant le jour, c'est-à-dire, après soleil levant & devant soleil couchant, à peine de confiscation; à quoi néanmoins ne seront pas sujets;

1°. Les Maîtres des Vaisseaux qui transportent de la biére, qui peuvent charger ou décharger leurdite Marchandise après le soleil couché & devant le soleil levé.

2°. Les Bateaux à poisson qui enlevent le poisson frais hors des Hoekers, & les Pêcheurs de celui qu'on nomme Versvangers, qui seront expediés en tout tems, & pourront charger ou décharger, en faisant néanmoins serment par les Maîtres desdits Bateaux, qu'eux, leurs serviteurs & voituriers ne transporteront ni chargeront ou déchargeront autre chose que ledit poisson.

3°. Les Fruitiers & Vendeurs de fruit.

Il sera néanmoins permis à chacun de demander & obtenir permission de pouvoir charger ou décharger avant soleil couché ou devant soleil levé, ce qui pourra leur être accordé suivant qu'il sera jugé convenable, mais toujours en avertissant les Commis aux Recherches, afin qu'ils veillent à ce qu'il ne s'y commette aucun abus.

Personne ne pourra charger ou décharger les jours de Dimanche ou autres jours destinés au Service Divin, à moins qu'il n'y ait grande nécessité de le faire; pourquoi pourtant il faudra obtenir permission. Néanmoins en sont exemptés,

1°. Les harengs apportés par les Chasseurs au vent, appellés *Ventjagers* ou premieres *Buches*, qui pourront en tout tems décharger, transporter & envoyer ailleurs.

2°. Les limons, citrons, oranges de la Chine, &c. châtaignes, noix & tous autres effets sujets à se gâter, pourront, à l'arrivée du vaisseau, entrer le Dimanche & autres jours consacrés au Service Divin, être déchargés desdits vaisseaux, & mis dans des alleges appellées vulgairement *Ligters* ou autres Bâtimens, afin de pouvoir séparer ce qui est bon d'avec ce qui est gâté; le tout néanmoins en présence des Commis, après en avoir obtenu permission par écrit, & avoir payé les droits.

Aucune personne ne peut charger ou décharger à la côte ou dans des lieux détournés, où il n'y a point d'Officiers des Convoys & *Licenten*, ce qui s'entend pareillement des chevaux & bestiaux, & tous autres effets ou marchandises quelconques, lesquels ne pourront passer ou être transportés, que par les routes permises & réglées par les Officiers des Colleges & des Amirautés.

En cas de contravention aux articles ci-dessus, tous lesdits effets, bestiaux & marchandises seront confiscables, même les vaisseaux, bateaux, chariots & voitures, sur lesquels ils auront été transportés, avec une amende de trois cens florins contre les Maîtres des vaisseaux, Chartiers, Rouliers & Voituriers; & à l'égard de ceux qui ne pourront payer cette amende, ils seront condamnés à une peine afflictive volontaire, à moins que lesdits Maîtres Chartiers & Voituriers ne justifient que lesdites contraventions ont été faites à leur insçû & sans leur participation, sauf à l'Etat à diriger ses actions contre les vrais fraudeurs.

Aucunes personnes, soit en entrant, soit en sortant, ne pourront charger ou décharger leurs effets, marchandises, qu'aux places & lieux où sont établis les Bureaux des convois, & seulement en présence des Commis, qui expédieront tous acquits & cédules nécessaires, sans lesquelles lesdits effets ne pourront être transportés ailleurs sous peine des peines & amendes ci-dessus.

Tous passeports ou cédules détachées, ne seront valables au-delà du terme de six semaines, sauf à en obtenir une prorogation des Colleges de l'Amirauté.

Dans le même terme de six semaines les Marchands pourront demander la restitution des droits qu'ils ont payés, lorsque sur les passeports ou cédules qu'ils ont obtenus, ils n'ont chargé ou déchargé aucune marchandise, ce qui s'entend aussi (au moins pour quelque diminution desdits droits) pour les effets & marchandises qui se sont perdus en entrant & sortant, avant d'être parvenus aux lieux destinés; le tout sous les précautions ordonnées par le dernier article de cette Section, pour empêcher les fraudes qui se peuvent faire en tels cas.

Section VI.

Réglement pour les Sorties.

Cette section contient vingt-quatre articles, sçavoir, depuis le LXXX inclusivement jusqu'au CV exclusivement.

Ces vingt-quatre articles n'ont que deux objets, dont l'un regarde les obligations des Maîtres de vaisseaux, Pilotes, Bateliers, Allégeurs ou ceux qui les peuvent représenter, par rapport au payement des droits de sortie; & l'autre, les devoirs des Commis, par rapport à la perception des mêmes droits.

En général, tous les effets & marchandises qui sortent du pays, soit par mer, soit par terre, doivent payer les droits de l'Etat au lieu & place du premier chargement ou déchargement dans quelques bâtimens, chariots ou montures, ils puissent avoir été faits.

Aucuns Maîtres de vaisseaux, Pilotes, Allégeurs, Chartiers, ou ceux qui les représentent, ne doivent charger, ou permettre qu'il soit chargé sur leurs vaisseaux, bateaux, chariots, &c. aucuns effets ou marchandises qu'ils n'ayent auparavant entre leurs mains tous les passeports concernant lesdits effets, à peine d'une amende de cinq cens florins, dont leurs bâtimens, chevaux & chariots seront responsables.

Les effets pour lesquels on aura obtenu des passeports, doivent être chargés sur les vaisseaux des Maîtres, sous le nom desquels lesdits passeports auront été expédiés, sans les pouvoir charger sur d'autres, à moins d'en avoir obtenu la permission.

Lesdits Maîtres de vaisseaux, chartiers, &c. en partant du lieu de leur chargement, doivent avoir sur eux leurs acquits & passeports, pour les montrer & exhiber aux Gardes des derniers Bureaux, & même aux Commis de tous autres Bureaux établis sur leur chemin s'ils en sont requis, pour faire la visite des effets & marchandises dont ils sont chargés, à peine de 25 flor. par jour, jusques à ce qu'ils ayent fait apparoître de leursdits passeports.

Qu'ils seront tenus de rester dans lesdits derniers Bureaux ou Bureaux sur la route, tout autant de tems qu'il sera nécessaire pour être visités des Commis, à peine de trois cens florins d'amende.

Quand les Maîtres des vaisseaux seront arrivés à la derniere Garde ou Bureau, ils seront tenus de jetter l'ancre, ou de faire les signaux ordonnés, afin que les Commis desdits Bureaux puissent venir faire leur visite, à peine de l'amende ci-dessus; dans le tems desquelles visites les Maîtres feront les sermens requis, & fourniront ausdits Commis, & recevront d'eux les Actes dont le modele est rapporté dans cette Section à l'article 97.

Si les Maîtres des vaisseaux, après la visite faite, se chargent de nouveaux effets, ils seront tenus de faire une seconde fois le signal, pour être nouvellement visités, ce qu'ils feront autant de fois qu'on mettra sur leurs vaisseaux de nouvelles marchandises.

Pour prévenir & empêcher que les Maîtres des vaisseaux étant sous voile, ne passent les dernieres Gardes sans faire les signaux & souffrir la visite, ils seront obligés à leur retour de faire voir aux Commis des déchargemens les actes & acquits de leursdites visites, avant quoi ils ne pourront être expédiés; & ceux desdits Maîtres qui ne pourront représenter lesdits actes, payeront l'amende de trois cens florins comme dessus, à moins qu'ils ne produisent en leur place les certificats dont il est parlé dans le dernier article de cette section.

A l'égard de ce qui regarde les fonctions des Commis par rapport aux sorties, ils doivent avoir soin, sur toute chose, que les Marchands, Maîtres de vaisseaux, Chartiers, &c. soient promptement expédiés.

Lorsqu'ils font la visite des vaisseaux, ils ne pourront aller à terre avec les passeports, acquits & cédules, qui leur auront été donnés par les Maîtres & Pilotes, pour ne point retarder le voyage des vaisseaux, à moins qu'ils n'eussent découvert quelques fraudes, ce qu'ils doivent déclarer une heure après ladite visite faite, ou au plus deux heures.

Les vaisseaux, bâtimens & charois, ne pourront être arrêtés en chemin, sous prétexte d'avoir passé quelques Bureaux sans être visités.

Les Commis des Gardes extérieurs, ou derniers Bureaux, doivent tenir Registre des vaisseaux qu'ils auront visités, où ils mettront le nom des Maîtres, celui desdits vaisseaux, & la date de leur visite, afin d'y avoir recours, en cas que les passeports, acquits & cédules, pussent s'être égarés; lesquels Registres ou Extraits d'iceux, seront envoyés dans les tems marqués, tant aux Colleges de l'Amirauté, qu'aux premiers Bureaux, où les actes & passeports, auront d'abord été expédiés.

Les mêmes Commis sont tenus de donner incessamment connoissance à leur supérieur, des contraventions faites aux Réglemens de la présente section.

Enfin en cas que les Commis des derniers Bureaux négligent ou different, après les signaux faits, de venir visiter les vaisseaux, comme il est dit ci-dessus, les Maîtres pourront s'adresser au Commandant de la Patache, pour en être visités, de quoi, & de la négligence des Commis, ils recevront certificat sur lequel lesdits Commis négligens seront condamnés à l'amende de six cens florins.

Section VII.

Réglement pour les Entrées; premiérement pour les Entrées de mer.

Cette section n'a que seize articles, depuis le CV inclusivement, jusqu'au CXXII exclusivement. Par le premier de ces 16 articles il est ordonné, que le droit du pays sur l'entrée se payera au lieu & place du déchargement, sans différence & exceptions, si les effets chargés sur les vaisseaux venant de la mer, sont directement portés au lieu de leur destination sur lesdits vaisseaux, ou par des alleges & autres bâtimens; & par le second il est dit, que tous lesdits vaisseaux, arrivant de la mer, seront tenus à leur arrivée de délivrer leur déclaration à la premiere Garde, sans pouvoir auparavant faire voile ou monter, à moins qu'il n'apparoisse suffisamment que par les glaces ou autres accidens, il leur a été impossible de faire autrement.

Le reste des articles de cette Section explique

de quelle maniere se doit faire cette déclaration; & donner un modele & formule du serment que les Maîtres & Pilotes des vaisseaux doivent faire, pour justifier de la vérité de leurdite déclaration: il y est aussi parlé des amendes encourues pour les contraventions: Enfin il y est ordonné que, lorsque quelques effets des vaisseaux arrivés, seront déchargés par un allége, le Maître sera tenu d'envoyer par chaque allege la facture desdits effets, sous la peine ordonnée par l'article CXVI contre les fausses déclarations, & encore de l'amende de 300 florins, dont la moitié sera payée par le Capitaine ou le Maître; & l'autre moitié par le Batelier de l'allege, pour le payement desquels les vaisseaux & alleges pourront être saisis, & comme dit le Placard, seront exécutables.

Section VIII.

Des Entrées par les rivieres.

Cette Section n'est composée que de cinq articles, qui sont le CXXII, le CXXIII, le CXXIV, le CXXV & le CXXVI.

Le premier de ces cinq articles ordonne que les Maîtres des vaisseaux descendant le Rhin & la Meuse, feront leur déclaration ou *balance*, comme elle se nomme par les Marchands qui trafiquent sur ces deux rivieres, contenant la qualité & quantité de leurs effets, à la premiere Garde de leur arrivée, sçavoir sur le Rhin à *Schenkenschans*, & sur la Meuse à *Mastric* & à *Catwyck*.

Les lieux où se doivent payer les droits d'entrée arrivant par lesdites deux rivieres, par le Wael & l'Yssel, sont fixés par le second article; sçavoir, sur le Wael à *Nymegue*, sur le Rhin à *Arnhem*, sur l'Yssel à *Doesbourg*, & sur la Meuse à *Grave*, où seront expédiés aux Maîtres des vaisseaux tous passeports & acquits nécessaires.

Le troisiéme article statue les peines & amendes pour les contraventions, sur le pied réglé par les articles XLVIII & CXVI du présent Placard.

Le quatriéme article veut que l'acquit du payement accompagne toujours les effets acquittés jusqu'à ce qu'ils soient arrivés au lieu de leur destination ou véritable déchargement, sous peine de confiscation desdits effets, soit qu'ils soient encore sur les mêmes bâtimens, soit qu'on les ait transférés sur d'autres.

Ce que le cinquiéme & dernier article entend pareillement être exécuté, soit que lesdits effets & marchandises ayent été déchargés immédiatement après leur arrivée, ou qu'ils soient restés quelque tems en dépôt dans le magasin nommé le *Packhuys*.

Section IX.

Des Entrées par terre.

Cette Section a sept articles, qui commencent au CXXVII inclusivement, & finissent au CXXXIV exclusivement.

Par ces sept articles il est ordonné.

1°. Que tous Rouliers & Chartiers, aussi-bien que ceux qui conduiront des bestiaux en vie, donneront à la premiere Garde une déclaration, les uns des effets dont ils seront chargés, & les autres des bestiaux qu'ils chassent avec eux, laquelle sera signée d'eux, & en cas qu'ils ne sçachent pas signer, ils la feront dresser par un autre & attester par témoins.

2°. Que sur ladite déclaration qui demeurera au Commis, il sera fait une ou plusieurs Lettres de poursuites, sur lesquelles les Maîtres de Convois feront payer les droits d'entrée.

On explique ailleurs quelles sont ces Lettres de poursuite; & on en donne une formule. *Voyez* Lettres de poursuite.

3°. Que les Maîtres de Convoi ne pourront accorder aucuns passeports des effets entrés par terre, que sur la présentation des Lettres de poursuite, & en conformité d'icelles.

4°. Que lorsque le payement des droits aura été fait au premier comptoir, il en sera délivré un acquit de payement, qui accompagnera lesdits effets, jusqu'au lieu destiné pour leur véritable déchargement.

5°. Enfin diverses peines & amendes sont statuées contre les contraventions qui seront faites au Réglement ci-dessus, tant par les Commis, que par les Voituriers & Conducteurs de bestiaux.

Section X.

Réglement sur les Déchargemens.

Cette Section est composée de seize articles, c'est-à-dire, depuis le CXXXIV inclusivement, jusqu'au CL exclusivement. C'est proprement la suite de la Ve Section, où il est aussi parlé des déchargemens, mais d'une maniere plus générale, & où l'on entre moins dans le détail.

Tous Maîtres de vaisseaux, Pilotes, Rouliers, &c. ne pourront décharger aucuns effets, ni souffrir qu'il en soit déchargé sans en avoir auparavant obtenu les cédules détachées, qui ne pourront s'accorder qu'avec la déclaration générale ou *balance*, & les Lettres de poursuite, non plus que lorsque le billet par lequel le Marchand requiert son déchargement, aura été refusé; auquel cas le Marchand sera premiérement entendu sur ce refus.

Ne pourront non plus être données des cédules sur des billets, lesquels en apparence tendent à frauder les droits de l'Etat.

A mesure que les effets se déchargeront, les Maîtres de vaisseaux, Pilotes, &c. seront tenus d'écrire au dos desdites cédules, la quantité des effets, qui seront déchargés à chaque fois; ce qu'ils feront souscrire du Garde, si les Commis en ont mis un sur leurs bâtimens.

Tous les effets étant déchargés, les Maîtres des convois compteront avec les Maîtres des vaisseaux, & leur délivreront leur acquit de payement dans la forme suivante:

Laissez passer de par les Hauts & Puissans Seigneurs les Etats Généraux des Provinces-Unies des Pays-Bas . . . à cause que les droits d'entrée, sont entiérement payés des effets ci-dessous spécifiés & déchargés, sçavoir . . . .

Lesquels billets d'acquit & payement, seront représentés aux Comptoirs extérieurs, comme il a été dit dans la cinquiéme Section.

A l'égard des graines, pois, féves, chaux, ciment, charbon de terre, & autres denrées & effets qui se mesurent à la mesure ronde, ils ne pourront être déchargés dans toute l'étendue de la domination de l'Etat, que sur le mesurage ci-devant décrit par les articles CXLIII, CXLIV, & suivans, & par les Mesureurs du lieu où le déchargement se fera, lequel mesurage se fera par tout à mesure rase, excepté le charbon de terre qui se mesurera à mesure comble.

Pour lesquelles denrées mesurables à mesures rondes, les Marchands & Maîtres de vaisseaux ne pourront être sujets à aucunes peines, pour en avoir moins déclaré qu'ils en auroient chargé, lesquels en ce cas en seront quittes pour payer les droits de ce qui étoit contenu de moins dans leur déclaration.

Section XI.

Réglement sur le Transport dans le Pays.

Cette Section a dix articles; sçavoir depuis le CL inclusivement, jusqu'au CLX exclusivement.

Ces articles contiennent en détail ce qui convient faire pour pouvoir transporter des effets d'un lieu à un autre, dans toute l'étendue de la domination des Etats Généraux des Provinces-Unies.

1°. Aucun effet ne pourra être transporté dans lesdits lieux, (excepté le plat Pays du district de la Généralité,) sans en avoir pris un passeport.

2°. Dans ledit Passeport, sera exprimé la quantité & sortes desdits effets, leurs numero & marques, & le tems dans lequel ledit Passeport sera déchargé.

3°. Qu'en obtenant le Passeport, le droit de sortie sera consigné.

4°. Qu'étant arrivés au lieu destiné, ils ne pourront être déchargés qu'après la représentation dudit transport au Commis, s'il y en a, ou à un Officier de Justice, résident audit lieu.

5°. Que la visite desdits effets sera faite au lieu du changement & dans les Bureaux de la route, ainsi qu'il est ci-dessus ordonné pour les effets qui entrent ou qui sortent.

6°. Que les Commis du lieu du déchargement, ou autre personne publique dudit lieu, mettront leurs décharges au dos desdits Passeports, sans pouvoir exiger pour leur salaire plus de deux sols ou *sluyvers*, en conséquence de laquelle décharge, le droit consigné sera rendu & restitué.

7°. Que les peines pour les contraventions aux Réglemens ci-dessus, seront les mêmes que celles ordonnées contre ceux qui font entrer ou sortir des effets sans Passeports, ou Cédules détachées.

8°. Enfin, il est dit que les Maîtres des Vaisseaux à Biére ne seront point tenus de prendre lesdits Passeports du dedans du Pays, lorsqu'ils transporteront des Biéres, soit en dedans, soit en dehors du Pays.

Section XII.

Réglement concernant les Vaisseaux pour les Marchés & Route sur l'eau, ou par les Canaux.

Treize articles composent cette Section, qui commence à l'article CLX inclusivement, & finissent au CLXXIII exclusivement.

Les Maîtres ordinaires des Vaisseaux Routiers, sont dispensés de prendre des Passeports du dedans en ne passant que par les routes qui leur sont prescrites; autrement ils ne jouiront point de cette franchise.

Lesdits Maîtres seront tenus d'avoir des Lettres qui les établissent en cette qualité; qu'ils ne seront obligés de faire voir aux Commis qu'une seule fois; lesquelles Lettres se renouvelleront au moins tous les deux ans.

Ils seront néanmoins tenus de faire serment devant les Seigneurs de l'Amirauté, qu'ils ne chargeront, & ne déchargeront aucuns effets ou marchandises, dans aucun lieu hors de leur route, à peine de confiscation, & d'être traités comme parjures.

Lorsque les eaux seront fermées, lesdits Maîtres Routiers jouiront de la même franchise pour les charettes, chariots, & traîneaux, qu'ils établiront en la place de leurs Barques; laquelle franchise s'étendra aussi sur les Traîneurs ou Conducteurs de traîneaux, que les Magistrats auront trouvés à propos d'établir pour la commodité du Commerce.

Les Maîtres Routiers qui voudront transporter des effets & marchandises, le pourront faire; mais en ce cas ils ne jouiroient pas de la franchise, & seront tenus de prendre Pass-port.

Lorsque lesdits Routiers serviront à décharger les effets des Vaisseaux venant de la Mer, ils seront soumis, aussi bien que les autres alleges, aux articles CXVIII & CXIX du présent Placard.

Ce qui aura aussi lieu, lorsque lesdits Maîtres Routiers se chargeront des effets chargés sur des Vaisseaux descendans les Rivieres, ou sur charois; en telle sorte qu'au dit cas, il n'y aura aucune différence entr'eux & les autres Vaisseaux ou Bateaux.

Pourront néanmoins, sur quelque soupçon de fraude, les Commis visiter les Barques des Routiers, leurs charettes & chariots, qui alors ne pourroient être obligés d'aborder aux lieux où ils n'ont pas coutume de s'arrêter, non plus que de s'arrêter plus d'une heure.

Section XIII.

Franchises de quelques Effets ou Marchandises de peu de consequence.

Cette Section n'a qu'un article qui est le CLXXII. La franchise dont il est parlé dans cette Section, ne regarde que les denrées qui se transportent de proche en proche dans le plat Pays, seulement pour la consommation, & non pour en faire commerce. Les Colleges de l'Amirauté se réservent néanmoins le droit de faire déclarer sous serment par les Maîtres Routiers & Chartiers qui transfereront lesdites denrées d'un lieu à un autre, qu'elles ne sont point destinées, ou pour être chargées sur d'autres Vaisseaux & charettes, ou pour être portées au loin dans quelque Ville.

Section XIV.

Franchises pour le district de la Généralité, & combien loin elle s'étend.

Quinze articles composent cette Section, qui comprennent depuis le CLXXIV inclusivement, jusqu'au CLXXXIX exclusivement.

Les franchises dont il s'agit dans cette Section, sont accordées aux Habitans du plat Pays du district de la Généralité à qui il est permis d'aller sans payer de droit, & sans Passeport, chercher les mêmes denrées & marchandises qui se vendent dans les Boutiques, pourvû que ce ne soit pas journellement, & dans le dessein d'en amasser pour faire commerce, mais seulement pour leur propre consommation, à la charge néanmoins que lesdites menues Marchandises pourront être visitées sans frais par les Commis.

En second lieu, les fruits & légumes du Pays qui croissent dans le district, jouiront de la franchise lorsqu'ils seront portés sur de petits Vaisseaux; mais étant transportés vers une des Provinces-Unies, ou Villes renfermées dans ledit district,

district, ceux qui les transportent, sont tenus de prendre un Passeport du dedans, & de justifier qu'ils sont crûs dans la Généralité. En troisiéme lieu, il y a aussi franchise pour les matieres propres à la fabrique des draps & des toiles, & lorsqu'elles ont été fabriquées pour être envoyées, les draps à la teinture, & les toiles au blanchissage, dans les lieux, & sous les précautions, visites, passeports, & marques reglées & spécifiées bien au long, dans toute la présente Section.

En quatriéme & dernier lieu, ladite franchise s'étend aux Gantiers & Apprêteurs de chamois, de Bois-le-Duc & Breda, à qui il est permis sur des Passeports d'en dedans, d'envoyer leurs peaux aux Moulins pour être apprêtées; sçavoir, ceux de Bois-le-Duc, à Castrick & Halter; & ceux de Breda, à Casteren, Dommelen, & Walderen; & étant apprêtées, de les rapporter auxdites Villes.

Section XV.

Du Last-gelt ou Droit de Lest.

Cette Section contient treize articles, depuis le CLXXXIX inclusivement, jusqu'au CCII exclusivement.

Les premiers de ces articles expliquent la quotité de ce droit, & de quelle maniere se doit faire le mesurage ou jaugeage des Vaisseaux qui y sont sujets; les derniers marquent quels sont les Vaisseaux qui en sont quittes & francs.

Les Vaisseaux qui jouissent de la franchise, sont les Vaisseaux appartenans aux Compagnies Orientales & Occidentales, & à la Colonie de Surinam; non compris néanmoins ceux des Particuliers qui vont aux Indes Occidentales & à Surinam, quoiqu'ils eussent payé une reconnoissance à ces Compagnies & Sociétés.

Sont encore francs de ce droit les Bâtimens employés à la pêche du poisson frais, à la grande pêche, ou pêche des harengs, des cabillaux, & à la pêche de la baleine, y compris le détroit de David, tant qu'ils seront employés auxdites pêches.

Enfin les Vaisseaux qui par gros tems, fortune de mer, & autres perils & dangers, entreront dans les havres & ports des Provinces-Unies, pour se raccommoder ou hyverner; pourvû pourtant qu'ils ne rompent point leur charge; sur quoi le dernier article de cette Section explique ce qui doit s'entendre par rompement de charge.

Tous les autres Vaisseaux du Pays qui entrent ou qui sortent, sont sujets au droit de last-gelt; sçavoir, ceux qui sortent, à raison de cinq sols ou stuyvers par chacun last, & ceux qui entrent à raison de dix sols, lequel droit néanmoins n'est dû qu'une fois par an pour chaque Vaisseau; les Vaisseaux qui l'ont payé, restant francs pour tout le reste de l'année, quoiqu'ils fassent plusieurs voyages.

Pour le payement du last-gelt, les Maîtres des Vaisseaux qui n'ont point encore été mesurés, ou qui ne l'ont été que hors du pays, doivent les faire jauger par les Maîtres Jurés-Marqueurs de mesure, établis dans les Colleges de l'Amirauté, & en retirer un certificat ou Lettre de marque.

Les Jurés-Marqueurs sont tenus de faire le jaugeage & mesurage par eux-mêmes, & non pas s'en rapporter aux Maîtres des Vaisseaux.

Il suffit qu'un Vaisseau soit jaugé & mesuré une premiere fois; mais la Lettre de marque doit être représentée aux Officiers de l'Amirauté à chaque chargement ou déchargement: laquelle Lettre néanmoins ne peut durer que pendant deux ans, après lequel terme elle doit être renouvellée.

Le payement du last-gelt doit être à chaque fois noté au dos de l'acte, ou Lettre du mesurage.

Les Vaisseaux ne pourront être expediés qu'ils n'ayent auparavant justifié que ledit droit a été payé une fois dans l'année: ce qui sera pareillement mentionné sur la Lettre de jaugeage.

Section XVI.

Des Jugemens, confiscations & poursuites d'icelles.

Cette Section a jusques à vingt-neuf articles, dont le premier commence au CCII inclusivement, & finit au CCXXX exclusivement.

La connoissance des contraventions à la présente Ordonnance, appartient aux seuls Colleges de l'Amirauté privativement à tous autres Juges, ce qui s'entend aussi de tous excès, empêchement, & resistance à son exécution.

Non-seulement les Commis aux recherches, mais aussi toutes autres personnes sont autorisées à dénoncer les fraudes qui se commettront dans le payement & perception des Droits d'entrée & de sortie.

L'ouverture des effets saisis doit se faire en presence des Marchands à qui ils appartiennent, ou de personnes de leur part, soit devant les Colleges de l'Amirauté, soit sur les lieux où la saisie aura été faite à l'option du Marchand; lesquels effets, selon leur qualité, doivent être pesés, mesurés, comptés, pour justifier au juste en quoi consiste la fraude.

Ce qui ne se fera aux dépens du Marchand qu'en cas qu'il succombe, & que la fraude soit justifiée & jugée.

Les effets qui s'estiment, peuvent être retenus par les Commis, si l'estimation est faite à trop bas prix & même les Commis se les approprier, en en payant sur le champ la valeur sur le pied de l'estimation, & de plus un sixiéme en sus: lesquels effets leur ayant été adjugés, ils ne pourront en faire aucune composition avec les Marchands à peine de révocation, & à la charge encore du payement des droits de l'Etat, sans quoi lesdits effets ne pourront sortir.

La saisie des effets ne pourra être faite que de ceux trouvés en fraude, les autres qui seroient avec pouvant être retirés, pourvû néanmoins que l'amende soit payée.

La même chose doit avoir lieu par rapport aux Vaisseaux qui sortent, soit qu'ils soient du pays, soit qu'ils soient du dehors; sur lesquels on ne pourra saisir que les effets cachés, & non ceux qui auront été déclarés qui se trouveront avec eux, à la charge néanmoins de la consignation ou du payement de l'amende de cinq cent Florins, après quoi lesdits vaisseaux pourront partir avec lesdits effets dont la déclaration aura été faite.

Avant que la confiscation soit jugée on ne peut vendre aucun des effets saisis, à moins qu'ils ne se pussent corrompre & gâter, comme aussi les chevaux & bestiaux, après néanmoins que sur la vente des uns & des autres, les Marchands à qui ils appartiennent auront été ouis, & qu'on en aura fait afficher des billets.

Les malversations des Commis sont poursuivies par l'Avocat Fiscal des Colleges de l'Amitauté, dans le district desquels elles ont été commises. Les mêmes Fiscaux sont aussi les poursuites pour le payement des amendes, châtimens, &c. sans qu'il leur soit permis d'en faire aucune composition avec les Parties, sous peine d'en répondre en leur propre & privé nom, & de la perte de leur Office ; lesquelles compositions ne pourront avoir lieu, les Maîtres de vaisseaux, Marchands, Chartiers, &c. restant toujours obligés de payer les amendes en leur entier, & ainsi qu'elles sont portées par le present Placard.

Les Colleges de l'Amirauté sont tenus pareillement de juger sans retardement, & conformément audit Placard ; sans pouvoir nommer aucun Commissaire, ni faire aucune diminution ou remise, ne pouvant les Conseillers Commissaires de ladite Amirauté prétendre ni prendre aucune chose sur les effets saisis ou confisqués, à peine d'infamie & de privation de leurs charges.

Toutes les ventes qui se feront par l'autorité de justice & en conséquence des Sentences, sont déclarées nulles, si l'on n'en a auparavant averti le Public par des affiches & billets.

Tout le produit net des effets, vaisseaux, chariots, &c. confisqués, aussi-bien que celui des amendes adjugées sera partagé, sçavoir : un tiers pour les affaires publiques, & les deux tiers restans encore subdivisés en trois portions égales, qui seront, la premiere pour l'Avocat Fiscal, la seconde pour le Commis général du district où la saisie est arrivée ; & la troisiéme pour le dénonciateur, qui en jouira telle qu'elle puisse être, même avec promesse du secret.

Section XVII.

Exactes Observations.

Un seul article, sçavoir le CCXXX, compose toute cette Section.

Son titre fait assez connoître de quoi elle traite ; & en effet elle n'est qu'une forte exhortation aux Seigneurs Commissaires de l'Amirauté, aux Avocats Fiscaux & aux Secretaires, chacun pour ce qui les regarde, de ne point souffrir, sous quelque prétexte que ce soit, qu'il soit donné atteinte à ce présent Placard, soit par complaisance pour les remontrances qui pourroient leur être faites par les Seigneurs Etats de quelques Provinces, Magistrats des Villes, ou de quelques personnes que ce puisse être ; soit parce qu'il leur paroîtroit plus de raison dans quelques autres anciennes pratiques ou observations ; avec défenses de ne rien statuer de leur propre autorité, & sans l'aveu & consentement de leurs Hautes-Puissances, ausquelles seules en cas d'obscurité de quelques articles dudit Placard, ou de quelques observations sur icelui qui leur auront été proposées, ils pourront s'adresser pour attendre qu'il y soit pourvû : & cependant les Seigneurs Commissaires, Avocats Fiscaux & Secretaires, seront tenus de faire exécuter avec la derniere exactitude le contenu audit Placard, jusqu'à ce qu'ils ayent reçû les Résolutions de leurs Hautes-Puissances, sur leurs remontrances.

Section XVIII.

Touchant les Officiers, les Commis & les Gardes.

Les treize articles qui composent cette Section commencent au CCXXXI inclusivement, & finissent au CCXLIV exclusivement.

Les Officiers des convois & Licenten, particuliérement les Commis, sont tenus d'expédier les Marchands & autres, qui ont affaire à eux avec diligence, commodité & discrétion, à peine de suspension, & même de cassation suivant les cas.

Ceux desdits Commis qui seront convaincus de collusion ou de malversation, seront punis de peine afflictive, qui pourra aller jusqu'à la mort suivant la qualité du crime.

Tous les Commis sont tenus de demander chaque année la confirmation de leur emploi, & en cas qu'elle leur soit accordée, ils seront tenus de faire un nouveau serment.

Les Gardes qui seront mis sur les vaisseaux, veilleront exactement sur tous les effets qui se déchargeront, & seront transportés par les alleges, dont ils tiendront une note, pour la comparer avec la déclaration des Maîtres ou Pilotes.

Les Gardes convaincus d'intelligence & collusion avec les Maîtres & Pilotes des Vaisseaux ou autre malversation, seront punis, comme il est ci-devant dit des Commis.

Les Avocats Fiscaux & les Commis généraux, pourront visiter en tout tems, & examiner les Registres des Convois & Licenten, dont ils pourront tirer des extraits lorsqu'ils le trouveront à propos, lesquels extraits seront faits & délivrés sans délai, & sur la simple requisition desdits Fiscaux & Commis généraux.

Les Commis des Visites ne pourront rien exiger au delà de ce qui est reglé par la nouvelle Liste ou Tarif, dont une copie sera posée & mise dans chacun des Bureaux pour y avoir recours.

Les dénonciateurs des malversations des Commis & Gardes, jouiront de l'impunité, encore bien qu'ils en fussent complices.

Les autres articles parlent des subornations par présens ou sollicitations pour obtenir la continuation des emplois, & des peines, tant pour le suborneur que le suborné.

Section XIX et derniere.

Protéction.

Cette derniere Section contient onze articles ; sçavoir, depuis le CCXLIV inclusivement, jusques & y compris le CCLIV qui est le dernier du Placard.

Par le terme de *Protection*, qui sert de titre à cette Section, l'on entend les secours, aides & assistances, de fait ou par conseil, que sont tenus de donner pour l'exécution de cette nouvelle Liste & Tarif, & pour la sureté de la perception des droits & revenus de l'Etat, toutes sortes de personnes, ou qui ont part au Gouvernement, ou qui sont au service & à la solde de la Republique.

Du nombre des premiers sont les Seigneurs Etats des Provinces particulieres, ensemble leurs Seigneurs Commissaires, Conseillers ou *Députés-Etats* ; comme aussi les Magistrats des Villes & Places de l'Union, qui sont exhortés & priés d'offrir & prêter main-forte aux Commis, pour l'exécution du present Placard ; & sur tout de faire veiller par leurs Officiers sur la conduite des Commis des Recherches, pour empêcher toute malversation.

Du second ordre sont tous Officiers Politiques & Militaires, Gouverneurs, Commandans de Milices; même jusqu'aux simples Soldats à qui il est ordonné, sous peine de l'indignation des Seigneurs Etats Généraux des Provinces-Unies, d'empêcher, autant qu'il leur est possible, les fraudeurs qui ont coutume de passer par des chemins détournés & secrets, les prendre & conduire, s'ils tombent entre leurs mains, aux plus proches Bureaux des Convois & Licences; & pour y exciter lesdits Soldats, il leur est accordé la moitié de ce qui proviendra net des saisies qu'ils auront procurées; l'autre moitié restante, devant être partagée par portions égales, entre l'Etat ou Public, l'Avocat Fiscal & le Commis général.

Si les Commis généraux ou autres Officiers & Commis des Convois ont besoin d'être soutenus dans les fonctions de leurs emplois, ils pourront employer, pour les assurer, les Milices des Etats, tant par mer que par terre; avec commandement à tous Gouverneurs, & tous autres Commandans de les secourir de troupes lorsqu'ils en seront requis.

Défenses sont faites à toutes personnes d'injurier, maltraiter, ou empêcher lesdits Commis dans les fonctions de leur Commission, à peine de cinq cent florins d'amende, & d'être punis comme perturbateurs du repos public.

Lorsque les Commis des Recherches voudront aller en visite sur quelque Vaisseau, les Alleges, Bâtimens ou Bateaux qui seront sur leur chemin, seront obligés de leur laisser passage, sous les peines précédentes.

Enfin attendu les plaintes fréquentes faites sur l'insolence des Bateliers, le dernier article du Placard déclare que lesdits Bateliers, dans toutes les Villes où il y a des barrieres & traverses dans l'eau, ne pourront passer ou repasser, chargés ou non chargés, qu'auparavant ils ne se soient arrêtés à la plus proche Garde, sous peine de trois cent florins d'amende, & suspension du métier, au moins pour six mois.

Des salaires des Commis des Recherches.

Ce Paragraphe qui n'est point dans l'ordre des 254 articles du Placard, mais pourtant qui les suit immédiatement, regle les salaires des Commis des Recherches, qui seront égaux dans tous les Colleges de l'Amirauté; sçavoir, six sols ou stuyvers pour les sommes qui n'excederont point celle de soixante florins, & pour celles au-dessus, douze sols ou stuyvers pour chaque *Document* ou Certificat d'acquit & payement; ce qui s'entend aussi des visites des Passeports qui se feront aux dernieres Gardes.

Les salaires des Commis pour l'expédition des Vaisseaux sortans, seront d'un florin seulement pour ceux qui n'auront que le lest, & de deux florins pour ceux qui seront chargés.

A l'égard des salaires pour la visite des Passeports d'en dedans, les Commis recevront pour chacun deux sols ou stuyvers.

La nouvelle Liste ou Tarif des droits d'entrée & de sortie, ordonnée par les précédentes Résolutions & Placards, vient après.

Outre les différens droits que doivent payer chaque sorte de Marchandises, elle contient encore divers articles pour en faciliter la perception.

Ce seroit peut-être ici le lieu naturel d'en parler; mais on a crû plus à propos de la renvoyer à l'article des Listes ou Tarifs, pour que le Lecteur, en suivant simplement l'ordre alphabetique de ce Dictionnaire, pût trouver plus aisément une piece si nécessaire à ceux qui font ou qui veulent faire le commerce de Hollande.

On remarquera aisément que la traduction Françoise de cette Liste ou Tarif, n'est pas des meilleures; on a estimé cependant qu'il étoit mieux de la donner telle qu'elle est, crainte qu'en voulant en reformer le stile, on n'affoiblît les termes ou les pensées du Traducteur.

Il est vrai qu'on n'a pas eu cette délicatesse pour le Placard, mais comme on n'en a donné qu'un extrait, il n'eût pas été possible d'y conserver un stile si peu régulier & souvent si inintelligible à la plupart des Marchands François qui pourroient en avoir besoin.

RESPECT ou REPIT. Terme de commerce de mer en usage dans le Levant. *Voyez* RECHANGE.

RESPIT ou REPIT, que l'on écrit quelquefois REPY. Terme, délai, surséance que le Prince accorde aux Débiteurs de bonne foi, pour les mettre à couvert des poursuites fâcheuses de leurs Créanciers, afin qu'ils ayent le tems de se reconnoître, pour mettre ordre à leurs affaires, & payer ce qu'ils doivent.

Les Respits s'accordent de deux manieres; ou par des Lettres de la Grande Chancellerie, que l'on appelle Lettres de Respit; *Voyez* LETTRES DE RESPIT; ou par des Arrêts du Conseil, qu'on nomme ordinairement Respits par Arrêts, par lesquels Sa Majesté accorde aux Débiteurs surséance pour un certain tems, pendant lequel défenses sont faites à tous leurs Créanciers de les poursuivre en leurs personnes & biens.

Ces sortes de Respits sont proprement des Arrêts de surséances ou de défenses générales, qui ne s'accordent qu'au Conseil d'Enhaut, & pour des considérations très importantes. On les signe en commandement, aussi-bien que les Commissions sur iceux qui se scellent au grand Sceau. On les fait signifier aux Créanciers sans autre formalité; cette seule signification étant suffisante pour surseoir & arrêter le cours de toutes poursuites pendant le tems de la surséance ou des défenses accordées. Il y a cependant quelquefois des conditions portées par ces Arrêts, sans lesquelles ils ne peuvent avoir leur exécution, comme de payer les arrérages à ses Créanciers, &c.

Il faut remarquer que quoique ces Respits par Arrêts soient des graces émanées du Prince, ils ne laissent pas néanmoins de flétrir l'honneur & la réputation des Négocians qui les ont obtenus; cela les rendant incapables de pouvoir participer à aucuns honneurs, fonctions ni charges publiques, ainsi qu'il est porté par l'article 5 du titre 9 de l'Ordonnance du mois de Mars 1673, à moins que dans la suite ils ne payent entiérement leurs Créanciers, & n'obtiennent des Lettres de Réhabilitation en la Grande Chancellerie. *Voyez* REHABILITATION.

RESPONDRE. Cautionner quelqu'un, se rendre garant pour lui. Les Cautions & leurs Certificateurs répondent solidairement des dettes, faits & promesses de ceux pour qui ils s'engagent, & doivent à leur défaut les acquitter: aussi dit-on proverbialement, Qui répond paye; ce qui n'arrive que trop souvent dans le commerce, où ces réponses & cautionnemens font souvent manquer des Négocians très puissans & très riches, dont les faillites ne sont causées que par leur trop grande facilité à répondre pour autrui.

C'est un des Conseils que M. Savary Auteur du Parfait Négociant donne aux jeunes Marchands qu'il instruit, d'être réservés à répondre pour les autres, & ne pas s'engager légérement.

RESPONSE. Engagement qu'on prend pour un autre de payer en sa place une dette, ou de l'acquitter d'une chose qu'il promet en cas qu'il ne le fasse pas lui-même. On se sert plus ordinairement du mot de Cautionnement. *Voyez* CAUTIONNEMENT.

RESPONTI. Espece de Rhubarbe. *Voyez* RAPONTIC & RHUBARBE.

RESSEL. On nomme ainsi à Bordeaux le résidu du sel qui se trouve au fond des vaisseaux, après que le poisson en a été déchargé.

Ce résidu se vendoit autrefois aux Corroyeurs, & apportoit quelque profit aux Maîtres des navires; présentement ce commerce leur est défendu, & ils sont tenus de le faire jetter dans la riviere, ne leur étant pas même permis de le mêler avec le sable du fond de cale pour y servir de lest.

RESSUAGE. Terme de Monnoyeur. C'est une espece de fourneau qui sert à séparer l'argent, le plomb & le cuivre dont les culots sont composés. Il se dit aussi de l'opération par laquelle on sépare ces métaux. Dans le premier sens on dit, Porter les culots au Ressuage; & dans l'autre, Faire le Ressuage des culots. *Voyez* MONNOYAGE.

RESSUER LES CULOTS. C'est en faire le ressuage. *Voyez comme dessus.*

RESSUER LES CREUSETS. C'est lorsqu'ils ne sont plus en état de servir, en tirer les particules du métail qui peuvent s'y être attachées. On ne fait ressuer que les creusets de fer; ceux de terre se broyent & se mettent au moulin des laveures. *Voyez les articles précédens.*

RESTANT. Ce qui demeure d'un tout, quand on en a retranché une partie. La Soustraction apprend à trouver le restant de quelque nombre ou somme que ce soit, lorsqu'on en ôte un plus petit.

On dit chez les Marchands par maniere de proverbe, Qu'il faut payer le restant des anciennes parties, si l'on veut avoir crédit pour de nouvelles.

RESTAUPAGE. Ce terme qui est en usage dans tous les Pays-Bas, signifie raccommoder à l'aiguille les trous d'une toile, en imitant l'ouvrage des Tisserans sur le métier, c'est-à-dire, en traversant les fils les uns sur les autres, comme on le fait avec la navette, par le moyen des marches.

Les Flamandes surtout & les Hollandoises sont si patientes & si habiles dans ce restaupage, qu'on ne distingue point leur ouvrage d'avec celui du Tisserand, même dans les linons les plus clairs & les batistes les plus fines.

RESTAUPER. *Voyez* l'article ci-dessus.

RESTAUR. Terme de commerce de mer. C'est le dédommagement que les Assureurs peuvent avoir les uns contre les autres, suivant la date de leur police d'assurance; ou le recours que les mêmes Assureurs sont en droit de prétendre sur le Maître d'un navire, si les avaries proviennent de son fait, comme faute de bon guindage ou de radoub, & de n'avoir pas tenu son navire bien estanc.

RESTE. Signifie tout ce qui demeure de quelque chose, ou qui en fait le surplus. Le Reste d'une somme d'argent: Le Reste d'une étoffe, d'une toile, &c.

Les Marchands appellent de bons Restes, les coupons d'étoffes de deux ou trois aunes, qui se trouvent à la fin des pieces d'étoffes qu'ils vendent en détail, & dont on peut faire quelques vêtemens, comme juste-au-corps, culottes, cotillons, camisoles, &c. au contraire ils nomment de mauvais restes, les petits morceaux d'étoffes qui ne peuvent être propres que pour les Fripiers.

Il faut autant qu'il est possible éviter les mauvais Restes, si l'on ne veut pas perdre sur sa marchandise. Chez les Marchandes Lingeres il ne se rencontre jamais de mauvais Restes; car si petits que puissent être les morceaux de toile, ils se peuvent toujours mettre en œuvre dans leurs boutiques.

On dit qu'un Marchand ou Négociant joue de son reste, lorsqu'étant sur le point de faire faillite, il donne sa marchandise à vil prix, ou qu'il négocie son papier à trop de perte.

RESTE. En fait de commerce de mer on appelle le Lieu du Reste, celui de la derniere décharge des marchandises, lorsque le voyage est fini.

RESTES. Se dit en termes de comptes, de ce qui reste dû par le Comptable. Il n'est gueres en usage que dans les comptes de finances: dans ceux des Marchands on dit Debet & Reliquat. *Voyez* COMPTE.

RESTORNE. Terme de Teneur de Livres. C'est la même chose que Contreposition. Ainsi lorsqu'un Banquier ou Marchand dit à son Teneur de Livres, qu'il faut éviter les Restornes, c'est lui faire entendre, qu'il faut qu'il soit exact à ne point faire de contrepositions, c'est-à-dire, à ne pas porter sur aucun compte du grand Livre, soit en débit, soit en crédit, un article pour un autre. Quelques-uns se servent du terme d'Extorne ou d'Extorni, qui a la même signification.

RESTORNER. Contreposer un article mal porté dans le grand Livre, au débit ou au crédit d'un compte. On dit aussi Extorner. *Voyez l'article précédent.*

RÊSVE. Ancien droit ou imposition qui se leve sur les marchandises qui entrent en France, ou qui en sortent. On dit ordinairement Resve & Hautpassage: ces deux droits autrefois séparés ont été depuis réunis. *Voyez* TRAITTE FORAINE: *ces droits y sont expliqués.*

RÉSURE, autrement ROGUES, RAVES ou COQUES. Ce sont les divers noms que l'on donne aux œufs de morues, de gabillauds, de stockfisches & de maquereaux, que l'on a ramassés & salés dans des barils.

Cette marchandise vient des endroits où se fait la pêche de ces différens poissons. Elle est estimée suivant sa qualité, les lieux d'où elle vient, & la grandeur des barils. Son usage ordinaire est pour jetter dans la mer avant que de pêcher les sardines; l'appast qu'on en compose étant une espece d'yvroye qui enyvre ce poisson, qui le faisant élever du fond de l'eau, le fait donner dans les filets.

La pêche des sardines étant considérable sur les Côtes de Bretagne, on y fait aussi un assez grand négoce de Resure, particuliérement dans la Baye de Brest, à Douarvenez, à Conquerneau, à Belle-Isle, à Port-Louis & à Guiberon.

La Resure des maquereaux se vend presque toute à Port-Louis & à Guiberon, les Pêcheurs de ces endroits ayant remarqué qu'elle attire beaucoup les sardines. Dans les autres lieux il ne s'y en vend que rarement, parce que l'on prétend que les petites peaux qui l'enveloppent sont capables en s'attachant aux filets de les gâter & de les pourrir. Il seroit cependant aisé de remédier à cet inconvénient, en la passant dans un crible après l'avoir fait détremper dans l'eau.

L'art. 12 du tit. 2 du liv. 5 de l'Ordonnance de la Marine du mois d'Aout 1681, défend aux Pêcheurs d'employer de la Resure pour attirer la sardine, & à tous Marchands d'en vendre, qu'elle n'ait été visitée & trouvée bonne, à peine de 300 liv. d'amende.

R E T

RET ou RETS. Filet ou lacis de plusieurs ficelles qui forment des mailles quarrées, dont on se sert pour la chasse & pour la pêche.

Les Rets à pêcher payent en France les droits d'entrée à raison de 20 s. du cent pesant, & ceux de sortie sur le pied de 40 s.

RET ou RETS. Se dit aussi de deux longs morceaux de bois d'orme, qui composent en partie la charrue des Laboureurs, & qui servent à la remuer & à la diriger.

Les droits d'entrée des Rets de charrue sont de 25 s. le millier en nombre, & ceux de sortie de 10 s.

RETAILLES DE PEAUX, qu'on nomme aussi REYFORS. Ce sont les rogneures des peaux d'animaux qui sont propres à faire de la collesorte.

Les Retailles de peaux payent à la Douane de Lyon 6 s. de la charge; sçavoir 4 s. d'ancienne taxation, & 2 s. de réappréciation.

RETAILLES. Se dit aussi dans le commerce de la morue en détail, des petits morceaux qui restent quand on en a tiré les principales pieces. On les nomme autrement Locquets. *Voyez* MORUE.

RETEINDRE. Teindre une seconde fois. Il y a des étoffes qu'il faut reteindre d'une couleur en une autre, pour leur donner une parfaite teinture. *Voyez* COULEUR.

RETEINT. Ce qui a été mis une seconde fois en couleur.

Ces deux termes ne se disent gueres que des vieilles étoffes qu'on donne à repasser aux Teinturiers du petit teint & aux Dégraisseurs. *Voyez* TEINTURIER DU PETIT TEINT.

RETEL. Ville de France en Champagne; son commerce consiste en petites étoffes de laine, en toiles, en cuirs de Tannerie & de Mégisserie, en chapeaux, & en ouvrages de Bonneterie. Elle est du département de l'Inspecteur des Manufactures établi à Reims. *Voyez* l'Etat général, Tome I. page 22.

RETENDEUR. Terme de Manufacture de Lainage; c'est l'ouvrier qui étend & dresse les étoffes au sortir du Foulon ou du Teinturier. L'article VII du Réglement du mois d'Aout 1724, pour les droguets qui se fabriquent à Reims, porte que les Marchands qui les achetent ou les Retendeurs qui les apprêtent, seront tenus d'en couper les nœuds avant qu'ils soient portés au Foulon.

RETENDRE. Terme de Manufacture. On appelle ainsi dans les Manufactures d'Amiens, la façon qu'on donne aux étoffes de laine au retour de la teinture, en les étendant après qu'elles sont seches sur le rouleau que l'on nomme un Courroy, pour empêcher qu'elles ne se frippent, ou ne prennent de mauvais plis. *Voyez* COURROY & COURROYEUR.

RETENIR. Fouler pour retenir. Terme de Courroyeur. C'est la seconde foule ou second foulage que l'on donne aux cuirs après qu'ils ont été drillés, boutés & ébourés, suivant la qualité des peaux. Cette foule se fait avec les pieds. *Voyez* COURROYER.

RETENTIONNAIRE DE SOYE. Terme en usage dans les Manufactures des draps d'or, d'argent & de soie de Lyon. Il signifie ceux des Maîtres-Ouvriers à façon qui retiennent les soies & autres matieres, que les Marchands-Maîtres leur donnent pour être employées aux ouvrages & étoffes qu'ils leur commandent.

L'article 1 du Réglement de 1702 porte, que des six Maîtres & Gardes de la Communauté des Marchands-Maîtres & Ouvriers en soie il y en aura deux Maîtres-Ouvriers à façon, qui sçauront lire & écrire, & qui ne seront pas Retentionnaires de soie. *Voyez l'article des Réglemens pour la Ville de Lyon.*

RETENUE. On nomme ainsi dans la Bourse commune des Marchands de Toulouse, le choix ou nomination que les Prieur & Consuls sont tenus de faire chaque année de soixante Marchands, pour être Juges-Conseillers de ladite Bourse, & assister aux Jugemens qui se rendent dans cette Jurisdiction. *Voyez* JUGES-CONSEILLERS DE LA RETENUE.

RETIRATION. Les Imprimeurs disent qu'ils sont en retiration, quand ils impriment le second côté d'une feuille, c'est-à-dire, le côté opposé à celui qui vient d'être imprimé. *Voyez l'article suivant.*

RETIRER, en termes d'Imprimerie. C'est achever d'imprimer une feuille, la tirer de l'autre côté.

Pour bien retirer un ouvrage, il faut exactement observer le regiſtre, c'est-à-dire, remettre les pointes du grand tympan précisément dans les trous qu'elles ont fait au papier en imprimant la premiere forme, des deux qui sont nécessaires pour chaque feuille.

On appelle aussi Retirer une lettre, un caractere, les ôter de la forme avec un petit poinçon de fer, pour y en remettre d'autres suivant les corrections des premieres épreuves. *Voyez* IMPRIMERIE.

RETONDRE. Terme de Manufacture, qui signifie tondre de nouveau, tondre une seconde fois.

On retond une piece de drap, quand le poil en est encore trop long, & qu'il n'a pas été tondu d'abord d'assez près. On retond aussi toutes sortes de draperies & étoffes de laine tirées à poil avec le chardon.

RETORDEMENT. Terme de Manufacture, qui ne se dit gueres que des soies. Les soies fines doivent avoir six points de Retordement, qui est vingt sur quatorze; & les communes de point sur point, qui est de seize sur seize, & de quatorze sur quatorze. *Voyez* SOYE.

RETORDRE. Assembler plusieurs filets de soie, de laine, de poil ou de fil pour les doubler & les rendre plus forts, & en faire une espece de petite ficelle. Les guipures, qui sont une sorte de dentelle, se font de fil retord ou de soie retorse.

RETORDEUR. Les Retordeurs dans la Sayetterie d'Amiens sont des Ouvriers qui retordent les fils avec des moulins à bras faits exprès pour cet usage. Ils ne font point de Corps de Communauté, & n'ont point de Maîtrise.

RETOUPER. Terme de Potier de terre. C'est refaire un ouvrage qui a été manqué. *Voyez* POTIER DE TERRE.

RETOUR. Se dit en terme de commerce, des marchandises qui sont apportées d'un Pays où il en avoit été envoyé d'autres. Ce Marchand avoit envoyé des toiles en Espagne, & pour son retour il a eu des laines. Il faut qu'un Négociant envoye dans les Pays étrangers des marchandises qui y soient nécessaires & de prompt débit; & que celles qui lui sont envoyées en retour soient utiles & de bonne vente pour les lieux où il les destine. Il ne faut qu'un bon retour à un Marchand pour le mettre à son aise; au contraire un mauvais retour peut causer sa ruine.

RETOUR. Se dit aussi des vaisseaux marchands envoyés pour commercer dans les Pays étrangers & éloignés, qui reviennent chargés de marchandises de ces Pays. On attend toujours avec impatience en Espagne le retour des gallions & de la flotte. La Compagnie des Indes Orientales de France a eu cette année un retour favorable. En Hollande chacun se réjouit de l'heureux retour des vaisseaux de la Compagnie des Indes, parce que les Grands & les Petits y ont intérêt.

RETOUR. Signifie encore un supplément de prix, quand on troque ou qu'on échange des marchandises les unes contre les autres, qui ne sont pas d'une valeur égale. J'ai troqué dix pieces de toiles contre dix pieces de droguets, il m'a été donné de retour deux cens livres argent comptant.

RETOURNER. Terme de Chandelier. Il signifie donner la seconde trempe à la chandelle. *Voyez* CHANDELLE COMMUNE OU PLONGÉE.

RETOURNOIS, qu'on nomme aussi BASTONS A GANTS. *Voyez* TOURNE-GANTS.

RETOURS. Les Tissutiers-Rubaniers appellent les Retours de leur métier, certaines cordes ou ficelles qui servent à hausser ou baisser les maillons de la chaîne. Ces ficelles sont placées horisontalement des deux côtés sous la main de l'Ouvrier avec un bouton de bois au bout pour les tirer quand il en est besoin: celles du côté droit servent à ouvrir la chaîne, celles du gauche la referment. *Voyez* TISSUTIER-RUBANIER.

RETRAITE. Terme de Tanneur & de Hongrieur. *Voyez* METTRE EN RETRAITE.

RETRAITE. Terme de commerce de lettres de change. C'est une somme tirée sur quelqu'un & par lui retirée sur un autre. Les traites & retraites ruinent les Négocians. *Voyez* TRAITE.

RETREINDRE. Terme de Fondeur qui veut dire la même chose qu'Emboutir. *Voyez* EMBOUTIR.

RETRIBUTION, ou CONTRIBUTION. Terme de commerce de mer. C'est la répartition qui se fait du prix & valeur des choses jettées en mer pour éviter le naufrage ou la prise d'un vaisseau Marchand sur le corps du vaisseau, sa cargaison & son fret. Le titre huit des Ordonnances de la Marine de France de 1681 & 1684 contient en 22 articles des Réglemens pour cette rétribution. On les rapporte ailleurs. *Voyez* CONTRIBUTION.

RETZ. Mesure de continence dont on se sert pour mesurer les grains à Philippeville & à Givets.

Le retz de froment pese à Philippeville 55 liv. poids de marc; celui de méteil 54 liv. celui de seigle 52 ½, & celui d'avoine 30 livres.

A Givets le retz de froment pese 47 liv. de méteil 46, & de seigle 45 liv.

RETZE. On nomme ainsi à Bapaume & dans le reste de l'Artois les linons rayés. Ils sont du nombre des toilettes ou batistes & linons écrus, dont il se fait un assez grand commerce par les Marchands de cette Ville. *Voyez* TOILETTES.

REV

REVEL, Ville de la Livonie Suédoise. Son commerce est le même que celui de Riga. *Voyez* le commerce de Riga, dans l'Etat général, Tome I. page 296.

REVENDEUR, REVENDEUSE. Qui fait métier de revendre.

On appelle à Paris Revendeuses à la toilette, certaines femmes dont le métier est d'aller dans les maisons revendre les hardes, nipes & bijoux dont on se veut défaire. Elles se mêlent aussi de vendre & débiter en cachette, soit pour leur compte, soit pour celui d'autrui, certaines marchandises de contrebande ou entrées en fraude, comme étoffes des Indes, toiles peintes, dentelles de Flandre, &c.

Ce dernier négoce que font les Revendeuses à la toilette a été trouvé si pernicieux pour les droits du Roi & pour le bien des Manufactures du Royaume, qu'il y a plusieurs Arrêts & Réglemens qui prononcent des peines considérables contre celles qui le font.

On nomme ces sortes de femmes Revendeuses à la toilette, parce qu'elles se trouvent pour l'ordinaire le matin à la toilette des Dames pour leur faire voir les marchandises & choses qu'elles ont à vendre, & encore parce qu'elles portent ordinairement les marchandises enveloppées dans des toilettes.

Les Crieuses de vieux chapeaux sont des Revendeuses de vieilles hardes; comme les Marchands Fripiers sont des Revendeurs de vieux meubles, & d'autres semblables marchandises. *Voyez les articles des uns & des autres.*

REVENDICATION, ou VENDICATION. Action par laquelle on a droit de demander la restitution d'un meuble ou d'une marchandise qui nous appartient. Il y a des cas où la revendication peut avoir lieu, & d'autres où elle ne sçauroit être admise. C'est ce que l'on pourra voir dans l'article suivant.

REVENDIQUER, ou VENDIQUER. C'est-à-dire, redemander, reclamer, répéter ou saisir par autorité de Justice des meubles ou des marchandises sur lesquelles on a un droit ou une hypoteque particulier & certain.

Les choses mobiliaires dont les marchandises sont du nombre, n'ont point de suite par hypoteque quand elles sont hors de la possession du débiteur, c'est-à-dire, qu'on ne peut les revendiquer ou reclamer lorsqu'elles ont passé dans les mains d'une tierce personne. *Art. 170 de la Coutume de Paris.*

Les Receveurs des Consignations ou autres personnes publiques ne peuvent revendiquer les deniers comptans & ceux provenans de la vente des meubles & autres effets mobiliers d'un Marchand ou Négociant qui a fait faillite. *Art. 9 du tit. 11 de l'Ord. du mois de Mars 1673.*

On ne peut saisir ni revendiquer aucunes marchandises & autres choses réputées meubles lorsqu'elles ont été vendues à l'encan en place publique par autorité de Justice.

Les marchandises & autres choses mobiliaires volées peuvent se revendiquer en quelques mains qu'elles se trouvent.

Dans les faillites ou banqueroutes un créancier est bien reçû à revendiquer sa marchandise, pourvû qu'elle se trouve encore en nature sans altération, & revêtue de toutes les marques & enseignemens qui peuvent faire connoître avec certitude que c'est lui qui a vendu la marchandise & qu'elle lui appartient légitimement.

Les Jurés-Vendeurs ou Marchands de vin ont la faculté de reclamer ou revendiquer le vin avant la vente, & de le reprendre en payement du prix qu'ils affirment leur être dû, pourvû que le vin qu'ils reclament ait été vendu sur les places publiques, qu'il soit revendiqué dans le mois, & qu'il ait été reconnu, le Fermier des Ayes présent ou duement appellé. *Ordonn. des Aydes du mois de Juin 1680, article 16 du titre 8 des Contraintes pour le gros.*

REVENDRE. Vendre ce qu'on a auparavant acheté. Les Marchands Détailleurs ou Boutiquiers revendent en détail les marchandises qu'ils ont achetées en gros des Marchands Grossiers ou Magasiniers. La profession des Marchands Fripiers n'est autre chose que de revendre bien cher au public ce qu'ils ont acheté à bon marché du même public.

REVENIR. Se dit en terme de commerce, du profit que l'on fait ou que l'on espere retirer d'une entreprise, d'une société, de la cargaison d'un vaisseau ou autre affaire de négoce. Il me reviendra tous frais payés mille écus de la vente de mes Bleds. Vous ne me donnez pas mon compte, il me doit revenir encore cent écus.

REVENIR, en terme d'Arithmétique & de Teneurs de livres. Se dit du total que plusieurs sommes additionnées ensemble produisent. Voyez à combien reviennent ces articles ; le premier chapitre de dépense revient à dix mille livres.

REVENIR. Se dit encore de ce qu'il en coute pour l'exploitation d'une chose, pour l'achat & l'armement d'un vaisseau, pour la façon d'une étoffe, &c. Ce velours me revient à dix écus ; l'armement de l'Amphitrite reviendra à cent mille livres, &c.

REVENIR. Se dit aussi proverbialement. L'on dit à tout bon compte revenir, pour signifier qu'il ne faut point craindre de recompter quand on s'est trompé la premiere fois ; ou bien qu'il n'y auroit rien à perdre, quoiqu'il y eût erreur dans un compte.

REVENTE. Vente réiterée. On nomme ordinairement Marchandises de revente celles qui ne sont pas neuves & qui ne s'achettent pas de la premiere main, comme celles qui se trouvent chez les Marchands Fripiers, ou qui sont dans les mains des Revendeuses.

REVENU. Donner le revenu aux aiguilles ou les faire revenir. Terme de Faiseur d'aiguille. C'est les mettre dans une poêle sur un feu plus ou moins vif suivant la grosseur des aiguilles, après qu'elles ont reçu la trempe, afin de leur donner du corps. *Voyez* AIGUILLES, *où l'on parle de leur fabrique.*

REVERS. Terme de Paveurs. On appelle Revers de pavé le côté du pavé dont la pente aboutit au ruisseau ou égout des rues.

REVESCHE. Etoffe de laine grossiere non croisée & peu serrée, dont le poil est fort long, quelquefois frisé d'un côté, & d'autres fois sans frisure suivant l'usage à quoi elle peut être destinée. Cette étoffe se fabrique sur un métier à deux marches de même que la bayette ou la flanelle, à quoi elle a quelque rapport, surtout quand elle est de bonne laine & qu'elle n'est point frisée.

Autrefois presque toutes les revêches qui se voyoient en France venoient d'Angleterre ; mais depuis que les Manufacturiers François se sont avisez de les contrefaire, particuliérement ceux de Beauvais & d'Amiens, les Anglois n'en ont presque plus envoyé.

Les revêches de Beauvais se distinguent en revêches du grand corps que l'on appelle aussi Revêches façon d'Angleterre, & en revêches du petit corps. Celles du grand corps doivent être composées au moins de trente portées de vingt-huit fils chacune, & avoir au sortir du moulin au moins vingt & une aunes de longueur sur trois quartiers d'aune de large ; il est cependant permis d'en faire de plus larges à l'imitation de celles d'Angleterre que l'on nomme Revêches au grand corps.

Les revêches du petit corps qui sont moins estimées que les autres, la laine en étant moins fine & l'étoffe plus grossiere, ne doivent point exceder le nombre de vingt-sept portées à vingt-huit fils chaque portée, & leur largeur doit être au moins de demi-aune demi-quart sur vingt & une aunes de longueur aussi au moins, le tout mesure de Paris. *Art. 23 & 47 des Statuts & Réglemens de la Draperie & Sergetterie de la Ville de Beauvais de l'année 1667.*

Les revêches d'Amiens que ceux du Pays nomment aussi Boiës, sont distinguées en revêches larges, en revêches moyennes, & en petites revêches.

Suivant les articles 231, 232 & 233 des Statuts de la Sayetterie de ladite Ville du mois d'Aout 1666, les premieres doivent être faites à seize buhots vingt-huit portées au nombre de neuf cens fils de la largeur de trois quartiers & de longueur de vingt-trois aunes hors de l'étille, pour revenir toutes foulées, parées & apprêtées à vingt aunes ou vingt aunes & demi.

Les secondes doivent être faites en seize buhots vingt-quatre portées de largeur de trois quarts & demi un seiziéme, & de pareille longueur que les précédentes hors de l'étille, pour revenir toutes apprêtées à trois quartiers ou environ de large & à vingt aunes ou vingt aunes & demie de long ; & les dernieres doivent être faites en seize buhots & vingt-deux portées de largeur de trois quarts & demi moins un demi-seize sur l'étille, & de vingt-trois aunes de long, pour revenir toutes foulées à demi-aune de large & à vingt aunes de long au moins, le tout aune de Roi, ce qui doit s'entendre aune mesure de Paris.

Il faut remarquer que dans les Réglemens généraux des Manufactures faites en Aout 1669, il n'y est fait aucune mention des revêches.

Les revêches payent les droits de sortie du Royaume & des Provinces réputées étrangeres, sur le pied de trois livres du cent pesant, comme petits draps ; & pour ce qui est de l'entrée, elles doivent payer à raison de tant pour cent de leur valeur, suivant l'estimation, attendu qu'elles ne sont point tariffées, sçavoir 5 livres pour les revêches qui se fabriquent dans le Royaume, & 10 livres si elles viennent des Pays étrangers, conformément au Tarif de 1664.

Les droits de la Douane de Lyon sont :

Pour les revêches de Poitou 7 s. 6 d. & pour les revêches de Florence 6 liv. 13 s. 4 d. la piece d'ancienne taxation, & 6 liv. de nouvelle réapréciation.

Les revêches se fabriquent ordinairement en blanc, & sont ensuite teintes en rouge, bleu, jaune, verd, noir, &c. On s'en sert à doubler des habits, particuliérement ceux pour les troupes de Sa Majesté très-Chrétienne; les femmes en doublent des jupons pour l'hyver, les Miroitiers en mettent derriere leurs glaces pour en conserver l'étain, les Coffretiers-Malletiers en garnissent le dedans des coffres propres pour la vaisselle d'argent, & les Gainiers s'en servent à doubler certains étuis.

REUGNAY, en Touraine. L'on y fabrique des droguets & des tiretaines. *Voyez* l'Etat général du Commerce, Tome I. page 92.

REVIQUÉE. Etoffe de laine reviquée, c'est celle qui a été dégorgée de son trop de teinture. Ce terme n'est en usage que dans les Manufactures de lainages de Picardie, particuliérement à Amiens; ailleurs on dit Dégorgée au lieu de Reviquée. *Voyez les articles suivans.*

REVIQUER. Se dit des étoffes de laine quand on les fait passer par la foulerie ou qu'on ne fait simplement que les laver à la riviere pour les nétoyer & dégorger, de ce qu'elles ont trop pris de teinture, afin qu'elles ne puissent barbouiller. *Voyez* DEGORGER.

REVIQUEURS. Nom que les Manufacturiers Picards, particuliérement ceux d'Amiens, donnent aux Ouvriers qui reviquent ou dégorgent les étoffes de laine de leur teinture; c'est ce qu'on appelle en d'autres lieux suivant les différentes Provinces, Foulons, Fouleurs, Foulonniers ou Mouliniers.

REY

REYFORT. C'est ainsi que sont nommées dans le Tarif de la Douane de Lyon les retailles des peaux qui servent à faire la colle forte. *Voyez* RETAILLES.

REYGNIE, ou **REGNY.** Sorte de toile qui se fait dans le Beaujolois. *Voyez* TOILE, *où il est parlé de celles de cette Province.*

REYNE. On nommoit autrefois Herbe à la Reine ce qu'on nomme plus ordinairement du Tabac. *Voyez* TABAC.

Point à la Reyne, c'est du point dont le toilé n'est pas brodé. *Voyez* POINT.

On appelle Ceinture de la Reine un ancien droit qui se leve à Paris sur différentes sortes de marchandises, particuliérement sur le charbon qui y arrive par eau.

REZ

REZAL. Mesure de continence pour les grains, dont on se sert en Alsace & en quelques lieux des Provinces voisines.

A Brisac le rezal de froment pese 164 liv. poids de marc, de méteil 162, & de seigle 158.

A Colmart le rezal de froment pese 160 liv. de méteil 156, de seigle 154.

A Scelestat le rezal de froment pese 168, de méteil 166, de seigle 164.

A Sainte Marie aux mines le rezal de froment pese 178 liv. de méteil 175, de seigle 176.

A Strasbourg le rezal de froment pese 160 liv. de méteil & de seigle autant, & d'avoine 104.

A Hagueneau le rezal de froment pese 165 liv. de méteil 160, de seigle 155, d'avoine 112.

A Wissembourg le rezal de froment pese 164 livres, de méteil 162, de seigle 159, & d'avoine 104.

A Listemberg le rezal de froment pese 184 livres, de méteil 183, de seigle 181, d'avoine 104.

A Nancy le rezal de froment pese 174 livres, de méteil 173, de seigle 172, & d'avoine 144.

A Longwy on se sert aussi du rezal de Nancy, mais plus fort de deux livres. Il y a une autre mesure qu'on appelle Bichet. *Voyez* cet article.

A Saverne le Rezal de froment pese 170 liv. de méteil 165, de seigle 160.

A Huningue le rezal de froment pese 163 liv. de méteil 160, & de seigle 159 livres.

Les évaluations ci-dessus sont toutes au poids de marc.

RHA

RHAA. Nom que les Habitans de Madagascar donnent à l'arbre qui produit la gomme appellée chez les Epiciers-Droguistes Sang de dragon. *Voyez cet article.*

RHAPONTIC, qu'on nomme aussi Rupontic & Responti. Racine que les Epiciers-Droguistes substituent quelquefois à la rhubarbe; sa plante qui croît à ce qu'on dit le long du Tanais, est une espece de Lapathun. On estime cette racine astringente & propre à arrêter le cours de ventre. *Voyez ci-devant* RAPONTIC *& ci-après* RHUBARBE.

RHU

RHUBARBE, ou **RHEUBARBE.** Racine d'un grand usage dans la Médecine, & à laquelle l'on attribue des vertus & des propriétés extraordinaires.

Il est étonnant vû le commerce considérable qui se fait en France de cette drogue, qu'on y connoisse si peu le véritable lieu où croît la plante que produit & que nourrit cette racine; les uns disent qu'elle vient dans le Royaume de Boutan aux extrémités de l'Inde, les autres qu'on la trouve dans les Provinces de Xensi & de Suchen dans la Chine, d'où elle passe en Turquie par le moyen des Marchands du Thibet & du Mogol, & de là en France par les Négocians de Marseille; d'autres la font naître sur les confins de la Moscovie, & d'autres seulement dans la Perse.

Il est certain que la Rhubarbe n'étoit point connue des Anciens, & leur Rapontic ou Raponticum qui à la vérité en approche assez, n'est point la véritable Rhubarbe. La vraie Rhubarbe pousse des feuilles larges & cotonnées, puis naissent de petites fleurs incarnates en formes d'étoiles, après lesquelles vient la semence. Cette racine nouvellement tirée de terre est grosse, fibreuse, noirâtre par dessus & d'un rouge marbré au dedans; quand elle est séche elle change de couleur & devient jaune en dehors, & au dedans de couleur de noix muscade.

Il faut la choisir nouvelle, en petites pieces unies, raisonnablement solides & pesantes, d'un gout astringent & un peu amer, & d'une odeur agréable & aromatique. La bonne Rhubarbe trempée dans l'eau lui donne une teinture approchante de celle de safran, & quand elle est cassée sa couleur est vive & un peu vermeille.

Quelques Marchands Epiciers & Droguistes ont l'art de renouveller leurs vieilles racines de Rhubarbe en leur donnant une teinture jaune; mais on s'en apperçoit aisément en les maniant, la poudre dont on les a jaunies s'attachant aux doigts.

On tire un extrait de Rhubarbe, & l'on en fait un

un sel fixe, desquels on raconte des propriétés miraculeuses.

Il y a une espece de Rhubarbe qui vient de l'Amérique & dont les plantes qui en ont été apportées en France s'y cultivent & s'y élevent heureusement; elle est assez semblable à la Rhubarbe de Levant quand on l'a séchée & ratissée, & il seroit à souhaiter qu'on en fit des expériences, pour découvrir si elle en a la vertu comme la figure.

La Siberie, grande Province de l'Empire du Czar, produit aussi quantité d'excellente rhubarbe. Les Moscovites n'en connoissoient pas d'abord la valeur, & ne la vendoient qu'un grif ou dix copecs la livre. Mais un Marchand de Hambourg ayant acheté trente mille roubles le droit de la vendre seul, il en transporta une grande quantité à Hambourg & en Hollande, qu'il vendit jusqu'à huit richedales la livre; ce qui ouvrit les yeux des Moscovites sur le véritable prix de cette drogue.

Les Moscovites ont depuis voulu en faire eux-mêmes le commerce, mais ils n'y ont pas réussi, & celle qu'ils envoyerent en Hollande en trop grande quantité & qu'ils voulurent vendre trop cher, ne put être débitée à Amsterdam où elle resta à se gâter dans les Magasins, les Hollandois pouvant aisément se passer de la rhubarbe de Siberie, surtout depuis qu'ils se sont avisés d'en beaucoup apporter des Indes Orientales, où elle ne coute point tant, & est meilleure.

Pour ce qui est du rapontic, quoique ceux qui envoyent la Rhubarbe à nos Epiciers & Droguistes de Paris, y mêlent souvent de la racine du premier, il est aisé d'en faire la différence, la Rhubarbe étant ordinairement en morceaux presque ronds, dont les lignes internes sont transversales, & le Rapontic en morceaux longs dont les lignes qui sont rougeâtres vont en long, outre que la Rhubarbe machée ne laisse aucune viscosité dans la bouche, ce que ne fait pas le rapontic.

La rareté du rapontic du Levant lui fait quelquefois substituer le rapontic de montagne, autrement Rhubarbe des Moines, qui est un hypolapathum sauvage, qui a ses feuilles grandes, mais moins rondes que l'hypolapathum qu'on cultive dans les jardins; mais les Connoisseurs ne s'y trompent point; le rapontic du Levant est jaune au dehors & rougeâtre-marbré au dedans, & le rapontic de montagne est noir & chagriné par dessus, & jaune par dedans sans aucune marbrure.

La Rhubarbe paye en France les droits d'entrée à raison de 60 liv. le cent pesant, conformément au Tarif de 1664.

Les droits de la Douane de Lyon sont de 8 liv. 2 s. 6 d. le quintal d'ancienne taxation; 6 liv. 17 s. 6 d. de nouvelle réapréciation, & 50 liv. pour les anciens quatre pour cent.

La Rhubarbe est du nombre des marchandises venant du Levant, qui payent vingt pour cent de leur valeur, outre les droits ordinaires, suivant l'Arrêt du Conseil du 15 Aout 1685.

RHUBARBE DES MOINES. *Voyez ci-dessus* RHUBARBE.

RHUBARBE BLANCHE. *Voyez* MECHOACAM.

Commerce de la Rhubarbe à Amsterdam.

On vend à Amsterdam deux sortes de Rhubarbe: de la Rhubarbe du Levant, & de la Rhubarbe de Moscovie; l'une & l'autre s'achette à la livre & se tare au poids: elles donnent deux pour cent de déduction pour le bon poids, & autant pour le prompt payement.

La Rhubarbe du Levant coute depuis 5 jusqu'à 8 Florins la livre, & celle de Moscovie, depuis 3 jusqu'à 5 Florins.

RIA

RIABAULS SMALS. Toiles de coton de petite qualité qui viennent des Indes Orientales: elles sont ordinairement blanches. Leur longueur est de neuf aunes, & leur largeur d'une demie aune

RIB

RIBAUDURE. Espece de faux pli ou bourlet qui se fait aux draps de laine lorsqu'on les fait fouler. *Voyez* LIZER.

RIBLON. Sorte de marchandise dont il est fait mention dans le Tarif de la Douane de Lyon de 1632.

Le riblon paye les droits de cette Douane à raison de 8 s. le millier pour l'ancienne taxation, & quatre s. pour la nouvelle réapréciation, ou 2 s. le quintal & 1 s. pour la réapréciation.

RIBODAGE. Terme de Marine qui se dit du dommage que les vaisseaux Marchands peuvent recevoir en s'abordant l'un l'autre; ce dommage se paye ordinairement par moitié. *V.* ABORDAGE.

RIBORDAGE. C'est ce qui est réglé pour le dommage qu'un navire Marchand peut faire à un autre en changeant de place, soit dans un port soit dans une rade. *Voyez comme dessus.*

RIC

RICH. Espece de loup cervier qui se trouve en Pologne & en Lithuanie dont la fourrure est très riche, très fine, & très belle. Il se trouve aussi de ces animaux en Perse & en Suede, mais les uns & les autres different par la couleur. Ceux de Perse ont un fond blanc avec des mouchetures ou taches noires; leur poil est long, fin, & fourni. Ceux de Suede sont rougeâtres, & ceux de Pologne & de Lithuanie d'un beau gris de fer.

Ils se ressemblent tous par la figure & par la férocité, ayant la tête d'un chat & la cruauté d'un tigre. C'est une des plus belles fourrures dont il se fasse commerce dans les Pays du Nord; aussi se vendent-elles un prix excessif, la seule fourrure d'une robe allant quelquefois à plus de trois cens écus.

RICHARD. Fil de Richard, c'est du fer qu'on a fait passer par les trous d'une filiere. *Voyez* FIL DE FER.

RICHARD. Se dit aussi d'un Marchand qui a amassé de grands biens dans le commerce; qui est extrêmement riche.

RICHE, qui a beaucoup de biens. Cet homme s'est fait riche en peu de tems par le commerce de mer. Ce Marchand seroit riche s'il ne dissipoit point ce qu'il gagne par ses débauches & son jeu.

RICHE. Se dit aussi d'un pays où il se trouve en abondance ce qui contribue à enrichir ou ses habitans, ou les étrangers qui y font commerce. Les Indes d'Orient sont riches en épiceries, & celles d'Occident en mines d'or & d'argent. La France est un pays si riche en toutes les choses absolument nécessaires à la vie, qu'elle pourroit aisément se passer des marchandises étrangeres.

RICHE. Se dit encore des étoffes dans la fabrique desquelles il entre beaucoup d'or & d'argent.

RICHEDALE. Monnoie d'argent qui se fabrique dans plusieurs Etats & Villes libres d'Allemagne.

Il s'en fait aussi en Flandres, en Pologne, en Danemarc, en Suede, en Suisse & à Geneve.

Il y a peu de différence entre la Richedale & le Daller, autre espece aussi d'argent qui se frappe pareillement en Allemagne, soit pour le poids, soit pour le titre, valant également soixante sols de France, ou la piece de huit d'Espagne.

Il n'y a gueres de monnoie qui ait un plus grand cours & plus universel que la Richedale. Elle sert également dans le commerce du Levant, du Nord, de Moscovie & des Indes Orientales; & l'on ne peut dire combien il s'en embarque sur les vaisseaux de diverses Compagnies qui entreprennent les voyages de long cours.

Les quatorze Richedales de Banque pesent justement une livre à Archangel lorsqu'elles ont tout leur poids. Autrefois elles y valoient depuis 52 jusqu'à 54 copecs, parce qu'un copec revenoit environ à un sol de Hollande, mais à présent elles en valent davantage.

On a longtems payé les droits d'entrée à Archangel seulement en Richedales. Depuis la fin du 17e siécle ils se payent en toutes sortes d'especes, même en barres d'argent: mais si le payement se fait en Richedales, & qu'elles soient légeres, il faut ajouter au poids ce qui manque des quatorze à la livre.

Toutes les Richedales ne se reçoivent pas aux Indes sur le même pied & pour la même valeur. Elles s'y pesent & doivent être du poids de 77 vals chacune; & si elles ne les pesent pas, celui qui les vend doit faire bon du poids. Sur ce pied-là on donne 214 Roupies pour cent Richedales de Flandres; & 216 & un quart pour celles d'Allemagne, de Suede & de Pologne. La Roupie vaut trente sols monnoie de France.

LA RICHEDALE est aussi une monnoie de compte, dont plusieurs Négocians & Banquiers se servent pour tenir leurs Livres. Cette maniere de compter est particuliérement en usage en Allemagne, en Pologne, en Danemarc, à Berlin, &c. Presque partout la Richedale de compte est sur le pied de l'écu de France valant trois livres tournois, & est composée de 48 Lubes; chaque Lube de 15 deniers aussi de France. Il y a néanmoins quelque différence dans quelques Villes, comme à Nuremberg où elle vaut 62 sols 6 den. ou cent kreux, le kreux de 8 den. de France.

RICHELIEU, petite Ville de France dans la Touraine. On y fait des étamines & des serges. *Voyez* l'Etat général, Tome I. page 92.

RICHESSE. Ce qui rend un pays riche; ce qui met un homme à son aise. Ce Négociant a des richesses immenses. La richesse d'un Etat consiste principalement dans son commerce, les Manufactures & la Navigation.

RICIONOIDES ou HELIOTROPIUM. Les Botanistes nomment ainsi une plante propre à la teinture, qu'on appelle plus communément Tournesol ou Maurelle. *Voyez* TOURNESOL.

RID

RIDE, qu'on nomme autrement Philippes ou Philippus. Monnoie d'or qui a encore quelque cours en Flandres. Cette monnoie y a été frappée du tems & au coin des anciens Comtes de Flandre. Elle pese 2 den. 12 grains, & ne tient de fin que 13 carats.

RIERMONT, Village de Beauvoisis, où il se fait de grosses serges; elles sont de la qualité de celles de Tricot, & se vendent sous leur nom. *Voyez* TRICOT dans l'Etat général, Tome I. page 18.

RIEUSMES, l'Isle Jourdain, & Saint-Lis, sont trois lieux du Département de l'Inspecteur des Manufactures de Montauban plus connu par le grand nombre de leurs Foires, que par leurs Fabriques d'étoffe. *Voyez* l'Etat général, Tome I. page 36.

RIF

RIFFY, sorte de coton qui vient d'Alexandrie par la voie de Marseille. Le coton Riffy se vend jusqu'à soixante & quatre livres le quintal.

RIFLART. C'est une espece de Rabot à deux poignées dont se servent les Menuisiers & les autres Ouvriers en bois. Il sert à dégrossir la besogne, sur-tout quand le bois est gauche ou noueux. Le fer du Riflart, pour qu'il enleve de plus gros copeaux, & qu'il morde davantage, est un peu arrondi.

Ce que les Charpentiers appellent une Galere, dont les Menuisiers se servent aussi pour le bois difficile, est un vrai Riflart, à la réserve qu'il est plus court; qu'au lieu de poignée, il a deux fortes chevilles qui en traversent le fust par les deux bouts, & qu'il faut deux hommes opposés l'un à l'autre pour le pousser.

RIFLART. C'est aussi un des outils des Tailleurs de pierre. Celui-ci est de fer en forme de ciseau très large par en-bas, & un peu rabattu en chamfrin; il a des dents, ce qui fait qu'on l'appelle communément, Riflart Berté. Son manche est de bois, & il se pousse à la main; il y en a de plusieurs grandeurs.

RIFLART. C'est aussi une espece de laine la plus longue de toutes celles qui se trouvent sur les peaux de moutons non apprêtées. Elle sert aux Imprimeurs à remplir ces sortes d'Instrumens qu'ils appellent Bales, avec lesquelles ils prennent l'encre qu'ils employent à l'impression des livres. *Voyez* LAINE. *Voyez aussi* BALES.

RIFLOIR. Espece de Lime un peu recourbée par le bout. Les Sculpteurs, les Graveurs sur acier, les Serruriers, les Arquebusiers, Eperonniers, Couteliers, &c. ont des Rifloirs, mais un peu différens les uns des autres, soit pour leur forme, soit pour la longueur.

Les Arquebusiers appellent aussi Rifloir, un outil d'acier de huit à dix pouces de longueur tourné en vis par le milieu, applati par les deux extrêmités qui sont un peu coupantes: c'est une espece de racloir qui peut aussi servir de Brunissoir.

RIG

RIGA, Capitale de la Livonie. *Voyez* le détail de son Commerce dans l'Etat général, Tome I. page 295.

RIGISCH. Monnoie de compte dont on se sert à Riga pour tenir les Livres des Marchands. La Richedale se divise en 15 Rigischs, & le Florin de Pologne en cinq. Le Rigisch se nomme aussi quelquefois Marc.

RIO

RIO-JANEYRO, Capitainerie des Portugais dans le Bresil. *Voyez* le détail de ses productions, & de ce que ses habitans fournissent aux Espagnols de Buenos-Ayres en échange de ce que ceux-ci leur donnent, dans l'Etat général, Tome I. page 539.

RIP

RIPE. Outil de Maçon, de Tailleur de pierre & de Sculpteur qui sert à gratter un enduit, ou de la pierre, ou une figure. La Ripe des Maçons est une espece de fer en forme de queue d'irondel dentelée, ou une sorte de petite truelle triangulaire, qui a des dents d'un côté, qu'on appelle plus communément Truelle Bettée ou Bettellée. Celle des Tailleurs de pierre est plus large, mais peu différente de celle des Maçons. Pour celle des Sculpteurs c'est un cizeau plat un peu courbé par le bout, & dentelé du côté qu'il a convexe. Ces trois Ripes sont à manches de bois. Il y a aussi des Ripes sans dents qui ne sont que des fers un peu larges pliés en équerre, tranchants & emmanchés de bois.

RIPER. Se servir de la Ripe: ratisser & gratter la pierre avec la Ripe.

RIPPER. Terme usité dans les Douanes & sur les ports des rivieres, particuliérement à Paris. Il signifie faire couler à force de bras sur les brancards d'un acquet, les balles, caisses ou tonnes de marchandises, pour les charger plus facilement.

RIS

RIS ou RIZ. Plante qui produit une semence ou graine propre à la nourriture de l'homme & des animaux. Le Ris est aussi de quelque usage dans la Médecine, pour en faire des remedes ou boissons, qui tout ensemble purifient le sang, nourrissent & rafraîchissent.

Le Ris pousse ses tiges depuis trois jusques à quatre pieds de hauteur, suivant la qualité de la terre où on le seme, & de l'eau que l'on peut donner aux risieres. Ses tiges sont plus fortes que celles du blé, & ont plusieurs nœuds d'espace en espace. Ses feuilles sont larges, longues & charnues, assez semblables à celles du poireau; ses fleurs naissent au sommet des tiges, & sont à plusieurs estamines, comme celles de l'orge. Enfin ses graines disposées en bouquet, & terminées chacune par un filet, sont enfermées séparément dans des capsules jaunâtres & rudes. Le grain du Ris dépouillé de son enveloppe est court, presque ovale & d'un blanc lustré & comme transparent.

Le Ris vient dans des lieux humides & marécageux; & lorsque les terroirs sont un peu trop secs, on conduit dans les risieres par de petits canaux, les eaux de quelque ruisseau voisin, ces canaux étant disposés de maniere qu'on peut donner ou ôter l'eau à son gré, & suivant que les terres en ont besoin.

Presque dans tout l'Orient, & dans une bonne partie du Levant, le Ris mondé sert de principale nourriture, & y tient lieu de pain. Dans les Indes Orientales ce sont ordinairement les femmes qui égrainent, mondent & nétoyent le Ris: ce qui est une occupation bien fatigante que les hommes leur laissent, ou par mépris, ou par paresse.

Des Etats de l'Europe, l'Espagne & l'Italie sont ceux où il se recueille davantage de Ris, & presque tout celui qui se consomme à Paris en vient, particuliérement de Piémont, que les Marchands Epiciers, qui en font le commerce, estiment le meilleur.

Les Epiciers de Paris vendent le Ris en gros & en détail. Les Chandeliers, les Fruitiers, Regratiers & les Grainiers, ne le vendent qu'en détail. Le gros se fait au minot, au boisseau, &c. Le détail au litron & à la livre.

Les droits de la Douane de Lyon pour le Ris sont de 3 s. de la balle d'ancienne taxation, & 7 s. de réapréciation.

Cette marchandise est du nombre de celles venant du Levant & d'Italie, sur lesquelles il doit être levé vingt pour cent de leur valeur, outre les droits ordinaires, conformément à l'Arrêt du 15 Aout 1685.

Le Ris doit être choisi nouveau, bien mondé, gros, blanc, bien net, ne sentant ni la poudre, ni la rance. Il n'y a gueres que le Ris de Piémont qui ait toutes ces qualités; le Ris d'Espagne étant ordinairement rougeâtre & d'un goût salé.

Le plus grand commerce de Ris qui se fasse à Paris est pour le Carême, où il se mange en grain revenu dans l'eau & ensuite cuit dans le lait; on en fait aussi de la farine en le réduisant en poudre dans un mortier, après l'avoir mis dans l'eau bouillante & relavé dans l'eau froide. Cette farine sert à faire des bouillies excellentes. Pour que la farine de Ris soit belle & bien fine, il faut au sortir du mortier la passer dans un tamis de crin très fin restant toujours très grossiere & hors de vente, quelque fine qu'elle paroisse lorsqu'elle est humide.

Dans les tems de famine comme celles qui réduisirent la France dans de si grandes extrémités en 1694 & 1709, le Ris est une ressource pour la nourriture des pauvres; & il en entra dans le Royaume pendant ces deux années pour des sommes extraordinaires. Ce fut Monsieur Blondel, qui avoit été Consul de France à Smyrne, qui proposa cet expédient à la Cour, & qui en fit venir d'Egypte en 1694 des vaisseaux chargés.

Les Chinois font un vin de Ris tirant sur la couleur d'ambre, & d'un goût de vin d'Espagne, dont ils se servent pour boisson ordinaire. En quelques lieux d'Europe on en tire aussi une eau-de-vie très forte, mais elle est défendue en France aussi-bien que les eaux-de-vie de grains & de mélasse.

Le Ris paye d'entrée par le Tarif de 1664 14 s. du cent pesant, & de sortie 12 s. comme les fruits secs.

COMMERCE DU RIS A AMSTERDAM.

Les Ris qui se vendent à Amsterdam, viennent ordinairement de Milan, de Veronne, & de la Caroline; ils s'achetent au quintal de cent livres; leur tare est de quatre livres par sac, & leurs déductions de 20 pour le bon poids & autant pour le prompt payement, à la réserve néanmoins du Ris de la Caroline, qui ne donne qu'un pour cent de déduction, & dont on tare les barils.

Le Ris de Milan se vend 30 sous de gros, le Quintal.

Le Ris submergé, 33 sous de gros.

Le Ris de Veronne, 35 sous de gros.

Et le Ris de la Caroline, 28 sous de gros.

RISAGAL ou REAGAL. Sorte d'Arsenic rouge. *Voyez* REAGAL.

RISCO. Terme Italien dont plusieurs Négocians François, particuliérement en Dauphiné & en Provence, se servent pour signifier risque, hasard, péril, danger. *Voyez* RISQUE.

RISDALE. Monnoie d'argent de la valeur des écus de France de soixante sols, qui se fabrique dans

dans plusieurs Villes de la Haute & Basse-Allemagne. *Voyez* RICHEDALE.

RISIERE ou RIZIERE. Terre ensemencée de Ris. Les Risieres sont ordinairement dans des lieux bas & marécageux, où cette plante se plaît & produit beaucoup. Il y a quantité de ces risieres en Italie le long du Po, dont on détourne une partie des eaux pour arroser le Ris.

Ce qui rend les Indes Orientales si abondantes en cette espece de grain, c'est que plusieurs des rivieres qui les arrosent s'y débordant périodiquement, comme le Nil en Egypte, les ris qui s'y sement en pleine campagne, restent des mois entiers sous l'eau, leurs franges ou bouquets surnageant & croissant pour ainsi dire, à mesure que l'eau s'éleve. *Voyez ci-dessus l'article du Ris.*

RISQUE. Terme de commerce de mer. Hazard, péril, danger qui peut causer de la perte ou du dommage, soit au corps d'un vaisseau, ses agrès &c. soit aux marchandises dont il est chargé.

Pour ne point courir le risque des envois de marchandises que l'on fait par mer, tant en paix qu'en guerre, il faut les faire assurer. *Voyez* ASSURANCE.

Tous Contrats à la grosse demeurent nuls par la perte entiere des effets, sur lesquels on a prêté, pourvû qu'elle arrive par cas fortuit dans le tems & dans les lieux des risques.

Lorsque le tems des risques n'est point réglé par le Contrat, il doit courir à l'égard du vaisseau, ses agrès, apparaux & victuailles, du jour qu'il a fait voile jusques à ce qu'il soit ancré au port de sa destination, & amaré à quai.

A l'égard des marchandises le risque court si-tôt qu'elles ont été chargées dans le vaisseau ou dans des gabares pour les y porter jusques à ce qu'elles soient délivrées à terre.

Cette police est conforme aux art. 11 & 13 du tit. 5 du liv. 3 de l'Ordonnance de la Marine du mois d'Aout 1681.

Lorsqu'on écrit à un Correspondant, & qu'on lui marque que les envois qu'on lui fera seront pour son compte & risque; cela veut dire que s'il arrive quelque perte ou dommage à la marchandise qu'on lui envoyera, ce sera lui qui les supportera.

Les Négocians risquent trop volontiers leurs biens dans l'espérance de faire une grosse fortune.

On court beaucoup de risque à prêter trop librement sa marchandise aux Grands Seigneurs, aux femmes qui ne sont pas autorisées de leurs maris, & aux jeunes gens qui n'ont pas encore atteint l'âge de majorité.

Lorsque l'on dit qu'un Marchand ou Négociant a pris un billet, une dette, &c. à ses risques, périls & fortunes, cela signifie qu'il s'en est chargé purement & simplement sans esperance de recours sur les personnes qui les lui ont transportés ou donnés en payement, au cas de banqueroute ou d'insolvabilité de ceux qui ont fait les billets ou contracté les dettes.

Un dépositaire ne court point de risque, il n'est point tenu de la perte ou dommage de la chose déposée, l'emprunteur au contraire en est tenu.

Quelques Négocians & Marchands se servent du mot étranger *Risco*, pour signifier risque.

RISQUER. Exposer son bien, sa marchandise, &c. sans crainte de la perdre, dans l'esperance d'un grand profit. Si l'on ne peut faire de grosses fortunes sans un peu risquer, il faut au moins que ce soit avec quelque espece de jugement que l'on s'expose à la perte dans l'esperance du gain; car il y a de l'imprudence de risquer lorsque le péril paroît trop évident.

On dit en matiere d'assurance, qu'il ne faut pas tout risquer sur un même vaisseau; pour faire entendre que les assureurs doivent agir avec prudence lorsqu'ils signent des polices d'assurance, c'est-à-dire, qu'ils ne doivent pas trop hazarder sur chaque bâtiment, y ayant plus à esperer de plusieurs que d'un seul.

RIV

RIVAGE. On appelle à Paris Droit de Rivage un octroi qui est levé sur tous les bateaux chargés de marchandises qui y arrivent par la riviere, & qui séjournent dans les ports.

RIVAGE. Se dit aussi du chemin que les Ordonnances réservent sur les bords des rivieres pour le tirage & halage des bateaux. *Par l'Ordonnance de la Ville de Paris de 1672*, le chemin ou rivage doit être de vingt-quatre pieds de large ou de lé, comme dit cette Ordonnance. En d'autres endroits il ne faut que dix huit pieds.

RIVERAGE, droit Domanial & quelquefois seulement Seigneurial, qui se paye pour chaque courbe de chevaux qui tirent les batteaux, soit en montant, soit en descendant les rivieres. Ce droit est établi pour l'entretien des chemins qui sont réservés le long des rivages, pour le tirage desdits batteaux.

En 1708, il fut ordonné par Déclaration du Roi du 29 Décembre, une levée par doublement au profit de Sa Majesté, de tous les Droits de Péages, Pontenages, Riverages, &c. dans toute l'étendue du Royaume.

RIVIERE AUX CANNES, Poste des François dans la Louisiane. *Voyez* ce que l'on dit des avantages que l'on peut tirer de l'établissement de ce poste, dans l'Etat général, Tome I. page 517.

RIVES. Les Mesureurs de grains appellent ainsi les deux bords ou côtés de la radoire ou racloire, dont ils se servent pour rader les grains de dessus les mesures. *Voyez* RADOIRE.

RIX

RIX DOLLAR. *Voyez* DALLER.

RIX-MARC. Monnoie de Danemarc qui vaut vingt schillings Danois, ou dix schillings lubs.

RIX-OORTH. Autre monnoie Danoise qui vaut vingt-quatre schillings Danois, ou un quart de Richedale; c'est-à-dire, environ quinze sols de France.

RIZ

RIZ. *Voyez* RIS.

RIZE'. On appelle ainsi dans les Etats du Grand-Seigneur, un sac de quinze mille ducats; ce qui peut passer pour une espece de monnoie de compte, comme la tonne d'or en Hollande, & le million en France.

RIZIERE. *Voyez* RISIERE.

ROB

ROBA ou ROBE'. Terme de commerce de mer dont l'on se sert en Provence & dans le Levant. Il signifie marchandises, biens, richesses. Il est aussi d'usage parmi les Catalans dans la même signification. Il paroît être passé d'Italie en Provence, d'où les Provençaux l'ont porté dans les Echelles du Levant.

ROBE. Mesure pour les liquides qui est en usage en Espagne. La Robe fait huit sommes, la somme quatre quarteaux. Les vingt-huit Robes font une pipe, la botte est de trente Robes, & la Robe pese vingt-huit livres. Lorsqu'on vend jusqu'au nombre de quarante Robes de quelques liqueurs, on en donne quarante-une pour quarante; & ainsi de quarante en quarante.

ROBE. On nomme ainsi dans les Isles Françoises de l'Amérique les plus grandes feuilles de Tabac que l'on destine à mettre les dernieres sur le Tabac qu'on file pour le parer & donner plus de consistence à la corde. *Voyez* l'article du Tabac, où il est parlé de la maniere de le corder.

ROBE-VELLEN. C'est ainsi qu'on nomme en Hollande les peaux de Chien de mer. *Voyez* la Liste ou Tarif de 1725 : il s'en apporte beaucoup par le retour des Vaisseaux qui viennent du Détroit de David, & de la petite pêche de la Baleine. *V.* CHIEN DE MER.

ROBÉE. On appelle Garance Robée celle dont l'écorce n'a pas été levée. On dit au contraire Garance non robée de celle qui est dépouillée de son écorce. *Voyez* GARANCE.

ROBER. Terme de Chapelier. C'est enlever le poil d'un chapeau de castor avec la peau de chien marin.

Autrefois on ne se servoit en France que de la pierre de ponce pour cet usage, ce qu'on appelloit poncer : mais depuis que la maniere de rober y est passée d'Angleterre, on ne ponce presque plus les chapeaux. Les habiles Fabriquans estiment que les peaux de chiens marins affinent davantage que la ponce. *Voyez* CHAPEAUX.

ROBES. Il vient de la Chine des Robes pour hommes & pour femmes, seulement en morceaux & non assemblées. Elles sont de satin ou de taffetas, brodées d'or, d'argent & de soie. La Compagnie Françoise de la Chine en avoit envoyé les modeles par le vaisseau nommé l'Amphitrite; & ce fut par le retour du même vaisseau que furent apportées les premieres de ces sortes de Robes qu'on a vû en France.

ROC

ROCAILLE. Especes de petits grains de diverses matieres, ronds, verds ou jaunes, qui servent à mettre le verre en couleur. *Voyez* PEINTURE SUR VERRE.

La Rocaille paye les droits de la Douane de Lyon à raison de 30 s. le quintal.

ROCAILLE. C'est aussi des petits grains de verrotterie qui s'enfilent en forme de chapelets, qui servent au commerce de l'Amérique & des Côtes d'Afrique. On les appelle plus ordinairement Rassade. *Voyez* RASSADE.

ROC-FORT. Sorte de fromage qui tire son nom du lieu où il se fabrique en Languedoc. *Voyez* FROMAGE, *à l'endroit où il est parlé des Fromages de France.*

ROCHE. On appelle Fromage de Roche de petits Fromages ronds & fort épais, du poids de deux livres, qui se tirent de Roanne en Forest. *Voyez* FROMAGE, *au paragraphe de ceux de France.*

ROCHE. Espece de minéral jaune qui a les propriétés du borax pour souder les métaux. Plusieurs Ouvriers se servent de la Roche pour leurs soudures, parce qu'elle est plus commune & de moindre prix. *Voyez* BORAX.

LA ROCHE-FOUCAULT, Ville de France dans l'Angoumois. Elle est du Département de l'Inspecteur des Manufactures de Limoges. On y fait des serges. *Voyez* l'Etat général, Tome I. p. 61.

LA ROCHELLE, Ville Capitale du Pays d'Aunix. *Voyez* dans l'Etat général du Commerce, Tome I. page 65, l'article du Commerce de la Rochelle & de sa Généralité. Les Mémoires qui nous ont été communiqués tant sur ce qui se pratique au Bureau Général de la Rochelle, lorsque les Vaisseaux y arrivent ou en sortent, que sur l'Intendance de la Rochelle & du Pays d'Aunix, sont des plus curieux & des plus utiles pour s'instruire à fond du Commerce de cette puissante Ville.

ROCHET. On appelle ainsi chez les Marchands de soie, chez les Manufacturiers & Ouvriers en étoffes d'or, d'argent & de soie, & chez les Teinturiers en soie, laine & fil, des bobines plus grosses & plus courtes que les bobines ordinaires.

C'est sur ces rochets que tous ces Marchands & Ouvriers dévident leurs soies, ou pour les vendre ou pour les employer, ou pour leur donner quelque préparation de teintures. Il est défendu aux Teinturiers d'huiler ou graisser les soies sur mêmes rochets ou bobines sur lesquelles elles ont été devidées. A Lyon on les appelle Roquets.

ROCHET. Se dit aussi en terme de Tireur d'or, de certaines grandes bobines, larges & plates, qui leur servent à tirer & devider leur or. *Voyez* TIREUR D'OR.

ROCHET. Est encore dans les Manufactures de lainage, une sorte de très grosses bobines sur lesquelles on devide les fils de laine destinés à faire la chaîne des étoffes.

ROCHOIR ou ROCHOUER. Petite Boëte de bois en forme de gourde percée par le bout d'en-haut, où les Serruriers & quelques autres Ouvriers qui se servent du borax, ont coutume de mettre cette drogue pulvérisée, qu'ils font sortir par le trou du Rochoir, en le secouant un peu lorsqu'ils veulent employer le borax.

ROCOU, autrement ROUCOU ou RAUCOURT, que les Brésiliens appellent *Achiotte* ou *Urueu*, & les Hollandois *Orleane*. Drogue qui sert à la teinture & à la peinture.

L'arbre qui porte les graines dont on compose le Rocou, & qui se nomme Rocou lui-même, n'est pas plus haut qu'un petit oranger. Ses feuilles, pointues par un des bouts, ont la figure d'un cœur. Il porte des fleurs blanches mêlées d'incarnat, composées de cinq feuilles en forme d'étoile, qui croissent par bouquets aux extrémités des branches. Ces fleurs sont suivies de petites siliques ou gousses qui enferment plusieurs grains de la grosseur d'un pois, couverts dans leur maturité d'un vermillon le plus vif qu'on puisse s'imaginer.

Pour avoir cette précieuse couleur, on secoue ces grains dans un vaisseau de terre; on les y lave avec de l'eau tiéde jusqu'à ce qu'ils ayent quitté leur vermillon; ensuite quand on a laissé reposer cette eau, on en prend le marc, qui est une espece de lie dont on forme des tablettes & des petites boules très estimées quand elles sont pures & sans mélange, ce qui est très rare. Quelques-uns se servent aussi du feu pour faire cuire cette drogue, & lui donner de la consistance.

La couleur que les Teinturiers font avec le Rocou est plus chere & est moins assurée que celle qui se fait avec la bourre; aussi leur est-elle défendue.

Les couleurs d'orange se teignent néanmoins de pur Rocou avec un peu de Brésil.

On doit choisir le Rocou d'une odeur d'iris ou de violette, véritable cayenne, le plus sec & le plus haut en couleur qu'il se pourra, d'un rouge-ponceau, doux au toucher, sans aucune dureté, facile à s'étendre; & jamais si dur, qu'en le touchant un peu fortement on n'y puisse laisser quelque impression. Enfin quand on le rompt, le dedans doit être encore plus vif que le dehors.

La tromperie que l'on peut faire dans cette marchandise consiste à y mêler de la terre rouge bien tamisée ou de la brique pilée, lorsque la drogue acheve de se cuire dans la chaudiere, ce qui en augmente considérablement le poids & le volume. On peut découvrir cette fraude en faisant dissoudre un morceau de Rocou dans un verre plein d'eau; s'il est pur, il se dissout entiérement; s'il est mêlé de terre ou de brique, l'une ou l'autre tombe au fond du verre.

Aux Isles Antilles quand on pese le Rocou, on rabat cinq pour cent pour le poids des feuilles dont il est enveloppé & pour l'aiguillette qui le lie.

Autrefois il venoit de ces Isles, & même de Hollande, du Rocou en petits pains de la forme d'un écu blanc, qui étoit excellent: présentement l'on n'en apporte qu'en gros pains quarrés ou en boules, qui lui est bien inférieur, & qui est presque toujours humide, sale, moisi, & d'une odeur insupportable.

On se sert du Rocou pour donner couleur au chocolat & à la cire jaune: il est même de quelque usage pour la Médecine, du moins à ce que prétend le Sieur de Blegny dans quelques-uns de ses Traités.

Le Rocou, que le Tarif de 1664 appelle Rouge-d'Inde, paye en France les droits d'entrée à raison de 15 s. du cent pésant.

Les droits de la Douane de Lyon sont de 30 s. le quintal.

MANIERE DE CULTIVER ET DE FAIRE LE ROCOU, tirée du Voyage du Pere Labat Religieux de S. Dominique, & Missionnaire Apostolique aux Isles Antilles, imprimé en 1722.

Le Rocou peut se planter depuis le mois de Janvier jusqu'à la fin de Mai: mais soit que le plantage s'en fasse tard ou de bonne heure, l'arbre n'en produit pas plutôt.

Il se plante à la maniere des pois ou du mil; c'est-à-dire, qu'après avoir bien nettoyé la terre, on y fait de petits trous avec la houe, dans lesquels on jette deux ou trois graines au plus. La distance ordinaire qui suffit pour chaque plan est de quatre pieds en quarré. A l'égard de la culture, elle se fait comme aux autres arbres, à l'exception que quand il s'éleve trop haut, on le châtre pour l'épaissir, & pour l'entretenir en buisson.

La récolte du Rocou se fait deux fois l'année, sçavoir à la S. Jean & à Noël. On le distingue comme en deux especes; l'un qu'on nomme Rocou verd, & l'autre Rocou sec: le premier est le Rocou qu'on cueille aussi-tôt que quelque cosse d'une grappe commence à sécher & à s'ouvrir; le second est celui où dans chaque grappe il se trouve plus de cosses seches que de vertes. Ce dernier se peut garder six mois; l'autre ne peut gueres durer que quinze jours; mais il rend un tiers plus que le Rocou sec, & le Rocou qu'il produit est plus beau.

Le Rocou sec s'écalle en le battant, après l'avoir exposé au soleil, & l'avoir remué quelque tems; à l'égard du Rocou verd, il ne faut pour l'écaller que rompre la cosse du côté de la queue, & le tirer en-bas avec la peau qui environne les graines, sans s'embarrasser de cette peau.

Après que les graines sont écallées, on les met successivement dans divers canots de bois faits tout d'une piece, qui ont différens noms suivant leurs différens usages.

Le premier canot s'appelle Canot de trempe; le second, Canot de pile; le troisiéme, Canot à ressuer; le quatriéme, Canot à l'eau; enfin le cinquiéme, Canot à laver. Il y en a aussi un sixiéme qu'on appelle Canot de garde, mais qui n'est pas toujours nécessaire; un autre qui se nomme Canot de passe; & un huitiéme qu'on nomme Canot aux écumes.

La graine se met d'abord à sec dans le canot de trempe, où on la concasse légerement avec un pilon, après quoi on remplit le canot d'eau bien claire & bien vive à huit ou dix pouces près du bord. Il faut cinq barils d'eau sur trois barils de graine. Le tems qu'elle doit rester dans le canot de trempe, est ordinairement de huit à dix jours, pendant lesquels on a soin de la remuer deux fois par jour avec un rabot, un demi-quart d'heure environ à chaque fois. On appelle Premiere eau, celle qui reste dans le canot de trempe, après qu'on en a tiré la graine avec des paniers.

Du canot de trempe la graine passe dans le canot de pile, où elle est pilée à force de bras avec de forts pilons pendant un quart d'heure ou davantage, ensorte que toute la graine s'en sente. Il faut que le canot de pile ait au moins quatre pouces d'épaisseur par le fond, pour mieux soutenir les coups de pilons. On met de nouvelle eau sur la graine, lorsqu'elle est pilée, qui doit y demeurer une ou deux heures, après quoi on la passe au panier en la frottant avec les mains; ensuite on la repile encore pour y mettre l'eau. L'eau qui reste de ces deux façons se nomme la Seconde eau, & se garde comme la premiere.

Après cette façon on met la graine dans le canot qu'on appelle Canot à ressuer, où elle doit rester jusqu'à ce qu'elle commence à moisir, c'est-à-dire, près de huit jours. Pour qu'elle se ressue mieux, on l'enveloppe de feuilles de balisier.

Après qu'elle a ressué on la pile de nouveau, & on la laisse tremper successivement dans deux eaux, qui s'appellent les Troisiémes eaux. Quelques-uns tâchent d'en tirer une quatriéme eau; mais cette derniere eau n'a plus de force, & peut tout au plus servir à tremper d'autres graines.

Quand toutes les eaux sont tirées, on les passe séparément avec un hébichet, en mêlant un tiers de la premiere avec la seconde, & deux tiers avec la troisiéme. Le canot où se passent les eaux s'appelle Canot de passe; & on appelle Canot à laver, un canot plein d'eau où ceux qui touchent les graines se lavent les mains, & lavent aussi les paniers, les hébichets, les pilons, & autres instrumens qui servent à faire le Rocou. L'eau de ce canot, qui prend toujours quelque impression de couleur, est bonne à tremper les graines.

L'eau passée deux fois à l'hébichet se met dans une ou plusieurs chaudieres de fer, suivant la quantité qu'on en a; & en l'y mettant, elle se passe encore à travers d'une toile claire & souvent lavée.

Quand l'eau commence à écumer, ce qui arrive presque aussi-tôt qu'elle sent la chaleur du feu, on en leve l'écume qu'on met dans le canot aux écumes; ce qu'on réitere jusqu'à ce qu'elle n'écume plus: si elle écume trop vîte, on diminue le feu. L'eau qui reste dans les chaudieres, quand l'écume en est levée, n'est plus propre qu'à tremper les graines.

On appelle Batterie, une seconde chaudiere dans laquelle on fait cuire les écumes pour les réduire en consistence, & en faire la drogue qu'on nomme Rocou. Il faut observer de diminuer le feu à mesure que les écumes montent, & qu'il y ait continuellement un Negre à la batterie, qui ne cesse presque point de les remuer, crainte que le Rocou ne s'attache au fond ou aux bords de la chaudiere.

Quand le Rocou saute & petille, il faut encore diminuer le feu; & quand il ne saute plus, il ne faut laisser que du charbon sous la batterie; & le Negre ne lui doit plus donner qu'un leger mouvement; ce qu'on appelle Vesser.

A mesure que le Rocou s'épaissit & se forme en masse, il le faut tourner & retourner souvent dans la chaudiere, diminuant peu à peu le feu, afin qu'il ne brûle pas; ce qui y est une de ses principales circonstances de sa bonne fabrique, sa cuisson ne s'achevant gueres qu'en dix ou douze heures.

Pour connoitre quand le Rocou est cuit, il faut le toucher avec un doigt qu'on a auparavant mouillé; & quand il n'y prend pas, sa cuisson est finie. En cet état on le laisse un peu durcir dans la chaudiere avec une chaleur très moderée, en le tournant de tems en tems, pour qu'il cuise & séche de tous côtés, ensuite de quoi on le tire; observant de ne point mêler avec le bon Rocou une espece de gratin trop sec qui reste à fond, & qui n'est bon qu'à repasser avec de l'eau & des graines.

Le Rocou, au sortir de la batterie, ne doit pas d'abord être mis en pain; mais il faut le mettre sur une planche en maniere de masse platte, & l'y laisser refroidir huit ou dix heures, après quoi on en fait des pains; prenant soin que le Negre qui le manie se frotte auparavant légerement les mains avec du beurre frais, ou du sain-doux, ou de l'huile de *Palma-Christi.*

Les pains qu'on en fait sont ordinairement du poids de deux à trois livres qu'on enveloppe dans des feuilles de balisier. Le Rocou diminue beaucoup; mais il a fait toute sa diminution en deux mois.

Quand on veut faire de très beau Rocou, il faut employer du Rocou verd, qu'on met tremper dans un canot aussi-tôt qu'on l'a cueilli de l'arbre; après quoi sans le battre & le piler, mais seulement en le remuant un peu, & en frottant les graines entre les mains, on le passe sur un autre canot. Après cette seule façon, on leve de dessus l'eau avec une écumoire une espece d'écume ou de graisse qui y surnage, qu'on fait épaissir à force de la battre avec une espece d'espatule ou avec la main, & qu'on fait ensuite sécher à l'ombre, sans y employer aucune sorte de cuisson.

Ce Rocou à la vérité est excellent; mais on n'en fait que par curiosité, à cause du peu de profit qu'on y feroit, & que les Marchands ne voudroient pas en donner un prix proportionné à la perte que l'on feroit en quittant la maniere commune de le fabriquer & de le faire cuire à la chaudiere.

La maniere de faire le Rocou à la Caraïbe est encore plus simple, suffisant d'en prendre les graines au sortir de la gousse, & de les frotter entre les mains qu'on a auparavant trempées dans de l'huile de carapat. Quand on voit que la pellicule incarnate s'est détachée de la graine, & qu'elle est réduite en une pâte très fine & très claire, on la racle de dessus les mains avec un couteau, pour la faire sécher à demi à l'ombre sur une feuille bien propre; après quoi lorsqu'il y en a suffisamment, on en forme des pelottes grosses comme le poing qu'on enveloppe dans des feuilles de balisier ou de cachibou. C'est avec cette sorte de Rocou mêlé avec de l'huile de carapat que les Caraïbes se font peindre par leurs femmes, soit pour s'embellir à leur mode, soit pour se garentir de l'ardeur du soleil & de la piquûre des moustiques. Ils s'en servent aussi à mettre en couleur leur vaisselle de terre; ce qui lui donne un lustre & un éclat admirables.

Commerce du Rocou a Amsterdam.

Le Rocou se vend à Amsterdam depuis 12 jusqu'à 14 sols la livre. Sa tare est de 20 pour cent, & les déductions d'un pour cent pour le bon poids & autant pour le prompt payement.

Il faut remarquer que les 20 pour cent de tare se donnent pour les barils, & que s'il est en pains, on ajoute encore trois ou quatre pour cent de tare pour les feuilles dont il est enveloppé selon qu'on en convient.

ROCOURT. Drogue pour la teinture. On dit plus ordinairement Rocou. *Voyez l'article précédent.*

ROCQ, qu'on nomme aussi ROT & PEIGNE. C'est une des principales pieces du métier des Ouvriers qui travaillent de la navette. *Voyez* Peigne.

ROD

RODER. Terme d'Arquebusier. C'est tourner dans un calibre double cette piece de la platine des armes à feu que l'on appelle la Noix. *Voyez* Calibre des Arquebusiers.

RODEZ, Ville de France, Capitale du Rouergue; elle est du Département de l'Inspecteur des Manufactures de Montauban. Le plus grand commerce de Rodez se fait à ses Foires, où il vient quantité de Marchands & de marchandises de dehors. La Fabrique des chapeaux y est bonne & assez forte, celle des étoffes de laine est moins considérable. *Voyez* l'Etat général, Tome I. p. 33.

RODON, appellé aussi REDON ou RODOU. Sorte d'herbe qui se substitue à la place du tan pour l'apprêt des cuirs. *Voyez* Redon.

Le Rodon, que le Tarif de Lyon nomme aussi Herbe de Pré, paye à la Douane de cette Ville, 4 *sols 4 deniers le quintal.*

RODOUL. Petit arbrisseau qui croît sans culture dans plusieurs Provinces de France, des feuilles duquel, qui portent le même nom que l'arbrisseau qui les produit, les Teinturiers se servent pour teindre en noir.

Le Rodoul est du nombre des drogues colorantes qui sont communes entre les Teinturiers du grand & du petit teint. Pour conserver cette feuille, il faut la cueillir mûre; ce qui n'est pas néceſſaire ſi elle s'employe auſſi-tôt, ou peu de tems après être cueillie.

Il eſt défendu aux Teinturiers de l'un & de l'autre teint, de ſe ſervir de vieux Rodoul, c'eſt-à-dire, avec lequel on a paſſé ou mis en couleur du maroquin ou autres cuirs. *Voyez* NOIR.

ROE

ROEMALS. Mouchoirs de toile de coton qui viennent des Indes Orientales. *Voyez* MOUCHOIR, *à la fin de l'article*.

ROE'-NEUG. C'eſt la plus grande des meſures pour les diſtances & les longueurs dont on ſe ſerve dans le Royaume de Siam. C'eſt la lieue Siamoiſe d'environ deux mille toiſes de France. Il faut vingt jods pour le Roé-neug, quatre ſen pour le jod, vingt voua pour le ſen & deux ken pour le voua. Le ken eſt l'aune de Siam, de trois pieds de Roi moins demi-pouce, le voua ou braſſe Siamoiſe, revenant à cinq pieds onze pouces de France. *Voyez* KEN.

ROG

ROGNEURE, ou ROGNURE. Ce qui eſt rogné ou retranché de quelque choſe.

Les Rogneures de cartes payent en France les droits d'entrée à raiſon de 2 ſols le cent péſant, & pour ceux de ſortie 4 ſols.

Les Rogneures de peaux, 4 ſ. d'entrée, & 6 ſ. de ſortie.

Les Rogneures de léton, 1 liv. 5 ſ. du cent péſant, le tout conformément au Tarif de 1664.

Les droits de la Douane de Lyon ſont pour les Rogneures de cartes, 3 ſ. de la charge d'ancienne taxation, & 1 ſ. du cent péſant de réapréciation.

Et pour les Rogneures de léton, 5 ſols du quintal d'anciens droits, & 3 ſols de nouveaux.

ROGUES. On donne en quelques endroits ce nom aux œufs des petits poiſſons de mer dont on ſe ſert pour la pêche des ſardines. *Voyez* RÉSURE.

ROI

ROINETTE. Petit outil de fer avec lequel les Charpentiers marquent leur bois.

Cet outil eſt rond, d'un pouce de diametre, long de ſept ou huit pouces, applati par un bout, qui ſe partage en deux dents fort pointues. On s'en ſert comme d'une rouenne pour tirer des lignes, ou pour tracer des ronds, ſuivant la marque dont on veut ſigner les bois. *Voyez* MARC-FRANC.

ROL

ROLETTE. Toile de lin qui ſe fabrique en Flandres, particuliérement à Courtray & à Ypres. *V.* TOILE, *à l'endroit de l'article où il eſt parlé de celles de Flandre.*

ROLLE. On nomme le Grand Rolle en termes de Sucrerie, ce qu'on nomme autrement le Grand Tambour, c'eſt-à-dire, celui des trois tambours dont un moulin à ſucre eſt compoſé, qui eſt au milieu, & qui eſt traverſé de l'arbre du moulin. C'eſt le grand Rolle qui donne le mouvement aux petits tambours, par le moyen des dents qu'il a en haut qui s'engrennent dans celles des deux autres.

ROLLE. C'eſt auſſi une étoffe de laine, qui eſt une eſpece de molleton ou double creſeau. *Voyez* MOLLETON.

Les Rolles payent en France les droits d'entrée ſur le pied de Molletons.

ROLLE DE TABAC. C'eſt un rouleau compoſé de divers tours de tabac roulé. Le bâton ſur lequel il ſe monte, ſe nomme l'eſſieu ou lame du rôle; à chaque extrêmité de l'eſſieu ſont cloués deux morceaux de latte qui ſe traverſent en croix. La longueur de cet eſſieu eſt arbitraire, elle eſt ordinairement de trois pieds pour les rolles de cent à deux cens livres. En Guyenne & dans les lieux de cette Généralité, où l'on cultive & fabrique le tabac, on preſſe les rolles de moyen filé & de gros filé, ceux-ci entiérement, & les autres à demi; en ſorte qu'un rolle de ce dernier qui auroit un pied & demi de hauteur, doit être réduit aux deux tiers. *Voyez* l'article du Tabac, où il eſt parlé de la maniere de le filer & de monter les rolles.

ROLLOT. Petit Village de Picardie dans le Beauvoiſis; on y fait de groſſes ſerges propres à l'habillement des Troupes; elles ſe vendent pour ſerges de Tricot. *Voyez* l'Etat général, Tome I. page 18.

ROM

ROMAIN. Terme d'Imprimerie. On appelle Caractere Romain, Lettre Romaine, les caracteres & les lettres rondes, pour les diſtinguer des caracteres ou lettres italiques. C'eſt auſſi le nom qu'on donne à certains corps de caracteres pour en ſignifier la grandeur. Il y en a deux qui portent ce nom; le gros Romain, qui eſt entre le petit Parangon & le Saint-Auguſtin; & le petit Romain, qui eſt plus fort que le petit Texte, & moins que le Cicero. *Voyez* CARACTERE. *Voyez auſſi* IMPRIMERIE.

ROMAIN. Il y a auſſi une ſorte de papier qu'on appelle Papier Romain. *Voyez* PAPIER.

ROMAINE. Eſpece de balance dont l'invention eſt fort ancienne, qui ſert à peſer diverſes ſortes de marchandiſes.

La Douane de Rouen a pris ſon nom de Bureau de la Romaine, de ce que cette ſorte de balance y eſt particuliérement en uſage. *Voyez* BALANCE.

ROMALLES. Ce ſont des mouchoirs des Indes Orientales ſoie & coton. Il y a quinze mouchoirs à la piece.

ROMALS. Ce ſont d'autres mouchoirs de toile de coton peinte ſans aucune ſoie, qui ſe fabriquent dans les Etats du Mogol, qu'on en tire par Surate. La piece eſt de ſix ou huit mouchoirs. Ils ſont défendus en France. *Voyez* TOILES PEINTES.

ROMANS, Ville de France en Dauphiné. On y fabrique différentes étoffes de laine. *Voyez* l'Etat général, Tome I. page 128.

ROMARIN. Plante très commune en France, & ſur tout en Languedoc.

Cette plante ne s'éleve pas bien haut; ſes branches d'un gris cendré, & qui paroiſſent toujours ſéches & arides, pouſſent quantité de petites feuilles étroites, fermes, & piquantes par le bout, d'un aſſez beau verd d'un côté, & blanchâtre de l'autre. Du milieu de ſes feuilles & attachées à la branche même, naiſſent un nombre infini de petites fleurs bleuâtres à quatre feuilles, qui ſont rayées de quelques filets d'un bleu plus foncé. Toute cette plante, branches, feuilles, fleurs, eſt d'une odeur très aromatique, & d'un goût fort & piquant.

On tire du Romarin diverſes marchandiſes, qui ſont d'un grand uſage dans la Médecine, & encore d'une plus grande réputation. Les principales ſont des huiles, des eſſences, des eaux, des ſels, seils, des conserves seches & liquides, sans compter les fleurs & la semence de cette plante, dont on fait aussi quelque commerce.

L'huile de Romarin, à laquelle on donne aussi le nom d'Essence ou Quinte-essence, se fait avec les feuilles & les fleurs de la plante, qu'on met en quantité dans un alambic avec de l'eau commune, autant que l'habile Artiste croit nécessaire; & par le moyen du feu on en tire une huile blanche, claire, pénétrante, & très odorante. La rareté & la cherté de cette huile, est cause qu'elle est presque toujours sofistiquée, soit en y mêlant de l'esprit de vin, soit avec des huiles d'aspic, de lavande, &autres semblables, ou même sans prendre tant de précaution, en débitant en sa place de simple huile de thérébentine préparée avec de la poix & de l'orcanette, comme font les Charlatans qui courent les Provinces, ou qui assemblent le peuple autour de leur théâtre dans les places publiques de Paris.

L'eau de la Reine d'Hongrie, ainsi nommée, à ce qu'on dit, des merveilleux effets qu'elle opéra sur une Reine d'Hongrie, n'est qu'un esprit de vin excellent & bien deflegmé, empreint des qualités des fleurs de romarin. La grande consommation qui se fait de cette eau à cause de ses propriétés, ou peut-être seulement à cause de la réputation que la mode qui en France domine aussi-bien sur les remedes que sur les habits, lui a donnée, bien loin d'exciter ceux qui la font de s'attacher plus que jamais à la faire bonne, a été cause au contraire qu'on l'a sofistiquée, & que celle qu'on vend présentement en beaucoup de boutiques, n'est qu'une simple eau-de-vie distilée avec les feuilles de romarin, souvent toutes pures, ou quelquefois chargées de leurs fleurs, au lieu de n'y employer que les seules fleurs bien mondées, avec le meilleur esprit de vin; ou bien même ce n'est que de l'eau-de-vie distilée, sur laquelle on a jetté un peu d'huile blanche de romarin avant que de la mettre dans les bouteilles, sur lesquelles ont met néanmoins des titres qui ne conviendroient qu'à la plus excellente eau de la Reine d'Hongrie; les autres marchandises ci-dessus spécifiées n'étant pas d'un grand débit, c'est assez les avoir décrites que de les avoir nommées.

ROME. On appelle Serge de Rome des Serges très fines qui se fabriquent à Amiens. Leur aunage est de demi-aune de large, & de vingt-une aunes de long. *Voyez* SERGES.

ROME. Espece d'eau-de-vie que l'on fait avec des mélasses. On l'appelle aussi, Eau-de-vie de canne. Le Rome est bon pour le commerce du Sénégal. *Voyez* EAU-DE-VIE.

ROMES. Ce sont les deux principales pieces qui composent le métier où se fabrique la basse-lisse. Ces pieces sont des deux côtés du métier, & portent à leur extrémité les deux ensubles, sur l'une desquelles se roule la chaîne, & sur l'autre l'ouvrage. C'est aussi aux romes que tient la camperche ou barre de bois qui porte les sautereaux; & où sont attachées à des mentonnieres les cordes qui servent à serrer le dessein contre la chaîne. *Voyez* BASSE-LISSE.

ROMORANTIN, Ville de France dans le Blésois. Ses Manufactures sont les plus considérables de la Généralité d'Orléans. Elles consistent en draps blancs de différentes largeurs, & en serges blanches & serges croisées. Les étangs qui sont aux environs y entretiennent aussi un petit commerce. *Voyez* l'Etat général, Tome I. page 88.

ROMPRE LA LAINE. C'est faire le mélange des laines de différentes couleurs que l'on veut employer à la fabrique des draps mélangés. Ces laines sont teintes & non filées, & le filage ne s'en fait qu'après qu'elles ont été bien rompues, c'est-à-dire, bien mêlées, ensorte que le fil de laine dont on doit composer la chaîne & la trême de cette espece de draps tiennent également de toutes les couleurs qui sont entrées dans le mélange. Ce qui s'entend néanmoins à proportion du plus ou du moins qu'on y a mis de chacune. *Voyez* FEUTRE. *Vous y trouverez la maniere de rompre la laine.*

ROMPRE LE JET. Terme de Fondeur de caracteres d'Imprimerie. C'est séparer du corps d'une lettre nouvellement fondue la portion de matiere qui a rempli cette espece de petit entonnoir qui est au dedans du moule, & qui porte la fonte jusques sur la matrice du caractere.

On appelle rompure, & l'endroit par où se rompt la lettre, & l'action de l'Ouvrier qui la rompt. *Voyez* FONDEUR DE CARACTERES.

ROMPRE UNE FORME D'IMPRIMERIE. C'est séparer les lettres & caracteres qui la composent, & les remettre dans les cassetins, afin qu'on n'en puisse plus tirer d'exemplaires. *Voyez* IMPRIMERIE.

ROMPRE UNE PLANCHE. Il se dit chez les Graveurs & Imprimeurs de Tailles-douces, pour signifier qu'on ne veut ou qu'on n'ose plus s'en servir; ou même qu'elle a été effectivement rompue par autorité des Magistrats de Police. Les Estampes dont les planches sont rompues, augmentent ordinairement de prix par la difficulté d'en trouver. *Voyez* IMPRIMEUR EN TAILLE-DOUCE.

ROMPRE. Signifie aussi en terme de marchandises de vin, l'épreuve que font les Marchands & Cabaretiers pour en connoître la bonne ou mauvaise qualité.

Cette épreuve est simple & consiste à mettre du vin dans un verre, & le laisser pendant quelque tems à l'air & découvert; s'il ne rompt pas, c'est-à-dire, s'il ne change point de couleur il est bon; & au contraire, si sa couleur s'altere, ce qu'ils nomment se rompre, il n'est pas de garde, & est sujet à se gâter. Ce vin garde bien son essai, il ne se rompt point.

ROMPU. On appelle en Arithmétique un nombre rompu, une unité divisée en plusieurs fractions. *Voyez* NOMBRE.

ROMPURE. Terme de Fondeur de Caracteres d'Imprimerie. C'est l'endroit par où le jet a été séparé de la lettre. *Voyez ci-dessus*, ROMPRE LE JET.

RON

RONAS. On nomme ainsi une racine qui court dans la terre comme la réglisse, & qui est à peu près de la même grosseur: on en trouve en quantité aux environs de la Ville d'Astahat, située dans l'Arménie, à une lieue de la riviere d'Araxe. Son principal usage est pour teindre en rouge, & c'est du jus de cette racine que sont peintes toutes les toiles qu'on nomme véritables Perses, aussi-bien que celles qui se font dans les Etats du Mogol; les Sujets de ce dernier Prince en tirant tous les ans de Perse pour de grandes sommes.

On en tire de terre des morceaux très longs; mais qu'on coupe de la longueur de la main, pour en faire des paquets & en mieux remplir les sacs dans quoi on les transporte.

Le Ronas donne une teinture si forte & si vive, qu'elle dure pour ainsi dire, plus que la toile même, sa vivacité augmentant à mesure qu'elle vieillit.

A l'occasion de la force de cette teinture, un Voyageur rapporte qu'une barque chargée de cette racine, s'étant brisée à la rade d'Ormus, la mer le long du rivage parut toute rouge pendant quelques jours.

Il est surprenant de voir arriver à Ormus des caravannes entieres chargées de cette racine, pour l'envoyer aux Indes dans les navires qui y retournent.

LA RONCE, en Touraine. On y fabrique différentes étoffes de laine. *Voyez* l'Etat général, Tome I. page 92.

RONDEAU. Plaque de fer forgé, ou de fonte, dont se servent les Miroitiers-Lunetiers, pour y travailler les verres dont la superficie doit être plane, c'est-à-dire, qui n'est ni convexe, ni concave. Les Rondeaux servent aussi pour faire des bizeaux sur les glaces. Le grais, l'émeril, le tripoli, la potée d'étain, s'emploient successivement, pour dégrossir, adoucir, polir & lustrer le verre ou le cristal qu'on travaille sur le rondeau. *Voyez* BASSIN DE LUNETIER *ou* LUNETIER.

RONDELETTE. Soies rondelettes. Ce sont les moindres & les plus communes de toutes les soies. On les nomme aussi Bourres, Strasses & Contrailles. *Voyez* BOURRES. *Voyez aussi l'article des Soyes.*

RONDELETTES. On nomme aussi de la sorte des toiles à voiles, qui se fabriquent en Bretagne dans quelques endroits de l'Evêché de Rennes, particuliérement à Vitré.

L'article VII du Réglement de 1724, pour les Noyales & autres toiles à voiles, ordonne que les Rondelettes d'un fil seront de vingt-quatre pouces de laize, & composées de seize portées de quarante fils chacune. La chaîne doit être de pur brin, & la testure de chanvre, dont le brin est tiré sans aucun mélange de lin.

RONDELLE. Outil de fer dont se servent les Maçons pour gratter & finir les membres & moulures d'Architecture. Elle n'est différente du crochet que parce qu'elle est arrondie par le bout.

RONDELLES, que l'on nomme autrement CAMIONS. Ce sont des bosses ou têtes de chardons très petites, que l'on estime peu, & dont on se sert dans les moyennes Manufactures de lainages, pour laver ou tirer à poil certaines étoffes de petit prix.

Les Ouvriers Laneurs & Aplaigneurs appellent les Rondelles, par dérision, Têtes de Linottes, à cause de leur extrême petitesse, qui ne passe souvent pas la grosseur de la tête de l'oiseau qui porte ce nom. *Voyez* CHARDON.

RONDELLES. Ce sont aussi des outils dont se servent les Sculpteurs : elles sont d'acier ; les unes avec un manche de bois, & les autres sans manche ; ce sont des especes de cizeaux ronds.

RONDELLES. Les Plombiers nomment de la sorte deux pieces de cuivre rondes qui ferment par les deux bouts les moules où ils fondent des tuyaux sans soudures. C'est au milieu de ces rondelles que sont placées les deux portées qui tiennent le boulon ou noyau du tuyau suspendu au milieu du moule, & qui reglent l'épaisseur du plomb. *Voyez* PLOMBIER, *où il est parlé de la fonte des tuyaux sans soudure.*

RONDIN ou TONDIN. Cylindre ou rouleau de bois sur lequel les Plombiers arrondissent les tables de plomb dont ils veulent faire des tuyaux. Ils ont des rondins de plusieurs longueurs & de différens diametres suivant les tuyaux qu'ils ont à arrondir. *Voyez* PLOMBIER.

RONSTIQUE. Petite monnoie de cuivre qui se fabrique à Stokolm, & qui a cours dans toute la Suede. Les huit Ronstiques valent le marc aussi de cuivre ; c'est-à-dire, environ deux sols six deniers de France. Il faut vingt Ronstiques pour la petite Christine d'argent, & trois pour faire le sol de Suede.

Le Ronstique est aussi une monnoie de compte. Huit Ronstiques font le marc, & quatre marcs le dealder.

ROO

ROOSENOBEL. *Voyez* NOBLE A LA ROSE.

ROOTSCHAAR. On nomme ainsi en Hollande la troisiéme espece de Stokvis ; c'est celle qu'on appelle autrement le Stokvis court, les deux autres sont le rond & le long. *Voyez* STOCKFITCH, & STOKVIS.

ROQ

ROQUET. Nom que les Lionnois donnent à une espece de bobine sur laquelle les Ouvriers en soie dévident celle qu'ils employent dans leurs fabriques. Ailleurs on dit Rochet. *Voyez* ROCHET.

ROQUETTE ou CENDRE DE LEVANT. C'est de la Roquette, (qui est une espece d'herbe) réduite en cendre, dont les Faiseurs de savon & de verre se servent. Il en vient d'Acre & de Tripoli de Syrie. La Roquette d'Acre est la meilleure. On l'apporte dans des sacs gris, & celle de Tripoli dans des sacs bleus. *Voyez* CENDRE.

ROQUILLE. Petite mesure des liqueurs à laquelle on donne aussi le nom de Poisson ou Posson. C'est la moitié d'un demi-septier, ou le quart d'une chopine de Paris. *Voyez* POISSON.

ROS

ROSCONNES. Toiles blanches de lin qui se font en quelques endroits de Bretagne. *Voyez l'article des Toiles, où il est fait mention de celles de cette Province.*

ROSE. Fleur très connue, tant pour sa beauté, que pour son excellente odeur ; on la met au rang des fleurs printanieres, quoiqu'assez mal-à-propos, étant plutôt une fleur d'été. Il y en a pourtant qu'on appelle Roses de tous les mois.

Il y a bien des sortes de roses, de blanches, de rouges, de panachées, de simples, de doubles, d'autres à cent feuilles ; des roses muscat, des roses de Provins, des roses de Damas, & des roses de Gueldres, qui sont toutefois une espece bien différente des autres.

De toutes ces especes de roses, à l'exception de celles de Gueldres, on tire une eau qui étoit autrefois très estimée, mais qui a beaucoup perdu de son prix ; elle est néanmoins toujours d'usage pour les maux d'yeux, aussi-bien que pour quelques parfums & quelques pâtisseries.

L'eau de rose est très estimée en Perse, dans la Chine, & dans plusieurs autres endroits de l'Orient où il s'en fait un commerce très considérable; soit par les Nations d'Europe qui trafiquent d'Inde en Inde, soit par les Nations Asiatiques qui en chargent tous les ans plusieurs bâtimens à Bender-Abassi & autres ports de la Perse. *Voyez l'article général de l'Asie, où il est parlé de celui de la Perse & des Indes Orientales.*

Les roses de Provins sont celles dont on fait le plus de commerce; l'on en porte jusques aux Indes, où elles sont d'un tel débit, qu'elles s'y vendent souvent, pour ainsi dire, au poids de l'or. Quoiqu'il se trouve de cette espece de roses presque par-tout, il semble qu'elles n'ayent pas ailleurs les mêmes vertus & les mêmes propriétés qu'aux environs de Provins, Ville de la Province de Brie de qui elles ont emprunté leur nom, soit que la culture s'y fasse avec plus de soin, soit que la terre y soit plus propre, ou plutôt que les habitans soient plus adroits & plus attentifs à les faire bien sécher.

Les roses de Provins sont ou de la grande, ou de la moyenne sorte: les unes & les autres, pour être de la bonne qualité, doivent être d'un rouge noir velouté, bien séches, bien odorantes, sans graines ni petites feuilles, & que leur couleur n'ait point été augmentée par quelque acide.

Pour les conserver il faut les tenir dans un lieu sec, ne leur point laisser prendre d'air, & les presser & fouler fortement; en cet état elles peuvent durer dans leur beauté & bonté un an, & même dix-huit mois.

Il vient aussi de Provins des conserves séches, blanches & rouges faites avec les roses, & une autre conserve liquide à laquelle l'on attribue de grandes vertus pour les maux de cœur & d'estomach. Le miel rosat qu'on en apporte est bien meilleur que celui que l'on fait ordinairement chez la plus grande partie des Apoticaires de Paris, quoiqu'il s'en fasse chez quelques-uns des plus habiles & des plus honnêtes, qui vaut encore mieux que celui de Provins.

On tire des roses par la Chimie, des esprits, des huiles, des sels; & les marcs qui restent dans les alambics ou rosaires, comme les appellent les Artistes, ne sont pas même inutiles, puisque après les avoir séchés au soleil, on les vend sous le nom de Chapeau ou Pain de Roses.

Les Roses de toutes sortes payent en France les droits d'entrée à raison de 3 l. 15 s. le cent pésant, & pour ceux de sortie cent sols, si elles sont du crû de France.

Les droits de la Douane de Lyon pour les Roses de Provins, sont de 20 s. le quintal d'ancienne taxation, & 5 s. pour la reapréciation.

ROSE. Bois de Rose ou de Rhode, que l'on nomme aussi Bois marbré. C'est un bois que l'on compte parmi les especes d'Aspalathe, & que bien des gens confondent avec le bois de Chypre, quoique les Auteurs exacts y mettent une grande différence. Il s'appelle Bois de Rose à cause de son odeur, & non pas parce qu'il porte les roses qui sont l'ornement des jardins, comme plusieurs le croient.

Le R. P. du Tertre, & M. de Rochefort sçavant Ministre, qui en ont fait, à ce qu'ils assurent, une description d'après nature, & sur les lieux où ce bois croît, quoique le plus souvent d'accord, ne le sont pas cependant en tout dans cette description.

Cet arbre qui est très commun dans les Isles Antilles, s'éleve fort haut & fort droit, ses feuilles longues comme celles du châtaignier ou du noyer, sont blancheâtres, souples, molles & velues d'un côté; ses fleurs qui sont aussi blanches & d'une odeur agréable, croissent par bouquets, & sont suivies d'une petite graine noirâtre & lissée; l'écorce de son tronc est d'un gris blanc, & presque semblable à celle du chêne; le bois au-dedans est de couleur de feuilles-mortes, & différemment marbré selon la différence des terroirs où l'arbre a pris naissance. Ce bois prend un poli admirable, & l'odeur qu'il exhale quand on le met en œuvre, ou qu'on le manie, est très douce & très agréable.

On employe ce bois dans les ouvrages de marqueterie & de tour, & à faire des chapelets. Les Distilateurs en tirent une eau qu'ils vendent souvent pour véritable eau de rose. Réduit en poudre on le mêle parmi les pastilles; les Chirurgiens & Barbiers en parfumoient autrefois l'eau dont ils faisoient la barbe; la Médecine même le fait entrer dans les remedes, mais plus pour son odeur que pour sa vertu.

Les Hollandois en tirent par la distilation une huile blanche & fort odorante, que les Marchands Epiciers & Droguistes vendent sous le nom d'*Oleum Rhodium*, & dont les Parfumeurs se servent. Cette huile quand elle est nouvelle est tout à fait comme l'huile d'olive; avec le tems elle s'épaissit, & devient d'un rouge obscur comme de l'huile de cade. On tire aussi du bois rose par la cornue, un esprit rouge & une huile noire & puante, propre pour la guérison des dartres.

Il faut choisir le bois de rose nouveau, sec, de couleur de feuille-morte, d'une odeur de rose, le plus gros & le moins tortu qu'il se peut. *Voyez* ASPALATHE.

Le Bois de Rose, que le Tarif de 1664 nomme aussi Bois Rosart, paye en France les droits d'entrée à raison de 10 s. le cent pésant.

ROSE ou ROSETTE. Terme de Teinture. C'est ainsi que l'on appelle une certaine marque ronde de la grandeur d'un écu blanc, bleue, jaune ou d'autre couleur, que les Teinturiers sont obligés de laisser au bout de chaque piece d'étoffe qu'ils teignent pour faire connoître les couleurs qui leur ont servi de pied ou de fond, & faire voir que l'on y a employé les drogues & ingrédiens nécessaires pour les rendre de bon teint, suivant les Réglemens.

S'il se trouvoit après les expériences qui pourroient être faites par le débouilli, que quelque piece d'étoffe ne fût pas entiérement teinte en fonds suivant les couleurs des rosettes, elle seroit confisquée, & le Teinturier qui l'auroit teinte, condamné en l'amende, & interdit de sa Maîtrise pour toujours comme trompeur public. *Art. 34 du Réglement des Teinturiers du mois d'Aout 1669. Voyez* PIED & DEBOUILLY.

ROSE. On appelle, Noble à la Rose, une ancienne monnoie d'Angleterre qui étoit d'or. *V.* NOBLE A LA ROSE.

ROSE. Ce qu'on nomme Couleur de rose, est un rouge pâle tirant sur la couleur des roses naturelles. *Voyez* ROUGE.

ROSE-CRAN Sorte de linge ouvré qui se fabrique en Picardie. *Voyez* LINGE.

ROSE'E. C'est une des especes de moussellines ou de toile de coton qui vient des Indes Orientales. On la nomme plus communément Chabnam. *Voyez* CHABNAM.

ROSE-NOBLE. Monnoie d'or qui se fabrique en Hollande, & qui y a cours pour onze florins.

Il y a aussi des Roses-nobles de Danemarc qui valent 24 marcs Dansche ou Danois. Il y a ordinairement un agio ou profit depuis 16 jusqu'à 24 schillings Danois, sur les roses-nobles, lorsqu'on les change en richedales.

ROSEREAUX. Fourrures qu'on tire de Moscovie par la voie d'Archangel. Ces peaux sont bonnes pour envoyer en Suisse où elles servent à fourrer des bonnets.

Le Tarif de 1664 les met sur le pied des hermines. Le tymbre qui est de vingt couples de peaux, paye 6 l. de droits d'entrée.

Les droits de la Douane de Lyon sont de 20 s. le tymbre pour l'ancienne taxation, & 10 s. pour la nouvelle réapréciation.

ROSES. Petites étoffes de soie, de laine & de fil, dont les façons représentent des especes de roses. Elles ont vingt aunes un quart à vingt aunes & demie de longueur, sur un pied & demi & un pouce de Roi de largeur. Elles sont du nombre des étoffes de hautes-lisses qui se fabriquent dans la Sayetterie d'Amiens. *Voyez* HAUTE-LISSEUR.

ROSETTE, Ville & Port de mer, sur la Côte de la mer d'Egypte en Afrique, proche d'une des embouchures du Nil. *Voyez* le Commerce du Caire, dans l'Etat général, Tome I. page 359.

ROSETTE. On appelle ainsi une sorte de craye rougeâtre approchant de la couleur amarante, qui n'est autre chose que du blanc de Rouen à qui l'on a donné cette couleur par le moyen d'une teinture de bois de brésil plusieurs fois réitérée.

La rosette est une espece de stil de grain dont on se sert dans la peinture.

Il y a une autre espece de rosette semblable pour la composition à celle ci-dessus, mais dont la couleur est d'un plus beau rouge, qui sert à faire cette encre dont les Imprimeurs se servent pour marquer en rouge les titres des livres qu'ils impriment. On s'en sert aussi quelquefois pour peindre.

Les Rosettes payent en France les droits d'entrée à raison de 15 s. le cent pésant.

Les droits de la Douane de Lyon sont de 9 s. le quintal d'ancienne taxation, & 6 s. de nouvelle réapréciation.

ROSETTE. Se dit chez les Teinturiers d'une certaine marque bleue, ou d'autres couleurs qu'ils sont obligés de laisser à un des bouts des pieces d'étoffes qu'ils teignent, pour faire connoître les véritables pieds de teintures qu'ils leur ont donné. *Voyez* ROSE.

ROSETTE. Espece de toile ou linge ouvré qui se fait en Flandre & en Basse-Normandie. On les appelle aussi Rosettes-perlées, mais plus communément, Petite Venise. *Voyez* LINGE.

ROSETTE. On nomme dans le commerce du cuivre, & parmi les Fondeurs, Rosette, le cuivre le plus pur & de la meilleure qualité. Ce cuivre vient ordinairement en plaques de divers poids & grandeurs. *Voyez* CUIVRE.

Les Rosettes de France & autres payent les droits de la Douane de Lyon 4 s. 6 den. de la lame ou plaque d'ancienne taxation, & 1 s. 6 den. de nouvelle réapréciation.

ROSETTES. C'est encore de petites roses ou fleurons d'argent ou de cuivre, dont les Couteliers se servent pour monter leurs rasoirs, lancettes & autres tels instrumens de Chirurgie & de Barberie. Ils font les Rosettes de cuivre, & prennent chez les Orfévres celles d'argent.

ROSETTES. Ce sont aussi de petits poinçons ou ciselets d'acier, à un bout desquels sont gravées en creux des roses ou autres fleurs, pour les frapper, & en imprimer le relief sur les métaux où l'on fait des ciselures.

ROSETTIER. Outil dont se servent les Couteliers pour faire ces petites rosettes de cuivre avec lesquelles ils montent plusieurs de leurs ouvrages. C'est une espece de poinçon en forme d'emporte-piece qu'ils frappent sur un bloc de plomb, une feuille de léton entre deux. Les Orfévres se servent aussi du Rosettier pour faire les rosettes d'argent.

ROSSE. Marchandise ancienne, fonds de boutique, vieille drogue, qui n'est plus de vente. Ce Marchand n'a que de la Rosse dans sa boutique. Il n'est point d'usage à Paris; mais malgré son antiquité il se conserve encore dans les Provinces.

ROSSICLER. Espece de minéral noir que l'on tire des mines du Chilly & du Pérou. Son nom lui vient de ce que le mouillant & le frottant contre du fer, il rougit. Ce mineral est très riche, & l'argent qu'on en tire est le meilleur de toutes les mines de Lipes, du Potosi & des autres de l'Amérique. *Voyez* ARGENT.

ROSSIGNOLS. Terme de Carrier. On nomme ainsi les arcs-boutans des fourches qui soutiennent l'arbre de la grande roue des Carriers. *Voyez* ROUE DES CARRIERS.

ROSSOLI. Liqueur agréable composée d'eau-de-vie brûlée, de sucre & de canelle, où l'on ajoute quelquefois du parfum. Il y a aussi du Rossoli qui se fait avec de l'eau.

Le Rossoli de Montpellier est excellent; on estime néanmoins davantage celui de Turin.

Le Rossoli paye à la Douane de Lyon 16 sols le quintal.

ROST. Viande rôtie à la broche. L'on distingue deux sortes de rôts, le gros rôt & le petit ou menu rôt. Le gros rôt est la grosse viande rôtie, comme aloyaux, quartiers de veaux & de moutons, &c. Le menu rôt est la volaille, le gibier, enfin ce qu'on appelle les petits pieds. Les Maîtres Rôtisseurs de Paris peuvent apprêter chez eux du gros & du petit rôt, à la charge néanmoins de prendre la grosse viande qu'ils font rôtir à leurs âtres & boutiques chez les Maîtres Estaliers-Bouchers. *Voyez ci après* ROSTISSEUR.

ROSTI. C'est presque le synonime de rôt: Il se prend néanmoins plus communément pour le seul petit rôt, & dans les grandes tables quand on dit servir le rôti, cela s'entend du gibier, soit à poil soit à plume, de la volaille de toute espece & de quelques viandes de lait, comme agneaux, chevreaux, cochons & autres qui sont du trafic des Rôtisseurs.

ROSTIR. Cuire de la viande en la faisant tourner avec une broche devant le feu. Les Rôtisseurs peuvent vendre leur viande, soit en plume, soit en poil, soit habillée, soit rôtie. C'est de la faculté qu'ils ont de la faire cuire & rôtir chez eux, qu'est venu leur nom de Rôtisseurs.

ROSTISSERIE. Lieu où l'on fait rôtir les viandes. Il se dit aussi quelquefois des viandes mêmes qui sont rôties; mais en ce sens on se sert plus ordinairement du terme de Rôti, ou quand on veut user de celui de Rôtisserie, il faut y ajouter Viande. Voilà de belle viande de Rôtisserie; il est plus d'usage de dire, Voilà un beau rôti.

ROSTISSERIE. Se prend plus communément pour les boutiques des Rôtisseurs où l'on fait rôtir des viandes pour les vendre toutes cuites. On dit la Rôtisserie de la rue de la Huchette, parce qu'il y a quantité de ces sortes de boutiques ou âtres où l'on fait rôtir les viandes. On dit encore, Je vais envoyer à la Rôtisserie, pour dire, Je vais ordonner qu'on aille chez un Rôtisseur.

ROSTISSEUR. Celui qui fait rôtir la viande. Il ne se dit gueres présentement que du Marchand qui habille, larde & pique les viandes de lait, le gibier & la volaille pour les vendre en blanc, c'est-à-dire crues, ou pour les débiter cuites après les avoir fait rôtir à leurs âtres ou cheminées.

La Communauté des Maîtres Rôtisseurs de Paris n'est pas une des moins anciennes de cette Ville, & l'on en peut juger au stile de leurs premiers Statuts. Ces Statuts portent pour titre *Ordonnance du Métier des Oyers & Maîtres Rôtisseurs*; & cette qualité d'Oyers qui signifie Vendeurs d'oyes, sert à appuyer l'opinion que quelques Auteurs ont du goût que les anciens Habitans de Paris avoient pour cette sorte de viande qui a donné le nom à la rue aux Houës ou aux Oyes, dans laquelle anciennement demeuroient la plus grande partie des Rôtisseurs ou Oyers, & où il y en a encore quantité de boutiques.

Il n'y a gueres de Communauté qui ait eu plus de soin & d'exactitude à faire confirmer ses Statuts & Réglemens que celle des Maîtres Rôtisseurs. Depuis les Lettres Patentes de Louis XII données à Paris au mois de Mars 1509, qui contiennent leurs anciennes Ordonnances, qui les confirment, & en tant que besoin seroit, les renouvellent, elle en conserve presque de tous les autres Rois ses Successeurs jusqu'à Louis XIV. Elle en a de François I en 1526, d'Henri II en 1548, de François II en 1559, d'Henri III en 1575, d'Henri IV en 1594, & de Louis XIII en 1620.

Les Lettres Patentes du 30 Avril 1691, celles de l'année 1694, & d'autres encore de 1709, toutes données sous le regne de Louis XIV pour la réunion & incorporation des Offices de Jurés, d'Auditeurs & de Receveurs des deniers communs, sont autant de confirmations des Statuts des Maîtres Rôtisseurs; que de même que les autres Communautés ils n'ont obtenu que par le payement des Finances réglées par ces mêmes Lettres Patentes.

La Communauté des Maîtres Rôtisseurs est gouvernée ainsi que toutes celles de Paris par des Jurés qui demeurent deux ans en charge, dont la moitié se renouvelle tous les ans par élection; il y a de plus un Syndic qui est particuliérement chargé de certaines affaires du Corps.

Nul Rôtisseur n'est reçû à la maîtrise qu'il n'ait fait chef-d'œuvre & apprentissage de cinq ans, à moins qu'il ne soit Fils de Maître.

Si le Fils de Maître est reçû & qu'il ne soit point assez Expert pour tenir ouvroir ni fenêtres [c'est ainsi qu'on nomme dans les anciens Statuts les boutiques vitrées des Rôtisseurs] il doit avoir un Compagnon ou Garçon habile qu'il doit garder chez lui jusqu'à ce qu'il se soit rendu capable.

Les Maîtres ne peuvent prendre de Compagnons pour habiller & larder la viande, qu'ils n'ayent au moins fait le service de deux ans.

Chaque Maître n'a droit d'obliger qu'un seul Apprentif à la fois.

Les Compagnons & Garçons travaillant au mois ou à l'année, ne peuvent quitter leurs Maîtres qu'ils n'ayent achevé leur tems, ni aucun Maître les recevoir que du gré du premier.

Il est défendu aux Rôtisseurs d'aller ni d'envoyer au-devant des Poulailliers Forains pour acheter des poulailles sauvagines [c'est le gibier] & autres viandes, ni de s'en fournir autre part qu'aux places & aux heures accoutumées & ordonnées, dans lesquelles même les Bourgeois & Maîtres d'Hôtel des grands Seigneurs ont une heure entiere de préférence, les Rôtisseurs ne pouvant enlever ce qui leur convient qu'après le coup de la cloche qui ne sonne pour eux qu'à neuf heures.

Ils ne peuvent garder chez eux plus d'un jour de la viande cuite pour la vendre.

Les amendes encourues pour contraventions aux Statuts & autres cas concernant la Communauté doivent être employées à la nourriture & soulagement des pauvres Maîtres, & de ceux que leur grand âge empêche de pouvoir gagner leur vie dans l'exercice du métier.

Enfin il n'appartient qu'aux Maîtres Rôtisseurs de tenir ouvroirs & fenêtres pour y vendre toute viande de Rôtisserie habillée, lardée, en poil, en plume, en blanc ou rôtie, à l'exclusion de tous Poulailliers, Regrattiers, Cuisiniers, Taverniers, Cabaretiers, Pâtissiers, & autres telles personnes à qui il en est fait défense sous peine de cinq cens livres.

La place où se vendent à Paris les volailles & gibiers, & où il est seulement permis aux Maîtres Rôtisseurs de s'en pourvoir, étoit autrefois sur le Quay de cette Ville appellé vulgairement la Vallée de Misere, qui s'étend depuis le Pont-Neuf jusqu'au Châtelet; ce marché ayant été transferé depuis sur le Quay des grands Augustins, on a toujours continué à la nouvelle place le nom de Vallée, à l'exception seulement que pour la distinguer de l'ancienne on l'appelle la nouvelle Vallée.

Il y a à Paris des Vendeurs de volailles qui ont d'abord été établis à peu près sur le pied des Vendeurs de marée & des Vendeurs de cuir, mais dans les fonctions & droits desquels il est survenu de grands changemens depuis leur premier établissement. On en parlera ailleurs. *Voyez* VENDEUR DE VOLAILLES.

ROT

ROT, qu'on appelle aussi Peigne & Rocq. *Voyez* PEIGNE.

ROTERDAM, Ville de Hollande. *Voyez* l'étendue & le détail de son commerce, dans l'Etat général, Tome I. page 177.

ROTIERS, ou ROTZIERS. Nom que l'on donne aux Artisans qui fabriquent les rots ou peignes pour servir aux métiers des Ouvriers qui travaillent avec la navette. *Voyez* PEIGNE.

ROTIN. Sorte de roseau qu'on apporte des Indes Orientales, dont on fait en les fendant par morceaux ces meubles de cannes dont on fait un si grand usage & un si grand commerce en Angleterre & en Hollande, & qui commencent à passer en France. On en fait aussi des cannes à marcher ou à la main, en les garnissant des poignées & de ces petites lunettes qu'on appelle des Lorgnettes.

ROTIN. Signifie aux Isles Françoises de l'Amérique ceux des roseaux ou cannes à sucre qui ne s'élevent pas bien haut, soit à cause de la mauvaise terre où ils sont plantés, soit par trop de sécheresse, soit pour avoir été mal cultivés, ou enfin pour être trop vieux.

ROTOLO, ou ROTOLI. Poids dont on se sert en Sicile, en quelques lieux d'Italie, à Goa, en Portugal, & dans plusieurs Echelles du Levant, particuliérement au Caire & dans les Villes maritimes de l'Egypte.

Quoique le rotolo ait le même nom dans tous ces endroits, il y est néanmoins bien différent pour sa pésanteur.

A Genes & dans le reste de l'Italie où le rotolo est en usage, il y en a de deux sortes; l'un qu'on appelle Rotolo-gros-poids qui pese dix-sept onces six gros, & quelque chose de plus poids de marc; l'autre qui est le rotolo commun est de seize onces aussi poids de marc, qui font une livre de Paris, d'Amsterdam & des autres Villes où la livre est égale à celle de Paris; ce qui est une différence d'une once & un peu plus de six gros entre ces deux rotolis.

En Sicile le rotolo pese quelque chose de plus qu'une livre & demie de Paris; en sorte que cent rotolis font cent soixante & deux livres de cette derniere Ville. Pour faire la réduction des rotolis de Sicile en livres de Paris, il faut se servir de la regle de trois, & dire; si cent rotolis de Sicile font cent soixante & deux livres de Paris, combien tant de rotolis de Sicile feront-ils de livres de Paris? & au contraire pour réduire les livres de Paris en rotolis, il faut dire en se servant de la même regle; si cent soixante & deux livres de Paris font en Sicile cent rotolis, combien tant de livres de Paris feront-elles de rotolis de Sicile.

En Portugal & à Goa le rotolo pese une livre & demie de Venise, chaque livre de Venise revenant à huit onces six gros de Paris, de maniere que le rotolo Portugais est égal à treize onces un gros de Paris.

Au Caire & dans les autres Villes maritimes de l'Egypte, qui servent comme de Port à cette fameuse Ville qui en est la Capitale & la plus célebre pour son commerce de l'Empire Turc, le rotoli est de cent quarante-quatre dragmes, ce qui revient un peu moins qu'à la livre de Marseille, cent huit livres de cette derniere Ville faisant cent dix rotolis du Caire.

ROTOLO, ou ROTOLI. C'est aussi une mesure dont on se sert dans quelques Villes & Etats des Côtes de Barbarie pour mesurer les liquides; trente-deux rotolis de Tripoli font le matuli, autre poids qui est pareillement en usage dans cette Ville; & quarante-deux rotolis aussi de Tripoli font le mataro ou matare de Tunis. *Voyez* MATARE, *&* MATULI.

ROTTE, ou ROTTON. Poids en usage dans le Levant, lequel est plus ou moins fort suivant les lieux où l'on s'en sert.

Les cent rottes de Constantinople & de Smyrne font cent quatorze livres de Paris, d'Amsterdam, de Strasbourg, & de Besançon, les poids de ces quatre Villes étant égaux.

Pou réduire les rottes de Constantinople en livres de Paris, il faut en se servant de la regle de trois, dire; si cent rottes de Constantinople font à Paris cent quatorze livres, combien tant de rottes de Constantinople feront-elles de livres à Paris?

Et au contraire pour réduire les livres de Paris en rottes de Constantinople, il faut en se servant de la même regle dire; si cent quatorze livres de Paris font à Constantinople cent rottes, combien tant de livres de Paris feront-elles de rottes à Constantinople?

Cette façon de réduire les rottes de Constantinople en livres de Paris, & les livres de Paris en rottes de Constantinople, doit servir d'instruction pour les réductions que l'on aura à faire des différentes especes de rottes dont il va être parlé.

A Seyde la rotte est de six cens dragmes ou de quatre livres onze onces de Marseille; elle s'appelle Damasquin; on y pese les soies & les cotons. L'acre est aussi une autre rotte de cette Echelle, qui rend environ six livres poids de Marseille; elle sert à peser les cendres, les galles, & les cotons en laine.

Les cent rottes ou damasquins de Seyde font trois cens quatre-vingt livres de Paris.

Les cent rottes ou acres du même endroit font quatre cens quatre-vingt-six livres de Paris.

A Alep il y a trois sortes de rottes; l'une de sept cens vingt dragmes qui rend cinq livres dix onces; elle sert à peser les cotons, les galles, & les autres grosses marchandises; la seconde est de six cens quatre vingt dragmes qui font cinq livres cinq onces; on y pese toutes les soies qui viennent de Perse pour être transportées en Europe, à la réserve des soies blanches ou Payas qui se pesent à la troisiéme rotte, qui est de sept cens dragmes, c'est-à dire, de cinq livres sept onces & demie.

Les cent rottes d'Alep, pour les grosses marchandises, font quatre cens cinquante-cinq livres de Paris.

Les cent rottes de la même Ville, pour les soies de Perse, font quatre cens trente livres de Paris.

Les cent rottes de la même Ville, pour les soies blanches, font quatre cens quarante livres de Paris.

ROTTON, qu'on nomme plus ordinairement Rotte. Poids dont on se sert à Constantinople, à Smyrne, à Alep, à Seyde, & dans quelques autres Echelles du Levant. *Voyez l'article précédent.*

ROTZIERS, ou ROTIERS. Ouvriers qui travaillent à faire les rots ou peignes des métiers des Tisserans & des Manufactures de soie, de laine, &c. *Voyez* PEIGNE.

ROU

ROUAGE. On appelle Bois de Rouage tous les bois & particuliérement les bois d'orme que les Charrons employent à faire les roues des carosses, chariots, charettes, & autres telles voitures roulantes. *Voyez* ORME.

Le bois de Rouage paye en France les droits d'entrée à raison de 10 s. du cent en nombre.

ROUAGE. Se dit aussi d'un droit Seigneurial qui se prend sur le vin vendu en gros.

ROUAN. Terme de Haras & de commerce de chevaux. Il se dit de la couleur du poil des chevaux qui est mêlé de gris, de bay, d'alezan, & de noir.

Il y a plusieurs sortes de Rouan, entr'autres Rouan vineux, Rouan cavesse, de more, &c. *V.* CHEVAL.

ROUANCHE BRANDTS. Sorte de hareng provenant de la pêche Hollandoise. *Voyez* BRANDT-HARING.

ROUANE. Instrument qu'on pourroit en quelque sorte appeller Compas, qui sert à marquer les bois; il est de fer avec un petit manche de buis: la partie qui est de fer se partage en deux pointes, dont l'une qui est un peu plus longue que l'autre est pointue, & la plus courte est tranchante, en sorte que la plus longue appuyant sur la piece qu'on veut marquer, on en peut faire un ou plusieurs cercles; de l'autre on en tire des lignes autant qu'il est besoin pour la marque de l'Ouvrier. Les Charpentiers se servent de la rouane & les Commis des Aydes & les Tonneliers de la rouanette, qui est une rouane plus petite.

ROUANÉ. Ce qui a été marqué avec la rouane. Il est défendu aux Tonneliers par l'Ordonnance des Aydes d'ôter les fonds ou douves des futailles qui ont été rouanées, pour les mettre à d'autres muids ou tonneaux.

ROUANER. Marquer des pieces de bois ou des tonneaux avec la rouane. Les tonneaux se marquent aux douves du fond, & les bois de charpente où il plaît à l'Ouvrier.

ROUANETTE. Petite rouane dont se servent les Commis des Aydes pour marquer les pieces de vin pendant les visites qu'ils font dans les caves & celliers des Marchands de vin & Cabaretiers. Les Tonneliers ont aussi une rouanette pour marquer leur ouvrage. *Voyez* ROUANE.

ROUBLE. Monnoie de compte dont on se sert en Moscovie pour tenir les livres & y faire l'évaluation des payemens dans le commerce.

Le rouble vaut cent copecs ou deux richedales; au dessous du rouble est le grif que d'autres appellent Grive, qui vaut dix copecs; & au dessous du grif, l'altin qui ne vaut que trois copecs.

Cette division du rouble est tirée d'une relation du voyage fait en 1636 en Moscovie par les Ambassadeurs du Duc de Holstein; mais dans la carte du pair des monnoies de l'Europe, donnée au public en 1715, par le sieur Bonnelin, l'altin est immédiatement après le rouble, & la grive après l'altin; & encore avec cette différence, que la grive, qu'on suppose être une monnoie réelle, quoiqu'il semble qu'elle ne soit véritablement qu'une monnoie de compte, n'est mise que sur le pied de quinze deniers de France.

ROUBLE. Quelques-uns mettent aussi le rouble parmi les monnoies d'argent courantes de Moscovie, & prétendent qu'il y a cours pour un peu plus que les deux tiers de la valeur d'une richedale.

D'autres disent que le rouble est une piece d'or & que c'est une espece de ducat d'or; cette opinion paroît fondée sur ce que les ducats d'or d'Allemagne sont à peu près de la même valeur.

On se servoit autrefois du rouble dans les comptes, comme on se sert en France de la pistole ou de la livre, qui ne sont pas des monnoies effectives; & les payemens se faisoient en sacs de cent copecs, chaque sac valant un rouble. Mais depuis que le Czar (Pierre Alexiowits) a fait frapper de véritables roubles, il est difficile d'en déterminer exactement la valeur à cause des divers changemens qu'ils ont soufferts en Moscovie, sur-tout par rapport à l'alliage.

Il valoit autrefois environ 2 dallers d'Allemagne, ou 9 schelings monnoies d'Angleterre.

Le Capitaine Pery dit dans sa Relation imprimée en 1717, que de son tems le rouble ne valoit en tout que cent sols d'Angleterre ou huit schelings & quatre sols; mais que depuis que le Czar a fait réformer sa monnoie, il n'a guere plus de la moitié de sa premiere valeur.

Un rouble vaut cent copecs.

Un altin, trois copecs.

Un grif dix copecs.

Tout ceci est tiré des nouveaux Memoires sur l'état présent de la grande Russie, donné au Public en 1725.

ROUCHON. Sorte de marchandise employée dans le Tarif de la Douane de Lyon de 1632.

Le Rouchon paye les droits dans la Douane de cette Ville à raison d'un sol 6 den. de la balle d'ancienne taxation, & 6 den. le cent de réappréciation.

ROUCOU. *Voyez* ROCOU.

ROUDON, qu'on nomme aussi REDON ou RODON. Espece d'herbe dont les Tanneurs se servent au lieu de tan dans la préparation de leurs cuirs. *Voyez* REDON.

ROUE. Piece de bois ou de métail tournée en rond, quelquefois pleine & solide, & quelquefois à jour, & avec des rayons, qui se tourne autour d'un axe ou essieu.

La roue est l'aide la plus considérable des forces mouvantes, & est employée dans quantité de machines ou instrumens propres aux Manufactures, à la fonte des métaux, aux Arts & Métiers, &c. Comme les Artisans & Ouvriers qui s'en servent leur donnent différens noms, on renvoye à leurs propres articles toutes celles qui ont des noms particuliers, ne réservant pour celui-ci que celles qui ont conservé le nom de roue.

ROUE. Ce qu'on appelle de la sorte dans les Manufactures des glaces, & dont on se sert pour adoucir celles du plus grand volume, ne tourne pas autour d'un essieu, mais est posée horisontalement & attachée sur ce qu'on nomme la table. Elle est de bois, à rayons, forte, & légere; environ de six pieds de diametre. *Voyez* GLACE.

ROUE. Les Potiers de terre se servent d'une roue pour tourner & fabriquer les vases, pots, & autres ouvrages de poterie qui doivent avoir une figure ronde ou approchant de la ronde.

Leurs Statuts de l'année 1456 défendent à tous autres qu'aux Maîtres Potiers de terre d'avoir une roue assise à tourner pots. *Voyez* POTIER DE TERRE.

ROUE. Les Vitriers appellent les roues du tire-plomb, deux petits cylindres d'acier posés l'un dessus l'autre, qui servent à refendre les plombs des panneaux & vitrages. *Voyez* TIRE-PLOMB.

ROUE. Se dit aussi d'un grand assemblage de bois de charpente de figure cylindrique, qui est attachée au bout du treuil des grues & de quelques autres engins ou machines propres à élever de pesans fardeaux.

Il y a de ces roues qui sont doubles & au dedans desquelles les Ouvriers peuvent marcher pour leur donner le mouvement; telles sont celles des grues. *Voyez* GRUE.

D'autres sont simples & n'ont que de fortes chevilles qui traversent leur bord extérieur de pied en pied en forme d'échellier, sur lesquelles un ou deux Ouvriers mis à côté l'un de l'autre, l'échellier entre-deux, montent pour les faire tourner. On se sert ordinairement de celles-ci pour les engins des carrieres de pierre. *Voyez ci-après la Roue des Carrieres.*

ROUE. Les Tourneurs & les Potiers d'étain se servent d'une roue pour tourner sur le tour les ouvrages qui sont ou d'un trop grand volume ou d'un trop grand poids.

Cette roue qui n'a gueres moins de quatre pieds de diametre, a tout autour de sa circonférence extérieure une cannelure dans laquelle se met la corde: son axe ou essieu qui est de fer porte de chaque bout dans les trous armés de viroles de fer de deux jambages de bois élevés d'aplomb sur des semelles aussi de bois, & pour fortifier ces jambages il y a quatre liens à contrefiches, deux à chacun; chaque extrémité de l'essieu est quarrée pour y emboêter des manivelles.

Lorsqu'on veut travailler on passe la corde, dont les deux bouts sont joints ensemble avec de la ficelle, sur la cannelure de la roue, & on lui fait aussi faire un tour sur la piece de bois, de pierre, d'étain ou de telle autre matiere que ce soit qu'on veut tourner, ou bien sur le mandrin auquel la piece est attachée; & alors un ou deux hommes, suivant l'ouvrage, tournant la roue avec les manivelles, font tourner la piece que le Tourneur dégrossit, & à laquelle il donne telle figure sphérique qu'il juge à propos, avec divers outils de fer qui sont propres aux ouvrages de tour. *Voyez* TOUR.

La Roue des Couteliers, qu'un Garçon tourne avec une manivelle de fer, sert à donner le mouvement aux meules & aux polissoirs sur lesquels se rémoulent, s'adoucissent & se polissent les ouvrages tranchans & coupans de coutellerie; comme les couteaux, rasoirs, lancettes, ciseaux, bistouris, &c. On en fait ailleurs la description. *Voyez* COUTELIER.

La roue des Carriers est un bâti de menu bois de charpente, qui a au moins vingt-deux pieds de circonférence. Le long du cercle qui forme cette roue est l'échellier, c'est-à-dire, des chevilles ou échelons de bois de huit pouces de longueur & d'un pouce & demi de grosseur, qui de pied en pied traversent le bord de la roue. C'est en montant d'échelon en échelon le long de l'échellier que les Manœuvres-Carriers donnent le mouvement à la roue ou plutôt à l'arbre; à l'un des bouts duquel la roue est attachée & élevée perpendiculairement sur l'horison.

Les proportions les plus ordinaires de l'arbre sont de quatorze pieds de longueur sur deux pieds de diametre. Les deux pieds droits qui soutiennent l'arbre qu'on nomme des Fourches, ont neuf à dix pieds de hauteur sur un pied ou quinze pouces d'équarrissage. Ils sont dressés d'aplomb sur le chassis, c'est-à-dire, sur des semelles que forment deux pieces de bois aussi de charpente qui se croisent dans le milieu, & c'est où ces piéces se croisent, que portent les fourches, qui pour être plus assurées contre les secousses & les efforts de la roue, sont encore appuyées par deux forts arcs-boutans qu'on nomme des Rossignols, qui sont emmortoisés d'un côté dans les semelles, & de l'autre dans les fourches, un peu au-dessous des trous où roule le mamelon de l'arbre; chaque fourche a son chassis & ses rossignols.

Les cables qui servent à ces roues sont proportionnés au poids qu'ils doivent tirer; y ayant des carrieres qui fournissent des bancs de pierre d'un échantillon plus ou moins fort les uns que les autres. Pour l'ordinaire ils ont depuis six pouces jusqu'à neuf pouces de diametre. *Voyez* CARRIER & CARRIERE.

ROUELLES D'ESSAY. Terme de Potier d'étain. *Voyez* TABLES D'ESSAY.

ROUEN, Ville de la Haute Normandie. *Voyez* le détail des Manufactures & Fabriques de Rouen & de sa Généralité, dans l'Etat général du Commerce, Tome I. page 102.

ROUEN. On nomme des Rouens, des toiles qui se fabriquent dans cette Capitale de Normandie & aux environs: elles sont propres pour le commerce des Canaries.

ROUER DU CHANVRE. C'est le macerer & le faire pourrir dans l'eau. On dit plus ordinairement Rouir. *Voyez* CHANVRE.

ROUET. Instrument propre à filer les soies, laines, chanvres, cotons & autres matieres semblables.

Le Rouet commun consiste en quatre pieces principales; sçavoir le Pied, la Roue, la Fusée & l'Epinglier. Le pied est une tablette de bois, avec des soutiens aussi de bois. La roue est d'environ dix-huit à vingt pouces de diametre, & est portée par un axe de fer sur deux soutiens attachés sur la table du pied. La fusée qui est une espece de bobine est pareillement traversée par un axe ou verge de fer, qui a aussi ses deux soutiens très bas, qui tiennent à l'extrémité de la même table. Enfin l'épinglier est fait de deux parties de cercle percées d'épingles ou de léton recourbé, qui environnent la fusée, & qui tournent avec elle. L'épinglier sert à plier le fil sur la bobine ou fusée à mesure qu'on le file. L'on appelle Sillons, les rangs différens qui se forment en parcourant toutes les pointes de l'épinglier. Une manivelle sert à donner le mouvement au rouet.

Les Dames & les personnes curieuses se servent de Rouets faits au tour, dont les principales piéces sont semblables à celles du Rouet commun qu'on vient de décrire. La principale ou plutôt l'unique différence essentielle consiste en ce qu'il y a deux manieres de leur donner le mouvement, l'une en tournant la manivelle à la main comme au premier Rouet; & l'autre par le moyen d'une marche qui est au-dessous du Rouet, qui étant attachée à la manivelle par un bâton d'une longueur proportionnée suffit pour faire tourner la roue, en appuyant ou levant le pied qu'on met dessus.

Il y a une troisiéme sorte de Rouet portatif très commode & très ingénieusement imaginé, dont toutes les personnes de qualité se servent. Le Rouet entier n'a gueres plus de six ou sept pouces de haut. Deux roues de cuivre, dont la plus grande n'a pas dix-huit lignes de diametre, & la plus petite à peine quatre, sont engrenées l'une dans l'autre, & enfermées entre deux platines de métail, avec lesquelles elles ne font que quatre ou cinq lignes d'épaisseur. La grande roue où est la manivelle donne le mouvement à la petite qui porte la fusée & l'épinglier. Un petit pied d'ébeine, attaché à une queue de même bois qui sert à passer dans la ceinture de celles qui s'en veulent servir en marchant, ou à attacher sur une petite tablette appésantie par du plomb, & ordinairement couverte de maroquin ou de velours, quand on on veut travailler sur une table, acheve toute l'ingénieuse machine, à laquelle même tient la quenouille d'une longueur proportionnée à la petitesse du rouet. L'on ne peut dire combien ce rouet est commode, ni combien l'usage en est devenu commun en France.

ROUET A FILER LE PLOMB. Machine dont les Vitriers se servent pour applattir & refendre des deux côtés les plombs dont ils se servent aux vitreaux des Eglises & aux panneaux des vitres ordinaires. On l'appelle communément Tire-plomb. *Voyez cet article.*

ROUETTE. Ce terme qui est particuliérement en usage parmi ceux qui font négoce de bois, signifie une longue & menue branche de bois ployant, qu'on fait tremper dans l'eau pour la rendre plus flexible & plus souple, dont on se sert comme de lien ou de hare, pour joindre ensemble avec des perches les morceaux ou pieces de bois dont on veut former des trains, pour les voiturer plus facilement par les rivieres. *Voyez* TRAIN.

ROUGE. Une des cinq couleurs simples & matrices des Teinturiers. Il y a sept sortes de bons Rouges; sçavoir, 1°. L'écarlate rouge de France ou des Gobelins, 2°. Rouge cramoisi, 3°. Rouge de garance, 4°. Rouge de demi-graine, 5°. Demi-cramoisi, 6°. Rouge ou nacarat de bourre, 7°. Ecarlate de cochenille ou façon de Hollande. On pourroit cependant les réduire à trois suivant les principales drogues qui leur donnent couleur, qui sont le Vermillon, la Cochenille & la Garance.

L'écarlate des Gobelins se fait avec de l'agaric, des eaux sûres, du pastel & graine d'écarlate ou du vermillon. Quelques Teinturiers y ajoutent de la cochenille, d'autres du fenu grec; après quoi elle s'éclaircit avec les eaux sûres, l'agaric, le tartre & la terra-merita.

Le Rouge-cramoisi se fait avec les eaux sûres, le tartre & la cochenille mesteque ou tescale.

Le Rouge de garance se fait avec la garance qui vient de Flandres, & qui se peut cultiver en France. Quelques-uns se servent du réagal ou de l'arsénic dans le bouillon; d'autres de sel commun ou autres sels avec la farine de blé dans le garancage, ou bien de l'agaric ou de l'esprit de vin avec la galle ou terra-merita.

Le demi-graine se fait avec l'agaric, les eaux sûres, moitié graine d'écarlate, moitié garance, & quelquefois le terra-merita.

Le demi-cramoisi se fait avec moitié de garance & moitié de cochenille.

Pour le nacarat de bourre, l'étoffe doit auparavant avoir été mise en jaune; & le nacarat se fait ensuite avec le bain de la bourre fondue, ébrouée auparavant sur un bouillon avec de la gravelle, &c.

Le Rouge écarlate façon de Hollande se fait avec l'amidon, le tartre, la cochenille, après avoir bouilli avec de l'alun, du tartre, du sel gemme & de l'eau-forte où l'étain a été dissous. Cette couleur, quoique des plus éclatantes, se rose & se tache aisément.

Outre ces sept Rouges qui sont bons & permis, il y a encore le Rouge de Brésil, qui est une fausse couleur, & qui est défendue aux Teinturiers du bon teint.

Des sept sortes de bons Rouges il n'y en a que quatre qui ayent des nuances, le Rouge de garance, le Rouge-cramoisi, le Rouge de bourre & l'écarlate de Hollande.

Les nuances du Rouge de garance sont couleur de chair, peau d'oignon, fiamette, ginjolin.

Celles du cramoisi sont, fleur de pommier, couleur de chair, fleur de pêcher, couleur de rose incarnadin, incarnat-rose, incarnat & rouge-cramoisi.

Les nuances de la bourre sont les mêmes que celles du Rouge-cramoisi.

L'écarlate outre celles du cramoisi & de la bourre, a encore pour nuances particuliéres, la couleur de cerise, le nacarat, le ponceau & le couleur de feu. *Voyez* COULEUR.

ROUGE D'ANGLETERRE, que l'on appelle plus ordinairement Rouge-d'Inde ou Terre de Perse. *Voyez* ROUGE-D'INDE.

Le Rouge-brun d'Angleterre paye les droits de la Douane de Lyon à raison de 10 s. le quintal.

ROUGE DE COURROYEUR. Il se fait avec du bois de Brésil, dont il faut deux livres sur deux seaux d'eau, à quoi l'on ajoute de la chaux, quand il est raisonnablement ébouli. *Voyez* COURROYER.

ROUGE-D'INDE, OU TERRE DE PERSE, qu'on appelle aussi, quoique très improprement, Rouge d'Angleterre. C'est une terre ou pierre rouge assez friable & très haute en couleur, qui bien broyée & réduite en poudre impalpable, fait un assez beau Rouge.

Le Rouge-d'Inde ne s'employe gueres que par les Cordonniers, qui s'en servent pour rougir les talons des souliers qu'ils font, en le détrempant avec du blanc d'œuf.

ROUGIR LES CUIRS. Terme de Tanneur. *Voyez* COUDREMENT, & COUDRER OU BRASSER LES CUIRS.

ROUGIR LES CUIRS. Est aussi une façon que les Courroyeurs donnent aux cuirs qu'ils courroyent, en leur appliquant un rouge composé de bois de Brésil & de chaux mis dans de l'eau à certaine proportion, & bouillis longtems ensemble. Les cuirs des Courroyeurs ne se rougissent que du côté de la fleur, ceux des Peaussiers se rougissent de chair & de fleur. *Voyez* COURROYER & PEAUSSIER.

ROUIR. Terme de Filassier. Il se dit du chanvre, du lin, des orties & des écorces d'arbre, qu'on laisse à demi pourrir dans l'eau, pour en détacher plus aisément la filasse d'avec la chenevotte.

Ces sortes de matieres à filasse ne doivent se rouir que dans des eaux mortes, & non en eaux vives & poissonneuses, le chanvre roui faisant mourir le poisson. Dans les lieux où il se trouve peu d'eaux propres à cette premiere préparation du chanvre, on le fait rouir à la pluie & à la rosée. *Voyez* CHANVRE.

ROULAGE. Profession qu'exercent les Rouliers. Il signifie aussi le prix, le salaire qu'on paye aux Rouliers pour leurs peines. *Voyez* ROULIER.

ROULAGE. Se dit encore de la fonction de certains petits Officiers de Ville que l'on entretient sur les Ports, pour sortir des bateaux les balles, ballots, tonneaux & futailles, & les mettre à terre en les roulant sur des planches & madriers.

Il y a une Ordonnance de la Ville de Paris de l'anné 1641, qui porte Réglement des droits que les Marchands doivent payer à ces Officiers pour le roulage de leurs marchandises. *Voyez* FORTS.

ROULEAU. Ce qui est roulé & plié, & empaqueté en rond.

Rouleau de Tabac, qu'on nomme autrement **Roole de Tabac**. C'est du tabac en feuille, cordé au moulin, & roulé en plusieurs rangs autour d'un bâton.

La plupart du tabac de l'Amérique s'y débite en Rouleaux de divers poids; & ce n'est gueres que lorsqu'il est arrivé en France, en Angleterre, en Espagne, en Hollande, &c. qu'il se prépare en poudre.

C'est du tabac en rouleau dont on se sert, soit pour raper, soit pour mâcher. Les Regrattiers qui en font le commerce, & qui le prennent au Bureau de la Ferme, le coupent en morceaux de plusieurs onces, le ficellent & l'ornent ordinairement de quelque clinquant ou de papier marbré. *Voyez* Tabac.

Rouleau de Bouracan. C'est une piece de bouracan roulée & empointée par les deux bouts. *Voyez* Bouracan.

Rouleau. Ruban de fil de différentes largeurs, qui a pris ce nom de la forme dont il est ordinairement roulé. Il s'en fait d'excellent à Ambert en Auvergne, d'où les Marchands de Paris tirent une partie de celui qu'ils débitent dans leurs boutiques. Il y a aussi une espece de ruban de laine, auquel on donne pareillement le nom de Rouleau. *Voyez* Ruban de fil, & Ruban de laine.

Le Rouleau ou Ruban de fil de Hollande paye en France les droits d'entrée a raison de 8 liv. le cent pésant, conformément au Tarif de 1699.

Et les Rouleaux ou Rubans de fil de toute autre fabrique que de fabrique Hollandoise, 20 liv. aussi du cent pésant, suivant l'Arrêt du 3 Juillet 1692.

Les droits de sortie pour les Rubans de fil se payent comme mercerie, à raison de 3 liv. du cent pésant, conformément au Tarif de 1664, ou seulement 2 liv. lorsqu'ils sont destinés & déclarés pour l'Etranger, suivant l'Arrêt ci-dessus.

Rouleau de Beaujeu. Espece de toile qui se fait à Beaujeu, & dans le reste de la petite Province de Beaujolois. *Voyez* Toile, *vers la fin de l'article.*

Rouleau. Piece de bois de figure cylindrique, dont on se sert dans la fabrique de plusieurs ouvrages & dans diverses manufactures, mais souvent sous d'autres noms.

C'est sur des Rouleaux que se dressent les laines, les soies, les fils, les poils, &c. dont on fait la chaîne des étoffes & des toiles. Chaque métier en a ordinairement deux : celui des Gaziers en a trois. On les nomme Ensubles, & quelquefois Ensubleaux. *Voyez ces deux articles.*

Les Tissutiers-Rubaniers qui travaillent aux galons & tissus d'or & d'argent, appellent Rouleaux de la Poitriniere, un petit cylindre qui est attaché au-devant de leur métier. C'est sur ce rouleau que passe l'ouvrage à mesure qu'il s'avance, avant de le rouler sur l'ensuble de devant. *Voyez* Tissutier-Rubanier.

Dans les manufactures des glaces de grand volume on nomme Rouleau à couler, un gros cylindre de fonte qui sert à conduire le verre liquide jusqu'au bout de la table sur laquelle on coule les glaces. *Voyez* Glace de grand volume.

Les Fondeurs en sable se servent d'un rouleau pour courroyer le sable qu'ils employent à faire leurs moules. On l'appelle plus communément Bâton. *Voyez* Fondeur.

Les Pâtissiers ont un rouleau pour applattir & feuilleter leurs pâtés.

Les presses qu'on nomme Calandres, qui servent à calandrer les étoffes, sont, entr'autres parties essentielles, composées de deux Rouleaux. *Voyez* Calandre.

C'est aussi entre deux Rouleaux que se font les ondes des étoffes de soie, de poil ou de laine, propres à être tabisées; comme les moueres, les tabis, les camelots, &c. *Voyez* Tabis & Tabiser.

Les images, estampes & tailles-douces s'impriment en passant entre deux rouleaux la planche de cuivre gravée & le papier humide qui en doit prendre l'impression. *Voyez* Imprimeur en taille-douce.

Rouleaux, en terme de Monnoyeurs. Sont deux instrumens de fer de figure cylindrique, qui servent à tirer les lames d'or, d'argent ou de cuivre dont on fait les flaons des pieces que l'on fabrique. *Voyez* Monnoye.

Rouleaux. Ce sont aussi deux cylindres ou larges poulies de bois qui sont attachées dans le milieu de ce qu'on appelle le Berceau dans les Presses d'Imprimerie, & qui par le moyen d'une corde qui passe sur l'un & sur l'autre, & d'une manivelle qui donne le mouvement à celui des deux rouleaux qui se trouve au milieu des deux barres du berceau, font avancer ou reculer le train de la presse. *Voyez* Imprimerie.

Rouleaux. On nomme quelquefois Rouleaux dans les moulins à sucre les tambours de fer qui servent à briser les cannes & à en exprimer le suc. Les tambours & les rouleaux sont cependant bien différens, ces derniers n'étant que des cylindres de bois dont les tambours sont remplis, & les autres des cylindres de métail dont ceux de bois sont couverts. On affermit les rouleaux dans les tambours avec des serres ou coins de fer & de bois, & pour leur donner encore plus de fermeté, on remplit les vuides qui restent avec du bray bouillant. C'est dans les rouleaux que les dents des tambours sont emmortoisées. *Voyez* Moulin a Sucre.

Les Rouleaux dont les Charpentiers, Marbriers, Tailleurs de pierre, &c. se servent pour mener d'un lieu à un autre les poutres, les marbres, les pierres de taille & autres tels fardeaux qui sont lourds, mais non pas d'une pésanteur extraordinaire, sont de simples cylindres de bois, de sept à huit pouces de diametre, & de trois à quatre pieds de longueur, qu'ils mettent successivement pardevant sous les pieces qu'ils veulent conduire, tandis qu'on les pousse par derriere avec des pinces ou des leviers.

Quand les blocs de marbre ou les autres fardeaux sont d'un poids excessif, on se sert de rouleaux sans fin qu'on nomme autrement Tours-Terrieres. Ces rouleaux qui pour leur donner plus de force & empêcher qu'ils ne s'écrasent, sont faits de bois assemblés à entretoises, ont près du double de la longueur & du diametre des simples rouleaux, & sont outre cela garnis de larges cercles de fer aux deux extrémités. A un pied près de chaque bout sont quatre mortoises ou plutôt deux seulement, mais qui sont percées d'outre en outre; elles servent à y mettre de longs leviers de bois que des Ouvriers tirent avec des cordes qui sont attachées au bout, & que l'on change de mortoises à mesure que le rouleau a fait un quart de tour. Ce travail est long & pénible, mais sûr.

Les Plombiers ont aussi des rouleaux pour former leurs tuyaux de plomb; mais ils les nomment plus ordinairement Rondins. *Voyez* Rondin.

Rouleaux. Ce sont encore de certaines enseignes ou représentations de carton que les Merciers & quelques autres Marchands mettent en étalage sur le devant de leurs boutiques, pour faire montre des marchandises qu'ils vendent en les couvrant de divers échantillons.

Rouleaux. C'étoit autrefois un certain nombre d'especes d'or, d'argent ou de cuivre qu'on mettoit ensemble roulées dans un papier pour en avoir des comptes tout préparés. On le disoit particuliérement des Louis de cinq sols, dont les rouleaux qui étoient de douze faisoient l'écu blanc de soixante sols; & des doubles dont les trente valoient cinq sols. On a perdu cet usage assez commode dans le détail & pour les petits payemens, depuis que ces especes par leurs fréquentes augmentations ou diminutions, ont eu des fractions différentes. *Voyez* Monnoye.

ROULER. Ce terme signifie chez les Marchands plier une étoffe en rond, en faire une espece de rouleau. On ne plie gueres de cette sorte que les satins & les papelines qu'on nomme communément Grisettes, les gases & les crêpes, parce que ces étoffes se coupent aisément & prennent de mauvais plis.

C'est aussi de cette sorte que se plient les rubans d'or, de soie, de fil & de laine, les padous & les gallons de toutes especes; enfin toute la rubannerie,& particuliérement ces sortes de rubans de fil & de laine appellés Rouleaux de la maniere dont ils sont pliés.

Rouler a chaud. L'Arrêt du Conseil du 4 Novembre 1698, servant de Réglement pour les étoffes de laine qui se fabriquent dans la Province de Poitou, fait défenses à tous Foulonniers, Tondeurs & Apprêteurs de rouler à chaud aucune étoffe, soit en mettant du feu dessus ou dessous, soit en faisant chauffer les rouleaux ou autrement, à peine de cent livres d'amende pour la premiere fois, & de déchéance de la maîtrise en cas de récidive.

Rouler. Se dit aussi dans le commerce d'argent lorsqu'il y est commun, quand on en trouve aisément chez les Banquiers, & que le comptant va bien chez les Marchands. En ce sens on dit que l'argent n'a jamais mieux roulé dans le négoce; pour dire, qu'il n'y a jamais été en si grande quantité ni si commun.

Rouler. Se dit encore des Marchands & des Artisans dont le travail & le négoce suffisent à peine pour les faire subsister. Ce Mercier n'a pas grande pratique, ce Cordonnier travaille peu; ils ont peine à rouler leur vie.

Rouler les Cierges. Rouler la bougie. C'est les arrondir sur une table arrosée d'eau, avec l'instrument qu'on appelle un rouloir. *Voyez cet article.*

Les bougies qui se font à la cuilliere se roulent deux fois, l'une après avoir reçû la moitié de leur jet dans l'attelier de l'apprêt; & l'autre quand on leur a donné leur dernier jet dans l'attelier de l'achevement. *Voyez* l'article de la Cire, à l'endroit où l'on parle de la Fabrique des Bougies.

ROULET. Instrument de bois dont les Chapeliers se servent pour fouler les chapeaux sur ce qu'ils appellent la Foule ou Fouloire. Cet outil est une espece de médiocre rouleau un peu en pointe par les deux bouts en forme de fuseau. *Voyez* Fouler & Chapeau.

ROULIER. Voiturier par terre qui transporte les marchandises d'un lieu à un autre sur des chariots, charrettes, fourgons & autres telles voitures roulantes.

Les marchandises qui sont en balles, en ballots ou en caisses, &c. ou qui sont de matiere solide & de gros volume, se payent au poids à tant par livre pour le transport; celles qui sont liquides comme les vins, eaux-de-vie, cidre, biére, &c. se payent ordinairement à la piece.

Les Rouliers, à moins que ceux pour qui ils ont chargé ou quelqu'un de leur part ne les accompagne, doivent avoir la lettre de voiture des marchandises qu'ils transportent; les congés, si ce sont des vins, eaux-de-vie & autres liqueurs; les acquits de Bureaux par où ils passent, des passeports s'il en est besoin & s'ils passent par Pays ennemis.

C'est aussi à eux à acquitter tous les petits droits de péages qui sont dûs sur la route, soit pour les voitures & chevaux, soit pour les marchandises, sauf à se les faire rembourser s'ils ne se sont pas engagés à les rendre franches & quittes au lieu de leur destination.

Enfin les Rouliers répondent de tous les dommages qui arrivent aux marchandises par leur fait; & à l'égard des autres dont suivant les Ordonnances & Réglemens ils ne peuvent être tenus, ils doivent pour leur décharge en faire dresser des Procès verbaux par les Juges les plus prochains des lieux où de tels accidens leur sont arrivés. *Voyez* Voiture & Voiturier.

ROULOIR, ou PLATINE. Terme de Marchand Epicier-Cirier qui signifie un outil ordinairement de buis, plat & uni par-dessous, plus long que large, ayant une poignée par-dessus, & dont la forme quoique plus grande, est à peu près semblable à ces morceaux de marbre taillés que l'on met sur les papiers dans les cabinets.

Le rouloir sert à rouler les bougies & les cierges sur une table après que la cire a été jettée sur les méches avec la cuilliere, ou qu'ils ont été tirés à la main.

ROULON. Ce sont les petits morceaux de bois qui joignent les deux branches d'une échelle, sur lesquels on appuye le pied en montant. *Voyez* Echelle.

ROUP. Monnoie d'argent frappée au coin de Pologne. Le Roup vaut un quart de Réale d'Espagne.

Dans le tems que le négoce des Louis de cinq sols de France étoit le plus en vogue dans les Etats du Grand-Seigneur, & particuliérement à Constantinople, les Marchands Allemans qui y trafiquoient par le Danube & la Mer-Noire, voulant avoir part à ce commerce, y porterent outre leurs marchandises, ordinairement de quincaillerie de Nuremberg, quantité de roups: mais comme ils imiterent dans cette monnoie la mauvaise foi des autres Nations dans l'altération des Louis de cinq sols, dont on a parlé ailleurs, ils eurent le même sort; leurs Roups furent décriés & les Marchands qui les avoient apportés payerent plusieurs avanies. *Voyez* Louis de cinq sols.

Roup. C'est aussi une monnoie d'argent qui se fabrique & qui a cours dans quelques Provinces de l'Empire du Grand-Seigneur, particuliérement à Erzerum en Arménie. Ce roup vaut environ un quart de piastre d'Espagne.

ROUPIE. Monnoie qui a cours dans les Etats du Grand Mogol, & en plusieurs autres lieux & Royaumes des Indes Orientales.

Il y a des roupies d'or & des Roupies d'argent, les unes & les autres avec leurs diminutions en demi-Roupies & en quarts de Roupies.

La Roupie d'or pese deux gros trois quarts & onze grains, ce qui revient à vingt-une livre monnoie de France, en comptant l'once d'or à cinquante-huit livres quatre deniers. La demi-Roupie d'or vaut dix livres dix sols, & le quart de Roupie cinq livres cinq sols.

La Roupie d'argent est d'une valeur si inégale, son prix dépendant & de sa qualité & des lieux où elle se fabrique, qu'il est difficile d'en fixer un pied certain, & par conséquent d'en faire une certaine évaluation, soit par rapport à la Roupie d'or, soit par rapport aux Monnoies d'Europe.

Les nouvelles Roupies d'argent sont rondes, beaucoup des anciennes sont quarrées; mais les nouvelles & les anciennes sont toutes de même poids, plus ou moins estimées toutefois, comme on va l'expliquer.

Une observation générale pour la valeur des Roupies est qu'elles sont toujours à plus haut prix dans le lieu où elles ont été frappées qu'ailleurs, & que les Roupies nouvelles valent toujours plus que les anciennes. La raison de cette différence vient de ce que les Indiens aimant beaucoup l'argent, & pour le conserver prenant grand soin de l'enfouir en terre aussi-tôt qu'ils ont mis quelques Roupies ensemble, les Princes & Rajas afin de prévenir ce désordre qui épuise leurs Etats d'especes & de matiere pour en faire sortir, font battre tous les ans de nouvelles Roupies dont ils augmentent le prix sans en augmenter le poids, ensorte que nécessairement les nouvelles diminuent à mesure qu'elles vieillissent.

Outre cette différence de vieilles & de nouvelles Roupies, les Indiens font encore trois classes des unes & des autres; les premieres sont celles qu'ils appellent Roupies Siceas; les secondes sont les Roupies de Surate; les troisiémes les Roupies de Madras. Pour ce qu'on appelle Roupies courantes, ce ne sont pas celles qui ont plus de cours, mais celles qui sont de vieille marque & qui diminuent de prix, pour ainsi dire, à force de courir; celles-là sont les moins estimées. Un exemple va mieux faire comprendre le secret du commerce de ces quatre sortes de roupies.

Les Roupies Siceas valent au Bengal jusques à trente-neuf sols; celles de Surate jusques à trente-quatre; & celles de Madras jusques à trente-trois: ce qui s'entend toujours des Roupies nouvelles.

Pour les Roupies courantes ou vieilles Roupies, celles de Madras ne passent pas vingt-cinq sols; celles de Surate vingt-six, ni les Siceas vingt-huit ou trente; toujours, comme on l'a dit, au Bengal.

Ailleurs le rang ou si l'on veut le prix est différent; à Surate celles qu'on appelle Roupies de Surate & qui y ont été fabriquées, sont les premieres, les Siceas les secondes, & les Madras les troisiémes.

Le long de la Côte de Coromandel c'est le contraire; les Madras y ont le premier rang, les Siceas après, & les Surates les dernieres; d'où l'on peut comprendre combien il est important aux Marchands Européens qui trafiquent dans les endroits des Indes où les Roupies ont cours, de ne pas ignorer cette différence d'une Roupie à une autre, où contre l'usage ordinaire en fait de monnoie, le poids ou le titre ne décident point de la valeur, mais seulement le lieu & la nouveauté de leur fabrication; afin de ne se charger que de celles qui conviennent aux lieux où l'on veut établir son commerce.

Les Hollandois font battre à Palicate des Roupies d'argent qui portent d'un côté la marque de la Compagnie; mais quoiqu'elles soient du même poids que celles des Roys ou Rajas du Pays, on en fait peu d'état, & elles ne passent que comme Roupies courantes, encore les Marchands n'aiment-ils gueres à s'en charger, même sur ce pied-là.

ROURE. Drogue dont les Teinturiers se servent pour teindre en verd; on l'employe aussi dans la préparation de certaines peaux, particuliérement pour les maroquins noirs. Quelques-uns l'appellent Roux; son nom le plus commun est Sumac. *Voyez* Sumac.

ROUSSABLE. Nom que l'on donne à certains lieux faits exprès pour faire sorer & sécher le hareng. *Voyez* Hareng *vers la fin de l'article*.

ROUSSEATRE. Qui tire sur le Roux. *V.* Roux.

ROUSSELET. Sorte de poire excellente qui se confit en liquide & en sec, ou qui se seche au four, dont les Epiciers & Confiseurs font quelque négoce. Le Rousselet confit le plus estimé est celui que l'on nomme gros Rousselet de Reims. *Voyez* Poire.

ROUSSETTE. Espece de chien de mer que l'on nomme plus ordinairement Doucette. *V.* Doucette.

ROUSSI. Cuir de Roussi. Vache de Roussi. Sorte de cuir ou peau de vache qui s'est d'abord fabriquée en Russie d'où il a pris son nom, & dont la fabrique a depuis passé en plusieurs endroits d'Europe. *Voyez* Vache de Russie.

ROUSSILLON, Comté dans le Dauphiné. *Voyez* le détail de ses productions & de ses Fabriques, dans l'Etat général, Tome I. page 229.

ROUSSIN. Cheval entier & épais. *Voyez* Cheval.

ROUSTING, ou RONSTIGS. Monnoie de cuivre, qui se fabrique & qui a cours dans les Etats du Roi de Suede. Le rousting fait deux allures ou alleveures, l'allure quatre deniers de France.

ROUTE. On appelle Chef de Route parmi les vaisseaux Marchands, celui qu'on choisit pour commander les navires qui vont de conserve. *Voyez* Conserve.

ROUTH, Village auprès de Reims. Ses Fabriques consistent en étamines blanches de laines du Pays. *Voyez* l'Etat général, Tome I. page 24.

ROUTIER. On appelle en Hollande Maîtres Routiers, ceux qui sont chargés de la conduite des Voitures publiques, soit par eau, soit par terre.

Ils sont ainsi nommés à cause qu'ils font toujours la même route, partant à heure marquée & arrivant de même.

C'est ce qu'on appelleroit en France Maîtres de Coches par eau ou par terre; & Maîtres de Messageries & de Carrosses. Ces Maîtres Routiers sont établis par des Lettres des Colleges de l'Amirauté, chacun dans son district; lesquelles Lettres doivent pour l'ordinaire se renouveller tous les deux ans. Ils jouissent de grandes franchises & d'une grande protection des Etats, à cause de l'utilité publique & de l'exactitude avec laquelle il est nécessaire que ces Voitures soient conduites.

Les Privileges & Franchises de ces Maîtres Routiers, aussi-bien que leurs obligations, sont traités fort au long dans la Section XI du Placard pour l'exécution de la nouvelle Liste ou Tarif de Hollande de l'année 1725. *Voyez* RESOLUTIONS & PLACARDS. On donne aussi le nom de Routiers aux Vaisseaux ou Barques qui sont établis sur les Canaux & autres eaux des Provinces-Unies, pour transporter d'un lieu à un autre, les personnes & marchandises. *Voyez comme ci-dessus.*

ROUVERAIN. C'est ainsi qu'on nomme une sorte de fer cassant & difficile à forger. *Voyez* FER.

ROUVRAY, en Normandie, de la Généralité d'Alençon. L'on y fabrique des frocs. *Voyez* l'Etat général, Tome I. page 109.

ROUVRAY, en Bourgogne. Il y a une fabrique de draps façon de Semur. *Voyez* l'Etat général du Commerce, Tome I. page 124.

ROUX, ROUSSE. Couleur qui tire sur le jaune. Il se dit des étoffes, toiles, laines, soies, fils, & autres choses de couleur blanche, qui étant exposées à l'air, perdent une partie de leur blancheur & deviennent jaunâtres. Ce satin est tout roux. Je ne veux point de ces soies, de ces laines, elles sont rousses.

Les Marchands qui font commerce d'étoffes ou autres marchandises sujettes à roussir, doivent avoir grand soin de les faire plier ou serrer après qu'ils en ont fait la montre.

ROUX, ou ROURE. Drogue qui sert aux Teinturiers à teindre en verd, & que les Maroquiniers & autres Ouvriers qui préparent les cuirs, employent aussi pour les maroquins noirs & autres peaux; c'est proprement le Sumac. *Voyez* SUMAC.

ROUZET, ou ROUSTET. Espece de bure ou de serge qui se fabrique en quelques lieux de la Généralité de Montauban, particuliérement à Vicsensac & à Segust. Cette étoffe est fort grossiere & ne sert qu'à habiller les Paysans. *Voyez* BURE.

ROY

ROY. Signifie dans le sens propre, un Souverain, un Monarque; dans un sens figuré, il signifie le Supérieur, le Premier, le Juge d'un Corps, d'une Communauté.

Il y avoit autrefois à Paris un Roy des Barbiers, un Roy des Arpenteurs; il y a encore un Roy de la Bazoche qui est à la tête de la petite Jurisdiction que tiennent dans la Cour du Palais les Clercs des Procureurs au Parlement; & un Roy des Violons, qui est le chef de la Communauté des Maîtres à Danser & Joueurs d'Instrumens.

ROY DES MERCIERS. C'étoit autrefois à Paris & même par toute la France, le premier, ou pour mieux dire, le seul Officier qui veillât sur tout ce qui concernoit le Commerce.

Quelques Auteurs (l'on ne sçait si c'est avec assez de fondement) attribuent à Charlemagne l'institution de cette espece de Souverain Magistrat des Marchands. Ce qui est certain, c'est qu'elle est très ancienne; & que celui qui exerçoit cette Magistrature de Police mercantille avoit de très grands privileges.

On l'appelloit Roy des Merciers, parce qu'il n'y avoit anciennement dans le Royaume que les Merciers qui faisoient tout le commerce; les autres Corps des Marchands qui en ont été successivement tirés, n'ayant été établis qu'assez tard, sous la troisiéme race des Rois de France.

C'étoit ce Roy qui donnoit les Brevets d'Apprentissage & les Lettres de Maîtrise; ce qu'il ne faisoit pas gratuitement, se faisant payer de grands droits pour leur expédition. Il en tiroit aussi de considérables des visites qui se faisoient de son Ordonnance & par ses Officiers pour les poids & mesures, & pour l'examen de la bonne ou mauvaise qualité des marchandises & ouvrages.

Pour faire exécuter ses ordres dans les Provinces, il avoit des Lieutenans dans les principales Villes qui exerçoient la même Jurisdiction qui lui étoit attribuée dans la Capitale.

On remarque que les Marchands Merciers étoient reçus noblement, & l'on a même plusieurs anciennes Lettres accordées par ce Roy du Commerce où il leur donne la qualité de Chevaliers: aussi est-il vrai que les Merciers ne travailloient & ne fabriquoient point les ouvrages qu'ils vendoient; ce qui s'observe encore aujourd'hui, ne leur étant permis que de les orner & enjoliver.

Les grands abus qui se commettoient dans l'exercice de cette Charge, obligerent François Premier de la supprimer en 1544. Le grand Chambrier, Officier de la Couronne, qui avoit déja jurisdiction sur les Arts & Manufactures, fut établi en sa place, & Charles Duc d'Orléans, fils de François Premier, fut fait Grand Chambrier, avec tous les droits de l'ancien Roy des Merciers.

Après la mort de ce jeune Prince arrivée en 1545, l'Office de Grand Chambrier fut de même supprimé, & le Roy des Merciers fut rétabli.

Henri III, au mois de Décembre 1581, en ordonna de nouveau la suppression par un Edit qui n'eut pourtant pas d'exécution, ayant été révoqué presqu'aussi-tôt, à cause des troubles & des guerres civiles de la Religion & de la Ligue.

Enfin Henri IV qui avoit fort à cœur le commerce du Royaume, & qui d'ailleurs avoit besoin de secours dans l'épuisement où étoient les finances, ordonna que l'Edit de son prédécesseur, qui étoit proprement un Edit Bursal, comme on les nommoit alors, seroit exécuté.

Entre autres choses portées par la Déclaration d'Henri le Grand, du mois d'Avril 1597, il supprima dans le quatriéme article le Roy des Merciers, ses Lieutenans & Officiers, & révoquant, cassant, & annullant toutes Lettres d'Apprentissage & de Maîtrise données par lui ou en son nom, il lui fait défenses d'en expédier à l'avenir, ni d'entreprendre aucune visite, sous peine d'être puni lui & ses Officiers comme faussaires, & de dix mille écus d'amende.

Depuis ce tems-là il ne s'est plus fait mention du Roi des Merciers, & les Lettres sont expediées & les visites faites par les Maîtres & Gardes des Corps des Marchands, & par les Jurés des Communautés des Arts & Métiers, chacun dans son district, & sur ceux de son Métier & de sa Profession.

ROY DES VIOLONS. C'est à Paris le Chef perpétuel de la Communauté des Maîtres à Danser & Joueurs d'Instrumens. Il est pourvû par Lettres de Provision de Sa Majesté, & est un des Officiers de sa Maison. *Voyez* DANSEUR.

ROYBON, dans le Dauphiné. On y fabrique des draps, des ratines, & des serges. *Voyez* l'Etat général, Tome I. page 128.

ROZ

ROZETTE, ou ROSETTE. C'est le cuivre rouge quand il a été bien épuré de ses parties les plus grossieres par des fontes réiterées, & qu'il n'a point été mélangé ou allié d'autres métaux & minéraux. *Voyez* CUIVRE.

ROZIERES, en Touraine. Ses Fabriques consistent en ratz, serges trémieres, & étamines. *Voyez* l'Etat général, Tome I. page 92.

RUB

RUB. Poids d'Italie, particuliérement en usage dans les lieux situés sur la riviere de Genes.

A Oneille les huiles d'olive se vendent en barils de sept rubs & demi, qui pesent ensemble autant que la millerolle de Provence, laquelle revient à 66 pintes mesure de Paris, qui en font cent mesures d'Amsterdam.

RUBACELLE. Espece de rubis qui n'est pas estimé. *Voyez* RUBIS.

RUBAN. Tissu très mince qui sert à plusieurs usages, suivant les matieres dont il est fabriqué.

L'on fait des rubans d'or, d'argent, de soie, de capiton, de laine, de fil, &c. On en fait d'étroits, de larges, de demi-larges, de façonnés, d'unis, à deux endroits, & avec un envers, de gauffrés, à raiseau, de simples, de doubles en lisse; enfin de toutes couleurs & de tons desseins suivant le génie du Rubannier, le goût du Marchand qui le commande, ou la mode qui court.

Les rubans d'or, d'argent, & de soie, servent pour l'ornement des Dames, & même des Cavaliers. Ceux de capiton qu'on appelle Padoue, s'employent par les Tailleurs, Couturieres, &c. & les rubans de laine & de fil par les Tapissiers, Fripiers, Selliers, & autres semblables Ouvriers.

Les rubans se travaillent & se tissent avec la navette sur le métier. Ceux qui sont ouvragés à la maniere des étoffes d'or, d'argent, ou de soie, & les unis à peu près comme le Tisserand fabrique la toile, à moins qu'ils ne soient à doubles lisses.

Les rubans de pure soie ne passent point à la teinture depuis qu'ils sont faits; & les soies de quelques couleurs qu'elles soient, doivent avoir été teintes avant l'ouvrage.

Le négoce des rubans, tant pour le dedans que pour le dehors du Royaume, est fort tombé en France, & l'on peut dire que la Rubannerie n'y est plus un objet considérable en comparaison d'autrefois.

Il s'y en consomme néanmoins encore quantité, & les Marchands en font toujours de grands envois dans les Pays étrangers, où sur tout les rubans de la fabrique de Paris sont fort estimés; & ce qui paroîtroit sans doute bisare, si une longue expérience de tous les tems, & de toutes les Nations, n'avoit appris que la rareté & l'éloignement ont coutume de donner du prix aux choses: ce qui paroîtroit, dis-je, être bisare, c'est qu'à Londres, où il faut avouer qu'on excelle dans ces sortes d'ouvrages, on donne la préférence aux rubans de Paris, tandis qu'à Paris comme par compensation, on a une espece de fureur pour ceux d'Angleterre, quoique ceux de Paris ne leur soient pas de beaucoup inférieurs.

Il n'y a gueres que l'Angleterre & l'Italie, sur tout Boulogne, de toutes les fabriques étrangeres de rubans, qui en fournissent à la France; encore les difficultés survenues sur le Tarif depuis la paix d'Utreck, en empêchent-elles le commerce avec les Anglois; ce qui fait que la Rubannerie d'Angleterre est une contrebande. Il vient aussi des rubans d'Avignon, mais qui sont regardés comme fabrique Françoise.

Les lieux de France où l'on fabrique le plus de rubans, sont Paris & Lyon pour les rubans d'or & d'argent: il n'y a même que ces deux Villes où il s'en fasse de cette sorte, dont ceux de Paris sont les plus estimés.

Les rubans de soie se font aussi à Paris & à Lyon, & encore à Tours; il s'en fait quantité à Saint-Estienne en Forest & à Saint-Chaumont petite Ville de Lyonnois. Ces derniers passent ordinairement pour fabrique de Lyon. Celle de Paris l'emporte de beaucoup sur toutes les autres.

Les rubans de laine se font pour la plupart à Amiens, & en quelques autres lieux de Picardie; on en fabrique néanmoins une assez grande quantité à Rouen & aux environs, & c'est dans cette derniere Ville qu'est envoyé le peu qui s'en fait en Auvergne.

Les rubans qu'on appelle Padoues, qui sont faits de fleuret, de filoselle ou bourre de soie, aussi-bien que certaine espece de galons qui sont de même matiere, mais croisés & travaillés differemment, & qui servent à border les étoffes que l'on employe en meubles ou en habillemens d'hommes & de femmes, se font aussi pour la plupart aux environs de Lyon en plusieurs lieux differens, particuliérement à Saint-Etienne de Forêt. *Voyez* PADOUE.

Enfin le ruban de fil qu'on nomme autrement Rouleau, se tire presque tout, au moins pour celui qui se débite par les Marchands Merciers de Paris, d'Ambert en Auvergne, où se fait le plus excellent de celui qui se fabrique en France. Les rubans de fil qui viennent de l'Etranger, se tirent de Hollande & de Flandres.

On parlera ici seulement des rubans de soie & de laine, renvoyant le padoue, le gallon, & le rouleau à leurs propres articles.

Rubans de Soye.

La plupart des rubans de soie unis qui se font en France, à la réserve de ceux de Paris, ont de certaines largeurs fixes qui s'expriment & se connoissent par divers numeros. On en donnera une facture après avoir dit quelque chose de ceux de la fabrique de Paris.

Les largeurs de cette fabrique n'ont rien de réglé, & les Ouvriers les font suivant que les Marchands les leur commandent. Il s'y en fait pourtant très peu d'étroits. Les largeurs ordinaires que l'on appelle, largeur de fontange, sont à peu près comme le ruban N° 11 de Lion, dont on parlera dans la suite. Les unis & les façonnés de Paris se vendent également à la douzaine, composée de douze aunes; avec cette différence néanmoins que les pieces de ruban unis sont ordinairement de deux douzaines, & les pieces des façonnés seulement d'une douzaine. Il n'y a gueres qu'à Paris que les Rubanniers fassent le façonné, les métiers de Provinces n'étant presque tous montés que pour l'uni. On ne comprend pas dans cette regle les rubans d'or & d'argent, puisqu'on a déja remarqué qu'il s'en fait à Lyon comme à Paris.

Les rubans unis ou plains, comme on les appelle autrement, qui se fabriquent à Lyon, ou plutôt ceux de saint Etienne & de saint Chaumont, qui passent pour fabrique de Lyon, se vendent par pieces & demi-pieces. Les pieces de soixante aunes, c'est-à-dire, de cinq douzaines, & les demi-pieces de trente, ce qui revient à deux douzaines & demi. Comme les autres fabriques du Royaume qui usent de numero ne sont pas différentes de celles de saint Etienne, ou du moins le sont peu, on se contentera de donner les numero de cette derniere.

Il y en a de onze especes, c'est-à-dire, de onze largeurs ou onze numero : car pour les couleurs ou autres diversités des rubans unis, ces numero n'y ont aucun rapport.

Il faut pourtant observer que les deux premieres largeurs ont des noms & non des numero; ce qui les réduit à neuf numero, mais leurs noms distinguent leur largeur. Ces noms sont la Nompareille & la Faveur.

La Nompareille est large de deux lignes.
La Faveur de cinq lignes.
Numero ½ est large de six lignes & demi.
Numero 1 ½ est large de sept lignes & demi.
Numero 2 de dix lignes.
Numero 3 d'un pouce & une ligne.
Numero 5 d'un pouce cinq lignes.
Numero 7 d'un pouce neuf lignes.
Numero 8 est large de deux pouces.
Numero 11 de deux pouces quatre lignes & demi.

Enfin le numero 13 est large de deux pouces neuf lignes & demi, le tout à prendre sur le pied de la mesure qu'on appelle en France, Pouce de Roi.

Autrefois il se faisoit à saint Etienne & ailleurs, des rubans des numero 4, 6, 9, 10, & 12, qui ne sont point employés dans l'état ci-dessus; mais ces largeurs ne sont plus en usage.

En d'autres lieux les rubans pleins se désignent par portées, en commençant par les plus larges, c'est-à-dire, par le plus grand nombre de fils dont la chaîne de chaque espece de rubans est composée : ce qui se fait en cet ordre. Les premieres largeurs sont les six portées, ensuite les cinq, après les quatre, puis les trois, & enfin les deux portées, une & demi, & une portée. Les faveurs & les nompareilles, qui sont les plus petites, se désignent par leurs noms comme dans l'autre facture.

En France les rubans de soie payent d'entrée quatre francs la livre pésant. Le Tarif ne parle point de ceux d'or & d'argent, parce qu'il n'y en vient aucun des pays étrangers.

A l'égard des droits de sortie, les rubans & tous autres ouvrages tissurés d'or & d'argent fin ou mêlé, d'or & d'argent avec soie, payent 30 s. de la liv. & ceux d'or & d'argent faux avec soie seulement 12 sols; à la réserve des rubans de soie unis ou façonnés de la fabrique de Tours, qui ne payent que 6 sols de la livre, suivant l'Arrêt du 3 Juillet 1692.

Ruban de laine.

Cette sorte de ruban se nomme aussi Rouleau, sans doute de même que le ruban de fil, à qui on donne pareillement ce nom, à cause de la maniere qu'ils sont l'un & l'autre pliés ou plutôt roulés en figure sphérique autour d'un petit cylindre de papier ou de carte.

On a dit ci-devant que la plus grande quantité des rubans de laine venoit de Normandie, de Picardie & d'Auvergne, & sur-tout des capitales de ces Provinces; il y a cependant plusieurs autres lieux où il s'en fabrique dans le Royaume; mais la plus grande partie de ce qui s'en débite à Paris vient d'Amiens ou de Rouen, ceux d'Auvergne étant envoyés dans cette derniere Ville pour y être calandrés.

Les rubans de laine sont ordinairement par pieces ou demi-pieces; mais le plus souvent ils ne se vendent que par demi-pieces de vingt-quatre aunes de longueur.

Leurs différentes largeurs se désignent par numero de même qu'on l'a dit des rubans pleins de soie, & la chaîne de chaque numero doit être composée d'un certain nombre de fils, du moins pour les rubans qui se fabriquent à Amiens, dont la quantité est fixée par les Statuts de la Sayetterie de cette Ville, du mois d'Aout 1666.

Ces numero sont au nombre de sept; on en pourroit ajouter deux autres dont on parlera par la suite, mais les Statuts n'en disent rien.

La premiere sorte est appellée N° 3, dont la chaîne doit être composée de 49 fils.
La seconde, N° 4 de 69 fils.
La troisiéme, N° 5 de 89 fils.
La quatriéme, N° 6 de 109 fils.
La cinquiéme, N° 7 de 129 fils.
La sixiéme, N° 10 de 169 fils.
La septiéme, N° 12 de 209 fils.

De ces sept numero, celui qu'on nomme N° 10, est très peu en usage, & il ne s'en fabrique gueres.

Les deux autres numero réservés pour les plus

grandes largeurs, dont néanmoins il n'est point fait mention dans les Statuts, mais desquels pourtant il se fait quantité en plusieurs endroits, sont numero 16 & numero 18, le premier portant de large environ un demi-quart d'aune, & l'autre un demi-quart & un pouce. Ces numero ne sont jamais qu'en demi-pieces aussi de vingt-quatre aunes comme les autres.

Tous ces rubans s'envoyent par paquets composés de plusieurs pieces ou rouleaux, & qui en contiennent plus ou moins suivant leur largeur; ces paquets sont faits en forme de gros cylindres, sur l'enveloppe desquels se met ordinairement la quantité des pieces & leurs numero.

Les rubans de laine payent les droits comme mercerie, sçavoir 4 l. d'entrée le cent pésant, & 3 liv. de sortie.

RUBAN DE FIL.

Il y a deux sortes de rubans de fil; l'une que l'on nomme Rouleau, & l'autre qui conserve son nom de Ruban.

Le Rouleau est, comme on l'a dit ci-dessus, roulé en rond; & le Ruban, proprement dit, est plié en long, en piece, ou plutôt en demi-piece, dont le pliage est d'un pied ou environ.

Il y a des rubans de fil simple, d'unis, de sergés, de retors, de blanchis, d'écrus, quelques-uns qu'on appelle Bandes ou Bandelettes; d'autres qu'on nomme Rubans à bottes, & Rubans à border tapisseries.

Outre ce qui se fabrique en France de toutes ces sortes de rubans que les Marchands de Paris tirent ordinairement de Rouen & de la petite Ville d'Ambert en Auvergne, comme on l'a dit; ils en font encore beaucoup venir de Hollande, de Flandre & de Cologne. Ceux de Hollande & de Flandre sont blancs, les uns unis, les autres retors, dont les deux demi-pieces tiennent ensemble par un fil d'or filé. Ceux de Cologne sont cette sorte de rubans à qui on vient de dire qu'on donne le nom de Bandes ou Bandelettes. Il vient aussi de cette Ville des rubans en demi-pieces semblables à ceux de Hollande. *Voyez* ROULEAU.

RUBAN, Cire en Ruban. Quelques Blanchisseurs de cire, nomment assez souvent de la sorte ce que plus ordinairement on nomme Cire en feuille. *Voyez* FEUILLE.

RUBANERIE. Profession de Rubanier. Il se dit aussi du commerce que l'on fait de rubans. Dans la premiere signification on dit: Cet Ouvrier excelle dans la Rubanerie; pour dire qu'il fabrique bien ses rubans; & dans l'autre: Ce Marchand du Palais ne fait commerce que de Rubanerie, pour faire entendre qu'il ne vend que des rubans.

RUBANIER. Celui qui fait des rubans.

Il y a à Paris une Communauté de Maîtres Rubaniers qui prennent la qualité de Maîtres Tissutiers-Rubaniers de la Ville & Fauxbourgs de Paris. Ce sont ces Fabriquans qu'on appelle aussi Ouvriers de la petite Navette, pour les distinguer des Marchands-Ouvriers en draps d'or, d'argent & de soie, qu'on nomme Ouvriers de la grande Navette. Ce sont, dis-je, ces Fabriquans de la petite Navette qui font toutes sortes de rubans & galons d'or, d'argent, de soie, de frange, frangeons, crépines, molets, padoue, &c. & tous autres ouvrages dépendans de la Rubanerie. *Voyez ci-devant* RUBAN. *Voyez encore* TISSUTIER-RUBANIER. On y traite amplement de cette Communauté & de ses Statuts.

RUBARBE. Racine médicinale. *Voyez* RHUBARBE.

RUBBE. Monnoie de Moscovie qui vaut environ une rischedale trois quarts.

RUBBE ou RUBBY, en Italien Rubbia. Est une mesure des liquides dont on se sert à Rome. Il faut treize rubbes & demi pour faire la brante, qui est de quatre-vingt seize bocals; en sorte que chaque rubbe est d'environ sept bocals & demi.

RUBBE. Est aussi un poids de vingt-cinq livres. Il s'appelle en Italien indifféremment, RUBBIO & RUBBIA.

La rubbe est encore la mesure dont on se sert à Livourne pour les grains. Dix rubbes trois quarts font le last d'Amsterdam.

RUBBE. C'est ainsi que les Pêcheurs de Hambourg & de l'Elbe, nomment ce que nos François appellent Veau Marin. *Voyez cet article.*

RUBIA TINTORUM. C'est la racine d'une plante dont les Teinturiers se servent pour teindre en rouge: on la nomme autrement Garance. *Voyez* GARANCE.

Les droits d'entrée de cette drogue sont en France de 25 s. le cent pésant, conformément au Tarif de 1664.

Et par le Tarif de Lyon où elle est appellée Rubea Major; *elle paye 4 s. du quintal d'ancienne taxation, & 6 s. de nouvelle réappréciation.*

RUBIE. Monnoie d'or qui a cours à Alger & dans tout le Royaume qui en porte le nom, aussi-bien que dans ceux de Congo & de Labez.

La rubie se frappe particuliérement à Tremecen qui a ce privilege, aussi-bien que celui de fabriquer des Médians & des Zians qui sont pareillement des especes d'or que faisoient battre les Rois de Tremecen, avant que ce petit Etat fût uni à celui d'Alger.

La rubie vaut trente-cinq aspres: elles portent le nom du Dey d'Alger, & quelques lettres Arabes pour légende.

RUBIS. Pierre rouge qui jette un grand feu, & qui est fort estimée parmi les pierres précieuses.

Il n'y a que deux lieux dans l'Orient d'où l'on tire le rubis, le Royaume de Pégu & l'Isle de Ceylan. La mine du Royaume de Pégu où se trouve la plus grande quantité de rubis, est dans une montagne appellée Capelan, environ à douze journées de Siren, Ville où le Roi de Pégu fait sa résidence; il n'en sort gueres pour les pays étrangers que pour cent mille écus par an, encore les plus belles pierres n'excedent-elles pas trois ou quatre carats, le Roi se réservant celles qui sont d'un plus grand poids.

Au Pégu on appelle Rubis toutes les pierres de couleur, & on ne les y distingue que par la couleur même: ainsi le saphir est un rubis bleu, l'amethyste un rubis violet, la topase un rubis jaune, & ainsi du reste.

Dans

Dans l'Isle de Ceylan les rubis se trouvent dans une riviere qui vient des hautes montagnes qui sont au milieu de l'Isle. Il s'en trouve aussi quelques-uns dans les terres. Ces rubis & autres pierres de couleur sont ordinairement plus belles & plus nettes que celles du Pégu, mais il s'en tire très-peu, le Roi de Ceylan ne voulant pas permettre à ses sujets de les recueillir ni d'en faire commerce.

Il y a aussi en Europe quelques endroits où l'on trouve des rubis, comme en Bohême & en Hongrie. En Bohême principalement, il y en a une mine d'où se tirent des cailloux de diverses grosseurs, les uns comme des œufs, d'autres comme le poing, où en les rompant on trouve quelquefois des rubis aussi beaux & aussi durs que ceux du Pégu.

On ne distingue pour l'ordinaire que deux sortes de rubis, le rubis Balais, & le rubis Spinelle. Quelques Auteurs en mettent quatre, le Rubis, le Rubacelle, le Balais & le Spinelle. C'est le different dégré de couleur qui en fait le prix & la beauté. Le rubis Balais est d'un rouge de rose vermeille, le Spinelle est de couleur de feu.

L'on croit que les habitans du Royaume de Pégu ont l'art d'augmenter le rouge & le brillant du rubis, en le mettant au feu, & en le lui faisant souffrir jusqu'à certain dégré.

Le rubis dans la matrice où il se forme, qu'on appelle, Mere de Rubis, n'a pas d'abord toute sa couleur, & ne l'acquiert que par succession. Premiérement il blanchit, en meurissant il prend du rouge, & parvient ainsi peu à peu à sa perfection; de-là vient qu'il y a des rubis blancs, d'autres moitié blancs & moitié rouges, il y en a même de bleus & rouges qu'on nomme Saphirs Rubis, & les Péguans Nilacandi.

Quand un rubis passe le poids de vingt carats, on peut le nommer Escarboucle, de ce nom imaginaire d'une pierre précieuse qui ne fut jamais, & dont les Anciens & les Modernes ont cependant fait comme à l'envi, tant de descriptions fabuleuses.

Furetiere assure, peut-être un peu légerement, qu'on en a vû un à Paris du poids de deux cent quarante carats. Tavernier, si fameux par ses voyages & par son grand commerce de pierreries, en parle d'un de cinquante carats, qu'il avoit voulu acheter aux Indes, & il ajoute que le Roi Très-Chrétien en a de plus gros & de plus beaux que tous ceux du Mogol qui est si riche en pierres précieuses de toutes sortes.

Le prix des rubis depuis un carat ou quatre grains jusqu'à dix carats, se trouve fixé dans un Memoire donné à l'Auteur de ce Dictionnaire par un habile Négociant, qui s'est long-tems mêlé du commerce des pierres précieuses. Voici ce qu'il contient :

Un Rubis d'un Carat vaut 8 écus; ce qui se doit entendre de neuf au marc.

De deux Carats	40
De 3 C.	100
De 4 C.	150
De 5 C.	200
De 6 C.	300
De 7 C.	400
De 8 C.	500
De 9 C.	700
De 10 C.	1000

L'on contrefait le Rubis de différentes manieres, & l'art a porté si loin cette imitation, que les yeux des plus habiles Lapidaires y sont trompés.

La crédulité ou la superstition ont attribué quantité de vertus aux rubis. Il résiste aux venins, il guérit de la peste, il réprime la luxure, bannit la tristesse, détourne les mauvaises pensées, &c. Ce qu'on peut voir dans Pline & dans d'autres Auteurs aussi crédules & aussi superstitieux que lui.

RUBRIQUE. On nomme ainsi en termes d'Imprimerie les lettres rouges d'un livre. *V.* Rosette. *Voyez aussi* Imprimerie.

RUC

RUCHE. Mesure dont on se sert dans les Sauneries & Salines de Normandie. C'est une espece de boisseau qui contient vingt-deux pots d'Arques, pésant cinquante livres ou environ mesure rase.

La Déclaration du Roi du 2 Janvier *1691*, défend aux Sauniers de se servir d'autres mesures que de la Ruche; d'en vendre une moindre quantité qu'une demie Ruche, & de la vendre à mesure comble.

RUE

RUE. On appelle les Rues d'une carriere les espaces qui restent vuides après qu'on en a tiré les différens bancs de pierre dont elle est composée. C'est par ces Rues, qu'on nomme aussi Chemins, que l'on pousse les pierres au trou après qu'on les a mises sur les boules. *Voyez* Carriere.

RUG

RUGGI. Mesure des grains dont on se sert à Livourne. Onze Ruggi un tiers font le last d'Amsterdam.

RUGLES, en Normandie. C'est dans cette Ville que se fait presque tout le commerce des épingles qui se fabriquent en Normandie. *Voyez* l'Etat général, Tome I. *p.* 112.

RUM

RUM, REUN, ou RUMB. Terme de commerce de Mer. C'est un espace qu'on dispose dans le fond de cale d'un vaisseau Marchand pour mettre les marchandises de sa cargaison.

On dit, Arrumer ou Arruner des marchandises; pour dire, les arranger à fond de cale.

Dans les Ports de grands chargemens, il y a des Officiers établis exprès pour faire l'arrumage des vaisseaux. On les appelle Arrumeurs.

RUP

RUPIEDSIE. Espece de drogue pour teindre en noir, qui se trouve dans la Chine. Les Chinois de Canton en font un assez grand négoce au Tunquin. Il y a ordinairement cent pour cent à gagner, sur quoi se payent les droits de sortie, & le fret pour le transport.

RUS

RUSMA. Espece de Minéral semblable en figure & en couleur à du mache-fer. Il vient du Levant, & c'est le meilleur dépilatoire dont les Turcs se servent.

On commence à s'en servir en France, où on lui trouve autant de vertu & moins de danger qu'à l'orpiment & à la chaux qu'employent ordinairement les Baigneurs-Etuvistes de Paris.

RUY

RUYNAS, sorte de racine qui est propre pour la teinture; les Indiens l'appellent Soliman-Dostyn: elle se trouve dans quelques Provinces de Perse, particuliérement dans le Servan, & aux environs de Tauris.

Il s'en fait un grand négoce aux Indes où l'on y en envoye tous les ans l'un portant l'autre trois cens balots, chaque balot contenant 150 ou 160 livres. Le Mansja, c'est-à-dire, douze livres un peu legeres, vaut ordinairement douze mamoudis, qui font environ deux richedales, ou cinq florins monnoie de Hollande.

S

SAB

S Dix-huitiéme lettre de l'Alphabet. Une S toute seule, soit en grand, soit en petit caractere, mise dans les memoires, parties, comptes & registres des Marchands, Banquiers & Teneurs de Livres, après quelque chiffre que ce soit, signifie *Sou tournois*.

SAB

SABA. Isle de l'Amérique septentrionale, & l'une des Antilles Hollandoises. Le tabac fait tout le négoce de cette Isle. *Voyez* l'Etat général Tome I. pag. 541.

SABLE. Espece de terre legere & aride. Il y en a de differentes especes dont les Artisans se servent à differens ouvrages.

Le sable dont les Verriers font leur verre, est blanc & graveleux, plein de petits grains luisans. *Voyez* VERRE.

Le sable des Fondeurs est fossile; c'est proprement une terre jaune, grasse & douce, dont on fait les moules pour les legers ouvrages de fonderie, d'où l'on dit jetter en sable ou en terre; pour dire fondre de l'or, de l'argent, du cuivre, & autres métaux, dans des moules faits de cette espece de sable. *Voyez* FONDEUR.

C'est aussi de ce sable dont l'on se sert dans les Hôtels des Monnoyes pour faire les moules où se fondent les lames dont on fait les especes.

On appelle sable de forge une sorte de noir dont les Peintres se servent. *Voyez* NOIR.

Le sable du pont de Noyant venant de Dauphiné, paye les droits de la Douane de Lyon sur le pied de 2 s. de la charge.

SABLE DE CREIL. C'est une sorte de sable qui se trouve près de la petite Ville de Creil, qui sert avec la soude d'Alicante à faire les glaces à miroirs. *Voyez* GLACE.

SABLE. Les Plombiers se servent aussi de sable pour mouler plusieurs de leurs ouvrages, & particulierement pour jetter & couler les grandes tables de plomb.

Pour préparer le sable de ces tables on le mouille légerement, & on le remue avec un bâton; ce qu'on appelle labourer le sable: après quoi on le bat & on le plane avec la plane de cuivre. *Voyez* PLOMBIER, *où l'on parle de la maniere de couler les grandes tables.*

SABLEUX. On appelle de la farine sableuse, celle où il y a du sable mêlé. Quand on veut connoître si la farine est sableuse, il faut en jetter une poignée dans une écuelle pleine d'eau, le sable allant toûjours au fond, tandis que la bonne farine surnage sur l'eau; cette sorte de farine n'est pas propre à faire du biscuit de mer. *Voyez* l'article du BISCUIT.

SABLON. Menu sable très-blanc dont on se sert à Paris pour écurer la vaisselle. Le meilleur est celui qu'on nomme Sablon d'Estampes, du nom

d'une petite Ville près de laquelle on en trouve quantité.

Le Sablon d'Estampes paye les droits de la Douane de Lyon à raison de 2 s. 6 d. le quintal.

SABLONNIER. Petit Marchand qui fait commerce de sablon.

SABLONNIERE. Terme de Fondeurs de petits ouvrages. C'est un grand coffre ou bahu de bois à quatre pieds, garni de son couvercle, où ils conservent & sur lequel ils courroyent le sable dont ils font leurs moules

SABOT. Petit outil de bois à plusieurs coches, long de cinq ou six pouces dont les Passementiers-Boutonniers se servent pour cabler les cordons de chapeaux; c'est-à dire, pour assembler plusieurs cordons ou fils, & les tortiller pour en faire un plus gros.

Cet outil est aussi en usage chez les Cordiers qui s'en servent pour cabler la ficelle.

SABOT. Se dit aussi d'une sorte de chaussure de bois leger & creusé dont les paysans se servent en France. Les plus propres viennent du Limosin. Ce sont à Paris les Boisseliers, les Chandeliers & les Regratiers qui en font le commerce en détail.

Les Sabots payent en France les droits d'entrée; sçavoir le chariot 15 s. & la charrettée 8 s.

Les droits de sortie sont de 32 s. le chariot, & de 16 s. la charrettée.

SABOTIER. Ouvrier qui fait des Sabots.

Par les Ordonnances des Eaux & Forests, il est défendu aux Sabotiers, Cercliers & autres tels Ouvriers en bois, de tenir leurs atteliers plus près d'une demie-lieue des forests.

SABRE. Sorte d'Epée dont la lame est très large & un peu recourbée.

Les Sabres sont du nombre des marchandises de contrebande, dont la sortie hors du Royaume est défendue par l'Ordonnance de 1687, tit. 8, art. 3, & tous les Traités de paix. *Voyez* EPE'E.

SAC

SAC. Espece de poche faite d'un morceau de cuir, de toile ou d'autre étoffe, que l'on a cousue par les côtés & par le bas; de maniere qu'il ne reste qu'une ouverture par le haut. Les sacs sont ordinairement plus longs que larges.

On se sert de sacs pour mettre plusieurs sortes de marchandises, comme la laine, le pastel, le safran, le bled, l'avoine, la farine, les pois, les feves, le charbon & beaucoup d'autres semblables.

On s'en sert aussi pour mettre diverses monnoyes ou especes d'or, d'argent, de fonte & de cuivre; & on fait des sacs de pistoles, de louis d'or; des Sacs de mille livres, d'écus blancs ou d'argent blanc; des sacs de menues ou petites piéces d'argent; des Sacs de sous marqués ou douzains; des sacs de doubles ou liards, & des sacs de deniers.

Ceux qui font le commerce d'argent ou qui

tiennent des caisses, doivent être exacts à bien étiquetter les sacs d'argent ; c'est-à-dire, d'y attacher avec la ficelle qui ferme le haut du sac, un petit bulletin ou étiquette, sur lequel doit être marqué la qualité des especes qui y sont renfermées, la somme à quoi elles montent, le poids qu'elles pesent compris le sac, & le nom de celui qui le donne en payement.

A détailler les sacs d'argent il se rencontre toûjours de la tarre, parce que l'on met ordinairement quelque chose de moins pour la valeur du sac ; c'est ce que l'on appelle la passe, qui est toûjours de cinq sols par sac de mille livres ; ainsi des autres. *Voyez* PASSE.

Les sacs d'argent blanc ou de monnoye se donnent & se reçoivent ordinairement sans compter, on s'en rapporte presque toûjours au poids ; mais s'il se trouvoit du manque dans les sacs, on seroit bien reçû à les reporter huitaine après le payement fait, suivant un ancien usage établi parmi les négocians d'argent, pourvû que le nom de celui qui a payé soit sur l'étiquette, & que le poids se trouve conforme à celui qui y a été marqué de la main de la personne qui l'a donné en payement.

Dans les bordereaux que l'on fait des especes que l'on reçoit ou que l'on paye, il faut faire mention de la quantité des sacs, des especes & des sommes qui y sont contenuës.

Les Marchands Epiciers & Droguistes dans le débit qu'ils font de leurs marchandises, se servent ordinairement de Sacs de gros papier gris ou blanc, & le poids du sac se confond toûjours avec celui de la marchandise ; c'est-à-dire, que l'un & l'autre se pesent ensemble.

Le Sac de charbon de bois, que l'on appelle aussi charge, parce que c'est tout ce que peut porter un homme, contient une mine, chaque mine composée de deux minots ou seize boisseaux ; le minot de charbon doit se mesurer charbon sur bord. *Voyez* CHARBON.

Le Sac de plâtre, suivant les Ordonnances de Police, doit renfermer la valeur de deux boisseaux mesurés ras, & les douze sacs font ordinairement une voye. *Voyez* PLASTRE.

Le Sac est aussi une certaine mesure dont on se sert dans plusieurs Villes de France ou des pays étrangers, pour mesurer les grains, graines, légumes ; ou pour mieux dire, une estimation à laquelle on rapporte les autres mesures.

Agen, Clerac, Tonneins, Tournon, Valence en Dauphiné, aussi-bien que Thiel, Bruxelles, Roterdam, Anvers, & Grenade, réduisent leurs mesures de grains au sac, dont voici les proportions avec le septier de Paris.

Cent sacs d'Agen font cinquante-six septiers de Paris ; ceux de Clerac de même. Cent sacs de Tonneins font quarante-neuf septiers de Paris. Cent sacs de Tournon quarante-huit. Cent sacs de Valence soixante-deux & demi. Vingt-cinq sacs de Bruxelles dix-neuf. Vingt-cinq sacs de Roterdam aussi dix-neuf. Vingt-huit de Thiel pareillement dix-neuf ; & cent sacs de Grenade quarante-trois septiers de Paris.

A Anvers les quatorze sacs font le tonneau de Flandres qui contient neuf septiers & demi de Paris.

L'on se sert aussi du sac à Amsterdam pour mesurer les grains. Quatre schepels font le sac, & trente-six sacs le last. *Voyez* l'art. des Mesures.

SAC ou CHAUSSE, petit filet qui sert à la pêche du poisson d'eau douce. *Voyez* CHAUSSE.

SACARE. Petit poids dont les habitans de la grande Isle de Madagascar se servent pour peser l'or & l'argent. Il pese autant que le denier ou scrupule d'Europe. Au-dessus du Sacare sont Sompi & le Vari, au-dessous le Nanqui & le Nanque. *Voyez* SOMPI.

SACCHI ou SACS, Mesure des grains dont on se sert à Livourne. Quarante Sacchi font le Last d'Amsterdam. Le Saccho de bled pese environ cent cinquante livres poids de Livourne.

SACHE'E. Ce qu'un sac peut contenir de grains, de légumes ou de marchandises. Une Sachée de laine, une Sachée de bled, une Sachée de pois.

SACHE'E. C'est aussi la mesure à laquelle on vend les broquettes qui se font à Tranchebray près Falaize. La Sachée est du poids de soixante livres pour toutes les broquettes communes ; mais elle n'est que de trente pour celles du plus fin échantillon ; c'est-à-dire, qui n'ont que quatre onces au milier. En d'autres endroits on appelle cette mesure une Pochée. *Voyez* CLOU.

SACQUAGE ou SACCAGE. On nomme ainsi dans quelques Coûtumes ce qu'on nomme dans d'autres Minage ; c'est-à-dire, le droit que les Seigneurs ont de prendre en nature, une certaine quantité de grains ou de légumes sur chaque Sachée de ces marchandises qui s'exposent en vente dans leurs marchés.

SACQUIERS. Mesureurs de sel. On nomme ainsi à Libourne de petits Officiers nommés par la Ville au nombre de vingt-quatre, pour faire la mesure de tous les sels qui y arrivent. On les appelle Sacquiers, à cause qu'ils fournissent de sacs pour le transport desdits sels. Leur droit de mesurage consiste en une mine de sel comble & deux pelées pour chaque Barque qu'ils mesurent. Ils donnent à ces deux pelées surabondantes le nom de Sainte Goute. Ce droit au total produit environ cinq cens écus par an.

SAF

SAFRAN. Plante qui porte une fleur du même nom, de laquelle on tire la drogue que l'on nomme aussi Safran. La racine qui produit le safran est une espece d'oignon couvert de plusieurs cartillages bulbeux & jaunissans comme celui du glayeul ; ses feüilles sont longues, étroites, épaisses & douces à manier, mêlées de quantité de petits rameaux capillaires ; sa fleur qui paroit bien long-tems avant ses feuilles est d'un bleu mourant teint d'un peu de jaune à l'extrémité du côté de la tige ; du milieu de cette fleur sortent trois filamens rougeâtres accompagnés de petites languettes couleur d'or, & ces filamens qu'on appelle Attentes ou Fléches, sont proprement le Safran, le reste de la fleur n'étant d'aucun usage.

Les oignons de Safran se plantent au commencement du printems par rayons un pied avant en terre & très proches les uns des autres ; la premiere année ils ne produisent que de l'herbe, & la fleur ne paroît qu'au bout de deux ans : on en fait la cueillete ou recolte en Septembre & Octobre, le cueillant chaque jour avant le lever du soleil, parce que l'oignon n'est que 24 heures à reproduire une nouvelle fleur.

Quand la fleur est cueillie, on en sépare aussitôt les filamens ou attentes qui sont au milieu, qu'on met sur des clayes ou dans de grands sas avec un petit feu de charbon dessous pour les sécher ; lorsqu'elles sont séches le Safran est dans sa perfection & propre à vendre. On a remarqué qu'il faut cinq livres d'attentes nouvelles pour en faire une livre de séches.

Les bonnes qualités du Safran sont que les attentes ou fléches soient belles, longues & larges, qu'il soit bien velouté d'un beau rouge, d'une agréable odeur, peu chargé de filets jaunes & très sec.

Le safran de Perse passe pour le meilleur du monde, & il croît presque sans culture en plusieurs endroits. Le plus excellent se trouve sur les côtes de la Mer Caspienne & aux environs d'Amadan, qui est l'ançienne Suze. Ce dernier le cede cependant en bonté à l'autre.

Le meilleur safran se cultive à Boisne & à Bois commun en Gâtinois ; cette plante faisant presque toute la richesse de cette petite Province. Il en croît encore en plusieurs autres endroits de France comme aux environs de Toulouse & d'Angoulême & en Normandie. On en tire aussi de la Principauté d'Orange & du Comtat d'Avignon.

Les Anglois, les Allemans, les Hollandois, les Suedois, les Danois & autres Nations qui font une grande consommation de Safran, préferent néanmoins & avec raison celui du Gâtinois à tous les autres ; aussi est-il toûjours vendu d'un tiers plus cher.

Les Enlumineurs se servent de Safran pour faire du jaune doré ; il est d'usage dans la Médecine, & on l'employe même dans beaucoup de ragoûts.

Le Safran qui vient d'Espagne ne vaut absolument rien à cause de l'huile que les Espagnols y mêlent pour le conserver.

Le safran de toutes sortes paye en France les droits d'entrée a raison de 50 livres le cent pesant ; & ceux de sortie quand il est du crû de France, 40 liv. aussi du cent, conformément au Tarif de 1664.

Les droits de la Douane de Lyon sont : sçavoir.

Pour le safran de France 8 liv. du quintal d'ancienne taxation, 3 liv. de réapréciation, 1 sol 8 den. la livre d'autres droits, & a proportion pour leur augmentation.

Le safran étranger paye 23 liv. 6 sols 8 den. d'anciens droits, 8 liv. de réapréciation par quintal, & encore 14 sols 8 den. de la livre d'autres droits & pour leur réapréciation à proportion.

Il vient de Provence & d'Allemagne, particulierement des environs de Strasbourg, une autre sorte de Safran qu'on nomme Safran bâtard ou Safran-bourg, quelquefois Carthame & Safranum. Cette plante qui est fort commune s'éleve environ de deux pieds de haut ; ses feuilles sont rudes, piquantes, longues, vertes & dentellées ; au bout de chaque branche il sort une tête écailleuse, blanche & de la grosseur du bout du pouce, qui jette quantité de filamens rouges & jaunes dont on fait le Safran-bourg. Ce Safran est quelquefois employé par les Teinturiers pour faire la couleur que l'on nomme Nacarat de bourre ; mais cette drogue leur est défendue faisant une fausse couleur, & le nacarat se pouvant faire avec la bourre, beaucoup mieux & à moins de frais. Les Plumassiers néanmoins s'en servent pour teindre leurs plumes en incarnadins d'Espagne en mêlant dans son suc du jus de citron.

Le safran batard paye en France les droits d'entrée à raison de 25 sols le cent pesant suivant le Tarif de 1664.

Et par celui de la Douane de Lyon 20 sols d'anciens droits & 5 sols de réapréciation.

Le Safran qui se recueille à Smirne est d'une assez bonne qualité ; la récolte y peut aller année commune environ à vingt quintaux.

L'on apporte encore du Levant, surtout d'Alexandrie, une espece de Safran bâtard qu'on nomme ordinairement Safranum.

C'est la fleur d'une petite plante haute de deux pieds qui a la feuille à peu près comme l'amandier ; elle a une graine blanche de la grosseur du bled renfermée dans un gros bouton que l'on seme dans la saison convenable ; la récolte s'en fait au mois de Juin. On tire cette fleur trois fois à dix ou douze jours de distance : elle est rouge & jaune sur pied, mais après avoir passé au moulin elle devient toute rouge ; on la met ensuite dans l'eau, & on la fait sécher à l'ombre, le soleil lui étant contraire ; elle croît sur le bord du Nil aux environs du Caire.

Les Teinturiers en soye, de Lyon & de Tours en consomment beaucoup pour les couleurs rouges vives, comme les incarnadins d'Espagne, les incarnats, le couleur de feu, les couleurs de rose, &c.

COMMERCE DE SAFRAN A AMSTERDAM.

Les differentes sortes de safran qu'on vend à Amsterdam, sont celui de Gâtinois, celui de Montauban, celui d'Espagne, celui d'Angleterre. Ils se vendent tous à la livre & se tarent au poids ; sçavoir une demie livre par sac de 50 livres, ou $\frac{1}{4}$ pour cent pour sac de 25 livres. Ils donnent tous également un pour cent de déduction pour le prompt payement.

Le prix du safran de Gâtinois nouveau, est depuis 18 florins $\frac{3}{4}$ jusqu'à 19 florins la livre.

De celui de Gâtinois vieux & de Montauban 18 florins.

Enfin de celui d'Espagne, depuis 6 florins $\frac{1}{2}$ jusqu'à 8 florins.

Le safran s'apprecie dans les Tarifs de Hollande, & paye les droits d'entrée & de sortie sur le pied de la livre pesant.

L'appréciation du safran d'Angleterre est de 18 florins la livre, & celle du safran de France seulement de 10. Ils payent également 4 sols d'entrée & autant de sortie, avec une augmentation de 2 sols, s'il entre ou sort par l'Est, l'Orisont ou le Belt.

SAFRAN des Indes, de Malabar & de Babylone. C'est la racine qu'on nomme communément Terramerita. *Voyez* TERRAMERITA.

SAFRAN de Venus. *Voyez* CUIVRE.

SAFRAN-BOURG, autrement CARTAME. C'est le safran bâtard. *Voyez ci-dessus* SAFRAN.

SAFRANUM. Espece de safran qui vient du Levant. *Voyez* SAFRAN.

Le safranum ou safran du Levant est du nombre des marchandises venant du Levant, sujettes au droit de vingt pour cent, suivant l'Arrêt du 15 Août 1685.

SAFRE, ou ZAFRE. Mineral de couleur d'œil de perdrix que les Verriers & les Fayanciers employent pour donner une couleur bleue à leurs verres & à leurs fayances.

Le safre vient des Indes Orientales ; ce sont les Anglois, les Hollandois & les Hambourgeois qui l'apportent de Surate en France.

Les Marchands Epiciers-Droguistes de Paris le vendent ou en poudre ou en pierre ; celui en pierre doit être préferé parce qu'il ne peut être contrefait, & que celui en poudre est sujet à être sofistiqué, aussi ce dernier ne se prend-il guéres qu'à l'épreuve.

Le safre sert aussi à colorer quelques émaux & le faux lapis n'est que de l'étain calciné, coloré avec ce minéral. Les saphirs factices tiennent de même leur couleur du safre.

Le safre que le Tarif de 1664 nomme Saffle, paye en France les droits d'entrée à raison de 3 f. du cent pesant.

SAG

SAGAPENUM, autrement SERAPINUM, en François GOMME SERAPHIN. C'est une gomme dont l'odeur approche fort de celle du pin, ce qui lui a donné son nom Latin. Elle découle du tronc d'une plante qui croît en Perse ; ses feuilles sont très petites, sa graine est ronde & plate, semblable à celle du galbanum, mais beaucoup moins grosse ; elle se trouve dans des ombelles qui poussent au bout de sa tige.

Il faut choisir cette gomme en belles larmes claires & transparantes, d'une odeur forte ; la plus blanche & la moins remplie d'ordures qu'il se pourra. On voit quelquefois du sagapenum dont la blancheur tant dedans que dehors ne cede point à celle du lait ; c'est certainement le meilleur, mais il est très rare. Cette drogue est estimée souveraine pour l'épilepsie, l'asthme & la paralisie.

Le Sagapenum n'est point tarifsé dans le Tarif de 1664 ; ainsi conformément au dernier article des entrées de ce Tarif, il doit payer cinq pour cent de sa valeur, suivant l'estimation qui en est faite.

A l'égard des droits de la Douane de Lyon, dans le Tarif de laquelle il est employé sous le nom de Serapin, *il paye 3 liv. 6 den. du quintal.*

SAGGIO. Petit poids dont on se sert à Venise. C'est la sixiéme partie de l'once de cette Ville ; cette livre a onze onces, chaque once six saggi, & chaque saggio vingt carats.

SAGU, ou SAGDU. Espece de farine faite de la moëlle d'un arbre qui croît aux Moluques, aux Manilles & dans quelques autres Isles de la mer des Indes. Cette farine y fait un grand objet de commerce, & les Hollandois en enlevent beaucoup soit pour l'entretien de plusieurs de leurs colines, soit pour le négoce qu'ils font d'Inde en Inde. *Voyez l'Etat général du Commerce où il est parlé de celui des Indes Orientales.*

SAH

SAH-CHERAY. Poids de Perse qui pese onze cens soixante & dix derhem, à prendre le derhem pour la cinquantiéme partie de la livre de seize onces poids de marc. *Voyez* BATMAN.

SAI

SAICTEUR. On nomme quelquefois de la sorte à Amiens les Ouvriers de la sayetterie que l'on nomme plus ordinairement Sayetteur. *Voyez* SAYETTEUR.

SAIETTE. } *Voyez* { SAYETTE.
SAIETTERIE. } *Voyez* { SAYETTERIE.
SAIETTEUR. } *Voyez* { SAYETTEUR.

SAILLIES. Parties de la machine qui sert à tirer les pierres d'ardoise de la perriere. *Voyez* ARDOISIERE.

SAIN. Monnoye qui a cours en Georgie ; on la nomme aussi Chaouri. Elle vaut 5 sols 6 deniers monnoye de France. *Voyez* CHAOURI.

SAINDOUX. Sorte de graisse très molle & très blanche que les Chaircuitiers tirent de la panne du porc en la faisant fondre dans une poêle ou chaudiere.

Les Reglemens des Manufactures de lainage défendent aux Tondeurs de draps de se servir pour l'ensimage des étoffes d'autres graisses que du saindoux. *Voyez* ENSIMAGE.

SAINT-AFFRIQUE, autrement Saint-Frique, Ville de France dans le Rouergue. Elle est du Département de l'Inspecteur des Manufactures de Montauban. Ses Fabriques d'étoffes de laine consistent en draps, en cadis, & en rases. *Voyez* l'Etat général du Commerce, Tome I. page 34.

SAINT-AGNAN, Ville de France, de la Généralité d'Orleans, est célébre par les cinq Foires qui s'y tiennent tous les ans. L'on y débite, outre les Marchandises de dehors, differentes étoffes de laine qui se fabriquent dans la Ville. Il y a aussi une Fabrique de chapeaux. *Voyez* l'Etat général, Tome I. pag. 88.

SAINT-ANDRE' DE VAL-BORGNE, en Languedoc. Ses Fabriques sont des cadis, des chapeaux, & des cuirs. *Voyez* l'Etat général, Tome I. pag. 217.

SAINT-ANTONIN, Ville de France dans le Rouergue. Elle est du Département de l'Inspecteur des Manufactures de Montauban. Ses Fabriques d'étoffes de laine, ses toiles, ses papiers, ses prunes, & son safran, lui fournissent le fonds d'un négoce considérable. *Voyez* l'Etat général, Tome I. pag. 36.

SAINT-AUBIN-LA-RIVIERE, en Normandie. Sa Fabrique de draps est considérable. *Voyez* l'Etat général, Tome I. pag. 103.

SAINT-AULARIS, petite Ville de France en Rouergue. Elle est du Département de l'Inspecteur des Manufactures de Montauban. Il s'y fait quelques draps communs. *Voyez* l'Etat général, Tome I. pag. 34.

SAINT-CERNIN, petite Ville dans le Rouergue. Les cinq Foires qui s'y tiennent tous les ans sont considérables ; & l'on y débite, outre les Marchandises du dehors, un assez bon nombre de draperie & de chapeaux qui se fabriquent dans la Ville. *Voyez* l'Etat général, Tome I. page 34.

SAINT-CHINIAN, en Languedoc, de la Généralité de Toulouse. Il y a une Fabrique de draps. *Voyez* l'Etat général, Tome I. p. 214.

SAINT-CHRISTOFLE, Bourg de France dans la Touraine. Ses Fabriques consistent en serges tremieres, & serges sur fil. *Voyez* l'Etat général, Tome I. pag. 92.

SAINT-CHRISTOFLE, Isle de l'Amerique septentrionale, l'une des Antilles Angloises. *Voyez* le détail de ses productions, dans l'Etat général, Tome I. pag. 523.

SAINT-CLAIR-DE-LAUMAGNE, Ville de Gascogne, du Département de l'Inspecteur des Manufactures de Montauban. On y tient jusqu'à huit Foires par an. Ses Fabriques sont des étoffes de laine, de la Bonneterie, des toiles & des coutils. *V.* l'Etat gén. Tome I. p. 33.

SAINTE-COLOMBE, en Languedoc, de la Généralité de Toulouse. L'on y fabrique des draps & des cordelats. *Voyez* l'Etat général, Tome I. pag. 214.

SAINT-DENYS, Ville de France dans l'Isle de France, est célebre par les deux Foires franches qui s'y tiennent tous les ans. Il y a aussi de bonnes Tanneries. *Voyez* l'Etat général, Tome I. pag. 4.

SAINT-DIZIER, Ville de France dans la Champagne. Cette Ville, pour ses Manufactures, est du Département de l'Inspecteur de Châlons & de Troyes. Ses Fabriques sont des frises, des toiles, des chapeaux, des bas, & des cuirs de Tannerie & de Mégisserie. Toutes ses Fabriques sont considérables, mais principalement celles des toiles. *Voyez* l'Etat général, Tome I. p. 27.

SAINT-DOMINGUE, Ville de l'Amérique septentrionale, est Capitale de l'Isle Hispaniola ou de S. Domingue, l'une des Antilles, qui appartient & aux François, & aux Espagnols. *Voyez* l'Etat gén. Tome I. pages 479. 507.

SAINT-EUSTACHE, l'une des Antilles Angloises, dans l'Amérique. Le tabac fait presque seul l'objet du Commerce de la Colonie qui y est établie. *Voyez* l'Etat général, Tome I. page 541.

SAINT-FARGEAU, Ville de France, de la Généralité d'Orleans. Ses Fabriques consistent en serges drapées blanches. *Voyez* l'Etat général, Tome I. page 90.

SAINT-FLOURS, Ville d'Auvergne, du Département de l'Inspecteur des Manufactures de Limoges. Cette Ville est célébre par les Foires qui s'y tiennent tous les ans. *Voyez* les différens objets de son Commerce dans l'Etat général, Tome I. page 100.

SAINT-GAL, Ville de Suisse. Le principal Commerce de cette Ville consiste dans les toiles qui s'y fabriquent. *Voyez* l'Etat général, Tome I. page 235.

SAINT-GAUDENS, Ville de France en Gascogne, du Département de Montauban pour les Manufactures. C'est la plus forte Fabrique de tout ce Département. Les étoffes qu'on y fait sont des rases, des burats, des cadis, & des cordelats. *Voyez* l'Etat gén. Tome I. pag. 34.

SAINT-GENIEZ, petite Ville de France dans le Rouergue, du Département de Montauban pour les Manufactures. Il n'y a point dans toute cette Inspection de Fabrique plus forte que celle de Saint-Geniez pour les étoffes de laines, & le produit de ses métiers va à plus de cinq mille piéces par an. Ses autres Fabriques, mais bien moins considérables, sont celles des cuirs & des chapeaux. *Voyez* l'Etat général, Tome I. page 33.

SAINT-GENOUX, ou SAINT-DENIS, Ville de France de la Généralité d'Orleans. Les étoffes de laine qu'on y fait sont des draps d'une aune de large. *Voyez* l'Etat général, Tome I. page 89.

SAINT-GIGNAIX, Ville de France en Languedoc, du Département de l'Inspecteur des Manufactures de Montpellier. L'on y fabrique des cadis. Il s'y fait aussi quelques chapeaux. *Voyez* l'Etat gén. Tome I. page 215.

SAINT-GIRONS, Bourg de France dans la haute Gascogne. Il est du Département de l'Inspecteur des Manufactures de Montauban. Sa Fabrique de draperie, propre pour le Commerce d'Espagne, est très considérable. Celle des bas l'est encore davantage. On y fait aussi quelques chapeaux & quelques cuirs, & il a encore des forges de fer, des martinets à cuivre, & un moulin à papier. Ce qui marque davantage son grand négoce, sont ses Foires & ses Marchés; ceux-ci qui se tiennent trois fois par semaine, & celles-là six fois l'année. *Voyez* l'Etat général, Tome I. page 34.

SAINTE-GOUTTE, petit droit sur les sels qui arrivent à Livourne, qui est dû aux Sacquiers, Mesureurs de sel de cette Ville. *Voyez* SACQUIERS.

SAINTE-HELENE, (Isle de) située dans la partie Occidentale de la mer d'Ethiopie, entre l'Afrique & l'Amérique. Cette Isle appartient aux Anglois. *Voyez* l'Etat général, Tome I. page 399.

SAINT-HIPPOLYTE, en Languedoc, de la Généralité de Montpellier. Son Commerce consiste en cadis qui s'y fabriquent, en tannerie & en chapellerie. *Voyez* l'Etat général, Tome I. page 215.

SAINT-JEAN. Toile qui se fabrique dans le Village de S. Jean situé dans la petite Province de Beaujolois. *Voyez l'article général des Toiles où il est parlé de celles de cette Province.*

SAINT-JEAN-D'ANGELY, Ville de France dans la Saintonge. Elle est du Département de l'Inspecteur des Manufactures de Limoges. Ses Fabriques sont des draps & des étamines. *Voyez* l'Etat général, Tome I. pages 60, 83.

SAINT-JEAN DU BREUIL, petite Ville de la Généralité de Montauban. Il y a trois Foires, & quelques Fabriques de petites étoffes de laine. *Voyez* l'Etat général, Tome I. p. 32.

SAINT-JEAN DE GARDONNENQUE, en Languedoc, de la Généralité de Montpellier. Son Commerce consiste en cadis qui s'y fabriquent, & en cuirs de Tannerie. *Voyez* l'Etat général, Tome I. page 216.

SAINT-JEAN DE ROYANS, dans le Dauphiné, du Département de l'Inspecteur des Manufactures de cette Généralité. On y fabrique des draps. *Voyez* l'Etat gén. Tome I. p. 128.

SAINT-JOY, en Gascogne, du Département de l'Inspecteur des Manufactures de Bordeaux. On y fait quelque Commerce de draperies. *Voyez* l'Etat gén. Tome I. page 38.

SAINT-JUST, gros Bourg dans la Picardie sur les confins de la Champagne. Il est du Département de l'Inspecteur des Manufactures de Châlons & Troyes. Ses Fabriques sont des serges & des draps façon de cette derniere Ville. *Voyez* l'Etat général, Tome I. page 28.

SAINT LEONARD, Ville de France dans le haut Limosin. Elle est du Département de l'Inspecteur des Manufactures de Limoges. On y fait de gros draps. *V.* l'Etat gén. Tome I. p. 61.

SAINT-LO, Ville de la Généralité de Caen. Cette Ville est en réputation pour ses serges. Il y a trois Foires par an. L'on y fait aussi quelques autres étoffes de laine, & l'on y apprête des cuirs qui occupent plusieurs Tanneries. *Voyez* l'Etat gén. Tome I. p. 105.

SAINTE-LUCIE. On appelle Soye ou Organsin de Sainte-Lucie, l'Organsin que les Marchands François tirent de Messine en Sicile. Cet Organsin est fort estimé, & quantité de Fabriques de France ne peuvent s'en passer, particulierement à Paris celles des ferandines, des moheres unies, & des grisettes. On en fait aussi les chaînes des ras de Saint Maur qui se fabriquent en cette Capitale ; car pour celles de Lyon, les Fabriquans se contentent de l'Organsin de Piémont qui est de bien moindre qualité. *Voyez* SOYE.

SAINTE-LUCIE. Bois odoriferant propre à la tabletterie ; il vient de Lorraine. *Voyez* BOIS DE SAINTE-LUCIE.

SAINT-LYS, lieu du Département de l'Inspecteur des Manufactures de Montauban où il se fait un assez grand négoce d'étoffes, quoiqu'il ne s'y en fabrique point. *Voyez* l'Etat général du Commerce, Tome I. p. 36.

SAINT-MAIXANT, Ville de France dans le Poitou. Elle est du Département de l'Inspecteur des Manufactures de Poitiers. Les serges qui s'y font sont des plus belles du Royaume : on y fabrique aussi des revêches & autres grosses étoffes, de la Bonneterie, & des couvertures de lit. *Voyez* l'Etat général, Tome I. page 63.

SAINT-MALO, Ville & Port de mer de France en Bretagne. *Voyez* ce qui est dit de l'étendue & du détail de son Commerce, tant audedans qu'au-dehors du Royaume, dans l'Etat gén. du Commerce, Tome I. p. 118.

SAINT-MARCELLIN, petite Ville de la Généralité de Dauphiné. On y fabrique des draps. *Voyez* l'Etat général, Tome I. p. 128.

SAINT-MARTIN, Isle de l'Amérique, l'une des Antilles Hollandoises. Son tabac & ses salines sont son négoce & ses richesses. *Voyez* l'Etat général, Tome I. page 541.

SAINT-MARTIN D'ABLOIS, en Champagne, de la Généralité de Soissons. L'on y fabrique des serges larges. *Voyez* l'Etat général, Tome I. page 26.

SAINT-MEMIN, dans le Poitou, du Département de l'Inspecteur des Manufactures de Poitiers. Ses Fabriques sont des tiretaines & petits droguets laine & fil. *Voyez* l'Etat général, Tome I. page 64.

SAINTE-MENEHOULD, Ville de France, située dans cette partie de la Champagne qui se nomme l'Argonne. Son principal Commerce consiste en serges qui s'y fabriquent, en toiles, en ganterie, en Chapellerie, & en cuirs de Tannerie & de Mégisserie. Cette Ville est du Département de l'Inspecteur des Manufactures de Reims. *Voyez* l'Etat général, Tome I. p. 24.

SAINT-PATER, en Touraine. On y fabrique differentes étoffes de laine du pays. *Voyez* l'Etat général, Tome I. p. 92.

SAINT-PIERRE DU CHEMIN, dans le Poitou. Son Commerce consiste en differentes étoffes de laine qui s'y fabriquent. *Voyez* l'Etat général, Tome I. page 64.

SAINT-PIERRE D'ANTREMONT, en Normandie, de la Généralité de Caen. Ses Fabriques sont des serges & de petites étoffes fil & laine. *Voyez* l'Etat gén. Tome I. p. 107.

SAINT-PONS LA BASTIDE, en Languedoc, de la Généralité de Toulouse. On y fabrique des draps. *Voyez* l'Etat général, Tome I. page 114.

SAINT-QUENTIN, Ville de Picardie, dans le Diocèse d'Amiens, à trois lieues d'Abbeville. Le principal Commerce de cette Ville consiste en toiles. On en parle ailleurs, & l'on entre dans un grand détail des differentes qualités de celles qui s'y fabriquent ou qui s'y débitent. *Voyez* l'Etat général, Tome I. page 16.

SAINT-SALVADOR, Capitale du Bresil, & résidence du Viceroi. Cette Ville est située dans la Baye de tous les Saints. *Voyez* le détail de son Commerce, dans l'Etat général, Tome I. page 538.

SAINT-SEBASTIEN, Ville d'Espagne, dans la Province de Biscaye. Le fer fait le principal objet du Commerce de cette Ville. *Voyez* l'Etat général, Tome I. p. 242.

SAINT-THOMAS, Isle d'Afrique, l'une des principales Colonies des Portugais. *Voyez* le détail des Marchandises que l'on en tire, & de celles que l'on y porte, dans l'Etat général, Tome I. p. 396.

SAINT-THOME', Monnoye d'or que les Portugais font battre à Goa, à laquelle la figure de S. Thomas, Apôtre des Indes, a fait donner ce nom.

Les S. Thomé sont d'un titre plus haut que les Louis d'or de France, & pesent un grain plus que les demi-pistoles d'Espagne ; ils valent pour l'ordinaire deux piastres ; mais ils haussent & baissent quelquefois.

Les Portugais les tiennent toûjours le plus haut qu'ils peuvent pour en empêcher le transport ; ils se font de l'or de Soffola qui est très bon, mais que souvent l'alliage qu'on y met diminue beaucoup, & rend de plus bas titre que toutes les autres monnoyes d'or qui se battent aux Indes.

SAINT-VALLERY, Ville de Picardie, à l'embouchure de la Riviere de Somme. C'est un des deux Départemens des Inspecteurs pour les Manufactures Etrangeres : l'autre est Calais. On parle ailleurs du Commerce de cette Ville sur un excellent Mémoire fourni à l'Auteur par M. Masson. *Voyez* l'Etat gén. Tome I. p. 19.

SAINT-VALLERY EN CAUX, gros Bourg de France dans la Haute Normandie. Son Port est assez bon, & y attire un Commerce considérable. La navigation de ce Bourg consiste en quelques bâtimens pour la pêche de la morue en Terre-neuve, en grosses barques pour la grande pêche du hareng, & pour le transport des denrées ; & en petites barques ou batteaux, pour les petites pêches le long de la côte. On y travaille en draperies, en frocs & en toiles, qui se débitent aux Marchés qui s'y tiennent tous les Mardis & Vendredis, & principalement à la Foire qui s'y tient les deux Fêtes qui suivent celle de la Pentecôte. *Voyez* l'Etat général, Tome I. page 104.

SAINTES ou XAINTES, Ville de France, Capitale de la Saintonge. Elle est du Département de l'Inspecteur des Manufactures de Bordeaux. Ses Manufactures consistent en étamines & en cuirs tannés. *Voyez* l'Etat général, Tome I. page 38, 83.

SAINTONGE, ou XAINTONGE, Province de France extrêmement fertile en vins, en bleds, &c. *Voyez* l'Etat général, Tome I. page 65 *& suiv.*

SAISIE. Arrêt que l'on fait de quelque chose, comme marchandises, meubles, bestiaux, soit par autorité de Justice, soit en conséquence des Edits & Déclarations, soit enfin en vertu des ordres du Roi & des Ministres.

Les marchandises de contrebande, celles qu'on fait entrer en fraude, celles qu'on ne déclare pas au Bureau, ou dont les déclarations ne sont pas ou entieres ou valables ; celles qui entrent par d'autres Ports ou endroits que ceux marqués par les Arrêts, comme par S. Vallery & Calais pour les Manufactures étrangeres, & par Marseille & le Pont Bonvoisin pour les soyes du dehors du Royaume, sont sujettes aux saisies.

Les toiles peintes, les mousselines, les étoffes des Indes, même les draps, serges & autres des Manufactures du Royaume qui ne sont pas des qualités, ni des largeurs, ni des portées de fils conformes aux Réglemens, y sont pareillement assujetties.

A l'égard de ces derniers ce sont les Inspecteurs desdites Manufactures, particulierement celui établi à la Douane de Paris qui sont chargés d'en faire les saisies & arrêts, & d'en donner avis au Conseil Royal du Commerce pour y être pourvû.

A l'égard des saisies faites dans les Bureaux & par les Commis des Fermes générales du Roi, ceux qui les ont faites en dressent leur Procès-verbal pour en poursuivre la confiscation pardevant les Juges qui doivent en connoître ; & quand elle a été ordonnée, ce qui provient de la vente des marchandises saisies est distribué, un tiers à la Ferme, un tiers aux Commis, & un tiers au Dénonciateur, s'il y en a.

Quelques Arrêts du Conseil dans certains cas partagent le produit des saisies & confiscations moitié au Dénonciateur & moitié à l'Hôpital général.

Autrefois moitié des toiles peintes & des étoffes des Indes saisies étoit envoyée à l'étranger, & moitié brûlée publiquement pour servir d'exemple ; mais sur la fin de l'année 1715 l'abus & les contraventions s'augmentant sans cesse, il fut ordonné par Arrêt du Conseil qu'elles seroient toutes brûlées, & les peines & amendes portées par les premiers Arrêts exécutées sans aucun adoucissement contre les délinquans.

Il n'est point de Négociant qui ne doive sçavoir qu'il est juste de payer les droits du Roi, & d'obéir à ses ordres ; mais son propre intérêt doit en cela lui tenir lieu, pour ainsi dire, d'un devoir si équitable, puisqu'il est certain, par plus d'une expérience, comme l'a remarqué l'Auteur du Parfait Négociant, qu'il ne faut qu'une ou deux saisies considérables pour ruiner & faire manquer un Marchand ; & que d'ailleurs une seule saisie de Marchandises passées en fraude le rendant suspect, il ne peut jamais gagner la confiance des Commis qui ne cessent de le fatiguer par des attentions & des difficultés souvent même très rigoureuses.

SAISIR. Signifie arrêter, retenir quelque chose. *Voyez* SAISIE.

SAISSAC, en Languedoc, de la Généralité de Toulouse. On y fabrique des draps. *Voyez* l'Etat général, Tome I. page 214.

SAL

SALAGE, ou SALLAGE. C'est un devoir ou droit qui se paye au Roi sur chacun des batteaux de sel appellés grandes Unzaines, qui passent à Nantes ou aux Bureaux de la Ferme de la Prévôté de cette Ville. Ce droit est de dix sols six den. par batteau, outre le droit ordinaire de 23 sols 2 den. obole pour ceux qui sont chargés au-delà de quatre muids de sel jusqu'à six, une mine moins.

SALAGE. Il se dit en Normandie & en Picardie de la façon que l'on donne au hareng en vrac, lorsqu'on le veut pacquer & lui donner son dernier sel. *Voyez* HARENG.

SALAISON. Se dit des choses propres à manger qui se salent avec du sel pour les pouvoir conserver & empêcher qu'elles ne se corrompent. Ainsi l'on dit : Faire la salaison des harengs, des saumons, des morues, des maquereaux, des sardines, des anchoix.

Les manieres differentes de faire les salaisons de ces divers poissons sont expliquées chacune à leur article.

On dit aussi dans le même sens : Faire la salaison des beurres, des chairs de bœuf, de cochon, &c. Il y a plusieurs dispositions dans le titre 15 de l'Ordonnance des Gabelles de France du mois de May 1680, touchant la salaison de toutes ces choses.

SALAISON. Se prend aussi pour la saison où l'on a coûtume de saler les poissons, les chairs, les beurres, &c.

SALAMPOURIS. Toiles que l'on fait dans plusieurs endroits de la Côte de Coromandel.

Il y en a de blanches & de bleues ; les blanches ont soixante-douze cobres de long sur deux & un quart de large ; les bleues n'ont que trente-deux cobres de longueur sur la largeur des blanches. Elles sont propres pour le commerce des Manilles, où les Anglois de Madras en envoyent beaucoup. Les François en tirent aussi une assez grande quantité par Pondichery. Le cobre revient à dix-sept pouces & demi de France.

SALANT. On appelle Marais salans, les Marais où se fabriquent les sels de France, particulierement en Bretagne, en Poitou, & dans le Pays d'Aunix. *Voyez* SEL.

SAL-ARMONIAC. *Voyez* ARMONIAC, *ou* SEL.

Le Sal-Armoniac, comme il est nommé dans le Tarif de 1664, paye en France les droits d'entrée à raison de 100 sols le cent pesant.

Le Sal ou Sel-Armoniac paye les droits de la Douane de Lyon ; sçavoir, 3 liv. 2 sols 6 den. d'ancienne taxation, & 3 liv. pour les quatre pour cent.

SAL DE VERRE. *Voyez* VERRE *ou* SEL.

Le Sal de verre paye 16 s. du cent pesant.

SALBRY, de la Généralité d'Orleans. Ses Fabriques sont des serges drapées, de differentes couleurs. *Voyez* l'Etat général, Tome I. p. 89.

SALDO. Terme corrompu de l'Italien, qui a quelque usage en Provence, & dans quelques autres Provinces de France voisines de l'Italie. Il signifie Soulte de compte.

SALE', Ville d'Afrique, au-delà du Détroit de Gibraltar. C'est le Port des Royaumes de Fez & de Maroc, où il se fait le plus grand commerce. *Voyez* l'Etat général, Tome I. p. 366.

SALE. On le dit des lieux où les Maîtres à danser, & les Maîtres en fait d'armes reçoivent leurs Ecoliers, & leur donnent des leçons. *Voyez ces deux articles.*

SALE. Gâté, gras, plein d'ordures & de vilenies, qui n'a pas été nétoyé ni blanchi. Des habits gras, sales & crasseux.

On appelle un Gris-sale, un gris un peu brun & foncé, qui n'est pas si sujet à se tacher, à se salir.

SALE, en termes de Marine. Se dit des Mers, & des Côtes dangereuses, pleines de bancs ou basses, ou brisans. Toutes les Mers & Côtes de Hollande sont sales & pleines de battures & de sables.

SALER LES CUIRS. C'est les saupoudrer de sel marin & d'alun ou de natrum, après qu'ils ont été abbatus ou levés de dessus les animaux, pour en pêcher qu'ils ne se corrompent jusqu'à ce qu'on les porte chez les Tanneurs. *Voyez* BOUCHER & TANNEUR.

SALER des chairs, du beurre, du hareng, de la morue, &c. *Voyez* SALAISON.

SALER. Se dit aussi en termes de commerce, du prix excessif qu'un Marchand met à sa marchandise. Ce Marchand a de bonne marchandise, mais il la sale bien.

SALERAN ou SELERAN. On nomme ainsi dans les papeteries une espece de Maître Ouvrier ou d'Inspecteur, qui a soin de faire donner au papier tous ses apprêts, comme de le coller, presser, sécher, rogner, lisser, plier, le mettre en mains & en rames. On l'appelle Saleran, parce qu'il est le Maître de la sale où l'on donne ces dernieres façons au papier. *Voyez* PAPIER.

SALEUR. Celui qui sale. Un Saleur de morue: Un Saleur de hareng.

L'Ordonnance des Gabelles parle de Maîtres Saleurs en titre d'Office.

SAL-GEMME, ou SARGEMME, comme l'appelle le Tarif de 1664. *Voyez* SEL.

Le Sal-gemme paye en France les droits d'entrée à raison de 26 s. le cent pesant, suivant le Tarif de 1664; & par celui de Lyon 8 s. du quintal pour tous droits.

Le Sel-Gemme est du nombre des marchandises du Levant, sur lesquelles on leve vingt pour cent de leur valeur, outre le droit ordinaire, suivant l'Arrêt du 15 Août 1685.

SALICORE, ou SALICOTE. C'est ce qu'on appelle communément Sel de soude. *V.* SOUDE.

SALIERE. Creux qui vient aux yeux des chevaux lorsqu'ils sont vieux. Les salieres servent ordinairement dans le commerce des chevaux à juger de leur âge. Le jugement n'en est pourtant pas certain, y ayant de jeunes chevaux qui ont des salieres. *Voyez* CHEVAL.

SALIGNON. Pain de sel blanc qui se fait avec l'eau des fontaines salées, qu'on fait évaporer sur le feu. Ces sortes de pains se dressent dans des éclisses comme des fromages, avant qu'ils ayent pris entierement leur consistance. On en fait aussi dans des sebilles de bois. Le sel de Franche-Comté & de Lorraine se fait en salignons. *Voyez* SEL.

SALIN. Terme de Regrattieres de sel. Dans le commerce du sel à petite mesure, on appelle le Salin, une espece de bacquet de figure ovale dans lequel les Vendeuses renferment le sel qu'elles débitent aux coins des rues de la Ville de Paris. Quelques unes l'appellent Sauniere.

SALINE. Se dit ordinairement des poissons de mer que l'on a fait saler pour les conserver.

Il se fait en France & dans les Pays Etrangers un négoce assez considérable de saline. Les poissons qui en font le principal objet, sont la morue, le saumon, le maquereau, le hareng, l'anchois & la sardine. On les trouvera expliqués chacun à leur article.

A Paris, & dans les autres Villes du Royaume, il est permis à toutes personnes indistinctement de faire commerce de saline, sans qu'il soit besoin d'être d'aucun Corps ni Communauté. On a remarqué que ce sont les Marchands Epiciers & Merciers qui s'y attachent le plus volontiers.

SALINES. Lieux où l'on fait le sel. Ce terme convient également à tous les lieux d'où se tire le sel, soit qu'il s'y fasse naturellement par la seule ardeur du soleil, comme à Brouage; soit qu'on employe l'industrie & l'art pour le tirer de l'eau de la mer ou des fontaines & puits salez par évaporation, & avec le secours du feu, comme à Salins & en Normandie; soit enfin qu'il se tire des entrailles de la terre, où il se forme à la maniere des mineraux, comme en Pologne.

Ces trois sortes de salines ont outre cette dénomination génerique, chacune un nom specifique qui les distingue. On appelle Marais salins, les salines où le sel se forme par la seule ardeur du soleil, mines de sel, les carrieres où se coupe & d'où se tire le sel en pierre & fossile; & Salines proprement dites, les lieux où le sel se cuit & se fait par évaporation sur des fourneaux.

Les principales salines de la premiere espece sont en France, Brouage, Marans, l'Isle de Ré dans la Saintonge, & dans le Pays d'Aunis; Bourneuf, le Croisil, Guerande dans le Comté Nantois; & en Amerique l'Estang de Campeche dans la Nouvelle Espagne.

Il y en a aussi en plusieurs lieux de l'Espagne Européenne, & il s'en trouve abondamment sur la plupart de ses Côtes Méridionales; mais particulierement aux environs de la Baye de Cadix, & dans l'Isle d'Yvice.

Les Anglois, les Hollandois, & les Nations du Nord le trouvent moins bon pour les salaisons des chairs, & du poisson, que celui de France; & ce n'est qu'à son défaut, & pendant la guerre, qu'ils s'en fournissent en Espagne, comme ils font aussi à Saint-Ubez en Portugal, où il y a pareillement quelques salines.

Les mines ou salines de sel terrestre & fossile les plus célèbres en Europe, sont celles de Wilisca à cinq lieues de Cracovie; celles ouvertes à deux milles d'Eperies dans la Haute Hongrie; & celles des montagnes du Duché de Cardonne en Catalogne.

Pour les salines de la derniere espece, ou salines proprement dites, les plus considérables sont les salines de Salins en Franche-Comté; celles de Château-Salins, de Rozieres & de Dieuse en Lorraine; & celles qui sont en Normandie dans les Elections d'Avranches, de Coutances, de Carantan, de Valogne, de Bayeux, & de Pont-Levêque.

Dans les salines de Normandie on tire le sel de l'eau de la mer; & dans les salines de Lorraine, & de Franche-Comté, il se fait avec de l'eau de fontaines & de puits salez.

Il y a quelques lieux de Normandie, où non-seulement le nombre des salines est fixé par l'Ordonnance des Gabelles de 1680, mais où même il est reglé combien il en doit travailler par jour, comme au Marais de S. Arnoul, de Tronville, de S. Pierre, & S. Thomas de Touques, où il n'est permis d'avoir que vingt quatre salines, dont huit seulement doivent travailler par chaque jour. *Voyez l'article du* SEL; *il y est traité au long de toutes les sortes de sels qui se font dans les trois especes de salines.*

Plusieurs Provinces de la Moscovie ont aussi quantité d'excellentes Salines. Celles de Solim-Kamskoi Capitale de la grande Permie, ne sont pas des moins célébres; le Sel s'y fabrique dans de grandes chaudieres de cinquante à soixante pieds de diametre; 7 à 8 cent Sauniers y travaillent continuellement; les bâtimens qui servent à le transporter ont 60 à quatre-vingt pieds de long avec un seul mât, & une seule voile de 30 brasses de longueur; ils sont plats par dessous, & n'ont ni fer ni cloud. Quand ils suivent le cours de l'eau, on se sert de Rames pour les soûtenir en équilibre; le gouvernail tout seul n'étant pas assez fort pour cela: chaque Bâtiment peut porter jusqu'à 110000 livres de Sel, c'est-à-dire, environ 80 Lests.

Le Lac de Jamusowa fournit aussi quantité de Sel aux Moscovites; il est situé dans cette partie de la Tartarie où habitent les Kalmuques. Il s'y rend tous les ans de la Ville de Tobol, qui appartient au Czar, 20 à 25 Barques Russiennes qui vont charger de ce sel malgré l'opposition des Tartares; aussi les Marchands n'y vont-ils jamais qu'avec une escorte de deux mille cinq cens hommes. Ce sel dont une partie du Lac est couvert en forme de glace, se coupe en gros pains que l'on porte par terre jusqu'aux Bâtimens Moscovites, y ayant assez loin de la Riviere au Lac.

Les Salines d'Oest-Toëga sur la Douina, sont pareillement très-considérables; elles ne sont pas éloignées de la riviere. & consistent en quatre puits ou source d'eau salée; on tire cette eau avec des especes de pompes, qui distribuent ensuite dans des tuyaux, qui la conduisent jusqu'aux lieux destinez pour la cuisson du sel. Chaque puits est enclos dans un bâtiment de bois; ces quatre sources donnent autant d'eau qu'il en faudroit pour remplir vingt Salins; en 1708, il n'y en avoit que six en état, encore ne s'en servoit-on que d'un seul.

Chaque Salin est dans une loge particuliere; au milieu de chacune il y a un fourneau sur lequel la chaudiere est placée, ou plutôt suspendue avec de grosses perches & des crochets de fer; la forme des chaudieres est quarrée; chaque face a quinze pieds & demi: elles sont de fer; on y fait bouillir l'eau pendant soixante heures entieres, & lorsque pendant tout ce tems elle s'ébouille trop promptement, on y ajoute de nouvelle eau.

Chaque Salin produit quarante Poets de sel, ce qui revient à 1333 livres. Le prix ordinaire du Poet de sel est deux sols; on en donne néanmoins jusqu'à trois à Archangel.

Cette Saline appartient présentement au Czar.

L'on peut mettre encore au nombre des Salines de Moscovie, une longue Bruyere de plus de soixante & dix lieues d'Allemagne au-deça du Volga vers le couchant, & une autre de plus de 80 lieues le long de la mer Caspienne, qui produisent du sel en plus grande quantité que les marais salins de France & d'Espagne. Les Moscovites en font un très-grand trafic, en le portant sur le bord du Volga, où ils le mettent par grands morceaux jusqu'à ce qu'ils ayent la commodité de le transporter ailleurs.

L'Isle d'Yvica sur les Côtes d'Espagne, qui sont baignées de la Mediterranée a d'abondantes Salines; c'est cette Isle qui fournit de sel, non-seulement toute l'Espagne, & une partie de l'Italie, mais encore quelques endroits de Barbarie, particulierement le Royaume d'Alger. On a vû quelquefois les Ducs de Savoye faire apporter de ces sels pour la fourniture de leurs Etats, & sur tout du Piémont.

SALINS. On nommoit autrefois à la Rochelle, la Cour des Salins, une Jurisdiction qui y fut établie vers l'année 1635, pour connoître des differends mûs à l'occasion de la possession des Salines; & il fut mis 19 sols 6 deniers de droits sur chaque muid de sel raz chargé, tant dans l'étendue du Bureau de Brouage, que de celui de Rhé, pour servir au payement des gages des Officiers.

La Cour des Salins fut supprimée quelque tems après; mais le droit subsiste encore presqu'entier, & il se paye à deux Particuliers, dont l'un en a 5 sols 7 deniers $\frac{1}{5}$, & l'autre 9 sols 10 deniers $\frac{4}{5}$.

Ce droit s'acquitte également par les François & par les Etrangers.

LA SALLE, en Languedoc, de la Généralité de Montpellier. On y fait des cadis, & des chapeaux: Il y a aussi deux Tanneries. *Voyez* l'Etat général, Tome I. page 216.

SALME, en Italien *Salma.* Mesure des liquides dont on se sert dans la Calabre, & dans la Pouille, Provinces du Royaume de Naples.

La salme est de dix stars, & le star de 32 pignatolis ou pots, qui font à peu près la pinte de Paris: ainsi la salme contient environ 32 pots ou pintes.

SALME. C'est aussi un poids de 25 livres.

SALME. C'est encore une mesure des grains dont on se sert à Palerme. Le salme contient seize tomolis, & le tomoli quatre mondels. 10 salmes deux septiémes font le last d'Amsterdam.

SAL-NITRE. *Voyez* NITRE *ou* SEL.

Le Sal-Nitre paye les droits d'entrée sur le pied de 40 sols du cent pesant.

SALOIR. Vaisseau de bois où l'on garde le sel. Les Chaircuitiers nomme aussi le Saloir, le vaisseau où ils salent la chair de porc & les lards qu'ils coupent & débitent en fleches. Ces saloirs sont ordinairement de bois, quelquefois ronds, & quelquefois longs en forme de coffres ou de cuves. Il y a aussi des saloirs de terre cuite, dont l'ouverture est très-large. Les chairs salées se conservent mieux dans ces derniers; mais outre qu'ils se cassent aisément, ils ne sont pas capables d'en contenir beaucoup.

SALORGES. Amas de sel, ou especes de meules de sel destiné pour en faire commerce.

L'Ordonnance des Gabelles défend d'avoir des salorges plus près de cinq lieues des Greniers de la Ferme.

SALORGES, on nomme ainsi à Nantes, & dans plusieurs autres lieux de Bretagne, les Magasins où les Marchands qui font le Commerce des Sels ont coutume de mettre & conserver leursdits Sels. Il en est parlé dans la Pencarte ou Tarif de la Prevôté de Nantes.

SALPESTRE, ou SELPESTRE, que les Chymistes appellent Dragon, Cerbere, ou Sel d'Enfer. C'est une espece de sel naturel ou artificiel très connu, & d'un grand usage, soit dans la chymie, soit pour la composition de la poudre à canon, soit pour la teinture où il est compté parmi les drogues non colorantes, c'est-à-dire, avec lesquelles on prépare les étoffes à être mises en couleur.

Il s'en consomme encore beaucoup dans les verreries, pour les eaux-fortes, & pour la fonte des métaux.

On donne aussi au salpêtre le nom de Nitre.

Le Salpêtre naturel, ou mineral, se trouve en plusieurs endroits du Royaume de Pegu, & aux environs d'Agra, dans des Villages présentement déserts. On en trouve aussi dans quelques campagnes le long du Volga, cette riviere si fameuse, qui après avoir arrosé une partie de la Moscovie & du Royaume d'Astrakan, va se décharger dans la Mer Caspienne.

Le salpêtre naturel se tire de trois sortes de pierres, de noires, de jaunes, & de blanches. Le salpêtre qui vient des pierres noires est le meilleur, n'ayant pas besoin, comme les deux autres, d'être purifié pour en faire la poudre à canon.

Une autre sorte de salpêtre naturel est celui qui, distillant dans des cavernes, ou le long des vieilles murailles, s'y forme en cristaux. On l'appelle Salpêtre de roche: les Anciens le nommoient Aphronitre.

L'eau du Nil, ce fleuve si fameux de l'Egypte, aidée de l'ardeur du soleil, & ménagée à peu près de même l'eau de la mer dans les marais salans de Brouage où l'on fait le sel commun en France, fournit une troisiéme espece de Salpêtre naturel, connue des Anciens sous le nom de *Natrum* ou d'*Anatrum*, que les Droguistes appellent communément Natron. C'est proprement ce qu'on nomme de la Soude Blanche. *Voyez* SOUDE.

Autrefois il se faisoit en France un si grand commerce de ce salpêtre, qu'il s'en consommoit dans la seule Ville de Paris le poids de plus de dix millions de livres. Depuis qu'il a été défendu aux Marchands d'en faire venir ni d'en vendre, il y est devenu si rare, qu'on peut presque assurer qu'il ne s'y en trouve point du tout.

Le salpêtre artificel, sur-tout celui qu'on fabrique dans l'Arsenal de Paris, où les Marchands Epiciers & Droguistes de la Ville & des environs, & ceux qui en ont besoin doivent s'en fournir, se fait avec des matieres nitreuses ramassées dans les vieux bâtimens, dans les colombiers, & au milieu des vieilles démolitions, en les lessivant avec des cendres de bois, & quelquefois d herbes, & le salpêtre qui en provient est raffiné par trois ou quatre cuites, qu'on fait passer successivement par plusieurs lessives.

On lui donne differens noms, suivant qu'il est plus ou moins raffiné, comme Salpêtre de houssage, salpêtre de terre, salpêtre commun, ou de la premiere eau, Salpêtre raffiné, &c. Le Salpêtre de la troisiéme eau, qu'on appelle Salpêtre en glace, & qui est le plus excellent, ne se vend point; mais après avoir été fondu, & mis dans des tonneaux, se conserve pour la composition de la poudre à canon.

On fait encore une quatriéme espece de salpêtre, qu'on nomme Salpêtre en roche: celui-ci se fabrique en le faisant fondre sans eau dans une chaudiere de fer à force de feu; il sert à faire la poudre la plus fine, & celle qu'on doit embarquer sur la mer.

Quelques Salpêtriers prétendent que l'on peut réanimer les terres qui ont déja servi, en les gardant quelques années, pourvû qu'on les conserve à couvert, & qu'on les arrose des écumes, & des eaux inutiles des salpêtres que l'on cuit, ou même seulement d'urine.

L'on peut voir à la page 93 du second tome des Mémoires d'Artillerie, la maniere de faire le salpêtre, & de le raffiner.

Le bon salpêtre commun doit être bien dégraissé, blanc, sec, & le moins chargé de sel qu'il se peut.

Le meilleur salpêtre raffiné est celui dont les cristaux sont les plus beaux, les plus longs, & les plus larges.

L'on fait un grand nombre de préparations chymiques avec le salpêtre, & entr'autres l'esprit de nitre, l'eau regale, l'eau forte, le cristal minéral, le sel polycreste, le sel antifebril ou contre les fiévres, le beurre de nitre, &c.

Le Salpêtre paye en France les droits d'entrée à raison de 20 s. le cent pesant, & pour ceux de sortie 4 liv. conformément au Tarif de 1664.

Les droits de la Douane de Lyon sont de 4 s. 3 d. le quintal d'ancienne taxation, 6 s. 9 den. de réappréciation, & 12 s. pour les anciens quatre pour cent.

FABRIQUE ET AFFINAGE DU SALPÊTRE.

Depuis l'invention de la poudre à canon, il s'est fait toujours en France une très grande consommation de salpêtre, mais les guerres continuelles du long regne de Louis XIV. l'invention des bombes, des carcasses, & autres feux d'artifice, & la nombreuse artillerie, soit de terre, soit de marine, joint à tant d'armes presque innombrables que ce grand Prince a toujours été obligé d entretenir, ont obligé de doubler, & de tripler la fabrique des salpêtres, ensorte qu'au lieu de 1500 milliers qui se fabriquoient par an avant l'année 1690, on a vû des années où il s'en est fait jusqu'à 4 millions 500 mille livres, & qu'année commune, la fourniture des magasins du Roi a toujours été à trois millions trois à quatre cens mille livres.

Lorsqu'on n'a besoin que d'une quantité médiocre de salpêtre, on ne travaille que sur des terres qui produisent facilement, ce qui diminue la dépense; mais quand la fourniture doit être considérable, l'obligation de travailler sur des terres qui donnent peu de salpêtre engage dans de plus grands frais.

En l'année 1700 que les magasins du Roi étoient remplis, la fourniture fut réduite à deux millions quatre cens mille livres, sur quoi la consommation du Public pouvoit aller à cinq cens mille livres. La paix dont nous jouissons sous le regne de Louis XV. a encore considérablement diminué en France la fabrique des salpêtres.

Il faut observer que depuis la derniere guerre pour la succession d'Espagne, les magasins du Roi ont toujours été plutôt remplis de salpêtre que de poudre, parce que outre que les Salpêtres ne craignent pas les accidens comme la poudre, ils peuvent se conserver dans toutes sortes de lieux sans se gâter, & qu'il est facile, quand on a besoin de poudre, d'en faire fabriquer lorsqu'on a suffisamment de salpêtre.

Autrefois l'on étoit persuadé qu'on ne pouvoit

se passer des salpêtres étrangers, & en effet on en consommoit beaucoup plus de ceux-ci que des salpêtres François; mais l'expérience a depuis fait connoître que la France en étoit inépuisable, & qu'elle pouvoit seule suffire à tous les besoins de l'Etat, sans être obligée d'en faire venir du dehors, ce qui ne peut être que très-avantageux, puisque ce sont les sujets du Roi qui profitent d'une dépense qui se fait toute dans le Royaume.

Le salpêtre, comme on l'a déja dit, se tire des terres de differentes qualités; à Paris on en fait avec les vieux platras qui proviennent des démolitions des maisons, pourvû qu'ils soient bien pourris, & pour ainsi dire calcinés par une humidité chaude.

En Touraine le tuffe dont les maisons sont bâties, en fournit encore plus que les platras de Paris; & lorsqu'après quelques années cette pierre qui est très tendre est usée, elle est si pleine de salpêtre, que les Salpêtriers trouvent quelquefois plus leur compte à rebâtir une maison à neuf, seulement pour avoir les materiaux de l'ancienne: aussi est-il certain que la Touraine est la Province du Royaume qui en fournit davantage.

Dans toutes les autres Provinces, les terres dont on tire le salpêtre sont celles des bergeries, des colombiers, des celliers, & autres lieux bas & humides.

Un attelier pour fabriquer le salpêtre, est ordinairement composé de 24 cuviers, disposés en trois rangs de huit chacun. Ces cuviers sont posés sur des bancs élevés environ de deux pieds du rez de chaussée; chaque cuvier est de la grandeur d'une demie queue avec un trou par dessous à trois doigts du sable, pour y mettre une pissote de bois de la grosseur & longueur du petit doigt.

Aux deux côtés des pissotes, au dedans des cuviers, sont deux petits billots de bois de l'épaisseur d'un pouce avec un rondeau de paille qui fait le tour du cuvier, pour soutenir un faux fond qui empêche que la cendre & la terre ne passent par le trou, & pour, au contraire, faciliter le passage à l'eau qui tombe par la pissote dans des recettes ou petits baquets qui sont audessous de chaque cuvier.

Les terres ou platras dont on veut tirer le salpêtre ayant été bien battus avec des masses, on en remplit chaque cuvier après y avoir auparavant mis environ trois boisseaux de cendres; & pour retenir l'eau qu'on doit jetter par dessus, on fait au haut du cuvier un bord des mêmes terres & platras.

Lorsqu'on fait un attelier à neuf, il faut faire passer sur les huit cuviers du premier rang seize demi-queues d'eau de puits ou de riviere; ensuite la même eau repasse sur les 8 cuviers du second rang: & enfin sur les 8 du troisiéme rang.

Cette eau n'étant pas encore assez forte pour faire ce qu'on appelle la cuitte, à cause de la nouveauté de l'attelier, il faut vuider les huit cuviers du premier rang, & après y avoir remis des cendres, & de la terre nouvelle, y faire repasser toute l'eau qui a déja passé sur les vingt-quatre cuviers. Cette eau, au sortir des huit cuviers nouvellement remplis, n'en produira qu'environ une demi-queue & demie, & c'est ce qu'on nomme la cuitte.

Quand l'attelier n'est pas nouveau, on ne fait passer par jour que quatre demi-queues d'eau sur les 24 cuviers, sans la faire passer deux fois sur les huit cuviers du premier rang; ce qui rend néanmoins la même quantité de cuitte, c'est-à-dire, une demi-queue & demie.

Il faut observer que tous les cuviers se déchargent tous les jours des anciennes cendres & des vieilles terres, & que tous les jours on y en remet de nouvelles, sur lesquelles on fait passer les quatre demi queues d'eau, comme on vient de le dire.

Lorsque la cuitte est tirée, on la met bouillir dans une chaudiere pendant vingt quatre heures, ou même plus, jusqu'à ce qu'on la trouve au dégré de cuisson qu'il faut qu'elle ait pour se congeler, & se former en salpêtre brut, ce qui se connoît quand elle se congele aussi-tôt qu'on en met quelque peu sur une assiette.

Comme les terres qui produisent le salpêtre, produisent aussi quantité de sels terrestres qui se précipitent au fond de la chaudiere pendant qu'elle est sur le feu, il faut avoir soin de les retirer avec une écumoire, & de bien aussi écumer la cuitte tant qu'elle reste sur le feu.

Quand le salpêtre a son dégré de cuisson, on tire de la chaudiere toute la liqueur qui y reste, pour la mettre dans un recevoir de bois ou de cuivre; la cuilliere avec laquelle on puise la cuitte dans la chaudiere, de son usage s'appelle un puisoir; cet instrument est de cuivre.

Après que la cuitte est restée une demie heure dans le recevoir, & que toute l'ordure qui y peut être aussi bien que le sel qui y reste se sont précipités au fond, on ouvre le robinet du recevoir qui doit être à quatre pouces au dessus du fond, & l'on laisse couler la liqueur dans des bassins de cuivre où on la laisse jusqu'à ce qu'elle soit congelée, ce qui se fait dans l'espace de quatre jours, le salpêtre restant ordinairement attaché autour des bassins de l'épaisseur de 2 ou 3 pouces.

Comme toute la cuitte ne se congele jamais entierement, il reste dans les bassins, après la congelation, une sorte de liqueur qu'on nomme eau de mer. Les Salpêtriers se servent de ce résidu comme de levain pour augmenter & aider la fabrique du salpêtre, ayant coutume d'en mettre un demi-sceau sur chacun des huit premiers cuviers, après qu'on en a chargé les cendres & les terres.

Le salpêtre que l'on tire par cette opération n'est que du salpêtre brut, & il en faut une seconde pour le rafiner.

Rafinage du Salpêtre.

Pour faire ce rafinage, on met deux mille livres de salpêtre brut dans une chaudiere posée sur un fourneau, & l'on jette par dessus environ une demie queue d'eau de puits ou de riviere pour le faire fondre. Quand il est fondu, le feu fait monter au dessus une écume épaisse qu'il faut avoir soin d'enlever exactement. Le salpêtre bien écumé, on y jette environ douze onces de la meilleure colle d'Angleterre préparée de la maniere suivante. On la fait d'abord fondre au feu dans dix pintes d'eau, & lorsqu'elle est bien fondue & bien bouillante, on la jette dans un bassin de cuivre où on la mêle long-tems avec quatre seaux d'eau froide dont on avoit auparavant rempli le bassin, ensuite le tout se met dans la chaudiere, & se remue de nouveau avec une longue écumoire qui doit aller jusqu'au fond; alors quand la liqueur a repris son bouillon, & qu'il s'y est élevé une écume noire & épaisse qui est l'effet de la colle, on l'écume exactement. Enfin pour bien dégraisser & dessaler le salpêtre, on jette dans la chaudiere de nouvelle eau à quatre ou cinq reprises qui excite une seconde écume blanchâtre qu'il faut aussi continuer d'ôter. L'eau qu'il faut mettre sur un rafinage de salpêtre de deux mille livres pesant, peut aller en tout à deux demi-queues.

Après que la chaudiere a cessé de pousser ses écumes, on la laisse un peu bouillir à clair, puis on tire le salpêtre liquide avec un puisoir pour le mettre dans des bassines de cuivre qui ont chacune leur couvercle de bois, & qu'on étoupe régulierement avec de vieux linge pour empêcher l'air d'y entrer. Quand il y est resté pendant quatre jours, ce qui suffit pour en faire la cristalisation, on découvre les bassines, & on en vuide l'eau qui se trouve au milieu, après quoi on met le salpêtre en égoût sur des recettes pendant douze heures, puis on le bat & on le sert dans les magasins.

Pour mettre le salpêtre de deux cuittes en trois cuittes, on en met pareille quantité de 2000 livres dans une chaudiere, en observant les mêmes choses qu'on vient de dire, avec cette difference seulement qu'on ne met que huit onces de colle au lieu de douze.

Il y a des Rafineurs qui se servent de sel armoniac, de blanc d'œuf, d'alun, & de vinaigre dans leur rafinage; mais on a observé par beaucoup d'expériences, que la colle d'Angleterre est plus propre à dégraisser & dessaler le salpêtre que tous autres ingrédiens.

Comme il reste beaucoup d'eaux des rafinages, & qu'elles sont ordinairement chargées d'un cinquiéme de leur pesanteur de salpêtre, on les fait bouillir de nouveau pour en tirer ce résidu, ce qui produit un salpêtre brut assez bon; on en tire aussi quantité de sels.

Pour mettre le salpêtre en roche (on suppose toujours que l'opération se fait sur deux mille livres pesant) on se sert d'une chaudiere de fer fondu, où le salpêtre, par la vivacité du feu qu'on allume dessous, se doit fondre tout seul & sans eau, cette façon ne lui étant donnée que pour en chasser toute l'humidité.

Après qu'il est fondu, il se fait au dessus une croûte d'écume qu'il faut ôter avec une pelle de fer; on puise ensuite le salpêtre liquide avec un puisoir, & on le met dans des bassins de cuivre, dont on met le fond sur des recettes ou bacquets remplis d'eau froide. Quand ils y ont resté pendant six heures, on en tire le salpêtre qui s'y trouve formé en pains de la grandeur & de la forme des bassins, & après que ces pains ont refroidi durant trois jours, on les casse en morceaux avec une masse ou gros marteau de fer; ensuite de quoi on l'enfonce dans des tonnes ordinairement de 500 livres chacune, pour être envoyées dans les moulins à poudre, où on les employe à la composition de la poudre à canon, ainsi qu'on l'a dit ci-dessus à l'article de la Poudre. *Voyez* cet article.

Le Salpêtre en roche ne contient aucune humidité, & cette façon est excellente pour les salpêtres qui doivent long-tems rester dans les magasins.

Les deux rafinages, & la refonte en roche, emportent un tiers du salpêtre brut en pure perte; en sorte que 100 livres de salpêtre brut n'en produisent que 66 de rafiné en trois cuittes & en roche.

Il n'est pas permis en France de fabriquer du salpêtre sans la permission du Grand Maître de l'Artillerie: ainsi à chaque renouvellement de bail le Grand Maître délivre une commission générale à une des cautions du bail, & plusieurs commissions particulieres de Salpêtriers, les noms en blanc pour être remplis par le Commissaire Général, lequel a inspection sur eux, & pouvoir de les révoquer, lorsque ceux qui en sont pourvûs en abusent ou fabriquent de méchant salpêtre. *Voyez ci-après* l'article des Salpêtriers.

Départemens où le salpêtre se fabrique en France.

Il y a en France jusqu'à trente Départemens où se fabriquent tous les salpêtres du Royaume, sçavoir:

Paris.	Lyon.
Orleans.	Grenoble.
Saumur.	Besançon.
Tours.	Dijon.
Chinon.	Betfort.
Châtelleraut.	Brisack.
Bourges.	Metz.
Bourdeaux.	Verdun.
Bayonne.	Charleville.
Toulouse.	Châlons.
Montauban.	La Fere.
Montpellier.	Amiens.
Perpignan.	Valenciennes.
Marseille.	Douay.
Avignon.	Rouen.

De ces trente Départemens il n'y en a que dix huit qui ayent des Rafineries, dont la moitié sont du nombre de celles qu'on nomme grandes Rafineries, & les autres ne sont que des petites.

Paris, Saumur, Bourdeaux, Toulouse, Montpellier, Perpignan, Marseille, Lyon & Besançon, sont grandes Rafineries. Bayonne, Brisack, Metz, Verdun, Charleville, Châlons, la Fere & Amiens, ne sont que du rang des petites.

Dans les grandes Rafineries, outre le rafinage des salpêtres, il s'y fait aussi du salpêtre brut.

Le produit de tous les Départemens monte, année commune, à deux millions quatre cens mille livres pesant de salpêtre, dont Paris seul fournit presque sept cens mille livres, Saumur 250000, Tours 110000, Chinon 20000, Bourdeaux 150000, Toulouse autant. Les autres Fabriques ne vont ordinairement que depuis 3000 livres jusqu'à 60000.

On donnera ci-après l'état des Salpêtriers qui travaillent dans le Département de Paris, le nombre de leurs atteliers, & le produit de leurs salpêtres. *Voyez* l'article suivant.

COMMERCE DU SALPÊTRE A AMSTERDAM.

Le salpêtre se vend à Amsterdam au quintal de 100 liv. en banque, sa tare est sur les futailles, & pour toute déduction 1 pour 100 pour le prompt payement. Son prix est de 23 florins le quintal.

SALPESTRIER. Ouvrier qui ramasse les matieres propres à faire du salpêtre, qui les lessive, qui les cuit, ou qui rafine le salpêtre quand il est fait. On appelle aussi Salpêtrier le Marchand qui le vend.

Il y a à Paris une espece de Communauté de Salpêtriers, qui prennent la qualité de Salpêtriers du Roi pour la confection des salpêtres de France pour le service de Sa Majesté.

Cette Communauté n'a ni Lettres Patentes d'érection en Corps de Jurande, ni Statuts qui leur ayent été donnés par les Rois, ni apprentissage, ni chef-d'œuvre, ni maîtrise: chaque particulier qui veut être reçû n'a besoin que d'une Commission, qui lui est délivrée par le Commissaire Général des poudres & salpêtres du Département de Paris, & qui doit être enregistrée au Greffe du Bailliage de l'Artillerie.

Avant le milieu du dix septiéme siécle il ne s'étoit point parlé de Reglement général qui fixât la discipline des Salpêtriers entr'eux; & ceux qui étoient alors pourvûs de Commissions se contentoient d'observer assez mal les Ordonnances anciennes faites par les Rois François I. Charles IX. & Henry IV. sur le fait des poudres & salpêtres.

Ce défaut de discipline, qui jettoit souvent le trouble & la division parmi eux, les ayant engagés à convenir de quelques articles de Reglement, ils leur donnerent le nom de Statuts; & pour leur attribuer plus d'autorité, ils en requirent l'enregistrement au Greffe du Bailliage du Château du Louvre, Artillerie, Poudres & Salpêtres par tout le Royaume de France; ce qui fut exécuté le 11 du mois de Mai 1658, sur le consentement du Procureur du Roi, & de l'Ordonnance du Lieutenant Général audit Bailliage.

Ces Statuts consistent en vingt articles.

Par le premier la Communauté, pour tenir la main à l'exécution des anciennes Ordonnances sur le fait des salpêtres, & veiller à celle de ce nouveau Reglement, établit un Syndic & quatre Maîtres & Gardes, qui tous doivent demeurer deux ans en charge; ensorte néanmoins que l'élection du Syndic ne se fasse que tous les deux ans; & que deux Maîtres & Gardes seroient élûs chaque année à la place des deux plus anciens; les uns & les autres en l'Auditoire & pardevant le Bailly de l'Artillerie ou son Lieutenant.

Les visites doivent se faire par le Syndic & les quatre Gardes, mais seulement de l'ordre du Commissaire Général des Poudres & Salpêtres, & avec lui, ou avec une personne préposée de sa part, & toujours accompagné d'un Huissier ou autre Officier de Justice.

Par le second article Sainte Barbe est choisie pour Patrone de la Communauté, & l'élection des Maîtres de la Confrairie est reglée, dans laquelle ne peuvent être reçûs que les Salpêtriers & les Officiers de l'Artillerie.

Le troisiéme ordonne que de quinzaine en quinzaine tous les salpêtres qui seront faits & fabriqués par les Salpêtriers, seront portés dans les magasins du Roi, délivrés au Commissaire Général, pour être payés, suivant le prix qu'il en fixera, à proportion de leur bonté & qualité; & défenses sont faites, sous peine de confiscation des cuviers, d'une amende de 48 livres parisis, & d'être privé de sa Commission, de vendre à d'autres qu'au Roi, ou receler aucun salpêtre, soit des premieres cuittes, soit du raffiné, sous quelque prétexte que ce soit.

Le quatriéme article donne pouvoir aux Syndic & Gardes de visiter les salpêtres, fourneaux, chaudieres, mesures à acheter les cendres, &c. & en cas de défectuosité, de le saisir & conduire à l'Arsenal de Paris, d'en dresser leur procès verbal, pour en être rapporté pardevant les Officiers du Bailliage, & les Délinquans condamnés à l'amende de 8 liv. parisis, & leur Commission revoquée.

Le sixiéme regle le nombre des hommes que chaque Salpêtrier pourra envoyer à la recherche des terres propres à faire le salpêtre, à sçavoir deux pour les atteliers depuis huit jusqu'à douze cuviers de cuitte, & seulement un pour ceux depuis deux jusqu'à sept.

Les 7, 8, 9, 10, 11, & 18 articles contiennent un Reglement pour la fouille & l'enlevement des terres.

Le douziéme parle des Assemblées des Syndic & Gardes, qui doivent se faire tous les quinze jours, le Samedi à deux heures après midi, dans la maison du Commissaire Général, pour visiter les salpêtres livrés pendant la quinzaine, & rebutés par ledit Commissaire, pour en être le prix payé sur l'estimation qu'ils en feront; & en cas de deux mauvaises livraisons faites de suite par le même Salpêtrier, il est ordonné que son attelier sera fermé, & sa Commission revoquée.

Dans le treiziéme les cuviers des atteliers sont ordonnés d'une grandeur & hauteur égale, à la volonté du Commissaire Général, & qu'ils seront marqués aux armes de l'Artillerie.

Il est traité dans le 14, 15 & 16 du prix des cendres, qui sera reglé tous les trois mois par les Syndic & Gardes; des mesures à les acheter, qui seront étalonnées aux armes de l'Artillerie, & délivrées aux Salpêtriers par le même Commissaire; des Vendeurs & Marchands des cendres, qui ne pourront être débauchés les uns aux autres, non plus que les Compagnons, qu'on ne pourra prendre sans la permission de ceux chez qui ils auront servi.

Le dix huitiéme fixe l'heure du travail; depuis Pâques jusqu'à la S. Remy, à commencer à cinq heures du matin jusqu'à sept du soir; & depuis la saint Remy jusqu'à Pâques à ouvrir l'attelier, depuis six heures du matin jusqu'à six du soir.

Enfin le vingt & dernier contient attribution de toutes les contestations au sujet desdits Statuts, à la Jurisdiction du Bailliage de l'Artillerie, sous peine d'amende & de privation de leurs Charges & Commissions contre ceux qui se pourvoiroient ailleurs, & ordonne que lesdits Statuts y seroient enregistrés.

Les instrumens, outils & ustenciles, dont se servent les Salpêtriers pour la Fabrique des salpêtres, sont des masses ou marteaux pour battre les terres & platras, d'autres pour rompre le salpêtre quand il est en roche; des cuviers pour faire les lessives; des bancs pour soutenir les cuviers; des recettes ou baquets pour recevoir les eaux à mesure qu'elles coulent; d'autres pour mettre le salpêtre à l'égoût. Des chaudieres de cuivre, d'autres de fer fondu; des écumoires de cuivre & de fer; des puisoirs de cuivre, des recevoirs de cuivre ou de bois, des bassins aussi de cuivre; les uns avec un couvercle de bois, les autres sans couvercles. Un fourneau pour le rafinage; des chaudrons de cuivre pour faire fondre la colle, dont on se sert à rafiner; des balances pour peser leurs marchandises: enfin des seaux pour jetter sur les cuviers l'eau des lessives. Tous ces instrumens sont expliqués dans leur ordre alphabetique.

ETAT DES SALPÊTRIERS QUI TRAVAILLENT à la Fabrique des salpêtres dans la Ville & Généralité de Paris, du nombre d'atteliers qu'ils y ont, & de la quantité de salpêtre qu'ils peuvent, année commune, fournir à l'Arcenal de cette Capitale.

La Communauté des Salpêtriers de Paris ne passe gueres ordinairement le nombre de vingt-six Maîtres ou Veuves de Maîtres. Ils ont entre eux tous 32 atteliers; la plupart n'en ayant qu'un, & d'autres en ayant deux, & même jusqu'à quatre; ils font année commune 570000 livres de salpêtre.

A Saint Denis il y a deux atteliers, à Mantes autant; à Lagny, Pontoise, Meaux, Villeneuve-le-Roi & Fontenay, chacun un. A Villiers-le-Bel trois, à Argenteuil un, à Carriere-sur-Bois deux, à Surêne, Nogent sur Marne, Livry, Montreuil, Dammartin, chacun un; à Tribaldon & Condé, deux; à Triel & Montiou, chacun un: enfin à Piquepus trois. Tous ces atteliers de la Généralité font en tout 27, qui peuvent donner par an environ 158600 milliers de salpêtre.

Le total des atteliers de Paris, & de sa Généralité, monte à 59 atteliers, & le total des salpêtres qu'ils fabriquent, à 628600 milliers par année.

SALPESTRIERE, lieu où l'on fait le Salpestre. La Salpestriere Royale de l'Arsenal de Paris, est une des plus belles de France. On ne donne gueres le nom de Salpestriere qu'aux grands atteliers, où il y a un nombre considérable de cuviers. Les autres s'appellent simplement Atteliers à Salpestre.

SALSEPAREILLE ou SARCEPAREILLE. Plante qui croît dans la nouvelle Espagne & au Perou, & qu'on apporte aussi des Indes Orientales.

La débauche de l'un & de l'autre sexe ne fait faire qu'un trop grand commerce de cette drogue, dont le principal usage est d'entrer dans les décoctions & les prisannes qu'on donne pour les maladies secrettes.

Cette plante se plaît dans les lieux humides & marécageux; sa racine, qui est la partie de la plante qu'on employe dans les remedes, se partage en quantité de longs filamens de six ou sept pieds, & de la grosseur d'une plume à écrire: elle est grise en dehors & blanche au-dedans, mais teinte de deux rayes rougeâtres. Ses branches rampent sur la terre, ou s'attachent le long des arbres comme la vigne-vierge; ses feuilles sont longues, étroites, divisées par plusieurs nervûres, & d'une couleur verte, du bas desquelles sortent de menus filets qui servent comme de crochets pour la tenir plus ferme aux arbres, autour desquels elle s'entortille; ses fleurs sont blanches en forme d'étoiles, & ses fruits rouges un peu aigrelets.

Il y a une autre espece de Salsepareille dont les filamens de la racine sont plus gros, & qu'on appelle Salsepareille de Marignan, Isle sur la côte du bresil dans le continent de l'Amérique méridionale possédée par les Portugais. Elle est moins bonne que la petite dont on vient de parler.

La Salsepareille, qu'on nomme de Moscovie, & qui peut-être est la même que celle de Surinan, mais dont les racines sont encore plus grosses, n'est bonne qu'à brûler.

Il vient de Hollande de la Salsepareille en petites bottes coupées par les deux bouts, qui ne vaut gueres mieux. Celle qu'on apporte de Marseille, aussi en bottes, mais qui sont plus longues, & d'une couleur rougeâtre par dessus, n'est pas estimée de bonne qualité par quelques Droguistes; mais d'autres, & particulierement le sieur Pomet dans son Histoire générale des Drogues, ne la trouvent point differente de la véritable Salsepareille d'Espagne.

La bonne Salsepareille, outre les qualités de la couleur dont on a parlé dans sa description, doit être séche, en longs filamens, facile à fendre en deux, dont en la fendant il ne sorte point de poussiere, & que bouillie dans de l'eau, elle la rende d'une couleur rouge.

La Salsepareille paye en France les droits d'entrée à raison de cent sols du cent pesant, conformément au Tarif de 1664.

Les droits de la Douane de Lyon sont, sçavoir, 3 liv. 2 sols 6 den. le quintal d'ancienne taxation, & 4 liv. pour les anciens quatre pour cent.

Cette drogue est du nombre des marchandises venant du Levant, sur lesquelles il se leve vingt pour cent, suivant l'Arrêt du 15 Août 1685.

La Salsepareille se vend à Amsterdam à la livre, & se tare au poids, ses déductions sont de deux pour cent de bon poids, & d'un pour cent de promt payement. Son prix est depuis 15 jusqu'à 38 f. la livre.

SALVAGE ou SAUVELAGE. Droit qui se paye à ceux qui ont aidé à sauver des marchandises & autres choses qui périssoient dans un naufrage. C'est ordinairement le dixiéme de ce qu'on a sauvé. *Voyez* BRIS & ECHOUEMENT.

SAM

SAMACHI, Ville de la domination du Roi de Perse, Capitale de la Province de Schirwan. *Voyez* en quoi consiste son Commerce, dans l'Etat général, Tome I. p. 413.

SAMBARAME. Espece de Santal que l'on voit rarement en France. *Voyez* SANTAL.

SAMBOUC. Bois de senteur que les Nations de l'Europe qui négocient sur les côtes de Guinée ont coutume d'y porter, non pas pour aucun commerce avec les Négres, mais pour en faire des présens aux Rois du Pays, qui en font grand cas. On y joint ordinairement de l'Iris de Florence, afin que le présent soit mieux reçu.

SAMESTRE. On nomme coral de samestre une sorte de coral qu'on envoye d'Europe à Smyrne; il y en a de deux sortes, du brut & du travaillé. Ils payent également les droits d'entrée à la Douane de cette Ville, à raison de cinq aspres l'ocque.

SAMGAEL, Ville de la domination du Roi de

Perse. Il s'y fait un assez grand commerce de draps & de toiles de coton. *Voyez* l'Etat gén. Tome I. p. 413.

SAMIS ou SAMILIS. Etoffe très riche, lamée ou tramée de lames d'or. Cette étoffe est de Manufacture Venitienne, mais peu connue présentement. Il s'en porte pourtant encore à Constantinople. La Tradition veut que le fameux Oriflame si célebre autrefois en France, que quelques-uns croyent n'avoir été que la Baniere de l'Abbaye Royale de saint Denis, étoit de cette étoffe.

Il y avoit aussi des Samis tout de soye & d'autres sans soye.

L'on trouve quatre sortes de Samis tariffés dans le Tarif de la Douane de Lyon de 1632; sçavoir, les Samis de Florence, de Bologne & de Naples, & le Samis sans soye.

Le Samis sans soye paye 21 sols de la piece d'ancienne taxation, & 3 s. de réapréciation.

Le Samis de Florence 19 s. 9 d. de la livre d'ancien droit, & 5 s. de nouveau droit.

Enfin les Samis de Bologne & de Naples, comme celui de Florence.

SAMOS, Isle sur les Côtes de l'Asie Mineure. On y fait un négoce assez considérable. *Voyez* ce qui est dit des productions de cette Isle, dans l'Etat gén. Tome I. p. 347.

SAMOUL-BACHA. L'on nomme ainsi à Constantinople, le col de la Martre Zibeline, qui est l'endroit de cette riche fourure, qui est le moins estimé.

SAMOUR. On nomme ainsi à Smyrne, à Constantinople, & dans les autres Echelles du Levant, l'animal dont la fourure est si estimée, qu'on appelle en France Martre Zebeline. *Voyez* MARTRE, *Voyez aussi* le Commerce de Smyrne, *dans l'Etat général.*

SAN

SANAS. On appelle ainsi des Toiles de Coton blanches ou bleues, qui ne sont ni fines ni grosses, que l'on tire des Indes Orientales, particulierement de Bengale. Les blanches ont à la piece neuf aunes un tiers sur trois quarts à cinq sixiémes de large; & les bleues onze aunes un quart à douze aunes sur sept huitiémes de large.

SANDAL. Qu'on prononce & qu'on écrit plus ordinairement Santal. Bois Médicinal qui vient des Indes Orientales. *Voyez* SANTAL.

Le Tarif de 1664, & celui de la Douane de Lyon de 1632, donnent à ce Bois le nom de Sandal, & le tariffient sous cette dénomination.

Par celui de 1664, toutes sortes de Sandals payent les droits d'entrée a raison de 3 liv. le cent pesant.

Et par celui de la Douane de Lyon 17 s. 6 den. le quintal d'ancienne taxation, & 20 s. pour les anciens quatre pour cent.

SANDAL. Sorte de tafetas rayé. *Voyez* SANTAL.

SANDALINE. On nomme ainsi une petite étoffe qui se fabrique à Venise. Elle est propre pour le commerce des Indes Occidentales; & les Marchands de Ligourne y en envoyent quantité par les vaisseaux qu'ils frettent pour l'Espagne.

SANDARAC. Espece d'Orpiment rouge. *Voyez* ORPIMENT.

SANDARAC, ou plutôt SANDARAQUE. C'est aussi une gomme blanche qui coule par incision du tronc & des grosses branches du Genévre. *Voyez ci-après* SANDARAQUE.

SANDARAQUE, ou SANDARAC. Espece de gomme qui coule du tronc & des grosses branches du grand Genévre, quand on y a fait des incisions pendant les plus fortes chaleurs de l'été.

Le Genévre qui produit cette drogue est un arbre qui s'éleve plus ou moins haut suivant les lieux où il croît; il est rarement droit, ses feuilles sont petites & étroites, piquantes & toujours vertes; son fruit qui est de la grosseur d'une noisette, est verd la premiere année, brun la seconde, & enfin tout noir la troisiéme. Lorsqu'il est mûr il est de quelque usage dans la Médecine.

Il y a une autre espece de Genévre qu'on appelle le petit Genévre, qui est fort commun & fort connu en France, mais qui donne fort peu de Sandaraque. En récompense on tire de son fruit des huiles, des eaux, des sels, des esprits & des extraits que l'on croit souverains à bien des sortes de maux.

Le Sandaraque entre dans la composition du vernis. On en fait aussi une poudre impalpable pour frotter le papier; ce qui le blanchit, empêche qu'il ne boive, rend l'écriture plus belle, & même sert à recouvrir les ratures qu'on est obligé quelquefois de faire.

Le meilleur Sandaraque est celui qui est en larmes, belles & bien blanches, & sans poussiere. Les Suedois, les Anglois & les Hambourgeois en font un assez grand commerce. Les habiles Droguistes prétendent que le Sandaraque du Genévre n'est pas le véritable, mais seulement celui qui coule de l'Oxicedre. *Voyez* OXICEDRE.

Le Sandaraque paye en France les droits d'entrée à raison de 25 s. le cent pesant, suivant le Tarif de 1664.

Les droits de la Douane de Lyon, dans le Tarif de laquelle cette gomme est appellée Sandarache, sont de 4 s. 3 d. d'ancienne taxation, 6 s. 9 d. de nouvelle réapréciation, 12 s. pour les quatre pour cent, & 8 s. pour leur augmentation.

SANDARAQUE. C'est aussi un mineral que l'on trouve dans les mines d'or & d'argent. On divise cette Sandaraque en naturelle & en factice. La naturelle est proprement l'arsenic rouge; la factice n'est autre chose que la ceruse poussée au feu. L'un & l'autre sont un très dangereux poison.

SANDIX. Espece de Minium, ou plutôt de Massicot rouge, qui se fait avec de la ceruse poussée au feu, & rubifiée. On se sert peu de sandix dans la peinture; le véritable vermillon auquel on pourroit le substituer, faisant une couleur bien meilleure, plus durable & plus brillante. *Voyez* MASSICOT.

SANEQUIN. Sorte de coton qui vient de Smyrne par la voye de Marseille. Son appréciation pour la levée de vingt pour cent au pont Beauvoisin & à Marseille, est de 51 liv. 4 sols le quintal.

SANG DE BOUC. C'est le sang des Boucs, soit domestiques, soit sauvages, que l'on prépare avec d'assez grandes précautions pour s'en servir en médecine.

Voici les principales préparations de ce sang auquel on attribue tant de qualités extraordinaires.

Il faut que les Boucs dont on veut se servir à cet usage n'ayent pas plus de quatre ou cinq ans; qu'on les ait nourris assez long tems d'herbes aromatiques, & sur tout de celles qu'on estime saxifrages; que l'on tire le sang de la gorge ou des testicules en les leur coupant, mais qu'on ne se serve ni du premier ni du dernier sorti, le premier étant trop plein d'humidité, & le dernier trop grossier: que cette opération ne se fasse qu'en Juillet, & que le sang réservé soit mis dans un vase de fayance, & séché au soleil ou à l'ombre, & ensuite enfermé dans un vaisseau de verre pour s'en servir au besoin.

Entre plusieurs vertus specifiques qu'on attribue au sang de Bouc, les deux plus considérables sont de guérir la pleuresie sans saignée, & de briser la pierre dans la vessie, en le prenant dans quelques liqueurs convenables à ces deux maladies. Le bon sang de Bouc doit être extrêmement sec & dur, & difficile à réduire en poudre. *Voyez* Bouc.

Le sang de Bouc paye les droits de la Douane de Lyon à raison de 10 sols du quintal.

SANG DE DRAGON, qu'on nomme quelquefois improprement SANG-DRAGON. Est une drogue autrefois très estimée, mais très peu connue des Anciens, qui en relevoient le prix par l'origine fabuleuse qu'ils lui donnoient; la faisant passer pour du véritable sang de ces dragons, qu'ils supposoient mourir au milieu de la victoire qu'ils remportoient sur des élephans, qui en expirant de leurs blessures empoisonnées, les écrasoient par leur chûte.

Chez les Modernes cette drogue n'est qu'une simple gomme qui découle de differens arbres qui ne se ressemblent en rien, & qui croissent en divers Pays, tels que sont entr'autres les Grandes Indes, les Isles Canaries & l'Isle de Madagascar.

Les arbres d'où distille le sang de dragon des Indes, ont de longues feuilles en forme de lames d'épées, d'un assez beau verd. Du bas de ces feuilles naissent des fruits ronds de la grosseur de nos cérises, qui sont jaunes d'abord, rougissent en mûrissant, & enfin prennent un très beau bleu dans leur parfaite maturité. On dit que ces fruits ont sous leur premiere peau une espece de figure de dragon, qui jointe au rouge de sang qu'a cette gomme, lui a fait donner le nom qu'elle porte.

Les Habitans des lieux où croissent ces arbres font des incisions à leurs troncs, d'où il sort une liqueur fluide & rouge qui se durcit au lever du soleil, & qui se forme en petites larmes friables. Après cette premiere liqueur il en coule une seconde plus épaisse & moins précieuse, que les Marchands de Paris recevoient autrefois envelopée dans des feuilles des mêmes arbres en morceaux de la grosseur & de la figure d'un œuf de pigeon. Présentement cette gomme a bien les mêmes envelopes, mais elle n'est que de la grosseur & longueur du petit doigt: on l'appelle Sang de dragon en roseau ou rouleau.

Celui qui est en larmes doit être choisi en petites larmes, claires, transparantes, très friables, & que la poudre en soit d'un beau rouge foncé; mais comme il est très rare, on n'employe pour l'ordinaire que de celui en roseaux, dont le bon doit approcher, autant qu'il se peut, des qualités du premier. On peut l'éprouver en faisant des rayes avec la pointe des roseaux sur du papier, sur du verre chaud, ou sur une pierre à raloir mouillée, & on le doit juger des meilleurs, quand il laisse des rayes d'un beau rouge. Il vient aussi du sang de dragon des Indes en masse, mais le beau est rare.

Le sang de dragon des Canaries coule de deux differens arbres, dont l'un a la feuille comme celle du poirier, mais plus longue, & les fleurs en forme d'un feret d'aiguillette d'un très beau rouge: l'autre a des feuilles semblables à celles du cerisier, & a des fruits jaunes formés en côtes de la grosseur d'un œuf de poule, qui enferment un noyau de la figure & grosseur d'une muscade où l'on trouve une amande de la même forme & couleur.

C'est de l'incision que l'on fait aux troncs & aux plus grosses branches de ces deux arbres que l'on tire le sang de dragon des Canaries, qui n'approche pas néanmoins de la bonté de celui qui vient des Indes. Pour le déguiser, quelques uns le font amolir dans de l'eau chaude, & le réduisent en roseaux ou rouleaux; mais les habiles Marchands Epiciers & Droguistes ne s'y trompent pas. Le meilleur sang de dragon des Canaries est celui qui a le plus des qualités de celui des Indes.

A l'égard du sang de dragon de Madagascar, c'est le moins estimé de tous, quoiqu'il soit d'une assez bonne qualité; mais les ordures & les corps étrangers dont il est tout plein, sont cause que les Marchands Epiciers & Droguistes n'aiment gueres à s'en charger.

Les Insulaires appellent Rhaa, c'est-à-dire, sang, l'arbre d'où ils le tirent; & Masoutra ou Voafoutra, le fruit qu'il produit.

Le rhaa est un arbre grand comme un noyer, qui a la feuille semblable à celle du poirier, mais un peu plus longue. Sa fleur, de couleur de feu, est suivie d'un fruit de la grosseur d'une petite poire & de la même forme, hormis que le gros du fruit est du côté de la queue, & qu'il a cinq especes de cornes. Son bois est blanc & fort sujet à la pourriture. Il sort de son écorce, de son tronc & de ses branches, lorsqu'on les pique, une liqueur toute semblable au sang humain; & c'est là le sang de dragon qui s'épaissit & se durcit ensuite.

Il n'est point vrai, comme on le suppose, que les fruits de cet arbre ayent la figure d'un dragon sous la premiere peau; (c'est la remarque de M. de Flacour dans son Histoire de l'Isle de Madagascar;) ce qui pourroit faire aussi douter du dragon que l'on veut pareillement qui se trouve dans les fruits de l'arbre d'où découle le sang de dragon des Indes.

Cette gomme est apportée par les vaisseaux de la Compagnie des Indes Françoises. Elle vient en pelotes de differentes grosseurs, mais, comme on l'a déja dit, très remplie de vilenies; ce qui la rend moins de vente. Les mêmes vaisseaux apportent aussi de petits bâtons blancs & legers couverts de sang de dragon, qui servent à nétoyer les dents; on les nomme *Bois de Palile*. Ce sont les Habitans de Madagascar qui les préparent de la sorte, en les faisant tremper dans cette gomme qu'ils ont liquifiée.

Les Hollandois envoyent encore en France deux especes de sang de dragon; l'un est en pains plats, d'un rouge extrêmement foncé, luisant tant dedans que dehors, raisonnablement friable, d'un assez beau rouge quand il est écrasé, & de l'odeur de la cire d'Espagne lorsqu'il est brûlé;

brûlé ; mais ce n'est autre chose qu'un mélange de sang de dragon, & de deux autres gommes qui n'ont point les mêmes qualités ; ce qui doit le faire rejetter.

L'autre sang de dragon qui vient de Hollande est encore une plus mauvaise drogue, n'étant simplement que de la gomme Arabique ou de Senegal, avec une teinture de bresil de Fernambouc. Il n'y a que des Marchands sans honneur & sans conscience qui puissent donner pour véritable sang de dragon, cette malheureuse sophistiquerie.

L'on prétend que le sang de dragon est fort astringent ; aussi les Médecins l'ordonnent-ils quelquefois avec assez de succès dans les dissenteries & pertes de sang. On veut aussi qu'il ait la qualité de fortifier les gencives, & d'affermir les dents ébranlées.

Le Sang de dragon paye en France les droits d'entrée suivant sa qualité ; sçavoir, le Sang de dragon fin 10 livres du cent pesant, & le Sang de dragon moyen seulement 100 s. l'un & l'autre conformément au Tarif de 1664.

Les droits de la Douane de Lyon sont de 3 liv. 2 s. 6 den. pour l'ancienne taxation, & 12 s. pour les quatre pour cent.

Cette drogue est du nombre des marchandises venant du Levant, sur lesquelles il se leve vingt pour cent de leur valeur, suivant l'Arrêt du 15 Aoust 1685.

SANGGRIS. Sorte de boisson très forte dont il se consomme quantité dans les Isles Françoises de l'Amerique, où elle est passée des Isles Angloises.

Le Sanggris est composé de vin de Madere, que l'on met dans une jatte de cristal ou de fayance, avec du sucre, du jus de citron, un peu de canelle & de gerofle, beaucoup de muscade & une croute de pain rôtie, & même un peu brûlée. Quand la liqueur a pris le goût des ingrédiens qu'on y a mêlés, on la passe dans un linge fin.

Cette liqueur est agréable, & les Anglois la tiennent rafraîchissante, ce qu'il est difficile de comprendre, toutes les drogues qui la composent ayant un très grand dégré de chaleur ; ce qui est certain, c'est qu'elle donne beaucoup à la tête.

SANGLARGAN. Drogue médicinale propre à arrêter le sang. Elle vient de la Chine. Les Chinois en portent beaucoup au Japon, où ils la vendent avec grand profit. Elle ne revient ordinairement à Canton qu'à quarante-cinq taels le pic, & les Japonnois l'achetent jusqu'à cent soixante.

Il semble que cette drogue n'est point differente du sang de dragon, dont on a parlé si amplement dans l'article précedent.

SANGLER LE FROMAGE. C'est le serrer bien fort tout autour avec une sangle de peau, ou legere écorce de sapin, pour en conserver la forme pendant qu'on lui donne le sel. Il ne se dit que des fromages de Griers & de Berne. *Voyez* FROMAGE, *où l'on parle de la fabrique de ceux de Griers.*

SANGLES. Especes de tissus grossiers plus ou moins longs & larges, composés de plusieurs gros fils de chanvre entrelassés les uns dans les autres, qui se fabriquent par les Cordiers.

Les sangles font partie du négoce des Marchands de fer & des Quincailliers, qui sont du Corps de la Mercerie. Elles se distinguent en Sangles pour chevaux de selle ; en Sangles pour chevaux de basts ou autres bêtes de somme ; & en Sangles à Tapissier ou pour meubles.

Les Sangles pour chevaux de selle qui s'employent par les Selliers, se font ordinairement à Paris, à Argenteuil, à Châlons en Champagne & à Carbonne en Picardie. Les Parisiennes sont ou blanches ou grises rayées de rouge & de bleu; celles d'Argenteuil sont grises sans rayes ; & celles de Châlons & de Carbonne sont grises rayées de rouge. Les unes & les autres ont une aune de longueur mesure de Paris, à l'exception de celles de Carbonne qui sont plus courtes d'un demi-quart. Les meilleures, & les plus estimées, sont celles d'Argenteuil ; celles de Paris ne vont qu'après ; ensuite celles de Châlons ; celles de Carbonne sont les moindres de toutes.

Les sangles de Paris, d'Argenteuil & de Carbonne se vendent à la douzaine, chaque douzaine composée de six sangles fendues par les deux bouts, & de six autres sangles non fendues, qui se nomment communément Surfais. Pour ce qui est de celles de Châlons, elles sont pour l'ordinaire par paquets de douze sangles ou de douze surfais, & se vendent sur les lieux par grosses de six douzaines de sangles & de six douzaines de surfais.

Les sangles pour chevaux de basts ou autres bêtes de somme, sont plus étroites, plus longues, plus fortes & plus grossieres que les précedentes. Ces sangles qui s'employent par les Bourreliers, se vendent par pieces plus ou moins longues, suivant que les Cordiers qui les ont fabriquées ont jugé à propos de les faire, n'y ayant rien de reglé là dessus, & se tirent pour l'ordinaire des mêmes endroits que celles destinées pour les chevaux de selle.

Il faut remarquer que tant que les sangles pour chevaux de basts sont en pieces, elles s'appellent du tissu ; ne perdant ce nom pour prenprendre celui de Sangles, que lorsqu'elles sont coupées par morceaux de longueur proportionnée à leur usage.

Les sangles à Tapissier sont inférieures en qualité à toutes celles dont il vient d'être parlé. Elles viennent la plupart de Châlons en Champagne. Celles qui ont environ quatre pouces de large, & qui servent à sangler des chaises, des fauteuils, des sofas, des canapés, des formes, des lits, &c. se vendent à la grosse, chaque grosse composée de douze pieces, & la piece contient sept à huit aunes mesure de Paris. Il s'en fait quelques-unes plus étroites de semblable qualité, qui se vendent de même, dont le principal usage est pour attacher aux métiers des Tapissiers, Brodeurs, &c. Celles de vingt à vingt-quatre lignes de large qui servent à border les tentes & les tapisseries, qui à cause de leur emploi sont appellées Bordures, se vendent aussi à la grosse, chaque grosse composée de vingt-quatre pieces de six à sept aunes chacune.

Les Sangles de toutes sortes payent les droits de la Douane de Lyon à raison de 15 sols la charge de trois quintaux, & encore 5 sols le cent pesant pour la nouvelle réapréciation ; ce qui fait en tout 30 sols de la charge.

SANGLES-BLANCS. On donne ce nom à une

sorte de fils qui viennent de Hollande. Ils servent aux Ouvrieres en point à picoter leurs ouvrages, c'est-à-dire, à faire cette bordure en forme de petites dents qu'on appelle des Picots, dont on termine les points faits à l'aiguille, du côté opposé à celui de l'angrelure. *Voyez* Fil.

SANGLES-BLEUS BON TEINT. C'est encore une espece de fil teint en bleu, qui sert à faire les linteaux du linge de table, particulierement aux serviettes & aux napes. Ces fils se fabriquent & se mettent en teinture à Troyes en Champagne, d'où les Tisserans qui travaillent à cette sorte de lingerie, & les Marchands Merciers de Paris, qui font le commerce des fils, ont coutume de les tirer. *Voyez* Fil.

SANGLIER. Porc sauvage qui ne se plaît que dans les forêts. On en tire quelques marchandises pour le commerce. *Voyez* Porc.

SANGUINE. Espece de jaspe qui vient de la nouvelle Espagne; elle est de couleur obscure, marquée de quelques taches de sang. On la croit souveraine pour toutes sortes d'hémorragies & de pertes de sang. *Voyez* Jaspe.

Sanguine. Pierre fossile fort rouge qui a sa propre mine, & qui sert aux Peintres à faire des crayons propres à dessiner.

La meilleure sanguine vient d'Angleterre, il faut la choisir moyennement tendre, facile à se couper ou scier en longs crayons, & rejetter celle qui est trop dure ou graveleuse. Les Orfévres & les Doreurs s'en servent aussi à brunir l'or en feuilles qu'ils employent.

Quelques-uns donnent à la sanguine le nom de pierre hématite, supposant qu'elle a une qualité particuliere d'arrêter le sang; mais d'autres prétendent que la véritable pierre hématite est ce que l'on appelle ordinairement Feret d'Espagne. *Voyez* Feret d'Espagne.

La Sanguine paye en France les droits d'entrée à raison de 16 s. du cent pesant, conformément au Tarif de 1664.

Les droits de la Douane de Lyon où elle est appellée Rouge d'Angleterre, sont de 10 s. du quintal.

SANTA. Monnoye de compte. On appelle ainsi à Bantam & dans toute l'Isle de Java, aussi bien que dans quelques Isles voisines, un certain nombre de caxas (petite monnoie du Pays) enfilés ensemble avec un cordon de paille.

Le santa est de deux cens caxas, & vaut neuf deniers de Hollande ou près d'onze de France. Cinq santas font le sapocou qui revient à trois sols neuf deniers de Hollande ou quatre sols quatre deniers de France. *Voyez* Caxa.

SANTAL. Bois dur, pesant & odorant qu'on apporte des Indes Orientales.

Il y en a de trois sortes, qui toutefois ne sont pas trois especes differentes, mais seulement qui ont diverses couleurs suivant la diversité du climat où ils naissent.

Le Santal que quelques uns nomment aussi Sandal, est un arbre de la hauteur des noyers d'Europe; ses feuilles sont semblables à celles du Lintisque, ses fleurs sont de couleur d'asur tirant sur le noir, & ses fruits sont comme nos cerises, avec la difference qu'ils sont d'abord verds, & qu'ils noircissent à mesure qu'ils meurissent, qu'ils tombent facilement de l'arbre quand ils sont meurs, qu'ils sont d'un goût insipide & de nulle valeur.

L'on appelle Santal citrin celui qui vient de la Chine & du Royaume de Siam; il est jaune, pesant, de bonne odeur; sert à la médecine & aux parfumeurs; on l'apporte en buches & tout mondé de son écorce. Quelquefois on donne du bois de citron en sa place, & c'est à quoi il faut prendre garde en l'achetant.

Le Santal blanc approche beaucoup du citrin, la couleur seule & l'odeur les distinguent; il entre comme lui dans les remedes; il est aussi en buche & sans écorce, mais il vient de l'Isle de Timor.

C'est de l'Isle de Tanassarin & de la Côte de Coromandel qu'on apporte le Santal rouge en grosses ou longues buches; le meilleur est celui qui est noirâtre au dessus & rouge brun au dedans. Ce Santal est difficile à fendre, parce qu'il n'est pas de fil; il n'a presque pas d'odeur & est d'un goût insipide. On lui substitue souvent le bois de corail qui pourtant est bien different.

On prétend que les Santaux sont astringents, qu'ils fortifient le cœur & le cerveau, & qu'ils arrêtent le vomissement.

On peut voir ci-devant à l'article Sandal *qui est le nom sous lequel ce bois est tariffé, les droits d'entrée qu'il paye en France.*

Santal. On appelle Santal en taffetas une sorte de taffetas qu'on apporte de Constantinople, à qui on a fait prendre la teinture du Santal rouge en poudre, en le faisant bouillir avec quelques acides; son usage est pour le mal des yeux au lieu de taffetas verd dont plusieurs se servent pour les essuyer quand ils sont pleureux & pleins de sérosités.

SANTONINE, qu'on nomme aussi Semencine & Barbotine, & chez les Epiciers-Droguistes Semen-contra. Espece de graine propre à faire mourir les vers qui s'engendrent dans le corps humain. *Voyez* Barbotine.

La Santonine ou Barbotine paye en France les droits d'entrée à raison de cent sols le cent pesant, conformément au Tarif de 1664.

Les droits de la Douane de Lyon sont de 3 liv. du quintal d'ancienne taxation, & de 12 liv pour les quatre pour cent.

SANTORIN, Isle de la Mer Egée. Ses productions sont de l'orge, des vins, du coton, & des toiles. *Voyez* l'Etat gén. Tome I. p. 347.

SAP

SAPAN. Nom que les Hollandois donnent aux bois de Bresil qui vient du Japon. Il y en a de deux sortes, le gros Sapan & le petit Sapan. Ce dernier se nomme aussi Sapan Bimaes. *V.* Bresil.

SAPHIR. Pierre précieuse transparente, tirant sur l'azur ou bleu céleste.

Cette pierre est extrêmement dure, & ne peut que difficilement être gravée; les differentes couleurs en font les differentes especes. On estime les plus bleus les mâles, & les plus blanchâtres les femelles.

Les Saphirs du Pegu sont les plus estimés, ils se trouvent dans les mêmes mines que les rubis. On en tire aussi des Royaumes de Calecut & de Cananor, & il en viendroit de Ceylan d'où on en tireroit quantité, si le Roi de cette Isle n'en interdisoit le commerce avec les étrangers.

Les Saphirs de Boheme & de Silesie sont aussi beaucoup estimés, mais non pas en comparaison des Orientaux.

Ceux qu'on trouve près du Puys en Auvergne tirent sur le verd.

L'œil de chat est aussi une espece de Saphir estimé pour ses couleurs & pour le polissent qu'il prend comme le véritable Saphir.

Quelques Auteurs prétendent que le Saphir poussé à certain dégré de chaleur entre deux creusets luttés, perd toute sa couleur, & devient si parfaitement blanc, qu'il peut tromper les yeux des Jouailliers & passer pour un véritable diamant. Bien des personnes estiment le Saphir au dessus du Rubis, & lui donnent le second rang parmi les pierres précieuses.

Les Chymistes font diverses préparations avec le Saphir, comme du sel, de la teinture, de l'essence, de l'eau, de l huile, &c. & il n'est gueres de maladies qu'ils ne se vantent de pouvoir guerir avec les remedes qu'ils en composent.

Les superstitieux ne lui attribuent pas moins de qualités occultes & de vertus toutes puissantes, qu'il seroit assez inutile & trop long de rapporter ici.

Les Marchands Epiciers-Droguistes vendent de deux sortes de Saphirs qui entrent dans la confection d'hyacinthe ; les uns sont rouges, les autres sont noirâtres ; ces derniers qui ressemblent plutôt à du mache-fer qu'à une pierre précieuse, noircissent la confection d hyacinthe, & ainsi sont peu propres pour cet électuaire : pour les Saphirs rouges ce sont de petites pierres de la grosseur d'une tête d'épingle, ordinairement d'une couleur de vin, qui étant extrêmement dures sont très difficiles à broyer. Quelques-uns supposent à la place des Saphirs des pierres vermeilles ou petits grenats de Hollande ; mais les Connoisseurs ne s'y laissent pas tromper.

On appelle Saphirs-Rubis certaines pierres précieuses bleues & rouges, qui ne sont autre chose que des rubis dont la couleur n'est pas encore bien formée. *Voyez* Rubis.

SAPIN. Arbre qui vient très haut & très droit, dont le bois est blanc, leger, combustible & couvert d'une écorce résineuse & blanchâtre.

Ses feuilles qui se conservent vertes en tout tems, & qui sont assez semblables à celles de l'if, naissent le long des branches ; elles sont de figure oblongue, rondes & étroites, dures & un peu piquantes ; les chatons ou fleurs ne laissent rien après eux.

Le fruit qui vient sur le pied de l'arbre est formé de plusieurs écailles en maniere de pomme de pin ou de cône ; sous chaque écaille se trouve deux manieres de grains qui sont la semence de l'arbre.

Il y a une autre sorte de sapin qui a les feuilles plus menues, plus noirâtres, moins dures & moins piquantes que celles du précédent, dont les branches & les fruits s'inclinent vers la terre.

Le sapin fournit trois choses pour le commerce, le bois, la térébenthine & une autre résine d'une consistance plus épaisse, qui sert à faire de la poix. *Voyez* Terebenthine.

Le sapin tient un rang assez considérable dans le négoce des bois, étant propre à la charpente des maisons, à la menuiserie & à la mâture des vaisseaux & bâtimens de mer.

Le sapin propre à la mâture se tire pour l'ordinaire des Pays du Nord ; il en vient cependant quantité des environs de Bayonne, du Dauphiné, de la Franche-Comté & d'Auvergne ; mais celui du Nord est le plus estimé.

Tout celui qui se voit à Paris, tant pour la charpente que pour la menuiserie, y est envoyé d'Auvergne & de quelques endroits circonvoisins.

Le sapin d'Auvergne vient en solives ou pieces équarries ou sciées depuis six jusques à dix pouces de grosseur, sur trois jusques à cinq toises de longueur, & en planches de diverses longueurs, largeurs & épaisseurs.

Les longueurs les plus ordinaires des planches sont de six, huit, neuf, dix & douze pieds ; celles de six pieds ont neuf lignes d'épaisseur, & depuis dix jusques à dix huit pouces de largeur ; celles de huit pieds ont trois quarts de pouce d'épaisseur & un pied de large ; & celles de neuf, dix & douze pieds ont un bon pied franc sciées de largeur, sur treize à quatorze lignes d'épaisseur. Le sapin employé dans la charpente des bâtimens est d'une très longue durée, pourvû qu'il ne soit point couvert de plâtre ni enfermé.

Les Sapins à faire echelles ou combles de maisons, payent en France les droits d'entrée à raison de 20 s. le cent en nombre.

Et les petits Sapins à faire pioches 15 s. Voyez l'article des Bois.

SAPINIERE. Forêt de sapin.

Sapiniere. C'est aussi un batteau construit de sapin, dont on se sert sur la riviere de Loire à transporter des marchandises ; la sapiniere est moins longue qu'un chalant, mais elle est plus large. *Voyez* Batteau.

SAPOCOU. Monnoye de compte de l'Isle de Java & de quelques Isles voisines.

Le sapocou est composé de cinq santas, & chaque santa de deux cens caxas, en sorte que le sapocou contient mille caxas.

A l'égard du caxa c'est une petite monnoye courante de plomb & d'écume de cuivre dont les deux cens valent près de douze deniers de France. *Voyez* Caxa.

LES SAPTES, en Languedoc, de la Généralité de Toulouse. La Manufacture de draps qui y est établie, est considérable. Ses Tanneries sont aussi en réputation. *Voyez* l'Etat général, Tome I. page 213.

SAR

SAR. On nomme ainsi sur les Côtes du Pays d'Aunys une espece d herbe marine que l'on appelle en Normandie Varech ou Vraicq, & en Bretagne Goueimon. *Voyez* Varech.

SARAIS. On nomme ainsi dans les Etats du grand Mogol de grands bâtimens qui sont dans la plupart des Villes, & qui y tiennent lieu de ce qu'on appelle en Europe des Hôtelleries ; ils sont moins grands que les caravenseras ; & les Marchands n'y sont reçûs avec leurs marchandises qu'en payant un certain droit. *Voyez* Caravensera.

SARASINOIS, ou SARRASINOIS. Ce terme se disoit autrefois & s'entend encore dans les Statuts de divers Artisans & Ouvriers, particulierement dans ceux des Maîtres Tapissiers de la Ville & Fauxbourgs de Paris, de toutes sortes d'ouvrages de tapisseries qui se font en Orient, comme les tapis de Turquie & de Perse.

C'est, à ce qu'on croit, sur ces ouvrages ainsi nommés du nom des Sarrasins qui occupoient la Terre sainte, & contre lesquels les Chrétiens ont fait tant de Croisades, que ces derniers ont pris le modele des hautes & basses lisses qui ont continué depuis ce tems-là de se fabriquer en Europe.

Les Maîtres Tapissiers de Paris prennent la qualité de Maîtres Tapissiers de haute lisse sarrasinois & de rentraiture, &c. *Voyez* HAUTE-LISSE & TAPISSIER.

SARBATANE. Long tuyau par lequel on jette quelque chose en soufflant. La felle ou fesle dont se servent les Gentilshommes Verriers pour prendre le verre & le souffler, est une espece de sarbatane de fer. *Voyez* FELLE.

SARCOCOLE. Gomme qui découle d'un petit arbre épineux dont les feuilles sont assez semblables à celles du sené de la plate.

Les Auteurs ni les Marchands ne sont pas d'accord sur les lieux où croît cette sorte d'arbre ; les uns veulent que ce soit en Perse & les autres dans l'Arabie déserte ou pierreuse. Cette gomme coule de l'arbre ou sans incision ou avec incision ; ses larmes sont de differentes couleurs, tantôt blanches, quelquefois jaunes & souvent rouges ; mais elles sont toutes également bonnes : il faut seulement les choisir bien seches, soit qu'elles soient restées en larmes, ou qu'elles se soient égrennées, ce qui arrive souvent. Leur goût doit être sucré, accompagné d'un peu d'amertume assez désagréable. On estime cette gomme très bonne pour la guérison des playes ; elle vient par la voie de Marseille.

La sarcocole qui est en masses brunes, soit qu'elle soit une composition de plusieurs gommes, soit que ce ne soit que de la vraie sarcocole marinée & gâtée, qu'on a tâché de raccommoder, comme il y a plus d'apparence, doit être absolument rejettée, aussi bien que celle dont les grains sont bruns & qui est remplie d'ordures.

La Sarcocole paye en France les droits d'entrée à raison de 4 liv. du cent pesant, conformément au Tarif de 1664.

Elle est du nombre des marchandises venant du Levant, sur lesquelles on leve vingt pour cent de leur valeur, suivant l'Arrêt du 15 Août 1685.

SARDINE. Poisson de mer plus gros que l'anchois, mais plus petit que le hareng.

La sardine a la tête dorée, le ventre blanc & le dos verd de mer, c'est-à-dire, un peu blancheâtre. Ce poisson mangé frais & légérement saupoudré de sel, passe pour excellent ; on estime sur tout les sardines de Royan petite Ville de Xaintonge.

Il y a des saisons propres pour la pêche de la sardine, étant comme l'anchois & le hareng un poisson de passage.

On les apprête & on les sale de la même maniere que les anchois, avec cette difference cependant qu'on laisse la tête aux uns & qu'on l'ôte aux autres. On reconnoît aisément l'anchois d'avec la sardine quoique la tête ait été arrachée à cette derniere, l'anchois ayant le dos rond & la sardine étant très plate.

La pêche des sardines est très considérable en France ; elle s'y fait depuis la rade des sables d'Olone en bas Poitou, jusques à la baye de Douarnenez, même jusques à Brest. Elle commence du côté des sables & de S. Gilles dans le mois de Juin. Ce poisson se vend dans ces endroits au sortir de l'eau à des gens qui le salent & le portent sur des chevaux dans les Villes circonvoisines où la nouveauté le fait beaucoup rechercher.

Les sardines suivent ordinairement la Côte, & peu de tems après qu'elles ont paru aux sables & à S. Gilles, on commence à en prendre à Belle-Isle, ensuite au Port Louis, à Crac & à Quiberon ; puis à Concarneau, & enfin à Douarnenez, à Crozon & à Camaret près Brest. On a vû pêcher des sardines dans la baye de Douarnenez pendant les Avents de Noel.

Le long des Côtes de Bretagne depuis Belle-Isle jusques à Brest, il se fait un très grand négoce de sardines ; il y en a que l'on vend en sel ou en pile ; d'autres que l'on met en futailles & qui s'appellent Pressées, d'autres que l'on fait sécher au feu & à la fumée qui se nomment Sorettes, & d'autres que l'on met en sausse dans de petites boëtes ou barils que l'on appelle Sardines confites. *Voyez* CONFIRE DES SARDINES.

Il ne se fait pas presentement tant de sardines en sel ou en pile qu'autrefois, à cause du trop d'exactitude des Commis des Gabelles qui les criblent quand elles passent par leurs Bureaux pour en faire tomber tout le sel, ce qui les fait souvent pourrir.

Celles qui viennent en futailles se nomment Sardines pressées, parce qu'effectivement après qu'elles ont été quelque tems dans le sel, on les lave bien, & on les met dans des barils où l'on les presse pour en tirer l'huile qui les feroit corrompre. Les futailles dont on se sert sont un peu plus grandes qu'une demi barique ; les meilleures sont faites de bois de fouteau ou hêtre, les sardines s'y conservant mieux que dans celles qui sont d'un autre bois. Quoique ces futailles soient petites, l'on n'en donne cependant que quatre pour un tonneau. Il y a des Reglemens pour la jauge dont elles doivent être, parce que dans toute la Bretagne on achete presque toujours les sardines pressées au tonneau.

Sur la fin de la pêche, lorsque les sardines sont un peu grandes, il s'en presse aussi en bariques de la grosseur ordinaire ; mais celles là s'achetent & se vendent au compte, pour lequel on se rapporte à la bonne foi des Pêcheurs qui les arrangent dans les bariques, & marquent sur l'un des fonds la quantité de sardines qu'elles contiennent.

Les sardines qui se pêchent dans les mois de Juillet, Août & Septembre, ne sont pas bonnes pour être pressées, parce que les grandes chaleurs rendant ce poisson mol, il s'éventre facilement en le pressant ; c'est ce qui fait que les sardines pressées qui se font à Belle-Isle, à Port Louis, à Crac & à Quiberon, ne sont pas fort estimées, la pêche ne donnant dans ces endroits que jusques au mois de Septembre, au lieu qu'elle ne fait presque que commencer à Concarneau & à Douarnenez, où elle dure, quand le tems n'est pas trop rude, quelquefois jusques à Noel.

C'est de ces deux derniers endroits, & particulierement de Douarnenez, que l'on tire les meilleures sardines, & qui se conservent le mieux. Les Malouins y en vont charger des navires entiers, pour porter en divers lieux du Levant.

Les sardines, pour être de bonne qualité, doivent être bien pressées, fermes, blanches & claires, point éventrées, ni molles, ni jaunes, d'une grandeur médiocre, qu'il en entre environ six mille dans chaque barique, car lorsqu'il y en a davantage, ce qui, quelquefois, va jusqu'à dix mille, elles se trouvent trop petites, & lorsqu'il y en a moins, elles se trouvent trop grandes, ce qui fait qu'une petite barique n'en peut contenir que deux à trois mille, en sorte que le Marchand qui est obligé de les débiter en détail, n'y trouve pas son compte.

Les sardines sorettes se vendent & s'achetent au compte; quand elles ne sont point grillées elles sont plus estimées que les pressées, & que celles qui se vendent en sel, aussi se vendent elles plus cher. C'est de la derniere pêche, & lorsque les sardines sont bien fermes & grandes que l'on les fait sorrer.

Il se fait un grand debit de sardines à Bordeaux, à la Rochelle & à Nantes, de même que dans quelques petits Ports du Pays d'Aunis & de la Province de Xaintonge.

Il s'en envoye quelquefois à Bayonne & en Biscaye; mais elles n'y sont cheres que lorsque la pêche n'a pas été favorable en Espagne où l'on en prend beaucoup du côté de Galice.

La pêche des sardines qui se fait sur les Côtes de Bretagne, occupe plus de trois cens chaloupes & presque tous les Matelots du Pays dans la saison; chaque chaloupe est ordinairement du port de deux à trois tonneaux, montée de cinq hommes & de douze filets de 20 à 30 brasses.

La barique s'y vend depuis vingt jusqu'à cinquante livres; la plus grande consommation de ce poisson Breton est pour l'Espagne, le Portugal, l'Italie & toute la Méditerranée. La pêche est ordinairement si bonne, qu'à Port Louis seul il se fait année commune jusqu'à quatre mille bariques de sardines.

Les sardines qui se pêchent en Languedoc se portent presque toutes en Roussillon, en Dauphiné & dans le Lyonnois.

L'on pêche aussi des sardines à la Côte d'Angleterre; mais elles ne sont pas tant estimées que celles de Bretagne, quoiqu'elles soient plus grandes & les futailles d'un tiers plus grosses & plus longues qu'en Bretagne; cela provient de ce que l'on ne les sale pas si bien en Angleterre, & qu'elles ne peuvent se conserver longtems, outre qu'elles ne sont pas d'un si bon détail.

L'huile des sardines pressées se ramasse & se met dans des bariques; elle sert à brûler & à graisser; elle auroit plus de propriétés si elle n'étoit pas salée.

Il se fait dans les mois de Mai & Juin sur les Côtes de Dalmatie proche de l'Isle de l'Issa en tirant au midi, une pêche de sardines si abondante, qu'elle suffit non seulement pour la fourniture de toute la Grece, mais encore d'une grande partie de l'Italie; les Turcs prennent ce poisson comme une espece de médecine lorsqu'ils sont malades.

Les sardines suivent la lumiere & s'assemblent autour du batteau qui la porte la nuit, ce qui ne contribue pas peu à en faciliter la pêche, pour laquelle on employe sur les Côtes de France certains œufs de poisson que l'on nomme Resure, Rogues, Raves ou Coques, qui viennent de differens endroits, & dont il se fait un assez grand commerce en Bretagne du côté de la mer; ces œufs étant une espece d'appas pour les sardines qui les fait élever du fond de l'eau & donner dans les filets. *Voyez* Resure.

L'article 11 du titre 2 du liv. 5 de l'Ordonnance de la Marine du mois d'Août 1681, permet de faire la pêche des sardines avec des rets, ayant des mailles de quatre lignes en quarré & au dessus.

Les sardines en général payent en France les droits d'entrée à raison de 10 s. le baril contenant deux milliers de poissons; mais lorsqu'elles entrent par Anjou & Thouars, elles payent 40 s. conformément au Tarif de 1664.

SARDIS. Draps assez communs qui se fabriquent à Bourg en Bresse, à Pondevaux, à Montluel, à la Charité de Mâcon, à Cluny & en quelques autres lieux de la Province de Bourgogne. Le Réglement du 21 Août 1718 pour les Manufactures de cette Province, veut que les sardis se montent dans des rots d'une aune de largeur, & qu'ils ayent une demi-aune au retour du Foulon. *Voyez* Drap *où l'on a donné l'extrait de ce Reglement.*

SARDOINE, ou CARNEOLE. Pierre précieuse de couleur de sang à demi-transparante. C'est la même que l'on nomme communément Cornaline.

Les plus belles sardoines sont celles qui viennent des environs de Babylone, celles de Sardaigne ont le second rang. On en trouve près de sainte Maure en Albanie qui ne sont pas méprisables, non plus que celles des Indes; les moindres de toutes sont celles des environs du Rhin, de la Bohême & de la Silesie. Pour donner plus d'éclat à ces pierres, on met dessous une feuille d'argent quand on les monte.

La sardoine sert ordinairement à faire des cachets, se gravant facilement & prenant un beau poli.

L'Auteur du Livre qui passe faussement pour être d'Albert le Grand, attribue à la sardoine des vertus qui la mettroient hors de prix si elles étoient véritables. *Voyez* Agate.

SARDONIX. Pierre précieuse qui tient de la sardoine & de l'onix ou agate. *Voyez ci-dessus* Sardoine. *Voyez aussi* Agate.

SARETTE, ou SARRETE. Plante qui sert aux Teinturiers pour teindre en jaune, qui croît en plusieurs lieux de France; elle ne fait pas une si belle couleur que la gaude, & ainsi il ne faudroit l'employer que pour les verds, pour les feuilles mortes & autres couleurs composées où entre le jaune; elle peut aussi servir pour les jaunes des couvertures de laines les plus grossieres & des étoffes d'un très bas prix.

La sarette qu'on veut conserver doit être cueillie très meure, ce qui n'est pas si nécessaire quand on l'employe sur le champ. *Voyez* Jaune.

SARGE. C'est ainsi qu'on nommoit autrefois cette étoffe qu'on appelle présentement Serge, & c'est sous ce nom qu'elle est toujours employée dans le Tarif de la Douane de Lyon de 1632. *Voyez* Serge.

SARRASINOIS. *Voyez* SARASINOIS.

SART. *Voyez* SAR, ou VARECH.

SARTIE. Terme de Marine qui n'est en usage que sur la Méditerranée. Il signifie tous les aggreits & appraux qui servent à équiper & armer un vaisseau; quelquefois néanmoins il ne s'entend que des seuls cordages. *Voyez* Apparaux, *ou* Avarie.

SAS

SAS. Espece de tamis qui sert à séparer la farine d'avec le son, ou à rendre la farine déja passée au bluteau, encore plus fine en lui ôtant le gruau.

Les Sas des Boulangers & des Patissiers qui sont ceux qui en font le plus grand usage, sont ou de figure ovale, ou de figure ronde. Les Sas ronds servent à sasser à deux mains & en l'air, & les Sas ovales à sasser sur le pétrin le long d'un ou de deux bâtons ronds qui le traversent dans toute sa longueur, & sur lesquels le Sas s'appuye & se conduit. Une étamine de laine ou de soye très claire leur sert de fond.

Si l'étamine est placée entre deux éclisses, elle est bordée tout autour d'une corde de crin qui la tient bandée. S'il n'y a qu'une éclisse l'étamine y est clouée.

SAS. Les Maçons se servent aussi de Sas pour passer leur plâtre; ils en ont de ronds & d'ovales comme les Boulangers & Pâtissiers; mais au lieu d'étamine de soye ou de laine, ils ont un tissu ou toile de crin. *Voyez* RAPATELLE.

On appelle du Plâtre au Sas celui qui y a été passé, pour le distinguer du gros plâtre & du plâtre au panier. Le plâtre au Sas est même de deux sortes, celui au Sas fin, & celui au gros Sas.

Les Chandeliers se servent aussi d'un Sas de crin pour passer leur suif fondu au sortir de la poële avant de la mettre dans l'abime ou dans la tinette. *Voyez* CHANDELLE.

SASSAFRAS, que quelques-uns appellent aussi SAXAFRAS, Bois de Canelle, & Pavame. C'est le bois d'un arbre qui croît dans la Floride, où il y en a des forêts entieres. On l'a nommé Bois de Canelle à cause de son odeur; ce qui fit d'abord esperer aux Espagnols, lorsqu'ils firent la conquête de la Floride, sous Ferdinand de Soto en 1538, qu'ils avoient trouvé dans les Indes Occidentales cette précieuse Epicerie qui ne croît que dans l'Isle de Ceylan aux Indes Orientales.

Cet arbre a son tronc fort droit, du haut duquel sortent quantité de branches chargées de feuilles semblables aux feuilles du Figuier. Le suc de ces feuilles est bon pour la guérison des playes.

Le bois de Sassafras, sur tout son écorce dans laquelle on croit plus de vertus que dans le bois, étoit autrefois très estimé en France, & on le vendoit jusqu'à quarante francs la livre, pour l'employer avec l'Esquine & la Salsepareille à la guérison des maladies vénériennes. Présentement le commerce n'en est pas si considérable.

Il faut choisir le Sassafras garni d'une écorce grosse, rougeâtre & raboteuse, d'un goût âcre, & d'une odeur forte & aromatique. On hache, l'on râpe & l'on réduit en poudre ce bois pour s'en servir. Ceux qui l'achettent de la sorte doivent prendre garde qu'il ne soit point vieux haché, râpé ou pulverisé; car pour lors il perd son odeur, & n'est plus d'aucune vertu.

Le Sassafras paye en France les droits d'entrée à raison de cent s. le cent pesant, conformément au Tarif de 1664, où il est employé sous le nom de Saxafras.

Les droits de la Douane de Lyon sont de 7 l. 2 s. 6 d. d'ancienne taxation, & 9 l. pour les quatre pour cent. Il y est appellé Salsafra.

SASSENAGE. Sorte d'excellent fromage qui prend son nom du lieu où il se fabrique en Dauphiné. *Voyez* FROMAGE *à l'endroit où il est parlé de ceux de France.*

SASSER. Passer de la farine, du plâtre ou d'autres matieres réduites en poudre à travers d'un Sas pour en séparer le plus fin d'avec le plus gros. *Voyez* SAS.

SAT

SAT. Mesure dont on se sert à Siam pour mesurer les grains, les graines, les légumes & quelques fruits secs.

C'est une espece de boisseau fait de bambou, entrelassée à peu près comme les Vanniers font à Paris cette petite mesure pour les avoines, qu'on appelle un Picotin, qui a la forme d'un panier d'osier.

Les quarante Sats font le Seste, & les quarante Sestes le Cohi. Il est difficile de réduire régulierement ces mesures à celles d'Europe. Quelques-uns estiment le Seste cent Catis; mais comme on le dit en plusieurs endroits de ce Dictionnaire, le Cati n'est pas du même poids dans toutes les Indes Orientales, quoique le nom y soit presque par-tout le même.

A estimer les cent Catis 126 liv. poids de marc, le Sat seroit environ de 3 liv. & le Cohi de 5000 liv.

SATIN. Etoffe de soye polie & luisante, dont la chaîne est fort fine & sort en dehors; & la treme qui est plus grosse est cachée toute en dedans. C'est cette maniere de fabriquer le Satin, qui lui donne ce lustre & ce brillant qui en fait le prix & la beauté.

Il y a des Satins unis, des Satins brochés, des Satins à fleurs d'or ou de soye, des Satins rayés, enfin diverses autres sortes & façons suivant le génie de l'Ouvrier qui sçait imaginer de nouvelles modes pour donner du débit à sa marchandise.

Toutes ces sortes de Satins doivent être faits sur des Rots de onze vingt-quatriémes; c'est-à-dire, avoir une demi-aune moins un vingt quatriéme entre ses lizieres. Ceux où il y a de l'or & de l'argent doivent être tramés d'or & d'argent fin, & leur chaîne aussi bien que celle des Satins, tout de soye, & la trame de ceux-ci doit être de pure & fine soye cuite sans mêlange de soye teinte sur crû, à peine de soixante liv. d'amende & de confiscation.

Les façons des Satins se font en y ajoutant de nouvelles chaînes ou tremes.

Ce qu'on appelle des Furies sont des Satins unis imprimés ou peints de diverses couleurs. Ces Satins sont séverement défendus en France, soit qu'ils soient peints dans le Royaume, en Flandres ou en Hollande, soit qu'ils viennent véritablement des Indes. *Voyez* ETOFFES DES INDES *ou* FURIES.

Outre les Satins qui se fabriquent en France, les Marchands en tirent quantité d'Italie. Les plus beaux sont ceux de Florence & de Gennes, ausquels néanmoins les Satins de Lyon cedent très peu.

Les Satins, soit avec or, soit sans or, payent en France les droits d'entrée & de sortie sur le pied des Draps d'or, d'argent & de soye. Voyez DRAPS D'OR *&* D'ARGENT.

SATIN DE BRUGES, qu'on nomme aussi Satin Caffard. C'est un Satin dont la premiere fabrique s'est faite à Bruges; la chaîne en est de soye, & la trême de fil.

Les Satins de Bruges qui se fabriquent en France doivent avoir de largeur au moins demi-aune moins un seize, ou demi-aune entiere, ou même demi-aune & un seize, à peine de trente liv. d'amende.

Ils payent d'entrée 8 livres pour chaque piece de trente aunes, & 13 liv. du cent pesant pour la sortie, suivant le Tarif de 1664, & par celui de Lyon 25 s. de la piece.

Ce dernier Tarif entre dans un grand détail des droits que payent toutes sortes de Satins à la Douane de cette Ville; sçavoir:

Les Satins or & argent 45 s. de la livre.

Les Satins brochés aussi avec or & argent 4 livres 10 sols.

Les Satins brochés communs 3 liv. 5 sols.

Les Satins brochés de Venise 28 sols 3 den.

Les Satins de Gennes 23 sols 4 den. la liv. & encore 3 liv. de la piece pour le Mandement.

Les Satins de Florence 24 sols de la livre.

Les Satins de Boulogne & de Naples comme Florence.

Les Satins de Milan 23 sols.

Les Satins de Luques 22 sols.

Les Satins violets ou incarnat cramoisi de Venise, Florence, Milan, Naples & Lucques, 48 sols.

Les Satins de soye rouge cramoisi des mêmes lieux, 2 liv. 17 sols la livre; ce qui s'entend aussi de tous les autres Satins ci-dessus tarissés.

SATIN. On appelle Ruban de Satin celui qui est fabriqué à la maniere du Satin. Il y en a de simples & d'autres à double endroit. *Voyez* RUBAN & RUBANERIE.

SATIN DES INDES, qu'on nomme aussi SATIN DE LA CHINE. C'est une étoffe de soye assez semblable aux Satins qui se fabriquent en Europe. Il y en a de plains, soit blancs, soit d'autres couleurs. Il y en a aussi à fleurs d'or ou de soye, à carreaux, de damassés, de rayés & de brochés.

On les estime particulierement parce qu'ils se blanchissent & se repassent aisément sans presque rien perdre de leur lustre, & sans que l'or en soit ni plus applati, ni moins brillant: ils n'ont pourtant ni l'éclat, ni la bonté de ceux de France. Il y en a des pieces de quatre aunes & demi, de sept, de huit & de douze de longueur, sur trois huitiémes, cinq sixiémes & cinq huitiémes de largeur.

SATIN LINE'E. Etoffe de soye ou Satin de la Chine, pliée d'une maniere singuliere. Il y en a de deux sortes: les uns sont pliés de la forme des livres qu'on appelle gros In-octavo, & les autres de celle d'un In-quarto. Les longueurs & largeurs n'en sont pas certaines. Il y en a de onze aunes ou environ la piece, & d'autres seulement de six. Les linées blancs à fleurs sont de la derniere mesure; les couleurs à fleurs & les brochées sont de la premiere.

Il se fait en France des Satins mêlés de fleuret & de fil, qu'on nomme Satins de la Chine. Ce sont des especes de Satins de Bruges, mais dont la rayure est differente, étant faite en forme de rochers, & de ce qu'on appelloit autrefois Point de la Chine en fait de tapisserie à l'aiguille. Les Satins de la Chine doivent avoir les largeurs de ceux de Bruges. *V. ci-devant* SATIN DE BRUGES.

COMMERCE DES SATINS A AMSTERDAM.

On vend à Amsterdam des Satins des Indes & des Satins d'Italie; ceux-ci se vendent à l'aune & ceux là à la piece.

La piece de Satin des Indes, soit uni, soit à fleur, se vend depuis 11 florins ½ jusqu'à 13 florins, & donne un pour cent de déduction pour le promt payement.

Les Satins d'Italie se vendent à 18 mois de rabat, depuis 7 jusqu'à 8 sols de gros l'aune, la déduction est comme à ceux des Indes.

Il faut remarquer, ce qui est commun à toutes les autres étoffes d'Italie, que, quoique ceux qui les achettent de la premiere main, ayent 18 mois de rabat & un pour cent de promt payement; lors cependant qu'ils les revendent aux Détailleurs, ils ne leur déduisent en tout que deux pour cent pour le promt payement.

SATINADE. Petits Satins très foibles & très legers, dont les Dames font des robes longues de Printems ou d'Autonne, ou des robes à se peigner. Ils sont communément rayés.

SATINADE. Est aussi une petite étoffe à peu près comme le Satin de Bruges, mais plus foible, dont on fait des meubles, particulierement des tapisseries de cabinet.

SATINER. Donner à un tissu ou à un ruban la façon & l'œil du Satin.

SATINE'. Ce qui a l'éclat du Satin. Il se dit dans le négoce des étoffes assez communément, & quelquefois dans celui des pierreries. La couleur satinée en fait de pierres précieuses, est une couleur claire & brillante. C'est l'opposé de velouté. *Voyez* VELOUTE'.

SATTEAU. Espece de Barque ou grosse Chaloupe dont on se sert au Bastion de France sur la Côte de Barbarie, pour la pêche du corail. *Voyez* CORAIL.

SAU

SAUCE, qu'on écrit aussi SAUSSE & SAULCE. Composition liquide dans laquelle les Cuisiniers font cuire diverses sortes de mets, ou qu'ils font à part pour manger les viandes quand elles sont cuites. C'est de cette derniere espece de sauce que les Vinaigriers de Paris sont appellés dans leurs Statuts Maîtres Sauciers. *Voyez l'article suivant.*

SAUCIER. Celui qui compose ou qui vend des sauces. Les Maîtres Vinaigriers prennent dans leurs Statuts, tant anciens que nouveaux, la qualité de Maîtres Sauciers, à cause des diverses sauces qu'ils ont droit de composer & de débiter, & que le vinaigre même qu'ils font & qu'ils vendent passe pour une des meilleures sauces pour beaucoup de mets & de viandes.

Ce nom appartenoit aussi autrefois au Corps des Marchands Epiciers, à cause d'une petite Communauté de Sauciers ou Faiseurs de sauces, qui leur étoit pour lors unie à cause apparemment des épiceries qui entroient dans leurs sauces. En 1394 les Sauciers firent bande à part, & eurent leurs Jurés, restant pourtant sujets à la visite des Gardes de l'Epicerie; c'est apparemment d'où sont venus nos Vinaigriers-Sauciers.

Les sauces des Vinaigriers dont il est parlé dans le quinziéme article de leurs Statuts de 1658, sont la sauce jaune, la cameline & la sauce moutard, toutes présentement ignorées, ou du moins hors d'usage sur les tables délicates, où nos nouveaux Cuisiniers en ont introduit beaucoup d'autres moins simples & plus piquantes, & de là plus préjudiciables à la santé. *Voyez* VINAIGRIER.

Outre les sauces qui ont été rapportées cidessus, on a cru faire plaisir au Lecteur d'ajouter ici celles dont parle le Sieur Sauval dans ses Antiquités de Paris données au Public en 1724. Ces sauces sont :

La sauce jaune, la sauce chaude, la sauce à compote, la sauce moutarde ou la galantine, la sauce râpée, la sauce verte ; enfin la camelaine.

La sauce jaune se faisoit avec du poivre blanc que nos peres nommoient jaunet, elle étoit du nombre des sauces chaudes.

Dans la sauce à compote, c'étoit le poivre noir qui y entroit.

La sauce moutarde ou galantine étoit faite de la racine de cette plante, que nos Botanistes ne connoissent plus, & qui peut être n'est autre chose que le cran que nous mettons présentement dans nos sauces, & qui n'est ni moins chaud, ni moins piquant que la moutarde.

La sause râpée se faisoit avec du verjus de grain ou des groseilles vertes.

La sauce verte que nous connoissons encore, avoit entr'autres ingrédiens du gingembre & du verjus qu'on verdissoit avec du jus de persil ou de bled verd ; on y ajoutoit ensuite de la mie de pain blanc.

A l'égard de la camelaine qui prenoit son nom d'un simple que nous ne connoissons plus, elle étoit faite de cinamome, de gingembre, de cloud de gerofle, de graine de moutarde, de vin de verjus, de pain & de vinaigre ; de sorte que c'étoit la plus composée de toutes les sauces de ce tems-là.

Le droit de faire & de vendre des sauces, appartenoit autrefois aux Marchands Epiciers, qui delà se nommoient Epiciers-Apotiquaires-Sauciers ; mais depuis & le nom & la marchandise sont passés aux Maîtres Vinaigriers, qui encore à présent mettent au nombre de leurs qualités celles de Maîtres Sauciers.

SAUCISSIER. Faiseur de saucisse. On nommoit ainsi autrefois les Chaircuitiers, qui, dans leurs Statuts, prennent encore le nom de Chaircuitiers-Saucisseurs. *Voyez* leur article.

SAUCISSONS ou TURBANS. C'est le nom que nos Marchans Droguistes & Epiciers donnent à la Gomme Gutte en rouleaux. *Voyez* GOMME GUTTE.

SAUCISSONS. Ce sont aussi de grosses Saucisses qui se font en plusieurs endroits, particulierement en Italie avec de la chair de porc crue, bien battue & bien broyée dans un mortier, où l'on mêle quantité d'ail, de poivre en grain & autres épices. Les meilleurs saucissons sont ceux de Boulogne.

Les Saucissons de Boulogne payent en France les droits d'entrée à raison de 2 s. de la livre, conformément au Tarif de 1664.

Les droits du Tarif de la Douane de Lyon sont de 40 sols par quintal.

SAUDAGUER. Mot Persan qui signifie un Marchand, un homme qui fait son profit à acheter, vendre ou échanger des marchandises. *Voyez* COMMERCE & NEGOCE.

SAVETIER. Artisant qui raccommode les vieilles chaussures, souliers, bottes, pantoufles, &c.

Par les anciens Statuts de la Communauté des Savetiers de la Ville, Fauxbourgs, Banlieue, Prevôté & Vicomté de Paris ; ils sont appellés Maîtres Savetiers, Bobelineurs, Carreleurs de Souliers.

Leurs premiers Statuts sont du mois de Janvier 1443, dressés, accordés & autorisés par Lettres Patentes de Charles VII. depuis réformés & de nouveau confirmés par Louis XI. au mois de Juin 1467 ; par François I. au mois d'Octobre 1516, par Charles IX. en Janvier 1566, & par Henri IV. en Juillet 1598.

Leurs dernieres Lettres Patentes de Réformation & Confirmation sont du mois de Mars 1659, sous le Regne de Louis XIV. enregistrées en Parlement les mêmes mois & an.

Ces nouveaux Statuts comprennent en 47 articles toute la discipline de cette Communauté par rapport à l'apprentissage, à la maîtrise & à la Jurande, & expliquent au long ses privileges, droits & immunités.

Les Jurés nommés anciennement Gouverneurs de la Communauté, doivent être au nombre de quatre, dont deux sont élus tous les ans suivant l'ordre du tableau. Huit prud'hommes d'entre les Maîtres qui ont au moins dix ans d'ancienneté de maîtrise, sont pareillement élus pour se trouver aux Assemblées des chef-d'œuvres & gouverner les affaires avec les Jurés, ces derniers néanmoins faisant seuls les visites dans les maisons, boutiques, étals & ouvroirs des Maîtres dudit métier.

Chaque Maître ne peut avoir qu'un Apprentif obligé au moins par trois ans, mais qui, après son apprentissage doit encore servir quatre autres années comme Compagnon avant que d'être reçû à la maîtrise.

Les Apprentifs des autres Villes où il y a Jurande du métier de Savetier, peuvent être reçûs Maîtres en faisant apparoître de leur apprentissage & service comme Compagnons pendant le même nombre d'années que ceux de Paris.

Personne n'est reçû à la maîtrise qu'il ne fasse chef-d'œuvre s'il n'est fils de Maître.

L'on ne peut reçevoir que quatre Maîtres par an de trois mois en trois mois, à l'exception des fils de Maîtres ou de ceux qui épousent leurs veuves & filles qui peuvent y être reçûs en tout tems, sans diminution des quatre réceptions annuelles.

Quoique les Maîtres ne doivent travailler qu'en vieux, ils ont cependant la faculté de faire des souliers neufs pour eux, leurs femmes & leur famille.

Enfin la Communauté est déchargée pour toujours de toutes lettres qu'on avoit accoutumé de créer à cause des avénemens des Rois à la Couronne, majorité, mariages, &c. & les Savetiers-Carreleurs, suivant la Cour, sont restraints au nombre de dix seulement.

Les Charges de Jurés créés en titre d'Offices par l'Edit de 1691, furent réunies & incorporées à la Communauté le 3 Juillet de la même année, & cette Communauté fut presque la premiere qui demanda l'incorporation, qui enfin fut ordonnée pour toutes les autres par un autre Edit de l'année suivante.

Les outils qui servent au métier de Savetier étant les mêmes que ceux des Cordonniers, on n'en parlera point ici. *Voyez* CORDONNIER.

SAUGE. Herbe médicinale & d'une odeur aromatique, mais agréable & propre à conforter le cerveau ; il y en a de plusieurs especes, de sauvage, de commune & de panachée.

La sauge sauvage croît par tout sans culture, elle

elle a des feuilles plus petites, plus vertes & plus velues que la sauge des jardins. La sauge des jardins commune pousse ses branches longues, carrées & blancheâtres, ses feuilles sont velues & un peu chagrinées. La sauge panachée est toute semblable à la commune, à la réserve de la couleur de ses feuilles qu'elle a verte, jaune & rouge, ce qui fait un assez agréable mêlange.

Bien des gens en France boivent de la sauge préparée comme le thé & s'en trouvent bien; d'autres qui en ont usé ont remarqué qu'elle porte un peu à la tête; quelques-uns ont donné à cette sauge ainsi préparée le nom de Mirlipot.

Les Chinois font plus de cas de la sauge que de leur meilleur thé, & l'on dit que les Hollandois qui leur en portent en quantité de toute séchée, en reçoivent en échange quatre livres de thé pour une de sauge.

On tire de la sauge une huile d'une odeur agréable & aromatique que les Marchands Epiciers & Droguistes de Paris font venir de Languedoc & de Provence. C'est aussi de ces deux Provinces qu'ils tirent la sauge en feuille dont ils commencent à faire un débit assez considérable.

SAUK-BUND. C'est la cinquiéme sorte de soye qui se recueille dans les Etats du Grand Mogol. *Voyez* l'article des Vers à soye.

SAULIEU, Ville de France, de la Généralité de Bourgogne. L'on y fait des draps, des droguets, & des toiles. *Voyez* l'Etat général, Tome I. page 124.

SAUMUR, Ville de France en Anjou. L'on y fabrique des étamines, des serges, & des droguets fil & laine. La Chapellerie & la Tannerie y sont assez considérables. *Voyez* l'Etat général, Tome I. page 93.

SAUMON. Gros poisson à petites écailles argentées, ayant la chair très rouge, qui, suivant quelques-uns, naît dans la mer, & suivant quelques autres, dans les endroits les plus clairs & les plus sablonneux des rivieres vers leur embouchure.

Quoi qu'il en soit, il est certain que ce poisson se trouve & se pêche également & dans la mer & dans les rivieres; l'on en voit jusques dans l'Auvergne & le Forez, ce qui fait juger qu'il remonte les fleuves jusqu'à leur source.

La femelle du saumon se nomme Becard; elle differe du mâle en ce qu'elle a le bec plus long & plus crochu, les écailles moins claires, le corps parsemé de taches brunes tirant sur le noir, le ventre plus plat, la chair moins rouge, plus séche & moins délicate à manger; elle jette ses œufs ordinairement dans les mois d'Octobre, Novembre & Décembre, la pêche du saumon est défendue pendant ce tems là, soit pour en laisser multiplier l'espece, soit aussi parce qu'il ne vaut rien dans cette saison.

Le saumon mangé frais est excellent; il s'en sale beaucoup dans les lieux où la pêche est abondante, & il fait un des principaux objets du négoce de la saline qui est assez considérable.

Les endroits de l'Europe où il se pêche & où il se prend le plus de saumon, sont les Côtes d'Angleterre, d'Ecosse & d'Irlande. Cette pêche y commence ordinairement vers le premier Janvier, & finit environ la fin de Septembre; elle se fait avec des filets dans les endroits où les rivieres entrent dans la mer, & sur les bords de la mer vers ces mêmes endroits; on les y voit venir de loin cherchant l'eau douce presque toujours en grosses troupes, mais quelquefois n'étant que trois ou quatre ensemble.

On fait encore cette pêche plus haut en remontant dans les rivieres, soit avec des filets, soit par le moyen de certaines digues faites exprès, où il y a des barreaux de fer disposés de telle maniere que les saumons en montant les font ouvrir avec la tête, & comme ces barreaux se referment incontinent après que les saumons sont entrés, & qu'ils ne peuvent se rouvrir lorsqu'ils veulent descendre pour retourner à la mer, ils se trouvent arrêtés comme dans un réservoir où il est facile de les prendre.

Il y a quelques endroits où la pêche des saumons se fait la nuit avec des flambeaux ou de la paille allumée, on observe le tems que ce poisson s'approche de la lumiere dont il est amateur, & l'on le tue à coups de fourches.

L'on prétend qu'il y a des lieux en Ecosse où l'on les chasse à cheval le long des rivieres, & que lorsqu'ils sont apperçus dans les endroits où l'eau a le moins de profondeur, on les tue à coups de fusil & de pistolet, ou avec des fourches.

Il y a dans quelques rivieres de ce même Royaume une espece de truites saumonées dont on fait une pêche considérable & un grand négoce. Dans le mois de Mai qu'elles ne sont guéres plus grandes ni plus grosses que des éperlends, elles descendent en fourmillieres pour se rendre dans la mer: Pendant tout ce mois on ne peut aller à la pêche qu'avec des rets ou filets dont les mailles doivent avoir deux pouces d'ouverture. Ces truites reviennent de la mer, & rentrent dans les rivieres pendant les mois de Juin, Juillet, Août & Septembre, & pour lors elles sont grandes, grosses & saumonées. On leur donne le nom de Grils ou petits saumons; il ne s'en voit guéres de cette espece que pendant le tems qu'il vient d'être marqué.

Dès que les saumons sont pris, on les habille (c'est à dire, qu'on les ouvre, qu'on en ôte les entrailles & les ouyes) ensuite on les sale dans de grandes cuves faites exprès, desquelles on ne les tire que dans les mois d'Octobre & Novembre, pour les paquer ou arranger dans des futailles dont les plus grandes se nomment Gonnes, qui pesent depuis quatre cens jusques à quatre cens cinquante livres; les autres s'appellent Hambourgs ou Rambourgs, dont le poids n'est que de trois cens à trois cens cinquante livres.

Les six Hambourgs sont réputés faire huit barils, & chaque Hambourg contient ordinairement trente à quarante gros saumons, & depuis quatre-vingt jusques à cent petits, ainsi des Gonnes à proportion.

Le saumon salé qui se débite en détail dans les Halles & Marchés de Paris, se divise en hure ou tête, entredeux, queue & loquettes.

Les plus estimés de tous les saumons salés sont ceux que l'on envoye de Barwick Ville d'Angleterre sur les Frontieres d'Ecosse; ce qui les distingue des autres, c'est qu'ils sont habillés & paqués plus proprement, outre qu'ils sont naturellement d'une meilleure qualité, ces sortes de saumons viennent ordinairement en gonnes.

La riviere de Die proche Aberdein est l'une

des plus abondantes en saumons qui soient en Ecosse; l'on assure que l'on y en a vû prendre jusques à cent soixante & dix d'un seul coup de filet : ce saumon, après celui de BARWICK, est le plus estimé.

Les autres endroits d'Ecosse d'où il se tire le plus de saumon sont Montrose, Spec & Bauf; celui qui vient de ce dernier lieu est le moins consideré.

L'Irlande fournit aussi une très grande quantité de saumon, les lieux d'où il en vient davantage sont Coulraine, Londondery, Dublin, Walrefort, Limerick & Kental; le mieux accommodé est celui de Coulraine & de Londondery.

La pêche du saumon étoit autrefois assez considérable en Hollande; mais depuis plusieurs années ce poisson s'en est éloigné sans que l'on en puisse bien dire la cause, ensorte que le peu qui s'y en pêche présentement est pour la consommation du Pays; il s'en envoye néanmoins quelque peu en France, mais ce n'est que par présent : il est ordinairement en dalles ou morceaux salés dans des petits barils.

Il se pêche en Terre-neuve quantité de saumon le long de la Côte de Plaisance; mais cette pêche n'est pas un objet considérable pour les vaisseaux François qui y vont, leur principale vûe étant la pêche de la morue : ainsi ils ne s'arrêtent guéres ni à pêcher, ni à saler le saumon; s'ils en apportent en France, ce sont les Habitans du Pays qui leur vendent tout salés. L'on voit néanmoins quelquefois des vaisseaux faire la pêche & la salaison du saumon sur cette Côte, & qui en apportent même quantité; mais cela n'arrive que lorsque la pêche de la morue n'a pas été fructueuse; ainsi l'on ne peut regarder le négoce du saumon de Terre-neuve que comme un négoce accidentel.

La Moscovie fournit aussi une grande quantité de saumons, qui se consomme non seulement dans le Pays, mais qui s'enleve aussi par diverses Nations du Nord. Il y en a de deux sortes; du salé & du fumé; celui-ci se prépare à peu près comme le hareng soret.

On pêche aussi en Moscovie, particulierement sur les Côtes de Laponie, une espece de saumon blanc qu'on y nomme *Meelma*; on le fait secher pour le transporter.

Pour que le saumon salé soit de bonne qualité, il doit être vermeil, frais salé & ne sentant point la rance; pour le conserver de cette maniere il doit être paqué comme il faut dans de bonnes futailles bien jointes, car pour peu que la saumure qui est dedans vienne à se répandre, ce poisson perd sa couleur rouge & contracte une mauvaise odeur qui en diminue de beaucoup le prix.

L'Ordonnance de la Marine du mois d'Août 1681, a reglé plusieurs choses touchant les saumons. Par les articles 1 & 3 du titre 7 du livre 5, ils sont mis au nombre des poissons Royaux, & comme tels ils doivent appartenir au Roi lorsqu'ils se trouvent échoués sur le bord de la mer; en payant cependant les salaires de ceux qui les ont rencontrés & mis en lieu de sûreté. Pour ce qui est des saumons qui sont pris en pleine mer, ils appartiennent à ceux qui les ont pêchés, sans que les Receveurs de Sa Majesté ni les Seigneurs particuliers & leurs Fermiers y puissent prétendre aucun droit sous quelque prétexte que ce soit.

Le Saumon frais venant des Pays étrangers paye en France les droits d'entrée à raison de 6 s. de la piece, conformément au Tarif de 1664.

Le Saumon salé paye 15 liv. des six Hambourgs suivant l'Arrêt du 4 Octobre 1691.

Les droits de sortie sont de 6 liv. le leth faisant douze barils ou six Hambourgs.

SAUMON. Se dit aussi d'une espece de bloc ou masse de métail qui n'a reçû d'autre façon que celle qui lui a été donnée par la fonte dans la mine; il n'y a que l'étain, le plomb & le cuivre qui viennent en saumons.

Ces pesans morceaux de métail qui servent souvent de lest aux navires Marchands, ont été appellés Saumons, à cause que la plupart ont quelque ressemblance pour la forme au poisson qui porte ce nom. Les saumons de plomb sont aussi appellés Navettes. *Voyez les articles d'*ETAIN, *de* PLOMB *&* *de* CUIVRE, *vous y trouverez les differens poids de ces masses de métail, & les divers lieux d'où elles se tirent.*

SAUNAGE. Marchandise de sel.

Il n'appartient en France qu'à l'Adjudicataire des Gabelles de faire le commerce du sel gabellé, & les particuliers dans les Provinces & Elections où sont établis les Greniers à sel, soit d'imposition soit de vente volontaire, ne peuvent s'en pourvoir ailleurs, sous les peines portées par l'Ordonnance sur le fait des Gabelles de 1680.

On appelle Faussaunage le trafic du sel qui n'est pas gabellé.

A l'égard du sel qui se vend sur les marais salans, ce sont les Propriétaires des marais qui en font le négoce & qui le débitent soit à l'Adjudicataire de la Ferme du sel pour en fournir les greniers, soit aux Etrangers, Anglois, Hollandois, Suedois, Danois, Hambourgeois, &c. qui en viennent enlever pour faire leurs salaisons, soit même aux Habitans des Provinces & lieux où la Gabelle n'est pas établie. *Voyez* SEL, GABELLE, FAUSSAUNAGE.

SAUNER. Faire du sel. L'article premier du titre premier de l'Ordonnance des Gabelles porte, que le Propriétaire des marais salans sera tenu de les sauner suffisamment, c'est-à-dire, d'y faire assez de sel pour que l'Adjudicataire de la Ferme y puisse prendre quinze mille muids de sel mesure de Paris pour la fourniture de ses greniers.

SAUNERIE. Lieu où l'on fait le sel. On se sert plus communément du terme de Saline. *Voyez* SALINE.

SAUNIER. Ouvrier qui fait le sel. On appelle Faux-Saunier celui qui trafique de faux sel. *Voyez* FAUSSAUNAGE *&* FAUX-SAUNIER.

SAUNIERE. Vaisseau où se conserve le sel. Il y en a de deux sortes; l'une est une petite boëte avec une ouverture pour y passer la main, qu'on pend à la cheminée; on y met le sel pour l'usage journalier; l'autre est un baril rond ou une caisse quarrée plus large vers le pied, fermant à clef, où se réserve la provision de sel pour toute l'année.

SAVON. Espece de pâte, quelquefois dure & séche, & d'autres fois molle & liquide, propre à blanchir le linge & à plusieurs autres usages, soit pour les Teinturiers, les Bonnetiers, les Foulons, les Couverturiers & les Parfumeurs.

Il entre dans la composition des savons, suivant leurs differentes especes & qualités, diverses sortes de drogues & ingrédiens, entr'autres des huiles d'olive, de noix, de chenevis, de lin, de navette, de colzat & de poisson; les faisses ou lies de toutes ces huiles, du flambard qui se trouve sur les chaudieres des Chaircuitiers, du suif, & plusieurs autres graisses.

L'on fait cuire toutes ces matieres grasses & onctueuses, & l'on les prépare avec des lessives tirées de quelques corps nitreux ou salés, tels que peuvent être les soudes d'Alicant, de Carthagene & de Cherbourg; la bourde qui est une autre espece de soude, la potasse, la vedasse, la barille, & les cendres de differens bois; à quoi l'on ajoute la chaux vive, la couperose, l'eau-forte, l'amidon, même du cinabre, de l'ocre rouge, de l'indigo & autres semblables drogues colorantes, soit pour faire la jaspure des savons secs, soit aussi pour colorer les savons liquides.

Il y a de deux sortes de savon, le savon sec ou dur, & le savon mol ou liquide, qui se subdivisent encore en plusieurs autres especes.

Les savons secs viennent d'Alicant, de Carthagene, de Gayette, de Marseille, de Toulon, & de quelques autres lieux. Celui d'Alicant est estimé le meilleur. Il faut le choisir bien dur & bien jaspé, & qu'il soit véritable Alicant.

Les Teinturiers en soye, laine & fil, suivant l'article 71 de leurs Statuts du mois d'Août *1669*, ne peuvent employer que cette sorte de savon & celui de Genes; mais il faut remarquer qu'ils ne sont point differens de ceux de Marseille & de Toulon, n'étant qu'un nom qu'on leur donne pour les faire mieux valoir.

Les savons de Marseille & de Toulon sont de deux especes, le blanc & le jaspé. Le blanc doit être choisi un peu bleuâtre, luisant, d'une bonne odeur, le moins gras qu'il est possible, & qu'il se coupe uniment. Le jaspé doit être à côte un peu rougeâtre & d'une belle jaspure. C'est du savon blanc de Marseille & de Toulon que les Parfumeurs se servent ordinairement pour fabriquer leurs savonnettes. *Voyez* SAVONNETTE.

Les savons de Carthagene & de Gayette doivent être choisis comme ceux d'Alicant, de Marseille & de Toulon.

Les savons blancs viennent ou par tables, ou par morceaux presque quarrés-longs, que l'on appelle Petits pains. Les tables ont environ trois pouces d'épaisseur sur un pied & demi de long & quinze pouces de large, du poids de vingt à vingt-cinq livres, que les Marchands Détailleurs coupent en plusieurs morceaux longs & étroits, pour en faciliter le débit. Les petits pains pesent depuis une livre & demie jusqu'à deux livres. Les tables & les petits pains ne sont qu'une espece de savon sous differentes formes.

Les savons en tables s'envoyent dans des caisses de sapin du poids de trois à quatre cens livres; & les savons en petits pains viennent par caisses aussi de bois de sapin, appellées Tierçons, & par demi-caisses du même bois; les tierçons pesans environ 300 liv. & les demi-caisses près de 180 liv.

Les savons jaspés, que quelques-uns appellent aussi Savons madrés, marbrés ou de Marseille, sont en morceaux quarrés-longs, de plusieurs grosseurs, que l'on nomme des Pains ou des Briques, ordinairement du poids d'une livre & demie à trois livres. Ils viennent par tierçons & par demi-caisses, ainsi que les savons blancs en petits pains, & des mêmes poids.

Il se fait à Rouen une espeçe de savon sec avec du flambard; mais ce savon est tout-à-fait mauvais, & l'on en devroit interdire la composition & le débit. Il y en a de blanc & de jaspé.

Les savons liquides sont ou noirs ou verds, quelques-uns tirant un peu sur le jaune. Les noirs se fabriquent en plusieurs endroits de France, particulierement à Amiens & à Abbeville. Les verds, qui sont ceux qu'on estime le plus, se tirent partie de Hollande & d'Angleterre en tems de paix, & partie de Calais, ou de quelques autres Villes du Royaume où l'on en a établi des Manufactures.

Les savons liquides, tant noirs que verds, se vendent en gros par petits barils, que l'on nomme Quartaux, du poids de cinquante liv. net, c'est-à-dire, sans y comprendre la pesanteur du baril. Ce sont de ces sortes de savons qu'employent ordinairement les Foulons, les Bonnetiers & Couverturiers.

Il s'étoit établi à Paris quelques Manufactures de savons tant durs que liquides, dont la fabrique ne paroissoit pas mauvaise; mais il a été difficile de le persuader aux Marchands, qui ne pouvoient les avoir à aussi bon compte que ceux qu'ils tiroient des autres Villes du Royaume, ou des Pays Etrangers: ainsi il n'y a pas d'apparence qu'elles subsistent (1713), si déja elles ne sont tombées.

Il y a encore une autre espece de savon liquide qui vient de Naples, dont la composition est toute particuliere & inconnue en France. Sa bonté consiste à être nouveau, d'une bonne consistance, c'est-à-dire, ni trop liquide, ni trop dure, de la couleur d'un beau feuille-morte foncé, & que l'odeur en soit douce & aromatique. Les Parfumeurs qui en font presque toute la consommation & le débit, le font venir ordinairement dans des pots de fayance bien bouchés, qui contiennent depuis deux jusqu'à sept livres de savon. Il sert à laver les mains, à faire la barbe, & entre aussi dans la composition de quelques savonnettes les plus fines.

L'on prétend que les savons secs & liquides ont quelque usage dans la Médecine; les liquides contre les fiévres, en s'en servant pour frotter la plante des pieds des malades; & les secs fondus avec l'esprit de vin, pour la guerison des humeurs froides; outre qu'on s'en sert quelquefois pour suppositoires, & qu'il en entre aussi dans la composition d'une sorte d'onguent que l'on nomme vulgairement Onguent de savon.

On fait en Perse une grande quantité de savons avec de la graisse de mouton & des cendres d'herbes fortes; mais il est mol & ne blanchit pas bien. Aussi dans les meilleures Blanchiries on se sert moins ordinairement des savons du Pays que des savons de Turquie, particulierement de celui d'Alep, qui est le meilleur de l'Orient & peut-être de tout le monde, étant blanc, fin & ferme à l'excès, qualités qui lui viennent, à ce qu'on croit, des cendres dont on se sert pour le faire. L'herbe dont on tire ces cendres, croît dans les déserts & lieux sabloneux, & la graisse qu'on y employe est la seule huile d'olive, mêlée de chaux d'Alep, qui l'une & l'autre sont excellentes, au lieu qu'en Perse on ne se sert que de graisse de mouton comme on l'a dit, ou quelquefois de celle de bœuf & de chèvre.

Il y a trois Tarif suivant lesquels se payent en France les droits d'entrée & de sortie des Savons ; sçavoir celui de 1664, celui de 1667, & celui de 1699.

Par le premier les droits de sortie du Savon blanc sont de 20 s. le cent pesant, & de 10 s. le Savon noir.

A l'égard des entrées, les Savons de Marseille & des environs, ainsi que des autres Provinces du Royaume où les Bureaux sont établis, payent 30 s. du cent.

Les Savons blancs de toutes sortes venant des Pays Etrangers ne payoient par le même Tarif de 1664, que 3 liv. 10 s. & les Savons noirs, mols & liquides que 2 liv. mais par le Tarif de 1667, les droits du Savon blanc furent augmentés jusqu'à 7 liv. & ceux du Savon noir jusqu'à 5 liv. ce qui souffrit quelque changement par le Tarif de 1699 fait en faveur des Hollandois ; les droits du Savon verd, noir, mol & liquide de la fabrique de Hollande ayant été réduits à 2 liv. pour cent pesant ; tous les autres Savons étrangers, soit en tables, soit en pains, soit noirs, verds, mols & liquides, restant fixes sur le pied du Tarif de 1667, c'est-à-dire, à 7 liv. pour ceux en tables, & à 5 liv. pour les Savons mols & liquides.

A l'égard de la Douane de Lyon, les droits s'y payent, sçavoir :

Pour les Savons de Marseille & autres de France en petits pains, 7 s. 6 den. le quintal.

Et pour les mêmes en grands pains 10 s.

Les droits des Savons étrangers s'y payent suivant le Tarif de 1667.

COMMERCE DES SAVONS A AMSTERDAM.

La plupart des savons qui se vendent à Amsterdam, viennent d'Alicante, de Marseille & de Gennes. Tous ces savons se vendent au quintal de 100 liv. leurs tares sont un peu differentes ; mais leurs déductions sont semblables, c'est-à-dire, deux pour cent pour le bon poids & autant pour le prompt payement. Le prix du savon d'Alicante est depuis 21 jusqu'à 22 flor. le quintal ; sa tare est de 30 liv. par caisse.

Le prix de celui de Marseille est depuis 21 ½ jusqu'à 22 flor. on donne deux liv. de plus par caisse de tare que celle qui est sur les caisses.

Le prix du savon de Gennes est depuis 21 jusqu'à 22. florins ; la tare est comme aux caisses de Marseille.

SAVONNERIE. C'est le lieu où l'on travaille à la fabrique des savons. La Savonnerie de Calais pour les savons verds liquides, est une des plus considérables & des mieux construites qui soient en France.

SAVONNERIE. C'est aussi une Manufacture Royale établie au bout du Cours de la Reine de Paris : elle est célebre par les beaux ouvrages en tapisserie veloutée qu'on y fait pour des emmeublemens, & sur-tout pour les beaux tapis façon de Turquie & de Perse, qui s'y fabriquent, & qui égalent, s'ils ne surpassent pas, ceux qui nous viennent du Levant. On dit : Des Ouvrages de la Savonnerie, Des tapis de la Savonnerie.

La France a l'obligation de l'établissement de cette incomparable Manufacture au Sieur Pierre Dupont, Tapissier ordinaire de Louis XIII. & à Simon Lourdet son Eleve.

Henry le Grand par son Brevet du 4 Janvier 1608, les avoit d'abord établis dans les Galleries du Louvre, qu'il avoit fait bâtir ; & Louis XIII. leur donna en 1631 la Maison de la Savonnerie. Trois ans auparavant cet établissement avoit été reglé, & les deux Entrepreneurs le firent en 1627, sous les ordres de M. de Fourcy Sur-Intendant des Bâtimens du Roi & des Manufactures du Royaume, en conséquence d'un Arrêt du Conseil d'Etat du 17 Avril 1627.

Le Sieur Dupont donna au Public en 1635 un petit Traité sur cette espece de Manufacture, qu'il intitula *Stromatourgie*, ou *de l'excellence de la Manufacture des Tapis de Turquie.* Ce Traité paroît non seulement curieux pour les personnes qui cherchent à découvrir l'origine des Arts, mais encore très utile & très instructif pour ceux qui voudroient entreprendre une pareille Manufacture. Cet habile Artisan tire le terme de Stromatourgie du Grec Στρῶμα ἔργον, qui signifie ouvrage en tapisserie.

Le Roi Louis XIV. ayant été informé dans les dernieres années de sa vie, que cette Manufacture, autrefois si célebre, dépérissoit & se trouvoit en très mauvais état, & voulant soutenir un établissement si considérable, lui accorda par son Edit du mois de Janvier 1712 les mêmes privileges dont jouissoit celle des Gobelins en vertu de l'Edit du mois de Novembre 1667, qui furent expliqués en dix articles.

Le premier article lui donne son nom, & elle y est appellée Manufacture Royale des Meubles de la Couronne, de Tapis façon de Perse & du Levant ; titre qui doit être mis sur la principale porte de l'Hôtel de la Savonnerie.

Le second la met sous l'administration & dépendance du Directeur Général des Bâtimens du Roi, d'un Conducteur particulier & d'un Contrôleur ; ces deux derniers à la nomination du Directeur Général.

Le quatriéme fixe la somme de 150 liv. pour six ans, pour l'entretien de chacun des Enfans qui seront choisis par le Directeur Général, pour être instruits & élevés dans ladite Manufacture.

Le cinquiéme & le sixiéme parlent en particulier des privileges des Eleves, comme de gagner la Maîtrise de Tapissier.

Enfin les quatre derniers articles contiennent les privileges des Maîtres & Ouvriers de ladite Manufacture, qui sont entr'autres l'exemption des Gens de guerre dans douze maisons marquées pour leur logement aux environs de la Savonnerie ; comme aussi de tutelle, curatelle, guet, &c. & de toutes impositions de tailles ; enfin leur droit de Committimus aux Requêtes de l'Hôtel, comme Commençaux de la Maison du Roi.

SAVONNETTE. Petit pain, ou boule de savon très épuré & parfumé de differentes odeurs, qui sert à faire la barbe, & à laver le visage & les mains.

Les savonnettes de Boulogne en Italie étoient autrefois d'une grande réputation ; mais il y a apparence qu'elles le cederont bien-tôt tout-à-fait aux excellentes savonnettes moulées de l'invention du feu Sieur Bailly, que continue de composer & de débiter à Paris (1713) le Sieur Simon Bailly son fils, & que tous les Parfumeurs tâchent d'imiter ou de contrefaire.

Ces savonnettes ne paroissent pas composées de savon blanc de Marseille ou de Toulon, comme les autres, tant elles ont de pureté, que leur odeur est douce & naturelle, & qu'elles ont de legereté.

En effet l'on prétend, & il y a bien de l'apparence, que c'est un savon ou plutôt une crême de savon d'une nouvelle invention, & dont le secret est uniquement sçu par celui qui le met en pratique. Quelques-uns cependant disent qu'il y entre du savon de Naples, & que ç'en est la principale base.

Quoi qu'il en soit, il est certain qu'elles sont en une si haute estime, qu'il s'en envoye beaucoup en plusieurs Villes de France, particulierement à Bordeaux, à Lyon & à Montpellier, d'où elles se répandent en divers lieux d'Italie & du Levant, même des Indes Orientales. Le Portugal, l'Espagne, l'Angleterre, l'Allemagne & quelques Villes du Nord en font aussi beaucoup de cas.

Ces especes de savonnettes sont de differens prix, suivant qu'elles sont plus ou moins grosses, ou que l'odeur en est plus ou moins précieuse. Elles se distinguent par des marques particulieres: celles numero quatre sont de quinze sols piece; celles à la fleur de lis, de vingt sols, celles à l'aigle Neroli de Rome, de trente sols; celles au soleil odeur de Naples, aussi de trente sols; celles à l'étoile odeur d'œillet & de franchipane, de soixante sols; & celles à la couronne odeur d'acazie de Rome, pareillement de soixante sols. Il s'en fait du petit moule de chacune de ces sortes propres à mettre dans des boëtiers, qui se vendent à proportion de leurs grosseurs & qualités.

Composition des Savonnettes communes, & la maniere de les faire.

Ces savonnettes se font ordinairement avec savon de Marseille ou de Toulon de la meilleure sorte, & de la poudre à cheveux très fine, la proportion de ces matieres est de trois livres de poudre sur cinq livres de savon. Le savon se hache en morceaux bien menus, & après qu'on l'a fait fondre seul dans un chaudron sur le feu, en y ajoutant un demi-septier d'eau pour empêcher qu'il ne brûle; on y met d'abord les deux tiers de la poudre, prenant soin de bien mêler le tout & de le remuer souvent pour qu'il ne s'attache point au chaudron.

Après que ce mélange est achevé, & que la matiere a été réduite en consistance de pâte, on la renverse sur une planche, où, après y avoir mis l'autre tiers de la poudre, on la pétrit longtems & exactement, de la maniere que les Boulangers ont coutume de pétrir leur pâte. En cet état on la tourne dans les mains, & l'on donne une forme ronde aux savonnettes en les applatissant néanmoins un peu d'un côté pour y mettre la marque du Marchand, qui s'imprime ordinairement avec une espece de poinçon de buis gravé en creux.

Il faut observer que pour bien tourner les savonnettes, il faut avoir près de soi de la poudre à cheveux la plus fine pour y tremper de tems en tems les mains, crainte que cette pâte qui est très tenace ne s'y attache.

Ceux qui y veulent mêler des parfums, répandent quelques goutes d'essences sur la pâte quand on est prêt de lui donner sa derniere façon.

Les Savonnettes de Boulogne payent les droits de la Douane de Lyon, comme mercerie d'Italie, c'est-à-dire, à raison de 7 liv. le quintal.

SAVOUREUX. Fruits égruns & savoureux. On qualifie ainsi dans les Statuts des Fruitiers de la Ville & Fauxbourgs de Paris, les marchandises qu'ils ont la permission de vendre. *Voyez* FRUITIER.

SAUR ou SOR. Nom que l'on donne au hareng salé, séché & fumé. *Voyez* SOR.

SAURER, SORER ou SORIR. Signifient faire fumer & sécher du hareng. *Voyez* HARENG.

SAURET ou SORET. Il se dit du hareng sor. *Voyez* SOR.

SAUSSE ou SAULSE. Saumure d'eau douce & de sel, dans laquelle on met saler les harengs avant de les encaquer ou de les sorer. *Voyez* HARENG.

SAUTAGE. Terme en usage dans le commerce du Hareng blanc, pour signifier l'action de ceux qui foulent le poisson à mesure qu'on l'a pacqué dans les barils. Il en coute huit deniers par baril pour faire le foulage & sautage. Ce mot est principalement en usage en Normandie & en Picardie. *Voyez* HARENG.

SAUTERELLE. Instrument de geometrie, qui est aussi un des outils des Charpentiers, des Menuisiers & des Tailleurs de pierre. C'est une des fausses équerres, assez semblable au buveau. *V.* BUVEAU.

SAUTRIAUX. Ce sont des especes de petits bâtons dont les Basse-lissiers se servent pour attacher les lames où tiennent leurs lisses: ils sont de la forme de ce qu'on appelle le Fleau dans une balance. C'est la camperche qui les soutient. *Voyez* BASSE-LISSE.

SAUVAGAGI. Toile de coton blanche qui vient des Indes Orientales, particulierement de Surate. Les pieces de ces toiles ont treize à treize aunes & demie de long sur cinq huit de large.

SAUVAGINE. Nom que l'on donne aux peaux crues ou non apprêtées de certains animaux sauvages qui se trouvent communément en France, tels que peuvent être les renards, les lievres, les lapins, les blaireaux, les putois, les fouines, les belettes, &c. La sauvagine n'est regardée que comme une pelleterie commune, qui ne s'employe que pour les fourures de peu d'importance. *Voyez* PELLETERIE.

Les Sauvagines non apprêtées payent en France les droits d'entrée a raison de 10 liv. le cent pesant, & de 28 liv. si elles sont apprêtées, conformément au Tarif de 1664.

Les droits de sortie, suivant le même Tarif, sont de 3 liv. aussi du cent pesant, soit que ces pelleteries soient crues, soit qu'elles soient ouvrées.

A l'égard de la Douane de Lyon, les Sauvagines & Renards étrangers payent 3 liv. 10 s. de la balle d'ancienne taxation, & 10 s. du cent de nouvelle réapréciation.

Et les Sauvagines & Renards de France 40 s. de la balle d'anciens droits, 9 den. de réapréciation, & 26 s. 8 den. le quintal de quatre pour cent, & pour leur réapréciation à proportion.

SAUVAGUZE'ES. Toiles blanches de coton qui viennent des Indes Orientales. Il y en a qu'on appelle Balazées, qui se fabriquent à Surate; & d'autres qu'on nomme Sauvaguzées-Doutis. Elles ont treize aunes & demie sur deux tiers de large.

SAUVE, Ville de France, en Languedoc, de la

Généralité de Montpellier. L'on y fait des cadis, des chapeaux, & des cuirs. *Voyez* l'Etat général, Tome I. p. 215.

SAUVEMENT. Terme de commerce de mer. On dit qu'un vaisseau marchand est arrivé en bon sauvement; pour dire, qu'il est arrivé à bon port, sans aucun accident.

SAUVEURS. Se dit en termes de Marine, de ceux qui ont sauvé ou pêché les marchandises perdues en mer, soit par le naufrage, soit par le jet arrivé pendant la tempête, ausquels par les Ordonnances de la Marine de France il en appartient le tiers.

SAX

SAXAFRAS, qu'on nomme autrement BOIS DE CANELLE ou PAVAME. Bois odoriferant qui croît dans la Floride. On écrit plus ordinairement Sassafras. *Voyez cet article.*

SAXIFRAGE. Plante qu'on croit souveraine pour dissoudre la pierre dans la vessie.

Le saxifrage pousse des feuilles presque rondes, dentelées, grasses & luisantes, assez semblables à celles du lierre terrestre. Du milieu des feuilles s'élevent des tiges environ d'un pied de haut, qui portent à leurs sommités de petites fleurs blanches à cinq feuilles disposées en rose. Sa semence qui est très menue est enfermée dans les capsules d'une cosse presque ronde. Sa racine se partage en plusieurs fibres, au bas desquels se forment de petits grains semblables à la coriandre. Ce sont ces grains, que l'on appelle proprement Semence de Saxifrage, qu'on employe ordinairement en Médecine. La maniere la meilleure de s'en servir, est de les prendre infusés dans du vin blanc, ou en décoction dans de l'eau commune.

Le Saxifrage paye en France les droits d'entrée à raison de 40 s. le cent pesant, conformément au Tarif de 1664.

SAY

SAYA. Etoffe de soye qui se fabrique à la Chine.

SAYE. Sorte de serge ou étoffe croisée très légere, toute de laine, qui a quelque rapport aux Serges de Caen, & dont quelques Religieux se servent à faire des especes de chemises, & les Gens du monde des doublures d'habits & de meubles.

Il se fabrique beaucoup de sayes à Houdscot, à Ypres & à Tourcoing en Flandres. Celles d'Houdscot & d'Ypres ont environ une aune de large; & celles de Turcoing, qui sont très fines & toutes de laines de Segovie ou d'Angleterre, ont sept huit de large.

Il s'en fait aussi en Artois avec des laines de Pays, qui n'ont que trois quarts de large, le tout mesure de Paris.

Les pieces de sayes sont plus ou moins longues. Quelques-uns veulent que cette espece d'étoffe ait été appellée Saye, parce qu'elle est fabriquée d'une sorte de laine filée que les Flamands & les Artoisiens nomment communément Fil de sayette.

SAYETTE. Petite étoffe de laine, quelquefois mêlée d'un peu de soye, qui se fabrique à Amiens. C'est le diminutif de Saye qui est aussi une étoffe qui se fait pareillement dans les Manufactures de cette Capitale de la Picardie, & aux environs.

Ce sont ces deux étoffes qui ont donné le nom au fil de laine dont elles sont faites, qu'on nomme Fil de Sayette, ainsi qu'à la Manufacture & aux Ouvriers dont ceux-ci s'appellent Sayetteurs, & celle-là Sayetterie.

SAYETTE. Est aussi une petite serge de soye ou de laine qui vient d'Italie. On donne encore ce nom à des revêches de Flandres & d'Angleterre, qui sont des especes de ratines.

FIL DE SAYETTE. Laine peignée & filée, dont on se sert dans la fabrique de diverses étoffes, dans plusieurs ouvrages de Bonneterie, & à faire des cordonnets, des boutonnieres & des boutons. Cette laine se file en Flandres, particulierement à Tourcoing & aux environs. On en parle amplement ailleurs. *Voyez* FIL DE SAYETTE.

FIL DE SAYETTE. On nomme aussi à Amiens Fil de Sayette un fil de lin très blanc, connu plus communément sous le nom de Fil d'Epinai. *Voyez l'article des* FILS.

SAYETTERIE. On nomme ainsi la Manufacture des étoffes de laine, ou de laine mêlée avec de la soye ou du poil, établie à Amiens, soit parce qu'elles s'y fabriquent avec cette sorte de fil qu'on appelle Fil de Sayette, soit plus vrai-semblablement à cause que les premieres étoffes qui y ont été faites, se nommoient des Sayes & des Sayettes, étoffes dont la fabrique est encore assez commune en Picardie, & dans les Villes & Villages de Flandres qui en sont voisins.

SAYETTERIE. S'entend aussi des étoffes toutes de laine, ou tout au plus avec un fil de sayette & un fil de soye dans la chaîne, qui sont fabriquées dans cette Manufacture. En ce sens on dit: Piece de Sayetterie, Marchandises de Sayetterie, en parlant des serges façon d'Ascot, de Nismes, de Chartres, de Seigneur, & des camelots, baracans, étamines, rases, pour les distinguer des pieces où il y entre de la soye & autres matieres avec la laine, qu'on appelle Pieces & Marchandises de haute-lisse. *Voyez* HAUTELISSE & HAUTELISSEUR. *Voyez aussi ci-apres* SAYETTEUR.

Les Statuts en forme de Reglement pour la Sayetterie d'Amiens ont été presque les premiers que l'on doit aux soins de M. Colbert, ce Ministre à qui les Manufactures & le Commerce de France sont si redevables.

Ils consistent en 248 articles projettés d'abord, & ensuite redigés & arrêtés dans quantité d'Assemblées tenues dans l'Hôtel de Ville d'Amiens pendant tout le mois de Novembre 1665, ausquelles assisterent avec le Lieutenant Général, les Echevins, le Procureur du Roi & le Greffier de la Ville, les plus notables Marchands vendans en gros & en détail les marchandises de Sayetterie; les Drappiers, les Esgards Houppiers, les Esgards Sayetteurs, Haute-lisseurs, Teinturiers, Foulons; & les principaux Maîtres de tous ces métiers dont ladite Sayetterie d'Amiens est composée.

Les Lettres de confirmation des Statuts, & l'Arrêt qui en ordonne l'homologation où besoin seroit, sont du mois d'Août 1666, portant l'une & l'autre une dérogation à l'article 118 desdits Reglemens, & levant les défenses qui y sont faites de transporter, apprêter, vendre & débiter les serges d'Aumale en la Ville d'Amiens.

De ce grand nombre d'articles, le plus grand dont jamais Statuts de Manufactures ayent été composés, est divisé comme en onze chapitres ou paragraphes.

Les trente-un premiers concernent les Houppiers.

Les suivans, jusqu'au 47 inclusivement, sont pour la vente & qualité des fils qui doivent s'employer dans la Sayetterie.

On parle ensuite des fonctions des Peseurs de fil dans huit articles.

La fabrique des pieces de Sayetterie, ses Maîtres & ses Apprentifs en comprennent 19, depuis & y compris le 56.

On regle en 54 articles, qui commencent au 75, & qui finissent au 128, le nombre des buhots, portées & longueurs que doivent contenir les pieces de Sayetterie.

Le foulage des pieces de Sayetterie est expliqué dans les 12 articles qui suivent.

60 articles depuis le 140 jusqu'au 201, sont pour les Haute-lisseurs.

Les Courroyeurs, Tondeurs, Teinturiers & Calendreurs font la matiere des 34 articles suivans.

Il est parlé depuis le 234 jusqu'au 246, des bords, rubans & rouleaux de laine qu'il est permis de faire dans la Sayetterie.

Enfin les deux derniers articles sont d'une police commune pour tous les Maîtres differens qui composent la Sayetterie, & pour les Ouvriers qu'ils y employent.

On n'entrera ici dans aucun détail de ce grand nombre d'articles, en ayant fait, pour ainsi dire, le partage entre tous les differens Maîtres de cette nombreuse Communauté aux endroits de ce Dictionnaire où l'on en a traité.

Les articles qu'on peut consulter sont ceux des Houppiers, des Sayetteurs, des Foulons, des Haute lisseurs, des Courroyeurs, des Teinturiers, des Calandreurs, des Sayetteurs-Drappans & des Passementiers, tous differens Maîtres de la Sayetterie, dont la plupart ont leurs Esgards particuliers & des Statuts differens, quoique compris & compilés, comme on vient de le voir, dans les 248 articles des Statuts communs à tout le Corps de la Sayetterie. *Voyez aussi l'article des Fils & des Peseurs de Fils.*

SAYETTEUR. Se dit des Maîtres de la Sayetterie d'Amiens, qui ne travaillent qu'en étoffes de Sayetterie; c'est-à dire, où il n'entre que de la laine, ou tout au plus un fil de soie & un fil de sayette mêlés dans la chaîne, par où ils sont distingués des Hautelisseurs, qui ne travaillent qu'en étoffe de hautelisse, ce qui s'entend de celles dont la chaîne n'est point de fil de sayette, & qui sont mêlées de fil, de soie, de poil, de lin, de chanvre ou d'autres matieres. *Voyez* HAUTELISSEUR.

Les Statuts particuliers des Sayetteurs font partie des Statuts generaux de la Sayetterie, & comprennent quatre-vingt sept articles, depuis le cinquante-six inclusivement, jusques & y compris le cent quarantiéme.

Par ces Statuts les Esgards (ce terme qui est propre à la Sayetterie d'Amiens & à la Sergetterie de Beauvais, signifie ce qu'on nomme ailleurs Maîtres & Gardes & Jurez) sont au nombre de douze; & chaque année au mois d'Octobre, douze nouveaux Esgards entrent en charge à la place de ceux de l'année précedente, non par élection, mais suivant leur rang d'ancienneté & leur ordre de tableau.

C'est aux Esgards à faire les visites chez les Sayetteurs, à ferrer ou marquer les étoffes, soit dans les Ouvroirs sur les estilles & métiers, soit à la halle en blanc, soit à la halle en noir, soit chez les Foulons; à en faire les aunages, à assister à la marque des Rots à l'Hôtel de Ville, à les visiter & voir s'ils sont conformes aux Reglemens, & si les pieces ont le nombre des buhots & des portées qu'elles doivent avoir chacune suivant sa nature & qualité.

C'est encore aux Esgards à faire enregistrer les Brevets d'apprentissage, à donner le chef-d'œuvre aux Aspirans à la maîtrise, & à les présenter aux Premier & Echevins, s'ils sont trouvés capables, pour être reçûs Maîtres; à être présens au serment qu'ils prêtent à l'Hôtel de Ville.

L'apprentissage est de trois années consecutives, & sans interruptions, à laquelle les fils de Maîtres sont tenus comme les étrangers, avec cette difference néanmoins qu'ils ne tiennent point lieu d'apprentifs à leur pere, & qu'ils ne payent aucuns droits.

Nul Maître ou Maîtresse ne peut avoir plus d'un Apprentif, & nul n'en peut faire s'il n'a pour le moins deux estilles en son ouvroir, l'une pour lui, l'autre pour son Apprentif.

Tout Aspirant reçû Maître, doit, outre la prestation de serment & son enregistrement au Registre de l'Hôtel de Ville, y laisser une empreinte de sa marque, pour y avoir recours en cas de besoin.

Les ouvroirs ou boutiques ne peuvent être que sur la rue, & dans chaque ouvroir il ne peut y avoir qu'un seul Maître, bien qu'il y ait plusieurs estilles.

Aucun Maître & Maîtresse ne peut aller travailler dans les fauxbourgs & hors de l'enceinte de la Ville, ni leur Apprentif les suivre, à peine de perdre la franchise de ladite Ville, & d'être rayé de dessus le Registre.

Les pieces de Sayetterie doivent être toutes fabriquées de fil suivable raisonnablement assorti, non de fil de differente qualité, ensorte qu'elles ne soient point barrées; sinon elles doivent être coupées si le défaut est considerable.

Nul Ouvrier du Métier de Sayetteur n'en peut faire d'autre tant qu'il travaille dans la Sayetterie, & est tenu d'en faire sa déclaration s'il le veut quitter.

Chaque Maître doit avoir un fer ou poinçon gravé de son nom & surnom, pour servir de contremarque au poinçon des Esgards Ferreurs en blanc, qui porte les armes de la Ville; & en outre faire tistre par leurs Ouvriers, ou tistre eux-mêmes au chef de chaque piece qui seront ourdies, la marque qu'ils auront mise sur le Registre de l'Hôtel de Ville.

Toutes pieces de Sayetterie doivent au sortir du métier être portées à la halle en blanc pour y être aunées & marquées d'un plomb, ayant d'un côté la marque du Sayetteur, de l'autre les armes de la Ville. Pour lesquels plombs qui doivent être des soixante à la livre, les Esgards ne peuvent exiger plus de deux deniers par plomb.

Il est défendu aux Maîtres d'exposer en vente aucune piece de Sayetterie, & aux Foulons de les fouler, qu'elles ne soient ferrées & n'ayent les plombs.

Les pieces qu'on expose en vente, doivent être saudées d'une demi-aune de Roi; ensorte qu'une des entrebattes, soit au dessus de la piece, & l'autre au dessous, afin que l'on puisse voir les plombs marqués & entrebattés du Maître, sans y faire aucun double plis, ni les coudre, sinon que de deux points dans le milieu des deux lizieres.

Toutes les pieces de marchandises de Sayetterie, faites & façonnées dans la Ville, sortant de leur dernier apprêt, soit teinture ou foulage, doivent avant qu'on les envoie au dehors, être portées à la halle en noir pour y être visitées & aunées, & le plomb de loyauté y être apposé si elles sont bonnes, loyales & de longueur, laquelle longueur doit être toute apprêtée de 20 aunes un quart ou vingt aunes & demi. Les droits de ce plomb sont de deux deniers comme ceux de la halle en blanc.

L'heure de l'Esgardise, c'est-à-dire, l'heure à laquelle les Esgards & deux autres Sayetteurs, nommez par le Procureur du Roi, doivent se trouver à la halle en noir, pour faire la visite, est depuis neuf heures du matin jusqu'à onze, & depuis une heure après midi jusqu'à trois.

Outre les deux poinçons ou fers de la halle en blanc & de la halle en noir, les Esgards doivent en avoir un troisiéme gravé d'une F pour marquer les étoffes de Sayetterie au sortir du foulage, si elles sont bien & dûment foulées.

Il faut observer que la visite du foulage se fait par deux Esgards Sayetteurs, & deux Esgards du métier de Foulon, & que les droits ne sont que d'un denier par chaque plomb.

Les ouvrages de Sayetterie que les Maîtres Sayetteurs peuvent ourdir & fabriquer, sont des serges façon d'Ascot, des serges façon de Chartres, ou serges à la Reine, des rases d'Amiens, auparavant appellées Rases de Châlons; des serges façon de Seigneur; des serges Leipzis; des serges Ducales, autrement façon d'Aumalle; des camelots à gros grains; des camelots appellez à trois, à quatre & à cinq fils; des camelots; baracans blancs, larges; des baracans mêlez, étroits; des camelots façon de l'Isle de diverses largeurs; des camelots Quignettes; des camelots façon de Hollande, mêlés d'un fil de soie; des camelots rayés, & des étamines dont la chaîne est composée de deux fils de laine.

Le nombre des buhots & portées de toutes ces étoffes & leurs largeurs, sont fixées par plusieurs articles des Statuts des Sayetteurs, avec permission néanmoins d'augmenter lesdits buhots & portées, mais non de les jamais diminuer; & à l'égard des pieces de nouvelle invention, le Sayetteur qui les a inventées, est tenu avant de les mettre sur l'estille, d'en demander permission aux Premier & Echevins à qui il appartient seuls d'en prescrire & regler le nombre des fils & la longueur, après néanmoins avoir oui quatre Marchands & quatre anciens Sayetteurs.

Il y a un nouveau Réglement pour les Manufactures d'Amiens du 19 Novembre 1722. Il est distribué en 16 articles, dont quelques-uns sont nouveaux, & les autres en interprétation des anciens. Les XIV & XV. articles de ce Reglement, ordonnent l'établissement d'un second Inspecteur pour le Département d'Amiens, fixent ses fonctions, reglent ses appointemens, & en établissent les fonds. *Voyez* Réglement.

SAYETTEUR DRAPPANT. On nomme ainsi dans la Sayetterie d'Amiens ceux d'entre les Sayetteurs qui ne font que des serges à chaîne double ou simple, dont les tremes sont de laines cardées & filées au grand rouet, & des boies ou revesches dont la treme & la chaîne sont toutes de cette derniere laine.

Le Reglement de 1666 a reservé quatre articles pour ces sortes de Sayetteurs qui sont les 131, 132, 133, & 134. Par ces quatre articles ces Ouvriers sont tenus de faire leurs boies ou revesches larges à seize buhots vingt huit portées, faisant 900 fils de trois quartiers de largeur, & de vingt aunes & demi de longueur, toutes foulées, parées & apprêtées.

Les revesches moyennes en seize buhots vingt-quatre portées & demi-aune de large, & de vingt aunes & demi de long, aussi après l'apprêt & le foulage.

Et les petites revesches en seize buhots vingt-deux portées, de trois quarts & demi moins un demi-seize sur l'estille, & de vingt-trois aunes de long pour revenir à demi-aune de large & vingt aunes au moins de long, toutes foulées.

SAYETTEUSE. C'est la femme du Sayetteur. On le dit plus ordinairement des veuves qui jouissent du privilege de la Maîtrise de leurs maris, qui tiennent ouvroir & font travailler.

SCA

SCALIN ou ESCALIN. Petite monnoie d'argent qui a cours en Flandres & en Hollande. Il revient à sept sols six deniers de France, sur l'ancien pied de l écu à soixante sols de neuf au marc. Il y a des demi-scalins de trois sols neuf deniers; & des doubles & triples scalins, ceux-ci d'environ vingt-sept sols, ceux-là de treize sols. On se sert de toutes ces especes dans le commerce qui se fait sur les côtes d Affrique, particulierement du côté du Sénégal.

SCAMITE. Toile de coton qui se fabrique dans quelques Isles de l'Archipel, particulierement à Siphante: elle est unie & beaucoup moins forte que la dimite, autre toile qui se fait dans les mêmes lieux. Celle-ci est croisée.

SCAMMONEE ou ESCAMMONE'E comme il se trouve dans quelques Tarifs. Plante médecinale, dont les feuilles vertes & presque faites en cœur ressemblent assez à celles du lie et elle porte des fleurs blanches en forme de clochettes qui la font mettre par quelques Auteurs au nombre des volubilis; elle rampe sur terre, & a besoin de l'appui d'un arbre voisin ou d'une muraille pour s'élever.

C'est de la racine de cette plante qui croît en plusieurs endroits du Levant, mais particulierement aux environs de saint Jean d'Acre & d'Alep, que l'on tire par expression le suc si connu & si utile dans la Médecine qu'on nomme aussi Scammonée.

On apporte cette drogue du Levant par la voie de Marseille, enfermée dans des especes de bourses. Les Marchands qui l'achetent en gros, doivent bien prendre garde que les bourses soient par tout égales, n étant que trop ordinaire qu'elles soient fourrées & pleines au milieu de charbon, & d'autres vilenies, ou du moins d'une mauvaise Scammonée toute brûlée.

La bonne Scammonée doit être véritable Alep, legere, grise, tendre, friable, resineuse; qu'en l'écrasant la poudre en soit grise, que le goût en en soit amer & l'odeur fade & désagréable ; celle qui est pesante, dure & noirâtre doit être rejettée.

L'on a crû long-tems que le suc de la Scammonée ne s'épaissit que par l'ardeur du soleil; mais l'on en est désabusé, & l'on sçait présentement à n'en point douter que cette operation se fait par le secours du feu.

Il n'y a guéres de purgatifs plus sûrs, mais aussi plus violens que la Scammonée ; ce qui fait qu'on ne s'en sert jamais sans en avoir corrigé la trop grande force par quelque préparation, & alors on l'appelle Diagredé, ou Scammonée Diagredé. On tire de ce suc une résine qui a plus de vertu que la Scammonée même, & l'on en fait aussi un syrop qui est un très-bon & très-doux purgatif.

La Poudre de Trois, autrement Poudre Cornachine, est aussi composée d'un tiers de Scammonée ; la lessive de tartre & le Diaphoretique sont les deux autres drogues qui y entrent.

Outre la Scammonée d'Alep, on en vend deux autres qu'on nomme, l'une Scammonée de Smirne, & l'autre Scammonée des Indes ou de la Compagnie : celle de Smirne est noire, pesante, molasse, remplie de pierres, de coquilles, & d'autres corps étrangers. On en peut tirer jusques à trois mille ocos année commune, à raison de trois à quatre piastres l'oco. Elle vient par caisse. Les frais d'une caisse de trente-sept ocos, non compris l'achat, reviennent à quatorze piastres trente une aspres.

La Scammonée des Indes est à la verité grise, legere, tendre & friable ; mais ce n'est au fond qu'une composition de poix-résine, & de quelques poudres violentes. Ces deux Scammonées sont plûtôt des poisons que des remedes. Ce que le sieur Pomet prouve même par un certificat dans son Histoire générale des Drogues; ce qui devroit en faire interdire la vente.

Plusieurs donnent le nom de Scammonée de l'Amerique au Méchoacam, qui est une racine ou drogue medecinale qui vient de la nouvelle Espagne. *Voyez* MECHOACAM.

Les droits d'entrée de la Scammonée sont en France, de 40 l. pour cent pesant, conformément au Tarif de 1664.

Les droits de la Douane de Lyon sont de 7 l. 2 s. 6 d. d'ancienne taxation, 3 liv. 17 s. 6 d. de nouvelle réapréciation, 9 l. pour les anciens quatre pour cent, & 9 l. pour les nouveaux.

Cette drogue est du nombre des marchandises venant du Levant, & sur lesquelles il doit être levé vingt pour cent de leur valeur, suivant l'Arrêt du 15 Aoust 1685.

La scammonée se vend à Amsterdam à la livre, & se tare au poids. Elle donne deux pour cent de déduction pour le bon poids, & un pour cent pour le promt payement. Son prix est depuis 6 jusqu'à 9 florins la livre.

SCAMPOULON. Marchandise employée dans le Tarif de la Douane de Lyon.

Le Scampoulon paye 30 s. par balle d'ancienne taxation, & 10 s. du cent pesant de nouvelle réapréciation.

SCAVISSON ou ESCAVISSON. Les Marchands Epiciers-Droguistes ne conviennent pas de la nature de cette drogue, quoiqu'ils la mettent tous au nombre des épiceries. Quelques-uns la prennent pour le menu de la canelle fine; d'autres veulent que ce soit la canelle matte ; & d'autres encore la *Cassia Lignea*. *Voyez ces trois articles.*

Le Scavisson paye en France les droits d'entrée à raison de cent sols du cent pesant, suivant le Tarif de 1664.

Les droits de la Douane de Lyon sont 47 s. 6 den. du quintal d'ancienne taxation ; 2 s. 6 d. de réapréciation ; 3 l. par cent pour les anciens quatre pour cent, & 20 s. pour leur augmentation.

SCE

SCEAU. Poinçon de cuivre ou d'acier sur lequel sont gravées ordinairement en creux les armes du Prince, avec quelque légende & inscription, ou quelqu'autre empreinte ordonnée & prescrite par ceux qui en ont l'autorité.

Le sceau du Prince sert à rendre les Actes autentiques; les autres (qu'ordinairement on nomme simplement des Poinçons) ont differens usages, & s'appliquent, ou pour distinguer la nature & qualité des marchandises, ou pour faire apparoître qu'elles ont été visitées aux Bureaux & Douanes, ou pour faire connoître de quelle fabrique & de quels Maîtres sont certaines étoffes.

Les Consuls de la Nation Françoise & des autres Nations étrangeres établies dans les Echelles du Levant, ou dans les principales Villes de commerce de l'Europe, ont des Sceaux dans leurs Chancelleries avec lesquels leurs Chanceliers scellent les Expéditions concernant le négoce, & les autres Actes dont les Marchands & particuliers de chaque Nation, peuvent avoir besoin pour la sureté de leurs personnes & de leurs affaires. *Voyez* CONSULS.

Les Poinçons de quelques Manufactures conservent le nom de Sceau. Celui dont se marquent les étoffes de laines qui se fabriquent dans la Draperie & Sergetterie de Beauvais s'appelle le Sceau Royal. Il a d'un côté les armes de France avec cette inscription : *Louis XIV. Restaurateur des Arts & Manufactures ;* & de l'autre les armes de la Ville avec ces mots : *Fabrique de Beauvais. Voyez* POINÇON, MARQUE & PLOMB.

On appelle à Amsterdam un *Sceau*, un papier scelé du sceau de l'Etat, sur lequel s'écrivent les Obligations & autres Actes qui se passent entre Marchands pour le fait de leur commerce. C'est une espece de papier timbré, comme celui dont on se sert en France pour les Actes de Notaires.

L'on trouve chez les Libraires d'Amsterdam divers sceaux tout imprimés suivant les diverses sortes d'affaires qui sont ordinaires dans le négoce, ce qui est d'une grande commodité ; les Négocians ou les Courtiers qui se mêlent de négociations mercantilles, n'ayant plus qu'à en remplir les blancs, suivant les diversités des noms des Traitans, des sommes dont il s'agit, & des dates qu'il faut mettre aux Actes.

C'est ordinairement sur ces sortes de sceaux que se font les Obligations pour l'engagement des Marchandises, les Contrats de prime à livrer, ceux de prime à recevoir, & quantité d'autres, sur tout des Actes qui sont le plus d'usage parmi les Marchands. *Voyez* l'article des Marchés, où il est parlé de trois sortes de Marchés qui se font à Amsterdam. *Voyez aussi* l'article des Engagemens de Marchandises.

SCEDULE ou CEDULE. Billet, promesse, ou

autre reconnoissance sous seing privé. *Voyez* Cedule.

SCH

SCHAI, qu'on nomme & qu'on écrit plus ordinairement CHAYE'. Petite monnoye d'argent qui a cours en Perse. *Voyez* Chaye'.

SCHAN, que les Chinois appellent CATI, est un poids dont on se sert dans le Royaume de Siam. Le cati Chinois vaut deux schans Siamois; ensorte que celui de la Chine vaut seize taels, & celui de Siam seulement huit. Quelques-uns mettent le cati Chinois à vingt taels, & le Siamois à la moitié.

Le tael pese quatre baats ou ticals, chacun d'environ demi-once; le baat quatre selings ou mayons, le mayon deux fouangs, le fouang quatre payes, la paye deux clams, la sompaye un demi fouang. Le clam pese 12 grains de ris, ainsi le tical ou baat pese 768 de ces grains.

Il faut remarquer que la plupart de ces poids passent aussi pour monnoye ou de compte ou réelle, l'argent y étant une marchandise, & se vendant au poids.

SCHARAFI. Monnoye d'or qui se fabriquoit autrefois en Egypte. Il vaut autant que le sultanin, c'est-à dire, environ l'écu d'or de France. Les Arabes l'appellent Dinar ou Mèthcal-aldhegel. Les Scharafi sont présentement très rares. Quelques-uns croyent que c'est la même espece que les Grecs nommoient Bezans d'or.

SCHELDAL. Monnoye d'argent qui se fabrique & qui a cours en Dannemarc & dans quelques lieux d'Allemagne.

Le scheldal vaut trente-deux sols lubs, ou les deux tiers d'une richedale. Le marc-lubs qui vaut seize sols lubs, en est comme la premiere diminution: ce dernier a sous lui le demi & le quart de marc-lubs.

SCHEPEL. Mesure des grains dont on se sert à Hambourg. Le schepel est moindre que le minot de Paris. Il faut quatre-vingt-dix schepels pour dix neuf septiers de Paris.

On se sert aussi de schepels à Amsterdam. Quatre schepels font la mude, & vingt-sept mudes le last.

SCHEREFI. Monnoye d'or qui a cours dans les Etats du Roi de Perse. Il vaut huit larins, à raison de deux pieces de huit reaux d'Espagne le larin. Les Européens nomment les scherefis, des Seraphins d'or.

SCHELIN. Monnoye d'argent qui a cours en Angleterre, en Hollande & en Allemagne. Il y a aussi des schelins de cuivre qui se fabriquent en Dannemarc. *Voyez* Schilling.

SCHELONGS. Monnoie de cuivre qui a cours en Pologne, & que la rareté des especes d'or & d'argent a commencé d'y introduire sous le Regne de Casimir, frere & successeur de Ladislas. Ces especes ne se frappent pas dans le Royaume, mais viennent des Païs Etrangers. Elles valent environ un liard, monnoie de France, & ressemblent beaucoup à ceux qu'on voit du côté de Lyon & de la Principauté de Dombes.

SCHERIF, qu'on nomme autrement SULTANIN, & assez communément SEQUIN. C'est une monnoye d'or qui ne se fabrique gueres qu'au Caire, & qui a cours dans tous les Etats du Grand Seigneur. C'est la seule espece d'or qui se frappe en Turquie. L'or dont on fait les scherifs est apporté en Egypte par de pauvres Abissins, qui souvent font des deux & trois cens lieues par des déserts affreux, pour venir échanger deux, trois ou quatre livres de poudre d'or au plus contre les marchandises dont ils ont besoin.

La valeur de ces especes n'a pas toujours été la même. Vers le milieu du dix-septiéme siécle les scherifs ne valoient que quatre francs monnoye de France: ils monterent ensuite à cent sols; & ils étoient à six livres sur la fin du même siécle. On en parle ailleurs. *Voyez* Sequin & Sultanin.

Les autres especes d'or qui se trouvent dans les Etats du Grand-Seigneur y sont apportées de dehors, comme les ducats d'Allemagne, de Hongrie & de Venise. Ces derniers s'appellent Sequins.

SCHILLING, qu'on prononce en France SCHELLING. Monnoye d'argent d'Angleterre. Il vaut environ quinze sols de France, sur le pied que l'argent y est présentement (1718.) Vingt schillings font la livre sterling; ainsi le schilling est le sol sterling, composé de douze deniers sterling.

Il y a aussi des schillings ou schelings en Hollande, en Flandres & en Allemagne; mais qui n'étant ni du poids ni au titre de ceux d'Angleterre, n'ont pas cours sur le même pied. Ceux de Hollande & d'Allemagne valent à peu près sept sols six deniers de France; ceux de Flandres n'en valent guéres plus de six.

Les schillings de Hollande s'appellent aussi Sols de gros, parce qu'ils valent douze gros; ce qui revient à l'évaluation qu'on en vient de faire.

Les schillings Danois sont de cuivre, & valent un peu plus de deux liards de France. Le schilling lubs vaut deux schillings Danois, audessous du schilling Danois est le sosling danche, qui vaut environ un liard.

SCHIPPONDT. Sorte de poids dont on se sert en plusieurs Villes d'Europe, pour l'achat & la vente de certaines especes de marchandises. Ce poids est plus ou moins fort, suivant les lieux où il est en usage.

A Anvers le schippondt est de trois cens liv. qui font à Paris, à Amsterdam, à Strasbourg & à Besançon, où les poids sont égaux, deux cens soixante quatre livres cinq onces.

A Hambourg le schippondt est de trois cens livres, qui rendent à Paris, à Amsterdam, &c. deux cens quatre-vingt-quatorze livres ou environ.

A Lubeck le schippondt est de trois cens vingt livres, qui font environ trois cens cinq livres de Paris, &c.

A Stockolm on se sert de deux sortes de schippondts, l'un pour les cuivres, & l'autre pour les marchandises de provision. Le premier est de trois cens vingt livres, qui font deux cens soixante-treize livres & demie de Paris, &c. Et le second est de quatre cens livres, qui rendent à Paris, &c. trois cens quarante-deux livres.

A Conisberg le schippondt est de quatre cens livres, qui rendent ordinairement à Paris, &c. trois cens six à 307 livres; ce qui doit s'entendre lorsque l'achat ou la vente des marchandises se fait de Bourgeois à Bourgeois; car lorsqu'un Bourgeois achete d'un Polonois, le dernier donne au premier quatre à cinq liv. pour cent de bénéfice, ou bon poids; ensorte qu'un schippondt de marchandise acherée de la premiere main, c'est-à-dire, d'un Polonois, doit rendre à Paris, &c. environ trois cens vingt liv.

A Riga le schippondt est de quatre cens livres, qui font environ trois cens trente livres de Paris, &c.

A Coppenhague le schippondt est composé de trois cens vingt liv. qui rendent à Paris, &c. trois cens seize liv.

A Revel le schippondt est de quatre cens livres, qui font trois cens cinquante six livres de Paris, &c.

A Dantzick le schippondt est de trois cens quarante livres, qui reviennent à trois cens deux livres neuf onces quatre gros peu plus de Paris, &c.

A Bergue en Norwegue le schippondt est de trois cens liv. qui font à Paris, &c. trois cens quinze liv.

A Amsterdam le schippondt est de trois cens livres, & contient vingt lyspondts, qui pesent chacun quinze liv.

SCHOE'. Sorte de mesure de compte dont on se sert à Breslau dans le commerce des plus belles toiles de Silesie.

Le schoé fait 60 aunes de Breslau qui reviennent à 27 aunes $\frac{1}{2}$ de Paris.

Chaque schoé est composé de 4 ou de 5 pieces de toiles. Celles de 5 pieces au schoé sont les plus belles.

SCHREVE, qu'on appelle autrement FERTEL. Mesure des liquides dont on se sert presque généralement par toute l'Allemagne. *V.* FERTEL.

SCHUITE D'ARGENT. Espece de monnoye de compte du Japon, sur laquelle on estime les payemens dans le commerce. Les deux cens schuites valent cinq cens livres monnoye de Hollande.

SCI

SCIAGE. Action de scier. Il se dit aussi de l'effet qui s'en produit.

Il y a des moulins à vent & à eau pour le sciage des bois, qui ont plusieurs scies paralleles, qui se levent & s'abaissent perpendiculairement par le moyen de ces deux grands principes de mouvement. Ils n'ont besoin que de peu d'Ouvriers pour pousser les pieces de bois qui sont sur des rouleaux, ou suspendus avec des cables à mesure que le sciage s'avance.

M. Felibien, dans ses Principes d'Architecture parle aussi des longues scies inventées par un nommé Misson Marbrier, Inspecteur des Marbrieres des Pyrenées, pour le sciage des marbres dans le roc même d'où on les tire. Il assure qu'il y en a de vingt-trois pieds de longs mais il n'en fait ni la description, ni ne marque la maniere de s'en servir; il dit seulement qu'elles sont de fer sans dents.

SCIAGE. On appelle Bois de Sciage, celui qui est débité avec la scie, pour le distinguer du bois de brin, qui n'est qu'équarri avec la coignée, & du bois de mairrain, qui n'est que fendu avec un instrument de fer tranchant en forme d'equerre. Les planches, les solives, les poteaux, les chevrons sont des bois de sciage. Il s'en faut bien que le bois de sciage soit aussi bon que le bois de brin. Ce sont les Scieurs de long qui le debitent. *Voyez* BOIS DE SCIAGE.

SCIE. Instrument pour fendre & diviser en plusieurs pieces, diverses matieres solides, comme le marbre, la pierre, le bois, l'yvoire, &c.

La scie est un des outils des plus utiles qui ayent été inventés pour la Méchanique. La Fable, peut-être fondée sur quelque tradition certaine, en attribue l'invention à Icare, qui non moins ingenieux que son pere Dedale, enrichit comme lui les Arts encore naissans, de plusieurs découvertes qui ont servi à les perfectionner. On dit qu'il l'inventa sur le modele de l'arrête d'un poisson plat, tel, par exemple, qu'est la saule.

La scie est de fer avec des dents, mais differemment limées & tournées, suivant l'usage auquel elle est destinée. Il y a aussi des scies sans dents qui servent au sciage des marbres & des pierres.

Les Ouvriers qui se servent le plus communément de la scie, sont pour les bois, les Bucherons, les Scieurs de long, les Charpentiers, les Menuisiers, les Ebenistes, les Tourneurs & les Tablettiers; & pour les pierres, les Marbriers, les Sculpteurs, les Scieurs de pierre, &c.

Les Lapidaires ont pareillement leur scie, aussibien que les Ouvriers qui travaillent en pieces de rapport, mais elle ne ressemble presque en rien aux autres.

De tous les divers Ouvriers qui se servent de la scie, ce sont les Menuisiers qui en ont la plus grande quantité, & de plus de differentes especes.

Les principales sont la scie à refendre, qui leur est commune avec tous les autres Ouvriers en bois; la scie à débiter, la scie à tenons, la scie à tourner, la scie à enraser, la scie à main, & la scie à cheville.

Les Ebenistes qui sont du Corps des Menuisiers, outre toutes les scies qui servent à la menuiserie, en ont encore une particuliere qui s'appelle Scie à contourner. Cette scie est montée sur un archet d'acier fort élevé, afin que les feuilles des divers bois qu'ils contournent, puissent passer entre cet archet & la feuille dentelée de la scie. *Voyez* MARQUETTERIE & EBENISTE.

Les dents de toutes ces sortes de scie s'affutent & se liment avec une lime triangulaire, en engageant la feuille de la scie dans une entaille d'une planche, & l'y affermissant avec une espece de coin de bois.

Les Charpentiers ne se servent guéres que de la scie à refendre & de celle à débiter, mais l'une & l'autre de beaucoup plus fortes & plus longues que celles des Menuisiers.

Les scies dont on se sert dans les forêts pour débiter les plus gros arbres, s'appellent les Passepar-tout. Ils n'ont qu'un manche à chaque bout de la feuille: cette feuille a les dents fort détournées, c'est-à-dire, ouvertes à droit & à gauche.

Les Tailleurs & Scieurs de pierre ont de deux sortes de scies, les unes à dents, & les autres sans dents. Celles avec des dents sont tout-à-fait semblables aux passe-par-tout dont on vient de parler, hors qu'elles n'ont pas les dents détournées; elles servent à scier la pierre tendre. Les scies sans dents dont on scie les pierres dures, & dont les Marbriers & Sculpteurs se servent aussi pour débiter leurs marbres, ont une monture semblable à celle des scies à débiter des Menuisiers, mais proportionnée à la force de l'ouvrage & de la scie; y en ayant de telles que deux hommes ont assez de peine à l'élever pour les mettre en place. La feuille de ces scies est fort large, & assez ferme pour scier le marbre & la pierre, en les usant peu à peu par le moyen du sable & de l'eau que le Scieur y met avec une longue cuilliere.

Il y a outre cela des especes de scies à main pour les Maçons ou Poseurs de pierres de taille. On les appelle Couteaux à scier. Les unes ont des dents, & les autres n'en ont point.

Ce que les Serruriers appellent Scies à guichet, est une petite scie à main en forme de couteau dentelé, dont ils se servent pour faire dans les portes, tiroirs ou guichets de bois, les entrées des serrures qu'ils y veulent placer & attacher.

Les Tabletiers, Peigniers & autres Ouvriers ont des especes de scie à main qui ont un manche comme celle-ci, ou qui ont une monture de fer à peu près comme les scies communes, mais sans corde. La feuille en est ferme & un peu large, & les dents sans être renversées: elles servent à débiter l'yvoire, le buis & les autres bois durs.

Les scies des Lapidaires, qui ont le nom de Scie, non pas qu'elles ayent quelque rapport par la figure à aucune des scies dont on vient de parler, mais parce qu'elles servent à user, &, pour ainsi dire, à scier les pierres précieuses sur le touret; ces scies, dis-je, sont des petites plaques de fer en forme de ce qu'on appelle une pirouette avec quoi jouent les enfans, attachées au bout d'une broche aussi de fer.

Les Lapidaires ont encore une espece de scie pour scier le diamant, qui ne consiste qu'en un fil de fer ou de leton, aussi délié qu'un cheveu, bandé sur un petit arc d'acier ou de bois. On s'en sert avec de la poudre de diamant bien broyée avec de l'eau ou du vinaigre. Les Ouvriers en pieces de rapport usent aussi de cette sorte de scie pour les pierres les plus précieuses: pour les plus grosses pieces ils ont une petite scie dont la feuille n'a point de dents. *Voyez* Lapidaire *ou* Ouvrier en pierres de rapport.

Toutes les feuilles de scie se vendent par les Quincailliers, qui les tirent de Forez & de Picardie: on en trouve aussi chez eux de toutes montées, particulierement de celles pour la marquetterie & pour les Tabletiers & Peigniers, dont la monture est toute de fer. *Voyez* Quincaillerie.

SCIER. Couper du bois, du marbre, de la pierre ou autres matieres avec la scie, soit à dents, soit sans dents. On le dit aussi des diamans & autres pierres précieuses. *Voyez* Diamant *ou* Lapidaire.

SCIEUR. Celui qui scie.

Les Scieurs de long sont des Charpentiers qui refendent & coupent des pieces de bois dans toute leur longueur, pour les débiter en planches ou chevrons ou en solives. *Voyez* Charpentier.

Les Scieurs de pierre & de marbre sont ceux qui les débitent en morceaux avec la scie sans dents. Leur ouvrage consiste proprement à user le marbre ou la pierre par un continuel frottement du fer aceré qui sert de feuille à la scie; ce qu'ils facilitent en mettant du grès & de l'eau dans l'ouverture que fait la scie à mesure que le sciage s'avance. *Voyez* Marbre & Marbrier. *Voyez aussi* Maçon.

Il y a aussi des Scieurs de pierre tendre qui la coupent avec un passe-par-tout ou grande scie à dents; mais ce sont moins des Scieurs que des Manœuvres qu'on employe à cet ouvrage.

SCIEURE. Action de celui qui scie. Il se dit aussi de la poudre qui tombe du bois que l'on scie.

La scieure du buis fait une partie du négoce des Marchands Merciers-Papetiers & des Tabletiers-Peigniers: elle sert à mettre sur l'écriture à la main pour la sécher. On la vend au boisseau ou au litron.

SCILLES ou SQUILLES. Ce sont de très gros oignons qu'on apporte d'Espagne. Il en vient aussi de Normandie, sur-tout d'auprès de Quilbœuf.

Il y en a de deux sortes, de mâles & de femelles. Les mâles sont blancheâtres, & les femelles rouges. On ne trouve guéres que de l'espece femelle chez les Marchands Epiciers & Droguistes de Paris.

Les feuilles des scilles sont larges, vertes & longues, & leurs fleurs blanches en forme d'étoiles. On estime le cœur de ces sortes d'oignons un poison dangereux; & l'on a grand soin de l'ôter avant que de s'en servir. Leur usage est pour la composition de la thériaque, & pour quelques emplâtres ou onguens, comme l'*Althea* & le *Diachylum magnum*. On en fait aussi du vinaigre & du miel qu'on nomme *Scillities*.

Les scilles sont extrémement ameres, & ont un suc fort visqueux. Il faut les choisir nouvelles, pesantes, fermes, bien nourries, & observer qu'elles ne soient point pourries du côté de la tête; ce qui leur arrive très souvent.

Les Scilles, que le Tarif de 1665 appelle Squilles marines; à cause qu'elles naissent sur les dunes & le long des rivages de la mer, payent en France les droits d'entrée a raison de 24 s. le cent pesant.

Les droits de la Douane de Lyon sont de 4 s. du quintal.

SCINC ou SCINQUE. *Voyez* STINC.

SCL

SCLEFTDALLER. Monnoie de Danemarc; c'est la même chose que le Schefdal. *Voyez* cet article.

SCO

SCORPIOJELLE. On nomme ainsi en France l'huile de scorpion, si souveraine pour guérir les piqueures de ces dangereux insectes. *Voyez l'article suivant.*

SCORPION. Insecte dont le venin est très dangereux, mais qui en même tems porte avec lui son contrepoison, puisqu'écrasé sur la playe il en est le remede le plus sûr & le plus souverain.

Ce venimeux animal est très commun dans les Pays chauds, l'Italie sur tout en est fort infectée; il s'en trouve aussi dans quelques-unes des Provinces de France, entre autres en Provence & en Languedoc. L'on fait une huile de Scorpion qui, au défaut de l'insecte même qu'on n'a pas toujours la précaution ou la hardiesse d'écraser sur la playe, guérit ses dangereuses piqueures.

Il y a de deux sortes d'huile de scorpion, la simple & la composée; la simple n'est faite qu'avec de l'huile d'amandes ameres & des scorpions ; la composée, qu'on appelle aussi Huile de Matthiole (du nom de ce célebre Médecin qui l'a inventée) outre le scorpion qui en fait le plus essentiel, est faite avec quantité de gommes, de résines, de graines, de racines & d'aromats, ainsi que l'on peut voir dans Matthiole même dans son Traité des venins ou dans nos meilleures pharmacopées.

Quoiqu'il se fasse des huiles de scorpion à Paris, celles de Provence & de Languedoc sont plus estimées & coûtent moins; aussi est-ce delà, & surtout de Montpellier que les Marchands Epiciers-Droguistes la tirent le plus ordinairement; il en vient aussi des Pays étrangers.

L'huile de Scorpion qu'on nomme aussi Scorpiojelle, paye en France les droits d'entrée à raison de 3 liv. 15 s. le cent pesant, conformément au Tarif de 1664.

Les droits de la Douane de Lyon pour la drogue qui y est simplement tariffée sous le nom de Scorpion, sont de 12 sols 6 den. le quintal.

SCR

SCRIBE ; celui qui écrit. Il ne se dit gueres à Paris que de ces petits Ecrivains qui écrivent chez eux pour le Public, ou qui ont de petits bureaux dans quelques endroits de la Ville, où ils fournissent tout ce qui est nécessaire pour écrire, comme encre, plumes, papier, cire d'Espagne, &c. à ceux qui, dans quelques occasions pressantes & subites, sont obligés de dresser des Mémoires ou d'écrire des Lettres.

Ces Scribes ne composent aucune Communauté, & sont bien differens des Maîtres Ecrivains Jurés, dont le Corps est si considérable & si utile à Paris, n'aïant besoin d'aucune permission s'ils travaillent en chambre, mais seulement de celle du Lieutenant Général de Police, du Grand-Voyer & des Propriétaires ou Locataires des Maisons, près desquelles ils étalent, s'ils ont des bureaux publics. *Voyez* ECRIVAIN.

SCRIBE. On nomme aussi de la sorte à Bourdeaux, deux des Commis du Bureau du Convoi qui font la plupart des Ecritures qui y sont nécessaires.

Les fonctions de ces deux Scribes sont d'entrer au Bureau à huit heures du matin, pour en sortir à onze, & à deux heures de relevée, pour en sortir à cinq. Leur sortie du matin & du soir se prolonge néanmoins, suivant que le travail est plus considérable, & tant qu'il y a des Vaisseaux à expédier. Le tems du plus grand travail est ordinairement dans les quartiers d'Octobre & de Janvier.

Leurs principales expéditions, sont :

1°. D'écrire tous les commencemens de charge des Vaisseaux qu'on met en coutume ; d'y mettre le N°. d'entrée, & d'en donner les augmentations jusqu'à ce que leur charge soit entiere.

2°. D'enregistrer les déclarations qui sont fournies par les Marchands & Courtiers, & de les leur faire signer sur le Registre, aussi bien qu'au Maître du Vaisseau mis en coutume ; & en cas que lesdites déclarations ne soient pas en François, d'en retirer une traduction dans cette Langue.

3°. C'est à eux, après que la visite des Vaisseaux a été faite par les Visiteurs d'issue, à faire toutes les expéditions pour leur acquittement, & en cas de difficulté, d'en donner avis aux Receveur & Contrôleur pour y pourvoir.

4°. Ils font pareillement les billettes au menu pour toutes les Marchandises ou Denrées qui doivent au Convoi, telles que sont les vins de ville, ceux de haut, les vinaigres, les eaux-de-vie, les prunes, les grains & les légumages. Ils font aussi toutes les autres expéditions du Courtage.

5°. Ils sont encore chargés de toutes les expéditions pour le sel d'entrée & d'issue dont ils tiennent registre, aussi-bien que des déclarations & des acquis à caution pris au Bureau de Blaye ; le tout suivant le rapport des Tailleurs dudit sel.

6°. Ils tiennent le Registre où sont mis en coutume les Vaisseaux qui chargent pour le Canada & pour les Isles Françoises de l'Amérique ; & où sont enregistrées les soumissions des Marchands qui chargent des bleds & autres denrées pour les Ports du Royaume.

7°. Ce sont encore les Scribes qui tiennent registre pour l'entrée & cargaisons des victuailles des vaisseaux du Roi qui se chargent sans payer aucun droit sur les Passeports de Sa Majesté, & ce sont eux qui reçoivent les soumissions des Munitionnaires, de rapporter un certificat de la décharge desdites victuailles dans les Magasins de la Marine.

8°. Ils tiennent pareillement registre des Bateaux chargés d'eau-de-vie qui arrivent devant Bourdeaux, & ils en déchargent en marge les acquits à caution qui ont été pris aux Bureaux de Langon ou de Libourne, d'où viennent ordinairement ces eaux-de-vie.

9°. Ils sont de plus chargés des expéditions pour l'entrée des prunes qui viennent du haut pays à Bourdeaux, après qu'elles ont été jaugées, & les barils & sacs pesés par les Contrôleurs des Billettes & les Contrôleurs & Visiteurs aux Chartrons où ordinairement les prunes se déchargent.

10°. Enfin ce sont ces Scribes qui sont chargés de presque toutes les expéditions qui se font dans le Bureau du Convoi ; au bas desquelles ils tirent les droits qui sont dûs, pour être ensuite reçûs & enregistrés par les Receveur & Contrôleur ; leur appartenant au surplus de réformer les acquits & autres Actes qui leur sont présentés, lorsqu'ils remarquent qu'il y a erreur, ou pour les quantités, ou pour les qualités des Marchandises.

SCRIBE. Il y a aussi des Scribes dans les Bureaux de la Comptablie de la même Ville de Bourdeaux, mais ils y sont au nombre de trois.

Leurs fonctions sont de faire toutes les billettes sujettes au droit de sortie au menu, aussi-bien que toutes celles des Sénéchaussées qui ne doivent rien.

Ils reçoivent pareillement toutes les déclarations d'entrée de terre, c'est-à-dire, tout ce qui arrive à Bourdeaux par la riviere de Dordogne & par la riviere de Garonne, par acquit à caution des Bureaux de Mortagne, de Blaye, de Bourg, de Libourne, de Coutras, de Castillon, de Langon & de Belin.

SCRUPULE. Petit poids dont on se sert en Médecine & chez les Apoticaires pour peser les drogues ; il se marque ainsi ℈ : il pese un denier ou la vingt-quatriéme partie d'une once. *Voyez* ONCE.

SCU

SCULPTEUR. Ouvrier qui travaille en sculpture.

Les Sculpteurs faisoient autrefois à Paris une Communauté particuliere; mais elle fut unie à celle des Peintres au commencement du dix-septiéme siécle. Il y a un Arrêt du Parlement de 1613. qui confirme cette union & qui ordonne l'égalité entre les Peintres & les Sculpteurs soit dans l'élection aux charges, soit à l'assistance aux assemblées pour les chef-d'œuvres & les receptions à la maîtrise, soit enfin pour les autres droits & privileges devenus communs entr'eux. *Voyez* PEINTRE.

SCULPTURE. C'est l'art de tailler le marbre, la pierre & le bois pour en faire diverses représentations, & de travailler la cire, la terre & le plâtre pour faire des modeles & pour servir à la fonte des ouvrages de métail.

On ne peut douter de l'antiquité de cet art, puisque les livres saints qui sont les plus anciens & les plus sûrs monumens qui nous restent des siécles les plus reculés, en parlent en plusieurs endroits. Il est plus difficile de fixer ses commencemens par les Auteurs profanes, & ce qu'ils nous en disent n'est pas sans quelque mélange de ces fables si ordinaires aux Grecs du premier âge; ce qui est certain c'est que ces mêmes Grecs y ont excellé, & qu'on a encore quelques-uns de leurs ouvrages qui seront toûjours admirés & qui donnent de l'émulation aux Sculpteurs modernes.

Les François ont eu & ont encore leur Phidias, leur Praxiteles, leur Policletes, leur Myrons, leur Lysippes; & l'Italie a eu aussi de grands hommes dans cet art; mais la France de même que l'Italie l'a cedé jusqu'ici à la Grece.

L'art de sculpture est un de ceux dont les Maîtres composent partie de la Communauté de l'art de Peinture. *Voyez* SCULPTEUR.

L'on peut voir à l'article des Marbriers les differens outils & instrumens dont l'on se sert dans la sculpture.

SEA

SEALE. Les Anglois nomment de la sorte ce que nous appellons Veau Marin. *Voyez* VEAU MARIN.

SEB

SEBELINE. Quelques-uns nomment ainsi cette espece de Marte dont la fourure est si précieuse, qu'on appelle plus communément Zibelline. *V.* MARTE.

SEBESTES. Ce sont des fruits d'un verd foncé & approchant du noir, qui ressemblent assez aux petites prunes de damas; mais dont le noyau est de forme triangulaire.

L'arbre qui produit les sebestes croît dans le Levant aux environs de Seyde d'où les Epiciers & Droguistes de Paris les tirent par la voie de Marseille. Ses feuilles sont vertes & un peu rondes, ses fleurs sont blancheâtres, de la figure d'une étoile; du milieu de leur calice sort le fruit auquel ce calice qui est blanc reste attaché quand on cueille la sebeste, dont le pulpe ou chair est visqueux, molasse, d'un goût assez doux & d'une couleur rougeâtre.

Il faut les choisir nouvelles, bien nourries, charnues, noirâtres & garnies de leur calice ou bouet; & au contraire rejetter celles qui sont dures, petites, d'un noir luisant ou rougeâtre, ce qui est une marque qu'elles ont été relavées.

C'est avec les sebestes que l'on fait cette espece de glû qu'on nomme Glû d'Alexandrie, qui peut servir à la chasse des petits oiseaux; mais comme elle est rare en France, ou plutôt qu'il ne s'en fait aucun commerce, on lui a substitué la glû de houx qui se fait en Normandie & aux environs d'Orleans. *Voyez* GLU.

Les Sebestes payent en France les droits d'entrée à raison de 50 s. le cent pesant, conformement au Tarif de 1664.

Les droits de celui de la Douane de Lyon sont de 13 s. 3 den. le quintal d'ancienne taxation, & 20 s. pour les quatre pour cent.

Les Sebestes sont du nombre des marchandises venant du Levant, sur lesquelles on leve vingt pour cent de leur valeur, conformément à l'Arret du 15 Août 1685.

SEBILLE. Vaisseau de bois fait en rond & en forme de jatte, tourné autour & tout d'une piece. Outre les usages qu'ont les sebilles parmi les Boulangers qui y tournent leur pain avant que de les mettre au four, & les Vendangeurs qui s'en servent pour entonner le vin qui coule du pressoir, on s'en sert dans quelques Manufactures & parmi plusieurs Ouvriers des Arts & Métiers.

SEBILLE. Les Ouvriers qui mettent les glaces au teint se servent de diverses sortes de sebilles; les unes très grandes & au moins d'un pied ou dix-huit pouces de diametre; les autres petites & legeres, qui n'ont que quatre ou cinq pouces, ce sont proprement des sebilles à main; c'est dans les grandes que l'on conserve le vif argent, ou qu'on le reçoit lorsqu'il s'écoule de dessous la glace qu'on a mise au teint. Les sebilles à main servent à puiser le vif argent dans les grandes sebilles pour en charger la feuille d'étain quand elle est avivée. *Voyez* GLACE.

SEC

SEC. Ce qui a peu ou point d'humidité.

On appelle poisson sec ou Morue séche, celle qui a été séchée à l'air & préparée sur le galet. *Voyez* MORUE.

Il y avoit autrefois à Paris une Ferme pour la perception des droits sur le poisson frais, sec & salé; elle a depuis été réunie en partie aux Offices de Vendeurs de marée. *Voyez leur article.*

SEC. Se dit aussi dans les Manufactures des étoffes qui sont cassantes & difficiles à employer. Un drap sec, un taffetas sec.

Les Artisans qui filent la laine, appellent Filer sec quand ils filent de la laine dégraissée avec du savon noir. C'est cette sorte de laine qui s'employe ordinairement dans la fabrique des serges & des étamines. *Voyez ces deux articles. Voyez aussi* FILER.

SEC. Se dit encore des métaux lorsqu'ils sont trop cassans. Du fer, de l'acier sec. On dit plus ordinairement aigre.

SEC. On appelle du vin sec, du vin qui n'a point de liqueur, qui n'est ni gras ni onctueux. Les vins d'Espagne & de Canarie ne sont estimés qu'autant qu'ils sont secs, c'est-à-dire, qu'ils n'ont point été mixtionnés ou sofistiqués.

On dit aussi des Confitures séches, des fruits secs, lorsque ceux-ci sont séchés au soleil ou au four, ou que les autres ont passé par l'étuve & s'y sont ressuyées.

Argent sec. C'est de l'argent comptant. Je vous payerai cette derniere fourniture argent sec.

Estre à sec, n'avoir plus de fond. Ma caisse est à sec, je n'ai pas un sol.

SECHE, SEICHE. Poisson de mer d'une figure extraordinaire & fort hideuse.

La Séche n'est guéres bonne à manger, cependant le peuple de plusieurs grandes Villes de France ne laissent pas de lui trouver du goût & d'en faire même une assez grande consommation.

Les Naturalistes disent des merveilles de l'instinct vrai ou fabuleux de ce poisson, qui soit pour éviter de plus gros poissons qui le poursuivent, soit pour se cacher aux yeux des Pêcheurs qui lui jettent leurs filets, sçait à propos troubler l'eau avec une liqueur très noire qu'il répand & qu'il tient enfermée dans une vessie. Cette liqueur s'appelle Encre de Séche.

On nomme Os de Séche l'os qui se trouve sur le dos de ce poisson qui est dur & lisse du côté qu'il est convexe, & mol de l'autre en maniere de moelle ou de substance spongieuse. C'est de cet os que les Orfévres & quelques autres Ouvriers se servent pour mouler & fondre quelques petits ouvrages.

Les Chymistes en font aussi quelque usage; réduite en poudre impalpable elle entre dans la composition de la lacque de Venise.

Les os de Séche payent en France les droits d'entrée à raison de 15 s. du cent pesant, conformément au Tarif de 1664; & ceux de sortie comme Hadots, c'est-à-dire, sur le pied de quarante sols le millier.

SECHIE, ou CHEQUIS. Poids dont on se sert à Smirne. Le sechie contient deux oques à raison de 400 dragmes l'oque.

SECHOIR. Terme de Parfumeur. C'est un petit ais quarré sur lequel les Parfumeurs mettent sécher leurs savonnettes.

SECHYS. Mesure pour les liqueurs, qui est en usage dans quelques Villes d'Italie. Huit sechys font le mastilly de Ferare, & six sechys l'urna d'Istrie.

SECONDE, ou REFLEURET. Laine d'Espagne qui est la meilleure après celle qu'on appelle Prime. *Voyez* LAINE, *où l'on traite de celles d'Espagne.*

SECONDIGNY, dans le Poitou. L'on y fabrique des tiretaines. *Voyez* l'Etat général, Tome I. page 64.

SECRETON. Toile de coton blanche, d'une moyenne finesse, qui vient des Indes Orientales, particulierement de Ponticheri. Les pieces de Secretons contiennent seize aunes de long sur cinq six de large.

SED

SEDAN, Ville de France en Champagne. Cette Ville a un Inspecteur particulier. La Manufacture de draps qui y a été établie vers le milieu du dernier siécle, (1665) est très considérable. On en parle ailleurs, & du reste du négoce que font les Habitans de cette Ville. *Voyez* l'Etat gén. Tome I. p. 23.

SEDANOISE. Terme de Fondeur de caracteres & d'Imprimeur. C'est la plus petite lettre que l'on employe dans l'impression de livres.

Quelques-uns l'appellent la Parisienne, & c'est ainsi qu'elle est nommée dans les essais des caracteres fondus pour l'Imprimerie Royale. On croit communément qu'on l'appelle Sedanoise, parce qu'on a commencé à s'en servir dans les Editions de Sedan; mais le nom de Parisienne qu'on lui donne semble faire douter de cette premiere origine. *Voyez* CARACTERE.

SEE

SEEZ, Ville de France, en Normandie, de la Généralité d'Alençon. Le principal commerce de cette Ville consiste en grains. Il s'y fabrique néanmoins differentes étoffes de laine. *Voyez* l'Etat général, Tome I. p. 108.

SEG

SEGEWEUSE. Laine qui vient d'Espagne. Il y en a de plusieurs especes, les plus connues en France sont la Segoviane & la Moline *Voyez* LAINE.

SEGOVIANE. On appelle Laine Segoviane ou Refleuret, & quelquefois Seconde Segovie, la meilleure des laines de Segovie, après qu'on a fait le triage. *Voyez l'article suivant ou l'article des Laines.*

SEGOVIE. C'est la laine d'Espagne qui vient de Segovie Ville du Royaume de Castille ou des environs.

Quand on dit simplement & absolument Laine de Segovie, cela s'entend des trois sortes de laines qu'on en tire, dont ensuite les especes se distinguent en ajoutant les mots de Prime, de Seconde ou de Tierce; ainsi l'on dit, Prime Segovie, Seconde Segovie, & enfin Tierce Segovie; il y a aussi de la petite Segovie. *Voyez* LAINE, *où on parle de celles d'Espagne.*

SEGUST, petite Ville de France dans le Quercy, du Département de l'Inspecteur des Manufactures de Montauban. Ses quatre Foires sont assez fréquentées des Marchands; mais ses Fabriques sont peu considérables. *Voyez* l'Etat général, Tome I. pag. 32.

SEI

SEIGLE, ou SEGLE. Sorte de grain suffisamment connu pour qu'il ne soit pas nécessaire de faire ici la description de la plante qui le produit.

Les Marchands Epiciers de Paris faisoient autrefois venir du Seigle de Beausse pour le préparer comme le caffé dont il a effectivement un peu l'odeur, & à ce qu'on prétendoit les qualités; ce goût & ce commerce sont tombés.

Le seigle fait aussi une partie du négoce des Grainiers. *Voyez* GRAINIERS.

On a parlé du seigle à l'article des bleds, on ajoutera seulement ici quelques particularités concernant le commerce du seigle qui se fait dans la mer Baltique.

Le seigle se vend par last contenant vingt-sept sacs & demi d'Amsterdam, dix-neuf septiers de Paris, trois quarts de septiers de Rouen, & dix-sept razieres de Flandres.

Quand le seigle est sec le last pese ordinairement 3300 livres, s'il n'est pas sec 4200 livres: les frais pour un last montent à 15 den. de gros pour le mesurage, autant pour le courtage, 53 pour droits de sortie, 45 pour payage du Sund, 60 pour pilotage, ancrage, &c. 45 pour le porter du Grenier, & 64 de provision, ce qui fait en tout trois cens den. de gros, c'est-à-dire, dix florins de Pologne ou sept florins & demi de Hollande.

Le Seigle entrant par la Province d'Anjou, paye 40 s. le muid mesure de Paris, contenant deux tonneaux & le tonneau six septiers.

Les droits de sortie sont de 16 liv. 10 s. aussi le muid mesure de Paris.

COMMERCE DES SEIGLES A AMSTERDAM.

Les Seigles dont on fait le plus de Commerce à Amsterdam sont ceux de Prusse, de Conigsberg, de Magdebourg, de France, d'Angleterre, de Brabant, de Flandres, & de Moscovie: ils se vendent au last, & donnent un pour cent de déduction pour le promt payement.

Le seigle de Prusse, se vend depuis 78 jusqu'à 85 Florins d'or le last.

Le seigle de Conigsberg, depuis 74 jusqu'à 84 Florins d'or.

Le seigle de Magdebourg, depuis 72 jusqu'à 80 Florins d'or.

Les seigles de France & d'Angleterre, depuis 78 jusqu'à 80 Florins d'or.

Les seigles de Brabant & de Flandres, depuis 77 jusqu'à 81 Florins d'or.

Et le seigle de Moscovie & de quelques autres endroits, depuis 72 jusqu'à 77 Florins d'or, ce qui s'entend toujours du last.

SEIGNELAY, Bourg de France, de la Généralité de Bourgogne. Sa Manufacture de serges que l'on nomme façon de Londres, est fort estimée. *Voyez* l'Etat gén. Tome I. p. 124.

SEIGNEUR. On appelle Serge de Seigneur une serge très fine dont les Ecclésiastiques & les Gens de Robe avoient autrefois coutume de s'habiller en été; son nom lui venoit de sa beauté, & comme s'il n'y avoit eu que les Seigneurs qui eussent dû s'en habiller; l'usage en est beaucoup tombé. *Voyez* SERGE.

SEIGNEURIAGE. Droit qui est dû au Seigneur. Il se dit particulierement du droit qui appartient au Prince pour la fabrique des monnoyes; on l'appelle quelquefois Monnoyage du mot de la basse latinité *Monetagium*, & quelquefois aussi Rendage & Traite. Ce droit n'est pas toujours le même & change suivant la volonté du Prince ou les besoins de l'Etat. C'est pour le payement de ce droit que l'on a en partie inventé l'alliage, c'est-à-dire, le mélange des autres métaux avec l'or & l'argent dans la fabrique des Monnoyes.

Sous Philippe Auguste, avant le regne duquel on n'a rien de certain sur le droit de Seigneuriale, il étoit du tiers de tout le profit qui se faisoit sur la monnoye.

Saint Louis regla le Seigneuriage & le Brassage autre droit dont on parle dans un article séparé, à la seiziéme partie du prix du marc d'argent, & l'or à proportion; le Roi Jean à trois livres par marc d'or. Sous Charles VII. le mauvais état des Finances & les guerres contre les Anglois firent monter ces deux droits aux trois quarts du prix du marc d'argent, & encore davantage sur le marc d'or. Sous Louis XIII. le droit de Seigneuriage fut à six livres pour marc d'or & dix sols obole pour marc d'argent; enfin ce droit ayant été aboli sous Louis XIV. par sa Déclaration de 1679, il fut rétabli en 1689 sur le pied de sept livres dix sols par marc d'or, & douze sols six den. par marc d'argent.

Il faut observer que pour lever ce droit de Seigneuriage, l'on augmente le juste prix de la monnoye de la valeur du droit.

SEILLE. Vieux mot qui signifie un seau, qui est encore en usage dans quelques Provinces de France. C'est aussi sous le nom de Seilles que les seaux sont tarifés dans les Tarifs des entrées & sorties de France.

Par celui de 1664 les Seilles ou seaux payent d'entrée 2 s. la douzaine; les droits de sortie sont semblables.

Les Seilles ou berceaux payent à la Douane de Lyon 2 s. 6 den. de la charge.

SEILLES. On trouve encore dans le Tarif de la Ville de Lyon une autre sorte de marchandises employées sous le nom de Seilles. *Par ce Tarif les Seilles blanches payent 2 s. 6 d. de la charge d'ancienne taxation, & 8 d. de réapréciation; & les Seilles étrangeres 4 s. 6 d. d'anciens droits aussi la charge, & 1 s. 6 d. de nouveaux.*

SEINE. Espece de grand filet dont l'on se sert tant pour la pêche du poisson de mer que pour celle du poisson d'eau douce.

L'article 16 du livre 5 de l'Ordonnance de Marine de 1684, défend de pêcher en aucune saison avec collerets, seines ou autres semblables filets qui traînent sur les greves de la mer.

La seine de riviere est un grand filet de treize à quatorze toises de long & de douze à treize pieds de hauteur; cette hauteur se mesure par mailles, & doit en avoir six vingt.

On appelle les Coulures de la seine deux fortes cordes de crin qui la bordent par le haut & par le bas, & les Trempées deux cordes aussi de crin qui s'attachent aux deux bouts pour la tirer à terre quand elle a été jettée à l'eau.

On nomme Pareaux des cailloux pesans & percés par le milieu, qu'on attache avec du fil agor au bas de la seine pour la parer, c'est-à-dire, pour la tenir au fond de l'eau; il en faut douze ou seize, plus ou moins, suivant que l'eau est profonde.

Au haut pour la faire floter sont des lieges ronds de quatre pouces, troués au milieu; on en met depuis 14 jusqu'à 18.

Les mailles de la seine, ainsi que de tous les autres filets de riviere, se font sur un moule d'environ un pouce de diametre fixé à cette mesure par les Ordonnances des Eaux & Forêts.

SEING. C'étoit proprement parmi les anciens un signe, une marque, que l'on faisoit au bas d'un acte, tels qu'étoient les monogrames qui servoient tout ensemble de signature & de sceau, & que l'on mettoit aux chartres & autres actes publics ou particuliers pour les confirmer & les autoriser.

SEING. S'entend présentement de deux manieres; premierement de la signature que les Contractans ou l'un d'eux font de leur propre main au bas de quelque écrit; secondement du parafe ou de cet entrelassement de plusieurs lignes & traits que chacun imagine pour son usage, & qu'on met immédiatement après sa signature.

Dans les actes sous seing privé le seing ou signature des parties, ou même quelquefois d'une seule suffit; dans les actes pardevant Notaires les seings de deux Notaires, si c'est à Paris, ou d'un Notaire & Tabellion & de deux témoins, si c'est ailleurs, sont nécessaires pour leur validité avec ceux des parties.

ACTE SOUS SEING PRIVÉ. C'est celui qui n'est ni attesté ni passé par des personnes publiques. Ces sortes

sortes d'actes sont sujets à reconnoissance, & si c'est en matiere hypotequaire ils ne portent aucun hypoteque qu'ils n'ayent été reconnus.

Blanc Seing. C'est une feuille de papier blanc au bas de laquelle on met son nom pour être remplie à la volonté de celui à qui on le confie; chose assez ordinaire, mais dangereuse.

SEIPOD. Poids de Moscovie dont on se sert particulierement à Archangel; il contient dix poudes à raison de quarante liv. le poude poids du Pays qui reviennent à trente-deux liv. poids de marc.

SEIZE. Nombre pair composé d'une dizaine & de six unités, ou de deux fois huit, ou de huit fois deux ou de quatre fois quatre; ainsi que deux soit multiplié par huit, ou que huit le soit par deux, ou que quatre le soit par soi-même, cela ne produira jamais que seize.

En chiffre commun ou arabe seize s'écrit ainsi, [*16.*] en chiffre Romain de cette maniere [XVI.] & en chiffre François de compte ou de finance de la sorte [*xbj.*]

Les Marchands Libraires & Imprimeurs nomment un livre In-Seize, celui dont chaque feuille d'impression étant pliée compose seize feuillets ou trente-deux pages.

SEIZAINE, ou FIL-AGOR. Espece de petite corde ou grosse ficelle dont les Emballeurs se servent pour leurs emballages; il y a de la grosse & de la menue seizaine. *Voyez* Fil-agor.

Seizaine. C'est aussi comme on appelle dans le commerce des Cerceaux qui servent au métier de Tonnelier, certains paquets ou bottes qui contiennent seize cerceaux. *Voyez* Tonnelier.

SEIZAINS. Draps de laine dont la chaîne est composée de seize fois cent fils; c'est-à-dire, seize cens fils en tout. Quelques-uns prétendent que ce terme qui est particulierement en usage en Provence, en Languedoc & en Dauphiné, a été pris des Anglois. Dans les autres Provinces de France on appelle plus ordinairement ces sortes de Draps des Seize cens.

Les Seizains qui se font pour les Echelles de Levant, doivent être fabriqués avec des laines de Languedoc, bas Dauphiné ou d'Espagne de pareille qualité, & doivent avoir seize cens fils en chaîne dans des rots d'une aune seize huitiémes, pour revenir au retour du foulon à la largeur d'une aune entre deux lizieres; & le mot Seizains doit être marqué au chef & premier bout de chaque piece. *Art. 6 du Reglement du 10 Novembre 1708, fait concernant les Draps destinés pour le Levant.*

SEIZIE'ME. C'est la partie d'un tout divisé en seize portions égales. On dit, je suis pour un seiziéme dans cet armement, dans cette Compagnie, dans cette affaire. En fait d'aunage on dit aussi: Cette serge, ce drap sont plus étroits qu'il ne faut d'un seiziéme.

Lorsqu'il s'agit de fractions ou nombres rompus de quelque tout que ce soit, un seiziéme s'écrit de cette maniere ($\frac{1}{16}$.) On dit aussi: trois seiziémes, cinq seiziémes, sept seiziémes, &c. ce qui se marque ainsi ($\frac{3}{16}$ $\frac{5}{16}$ $\frac{7}{16}$.)

Le seiziéme de vingt sols est un sol trois den. qui est une des parties aliquotes de la livre tournois.

SEL

SEL. Substance acide qui entre dans la composition de tous les Corps, & qu'on en peut extraire, en les décomposant par les opérations de la Chymie.

La plupart des sels chymiques se vendent par les Marchands Epiciers-Droguistes, & par les Apoticaires, sur tout ceux qui servent à la Médecine.

Les principaux sont les sels d'urine & de lavande, dont ceux d'Angleterre passent pour les plus excellens; ceux de vipere, de crane & de sang humain; d'absinthe, de gayac, de quinquina, de tabac, de tartre, de verre, de rubarbe, de romarin, de centaurée, de sauge, de genevre, de soufre, de vitriol, de karabé, & les sels vegetaux, les policrêtes & ceux de saturne. On parle de tous ces sels & de beaucoup d'autres dans les differens articles de ce Dictionnaire, où l'on traite des drogues dont ils sont extraits; on peut y avoir recours.

Sel. Est aussi une espece de cristalisation ou de substance acide, piquante, dessicative & astringente, qui sert à la salaison des chairs, des poissons, des beurres, des cuirs & autres denrées & marchandises qu'on veut conserver. Il sert encore à l'usage ordinaire du ménage, pour donner du goût aux viandes & relever leur assaisonnement.

Ce sel qu'on peut appeller le sel commun, est de trois sortes, le sel marin, le sel terrestre ou fossile, & le sel qu'on tire des fontaines & des puits salés. Le plus grand commerce des sels marins se fait en France; les fossiles ou terrestres se trouvent en Pologne, en Hongrie & en Catalogne; & il y a des puits & des fontaines salées en Franche-Comté, en Lorraine, dans le Tyrol & en quelques autres lieux.

Ce commerce est si important pour les lieux où la nature produit ces differens sels, & il est si nécessaire pour toutes les Nations qui sont privées de l'avantage d'en avoir chez elles, ou du moins qui n'en ont pas de bon, particulierement pour celles de l'Europe, que le détail où l'on va entrer, soit pour la fabrique des sels, soit pour le négoce qu'il s'en fait, ne peut être qu'utile pour ceux qui le débitent ou qui l'achettent, & agréable pour tous les autres qui souvent ne connoissent pas une chose dont ils tirent tant de commodités.

Sel marin.

C'est de l'eau de la mer épaissie & cristalisée que se fait cette sorte de sel, & delà lui est venu son nom. Du sel marin on en peut distinguer deux especes; celui qui n'a besoin que des rayons du soleil pour prendre sa consistance, qu'on appelle Sel gris, & celui où l'on se sert de l'ardeur du feu pour la lui donner, qu'on nomme Sel blanc.

L'on employe l'une ou l'autre maniere de le faire suivant la situation des Côtes de la mer où l'on veut le fabriquer; si les Côtes sont élevées en dunes le sel se fait avec le feu dans des cuves de cuivre ou de plomb; si les Côtes sont plates & basses, sur tout si elles ont un fond un peu glaiseux, le sel se cristalise par le seul secours du soleil.

Comme c'est en France que se fait le plus grand commerce de l'Europe, & peut-être de tout le monde, de ces sels marins; on ne parlera que de ce qui s'y observe pour l'une & l'autre maniere de faire ou de recueillir le sel.

Les Côtes du Royaume de France où se recueille la plus grande partie du sel marin cristalisé par le soleil, sont celles de la Bretagne, de la Saintonge & du Pays d'Aunis; dans ces deux dernieres sont Brouage, Maran & l'Isle de Ré; & dans la Bretagne, la baye de Bourneuf, Guerande & le Croisil, qui sont les lieux où il y a le plus de salines.

A l'égard du sel où l'on employe le feu, la plus grande quantité se fabrique sur les Côtes de Normandie.

La baye de Bourneuf qui peut être de 12 lieues de circuit, & où sont l'Isle de Bouin, celle de Noirmoutiers, Beauvoir sur mer, Machecou & la Barredemont peut avoir vingt mille salines, chaque saline de 50 aires ou eillettes, & chaque eillette pouvant faire par an un quart de muid de sel mesure de Paris, c'est-à-dire, environ 700 liv. pesant.

Les aires ou eillettes du Croisil & de Guerande étant quatre fois plus grandes que celles de Bourneuf, on estime que chaque eillette donne un muid de sel, & par estimation générale les salines de ces deux lieux environ trente mille muids, & celles de Bourneuf trente-sept mille. On peut estimer sur ce pied les salines du Pays d'Aunis & de la Saintonge.

Maniere de faire le sel gris.

L'on appelle Marais salans des terres basses & marécageuses que la nature a rendu propres par leur situation à recevoir les eaux de la mer au montant de la marée, & que l'industrie a mis en état de la retenir par des écluses qu'on y fait.

Ces marais dont l'on unit & dont l'on bat le fond avec assez de propreté, se partagent en plusieurs bassins quarrés, les uns plus grands, les uns plus petits, séparés par des especes de petites digues de 13 à 14 pouces de large; & c'est dans ces bassins qu'on nomme les plus grands des Parcs ou Parquets, & les plus petits des Aires ou Eillettes, que lorsque la saison est venue on laisse entrer l'eau de la mer dont on fait le sel.

Le tems propre à le faire est environ depuis la mi-Mai jusqu'à la fin du mois d'Août, parce qu'alors les jours étant longs & l'ardeur des rayons du soleil dans leur plus haut dégré, le sel se cuit & se cristalise, & mieux & plus promptement.

Quand on veut donner l'eau de la mer aux marais, il faut auparavant les vuider entierement de celle qu'on y a laissée tout l'hyver pour les maintenir en état de contenir la nouvelle eau qui doit servir au sel, & qu'on y laisse entrer à peu près la hauteur de six pouces, après néanmoins l'avoir laissé se reposer & s'échaufer pendant deux ou trois jours dans de grands réservoirs qui sont au dehors des salines, ensorte qu'elle devienne comme tiede; la quantité d'eau suffisante y étant entrée, on ferme l'écluse, & on laisse au soleil & au vent à faire le reste de l'ouvrage.

La superficie de l'eau frappée à plomb des rayons de cet astre, s'épaissit d'abord presque imperceptiblement, & ensuite se couvre d'une legere croûte, qui, enfin, se durcissant par la continuation de la chaleur, est entierement convertie en sel; l'eau en cet état est si chaude qu'on n'y peut mettre la main sans se brûler.

Lorsque le sel a reçu cette cuisson naturelle, on le casse avec une perche qui a une douve au bout qu'on appelle Simange, ce qui le fait aller au fond de l'eau, d'où on le tire presque aussitôt avec le même rateau, & l'ayant laissé quelque tems en petits morceaux sur le bord de l'aire pour achever de le sécher, on le met ensuite en d'autres plus grands, qui contiennent plusieurs milliers de muids de sel que l'on couvre de paille ou de jonc pour les garantir de la pluye: ces monceaux de sel se nomment en Poitou des Vaches.

Huit ou dix jours, au plus quinze, ayant achevé la cristalisation du sel, on ouvre de nouveau les parcs pour les remplir d'eau à la marée montante, & l'on continue ainsi alternativement à y mettre l'eau, à en ramasser le sel qui se forme & à les vuider, jusqu'à ce que la saison ne soit plus propre à ce travail.

Les pluyes sont fort contraires à cet ouvrage, parce que lorsque l'eau du ciel s'est mêlée avec trop d'abondance à celle de la mer, celle-ci devient inutile, ensorte qu'il en faut faire entrer de nouvelle dans les marais, & c'est proprement les tems pluvieux qui décident de cette espece de recolte qui n'est bonne que dans les beaux jours & pendant les plus grandes ardeurs du soleil.

Il y a aussi quelques marais salans en Languedoc, entr'autres à Mardirac & à Sigean; ceux de Mardirac fournissent année commune 1500 muids de sel, ou deux cens seize mille minots qui sont pour le bas Languedoc, l'Auvergne, la Bourgogne & la Savoye.

Les salines de Sigean sont moins considérables, & ne donnent que soixante & quinze mille minots de sel qui se consomment dans le haut Languedoc & le Roussillon.

Le sel des marais salans est gris au sortir des parcs, & c'est celui de cette couleur qui se vend à l'Etranger, & qu'on débite en France dans les Greniers à sel, soit de la vente volontaire, soit du sel d'impôt; il s'en fait cependant de blanc par le rafinage du sel gris, dans les Provinces mêmes où sont les marais salans & dans la Flandres Françoise.

Le sel blanc du rafinage de Flandres se fait dans de grandes chaudieres plates de 12 à 15 pieds en quarré & d'un pied de hauteur, qu'on nomme Payelles; il s'en rafine quantité à Ypres, à Dunkerque, à Merville, & la préparation qu'on lui donne en le faisant bouillir, non-seulement lui ôte son acrimonie, mais encore le multiplie, & ce qu'il a de plus que celui du rafinage du Comté Nantois & du Pays d'Aunis, c'est qu'il se conserve d'un grain aussi beau & aussi gros qu'avant qu'il ait soutenu le feu.

Maniere de faire le sel blanc de Normandie.

Le sel blanc de Normandie ne se fait pas par un rafinage de sel gris, mais il a cette couleur naturellement au sortir des plombs où il se fabrique.

Pour le faire les Sauniers Normands qui travaillent aux Salines ramassent sur la plage de la mer qui en est voisine, un sable limoneux que le montant de la marée a couvert & impregné de ses eaux pendant sept ou huit jours; ce sable transporté dans des fosses préparées exprès, se décharge peu à peu de toute son eau qui se filtre à travers de la paille dont le fond des fosses est rempli, & qui s'écoule dans des futailles mises pour la recevoir ; c'est de cette eau qu'ils font leur sel.

Les fourneaux sont de terre, & les vases ou especes de chaudieres où se fait la cuisson sont de plomb, d'où leur est venu leur nom. Chaque fourneau fait bouillir quatre plombs qui sont de forme quarrée, & qui ont chacun environ trois pieds de long, deux de large & 5 ou 6 pouces de haut Dans les lieux où le bois est commun, on s'en sert pour entretenir le feu des fourneaux ; ailleurs où il est plus rare on brûle des ajons que dans ces quartiers-là on nomme du Jan ou de la Vigne. Quatre plombs composent une saline.

Lorsque l'eau dont on a rempli les plombs commence à bouillir, on en ôte l'écume qu'elle jette en abondance, & à mesure qu'elle diminue on y remet d'autre eau qu'on continue aussi d'écumer ; quand elle s'épaissit on la remue continuellement avec un bâton large & recourbé par un bout, qu'on appelle une Cuilliere, & le grain s'étant formé on le retire de dessus le feu pour le faire épurer.

On appelle Epurer le sel, le laisser ressuyer dans de grandes mannes d'osier où il acheve de se sécher & de perdre une espece d'humidité qui lui restoit encore. Le sel bien épuré se met en monceaux & puis se porte au magasin, suivant qu'il est reglé par la Déclaration du Roi de 1680 sur le fait des Gabelles dont on rapportera dans la suite de cet article quelques dispositions concernant le commerce des sels.

Les lieux où l'on fabrique des sels blancs en Normandie sont, Marée, Vains, Genets, le Val S. Paer, Sceaux, Courtils & Huines dans l'Election d'Avranches ; Bruqueville, Creances en l'Election de Coutances ; Lessay, S. Germain sur Eé, & Mont-Martin dans celle de Carentan ; Port Bail, Gouay, Carteret, Rideauville, S. Vaât & Quineville dans celle de Valognes ; Isigny & Neuilly dans celle de Bayeux ; & dans l'Election de Pont-l'Evêque, les marais de S. Arnoul, S. Pierre, & S. Thomas de Touques & de Trouville.

Le commerce du sel gris & blanc est d'un profit immense pour la France, mais plus encore pour l'Etat que pour les particuliers qui le font & qui le débitent.

Les droits du Roi sur le sel gris sont réglés par la Déclaration de 1680, à quarante-deux sols neuf deniers le muid mesure rase de Brouage pour celui qui s'enleve dans l'étendue du gouvernement de cette Ville ; à quarante un sol trois deniers sur celui de l'Isle de Ré, & trente-huit sols six deniers pour celui qui pareillement se débite & sort du Pays d'Aunis, de la Rochelle & du Poitou.

Le droit sur le sel blanc de Normandie s'appelle Droit de Quart-Bouillon, parce qu'il est du quatriéme du Prix de tout le sel qui se fabrique dans cette Province, & que d'ailleurs il se leve & se perçoit sur des sels que dans le Pays on appelle Sels de Bouillons, à cause de la maniere dont on les fait.

Ces droits ne laissent pas d'être considérables par la quantité des sels qu'on fait à Brouage & lieux adjacens, aussi bien que dans le Comté Nantois, & l'on en jugera par ce qu'on a dit cidessus de ce qui se fait de sel dans les seules salines du Bourneuf, du Croisil & de Guerande ; mais le grand profit de l'Etat consiste en quinze mille muids de sel mesure de Paris du plus pur, du plus sec & du mieux épuré, que le Roi se réserve chaque année dans tous les marais salans, pour remplir ses Greniers à sel tant des Provinces libres & de vente volontaire, que des Provinces d'impôt.

Sa Majesté ne paye ce sel qu'au prix du Marchand, reglé vingt liv. la charge du poids de six mille sept cens vingt livres, & qu'on revend plus ou moins suivant les besoins de l'Etat, mais toujours deux, trois ou quatre fois plus qu'il n'a couté. L'on a parlé ailleurs plus au long de ce qui concerne la vente du sel Royal. *Voyez* GABELLE.

Ce sont les Anglois, les Hollandois, les Hambourgeois & la plupart des Nations du Nord, surtout les Suedois & les Danois, quand la France est en guerre avec l'Angleterre & la Hollande, qui enlevent les sels de Brouage & du Comté Nantois qu'ils achettent année commune depuis vingt jusques à trente livres la charge pour ceux du Croisil, & depuis trente jusqu'à trente-cinq liv. pour ceux de Bourneuf, & les autres à proportion.

Celui de Guerande est plus blanc, plus leger & même meilleur, & les Anglois, les Irlandois & les Espagnols le préferent aux autres ; c'est néanmoins de celui de Bourneuf, quoique plus gris & plus pesant que l'on se sert en France & dans toute la mer Baltique, particulierement en Pologne, où, outre les salaisons des chairs ausquelles on l'employe, il sert encore au labourage, échaufant la terre & empêchant plusieurs petites vermines de ronger le grain ; c'est aussi de ce sel qu'on transporte en Zelande & en Flandres pour le rafinage.

Les Hollandois & les Anglois pour tâcher de se passer des sels de France, ont souvent tenté d'ôter à ceux d'Espagne & de Portugal l'âcreté & la sérosité qui leur sont naturelles, & qui les rendent peu propres à la salaison des chairs & du poisson ; pour cela ils les font bouillir avec de l'eau de mer & un peu de sel François qu'ils tâchent d'avoir par le moyen des Nations neutres, ce qui non seulement les adoucit, selon qu'ils le débitent, mais encore les augmente d'un tiers ; mais ce qui prouve que cet affinage ne leur réussit pas autant qu'ils le publient, est l'empressement que l'une & l'autre Nation marque de revenir se fournir de sels en Bretagne & dans le Pays d'Aunis, aussi-tôt que quelque traité de paix avec la France leur en ouvre le commerce.

A l'égard des sels blancs de Normandie ils se consomment dans plusieurs Paroisses des Elections où ils se fabriquent, ou qui en sont voisines ; dans quelques unes de ces Paroisses il peut également s'employer pour les grosses & menues salaisons, & pour le pot & la saliere ; dans les autres les Habitans n'ont droit d'en user que pour la saliere & au pot, comme il est spécifié dans le titre quatorziéme de la même Déclaration sur le fait des Gabelles.

Sel terrestre & fossile.

Ce sel s'appelle Sel Gemme à cause d'une espece de transparence & de lucidité qui lui donne quelque chose des pierres précieuses nommées en Latin *Gemmæ*, dont en effet il approcheroit, s'il n'y a rien d'exageré dans la relation d'Edouard Brown sçavant Médecin Anglois de la Societé Royale de Londres, qui descendit dans les mines de sel de Hongrie dans le voyage qu'il fit en Allemagne vers le milieu du dix-septiéme siécle. On parlera de ces mines dans cet article.

Non-seulement le sel terrestre n'a point été inconnu aux Anciens, mais encore Pline dans son excellente Histoire naturelle chapitre sept du livre trente, en raconte bien des choses qu'on pourroit abreger ici si on les croyoit toutes aussi véritables que curieuses.

On se contentera donc de rapporter ce qu'on a pû recueillir de plus certain des mines de sel de Wilisca en Pologne, de celles près d'Eperies dans la haute Hongrie, & de celles des montagnes en Catalogne, qui sont dans ces trois Etats de l'Europe un objet d'un grand commerce, & dont le sel se transporte chez plusieurs Nations voisines qui ne peuvent avoir l'usage du sel marin.

Mines de Sel de Pologne.

Ces mines furent découvertes vers l'an 1252. Elles sont dans un village appellé Wilisca, à cinq lieues de Cracovie. C'est une chose qui effraye que la profondeur de ces salines; mais il est encore plus étonnant, quand on y est descendu, d'y trouver une espece de République souterraine qui a ses loix, ses familles, & même ses voitures publiques, puisqu'on y nourrit des chevaux pour traîner jusqu'à l'ouverture de la carriere les quartiers de pierre de sel, que les machines & les engins qui sont au-dessus doivent tirer en haut.

Ces chevaux, quand ils y sont une fois descendus, ne revoyent plus le jour; mais à l'égard des hommes, il y en a qui ne passent gueres de journées sans venir respirer l'air de leurs Villages, où ils laissent une partie de leur famille, le reste demeurant toujours dans les salines.

Quand on est parvenu au fond de ces abîmes, où tant d'hommes sont enterrés tout vivans, & où il y en a même beaucoup qui y sont nés, & qui n'en sont point sortis, on ne peut s'empêcher d'admirer une longue suite de voutes extrémement élevées, & soutenues par de forts & gros pilastres taillés au ciseau; & qui étant également de pierre de sel, paroissent à la lueur des flambeaux qui y sont sans cesse allumés, comme autant de cristaux & de pierres précieuses de diverses couleurs, qui jettent un éclat que les yeux ont peine à soutenir.

Les pierres de sel se taillent en façon de gros cylindres, & les Ouvriers y travaillent avec les marteaux, les pinces & les ciseaux, à peu près comme les Carriers en France, pour détacher la pierre de taille des differens bancs où elle se trouve dans les carrieres. Lorsque ces pesantes masses sont hors des salines, on les brise avec des mailloches en plusieurs morceaux propres à être mis au moulin, où l'on acheve de les moudre & de les réduire en une espece de grosse farine qui sert à tous les usages du sel marin.

Il y a dans les salines de Wilisca deux sortes de sel gemme; l'un plus dur, plus transparent, & dont la cristalisation paroît plus parfaite. C'est le véritable sel gemme des Droguistes & des Teinturiers, qui se taille comme le cristal, & dont on fait divers ouvrages de curiosité & de dévotion, comme chapelets, gobelets & petits vases: l'autre est moins compact, & ne peut servir qu'aux salaisons ou aux usages de la table & de la cuisine.

On auroit peine à croire qu'un ruisseau d'eau douce pût couler au milieu de ces montagnes de sel, sur tout dans le fond de ces abîmes; il y en a cependant un qui suffit aux hommes & aux animaux; & certainement ce n'est pas ce qu'il y a de moins admirable dans ces merveilleuses salines.

Les mines de sel de la Haute Hongrie ne sont ni moins fecondes ni moins surprenantes: elles se trouvent dans les montagnes, à deux milles d'Eperies, Ville du Comté de Sarax, située sur la riviere de Tarhz.

La profondeur de la mine est de cent quatre-vingt brasses. Les veines de la pierre minerale se suivent par filons comme celles des métaux, & sont entourées de terre & non pas de rochers.

Ces veines sont ordinairement fort épaisses, s'en trouvant des morceaux de plus de cent milliers, qu'on réduit néanmoins en pieces quarrées de deux pieds de long & d'un pied d'épaisseur, pour les tirer plus facilement de la mine. Au sortir de la saline elles se concassent, & se mettent ensuite au moulin. La couleur de la pierre est un peu grisâtre; cependant quand elle a été broyée entre les meules, elle devient aussi blanche que si elle avoit été rafinée.

Parmi les pierres minérales propres à faire le sel, il s'en trouve d'aussi dures & d'aussi transparentes que le cristal. Il y en a de blanches, de jaunes & de bleues dont on taille divers ouvrages, & sur lesquelles on grave diverses figures, avec les outils & selon l'art des Graveurs sur pierres précieuses.

La mine est froide & humide; ce qui fait qu'on a quelque peine à réduire le sel en poudre. De l'eau qu'on en tire & qu'on fait bouillir, il se fait un sel à demi noir, que les bestiaux mangent, & qui les engraisse.

Ces salines sont d'un revenu considérable; & outre la consommation du sel qui se fait dans le Pays, il s'en transporte beaucoup dans les Provinces & les Etats voisins.

Les salines de Catalogne se trouvent dans les montagnes du Duché de Cardonne, & appartiennent en propre au Grand d'Espagne qui en porte le titre.

L'opinion des gens du Pays est que le sel fossile qui se tire de ces salines, croît & se reproduit après plusieurs années dans les lieux mêmes qu'on en avoit vuidés; mais cette merveille fondée sur une simple tradition, ne semble pas persuader les habiles Physiciens. Il paroît néanmoins assez certain qu'il vegette quelquefois; & l'on n'en peut douter après ce qu'en a rapporté le célebre M. de Tournefort, & ce que les Curieux en ont vû dans son cabinet pendant sa vie.

Le sel de Cardonne propre à la salaison des viandes & à l'usage du ménage, est de trois sortes, le blanc, le gris & le rouge. Le premier, presque semblable au sel marin, hors qu'il n'est pas grainé; le second de couleur de fer & d'ardoise, & à cela près avec toutes les qualités du blanc; & le troisiéme d'un rouge de conserve de rose, qui ne differe des autres que par le mélange de quelque bol ou terre, qui lui communique sa couleur.

Il y a outre cela un quatriéme sel brillant & transparant comme du cristal, qui sert aussi aux salaisons, mais qui est le véritable sel gemme des Teinturiers. De cette derniere espece il y en a de bleu, de verd, d'orangé, de rouge, & de quelques autres teintes, mais qui toutes deviennent blanches quand elles ont été broyées.

Ces quatre sortes de sels se trouvent les uns sur les autres par differens lits, à peu près comme sont disposés dans les carrieres de pierre commune les divers bancs qu'on appelle Coquillart, Banc de marche, Banc de pierre franche, &c. On les coupe en gros morceaux plus ou moins gros, mais assez semblables pour la figure aux moilons qui sortent des carrieres de France. Le débit de ces sels est considérable; & quand le commerce n'est pas ouvert entre la France & les Puissances qui se fournissent ordinairement des sels de Brouage & du Comté Nantois, on en enleve beaucoup pour les salaisons de Hollande, d'Angleterre & d'Irlande.

Le sel gemme de Catalogne se taille en divers ouvrages, comme ceux de Pologne & de Hongrie.

Le sel gemme qui se vend à Paris par les Marchands Epiciers-Droguistes, & que les Maîtres Teinturiers employent pour leurs teintures, se tire ordinairement de Pologne par la voye de Dantzick, & de Catalogne par celle de Marseille. Ils n'en débitent point de celui de Hongrie; & l'on n'en voit guéres en France de cette sorte que dans les droguiers des Curieux ou dans les cabinets, travaillés en divers petits ouvrages.

Le bon sel gemme doit être en gros morceaux clairs & transparans, facile à se casser, & qui en se cassant se mette en forme de petits grains quarrés. Ce sel rougit au feu comme le fer, & se dissout facilement à l'air : cependant les Epiciers le lavent pour le rendre plus brillant & de meilleur débit; mais ils ont soin de le sécher & de l'essuyer aussi-tôt.

Le Sel gemme que le Tarif de 1664 appelle Sargemme, paye en France les droits d'entrée a raison de 26 s. le cent pesant.

A l'égard des droits de la Douane de Lyon, ils se payent sur le pied de 6 sols 4 den. d'ancienne taxation, & 1 s. 8 den. de réapréciation.

Sel que l'on tire des fontaines & puits salés.

Parmi ces dernieres sortes de salines il n'y en a point de plus célebres, ni qui fournissent du sel avec plus d'abondance, que celles de Franche-Comté. Elles ont donné le nom à Salins, qui n'est pas une des Villes des moins considérables de la Comté; & les salines elles-mêmes ont assez de l'air d'une Ville, tant l'enclos qui les environne est vaste, & tant il y a de maisons bâties, & d'Officiers & d'Ouvriers qui y demeurent.

Les sources des fontaines salées sont sous diverses grandes voutes dans lesquelles l'on n'arrive qu'après avoir descendu environ quarante dégrés. La source d'où l'eau sort en plus grande quantité s'appelle le Grand puits. Ce qu'il y a d'admirable, c'est de voir une fontaine d'eau douce sortir du roc au milieu de ces fontaines salées; & ce qui ne l'est pas moins, c'est la maniere industrieuse dont on se sert pour faire la division de ces eaux, dont le mélange empêcheroit, ou du moins allongeroit la fabrique du sel.

C'est sous la premiere voute que se fait cette séparation par le moyen de plusieurs peaux de bœuf bien passées & préparées à cet usage, qui séparant les ouvertures du roc par où s'écoulent ces diverses qualités d'eaux, les conduisent, la douce dans un grand réservoir de bois de figure quarrée, d'où elle en est tirée & vuidée en haut par des pompes qu'un cheval fait agir; & l'eau salée dans de grandes cuves, d'où pareillement par la machine hidraulique qu'on appelle un Chapelet, elle est montée dans un réservoir à portée de la distribuer dans les differens endroits des salines où se cuit & se prépare le sel.

Au milieu des sales destinées à cet usage il y a un fourneau, & sur le fourneau une vaste cuve ou chaudiere ronde de vingt-quatre pieds de large, seulement de deux de profondeur, capable de contenir environ trente muids. Cette chaudiere est faite de plusieurs plaques de fer jointes ensemble à clous rivés; & parce que le poids du métail & celui de l'eau dont elle est pleine est extraordinaire, outre qu'elle porte sur le fourneau par le bas, elle est encore soutenue par le haut par divers crampons & de fortes barres de fer attachées à des poutres qui traversent tout l'attelier.

L'eau dont on remplit les cuves doit bouillir huit heures, pour être réduite en sel. Quand le sel est fait, ensorte néanmoins qu'il lui reste encore quelque humidité, il est porté dans une autre sale pour le dresser en pains; ce qui se fait en le mettant dans ces especes d'écuelles de bois qu'on nomme Sebilles, qui sont faites exprès pour cet usage, & qui ont toutes environ huit pouces de diametre & quatre de profondeur.

C'est dans ces sebilles qu'on fait sécher le sel en les arrangeant sur des barres de fer placées au-dessus d'un brasier où l'on entretient un feu moderé; & c'est au sortir de ces moules, dont il conserve la forme, qu'il est en état d'être débité & transporté.

On ne peut guéres s'imaginer combien ces salines produisent de sel par an, & combien outre la consommation de la Province il s'en débite & s'en transporte dans les Pays Etrangers; on en peut néanmoins juger par la modicité du prix de ce sel, & par les droits considérables que le Roi en retire; chaque pain de sel ne se vendant pas plus de trois sols, & le Roi pour son droit recevant année commune environ six cens mille livres.

Les salines de Lorraine sont considérables, soit par le nombre, soit pour le produit du sel, qui seroit encore plus grand, si la fabrique en étoit établie dans toutes celles qui s'y trouvent.

Les principales sont Rosieres, Château-Salins & Dieuze. Il y en a plusieurs autres aux environs de la riviere de Seille & de la Sarre, comme Marsal, Saloné, Surable, la Surée & Salle; mais il n'y a guéres que ces trois premieres qui travaillent.

Sel de Moyenvic, & la maniere de le faire.

Moyenvic est une petite Ville de Lorraine dont le Roi a les Salines; & c'est d'où on tire les sels qui se consomment dans les trois Evêchés : elles avoient été cedées à la France par le

Traité des Pirenées, & elles lui ont été conservées par celui de Risthvick.

Les autres Salines de Lorraine suffisant pour la consommation de cet Etat, qui étoit alors entre les mains des François, aussi-bien que pour celle des trois Evêchés qui s'y fournissoient de celui dont ils avoient besoin, on avoit negligé long-tems de faire valoir celle de Moyenvic, & ce ne fut qu'en 1670 ou même en 1674 qu'on a pensé à les mettre sur le pied qu'elles sont aujourd'hui. Ce qui y a le plus contribué, est un Canal qu'on y a entrepris, & quelques ruisseaux qu'on y a rendu flotables pour la conduite des bois qui avant cela y étoient un peu rares.

Les eaux dont on fait le sel, se tirent des Sources salées, dont il y a plusieurs puits très-profonds à Moyenvic : on croit qu'elles contractent cette qualité en passant par des mines de sel fossile que la terre produit, n'y ayant gueres d'apparence qu'elles puissent venir de la mer qui en est fort éloignée ; puisqu'en filtrant à travers des terres par un si long espace, elles perdroient leur saline & deviendroient douces.

On remarque aussi qu'elles croissent ou qu'elles diminuent comme les autres sources selon les pluies, ce qui sert encore à assûrer ce systême.

L'eau se tire des puits par le moyen des pompes ou des chapelets, & se conduit aux Atteliers de la Cuite.

Ces Atteliers sont de grands Bâtimens de charpente, couverte de toît, de planches, sous lesquels sont des poêles ou chaudieres de fer, de la grandeur d'une mediocre Chambre. Il y a aux Salines de Moyenvic jusqu'à trois de ces Chaudieres.

Qand elles sont suffisamment remplies d'eau, on les échauffe par dégrés, en entretenant du feu sous toute l'étendue de chaque poêle, & en l'augmentant jusqu'à ce que la chaleur soit assez forte pour évaporer la plus grande partie de l'eau. A mesure que l'eau bout, le sel vient se former sur sa superficie, mais lorsqu'il s'y en est amassé assez pour lui donner du poids, il retombe au fond.

Lorsqu'il est en cet état, on le tire avec des rateaux pour en former des meules sur la chaudiere même, en l'amassant sur des especes de tables trouées, qu'on nomme des chevres : ces tables ne tenant qu'à une cheville, & étant posées sur des morceaux de bois disposés en pente, coulent d'elles-mêmes avec les meules dans un magasin qui en est proche, lorsqu'on a coupé la cheville. Les morceaux de bois qui servent à conduire les meules, s'appellent le Ban. On donne aussi ce nom au magasin.

C'est dans ce premier magasin que le sel se ressuie, après quoi on le porte dans le grand magasin, où il est plus sechement, & où il reste jusqu'au débit, ce qui va quelquefois à deux ans.

Enfin on le met dans des tonneaux de differentes mesures pour le transporter ; plus petits pour le dedans du Pays, & beaucoup plus grands pour le dehors.

Tout ce sel est blanc & bien moins salé que le sel marin ; ainsi moins il est salé, & plus il s'en distribue ; ce qui seroit l'avantage du Fermier, qui est chargé de la cuite, de la façon & du débit des sels. Mais pour empêcher l'abus, il y a des Officiers préposés pour veiller que la qualité en soit bonne, & qu'il n'y ait point de fraude à la distribution qui s'en fait dans le public.

Les eaux des puits & des sources salées de Lorraine, ont differens dégrés de bonté ; mais celle de Moyenvic est la meilleure. Cent livres d'eau rendant dix-sept livres de sel, & la plus forte des autres n'allant que de quatorze à quinze, outre que l'exploitation en coûte moins, ne demandant pas tant de bois & de cuitte.

Le produit des Gabelles dans les trois Evêchés, est d'environ quatre cent mille livres en tems de guerre ; mais il n'est pas si considerable en tems de paix, à cause qu'il y reste peu de troupe.

Le prix commun des sels de cette Saline qui se distribuent dans les trois Evêchés, est depuis cent dix, jusqu'à cent vingt livres, le Muid composé de douze minots ; & cela suivant l'éloignement des lieux où il se débite.

La saline de Rozieres rend cinq à six liv. de sel pour cent livres d'eau, celle de Dieuze douze à treize pour cent, & celle de Château-Salins quatorze à quinze.

Rozieres fournit par an six mille muids de sel, Dieuze huit mille, & Château-Salins seulement cinq mille cinq cens ; le muid composé de seize vaxels, & le vaxel pesant trente-quatre à trente-cinq livres ; ce qui revient environ à cinq cens soixante livres.

Ce qui est cause qu'on laisse tant d'autres salines de Lorraine inutiles, c'est le peu de débit qu'on en auroit : cependant l'excedent de ce qui s'en consomme dans le Pays, se vend assez bien dans l'Alsace, dans le Palatinat, à Tréves, à Mayence, à Wormes, & dans quelques autres Terres de l'Empire situées en deçà du Rhin.

L'on n'a parlé dans ce long article des Sels, que de ceux qui se fabriquent & dont il se fait commerce dans l'Europe ; encore n'a-t-on fait choix que des salines les plus considerables, y en ayant beaucoup d'autres en divers endroits.

Il seroit trop long & peut-être assez inutile d'ajoûter tant d'autres salines considerables qui se trouvent dans l'Asie, l'Afrique & l'Amerique, dont parlent les Histoires & les Relations ; mais pour donner du moins une idée de quelques-unes de ces salaines étrangeres, on va dire quelque chose de l'étang salé qui se trouve dans la Nouvelle Espagne, assez près du Havre de Saline.

Cet étang appartient à la Ville de Campéche, située dans le Jucatan, Province de la Nouvelle Espagne. Il est assez proche de la mer, & pas bien loin du Port que de son nom on appelle le Havre de Saline, qui est à vingt lieues de Campéche sur la même Côte.

L'eau de cet étang se cristalise par la seule ardeur du soleil, & vers les mois de Mai & de Juin acheve de se gréner & de se réduire en sel.

Lorsque les Habitans de Campéche croyent le sel assez gréné, ils en font avertir les Indiens de leur dépendance, & les séparant en plusieurs escouades de quarante & cinquante familles, qui se relevent toutes les semaines, ils les envoyent ramasser ce sel, dont ils font au bord de l'étang de grands & hauts monceaux en forme pyramidale, assez semblables aux meules de foin qu'on éleve dans les prairies de quelques Provinces de France, pour y passer l'hyver.

Ces monceaux achevés, on les couvre entiérement de roseaux & d'herbe séche, & en y mettant le feu on brûle toute la superficie des meules; ce qui leur fait une croûte noire & épaisse, qui résiste aux plus grandes pluies, & qui conserve le sel qui est au dedans tout-à-fait sec, sans qu'il puisse être endommagé d'aucune intemperie de l'air.

Ces sels se consomment en partie dans la Province, en partie dans les Ports de la Baye de Mexique, particuliérement dans ceux d'Alvarado & de Tompres, deux Villes dans lesquelles il se fait un grand négoce de poisson salé, & où les Habitans de Campéche transportent leurs sels dans des barques & autres bâtimens qu'ils en vont charger au Havre de Saline.

Maniere de faire du Sel dans le Royaume d'Asem.

Les Habitans du Royaume d'Asem pour suppléer au défaut du sel qui leur manque, en font de deux sortes d'artificiel, qu'ils employent aux mêmes usages que les sels naturels.

Pour faire le premier, on ramasse cette matiere verdâtre qui se trouve sur les eaux dormantes, on la fait sécher, & on la brûle, & les cendres qui en viennent étant bouillies & passées, leur tiennent lieu de sel; mais il n'y a guéres que les petites gens qui en usent.

L'autre sel qui est incomparablement meilleur, se fait avec les feuilles de cette plante qu'on nomme aux Indes, Figuier d'Adam. Lorsque ces feuilles ont été séchées, & ensuite brûlées, on en met les cendres dans de l'eau pour adoucir leur âcreté; après qu'elles ont été remuées pendant douze ou quinze heures, on passe cette eau trois fois à travers un linge, & on la fait bouillir; à mesure qu'elle bout le fond devient épais: & quand elle est consommée, on y trouve, pour sédiment, un sel blanc & assez bon.

Commerce du Sel.

Le commerce du sel se fait différemment suivant la diversité des Etats & des lieux où il se fabrique, & d'où il se tire.

Presque par-tout le Proprietaire des Salines est le maître de son sel, & le débite comme les autres Marchands font leurs marchandises & denrées, en payant les droits dûs aux Souverains & aux Seigneurs des lieux où sont situées les salines. En France c'est bien le Proprietaire des marais salans, ou les Sauniers des sels blancs, qui en font le négoce; mais le trafic ne leur en est pas libre, ni par tout ni à toutes sortes de personnes.

Les Sauniers des sels blancs de Normandie, qu'on appelle Sels de Bouillon, ne peuvent vendre leurs sels qu'aux Habitans des Paroisses spécifiées par le titre 14 de l'Ordonnance des Gabelles. Il y a même des salines marquées dans le même titre, dont les Sauniers sont tenus de porter leurs sels chaque semaine; & même de jour à autre, dans un magasin fermé à deux clefs, dont l'une demeure au Commis, & l'autre au Saunier, & qui ne s'ouvre que les mercredis & les samedis en présence des Officiers des Greniers à sel.

A Brouage, Marans, l'Isle de Ré & le Comté Nantois, les Proprietaires des marais salans vendent leurs sels à l'Adjudicataire de la Ferme des Gabelles sur un pied fixé par les Arrêts du Conseil, & aux Etrangers suivant le prix courant que regle la bonne ou mauvaise recolte des sels; mais, pour éviter la fraude, avec de grandes précautions marquées dans plusieurs articles de la même Ordonnance.

Dans les Provinces & lieux qui ne sont pas privilegiés, tout le commerce du sel se fait par l'Adjudicataire de la Ferme, & chaque Particulier est obligé de s'en fournir à ses greniers.

Les Greniers à sel sont de deux sortes, ceux de vente volontaire, & ceux d'impôts. On appelle Greniers de vente volontaire, les Greniers où chacun va acheter du sel, & autant qu'il en veut, & quand il lui plaît. Les Greniers d'impôts sont ceux où l'on est obligé d'aller prendre la quantité de sel pour laquelle on a été employé dans les rôles dressés de cinq ans en cinq ans par les Asseeurs & Collecteurs nommés à cet effet par les Habitans des Paroisses où le sel d'impôt a lieu.

Outre les Greniers où se vend le sel de la Ferme, il y a aussi des Regrattiers, soit de sel blanc, soit de sel gris, suivant les lieux où ces sels ont cours; mais c'est l'Adjudicataire qui les commet, & qui en répond civilement; & ce n'est seulement que du sel gabelé qu'ils peuvent vendre & débiter.

Le sel sur les marais salans se vend en gros, à la charge & au muid, & se débite en détail au boisseau & au minot. Dans les Greniers à sel la distribution s'en fait au minot, demi-minot & quart de minot. Il a été néanmoins permis depuis le commencement du dix-huitiéme siécle d'en lever dans celui de Paris, même jusqu'au demi-quart de minot.

Le sel à petite mesure que vendent les Regrattiers de Paris, se débite au boisseau, demi-boisseau, quart & demi-quart de boisseau, au litron, demi-litron, quart de litron & mesurette. Dans les autres Greniers les petites mesures sont le litron, & au dessous. Celles de Paris doivent être étalonnées sur les matrices de fonte déposées au Greffe de l'Hôtel-de-Ville; ailleurs sur les modéles gardés dans les Greniers à sel.

Par le Tarif de 1664, le sel paye de droit de sortie 25 s. par muid mesure de Paris, & d'entrée 18 liv. aussi du muid, pour celui entrant dans les Villes de Boulogne, Montreuil & autres Ports & Havres de Picardie & Normandie, 3. liv. aussi par muid pour celui qui entre par la riviere de Loire, pour être déchargé en Anjou; & 40 s. pour celui entrant par la même riviere & celle de Mayenne, pour être déchargé dans quelque Pays que ce soit. Les sels pour la fourniture des Greniers de la Ferme des Gabelles sont exempts de tous droits.

En Hollande, particuliérement à Amsterdam, le sel se vend au cent, le cent contenant quatre cens quatre mesures ou schepels, pesant sept lastres, quatorze tonneaux de France, ou deux cens huit sacs. L'achat s'en fait en livres de gros plus ou moins suivant le tems. La guerre en augmente beaucoup le prix.

Le cent de sel qui se prend par les Hollandois à Marans, Brouage, la Tremblade, la riviere de Sudre, la Rochelle & l'Isle de Ré, est composé de vingt-huit muids ras, & le muid de vingt-quatre boisseaux; lequel cent de sel rend à Amsterdam onze lastres & demi de vingt-trois tonneaux.

Les sels de ces endroits sont estimés beaucoup davantage par les Hollandois, que ceux d'Oleron & de Mornac; parce qu'étant plus pesans, ils rendent plus de lastres dans les Pays Etrangers.

ÆTAT DE CE QUE CHAQUE MUID DE sel produit à Bourdeaux, & de leur difference.

On ne parle ici que des sels qui s'amenent à Bourdeaux, & dont les deux Contrôleurs aux mesurages des sels de cette Ville, sont obligés de tenir Registre.

Chaque muid de sel de Soulac, produit à Bourdeaux trois pipes de sel; la pipe composée de six mines, chaque mine de deux quintaux, 40 liv. ou environ.

Chaque muid de sel de Sude, produit une pipe $\frac{1}{2}$.

Chaque muid de sel de Meché, produit trois pipes.

Le muid de sel d'Oleron produit trois pipes.

Le muid de sel de Brouage produit une pipe & demie.

GRENIER A SEL. C'est le dépôt public où l'Adjudicataire de la Ferme Royale du sel le conserve & le distribue. C'est aussi la Jurisdiction établie dans les lieux de ces dépôts, pour juger des contraventions á l'Ordonnance, & maintenir les droits du Roi. *Voyez* GABELLE.

SEL GRIS. C'est du sel tel qu'il se ramasse sur les marais salans.

SEL BLANC. C'est celui qui a été fait d'eau de mer ou d'eau tirée des fontaines & puits salés, en la faisant bouillir & évaporer sur le feu. On fait aussi du sel blanc en rafinant les sels gris. *V. ci-dessus.*

SEL GABELLE'. C'est le sel qui étant demeuré deux ans en masse dans les Greniers, s'y est comme perfectionné & est en état d'être débité au public.

SEL DE GABELLE. C'est celui qui se prend au Grenier à sel, & qui s'y distribue par les Officiers & Commis aux heures, aux jours & de la maniere marquée par l'Ordonnance.

SEL BOUILLON. C'est le sel blanc qui se fait dans quelques Elections de Normandie.

SEL GRAINE'. C'est celui qui est en gros grains, soit que ce soit l'ardeur du soleil ou celle du feu qui l'ait réduit en grain.

SEL DE FAUX-SAUNAGE, ou FAUX SEL. C'est le sel qu'on fait entrer & qu'on débite en fraude dans les Provinces de France qui ne sont pas privilegiées, & qui sont obligées de prendre leurs sels dans les Greniers du Roi. *Voyez* GABELLE & FAUX-SAUNAGE.

On appelle aussi Faux Sel celui que l'on fait entrer en France des Pays Etrangers; l'Adjudicataire des Gabelles n'en a pas même le droit, il ne lui est permis d'en faire venir que dans le tems de disette des sels du Royaume, & seulement après en avoir obtenu du Roi permission par écrit.

FERME DU SEL, qu'on appelle aussi FERME DES GABELLES. C'est le bail qui se fait par le Roi à des particuliers pour certain nombre d'années & sous certaines conditions, du droit de vendre du sel privativement à tous autres dans plusieurs Provinces du Royaume, soit dans les Greniers de vente volontaire, soit dans les Greniers d'Impôt; cette ferme, de même que les autres Fermes du Roi, se donne à un Adjudicataire qui n'est qu'un prête-nom, & dont les véritables Fermiers sont les cautions.

SEL D'IMPOST. C'est la quantité de sel que chaque chef de famille est obligé de prendre au Grenier [illegible] les ans pour l'usage du pot & saliere seule[illegible], à laquelle il est imposé suivant le rôle dressé par les Asséeurs; cette quantité est évaluée à un minot pour quatorze personnes. Le sel d'Impôt ne peut être employé aux grosses salaisons.

VACHES DE SEL. On appelle ainsi en Poitou ces monceaux de plusieurs milliers de muids de sel qu'on éleve en forme de meules de foin pour achever de le sécher & en attendant la vente. *Voyez ci-dessus où il est parlé de la maniere de faire le sel marin.*

SEL D'ESTAIN. *Voyez* ESTAIN.

SEL D'ENFER. Nom que les Chymistes donnent au Salpêtre. *Voyez* SALPESTRE.

SEL DE TARTRE.
SEL VEGETAL, ou TARTRE SOLUBE.
SEL VOLATIL DE TARTRE. } *Voyez* TARTRE.

SEL DE VERRE. *Voyez* AXUNGE *ou* FIEL DE VERRE.

SEL ARMONIAC. *Voyez* ARMONIAC.

SEL GEMME. *Voyez ci-dessus le paragraphe de l'article des Sels où il est parlé du Sel terrestre & fossile.*

SEL NITRE. *Voyez* NITRE. *Voyez aussi* SALPESTRE.

SELERAN. Terme de Papeterie. *Voyez* SALERAN.

SELING. Poids & monnoye dont on se sert & qui a cours dans le Royaume de Siam; il se nomme Mayon en Chinois. *Voyez* MAYON.

SELLE. Espece de petit siege rembouré qu'on met sur le dos des chevaux pour la commodité des personnes qui les montent. Il y a de bien des sortes de Selles, comme des Selles à piquer, des Selles razes, des Selles à l'Angloise, des Selles à l'usage des Dames, &c. mais n'étant point du projet de ce Dictionnaire, on ne s'arrête pas à en faire la description qu'on peut voir ailleurs; la mention qu'on en fait ici n'est que par rapport aux deux Communautés d'Artisans qui en ont emprunté leurs noms, & pour en fixer les droits.

Les Selles pour cheval garnies de velours en broderie d'or ou d'argent, ou enrichies, payent les droits de sortie à raison de six pour cent de leur valeur suivant l'estimation.

Les Selles garnies de velours, 20 *s. de la piece.*

Et les Selles simples pour cheval, 6 *s. aussi de la piece.*

SELLE A PONCER. Se dit chez les Parcheminiers d'une maniere de forme ou banquette, couverte d'une toile rembourée, sur laquelle ils poussent le parchemin après qu'il a été raturé sur le sommier. *Voyez* PARCHEMIN.

SELLE. C'est aussi un petit banc ou siege de bois. On appelle la Selle d'un Sculpteur un petit escabellon à trois pieds, haut de trois ou quatre pieds, sur lequel il travaille ses modeles, & où il les met pour les avoir devant lui quand il les fait en grand.

SELLE. Les Cordonniers, Savetiers, Bourreliers & autres tels Ouvriers en cuir, ont de petites Selles rondes à trois pieds sur lesquelles ils sont assis quand ils cousent leurs ouvrages avec l'alaine.

Les Selles de bois payent en France les droits d'entrée à raison de 10 s. du cent pesant, conformément au Tarif de 1664.

SELLETTE. Petite Selle. C'est aussi un terme de Charpentier, qui signifie cette piece de l'engin sur laquelle posent les deux liens du fauconneau. *Voyez* ENGIN.

Les Vanniers donnent aussi ce nom à une espece d'instrument ou d'établi dont ils se servent pour tourner les paniers. Il est fait d'une forte planche de bois de chêne, longue de deux pieds & d'un pied de large, soutenue dans sa longueur, mais d'un seul côté, de deux petits pieds aussi de bois, de deux ou trois pouces de haut seulement, ensorte que la sellette va en penchant sur le devant. L'Ouvrier qui travaille se tient derriere assis ou à genoux sur le grand établi de l'attelier. *Voyez* VANNIER.

SELLIER. Ouvrier ou Marchand qui fait ou qui vend des selles. Il y a à Paris deux Communautés de Maîtres Selliers. Les uns s'appellent Selliers-Bourreliers, & les autres Selliers-Lormiers-Carrossiers. On ne traitera dans cet article que des derniers, les autres étant renvoyés à celui des Bourreliers.

Les anciens Statuts des Selliers-Lormiers-Carrossiers de la Ville, Fauxbourgs & Banlieue de Paris, sont les mêmes que ceux des Eperonniers dont les Selliers se sont séparés vers le milieu du dix-septiéme siécle. *Voyez* EPERONNIERS. *On y rapporte tout ce qui concerne cette désunion.*

Ils furent réformés & confirmés par Lettres Patentes d'Henry III. données au mois de Février 1577. Et encore depuis par celle d'Henry IV. du mois de Novembre 1595. Les grands changemens arrivés dans le métier de Carrossier, à cause des nouveaux ouvrages inventés depuis près d'un siécle pour la commodité publique, firent penser aux Maîtres de cette Communauté sous le Regne de Louis XIV. de dresser des Statuts plus conformes à l'usage moderne; ce qu'ils firent en cinquante-cinq articles, sur lesquels ils obtinrent des Lettres en datte du mois de Juin 1650: mais ne les ayant point encore trouvés dans leur perfection, & les ayant de nouveau réformés & réduits en quarante-huit articles, ils furent vûs & approuvés par les Lieutenant de Police & Procureur du Roi du Châtelet, le 6 Juin 1678, autorisés par Lettres Patentes du mois de Septembre de la même année, & enregistrés au Parlement le 20 Janvier 1679.

Non-seulement les nouveaux Statuts contiennent ce qui est de la discipline de cette Communauté, mais ils entrent aussi dans un grand détail de tous les ouvrages & Marchandises qu'il est loisible aux Maîtres Selliers de fabriquer & de vendre.

Pour ce qui est de la discipline elle est confiée à quatre Jurés, qui ont aussi le nom de Gardes, de deux desquels l'élection se fait tous les ans le lendemain de la Translation de saint Eloy, Patron de la Communauté.

Aucun ne peut être élû Juré qu'il n'ait pour le moins dix ans de maîtrise, & d'établissement en boutique. Les visites des Jurés se font de deux mois en deux mois; mais les anciens Bacheliers qui ont passé par la Jurande, & leurs veuves si elles tiennent boutique, ne payent point le droit dû pour la visite.

Les Apprentifs dont chaque Maître ne peut avoir qu'un à la fois, doivent être engagés pour six ans, permis pourtant d'en engager un second après les quatre premieres années de l'apprentissage du premier.

Nul Apprentif ne peut être Maître qu'après avoir encore servi quatre autres années de Compagnon, & avoir fait chef-d'œuvre. Pour les Fils de Maîtres, ils ne sont obligés qu'à une expérience. Le chef-d'œuvre des uns est de charpenter de leurs mains & en présence des Jurés, un arçon à corps, & de le garnir d'armures devant & derriere. L'expérience des autres est seulement de garnir une Selle raze.

Les ouvrages & marchandises permis d'être fabriqués & vendus par les Maîtres de cette Communauté, & interdits aux autres, sont, les coches, chars, chariots & caleches garnis & couverts, tant en dedans qu'en dehors, de telles étoffes qu'il leur est ordonné, ou qu'ils le jugent à propos, montés ou non montés sur leur train, dont ils peuvent couvrir les harnois, soupentes, chaînettes, courroyes, &c. Des litieres ordinaires, litieres à bras & bricolles, avec les selles & harnois servant ausdites litieres; enfin toutes autres voitures portantes & roulantes. Toutes sortes de coussinets de poste, garnis de leur valisson, coussinets de trousse, malles, porte-manteaux, tant de cuir que de drap, poches grandes & petites à porter hardes, argent ou vaisselle; toutes especes de couvertures de drap, de cuir, toile cirée, treillis, &c. tant pour chevaux de carosses que de selle, chariots, fourgons, &c. fourreaux de pistolets, chaperons, bourses, faux-fourreaux, housses de toutes façons, caparassons brodés ou non brodés, bats François & autres pour mulets & chevaux; selles de toutes sortes à piquer à la Hollandoise, selles razes à l'Angloise & selles à femmes. Il leur appartient aussi de faire toutes sortes de couvertures de chevaux, de mulets, d'imperiales de carrosses & de sieges de cochers, de telle richesse & avec tels ornemens & broderies qu'il est nécessaire pour les Entrées, Carousels & autres cérémonies, & pareillement toutes banderolles de tymbales, guidons & étendars, même de fournir les chariots des pompes funebres, avec les couvertures de velours croisés de drap d'argent ou autres étoffes, tant pour le charoit & le cercueil, que pour les chevaux. Enfin il leur est permis de faire & vendre tous ouvrages de Lormerie, Ferrerie & non autres, comme filets, massigadous, cavessons, cavessines, lunettes, mords, étriers, &c. Eperons ou simples ou garnis d'or & d'argent, &c.

Le Métier des Selliers-Lormiers ayant beaucoup de connexité avec celui des Coffretiers-Malletiers, l'article 32 des Statuts des premiers, veut que les Jurés Coffretiers n'ordonnent aucun chef d'œuvre ou experience, même n'aillent en visite, & ne fassent aucune saisie s'ils ne sont accompagnés des Jurés Selliers-Lormiers. Et par le 33 il est permis à ceux-ci de travailler & tenir boutique ouverte à Paris de Coffretier-

Mallctier, en faisant seulement une experience ordonnée par leurs propres Jurés, mais en présence des Jurés Coffretiers mandés en la Chambre de la Communauté des Selliers.

SEM

SEMAINES. C'est ainsi que l'on désigne dans les Statuts des Maîtres Chirurgiens Jurés de Paris, le tems que ceux des Aspirans, qui sont admis au grand chef-d'œuvre, doivent employer à faire preuve de leur suffisance & capacité.

Chaque semaine est composée de six jours & demi, & l'Aspirant doit quatre semaines: la premiere pour l'Ostéologie; la seconde de l'Anatomie; la troisiéme des Seignées, & la quatriéme des Médicamens.

La moitié des médicamens que fait l'Aspirant pendant cette derniere semaine, reste au Bureau pour être employés au pansement des pauvres. *Voyez* CHIRURGIEN.

SEMAQUE. Vaisseau à un mast, qui navige dans les rivieres de Hollande, & qui sert à alleger les gros vaisseaux qui sont trop chargés de marchandises, ou à les y porter quand on travaille à les mettre en charge.

SEMELLE. Piece de bois qui se place de champ sous une autre qui est à pied droit pour l'élever ou la soutenir.

On appelle les semelles d'un tour deux pieces de bois d'équarrissage, sur lesquelles sont posés d'aplomb chacun des deux jambages; ce sont elles aussi qui soutiennent les quatre liens à contrefiches qui servent à les affermir. *Voyez* TOUR.

Les Tourneurs & les Potiers d'Etain donnent pareillement ce nom aux deux pieces qui servent au même usage dans les roues avec lesquelles ils tournent leurs grands ouvrages. *Voyez* ROUE.

SEMENCE. Ce qui sert à la production & conservation de l'espece, tant parmi les hommes & les animaux, que dans les arbres, les fleurs & les plantes. Il y a même d'habiles Physiciens qui soutiennent, & peut-être assez probablement, que jusques aux pierres, aux marbres, aux minéraux, & aux métaux, tout se produit & se perpetue par le moyen des semences convenables à leur nature.

On donne ordinairement le nom de Graine à la plupart des semences qui viennent des arbres, des fleurs & des plantes, soit qu'elles soient propres à la médecine, soit qu'on s'en serve au jardinage ou à ensemencer les terres de la campagne.

Le commerce de toutes ces graines & semences qui est très considérable en France, & particulierement à Paris, se fait en partie par les Epiciers-Droguistes, en partie par quelques Marchands Merciers, & en partie par les Maîtres & Maîtresses Grainiers & Grainieres. Ce sont les premiers & les derniers qui en font le plus grand négoce; ceux-ci des semences de jardin; ceux-là des semences que la médecine met au nombre de ses drogues, soit qu'elles viennent du dehors, soit qu'elles croissent dans les diverses Provinces du Royaume.

Les semences potageres sont en si grand nombre & si connu, qu'il seroit assez inutile de les rapporter ici. A l'égard des semences qui sont du nombre des drogues médecinales, on traite amplement dans plusieurs articles de ce Dictionnaire & dans leur ordre alphabetique, de celles qui viennent des Pays étrangers, particulierement du Levant, de l'Orient & de l'Amérique; ce qu'on fait aussi de celles qui servent à la teinture & à ensemencer les terres, sur tout des graines qui viennent de la mer Baltique.

Parmi les semences des Jardins, il y en a quatre que l'on nomme Semences froides, qui sont celles de la Citrouille, de la Courge, du Melon & du Concombre; & quatre autres à qui on donne le nom de Semences chaudes, qui sont celles d'Anis, de Fenouil, de Cumin & de Carvi.

Quoiqu'il y ait en France, & presque dans toutes les Provinces, quantité de ces graines qu'on appelle les quatre semences froides; c'est cependant d'Italie, ou du moins de la Touraine, que les Epiciers-Droguistes de Paris ont coutume de les faire venir, d'où ils les tirent, quelquefois toutes mondées, & quelquefois encore dans leurs coques. La bonne qualité de ces semences consiste en ce qu'elles soient nouvelles; c'est-à dire, de l'année, pesantes, séches, & qu'elles ne sentent ni le rance, ni le moisi.

L'usage des quatre semences froides est pour faire des émulsions, des boissons rafraichissantes, de la pâte à laver les mains, & de l'huile que les Dames croyent bonne à conserver & embellir leur teint.

Les quatre Semences froides payent en France de droits d'entrée 25 s. du cent pesant. On peut voir les droits d'entrée & de sortie des semences de jardin, à l'article des Graines; & ceux des Graines ou Semences qui sont du nombre des drogues, ou qui sont propres a ensemencer les terres, a leurs propres articles.

Outre les quatre Semences froides il y a quelques autres drogues qui sont aussi tariffées sous le nom de Semences. De ce nombre sont la semence de Sauge, la semence de Venic, la semence de Ben. *Voyez* SAUGE, VENIC & BEN.

Par le Tarif de 1664, la semence de Sauge paye 25 s. du cent pesant, & celle de Venic 50 s.

Et par celui de la Douane de Lyon, la premiere paye du quintal 2 liv. 3 s. 4 d. & la seconde 56 s. 6 den.

SEMENCE DE PERLES. C'est le nom que l'on donne aux Perles les plus menues. *Voyez* PERLES *vers la fin de l'article.*

La semence de Perles paye en France les droits d'entrée, suivant le Tarif de 1664, a raison de soixante s. la livre pesant.

Les droits de la Douane de Lyon sont de 10 s. l'once.

SEMENCINE. } *Voyez* { BARBOTINE.
SEMEN CONTRA.

La Semencine ou Semen Contra paye 15 liv. du quintal pour les droits de la Douane de Lyon, elle paye aussi les vingt pour cent ordonnés par l'Arrêt du 15 Août 1685, comme drogue venant du Levant.

SEMEN DANCI. *Cette drogue paye en France les droits d'entrée a raison de 50 s. le cent pesant, suivant le Tarif de 1664.*

SEMEN CARTAMI. *Cette drogue n'est point tariffée, & doit payer cinq pour cent de sa valeur, avec les vingt pour cent, ordonnés par l'Arrêt du 15 Août 1685, pour les marchandises venant du Levant.*

SEMI-PITE. C'est la plus petite des monnoyes de compte dont on se sert en France. Elle fait la huitiéme partie d'un denier tournois, ou le quart de la maille ou obole, ou la moitié d'une pite. *Voyez* MAILLE.

SEMITE. Sorte de toile de coton qui se fabrique à l'Isle de Siphanto dans l'Archipel. C'est la moindre des deux especes de toile qui s'y font. L'autre s'appelle Demite. *Voyez* SIPHANTO.

SEMORAC. Drogue dont il est parlé dans le Tarif de la Douane de Lyon de 1632.

Le Semorac y paye 3 s. 9 den. du quintal d'ancienne taxation, un s. 4 d. de la nouvelle réappréciation, 4 s. pour les anciens quatre pour cent, & pour leur augmentation 2 s.

SEMPITERNE ou PERPETUANNE. Espece d'étoffe de laine croisée dont la qualité a du rapport à celle d'une serge sommiere, de laquelle le poil n'a point encore été tiré: elle se fabrique ordinairement en Angleterre, particulierement à Colcester, à Excester, & aux environs de ces lieux; elle a trois quarts de large, & vingt aunes ou environ de long, mesure de Paris.

Les Sempiternes sont pour la plupart destinées pour l'Espagne & pour l'Italie, mais plus particulierement pour l'Espagne, où il s'en envoye beaucoup. On en fabrique depuis quelques années dans les Manufactures de France à l'imitation de celles d'Angleterre, comme à Montpellier, à Nismes, à Castres, & en d'autres Villes du bas Languedoc. Il s'en fait aussi à Beauvais qui sont très estimées à Cadix, où les Marchands François les envoyent toutes teintes de differentes couleurs.

En Espagne on ne les appelle que Sempiternes comme qui diroit de longue durée. En France & en Angleterre on les nomme indifféremment Sempiternes ou Perpetuannes. Les Marchands de Languedoc envoyent quantité de ces Sempiternes en Italie sous le nom de Serges Imperiales, qui sont un peu plus fines que celles destinées pour l'Espagne. Quoi qu'il en soit, & quelque nom que l'on puisse donner à cette sorte d'étoffe, ce n'est toujours, ainsi qu'il a été dit, qu'une serge ou étoffe croisée, à peu près semblable à la serge sommiere, si ce n'est qu'elle n'a point été tirée à poil. *V.* SERGE *à l'endroit de l'article où l'Arrêt du Conseil du 25 Août 1705, qui fixe la largeur de cette sorte d'étoffe, est rapporté.*

Les pieces de Sempiterne de Beauvais ne doivent avoir que vingt aunes de long. Les Drapiers & Sergiers de cette Ville ne laissoient pas d'en faire sur des chaînes à serges, qui au retour du foulon revenoient environ à vingt-quatre aunes, & pour se conformer au Reglement en coupoient l'excedent; ensorte que sur cinq pieces ils faisoient une sixiéme piece toute de coupons; mais un nouveau Reglement de 1711 a ordonné aux Façonniers d'ourdir exprès leurs pieces pour revenir à vingt aunes, & les pieces de coupons ont été absolument défendues.

Les Sempiternes destinées pour l'Amérique Espagnole, s'envoyent ordinairement par assortimens de quarante pieces; sçavoir, quinze pieces verd de perroquet, quinze pieces bleu céleste, cinq pieces musc & cinq pieces noires.

SEMPITERNILLE. C'est une espece de Sempiterne, mais moins fine. Il ne s'en fait guéres qu'en Angleterre. Les Anglois en envoyent en Espagne année commune pour deux cens vingt mille liv. qui passent presque toutes aux Indes Occidentales.

SEMUR, Ville de France de la Généralité de Bourgogne. Ses deux Fabriques d'étoffes de laine, l'une de draps, & l'autre de gros droguets, sont assez considérables. *Voyez* l'Etat gén. Tome I. page 124.

SEN

SEN. Mesure des longueurs & distances dont on se sert dans le Royaume de Siam.

Quatre sen font le jod, & vingt-cinq jods la roé-neug; c'est à-dire, la lieue Siamoise, qui contient un peu moins que deux mille de nos toises. Il faut vingt voua pour faire un sen, deux ken pour chaque voua, deux sok pour le ken, deux keubs pour le sok, douze nious pour le keub, & huit grains ou lignes pour chaque nious. Huit lignes de Siamois reviennent à neuf des nôtres; chaque ligne se mesure par un grain de ris entier, dont la premiere enveloppe n'a pas été brisée au moulin. *Voyez* KEN.

SENAGE. Droit qui se paye en quelques lieux de Bretagne, particulierement à Nantes, sur le poisson de mer frais, qui s'y amene pendant le Carême.

La Pencarte de la Prevôté de Nantes, porte que le Roi & Duc a droit de prendre & avoir sur chaque Vaisseau, amenant poisson frais venant de la mer, entrant & passant le Trepas de saint Nazaire, à commencer depuis le premier jour du Carême, jusqu'à la Vigile de Pâques, le plus beau poisson qui soit en chacun desdits Vaisseaux, après un poisson que pourra & peut choisir le Marchand ou Seigneur dudit poisson; & s'il n'y a audit Vaisseau plus d'un *marhon*, le Roi n'aura que 5 sols monnoye.

SENAU. Barque longue dont les Flamans se servent pour la course; elles ne peuvent porter que 20 ou 25 hommes.

SENDAIL, ou SENDAL. Bois médecinal. *Voyez* SANTAL.

SENE'. Est une drogue très connue. C'est cette feuille purgative que les Médecins pour la déguiser appellent quelquefois Feuille Orientale, & qu'ils employent souvent dans leurs compositions purgatives.

L'arbrisseau qui porte cette feuille se cultive en plusieurs endroits du Levant, & y croît de la hauteur de cinq à six pieds; il pousse des branches ligneuses, souples & garnies de feuilles rangées sur une côte simple; ses fleurs sont composées de cinq pieces de couleur jaune tirant sur l'oranger; elles donnent des fruits ou gousses verdâtres, applaties, courtes, larges, taillées en croissant & composées de deux cosses membraneuses qui renferment entr'elles dans des petites loges des semences qui ont la figure d'un pepin de raisin; on nomme ces gousses Follicules de sené, quelques Médecins les préferent aux feuilles de sené. Rarement voit-on dans les jardins en France ce sené qui y perit sans y donner de la graine, on y éleve plus aisément celui que l'on nomme Sené d'Italie; espece qui se seme tous les ans, & qui est commune aux environs de Florence. C'est une herbe haute d'un pied, & dont les feuilles sont charnues presque rondes & gluantes au goût; l'usage de ces feuilles en médecine est inférieur à celui du sené du Levant au rapport même des Italiens.

Le Pere Plumier a trouvé dans les Antilles une troisiéme espece de sené qui a ses feuilles plus longues que les précédentes, & plus étroites à proportion de leur grandeur ; il les compare à celles du troême.

Le sené de Moca a quelque rapport avec ce dernier sené par sa figure longue & étroite ; mais comme on n'en a pas vû le fruit, on ne peut assurer que le sené de Moca soit un vrai sené.

M. Blondel qui a été long-tems Consul de la Nation Françoise dans plusieurs Echelles du Levant, nous assure néanmoins que le vrai sené ne croît que dans les bois d'Ethiopie & en Arabie aux environs de Moca, qu'on ne l'achetoit autrefois qu'au Caire, & que celui qu'on tire de Seyde, de Tripoli, &c. y est apporté du Caire ou d'Arabie par des caravanes, ou d'Alexandrie par mer.

M. Lemery, & les Epiciers-Droguistes de Paris distinguent trois sortes de sené qui leur viennent toutes du Levant dans des balles qu'on appelle Couffes.

La premiere espece est le Sené qui vient de Seyde, qu'on nomme Sené de l'Appalte, du mot *Appalto*, qui en langue Franque & en Italien signifie Ferme ou Gabelle, les Douaniers du grand Seigneur faisant payer un droit assez considérable pour en permettre le transport.

La seconde espece est le Sené qu'on tire de Tripoli ou d'Alexandrie.

Et la troisiéme est une espece qu'on appelle Sené de Moca ou Sené à la Pique.

Le meilleur de ces trois sortes de sené est le Sené de Seyde qu'il faut choisir (suivant l'opinion de Pomet dans son Histoire générale des drogues) en feuilles étroites d'une moyenne grandeur & en forme de fer de pique, d'une couleur verd pâle, d'une odeur pénétrante, doux à manier, le plus entier qu'il se peut, sans feuilles mortes & sans mélange d'autres corps étrangers.

Le sené de Tripoli a le second rang en bonté ; sa difference d'avec celui de Seyde consiste dans sa couleur qui est très verte, dans son odeur qu'il a très foible, & dans une certaine âpreté ou rudesse qu'on remarque en maniant ses feuilles : les follicules de sené qu'on tire des mêmes endroits, pour être bonnes doivent être épaisses, grandes, d'une couleur verdâtre, & que leurs semences soient grosses & bien nourries.

Pour le sené qu'on nomme Sené de Moca ou Sené à la Pique, c'est le moins estimé de tous.

Outre ces trois sortes de sené & leurs follicules, les Marchands Epiciers & Droguistes vendent encore le grabeau ou poussiere qui se trouve au fond des balles, ce qui est une assez mauvaise marchandise, mais qui l'est assurément moins que ce que l'on appelle Ourdon ou petit Sené, que vendent aussi les Colporteurs, qui n'est qu'une certaine plante sans vertu, mise par hazard dans les balles, ou peut-être exprès pour en augmenter le poids ; souvent même au lieu de cet ourdon tout mauvais qu'il est ils substituent de simples feuilles du baguinaudier séchées & hachées pour lui donner la ressemblance de cette drogue.

Le Perou a aussi son sené, & l'on trouve une plante dans le Chilly qui non-seulement ressemble au vrai sené de Seyde par ses tiges, ses feuilles & ses fleurs, mais qui en a encore la vertu purgative ; les Indiens l'appellent Uno Perquen. C'est de cette drogue dont on se sert à San-Jago & presque dans tout le Chilli au défaut du Sené de Levant qui y est très-rare & très-cher.

L'on emploie en France, surtout en Languedoc & en Provence, deux plantes qui ne ressemblent en rien au sené du Levant : les Botanistes nomment l'une *Gratiola* ou *Gratia Dei*, & l'autre *Alypon montis Ceti*, autrement Turbit blanc ; mais leurs vertus sont fort differentes ; la premiere fait vomir & l'autre purge violemment.

Le Sené de Levant de toute sorte paye en France les droits d'entrée à raison de 8 liv. le cent pesant conformément au Tarif de 1664.

Les droits de la Douane de Lyon sont de 13 s. 3 d. le quintal d'ancienne taxation, 16 s. 8 den. le nouvelle réapreciation, 40 s. pour les anciens quatre pour cent, & la même somme pour leur augmentation.

Cette drogue est du nombre des marchandises venant du Levant, sur lesquelles il doit être levé vingt pour cent, en conséquence de l'Arrêt du 15 Août 1685.

Le sené se vend à la livre à Amsterdam & tare au poids. Ses déductions sont de deux pour cent pour le bon poids, & d'un pour cent pour le promt payement : son prix est depuis 10 sols, jusqu'à 12 sols la livre.

SENE' GREC. *Voyez* SENEGRE'.

SENEGAL. Pays aux environs de la riviere de même nom, en Afrique. *Voyez* ce qui est dit des differentes Isles que forme cette riviere, des Habitations que les François y ont, & du commerce qu'ils y font, dans l'Etat général, Tome I. pag. 371 *& suiv.*

SENEGRE'. Plante dont la graine qui porte le même nom, est propre à la teinture, entre dans la Medecine, & sert à engraisser les bestiaux ; c'est ce qu'on appelle proprement Fenugrec. *Voyez* FENUGREC.

Le senegré que le Tarif de la Douane de Lyon nomme improprement Sené Grec, paye en France les droits d'entrée à raison de 10 s. le cent pesant suivant le Tarif de 1664.

Les droits de la Douane de Lyon sont de 2 s. 4 d. d'ancienne taxation, autant pour la nouvelle réapréciation, 3 s. 4 d. pour les quatre pour cent, & 4 s. 2 d. pour leur augmentation.

SENEVE'. Plante qui produit la graine que l'on appelle communément Graine de moutarde.

Il y en a de trois sortes ; le Senevé sauvage, celui des jardins, & un autre qui tient le milieu entre les deux. Les senevés des deux dernieres especes se sement ; celui des jardins a la graine noire, & l'on en fait la composition qu'on appelle de la Moutarde ; la graine de l'autre est blanche & il a les feuilles comme la roquette.

Les Maîtres & les Maîtresses Grainiers & Grainieres ne peuvent faire amener de senevé ou pouluré (Graines propres à faire la moutarde) ni les exposer en vente, que les Jurés de la Communauté des Vinaigriers-Moutardiers ne les ayent visités.

Ils ne peuvent pareillement acheter des Marchands Forains arrivant à Paris, & y amenant de ces deux graines, que les Maîtres Vinaigriers ne s'en soient pourvûs. *Voyez* MOUTARDE *&* VINAIGRIERS, *& dans ce dernier article les 17 & 18 des Statuts de cette Communauté.*

Le senevé sert à préparer les peaux de chagrins ou celles des autres animaux qu'on passe en chagrin. *Voyez* CHAGRIN.

La graine de moutarde paye d'entrée 20 s. le septier mesure de Paris, & 26 s. de sortie, c'est-à-

dire, sur le pied des graines de jardins, suivant le Tarif de 1664.

Cette graine paye à la Douane de Lyon 3 s. du quintal d'ancienne taxation, & 1 s. pour la nouvelle réapréciation.

SENLIS, Ville de France dans le Duché de Valois. Elle est du Département de l'Inspecteur des Manufactures établi à Beauvais. Il s'y fait quelques serges assez grossieres. *Voyez* l'Etat général, Tome I. p. 18.

SENS, Ville de France en Bourgogne. Ses Fabriques consistent en draps, & en droguets fil & laine. *Voyez* l'Etat gén. Tome I. p. 126.

SENSAL, qu'on écrit plus ordinairement Censal.

C'est ce qu'on appelle en Provence, dans quelques endroits d'Italie, & dans les Echelles du Levant, & ce qu'on nomme ailleurs un Courtier. *Voyez* CENSAL.

Tout le commerce de Ligourne se fait par la voie des Sensaux, ce sont eux qui font les partis, comme on dit en cette Ville, c'est-à-dire, les négociations entre Marchands. Leurs journaux sur lesquels ils sont obligés de les enregistrer sont crûs en Justice, & c'est sur leurs registres qu'en cas de contestation sont jugées toutes les affaires mercantilles qui passent par leurs mains.

Ces Sensaux qui sont tous Italiens ou Juifs, payent un droit annuel au grand Duc à proportion des affaires qu'ils ont fait pendant le cours de l'année, suivant la taxe qui en est arrêtée, par deux Notables Bourgeois de la Ville. Cette regle cependant est souvent mal observée; d'ailleurs la taxe est toujours facilement augmentée & rarement diminuée, aussi arrive-t-il quelquefois que ceux qui ne la peuvent soutenir sont obligés de renoncer au métier.

SENTAL. Espece de bois propre à la médecine, qui est apporté des Indes Orientales. *Voyez* SANTAL.

SENTENE. Terme de commerce de fils. C'est l'endroit par où l'on commence à devider un écheveau; ce qui fait la sentene sont les deux bouts du fil liés ensemble & tortillés sur l'écheveau.

SENTINE. Sorte de grand Batteau ou Chaland dont on se sert en Bretagne pour la voiture des sels sur la riviere de Loire.

Par le Chapitre VI. de la Pencarte de la Prevôté de Nantes, il est dû au Roi sur le sel montant la riviere de Loire en Chalands ou *Sentines*, 21 sols 3 den. pour chaque muid mesure Nantoise, à compter cinquante-deux quartaux Nantois par muid.

SEP

SEPARATION de biens entre mari & femme. C'est une espece de partage ou de division de biens qui se fait entre eux, lequel emporte toujours avec soi une dissolution de Communauté, tant pour le passé que pour l'avenir.

Il sembleroit d'abord que dans un Dictionnaire qui ne parle que de Commerce il devroit être inutile de faire mention des séparations de biens, d'autant qu'elles ont plus de rapport au Droit & aux Coutumes; mais à cause que parmi les Marchands, Négocians & Banquiers elles sont assez fréquentes, & qu'il en est même parlé expressément dans l'Ordonnance de 1673, on a jugé à propos d'en faire un article.

Comme il n'arrive que trop souvent que les maris par leur conduite déreglée ou par des accidens imprévûs, font mal leurs affaires, il ne seroit pas raisonnable que les biens de leurs femmes fussent confondus avec le leur, & que la ruine des uns fut cause de celle des autres; c'est la raison pour laquelle les séparations de biens entre maris & femmes ont été introduites.

La séparation de biens doit être ordonnée en Justice, car lorsqu'elle est simplement volontaire elle est contre l'honnêteté publique, & peut-être faite au préjudice de la Communauté, parce que si la Communauté est considérable, la femme qui a dessein de faire de l'avantage à son mari, n'a qu'à consentir une séparation; c'est pour cela qu'on juge ordinairement que les séparations qui sont faites par une transaction ou même consenties en Justice, sont nulles.

Il faut que les séparations soient ordonnées en connoissance de cause, c'est pourquoi il est nécessaire que la femme prouve la dissipation par des titres, supposé qu'elle en puisse recouvrer, comme des saisies des biens de son mari à la requête de ses créanciers, des contrats de vente de ses immeubles, plusieurs entreprises & engagemens capables de le ruiner, &c. Et comme il n'est pas toujours facile à une femme de trouver des preuves par écrit de la dissipation de son mari, elle peut, manque de titres, en faire la preuve par témoins; & si le mari ne demeure pas d'accord de la dissipation, il lui est loisible de produire des preuves de sa bonne œconomie, en faisant connoître qu'il a employé utilement les sommes qu'il a empruntées, ou celles qui sont provenues de la vente qu'il a faite de ses immeubles.

Lorsqu'il y a une preuve certaine de dissipation de la part du mari, il est de la regle d'ordonner la séparation de biens sans aucun Jugement interlocutoire.

Une femme séparée de biens est tenue de renoncer à la Communauté, afin de pouvoir reprendre franchement & quittement tout ce qu'elle a apporté en mariage, comme aussi de ce qui est entré de ses biens dans la Communauté, quand la clause de reprise est stipulée dans le Contrat de mariage, de maniere que la séparation de biens, ainsi qu'il a déja été dit, emporte une dissolution absolue de la Communauté, soit pour le passé, soit pour l'avenir.

Quand une femme a obtenu Sentence de séparation de biens, il est de l'ordre qu'elle se fasse vendre & adjuger judiciairement les meubles à compte de ce qui lui est dû par son mari, d'autant qu'elle est dans l'obligation de mettre la Sentence de séparation à exécution, autrement elle seroit inutile à l'égard des Créanciers de son mari, qui pourroient toujours faire saisir les revenus des biens de la femme, au cas que le mari en fût resté le possesseur.

Il y a des Coûtumes qui veulent non seulement que la Sentence de séparation ait été exécutée pour avoir son effet, mais qui veulent encore qu'elle ait été publiée en jugement à jour ordinaire, ou au Prône de la Paroisse le second Dimanche d'après qu'elle a été faite. Telles sont les Coûtumes de Berry, tit. 1. §. 48 & 49, d'Orleans 178, de Bourbonnois 78, & de Dunois 58; & cela afin que la séparation ne puisse se faire en fraude des Créanciers du mari.

C'est aussi l'esprit de l'Ordonnance du mois de Mars 1673, qui au tit. 8 art. 1 & 2, veut que les Marchands tant en gros qu'en détail, même les Banquiers qui sont séparés de biens d'avec leurs femmes, soit par leur Contrat de mariage, ou par Ordonnance de Justice, fassent publier leur séparation à l'Audiance de la Jurisdiction Consulaire, s'il y en a, sinon dans l'Assemblée de l'Hôtel commun des Villes, & inserée dans un tableau exposé en lieu public; à peine de nullité.

Quand l'Ordonnance dit que la séparation de biens doit être inserée dans un tableau exposé en lieu public, cela doit s'entendre que le tableau doit être mis, non pas dans une place publique de la Ville, ni sur celle du Change, mais dans les Jurisdictions Consulaires ou dans l'Hôtel-de-Ville (lorsqu'il n'y a point de Jurisdiction Consulaire) à l'endroit le plus apparent, & où est le plus grand concours de monde, comme dans la Chambre où se tient l'Audiance de la Jurisdiction Consulaire, & dans celle de l'Hôtel-de-Ville où se tiennent les Assemblées générales des Prevôts des Marchands, des Maires & Echevins, & autres Officiers de Ville, afin que tous les Marchands, Négocians, Banquiers & autres puissent avoir connoissance des clauses dérogeantes à la Communauté & des séparations de biens d'entre les maris & les femmes, & prendre là-dessus leurs mesures.

Il faut remarquer que si après la séparation de biens le mari & la femme se rassemblent, & mettent leurs biens en commun, l'effet de la séparation doit cesser, & les meubles & acquets immeubles, même ceux qui sont échûs & acquis pendant la séparation, doivent entrer en communauté, de même que s'il n'y avoit point eu de séparation: mais pour rentrer en communauté après la séparation de biens, il est nécessaire qu'il y en ait un Acte par écrit précis & formel.

Voyez *Monsieur Savary dans son Parfait Négociant chap. 2. liv. 4 de la seconde Partie.*

SEPT, que l'on prononce SET. Nombre impair composé de six & un, qui en chiffre Arabe s'écrit ainsi (7), en chiffre Romain de cette maniere (VII), & en chiffre François de compte de cette sorte (*bij*).

SEPTANTE. Nombre pair composé de soixante & de dix, ou de sept dizaines, ou de cinq fois quatorze, ou de quatorze fois cinq, ou de dix fois sept. Ainsi que sept soit multiplié par dix, ou que dix le soit par sept, ou quatorze par cinq, ou cinq par quatorze, le produit sera toujours septante. On dit plus ordinairement soixante & dix.

Septante ou soixante & dix en chiffre commun ou Arabe, s'écrit de cette maniere (70), en chiffre Romain de cette sorte (LXX), & en chiffre François de compte ou de finance, ainsi (*lxx*).

SEPTIE'ME. Partie d'un tout divisé en sept parties égales.

En matiere de fractions un septiéme se marque ainsi ($\frac{1}{7}$); & deux, trois ou quatre septiémes, &c. ($\frac{2}{7}\frac{3}{7}\frac{4}{7}$).

L'aune de Hollande est composée de quatre septiémes de l'aune de Paris.

SEPTIER, que quelques-uns écrivent SETIER & SESTIER. C'est une Mesure differente suivant les lieux ou l'espece des choses mesurées.

SEPTIER, en fait de liqueur. C'est la même chose que la chopine ou la moitié d'une pinte. On dit aussi un demi-septier; ou les trois demi-septiers, qui sont des pots ou mesures qui tiennent à proportion: un demi-septier de vin, un demi septier d'eau-de-vie, &c.

On dit encore un demi-septier d'olives; car cette sorte de fruit salé se vend dans le détail à la pinte, à la chopine, & au demi-septier.

SEPTIER. Se dit aussi en matiere de jauge d'une certaine quantité ou mesure de liqueur, qui est la valeur de huit pintes de Paris. Le muid de vin doit contenir trente-six septiers; le demi-muid ou feuillette dix-huit septiers; le quart de muid neuf septiers, & le demi-quart ou huitiéme de muid quatre septiers & demi.

La demi queue d'Orleans doit être de vingt-sept septiers; le quarteau du même endroit de treize septiers & demi, & le demi-quarteau de six septiers trois quarts.

La demi-queue de Champagne doit contenir vingt-quatre septiers; le quarteau du même Pays douze septiers, & le demi-quarteau six septiers.

Le bussard ou busse est comme la demi-queue d'Orleans de vingt-sept septiers.

La pipe doit contenir cinquante-quatre septiers, qui est le double de la demi-queue d'Orleans & du bussard.

Le tout se doit entendre, sauf l'excedent de jauge; car il y a de ces futailles qui contiennent plus ou moins de septiers, suivant qu'elles sont bien ou mal fabriquées; ce qui se peut vérifier en les jaugeant. *Voyez* JAUGE.

SEPTIER. Est aussi une certaine mesure de grains, comme froment, seigle, orge, &c. de légumes, comme poix, lentilles, féves, &c. de graines, comme mil ou millet, navette, chenevi, &c. de farine, de chataignes, de noix & d'autres semblables marchandises.

Cette mesure qui est differente suivant les lieux, n'est pas un vaisseau qui serve à mesurer toutes ces sortes de choses, mais une estimation de plusieurs autres mesures, telles que peuvent être le minot, le boisseau, &c.

A Paris le septier se divise en deux mines, la mine en deux minots, le minot en trois boisseaux, le boisseau en quatre quarts ou seize litrons, & le litron contient, suivant quelques-uns, trente-six pouces cubiques. Les douze septiers font un muid.

Le septier d'avoine est double de celui de froment; en sorte qu'il est composé de vingt-quatre boisseaux ou deux mines, chaque mine de douze boisseaux, quoique le muid ne soit que de douze septiers.

Les grains, les graines, les légumes & la farine, se doivent mesurer ras sans rien laisser sur le bord de la mesure; c'est-à-dire, que la mesure étant suffisamment pleine, elle doit être rasée ou radée avec une radoire, instrument de bois destiné pour cela. Les chataignes, les noix, & autres semblables fruits secs doivent être aussi mesurés ras, mais la mesure ne doit être rasée simplement qu'avec la main.

Le muid de bled à Orleans ne contient que deux septiers & demi de Paris.

A Rouen le septier de bled se divise en deux mines, & la mine en quatre boisseaux. Il faut remarquer qu'à Rouen ainsi qu'à Paris, les douze septiers font le muid, mais que les quatorze septiers de Paris n'en font que douze à Rouen, parce que le septier de Rouen est plus fort que celui de Paris.

A Amiens les quatre septiers de bled ne font qu'un septier de Paris.

En Berry le septier de bled est de seize boisseaux, dont les vingt & un font le muid.

A Beaurepaire en Dauphiné le septier est composé de quatre quartals, chaque quartal faisant un boisseau de Paris, très peu plus; ensorte que le septier de Beaurepaire est à peu près égal à quatre boisseaux de Paris.

A Toulon le septier contient une mine & demi mesure du Pays, & trois de ces mines font un septier de Paris; ensorte que le septier de Paris est le double de celui de Toulon.

Outre ces cinq Villes de France, il y en a encore beaucoup de celles du Royaume, aussi-bien que des Pays étrangers, qui se servent du septier pour mesurer les grains, graines, légumes, &c. En France, comme Abbeville, Calais, Narbonne, Soissons, Toulouse: au dehors plusieurs Villes d'Allemagne, Revel & quelques autres de la mer Baltique.

Voici la réduction des septiers de tous ces lieux au septier de Paris.

Six septiers d'Abbeville en font cinq de Paris.

Cent septiers d'Alby, soixante & quinze de Paris.

Douze septiers de Calais, treize de Paris.

Vingt-trois de Narbonne, quarante-trois septiers de Paris.

Huit septiers de Soissons, cinq de Paris.

Soixante septiers de Toulouse, quarante-trois tiers de Paris.

Enfin huit septiers de Revel, font cinq septiers de Paris.

Le septier est aussi une mesure de sel composée de plusieurs autres mesures. Il contient quatre minots ou seize boisseaux, & les douze septiers font le muid. Le sel ainsi que les grains se mesurent ras.

Réduction du septier de differens endroits à celui de Paris, & à la mesure d'Amsterdam.

Le septier de Rouen doit peser environ 280 liv. poids de marc. Les six septiers font dix muddes ou un last d'Amsterdam.

Le septier de Castres en Languedoc, est de deux émines; l'émine de 4 megeres, & la megere de quatre boisseaux: il doit peser 200 livres poids de cette Ville, qui font 170 liv. poids de marc. Cent septiers de Castres font 4 lasts d'Amsterdam, ou un last d'Amsterdam fait 25 septiers de Castres.

Le septier de Montpellier est de deux émines; & l'émine de deux quarts; le septier pese 90 à 95 liv. poids de cette Ville, 3 septiers font une mudde $\frac{1}{2}$ d'Amsterdam.

Le septier d'Amiens se divise en quatre piquets, & doit peser depuis 50 jusqu'à 52 livres. Les quatre septiers $\frac{2}{3}$, font une mudde $\frac{1}{2}$ d'Amsterdam.

Le septier de Boulogne sur mer, pese 270 liv. petit poids, huit septiers font 13 muddes d'Amsterdam.

Le septier de Calais pese environ 260 liv. Les douze septiers en font 13 de Paris, & 18 muddes $\frac{1}{2}$ d'Amsterdam.

Les 19 septiers de Saint Vallery & de Saumur font un last d'Amsterdam.

Le septier d'Arles pese 93 liv. poids de marc; il en faut 49 pour le last d'Amsterdam.

Les 48 septiers de Baucaire, font le last d'Amsterdam.

Le septier d'Abbeville, contient 16 boisseaux radés, pesant 200 liv. dudit lieu, à raison de 15 onces la livre, ce qui revient à 187 liv. poids de marc: 32 septiers d'Abbeville, font 25 septiers de Paris.

Le septier de Doulens est composé de quatre quartiers; chaque quartier de quatre boisseaux, dont les 16 font le septier: celui de froment pese poids de marc 205 $\frac{1}{2}$, celui de meteil 201, & celui de seigle aussi 201. Il faut remarquer que quand on pese au boisseau, les 16 boisseaux du premier donnent 212, & des derniers 208.

A Namur, le septier de froment pese 44 livres $\frac{1}{2}$, de meteil 41, & de seigle 41 $\frac{1}{4}$.

A Dinan en Flandres, le septier de froment pese 44 $\frac{1}{2}$, de meteil 43, & de seigle 42 $\frac{1}{2}$.

A Châlons en Champagne, le septier de froment pese 200 liv. de meteil 195, & de seigle 190.

A Reims, le septier de froment 130, de meteil 124, & de seigle 118.

A Retel, le septier de froment 112 livres, de meteil 208, & de seigle 104, ce qui s'entend poids de marc, aussi bien que des quatre articles précédens.

A Soissons, le septier de froment pese 158 liv. de méteil 156, de seigle 158, d'avoine 124.

A Noyon, le septier de froment pese 86 liv. de meteil 82, de seigle 84.

A la Ferre, le septier de froment pese 71 liv. de meteil 69, de seigle 65, & d'avoine 50.

A Saint Quentin, le septier de froment pese 67 liv. de meteil 64, de seigle 62 $\frac{1}{2}$, & d'avoine 44; le tout aussi poids de marc.

A Chauny en Picardie, le septier contient quatre boisseaux, mesure de Paris.

A Hain, treize septiers, font 11 boisseaux de Paris, moins $\frac{1}{16}$.

SEPTIESME. *Voyez* SEPTIEME.

SEQ

SEQUIN ou CECHIN. Monnoye d'or qui se bat à Venise au titre de vingt-trois karats trois quarts. Il s'en fabrique aussi dans les Etats du Grand-Seigneur, particulierement au Caire, que de là on appelle Sequins de Turquie ou Cherifs. On appelle à Constantinople, Sequins hongres des Ducats d'or qui se fabriquent en Allemagne à divers coins.

La valeur de ces sequins n'est pas tout-à-fait semblable; ceux de Turquie & d'Allemagne valant un quinziéme moins que le Vénitien. Aux Indes Orientales le sequin Vénitien y est à plus haut prix, s'y prenant pour quatre roupies six pessas; c'est-à-dire, pour six livres quatre sols de France; & le sequin de Turquie, seulement pour quatre roupies juste; ce qui est quatre sols moins que l'autre.

Au Caire le sequin Vénitien vaut dans le commerce jusqu'à cent meidins à un sol six den. de

France le meidin, mais le Divan ne le prend que pour quatre-vingt cinq.

Sur la fin du dix septiéme siécle il a valu à Constantinople jusqu à six livres quinze sols, à cause du commerce des Indes, où les Turcs & Armeniens en portent quantité; mais ils y ont depuis baissé quand on s'est apperçû qu'ils étoient à plus bas titre que les ducats d'Allemagne, & qu'on les avoit alterés de douze à quinze pour cent. Le sequin de Turquie s'appelle plus ordinairement Scherif ou Sultanin. *Voyez ces deux articles.*

SER

SER, Ville d'Arabie. Son commerce est très considerable. *Voyez* l'Etat gén. Tome I. p. 404.

SER ou SERRE. Poids dont on se sert aux Indes Orientales, particulierement dans les Etats du grand Mogol, ainsi que l'on fait en France & ailleurs de la livre.

Il y a deux sortes de ser, l'un qui est employé à peser les denrées & choses propres à la vie; & l'autre dont on se sert pour peser les marchandises qui entrent dans le négoce. Le premier est de seize onces poids de marc, qui est égal à une livre de Paris, & le deuxiéme n'est que de douze onces aussi poids de marc, qui sont les trois quarts de la liv. de Paris; ensorte que ce dernier Ser differe d'un quart du premier.

Il faut observer que dans les Indes, particulierement dans l'Etat du grand Mogol, l'on se sert encore de deux poids differens qui se nomment tous deux Man: l'un qui est appellé Man de Roi, pese quarante sers de seize onces chacun; & l'autre que l'on nomme seulement Man, pese quarante sers de douze onces chacun. *Voyez* MAN.

SERANCER. C'est faire passer les chanvres, lins, orties & autres matieres propres à être filées par les serans.

Les chanvres serancés, ce sont les chanvres qui ont reçû cet apprêt, & qui sont réduits en filasse.

SERANS. Outils à préparer les chanvres, les lins, les orties & autres plantes dont les tiges sont pleines de filamens pour les mettre en état d'être filées.

Les Serans sont des ais en forme de grandes cardes, armés de dents de gros fils de fer, à travers desquels on fait passer ces plantes après qu'elles ont été auparavant grossierement concassées avec un autre instrument de bois. Ces deux apprêts qui les réduisent en filasses & en état d'être filées au rouet ou au fuseau, ne se donnent que lorsqu'au sortir de l'eau où elles ont été rouies, on les a bien fait secher au soleil. *Voyez* CHANVRE, LIN *ou* ORTIE.

SERAPHIN. Monnoye d'or qui a cours en Perse. *Voyez* SCHEREFI.

SERAPINUM, ou GOMME SERAPHIN. *Voyez* SAGAPENUM.

SERASSES. Toiles de coton qui se fabriquent dans plusieurs endroits des Indes Orientales, particulierement à Cambaye.

SERCHE, ou CERCHE. Sorte de bois de refente de chêne, ou de hêtre que l'on appelle plus communément Eclisse. *Voyez* ECLISSE.

SEREQUE. *Voyez* SERETH.

SERETH, ou SEREQUE, qu'on nomme aussi Orilel, & petit Genest. C'est une plante étrangere, qui s'est pour ainsi dire naturalisée en France, particulierement en Provence, d'où les Marchands Droguistes de Paris la font venir.

Ses feuilles sont très vertes, & cependant elles servent à teindre en jaune, à cause de quoi nos Teinturiers l'appellent vulgairement, herbe à jaunir.

Les Habitans des Isles Canaries, d'où elle tire son origine, ne la connoissent que sous le nom d'Orilel.

SERGE. Etoffe de laine croisée, qui se manufacture sur un métier à quatre marches, ainsi que les ratines & autres etoffes semblables qui ont de la croisure. M. Vaugelas a décidé que l'on devoit dire Sarge, & on le trouve ainsi dans quelques Tarifs de France; mais l'usage est contraire à sa décision, & tout le monde écrit & prononce aujourd'hui Serge.

La Serge est une espece de tissu composé de fils de laine entrelassés les uns dans les autres d'une certaine maniere qui forme la croisure, dont ceux qui vont d'un bout à l'autre de la piece, s'appellent la Chaîne; & les autres qui sont disposés en travers sur la largeur de l'étoffe, se nomment communément la Tréme, & quelquefois l Enflure.

Les Serges ont divers noms qui leur ont été donnés, ou par les Marchands & Fabriquans, pour les distinguer & les faire mieux valoir, ou qu'elles ont pris de leurs differentes especes & qualités, ou des lieux de France où elles ont été fabriquées, ou des Pays Etrangers d'où elles ont été imitées. Ainsi l'on dit: Une Serge de Seigneur, Une Serge à la Reine, Une Serge imperiale, &c. Une Serge raze, une Serge à poil, Une Serge drappée, Une Serge à deux envers, &c. Une Serge de Berry, Une Serge de Beauvais, Une Serge de Mouy, Une Serge de S. Lo, Une Serge d'Aumale, Une Serge de Crevecœur, Une Serge de Blicour, Une Serge de Chartres, &c. Une Serge façon de Londres, Une Serge façon d'Arscot, Une Serge de Rome, Une Serge de Segovie, &c.

Comme les Serges qui se fabriquent en France, de quelques noms dont on les distingue, ou de quelques qualités qu'elles puissent être, ont des longueurs & des largeurs differentes, suivant les lieux où elles sont manufacturées, & que ces longueurs & largeurs ont été fixées par des Reglemens ou des Arrêts, on a cru faire plaisir au Public d'en rapporter ici des extraits; étant quelquefois assez difficile aux Particuliers de pouvoir rassembler tant de differens Arrêts & Reglemens.

Extrait du Reglement general des Manufactures du mois d'Août 1669.

ART. II. Les Serges à poil, Serges de Segovie, Serges de Beauvais à poil & à deux envers; Serges de S. Lo, Falaise & Vendôme; Serges de Dreux, de Neuilly, d Orleans & de Troyes, auront une aune de large, & la piece de 20 ou 21 aunes de long.

III. Les Serges de Berry & Sologne auront une aune de large, les lisieres comprises, & seront de 21 aunes de longueur.

VIII. Les Serges rases de S. Lo, celles de Caen, Frêne, Condé & Falaise, auront une aune de large & 35 à 40 aunes de long.

IX.

IX. Les Serges façon de Londres, blanches, grises & mêlées, qui se font à Seignelay, Abbeville, Reims, S. Lo, Gournay & autres lieux, auront deux tiers & demi de large & 20 aunes de long.

X. Les Serges drappées, larges, blanches, & grises de Beauvais, Sedan & Moui, seront sans lisiere, & auront une aune de large & 21 aunes de long.

XI Les autres Serges moyennes de laine pure, blanches & grises de Mouy, Merlon, Meru, Sedan, Mezieres, Donchery, Tricot, Nantes, Bouillebecq, Haute-épine & d'autres lieux où il s'en fait de pareille sorte, auront deux tiers de large & 21 aunes de long; & celles qui ne seront pas de laine pure, auront la lisiere bleue, & auront même longueur & largeur.

XII. Les Serges d'Amiens façon d'Arscot, blanches & de toutes sortes de couleurs, auront une aune de largeur & 21 aunes de longueur.

XIII. Les Serges façon de Chartres, appellées Serges à la Reine, auront demi-aune de largeur & 20 aunes de longueur.

XIV. Les Razes façon de Châlons auront demi-aune demi-quart de large & 21 aunes de long.

XV. Les Serges façon de Seigneur auront trois quartiers de large & 21 aunes de longueur.

XVI. Les Serges appellées d'Ypres & d'Arscot seront d'une aune de large & de 21 aunes de long.

XVII. Les Serges de Colles, ci-devant appellées façon d'Aumale, auront demi aune demi-quart de large, & 20 aunes de long.

XIX. Les Serges appellées de Rome croisées & lisses, auront demi-aune de large & 21 aunes de longueur.

Il faut remarquer que les moncahiards croisés se nomment quelquefois Serges de Rome, quoique leur longueur & largeur soient differentes de celles de Rome dont il est parlé en cet article. *Voyez* MONCAHIARD.

XXIV. Les Serges de Chartres, d'Illiers, Nogent-le-Rotrou, Pontgouin & autres lieux des environs où il s'en fait de pareilles, fines & moyennes, auront demi-aune de large étant foulées, & 20 aunes & demie de long.

XXV. Les Serges d'Aumale, Grandvilliers, Feuquieres, & de tous les lieux circonvoisins, tant blanches que grises, auront demi-aune demi-quart de large, & 38 à 40 aunes de long.

XXVI. Les Serges de Crevecœur, Blicour & de tous les lieux circonvoisins, tant blanches que grises, auront; sçavoir, les larges demi-aune demi-quart de large, & 21 aunes & demie de longueur étant foulées; & les étroites auront demi-aune de large, & pareille longueur étant foulées.

XXIX. Les Serges étroites de la Ville de Roye auront deux tiers de large & vingt aunes de long; & celles qui ne seront pas de laine pure auront la lisiere bleue, & même longueur & largeur que les susdites.

L'Arrêt du Conseil du 19 Février 1671, veut, Que les Serges façon de Londres, de dix-huit à dix-neuf aunes de long & de trois quarts de large, & les Serges façon de Seigneur, de deux tiers de large & de vingt-une aunes de long mesure de Paris, soient marquées par les Gardes & Jurés des Marchands & Communautés; ce faisant débitées dans le Royaume, pourvû qu'elles soient de qualités & teintures portées par les Reglemens.

Par autre Arrêt du Conseil du 18 Novembre 1673, il est permis aux Drappiers-Drappans du Bourg de Bouillebecq, de fabriquer des Serges de trois quarts & un quart de large pour les asubles, ainsi qu'ils le faisoient avant le Reglement de 1669. A l'égard des autres Serges qui se fabriquent audit lieu, le même Arrêt veut, Qu'elles soient fabriquées conformément à l'art. 11 dudit Reglement.

Suivant un autre Arrêt du 20 Février 1687, les chaînes des Serges communes d'Aumale, Grandvilliers, Feuquieres & autres de pareille qualité, doivent être de 44 portées, à raison de 38 fils chacune portée, & celles des Serges fines de 48 portées & 38 fils chacune portée: & à l'égard des Serges façon de Crevecœur, les larges doivent être de 52 portées, de 34 fils chacune portée, & les étroites au moins de 42 portées, & 34 fils chacune portée, pour être au sortir de l'étille; sçavoir, les larges de trois quarts de largeur & de vingt-deux aunes trois quarts de longueur, pour revenir étant foulées à une demi-aune demi-quart de largeur & vingt aunes & demie de longueur, & les étroites de pareille longueur, & de demi-aune un douze & un pouce de largeur au sortir de l'étille, pour revenir étant foulées à demi-aune de largeur & pareille longueur.

Suivant une Lettre écrite par M. le Marquis de Louvois à M. de Baville Intendant en Languedoc, le 27 Septembre 1689, enregistrée au Greffe de l'Hôtel de-Ville d'Usés le 24 Octobre ensuivant, & dont s'ensuit la teneur, il est permis aux Ouvriers de Nisme & d'Usés de fabriquer leurs Serges sur le pied de demi-aune moins deux pouces de largeur étant apprêtées, nonobstant le Reglement de 1669.

Lettre de M. de Louvois à M. de Basville, Intendant de Languedoc, concernant les Serges de Nismes & d'Usés.

» Le Roi ayant bien voulu avoir égard à ce » que vous lui avez représenté par la Lettre que » vous avez pris la peine de m'écrire le 17 de » ce mois, que pour soutenir les Manufactures » des Serges de Nismes & d'Usés, il est ab» solument nécessaire de permettre aux Ou» vriers de les fabriquer de la largeur de demi» aune moins deux pouces, étant apprêtées, » ainsi qu'ils ont toujours fait, & déroger, à » cet égard, à l'article XXX. du Reglement du » mois d'Août 1669 fait concernant les Manu» factures, Sa Majesté trouvant bon que vous » fassiez entendre ausdits Ouvriers que jusques » à nouvel ordre, de sa part, Elle veut bien » que lesdites Serges n'ayent que demi-aune » moins deux pouces de largeur, étant appre» tées, & que le débit en sera toleré dans le » Royaume sur ce pied-là, pourvû que d'ail» leurs elles soient de bonne qualité, Sa Ma» jesté n'ayant pas jugé à propos d'en faire ren» dre un Arrêt, mais seulement d'en faire sça» voir ses intentions par des Lettres particulie» res à Mrs. les Intendans du Royaume, & aux » Commis des Manufactures. Je suis, &c.

27 Septembre 1689.

Extrait des Registres de l'Hôtel-de-Ville d'Usés.

» L'an 1689 le Lundi 24ᵉ jour du mois d'Octobre à Usés, dans la salle basse de l'Hôtel-de Ville, pardevant M. Nicolas de Janas, plus ancien gradué, assemblés en Conseil ordinaire & extraordinaire, Mrs. de Rozieres, Chamberon, Missol & Picard Consuls modernes, Contaret & autres; ledit Sieur de Roziere premier Consul a dit: Que Monseigneur l'Evêque & Comte d'Usés lui avoit donné deux Lettres concernant la largeur des Serges; & comme il est nécessaire pour la Manufacture d'Usés, qu'elle subsiste, il a été trouvé à propos d'en faire l'enregistrement.

L'autre Lettre dont on n'a pas crû à propos de mettre ici la teneur, est de Montpellier de M. de Basville à M. l'Evêque d'Usés écrite le 11 Octobre 1689, en lui envoyant la Lettre de M. de Louvois.

Suivant une autre Lettre écrite de la part de M. le Marquis de Louvois à l'Inspecteur des Manufactures de Beauvais le 30 Novembre 1689, enregistrée au Greffe de la Prevôté dudit lieu le 6 Décembre ensuivant, il est permis de fabriquer des Serges de Mouy de demi-aune un demi-quart de large, au lieu de deux tiers portés par l'art. 11 du Reglement de 1669.

Extrait d'un Arrêt du Conseil du 4 Novembre 1698, servant de Reglement pour les étoffes de laine qui se fabriquent dans la Province de Poitou.

Les Serges rases de deux étaims qui se fabriquent à S. Mexant, la Mothe, Mesle, Vivonne, Lusignan & autres lieux de ladite Province de Poitou, & qui doivent avoir demi-aune de large & vingt-une aunes de long toutes apprêtées, auront en toile & au sortir du métier demi-aune demi-douze, ou un vingt-quatriéme de large, & vingt-quatre à vingt-cinq aunes de long.

Les Serges rases qui se font en blanc dans lesdits lieux, seront composées de 39 à 40 portées; & celles qui se font de couleur de brebis, communément appellées Beiges, seront composées de 38 à 39 portées au moins, & les portées de chacune 20 fils.

Les Serges rases grises, mêlées de deux étaims, qui se fabriquent à Niort, Poitiers, Thouars & autres lieux de la Province, qui doivent avoir demi-aune de large & vingt-une aunes de long tout apprêtées, auront demi-aune & demi douze de large, & vingt-cinq à vingt-six aunes de long en toile au sortir du métier.

Les grosses Serges drappées qui se fabriquent à Niort & autres lieux de la Province, qui doivent avoir une aune de large & quinze à seize aunes de long tout apprêtées, auront une aune un quart & demi de large, & vingt à vingt-une aunes de long en toile au sortir du métier.

Les Serges de deux laines ou chaînes d'étaim, qui se fabriquent à Lusignan, Poitiers, Châtelleraulr, Vivonne, Castel-la-Chaise, Gensay, Civay, Charoux, Thouars, & dans les autres lieux de la Province, qui doivent avoir demi-aune de large & vingt-une aunes de long tout apprêtées, auront trois quarts de large & vingt-sept à vingt-huit aunes de long au sortir du métier.

Suivant un autre Arrêt du Conseil du 25 Août 1705, les Serges imperiales qui se fabriquent en Languedoc, doivent avoir au moins trois quarts & demi de large, ce qui revient à trois quarts d'aune de Paris. Ces sortes de Serges, que l'on nomme aussi Sempiternes ou Perpetuanes, sont presque toutes destinées pour l'Italie & pour l'Espagne. Ce sont les Anglois qui en ont été les premiers inventeurs. *Voyez* Sempiterne.

Extrait d'un autre Reglement du Conseil du 27 Avril 1706, servant de Reglement pour la Manufacture des Drapperies de Romorentin en Berry.

Art. X. Les Serges fines drappées blanches seront composées de 56 portées de 32 fils chacune, & 34 aunes d'attache de long, & fabriquées dans des lames & rots d'une aune trois quarts, y compris les lisieres, pour être au retour du foulon d'une aune de large, & de vingt-trois à vingt quatre aunes de long.

XI. Les Serges drappées gris blanc, gris-de-fer, gris-bluté, gris-argentin & demi-gris mêlé, seront composées de 54 portées de 32 fils chacune, & de 32 aunes d'attache de long, & fabriquées dans des lames & rots d'une aune trois quarts, pour être au retour du foulon d'une aune de large, & de vingt-une à vingt-deux aunes de long.

XII. Les Serges drappées gris-de-fer brun, gris de more & brunes, seront composées de 50 portées de 32 fils chacune, & de 32 aunes d'attache de long, & seront fabriquées dans les lames & rots d'une aune trois quarts, y compris les lisieres, pour être au retour du foulon d une aune de large, & de 21 à 22 aunes de long.

XIII. Les Serges croisées & les cordats gris-de-fer & autres couleurs, seront composées de 56 portées de 32 fils chacune, & de 32 aunes d'attache de long, & seront fabriqués dans des lames & rots d'une aune & demi-quart, les lisieres comprises, pour être au retour du foulon d'une aune de large, & de 21 à 22 aunes de long.

Les Serges de Tricot & Piennes en Picardie, conformément au seiziéme article des Statuts accordés aux Fabriquans de ces deux Villages en 1669, confirmés par Arrêt du Conseil du 17 Août 1718, doivent avoir tant les blanches que les grises au moins 46 portées de 28 fils chacune; mais ne doivent pas exceder le nombre de 50 portées, & doivent être au retour du foulon de deux tiers de large, & de vingt-cinq à vingt-six aunes de long.

Extrait du Reglement particulier du 21 Août 1718, pour les Serges des Provinces de Bourgogne, Bresse, Bugey, Valromey & Gex.

Art. VII. Les Serges d'une aune de large drappées, façon de ratine, nommées Serges du Pays ou de Marcy, qui se fabriquent à Dijon, Issurtille, Marcy, Villiers, Avelange, Avaux, Burserot, Montenaille, Selongey & autres lieux, doivent être montées dans des rots d'une aune & demie de large, & leur chaîne composée de 2040 fils, faisant 51 portées de 40 fils chacune, y compris les liteaux qui forment une petite lisiere.

VIII. Les Serges de deux tiers de même qualité, & qui se font dans les mêmes lieux, doivent avoir en chaîne 1360 fils, faisant 34 portées de 40 fils dans des rots d'une aune, y compris les liteaux de la petite lisiere.

IX. Les Serges aussi de deux tiers de pareille qualité, qui se fabriquent à Margelle, seront montées dans des rots de même largeur, mais auront une portée de plus que les précédentes.

X. Les Serges d'Arnay-le-Duc de deux tiers, & aussi de même qualité, auront semblablement des rots d'une aune; mais attendu que les laines sont filées plus gros, la chaîne ne sera que de 1280 fils, faisant 32 portées de 40 fils chacune, les lisieres comprises.

XI. Les Serges d'Autun, Nolay, Chagny, Beaune & Nuys, qui doivent avoir aussi deux tiers de large au retour du foulon, attendu que la laine en est encore plus grossierement filée que celles d'Arnay-le Duc, n'auront la chaîne que de 1200 fils, faisant 30 portées de 40 fils, les liteaux compris, avec des rots aussi d'une aune.

XII. Toutes les Serges ci dessus doivent être travaillées à deux hommes sur le métier, & battues à deux grands coups.

XIII. Toutes les mêmes Serges fabriquées avec des laines fines du Pays, doivent avoir des lisieres bleues, & les Serges communes des lisieres noires & jaunes, afin qu'elles ne puissent être confondues.

XIV. Les Serges nommées Felines qui doivent avoir demi-aune au retour du foulon, seront montées sur des rots de trois quarts & demi, & leur chaîne être composée de 880 fils, faisant 22 portées de 40 fils chacune, les lisieres comprises.

XV. Les Serges demi-Londres qui se fabriquent à Autun, auront en chaîne 1800 fils, composant 45 portées, dont chacune sera de 40 fils, pour être réduites au sortir du foulon à deux tiers d'aune de largeur.

XVI. Les Serges de Londres de la Manufacture Royale de Seignelay seront passées dans un rot ou peigne d'acier, & auront en chaîne 2350 fils, faisant 72 portées de 38 fils chacune, y compris la lisiere, & seront travaillées à trame moulée & battue à quatre coups, pour avoir au retour du foulon deux tiers d'aune.

XVII. Les Serges drappées nommées Ratines, qui se fabriquent à Châtillon sur Seine, attendu le filage qui est grossier, n'ont en chaîne que 1344 fils, composant 42 portées de chacune 40 fils, & doivent être passées dans des rots d'une aune & demie, pour revenir au sortir du foulon à la largeur d'une aune.

XVIII. Les Serges de même qualité qui ne doivent avoir que deux tiers au retour du foulon, ne seront composées que de 1280 fils, revenant à 32 portées de 40 fils chacune, & n'auront des rots que d'une aune.

XXII. Tous les rots servant à fabriquer les Serges dénommées dans les articles ci-dessus, & fixées dans leur largeur, doivent être cachetés du sceau des armes du Roi par l'Inspecteur, ou de son cachet.

XXIII. Dans les Serges mêlées de differentes couleurs, les Sergers ne pourront en teindre la chaîne de blanc en une seule couleur, & la trame en diverses couleurs; mais l'une & l'autre seront teintes & mêlées également des mêmes couleurs, & que toutes ces étoffes seront frappées à deux grands coups, à peine de 50 liv. d'amende.

XXIV. Les Serges pour l'usage des troupes & du commun peuple ne seront tirées ni arramées en longueur ni en largeur, mais sechées sur les tendoires sans extension, à peine de saisie & confiscation, & de 20 liv. d'amende.

XXV. Les Serges qui se fabriquent dans la Généralité de Bourgogne, seront fabriquées en conformité des Reglemens géneraux de 1669, & des articles précedens, & n'auront que 21 à 23 aunes de longueur au plus, à peine de 20 liv. pour chaque contravention; & en cas qu'il y eût de l'excedent, outre l'amende il sera coupé par les Maîtres & Gardes Jurés, & donné à l'Hôpital du lieu.

Serges façon de Londres.

La France a l'obligation de l'établissement de la Manufacture des Serges façon de Londres, aux nommés Louis Bezuel & Nicolas de la Coudre associés. Ce furent ces habiles Manufacturiers qui commencerent à en faire fabriquer à Aumale petite Ville de Normandie, en conséquence d'un privilege exclusif qui leur fut accordé pour quinze années par Lettres Patentes de Sa Majesté du 12 Septembre 1665, sur le raport de M. Colbert alors Sur-Intendant des Bâtimens, Arts & Manufactures de France; & à ce privilege fut ensuite subrogé François le Gendre par Arrêt du Conseil du 28 Octobre 1666. Cette Manufacture a été depuis transportée à Seignelay & à Gournay, & ensuite à Auxerre, Sedan, Abbeville, Beauvais, Boufflers, &c. Celle de Seignelay a toujours conservé la préférence, soit que les Ouvriers y employent de meilleures laines, soit qu'ils s'appliquent avec plus d'assiduité à les bien fabriquer, soit enfin que la terre & l'eau y conviennent davantage.

La fabrique des Serges façon de Londres ayant toûjours été regardée en France comme l'une des plus importantes qui s'y soient établies, on va rapporter ici la maniere de les fabriquer, telle que la pratiquent les plus habiles Ouvriers de la Manufacture de Seignelay.

Maniere de fabriquer les Serges façon de Londres.

Les meilleures laines & les plus convenables que l'on puisse employer pour la fabrique des Serges de Londres sont celles d'Angleterre; sçavoir les plus hautes ou plus longues pour la chaîne, & les plus basses ou plus courtes pour la tréme: mais comme il n'est pas facile de pouvoir tirer de ces sortes de laines, étant défendu sous peine de la vie d'en faire sortir du Pays, l'on a recours pour la chaîne aux hautes & fines laines du Berry, & pour la tréme aux primes ou secondes d'Espagne ou de Portugal.

La laine de quelque endroit qu'on la puisse tirer, soit pour la chaîne, soit pour la tréme, avant que d'être employée doit d'abord être dégraissée au sortir de la balle; ce qui se fera en la mettant dans une chaudiere remplie d'un bain plus que tiéde, composé de trois quarts d'eau claire & d'un quart d'urine: après qu'elle a resté dans le bain autant de tems qu'il en faut pour en fondre & détacher le suin ou graisse qui peut y être attachée, on la remue fortement avec une pelle de bois ; ce qui s'appelle la Piloner : ensuite on la tire de la chaudiere pour la faire égouter ; & quand elle est bien égoutée, on la porte à la riviere pour la laver. L'on s'apperçoit que la laine est parfaitement dégraissée, lorsqu'elle est séche au toucher ; & qu'il ne lui reste d'autre odeur que l'odeur naturelle qu'elle peut tenir du mouton.

La laine dégraissée & lavée se met sécher doucement à l'ombre ; la chaleur du soleil étant capable de lui ôter une partie de sa douceur, & la rendre d'une mauvaise qualité ; & lorsqu'elle est bien séche on la bat avec des baguettes sur une claye de bois ou de corde, pour en faire sortir la poudre & les ordures les plus grossieres, puis en la maniant exactement avec les mains, on en ôte le reste des ordures que les baguettes n'ont pû en faire sortir en la battant sur la claye.

Après que la laine a ainsi été préparée, on l'engraisse avec de l'huile d'olive ou de navette, dont la premiere est la meilleure ; & lorsqu'elle a reçû toute son huile, celle qui est destinée pour la chaîne (qui est la plus longue à laquelle l'on donne le nom d'Estaim) est peignée sur une espece de grande carde ou peigne de fer, dont les pointes ou dents sont grosses, longues & roides, qu'on a fait chauffer dans un petit fourneau fait exprès ; ce qui s'appelle Tirer la laine en étaim. Pour dégraisser la laine de son huile, on la met dans un bain d'eau chaude où l'on a fait fondre du savon ; d'où l'ayant tirée & tordue, & ensuite bien séchée, on la file au petit rouet ou au fuseau.

A l'égard de la laine destinée pour la tréme, qui est la plus courte, on la carde simplement sur le genou avec de petites cardes fines, & elle se file ensuite au grand rouet sans avoir été dégraissée de son huile. L'on doit observer que le fil de la chaîne doit être toujours filé beaucoup plus fin & plus tord que celui de la tréme.

La laine tant de la chaîne que de la tréme ayant été filée, & le fil partagé en écheveaux, celui de la tréme est mis en époulées, c'est-à-dire, qu'il est dévidé sur de petits canons ou tuyaux de roseau propres à être placés dans la poche de la navette ; & celui qui doit servir pour la chaîne est dévidé sur des rochets ou especes de bobines de bois un peu longues, pour le disposer à être ourdi. *Voyez* NAVETTE, OURDIR & OURDISSOIR.

Lorsque la chaîne a été ourdie par cuissette ou demi-portée, composée chacune d'un certain nombre de fils, on l'empese avec de la colle, dont celle qui se fait de rature ou raclure de parchemin est la plus estimée, & quand elle est bien séche on la monte sur le métier. *Voyez* CHAÎNE & PORTÉE.

La chaîne étant montée sur le métier, l'Ouvrier en fait hausser & baisser les fils qui sont passez dans les lames & rots, par le moyen de quatre marches qui sont placées sur le plancher au dessous du métier, & qu'il fait transversalement agir également & alternativement les unes après les autres avec les pieds ; & à mesure que les fils se haussent & se baissent, il lance la navette à travers d'un côté à l'autre du métier ; & chaque fois que la navette est lancée, & que le fil de la tréme est placé entre ceux de la chaîne, il le frappe avec la chasse où est attaché le rot ou peigne, entre les broches ou dents duquel les fils de la chaîne sont passez, & cela jusqu'à quatre fois, même davantage, suivant qu'il le juge à propos, pour que la croisure de la Serge soit suffisamment close & serrée.

L'Ouvrier ayant continué ainsi de travailler jusqu'à ce que la chaîne soit toute remplie de tréme, la Serge se trouve achevée, & en cet état est appellée Serge en toile.

La Serge ayant été tirée de dessus le métier, & déroulée de dessus l'ensoupleau, qui est une espece de cylindre ou rouleau de bois, aussi long que le métier est large, sur lequel elle a été roulée a mesure qu'elle a été travaillée, on l'emporte chez le Foulon, qui la fait fouler & dégraisser dans le godet ou pile de son moulin avec une sorte de terre grasse propre à cet usage, qu'on a auparavant bien purgée de toutes les pierres & ordures qui pourroient être dedans. Quand on s'apperçoit que la Serge a été parfaitement dégraissée, ce qui se fait en trois ou quatre heures, on la dégorge de la terre par le moyen de l'eau claire que l'on fait entrer petit à petit dans le godet, & d'où elle n'est tirée que lorsque l'on voit que toute la terre en est sortie.

Le dégorgement de la Serge parfaitement achevé, on la tire du godet, puis on l'énoue, & on l'espoutie pour la premiere fois, c'est-à-dire, qu'on en ôte avec de petites pincettes de fer les nœuds, pailles & ordures qui se rencontrent sur toute sa superficie, tant d'un côté que d'autre : ensuite on la remet fouler dans le godet avec de l'eau chaude un peu plus que tiéde, dans laquelle on a fait dissoudre du savon blanc de Genes, ou quelqu'autre d'une pareille qualité. La serge ainsi foulée dans l'eau de savon pendant près de deux heures, se dégorge ensuite jusqu'à ce que l'eau devienne toute claire, & sans aucune marque de savon. En cet état elle est tirée du godet, & énouée & épouriée pour la seconde fois, puis mise à l'étendoir sur des perches pour la faire bien sécher ; & à mesure qu'on s'apperçoit qu'elle séche, on a soin de la dresser ; c'est-à-dire, qu'on la tire sur son long & sur son large jusqu'à ce qu'elle soit parvenue à la juste longueur & largeur qu'elle doit avoir.

Enfin après que la Serge a été bien séchée & bien dressée, on la leve de dessus l'étendoir ; & l'ayant roulée ou pliée, on la porte au Bureau de visite où elle est plombée & marquée, si elle se trouve fabriquée en conformité des Réglemens.

Les Serges façon de Londres qui se font en France, se fabriquent presque toutes en blanc, & ce sont pour l'ordinaire les Marchands qui les achettent des Fabriquans qui les font teindre, tondre, apprêter & catir de la maniere qu'ils le jugent à propos pour les rendre plus parfaites & plus approchantes des véritables serges de Londres.

On nomme Serges rases de deux étaims ou Serges rases à deux étaims, les serges sans poil dont la chaîne & la tréme sont entiérement composées d'une sorte de fil de laine très tord & très fin que l'on apelle Fil d'estaim. L'on nomme aussi Serges à un étaim, ou serges sur étaim, ou serges de deux laines, celles dont il n'y a que la chaîne qui soit de fil d'étaim ; le fil d'étaim est fait d'une sorte de longue laine peignée que l'on nomme communément Etaim, d'où le fil a pris son nom de Fil d'étaim. *Voyez* ETAIM, *vous y verrez plus au long ce que c'est qu'Etaim & Fil d'Etaim.*

Les serges couleur de brébis que l'on appelle aussi Serges naturelles & que les Poitevins nomment communément Beiges, sont celles dont la chaîne & la tréme sont faites de laine noire, brune ou tannée, telle qu'elle a été levée de dessus le mouton ou la brébis sans avoir passé par aucune teinture.

On appelle Serges à deux envers certaines serges très-grossieres, fortes & épaisses, d'une aune de large, qui n'ont point d'endroit, ayant autant de poil d'un côté que d'autre; c'est à Beauvais Capitale du Beauvoisis, dans le Gouvernement de l'Isle de France, où il s'en fabrique le plus; elles sont quelquefois nommées Serges fortes façon de S. Lo, parce qu'elles ont quelque rapport aux serges fortes qui se fabriquent en la Ville de S. Lo en Normandie.

SERGE ARCHI-IMPERIALE. Sorte de serge qui se fait en quelques lieux d'Italie, & particuliérement à Ligourne & aux environs; elles font partie de la cargaison des vaisseaux que les Marchands Ligournois envoyent à Tunis.

Quoique la serge proprement dite soit suivant la définition qui se trouve au commencement de cet article, une étoffe de laine croisée; il se fabrique cependant en plusieurs Provinces de France & principalement dans celle de Berri, certaines étoffes de laine non croisées d'une aune de large, un peu grossieres, ausquelles l'on donne improprement le nom de Serges drapées, n'étant véritablement ni serges ni draps, mais tenant quelque chose des deux; des draps, parce qu'elles ne se font que sur un mêtier à deux marches comme les draps; & des serges, parce que le reste de leur fabrique approche en quelque sorte de celles des serges.

On fait la différence des serges drapées d'avec les véritables draps, parce qu'outre que les véritables draps sont beaucoup plus forts, le nombre des rayes bleues & blanches qui se trouvent aux lisieres est different; celles des draps ayant ordinairement cinq rayes bleues & sept rayes blanches, & celles des serges drapées seulement trois ou quatre rayes bleues & trois ou quatre rayes blanches.

Il s'employe quantité de serges drapées pour l'habillement des Troupes de Sa Majesté, & en juste-au-corps de livrées; les Paysans & gens grossiers en portent aussi. Ces sortes de serges prennent pour l'ordinaire le nom des Provinces ou des Villes où elles sont fabriquées: ainsi l'on dit; Une Serge de Berry, une Serge de Romorentin, une Serge de Château-Roux, une Serge de Bourges, une serge d'Aubigny, &c.

Furetiere dans son Dictionnaire parle d'une sorte de serge qu'il dit être drapée & croisée, qui se fait à Rouen avec de la plus fine laine d'Espagne que l'on appelle Serge de Limestre du nom de celui qui en a fait le premier; il faut que le nom & l'espece de cette serge soient fort anciens, puisqu'il n'en est aucunement parlé ni dans le Tarif de 1664 ni dans les Reglemens tant généraux que particuliers qui ont été ci-devant rapportés; il est vrai néanmoins qu'elle est tariffée dans le Tarif de Lyon de 1632.

Les Serges payent en France les droits d'entrée & de sortie sur differens pieds, suivant les divers Tarifs qui en ont été dressés ou les lieux d'où elles viennent.

Par le Tarif de 1664 toutes sortes de serges de laine & serges drapées de toutes façons & couleurs payent pour droits de sortie le cent pesant 4 liv. & par les Arrêts du Conseil des 14 Juillet & 23 Octobre 1703, & 25 Août 1705, les serges appellées Impériales, qui se fabriquent dans la Province de Languedoc, ne payent de droits de sortie; sçavoir, celles destinées pour l'Espagne que 10 s. du cent pesant & celles pour l'Italie 30 s. ainsi que les étoffes nommées Bayettes, Sempiternes ou Perpétuanes & Anacoste.

A l'égard des entrées, les serges de Seigneur & serges façon d'Ascot de fabrique de Hollande, payent conformement a la Déclaration du 29 May 1699, la piece de vingt aunes, 8 liv. & les serges drapees façon de Florence, Angleterre & autres Pays, blanches & teintes, la piece depuis 13 jusqu'a 15 aunes 11 liv. & ne peuvent entrer les unes & les autres que par Calais & S. Vallery suivant les Arrets des 8 Novembre 1687 & 3 Juillet 1692.

Ces mêmes serges d'autres fabriques que celles des Hollandois, payent sçavoir; les drapées 30. liv. celles de Seigneur d'Ascot, de Londres & autres semblables, 24 liv. & celles d'Ecosse demi-étroites, blanches ou teintes, neuves ou vieilles, appellees Plaindins, la piece de 25 aunes 8 liv. en consequence de l'Arrêt du Conseil du 20 Decembre 168[illegible], & ne peuvent non plus toutes lesdites serges entrer que par lesdits Ports de Calais & de S. Vallery.

Le Tarif de la Douane de Lyon entre dans un grand détail des droits que payent les diverses sortes de serges ou de sarges, comme il les appelle, qui entrent par son Bureau: sçavoir;

Les sarges de Geneve 25 s. le quintal d'ancienne taxation & 3 s. la piece de reapreciation.

Les sarges & estamets de Milan 40 s. la piece d'anciens droits, & 6 s. de reapreciation.

Les sarges d'Ascot Françoises, les larges 15 s. de la piece, & les étroites 7 s. 6 d.

Les sarges d'Arras 24 s. la piece.

Les sarges d'Amiens larges 11 s.

Les sarges de Florence, Genes, Lucques, Milan & autres étrangeres, la balle n'excedant deux quintaux 20 liv. & de reapreciation 4 liv. de la piece, & le balot de deux pieces 20 liv. pour tout droit.

Les sarges de Paris, Caen & autres semblables, le fond n'excedant quatre quintaux 5 liv. & de reapreciation 8 s. de la piece.

Les sarges d'Orleans, le fond, charge ou plateau, n'excedant quatre quintaux, 5 liv. & pour nouvelle réapréciation 3 s. de la piece.

Les mêmes ne venant qu'en piece 8 s. de la piece pour tout droit.

Les sarges de Tours le fond ou charge, 3 livres & pour la réapreciation 3 s. les mêmes par pieces 6 s. pour tout droit.

Sarges & cadis de Nismes la charge de trois quintaux 4 liv. & pour la réapreciation 3 s. de la piece.

Les sarges du Pays 3 s. la piece.

Les sarges façon de Londres 20 s. la piece.

Les sarges & bayettes de Beauvais le quintal 38 s.

Les sarges de Limestre & de Dieppe le quintal 3 l.

Les sarges barracanées, la piece 10 s.

Les sarges de Troyes le quintal 2. liv.

Les sarges d'Espagne la piece 3 liv.

Les sarges de Châlons la piece 15 s.

Les sarges de Châtillon le quintal 2 liv.

Commerce des serges à Amsterdam.

Les serges dont il se fait un plus grand commerce à Amsterdam, sont les serges blanches de Leyden, qu'on nomme ordinairement Overkeikers. Les serges déchûes, les serges à trois plombs, & les serges à deux plombs : elles se vendent à la piece, & donnent deux pour cent pour la déduction du prompt payement.

Le prix des serges blanches de Leyden, est depuis 55, jusqu'à 56 florins la piece.

Celles nommées Déchûes, depuis 53 jusqu'à 54 florins.

Et les 3 & 2 plombs, environ 32 florins, aussi de la piece.

SERGE DE SOYE. Etoffe croisée toute de soye; il ne se vend plus gueres de ces sortes d'étoffes en France où la plupart y étoient apportées d'Italie. Le ras de S. Maur en est pourtant une espece étant tout de soye, & ayant de la croisure. *Voyez* RAS DE S. MAUR.

Il vient aussi quelques serges de soye des Indes & de la Chine, & l'Amphitrite en avoit apporté dans ses deux retours des Indes en 1700 & 1702.

Les sarges de soye de Venise payent à la Douane de Lyon 30 s. de la livre pour tout droit.

Les sarges de soye de Gennes 24 s. de la liv. tant d'ancien droit que de réapréciation, & 30 s. pour le mandement par piece.

Les sarges de soye de Florence, Boulogne & Naples 25 s. 9 den. la livre pour tout droit.

Les sarges de soye violettes ou incarnates 47 s. de la livre.

Les sarges teintes en soye 15 s. de la piece.

Les sarges mi-soye 22 s. la piece.

SERGENT, qu'on appelle aussi Crochet. Outil ou instrument de Menuisier dont se servent aussi quelques autres Ouvriers en bois.

Le sergent est une barre de fer quarrée, longue à volonté, recourbée en crochet par un des bouts. Le long de cette barre monte & descend un autre crochet mobile aussi de fer, qu'on appelle la Main du Sergent.

On se sert de cet instrument pour tenir & joindre les pieces & planches de bois lorsqu'on les veut coller ensemble, ou pour faire revenir la besogne, c'est-à-dire, en approcher & presser les Parties les unes près des autres quand on veut les cheviller.

Les Tonneliers ont aussi une espece de sergent pour faire entrer les derniers cerceaux sur le peigne des futailles; ils l'appellent plus communément Tirtoire. *Voyez* TIRTOIRE.

SERGER, quelques-uns écrivent & prononcent Sergier. Ouvrier ou Marchand qui fabrique ou qui vend des serges.

Il n'y a pas de Province en France où il y ait plus de Sergers qu'en celle de Picardie; cependant à Beauvais ils ne forment avec les Drapiers qu'une seule & même Communauté, & sont tous réputés & appellés Drapiers; ce qui a été ainsi reglé par les Statuts & Reglemens faits pour les Manufactures de Draperie & Sergetterie de ladite Ville du 18 Août 1670, dont le premier article porte en termes exprès: *Qu'à l'avenir les Drapiers tant de cette Ville que Fauxbourg & d'une lieue à la ronde, & les Sergers qui ont été reunis avec eux par Arrêt du Parlement de Paris du 30 Août 1661 seront ensemble une seule & même Communauté, sans qu'il y ait aucune difference entre eux, en sorte que ci-après il ne soit plus fait mention des Sergers réunis, mais que tous seront reputés & appellés Drapiers.*

On nomme Apprentit Serger un jeune homme qui apprend à fabriquer de la serge sous la conduite d'un Maître Serger auquel il s'est obligé pour un certain tems; & Compagnon Serger, celui qui ayant fait son apprentissage travaille à la journée chez les Maîtres Sergers à la Manufacture des serges.

SERGERIE. Se dit tant de la Manufacture des serges, que du commerce qui s'en fait. La Province de Picardie est une de celles de France où il se fabrique le plus de sergerie; A Beauvais & dans les Reglemens pour les Manufactures de laine de cette Ville on dit Sergetterie; mais il s'entend plutôt du Corps des Drapiers & Sergers que du commerce des serges. *Voyez* SERGETTERIE.

SERGETTE, ou SARGETTE. Diminutif de serge. Petite serge étroite, mince & legere. On met au nombre des Sergettes les cadis qui n'ont qu'une demi-aune moins un douze de large, & les serges de Crevecœur, Policour, Chartres & autres semblables dont la largeur n'est que de demi-aune.

Le Reglement de 1667 pour la Draperie & Sergetterie de Beauvais ordonne, article 46, que les sergettes drapées, blanches & grises, façon de Mouy, auront quarante-six portées au moins & vingt-huit fils chaque portée, & au retour du moulin demi-aune demi-quart de largeur, & vingt aunes & demi de longueur au moins.

SERGETTE. C'est aussi une espece de droguet croisé & drapé qui se fait en quelques lieux de Poitou. Le Reglement de 1698 pour les Manufactures de cette Province, porte que ces droguets auront tout apprêtés une demi-aune de large & 40 aunes de long, & que leur chaîne sera montée de 48 portées au moins de seize fils chacune. *Voyez* DROGUET.

Les sargettes de Chartres payent à la Douane de Lyon les droits à raison de 55 liv. le quintal.

Les sargettes ordinaires 15 s. de la charge d'anciens droits, & 12 s. de réapreciation.

Les sargettes de Milan 50 s. la piece d'ancien droit, & 8 s. de réapreciation.

SERGETTERIE. On appelle ainsi à Beauvais Ville de Picardie, non-seulement la Manufacture des serges, ou l'ouvrage des Tisserands & Sergers qui les fabriquent, mais encore le Corps & la Communauté des Maîtres qui en font profession.

La Draperie & la Sergetterie faisoient autrefois deux Corps séparés, mais en 1661 ils furent réunis par Arrêt du Parlement du 30 du mois d'Août, & depuis ne font plus qu'un seul & même Corps, où sont encore joints, mais avec quelque subordination, les Laneurs, Peigneurs, Tondeurs, Tisserands & autres Appareilleurs de laine de ladite Ville & des environs.

Les Statuts & Reglemens de ce Corps projettés dans plusieurs Assemblées tenues dans l'Hôtel Episcopal de Beauvais, desquels l'exécution avoit été ordonnée par provision par l'Arrêt de 1661, ayant été de nouveau examinés par ordre de Monsieur Colbert dans une Assemblée générale des Maire, Pairs & autres Officiers de la Ville, & des principaux Drapiers tant en teint que Façonniers, Maîtres Sergers, Gardes & Jurés des métiers de Laneurs, Tisserands, Peigneurs; ensemble des dix Boujonneurs en charge, faite le

4 Février 1667 dans l'Hôtel commun de la même Ville, & ayant été unanimement approuvés, Sa Majesté étant en son Conseil de Commerce, confirma lesdits Statuts & Reglemens par un Arrêt, & les homologua par ses Lettres Patentes desdits mois & an pour être exécutés selon leur forme & teneur.

Depuis l'union de Drapiers & des Sergers par l'Arrêt de 1661, même après les Statuts de 1667, il restoit toujours quelque sorte de difference entre les Drapiers qui avoient gardé leur nom, & les Sergers qu'on appelloit Sergers réunis; mais par le premier article d'un Reglement qui fut fait au mois d'Août 1670, il fut dit qu'à l'avenir les Drapiers tant de la Ville de Beauvais que Fauxbourgs & d une lieue à la ronde de la Ville, & les Sergers réunis par ledit Arrêt du Parlement, ne feroient plus ensemble qu'une seule & même Communauté, ensorte que tous seroient à l'avenir nommés, qualifiés & réputés également Drapiers.

On parle ailleurs des principaux articles de ce Reglement de 1670, qui concerne particulierement l'emploi des laines nommées Plis & Pignons dans les étoffes de laine des Fabriques de Beauvais, sur quoi on peut voir ce qu'on en dit à l'article des Pignons; l'on va donc seulement donner ici un extrait de ce qu'il y a de plus important dans les articles des Statuts de 1667 concernant la police de cette Communauté, renvoyant pareillement ce qui y est des portées, largeur & longueur des étoffes aux articles de ces mêmes étoffes. *Voyez* RATINE, SERGE & REVECHE.

Ces Statuts sont composés de cinquante-six articles. Par le premier, tout commerce, débit & Fabrique de Draperie & Sergetterie est défendu & interdit les Dimanches, Fêtes annuelles ou autres commandés par l'Eglise.

Le second & le troisiéme admettent dans la Communauté, pour cette fois seulement, sans apprentissage ou chef-d'œuvre, & sans aucuns frais que 10 sols pour le certificat, tous Maîtres qui travailloient ou faisoient travailler des métiers de Drapiers-Sergers, lanerie, tonture, tisseranderie & autres appareillages de Manufactures de laine dans la Ville de Beauvais, & une lieue aux environs, avant le premier Janvier 1666, en se présentant dans un mois du jour de la publication des Statuts pour y être reçûs, comme aussi tous Maîtres & Ouvriers Forains & étrangers, en faisant apparoître qu'ils étoient Maîtres aux lieux qu'ils auroient quittés, ou faisant apprentissage de trois ans à leur choix, sans autres frais que de quarante-cinq sols; lesquels Ouvriers étrangers seroient déclarés naturels & regnicoles sans lettre ni finance, & avec dispense de droit d'Aubaine tant pour eux que pour leurs successeurs.

Les Fils des Maîtres sont déclarés affranchis d'apprentissage par le quatriéme article, pourvû qu'ils ayent servi chez leurs peres pendant deux ans; & par le cinquiéme leurs veuves doivent jouir du privilege de leurs maris, & leurs fils si elles en ont, de la dispense pareillement d'Apprentissage en travaillant pendant deux ans chez elles ou chez un autre Maître.

Le sixiéme article ordonne pour la premiere fois l'élection de dix Boujonneurs (ce sont les Maîtres & Gardes) sçavoir, cinq pris du Corps des Drapiers & Sergers, deux Tisserands & deux Laneurs, & qu'à l'avenir tous les ans cinq seroient choisis pour remplir la place des cinq plus anciens.

Les 7, 8, 10, 11, 12 & 26 articles parlent des visites que les Boujonneurs ont droit de faire chaque semaine dans les maisons & ouvroirs, même aux moulins & batteaux, & chez les Ouvriers & Foulons; des rapports & Procès verbaux qu'ils en doivent dresser; des saisies des marchandises non visitées & marquées; de leurs confiscations, amendes & autres peines contre les contrevenans.

Le 9 regle la marque des étoffes, & déclare ceux qui doivent y assister, & se trouver chaque jour de travail à l'Hôtel-de-Ville depuis neuf heures du matin jusqu'à dix, & depuis deux de relevée jusqu'à trois, pour être présens à ladite marque: & par le même article il est ordonné: Que le poinçon du Sceau Royal aura pour empreinte d'un côté les Armes du Roi, & pour Legende: *Louis XIV. Restaurateur des Arts & Manufactures*; & de l'autre côté les Armes de la Ville avec ces mots: *Fabrique de Beauvais.*

Les 42, 43 & 44 articles défendent qu'aucune étoffe de la fabrique de Beauvais, ni d'une lieue aux environs, ne soit vendue ni achetée sans avoir le Sceau Royal, à peine de confiscation & d'amende; & ordonne que les Falsificateurs dudit Sceau seront poursuivis & punis comme faussaires.

Il est parlé de l'apprentissage & des Apprentifs dans les 15, 16 & 17 articles. Les Apprentifs ne peuvent être reçûs Maîtres qu'après trois ans d'apprentissage dans l'un des quatre métiers de Peigneurs, Laneurs, Tisserands & Tondeurs, en rapportant leur Brevet dûement certifié & quittancé; & seulement après avoir été jugés capables. A l'égard du nombre des Apprentifs, chaque Maître n'en peut avoir qu'un à la fois, deux au plus.

Les Tisserands & leurs obligations font le sujet d'onze articles, depuis & y compris le 27 jusqu'au 38 exclusivement. *Voyez* TISSERAND.

Les trois articles suivans défendent aux Maîtres de congedier aucuns Ouvriers, qu'ils ne les en ayent avertis quatre jours auparavant, ni de se débaucher les Ouvriers les uns des autres; avec liberté néanmoins ausdits Maîtres de faire travailler tels Ouvriers qu'ils trouvent à propos, Forains, Etrangers ou Habitans de la Ville: ces derniers pourtant doivent être préférés aux autres, s'ils sont également habiles, & s'ils travaillent au même prix.

Les 45, 46, 47 & 48 articles prescrivent quelles étoffes & de quelles portées, longueur & largeur pourront fabriquer les Sergiers du petit Corps; toutes lesquelles marchandises doivent être vûes & visitées comme celles des Drapiers-Sergers, mais seulement marquées du plomb de la Ville, & non du Sceau Royal. *Voyez* PETIT CORPS.

La vente des laines, soit par les Marchands Forains, soit par les Revendeurs, & les lieux où elle doit se faire, sont reglés par les 49, 50 & 51 articles; avec injonction aux premiers d'exposer leurs laines ou à la Halle ordinaire ou sur la place, non aux Hôtelleries & autres lieux; & défenses aux Vendeurs d'entrer dans la Halle les jours de marché, ni y faire apporter des laines avant onze heures du matin, non plus que de marchander ni arrêter celles qui y sont arrivées les jours précedens : ordonnant de plus ausdits Marchands Revendeurs de vendre leurs laines bien seches, & leur défendant de les mêler & falsifier dans les balles.

Par le 53e article il est défendu à tous Auneurs d'être Courtiers, & aux Courtiers d'être Auneurs, Commissionnaires, Facteurs, ni d'acheter pour leur compte, ou des autres, aucune marchandise des Drappiers & Sergers.

Enfin le 56 & dernier article ordonne : Qu'il sera tenu tous les mois un Conseil de police & Assemblée générale en l'Hôtel Episcopal pour les Manufactures seulement, où se rendront les Maîtres, Pairs ou leurs Députés, & singulierement les Pairs & Echevins qui auront été présens aux visites & marques des marchandises ; ensemble les anciens Boujonneurs & Esgards, & les principaux Marchands & Ouvriers de tous les Corps, les plus experts aux Manufactures, nommés, choisis & avertis par les Maire & Pairs, afin de donner leur avis pour perfectionner de plus en plus lesdites Manufactures, & de tout en informer le Sur-Intendant des Arts & Manufactures de France.

SERGIER, qu'on écrit & qu'on prononce présentement SERGER. Ouvrier ou Marchand qui fait ou qui vend des Serges. *Voyez* SERGER, *& l'article précedent* SERGETTERIE.

SERIN. Petit oiseau qui est estimé pour son chant. Il y en a de deux sortes, le Serin commun & le Serin de Canaries. Le commerce des Serins de Canaries est très considerable ; & il se trouve aux Isles de Canaries & à Madere de gros Marchands qui ne sont que ce négoce. *Voyez le Commerce de ces Isles dans l'Etat géneral, Tome I. page 396.*

La plupart des Serins qu'on voit en France, & particulierement à Paris, ou y sont élevés par des Oiseliers, ou y sont apportés par des Suisses.

Les Serins de Canaries de toutes sortes, mâles & femelles, payent en France les droits d'entrée à raison de 10 liv. le cent en nombre.

SERIN. C'est ainsi que l'on nomme en Berry une espece d'axonge ou graisse qui est attachée à la laine des moutons & brebis. Les Droguistes & Epiciers, qui sont les Marchands qui en font négoce, la nomment Oesype. *Voyez* OESYPE.

SERIN. C'est aussi un instrument de bois avec des especes de dents de fer, dont on se sert en quelques lieux pour séparer la filasse de chanvre de la plus grosse chenevote, qui y reste après que le chanvre a été broyé. Cet instrument s'appelle ailleurs un Escoussoir, & encore en d'autres endroits un Eschanvroir. *Voyez* CHANVRE.

SERINCER ou SERINCHER. Se servir du serin pour séparer la chenevote de la filasse.

SERMONTANT. Marchandise dont il est parlé dans le Tarif de la Ville de Lyon. *Elle paye 9 s. du quintal.*

SERONGE. Les chites de Seronge sont des toiles peintes qu'on tire des Etats du Mogol par Surate. *Elles sont du nombre de celles dont le commerce est défendu en France.* Voyez CHITE.

SERPE. Instrument de fer plat & tranchant en forme de grand & large couteau, qui a le bout courbé en croissant, & une poignée de bois. C'est après la coignée un des principaux outils des

Bucherons. Les Jardiniers s'en servent aussi émonder les arbres. Les Plombiers ont pareill ment des serpes pour divers de leurs ouvrages.

Les Vaniers, particulierement ceux qu'o nomme Clôturiers & Mandriers, se servent la serpe pour appointer les plus gros morceau de chataignier & autres bois dont ils font l montans de leurs ouvrages. Les petits bois les osiers s'appointent avec le couteau à tr vailler. *Voyez* VANIER.

SERPELIERE. Grosse toile dont les Emballeu se servent pour l'emballage des ballots, caisse bannes, &c. On dit plus communément Serpi liere. *Voyez* EMBALLAGE, *ou ci-après* SERPI LIERE.

SERPENTAIRE ou SERPENTINE. Plante m dicinale. Les Anciens n'en connoissoient que deux sortes, la grande & la petite ; mais depu la découverte de l'Amerique les Botanistes ont ajouté plusieurs ; entr'autres la Serpentai de Virginie, celle de Canada & celle de Bre On prétend qu'elles sont toutes alexiteres contre-poisons ; aussi entrent-elles dans la co position de la thériaque.

La grande Serpentaire des Anciens, appell en Latin *Dracunculus major*, a sa tige droit lissée & marquée de taches rouges comme peau d'un serpent ; ce qui, peut-être autant q ses vertus, lui a donné son nom. Elle ne cr gueres que de deux coudées de haut. Ses feu les semblables à la Parelle, sont enveloppées unes dans les autres. Son fruit vient au bout la tige : il est grappu, d'abord cendré, & ens en mûrissant jaune & rouge. Enfin sa racine grosse, ronde, blanche, & couverte d'une lure mince & délicate.

La petite Serpentaire a sa tige presque se blable à celle de la grande ; mais ses feuilles semblent au lierre, & sont marquetées de bla Son fruit est verd au commencement & jau quand il est mûr. Sa racine est ronde & bulbeu

La Serpentaire de Virginie, qu'on nom aussi Viperine, Dictame, Pouliot & Contray va de Virginie, a les feuilles vertes & larg presque de la figure d'un cœur. Son fruit rond, rempli de petite graine ; & sa racine est d'une odeur très forte & très aromatiq presque comme l'aspic ou la lavande mâle, a le bas un nombre infini de filamens longs & liés qui représentent assez bien une espece barbe. Ce sont les Anglois qui l'ont apportée Virginie, où elle est un souverain antidote c tre la morsure du serpent, qu'on nomme S pent à sonnettes, à cause d'une matiere ou co solide qu'il a enfermé sous la queue, qui une sorte de bruit, & qui sert comme d'a pour qu'on se tienne sur ses gardes.

Les Relations assurent que non-seulement te Serpentaire guerit ceux que ce serpent a m dus, mais même qu'il fuit à son odeur ; & pour cela les Voyageurs Indiens & Etrangers portent toujours au bout d'un bâton pour la présenter quand ils en rencontrent.

Il faut choisir la Serpentaire de Virginie n velle, sa racine grosse & bien nourrie, d' odeur forte, dont les feuilles soient vertes bien nétoyées.

La Serpentaire de Canada n'a que trois fe les : celle du Bresil n'est connue que depuis 16 mais comme on n'en fait pas de commerce, c qui en voudront voir la description, auront recours aux mémoires de l'Academie des Sciences.

Les Herboristes mettent la coulevrée & l'aron au nombre des Serpentaires.

La Serpentaire n'est point comprise dans les Tarifs de France ; ainsi elle doit payer les droits d'entrée à raison de cinq pour cent de sa valeur, suivant l'estimation.

SERPENTE. Espece de papier qui prend son nom du serpent dont il est marqué. Il est du nombre des petites sortes de papier. Son usage ordinaire est pour faire des éventails. *Voyez* PAPIER.

SERPENTIN. Espece de marbre qui tire sur le verd. *Voyez* MARBRE.

SERPENTINE. Plante Médecinale. *Voyez ci-dessus* SERPENTAIRE.

SERPETTE. Petite serpe semblable à celle des Vignerons & Jardiniers, dont les Plombiers se servent pour tailler & couper de legers morceaux de plomb.

SERPILLIERE. Sorte de très grosse toile d'un fort petit prix, dont les Marchands & les Emballeurs se servent pour emballer les marchandises. La plupart des Marchands qui vont aux Foires renvoyent chez eux les serpillieres qui ont servi aux emballages des marchandises qu'ils ont vendues. On dit : Une balle de serpillieres ; pour dire, une balle remplie de serpillieres : Une balle en serpilliere ; pour dire, une balle dont la couverture ou l'emballage est fait de serpilliere. On se sert de vieilles serpillieres pour faire des torchons.

SERPILLIERE. Se dit encore de certains lés de grosse toile que quelques Marchands font pendre aux auvents de leurs boutiques, pour ôter une partie du jour, afin d'empêcher qu'on ne découvre facilement les défectuosités qui se pourroient rencontrer sur leurs marchandises.

SERRE, petite Ville du Dauphiné. L'on n'y fabrique que des draps. *V.* l'Etat gén. Tome I. p. 128.

SERRES. Terme de Fondeur de menus ouvrages. C'est une des deux sortes de presses dont ces Ouvriers se servent pour serrer & presser l'une contre l'autre les deux parties de leurs moules. *Voyez* PRESSE.

SERRES. Ce sont aussi, en termes de sucrerie, des coins longs & plats, de fer & de bois, dont on se sert pour arrêter les rouleaux ou cylindres de bois dont on remplit les tambours de fer des moulins à sucre. *Voyez* MOULIN A SUCRE.

SERRURE. Instrument de fer garni de pêne & de ressorts, qui s'ouvre & qui se ferme avec une clef. On attache des serrures aux portes des lieux qu'on veut tenir ouverts & fermés à sa volonté ; & l'on en met aussi aux bureaux, commodes, cabinets, tiroirs, coffres, armoires, bahuts & autres meubles de cette sorte, qui servent à serrer les choses que l'on veut conserver.

Les principales pieces de la Serrure sont le Pêne, les Cramponets, le Ressort double ou simple, la Broche si elle est forée, le Fer à rouet, la Cloison, les Vis, les Rivets, le Canon, la Couverture, le clou à vis, le Fond sec & la Coque.

La clef qui a son paneton, son museau, sa tige & son anneau, sert à ouvrir la serrure ; & l'écusson à couvrir en dehors l'entaille qu'on a fait au bois pour faire passage à la clef.

C'est du nom de la serrure que les Ouvriers qui forgent & fabriquent le fer, particulierement celui qui convient aux bâtimens, ont pris leur nom, & ont été appellés Serruriers. *Voyez les articles suivans.*

Les Marchands de fer & les Quincailliers de Paris font un très grand négoce de toutes sortes de serrures ; & c'est d'eux que les Ebenistes, les Coffretiers, les autres Ouvriers, les Bourgeois qui en ont besoin, & les Serruriers même les achetent le plus ordinairement ; ces derniers ne faisant gueres de serrures que lorsqu'elles sont de commande & de prix, ou de quelque façon extraordinaire.

La Picardie & le Forez sont les Provinces de France où il s'en fabrique, & d'où les Marchands de Paris en tirent davantage.

Les meilleures viennent de Picardie, sur-tout des Villages des environs de la Ville d'Eu, dont les Habitans exercent presque tous la serrurerie. Celles de Forez ne sont que des sortes les plus communes, & encore d'un ouvrage plus commun & plus mauvais.

Les Serrures que vendent les Quincailliers sont de trois sortes ; les communes, les polies & les poussées : celles-ci sont des serrures dont toutes les pieces se démontent à vis, & qui sont seulement poussées, c'est-à-dire, blanchies à la lime. On divise encore chacune de ces trois especes en petites & grandes serrures. Les petites sont celles qui n'ont que depuis un pouce jusqu'à cinq ou six, & qui ne se mesurent que par demi-pouces ; & les grandes, celles que l'on compte par pouces entiers, & qui vont depuis six pouces jusqu'à quatorze & quinze.

Toutes ces serrures (on ne parle que de l'ouvrage ordinaire) sont ou forées ou bernardes. On appelle Serrure forée, celle dont la clef est percée, & qui ne peut s'ouvrir en dedans : on nomme au contraire serrure bernarde, celle dont la clef n'est point percée, & qui s'ouvre des deux côtés.

Les Marchands mettent encore plusieurs autres distinctions pour le débit de cette marchandise. Il y a des serrures à droit, d'autres à gauche, & d'autres qui sont sans différence de main. Ces dernieres servent aux tiroirs des tables, des commodes, des bureaux, &c. qui se tirent & se poussent sans changer de situation ; & les autres se mettent aux portes, aux volets, &c. qui ne sont pas toujours du même côté.

Il y a encore des serrures à demi-tour, à tour & demi & à deux tours : les unes se ferment en les poussant, & s'ouvrent sans clef en dedans, quand il n'y a que le demi tour de fermé : les autres ont toujours besoin de la clef pour les ouvrir & les fermer.

Les serrures des portes, soit qu'elles soient communes, polies ou poussées, se font depuis deux pouces jusqu'à quinze. La plus grande quantité qui se consomme des serrures polies & des serrures poussées, est de celles qui sont de six à sept pouces à tour & demi bernardes. Ces serrures sont propres à toutes portes de menuiserie à placard.

Pour les communes, la grande consommation est de six à sept pouces à tour & demi bernardes, & de sept à huit pouces à deux tours forés : elles sont pour les portes communes & à simple emboêture.

Il se vend peu de serrures de 9 pouces à tour & demi, & point du tour de dix pouces ; mais on en consomme considerablement des unes & des autres à deux tours.

Les serrures de dix à onze pouces à deux tours sont pour les portes bâtardes, celles au-dessus jusqu'à quinze pour les portes cocheres : aucune de celles-là ne sont forées.

A l'égard des serrures à tiroir, on en fait des trois sortes, c'est-à-dire, des communes, des polies & des poussées, soit à pouce & demi, soit à deux tours; mais seulement depuis deux pouces jusqu'à cinq, en augmentant toujours de demi-pouce.

Outre ces sortes de serrures qu'on vient d'expliquer, dont les Marchands Quincailliers font un débit presque inconcevable, ils vendent encore en quantité des serrures de coffres, des serrures à moraillon & des serrures à bosse.

Les serrures à coffres sont fort differentes de celles dont on a parlé jusqu'ici : les unes qu'on appelle Houssettes, se ferment à la chute du couvercle, & s'ouvrent avec un demi-tour à droit : les autres qu'on nomme à pêne en bord, ont un pêne plié en équerre; & celles que l'on dit à une, deux & trois fermetures, ou un pêne simple ou fendu en deux ou en trois, avec plusieurs ressorts. On appelle Auberon le petit morceau de fer percé qui sert comme de gâche à ces sortes de serrures, & à travers duquel passe le pêne. L'auberonniere est la plaque de fer sur laquelle s'attache l'auberon. Il doit y avoir autant d'auberons que la serrure a de fermetures.

On fait des serrures de coffres depuis un pouce jusqu'à six, de communes, de polies & de poussées, mais beaucoup moins de ces dernieres. Celles à deux fermetures ont au moins trois pouces, & celles à trois fermetures quatre pouces & plus.

Il y a de ces serrures qui ont jusqu'à dix fermetures & davantage; mais ce sont des chef-d'œuvres de Maîtres de Paris, qui servent ordinairement à ce qu'on appelle des coffres forts, où les Marchands, Négocians, Banquiers & Caissiers serrent leur argent comptant, leurs pierreries s'ils en ont, & leurs meilleurs effets.

Les serrures quarrées qui se ferment par le moyen d'un moraillon, ne sont gueres d'usage que pour les cassettes, petits pupiltres & autres ouvrages des Layetiers; ou pour les valises, les coffres d'osier, & autres semblables que font les Coffretiers. Il s'en fait depuis un pouce en quarré jusqu'à six pouces en quarré.

Les serrures à bosse servent aux portes des caves, aux écuries, laiteries, étables, bergeries, & autres pareils lieux de fermes & basse-cours de la campagne. Ces deux dernieres sortes de serrures, qui sont les moindres de toutes & du plus bas prix, se tirent de Forez & de quelques autres lieux de peu de réputation.

Les cadenats peuvent aussi être regardés comme des especes de serrures. On en a parlé ailleurs, du commerce qui s'en fait & de leur usage. *Voyez* CADENAT.

Les serrures payent en France les droits d'entrée à raison de 5 s. de la piece, conformément au Tarif de 1664.

Les droits de la Douane de Lyon sont de 4 den. de la paire, tant d'ancienne taxation que de réappreciation.

SERRURERIE. Art de travailler le fer, & d'en forger & fabriquer toutes les sortes d'ouvrages qui sont réservés par les Statuts aux Artisans qu'on nomme Serruriers.

L'on ne peut douter que l'art de Serrurerie ne soit des plus anciens; la nécessité & la commodité qui ont fait inventer tous les arts, se rencontrant dans celui-ci autant qu'en aucun autre. Les bâtimens sur-tout ont besoin pour leur liaison & leur solidité; & l'on ne peut se passer dans leur construction des gros ouvrages de serrurerie, tels que sont les ancres, les tirans, les crampons, les harpons, les boulons, les estriers fers, &c. Les autres ouvrages plus legers ne sont pas moins nécessaires. Les pentures, les gonds, les pivots, les fiches, les couplets servent à suspendre les portes, les chassis, les volets, les contre-vents & les guichets; & pour les fermer on se sert de loquets, de fleaux, de verroux & d'espagnolettes, invention des derniers tems aussi agréable que commode, que les François ont rapportée d'Espagne au retour de ces campagnes qui ont assuré la Couronne à Philippes V. Enfin sans entrer dans un plus grand détail de tous les autres ouvrages de serrurerie qui servent aux ustenciles de la cuisine & du ménage, dont l'on peut voir une longue énumération dans l'article 54 & suivans des Statuts des Maîtres Serruriers; c'est à l'art de Serrurerie que l'on doit ces balcons & ces grilles ou balustrades travaillées avec tant de goût & de dessein, & dans lesquels il semble que le fer ait perdu sa dureté & son inflexibilité sous la main des Serruriers François, & sur-tout des Maîtres de la Ville de Paris, tant il y a de délicatesse & de perfection dans les contours, les fleurons & les autres ornemens dont elles sont embellies. L'on estime entr'autres les grilles du Chœur de l'Eglise de Paris & celles de l'Eglise de S. Denis; & pour les grilles de bâtimens, celles de Versailles & de Maisons. *Voyez* l'article de la Maçonnerie. On y a expliqué l'usage du Mémoire à trois colonnes qu'on donne ici.

Prix de la Serrurerie & gros Fer qui s'employent aux Bâtimens, suivant qu'ils se payoient dans les années. . . . 1690, 1710 & 1716.

	1690	1710	1716
Tout le gros fer pour les Bâtimens, tant ancres, tirans, harpons, étriers, équieres, grilles à mi-murs avec traverses, grilles en saillies, corbeaux & autres fers, le cent pesant,	11 l.	12 l.	17 l. 10 s.
Toutes les chevilles & fantons, tant pour la maçonnerie que pour la charpenterie, le cent pesant,	11	15	17. 10
Les dents de loup pour servir à la charpenterie, la douzaine,	5 s.	6 s.	6 s.
Les crochets pour servir aux chêneaux de plomb, chaque crochet,	4 s. 6 d.	4 s. 8 d.	4 s.
Les crochets à enfaîter le plomb des combles, la piece,	2 s. 3 d.	2 s. 6 d.	4 s.
La ferrure d'une porte à placard, garnie de deux fiches à gonds de			

	1690,	1710,	1716.
9 à 10 pouces de haut, deux targettes à panaches, deux crampons, une serrure, une gâche, un bouton, une rosette, une entrée, le tout poli,	13 l. 10 s.	24	25
La ferrure d'une porte cochere à l'ordinaire, de quatre grosses fiches à gonds, une grosse serrure, deux grosses targettes à crampons, deux fiches pour le guichet de 14 pouces de haut, une boucle & un fleau,	70	100	130
La ferrure d'une porte d'un pouce ou 15 lignes; sçavoir, deux fiches à gonds, deux targettes, deux crampons, une serrure à tour & demi, une gâche, une entrée, un bouton, une rosette, le tout étamé,	6 l. 5 s.	10 l. 5 s.	12 l.
La ferrure des portes des caves avec deux pentures & deux gonds & une forte serrure à bosse,	4 10	3 10	4
La ferrure des portes des lieux, les pattes en plâtre ou en bois, depuis six pouces jusqu'à huit de long, la piece,	1 s. 6 d.	1 s. 9 d.	2 s.
Les Mémoires de 1710 & 1716, qui finissent, ajoutent que l'on ferre à présent les croisées & portes avec des Espagnolettes, qui font monter la ferrure d'une porte depuis 30 jusqu'à 50 liv. & celles des croisées depuis 40 jusqu'à 100 liv.			
Le Mémoire de 1690 ajoute encore quelques ouvrages, mais qui ne sont plus gueres d'usage.			
Les fiches pour les croisées à l'ordinaire, la piece mise en place,	3 s. 6 d.		
Les targettes fortes non communes étamées à la poêle, la piece,	5		
Les targettes communes en ovale étamées à la feuille, la piece,	3		
Les pattes en plâtre & en bois depuis 4 pouces jusqu'à six de long,	9 d.		
Les verges de vitres de deux pieds de long, la piece,	1 s. 9 d.		

SERRURIER. Artisan qui travaille à divers ouvrages de fer, & particulierement en serrures, d'où il a été appellé Serrurier. *Voyez les articles précedens.*

Il y a à Paris une Communauté de Maîtres Serruriers, dont les anciens Statuts sont du mois de Novembre 1411, sous le Regne de Charles VI. Ils furent confirmés au mois de Mai 1543, sous celui de François I. & enfin Louis XIV. par ses Lettres Patentes données sur le Vû des Officiers du Châtelet les renouvella & changea en quelques articles, & les confirma en tout le 12 Décembre 1652. Ces dernieres Lettres de confirmation ne furent verifiées & enregistrées en Parlement que le 27 Janvier 1654, à cause de l'opposition formée à leur verification & enregistrement par quelques Maîtres de la Communauté, qui en furent déboutés par Arrêt du même jour.

Ces nouveaux Statuts contiennent en 68 articles non-seulement tout ce qui regarde la discipline de la Communauté, & les divers ouvrages qu'il lui appartient de forger & de faire, mais encore des Reglemens entre les Maîtres Serruriers & les Maîtres des autres Corps, dont les ouvrages ont quelque rapport avec ceux de la Serruterie.

La Communauté des Maîtres Serruriers est gouvernée par un Syndic & par quatre Jurés. Il se fait tous les ans l'élection du Syndic & de deux Jurés. Le Syndic veille & a inspection sur les Jurés mêmes, & eux sur le reste des Maîtres, sur les Apprentifs, & sur tout ce qui dépend du métier de Serruterie. Leurs visites d'obligation, & pour lesquelles on paye seulement le droit de visite, sont reglées à cinq par an.

Nul ne peut être reçû à la Maîtrise, qu'il n'ait été Apprentif, & qu'il n'ait fait chef-d'œuvre, à l'exception des Fils de Maîtres, qui ne sont tenus qu'à une simple experience, & à qui le service chez leur pere tient lieu d'apprentissage.

Aucun Maître ne peut avoir plus d'un Apprentif à la fois, ni l'obliger pour moins de cinq ans. Il peut néanmoins avoir un proche parent pour second Apprentif, en faisant sa déclaration au Greffe du degré de parenté, & même prendre un autre Apprentif étranger la derniere année de l'apprentissage du premier.

Tout Apprentif au sortir d'apprentissage doit servir encore les Maîtres cinq années en qualité de Compagnon, avant de pouvoir aspirer à la Maîtrise.

Les Fils & Gendres de Maîtres payent aux Jurés & anciens Bacheliers le droit entier pour leur assistance, mais seulement la moitié du droit qui est dû à la bourse de la Communauté.

Les Veuves, tant qu'elles restent en viduité jouissent des privileges de la Maîtrise de leur mari, à la réserve toutefois de celui de faire des Apprentifs; elles peuvent seulement les continuer.

Les Maîtres de Paris ont droit d'exercer le métier dans toutes les Villes du Royaume où il y a Maîtrise, en faisant apparoître de leur reception, & enregistrer leurs Lettres au Greffe du lieu où ils veulent s'établir.

Les Apprentifs des autres Villes ne sont reçûs à la Maîtrise de Paris, qu'après huit ans de service chez les Maîtres.

Les Compagnons qui travaillent à leurs pieces, & ceux qui travaillent au mois ou à l'année, ne peuvent quitter leurs Maîtres qu'ils n'ayent achevé, les uns les pieces qu'ils ont entreprises, & les autres le [illegible] dont ils sont convenus.

Enfin par une précaution [illegible]ge, & qui fait la sûreté publique, aucun Maître, Compagnon ou

Apprentif ne peut faire ouverture de serrures, de cabinets, coffres-forts ou autres, portes cocheres, portes de chambre, &c. qu'en présence des personnes à qui tous ces lieux ou toutes ces choses appartiennent sous peine de punition corporelle; non plus que de forger ou faire forger des clefs sans avoir la serrure, ou sur des moules de cire & de terre.

Il ne faut pas oublier de remarquer que le Roi Louis XIV. ayant créé par sa Déclaration du mois de Mars 1691, des Charges de Jurés en titre d'Office dans tous les Corps & Communautés de Paris, celles des Serruriers furent réunies & incorporées à leur Corps par Lettres Patentes du 22 Mai de la même année; réunion qui n'a apporté aucun changement à leurs anciens Statuts, mais qui a seulement augmenté quelques droits pour les réceptions à l'apprentissage & à la Maîtrise.

La Communauté a pour Patron S. Eloy, dont la Confrairie a quatre Administrateurs & un Bâtonnier.

Les principaux outils qui servent à la Serrurerie & à la forge des Serruriers, sont le soufflet, l'auge de pierre pour mettre l'eau de la forge, l'archet ou archon avec ses forets & leurs boetes. L'écouvette, les bigornes, les broches rondes ou carrées, les burins de diverses sortes, les brunissoirs, les clouvieres, les chasses carrées, rondes & demi-rondes; les limes de toutes especes depuis les gros carreaux jusqu'aux carrelettes; les coins à fendre, les chevalets pour foirer & pour blanchir les calibres; les crochets, les cizelets, les cizeaux à divers usages & de diverses formes; les compas, les enclumes, l'équerre, les étaux, les échopes, l'établie, les étampes, la fourchette, les fraises, les filieres; plusieurs sortes de gratoueres, quantité de marteaux, divers mandrins pour percer à chaud, faire les yeux des marteaux & autres outils, ou pour former & resserrer les trous quand ils sont percés; les poinçons ronds, carrés, plats; les percoueres aussi de toutes figures & à divers ouvrages; la palette à forer, les tisonniers, les rifloirs, le rochouer, le rabot, le repoussoir, le tranchet & la tranche; plusieurs tenailles de fer, droites, crochues, rondes, & d'autres seulement de bois; les tassaux, les taraux, le tourne-à-gauche, le villebrequin & les valets. Outre ce grand nombre d'outils, & quelques autres de moindre consequence, les Serruriers se servent aussi de quelques outils de Menuisier & de Tailleur de Pierre, pour entailler la pierre & le bois lorsqu'ils veulent mettre leur ouvrage en place. Tous ces outils seront expliqués chacun à son article.

SERSUKERS. Etoffes des Indes soye & coton, rayées de soye, & travaillées à peu près comme la mousseline: la longueur des pieces est de sept, de neuf, de treize & de seize aunes, sur deux tiers trois quarts & sept huitiémes de large.

SERTIR. Terme de Joaillier. C'est enchasser une pierre précieuse dans son chaton, & rabaisser sur sa circonference les bords du métail dans lequel on la monte. *Voyez* JOUAILLIER.

SERTISSURE. Maniere dont une pierre est sertie ou montée.

SERVANTE. Qu'on nomme aussi DEMOISELLE ou RENFORMOIR. Terme de Gantier. *Voyez* RENFORMOIR.

SERVELETTES. Marchandises employées dans le Tarif de Lyon de 1632.

Les Servelettes du pays & autres payent les droits sur le pied de 15 s. de la balle, tant d'ancienne taxation que de reapreciation.

SERVIETTES. Linge de table qu'on met sur chaque couvert pour manger proprement, s'essuyer les mains, & couvrir ses habits. Douze serviettes, une grande nappe & une petite font ce qu'on appelle un Service de table.

Les Serviettes en general payent les droits de la Douane de Lyon à raison de 5 s. la piece pour tout droit.

Les Serviettes de Flandres payent 20 s. aussi de la piece.

A l'égard des droits de sortie, les Serviettes payent comme linge de table, suivant le Tarif de 1664.

SERVIETTES. On apporte de la Chine des étoffes de soye, qu'on appelle communément Serviettes à Caffé; parce qu'outre que les piéces sont comme séparées & divisées en morceaux de la longueur propre à faire des serviettes, on ne s'en sert ordinairement qu'à cet usage. La longueur de chaque piece est d'onze aunes.

SERVITEURS. On appelle Serviteurs ou Garçons chez les Maîtres Chirurgiens de Paris, ceux qu'on nomme Compagnons chez les Maîtres des Communautés des Arts & Métiers.

Les Garçons ou Serviteurs peuvent aspirer à la Maîtrise, & être admis à faire le grand Chef-d'œuvre quand ils ont servi six ans consécutifs chez un des Maîtres, ou sept ans chez plusieurs. *Voyez* CHIRURGIEN.

SERVITEUR, est la qualité qu'affectent de prendre les Garçons qui travaillent dans les Sucreries; & ils s'offenseroient fort qu'on leur en donnât d'autre; ainsi un Négociant dit: J'ai quinze, j'ai vingt serviteurs dans ma Sucrerie.

SES

SESELI. Plante qui est une espece de fenouil, & qui en a presque toutes les qualités. Quelques-uns croyent qu'il approche davantage du persil de Macedoine. Il vient dans diverses Provinces de France, particulierement en Provence, en Languedoc & en Franche-Comté. Il y a encore le seseli de Candie & de la Morée, & celui qu'on nomme le seseli des prez; mais les Droguistes de Paris ne vendent que de celui de Provence, que par distinction ils appellent seseli de Marseille, à cause que celui qui se recueille aux environs de cette Ville passe pour le meilleur.

On n'employe que sa semence, qui, pour être bonne, doit être de moyenne grosseur, longuette, pesante, bien nette, verdâtre, de bonne odeur, & d'un goût âcre & aromatique.

SESTE. Mesure de continence dont on se sert à Siam pour les grains, graines & legumes secs. Il faut quarante sacs pour faire le seste, & quarante sestes pour le cohi; ensorte qu'évaluant le seste sur le pied de cent catis, ou cent vingt-cinq livres poids de marc, le sac pese environ trois livres un peu plus, & le cohi cinq mille livres juste.

SESTER. C'est ainsi que les Flamans nomment une certaine mesure que l'on appelle ailleurs Verge, Velte, &c. *Voyez* JAUGE.

SESTIER, qu'on nomme aussi SETIER & SEPTIER. Mesure dont on se sert à Paris & en d'autres lieux pour les grains, les graines & les légumes secs. *Voyez* SEPTIER.

SESTIER. Est aussi une mesure des liquides *Voyez comme ci-dessus.*

SESTRE. Le grand & le petit SESTRE, en Afrique sur la côte de Malaguette. Le commerce que l'on y fait consiste en poivre, en morfil, & en quantité de rafraîchissemens. *Voyez* l'Etat général Tome I. page 379.

SET

SET, qu'on écrit plus ordinairement SEPT. C'est le nom d'un nombre composé de quatre & de trois. *Voyez* SEPT.

SETIE. Terme de commerce de mer. C'est le nom que les Turcs donnent à des barques avec lesquelles ils font le commerce de proche en proche.

SETIE'ME ou SEPTIE'ME. *Voyez* SEPTIE'ME.

SETIER, SESTIER ou SEPTIER. C'est quelquefois une mesure de grains; & quelquefois une mesure des liquides. *Voyez* SEPTIER.

SEU

SEVILLE. Ville d'Espagne, Capitale de l'Andalousie. *Voyez* le détail des marchandises que l'on tire de cette Ville, dans l'Etat général Tome I. page 241.

SEULAGE. Terme Normand, pour signifier magasinage. Ainsi quand un Commissionnaire de Rouen rend compte à un Négociant Etranger, pour le compte duquel il a vendu quelques Marchandises, il ne manque jamais de prendre, tant pour son droit de seulage, c'est-à-dire, pour le loyer du Magasin.

SEULE. Signifie en Normandie Magasin. Le loyer des seules est extrêmement cher à Rouen. Pour le peu que les Marchandises y restent, adieu le profit.

SEURETE'. Assurance, précaution que ceux qui négocient & contractent ensemble ont coûtume de prendre & doivent prendre pour n'être point trompés.

La parole ou au plus l'écrit des hommes, devroit être, & est en effet la plus grande seureté des honnêtes gens. Mais la malice & la chicanne de la pluûpart obligent souvent de prendre d'autres précautions, même avec ceux qui ont le plus la réputation de probité, & c'est ce qu'on appelle prendre ses seuretez.

Le cautionnement, le nantissement, les gages, les endossemens, les souscriptions, &c. sont autant de seuretez que l'on peut prendre suivant le caractere des gens avec qui l'on traite, ou des affaires dont il s'agit.

SEUSNES. On nomme ainsi en Bretagne de grands filets ou especes de seines, dont se servent les équipages des Vaisseaux qui vont à la pêche de la morue, pour prendre le caplan ou petit poisson, duquel se fait l'attrait des hameçons dont sont armées les lignes à pêcher la morue. Chaque Bâtiment a ordinairement trois seusnes. *Voyez* l'article de la Morue.

On dit seusner du caplan, pour dire prendre ce petit poisson.

SEX

SEXTULE. Petit poids dont se servent les Apoticaires pour peser les drogues qu'ils composent ou qu'ils débitent. Il pese un scrupule plus que la dragme ou gros. *Voyez* GROS.

SEY

SEYDAVI. Ce sont des soyes qui viennent de Seyde, & qui sont du crû du pays. Elles se vendent au Damasquin de six cent dragmes, qui font quatre livres onze onces poids de Marseille. *Voyez* SOYES DU LEVANT.

SEYDE. Ville de Phenicie en Syrie. Les soyes & les cotons sont les deux objets principaux de son commerce. *Voyez* l'Etat général Tome I. page 350.

SEZ

SEZANNE. Ville de France en Brie, sur les confins de la Champagne. Elle est du Département de l'Inspecteur des Manufactures de Châlons & Troyes. Les diverses Fabriques qui soutiennent son négoce sont celles de la draperie, de la bonneterie, de la tisseranderie, de la chapellerie, de la tannerie & de la mégisserie. On en parle ailleurs. *Voyez* l'Etat général Tome I. page 28.

SHA

SHAUB ou BAFFETAS. Etoffes des Indes, soye & coton de diverses couleurs. Elles ont sept aunes de long sur trois quarts de large.

SI

SI. On appelle ainsi en Normandie une sorte de graisse ou axonge qui se trouve adhérante à la laine des moutons & brebis. Son nom chez les Marchands Epiciers & Droguistes, qui sont ceux qui en font le commerce, est Oesype. *Voyez* OESYPE.

SIA

SIAGBANDAR. On nomme ainsi en Perse le Receveur des droits d'entrée & de sortie qui se payent sur les Marchandises dans toute l'étendue du Royaume. C'est une espece de Fermier général.

Cette Charge étoit autrefois annuelle, & le Siagbandar comptoit de clerc à maître. Présentement, la recette est réduite en Ferme qu'on adjuge ordinairement pour sept ou huit ans, & même davantage. Le produit des droits va année commune à 24 mille tomans, quelquefois même jusqu'à 28, ce qui revient à douze cens mille livres.

Les Receveurs ou Douaniers ont des appointemens fixes, & n'ont aucune part aux droits qu'ils perçoivent.

SIAM, l'un des plus puissans Royaumes des Indes. Les Nations d'Europe qui y ont des comptoirs, sont les Anglois, les Hollandois, & les Portugais. Le commerce que les François y font est peu considerable. *Voyez* le détail du commerce du dedans de ce Royaume, & celui des Marchandises que l'on en tire ou qui y sont propres, dans l'Etat général Tome I. pages 284, 444.

SIAMOISE. Nom que l'on donne à une espece de toile qui se fabrique en quelques lieux de Normandie. *Voyez* TOILE, *où il est parlé de celle de cette Province.*

La fabrique des toiles Siamoises s'est tellement multipliée en Normandie, que préjudiciant à la culture des terres, par le grand nombre d'ouvriers qui s'y occupent, elle a été mise du nombre de celles des toiles & ouvrages de cette Province, où par l'Arrêt du 28 Juin 1723, il est ordonné, de cesser tout travail, depuis le premier de Juillet de chaque année, jusqu'au quinze Septembre. *Voyez* l'article des Reglemens pour les toiles.

SIAMOISE. C'est aussi une étoffe mêlée de soye

& de cotton, qu'on a vû la premiere fois en France lorsque les Ambassadeurs du Roi de Siam y vinrent sous le regne de Louis XIV. C'est une espece de mousseline.

L'on fit dans ce tems-là dans les Manufactures de France des étoffes toutes de soye à qui on donna ce nom, qui étoit alors fort à la mode, à cause de la singularité de l'Ambassade, & de la magnificence avec laquelle ces Ambassadeurs furent reçûs; mais on n'y en fabrique plus, ou plûtôt elles se sont rangées, comme auparavant, parmi les satins façonnés.

LES SIAMOISES de fil & de cotton ont été plus heureuses; il s'en fait toûjours un assez grand commerce. Les unes sont à grandes & les autres à petites rayes de diverses couleurs; leurs largeurs sont de demi-aune ou de près d'une aune. Quelques-unes se savonnent.

S I B

SIBERIE. Grande Province de Moscovie & de la Tartarie déserte. Les Marchandises que l'on tire de cette partie du Nord consistent en Pelleteries. *Voyez* l'Etat général Tome I. page 300.

S I C

SICILIQUE. Petit poids dont se servent les Apoticaires pour peser leurs drogues. Il pese un sextule & deux scrupules. *Voyez* SEXTULE.

S I D

SIDRE, qu'on écrit plus communément CIDRE. Boisson faite de pommes. Le Poiré qui est fait de poires, est aussi une espece de Cidre. *Voyez* CIDRE & POIRE'.

S I E

SIEGE. Ce qui sert à s'asseoir en terme de Potier de terre, c'est une planche un peu panchée en devant, placée derriere la roue, sur laquelle s'assied l'ouvrier quand il veut tourner un vase ou quelqu'autre ouvrage de Poterie. Cette planche a des deux côtez deux pieces de bois qu'on nomme des Payens, qui sont fendues en hoches de distance en distance pour lui servir comme de marche-pied. C'est sur ces hoches que l'Ouvrier met ses pieds lorsqu'il travaille; ce qui les lui tient fort écartés l'un de l'autre, pour qu'il ait plus de facilité à se servir du tournoir avec lequel il donne le mouvement à sa roue: les payens sont mis en penchant aussi-bien que la planche. *Voyez* POTIER DE TERRE.

S I G

SIGEAC. Petite Ville de France dans le Querey. Il se fait un assez grand commerce dans ses Marchez & dans ses Foires, non pas à la verité du produit de ses Manufactures, n'y en ayant aucune dans la Ville, mais des étoffes & autres Marchandises qui y sont apportées du dehors. C'est l'Inspecteur des Manufactures de Montauban qui en fait la visite & la marque. *Voyez* l'Etat général Tome I. page 32.

SIGILLE'E. Nom que l'on donne à une sorte de Craye ou Terre médecinale. *Voyez* TERRE SIGILLE'E.

SIGNATURE. Terme d'Imprimerie. C'est un signe ou marque que l'on met au bas des pages au dessous de la derniere ligne pour la facilité de la relieure, & pour faire connoître l'ordre des cahiers & des pages qui les composent.

Les signatures se marquent avec des lettres initiales qui changent à chaque cahier. S'il y a plus de cahiers que l'alphabet n'a de lettres, on ajoûte à l'initiale un caractere courant de même sorte, c'est-à-dire, un petit *a* à la suite d'un grand *A*, & ainsi de suite; ce qu'on redouble tant qu'il est nécessaire.

Pour indiquer l'ordre des feuilles qui composent chaque cahier, on ajoute après la lettre initiale quelques chiffres qui ne passent pas le milieu du cahier, & qui par leurs nombres marquent le format de l'Edition. *Voyez* IMPRIMERIE.

SIGNATURE. Souscription, apposition de son nom au bas d'un Ecrit ou d'un Acte. *Voyez* SOUSCRIPTION & SOUSSIGNER.

On appelle un Billet, un Ecrit sous signature privée, celui qui n'est pas passé pardevant Notaire. Une signature en blanc est celle qui est au bas d'un morceau de papier blanc que celui à qui on la donne peut remplir à sa volonté; ce qu'on appelle autrement Blanc signé.

Il y a de l'imprudence de confier à toutes sortes de personnes ces especes de signatures, & la fortune la mieux établie, sur tout des Négocians, peut être aisément renversée si par malheur on en avoit chargé des gens capables d'en abuser.

SIGNER. Ecrire son nom de sa main au bas d'un Acte, soit pardevant Notaires, soit sous seing privé, pour l'approuver, & consentir de l'executer. *Voyez* SOUSCRIRE & SOUSSIGNER.

SIGNER, en terme de Vitrier. C'est marquer avec la drague, trempée dans du blanc broyé avec de l'eau de gomme, ou simplement avec de la craye, les endroits des pieces de verre que l'on veut couper avec le diamant. *Voyez* DRAGUE.

SIGUEIES. C'est ainsi que les Espagnols appellent les Coris qui se pêchent aux Philippines. La pesche de ces coquillages n'y est pas abondante; la plus grande quantité & les plus estimés viennent des Maldives. *Voyez* CORIS.

S I K

SIKINO. Isle de la Mer-Egée. Le commerce de cette Isle consiste en froment, en vin, en coton, & en figues. *Voyez* l'Etat général Tome I. page 348.

S I L

SILLONS. Terme de filage. Ce sont les diverses élévations que forme le fil sur la bobine du rouet en passant par les differentes distances de l'épinglier. On les appelle ainsi parce qu'elles ressemblent en quelque sorte aux sillons qu'on fait sur la terre avec la charue. Les sillons des fileuses ne doivent point être trop élevés de peur que le fil ne s'éboulle.

SILVER-GROS ou GROS D'ARGENT. Monnoye de compte dont les Marchands de Breslau en Silesie se servent pour tenir leurs livres ou écritures.

Le silver-gros vaut deux sols tournois de France: 12 fenins font le silver-gros, & 30 silvergros la richedale qui revient à l'écu de France de 60 sols.

SILVERGEST ou SILVERMUNT. Monnoye d'argent qui a cours en Suede.

SILVESTRE. Graine rouge qui sert à teindre en écarlate. L'arbre qui la produit ne croît qu'aux Indes Occidentales, particulierement dans le Guatimala, la plus grande & la plus fertile des Provinces de la nouvelle Espagne.

Cet arbre n'est guéres different de celui qui

produit la cochenille, & à la reserve que le fruit où se trouve la graine du Silvestre est un peu plus long que celui du Cochenillier, on pourroit les prendre l'un pour l'autre. Lorsque le fruit du Silvestre est mûr, il s'ouvre de lui-même, & répand sa semence à la moindre agitation, que les Indiens ont soin d'amasser dans des plats de terre qu'ils mettent dessous l'arbre.

Huit ou dix de ces fruits ne produisent qu'une once de graine, au lieu que quatre fruits du cochenillier donnent une once d'insectes. Ces deux drogues se ressemblent si fort qu'on peut s'y tromper aux yeux, quoiqu'à l'épreuve il y ait une grande difference, la teinture de la Cochenille étant infiniment plus belle que celle du Silvestre. *Voyez* COCHENILLE.

La Cochenille Silvestre paye en France les droits d'entrée sur le pied de 10 liv. le cent pesant, conformément au Tarif de 1664.

Les droits de la Douane de Lyon sont de 3 liv. par quintal.

SIM

SIMBLOT. Terme de Manufacture. C'est un assemblage de quantité de petites ficelles, qui sont à côté droit du métier, que le Fabriquant a monté pour faire une étoffe figurée.

Ces ficelles qui passent sur les poulies du cassin, & qui répondent aux lisses, sont en nombre égal aux fils de la chaîne ausquels elles sont attachées, ensorte que lorsque le Tireur en tire quelqu'une, il s'éleve autant de fils à travers desquels l'Ouvrier peut passer son espoulin. Pour savoir quelles ficelles doivent se tirer, on y a lû auparavant le dessein; c'est-à-dire, qu'on y a passé successivement autant de petites cordes à nœuds coulans, que le lisseur en a nommé. C'est cette lecture du dessein qui est ce qu'il y a de plus curieux & aussi de plus difficile dans la monture de ces sortes de métiers, & l'on a besoin pour cela des plus habiles Ouvriers, surtout si le dessein est beaucoup chargé. *Voyez* FIGURE & DESSEIN.

SIN

SINA. Soyes Sina. Ce sont des Soyes qu'on tire de la Chine. On s'en sert à Paris dans la Fabrique des Gazes. *Voyez* SOYES DE LA CHINE.

SINA ou CHINA. Drogue médecinale qu'on nomme en France Kinakina. *Voyez cet article.*

SINDAL. Etoffe dont il est parlé dans les Tarifs de Hollande. Il y en a de deux sortes; l'un que l'on appelle Sindal tort, & l'autre qu'on nomme Sluyer. Ils portent également environ 35 aunes de longueur.

Les sindals torts payent d'entrée suivant les mêmes Tarifs 12 s. de la piece de 35 aunes & autant de sortie, avec une augmentation d'un sol 8 penn. suivant qu'ils entrent ou qu'ils sortent par l'Est, l'Orisont ou le Belt.

Les sindals nommés sluyers payent 4 s. d'entrée & trois de sortie. L'augmentation est de 8 pennins.

Les pieces plus ou moins longues payent à proportion.

SINGE. C'est un des engins ou machines qui servent à élever les fardeaux.

Il est très simple & ne consiste qu'en un treuil ou rouleau qui tourne entre quatre pieces de bois mises en croix de saint André, dont il y en a deux à chaque bout.

SINIGAGLIA, petite Ville d'Italie dans le Duché d'Urbin. *V.* ce qu'on en dit à l'article des Foires.

SIO

SIONAC. Marchandise employée dans le Tarif de la Ville de Lyon au nombre des drogues.

Le Sionac paye les droits de cette Douane à raison de 3 s. 9 d. le quintal d'ancienne taxation, 2 s. 3 d. de réapreciation, 4 s. pour les quatre pour cent, & 3 s. pour leur augmentation.

SIP

SIPHANTO. Isle de l'Archipel. Il se fait dans cette Isle un commerce assez considerable, entre autres de raisins secs, de capres, & d'huiles. Les soyes y sont très belles, mais en petite quantité. On y fait des toiles de coton qui sont assez estimées. Elles sont de deux sortes; la Scamite qui est toute unie, & la Dimite qui est croisée. Celle ci est plus forte, plus belle & d'un plus grand débit. Le reste du négoce de Siphanto consiste en figues, en oignons, en cire, en miel, en Sesame, & en chapeaux de paille, qu'on appelle des Castors de Siphanto. *Voyez* l'Etat gén. Tome I. p. 348.

SIS

SISTER. Mesure pour les grains dont on se sert à Bergopsom. 63 sisters font le last de bled, & 28 ½ celui d'avoine.

SIV

SIVADIERE. Mesure de grains en usage en Provence, particulierement à Marseille. Les huit sivadieres font une hemine du Pays. La sivadiere de bled doit peser un peu plus de neuf liv. poids de Marseille, qui font sept liv. un peu fortes poids de marc.

SIVETTE. On nomme ainsi en quelques endroits de Flandres Fil de Sivette, ce qu'on appelle en Picardie Fil de Sayette. *Voyez* SAYETTE.

Par le Tarif de 1671 pour la Flandre Françoise & Pays conquis, le filet de laine, sivette ou sayette paye 7 liv. 10 s. de droit de sortie.

SIUPPE. Gros bourg de Champagne; son commerce de serges de toutes sortes & d'autres petites étoffes de laine est très considerable: ce lieu est du Département de l'Inspecteur des Manufactures établi à Reims. *Voyez* l'Etat gén. Tome I. page 24.

SIX

SIX. Nombre pair composé de deux & de quatre, ou de deux fois trois, ou de trois fois deux, ou de cinq & un. Deux & quatre font six; trois & trois font six; deux & deux font quatre & deux font six; cinq & un font six.

SIX se marque de cette maniere en chiffre Arabe (6), en chiffre Romain ainsi (VI), & en chiffre François de compte & de finance de la sorte (*vj*).

LES SIX CORPS DES MARCHANDS. On appelle ainsi à Paris par honneur & par une espece de distinction, la Draperie, l'Epicerie, la Mercerie, la Pelleterie, la Bonneterie & l'Orfevrerie, pour ne les pas confondre avec ce grand nombre de Communautés des Arts & Métiers dont les Maîtres de quelques-unes ont la qualité de Marchands, mais dans un rang bien inférieur pour la richesse & l'étendue du commerce. *Voyez* CORPS.

SIXAIN. Se dit parmi les Marchands Merciers, des paquets composés de six demi-pieces de rouleau ou ruban de laine. Il n'y a gueres que les rouleaux des numeros quatre & six qui soient par sixains. *Voyez* ROULEAU.

On appelle aussi un Sixain de Cartes un petit paquet contenant six jeux de Cartes.

SIXIE'ME. C'est la partie d'un tout divisé en six portions égales. Il est interessé pour un sixiéme en cette Manufacture.

En fait de fractions ou nombres rompus de quelque tout que ce soit, un sixiéme s'écrit de cette maniere ($\frac{1}{6}$), & trois sixiémes, cinq sixiémes, &c. ainsi ($\frac{3}{6}$ $\frac{5}{6}$,) &c.

Un sixiéme vaut un demi-tiers; ainsi deux sixiémes font un tiers, trois sixiémes la moitié ou un tiers & demi-tiers; quatre sixiémes font deux tiers; cinq sixiémes font deux tiers & un demi-tiers, ou la moitié & un tiers; & six sixiémes font trois tiers qui est le tout.

Le sixiéme de vingt sols est trois sols quatre deniers, qui est une des Parties Aliquotes d'une livre tournois.

S K Y

SKYROS, Isle de la Mer Egée. Le bled, l'orge, le vin, & la cire font tout le commerce de cette Isle. *Voyez* l'Etat gén. Tome I. p. 348.

S M A

SMAESGENS. On nomme ainsi en Hollande les peaux d'agneaux mort-nés; elles servent dans le commerce de la Parcheminerie à faire d'excellens velins. *Voyez* cet article. *Voyez aussi* l'article des Peaux.

SMALEKENS. Sortes de petites étoffes qui se fabriquent à Harlem; il y en a de diverses especes: les unes sont avec du fil, d'autres avec de la soye ou de la bourre, d'autres avec du clinquant d'or ou d'argent, & d'autres encore avec de l'or & de l'argent fin. Leur aunage pour la longueur n'est pas reglé, mais pour l'ordinaire les pieces tirent vingt aunes.

Les trois premieres sortes sont appreciées par les Tarifs Hollandois, 7 florins la piece de vingt aunes, & celles d'or & d'argent fin 11 florins.

Les smalekens avec fil payent d'entrée 6 sols, & de sortie 2 s. avec une augmentation de 8 penins s'ils sortent ou s'ils entrent par l'Est, l'Orisont ou le Belt.

Les smalekens avec soye ou bourre 8 s. d'entrée, le reste comme les précedens.

Les smalekens avec clinquant ou or & argent faux, payent 10 s. d'entrée & 3 s. de sortie, l'augmentation comme dessus.

Les smalekens d'or & argent fin, payent 15 s. d'entrée & 6 s. de sortie; l'augmentation est d'un sol.

S M E

SMECTIN. Sorte de terre glaize très grasse & gluante, luisante & pesante, tirant quelquefois sur le noir, & d'autres fois sur le jaune, dont les Cardeurs se servent pour la préparation de leurs laines. Ces Ouvriers l'appellent Soletards. C'est la *Terra Saponaria* des Latins, ainsi nommée, parce qu'elle a les proprietés du savon.

Cette terre est assez rare en France, & très commune en Angleterre.

S M Y

SMYRNE, une des plus grandes & des plus riches Villes du Levant. *Voyez* dans l'Etat gén. Tome I. p. 319 *& suiv.* Le détail du commerce de Smyrne tiré du voyage du Levant de M. de Tournefort.

S O C

SOCHONS. Marchandise employée dans le Tarif de la Douane de Lyon.

Les Sochons payent au Bureau de Lyon 5 sols la tonnette d'ancienne taxation, & un sol de nouvelle réapreciation, ou 2 s. du quintal, & la réapreciation à proportion.

SOCIAL. Ce qui appartient à une Societé, ou qui est fait en son nom. On dit qu'un Billet ou autres Actes sont signés du nom Social lorsqu'un ou deux Associés les ont signés au nom de la Societé. Dans ces signatures on met tous les noms des Associés où l'on y ajoute le nom de Compagnie. N. N. & Compagnie. *Voyez* NOM SOCIAL, SOCIETE' *&* COMPAGNIE.

SOCIETE'. Contrat, acte ou traité qui se fait entre deux ou plusieurs personnes, par lequel elles se lient ensemble pour un certain tems, & conviennent de se communiquer les profits, & supporter également les pertes qui se feront dans les affaires pour lesquelles la Societé est contractée.

Suivant le Droit Romain le contrat de societé ne demande d'autre solemnité que le seul consentement des Parties, sans qu'il soit nécessaire d'aucune écriture: cependant les Ordonnances & l'usage veulent qu'il soit redigé par écrit, soit pour en avoir la preuve, soit aussi pour en regler les clauses & conditions.

Il n'y a gueres de contrat où la probité & la bonne foi soit plus nécessaire que dans la societé; aussi les Loix prononcent-elles la nullité de celles qui sont faites contre l'équité, & dans la vûe de tromper. Autrefois ceux qui étoient convaincus de mauvaise foi dans les societés, étoient déclarés infâmes: il seroit à désirer qu'on les traitât à présent avec la même rigueur, cela préviendroit bien des fraudes & des surprises qui ne se font que trop fréquemment à l'occasion des Societés.

Il se fait des Societés de plusieurs especes, entre differentes personnes, & pour divers sujets: car il est permis à tous ceux qui ont la libre administration de leurs biens, de les pouvoir contracter; mais comme ce Dictionnaire ne regarde que le Commerce, il ne sera parlé dans cet article que de celles qui se font entre les Marchands, Négocians, Banquiers & autres qui se mêlent de commerce.

Les Societés qui se font entre les Marchands, Négocians & Banquiers sont de trois sortes; la Societé générale & collective ou ordinaire, la Societé en commandite, & la Societé anonyme, inconnue ou momentanée.

La Societé générale est celle qui se fait entre deux ou plusieurs Marchands, qui agissent tous également pour les affaires de la Societé, & qui font le négoce sous leurs noms collectifs, qui sont connus de tout le monde; c'est-à-dire, que la raison de la Societé est sous les noms de Jacques, Philippes & Nicolas en compagnie, qui est le nom social. *Voyez* NOM SOCIAL.

La Societé en commandite est celle qui se fait entre deux personnes, dont l'une ne fait que mettre son argent dans la Societé sans faire aucune fonction d'Associé; & l'autre, que l'on nomme

nomme en termes mercantils le Complimentaire de la Societé, donne quelquefois son argent, mais toujours son industrie, & fait le commerce sous son nom des choses dont ils sont convenus ensemble. Cette sorte de Societé semble être appellée en Commandite, parce que celui qui donne son argent à un autre qui n'apporte très souvent dans la Societé que son industrie, est toujours le maître des affaires, & en état, pour ainsi dire, de commander & de faire la loi à son Associé.

Cette espece de Societé est très utile à l'Etat & au Public, d'autant que toutes sortes de personnes, même les Nobles & Gens de Robe peuvent la contracter, pour faire valoir leur argent à l'avantage du Public; & que ceux qui n'ont pas de fonds pour entreprendre un Négoce, rencontrent dans celle ci les moyens de s'établir dans le monde, & faire valoir leur industrie.

Les Societés, tant générales qu'en commandite, doivent faire mention de plusieurs choses, entre autres du capital qu'on y a mis, du tems qu'elles doivent durer, du partage des profits ou des pertes, de la défense de négocier hors d'icelles, de la fin ou continuation en cas de mort, de ce que l'on doit aumôner aux pauvres, & autres semblables particularités dont on veut convenir.

La Societé anonyme est celle qui se fait sous aucun nom, mais dont tous les Associés travaillent chacun en leur particulier, sans que le Public soit informé de leur Societé; & ils se rendent ensuite compte les uns aux autres des profits & des pertes qu'ils ont faites dans leur négociation. La Societé anonyme s'appelle aussi Momentanée, parce que souvent elle ne dure qu'autant de tems qu'il en faut pour acheter & pour partager les marchandises, ou les deniers provenans de la vente qui en a été faite.

Les Societés anonymes, quoique fort en usage parmi les Marchands & Négocians, ne laissent pas cependant de paroître en quelque maniere réprouvées par les Ordonnances, particulierement par celle du mois de Mars 1673, d'autant qu'il n'y en est parlé en aucune façon, & cela apparemment à cause des abus qu'elles peuvent causer dans le commerce, par rapport aux acaparemens que l'on peut faire par leur moyen de certaines sortes de marchandises; cependant il y en a quelques-unes qui peuvent produire de bons effets comme il se verra dans la suite de cet article.

Les Societés anonymes se font ou verbalement ou par un écrit particulier, ou par lettres missives; les conditions en sont très breves, n'y ayant pour l'ordinaire qu'un seul article essentiel sur lequel elles roulent.

On compte de quatre especes de Societés anonymes; la premiere qu'on appelle Societé participe ou par participation, se fait ordinairement par lettres missives entre un Marchand d'une Ville & un Marchand d'une autre Ville. Par exemple il est arrivé à Nantes un navire venant des Indes Orientales, chargé de plusieurs marchandises; un Négociant de ladite Ville qui en a la cargaison ou l'état des marchandises dont elle est composée, l'envoye à son ami de Paris, & lui demande par sa lettre s'il veut participer avec lui dans l'achat & la vente qu'il espere faire de quelques-unes des marchandises qui sont dans ce vaisseau. L'ami de Paris ayant examiné la cargaison, répond au Marchand de Nantes qu'il ne demande pas mieux que d'entrer pour une telle portion dans l'achat qu'il fera d'une telle sorte de marchandise, & qu'il veut bien participer dans les profits & pertes qui pourront arriver sur la vente d'icelles à proportion de la part qu'il y prend. En conséquence de cette réponse le Marchand de Nantes fait l'achat & ensuite la vente, du produit de laquelle il compte avec son ami de Paris; & c'est ce qu'on nomme ordinairement Compte en participation. Voilà toutes les formalités qui s'observent dans cette premiere espece de Societé anonyme.

La seconde sorte de Societé anonyme se fait lorsque les Marchands vont aux Foires & Marchés pour y acheter de la marchandise: ils conviennent trois ou quatre ensemble (pour ne pas courir sur le marché les uns des autres, & n'encherir pas les marchandises) de s'associer pour l'achat qu'ils feront pendant la Foire pour les lotir après entr'eux suivant les parts & portions de l'argent que chacun y aura mis. Comme ces sortes de Societés sont presque toujours imprévûes, elles ne se font ordinairement que par des paroles verbales, ensorte qu'il n'y a que la bonne foi qui puisse les regler.

La troisiéme espece de Societé anonyme se fait entre quelques gros Marchands qui se joignent ensemble pour acaparer dans tout un Pays certaines marchandises qui sont rares, pour les porter aux Foires & Marchés, & y donner tel prix que bon leur semble, en sorte que ceux qui veulent en acheter sont dans l'obligation absolue de passer par ce qu'ils veulent, ou de s'en retourner sans en acheter. Cette sorte de Societé anonyme est très préjudiciable au commerce, étant proprement un monopole, qui en bonne regle devroit être absolument défendu & puni.

Enfin la quatriéme espece de Societé anonyme est celle qui se fait entre des Négocians, qui voyant par exemple qu'en France il y a disette de bled, & qu'en Pologne il y en a abondance, trois ou quatre Marchands s'associent pour y en aller acheter une certaine quantité, & ensuite la faire venir en France; & comme la négociation doit être un peu longue, ils font l'acte de leur Societé sous signature privée; mais comme elle n'est faite que pour un seul achat, ils ne donnent point raison à cette Societé, c'est-à-dire, qu'il n'y a qu'un seul des Associés qui soit chargé d'aller faire l'achat des bleds dont on est convenu, & qui doit aussi avoir le soin de les vendre quand ils seront arrivés. Cette sorte de Societé se nomme Anonyme, parce qu'elle n'a point de raison sous des noms collectifs.

Les Societés anonymes se font non-seulement entre Marchands & Négocians; mais encore il y a des personnes de qualité, de robe & d'épée, qui y entrent avec eux dans la vûe de faire valoir leur argent.

L'Ordonnance du mois de Mars 1673 veut non-seulement que les Societés générales & en commandites, soient rédigées par écrit, mais encore que l'extrait de la Societé soit registré au Greffe de la Jurisdiction Consulaire, s'il y en a, sinon en celui de l'Hôtel de-Ville; & s'il n'y en a point, au Greffe des Juges Royaux des lieux, ou e ceux des Seigneurs, & l'extrait inseré dans un tableau exposé en lieu public, à peine de nullité, &c. signé de tous les Associés, contenant leurs noms, surnoms & demeures ; les clauses extraordinaires s'il y en a pour la signature des actes, le tems auquel elle doit commencer & finir ; que la Societé ne sera reputée continuée s'il n'y en a un acte par écrit enregistré & affiché ; que tous actes portant changement d'associés, nouvelles stipulations ou clauses pour la signature, seront aussi enregistrés & publiés, & n'auront lieu que du jour de la publication.

La même Ordonnance veut aussi que tous les Associés soient obligés solidairement aux dettes de la Societé, quoiqu'il n'y en ait qu'un qui ait signé, pourvû qu'il ait signé pour la compagnie & non autrement : ce qui n'a cependant pas de lieu pour les Associés en commandite, lesquels ne sont obligés que jusques à concurrence de leur part.

Enfin pour éviter les Procès qui causent souvent la ruine des Marchands, cette même Ordonnance veut encore que dans toutes les Societés il y ait une clause par laquelle les Associés se soumettent à des Arbitres pour terminer les contestations qui surviennent entr'eux, & que si la clause étoit obmise, l'un des Associés en pourra nommer un, & au refus des autres le Juge en doit nommer d'Office.

Il a été jugé par un Arrêt notable du Parlement de Paris rendu le 25 Janvier 1677, que les femmes des Associés ne peuvent être préferées aux Créanciers de la Societé sur les effets de la Societé.

Les regles que le droit Romain a prescrit pour les Societés sont si belles & si conformes à l'équité & à la raison, que pour qu'il ne manque rien à cet article on a crû à propos d'en abreger ici les plus essentielles.

Dès l'instant qu'une Societé est contractée, l'un des Associés n'a pas la faculté d'y admettre aucune personne sans la participation des autres Associés. Un Associé peut cependant ceder une portion de la part qu'il a dans la Societé, mais pour cela il ne fait pas entrer dans l'ancienne Societé celui à qui il a cedé cette portion ; c'est une Societé nouvelle & particuliere qu'il contracte avec lui, par laquelle il s'engage à lui rendre le même compte que ses premiers Associés lui doivent rendre. C'est ce qui a donné lieu de dire par une commune maniere de parler, que l'Associé de mon Associé n'est pas mon Associé.

Quoique la Societé soit susceptible de toutes les clauses dont les parties veulent convenir, & qu'il n'y ait là-dessus d'autres regles que leur volonté, cela doit s'entendre que la Societé doit avoir pour objet une chose honnête & permise ; car si elle étoit contractée pour une chose qui fût contre les Loix & contre les bonnes mœurs, elle seroit nulle de plein droit, & les Associés ne pourroient avoir aucune action en Justice l'un à l'encontre de l'autre.

Quand il n'est point fait de mention dans l'acte de societé des parts & portions que chacun des Associés y doivent avoir, ni des avances qu'ils doivent faire, tout y doit être égal, soit pour les avances, soit pour le profit ou pour la perte, mais il est permis de stipuler que l'un des Associés fera toutes les avances, auquel cas le credit, le travail & l'industrie, & tous les autres avantages que l'autre apporte dans la Societé lui doivent tenir lieu d'avances ; & par cette même raison on peut convenir que les portions du profit seront inégales ; que l'un en aura plus, & que l'autre en aura moins ; que l'un partagera le profit sans entrer dans la perte, pourvû que l'on ne compte pour profit dans la Societé que ce qui doit se rencontrer après que les dépenses & que les pertes auront été déduites ; mais il n'est pas permis de stipuler que l'un des Associés prendra tout le profit, & que l'autre supportera toute la perte. Ce seroit ce que l'on appelle, suivant la Fable, une Societé LEONINE, c'est-à-dire, une Societé de lyon, où tout est d'un côté & rien de l'autre.

Lorsqu'un Associé met une somme d'argent dans la Societé, & que l'autre n'y apporte que son industrie & son travail, cet argent ne doit être regardé que comme une avance qui doit être reprise toute entiere par celui qui l'a faite, ne faisant point partie des effets communs de la Societé. Cependant comme il pourroit arriver que le travail de l'un des Associés seroit autant utile à la Societé que le fonds que l'autre auroit apporté, en ce cas les parties peuvent demeurer d'accord que l'un des Associés fournira une somme qui appartiendra à la Societé, laquelle sera partagée de même que si c'étoit un gain & un profit de la Societé : à cela il n'y a rien de contraire à la nature de la Societé, ni aux bonnes mœurs, d'autant que c'est une juste compensation qui se fait de l'industrie & du travail de l'un des Associés avec l'argent de l'autre.

L'industrie & le travail d'un Associé étant regardé, ainsi qu'il vient d'être dit, comme une espece de fonds dans la Societé, il s'ensuit de là que cet Associé doit apporter une grande diligence & beaucoup d'exactitude dans les affaires qui regardent la Societé, & qu'il doit être tenu des fautes qu'il fait, & dont la Societé peut souffrir ; & quand même il auroit par son habileté procuré quelque avantage à la Societé, cela ne seroit pas suffisant pour le dispenser de la perte qu'elle auroit soufferte par sa faute, les Loix n'admettant point de compensation de l'un à l'autre.

La Societé se contractant par le seul consentement des Parties, elle peut aussi se dissoudre par leur seul consentement : elle se termine par la mort civile ou naturelle des Associés ; elle finit si l'un d'eux perd tout son bien, ensorte qu'il se trouve hors d'état de fournir aux dépenses de la Societé, & de répondre des pertes dont il pourroit être tenu.

On est en droit de demander la résolution d'une Societé avant le tems de son échéance, supposé que l'un des Associés ne voulût pas en exécuter les clauses ; & si sa conduite étoit si mauvaise qu'elle pût produire des pertes considérables à la Societé, ou qu'il fût d'une humeur si déraisonnable que les autres Associés ne pûssent convenir ni vivre avec lui.

Les Associés ne peuvent pas stipuler que la Societé sera continuée après leur mort avec leurs héritiers, d'autant que le choix des personnes & leur industrie est un des plus importans points de la Societé. Or il est constant que l'on ne peut connoître des héritiers, puisqu'ils sont toujours incertains jusqu'au décès de l'Associé ; de sorte qu'il est impossible, ni de choisir, ni d'avoir aucune confiance en eux.

Voyez Monsieur Savary dans son Parfait Négociant, chap. 1 & 2 du liv. I. de la II. Partie.

SOE

SOETEMLKSKAAS. Sortes de fromages doux dont il se fait un grand négoce en Hollande, & des envois considérables au dehors. Par la nouvelle Liste ou Tarif de 1725, les cent livres pesant payent 2 f. 8 penins de droits de sortie.

SOF

SOFALA, petit Royaume en Afrique, dont la Capitale porte le même nom. L'or & le morfil sont le précieux objet du commerce des Etrangers dans ce Royaume. *Voyez* l'Etat gén. Tome I. p. 388.

SOFISTIQUER. Mêler quelques denrées ou marchandises de moindre qualité avec de meilleures. Il se dit communément des drogues & épiceries où l'on a mêlé quelque chose pour en augmenter le poids ou le volume. *Voyez* SOPHISTIQUER.

SOI

SOIN. On nomme ainsi quelquefois une sorte de graisse ou axonge qui se trouve attachée aux laines des brebis & moutons. C'est cette graisse que les Marchands Epiciers-Droguistes, qui en font le débit, appellent Oesype. *Voyez cet article.*

SOISSONS. Ville de France, Capitale du Soissonnois. Les Fabriques qui soutiennent son commerce sont celles des petites étoffes de laine, de la Bonneterie, de la Tisseranderie, de la Chapellerie, de la Rubanerie, & de la Tanerie. Cette Ville est du Département de l'Inspecteur des Manufactures établi à Reims. *Voyez* l'Etat gén. Tome I. p. 24.

SOIXANTAINE. Nombre de soixante. On dit une soixantaine de pistoles, une soixantaine d'écus. *Voyez l'article suivant.*

SOIXANTE, que l'on prononce SOISSANTE. Nombre pair composé de six dizaines, ou de dix fois six, ou de cinq fois douze, ou de douze fois cinq, ou de quinze fois quatre, ou de quatre fois quinze, ou de vingt fois trois, ou de trois fois vingt, ou de deux fois trente, ou de trente fois deux. Ainsi que six soit multiplié par dix, ou que dix le soit par six, ou cinq par douze, ou douze par cinq, ou quinze par quatre, ou quatre par quinze, ou vingt par trois, ou trois par vingt, ou trente par deux, ou deux par trente; cela ne produira jamais que soixante.

Le nombre de soixante multiplié par lui-même, produit trois mil six cens.

En chiffre commun ou Arabe, soixante s'écrit (*60*), en chiffre Romain de cette maniere (*LX*), & en chiffre François de compte ou de finance de la sorte (*lx*). On dit soixante & un, soixante-deux, soixante & trois, & ainsi de suite jusques à quatre-vingt; quelques-uns disent septante au lieu de soixante & dix.

SOIXANTIE'ME. C'est la partie d'un tout divisé en soixante portions égales. J'ai un soixantiéme en cet armement.

En matiere de fractions ou nombres rompus un soixantiéme s'écrit ainsi ($\frac{1}{60}$.) On dit aussi un soixante & uniéme, un soixante & deuxiéme, un soixante & troisiéme, &c. & ces differentes fractions se marquent de même que celle ci-dessus, avec cette difference néanmoins que l'on met un 1, un 2, un 3, &c. au lieu du zero qui suit le 6 : ce qui se pratique de cette maniere ($\frac{1}{61}$ $\frac{1}{62}$ $\frac{1}{63}$ &c.).

On dit encore trois soixantiémes, cinq soixantiémes, sept soixantiémes, &c. lesquels se marquent de la sorte ($\frac{3}{60}$ $\frac{5}{60}$ $\frac{7}{60}$ &c.).

SOK

SOK ou SOC. Mesure des longueurs dont on se sert dans le Royaume de Siam. C'est la demi-coudée. Deux keubs font un sok, douze mons font le KEUB, & chaque nion contient huit grains de ris non battu ; c'est-à-dire, neuf de nos lignes.

Au-dessus du sok sont le KEU, le voua, le sen, le jod, & le rôé-nung qui est la lieue, qui contient deux mille voua ou toises. *Voyez* KEN.

SOL

SOL ou SOR. Raisin sec égrainé qui vient d'Espagne.

C'est un des quatre fruits secs qui entrent dans ce qu'on appelle en France : Quatre Mandians, dont on se sert ordinairement pour les collations de Carême. *Voyez* RAISIN. *On en parle, où il est traité du commerce des Raisins Durc & au soleil.*

SOL. Qu'on écrit souvent, & qu'on prononce le plus ordinairement, Sou. Espece de monnoye qui a cours en France. Elle sert aussi de monnoye de compte. *Voyez* SOU.

SOL. On appelle un payement au sol la livre le partage qui se fait des effets mobiliers d'un débiteur entre ses créanciers, à proportion de ce qui leur est dû à chacun. *Voyez* FAILLITE *ou* BANQUEROUTE.

Contribution au sol la livre, se dit de ce que chaque interessé est obligé de contribuer par rapport à la part qu'il a dans une Compagnie, dans la cargaison d'un vaisseau, dans une societé, ou dans quelqu'autre entreprise de commerce. *Voyez* CONTRIBUTION. *Voyez aussi* AVARIES.

SOLDANELLE, ou CHOUX MARIN. Petite plante qui a les racines fort menues, & les feuilles approchantes de celles de l'Aristoloche, à la réserve qu'elles sont plus petites & plus épaisses. Ses fleurs sont couleur de pourpre semblables à celles du Lizeron; on en trouve beaucoup sur quelques Côtes de l'Ocean, d'où la plante s'envoye toute entiere.

Il la faut choisir nouvelle & la moins rompue qu'il est possible ; on la croit bonne pour l'hydropisie : cependant elle est rare chez les Droguistes.

SOLDAT qu'on nomme aussi CANCELLES. Espece de Crabe qui se trouve communément dans la plupart des Isles Antilles. Sa longueur n'est gueres pour l'ordinaire que de trois ou quatre pouces, & sa grosseur de dix ou douze lignes. La partie antérieure de son corps est semblable à la sauterelle marine, avec cette difference qu'elle est revêtue d'une écaille un peu plus dure; sa tête est longue, armée de deux cornes déliées, sous son écaille sont six pieds, dont les deux premiers sont courts, forts, & en forme de serres, & les quatre autres longs, menus & pointus, avec chacun trois articulations : ceux-ci leur servent à marcher, & les deux autres à couper les herbes dont il se nourrit, ou à se défendre.

Le reste du corps se termine par une espece de queue en forme de boudin, couverte d'une peau assez rude & épaisse, qui a au bout trois petites écailles que quelques-uns appellent des ongles.

Comme cette derniere partie du corps du soldat est très foible, la Nature lui a donné l'instinct aussi tôt qu'il est né, de chercher quelque petite coquille abandonnée de son poisson, dans laquelle il s'enferme, en y entrant la queue la premiere; & avec ce nouveau logis, il monte de la mer & gagne les hauteurs & les rochers, où il passe presque toute l'année, ne revenant sur le rivage que dans certaine saison, soit pour y jetter son fret, soit pour y prendre une nouvelle coquille plus proportionnée à sa grosseur, qui s'est augmentée pendant tout ce tems-là.

C'est alors qu'il est agréable de voir ces petits animaux essayer diverses coquilles, jusqu'à ce qu'ils en ayent trouvé une qui leur soit propre, ou combattre entr'eux à coup de serres à qui restera maître de quelqu'une, où ils prétendent également.

On tire du corps ou de la coquille du soldat deux sortes de drogues qui ont un grand usage en Médecine; l'une est une eau claire souveraine contre les pustules ou vessies que cause sur la peau le lait qui découle des Branches du Mancenille, arbre très commun aux Isles, mais très dangereux. Chaque coquille en contient à peu près une cuillerée.

L'autre drogue pour laquelle les habitans des Isles vont principalement à la quête ou à la pêche de ce petit poisson, est une huile admirable pour la guérison des rhumatismes, & qui est aussi un beaume véritable pour les playes recentes.

Pour faire cette huile, aussi tôt que le poisson est pris, on l'enfile par la tête, & on l'expose au soleil qui en fait découler une matiere épaisse & gluante comme du beurre, dont l'odeur est extrêmement forte & puante; avec la graisse coule une eau rousse qui empêche qu'elle ne se rancisse & qui sert à la conserver: ce n'est gueres que la queue ou cette espece de boudin qui lui en sert, qui fournit l'huile.

Il en coule néanmoins un peu des autres parties du corps, & l'on n'ôte pour l'ordinaire le soldat du soleil où on l'a exposé, que lorsqu'il n'en reste plus que les arrêtes & le squelete.

Les Sauvages, qui de leur nature, sont fort sujets aux rhumatismes, en ont toujours provision, & il n'y a gueres d'habitant qui n'en garde aussi chez lui; ce qui la rend très chere même dans les Isles, & qui fait qu'il n'en passe gueres en France, où elle n'est connue que de peu d'Apotiquaires, & encore des plus curieux.

M. Prier, Marchand François établi à Leogane Côte de S. Domingue, à qui nous sommes redevables de cet article, ajoute qu'elle est fort commune dans toutes les habitations de son Isle, & que ce ne sont pas les seules Isles Antilles qui possedent ce trésor. Cette remarque devroit bien engager nos Marchands Droguistes d'en faire venir, pour ne pas priver Paris d'une drogue si souveraine, ou comme dit un des Auteurs qu'on a consulté, si miraculeuse.

SOLDE DE COMPTE. Somme qui fait la difference du débit & du crédit, lorsque le compte est vérifié & arrêté. *Voyez* COMPTE.

SOLDE. Terme de Marine, qui signifie en France le salaire que l'on donne aux matelots qui montent les bâtimens destinés pour les grandes pêches, particulierement pour celles de la morue & du hareng. Il se dit ordinairement par opposition à ce qu'on appelle Lot, c'est-à-dire, la part que l'équipage a dans le poisson qui a été pêché. *Voyez* HARENG & MORUE. *Voyez aussi* LOT.

SOLDER UN COMPTE. C'est le calculer, le regler, l'arrêter, en faire la balance. *Voyez* COMPTE.

SOLDI ou SOUS d'Italie. Ce sont des monnoyes de compte dont on se sert en plusieurs Villes de cette partie de l'Europe, particulierement à Florence, Livourne, Bologne, Gennes, Anconne, Milan, Lucques, Bergame, Nove & Savoye. On s'en sert aussi à Geneve & à Liege.

Tous ces Soldi ou Sous Italiens ne sont pas de la même valeur; il en faut cinquante-huit de Livourne, quatre-vingt-trois de Bologne, soixante & trois de Geneve, quatre-vingt-quatorze de Milan, soixante de Nove, & quatre-vingt-seize de Genes pour faire l'écu de France de soixante sols & de neuf au marc.

SOLE. Place publique ou étape où l'on décharge les marchandises, & où on les met comme en dépôt pour être vendues.

Les Marchands de vin en gros sont tenus de mettre dans les soles de l'Hôtel-de-Ville leurs vins pour en payer le gros.

SOLE. On nomme quelquefois ainsi des pieces de bois propres à faire des planches qu'on connoît mieux sous le nom de Solives. *Voyez* SOLIVE.

SOLE. C'est aussi une grosse piece de bois d'équarrissage, qui avec une autre piece qu'on appelle la Fourchette, fait la base d'une machine à élever des fardeaux qu'on nomme un Engin.

C'est sur le milieu de la sole que pose le poinçon & ses bras. Les sonnettes (autre machine pour battre des pieux) ont pareillement leur sole de dessus laquelle s'élevent les montans à coulisses & leurs bras. *Voyez la description de ces deux machines a leur article.*

LES SOLES. Sont encore les deux pieces de bois posées en croix sur un massif de pierre ou de maçonnerie, sur le milieu desquelles est appuyé & arcbouté l'arbre ou poinçon qui porte la cage d'un moulin à vent & sur lequel il tourne.

En général toutes les pieces de bois qui se placent à terre pour soutenir quelque construction, machine ou bâtiment, & sur lesquelles on les éleve, s'appellent des Soles.

SOLEN. Espece de coquillage dont on croit le parfum bon pour appaiser les vapeurs des femmes.

Il y en a de deux sortes, le mâle & la femelle qui ne sont differens que par la couleur, la forme en étant toute semblable.

Le Solen mâle est bleuâtre ou couleur d'ardoise: le Solen femelle est blanc ou roussâtre. Quant à la forme ils sont l'un & l'autre également composés d'une coquille de deux pieces, ou plutôt de deux coquilles longues de quatre à cinq pouces, & larges de sept à huit lignes, articulées ensemble par un bout. Ces deux coquilles sont fort minces, creuses en dedans, voutées par dehors & coupées quarrément par les extrémités. Ces deux especes de Solen sont assez connues dans la méditerranée, & nos Droguistes les font venir de Provence ou de Languedoc.

On en trouve une troisiéme espece sur les Côtes de Normandie plus longue, plus large, & d'un blanc tirant sur le pourpre. Quoiqu'on se serve du Solen pour les vapeurs, ce n'est pas peut-être pour sa grande vertu, mais seulement pour la substituer au *Blata Bizantia*; autrement *Unguis odoratus*, qui est, à ce qu'on croit, souverain à ces sortes de maux, mais qui est très rare chez les Marchands Droguistes de Paris. *V.* Blata Bizantia.

SOLETARD. Sorte de Terre glaise dont on se sert en Angleterre pour dégraisser les laines avant que de les employer dans les Manufactures de France. On l'appelle Smectin. *Voyez* Smectin.

SOLIDAIRE. Il se dit des obligations & des cautionnemens où plusieurs personnes s'engagent de payer chacune en leur particulier la somme totale qui leur est prêtée ou à l'une d'elles, sans que le prêteur soit obligé de discuter l'une plutôt que l'autre.

On délivre des contraintes solidaires contre tous les coobligés, certificateurs & cautions.

SOLIDAIREMENT. Sans division de dette, d'une maniere solidaire. S'obliger solidairement pour un autre, c'est se charger de payer pour un autre sans que le créancier soit tenu de poursuivre d'abord son principal débiteur s'il ne le veut.

SOLIDITE'. C'est la qualité d'une Obligation où plusieurs débiteurs s'engagent à payer une somme qu'ils empruntent ou qu'ils doivent; ensorte que la dette totale soit exigible contre chacun d'eux, sans que celui au profit duquel l'obligation est faite, soit obligé de discuter les autres, & l'un plutôt que l'autre.

SOLIMAN-DOSTYN. Les Indiens nomment ainsi une racine excellente pour la Teinture, qui se trouve en quelques Provinces de Perse; les Persans l'appellent Ruinas. *Voyez* cet article.

SOLIVE. Piece de bois de brin ou de sciage dont on fait les planchers des bâtimens.

Quoique toute sorte de bois quand il est fort & d'une belle venue, puisse être débité en solive, on ne se sert gueres cependant dans les ouvrages de Charpente que de solives de chênes & de sapin, quelquefois aussi de châtaigner.

Les solives de bois de sciage se débitent ordinairement depuis cinq jusqu'à sept pouces de grosseur, & celles de brin depuis sept jusqu'à neuf pouces. *Voyez* Bois de sciage *&* Bois d'équarrissage. *Voyez aussi* Chesne *&* Sapin.

SOLIVEAU. Petite solive moins grosse & moins longue que la vraie solive. Le soliveau n'a gueres que quatre pouces & demi jusqu'à cinq pouces & demi de grosseur.

SOLOR, Isle & Royaume d'Asie. L'on en tire des Esclaves, de la cire, & du bois de sental, outre ce que l'on appelle en Médecine la pierre de Solor. *Voyez* l'Etat gén. Tome I. p. 468.

SOLOWITZIOGDA, Ville de Moscovie célebre par son commerce. *Voyez* ce que l'on en dit dans l'Etat gén. Tome I. p. 303.

SOLTAM. Espece de Sucre Candi qui se fait au Caire, dont les Provençaux font quelque commerce. *Voyez* Sucre.

SOLVABILITE'. Moyen qu'on a de bien payer les dettes déja contractées, ou qu'on peut contracter. Quand il est ordonné en Justice de donner & fournir caution, il faut aussi donner des certificateurs pour répondre de la solvabilité actuelle de la caution qu'on fournit.

SOLVABLE. On appelle un Marchand solvable celui qui est riche, qui a des fonds & des effets; en un mot de quoi payer les achats qu'il fait & les dettes qu'il contracte. On dit: Donner ou demander une caution Bourgeoise, resséante, bonne & solvable; pour dire, demander ou donner pour caution une personne qui est domiciliée & qui a des fonds suffisans pour répondre du cautionnement qu'elle a fait.

SOLVER. Terme dont quelques Négocians se servent assez souvent dans leurs écritures mercantilles, pour signifier solder. *Voyez* Compte.

SOM

SOMEROTS. On nomme ainsi en Languedoc les bois de sapin débités en bois quarrés. *Voyez* Carras.

SOMME. Se dit en Arithmetique du nombre des choses marquées par certains caracteres ou chiffres. Par l'addition on joint plusieurs sommes en nombre ensemble pour en tirer le total. La Soustraction enseigne à ôter une petite somme d'une plus grande; la Multiplication, à multiplier une somme par l'autre pour en sçavoir le montant; & la Division à partager une grosse somme en petites sommes ou parties égales. Le produit de toutes ces regles se nomme aussi des Sommes.

Somme, en fait de commerce d'argent. Se dit d'une certaine quantité de livres, sols & deniers, que l'on reçoit, ou dont on fait payement. On dit en ce sens: Reçû d'un tel la somme de six cens soixante livres dix sols quatre deniers qu'il me devoit par son billet, payé comptant la somme de cinq cens livres pour laines à moi vendues par un tel.

Sur les livres & dans les comptes des Marchands les sommes se tirent en ligne sur la marge à droite, en chiffre commun ou Arabe.

On appelle somme totale celle qui provient de l'addition de plusieurs petites sommes.

Somme. Se dit aussi de la charge d'un cheval ou de quelqu'autre animal propre à porter sur son dos. Les chevaux, les mulets, les ânes & les chameaux, sont des bêtes de sommes. Je vous envoye cinq sommes de draps de Vire. Les Messagers se servent ordinairement de bêtes de sommes pour le transport des marchandises & autres choses dont ils se chargent.

Somme. Une somme de verre est un panier de verre propre aux Vitriers, qui renferme vingt-quatre plats ou pieces de verre rondes d'environ deux pieds de diametre, qui font la charge d'un crocheteur. On peut tirer d'une somme de verre 90 ou 95 pieds quarrés de vitrage. *Voyez* Verre.

Somme. En matiere de commerce de mer, on appelle haute somme, la dépense qui ne concerne, ni le corps du navire, ni les victuailles, ni les loyers des hommes, mais ce qui s'employe au nom de tous les Intéressés pour l'avantage du dessein que l'on a entrepris. Les Marchands en fournissent ordinairement les deux tiers, & l'autre tiers se paye par le Maître du Navire.

SOMME. Terme dont on se sert dans le négoce de la Clouterie, pour exprimer en un seul mot une certaine quantité de milliers de clous.

Toute la broquette, à la réserve de la grosse broquette estempée, ou à tête aboutie, & toutes les autres sortes de clous qui sont du nombre de ceux qu'on appelle clous legers, même quantité de clous, dits clous au poids, se vendent à la somme quand on les vend en gros. La somme est de douze milliers de compte.

Les broquettes estempées & tous les grands clous se vendent au compte. *Voyez* CLOU.

SOMME. On appelle Poisson de somme dans le commerce de la marchandise de poisson, du poisson qu'on assomme, & qu'après avoir empaillé & mis dans des paniers d'osier, on transporte sur des chevaux ou sur des fourgons & charettes. *Voyez* POISSON.

SOMME. Grand Vaisseau Chinois dont ces peuples se servent pour leur commerce de mer, particuliérement pour celui qu'ils font au Japon, à Siam & à Batavia.

Le Roi de Siam se sert aussi de ces sommes pour envoyer ses marchandises au Japon, à Camboye, au Tunquin, à la Cochinchine, à Surate & autres lieux des Indes: mais ce sont ordinairement des Chrétiens qui les commandent à cause du peu de pratique que ses sujets ont de la marine, surtout quand les voyages sont un peu de long cours. *Voyez l'article du Commerce de l'Asie au paragraphe de Siam.*

SOMMER. Terme d'Arithmétique & de teneur de livres. C'est ajoûter, joindre ensemble plusieurs nombres ou sommes pour connoître à combien ils peuvent monter tous ensemble. Il y a plus de sureté à sommer avec la plume qu'avec le jetton.

SOMMER. Mesure dont on se sert en Espagne.

Le sommer fait quatre quarteaux. Il faut huit sommers pour l'arobe, & deux cens quarante sommers pour la botte.

SOMMIER. Terme de Parcheminier. On nomme ainsi dans la fabrique des parchemins cette peau de veau qui couvre la herse ou métier des Parcheminiers, & qui soutient la peau qu'on travaille dans le tems qu'on la rature.

LE CONTRE-SOMMIER, est une peau de parchemin en cosse qu'on place entre le sommier & la peau qu'on rature, afin que le fer trouve plus de facilité à prendre. *Voyez* PARCHEMIN.

SOMMIER. Se dit des bêtes de somme, dont les Voituriers & Messagers se servent pour le transport des marchandises. Le Messager de Lyon a dix sommiers; c'est-à-dire, dix chevaux de charge.

SOMMIER. S'entend encore dans le commerce des bois, d'une piece de bois ordinairement de brin qui tient le milieu pour la grosseur entre la poutre & la solive.

Le bois à faire sommiers de vingt-cinq à trente pieds de longueur, paye en France les droits d'entrée à raison de 20 s. la piece; plus ou moins à proportion.

Les droits de sortie sont de 26 s. aussi de la piece.

SOMMIER, en terme d'Imprimerie. Signifie tantôt les pieces de bois où est l'écrou, & où entre la vis de la presse des Imprimeurs, & tantôt ce qui soutient le train par dessous. Le premier s'appelle le grand Sommier, & l'autre le petit Sommier. *Voyez* PRESSE D'IMPRIMERIE.

SOMMIER, dans le métier des Tonneliers. S'entend des cerceaux doubles qui terminent de chaque bout la relieure d'une futaille, & qui se mettent sur le jable pour lui donner plus de force.

SOMMIER, en terme de finance. Signifie encore un gros Registre où le Commis des Aydes, les Receveurs des Tailles, & autres Commis des Bureaux des Fermes du Roi, écrivent les sommes à quoi montent les droits qu'ils reçoivent journellement.

Quelques Marchands Négocians & Banquiers donnent aussi le nom de Sommier à celui de leurs livres qu'on appelle le grand Livre. *Voyez* LIVRE DES MARCHANDS.

SOMMIERE. Sorte d'étoffe toute de laine tant en chaîne qu'en tréme, croisée, chaude & molette, qui n'est autre chose qu'une espece de serge un peu lâche tirée à poil, tantôt d'un seul côté, & tantôt des deux côtés, dont on se sert à faire des doublures pour l'hiver.

Les sommieres se fabriquent en Languedoc, & particulierement à Sommiers petite Ville de cette Province, d'où il y a de l'apparence qu'elles ont pris leur nom. Il s'en fait aussi quantité à Beauvais en Picardie.

Leurs largeurs sont differentes, y en ayant de demi-aune, de demi-aune demi-quart, de trois quarts & de deux tiers, sur vingt-deux à vingt-cinq aunes de longueur mesure de Paris.

Elles se vendent ou en écru ou blanchies à la vapeur du souffre, ce qui s'appelle blanc à fleur, ou teintes en diverses couleurs. Celles de Languedoc ont toujours été les plus estimées, étant mieux fabriquées & d'une meilleure laine que les autres.

SOMMIERS, petite Ville de France en Languedoc, considérable par ses Manufactures de laine. *Voyez* l'Etat général Tome I. page 215.

SOMMIERS, qu'on nomme autrement Coffres de Charge. Ce sont de grands coffres faits pour être portés à la guerre ou en voyage, sur des mulets ou des chevaux.

Les Statuts des Maîtres Coffretiers-Malletiers ordonnent que les gros sommiers seront ferés à cinq bandes, dont trois seront de fer forgé, & les moindres seulement à trois bandes, mais toutes de fer forgé. *Voyez* COFFRETIER.

SOMPAYE. C'est la plus petite monnoye d'argent qui se fabrique & qui ait cours à Siam. Elle vaut deux sols demi-pite monnoye de France, à prendre l'once d'argent sur le pied de trois livres dix sols. C'est la moitié du foang.

On donne douze à treize caches de Siam pour une sompaye, ou quatre cens coris. Les coris sont des coquilles des Maldives, qui servent de petite monnoye presque par toutes les Indes Orientales. Les caches sont des especes de doubles de cuivre deux ou trois fois épais comme les doubles de France. *Voyez l'article des monnoyes des Indes.*

La sompaye se divise en deux payes, chaque paye en deux clams; mais ces deux sortes de monnoyes ne sont que monnoyes de compte & non especes courantes. La sompaye & ses diminutions servent aussi de poids, le clam pesant douze grains de ris, & les autres en montant à proportion.

SOMPI. Petit poids dont les Habitans de Madagascar se servent pour peser l'or & l'argent.

Le sompi ne pese qu'une dragme ou gros, poids de Paris; c'est néanmoins le plus fort de tous ceux dont ces Insulaires ont l'usage, ne sachant ce que c'est que l'once, le marc ou la livre, & n'ayant rien qui leur en tienne lieu, ou qui y réponde. Tout, hors l'or & l'argent, se négociant par échange & par estimation.

Les diminutions du sompi sont le vari ou demi-gros: le sacare ou scrupule, le nanqui ou demi-scrupule, & le nanque qui vaut six grains. Le grain chez eux n'a point de nom.

SOMPY, Village de Champagne, du Département de l'Inspecteur des Manufactures établi à Reims. Il y a une Fabrique de Serges assez considérable. *Voyez* l'Etat général Tome I. page 24.

SON

SON. C'est la peau des grains moulus séparée de la farine par le moyen du blutoir, du sas ou du tamis.

Les Amidonniers se servent du son de froment pour faire leur amidon, qui n'est autre chose que la fécule qui reste au fond des tonneaux où ils ont mis le son tremper avec de l'eau. *Voyez* AMIDON.

Les Teinturiers mettent le son au nombre des drogues non colorantes, parce que de lui-même il ne peut donner aucune couleur. C'est avec le son qu'ils font ce qu'ils appellent des eaux sures qu'ils font entrer dans la préparation de leurs teintures. *Voyez* TEINTURE *&* TEINTURIER.

SONAT, ou Mouton en blancherie. Ce sont des peaux de moutons passées en mégie. *Voyez* MEGIE. *Voyez aussi* MOUTON.

Il n'y a guéres qu'à Lyon où ces sortes de peaux soient connues sous l'un ou l'autre de ces noms, & ils sont ainsi appellez dans le Tarif de la Douane de cette Ville.

Le Sonat y paye les droits à raison de 7 s. de la balle d'ancienne taxation, & 3 s. de nouvelle réappréciation.

SONDE. Isles situées dans la Mer des Indes. *V.* le Commerce de ces Isles dans l'Etat général Tome I. page 460.

SONDE. Ce qui sert à sonder & connoître la qualité ou la consistance de quelque chose.

Les Commis des Barrages des Villes à l'entrée desquelles il se paye quelques droits, & ceux des Bureaux des entrées & sorties du Royaume, ont differentes sondes pour découvrir si dans les marchandises qui passent à leurs Bureaux, & dont on leur paye les droits, il n'y en a point d'autres de plus précieuses ou plus importantes cachées qu'on voudroit faire passer, ou sans les acquiter, ou en contrebande.

A Paris les sondes des Commis pour les entrées du Vin, sont en forme d'une longue broche de fer emmenchée dans du bois; ils s'en servent pour sonder les charettes & chariots chargés de paille ou de foin, ou autres choses semblables dans lesquelles il est facile de cacher quelque piece de vin ou autre liqueur pour en sauver les droits.

Les autres sondes sont à proportion semblables, mais convenables à la qualité des matieres qu'on veut sonder.

SONDE. Les Chaircuitiers nomment de la sorte une longue aiguille d'argent dont ils se servent pour sonder les jambons, langues de bœuf & autres viandes crues ou cuites qu'il leur est permis de vendre & débiter. *V.* CHAIRCUITIER.

SONDE, en terme d'Eventailliste & d'Ouvriers qui montent les Eventails. C'est une longue aiguille de léton, qui leur sert à ouvrir les papiers pour y placer les fleches de la monture. *V.* EVENTAIL.

SONDER. Se servir de la sonde, ou pour découvrir la qualité d'une marchandise, ou pour se rendre certain s'il n'y a point de fraude dans celles qu'on veut passer au Bureau. *Voyez les articles précédens.*

SONNER DE L'OR ou DE L'ARGENT. C'est reconnoître par le son d'une espece ou d'une monnoye qui a mauvaise façon, ou qu'on croit douteuse si effectivement elle est bonne ou non recevable.

Les trois manieres d'éprouver les monnoyes dans le commerce sont de les sonner, de les toucher, c'est-à-dire, d'en faire l'épreuve à la pierre de touche, & de les cizailler. Il n'y a guéres que cette derniere qui soit sûre On dit que les Indiens connoissent le titre de l'or & de l'argent en les maniant ou en les mettant entre les dents.

SONNETTE. Petite clochette de métail, ordinairement de cuivre, mais quelquefois d'argent. Il se fait aussi des sonnettes de gros verre. C'est du mot de Sonnette que les Fondeurs en terre & sable de la Ville & Fauxbourgs de Paris, ont pris la qualité qu'ils se donnent dans leurs Statuts de Maîtres Sonnettiers. *Voyez ci-après* SONNETTIER.

SONNETTES. Machine propre à enfoncer profondement des pieux dans la terre. Elle sert particulierement à battre les pilotis des ponts ou des bâtimens qui se construisent sur un terrain ou marécageux, ou peu solide. On nomme aussi quelquefois cette machine un mouton, du nom de sa principale piece.

SONNETTIER. Ouvrier qui fait ou qui vend des sonnettes. Les Maîtres Fondeurs en sable & en terre de la Ville & Fauxbourgs de Paris, ont de toute ancienneté ajouté aux autres qualités que leur donnent leurs Statuts, celle de Maîtres Sonnettiers, comme n'appartenant qu'à eux de fondre des sonnettes, les autres Marchands qui en font commerce étant obligés de les acheter d'eux. *Voyez* FONDEURS DE PETITS OUVRAGES.

SONNEURS. Ce sont les Ouvriers qui tirent les cordages des sonnettes. Il y en a ordinairement seize pour chaque sonnette dont on se sert pour enfoncer des pieux dans la terre. *V.* SONNETTES.

SONTO. On appelle à la Chine Thé sonto un Thé qui est extrêmement estimé. On en porte beaucoup de Canton à Batavia. Il s'achete vingt taels le pic à Canton, & se vend deux cens cinquante pataques à Batavia. *V.* THE'.

SOP

SOPHISTIQUER. Mélanger, alterer des drogues & des marchandises en y en mêlant d'autres de differente ou de moindre qualité. Il se dit particulierement des remedes & drogues qui se préparent & se vendent dans les boutiques des Apoticaires & Epiciers Droguistes qu'on soupçonne de ne pas donner des drogues & remedes purs & sans mêlange.

SOPHISTIQUERIE. Melange de drogues de mauvaise qualité que l'on veut faire passer avec des bonnes.

SOR

SOR ou SAUR. On appelle ainsi le hareng salé qui est devenu de couleur dorée & obscure pour avoir été fumé & seché. On le nomme aussi Soret ou Sauret.

Dans sa primeur on l'appelle Craquelot, & on lui donne quelquefois le nom d'Appetit ; mais ce dernier terme n'est guéres en usage que parmi le menu peuple de Paris. *Voyez* HARENG *vers la fin de l'article.*

SOR ou SOL. Espece de raisin égrainé seché au soleil, qui s'envoye d'Espagne. *V.* RAISIN D'ARCQ & AU SOLEIL.

SORBEC. Pâte préparée avec du citron, du musc, ambre & autres parfums, & du sucre clarifié dont on compose une boisson fort en usage dans le Levant : celui d'Egypte est ferme & fort estimé. *V.* CITRON.

Le Sorbec paye en France de droits d'entrée 20 s. de la livre poids de marc outre les anciens droits, conformément a l'Arrêt du 12 Mai 1693. les anciens droits suivant le Tarif de 1664, sont de cinq pour cent de sa valeur, attendu que cette drogue n'y est point tariffée.

Les droits de la Douane de Lyon sont de 5 liv. le quintal, tant d'ancienne taxation que de nouvelle réappréciation.

SORER ou SAURER, c'est-à-dire, faire fumer & sécher des harengs salés. Les Dieppois disent Sorir. *V.* HARENG *vers la fin de l'article.* On fait aussi sorer des sardines. *V.* SARDINE.

SORET ou SAURET, signifie la même chose que Sor ou Saur. *V.* SOR.

SORET. Est aussi un des noms que l'on donne à une des sortes d'acier. *V.* ACIER.

SORI. Les Anciens appelloient ainsi une espece de matiere vitriolique que l'on prétend aujourd'hui n'être autre chose que le Chalcitis ou Colcotar. *V.* VITRIOL.

SORIE. Laine d'Espagne. Il y en a de deux sortes, la sorie Segoviane, ou *de los Rios*, & la sorie commune. *V.* LAINE D'ESPAGNE.

SORIN. C'est le nom que l'on donne à celui qui se mêle de faire sorer les harengs. Ce mot n'est presque en usage qu'à Dieppe.

SORIR. Faire fumer & secher du hareng salé. *V.* SORER.

SORISSAGE. Façon que l'on donne au hareng en le fumant à un feu de bois ou de charbon, dans les lieux qu'on appelle Roussables. Ce terme est en usage dans plusieurs endroits de Normandie & de Picardie. *Voyez* HARENG SOR.

SORISSEUR. Celui qui fait sorer le hareng; on le nomme aussi Sorin. Le maître sorisseur se paye par jour & est nourri ; de son habileté dépend tout le succès de cette façon : la moindre négligence de sa part exposant le hareng à être entierement brûlé, ce qui est difficile à reconnoître en le mettant en baril. *Voyez comme dessus.*

SOR-SEGOVIE. C'est de la laine d'Agnelins qui vient de Ségovie Ville d'Espagne. Il y en a de lavée & de non lavée. Il vient aussi des Sors de Moline, de Castille, d'Albarasin & de Navarre. *Voyez* LAINE *où il est parlé des Agnelins.*

SORTE. Genre, espece. On dit vendre des marchandises de toutes sortes, & ne vendre qu'une seule sorte de marchandises.

Les chapeaux qu'on appelloit autrefois des sept sortes que fabriquoient les Chapeliers de Paris, n'étoient que des chapeaux de Vigognes communs, nommés ainsi parce que le public étoit persuadé qu'il entroit dans leur fabrique de sept sortes de laine ou poil. *Voyez* CHAPEAU.

SORTE. On se sert aussi de ce terme dans le commerce des pierreries en parlant des Emeraudes qui ne se vendent qu'au marc ; ce qui en marque les differentes grosseurs qui vont en diminuant depuis la premiere sorte jusqu'à la troisiéme : on dit aussi premiere, seconde, & troisiéme couleur. *Voyez* EMERAUDE.

SORTIE. C'est le passage d'un lieu à un autre. Il n'y a guéres de Souverains qui n'ayent établi des droits sur les marchandises qui entrent dans leurs Etats, ou qui en sortent. Aussi n'appartient-il qu'à eux de les imposer ; & c'est une prérogative de la Souveraineté : les autres impôts qui peuvent se trouver établis & qui se payent dans les terres de certains Seigneurs particuliers & à leur profit, ne sont qu'une émanation de la souveraine puissance qui les accorde ou permet en vertu de Lettres Patentes.

Les droits qui se payent en France à la sortie du Royaume, ou des Provinces réputées étrangeres, ne s'y peuvent percevoir que par les Commis préposés aux Bureaux, & sur les Tarifs qui en sont dressez en consequence des Edits, Déclarations & Arrêts qui en ordonnent le payement.

Les Marchands & Négocians qui font leur commerce au dehors du Royaume ou dans les Provinces qui sont sujettes aux droits de sortie, ne sçauroient trop être instruits de la qualité desdits droits, & pour sçavoir quels sont ces Tarifs qui les ordonnent, ils peuvent avoir recours à l'article de ce Dictionnaire où il en est traité. *V.* TARIF.

On a aussi ajouté pour la commodité du Lecteur à la fin de chaque article de marchandise, les droits de sortie que chaque espece paye en France conformément au Tarif de 1664.

On peut voir pareillement dans l'Etat général du commerce plusieurs choses curieuses concernant les droits de sortie qui se payent dans les pays étrangers, particulierement en Espagne, en Angleterre, en Hollande, dans les Villes Hanseatiques, dans celle du Nord & de la mer Baltique, & dans toutes les Echelles du Levant.

SOS

SOSIE. Ecorce d'arbre soye & coton que les Anglois apportent des Indes Orientales. Les pieces ont depuis seize jusqu'à dix-neuf aunes de long; & depuis trois quarts jusqu'à sept huit de large.

SOU

SOU, que l'on écrit & que l'on prononce quelquefois Sol. Signifie tantôt une monnoye réelle & courante, & tantôt une monnoye imaginaire & de compte. On parlera plus bas du sou monnoye de compte, après qu'on aura parlé du sou monnoye courante.

Le sou monnoye courante est une petite espece faite de billon, c'est-à-dire, de cuivre, tenant un peu d'argent, mais plus ou moins suivant les lieux & les tems où il a été fabriqué.

Le sou de France a d'abord été fabriqué sur le

le pied de douze deniers tournois d'où il fut appellé Douzain, nom qu'il conserve encore, bien qu'il n'en ait pas toujours la valeur.

Ce sou ayant depuis été augmenté de trois deniers & marqué avec un poinçon d'une fleur de Lys pour lui donner cours sur le pied de quinze deniers, il fut nommé Sou marqué, & parmi le peuple Sou tapé.

En 1656 Louis XIV. ayant ordonné par son Edit du mois d'Août une fabrication de pieces de six blancs, la révoqua par ses Lettres Patentes du 19 Novembre de l'année suivante, & ordonna qu'au lieu des pieces de six blancs il seroit fabriqué des sous & des doubles sous, les uns de quinze deniers & les autres de trente, à deux deniers douze grains de fin, & trois grains de remede, à la fabrication desquels on travailleroit pendant trois années avec vingt-quatre presses & balanciers; mais à peine les Entrepreneurs Monnetaires commençoient à y travailler, que ces nouvelles especes furent décriées à la poursuite des Prevôt des Marchands & Echevins de la Ville de Paris par un Arrêt du Conseil d'Etat du 14 Août 1658, comme préjudiciables au commerce.

Il est arrivé depuis sous le même regne plusieurs autres changemens dans cette monnoye de billon.

Les anciens sous qu'on avoit remis à douze deniers ayant été réformés, & d'autres de nouveau fabriqués, ils eurent les uns & les autres également cours pour quinze deniers par un Edit de 1693; mais par un autre Edit du mois de Septembre 1709, ces mêmes sous furent augmentés jusqu'à dix huit deniers, & une nouvelle fabrication ordonnée de pieces de trente deniers dans les Monnoyes des Villes de Lyon & de Metz.

Ces dernieres especes sont au titre de deux den. douze grains de fin au remede de 4 grains par marc, & à la taille de cent pieces au marc, au remede de quatre pieces par marc; il fut aussi fabriqué des pieces de 15 deniers les unes & les autres avec la même empreinte de deux *L* adossées d'un côté, & d'une croix fleuronnée de l'autre, pour les differencier des anciens sous qui avoient une croix de huit *L* entrelassées & couronnées pour empreinte d'effigie, & d'un écu de France pour empreinte d'écusson. Les pieces de dix-huit deniers, & celles de quinze & de trente furent baissées sur la fin du regne de Louis XIV. les unes ayant été réduites à quinze deniers, & celles de trente à vingt-un, valeur qu'elles avoient conservée pendant les deux premieres années du regne de Louis XV. sous lequel elles sont remontées, celles de quinze deniers à dix-huit, & celles de vingt-un à vingt-sept, où elles sont présentement (1718.)

Il y a quantité de sous & demi-sous qui se fabriquent dans les Pays étrangers, mais qui n'ont point de cours en France.

Pour leur valeur elle est inégale suivant l'inégalité de ce qu'ils tiennent de fin, qui est à peu près au même titre des sous de France; il y a entr'autres des sous de Savoye, d'anciens sous de Besançon, des sous d'Avignon, de Dombes, de Charleville, &c.

Avant la réforme de tous les sous en France, il s'y en trouvoit plusieurs qu'on distinguoit par les Rois sous lesquels ils avoient été frappés, comme les douzains d'Henry II. les sous de Charles IX. & les sous d'Henry IV. D'autres avoient le nom des Provinces où on les fabriquoit, comme les sous de Dauphiné, &c.

Il y a quelques Provinces de France où le sou marqué a un nom particulier; en Anjou il s'appelle Ferlande, & dans d'autres le bossu, à cause d'une espece de bosse que le poinçon de la Fleur de Lys y laissoit, lorsqu'on le frappoit pour faire reconnoître ceux qui étoient réformés.

Les sous n'avoient d'abord été fabriqués que pour servir de menue monnoye & faire des payemens en détail, conformément à l'Arrêt de 1666; mais l'usage s'étant introduit d'en faire de gros payemens, & pour cela de les réduire en sacs de vingt-cinq, de cinquante, de cent, & même de deux cens livres, qui s'appelloient communément Sacs de douzains, & qui se prenoient sans compter & se redonnoient de même dans le commerce de l'argent sur la foi de l'étiquette attaché à l'ouverture des sacs; l'abus en devint si grand, que pour remedier à quantité d'inconveniens qui en étoient la suite, Louis XIV. le défendit par un Arrêt de son Conseil d'Etat du 16 Septembre 1692.

Cet Arrêt porte qu'à l'avenir il ne se feroit plus de sacs de douzains, qu'ils ne se donneroient qu'en détail, & que dans les gros payemens on n'y en pourroit faire entrer que pour dix livres, sous peine de trois mille livres d'amende.

Il y a eu autrefois en France des sous, des demi-sous & des tiers de sou d'or, & même à ce que rapportent quelques Auteurs qui ont traité des anciennes monnoyes de ce Royaume, des sous d'argent à la taille à ce qu'ils disent de vingt-quatre à la livre; mais outre que ces sous ou d'or ou d'argent, ont à peine passé la premiere race des Rois de France, & qu'il n'y a rien de bien certain sur cette matiere; comme ils ne sont point des monnoyes courantes qui sont les seules qui doivent entrer dans ce Dictionnaire, on peut avoir recours aux Auteurs qui en ont écrit exprès, entr'autres aux sçavans traités de MM. Bouterone & le Blanc.

Sou. Il y a en Hollande deux monnoyes, l'une d'argent, l'autre de billon, ausquelles on donne le nom de Sous; celle d'argent s'appelle Sou de gros, & l'autre Sou commun. Le sou de gros vaut douze gros ou six sous communs, à prendre le sou pour quinze deniers de France, c'est le schelling. *Voyez cet article.* Le sou commun qu'on nomme autrement Stuyver, vaut huit duytes ou deux gros.

Ces deux monnoyes qui sont des especes réelles, sont aussi en Hollande des monnoyes de change. *Voyez* MONNOYE DE COMPTE *&* DE CHANGE.

Sou, monnoye de compte qu'on appelle Sou Tournois, est composée de quatre liards qui valent douze deniers tournois. Les vingt sous tournois font une livre tournois, & soixante de ces sous valent un écu.

Le sou tournois se subdivise en douze deniers, le denier en deux mailles ou oboles, la maille ou obole en deux pites, & pite en deux semipites.

Sou. Il y a en France un autre sou de compte que l'on appelle Sou Parisis; il est d'un quart en sus plus fort que le sou tournois, & semblable en valeur au sou marqué de quinze deniers. Vingt sous parisis font une livre parisis qui font vingt-cinq sous tournois ou une livre cinq sous tournois.

La subvention est un droit de sou pour livre qui se perçoit sur certaines especes de marchandises.

On dit, Faire une contribution au sou la livre, pour dire, Faire un partage ou répartition entre des Créanciers, chacun à proportion de ce qui leur peut être dû en principal.

Quand on dit qu'un Marchand ou Négociant est entré pour cinq sous dans une entreprise de Manufacture ou autre affaire de commerce, cela signifie qu'il s'y est associé pour un quart, & qu'il y a mis du fond à proportion.

On dit en proverbe, qu'un Marchand a fait de cent sous quatre livres & de quatre livres rien, pour faire entendre qu'il a fait de mauvais trocs ou achats sur lesquels il y a toujours eu à perdre.

Sou. En Angleterre, en Hollande, en Flandres & en Brabant, il y a une monnoye de compte que l'on appelle aussi Sou.

Le sou d'Angleterre se nomme Sou sterling; c'est la vingtiéme partie d'une livre sterling. Un sou sterling vaut douze deniers sterling ou douze penins, & ce sou augmente ou diminue à proportion que la livre sterling augmente ou diminue de valeur, ce qui se regle par le prix du change. *Voyez* Livre.

En Hollande, en Flandres & en Brabant le sou s'appelle Sou de gros; il faut vingt sous de gros pour faire une livre de gros, & le sou de gros se divise en douze deniers de gros; la valeur du sou de gros est variable, de même que celle du sou sterling d'Angleterre, c'est à-dire, qu'elle suit toujours la valeur de la livre de gros, par rapport au prix du change. Il y a quelque difference entre le sou de gros de Hollande, & le sou de gros de Flandres & de Brabant. *Voyez* Livre.

SOUAGUZEZ. Toiles de coton qui viennent des Indes Orientales; il y en a de diverses sortes.

Les Souaguzez Broun sont blanches; elles ont 14 aunes de longueur sur deux tiers ou demie-aune de largeur.

Les Souaguzez Broun sont écrues; elles ont toutes 14 aunes sur deux tiers.

SOUALI, Bourg dans les Etats du Mogol en Asie, aux environs de Surate dont il est comme le Port. *Voyez* l'Etat général, Tome I. p. 427.

SOUBARDIERS. Principaux étais qui soutiennent la machine avec laquelle on tire hors des perrieres les masses de pierre à faire de l'ardoise. *Voyez* Ardoisiere.

SOUBORD. Livre de soubord. *Voyez* Livre.

SOUCHA. Crêpon de soye de la Chine rayé de bleu. *Voyez* Crespon.

SOUCHE. Terme de commerce en détail. C'est la plus longue des deux petites pieces de bois qui composent ce que les Marchands appellent une Taille sur laquelle ils marquent avec des hoches ou incisions, qu'ils font journellement avec un couteau, les marchandises qu'ils donnent à crédit; l'autre partie s'appelle l'Echantillon. *Voyez* Taille.

SOUCHE. Terme d'exploitation & de commerce des bois. C'est la partie de l'arbre qui est à fleur de terre & qui tient aux racines.

On l'appelle aussi Cepée ou Sepée; mais ce dernier terme ne se dit gueres que des arbres du tronc desquels il sort diverses tiges. *Voyez* Cepe'es.

SOUCHET DES INDES, DE MALABAR ou DE BABYLONE. C'est la Terramerita. *Voyez* Terramerita.

Outre la Terramerita, qui est le véritable souchet dont il se fait une très grande consommation par les Teinturiers & autres Ouvriers, il y a encore deux sortes de Souchets moins connus & de moindre usage, le Souchet rond & le Souchet long.

Le Souchet rond, qu'on appelle aussi Cyperus rond, & souvent Souchet d'Angleterre & de Flandres, parce que c'étoit de-là que les Marchands Epiciers-Droguistes le tiroient autrefois, est une racine noueuse en forme de gros grains de chapelet, brune au dehors & grise au dedans, d'un goût astringent, & presque sans odeur quand elle est nouvelle. Cette racine croît dans l'eau, ou le long des ruisseaux. Elle jette du milieu de ses feuilles qui sont longues & étroites, des tiges triangulaires, solides & lissées. Ses fleurs sont petites & rougeâtres, attachées le long des tiges par bouquets enveloppés de quelques feuilles. Cette sorte de Souchet se tire présentement d'auprès d'Estampes. On le croit bon pour la colique pris en infusion dans du vin blanc. Il ne s'en fait néanmoins qu'une très petite consommation.

Le Souchet rond paye en France les droits d'entrée à raison de 12 s. le cent pesant, conformément au Tarif de 1664.

Les droits de la Douane de Lyon sont de 5 s. d'ancienne taxation, & 2 s. 6 den. de nouvelle réapréciation.

Le Souchet long, ou Cyperus long, que quelques-uns nomment Galanga sauvage, est une petite racine entourée de quantité de filamens, d'une odeur assez agréable, & pour tout le reste assez semblable au Souchet rond, à la réserve de ses feuilles qu'elle a longues & vertes comme celles du poireau, & de la situation de ses fleurs qui viennent presque au bout des tiges. Ce Souchet se plaît pareillement dans le voisinage des eaux. Les Paysans des environs de Paris l'apportent vendre par sachées aux Marchands Droguistes; mais à moins de bien examiner le fond des sacs, on est souvent trompé; le dessus étant toujours sec & bien conditionné, mais le reste se trouvant presque toujours de moindre qualité, ou même humide & gâté. Il faut choisir cette racine grosse, seche, point vermoulue, & ne sentant ni le moisi ni l'enfermé. Son usage est pour la Médecine: les Parfumeurs néanmoins & les Gantiers s'en servent à cause de son odeur. *Voyez aussi* Cucurma.

Souchet. Terme de Carrier. On nomme ainsi une assez mauvaise pierre qui se trouve quelquefois entre les bans qui composent une carriere, particulierement sous le dernier banc. Le plus souvent le souchet n'est qu'une espece de terre & de gravois. *Voyez* Carriere.

SOUCHETAGE. Descente que font les Officiers des Eaux & Forêts après la coupe des bois, pour visiter & compter le nombre & la qualité des souches ou arbres abbatus.

Il se dit aussi du compte & de la marque des bois de futaye, qu'on a permission d'abbatre dans une vente; cette derniere visite se fait avant l'exploitation des bois.

L'article L. du titre XV. de l'Ordonnance de 1669, permet aux Marchands adjudicataires de faire proceder au souchetage de leurs ventes avant que de les exploiter, & d'en faire dresser le Procès verbal par les Officiers des Eaux & Forêts; ce qui se doit faire sans frais, sous peine de concussion.

SOUCHETEUR. Expert qui assiste au souchetage & à la visite des souches d'une vente.

Par la même Ordonnance de 1669, les journées des Souchereurs sont fixées par les Maîtres particuliers, & payés par les Sergens, Collecteurs des amendes.

SOUCHEVER. } *Voyez* { SOUSCHEVER.
SOUCHEVEUR. } { SOUSCHEVEUR.

SOUCIS ou SOUTIS. Ce sont des mousselines de soye rayées de diverses couleurs, qui viennent des Indes. On les appelle Mousselines, quoiqu'il n'y entre aucun coton dans leur fabrique, comme dans les véritables mousselines. Ce qui leur a fait donner ce nom, c'est une espece de bourre legere qui paroit sur la superficie de la toile comme sur les mousselines. Ce sont de vrayes toiles de soye.

Il n'y a que les Indiens qui ayent la maniere de travailler ainsi ces sortes d'étoffes.

Les Soucis sont de differentes longueurs & largeurs; y ayant des pieces qui n'ont que huit aunes de long sur trois quarts de large, & d'autres vingt aunes sur deux tiers.

SOUDE. Plante avec laquelle on fait la soude en pierre. *Voyez l'article suivant.*

SOUDE. Sel gris artificiel très poreux & très lexivial. Les Verriers s'en servent pour faire leur verre, & les Savonniers l'employent dans la composition de leurs savons: mais la plus forte consommation de la soude, dont les Marchands Epiciers & Droguistes de Paris font un commerce considérable, se fait par les Blanchisseuses des environs & des Fauxbourgs de cette grande Ville, qui s'en servent pour lessiver & blanchir le linge.

La soude se fait avec une plante qui croît le long des Côtes de la mer. Les Botanistes la nomment Kali, & prétendent que c'est d'elle que certains sels sont appellés Sels Alkalis. Les Ouvriers qui la brûlent la nomment la Marie.

Cette plante jette une tige de la hauteur d'un pied & demi, nouée à plusieurs endroits, & de ses nœuds sortent de petites feuilles fort étroites. Sa graine est enfermée dans de médiocres gousses rondes, qui viennent à l'extrémité de ses branches. On la seme tous les ans; & quand elle est d'une grandeur raisonnable, on la coupe & on la feine comme l'on fait ordinairement le foin. Lorsqu'elle est seche, l'on en remplit de grands trous faits exprès, on y met le feu, on la couvre; & quand elle est réduite en cendre, il s'en forme après quelque tems une pierre si dure, qu'on est obligé de la casser avec des maillets. C'est cette pierre que nous appellons Soude, & à qui les Anciens ont donné le nom de Salicore, Salicot, ou Alun Catin.

Il y a de quatre sortes de soudes; la soude d'Alicant; celle de Carthagene; celle qu'on nomme Soude de Bourde; & enfin la Soude de Cherbourg, qu'on appelle aussi Varech, du nom d'une herbe qu'on trouve sur le bord de la mer en Normandie, & dont elle est faite.

La soude d'Alicant est la meilleure; celle de Carthagene, quoique moins bonne, ne laisse pas de s'employer avec assez de succès; mais pour les deux autres, elles sont très mauvaises, étant ordinairement humides, d'une couleur verdâtre approchant du noir, puantes, mêlées de quantité de pierres, & quelquefois de chaux; ce qui gâte & brûle le linge.

Pour bien choisir la soude d'Alicant, il faut qu'elle soit seche, sonante, d'un gris bleuâtre dedans, & dehors percée de petits trous en forme d'œil de perdrix, & que mouillée elle ne sente point un goût marin & de marécage. Sur tout qu'il n'y ait aucun mélange d'autres pierres, & que celles de soude ne soient point couvertes d'une croûte verdâtre; ces deux défauts gâtant le linge, outre que le premier augmente encore inutilement le poids de la marchandise.

Il faut aussi observer que la soude trop grosse ou trop menue peut plus facilement se fourrer d'autres drogues; & que la médiocre, de la grosseur des cailloux, appellée pour cela le Cailloti, doit leur être préférée.

Pour la soude de Carthagene, elle doit avoir les mêmes qualités que celle d'Alicant à proportion; n'étant jamais si bleue, ayant de plus petits trous, & étant plus couverte de cette croûte verdâtre qui est un défaut. Elle vient aussi en des balles plus grosses que l'autre.

On tire de la soude, par le moyen de l'eau commune, un sel blanc qui est le véritable sel alkali, & qui doit seul en porter le nom par préférence, & sans d'autre dénomination ajoutée, à la difference des autres sels alkali qu'il faut faire connoître par la matiere, soit plante, soit autre dont ils ont été tirés, comme sel alkali d'absinthe, de centaurée, &c.

Il y a encore une sorte de soude que l'on appelle Soude blanche, qui est une espece de sel ou salpêtre naturel, que les Droguistes appellent communément Natron. Il se forme de l'eau du Nil aidée de l'ardeur du soleil, & ménagée à peu près de même que l'eau de la mer dans les marais salans.

SOUDE DE BARILLE. C'est la véritable soude d'Alicant, ainsi nommée de l'herbe de Barille qui se seme, se cultive, se recueille & se brûle aux environs de cette Ville d'Espagne. On la tire rarement toute pure d'Espagne; les Espagnols la mêlant souvent avec la soude de bourdine, qui est une autre herbe qui ressemble à la barille.

C'est la véritable soude de Barille qu'il faut employer pour la fabrication des glaces à miroirs, la bourdine n'y étant pas propre. Elle s'envoye en masse dans de grands cabats de jonc.

SOUDE DE BOURDINE. *Voyez l'article précédent.*

Les Soudes payent en France les droits d'entrée & de sortie à raison de 10 s. le cent pesant, conformément au Tarif de 1664.

Les droits de la Douane de Lyon, dans le Tarif de laquelle elles sont appellées Souldes, sont 2 s. du quintal d'ancienne taxation, & 1 s. de nouvelle réapréciation.

SOUDE DE COMPTE. *Voyez* COMPTE.

SOUDER UN COMPTE. C'est la même chose que Solder un compte. *Voyez* COMPTE.

SOUDER. Signifie parmi les Ouvriers & les Artisans qui travaillent sur les métaux, attacher &

joindre ensemble deux pieces de même métail, ou de deux métaux différens, par la fusion & application de quelque composition métallique sur les extrémités des métaux qu'on veut unir.

Les Orfévres soudent avec l'or, l'argent & le cuivre mêlés ensemble; les Plombiers avec le plomb & l'étain. Le cuivre se soude avec l'étain, & quelquefois, suivant l'ouvrage, avec un mélange de cuivre & d'argent. Pour souder tous ces métaux, on employe ordinairement le borax en poudre, & quelquefois la poix-résine.

A l'égard du fer, il suffit de le mettre chauffer jusqu'à ce qu'il soit devenu tout-à-fait blanc, & comme on dit, en termes de l'Art, tout dégoutant: en cet état il se soude, c'est-à-dire, il se bat avec le marteau; ce qui de deux morceaux n'en fait qu'un. *V. ci-après* SOUDURE.

SOUDER. Les outils qui servent à souder les ouvrages de plomberie sont la cuilliere, le grattoir, les fers à souder garnis de leurs attelles, & les polastres, si ce sont des tuyaux.

Les Vitriers & les Ferblantiers n'ont besoin que de fers à Souder, mais plus petits que ceux des Plombiers. Les uns & les autres se servent de poix-résine pour faire mieux prendre la soudure. Quand on veut au contraire qu'elle ne prenne pas en de certains endroits, on les salit avec la main ou avec de la craye. *Voyez à l'article des Tuyaux la maniere de faire & de souder ceux de plomb.*

On appelle Fers à souder, des fers ronds avec une queue de même, dont se servent les Plombiers, Ferblantiers, Fontainiers, Vitriers, &c. pour fondre & appliquer la soudure sur leurs ouvrages. Les morceaux de bois fendus en deux, qui leur tiennent lieu de manche, se nomment des Attelles par les Plombiers, & des Mouflettes par les autres.

SOUDER LES BRAS DU FLAMBEAU. Terme de Marchand Epicier-Cirier. C'est joindre ensemble les quatre grosses méches, dont on forme les flambeaux de poing, après qu'elles ont eu leurs deux premiers jets de cire. *Voyez* FLAMBEAU DE POING *&* SOUDOIR.

SOUDIS. Petite monnoye qui a cours à Ormus dans le Sein Persique.

Un Soudis vaut quatre payes & la paye dix besorchs, qui sont à peu près comme les liards de France. *Voyez* BESORCHE.

SOUDOIR. Sorte d'outil ou d'instrument de fer, dont les Ciriers se servent pour souder ensemble les bras des flambeaux de poing. Il est long d'environ deux pieds, fait en fer de pique un peu arrondi. Il a un manche de bois pour le tenir.

SOUDURE. Composition ou mélange de divers métaux & minéraux, qui sert à souder & joindre ensemble d'autres métaux. On fait des Soudures d'or, d'argent, de cuivre, d'étain commun, d'étain de glace & de plomb; observant de mettre toujours dans la composition quelque partie du métail qu'on veut souder avec une partie d'un métail supérieur.

Les Orfévres font de quatre sortes de soudures, que pour distinguer ils nomment Soudures à huit, à six, au quart & au tiers qui est la plus foible. Ils entendent par Soudure à huit, celle qui n'a qu'un huitiéme de cuivre ou de leton sur sept parties d'argent; la seconde a un sixiéme de cuivre; la troisiéme en a un quart; & la quatriéme a un tiers. C'est ce mélange de cuivre dans la soudure d'argent qui fait que la vaisselle montée est toujours moins chere que la vaisselle platte.

La soudure des Plombiers se fait de deux livres de plomb avec une livre d'étain. On éprouve sa bonté dans la fonte, lorsque versant de la largeur d'un écu de cette soudure en fusion sur le plancher ou sur une table, il s'y forme ce qu'on appelle des Yeux de perdrix, c'est-à-dire, de petites étoiles claires & brillantes.

La soudure du cuivre se fait comme celle des Plombiers, mais avec le cuivre & l'étain; quelquefois si ce sont des ouvrages délicats qu'on veut souder, on met quelque portion d'argent à la place de l'étain.

Enfin la soudure de l'étain se fait avec les deux tiers d'étain & le tiers de plomb; mais quand on veut que l'ouvrage soit délicat comme aux tuyaux d'orgues, où la soudure est difficile à appercevoir, on la fait avec une partie d'étain de glace & trois parties d'étain fin. *Voyez* ESTAIN, *à l'endroit où l'on parle de la claire-soudure.*

Les Potiers d'étain vendent aux Chauderonniers, Ferblantiers, Vitriers, Plombiers, Faiseurs d'orgues, &c. une sorte de bas étain moitié plomb & moitié étain neuf, qu'ils appellent Claire-soudure, Basse-étoffe, Petite-étoffe, &c. C'est la moindre de toutes les sortes d'étain qu'il est defendu aux Potiers d'étain d'employer à leurs ouvrages, si ce n'est pour des moules à chandelle. *Voyez comme dessus.*

La Soudure d'étain paye les droits de la Douane de Lyon à raison de 9 s. du quintal, tant pour l'ancienne que pour la nouvelle taxation.

SOUENCE, de la Généralité d'Alençon. L'on y fait des étamines. *Voyez* l'Etat général, Tome I. page 110.

SOUESME, de la Généralité d'Orleans. Ses Fabriques consistent en serges. *Voyez* l'Etat gén. Tome I. p. 89.

SOUFFLAGE. L'art de souffler le verre. On le dit aussi de l'action du Paraissonier qui le souffle.

On appelle dans les manufactures des glaces à miroirs le four du soufflage, celui où se fond & se prépare le verre pour faire les glaces soufflées. Le four des glaces de grand volume se nomme Four à couler. *Voyez* GLACE.

SOUFFLER le verre, souffler une glace. C'est avec une felle ou canne de fer qu'on trempe dans le verre liquide, en former en le soufflant avec la bouche les differens ouvrages qui se font dans les verreries & dans les manufactures des glaces. *Voyez* GLACE. *Voyez aussi* VERRE.

SOUFFLER. Les Emailleurs disent aussi Souffler l'émail, en faire en le soufflant avec un petit tuyau de verre cet émail creux qu'on nomme du Jais. *Voyez* ESMAIL.

SOUFFLET. Instrument qui sert à attirer l'air & à le repousser, dont on se sert dans les cheminées des chambres & des cuisines, & aux forges, fourneaux & fonderies, pour y aviver & exciter le feu; comme aussi aux orgues & autres instrumens & machines pneumatiques pour leur donner le dégré de vent dont elles ont besoin.

Le soufflet est composé de deux ais plats, ordinairement de forme presque triangulaire, avec chacun une queue taillée du même bois. Deux ou plusieurs cerceaux pliés de la figure des ais, sont placés entre deux : un cuir large par le milieu, & étroit par les deux extrémités où il finit presque en pointe, est cloué sur le bord des ais qu'il unit ensemble, & encore sur les cerceaux qui séparent les ais, afin que le cuir se plie ou s'ouvre plus aisément. Un tuyau de fer ou de cuivre, même quelquefois d'argent, aux soufflets de chambre, termine le soufflet, & est attaché à l'ais de dessous. Enfin un cuir qui est au dedans, & qui couvre les trous de l'ais d'en-bas, sert comme de soupape pour donner entrée à l'air, ou pour le retenir : on l'appelle l'Ame du soufflet.

Les soufflets qui servent aux forges des Orfévres, des Serruriers, des Maréchaux, des Taillandiers, des Fondeurs, &c. soit qu'ils soient doubles, soit qu'ils soient simples, s'élevent & se baissent par le moyen de la branloire & d'une chaîne qui y est attachée, & que tire l'Ouvrier.

Les soufflets des fonderies & des fourneaux où se cuisent & se liquifient les métaux, aussi-bien que ceux de forges où se travaillent les gros ouvrages, comme sont les ancres des vaisseaux & la plus grosse taillanderie, reçoivent leur mouvement par les roues de quelque moulin à eau.

D'autres soufflets, entr'autres, ceux des Emailleurs l'ont par une ou plusieurs marches que l'Ouvrier a sous ses pieds. *Voyez* Esmail.

Enfin les soufflets d'orgues se levent par un homme, qui de là a le nom de Souffleur ; les petits soufflets de cuisine ou de chambre s'ouvrent & se ferment avec l'une & l'autre main.

Les soufflets d'orgues qui donnent le vent aux divers tuyaux qui forment les tons & les jeux de l'orgue, sont d'une fabrique & d'une forme differentes des autres, & en sont comme une espece à part. On en parle ailleurs. *Voyez* Orgue.

Les Bouchers se servent aussi de soufflets d'une structure extraordinaire pour souffler & enfler leurs viandes après que les bêtes ont été assommées, afin de les habiller & dépecer plus facilement.

Divers Ouvriers travaillent à ces differens soufflets, mais qui pourtant ne font que d'une même Communauté qui est celle des Boisseliers. *Voyez* Boisselier.

Les Soufflets de Maréchal payent en France les droits d'entrée à raison de 25 s. de la piece, conformément au Tarif de 1664.

Les droits qu'ils payent à la Douane de Lyon sont de 4 s. de la paire tant d'ancienne taxation que de nouvelle réapréciation.

Les petits soufflets, en conséquence du même Tarif de 1664, payent 4 s. de la douzaine.

A l'égard des droits de sortie, les soufflets de Maréchal payent 6 s. de la paire, & les petits soufflets 3 s. de la douzaine.

SOUFFRANCE. Terme de comptes. Il se dit des articles de la dépense d'un compte, qui n'étant pas assez justifiés pour être alloués, ni assez peu pour être rayés, restent comme en suspens pendant un tems, afin que durant ce délai le Comptable puisse chercher & rapporter des quittances ou autres pieces pour sa décharge.

Les articles en souffrance se rayent après le délai fini, s'ils ne sont pas justifiés, ou s'allouent s'ils le sont. *Voyez* Compte.

SOUFRE. *Voyez* SOULFRE.

SOUILLAC. Ville de France dans le Quercy, elle est du Département de l'Inspecteur des Manufactures de Montauban, c'est peu de choses que les Fabriques de cette Ville. Il se fait pourtant un assez grand négoce à ses Foires, mais ce n'est gueres que par les Marchands qui y viennent, & les marchandises qui y sont apportées du dehors. *Voyez* l'Etat gén. Tome I. p. 32.

SOULEGE. On appelle en quelques endroits des Souleges, ce qu'on nomme presque par tout des Alleges, & en Bretagne des Gabares. *Voyez* Allege & Gabare.

SOULFRE, qu'on écrit & qu'on prononce SOUFRE. C'est un minéral fossile, onctueux & inflammable.

Il y a de deux sortes de soulfre naturel, c'est-à-dire, qui n'a point été passé par le feu pour le purifier ; le soulfre vif & le soulfre minéral.

Le soulfre vif, ainsi nommé de ce qu'il est tel qu'il sort de la mine, est une espece de glaise grise facile à prendre feu, & qui en brûlant jette une odeur de soulfre. Sa couleur lui fait quelquefois donner le nom de Soulfre gris. Il vient pour l'ordinaire de Sicile, quoique l'on en tire aussi de quelques autres endroits. Il se consomme peu de ce soulfre à Paris, si ce n'est pour quelques compositions galéniques, ou pour soulfrer le vin, afin de le conserver après l'avoir soutiré ; ce que les Cabaretiers font en mettant du soulfre vif avec de la fleur de soulfre, du sucre, de l'anis, de la canelle, de la muscade, du clou de girofle, &c. & en trempant un linge dans cette mixtion, qu'ils font brûler dans leurs futailles.

Il faut choisir le soulfre vif, tendre, friable, uni, doux & luisant, d'un gris de souris, & point chargé de menu.

Le soulfre minéral est une espece de bitume dur & terreux, d'un jaune assez luisant, d'une odeur forte & puante, facile à fondre & à brûler. On trouve assez de ce soulfre aux environs des volcans ou montagnes qui jettent du feu, telles que le mont Vesuve, l'Ethna, &c. Il a néanmoins ses mines particulieres ; & il en vient d'excellent de quelques lieux d'Italie & de Suisse ; mais le meilleur est celui de Quitto & de Nicaragua dans l'Amérique Espagnole. C'est de ce soulfre minéral, que par le moyen du feu & de l'huile de baleine on tire le soulfre commun qui entre dans la composition de la poudre à canon, & qui sert à tant de divers Ouvriers.

Ce soulfre se nomme ordinairement chez les Marchands Epiciers-Droguistes de Paris, Soulfre en canon, à cause de sa forme ; ne se vendant gueres qu'en especes de billes ou bâtons ronds de diverses grosseurs, que quelques-uns nomment aussi Magdelons ou Magdaleons. Il est de meilleure ou de moins bonne qualité, suivant l'affinage d'où il vient. Celui de Hollande a eu long-tems la vogue ; l'on donnoit le second rang à celui de Venise, & celui de Marseille étoit le moins estimé. Il semble que les rangs soient présentement changés ; & l'on préfere le soulfre de Marseille aux deux autres, ou du moins on l'estime autant ; les Marseillois s'étant apparemment appliqués à le mieux raffiner.

Il faut choisir le soulfre en canon, soit qu'il

vienne de Hollande, de Venise ou de Marseille, (n'y ayant que de ces trois endroits que les Marchands de Paris le tirent,) il faut, dis-je, le choisir en canons gros & longs, d'un jaune doré, leger, facile à casser, & que cassé il paroisse brillant & comme cristalisé. Il est vrai que la grosseur des canons ne fait rien pour la qualité du soulfre; mais il est plus de vente de cette sorte.

Outre l'usage du soulfre pour composer la poudre à canon dont on vient de parler, ce minéral en a un peu dans la Médecine, & davantage dans la Chymie.

Les Ouvriers en soye & en laine s'en servent pour blanchir les uns leurs soyes, & les autres leurs étoffes de laine; la vapeur du soulfre y étant très bonne. Il est néanmoins ordonné aux ...remiers de mettre les soyes blanches dans le bain d'alun sans y mêler du soulfre.

L'on ne parlera point ici des soulfres verds ou d'autres couleurs, en grands ou petits moules, qui se font à Marseille & ailleurs, n'étant tous que le soulfre commun, ou en canon diversement purifié, & poussé au feu, & mis dans des moules differens.

Le Soulfre vif & commun paye en France les droits d'entrée a raison de 12 s. le cent pesant, conformément au Tarif de 1664.

Les droits de la Douane de Lyon sont, sçavoir 4 s. 3 den. du quintal d'ancienne taxation, 9 den. de nouvelle réapréciation. 2 s. pour les anciens quatre pour cent, & pour leur réapréciation 12 s.

FLEUR DE SOULFRE. C'est le plus pur du soulfre, que l'on a fait évaporer par le moyen de la sublimation, en le brûlant dans des pots faits exprès, & que l'on recueille dans le chapiteau de la cucurbite où la vapeur s'attache. La meilleure fleur de soulfre se tiroit autrefois de Hollande; & celle que l'on fait à Marseille, quoique d'assez bonne qualité n'en approche pas. Pour celle de Rouen & de Paris, du moins telle que quelques Colporteurs la vendent dans cette derniere Ville, il faut absolument la rejetter, n'étant pour l'ordinaire qu'un mauvais mélange de soulfre poussé à grand feu, & d'amidon ou de farine, ou bien même seulement de la poussiere de soulfre passée au tamis.

La fleur de soulfre de Hollande doit être choisie en pain de la forme de ceux du stile de grain, ou du moins en gros morceaux, legere, douce, friable, & plus blanche que jaune. Si l'on en veut en poudre, il faut qu'elle soit très fine, d'un jaune tout ensemble blancheâtre & doré, & d'un goût agréable. Plus la fleur de soulfre de Marseille approchera de ces qualités, plus elle sera excellente.

Cette drogue est d'un grand usage dans la Médecine; on la croit sur tout très amie du poumon.

Les fleurs de Soulfre payent en France les droits d'entrée a raison de 100 s. du cent pesant, conformément au Tarif de 1664.

Les droits de la Douane de Lyon sont de 1 liv. 7 s. 4 den. le quintal pour tous droits.

On tire aussi du soulfre par les opérations chymiques, des huiles, des esprits, des sels, des laits & des baumes, dont on peut voir la maniere dans les Pharmacopées, ou dans l'Histoire générale des Drogues du Sieur Pomet. Il s'apporte quelques huiles de soulfre des Pays Etrangers.

L'huile de soulfre paye en France les droits d'entrée à raison de 20 liv. le cent pesant, conformément au Tarif de 1664.

Depuis que le Czar Pierre Alexovitz a commencé à établir dans ses Etats le commerce de toutes sortes de drogues & de marchandises, & qu'il y fait chercher les diverses productions naturelles dont ses Sujets pourroient faire négoce, on a découvert plusieurs montagnes qui produisent le meilleur soulfre du monde. Ces montagnes sont à l'Ouest de la riviere du Volga. On a commencé à y travailler en 1701, & le nombre des Ouvriers y augmente tous les jours. Dès l'année 1703 il y avoit déja quatre mille personnes occupées à ce travail: le Czar y a des Inspecteurs pour veiller sur les Travailleurs, & des Soldats pour les garantir des courses des Tartares. Ce soulfre se consomme dans les Arcenaux Moscovites, où l'on travaille à la Fabrique de la poudre à canon.

PRIX DU SOULFRE A AMSTERDAM.

Le soulfre cru, aussi bien que le soulfre rafiné, se vend à Amsterdam au quintal de 100 liv. ils se tarent au poids, & donnent de déduction un pour cent pour le bon poids, & autant pour le prompt payement.

Le prix du soulfre cru est de 6 florins le quintal, & celui du soulfre rafiné de 7 florins.

SOULIER ou SOULIE'. Chaussure de cuir ou de quelque étoffe qui couvre le pied depuis ce qu'on en appelle la Cheville. Le soulier est composé d'une ou de plusieurs semelles, d'un talon de cuir ou de bois, de l'empeigne, des quartiers & des oreilles. *Voyez* CORDONNIER. *Voyez aussi l'article des* TALONS *& des* TALONNIERS.

Les Souliers neufs payent en France les droits d'entrée a raison de 10 s. la douzaine de paires, conformément au Tarif de 1664.

Les droits de la Douane de Lyon sont de 10 s. de la charge d'ancienne taxation, & 5 s. de nouvelle reapreciation.

A l'égard des droits de sortie, les Souliers neufs payent 8 s. de la douzaine de paires, & les vieux 6 deniers.

SOUPE DE LAIT. Terme de manége & de commerce de chevaux. Il se dit du poil qui tire sur le blanc. *Voyez* CHEVAL.

SOUPIER. Terme de Carrier. C'est une espece de banc ou lit de pierre qui ne se trouve que dans les carrieres de S. Maur, Village à deux lieues de Paris, & qui y tient lieu de ce qu'on appelle le Souchet dans les autres carrieres; avec cette difference que du soupier il se tire d'excellent moilon, & que le souchet n'est souvent qu'un amas de gravois & de terre sur lesquels est posé le grand banc. *Voyez* CARRIERE.

SOURBASTIS ou SOURBASSIS. Les soyes qu'on appelle Sourbastis sont des soyes de Perse, les plus fines & de la meilleure qualité de toutes celles qu'on tire du Levant.

Il y en a de blanches & de jaunes, mais toutes ordinairement greges & en matasses. Leur pliage est en masses, & chaque balle contient cent vingt masses.

Le plus grand commerce s'en fait à Smirne, où elles sont apportées de Perse par caravanes. On en tire aussi d'Alep & de quelques autres Echelles du Levant. Il en vient encore une assez grande quantité par le retour des vaisseaux que les Nations d'Europe envoyent dans le Golfe Persique.

Gamron, autrement Bender-Abassi est le Port de Perse où elles se chargent, & où elles sont conduites d'Ispaham sur des chameaux qui en portent chacun deux balles. *V.* Soyes du Levant.

SOURD. Terme de Jouaillerie. On dit qu'une pierre est sourde, qu'elle a quelque chose de sourd, quand elle n'a pas tout le brillant & tout l'éclat que les pierres d'une semblable espece doivent avoir pour qu'elles soient parfaites. Les pailles & les glaces qui sont de grands défauts dans les pierres précieuses, & un certain œil sombre, obscur & brouillé que d'autres ont quelquefois, sont proprement le sourd de la Jouaillerie.

Sourd. Se dit aussi dans l'Arithmetique d'un nombre qui n'a point de proportion avec un autre; c'est-à-dire, qui n'a point de mesure commune, & qu'on ne peut diviser sans fraction. C'est ce que les Géometres appellent un nombre irrationnel. 31 est un nombre sourd.

Sourd. On appelle un Couteau sourd, en termes de Courroyeur, une espece de plane qui n'est pas extrémement tranchante, qui leur sert à préparer leurs cuirs. *Voyez* Courroyer.

SOURIS DE MOSCOVIE. C'est un des noms que l'on donne dans le commerce de la Pelleterie à la marte zibeline, cette espece de fourrure qui est du nombre des plus précieuses. *Voyez* Marte.

On appelle gris de souris, une couleur qui approche de celle de la peau de la souris. *Voyez* Couleur. *Voyez aussi* Teinture.

SOUSCHET. *Voyez* SOUCHET.

SOUSCHEVER. Terme de Carrier. C'est proprement couper le soucher, c'est-à dire, la pierre ou moilon qui se trouve dans les carrieres, au dessous du dernier banc de pierre.

Il se dit néanmoins plus communément de tout l'ouvrage que les Garçons Compagnons Carriers font dans le fond de la carriere sous chaque banc ou lit de pierre pour les séparer les uns des autres. C'est l'ouvrage le plus difficile & le plus perilleux de tous, qui ne se fait que sous œuvre, & dans une posture très contrainte, le Carrier étant ordinairement couché de son long sur de la paille, pour pouvoir détacher & couper la pierre avec le marteau en croissant, qu'en terme du métier on appelle une Esse. *Voyez* Carrier & Carriere.

SOUSCHEVEUR. Ouvrier qui travaille dans les carrieres à ôter le soucher. *Voyez l'article précedent.*

SOUSCRIPTEUR. Celui qui souscrit pour l'édition d'un Livre, ou pour quelque autre entreprise, & qui avance une partie du prix.

SOUSCRIPTION. C'est proprement la signature que l'on met au bas de quelque écrit.

Souscription, en matiere de commerce. C'est l'engagement que celui qui souscrit un billet, lettre de change, promesse ou obligation, prend en y ajoûtant sa signature d'être la caution de celui qui les a faits, & de payer pour lui les sommes qui y sont contenues, & d'acquitter toutes les clauses qui y sont specifiées & énoncées; ensorte que celui ou ceux au profit desquels sont faits lesdits billets, lettres de change, promesses & obligations, ont autant de Débiteurs tenus de l'acquit de leur dette, & de l'execution des engagemens pris dans ces actes, qu'il y a de personnes qui y ont mis leur signature ou souscription. On ne demande des souscriptions que pour plus de sureté; c'est un vrai cautionnement.

Souscription. Se dit aussi en Angleterre, de l'interêt que les Particuliers prennent dans un fonds public, ou dans un établissement de commerce, en signant sur un Registre pour combien ils veulent y prendre part. Presque toutes les grandes affaires se font en Angleterre par voye de souscription.

Souscription. Ce terme est devenu très commun en France dans le commerce des actions de la Compagnie d'Occident, nommée ensuite Compagnie des Indes, établie à Paris dans les premieres années du Regne de Louis XV.

La souscription est differente de l'action, en ce que la premiere n'est proprement qu'une action commencée, & seulement un engagement en faisant le premier payement, d'acquitter le reste dans les tems marqués; & que l'autre est, comme on dit, une action toute entiere & toute nourrie. *Voyez* Compagnie des Indes. *Voyez aussi* Action.

Souscription. Est encore un terme en usage parmi les Libraires Anglois.

Il signifie l'engagement où l'on entre de prendre un certain nombre d'exemplaires d'un Livre qui va s'imprimer, & l'obligation reciproque du Libraire qui l'imprime, de délivrer chaque exemplaire à un certain prix à celui qui a souscrit.

Les conditions ordinaires de ces souscriptions sont de la part du Libraire de faire un tiers meilleur marché au Souscripteur; & de la part de celui-ci de payer comptant avant l'impression la moitié du prix, & l'autre moitié quand on lui délivre les exemplaires: convention également avantageuse à tous les deux, puisque le Libraire y trouve de quoi faire les avances d'une Edition souvent au dessus de ses forces, & le Souscripteur reçoit comme l'interêt de son argent par le prix médiocre que lui coute un Livre.

Les Souscriptions ont paru si commodes aux Libraires de Paris, qu'ils n'impriment plus guere de livres pour peu considerables qu'ils soient, qu'ils ne les proposent aux Souscripteurs. Ce nouveau commerce de la Librairie a donné occasion à un nouveau Titre dans ses Statuts, & l'on a trouvé cette matiere si importante, que dans le dernier Reglement de 1723, on a consacré trois articles à en regler la Police, afin de corriger quelques abus qui s'y étoient déja glissés, & en prévenir d'autres qu'on craignoit qui ne s'y glissassent.

Ces articles sont le XVII. le XVIII. & le XIX. du Reglement.

Par le premier de ces articles Sa Majesté veut qu'il ne puisse être proposé au Public aucun ouvrage par souscription que par un Libraire ou Imprimeur, qui sera garant des souscriptions envers le Public, en son propre & privé nom, & les deniers qui seront reçûs pour les souscriptions, ne pourront être remis en d'autres mains qu'en celles des Libraires ou Imprimeurs, au nom desquels se feront les souscriptions; & ils en demeureront responsables envers les Souscrivans.

Le second de ces articles ordonne qu'avant

de proposer aucun ouvrage par souscription, le Libraire ou Imprimeur qui se charge de l'entreprise, sera tenu de presenter à l'examen au moins la moitié de l'ouvrage, & d'obtenir la permission d'imprimer par lettres scellées du grand sceau.

Enfin par le dernier des trois articles il est défendu à tous Libraires & Imprimeurs de proposer aucune souscription, qu'après en avoir eu préalablement l'agrément de Monsieur le Garde des Sceaux, & qu'il ne distribue avec le Prospectus qu'il publiera, au moins une feuille de l'impression de l'ouvrage qu'il proposera par souscription; laquelle feuille sera imprimée des mêmes forme, caractères & papier qu'il s'engagera d'employer dans l'execution de l'ouvrage, qu'il sera tenu de livrer dans le tems porté par la souscription.

Quatre nouveaux articles de Reglement ont été ajoutés par Arrêt du Conseil du 10 Avril 1725 à celui du 28 Février 1723. Le troisiéme de ces articles regarde encore la Police des souscriptions, & y ajoute de nouvelles précautions pour empêcher que les Souscripteurs ne puissent être trompés par les Libraires, s'il y en avoit d'assez mauvaise foi pour vouloir manquer à la parole qu'ils donnent au Public. On peut voir cet article à celui de la Librairie, où les deux Reglemens de 1723 & 1725, sont rapportés, le premier en extrait & le second en son entier, particulierement pour ce qui concerne les souscriptions.

SOUSCRIRE. Se prend dans les trois significations qu'on vient d'expliquer.

Dans la premiere il veut dire, se rendre caution de quelqu'un en ajoûtant & joignant sa propre signature à celle du premier Débiteur, au bas de quelque obligation, promesse ou billet qu'il a fait.

Dans les deux autres sens on dit, Ce Marchand a souscrit pour cent mille écus sur les fonds du dernier subside; pour dire, qu'il y a pris interêt pour cette somme : Et l'on dit aussi, Bien des Gens souscrivent pour l'Ouvrage du Pere de Montfaucon; pour signifier que beaucoup de Gens de lettres ou de Libraires se sont engagés par écrit d'en prendre un certain nombre d'exemplaires, & qu'ils en ont avancé la moitié du prix sous les conditions proposées.

SOUS-FERME. Partie d'un bail ou d'une ferme que l'on cede à un autre.

Les Fermiers Généraux des Aydes de France ont coutume de donner en sous-fermes la plupart des Elections du Royaume où les droits des Aydes sont établis; ne se réservant guéres que la regie générale & celle des Aydes de la Généralité de Paris.

SOUS-FERMER. Prendre ou donner à ferme une partie de ce qui compose une ferme générale.

SOUS-FERMIER. Celui qui tient une ferme ou une partie d'une ferme sous un autre.

On appelloit autrefois simplement Sous-Fermiers, ceux qui prenoient des sous-fermes sous les Fermiers Généraux de Sa Majesté; mais ils se donnent présentement celle d'Interessés aux Fermes du Roi.

SOUS-FRETER. Terme de commerce de mer. C'est louer à un autre un navire qu'on avoit loué pour soi.

Il est défendu par les Ordonnances de la Marine à tous Courtiers, Commissionnaires & autres, de sous-freter un navire à plus haut prix que celui porté par le premier contrat.

SOUS-LOCATAIRE. Celui qui loue une portion de maison de celui qui en est le principal Locataire.

SOUS-LOUER. Louer une partie de ce qu'un autre loue.

SOUSMISSION. Signifie une promesse que l'on fait à quelqu'un de s'acquitter de certaines choses, à de certaines conditions, & dans certains tems, sous des peines ou fixées par les Loix & Ordonnances, ou convenues par les Contractans.

Les Sousmissions sont fort ordinaires parmi les Négocians : ils en font au Bureau des Fermes du Roi qui sont sur les frontieres du Royaume pour les marchandises qui n'y font que passer debout, & qui sont destinées pour d'autres Etats : ils en font aussi à ceux de la Douane de Paris pour les transits & acquits à caution, aussi bien qu'à l'Inspecteur du Roi qui y est établi pour l'envoi de certaines marchandises à l'Etranger.

Toutes ces Sousmissions portent engagement de raporter des Certificats des Commis ou Magistrats des lieux où ces marchandises sont destinées, qu'elles y sont arrivées; & des Bureaux par lesquels elles doivent seulement passer, qu'elles y ont été ouvertes ou visitées; & enfin de l'execution de tout ce qui est contenu dans leur Sousmission; faute de quoi les Marchands & Négocians encourent les peines sous lesquelles les acquits & permissions leur ont été accordées.

SOUS-MULTIPLE. Terme d'Aritmétique. *Voyez* MULTIPLE.

SOUS-PENTES. Terme de Bourelier. Ce sont de grosses courroyes de plusieurs cuirs cousus ensemble, qui tiennent suspendu le corps d'un carosse, & qui s'allongent ou s'accourcissent suivant qu'il en est besoin, par le moyen de fortes boucles de cuivre relevées en bosses, que fondent les Fondeurs en sable, & que dorent les Doreurs sur métail. *Voyez* CAROSSE *ou* BOURELIER.

SOUS-PENTES, en terme de Charpentier. Sont les deux piéces de bois qui soutiennent le treuil d'une grue. *Voyez* GRUE.

SOUS-PENTES. Les Serruriers & les Maçons appellent aussi de la sorte les barres de fer ou les morceaux de bois qui servent à soûtenir le faux manteau d'une cheminée.

SOUSSIGNER. C'est mettre sa signature au pied de quelqu'Acte ou Ecrit, pour l'agréer, le faire valoir, & consentir à son execution. La signature consiste ordinairement au nom de la personne qui signe, qui le met & l'écrit de sa propre main au bas de l'Acte ou Ecrit; on y ajoûte quelquefois un paraphe, c'est-à-dire, un certain entrelassement de lignes & de traits que chacun imagine à sa maniere pour le rendre plus difficile à être contrefait. Les personnes qui ne savent pas écrire se contentent de faire, au lieu de leur signature, quelque marque qui leur est propre, si c'est sous seing privé; mais quand c'est pardevant Notaire, il faut faire mention dans l'Acte que l'un des contractans, ou même tous deux ont dit ne savoir signer. Les consultations des Avocats, & celles des habiles Négocians qui donnent leur conseil, commencent ordinairement par ces mots : *Le Conseil soussigné*; &

& les Promesses, Quittances, Certificats, par ceux-ci assez semblables : *Je soussigné*, ou *Nous soussignés*, *confessons*, *certifions*, *&c.*

SOUSTENABLE. Couleur soûtenable. Il se dit dans les ouvrages de Teinture, des couleurs qui ne se déchargent pas beaucoup à l'user & qui ne noircissent ou ne teignent pas après qu'elles sont achevées.

Le Reglement de 1669, ordonne : Afin que les couleurs soient belles & soûtenables, que les draps soient dégorgés à blanc au moulin à foulon avant de les donner au Teinturier. *Voyez* TEINTURE.

SOUSTISEUR. *Voyez* TISEUR.

SOUSTRACTION. C'est la deuxiéme des quatre premieres Regles de l'Arithmétique, dont on se sert pour défalquer, déduire ou ôter d'un grand nombre un plus petit de même espece afin d'en connoître le restant.

La Soustraction est composée de trois nombres ou sommes, dont le premier qui est toûjours le plus grand se nomme la Dette : le second qui est à défalquer s'appelle la Paye ; & le troisiéme qui est inconnu & que l'on cherche, est nommé, le Reste.

Pour faire cette Regle, il faut poser les deux premiers nombres l'un sous l'autre, c'est-à dire, la paye sous la dette, suivant l'ordre de la numération des chiffres, & une ligne dessous. Puis pour trouver le troisiéme nombre inconnu, on doit ôter les figures inférieures des figures supérieures, de colonnes en colonnes, l'une après l'autre, en allant de droit à gauche, disant : Qui de tant paye tant, reste tant : comme qui de 7 paye 3 reste, 4 & ce 4 se pose au dessous du 3, la ligne entre deux.

Lorsque dans une colonne les figures de la Paye & de la Dette se trouvent semblables, comme s'il y avoit un 6 dessus & un 6 dessous, il faudroit dire, qui de 6 paye 6, ne reste rien ; & ce rien qui s'exprime par un o ou zero, se met sous le 6 de la Paye.

Quand la figure de la dette est plus forte que celle de la paye ; comme 8 la dette, & 2 la paye ; on dit : Qui de 8 paye 2 reste 6, & ce 6 se met au dessous du 2.

Au contraire si la figure de la dette est moindre que celle de la paye, comme 2 la dette & 8 la paye ; il faut emprunter une dixaine sur la figure voisine à gauche ; sur laquelle il faut mettre un point pour marquer l'emprunt, & cette dizaine se joint au 2 de la dette, ce qui fait 12, duquel on ôte la figure 8, en disant qui de 12 paye 8 reste 4, & ce 4 se pose au dessous du 8.

Si la dizaine a été empruntée d'un 5, ce 5 ne vaut plus que 4 ; ensorte que supposé que sous le 5 qui ne vaut plus que 4, il y ait un 3, on doit dire : Qui de 4 paye 3 reste 1 qu'il faut poser sous le 3.

Un exemple de Soustraction composé des mêmes chiffres ou nombres entiers qui viennent d'être proposés, pourra mieux faire comprendre la maniere de bien operer en cette regle.

EXEMPLE.

Je dois cinquante-deux mille huit cens soixante-sept livres, surquoi j'ai payé trente-huit mille deux cens soixante-trois livres : Je veux sçavoir combien je dois de reste.

OPERATION.

	Colonnes. ABCDE
Dette	52867
Paye	38263
Reste	14604

EXPLICATION.

Les deux sommes ayant été posées comme il paroît ci-dessus, sçavoir la dette sur la paye, & une ligne dessous ; je commence à soustraire par la colonne E, en disant : qui de 7 paye 3 reste 4, que je pose sous le 3, la ligne entre deux.

Ensuite je passe à la colonne D, & je dis : qui de 6 paye 6 ne reste rien, & ce rien s'exprime par un o ou zero que je pose sous le 6.

Puis je vais à la colonne C, en disant : qui de 8 paye 2 reste 6 que je pose sous le 2.

Après je passe à la colonne B, & je dis ; qui de 2 paye 8 ne peut ; j'emprunte une dizaine sur le 5 de la colonne A que je joins au 2 de la colonne B, ce qui fait 12, & je dis : qui de 12 paye 8 reste 4, que je pose sous le 8.

Enfin je vais à la colonne A dont le 5 ne vaut plus que 4, à cause de la dizaine empruntée, marquée par un point, & je dis : qui de 4 paye 3 reste 1 que je pose sous le 3.

Après que j'ai fait comme il vient d'être dit, toutes ces petites soustractions les unes après les autres, colonne par colonne, je nombre de suite tous les chiffres restans que j'ai posés, & je trouve que je dois de reste la somme de quatorze mille six cens quatre livres : ainsi qu'il se voit à l'endroit de l'operation de ce premier exemple de Soustraction.

Lorsque dans l'ordre de la numeration des chiffres, il se rencontre un zero à la dette & un zero à la paye, on dit : qui de zero paye zero reste zero, & ce zero se met sous le zero de la paye, une ligne entre deux.

S'il se trouvoit un zero à la dette & un 4 à la paye, on diroit : qui de zero paye 4 ne peut ; j'emprunte une dizaine sur le chiffre le plus proche à gauche, & je dis qui de 10 paye 4 reste 6, & ce six doit être mis sous le 4 de la dette.

Et au contraire, s'il y avoit un 4 à la dette & un zero à la paye, il faudroit dire : qui de 4 paye zero reste 4 ; & ce 4 se mettroit sous le zero de la paye : mais si l'on avoit emprunté une dizaine du 4, qui par cette raison ne vaudroit plus que trois, pour lors il faudroit dire : qui de 3 paye zero reste 3, au lieu de dire : qui de 4 paye zero reste 4.

Quand il y a plusieurs zeros de suite à la dette, & que les chiffres de la paye qui sont au dessous ne sont pas des zeros, la dizaine doit être empruntée du chiffre qui avoisine le dernier zero, en retrogradant de la droite à la gauche ; ensorte que le dernier zero en dégradant de gauche à droit vaut dix, & ceux qui le précedent ne valent que neuf.

Pour faire mieux entendre les principes de Soustraction qui viennent d'être proposés, on a jugé à propos de donner ici un second exemple qui comprendra en soi tous les chiffres ou nombres entiers dont il a été parlé ci-dessus.

EXEMPLE.

Il m'est dû deux cens mille quatre cens livres ; surquoi il m'a été payé cinquante-trois mille quarante livres. Je veux sçavoir combien il m'est dû de reste.

OPERATION.

	Colonnes. A B C D E F
Dette	2 0 0 4 0 0 l.
Paye	5 3 0 4 0
Reste	1 4 7 3 6 0

EXPLICATION.

Après que les deux sommes ont été posées comme ci-dessus ; sçavoir la dette sur la paye, & une ligne dessous.

Je commence à soustraire par la colonne F en disant : qui de zero paye zero reste zero, que je pose sous le zero, la ligne entre deux.

Puis passant à la colonne E, je dis : qui de zero paye 4 ne peut ; j'emprunte une dizaine du 4 de la colonne D, que je joints au zero de la colonne E, ce qui fait 10, & je dis : qui de 10 paye 4 reste 6 que je pose sous le 4.

Ensuite je vais à la colonne D dont le 4 ne vaut plus que 3 au moyen de la dizaine empruntée, & je dis : qui de 3 paye zero reste 3 que je pose sous le zero.

Après je passe à la colonne C, & je dis : qui de zero paye 3 ne peut ; j'emprunte une dizaine du 2 de la colonne A, qui étant jointe au zero de la colonne B le fait valoir 10, duquel nombre j'emprunte aussi une dizaine que je joints au zero de la colonne C ; ce qui le fait valoir pareillement 10, & je dis : qui de dix paye 3 reste 7 que je pose sous le 3.

Puis je passe à la colonne B dont le zero vaut 9 à cause de la dizaine empruntée sur lui qui valoit 10, au moyen de la dizaine empruntée du 2 de la colonne A, pour joindre au zero de la colonne C, & le faire valoir aussi 10. Ainsi je dis : qui de 9 paye 5 reste 4 que je pose sous le 5.

Enfin je viens à la colonne A dont le 2 ne vaut plus que 1, en ayant été emprunté une dizaine pour joindre au zero de la colonne B ; & je dis : qui de 1 ne paye rien, reste 1, que je pose sous le 2 de la colonne A, toûjours la ligne entre deux.

Toutes ces petites Soustractions ayant été faites de suite, comme je viens de l'expliquer, je nombre les chiffres ou nombres, restans que j'ai posés, & il se trouve qu'il m'est dû de reste la somme de cent quarante-sept mille trois cens soixante livres, comme il se voit à l'opération de ce second exemple de Soustraction.

Supposé que la dette & la paye soient composées de livres, sols & deniers tournois, on doit commencer par soustraire les deniers des deniers, puis les sols des sols, & ensuite les livres des livres, en observant que lorsqu'on emprunte pour les deniers, l'emprunt doit être toûjours d'un sol de 12 deniers qu'on doit joindre aux deniers, & que l'emprunt pour les sols, doit être toûjours d'une livre de vingt sols qu'il faut joindre aux sols.

Il en est de même de toutes les autres Soustractions, soit qu'elles soient composées de marcs, onces, gros, &c. de toises, pieds, pouces & lignes, ou d'autres semblables choses.

Pour faire une Soustraction de livres, sols & deniers, dont les sols & les deniers de la dette sont plus forts que ceux de la paye, il faut se servir de l'exemple suivant.

EXEMPLE.

Je dois soixante-sept livres quinze sols huit deniers, surquoi j'ai payé trente-six livres neuf sols trois deniers, je veux sçavoir combien je dois de reste.

OPERATION.

Dette	67 l. 15 s. 8 d.
Paye	36 9 3
Reste	31 6 5

EXPLICATION.

Les deux sommes ayant été posées comme il est marqué ci-dessus, sçavoir la dette sur la paye, une ligne dessous.

Je commence par la colonne de deniers de la dette, en disant : qui de huit paye 3 reste 5, que je pose sous le 3 de la paye, la ligne entre deux.

Ensuite je vais à la colonne des sous de la dette, & je dis, qui de 15 paye 9 reste 6 que j'écris sous le 9 de la paye ; puis je passe à la colonne des nombres de livres de la dette, & je dis qui de 7 paye 6 reste 1 que je pose sous le 6.

Enfin je vais à la colonne des dizaines de livres de la dette, & je dis qui de 6 paye 3 reste 3 que j'écris sous le 3.

Tous ces nombres ou chiffres restans ayant été posés de suite suivant leur ordre de numération & valeur, je trouve que la dette excéde la paye de trente & une livres six sols cinq deniers, qui est justement le reste marqué à l'opération de ce troisiéme exemple de soustraction.

Après avoir donné la maniere de faire la soustraction par livres, sols, & deniers, les sols & les deniers de la dette étant plus forts que ceux de la paye, on a jugé à propos de donner en cet endroit un exemple qui puisse faire connoître comme l'on s'y doit prendre lorsque les sous & les deniers de la dette sont moins forts que ceux de la paye.

Exemple.

Il m'est dû la somme de cinquante-sept livres quatre sous sept deniers, & il m'a été payé sur cette somme celle de trente-quatre livres quinze sous onze deniers, je veux sçavoir combien il m'est dû de reste.

Operation.

Dette	57 l. 4 s. 7 d.
Paye	34 l. 15 s. 11 d.
Reste	22 l. 8 s. 8 d.

Explication.

Après que les deux sommes ont été posées ainsi qu'il paroît ci-dessus, sçavoir, la dette sur la paye une ligne dessous :

Je commence par la colonne des deniers de la dette, & je dis qui de 7 paye 11 ne peut, j'emprunte un sou du 4 de la colonne des sous, que je joints au 7, qui font en tout 19 d. & je dis qui de 19 paye 11 reste 8, que je pose sous les 11 deniers de la paye, la ligne entre deux.

Ensuite je passe à la colonne des sous de la dette dont le 4 ne vaut plus que 3 à cause du sou emprunté, & je dis qui de trois paye 15 ne peut, j'emprunte une livre de vingt sous du 7 de la colonne des nombres de livres & je la joints avec le 3, ce qui fait en tout 23 sous, & je dis, qui de 23 paye 15 reste 8, que je pose sous les 15 sous de la paye.

Puis je vais à la colonne des nombres de livres de la dette, dont le 7 ne vaut plus que 6 à cause de l'emprunt d'une livre qui a été fait dessus, & je dis qui de 6 paye 4 reste 2 que je pose sous le 4.

Enfin je passe à la colonne des dizaines de livres de la dette, & je dis qui de 5 paye 3 reste 2 que je pose sous le 3.

De sorte qu'en nombrant tous les chiffres restans mentionnés dans cette explication, suivant leur ordre de numeration & valeur, je trouverai qu'il me restera dû vingt-deux livres huit sous huit deniers, ce qui est conforme au reste marqué en l'opération de ce quatriéme & dernier exemple de soustractions.

Pour connoître si une soustraction est bonne, il en faut faire la preuve, & cette preuve se fait par l'addition en joignant ce qui reste à payer avec ce qui a été payé, dont le total doit être égal à la dette.

Ceux qui voudront avoir de plus amples instructions sur ce qui concerne la Soustraction & toutes les autres regles d'arithmetique, peuvent consulter Savary, le Gendre, Barême, Boyer, Irson & tant d'autres habiles gens qui ont très sçavamment écrit sur cette espece de matiere.

SOUSTRACTION. Se dit aussi en parlant d'une action de fraude ou de larcin, par laquelle on divertit, on recele, on dérobe, ou l'on met à couvert quelques marchandises, meubles, papiers, &c. les Marchands, Négocians & Banquiers qui font des banqueroutes frauduleuses, font pour l'ordinaire soustraction de leurs effets les plus liquides, pour tromper leurs créanciers.

SOUSTRAIRE. Signifie défalquer, déduire, ôter un petit nombre d'un plus grand, par le moyen d'une regle d'arithmetique appellée Soustraction. *Voyez ci-devant* SOUSTRACTION.

SOUSTRAIRE. Veut dire aussi détourner, voler, dérober, enlever, ôter, receler, divertir. Ce Négociant avant de faire banqueroute n'a pas manqué de soustraire ses meilleurs effets pour tromper ses créanciers.

SOUS-TRAITTANT. Celui qui traite d'une Ferme adjugée à un autre, ou qui en tient une partie du Traitant général. Il se dit plus particuliérement dans les Fermes du Roi.

SOUS-TRAITTÉ. Sous-ferme qui fait partie d'une plus grande.

SOUS-TRAITTER. Prendre une sous-ferme, la tenir de celui qui a la Ferme générale.

SOUTE DE COMPTE. *Voyez* COMPTE.

SOUTIS. Espece de mousseline de soye qui vient des Indes Orientales. *Voyez* SOUCIS.

SOUTTE. Terme de Marine. C'est un retranchement de planches enduites de plâtre, que l'on fait dans le fond de cale ou dans quelques autres endroits d'un navire des plus bas étages, pour y conserver les choses qu'on veut garantir de l'humidité. Il y a des soutes aux poudres, des soutes au biscuit, & quelquefois des soutes au fromage, particulierement dans les bâtimens Hollandois.

Les soutes au biscuit doivent être doublées de planches tout au tour, dont les jours soient bien calfatés, & les planches encore recouvertes de fer blanc, ou tapissées de nattes. Avant que de les remplir, il faut les échauffer avec du charbon pendant six jours & six nuits, afin que les galettes y puissent rester sechement, n'y ayant rien de plus contraire au biscuit que l'humidité, aussi faut-il faire attention de ne l'embarquer que par un beau tems & bien sec.

SOUTTES. On appelle aussi de la sorte parmi les Boulangers qui font le biscuit de mer, des especes de petits magasins faits de massonnage & doublés de planches, où ils mettent ressuïer leurs galettes au sortir du four, on les place ordinairement au dessus des fours.

SOWAUD-BUND. C'est la troisiéme des soyes, qui se recueille dans l'Empire du Grand Mogol. *Voyez* l'article des Vers à soye.

SOUVERAIN. Monnoye d'or qui se fabrique & qui a cours en Hollande; le souverain vaut quinze florins.

SOY

SOYE. Fil doux extrémement délié & lustré qui est l'ouvrage d'un ver ou espece de chenille.

Le ver qui produit la soye est un insecte moins merveilleux encore par la matiere précieuse qu'il fournit pour diverses étoffes, que par les différentes formes qu'il prend, soit avant, soit après s'être envelopé dans la riche coque qu'il se file lui-même.

Voici ses diverses métamorphoses; de graine ou semence qu'il est d'abord, il devient un ver assez gros, d'un blanc tirant sur le jaune; devenu ver il s'enferme dans sa coque où il prend la forme d'une espece de feve grisâtre à qui il semble ne rester ni mouvement ni vie; il ressuscite ensuite pour devenir papillon après s'être fait une ouverture pour sortir de son tombeau de soye; & enfin mourant véritablement il se prépare par la graine ou semence qu'il jette une nouvelle vie que le beau tems & la chaleur de l'esté lui doivent aider à reprendre.

C'est de cette coque où le ver s'étoit renfermé, qu'on nomme Cocon ou Coucon, qu'on tire les différentes qualités des soyes qui servent également au luxe & à la magnificence des riches, & à la subsistance & à la nourriture des pauvres qui les filent, les dévident ou les mettent en œuvre.

Ce n'est que bien tard que les vers à soye ont été connus en France, & que leur dépouille y a été filée pour être employée dans nos Manufactures. Un de nos meilleurs Historiens en attribue l'invention aux peuples de l'Orient, & particuliérement aux Perses, cette Nation molle & magnifique. Il dit que les Romains la méprisérent & qu'elle ne passa dans l'Asie mineure & dans la Grece, devenues Provinces de leur Empire, que vers le tems de Justinien; que ce ne fut que sous le regne d'un Roger de Sicile, environ l'an 1130, qu'on vit dans cette Isle & dans la Calabre des Ouvriers en soye qui furent une partie du butin que le Prince rapporta d'Athenes, de Corinthe & de Thebes, dont il fit la conquête dans son expédition de la Terre sainte. Enfin le judicieux Auteur ajoute que le reste de l'Italie & de l'Espagne ayant appris des Siciliens & des Calabrois à nourrir les vers qui font la soye, à la filer & à la mettre en œuvre, nos François par droit de voisinage, & particuliérement ceux des Provinces les plus méridionales, s'aviserent de les imiter peu d'années avant le regne de François I. qui en établit des Manufactures en Touraine, & il remarque que les ouvrages de soye étoient encore si rares même à la Cour, que Henry II. fut le premier qui porta un bas de soye aux nôces de sa sœur.

Tout ceci est abregé de Mezeray qui semble néanmoins se tromper, du moins pour ce qui regarde les Manufactures des soyeries de Tours qu'il dit que François I. y établit; Louis XI. bien avant lui les y avoit introduites en 1470; les premiers Ouvriers qui y travaillerent y furent appellés de Genes, Venise & Florence, & même de la Grece, & en 1480 au mois d'Octobre, ce Roi également habile dans l'art de dissimuler & de regner, leur donna ses Lettres Patentes qui contiennent de grands privileges, dont une partie leur est encore conservée.

Avant que d'entrer dans le détail des differentes sortes de soyes, & de parler du négoce qui s'en fait, soit dans le Royaume, soit dans les Pays étrangers, on va faire une courte description de la maniere de les tirer de dessus les cocons, & de les préparer à être mises en œuvre dans les diverses étoffes, marchandises & ouvrages où on les employe.

Filage & devidage des soyes qu'on veut lever & devider de dessus les cocons.

Lorsque le ver à soye est devenu au point de grandeur & de force qui lui convient pour commencer son cocon, il fait son araignée, c'est ainsi qu'on nomme cette legere toile qui donne commencement à ce merveilleux ouvrage, c'est à quoi il employe le premier jour; le second il forme le cocon, & même se couvre presque tout de soye; le troisiéme on ne le voit plus, & les jours suivans il épaissit son cocon, travaillant toujours par un seul bout qu'il ne rompt jamais par sa faute, & qui est si fin & si long, que ceux qui en ont examiné attentivement ne s'imaginent pas se rendre incroyables en assurant que chaque cocon contient assez de fil pour atteindre la longueur de deux lieues de France.

Les cocons ont leur perfection en dix jours, & c'est alors qu'il faut les ôter des rameaux où les vers les ont suspendus en les travaillant dans leurs atteliers, ce qui demande une grande attention, y en ayant de plus paresseux les uns que les autres, & étant très dangereux d'attendre qu'ils perçassent eux-mêmes leurs coques, ce qui arrive presque toujours vers le quinziéme jour de leur travail, même quelquefois plutôt.

Les premiers, les plus beaux & les plus forts cocons se conservent pour la graine, les autres se devident diligemment; ou si l'on en veut conserver, ou qu'on en ait trop grande quantité pour les devider tous à la fois, il faut ou les mettre quelque tems dans un four raisonnablement chaud, ou les exposer plusieurs jours de suite à la plus forte ardeur du soleil, afin de faire mourir la feve qui est au dedans, qui ne manqueroit pas sans cette précaution de s'ouvrir elle-même une voie pour aller se servir au dehors des nouvelles aîles qu'elle a acquises au dedans.

L'on ne devide ordinairement que les cocons les plus parfaits; ceux qui sont doubles ou trop foibles ou trop grossiers sont mis au rebut, non pas pour les rejetter absolument, mais parce que n'étant pas propres au devidage on les réserve pour les tirer en flottes & en écheveaux.

Les cocons sont de differentes couleurs, dont les plus communes sont le jaune, l'oranger, l'Isabelle & la couleur de chair; il y en a aussi de celadons & de couleur de soufre, & même quelques-uns de blancs; mais il est inutile d'en séparer les nuances pour les devider à part, se perdant toutes dans le décreusement des soyes.

Pour le devidage de la soye de dessus les cocons il faut préparer deux machines; l'une est un fourneau chargé de son chauderon, & l'autre un devidoir ou métier à tirer les soyes.

Le devidoir est un chassis de bois soutenu sur quatre pieds d'une hauteur proportionnée au fourneau, derriere lequel il se doit mettre, ensorte que les verges de fer dont on va parler s'avancent jusques au milieu du chauderon, qui est sur le fourneau, & soient à un pied & demi d'élevation au dessus de l'eau dont il est rempli.

Ces verges de fer sont au nombre de deux ou de trois au plus, suivant le nombre des écheveaux qu'on veut placer sur le devidoir, sur lequel il n'en peut tenir plus de trois; elles sont attachées vers le milieu de la traverse antérieure du chassis, & sont percées d'un trou pour recevoir les fils qui doivent servir aux écheveaux qu'on veut devider.

Sur la même traverse, & vis-à-vis les verges de fer qui y sont attachées, s'élevent autant de morceaux de bois de trois pieds de haut, qui portent chacun à leur extrémité supérieure ou une bobine ou une petite poulie mouvante, sur lesquelles doivent rouler les fils que l'on y croise, pour que la soye soit rondelette; au-delà sont trois fils d'archal attachés sur un bâton qui traverse tout le chassis, & qui est rendu mobile par le moyen d'une roue de dix pouces de diametre, sur laquelle roule une corde qui roule en même tems sur l'arbre du devidoir qui est presque à l'extrémité du chassis.

Ce mouvement du bâton qui avance & qui recule, & qui se communique au fil d'archal qui y tient & par où les fils passent, acheve de les croiser sur le devidoir, ce croisement étant le plus important de l'ouvrage; enfin est le devidoir lui-même dont les deux bouts de l'arbre posent sur les côtés du chassis, & qui est garni de sa manivelle pour être tourné avec égalité & avec vîtesse par le Devideur qui en est chargé.

La machine ainsi dressée, le Fileur assis auprès du fourneau qui est au devant, met dans l'eau du chauderon qui est dessus le fourneau, & qu'il a fait chauffer & bouillir jusqu'à un dégré qu'il n'y a que l'usage qui apprenne, une poignée ou deux de cocons qui ont été auparavant bien purgés de leur boure ou fleuret; ensuite il les remue & les agite avec des verges de bouleau ou de bruyere bien seches, liées & coupées en forme de brosses, & lorsque la chaleur & l'agitation ont détaché des cocons les bouts de soyes qui se prennent à ces verges, il les allonge jusqu'à ce qu'aucun fleuret n'y paroisse plus, & les joignant dix ou même douze & quatorze ensemble, il en forme les fils de la grosseur convenable aux ouvrages ausquels ils sont destinés, huit bouts suffisant pour la rubannerie; & les pannes, velours & autres étoffes de soye, ne pouvant être travaillées qu'avec des fils de douze à quatorze bouts.

Ces bouts ainsi réunis en trois divers fils, se passent d'abord dans les trous des trois verges de fer qui sont au devant du devidoir, puis sur les bobines ou poulies, ensuite dans le fil d'archal qui tient au bâton; enfin étant allongés jusqu'au devidoir même, ils y sont attachés, deux aux deux bouts des barres ou bras du devidoir, & le troisiéme au milieu, si l'on veut trois écheveaux, ce qui est assez difficile à conduire; mais quand on n'en veut que deux, ce qui est l'ordinaire, c'est aux deux bouts seulement qu'il les faut mettre, afin que les fils tirent & bandent également.

Tandis que le Devideur tourne la manivelle du devidoir qui donne le mouvement à toute la machine, le Fileur conduit ses fils, en substitue de nouveaux lorsqu'il s'en rompt, ou que les cocons finissent, les fortifie s'il est nécessaire en y en ajoutant d'autres, ôte les cocons ou déja devidés, ou qui étant percés se remplissent d'eau. Enfin ces deux Ouvriers, s'ils s'entendent, peuvent filer & devider en un jour jusques à trois livres de soye, ce qui est bien d'une autre avance & d'un profit bien plus grand, que ce qui se peut filer par le fuseau ou le rouet dont on va parler, après avoir fait deux courtes remarques sur cette premiere maniere de filer & de devider les cocons.

L'une de ces remarques est que si le Fileur ne peut conduire trois ou même deux fils, & se contente d'un seul, il faut qu'il charge tour à tour les deux barres du devidoir, afin qu'il tourne avec égalité; car autrement l'unique fil qu'il conduit se romperoit trop souvent; ce qui fait perdre bien du tems, & rend la soye inégale: l'autre remarque consiste en ce qu'il ne faut lever les écheveaux de dessus le devidoir que d'un jour à l'autre, sans quoi la soye se froisse & perd son lustre.

Toutes les soyes ne pouvant être filées & devidées à la machine dont on vient de faire la description, soit parce que les cocons ont été percés par les vers à soye mêmes, soit parce qu'ils étoient doubles & trop foibles pour souffrir l'eau, soit parce qu'ils étoient trop grossiers, soit enfin parce que sur les cocons filés il reste ordinairement quelque peu de soye. On fait de tous ces résidus une soye que l'on nomme Fleuret, & qui néanmoins est de deux qualités bien differentes.

Les fleurets fins qui ressemblent assez à la plus belle soye, se font des bourres de tous les cocons, & des soyes qu'on peut lever ou arracher de dessus les cocons qui n'ont pas été mis à l'eau. Cette bourre peignée ou cardée, ou même telle qu'elle sort de dessus les cocons, se file au fuseau ou au rouet. Les soyes propres à coudre qu'on en fait, ne sont pas moins lustrées que les plus belles soyes; & les étoffes même qu'on en fabrique ne sont pas sans lustre & sans beauté.

A l'égard de toutes les coques, après les avoir ouvertes avec les ciseaux, & en avoir tiré les feves, qui, non plus que les papillons, ne sont pas inutiles, servant à la nourriture des volailles, on les laisse tremper trois ou quatre jours dans des terrines, où l'on change d'eau chaque jour, pour empêcher qu'elles ne s'empuantissent, & pour faire plutôt blanchir les fleurets. Quand ils se sont amollis par ce décrusement, qui leur ôte cette espece de gomme dont le ver a enduit le dedans de la coque, & qui la rend impénetrable à l'eau & à l'air même, on les fait bouillir pendant une demie-heure dans une lessive de cendre bien coulée & bien claire; & lorsqu'ils ont été bien lavés à la riviere, & ensuite bien sechés au soleil, on les carde pour les filer, comme les autres fleurets, au fuseau ou au rouet. Ces fleurets, quoique moindres que les premiers, ne laissent pas de faire des soyes à coudre assez lustrées & des étoffes assez fines, mais presque sans lustre.

Les soyes des Pays Etrangers, qui viennent en France sans être filées, y reçoivent cette façon, & c'est ordinairement dans les lieux où sont établies des manufactures & des fabriques d'étoffes de soye; & l'on a vû long-tems les Fabriquans de Tours ne vouloir se servir que du filage & du devidage de leur Ville.

Les differens apprêts que l'on donne aux soyes pour les rendre propres à être employées dans les manufactures des étoffes de soye, sont le filage, le devidage, le moulinage & la teinture. L'on a déja parlé d'un filage & devidage qui n'est propre qu'à tirer la soye de dessus les cocons. Ici c'est proprement du filage & devidage des soyes graizes & en matasses, qui sont du cru du Royaume, ou qui se tirent des Pays Etrangers. Ce filage se fait ou au rouet ou au fuseau. Pour le devidage on se sert ou de devidoirs à main, ou de devidoirs montés sur une machine qui peut devider plusieurs écheveaux ensemble: & à l'égard du moulinage, on employe un moulin composé de plusieurs pieces, qui peut mouliner deux ou trois cens bobines à la fois, & en faire autant d'écheveaux. Il est traité du filage, devidage & moulinage dans des articles particuliers, où l'on peut avoir recours; ce que l'on fera aussi pour leur teinture dans les articles de Teinture & de Teinturier.

Especes & qualités des Soyes.

SOYE GRESSE, GRAIZE OU GREGE. C'est de la soye telle qu'elle est tirée de dessus les cocons, avant que d'avoir été filée ni reçû aucun autre apprêt. On l'appelle aussi soye en matasse. Ces sortes de soyes viennent par pelottes ou en masse, & ce sont pour l'ordinaire des soyes étrangeres. *Voyez plus bas sous le titre des Soyes de Sicile & des Soyes de Perse.*

SOYE CRUE. C'est de la soye qu'on tire sans feu, & qu'on devide sans la faire bouillir. La plupart de ce qui se recueille en France de cette sorte de soye ne passe gueres que pour une espece de fleuret très fin, dont on file des soyes à coudre fort belles & fort lustrées, & dont on fabrique des étoffes de soye de médiocre qualité à la vérité, mais qui ne laissent pas d'avoir quelque lustre & quelque beauté; ce que n'a pas le véritable fleuret.

Les soyes crues des Pays Etrangers, & sur tout du Levant, d'où il n'en vient gueres d'autres, sont très belles & très fines. Cette difference vient de ce qu'en France les plus beaux & les plus parfaits cocons sont filés & devidés à l'eau bouillante, & que c'est des moindres & du rebut qu'on y fait des soyes crues; & qu'au contraire dans le Levant on ne fait aucun filage ou devidage au feu, & qu'elles sont envoyées en pelottes ou en masses telles qu'elles sont tirées de dessus les cocons; de sorte qu'on ne les distingue que par leur qualité de fines, de médioctes & de grosses. *Voyez ci-après aux titres des Soyes de Perse & autres Soyes étrangeres.*

Soye cuite. C'est celle que l'on a fait bouillir pour en faciliter le filage & le devidage. Elles sont les plus fines de toutes les soyes dont on se sert dans les manufactures de France; aussi ne s'employent-elles que dans les plus beaux ouvrages de rubannerie & dans les plus riches fabriques, comme velours, satins, taffetas, damas, brocards, crêpes & autres étoffes de soye du premier rang. Il y a néanmoins une autre sorte de soyes cuites, ce sont celles qu'on prépare pour le moulinage, qui ne pourroient recevoir cet apprêt, si elles n'avoient auparavant passé par l'eau bouillante.

Il est défendu par le quatriéme article du Reglement pour les manufactures d'étoffes or & argent & soyes de Lyon du 19 Avril 1667, de mêler la soye crue avec la cuite, premierement parce qu'elle est de fausse teinture; secondement parce que la crue corrompt & coupe la cuite. *V. ci-dessus le titre du Filage & Devidage des Soyes de France, & ci-après l'article du Moulinage.*

Soyes de Sainte-Lucie, autrement Orgencin de Sainte-Lucie. Ce sont des soyes toutes apprêtées & moulinées que l'on tire de Messine, Ville du Royaume de Sicile, & de quelques autres Villes d'Italie, comme Milan, Boulogne, Bergame, Reggio, &c. Il y a aussi des orgencins de Piémont & de Bresse.

Il s'employe quantité de ces soyes dans la fabrique des ferandines, grisettes & moires unies qui se fabriquent à Paris. On en fait aussi les chaînes des ras de S. Maur de la même fabrique; car pour celles de Lyon, les Fabriquans se contentent de l'orgencin de Piémont, qui est d'une qualité inférieure. Les orgencins de Bologne sont en grande réputation; les plus belles étoffes, les velours, les satins en sont en partie fabriqués.

Cette soye est torse, & a passé deux fois par le moulin; c'est-à-dire, que deux brins de soye ayant d'abord été filés séparément sur les moulins, sont tors ensemble aussi au moulin; ensorte que l'orgencin est composé de quatre brins de soye.

Il y a une espece de soye, qu'on appelle Tors sans filer, qui est très difficile à distinguer d'avec le véritable orgencin avant la teinture. Il y a quatre brins comme à l'orgencin; mais ils n'ont pas été filés deux à deux & séparément sur un premier moulin, avant que de l'être de nouveau tous quatre.

L'article 61 du Reglement de 1667, pour les étoffes d'or, d'argent & de soye de la Ville de Lyon, défend de vendre le tors sans filer pour orgencin filé.

Une troisiéme sorte d'orgencin est celui qu'on appelle Clochepied. Il est ordinairement de soye Sina, & s'employe dans la fabrique des gazes. La difference de l'orgencin & du clochepied consiste dans les nombres des fils; l'orgencin en ayant quatre, comme on vient de le dire; & le clochepied seulement trois, deux tors & un non tors.

Soyes Tremes. Ce sont des soyes qui servent à faire les trémes de plusieurs étoffes. Les trémes de Boulogne s'employent dans les ras de S. Maur.

Soyes Sourbastis, Legis, Ardassines, Ardasses, Legis Bourmes ou Bourmis, Chauf ou Chouf, Cherbassis, Suries, Belledines, Houffet, Payas, Seidavi, Chaufettes, Buratines, Tripolines, Chipriottes, Sina, Nanquin, &c. sont toutes soyes graizes & en matasses, qui viennent du Levant, de Perse, ou des Indes & de la Chine, dont il sera traité ci-après au titre des Soyes étrangeres.

Soyes Plattes. Ce sont des soyes non torses, que l'on prépare & que l'on teint pour travailler en tapisseries à l'aiguille, en broderies & en quelques autres ouvrages.

Soyes Torses. Ce sont celles qui ont eu leur filage, devidage & moulinage. Elles le sont plus ou moins, suivant qu'elles ont passé plus ou moins de fois au moulin. On appelle néanmoins plus particulierement Soyes torses, certaines soyes dont les fils sont assez épais, & sont plusieurs fois retors. On en employe dans les brochures des brocards; mais la plus grande consommation s'en fait en crespines ou franges de meubles, d'écharpes, de jupes, jupons, gants d'hommes, &c.

Soyes Apprestées. Ce sont celles qui sont filées & moulinées, & toutes prêtes à être mises à la teinture. On les appelle aussi Soyes montées & Soyes ouvrées.

La plupart des soyes qui s'employent aux fabriques de Paris sont teintes par les Teinturiers de cette Ville, à la réserve des couleurs ponceau, rose, incarnadin & noir qui se teignent à Lyon.

Soyes en Bottes. Ce sont des orgencins de Sainte-Lucie ou autres orgencins, qui après la teinture sont mis en bottes par les Plieurs. Ces bottes sont des paquets quarrés longs, environ d'un pied sur deux pouces d'épaisseur en tout sens. Les soyes plattes ont le même pliage; & chaque botte des unes & des autres pese une livre, à raison de quinze onces par livre, qui est le poids auquel se pesent les soyes en France.

On appelle Marchands de soye en bottes, ceux qui en font le commerce.

Soyes en Mosche. Ce sont des soyes non encore teintes, & qui n'ont point eu tous leurs apprêts, qui viennent en paquets longs environ d'un pied & demi, du poids de trois livres, roulés par le milieu en forme de colomnes torses & nouées par les deux bouts à quatre doigts de leur extrémité.

Soyes en Pantine. Ce sont plusieurs écheveaux de soyes liés ensemble pour être envoyés à la teinture.

L'article 47 du Reglement du 19 Avril 1667, pour les étoffes or, argent & soye de Lyon, défend aux Teinturiers de défaire ou devider les pantines de soye crue ni teinte, & ordonne qu'ils les rendront en la forme qu'ils les auront reçues.

Soyes en Echeveau. Ce sont des soyes devidées sur des devidoirs, soit lors du devidage qui se fait après le filage, soit lors du moulinage quand on les prépare pour la teinture.

Les écheveaux de soyes plattes propres aux tapisseries, qui ne se filent ni ne se moulinent, se plient en deux; & les deux parties se roulant l'une sur l'autre, forment une espece de colomne torse, liée par un bout d'un nœud fait de l'écheveau même. De plusieurs de ces écheveaux se font des bottes ordinairement d'une livre *V. ci-devant* Soyes en Botte.

Les soyes à coudre se vendent en gros & en détail, mais toujours en écheveaux.

SOYES DE GRENADE. Ce sont des soyes très belles, très fines & très unies, qui viennent d'Espagne, & prennent leur nom d'un des Royaumes qui composent cette Monarchie. Elles s'emploient le plus ordinairement à la couture, où elles sont extrêmement propres. Il s'en fait aussi des lacets, gances, tissus, même des franges & houpes de bonnets quarrés. Les plus belles soyes des autres Pays passent souvent pour soyes de Grenade; mais il est difficile que les Connoisseurs s'y laissent tromper.

SOYES CONTADES. Sont aussi des soyes à coudre, qu'on préfere même à celles de Grenade pour certains ouvrages.

BOURRES & STRESSES DE SOYE, qu'on appelle aussi Rondelettes ou Coutailles. Sont les moindres de toutes les soyes, ou, pour mieux dire, en sont le rebut. Elles sont faites, ou de cette espece d'étoupe soyeuse qui couvre l'extérieure des cocons, & qu'il faut lever avant que de pouvoir découvrir la soye; ou de tout ce qu'il y a de plus mauvais sur les coques les plus grossieres. Les bourres ne peuvent servir qu'à faire des fleurets plus ou moins fins, suivant qu'elles sont plus ou moins fines, mais toujours de mauvaise qualité: il y en a cependant quelquefois d'assez passables, pour que des Marchands peu consciencieux hazardent d'en fourrer dans les masses ou paquets des soyes communes. L'expérience apprend aisément à ne s'y pas laisser tromper.

SOYES D'ORIENT. La soye qui porte plus particulierement ce nom n'est pas l'ouvrage des vers à soye; elle provient d'une plante qui la produit dans une gousse à peu près semblable à celle des cotonniers. La matiere que cette gousse contient est extrémement blanche, déliée, & assez lustrée. Elle se file aisément; & l'on en fait une espece de soye qui entre dans la fabrique de plusieurs étoffes des Indes & de la Chine.

SOYE D'ARAIGNÉES. Un sçavant Académicien de la Societé Royale des Sciences de Montpellier, a fait un essai curieux de l'usage que l'on pourroit faire de cette espece de soye que file certaine nature d'araignées. L'épreuve a réussi, plus à la vérité à la satisfaction des Sçavans, qu'au profit que le commerce en pourra tirer; & l'on a vû des bas & des gants fabriqués de cette soye. Les Curieux de ces sortes d'experiences (toujours glorieuses à ceux qui les entreprennent, mais non pas toujours aussi utiles qu'on le voudroit persuader) peuvent avoir recours, ou à la Dissertation que M. Bon en a donnée au Public, ou à l'Extrait que les Journalistes de Trevoux en ont fait dans leur Journal du mois de Mai 1710. *Voyez aussi* ARAIGNÉE.

COMMERCE DES SOYES.

Soyes de France.

Il n'y a que les Provinces les plus méridionales de la France qui fassent la culture de la soye, qui plantent des meuriers & en nourrissent les vers qui la produisent; les Dames même des principales Villes de ces Provinces ne rougissent pas d'en faire pour elles en particulier une espece de petit commerce, & après en avoir échauffé la graine qu'elles portent dans leur sein, on les voit manier sans répugnance ces insectes & ces vers naissans, & leur donner à manger de leurs mains jusques à ce qu'ils soient assez forts pour produire la soye & s'enfermer dans leurs cocons.

Le Languedoc, année commune, recueille douze à quinze cens quintaux de soye, & il s'y en fabrique à peu près la même quantité. Les étoffes de soye qui se font en Languedoc sont des burats, des taffetas façon d'Avignon, des tabis, des crêpons, des fleurets & des grisettes ou ferandines. Depuis environ vingt ans on y a entrepris des brocards & des damas qui n'y réussissent pas mal. On estime que le commerce des soyeries de cette Province monte à 1800000 livres, dont il en sort pour 1500000 livres qui va à l'étranger & dans les autres Provinces du Royaume. Il se recueille aussi quelques soyes dans le Vivarez qu'on appelle Soye Vivaraise.

Dauphiné. Il se fait une assez grande récolte de soye dans cette Province, sur tout dans le haut & bas Valentinois & dans les Baronnies; les meuriers qu'on y cultive y profitent parfaitement bien. La Manufacture de Vienne pour le moulinage & le devidage des soyes est considérable; elle entretient un grand nombre d'Ouvriers. Le filage des soyes occupe aussi quantité de femmes & de filles du petit peuple.

Provence & Avignon. Les soyes qui se recueillent dans la Provence se consomment en partie dans la Province, où elles sont employées en étoffes façon de Perse & des Indes, & en quelques autres legeres étoffes de soye, & particulierement en taffetas d'Avignon qui se font à Avignon même; il s'en transporte cependant assez considérablement à Lyon où l'on s'en sert dans les Manufactures de cette grande Ville.

La Savoye, qui par sa proximité, peut presque être mise au nombre des Provinces Françoises, fournit aussi quelques soyes; mais ce qu'on en tire est peu considérable.

Lyon. Quoique Lyon & le Lyonnois ne produisent point ou peu de soyes de leur crû, on ne peut cependant se dispenser de regarder cette célebre Ville qui est l'entrepôt de toutes les soies étrangeres qui entrent en France, comme si elle les produisoit véritablement, puisque c'est delà que les Marchands de Paris, de Tours & des autres Villes ou Provinces qui se servent de ces sortes de soyes, doivent les tirer, ou du moins par où ils sont obligés de les faire passer, après qu'elles sont entrées dans le Royaume, soit par Marseille pour la mer, soit par le Pont de Beauvoisin pour la terre.

Ce privilege accordé à la Ville de Lyon est ancien, & a été établi & conservé par quantité d'Edits, Déclarations, Ordonnances & Arrêts; la derniere Déclaration qui le lui conserve est du 11 Juin 1714.

Quand la guerre n'interrompt point le commerce, & que la recolte des soyes est raisonnable, il en peut entrer à Lyon 6000 balles, la balle évaluée à 160 livres pesant; de ces 6000 balles il y en a à peu près 1400 du Levant, 1600 de Sicile, 1500 du reste de l'Italie, 300 d'Espagne, & 1200 du Languedoc, Provence & Dauphiné; ce qui doit s'entendre à proportion, quand la recolte n'a pas été bonne généralement, ou quand seulement elle a manqué dans quelques lieux de ceux d'où on les tire.

Dans le tems que les fabriques de Lyon étoient florissantes, on comptoit jusqu'à dix-huit mille métiers travaillant de toutes sortes d'étoffes de soyes or & argent. On refuseroit volontiers la croyance à ce grand nombre de métiers, si l'on ne l'avoit tiré du Mémoire dressé par l'ordre du Roi même; mais il est presqu'aussi incroyable que ce nombre soit tellement diminué, qu'à peine en 1698 il y en avoit quatre mille bien occupés.

Outre les Manufactures pour le moulinage des soyes, qui sont ou à Lyon ou dans ses Fauxbourgs, il y en a quantité à S. Chaumond, S. Etienne, Virieux & Neuville, où se préparent principalement les soyes destinées aux rubans, passemens, tapisseries, broderies ou autres ouvrages semblables.

Tours. Cette Ville après Lyon est toujours la ville du Royaume où il se consomme une plus grande quantité de soye dans ses diverses Manufactures; elle lui disputoit autrefois le premier rang, & il faut convenir qu'il y a des Fabriques d'étoffe où elle l'emporte encore sur Lyon.

On ne repetera pas ce qu'on a dit ailleurs du tems où les soyeries ont été établies à Tours & de celui de nos Rois à qui le premier établissement en est dû; on ajoutera seulement, comme on l'a fait en parlant des Manufactures de Lyon, une comparaison de leur ancien état si florissant avec l'état, on peut dire si médiocre, où elles sont aujourd'hui réduites. Sept cens moulins à devider, mouliner & préparer les soyes, & 8000 métiers pour en fabriquer des étoffes, 40000 personnes employées à devider la soye, à l'apprêter & à la fabriquer, & tout cela réduit à 70 moulins, à 1200 métiers & à 4000 personnes seulement qui subsistent de l'ouvrage des soyes, serviront longtems de tristes témoignages des malheurs d'une longue guerre, augmentés encore par les horreurs de plusieurs années de famine. Il ne faut pas oublier qu'il n'y a plus à Tours qu'environ 60 métiers de rubannerie au lieu de 3000 qu'il y avoit autrefois, soit dans la Ville soit aux environs.

PASSAGE DES SOYES PAR LA VILLE DE LION, ET LES DROITS QU'ELLES Y PAYENT.

Le passage des soyes par la Ville de Lion, y a été établi ou confirmé par quantité d'Edits, d'Ordonnances & d'Arrêts du Conseil de nos Rois.

François I. qui a fait tant de grandes choses pour rendre les Manufactures florissantes, lui accorda ce privilege en 1540; Charles IX. le confirma en 1566, Henri III. en 1583, Henri IV. en 1605, & Louis XIII. en 1613.

Enfin on compte sous le regne de Louis XIV. jusqu'à huit Edits ou Arrêts du Conseil, rendus pour maintenir la Ville de Lion dans son ancienne possession, sçavoir les Arrêts des 3 Février & 10 Decembre 1670, 2 Juin 1674, 26 Juillet 1687, 1 Février 1701, 17 Février 1705; l'Edit du mois de Juin 1711, & la Déclaration du 11 Juin 1714.

La mort de Louis XIV. arrivée en 1715, ayant fait concevoir dans les premieres années du regne suivant, de grands projets pour le rétablissement & l'augmentation du commerce & des Manufactures dans tout le Royaume, les deux principaux furent la liberté du négoce & la suppression de tant de nouvelles impositions, que le malheur des tems avoit rendus comme nécessaires sous le regne précedent.

La Ville de Lion fut comprise dans le dessein général, & par un Arrêt du Conseil du 18 Mai 1720, on partagea avec plusieurs autres Villes dénommées dans l'Arrêt, le passage des soyes, qui depuis près d'un siécle lui avoit été accordé privativement à tout autre; & en même tems on supprima non seulement les droits de Tiers-surtaux et Quarantiéme; mais aussi ceux de la Douane de Lion, de Valence & de la Table de mer; même encore ceux établis par l'Edit du mois de Juin 1711, & tous les autres droits sans exception, qui se levoient sur les soyes tant étrangeres qu'originaires: Sa Majesté (Louis XV.) se reservant seulement vingt sols par quintal sur les soyes étrangeres, même sur celles d'Avignon & du Comtat.

Cet établissement tant pour le passage des soyes, que pour les nouveaux droits qu'elles doivent payer, & la suppression des anciens n'ayant pas paru dans la suite aussi convenables au commerce de la Ville de Lion qu'on l'avoit crû d'abord, particulierement parce qu'une partie des droits supprimés n'avoit été créée qu'à l'occasion des dettes contractées pour le service de l'Etat, même dans les Pays Etrangers, lesquelles ne pouvoient jamais s'acquitter, si les fonds n'en subsistoient plus, le Roi pour y pourvoir, ordonna par un Edit du mois de Janvier 1722.

1°. Qu'il seroit levé au profit de Sa Majesté dans la Ville de Lion, un droit unique de [illegible] par chaque livre pesant de soyes étrangeres de quelque qualité qu'elles soient, ouvrées & non ouvrées, crues, torses ou teintes, exemptes ou non exemptes, de quelque pays qu'elles viennent; même sur celles venant d'Avignon & du Comtat, & 3 s. 6 den. sur chaque livre pesant, des soyes originaires ouvrées & non ouvrées comme ci-dessus.

2°. Que tous les Edits, Ordonnances, Déclarations & Arrêts rendus depuis l'année 1540 jusqu'alors, concernant le passage des soyes tant originaires qu'étrangeres par la Ville de Lion, seroient executées selon leur forme & teneur, & sur les peines y portées, nonobstant & sans avoir égard à l'article III. de l'Arrêt du 18 Mai 1720, qui a fixé les lieux par lesquels les soyes pourront entrer dans le Royaume.

3°. Qu'en consequence il est fait très-expresses inhibitions & défenses à toutes personnes de faire entrer aucunes soyes dans le Royaume, ni de les commercer sans avoir été transportées dans la Ville de Lion, & y avoir acquitté les droits; même d'en faire aucune vente, débit ni entrepôt, depuis les lieux par lesquels les soies étrangeres entreront dans le Royaume, jusqu'à leur arrivée dans ladite Ville de Lion, à peine de confiscation des soies, des chevaux, charettes, mulets, batteaux & autres équipages, & de 3000 liv. d'amende.

4°. Enfin Sa Majesté supprime par le présent Edit le droit de 20 s. établi sur chaque quintal de soies étrangers, par l'Arrêt du 18 Mai 1720.

Le passage des soies par la Ville de Lion ayant ainsi été rétabli, & les nouveaux droits reglés, les Prevôt des Marchands & Echevins representerent au Roi qu'en l'année 1720 ils jouissoient de 1600000 l. de revenu, qui étoient employées

ployées annuellement au payement tant des charges de la Ville, que des arrerages & interêts, des sorts principaux des contrats de constitution, ou des obligations payables à tems; & encore à l'acquittement de ce que ladite Ville devoit dans la Ville de Gennes, l'excedent qui montoit à 300000 liv. servant au remboursement des dettes contractées par obligations; mais que les droits sur lesquels ces revenus étoient fondés, ayant été supprimés par l'Arrêt du 18 Mai 1722, & les arrangemens que Sa Majesté avoit eu la bonté de leur accorder pour le payement de leurs dettes, n'ayant pû avoir lieu à cause du discredit des effets qui y étoient destinés, il ne leur étoit plus possible ni de soutenir les charges de leur Ville ni d'en acquitter les dettes, si Sa Majesté n'avoit la bonté d'y pourvoir, soit en leur permettant d'emprunter quelque somme considerable de deniers, soit en se chargeant par Sa Majesté de la dette de Gennes, soit enfin par tels autres moyens que Sa Majesté jugeroit convenables à l'état des affaires de la Ville de Lion.

Ce fut sur cette requête, & pour donner aux Prévôt des Marchands, Echevins & habitans de la Ville de Lion, des marques de la continuelle attention de Sa Majesté pour leur soulagement & leur conservation, que fut rendu l'Arrêt du Conseil du [illegible] Janvier [illegible].

Cet Arrêt contient [illegible] articles, dont voici l'extrait.

ARTICLE PREMIER.

Il est permis aux Prévôt des Marchands & Echevins de la Ville de Lion, d'emprunter jusqu'à la concurrence d'un million de livres par contrat de constitution ou d'obligation, sur le pied de quatre pour cent.

II.

Est réglé la forme en laquelle les nouveaux contrats & obligations doivent être dressés, & [illegible] permis aux Notaires d'y stipuler les interêts à quatre pour cent, nonobstant tous Edits, Déclarations & Arrêts à ce contraires.

III.

Sa Majesté pour demeurer quitte des sommes [illegible] en billets de Banque entre les mains des Prévôt des Marchands & des Echevins, aussi bien que du payement de la dette de Gennes, tant en principal qu'en arrerages, cede ausdits Prévôt des Marchands & Echevins, la jouissance de tous les droits établis au profit de Sa Majesté, par l'Edit du present mois de Janvier sur les soyes tant étrangeres qu'originaires, ouvrées & non ouvrées, pour en jouir pendant vingt années, à commencer du premier Fevrier de la présente année ainsi que Sa Majesté en auroit joui elle-même; Sa Majesté ordonnant en surplus que la connoissance des contraventions appartiendra au sieur Intendant de la Generalité de Lion, & par appel au Conseil.

IV.

Sa Majesté permet pareillement ausdits Prévôt des Marchands & Echevins, de lever & faire percevoir à leur profit pendant le même tems de vingt années [illegible] sols sur chaque anée de vin du crû du Gouvernement, qui entrera, se débitera & consommera dans la Ville & fauxbourgs de Lion, & à proportion sur l'Etranger, outre & par dessus les anciens & nouveaux octrois à eux accordés sur le vin.

V.

Pourront lesdits Prévôt des Marchands & Echevins faire regir la levée desdits droits sur les soyes & sur les vins ou les affermer, conjointement ou séparement, & sous les conditions qu'ils le jugeront à propos, à la charge néanmoins d'en faire l'adjudication après les publications ordinaires & accoutumées.

VI.

Les droits sur les soyes cedés à la Ville de Lion par cet Arrêt, sont specialement affectés & hypotequés à tous les créanciers de ladite Ville, même à ceux de la Ville de Gennes.

VII.

Il est permis aux Prévôt des Marchands & Echevins, de prendre sur le million qu'ils emprunteront jusqu'à la concurrence de ce qui se trouvera nécessaire pour le payement des interêts dûs aux Genois depuis le premier Juillet jusqu'au premier Janvier 1722, & le surplus mis en dépôt aux Archives pour les besoins de ladite Ville en cas de contagion.

Nota. Celle de Marseille, & d'une partie de la Provence n'étoit pas encore finie.

VIII.

Enfin il est ordonné qu'il sera compté annuellement par le Receveur de la Ville, du produit de tous les droits & de l'emploi qui en aura été fait par bref état au Conseil, & tous les trois ans en la Chambre des Comptes de Paris, en la forme & maniere ordinaire & accoutumée.

L'instruction pour la regie des droits établis sur les soyes & pour le passage desdites soyes par la Ville de Lion a paru si utile, non seulement aux Commis qui regissent lesdits droits, mais encore à tous ceux qui font le commerce des soyes, qu'on a crû leur faire plaisir de l'ajouter ici, aussi bien qu'un formulaire du Procès Verbal de saisie, où lesdits Commis puissent avoir recours en cas de besoin.

INSTRUCTION POUR LA REGIE du droit établi sur les soyes, par l'Edit du mois de Janvier 1722, qui ordonne l'execution des precedens Reglemens sur le passage des Soyes par Lion, pour y payer le droit de 14 sols par livre de soyes étrangeres, et de 3 sols 6 deniers par livre de soyes originaires.

Toutes les soyes étrangeres ne peuvent entrer dans le Royaume, sçavoir par mer, que par le Port & Ville de Marseille, & par terre par le Pont de Beauvoisin.

Elles doivent venir directement à Lion pour y payer les droits, sans pouvoir être commercées ni entreposées sur les routes, ni en prendre d'autres que celles prescrites par les Reglemens, à peine de confiscation des Marchandises & équipages servant au transport, & de l'amende de 3000 livres.

En conséquence de ces Reglemens, toutes les soies étrangeres qui seront trouvées sur d'autres routes de quelque part qu'elles viennent, doivent être saisies, si elles ne sont accompagnées d'un certificat de l'acquittement des droits à Lion.

Les soies d'Avignon, Comtat Venaissin, & de la Principauté d'Orange sont reputées étrangeres & par consequent dans le même cas que celles ci dessus.

Les soies originaires du Royaume, doivent venir à Lion pour y payer les droits, avant que de pouvoir être commercées.

Le Voiturier doit rapporter au premier Bureau de sa route, des Certificats en bonne forme, qui justifient que les soies sont du crû d'où elles viennent, soit de Provence, Languedoc ou Dauphiné; il passera une obligation dans le premier Bureau, de conduire à Lion les soies étrangeres ou originaires, dont il sera chargé, & de rapporter ladite obligation déchargée par les Commis du Bureau de Lion, dans un tems limité & proportionné à la distance des lieux.

Il sera mention dans ces obligations du nombre des balles ou ballots, & du poids des soies, suivant les factures & Lettres de voitures, qui seront représentées par les Voituriers & visées par le Commis qui délivrera l'obligation, dont il tiendra un Registre contenant le double desdites obligations, qui seront signées du Marchand ou Voiturier, pour y avoir recours en cas de contravention.

Les Receveurs & Commis des premiers Bureaux de l'entrée du Royaume, ou des Provinces du Dauphiné, Provence & Languedoc, feront consigner les droits par les Voituriers ou Marchands qui ne seront pas connus solvables, ou fournir bonne & suffisante caution de rapporter le certificat du Bureau de Lion, comme les soies y auront été conduites, & les droits acquittés.

Les obligations seront visées par les Commis des Fermes de tous les Bureaux qui se trouveront sur les routes de Marseille, le Pont de Bonvoisin, & les Provinces de Dauphiné, Provence & Languedoc: on ne sçauroit examiner avec trop d'attention si elles sont en bonne forme.

On observe encore une fois que les obligations pour les soies étrangeres, doivent être passées au premier Bureau d'entrée du Royaume; & pour les soies originaires à celui de la Province d'où elles partent, & que les soies qui se trouveront sur d'autres routes ou entreposées, doivent être saisies, & les Procès Verbaux dressés dans l'esprit du modele ci-joint en y inserant les cas & circonstances des contraventions.

Les Commis des Fermes informeront le Directeur géneral du droit sur les soies à Lion, de tout ce qui concernera ledit droit.

Pour engager lesdits Commis à veiller aux fraudes, empêcher le passage des soies par les routes non permises, & arrêter celles qui ne seront pas accompagnées d'une obligation en bonne forme, il leur sera accordé le tiers du prix des choses saisies, & des amendes qui seront prononcées contre les contrevenans, outre le tiers qui sera payé comptant au Dénonciateur.

FORMULAIRE DE PROCÈS VERBAL DE SAISIE.

L'an mil sept cent......... le......... jour de......à....... midi, à la requête de Claude Allain, adjudicataire des droits sur les

soies accordées à Messieurs les Prévôt des Marchands & Echevins de la Ville de Lion, par Arrêt du 20 Janvier 1722, qui a fait élection de domicile en son Bureau à ...... Nous...... commis pour la conservation desdits droits au Bureau de..... certifions qu'il seroit passé aud. Bureau le nommé...... Voiturier conduisant des Marchandises chargées sur une charette attelée de..... auquel Voiturier ayant demandé son nom & qualité, ce qu'il avoit sur sa charette, d'où il venoit, & à qui le tout appartenoit, il nous avoit répondu venir de..... & que c'étoit des soies dont il étoit chargé: nous l'aurions sommé & interpellé de nous représenter les Lettres de voiture & factures desdites soies pour sçavoir leur destination, a dit qu'il les conduisoit à Lion; sur quoi lui aurions demandé de nous exhiber l'obligation qu'il doit avoir prise au premier Bureau d'entrée pour conduire lesdites soies dont ils disent être chargés pour Lion, conformément aux anciennes Ordonnances, pour y être verifiées & pesées, & les droits y être acquittés, à quoi il n'auroit pû satisfaire, &c

Et attendu la contravention formelle dudit, lui avons déclaré que nous saisissions, comme en effet nous avons saisi lesdites soies, charettes, chevaux & équipages, & l'avons interpellé d'être présent à la verification & description que nous allions faire, par laquelle nous aurions trouvé la quantité de.... ballots que nous aurions ouverts en la présence dudit..... & reconnu être des soies qui ayant été aussi pesées en sa présence, il s'en est trouvé....... ensuite de quoi nous aurions, en sa présence, cacheté lesdits ballots de notre Cachet ordinaire & interpellé ledit...... d'y apposer le sien...... lesquels nous avons laissé en dépôt & ès mains du Sieur......... aussi-bien que sa charette, chevaux & équipage, avec défense audit gardien de s'en désaisir, jusqu'à ce que par justice en soit ordonné; & avons donné assignation audit...... de comparoir dans huit jours en l'Hôtel, & pardevant Monseigneur l'Intendant de la Généralité de Lion, à qui la connoissance de toutes les contraventions est attribuée par ledit Arrêt du 20 Janvier 1722, pour voir ordonner la confiscation des choses ci-dessus saisies, condamner en l'amende & aux dépens, déclarant que M...... N...... Procureur ès Cour de Lion, y demeurant, rue...... Paroisse...... occupera pour M Allain, & avons dressé le présent procès verbal que nous certifions veritable, dont nous avons donné copie audit..... qui a signé avec nous avec ledit Gardien de ce sommé & interpellé; & leur avons laissé copie à chacun d'eux separément.

Il faut remarquer que les blancs de cette formule doivent être remplis differemment, suivant les differentes occurrences: qu'on doit y désigner le lieu, où les Commis se seront transportés pour faire la saisie, ou bien, si elle aura été faite dans un Bureau, ou à la campagne, comme aussi y énoncer les causes & les motifs de la saisie; & encore, si le Voiturier a été refusant d'appliquer son cachet aux Marchandises dont les ballots ont été ouverts & visités, ou de signer le procès verbal.

Si la saisie se fait dans les Bureaux, il faut faire élection de domicile dans lesdits Bureaux; & si c'est à la campagne, la faire pour vingt-quatre heures seulement, chez le Curé de la Paroisse où la saisie sera faite. Les assignations doivent être données suivant l'Ordonnance & la distance des lieux : sçavoir quinzaine pour dix lieues.

Les Commis du dehors, pour proceder valablement à toutes saisies, aussi bien que ceux sedentaires dans les Bureaux, doivent prêter serment pardevant le premier Juge des traites des lieux les plus prochains.

Enfin les procès verbaux, doivent être affirmés dans trois jours suivant l'Ordonnance, pardevant le premier Juge des lieux où sera faite la saisie, & au défaut d'un Juge, on prendra acte pardevant Notaire, pour l'affirmer au Juge le plus prochain.

Arrest du Conseil, portant défenses d'envoyer hors du Royaume, des soies teintes propres à faire des étoffes.

Sur ce qui a été représenté au Roi, que la bonté & le brillant des soies teintes dans la Ville de Lion, est ce qui contribue le plus à la perfection des étoffes de soies, d'or & d'argent, qui se fabriquent dans toutes les Manufactures du Royaume : & que cependant, au préjudice des avantages que la France peut tirer de la conservation d'un établissement aussi précieux, plusieurs Teinturiers & Marchands vendent à l'étranger, des parties très-considerables de ces soies, & par-là, privent ces Manufactures, de la quantité de celles qui leur sont nécessaires pour fournir abondamment le Royaume, d'étoffes de soie d'or & d'argent ; à quoi Sa Majesté desirant pourvoir, & procurer dans le Royaume l'abondance desdites étoffes : elle a fait de très expresses inhibitions & défenses à tous Teinturiers, Marchands, & autres personnes, de quelque qualité & condition qu'elles soient, d'envoyer, ou favoriser la sortie hors le Royaume, des soyes teintes propres à fabriquer des étoffes, à peine de confiscation desdites soyes, & de mille livres d'amende contre les contrevenans, sans que cette peine puisse être réduite ni moderée pour quelque raison, & sous quelque prétexte que ce puisse être ; enjoignant Sa Majesté aux Srs Intendans & Commissaires départis dans les Provinces, de tenir la main à l'exécution du présent Arrêt, &c. Fait au Conseil d'Etat du Roi, Sa Majesté y étant, le 20 jour de Février 1725.

Soyes étrangeres.

Sicile.

Le commerce des soyes de Sicile est très considérable ; ce sont les Florentins, Genois & Luquois qui en font le principal négoce. Ils en tirent une grande quantité tous les ans, particulierement de celles de Messine, dont ils employent une partie dans leurs propres fabriques, & revendent l'autre avec profit, particulierement aux Tourangeaux qui ont peine à s'en passer dans leurs Manufactures : ce n'est pas que les Marchands de Tours & les autres François n'en tirent quantité de la premiere main, plusieurs ayant leurs Commissionnaires sur les lieux; mais les Italiens, sur tout les Genois, ont de grands avantages sur eux, parce que la plupart ayant de grands établissemens dans l'Isle, en sont réputés naturels, & ne payent aucun droit de sortie.

Une partie des soyes de Sicile sont graizes & en matasse, l'autre consiste en orgencins ou soyes ouvrées, dont les orgencins de Sainte-Lucie ou de Messine sont les plus estimés. Les soyes ouvrées, orgencins ou trémes, s'achettent quelquefois en échange d'autres marchandises ; mais pour les soyes graizes & en matasses il faut de l'argent comptant, les Paysans les portant au marché comme leur bled & autres denrées, ce qui se pratique pareillement en plusieurs lieux d'Italie. Les plus belles soyes de Sicile s'employent en étoffes, sur tout à Tours, les autres demeurent pour la couture.

Soyes d'Italie.

Les soyes que l'on tire d'Italie sont moitié soyes greges & moitié soyes apprêtées & ouvrées.

Milan les fournit toutes apprêtées.

Genes, la plupart greges & en matasses.

Boulogne, partie moulinées & prêtes à mettre en teinture, qu'on appelle Orgensin de Boulogne, & qui entrent dans les Fabriques des plus riches & des plus belles étoffes de Lyon & de Tours ; l'autre partie sont soyes greizes & en matasses.

Parme, Modene, Luques, Reggio n'en fournissent que de greges.

Soyes d'Espagne.

Toutes les soyes d'Espagne sont des soyes greges & en matasses, qu'on file, devide & mouline en France, suivant les divers ouvrages & fabriques d'étoffes où on les veut employer. Les plus belles soyes torses sont faites de soyes d'Espagne, & c'est de la même soye que se font les lacets tissus qu'on dit Soye de Grenade, aussi-bien que les soyes à coudre qui portent ce nom.

Soyes du Levant.

Les soyes du Levant sont toutes greges & en matasses ; une espece d'avantage que l'on trouve dans le commerce de ces soyes, qu'on n'a pas dans celles de Sicile, c'est que le négoce des soies Siciliennes ne se fait que dans une seule saison, & que les soyes du Levant peuvent s'achetter en tout tems.

Les soyes du Levant se tirent de plusieurs endroits ; les principaux sont Tripoli, Seyde, Alep, & autres Ports de cette Echelle ; l'Isle de Chypre, celle de Candie, quelques autres de l'Archipel comme Tino, Andro, Naxis ; il en vient aussi de la Morée, mais le principal négoce, particulierement de celles de Perse, se fait à Smirne.

Alep. Les soyes qu'on tire de cette Ville & qu'on embarque à Alexandrette qui en est le Port, sont des soyes cherbassis, autrement bourmes, des soyes ardasses, des soyes blanches barutines, soyes blanches de Tripoli, soyes blanches d'Antioche, Beilan, Pajasse & de Mone, soyes blanches Bedouines ou Arabes, Alep & Hadenau ; ces dernieres se pesent à la rotte de 680 dragmes qui reviennent à 5 livres 5 onces poids de Marseille.

Seyde. Cette Ville fournit des soyes Choufs, Choufettes, Barutines, Tripolines & Seydauvis ; elles se pesent toutes au poids damasquin.

la rotte de 600 dragmes rendant cinq livres un quart poids de Marseille. Les Coagis ou Commissionnaires établis sur les lieux, ne comptent cette rotte à leurs Commettans que sur le pied de cinq livres, ce qui est un bénefice pour eux d'environ quatre onces par rotte, outre une once qui leur est encore accordée sur les soyes de Seyde à cause de la tare qui s'y trouve, & que cette soye n'est pas nette; mais ces avantages sont connus de leurs Commettans qui traitent avec eux sur ce pied là.

Chypre. On tire de cette Isle des soies qui y sont cultivées & recueillies, qu'on nomme Chypriottes; on y achette aussi des soies Tripolines qui viennent de la Ville dont elles portent le nom; les unes & les autres se vendent à l'ocos de 400 dragmes, qui revient à 3 livres 2 onces pareillement poids de Marseille.

Les soies de Tino, Andros & Naxis, ne se tirent gueres en droiture de ces trois Isles, non plus que celles de quelques autres Isles de l'Archipel, mais elles sont portées à Smirne où elles se vendent en masses de douze jusqu'à seize onces. Ces soies sont jaunes & un peu frisées, & approchent fort de la soie Vivaraise qui se recueille en France, mais de meilleure qualité; il n'en vient gueres par an que vingt à trente quintaux.

La Morée donne aussi quelques soies jaunes qui sont plus fines que celles des Isles; il ne s'en fait qu'un commerce très médiocre.

L'on n'a pas expliqué les differentes soies qui s'achettent dans les Echelles dont on vient de parler, parce qu'étant à peu près les mêmes que celles qu'on tire de Smirne qui vont être traitées amplement dans le titre suivant, ce n'eût été qu'une répetition assez inutile.

Soyes de l'Archipel.

L'Isle de Candie fournit assez de soies, mais les Ouvriers les sçavent si mal préparer, que les Nations Chrétiennes, qui font le Négoce du Levant, n'en enlevent que très peu, étant sûres d'en trouver de plus belles à Smirne, & aux autres Echelles des Etats du Grand Seigneur.

On tire aussi des soies de Therme, de Tine, de Zia, qui sont estimées les plus belles de tout l'Archipel. *Voyez* dans l'Etat général, le Commerce de l'Archipel.

Les soies d'Andros, de Caristo, & de Vole, autres Isles du même parage, ne sont pas si bonnes, & ne peuvent servir qu'à de la tapisserie; on croit que si elles étoient mieux préparées, on pourroit les employer en étoffes, en rubans, & en soies filées pour la couture. *Voyez comme ci dessus.*

On tire aussi quantité de soie de l'Isle de Chio qu'on peut employer en velours, en damas, & autres semblables étoffes: l'Isle en pourroit fournir trente mille livres poids de France; mais la plus grande partie se consomme dans les Manufactures du Pays. *Voyez comme ci dessus.*

L'Isle de Samos fournit aussi de très belles soyes, mais ce que les Etrangers en peuvent achetter par an, ne va gueres qu'à vingt-cinq mille écus. *Voyez de même.*

Smirne.

C'est dans cette Ville autrefois si fameuse, & qui l'est encore par son grand commerce, que se fait le principal négoce des soies du Levant, & particulierement de celles de Perse; elles y arrivent par caravanes depuis le mois de Janvier jusques au mois de Septembre. Les caravanes de Janvier sont chargées des plus belles soies, celles de Fevrier & Mars n'en apportent que de médiocres, & les autres seulement des ardasses qui sont les plus grossieres de toutes.

Toutes ces soies sont tirées de diverses Provinces de Perse, principalement de celles de Quilan & de Schiruvan, aussi-bien que des environs de Schamachi grande Ville située près les bords de la mer Caspienne où elles se recueillent en si grande abondance qu'un Auteur Hollandois n'a pas craint de passer pour fabuleux quand il a écrit que de ces trois endroits on pouvoit tirer par an jusques à 30000 balles de soies.

Ardeuil, autrement Ardebil, autre Ville de Perse, qui n'est pas éloignée de ces contrées si propres à la culture des soies, est le lieu où on les met comme en dépôt, & d'où partent les caravanes qui les transportent à Smirne, à Alep & à Constantinople; c'est aussi cette Ville avec Derbent & Schamachi dont on a déja parlé qu'on a toujours regardées comme le centre du commerce de soies qu'on a quelquefois tenté d'enlever à Smirne & à la mer Mediterranée pour en faire un présent à Archangel & à la mer blanche, en les y conduisant à travers la Moscovie à la faveur du Volga & de la Duvina, deux grandes rivieres qui arrosent & traversent les principales Provinces de ce vaste empire.

On espere que la curiosité de la matiere fera excuser une courte digression qu'on va faire sur cette nouvelle route, par laquelle on a plus d'une fois entrepris de faire passer les soies de Perse en Europe.

La datte la plus ancienne de cette entreprise ne va pas au-delà du Pontificat de Leon X. Paul Centurion Genois la propola alors au Czar Bazile, tant pour les soies que pour les autres marchandises des Indes.

En 1626 la France conçut le même dessein & si l'on eût pû se flatter de quelque succès ç'eût été dans cette conjoncture où le Cardinal de Richelieu, ce genie le plus fort & le plus vaste qui ait jamais eu part au Gouvernement de la France, sembloit le désirer & l'appuyer.

Le Duc Frederic d'Holstein voulut aussi en 1633 faire une tentative sur ce commerce, & ce fut à cette occasion qu'il envoya en Moscovie & ensuite en Perse Philippe Crusius & Otton Brugman ses Ambassadeurs, dont Adam Olearius a si agréablement & si fidelement décrit en Allemand les voyages & les négociations, qui furent donnés en François en 1666 de la traduction du célebre M. de Wicquefort.

Enfin le Czar Alexis-Michel tenta lui-même l'entreprise en 1668, pour enrichir ses Etats par le transport de cette précieuse marchandise, & dans le dessein d'établir des Manufactures de Soyeries dans ses principales Villes. Mais la révolte des Cosaques & la surprise d'Astracan, Ville située à l'embouchure du Volga dans la mer Caspienne, par ces Rebelles, rompit toutes les mesures, ainsi qu'on le peut voir dans les voyages de Jean Struys, un des Hollandois que ce Prince avoit fait venir pour la construction & la conduite des vaisseaux qu'il destinoit pour l'établissement de ce commerce.

En 1688 le commerce des Soies de Perse qui se fait par Smirne, courut aussi grand risque d'en être détourné par un tremblement de terre arrivé au mois de Juillet de cette année, qui renversa presque de fond en comble cette Ville si importante pour ce commerce, principalement le quartier des Marchands. Tous leurs magasins furent détruits; le Consul de France, & une partie des Négocians, furent accablés sous les ruines de leurs maisons; les autres se dispersèrent. La Porte allarmée de voir périr cette Ville qui lui étoit si nécessaire, & craignant que le commerce des soies ne passât dans quelqu'un des Ports du Sein Persique, où les Armeniens & les Persans pourroient les y faire voiturer à moindres frais, sans être exposés aux courses des Arabes, ni obligés d'y aller avec de si fortes caravanes, ne sortant point de leur Pays; & où les Européens qui commençoient à naviger fréquemment dans ces mers en doublant le Cap de Bonne-Esperance, les viendroient acheter aussi volontiers qu'à Smirne, dans l'esperance de les avoir à meilleur marché; persuadé aussi que lorsque le commerce a une fois changé de route, il est difficile de le faire revenir dans l'endroit d'où il est sorti: La Porte, dis-je, n'oublia rien pour engager le reste des Négocians de toutes les Nations établies à Smirne qui avoient échappé de ce tremblement de terre, à ne point abandonner. M. Blondel y fut envoyé par le Roi de France, tant afin de pourvoir à la sûreté des marchandises & effets de ses sujets sauvés de ce tremblement, que pour aviser aux moyens d'y rétablir & conserver le commerce; lequel profitant de la bonne disposition des Turcs, obtint pour les François, des Puissances du Pays, tout ce qui pouvoit favoriser leur négoce, & fit bâtir en cette Ville de Turquie deux Eglises au lieu de deux petites Chapelles qui avoient été détruites par le tremblement de terre; ensorte que le commerce devint en peu de tems plus florissant qu'il n'avoit été auparavant, & qu'il s'est toujours maintenu depuis.

Smirne est donc restée dans son ancienne possession de voir arriver chez soi les soies de Perse. C'est de là que les diverses Nations de l'Europe envoyent chaque année les enlever par un grand nombre de vaisseaux; & elle jouira apparemment encore long-tems de son privilege, à moins que le Czar Pierre qui regne présentement (1718), & qui est, sans contredit, un des plus grands Princes qui ayent regné sur les Moscovites, n'ajoutât ce dernier trait à tant d'éloges qu'il a si justement mérités de ses Sujets pour les avoir également aguerris & policés, en introduisant parmi eux les belles Lettres, le commerce, la discipline militaire, tant sur terre que sur mer; & tant d'autres connoissances utiles ou agréables, dont cette Nation jusqu'alors plus que barbare, n'avoit fait aucun cas. Il paroît même que ce grand Prince songe à enrichir ses peuples de ce commerce, ayant publié & accordé dans le commencement de cette même année 1718, une liberté entiere pour tous les Marchands qui voudroient faire entrer dans ses Etats, ou y faire passer les soies de Perse & du reste de l'Orient.

On peut ajouter qu'en cette année 1722, le Czar paroît plus que jamais être dans le dessein de se rendre maître du commerce des soies de Perse pour le faire passer par ses Etats en Europe, ayant, pour ainsi dire, pris possession de la mer Caspienne, dont il a fait faire une carte très exacte, où les Ports & Rades y sont très régulierement décrites, particulierement les Côtes des Pays où il croît le plus de soie, *Quilan*, *Schiruven*, & les environs de *Schamachi*. En effet, il s'est transporté lui-même sur cette mer, s'est emparé de la Ville d'Andreof dans la Province de Daghestan, & a fait jetter les fondemens d'une Ville & d'un grand Port près de Derbent, à laquelle il a donné le nom de Peters-haven, ou le havre de Pierre. Enfin il a réduit les Habitans de Derbent de recourir à sa protection, & de se soumettre à ses Loix.

Les soies de Perse qui arrivent par les caravanes à Smirne, sont les Sourbastis, les Legis, les Ardassines & les Ardassès.

Les deux premieres sortes s'achettent dans la Province de Huilan, que quelques Auteurs nomment Inguilan; il n'en vient par an à Smirne qu'environ 400 balles de vingt battemans chacun, le battemant de six ocos, ce qui réduit au poids de Marseille, font dix-huit liv. douze onces le battemant. Chaque chameau porte deux balles.

Les Soyes Sourbastis sont les plus fines; il y en a de blanches & de jaunes. Leur pliage est en masse d'une demi-aune de long, dont la tête est liée d'un filet de soie très fin qui sort en dehors. Les blanches sont les plus belles. Les balles sont assorties en premiere, seconde & troisiéme, qui font en tout cent vingt masses. Onze masses de soies plus grossieres enveloppent la balle en dedans. Ces soies s'employent à Tours en pannes, gros de Tours & autres étoffes qui se vendent à la livre.

Les Soyes Legis. Sont les plus grosses qu'on tire des sourbastis; elles sont pliées en masse d'une aune ou environ, & ont la tête liée comme la sourbastis. Le poil est plus gros & moins lustré. La masse pese depuis depuis deux jusqu'à trois livres. Elles servent en France pour la trame des étoffes & rubans qu'on vend à l'aune. A Seyde, Tripoli, &c. on les appelle Legis, Bourines & Bournio. Il y en a de trois sortes; sçavoir, les Legis Bourines qui sont les plus belles; les Legis Ardassès qui sont les plus grossieres, & les Legis ordinaires qui sont celles de moyenne qualité. Les choufs de ces échelles sont aussi des Legis qui sont de qualité aussi nette, & qui prennent aussi beau lustre & teinture que celles de Messine, étant d'ailleurs d'aussi fin devidage & moulinage.

Les Soyes Ardassines. Sont celles qu'en France on nomme Ablaques. Elles ont la même couleur, & sont presqu'aussi fines que les Sourbastis. La masse est d'environ deux pieds de long, & ne pese gueres moins d'une livre. On s'en sert peu en France, parce qu'elle ne souffre pas l'eau chaude dans le devidage. Il n'en vient gueres que cent balles à Smirne.

Les Soyes Ardasses. Sont les plus grossieres de celles de Perse, & comme le rebut des Ardassines. On nomme aussi Ardassès les Legis de la plus basse qualité. La masse en est d'environ trois quarts d'aune & forme comme deux têtes; elle ne pese pourtant qu'une livre. Pour être belles elles doivent être lustrées, rondelettes & peu

* N iij

chargées. On appelle quelquefois la soie Ardasse Soie rondelette. C'est de cette espece de soie dont il vient la plus grande quantité à Smirne, & on n'y en apporte chaque année pas moins de 1400 balles.

Le commerce des soies de Perse se fait aussi par le golfe ou sein Persique. Ce négoce que les Portugais avoient attiré à l'Isle d'Ormus pendant qu'ils en étoient les maîtres, a été transferé à Gameron ou Gambron, que les Perses nomment Bender-Abbassi; Port à l'entrée du même Golfe, depuis qu'en 1622 ces derniers à l'aide des Anglois se furent remis en possession d'Ormus. C'est là qu'arrivent les Caravanes qui partent d'Ispaham, & qui voiturent les soies sur des chameaux; les diverses Nations d'Europe qui font ce négoce ayant leurs Agens ou Commis dans cette Capitale de Perse qui en font les achats. Les droits de sortie s'en payent sur differens pieds, suivant que ces Nations ont fait leurs capitulations plus ou moins avantageuses.

Les plus fines des soies de Perse & du Levant qui arrivent en France, sont propres pour les ouvrages de Tours & de quelques fabriques de Paris. Les plus grossieres s'apprêtent pour la couture, & pour servir aux filés d'or & d'argent.

Maniere de devider la Soye en Perse, tirée des voyages de Corneille Le Brun imprimés en 1718.

Dans les Atteliers destinés au devidage de la soie, on éleve un fourneau qui s'échauffe par le dehors; sur ce fourneau est un grand chaudron de cuivre rempli d'une eau presque bouillante, dans laquelle nagent les cocons qu'on veut devider. Celui qui devide, est assis sur le fourneau même à côté du chaudron; plus loin & assez près de l'Ouvrier, est élevé sur deux Jumelles, une grande roue de huit à neuf paumes de diametre, à la manivelle de laquelle est attachée une marche comme aux rouets, avec lesquels on file en France le chanvre ou le lin, ensorte que le Devideur donne lui même le mouvement à cette roue, en haussant ou baissant le pied sur la marche. Sur le devant du massif du fourneau, sont deux petits bâtons, sur lesquels est posé un morceau de roseau, & deux petites poulies qui conduisent la soie des cocons sur la roue, autour de laquelle se forment les flottes ou écheveaux de la soie devidés. Les Devideurs agitent souvent les cocons dans le chaudron afin d'en trouver les bons bouts. A l'égard de l'épaisseur de la soie, il dépend de l'Ouvrier de le faire plus ou moins fort, en y ajoutant ou diminuant les fils.

Soyes de la Chine, du Japon & des Indes.

Plusieurs Provinces de la Chine sont si propres pour les muriers, & leur climat est si conforme à la nature des vers à soie, qu'il est presque incroyable combien il s'y cultive de ces arbres, & combien il s'y recueille de soie.

La seule Province de Tchekiam pourroit en fournir à toute la Chine, & même à une grande partie de l'Europe. Les soies de cette Province sont estimées les plus belles, quoique Nanquin & Canton en produisent aussi d'excellentes.

Le commerce des soies est un des plus grands qui se fasse en la Chine, & qui y occupe un plus grand nombre d'Ouvriers. Les Marchands d'Europe qui le font, & sur tout de celles qui sont ouvrées, doivent prendre garde à leur filage: car bien qu'à la vûe & au toucher les soies apprêtées de la Chine paroissent souvent plus belles que les organcins de Sainte-Lucie ou de Bergame, elles sont pour l'ordinaire d'un si mauvais devidage; & le déchet en est si considérable, que les Fabriquans de France, & sur tout de Paris, en sont entierement dégoûtés; les déchets des soies ouvrées vendues par la Compagnie de la Chine qui étoient du retour du vaisseau l'Amphitrite, ayant été jusqu'à trois onces par livre, quoique ceux des soyes d'Italie de même qualité n'aillent même jamais jusqu'à une once.

Outre la soie ordinaire qu'on tire de la Chine, il y en a une autre sorte qui ne se trouve que dans la Province de Canton, mais qui ne passe gueres à l'Etranger, se consommant toute dans le Royaume où elle est fort estimée. Les vers qui la produisent sont sauvages, & ne font leurs cocons que dans les bois, d'où il est difficile, & peut-être impossible de les transporter pour les nourrir dans les maisons où ils réussiroient mal.

Cette soye est grise & sans aucun lustre, & les étoffes qu'on en fabrique ne paroissent à la vûe que comme de la toile rousse assez commune, ou des droguets fort grossiers. Ce qui leur donne le prix & qui les fait acheter plus cher que les plus beaux satins, c'est qu'elles durent très long-tems; que, quoique fortes & serrées, elles ne se coupent jamais; qu'on les lave comme la toile, & que l'huile même ne les peut tacher. Ces étoffes se nomment Kien-tcheou.

Le Picol de soie qui est de cent vingt-cinq livres poids de Hollande, se vend ordinairement à la Chine, trois cens piastres. On les distingue en trois sortes: la premiere, la moyenne, & la derniere, qui sur le pied de cent vingt-cinq livres, reviennent; sçavoir, la premiere sorte à 4 livres 15 sols la livre, la seconde 4 liv. 5 sols, & la troisiéme, trois liv. 10 sols. Sur ce pied, la soie de Nanquin assortie revient à 4 francs la livre, & se vend au moins 7 francs au Japon, ce qui est près de cent pour cent de profit.

Il est important dans l'achat des soies ouvrées aussi bien que des étoffes de soie, de tout acheter au poids, à raison de la bonté.

Les Soyes Sina, qu'on employe en France dans quelques fabriques, & particulierement à Paris dans celles des Gazes, sont du nombre des soies de la Chine.

Le Japon ne fourniroit gueres moins de soies que la Chine si les Japonnois, Nation superbe & défiante jusqu'à la cruauté, n'avoient presque interdit tout commerce dans leurs Isles aux Etrangers, sur tout à ceux qui font profession du Christianisme, à l'exception néanmoins de certain peuple de l'Europe qui y est, dit-on, reçû sous des conditions qu'on peut lire dans les Relations du fameux Tavernier; mais qu'on avoue qu'on ne peut croire tant elles doivent faire horreur à toute sorte de Chrétiens: aussi ce peuple qui seul des Européens fait le commerce du Japon, a-t-il pris soin de s'en justifier par la plume de plusieurs célebres Auteurs.

Quelques Relations assurent qu'il se fait dans toutes les Isles du Japon jusqu'à cent mille picols de soie par an, à raison de cent vingt liv. pesant le picol, & près de quatre cens mille picols de filoselle, qui est une espece de fleuret ou soie moins fine : mais bien loin que l'Europe profite d'une si grande quantité de soie, on dit que les Hollandois portent au contraire au Japon la plus grande partie de celles qu'ils tirent de la Chine & des Indes.

LES SOYES des Etats du grand Mogol se tirent presque toutes de Kasem-bazar, lieu situé assez avant dans les terres d'où elles sont apportées à la mer par un canal de quinze lieues qui tombe dans le Gange, sur lequel après en avoir encore fait quinze autres elles arrivent jusqu'à l'embouchure de ce fameux fleuve de l'Indoustan.

Ces soies sont de six especes qui sont de differentes qualités, & plus ou moins bonnes, suivant les diverses saisons qu'on les fait, ou la diversité des vers qui la produisent.

Ces soies sont l'Aggoued-bund, la Chestabund, la Sawand-bund, l'Assorec-bund, la Sauk bund, & la Mang-bund : elles sont ici placées suivant leurs qualités & leur different dégré de bonté ; mais comme on en parle amplement ailleurs, on n'entrera ici dans aucun détail sur ces sortes de soies. *Voyez* l'article des vers à soie. *Voyez* aussi leurs articles particuliers suivant leur ordre Alphabetique.

LA SOYE de Kasem-bazar est jaunâtre comme toutes les soies écrues qui viennent de la Perse & de la Sicile, n'y en ayant de blanche naturellement que celle de la Palestine ; mais les Indiens la sçavent blanchir avec une lessive faite des cendres de l'arbre qu'on nomme Figuier d'Adam, & lui donnent le même blanc qu'à la soie de Sirie. Cependant comme il y a peu de ces arbres dans le pays, & que les Habitans manquent de cendres pour ce blanchiment ; les Européens ne tirent pas une grande quantité de ces soies blanches, & sont obligés de s'accommoder des jaunes.

Kasem-bazar peut fournir tous les ans jusqu'à vingt-deux mille balles de soie, chaque balle pesant cent livres. Ce sont les Hollandois qui font la plupart de ce commerce, n'y ayant gueres d'année qu'ils n'en enlevent six à sept mille balles. Ils en enleveroient même davantage sans les Marchands de Tartarie & des Etats du Mogol qui s'y opposent, & qui veulent au moins partager ce négoce avec eux.

Il ne passe gueres de cette soie en Europe, comme on l'a dit en parlant des soies du Japon, les Hollandois les portant presque toutes, & les changeant contre de riches marchandises, particulierement contre de l'argent en barres & du cuivre.

L'Isle de Ceylan fournit aussi quelques soies de son crû, mais c'est peu de chose, & elles ne sont presque point comptées parmi les marchandises que les Européens, & sur tout les Hollandois en tirent.

En France les principaux Ouvriers qui travaillent aux soies, soit pour les ouvrer, apprêter, monter, appareiller ; soit pour les employer, tant celles du crû du Royaume, que celles des Pays Etrangers, quand elles sont entierement apprêtées, sont les Fileurs, les Devideurs, les Moulineurs ou Mouliniers, les Teinturiers, les Plieurs ; & les Fabriquans de plusieurs sortes, comme Ferandiniers, Gaziers, Rubanniers, Manufacturiers en Draps d'or, d'argent, de soie, velours, satins, taffetas, & quantité d'autres qui sont tous expliqués dans leurs articles.

Le grand commerce de soie de toutes sortes qui se fait à Lyon & à Tours, a donné lieu à plusieurs Reglemens considérables, dont les principaux sont une Ordonnance des Juges de la Conservation de Lyon du 14 Mars, & un Arrêt du Conseil du Roi du 26 Août 1686.

Ce seroit ici le lieu de les rapporter, ceux qui font ce négoce ne pouvant s'en passer ; mais un extrait très ample de l'un & de l'autre se trouvant à l'article des Payemens, il seroit également inutile & ennuyeux de les repeter ici. *Voyez* PAYEMENT.

Il y a plusieurs Tarifs, Arrêts du Conseil ou Déclarations du Roi, qui reglent en France les droits pour les soyes à l'entrée & sortie du Royaume.

Par le Tarif de 1664, la soie cuite, teinte & à coudre de toutes sortes de couleurs, paye 12 s. la livre de droits de sortie, & la soye crûe 20 s.

Par le même Tarif les droits d'entrée sont de 20 s. la livre pour la soie à coudre, & de 16 liv. le cent pesant pour la soie crûe.

Par Arrêt du Conseil du 12 Juillet 1689 les soies Ardasses teintes ou torses venant tant de la Ville d'Anvers & autres lieux de la Flandre Espagnole, que des Pays étrangers, doivent payer à l'entrée des Pays conquis & cedés, 15 s. la livre pesant, auquel droit les Hollandois même sont sujets, en conséquence de la Déclaration du 8 Décembre 1699, & de l'Arrêt du Conseil d'Etat du Roi du 30 Mai 1713.

L'Arrêt du 15 Août 1685, ordonne que conformément à l'Edit du mois de Mars 1669, toutes les soies & marchandises du Levant apportées en droiture dans le Royaume, & qui y entreroient par le port de Marseille, seroient exemtes de tous droits : mais que celles qui auroient été interposées continueroient de payer les vingt pour cent de leur valeur ; & qu'à l'égard des soies & marchandises de pareille qualité qui entreroient par la Ville de Rouen, soit qu'elles y arrivassent en droiture, soit qu'elles eussent été interposées, elles seroient sujettes au même droit de vingt pour cent.

Les Marchands négocians des Villes de Lille, Tournai, Valencienne, Dunkerque, &c. ayant représenté au Roi le préjudice que recevoit leur commerce & leurs Manufactures par rapport à la defense portée par l'Arrêt de 1685, de faire entrer les soies & autres marchandises par d'autres ports que celui de Marseille, obtinrent par un Arrêt du 2 Février 1687, que les soyes, cotons filés, & autres marchandises du Levant servant à leurs Manufactures, pourroient entrer librement par le port de Dunkerque, mais seulement pour être employées dans les Pays conquis, en payant néanmoins les droits portés par le Tarif de 1671, ainsi qu'elles faisoient avant l'Arrêt de 1685.

Par ce Tarif arrêté au Conseil le 13 Juin 1671, les soies de toutes qualités sont exemtes de droits d'entrée, & payent pour ceux de sortie ; sçavoir,

La soie cuite ou teinte, à coudre & à piquer, & autres semblables, 7 s. 6 den. la liv.

La soie crûe fine organcine de Boulogne, Messine, Naples, Bassan, Bergame, Milan & autres lieux, 6 liv. le cent pesant.

La soie crûe, dite Treme ou poil filé, deux

livres le cent pesant, non filé trois livres.

La soye crûe, dite Ardasse, le cent pesant aussi 3 l.

Les droits dûs pour les soies à la Douane de Lion, en vertu du Tarif de 1632, sont pour les soies de Mer, Rege, Mamodée, Caderne, Ardasse, &c. 12 l. 10 s. la balle de cent soixante livres poids de marc, & 5 s. de réapréciation par chaque liv.

Pour les soies crues de Messine, Barbarie, Bassio, Vicence, Alsine & Armerie, la balle de même poids, 13 liv. 10 s. & 6 d. de réapréciation la liv.

Pour les soies crues de Vicence & autres lieux, ouvrées, filées, torses & manufacturées, la balle de même poids, 19 l. 10 s. & 7 s. 6 d. de réapréciation la livre.

Pour les soies teintes noires & couleurs sans cramoisi, la livre 10 s. 6 d. réapréciation 3 s.

Pour les soies rouge-cramoisi 25 s. la liv. réapréciation 5 s.

Pour les soies violettes, incarnates ou cramoisi de Tours, 8 s. la livre, 2 s. de réapréciation.

Enfin pour les soies teintes en France 2 s. 6 d. la livre, & de réapréciation 1 s. 6 d.

Sur le point qu'on alloit donner l'article des soies à l'Imprimeur, il a paru un Edit du mois de Janvier 1721, enregistré à la Chambre des Comptes & Cour des Aydes de Paris au mois de Février ensuivant, par lequel Sa Majesté accorde la permission de faire entrer dans le Royaume toutes sortes de soies étrangeres, même celles du Comtat d'Avignon, soit ouvrées ou non ouvrées, crues, torses ou teintes, à condition qu'elles n'entreront que par la Ville de Lyon, à la Douane de laquelle il sera payé pour tous droits 14 s. de chaque livre pesant. Et qu'à l'égard de celles du crû du Royaume, qui ne passeront aussi que par ladite Ville, elles payeront seulement 3 s. 6 d. Sa Majesté défendant de faire entrer aucunes soies dans le Royaume, & de les y vendre qu'elles n'ayent auparavant été transportées à Lyon, à peine de 3000 l. d'amende & de confiscation.

COMMERCE ET PRIX DES SOYES A AMSTERDAM.

Il se vend à Amsterdam des soies d'Italie, des soies crues du Levant, & des soies des Indes Orientales. Toutes se vendent à la livre poids d'Anvers, & se payent en sous de gros; celles d'Italie & du Levant, à 33 mois de rabat, & celles des Indes Orientales, en argent de Banque. La Compagnie donne pour ces dernieres une livre & demie de tare par sac: excepté pour celles de la Chine, qui se pesent sans sac; elle déduit aussi un pour cent pour le bon poids.

A l'égard de celles d'Italie & du Levant, les premieres donnent de tare trois livres par balle, qui pesent depuis cent, jusqu'à 149 livres, cinq livres pour les balles du poids, depuis 150, jusqu'à 199 livres; & six livres pour celles pesant 200 livres & au-dessus: leurs déductions pour le bon poids & pour le prompt payement, sont deux pour cent pour l'un, & un pour cent pour l'autre.

A l'égard de la tare des soies crues du Levant, les balles qui se pesent avec les cordes, donnent 12 livres, & celles qui se pesent sans cordes, 6 livres, les déductions pour le bon poids & le prompt payement, sont chacune d'un pour cent.

PRIX QUE LES SOYES D'ITALIE SE VENDENT *à Amsterdam.*

Il y a à Amsterdam trois sortes d'orgencin de Boulogne qui se distinguent par premiere, seconde & troisiéme sorte, & une quatriéme qu'on nomme, melioratie. La premiere sorte se vend depuis 58, jusqu'à 60 sous de gros la livre. La seconde sorte depuis 55 jusqu'à 57 sous de gros. La troisiéme sorte depuis 47 jusqu'à 49 sous de gros, & les meliorats depuis 51, jusqu'à 54 sous de gros.

L'orgencin de Turin, est de deux sortes, la premiere coute depuis 55 jusqu'à 58 sous de gros; la seconde depuis 51, jusqu'à 53 sous de gros.

Il y a aussi 2 sortes d'orgencin de Bergame, & outre cela une troisiéme, qu'on appelle soie trame. Celle-ci, se vend depuis 36 jusqu'à 37 sous de gros: la premiere sorte depuis 46 jusqu'à 47 sous de gros, & la seconde sorte depuis 41 jusqu'à 44 sous de gros.

L'orgencin de Milan se vend depuis 36 jusqu'à 38 sous de gros, & la trame de la même Ville, depuis 33 jusqu'à 35 sous de gros.

Le prix des soies appellées Cartesiennes à la Bolonoise, est de 47 à 49 sous de gros, si c'est de la premiere sorte, & de 44 sous de gros à 45, si c'est de la seconde; & de 40 à 42 sous de gros, si ce sont des meliorats.

La premiere sorte de Venise se vend depuis 45 jusqu'à 47 sous de gros, & la seconde depuis 42 jusqu'à 44 sous de gros.

Les soies de Regio coutent depuis 40 jusqu'à 45 sous de gros.

Les soies de Plaisance, depuis 38 jusqu'à 41 sous de gros.

Enfin l'orgencin de Modene depuis 45 jusqu'à 48 sous de gros.

Prix des soies crues du Levant.

Les Cerbafide Smyrne se vendent 31 sous ½ de gros la livre.
Les mêmes d'Alep, 30 sous de gros.
Les Burma legios, 27 sous de gros.
Les Ardassettes, 21 sous de gros.
La bonne ardasse, 11 à 12 sous de gros.
La commune, 10 sous de gros.
Les soies de Messine, 24 à 25 sous de gros.
Celles de Morée, 19 à 21 sous de gros.
Celles de Valence, 26 à 27 sous de gros.
La soie appellée Birotine, 32 sous de gros.
La soie de Tripoli, 27 sous de gros.
La soie d'Antioche, 26 sous de gros.
Celle de Chypre, 25 sous de gros.
Et celle de Biasse, 24 sous de gros.

Prix des soies des Indes Orientales.

Les soies de Bengala, se vendent suivant leur numero, qui se marquent par des Lettres initiales, depuis A jusqu'à F.

N°. A 22 sous de gros N°. B 24 sous ½ de gros, N°. C 23 sous de gros, N°. D 20 sous ½ de gros, N°. E 19 sous de gros, N°. F 17 sous de gros.

La Cabesse de More 21 sous ½ de gros, la Cabesse ordinaire, 18 sous ½ de gros.

La Bariga de More, 21 sous ½ de gros: la Bariga ordinaire, 16 sous ½ de gros.

Les soies de Perse, 19 à 21 sous de gros.

Et les soies de la Chine, 18 sous de gros.

On a laissé à toutes ces soies les noms qu'on leur donne à Amsterdam, qui sont un peu differens de ceux qu'elles ont en France; mais il est aisé de les reconnoître, & d'en distinguer les especes.

SOYE.

Soye. Les étoffes que l'on appelle simplement des *Soies* en Chinois, sont de petits taffetas qui se fabriquent à Canton. Ils s'y vendent neuf mas six condorins les dix taels, & se revendent au Tunquin un tael deux mas la piece.

Soye de Porc ou Soye de Sanglier. C'est le grand poil qui se trouve dessus le dos de ces sortes d'animaux. *Voyez* Porc *&* Sanglier.

La soie de porc se tire de divers endroits de France, & s'employe à plusieurs usages, mais particulierement pour faire des brosses à peignes, des vergettes, des décrotoires & des goupillons, tant pour jetter de l'eau-benite, que pour nettoyer les pots où la main ne peut entrer. Elle s'envoye pour l'ordinaire dans les tonneaux ou futailles par paquets de differentes grosseurs, qui se vendent au poids.

La soie de sanglier est beaucoup plus forte que celle de porc, aussi est-elle bien plus chere & plus estimée : elle sert aux Cordonniers, Savetiers, Boureliers, Selliers, &c. à mettre en guise d'éguille au bout du fil dont ils se servent pour coudre avec une alaine leurs differens ouvrages. On en fait aussi des décrotoires qu'on veut qui soient rudes, soit pour frotter les planchers, soit pour décrotter les souliers.

Il s'en tire beaucoup de Moscovie & de Lituanie par la voie de Hambourg & de Hollande, d'où elle est envoyée par petits paquets liés par le milieu, dans des boëtes de sapin longues d'environ un pied & larges de deux ou trois doigts que l'on nomme Caisses. Elle se vend pour l'ordinaire au poids.

Les soies, tant de porc que de sanglier, font une portion du négoce des Marchands Merciers-Quincailliers, qui les font venir en gros, pour les vendre en détail aux Ouvriers qui les employent ou qui en ont besoin.

Par le Tarif de 1699, les droits d'entrée des soies de porc préparées & fabriquées en Hollande, ont été réduits en faveur des Hollandois seulement, à 4 liv. le cent pesant.

Toutes les autres soies de porc, autres que celles du crû & fabrique de Hollande, payent 10 liv. du cent pesant, suivant l'Arrêt du 3 Juillet 1692.

Les droits de la Douane de Lyon, où cette sorte de soie est appellée Soie Cordonniere, sont sur le pied de Mercerie d'Allemagne, c'est-à-dire, 3 liv. 5 s. du quintal d'ancienne taxation, & 15 s. de nouvelle réappréciation.

Soye. Terme de Coutellerie. C'est la queue de fer d'une lame de couteau de table, qui sert à l'emmancher. Entre la lame & la soie est ce qu'on appelle la mitre, c'est-à-dire, un petit rebord plat & rond qui arrête le manche. On parle ailleurs de la maniere de forger & retenir cette mitre. *Voyez* Tas.

Soye. C'est aussi en terme de Fourbisseur le fer qui sert de poignée à une épée, à une bayonnette, ou à de semblables armes. C'est sur la soie qu'on range toutes les pieces de la monture, telles que sont la plaque, le corps, la branche, la poignée & le pommeau. La soie qui se rive sur cette derniere piece les affermissant & les liant toutes ensemble. *Voyez* Fourbisseur.

SOYERIE. Toutes sortes de marchandises de soie. On dit les Soyeries de Lyon, de Tours, du Levant; pour dire toutes les étoffes de soie qui se font dans ces lieux ou qui en viennent. On dit de même qu'un Marchand entend bien le négoce de la Soyerie.

Soyerie. Se prend encore pour la maniere de préparer la soie, ou pour le lieu où on la prépare. Etablir une Soyerie.

SOYEUX, qui est doux comme de la soie. Cette étoffe est fabriquée d'une laine très-soyeuse. Le castor est un poil soyeux.

Soyeux. Signifie aussi plein de soie, bien garni de soie. Ce satin est bien soyeux.

SOYETEURS. Ouvriers qui travaillent en étoffe de soie. Il n'y a guéres qu'à Lille Capitale de la Flandre Françoise, où on leur donne ce nom. Ailleurs on les appelle Manufacturiers, Fabriquans ou Ouvriers en Soie. *Voyez ces trois articles.*

SPA

SPALT. Pierre blanche, écailleuse & luisante que l'on employe assez souvent pour faciliter la fonte des métaux. Cette pierre s'approche quelquefois du Levant, mais elle vient plus communément d'Angleterre & d'Allemagne. Le bon Spalt doit être en longues écailles, tendre & facile à être réduit en poudre. Le Spalt d'Angleterre est presque toujours très-dur.

Le Spalt n'étant point tariffé doit payer en France les droits d'entrée à raison de cinq pour cent de sa valeur, conformément au dernier article du Tarif de 1664.

SPARAGON. Etoffe de laine très méchante, qui se fabrique en Angleterre où elle se consomme presque toute. Les Anglois en envoyent néanmoins quelques-unes en Espagne, mais ces envois ne passent guéres huit ou dix mille livres par année.

SPE

SPECACUANHA. C'est cet excellent remede pour la dissenterie, qui a passé de l'Amerique en Europe. On l'appelle plus ordinairement Ipecacuanha. *Voyez cet article.*

SPECIA. Terme dont quelques Marchands négocians & Banquiers se servent assez souvent dans leurs écritures, pour signifier ce qu'on nomme communément Solde, Soute ou Soude d'un compte. *Voyez* Compte.

SPECULATION. Sorte d'étoffe non croisée, qui se fabrique pour l'ordinaire à Paris, dont la chaîne est de soie cuite ou teinte, & la tréme de fil blanc de Cologne, ou de fil de coton blanc. Sa largeur est communément de demi-aune moins un seize mesure de Paris. Il s'en fait de moirée & de non moirée, de differentes couleurs.

SPERMA-CETI, en François SPERME ou BLANC DE BALEINE. Drogue que vendent les Epiciers, dont on se sert dans quelques mixtions inventées pour embellir, on pourroit plutôt dire pour gâter, le teint des Dames. *Voyez* Baleine.

Le Sperme ou Blanc de Baleine n'étant point tariffé, doit payer en France les droits d'entrée à raison de cinq pour cent de sa valeur estimée à l'amiable, ou reglée par les Juges des Fermes, conformément au Tarif de 1664.

Les droits de la Douane de Lyon sont 3 liv. 2 s. 6 d. le quintal d'ancienne taxation, 7 s. 6 d. de nouvelle réappréciation, 4 l. pour les anciens quatre pour cent, & 3 liv. pour leur réappréciation.

SPH

SPHERE ou BOULE. Instrument dont se servent les Miroitiers-Lunetiers, pour travailler les verres concaves qui sont propres aux operations d'optique, ou autres ouvrages de miroiterie. *V.* BOULE.

SPI

SPIC-NARD ou NARD. Plante médicinale qui entre dans la composition de la thériaque. C'est le *Spica-nardi* des Droguistes & des Botanistes. *Voyez ci-après* SPICA-NARDI.

SPICA-NARDI; chez les Droguistes & Epiciers SPIC-NARD. Plante qui entre dans la composition de la thériaque, & que les Apoticaires devroient employer dans le syrop de chicorée composé, au lieu de la canelle dont ils se servent, à cause qu'elle est à meilleur marché.

Il y a trois sortes de Spic-nard ou de Nard, car on lui donne aussi quelquefois simplement ce nom; le Nard Indique, le Nard de Montagne, & le Nard Celtique ou François.

Le nard Indique, ainsi appellé parce qu'il vient des Indes, est de deux sortes, le grand & le petit. Le petit Nard, auquel le grand ressemble presque en tout, à la reserve de la couleur qui est plus brune & plus rougeâtre (ce que l'on croit même venir de quelque teinture) est une espece d'épi de la longueur & de la grosseur du doigt, tout garni de petit poil brun & rude, que produit une racine assez approchante de celle de la pirette, mais pas toutefois si longue. Il sort à fleur de terre plusieurs épis de la même racine, & du milieu il s'éleve une tige longue & mince. Le goût de l'un & de l'autre nard des Indes est amer, & leur odeur forte & désagréable.

Le nard de montagne qui vient de Dauphiné, est d'un gris de souris. Sa racine est de la grosseur du bout du petit doigt, tournée comme au tour, & garnie de petits filamens, & sa tige qui sort du milieu des épis est rougeâtre.

Enfin le nard Celtique qui se trouve sur les montagnes des Alpes & en d'autres endroits, & que les Marchands de Paris reçoivent par la voye de Marseille & de Rouen, est une plante dont la racine est écailleuse & remplie de fibres. Ses feuilles sont longues, étroites par en bas, larges par le milieu, pointues par le bout. Sa tige n'a guéres plus d'un demi-pied, à l'extrémité de laquelle sont quantité de petites fleurs d'un jaune-doré en forme d'étoiles. Ce nard est ordinairement apporté par bottes.

De ces trois sortes de Nard, l'Indique est le plus estimé & le plus cher; le Celtique suit après; & pour celui de montagne, les habiles Marchands Droguistes & Epiciers croyent qu'il faudroit en abandonner le commerce, étant de peu de vertu. Les deux premiers doivent se choisir nouveaux & odorans autant qu'il est possible.

L'on trouve quelquefois mêlées parmi ces deux nards d'autres plantes étrangeres, qu'il faut sçavoir en démêler, comme le nard bâtard, l'hirculus ou bouquain, &c. qui n'ont aucune des vertus des véritables nards.

Outre l'épi du Spica-nardi, les Epiciers-Droguistes en vendent aussi la semence, qui a presque les mêmes vertus que l'épi, & peut entrer dans les mêmes compositions de médecine.

Le Spica nardi des Indes est du nombre des drogues & marchandises venant du Levant, qui outre les droits ordinaires payent vingt pour cent de leur valeur, conformément à l'Arrêt du 15 Août 1685.

Les droits qu'ils payent en France, suivant le Tarif de 1664, sont à raison de 7 liv. 10 s. le cent, & ceux du Spica-Celtica de 3 liv. 15 s. aussi du cent pesant.

A l'égard des droits de la Douane de Lyon, ils se payent, sçavoir :

Pour le Spica-nardi Indique 3 liv. 2 s. 6 den. d'ancienne taxation, du quintal 22 s. 6 den. pour la nouvelle réapréciation, 5 liv. pour les anciens quatre pour cent, & 3 liv. pour leur réapréciation.

Pour le Spica-Celtica 13 s. 3 d. le quintal d'ancienne taxation, 11 s. 9 d. de nouvelle réapréciation, 16 s. pour les quatre pour cent, & pareille somme pour leur réapréciation.

Pour le Spica semence 37 s. 6 den. d'ancienne taxation, & 11 s. 9 den. de réapréciation.

SPINELLE. Sorte de Rubis couleur de feu. *Voyez* RUBIS.

SPITZBERG. C'est le Pays le plus Septentrional que l'on connoisse dans notre hémisphere. Il fut découvert en 1595 par Guillaume Barens & Jean Corneille Hollandois, qui cherchoient un chemin pour aller à la Chine par la Mer Glaciale. Les baleines qui se trouvent dans ce Parage sont plus grandes & plus grasses qu'en aucun endroit de la mer du Nord; ce qui a obligé les Hollandois d'abandonner le Groenland, où ils avoient d'abord établi leur pêche, & de lui préferer les Côtes du Spitzberg; en quoi ils ont été suivis des Anglois, Hambourgeois, & des autres Nations qui vont à la pêche de la baleine. *Voyez* BALEINE. *Voyez aussi* PESCHEURS DE BALEINE, *& encore l'article des Compagnies de Commerce, au paragraphe où il est parlé de celles des Hollandois.*

SPO

SPODE. Espece de cendre qui sert dans la Médecine, qu'on estime un assez bon cardiaque, & à qui l'on attribue les mêmes qualités du corail.

Le Spode des Anciens étoit fait de racines de roseaux & de cannes brûlées. Ils appelloient aussi Spode, une maniere de cendre qu'on trouve au pied des fourneaux où l'on fait l'airain.

Les Modernes font leur Spode d'yvoire brûlé & calciné en blancheur. Il faut le choisir en belles écailles, blanc dessus & dedans, pesant, facile à casser, &, s'il se peut, sans menu & sans ordures. On peut le contrefaire avec des os de bœuf ou de chien; mais il n'est de nulle valeur.

L'Anti-spode que les Anciens substituoient quelquefois à leur Spode, étoit composé de feuilles de myrthe, de pommes de Caïn, de noix de galle, & quelques autres drogues calcinées.

Les Spodes payent en France les droits d'entrée à raison de 3 liv. du cent pesant, conformément au Tarif de 1664.

Les droits de la Douane de Lyon sont de 13 s. 4 d. le quintal d'ancienne taxation, & 10 s. pour les quatre pour cent.

SPODIER. Terme dont quelques Négocians se servent pour dire ce qu'on entend dans le négoce par Expedier. Ce dernier mot est le seul en usage; & il n'y a guéres d'apparence que la Porte qui s'en est servi dans sa Guide pour les Négocians, puisse lui donner cours.

SPORCO. Les Négocians des Provinces de France qui avoisinent l'Italie, usent quelquefois de ce terme en parlant d'une marchandise où il n'y a point de tare.

SPR

SPROTS. On nomme ainsi en Hollande les harengs sorets d'Angleterre. Suivant la nouvelle Liste ou Tarif de Hollande de 1725, les sprots Anglois payent les droits d'entrée à raison de 7 florins 10 s. le last de douze milliers, & d'un florin 10 s. ceux de sortie. *Voyez* l'article LISTE.

SPU

SPUTER. Espece de métail blanc & dur, qui n'est connu en Europe que depuis que les Hollandois l'y ont apporté. Quelques-uns ne le mettent qu'au rang des demi-métaux; parce que quoiqu'il rougisse avant que de fondre, de même que l'argent, le cuivre & les autres vrais métaux qui soutiennent l'ignition, il n'est nullement ductile, ne pouvant souffrir le marteau à cause de son aigreur qui le rend cassant; ensorte qu'il ne peut être employé tout au plus que dans les ouvrages de fonte.

SQU

SQUÆNANTHE. Plante aromatique & odoriferante, qu'on nomme plus ordinairement *Juncus Odoratus. Voyez cet article.*

Le Tarif de la Douane de Lyon le nomme Squinant. Les droits qu'il y paye sont de 15 s. le quintal d'ancienne taxation, & 10 sols de nouvelle réapprétiation.

SQUILLES ou SCILLES. Gros oignons qui viennent d'Espagne, qui entrent dans la composition de la thériaque. *Voyez* SCILLES.

SQUINANTI, ou LIN D'EGYPTE. C'est le meilleur & aussi le plus cher des lins qui se vendent au Caire, où il s'y en fait un très grand négoce. Il coûte ordinairement jusqu'à dix piastres le quintal de cent dix rotols. *Voyez* LIN.

SQUINE, ou ESQUINE. Racine médicinale qui vient de la Chine & des grandes Indes. *Voyez* ESQUINE.

STA

STACTE'. Espece de gomme que l'on appelle autrement Mirrhe. *Voyez* MIRRHE. *Voyez aussi* STORAX.

STÆCANANTHE. C'est le Juncus odoratus. *Voyez* JUNCUS ODORATUS.

STAFISAGRE ou STAPHISAGRE. Graine qui sert à faire mourir la vermine.

La plante qui la produit croît en abondance en divers endroits de la Provence & du Languedoc. Ses feuilles sont vertes, grandes, fort découpées & assez épaisses. Ses fleurs sont d'un bleu celeste, ausquelles succedent des gousses remplies d'une semence de la grosseur d'un pois. La figure de cette semence est triangulaire, sa couleur noirâtre & comme chagrinée par dessus. Au dedans elle est d'un blanc tirant sur le jaune, d'un goût mordicant, amer, & fort désagréable.

Outre l'usage du Stafisagre pour faire mourir la vermine des enfans, on s'en sert encore pour appaiser la douleur de dents, & pour faire des vesicatoires en la faisant cuire dans le vinaigre. Il est néanmoins quelquefois dangereux de s'en servir pour les dents.

Il faut choisir le Stafisagre bien nourri, le plus nouveau & le moins rempli d'ordures qu'il se peut.

Le Stafisagre paye en France les droits d'entrée à raison de 25 s. le cent pesant, conformément au Tarif de 1664.

Les droits de la Douane de Lyon sont 5 s. 6 den. le quintal d'ancienne taxation, 4 s. 6 den. de nouvelle réapréciation, 4 s. pour les quatre pour cent, & 26 s. pour leur augmentation.

STAMATES. Sortes d'étoffes qui se trouvent tarifées dans la nouvelle Liste ou Tarif de Hollande de 1725.

STAMETTE. Etoffe de laine qui se fabrique dans divers lieux des Provinces-Unies. On en fait de diverses couleurs, qui pour l'ordinaire sont toutes teintes en laine, c'est-à-dire, dont la laine de la chaîne & de la tréme a été mise en teinture avant de monter le métier. Les pieces portent communément depuis 32 jusqu'à 33 aunes: elles payent de droits d'entrée 3 florins, & seulement 10 sols de sortie la piece de l'aunage ci-dessus, avec une augmentation d'un sol 8 pennins quand elles entrent ou qu'elles sortent par l'Est, l'Orison ou le Belt.

Les stamettes apprêtées hors du Pays, sont réputées marchandises de contrebande pour l'entrée.

STAMPE. Instrument dont l'on se sert pour marquer les Négres dans l'Isle de Saint-Domingue, pour les pouvoir reconnoitre.

La stampe est faite ordinairement d'une lame d'argent très-mince, tournée de maniere qu'elle forme les chiffres de chaque propriétaire de Négre. Elle est attachée à un petit manche de bois afin de la tenir lorsqu'on veut l'appliquer, après l'avoir fait raisonnablement chauffer.

On parle ailleurs de la maniere de se servir de la stampe. *Voyez* ESTAMPER UN NEGRE.

STAR, en Italien *Staro* ou *Staio* & *Stara.* Mesure des liquides dont on se sert à Florence.

Le Star est de trois barils, & le baril de vingt fiasques.

On se sert aussi du Star dans la Calabre & dans la Pouille. Dans ces deux Provinces du Royaume de Naples il faut 10 Stars pour la salme, 32 pignatolis pour le Star. *Voyez* SALME.

Le Staro est aussi le Boisseau dont on se sert en plusieurs Villes d'Italie pour mesurer les grains, particulierement à Venise, à Livourne & à Luques.

Le Staro ou Stara de Livourne pese ordinairement 54 livres. 112 Stari sept huitiémes font le last d'Amsterdam.

Les grains se mesurent aussi à Luques au Staro, dont les 119 font un last d'Amsterdam.

Le Staro de Venise pese 128 livres gros poids; chaque Staro contient 4 quartes. 35 Stari un cinquiéme, ou 140 quartes quatre cinquiémes font le last d'Amsterdam.

STARIE. Terme de commerce de mer, particuliérement en usage dans le Levant.

Les Hollandois nomment Staries, le tems que ceux qui commandent les escortes que l'Amirauté de Hollande accorde aux convois qui vont au Levant, restent à Smirne au de-là de celui qui leur est permis par leur commission.

Au retour des convois les Commandans des escortes sont tenus de remettre un Journal de leur voyage entre les mains du Procureur Général de l'Amirauté; lequel, s'il n'approuve pas les staries faites extraordinairement, en rejette la dépense sur le compte des Commandans. *Voyez* Levant.

STATUE. Ouvrage de Sculpture de ronde-bosse & de plein relief, qui représente une figure humaine, de quelque sexe, de quelque âge & en quelque attitude que ce soit. On fait des Statues au ciseau de plusieurs matieres, comme de marbre, de pierre, de plâtre, &c. On en fond de tous les métaux, mais particulierement d'or, d'argent, de bronze, & de plomb. Toutes se modelent ordinairement en petit avec de la cire ou de la terre glaise, pour ensuite les réduire en grand; & c'est aussi avec de la cire qu'on fait les moules où se jettent celles qui se fondent. *Voyez* Sculpteur, Sculpture, Fonderie & Fondeur.

STATUTS, en fait de commerce, & suivant l'usage d'aprésent. Ce sont des Reglemens faits par autorité publique, & confirmés par Lettres Patentes des Rois, pour servir à la conduite, gouvernement & discipline des Corps des Marchands & des Communautés des Arts & Métiers.

Les Statuts en général sont aussi anciens que l'union des particuliers en certains Corps & Communautés, n'étant pas possible d'entretenir la paix entre plusieurs personnes, sur tout si elles sont d'une condition égale, qu'elles ne conviennent de certaines loix communes, suivant lesquelles elles s'engagent de vivre & de se conduire par rapport à l'intérêt commun.

C'est de là que sont venus les premiers Statuts, où le Magistrat n'avoit point de part. Mais comme il est de la sureté des Etats qu'il ne s'y tienne point d'Assemblées, ou que celles qui s'y tiennent soient sagement disciplinées, les Officiers des Princes, & ensuite les Princes eux-mêmes ont trouvé bon d'y avoir l'œil.

C'est ce qui est arrivé en France sur la fin du douziéme siécle; car quoiqu'il y ait des Communautés qui produisent des Statuts qui leur ont été donnés, à ce qu'elles prétendent, dès le commencement du onziéme siécle, il est aisé de juger par les Lettres Patentes même des Rois qui les ont depuis confirmées, qu'on doutoit dès lors un peu d'une si grande antiquité.

Le premier Reglement général qui ait été fait au sujet des Statuts des Corps & Communautés, est celui des Etats Généraux tenus à Orleans au mois de Décembre 1560. L'article 98 ordonnant que tous les Statuts desdits Corps & Communautés seroient revûs & corrigés, réduits en meilleure forme, mis en langage plus intelligible, & de nouveau confirmés & autorisés par Lettres Patentes du Roi.

L'exécution de cet article donna lieu à cette grande quantité de Lettres Patentes de confirmation qui furent expediées sous le Regne de Charles IX. & il y a apparence que tous les autres Statuts & Reglemens eussent été pareillement renouvellés sans la continuation des guerres de Religion qui avoient commencé sous Henry II. & qui ne finirent que sous Henry IV.

Louis XIV. donna aussi un Edit au mois de Mars 1673, pour le renouvellement général de tous les Statuts des Corps & Communautés, & il fut même reglé au Conseil un Rolle des sommes qu'il leur en devoit couter.

Il paroît par ce Rolle que ces Communautés n'étoient alors dans Paris qu'au nombre de quatre-vingt-quatre; mais par celui aussi dressé au Conseil au mois d'Avril 1691, pour l'exécution de l'Edit du mois de Mars précédent, portant création des Maîtres & Gardes, & Jurés en titre d'Offices, les Corps & Communautés de cette grande Ville se trouverent augmentées jusqu'à cent vingt-quatre, y en ayant eu plusieurs nouvelles d'érigées par Lettres Patentes depuis l'Edit de 1673.

Il faut remarquer que depuis que les Rois ont trouvé à propos de donner leurs Lettres de confirmation des Statuts & Reglemens des Communautés, elles sont obligées de demander cette confirmation à chaque mutation de Rois; mais il est vrai aussi qu'il y a eu bien des Rois qui n'ont point voulu user de leur droit. *Voyez les articles propres à chacun de ces Corps & Communautés. Voyez aussi ceux de Jurande & de Jurés.*

STE

STECAS. *Voyez* STHÆCAS.

STEEM. Poids de Brabant & de quelques Villes Anséatiques. On l'appelle plus ordinairement Pierre. *Voyez* Pierre.

L'on se sert aussi du Steem à Amsterdam & dans quelques autres lieux des Provinces-Unies. Le Steem pese huit livres.

STEKAN ou STECKAN. Mesure de Hollande pour les liquides, & particulierement pour les huiles. Les bottes ou pipes d'huile contiennent depuis 20 jusqu'à 25 stekans.

A Amsterdam on nomme cette mesure Stekaimen. Le Stekaimen contient 16 mingles ou mingeelles à raison de deux pintes de Paris le mingle; ainsi il est de trente-deux pintes.

La barique de Bourdeaux rend douze stekans & demi. Le tonneau de Bayonne, Tursun & Chalosse, 140 stekans, & le poinçon de Nantes douze.

STEKAIMEN. Mesure des liquides. *Voyez l'article précedent. Voyez aussi l'article des Mesures.*

STELLIONAT. Crime de fausse vente, en vendant les choses autrement qu'elles ne sont, ou des effets appartenans à un autre, ou en vendant deux fois une même chose.

STELLIONATAIRE. Faux vendeur, celui qui commet un stellionat.

STENOMAGRA. Espece de mineral. *Voyez* Agaric.

STERCUS DIABOLI. C'est ainsi que les Allemands nomment l'Assa Fœtida, à cause de son extrême puanteur. *Voyez* Assa Foetida.

L'Assa Fœtida paye les droits de la Douane de Lyon à raison de 5 liv. 15 s. quintal, tant d'anciens que de nouveaux droits.

STERLING. Terme Anglois fort commun dans le commerce & dans les monnoyes d'Angleterre, qui ne se dit jamais tout seul, mais qui ajouté à d'autres signifie diverses monnoyes de compte qui sont en usage dans la grande Bretagne; comme la livre sterling, le sol sterling, & le denier sterling.

Les Négocians Anglois tiennent leurs Livres par livres, sols & deniers sterlings, en mettant la livre sterling pour dix livres communes; le sol sterling pour dix sols, & le denier pour dix deniers *Voyez* Livre sterling.

Il y avoit autrefois en Angleterre une espece courante qui se nommoit Sterling; elle étoit d'argent, & avoit pris son nom d'un château où d'abord elle avoit été frappée.

STETIN, Ville anséatique d'Allemagne, Capitale de la Poméranie, où se fait le principal négoce de cette partie de la basse Allemagne. *V.* l'Etat gén. Tome I. p. 298.

STH

STHÆCAS ou STICADE. Nom d'une plante qui entre dans la composition de la thériaque.

Il y a de deux sortes de Sthæcas, le Sthæcas Arabique, & le Citrin.

Le Sthæcas Arabique (on ne sçait pourquoi ainsi nommé, puisqu'il vient de Provence & de Languedoc, & sur tout des Isles d'Yeres, & non pas d'Arabie) est une plante dont les feuilles sont étroites & verdâtres; ses fleurs sont petites, bleues, approchantes de la violette, & sortent d'une espece d'épy de figure piramidale qu'elles couvrent & environnent.

Ce n'est que des fleurs du Sthæcas dont les Epiciers-Droguistes de Paris font négoce, encore n'en ont ils pas beaucoup de débit.

Il faut les choisir d'un beau bleu, & en épis bien entiers.

LE STHÆCAS CITRIN, qu'on nomme autrement Amarante Jaune, n'est gueres different de l'Arabique que par la couleur que désigne assez son nom. Il croît aussi en Languedoc & en Provence, mais il est très rare dans les boutiques de Paris, à cause qu'il ne s'en consomme presque point.

Les Sthæcas Arabiques, les Citrins & toutes autres drogues qui passent sous ce nom, payent en France les droits d'entrée à raison de 50 s. le cent pesant, conformément au Tarif de 1664.

Les droits de la Douane de Lyon, dans le Tarif de laquelle ils sont nommés Sticados, sont par quintal de 2 s. 4 d. d'ancienne taxation; 5 s. 2 d. de nouvelle réapréciation; 8 s. pour les quatre pour cent, & 4 s. pour leur réapréciation.

STI

STICADE ou STICADOS. *Voyez l'article précedent.*

STILAGE ou STELAGE. Droit qui se perçoit sur les grains en quelques endroirs de France. C'est un droit de Seigneur qu'on nomme ailleurs, Minage, Hallage & Mesurage. Il consiste ordinairement en une écuellée de grain par chaque sac qui se vend dans une halle ou marché.

Il y a des lieux où le Stelage se leve aussi sur le sel, comme dans la Souveraineté de Bouillon.

STIL DE GRAIN, qu'on nomme autrement STIL DE GRUN. C'est une composition ou couleur dont les Peintres en huile & en mignature se servent pour peindre en jaune. Il vient ordinairement de Hollande, où les Hollandois le composent avec de la graine d'Avignon qu'ils font bouillir dans de l'eau avec de l'alun de Rome ou d'Angleterre, & du blanc de Troyes ou d'Espagne. Quand tous ces ingrédiens sont réduits en consistance de pâte, ils en forment de petits pains tortillés qu'ils font secher, & c'est ce qu'on appelle Stil de Grain. La bonté du Stil de Grain consiste à être d'un jaune doré, tendre, friable, & point sale ni graveleux. *Voyez* GRAINE D'AVIGNON.

Le Stil de Grain que le Tarif de 1664 nomme mal à propos Iquil de Grain, paye en France les droits d'entrée conformément à ce Tarif, à raison de 30 s. le cent pesant.

STILE. Façon particuliere d'exprimer ses pensées ou de bouche, ou par écrit.

On appelle Stile Marchand ou Stile Mercantoriste, la maniere dont les Marchands & les Négocians ont coutume de parler dans les affaires de leur négoce & commerce, ou de s'exprimer dans les écritures mercantiles qu'ils font pour eux-mêmes ou pour leurs Associés, Correspondans, Commissionnaires & Facteurs.

Ce Dictionnaire est en partie composé de ce stile: & comme il y a des expressions consacrées aux Sciences & aux Arts, & aux autres differentes Professions, qui diversifient les emplois des hommes, qu'il est honteux de ne pas sçavoir quand on y a pris parti; on ne doit pas non plus trouver étrange que le Commerce ait aussi les siennes, & que les jeunes Négocians les étudient avec le même soin que l'Ecclesiastique, le Magistrat ou l'homme de guerre, font les termes qui conviennent à leur profession, ni qu'on ait tenté de les leur faciliter en composant cet Ouvrage.

STILE. Signifie aussi la supputation differente que quelques Nations de l'Europe font de la révolution des jours pendant le cours de chaque année.

En ce sens on distingue deux sortes de stiles, l'ancien stile & le nouveau stile.

La diversité de leur calcul est de dix jours, retranchés en 1582 par Gregoire XIII. Pape, que les Catholiques observent, & que les Protestans ont refusé, malgré l'utilité de cette réformation.

On en parle ailleurs assez au long à cause de la nécessité où sont les Marchands Banquiers & Négocians Catholiques de ne la pas ignorer, leur étant très importante pour les dattes & les échéances de leurs Lettres & Billets de Change, & autres écritures mercantilles dans leur commerce avec les Etrangers des differentes Confessions Protestantes. *Voyez* NOUVEAU STILE & VIEUX STILE.

Table des Lieux où s'observent le nouveau & le vieux stile.

Le nouveau stile s'observe
A Rome & dans toute l'Italie.
A Vienne & dans toute l'Autriche.
A Paris & par toute la France.
A Madrid & dans toute l'Espagne.
A Lisbonne & dans tout le Portugal.
A Amsterdam & dans toute la Hollande.
A Midelbourg & Flessingue en Zelande.
A Gand, Bruxelles, Anvers, Bruges & tout le Brabant, Flandres & l'Artois.
A Coppenhague & tout le Danemarc.
A Dantzick, Conisberg & dans toute la Pologne.
A Hambourg & dans le Holstein.
A Prague & par toute la Boheme.
A Presbourg & par toute la Hongrie.
A Cologne, à Liege & toute la Vestphalie.
A Breslaw & toute la Silesie.

Chez tous les Princes Catholiques Romains en Allemagne.

Enfin chez les huit Cantons Catholiques Romains Suisses.

Le vieux stile s'observe

A Londres & par toute l'Angleterre, l'Ecosse & l'Irlande.

A Stokholm & toute la Suede.

A Arkangel en Moscovie.

A Berling & dans tout le Brandebourg.

A Leipsick, à Namboug & toute la Saxe.

A Riga en Livonie.

A Lubeck & à Mekelbourg.

A Francfort sur le Mein.

A Utreck & dans la Gueldre & Frise Orientale.

A Nuremberg, à Geneve, à Saint-Gal en Suabe & dans les cinq Cantons Suisses Protestans.

STILLIARD. On nommoit autrefois en Angleterre la Compagnie du Stilliard une Compagnie de Commerce établie en 1215 par Henry III. en faveur des Villes libres d'Allemagne. Cette Compagnie étoit maîtresse de presque toutes les Manufactures Angloises, particulierement des Draperies. Les préjudices que ces privileges apportoient à la Nation, la firent casser sous Edouard IV. Elle subsista néanmoins encore quelque tems en faveur des grandes avances qu'elle fit à ce Prince, mais enfin elle fut entierement supprimée en 1552 sous le Regne d'Edouard VI.

STINC MARIN. Espece de petit lezard amphibie assez semblable au crocodile pour la figure; mais si petit, que les plus grands ne passent gueres quinze pouces de longueur. Il s'en trouve quantité en Egypte le long du Nil, & c'est de là qu'on les apporte en France par la voye de Marseille.

Le stinc est tout couvert d'écailles d'un gris argenté depuis l'extrémité de sa queue qui est assez longue, jusqu'au bout du museau qu'il a très pointu. Ses yeux sont petits & vifs; sa gueule qui est fendue jusques aux oreilles, est armée de quantité de petites dents blanches & rouges; il a quatre pieds, mais très courts & très foibles, ensorte qu'il rampe plutôt qu'il ne marche; son cri est affreux, & il le diversifie comme une espece de chant. Il ne va gueres que de nuit; & quand il paroît de jour tout petit qu'il est, il est capable d'imprimer de la frayeur par la maniere terrible dont il se traine.

Aux Isles Antilles où il se trouve quantité de cette sorte de lezard, on le nomme Brochet de mer, & l'on attribue à sa chair les mêmes qualités qu'à celle du Stinc du Nil; c'est-à-dire, qu'on la croit bonne contre les poisons, & propre à ranimer la chaleur des vieillards.

Il faut choisir le Stinc gros, long, large, pesant, sec, entier, & point mangé de vers s'il se peut. Il manque à tous ceux que l'on apporte d'Egypte, les entrailles & le bout de la queue, apparemment à cause de quelque malignité qu'ont ces parties.

Le Stinc entre dans la composition du mitridate.

Le Stinc marin paye en France les droits d'entrée à raison de 6 l. le cent pesant, conformément au Tarif de 1664.

Les droits de la Douane de Lyon sont de 12 s. 6 den. du quintal.

Il est du nombre des marchandises venant du Levant, sur lesquelles on paye vingt pour cent de leur valeur, suivant l'Arrêt du 15 Août 1685.

STINKERQUE ou STEINKERQUE. Sorte d'ornement dont les femmes se servent pour couvrir leur gorge. C'est une espece de mouchoir de gaze ou de toile legere. Il s'en fait de très riches en broderie d'or, d'argent & de soie, dont les plus beaux viennent du Levant. Les plus communs sont de toile rayée ou à carreaux de differentes couleurs. La plus grande quantité de ces derniers se fabriquent en Normandie, particulierement dans la Généralité de Rouen, dans Rouen même & ses Fauxbourgs, & dans le Bourg de Darnetal.

Le trop grand nombre de ces Manufactures, occupant presque tous les Ouvriers, qui auparavant s'employoient à la culture des terres & à la récolte des grains, a donné lieu à l'Arrêt du 28 Juin 1713 qui suspend le travail de toutes ces Manufactures, hors celles de Rouen & de Darnetal, depuis le premier Juillet de chaque année jusqu'au quinze Septembre. *Voyez* l'article des Reglemens pour les toiles.

Le nom de Stinkerque que l'on a donné à ces sortes de voiles ou de mouchoirs, immortalisera la fameuse journée de Stinkerque, où l'Infanterie Françoise donna en 1692, des marques d'une intrépidité & d'une valeur peu commune. Ce fut en effet aussi tôt après que la nouvelle de cette signalée victoire fut arrivée à la Cour, que les Dames semblerent en vouloir immortaliser la mémoire, en lui consacrant, pour ainsi dire, un ornement dont depuis elles n'ont point cessé de se parer, & qui est devenu un objet considérable de commerce pour la Normandie.

STIVES. Drogue employée dans le Tarif de 1664.

Les Stives payent en France les droits d'entrée à raison de 5 liv. le cent pesant.

STO

STOCKFISCH, ou STOKFISSE. Poisson de mer salé & desseché, couleur de gris cendré, ayant néanmoins le ventre un peu blanc; sa longueur ordinaire est d'un pied ou deux. La morue seche ou parée, que l'on appelle autrement Merlu ou Merluche, est une espece de stockfisch.

Il y a de trois sortes de stokvis, le rond, le long, & le court. Ce dernier s'appelle aussi Roorschaar: il se vend à Amsterdam au quintal de cent livres; ses déductions sont d'un pour cent pour le bon poids, & autant pour le promt payement.

Le stokvis rond se vend les 100 livres, depuis 8 jusqu'à 10 florins.

Le long, depuis 8 jusqu'à 11 florins.

Et le court, depuis 6 jusqu'à 8 florins.

Les Hollandois font un négoce assez considérable du stockfisch; car outre qu'ils en mangent beaucoup dans leurs Pays, ils en fournissent aussi leurs vaisseaux pour la nourriture des équipages, ils le nomment Stockvisch, ce qui signifie Bâton de Poisson. L'on prétend qu'ils le nomment ainsi, soit à cause qu'il est dur & sec comme un bâton, soit parce que l'on est obligé de le battre avec un bâton pour le mettre en état d'être mangé.

Le Stockfisch entrant en France par les Provinces de Poitou, Picardie, Champagne, Bourgogne,

Bresse, Berry & Bourbonnois, paye 15 s. du cent en nombre, conformément au Tarif de 1664; & venant des Pays Etrangers 4 liv. aussi du cent pesant, suivant l'Arrêt du 4 Octobre 1691.

Les droits de sortie en consequence du même Tarif de 1664, sont de 4 liv. 10 s. de la balle contenant un millier en nombre.

STOKOLM, Capitale de la Suede. Presque tout le commerce du Royame se fait dans cette Ville. *Voyez* en quoi il consiste, dans l'Etat général, Tome I. p. 294.

STONE. Poids dont les Bouchers Anglois se servent pour peser la viande qu'ils débitent. Le stone est de huit livres d'avoir du poids, c'est-à dire, de la livre la plus pesante des deux dont on se sert en Angleterre. *Voyez* LIVRE.

STORAX. Gomme resineuse & odorante qui vient d'Arabie & de Syrie par la voye de Marseille.

Il y a de trois sortes de Storax; le Storax rouge, le Calamite & le Liquide.

Le Storax rouge que l'on nomme aussi Encens des Juifs, est une gomme ou resine qui coule par incision du tronc & des plus grosses branches d'un arbre de moyenne hauteur, assez approchant du coignier par la forme & la couleur de ses feuilles qu'il a pourtant plus petites; son fruit qui est de la grosseur d'une aveline, renferme une amande blanche & huileuse, d'une odeur tout-à-fait semblable au Storax; ses fleurs sont blanches comme celles de l'oranger.

Cette gomme doit être choisie en masse d'une couleur rougeâtre, molasse & grasse, d'une odeur agréable & qui ne ressemble point à celle du Storax liquide.

On vend quelquefois pour du véritable Storax rouge du Storax en pain, en boule & en marons; mais tous ces Storax sont confisqués, & ne sont qu'une mauvaise composition de Storax liquide, de sarilles ou ordures du véritable Storax, & de quantité d'autres drogues de peu de valeur. L'on vend aussi du Storax en poussiere, qui est encore plus méchant, n'étant que de la scieure de bois. Le Storax rouge est de quelque usage dans la médecine; les Parfumeurs s'en servent, & l'on l'employe aussi au lieu d'encens.

Le Storax Calamite, ainsi nommé des roseaux ou des tuyaux de plume, en Latin *Calamus*, dans lesquels il étoit autrefois apporté, n'est proprement qu'une composirion de differentes drogues excellentes, & entre autres du Storax rouge, quoique plusieurs Auteurs l'ayent pris jusques ici pour une gomme naturelle differente du vrai Storax.

Le Storax Calamite vient aux Epiciers de Paris, de Marseille & de Hollande, d'où il est apporté en masses rougeâtres, remplies de larmes blanches qui quelquefois sont mêlées avec cette substance rouge, & qui quelquefois n'en sont que simplement couvertes, d'une consistance moyenne, & d'une odeur douce, qui approche assez de celle du baume noir du Perou: il faut le choisir en belles larmes, sec & point amer.

Le Storax liquide est une espece de resine factice, de couleur grise, composée de vrai Storax, de galipot, d'huile & de vin, battus avec de l'eau pour le rendre en consistance d'onguent; les Marchands Apoticaires l'appellent quelquefois Stacté, pour le déguiser.

Il faut le choisir de gris de souris, d'une odeur de Storax, d'une bonne consistance, sans ordures ni humidités, & véritable Hollande; on le conserve aisément à la cave en y mettant de tems en tems de l'eau dessus; il entre dans la composition d'un onguent que l'expérience a fait reconnoître pour souverain contre le scorbut & la gangrene.

Il vient assez grande quantité de Storax liquide de plusieurs Echelles du Levant, particulierement de Smirne; on en tire année commune de cette derniere Ville jusqu'à deux mille occos.

Du Storax & du benjoin, ausquels on ajoute du musc, de la civette ou de l'ambre, suivant qu'on aime ces odeurs, on fait d'excellentes pastilles dont on brûle au lieu d'encens ordinaire dans les principales Eglises des Catholiques.

On compose aussi du lait virginal avec ces deux gommes que l'on fait dissoudre dans de l'esprit de vin; cette drogue que les Dames employent pour leur tein, & dont se servent aussi les Barbiers-Etuvistes, doit être d'un beau rouge, claire, odorante & qui ne sente point l'esprit de vin.

Les Storax rouges & liquides payent en France les droits d'entrée à raison de 3 liv. 15 s. le cent pesant, conformément au Tarif de 1664; & le Storax Calamus 5 liv.

Les droits de la Douane de Lyon pour ces trois Storax sont; sçavoir:

Le Storax rouge 6 liv. 2 s. le quintal; le Storax liquide 2 liv. 13 s. 3 d. & le Storax Calamus ou Calamit comme l'appelle ce Tarif, 5 liv.

Cette drogue est du nombre des marchandises venant du Levant qui payent vingt pour cent, suivant l'Arrêt du 15 Août 1685.

STR

STRACTION. Terme d'Imprimerie. Il se dit particulierement lorsqu'on ôte avec une pointe quelques lettres d'une forme déja imprimée, pour en remettre d'autres à la place, qui ayent été lessivées, afin de les imprimer en rubrique, & que l'ancre noire ne gâte point la rouge.

En général Straction signifie, Tirer un caractere ou un quadrat pour les remplacer par d'autres. *Voyez* IMPRIMERIE.

STRASBOURG, Capitale de l'Alsace. *Voyez* ce qui est dit de son négoce, de ses Manufactures, & de ses Tanneries, dans l'Etat gén. Tome I. page 228.

STRASSE. Bourre de soye ou le rebut de la soye; ce qui en est le moins propre à être filé ou employé en soyes plattes. *Voyez* BOURE. *Voyez aussi* SOYE.

Les Strasses payent les droits de la Douane de Lyon à raison de 3 liv. le quintal.

STROEKS. Petits Vaisseaux plats dont l'on se sert sur le Volga pour le négoce d'Astracan & de la Mer Caspienne.

Les stroeks contiennent environ trois cens balots de soye, qui font quinze lests. Ils vont à voile & à rame, & ont pour cela seize rames, un seul mât & une seule voile. Le gouvernail est une longue perche, platte par l'endroit qui est dans l'eau. Le Patron la guide par le moyen d'une corde attachée entre deux aîles qui le tiennent en état: ils peuvent porter, outre les marchandises, 25 Matelots & 60 Passagers.

STU

STUYVER. C'est le sou commun de Hollande ; il vaut huit duites ou deux gros. *Voyez* Sou *à la fin de l'article.*

STY

STYGER-SCHUITEN. Bateau de médiocre grandeur dont on se sert à Amsterdam pour charger ou décharger les marchandises, & les porter des caves & magasins au port, ou les amener du port dans les caves ou magasins. Ils sont des especes de Vlot-schuiten, mais plus petits & moins plats. Ils peuvent porter dix à douze tonneaux de vin, c'est-à-dire, la moitié des autres. *Voyez* VLOT-SCHUITEN.

SUA

SUAGE. Terme de Marine. Il se dit du coût des suifs & graisses dont de tems en tems on enduit les vaisseaux pour les faire couler sur l'eau avec plus de facilité.

Dans la mer du Levant, particulierement à Marseille, on l'appelle Sperme, d'où est venu Espalmer ou Esparmer, c'est-à-dire, Enduire un vaisseau de sperme.

Le suage des vaisseaux Marchands se met au nombre des menues avaries. *Voyez* AVARIE.

SUAGE. Se dit aussi de quelques instrumens qui servent à divers Ouvriers. Le suage des Serruriers est propre à forger & enlever les barbes des pênes ; ils s'en servent aussi pour forger les pieces en demi-rond ; à l'égard du suage des Chauderonniers, c'est une espece de tas ou de petite enclume, sur laquelle on fait les bordures de plusieurs ouvrages de chauderonnerie.

SUB

SUBLIME'. Préparation chimique dont la base est le mercure ou vif argent ; il y en a de deux sortes de corrosif & de doux.

Le sublimé corrosif est un des plus violens poisons qu'on puisse imaginer, & comme tel les Marchands Epiciers-Droguistes ou Epiciers qui en font négoce, & qui en tiennent chez eux, ne peuvent trop prendre de soin qu'il ne soit donné qu'à des personnes connues.

Ce sublimé est composé de mercure ordinaire ou de mercure revivifié, du cinabre, d'esprit de nitre, de vitriol lessivé en blancheur, & de sel marin décrepité ; le tout réduit en une masse blanche & brillante par le moyen des vaisseaux sublimatoires.

Il faut le choisir bien blanc, bien brillant, peu pesant & peu compact.

Outre le sublimé que l'on fait en France, il en vient beaucoup de Hollande, de Venise & de Smirne ; ce dernier est le moins bon, & l'on soupçonne qu'il est fait avec de l'arsenic ; aussi est-il plus pesant que les autres & plein de miroirs, ce qui peut servir à le faire reconnoître ; pour plus de sûreté il faut y jetter quelques goutes d'huile de tartre faite par défaillance, ou le frotter de sel de tartre ; s'il jaunit il est bon, s'il noircit il ne l'est pas.

Le sublimé doux est le même que le corrosif, mais adouci par le moyen du mercure doux & réduit en masse blanche, pleine de petites éguilles dures & brillantes à force de le passer sur le feu à plusieurs fois & par plusieurs matras de verre. Pour lui ôter toute sa malignité il faut qu'il soit dulcifié au moins trois fois.

Il vient aussi de Venise & de Hollande ; le bon doit être blanc, brillant, plein de petites éguilles dures ; que posé sur la langue il soit d'un goût insipide, & que réduit en poudre il tire sur le jaune. Il est bon pour faire mourir les vers des enfans, & l'on s'en sert aussi dans ces maladies dont le mercure est le souverain remede.

Le Sublimé paye en France les droits d'entrée à raison de 10 liv. du cent pesant, conformément au Tarif de 1664.

Les droits de la Douane de Lyon sont de 3 liv. 13 s. 4 d. le quintal d'ancienne & de nouvelle taxation, & de 4 liv. 2 s. pour les anciens & nouveaux quatre pour cent.

Les sublimés de Smirne & de Venise sont du nombre des marchandises venant du Levant, sur lesquelles il doit être levé vingt pour cent, suivant l'Arrêt du 15 Août 1685.

SUC

SUC. Signifie parmi les Physiciens une substance liquide qui fait une partie de la composition des plantes, & qui sert à leur nourriture & à leur accroissement.

Chez les Marchands Epiciers-Droguistes on entend par le mot de Suc une liqueur épaisse que l'on tire des vegetaux ou de quelques-unes de leurs parties, & que par le moyen du soleil ou du feu on réduit en consistance d'électuaires liquides ou d'extraits solides propres à se garder très long-tems, tels que sont la scamonée, l'opium & plusieurs autres.

SUC, ou JUS DE REGLISSE. *Voyez* REGLISSE.

SUCADES. Marchandise provenant du sucre, qui se trouve tarifée dans la nouvelle Liste ou Tarif de Hollande de 1725 ; elles payent les droits d'entrée à raison de 3 florins les cent livres pesant, & pour ceux de sortie un florin 10 s. aussi du cent pesant.

SUCRE. Jus ou suc extrêmement doux & agréable, exprimé de cette sorte de cannes ou roseaux qu'on appelle Cannes à sucre, autrement Cannamelles, qui croissent abondamment dans l'une & l'autre Inde, sur tout à Madere, au Bresil & aux Isles Antilles.

C'a été toujours une question & qui dure encore entre les plus habiles Botanistes modernes, de sçavoir si les anciens ont connu cette espece de cannes, & s'ils en ont sçû tirer le suc.

Ce que l'on peut ce semble conclure de plus vrai-semblable des divers sentimens des uns & des autres, c'est qu'il y a bien de l'apparence que ces cannes n'ont point été inconnues dans l'antiquité, mais qu'il paroît aussi très-certain que si l'on y a sçû en exprimer le suc, on n'y a du moins jamais eu l'art de le condenser, le durcir & le blanchir, & que par conséquent on n'y a eu aucune connoissance de notre sucre.

Une autre question est de sçavoir si les cannes à sucre sont originaires des Indes Occidentales, ou si elles y ont été apportées des Indes Orientales. Les Sçavans de ces derniers siécles ont été partagés sur cette question ; mais il paroît qu'après la dissertation qu'en a fait le Pere Labat Religieux & Missionnaire Dominiquain, qu'il a donnée au Public en 1722 dans son excellente relation des Isles Antilles, il n'y a plus lieu de refuser à l'Amerique ce précieux roseau où il est aussi naturel qu'aux Indes d'Orient,

rient, & que tout ce qu'on peut dire en faveur de ces dernieres c'est que les Espagnols & les Portugais ont appris des Orientaux à en exprimer le suc, à le faire cuire, & à le reduire en sucre.

Le roseau dont on tire cet utile & délicieux suc est presque semblable aux autres roseaux que l'on voit dans les marais & aux bords des étangs; leur seule différence ne consistant qu'en ce que la peau des derniers est dure & seche, & leur pulpe sans suc, & qu'au contraire la peau du roseau à sucre n'a jamais beaucoup de dureté, & que la matiere spongieuse qu'il renferme est pleine de beaucoup de suc, plus ou moins doux néanmoins, & plus ou moins abondant suivant la bonté du terrain où il est planté, son exposition au soleil, la saison où on le coupe & l'âge qu'il a; ces quatre circonstances contribuant également à sa bonté & à sa grosseur.

La canne à sucre croît ordinairement de cinq ou six pieds de haut & d'un pouce & demi de circonférence; il s'en trouve néanmoins dans l'Isle de Tabago de neuf à dix pieds de haut & de grosseur à proportion; & le Pere Labat rapporte qu'on en a même vû de vingt-quatre pieds de haut, & qui sans leurs têtes pésoient vingt-quatre livres.

La tige est divisée par plusieurs nœuds éloignés d'un demi pied environ les unes des autres; elle pousse au sommet quantité de longues feuilles vertes & touffues, du milieu desquelles sort la fleur & la semence. Il sort des feuilles de chaque nœud, mais celles-ci tombent ordinairement à mesure que la canne s'éleve, & c'est une marque ou que la canne n'est pas bonne ou qu'elle est loin de sa maturité, lorsque l'on voit les nœuds garnis de feuilles.

La feuille de la canne est longue & étroite, & n'a qu'une nervure qui le partage par le milieu dans toute sa longueur; cette nervure est cassante quand elle est séche; mais elle est liante comme l'osier quand elle est verte ou amortie. Enfin les deux côtés sont tranchans & armés de petites dents de scie qui coupent la main quand on la passe par dessus à rebours.

La terre la plus propre à porter des cannes est celle qui est légere, ponceuse & profonde, & qui est assez en pente pour que la pluie ne s'y arrête pas; il faut aussi qu'elle soit exposée au soleil depuis qu'il se leve, jusqu'à ce qu'il soit prêt à se coucher.

Les morceaux de cannes qu'on met en terre se prennent ordinairement à la tête de la canne, un peu au dessous de la naissance des feuilles; ils doivent avoir quinze à dix-huit pouces de long: plus ils ont de nœuds, plus on doit esperer qu'ils jetteront de rejettons, & prendront plus promptement.

Les cannes sont quelquefois meures au bout de neuf à dix mois, quelquefois seulement au bout de quinze; alors elles sont entiérement remplies d'une moële blanche & succulente, de laquelle on tire la liqueur dont on fait le sucre. On peut pourtant conserver les cannes à sucre sur terre des deux ou trois ans & même plus sans qu'elles déperissent. Le plus sûr toutefois est de les couper tous les ans.

Lorsqu'elles sont meures on les coupe, on les émonde de leurs feuilles, & on les porte en bottes aux moulins. Ces moulins qui sont composés de trois rouleaux de bois revêtus de lames

d'acier, ont leurs mouvemens par le secours de l'eau, par le moyen des bœufs, ou même par les seuls bras des Negres. *Voyez* MOULIN A SUCRE.

Il faut observer que les cannes qu'on envoye au moulin ne soient pas plus longues de quatre pieds ni moins de deux & demi, à moins que ce ne soient des rotins produits dans des terres maigres & usées qui n'ont guéres ordinairement que cette longueur.

Une autre observation est de ne jamais couper de cannes qu'autant qu'on juge en pouvoir consommer en 24 heures, parce qu'autrement elles s'échauffent, se fermentent & s'aigrissent.

Le suc qui sort de la canne pressée & écrasée entre les rouleaux, coule par un petit canal dans la sucrerie qui est près du moulin, & tombe dans un bac ou canot d'où il est mis dans la premiere chaudiere où il reçoit sa premiere préparation, échauffé seulement par un feu lent sur lequel il ne fait que fremir, & qui lui fait jetter une écume épaisse qui sert à la nourriture des animaux. Cette premiere chaudiere s'appelle la grande chaudiere.

Ce suc est ensuite purifié dans une seconde chaudiere, où un feu plus violent le fait bouillir à gros bouillons, & où on l'aide à pousser son écume (comme on a déja fait dans la premiere) par le moyen d'une forte lessive composée d'eau de chaux & d'autres ingrediens. Cette seconde chaudiere se nomme la propre.

Il est encore purifié & écumé dans une troisiéme chaudiere appellée la lessive, parce qu'on commence à jetter dans le vesou une autre sorte de lessive qui le fait purger davantage, qui en amasse les immondices, & qui les fait monter à la superficie où elles sont enlevées avec une écumoire.

La quatriéme chaudiere se nomme le Flambeau, parce que le vesou s'y purifiant davantage, & le feu vif qu'on fait dessous en augmentant les bouillons, le syrop qui se forme semble s'allumer & flamber.

La cinquiéme chaudiere est le syrop, parce que c'est-là où le vesou prend sa consistance & devient Syrop.

Enfin la sixiéme est la Batterie. C'est dans cette derniere chaudiere que le syrop prend son entiere cuisson, & qu'on lui ôte ce qui pouvoit y rester d'impureté par le moyen de la lessive & de l'eau de chaux & d'alun qu'on y jette. Cette derniere chaudiere ne tient guéres que le tiers de la premiere, à cause du déchet des écumes qui en sont déja sorties.

Dans les sucreries qui ont sept chaudieres, on compte deux Flambeaux au lieu d'un, le grand & le petit; dans celles où il n'y en a que cinq on n'y compte point de Lessive, celle qu'on nomme la Propre servant à la place de celle de la Lessive. Enfin lorsqu'il n'y en a que quatre la Propre sert en même tems de Lessive & de Flambeau.

C'est en passant successivement par un si grand nombre de chaudieres, que le suc des cannes se purifie, se cuit, se reduit en syrop & devient propre à être converti dans les differentes sortes de Sucre dont on parlera dans la suite.

La grandeur des chaudieres est differente, & leur diametre diminue suivant certaine proportion depuis la premiere jusqu'à la derniere. Dans les équipages de cinq chaudieres qui sont les plus communs, si la premiere, qui comme on l'a dit ci-dessus, s'appelle la Grande, & qui l'est en effet, a quatre pieds de diametre, la quatriéme n'en a que deux trois quarts; celles qui se trouvent entre ces deux ont une diminution proportionnelle à celles ci. Il en est de même de la profondeur lorsque la premiere est profonde de trois pieds, la quatrieme ne l'est que de deux.

Ces chaudieres se placent en pente, mais ensorte que la batterie qui est la cinquiéme soit plus élevée d'environ sept pouces que la grande; ce qui se fait de peur que le syrop des premieres chaudieres, lorsqu'il bouillonne, ne puisse gâter celui des dernieres qui est plus cuit & plus parfait, s'il couloit dedans.

Chaque chaudiere a son fourneau où l'on entretient un feu proportionné au progrès de la cuisson du syrop; le premier fourneau ne se chauffe qu'avec des pailles ou des bagaces, le second avec du menu bois & les autres avec de gros bois.

Les chaudieres sont de cuivre rouge, l'épaisseur se regle sur leur grandeur & sur leur poids, une chaudiere du poids de trois cens livres étant ordinairement épaisse d'un écu sur les bords & de deux fois autant dans le fond.

A l'égard des batteries elles sont fondues & tout d'une piece, au lieu que les autres sont de plusieurs pieces battues au marteau & jointes ensemble avec des clouds rivés à tête plate. Quelques-uns se servent de chaudieres de fer, parce qu'elles coûtent moins que celles de cuivre; mais l'expérience a fait connoître qu'elles étoient moins propres que ces dernieres à la fabrique du sucre.

C'est au sortir de la batterie que l'on porte les syrops dans la purgerie; où l'on lui donne les divers apprêts & les différentes façons qui conviennent au sucre qu'on veut faire.

Outre les chaudieres dont on a parlé jusqu'ici il y a encore dans les grandes sucreries d'autres chaudieres particulieres pour y cuire les écumes & les syrops.

Les ustenciles des sucreries sont les rafraîchissoirs, les becs de corbin, les cuillieres, les écumoires, les caisses à passer, les blanchets, les barils à lessive, les poinçons, les couteaux à sucre, les pots, les formes, les bailles, les canots, les louchets, les pagalles ou spatules, & les balais.

Les rafraichissoirs sont des vaisseaux de cuivre rouge d'une forme cylindrique, dont le diametre est depuis trois jusqu'à quatre pieds, & la hauteur depuis douze jusqu'à dix-huit pouces. Le fond en est plat, & ils ont deux anneaux mobiles aussi de cuivre pour la facilité du transport. C'est dans ces vaisseaux qu'on met rafraîchir les syrops qu'on a travaillé en sucre blanc.

Les becs de corbin sont aussi de cuivre rouge. Leur forme est ronde, allongée & courbée par un bout; ce qui leur fait une espece de bec. Ils ont ordinairement un pied de diametre, & huit à neuf pouces de profondeur: le bec est de sept à huit pouces: ils ont une poignée de cuivre ou de fer. C'est avec cette espece de grande cuilliere qu'on prend le sucre au sortir du rafraichissoir pour le mettre dans les formes.

Les cuillieres sont rondes à peu près comme la forme d'un chapeau; elles ont huit à neuf pouces de diametre & six à sept pouces de profondeur: le haut est fortifié d'un cercle de fer qui se termine en une queue faite en douille, dans laquelle on met un manche de cinq pieds de long. On s'en sert à passer le vesou ou syrop d'une chaudiere à l'autre, & quelquefois à prendre le sucre dans le rafraichissoir pour le mettre dans les becs de corbin.

Les écumoires sont aussi de cuivre; elles servent à enlever de dessus les chaudieres les écumes & les autres immondices que la chaleur du feu & la force de la lessive ont fait monter sur la superficie du vesou. On leur donne depuis neuf jusqu'à douze pouces de diametre. Leur manche partie de fer & partie de bois, est ordinairement de la longueur de celui des cuillieres. Les trous de ces écumoires sont différens suivant la différence des chaudieres, étant plus grands pour les premieres que pour les dernieres. Chaque chaudiere doit avoir sa cuilliere, son écumoire & son balai. Les balais se font aux Isles avec des feuilles de latanice ou de palmiste.

La caisse à passer le vesou a quatre pieds de long sur deux pieds & demi à trois pieds de large: sa profondeur est de quinze à dix-huit pouces. Son fond & ses côtés qui doivent être d'un bois liant, & qui ne teigne point ce qu'on y met, sont percés de trous de tarriere. C'est dans cette caisse qu'on étend le blanchet à travers lequel passe le vesou, après qu'il a été écumé dans la premiere chaudiere, & qu'on le veut mettre dans la seconde. On appelle Blanchet un morceau de gros drap blanc large d'une aune & long d'une aune & demie, qui fait à peu près l'effet des chausses d'Apoticaire à travers desquelles on fait filtrer les liqueurs. On lave les blanchets à chaque chaudiere qu'on a passé; ce qui fait qu'il faut en avoir au moins six de rechange pour une sucrerie qui travaille raisonnablement, & même les renouveller tous les trois ou quatre mois, à cause qu'à force de servir le poil se brûle; & ils deviennent si clairs, que les ordures passent aisément à travers avec le vesou.

On apelle baril à lessive les vaisseaux où l'on prépare la lessive qui sert à purifier & clarifier le sucre. Ordinairement ce n'est qu'un baril vuide qui a servi à des chairs salées ou à quelques autres denrées, qu'on perce par le bas, & dont on bouche le trou avec de la paille, comme on fait en France aux cuviers à Blanchisseuses. Ce baril a une sellette pour le porter, & sa cuvette au dessous pour recevoir la lessive à mesure qu'elle coule. Lorsqu'on fait ces barils exprès, on leur donne la figure d'un cône tronqué & renversé. On parle ailleurs de cette lessive. *Voyez* LESSIVE A SUCRE.

Les poinçons sont de fer ou de bois, environ d'un pouce de diametre à la tête, & long d'un pied. C'est avec ces poinçons qu'on perce le sucre qui est dans les formes.

On appelle Couteaux à sucre, des especes de couteaux de bois de caraïbe, longs de trois pieds sur trois pouces de large, épais de cinq lignes, & finissant des deux côtés en forme de taillant émoussé, avec un manche du même bois. Ces couteaux servent à remuer & couper le sucre dans les formes. On s'en sert aussi à faire l'épreuve du syrop dans la batterie, pour sçavoir s'il a une entiere cuisson.

Les formes sont des especes de moules dans lesquels on dresse le sucre quand il est en état de parfaite consistance. Leur figure est la même qu'on voit aux pains de sucre qui en sortent. Elles sont ordinairement de terre : les meilleures viennent de Bordeaux. Il s'en fait néanmoins aux Isles, mais elles ne sont pas tant estimées. Le bout pointu de la forme est percé pour l'écoulement du syrop quand le sucre a pris corps : c'est par ce trou qu'on débouche de son tampon, qu'on enfonce le poinçon environ de huit pouces, pour faciliter l'évacuation.

Les formes de Bordeaux sont de terre blanche, & celles des Isles d'une terre rougeâtre. Les unes & les autres sont de deux sortes ; les ordinaires qui ont dix-huit à vingt pouces de hauteur, & les bâtardes qui ont près de trois pieds.

Ce qu'on nomme Pots à sucre, sont des vaisseaux de terre qu'on met sous les formes pour les soûtenir, & pour recevoir le syrop qui en coule. Ceux qui se font aux Isles sont plus commodes que ceux de France, parce qu'ils sont plus grands, & qu'ils sont tous sans pieds. Leur hauteur doit être de quinze ou seize pouces ; l'ouverture où se place la pointe de la forme est de quatre pouces & demi ou environ ; leur fond de huit ou dix ; & leur ventre, c'est-à-dire, l'endroit où elles sont les plus larges, quinze ou seize.

Les canots à sucre sont des auges d'une seule piece de bois, dans lesquels le sucre acheve de se refroidir avant que de le mettre dans les bariques.

On nomme des Pagales, des especes de grandes spatules semblables aux avirons avec lesquels on conduit sur mer les canots, mais plus petites : elles servent à remuer le sucre quand il est mis dans les canots à sucre pour rafraîchir, afin que le grain & le syrop soient bien mêlés ensemble, que le grain qui est formé se grossisse, ou qu'il aide à celui qui ne l'est pas encore.

Enfin ce qu'on appelle des Louchets sont des instrumens de fer longs de trois pieds, faits en pelle par un bout, mais dont le pelleron n'a que trois pouces de large sur six de long : ils servent pour gratter & faire tomber le sucre qui s'attache aux bords des canots, qui ordinairement est le plus beau, & celui dont le grain est mieux formé.

Outre ces ustenciles des sucreries, il y a aussi des tisonniers & des crochets pour le service des fourneaux, les uns pour y pousser le bois dans le fond, & les autres pour en retirer le charbon. Chaque fourneau a aussi son abavent, qui est une espece d'appenti qui le couvre.

Des differentes especes de sucres qui se font aux Isles Antilles, & du commerce qu'on y fait de ces Sucres.

On parlera dans la suite des diverses sortes de sucre dont il se fait commerce par les Epiciers-Droguistes de France, de leurs noms, de leurs poids, de leurs enveloppes, enfin de tout ce qui regarde ce négoce, sur-tout par rapport à Paris. Ici on a crû faire plaisir au Lecteur de ne le point priver de ce qu'en a écrit le plus exact & le plus habile de tous les Auteurs qui ont jusqu'ici traité de la fabrique des sucres.

Suivant le Pere Labat, si souvent cité dans ce Dictionnaire, il se fait aux Isles Françoises dix sortes de sucres différens, sçavoir :

Le Sucre brut, ou Moscouade.
Le Sucre passé, ou Cassonnade grise.
Le Sucre terré, ou Cassonnade blanche.
Le Sucre raffiné, pilé ou en pain.
Le Sucre Royal.
Le Sucre tappé.
Le Sucre candi.
Le Sucre de sirop fin.
Le Sucre de gros sirop.
Le Sucre d'écume.

Le Sucre brut, ou Moscouade. Est le premier qu'on tire du suc de la canne, & celui dont tous les autres sont composés.

Pour le faire, lorsque les cannes ont passé au moulin, & que leur suc est dans le canot, ou même dans la grande chaudiere, on mêle dans ce suc, qu'on nomme aussi Vesou, des cendres, ou de la chaux pulverisée, suivant la qualité du vesou. S'il est verd & gras, il en faut une pinte de Paris par chaudiere ; s'il est brun, visqueux & gluant, & d'une odeur douce & aromatique qui en est la meilleure qualité, il faut une chopine de cendres avec un tiers de chaux ; & s'il est noirâtre & épais, qui est une marque que les cannes sont trop vieilles, il faut une pinte de cendres avec chopine de chaux.

L'effet de ces deux drogues mêlées dans le vesou est de le dégraisser, & d'en séparer les parties onctueuses qui s'assemblent & se réduisent en écume sur la superficie de la grande chaudiere à mesure qu'elle s'échauffe.

On ne commence à enlever ces écumes que quand le vesou en est tout couvert ; mais alors on se hâte de les ôter, pour ne lui pas donner le tems de bouillir tout-à fait, crainte que les bouillons en s'élevant ne les remêle avec le vesou.

Après que la grande chaudiere a été suffisamment écumée, on vuide le vesou dans la Propre, qui, comme on l'a dit ci-dessus, est la seconde chaudiere des sucreries ; ce qui se fait avec la cuilliere, & très diligemment, pour ne pas donner le tems à celui qui reste dans la grande de brûler, comme il arrive quelquefois. Aussitôt que celle-ci est vuide, on la remplit de nouveau vesou, où l'on mêle de nouvelles cendres & de nouvelle chaux.

Quand la Propre commence à écumer, on enleve son écume avec soin ; & pour l'aider à la jetter plus promptement, on y jette lorsqu'elle bout, de la lessive dont on donne ailleurs la composition. *Voyez* Lessive.

De la Propre le vesou se vuide dans le flambeau ou dans la lessive, c'est-à-dire, dans la troisiéme ou quatriéme chaudiere, suivant le nombre qu'il y en a dans la sucrerie, & de-là successivement dans le syrop & dans la batterie, qui sont les deux dernieres chaudieres quand la sucrerie en a six.

Le vesou est purgé & écumé avec plus de soin dans la troisiéme & la quatriéme chaudiere que dans la premiere & la seconde, & l'on y met plus de lessive ; ce qui se fait non pas en l'y jettant tout à la fois, mais en y en mettant de tems en tems plein une cuilliere à bouche, lorsqu'on s'apperçoit que l'écume cesse de venir.

C'est dans la chaudiere qu'on appelle le syrop que le vesou change, pour ainsi dire, de nature, & que s'épaississant il prend la consistance de syrop. On ne discontinue pas pourtant ni d'y jetter de la lessive, ni de l'écumer, jusqu'à ce qu'il soit presque entiérement purifié, & en état d'être mondé dans la batterie.

Pour mettre le syrop dans la batterie, on le

coupe, c'est-à-dire, qu'on n'en met d'abord que la moitié, & qu'on réserve l'autre moitié pour l'y jetter de tems en tems, à mesure que le syrop s'avance; & pour appaiser les bouillons, qui, à cause de l'ardeur du feu & de la diminution du vesou, y montent beaucoup plus haut que dans les autres chaudieres, non-seulement on éleve souvent le syrop avec une écumoire pour lui donner de l'air, mais encore on y jette de tems en tems de petits morceaux de vieux beurre ou de graisse qui les font baisser, & qui donnent plus de commodité pour écumer.

Quand tout le syrop est passé dans la batterie, & que l'on s'apperçoit qu'il approche de son entiere cuisson, si l'on reconnoît qu'il est gras & verd, on y jette une pinte d'eau de chaux dans laquelle on a fait dissoudre de l'alun, plus ou moins suivant la qualité du vesou, mais jamais plus d'une once par pinte. Quelques-uns au lieu d'alun mêlent dans le syrop de la batterie environ une livre de plâtre en poudre; mais c'est une véritable friponnerie, le plâtre gâtant le sucre, quoiqu'il en perfectionne le grain, & qu'il en augmente le poids.

Dès que le sucre qui étoit dans la batterie en a été tiré, ce que l'on fait avec toute la diligence possible, & qu'on l'a mis dans le rafraichissoir, on le remue avec une pagale, afin d'en reprendre le grain également par-tout; ensuite on le laisse reposer jusqu'à ce qu'il s'y soit formé une croûte de l'épaisseur environ d'un écu ou même davantage, suivant qu'il est plus ou moins chargé de grains. La croûte étant faite, on remue une seconde fois ce qui est dans le rafraîchissoir, afin de mêler la croûte de dessus avec ce qui s'est attaché aux bords; après quoi on le porte dans des canots de bois destinés à cet usage, où il continue de se rasseoir & de se refroidir autant qu'il le faut pour être mis dans les bariques; après néanmoins y avoir été remué de nouveau avec la pagalle.

Les bariques où l'on met le sucre brut au sortir des canots doivent avoir leurs fonds percés de trois trous suivant les Ordonnances du Roi, mais on se contente d'y en faire deux. Ces trous sont faits pour achever de purger le sucre qui est dans les bariques, que l'on place à cet effet sur les soliveaux qui couvrent des citernes faites exprès pour recevoir le syrop qui coule par ces trous.

La barique ordinaire de sucre brut bien fait, bien purgé, bien enfutaillé & bien sec, doit peser six à sept cens livres, dont la tarre étant diminuée à raison de dix pour cent, il reste cinq cens quarante ou six cens trente livres de sucre net.

Le Sucre passé, quoique plus blanc & plus dur, n'est gueres different du sucre brut; il tient néanmoins le milieu entre ce dernier & le sucre terré, qui est la cassonade blanche; & c'est pour cela qu'on le nomme aussi Cassonade grise. Ce sucre se fabrique comme le sucre brut; avec cette seule difference, que pour le faire blanchir on passe le vesou dans des blanchets au sortir de la grande chaudiere, quand on le vuide dans la propre; & que lorsqu'il est fait on l'enfutaille dans des bariques percées, garnies de deux ou trois cannes, afin qu'il puisse purger plus facilement.

L'invention du sucre passé vient des Anglois; mais les Sucriers de cette Nation ne se contentent pas de le passer dans des draps de laine; ils le mettent encore quand il est cuit dans des formes de bois quarrées, de figure piramidale; & quand il y a bien purgé, ils le coupent par morceaux, le font sécher au soleil, & puis le mettent en barique. La maniere des Isles Françoises est plus simple & plus courte, mais aussi beaucoup moins bonne.

Sucre terré. On appelle ainsi la cassonade blanche, c'est-à-dire, le sucre qu'on a blanchi par le moyen de la terre dont on couvre le dessus des formes dans lesquelles on le met pour le purger.

Ce sucre se commence comme le sucre brut, à l'exception qu'on n'y employe que les meilleures cannes; qu'on le travaille, s'il se peut, avec plus de propreté; que lorsque le vesou est dans la grande chaudiere, les cendres qu'on y met ne sont mêlées que de peu ou point de chaux, de peur de le rougir; enfin qu'on le passe à travers des blanchets & de la caisse à sucre, quand on le vuide dans la chaudiere qu'on appelle la Propre, & même quelquefois dans une toile blanche de Vitré assez serrée, avant de le couler au blanchet.

Lorsque le syrop a passé dans la batterie, & qu'il y est suffisamment cuit, on le tire avec la cuilliere dans le rafraîchissoir, d'où avec le bec de corbin on en remplit des formes qu'on a auparavant tappées, c'est-à-dire, dont on a bouché le trou qui est au bas avec un tampon de linge ou d'étoffe, & qu'on a arrangées devant le fourneau, ensorte que les bords de leurs ouvertures soient bien de niveau.

Celui qui porte le bec de corbin observe de ne commencer à remplir qu'autant de formes qu'il y a de syrop dans la batterie pour leur emplissage; & il observe encore de ne les pas remplir d'abord tout-à-fait, mais de le faire par parties; ensorte que s'il n'a que pour quatre formes; il partage entr'elles ce que contient son bec de corbin, recommençant ce partage chaque fois qu'il prend d'autre syrop, jusqu'à ce que toutes les formes soient remplies. Le sucre qui reste dans le rafraîchissoir se met dans la batterie ou dans la citerne aux syrops.

Après que le syrop a été un quart-d'heure dans les formes, on le coupe avec le couteau à sucre, c'est-à-dire, qu'on le remue, ou, comme on dit aux Isles, qu'on le mouve de tout sens; ce qu'on recommence encore environ une demie-heure après. Cette façon se donne au sucre non-seulement pour aider au grain à se former & à se répandre également par tout, mais encore pour déterminer la graisse du sucre à monter à la superficie, d'où il est facile de l'ôter.

Les formes étant demeurées en cet état douze ou quinze heures, on les perce en enfonçant dans le trou d'en bas qu'on débouche, les poinçons de bois ou de fer destinés à cet usage; ce qui se fait pour donner passage au syrop lorsqu'il se purge, & le déterminer à prendre cette voye qu'on lui ouvre.

C'est en cet état qu'on les laisse quelque tems sur les citernes aux syrops, où elles restent jusqu'à ce qu'on les porte à la purgerie.

Lorsqu'on a rempli assez de formes pour en faire une étuvée, c'est-à-dire, pour en remplir l'étuve qui contient ordinairement cinq à six cens formes, on loche le sucre, c'est-à-dire, qu'on visite le sucre qui est dans toutes les formes, afin d'en connoître la qualité, & voir s'il quitte aisément la forme, afin de lui donner la terre, suivant que l'Affineur qui le loche, le trouve nécessaire, ou de le refondre s'il est mal fait.

Le sucre loché, on plante les formes, c'est-à-dire, qu'on les met chacune sur son pot, après avoir ôté du pot ce qui peut y être déja de syrop. Après que les formes sont plantées, on fait leur fond; ce qui signifie qu'on enleve le dessus, qu'on appelle la Fontaine, pour y mettre à la place du sucre en grain jusqu'à un pouce près du bord; ce vuide restant pour lui donner la terre qu'on lui a préparée.

La meilleure terre & la plus propre pour terrer le sucre, est celle qui vient de Rouen: il s'en fabrique aussi à Nantes & à Bordeaux, mais elles sont moins bonnes, & ont la réputation, particulierement celles de Nantes, d'être sofistiquées & mêlées de craye. La terre de Rouen est presque blanche, fine, déliée, douce, sans mélange de pierres ni de sable, & assez grasse pour se réduire en petites pelotes de la grosseur d'une balle de jeu de paume, qui est la maniere dont elle est apportée aux Isles. En tems de paix on peut l'avoir pour dix écus la barique; mais pendant la guerre elle coûte quelquefois jusqu'à vingt-cinq & trente écus.

Il se trouve à la Guadeloupe une terre grise très bonne à terrer le sucre; mais elle s'engraisse facilement, & l'on ne peut gueres s'en servir plus de trois fois. Les bonnes qualités de toutes ces terres sont, premierement de ne pas teindre l'eau qu'elles renferment, en second lieu de la laisser filtrer aisément, enfin de ne pas s'imbiber de la graisse du sucre.

Pour préparer les terres il faut les laisser tremper huit ou dix jours dans de l'eau douce très claire & très nette; ce qui se peut faire ou dans un bac ou cuve de maçonnerie, ou dans un canot de bois, mais toujours sous un toit & à l'abri du soleil pour l'empêcher de fermenter & de s'aigrir.

La cuve ou le canot ne s'emplissent de terre qu'à moitié, le reste se réservant pour l'eau; au bout de vingt quatre heures on en tire l'eau qui surnage, & l'on met en piece les morceaux de terre pour les aider à se dissoudre, prenant soin de les bien remuer & courroyer, après quoi on remet dans la cuve de nouvelle eau; ce qui se recommence toutes les vingt-quatre heures, tant qu'on voye l'eau qui surnage bien claire & bien nette, & sans cette couleur verdâtre qu'elle contracte au commencement.

Quand la terre est bien courroyée & bien épurée, & que les formes sont en état de la recevoir, on en ôte la plus grande partie de l'eau qui surnage; ensorte qu'il n'en reste sur la terre qui est au fond, que trois ou quatre doigts: ce qui reste dans la cuve d'eau & de terre se remue bien avec une pagalle, & après avoir été passée dans un canot à travers d'une grande passoire de cuivre, se porte dans des bailles à la purgerie.

Le Rafineur à mesure que les bailles arrivent remplit les formes jusqu'aux bords de cette terre liquide qu'il puise avec une cuilliere de cuivre à long manche, qui tient environ une pinte de Paris. Cette terre, pour être bonne, doit avoir la consistance de la bouillie des enfans quand elle est prête d'être cuite.

Avant que de se servir des formes neuves, il y a deux choses à y faire; la premiere de les cercler, la seconde de les tremper.

Cercler une forme, c'est l'environner de trois cercles ou de lianne ou d'osier, suivant les lieux où se fait le travail des sucres. Le premier cercle doit se placer au dessous du colet, le second vers le tiers de leur longueur, & le troisiéme à cinq ou six pouces de leur extrémité.

Le Rafineur qui veut cercler une forme, la pose sur un bloc afin qu'elle ait plus de solidité. On met d'abord le plus grand cercle sur la forme où on l'enfonce à force avec le chassoir & la chasse, en prenant garde de le faire descendre également: on fait la même chose aux deux autres cercles, qui aussi-bien que le premier, ayant été faits un peu plus petits que le lieu où ils doivent être placés, y tiennent plus ferme après y avoir été enfoncés à force.

Lorsque les formes sont cassées elles ne restent pas néanmoins inutiles, & il est facile de les racommoder.

Pour cela, on en rassemble les morceaux, & on les couvre de cappes composées de larges morceaux de bois leger, refendus & dolés, qu'on lie fortement par en haut avec un fil d'archal; & après les avoir séparés également par en bas, autour du grand diametre de la forme, on serre les cappes avec des cercles, en y en mettant autant qu'il est nécessaire pour les retenir.

La seconde chose qu'il faut observer à l'égard des formes neuves, est de les faire tremper pendant deux ou trois jours dans les canots remplis d'eau, où l'on met le jus des cannes, les gros syrops & les écumes pour les y faire fermenter & pour en faire de l'eau-de-vie.

Cette préparation est si nécessaire, que si on la néglige, le sucre qu'on met dans les formes s'y attache si fortement, qu'il est impossible de l'en retirer autrement que par morceaux.

Au sortir des canots on les lave bien pour leur ôter l'odeur aigre & forte qu'elles y ont contractées, ensuite dequoi on les met tremper dans de l'eau douce pendant douze ou quinze heures, avant que d'y mettre du sucre; ce qu'on observe chaque fois qu'on y en met, s'il y a quelque tems qu'elles n'ayent servi.

Dès que la terre est sur le sucre on ferme toutes les fenêtres de la purgerie afin que l'air ou la chaleur ne desseche pas la terre; lorsqu'on voit que la terre est tout-à-fait sechée, ce qui arrive ordinairement en neuf ou dix jours, on leve cette premiere couche de dessus le sucre, & après qu'on en a nettoyé la superficie avec des brosses à longs poils on le fouille avec la petite tille, environ à un pouce de profondeur, & l'ayant applani & affermi avec la truelle comme la premiere fois on lui donne sa seconde terre.

On voit dès la premiere terre la blancheur du sucre de chaque forme, l'expérience ayant fait reconnoître qu'une seconde ou une troisiéme terre ne rendoient pas le sucre plus blanc, & que tout ce qu'elles faisoient étoit seulement de blanchir la tête de la forme.

Il faut laisser travailler cette nouvelle terre autant que la premiere, & tenir aussi pendant qu'elle travaille les fenêtres de la purgerie fermées comme on a fait pour l'autre.

Quelques Rafineurs rafraîchissent cette seconde terre en la pêtrissant sur la forme même & en y ajoutant une ou deux cuillerées de terre claire, ce qu'ils appellent Plumoter le sucre; mais cette façon qui peut-être peut servir à blanchir un peu la tête de la forme, cause au haut un déchet de six ou sept livres, la forme ne manquant jamais en ce cas de diminuer beaucoup de hauteur.

La seconde terre étant levée on nettoye la superficie du sucre avec la brosse, & l'on gratte avec un couteau les bords de la forme où il pourroit s'être attaché quelque terre, afin que la forme ou le pain de sucre ne soient point gâtés quand on en tire le dernier.

Après cette façon qu'on donne aux formes on les laisse encore huit ou dix jours dans la purgerie dont toutes les fenêtres sont alors ouvertes, afin que l'air & la chaleur y entrant, le sucre puisse secher plus vîte & plus facilement.

Pendant que le sucre acheve d'égoûter son eau, qu'il s'essuye & qu'il se seche dans les formes; on prépare l'étuve pour le recevoir.

Cette étuve est un grand bâtiment couvert dont les murs sont fort épais, & dont le dernier plancher est revêtu par dessus d'une maçonnerie de neuf ou dix pouces d'épaisseur; tout au haut du bâtiment est une ouverture qui ferme avec une trape, & qui sert à donner de l'air & à laisser s'exhaler les premieres vapeurs du sucre. Une seule porte donne entrée à l'étuve; encore pour en éloigner davantage toute sorte d'air y ajoute-t on de doubles ventaux, l'un en dedans & l'autre en dehors.

Au dessus de la porte qui a six pieds de hauteur sont deux planchers à jour composés de solives mises à quelque distance les unes des autres & traversées de lattes d'un pouce d'épaisseur sur deux pouces de large, qui y sont clouées, & qui doivent être espacées tant plein que vuide. C'est sur ces lattes qu'on arrange les pains de sucre au sortir de la purgerie.

Vis-à-vis de la porte à l'autre bout de l'étuve se place le fourneau qui est principalement composé de ce qu'on appelle le Coffre, c'est-à-dire, d'une espece de cube ou de quarré de fer fondu dont le bout & le dessous sont ouverts; c'est dans ce coffre que s'allume le feu de l'étuve, le bois s'y mettant par la bouche du fourneau qui est au dehors de l'étuve.

Après que cette étuve a été bien nettoyée & bien chauffée, & qu'on la croit suffisamment seche, on loche les formes sur le bloc les unes après les autres, & l'on y porte celles qui sont blanches d'un bout à l'autre, & même les autres qui ne le sont pas tout-à fait, après en avoir coupé ce qui n'est pas blanc, qu'on réserve pour être rafiné.

Quand tous les sucres sont rangés dans l'étuve on y fait un feu médiocre pendant deux jours, & c'est pendant ce tems-là qu'on visite souvent l'étuve pour voir si tout y est en bon état, & réparer les désordres qui peuvent y arriver. Après ces deux jours on ferme la trappe & l'on augmente le feu, de sorte que le coffre est rouge; huit jours & huit nuits d'un feu vif & continuel suffisent ordinairement pour secher une étuvée de sucre.

Le sucre étant resté un tems convenable dans l'étuve, lorsqu'on le croit suffisamment sec on ouvre la trape & l'on choisit un jour chaud & sec pour le piler. Cette façon se donne au sucre dans des bacs ou des canots, ceux-ci faits tout d'une piece de bois, & ceux-là composés de madriers de deux pouces de bois faits en forme de coffres quarrés de dix à douze pieds de longueur, de deux & demi de large & d'autant de profondeur.

Les pilons à piler le sucre sont de bois dur & pesant, tels que l'acomas, le balatas, le bois de Savonnettes, le bois rouge ou le bois de fer; on leur donne huit à neuf pouces de hauteur sur cinq de diametre, & ils ont un trou dans le centre pour y mettre un manche de six pieds de long & d'un pouce de diametre.

Après que le sucre est pilé, & lorsqu'un bac ou un canot en est rempli, on le porte aux bariques qui ont été auparavant numerotées & pesées, où il est enfutaillé à travers d'une espece de crible qu'on nomme un Hebichet; ceux qui remplissent les bariques prenant soin de le bien fouler à mesure qu'on y en a mis sept ou huit pouces de hauteur, ce qu'on fait afin qu'il y en tienne davantage. Les morceaux qui ne peuvent passer par l'hebichet sont pilés de nouveau: une barique bien foulée doit contenir six à sept cens livres de sucre net.

Sucre d'écumes. On ne se sert pour faire les sucres d'écumes que des écumes des deux dernieres chaudieres, c'est-à-dire, du syrop & de la batterie, les autres se réservant pour les eaux-de-vie.

Les écumes destinées à faire du sucre se conservent dans un canot qui ne sert qu'à cet usage, & tous les matins elles se cuisent dans une chaudiere montée exprès pour cela dans la sucrerie; on les met dans cette chaudiere avec un quart d'eau afin de retarder leur cuisson & avoir le tems de les purger. Lorsqu'elles commencent à bouillir on y jette de la lessive ordinaire, & on les écume avec soin; quand elles approchent de leur cuisson on y jette de l'eau de chaux & d'alun, & quand on est prêt de tirer la batterie, on les saupoudre d'un peu d'alun pulverisé.

Sucre de Syrop. Il y a trois sortes de syrops qui s'écoulent du sucre; celui qui coule des bariques de sucre brut, c'est le plus gros de tous; celui qui coule des formes dès qu'elles sont percées & avant qu'elles ayent reçû la terre; enfin celui qui coule du sucre quand il a été terré; ce dernier est le plus fin, l'autre tient le milieu.

Les gros syrops ne devroient être employés qu'en eau-de-vie; mais les sucres étant devenus chers, on a essayé d'en faire avec ces syrops, & on y a en quelque sorte réussi.

Ces syrops se clarifient avec de l'eau de chaux, & lorsqu'ils sont cuits ils se mettent dans des barils avec une canne au milieu pour les faire purger. Lorsqu'ils ont purgé quinze ou vingt jours on les charge de six pouces de grosse terre grasse pour leur faire jetter le reste de leur syrop, & les mettre en état d'être repassés en sucre brut. Ce sont les Rafineurs Allemans & Hollandois qui ont les premiers appris aux Isles à convertir les gros syrops en sucre.

Le second syrop, c'est-à-dire, celui qui coule des formes avant qu'on leur ait donné la terre, se travaille differemment.

Après qu'on en a rempli à moitié la chaudiere qui est destinée à le cuire, on y jette huit ou dix pots d'eau de chaux; on chauffe avec un feu clair & vif, & on écume diligemment à mesure qu'il s'éleve : quelques Rafineurs y mettent de la lessive, d'autres n'y en mettent point. Le Pere Labat croit la premiere pratique meilleure, quoiqu'elle donne plus de peine & qu'elle demande plus d'attention. Ce sucre peut être terré seul, ou du moins rafiné avec les têtes des formes, les fontaines seches & autres telles natures de sucres qui ne peuvent être incorporées dans le sucre terré, & qu'on ne doit point mêler avec le sucre brut. Il est d'un tel profit pour ceux qui en fabriquent, que dans une habitation reglée il doit suffire avec les eaux-de-vie pour la dépense & l'entretien du Maître, de ses domestiques, de ses Négres, & de tout le reste de l'attirail d'une sucrerie.

A l'égard du syrop fin qui coule des formes quand elles sont terrées, après qu'il a été cuit & écumé, comme le précedent, on le passe promptement dans des rafraîchissoirs, ce sucre ne pouvant être trop tôt refroidi pour empêcher son grain de se convertir en une mousse épaisse qui ne peut faire corps.

On couvre tout le fond des rafraîchissoirs de l'épaisseur d'un doigt de sucre blanc bien pilé & bien sec.

Lorsque le syrop est cuit, si la batterie est grande on la partage en deux rafraîchissoirs, & dès qu'il y est on le remue bien avec la pagalle pour incorporer le sucre pilé qu'on y a d'abord mis avec le sucre liquide qu'on y vient de mettre; ensuite on saupoudre toute la superficie du sucre qui est dans les rafraîchissoirs avec d'autre sucre bien sec & bien pilé qu'on y met de l'épaisseur d'une ou deux lignes, cela aidant au sucre à former son grain, & l'empêchant de mousser ou de jetter de petits bouillons.

Quand les rafraîchissoirs sont reposés & que la croûte s'y est faite, on fait une ouverture à cette croûte de cinq ou six pouces de diametre, & on cerne tout le tour des rafraîchissoirs pour en détacher la croûte. C'est par l'ouverture qu'on a faite à la croûte que l'on remplit les rafraîchissoirs du syrop d'une nouvelle batterie qu'on y jette très doucement, & qui souleve insensiblement la premiere croûte qu'on a détachée des bords.

Après qu'on a achevé de cuir tous les syrops, & que les rafraîchissoirs sont pleins, on rompt toutes leurs croûtes, & après les avoir bien mêlés avec la pagalle, on porte ce sucre dans des formes destinées à cet effet, en observant de partager les morceaux des croûtes dans toutes les formes à mesure qu'on les remplit. Tout le reste se fait comme au sucre terré dont il n'est gueres different que parce qu'il n'a pas son lustre & son brillant, étant même quelquefois plus beau & plus blanc, mais d'un blanc plus mat.

Quelques-uns font aussi un autre sucre du syrop des syrops fins; mais il a toujours une odeur de brûlé & un goût très amer, de sorte qu'il vaut mieux l'employer en eau-de-vie.

Sucre rafiné. Le sucre brut, le sucre passé, les fontaines seches, & les têtes des formes qui n'ont pas bien blanchi, sont la matiere de ce sucre.

Dans les rafineries il y a ordinairement deux chaudieres montées; elles ont quatre pieds de diametre & deux & demi de profondeur, outre un euvage ou faux bord de sept à huit pouces qu'on met ou qu'on ôte suivant le besoin; leur fond est plat & uni. L'ouverture des fourneaux qui sont sous ces chaudieres est au dedans du bâtiment, & leurs soupiraux au dehors; une porte de fer qui en bouche l'entrée empêche que les Ouvriers ne soient incommodés du feu.

De ces deux chaudieres l'une sert à clarifier, l'autre à cuire le syrop clarifié; quelquefois on clarifie dans toutes les deux & l'on cuit ensuite. Dans les sucreries où l'on ne veut pas faire la dépense de ces deux chaudieres, on se sert de la grande pour clarifier & de la propre pour cuire.

Pour travailler au rafinage on met dans la chaudiere autant pesant d'eau de chaux qu'on y a mis de sucre; quand les écumes excitées par la chaleur commencent à pousser, on les leve, & lorsqu'elles cessent de venir, on passe le syrop par le drap; après cette premiere façon on le clarifie, c'est-à-dire, qu'on y jette une douzaine d'œufs, blanc, jaune & coquilles, qu'on a auparavant cassés & bien battus dans de l'eau de chaux avec des verges pour les faire mousser, ce qu'on fait néanmoins à plusieurs reprises.

Lorsque la graisse & les autres impuretés du sucre que cette composition rassemble sur la superficie du syrop ont été écumées, on y rejette quelques cuillerées d'œufs battus & l'on écume de nouveau, ce qu'on recommence jusqu'à ce que le sucre soit suffisamment clarifié, après quoi on le passe encore au drap.

Au sortir de cette premiere chaudiere on le cuit dans la seconde, & lorsque la cuisson est achevée on le porte dans les rafraîchissoirs dont auparavant on a couvert les fonds d'un demi-doigt de beau sucre blanc & bien pilé. Aussi-tôt qu'il y a été mis, on le mouve avec une pagalle, & on le saupoudre de suc pilé, faisant le reste comme pour le sucre des *syrops fins* dont on a parlé ci-dessus, ou pour le sucre terré, soit pour le mettre dans les formes, soit pour lui donner ses deux terres; observant néanmoins plus de propreté, de diligence & de circonspection que dans le travail de tous les autres sucres dont on a parlé ci-dessus, parce que la matiere en est plus chere, & les fautes plus préjudiciables.

Sucre Royal. La matiere du sucre Royal doit être le plus beau sucre rafiné qu'on puisse trouver. On le fond avec de l'eau de chaux foible, c'est-à-dire, dans laquelle on a éteint très peu de chaux : quelquefois pour le rendre plus blanc, & empêcher que la chaux ne le rougisse, on se sert d'eau d'alun. On le clarifie trois fois, on le passe autant de fois dans un drap fort & serré, & on lui donne la terre la meilleure & la mieux préparée. Quand il est travaillé avec ces précautions, il est plus blanc que la neige, & si transparent, qu'on voit l'ombre des doigts qui le touchent, même au plus épais du pain.

Le véritable sucre Royal est très cher, douze cens livres de sucre rafiné ne produisant communément que six cens livres du premier : aussi la plupart des Rafineurs & des Marchands font-ils passer le plus beau sucre rafiné pour sucre Royal; se contentant de le mettre en petits pains depuis trois livres jusqu'à cinq.

Sucre Tappé. Ce n'est que du sucre terré préparé d'une certaine maniere, & mis en petits pains depuis trois jusqu'à sept livres. Comme il est blanc, uni, pesant, assez lustré, & enveloppé proprement dans du papier bleu, on le fait quelquefois passer aux Isles pour sucre Royal; & c'est de ce faux sucre Royal que les Passagers, les Matelots & d'autres personnes qui retournent en France, ont coutume d'emporter pour faire des présens à leurs amis.

Pour faire ce sucre, on tape le plus fin qu'il est possible du sucre terré, avant qu'il soit en état d'être mis à l'étuve, & l'on en remplit peu à peu une forme, après qu'elle a été bien lavée, & sans lui donner le tems de se secher; à mesure qu'on y met le sucre, on le bat avec un pilon; & quand elle est pleine & bien foulée, on la renverse sur une planche pour faire sortir le pain de sucre qu'on y a formé. On mouille la forme à chaque pain qu'on veut faire; & quand la planche sur laquelle on arrange ces pains est pleine, on la porte à l'étuve pour la faire secher.

Le défaut du sucre tappé est de n'avoir ni liaison, ni consistence; ensorte qu'à la premiere humidité les parties s'en séparent, & qu'il se réduit en cassonade blanche. Le moyen de découvrir la tromperie, c'est de voir si la tête du pain est percée; si elle ne l'est pas, c'est certainement du sucre tappé.

Sucre Candy. Ce Sucre se fait mieux avec du sucre terré qu'avec du sucre rafiné, parce que le premier a plus de douceur. On fait dissoudre le sucre qu'on y veut employer dans de l'eau de chaux foible; & après qu'on l'a clarifié, écumé & passé au drap, & qu'il est suffisamment cuit, on en remplit de mauvaises formes qu'on a auparavant traversées de petits bâtons pour retenir & arrêter le sucre lorsqu'il se cristalise. Ces formes se suspendent dans l'étuve déja chaude, avec un pot au dessous pour recevoir le syrop qui en sort par l'ouverture d'enbas qu'on bouche à demi pour qu'il filtre plus doucement. Quand les formes sont pleines on ferme l'étuve, & on lui donne un feu très vif. Alors le sucre s'attache aux bâtons dont les formes sont traversées, & y reste en petits éclats de cristal. Lorsque le sucre est tout-à-fait sec, on casse les formes, & l'on en tire le sucre candy.

On fait du sucre candy rouge en jettant dans la bassine où l'on cuit le sucre, un peu de jus de pommes de raquettes, & si l'on veut lui donner du parfum, on jette quelque goute d'essence dans le sucre en le mettant dans les formes.

Cette maniere de travailler le sucre candy est du Pere Labat. Celle qui suit est du sieur Pomet dans son Histoire des Drogues, qui ne parle que de celui qui se fait en France, & particulierement par quelques Epiciers-Droguistes & Apoticaires de Paris. Ainsi on y trouvera quelque chose de different de la maniere de le faire, rapportée par l'exacte Missionnaire des Antilles.

Le sucre candi blanc de France se fait avec du sucre blanc & de la cassonade de Bresil fondues ensemble & cuits à la grande poêle. Il se candit à l'étuve où on le porte enfermé dans des poêles de cuivre traversées de petits bâtons autour desquels s'attachent les cristaux à mesure qu'ils se forment. Le feu de l'étuve doit être toujours égal pendant quinze jours après lesquels on tire le sucre des poêles pour l'égoûter & le secher.

Le sucre candi rouge ou roux comme on l'appelle à Paris, se fait comme le blanc, à la réserve qu'on n'employe que des moscouades brunes qu'on cuit à la feuille ou à la plume, & qui se fait dans des pots de terre.

En général tout le sucre qui n'est pas en pain s'appelle Cassonade. On appelle Cassonade grise le beau sucre brut bien sec & bien purgé, & Cassonade blanche le sucre terré, pilé & mis en barique. Le nom de Cassonade vient du mot Espagnol Cassa, qui signifie Caisse ou Coffre, parce qu'avant qu'on fît des sucres aux Isles Françoises, tout le sucre qui venoit en France du Bresil ou de la nouvelle Espagne étoit dans des caisses.

Aux Isles Antilles on pese les bariques de sucre avec la romaine ou avec des balances ordinaires. La balance ordinaire est plus sûre, & les poids de plomb bien étalonnés, de meilleur usage que ceux de fer.

Lorsqu'on livre une partie de sucre, le Marchand qui la reçoit & celui qui la livre doivent écrire chacun en particulier le numero & le poids de chaque barique à mesure qu'elle est pesée; & si c'est du sucre blanc, il faut encore écrire la tarre ou le poids de la barique vuide qui doit y être marqué dessus. Lorsque l'on a achevé de peser toutes les bariques, on confronte les produits qui ont été faits de chaque côté, & l'on soustrait le total des tarres du total des poids. Les bariques où l'on met le sucre brut ne sont point attarées, on se contente d'ôter dix pour cent du poids entier du sucre enfutaillé.

Les Marchands rendent ordinairement les futailles qu'on leur livre à moins qu'on n'en convienne autrement. Le sucre blanc, & même le sucre passé, se doivent toujours mettre dans des futailles neuves, ou du moins reblanchies; sur tout dans celles où il n'y a point eu de vin, n'étant jamais bien possible d'en ôter la teinture qui se communique au sucre, & qui le rend de moindre qualité. Lorsque le Sucrier fournit les bariques, il les passe au Marchand sur le pied de quatre livres dix sols ou cent sols la piece.

Les bariques se font aux Isles avec un bois que les Négres nomment communément Bois à Bariques, parce qu'on ne l'employe qu'à cet usage. Son véritable nom est Sucrier de montagne. Il est leger & un peu rougeâtre, & se fend mieux qu'il ne se scie. Toutes sortes de bois est bon pour les fonds. Les cercles se font avec des liannes qu'on nomme croces de chiens.

Il vient aussi d'Europe des bariques en bottes que les Marchands font monter aux Isles, & alors ils rendent bariques pour bariques à ceux qui leur livrent des sucres. Elles sont ordinairement très mal jointes, & encore plus mal cerclées. Ces deux défauts sont une adresse des Marchands; le premier afin que le sucre brut qu'on met dedans se purge plus facilement; & le second pour diminuer la tarre de la barique en diminuant l'épaisseur des cercles.

Les Sucriers aussi habiles & aussi intéressés que les Marchands, tournent ces défauts à leur profit, soit en couvrant par dedans avec de la terre grasse fort épaisse les jointures trop larges des bariques, soit en y mettant leur sucre à demi froid,

froid, ensorte qu'il ne peut gueres se purger. Les honnêtes Marchands & les Sucriers de bonne foi ne se servent jamais de ces voyes.

Commerce des Sucres qui se fait à Paris par les Marchands Epiciers.

Les sucres qui se vendent chez les Epiciers de Paris ne sont que des moscouades, des cassonades, du sucre de sept livres, du sucre royal, ou du moins ce qu'ils nomment ainsi; du sucre demi-royal, du sucre candi & du sucre rouge, qu'on appelle autrement du Chipre.

La bonne moscouade doit être blancheâtre, la moins grasse qu'il se peut & qui ne sente gueres le brûlé.

La Cassonade qu'on nomme aussi Sucre des Isles, doit être choisie blanche, seche, grenue, d'un goût & d'une odeur de violette. La plus belle vient du Bresil, mais le commerce en est presque tombé; celle de Cayenne a le second rang, & celle des Isles ensuite. Les Confiseurs employent beaucoup de cassonade du Bresil & des Isles dans leurs confitures, & en font même plus de cas que du sucre afiné, les confitures qui en sont faites étant plus belles, plus de garde, & moins sujettes à se candir.

Le sucre de sept livres [on ne sçait pourquoi ainsi nommé puisqu'il en pese douze] est le moindre de tous les sucres en pain, & n'est simplement que de la cassonade grise clarifiée, mise en pain & sechée à l'étuve.

Les autres sucres communs, mais qui sont infiniment meilleurs que celui de sept livres, sont ceux qu'on appelle Sucres d'Afinage; ils sont en pain de livre & demie, de deux, de trois, de quatre, & de six livres. Ceux-ci doivent se choisir bien secs & d'un grain fin, serré & brillant.

Le Sucre Royal qui n'est proprement que le sucre rafiné avec plus de soin & d'attention, ne se vendant gueres en France de véritable sucre Royal, doit être blanc, égal par tout, d'un grain fin, serré & brillant, ferme, facile à se casser, & qui sonne comme le verre quand on le frappe du doigt. Les pains sont de differens poids, & sont tous enveloppés dans du papier bleu, aussi bien que les sucres d'afinage.

Le demi-royal qui vient de Hollande dans des papiers violets, est un peu moindre que le Royal, mais au dessus des sucres communs. En petits pains on le nomme Afinage de Hollande.

Les Hollandois envoyoient aussi autrefois des sucres en pains de dix-huit ou vingt livres, d'assez bonne qualité, qu'on nommoit Sucre de Palme, à cause qu'ils étoient enveloppés dans des feuilles de palmier. Mais depuis qu'on ne se sert presque plus en France que des sucres des Isles, le commerce en est entierement tombé, aussi-bien que celui du sucre de Madere dont les Epiciers de Paris faisoient pareillement un assez grand négoce.

Avant que l'on eût établi des rafineries aux Isles, la plupart des sucres bruts qui venoient en France, se rafinoient à Rouen, à Dieppe, à Orleans, &c. Présentement la plupart de ces sucres arrivent tout rafinés. De ceux qui se rafinent encore dans ces trois Villes, les sucres des afinages d'Orleans & de Dieppe, passent pour les meilleurs. Autrefois c'étoit l'afinage de Rouen qui étoit le plus estimé.

On appelle sucre Royal des Confiseurs, l'amidon qu'ils employent assez souvent dans leurs dragées pour ménager le véritable sucre.

Les meilleurs sucres candis qu'on vende à Paris, viennent de Hollande, à ce que font souvent accroire les Epiciers qui le vendent; il s'en fait cependant d'excellens à Paris même, à Orleans & à Tours. Celui de Hollande coute ordinairement quatre sols par livre plus que celui de France, ce qui suffit pour lui donner la préference parmi une Nation qui n'estime gueres que ce qui vient de dehors. Le sucre candi blanc doit se choisir blanc, sec, clair & transparent; pour le candi rouge il suffit qu'il soit sec & bien roux.

Le Chipre est une espece de sucre rouge que les Faiseurs d'oublies & de petits métiers, employent pour faire leur marchandise; ce qui leur doit bien être permis pour un tel négoce. Mais à l'égard des Apoticaires qui s'en servent dans leurs syrops, on devroit bien le leur défendre absolument à cause des conséquences pour la santé, ce sucre n'étant que le rebut des autres sucres, & par conséquent une très mauvaise drogue. C'est de ce sucre que provient ce qu'on appelle Melasse, Doucette ou Syrop de sucres. *V.* MELASSE.

Les Sucres rafinés en pain ou en poudre, candis, blancs & bruns venant des Pays étrangers, payent en France les droits d'entrée à raison de 22 liv 10 s. le cent pesant, conformément à l'Arrêt du 25 Avril 1690, confirmatif de celui du 25 Janvier 1671, & du Tarif de 1667.

Les mêmes Sucres aussi-bien que les Cassonades blanches, entrant par les Provinces de la Ferme, payent 15 liv. suivant le Tarif de 1664.

Les Cassonades étrangeres blanches ou grises fines ou moyennes; 15 livres en conséquence du Tarif de 1667 & l'Arrêt du 25 Avril 1690.

Les Moscouades du Bresil 7 liv. 10 s. & les Barboudes, Panelles & Sucre de saint Thomé, 6 l. conformément au Tarif de 1667.

COMMERCE ET PRIX DES SUCRES A AMSTERDAM.

Il se fait à Amsterdam un commerce très considerable de sucre de toutes sortes, particulierement des Indes Orientales, du Bresil, des Barbades & de Saint-Domingue, d'Antigoa, de la Martinique & de Surinam. Tous ces sucres viennent, ou dans des caisses, ou dans des canastes, ou dans des bariques, ou dans des tonneaux, ou enfin dans des barils. C'est suivant la difference de ces futailles qu'on regle la tare. A l'égard des déductions pour le bon poids & pour le promt payement, elles sont toutes egalement d'un pour cent pour l'un, & d'un pour cent pour l'autre.

Tout le sucre s'y vend à la livre, & se paye en deniers de gros.

Le prix du sucre de Bresil blanc, est depuis 11 jusqu'à 13 deniers de gros la livre, & le bresil brun, qu'on nomme autrement Moscouade, depuis 7 jusqu'à 9 deniers de gros. Ce dernier se vend à 18 mois de rabat. Leur tare est égale; sçavoir, de 240 livres pour les caisses longues, & de 190 livres pour les caisses courtes.

Le sucre des Indes Orientales vient en caisses ou en canastes. Les caisses sont tarées & la tare en est dessus. Pour les canastes, elles donnent

20 livres de tare. Le prix de ce ſucre eſt ordinairement de 10 deniers de gros la livre.

Le ſucre des Barbades ſe vend depuis 6 d. ½ la livre juſqu'à 7 d. ½ Les bariques peſant juſqu'à 899 liv. donnent 150 liv. de tare par barique ; & celles de 900 livres & au-deſſus, 16 pour cent. La tare des demi-bariques eſt de 20 pour cent.

Le ſucre de Saint-Domingue ſe vend depuis 5 d. ¼ de gros juſqu'à 6 d. ½. Celui d'Antigoa, depuis 5 d. de gros juſqu'à 6 deniers, & celui de la Martinique, depuis 5 deniers ¼ juſqu'à 6 deniers de gros.

Ces trois ſortes de ſucre viennent ou par bariques, ou par barils. Les bariques peſant 500 livres & au-deſſus, donnent 18 pour cent de tare ; & celles au-deſſous de 500 livres 90 liv. par bariques.

Les barils au-deſſus de 250 liv. donnent auſſi 18 pour cent de tare, & ceux au deſſous 45 liv. par baril.

Le ſucre de Surinam ſe vend depuis 5 juſqu'à 7 d. ¼ de gros la livre. Les bariques peſant au-deſſus de 600 livres, donnent 20 pour cent de tare, & au-deſſous 120 livres par barique.

Le ſucre en pain ſe vend depuis 11 juſqu'à 16 & ½ de gros la livre. On tare les tonneaux.

L'on vend à Amſterdam deux ſortes de ſucre candi, le blanc & le brun ; tous deux ſe vendent net & à la livre. Ils donnent de déduction pour le bon poids, & pour le promt payement un pour cent chacun. Le ſucre candi blanc coûte depuis 19 deniers juſqu'à 25 den. de gros la livre, & le candi brun, depuis 14 ½ juſqu'à 15 ½.

Appréciation des ſucres ſuivant les Tarifs de Hollande & les droits d'entrée & de ſortie qu'ils payent en conſequence.

Les ſucres appellés Moſcouades ſont appreciés 22 flor. 10 ſ. les 100 livres, l'exception de celles de l'Amerique dont l'appréciation eſt de 30 flor. elles payent également 10 ſ. d'entrée & un florin de ſortie, avec une augmentation de 3 ſ. 8 penn. ſi elles entrent ou qu'elles ſortent par l'Eſt, l'Oriſont ou le Belt. Les ſucres des Indes Orientales ſont appreciés 25 flor. auſſi les 100 livres, & payent comme deſſus.

Les ſucres en pain de Saint Thomas, ou ſucres propres à mettre en pains dits Pancelen, ſont appreciés 15 flor. ils payent 10 ſ. d'entrée & 12 ſ. de ſortie, avec une augmentation de 3 ſ. 8 pen. on leur déduit 10 pour cent pour la tare des caiſſes, & 15 pour cent s'ils ſont en bariques.

Les ſucres en pains de tous pays ſont appreciés 40 flor. & payent 1 flor. 5 ſ. d'entrée & autant de ſortie, avec l'augmentation de 7 ſols.

Par la reſolution des Etats Généraux du 4 Mars 1687, les ſucres rafinés payent en ſortant les deux tiers des droits de moins qu'ils avoient payé juſqu'alors, excepté le ſucre à confiſeur, appellé en Hollandois Banket, Suiker.

Le ſucre Candi blanc eſt apprecié 60 flor. le brun 40 & le ſucre Royal 60 flor. ils payent également 1 flor. 5 ſ. d'entrée & autant de ſortie, l'augmentation quand ils entrent ou ſortent par l'Eſt, l'Oriſont & le Belt, eſt de 5 ſ.

Sucre d'Orge. C'eſt une eſpece de Caramel à demi-cuit, que l'on colore avec du ſafran, & que l'on dreſſe en bâtons tortillés ſur un marbre graiſſé d'huile d'amande douce. On le croit excellent pour guérir le rhume. Le bon ſucre d'orge doit être d'une belle couleur d'ambre, ſec, nouveau fait, & ne tenant point aux dents quan, on le mâche.

Sucre Rosat. C'eſt du ſucre blanc clarifié & cuit en conſiſtance de tablettes dans de l'eau de roſe ; quelquefois on le réduit en petites grenailles de la groſſeur d'un pois. Il faut le choiſir ſec, bien travaillé, difficile à caſſer, d'un goût & d'une odeur de roſe.

On tire du ſucre par les opérations de la Chimie, une huile & un eſprit qu'on croit propres ; celui-ci pour la gravelle, l'hydropiſie & la diſſenterie ; & l'autre pour les maux d'eſtomach, auſſi-bien que pour embellir le tein des Dames.

On fait auſſi des eaux-de-vie de ſucre qu'on nomme autrement Eau-de-vie de Cannes, dont l'uſage eſt défendu en France ; mais dont il ſe fait une grande conſommation dans les Iſles Françoiſes de l'Amerique pour la boiſſon des Négres & des Engagés. Il en paſſe auſſi quantité dans les Pays du Nord & en Canada. On peut voir à l'article de l'Eau-de-vie les Arrêts qui défendent celles de ſucre, l'on ajoutera ſeulement ici la maniere de le faire, extraite des ſçavantes & agréables Relations du Pere Labat.

De l'Eau-de-vie de Canne.

L'Eau-de-vie de Canne eſt appellée Guildive par les François, & Taffia par les Négres. Le lieu où l'on la fait ſe nomme une Vinaigrerie, apparemment parce qu'on n'y uſe que des ſyrops aigres & gâtés, comme on ne ſe ſert que de mauvais vin pour faire le vinaigre. On devroit plûtôt l'appeller un Diſtillatoire à cauſe des diſtillations qui s'y font.

Les uſtenciles d'une Vinaigrerie conſiſtent en quelques canots de bois, une ou deux chaudieres avec leurs chapiteaux & leurs couleuvres, une écumoire, quelques jarres, des pots & des bailles ou cuvettes. Les canots de bois ſont meilleurs que les bacs de maçonnerie, parce que s'imbibant facilement de la liqueur qui s'y eſt déja aigrie, ils avancent beaucoup l'aigreur & la fermentation de celle dont on les remplit enſuite.

Quand on veut faire de l'eau-de-vie on emplit les canots d'eau juſqu'aux deux tiers, & quelquefois juſqu'aux trois quarts ; le reſte ſuffiſant pour les gros ſyrops & les écumes qu'on y met, après quoi on les couvre de feuilles de baſilic & de planches.

Ce mélange s'aigrit & fermente au bout de deux ou trois jours ſuivant la bonté des ſirops & des écumes. Lorſqu'il a acquis le degré de fermentation neceſſaire, c'eſt-à-dire, lorſque ſa couleur eſt jaune, ſon odeur forte, & ſon goût très-aigre, on l'écume & on le met dans les chaudieres.

Ces chaudieres ſont de cuivre d'environ deux pieds & demi de diametre ſur quatre pieds de hauteur. Leur fond eſt plat, percé à côté d'une ouverture dans laquelle eſt ſoudé un tuyau avec ſon robinet pour vuider la liqueur qui reſte après que les eſprits ont été extraits. Le haut de la chaudiere eſt en dôme avec une ouverture ronde d'un pied de diametre & un rebord, environ de deux pouces de hauteur : c'eſt par cette ouverture qu'on charge la chaudiere, c'eſt-à-dire, qu'on la remplit. Elle eſt montée ſur un fourneau de maçonnerie dont la bouche eſt en dedans de la Vinaigrerie, & l'évent percé au dehors. La maçonnerie enferme la chaudiere jusqu'aux deux tiers de sa hauteur.

Lorsque la chaudiere est pleine on couvre son ouverture avec un chapiteau de cuivre rouge étamé en dedans, & on les lute exactement. Le bout du bec du chapiteau, qui a dix-huit ou vingt pouces de long, entre dans l'extrêmité d'une couleuvre qui est de cuivre ou d'étain, & qui traverse un tonneau fait exprès, qui doit être toujours rempli d'eau. Il faut remarquer que plus la couleuvre a de plis & de circonvolution, plus l'eau-de vie est bonne. A l'autre extrêmité de la couleuvre qui sort du tonneau, on met un pot de rafinerie ou une grosse cruche pour recevoir la liqueur qui en doit sortir.

Quand tout est ainsi préparé on donne le feu au fourneau. La premiere eau qui sort s'appelle la petite eau; & en effet, elle n'a pas beaucoup de force. On conserve tout ce qu'on fait de petite eau pendant les cinq premiers jours de la semaine pour la repasser le Samedi, alors l'esprit qu'elle produit est la véritable eau-de-vie qui est très-forte & très-violente.

Dans les Sucreries où il y a deux chaudieres à eau-de-vie, on en doit faire par semaine cent soixante pots mesure de Paris. On la vend ordinairement dix sols le pot, & quelquefois davantage, quand les eaux-de-vie & les vins de France sont rares.

Quand on veut rendre cette eau-de-vie meilleure & lui ôter l'odeur trop forte & l'acreté qu'elle a, outre qu'il faut avoir soin de laver les chaudieres & les couleuvres, l'on n'a qu'à suspendre dans le chapiteau un bouquet d'anis ou de fenouil.

SUCRERIES EN GENERAL. On appelle Sucrerie une habitation dans laquelle on cultive des cannes à sucre, & où, du suc qu'on en tire, l'on fait du sucre. En ce sens une Sucrerie est composée de terres propres à la culture des cannes, d'un moulin, de la sucrerie proprement dite, de la purgerie, de l'étuve & de la vinaigrerie. *Voyez ci-devant l'article du Sucre.*

La Sucrerie proprement dite, est un grand bâtiment en forme de salle élevé près d'un moulin à sucre, dans lequel est conduit par un canal le suc des cannes qui sont écrasées dans le moulin, & où on le cuit pour en faire du sucre. La grandeur d'un tel bâtiment doit être proportionnée à la quantité de sucre qu'on peut faire en deux ou trois semaines.

Une Sucrerie à cinq chaudieres doit avoir trente-cinq à trente-six pieds de large dans œuvre, & cinquante pieds de long. Les chaudieres s'attachent ordinairement au pignon qui est du côté du moulin, & entrent environ six pieds dans la sucrerie. Le long des chaudieres est un chemin de neuf à dix pieds de large, tant pour le passage d'une porte à l'autre, que pour mettre les canots où le sucre brut se refroidit. Le reste de la sale jusqu'au pignon opposé à celui des chaudieres, est creusé de cinq à six pieds, & revêtu par les côtés de bonne maçonnerie : c'est ce qu'on appelle la Citerne où coule le syrop lorsqu'on fait purger les bariques de sucre brut. Pour soutenir ces bariques, le dessus des citernes est couvert de soliveaux de quatre pouces en quarré, éloignés les uns des autres de six pouces. C'est aussi sur ces soliveaux qu'on arrange les formes & leurs pots quand on travaille en sucre blanc; mais alors on y met des planches par dessus. *Voyez ci-devant la maniere de purifier les syrops.*

SUCRERIE. Il se dit aussi en Europe des affineries, c'est-à-dire, des lieux où l'on raffine le sucre, & où on le forme en pain. *Voyez comme dessus.*

Etablissement des Sucreries dans le continent & les Isles de l'Amerique.

Les Espagnols & les Portugais sont les premiers des Européens qui ont eu des Sucreries; ceux-là dans la nouvelle Espagne; & ceux-ci dans le Bresil; l'époque de ces établissemens est vers la fin de 1580.

Les François & les Anglois qui ne se sont établis dans les Isles de l'Amerique qu'en 1625. ou 1627, n'ayant d'abord pensé qu'à la culture du tabac, de l'indigo & du coton, negligerent assez long-tems celle des cannes à sucre, & ce ne fut qu'en 1643 que les Anglois de Saint Christophle commencerent à bâtir des Sucreries.

Les François qui partageoient alors cette Isle avec eux, ne furent pas long-tems à les imiter, la Guadeloupe fut encore quatre ou cinq ans sans en avoir, & celles qui y furent établies en 1648 furent dûes aux Hollandois, qui s'y étoient refugiés après avoir abandonné toutes leurs conquêtes du Bresil dont ils étoient si long-tems resté les maîtres.

On fit des Sucreries à la Martinique un peu plus tard qu'à la Guadeloupe; pour la Barbade, les Anglois y en eurent presque aussi-tôt qu'à Saint Christophle.

Le nombre des Sucreries s'augmente tous les jours dans les Isles, & la Fabrique des sucres s'y perfectionne de plus en plus.

SUCRIERS. Ouvriers qui travaillent dans les sucreries. Il y a deux sortes de principaux Ouvriers dans les sucreries des Isles Françoises de l'Amerique; les uns qu'on appelle simplement Sucriers, les autres qu'on nomme Raffineurs. Les Sucriers sont ceux qui purifient le velou ou suc de cannes, qui le cuisent & qui en font le sucre brut : les Raffineurs sont ceux qui travaillent sur le sucre blanc, c'est-à-dire qui le raffinent.

On appelle aussi Sucriers ceux qui font le commerce du sucre, & qui ont une Sucrerie.

SUE

SUEDE. Royaume dans la partie Septentrionale de l'Europe. *Voyez* le détail des productions & du commerce de ce Royaume dans l'Etat général Tome I. page 294.

SUER. Faire suer le tabac. Terme en usage en Guienne dans la Fabrique du tabac. Ce sont toujours les meilleures feuilles ausquelles on donne cette façon. Pour les faire suer, on choisit un grenier sec & où il y ait de l'air. Là au sortir de la pente, c'est-à-dire, après qu'elles ont seché pendues à des cordes, on en fait un lit sur le plancher de la longueur qu'on veut, sur la largeur de deux longueurs de feuilles. La maniere de les y placer est pointe contre pointe ou tête contre tête, en couvrant le premier lit de nouvelles feuilles jusqu'à ce que le monceau ait environ trois pieds de hauteur.

En cet état les feuilles s'échauffent & suent naturellement; après un certain degré de chaleur on défait le tas, & on retourne les feuilles qu'on arrange comme la premiere fois. Lorsque le tems est convenable, la sueur s'acheve en quinze jours, si elle tarde on couvre les feuilles de planches, & on les charge de quelques pierres. *Voyez* l'article du Tabac.

On appelle feuilles suées les feuilles ausquelles on a donné cette façon.

SUEUR. En Guïenne on appelle la sueur du tabac une humidité chaude, qui est excitée par la fermentation des feuilles, lorsqu'on les met en pile les unes sur les autres. *V.* l'article précedent.

SUEUR. Ouvrier qui autrefois travailloit les cuirs au sortir de la main du Tanneur. C'étoit celui qui les mettoit en suin ou en graisse qu'on nommoit alors Souin.

Les Sueurs, comme on le voit dans les anciens Statuts des Courroyeurs, faisoient une Communauté particulière, qui aussi-bien que celle des Baudroyeurs & des Cordouaniers a été réunie à la Communauté des Courroyeurs. *Voyez* COURROYEUR.

SUI

SUIF. Graisse d'animaux fondue & clarifiée.

Il n'y a point d'animaux dont on ne puisse tirer du suif; mais ceux dont on en tire davantage, & des suifs desquels il se fait le plus de commerce, sont le cheval, le bœuf, la vache, le mouton, la brebis, le porc, la truye, le bouc, le cerf & l'ours.

Quelques - uns de ces suifs ne sont propres qu'à la Médecine; la plûpart des autres s'employe pour la fabrique des chandelles, dans la préparation des cuirs, pour la lampe des Emailleurs, pour les Manufactures des savons, & pour espalmer & enduire les navires.

Les suifs de mouton & de brebis que vendent les Bouchers de Paris sont estimés les meilleurs de tous. On les appelle Suifs de place, parce qu'ils se vendent dans une place publique destinée à ce négoce. Ils sont par pains ou masses rondes en forme de culs-de-jattes, du poids de cinq livres & demie chacune, que l'on nomme des Mesures de Suif.

Les suifs de mouton & de brebis appellés Suifs de marque qui se tirent de Hollande, tiennent le second rang; ils s'envoient dans des futailles de differentes grosseurs & poids.

Il vient encore en France des suifs de mouton & de brebis en futailles, qui se tirent de divers Pays étrangers, mais en petite quantité, & qu'on estime beaucoup moins que ceux de Place & de marque.

Les bons suifs de mouton & de brebis doivent être choisis blancs, clairs & durs; quand ils sont mélangés de suif de bœuf ou de vache ils sont d'un blanc tirant un peu sur le jaune.

Les suifs de bœuf & de vache, outre ceux de place que les Marchands Bouchers de Paris débitent par mesures, comme les suifs de mouton & de brebis, viennent en futailles de différentes grandeurs & poids, ou des Provinces du Royaume, ou des Pays étrangers, particuliérement de Hollande, d'Irlande, de Pologne & de Moscovie.

Ceux de France, singuliérement de Paris, tiennent le premier rang; ceux de Hollande vont après, puis ceux d'Irlande, & ensuite ceux de Pologne qui se tirent de Danzikk. Pour ce qui est des suifs de bœuf de Moscovie qui viennent par la voye de Hambourg, on les estime très peu, parce qu'ils sont pour la plûpart salés, & l'on n'y a recours que lorsqu'ils sont rares, soit en France, soit dans les autres Pays.

Pour que les suifs de bœuf & de vache soient de bonne qualité, ils doivent être nouveaux, point puants & d'un beau blanc, quoique jaunâtre.

On appelle du Suif en branche la panne ou graisse de bœuf, de vache, de mouton ou de brebis, telle qu'elle a été tirée par les Bouchers du corps de ces animaux, sans avoir encore été fondue.

Quand le suif en branche a été fondu, ce qui reste dans le fond de la chaudiere se nomme les cretons du suif, dont on fait de grands pains ronds de la forme d'un fromage de Gruyere, qui servent à faire de la soupe pour les chiens de meute & de cour. C'est du suif en branche que se fait le suif de Place.

Pour faire de la bonne chandelle il faut moitié suif de mouton ou de brebis, & moitié suif de bœuf ou vache, sans mélange d'autres graisses, qui ne servent qu'à la rendre jaune & coulante, & à empêcher qu'elle ne donne une belle lumiere.

Ce qu'on nomme à Paris & en quelques autres endroits du petit Suif ou du Suif de tripe, n'est autre chose que de la graisse qui se trouve sur le bouillon refroidi, dans lequel on a fait cuire les tripes des bœufs, vaches, moutons & brebis que l'on a fait ensuite refoudre dans une chaudiere avec d'autre graisse qui a été tirée des boyaux des mêmes animaux.

Ces sortes de suifs sont peu estimés, ne pouvant servir tout au plus qu'à la préparation de quelques cuirs dont ceux façon de Hongrie sont du nombre; on s'en sert dans la fabrique des savons.

Le moindre de tous les suifs est celui de porc & de truye que l'on nomme du flambart, aussi s'apperçoit-on bien aisément quand il y en a dans les chandelles, ce mélange les rendant d'une mauvaise odeur, molasses, d'un blanc jaune & sale, & faciles à couler. *Voyez* FLAMBART.

Le suif de bouc se tire presque tout d'Auvergne, des environs de Lion & de Nevers; il est de quelque usage en Médecine, mais la plus grande consommation s'en fait par plusieurs Artisans & Ouvriers qui ne peuvent s'en passer dans leur profession. Il doit être sec, d'un blanc clair dessus & dedans, sur-tout sans aucun mélange d'autres suifs ou graisses.

Les suifs de cerf & d'ours ne servent qu'en Médecine. *Voyez* CERF & OURS.

Les suifs de toutes sortes payent en France les droits d'entrée à raison de 30 s. du cent pesant, conformément au Tarif de 1664; & pour les droits de sortie 25 s.

COMMERCE ET PRIX DES SUIFS A AMSTERDAM.

Les Marchands d'Amsterdam tirent la plûpart de leurs suifs d'Irlande, de Moscovie & d'Allemagne; ils vendent aussi quantité de suifs du Pays. Tous ces suifs se vendent en gros au quintal de cent livres : leurs déductions pour le bon poids & pour le prompt payement, sont chacune d'un pour cent. A l'égard de la tare, les suifs étrangers en donnent 16 pour cent, pour les suifs du Pays, les barils en sont tarés.

Le prix des suifs du païs est de 20 flor. les 100 l.

Le prix des suifs d'Irlande, depuis 17 florins jusqu'à 18 ¼.

Le prix des suifs de Moscovie, depuis 14 florins jusqu'à 19.

Et le prix des suifs d'Allemagne, depuis 15 flor. jusqu'à 19 aussi les 100 livres.

Toutes sortes de suifs ou graisses sont appreciés dans les Tarifs de Hollande, & payent les droits d'entrée & de sortie sur le pied de 100 l. pesant, leur appréciation est de 15 flor. les droits d'entrée 4 s. & ceux de sortie 8 s. avec une augmentation d'un sol s'ils entrent ou sortent par l'Est, l'Orisont ou le Belt.

SUIF. Mettre les cuirs en suif. Terme de Courroyeur & de Hongrieur, qui signifie imbiber les cuirs avec du suif chaud, par le moyen d'une espece d'éponge faite de laine appellée Gipon. *Voyez* CUIR, *aux endroits où il est parlé de l'apprêt de la vache grasse, & de la maniere de fabriquer les cuirs de Hongrie.*

SUIF. On nomme à la Chine Arbre à Suif, un arbre qui produit une substance semblable au suif.

Cet arbre est de la hauteur d'un cerisier; ses feuilles sont taillées en cœur d'un rouge vif & éclatant, & l'écorce en est unie.

Le fruit est enfermé dans une espece de gousse ou d'enveloppe à peu près comme les chataignes, il consiste en trois grains blancs & ronds de la grosseur & de la forme d'une noisette qui ont chacune leur capsule particuliere, & au dedans un petit noyau.

La substance blanche qui entoure ce noyau, a toutes les qualités du véritable suif, sa consistance, sa couleur, même l'odeur: aussi les Chinois en font-ils des chandelles qui seroient aussi bonnes que celles d'Europe, s'ils savoient purifier ce suif vegetal comme nous faisons le suif des animaux. Toute la façon qu'ils y font est d'y mêler un peu d'huile pour rendre la pâte plus douce & plus maniable. Il est vrai que les chandelles qu'on en fait rendent une fumée plus épaisse & une lumiere moins claire & moins vive que les nôtres; mais ces défauts viennent des méches qui ne sont pas de coton, mais d'une petite verge de bois sec & leger qu'on entoure d'un filet de moele de jonc.

SUINT. Espece de graisse ou axonge qui se trouve adherente à la laine des moutons & brebis. Les Marchands Epiciers-Droguistes qui en font le négoce, la vendent sous le nom d'Oesype. *Voyez* OESYPE.

SUINT. On appelle laines en suint les laines grasses & qui se vendent sans avoir été lavées ni dégraissées. On les nomme plus ordinairement Laines Surges. *Voyez* SURGE.

SUISSE, Contrée qui a été autrefois dépendante des Gaules, & a été depuis enclavée dans la Germanie. Ce pays se divise en treize cantons, qui se gouvernent en forme de République. La Suisse est très célébre par le commerce que la plûpart des principales Villes de ses cantons font avec les Etrangers. *Voyez* l'Etat général Tome I. page 235.

SUIVABLE. Fil Suivable. Terme de Manufacture d'étoffes de laine, qui n'est en usage que dans la Sayetterie d'Amiens. Il signifie des fils de laine qui sont d'un filage égal, ensorte que l'étoffe qui en est faite ne soit point barrée.

L'article 65 des Statuts de cette Sayetterie, enjoint à tous Sayetteurs de faire leurs pieces d'ouvrages de fil suivable raisonnablement assorti; & en cas qu'il se trouve quelques pieces barrées de fils de differente qualité, les condamne à une amende arbitraire pour les legers défauts; & pour les défauts considerables ordonne que les pieces seront coupées, le bon d'un côté & le mauvais de l'autre.

SUL

SULLY, petite Ville de France dans la Sologne, de la Généralité d'Orleans. L'on y fabrique differentes étoffes de laine. *Voyez* l'Etat général Tome I. page 89.

SULTANIN. Monnoye d'or qui se fabrique au Caire, & qui a cours dans tous les Etats du Turc. C'est la seule espece d'or qui se fasse au coin du grand Seigneur. On l'appelle aussi Scherif & Sequin. Il vaut à peu près le Ducat d'or. *Voyez* SCHERIF, *Voyez aussi* SEQUIN.

On nomme aussi Sultanins des especes d'or qui se frapent à Tunis: mais outre que ces Sultanins sont d'un tiers plus fort que ceux d'Egypte, l'or en est à plus haut titre, & tout du plus fin qu'il puisse être; c'est-à-dire, au plus près de vingt-quatre Carats.

SUM

SUMAC. Drogue propre pour teindre en vert.

Cette drogue dont on se sert aussi dans l'apprêt des maroquins noirs, & de quelques autres peaux, n'est autre chose que les feuilles & les jeunes branches d'un arbrisseau pilées dans un mortier.

Cet arbrisseau est assez semblable au petit cormier; ses feuilles sont oblongues, pointues, velues & dentelées; ses fleurs sont ramassées en grappes, elles sont rouges & assez semblables aux roses des jardins; son fruit que les Epiciers & les Apoticaires nomment Sumac rouge en grappe, est une espece de petit raisin rouge d'une qualité très astringente; sa semence est presque ovale, & est renfermée dans des capsules de même figure.

Cet arbre se nomme Sumac, mot Arabe, dont la drogue a pris aussi son nom. Les Latins l'appellent aussi *Rhus Obsoniorum*, ou *Rhus Coriaria*; ce qui fait que par corruption plusieurs Marchands Epiciers-Droguistes, Teinturiers, Maroquiniers, & autres qui se mêlent de la préparation des peaux, lui donnent aussi les noms de Roux & de Roure.

Quoique le Sumac soit du nombre des drogues colorantes qui sont communes aux Teinturiers du grand & du petit Teint; il est néanmoins défendu aux uns & aux autres d'en employer de vieux; c'est-à-dire, qui a déja servi à passer les maroquins, ou autres peaux.

Le meilleur Sumac pour la teinture, est celui qui est verdâtre & nouveau. C'est du port de Porto en Portugal que vient la plus grande partie du Sumac qui se consomme en France; ce qui fait que par un mauvais jeu de mots les Marchands qui en font négoce l'appellent assez souvent du Sumac de port en port. *Voyez l'Etat géneral du Commerce a l'endroit où il est parlé de celui de Portugal, & particulierement de Porto.*

Il croît beaucoup de Sumac dans les Pays de Vosges, & on le cultive dans plusieurs Provinces de France, mais les Ouvriers François l'estiment peu.

Le Sumac que les Tarifs nomment aussi Sommac, & Herbe à Maroquin, paye en France les droits d'entrée à raison de 10 s. le cent pesant, conformément au Tarif de 1664.

Les droits de la Douane de Lyon sont de 23 s. 3 den. le quintal pour tous droits.

A l'égard des droits de sortie, le Sumac du crû de France a faire teinture, paye 20 s. du cent pesant.

Commerce du Sumac a Amsterdam.

Le plus grand commerce de sumac à Amsterdam est de celui de Portugal, qu'on nomme ordinairement de Porto-à-Porto, ou de Port-à-Port, il se vend au quintal de 100 liv. la tare qu'il donne est de 4 pour 100; & les déductions 1 pour 100 pour le bon poids & autant pour le promt payement. Son prix est depuis 21 jusqu'à 23 sols de gros les cent livres.

Les droits d'entrée & de sortie que le sumac paye en Hollande, sont pour l'entrée 3 sols les 100 livres, & 4 s. pour la sortie; lorsqu'il entre ou qu'il sort par l'Est, l'Orisont ou le Belt, il y a une augmentation d'un sol.

SUMATRA, l'une des plus grandes Isles de la Sonde. Le principal commerce de cette Isle consiste en or, en argent, & autres métaux; en diamans & autres pierreries; en poivre, en cire, en miel, & autres épiceries. *Voyez* l'Etat général Tome I. pages 285, 463.

SUMENES, en Languedoc, de la Généralité de Montpellier. Ses Fabriques sont maintenant peu considerables. Elles consistent en cadis, en chapeaux & en cuirs. *Voyez* l'Etat général Tome I. page 215.

SUN

SUNDERLAND, Ville d'Angleterre. Le commerce de cette Ville n'est guéres recommandable que par son charbon de terre. *Voyez* l'Etat général Tome I. page 251.

SUNVILLE, Village près de Reims, où l'on fabrique des étamines. *Voyez* l'Etat général Tome I. page 24.

SUP

SUPERFIN. Terme dont les Marchands & les Manufacturiers se servent pour exprimer superlativement la finesse d'une étoffe. Ainsi un drap, un camelot, &c. Superfin est celui qui est le plus fin de tous ceux que l'on puisse fabriquer, ou qui a été manufacturé avec de la laine, de la soie, ou autre matiere extrêmement fine.

On dit aussi dans le même sens Refin & Refino, comme qui diroit deux fois fin, ou doublement fin.

Superfin. Se dit aussi chez les Tireurs d'Or & parmi les Marchands de Dorure, du fil d'or ou d'argent trait, tant fin que faux, qui après avoir passé par une infinité de pertuis ou trous de filiere, toujours en diminuant de grosseur, est enfin parvenu à n'être pas plus gros qu'un cheveu.

Soit que ce fil ait été battu, écaché ou mis en lame, ou qu'on l'ait ensuite filé sur la soie ou sur le fil de chanvre ou de lin, on ne laisse pas toujours de lui donner le nom de superfin; en sorte que l'on dit indifferemment de l'or & de l'argent trait superfin; de l'or ou de l'argent

battu, écaché ou en lame superfin; du fil d'or ou d'argent superfin.

Superfin. S'entend encore des fils de sayette ou laines filées qui viennent de Turcoin en Flandres, & qui ne sont faits qu'avec de la laine de Hollande. *Voyez* Fil de Sayette.

SUPPLEMENT. Ce qui manque à quelque chose, & qu'on y ajoute pour la rendre ou entiere, ou parfaite.

Supplement en matiere de finance. Se dit d'une taxe ou augmentation qu'on fait payer aux acquereurs des Domaines du Roi, qu'on croit aliénés au dessous de leur juste valeur; ou à des Officiers pourvûs de Charge dont le prix paroît trop médiocre; ce qui n'arrive gueres dans le dernier cas, que pour des Offices de nouvelle création.

Supplement. Se dit aussi des droits de Douane qui n'ont pas été acquittés en leur entier dans les premiers Bureaux suivant les Tarifs, Déclarations ou Arrêts du Conseil, & que l'on fait payer par supplément dans les Bureaux du Contrôle ou derniers Bureaux par où passent les marchandises qui y sont sujettes, après que l'on en a fait le recensement & la visite.

SUPPORT. Ce qui soutient quelque chose, sur quoi elle est appuyée.

Supports, en terme de Tourneur. Signifient les pieces de bois ou de fer sur lesquels l'Ouvrier appuye & affermit son outil lorsqu'il travaille.

Dans les grands tours de bois, & lorsqu'on tourne entre deux pointes, le support est une longue barre de bois de deux pouces d'épaisseur & de trois ou quatre de hauteur que le Tourneur a devant lui, & qui porte des deux bouts sur les bras des poupées.

Lorsqu'on tourne en l'air, & qu'on veut creuser & évuider un ouvrage, le support coupe transversalement les jumelles, & s'arrête dans l'espace qui les sépare comme les poupées.

Les supports pour tourner les quadres ronds, sont deux pieces de bois triangulaires qu'on ajoute à une des poupées, & une troisiéme piece qui n'est qu'une tringle de bois qu'on attache en équerre au bout de celles de ces deux pieces qui est du côté du Tourneur: les deux pieces triangulaires s'appellent des aîles.

Enfin si l'on tourne du métail ou que l'ouvrage soit difficile, on ajoute au dessus du support de bois, une piece de fer qui n'en est éloignée que de l'épaisseur de l'outil dont on se sert, & l'on passe l'outil dans cette espace, ce qui le tient plus ferme, & l'empêche de varier ou d'être élevé par le mouvement du tour.

Les Supports des petits tours de fer sont aussi de fer, forgés ordinairement par en haut en queue d'irondelle assez large, pour donner plus d'appui & de champ à l'outil qu'on tient dessus en tournant. Ces supports s'allongent, se reculent, se haussent & se baissent & s'arrêtent avec des vis devant l'Ouvrier si c'est pour tourner entre deux pointes, & transversalement si c'est pour tourner en l'air & par le côté. Quelquefois au lieu de ces supports à queue d'irondelle, on se sert d'une petite barre de fer qui porte sur deux bras passés dans les picolets des poupées.

Le Support des grands tours s'appelle souvent simplement la Barre du Tour, quelquefois aussi l'Appui, mais plus ordinairement le Support. *Voyez* Tour.

SUPPUTATION. Se dit des comptes, calculs, ou examens que l'on fait de certaines sommes ou nombres, soit à la plume, soit aux jettons: cette supputation est bonne, elle est exacte, on ne s'y est point trompé. Les plus habiles gens se peuvent tromper dans leurs supputations.

SUPPUTER. Action de compter, calculer ou examiner par voye d'Arithmetique, en additionnant, soustrayant, multipliant ou divisant certaines sommes ou nombres. En supputant les sommes de ce compte, de cette facture, on s'est trompé, il faut les supputer de nouveau.

SUPPUTÉ. Un compte supputé, est celui que l'on a calculé, examiné & arrêté, soit pour la recette, soit pour la dépense, pour connoître ce qui est dû, ou ce qu'on doit.

SUR

SUR. Ce qui a un goût acide & aigre. On appelle Eau sure en terme de Teinturier, une eau qu'on prépare avec du son, & qu'on fait aigrir jusqu'à certain dégré. *Voyez* EAU SURE. *Voyez aussi* TEINTURIER & DÉBOUILLI.

SUR-ACHEPTER. Acheter une chose plus qu'elle ne vaut. Ce terme est relatif à survendre.

SUR-ARBITRE. Troisiéme arbitre dont les parties conviennent, lorsque les deux arbitres qu'ils ont nommés pour terminer leurs contestations, sont de differens avis. Il se dit aussi des nouveaux arbitres qu'on choisit pour départager plusieurs arbitres lorsqu'ils sont en égalité de suffrages & de sentimens. *Voyez* ARBITRE.

SURATE, dans le Royaume de Guzarate, la plus célebre Ville des Indes Orientales. *Voyez* le détail de son commerce dans l'Etat gén. Tome I. p. 286 & 427 & *suiv*.

SURFAIRE. C'est demander d'une marchandise beaucoup au-delà du prix qu'elle vaut, ou qu'on a résolu de la vendre. C'est toujours une mauvaise maxime à un Marchand ou Négociant de surfaire sa marchandise. Si on l'en croit à son mot, & qu'il la fasse payer sur ce pied-là, il engage sa conscience; & si au contraire il rabat considérablement du prix qu'il a demandé, il perd sa réputation, & l'on s'accoutume à lui mésoffrir. Quelques Marchands du Palais à Paris en ont le bruit, & font ordinairement moins bien leurs affaires que d'autres leurs voisins qui ne surfont jamais, ou qui du moins en ont la réputation.

Les Quakers dont il y a quelques-uns en Hollande, & beaucoup plus en Angleterre, se font un point de Religion, s'ils sont dans le négoce, de ne jamais surfaire, & ne sont qu'à un mot. Le Commerce sans doute n'en seroit que plus aisé si tous les Marchands étoient Quakers, du moins dans ce point de leur Religion qui ôte la surprise, & qui empêche de perdre bien du tems en de mutuels efforts de se tromper, le vendeur en surfaisant, l'acheteur en mésoffrant.

SURFAIS ou SURFAIX. Espece de tissu grossier ou sangle non fendue par les deux bouts, composée de plusieurs fils de chanvre, qui se fabrique par les Cordiers, & qu'on met par dessus les autres sangles du cheval, pour rendre la selle plus assurée. *Voyez* SANGLES.

SURGE. On appelle Laines surges les laines grasses ou en suint, qui se vendent sans être lavées ni dégraissées. Il en vient beaucoup du Levant, & particulierement de Constantinople, de Smirne, d'Alep, d'Alexandrie & de Chipre, de Barbarie & de Tunis. On en tire aussi quantité d'Espagne.

Les Négocians de Montpellier achetent ordinairement des Marchands de Marseille & de Bayonne ces sortes de laines qu'ils font ensuite laver & préparer pour les envoyer en sacs de trois à quatre quintaux chacun, aux Foires de Pezenas & de Montagnac, où les Fabriquans & Drapiers de Languedoc les vont acheter. *Voyez* LAINES.

SURGUT, Ville de la Siberie. Les plus belles pelleteries de la Siberie se trouvent aux environs de cette Ville. *Voyez* l'Etat gén. Tome I. page 300.

SURINAM, la plus considérable des quatre Colonies Hollandoises dans l'Amerique. Le sucre fait le principal objet de son Commerce: on y cultive l'indigo, le tabac, le gingembre & le coton. *Voyez* l'Etat gén. Tome I. p. 540.

SURLO. Poids dont on se sert dans le Levant, particulierement à Alep. Le surlo pese vingt-sept rottolis un quart, à raison de sept cens vingt dragmes le rottoli; c'est-à-dire, de quatre liv. huit treiziémes poids d'Amsterdam. *Voyez* ROTTOLI.

SURMESURE. Ce qui excede la mesure.

Dans les recolemens des ventes qui se font par les Officiers des Eaux & Forêts, on appelle surmesure ce qui se trouve entre les pieds corniers de plus que ce qui est porté par le Procès verbal d'arpentage sur lequel a été fait l'adjudication.

Par l'Ordonnance de *1669*, quand il se trouve de la surmesure, le Marchand adjudicataire doit la payer à proportion du prix principal & des charges de sa vente.

SURON ou CERON. Balot couvert de peau de bœuf, fraîche & sans apprêt, le poil en dedans, cousu avec des filets & lanieres de la même peau.

Ces balots viennent ordinairement de la nouvelle Espagne & du Buenos-aires dans l'Amérique Méridionale. Ceux-ci sont remplis d'herbe de paraguay; ceux-là de cochenille & autres marchandises. Le mot est Espagnol, mais Francisé, Surone en Espagnol signifiant un balot.

SURPAYER. Payer une chose plus qu'elle ne devroit valoir, en donner au-delà de son véritable prix.

SURPLUS. Ce qui est au-delà d'une certaine quantité, ou d'un certain prix.

Les Marchands font quelquefois des conventions pour la vente de leurs marchandises, dans lesquelles le surplus, c'est-à-dire, ce qui excede le prix auquel ils se sont fixés, est pour le Commissionnaire qui la leur fait vendre; ce qui a ses inconvéniens. Souvent aussi dans leurs restes ou dans l'excedent de leurs aunages, ils donnent aux acheteurs le surplus; ce qui s'entend de ce qui est au delà de la juste mesure que l'acheteur a demandée: cela passe pour une petite gratification.

SURPOINT. On nomme ainsi la raclure que les Courroyeurs ont levée de dessus les cuirs après qu'ils leur ont donné le suif. Les Maréchaux se servent de Surpoint dans quelques maladies des chevaux. *Voyez* COURROYER.

SURSEANCE. C'est le terme, le délai que l'on accorde pour le payement de quelque dette ou l'exécution de quelque chose.

Il y a une surséance volontaire, c'est celle qu'un créancier donne à son débiteur de lui-même, avec liberté & sans contrainte, soit qu'il le fasse par un Acte ou Contrat, soit qu'il n'y intervienne que sa simple parole.

La surséance forcée est celle que le débiteur obtient des Puissances & des Juges par le mérite de sa cause, & sans le consentement de son créancier, par des Lettres en Chancellerie, qu'on appelle Lettres de Répit, ou par des Arrêts de Défense. *Voyez* ATTERMOYEMENT, ARREST DE DE'FENSE, RE'PIT, &c.

SURSEOIR. C'est differer l'exécution d'une chose, surseoir le payement d'une dette, la poursuite d'une action contre un débiteur; c'est suspendre le droit que l'on a de se faire payer de son débiteur, ou de le poursuivre en Justice.

SURVENDRE. C'est vendre une chose plus haut prix qu'elle ne vaut.

Il est certain que c'est ôter la bonne foi du Commerce que de ne pas garder la proportion qui doit toujours être entre la chose qu'on veut vendre, & le prix que l'acheteur en doit donner. Un gain raisonnable, même quelquefois un peu haut, suivant les circonstances, est véritablement le fruit honorable des peines d'un Marchand, & il seroit injuste de le lui envier; mais ce qu'il prend au-delà n'est plus un profit, c'est une exaction, même une espece de larcin dont il ne lui est pas permis de s'enrichir.

SURVENTE. Excès du prix d'une marchandise, ce que le Marchand exige au delà de sa juste valeur.

SUS

SUSCES. Espece de Taffetas qui se font au Bengale. Ils ont quarante cobres de long sur deux de large, à raison de dix-sept pouces & demi le cobre. Ils sont propres pour le commerce des Manilles, où les Anglois de Madras en envoyent beaucoup.

SUSCRIPTION. Adresse qui est écrite sur le dos d'une Lettre Missive.

La suscription doit contenir le nom, les qualités, la profession & la demeure de celui à qui on écrit. Sous le mot de demeure est compris le nom de la Province, de la Ville, ou même du quartier & de la rue où celui à qui la Lettre s'adresse, fait actuellement son séjour.

L'Auteur du Parfait Négociant a remarqué qu'il n'étoit pas indifferent à un Marchand d'être exact à mettre les dessus & les adresses de ses Lettres; les erreurs dans la suscription ayant souvent causé la perte de plusieurs Lettres & Billets de Change, qui donnent bien des peines & des inquiétudes, qu'un peu de soin & d'attention eussent pû épargner.

SUY

SUYE. Partie terrestre & volatille qui s'éleve du bois avec la fumée par le mouvement que lui donne l'action du feu.

Les Teinturiers se servent de suye pour faire une couleur fauve qui est assez belle; il est vrai qu'elle est d'une très mauvaise odeur, mais en récompense elle conserve les draps & autres étoffes de laine contre cette espece de vers, qu'on appelle Teigne, qui les percent & les rongent. Elle est aussi plus propre que la racine de Noyer pour faire les feuilles-mortes & couleurs de poil de bœuf, sur tout quand elle est employée dans un garançage où il y a eu du Terramerita. *Voyez* FAUVE.

Les Teinturiers en Soie, Laine & Fil, appellent la Suye, Bidauct. *Voyez ce terme.*

SUYE D'ENCENS. C'est le menu de l'Encens, appellé Oliba ou Encens mâle, que l'on a fait brûler, ainsi que l'arcançon, pour faire du noir de fumée. *Voyez* ENCENS.

SYN

SYNDIC. Officier qui prend soin des affaires d'une Communauté; qui en indique les assemblées; qui fait les représentations & les sollicitations auprès des Ministres ou des Magistrats, selon l'exigence des cas; qui est mandé par les Superieurs pour rendre compte, & répondre de la conduite du Corps; qui fait & reçoit les propositions pour son utilité; qui syndique & corrige les défauts des particuliers qui regardent la Communauté, ou du moins qui en demande la correction dans l'assemblée; en un mot le Syndic est tout ensemble & l'Agent & comme le Censeur des Communautés. Les Communautés des Arts & Métiers à Paris ont presque toutes leur Syndic, qui est élû à la pluralité des voix.

Le malheur des guerres avoit donné naissance à quantité d'Officiers de Syndics dans tous les Villages & Paroisses de France avec de grands privileges & exemptions, qui étoient à la charge du peuple; mais le retour de la paix, bien qu'il ne les ait pas tout-à-fait supprimés, les a du moins réduits dans des bornes où ces Officiers peuvent être utiles au public sans pouvoir lui être à charge comme auparavant.

SYNDIC. Est aussi celui qui se charge de solliciter une affaire commune à laquelle il a part; ce qui arrive particulierement parmi plusieurs Créanciers d'un même Débiteur, ou qui est mort insolvable, ou qui a fait l'abandonnement de ses biens; ou qui ayant disparu, a fait une banqueroute, soit préméditée & frauduleuse, soit subite & de pur malheur qu'on appelle Faillite.

Dans tous ces cas & quelques autres semblables il se fait l'élection d'un Syndic, qui avec les Directeurs, qui sont comme lui choisis à la pluralité des voix, regit & conduit les affaires, & prend soin des effets de leur Débiteur commun; & cette assemblée ainsi reglée s'appelle une Direction.

Pour que les choses soient en regle, après que le Syndic est élû, l'Acte qui a été dressé de son élection, s'il s'agit de Négocians, doit être homologué à la Jurisdiction Consulaire du lieu, s'il y en a, ou à son défaut en quelqu'autre Jurisdiction.

Le Syndic est ordinairement chargé de la levée du scellé, s'il y en a eu un d'apposé; de l'inventaire des effets, papiers & registres, & de leur examen; de la vente des marchandises, meubles, &c. pour l'argent en être mis au dépôt ordonné par les Directeurs; enfin de faire le recouvrement des dettes, & l'examen des créances de ceux qui prétendent leur être dû par celui dont les biens sont en direction; aussi est-ce entre les mains du Syndic que chaque Créancier doit remettre ses titres & papiers. *Voyez* DIRECTION.

SYNDIC. C'est aussi le nom que le Roi Louis XIV. a accordé par les Arrêts de son Conseil d'Etat pour

pour l'érection des Chambres particulieres de Commerce dans quelques Villes de ſon Royaume, aux Marchands, Négocians ou autres qui compoſent leſdites Chambres. Ceux de Rouen ſont appellés Syndics du Commerce de la Province de Normandie, à Liſle ſimplement Syndics de la Chambre de Commerce; dans les autres Villes ce ſont des Députés ou des Directeurs. *Voyez* CHAMBRE DE COMMERCE.

SYNDICAT. C'eſt la charge ou fonction de Syndic.

SYNOPE, port de mer ſitué ſur le Pont-Euxin du côté de la Natolie. Le plus grand Commerce qui s'y fait, conſiſte en eſpeces de toutes ſortes. *Voyez* l'Etat gén. Tome I. p. 359.

SYR

SYRA, Iſle de la Mer Egée. *Voyez* en quoi conſiſtent ſes productions, dans l'Etat général, Tome I. p. 348.

SYROP. Compoſition ou liqueur d'une conſiſtance raiſonnablement épaiſſe, que les Epiciers-Droguiſtes, Apoticaires & autres font avec du ſucre ou du miel fondus dans de l'eau & affinés ſur le feu, où ils mêlent diverſes ſortes de fleurs, de fruits, de plantes, &c. ſoit pour la ſanté, ſoit pour le plaiſir.

SYROP D'ALKERMES.	*Voyez*	ESCARLATE.
SYROP DE DIACODE.		OPIUM.
SYROP DE CAPILAIRES.		CAPILAIRES.
SYROP DE LIMON.		CITRON.
SYROP DE SUCRE.		MELASSE.
SYROP DE VIOLETTE.		VIOLETTE.

Le Syrop d'Alkermes paye en France les droits de ſortie à raiſon de 4 ſ. de la livre peſant.

Il ſe fait à Amſterdam un très grand commerce de toutes ſortes de ſyrops, on les diſtingue ordinairement en ſyrops blancs ou de ſucre Royal, & en ſyrops bruns.

Les ſyrops blancs ſe vendent à la livre, on tare les futailles, ils donnent pour déduction un pour cent pour le bon poids & autant pour le prompt payement. Leur prix eſt de 7 d. $\frac{1}{2}$ la livre.

Tous les ſyrops bruns ſe vendent au quintal de cent livres, ceux du Pays & de Hambourg ſe tarent ſur les bariques. Ceux de France ont dix pour cent de tare, & déduiſent deux pour cent de bon poids & autant pour le promt payement.

Les ſyrops bruns du Pays ſe vendent 20 ſ. $\frac{3}{4}$ de gros le quintal, ceux de France depuis 21 juſqu'à 21 $\frac{1}{2}$ ſols de gros; & ceux de Hambourg environ 20 ſ. de gros.

L'appréciation des ſyrops ſe fait dans les Tarifs Hollandois, & les droits s'en payent ſur le pied de la pipe de deux bariques.

La pipe eſt appréciée 70 florins, & paye 3 florins d'entrée & 3 florins 15 ſols de ſortie, & en cas qu'ils entrent ou qu'ils ſortent par l'Eſt, l'Oriſont ou le Belt, l'entrée eſt de 3 florins 7 ſols 7. penn. & la ſortie de 4 flor. 2 ſ.

M. Ricard remarque que le ſyrop eſt chargé de 5 flor. ſuivant le Tarif.

SYROP. Se dit auſſi du ſuc qu'on exprime des cannes à ſucre, lorſqu'il eſt cuit juſqu'à un certain dégré *Voyez* SUCRE.

SYROP. C'eſt encore le nom d'une des chaudieres dans leſquelles on cuit le veſou ou ſuc de cannes, dans les ſucreries ou atteliers où l'on travaille au ſucre brut. On l'appelle de la ſorte, parce que c'eſt dans cette chaudiere, qui eſt la cinquiéme, par laquelle le veſou paſſe avant que de devenir ſucre, où il prend ſa conſiſtance, & commence à devenir ſyrop. *Voyez comme deſſus.*

T

T

TAB

T Dix-neuviéme lettre de l'Alphabet. On s'en sert pour quelques abbreviations mercantilles. Tr^s ou Tr^s abregent Trait ou Traittes ; & pour abreger Livres sterling, on met L. ST.

TAB

TABAC. Plante ou herbe médicinale, qu'on ne connoît en Europe que depuis la découverte de l'Amérique par les Espagnols, & qui n'a été apportée en France que vers l'an 1560.

Les Amériquains qui habitent le Continent l'appellent *Petun*, mais ceux des Isles le nomment *Toli*. Les Espagnols qui lui ont donné le nom de *Tabac*, l'ont emprunté de celui de *Tabaco*, une des Provinces du Royaume de Jucatan, où la premiere fois ils en trouverent, & où à l'imitation des Indiens ils firent usage de cette herbe présentement si commune.

Les François lui donnerent d'abord differens noms. Premierement ils l'appellerent *Nicotiane* ou *Herbe de l'Ambassadeur*, de Jean Nicot Ambassadeur de François II. en Portugal ; en second lieu *L'Herbe a la Reine*, à cause de Catherine de Medicis à qui ce Ministre en fit présent ; ensuite *L'Herbe du Grand Prieur*, à cause d'un Grand Prieur de France de la Maison de Lorraine, qui fut des premiers à s'en servir ; puis *L'Herbe de Sainte-Croix* & *L'Herbe de Tournabon*, du nom de deux Cardinaux, dont le dernier étoit Nonce en France, & l'autre en Portugal : mais enfin on s'est réduit à ne plus l'appeller que *Tabac*, à l'exemple des Espagnols ; le nom même de *Petun* n'étant plus gueres en usage, que pour exprimer la débauche qu'on en fait en le fumant, ou le lieu où l'on le fume, qu'on nomme aussi Tabagie.

Le tabac se cultive en plusieurs endroits de l'Amérique, mais sur tout dans les Isles Antilles. La culture en étoit autrefois très commune dans quantité de Provinces de France, & l'on en cultive encore dans plusieurs, particulierement en Guienne du côté de Bordeaux & de Clerac ; en Bearn vers Pau ; en Normandie aux environs de Lery, du Vaudreuil & de Pont-de-l'Arche ; & en Artois près S. Paul ; mais les Particuliers ne le peuvent vendre qu'aux Fermiers Généraux du Tabac, ou à leurs Sous-Fermiers, Cette Ferme est d'un produit très considerable, quoiqu'il s'achete à assez bas prix.

Voici de quelle maniere se fait la culture de cette plante, trop connue pour faire la description de ses feuilles, de ses fleurs & de ses proprietés, mais dont on ne sera peut être pas fâché de sçavoir les differentes façons qu'on y emploie, & qui devroient ce semble la rendre encore plus chere qu'elle n'est.

TAB

L'on commence par préparer avec grand soin un quarré de terre pour y semer la graine, que l'on mêle toujours avec de la cendre, pour l'empêcher de lever trop épaisse. On arrose tous les jours cette graine pour l'avancer, soit qu'il fasse soleil, soit qu'il n'en fasse pas ; mais quand il fait soleil, il faut de plus la couvrir, de peur qu'elle ne soit brûlée par ses rayons à mesure que ses feuilles commenceroient à paroître.

Lorsque le tabac est levé, & qu'il est d'une grandeur convenable, on le replante à peu près comme on fait les laitues en France, mais à trois pieds de distance, & dans un autre terrain disposé avec autant de soin que le premier.

Quand il est replanté, il faut sans cesse arracher les mauvaises herbes, qui partageant le suc & l'humidité de la terre avec le tabac, l'empêcheroient de profiter. Lorsque la plante est prête à fleurir, on l'arrête par en haut, & l'on émonde sa tige souvent & avec exactitude, en ôtant les feuilles les plus basses & les rejettons qu'elle pousse ; ensorte que les douze ou quinze feuilles les plus belles qu'on réserve, puissent attirer toute la nourriture.

Ces feuilles réservées étant mûres, ce qui se voit quand en les pliant elles se cassent, on coupe les tiges qu'on laisse essorer deux ou trois heures au soleil, & qu'on attache ensuite deux à deux pour les mettre plus aisément secher sur de longues perches disposées dans des loges qui n'ont qu'un toit & point de murailles ; ce qu'on fait pour empêcher la pluye de les mouiller, & pour laisser néanmoins le passage libre au vent & à l'air, sans quoi le tabac s'échaufferoit & se pourriroit.

Enfin quand les feuilles sont assez séches, on les sépare de la tige, on les met en paquets que l'on appelle Magnottes ou Manoques ; & après les avoir trempées dans de l'eau de la mer, si l'on en a la commodité, ou dans de l'eau commune, on les tord en façon de cordes pour en faire des rouleaux, que l'on nomme communément Rôles, qui se forment autour d'un bâton, par le moyen d'une espece de moulinet.

Le tabac se vend en France par les Fermiers du Roi, au poids, ou en corde, ou en poudre.

Le tabac en poudre a tant de noms si bizarres, & l'on en invente si souvent de nouveaux, qu'il seroit assez inutile, & peut-être tout-à-fait impossible de les rapporter tous ; on dira cependant qu'il s'en fait de trois sortes ; le premier est grainé ; le second en poudre presque impalpable ; & le troisiéme est le son ou le gros qui reste après que le second a été tamisé.

A l'égard du tabac en corde, on le distingue ordinairement en Tabac de Bresil, qui est noir & de la grosseur du doigt ; en Tabac à l'andouille, dont la feuille est seche & rougeâtre, & la corde grosse comme une forte canne ; en petit Briquet ou Tabac de Dieppe, qui est noir &

menu ; en Tabac de Canasse, qui est très sec, & dont la corde n'est gueres plus grosse que le doigt, & la couleur tirant sur la feuille-morte ; en Tabac de Verine, de S. Domingue, &c.

Le Tabac de Verine est le meilleur de tous les tabacs en corde, du moins il en a la réputation, quoique d'habiles Artistes le croyent moins bon pour l'usage qu'on en fait quelquefois en Médecine. Il est appellé de Verine du nom d'un Village situé sur la Côte de Terre-ferme de l'Amérique Espagnole, auprès de la Ville de Comana, à l'entrée d'un lac ou bras de mer qu'on nomme la Laguna de Venezuela.

Le tabac nommé de Seville, qui est un tabac en poudre très fine, & qui est extrêmement estimé, vient du Bourg du S. Esprit, & de la petite Ville de la Trinité dans l'Isle de Cuba.

Il vient aussi de la Havane, Ville de la même Isle, de Barcelone & de Portugal, des tabacs en poudre à peu près semblables à celui de Seville : mais celui de Portugal qui est ordinairement de couleur d'olive, est très peu estimé à cause de son odeur forte & désagréable.

Il vient aussi de Hollande beaucoup de tabac en corde, qui est plus estimé que celui qui se fabrique à Morlaix, à Dieppe & à Mondragon, principaux lieux où les Fermiers Généraux font fabriquer leur tabac en corde. On en envoye pareillement de Flandres & du Pays d'Artois, que l'on appelle Tabac en carottes, parce qu'il est en rouleaux à peu près semblables aux racines que nous nommons Carottes.

Celui qui est apporté d'Allemagne, particulierement de Strasbourg, est en petits bâtons de differentes grosseurs & longueurs, ornés pardessus de morceaux de clinquant avec de petits clous dorés & argentés, dont quelques-uns sont couverts de papier marbré colé. Cette derniere espece de tabac est sur tout propre à raper, pour prendre en poudre par le nez.

Il en vient encore beaucoup du Levant, des Côtes de Grece & de l'Archipel en des feuilles attachées ensemble.

Il se fait aussi dans l'Isle de Malte & dans l'Italie plusieurs sortes de tabacs grenés.

Les marques du bon tabac en corde sont une coupe belle & luisante, une odeur agréable, & qu'il soit de bonne garde.

On tire du tabac par les préparations chymiques une liqueur qui excite le vomissement, & qui guérit les dartres, la galle & d'autres maux. On en tire aussi de l'huile & du sel.

Des diverses sortes de Tabac qui se cultivent dans l'Amerique.

On ne connoît en Amerique que quatre sortes de Tabac que l'on distingue par la figure de leurs feuilles, & point du tout par leurs genres, n'y en ayant point de mâle, de femelle, & de petit tabac comme quelques Auteurs se sont avisez de le dire, mais sans fondement.

Ces quatre especes fleurissent & portent toutes de la graine bonne pour se reproduire, ce qu'elles font sans aucune alteration ou diminution, que celle qui leur peut arriver par la difference du terrain ou de la culture.

Ces quatre tabacs sont le Petun, le tabac à langue, le tabac d'Amazone & le tabac de Verine.

Le Petun que l'on nomme aussi tabac verd, & que les habitans des Isles nomment grand Petun, pousse ordinairement des feuilles de vingtquatre à vingt-six pouces de longueur, & depuis douze jusqu'à quatorze pouces de largeur.

Elles sont épaisses, charnues, cotonées, maniables & d'un très beau verd ; mais comme elles sont délicates & remplies de beaucoup de suc, elles diminuent considerablement en séchant, & comme on dit aux Isles, à la pente ; cette diminution est cause qu'on en cultive moins de cette espece que de la suivante.

Le tabac à la Langue, qu'on nomme ainsi à cause qu'il a quelque rapport à une langue de bœuf par sa figure, a ses feuilles à peu près de même longueur que le Petun, mais elles ne passent pas sept à huit pouces de large. Elles sont charnues, épaisses, fortes, liantes, grasses & douces au toucher. Comme elles ont moins de suc & d'humidité que celles du grand Petun, elles se conservent mieux & ont moins de déchet à la pente, c'est cette espece qu'on cultive sur-tout aux Isles du Vent, c'est-à-dire, à la Martinique, la Guadeloupe, Marie Galande, Saint Christophle, &c.

Le tabac d'Amazone porte ce nom, parce que la graine en a été apportée des environs de la riviere des Amazones, qui sépare le Bresil de l'Isle Cayenne. Sa feuille est aussi longue que celle des deux especes précedentes, mais beaucoup plus large & ronde à son extrémité, ce qu'elle a encore de particulier, & qui la distingue des autres, est que les petites nervures ou côtes qui soutiennent la feuille, tombent perpendiculairement sur la grosse côte du milieu, au lieu que dans les autres especes, elles suivent le contour de la feuille. Les feuilles de ce troisiéme tabac sont charnues, bien nourries, & quoiqu'elles paroissent remplies de beaucoup de suc, elles ne diminuent presque point à la pente. Ce tabac a une odeur si forte & si désagréable lorsqu'il est nouveau, qu'il n'est guere possible de s'y accoûtumer ; il s'adoucit cependant à la garde, & au bout de douze ou quinze mois il est excellent.

On pourroit cependant le rendre doux & agréable sans attendre si long-tems, & l'on sçait par experience qu'il suffit pour cela de le laisser ressuer pendant sept ou huit jours après qu'il a été à la pente le tems ordinaire pour secher, & de l'exposer de nouveau à l'air seulement une couple de jours.

Le Verine qui est la quatriéme espece de tabac, est le plus petit de tous, les feuilles arrivent rarement à la longueur de dix pouces, elles sont étroites, rudes, ridées & fort pointues. Comme elles ne laissent pas d'être assez bien nourries & charnues, & qu'elles ont beaucoup de suc, elles diminuent beaucoup à la pente, & par consequent sont d'un très modique raport.

Les fleurs de ces quatre sortes de tabac sont les mêmes quant à la forme & à la couleur, & seulement differentes pour la grandeur qui est proportionnée à celle de la tige de la plante qui la produit.

Leurs graines sont pareillement semblables, c'est à-dire, toutes également noires & fermes, & de la figure & consistence de celles du pavot.

Ces tabacs, au moins les plus forts, peuvent croître au-delà de cinq à six pieds de haut, & durer plusieurs années ; mais ordinairement on les arrête à la hauteur de deux pieds, & on les coupe tous les ans.

Maniere de filer le Tabac, & de le mettre en rôle.

Après que les plantes de tabac ont été suffisamment à la pente, c'est-à-dire, lorsqu'on s'apperçoit qu'elles sont devenues tout-à-fait maniables, grasses, raisineuses, d'une couleur brune ou tannée; fletries & amorties de maniere à pouvoir être filées sans danger qu'elles se rompent, on les détache des gaulettes, & après avoir separé les feuilles de la tige on les éjambe, c'est-à-dire, qu'on leur ôte la grosse côte qui est au milieu de chaque feuille: ensuite on les étend les unes sur les autres sur des établis ou tables longues, en observant de les mettre ensemble suivant leur grandeur; les plus grandes servent à faire l'envelope, ou comme on dit, la robe de la corde, & les plus petites à la remplir.

A la droite du Fileur qu'on nomme aussi Torqueur, se mettent les établis chargés de feuilles, & un vase plein d'eau de mer si l'on en peut avoir, où il trempe ses mains de tems en tems, & dont il arrose legerement les feuilles pour les rendre plus souples, & empêcher leur corruption par la salure de cette eau, en cas qu'elles y eussent de la disposition.

Au lieu d'eau de mer toute simple, on employe quelquefois une liqueur composée que l'on fait avec les feuilles de rebut, les tiges & les côtes qu'on pile dans un mortier, & dont on exprime le suc avec une presse. On met ce qu'on en peut tirer avec de l'eau de mer sur le feu, & l'on y ajoûte des feuilles & des graines de bois d'Inde, des écorces de canelle bâtarde, un peu de gomme blanche, ou de quelque autre gomme odoriferante, & de gros syrops de sucre, faisant bouillir le tout jusqu'à ce qu'il soit en consistence de syrop. Le Torqueur use de cette composition de la même maniere qu'on a dit qu'il fait de l'eau simple, avec cette difference que ce syrop communique au tabac une odeur agréable, & une force extraordinaire.

Dès que le Torqueur a filé une quantité suffisante de tabac pour faire un rôle, il la met en œuvre, à cause du danger qu'il y auroit qu'elle devînt roide & cassante & plus difficile à s'arranger sur le tour. Il est vrai que dans les habitations où l'on fait beaucoup de tabac, on évite cet inconvenient, y ayant des ouvriers qui ne font que filer, & d'autres que monter les rôles.

Pour monter un rôle de tabac, on prépare d'abord un bâton de bois dur dont la longueur est arbitraire, & la grosseur d'un pouce à chaque bout, & d'un peu davantage vers le milieu, ce qui lui donne assez la figure d'un gros fuseau, on le nomme l'essieu ou l'ame du rôle; on pose les deux bouts de cet essieu sur deux pieces de bois plantées en terre & mises d'aplomb, dont le haut a des échancrures en demi cercle, dans lesquelles il tourne à mesure qu'on avance l'ouvrage; & afin que la corde dont on compose le rôle ne puisse point couler; on cloue à chaque extrêmité de l essieu deux morceaux de latte qui se croisent, mais la plûpart des Torqueurs sont si adroits, qu'ils n'ont pas besoin de ce secours roulant la corde si égalément & si serrément, qu'aucun des tours ne le déborde, & que rarement il ne se dérôle.

A mesure que les rôles sont achevés, on les porte au magasin où on les couvre de feuilles de Balisier amorties au soleil ou au feu; & c'est en cet état que le tabac acheve de se perfectionner.

On fait les rôles de differentes grandeur & de different poids, c'est-à-dire, qu'on en fait depuis dix jusqu'à deux cens livres.

Les rôles qui viennent du Bresil sont pour l'ordinaire couverts d'un cuir verd, ce qui les conserve admirablement; on s'en est quelquefois servi à saint Domingue, mais on ne l'a jamais pratiqué aux Isles du Vent.

MEMOIRE SUR TOUT CE QUI concerne la culture & la préparation du Tabac, suivant ce qui se pratique en Virginie, & particulierement dans la Province de Mariland.

Qualité des Terres les plus propres à faire de bon Tabac.

La plus grande partie des terres du Mariland sont assez legeres, leur couleur est d'un brun gris, & leur profondeur n'a guere plus de douze pouces: on trouve dessous une espece de terre glaise; cependant c'est dans ces terres où se cultive le tabac le plus recherché en France & en Hollande. A la verité elles n'en peuvent produire que trois à quatre recoltes de suite; après quoi il faut les laisser reposer, souvent les fumer, puis y semer des legumes avant de les employer de nouveau au tabac.

Les habitans de cette Province sont dans l'usage de faire de tems à autre de nouveaux défrichés, parce que les terres neuves leur produisent beaucoup plus de tabac, & meilleur que celles qui sont déja usées. Il est cependant bon de remarquer que la premiere fois qu'on cultive du Tabac dans une terre neuve, il ne vient pas si parfait en qualité qu'à la seconde & troisiéme recolte; attendu que la terre n'étant pas assez broyée par un premier labour, les racines de la plante s'étendent avec moins de facilité, & par consequent lui donnent moins de nourriture.

Les terres du Mariland sont plates, & ce sont les meilleures pour le tabac, parce que celles qui sont en pente, sont sujettes à être affoiblies dans le tems des grosses pluyes, qui les lavant, en entraînent la substance. Il faut en même tems considerer que les terres basses sont sujettes à un autre inconvenient, qui n'est pas moins dangereux que le premier; c'est que lorsqu'il vient de grosses pluyes, ces terres sont si couvertes d'eau, qu'elles se refroidissent, & que si elles sont plantées de tabac, il se noye, & meurt.

La terre la meilleure pour le tabac doit être brune, grasse & profonde, non sujette aux inondations.

Il s'en trouve de brunes & legeres, qui ne laissent pas d'être excellentes par leur profondeur; mais les sabloneuses ne valent absolument rien; parce qu'elles sont brûlantes & qu'elles ne peuvent fournir assez de nourriture à cette plante, qui en demande beaucoup pour devenir parfaite.

Préparation des Couches pour semer la graine.

Comme il faut une terre neuve & bien nette, où il ne puisse rester ni mauvaises herbes ni racines, quand on a choisi le terrein & qu'il a été bien labouré, on rassemble dessus assez de branches d'arbres pour faire un feu suffisant à purger entierement la terre, sans cependant la trop brûler. On connoît le dégré de chaleur qu'il faut lui donner, lorsqu'en prenant de cette terre sous le feu, elle est chaude, & peut être tenue dans la main; après cette purgation on remue la terre s'il est nécessaire, avec la bêche, sinon on se contente d'y passer le râteau, pour la mettre en état de recevoir la semence; on laisse refroidir la terre avant d'y semer, & on prend pour cela, autant qu'il est possible, un tems humide. Il faut que les couches soient situées sur les bords des bois, pour être à couvert des grandes ardeurs du soleil & du vent du Nord : il est encore bon qu'elles soient placées à portée des terres où le tabac doit être transplanté.

Tems auquel on seme, & comment.

Dans le Mariland on seme ordinairement le tabac dans le mois de Février, mais dans un pays plus chaud on ne seme qu'en Mars.

Lorsque la couche a été bien préparée, on mêle la graine avec de la cendre pour qu'elle s'étende davantage, & que les plantes ne viennent pas trop serrées : on choisit un tems de petite pluye, s'il est possible, & on seme, puis on passe très legerement le rateau par dessus.

Suivant la quantité de terre qu'un Habitant doit planter, il fait plusieurs couches, sur lesquelles il seme successivement tous les douze ou quinze jours, afin d'avoir continuellement de jeunes plantes pour remplacer celles qui meurent dans les plantations.

Quand la plante a deux pouces d'élevation hors de terre, elle doit avoir deux ou trois feuilles, & alors elle est bonne à être transplantée; mais souvent on la prend plus forte, parce qu'on est obligé de la laisser croître sur la couche, en attendant la pluye pour la transplanter. Cependant les petites plantes sont toujours celles qui reprennent le mieux, ainsi elles doivent être préferées.

Il faut avoir soin de sarcler les couches, & de n'y laisser aucunes mauvaises herbes dès que l'on peut distinguer le tabac; il doit toujours être seul & bien net.

Si les plantes viennent trop serrées, on les dégarnit afin qu'elles profitent mieux.

Préparation des terres, & Plantation du Tabac.

On a expliqué la qualité des terres propres à faire le bon tabac.

Lorsqu'on a choisi un champ pour y faire une plantation, & qu'il a été bien labouré, ensorte que la terre soit parfaitement brisée & bien remué avec la houe, on fait d'un bout à l'autre du champ des alignemens en quarré, & sur chaque ligne, on rassemble de deux pieds en deux pieds assez de terre pour former un petit monceau de quatre à six pouces d'élevation sur douze à quinze pouces de diametre, comme il paroît par la figure ci-après, d'une plantation faite dans un terrein que l'on suppose quarré.

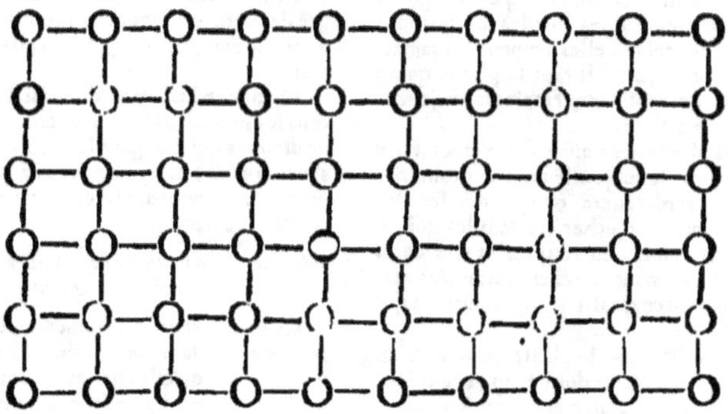

Ces monceaux, qu'on nommera buteaux, étant ainsi préparés sur leurs alignemens, & la terre étant suffisamment humectée par les pluyes, ce qui doit être dans le courant du mois de Mai, même quelques jours avant ce mois, ou dans les premiers jours de Juin au plûtard, on distribuera des Négres sur le terrein, en plaçant un Négre planteur sur chaque ligne, & en avant une Négresse entre deux lignes, laquelle ayant des plantes fraîchement arrachées & rangées dans un panier, en jettera une sur chaque buteau, de sa droite & de sa gauche, ensorte que les planteurs qui sont derriere sur chaque ligne, trouvent en avançant la plante sur chaque buteau, & n'ayent d'autre soin que de faire avec un piquet un trou au milieu du buteau, puis, d'y mettre la plante, & d'en rapprocher mollement la terre, pour que la plante se soutienne droite. Pendant ce tems il doit y avoir un Négre entendu à la couche pour attacher les meilleures plantes, & des Négresses pour les arranger dans les paniers, & pour les porter dans l'instant à la plantation.

Quoiqu'il soit à desirer de trouver des terres bien nettoyées de souches & de racines pour y planter le tabac en la maniere ci-dessus, néanmoins lorsqu'on en a de nouvellement défrichées où les souches restent encore, on peut y planter du tabac qui ne laissera pas d'y bien venir, en se donnant les peines nécessaires pour le tenir autant net qu'il sera possible de toutes mauvaises herbes & de tous insectes.

Soin que l'on doit prendre des Plantations.

Quelques jours après la plantation finie, on doit la visiter rang par rang, pour connoître si le ver s'y met, auquel cas il faut y envoyer des Négres pour en nettoyer les plantes du mieux qu'ils pourront : leur Commandeur remarquera celles qui seront endommagées, afin de les faire remplacer au premier tems favorable.

Il observera continuellement de faire arracher les mauvaises herbes à mesure qu'elles patoîtront, étant important que le champ soit toujours bien net.

Pour cet ouvrage on donne dans le Mariland une espece de ratissoire à peu près semblable à celles dont on se sert en France, tant pour couper les herbes dans les allées des jardins, que pour les dresser & applanir : les Négres en font le même usage dans les especes d'allées que forment les plantations. Quand ils ont coupé les herbes ils les laissent secher au milieu des allées, ce qui se fait en deux ou trois jours ; après quoi ils prennent une autre ratissoire plus étroite, avec laquelle ils rangent les herbes seches, de façon qu'elles ne puissent nuire aux plantes ; & en faisant cela, ils garnissent autant qu'ils peuvent de terre nouvelle le buteau au milieu duquel est la plante, ensorte qu'il puisse grossir à mesure que la plante se fortifie ; & pour lui rafraîchir le pied de tems en tems, on change une partie de la terre d'un buteau à l'autre.

Il est necessaire de remuer & relever les buteaux, quand ils ont été affaissés par une grosse pluye.

On doit avoir la même attention à nettoyer de chenilles, comme de vers, les plantes de tabac ; & s'il s'en trouve quelques-unes dont les feuilles soient percées, il faut les remplacer par de jeunes, si elles peuvent encore avoir le tems de venir en maturité.

En faisant ces choses, on remarquera les plantes, qui au lieu de croître comme les autres, demeureront basses & touffues par un grand nombre de petites feuilles qu'elles produiront ; quand elles sont telles, elles ne peuvent jamais être bonnes à rien, ainsi il faut le plûtôt qu'on peut les arracher pour les remplacer de jeunes s'il en est encore tems.

Quand la plante sera assez forte pour faire juger à peu près de ce qu'elle pourra produire, & que l'on y remarquera en tête des feuilles jaunes, il faudra retrancher ces feuilles qui ne peuvent rien valoir, en coupant la tête de la plante immédiatement dans l'endroit où les vertes resteront, parce qu'il n'y a que celles-ci qui peuvent devenir bonnes.

Pour empêcher que la plante ne monte en graine, & qu'elle ne produise trop de feuilles, ce qui diminueroit totalement la qualité du tabac, on lui coupe la tête lorsqu'elle est parvenue à un degré de hauteur convenable ; mais pour connoître ce degré, il faut observer deux choses.

1°. Si la bonté du terrein peut soutenir la qualité du tabac dans des plantes bien garnies de feuilles.

2°. Si l'on veut faire du tabac fort ou du tabac foible.

Pour se déterminer sur ces deux points, il est bon de rapporter ce qui se pratique en Virginie.

Si l'on veut avoir du tabac qui soit fort & beau, dans une bonne terre, on ne laisse à la plante que jusqu'à douze feuilles, & dans un terrein foible, on ne lui laisse que six ou huit feuilles au plus.

Quand au contraire on ne veut faire que du tabac foible, on peut laisser à la plante jusqu'à dix huit feuilles dans un bon terrein, & dans un mediocre jusqu'à douze feuilles.

Voilà ce qu'on doit observer avant de châtrer la plante ou lui couper la tête.

Cette opération se fait dès que l'on connoît à la plante le nombre de feuilles que l'on veut lui laisser, parce que plus elle est jeune quand on la châtre, & mieux les feuilles profitent.

Il faut bien prendre garde dans cette opération d'offenser les deux feuilles au milieu desquelles se trouve le bouton qui forme la tête de la plante. Pour couper ce bouton, quelques Négres se servent adroitement de leurs ongles qu'ils laissent croître, & d'autres y employent une plume taillée de façon à être enfoncée dans le bouton, puis en tournant un peu la plume, & en la retirant, ils enlevent le bouton qui est très tendre & se détache d'abord du sommet de la tige : ordinairement c'est le plus habile Négre que l'on choisit pour faire cette opération ; il a soin tous les jours de visiter les plantations dont il est chargé, afin de châtrer chaque plante, à mesure qu'elle se trouve dans l'état de l'être.

Tant avant qu'après le châtrage de la plante, il faut continuellement avoir attention d'envoyer des Négres dans la plantation pour ébourgeonner la plante ; on entend par ébourgeonner, ôter un petit bouton qui pousse entre la feuille & la tige, directement à la naissance de la feuille.

On ne se lassera point de repeter qu'il faut continuellement tenir les plantations nettes, & le pied des plantes bien rafraîchi, en y remuant la terre du buteau, quand il est nécessaire.

Ordinairement la plante parvient à son dégré de maturité dans deux mois & demi ou trois mois, à compter du jour qu'elle a été transplantée.

Quelques Habitans du Mariland envoyent tous les jours dans leurs plantations, des bandes de dindons qui mangent les vers & chenilles qui s'y trouvent, & épargnent par ce moyen une partie de la peine des Négres à nettoyer les plantes de ces insectes.

Marques de la maturité des feuilles, & maniere de cueillir la Plante.

Quand la feuille commence à former une pointe aiguë dans son extrémité, qu'elle se ride un peu, ou qu'elle change de couleur, en paroissant d'un verd plus foncé, ou en faisant voir de petites taches jaunâtres, il est tems de couper la plante.

Quelquefois avant qu'elle ait acquis son dégré de maturité, les feuilles se tachent ; comme c'est une marque que la plante se gâte, il faut la couper, autrement on ne pourroit faire aucun usage de sa feuille ; c'est la secheresse qui produit cet effet.

Le Directeur d'une plantation doit avoir soin de la visiter souvent, pour reconnoître les plantes qu'il faut couper ; lorsqu'il les a remarquées, il choisit un jour de beau tems, & après que le soleil est levé, & que la plante n'est plus susceptible d'aucune humidité de rosée ou de brouillard, il la fait couper, ce qui se fait avec un couteau ordinaire, en observant de ne point blesser les feuilles. On pose ensuite cette plante sur terre, bien exposée au soleil, on l'y laisse environ deux heures, pour que la feuille se flétrisse & ne se brise point dans le transport à la maison ; mais il faut avoir attention que la feuille ne soit pas trop flétrie, parce qu'alors elle auroit perdu sa vertu, & seroit brûlée.

On doit prévenir la pluye quand on fait cette recolte, & prendre ses précautions pour mettre la plante à couvert avant la nuit.

Pour transporter à la maison les plantes coupées, on se sert de civieres, c'est la meilleure maniere; il y a des gens qui font porter leurs plantes en paquets par des Négres, mais il s'y trouve toujours beaucoup de feuilles froissées & brisées.

Maisons à Tabac, dites Sueries.

On construit toujours ces maisons à portée des plantations; elles sont de differentes grandeurs, à proportion de l'étenduë des plantations; on les bâtit avec de bons piliers de bois fichés en terre, & bien traversés par des poutres & poutrelles pour soutenir le corps du bâtiment. Cette carcasse faite, on la garnit de planches, en les posant l'une sur l'autre comme on borde un Navire, sans néanmoins que ces planches soient bien jointes; elles ne sont attachées que par des chevilles de bois.

La couverture de la maison est aussi faite de planches, attachées l'une sur l'autre sur les chevrons, de maniere que la pluye ne puisse entrer dans la maison: & cependant on observe de laisser une ouverture entre le toît & le corps du bâtiment, ensorte que l'air y passe sans que la pluye y entre, parce qu'on entend bien que le toît doit déborder le corps du bâtiment.

On n'y fait point de fenêtres, on y voit assez clair, le jour y entrant suffisamment par les portes & par les ouvertures pratiquées entre le toît & le corps du bâtiment.

Le sol ordinaire de ces maisons est la terre même; mais comme on y pose les tabacs, & que dans des tems humides la fraîcheur peut les humecter & les corrompre, il est plus prudent de faire des planchers, que l'on forme avec des poutrelles & des planches chevillées par-dessus.

La hauteur du corps du bâtiment doit être de quinze à seize pieds; celle du toît jusqu'au faîte, de dix à douze pieds.

En dedans du bâtiment on y doit placer en travers de petits chevrons, qui doivent être chacun de deux pouces & demi en quarré; le premier rang doit être posé à un pied & demi ou deux pieds au-dessous du faîte, le deuxiéme rang à quatre pieds & demi au-dessous, le troisiéme de même, &c. jusqu'à la hauteur de l'homme: les chevrons doivent être rangés à cinq pieds de distance l'un de l'autre, ils servent à poser les gaulettes ausquelles on pend les plantes de tabac.

Maniere de gouverner en Mariland le Tabac dans les Sueries, pour être mis en manoques & dans des boucauds.

Dès que le tabac qui n'aura été exposé au soleil que deux heures, est apporté à la Suerie, on le fait rafraîchir en étendant les plantes sur le plancher; il ne faut pas que le lit qu'on en fait, soit garni de plus de trois plantes couchées l'une sur l'autre.

Quand il s'est rafraîchi environ douze heures, on passe dans le pied de chaque plante une brochette de bois, d'une façon à pouvoir être accrochée & tenir aux gaulettes, lesquelles doivent être assez fortes pour soutenir le poids des plantes, & tout de suite on les met ainsi à la pente, en observant de ne les point presser l'une contre l'autre.

Supposé qu'il ne se trouvât pas suffisamment de place dans la Suerie pour faire rafraîchir le tabac, on peut le mettre à la pente dès qu'il arrive; mais il ne sera pas si bon que s'il avoit été rafraîchi.

On laisse les plantes à la pente jusqu'à ce que les feuilles soient entierement seches, & qu'il n'y reste plus de verd.

Alors on profite du premier tems humide qui arrive, & qui humecte seulement assez les feuilles pour les pouvoir manier sans les briser: car si elles étoient trop humides, il n'y faudroit pas toucher, autrement le tabac se pourriroit: c'est pourquoi il faut bien prendre le dégré convenable d'humide, qui n'est autre que quand la feuille peut être maniée, sans la blesser.

On détache alors les plantes de la pente, & à mesure on arrache les feuilles de la tige, & on en forme des manoques. Chaque manoque est composée de dix à douze feuilles, & elle se lie avec une feuille.

Il est d'une grande importance de profiter des premiers momens que le tabac est en état d'être mis en manoques; parce que si le tems devenoit trop humide, il faudroit attendre que le tabac se ressechât, & en ressechant il perd de sa qualité.

Si les manoques étant faites elles se trouvoient trop humides pour être mises en boucaux, il faudroit les étendre sur les gaulettes, en les couchant dessus, jusqu'à ce qu'elles fussent assez ressuyées, observant de n'en point mettre trop les unes sur les autres, de crainte qu'elles ne s'échauffassent; & de placer le talon de la manoque, c'est-à dire, les queues liées du côté où l'air entre le mieux dans la Suerie, afin qu'elles s'échauffent moins dans l'endroit où elles sont serrées par le lien.

Quand la manoque n'a point d'humidité, & qu'elle peut être pressée sans être brisée, on la met en boucaux.

Pour cela on fait monter un homme dans le boucaud, qui arime les manoques du mieux qu'il lui est possible pour en faire des lits unis & bien égaux par tout, ensorte qu'il ne reste aucun vuide dans l'intérieur du boucaud, & lorsque le boucaud est plein, on le ferme: mais le Marchand qui en fait l'achat a une presse sous laquelle il fait mettre le boucaud de bout, après l'avoir fait défoncer; & faisant entasser & ranger encore des manoques dessus, il y fait donner plusieurs coups de presse, jusqu'à ce qu'il juge que le boucaud ait autant de tabac qu'il en peut contenir.

Supposé qu'un habitant n'eût pas de boucaux prêts pour mettre ses manoques aussi-tôt qu'elles sont faites, & supposé qu'elles fussent en état d'être mises en boucaux, il doit les arranger l'une sur l'autre en tas, de la hauteur & largeur à peu près d'un boucaud, dans un lieu sec, & couvrir ensuite ce tas avec des planches, en mettant des pierres par-dessus pour tenir les manoques pressées, & empêcher que l'air n'y entre. Le tabac peut se conserver long-tems de cette façon, & même acquerir une bonne qualité.

Maniere de gouverner en Virginie le Tabac fort dans les Sueries.

Le tabac fort qui se fait en Virginie, est d'une autre espece que celui du Mariland; sa graine est differente, & sa feuille est plus étroite. Il se cultive également comme l'autre, avec cette seule difference qu'on ne laisse sur chaque plante que six ou huit feuilles au plus; aussi sont-elles beaucoup mieux nourries & plus onctueuses que les autres: c'est pourquoi quand on les coupe, on les laisse exposées au soleil presque pendant tout le jour; mais on a soin de les tourner de tems à autre, afin que le soleil ne les brûle pas, & que les feuilles puissent être fanées également par tout.

Lorsqu'on les porte à la Suerie, on les couche l'une sur l'autre pour en former des tas de six à huit plantes d'épaisseur: là on les laisse suer pendant environ vingt-quatre heures. Si on s'apperçoit que la sueur est trop abondante, on les change de lit, en formant des tas moins épais; & quand on juge qu'elles ont assez sué pour ne point dégouter à la pente, pour lors on les accroche aux gaulettes, comme on fait le tabac du Mariland.

On remarquera que si elles suent trop, elles sont exposées à se pourrir; & que si elles ne suent pas assez, il leur reste des taches vertes sur les feuilles qui les rendent de mauvaise qualité.

Au surplus il faut suivre pour les mettre en manoques, la même chose qui se pratique en Mariland; en observant que chaque manoque de tabac fort de Virginie, n'est composée que de quatre à six feuilles.

Qualités que doivent avoir les feuilles pour faire de belles Manoques, & de quelles feuilles on compose les Manoques de la premiere & de la deuxiéme sorte.

Les feuilles dont on veut faire de belles manoques, ne doivent avoir aucunes taches, elles doivent être en Mariland d'une couleur de marron clair, & en Virginie d'une couleur de marron foncé; les plus fortes & les plus grandes sont les meilleures.

Il est d'usage dans l'une & dans l'autre Province de faire des manoques de deux especes, appellées premiere & seconde sorte; & voici comme on s'y prend.

Lorsqu'on dépend le tabac, on charge un Négre connoisseur, d'arracher de chaque plante toutes les feuilles de qualités inférieures, qui sont toujours celles du pied de la plante appellées *Terrestres*, & celles qui ont des taches; à mesure qu'il les arrache on les met en manoques, & ce sont celles de la seconde sorte. Quand il ne reste plus à chaque plante que les bonnes feuilles, qui sont ordinairement celles de la tête, le Négre la met de côté, & les Négres moins instruits, la dépouillent tout-à-fait de ce qui lui reste de feuilles; lesquelles étant toutes bonnes, composent naturellement les Manoques de la premiere sorte. Les Négres qui forment les manoques, doivent observer de les composer autant qu'il est possible, de feuilles d'une égale grandeur; comme aussi de rendre le talon de la manoque égal, en ne laissant point de queues plus longues que les autres; & il faut bien recommander à tous de n'employer que les plus mauvaises feuilles pour lier leurs manoques.

Maniere de gouverner les Plantes pour se procurer de bonnes graines.

Avant que de châtrer les plantes, on remarque celles qui sont les plus fortes, & on les destine à monter en graine; alors on se garde bien de leur couper la tête; mais on les dépouille de la plus grande partie de leurs feuilles: Et pour que la tige ait plus de substance & croisse mieux, on ne lui laisse que trois branches; & à mesure qu'il y pousse de petites feuilles, on les arrache. On a le même soin de retrancher celles qui croissent entre les gousses qui portent la graine; & quand ces gousses sont brunes & seches, on coupe la plante, on la porte à la maison, & on la pend au plancher jusqu'à ce que les graines soient bien sechées.

Comme ces planches croissent beaucoup, & qu'elles sont sujettes à être rompues par le vent, il faut observer de les choisir dans les endroits du champ où elles peuvent être le moins exposées.

Des boucaux qui se font en Virginie & en Mariland.

On se sert pour faire le merrain des boucaux, du chêne blanc, qui est un bois sans odeur; on se sert aussi quelquefois de châtaignier.

Il y a plusieurs sortes de bois qui peuvent être également bons, mais il faut bien se garder d'en prendre qui ayent de l'odeur, parce qu'on risqueroit de la communiquer au tabac & de le gâter.

De quelques sortes de bois qu'on se serve, il faut qu'il soit distribué en Merrain, au moins six mois avant d'être employé en boucaux.

Les jeunes chênes blancs servent à faire les cercles.

Les boucaux se font tous d'une même grandeur, ils doivent avoir quatre pieds de haut sur trente deux pouces de diametre dans leur milieu; ils contiennent environ quatre à cinq cens livres de tabac seulement pressés par l'homme, & jusqu'à onze cens livres lorsqu'ils sont bien pressés à la presse.

Les boucaux de tabac fort de Virginie pesent davantage, parce que la matiere qu'ils renferment est plus onctueuse.

En finissant ce Mémoire il est bon d'observer, que quoiqu'il semble, par ce qu'il contient, que la culture du tabac exige beaucoup de soins, ceux qui en feront l'experience, connoîtront qu'elle est infiniment moins penible qu'elle ne le paroit; que même elle est assez facile On voit communément en Virginie & en Mariland, que dans des terres passablement bonnes un Négre instruit fait aisément chaque année deux mille livres de tabac avec ses vivres.

Tabac de France.

Mémoire sur la Culture et Fabrique *du Tabac dans les Jurisdictions regies par le Bureau établi a Tonneins sous la Généralite de Bourdeaux.*

On seme la graine du Tabac dans les mois de Mars & Avril, sur des couches de fumier élevés de terre d'environ un pied & demi. Il faut l'arroser souvent pour la faire lever; & pour empêcher

empêcher le méchant effet de la gelée pendant la nuit, même le jour s'il fait trop grand froid, on couvre les couches avec des nattes de pailles, ou seulement avec de la paille; & lorsqu'il fait du soleil on les découvre.

On prend la même précaution contre le brouillard, que contre la gelée.

Le tabac étant bien levé, & ayant assez de force, on le transplante depuis la mi-Mai, jusques au commencement du mois de Juillet.

On choisit ordinairement les meilleures terres & les plus fortes qu'il faut préparer auparavant par trois ou quatre façons de labour, & les bien fumer lors de la premiere; on écrase les motes de terre, s'il y en a, avec un maillet de bois.

Si la terre est façonnée de la main de l'homme, deux labours suffisent.

On plante le tabac dans les sillons de la terre; on fait pour cela un trou d'environ demi pied de profondeur avec un piquet, on y met la plante, & on la garnit avec de la terre. Il faut observer de laisser deux à deux pieds & demi de distance entre chaque plante, & arroser un peu en plantant si la terre est seche, pour lui donner de l'humeur & faire pousser le tabac.

La tige s'étant élevée à la hauteur d'un pied, il faut bêcher la terre tout autour, & réiterer souvent, si le tems est sec.

Il faut ôter les feuilles les plus proches de terre, parce qu'elles se gâtent toujours & consomment la nourriture des autres: on doit aussi, par cette même raison, faire la même chose des rejettons, ensorte que la tige soit nette depuis le pied jusques à huit pouces de hauteur.

On garde ces premieres feuilles pour employer en tabac commun; il faut ôter toutes les herbes qui viennent dans la terre où le tabac est planté.

La tige étant parvenue à la hauteur d'environ trois à trois pieds & demi, on l'étête, c'est-à-dire, que l'on coupe l'extrémité de la tige pour l'empêcher de monter davantage, & donner plus de corps & de nourriture aux feuilles qui restent, qu'on laisse ordinairement au nombre de dix ou douze.

Si l'on ne coupoit pas l'extrémité de la tige, elle pourroit monter jusques à cinq pieds de haut.

Il faut, pour meurir le tabac, le tems propre pour la vigne.

On connoît qu'il commence à meurir, lorsque les feuilles qui sont vertes changent de couleur, & deviennent marbrées.

C'est ordinairement à la fin d'Août & dans le courant de Septembre: on cueille les feuilles au fur & à mesure qu'elles meurissent, & on les enficelle par la tête dont on fait des paquets de deux à trois douzaines.

Celles du milieu de la tige sont toujours les meilleures, & ce sont celles-là que l'on destine pour suer & faire le tabac sans côte.

On laisse la tige dans la terre pour meurir les feuilles qui ne le sont pas, de sorte que l'on voit quelquefois encore du tabac dans les Champs au mois de Décembre.

Les dernieres feuilles servent à faire le tabac en prêt & le tabac commun.

Pour faire secher les feuilles, on les pend dans des greniers, ou sous les toîts des maisons & autres endroits à couvert de la pluye.

Elles prennent leur couleur pendant qu'elles sont à la pente, & c'est par-là que l'on juge mieux de leur qualité, & de l'usage que l'on en peut faire.

La meilleure couleur est d'un beau roux foncé, le terme en usage dans le Pays, est couleur de chapon rôti: les bonnes feuilles doivent avoir au moins un pan & demi de longueur, beaucoup de corps & de gomme.

Celles de couleur verdâtre, ou d'anguille, ou de choux jaune & pâle, sont les moins bonnes, & ne servent que pour les tabacs communs.

L'on fait quatre classes de ces feuilles; la premiere, pour faire suer: la seconde, pour faire le tabac sans côte: la troisiéme, pour le tabac en prêt, & la quatriéme, pour le tabac commun.

Pour faire suer les feuilles, on choisit un grenier sec, où il y ait de l'air. On prend les paquets de feuilles, tels qu'on les a dépandues du lieu où elles étoient pour secher, on en fait un lit dans le grenier de la longueur que l'on veut, sur la largeur de deux longueurs de feuilles que l'on couche pointe contre pointe, ou tête contre tête, de la hauteur d'environ trois pieds; c'est ce qu'on appelle mettre les feuilles en presse.

Etant ainsi les unes sur les autres elles s'échauffent très fort, & suent de même, de sorte que mettant la main entre ces feuilles on sent une grande chaleur, & on les retire toutes mouillées de leur sueur.

Comme il faut observer un certain dégré de chaleur, il est nécessaire de prendre garde qu'elles ne s'échauffent trop, car elles se brûleroient: on commet des gens expérimentés pour les veiller, & s'ils voyent qu'elles prennent trop de chaleur, ils défont les presses, retournent les paquets & leur donnent de l'air, ensuite on les remet de la même maniere qu'auparavant, & on prend toujours le même soin jusqu'à ce que la chaleur & la sueur se passent.

Elles s'échauffent plus par un tems de pluye que par un tems sec: lors de la pluye, il faut ouvrir les fenêtres du nord & fermer celles de midi, observant pourtant, que si le vend du Nord étoit trop grand, il ne faudroit pas ouvrir les fenêtres, car il secheroit les feuilles & les empêcheroit de suer.

Les bonnes feuilles suent naturellement, étant mises de la maniere ci dessus expliquée. Celles qui sont inférieures ont besoin d'être aidées, pour cela on les couvre avec quelques planches, & on remarque que plus elles sont chargées, & plus elles s'échauffent & suent.

Si le tems est convenable, toute la sueur passe en quinze jours, sinon il faut le double du tems.

On connoît qu'elles ont assez suées lorsque mettant la main dans les presses on trouve qu'elles sont froides & seches. On les laisse néanmoins encore quelque tems en cet état, afin qu'elles se purgent entierement de l'humidité qui pourroit y rester.

Si en les remettant pendant la sueur, on trouve des feuilles moisies ou brûlées, on les ôte.

La raison pour laquelle on fait suer ces feuilles, est qu'elles ne se conserveroient pas autrement.

Elles perdent ordinairement dix à douze pour cent de leurs poids dans la sueur.

On n'en fait gueres que pour le Fermier, & lorsqu'il en reçoit la livraison, il les fait choisir paquets par paquets, & rebute celles qui ne lui conviennent pas.

Ce rebut sert à faire le tabac en prêt.

La réception desdites feuilles étant faites, on les met dans des bouttes ou grands tonneaux qui contiennent environ sept quartaux, & on les presse le plus que l'on peut, afin qu'il n'y entre point d'air; car elles se conservent mieux.

On envoye ensuite ces bouttes dans les Manufactures de Morlaix & Dieppe, où l'on s'en sert pour recouvrir d'autres tabacs inférieurs, & à faire des andouilles, des boudins, & des saucissons.

On ne fait point suer les feuilles pour faire le tabac sans côte, les prêts & le tabac commun.

Le tabac sans côte se fait de feuilles de la deuxiéme Classe: on tire la côte à trois doigts près la pointe, ce qui se fait aisément.

On le file de trois differentes grosseurs, le prin-filé de la grosseur d une plume de Cigne, le moyen de la grosseur du double du prin, & le gros filé d'un pouce de circonference.

Le filage desdits tabacs se doit faire par un tems doux & humide, parce que la feuille est plus maniable, la côte plus aisée à tirer, & le reste de la feuille à filer.

Au fur & à mesure du filage, on les met en gros pelotons, & on les y laisse le plus longtems que l'on peut, parce que dans ce tems-là il fait partie de son déchet.

Il faut un tems plus sec pour rouler lesdits tabacs que pour les filer.

On roule ceux qui sont destinés pour les Bureaux de Bourdeaux, la Rochelle, & Bretagne en las d'amour, & ces rouleaux pesent depuis trois jusques à huit & dix livres. Il faut, pour ces Bureaux, du tabac prin-filé.

Les rouleaux demi-filés pesent depuis six jusqu'à 12 livres, & du gros filé, de douze à 20 liv.

Les moyens & gros filés se consomment en Languedoc, Provence & Roussillon.

Le déchet à la Fabrique du tabac, va ordinairement du quart au tiers.

On presse à demi le moyen filé, & en entier le gros filé, de sorte qu'un rôle de cette derniere filure qui peut avoir un pied & demi de hauteur, est réduit aux deux tiers: on observe de l'humecter avec de l'eau, dans laquelle on a fait bouillir des côtes de tabac avant de le presser, cela le fait gommer, & contribue à lui donner la qualité nécessaire.

On passe ensuite une ficelle sur ces rôles pour les tenir dans le même état qu'ils sont sortis de la presse.

La voiture des tabacs sans côte se fait dans des bouttes, ainsi que les feuilles suées; on observe seulement à l'égard du gros filé, de le bien presser dans les bouttes, & afin qu'il n'y entre pas de jour, on met des cognets avec force dans les vuides qui paroissent entre les rôles: ces cognets sont faits de tabac moyen filé en rouleaux, de la figure d'un pain de sucre.

Les tabacs destinés pour les Bureaux de Pau, Saint Beal, Saint Girons, & Tarascon, se voiturent en balle, du poids d'environ 200 livres, à cause de la difficulté des chemins.

Les tabacs en prêt sont faits des feuilles de la troisiéme Classe, où on laisse toute la côte, leur filage est de la grosseur du prin.

Le tabac commun se fait des feuilles de la quatriéme qualité, & du rebut de tous les autres.

Il en coûte pour le filage & le roulage du prin-filé, 45 à 50 sols de gros par quintal.

Du moyen & gros filé sans côtes, 25 à 30 sols.

Du tabac en prêt 40 sols.

Les particuliers à qui appartiennent les feuilles pour le commun, le filent eux-mêmes; mais ils ne le roulent pas, & lorsqu'ils le vendent aux Marchands, on leur déduit six à sept sols par quintal pour le roulage.

Les déchets à la Fabrique du tabac en prêt, vont environ à cinq pour cent.

Et à ceux à la garde du tabac commun en quatre mois à 10 ou 14 pour cent.

Plusieurs de ceux qui font la fabrique du tabac sans côte, conservent la côte, & la vendent environ 15 sols le quintal: d'autres s'en servent pour couvrir leurs tabacs en les faisant voiturer, & d'autres pour faire des fumiers.

Il se recueille année commune dans les Jurisdictions de Tonneins environ 50000 quintaux de tabac.

Les Jurisdictions de Saint Porquier en produisent 7000 quintaux, & celle de Leyrac, 3 à 4 mille quintaux.

Ceux du crû des deux derniers endroits, sont beaucoup moins estimés que les autres.

La fourniture du Fermier roule ordinairement sur le pied de 4000 quintaux par an, en feuilles suées & sans côte.

Il lui faut aussi environ cent cinquante quintaux de tabac commun pour les Bureaux de Perpignan, Tarascon, Saint Girons, Saint Beal, & Pau.

Tabac de Perse.

Le tabac croît par tout en Perse, particulierement dans la Sulianne, à Hamadan, dans la Caramanie déserte, aux environs de Coureston, & vers le Sein Persique: ce dernier est le meilleur. Il pousse aisément & sans d'autres cultures que la culture ordinaire des herbages. On le transporte par bouquets ou par bottes.

Quand il est sec, il devient feuille-morte, c'est en cet état qu'on le vend sans le faire suer ni le corder.

Si on lui donnoit les mêmes apprêts qu'à celui des Isles, il seroit aussi fort que celui du Bresil; ce que les Persans n'aiment pas. Ils appellent ce dernier Tabac Anglois; parce que les Anglois en débiterent beaucoup après qu'ils y furent établis: mais les Persans l'ayant trouvé trop fort & trop cher, cesserent d'en acheter.

On ne sçait pas si le tabac est originaire de Perse, ou s'il y a été transporté; mais il est certain qu'il est au moins ancien de quatre cens ans: on croit qu'il y a passé d'Egypte, & non pas des Indes Orientales où il n'a été cultivé que dans le commencement du 17e Siécle.

Commerce et prix des Tabacs à Amsterdam.

Les tabacs qui se vendent le plus communément à Amsterdam, sont ceux de Virginie, de la Havane, de Verine, & du Bresil. Il s'en vend aussi quantité de celui qui se cultive dans le Pays. Tous ces tabacs sont ou en feuilles, ou en corde, ou en poudre; ils donnent diverses tares & diverses déductions pour le bon poids, & pour le prompt payement, suivant leur qualité. Enfin les uns se vendent à la livre, & les autres au quintal, pesant 100 livres.

Le tabac de Virgine en feuilles, se vend depuis 3 sols, jusqu'à 8 sols la livre; on tare les futailles, & l'on donne 8 pour 100 pour les côtes. La déduction pour le bon poids, est d'un pour cent, & celle pour le prompt payement, est d'un pour cent.

Le tabac de la Havane en feuille, se vend en gros au quintal de 100 livres. On tare les futailles; la tare pour les côtes & les déductions sont semblables au précédent, son prix est depuis 28, jusqu'à 46 florins les 100 livres.

Le tabac du Pays en feuille, se vend aussi au quintal: les déductions sont d'un pour cent pour le prompt payement, & d'autant pour le bon poids. Son prix est de 5, de 7 & de douze florins, jusqu'à 25 florins les cent livres.

Le tabac de Verine en corde ou en rouleau, se vend à la livre; sa tare est d'une livre par rouleau, & ses déductions, de deux pour cent pour le bon poids, & d'un pour cent pour le prompt payement: son prix est depuis 10 jusqu'à 20 f. la livre.

Le tabac de Bresil en corde, se vend aussi à la livre, il donne six livres de tare par seron; les déductions sont comme au précédent; son prix est depuis 12, jusqu'à 15 f. la livre.

Le tabac du Pays en corde, se vend en gros au quintal de 100 livres; on le tare au poids; ses déductions sont un pour cent livres pour le bon poids, & d'autant pour le prompt payement: son prix est depuis 18, jusqu'à 25 florins les cent livres.

Le tabac en poudre se vend à la livre; les bales où il y a double embalage donnent huit livres de tare, & celles à simple embalage, seulement 4 livres par bale: les déductions pour le bon poids & pour le prompt payement sont chacune de deux pour cent: son prix est depuis 5 jusqu'à 10 f. la livre.

Droits d'entrée & de sortie que le tabac paye en Hollande.

Le tabac en corde & en rouleau de la valeur de 6 florins, paye 6 f. d'entrée & autant de sortie, avec une augmentation de huit pennins, s'il entre ou s'il sort par l'Est, l'Orisont, ou le Belt; il est franc en sortant, du tiers d'augmentation & du droit d'appréciation.

Le tabac de toute autre sorte, soit coupé, haché, ou en feuille, paye comme le précédent, mais n'a aucune franchise à la sortie.

TABAGO, la plus grande des quatre Isles Antilles Hollandoises dans l'Amerique. *Voyez* le détail des productions de cette Isle dans l'Etat général Tome I. page 540.

TABERNACLE. Il se dit parmi les Catholiques du lieu où l'on enferme le Saint Sacrement de l'Autel.

Les Tabernacles payent les droits de la Douane de Lyon, sçavoir ceux de bois peints & dorés 7 liv. de la piece, & ceux qui ne sont pas dorés 3 liv.

TABIS. Espece de gros taffetas ondé qui se fabrique comme le taffetas ordinaire, hors qu'il est plus fort en chaîne & en tréme; on donne des ondes aux tabis par le moyen de la calandre, dont les rouleaux de fer ou de cuivre diversement gravés, & apuyant inégalement sur l'étoffe, en rendent la superficie inégale, ensorte qu'elle réflechit diversement la lumiere quand elle tombe dessus.

Les taffetas ou tabis pleins comme les appelle le Reglement de 1667, doivent avoir de largeur entre les deux lisieres, ou onze vingt quatriémes d'aune, ou demi-aune, ou cinq huitiémes, c'est-à-dire, demi-aune demi-quart, pouvant même être augmentés proportionnellement au dessus de cinq huitiémes, en augmentant aussi les portées dans les peignes, soit de quatre, soit de six, soit de huit ou de douze fils par dent.

Les portées fixées par l'article 51 du Reglement doivent être de vingt-quatre pour la largeur de onze vingt-quatriémes, de vingt-six pour demi-aune, & de trente-six pour cinq huitiémes, chaque portée de quatre-vingt fils.

Les tabis de quelque largeur qu'ils soient, doivent être faits en deux ou trois fils pour chaque dent de peigne, & doivent avoir leurs chaînes d'orgencin filé & tord au moulin, & les trémes doublées & montées aussi au moulin; le tout de fine & pure soye cuite, sans y employer aucun fleuret, gallette ni boure de soye; & pour les distinguer, les tabis à trois fils doivent avoir une lisiere à chaînette de differentes couleurs.

Le Tabis paye en France les droits d'entrée & de sortie sur le pied de draps de soye, suivant le Tarif de 1664. Voyez DRAP à la fin de l'article.

Les droits de la Douane de Lyon sont; sçavoir:

Les tabis de soye de Venise brochés d'or 3 liv. 5 f.

Les tabis de Venise simplement de soye, la l. 28 f. ou la piece 30 f.

Les tabis de Venise avec or battu, 2 l. 6. f. de la l.

Et les tabis avec or frisé & relevés, 4 liv. 12 f. pareillement de la livre.

TABISÉ. Ce qui a des ondes comme le tabis. De la moire tabisée, du ruban tabisé.

TABISER. Passer sous la calandre une étoffe pour y faire paroître des ondes comme au tabis. On tabise la moire, les rubans, des toiles à doublures, des treillis, &c.

TABLE. Ustencile de ménage qui est ordinairement de menuiserie. Ce terme a diverses significations dans le commerce, soit parmi les Marchands, Banquiers & autres qui tiennent les livres & registres des Négocians, soit pour exprimer certaines sortes de marchandises, soit enfin dans les Manufactures & dans les Arts & Métiers dont il est traité dans ce Dictionnaire; on les trouvera toutes expliquées dans la suite de cet article.

TABLE A PATRON, ou simplement PATRON. C'est une table de bois blanchie sur quoi les Vitriers dessinent leurs pieces & les coupent. *V.* PATRON.

TABLE. Terme de sucrerie. On appelle la Table d'un moulin une longue piece de bois qui est placée au milieu du chassis du moulin; c'est dans cette piece que sont enchassées la platine du grand rolle & les embasses des petits tambours, c'est-à-dire, les crapaudines dans lesquelles roulent les pivots des trois tambours. *Voyez* MOULIN A SUCRE.

TABLE A MOULE. Terme de Chandelier. C'est une longue table percée de divers trous en forme d'échiquier, sur laquelle on dresse les moules à faire de la chandelle moulée lorsqu'on veut les remplir de suif; au dessous de la table est une auge pour recevoir le suif qui peut se répandre. On appelle une jettée de chandelle tout ce qui peut tenir de moules sur une de ces tables. *Voyez* CHANDELLE MOULÉE.

TABLE A MOULE. Les Blanchisseurs de Cire donnent ce nom à de grands chassis soûtenus de plusieurs pieds, sur lesquels ils mettent les planches à moules, dans lesquelles on dresse les pains de Cire blanche. *Voyez* l'article de la Cire, où il est parlé de la Manufacture d'Antony.

TABLES AUX TOILES, qu'on nomme aussi Carrés & Etablis. Ce sont chez les mêmes Blanchisseurs de Cire, de grands bâtis de bois, sur lesquels sont tendues les toiles de l'herberie, où l'on met blanchir les Cires à la rosée & au soleil après qu'elles ont été grêlouées. *Voyez comme dessus.*

TABLE A TONDRE. Il se dit chez les Tondeurs de draps d'une espece d'ais ou planche de chêne ou de noyer épaisse d'environ trois pouces & demi, large de quinze à seize pouces, & longue de neuf à dix pieds. Cette planche est garnie par le dessus de plusieurs bandes d'une grosse étoffe appellée Tuf, mises l'une sur l'autre, entre lesquelles sont plusieurs lits de paille d'avoine ou de bourre tontisse très fine, & par dessus le tout est une couverture de treillis attachée par les bouts & lassée par dessous.

La table à tondre est posée sur deux treteaux de bois inégaux, ensorte qu'elle se trouve un peu en talus, ce que les Ouvriers appellent placée en chasse ; elle sert à étendre l'étoffe dessus pour la tondre avec les forces.

Les Tondeurs se servent encore d'une autre table assez semblable à la premiere, à la réserve qu'elle est faite en forme de pupitre long ; & parce que c'est sur cette table qu'ils rangent ou couchent le poil de l'étoffe avec le cardinal & la brosse, & qu'ensuite il la nétoye avec la tuile ; ils l'appellent suivant ces différens usages tantôt Table à ranger & à coucher, & tantôt Table à nétoyer.

TABLE. Les Ouvriers qui travaillent à l'adouci des glaces brutes, appellent la Table le bâti de grosses planches sous lequel est mastiquée avec du plâtre une des deux glaces qui s'adoucissent l'une contre l'autre ; c'est au dessus de cette table qu'est couchée orizontalement la roue dont les Adoucisseurs se servent pour user les glaces. *Voyez* GLACE.

TABLE. Les Miroitiers qui mettent les glaces au teint nomment pareillement Table une espece de long & large établi de bois de chêne, soûtenu d'un fort chassis aussi de bois, sur lequel est posée en bascule la pierre de liais où l'on met les Glaces au teint. *Voyez* GLACE.

TABLE DE VERRE. C'est du verre qu'on appelle communément Verre de Lorraine, qui se soufle & se fabrique à peu près comme les glaces de miroirs; il est toûjours un peu plus étroit par un bout que par l'autre, & a environ deux pieds & demi en quarré de tout sens : il n'a point de boudine & sert à mettre aux portieres des carrosses de louage ou de ceux où l'on ne veut pas faire la dépense de véritables glaces ; on en met aussi aux chaises à Porteur.

Les tables de verre se vendent au balot ou ballon composé de plus ou moins de liens, suivant que c'est du verre commun ou du verre de couleur. *V.* VERRE DE LORRAINE.

TABLE DE PLOMB, OU PLOMB EN TABLE. C'est du plomb fondu & coulé par les Plombiers sur une longue table de bois couverte de sable. *Voyez* PLOMB & PLOMBIER.

TABLE. Les Plombiers appellent aussi quelquefois de la sorte ce qu'ils nomment autrement des Moules, c'est-à-dire, des especes de longs établis garnis de bords tout autour, & couverts ou de sable ou d'étoffe de laine & de toille, sur lesquels ils coulent les tables de plomb. Il y en a de deux sortes ; les unes posées de niveau pour les grandes tables de plomb, & les autres qui ont de la pente pour les petites tables. On en parle & l'on en fait la description ailleurs. *V. comme dessus.*

TABLE A COULER. Ce qu'on nomme ainsi dans les Manufactures des glaces de grand volume, est une table de fonte de plus de cent pouces de longueur & du poids de douze ou quinze milliers, sur laquelle on coule le verre liquide dont on fait les glaces. La largeur de cette table s'augmente ou se diminue à volonté par le moyen de deux fortes tringles de fer mobiles qu'on place au deux côtés, plus proches ou plus éloignées suivant le volume de la piece qu'on coule ; c'est sur ces tringles que pose par ses deux extrémités le rouleau de fonte qui sert à pousser la matiere jusqu'au bout de la table. *Voyez* GLACE DE GRAND VOLUME.

TABLE DE CAMELOT. On nomme ainsi à Smyrne les ballots de ces étoffes qu'on envoye en Chrétienté. Ce nom leur vient de ce que les balots sont quarrés & plats.

On trouve dans une facture originale qui a été communiquée, six tables de camelots contenant 82 pieces à 20 piastres la piece, 1690 piastres.

On dit aussi Table de Montcayart : la même facture porte 3 tables Montcayart, contenant 122 pieces à 4 piastres ½ la piece, ci piastres 549.

TABLE DE MULTIPLICATION. *Voyez ci-après* TABLE DE PYTHAGORE.

TABLE DE PYTHAGORE, OU TABLE PYTHAGORIQUE. Nom que les Mathematiciens & Arithmeticiens donnent à un certain quarré formé de cent autres plus petits quarrés qui contiennent les multiplications des nombres simples l'un par l'autre jusqu'à dix ; c'est ce qu'on apelle communément la Table de Multiplication ou le Livret.

Comme il est d'une nécessité indispensable à ceux qui veulent sçavoir l'arithmetique d'apprendre par cœur les multiplications contenues en cette table ; on a jugé à propos de la donner ici avec un exemple qui pourra suffire pour faire connoître la maniere de s'en servir.

Table de Pythagore.

1	2	3	4	5	6	7	8	9	10
2	4	6	8	10	12	14	16	18	20
3	6	9	12	15	18	21	24	27	30
4	8	12	16	20	24	28	32	36	40
5	10	15	20	25	30	35	40	45	50
6	12	18	24	30	36	42	48	54	60
7	14	21	28	35	42	49	56	63	70
8	16	24	32	40	48	56	64	72	80
9	18	27	36	45	54	63	72	81	90
10	20	30	40	50	60	70	80	90	100

Exemple.

Supposé qu'on veuille trouver le produit de 6

multiplié par 8, il faut chercher 6 dans la premiere colonne qui commence par 1, puis multipliant ce 6 par le 8 de la premiere ligne, on dira six fois huit font 48 qui se trouve à lahuitiéme colonne vis-à-vis du 6.

Il y a une autre maniere de disposer la table de Pythagore plus simple que la précedente, & plus facile pour les jeunes gens dont le jugement n'est pas encore formé. On a crû qu'il étoit aussi nécessaire de la rapporter ici sous le titre de Livret ou de Table de Multiplication, qui sont les noms les plus ordinaires qu'on lui donne.

Livret ou Table de Multiplication.

2 fois 1 font 2	5 fois 1 font 5	8 fois 1 font 8
2—2— 4	5—2—10	8—2— 16
2—3— 6	5—3—15	8—3— 24
2—4— 8	5—4—20	8—4— 32
2—5—10	5—5—25	8—5— 40
2—6—12	5—6—30	8—6— 48
2—7—14	5—7—35	8—7— 56
2—8—16	5—8—40	8—8— 64
2—9—18	5—9—45	8—9— 72
2--10—20	5--10—50	8--10— 80
3 fois 1 font 3	6 fois 1 font 6	9 fois 1 font 9
3—2— 6	6—2—12	9—2— 18
3—3— 9	6—3—18	9—3— 27
3—4—12	6—4—24	9—4— 36
3—5—15	6—5—30	9—5— 45
3—6—18	6—6—36	9—6— 54
3—7—21	6—7—42	9—7— 63
3—8—24	6—8—48	9—8— 72
3—9—27	6—9—54	9—9— 81
3--10—30	6--10—60	9--10— 90
4 fois 1 font 4	7 fois 1 font 7	10 fois 1 font 10
4—2— 8	7—2—14	10—2— 20
4—3—12	7—3—21	10—3— 30
4—4—16	7—4—28	10—4— 40
4—5—20	7—5—35	10—5— 50
4—6—24	7—6—42	10—6— 60
4—7—28	7—7—49	10—7— 70
4—8—32	7—8—56	10—8— 80
4—9—36	7—9—63	10—9— 90
4--10—40	7--10—70	10--10—100

TABLE DU GRAND LIVRE, que les Marchands, Négocians, Banquiers & Teneurs de livres nomment aussi Alphabet, Repertoire ou Index. C'est une sorte de livre composé de vingt-quatre feuillets, dont on se sert pour trouver avec facilité les endroits du grand livre où sont débités & credités les personnes avec lesquelles on est en compte ouvert.

Les autres livres dont se servent les Négocians, soit pour les parties simples, soit pour les parties doubles, ont aussi leurs tables ou alphabets particuliers : mais ces tables ne sont point séparées, elles se mettent seulement sur deux feuillets à la tête des livres. *Voyez* LIVRES, *à l'endroit où il est parlé du grand Livre à partie double.*

TABLE. Chez les Marchands Jouailliers se dit des diamans & autres pierres précieuses qui sont taillées en table, c'est-à-dire, dont la surface du dessus est tout-à-fait plate & les côtés en biseaux. Ainsi l'on dit, Ce diamant, cette émeraude est en table, pour dire que le dessus ou la superficie en est plate, & que les côtés sont rabattus en biseaux quarrément & sans aucunes facettes.

On appelle Table de brasselet la pierre précieuse qui est taillée en table quand elle est sertie ou enchassée dans un chaton d'or ou d'argent, disposé à passer un ruban pour l'attacher au bras des personnes.

TABLE. On nomme Poids de Table une sorte de poids en usage dans les Provinces de Languedoc & de Provence. *Voyez* POIDS.

TABLE DE MARBRE. Il y a trois Jurisdictions à Paris à qui on donne ce nom ; sçavoir, la Connétablie, l'Amirauté, & les Eaux & Forêts.

Les deux premieres n'étant point du dessein de ce Dictionnaire, on ne parlera que de la derniere ; à cause que c'est elle qui connoît par appel de tout ce qui concerne la coupe & la vente des bois & forêts de Sa Majesté, des Ecclesiastiques & des Communautés, leur exploitation & le commerce qui s'en fait ; ensemble de tous les délits & malversations faits par les Adjudicataires, Marchands & autres dans ladite exploitation.

Il n'y a eu long-tems en France que deux Tables de Marbre pour les Eaux & Forêts, qui étoient celles de Paris & de Rouen ; mais les grandes Maitrises s'étant multipliées, on a aussi multiplié ces Jurisdictions, qui sont toutes établies dans les Parlemens les plus proches des Départemens des Grands Maîtres.

Il y a dans l'Ordonnance de *1669* un titre exprès pour la Jurisdiction des Tables de Marbre.

Il explique entr'autres choses dans les XI. articles dont il est composé, quand les appels des Justices inférieures y doivent être portés ; & en quel cas ils peuvent être relevés & jugés directement en la Cour de Parlement : Quels sont ceux où les appellations de la Table de Marbre doivent aller en ladite Cour, & quels sont ceux où elle juge en Souverain.

Il faut remarquer dans ce dernier cas, que la Table de Marbre ne juge jamais souverainement, que le premier Président du Parlement, & sept Conseillers de la Grand'Chambre n'y viennent tenir le Siége avec les Lieutenans, & les deux plus anciens Conseillers du même Siége.

Les Officiers de la Table de Marbre de Paris, sont le Grand-Maître, un Lieutenant Général, un Lieutenant Particulier, sept Conseillers, un Procureur Géneral, un Avocat Géneral, deux Greffiers, un Receveur des amendes, un Commis à la Recette desdites amendes, un premier Huissier & deux autres Huissiers. *Voyez* EAUX & FORETS.

TABLEAU. Se dit d'un quadre qui contient les noms de plusieurs ou de toutes les personnes d'un même Corps, Communauté, métier ou profession par ordre de date & de reception, ou selon qu'elles ont passé dans les charges.

Ces tableaux se mettent ordinairement dans les chambres ou bureaux de ces Corps & Communautés, quelquefois aussi dans les Greffes des Jurisdictions des Villes où elles sont établies ; c'est de ces sortes de tableaux que l'on voit dans le Châtelet de Paris, où sont inscrits les Maîtres

Jurez Maçons, Charpentiers, Greffiers de l'écritoire, Ecrivains-Vérificateurs des écritures, &c.

On dit qu'on parvient aux charges d'un Corps ou d'une Communauté par ordre du tableau, lorsque ce n'est pas par le choix du Magistrat ou par l'élection des Maîtres, mais selon la date de sa reception qu'on devient Garde, Juré ou Eſgard, &c.

TABLEAU MOUVANT, dans lequel sont inscrits dans les Bureaux des Communautés, les noms de tous ceux qui ont été Gardes ou Jurés. *Voyez* MOUVANT.

TABLEAU. On donne auſſi ce nom à certaines pancartes, où en conſéquence des Ordonnances ou par ordre de Juſtice l'on inſcrit les choſes que l'on veut rendre publiques.

Ces tableaux lorſque les affaires concernent le commerce, ſe dépoſent dans les Greffes des Juriſdictions Conſulaires où il y en a, ſinon dans ceux des Hôtels de Ville, des Juges Royaux ou des Juges des Seigneurs.

L'article 2 du titre 4 de l'Ordonnance de 1673 veut que l'extrait des ſocietés qui ſe font entre Marchands & Négocians ſoit inſeré dans un tableau expoſé en lieu public; & l'article premier du titre 10 de la même Ordonnance porte que la declaration des perſonnes reçûes au bénéfice de ceſſion ſoit publiée par le Greffier, & inſerée dans un tableau public.

TABLEAU. C'eſt encore l'image ou la repréſentation d'un objet faite par le Peintre avec des pinceaux & des couleurs.

Les tableaux & peintures de toutes ſortes avec leurs bois & bordures non enrichis, payent en France les droits d'entrée à raiſon de cent ſols le cent peſant; & ſi les bordures en ſont enrichies d'or, d'argent & de cuivre doré, ils payent cinq pour cent de l'eſtimation de leur valeur, ſuivant le Tarif de 1664, lorſqu'ils paſſent par les Bureaux des Provinces réputées étrangeres.

S'ils viennent du dehors ils payent, les cadres compris, 20 ſ. la livre peſant, conformément à l'Arrêt du 23 Novembre 1688.

Par le Tarif de la Douane de Lyon les tableaux de Flandres ſur bois payent 25 ſ. du quintal.

Les tableaux de toutes ſortes ſans enrichiſſement payent les droits de ſortie comme mercerie à raiſon de 3 liv. le cent peſant; & s'ils ſont déclarés pour les Païs étrangers ſeulement 2 liv. conformément à l'Arrêt du 3 Juillet 1692.

TABLEAU. Terme de Courroyeur. C'eſt un morceau de cuir fort dont la figure eſt quarrée. *V.* COURROYER.

TABLÉE. Terme de Tondeur de drap. Il ſe dit de l'étoffe qui eſt attachée avec des crochets ſur la table à tondre, lorſque cette partie de l'étoffe a été entiérement tondue. Chaque tablée porte ordinairement un tiers d'étoffe de long, de maniere qu'il faut trente-ſix tablées de tontures à un drap de douze aunes, ainſi des autres pieces à proportion de leurs longueurs.

Lorſqu'une tablée eſt entiérement tondue, on tire l'étoffe pour la faire tomber dans le fodet qui eſt une eſpece de manne faite de barreaux de bois, placée ſous la table à tondre.

TABLES ou ROUELLES D'ESSAY. Terme de Potier d'étain, qui ſignifie 2 plaques d'étain, dont l'une eſt dans la Chambre du Procureur du Roi du Châtelet, & l'autre dans celle de la Communauté. C'eſt ſur ces tables que les maîtres Potiers d'étain ſont obligés d'empreindre ou inſculper les marques des poinçons dont ils doivent ſe ſervir pour marquer leurs ouvrages afin d'en aſſurer la bonté. *Voyez* POTIER D'ESTAIN.

Tous les Corps & Communautés des Arts & Métiers de la Ville de Paris, qui ſont obligés d'avoir des poinçons pour marquer leurs ouvrages & marchandiſes, ont auſſi de ſemblables tables pour conſerver l'empreinte de ces poinçons.

TABLES DE SAVON. Ce ſont de grands morceaux de ſavon blanc d'environ trois pouces d'épaiſſeur ſur un pied & demi en carré, du poids de vingt à vingt-cinq livres. *Voyez* SAVON *où il eſt traité des ſavons blancs.*

TABLE DE CALANDRE. On appelle ainſi deux pieces de bois fort épaiſſes, plus longues que larges, qui font la principale partie de la machine qui ſert à calandrer les étoffes ou les toiles. C'eſt entre ces tables que ſe mettent les rouleaux ſur leſquels ſont roulées ces toiles & ces étoffes. *Voyez* CALANDRE.

TABLETTE. Petit meuble proprement travaillé compoſé de deux ou pluſieurs planches d'un bois léger & précieux, qui ſert d'ornement dans les ruelles ou dans les cabinets particuliérement des Dames, & ſur lequel elles mettent des livres d'uſage journalier, des porcelaines, & des bijoux de toutes ſortes. C'eſt de ces eſpeces de tablettes qu'une Communauté des Arts & métiers de Paris a pris ſon nom. *V.* TABLETIER.

TABLETTE. Se dit auſſi d'une eſpece de petit livre ou agenda qu'on met en poche, qui a quelques feuilles de papier ou de parchemin préparé, ſur leſquelles on écrit avec une touche ou un crayon les choſes dont on veut ſe ſouvenir.

TABLETTERIE. Art de faire des ouvrages de marquetterie, des pieces curieuſes de tour & autres ſemblables choſes, comme des triquetracs, des dames, des échecs, des tabatieres, & principalement des tablettes agréablement ouvragées, d'où cet art a pris ſa dénomination. *V. l'article ſuivant.*

TABLETTIER. Celui qui travaille en tabletterie.

Les Maîtres Tablettiers ne font à Paris qu'une ſeule & même Communauté avec les Maîtres Faiſeurs & Marchands de peignes, qui ſe qualifient dans les Statuts de la Communauté Maîtres Peigniers, Tablettiers, Tourneurs & Tailleurs d'Images.

L'on a dit à l'article des Peigneurs que ces Ouvriers s'étoient comme partagé les ouvrages de l'art, les uns ne travaillant qu'en peignes, & les autres qu'en tabletterie: les ouvrages de ceux-ci, quoiqu'il ſoit permis aux autres d'en faire auſſi, ſont des tabliers pour jouer aux échecs, au triquetrac, aux dames, au renard, avec les piéces néceſſaires pour y jouer; des billes & billards, des crucifix de buis ou d'yvoire, d'où ils ſont appellés Tailleurs d'images d'yvoire; enfin toutes ſortes d'ouvrages de curioſité de tour, tels que ſont les bâtons à ſe ſoûtenir, les montures de cannes, de lorgnettes & de lunettes; les tabatieres, ce qu'on appelle des Cuiſines, des boëtes à ſavonnettes, &c. où ils employent l'yvoire & toutes les eſpeces de bois rares qui croiſſent en France ou qui viennent des Pays étrangers, comme buis, ébéne, brêſil, noyer, meriſier, olivier, &c. *Voyez* PEIGNIERS *il y est traité de la Communauté des Maîtres Tabletiers.*

TABLIER. Terme usité en Bretagne, particulierement à Nantes, pour signifier un Bureau ou Recette des droits du Roi.

L'Arrêté de la Chambre des Comptes de Bretagne de l'année 1565, pour la reforme de la Pencarte de la Prévôté de Nantes, porte qu'elle sera enregistrée à la Chambre pour y avoir recours quand besoin sera; & qu'il en sera fait un Tableau pour être mis au *Tablier* de ladite Prévôté, & autres *Tabliers* y rapportés, afin que les Marchands & Conduisans lesdites marchandises, puissent connoître au vrai combien ils sont tenus de payer.

TABLIER. On nomme aussi à la Rochelle Droit de Tablier & Prévôté, un droit de 4 den. par livres de l'évaluation des marchandises sortant par mer de ladite Ville pour les Païs Etrangers & la Bretagne seulement. *Voyez* dans l'Etat général Tome I. page 65.

TAC

TACAMACHA, ou TACAMAHACA. C'est une espece de gomme ou résine liquide & transparente, qui découle du tronc d'une sorte de très gros arbres qui croissent dans la nouvelle Espagne, mais plus abondamment dans l'Isle de Madagascar.

Ces arbres s'appellent en langue Madecasse, Harame; ils sont semblables aux peupliers, mais plus gros, & plus hauts. Leurs feuilles sont petites & vertes, leurs fruits sont rouges de la grosseur de nos noix & extrémement résineux.

Le bois de l'harame est très propre à être débité en planches pour la construction des navires, & la gomme qu'il distille peut servir au lieu de bray pour calfater. Le plus grand usage du Tacamacha est néanmoins pour la médecine où on le croit propre pour guérir les fluxions froides & pour appaiser le mal de dents; il est aussi un baume excellent pour les playes.

Les Marchands-Epiciers & Droguistes de Paris le reçoivent & le vendent sous trois noms, sçavoir; 1°. Le Sublime qu'on nomme aussi Tacamacha en coque. 2°. Le Tacamacha en masse. Enfin le Tacamacha en larmes.

Le Tacamacha sublime est la résine qui tombe d'elle-même & sans qu'il soit besoin de faire d'incisions à l'arbre. Les Insulaires le recueillent dans de petites gourdes coupées en deux, sur lesquelles ils appliquent une espece de feuille de palmier. Cette gomme sublime pour être bonne doit être séche, rougeâtre, transparente, d'un goût amer & d'une odeur forte qui tient de celle de la lavande.

Les Tacamachas en larmes & en masse sont ceux qui coulent par le moyen des incisions; il faut les choisir secs, nets & approchant de l'odeur du Tacamacha sublime.

Le Tacamacha que les Tarifs mettent au nombre des gommes, & que celui de 1664 nomme Gomme Tamacha, payent en France les droits d'entrée suivant ce Tarif à raison de 5 livres 5 sols le cent pesant.

TACON. Terme d'Imprimerie nouvellement inventé aussi-bien que la chose qu'il signifie.

On appelle Tacon les morceaux de la frisquette que l'Imprimeur y entaille pour donner jour aux endroits de la forme qu'on veut imprimer en rouge, & qu'il colle sur le grand tympan, pour voir si l'ouverture de la frisquette & les morceaux qu'on en a enlevés se rencontrent parfaitement.

Cette invention qui, comme on l'a remarqué, n'est pas ancienne, est ingenieuse & utile pour la perfection des livres d'usage & de tous les autres ouvrages qu'on imprime noir & rouge, qui consiste particuliérement dans le juste rapport des titres & des lignes imprimées de ces deux différentes couleurs. *Voyez* IMPRIMERIE.

TACQUES. Le Tarif de la Douane de Lyon nomme ainsi les ustenciles & ouvrages de ménage & de cuisine qui sont faits de fer fondu. *Voyez* FER.

Les paquets payent les droits de la Douane de cette Ville à raison de quatre s. du quintal.

TAE

TAEL, que les Portugais des Indes Orientales appellent aussi Telle, & qu'en Chinois on nomme Leam. C'est un petit poids de la Chine qui revient à une once deux gros de France poids de marc; il est particuliérement en usage du côté de Canton. Les seize taels font un catis, & cent catis font le pic, chaque pic faisant cent vingt-cinq livres poids de marc.

Comme il n'y a point dans la Chine de monnoye d'argent qui soit marquée au coin du Prince, on se sert dans la distribution de ce métail de trois poids différens, qui sont le Tael, le Mas & le Condorin. Chaque tael n'étoit autrefois estimé juste que quatre livres deux sols vingt-deux soixante-douziémes monnoye de France, mais son évaluation a augmenté à proportion que les monnoyes ont aussi augmenté en France, & lorsque la Compagnie Françoise de la Chine y envoya ses vaisseaux en 1699 & 1701, le tael valoit cent sols de France, le mas dix sols & le condorin un sol; ensorte que le tael étoit pour lors composé de dix mas ou de cent condorins.

TAEL. C'est aussi une monnoye de compte du Japon, qui comme dans la Chine peut encore y passer comme vraye monnoye. Le tael d'argent Japonois vaut trois gultes & demi de Hollande.

Un Memoire manuscrit de bonne main en parlant du tael du Japon, dit qu'il est fait en forme de petit lingot, qui à la verité n'a point de prix fixe & certain; mais que pour en rendre le débit & l'usage plus commodes & plus faciles dans le Commerce, on les fait de maniere que la valeur de cinquante taels est toûjours la même & a un poids juste; de sorte qu'en faisant des rouleaux de ces petits lingots, qui reviennent à vingt écus de France, à 60 sols tournois l'écu, ils s'en servent dans leurs payemens avec assez de facilité.

Le même Memoire ajoute, qu'outre le tael les Japonois ont encore une petite monnoye d'argent de la forme d'une féve ronde, qui non plus que le tael, n'a point de poids arrêté, mais qui pese depuis un mas ou schelling jusqu'à dix mas. *Voyez* MAS.

TAF

TAFFETAS. Etoffe de soie très fine, fort légere, & pour l'ordinaire extrémement lustrée.

Il se fait des taffetas de toutes sortes de couleurs, de pleins ou unis, de glacés, de changeans & de rayés à rayes d'or, d'argent & de soie; il y en a auſſi à flammes, à quarreau, à fleurs, à point de la Chine ou de Hongrie, & beaucoup d'autres à qui la mode ou le caprice des Fabriquans donnent des noms ſi bizarres qu'il ſeroit auſſi difficile qu'inutile de les rapporter tous ici, outre qu'ils durent rarement au-delà de l'année qui les a vû naître.

Les anciens noms des taffetas & qu'on leur conſerve toûjours en France, ſont Taffetas de Lyon, de Tours, d'Eſpagne, d'Angleterre, de Florence, d'Avignon; Taffetas à la bonne femme & Taffetas Armoiſins.

Les taffetas qui portent encore les noms des Pays étrangers, d'où autrefois ils étoient apportés en France, ſe fabriquent néanmoins pour la plûpart dans le Royaume, & particulierement à Lyon & à Tours, ce qu'il en vient de dehors étant très peu conſiderable en comparaiſon de ce qu'il s'en fait dans ces deux Villes ſi celebres par leurs Manufactures d'étoffes d'or, d'argent & de ſoie.

La plus grande conſommation des taffetas ſe fait pour des habits d'été à l'uſage des femmes, pour des doublures, des écharpes, des coeffes, des houſſes de lits ou de chaiſes, des rideaux de fenêtres, des courte-pointes & autres meubles.

Trois choſes contribuent le plus à la beauté & à la perfection des taffetas, la ſoie, l'eau & le feu: la ſoie non-ſeulement doit être des plus fines & des meilleures qualités, mais il faut encore que les Fabriquans la faſſent long tems & beaucoup manier avant de l'employer. L'eau, outre qu'elle doit être donnée legerement & à propos, ſemble ne produire ce beau luſtre que par une eſpece de proprieté naturelle qui ne ſe trouve pas dans toutes les eaux; & l'opinion commune eſt que c'eſt à celle de la Saone que Lyon doit ce brillant & cet éclat qui diſtingue ſes taffetas, particulierement les noirs de tous les autres, & qu'il n'eſt pas poſſible de bien imiter ailleurs: enfin le feu qu'on fait courir par deſſous pour ſécher l'eau qu'on y a donnée, a encore ſa maniere propre & ſpecifique d'être apliqué, qui fait le moins ou le plus de beauté des taffetas.

On croit un certain Octavio May le premier auteur de la fabrique des taffetas luſtrés de Lyon, d'où elle a paſſé à Tours & dans tous les autres lieux ou du Royaume, ou des pays étrangers, où l'on en fait préſentement. Pour rendre la choſe plus admirable, la Tradition y mêle une avanture dont on peut douter, quoiqu'elle ne paſſe pas la vrai-ſemblance, & que dans le fond elle puiſſe être véritable.

Octavio, dit-on, mal dans ſes affaires, que la fabrique des taffetas tels qu'on les faiſoit alors, n'avoit pû rendre meilleure, rêvoit à ſes malheurs, & mâchoit en révant quelques brins de ſoie qu'il avoit par haſard dans la bouche. Sa rêverie paſſée, la ſoie mâchée qu'il voulut cracher lui parut brillante, & par-là mérita ſon attention. Les reflexions ſuivirent, & après en avoir fait de plus méditées, il conclut que l'éclat de cette ſoie venoit, 1°. De ce qu'elle avoit été preſſée avec les dents. 2°. De ce qu'elle avoit été mouillée de ſa ſalive qui a quelque choſe de gluant: & 3°. De ce qu'elle avoit été échauffée par la chaleur naturelle de ſa bouche où elle étoit reſtée quelque tems. Il executa à peu près tout cela ſur les premiers taffetas qu'il fabriqua, & de là lui vinrent à lui-même des richeſſes immenſes, & à la Ville de Lyon, la réputation qu'elle conſerve encore de donner le luſtre aux taffetas mieux qu'en lieu du monde.

On a crû qu'il ne ſeroit pas moins utile que curieux de mettre ici la deſcription de la machine inventée par Octavio May pour luſtrer ſes taffetas; d'y joindre ſa maniere de leur donner le luſtre & de parler de la compoſition de l'eau dont il ſe ſervoit pour le leur donner.

La machine à luſtrer eſt aſſez ſemblable au métier ſur lequel ſe fabriquent les toiles de ſoie, à la reſerve qu'au lieu de ſe ſervir de pointes de fer il faut y mettre des aiguilles un peu courbées en dehors pour empêcher que le taffetas ne gliſſe. Aux deux extrêmités ſont deux enſubles; ſur l'une ſe roule le taffetas qui doit recevoir le luſtre, & ſur l'autre le même taffetas à meſure qu'il l'a reçu. La premiere enſuble ſe tient ferme par un poids d'environ deux cens livres, & l'autre ſe tourne par le moyen d'un petit lévier paſſé par les mortoiſes qui ſont à un des bouts. Plus le taffetas eſt fortement bandé, plus il prend un beau luſtre; il faut uſer néanmoins de diſcrétion, & voir juſqu'à quel point il peut ſouffrir le bandage.

C'eſt auſſi de l'habileté du donneur de luſtre de proportionner les portées du taffetas qu'il veut luſtrer, à la largeur du taffetas même. Celui de demi-aune porte deux pieds, & celui de cinq huitiémes environ deux pieds & demi.

Outre cette premiere machine pour tenir le taffetas tendu, il en faut une ſeconde pour lui donner le feu. C'eſt une eſpece de brazier de tolle de la forme d'un quarré-long de la largeur du taffetas que l'on veut luſtrer. Ce brazier eſt ſoutenu ſur un pied de bois garni de roulettes, afin de le conduire aiſément ſous le taffetas, dont il doit aprocher environ d'un demi pied. Le charbon dont on ſe ſert pour y entretenir le feu, doit être de bois très ſec & point fumant.

Ces deux machines préparées, & le taffetas monté, on y met le luſtre avec un peloton de lizieres de drap fin, ce qui ſe fait très legerement à meſure qu'il ſe roule d'une enſuble ſur l'autre, le brazier étant en même tems conduit par deſſous pour le ſécher. Auſſi-tôt qu'une piece eſt luſtrée, elle ſe met ſur de nouvelles enſubles pour y être tirée pendant un jour ou deux, & cette derniere façon plus elle eſt réïterée, plus elle augmente l'éclat du luſtre.

Le luſtre pour les taffetas noirs, ſe fait avec de la bierre double & du jus d'orange ou du citron, mais ce dernier y eſt moins propre étant ſujet à blanchir. La proportion de ces deux liqueurs eſt d'un demi-ſeptier de jus d'orange ſur une pinte de bierre, que l'on fait bouillir enſemble un bouillon. Pour les taffetas de couleur on employe de l'eau de courge ou calebaſſe diſtillée dans un alambic.

LES TAFFETAS NOIRS. Quelques noms qu'ils portent, ſont ou étroits ou larges, ou luſtrés ou ſans luſtre. Les blancs & ceux de couleur ont auſſi ou des largeurs, ou des qualités qui les diſtinguent.

TAFFETAS BONNE FEMME noir & large. Ce taffetas eſt d'une qualité ſuperieure à tous les autres taffetas, & ſe nomme Bonne femme, comme par un nom de diſtinction, &, pour ainſi dire, de prééminence. Il n'a point de luſtre, & il s'en fabrique auſſi ſans apprêt. Il s'en fait de differente

rente force qui ne se distingue que par le nombre des portées de soie qui y entrent. Il a cinq huitiémes de large, & se fabrique à Lyon. La piece entiere doit contenir soixante aunes. On en fait des coeffes & des écharpes.

Le Taffetas Bonne-femme, noir, étroit, n'a que demi-aune de large sur même longueur & avec les mêmes qualités que le large, son usage est pour les coëffes.

Taffetas d'Espagne, noir, large. C'est un taffetas lustré, moins fort que la Bonne-femme; aussi les Dames s'en servent-elles plus ordinairement en été qu'en hyver, à cause qu'il est plus leger. Il a les mêmes largeur & longueur que la Bonne-femme large; on l'employe aux mêmes usages, & il se fabrique ordinairement dans la Ville de Lyon.

Taffetas d'Espagne, noir, étroit. Ce taffetas est lustré comme le large, & il s'en fait de même force & qualité. Sa largeur n'a que demi-aune, la longueur de la piece soixante aunes.

Taffetas d'Espagne, blanc, étroit. Il s'appelle Taffetas d'Espagne, parce qu'il a même qualité que l'Espagne noir; il n'est point apprêté & n'a de lustre que le lustre naturel d'une belle soye. On en fait des coeffes d'enfant. Les pieces sont de soixante aunes. C'est aussi à Lyon qu'il se fait.

Taffetas d'Angleterre, noir, large; il se fabrique à Lyon; il est très lustré & très fort, mais l'apprêt qu'on lui donne pour augmenter son éclat & sa force, le rend sec & sujet à se casser. Il s'employe à des coeffes & des écharpes. Les pieces portent cinq huitiémes de large sur soixante aunes de long.

Taffetas d'Angleterre, noir, étroit. Il a les mêmes qualités, les mêmes usages, & les mêmes fabriquans que le large, à la réserve qu'il est plus étroit, n'ayant que demi-aune.

Taffetas d'Angleterre de couleur. Ce taffetas qui se fabrique à Lyon, est très fort, & s'employe ordinairement en habit de femmes, en doublures, en meubles & rideaux. Les pieces ont cinq huitiémes de large sur soixante aunes de long. Il s'en fait de toutes sortes de couleurs, de pleins, de glacés, de rayés; il y en a aussi des mêmes qualités seulement de demi-aune de large, qui servent à faire des habits, mais plus ordinairement des jupons.

Taffetas de Tours, noir, large. Il n'a point de lustre, quoiqu'apprêté. Il s'en fait de differentes forces qui se distinguent par les portées de soye. Sa largeur est de cinq huitiémes, les pieces de soixante aunes, & il s'employe en écharpes & doublures d'habits. Tours, dont il porte le nom, est le lieu de sa fabrique.

Taffetas de Tours, noir, étroit: mêmes qualités que le large; la seule difference est dans la largeur qui n'a que demi-aune; on en consomme peu, n'étant pas propre à tout. C'est aussi à Tours qu'il se fait.

Taffetas de Florence. Il se fait à Lyon; les pieces sont de cinq huitiémes de large & de soixante aunes de long. Il est très mince & d'une qualité médiocre. Les demi-florence valent encore moins; les uns & les autres servent à faire des doublures d'habits de femmes. Il y en a de toutes sortes de couleurs.

Taffetas d'Avignon. C'est un taffetas encore plus mince que le Demi-florence. Il y en a de toutes les couleurs, & même de noir; ce dernier n'est fort que par l'apprêt. Les couleurs dont les pieces ont soixante aunes de long sur cinq huitiémes de large, s'employent en meubles & rideaux, & à quelques doublures d'habits. Il s'en fabrique à Lyon & à Avignon.

Taffetas Armoisin. C'est le moindre de tous les taffetas. Il y a néanmoins des Demi-armoisins qui sont encore plus mauvais. Il s'en fait de toutes les couleurs dont les pieces ont soixante aunes. Ils servent aux mêmes usages que ceux d'Avignon. *Voyez* Armoisin.

Les articles 52 & 53, des trois Reglemens de *1667*, pour les Manufactures de Soye de Paris, Lyon & Tours, reglent les portées & largeurs de toutes ces sortes de taffetas.

Par le premier de ces deux articles, il est ordonné que les taffetas noirs lustrés, & de toutes couleurs, tant à quatre fils, & huit par chaque dent de peigne, qu'au dessus, auront; sçavoir, pour les taffetas à quatre fils, appellés vulgairement Taffetas ordinaires, ceux de demi-aune de largeur quarante-huit portées en chaîne, & ceux de cinq octaves ou demi-aune demi-quart, soixante portées de quatre-vingt fils chacune.

A l'égard des taffetas forts de demi-aune, leur chaîne doit être de soixante portées, & celle des cinq octaves de soixante & quinze. Quant aux noirs qui seront de onze vingt-quatriémes, ils doivent avoir une ou deux lizieres de couleurs differentes à la chaîne, qui aussi-bien que les chaînes de tous les autres taffetas specifiés dans l'article, doivent être d'organsin filé & tordu au moulin, & les trémes doublées & montées pareillement au moulin.

Le 53 article enjoint que tous taffetas figurés à la marche, rayés en long & à travers, mouchetés & nuancés; tapis figurés, & généralement de quelque maniere & couleur qu'on les puisse faire, tant à quatre, cinq, six fils par dent de peigne, qu'au dessus; seront de bonne & pure soye d'onze vingt-quatriémes d'aune entre les lizieres, ou de demi-aune, ou de demi-aune demi-quart, à peine de quatre livres parisis d'amende, & de confiscation.

Taffetas des Indes. Il se fait aux Indes quantité de taffetas, mais tous d'une fabrique assez foible, & peu soyeux. Il y en a d'unis & de façonnés, de rayés d'or & d'argent, de mouchetés, d'autres à chaînettes, d'autres à fleurs & d'autres à carreaux. Les Calquiers sont des taffetas à flammes qu'on nomme ordinairement Point d'Hongrie ou à la Turque. Les taffetas Longuis sont tous à carreaux. Les Arains sont des especes d'Armoisins. *Voyez* Arains *&* Armoisins des Indes. Les Kemeas sont des taffetas à fleurs de soye. Les longueurs sont de quatre aunes & demi, de cinq & demi, de sept & demi, de huit, de onze & de vingt-cinq sur differentes largeurs, depuis deux tiers jusqu'à sept huitiémes.

Taffetas d'Herbe *ou* d'Aredas. C'est une espece de taffetas d'une qualité assez commune, qui se fabrique aussi aux Indes, avec une sorte de soye ou fil doux & lustré que l'on tire de certaines herbes. Ce taffetas se nomme simplement Herbe. Les pieces ont huit aunes de long sur trois quarts ou cinq sixiémes de large.

Taffetas de la Chine. Il y en a de toutes sortes & de toutes couleurs, de larges, d'étroits, de rayés, à fleurs de soye & à fleurs d'or. Il y en a même que les Commis de la Compagnie de la Chine appellent dans leurs Factures, Taffetas d'Angleterre, & d'autres Gros de Tours, à cause, sans doute, de quelque ressemblance qu'ils ont crû remarquer entre ces sortes d'étoffes; les pieces de Gros de Tours portent dix-huit aunes, celles des taffetas à fleurs d'or six aunes & demi, & les taffetas de couleurs onze aunes & demi.

TAFFETAS A FAILLES. C'est une sorte d'étoffe de soye à gros grain, en maniere de Gros de Tours, qui sert à faire des écharpes de femmes, que l'on appelle en Flandres Failles. Cette étoffe qui se fabrique ordinairement à Bruges, a une aune de large mesure de Paris; il s'en fait de double & de simple. Le négoce en est assez considérable en Flandres, particulierement à Dunkerque où il s'en fait un grand débit.

TAFFETAS CIRE'. C'est un taffetas enduit de cire liquide, dont la fabrique est presque en tout semblable à celle de la toile cirée. Il sert à faire des parapluies & des parasols, des capes ou capotes, & quelques autres pareils ouvrages. *V.* TOILE CIRE'E.

Les Taffetas avec l'or & argent fin payent en France les droits d'entrée comme draps de soye avec or & argent; c'est-à-dire, 6 l. de la livre pesant, & s'ils sont sans or & argent 3 l. conformément au Tarif de 1664.

S'ils viennent de la Flandre Autrichienne, & qu'ils entrent dans les Pays cedés & conquis, ils payent 20 livres de la livre, suivant l'Arrêt du 23 Novembre 1688.

Les droits de la Douane de Lyon sont, sçavoir;

Les Taffetas avec or & argent 2 liv. 6 s. de la livre pour tous droits.

Les Taffetas de Florence, Boulogne & Naples, 1 liv. 5 sols.

Les Taffetas de Milan 24 s.

Les Taffetas de Lucques 22 s. 6 d.

Les Taffetas de soye rouge cramoisi de Venise, Florence, Milan, Naples & Lucque, 2 l. 17 s.

Les Taffetas violets ou incarnats cramoisi, 2 livres 9 sols.

Les Taffetas de Tours ordinaires, 10 s.

Les Taffetas de Tours cramoisi, 16 s.

Les Taffetas à feuillages d'or, de France, 20 s.

Les Taffetas de France rayés d'argent, 15 s.

Les Taffetas de Gennes & Armoisin, 1 l. 6 s. de la livre, & 30 s. la piece pour les mandemens.

Les Taffetas de Geneve & Avignon, 1 l. 6 s. aussi de la livre.

Enfin le Taffetas ciré, 6 sols. Tous ces droits se payent à raison de la livre pesant.

Les Taffetas payent les droits de sortie, conformément au Tarif de 1664; sçavoir, ceux qui sont mêlés d'or & d'argent fin, 2 liv. & ceux qui sont sans or & argent, 14 s. la livre.

COMMERCE ET PRIX DES TAFFETAS A AMSTERDAM.

Il ne se vend gueres de taffetas à Amsterdam que de ceux de Bologne & de Florence, & des armoisins de Lucque & des Indes. On peut voir ce qu'on a dit des Armoisins à leur article.

Les taffetas de Bologne & de Florence se vendent à l'aune à 18 mois de rabat, la déduction pour le prompt payement est de deux pour cent.

Le prix de ceux de Boulogne est de 21 à 23 sols de gros l'aune.

Le prix de ceux de Florence est different suivant leur largeur.

Celui de $\frac{4}{4}$ de large coute depuis 33 jusqu'à 38 s. de gros.

L'armoisin noire de Florence à la Genoise, de 8 brasses à la livre de $\frac{4}{4}$ de large, 8 s. $\frac{1}{4}$ à 9 s. $\frac{1}{4}$ de gros.

Le même de 9 brasses à la livre de $\frac{4}{4}$ de large, depuis 8 s. $\frac{1}{4}$ jusqu'à 8 s. $\frac{1}{2}$ de gros.

Le même de 10 brasses à la livre de $\frac{4}{4}$ de large, 33 à 36 sols de gros l'aune.

Droits d'entrée & de sortie que les taffetas payent en Hollande.

Les taffetas ou armoisins de 2 $\frac{1}{4}$ quarts de large la piece, payent 6 s. d'entrée & autant pour la sortie, avec un sol d'augmentation s'ils entrent ou sortent par l'Est, l'Orisont ou le Belt.

Les taffetas à corde de Boulogne, ou de Florence & Massegrave, doubles ou ordinaires, la piece 2 flor. d'entrée, & 1 flor. de sortie, avec une augmentation de deux sols.

TAFFIA. Les Négres des Isles Antilles nomment ainsi l'eau-de-vie de Cannes; c'est-à-dire, celle qui se fait avec les écumes & les gros syrops du sucre. Les François l'appellent Guildive. *Voyez* SUCRE *à la fin de l'article où il est parlé des Eaux-de-vie de Cannes.*

Cette eau-de-vie est une des boissons des plus en usage dans les Isles & le continent de l'Amerique: aux Isles les Sauvages, les Négres, les petits habitans & les gens de métier n'en cherchent pas d'autres, il suffit pour eux qu'elle soit forte, violente & à bon marché, & ils ne se mettent pas en peine qu'elle soit rude & désagréable.

On en porte quantité aux Espagnols de la Côte de Caras, de Cartagene, des Honduras & des grandes Isles, où l'on ne met gueres de difference entr'elles & l'eau-de-vie de vin, pourvû qu'elle soit pour ainsi dire masquée, & qu'elle soit dans des bouteilles de verre d'Angleterre, bien bouchées & liées avec un fil d'archal, ou dans des cannevettes de Hollande de dix ou douze flacons.

Les Anglois en consomment aussi beaucoup, & ne sont gueres plus délicats que les Espagnols.

TAFFOUSSA ou TAFOUSI. Drogue médecinale que l'on trouve dans les Royaumes de Camboya & de Siam. Les Chinois & quelques autres peuples des Indes Orientales en font grand cas, & elle est une des principales marchandises qui font ordinairement la cargaison de leurs vaisseaux lorsqu'ils reviennent de Camboya & de Siam.

TAI

TAILLANDERIE. Ouvrages que font les Taillandiers. On appelle aussi Taillanderie l'art de fabriquer tous ces ouvrages.

L'on peut réduire à quatre classes les ouvrages de Taillanderie; sçavoir, les œuvres blanches, la Vrillerie, la Grosserie, & les ouvrages de Fer blanc & noir.

Les œuvres blanches sont proprement les gros ouvrages de fer tranchans & coupans qui se blanchissent, ou plutôt qui s'éguisent sur la meule, comme les coignées, besigues, ébauchoirs, cizeaux, terriers, essettes, tarrots, planes, haches, doloires, arrondissoirs, grandes scies, grands couteaux, serpes, bêches, ratissoires, couperets, faux, faucilles, houes, hoyaux, & autres tels outils & instrumens servant aux Charpentiers, Charrons, Menuisiers, Tourneurs, Tonneliers, Jardiniers, Bouchers, Pâtissiers, &c. On met aussi dans cette premiere classe les griffons & outils des Tireurs d'or & d'argent, & les marteaux & enclumes pour Potiers d'Etain, Orfévres & Batteurs de Paillettes.

La classe de la Vrillerie, ainsi nommée des Vrilles, petits instrumens qui servent à faire des trous dans le bois, comprend tous les menus ouvrages & outils de fer & d'acier qui servent aux Orfévres, Graveurs, Chauderonniers, Armuriers, Sculpteurs, Tabletiers, Potiers d'Etain, Tourneurs, Tonneliers, Libraires, Epingliers & Menuisiers; tels que sont toutes sortes de limes, fouillieres, tarots, foirets, cizeaux, cizailles, poinçons, tous les outils servans à la Monnoye, enclumes, enclumeaux, bigorneaux, burins, étaux, tenailles à vis, marteaux, gouges de toutes façons, terriers, villebrequins, vrilles, vrillettes, persoirs à vin, tire-fonds, marteaux à ardoises, fers de rabot, fermoirs, essettes, cizeaux en bois & en pierre, & quantité d'autres dont à peine les noms & les usages sont connus à d'autres qu'à ceux des professions qui les font & qui s'en servent.

Dans la classe de la Grosserie sont tous les plus gros ouvrages de fer, qui servent particulierement dans le ménage de la cuisine, quoiqu'il y en ait aussi à d'autres usages: voici les principaux Toutes sortes de cremaillieres communes ou à trois barres, des sommiers, des hastiers, des poêles, poêlons, lichefrites, marmites, chaînes & chaînons de cuisines, chapelles pour l'armée, grands & petits tripiers, pelles & broches de toutes especes, chenets de fer, pincettes, feux de cuisines & de chambres, chevrettes de fer carré & fondu, tenailles à feu, fourneaux à distiller & faire confitures, réchaux de fer, scies, fourches à fumier, truelles, essieux de fer, battans de cloches, fléaux, ferrures de canons, de moulins, de batteaux, de presses: & enfin toutes les montures de fer qui sont nécessaires aux ustanciles de cuivre servant au ménage; comme chauderons, platines, marmites, &c. C'est aussi dans la grosserie qu'on met les pilliers de boutiques, les masses, pinces, marteaux & pinsoirs & couperets à Paveurs, les coins à bois & à Carriers, les valets & sergens des Menuisiers, les crocs à puits & à fumiers, toutes les especes de têtus, marteaux & desseintroirs des Maçons, Limousins & Tailleurs de pierres, les fers des poulies & autres semblables.

Enfin la quatriéme classe comprend tous les ouvrages qui se peuvent fabriquer en fer blanc & noir par les Taillandiers Ferblantiers; comme des plats, assiettes, flambeaux, aiguieres & autres meubles pour le service de la table & de la chambre, lanternes, antonnoirs, rappes, lampes, boëtes à rasoirs, garde-vûe, gardevent, girouettes, tourtiers pour Pâtissiers, moules pour Chandelliers, plaques de tolle, chandeliers d'écurie & quantité d'autres.

Tous ces differens ouvrages de grosse & menue Taillanderie se peuvent faire également par tous les Maîtres Taillandiers de Paris. Mais comme on le dira dans l'article suivant, ils forment, pour ainsi dire, quatre sortes de métiers dans la même Communauté.

La Taillanderie est comprise dans ce qu'on appelle Quinquaille ou Quinquaillerie, qui fait une des principales parties du négoce de la Mercerie. *Voyez* QUINQUAILLE.

TAILLANDIER, Artisan qui travaille aux ouvrages de Taillanderie.

La Communauté des Taillandiers de Paris est très considérable, & l'on peut dire qu'il y a en quelque sorte quatre Communautés réunies en une seule.

Les Maîtres de cette Communauté sont qualifiés Taillandiers, Travaillans en œuvres blanches, Grossiers, Vrilliers, Tailleurs de limes & Ouvriers en fer blanc & noir. La qualité de Taillandier est commune à tous les Maîtres, les autres qualités sans diviser la Communauté, se partagent entre quatre especes d'Ouvriers qui sont les Taillandiers travaillans en œuvre blanche; les Taillandiers Grossiers; les Taillandiers-Vrilliers-Tailleurs de limes; & les Taillandiers-Ouvriers en fer blanc & noir. *Voyez l'article précedent où il est traité des ouvrages de ces quatre sortes de Taillandiers.*

Les Statuts des uns & des autres sont les mêmes à proportion de ce qui peut être propre à chacun d'eux, dont il est traité dans des articles particuliers. Ils furent réformés, ou plutôt il en fut dressé de nouveaux en 1572 en conséquence de la Déclaration de Charles IX. concernant la Jurande donnée peu de tems auparavant.

Quelque omission ayant été faite dans les premieres Lettres Patentes, les Taillandiers en obtinrent d'autres le 9 Janvier 1573 du même Roi, & encore de troisiémes de Henry III. en 1575, enregistrées au Châtelet & au Parlement la même année.

Ce sont ces Reglemens qui s'observent encore à l'exception d'un seul article concernant les Apprentifs, qui fut ajouté dans les Lettres de confirmation obtenues de Louis XIII. en 1642, & de ce qui peut être arrivé de changement sous le regne de Louis XIV. par rapport à l'augmentation des droits, à cause de l'union & incorporation faite à la Communauté au mois d'Avril 1691 pour les charges de Jurés en titre d'Office, en l'année 1694 de celles d'Auditeurs des Comptes, & en l'année 1704 des Offices de Trésoriers-Receveurs des deniers communs.

Quatre Jurés gouvernent la Communauté, veillent à l'observation des Reglemens, font les visites, donnent les chef-d'œuvres & reçoivent à l'apprentissage & à la maîtrise.

Deux des Jurés sont élûs tous les ans, en sorte néanmoins qu'il y en ait toujours un de chacune des quatre sortes de Taillandiers qui composent tout le Corps.

Les Apprentifs doivent être jeunes, non mariés, & obligés par brevet au moins pour cinq ans. Aucun Maître n'a droit d'avoir un Apprentif qu'après trois ans de Maîtrise, & n'en peut avoir qu'un à la fois; il est permis néanmoins d'en avoir un second dans la quatriéme année du premier.

Le chef-d'œuvre se donne à ceux qui en sont tenus par les quatre Jurés & par huit Bacheliers, dont deux doivent être chacun des Métiers de la taillanderie. A l'égard du chef-d'œuvre il doit être des ouvrages dont l'Aspirant a fait apprentissage.

Le Fils de Maître ne doit ni chef-d'œuvre ni expérience ; l'Apprentif qui épouse une fille de Maître jouit de la même franchise ; & si c'est un Compagnon de dehors, pourvû qu'il ait servi trois ans à Paris, il n'est tenu que de l'expérience. Un Fils de Maître, soit dans la boutique de son pere, soit chez un autre, ne tient point lieu d'Apprentif.

Les Veuves jouissent de tous les privileges hors de celui de donner des brevets d'apprentissage.

Les visites pour lesquelles il est dû des droits aux Jurés sont fixées à quatre par an, au-delà la visite est libre, mais il ne se paye rien. La marchandise Foraine est sujette à être visitée.

Tous les Maîtres doivent avoir un poinçon pour marquer leurs ouvrages ; ceux qui se forgent se marquent à chaud, les autres seulement à froid. De cette derniere sorte sont seulement ceux des Taillandiers Ouvriers en fer blanc & noir.

Enfin quoique ces quatre especes d'Ouvriers semblent n'avoir gueres de rapport ensemble pour leurs ouvrages, il leur est néanmoins permis à chacun d'eux de travailler à tout ce qui se peut fabriquer dans les quatre Métiers.

TAILLE. Incision qui se fait sur les métaux ou sur d'autres matieres, particulierement sur le cuivre, l'acier & le bois, par les Ouvriers qu'on appelle Graveurs.

TAILLE DOUCE. Se dit des estampes dont la gravûre se fait avec le burin sur des planches de cuivre ; & Taille de bois, de celles qui sont gravées sur le bois. *Voyez* GRAVEURE, GRAVEURS & IMPRIMEURS EN TAILLE DOUCE.

Les Sculpteurs & Fondeurs appellent Basses-Tailles les ouvrages qui ne sont pas de plein rond de bosse ; on les nomme autrement Bas-Reliefs. *Voyez* SCULPTEUR & FONDEUR.

TAILLE. Se dit aussi de la gravûre des poinçons & quarrés qui servent pour frapper les diverses especes de monnoyes, d'où les Ouvriers qui y travaillent sont appellés Tailleurs. *Voyez* TAILLEURS & GRAVEURS.

TAILLE. Se dit encore des diverses figures & facettes que les Lapidaires donnent aux diamans & autres pierres précieuses, en les sciant, les limant & les faisant passer sur la roue. *Voyez* LAPIDAIRE & DIAMANTAIRE.

TAILLE. Signifie quelquefois un bois tailli & quelquefois la coupe que les Bucherons en font. *V.* BOIS.

TAILLE. Chez les Marchands en détail est un morceau de bois sur lequel ils marquent par des hoches ou petites incisions la quantité de marchandises qu'ils vendent à crédit à leurs divers chalans, ce qui leur épargne le tems qu'il faudroit employer à porter sur un livre tant de petites parties. Chaque Taille est composée de deux morceaux de bois blanc & leger, ou plutôt d'un seul fendu en deux dans toute sa longueur, à la réserve de deux ou trois doigts de l'un des bouts ; la plus longue partie qui reste au Marchand se nomme la Souche, l'autre qu'on donne à l'Acheteur s'appelle l'Echantillon. Quand on veut tailler les marchandises livrées on rejoint les deux parties, en sorte que les incisions se font également sur toutes les deux ; il faut aussi les rejoindre quand on veut arrêter de compte. L'on ajoute foi aux Tailles représentées en Justice, & elles tiennent lieu de parties arrêtées.

TAILLE. On nomme Taille dans la fabrique & le commerce des peignes à peigner les cheveux, la difference qui se trouve dans leur longueur, & ce qui sert à en distinguer les numeros. Chaque Taille est environ de six lignes qui ne commencent à se compter que depuis les oreilles, c'est-à dire, entre les grosses dents que les peignes ont aux deux extrémités. *Voyez* PEIGNE.

TAILLE, en fait de Monnoyes. C'est la quantité d'especes que le Prince ordonne être faites d'un marc d'or, d'argent ou de cuivre, ce qui fait proprement le poids de chaque piece. On dit que des especes sont de tant à la taille, pour signifier qu'on en fait une certaine quantité au marc. Ainsi l'on dit que les Louis d'or sont à la taille de trente-six pieces, & les Louis d'argent ou écus à la taille de huit pieces, lorsqu'on fait trente-six Louis d'or d'un marc d'or, & huit écus d'un marc d'argent.

La taille des especes a de tout tems été reglée sur le poids principal de chaque Nation, comme de la livre chez les Romains qui étoit de douze onces ; en France la taille se fait au poids de marc qui est de huit onces : c'est aussi au marc que se fait la taille de la monnoye en Angleterre, en Allemagne & dans quantité d'autres Etats, ce qui s'entend selon que le marc est plus fort ou plus foible dans tous ces endroits. *Voyez* MONNOYE & MONNOYAGE.

TAILLE-MECHES. Instrument avec lequel les Ciriers coupent de longueur les meches qu'ils employent aux bougies de table. C'est la même chose que le couteau à meche des chandeliers. *Voyez* cet article.

TAILLER. Couper, diviser, façonner, faire des entailles. On dit dans toutes ces significations :

TAILLER du marbre, de la pierre, du bois, &c.

TAILLER des diamans, des rubis, des saphirs, des émeraudes, &c.

TAILLER de la besogne, des meubles, des habits, des rabats, &c. & ainsi du reste.

TAILLER LA FRISQUETTE. Terme d'Imprimerie. C'est découper le morceau de parchemin qui couvre la frisquette ; pour que la forme ne porte que sur les endroits qui doivent être imprimés dans les feuilles qu'on tire. *Voyez* IMPRIMERIE.

TAILLER le pain, le vin, ou les autres denrées ou marchandises qu'on vend ou qu'on prend à crédit. C'est faire des entailles sur un double morceau de bois, dont l'un est pour le Vendeur & l'autre pour l'Acheteur, afin de se souvenir des choses qu'on livre ou qu'on reçoit, ce qui sert comme une espece de livre journal. On appelle une Taille les deux morceaux sur lesquels se font ces hoches ou entailles. *Voyez ci-dessus* TAILLE.

TAILLER. Terme de monnoyes. C'est faire d'un marc d'or, d'argent ou de cuivre, la juste quantité des especes qui sont ordonnées dans les Reglemens sur le fait des monnoyes. Il y a dans chaque Monnoye des Ouvriers & Ouvrieres [ces dernieres s'appellent plus ordinairement Tailleresses] qui taillent & coupent les flaons ou flans, c'est-à-dire, les morceaux d'or, d'argent, ou de cuivre destinés à être frappés, & qui les liment & les ajustent au juste poids des especes. *Voyez* OUVRIERS *&* TAILLERESSES.

TAILLER LA BOUGIE : c'est en couper le bout d'en bas avec des forces après qu'elle a été roulée pour la derniere fois : on dit aussi, Faire le pied de la bougie.

TAILLERESSES, qu'on nomme aussi Ouvrieres. Ce sont les femmes ou les filles des Ouvriers & Monnoyers, qui travaillent avec eux à tailler les flaons dans les Hôtels des Monnoyes, & qui les coupant & limant avec des rapes qu'on nomme Escouennes les réduisent au poids des deneraux sur lesquels les especes doivent être fabriquées. *Voyez* OUVRIERS. *Voyez aussi* MONNOYAGE.

TAILLETTE. C'est une des especes d'ardoise que l'on taille sur les carrieres d'Anjou. *Voyez* ARDOISE.

TAILLEUR. Celui qui taille, qui façonne, qui découpe quelque chose.

TAILLEUR, en terme de Monnoye. Est celui qui grave les poinçons & les quarrés des monnoyes qui servent à frapper & fabriquer les especes d'or, d'argent ou de cuivre.

Ceux qui font les poinçons & les quarrés pour les médailles & les jettons, quoiqu'ils soient de la même profession & souvent employés pour les Hôtels des Monnoyes, ne s'appellent que Graveurs & non pas Tailleurs, ce nom étant propre aux Graveurs en titre d'Offices, créés, comme on le va dire, pour fournir tous les Hôtels des Monnoyes de France des quarrés & des poinçons qui y sont nécessaires.

N'y ayant aucune difference entre la taille des poinçons, des matrices & des quarrés pour la fabrique des especes, & celle pour les médailles & les jettons, & les uns & les autres se gravant de la même maniere & avec les mêmes outils, soit en relief soit en creux, on ne repetera rien ici de ce qu'on a dit de cette gravûre dans un autre article de ce Dictionnaire. *Voyez* GRAVEUR SUR ACIER.

Il y a en France un Tailleur général des Monnoyes & plusieurs Tailleurs particuliers. On parlera des fonctions de ces derniers après qu'on aura dit quelque chose du Tailleur Général.

TAILLEUR GE'NE'RAL DES MONNOYES. C'est celui à qui il appartient seul de graver & tailler les poinçons & matrices sur lesquelles les Tailleurs particuliers doivent frapper & graver les quarrés qui doivent servir à la fabrique des especes dans les Hôtels des Monnoyes, où suivant leur Office ils sont attachés.

Cet Officier Graveur, le premier & comme le chef de tous les autres Tailleurs, fut créé en 1547; il doit faire sa résidence en la Ville de Paris pour être comme au centre de tous les Hôtels des Monnoyes du Royaume, afin que les Tailleurs particuliers puissent sçavoir où & comment s'adresser à lui pour être fournis de poinçons d'effigie & de matrices de croix & d'écussons.

C'est à lui d'en fournir aux Tailleurs particuliers à tems & en telle quantité qu'il en est besoin, ensorte que [comme portent les Ordonnances de 1549 & 1554] ils ne chaument pas après lui, à peine de suspension & de privation de son état.

Il est tenu de mettre aux ouvrages que les Tailleurs particuliers reçoivent de lui, son different & le millesime de l'année en laquelle il les a taillés.

Enfin il lui est défendu sous peine de punition corporelle, privation & suspension de son Office, suivant l'exigence des cas, de délivrer les poinçons d'effigie & les matrices d'écusson & de croix, autrement qu'en plein Bureau de la Cour des Monnoyes, de laquelle délivrance doit être fait registre par le Greffier dont le Tailleur Général est obligé de retirer acte.

TAILLEUR PARTICULIER DES MONNOYES. C'est un Tailleur ou Graveur attaché par son Office à l'un des Hôtels des Monnoyes qui sont établis dans quelques Villes du Royaume, pour tailler & graver sur les poinçons du Tailleur Général les quarrés nécessaires ausdites Monnoyes.

Les mêmes Ordonnances dont on a parlé cidessus, & encore celle de 1586 ayant défendu à tous Maîtres des Monnoyes de fabriquer aucunes especes sur d'autres quarrés que ceux qui auront été fabriqués des poinçons d'effigie, de croix & d'écusson du Tailleur Général, enjoignent en conséquence aux Tailleurs particuliers d'en recouvrer de lui quand ils en ont besoin.

Les poinçons & matrices leur ayant été délivrés, ils sont tenus de ne travailler autre part que dans les Hôtels des Monnoyes, & encore seulement dans le lieu qui leur y a été marqué.

Tous les quarrés à Monnoyes qu'ils font, doivent sous peine de faux être frappés avec les poinçons d'effigie du Tailleur Général & avec les poinçons qui ont été tirés des matrices de croix & d'écusson du même Tailleur Général.

Les quarrés qu'ils gravent doivent être bien polis & bien gravés, les lettres de la légende y être assises d'une même distance, & les différens des Villes, des Maîtres & du Tailleur particulier bien apparens.

Outre les différens de chaque Tailleur particulier qui doivent être mis au dedans de la légende, aussi-bien que l'année pour laquelle les quarrés ont été taillés, il doit y avoir un autre différent au coin des quarrés que le Tailleur par qui lesdits quarrés ont été gravés, est tenu de déclarer aux Gardes pour en faire registre.

Il leur est défendu à peine de faux de changer la forme établie de tailler & graver les quarrés, desquels ils doivent toujours tenir les Hôtels des Monnoyes suffisamment garnis, afin qu'ils ne chaument pas faute d'iceux.

Enfin ils sont obligés de délivrer aux Gardes tous les fers qu'ils font, c'est-à-dire, tous les quarrés qu'ils gravent, de tenir registre de leur délivrance, lequel pour leur décharge doit être signé desdits Gardes ; d'assister aux délivrances qu'ils en font aux Monnoyes, & de les signer pour la conservation de leur droit de Ferrage.

Ce droit est de seize deniers par marc d'or & de huit par marc d'argent, à la charge de fournir les fers nécessaires pour monnoyer les especes. *Voyez* MONNOYAGE, CARREZ, MATRICES, POINÇONS, FERRAGE, *&c.*

TAILLEUR D'ARMES SUR ESTAIN. C'est la qualité que les Maîtres Potiers d'Estain de la Ville & Fauxbourgs de Paris prennent dans leurs lettres de maîtrise, à cause de la faculté & du droit qu'ils ont de graver & armorier toutes sortes de marchandises & ouvrages d'étain qu'ils fabriquent & qu'ils vendent. *V.* POTIER D'ESTAIN.

TAILLEUR D'IMAGES SUR YVOIRE. Les Statuts des Peigniers, Tablettiers de Paris donnent cette qualité aux Maîtres de cette Communauté, à cause qu'il leur est permis de faire & de vendre des crucifix d'yvoire. *Voyez* Peignier.

Tailleur de Limes. Ce sont les mêmes que parmi les Maîtres Taillandiers de la Communauté de Paris, on nomme Taillandiers Vrilliers. Ils ont le nom de Tailleur de limes, parce qu'entre autres ouvrages ils taillent & coupent les limes d'acier de diverses hachures avant que de les tremper. On les appelle Vrilliers, parce que les vrilles petits outils de Menuisiers sont du nombre de ceux qu'ils fabriquent. *Voyez* Taillandiers. *Voyez aussi* Limes.

Tailleur de diamans, rubis, saphirs & autres pierres précieuses. *Voyez* Lapidaire *&* Diamantaire.

Tailleur d'Habits. Celui qui taille, coud, fait & vend des vêtemens & habits pour hommes & pour femmes.

Les Maîtres Marchands Tailleurs d'habits & les Maîtres Marchands Pourpointiers faisoient autrefois à Paris deux Communautés differentes, qui avoient chacune leurs Statuts & Ordonnances; l'union des deux Communautés ayant été faite en 1655. sous le nom des Maîtres Marchands Tailleurs d'habits & Pourpointiers, il fut dressé de nouveaux Statuts qui ayant été approuvés par le Lieutenant Civil & Procureur du Roi au Châtelet le 22 Mai 1660, le Roi Louis XIV. les confirma par ses Lettres Patentes des mêmes mois & an, enregistrées au Parlement le 22 aussi du même mois. La lecture & l'acceptation s'en fit dans une Assemblée tenue à la Trinité le 23 Décembre ensuivant en présence du Procureur du Roi qui en dressa & délivra l'acte.

Ces Statuts & Ordonnances contiennent 30 articles dont les principaux sont.

Le premier qui ordonne par chacun an l'élection de deux Jurés Maîtres & Gardes de ladite Communauté la veille de la Fête de la sainte Trinité en présence du Procureur du Roi, pour avec les deux qui resteront en charge & les anciens Bacheliers d'icelle, la regir & gouverner.

Le deuxiéme abolit les deux anciennes Communautés conformément aux contrats passés entre elles le 28 Juillet 1655, & les Sentences & Arrêts des mois de Septembre & Décembre de la même année, & des deux Communautés réunies n'en fait plus qu'une seule.

Le 3. défend à tous Marchands Grossiers, Jouailliers, Quincailliers, Privilegiés, Drapiers, Brodeurs, Découpeurs, Fripiers, Bourciers, &c. qui ne seront reçus Maîtres Tailleurs, de faire ni vendre aucun habit fait d'étoffe neuve ou de façon neuve.

Le sixiéme parle des Apprentifs dont chaque Maître ne peut avoir qu'un seul à la fois, & du tems de l'apprentissage qui n'est que de trois ans, après lesquels les apprentifs seront tenus encore de servir trois autres années chez les Maîtres.

Le septiéme est de la reception à la maîtrise, à laquelle dix Apprentifs seulement pourront être reçus par chacun an, & après avoir fait chef-d'œuvre.

Le dix-septiéme regle les exemptions des Tailleurs Privilegiés & suivant la Cour.

Les visites sont données & reglées à un jour par semaine dans le 20, 21 & 22, & il y est marqué comment & par qui elles seront faites.

Enfin par le trentiéme la Communauté des Maîtres Marchands Tailleurs Pourpointiers sont déchargés de toutes receptions de nouveaux Maîtres pour naissances & Batêmes de Dauphins, avenemens à la Couronne & autres occasions pour lesquelles les autres Corps & Communautés de la Ville de Paris sont tenus suivant l'usage d'en recevoir.

Tailleur-Graveur sur Métail. On le dit des Maîtres d'une des Communautés des Arts & Métiers de la Ville de Paris, à qui il appartient exclusivement à tous autres de graver sur l'or, l'argent, le cuivre, le leton, le fer, l'acier & l'étain, tous sceaux, cachets, poinçons pour divers Ouvriers, armoiries, chiffres, &c. soit en creux, soit en relief.

Cette Communauté ne raporte point de Lettres Patentes d'érection en Corps de Jurande avant le Regne de Louis XIII. & dans les Lettres Patentes de Louis XIV. du mois de Juin 1660, il n'en est point rappellé de plus anciennes que celles données à Fontainebleau au mois de Mai 1631, enregistrées en la Cour des Monnoyes le 12 Août 1632; quoiqu'à la verité il y soit fait mention en général d'autres Statuts & Ordonnances donnés d'antiquité, & confirmés de Regne en Regne par les Rois.

Bien que les Lettres de 1660, vérifiées en Parlement au mois de Mai 1662, ne portent que confirmation des anciens Reglemens, il paroît néanmoins que ceux qui y sont ratifiés & confirmés, avoient été de nouveau dressés & compilés par les Maîtres qui pour lors composoient cette Communauté.

Ils se fixent eux-mêmes au nombre de vingt Maîtres, qui ne pourra être à l'avenir augmenté, mais dont les places vacantes par mort seront remplies par les anciens Apprentifs; & par préférence aux Etrangers, par les Fils de Maîtres qui auront fait leur apprentissage, ou servi chez leurs peres.

L'apprentissage est de six ans entiers & consecutifs. Le brevet de ceux qui s'obligent doit être enregistré à la Cour des Monnoyes; & après l'apprentissage l'Apprentif est encore obligé de servir chez les Maîtres pendant deux autres années.

Les Fils de Maîtres n'ont d'exemption que des deux années de service & du chef-d'œuvre; & tout leur privilege d'ailleurs n'est que la préférence à la Maîtrise dont on vient de parler, & la permission de faire leurs six ans d'apprentissage chez leurs peres.

Lorsque le Fils de Maître est devenu en âge d'apprendre la profession, son pere doit déclarer s'il veut qu'il suive le métier de Graveur: s'il l'y destine, il ne peut plus prendre d'autre Apprentif pendant six années, son fils lui en tenant lieu: si au contraire il fait sa déclaration qu'il le destine à autre chose, il peut bien obliger un Apprentif, mais son fils ne peut plus rien prétendre à la Maîtrise.

La Fille de Maître qui épouse un Apprentif, l'affranchit des deux années de service qui suivent l'apprentissage, & lui donne la préférence à tous pour les places vacantes.

Les Veuves pendant leur veuvage jouissent des Privileges de la Communauté, même peuvent continuer l'Apprentif commencé, s'il y a plus de deux ans qu'il soit obligé ; autrement il est loisible à l'Apprentif de se retirer, & de demander aux Jurés un autre Maître pour achever son apprentissage.

Chaque Maître ne peut avoir qu'une seule boutique ouverte : il ne peut vendre ailleurs ni exposer en vente les sceaux & les cachets qu'il grave : il ne lui est pas non plus permis d'en vendre aux Marchands Merciers, Jouailliers & autres pour en faire revente ; & il leur est défendu de faire graver en chambre par des Compagnons étrangers, le tout sous peine d'amende & de confiscation, à cause des faussetés qui en peuvent arriver.

Les Maîtres ont la liberté de fondre & aprêter les métaux pour faire leurs sceaux & cachets, même l'or & l'argent ; comme aussi de faire leurs modéles en cire, en bois ou en plomb ; n'étant même sujets pour les malversations & abus qui s'y peuvent commettre, qu'à la visite de leurs propres Jurés.

Il n'appartient qu'aux Maîtres de tenir chez eux des alphabets à droit, servant à la gravûre des cachets, non plus que des fleurs de lys couronnées, des écussons & autres outils & poinçons propres au métier, à cause de l'abus qu'on en peut faire contre la sûreté publique.

Enfin pour veiller à l'execution de ces Statuts & Reglemens, la Communauté a deux Maîtres & Gardes ou Jurés, dont l'un sort de Charge chaque année, & un autre est élû en sa place le lendemain de la S. Eloy, en présence du Procureur ou de l'Avocat Général du Roi en la Cour des Monnoyes.

C'est aux Maîtres & Gardes à faire les visitations de deux mois en deux mois, en vertu néanmoins d'une Commission de la Cour des Monnoyes ; & c'est aussi à eux seuls qu'il appartient de faire les raports en Justice dans les cas de falsification de cachets & sceaux, ou de rupture de scellé, à moins que les parties ne conviennent de quelques autres Maîtres avec eux.

Les Jurés créés en titre d'Office par l'Edit de 1691, furent incorporés à la Communauté des Maîtres Tailleurs-Graveurs sur métail, en vertu de Lettres Patentes du 3 Juillet 1692, comme aussi dans la suite les Auditeurs des comptes créés en 1694, & autres tels Officiers créés à cause des besoins de l'Etat dans les dernieres années du Regne de Louis XIV.

Il ne sera pas hors de propos de remarquer ici que le Roi dans les Lettres Patentes portant confirmation des nouveaux Statuts des Tailleurs & Graveurs en métail, déclare, Qu'il n'entend point y comprendre les Graveurs en taille-douce sur planches, soit au burin, soit à l'eau-forte, ni en telle autre maniere que ce soit, désirant qu'il n'y ait aucune Maîtrise dudit art, conformément à l'Arrêt du Conseil du 26 Mai de la même année 1660. *V.* GRAVEUR EN TAILLE-DOUCE.

TAILLEUR DE PIERRE. Ouvrier qui taille & coupe la pierre quand elle a été tirée de la carriere, & qui la dresse & façonne après que l'Appareilleur la lui a tracée, ou qu'il l'a tracée luimême sur les desseins, cartons & panneaux qu'on lui en fournit. *Voyez* MAÇON.

TAILLEUR DE SEL. On nomme ainsi à Bourdeaux & dans toute la direction, des Commis préposés à la mesure & visite des sels qui y arrivent.

Ils sont à Bourdeaux au nombre de deux, dans les autres ports il n'y en a ordinairement qu'un.

Leurs fonctions consistent à voir mesurer les sels qui sont dans les barques, qui se tiennent au devant du port de cette Ville ; & d'en prendre le compte, soit qu'ils soient destinés pour entrer en Ville, ou qu'ils soient déchargés dans des batteaux, pour être transportés au dehors, ce qu'on nomme Tailler au large.

Comme ces deux Tailleurs travaillent séparément, ils sont obligés de tenir chacun deux Registres séparés de leur exercice.

Le premier de ces Registres sert à enregistrer la quantité de sel qui est mesuré pour entrer dans la Ville de Bourdeaux, pour le compte des Marchands d'icelle.

Dans le second on enregistre les sels qui sont mesurés & mis d'abord dans des batteaux destinés pour passer au-delà de Bourdeaux, dont le droit d'entrée & d'issue se paye en même tems.

Les fonctions des Tailleurs des autres Bureaux de Guyenne, sont à peu près les mêmes ; il y en a néanmoins quelques-uns dont les exercices s'étendent davantage ; par exemple, à Libourne, dont le Tailleur outre son Registre pour la visite & mesure des sels, en a encore un pour enregistrer tous les vaisseaux étrangers qui sont sujets aux droits de 50 sols par tonneau, & de plus un troisiéme qui lui est commun avec le Capitaine de la Patache, où s'enregistrent toutes les cargaisons & visites d'entrée & d'issue.

TAILLIS. Bois que l'on met en coupes reglées, ordinairement de neuf ans en neuf ans. On le dit par opposition à bois de futaye. *Voyez* BOIS TAILLIS.

TAIN. Feuille ou lame d'étain fort mince, qu'on applique derriere la glace d'un miroir pour y fixer la représentation des objets. *Voyez* GLACE A MIROIR.

TAISSON, que l'on écrit aussi TESSON. Animal sauvage à quatre pieds, qu'on appelle plus communément Blaireau ou Blereau. Cet animal fournit quelques marchandises expliquées à l'article du Blaireau.

TAL

TALAGOGNES. On appelle ainsi en Languedoc des bois de sapins debités en petit ; ils payent les droits forains & la réapréciation comme les Balançons. *Voyez* BALANÇON.

TALANCHE. Droguet qui se fabrique dans plusieurs lieux de la Généralité de Bourgogne. Il est fait avec de la laine sur fil, mais dont le fil est filé gros, & la laine est commune & grossiere. Les rots sur lesquels sa chaîne doit être montée sont fixés par le Reglement de 1718 à trois quarts d'aune de largeur, & le nombre des fils & portées à proportion du filage, ensorte qu'au retour du foulon l'étoffe ait une demi-aune de largeur.

TALC. Pierre luisante & squammeuse qui se leve aisément en feuilles déliées & transparentes.

Autrefois on ne trouvoit guéres de talc qu'en Espagne ; il s'en découvrit ensuite quelques mines en Chypre, en Cappadoce, & ensuite plus tard en Arabie & en Afrique : mais présentement on en fouille dans les Alpes, dans l'Appenin, dans plusieurs montagnes de l'Allemagne, & en quantité d'autres endroits de l'Europe & de l'Asie.

Le talc qui vient de Venise est le plus estimé. Il est en grosses pierres verdâtres & luisantes ; mais il devient blanc, argenté & très transparent quand il est mis en œuvre. Il semble gras au toucher, quoiqu'il n'y ait point de pierre plus séche. Malgré sa sécheresse néanmoins on le pulverise difficilement ; il n'est même pas bien aisé de le calciner.

Le talc ne sert guéres présentement qu'à couvrir des tableaux de miniature ou de pastel, après avoir été levé en feuilles ; & il ne paroît pas effectivement qu'il puisse être propre à autre chose. Cependant si l'on en croit Pline, liv. 36, chap. 22 de son Histoire Naturelle, les Romains l'employerent quelquefois à bâtir des temples & des palais, & ils en paverent le Colisée de Rome.

Il ne tient pas non plus à quelques Chymistes d'aujourd'hui, ou crédules, ou qui en veulent faire accroire aux autres, qu'ils ne leur persuadent qu'ils peuvent employer le talc à des usages encore plus importans ; & pour flatter tout ensemble & l'un & l'autre sexe, ils promettent aux femmes d'en pouvoir tirer la précieuse huile de talc, si souveraine pour conserver & augmenter la beauté ; & aux hommes d'y trouver une menstrue pour la transmutation des métaux en or ou en argent ; promesses également vaines & dangereuses, mais qui pourtant ne laissent pas de trouver des dupes qui y croyent, & qui les payent.

Outre le talc blanc de Venise, on apporte encore de Moscovie & de Perse un autre talc, qu'on appelle Talc rouge, à cause de sa couleur rougeâtre quand il est encore en pierre, mais il vient le plus ordinairement tout en feuilles. Il est plus propre que celui de Venise pour mettre sur les tableaux, étant très blanc & très transparent. Il faut le choisir en grandes feuilles très claires.

Le Talc de Venise paye en France les droits d'entrée à raison de 5 liv. le cent pesant, conformément au Tarif de 1664.

Les droits de la Douane de Lyon, dans le Tarif de laquelle il est nommé Talc de Venise, sont en tout 30 s. du quintal.

Il est fait mention dans le même Tarif d'un autre Talc qui paye 50 s. d'ancienne taxation, & 3 liv. pour les quatre pour cent. Ne seroit-ce point celui de Perse ou Talc rouge qui est assez rare en Europe ? V. ci-devant.

TALLER, qu'on nomme plus ordinairement DALLER. Monnoye d'argent qui a cours en Allemagne, en Hollande & dans le Levant sur le pied des écus de soixante sols de France de neuf au marc. *Voyez* DALLER.

TALLEVANNES. Pots de grès propres à mettre du beure. C'est ordinairement dans ces sortes de pots que viennent les beures salés ou fondus d'Issigny & de quelques autres endroits de Basse Normandie Les tallevannes sont du poids depuis six livres jusqu'à quarante.

TALON. Partie posterieure du pied.

Il se dit en termes de Cordonnerie & de Saverterie, de la partie de la chaussure qui l'éleve par derriere, & qui est placée sous le talon du pied. En terme de Bonneterie c'est la partie du bas qui couvre le talon.

Les Cordonniers se servent de deux sortes de talons dans leurs ouvrages ; les uns de cuir, les autres de bois : ceux de cuir qui sont composés de plusieurs cuirs mis ensemble & collés, se taillent par le Maître, & se dressent & se placent par les Garçons ou Compagnons : ceux de bois font un commerce à part, & les Ouvriers qui les font & qui les vendent se nomment Talonniers. *Voyez ci-après* TALONNIER.

Le négoce des talons de bois est très considerable à Paris. En gros ils se vendent à la grosse, & en détail à la douzaine.

Il s'en fait pour hommes & pour femmes dont la figure est differente, mais l'usage semblable. Les bois qu'on y employe sont le noyer, l'orme, le hestre & l'aulne. Ceux de ce dernier bois se couvrent d'un cuir leger ; les autres se peignent de diverses couleurs, ordinairement de noir ou de rouge. Les meilleurs sont ceux de noyer. La plûpart des talons pour Paris se fabriquent dans les Forêts de Villiers-Coterets & d'Osoy. Il s'en fait pourtant par les Talonniers de la Ville & des Fauxbourgs.

Le prix ordinaire des talons de noyer est de 24 s. la douzaine, celui des talons d'aulne 18 s. & celui d'orme & de hestre 14 ou 15 s.

Quoique les talons de bois soient à peu près finis par les Talonniers, il est souvent besoin que les Cordonniers qui les employent, les repassent & les rendent propres aux ouvrages où ils les veulent attacher.

Les Talons de cuir payent en France les droits d'entrée à raison de 40 s. le cent pesant, conformément au Tarif de 1664 ; & lorsqu'ils viennent des Pays étrangers 20 pour cent de leur valeur, suivant l'Arrêt du 7 Septembre 1688.

TALONNIER. Celui qui fait ou qui vend des talons de bois.

Il n'y a point à Paris de Communauté particuliere de Talonniers ; ce sont les Cordonniers qui ont seuls le droit d'en faire le commerce ; & ce sont ordinairement les pauvres Maîtres qui s'y apliquent. Il y a néanmoins quantité d'Artisans sans qualité qui en font, & qui se nomment des Formiers. *Voyez* FORMIER.

Les Talonniers Forains, c'est-à-dire, ceux qui apportent leurs marchandises du dehors, sont obligés de les porter au Bureau des Cordonniers pour être lottis. Cela ne s'observe guéres ; & les Maîtres s'en fournissent chez les Cordonniers-Talonniers.

TAM

TAMARINS. Espece de fruit médicinal & purgatif, d'un goût aigret & assez agréable.

L'arbre qui produit ce fruit croît en plusieurs lieux des Indes Orientales. Il s'éleve aussi haut que les noyers ou les fresnes, & étend beaucoup ses branches. Ses feuilles sont longues & étroites, un peu semblables à la pimprenelle : arrangées, comme elles sont, le long des deux côtés d'une façon de nervûre, elles représentent assez bien une panache. Ses fleurs sont d'abord rouges comme celles du pêcher, & ensuite blanches comme celles de l'oranger : elles ont de grands filamens qui s'allongent en dehors, & produisent le fruit. Au coucher du soleil les fleurs se serrent autour du fruit comme pour le garantir du froid ; & quand le jour paroît elles se rouvrent. Les gousses qui succedent aux fleurs sont d'abord vertes, ensuite rouges, & brunissent en mûrissant. Elles contiennent une

une pulpe noire & un peu aigre. Sa semence est semblable aux lupins ou poix quarrés.

Les Indiens nomment ces arbres *Tamarindi*, & les Portugais *Tamarindos*; ce qui a donné le nom aux fruits. On les apporte ou en grappes, ou mondés de leurs rafles.

Les tamarins doivent être choisis gras, nouveaux, d'un noir de jayet, & d'un goût aigrelet & agréable; qu'ils n'ayent point été mis à la cave, ni gourrés, c'est-à-dire, falsifiés, avec des melasses de sucre & du vinaigre. On monde les tamarins comme la casse, & l'on en peut faire une confiture qui, à ce que l'on prétend, ne seroit pas sans vertu.

Il se trouve aussi quantité de tamarins en Afrique, entr'autres au Senegal. Les Négres après en avoir ôté les noyaux & les rafles, en forment des pains qui sont rougeâtres, & fort rares en France. On les estime bons pour étancher la soif.

Les tamarins payent en France les droits d'entrée à raison de 50 s. le cent pesant, conformément au Tarif de 1664.

Les droits de la Douane de Lyon sont de 17 sols 6 den. le quintal d'ancienne taxation, 7 s. 6 den. de nouvelle réapréciation, 20 s. pour les anciens quatre pour cent, & autant pour leur réapréciation. Le Tarif de cette Douane les appelle Tamaris.

Les Tamarins sont du nombre des marchandises du Levant, sur lesquelles on leve vingt pour cent suivant l'Arrêt du 15 Août 1685.

TAMARIS ou TAMARISE. Arbre de moyenne grandeur qui croît en Languedoc. Il a ses feuilles fort petites, & ses fruits en façon de grappes, d'une couleur tirant sur le noir. Les Teinturiers s'en servent au lieu de noix de galle pour teindre en noir.

Le bois de tamaris est aussi de quelque usage dans la Médecine, & on le croit bon pour désopiler la rate. Il faut le choisir garni de son écorce, blanc en dedans, d'un goût presque insipide & sans aucune odeur. On en fait des gobelets & des petits barillets dans lesquels ceux qui sont attaqués du mal de rate mettent du vin pour leur boisson ordinaire.

Le sel de tamaris est un sel blanc par cristaux, qu'on tire du tamaris par les opérations chymiques. Ses bonnes qualités sont d'être bien sec, & le moins en poudre qu'il se peut, y étant très sujet.

TAMBAC ou TAMBAQUE. Mélange d'or & de cuivre, que les Siamois trouvent plus brillant & estiment plus que l'or. Quelques Relations le donnent comme un métail qui a ses propres mines, mais on ne sçait sur quel fondement. L'Abbé de Choisy dans son Journal de Siam doute si ce n'est point l'*Electrum* de Salomon. Les ouvrages de tambac que les Ambassadeurs de Siam apporterent à Paris sous le Regne de Louis XIV. ne parurent pas aussi beaux qu'on se l'étoit imaginé.

TAMBAC, autrement CALEMBAC. Il se dit aussi d'un bois précieux de la Chine, qui est une espece de bois d'aigle ou d'aloés. *Voyez* ALOES.

TAMBOURS. Especes de gros cylindres de fer qui servent à écraser les cannes & en exprimer le suc dans les moulins à sucre. On les nomme quelquefois Rouleaux, mais c'est improprement, le rouleau n'étant que le cylindre de bois dont on remplit le tambour, à travers duquel passe l'axe ou pivot sur lequel il tourne.

Il y a trois tambours dans chaque moulin à sucre. On nomme celui du milieu le grand Rolle; les deux qui sont à ses côtés s'appellent les petits Tambours. *Voyez* MOULIN A SUCRE.

TAMETES. Mouchoirs de toile de coton qui se fabriquent à Botton dans les Indes Orientales. On les estime beaucoup aux Moluques & dans les Isles voisines où ils se débitent presque tous, n'en venant que fort peu en Europe.

TAMIS, qu'on nomme quelquefois SAS. Instrument qui sert à passer des drogues pulverisées, quand on en veut séparer la partie la plus fine d'avec celle qui est plus grossiere. On s'en sert aussi pour couler les liqueurs composées, & en ôter le marc.

Le tamis est fait d'un cercle de bois mince & large à discretion, au milieu duquel est placé un tissu de toile de soye, de crin, ou de quelque autre toile claire, suivant l'usage qu'on en veut faire. C'est dans la partie supérieure du tamis que l'on met la drogue pulverisée, & où l'on verse la liqueur qu'on veut épurer.

Lorsque les drogues qu'on a dessein de tamiser s'évaporent facilement, on met un couvercle au tamis quelquefois tout de bois, & quelquefois avec le cercle de bois & le dessus de cuir.

Plusieurs Marchands & Ouvriers se servent du tamis, entr'autres les Epiciers, Apoticaires & Droguistes; les Gantiers-Parfumeurs, sur tout ceux qui préparent la poudre pour les cheveux. On s'en sert aussi pour grainer la poudre à canon, &c.

TAMIS. Les Chapeliers se servent aussi de tamis de crin au lieu de l'instrument qu'ils appellent Arçon, pour faire les capades de leurs chapeaux. *Voyez* CHAPEAU.

TAMIS. Les Laineurs qui travaillent aux tapisseries de tonture de laine, ont pareillement plusieurs tamis; de grands pour passer & préparer leurs laines hachées; & de très petits qui n'ont pas quelquefois deux pouces de diametre pour placer ces laines sur le coutil peint & préparé par le Peintre. *Voyez* TONTURE, & TAPISSERIE DE TONTURE.

TAMISER. Passer par le tamis.

TAMISEUR. Terme de Verrier, c'est celui qui prépare & tamise les charées qui servent à la fonte des matieres dont on fait le verre. *Voyez* CHARÉE.

TAMLING. C'est le nom que les Siamois donnent à cette espece de monnoye & de poids que les Chinois appellent Tael.

Le tael de Siam est de plus de la moitié plus foible que le tael de la Chine; ensorte que le cati Siamois ne vaut que huit taels Chinois, & qu'il faut vingt taels Siamois pour le cati Chinois.

A Siam le tamling ou tael se subdivise en quatre ticals ou baats, le tical en quatre mayons ou selings, le mayon en deux fouangs, chaque fouang en deux sompayes, la sompaye en deux payes, & la paye en deux clams, qui n'est qu'une monnoye de compte; mais qui en qualité de poids pese douze grains de ris; ensorte que le tamling ou tael de Siam est de sept cens soixante-huit grains. *Voyez* TAEL.

TAMPLON. Sorte de petits rots dont les Tisserands se servent lorsqu'ils veulent augmenter la laize ou largeur de leurs toiles.

Le Reglement de 1724 pour les toiles à voile de Bretagne, ordonne, article XII. que les Tisserands reformeront leurs lames & rots sur le pied que doit avoir chaque sorte de toile : sans qu'ils puissent se servir de tamplons pour la Fabrique de celles de quatre & de six fils. *Voyez* l'article des Reglemens pour les toiles.

TAMPON. Les Graveurs en taille-douce se servent d'une espece de molette faite d'une bande de feutre roulée, qu'ils appellent un Tampon. *Voyez* GRAVEUR EN TAILLE-DOUCE.

TAN

TAN. Ecorce de chêneau ou jeune chêne, battue & réduite en grosse poudre dans des moulins à tan.

Le tan est une marchandise très commune en France ; il sert à préparer ou tanner les cuirs après qu'ils ont été plamés, c'est-à-dire, après qu'on en a fait tomber le poil par le moyen de la chaux détrempée dans l'eau.

Le tan nouveau est le plus estimé. Quand on le laisse trop suranner, il perd beaucoup de sa qualité, qui consiste à condenser ou resserrer les pores du cuir ; ensorte que plus les cuirs restent dans le tan, & plus ils acquierent de force pour résister aux differens usages à quoi ils peuvent être destinés.

Le tan se débite ou en écorce ou en poudre ; en écorce il se vend à la botte, chaque botte étant d'une certaine grosseur & longueur : en poudre il se vend au muid, le muid composé de vingt ou vingt-quatre sacs, suivant que la mesure est plus ou moins grande dans les lieux où la vente & le débit s'en fait.

Le tan usé ou vieux tan que l'on a tiré de la fosse après que les cuirs y ont été tannés, se nomme Tannée. C'est avec cette tannée qu'on fait des mottes à brûler, qui sont d'une grande utilité au menu peuple de Paris pour faire du feu pendant l'hyver. *Voyez* MOTTE A BRULER.

Le Tan est employé dans le Tarif de 1664, sous le titre d'écorce de chêne. Les droits d'entrée & de sortie tant du Royaume que des Provinces reputées étrangeres, doivent être payés ; sçavoir a l'entrée :

Le Tan ou écorce de chêne non hachée, le charriot 16 s. & la charretée 8 s.

A la sortie le charriot 20 s. & la charretée 10 s.

TANG. C'est une des especes de mousselines unies & fines, que les Anglois rapportent des Indes Orientales ; elle a seize aunes de longueur sur trois quarts de largeur.

TANG. C'est aussi une mousseline brodée à fleurs, elle est de même aunage que l'unie.

TANGA. Monnoye de compte dont on se sert dans quelques endroits des Indes Orientales, particulierement à Goa & sur la Côte du Malabar.

Il y a deux sortes de tanga ; l'un que l'on appelle de Bon aloy, & l'autre de Mauvais aloy ; étant très-commun aux Indes de compter par monnoye de mauvais & de bon aloy, à cause de la grande quantité d'especes ou fausses ou alterées qui y ont cours.

Le tanga de bon aloy est d'un cinquiéme plus fort que celui de mauvais aloy ; ensorte que si l'on donne quatre tangas de bon aloy pour un pardao xerafin, il en faut cinq quand on estime le pardao en tangas de mauvais aloy.

Il faut quatre vintins de bon aloy pour un tanga aussi de bon aloy, & quinze bons barucos pour un bon vintin ; le bon barucos pris sur le pied du reys de Portugal, c'est-à-dire, d'un denier de France. Quand ce sont des barucos de mauvais aloy, les trois ne font que deux reys.

TANI. C'est la meilleure des deux especes de soye crue que les Européens tirent du Bengale ; l'autre s'appelle Monta, qui n'est proprement que le fleuret. *Voyez* SOYE, *où il est parlé de celles de Bengale.*

TANJEBS. On appelle ainsi certaines mousselines ou toiles de coton doubles, cependant un peu claires, qui viennent des Indes Orientales, particulierement de Bengale. Les unes sont brodées de fil de coton, & les autres unies. Les brodées ont seize aunes à la piece sur trois quarts de large, & les unies seize aunes de long sur sept huit de large. *Voyez* MOUSSELINE.

TANJEBS. Sont aussi des mouchoirs de mousseline brodée qui viennent par pieces. Ils ne sont pas differens des mallemolles pour la fabrique, sinon que la broderie des tanjebs est toute de soie, & que les mallemolles sont brodées soie & or, ou tout or, ou seulement bordés d'or.

Il y a aussi une mousseline brodée de soie qui vient pareillement des Indes, mais en pieces courantes & sans être divisées en mouchoirs. Elles sont de seize à dix-huit aunes de long sur diverses largeurs, dont les plus étroites sont de trois quarts, & les plus larges de cinq sixiémes d'aune. *Voyez* MALLEMOLLE.

TANNE'. Se dit du cuir qui a été plainé & apprêté avec le tan & l'eau. *Voyez ci-après* TANNER & TANNEUR.

TANNE'E. Tan usé que l'on a tiré de la fosse après que les cuirs y ont été tannés. La tannée s'employe à faire des mottes à brûler. *Voyez* MOTTES A BRUSLER.

TANNE'E. Se dit aussi en terme de Teinturier, d'une sorte de couleur qui ressemble à celle du tan ou de la chataigne, & qui tire sur le roux obscur. Une étoffe tannée ; un drap tanné. *Voyez* COULEUR.

TANNER ou TANER. Mettre les cuirs dans une fosse avec du tan & de l'eau, après en avoir fait tomber le poil ou bourre dans le plain par le moyen de la chaux détrempée dans l'eau.

Maniere de tanner les cuirs de bœuf, que l'on nomme communément Cuirs forts, ou Gros Cuirs.

Après que les cuirs ont été abbatus de dessus les bœufs, c'est-à-dire, après que les Bouchers les ont levés de dessus ces animaux qu'ils ont tués, on les sale avec du sel marin & de l'alun, ou avec une sorte de salpêtre ou soude blanche appellé Natron, lorsqu'on les veut garder, sinon on les apprête aussi tôt qu'ils ont été abbatus sans les saler, le sel ne leur étant nécessaire que pour empêcher qu'ils ne se corrompent jusqu'à ce qu'ils soient portés dans les Tanneries.

Soit que les cuirs ayent été salés ou qu'ils ne l'ayent point été, on commence par en ôter les cornes, les oreilles & la queue, que les Tanneurs appellent l'Emouchet ; après quoi on les jette dans l'eau courante, où ils restent environ trente heures, pour les dégorger du sang & des autres impuretés qui peuvent être dedans.

Ensuite on les met pendant une nuit dans un vieux plain dont la chaux est usée, d'où on les retire pour les laisser deux ou trois jours en retraite sur le bord du plain pour les faire égoûter.

Ce premier & leger apprêt donné, on les remet dans un plain vif durant deux jours, & en retraite durant quatre, & pendant six semaines on les retire, & on les remet deux fois la semaine dans le plain. Au bout des six semaines ils sont replongés dans un plain vif où ils demeurent huit jours & en retraite autant, & cela alternativement pendant un an ou dix-huit mois, suivant la force du cuir, ou le tems qu'il fait; car dans les grandes chaleurs on pence les plains deux fois la semaine, c'est-à-dire, qu'on en retire les cuirs pour y remettre de la nouvelle chaux; & quand il gele, on est quelquefois trois mois sans y toucher.

Les Tanneurs ont plus ou moins de plains suivant la quantité plus ou moins considérable des cuirs qu'ils ont à tanner; & toutes les fois qu'ils retirent les cuirs du plain pour les mettre en retraite, ils les rejettent ensuite dans un meilleur plain, c'est-à-dire, dans un plain dont la chaux a toute sa vivacité.

Au bout de quatre, cinq ou six semaines, suivant que les Tanneurs le jugent à propos, on ôte le poil des cuirs sur le chevalet, avec une sorte de couteau rond qui n'a point de tranchant, ce qui s'appelle les Plamer ou Peler; & après un an ou dix-huit mois qu'ils ont été bien pencés dans le plain, & qu'on en a fait tomber entierement le poil, on les porte à la riviere pour les laver, les écharner sur le chevalet avec une autre espece de couteau tranchant, & les quiosser, c'est-à-dire, les frotter à force de bras sur le chevalet avec une espece de pierre à éguiser, que l'on nomme Quiosse ou Queux, pour achever d'ôter la chaux, & les ordures qui peuvent être restées du côté de la fleur, qui est l'endroit où étoit le poil. Le quiossage des cuirs ne se fait que le lendemain du jour qu'ils ont été lavés & écharnés à la riviere.

Après que les cuirs ont été quiossés, on les met aussi-tôt dans le tan; ce qui se fait en les poudrant avec du tan à mesure qu'on les étend dans la fosse. Si les cuirs sont forts on leur donne jusqu'à cinq poudres; & quand ils ne le sont pas, trois ou quatre peuvent suffire.

La premiere poudre dure six semaines, quelquefois plus, quelquefois moins, suivant que le Tanneur le trouve à propos; la seconde deux mois, & les trois dernieres autant: on pourroit néanmoins les faire durer davantage; car pour qu'un cuir soit parfaitement tanné, il faut qu'il aye été au moins un an dans le tan. Toutes les fois que l'on donne aux cuirs une nouvelle poudre, on l'imbibe d'eau pour leur donner de la nourriture, ainsi que disent les Tanneurs.

Lorsque les cuirs n'ont pas été assez de tems dans le plain, & qu'ils n'ont pas été suffisamment tannés, en les fendant par le milieu on apperçoit une certaine raye blanche que l'on appelle la Corne ou la Crudité du cuir, défaut qui fait connoître qu'il n'a pas été assez nourri dans le plain & dans la fosse; & c'est ce défaut qui est cause que les semelles des souliers & des bottes s'étendent au porter, se pourrissent & tirent l'eau si facilement.

Après que les cuirs ont été suffisamment tannés, on les tire de la fosse pour les faire secher en les pendant en l'air, puis on les nettoye de leur tan, & on les met dans un lieu ni trop sec, ni trop humide, bien étendus & empillés les uns sur les autres avec des poids de fer & de plomb, ou de grosses pierres par dessus pour les bien redresser, alors ils sont en état d'être vendus; & c'est en cet état que les Tanneurs & autres qui se mêlent du négoce des cuirs tannés, les appellent Cuirs Plaqués, pour les distinguer des cuirs de vaches, de veaux & de chevaux tannés, que l'on nomme Cuirs en Croute, desquels il va être parlé.

Les cuirs des vaches & chevaux s'apprêtent par les Tanneurs, de même que ceux des bœufs, à l'exception que les premiers ne restent dans le plain que quatre mois, & que les autres y séjournent un an ou dix-huit mois, outre qu'avant de mettre les cuirs de vaches & de chevaux dans la fosse au tan, on les rougit, ce qui s'appelle les mettre en coudrement, dont voici la maniere.

Maniere de mettre les Cuirs en coudrement.

D'abord on verse de l'eau froide dans une cuve de bois appellée Emprimerie, dans laquelle on a arrangé les cuirs que l'on remue en tournant. En même tems on fait chauffer d'autre eau dans une chaudiere; & quand cette eau est un peu plus que tiede, on la verse doucement dans la cuve le long du bois, ensuite on jette par dessus plein une corbeille de tan en poudre, pendant quoi on tourne toujours les cuirs, afin que l'eau & le tan ne les puisse brûler: ce qui s'appelle les Coudrer ou brasser pour leur donner le grain.

Après que les cuirs ont été ainsi tournés dans la cuve pendant une heure, on les met pour un jour dans l'eau froide, puis on les remet dans la même cuve & dans la même eau qui a servi à les rougir, dans laquelle ils restent huit jours. Au bout des huit jours on les retire pour les mettre dans la fosse, où on leur donne trois poudres de tan, dont la premiere dure cinq semaines, la seconde six semaines, & la troisiéme deux mois, & tout le reste se pratique de même que pour les cuirs forts.

Quand on dit qu'un cuir de vache ou de cheval a été tanné en fort, cela signifie que le Tanneur ne l'a point fait passer par le coudrement, ne lui ayant donné que les mêmes apprêts qu'aux cuirs forts, ainsi qu'il a été ci-devant expliqué.

Les peaux & cuirs des veaux reçoivent les mêmes façons & les mêmes apprêts que ceux des vaches & chevaux qu'on a mis en coudrement, avec cette difference néanmoins que les premiers doivent être rougis ou tournés dans la cuve au moins pendant quatre heures, & que les derniers ne le sont au plus que l'espace d'une bonne heure.

Quand les cuirs ou peaux de vaches, de veaux & de chevaux ont été plamés, coudrés & tannés, & qu'on les a fait secher au sortir de la fosse au tan, on les appelle Cuirs ou peaux en Croute.

Il faut remarquer qu'en quelques lieux de Champagne & de Brie, le premier apprêt des Tanneurs se fait avec de l'orge au lieu de chaux, ce qui s'appelle plamer à l'orge pour tanner; mais comme cet apprêt n'est presque pas d'usage, on a crû pouvoir se dispenser d'en parler.

Les bazanes qui se font avec des peaux de béliers, moutons ou brebis, sont aussi de la dépendance des Tanneurs ; ils leur donnent differens noms, suivant les divers apprêts qu'ils leur donnent. *Voyez* BASANE.

En Perse les gros cuirs se tannent avec de la chaux au lieu de tan dont les Tanneurs Persans n'ont point l'usage ; on s'y sert aussi dans quelques Tanneries de sel & de noix de galle. La secheresse du Pays acheve l'ouvrage.

TANNERIE. Lieu destiné pour tanner les cuirs.

Les Tanneries s'établissent pour l'ordinaire le long des petites rivieres. Les meilleures de France sont celles de Paris, de Troyes, de Coulommiers, de Rheims, de Meziers, de Laon, de Soissons, de Rouen, de Caen, de Bayeux, de Nonnancour, de Verneuil au Perche, de Mante, de Vernon, de Chartres, d'Orleans, de Tours, de Provins & de Beauvais. *Voyez* TANNEUR.

On dit en proverbe qu'à la Tannerie tous bœufs sont vaches, & qu'à la Boucherie toutes vaches sont bœufs ; pour faire entendre qu'il y a de la tromperie partout.

TANNEUR. Ouvrier qui travaille à la Tannerie, & qui prépare les cuirs avec la chaux & le tan.

Les Tanneurs ne sont proprement que des Artisans, cependant on les nomme ordinairement Marchands Tanneurs, & ils méritent en quelque sorte ce nom, puisqu'ils achetent les cuirs à poil provenant des abbatis des Bouchers, & qu'ils les revendent quand ils les ont préparés par la chaux, & achevés avec le tan.

Les Tanneurs de Paris forment une Communauté considérable, qui a des Statuts dès l'an 1345. Ces Statuts accordés par Philippes de Valois Roi de France, sont rédigés en quarante-quatre articles, qui tous néanmoins ne concernent pas les Tanneurs, n'y en ayant que seize pour leur Communauté, & les vingt-huit autres étant pour celles des Courroyeurs-Baudroyers, Cordouanniers & Sueurs de la même Ville.

Ce qu'il y a encore de singulier dans ces Statuts, c'est que les articles particuliers aux Tanneurs de Paris, sont communs à tous ceux des autres Villes du Royaume, qui doivent s'y conformer, soit pour le nombre de leurs Jurés, soit pour les Apprentifs & autres Reglemens.

La Communauté des Tanneurs de Paris est gouvernée par quatre Jurés, dont deux sont élûs chaque année ; ensorte que chacun d'eux reste deux ans en charge. Ils jouissent de tous les droits, fonctions & privileges attribués aux Jurés de tous les Corps & Communautés de Paris. *Voyez* JURE'S.

Outre ces quatre Jurés, qui aussi-bien que ceux dont on va parler, doivent être élûs dans la Halle aux Cuirs en présence du Procureur du Roi au Châtelet, il y en a deux autres qu'on nomme Jurés du Marteau, ou Jurés du Cuir Tanné. Ces deux-ci sont destinés pour faire chaque jour la marque des cuirs que les Tanneurs Forains & ceux de la Ville & Fauxbourgs de Paris, sont tenus d'apporter à la Halle ; ce qu'ils font conjointement avec quatre autres Jurés du Marteau, dont deux sont de la Communauté des Courroyeurs, & deux de celle des Cordonniers. *Voyez* JURE'S DU MARTEAU, VENDEUR DE CUIRS, & HALLE AUX CUIRS.

Nul ne peut être reçû Maître qu'il ne soit ou fils de Maître, ou Apprentif de Paris. L'un & l'autre est tenu, quand il aspire à la Maîtrise, de faire apparoître de sa capacité au fait de Tannerie : l'Apprentif par un chef-d'œuvre, & le fils de Maître par la seule experience.

L'apprentissage ne peut être de moins de cinq années ; il est loisible néanmoins aux Maîtres d'obliger leurs Apprentifs pour davantage, & pour tel prix & à telle condition qui leur convient ; le nombre des Apprentifs est d'un seul, au plus de deux.

Tout Maître Tanneur reçû à Paris doit y résider & y travailler, & ne peut tenir tannerie ni jouir des privileges & franchises de la Communauté par Tanneurs & Ouvriers étrangers.

Chaque Tanneur est obligé de porter ses cuirs aux Halles pour y être visités & marqués, n'étant permis ni à eux d'en vendre ni aux Artisans travaillans en cuirs d'en acheter qu'après la visite & la marque des Jurés du Marteau.

Si les cuirs visités sont d'un mauvais apprêt, mais qu'ils puissent être amendés, ils sont rendus aux Tanneurs à qui ils appartiennent, pour le remettre au tan ; mais au cas qu'ils soient tannés secs & qu'ils ne puissent recevoir d'amendement, ils doivent être brûlés, & le Tanneur condamné à une amende qui doit être pour la premiere fois de la valeur des cuirs mal tannés, & pour la recidive d'une plus forte qui est arbitraire & dépend des Officiers de Police.

Les Tanneurs à qui on rend leurs cuirs faute de bon apprêt, doivent faire serment de les remettre au tan avant de les exposer de nouveau en vente, & s'ils les vendent sans être retannés, les cuirs doivent être brûlés & les Tanneurs condamnés comme dans l'autre article.

Il est défendu à tout Tanneur, soit Forain soit de Paris, d'exposer en vente des cuirs encore chargés de leur tan, parce que, disent les Statuts, le tan ne profite point depuis que le cuir est tiré de la fosse, & que c'est un grand dommage pour ceux qui l'achetent, qui à cause de cela le payent plus cher.

Les Bouchers ne peuvent mouiller ni abreuver d'eau les cuirs à poil qui proviennent de leurs abbatis, ni les Tanneurs en achetter par connivence avec eux, sous peine d'être les uns & les autres condamnés à une amende de la moitié de la valeur des cuirs qui auront ainsi été mouillés & abbreuvés d'eau.

Enfin l'article seize & dernier, qui est le plus important de tous, & qui a été long-tems le moins exécuté & le plus long-tems débattu & disputé par les Tanneurs, Courroyeurs & autres vendant & amenant cuirs dans Paris, ordonne que tous Marchands Baudroyeurs, Cordouanniers, Sueurs, &c. qui vont achetter des cuirs tannés non signés soit dans le Royaume, soit dehors pour les amener à Paris, ne pourront ni les vendre, ni les mettre en œuvre ou courroy, qu'ils n'ayent averti les Jurés pour les voir & visiter, & que les Tanneurs, tant Forains que de ladite Ville & Fauxbourgs, ne vendront pareillement lesdits cuirs tannés que seulement aux Halles ou Foires publiques qui s'y tiennent cinq fois l'année.

L'inobservation de cet article & de ceux où il est parlé ci-dessus de la marque des cuirs auquel il est relatif, a donné lieu à plusieurs créations d'Offices, comme de Contrôleurs, Visiteurs, Marqueurs, Vendeurs & Lotisseurs de cuirs, & à quantité d'Arrêts pour obliger les Tanneurs tant Forains que de la Ville à ce transport des cuirs à la Halle pour y être visités, marqués, lottis & vendus; mais tous ces Arrêts ont été presque assez inutiles jusqu'en 1662 qu'il fut donné une Déclaration du Roi portant Reglement sur le fait des cuirs, qui depuis & jusqu'à présent a été assez régulierement exécutée.

Plusieurs articles de cette Déclaration regardent les Tanneurs; mais comme on en parle ailleurs assez amplement, on se contentera d'y renvoyer. *Voyez* VENDEURS, *à l'endroit où il est parlé des Vendeurs de cuirs.*

Les Offices de Jurés créés en 1691 pour chacun des Corps & Communautés de la Ville de Paris, dont presque toutes demanderent l'incorporation, furent incorporés à celle des Tanneurs par Arrêt du Conseil du 21 Novembre 1692, de même que le furent depuis les Auditeurs des Comptes créés en 1694, & les Trésoriers & autres Officiers en 1702, 1704 & 1707.

Les Tanneurs apprêtent les cuirs de diverses manieres; quelques cuirs comme les peaux de bœuf & de vaches sont tannés en coudrement, ou bien comme ils disent plaqués, qui est un autre apprêt beaucoup meilleur. Ces cuirs ne servent ordinairement que pour faire les semelles fortes que l'on met sous les souliers & les bottes.

Les vaches en coudrement servent aux Cordonniers à faire les empeignes & les quartiers des souliers & des bottes; les Selliers les employent aux carrosses & aux selles; les Malliers aux malles, & les Bourreliers aux harnois des chevaux, quand ils ont été passés en Hongrie, qui est un apprêt que les Tanneurs font en huit jours; mais la plupart de ces Artisans ne se servent de ces cuirs qu'après qu'ils ont encore été apprêtés par les Courroyeurs. *Voyez* COURROYER.

Les veaux en coudrement servent aux mêmes ouvrages que les vaches; ceux passés en alun sont propres à couvrir les livres, à faire des fourreaux d'épées, des gaînes & étuits à couteaux, &c.

L'es moutons en coudrement, qu'on appelle vulgairement Bazanes, s'employent par les Cordonniers aux talons des souliers & des bottes; & quand ils ont été passés & apprêtés par les Peaussiers qui les mettent en diverses couleurs, on s'en sert pour les tapisseries de cuir doré, pour des tapis de table, pour des couvertures de livres communs, &c.

Enfin les Tanneurs passent pareillement en coudrement & en alun des peaux de sanglier, de cochon ou de truye, qui servent aux coffres & bahuts, ou aux grands livres de chant des principales Eglises.

L'on a expliqué plus haut les differentes manieres de mettre les cuirs au tan. *Voyez* TANNER.

Quoiqu'il y ait quantité de Tanneurs à Paris & dans ses Fauxbourgs, où ils composent des Communautés en quelque sorte differentes de celle de la Ville, il s'en faut bien qu'ils puissent fournir assez de cuirs aux vingt-quatre Communautés de cette Capitale qui en font le commerce, ni qu'il leur soit possible de tanner toutes les peaux qui proviennent des abbatis qui se font dans ses Boucheries; aussi la plus grande partie des cuirs tannés qui se consomment à Paris, y vient des tanneries des Provinces ou même des Pays étrangers, d'où ils sont tous apportés à la Halle aux cuirs pour y être marqués & vendus en vertu des Ordonnances, mais particulierement en exécution du Reglement de 1662, comme on l'a déja dit ci-dessus.

Avant de donner l'état de toutes les tanneries du Royaume dont les cuirs sont envoyés à Paris, tel qu'on l'a trouvé dans un Traité manuscrit de l'Auteur du Parfait Négociant; on remarquera que de tous les cuirs à poil que les Tanneurs Forains enlevent des Boucheries de cette Ville, ils sont obligés d'en donner leur déclaration au Bureau des Vendeurs de cuirs, & de faire leur soumission, même de donner caution qu'ils en rapporteront à la Halle les deux tiers de tannés.

Etat des Villes & Bourgs de France dont les Tanneurs amenent leurs cuirs à Paris.

Chevreuse.	Blois.
Châtres.	Bois-commun.
Montargis.	S. Florentin.
Avalon.	Montoire.
Nonnancourt.	Noyon.
Verneuil.	Sommevoire.
Meulan.	Neufchastel.
Bernay.	Blangny.
Argentan.	Peronne.
Troyes.	Rethel.
Dieppe.	Herrisse.
Pont-l'Evêque.	Cerisy.
Mantes.	Aumale.
Dreux.	Alençon.
Beauvais.	La Ferté Milon.
La Ferté-Bernard.	Caudebec.
Le Mans.	Nogent sur Seine.
Pontoise.	Poissy.
Estampes.	S. Cloud.
Lisieux.	Moret.
Laigle.	Belême.
Andely.	Oudan.
Amiens.	Villemontiers.
Provins.	Lislebonne.
Corbeil.	Marseille en Beauvoisis.
Magny.	Vendœuvre.
S. Denis en France.	Dourdan.
Nemours.	Ponteau de mer.
Espernon.	Saumur.
Mortaigne.	S. Lubin des Ponchers.
Bonnestable.	Nogent le Rotrou.
Gournay.	Courville.
Gisors.	Claye.
Chartres.	Meaux.
Vendôme.	Neuvy.
Bar-sur-Aube.	S. Lo.
Luzarche.	Cherance.
Ferriere.	Noyers.
S. Julien du Sault.	Abbeville.
Mont-Doublet.	Tonnerre.
S. Arnould.	Auxerre.
Loiginy au Perche.	Pointry.
Sens.	Rouvray.
Rheims.	Autou.
Nevers.	Vaudreuil.
Charny.	Rouen.
Lory.	La Charité.

Châtelleraut.	Gien sur Loire.
Joigny.	Soye.
Neuilly S. Fron.	Melun.
Toully.	Livarot.
S. Nicolas lez Villeneuve le Roy.	Château-Thierry.
	Aubusson.
Brou.	Brie-Comte-Robert.
Châtillon.	S. Loup.
Bayeux.	Yury.
Boullebecq.	Lisle en Flandre.
Montreau sur Yonne.	Villenox.
Sezanne en Brie.	Marche.
La Louppe.	S. Malle.
Soissons.	Langres.
Châteaudun.	Tours.
Vernon.	Mastrick.
Maulle.	

Il y a quantité d'autres Villes ou Bourgs du Royaume dans lesquels sont aussi établies quantité de très bonnes Tanneries, comme on le peut voir dans l'article du Commerce aux differens paragraphes qui traitent en détail de celui des Provinces de France ; mais il n'y a que ces cent vingt-six, dont les Tanneurs amenent leurs cuirs à Paris, pour la consommation de la Ville & des environs.

A l'égard des diverses Communautés d'Artisans qui ont droit de lotir les cuirs tannés qui sont conduits à la Halle, on en parle ailleurs. *Voyez l'article des Cuirs, & les articles particuliers de ces Communautés.*

TANOR, Capitale d'un petit Royaume auquel elle donne son nom. Elle est située sur la Côte de Malabar. *Voyez* l'Etat général, Tome I. p. 436.

TANQUEURS. Espece de Forts ou de Porte faix qui aident à charger & décharger les vaisseaux sur les ports de mer. On les nomme aussi Gabarriers, du mot de *Gabarre*, qui signifie une allege ou batteau dans lequel on transporte les marchandises du vaisseau sur les quais, ou des quais aux navires. *Voyez* GABARRE.

TAP

TAPER ou TAPPER. Terme de Doreur. On met le blanc en tapant quand c'est pour dorer des ouvrages de Sculpture, c'est-à-dire, qu'on le couche en frappant plusieurs coups du bout du pinceau afin de mieux faire entrer la couleur dans les creux des ornemens. *Voyez* DORURE EN DÉTREMPE.

TAPER UNE FORME DE SUCRE. Du sucre tapé. *V. ces deux mots avec deux* PP.

TAPIS. Espece de couverture d'étoffe ou d'autre ouvrage, travaillée à l'aiguille ou sur le métier, qui fait une partie des meubles d'une maison, & qu'on étend sur les tables, les estrades, Pri-Dieu, bahuts, coffres, &c.

Il se fait plusieurs sortes de tapis en France & dans les Pays étrangers ; & des uns & des autres le commerce en est considérable.

Il y a à Paris, à la sortie du Cours la-Reine, une Manufacture de tapis façon de Perse, qui ne cedent gueres aux véritables Perses. On les appelle Tapis de la Savonnerie, du nom du lieu où ils se fabriquent. *Voyez* SAVONNERIE.

Ces sortes de tapis imités de ceux du Levant se font en forme de tissu, dont la chaîne & la tréme serrent & contiennent les soyes & les laines, qui étant coupées de très près, font une espece de velours ou de tripe : ils sont aussi mêlés de fils d'or & d'argent frisés ; ce qui en augmente le prix & la beauté.

Il se fait outre cela d'autres sortes de tapis à Rouen Capitale de Normandie, à Arras qui l'est de l'Artois, & à Felletin petite Ville de la Basse Marche, qu'on nomme Tapis de tapisserie. Ceux de Tournay s'appellent Tapis de Moucades. *Ces quatre sortes de marchandises payent de droits de sortie du Royaume ; sçavoir, 3 liv. le cent pesant pour celles de Rouen, de Tournay & d'Arras, & 4 liv. pour celles de Filetin, d'Auvergne & de Lorraine.*

Les tapis qui viennent en France des Pays Etrangers sont les tapis de Perse & de Turquie ; ceux ci ou velus ou ras, c'est-à-dire, ou à poil court ou à long poil. Les uns & les autres se tirent le plus ordinairement par la voye de Smyrne, où il y en a de trois sortes.

Les uns qu'on appelle Mosquets se vendent à la piece depuis six piastres jusqu'à trente piastres le tapis, suivant leur grandeur & leur finesse. Ils sont les plus beaux & les plus fins de tous.

Les autres se nomment Tapis de Pic, parce qu'on les achete au pic quarré. Ce sont les plus grands de ceux qui s'apportent du Levant. Leur prix est communément de demi-piastre le pic.

Les moindres de tous sont ceux qu'on appelle Cadene : ils peuvent valoir depuis une piastre jusqu'à deux piastres le tapis.

Il vient aussi des tapis d'Angleterre, qu'on employe, soit pour servir de tapis de pied, soit pour faire des chaises & autres ameublemens.

Il y a encore des tapis d'Allemagne ; les uns qui sont d'étoffes de laine, comme serge ou autres semblables, qu'on appelle Tapis quarrés ; d'autres qui sont aussi de laine, mais travaillés à l'aiguille, & assez souvent rehaussés de soye ; enfin les tapis de poil de chien.

Ces diverses sortes de tapis payent de droits d'entrée aux Bureaux de France ; sçavoir :

Les tapis velus de Turquie & ceux de Perse, 7 l. la piece, les plus grands a proportion.

Ces tapis sont du nombre des marchandises venant du Levant, sujettes au droit de vingt pour cent, suivant l'Arrêt du 15 Août 1685.

Ceux d'Angleterre pour faire ameublement, 50 l. le cent pesant.

Par l'Arrêt du 6 Septembre 1701 les tapis du crû & fabrique d'Angleterre, Ecosse, Irlande, & Pays en dependans, doivent payer cinquante pour cent de leur valeur.

Ceux d'Allemagne & les tapis quarrés, 3 liv. la piece l'un portant l'autre. Tous lesquels droits sont reglés par la Déclaration du Roi Louis XIV de 1667 en forme de Tarif. Les suivans le sont par celui de 1664.

Les tapis de laine faits à l'aiguille, ou rehaussés de soye, & les tapis de serge avec passemens aussi de soye, dix pour cent de leur valeur.

Enfin les tapis de poil de chien seulement un sol la piece.

Les droits de la Douane de Lyon sont :

Pour les tapis de Turquie communs, 40 s. la piece, tant d'ancienne que de nouvelle taxation.

Pour les mêmes avec soye & or, 6 l. 5 s. de la piece d'anciens droits, & 4 l. de réapréciation.

Les tapis d'indienne quand l'entrée en est permise, 5 sols.

Les tapis poil de chien, trois sols.

On ne parlera point ici de ces beaux tapis de toile peinte qui viennent des Indes, en ayant été traité ailleurs. *Voyez dans l'Etat général, le Commerce d'Asie, où il est parlé de Masulipatan. Voyez aussi l'article des Toiles.*

TAPIS PALEMBOUX. *Voyez l'article suivant.*

TAPISSENDIS. Sorte de toiles de coton peintes, dont la couleur passe des deux côtés. On en fait des tapis & des courtepointes. Il y en a d'autres qu'on nomme Tapis Palemboux, du lieu où on les fabrique. Ils viennent de Surate. La plupart sont piqués.

TAPISSER. Tendre une tapisserie, en couvrir les murailles d'un appartement ou de quelque autre lieu. C'est ordinairement l'emploi des Maîtres Tapissiers & de leurs Garçons. *Voyez* TAPISSIER.

TAPISSERIE. Piece d'étoffe ou d'ouvrage, qui sert à parer une chambre ou quelqu'autre appartement d'une maison, ce avec quoi on en couvre les murailles.

Cette sorte d'ameublement se peut faire de toutes especes d'étoffes, comme de velours, de damas, de brocards, de brocatelle, de satin de Bruges, de calmande, de cadis, &c. mais quoique toutes ces étoffes taillées & montées se nomment Tapisseries, ce qu'on doit néanmoins appeller proprement ainsi, ne sont que les hautes & basses-lisses, les bergames, les cuirs dorés, les tapisseries de tontures de laine qui se font à Paris & à Rouen, & ces autres tapisseries d'une invention assez nouvelle que l'on fait de coutil, sur lequel avec diverses couleurs on imite assez bien les personnages & les verdures de la haute-lisse.

On ne parlera point ici de toutes ces sortes de tapisseries dont on a traité ailleurs, on va seulement indiquer les articles où l'on peut avoir recours.

TAPISSERIE DE BASSE-LISSE. *Voyez* BASSE LISSE.

TAPISSERIE DE HAUTE-LISSE. *Voyez* HAUTE-LISSE.

Voyez aussi pour l'un & pour l'autre l'article des Gobelins.

TAPISSERIE DE BERGAME.
TAPISSERIE DE LA RUE S. DENIS. } *V.* BERGAME.
TAPISSERIE DE LA PORTE-PARIS.

TAPISSERIE DE CUIR DORE'. *Voyez* CUIR DORE'.

TAPISSERIE DE TONTURE DE LAINE. *Voyez* TONTURE DE LAINE.

TAPISSERIE DE COUTIL. *Voyez* COUTIL.

TAPISSERIE DE PAPIER. *Voyez* DOMINOTIER.

On fabrique en France de toutes ces sortes de tapisseries; mais il en vient outre cela quantité des Pays Etrangers, particuliérement d'Angleterre & de Flandres; à la réserve pourtant des trois dernieres especes, qui sont d'invention & de fabrique Françoise.

Toutes ces tapisseries payent differens droits d'entrée & de sortie du Royaume ou des Provinces reputées étrangeres, les unes au cent pesant, les autres à la piece & d'autres encore à l'estimation.

Le Tarif de 1664 regle tous les droits de sortie & quelques-uns d'entrée; & la Déclaration de 1667, aussi-bien que l'Arrêt du 21 Août 1691, seulement quelques-uns d'entrée. Les droits d'entrée reglés par cet Arrêt sont:

Pour les tapisseries d'Oudenarde neuves & vieilles & autres lieux, excepté Anvers & Bruxelles, 120 l. le cent pesant.

Pour les tapisseries vieilles & neuves d'Anvers, de Bruxelles & d'Angleterre, 240 liv.

Et pour les tapisseries rehaussées d'or & d'argent, vingt pour cent de leur valeur.

Les droits suivans sont reglés par le Tarif de 1664; sçavoir:

Pour les tapisseries de Filetin & d'Auvergne, 4 liv. le cent pesant.

A l'égard de celles de Beauvais, on a dit à l'article de la Haute-lisse, que ces tapisseries ne payoient rien d'entrée & de sortie dans les Bureaux du dedans du Royaume, & seulement 20 francs par teinture de sortie aux Bureaux des frontieres.

Les tapisseries de Bergame, 10 liv. le cent pesant.

On parle à l'article du Cuir doré des droits que cette marchandise paye.

Les tapisseries du crû & fabrique d'Angleterre, d'Ecosse & d'Irlande, & Pays en dépendans, ayant été oubliées dans l'Arrêt du 6 Septembre 1700, qui regle les droits d'entrée des marchandises de ces Royaumes; il a été ordonné par un Arrêt du 12 Janvier 1723 qu'elles payeroient comme Tapis d'Angleterre, c'est-à-dire, cinquante pour cent de leur valeur.

A l'égard des droits de sortie, ceux portés par le Tarif de 1664 sont:

Pour les tapisseries ou droguets de Rouen ou autres lieux avec un filet de soye, d'or ou d'argent faux, le cent pesant 3 liv.

Les tapisseries ou bergames de Rouen, le cent pesant comme mercerie 3 liv.

Les tapisseries neuves & vieilles de la Marche, Flandres & ailleurs, mêlées d'or & d'argent, à raison de six pour cent de leur valeur.

Les tapisseries fines de la Marche vieilles & neuves sans or ni argent (ce sont celles d'Aubusson & de Filetin) 26 liv. le cent pesant.

Et les tapisseries de Flandres ou d'ailleurs, excepté Filetin, le cent pesant 13 liv.

Les droits que toutes sortes de tapisseries payent à la Douane de Lyon sont, sçavoir:

Les tapisseries de Venise avec soye & fil, 14 s. de la livre pesant.

Les tapisseries de cuir doré d'Espagne & autres lieux étrangers, 10 liv. de la balle.

Les tapisseries de cuir ouvrées de soye, 6 s. la douzaine.

Les tapisseries de Flandres, le fond ou charge de atre quintaux 24 liv. & pour la réapréciation 4 qu. du cent.

Les mêmes avec or, argent & soye 18 l. 15 s. la piece d'ancienne taxation, & 6 liv. pour la nouvelle réapréciation.

Les mêmes avec soye sans or ni argent, 35 liv. le fond de quatre quintaux d'ancienne taxation, & 6 l. 5 s. de nouvelle.

Les tapisseries de Feuilletin, la charge de trois quintaux 50 s. d'ancienne taxation, & 24 s. le cent pesant de nouvelle taxation, ou 16 s. 8 d. du quintal, & la réapréciation comme à la charge.

Les tapisseries d'Auvergne & de la Marche, la charge 50 s. d'ancienne taxation, & pour la nouvelle 4 liv. 15 s. le cent pesant.

Tapisseries de Bourgogne, Bergame & Espagne, cuir doré, 8 liv. la charge d'anciens droits, & 40 s. le cent pesant de nouveaux.

TAPISSIER. Marchand qui vend, qui fait ou qui tend des tapisseries & des meubles.

La Communauté des Marchands Tapissiers est très ancienne à Paris. Elle étoit autrefois partagée en deux ; l'une sous le nom de Maîtres-Marchands Tapissiers de haute-lisse, sarazinois & rentraiture ; l'autre sous celui de Courtepointiers, Neustrés & Coustiers.

La grande ressemblance de ces deux Corps pour leur commerce donnant occasion à de fréquens différens entr'eux, la jonction & l'union en fut ordonnée par Arrêt de la Cour du Parlement du 11 Novemb. 1621, & par trois autres Arrêts des 3 Juillet 1627, 7 Decembre 1629, & 27 Mars 1630. Il fut enjoint aux Maîtres des deux Communautés de s'assembler pour dresser de nouveaux Statuts, & les compiler de ceux des deux Corps; ce qui ayant été fait, les nouveaux Statuts furent approuvés le 25 Juin 1636 par le Lieutenant Civil du Châtelet de Paris, sur l'approbation duquel le Roi Louis XIII. donna ses Lettres Patentes de confirmation au mois de Juillet suivant, qui furent enregistrées en Parlement le 23 Août de la même année.

Ces nouveaux articles sont redigés en cinquante-huit articles. Le premier permettoit aux Maîtres d'avoir deux Apprentifs, qu'ils ne devoient prendre toutefois qu'à trois ans l'un de l'autre, à la charge de les engager au moins pour six ans. Ce grand nombre d'Apprentifs étant devenus à charge à la Communauté, & les Maîtres dans une assemblée générale ayant déliberé sur les moyens de remedier à ce désordre, leurs déliberations présentées au Lieutenant de Police, il fut reglé par jugement du 19 Septembre 1670. Qu'à l'avenir les Maîtres ne pourroient engager qu'un seul Apprentif, & non à moins de six ans.

Le dix-septiéme parle de la reception des Apprentifs à la Maîtrise après avoir servi outre leur apprentissage trois ans de Compagnons chez les Maîtres, & après avoir fait chef-d'œuvre.

Le 32 aussi-bien que les articles suivans jusqu'au 47 inclusivement, reglent la largeur, longueur, matiere & tissures des coutils dont le commerce est permis aux Maîtres Tapissiers.

Dans le 48 jusqu'au 52 inclusivement, il est pareillement établi les qualités, longueurs & largeurs des mantes ou couvertures de laine dont le négoce est aussi accordé ausdits Maîtres.

Dans le 56 on traite de l'élection des Maîtres de la Confrairie le lendemain de la S. Louis, & de celle des Jurés le lendemain de la S. François. Les Jurés doivent être au nombre de quatre ; un de haute-lisse sarazinois, deux Courtepointiers & un Neutré. Deux des quatre Jurés sortent chaque année, ensorte qu'ils sont tous deux années de suite en Charge. Ils sont obligés de faire leurs visites de deux mois en deux mois.

Les autres articles sont de discipline, & marquent les marchandises que les Maîtres Tapissiers peuvent vendre, & les ouvrages qu'ils peuvent faire.

TAPISSIER-LAINIER. C'est l'Ouvrier qui dans les manufactures où se fabriquent les tapisseries de tonture de laine applique cette laine réduite en poussiere sur les parties de l'ouvrage du Peintre à mesure qu'il le peint, & avant que la peinture soit tout à-fait séche. *Voyez* TONTURE, *où l'on traite de ces sortes d'ouvrages.*

TAPISSIER EN PAPIER. C'est une des qualités que prennent à Paris les Dominotiers-Imagers, c'est-à-dire, ces sortes de Papetiers-Imprimeurs qui font le papier marbré, ou qui en mettent en diverses autres couleurs. Ils sont appellez Tapissiers, parce qu'en effet ils gravent, impriment & vendent des feuilles de papier où sont représentés par parties différens desseins, dont en les réunissant & les collant ensemble on compose des tapisseries rehaussées de couleurs qui font un assez agréable effet. *Voyez* DOMINOTIER. *Voyez aussi* GRAVEURE EN BOIS.

TAPPE' ou TAPE'. On appelle du Sucre tappé, du sucre que des Affronteurs vendent aux Isles Antilles pour du sucre royal ; quoique ce ne soit véritablement que du sucre terré, c'est-à-dire, de la cassonade blanche préparée d'une certaine maniere. On l'appelle Sucre tappé, parce qu'on le tappe & qu'on le bat fortement en le mettant dans les formes. *V.* SUCRE TAPPE'.

TAPPER UNE FORME. Terme de sucrerie. C'est boucher le trou qui est à la pointe d'une forme de sucre avec du linge ou de l'étoffe, pour empêcher qu'elle ne se purge, c'est-à-dire, que le syrop n'en sorte, jusqu'à ce qu'elle soit en état d'être percée avec le poinçon. *Voyez* SUCRE TERRE'.

TAPSEL. Grosse toile de coton rayée, ordinairement de couleur bleue, qui vient des Indes Orientales, particulierement de Bengale.

Cette sorte de toile a dix aunes de long sur trois quarts à cinq six de large. C'est une des meilleures marchandises que les Européens portent sur les Côtes de Guinée pour la traite des Negres. *V. dans l'Etat général, le Commerce d'Afrique.*

TAQ

TAQUIS. On appelle Toiles en Taquis, des toiles de coton qui se fabriquent à Alep & aux environs. Ces toiles font une partie du négoce des Nations Chrétiennes dans cette Echelle, particuliérement des François. *Voyez* TOILE DE COTON.

TAR

TARA-MEESTER. On nomme ainsi à Amsterdam l'Inspecteur ou Commis pour visiter les chanvres. Son vrai nom est Keur-meester. *Voyez* cet article. *Voyez aussi* celui du Chanvre.

TARAGAS. Animal dans le ventricule duquel se trouve le bezoard Occidental. *Voyez* BEZOARD DU PEROU.

TARARE. Sorte de toile qui prend son nom du lieu où elle se fabrique. *V.* TOILE, *où il est parlé de celles de Beaujolois.*

TARASCON. Ville de France dans le haut Languedoc, elle est du département de l'Inspecteur des Manufactures de Montauban. La Fabrique des burats & des cordelats y est très considerable, aussi bien que le commerce du fer, à cause de la quantité de Forges qui sont aux environs. *Voyez* l'Etat général, Tome I. page 34.

TARAU ou TAROT. Morceau d'acier rond, taillé en vis & bien trempé, qui sert à faire des écrous. Il y a des taraux pour des écrous de fer, & d'autres pour des écrous de bois. *V.* FILIERE.

Les Taraux payent les droits de la Douane de Lyon à raison de 9 l. de la caisse.

TARAUDER. Faire un écrou avec un tarau.

TARBES. Ville de France, de la Généralité de Guienne. Le commerce de la Draperie y est assez considerable. *V.* l'Etat général, Tome I. page 38.

TARC ou BRAY LIQUIDE. C'est ce qu'on nomme autrement Gouldran. *V.* GOULDRAN.

TARDOUET, de la Généralité d'Alençon. L'on

y fait des frocs. *Voyez* l'Etat général, Tome I. page 109.

TARE ou TARRE. Monnoye de la Côte de Malabar. La tare est une petite monnoye d'argent qui vaut six deniers. Les seize tares valent un fanon, qui est une petite pieced'or quivaut huit sols monnoye de France.

TARE. Se dit aussi de toutes sortes de défauts ou de déchets qui se rencontrent sur le poids, sur la qualité ou sur la quantité des marchandises. Le Vendeur tient ordinairement compte des tares à l'Acheteur.

TARE. Se dit encore du rabais ou diminution que l'on fait sur la marchandise par raport au poids des caisses, tonneaux ou emballages.

Les tares sont différentes suivant les différentes sortes de marchandises, y en ayant même où il ne s'en accorde aucune. Elles sont beaucoup plus communes & bien plus en usage en Hollande qu'en France; & un Auteur moderne qui a traité du négoce d'Amsterdam, estime que c'est une des choses qu'un Marchand doit le moins ignorer, s'il veut faire son commerce avec sûreté.

Quelquefois la tare est, pour ainsi dire, reglée par l'usage; mais le plus souvent pour éviter toute contestation, l'Acheteur doit en convenir avec le Vendeur.

On va donner quelques exemples des tares qui s'accordent à Amsterdam, renvoyant le Lecteur pour un plus grand détail à la Table que le Sieur Ricard en a donnée dans le septiéme chapitre de son Négoce d'Amsterdam de l'édition de 1722.

Les laines d'Espagne ont, pour ainsi dire, deux sortes de tares. Premierement on déduit la tare qui est marquée sur les balles, après quoi on donne 24 l. de tare sur 175 l. pesant; & encore on en réduit 21 mois de rabat, & un pour cent de promt payement. Il est vrai que pour les laines communes les Vendeurs ne veulent donner ordinairement que 14 pour cent de tare en tout; mais c'est en ce cas qu'il faut faire auparavant sa condition pour l'évaluation de la tare.

La tare de l'alun de Rome est de 4 liv. par sac.

De l'azur 32 liv. par baril.

Du beure de Bretagne & d'Irlande vingt pour cent.

Du Borax brut 15 liv.

Du Bray de Bayonne 120 liv. par barique, & de celui de Bordeaux 90 liv.

De la canelle 17 liv. par fardeau.

Des câpres 33 pour cent.

Du gingembre confit 60 liv. par baril.

De l'huile de laurier 20 pour cent.

Du poivre blanc 40 liv. par baril.

Du poivre brun 5 liv.

Du quinquina 12 & 14. par seron.

TARE D'ESPECES. Diminution que l'on souffre par rapport au changement des monnoyes.

TARE DE CAISSE. Perte qui se trouve sur les sacs, soit sur les fausses especes, soit sur les mécomptes en payant & recevant. On passe ordinairement aux Caissiers des tares de caisses.

TARER. Dans le commerce des sucres tarer une barique, c'est la peser avant qu'elle soit remplie, & d'en mettre le poids sur un des fonds pour en tenir plus aisément compte à l'acheteur en comparant ce qu'elle pese vuide avec ce qu'elle pese pleine.

TARJETTE ou TERJETTE. Petit morceau de gros cuir, que les Ouvriers Laineurs ou Eplaigneurs s'attachent sur le dos des doigts de la main qu'ils nomment Main de devant, pour empêcher de se les écorcher en travaillant avec la croix où sont montées les bosses de chardon vif dont ils se servent pour lainer ou éplaigner les étoffes sur la perche. *Voyez* LAINEUR.

TARIF ou TARIFFE. Table ou catalogue ordinairement dressé en ordre alphabetique, qui contient en détail le nom de plusieurs especes de marchandises, le prix qu'elles se vendent, ou les droits qu'elles doivent payer.

En France l'on ne peut lever aucuns droits dans les Bureaux des Douanes, dans ceux des entrées des Villes, enfin sur aucune espece de marchandises, soit à l'entrée, soit à la sortie du Royaume ou des Provinces réputées étrangeres, qu'en consequence des Tarifs arrêtés au Conseil du Roi, & ordonnés par des Edits, Déclarations & Arrêts du Conseil de Sa Majesté.

Les principaux Tarifs, soit généraux pour tout le Royaume, soit particuliers pour quelques Villes ou Provinces, sont ceux du 27 Novembre 1632 pour la Douane de Lyon, du 14 Decembre 1651 pour celle de Valence; du 21 Août 1661, & du 18 Septembre 1664, pour tout le Royaume & pour toutes sortes de marchandises; du 18 Avril 1667, seulement pour quelques especes de marchandises; du 13 Juin 1671, & du 22 Septembre 1683 pour la Flandre Françoise; du 29 May 1699 pour les marchandises du crû des Hollandois; enfin quantité d'Arrêts rendus en divers tems qui augmentent ou diminuent les droits reglés par tous ces Tarifs; entr'autres les Arrêts du 15 Janvier 1671, Juillet 1681, 15 Août 1685, 8 & 25 Novembre & 20 Decembre 1687; 14 Août, 7 Septembre, 29 Novembre & 7 Decembre 1688; 10 Mai, 14 Juin & 12 Juillet 1689; 24 Janvier & 25 Avril 1690; 30 Janvier & 21 Août 1691, 22 Mars & 3 Juillet 1692; enfin 17 Mars, 12 Mai & 16 Octobre 1693, & quelques autres, tous rendus sous le Regne de Louis XIV. Il y en a aussi quelques-uns du Regne de Louis XV. particuliérement ceux du premier Août 1716, du mois d'Avril 1717, & deux du 26 Mars 1722.

On ne parlera que des Tarifs de 1664 & 1667, à cause des changemens qui y sont arrivés, & des exceptions ou explications qui les diminuent ou les augmentent en certains cas.

Le premier article du titre premier de l'Ordonnance sur le fait des cinq grosses Fermes ordonne, Que les droits de sortie & d'entrée seront payés suivant les Tarifs arrêtés au Conseil ès années 1664 & 1667, & Arrêts depuis intervenus; ce qui s'entend principalement de l'Arrêt du 30 Août 1678 en faveur des Sujets des Etats Généraux, qui les décharge du Tarif de 1667, & qui les réduit à celui de 1664. Ceci a été changé depuis par le Tarif de 1699, qui a augmenté les droits de plusieurs marchandises du crû des Hollandois, comme on le dira plus bas.

Le motif de ce Tarif de 1664 fut la plus grande facilité du commerce, embarassé & interrompu jusques-là par un grand nombre de divers petits droits que Sa Majesté trouva à propos de réunir & de réduire en un seul, pour être payé à la sortie ou entrée du Royaume, ou des Provinces reputées étrangeres par toutes sortes de personnes & sur toutes sortes de marchandises;

le tout compris caisses, tonneaux, balles, cordages, serpillieres & tous autres emballages, à l'exception cependant des marchandises d'or, d'argent & de soye, & des drogueries & épiceries, sur lesquelles le poids des emballages doit être déduit; ce qui a été depuis confirmé par le deuxiéme article du premier titre de l'Ordonnance des cinq grosses Fermes.

Les droits pour les sorties qui furent supprimés en consequence de ce Tarif, sont les droits appellés Resue ou Domaine forain, le haut passage, les impositions foraines, les traites domaniales, le Trepas de Loire, les traites & nouvelles impositions d'Anjou, leurs augmentations & réapréciations & les droits y joints, avec le parisis douze & six deniers pour livre.

Les droits pour les entrées aussi abolis par le même Tarif, sont les droits nommés Entrées des drogueries & épiceries, Grosses denrées & marchandises, Ecu pour quintal d'alun, Ecu pour tonneau de mer, réapréciations d'iceux & des augmentations faites sur certaines especes de marchandises en consequence des Déclarations des années 1638, 1647 & 1654, des autres droits y joints, & du parisis douze & six deniers pour livre de tous lesdits droits.

Les exceptions, interprétations ou diminutions concernant le payement desdits droits de sortie établis par le nouveau Tarif, sont:

1°. Que les marchandises & denrées qui seront vendues & échangées, & qui sortiront durant les foires qui se tiennent en la Ville de Rouen dans le tems de la Chandeleur & de la Pentecôte ne payeront que la moitié des droits.

2°. Que les denrées & marchandises qui pareillement sortiront de la Ville de Lyon hors le tems des foires de ladite Ville, ne payeront aussi que la moitié des mêmes droits, en représentant l'acquit des anciens droits engagés en ladite Ville, certifié par les Commis de la Douane.

3°. Qu'il ne sera non plus payé que ladite moitié des droits pour les marchandises & denrées qui sortiront toute l'année pour aller & être consommées en la Ville de Sedan.

4°. Que sur celles transportées par les Ecossois en leur Pays, il ne sera payé que les trois quarts desdits droits, en se purgeant par eux par serment en la maniere accoutumée; à l'exception néanmoins dans tous lesdits cas des droits de la traite domaniale, qui seront toujours levés en leur entier.

5°. Enfin les drogueries & épiceries venues des Pays étrangers, & dont les droits d'entrée se justifieront avoir été payés, & qui ressortiront le Royaume, sont déchargées de tout droit de sortie.

Il n'y a qu'une seule exception pour les droits d'entrée en faveur des Habitans de la Ville de Lyon, qui sont déchargés des trois quarts des droits de toutes les marchandises qui entreront pour eux, & qui seront conduites directement à Lyon, en prenant pour tant par les Marchands, Facteurs & Conducteurs desdites marchandises, des acquits à caution pour aller payer les droits de la Douane de ladite Ville de Lyon.

Les Provinces de France à l'entrée & à la sortie desquelles les droits doivent s'acquitter, sont la Normandie, Picardie, Champagne, Bourgogne, Bresse, Poitou, Berry, Bourbonnois, Anjou, le Maine, Thouars & Châtellenie de Chantoceaux & leur dépendance.

Le Tarif de 1667 qui augmente considerablement les droits d'entrée de marchandises & manufactures étrangeres, & où l'on regle si peu de chose sur les droits de sortie, semble n'avoir été dressé, & son execution ordonnée sous les mêmes peines portées par le Tarif de 1664, que pour favoriser l'établissement des manufactures en France, & la consommation des marchandises de fabrique Françoise dans le Royaume, à quoi M. Colbert donnoit alors toute son attention.

Dix ans après que ce Tarif eut été établi, & au sortir de cette guerre dont les commencemens avoient pensé être si fatals à la Republique de Hollande, les Hollandois rentrés dans les bonnes graces de Louis XIV. demanderent d'être renvoyés & remis à celui de 1664; ce qu'ils obtinrent, comme on l'a dit ci-dessus; celui de 1667 restant d'ailleurs dans toute sa force pour les autres Nations & pour les François même.

La Ligue d'Ausbourg & l'invasion d'Angleterre en 1688, ayant de nouveau engagé la France dans une guerre avec la Republique de Hollande, qui finit en 1697 par le Traité de Riswick, & ayant été dit par l'article 12 du Traité de Commerce, qui fut conclu au même lieu entre les deux Nations, qu'on feroit un Tarif commun suivant la convenance reciproque, il en fut en effet dressé un à Paris par des Commissaires du Roi & des Etats Généraux le 29 Mai 1699, ratifié le 30 Juillet ensuivant, mais qui ne commença à s'executer que du premier Janvier 1700.

A peine l'execution en étoit-elle commencée que l'acceptation du Testament de Charles II. Roi d'Espagne en faveur du Duc d'Anjou, alluma dans l'Europe une guerre sanglante; mais le Traité d'Utreck l'ayant terminée en 1713, le Tarif de 1699 reprit force & fut remis sur pied; & c'est de lui que l'on se sert aujourd'hui entre la France & la Hollande.

Outre la qualité des marchandises & la qualité du droit qu'elles doivent payer, expliquées dans ce Tarif par ordre alphabetique, selon la forme accoutumée de tous les autres Tarifs, les Commissaires y ont reglé en dix articles ce qui peut concerner les droits & marchandises qui n'y sont pas exprimés.

Par les principaux de ces articles il est dit:

1°. Que toutes lesdites denrées & marchandises du crû, des pêches & de la fabrique des Sujets des Etats Généraux, specifiées dans cette convention, payeront les droits qui y sont marqués à toutes les entrées du Royaume.

2°. Que lesdites denrées & marchandises comme dessus non comprises dans la convention, ensemble toutes les marchandises de leur commerce contenues dans le Tarif de 1667, ou dans les Déclarations & Arrêts posterieurs, payeront les droits ordonnés par les Tarifs, Arrêts & Déclarations de 1667, & années suivantes.

3°. Que toutes les autres denrées & marchandises du crû, de la pêche & fabrique des Sujets des Etats Généraux, ensemble celles de leur commerce non comprises dans le présent Tarif, ni dans celui de 1667, non plus que dans lesdites Déclarations & Arrêts, payeront les droits d'entrée & de sortie suivant le Tarif de 1664 où il a cours, & suivant les autres Tarifs où il y en a de particuliers.

4°. Que toutes les denrées & marchandises dont les droits ne sont fixés par aucun de ces Tarifs, Déclarations & Arrêts, payeront cinq pour cent à la sortie, & cinq ou dix pour cent à l'entrée suivant les deux derniers articles du Tarif de 1664, ou suivant qu'il est reglé par les Tarifs particuliers.

5°. Que les Edits, Déclarations & Arrêts qui fixent les Ports & les Bureaux par où doivent entrer dans le Royaume certaines sortes de marchandises, & ceux qui défendent l'entrée de certaines autres especes, seront executés.

6°. Que pareillement les denrées & marchandises du crû, fabrique & commerce des sujets du Roi, comprises dans la convention, ne payeront les droits que sur le pied qu'ils y sont reglés; & qu'à l'égard de celles qui n'y sont pas specifiées, elles les payeront suivant qu'ils sont portés par les Tarifs des Provinces-Unies alors établis.

On a crû à propos d'ajouter à la fin des articles des marchandises, drogues & épiceries contenues dans ce Dictionnaire, les droits qu'elles sont obligées de payer, soit à l'entrée, soit à la sortie de France, conformément aux Tarifs de 1664 & 1667, aussi-bien que par celui de la Douane de Lyon de 1632, & tous les Arrêts rendus depuis 1664 jusqu'en 1722, persuadé qu'on a été que ce détail ne peut être que très utile, particuliérement aux jeunes Négocians.

C'est aussi dans le même dessein qu'outre l'article général de la Contrebande, on a remarqué à chaque article les marchandises qui y sont comprises, soit pour l'entrée, soit pour la sortie.

Outre ces Tarifs généraux pour toutes sortes de marchandises sortant du Royaume & des Provinces réputées étrangeres, ou y entrant, dont on vient de parler, il y en a plusieurs autres pour le payement des droits sur quantité de marchandises ou denrées particulieres, comme sur les toiles, canevas, coutils, futaines & treillis; sur les huiles de toutes sortes; sur le poisson de mer frais & salé, soit pour l'abord, soit pour la consommation; enfin sur beaucoup d'autres diverses especes de marchandises sur lesquelles on les a perçûs de toute antiquité, ou que les longues guerres du Regne de Louis XIV. l'avoient obligé d'imposer: mais outre qu'il seroit long & ennuyeux de les rapporter tous, il seroit peut-être assez inutile, quelques unes de ces impositions étant supprimées depuis le Regne de Louis XV. & y ayant même esperance de voir les plus onereuses des autres abolies dans la suite.

Les Tarifs étant inutiles, s'ils ne sont connus aux Voyageurs, aux Marchands & aux Voituriers, il est ordonné par plusieurs Edits, Déclarations, Ordonnances, Reglemens & Arrêts du Conseil & de la Cour des Aydes, de les afficher à la porte des Bureaux, ou en quelque lieu au dedans apparent & à la vûe de tout le monde, pour empêcher également, & que les droits du Roi ne soient fraudés, & que les Commis n'en exigent plus qu'il n'en est fixé.

L'inexécution de ce sage Reglement étant très préjudiciable au public, la Cour des Aydes de Paris, sur la réquisition de son Procureur Général, a cru nécessaire en 1718, d'ordonner de nouveau par un Arrêt du six Août, Que l'article 39 du Titre commun de toutes les Fermes, l'article 6 du Titre 14 de l'Ordonnance de 1687, l'Edit du mois de Juin 1716, & l'Arrêt de la même Cour en forme de Reglement du 20 Mars 1717, seroient exécutés selon leur forme & teneur; & en conséquence que les Fermiers & les Commis, notamment ceux des Douanes, seroient tenus de mettre au dehors sur la porte du Bureau, ou autre lieu apparent, des tableaux ou inscriptions contenant en général les droits de la Ferme; & de mettre dans le Bureau, aussi en lieu apparent, un Tarif exact & en détail de tous lesdits droits, pour que les Marchands & autres puissent en prendre communication, sous les peines portées dans lesdites Déclarations, Edits, Arrêts, &c.

Ce seroit ici le lieu de rapporter les Tarifs des Nations étrangeres avec lesquelles la France entretient son principal commerce: comme sont entr'autres, les Espagnols, les Anglois & les Hollandois; mais comme on ne les a eu jusqu'ici que par extraits, on s'est contenté d'en parler aux articles des droits d'entrée & de sortie, ou à celui du Commerce de ces Nations.

Tarif. On appelle aussi Tarif en fait de monnoyes, non-seulement cette partie des Déclarations & Edits qui marque le titre des nouvelles especes, & combien il doit y en avoir de chacune à la taille du marc de l'or ou de l'argent; mais encore ces petits livrets que dressent d'habiles Arithmeticiens, pour aider au public à faire plus facilement leurs calculs, & qui ont été si nécessaires dans les fréquentes remarques, refontes, augmentations & diminutions des especes d'or & d'argent qui ont été faites dans ces derniers tems.

Tarif ou Pancarte. Se dit encore d'une espece de tableau ou affiche qui se met aux portes des Bureaux établis de la part du Roi ou des Seigneurs particuliers aux entrées des Villes, ou sur les ponts, ports, peages & passages, &c. où se levent certaines impositions sur diverses sortes de marchandises & de denrées. Ces Tarifs servent à faire connoître aux Marchands & Voituriers la taxe qui a été faite de ces endroits, & quelles sortes de marchandises y sont sujettes.

Tarif. La Compagnie des Glaces établie à Paris a aussi son Tarif, qui contient toutes les largeurs & hauteurs des glaces qu'elle fait fabriquer, & le prix qu'elle les vend; ce qui est d'une grande commodité pour les Bourgeois & pour les Miroitiers.

Ces derniers, à qui seuls il est permis aux Commis de la Manufacture d'en vendre, profitent des fractions de pouces; le Tarif n'employant point les lignes depuis ce qu'on appelle Glace de numero. *Voyez* Glace, *on y entre dans un plus grand détail sur ce Tarif.*

Tarifs, ou Comptes faits. Ce sont des especes de tables dans lesquelles on trouve des réductions toutes faites de differentes choses, comme des poids, mesures, monnoyes, rentes à divers deniers, &c. Rien n'est si commode dans le commerce que ces sortes de Tarifs; mais il est bon de les avoir vérifiés avant que de s'en servir, on en parle par expérience. *Voyez* Comptes faits.

Des Tarifs de Hollande.

Les Tarifs se nomment en Hollande des Listes

ou Catalogues, parce qu'ils contiennent par ordre alphabetique des Listes ou Catalogues des marchandises qui sont chargées de certains droits.

Il y en a, comme ailleurs, de differentes sortes; entr'autres le Tarif d'appréciation, le Tarif d'entrée & de sortie en général; & un autre encore en particulier pour les entrées & sorties par l'Est, l'Orisont ou le Belt.

Il y en a aussi un pour les marchandises qui doivent être pesées au poids public, un autre pour le Reglement du fret, qui est dû aux Maîtres des Navires ou aux Batteliers qu'on nomme à Amsterdam Maîtres & Batteliers de Tour: & enfin d'autres pour les droits qui se perçoivent à l'entrée ou sortie de quelques Villes des sept Provinces.

Les Tarifs d'appréciations & ceux des entrées & sorties générales, ont été dressés & arrêtés dans l'assemblée des Etats Généraux des Provinces-Unies, les autres sont faits par les Bourguemaistres & autres Officiers municipaux des Villes, où les droits particuliers sont établis.

On peut voir à l'article du poids ce qui regarde les Tarifs pour les marchandises sujettes au poids; & à l'article des Beurt-Schepens, ce qui concerne les Tarifs du fret pour les autres.

On se contentera ici de parler du Tarif d'appréciation & des Tarifs des entrées & sorties, dont les droits se payent dans toute l'étendue de la domination des Provinces des Pays-Bas, comme les plus nécessaires aux Etrangers.

Le Tarif d'appréciation fut arrêté par provision au mois de Mars 1652, dans l'Assemblée des Etats Généraux des Provinces-Unies. Il a » pour titre: Liste suivant laquelle il sera levé » un pour cent pour la sortie, & deux pour » cent pour l'entrée des marchandises, den» rées & effets qui sortiront ou entreront dans » ces Pays tant par mer que par rivieres & » par terre, tant du côté de l'Ouest que » de l'Est, & de tous les autres quartiers » sans exception d'aucun, & ceci par provi» sion.

Après ce titre est la Liste ou Tarif, ensuite de laquelle est cette note.

» Ceux qui déclareront des marchandises & » effets, dont le prix n'est pas exprimé dans » cette Liste, seront obligés d'en déclarer la » valeur, & les marchandises étant ainsi décla» rées, pourront être prises & retenues par le » Commis Général ou autres Officiers en les » payant comptant, un cinquiéme au-delà de » ce qu'elles auront été déclarées, & ne pour» ront lesdits Commis & Officiers composer » sur cela avec les Marchands sous peine de » privation de leur Office; & ne pourront non » plus laisser sortir ni décharger les marchan» dises ainsi retenues, sans leur faire encore » payer le droit d'un demi pour cent.

La Liste ou Tarif des droits d'entrée & de sortie, est de l'année 1655, & a commencé d'être observée au premier Mai de la même année, & a pour titre: Liste nouvelle & cor» rigée des moyens communs (droits) qui, par » ordre des Hauts & Puissans Seigneurs les » Etats Généraux des Provinces Unies des Païs» Bas, seront levés sur toutes les denrées & » marchandises, ou qui entreront & sortiront » tant par mer que par terre. Ensuite est la Liste des marchandises par ordre alphabetique avec le droit que chacun doit payer; puis est cette note.

» Les marchandises qui seront déclarées par » la valeur contenue dans cette Liste, pourront » être prises & retenues par le Commis Géné» ral ou autres Officiers, en payant comptant » un sixiéme de plus qu'elles auront été décla» rées; & ne pourront lesdits Officiers compo» ser sur ce point avec les Marchands sous peine » de privation de leurs Offices & de correction » arbitraire; & ils ne pourront aussi laisser sor» tir ni décharger lesdites marchandises saisies » ou retenues, sans leur faire payer encore une » fois les droits qu'elles doivent payer.

Plusieurs articles particuliers de ces Tarifs ont été changés de tems en tems suivant l'exigence des cas, les nécessités de l'Etat, ou les traités de commerce faits avec les Puissances voisines.

On y a aussi fait quelques additions ou quelques dérogations par délibération de l'Assemblée des Etats Généraux, entr'autres celles du 29 Juin 1674 & des 4 Mars & 9 Avril 1687.

Par la premiere il fut ordonné qu'outre les droits marqués par les Tarifs toutes les marchandises ou effets qui entreroient ou sortiroient tant par terre que par les rivieres, seroient également assujetties à payer aussi-bien que celles qui entrent ou qui sortent par mer, le simple droit de convoi avec un tiers d'augmentation, demi pour cent de sortie, & un pour cent d'entrée pour le droit d'appréciation; mais que les marchandises qui viendroient en passant par l'Isle de Swin & le Sas de Gand, seroient exemtes dudit tiers d'augmentation.

Par la seconde délibération, c'est-à-dire, par celle du 4 Mars 1687, il est ordonné qu'outre les droits ordinaires, toutes les marchandises venant du Levant, soit directement, soit qu'elles passent par d'autres endroits, payeront un pour cent d'entrée pour le droit du commerce du Levant, & que les Marchands seront obligés de les déclarer sous peine d'amende du quart du capital ou de la marchandise; étant en outre défendu de donner aucun passeport, soit pour des navires, soit pour des marchandises, que le droit du commerce du Levant ne soit payé, ce qui doit être specifié dans les passeports.

Enfin par la résolution du 9 Avril 1687, il est dit que les marchandises qui viennent des Pays-Bas Espagnols par transit, & pour être transportées ailleurs, ne payeront qu'une fois les droits d'entrée & de sortie; sçavoir, le droit, soit d'entrée ou de sortie qui est le plus haut.

Il y a plusieurs remarques à faire sur l'exécution de tous ces Tarifs, qu'on ajoutera à la fin de cet article.

A l'égard des Listes ou des Tarifs mêmes, on peut les voir dans le Traité du Négoce d'Amsterdam, donné au Public en 1722 par J P. Ricard, qui en a dressé une table en cinq colonnes très commode & très intelligible. On a déja dit que ce livre doit faire une partie de la Bibliotheque Mercantille de ceux qui aiment à être instruits à fond du commerce des sept Provinces-Unies, particulierement de celui d'Amsterdam.

Remarques necessaires sur les Tarifs, tant d'appréciation que d'entrée & de sortie.

Il faut remarquer en premier lieu qu'il est avantageux aux Marchands d'apprécier eux-mêmes les marchandises qui ne sont pas taxées dans les Tarifs d'appréciation; qu'ils ne courent aucun risque de les déclarer pour un sixiéme moins de ce qu'elles valent, puisque suivant l'une des Ordonnances des Etats Généraux rapportées ci-dessus, les Commis sont obligés de payer comptant la marchandise qu'il leur est permis de retenir au profit de la Douane sous le prétexte qu'elle vaut davantage que ce qu'elle est déclarée, en ajoutant un cinquiéme à la valeur déclarée; ensorte que si l'on veut faire sortir ou entrer une marchandise qui vaut véritablement 600 florins, il suffit néanmoins de la déclarer pour 500 florins: le sixiéme en sus, que le Commis est tenu d'en donner, dédommageant assez les Marchands.

En second lieu, comme il arrive souvent que les marchandises appréciées par le Tarif, valent plus ou moins que leur appréciation, il est de la prudence de celui qui fait sa déclaration, de la faire de maniere qu'elle ne lui puisse être préjudiciable, & qu'il ne soit ni obligé de payer plus de droits qu'il ne doit, si la marchandise est taxée trop haute, ni de perdre sur sa valeur, si le Commis la croyant taxée trop bas, la vouloit retenir en payant le sixiéme en sus.

Pour éviter l'un & l'autre risque, il faut, suivant la diversité des cas, quelquefois taxer soi-même sa marchandise, & quelquefois en faire sa déclaration sans l'apprécier.

Par exemple, j'ai à payer les droits de dix tonneaux de vin de France, qui ne valent effectivement que dix livres de gros ou 60 florins le tonneau, & qui pourtant sont appréciés dans le Tarif à 100 florins; pour ne pas payer plus que je n'en dois, j'en déclare le véritable prix, & alors je ne risque rien: le Commis, s'il les veut retenir, étant obligé de m'en payer le sixiéme en sus; ensorte que mon vin m'est payé à 60 florins le tonneau, au lieu de cinquante qu'il me coûte.

Si au contraire mes dix tonneaux de vin valent beaucoup au-delà de 100 florins le tonneau, qui est l'appréciation du Tarif, je déclare seulement dix tonneaux de vin de France sans exprimer la valeur; ainsi, si mon vin me revient à 150 ou 200 florins le tonneau, comme cela peut être, j'épargne le quart ou la moitié des droits, ne payant que sur le pied de 100 florins, ce qui est un grand avantage.

3°. Si quelquefois, comme on vient de le dire, il est prudent & profitable de déclarer les Marchandises, soit pour l'entrée, soit pour la sortie moins qu'elles ne valent à cause que le Commis est obligé, s'il la veut retenir, d'en donner un sixiéme ou un cinquiéme au-delà de l'appréciation du Marchand; il est certain au contraire qu'il n'est jamais avantageux de donner une fausse déclaration sur la quantité ou sur le poids, parce qu'en ces cas la marchandise est toujours sujette à confiscation.

Pour aider les jeunes Marchands à dresser leur déclaration, on va donner ici deux modeles, l'un pour l'entrée, & l'autre pour la sortie.

DE'CLARATION POUR L'ENTRE'E.

Pour décharger hors du Navire de Thunis, Lubberts, venu de Bourdeaux,

Dix tonneaux de vin valant 500 florins.

Vingt pieces prunes pesant 10000 livres.

à Amsterdam 10 *Juin* 1719.

J. P. R.

DE'CLARATION POUR LA SORTIE.

A charger sur Pierre Truc allant à Alicante, cinquante balles de Cacao, valant 3500 florins.

Cent pieces, toiles de Silesie, tirant 5000 aunes.

Dix lasts froment.

à Amsterdam le 10 *Juin* 1719.

J. P. R.

Il faut remarquer que dans la derniere Déclaration, on ne laisse pas de déclarer le froment quoiqu'il soit franc de sortie, parce qu'il ne peut sortir aucune marchandise sans Passeport, lequel ne coute que trente sols lorsqu'il n'est que pour des marchandises qui sont franches; comme les graines, le poivre, & les épiceries achetées de la Compagnie & quelques autres.

Au reste il est permis à tous Marchands d'aller demander eux-mêmes leurs Passeports au Convoi [ou comme on dit en France, à la Douane;] mais il y en a peu qui le fassent ayant presque tous des Convois-Loopers qu'ils chargent de leur déclaration, & qui pour peu de chose prennent soin de demander & de retirer les Passeports dont on a besoin. *Voyez* CONVOI-LOOPERS.

Il faut observer que la déclaration soit au Convoi avant onze heures du matin, celles qui viennent après ce tems jusqu'à midi, payent six sols d'amende pour les pauvres. A l'égard de l'après midi, il ne s'expedie aucun Passeport, à l'exception des Samedis qu'on en délivre jusqu'à trois heures.

A Amsterdam, lorsque les Marchands ont leur acquit ou passeport, ils le donnent ordinairement à leur Tonnelier, si ce sont des marchandises sujettes au tonnelage; ou au Battelier dont ils ont coutume de se servir; si elles n'en sont pas l'une ou l'autre, quand ils sont arrivés aux Booms, qui sont proprement les portes de la Ville du côté de la mer, ils doivent arrêter aux Bureaux qui y sont établis, & souffrir la visite des Commis, soit sur les Passeports, soit sur les marchandises; & si les marchandises paroissent mal déclarées, les Commis peuvent arrêter le batteau où elle est chargée.

Lorsqu'en entrant la marchandise a passé les Booms, les Commis n'y ont plus droit de visite; & s'ils vouloient l'entreprendre ou arrêter le batteau, les Batteliers qui sont toujours là en grand nombre, s'y opposeroient, comme à une entreprise contraire à un privilege qu'ils tiennent d'un long usage. Il n'en est pas de même en sortant, la visite se pouvant toujours faire, quoique la marchandise soit au-delà des Booms, qu'elle soit déja chargée sur le Vaisseau, & ce qui est encore plus fort jusqu'au Texel, où les Navires sont obligés, avant d'en sortir, de montrer tous les Passeports des marchandises qu'ils ont dans leurs Bords.

Cette difference de l'entrée & de la sortie des

marchandises, fait que la plupart des Marchands qui ont coutume de frauder les droits, le font plus ordinairement sur les marchandises qui arrivent, que sur celles qu'ils envoyent au-dehors.

Une remarque importante par rapport aux marchandises qui viennent à Amsterdam, & des droits d'entrée qu'il en faut payer conformément aux Tarifs, est que si l'on n'en reçoit point la facture, & qu'ainsi on n'en sache, ni la mesure, ni la quantité, ni le poids, pour ne point donner sujet aux Commis de soupçonner qu'on en a fait une déclaration frauduleuse, il faut les prier qu'on en mesure ou qu'on en pese une certaine quantité sur quoi on puisse regler tout le reste, ou du moins ne pas oublier de mettre dans sa déclaration, qu'on n'en sçait ni la mesure ni le poids, parce qu'alors, outre qu'on ne court aucun risque de payer plus de droits que la marchandise n'en doit, il est ordinaire que les Commis favorisent les Marchands, en mesurant ou en pesant les Marchandises au Boom.

On comprend assez que les Tarifs de Hollande ont le défaut qu'ont nécessairement tous ceux qui sont dressés depuis long-tems, c'est-à-dire, qu'ils contiennent plusieurs marchandises qui ne sont plus d'usage; qu'il y en a beaucoup d'autres dont les prix sont changés, & par conséquent mal appréciées, & que toutes les nouvelles ne peuvent s'y trouver, outre l'embarras des calculs pour les impôts qui ont été mis depuis, comme du tiers en sus, d'un demi pour cent de sortie, & quelques autres: ce qui mériteroit qu'on travaillât dans l'Assemblée des Etats Généraux à en dresser un qui remediât à tout cela, ainsi qu'on sçait qu'on fait en France depuis quelque tems, ce qui seroit d'une grande commodité, également pour les Etrangers & pour les Sujets des Etats.

TARIN. Monnoye de compte dont les Banquiers & Négocians de Naples, de Sicile & de Malte se servent pour tenir leurs livres.

Le tarin à Naples vaut environ treize sols de France. A Malte il vaut vingt grains; ce qui revient presque au même.

Au-dessus du tarin de Palerme & de Messine est l'once, au-dessous sont les grains & les piccolis: ainsi les changes s'évaluent & les livres de commerce se tiennent dans ces deux Villes par onces, tarins, grains & piccolis, qui se somment par trente, par vingt & par six, en prenant l'once sur le pied de trente tarins, le tarin pour vingt grains, & le grain pour six piccolis.

A Malte il y a des pieces de huit, de six, de quatre tarins, & d'un tarin & demi.

Les tarins ont ordinairement d'un côté deux mains qui se joignent avec la lettre T, & un chiffre qui montre la valeur de la piece.

Il y a quelques tarins qui ont d'un côté cette legende: *Non vis sed fides*; & de l'autre la croix de la Religion, & les Armes du Grand-Maître, avec une petite tête frappée en poinçon, comme la fleur-de-lys dans le sol marqué de France.

TARNANTANE-CHAVONIS. Mousseline ou toile de coton blanche très claire qui vient des Indes Orientales, particulierement de Pondichery. La piece de ces mousselines porte six aunes & demie de long sur trois quarts de large.

Il y a encore deux sortes de toiles de coton à qui on donne le nom de Tarnantane; sçavoir, les betilles Tarnantanes, & les mallemolles Tarnantanes. Les premieres se tirent aussi de Pondichery, les autres de Bengale. *Voyez* Betille & Mallemolle. *Voyez aussi l'article général des Mousselines.*

TAROTIER. Ouvrier qui fait des tarots. C'est un des noms que l'on donne aux Cartiers faiseurs de cartes à jouer dans leurs Statuts de 1594. *V.* Cartier.

TAROTS. Sortes de cartes à jouer, dont se servent les Espagnols, les Allemans, & quelques autres Etrangers.

Ces cartes sont marquées d'autres figures que celles avec lesquelles on jouë en France; & au lieu des cœurs, des carreaux, des piques & des treffles qui distinguent les nôtres, elles ont des coupes, des deniers, des épées & des bâtons, que les Espagnols appellent *copas, dineros, espadillas, bastos*. Ces deux derniers noms sont passés dans le jeu d'ombre que l'on joue en France, & y ont pris une terminaison Françoise. L'as de pique s'y appelle Spadille & celui de treffle Baste. L'envers des tarots est ordinairement orné de divers compartimens.

TARRE DES TESTES. On nomme ainsi à Smyrne, une des tarres qui se déduisent sur chaque balle de soye. Elle est de quarante dragmes par battement aux ardasses, & de vingt dragmes aux soyes fines.

TARRIERE. Outil qui sert pour percer le bois, & y faire des trous considérables. Il y en a de grandes, qui sont celles qu'on appelle proprement Tarrieres; de petites qu'on nomme Lacerets, & d'autres qu'on appelle Amorçoirs. Les tarrieres & les lacerets ne sont differens que par la grandeur & par la force. La meche des uns & des autres est de fer aceré, creusé en demi canal par le bas, dont l'extrémité est un peu détournée pour mieux mordre le bois, à peu près comme la meche d'un villebrequin. L'amorçoir sert à commencer le trou de la tarriere. Sa meche est platte & faite en langue de chat.

Les Charpentiers & les Charrons se servent de ces trois sortes de tarrieres; les Menuisiers n'ont gueres que des lacerets. Les Tonneliers ont aussi une espece de tarriere, mais differente de celle-ci; elle leur sert pour percer les trous des bondons qu'ils font aux ouvrages neufs de tonnellerie. *Voyez* Tonnelier.

TARTANE, est un petit bâtiment dont on se sert sur la Méditerranée, dont la pouppe ni la prouë ne sont pas élevées, & qui n'a qu'une simple voile taillée en tiers point. Quoique la destination principale de ces sortes de bâtimens soit la pêche, on ne laisse pas de les employer très souvent pour des voyages considérables, & même pour aller des côtes de France aux Echelles du Levant, mais ils ne passent que rarement le Détroit.

TARTARIE, grande Région de l'Asie. *Voyez* l'Etat gén. du Commerce, Tome I. p. 416.

TARTRE. Espece de sel qui s'éleve des vins fumeux; & qui s'attachant au haut des tonneaux, forme une croûte qui s'endurcit, & qui prend la consistance de la pierre.

Le tartre est blanc ou rouge, suivant la couleur du vin d'où ce sel s'est élevé. Le meilleur est celui qui vient d'Allemagne, parce qu'il se tire de ces foudres monstrueux dont quelques-uns tiennent jusqu'à mille pipes de vin, & qu'ainsi il y peut prendre plus d'épaisseur, qui est une des qualités qu'on doit observer pour la bonté du tartre : celui de Montpellier est ensuite le plus estimé ; & celui de Lyon après, qu'on appelle vulgairement Gravelle, qui ne differe en rien de celle de Paris, sinon qu'elle est un peu plus épaisse & plus haute en couleur.

Le tartre blanc est préferé au rouge, étant effectivement le meilleur. Les marques du bon tartre, soit blanc, soit rouge, sont qu'il soit épais, facile à casser, brillant & peu terreux.

Les Teinturiers mettent le tartre au nombre des drogues non colorantes, c'est-à-dire, qui ne servent point à donner de la couleur aux étoffes, mais qui les préparent à la recevoir. Cette drogue bien ou mal employée dans les bains ou bouillons, met une grande difference dans les teintures.

La crême ou cristal de tartre qu'employent les Teinturiers du grand teint, n'est autre chose que le tartre blanc ou rouge mis en poudre, & ensuite par le moyen de l'eau bouillante, de la chausse & de la cave, réduit en petits cristaux blancs.

La meilleure crême de tartre est apportée de Montpellier. Il s'en fait aussi à Nismes & aux environs, mais elle n'est pas si bonne.

Les Artistes font bien des préparations chymiques avec le sel de tartre, & entr'autres le sel vegetal ou tartre soluble, le tartre chalibé ou martial, le tartre martial soluble, le tartre émerique, l'esprit de tartre, l'huile de tartre, de la teinture de sel de tartre, du tartre vitriolé, du sel volatile de tartre, &c. que l'on peut voir dans les Pharmacopées, ou dans les ouvrages de chymie.

La crême de tartre paye en France les droits d'entrée à raison de 3 l. le cent pesant, conformément au Tarif de 1664.

Les droits de la Douane de Lyon sont de 10 s. le quintal.

Vente et prix du Tartre a Amsterdam.

Les Négocians d'Amsterdam tirent leur tartre d'Allemagne & d'Italie. Il se vend en gros au quintal de 100 livres : la tare se fait au poids, il donne un pour cent de déduction pour le bon poids, & autant pour le promt payement.

Le prix du tartre d'Allemagne est depuis 21 jusqu'à 24 florins les cent livres & celui du tartre d'Italie depuis 9 jusqu'à 13 florins.

Droit que le Tartre paye en Hollande, & son appréciation dans les Tarifs.

L'appréciation du tartre d'Allemagne est de 18 florins les cent livres, & celle du tartre d'Italie seulement de dix florins ; ils payent également 8 sols d'entrée & autant de sortie, avec un sol d'augmentation, s'ils entrent ou s'ils sortent par l'Est, l'Orisont ou le Belt.

TAS

TAS. Amas de plusieurs choses mises ensemble en un monceau. Un tas de bled, Un tas d'avoine, Un tas de pierres, &c. On se sert de ce terme dans le commerce, lorsqu'on fait ce qu'on appelle des Marchés en bloc & en tas. Ainsi on dit : Voulez-vous me vendre, Voulez-vous acheter ce tas de fagots, ce tas d'échalats, lorsqu'on ne veut pas entrer dans le détail ni dans le compte des échalats ou des fagots qu'on veut acheter ou vendre.

TAS. Signifie aussi parmi plusieurs Ouvriers le lieu où ils doivent placer leur ouvrage lorsqu'il est fini, sur-tout quand ils se proposent de l'achever entierement en le plaçant. Nous finirons cela sur le tas : il faudra scier cette corniche sur le tas.

TAS. Est encore une sorte d'outil ou d'instrument assez semblable à une petite enclume soutenue sur un pied de fer ou de plomb, dont quelques Ouvriers, comme les Serruriers, Fourbisseurs, Arquebusiers, &c. se servent sur leur étably pour travailler aux ouvrages les plus legers. Les Orfévres s'en servent pareillement, & en ont toujours sur leurs bureaux ou comptoirs pour les petits ouvrages de jouaillerie & d'orfévrerie.

TAS. Les Monnoyeurs appellent quelquefois le Tas, ce que plus communément ils nomment le Sepeau. *Voyez* MONNOYAGE.

TAS. C'est chez les Ouvriers qui font des boutons de métail en lame, la matrice dans laquelle ils frappent les lames d'or, d'argent, de cuivre, &c. dont doivent être faits leurs boutons, pour leur donner les diverses empreintes qui servent à les embellir. Cette matrice est un morceau d'acier de forme cubique, d'environ deux pouces en carré. Le dessus est gravé en creux, & pardessous il a une espece de pied de fer qui se termine en pointe, qui sert à l'affermir dans un trou du billot de l'étably, sur lequel l'Ouvrier emboutit son ouvrage, c'est-à-dire, le frappe dans la cavité du tas.

Ce sont les Maîtres Graveurs & Tailleurs sur métail qui font ces matrices, & qui gravent les poinçons qui servent à les placer ; ce qui se fait à peu près de la maniere qu'on travaille les carrés ou matrices de la monnoye & des médailles.

TAS. Signifie encore l'instrument dont se servent les Couteliers pour retenir les mitres des couteaux de table, c'est-à-dire, y former ce rebord qui est entre la lame du couteau, & la soye ou queue qui sert à l'emmancher.

TASCHE. Ce qu'un Ouvrier peut faire d'ouvrage pendant un certain tems qu'on lui fixe, ou qu'il se fixe lui-même. Voilà ma tâche pour toute la semaine. Vous ferez cela pour votre tâche ce matin.

TASCHE. Se dit encore de l'ouvrage même. J'ai achevé ma tâche : Vous ne finirez jamais votre tâche.

TASCHE. S'entend quelquefois par opposition à journée. Ce Compagnon est à sa tâche, & non pas à la journée, c'est-à-dire, qu'il doit rendre une certaine quantité d'ouvrage qu'il entreprend pour un prix convenu, sans être obligé de travailler toute la journée, mais seulement quand il veut, &, comme on dit, à ses peines & aisemens. *Voyez* JOURNE'E.

TASCHE. On dit aussi : Faire un marché en tâche & en bloc, pour signifier un marché en gros, où l'on n'entre point dans le détail, & qu'on fait sans mettre prix sur chaque piece. J'ai acheté le reste de sa marchandise, le fond de sa boutique en tâche & en bloc.

TASOT. C'est la vingt-quatriéme partie du cobit, ou aune de Surate. Chaque tasot a un peu plus qu'un pouce de Roi, ensorte que le cobit est de deux pieds seize lignes. *Voyez* COBIT.

TASSEAU, que l'on appelle aussi MANICLE. Instrument qui sert aux Tondeurs de draps pour faire aller les forces avec lesquelles ils tondent les étoffes. *Voyez* MANICLE.

TASSEAU. C'est aussi une espece de petite enclume qui se met sur un étably de Serrurier ou d'autres Ouvriers. Il y en a de deux sortes, l'un qui est tout quarré, & l'autre qui a un bec comme la bigorne. C'est sur le tasseau que l on coupe & que l'on perce les petites pieces de fer : il sert aussi à les dresser & à les river.

TAV

TAVELE', TAVELE'E. Qui a des taches ou des marques sur la peau. Ainsi l'on dit, qu'une peau de tigre ou d'autre animal, propre à faire des fourrures, est bien tavelée; pour dire, qu'elle est également tachetée ou mouchetée.

TAVELER. Les Pelletiers & Foureurs disent Taveler l'hermine; pour dire, la moucheter ou la tacheter de petits morceaux de peau d'agneau de Lombardie, dont la laine ou le poil est très luisant & très noir.

TAVELLE. Espece de Passement fort étroit qu'on met quelquefois en guise de passepoil sur les coutures des habits pour les marquer.

TAVELLE. C'est aussi une espece de petite tringle de bois très plate, qui sert à battre la trême de ce qu'on appelle un petit Métier. *Voyez* METIER.

TAVELURE. C'est la bigarure d'une peau qui est tavelée. La tavelure de cette peau de tigre est parfaitement belle.

TAVERNE, lieu où l'on vend du vin en détail. On mettoit autrefois de la difference entre une Taverne & un Cabaret; celui-ci étant le lieu où l'on vendoit le vin à pot, & celle là où on le débitoit à assiette. Présentement on se sert de l'un & de l'autre à peu près dans la même signification; à la réserve pourtant que le mot de Taverne est plus injurieux que celui de Cabaret, lorsqu'on veut reprocher à quelqu'un qu'il fréquente ces sortes de lieux. *Voyez* CABARET.

TAVERNIER. Celui qui tient Taverne. Il y a dans les Ordonnances de la Ville de Paris, & dans celles des Aydes, divers articles qui servent de Reglement aux Taverniers pour la vente du vin en détail : mais comme ils leur sont communs avec les Cabaretiers, & qu'ils sont rapportés à l'article de ces derniers, on peut y avoir recours. *Voyez* CABARETIER.

TAURE. Que l'on appelle aussi Genisse. Jeune vache qui n'a point encore porté de veau, & dont le taureau n'a point approché. La chair de jeunes taures bien grasses, est fort estimée à la boucherie. Elles fournissent outre cela pour le commerce les mêmes marchandises que l'on tire de la vache. *Voyez* VACHE.

TAUREAU Animal domestique à quatre pieds, qui mugit, qui rumine, qui a des cornes sur le front, & les pieds fourchus. Lorsque le taureau est jeune on l'appelle d'abord Veau, & ensuite Taurillon. S'il est châtré on le nomme Bœuf. Sa femelle est la Vache. L'on n'éleve le taureau en Europe que pour la propagation de l'espece, sa chair étant peu bonne à manger, & lui n'étant gueres propre au tirage. C'est en quelques lieux un droit de Seigneur d'obliger ses Vassaux d'amener leurs vaches au taureau de la Seigneurie, qu'on appelle de là un Taureau Banal.

Les Taureaux & Taurillons venant des Pays étrangers payent en France les droits d'entrée à raison de 3 liv. la piece. S'ils viennent des Provinces du Royaume où les Bureaux ne sont pas établis, ils payent seulement 8 sols.

Les droits de sortie pour les Taureaux de deux à trois ans, sont de 26 s. la piece; les uns & les autres conformément au Tarif de 1664.

TAUREAU SAUVAGE. Se dit par proportion à taureau domestique. C'est un taureau non apprivoisé qui est né, & qui vit en liberté dans les forêts & dans les plaines des Pays peu habités.

Plusieurs Isles de l'Amérique & quelques Provinces de son continent, nourrissent quantité de ces sortes de taureaux, dont les peaux font une partie de leur commerce, & un commerce très avantageux & très riche. Il s'en trouve aussi beaucoup, mais de moins beaux & de moins forts, sur plusieurs Côtes de l'Afrique, desquels les vaisseaux Européens qui y vont en traite, font une partie de leur retour. Les Côtes de Barbarie, du Cap verd, &c. sont celles d'Afrique où il s'en charge le plus; & pour l'Amérique, l'Isle de S. Domingue, la Havanne, & Buenos-Ayres, qui sont des Ports de la domination Espagnole.

Les taureaux de l'Amérique qui s'y trouvent présentement, sur-tout dans quelques parties du continent, en si grande quantité, qu'il semble qu'on n'en puisse épuiser les forêts & les plaines, y ont été apportés d'Europe; & l'on dit que ceux de Buenos-Aires qui sont en si grand nombre, qu'on est presque tenté de croire qu'il y a de l'exageration dans ce qu'on en rapporte, viennent tous d'un taureau & de sept vaches qui y passerent avec quelques-uns des premiers Conquerans de ce nouveau monde.

L'on va seulement parler ici du commerce des peaux de taureaux qui se fait à Buenos-Aires, ayant traité ailleurs des cuirs de S. Domingue & de la Havanne, aussi bien que de ceux de Barbarie & des Côtes d'Afrique. *Voyez l'Etat du Commerce aux Paragraphes où il est traité de celui de ces divers lieux.*

La chasse des taureaux ne se fait pas dans le continent de l'Amérique méridionale comme dans l'Isle de S. Domingue, où les Boucanniers François les suivent avec des chiens, & les tuent à balle seule avec des fusils. A Buenos-Aires les Espagnols chassent les taureaux à cheval, armés pour principale arme d'une espece de longue lance au bout de laquelle, au lieu du fer ordinaire, est un croissant d'acier bien tranchant & bien afilé.

Les Chasseurs s'étant associés plusieurs ensemble, se séparent dans la campagne pour former une plus grande enceinte; & poussant devant eux toutes les bêtes à cornes qu'ils rencontrent, & qui fuyent à leur vûe, ils les réunissent comme en un seul troupeau. Alors voltigeant autour & choisissant les taureaux, (les vaches étant négligées dans cette chasse) chaque Taurador ou tueur de taureau tourne le sien avec tant d'adresse,

dresse, que lui gagnant la croupe il lui coupe le nerf d'un des jarrets de derriere avec le croissant tranchant de la lance; & quand les Chasseurs en ont ainsi démontés autant qu'il leur est possible, ce qui empêche ces animaux de fuir, ils viennent les achever ou avec une lance, ou avec un javelot qu'ils leur lancent avec une adresse & une force infinie, ou au milieu des cornes, ou au défaut de l'épaule; ensorte qu'il y en a peu qui ait besoin d'un second coup pour mettre la bête à bas.

Ces taureaux sont d'une grandeur demesurée, & les cuirs qu'on en tire, que pour toute préparation on se contente de faire secher, & de vendre en poil, pour être ensuite tannés en Europe, sont les plus beaux de toute l'Amérique, & par conséquent de tous les lieux où l'on fait le négoce des cuirs verds, qui n'approchent en aucune maniere de ceux ci.

Lorsque les François faisoient le commerce de Buenos-Aires, où étoit le principal établissement de la Compagnie de l'Assiente, les cuirs de taureaux y revenoient environ à cinq livres monnoye de France, y compris les droits, & se vendoient jusqu'à vingt-une livre piece; mais les vaisseaux en ayant beaucoup apporté, ils baisserent à seize livres.

Voici ce qu'on a tiré d'un mémoire très exact & très fidele, concernant les droits qui se payent aux Caisses Royales de Buenos-Aires pour la sortie de cette marchandise.

Il y a deux sortes de droits sur les cuirs; l'un qui est appellé *il quinto* le cinquiéme; l'autre auquel les Espagnols donnent le nom d'*Almoxarisfasgo*.

Le droit de cinquiéme des cuirs qui s'embarquent, ne s'évalue qu'à raison de quatre réaux chaque cuir, c'est-à-dire, à trente sols monnoye du Pays. L'*Almoxarisfasgo*, est de deux & demi pour cent du véritable prix de l'achat des cuirs.

Pour faire la réduction de ces deux droits, on se sert de la regle suivante.

Par exemple, si un navire a chargé vingt mille cuirs, on voit sans aucune opération arithmetique que le droit de cinquiéme évalué à quatre réaux, se monte à deux mille piastres: mais pour voir ensuite à quoi va le droit de deux & demi pour cent de la juste valeur, c'est-à dire, l'*Almoxarisfasgo*, supposé que les cuirs coutent dix réaux qui valent une piastre & deux réaux: il faut multiplier 20000 par dix qui font 200000, & pour avoir des piastres, diviser 200000 par huit, qui font 25000; après quoi ayant barré la derniere figure de cette somme, on prend le quart de ce qui reste, qui fait précisément ce qui est dû de droits pour les deux & demi pour cent de la véritable valeur des 20000 cuirs sur le pied de dix réaux la piece.

20000 Cuirs à
10 Réaux

200000
2500|0

Pour le quart de 2500, c'est . . . 625 Piastres.
Ajoutez pour le quint . . . . . 2000 Piastres.
Les deux droits montent à . . . 2625 Piastres.

Taureau-Cerf. C'est une espece d'animal qui se trouve communément dans les Indes, ainsi appellé de ses cornes qui sont branchues à peu près comme le bois d'un cerf. Il est privé & sert au labour & pour voiturer les marchandises comme le bœuf en Europe. Le taureau-cerf d'Ethiopie est à peu près semblable à celui des Indes, mais il est très sauvage & ne s'apprivoise jamais.

On parle ailleurs des autres marchandises qu'outre le cuir on peut tirer du taureau. *Voyez* Boeuf.

TAUX. Prix établi & fixé sur des marchandises & denrées par autorité publique, ou quelquefois par la seule volonté ou fixation du Marchand.

C'est le Grand Prevôt de l'Hôtel qui fixe le taux de certaines marchandises qui se vendent à la suite de la Cour. Les Prevôts des Armées ou leurs Lieutenans, ont le même droit sur ce qui se débite aux Troupes quand elles sont campées.

A Paris le Prévôt des Marchands & les Echevins mettent le taux sur le bois, le charbon, & autres sortes de marchandises qui arrivent par eau, & qui se vendent sur les ports de cette Capitale du Royaume. Quelquefois le Lieutenant de Police fixe le taux des grains dans les marchés & celui du pain qui se fait chez les Boulangers de la Ville & des Fauxbourgs, ou qui s'apportent tous les Mercredis & Samedis par les Boulangers de dehors.

Les Quakers en Angleterre & en Hollande mettent un prix fixe sur tout ce qui fait l'objet de leur commerce, & ils regardent ce taux qui ôte à l'acheteur la nécessité de marchander, & au vendeur celle de surfaire, comme une espece d'acte de Religion.

Quelques Marchands de Paris ne se trouvent pas mal de cette méthode de vendre, & l'on en voit plusieurs faire de grosses fortunes en établissant un taux pour chaque sorte de marchandises qu'ils ont dans leur boutique. Peut-être ce trafic seroit-il le plus commode également pour ceux qui vendent ou qui achetent; mais comment compter toujours & entierement sur la bonne foi du Marchand; & comment ôter à l'acheteur cette maniere de marchander après même qu'il a exigé qu'on lui dise en conscience le dernier mot d'une marchandise?

Taux. Se dit aussi de tout ce qui peut entrer dans le commerce comme des Charges de Judicature, des Rentes, de la Monnoye, &c. Il n'appartient qu'au Roi de mettre, d'augmenter ou diminuer ces sortes de taux; & c'est pour cela qu'on dit ordinairement, le Taux du Roi, pour signifier la fixation du prix qu'il lui a plû de faire pour toutes ces choses par ses Ordonnances & Réglemens. Le taux du Roi pour les rentes ou interêts a beaucoup changé en France. Avant l'année 1634 il étoit au denier seize; depuis il a été mis à diverses reprises & par differens Edits & Déclarations, au denier dix-huit, au denier vingt, & enfin au denier vingt-cinq, où il a été porté dans la derniere année du Regne de Louis XIV. On l'a encore mis plus bas au commencement de celui de Louis XV.

Taux. En fait de monnoyes signifie la valeur que le Prince leur donne par ses Ordonnances, & pour laquelle il veut que les especes soient reçues dans le public.

Taux pour les Charges. C'est la fixation de leur prix que le Roi est quelquefois obligé d'ordonner pour le restraindre dans de justes bornes.

TAUX. S'entend encore de la cotte ou cottisation, soit pour les Tailles, soit pour le Sel d'impôt. Quand on est taxé plus qu'il n'est juste, & qu'on ne peut porter, on appelle cela Surtaux, & l'on dit, Se pourvoir en surtaux, pour dire, intenter action pour se faire décharger d'une trop haute imposition.

T A Y

TAYOLLES. Especes de Ceintures de fil ou de laine.

Les Tayolles payent à la Douane de Lyon 6 s. de la douzaine.

T C H

TCHEOUZE. Espece de Tafferas de la Chine dont les Chinois font des calleçons, des chemises & des doublures. Il est assez serré, & néanmoins si pliant, qu'on a beau le presser, on ne peut lui faire prendre de pli. La commodité qu'on a de le laver comme de la toile, fait qu'on s'en sert aux mêmes usages.

T E C

TECCALIS. Poids dont on se sert dans le Royaume de Pegu. Les cent teccalis font quarante onces de Venise. Un giro fait vingt-cinq teccalis & un abucco douze teccalis & demi.

TECOANTEPEQUE, Ville d'Amerique dans la nouvelle Espagne, sur la Mer du Sud. *Voyez* le détail des marchandises dont on y fait négoce, & de celles du crû du Pays, dans l'Etat général Tome I. p. 503.

T E I

TEILLER LE CHANVRE. C'est le briser sur les doigts pour séparer la filasse d'avec la chenevote. *Voyez* CHANVRE.

TEINDRE. Mettre quelque matiere ou étoffe dans une couleur qu'elle n'avoit pas auparavant. Ainsi l'on dit Teindre des étoffes, des soyes ou des laines blanches, en bleu, en rouge, en jaune; pour faire entendre qu'avec de certaines drogues & ingrédiens on change leur couleur blanche en quelqu'une de ces trois couleurs.

TEINDRE. Se dit aussi quelquefois de la même couleur que l'on redonne à quelques laines, étoffes ou soies qui l'avoient déja; comme teindre de bleu en bleu, de noir en noir; ce qui s'appelle néanmoins plus proprement, repasser.

Les laines, les soies, les chanvres, les lins, les cotons, les écorces d'arbres filées, les poils d'animaux, & toutes les étoffes qui en sont fabriquées peuvent se teindre. L'on tient aussi les peaux, les cuirs, les cheveux; les bois, les cires, les gommes & les liqueurs. *Voyez les articles suivans, où il est traité des Teintures & des Teinturiers.*

Laisser un chapeau se teindre à froid, c'est le retirer de la chaudiere, & ne l'y remettre que lorsqu'il est refroidi. Les Chapeliers Teinturiers estiment que l'étoffe mord mieux la teinture quand on la laisse teindre à froid, & qu'on la remet dans la teinture chaude à plusieurs reprises.

TEINT. Ce qui est mis dans une couleur qu'il n'avoit pas auparavant. Un drap teint en verd, des soies teintes en écarlattes.

TEINT. Art de teindre. Cet Art, par rapport aux étoffes de Lainerie, se distingue à Paris & dans toutes les principales Villes de France, dans lesquelles il y a des Communautés de Teinturiers, en grand & bon teint, & en petit teint.

Le grand teint est celui où il ne s'employe que les meilleures drogues, & celles qui font des couleurs assurées. Le petit teint au contraire est celui où il est permis de se servir de drogues médiocres, & qui font de fausses couleurs. Il y a cependant des drogues également défendues au grand & au petit teint. *Voyez* DROGUE.

Une autre difference du grand & du petit teint, consiste en ce que les meilleures & les plus riches étoffes sont destinées au grand teint, & que les moindres, c'est-à-dire, qui ne passent pas quarante sols l'aune en blanc, sont reservées au petit teint. *Voyez* TEINTURIERS.

Le bleu, le rouge & le jaune appartiennent par préférence au grand teint. Le fauve & le noir sont communs au grand & petit teint.

A l'égard du noir, il se commence par les Teinturiers du grand teint, & s'acheve par ceux du petit; ce qui s'appelle Achevement. Les premiers doivent laisser des rosettes pour qu'on puisse juger de la bonté du pied du pastel ou autres couleurs qu'ils ont données aux étoffes: les autres doivent aussi laisser des rosettes, mais on juge de leur achevement par le débouilli. *Voyez* DEBOUILLI & ACHEVEMENT.

Le partage des étoffes & des drogues attribué au grand & au petit teint, a été fixé par le Reglement pour les teintures du mois d'Août 1669, dont il est amplement parlé dans l'article des Teinturiers. On peut y avoir recours, ou bien aux articles 8 & 30 du Reglement même.

TEINT. Se dit aussi d'une feuille ou lame d'étain fort mince appliquée par le moyen du vif argent derriere les glaces des miroirs, qui sert à recevoir & représenter les objets. *Voyez* GLACES *à l'endroit où est expliquée la maniere de les mettre au teint.*

TEINTURE. Action par laquelle on teint. Il se dit aussi de la couleur même qui sert à teindre. Dans ce dernier sens on dit, Mettre une étoffe à la teinture: Voilà de belle teinture: Cette teinture ne durera pas.

L'invention de la teinture, qui est très ancienne, comme on le peut voir également dans les Livres saints & dans les Auteurs profanes, est dûe au hazard, & sa perfection au luxe.

Les racines, les feuilles, les graines ou les fruits de quelques plantes écrasées fortuitement, ont donné les premieres couleurs; & ce sont celles dont au rapport de Pline se servoient nos anciens Gaulois: des terres colorées & des mineraux lavés & détrempés par les pluies, en ont ajouté d'autres; & la pourpre elle-même autrefois si précieuse, qui se faisoit du sang de ce poisson testacé, que les Latins nommoient *Murex*, n'a servi d'ornement aux Rois qu'après qu'on eut remarqué que ce sang avoit eu la proprieté de teindre en écarlate les poils & le museau d'un chien qui avoit trouvé & devoré un de ces coquillages.

La pourpre Phenicienne, dont il y avoit de deux sortes, qui étoient plus ou moins riches, suivant qu'elles avoient été plus ou moins de fois teintes du sang précieux du *Murex*, a long-tems été la seule qui fût en estime. Le Conchillion, autre sang de poisson à écaille, lui fut ensuite ajouté: & le même Pline dit, que jusqu'au tems d'Alexandre le Grand on ne parloit guéres de teintures en d'autres couleurs; & que ce ne fut que sous ses Successeurs que les Grecs inventerent ou du moins perfectionnerent les teintures en bleu, en verd, en jaune & en tant d'autres couleurs qui se composent des couleurs matrices.

L'écarlate des Modernes ne donne pas lieu de beaucoup regretter la perte du Murex & du Conchilliou, dont on ne connoît plus guéres que le nom; & le degré de perfection où l'on a poussé, sur-tout en France, les autres couleurs de teintures, doit consoler de sçavoir si peu les drogues dont les Anciens se servoient pour les leurs.

C'est proprement à M. Colbert, & aux Réglemens faits sous son ministére, que sont dûs les grands succès des teintures Françoises particuliérement de celles de Paris.

Cet habile Ministre ne s'étant pas contenté de faire dresser des Statuts pour la discipline de trois Communautés de Teinturiers, dont il sera parlé dans l'article suivant, fixa encore par plusieurs expériences le pied de toutes sortes de teintures : & afin que ce ne fût point un secret caché entre quelques Maîtres habiles qui en auroient pû abuser ou en profiter seuls, il le rendit public par l'impression; n'enviant pas même aux Etrangers l'art de faire de bonnes teintures, que par ses soins & ses ordres on avoit perfectionné en France.

Pour entrer dans l'esprit d'un Ministre si habile, & pour contribuer à l'utilité publique, on va d'abord parler de la teinture des étoffes de lainage, conformément aux Instructions & au Reglement de 1669, & ensuite on traitera de celle des soies, des laines & des fils sur le pied ordonné par les Statuts des Teinturiers de ces sortes de matiéres du mois d'Août de la même année.

Teinture des draps, serges & autres étoffes de laine.

La teinture des étoffes n'étant pas de moindre conséquence que leur fabrique, & une mauvaise teinture étant capable de gâter une bonne étoffe, il n'est pas surprenant si dans les Réglemens & les instructions pour le commerce, on est entré dans un grand détail, non-seulement des drogues permises & non permises, & de celles qu'on peut employer, soit dans le grand & bon teint, soit dans le petit teint; mais aussi de la maniere de s'en servir, de ce qu'il y faut observer, & de quels ingrédiens chaque sorte de teinture des étoffes se doit faire, suivant sa nature & qualité.

On a parlé ailleurs des drogues permises ou non permises, & de leur distinction en ingrédiens colorants & non colorants; on ne va parler ici que de la maniere de les employer, & des étoffes où il faut s'en servir. *Voyez ci-devant* DROGUE *&* INGREDIENT, *& ci-après* TEINTURIER.

Les noirs des étoffes de haut prix, comme sont les draps façon de Hollande & d'Espagne, de Carcassonne, Languedoc, &c. les serges de Berry, de Beauvais, &c. & les ratines & droguets de laine fine, &c. se font de fort guesde d'un bleu-brun nommé Bleu-pair, pour la bonne qualité duquel on ne mêle que six livres d'indigo tout apprêté avec chaque balle de pastel, lorsque la cuve sera à doux, c'est-à-dire, quand le pastel commence à jetter une fleur bleue, & sans qu'après l'assiete de la cuve elle puisse être rechauffée plus de deux fois; après quoi ils seront bouillis avec de l'alun & du tartre ou gravelle, pour être ensuite garancés avec de la garance commune ou croûte de belle garance, & parachevés en noir avec de la galle d'Alep, de la couperose & du sumac, puis adoucis en les repassant sur la gaude pour leur donner la perfection du noir.

Il faut observer qu'afin que les couleurs soient belles & soutenables, & que les draps & autres étoffes des qualités réservées aux Teinturiers du grand teint ne noircissent point par leur usage, les Réglemens ordonnent aux Marchands, de faire dégorger leurs draps en blanc au moulin à foulon avant de les donner aux Teinturiers, à qui il est défendu de les guesder avant leur dégorgement; & enjoint, quand ils ont été guesdés, de les fouler aux pieds dans de l'eau, puis les garancer, & quand ils sont noirs, de les laver jusqu'à ce qu'ils ne poudrent plus, à peine de 200 livres d'amende.

Les étoffes de prix médiocre, telles que sont les petites ratines, revêches, serges, molletons, &c. qu'on veut mettre en noir, doivent seulement être guesdées & passées en bleu, & ensuite parachevées en noir avec la galle & la couperose, ne pouvant soutenir les frais de la garance.

Il faut encore remarquer qu'il est défendu à tout Teinturier sans exception, de teindre aucune étoffe de blanc en noir, pour quelque cause que ce soit, à peine d'interdiction de la Maîtrise, de confiscation des étoffes, & de 500 livres d'amende pour chaque contravention.

L'écarlate rouge se teint avec de la graine d'écarlate & de vermillon, ou du pastel d'écarlate, où l'on peut mêler l'agaric & l'arsenic.

L'écarlate incarnate-cramoisi se fait avec de la cochenille maëstreck, de l'eau forte jusqu'à deux onces par piece de drap, du sel armoniac, du sublimé & de l'esprit de vin, pour lui donner le bel œil & le lustre.

Les écarlates violettes, pourpres, amarantes, rose séche, pensée, gris-de-lin, passe-velours, gris-brun, sur-brun, gris-lavandé, gris-argenté, gris-vineux, gris-blanc, gris de ramiers, ardoises, &c. le tout cramoisi, se teignent de guesde ou pastel avec cochenille & inde pur sans melange de bois d'inde, bresil, orseille, ni autres ingrédiens défendus par les Réglemens.

Les gris-bruns, minimes & tannés se font de guesde, mais plus clair & bouilli plus fort qu'au noir, avec l'alun & la gravelle. On les garance aussi plus que les noirs, afin que la couleur soit plus belle; y ajoûtant pour les minimes de la garance non robée; & en cas que la garance commune soit trop obscure, les brunissant moins que les noirs. A l'égard des tannés, il faut leur donner une passe de cochenille.

Nota. Il est défendu de teindre les minimes avec de la racine de noyer brunie sur le noir, attendu que c'est fausse teinture.

Les gris de perle, de castor, &c. doivent se faire avec la galle & la couperose: il est même des gris qu'il est permis de commercer avec très peu de racine de noyer, en les achevant pareillement avec ces deux drogues; mais pour les rendre de meilleur service, il faut les repasser légerement sur les restes des bains de cochenille les plus foibles.

Les couleurs de Roi & de Prince doivent être guesdées & garancées comme les noirs.

Les verds-herbus, verds-guais, verds-naissans, verds de mer & verds-bruns, doivent être guesdés & parachevés de gaude de Picardie, de

Normandie & Champagne. Dans la teinture de ces verds il est défendu de donner la gaude avant la guesde; le pied & le fond en bleu rendant l'étoffe de meilleur usé que celui du jaune.

Les celadons & verds de mer doivent aussi être guesdés avant que de recevoir la gaude, sans qu'il soit néanmoins besoin de les passer sur le noir.

Il est défendu pour toutes ces couleurs d'employer du bois d'inde au bouillon, ni après qu'elles sont gaudées, non plus que de les brunir sur le bois d'inde avec le verdet, ou sur le bain restant des noirs, à peine de confiscation des étoffes, & de 300 liv. d'amende pour chaque contravention.

Les rouges ordinaires appellez Rouges de garance, se teignent avec garance pure, sans aucun mélange de bois de bresil, ni autres ingrédiens.

Les écarlates anciennes, dites Ecarlates de France & des Gobelins, doivent se faire de pure graine d'écarlate de Languedoc & de Provence.

Les rouges-cramoisis, incarnats de rose, de chair & fiamettes, comme aussi les fleurs de pescher & de pommier, & toutes autres couleurs cramoisies, doivent se teindre suivant leur nuance, de pure cochenille mastrick, sans mélange de garance, de bourre, &c. Pour le rouge-cramoisi, il doit être préparé avec l'alun de roche qui vient de Rome, & parachevé avec la cochenille. Et à l'égard des fleurs de pommier & de pescher, il faut pour leur donner le bel œil, qui doit être un peu violent, leur donner un leger rabat avec un peu de galle & de couperose, ou quelque autre legere façon.

Les orangers isabelle, aurore, gingeolin, jaune-doré, couleur de tuile, de chamois & pelure d'oignon, doivent suivant leur nuance être teints de guesde & garancés.

Les bleu-bruns sont faits les premiers, & dans la force du pastel; & les plus clairs en diminuant, à mesure que le pastel s'affoiblit par le travail.

Les jaune-pâles, citrons & couleurs de soulfre, se teignent seulement avec la gaude.

Les couleurs d'olive depuis les plus bruns jusqu'aux plus clairs ayant été passez en verd, sont rabattus avec de la suye de cheminée; & on leur donne le rabat plus ou moins fort, suivant l'œil qu'il leur faut, ou plus clair, ou plus brun.

Les feuilles mortes, couleurs de cheveux, couleurs de musc, de noisette, de canelle & de Roi se font avec gaude & garance.

Les nacarats que l'on nomme Nacarats de bourre, sont teints de gaude & de bourre de poil de chevre fondue avec la cendre gravelée, avec défenses d'y employer le fustel, qui est un faux ingrédient.

Les laines destinées pour être employées aux tapisseries doivent se teindre de bon teint, de la même sorte que les étoffes de draperie, à la réserve néanmoins des noires, qui doivent seulement être teintes de guesde & noircies.

A l'égard des laines noires destinées aux manufactures de draps & de serges pour être mêlées avec d'autres, elles peuvent être racinées de racine ou écorce de noyer, avec la coque de noix en suffisante quantité, comme les couleurs de musc, & puis passées en noir; étant néanmoins défendu d'employer ausdites teintures de l'écorce d'aulne, de a moulée, de la limaille de fer ou de cuivre, ni du bois d'inde, à peine d'interdiction de la Maîtrise, de confiscation, & de 150 liv. d'amende.

Pour connoître si les étoffes sont teintes en bon teint, pour remedier aux abus de la teinture, & pour la pousser à la perfection pour toutes sortes de couleurs, les Réglemens ont imaginé & prescrit diverses précautions ausquelles ils ont assujetti les Marchands & les Teinturiers sous peine de diverses amendes.

Entre ces précautions, les principales sont les roses ou rosettes, pour connoître le pied ou fond de la teinture des étoffes; le litage des étoffes destinées à être teintes en certaines couleurs, ou leur dégorgement avant de les envoyer au Teinturier; les échantillons matrices qui se conservent dans les Bureaux des Maîtres & Gardes de la Drapperie; le débouilli des étoffes fait sur ces échantillons, la visite & marque des pieces d'étoffes chez les Teinturiers tous les jours de travail par un Marchand Drappier, ancien Garde Commis par le Bureau; celles des Maîtres & Gardes de la Drapperie accompagnés, s'ils le veulent, du Juré Teinturier, de toutes les marchandises foraines apportées aux foires, ou déchargées aux halles; enfin la visite du Juré Teinturier chez les autres Teinturiers, pour examiner les teintures & les drogues & ingrédiens dont ils se servent.

On parle de toutes ces choses en plusieurs endroits de ce Dictionnaire. *Voyez entr'autres articles* Rose *ou* Rosette, Litage *ou* Liter, Dégorger *&* Dégorgement, Eschantillon matrice, Débouilli, Marque, Visite, Plomb, Poinçon, &c. *Voyez sur tout ci-après l'article des Teinturiers, au paragraphe de ceux du bon & grand teint.*

Teinture des Soies.

Le lustre de la soie étant la principale qualité de cette précieuse marchandise, rien n'est plus important que de la sçavoir donner parfaitement; ce qui ne se peut faire que par le décreusement, qui est aussi la premiere préparation qu'elles doivent recevoir du Teinturier avant de les mettre à la teinture.

Décreuser la soie, c'est la faire bouillir, ou, comme on dit en termes de l'art, la faire cuire avec de bon savon blanc, étant défendu d'y employer du noir, après quoi elle doit être bien dégorgée, en la mettant & la lavant à la riviere, pour ensuite la mettre dans un bain d'alun de Rome, à froid & non à chaud, attendu que la chaleur de l'alun perd le lustre de la soie, & de plus la rend rude & âcre.

A cette préparation commune à toutes les soies, il en faut ajoûter une autre à celles destinées à teindre en cramoisi, qui consiste après qu'elles ont été bien alunées, à les dégorger de nouveau pour les mettre dans un bain de cochenille, chacune selon sa couleur.

Le cramoisi, qui est la plus riche de toutes les teintures, est de trois sortes; sçavoir le rouge ou écarlate cramoisi, le violet cramoisi, & le canellé ou tanné cramoisi, qui toutes trois ont un pied different.

Le rouge-cramoisi se fait de pure cochenille maestrecht, en y ajoutant la galle à l'épine, la terramerita, l'arsenic & le tartre de Montpellier, le tout mis ensemble dans une chaudiere pleine d'eau claire presque bouillante, dans laquelle la soie qui y est mise avec toutes les drogues, doit bouillir continuellement pendant une heure & demie, après quoi le feu ayant été ôté, & la soie refroidie, elle se remet dans le reste du bain de cochenille de la premiere préparation pour y rester à fond jusqu'au lendemain. Le bresil, l'orseille, le rocou, & tous autres ingrédiens que ceux ci-dessus, sont défendus en France dans cette teinture, sous peine de 150 liv. d'amende pour chaque contravention.

Le violet cramoisi se fait aussi de pure cochenille avec l'arsenic, le tartre & la galle à l'épine, mais en mettant de cette derniere drogue plus modérément qu'au rouge; & encore avec cette différence qu'au sortir de la chaudiere, il doit être bien lavé & passé dans une bonne cuve d'inde dans toute sa force, & sans mélange d'autres ingrédiens.

Les cramoisis tannés ou couleur de canelle se commencent comme les violets; mais pour les achever, s'ils sont clairs, on les rabat avec la couperose, & s'ils sont brunis & violets, on les passe sur une cuve d'inde médiocre, aussi sans autres ingrédiens.

Les bleus-pâles & bleus-beaux, comme parlent les Tenturiers se teignent dans une cuve de pur Inde; mais les bleus célestes & complets doivent avoir leur pied d'orseille de Lyon, avant de les mettre dans l'inde.

Les gris-de-lin, silvies ou aubifoins se font avec l'orseille de Lyon ou de Flandres, & se rabattent avec un peu de cuve d'inde ou de cendre gravelée. Ces couleurs sont des sortes de bleus.

Les citrons sont alunés, puis teints de gaude, avec un peu de cuve d'inde. Les jaunes de graine sont aussi alunés, ensuite teints forts de gaude, & même couverts avec un peu de vin de rocou, suivant la couleur. Les jaunes-pâles après avoir été alunés sont teints de gaude seule. Les aurores-pâles & bruns ayant été mis en alun, sont gaudés fortement, puis rabattus avec le rocou préparé & dissous avec la cendre gravelée, la potasse ou la soude.

Les isabelles pâles & dorés se teignent avec un peu de rocou préparé comme aux aurores sur le feu; enfin la teinture des orangers se fait sur le feu de pur rocou préparé comme aux aurores & aux isabelles, à la reserve que s'ils sont bruns il faut les aluner après le rocou & leur donner un petit bain de bresil.

Les soies couleur de feu, qu'on nomme autrement Ratines, ont le même pied de rocou que les orangers, puis sont alunées & enfin mises dans un bain ou deux de bresil suivant la couleur. Les écarlates ou rouges rancés ne doivent avoir de pied de rocou que la moitié des ratines, mais l'alun & les bains de bresil comme elles.

Les celadons verds de pomme, verds de mer, verds naissans & verds gais, doivent s'aluner & ensuite être gaudés avec gaude ou sarrette suivant la nuance, puis passés sur la cuve d'inde. Les verds bruns se font de même, mais ils se rabattent avec le verdet & le bois d'inde. Les olives & verds roux après avoir été alunés se teignent en gaude & fustel, & sont rabattus avec le bois d'inde & la couperose. Les feuilles mortes se font comme les olives, à la reserve qu'on ne se sert que de la couperose pour les rabattre.

Le rouge incarnat & le couleur de rose s'alunent & ensuite se font de pur bresil; pour les cannelés & rose fraîche, après qu'ils ont eu l'alun, on les fait en bresil & en bois d'inde.

Le gris violant s'alune, puis se fait de bois d'inde. Les gris violets se montent de bresil, de bois d'inde & d'orseille, & sont ensuite passés sur la cuve d'inde. Les gris plombés sont faits de fustel ou avec de la gaude ou sarrette, le bois d'inde, de l'eau de galle, & de la couperose. Enfin les muscs minimes, couleurs de Roi & de Prince, tristamie, noisette & autres couleurs semblables, sont faits de fustel, bresil, bois d'inde & couperose.

Toutes les couleurs dont on a parlé jusqu'ici se doivent teindre sans surcharge de galle, cette surcharge appesantissant les soies & causant de notables pertes à ceux qui les achettent & qui les employent; aussi est-elle traitée en France de fausseté, & comme telle punie d'une amende de 150 liv. pour chaque contravention.

De toutes les soies qui se mettent en couleur il n'y a guéres que celles destinées pour le noir qui s'engallent, encore se chargent-elles de galle différemment suivant leurs diverses qualités ou les divers ouvrages ausquels elles doivent être employées.

Les grosses soies pour mettre en noir se décreusent avec le savon blanc, comme on l'a dit des autres couleurs, ensuite ayant été bien lavées & bien torses, elles sont mises en corde ou dans des bâtons; puis ayant fait bouillir pendant une heure & demie un bain de vieille galle, on les y met pour y rester un jour & demi ou deux jours. Au sortir de ce bain elles sont encore lavées avec de l'eau claire, ensuite torses pour être mises le même espace de tems dans une chaudiere de galle neuve & fine, dont la proportion ne doit être que de la moitié de la pesanteur de la soie; après quoi ayant été pour la troisiéme fois lavées & torses, & passées sur la teinture noire, à laquelle on donne trois feux au plus & non davantage, elles sont battues, & bien lavées, adoucies avec de bon savon blanc & enfin torses pour la quatriéme fois & mises sécher.

Il faut remarquer qu'en France il n'est point permis aux Teinturiers de passer ces sortes de soies plus de deux fois dans la galle, ni de les passer dans l'alun, non plus que de leur donner aucun noir entre deux galles, ou de mêler le noir dans les galles qu'on leur donne, le noir ne devant être donné que sur la galle blanche, étant pareillement défendu de faire aucun biscuit ou faux noir, le tout à peine de deux cens livres d'amende pour chaque contravention, de fermer boutique pendant six mois pour la premiere fois, & d'interdiction de la maîtrise pour toûjours, attendu que ces fausses préparations brûlent & surchargent les soies.

Il est encore fait défense aux Teinturiers sous les mêmes peines, de passer en galle, outre les noirs, aucune autre couleur si ce n'est le gris brun, qui même après avoir été décreusé, lavé & tord, ne doit être que mis à froid dans une vieille galle & ensuite bien lavé & bien séché.

Enfin il est interdit aux mêmes Teinturiers, & sous de semblables peines, de se servir d'aucune moulée de Taillandier pour quelque noir que ce soit.

Les soies noires fines se décreusent, se lavent, & se tordent de même que les grosses; mais après cette premiere préparation elles se passent une seule fois dans de la galle neuve qui n'a bouilli qu'une heure; ensuite de quoi ayant été lavées, torses & passées sur le noir deux ou trois fois au plus, elles sont encore lavées, puis adoucies avec du savon blanc, & après mises sur les perches pour les sécher.

Les soies fines organcinées, moulinées & appareillées pour être employées aux étoffes de soie; même les poils ou trêmes de quelque qualité qu'ils soient, ne doivent être teintes qu'avec des galles légeres; sçavoir quatre onces de galle fine pour chaque livre de soie, sans alun ni aucune surcharge, à peine de confiscation & de cent livres d'amende.

Enfin les gris noirs, vulgairement appellés Gris Minimes, doivent être engallés comme les noirs & passés une fois seulement sur la teinture noire qu'en terme de Teinturier on appelle un Feu, parce qu'elle n'a bouilli qu'une seule fois.

Une troisiéme remarque sur la teinture des soies, qu'il faut ajouter aux deux qu'on a faites ci-dessus, est qu'aucune soie noire ou couleur ne peut être mise à demi-bain, ce qu'on appelle Teindre sur le crû, & que toutes sortes de qualités de soies doivent être bien & dûement cuites & décreusées sous peine de confiscation & d'amende. Attendu néanmoins que pour les petits velours à un poil qui se font seulement dans la Ville de Lyon, & pour les crêpes ou crêpons, les gazes & les toiles de soie, qui se font en plusieurs lieux du Royaume, on a nécessairement besoin des soies teintes sur le crû, il se nomme tous les ans par les Officiers de Police des Manufactures un des Teinturiers en soie de chaque Communauté dans les lieux où il y en a d'établies, à qui il est permis de teindre, à l'exclusion de tous autres, des soies sur le crû, à la charge de tenir registre desdites soies ainsi teintes, pour justifier qu'elles n'ont point été employées, à d'autres fabriques qu'à celles des petits velours de Lyon ou des crêpes, crêpons, gazes & toiles de soie.

Teinture des laines en écheveau & de quelques légeres étoffes de lainerie.

La beauté des tapisseries tant de haute & basse lisse que de celles qui se font sur du canevas à l'éguille, soit au gros soit au petit point, & de quantité d'autres ouvrages où l'on employe des laines teintes de diverses couleurs dépendant de la teinture de ces mêmes laines, les Statuts de *1669* y ont aussi pourvu par douze articles qui reglent la maniere de les teindre, ausquels en sont ajoutés cinq autres concernant la teinture de quelques étoffes légeres qu'il est aussi permis aux Teinturiers Lainiers de mettre en diverses couleurs.

Pour suivre l'ordre observé dans ces Statuts on va commencer par les laines en écheveau.

Laine en écheveau.

Les laines violettes & amarante-cramoisi se font de cuve de cochenille sans mélange d'orseille ou d'autres ingrédiens.

Les couleurs de rose & pourpre sont faites de cochenille sans les rabattre d'orseille; les rouge-bruns de bon teint se font de cuve & se rabattent de garance sans y mêler de bresil; & les écarlates & incarnats, couleur de feu, orangers, jaune doré & isabelle se teignent de bourre teinte en garance sans y mêler de fustel.

Les bleus, verd gay, verd de pomme, verd de choux, verd d'olive, verd de mer, verd d'œillet, & celadon doivent être gaudés & passés en cuve sans les brunir avec du bois d'inde.

Les more doré, feuille morte & verd roux sont gaudés & passés en cuve.

Le noir de bon teint doit être teint en bleu & rabattu de galle à l'épine & couperose, sans y mêler de moulée de Taillandier.

Les couleurs communes se teignent de galle à l'épine & de toutes sortes d'ingrediens que les Teinturiers jugent plus propres pour leur bonté.

Les gris & noirs communs sont seulement teints de galle à l'épine & de couperose.

Enfin les couleurs de feu orangers & nacarats doivent être teints de boure teinte en garance.

Etoffes legeres de laine.

Les ratines de Beauvais, Mouy, Merlou, serges de Londres & d'Aumalle, baracans & revêches, pour être faites rouges doivent être teintes en garance.

Toutes sortes de serges, camelots, étamines, ratines de Rouen, Dieppe, Beauvais, Londres, façon de Londres, Aumalle, Châlons, Chartres, Mouy, revêches & baracans, pour être mis en couleurs de nacarat & incardin se teignent de boure teinte en garance.

Les mêmes serges de Londres ou façon de Londres; celles de Mouy, Châlons, Chartres, Aumalle, camelots & étamines pour cramoisi, violet, pensée, gris & rouge, sont teintes de cochenille.

Les serges de Merlou, Mouy, Aumalle, Châlons, Chartres, Londres, façon de Londres, Ypres, Ascot, camelots, étamines, ratines de Rouen, Beauvais, Dieppe, revêches de Beauvais & d'Angleterre, aussi-bien que les baracans, pour faire noir, doivent être teints en bleu, puis avec galle & couperose.

Enfin toutes ces mêmes étoffes destinées au verd ou au bleu doivent être teints de pastel de Languedoc.

Teinture des fils.

La premiere préparation pour la teinture des fils, est qu'ils soient bien décrusés ou lessivés avec de bonnes cendres, & ensuite retords & lavés dans l'eau de riviere ou de fontaine, au sortir de laquelle il faut encore les retordre de nouveau.

Les fils pers, appellés vulgairement Fils à marquer, soit simples soit retords, & le bleu clair brun, clair & mourant, se teignent avec l'inde plate & l'indigo.

Le verd gai se fait d'abord bleu, puis se rabat avec du bois de campêche & du verdet pour être ensuite gaudé.

Le verd brun se fait de même à la réserve qu'il se brunit davantage avant de lui donner la gaude.

Le citron, jaune pâle & citron doré se teignent avec la gaude mêlée d'un peu de rocou.

L'oranger, l'isabelle couvert, l'isabelle pâle jusqu'au clair & à l'aurore, se font avec le fustel, le raucourt & la gaude.

Le rouge clair & plus brun, la ratine ou couleur de feu, clair ou plus couvert, doivent être teints avec du bresil de Fernambourg, ou à son défaut d'autre bresil & du rocou.

Le violet, rose seche, l'amarante ou claire ou brune, se font avec du bresil & se rabattent avec la cuve d'inde ou d'indigo.

La feuille morte, clair ou brun, & le couleur d'olive, se brunissent avec la galle & la couperose, & se rabattent avec la gaude, le rocou ou le fustel suivant l'échantillon.

Le minime brun & clair, & le musc aussi clair & brun, doivent être brunis & rabattus comme le feuille morte.

Le gris blanc, gris sale, gris brun, gris de castor, de Breda & de toutes autres sortes de gris sont brunis avec galle à l'épine & couperose, & rabattus avec la gaude, le fustel, le bresil, le campêche & tous autres ingrédiens nécessaires suivant l'échantillon & le jugement de l'Ouvrier.

Enfin le noir doit être fait de galle à l'épine & de couperose, lavé & achevé avec le bois de campêche; il y a aussi quelques noirs qui doivent être courroyés avec de bonne huile d'olive & de la cendre gravelée.

Teinture chaude. C'est lorsqu'on fait bouillir les liqueurs, drogues & ingrediens qui servent à mettre en couleur les étoffes, laines & soyes, fils, cuirs ou autres ouvrages & matieres avant de les employer à teindre. Il se dit aussi lorsque toutes ces choses se mettent dans les chaudieres pour bouillir avec les drogues colorantes.

Teinture froide. C'est celle qui se fait en faisant dissoudre les drogues sans se servir du feu ou en les appliquant à froid, c'est-à-dire, en les laissant refroidir après qu'elles ont bouillies. Les Peaussiers-Teinturiers en cuir ont droit par leurs Statuts d'user de l'une & de l'autre teinture. *Voyez* Peaussiers.

Teinture des chapeaux.

La teinture des Chapeliers se compose de bois d'inde, de noix de galle, de couperose & de verd de gris qu'on fait bien dissoudre & bouillir ensemble dans une chaudiere, capable ordinairement de contenir outre la teinture jusqu'à douze douzaines de chapeaux montés sur leur forme de bois.

Lorsque cette teinture est bien préparée on y fait bouillir quelque tems les chapeaux, & ensuite les en tirant on les laisse se teindre à froid, ce qu'on fait alternativement à plusieurs reprises plus ou moins, suivant que l'étoffe mord facilement ou mal aisément la teinture. *Voyez* Chapeau.

Teinture. On nomme aux Isles Françoises de l'Amérique, Burgan de teinture, une sorte de poisson testaire qui sert à teindre en rouge. *V.* Pourpre.

TEINTURIER. Celui qui fait métier de teindre. Il y a dans Paris & dans les meilleures Villes du Royaume trois sortes de Communautés qui font profession de teinture; la premiere est la Communauté des Maîtres Teinturiers du bon & grand teint; la seconde la Communauté des Maîtres Teinturiers du petit teint; & la troisiéme la Communauté des Maîtres Marchands Teinturiers en soye, laine & fil.

Ces trois Communautés partagent, pour ainsi dire, entr'elles toutes les diverses sortes de teintures qui se font & se peuvent faire pour mettre en couleur soit les matieres dont se fabriquent les étoffes & autres ouvrages, soit ces ouvrages & ces étoffes mêmes quand elles sont fabriquées.

Aux Teinturiers du grand teint il appartient de teindre les draps d'une aune & demie de largeur & d'une aune & un tiers façon d'Espagne & de Hollande, les draps de Languedoc, Carcassonne, Sedan, Abbeville, Dieppe, Fecamp, Elbœuf; les draps d'Usseau, de Rouen & d'Arnatal, & ceux de Valogne & de Cherbourg; les draps & serges de Berry & de Sologne, les draps de Dreux, les serges de Segovie, de Limestre, de S. Lo & de Beauvais; les ratines & droguets de laine fine appellés Droguets demi-foulés; les ratines larges & étroites qui se font en Normandie, & toutes autres marchandises de draperie & de lainerie des meilleures qualités & fabriques.

Les Teinturiers du petit teint ont pour leur partage les frisons, tiretaines, petites sergettes à doubler, façon de Chartres & d'Amiens, & autres pareilles marchandises, jusqu'à quarante sols au plus l'aune en blanc. Ils peuvent aussi teindre en noir, gris, tristamie, noisette, musc, & autres semblables couleurs, toutes sortes d'étoffes destinées pour les doublures assortissantes aux échantillons qui leur sont donnés par les particuliers, Marchands ou autres, comme pareillement toutes sortes de hardes de soye, laine ou fil fabriquées, neuves ou vieilles.

Enfin les Marchands Teinturiers en soye, laine & fil ont pour eux la teinture de toutes ces matieres en écheveau, & avant qu'elles ayent été employées en étoffes, rubans, tapisseries, franges, crêpines & autres tels ouvrages; ils peuvent néanmoins mettre aussi en teinture quelques étoffes marquées & réservées par leurs Statuts dont on parlera dans la suite de cet article.

Les drogues propres à la teinture sont aussi comme divisées entre ces trois sortes de Maîtres Teinturiers, ne leur étant pas permis d'employer indifferemment tous les ingrédiens qui servent à teindre, & leurs Statuts particuliers, aussi-bien que le Reglement général pour les teintures en ayant fait plusieurs classes, & pour ainsi dire plusieurs lots qu'ils adjugent à chacun des Maîtres de ces trois Communautés, comme on l'a expliqué à l'article de la teinture & à l'article des drogues où l'on peut avoir recours.

Chaque Communauté de Teinturiers ayant des Statuts & Reglemens particuliers, il en sera parlé dans la suite en trois paragraphes séparés, dont les deux premiers seront pour les Maîtres du grand & du petit teint, & la troisiéme pour les Marchands Teinturiers de soye, laine & fil; mais auparavant on traitera ici des instructions générales qui regardent également les trois Communautés.

Personne n'ignore que c'est à M. Colbert Ministre & Secretaire d'Etat, Contrôleur Général des Finances & Sur-Intendant des Bâtimens du Roi, Arts & Manufactures de France sous le Regne de Louis XIV. qu'est dûe la perfection où l'on est arrivé en France, soit en fait de Manufactures, particulierement pour celles de lainerie & de soyerie, soit aussi pour ces belles teintures des étoffes & des matieres qui servent à leur fabrique qui égalent en toutes couleurs celles des étrangers, & qui même en quelques-unes les surpassent de beaucoup.

Il est vrai qu'avant l'année *1669* que furent donnés les Reglemens particuliers & généraux pour les teintures & Teinturiers, & que parurent les instructions si propres à porter cet art à sa derniere perfection desquelles il est ici question. Les teintures des Gobelins (ainsi nommés du nom des deux Freres Gobelins qui en firent le premier établissement sur la petite riviere de Bievre dans un des Fauxbourgs de Paris) étoient déja en réputation ; mais l'on peut dire que ce ne fut que depuis *1669* que tous les Teinturiers de France devinrent capables, suivant leurs diverses professions, de faire d'aussi belles teintures, même pour l'écarlate, que celles qui s'étoient faites jusques-là au Fauxbourg S. Marceau par ces deux habiles & célebres Teinturiers, qui, disoit-on, avoient profité de la nature de l'eau de cette petite riviere qu'on croit très propre aux teintures.

Dès le mois d'Août de la même année *1669* le Roi avoit fait enregistrer au Parlement en sa présence trois Reglemens en forme de Statuts, l'un pour les longueurs, largeurs & qualités des draps, serges & autres étoffes de laine & de fil ; l'autre pour les Marchands Maîtres Teinturiers en grand & bon teint, contenant aussi quelques articles pour les Teinturiers du petit teint ; & le troisiéme pour les Marchands Maîtres Teinturiers en soye, laine & fil, que Sa Majesté vouloit tous trois être observés dans toutes les Villes, Bourgs & autres lieux de son Royaume.

A ces trois Reglemens le Roi en avoit encore ajouté un quatriéme pour l'attribution des differens & contestations concernant les Manufactures, lesquelles furent attribuées aux Maire & Echevins des Villes ou autres Officiers faisant pareille fonction, à l'exception des Villes de Paris & de Lyon ausquelles leurs anciens usages à cet égard furent conservés.

Ce n'étoit pas assez d'avoir fait dresser de si sages Ordonnances, il falloit encore en hâter & en assurer l'exécution ; pour cela l'on établit & départit dans les Provinces quantité de Commis ou Commissaires qui depuis ont été appellés Inspecteurs pour veiller à la fabrique des étoffes, faire observer aux Maîtres Teinturiers leurs nouveaux Statuts, & réduire chacune des trois Communautés aux drogues differentes & aux diverses teintures qui leur étoient attribuées par les Reglemens.

Les Inspecteurs furent donc chargés au commencement de 1680 de deux Instructions ; l'une générale concernant principalement les teintures & Teinturiers ; & l'autre particuliere & qui leur étoit propre, contenant ce qu'ils devoient observer & comment se conduire pour faire exécuter les quatre Reglemens du 13 Août *1669*.

La premiere de ces Instructions qui a pour titre : *Instruction générale pour la teinture des laines & Manufactures de laine de toutes couleurs, & pour la culture des drogues ou ingrediens qu'on y employe*, est composée de trois cens dix-neuf articles divisés en douze titres ou parties, avec une courte préface à la tête.

La préface rend d'abord une espece de compte au Public des quatre Ordonnances de *1669* ; elle passe ensuite à la nécessité & à l'utilité des bonnes teintures qui reviennent même, à ce qu'on assure, à meilleur marché que celles du mauvais teint ; & après avoir établi que les drogues & les ingrediens qui croissent & qui se trouvent en France sont préferables aux autres qui viennent du dehors, qui sont plus chers & moins bons que ceux du Royaume, elle répond à quelques objections, particulierement à celle qui pourroit imputer aux Auteurs de l'Instruction de trop découvrir aux étrangers le secret de la teinture, objection si souvent & si injustement repetée, & presque toujours renouvellée, lorsqu'un Auteur a plus en vûe l'intérêt du Public que celui des Particuliers.

Dans la premiere partie de l'Instruction qui contient seulement sept articles ; il est traité des cinq couleurs simples de la teinture qui sont le bleu, le rouge, le jaune, le fauve & le noir ; on y parle aussi des préparations nécessaires aux étoffes pour bien recevoir la couleur de l'ingredient colorant.

La seconde parle en vingt-quatre articles de la maniere de bien employer les drogues de la teinture, & de faire en perfection les cinq couleurs simples.

La troisiéme qui n'a que treize articles explique les diverses nuances & couleurs qui dérivent des cinq premieres que de là on appelle Couleurs Matrices.

La quatriéme marque en vingt-trois articles quelles sont les couleurs composées, c'est-à-dire, celles qui se font par l'addition d'une ou de plusieurs couleurs simples sur une autre couleur simple.

On trouvera plus au long aux articles des couleurs, des drogues & de la teinture, ce qu'on ne fait qu'indiquer dans ce court extrait des quatre premieres parties de l'instruction.

On traite dans la cinquiéme partie, qui comme la quatriéme est composée de vingt-trois articles ; de la division du Corps des Teinturiers en grand & petit teint, des raisons de cette division, des couleurs & teintures permises à chaque Corps, de leurs Apprentifs & du chef-d'œuvre. *Voyez ci apres les divers paragraphes de trois Communautés de Teinturiers.*

On trouve dans les vingt-quatre articles de la sixiéme partie ce qui concerne la maîtrise, la maniere de teindre les laines servant aux tapisseries, & la nécessité de la marque, des plombs & des rosettes, pour empêcher le dégradement des étoffes & la falsification des couleurs. *Voyez ci-dessous les Statuts des Teinturiers. Voyez aussi les articles de la teinture, des plombs & des rosettes.*

Dans les quatorze articles de la septiéme partie on fait la division des drogues propres au grand teint, de celles permises au petit teint, & de celles absolument défendues à l'un & à l'autre. On y parle aussi des livres que doivent tenir les Maîtres Teinturiers, & des visites qui se font chez eux. *Voyez ci-dessus l'article du teint & ci-après les Statuts des Teinturiers, & encore l'article des drogues.*

La huitiéme partie rend raison en trente-deux articles pourquoi il y a des drogues qui doivent être permises, & d'autres qui doivent être défendues, & pourquoi encore il y en a qui sont permises en certaines couleurs & défendues en d'autres. *Voyez l'article des drogues a l'endroit où il est parlé de celles des Teinturiers.*

Dans la neuviéme partie on explique en trente-six

ſix articles les drogues & la façon du bon noir avec les pieds de guède & de garance néceſſaires ſuivant la qualité & la durée des étoffes, enſemble l'engallage & l'achevement des noirs. *Voyez* Noir, Engallage, Guesde *&* Garance.

Les quarante-deux articles de la dixiéme partie traitent encore des differens noirs des laines ſervant au mêlange, & de la façon & drogues néceſſaires pour le debouilli. *Voyez* Debouilli.

L'onziéme partie a vingt articles dans leſquels il eſt parlé de la teinture des fils & toiles de chanvre, lin ou coton, de ce qui eſt néceſſaire pour la perfection de la teinture de la ſoye, & de ce qui regarde la fabrique & bonne teinture des chapeaux. *Voyez l'article des chapeaux, & ci-deſſus celui de la teinture, où il eſt parlé de la maniere de teindre la ſoye & le fil.*

Enfin la douziéme & derniere partie qui eſt la plus longue, mais auſſi la plus curieuſe, eſt composée de ſoixante-trois articles où il eſt fait une exacte & ample deſcription de toutes les drogues colorantes & non colorantes qui croiſſent ou qui ſe trouvent en France. On y parle auſſi de leur culture & du fruit que le Public en peut retirer en s'y appliquant.

Ces drogues & ingrediens du crû de la France que l'Inſtruction préfere aux étrangers, sont le paſtel, le vouede, la garance, la gaude, la racine, l'écorce & la coque du fruit du noyer; le vermillon ou graine d'écarlate, le pouſſet ou paſtel d'écarlate, la ſarrette, la geneſtrolle, le rodou, le fouic, le tartre, la gravelle, le verdet, la cendre cuite ou potaſſe, la cendre gravelée, l'alun & la couperoſe de France, la caſſenolle, l'écorce d'aulne, le fuſtel, le trantanelle, la malherbe, la garouille & l'orſeille.

Toutes ces drogues ſont expliquées à leurs articles, & l'on y peut voir leur qualité, leur culture, les Provinces du Royaume d'où elles ſe tirent, & leur uſage par rapport à la teinture.

On n'entre pas dans un plus grand détail de cette Inſtruction générale concernant les teintures & Teinturiers, parce qu'il en eſt parlé ſuivant les matieres & les occaſions en pluſieurs endroits de ce Dictionnaire qu'on a pris ſoin de marquer, & où l'on peut avoir recours; ce qui s'entend auſſi de l'Inſtruction particuliere des Inſpecteurs des Manufactures dont on va préſentement parler & où l'on ſuivra la même methode.

Cette ſeconde Inſtruction eſt intitulée: *Inſtruction générale donnée de l'ordre exprès du Roi, par M. Colbert Conſeiller de Sa Majeſté en tous ſes Conſeils, &c. aux Commis envoyés dans toutes les Provinces du Royaume pour l'exécution des Reglemens généraux des Manufactures & Teintures, regiſtrés en préſence de Sa Majeſté au Parlement de Paris le 13 Août 1669.*

Elle conſiſte en ſoixante-cinq articles, dont les quarante-quatre premiers reglent & expliquent la police des Manufactures de lainerie, & les onze ſuivans regardent celle des Maîtres Teinturiers en laine & en ſoye, les teintures & les drogues propres pour les faire. Les neuf derniers marquent quels ſont les devoirs des Commis par rapport aux teintures, & ce qui peut les rendre plus parfaites.

Les quarante quatre premiers articles n'appartenant point à la matiere des teintures & Teinturiers dont on traite dans celui-ci, on remarquera ſeulement qu'on les cite & qu'on en fait l'explication & l'application en pluſieurs articles de ce Dictionnaire, particulierement dans ceux des diverſes ſortes de draps, ſerges, droguets, camelots, ratines & autres étoffes de lainerie qui ſe fabriquent dans les Manufactures de France.

A l'égard des onze articles concernant les teintures, le premier, qui eſt le 45 de l'Inſtruction, parle de la réduction des Maîtres en Communautés, de l'élection des Jurés, & du reſte de leur diſcipline: le 46 traite des Teinturiers du grand teint, des moulins à dégorger, de la petite enclume, & du marteau pour la marque des étoffes teintes: le 47 eſt des viſites chez les Maîtres, & des échantillons matrices: le 48 du débouilli: le 49 des roſes & litage des étoffes: le 50 d'une ſeconde viſite, & d'une nouvelle marque des étoffes teintes dans les Foires & Halles où elles ſont portées pour être débitées: & le 51 interdit la teinture des étoffes à d'autres qu'aux Maîtres Teinturiers.

Ces ſept articles ſont pour les Teinturiers en laine; les quatre ſuivans, qui ſont les 52, 53, 54 & 55 ſont pour les Teinturiers en ſoye; & il y eſt traité des Maîtres de cette profeſſion, parmi leſquels il ne doit y en avoir qu'un ſeul pour les ſoyes à demi-bain. On y regle auſſi le nombre de leurs Jurés, & l'on y parle des échantillons matrices, de la marque de la ſoye en bottes, & des divers engallages des ſoyes noires. Tout cela eſt expliqué dans les differens articles déja cités.

Enfin les autres articles juſqu'à la fin de l'Inſtruction contiennent les devoirs des Inſpecteurs, ſoit dans leurs tournées, ſoit dans leurs viſites; leurs privileges & prérogatives; leur ſéance dans les aſſemblées de commerce & de manufactures, & d'autres droits & fonctions qu'on peut lire à l'article des Inſpecteurs.

Teinturiers du grand & bon teint.

Il y a toujours eu de la diſtinction entre les Teinturiers du grand teint & ceux du petit teint, ainſi qu'on le peut voir par une Sentence en forme de Reglement rendue entr'eux par le Prevôt de Paris le 17 Novembre 1383: cependant bien long-tems avant le Reglement de 1669, on ne remarqueroit preſque plus de difference entre les Maîtres des deux Communautés; & ſi ceux du petit teint entreprenoient des teintures au-deſſus des prix & des qualités qui leur appartenoient, ceux du grand teint ne croyoient pas au-deſſous d'eux de faire les plus médiocres & les plus foibles teintures.

Le Reglement de 1669 ayant été donné pour remettre les deux Communautés en regle, on y trouve pluſieurs articles qui leur ſont communs. Ce n'eſt proprement néanmoins que pour les Teinturiers du grand teint qu'il a été dreſſé, & pour leur ſervir de Statuts; les Teinturiers du petit teint n'ayant reçû la confirmation de ceux de leur Communauté que dix ans après par des Lettres Patentes du mois de Décembre 1679.

Ces nouveaux Statuts des Teinturiers du grand teint contiennent ſoixante-deux articles, que l'on peut diviſer comme en quatre claſſes ou titres.

La premiere classe en dix articles traite de la séparation & établissement des deux Communautés, de leur difference, des Jurés, des échantillons matrices, des drogues & ingrediens permis & non permis, &c.

La seconde, depuis & y compris l'onziéme article jusqu'au vingt-neuf inclusivement, prescrit les pieds & façons des bonnes teintures, suivant les couleurs & les qualités des étoffes.

La troisiéme, qui comprend les articles trente & suivans jusqu'au quarante-quatriéme, regle l'ouvrage des Teinturiers du petit teint, les teintures permises aux Drappiers-Drappans, & ordonne les roses, le litage, le débouilli & les visites.

Enfin la quatriéme & derniere classe, qui commence au quarante-quatriéme article, & comprend tout le reste du Reglement, ordonne de la police des Maîtres Teinturiers, de leurs Veuves & de leurs Apprentifs.

De ces quatre classes on ne fera ici l'extrait que de ce qui est de plus important dans la premiere & les deux dernieres, ayant été traité ailleurs des teintures des laines comprises dans la seconde. *Voyez* TEINTURE.

On ne parlera non plus ici que de la Communauté des Teinturiers de la Ville de Paris; toutes celles des Provinces ayant été créées & reglées sur le même pied.

Lors du Reglement de *1669*, il ne se trouvoit à Paris que trois Teinturiers du grand & bon teint des Manufactures de laine : ainsi pour commencer à former un Corps un peu plus considerable, il est dit d'abord dans le Reglement, Que trois Teinturiers du petit teint seront choisis & nommés par le Lieutenant General de Police, pour travailler à l'avenir à la grande & bonne teinture, en faisant néanmoins par ceux qui seroient nommés & choisis le chef-d'œuvre du grand teint.

Ensuite l'on sépare pour toujours les Teinturiers du grand teint d'avec ceux du petit teint; & il est ordonné qu'ils ne pourroient être gouvernés par les mêmes Jurés, ni entreprendre les uns sur les autres les ouvrages qui seront attribués à chacune des deux Communautés.

Le troisiéme article veut, Que chaque année il se fasse l'élection d'un Juré pour veiller à l'exécution des nouveaux Statuts & Reglemens accordés aux Maîtres de la grande teinture; & par le suivant le Juré entrant en Charge est tenu aux frais & dépens de la Communauté, de faire teindre quinze jours après son élection, en présence des Officiers de Police & des Maîtres & Gardes de la Draperie, douze morceaux de drap de Valogne ou de Berry, & quatre morceaux de ratine des couleurs requises pour servir d'échantillons matrices. *Voyez* MATRICE *ou* ESCHANTILLON.

On passe de là aux drogues & ingrediens permis aux Maîtres du grand & petit teint, & à celles défendues aux uns & aux autres. *Voyez* DROGUE.

Le huitiéme article explique quelles sont les marchandises & étoffes qui ne peuvent & ne doivent être teintes qu'en bonne & grande teinture. *Voyez plus haut, où il est parlé des trois Communautés de Teinturiers en général.*

Enfin les neuvieme & dixiéme articles, qui sont les derniers de la premiere classe, ordonnent le dégorgement des draps teints en noir & l'établissement des moulins à les dégorger : on y explique aussi quelques préparations des noirs, qu'on peut voir à l'article des teintures. *Voyez* DEGORGEMENT & MOULIN A DEGORGER.

La troisiéme classe commence par les étoffes appartenantes au petit teint, qu'on ne repete pas ici, se trouvant, comme on l'a dit de celles du grand teint, au commencement de cet article des Teinturiers en general.

Ensuite on défend aux Maîtres Tondeurs & autres qui travaillent aux apprêts des draps, de se servir d'autres graisses que de celle du saindoux.

On distingue après cela les laines qui doivent être teintes au grand teint d'avec celles qu'il est permis de teindre au petit teint; & il est ordonné que toutes les laines destinées pour être employées aux tapisseries, se feront en bonne teinture, & de la maniere prescrite pour les étoffes de draperie, à la réserve des noires, qui seront seulement de guède & noircies. Il est en même tems défendu de se servir aux teintures des laines au petit teint, d'écorce d'aulne, de moulée, de limaille de fer ou de cuivre, non plus que de bois d'inde.

On ne s'arrêtera pas à ce qui est prescrit par plusieurs articles pour les roses & rosettes, les litages des étoffes teintes en cramoisi, & les differens debouillis; toutes ces choses étant expliquées à leurs propres articles.

A l'égard des visites & des marques qui sont une partie des plus essentielles du Reglement, il en est ordonné de quatre sortes; celles des Drapiers chez les Teinturiers; celles du Juré Teinturier chez les Maîtres de la Communauté; celles des Maîtres & Gardes de la Draperie pour les marchandises foraines & étrangeres qui se déchargent aux Halles; & enfin celles des mêmes Maîtres & Gardes pour les marchandises qui se portent aux foires.

La visite des Drapiers chez les Teinturiers permise ou ordonnée par le trente huitiéme article, doit se faire par un ancien Drapier qui a passé par les Charges, Commis à cet effet par le Corps de la Draperie.

A cette visite non-seulement sont sujets tous les Maîtres particuliers du grand teint, mais encore leur Juré même. Pendant les quinze jours que dure la Commission du Marchand Drapier, qui est ensuite relevé par un autre, & ainsi sans interruption pendant toute l'année, il examine non seulement les drogues & ingrediens dont chaque Maître compose sa teinture, mais aussi les étoffes & marchandises qu'il teint; les marquant de l'un des cinq poinçons pour la teinture, gardés au Bureau de la Draperie, qui tous cinq ont le nom des Villes où se font les teintures, & chacun outre cela une inscription qui lui est propre.

Sur le premier poinçon est gravé, *Guède pour passer en garance*; sur le second, *Guède & garance pour passer en noir*; sur le troisiéme, *Bleu pour passer en noir*; sur le quatriéme, *Gaude*; & sur le cinquiéme, *Cramoisi*. Enfin pour que l'on connoisse par quel Maître a été faite la teinture, son nom est aussi gravé sur la petite enclume que chaque Teinturier est tenu d'avoir chez soi; de sorte qu'en mettant un plomb entre l'enclume & le poinçon qu'on veut appliquer, le plomb puisse du même coup de marteau recevoir la double empreinte du nom du Maître, & de la qualité de la teinture où doit être mise la piece d'étoffe qu'on plombe.

Ces cinq marques servent pour assurer les teintures, les Teinturiers ne pouvant garancer les guêdes, qu'après qu'ils ont été marqués en guêde; ni passer en noir les guêdes garancés, qu'après qu'ils ont été marqués en guêdes garancés, & ainsi des bleus en noirs, des gaudes en autres couleurs & des cramoisis: ces derniers entr'autres ne pouvant être délivrés aux Marchands à qui ils appartiennent, qu'ils n'ayent été pareillement frappés du poinçon qui leur convient, le tout sous peine de saisie & confiscation des étoffes, & de 150 liv. d'amende contre le Teinturier, sauf le recours du Marchand contre le même Teinturier trouvé en contravention.

La visite du Juré chez les Maîtres, qui est la seconde des quatre visites ordonnées, n'est point differente de celles qui se font dans les autres Corps & Communautés; & il est tenu d'examiner les teintures, les drogues, les étoffes teintes, &c. & de faire son rapport des contraventions aux Statuts & Reglemens.

La troisiéme visite, qui est celle des Maîtres & Gardes du Corps de la Draperie dans les Halles, a été instituée, tant pour voir si les étoffes de lainerie des Manufactures de France ont les plombs & marques du Drapier-Commissaire, & si elles leur ont été exactement & fidélement apposées, que pour examiner si les étoffes de laine de teintures étrangeres ont été teintes de bon teint, & les marquer en cas que la teinture ait été reconnue bonne.

Pour faciliter cette visite, qui n'est pas une des moins importantes des quatre, il est ordonné que toutes ces sortes de marchandises, excepté celles qui doivent aller aux Foires, seront directement menées & déchargées aux Halles & autres lieux des Villes destinés pour y faire lesdites visites, pour y rester pendant trois jours entiers; avec défenses, sous peine de confiscation des marchandises, de 1000 liv. d'amende, & de tenir boutique fermée pendant six mois, à tous Marchands Drapiers, Merciers & Privilegiés suivant la Cour, de les faire décharger ni recevoir dans leurs maisons, boutiques & magasins, qu'après qu'elles auront été visitées & marquées.

Enfin la visite & marque qui se font aux Foires par les mêmes Gardes Drapiers, étant & pour les motifs, & pour l'utilité, & pour les peines des saisies, confiscations & amendes, toutes semblables à celles ordonnées dans les Halles, ce qu'on vient de dire des unes suffit pour donner une idée des autres; les unes & les autres d'ailleurs se faisant absolument sans autres frais que d'un sol par piece pour le dépôt & garde des marchandises dans les lieux destinés à cet effet dans lesdites Foires & Halles.

La police de la Communauté des Maîtres Teinturiers, qui fait, comme on l'a dit, la quatriéme classe des articles de leurs Statuts, consiste:

1°. En ce que nul ne peut être reçû à Maîtrise, qu'il n'ait fait apprentissage chez les Maîtres l'espace de quatre ans entiers, & qu'il n'ait servi trois autres années en qualité de Compagnon.

2°. En ce qu'aucun Maître ne peut prendre plus de deux Apprentifs à la fois, ausquels huit jours après la fin de l'apprentissage le Maître est tenu de faire faire à ses frais une experience de teinture en présence du Juré en Charge, pour être ensuite enregistrés au Registre des Compagnons.

3°. En ce que les Apprentifs ne peuvent s'absenter pendant leur apprentissage sans cause legitime, jugée telle par les Officiers de Police, à peine après une sommation faite par les Maîtres desdits Apprentifs, d'être rayés de dessus le Livre de la Communauté, sans qu'ils puissent se prevaloir dans un nouvel apprentissage, du tems qu'ils auront déja servi dans le premier.

4°. En ce que les Compagnons après leur apprentissage de quatre années, & leur service de trois autres années ne peuvent être reçûs Maîtres, s'ils n'ont privilege particulier, ou s'ils ne font chef-d'œuvre en présence du Juré & de deux anciens Maîtres; lequel chef-d'œuvre doit être composé par l'Aspirant de trois balles de pastel de Languedoc, desquelles après les avoir mises & préparées dans une cuve, il est tenu d'en tirer la teinture du bleu, depuis la nuance la plus brune jusqu'à la plus claire, & l'appliquer sur des étoffes de draperie, & ce durant six jours consecutifs, & non plus; auquel chef-d'œuvre néanmoins ne sont tenus les Fils de Maîtres, mais seulement d'une experience de bonne teinture pendant deux jours.

5°. En ce que les Veuves de Maîtres ont droit de tenir ouvroir chez elles, & d'y faire travailler à la bonne teinture, mais non de faire de nouveaux Apprentifs, ains seulement de continuer les anciens; & que lesdites Veuves & les Filles de Maîtres affranchissent les Compagnons qui les épousent, du service de trois ans, en faisant néanmoins par eux le chef-d'œuvre à leur reception à la Maîtrise.

Outre ces cinq articles de police, deux autres reglent les jours des assemblées, dont il y en a de deux sortes; sçavoir, celles du Bureau pour les affaires de la Communauté, qui doivent se tenir tous les premiers lundis de chaque mois, sauf au Juré d'en indiquer d'autres extraordinaires quand il en est besoin; & l'assemblée generale qui ne se convoque qu'une seule fois l'année au mois de...... & où doivent être invités & se trouver en la présence des Officiers de Police, les Gardes en Charge de la Draperie, avec ceux qui en sont sortis l'année précedente, & six autres personnes de l'un & de l'autre Corps & Communauté, ensemble deux notables Bourgeois.

C'est dans cette assemblée generale que se font les rapports de ce qui a été remarqué pendant toute l'année des contraventions au Reglement, & qu'il est consulté & deliberé des remedes propres à les prevenir & corriger; de quoi il est fait mention sur les Registres des deux Corps, & dont il doit être donné avis un mois après l'assemblée au Sur-Intendant General des Arts & Manufactures.

Il ne faut pas obmettre que par l'article 56 des Statuts, il est permis aux Maîtres Teinturiers, conformement à l'Arrêt du Parlement du 10 Mars 1610, de mettre & tenir des perches à leurs maisons, pour y étendre & secher les étoffes & ouvrages qu'ils ont teints, pourvû néanmoins que lesdites perches ne passent point la moitié de la rue, & que les ouvrages & étoffes qui y sont attachés ne descendent que trois toises près de terre.

Nouveau Reglement pour la marque des Teinturiers.

L'Article LVIII. du grand Reglement de 1669, concernant les Marchands Maîtres Teinturiers en grand & bon teint, dont on a donné ci-dessus l'extrait, ordonne que pour connoître le nom de ceux qui auroient teint les draps, serges & autres étoffes de laine, tous les Maîtres Teinturiers seroient obligés d'avoir une petite enclume, sur laquelle leur nom & surnom seroient gravés, afin que le Marchand, préposé aux visites, appliquant son plomb à la tête des pieces teintes; le nom du Teinturier, qui les a mis à la teinture, soit imprimé par le dessous, avec défenses aux Marchands de retirer aucunes étoffes des Teinturiers, si elles n'étoient marquées desdites marques.

Un autre Reglement posterieur (13 Mai 1719) avoit de plus defendu à tous Entrepreneurs de Manufactures, de mettre sur leurs plombs ces mots: *Manufactures Royales*, à moins qu'ils n'en eussent expressement & nommement obtenu le droit par des Lettres Patentes.

Cependant quelques Teinturiers, & particulierement ceux du Bourg de Darnetal ne s'étant pas contentés de la simplicité de la marque ordonnée par le Reglement de 1669, & d'ailleurs, par une contravention manifeste à l'Arrêt du 13 Mai 1719, se servant d'un plomb doré, avec des Inscriptions & des empreintes honorables, sans en avoir obtenu ni la permission ni le droit; Sa Majesté, pour arrêter le desordre, a de nouveau ordonné l'exécution desdits Reglement & Arrêt, & en consequence a fait très expresses inhibitions & défenses à tous Maîtres Teinturiers de faire graver sur leurs plombs les Armes de Sa Majesté, s'ils n'en ont expressement & nommement obtenu le droit par des Lettres Patentes; à peine de confiscation des pieces d'étoffe, sur lesquelles lesdits plombs auront été appliqués, sauf le recours des Marchands, ausquels elles appartiendront contre lesdits Teinturiers, qui seront en outre condamnés en cinq cens livres d'amende.

On peut voir cet Arrêt plus au long rapporté à l'article des Reglemens.

Il y a trois Arrêts du Conseil de l'année 1725, concernant les Teinturiers.

Le premier est du 30 Janvier, il leur permet de teindre de blanc en noir, après un bain de racine de noyer, les étamines à voile & autres petites étoffes qui ne passent point au foulon, sous les conditions portées par ledit Arrêt. Ceux du 28 Mai 1718 & 29 Janvier 1722, qui accordoient la même permission y sont rappellés, on peut voir ces Arrêts à l'article des Reglemens.

Le second Arrêt qui est du 22 Avril, permet pareillement aux Teinturiers du Languedoc, du Rouargue, d'Auvergne, de la Generalité de Montauban & d'Auch, de teindre en petit teint les cadix & cordelas, de demie-aune de large & au-dessous; cet Arrêt se trouve aussi à l'article des Reglemens.

Enfin le troisiéme Arrêt du 20 Février fait défenses à tous Teinturiers & autres, d'envoyer hors du Royaume, ou d'en favoriser la sortie, des soyes teintes propres à fabriquer des étoffes. *V.* cet Arrêt à l'article des Soyes.

Teinturiers du petit teint.

Les Statuts de ces petits Teinturiers sont anciens, & dès l'an 1383 ils avoient reçû des Reglemens du Prevôt de Paris, sur l'avis & du consentement des Teinturiers du bon teint, & des Maîtres & Gardes & Jurés de divers Corps & Communautés, dont les ouvrages passent ordinairement par la teinture, tels que sont les Drapiers, Tisserans, Foulons & Chapeliers.

Tous les Corps de Jurande ayant été obligés par l'Ordonnance d'Orleans de faire reformer leurs Statuts, & de prendre de nouvelles Lettres Patentes de confirmation, les Teinturiers du petit teint en obtinrent de Charles IX. au mois de Mai 1575; qui ayant encore été depuis confirmées par Henry IV. en 1604, & par Louis XIII. au mois de Juin 1618, le furent enfin pour la derniere fois par Louis XIV. au mois de Decembre 1679, & les Lettres Patentes de confirmation enregistrées au Parlement le 6 Fevrier 1680.

Outre l'expression generale & commune à toutes ces sortes de Lettres qui portent l'approbation des anciens Statuts & l'exécution des Reglemens qu'elles confirment, il est dit en particulier dans celles-ci, que ces Maîtres Teinturiers qui ne sont à Paris qu'au nombre de douze en consequence du Reglement general pour les teintures de 1669, sont maintenus & gardés en leur Art & Metier du petit teint, de galle, couperose, écorce d'aulne, bois d'inde, orseille, bresil, moulée & gaude servant à addoucir les noirs, comme aussi à teindre en noir, musc, tristamie, noisette & toute sorte de petit gris, &c. ce qui proprement fait la distinction de cette Communauté des petits Teinturiers d'avec les deux autres Communautés à qui ces sortes de drogues sont absolument défendues.

Les Statuts confirmés en 1679 consistant presque dans les mêmes articles qui ont été ci-devant rapportés, en parlant de ceux des Teinturiers du grand teint, à proportion de leurs ouvrages; on se contentera d'en extraire ici ce qui est de plus important & particulier à ceux du petit teint.

L'apprentissage doit être de quatre années consecutives, indifferemment chez les Maîtres du grand & du petit teint, & le service de trois ans aussi consecutives, mais seulement chez les Maîtres du petit teint, afin que l'Aspirant puisse en apprendre la façon.

Le chef-d'œuvre, après l'apprentissage & le service, consiste en quatre pieces de teinture, deux de draps, & deux de legeres étoffes: les deux draps doivent se mettre en noir; sçavoir, l'un auquel le Teinturier du bon teint a donné le pied de guesde & de garance, & l'autre qui n'a reçû que le pied de guesde seulement: des deux pieces de petites étoffes, l'une doit être teinte en castor, & l'autre en pain bis, mais sans participation du grand teint.

Les fils de Maîtres ne sont obligés qu'à deux ans d'apprentissage, & à autant de service en qualité de Compagnons, ou chez leur pere, ou sous un Maître étranger; & lors de leur reception à la maîtrise, ils ne sont tenus qu'à la simple experience, qui consiste en la teinture d'une piece de drap noir & d'une piece d'étoffe legere à leur option. Les Compagnons qui épousent les filles ou Veuves des Maîtres jouissent aussi de la même exemption du grand chef-d'œuvre.

Il est défendu à tous Compagnons ou Apprentifs de teindre ni reteindre pour eux & à leur profit, en leurs maisons, dans les boutiques de leurs Maîtres ou ailleurs, à peine de punition exemplaire.

Enfin outre les visites de leurs propres Jurés, ils sont obligés de souffrir celles des Jurés de la Communauté des Maîtres du grand teint.

Avant l'année 1679. les Marchands Teinturiers en Soye, Laine & Fil, prétendoient aussi ce droit de visite chez ceux du petit teint, concurremment avec les Maîtres du grand teint; mais les Lettres Patentes de la même année ne l'ont conservé qu'à ces derniers, en ayant debouté les autres.

Teinturiers en Soye, Laine & Fil.

Quoique la Communauté de ces Teinturiers ne soit considerée que comme une seule Communauté, qu'elle soit gouvernée par les mêmes Jurés, & que les Statuts qui reglent sa police, comprennent également les Maîtres qui travaillent sur ces trois differentes matieres; cependant l'on peut dire qu'à certains égards ce sont trois Communautés toutes differentes, réunies néanmoins dans un seul corps.

En effet il n'est pas libre aux Maîtres qui la composent, de teindre indifferemment la soye, la laine & le fil, ni même de demeurer & travailler ensemble dans les mêmes ouvroirs & boutiques. La teinture de chacune de ces matieres forme comme autant de professions qui ont leurs Maîtres, leurs Apprentifs, leurs chef-d'œuvres, leurs drogues, leurs échantillons matrices & leurs debouillis; & quand l'option de l'une de ces trois Maîtrises a été faite, le Maître qui l'a faite n'a plus la liberté de passer dans les deux autres.

Ces trois especes de Maîtres Teinturiers, réunis ainsi dans une même Communauté, sont en quelque sorte considerés comme Teinturiers du grand teint, & les Edits, Déclarations, Statuts & Ordonnances, leur donnent quelquefois cette qualité, à cause qu'ils sont tenus d'employer les meilleures drogues en plusieurs de leurs teintures; cependant il est certain qu'elle est plus particulierement attribuée dans l'usage ordinaire aux grands Teinturiers des Manufactures & étoffes de Lainage, dont il a été traité au premier paragraphe de cet article.

Les premiers Statuts de cette Communauté sont très anciens; mais comme ils sont ou rappellés, ou abolis par le Reglement de 1669, on se contentera de parler de celui-ci, & d'y ajouter les changemens qui y sont arrivés depuis l'année 1691, que les Charges de Jurés créés en titre d'Offices lui furent réunies jusqu'en 1707 que cette Communauté obtint encore la réunion de plusieurs autres Offices de nouvelle création.

Quatre-vingt dix-huit articles composent le nouveau Reglement, dont seulement les trois premiers, & les dix-huit derniers regardent la police de la Communauté en general: les autres partagés en trois classes traitent en particulier de ce qui regarde la teinture des soyes, celle des laines & celle des fils. Ces trois sortes de teintures ayant été expliquées ci-dessus à l'article des teintures, on se contentera de donner ici l'extrait des vingt-un articles de discipline.

Le premier article, après avoir réuni dans une même Communauté les Teinturiers en soye, laine & fil, déclare que néanmoins les Teinturiers en soye ne pourront teindre ni vendre que de la soye, comme aussi les Teinturiers en laine & fil, ne vendre ni débiter que de la laine ou du fil, ou des étoffes de même qualité; & il est pareillement ordonné que chaque Maître qui sera reçû à l'avenir ne fera son chef-d'œuvre que sur celles des trois teintures qu'il aura choisies, & sur lesquelles il aura déclaré vouloir travailler.

Le deuxième article traite de l'Election des Jurés, dont la moitié doit toujours être de Maîtres Teinturiers en soye, & l'autre moitié partagée entre les Maîtres Teinturiers en laine & les Maîtres Teinturiers en fil: ensorte que de quatre Jurés, deux doivent être pour la teinture en soye, un pour celle en laine, & l'autre pour la teinture en fil. Que si néanmoins la Communauté n'est composée que de Teinturiers en laine & fil, l'Election des Jurés doit être également partagée entre eux, c'est-à-dire, qu'il y en ait toujours deux des uns & des autres.

La moitié des Jurés se renouvelle tous les ans avec la proportion précedente. Le jour de l'élection, deux Maîtres du Corps sont aussi choisis à la pluralité des voix, pour faire les visites chez les Jurés eux-mêmes; ausquels Jurés il appartient néanmoins de faire seuls les visites chez le reste des Maîtres de la Communauté.

Par le troisiéme article les visites generales des Jurés sont fixées à quatre par an, & les droits à dix sols par chaque visite, ausquelles visites & droits sont pareillement soumis les Plieurs de soye. Outre les contraventions au Reglement, & les défectuosités des teintures, que les Jurés doivent observer dans leurs visites, pour en faire leur rapport, suivant l'exigence des cas, ils sont encore tenus de prendre les noms des Teinturiers, de leurs fils, Apprentifs & Compagnons, pour connoître & vérifier s'ils ont été enregistrés sur le Livre de la Communauté.

L'article quatre-vingt-troisiéme qui reprend la police du Corps, interrompue par les articles des teintures, ordonne que nul ne pourra s'ingerer ni s'employer dans le négoce & l'art de Teinture des soyes, laines, fils & étoffes, s'il n'a été Apprentif & Compagnon pendant le tems ordonné, & s'il n'a fait son chef-d'œuvre & n'est reçû Maître.

Par le quatre-vingt-quatriéme article chaque Maître est tenu d'avoir un poinçon gravé d'un côté du nom & Armes de la Ville de sa demeure, pour en être les empreintes mises sur des plombs attachés aux bottes de soye, laine ou fil par lui teintes; de chacun desquels poinçons il doit y avoir trois empreintes matrices, l'une dans le Bureau de la Communauté desdits Teinturiers, & les deux autres dans les Bureaux des Marchands Merciers, & des Marchands-Maîtres Ouvriers en draps d'or, d'argent & de soye ; ne pouvant lesdits Teinturiers vendre ni livrer lesdites matieres & étoffes teintes, ni aucunes personnes les recevoir sans lesdites marques & plombs, à peine de cent livres d'amende pour chacune contravention, & confiscation des ouvrages teints non marqués.

Le quatre-vingt-cinquiéme article ordonne la tenue d'un Registre par chaque Teinturier pour y être inscrits toutes les soyes, laines & fils, &c. qui leur seront donnés à teindre ; le même article défend que les pantines de soyes crûes ou teintes soient défaites ni divisées, ni chargées d'huile ou d'autres graisses par les Teinturiers en soye, avant ou après la teinture.

Il est déclaré par le quatre-vingt-sixiéme article quelles sont les marchandises qu'il est permis aux Maîtres de la Communauté de vendre & débiter chacun par raport à la profession qu'il a optée & choisie.

Les marchandises que les Teinturiers en soie peuvent teindre, vendre & débiter tant en gros qu'en détail, sont toutes sortes de soies crûes ou teintes, les fleurets, capitons, trames & autres soies de ces qualités : celles des Teinturiers en laine sont des laines teintes & des canevas propres aux tapisseries ; & celles des Teinturiers en fil, toutes especes de fil de lin, de chanvre & de coton, fils à marquer, fils à sangles & retors blanc, & autres couleurs, & des rubans de fil de toutes couleurs, dont pareillement se servent les Tapissiers.

Le quatre-vingt-septiéme parle des perches sur la rue, qui, comme on l'a dit des autres Teinturiers, ne peuvent passer la moitié de la rue, ni les ouvrages qu'on y fait sécher descendre plus près de terre que de trois toises.

Il est dit par le quatre-vingt-huitiéme, que les poids & mesures des Teinturiers seront celles dont l'usage se trouvera établi dans le lieu de leur demeure.

Par le quatre-vingt-neuviéme, il est conservé aux Teinturiers le privilege de préference sur les marchandises par eux teintes, qui pourroient être saisies & vendues, mais seulement pour les deux dernieres années, & en cas que leurs parties ayent été arrêtées.

Les quatre articles suivans contiennent tout ce qui regarde l'apprentissage, les Apprentifs, les Compagnons, le chef-d'œuvre, la reception à Maîtrise, & le privilege des veuves.

L'apprentissage doit être de quatre années actuelles & consecutives chez un Maître. Chaque Maître ne peut avoir plus de deux Apprentifs à la fois, dont le second ne peut même être obligé qu'après l'expiration de deux années du premier. Après l'apprentissage le service est encore de deux années chez les Maîtres en qualité de Compagnon, à la reserve néanmoins des Compagnons Forains, qui sont tenus d'un service de quatre années pour pouvoir aspirer à la Maîtrise.

Le chef-d'œuvre que l'Aspirant doit faire en présence des Jurés en charge, de six Anciens & de trois Modernes, consiste à asseoir une cuve d'inde ou fleurée, & à la bien user, ce qui doit durer cinq ou six jours au plus. Les filles de Maîtres ne sont tenus qu'à la simple experience qui dure deux jours, & à laquelle n'assistent que les Jurés en charge, & quatre Anciens qui ont été Jurés.

A l'égard des Veuves il leur est permis de continuer leur négoce & profession de Teinture, même d'achever les Apprentifs commencés par leurs maris, mais non pas d'en obliger de nouveaux.

Le quatre-vingt-quatorziéme article défend aux Maîtres d'occuper plus d'une boutique ou ouvroir, comme aussi de prêter leur nom à d'autres pour les tenir en leur place.

Enfin les quatre derniers articles traitent des Assemblées particulieres de la Communauté, de la garde des titres & papiers, des amendes & de l'Assemblée générale.

Les Assemblées particulieres sont fixées à une chaque mois, avec liberté néanmoins aux Jurés d'en convoquer d'extraordinaires s'il est necessaire.

Les Papiers, Titres & Reglemens, doivent être mis, après l'inventaire préalablement fait, dans un coffre fermant à deux clefs, déposé dans le Bureau de la Communauté ; desquelles deux clefs l'une doit toujours être entre les mains de l'un des Jurés Teinturiers en Soie, & l'autre alternativement & par année dans celles des Jurés Teinturiers en Laine & en Fil.

Les amendes & confiscations adjugées appartiennent moitié au Roi, un quart aux Jurés qui ont fait la saisie, & l'autre quart aux pauvres.

L'Assemblée générale est toute semblable, & pour la maniere de la tenir, & pour les motifs, & pour ce qui doit s'y traiter, à l'Assemblée ordonnée par les Statuts des Teinturiers du grand teint, dont on a parlé ci-dessus dans leur paragraphe, avec cette seule difference, qu'au lieu des Gardes de la Draperie, ce sont ici un Marchand Mercier & un Marchand-Maître Ouvrier en Soie, qui doivent y être appellés.

Ces Statuts & Reglemens de *1669*, furent observés sans aucune altération ni changement jusqu'en *1691* que les besoins de l'Etat ayant obligé Louis XIV. de chercher des secours dans la création de plusieurs nouvelles charges, il fut créé des Jurés en titre d'Offices pour tous les Corps des Marchands & Communautés des Arts & Métiers de Paris.

Ces Offices ayant été depuis réunis & incorporés aux Communautés, celle des Teinturiers en soie, laine & fil en demanda comme les autres la réunion & incorporation, & pour trouver des fonds pour la finance qui fut payée suivant un rôle dressé au Conseil, on augmenta de beaucoup les droits de reception à l'apprentissage & à la maîtrise, ceux des visites annuelles, & ceux de l'enregistrement des Compagnons sur le registre de la Communauté.

La même chose étant arrivée en *1694* & *1701*, pour l'incorporation & réunion des Offices d'Auditeurs des Comptes des Communautés, & autres semblables, il se fit encore une nouvelle augmentation des mêmes droits.

Enfin deux Edits des mois de Janvier & d'Août de l'année *1704* ayant créé l'un des Offices de Controlleurs-Visiteurs des poids & mesures, & l'autre de Greffiers pour l'enregistrement de tous les actes concernant la police des Communautés des Arts & Métiers, il en coûta une nouvelle finance à celle des Teinturiers en soie, laine & fil qui en demanda & en obtint la réunion par des Lettres Patentes de 1707.

Ces Lettres Patentes données en faveur de cette derniere réunion sont en forme de Reglement qui en dix articles établit en partie une nouvelle police sur divers chefs, & en partie augmente encore les droits déja accrus si considérablement par les incorporations faites en 1691, 1694 & 1701.

Les articles qui augmentent les droits sont le premier, le second, le quatriéme & le cinquiéme; les autres sont de discipline.

A l'égard des droits, ceux pour les brevets d'apprentissage, transport de brevets & ouvertures de boutiques, sont fixés à trente livres outre les droits accoutumés & ordinaires. Les droits de l'enregistrement des noms des Apprentifs au nombre des Compagnons à quinze liv. ceux de la maîtrise, à six cens livres pour les Maîtres de chef-d'œuvres & aux trois quarts de cette somme pour les enfans nez avant la maîtrise de leurs peres; enfin les droits des quatre visites annuelles à quarante sols pour chacune desdites visites.

Pour la police il est permis aux Jurés de recevoir six Maîtres sans qualité. Les enfans nez avant la maîtrise de leurs peres ne sont tenus que de la seule expérience. Tous les Maîtres de la Communauté de Paris ont droit de maîtrise dans toutes les Villes du Royaume, nommément dans celles de Lyon, Rouen, Bordeaux, Toulouse, Caen, Orleans, Tours & Amiens. Les Jurés peuvent visiter chez tous les Teinturiers Privilegiés, ou retirés dans des lieux privilegiés. Quoique les Maîtres n'ayent droit que d'avoir une boutique ou ouvroir, ils peuvent néanmoins établir une calandre dans une autre maison dont ils auront fait bail pardevant Notaire, à la charge pourtant de ne passer à ladite calandre que leurs propres ouvrages de teinture. Enfin il est défendu à tous Maîtres de faire venir en leurs maisons & boutiques aucunes laines qu'elles n'ayent été déchargées au Bureau pour y être visitées par un des Jurés, & que le droit de visite n'y ait été payé sur le pied accoutumé de deux sols six deniers par balle ou ballot.

Au reste il est ordonné par le sixiéme article de ce nouveau Reglement, que conformément à ce qui est porté dans toutes les autres Lettres Patentes de réunion d'Offices & d'augmentations de droits, lorsque la Communauté aura été remboursée de toutes les diverses finances payées pour les besoins de l'Etat, il ne se levera plus que les droits anciens & accoutumés.

TEINTURIER EN CUIR. Artisan qui met les peaux en couleur soit de fleur, soit de chair; soit à teinture chaude, soit à froide; soit enfin à simple brossure. Ces Artisans qu'on nomme autrement Peaussiers, composent une des Communautés des Arts & Métiers de Paris. *Voyez* PEAUSSIER.

TEINTURIER-CHAPELIER. Il se dit des Maîtres Chapeliers qui s'adonnent particuliérement à la teinture des chapeaux; en effet quoiqu'il n'y ait qu'une seule maîtrise dans cette Communauté, les Maîtres semblent cependant se l'être partagée comme en trois professions distinguées, les uns fabriquant les chapeaux, les autres les mettant au teint & les autres les apprêtant & les vendant. *Voyez* CHAPELIER.

TEL

TELA. Espece de Monnoye ou plûtôt de Médaille d'or qui se frape à l'avenement à la Couronne de chaque Roi de Perse, que l'on distribue, & dont on fait largesse au Peuple.

Les telas sont du poids des ducats d'or d'Allemagne. Ils n'ont aucun cours dans le commerce ni parmi les Marchands, & valent tantôt plus, tantôt moins, suivant la rareté ou l'envie qu'on a d'en avoir.

Il se frappe aussi des telas au commencement de chaque nouvelle année; ce sont comme ces jettons d'or dont en France le Prévôt des Marchands & quelques Corps & Trésoriers font présent au Roi, aux Princes & aux Ministres, qui non plus que les autres telas ne sont point regardés comme monnoye courante, ensorte qu'il est certain qu'il ne se fabrique aucune espece d'or en Perse, & que toutes celles de ce métail qui y ont cours ne sont que des monnoyes étrangeres.

Les telas se nomment aussi Cherafis, c'est-à-dire, des Nobles.

TELARSKY-BIELKI. Sorte de fourures que l'on tire de la Syberie & de quelques autres Etats du Czar, qui se trouvent sur la route de Moscou à Pequin, particulierement à Tomskoy, Ville considerable par son commerce, située sur le Tom.

Ces fourures sont d'une grandeur extraordinaire & d'une blancheur qui égale celle de la neige; les Moscovites les estiment beaucoup, & les reservent presque toutes pour les magasins & l'usage du Prince. Il en passe pourtant plusieurs dans la Chine.

TELIER. On nomme ainsi dans quelques Provinces de France l'Ouvrier qui travaille en toile, en linge ouvré & en canevas. Il s'appelle ailleurs Tisserant. *Voyez* TISSERANT.

TELLE, qu'on nomme ordinairement Tael, & que les Chinois appellent Leam. Espece de monnoye d'argent de la Chine, ou plûtôt morceau d'argent qui s'y prend au poids. C'est aussi une monnoye de compte du Japon. *Voyez* TAEL.

TELON. Sorte d'étoffe dont la chaîne est de lin ou de chanvre, & la tréme de laine. C'est une espece de tiretaine ou de droguet; le Reglement du 19 Février 1671 permet de faire les tiretaines, droguets & telons seulement d'une demie-aune de large.

TEM

TEMAN. Mesure de continence pour les liquides, dont on se sert à Mocha Ville de l'Arabie heureuse. 40 memeedas font le teman; chaque memeedas contenant trois chopines de France, ou trois pintes d'Angleterre.

TEMIN. L'on nomme ainsi au Levant les Louis de cinq sols de France. Le commerce de cette petite monnoye d'argent après avoir eu longtems la vogue dans les Etats du grand Seigneur, y fut enfin défendu à la réquisition de l'Ambassadeur de Sa Majesté très Chrétienne, lorsqu'on se fut apperçu que les Nations d'Europe n'y en portoient plus que de très alterées ou même d'entiérement fausses. *Voyez* LOUIS DE CINQ SOLS. *Voyez aussi dans l'Etat général, le commerce du Levant.*

TEN

TENAILLE. Instrument ou outil qui sert à arracher ou à tenir quelque chose.

Quand on dit simplement une tenaille, sans y rien ajouter qui en spécifie l'usage, on l'entend de la tenaille commune, c'est-à-dire, celles dont se servent les Serruriers, Menuisiers, Tapissiers & tant d'autres Ouvriers ; les uns pour arracher les clous & les chevilles qui tiennent trop pour les pouvoir tirer à la main ; les autres pour tenir & bander les sangles qui soutiennent le rembourage des meubles & les étoffes qui les couvrent ou autres choses semblables.

On appelle le Mord de la tenaille les deux demi-cercles qui sont à un bout, parce qu'en se rencontrant quand on les ferme, ils mordent, pour ainsi dire, avec ces deux larges dents toutes les choses qui se trouvent entre deux.

Outre cette sorte de tenaille il y en a quantité de propres à certains métiers.

Les Forgerons surtout, ou ceux qui travaillent sur les métaux, tels que sont les Orfevres, les Serruriers, les Maréchaux, les Taillandiers, les Fondeurs, les Monnoyeurs, &c. en ont plusieurs qui leur sont particulieres. Il y a aussi des tenailles pour les Lapidaires & pour les Vitriers.

De tous ces Ouvriers & Artisans les Serruriers sont ceux qui ont le plus grand nombre de tenailles & les plus differentes, soit pour leur forme, soit pour leur usage. Trois sortes de grandes tenailles leur servent à la forge ; les unes, qu'on appelle simplement Tenailles de forge ; d'autres qu'on nomme Tenailles à crochet & à chaufer ; enfin les Tenailles à faire boutons, qui à la réserve que les branches sont très longues & fort étroites, sont toutes semblables à la tenaille commune.

Les autres tenailles des Serruriers sont les Tenailles à faire des vases à chaud, & celles pour les emboutir ; les Tenailles à chamfraindre, les Tenailles à liens & les Tenailles à fer à rouet. Tous ces outils sont de fer & ne sont composés que de deux pieces liées par le bout par un clou rivé à la réserve de la derniere qui n'est qu'une regle de fer un peu épaisse, pliée en deux & faisant ressort.

Ces Ouvriers ont encore la Tenaille à vis ou étau à main dont on parle à l'article des Etaux, & une Tenaille de bois qu'on met dans le grand étau quand on veut polir quelque ouvrage.

La Tenaille des Lapidaires n'est autre chose que l'instrument qui serre la coquille de cuivre à laquelle le diamant qu'ils veulent tailler sur la roue est soudé. *Voyez* LAPIDAIRE.

La tenaille des Vitriers, du moins celle dont les plus habiles se servent, est une espece de pince dont la tête est plate & assez large ; ils ont aussi la Tenaille commune.

La Tenaille des Fondeurs de grands ouvrages est semblable à celle qui fait partie de ce qu'on appelle le feu d'une cheminée. *Voyez* FONDEURS DE GRANDS OUVRAGES.

TENAILLES A CROISSANT. Ce sont des tenailles de fer dont se servent également les Fondeurs des Hôtels des Monnoyes, & les Fondeurs en sable pour retirer leurs creusets de dedans le fourneau & les porter jusques à leurs moules & chassis pour y couler & verser leurs métaux lorsqu'ils sont en bain, c'est-à-dire en fusion.

Ces tenailles ont à chacune de leurs branches d'en-bas une portion de cercle qui en forme un tout entier lorsqu'on les serre ; c'est avec ce cercle qu'ils prennent le creuset par le colet & qu'ils les portent surement & commodement jusqu'à l'endroit de l'attelier où sont leurs chassis. *Voyez* MONNOYAGE. *Voyez aussi* FONDEUR EN SABLE ET TERRE.

TENDOIRES. Terme de Manufactures de lainage. Ce sont des morceaux de bois de charpente ou de simples perches préparées pour faire sécher les étoffes après qu'elles ont reçu leurs apprêts.

L'article 24 du Reglement pour les manufactures de Bourgogne de 1718 défend de tirer ni aramer les draps & les serges pour l'usage des troupes & le commun du peuple, & ordonne qu'elles seront mises sur les tendoires pour sécher sans aucune extension.

TENDRE. Terme de Tapissiers. On dit Tendre un lit, une tapisserie, un appartement ; pour signifier, élever, monter la couchette d'un lit, y mettre le dossier, l'impériale, les rideaux & la housse ; attacher les tapisseries, & placer les meubles, miroirs, tableaux, &c. dans un appartement.

TENEUR DE LIVRES. Le Commis d'un Banquier, ou celui qui chez un Négociant a soin de porter sur les livres en débit & credit toutes les affaires du commerce de leurs Maîtres. J'ay un habile Teneur de livres, personne ne les sçait mieux tenir en parties doubles. *Voyez* LIVRES.

TENEUR. Ce qui est porté par un écrit, ce que contient une lettre. J'executerai la teneur de votre lettre. Le dernier Arrêt du Conseil ordonne que les Reglemens généraux pour les Manufactures du mois d'Août 1669 seront executés suivant leur forme & teneur.

TENG-CHIOU. Petite balance en façon de romaine dont on se sert dans la Chine pour peser l'or & l'argent. *V.* BALANCE & ROMAINE.

TENIR. On se sert de ce terme en tant de manieres dans le commerce, qu'il seroit difficile & peut-être assez inutile de les rapporter toutes. On se contentera donc de mettre ici les principales & du plus grand usage dans le négoce de mer & de terre, & dans les Manufactures des Arts & Métiers.

TENIR PORT. C'est rester un certain tems fixé par les Reglemens de Police dans les Ports où les Voituriers par eau arrivent pour y vendre les grains, bois, vins, charbons & autres marchandises dont les batteaux sont chargés. A Paris les Voituriers par eau doivent tenir port 15 jours pour toutes sortes de marchandises, à l'exception des vins pour lesquels ils les doivent tenir pendant un mois. *Voyez* VOITURIER.

TENIR MAGASIN. Se dit des Marchands en gros qui n'étalent pas leurs marchandises dans des boutiques sur la rue, mais qui les tiennent renfermées dans des magasins où ils les vendent ou en pieces ou en balles.

TENIR OUVROIR. C'est parmi les Tireurs d'or de la Ville de Lyon, travailler dans ces especes de boutiques fermées où ils tiennent leurs bancs, leurs filieres & autres instrumens nécessaires à leur

leur métier. *Voyez* TIREUR D'OR.

TENIR LA CAISSE. C'est chez les Marchands, Négocians & Banquiers, être chargé de recevoir & de payer les sommes qui entrent dans la caisse ou qui en sortent, & d'en tenir registre.

TENIR LA BANQUE. C'est faire le négoce d'argent que font les Marchands Banquiers. *Voyez* BANQUIER.

TENIR DE CHAIR. Terme de Chamoiseur. C'est donner aux peaux de mouton & de chevre, & autres peaux de cette sorte qu'on passe en huile ou en chamois, une façon sur le chevalet; après qu'elles ont été effleurées, & avant que de les mettre à la riviere pour les faire boire. Cette façon se donne avec le couteau de riviere qu'on passe le plus ferme qu'il est possible sur les peaux du côté de la chair, afin d'en enlever tout ce qui pourroit y être resté des premieres préparations, & par là les rendre plus unies, plus douces & plus maniables. Quelques Ouvriers appellent cette façon Escharner. *Voyez* CHAMOIS.

TENIR LES LIVRES. Terme de négoce & de banque. C'est avoir soin de porter & d'écrire sur des registres qui ont différens noms suivant les usages ausquels ils sont destinés, les marchandises qui sont achettées ou vendues par un Négociant, l'argent qui entre dans une caisse ou qui en sort, les dettes actives ou passives, & quantité d'autres semblables choses concernant le trafic des Marchands & Banquiers. *Voyez* LIVRES; *non-seulement il y est expliqué ce que c'est que tenir les livres en parties doubles & en parties simples, mais on y donne aussi des modeles de tous les différens livres dont les Marchands Négocians & Banquiers ont coutume de se servir; & des exemples pour y porter facilement toutes sortes de parties soit pour la dépense soit pour la recette.*

TENIR COMPTE. C'est faire entrer quelque marchandise ou quelque somme qu'on a reçue d'un autre dans le chapitre de la recette de son compte. Je vous ai tenu compte de la piece de drap & des dix pistoles que vous m'avez envoyés; c'est-à-dire, j'en ai chargé la recette du compte que j'ai avec vous.

TENIR BOUTIQUE. C'est occuper une boutique & y faire un commerce de quelque marchandise. On dit, Cet homme tient boutique depuis peu; pour faire entendre qu'il y a peu de tems qu'il fait négoce. On dit au contraire, Cet homme ne tient plus boutique; pour dire qu'il a quitté le commerce. *Voyez* BOUTIQUE.

TENTURE DE TAPISSERIE. C'est un certain nombre de pieces ou d'aunes de tapisseries suffisantes pour tendre & tapisser une chambre ou un appartement. Cette tenture de haute-lisse est composée de six pieces qui font vingt aunes courantes.

TENTOY. On appelle ainsi parmi les Haute-lissiers les barres qui servent à tendre & tourner les deux rouleaux ou ensubles, où sont attachés les fils de la chaîne de l'ouvrage, lorsqu'on monte le métier. La barre de l'ensuble d'en haut s'appelle le grand Tentoy, & celle du rouleau d'en bas le petit Tentoy. *Voyez* HAUTE-LISSE.

TEP

TEPIS. Etoffe de soye & cotton qui se fabrique aux Indes Orientales; il y entre fort peu de soye ce qui la rend des plus communes de celles qui viennent en France par le retour des vaisseaux de la Compagnie. Les tepis ont depuis cinq aunes jusques à sept aunes de longueur sur deux tiers environ de largeur.

TER

TERCELIN. Marchandise qui est employée parmi les drogues dans le Tarif de la Douane de Lyon de 1632.

Le Tercelin paye les droits de cette Douane à raison de 7 s. 6 d. la piece.

TERCERES. *Voyez* ISLES AÇORES.

TEREBENTHINE. Gomme ou Resine qui coule par incision ou naturellement de divers arbres gras & resineux, tels que sont le vrai Terebinthe, les Melesses, les Pins, les Sapins, &c.

On distingue trois sortes de Terebenthines; la Terebenthine de Chio, celle du bois de Pilatre, faussement nommé Terebenthine de Venise; & la Terebenthine de Bordeaux.

La Terebenthine de Chio, qui est la seule véritable, & qui a donné la dénomination à toutes les autres, est une résine d'un blanc tirant sur le verd, claire, visqueuse & peu odorante, qui se tire par incision de l'arbre appellé Terebinthe, dont la description est donnée à l'article qui suit.

Il faut la choisir en consistance solide, sans presqu'aucun goût ni odeur, & sur tout qu'elle tienne peu ni aux doigts quand on la touche, ni aux dents quand on l'éprouve dessous; ce qui doit servir à la faire reconnoître d'avec la fausse Terebenthine de Venise qu'on lui substitue souvent, qui est d'une odeur forte, d'un goût amer, & très adherente.

La Terebenthine de Chio seroit sans contredit la meilleure pour être employée en médecine; mais sa cherté & sa rareté sont cause qu'on n'en use presque pas.

Voici quelques remarques particulieres de M. de Tournefort sur la Terebenthine de Chio.

La récolte de la terebenthine se fait à Chio depuis la fin de Juillet jusqu'en Octobre. Pour cela, on fait avec une hache des incisions sur les troncs des plus gros terebinthes. La liqueur qui en coule tombe sur des pierres plattes préparées par les Paysans, au-dessous de ces arbres. A mesure qu'elles s'y amassent, ils la levent avec de petits bâtons faits exprès, & la laissent dégouter dans des bouteilles.

On la vend sur les lieux trente ou trente-cinq parats l'ocque, chaque ocque pesant trois livres & demie & une once, toute l'Isle ne fournit pas plus de 300 ocques.

Cette liqueur est un excellent baume naturel & grand stomachique, & un bon remede à pousser les urines. Il faut se garder de la donner aux personnes qui ont la pierre, non plus que les autres diuretiques, l'experience faisant voir que les malades en sont plus incommodés.

La Terebenthine de Venise, ou plus véritablement, comme on l'a ci-devant insinué, la Terebenthine du bois de Pilatre, vient de Forez, & est envoyée aux Marchands Epiciers-Droguistes de Paris par ceux de Lyon. Les Paysans de cette petite, mais agréable Province, la recueillent dans le bois de Pilatre, elle y coule des melesses, des pins & des sapins, soit naturellement & sans incisions pendant les grandes chaleurs, soit par les incisions que l'on fait à ces arbres quand ils ont cessé de la jetter d'eux-mêmes.

Celle qui coule naturellement s'appelle Bijon, & est une espece de baume qui n'a pas moins de vertu que le baume du Perou, à qui on la substitue quelquefois : à quoi il n'y a de tromperie que de nom, les qualités du Bijon ne cedant en rien à celles de ce baume.

A l'égard de la Terebenthine qui sort par incision, on la vend à Paris pour Terebenthine de Venise où il s'en fait un très grand commerce, plusieurs Ouvriers s'en servant, mais surtout parce qu'on en compose le vernis. Il faut la choisir claire & blanche, & prendre garde qu'elle n'ait point été contrefaite avec l'huile de Terebenthine. La Terebenthine de Bordeaux, qu'on appelle aussi Terebenthine commune & de Bayonne, est blanche & épaisse comme du miel ; elle ne découle pas des arbres de la maniere qu'elle est envoyée, mais c'est proprement une composition, dans laquelle il entre, entre autres ingrediens, cette resine blanche & dure, qu'on appelle ordinairement Galipot, & que les Montagnards nomment Baras.

Il y a encore des Terebenthines de Chypre, de Pise & de Strasbourg ; mais il ne s'en fait aucun commerce à Paris ; & quand on en demande aux Epiciers & Droguistes, au lieu de celle de Chypre ils donnent celle de Chio, pour celle de Pise une autre qui vient de Comté ; & quant à celle de Strasbourg, elle se débite presque toute en Hollande.

On met aussi au nombre des Terebenthines une espece de liqueur que produit l'arbre appellé Cedre. *Voyez* CEDRE *vers la fin de l'article.*

La Terebenthine paye en France les droits d'entrée suivant le Tarif de 1664 : sçavoir,

Celle qu'on nomme Terebenthine de Venise, 50 s. du cent pesant, & la Terebenthine commune 10 s.

Les droits de la Douane de Lyon sont,

Pour la Terebenthine de Venise 32 s. 6 den. d'ancienne taxation, & 30 s. pour les anciens quatre pour cent.

Pour la Terebenthine du Pays, 2 sols du quintal d'ancienne taxation, & 13 s. de réappréciation.

Et pour la Terebenthine de Suisse, 12 s. 6 den. d'ancienne taxation, 10 s. pour les quatre pour cent, & 2 s. pour leur réappréciation.

On tire de la Terebenthine par le moyen de la distilation, deux sortes d'huiles, l'une blanche & l'autre rouge, qui sont regardées comme une espece de baume propre à la guerison des playes & des engelures ; mais l'on se sert si peu de ces huiles, qu'il est assez difficile d'en pouvoir trouver dans Paris.

Ce que les Marchands Epiciers-Droguistes vendent ordinairement sous les titres d'Huile de Terebenthine, d'Huile Ætherée, d'esprit ou d'essence de Terebenthine, & dont il se fait un commerce assez considerable, n'est autre chose qu'une distilation de la resine nommée Galipot, nouvellement sortie de l'arbre. Cette huile qui s'employe avec succès dans la guerison des playes nouvelles, & dont les Peintres, les Maréchaux, &c. font une si grande consommation, est presque toute envoyée des environs de Marseille & de Bordeaux. *Voyez* GALIPOT.

L'huile de Terebenthine pour être bonne, doit être claire & blanche comme de l'eau, d'une odeur forte & pénetrante. Ceux qui en voudront faire négoce en gros, sont avertis qu'elle est sujette à de très grands déchets, & fort aisée à s'enflâmer ; c'est pourquoi ils n'en doivent approcher avec le feu qu'avec beaucoup de précaution.

L'huile de Terebenthine paye en France les droits d'entrée à raison de 30 s. le cent pesant, conformément au Tarif de 1664. & par celui de Lyon pareille somme de 30 s. du quintal.

COMMERCE ET PRIX DE LA TEREBENTHINE A AMSTERDAM.

L'on trouve à Amsterdam de quatre sortes de terebenthine, celle de Venise, celle de Bourdeaux, celle de Bayonne & celle de Baston. Elles s'y vendent toutes, en gros, au quintal de 100 liv. & se tarent & donnent des déductions suivant leur qualité.

Le prix de la terebenthine de Venise est ordinairement depuis 26 jusqu'à 30 florins les 100 livres, sa tare est de 20 pour cent ; sa déduction pour le bon poids de 3 pour cent ; & celle pour le promt payement d'un pour cent.

Le prix de la terebenthine de Bourdeaux est de 15 à 16 sols de gros les 100 livres, sa tare est de 90 livres par bariques de deux pour cent pour le bon poids, & autant pour le promt payement.

Le prix de la terebenthine de Bayonne est de 14 à 15 sols de gros les 100 livres, sa tare est de 120 livres par barique ; & ses déductions comme la précédente.

Enfin le prix de la terebenthine de Baston depuis 11 jusqu'à 12 sols de gros aussi les cent livres, sa tare est de 60 liv. par baril, quelquefois de 65 ; ses déductions sont d'un pour cent pour le bon poids & autant pour le promt payement.

La terebenthine paye en Hollande les droits sur le pied des 100 livres pesant ; sçavoir, 4 s. pour l'entrée & autant pour la sortie, avec une augmentation d'un sol si elle entre ou sort par l'Est, l'Orisont ou le Belt.

TEREBINTHE. Arbre résineux d'où coule la véritable terebenthine qui a communiqué son nom à quantité d'autres résines dont il est parlé dans le précedent article.

Le Terebinthe croît en abondance dans les Isles de Chio & de Chypre, & dans quelques endroits de France & d'Espagne. Cet arbre est toujours verd, ses feuilles sont semblables à celles du frêne, mais plus grosses & plus grasses ; son bois est dur & noir, son écorce comme celle du Lantisque, & sa fleur comme celle de l'olivier. Il y a deux sortes de fruits ; l'un de la grosseur de nos noisettes, & de la forme des pistaches ; & l'autre, semblable aux grains de genevre.

Les terebinthes naissent sans culture dans l'Isle de Chio ; & l'on en trouve quantité sur le bord des vignes & le long des grands chemins, leur tronc est aussi haut que celui du lentisque, aussi branchu, touffu & couvert d'une écorce gersée, grisâtre, mêlée de brun. Les feuilles ont un pouce & demi, ou ont deux pouces de long sur un pouce de largeur vers le milieu, pointues par les deux bouts. Elles sont fermes ; verd-luisant un peu foncé, d'un goût aromatique, mêlé de stipticité. Il y a de deux sortes de terebinches ; les uns qui fleurissent sans porter de fruit, les autres qui portent du fruit sans fleurir. Les fleurs naissent à l'extrémité des branches sur la fin d'Avril avant que les feuilles paroissent. Ces fleurs sont entassées en grappes branchues, & longues d'environ quatre pouces. Chaque fleur a cinq étamines chargées de sommets cannelés, verd jaunâtre ou rougeâtre, pleines d'une poussiere de même couleur. Chaque embrion est luisant, lissé, verd-gai, ovale, pointu, terminé par trois cercles, couleur d'écarlate ; il devient ensuite une coque assez ferme, longue de trois ou quatre lignes, ovale, couverte d'une peau orangée ou purpurine, un peu charnue, stiptique, aigrelette & resineuse. La coque renferme un noyau charnu, blanc, enveloppé d'une peau roussâtre. Le bois de terebinthe est blanc.

TEREC. *Drogue employée dans le Tarif de 1664. elle paye 15 s. du baril pour droits d'entrée.*

Il y a encore dans le même Tarif une marchandise appellée Terecq, qui ne paye que 5 s. du baril.

TERENIABIN. Espece de Manne liquide. *Voyez* MANNE.

TERJETTE. Terme de Manufacture de Lainage. C'est une espece de Manicle de cuir dont se servent les Laineurs-Applaigneurs. *Voyez* TARJETTE.

TERJETTER. Terme de Verrerie. C'est vuider dans les pots à cueillir la matiere propre à faire le verre, qui a été préparée & mise en premiere fusion dans les deux pots du grand ouvreau, & dans les deux autres pots du derriere du fourneau à verre. *Voyez* VERRE.

TERINDANNES ou TERINDAINS. Mousseline ou Toile de coton fine, qui vient des Indes Orientales, particulierement de Bengale. Ces Toiles ont seize aunes de long sur trois quarts à sept huit de large. *Voyez* MOUSSELINE.

TERME. Tems reglé & prescrit pour faire quelque payement, ou s'acquitter de quelque obligation. Le payement des rentes de l'Hôtel de Ville de Paris, se fait en deux termes ; celui des rentes ordinaires, des loyers de maisons, des fermes & heritages en quatre.

TERME. Signifie aussi delai, tems que l'on accorde à un débiteur pour payer ce qu'il doit. Je ne puis vous payer présentement, donnez-moi terme jusqu'à Pâques. Je veux bien vous accorder trois mois de terme, mais je veux être payé à jour nommé.

TERNATE, Isle de la Mer des Indes, & la principale des petites Isles Moluques. *Voyez* le détail des marchandises que l'on tire de cette Isle, dans l'Etat gen. Tome II. pages 283, 466.

TERNEUVIER. Vaisseau ou bâtiment de mer destiné & équipé pour aller en Terre-neuve faire le commerce & la pêche des morues. Les vaisseaux François Terneuviers sont ordinairement à deux ponts, du port de cent à cinquante tonneaux, & montés de vingt à vingt-cinq hommes d'équipage, compris le Capitaine & les Mousses. Les Hollandois les nomment Terreneuf-Vaarder. *Voyez* MORUES.

TERRAMERITA ou CONCOUME, en Latin *Curcuma*, qu'on appelle aussi Saffran ou Souchet des Indes, de Malabar & de Babylone ; est une racine qui sert aux Teinturiers pour teindre en jaune. Elle est jaunâtre en dedans & en dehors, dure & comme petrifiée, presque semblable en figure & en grosseur au gingembre ; les feuilles qu'elle produit sont larges, longues & vertes, & ses fleurs viennent en maniere d'épi. Cette racine est apportée des grandes Indes ; il en vient aussi quantité de l'Isle de saint Laurent ou de Madagascar.

On doit choisir la Terramerita grosse, nouvelle, resineuse, difficile à casser, pesante, point vermoulue & sans pourriture.

Bien des gens s'imaginent qu'il y a de la Terramerita rouge ; ce qui n'est pas vrai, n'y en ayant que d'une sorte : mais la cause de leur erreur est que cette racine en vieillissant brunit, & que reduite en poudre, elle paroît plus rouge que la nouvelle.

Les Gantiers & Parfumeurs se servent de la Terramerita pour mettre leurs gants en couleur, & les Fondeurs pour donner une couleur d'or au metail ; mais sur tout elle est d'un grand usage chez les Teinturiers.

Elle est du nombre des drogues colorantes qui appartiennent aux Teinturiers du grand teint à l'exclusion des Teinturiers du petit teint. Il est vrai que cette drogue ne fait pas un jaune aussi assuré que celui de la gaude, mais il n'y en a point de plus propre pour faire jaunir, éclaircir, ou tirer sur le nacarat les couleurs qui se font rouges, soit avec le vermillon, comme les écarlates de France, soit avec la cochenille comme le rouge cramoisi ; soit avec la garance comme le nacarat de garance : l'eau forte fait néanmoins le même effet sur la cochenille aux écarlates façon d'Hollande.

La Terramerita ou Curcuma, comme l'appelle le Tarif de 1664. paye en France les droits d'entrée conformément à ce Tarif, sur le pied de 45 s. le cent pesant.

Les droits de la Douane de Lyon dans le Tarif de laquelle elle est nommée Courcomie sont de 13 s. 3 den. d'ancienne taxation, 6 s. 9 d. de nouvelle reappreciation, 10 s. pour les anciens quatre pour cent, & 12 s. pour leur augmentation.

La Terramerita est du nombre des marchandises du Levant, qui payent vingt pour cent de leur valeur, suivant l'Arrêt du 15 Août 1685.

TERRA SAPONARIA. C'est le nom Latin d'une espece de terre glaize, qui peut servir au lieu de Savon au degraissage des laines : on l'appelle en François Smectin, & en Anglois Soletard. *Voyez* SMECTIN.

TERRA ou TARA. On nomme ainsi en terme de Potiers de Terre, un Auget de terre plein d'eau que ces Ouvriers quand ils travaillent quelque ouvrage à la roue, tiennent auprès d'eux pour y tremper de tems en tems leurs mains, & l'instrument qu'ils nomment une Attelle, afin que la terre glaize ne s'y puisse attacher. *Voyez* POTIER DE TERRE.

TERRAGE. On nomme ainsi en Bretagne, particulierement à Nantes, un droit qui se leve sur les sels qui se déchargent au-dessous des ponts de ladite Ville.

La Pencarte de la Prevôté de Nantes porte, qu'il est dû au Roi & Duc trois deniers par muid mesure Nantoise pour le droit appellé Devoir de terrage, de tous les sels descendus à terre, au-dessous des ponts dudit Nantes, &c. auquel devoir sont pareillement sujets tous ceux qui ont dudit sel en leurs maisons & salleges étant au-dessous desdits ponts, pour ce que nul n'en peut tenir au-dessus desdits ponts.

TERRAILLE. Poterie fine, jaunâtre ou grisâtre qui se fabrique à Escrome près le pont Saint-Esprit, petite Ville de France située sur le Rhosne.

Les Fayanciers de Paris qui en font un commerce assez considerable, l'appellent Terre du Saint-Esprit. On en fait des Caffetieres, des Tetieres, des Chocolatieres & des Cabarets entiers garnis de leurs Tasses & Soucoupes pour faire & prendre ces liqueurs qui leur ont donné leur nom. Elles soutiennent la chaleur de l'eau bouillante de même que les vrayes Porcelaines des Indes.

TERRASSE. Terme de Tireur d'Or. C'est une espece de vaisseau fait en forme de cuvette un peu longue, formé de brique ou de pavé de grais, avec de hauts rebords, dans lequel ces Ouvriers font chauffer le gros fil d'argent qu'ils veulent dorer avant de le passer aux filieres. *V.* TIREUR D'OR.

TERRE. Substance solide & pesante dont le globe terrestre est composé. Les Philosophes mettent la terre au nombre des quatre Elemens qui entrent, à ce qu'ils prétendent, dans la composition de toutes choses; mais cette terre comme ils l'entendent, n'est pas proprement celle sur laquelle nous marchons.

La discution de cette matiere n'étant point du dessein de ce Dictionnaire, on se contentera de parler ici des terres médicinales, & de celles que les Peintres & les Teinturiers mettent au nombre de leurs drogues, ou qui servent dans les Manufactures de Lainage.

TERRE A DE'GRAISSER. Dans les Manufactures de Lainages on employe beaucoup d'une sorte de terre grasse qui n'est autre chose que celle que l'on appelle ordinairement Terre Glaize ou Terre à Potier.

Elle sert à dégraisser les laines avant que d'être filées, à fouler & dégraisser les draps, les ratines, les serges & autres telles étoffes après qu'elles ont été fabriquées sur le métier. Les Foulons, Bonneriers en employent aussi pour fouler & dégraisser les ouvrages de Bonneterie. L'Urine est quelquefois substituée à la place de la terre pour le foulage & dégraissage, mais la terre est la meilleure quand elle a été bien maniée pour en ôter jusques aux plus petites pierres. *Voyez* FOULON. *Voyez aussi* POTIER DE TERRE.

TERRE A SUCRE. On nomme ainsi une sorte de terre avec laquelle on blanchit le sucre pour en faire de la cassonade blanche. Celle qu'on employe aux Isles Françoises de l'Amérique, vient de France, particulierement de Rouen, de Nantes & de Bourdeaux. Il s'en trouve aussi à la Guadeloupe. *Voyez* SUCRE *à l'endroit où il est parlé de la maniere de faire le sucre terré.*

TERRE CITRIN. *Voyez ci-après* TERRE SIGILLE'E.

TERRE D'OMBRE. Espece de terre ou de pierre fort brune, qui sert aux Peintres & aux Gantiers. Il y en a de deux sortes; l'une d'une couleur minime tirant sur le rouge, & l'autre seulement grise. La premiere est la meilleure; l'une & l'autre vient du Levant, & particulierement d'Egypte; il faut la choisir tendre & en gros morceaux.

Avant que de broyer la terre d'ombre, soit pour peindre, soit pour mettre des gants en couleur, il faut la brûler, ce qui la rend plus rougeâtre, & par consequent de meilleure qualité; mais en la brûlant il faut en éviter la fumée qui est, & nuisible, & puante.

Il y a encore une espece de Terre d'ombre qu'on appelle Terre de Cologne, mais elle est beaucoup plus brune que l'autre. Son nom apprend d'où on la tire. Il faut la choisir tendre, friable, bien nette & sans menu.

La terre d'ombre paye en France les droits d'entrée à raison de 10 s. du cent pesant, conformément au Tarif de 1664.

Les droits de la Douane de Lyon sont aussi de 10 sols du quintal.

Elle est du nombre des marchandises venant du Levant, sur lesquelles on doit lever vingt pour cent de leur valeur, suivant l'Arrêt du 15 Août 1685.

TERRE DE PERSE. Que l'on nomme aussi Rouge d'Inde; & quelquefois, quoiqu'improprement, Rouge d'Angleterre. *Voyez* ROUGE D'INDE.

TERRE DE PIERRE. Espece de mineral dont on se sert pour la fonte du fer. On le nomme plus ordinairement Castine. *Voyez cet article.*

TERRE ROUGE. Terre propre à la Peinture. *Voyez* ROUGE. *Voyez aussi* BOL.

La terre rouge paye en France les droits d'entrée à raison de 3 s. du cent pesant, conformément au Tarif de 1664.

Les droits de la Douane de Lyon sont 1 s. 3 d. du quintal.

TERRE DE MOULARD. Terre qui se trouve au fond des auges des Remouleurs. On en fait quelque usage dans la teinture, particulierement pour les noirs; mais elle n'est permise par les Reglemens qu'en certaines occasions. *Voyez* TEINTURE.

La Terre de Moulard paye les droits de la Douane de Lyon à raison d'un sol du baril, & ceux du Tarif de 1664 sur le pied de 2 s.

TERRE DE BELLIEVRE. On nomme ainsi dans les Manufactures des Glaces, la terre avec laquelle on construit le dedans & les glacis des fours; elle sert aussi à faire les pots à verre & les cuvettes qui servent à couler les glaces de grand volume: elle se tire d'une carriere près de Forge en Normandie. *Voyez l'article des Glaces.*

TERRE CIMOLE'E, ou CIMOLIENNE. C'est une espece de bol ou de terre savoneuse, qui se trouve dans l'Isle argentiere, que les Grecs nommoient autrefois Chimoli.

Cette terre est une craye blanche, pesante, & sans goût, remplie de petit sablon, qui se fait sentir sous la dent; elle est friable & ne s'échauffe ni ne bouillonne quand on l'arrose avec de l'eau, mais elle se fond aisément & devient gluante. Monsieur de Tournefort dans son voyage du Levant, prétend qu'elle n'est gueres differente de la craye qui se trouve aux environs de Paris, à la réserve qu'elle est plus grasse. C'est cette derniere qualité qui la rend propre à décrasser & à blanchir le linge, ce blanchissage est néanmoins assez sale; comme elle est pleine de petit gravier, il faut prendre garde de la bien épurer, de peur qu'elle ne perce le linge. Pline assure qu'on en blanchissoit aussi les étoffes. On n'en apporte gueres en France, & peu de nos Droguistes en ont aussi; le Sieur Pomet dans son Histoire des Drogues, semble n'en connoître gueres que le nom.

Sa seule vertu par rapport à la Medecine, est de résoudre les tumeurs; on lui substitue ordinairement la terre qui se trouve dans l'auge des Coûteliers, mais assez mal à propos, la terre à Potier ou la craye blanche y étant meilleures.

TERRE SIGILLÉE, qu'on appelle aussi TERRE LEMNIENNE, du nom de l'Isle de Lemnos, d'où les Anciens la tiroient. C'est une espece de terre ou de craye de differentes couleurs, à qui l'on a donné l'épithete de Sigillée, à cause des cachets dont elle porte ordinairement l'empreinte.

Cette terre est pesante, molle & friable, le plus communément rouge, mais assez souvent blanchâtre & couleur de citron, d'où le Tarif de 1664, l'appelle Terre Citrin : elle est fort astringente; ce qui fait qu'on s'en sert dans les hémorragies; on l'estime aussi bonne contre les venins & contre la peste.

Pline lui attribue bien d'autres vertus que l'experience n'a pas apparemment justifiées, puisqu'on n'en fait pas présentement le cas qu'on en faisoit autrefois Elle entre néanmoins dans la composition de la thériaque. Celle qui est en petits pains rougeâtres est la plus estimée.

On prétend qu'on a découvert aux environs de Blois une sorte de Bol très semblable à la terre Lemnienne, & qui n'est pas moins souveraine qu'elle. Un peu de tems pourroit bien en augmenter la réputation; & en tout cas, puisqu'on soupçonne quelques Apoticaires & Droguistes de substituer des terres inconnues à la véritable terre sigillée, peut-être feroient-ils mieux de se servir de celle de Blois, en la vendant sous son vrai nom, que de tromper le public par leur fausse terre Lemnienne.

Cette Terre pétrie & préparée sert à faire de petits vases qu'on estime & qui font l'ornement des cabinets des curieux.

La Terre Sigillée paye en France les droits d'entrée à raison de 40 s. le cent pesant, conformement au Tarif de 1664.

Les droits de la Douane de Lyon sont de 50 s. du quintal pour tous droits.

Elle est du nombre des marchandises venant du Levant, sujettes au droit de vingt pour cent, suivant l'Arrêt du 15 Août 1685.

TERRE VERTE. Il y a deux sortes de Terre verte, la terre verte de Veronne, qu'on nomme aussi Chipre, & la commune. La premiere se trouve en Italie aux environs de la Ville dont elle porte le nom : elle doit être bien verte, très pierreuse, & prendre garde qu'elle n'ait point en dedans quelques veines de terre ordinaire.

La terre verte commune se trouve en plusieurs endroits, & même en France. Plus elle approche de celle de Veronne, plus elle est bonne; elle sert à peindre, & sur-tout à fresque.

Il y a encore une troisiéme terre verte que le Tarif de la Douane de Lyon nomme Terre Verte de Mine.

Ces trois sortes de Terres payent les droits de cette Douane; sçavoir,

Le Chipre ou Terre de Veronne 10 s. le quintal. La Terre Verte commune 5 s. Et la Terre Verte de Mine, comme la précedente.

TERRE-NEUVE. C'est le nom que les François ont donné à une Isle de l'Amerique, qui n'est pas fort éloignée des Côtes du Canada; les Anglois la nomment New-Founland. Cette Isle qui est fort renommée pour la pêche de la morue & pour la commodité de ses greves pour faire secher ce poisson, a près de trois cens lieues de circonference; elle est entre le 46 & le 53 degré de latitude Septentrionale, vis-à-vis du Golfe S. Laurent & de la grande riviere de Canada, à plus de six cens lieues des Côtes d'Angleterre.

On parle ailleurs amplement de cette Isle, de son commerce, & des differens changemens de Domination qu'elle a successivement éprouvée; elle appartient présentement à l'Angleterre. *V.* l'Etat général, Tome I. p. 525.

TERRE-NEUVIER. On appelle un navire, un vaisseau Terre-neuvier, un bâtiment qui est équipé pour aller sur le grand Banc à la pêche de la morue. *Voyez* MORUE.

TERRER DU SUCRE. C'est le blanchir par le moyen d'une sorte de terre grasse dont on couvre le fond des formes où on le fait purger. *Voyez* SUCRE TERRÉ.

TERTIA. Terme corrompu du Latin, ou qui a passé d'Italie dans les Provinces de France qui en sont voisines. Il signifie un tiers ou la troisiéme partie d'un tout. *Voyez* TIERS.

TES

TESCARET ou THESKERÉ. On nomme ainsi dans les Echelles du Levant, particulierement à Smirne, un certificat que donnent les Commis de la Douane lorsque les marchandises y ont payé les droits d'entrée. En représentant ce Teskeré elles doivent passer franches dans les autres Villes des Etats du Grand-Seigneur où on les peut envoyer, c'est-à-dire, dans l'étendue de la Ferme où elles ont payé; car dans les autres, comme dans celle du Caire, elles doivent payer un nouveau droit. *Voyez* THESKERÉ.

TESSON, que l'on écrit quelquefois TAISSON. Animal sauvage à quatre pieds, dont la peau entre dans le Commerce des Pelleteries. On le nomme plus ordinairement Blaireau. *V.* BLAIREAU.

TESTE. Signifie dans le sens propre la partie supérieure & antérieure de l'animal. Il se dit aussi dans le sens figuré de tout ce qui semble en tenir lieu dans les choses inanimées, qui en a la forme, ou qui en est la partie la plus élevée. La Tête d'un pavot, la Tête d'une épingle, la Tête d'un arbre.

Il y a pareillement dans le commerce & dans les Arts & Métiers quantité de choses à qui on donne le nom de Tête.

TESTE. On appelle Clous à Tête ceux qui ont une tête ou petit morceau de fer plat à l'extrémité opposée à leur pointe; il y en a de diverses sortes, comme clous à tête embourie, à tête à trois coups, à tête rabattue, à tête de champignon, à tête plate, à tête ronde & à deux têtes.

TESTE EMBOUTIE. Broquette à tête embourie, c'est la plus grosse de toutes les broquettes; il y en a à deux livres le millier, & d'autres à deux livres & demi & trois livres. *Voyez* BROQUETTE.

TESTE A TROIS COUPS, ou TESTE RONDE. Ce sont les clous ordinaires, ainsi nommés pour les distinguer des clous à crochet & des clous à tête plate. Ce nom de Tête à trois coups leur vient de ce qu'on en forge la tête en la frappant trois fois du marteau, ce qui forme trois especes de triangles irréguliers. *Voyez* CLOU.

TESTE RABATTUE. Les clous à tête rabattue sont de gros clous qui servent à cloüer & attacher les bandes de fer qu'on met aux roues de charrettes.

Ceux qui sont destinés aux roues de carrosses & de chaises ne sont pas si forts, & s'appellent simplement Clous à bandes. *Voyez* CLOU.

TESTE DE CHAMPIGNON. Ce sont de grands clous dont la tête est ronde, de près d'un pouce de diametre, & presque d'autant de hauteur, creuse en dedans & de la figure d'un champignon ; ils ont deux pointes soudées ensemble, longues d'environ six pouces, qui s'ouvrent & se rivent séparement quand elles ont percé les planches & traverses où on les attache ; ils servent aux portes cocheres dont elles arrêtent les barres qui sont derriere, & forment en devant une espece d'ornement en quinconce. *Voyez* CLOU.

TESTE PLATE. On nomme ainsi les clous à ardoises & à lattes qu'on appelle autrement Clous à bouche. *Voyez* CLOU.

TESTE DE CHEVEUX, en terme de fabrique de perruques. C'est le côté par où les cheveux ont été coupés, l'autre extrémité s'appelle la pointe ; c'est par la tête que l'on tresse les cheveux pour en faire des perruques, des coins & autres ouvrages semblables. *Voyez* CHEVEUX.

TESTE DE NEGRES. C'est ainsi qu'on nomme sur les Côtes d'Afrique où les Européens font la traite des Negres, ceux qui sont âgés depuis seize ou dix-sept ans jusqu'à trente. On leur donne le même nom aux Isles Antilles. *Voyez* NEGRES.

TESTE DE LISSES. C'est le haut des lisses dont se servent les Ouvriers de la navette, à l'endroit où elles sont arrêtées sur les lisserons. *V.* LISSES *&* GAZE.

TESTE DE MORE. C'est le nom que l'on donne à la guipure la plus étroite. *Voyez* GUIPURE.

TESTE OU CUL D'AIGUILLE. *Voyez* CHAS.

TESTE OU BOSSE DE CHARDON. *Voyez* BOSSE DE CHARDON *&* CHARDON.

TESTE D'ARGUE. Terme de Tireur d'or qui se dit de la partie supérieure d'un gros billot quarré élevé de deux pieds de terre ; qui a deux entailles, dont l'une sert à placer & appuyer les filieres, & l'autre à faire passer les lingots par les pertuis des mêmes filieres pour les tirer à l'argue. *Voyez* ARGUE.

TESTE ET QUEUE. On dit chez les Manufacturiers & chez les Marchands qu'une piece d'étoffe ou de toile a tête & queue, quand elle n'a point été entamée, qu'elle est toute entiere. *Voyez* CHEF.

TESTE DE LINOTTES. Nom que les Laneurs & Aplaigneurs donnent quelquefois par dérision aux têtes ou bosses de chardon les plus petites qu'on appelle autrement Rondelles & Camions. *Voyez* CHARDON.

TESTE DE MOINE. L'on nomme ainsi le gros fromage d'Auvergne que l'on appelle aussi Quantal. *Voyez* FROMAGE *où il est parlé de ceux que l'Auvergne fournit.*

TESTE. Se prend quelquefois parmi les Fondeurs de caracteres d'Imprimerie pour ce qu'on nomme autrement l'Oeil de la lettre ; l'on doit pourtant y faire quelque difference, l'œil étant proprement la gravûre en relief de la lettre, & la tête le haut ou table de la lettre, où est cette gravûre. Une lettre bien fondue ne doit être ni forte en pied ni forte en tête. *Voyez* FONDEUR DE CARACTERE.

TESTE. Ce qu'on appelle en terme de Potier de terre la tête de la roue à tourner les ouvrages de poterie, est le haut de la noix ou arbre de cette roue sur lequel se place le morceau de terre glaise qu'on veut travailler ; son vrai nom est la Girelle. *Voyez* POTIER DE TERRE.

TESTE. On appelle la tête d'une bougie de table, le côté de la bougie où la meche n'est point couverte de cire ; cette tête se fait en mettant le haut de la meche dans des ferets lorsqu'on commence la bougie, & en coupant avec un coûteau de bois la cire du côté de cette meche, quand on l'a roulée pour achever. *Voyez* l'article de la Cire, où l'on parle de la Fabrique des Bougies.

TESTE. On nomme en terme de Rotiers la tête d'un rot, la partie supérieure du rot ; l'inférieure s'appelle le pied.

Le Reglement pour les toiles à voiles qui se fabriquent dans l'Evêché de Renne en Bretagne, porte article XII. que les rots seront reformés, & qu'ils seront égaux à la tête comme au pied. *Voyez* l'article des Reglemens pour les Toiles.

TESTES DE MORT. Les Peintres & Doreurs du Pont Notre-Dame & du Quay de Gêvres, appellent ainsi les bordures de bois uni qui ont six pouces de hauteur sur quatre pouces neuf lignes de largeur. Leur nom leur vient de ce que les premieres estampes pour lesquelles on en fit, représentoient une tête de mort.

TESTIF, ou poil de chameau. *Voyez* CHAMEAU. *Voyez aussi* l'article du commerce de Smyrne, dans l'Etat gén. Tome I. p. 319.

TESTON. Ancienne Monnoye d'argent qui se fabriquoit en France & dans plusieurs autres Etats, mais qui n'a plus de cours dans le Royaume, & peu dans les Pays Etrangers, hors en Italie où il est également monnoye courante & monnoye de compte.

Le teston a augmenté de prix à proportion de la valeur de l'argent. Lorsqu'on en fabriqua pour la premiere fois sous Louis XII. il ne valoit que dix sols, ensuite il a valu quinze sols ; & lorsqu'il a cessé en France d'être reçû dans le Commerce, il étoit monté à dix-neuf sols six deniers, c'est-à-dire, à peu près au tiers de l'écu de soixante sols.

Les testons frappés en France, ainsi appellés de la tête qu'ils avoient pour empreinte d'éfigie, étoient du poids de sept deniers dix grains, tenant de fin dix deniers quatorze grains.

Une partie des testons fabriqués dans les monnoyes étrangeres, sont du poids qu'étoient ceux de France, mais avec difference de quelques grains pour le fin. L'autre partie est, non-seulement avec moins de fin, mais encore beaucoup inférieure en poids.

Du nombre des premiers, c'est-à-dire, de ceux qui se trouvent du poids des testons de France, sont les testons de Dombes, de Lorraine, d'Orange, de Rome, de Portugal, de Milan, de Savoye, de Berne, de Soleure, de Lucerne, &c. Des autres les plus approchant de ceux de France pour le poids, sont, les testons du Cardinal de Lorraine fabriqués au moulin, ceux de Metz, quelques-uns de Savoye & de Gennes, ceux de S. Gal, de Strasbourg, de Besançon, de Basle, de Chaffouge & de Dole. Les testons de Suisse des années 1620 & 1621, sont les moindres de tous, & pour le poids, & pour le fin, le poids n'étant que de cinq deniers, & ne tenant de fin que huit deniers seize grains. Personne n'ignore que c'est par le poids & par le fin que s'estime le prix des especes. On peut voir là-dessus MONNOYE & MONNOYAGE. *Voyez aussi* TILTRE.

Le teston de Florence vaut deux lires ou trois jules monnoye de cette Ville. Le jule sur le pied de quarante quadrins, & le quadrin du prix de deux deniers tournois de France; ensorte que le teston de Florence revient à vingt sols de France.

Le teston Romain vaut trois jules ou trente bayoques; la bayoque prise sur le pied de cinq quadrins, & le quadrin pour trois deniers.

TESTU. Outil de Maçon qui sert à démolir les anciens ouvrages de Maçonnerie. C'est une espece de gros marteau, dont la tête qui est fort large par un bout, se termine en pointe par l'autre extrémité. Le manche qui est de bois est long & fort à proportion, ordinairement de plus de vingt pouces de longueur.

Le têtu à arrête qui sert aussi aux Maçons pour la démolition des bâtimens, est propre à briser & rompre les pierres qui sont trop dures & qui résistent au têtu. Comme c'est une espece de masse de fer dont les deux bouts, qui chacun se séparent en deux coins en forme de dents, sont tranchans & fort acerés, il n'a gueres que huit à dix pouces de longueur, mais est fort épais. Son manche est plus long qu'au têtu ordinaire pour lui donner plus de coup.

Le têtu à Limousin, qu'on nomme aussi un Gurlet, tient des deux têtus dont on vient de parler aux articles précedens; il a la tête fendue d'un côté comme le têtu à arrête, & est pointu de l'autre comme le têtu commun. *Voyez* GURLET.

TESTURE, ou TEXTURE. On nomme ainsi en Bretagne, particulierement dans les Manufactures de toiles de l'Evêché de Rennes, ce qu'ailleurs & particulierement à Paris on nomme la Trame. Le Reglement de 1724, pour les toiles à voiles qui se font dans cet Evêché, regle les differentes sortes de chanvre qui doivent s'employer ou dans la chaîne ou dans la testure. *V.* ce Reglement à l'article des Reglemens pour les toiles.

TEX

TEXIER. C'est un des noms que l'on donne à l'Ouvrier qui travaille à la fabrication des Toiles, des Canevas, & des Linges ouvrés. On l'appelle plus ordinairement Tisserand. *Voyez* TISSERAND.

TEXTE. Terme d'Imprimerie. On appelle Petit-Texte le corps de caractere qui est entre le Petit-Romain & la Mignonne. Il y en a de plusieurs sortes qu'on distingue de diverses façons. Premierement en gros œil & en œil ordinaire : & ensuite en numeros. Ces numeros sont, n°. 1, n°. 2, n°. 3. *Voyez* CARACTERE. *Voyez aussi* IMPRIMERIE.

TEXTURE. *Voyez* TESTURE.

THA

THAMALAPATRA, qu'on nomme quelquefois Malabatrum, & plus ordinairement *Folium Indum.* C'est la feuille d'un arbre qui croît aux Indes, que les Apoticaires font entrer dans la composition de la Thériaque. *Voyez* FOLIUM INDUM.

THAPSIC. Plante d'une acrimonie extraordinaire, & qui n'entre que dans les remedes violens. Il y en a de deux sortes, la blanche & la noire. La blanche a ses feuilles comme le Fenouil, & des ombelles comme l'Aneth; ses fleurs sont jaunes & sa graine large : on l'appelle aussi Turbit gris, & les Apoticaires ignorans ou de mauvaise foi, ne le substituent que trop ordinairement au vrai Turbit. La Thapsic noire n'est gueres différente de la blanche que par la couleur. *Voyez* TURBIT.

THAULACHES. Sorte d'Arme qui étoit autrefois en usage, dont il est fait mention dans le Tarif de la Douane de Lyon de 1632. Les unes étoient des armes offensives en forme de hallebarde ou d'épieu, les autres étoient du nombre des armes défensives & étoient des especes de rondelles ou petits boucliers.

Les Thaulaches ou épieux de Milan payent par ce Tarif 6 f. 8 den. de la piece, & les Thaulaches ou rondelles garnies de velours 10 f. aussi de la piece.

THE

THE', ou, comme le nomment les Chinois, TCHA. C'est la feuille d'un arbre ou arbrisseau qui croît dans plusieurs Provinces de la Chine, du Japon & de Siam.

L'arbre de Thé se plaît dans les vallées & au pied des montagnes; les terroirs pierreux lui convenant le mieux, ensuite les terres legeres, & après les terres jaunes. On en seme ordinairement la graine dans des terres exposées au Midi, & ils portent trois ans après avoir été semés. Leurs racines ressemblent à celles du pêcher. Leurs feuilles sont vertes, allongées par la pointe & assez étroites, d'un pouce ou d'un pouce & demi de long, dentelées tout-au-tour. Leurs fleurs sont assez faites comme les roses blanches sauvages. Leur fruit de differente figure, tantôt rond, tantôt long, quelquefois triangulaire, est de la grosseur d'une féve, & renferme deux ou trois pois d'un gris de souris au-dessus, & qui ont une amande blanche au dedans. Ce sont ces pois qui servent de semence pour les multiplier.

Ces arbres s'élevent en hauteur depuis un pied jusqu'à cent; & l'on en trouve que deux hommes auroient de la peine à embrasser, tandis qu'il y en a qui n'ont que quelques foibles tiges, & qui rampent presque comme les moindres plantes.

Le tems le plus propre pour faire la récolte des feuilles de Thé, est lorsqu'elles sont encore petites, tendres & pleines de suc. Quand elles ont été cueillies, on les passe sur la fumée de l'eau bouillante pour les amoitir, & ensuite sur des plaques de cuivre qu'on fait chauffer, & qui les sechent peu à peu jusqu'à ce qu'elles se roulent de la maniere qu'on les apporte en Europe.

Il est rare de trouver du Thé parfaitement pur, les Chinois y mêlant presque toujours d'autres herbes pour en augmenter le volume, & en tirer plus d'argent; aussi ne le vendent-ils chez eux qu'environ trois sols la livre, au plus dix.

On ne sçait à la Chine ce que c'est de fleur de

Thé, de Thé Imperial, & de tant d'autres noms qui en distinguent en Europe la bonté & le prix. Outre le Thé ordinaire, il semble néanmoins qu'on y en reconnoisse de deux autres especes, le Thé Soumlo & le Thé Voui ou Thé-bou, qui sont réservés aux plus grands Seigneurs & aux malades.

La boisson du Thé se fait à la Chine, & presque dans tout l'Orient, à peu près comme elle se fait en France, à la réserve qu'on y met peu ou point de sucre. L'usage de cette boisson est devenu si commun en Europe, sur-tout en Angleterre & en Hollande, qu'à proportion il ne s'en fait pas moins de consommation par les Anglois & les Hollandois que par les Orientaux. Il s'en consomme aussi assez considerablement en France; mais pas tant cependant qu'autrefois, le caffé, ce semble, l'ayant emporté sur le thé.

Depuis que la Compagnie de la Chine en a rempli ses magasins par deux retours heureux du vaisseau l'Amphitrite, on l'a eu à Paris à assez bon compte; mais bien des gens ont crû que ce thé n'étoit pas des plus excellens. Ne pourroit-on point croire plutôt, que suivant l'esprit de la Nation, la diminution du prix en a diminué l'estime?

On apporte le thé dans des boëtes d'étain, que l'on nomme Barses, qui en contiennent jusqu'à cinquante livres. Il en vient aussi dans des boëtes de même matiere de differentes grandeurs, d'une demi-livre & au-dessus.

Il faut choisir le thé, verd, odorant, le plus entier qu'il se peut, & sur-tout prendre garde qu'il ne soit point éventé.

A l'égard de toutes les proprietés & de toutes les vertus extraordinaires que tant de gens en Europe lui attribuent, & dont tant d'autres refusent de convenir, il est vrai que les Orientaux en paroissent presque autant prévenus que les Européens les plus entêtés de cette boisson: mais ne seroit-il peut-être point vrai aussi, que c'est parce que l'imagination n'a pas moins de pouvoir & de privilege parmi eux que parmi nous?

THE'-BOU. Sorte de thé qui s'achette à Nanquin. Les Chinois de Canton en portent beaucoup à Batavia. Il coute 55 taels le pic à Canton, & se vend deux cens cinquante pataques à Batavia. Les Hollandois en ont apporté en Europe, où il commence à être très estimé, particulierement à Paris, où les Connoisseurs le préferent aux autres thés; ne seroit-ce point parce qu'il coute davantage?

THE' AMERIQUAIN. C'est ainsi que le Pere Labat nomme un arbrisseau qui vient naturellement aux Isles Françoises de l'Amerique, particulierement à la Martinique; & que l'habile Auteur estime être le véritable arbre qui produit les feuilles de thé qu'on apporte de la Chine, & qui font en Europe un si grand objet de commerce.

Cet arbrisseau qu'aux Isles on appelle communément Thé sauvage parce qu'il y croît sans culture, n'a gueres que quatre à cinq pieds de hauteur; son tronc n'est au plus que d'un pouce ou d'un pouce & demi de diametre, ses branches qu'il pousse en quantité, sont droites, deliées & souples: l'écorce des branches est verte & mince, celle du tronc épaisse & pâle: ses feuilles sont petites, fermes & dentelées, deux fois plus longues que larges, d'un beau verd, bien nourries, succulentes & presque sans queues.

Ses feuilles sont composées de dix feuilles, cinq extérieures & cinq intérieures; celles-ci sont blanches, celles-là sont vertes, les blanches renferment quatre étamines & un pistil.

Le fruit qui sort de la base du pistil est oblong, composé de deux lobes; la graine qu'il a au dedans est grise, ronde & ferme, & leve aisément quand on la seme.

Ce sont les feuilles de cet arbrisseau qui font le thé si cheri des Chinois, & que les Européans vont chercher si loin, tandis qu'ils l'ont pour ainsi dire à leur porte, & qu'ils le peuvent trouver dans leurs Colonies. Ces feuilles étant cueillies & exposées au soleil, se sechent & se roulent d'elles-mêmes, & contractent ou acquierent en cet état une odeur de violette.

L'Auteur dont on a tiré cet Extrait, avoue qu'à la vérité son thé Ameriquain n'a pas cette odeur si forte que le thé Chinois, mais il s'en prend ou à la culture de l'arbrisseau, ou à la saison dans laquelle on en cueille les feuilles, ou à la maniere de les faire secher; ce que l'experience pourroit réparer, continuant de soutenir qu'à cette petite difference près, l'un & l'autre thé se ressemble si fortement, qu'on ne peut douter que ce ne soit la même chose.

Il ne faut pas oublier qu'il ajoute, que les plus habiles & les plus grands connoisseurs sur cette sorte de boisson y ont quelquefois été trompés. Ce qu'il raconte avec cet agrement qu'il donne à tous ses recits.

Mais ce qui est le plus capable de persuader que l'arbre thé de la Chine n'est point different de l'arbre thé de la Martinique, c'est la comparaison qu'on a été en état d'en faire, la graine du thé Chinois semée dans cette Isle n'y ayant point produit un arbrisseau dissemblable de celui qui y étoit déja, & qu'on y connoissoit sous le nom de thé sauvage.

Toutes ces observations ont fait croire au Pere Labat, qu'il seroit facile d'établir la culture du thé dans les Isles Françoises, & c'est en effet une des marchandises qu'il estime qu'on pourroit ajouter à tant d'autres qui font présentement la richesse & le commerce de leurs habitans.

Le thé, de quelque qualité qu'il soit, paye en France les droits d'entrée à raison de 8 s. de la livre, conformément au Tarif de 1664. Outre ce droit il paye encore 10 liv. la livre pesant poids de marc en consequence de l'Arrêt du 12 Mai 1693.

COMMERCE DU THE' A AMSTERDAM.

Le thé se vend à la livre à Amsterdam; sa tare est de 16 livres par canasse, & ses réductions d'un pour cent pour le bon poids, & autant pour le promt payement: son prix est ordinairement depuis 2 jusqu'à vingt florins la livre.

Le thé de la valeur de six florins, paye en Hollande 4 sols d'entrée & autant de sortie, avec 8 pennins d'augmentation s'il entre ou s'il sort par l'Est, l'Orisont ou le Belt.

THEATRE. On nomme ainsi dans les moulins à poudre de grands échafaux de bois élevés de terre de quelques pieds, sur lesquels après que la poudre a été grenée, on l'expose au soleil le plus ardent

ardent pour être entierement sechée, l'humidité étant ce qu'il y a de plus pernicieux à cette sorte de marchandise. Ces theâtres sont couverts de grandes toiles ou especes de draps sur lesquels on étend la poudre. C'est au sortir de là qu'elle se met en barils. *Voyez* l'article de la Poudre.

THERIAQUE. C'est une composition de diverses drogues choisies, préparées, pulverisées, & réduites en opiat ou électuaire liquide par le moyen du miel.

Comme la plupart des drogues qui servent à composer la thériaque sont extrêmement chaudes, on se sert de ce remede pour la guerison des maladies froides, & où la chaleur naturelle se trouve affoiblie & languissante. Son plus grand & son premier usage est néanmoins contre les poisons.

Andromaque célebre Médecin du tems de Neron, passe pour l'Inventeur de la Thériaque; du moins en a-t-il fait le premier la description en vers élegiaques, son fils l'a faite en prose, & Damocrates en vers ïambes. Quelques modernes ont fait aussi des Traités de ce remede; & le Sieur Charas entr'autres est Auteur de celui qui a pour titre: *Histoire des animaux, des plantes & des mineraux qui entrent dans la composition de la Thériaque d'Andromaque;* Traité véritablement digne de la réputation de son Auteur.

Autrefois la Thériaque de Venise avoit presque seule la vogue; & même encore aujourd'hui bien des gens conservent pour elle l'ancienne prévention; il faut avouer cependant que depuis que Messieurs Charas, Geoffroy, Josson, Bolduc, Rouviere, &c. ont pris le soin d'en préparer sous les yeux de M M. les Magistrats de la Police de Paris, & à la vûe du Public, il n'y a plus d'apparence que les Artistes étrangers doivent l'emporter sur nos François, qui joignent tout ensemble l'habileté & la probité, qualités également nécessaires à ceux qui composent cet excellent remede.

La Thériaque de Montpellier, quand elle sort des mains des habiles Apoticaires de cette Ville, n'est pas moins bonne que celle de Paris ou de Venise; mais il est si rare qu'elle arrive toute pure, sur-tout si l'on la tire des Foires de Beaucaire & de Guibray, ou qu'on l'achete des Colporteurs qui courent le Pays, qu'il ne faut point s'y fier, à moins que de l'avoir reçûe & de bonne main & en droiture.

L'on voit souvent une sorte de Thériaque en pots de fayance, avec le faux titre de *Thériaque fine de Venise*, enfermée entre deux viperes qui forment un cercle couronné de fleurs de lys; mais il ne faut point s'arrêter au titre, ce n'est qu'une mauvaise drogue composée à Paris ou à Orleans, où il n'entre que du miel jaune fondu avec quelques méchantes racines gâtées & vermoulues, & qui devroit être défendue par l'autorité des Magistrats.

On peut voir dans le Traité de M. Charas, dont on a donné le titre dans cet article, ou dans l'Histoire générale des Drogues du Sieur Pomet, celles qui entrent dans la composition de la Thériaque.

L'eau theriacale & le vinaigre theriacal viennent ordinairement de Montpellier: on en fait aussi d'excellens à Paris. On les tient bons contre le mauvais air, soit qu'on se contente de les sentir, soit qu'on s'en frotte les poignets, les temples ou les narines.

La Thériaque de Venise paye en France les droits d'entrée à raison de 10 liv. du cent pesant, conformement au Tarif de 1664.

Les droits de la Douane de Lyon sont de 5 liv. du quintal d'ancienne taxation, & de 3 liv. 10 sols de nouvelle réapréciation.

THERMIE, l'une des Isles de l'Archipel. Son principal commerce consiste en soye. L'on en tire aussi plusieurs autres marchandises. *Voyez* l'Etat gén. Tome I. p. 348.

THESKERE'. L'on nomme ainsi dans le Levant les acquits des droits qui se payent dans les Douanes des Etats du Grand-Seigneur. *Voyez* TESCARET. *V. aussi dans l'Etat général le Commerce de Smirne.*

THI

THIM, THYM ou TIN. Petite herbe odoriferante & un peu forte. Elle rampe presque sur terre. Ses branches petites, étroites & menues sont entourées de quantité de petites feuilles rondes & vertes. Ses fleurs qui ordinairement se trouvent à la cime des branches, tirent un peu sur le rouge, & produisent une graine si menue, que n'en pouvant être séparée, on est obligé de les semer ensemble.

On tire une huile très agréable des feuilles & des fleurs de cette herbe, que les Epiciers & Droguistes de Paris font venir de Languedoc & de Provence. *Voyez* HUILE.

THIMELE'E. Plante dont la racine est du nombre des drogues médicinales.

Les feuilles de la Thimelée sont vertes, épaisses & gluantes, assez semblables à celles de l'olivier. Elle produit un fruit de la grosseur d'un grain de poivre, verd dans son commencement, & d'un beau rouge dans sa maturité. Sa racine, qui est la seule chose qui soit utile dans cette plante, est legere, ligneuse & fibreuse, rougeâtre pardessus & blanche par dedans; d'un goût assez agréable quand on commence à la mettre dans la bouche, mais caustique & brûlante lorsqu'elle y reste quelque tems. On s'en sert beaucoup à Lyon pour purger le cerveau, & en attirer les humeurs âcres, particulierement celles qui tombent sur les yeux. La meilleure est celle de Languedoc, & elle doit être préferée à celle de Bourgogne.

THL

THLASPI. Plante qui croît dans les Provinces les plus Méridionales de France; il en vient aussi dans presque toutes les autres; mais elle est moins estimée & a moins de vertu: la meilleure est celle de Provence & de Languedoc.

Il y a deux sortes de Thlaspi, l'un qui s'éleve environ un pied de haut, dont les feuilles sont d'un verd foncé, les fleurs blanches, & la graine jaune tirant sur le rouge; l'autre a la tige moins haute & a tout le reste, feuilles, fleurs, graine, plus petit; une autre difference, c'est que la graine du dernier est tout-à-fait jaune. C'est le premier qui est le véritable, & qu'il faut seul employer en Médecine.

Il faut choisir sa graine nouvelle, nette, rougeâtre, âcre & mordicante; les Grainetiers lui substituent ordinairement celle du Cresson Alenois ou du Nassitrot. Il y a même peu de nos Droguistes qui en ayent de bonne, ou qui ne donnent pas en sa place quelques autres graines.

On croit la graine du Thlaspi mise en poudre & prise à jeun, souveraine pour dissoudre la pierre dans la vessie; on la donne aussi assez heureusement pour la goute sciatique, & pour faire vuider le sang caillé répandu dans la poitrine ou dans l'estomac.

THO

THON ou TON. Grand poisson de mer massif & ventru, qui a la peau déliée, de grandes écailles, le museau pointu, & des dents.

Ce poisson se trouve en abondance en plusieurs endroits, soit de l'Ocean, soit de la Méditerranée, mais sur-tout sur les Côtes de Provence, particulierement, vers S. Tropes & Nice, où il s'en fait un grand commerce tant au dedans du Royaume qu'au dehors. C'est de là aussi que les Marchands-Epiciers de Paris le tirent le plus ordinairement.

Comme le Thon est un poisson de passage & de saison, la pêche s'en fait en Provence dans les mois de Septembre & d'Octobre, qui est le tems que passant le Détroit en grandes troupes, il entre dans la Méditerranée. Les rêts ou filets dont les Pêcheurs se servent sont faits de joncs cordés : ils les nomment Madrague, & les partagent comme en plusieurs appartemens. Dès qu'un premier Thon a donné dans la madrague, on peut compter sur une bonne pêche, ce poisson nageant de compagnie, & entrant à la file tant que les filets soient pleins; alors les Pêcheurs les retirent dans leurs batteaux ou sur les rivages, où les Thons meurent aussi-tôt : ils sont ensuite vuidés & dépecés par tronçons, puis rôtis sur de grands grils de fer, & frits dans l'huile d'olive. Après cette premiere façon on les assaisonne de sel, de poivre, de clou de girofle & de quelques feuilles de laurier, & on les encaque dans de petits barils avec de nouvelle huile d'olive, & un peu de vinaigre.

Le Thon ainsi préparé s'appelle Thonine. On en distingue néanmoins de deux sortes; l'une qui est de Thons désossés, c'est-à-dire, sans arrêtes; & l'autre de thons avec leurs arrêtes. La thonine désossée vient ordinairement dans de petits barils de bois blanc, larges par le bas & étroits par le haut. Les barils de la thonine commune sont ronds.

L'usage du Thon est très commun : il a le goût du veau, & sa chair ressemble assez à celle de cet animal terrestre. Il faut choisir le Thon nouveau, bien enhuilé de bonne huile, & d'une chair ferme.

L'Ordonnance de la Marine du mois d'Août 1681, met le thon au nombre des poissons à lard. Ceux qui se trouvent échoués sur les grèves, doivent être partagés comme espaves; pour ce qui est des thons pris en pleine mer, ils appartiennent à ceux qui les ont pêchés; mais il n'est pas permis à tout le monde d'avoir des madragues; c'est un droit seigneurial.

THONINE ou TONINE. C'est ainsi qu'on appelle le thon quand il est apprêté & mis en barils. *Voyez l'article précedent.*

La Thonine paye en France les droits d'entrée à raison de 20 s. du cent pesant, conformément au Tarif de 1664, & 18 s. de droits de sortie.

THORA. Plante qui vient sur les plus hautes montagnes. C'est une espece d'aconit dont le poison est très dangereux. Sa racine est grumeleuse comme celle du Renoncule de Constantinople. Ses feuilles longues, fermes & dentelées sont soutenues par des queues très déliées; & ses fleurs sont jaunes, composées simplement de quatre feuilles.

La nature lui a préparé un contre-poison dans une autre espece d'aconit, qu'on nomme à cause de sa propriété specifique *Anthora.* La racine de cette plante est divisée en deux navets assez courts, très amers, blancs & charnus en dedans, mais bruns au dehors, & chargés de quantité de fibres. Sa tige s'éleve environ deux pieds de haut. Ses feuilles sont comme celles du pied d'allouette. Ses fleurs jaunâtres ressemblent à une tête couverte d'un casque. Ses graines sont noirâtres & ridées, & sont enfermées dans des gaines ou cornets membraneux.

On veut que l'Anthora, outre sa vertu specifique contre le Thora, soit encore souverain contre la morsure des chiens enragés, & pour la colique. Il se fait peu de commerce de l'Anthora; pour le Thora il ne s'en fait aucun; & l'on n'en a parlé que pour raison de son contre-poison.

THOUARS. Ville de France dans le Poitou. L'on y fabrique differentes étoffes de laine. *V.* l'Etat général, Tome I. page 64.

THY

THYM. *Voyez* THIM.

TIB

TIBIR. Nom que l'on donne à la poudre d'or en plusieurs endroits des Côtes d'Afrique. *Voyez* Poudre d'Or.

TIBOSE. Monnoye des Indes Orientales; c'est une des roupies qui a cours dans les Etats du Grand Mogol; elle vaut le double de la roupie Gasana qui vaut 30 sols de France.

TIC

TICAL. Monnoye d'argent qui se fabrique & qui a cours dans le Royaume de Siam. Il pese trois gros & vingt-trois grains; ce qui revient, mettant l'once d'argent à trois livres dix sols, à trente-deux sols quatre deniers monnoye de France.

Du tems que le Chevalier de Chaumont étoit Ambassadeur de France à Siam (1686), l'évaluation du Tical sur le pied que l'argent étoit alors, alloit à trente-sept sols & demi. On donne deux cens caches de Siam pour un tical. La cache est une espece de gros double de cuivre. *V. l'article des Monnoyes des Indes.*

Le Tical est aussi un poids dont on se sert dans le même Royaume, qui a juste la pesanteur du Tical monnoye. Les Siamois le nomment en leur langue Baat, le mot de Tical étant Chinois. Le Tical pese quatre mayons, en Siamois Seling, le mayon deux fouangs, le fouang quatre payes, & la paye deux clams. Il y a aussi des sompayes qui valent la moitié d'un fouang. Tous ces poids sont aussi des monnoyes, ou du moins des morceaux d'argent qui tiennent lieu de monnoye, tant à la Chine qu'à Siam.

TIE

TIERCE. Terme du commerce des laines d'Espagne. On appelle Laine tierce, la troisiéme sorte de laine qui vient de ce Royaume; c'est la moindre de toutes.

Cette espece de laine se distingue ordinairement par les noms des Villes & des lieux d'où on la tire. Ainsi on dit Tierce Segovie, Tierce Villecastin, & de même des autres. *Voyez* LAINE, *où l'on traite de celles d'Espagne*.

TIERCE, en termes d'Imprimeur. Signifie la troisiéme épreuve qu'on tire pour la corriger avant que de la tirer à fond.

TIERÇONS. Sortes de caisses de bois de sapin, dans lesquelles on envoye les savons blancs en petits pains, & les savons jaspés en pains ou briques. *Voyez* SAVON.

TIERÇONS. Sont aussi des mesures qui sont le tiers des mesures entieres: ainsi les tierçons de muids contiennent environ quatre-vingts-quatorze pintes, qui font le tiers de deux cens quatre-vingts pintes à quoi se monte le total d'un muid. Il en est de même des tierçons des autres mesures, comme bariques, poinçons, &c.

TIERS. Signifie la troisiéme partie d'un tout, soit nombre, soit mesure. Le tiers de vingt sols est six sols huit deniers, qui est une des parties aliquotes de la livre tournois. L'aune est composée de trois tiers. Dans les additions de fractions d'aunages un tiers se met ainsi ($\frac{1}{3}$), & deux tiers de cette maniere ($\frac{2}{3}$).

Les Négocians, particuliérement en Provence, Dauphiné & Languedoc, se servent quelquefois du terme *Tertia*, pour dire un tiers, soit qu'ils l'ayent pris du Latin, soit qu'il leur vienne de l'Italien.

TIERS. Se dit aussi en quelques lieux de France, d'un petit pot ou mesure qui est entre la chopine & le demi-septier. *Voyez* PINTE.

TIG

TIGRE. Animal féroce & cruel, qui a les yeux brillans, le col court, les dents & les ongles fort aiguës, dont la peau tavelée ou tachetée est une très précieuse fourrure. La femelle du Tigre se nomme Tigresse.

De tous les Pays Orientaux le Malabar est celui où l'on trouve le plus de Tigres. Il y en a de trois sortes, qui se distinguent par la grandeur. Le plus petit est comme un gros chat d'Espagne, qui a un cry effrayant & semblable au mugissement du bœuf.

Le Tigre de la seconde espece est gros comme un mouton ou un petit veau : c'est le plus commun, & il est très cruel; mais il ne l'est pas tant que celui de la troisiéme espece.

Ce dernier s'appelle Tigre Royal, & il n'est guéres moins grand qu'un cheval. Sa peau peut couvrir un lit de six pieds.

La peau de toutes sortes de Tigres est à peu près de la même couleur. Son agréable varieté la rend d'un prix considerable. Les Guerriers de l'Antiquité en paroient leurs chevaux ; & souvent ils se servoient eux-mêmes de cet ornement comme d'une espece de cotte d'armes. Aux Indes on en pare les lits & les palanquins. En France on en fait des manchons, des housses de chevaux & quelques autres fourrures; & en Pologne & dans les autres Pays du Nord ils en fourrent leurs cimares & leurs robes.

Presque toutes les peaux de Tigres qui se voyent en France, se tirent de Hollande & d'Angleterre, ou du Levant par la voye de Marseille. A Paris elles font une portion du négoce des Marchands Merciers & Pelletiers. Ce sont les derniers qui les préparent, & qui les employent en manchons, en housses, &c.

TIL

TILCERY ou TALICHERE. Habitation des François à la Côte de Malabar. Le principal objet de son commerce, est le poivre. *Voyez* l'Etat général, Tome I. page 436.

TILLAC. Terme de Marine. C'est la couverture d'un navire, le plus haut pont d'un bâtiment de mer, l'endroit où les Matelots se tiennent pour être prêts à faire les manœuvres.

L'article 12 du titre 1 du livre 2 de l'Ordonnance de la Marine de 1681, défend aux Maîtres & Patrons de mettre aucune marchandise sur le tillac de leurs vaisseaux sans la permission des Marchands, à peine de répondre en leur nom de tout le dommage qui y peut arriver.

TILLE. Ecorce du tilleul, dont on se sert à faire des cordes à puits. *Voyez ci-après* TILLEUL.

TILLE. C'est aussi un petit instrument de cuivre, fait en forme de couteau, avec lequel on fouille le fond des formes de sucre avant de leur donner la terre. *Voyez* SUCRE TERRÉ.

TILLER. Faire de la corde avec du tille ou écorce de tilleul.

On tille aussi d'autres écorces d'arbre, entr'autres celle du mahot, avec laquelle on fait également de petite ficelle & de gros cordages qui ne sont guéres moins bons que ceux de chanvre; comme le mahot croît en abondance aux Isles Antilles, les cordes qu'on en fait y sont d'un grand usage.

TILLES. Les Normands nomment ainsi cet outil de Tonnelier, qu'on appelle communément Assette ou Aissette.

Il est du nombre des ferremens dont les François de Cayenne composent leur traite quand ils visitent les peuples de cette partie de l'Amerique Equinoxiale, qu'on appelle *Guyanne*.

Les Indiens estiment beaucoup ces tilles, à cause qu'elles leur servent à faire leurs canots & à les creuser plus facilement qu'ils ne faisoient autrefois, quand ils n'avoient pour cela que des outils de cailloux ou de coquillages.

TILLET. Terme de Librairie. Il signifie la même chose que Billet. C'est une permission par écrit que donnent les Syndic & Adjoints, de retirer des livres des Voituriers & de la Douane.

Il est défendu par les anciens & nouveaux Reglemens à tous les Libraires, Imprimeurs, & autres personnes de retirer aucune marchandise de Librairie, soit en blanc, reliée, fripée, &c. de la Douane, des Messagers & Voituriers tant par eau que par terre, sans le Tillet des Syndic & Adjoints. *Voyez* LIBRAIRIE.

TILLET. Se dit aussi parmi les Marchands Libraires, des billets qu'ils s'écrivent les uns aux autres pour avoir de la marchandise. J'ai encore votre Tillet : Je conserve votre Tillet. En ce sens il n'est guéres en usage qu'à Paris.

TILLEUL, TILLEAU ou TILLOT. Gros & grand arbre, dont les branches & les feuilles font un ombrage très agréable. Cet arbre est si connu, qu'il est inutile de le décrire ; ainsi on se contentera seulement d'en parler par raport à l'utilité que l'o en tire pour le Commerce.

Le bois de Tilleul est tendre, leger & blanchéatre. Quand il est d'une grosseur raisonnable, il se debite en tables de deux, trois, quatre & cinq pouces d'épaisseur, qui se vendent aux Cordonniers, Bourreliers, Selliers & Ceinturiers, pour couper leurs cuirs dessus.

Les Religieux s'en servent à faire des socques & des sandales, & les Sculpteurs en employent beaucoup dans leurs ouvrages; il s'en fait aussi des fléches & du charbon qui entre dans la composition de la poudre à canon.

L'écorce du tilleul que l'on appelle autrement Tille, est unie, pliante & maniable, ce qui fait qu'on s'en sert ordinairement à faire des cordes à puits, ou pour tirer le foin & la paille dans les greniers; il y a même des Pays où l'on en forme des cables.

La plupart des cordes à puits d'écorce de tilleul qui se voyent à Paris, viennent de Normandie, particuliérement de Gaillon & de la Roche-Guyon.

Anciennement on se servoit de l'écorce interieure du tilleul en guise de papier; l'on prétend même qu'il s'en voit encore des livres écrits depuis près de mille ans.

Des fleurs du tilleul on tire par la distillation une eau très claire que l'on estime excellente pour rafraîchir le teint du visage.

TILLOY. Gros bourg de Picardie dans le département de l'Inspecteur des Manufactures d'Amiens. Ses seules Fabriques sont des serges façon de Creve cœur. *Voyez* l'Etat général, Tome I. page 16.

TILTRE, ou TITRE. Terme de Manufacture, particuliérement en usage dans la Sayetterie d'Amiens. C'est la même chose que la marque que tout Ouvrier est tenu de mettre au chef de chaque piece de sa fabrique. Ce titre doit être fait au métier & non à l'aiguille & doit contenir le nom de l'Ouvrier en abregé s'il le veut, mais son surnom tout du long. Dans la maniere de fauder ou plier les pieces ordonnée par les Reglemens, le titre doit toujours paroître au dessus de la piece, pour la facilité des visites des Maîtres & Gardes, Esgards & Inspecteurs des Manufactures. *Voyez* MARQUE.

TIM

TIMBRE. Se dit dans les Bureaux des Douanes ou Traites, & chez les Marchands qui se mêlent du négoce de la Pelleterie, d'un certain nombre de peaux de martes zibellines ou d'hermines attachées ensemble par le côté de la tête, qui viennent ainsi de Moscovie & de Laponie. Chaque timbre que l'on appelle aussi Masse est composé de vingt paires ou couples de peaux, c'est-à-dire, quarante peaux. Une caisse de marte zibelline assortie, telle qu'elle vient de Moscovie, contient dix timbres qui font quatre cens peaux. On dit aussi un demi-Timbre, pour dire vingt peaux ou la moitié d'un timbre. Autrefois le timbre étoit en France de trente paires ou soixante peaux. Le lunde de peaux contient trente-deux timbres. *V* MARTE & HERMINE.

Le Timbre de martes zibellines paye à la Douane de Lyon 50 liv. l'un portant l'autre d'ancienne taxation, & pour la nouvelle réapréciation 10 liv.

TIMBRE. Se dit aussi d'une certaine marque que les Fermiers du Roi mettent au papier, qui sert aux expéditions des Greffes, actes des Notaires & aux écritures des Avocats & Procureurs, pour le distinguer du papier commun & en marquer le droit. Il y a aussi des timbres pour le parchemin qui s'employe au même usage & pour les actes de Chancellerie.

On appelle Papier & Parchemin timbré celui où l'on a apposé le timbre. Timbrer du parchemin, du papier, c'est y apposer la marque de la Ferme.

TIMBRE. On nomme ainsi dans la Ferme de la marque des dentelles de Flandres, l'empreinte du cachet ou matrice du Fermier mise sur un petit morceau de papier de quatre à cinq lignes de largeur, & d'un pouce & demi de longueur, qui s'attache avec un double fil aux deux bouts de chaque piece de dentelles.

Ce timbre a d'abord été de cire d'Espagne, dont on changeoit la couleur chaque année; ensuite on la fit avec du pain à chanter mis entre deux papiers, ce qui se pratique encore présentement. Il est vrai qu'en 1687, il fut ordonné que ce timbre se feroit sur du plomb; mais la dureté de ce métail ne convenant pas à la délicatesse de ces sortes d'ouvrages, on en est resté à l'usage du pain à chanter.

TIMMIN, TEMIN, ou TIMIN. Monnoye de France qui a eu cours en Turquie. *Voyez* LOUIS DE CINQ SOLS & TEMIN.

TIMMIN. Se dit aussi d'une petite monnoye d'argent qui a cours dans l'Isle de Scio sur le pied de cinq sols de France.

Chaque livre de soye paye les droits de sortie à la Douane du grand Seigneur à raison de quatre timmins, c'est-à-dire, de 20 s.

TIMON. Longue piece de bois de Frêne ou d'orme qui fait partie du train d'un carosse ou d'un chariot. *Voyez* FRESNE. *Voyez aussi* ORME.

TIMOR, Isle de l'Archipel où les Hollandois font quelque commerce, & ont des Forts. On y négocie des Esclaves, de la cire, & du bois de Sental. *Voyez* l'Etat général, Tome I. pages 284, 468.

TIMPAN. Les Imprimeurs appellent de la sorte deux chassis minces & légers, partie de bois, partie de fer qui sont attachés avec des couplets au bout du train de la presse; l'un est le grand timpan où se met la feuille qu'on veut imprimer, que recouvre ensuite la frisquette; l'autre est le petit timpan qui s'emboëtte dans le grand, & qui y enferme les blanchets. *Voyez* IMPRIMERIE.

TIMPFEN. Monnoye de compte dont on se sert à Conisberg & à Dantzick pour tenir les livres des Marchands. Le Timpfen qu'on nomme aussi Florin Polonois vaut trente gros Polonois. Il faut trois Timpfens pour la richedale.

TIN

TIN. *Voyez* THIM.

TINE, petite Isle de la Mer Egée. Elle appartient aux Venitiens. Cette Isle, outre la soie qui fait son principal négoce, produit des vins, des figues, des olives, du froment & de l'orge. *Voyez* l'Etat général Tome I. page 348.

TINET. Espece de machine dont se servent les Bouchers pour suspendre par les jambes de derriere les Bœufs qu'ils ont assommés, vuidés, souflés & écorchés.

Cette machine est composée du tinet proprement dit, c'est-à-dire, d'une piece de bois ronde de quatre pouces de diametre & de cinq à six pieds de longueur, qu'on passe dans les nerfs des deux jarrets de derriere de l'animal ; d'une poulie attachée à une potence de fer ou de bois ; d'un cable qui tient au tinet, & qui passant sur la poulie va se rouler sur un moulinet qu'on fait agir avec deux bras ou leviers.

Le bœuf élevé & suspendu par cette machine non-seulement se conserve mieux, mais est encore bien plus commodement placé pour être coupé par quartiers, qui est le premier partage que le Boucher en fait.

TINETTE. Espece de vaisseau approchant de la figure conique, le bas étant plus étroit que le haut, fait de douves reliées de cerceaux, ayant du côté le plus large deux especes d'oreilles chacune percée d'un trou pour y passer un bâton au travers afin d'en arrêter le couvercle.

Les tinettes servent à mettre diverses sortes de marchandises, particuliérement les beures salés & les beures fondus ; il y en a de différentes grandeurs, celles qui viennent de Dixmude sont ordinairement du poids depuis vingt jusques à soixante livres, & celles qui sont envoyées de Normandie & du Boulonnois pesent pour l'ordinaire depuis vingt livres jusques à 200. *V.* Beure.

L'Ordonnance des Gabelles défend aux Marchands qui font le commerce des beures de mettre aucun sel net & en nature dans les tinettes, & permet aux Commis de les visiter, sonder & fuster, ce qui s'entend aussi des pots de grais remplis de beure.

Tinette. Les Maîtres Chandeliers qui font de la chandelle moulée appellent une Tinette le vaisseau dans lequel ils mettent leur suif liquide au sortir de la poesle. *Voyez* Chandelle.

TINF-GULDEN. Monnoye d'argent qui se fabrique en Allemagne & qui a particuliérement cours à Dantzick, à Riga & à Conisberg. Il vaut trente gros de ces trois Villes ; c'est proprement le florin. *Voyez* Florin.

TINFE. Monnoye d'argent qui se frappe en Pologne, & qui a cours sur les frontiers des Etats du Grand Seigneur & de quelques autres Princes voisins. La tinfe vaut cinq gros d'Allemagne, ou dix sols de France.

Il y a une autre monnoye d'argent de même poids & de même prix, que quelques-uns appellent tinfles de Hongrie, parce qu'elles sont marquées d'un côté aux armes de ce Royaume ; elles ont de l'autre une Notre-Dame entourée de rayons.

TINTENAQUE. Espece de cuivre qu'on tire de la Chine ; c'est le meilleur de tous les cuivres que produisent les mines de ce vaste empire, aussi ne s'en apporte-t-il guéres en Europe, les Hollandois qui en font le plus grand commerce, le réservant tout pour leur négoce d'Orient où ils l'échangent contre les plus riches marchandises. Quelques-uns croyent que c'est ce cuivre qui entre dans la composition du fameux tambac. *V.* Tambac.

TIR

TIRAGE. Action de tirer. On appelle dans les Manufactures le Tirage des étoffes, ce que les Ouvrages font pour les allonger & leur donner plus d'aunage.

L'art. 52 de l'Ordonnance de 1669 défend le tirage des marchandises, & porte que les Maîtres Drapiers, Sergers-Ouvriers, Foulons & autres, ne pourront tirer, allonger ni arramer aucune piece de marchandise tant en blanc qu'en teinture, de telle sorte qu'elles se puissent racourcir de la longueur & étrecir de la largeur, à peine de cent livres d'amende & de confiscation pour la premiere fois, & en cas de recidive d'être déchus de leur maîtrise. *V.* Rame.

Tirage. Se dit aussi dans quelques Imprimeries soit de livres soit de tailles-douces, de l'Impression de chaque forme ou de chaque planche. *V.* Imprimerie.

Tirage. C'est encore ce que d'autres appellent le Trait, c'est-à-dire, l'espace qui doit rester libre sur les bords des rivieres pour le passage des chevaux qui tirent les bateaux. *Voyez* Trait.

TIRE. Terme en usage dans le commerce des toiles.

On appelle une tire de six coupons de Baptiste, six coupons de cette espece de toile attachés l'un à l'autre, en sorte qu'ils composent comme une piece entiere.

L'Ordonnance & Tarif du 22 Juillet 1681 pour le controlle des toiles portent qu'il sera payé six sols neuf deniers pour chacune tire de six coupons de deux aunes & au dessus.

Tire. Signifie aussi chez les Marchands & Manufacturiers soit d'étoffes, soit de toiles, ce que ces marchandises peuvent contenir d'aunage. Cette piece de drap tire vingt aunes ; cette toile tire trente aunes, c'est-à-dire, que l'une a vingt aunes de longueur, & l'autre trente.

TIRE-LISSES, qu'on appelle autrement Contre-Lames. Ce sont trois regles ou tringles de bois qui servent dans les métiers à gaze a baisser les lisses après que les bricoteaux les ont levés. *V.* Gaze.

TIRE-PLOMB, qu'on nomme aussi Rouet à filer le plomb. Machine dont se servent les Vitriers pour reduire en verges plates & à rainures des deux côtés le plomb qu'ils ont auparavant fondu en lingots dans celui de leurs moules qu'on appelle Lingotiere.

Cette machine est composée de deux jumelles de fer assemblées & jointes avec deux traverses aussi de fer qu'on appelle Estoquiaux. Dans l'espace qui sépare les deux jumelles sont deux roues d'acier traversées de leurs arbres ou essieux ; ces arbres ont chacun leur pignon en dehors engrainés l'un dedans l'autre ; à celui d'en-bas est une manivelle de fer emmanchée de bois.

Il y a de ces machines qui sont doubles & où l'on peut tirer deux plombs à la fois ; celles-ci ont trois roues d'acier.

Avant l'invention du rouet à filer le plomb qui est assez moderne, on se servoit du rabot, & l'on voit tous les plombs des anciens vitrages planés & refendus de cette sorte.

Cette machine sert aussi à tirer des liens en y ajoutant quelques nouveaux coussinets. *Voyez* Moule a liens.

TIRE-PIED. Courroye en forme de demi bretelle ou bricolle de porteur de chaises, dont les Cordonniers, Savetiers, Selliers, Boureliers & autres Ouvriers qui travaillent en cuirs, & qui les cousent avec l'alêne, se servent pour affermir leur ouvrage sur un de leurs genoux.

On appelle aussi Tire-pied le cuir dont on se

sert pour chausser des souliers; mais son véritable nom est Chausse-pied.

TIRE-POIL. Terme de Monnoyeur & d'Orfevre. C'est la maniere de donner couleur à l'or & de blanchir l'argent avec l'eau commune & l'eau forte. *Voyez* BLANCHIMENT.

TIRER UNE LETTRE DE CHANGE. C'est l'écrire, la signer & la donner à celui qui en a payé le contenu, pour le recevoir en un autre endroit. Il ne faut point tirer de lettre de change, qu'on ne soit certain qu'elle sera acceptée & bien payée.

TIRER EN LIGNE DE COMPTE. Signifie porter sur son Livre en débit ou en crédit, c'est-à-dire, en recette ou en dépense, un article qu'on a reçû ou payé pour quelqu'un avec lequel on est en compte ouvert.

TIRER A LA PAUMELLE. Terme de Courroyeur. Il se dit des cuirs que ces Artisans tirent sur une table par le moyen de la paumelle, qui est une espece de main ou d'instrument de bois plat dentelé par dessous. Pour donner aux cuirs cette façon, le Courroyeur tient la paumelle d'une main, & la passe à plusieurs reprises sur le cuir qui est étendu sur la table; ce qui lui fait revenir le grain, & le rend plus doux & plus maniable, ou, comme ceux de l'art disent, plus moliant.

TIRER A LA PERCHE. Terme de manufacture de lainage. C'est lainer une piece de drap ou autre étoffe de laine, c'est-à-dire, en tirer le poil avec le chardon tandis qu'elle est étendue du haut en bas sur une perche. *Voyez* PERCHE.

TIRER UN CHAPEAU A POIL. C'est en faire sortir le poil en le tirant avec le carrelet. *Voyez* CARRELET.

TIRER LE CIERGE. C'est le fabriquer à la main; c'est-à-dire, ne le pas couler avec la cire liquide & fondue, mais étendre la cire amollie dans l'eau chaude le long de la méche; ce qui se fait en la tirant & la conduisant jusqu'au bout du cierge avec les deux mains. *Voyez* CIERGE, *où il est parlé de la maniere de les fabriquer.*

TIRER LA LAINE EN ESTAIM. C'est après qu'elle a été engraissée d'huile, la peigner sur une espece de grande carde ou peigne de fer dont les pointes ou dents sont grosses, longues & roides, qu'on a fait chauffer dans une sorte de petit fourneau fait exprès. Il n'y a que la longue laine destinée pour la chaîne des étoffes de laine, & particulierement des serges, qui soit tirée en étaim. C'est cette longue laine que les Manufacturiers nomment communément Laine-étaim, dont le fil de laine appellé Fil d'étaim, prend son nom.

TIRER L'OR ET L'ARGENT. C'est le faire passer par un nombre infini de pertuits ou trous de filieres, pour le rendre en fil très-délié, que l'on appelle de l'Or ou de l'argent trait. *Voyez* OR; *vous y trouverez les differentes manieres de tirer l'or & l'argent, tant fin que faux, pour les disposer à être employés en trait, en lame ou en filé.*

TIRER A L'ARGUE, OU APPRESTER POUR DORER. C'est un terme de Tireur d'or ou d'argent, qui signifie Dégrossir les lingots d'or ou d'argent, en les faisant passer de force à travers les pertuits ou trous d'une grosse filiere appellée Calibre, par le moyen d'une espece de machine que l'on nomme Argue. *Voyez* ARGUE.

TIRER L'ESMAIL A LA COURSE. C'est en faire de longs filets très déliés, après l'avoir ramassé dans la cuilliere de fer où il est en fusion avec du cristalin.

Pour le tirer de la sorte, il faut que deux Esmailleurs tiennent chacun un des morceaux de pipe brisée avec lesquels on ramasse l'émail; & que tandis que l'un le présente au feu de la lampe, l'autre qui est debout s'éloigne autant que l'on veut que le filet ait de longueur. C'est de la sorte que l'on tire l'émail destiné à faire de fausses aigrettes, qui est quelquefois si fin & si pliable, que malgré la nature cassante du verre qui en fait le corps, il est facile de le rouler sur un devidoir. *Voyez* ESMAIL.

TIRER ESPINGLES. C'est passer par la filiere le fil de leton avec lequel on veut fabriquer des épingles, afin de les rendre de la grosseur des numeros suivant les échantillons. *Voyez* ESPINGLE & ESPINGLIER.

TIRER UNE CUVE DE TEINTURE. C'est l'user entiérement. L'article 92 des Statuts des Teinturiers en soie, laine, & fil, ordonne pour chef-d'œuvre aux Aspirans à la Maîtrise, d'asseoir une cuve d'inde ou fleurée, & de la bien user & tirer. *Voyez* TEINTURIER.

TIRER UNE FEUILLE. Terme d'Imprimerie. C'est imprimer d'un côté. On dit Retirer, pour signifier l'imprimer de l'autre côté. On dit aussi Tirer, pour dire, imprimer une feuille entiere. En ce sens on dit, Toutes les feuilles de cette Edition, de ce Livre sont tirées. On se sert aussi de ce terme pour marquer le nombre des exemplaires d'une impression. J'ai tiré quinze cens exemplaires de ce Factum. *V.* IMPRIMERIE.

TIRETAINE. Sorte d'étoffe dont la chaîne est ordinairement de fil & la tréme de laine, & quelquefois toute de laine tant en chaîne qu'en tréme. Cette étoffe a communément demi-aune de large.

Les endroits de France où il se fabrique le plus de Tiretaines, sont Partenay, Bressuis & Niort en Poitou; Beaucamps le vieil en Picardie & Reims en Champagne.

Celles de Poitou sont croisées ou lisses, de plusieurs couleurs, rayées ou unies, assez fines, la chaîne de fil, & la tréme de laine.

En basse Normandie & particuliérement à Caën, on les appelle quelquefois Berluche ou Breluche.

Celles de Beaucamps le vieil, qui ne servent ordinairement qu'à habiller les pauvres gens, sont très grosses & point croisées, la chaîne de fil & la tréme de laine. Il s'en fait de plusieurs couleurs, de grises, de blanches, de bleues, de rouges, &c. Quelques-uns leur donnent aussi le nom de Bure. En Bourgogne, particuliérement vers Auxerre, on les appelle Poulangy; & en Picardie du côté d'Amiens elles sont nommées Belinge.

Celles de Reims sont d'une mode nouvelle, le plus souvent toutes de laine tant en chaîne qu'en tréme, & sans croisure, en maniere d'étamines foulées, ou de petits droguets très legers & très fins.

L'article 28 du Réglement général des Manufactures du mois d'Août *1669*, veut, Que les Tiretaines blanches & grises faites de laine & fil, ayent trois quarts de large & trente-cinq à quarante aunes de long mesure de Paris.

L'Arrêt du Conseil d'Etat du Roi du 19 Février 1671, portant Réglement pour les longueurs & largeurs de plusieurs sortes d'étoffes, permet d'en faire de demi-aune de large; & c'est cette largeur qui est présentement le plus en usage.

Le Réglement du 4 Novembre 1698 pour les manufactures de Poitou, régle les longueurs & largeurs de trois sortes de Tiretaines qui se fabriquent dans cette Province.

Les Tiretaines à chaîne de fil à deux marches, qui se font à Bressuire & Montcoutan avec des laines étrangeres ou du Pays, ou des avalles en tréme, doivent avoir demi-aune de large & quarante aunes de long toutes apprêtées, & demi-aune un seize sur quarante-trois aunes de long en toile.

Les Tiretaines à petits carreaux ou croisées, qui se fabriquent à trois ou quatre marches, doivent porter demi aune demi-seize de large & quarante-deux aunes de long en toile, pour revenir à demi-aune & à trente-neuf ou quarante aunes apprêtées.

Enfin les Tiretaines communes de Vernon, Saint Mehuin, la Meilleraye, Azais, Secondigué, &c. doivent avoir quarante-deux aunes de long sur demi-aune demi-seize de large en toile, pour être d'une demi-aune de largeur & trente-neuf à quarante aunes de longueur.

Le Tarif de 1664 en regle le droit d'entrée sur le pied de 30 s. par piece d'onze à douze aunes, pour celles qui sont moitié laine, lin ou fil: quant à la sortie, elles doivent payer à raison de cinq pour cent de leur valeur suivant l'estimation, attendu qu'elles ne sont point tariffées.

Les droits de la Douane de Lyon, où elles sont qualifiées de Tiretaines & Doublures, sont de 3 liv. 6 s. de la charge d'ancienne taxation, & 10 s. du cent pesant de réapréciation.

Quelques-uns veulent que le mot de Tiretaine soit ancien, & qu'il se disoit autrefois des étoffes de laine les plus précieuses. Il faut que les choses ayent bien changé là-dessus, puisque nos plus belles Tiretaines d'aujourd'hui ne passent guéres le prix de quarante-cinq sols l'aune; & encore faut-il qu'elles soient toutes de laine, & des plus fines.

TIREUR D'OR ET D'ARGENT. Artisan qui tire l'or & l'argent, qui le fait passer de force à travers les pertuis ou trous ronds & polis de plusieurs especes de filieres qui vont toujours en diminuant de grosseur, & qui le réduit par ce moyen en filets très longs & très déliés, que l'on nomme fil d'or ou d'argent, ou de l'Or ou de l'Argent trait.

Les Tireurs d'or & d'argent sont aussi Batteurs & Ecacheurs d'or & d'argent, parce que ce sont eux qui se mêlent de battre ou écacher l'or & l'argent trait, pour l'applatir ou le mettre en lame, en le faisant passer entre les deux rouleaux d'acier poli d'une sorte de petite machine nommée Moulin à battre ou à écacher. *Voyez l'article de l'*OR, *vous y trouverez differentes manieres de tirer l'or & l'argent tant fin que faux, pour les disposer à être employés en trait, en lame & en filé.*

Les Tireurs & Batteurs d'or & d'argent de Paris forment une Communauté considerable qui a ses Ordonnances particuliéres, que l'on trouve inférées dans le Recueil des Statuts, Ordonnances & Privileges accordés en faveur des Marchands Orfévres-Jouailliers, imprimé à Paris chez Lambert Roulland en 1688. C'est en la Cour des Monnoyes que les Maîtres Jurés & Gardes de la Communauté des Tireurs & Batteurs d'or & d'argent doivent prêter serment.

Il y a aussi à Lyon (cette Ville si célébre pour le commerce des étoffes d'or & d'argent) une Communauté de Tireurs & Ecacheurs d'or & d'argent établie sur le pied de celle de Paris: leurs anciens Statuts furent corrigés, renouvellés & augmentés sous le Regne de Louis XIV. par Lettres Patentes du 16 Avril 1657, enregistrées en la Cour des Monnoyes de Paris le 18 Novembre suivant, & au Siege de la Monnoye de Lyon le 13 Janvier 1660.

Ces Statuts qui ne consistoient qu'en trente-cinq articles, furent augmentés de sept autres par Arrêt de la Cour des Monnoyes du 13 Mai 1683, enregistré au mois d'Août 1684 au Siege de ladite Monnoye de Lyon.

Ces quarante-deux articles sont présentement toute la discipline de cette Communauté, peu différente de celle de la Communauté de Paris qui lui a servi de modèle.

L'élection des Jurés se fait le 3 Janvier, de même que celle des deux Maîtres Examinateurs des comptes; & le premier Décembre s'élisent les Maîtres ou Couriers de la Confrairie.

La Communauté est réduite à quarante Maîtres de chef-d'œuvre; & défense est faite d'y plus recevoir des Maîtres de Lettres.

Tout Apprentif, même les Fils de Maîtres doivent avoir douze ans accomplis, & ne peuvent être reçûs à la Maîtrise, qu'ils n'ayent fait un apprentissage de cinq ans, & qu'ils n'ayent parachevé le chef-d'œuvre.

Chaque Maître ne peut obliger qu'un Apprentif à la fois, & chaque Apprentif doit servir dix années chez les Maîtres en qualité de Compagnon, avant que d'avoir droit de tenir ouvroir, ni de lever chambre pour travailler en particulier.

Tout Maître doit avoir sa marque enregistrée au Greffe de la Monnoye, & empreinte sur une table de cuivre.

L'ouvrage des Tireurs doit se vendre au poids du Roi de huit onces au marc, & de huit gros à l'once, & non au poids subtil vulgairement appellé le poids de Lyon.

L'argent fin fumé est défendu sous peine de confiscation, & de 2000 liv. d'amende.

L'or ou l'argent doit être filé sur la soie teinte, & non sur la crue, & le faux seulement sur fil.

Le Patron de la Communauté est S. Eloy, dont la Confrairie est établie dans le Convent des Moines de St. Martin des Champs.

Le reste des articles dont on ne fait point ici l'extrait, regarde les visites des Jurés, les droits des Veuves, le service que les Compagnons doivent aux Maîtres, & la maniere dont les Maîtres en doivent user avec eux en leur livrant de l'ouvrage pour travailler en leurs ouvroirs & chambres, quand ils ont gagné le droit de les tenir.

TIREUR, chez les Ferandiniers, Gaziers & autres Ouvriers en étoffes de soye façonnées ou brochées. C'est le Compagnon qui tire les ficelles du simblot, qui servent à faire la figure ou le brocher des étoffes. On dit aussi une Tireuse, quand c'est une femme qui tire. *V.* SIMBLOT.

TIREUR, en fait de Commerce de Banque. Signifie celui qui tire ou fournit une Lettre de Change sur son Correspondant ou Commissionnaire, portant ordre de payer la somme y contenue, à la personne qui lui en a donné la valeur, ou à celui en faveur duquel cette personne aura passé son Ordre.

Quand la Lettre de Change n'a été ni acceptée, ni payée au tems de son échéance, le Porteur d'icelle peut se pourvoir en garantie contre le Tireur ou Endosseur, pourvû que le protêt en ait été fait dans les dix jours de l'échéance.

Les Tireurs ou Endosseurs des Lettres de Changes, sont tenus de prouver en cas de dénégation, que ceux sur qui elles sont tirées leur étoient redevables, ou avoient provision au tems qu'elles ont été protestées; sinon ils sont obligés de les garantir : & si depuis le tems réglé pour le protêt les Tireurs ou Endosseurs ont reçû la valeur en argent ou marchandise par compte, compensation ou autrement, ils sont aussi tenus de la garantie. Cela est conforme aux *Art. 16 & 17 du tit. 5 de l'Ordonnance du Commerce du mois de Mars 1673.*

TIRTOIR. Outil du métier de Tonnellier, avec lequel on tire les derniers cerceaux d'une futaille pour les faire entrer sur les peignes du jable. *Voyez* TONNELLIER.

TIS

TISART. Terme de Manufactures de Glaces. On nomme ainsi les ouvertures des fours à couler, par lesquelles le tiseur entretient le feu, en y jettant continuellement des billettes. Chaque four a deux tisarts & deux cheminées. Les Tisarts ont environ huit pouces en quarré. *Voyez* GLACES DU GRAND VOLUME.

TISER. C'est la même chose qu'attiser. Ce terme n'est en usage que dans les Verreries.

TISCHAUFFERA. C'est la plus petite mesure de Venise pour les liquides. Quatre tischaufferas font la quarte, quatre quartes le bigot, quatre bigots l'amphora, l'amphora tient soixante & seize mustaches, dont les trente-huit font la botte. *Voyez* BOTTE.

TISEUR. Il se dit dans les Manufactures de Glaces du grand volume, de celui qui a soin d'entretenir le feu dans le four à couler. Ce Tiseur court sans cesse & avec vitesse autour du four, & met en passant dans les tisarts les billettes qu'il trouve toutes préparées sur son passage. Le tiseur se relaye tous les six heures. *V.* GLACES DU GRAND VOLUME.

TISEUR. C'est aussi celui qui sert le Gentilhomme Verrier dans la fabrique du Verre, & qui tient au feu sa selle toutes les fois qu'il faut chauffer la matiere pour la souffler, ou que le Gentilhomme a besoin de prendre haleine. On l'appelle aussi le Fouet; peut être parce que ces tiseurs étant de très jeunes gens, sont sujets à ce châtiment quand ils manquent à leur devoir. *V.* VERRE.

Il y a dans les Verreries un Maître Tiseur, qui a sous lui divers ouvriers qu'on nomme sous-Tiseurs, à qui il distribue les ouvrages; c'est le maître Tiseur qui prépare les matieres des sous-Tiseurs; l'un s'appelle Tiseur de journée, & l'autre Tiseur de fonte : celui-ci fond les matieres pendant la nuit, & l'autre pendant le jour.

TISONNIER. Outil de fer dont les Ouvriers qui travaillent à la forge se servent pour attiser le feu. Il y en a de deux sortes; l'un applati par le bout en forme de palette, & l'autre dont le bout est coudé & tourné en crochet.

TISSER. Terme usité dans les Manufactures de Points à l'aiguille, qui signifie coucher & ranger le tissu du point suivant qu'il est marqué sur le dessein ou patron.

TISSER, ou TISTRE. Est aussi un terme de Manufacture d'Etoffes & de Toiles. *V.* TISTRE.

TISSERAND. Ouvrier qui travaille de la Navette dans les Manufactures de Lainage, & qui fait sur le métier la toile, des draps, des ratines, des serges & autres étoffes de laine; c'est-à-dire, toutes ces étoffes telles qu'elles sont avant d'avoir été au foulon, & d'avoir reçû aucun apprêt.

Dans quelques Manufactures on appelle cet Ouvrier Tissier, & quelquefois Tisseur.

Ces Tisserands composent avec les Drapiers-Sergiers, les Tondeurs, les Laneurs & les Peigneurs, le Corps de la Draperie-Sergeterie de Beauvais; & les Statuts dressés par ordre de Monsieur Colbert en 1667, confirmés & homologués par un Arrêt du Conseil & des Lettres Patentes de la même année, leur sont communs avec ces autres Maîtres.

Les articles de ces Reglemens qui regardent le Métier de Tisserand, sont au nombre d'onze, depuis & y compris le 27, jusqu'au 37 inclusivement.

Par le premier de ces onze articles, les Tisserans sont tenus de faire sécher leurs chaines étendues de leur longueur, ou du moins pendues sur des perches à l'ordinaire, mais avec une seconde perche à travers des plis.

Le second leur ordonne de mettre au chef & premier bout de chaque piéce sur le Métier & non à l'aiguille, la premiere lettre du nom & le surnom entier de ceux ausquels elles doivent appartenir.

Le troisiéme, leur fait défenses de mettre dans leur navette des trémes séches avec d'autres qui seroient fraiches, de peur qu'allant au foulon, & foulant inégalement à cause de cette différence des laines de la chaîne, les pieces ne deviennent douilleuses, ridées & mal unies, au lieu qu'elles doivent être quarrées & d'une égale largeur.

Les sept articles suivans décernent des amendes pour chaque faute que les Tisserands font ou peuvent faire en tissant leurs ouvrages; de cinq sols pour de vilaines lizieres; de deux, si leurs ouvrages sont sales, & qu'ils n'en ôtent pas les filets; d'un sol, s'ils ne refont pas les filets à toutes les avalées : pareillement d'un sol pour chaque trou de navette ou pour chaque brûlure; de deux pour les entrebas ou les claires-voyes entieres, & de six deniers pour les demies.

De deux sols six deniers si la chaîne n'est pas assez bandée, & de cinq sols si la piece n'est pas bien frappée, ou si elle est inégalement tissûe.

Enfin le trente-septiéme article qui est le dernier des onze concernant le métier de Tisserand, défend à ces ouvriers de quitter leur Maître qu'après avoir achevé la piece qu'ils auront sur le métier, leur enjoignant, & par corps, de demander congé, & d'avertir qu'ils se retirent en

montant

montant ladite piece ; le nouveau Maître restant garant de ce que le Tisserand sorti sans le consentement du premier, pourroit devoir, ou pour argent avancé, ou pour les fautes faites aux ouvrages.

Le quarantiéme article des mêmes Statuts enjoint aux Tisserands Peigneurs, & autres ouvriers travaillans à Beauvais, de travailler pour les Maîtres de la Ville & Fauxbourgs, préférablement à tous autres voisins & Forains.

Les Statuts des Tisserands, Tissiers ou Tisseurs des autres Manufactures de Lainage, étant à peu près les mêmes que ceux rapportés ci-dessus, on ne parlera ici d'aucun autre ; ceux de la Draperie-Serjetterie de Beauvais ayant paru les plus détaillés.

TISSERAND, est aussi un Artisan dont la Profession est de faire de la toile sur le métier avec la navette. En quelques lieux on le nomme Toilier, Telier ou Tissier. En Artois & en Picardie son nom est Musquinier.

A Paris les Maîtres Tisserands forment une Communauté, à la tête de laquelle il y a quatre Jurés préposés pour la conservation de ses privileges, & pour tenir la main à l'exécution de ses Statuts.

Les premiers Statuts de la Communauté des Maîtres Tisserands sont du 22 Janvier 1586, sous le Regne d'Henry III. confirmés par Henry IV. en Juin 1608, & par Louis XIII. en Mai 1640. Par ces Statuts, ceux qui composent la Communauté, sont appellés Maîtres Tisserands en Toiles, Canevas & Linge ; & nul n'y peut être admis en cette qualité s'il n'a fait apprentissage pendant quatre ans sous un Maître de Paris.

Les Maîtres qui n'ont pas atteint l'âge de cinquante ans, ne peuvent avoir que deux Apprentifs à la fois ; & ceux qui ont passé cet âge en peuvent avoir trois en même tems. *Art. 17, 20 & 22, des Statuts ci-devant rapportés.*

TISSERAND. Le nom de Tisserand est encore commun à plusieurs autres Ouvriers travaillans de la Navette, tels que sont ceux qui font les draps, les tiretaines, & quelques autres étoffes de laine, qui sont appellés Tisserands Drapans, Tisseurs ou Tissiers : ceux qui fabriquent les futaines, qui se nomment Tisserands Futainiers ; & ceux qui manufacturent les basins qui sont appellés Tisserands en basins.

Pour ce qui est des autres Artisans qui se servent de la navette, soit pour fabriquer des étoffes d'or, d'argent & de soye, & étoffes mélangées, ou pour faire des tissus & rubans, ils ne sont point nommés Tisserands : les premiers étant appellés Marchands-Maîtres Ouvriers en Draps d'or, d'argent & de soye, & autres étoffes mélangées, ou simplement Ouvriers de la grande Navette ; & les autres, Maîtres Tissutiers-Rubanniers, ou bien Ouvriers de la petite Navette. *Voyez* OUVRIER *&* TISSUTIER-RUBANNIER.

TISSEUR. Ouvrier qui travaille sur le métier avec la navette, à la fabrique des étoffes de laine. *Voyez l'article précédent.*

TISSIER. Ce terme est en usage dans plusieurs Manufactures de Lainage & de Toilerie, pour signifier ce qu'on nomme ailleurs ou Tisserand, ou Tisseur. *Voyez* TISSERAND.

TISSOTIER. Ouvrier qui fait des Tissus, des Galons, des Franges, &c. Il est peu en usage. *Voyez* TISSUTIER.

TISSU. Se dit de toutes sortes d'étoffes, rubans & autres semblables ouvrages faits de fils entrelassés sur le métier avec la navette, dont les uns sont de long, que l'on appelle la Chaîne, & les autres de travers que l'on nomme Tréme.

Il se fait des tissus de fils d'or, d'argent, de soye, de fleuret, de laine, de coton, de poil, de lin, de chanvre, &c.

Les Marchands & Ouvriers en Draps d'or, d'argent & de soye, nomment particulierement Tissu, toutes étoffes d'or ou d'argent pleines & unies, sans fleurs, frisures ni façons : quelques uns mettent les tissus d'or & d'argent au rang des draps d'or & d'argent. *Voyez* DRAP.

On appelle aussi Tissu une espece de bande composée de gros fil de chanvre qui se fabrique par les Cordiers, & dont les Boureliers se servent à faire des sangles pour les chevaux de bats & autres bêtes de somme. *Voyez* SANGLES.

TISSURE. Maniere ou art de fabriquer le tissu. Les Tissures des brocards, des draps & des toiles, sont differentes. Il y a des tissures frappées & serrées, d'autres lâches ; des tissures à double broche ; des tissures croisées & d'autres non croisées. Toutes ces diverses tissures sont expliquées aux articles propres à la fabrique de chaque étoffe, soit d'or ou d'argent, soit de soye ou de laine, soit enfin de fil, de coton, & autres matieres qui sont du métier des Tisserands.

TISSUTIER-RUBANNIER. Artisan qui travaille sur le métier avec la navette à faire des tissus, des rubans, des franges, des molets, & autres semblables ouvrages.

Ceux de cette profession qui ne s'appliquent uniquement qu'à faire des franges & des molets, sont ordinairement appellés Frangers ou Frangiers. *Voyez* FRANGE.

Les Tissutiers-Rubanniers se nomment aussi Ouvriers de la petite Navette ; ce qui les distingue des Marchands-Maîtres Ouvriers en Draps d'or, d'argent & de soye, & autres étoffes mélangées, qui sont appellés Ouvriers de la grande Navette.

Ces deux sortes d'Ouvriers ne faisoient, il y a quelques années, qu'une seule & même Communauté ; mais à présent ils en composent deux distinctes & séparées, suivant qu'il a été reglé par Arrêt du Conseil d'Etat du Roi du 8 Avril 1666, dont on donne ici l'extrait.

Le Roi étant en son Conseil, conformement à l'Arrêt dudit Conseil du 18 Juillet dernier, a ordonné & ordonne, que les Maîtres Ouvriers en Draps d'or, d'argent & de soye, dits de la Place Royale, demeureront à l'avenir séparés d'avec les Maîtres Tissutiers & Rubanniers de la Ville de Paris, & feront deux Corps de Maîtrise ; ce faisant a déclaré & déclare commun entre eux les Reglemens ci-devant faits entre les Ouvriers de semblables Maîtrises des Villes de Tours & Lyon, & conformement à iceux lesdits Ouvriers en Draps d'or, d'argent & de soye, pourront seuls travailler aux grandes Manufactures des étoffes d'or, d'argent, & de pure & fine soye, des façons, largeur & bonté d'Italie ; comme aussi à toutes autres étoffes, & de toutes largeurs, des fabriques particulieres de France, & autres Pays, soit qu'elles soient de pure & fine soye, ou mêlées de fleuret, poil, fil, laine ou coton; à la charge néanmoins que toutes lesdites étoffes, tant d'or ou d'argent, que pure & fine soye, ou mêlées, seront en largeur d'un tiers d'aune & au dessus; défenses ausdits Ouvriers de faire fabriquer aucuns rubans & autres étoffes de largeurs au dessous dudit tiers d'aune, même de tenir chez eux des étoffes qui se travaillent à la petite navette, à peine de cent livres d'amende & de confiscation desdites étoffes & métiers: Pourront aussi lesdits Maîtres Tissutiers-Rubanniers seuls travailler à la Manufacture des Rubans, & de tous autres ouvrages d'or ou d'argent, ou de fine & pure soye, ou mêlées de poil, fleuret, fil, laine ou coton, pourvû que lesdits ouvrages soient en largeur au-dessous d'un tiers d'aune: défenses ausdits Maîtres Tissutiers-Rubanniers de faire & fabriquer aucunes étoffes excedantes ladite largeur, & de tenir dans leurs maisons & ailleurs aucuns métiers des étoffes de la grande navette, aussi à peine de cent livres d'amende, & de confiscation desdites étoffes & métiers.

Les premiers Statuts des Maîtres Tissutiers-Rubanniers ou Ouvriers de la petite navette, de la Ville de Paris, sont de 1403 sous Charles VI. Ils en eurent d'autres en 1524, confirmés par des Lettres Patentes de Louis XII. Enfin ils furent encore changés, augmentés & renouvellés au mois d'Août 1585, par d'autres Lettres Patentes d'Henry III. enregistrées au Parlement le 6 Juin 1586, depuis confirmés par Henry IV. en 1594, & par Louis XIII. en 1611.

Les Statuts de 1403 & de 1514, ne leur donnent que la qualité de Maîtres Tissutiers-Rubanniers: mais dans ceux de 1585, ils prennent de plus celle d'Ouvriers en Draps d'or & d'argent, & soye; tissus, rubans, passemens d'or, d'argent & soye, fleuret, filoselle, laine, fil & coton, tant en la grande que petite Navette, haute & basse lisse, tant large qu'étroite, de la Ville, Cité, Fauxbourgs & Banlieue de Paris.

Cette difference de qualités, vient de ce que depuis 1514 ils s'étoient mis en possession de fabriquer le peu d'étoffes d'or, d'argent & de soye, qui se faisoient alors à Paris; travaillant aussi à quantité d'autres ouvrages mêlés de diverses matieres, tels que sont les serges, camelots, gazes, crêpes & beaucoup d'autres qui sont amplement rapportés dans leurs Statuts de 1585.

Toutes ces differentes étoffes que les Tissutiers-Rubanniers de Paris avoient droit de fabriquer, furent cause que les Ouvriers de la Manufacture des Draps d'or, d'argent & de soye, établie par Henry IV. à la Place Royale en 1603 qui faisoient d'abord une Communauté, & avoient des Statuts à part, leur furent ensuite réunis par une Transaction du 10 Mai 1644 confirmée par Arrêt du Parlement du 28 Février 1648, afin de terminer & de prévenir les continuelles contestations que la concurrence des mêmes ouvrages faisoit naître sans cesse entre les deux Communautés.

On a vû ci-dessus, que l'union des deux Corps ne dura que jusques en l'année 1666 qu'ils furent de nouveau séparés; les Maîtres conservant néanmoins également la qualité d'Ouvriers en Draps d'or, d'argent & de soye, avec cette difference que ceux de l'ancienne Communauté de la Place Royale furent appellés Ouvriers de la grande Navette, avec permission de fabriquer toutes sortes d'étoffes au-dessus d'un tiers d'aune de large: & les Tissutiers-Rubanniers Ouvriers de la petite Navette, comme réduits à des ouvrages qui ne peuvent exceder le tiers de l'aune.

Les ouvrages autrefois permis aux Tissutiers-Rubanniers comprenoient tout ce qui fait aujourd'hui l'objet des deux Communautés de la grande & petite Navette, c'est-à dire, non-seulement comme ils font encore présentement, toutes sortes de tissus, rubans, passemens, franges, frangeons, molets, &c. d'or, d'argent, de soye, de fleuret, &c. au peigne, à la marche, à la navette, à la tire, à l'épée, à la grisse, au carlet, au moulin, à la ravelle, au bas métier, &c. qui leur sont restés en partage, avec les tissus & étoffes d'or, d'argent & de soie au-dessous d'un tiers d'aune; mais encore les velours, satins, damas, taffetas, Draps d'or & d'argent fin, plains, frisés, figurés, façonnés, rayés, &c. qui ont été accordés & réservés par préference aux Ouvriers de la grande navette, comme on vient de le dire.

On parle ailleurs de toutes les étoffes permises à la grande navette; & l'on peut, entre autres articles de ce Dictionnaire, avoir recours à celui des Ouvriers en draps d'or, d'argent & de soye, & à celui de Reglemens, aux paragraphes où sont rapportés ceux de 1667, pour les Manufactures de ces sortes d'étoffes de Paris, de Lyon & de Tours.

Quarante-huit articles composent les Statuts des Maîtres Tissutiers-Rubanniers, dont les uns concernent les Apprentifs, l'apprentissage, le chef-d'œuvre & la réception à la Maîtrise; les autres le compagnonage & les Compagnons: Quelques-uns le nombre & l'élection des Jurés, leurs fonctions & les visites; enfin la plus grande partie les ouvrages permis aux Tissutiers-Rubanniers.

Ces derniers articles au nombre de dix-sept, entrent dans un grand détail, mais présentement inutile, la plupart des étoffes alors permises à ces Maîtres ayant été ou revoquées par d'autres Communautés, ou restées à celles de la grande navette; & les Tissutiers-Rubanniers ne faisant plus que des tissus, rubans, galons, franges, guipures, passemens, dentelles, & tels autres ouvrages d'or, d'argent, de soye, &c.

L'apprentissage est de quatre ans consécutifs, & le compagnonage d'autres quatre années; l'un & l'autre avec engagement & brevet, mais l'apprentissage sans gages, & le compagnonage avec un salaire raisonnable.

Les Maîtres résidant & travaillant hors la visitation de la Communauté ne peuvent faire d'Apprentifs; & ceux qui ont droit d'en faire, n'en peuvent avoir qu'un, au plus deux.

Les fils de Maîtres apprenant le métier sous leur pere, ne tiennent pas lieu d'Apprentifs; ils peuvent être reçûs à la maîtrise à vingt ans, & ne sont point tenus de faire de chef-d'œuvre.

L'Apprentif, après ses huit ans de service, s'il veut être reçû Maître, doit demander chef-d'œuvre, qui après information faite de ses vie & mœurs, lui est donné par les Jurés, & jugé par eux & par six Bacheliers.

Le Chef-d'œuvre consiste en deux aunes, soit larges, soit étroites, d'ouvrages de Tissutier fait à la marche, à l'épée, à la tire, au peigne ou à la navette.

Aucun Maître ne peut avoir plus d'un Compagnon obligé pour gagner la franchise & maîtrise, ni mettre en besogne aucun autre Compagnon non obligé, qu'il n'ait fait apparoître de son Brevet d'apprentissage.

Le Compagnon étranger s'il veut aspirer à la maîtrise de Paris, doit s'obliger pour quatre ans à un Maître, mais en gagnant salaire; à la fin de son tems faire chef-d'œuvre, & payer les droits de près du double de ceux des Apprentifs de la Communauté.

Le Compagnon, Apprentif de Paris, épousant la fille ou la veuve d'un Maître son Compagnonage fini, est reçû comme fils de Maître.

Les Compagnons ne peuvent quitter leurs Maîtres que le tems pour lequel ils se sont engagés, ou que l'ouvrage commencé ne soit fini; ni d'autres Maîtres les recevoir sans congé, encore moins les débaucher.

Les Veuves jouissent du privilege de faire travailler, & de tenir boutique; non de faire des Apprentifs. Elles ni les Maîtres ne peuvent avoir à la fois plus d'une boutique ou ouvroir.

Les Jurés de la Communauté sont au nombre de quatre, dont deux sont élûs chaque année à la place de deux Anciens: l'élection se fait en la chambre du Procureur du Roi au Châtelet, & en sa présence.

C'est aux Jurés à faire les visites, soit ordinaires, soit extraordinaires, les saisies & les rapports des contraventions.

C'est pareillement à eux à voir & visiter les ouvrages & marchandises foraines, les Forains ne pouvant les délier, vendre ni exposer en vente que les Jurés n'en ayent été avertis, & les marchandises visitées, à quoi ils sont tenus de vacquer sans délai, à peine du retard, & des dommages & intérêts du Forain.

A peine y avoit-il onze ans que les Tissutiers-Rubanniers avoient obtenu ces Statuts, que leur inobservation en plusieurs de leurs principaux articles obligea le Prevôt de Paris, sur la remontrance du Procureur du Roi, d'y pourvoir par un Reglement du 19 Juillet 1596. Ce Reglement porte entre autres choses;

1°. Que tout fil d'or & d'argent fin sera filé sur pure soye.

2°. Que tous passemens d'or & d'argent fin ne seront mêlés qu'avec pure soye.

3°. Que tous bons passemens seront de pure soye; & que néanmoins il s'en pourra faire de soye & de fleuret pour être de moindre prix.

4°. Que nul ne pourra faire ni vendre passement de soye qui soit trêmé de fil ou de laine; néanmoins permis de faire passemens de laine mêlée de soye, pourvû qu'il y ait une dentelle de laine des deux côtés, & que distinctement on voye les deux étoffes.

5°. Enfin, que quant à l'or & à l'argent faux filé sur fil, il ne pourra être employé avec la soye.

Un second Reglement du même Prevôt de Paris, du 28 Août de la même année 1596, ayant défendu, sous peine d'amende arbitraire, à tous Marchands Merciers, & Tissutiers-Rubanniers d'aller colporter par la Ville leur marchandise, sinon aux boutiques des Maîtres de leurs Communautés: les Tissutiers-Rubanniers remontrerent qu'ils avoient toujours eu la liberté de porter leurs galons, tissus & rubans aux Princes, Seigneurs, Gentilshommes & Bourgeois, en leurs hôtels & maisons; & sur leur remontrance obtinrent un nouveau Reglement du 28 du même mois d'Août, qui les maintint dans la faculté de porter & faire porter leursdites marchandises par les maisons, à la charge qu'ils les porteroient empaquetées & non à découvert.

Il avoit été ordonné par deux Sentences du Châtelet des 2 Octobre 1598 & 29 Août 1599 rendues entre les Maîtres de Paris & les Marchands Forains, qu'il seroit établi une maison ou bureau pour y recevoir & visiter les marchandises foraines, en exécution de quoi il fut déclaré par une troisiéme Sentence du 17 Août 1600 que ledit bureau des Tissutiers-Rubaniers seroit & demeureroit à l'avenir dans une maison scise en une petite rue sans chef aboutissante en la rue Quinquempoix, pour y être apporté & descendu par les Marchands Forains toutes les marchandises dépendantes dudit métier, pour y tenir bureau pendant vingt-quatre heures, & durant ledit tems y être visitées & marquées par les Jurés, avec défense aux Maîtres de Paris d'aller au devant desdits Forains pour acheter leurs marchandises, à peine de confiscation & de vingt écus d'amende.

Le Reglement du 29 1604 convenu du consentement de tous les Maîtres Tissutiers-Rubanniers, & confirmé & approuvé par Sentence du Châtelet desdits jours & an, porte, qu'à l'avenir les Jurés lors de la reception des Compagnons à la maîtrise pourront appeller huit Bacheliers ausquels & à chacun des Jurés sera donné soixante sols tournois sans autres frais, & un écu pour l'occupation de la maison de celui chez qui se fera l'Assemblée, sans qu'il s'y fasse plus grand concours de Maîtres ni festins & banquets, conformément aux défenses qui en avoient été faites à toutes les Communautés & Corps de Métiers par un Arrêt du Parlement du 11 Août 1600.

Enfin l'Arrêt du Conseil d'Etat du Roi du 8 Mai 1609 ordonne que l'élection des Jurés continuera de se faire à la pluralité des voix, suivant qu'il s'étoit jusques là observé; mais qu'aucun Maître ne pourra être élû à la Jurande qu'il n'ait dix ans de maîtrise, avec défense de faire aucunes assemblées illicites, frais & dépenses pour parvenir à ladite élection.

La Police ordonnée par les Statuts des Tissutiers-Rubanniers, & par ces différens Reglemens qui les ont suivis, n'a guéres souffert de changement, à la reserve de l'augmentation des droits d'apprentissage, de ceux des receptions à la maîtrise, soit des Compagnons, soit des Maîtres sans qualité, & de ceux des visites des Jurés, accordés par divers Edits, Déclarations ou Arrêts du Conseil à cette Communauté pour la rembourser des grandes sommes qu'elle avoit été obligée d'emprunter & de fournir aux coffres du Roy depuis 1691 jusqu'en 1707, pour se faire unir & incorporer les Offices de Jurés & de tant d'autres charges créées en titre d'Offices dans tous les Corps des Arts & Métiers à cause des besoins de l'Etat; augmentation de droits qui ne doit néanmoins durer que jusqu'à l'entier payement des sommes empruntées, ainsi qu'il est porté & ordonné par toutes ces Lettres Patentes, Edits, Déclarations, &c. donnés pour ces réunions & incorporations.

Métiers des Tissutiers-Rubanniers.

Le métier sur lequel travaillent les Maîtres Tissutiers-Rubanniers Ouvriers de la petite navette, est plus ou moins composé suivant les ouvrages qu'ils veulent y fabriquer, les rubans unis ne demandant pas tant de parties que les rubans façonnés, & ceux ci beaucoup moins que les galons & tissus d'or & d'argent. Comme cependant les principales piéces & les plus essentielles de ces divers métiers sont à peu près les mêmes, on se contentera de décrire ici un métier à travailler les gallons & tissus d'or & d'argent, en faisant cependant remarquer les différences des uns & des autres suivant que l'occasion s'en présentera.

Le chassis, ou, comme on dit en terme plus propre, le bâti de ce métier est composé de quatre piliers de bois dressés perpendiculairement & placés sur un plan parallellogramme ou de figure quarré-longue. Quatre traverses aussi de bois joignent ces piliers par en haut, & quatre autres traverses dont celle de devant qui est un peu plus élevée s'appelle la Poitriniere, les unissent à peu près au milieu de leur hauteur. Enfin il y a une neuviéme traverse au bas du bâti sur le devant pour mettre les pieds de l'Ouvrier, où sont attachées les marches qui font lever ou baisser les fils de la chaîne, comme on le dira dans la suite.

Les piliers ont six à sept pieds de hauteur éloignés l'un de l'autre de presque autant dans la partie la plus longue du parallellogramme, & seulement trois pieds dans la plus étroite.

Au dessus du métier, & appuyé sur les deux plus longues traverses d'en haut, est ce qu'on appelle le Chastelet; c'est-à-dire, un chassis de forme à peu près triangulaire dans lequel sont renfermées des poulies au nombre de vingt-quatre, douze de chaque côté, autant qu'il y a de marches sous les pieds du Fabriquant. C'est sur ces poulies que passent les cordes qui font hausser & baisser les marches. Pour les rubans simples où il ne faut que quatre marches, on ne se sert que de quatre poulies & à proportion pour les façonnés.

Deux ensubles dont l'une est de toute la longueur du métier, & l'autre seulement de quinze ou dix huit pouces, servent la plus petite à mettre la chaîne dessus, & la plus grande à rouler l'ouvrage à mesure qu'il s'avance. La grande ensuble est sur le devant & au dedans du métier à un pied ou environ de la poitriniere; la petite est attachée à la traverse du milieu du fond du métier: l'une & l'autre ont leurs tourillons & leur cran pour les monter, les lâcher & les arrêter.

Au milieu de la poitriniere est ce qu'on appelle le Rouleau de la poitriniere avec ses tenons. Il est de bois de huit ou dix pouces de long, & d'un pouce & demi de diametre; l'ouvrage passe sur ce rouleau avant que d'être roulé sur la grande ensuble. Il est inventé pour élever la chaîne sous les yeux de l'Ouvrier, l'ensuble qui est beaucoup plus basse ne pouvant servir à cet usage.

Deux porte-rames, c'est à-dire, deux planches un peu échancrées par les deux bouts d'un pied de large, & d'un peu moins de trois pieds de longueur, sont placées l'une au devant & l'autre à l'arriere du métier, suspendues avec des ficelles aux longues traverses d'en haut. Elles sont ouvertes d'une entaille au milieu que remplit un rouleau de bois qui est mobile; c'est sur ce rouleau que passent & que glissent les rames du devant & du derriere, c'est-à-dire, les ficelles où sont attachés les fuseaux.

Entre le premier porte-rames & la traverse d'en haut du devant du métier, est aussi suspendu le battant; c'est avec ce battant que se bat & se serre le fil d'or ou d'argent que l'on passe avec la navette à travers les fils de la chaîne; il est en forme de petit chassis de bois large d'un pied & haut de deux, ayant au bas ce qu'on appelle le Peigne dans tous les métiers à navette.

Pour bander ce battant, ensorte qu'il retourne de lui même en sa place, lorsque l'Ouvrier le quitte après avoir frappé sa trême, il y a au dessus de la tête de cet Ouvrier une espece de poulie ou roue de buis, de deux pouces d'épaisseur & de huit de diametre, qu'on nomme le Bandoir. Plusieurs cordent le traversent par des trous percés autour de son axe; & pour le monter & l'arrêter au point convenable de ressort, cette roue a sur l'épaisseur de sa tranche quantité d'autres trous où l'on met une cheville mobile qu'on appelle le Manche du Bandoir, que l'on monte plus ou moins suivant qu'on veut bander ou relâcher le battant auquel cette cheville communique par une corde.

Entre les deux porte-rames, aussi bien qu'à travers de l'entaille qu'ils ont au milieu, passent perpendiculairement quantité de ficelles au bout desquelles sont pendus ou des fuseaux ou des platines.

Les fuseaux sont de fer du poids d'un quarteron & d'un pied de longueur; ils servent à ouvrir la chaîne & à la faire retomber.

Les platines sont de plomb plates & quarrées, mais avec les angles d'en haut rabattues à peu près du poids des fuseaux; elles servent à faire retomber les hautes lisses & les marches. Les ficelles qui ouvrent & referment la chaîne servent à faire le fond de l'ouvrage; les hautes-lisses sont pour en faire les façons.

Enfin il y a d'autres ficelles qu'on appelle des Retours, qui haussent les maillons à travers desquels passent les fils de la chaîne. Ces retours sont posés orizontalement d'un bout à l'autre du métier & ont chacun à leur extrémité du côté de l'Ouvrier un bouton pour les tirer.

Ce qu'on appelle la Planchette est une petite planche de bois très mince, de sept à huit pouces en quarré; deux cordes l'arrêtent par un bout à la poitriniere, & deux autres par l'autre bout l'attachent au haut du métier. Elle sert à soûtenir la chaîne à l'endroit précisement où le Tissutier passe sa navette.

Cette navette des Tissutiers est de buis, ferrée par les deux bouts, dont l'un est un peu recourbé; elle a au moins six pouces de long & dix-huit lignes de hauteur. La chambre, c'est-à-dire la cavité de cette navette où l'on met le canon est profonde, & ce canon qui est aussi de buis à deux petits bords par les extrémités en forme de bobine. C'est sur ce canon que l'on dévide le fil d'or ou d'argent qui sert à l'ouvrage.

Pour monter le métier, il faut nommer le Dessein, c'est-à-dire qu'il faut qu'un Compagnon dicte au Tissutier le nombre des points noirs ou blancs qui sont sur son dessein, & que le Tissutier attache aux ficelles des hautes-lisses autant d'autres petites ficelles qu'on lui nomme de points noirs. Les points blancs en ce terme du métier s'appellent des Laissez, & les points noirs des Pris. On parle ailleurs des desseins dont se servent les Tissutiers-Rubanniers. *V.* DESSEIN.

Lorqu'après que le métier est monté le Tissutier veut travailler, il se place au devant sur une espece de banc de bois de près de trois pieds de haut dont la planche est à demi panchée vers le métier, ensorte que l'Ouvrier reste presque debout. En cet état il s'appuye la poitrine sur la traverse du milieu qui de cet usage a pris le nom de Poitriniere; & pour ne point retomber en devant à cause d'une situation si contrainte, il se passe entre les bras deux fortes bretelles de lisieres de drap qui le soutiennent. Ces bretelles sont attachées d'un bout à la traverse d'en haut & de l'autre à la poitriniere.

TISTRE. Action de fabriquer ou travailler une étoffe, une toile, un tissu sur le métier & avec la navette. On dit aussi Tisser. *V.* TISSERAND.

TIT

TITRE. Dans le commerce de l'or & de l'argent signifie le fin, l'aloy & la bonté intérieure de ces deux métaux.

Le titre de l'or se mesure & s'évalue par carats, le titre de l'argent par deniers. L'or le plus fin, c'est-à-dire, celui qui a le moins de mélange d'aucun autre métail, s'appelle de l'or à vingt-quatre carats qui est le plus haut titre que l'on ait fixé pour exprimer la bonté de l'or. Le titre de l'argent est de douze deniers.

L'or & l'argent que les Orfévres & les Tireurs & Batteurs d'or & d'argent peuvent employer dans les ouvrages de leur art & métier, doivent toujours être d'un plus haut titre que celui des Monnoyes, pour empêcher que les especes ne soient fondues.

Par l'Ordonnance de 1586 confirmée par celle de 1679, l'argent qu'il est permis aux Orfévres de travailler est à onze deniers douze grains, au remede de deux grains, & l'or à vingt-deux carats au remede d'un quart de carat.

Par la même Ordonnance de 1586 l'or des Batteurs & Tireurs d'or est à vingt quatre carats au remede d'un quart de carat, & l'argent à douze deniers au remede de quatre grains. Il a été cependant accordé aux Tireurs d'or de Lyon en 1657 six grains de remede de l'argent qu'ils employent qui est deux grains plus qu'à ceux de Paris.

A l'égard des Affineurs & Departeurs d'or & d'argent ils doivent travailler l'argent au titre de onze deniers dix-huit grains, & l'or à vingt-trois carats vingt-six trente-deuxiémes au moins, c'est-à-dire, au plus près du plus fin, conformément à l'Ordonnance de 1689.

TITRE, en terme de monnoye. Signifie particuliérement la qualité de l'or ou de l'argent employé à la fabrique des especes, estimé par rapport à l'alliage de quelqu'autre métail que le Souverain permet qu'on y mêle, & du remede ou diminution aussi permis par les Ordonnances. Ainsi l'on dit qu'un louis d'or est au titre de vingt-deux carats & un quart de carat de remede, quand il a de fin vingt-un carats trois quarts. L'on dit de même d'un écu qu'il est au titre d'onze deniers & deux grains de remede, quand il a dix deniers vingt-deux grains de fin.

Le titre de l'or & de l'argent qu'on employe dans les Hôtels des Monnoyes de France, aussi-bien que dans les lieux de fabrique des Etats & Royaumes étrangers, dépend de la volonté du Souverain, & l'on voit des especes d'or du titre depuis vingt-trois carats trois quarts jusques à vingt carats & même dix-sept carats & au dessous, & des especes d'argent depuis onze deniers huit garnis de fin jusqu'à sept deniers & même au dessous, ce qui n'est guéres que du billon.

C'est aussi pour le titre de l'argent, c'est-à-dire, à raison de douze deniers, que l'on évalue les billons; ainsi l'on dit qu'un douzain ou un carolus tient deux deniers de fin, pour dire qu'il est composé d'une sixiéme partie d'argent & de cinq parties de cuivre. *Voyez les articles de l'Or & de l'argent, du Carat & du Denier, & celui de la Monnoye.*

TLA

TLAPALCYPATLY. Espece de bois qui croît dans la nouvelle Espagne. *Voyez* NEPHRETIQUE.

TLI

TLIXOCHITL. Nom que les Habitans du Perou donnent à ce qu'on appelle Vanille en Europe. *Voyez* VANILLE.

TNE

TNEK. Mousselline brodée propre à faire des cravates que les Anglois apportent des Indes Orientales; elles ont seize aunes de long sur trois quarts de large.

TOC

TOCAT. Ville de l'Armenie Turque. L'on peut regarder cette Ville comme le centre du commerce de l'Asie Mineure. *Voyez* les différens objets de son négoce, dans l'Etat général, Tome I. p. 415.

TOCOUY. Sorte de toile qui se fait dans divers endroits de l'Amerique Espagnole, sur tout du côté de Buenos-Ayres. Les Espagnols l'appellent plus ordinairement *Lienzo de la Terra*; toile ou linge du pays, pour la distinguer de ce grand nombre de toiles qui leur vient du dehors, & que les François, les Anglois & les Hollandois fournissent aux Marchands de Cadix pour envoyer dans l'Amérique.

Les Tocouis sont peu fins, & ne servent ordinairement qu'aux Indiens & aux Négres. *V. le Commerce de Buenos-Ayres à l'article général du Commerce.*

TOCQUE. *Voyez* TOQUE.

TOI

TOILE. Nom que l'on donne à une sorte de tissu fait de fils entrelassez, dont les uns (que l'on appelle Fils de Chaîne) s'étendent en longueur, & les autres (que l'on nomme Fils de Tréme) sont placés de travers.

Les toiles se font sur un métier à deux marches par le moyen de la navette, de même que les draps, les étamines, & autres semblables étoffes non croisées. Les matieres que l'on employe le plus ordinairement pour les fabriquer sont le coton, le lin & le chanvre, il s'en fait aussi de soie, & d'or & d'argent filé.

Ceux qui fabriquent les toiles de coton, de lin & de chanvre, se nomment communément Tisserands; & ceux qui manufacturent celles d'or, d'argent & de soie, s'appellent ordinairement Ouvriers en Draps d'or, d'argent & de soie.

Il seroit difficile de pouvoir dire certainement à qui l'on doit l'invention de la toile, à moins qu'on ne voulût l'attribuer à l'araignée, cet admirable, mais venimeux insecte, qui tire de sa propre substance certains filets presque imperceptibles, dont il forme avec ses pattes ce merveilleux tissu, que l'on appelle vulgairement Toile d'Araignée, qui lui sert comme de filet ou de piege pour prendre les mouches dont il se nourrit. Quoiqu'il en soit, il n'y a guéres de marchandise dont le commerce soit plus étendu que celui des toiles, particulierement de celles de lin, de chanvre & de coton, y ayant peu de pays où il ne s'en consomme beaucoup.

TOILE ECRUE. C'est celle dont le fil n'a point été blanchi, & qui est telle qu'elle est sortie de dessus le métier. Les toiles de lin écrues sont pour l'ordinaire griseâtres, qui est la couleur naturelle du lin; & les toiles de chanvre écrues sont jaunâtres, qui est aussi la couleur que la nature a donné au chanvre. *Voyez* CHANVRE *&* LIN.

TOILES MI-BLANC ou TOILES BOULVARDE'ES. Sont des toiles de chanvre qui n'ont été qu'à demi blanchies.

TOILES BLANCHES. Sont des toiles écrues que l'on a fait blanchir entierement à force de les arroser sur le pré, & de les faire passer par diverses lessives. *Voyez* BLANCHIR.

TOILES DE MESNAGE. Se dit des toiles que les Bourgeois font faire pour leur usage, & dont le chanvre ou le lin qui les composent a été filé en leurs maisons.

TOILES A MATELAS. *Voyez ci-après aux endroits où il est parlé des toiles d'Allemagne, de Flandres & de Normandie.*

TOILES A CHAPEAUX ou TREILLIS. *Voyez ci-après aux endroits où l'on parlé des toiles de Suisse & de Normandie.*

TOILES D'ORTIE. *Voyez ci-après à l'endroit où il est fait mention des toiles de Picardie.*

TOILES BISES. *Voyez ći-après à la fin de l'endroit où il est fait mention de celles qui se manufacturent dans la Province du Perche.*

TOILES DE SENLIS. *V. ci-après à l'endroit où il est parlé de celles qui se font dans le païs du Maine.*

TOILES NANTOISES. *Voyez ci-apres à l'endroit où il est parlé de celles qui se fabriquent en Bretagne.*

TOILES DE HALLE ASSORTIES, autrement GRANDS ou HAUTS BRINS. *V. ci-après vers la fin de l'endroit où l'on parle des toiles qui se manufacturent en Bretagne, particulierement a Dinan.*

TOILES DE COFFRES. *Voyez ci-après vers le milieu de l'endroit où il est fait mention des toiles qui se font en Normandie, singuliérement à Louviers & à Evreux.*

TOILES BRUNES.
TOILES LEGERES.
TOILES A DOUBLER.
} *Voyez ci-après vers la fin de l'endroit où il est parlé des toiles qui se fabriquent en Normandie, particulierement à Orvillé.*

TOILES OUVRE'ES, que l'on appelle plus ordinairement LINGE OUVRE'. Est une sorte de toile de chanvre ou de lin, sur laquelle il paroît divers ouvrages, façons & figures. *V.* LINGE.

TOILE EN COUPONS. Ce sont certains morceaux de batiste claire, ordinairement de deux aunes, qui sont envoyés de Picardie en petits paquets quarrés, couverts de papier brun. *V.* BATISTE.

On nomme aussi Coupons de toile ces morceaux d'une ou deux aunes, plus où moins, qui ne sont que les restes des pieces qui ont été vendues.

TOILES A VOILES. Ce sont certaines grosses toiles de chanvre écrue, qui ne servent uniquement qu'à faire des voiles de vaisseaux, navires & autres bâtimens de mer. *Voyez* NOVALLE, PERTE, POLDAVY, PETITE OLONE *&* CANEVAS, tous divers noms que l'on donne à ces sortes de toiles. *Voyez aussi ci-après l'endroit où il est parlé des toiles de coton des Indes Orientales; il y est fait mention d'une espece de toile à voile. Voyez encore* VOILE.

TOILE A TAMIS ou TOILE A SAS. Sorte de toile très claire faite de fil de lin, dont on se sert à tamiser ou à sasser les choses que l'on veut mettre en poudre fine. C'est encore une autre espece de toile faite de crin, que l'on appelle Rapatel. *Voyez* RAPATEL, *& aussi l'endroit ci-après où il est parlé des toiles de Bretagne.*

TOILE D'EMBALLAGE. *V. ci-après à l'endroit où il est fait mention des toiles de Picardie & d'Anjou.*

TOILE A SACS. *V. ci-après à l'endroit où il est parlé des toiles de Picardie.*

On dit qu'une toile a tant de laise pour faire entendre qu'elle a tant de large.

Un lé de toile, c'est toute la largeur de la toile d'un bord de la liziere à l'autre. Ainsi l'on dit qu'il faut tant de lez de toile pour faire un rideau de fenêtre, pour faire concevoir qu'il y faut employer tant de fois la largeur de la toile pour le rendre complet.

On dit aussi un demi-de toile, pour dire la moitié de la largeur de la toile.

Les principales choses qu'il faut observer pour qu'une toile de chanvre ou de lin soit bien fabriquée & de bonne qualité, sont:

1°. Qu'elle soit bien tissue; c'est-à dire, bien travaillée & également frapée sur le métier.

2°. Qu'elle soit faite ou toute de fil de lin, ou toute de fil de chanvre sans aucun mélange de l'un ou de l'autre, ni dans la chaîne, ni dans la tréme.

3°. Que le fil qu'on y employe, ou de lin, ou de chanvre, ne soit point gâté; qu'il soit d'une égale filure, tant celui qui doit entrer dans le corps de la piéce, que celui dont les lisieres doivent être faites.

4°. Que la chaîne soit composée du nombre des fils que la toile doit avoir par rapport à sa largeur, finesse & qualité, conformément aux Réglemens généraux des Manufactures, & aux Statuts des lieux.

5°. Que la toile ne soit point tirée ni sur sa largeur, ni sur sa longueur.

6°. Qu'elle soit de même force, bonté & finesse au milieu comme aux deux bouts de la piece.

7°. Enfin qu'elle ait le moins d'apprêt qu'il est possible, c'est-à-dire, ni gomme, ni amidon, ni chaux, ni autres semblables drogues qui puissent couvrir & ôter la connoissance des défauts de la toile.

Ceux qui font négoce de toiles ne doivent pas ignorer qu'il y a des Réglemens qui veulent que les toiles défectueuses soient coupées de deux en deux aunes, & qui défendent aux Tisserands, Curandiers ou Blanchisseurs de les tirer sur leur largeur & longueur; comme aussi aux Marchands, Commissionnaires, Courtiers & Emballeurs, de mêler dans un même ballot destiné pour l'Espagne & les Indes, des toiles de differentes qualités.

Ils doivent encore être informés qu'il y a nombre de lieux de France, où quoique l'aune soit semblable à celle de Paris, on ne laisse pas néanmoins de trouver du bénéfice sur l'aunage des toiles qu'on y achette. C'est ce qu'ils pourront voir dans l'article d'Aunage.

La plus grande partie des toiles de lin & de chanvre qui se voyent en France, sont de la fabrique du Royaume; il s'en tire néanmoins quelques-unes des pays étrangers, particulierement de celles de lin.

A l'égard des toiles de coton elles viennent presque toutes des Indes Orientales & du Levant; il s'en fait cependant en France & ailleurs, mais en petite quantité.

Les Marchands & Négocians qui font déja le commerce de toiles, ou les jeunes gens qui seront dans le dessein de l'entreprendre, ne seront pas fâchés de rencontrer ici un état des pays & lieux d'où elles se tirent & où elles se fabriquent, & d'y voir en même tems leurs divers noms & qualités, leurs longueurs & largeurs differentes, à quoi elles peuvent être propres, & les endroits pour lesquels elles sont destinées.

On va commencer par les toiles qui viennent des pays étrangers.

Indes Orientales.

Il ne vient des Indes Orientales que des toiles de coton; & toutes celles de ces pays qui se voyent en France, sont apportées par les vaisseaux de la Compagnie qui les tirent de Surate, de Bengale & de Pontichery, n'étant permis à qui que ce soit d'en faire venir par quelqu'autre voye que ce puisse être.

La vente des toiles de coton des Indes, se fait pour l'ordinaire dans la Ville de Nantes en Bretagne, où cette Compagnie a ses magazins, & le tems de cette vente est notifié aux Marchands & Négocians par des affiches que l'on fait apposer dans les lieux publics des principales Villes de commerce du Royaume.

Les qualités des toiles de coton blanches, sont differentes, de même que leurs noms, dont voici ceux que l'on a pû recueillir, Tapsels, Coupis, Chillas, Caladaris, Guinées, Percalles, Mauris, Salampouris, Socretons, Baffetas, Coutelines, Berams, Chelles, Chacarts, Douris, Katteguy, Sauvagagis, Fottes, Garas, Sanas, Korathes ou Toques de Cambaye & Hamans. Toutes les sortes de toiles de coton dont les noms sont ci-dessus, se trouvent chacune expliquée à leur article, & leurs qualités, longueurs & largeurs y sont marquées.

Il y a aussi d'autres toiles de coton blanches que l'on nomme simplement Toiles à Voiles, qui viennent particulierement de Bengale. Ce sont de grosses toiles dont la piece contient neuf aunes & demi à dix aunes sur trois quarts à cinq six de large, mesure de Paris.

Il y a encore des toiles de coton bleues à carreaux qui n'ont que trois aunes trois huitiémes de long, sur deux tiers à trois quarts de large, aussi mesure de Paris. Ces dernieres se tirent toutes de Surate.

Il faut remarquer que les mousselines qui sont des especes de toiles de coton blanches qui viennent pareillement des Indes Orientales, ne sont point comprises dans celles dont il a été parlé ci-devant, parce que l'on ne leur donne pas le nom de Toile de Coton, mais bien celui de Mousseline, qui est un terme propre à ces sortes de toiles qui néanmoins ont des noms differens aussi-bien que des longueurs & largeurs particulieres suivant leurs especes, qualités & endroits d'où elles viennent. *Voyez* Mousseline *&* Coton.

On ne parle point des toiles de coton peintes ou imprimées, dont il se faisoit autrefois en France un commerce & une consommation considerable, soit de celles qui y étoient apportées par la Compagnie des Indes Orientales, soit de celles qui se tiroient en contrebande de Hollande, d'Angleterre & de Geneve, le négoce & l'usage de ces sortes de toiles ayant été absolument défendu, pour favoriser les Manufactures des étoffes de soie & de laine établies dans le Royaume.

L'on ne peut cependant ne pas dire ici que l'obstination des Marchands pour débiter ces toiles, & celle des Particuliers pour les acheter & pour s'en servir, ont toujours été & sont encore si grandes, que près de quarante années & plus de trente cinq Arrêts n'ont pû jusqu'ici guérir les uns & les autres de cet entêtement de contrebande; bien qu'outre la confiscation des marchandises & l'amende de mille écus contre ceux qui les achetent & qui les vendent, on ait été enfin obligé par un Edit du 15 Decembre 1717, de joindre des peines afflictives, entr'autres celles des galeres perpetuelles, & de plus grandes si le cas y échoit, contre ceux qui feroient entrer de ces toiles dans le Royaume. L'on parle ailleurs plus amplement, & de ce dernier Edit, & de toutes les Déclarations & Arrêts qui ont interdit ce commerce. *Voyez* Etoffes des Indes.

Hollande.

C'est à Harlem où se fait le plus grand négoce des Toiles que l'on appelle ordinairement Toiles de Hollande, d'autant que c'est en cette Ville où elles sont presque toutes envoyées en écru des endroits de leur fabrique, pour y recevoir dans le printems ce beau blanc que chacun admire.

Ces sortes de Toiles dont la matiére est de lin, sont très serrées, très unies & très fermes, quoique fort fines. Les plus belles & les plus estimées se font dans la Province de Frise; ce qui fait qu'on les nomme par distinction Toiles de Frise, ou simplement Frises.

Les Toiles de Hollande ont pour l'ordinaire trois quarts & deux doigts de large, chaque piece contenant vingt-neuf à trente aunes mesure de Paris. Elles se vendent sur les lieux à l'aune du Pays par assortimens d'onze pieces, dont celle du milieu fixe le prix des autres, & s'envoyent les unes pliées en plat de toute leur largeur, les autres aussi pliées en plat, mais doublées, & les autres doublées & roulées. Celles pliées en plat viennent dans des caisses, & les roulées dans des tonneaux; les unes & les autres empaquetées d'abord dans du papier blanc, & pardessus d'un gros papier bleu lié d'une ficelle.

Il se fait encore en Hollande une sorte de grosse Toile de chanvre écrue, propre à faire des voiles de navire, qui est appellée dans le Pays, Canefas. *Voyez* Canevas. C'est ainsi qu'on la nomme en France.

On tire de Hollande, particuliérement d'Amsterdam & de Roterdam, certaines especes de toiles dont la principale destination est pour l'Espagne, où elles sont appellées Hollandillas. Ces sortes de toiles, qui ne sont autre chose que des Toiles de coton blanches des Indes, d'environ deux tiers d'aune de large mesure de Paris, que les Hollandois teignent chez eux en différentes couleurs, & qu'ils coupent en piéces de dix aunes aussi mesure de Paris, s'envoyent pliées en forme de rouleaux, empaquetés de papier bleu. Les François les nomment Hollandilles.

Il se fait du côté de Gand & de Courtray certaines toiles ausquelles l'on donne le nom de Toiles de Hollande. *Voyez ci-après à l'article des Toiles de Flandres.*

Il y a d'autres toiles appellées Demi-Hollandes, qui se fabriquent en Picardie. *Voyez* Demi-Hollande.

Il se manufacture encore en France des toiles ausquelles l'on donne le nom de Toile demi-Hollande Truffette. *Voyez* Truffette.

Angleterre & Ecosse.

Les toiles qui se font en Ecosse sont de si mauvaise qualité, qu'il ne s'en fait que peu de commerce au dehors : les Anglois en portent néanmoins quelques unes en Espagne.

Celles qui se fabriquent en Angleterre, & qu'on y nomme Bombasis, sont des especes d'étoffes de fil & de coton dont les pauvres gens font quelquefois des habillemens. Il s'en fait un assez bon commerce avec l'Espagne. *Voyez ci-après l'état des Toiles étrangeres propres pour l'Espagne & les Indes Occidentales.*

Allemagne.

Il se tire de Silesie par la voye de Hambourg, certaines toiles de lin ausquelles l'on donne le nom d'Hollandilles. Ces sortes de toiles qui sont envoyées ou en blanc, ou teintes en vert, bleu, rouge & autres différentes couleurs, sont ordinairement par piéces de dix aunes de long sur deux tiers de large mesure de Paris, chaque piece pliée en forme de rouleau, & empaquetée d'un papier bleu. Leur usage le plus ordinaire est pour faire des doublures, & leur destination pour toutes sortes de Pays. La France en consomme assez considerablement; on a voulu même les contrefaire à Rouen, mais les Ouvriers qui l'ont entrepris n'ont pû parvenir à les bien imiter.

Il vient encore de Silesie d'autres sortes de toiles que l'on appelle Platilles. *V.* Platille.

On envoye de Monbeliard certaines especes de toiles à carreaux bleus & blancs, destinées à divers usages, mais particulierement à faire des matelas; ce qui fait qu'on les nomme souvent Toiles à Matelas. Ces toiles sont en pieces d'environ vingt aunes de long sur demi-aune demi-quart ou deux tiers de large mesure de Paris. Les Troyens en font un négoce assez considerable.

Il se fabrique à Rouen & aux environs de cette Capitale de Normandie, quantité de toiles à matelas qui se vendent sous le titre de Toiles de Monbeliard, à cause du raport qu'elles ont pour la qualité aux véritables toiles de Monbeliard. *V. ci-aprés l'endroit où il est parlé des Toiles de Normandie.*

Outre que ces toiles qu'on tire d'Allemagne par la voye de Hambourg, il s'y fabrique encore des estoupilles, des enrolades, des bocadilles & des bonbazis. Toutes ces toiles sont très grossieres & d'une assez mauvaise qualité. Les Hambourgeois en portent néanmoins une assez grande quantité en Espagne, dont une partie passe aux Indes Occidentales sur les galions ou sur la flote. *Voyez ci-après l'état des Toiles étrangeres qui sont propres au commerce avec les Espagnols.*

Suisse.

Il vient de S. Gal quantité de toiles de lin blanches, & teintes en noir, bleu, verd, rouge & autres couleurs, dont les pieces contiennent onze à douze aunes de long sur deux tiers & demi de large mesure de Paris. Il y en a de fines, de moyennes & de grosses. Les plus fines sont satinées ou lissées des deux côtés, & les plus grosses seulement lissées d'un côté. On les envoye ordinairement pliées en petits paquets quarrés longs. La plûpart de ces toiles s'employent en doublures, & les noires satinées servent particuliérement à faire des coeffes de chapeau. On les nomme pour l'ordinaire Toiles de S. Gal, & quelquefois Treillis ou Toiles à chapeaux. Il s'en fait un grand commerce à Lyon & à Marseille, d'où il s'en envoye quantité en Espagne, & delà aux Indes Occidentales. *Voyez ci-après l'état des Toiles étrangeres propres pour l'Espagne.*

Flandres.

Il se fabrique à Gand, à Courtray & aux environs de ces Villes, des toiles de lin très blanches & très fines, ausquelles l'on donne le nom de Toile de Hollande, quoiqu'inferieures en qualité & en largeur aux véritables Hollande. Ces sortes de toiles qui n'ont que trois quarts juste de large, & dont les pieces sont de trente-cinq à quarante aunes de long mesure de Paris, se plient en plat comme en Hollande, ou en rouleaux, qui est la maniere ordinaire du Pays où elles se font. Celles en plat s'empaquetent & s'encaissent comme les véritables Hollande; & pour les autres, on se contente seulement de les encaisser sans les empaqueter.

Il se fait aussi en Flandres certaines sortes de toiles de lin à carreaux de différentes couleurs; les unes d'une aune, les autres de trois quarts, & les autres de demi aune de large. On leur donne ordinairement le nom de Toiles à Matelas, parce qu'elles s'employent pour en faire. Les pieces n'ont aucune longueur déterminée, y en ayant depuis vingt-quatre aunes jusqu'à soixante, le tout mesure de Paris.

La Flandre fournit encore, particuliérement les environs de Gand, Bruges, Courtray & Ypres quantité de toiles d'étoupe de lin, les unes écrues & les autres à demi blanches, qui se vendent à l'aune, dont la largeur est de sept huit, chaque piece contenant trente-cinq à quarante aunes mesure de Paris. Ces sortes de toiles, qui sont appellées dans le Pays Brabantes ou Prexillas crudos, sont presque toutes destinées pour l'Espagne ou pour les Isles & Terre-ferme de l'Amerique Espagnole. Il y en a de grosses, de moyennes & de plus fines.

Il se fabrique encore à Courtray & à Ypres des toiles de lin que l'on nomme Rollette, qui se vendent à l'aune, dont la largeur est de trois quarts, & la longueur des pieces de vingt-cinq à trente aunes mesure de Paris. Ces sortes de Toiles, qui sont très claires en façon de grosse batiste,

batiste, se consomment presque toutes dans les Pays-Bas.

Il se tire encore de Flandres quantité de Toiles ouvrées que l'on appelle plus ordinairement Linge ouvré. *Voyez* LINGE.

TOILES DE FRANCE ET DES PAYS CONQUIS.

HAINAUT.

Il se fait en cette Province, particuliérement à Valenciennes, quantité de toiles de lin fort fines que l'on appelle Batiste & Linon. *Voyez* BATISTE & LINON.

ARTOIS.

A Arras, à Bapaume & en quelques autres endroits du Pays d'Artois, il se fait aussi des batistes & linons. *Voyez* BATISTE & LINON.

CAMBRESIS.

Il se fait à Cambray des Toiles de lin semblables à celles de Valenciennes. *Voyez.* BATISTE & LINON.

PICARDIE.

Il se fait à S. Quentin & aux environs de cette Ville une sorte de toile de lin grisâtre, que l'on nomme communément à Paris Toile d'ortie, laquelle n'est autre chose qu'une batiste écrue; ne se faisant plus guéres en France de toiles avec le fil qu'on peut tirer de l'ortie.

Les pieces de toile d'ortie sont de douze à quatorze aunes de long sur deux tiers de large mesure de Paris. On s'en sert pour l'ordinaire à faire des vestes, des doublures de juste-au-corps, & des jupons pour l'esté. Elles sont envoyées des lieux où elles se font par petits paquets quarrés d'une piece chacun de même que les batistes blanches. *Voyez* BATISTE.

A Beauvais, à Compiegne, à Bulle, & aux environs de ces lieux, il se fabrique une espece de toile de lin fine, que l'on appelle Demi-Hollande. *Voyez* DEMI-HOLLANDE.

On fabrique aussi à Beauvais & autour de cette Ville, une autre sorte de toile de lin fine, à laquelle l'on donne ordinairement le nom de Truffette demi-Hollande. *Voyez* TRUFFETTE.

Beauvais fournit encore quelques toiles que l'on appelle Platille. *Voyez* PLATILLE.

A Vervins, Peronne, Noyon, S. Quentin, & en quelques autres endroits des environs de ces Villes il se manufacture des toiles appellées Linons & Batistes. *Voyez ces deux termes.*

Il se fait aussi à Peronne une autre espece de toile qui se nomme Cambray ou Cambresine. *Voyez* CAMBRAY.

Il vient encore de Picardie quelques toiles ou linge ouvré. *Voyez* LINGE.

La Picardie fournit encore, particuliérement les environs d'Abbeville & d'Amiens, quantité de grosses toiles d'étoupe de chanvre, que l'on appelle Toiles d'emballage, parce qu'elles servent ordinairement à emballer des marchandises, dont la largeur est de sept huit, & la longueur des pieces depuis vingt-cinq jusqu'à trente-cinq aunes mesure de Paris.

Il se fabrique encore dans les mêmes endroits de grosses toiles d'étoupes de chanvre de $\frac{3}{4}$ de large sur vingt-cinq à trente-cinq aunes de longueur aussi mesure de Paris, plus fortes & plus serrées que les précédentes, que l'on nomme Toiles à sacs, à cause qu'elles s'employent communément à faire des sacs pour mettre le blé, la farine, &c.

ISLE DE FRANCE.

Il se blanchit à Senlis, petite Ville du Duché de Valois, quantité de toiles de Laval, qui se débitent sous le nom de Toiles de Senlis. *Voyez ci-après l'endroit où il est parlé des Toiles qui se font dans le Pays du Maine.*

ANJOU.

Il se fabrique à Beaufort & aux environs de cette Ville quantité de toiles de chanvre, dont les pieces contiennent depuis soixante jusqu'à quatre-vingts aunes de long sur une aune de large mesure de Paris. Ces sortes de toiles qui se vendent à l'aune courante, sont de différentes qualités, y en ayant de grosses, de moyennes & de plus fines, dont les prix ordinaires sont depuis douze jusqu'à trente-deux sous l'aune. Les Rochelois en tirent beaucoup en écru; & il s'en envoye quantité de blanches dans les Isles Françoises de l'Amerique, dont le blanchiment se fait ordinairement à Doué, qui est une autre Ville de la Province d'Anjou. Les plus fines de ces toiles servent à faire des draps, des chemises & d'autres semblables lingeries; & pour ce qui est des autres, elles s'employent en menus voiles de navire, & pour des emballages.

A Cholet il se fait des toiles de lin écrues, les unes bises & unies, & les autres rayées de différentes couleurs. Il y en a de fines, de moyennes & de grosses, qui sont toutes de deux tiers de large, chaque piece contenant ordinairement vingt aunes mesure de Paris. On se sert de ces sortes de toiles pour faire des vestes & des doublures d'esté pour habits d'hommes & des robes de chambre pour femmes.

Il se fait encore à Cholet une autre espece de toile de lin très blanche, à laquelle l'on donne le nom de Platille. *Voyez* PLATILLE.

Il se manufacture à Château-Gontier certaines sortes de toiles de lin écrues, dont les pieces contiennent depuis soixante jusqu'à quatre-vingts aunes de long, sur demi-aune deux tiers & trois quarts de large mesure de Paris, dont les prix sont pour l'ordinaire depuis vingt jusqu'à cinquante, y en ayant de fines, de moyennes & de grosses.

Ces sortes de toiles qui s'employent ordinairement en chemises & autres pareilles lingeries s'envoyent en plusieurs endroits du Royaume, mais particuliérement dans le Bordelois & dans le Limosin. Ce sont les Marchands de Bordeaux qui en tirent le plus.

BRETAGNE.

Il se fabrique en cette Province nombre de toile de chanvre écrues, particuliérement destinées à faire des voiles de vaisseaux, navires & bâtimens de mer, qui prennent la plûpart leurs noms des endroits où elles se manufacturent. *Voyez* NOYALLE, PERTE, LOCRENAN. POLLEDAVY & PETITE OLONE, ce sont les divers noms qu'on leur donne.

On fait encore dans la même Province une espece de toile de lin blanche appellée Clisson du lieu où elle se fabrique, dont on se sert à faire des chemises & autres sortes de lingeries. *Voyez* CLISSON.

A Quintin & en quelques endroits des environs de cette petite Ville dont les principaux sont Coudiac & Moncontour, il se manufacture nombre de toile de lin, les unes de trois quarts, & les autres de cinq huitiémes d'aune de large mesure de Paris. Ces sortes de toiles qui se vendent en écru dans le marché de Quintin en piéces de trente à quarante aunes du Pays, & qui se coupent par petites piéces d'environ six à sept aunes de Paris, qu'on fait ensuite blanchir sur les lieux, sont de differentes qualités, y en ayant de grosses, de moyennes & de fines. On leur donne le nom de Quintin ou de Quinte, parce que c'est à Quintin où la fabrique en a commencé, & où elles sont toutes portées au marché.

Les plus fines de ces toiles qui sont très claires, & qu'on appelle à cause de cela Mi-fils, ont quelque raport pour la qualité, quoique moins estimées, aux toiles nommées Cambray ou Cambresine, s'employant de même qu'elles à faire des rabas & des manchettes pour les hommes, & des garnitures de tête pour les femmes. V. CAMBRAY.

A l'égard des autres toiles de Quintin, on s'en sert à faire des chemises, des mouchoirs & d'autres semblables lingeries.

Outre la grande consommation qui se fait de ces especes de toiles dans toute la Bretagne, & dans plusieurs autres Provinces de France, il s'en fait aussi des envois considerables dans les Pays Etrangers, particuliérement en Espagne, & dans les Isles Françoises de l'Amerique.

Il se fait encore à Quintin & autour de cette Ville une sorte de toile de lin bleuâtre, extrêmement gommée & fort claire, que l'on appelle ordinairement Toile à tamis ou à sas, à cause que l'on s'en sert à tamiser ou à sasser les choses que l'on veut réduire en poudre fine. Cette espece de toile est pour l'ordinaire en petites pieces ou coupons de quatre aunes & demie à cinq aunes de long sur demi-aune moins un seize de large mesure de Paris.

A Pontivy & aux environs de cette petite Ville il se fabrique quantité de toiles de lin de différentes qualités, les unes fines, les autres moyennes, & d'autres plus fortes & plus grosses, dont les largeurs sont de demi-aune, de deux tiers & de trois quarts d'aune mesure de Bretagne, où l'aune est d'un sixiéme plus longue que celle de Paris. Ces sortes de toiles, qui se vendent à l'aune courante du Pays, & ausquelles l'on donne communément le nom de Pontivy, du lieu où il s'en fabrique le plus, sont ordinairement en piéces depuis vingt aunes jusqu'à quarante. Les Marchands qui les achetent des Ouvriers, & ceux qui les font fabriquer pour leur compte, les font blanchir sur les lieux. Elles s'employent à faire des chemises & d'autres sortes de lingeries. Leur prix ordinaire est depuis quinze jusqu'à quarante-cinq sous l'aune. Il s'en envoye beaucoup en Espagne & dans les Isles Françoises de l'Amerique. Il s'en fait aussi une assez grande consommation en France, particuliérement dans la Province de Bretagne.

Dans les Fauxbourgs de Nantes il se fabrique beaucoup de toiles, ausquelles l'on donne le nom de Toiles Nantoises. Ces sortes de toiles qui sont pour l'ordinaire faites de fil de lin demi blanc, & dont la largeur est d'une aune mesure de Bretagne, qui revient à sept sixiémes de celle de Paris, se vendent à l'aune courante du Pays. Les Piéces sont composées de cinquante à soixante de ces aunes.

Les toiles Nantoises sont ou grosses ou moyennes, & leur prix ordinaire va depuis vingt jusqu'à trente sous l'aune de Bretagne. On s'en sert à faire des chemises, des draps, &c. La plus grande partie s'envoye dans les Isles de l'Amerique, & le reste se consomme dans le Pays.

Morlaix & ses environs, qui sont Roscoff, Saint Paul de Leon, Guingamps, Grace, &c. fournissent quantité de toiles qui se manufacturent avec du fil de lin, qui a été blanchi dans le Pays avant que d'être mis en œuvre. On en compte de quatre sortes principales, qui quoique fabriquées en ces divers lieux, ne laissent pas d'être toutes débitées sous le titre de Toiles de la fabrique de Morlaix. Elles ont néanmoins des noms particuliers, pour les distinguer les unes des autres; les premieres étant appellées Crés large de trois quarts; les secondes, Crés communes; les troisiémes, Crés Graciennes; & les dernieres, Crés Rosconnes. Ces quatre especes de toiles se vendent par piéces de cent aunes mesure de Paris.

Les crés larges de trois quarts, quoique nommées Trois quarts, n'ont cependant que deux tiers de large mesure de Paris. Ce sont les plus fines de toutes, aussi les employe-t-on ordinairement à faire de belles chemises & serviettes. Leur destination la plus ordinaire est pour l'Espagne, d'où il s'en envoye beaucoup dans les Indes.

Les crés communes n'ont que demi-aune de large mesure de Paris, & sont moins fines que les cres larges, mais plus fines que les Rosconnes. Elles sont envoyées en quantité en Espagne; & les Anglois en tirent aussi assez considérablement en tems de paix. Leur usage est pour faire des chemises & d'autres sortes de lingeries.

Les crés Graciennes, nommées Graciennes à cause qu'il s'en fait beaucoup de cette espece dans la Paroisse de Grace, sont d'une largeur pareille à celle des cres communes, mais de beaucoup plus grosses. On s'en sert à faire des serviettes & des chemises pour le commun. L'Espagne & l'Angleterre sont les Pays propres pour faire le débit de ces sortes de toiles.

A Guingamps & aux environs de ce lieu, qui n'est pas bien éloigné de Grace, il se fabrique des toiles toutes semblables en qualité & en largeur aux cres Graciennes, ce qui fait qu'on leur donne aussi le même nom.

Les crés Rosconnes, appellées Rosconnes de ce qu'elles se fabriquent presque toutes aux environs de Roscoff, petit Port de Bretagne près S. Paul de Leon, ont demi-aune de large ainsi que les Graciennes, mais elles sont de beaucoup plus fines. Leur usage le plus ordinaire est pour faire des chemises, & leur destination est presque toute pour l'Espagne.

Outre les quatre especes de toiles dont il vient d'être parlé, il s'en fabrique encore à Morlaix & aux environs, ausquelles l'on donne simplement le nom de Toiles de Morlaix. Ces sortes de toiles, qui se fabriquent toutes de fil de lin écru, se blanchissent sur le pré autour de Morlaix. Leurs largeurs sont différentes, y en ayant de demi-aune, de deux tiers, de trois quarts, d'une aune & de cinq quarts mesure de Paris. Elles se consomment presque toutes dans le Royaume, particuliérement en Bretagne, & dans les Provinces qui en sont voisines. On estime beaucoup ces espéces de toiles, étant d'un meilleur usé que celles dont le fil a été blanchi avant que d'être travaillé sur le métier. Il s'en fait de fines, de moyennes & de grosses, qui s'employent en draps, nappes, serviettes, chemises, &c.

A Dinan & aux environs de cette Ville il se fait certaines espéces de toiles que l'on appelle Grands ou Hauts brins, & toiles de halle assorties, lesquelles s'achetent à l'aune courante.

Il se manufacture à Fougeres, à Vitray & autour de ces lieux, des toiles très fines, qui s'achetent aussi à l'aune courante.

NORMANDIE.

A Rouen & aux environs de cette Ville il se fabrique quantité de toiles à carreaux ou à rayes de différentes couleurs, teintes en fil, les unes de lin, les autres de chanvre, qui sont propres à divers usages, mais particuliérement à faire des matelas; ce qui fait qu'on les appelle communément Toiles à matelas. On leur donne aussi le nom de Toiles de Monbeliard, parce qu'elles approchent beaucoup de la qualité des toiles à matelas qui viennent de Monbeliard.

Ces sortes de toiles qui se vendent à l'aune courante sous la halle aux toiles de Rouen sont ordinairement en piéces d'environ vingt aunes de Paris. Elles sont plus ou moins larges, n'y ayant rien de certain là-dessus: néanmoins le Réglement du 24 Décembre 1701, art. 18, veut précisément qu'elles ayent ou deux tiers ou trois quarts juste de large au sortir du métier. Il s'en fait cependant beaucoup de demi-aune deux pouces. *Voyez ci-devant où il est parlé des Toiles d'Allemagne: on y fait mention des veritables Toiles de Monbeliard.*

Il se fait encore à Rouen & aux environs, même dans plusieurs endroits du Pays de Caux, nombre de toiles façon d'étoffes, les unes à carreaux, & les autres rayées de diverses couleurs, composées ou toutes de fil tant en chaîne qu'en tréme, ou de fil en chaîne & de laine en tréme, ou de coton en chaîne & de fil en tréme, lesquelles ne sont point sujettes à marque. Celles toutes de fil se nomment Petites Toiles rayées ou Petites Toiles à carreaux, & quelquefois Monbeliard: à l'égard des autres, elles sont toutes appellées Siamoises. La rayeure qui est en travers, c'est-à dire, sur la largeur de la toile d'une lisiere à l'autre, se fait par le moyen de la tréme qui est d'une couleur différente à la chaîne; & pour ce qui est des carreaux, ils se forment par les fils de la chaîne, qui sont aussi de diverses couleurs.

Quoique le Réglement du mois de Décembre 1701, art. 17, ordonne, Que ces espéces de toiles auront demi-aune ou deux tiers juste de large après avoir été levées de dessus le métier, les Ouvriers ne laissent pas cependant d'en faire de quelques autres largeurs; ce qui se tolere apparemment, à cause des différens usages à quoi elles peuvent être propres.

Il s'en fait une très-grande consommation en France, particuliérement à Paris; y étant employées au lieu de toiles peintes à faire des rideaux, des couvertures de meubles, tabliers, doublures de robes de chambre, jupons, fichus, mouchoirs, fourreaux d'enfans, &c. Outre cette consommation, il s'en fait aussi quelques envois dans les Pays Etrangers.

Les Manufactures de ces sortes de Toiles, s'étoient tellement multipliées dans toute la Normandie, particuliérement dans la Généralité de Rouen, que tout le monde s'y appliquant, la culture des terres, & la recolte des grains, étoient presque entierement négligées. Ce fut ce désordre qui donna lieu à l'Arrêt du 28 Juin 1723 rapporté ci devant à l'article des Réglemens, par lequel, en attendant qu'il eût été pourvû à la reforme d'une partie de ces Manufactures, il est ordonné qu'à la reserve de Rouen & de ses Fauxbourgs & du Bourg de Dernetal, elles cesseront tout travail, à commencer au premier Juillet de chaque année; jusqu'au 15 Septembre. *Voyez* ce Reglement.

A Caen & aux environs il se manufacture des toiles de lin blanches uniquement destinées à faire des serviettes. Ces sortes de toiles sont ordinairement par rouleaux ou paquets de quatre douzaines de serviettes; chaque serviette ayant ses deux liteaux de fil bleu, & une aune de long sur trois quarts de large mesure de Paris.

Il se fait encore à Caën & à huit ou dix lieues à la ronde de cette Capitale de Basse Normandie, quantité de toiles ou linges ouvrés. *Voyez* LINGE.

Alençon & ses environs fournissent quantité de toiles de chanvre, qui ont des longueurs & largeurs différentes, aussi-bien que des noms & des qualités particuliéres. On en compte de quatre principales sortes:

Les premieres sont des toiles mi-blanc, que l'on appelle quelquefois Toiles boulvardées, dont les largeurs sont de demi-aune demi-quart, trois quarts, de trois quarts & demi, d'une aune, d'une aune & demi-quart, de cinq quarts, d'une aune un tiers & d'une aune & demie; les piéces contenant depuis quatre-vingt aunes jusqu'à cent.

Les secondes sont des toiles écrues appellées Toiles jaunes, dont les largeurs sont d'une aune demi-quart, d'une aune, de trois quarts & demi, de deux tiers & demi, de trois quarts, & de demi-aune demi-quart; les piéces ayant depuis soixante-quinze aunes jusqu'à quatre-vingt.

Les troisiémes sont appellées Toiles lessivées, qui ne sont autre chose que des toiles écrues qu'on a fait passer par une légére lessive, dont les largeurs sont d'une aune, de trois quarts & demi, & de demi-aune demi-quart; les piéces contenant, ainsi que les écrues, depuis soixante-quinze aunes jusqu'à quatre-vingt.

Des trois especes de toiles ci-dessus il s'en fait de grosses, de moyennes & de plus fines, qui se vendent toutes à l'aune courante, & non à la piéce.

Les quatriémes sont des toiles mi-blanc assez fortes, destinées à faire des serviettes, lesquelles se vendent par rouleaux ou paquets, de quatre douzaines de serviettes au paquet, chaque serviette ayant ses deux liteaux de fil bleu. Les longueurs & largeurs des serviettes sont differentes: les unes ont une aune de long sur trois quarts de large, les autres une aune de long sur deux tiers de large; & les autres trois quarts & demi de long sur demi-aune un seize de large.

Il faut observer que toutes les longueurs & largeurs des Toiles d'Alençon dont on vient de parler, doivent être prises sur le pied de l'aune de Paris.

Il vient encore d'Alençon une autre sorte de grosse toile de chanvre écrue, propre à faire des torchons ; à laquelle on donne le nom de Canevas. *Voyez* CANEVAS.

A Louviers l'on fabrique certaines espéces de toiles de lin blanches, ausquelles l'on donne ordinairement le nom de Guibert. *V.* GUIBERT.

Il se fait encore à Louviers & à Evreux des toiles de lin assez fines, que l'on appelle communement Toiles de coffre. Ces sortes de toiles, dont l'usage le plus ordinaire est pour faire des chemises, sont en piéces depuis soixante jusqu'à soixante-dix aunes de long, sur trois quarts & demi & un seize de large en écru, pour revenir à trois quarts & demi en blanc, chaque piéce pliée par petits plis d'un quartier, le tout mesure de Paris.

Il s'en envoye beaucoup de blanches dans les Pays Etrangers, mais particuliérement en Espagne, d'où il s'en fait des envois considerables dans les Indes. Elles se blanchissent aux environs d'Evreux & de Louviers, & sont vendues dans les marchés de ces deux Villes & dans celui de Rouen, sur le pied de l'aune courante, & non à la piéce. Celles de Louviers doivent avoir la marque de la Ville, qui est une L couronnée; & celles d'Evreux doivent être marquées aux armes de M. de Bouillon, qui en est le Seigneur.

A Brionne, à Bernay & à Beaumont il se manufacture quantité de toiles de lin blanches un peu claires ausquelles l'on donne communément le nom de Brionnes, & quelquefois celui de Breaunes. *Voyez* BRIONNE.

Lizieux fournit certaines espéces de toiles très blanches, dont la chaîne est de chanvre & la tréme de lin, que l'on appelle vulgairement Cretonnes. *Voyez* CRETONNE.

Dans les villages de la dépendance des Elections de Lizieux, du Ponteau-de-mer & de Bernay il se manufacture nombre de toiles de lin, qui se vendent sous le nom de Toiles Blancards. *Voyez* BLANCARDS.

A S. Georges il se fait de grosses toiles de lin très blanches, un peu claires, dont les Bahutiers se servent à doubler des malles & des coffres, & qui s'employent aussi à faire plusieurs sortes de lingeries, comme caleçons, chemises, &c. pour le commun. Cette espéce de toile qui se vend à l'aune courante, a trois quarts & demi de large, & les piéces contiennent depuis soixante-dix jusqu'à quatre-vingts aunes de long mesure de Paris. Les Espagnols en tirent beaucoup, dont ils envoyent partie dans les Indes.

A Tiliers l'on fabrique de grosses toiles de chanvre mi-blanc que l'on appelle quelquefois Toiles Boulvardées, dont la largeur est de trois quarts & demi, & la longueur des piéces ordinairement piéces en plat, de soixante à soixante-dix aunes mesure de Paris. On s'en sert à faire des chemises, caleçons, chaussons, chaussettes, &c. Il s'en employe aussi en doublures de culottes.

A Mamers il se manufacture des toiles de chanvre, les unes grosses, les autres moyennes, & d'autres plus fines, dont les largeurs sont de demi-aune demi-quart, trois quarts & trois quarts & demi, & d'une aune mesure de Paris. Ces sortes de toiles, qui se vendent en écru à l'aune courante, & non à la piéce, sont propres à faire des draps, des nappes, des chemises, & autres pareilles lingeries.

Il se fait encore à Mamers d'autres sortes de toiles de chanvre qui se vendent aussi en écru, lesquelles sont uniquement destinées à faire des serviettes. Ces toiles sont en paquets ou piéces roulées, chaque paquet contenant quatre douzaines de serviettes, qui ont chacune deux liteaux de fil bleu & trois quarts de long, sur demi-aune un douze de large mesure de Paris.

A Vimoutiers il se fabrique de grosses toiles de chanvre peu serrées, qui se vendent en écru, ausquelles l'on donne souvent le nom de Canevas. Il y en a de deux sortes ; les unes un peu jaunâtres, qui est la couleur naturelle du chanvre; & les autres tout-à-fait jaunes, ayant été jaunies avec le safran. Ces sortes de toiles qui s'employent ordinairement à faire des piqûres de corps, des robes de chambre, des jupons, des cornettes de nuit, & autres choses semblables à usage de femmes, sont en piéces de soixante à quatre-vingts aunes de long, sur une aune moins un douze de large mesure de Paris. Elles se vendent à l'aune courante, & non à la piéce.

Laigle fournit de grosses toiles de chanvre mi-blanc, que l'on appelle souvent Toiles boulvardées, dont la largeur est de trois quarts & demi ; chaque piéce contenant ordinairement soixante aunes de long, le tout mesure de Paris. Ces sortes de toiles qui viennent pliées en rouleaux, sont propres à faire des chemises, caleçons, chaussons, chaussettes, &c. pour le commun ; quelques-uns s'en servent aussi à doubler des culottes. Les Blanchisseurs sont dans l'usage d'y mettre un peu de chaux, quoique cela soit contraire aux Réglemens des Manufactures.

A Ourville & lieux circonvoisins jusqu'au bord de la mer dans le Pays de Caux, il se fabrique nombre de toiles de lin, que l'on nomme ordinairement Toiles brunes, dont la chaîne doit être composée de douze cens fils & au dessous; chaque piéce contenant en écru environ soixante aunes de long sur trois quarts & demi & un seize de large mesure de Paris.

Ces sortes de toiles sont toutes portées à Ourville & à Bolbec, où les Marchands de Rouen & d'ailleurs les vont acheter, pour les faire teindre en différentes couleurs. Les divers noms qu'ils leur donnent après leur teinture, sont Toiles d'Ourville, Toile à chapeau, Toiles légéres, Toiles à doubler. Leur usage est pour faire des vestes de deuil, des doublures d'habits pour hommes & pour femmes, des coëffes de chapeau, &c.

Il se fait encore en plusieurs endroits de Normandie certaines especes de toiles que l'on nomme Polizeaux, dont les largeurs sont différentes, les unes ayant demi-aune un douze, les autres deux tiers, les autres deux tiers & demi, & les autres trois quarts, mesure de Paris.

Outre les diverses sortes de toiles de Normandie dont il vient d'être parlé, il se manufacture dans la même Province quantité de toiles fortes, ainsi nommées à cause de leur bonne qualité, & de ce que leurs chaînes sont composées d'un nombre de fils au dessus de ce qui est porté par les Reglemens. Ces especes de toiles qui sont la plûpart de commande, & que les Particuliers font faire pour leur usage, sont pour l'ordinaire du prix depuis vingt sols jusqu'à quatre livres l'aune. Il s'en fait pour l'ordinaire de trois sortes de largeurs ; les unes de trois quarts moins un trente-deuxiéme d'aune en écru, pour revenir à deux tiers en blanc; les autres de trois quarts & demi & un seize en écru, pour revenir à trois quarts & demi en blanc; & les autres d'une aune un douze en écru, pour revenir à une aune en blanc, le tout mesure de Paris. Pour ce qui est de la longueur des piéces, il n'y a rien de certain, les unes étant plus longues, & les autres plus courtes, suivant l'intention de ceux qui les font faire.

Le Perche.

Dans cette Province, particuliérement à Mortagne, il se fabrique beaucoup de toiles de chanvre assez fortes, qui se vendent en écru à l'aune courante, dont les largeurs sont de trois quarts, de trois quarts & demi, & d'une aune; les piéces contenant depuis soixante-dix jusqu'à quatre-vingts aunes, mesure de Paris.

Il se fait encore dans la même Province, singuliérement à Mortagne & à Belesme, quantité de toiles de chanvre passablement fortes, destinées à faire des serviettes. Ces sortes de toiles se vendent ordinairement en écru par paquets ou piéces roulées; chaque paquet contenant quatre douzaines de serviettes, ayant chacune leurs deux liteaux de fil bleu, les unes de deux tiers de large sur trois quarts ou trois quarts & demi de long, & les autres de demi-aune un seize de large sur trois quarts de long, mesure de Paris.

On fabrique encore dans le Pays du Perche une sorte de grosse toile de chanvre écrue un peu claire; qui sert à faire des piqûres de corps-de-jupes & d'autres hardes pour les femmes. Cette toile s'appelle ordinairement Canevas. *V.* Canevas.

Les environs de Mortagne fournissent aussi une espece de très-grosse toile de chanvre écrue, propre à faire des torchons, à laquelle on donne pareillement le nom de Canevas. *V.* Canevas.

A Nogent-le-Rotrou il se fabrique une sorte de grosse de toile que l'on appelle ordinairement Treillis. *Voyez* Treillis.

Il se fait encore dans le Pays du Perche quelques toiles bises destinées pour les teintures.

Le Maine.

A Laval & dans les lieux circonvoisins il se fabrique quantité de toiles de lin, les unes fines, les autres moyennes, & les autres plus rosses, qui se vendent à l'aune courante, & dont les piéces sont depuis cent jusqu'à cent trente aunes sur trois quarts de large, mesure de Paris. Ces sortes de toiles en écru servent à faire des vestes & des doublures de juste-au-corps & de jupes.

Les Troyens tirent quantité de ces toiles en écru, qu'ils font blanchir, & qu'ils couppent par piéces de quinze à vingt aunes, dont les plus fines se plient en bâtons ou rouleaux, que l'on envelope de papier brun de même que les demi-Hollandes, & les autres se plient en plat, & s'enveloppent d'une sorte de gros papier gris qu'on appelle Papier à Patron. Les toiles de Laval ainsi blanchies, pliées, & enveloppées, se vendent à l'aune sous le nom de Toiles de Troyes; & ce nom ne leur est donné que parce qu'elles y sont blanchies.

Il se blanchit aussi à Senlis beaucoup de Toiles de Laval, qui se coupent en piéces de quinze aunes jusqu'à vingt six. Elles sont envoyées de Senlis dans des caisses, les piéces pliées en plat sans envelope. Elles sont débitées sous le nom de Toiles de Senlis, encore qu'elles ne soient point fabriquées en ce lieu.

A la Ferté-Bernard il se fait une sorte de grosse toile que l'on nomme ordinairement Treillis. *Voyez* Treillis.

Champagne.

A Troyes & aux environs de cette Ville il se fabrique quantité de toiles mi-blanc, que l'on nomme Toiles Boulvardées: il y en a de grosses, de moyennes & de fines, dont les longueurs & largeurs sont differentes.

Il se manufacture encore à Troyes certaines toiles fines pliées en carreaux, qui imitent beaucoup celles appellées Cambray ou Cambresines. *Voyez* Cambray.

L'on a parlé dans l'article des Toiles qui se fabriquent dans le Maine, de celles de Laval qui se blanchissent à Troyes & aux environs, & qui se vendent comme toiles de Troyes: on peut y avoir recours.

Beaujolois.

Ce petit Pays, qui est assez fecond en chanvre fournit quantité de toiles, qui prennent toutes leurs noms des lieux où elles se fabriquent, & dont les largeurs sont différentes.

Celles appellées Regny ou Reygnie n'ont qu'une demi-aune franche.

Les Saint-Jean sont de trois largeurs, les unes de cinq huitiémes d'aune, les autres de trois quarts francs & les autres de sept huitiémes d'aune aussi francs.

Il est permis aux Ouvriers de ce Pays de faire des toiles de toutes les largeurs ci-dessus, ainsi que des Aussonnes jaunes, sans qu'elles puissent être de moindre largeur.

Les Toiles nommées Tarare & Rouleaux de Beaujeu, sont de sept douziémes d'aune de large.

Le Beaujolois fournit encore nombre de toiles ou linges ouvrés. *Voyez* Linge.

Toutes les sortes de toiles qui se fabriquent dans cette Province, ne peuvent être exposées en vente en rouleau, mais seulement en plat, & ne doivent être que d'une piéce seulement, n'étant pas permis aux Ouvriers d'y ajoûter des coupons.

Chaque Ouvrier est tenu de marquer sur sa toile de quelle qualité & de quelle largeur elle est, & de mettre aux deux bouts de la piéce une marque particuliére contenant son nom & surnom, avec le nombre d'aunes dont elle est composée; & chaque aune doit être d'un pouce au-delà de sa juste mesure.

Les toiles qui se manufacturent dans le Beaujolois doivent être toutes vendues en écru dans les marchés de Villefranche & de Thisy, qui se tiennent dans les halles de ces lieux les lundis & mercredis de chaque semaine; n'étant pas permis aux Tisserans de les porter vendre ailleurs, sous peine de confiscation & de 100 liv. d'amende, tant contre l'Acheteur que contre le Vendeur.

Cela est conforme aux Statuts & Réglemens arrêtés à Villefranche le 20 Janvier 1680, homologués au Conseil du Commerce le 7 Avril 1682.

Outre les diverses especes de toiles dont il a été parlé dans tout le cours de cet article, il y en a d'autres qui ont certains noms particuliers suivant les choses à quoi elles peuvent être propres, ou les differens apprêts qui leur ont été donnés, telles sont les Treillis, les Canevas, les Bougrans, les Coutils, &c. Ces différens noms se trouvent expliqués chacun à leur article.

Il y a un très-nombre de Réglemens qui ont été faits pour la fabrique, longueur, largeur & marque de toutes les sortes de toiles dont on a parlé dans cet article. On en a donné des extraits dans l'article général des Réglemens où l'on peut avoir recours.

Les droits d'entrée & de sortie qui se payent en France pour les diverses sortes de toiles dont on a parlé ci-dessus, ont été reglés par differens Tarifs, & entr'autres par ceux de 1664, de 1667 & de 1699, les deux premiers généraux pour toutes sortes de Nations & de marchands, & le dernier particulier pour les Hollandois. Il y a aussi plusieurs Arrêts du Conseil, comme ceux des 22 Mars & 3 Juillet 1692; & en dernier lieu, celui du 31 Août 1718, qui ont dérogé à ces Tarifs, soit en augmentant, soit en diminuant les droits d'entrée & de sortie pour les toiles.

Par le Tarif de 1664, les droits de sortie des toiles de lin de toutes façons blanches ou écrues, fines ou grosses, linge ouvré ou non ouvré pour table, sont de 10 liv. le cent pesant.

Ceux des toiles de chanvre blanches ou écrues, grosses, moyennes, y compris celles de Champagne, dites Darins, Brins, & Meslins, ouvrées & non ouvrées; canevas & toiles d'Ollone, toiles d'étoupes & de lin, sont de 3 l. 10 s. aussi le cent pesant.

Les toiles d'étoupes de chanvre de toutes sortes, payent 2 l. 10 s. du cent pesant.

Les vieilles toiles comme vieux linge; une liv. en sortant par les Provinces du dedans du Royaume, & 6 liv. pour les Païs étrangers.

Les toiles de coton & treillis d'Allemagne, 3 l. & les toiles à tamis 12 s. ce qui s'entend toûjours le cent pesant.

L'Arrêt du Conseil du 3 Juillet 1692, regle aussi les droits de sortie des toiles peintes pour l'étranger, à 2 liv. le cent pesant sur le pied de Mercerie. Il n'a point été dérogé à ces Tarifs de sortie par les Tarifs de 1667 & 1699. ni par aucun arrêté.

A l'égard des droits d'entrée il y est arrivé divers changemens.

Par le Tarif de 1664, les toiles de Hollande, Batiste, Cambray, Gand, & autres semblables fines & ouvrées, soit écrues, jaunes blanches & bazettes, tant fines, que moyennes & grosses, ne payoient la piece de quinze aunes aunage de Paris, que 2 liv.

Le Tarif de 1667 les avoit mises depuis à 4 liv. & elles avoient encore été haussées jusqu'à 8 liv. par l'Arrêt de 1692; mais par le Tarif de 1699 fait en faveur des Hollandois après la paix de Riswick, elles furent rabaissées pour eux au premier droit de 1664 seulement néanmoins pour celle de veritable fabrique de Hollande, & à la charge que les Hollandois ne les feroient entrer par mer que par le port de Rouen, & par terre par la Ville de Lyon. Et à l'égard de celle de Gand, batiste & autres semblables, le droit de 8 l. d'entrée leur fut conservé, aussi-bien pour les Hollandois que pour les autres, avec pareilles défenses d'entrer par d'autres Bureaux que les deux ci-dessus.

Depuis l'année 1699, que les droits d'entrée pour les batistes, les Cambrais, les linons, avoient été réduits, ils étoient restés sur le prix du Tarif de 1664. En 1722, il se fit encore une réduction considérable par Arrêt du 4 Août & le droit par piéce de quinze aunes fut fixé à 15 sols; mais cette nouvelle réduction n'ayant point encore paru suffisante, enfin le droit fut modéré à 10 sols par Arrêt du 30 Août 1723.

Les toiles de lin de toutes sortes qui ne sont pas de fabrique de Hollande, payent comme celles de Gand, & entrent par les mêmes endroits.

Enfin les toiles de chanvre, boucassins, treillis, futaines, bazins & bombazins, ne payent que 4 l. la piéce aussi de quinze aunes, & entrent par les mêmes lieux; ce qui doit toûjours s'entendre du Reglement fait avec les Hollandois en 1699.

Toutes les autres sortes de toiles dont il n'a point été parlé dans le Tarif de 1667, ni dans celui de 1699. payent conformement a celui de 1664. sçavoir, les toiles d'étoupes blanches façon de Boulogne & d'Allemagne, 15 s. la piéce de vingt aunes.

Les grosses toiles de Barrois, Chincham, &c. cent sols le cent pesant.

Les autres toiles faites d'étoupes, 4 l. aussi le cent pesant.

Les toiles d'Ollone & autres de semblables sortes à faire des voiles de navires, 3 l. du cent pesant.

Les toiles à tamis 12 s. le cent pesant.

Les toiles de coton de la Chine & autres lieux, payent 18 s. la piéce de dix aunes, & les toiles de Quintin & autres toiles fabrique de Bretagne, 10 s. aussi la piéce de dix aunes.

Pour les toiles de soie, les droits d'entrées sont de 9 l. pour chaque livre pesant.

Enfin par l'Arrêt du Conseil du 31 Août 1718, les droits d'entrée pour les toiles communes qui se fabriquent dans la Flandre Françoise, ont été réduits & fixés à 7 l. 10 s. le cent pesant, à condition qu'elles seront marquées par les Magistrats, d'un plomb ou marque qui désigne l'endroit de leur fabrication; & pour les toiles fines du même pays, à 40 s. les piéces de quinze aunes, qui est le droit que payent ou doivent payer les toiles de Hollande, par les Tarifs de 1664 & 1699.

TOILES DE FRANCE QUI SONT PROPRES POUR l'Espagne & les Indes Occidentales, avec le prix qu'elles s'achetent en France sur le pied de soixante sols l'écu de neuf au marc.

TOILES DE ROUEN.

Il y a quatre sortes de toiles de Rouen qui sont propres pour le commerce d'Espagne, sçavoir; celles qu'on nomme Ouvrier, ou de Coffre, les Fleurets, les Blanquets & les Rouen reformées.

Les toiles ouvrier ou de coffre sont les plus fines & les plus belles de Rouen. On les vend depuis quarante jusqu'à soixante-cinq sols. Il s'en consomme peu dans les Indes & en Espagne à cause qu'elles sont trop cheres. Les gallions en emportent cependant pour environ quatre cens mille livres.

Les fleurets & les blancarts, qui proprement ne sont qu'une même espece, s'achettent par lors de cent piéces, dont on tire les plus belles, qui sont celles qu'on nomme Fleurets, ce qui sur chaque lot peut monter à quatre-vingt piéces, les vingt qui restent sont les blancarts.

La largeur de ces toiles qui est de trois quarts,

les fait fort estimer aux Indes & les a placées dans la premiere ligne de l'état de l'assortiment des foires de Porto-bello, de Pouebla, de Losangelos & de Mexico. Il en passe ordinairement sur les gallions pour environ deux millions quatre cens mille livres, & sur la flotte pour dix-huit cens mille livres; ce qui s'en consomme en Espagne monte à cinquante mille écus.

A l'égard des Rouen reformées il s'en fait un très petit débit ne pouvant soutenir les frais des droits & du Tarif: aussi ne les met-on ici que pour ne les pas oublier.

TOILES DE QUINTIN ET DE PONTIVI.

Les toiles de ces deux fabriques propres pour les Indes sont de trois sortes; les ordinaires, les trois quarts & les deux tiers.

Le prix des ordinaires, qui sont très estimées des Espagnols, est depuis seize sols jusqu'à vingt-trois sols l'aune, chaque piéce est de cinq aunes. Les gallions en emportent au moins quatre cens mille piéces, & la flote deux cens mille. Ce qu'il en faut pour l'Espagne va à cinquante ou soixante mille piéces. On estime qu'en tout cet article monte à trois millions de livres.

Les toiles trois quarts sont de six aunes à la piéce, & leur prix depuis vingt-huit jusqu'à quarante s. l'aune. Il en faut pour les gallions quarante à cinquante mille piéces; pour la flote quinze ou vingt mille, & pour l'Espagne environ autant. Cet article peut aller à sept cens mille livres.

On n'envoye plus de toiles de deux tiers en Espagne; on en attribue la cause à leur mauvaise qualité, les Tisserans depuis quelques années en ayant négligé la fabrique.

TOILES DE LAVAL.

Les toiles de cette fabrique se distinguent par la laise, & sont de trois sortes, sçavoir la basse-laise, la haute-laise, & la laise de Rouen.

Il ne s'envoye guéres de Basse-laise aux Indes, tout ce qui en passe en Espagne n'étant proprement que pour la consommation du pays, ce qui peut aller à huit cens balotins, le balotin contenant six à huit cens varres, qui sur le pied de douze à quatorze sols la varre peut couter en France cinq cens livres.

Elles se consomment à Cadix, à Seville, à Madrid & dans le reste du pays, où elles servent à faire des chemises pour les pauvres gens. On en débite pour environ quatre cens mille liv.

La haute-laise a plus de débit aux Indes, & il en reste peu en Espagne. Ce qui en passe aux Indes va environ à sept cens mille liv. en mille balotins de huit cens à mille varres chacun. Les gallions en emportent six cens balotins & la flote quatre cens.

La laise de Rouen vaut dix-neuf à vingt sols la varre; ce qui fait que les Espagnols la trouvant trop chere, il n'en passe guéres aux Indes que pour cent mille livres, tant par les gallions que par la flote.

TOILES DE MORLAIX.

Ces toiles s'appellent des Crés, & se distinguent en crés larges, en crés communes, en crés rosconnes, & en crés graciennes.

Cré large. Les gallions emportent peu ou point de cette sorte de toile, étant trop pesante pour Lima où l'on en fait des chemises. Il en faut pour la flote quinze cens à deux mille piéces, & trois à quatre cens piéces pour le nouveau Royaume de Sainte Foy. La consommation d'Espagne monte aussi à quinze cens à deux mille piéces; ce qui en tout, à raison de cinquante écus la piéce, va à trois cens soixante & dix mille livres.

Les crés communes & les rosconnes ne sont propres que pour l'Espagne, n'en passant ni par les gallions, ni par la flote. Ce qu'il en faut pour l'Espagne va au moins à vingt mille piéces, d'une varre de largeur, & de cent quarante-quatre & cent vingt-quatre aunes de longueur. Elles coutent en France cinquante ou soixante livres la piéce. Elles sont grossieres & servent à faire des chemises & des calleçons aux paysans & au peuple. Il s'en débite pour un million.

Les crés graciennes ne passent point non plus aux Indes; mais ils en consomment en Espagne mille ou quinze cens piéces. Elles sont de même aunage pour la longueur, & un peu moins larges que les crés communes. Ce sont de grosses toiles dont les paysans s'habillent & font des especes de saraux. Il en faut environ pour soixante mille liv.

TOILES DE COUTANCE.

Ces toiles sont propres pour l'emballage. Il en faut cent cinquante mille aunes pour les gallions, autant pour la flote; & pour rester en Espagne quarante à cinquante mille aunes. Ce sont de grosses toiles qui coutent soixante-dix à quatre-vingt livres le cent d'aunes. Il s'en débite pour deux cens vingts-cinq mille livres.

TOILES DE DINAN DE CINQ SORTES.

Ces toiles sont fort grosses & de peu de considération. On en consomme seulement pour trente à trente-cinq mille livres.

TOILES DE VITRE'.

Les Espagnols ne les estiment gueres plus que celles de Dinan: il ne leur en faut que pour huit ou dix mille francs.

Outre les toiles de Vitré on envoye en Espagne pour les Indes des bas de fil à l'*aiguille* qui se font dans cette Ville & aux environs; ils n'ont point de pied, & pour cela sont appellés des Chaussettes; leur prix est de dix-huit à vingt livres la douzaine. Il en passe environ deux mille douzaines de grosses & de fines par les gallions, & autant par la flore. Il s'en employe pour quatre-vingt mille livres.

TOILE DE FOUGERES.

Ce sont de grosses toiles de dix à douze sols l'aune. On en envoye en Espagne où elles se consomment toutes, trente à quarante mille balots de mille aunes chacun, ce qui peut monter à cinquante ou soixante mille livres.

TOILES DE RENNES.

Ces toiles, qu'on nomme aussi Noyales, sont peu considérées en Espagne. Il ne s'y en consomme que pour trente ou trente-six mille livres seulement.

TOILES DE CAMBRAY.

Ce sont des baristes dont il faut environ six mille pieces pour l'Espagne, dix mille pour les Indes par les gallions, & trois mille par la flote. La piece de seize varres vaut vingt-cinq à trente livres. Il s'en débite pour quatre cens soixante & quinze mille livres.

TOILES DE SAINT GAL.

On achete ces toiles à Marseille & à Lyon; elles sont très fines & très claires, & valent environ neuf livres la piece de neuf varres. Il en passe dans les Indes par les gallions sept à huit mille pieces, & par la flote deux à trois mille: mille pieces suffisent pour l'Espagne.

Il faut remarquer que ce ne sont pas les François seuls qui portent en Espagne toutes ces toiles de fabrique de France, & que les Etrangers y ont une part considerable, les premiers ne faisant gueres que les deux tiers de ce négoce, & les autres faisant l'autre tiers, quoique sous le nom des Marchands François; ensorte que les retours pour ce tiers ne viennent point en France, mais passent en Angleterre, en Hollande, à Gennes & à Hambourg.

Commerce des Toiles a Amsterdam.

Les toiles se vendent à Amsterdam ou à l'aune ou à la piece en argent courant, à tant de florins la piece, ou à tant de sols l'aune suivant leur nature, qualité, finesse & aunage; on donne ordinairement depuis un jusqu'à deux pour cent de déduction pour le prompt payement, mais il en faut convenir auparavant.

Les toiles de coton des Indes tant crues que blanches & peintes, se vendent à la piece en argent de banque, lorsqu'elles s'achettent en balles ou en parties. *V.* ce qu'on dit du prix & de la vente de ces toiles, à l'article de la Compagnie Hollandoise des Indes Orientales. *Voyez aussi* toutes les toiles dans leur ordre alphabetique.

Les toiles de coton peintes en Hollande, se vendent à tant de sols l'aune argent courant, depuis six à huit sols jusqu'à trente ou quarante sols l'aune; elles donnent deux pour cent de déduction pour le prompt payement.

Toiles etrangeres qui sont propres pour l'Espagne et pour les Indes.

Les Hollandois portent en Espagne des Presils & des Brabans. Ces toiles sont fort larges & fort grosses, & ne peuvent servir qu'aux emballages ou aux habillemens des pauvres gens. Les gallions en emportent cinq à six cens mille varres, qui valent en Hollande dix à douze sols la varre. L'Espagne en consomme trente à quarante mille varres, qui montent en tout environ à trois cens mille livres.

Les toiles de coton teintes font encore partie du négoce des Hollandois en Espagne. Ils les apportent des Indes Orientales en blanc, & les font teindre chez eux de differentes couleurs. On s'en sert pour doubler des justes-au-corps. Les gallions en emportent pour cinquante mille écus ou deux cens mille francs; la flote pour quarante mille écus, & il en reste pour cinquante ou soixante mille livres en Espagne.

Les Anglois font en Espagne quelque petit commerce de toile d'Ecosse; mais elles sont de si méchante qualité, que les Indes & l'Espagne en consomment à peine pour dix mille livres.

Le négoce des toiles de coton teintes en Angleterre, est plus considerable & il s'en débite une assez grande quantité. Les gallions en emportent pour cent cinquante mille livres; la flotte pour cent mille livres, & il en faut pour l'Espagne pour cinquante mille livres.

Les bombazis qui sont des toiles ou especes d'étoffes de fil de chanvre & de coton, font aussi partie du commerce des Anglois en Espagne; ils servent à faire des poches & des pourpoins aux pauvres gens. Il s'en débite environ pour cent quarante-huit mille livres; sçavoir, quatre-vingts mille livres pour les gallions, cinquante mille livres pour la flote, & dix-huit mille liv. pour l'Espagne. Les bombazis se vendent ordinairement huit à dix livres la piece.

Les toiles que les Hambourgeois destinent pour l'Espagne & pour les Indes, consistent en platilles, en estoupilles, en enrolades, en bocadilles, en bombazis, en toiles teintes, en toiles de Vestphalie & de Silesie, en crés d'Allemagne, en listaos, en coitys ou coutils, & en nappes & serviettes ouvrées.

La platille est une toile qui se fait à Hambourg & aux environs, qui a du débit en Espagne & aux Indes, par la ressemblance qu'elle a avec le quintin, quoiqu'elle lui soit bien inferieure en bonté.

Les gallions en enlevent pour neuf cens mille livres, la flote pour six cens mille, & il s'en consomme en Espagne pour trois cens mille livres. Il arrive même quelquefois que les gallions en prennent jusqu'à douze cens mille livres, & la flote à proportion lorsque les vaisseaux Malouins arrivent trop tard avec leurs toiles Bretonnes.

Les estoupilles sont des toiles si claires & de si mauvaise qualité, que la consommation en est très petite, personne ne s'en voulant charger qu'au défaut de quelques médiocres toiles de France à qui elles ressemblent.

Les enrolades sont très grosses & ne valent pas plus de quatre à cinq sols la varre. Il s'en débite environ pour soixante & quinze mille livres, tant pour les Indes que pour l'Espagne.

Les bocadilles sont peu differentes des précedentes. La piece ne porte que sept varres & demi de longueur, & elles ne valent en Allemagne que trente à trente-cinq sols la piece. Elles servent à faire des chemises & autres lingeries pour les pauvres gens. Il en faut néanmoins pour cent mille écus, tant pour les Indes que pour l'Espagne.

Les bombazis des Hambourgeois sont toutes semblables à celles des Anglois. Les premiers en vendent en Espagne pour trente-six mille livres.

Toiles teintes en noir, bleu & gris. Il ne s'en vend au plus que pour quinze mille livres.

Toiles de Westphalie. Ces toiles n'ont un grand débit en Espagne & aux Indes que lorsque le commerce y est interdit avec la France. Ordinairement leur débit ne passe pas quatre-vingts ou cent mille livres.

Toiles de Silesie. Il en est de même de ces toiles comme de celles de Westphalie qui ne se vendent bien qu'au défaut des toiles Françoises.

Toiles de Listaos. Ce sont des toiles rayées blanc & bleu, qui servent à couvrir des matelas, & quelquefois à faire des habits aux pauvres gens. Elles valent dix sols la varre. On en débite environ pour cent mille livres.

Toiles de Coity. Les Hambourgeois nomment ainsi ce qu'on nomme autrement Coutil; elles servent aux mêmes usages que les Listaos. On en vend pour environ cent mille écus, tant pour les Indes que pour l'Espagne.

Nappes & serviettes ouvrées. Les Hambourgeois

geois en vendent en Espagne pour cent mille livres.

Les Flamans de la domination de la Maison d'Autriche, portent aussi en Espagne diverses toiles; sçavoir,

Des toiles de Brabant qui répondent à celles de Rouen, & paroissent aussi fines & aussi belles; mais comme elles ne sont pas si bonnes à l'user, & que d'ailleurs elles sont plus cheres, les Espagnols n'en font pas une grande consommation. Il ne leur en faut au plus que pour trente mille livres.

Des toiles de Gand. Il en est comme des précedentes.

Des Holans, ou autrement des Batistes; comme elles sont plus fines que les Cambray, le débit en est meilleur. Il en passe aux Indes, ou il s'en consomme en Espagne, pour quatre cens mille livres. Ces toiles passent en Espagne par le convoi d'Ostende.

Toile cirée. C'est une toile enduite d'une certaine composition faite de cire ou de résine mêlée de quelques autres ingrédiens capables de résister à l'eau.

Il s'en fait de noires, de vertes, de rouges, de jaunes & d'autres couleurs; les unes jaspées & fort unies du côté de l'endroit, & les autres toutes brutes sans jaspure.

Elles se vendent ordinairement en petites pieces ou rouleaux de quatre, huit & douze aunes. Les toiles qui s'employent le plus ordinairement pour cirer, sont de grosses toiles de lin bises, ou des toiles d'étoupe d'une aune ou d'une aune moins demi-quart de large, qui se prennent en Normandie.

La toile cirée s'employe à faire des couvertures de tentes, de chariots, fourgons & charretes pour l'armée, des parapluyes, des casaques de campagne, des guestres, des étuis à chapeaux, des porte-manteaux, des bonnets, &c. On s'en sert aussi pour emballer & empaqueter les marchandises qui craignent d'être mouillées.

Paris & Rouen sont les lieux où il s'en fabrique le plus. Outre la grande consommation qui se fait en France de ces sortes de toiles, il s'en envoye beaucoup à S. Malo, à Port-Louis, à Nantes, & autres endroits de Bretagne, où elles sont embarquées pour la mer du Sud. Il s'en envoye aussi quantité dans le Nord.

Il y a une autre sorte de toile cirée, que l'on appelle Toile cirée grasse, qui se fait avec de la cire, de la résine, de la terebenthine, de l'huile, & quelques autres drogues qui la rendent impenetrable à l'eau. Lyon est la Ville de France où il s'en fait le plus. Paris en fournit aussi, mais en petite quantité. Cette sorte de toile cirée sert particulierement à couvrir les caisses de marchandises qu'on emballe pour envoyer dans des lieux éloignés. On ne peut s'en servir utilement, qu'elle n'ait été auparavant chauffée; ce qui fait qu'elle s'applique & s'attache sur les caisses d'une telle maniere, qu'il est assez difficile de l'en pouvoir après arracher sans beaucoup de difficulté.

La toile cirée grasse est la plus estimée pour l'emballage des marchandises que l'on veut mettre à couvert des injures du tems. Elle se vend par morceaux de diverses longueurs & largeurs, roulés sur une espece de petite planche étroite. Il y en a de fort grosses, de moyennes, & de très fines. La plus fine n'est pas si tenace que les autres.

La toile cirée n'étant point tarifée dans le Tarif de 1664, doit payer cinq pour cent de sa valeur par estimation.

Les droits de la Douane de Lyon sont de 40 s. du quintal.

Toile d'Or, ou Toile d'Argent. Est une espece d'étoffe non croisée, qui se fabrique au métier avec l'or ou l'argent filé sur la soye. Les Reglemens des Manufactures faits en 1667, pour Paris, Lyon & Tours, veulent, Que ces sortes de toiles ayent onze vingt-quatriémes d'aune de large entre les lisieres.

La Toile d'or & d'argent paye en France les droits d'entrée comme draps d'or & d'argent, conformement au Tarif de 1664.

Les droits de la Douane de Lyon sont; sçavoir:

Les Toiles d'or & d'argent riches 4 liv. 13 s. 4 d. par chacune livre poids de marc d'ancienne taxation, & 6 s. 8 d. de réapréciation.

Les Toiles d'or & d'argent pleines & figurées, 36 s. aussi de la livre d'ancienne taxation, & 10 s. de nouvelle réapréciation.

Toile de Soye. Maniere de petite étoffe très claire, fort legere, & point croisée, faite sur le métier avec de la soye filée, dont les femmes se servent à faire des fichus ou mouchoirs de cou & autres hardes semblables. Les toiles de soye qui se font à Paris, à Lyon & à Tours, doivent être fabriquées tant en chaîne qu'en tréme, de bonne & pure soye. *Reglement de 1667.*

Il se fait à S. Quentin, & en quelques autres endroits de la Picardie, certaines sortes de toiles de soye très claires, propres à passer des liqueurs, ou à faire des tamis ou sas pour passer les choses que l'on veut réduire en poudre. Elles sont par petites pieces longues de huit à neuf aunes, sur deux tiers & un vingt-quatriéme d'aune de large, mesure de Paris.

Les Toiles de soye payent en France les droits d'entrée à raison de 9 liv. de la livre pesant, suivant le Tarif de 1664.

Les droits de la Douane de Lyon sont de 27 s. 9 d. d'ancienne taxation, & 9 s. 3 d. de nouvelle réapréciation.

Par le premier Tarif les Toiles rayées de soye payent 50 s. de la piece de douze aunes, & par celui de Lyon 12 s.

Toile. On appelle Draps en toile, les draps de laine qui n'ont point encore été foulés, & qui sont tels qu'ils sont sortis de dessus le métier. On les appelle ainsi, parce qu'ils ont quelque rapport en cet état à de la grosse toile de chanvre ou de lin écrue. *Voyez* Drap.

Toile. On appelle Toile, en termes de Plombiers, un morceau de treillis ou de toile commune, que ces Ouvriers étendent sur le moule à jetter des tables de plomb, & qui leur tient lieu du sable qu'ils employent dans la maniere ordinaire de fondre & couler ces tables. Il est défendu aux Plombiers de jetter du plomb sur toile, d'en débiter, ni d'en employer. *Voyez* Plombier.

Toile, en terme de Peinture, signifie un quadre de bois couvert d'une toile imprimée de quelques couleurs en huile, sur laquelle les Peintres peignent leurs tableaux.

Ce sont ordinairement les Marchands Droguistes-Epiciers qui font le commerce des drogues & couleurs des Peintres, qui font aussi imprimer & qui vendent ces sortes de toiles. Leur grandeur se distingue par leur prix : ainsi on dit : Une toile de quinze sols, de vingt sols, de vingt-cinq, &c. pour signifier une toile montée sur un quadre de quinze pouces, de dix-huit pouces, de vingt pouces, &c.

TOILES. Ce qu'on nomme toiles en terme de Blanchisseurs de cire, sont de grandes pieces de grosses toiles étendues avec des chevilles sur les carrés de l'Herberie, pour y mettre blanchir la cire au sortir du grelouage. Elles ont ordinairement quatre à cinq aunes de large sur douze de long, débordant les carrés d'une demie-aune tout autour. Cet excedent se releve avec des piquets, ce qui forme une espece de grand coffre tout de toile sens-dessus, où la cire qui y est enfermée, reste à l'abri du vent. *Voyez* l'article de la Cire, où il est parlé de la Manufacture & du blanchissage d'Antony.

TOILES A MOULINS, ou Bluteaux. *Voyez* ESTAMINE sur la fin.

TOILE'. On appelle le Toilé d'une dentelle, ce qui dans le point à l'aiguille se nomme le Tissu ou Point fermé. Ce nom vient de ce que ce point ressemble assez à de la toile bien frappée. Plus le toilé d'une dentelle est serré, plus l'ouvrage en est bon. Ce terme ne s'applique gueres qu'aux dentelles de fil.

TOILERIE. Marchandise de toile. On dit qu'un Marchand ne fait que la toilerie; pour signifier que son négoce n'est que de toiles, qu'il ne vend que de cette sorte de marchandise. On dit aussi qu'il se fait beaucoup de toileries dans un Pays; pour faire entendre, qu'il s'y fabrique & manufacture quantité de toiles, que le commerce des toiles y est considerable.

TOILETTE. Se dit chez les Marchands & Manufacturiers, d'un morceau de toile plus ou moins grand, qui sert à envelopper les draps, les serges & autres pareilles marchandises, pour empêcher qu'elles ne se gâtent.

Il y a des toilettes blanches & d'autres teintes en differentes couleurs, les unes unies & les autres peintes d'armoiries, de devises ou de quelques autres ornemens; celles dont les Anglois se servent, particulierement pour leurs serges de Londres, sont des plus belles & des plus façonnées, y en ayant où l'or & l'argent est joint aux couleurs.

On marque ordinairement sur les toilettes les numeros & les aunages des pieces qu'elles renferment, & quelquefois on y ajoute le nom du Marchand qui en fait l'envoi. Les toiles que l'on employe le plus communement pour faire des toilettes se nomment Bougrans. *Voyez* BOUGRAN.

TOILETTE. Est aussi cette espece de nappe de toile fine, & pour l'ordinaire garnie de glands aux quatre coins, ou de dentelle tout autour, dont on couvre la table sur laquelle les hommes & les femmes qui aiment la propreté & qui sont de quelque consideration, se deshabillent le soir, & où ils trouvent préparé de quoi s'habiller le matin.

On appelle pareillement Toilettes les tapis de soye ou autres riches étoffes qu'on étend au-dessus du miroir & des autres choses qui ornent la toilette des Dames, ou qui sont nécessaires aux hommes, & qu'on arrange proprement & avec simetrie sur la toilette de toile.

La Compagnie de la Chine établie en France sur la fin du dix-septiéme siécle, entre plusieurs modeles d'étoffes & de marchandises qu'elle y envoya par ses premiers vaisseaux, fit faire des échantillons de toilettes, & ce fut le retour de ces mêmes vaisseaux qui en fit voir en France pour la premiere fois. Il y en avoit de brodées soye & argent & d'autres argent & or; ces dernieres sortes se vendirent cent trente-une & cent trente-six livres la piece, & les autres jusques à soixante & dix livres.

TOILETTE. On appelle Marchandes à la Toilette certaines Revendeuses qui vont de maison en maison porter de vieilles hardes ou même quelquefois des marchandises neuves que leur confient les Marchands, lesquelles gagnent leur vie par les petits profits qu'elles font ou sur les hardes mêmes ou par un certain droit volontaire que leur donnent ordinairement le Vendeur & l'Achetteur. Ce sont ces femmes qui vendent la plupart des Marchandises de contrebande. Elles font aussi assez souvent quelque petit trafic de pierreries & de bijoux peu considerable. *Voyez* REVENDEUSE.

TOILETTE. On nomme ainsi à Bapaume & dans tout l'Artois, les toiles de Batiste écrues, les linons unis & les rezzes ou linons rayés, avant qu'ils ayent été blanchis.

Quoiqu'il ne se fabrique aucune de ces toiles dans Bapaume, il s'y en fait néanmoins un très grand commerce, plusieurs des Marchands de cette Ville les enlevant dans les Villages des environs où il y a quantité de Tisserans; & les faisant ensuite blanchir. Ces sortes de toiles qui se font dans l'Artois, sont fort estimées, soit pour la bonne façon, soit pour le beau blanc. *Voyez* BATISTE & LINON.

Marchand de toilette, celui qui négocie des batistes écrues.

TOILIER. Ouvrier qui fabrique la toile, le linge ouvré & le cannevas. On l'appelle plus ordinairement Tisserand. *Voyez* TISSERAND.

TOILIERE. Marchande qui vend de la toile. Les Marchandes Lingeres de Paris sont qualifiées dans leurs Statuts Marchandes Maîtresses Toilieres, Lingeres, Cannevassieres & fil. *Voyez* LINGERE.

TOISE. Bâton ou regle d'une certaine longueur, qui sert à mesurer plusieurs sortes de choses.

La toise a six pieds, le pied douze pouces, le pouce douze lignes, & la ligne six points. L'Etalon ou la mesure originale de la toise se trouve à Paris attachée contre la muraille au bas de l'escalier du grand Châtelet en montant à main gauche.

TOISE D'ECHANTILLON. C'est celle de chaque lieu où l'on mesure lorsqu'elle n'a pas de rapport à celle de Paris. En Bourgogne elle est de sept pieds & demi.

Les Arpenteurs, Toiseurs, Maçons, Couvreurs, &c. se servent d'une toise ronde; les Charpentiers ont une toise plate pour mesurer leur bois, parce que cette derniere s'applique plus juste sur les pieces; l'une & l'autre est divisée en pieds, en pouces & en lignes.

TOISE. Se dit aussi de la chose mesurée; une toise

de corde, une toise de moilon, une toise de bois quarré, &c.

Une toise courante est celle où l'on ne mesure que la longueur.

Une toise quarrée c'est six pieds en longueur & six pieds en largeur, dont l'aire est de trente-six pieds.

Une toise cube contient six pieds de tout sens, c'est-à-dire, en longueur, largeur & hauteur, ce qui est deux cens seize pieds cubes.

TOISE'. Mesurage des bâtimens ou l'art de les toiser. Il se dit aussi de tout ce qui se mesure avec la toise.

TOISER. Signifie mesurer quelque chose avec la toise. Il faut toiser ce bois, ce moilon.

TOISEUR. Celui toise. Il y a des Experts & Jurés pour faire le toisé des bâtimens lorsqu'il survient quelque different entre les Architectes, Maîtres Maçons ou Entrepreneurs, & les Proprietaires ou Bourgeois qui font bâtir. Les nom & demeure de ces Experts tant pour la maçonnerie que pour la charpente & couverture, sont inscrits dans un tableau attaché dans la Chambre du Présidial au Châtelet de Paris.

TOISEUR DE PLASTRE. Petit Officier de la Ville de Paris qui est chargé de mesurer cette marchandise lorsqu'elle arrive au Port au plâtre de cette Ville. *Voyez* MESUREUR.

TOISON. On appelle la Toison d'une bête à laine la laine que l'on en ôte lorsqu'on la tond, avant qu'elle ait reçû aucun apprêt, & qu'elle ait même été lavée.

Les Marchands qui font le négoce de laines en gros, les achettent en toisons des Fermiers & Laboureurs, & les revendent ou en toisons seulement lavées, ou après les avoir lavées, dégraissées & peignées. *Voyez* LAINE.

TOK

TOKAY. Sorte de vin de Hongrie extremement estimé. *Voyez* VIN.

TOL

TOL. C'est le plus petit poids & la plus petite mesure dont on se serve sur la Côte de Coromandel. Il faut vingt quatre tols pour le céer, cinq céers pour le bis, huit bis pour le man, & deux mans pour le candi qui est le poids le plus fort de cette partie des Indes Orientales. *V.* CEER.

TOLE. Fer applati & réduit en feuille. *V.* FER.

La tole de fer propre à faire des harnois paye les droits de la Douane de Lyon; sçavoir, celle de France à raison de 4 s. le quintal; & celle qui vient des Pays etrangers sur le pied de 5 sols.

TOLER, qu'on nomme autrement en Suede Richedale de cuivre. C'est une monnoye de ce métail qui vaut six dallers ou vingt quatre marcs, c'est-à dire, une richedale d'argent; elle a un demi pied de long, un pied de large & un pouce d'épaisseur; elle est marquée d'un poinçon aux quatre coins & au milieu avec cette légende ou inscription, 24 *Tolers-solf*, à laquelle est ajoutée la datte de l'année qu'elle a été frappée.

Dans le commerce que les Merciers, Quincailliers, Chauderonniers & Fondeurs font des cuivres de Suede, les tolers se nomment simplement Monnoye de Suede. *Voyez* MONNOYE DE SUEDE. *Voyez aussi* CUIVRE.

TOLLINIAN, dans le Dauphiné. L'on y fait des serjettes. *Voyez* l'Etat gén. Tome I. page 128.

TOM

TOMAN, que quelques-uns nomment aussi Tumein. C'est une monnoye de compte dont les Persans se servent pour tenir leurs livres, & pour faciliter les réductions des monnoyes dans le payement des sommes considerables.

Le Toman est composé de cinquante abassis, ou de cent mamoudis, ou de deux cens chayés, ou de dix mille dinars, ce qui revient environ à quarante-cinq ou quarante-six livres monnoye de France, à prendre l'abassi sur le pied de dix huit sols six deniers, le mamoudi pour neuf sols trois deniers, le chayé pour quatre sols sept deniers une maille, & le dinar pour le denier tournois.

TOMAN. C'est aussi un poids dont on se sert en Perse pour les monnoyes, qui dans les gros payemens se pesent & ne se comptent pas; le toman pese 50 abassis.

TOMIN ou TOMINE. Petit poids dont on se sert en Espagne & dans l'Amerique Espagnole pour peser l'or. Il faut huit tomins pour le castillan, six castillans & deux tomins pour l'once. Le tomin pese trois carats, & le carat quatre grains, le tout poids d'Espagne qui est environ d'un septiéme par cent plus foible que le poids de Paris.

TOMOLO, ou TOMALO. Mesure dont on se sert à Naples & en quelques autres lieux de ce Royaume & de l'Italie. Le tomolo est le tiers du septier de Paris, c'est-à-dire, qu'il faut trois tomoli pour le septier.

Il faut seize tomoli de Palerme pour le salme, & quatre mondili pour le tomolo; dix salmes trois septiémes, ou cent soixante & onze tomoli trois septiémes, ou six cens quatre-vingt-cinq mondili deux troisiémes font le last d'Amsterdam. Le tomolo de Naples pese quarante rottoli gros poids; trente six tomoli font le carro, & un carro & demi ou cinquante quatre tomoli font le last d'Amsterdam.

TOMSKOY, grande Ville des Etats du Czar située sur le Tom; elle est considerable par son commerce qui consiste particulierement en poisson, en bled & dans toutes les choses nécessaires à la vie: on y trouve aussi quantité de plomb, de fer & de cuivre, qui se tirent des montagnes qui en sont voisines; mais ce qui la rend plus fameuse, est le négoce de ses fourures blanches qu'on nomme Telersxbielxi, qui ne se trouvent gueres ailleurs. *V.* l'Etat gén. Tome I. page 303.

TON

TONALCHILES. C'est une des quatre especes de poivre que les Européens tirent de Guinée. *V.* POIVRE.

TONDEUR. Ouvrier ou Artisan qui travaille dans les Manufactures de lainages à tondre avec des forces les draps, les serges & autres étoffes de laine.

A Paris les Tondeurs de draps forment une Communauté qui est fort ancienne; leurs premiers Statuts sont du mois de Décembre 1384, du tems de Charles VI. Ils furent ensuite confirmés & augmentés par Louis XI. en 1477, puis augmentés & confirmés par Charles VIII. en Juillet 1484; & enfin augmentés & confirmés par François I. en Septembre 1531.

Par ces Statuts ils sont appellés Tondeurs de

draps à table seche, ainsi nommés à table seche, parce qu'il ne leur est pas permis de tondre aucunes étoffes de laine lorsqu'elles sont encore mouillées.

Il y a à la tête de cette Communauté quatre Maîtres qui ont la qualité de Jurés Visiteurs, dont la fonction est d'aller en visite chez les Maîtres Tondeurs pour veiller à la conservation de leur Art & Metier, & tenir la main à l'exécution de leurs Statuts & Ordonnances.

L'élection des quatre Jurés se fait tous les deux ans; sçavoir, de deux anciens Maîtres qui ont déja passé par la Jurande, & de deux jeunes Maîtres qui n'ont point encore été Jurés.

Outre ces quatre Jurés Visiteurs il y a encore deux Maîtres que l'on nomme simplement Elûs, qui sont proprement des petits Jurés ou Sous-Jurés. Ces Elûs doivent être présens aux chef-d'œuvres des Aspirans à la maîtrise & aux experiences des Compagnons; ils doivent aussi tenir la main à ce que l'on ne travaille point les Fêtes & Dimanches. Ces deux petits Jurés sont élûs de même que les autres, c'est-à-dire, de deux en deux ans.

Avec ces quatre Jurés Visiteurs & ces deux petits Jurés ou Elûs, il y a un ancien Maître de la Communauté que l'on élit pareillement toutes les deux années, auquel on donne la qualité de grand Garde; ce dernier n'a aucune fonction, n'étant qu'une place d'honneur qui se donne au mérite & à la capacité.

Pour être reçû Maître Tondeur à Paris il faut avoir fait trois années d'apprentissage, faire chef d'œuvre qui consiste à donner deux tontures ou coupes à un morceau de drap de trois aunes étant encore en blanc; sçavoir, une avant que le drap ait été lainé, & l'autre après le premier lainage. Outre ces deux tontures il doit encore en donner une troisiéme au même morceau de drap après avoir été teint.

Les Fils de Maîtres sont exemts de l'apprentissage & du chef d'œuvre; ils sont seulement tenus de faire une simple experience, qui est de tondre une fois en premier deux aunes & demi de drap de couleur.

Chaque Maître Tondeur est obligé d'avoir chez lui un morceau de fer tranchant par l'un des bouts, qui est une espece de poinçon qui sert à marquer toutes les étoffes qu'ils tondent ou qu'ils font tondre par leurs Compagnons. Cette marque se fait ordinairement au premier bout ou chef de la piece. Il n'est pas permis à un Maître de continuer à tondre une piece d'étoffe déja commencée & marquée par un de ses Confreres.

Les Tondeurs de draps prennent pour Patron l'Assomption de la Sainte Vierge; ils ont une Confrerie établie dans l'Eglise des grands Augustins. Ils n'ont point de chambre de Communauté pour faire leurs Assemblées, mais quand ils jugent nécessaire d'en faire quelqu'une, elle se convoque chez le plus ancien des Jurés en charge.

Par les Reglemens & Statuts généraux des Manufactures de lainage faits au mois d'Août 1669, art. 53, il est défendu aux Tondeurs de draps d'employer pour l'ensimage des étoffes aucunes graisses appellées Flambart; ils doivent seulement se servir de saindoux de porc le plus blanc. Il leur est encore défendu de se servir de cardes, ni d'en avoir dans leurs maisons pour coucher les draps & serges; ils doivent seulement se servir pour faire le couchage de chardons à Foulon.

Quoiqu'il semble par tout ce qui vient d'être dit que la profession des Tondeurs doive se renfermer dans la seule tonture des étoffes de laine, ce sont cependant eux qui se mêlent aussi de les presser, de les cattir & de les friser.

Outre les Statuts faits pour la Communauté des Tondeurs de Paris, il y a une Ordonnance de l'année 1698 rendue par l'Intendant de la Généralité de Champagne, portant Reglement pour les Tondeurs de la Ville de Sedan, où il y en a un grand nombre d'établis pour le service de cette célebre Manufacture de draps qui a enfin égalé, pour ne pas dire surpassé la fabrique de ceux de Hollande.

Ce Reglement consiste en douze articles. Par le premier il est ordonné que les Compagnons Tondeurs seront payés toutes les quinzaines, ou au plus tard tous les mois, de leurs salaires en deniers & non en marchandises.

Les deux, trois, quatre, cinq & sixiéme articles fixent les prix des diverses façons que donnent les Tondeurs.

Le septiéme veut que les draps soient mesurés à l'aune de Paris avec le pouce à chaque aune suivant l'ancien usage.

Le huitiéme parle du payement des rames.

Le neuviéme de celui du striquage.

Et le dixiéme de celui pour la frisure & le couchement du poil.

L'onziéme traite des Apprentifs que les Maîtres Drapiers Tondeurs peuvent avoir; sçavoir un seul quand ils n'ont que quatre tables, non compris celle à friser; deux quand ils ont huit tables, & trois quand ils en ont douze & au-dessus.

Enfin le douziéme & dernier article soumet à cette Ordonnance tous les Manufacturiers Privilegiés & autres Drapiers & Tondeurs de la Ville de Sedan, & charge l'Inspecteur des Manufactures de la faire exécuter.

TONDINS. Gros cylindres ou rouleaux de bois sur lesquels les Plombiers & les Facteurs d'orgues forment & arrondissent, sçavoir les tuyaux de plomb que les uns font pour la conduite ou décharge des eaux, & les tuyaux d'étain que les autres fabriquent pour monter leurs orgues. Ces tondins sont gros & longs suivant ce qu'on veut donner de diametre & de longueur à ces sortes d'ouvrages. *Voyez* TUIAU, *où il est parlé de la maniere d'arrondir & souder les tuyaux de plomb & d'étain qui ne sont pas jettés en moule.*

TONDRE. Terme de Manufacture de lainage qui signifie couper avec de grands ciseaux que l'on appelle Forces, le poil superflu & trop long qui se trouve sur la superficie des draps & autres étoffes de laine, pour les rendre plus razes & plus unies. On tond plus ou moins de fois les étoffes suivant leur finesse & qualité.

Quand on dit Tondre en premiere coupe, en premiere voye, en premiere eau ou en premiere façon, c'est donner la premiere tonture à une piece d'étoffe de laine. Tondre en herment signifie la même chose à Sedan.

Tondre en seconde voye, en seconde eau ou en seconde coupe, signifie tondre les étoffes pour la deuxiéme fois. En quelques endroits, particulierement à Paris, on dit Tondre en réparage.

Tondre en troisiéme voye, en troisiéme eau, ou en troisiéme coupe, c'est donner une troisiéme tonture à l'étoffe.

Tondre une étoffe à fin ou en affinage, c'est lui donner autant de coupes ou tontures qu'on le juge nécessaire pour la rendre parfaite, dont les dernieres se donnent du côté de l'envers, ce qui s'appelle Coupes ou Tontures d'envers ou traversages. *V.* DRAP, *à l'endroit où il parlé de la maniere de les fabriquer.*

TONDRE, chez les Chapeliers. Signifie à l'égard des chapeaux de Caudebec & de ceux qui sont faits de pure laine, les faire passer par dessus la flamme d'un feu clair ordinairement fait de paille ou de menu bois pour en ôter les plus longs poils, ce qu'on appelle vulgairement Flamber le chapeau; & pour ce qui est des autres chapeaux, comme castors, demi castors & vigognes, c'est les frotter par dessus avec une pierre de ponce pour user le poil qui excede trop, ce qui se nomme ordinairement Poncer le chapeau.

TONDRE. Se dit aussi des moutons & autres animaux dont on peut tirer de la laine, de la bourre ou du poil propre à faire des chapeaux, des draps, des camelots & d'autres étoffes.

TONDRE LA LAINE EN SUINT. Se dit quand on la tond sur la bête avant qu'elle soit lavée: pour lors on est obligé de la laver à la corbeille; ce qui ne se fait que quand elle n'a pas été lavée à dos, c'est-à-dire, sur la brebis avant de la tondre.

TONDU, TONDUE. On appelle un Drap tondu, une Ratine tondue, une Serge tondue, le drap, la ratine ou la serge dont le Tondeur a coupé le plus grand poil avec des forces. Ainsi on dit: Ce drap est bien tondu, on lui a donné toutes les tontures ou couppes nécessaires.

TONLIEU ou TONNELIEU. Droit qui se paye par les Marchands dans les Foires & Marchés pour le lieu qu'occupent leurs marchandises quand on les y expose en vente. Il se dit aussi du droit qui est dû pour les chevaux, bœufs, vaches & bêtes blanches qui se vendent aux Foires.

TONNA ou TUNA. Arbre qui produit le fruit où se trouve la cochenille. *V.* COCHENILLE.

TONNAGE. On appelle ainsi en Angleterre un droit qui se leve sur les vaisseaux marchands à raison de tant par tonneau. Ce droit fut accordé en 1660 par Acte du Parlement à Charles II. pour sa personne seulement. Il en est de même de cet autre droit qu'on appelle Pondage. *V.* PONDAGE.

TONNE. Grand vaisseau ou futaille de bois, de forme ronde & longue, ayant deux fonds, & qui est reliée avec des cercles ou cerceaux.

La Tonne a du rapport au muid pour sa figure, mais elle est plus grande & plus bougeuë ou enflée vers le milieu, & va plus en diminuant vers les bouts. On se sert de la Tonne à mettre diverses especes de marchandises, pour les pouvoir envoyer & voiturer plus facilement, comme sucre, cassonade, pelleteries, chapeaux, &c. Ce sont les Marchands Epiciers & Merciers qui s'en servent le plus communément.

On dit Entonner des sucres, Entonner des chapeaux, &c. pour dire, mettre ces sortes de marchandises dans des Tonnes. L'on se sert aussi de Tonnes pour mettre de l'eau-de-vie, de l'huile & d'autres liqueurs.

La Tonne d'huile d'Amsterdam contient sept cens dix-sept mingles; ce qui fait à deux pintes de Paris le mingle, quatorze cens trente-quatre pintes mesure de Paris.

La Tonne est aussi une mesure pour les grains dont on se sert dans plusieurs Villes du Nord, particulierement à Coppenhague, à Stokholm & à Embden.

Les quarante-deux Tonnes font le last de Coppenhague, il n'en faut que 23 pour le last de Stokholm, & 15 ¼ pour celui d'Embden.

On nomme Morue en Tonne, celle que l'on a mise dans des futailles pour la pouvoir transporter avec facilité. *Voyez* MORUE VERTE, *vers la fin de l'article.*

Ce qu'on appelle en Hollande une Tonne de hareng, *Een ton haaring*, est un baril ou caque de hareng. *Voyez* HARENG.

On nomme Tonne d'or (suivant la façon de compter des Hollandois & de quelques autres Nations) une somme de cent mille florins, qui vaut en France cent vingt-cinq mille livres, à raison de trois livres l'écu de neuf au marc.

TONNE. Se dit encore de certains vaisseaux de bois extraordinairement grands, qui servent à conserver du vin pendant plusieurs années. L'on en voit en Allemagne qui ne se vuident que rarement, & qui tiennent cent à cent vingt muids de vin. On les nomme dans le Pays, Foudres.

TONNE. Est aussi un gros tonneau vuide & bien bouché, qu'on fait surnager dans quelques endroits dangereux de la mer ou de l'embouchure des rivieres, pour indiquer aux Pilotes les rochers, bancs de sable, écueils ou bas-fonds, où leurs navires pourroient toucher & se perdre.

En quelques endroits des Côtes de France & ailleurs on fait payer à chaque navire marchand un droit de Tonne, c'est-à-dire, un certain droit pour l'entretien de ces sortes de Tonnes. C'est le Maître du bâtiment qui est tenu seul de l'acquitter, n'étant point du nombre des avaries. *Art. 9 du titre 7 du liv. 3 de l'Ordonnance de la Marine du mois d'Aout 1681.*

TONNEAU. Signifie en général toutes sortes de vaisseaux ou futailles de bois, ronds & reliés de cercles, servant à mettre diverses sortes de marchandises, comme vin, eau-de-vie, huile, miel, pruneaux, &c.

TONNEAU. Se dit aussi d'une certaine mesure de liqueurs.

A Bordeaux & à Bayonne le tonneau est composé de quatre barriques, qui font trois muids de Paris.

A Orleans & en Berry il est d'environ deux muids de Paris.

Le muid de Paris est de 36 septiers, chaque septier de 8 pintes; ce qui monte à 288 pintes. Ainsi sur ce pied le Tonneau de Bordeaux doit être de 864 pintes, & celui d'Orleans de 576 pintes.

A l'égard des Pays Etrangers, le Tonneau d'Amsterdam contient 6 aems ou ams, l'aem 4 ankers, l'anker 2 stekans, le stekan 16 mingles, le mingle 2 pintes de Paris; ce qui revient en tout pour chaque Tonneau à 1600 pintes

Le Tonneau de Bayonne réduit en stekannes contient 240 stekans.

Le Tonneau d'Angleterre est de 252 galons; la barique, dont les quatre font le Tonneau, de 63 galons, le galon de 4 pintes de Paris. Les 63 galons font 12 stekannes d'Amsterdam.

Les 2 bottes de Malgue, Alicante, Seville, &c. font le Tonneau des mêmes Villes, & rendent à Amsterdam 36 à 37 stekannes.

Pour le Tonneau de Lisbonne il faut aussi 2 bottes Portugaises, qui rendent 25 à 26 stekannes.

Il y a des Jurés Jaugeurs créés pour faire la réduction de toutes les mesures differentes des Tonneaux en mesures communes.

TONNEAU. Est encore une mesure ou quantité de grains, qui contient ou qui pese plus ou moins suivant les lieux.

A Nantes le Tonneau de grains contient dix septiers de 16 boisseaux chacun, & pese 2200 à 2250 liv. Il faut 3 Tonneaux de Nantes pour faire 28 septiers de Paris.

A Marans & à la Rochelle il contient 42 boisseaux, & son poids est de deux pour cent moins que celui de Nantes.

A Brest il contient 20 boisseaux, chaque boisseau pesant près de 112 liv. ainsi le Tonneau peut peser environ 2240 liv. Le Tonneau de Brest fait 10 septiers de Paris.

A Port Louis & à Hennebon il pese 2950 liv.

A Rennes & à S. Malo 2400 liv.

A S. Brieux 2600 liv.

A Aire, à Quimpercorentin & à Quimperlay son poids n'est que de 1200 liv.

Il y a encore quelques Villes de France ou des Pays Etrangers qui réduisent leurs mesures pour les grains au Tonneau, entr'autres Beauvais & Copenhaghen. Le Tonneau de Beauvais est presque égal au muid de Paris, qu'il n'excede que d'une mine; mais il faut 40 Tonneaux de Copenhaghen, qu'on nomme aussi Tonnes, pour faire 19 septiers de Paris.

Les Tonneaux de toutes ces Villes réduits à la mesure d'Amsterdam contiennent; sçavoir:

Le Tonneau d'Audierne, de Brest & de Morlaix, 13 muddes & demi.

Le Tonneau de Hennebon & de Port-Louis 17 muddes.

Le Tonneau de Quimpercorentin 13 muddes.

Le Tonneau de Nantes 13 muddes & demi.

Le Tonneau de Rennes & de S. Malo 14 muddes d'Amsterdam.

Le Tonneau de S. Brieux 15 muddes & demi.

Le Tonneau de la Rochelle & de Marans 13 muddes.

TONNEAU. Est aussi un terme de commerce de mer. Le Tonneau de mer est estimé peser deux mille livres, ou vingt quintaux de cent livres chacun. Ainsi lorsque l'on dit qu'un vaisseau est du port de deux cens tonneaux, cela doit s'entendre, qu'il peut porter deux cens fois la valeur de deux milliers pesant, c'est-à dire, quatre cens mille livres. Par une observation curieuse on a remarqué que l'eau de la mer qu'occupe le bâtiment en s'enfonçant pese une pareille quantité.

Pour connoître le port & la capacité d'un vaisseau, & en regler la jauge, le fonds de cale, qui est le lieu de sa charge, doit être mesuré à raison de quarante-deux pieds cubes pour un tonneau de mer. *Art. 5 du tit. 10 du liv. 2 de l'Ordonnance de la Marine du mois d'Aout 1681.* Voyez JAUGE.

Le prix du fret ou voiture des marchandises qui se chargent dans les vaisseaux, se regle sur le pied du quintal, ou sur le pied du tonneau de mer. Ainsi l'on dit Charger au quintal, ou charger au Tonneau.

Quoique le Tonneau de mer soit estimé peser deux mille livres, cependant l'évaluation ne laisse pas de s'en faire pour le prix du fret de deux manieres, ou par rapport au poids des marchandises, ou par rapport à l'encombrement, ou encombrance, comme l'on dit à Bordeaux, qu'elles peuvent causer dans le fonds de cale, c'est-à-dire, à la place qu'elles peuvent occuper dans cet endroit à cause de leur volume. Voici l'usage qui se pratique à Bordeaux à l'égard de cette évaluation.

MEMOIRE DE L'EVALUATION DES Marchandises en Tonneaux de mer, tant au poids qu'en encombrance, suivant l'usage qui se pratique a Bourdeaux.

Les quatre bariques de vin sont prises pour un Tonneau. Il en est de même du vinaigre, du vin de Haut, du miel, de la térébenthine & du galipot.

Nota. Que les quatre bariques de vin de Haut, miel, térébenthine & galipot, sont de petites futailles, & que les cinq tonneaux réduits de ces futailles, ne font que quatre tonneaux vin de Ville.

Les cinq bariques d'eau-de-vie sont évaluées communément à deux Tonneaux; mais lorsqu'elles sont de Mortagne, il ne faut que deux bariques pour un Tonneau.

Les trois bariques de syrop sont estimées faire un Tonneau.

Les deux demi bariques, ou quatre barils de prunes ou pruneaux, font un Tonneau.

Deux douzaines de tables de noyer sont estimées faire un Tonneau.

La douzaine de madriers de noyer fait un Tonneau

La résine ou bray, les vingt pains font un Tonneau.

Les vingt boisseaux de châtaignes font un Tonneau, si elles sont du haut Pays, & lorsqu'elles sont du Perigord, il n'en faut que quinze.

Les vingt boisseaux de bled, de feves, de graine de lin, de noix & d'autres semblables marchandises, font un Tonneau.

Les dix balles de liege rompu font le Tonneau: & lorsqu'il est tout entier, les cinq balles pesant chacune un quintal, font aussi un Tonneau.

Les cinq balles de plumes ou de pelleterie, pesant chacune un quintal, font un Tonneau.

Les huit balles de papier, pesant chacune cent livres, font un Tonneau. C'est la même chose à l'égard du verdet & du pastel.

Les dix pieds cubes de marbre font le Tonneau.

Les vingt quintaux de pots de fer ou de fer en barres, sont estimés faire un Tonneau. Il en est de même du plomb.

Les trois balles de chanvre, pesant chacune deux quintaux, font le Tonneau.

Les vingt quintaux de tabac sont estimés faire un Tonneau quant au poids; mais quant à l'encombrement, il faut cent cinquante rouleaux pour faire le Tonneau.

Les deux pieces de redon font le Tonneau, quant à l'encombrance, chacune pesant quatre quintaux ou environ.

TONNEAUX DE PERMISSION. On nomme ainsi en Espagne la quantité de Tonneaux de marchandises que le Conseil des Indes & le Consulat de Seville, trouvent à propos d'envoyer à l'Amerique, par les gallions & par la flote.

Le nombre de ces Tonneaux se regle ordinairement sur les avis qu'ils reçoivent des Vicerois du Mexique & du Perou, de la nécessité que ces Pays peuvent avoir de plus ou moins de marchandises; de sorte qu'il y a des flotes qui n'ont de permission que pour deux mille Tonneaux; & d'autres en ont jusqu'à cinq ou six mille: aussi jauge-t-on les Tonneaux marchands pour remplir la quantité de Tonneaux de permission, ce qui fait qu'il y a des années où il y a quelquefois plus, quelquefois moins de vaisseaux marchands: car pour les vaisseaux de guerre, qui leur servent de convoi, le nombre en est toujours égal. *Voyez* l'article des gallions & celui de la flote.

Les vaisseaux marchands privilegiés, & qui vont toujours au préjudice de tous autres, sont ceux bâtis dans un petit port nommé Gibralcon à vingt lieues de Cadix, d'où sortit le premier armement pour la découverte de l'Amerique, ensuite sont ceux fabriqués en Biscaye; puis ceux fabriqués dans l'Amerique même: & enfin les vaisseaux étrangers que les Espagnols achettent.

Tous ces vaisseaux sont visités par un Officier en titre d'Officier, non-seulement pour sçavoir le nombre de Tonneaux qu'ils peuvent porter, mais encore s'ils sont en état de faire le voyage pour l'aller & pour le retour.

TONNEAU. En Bretagne les sardines pressées se vendent au Tonneau, & chaque Tonneau est composé de quatre barils de ce poisson. *Voyez* SARDINE.

TONNEAU. On nomme à Paris un Tonneau de pierre de S. Leu, ou d'autre pierre tendre, la quantité de quatorze pieds cubes. L'autre pierre se vend à la voye. Chaque tonneau se divise en deux muids de sept pieds cubes le muid.

Les pierres à batir payent les droits d'entrée & de sortie sur le pied du Tonneau, le Tonneau pesant deux milliers. Voyez PIERRE A BASTIR.

TONNELAGE. On appelle ainsi à Amsterdam tout ce qui concerne le métier de Tonnelier. Les marchandises de tonnelage sont les marchandises liquides, qui s'entonnent dans des pipes, bariques & autres telles futailles, comme les vins, les eaux-de-vie, les huiles, &c. ou qu'on encaisse dans les tonnes, tonneaux ou autres caisses faites de douves, comme les sucres, les drogues, &c.

La plupart des gros Marchands ont des Tonneliers à eux, qui ont soin non-seulement de tout ce qui regarde leur métier: mais aussi de faire charger ou décharger les marchandises sujettes au tonnelage, en communiquer ou retirer les connoissemens, les acquits & passeports: enfin d'en avoir tout le soin nécessaire jusqu'à ce qu'elles soient rendues à bord & mises en cave ou en magasin.

A l'égard des autres marchandises, ce sont les Batteliers qui se chargent de tout ce détail, & qui avertissent les Travailleurs pour les descendre dans les caves ou les hisser dans les magasins, lorsque leurs batteaux sont arrivés devant la porte de leurs Marchands.

Les marchandises se hissent par le moyen d'un tour ou rouet, avec lequel deux hommes peuvent élever des Tonneaux & des balles de 5 à 600 livres.

TONNELLERIE. Lieu où l'on travaille à faire des Tonneaux. On le dit aussi de la profession de Tonnelier.

TONNELLIER. Artisan qui fait, qui relie & qui vend des Tonneaux; ce qui comprend toutes sortes de vaisseaux de bois reliés d'osier, propres à contenir des liqueurs ou des marchandises, tels que sont entr'autres, les tonnes, les cuves, cuvettes, cuviers, saunieres, seaux, barattes; ou les diverses futailles, comme, muids, demi-muids, quarts, demi-queues, &c. Les Tonnelliers font aussi & montent toutes sortes de cuves & autres vaisseaux reliés de fer. Ce sont eux encore qui font la descente des vins, des cidres, &c. dans les caves des Bourgeois & Marchands de vin. Enfin il n'appartient qu'à eux de décharger sur les Ports de la Ville de Paris les vins qui arrivent par eau, & de les sortir des batteaux.

Les Tonnelliers composent à Paris une nombreuse Communauté, dont les Maîtres prennent la qualité de Maîtres Tonnelliers, Déchargeurs de vin de la Ville & Fauxbourgs de Paris.

Leurs Statuts sont anciens, & leur furent donnés sous le Regne de Charles VII. Il paroît même qu'il y avoit déja plusieurs années qu'ils avoient été unis en Corps de Jurande, & que par conséquent il y avoit eu des Reglemens.

Ceux de Charles VII. ne contenoient que quatorze articles: Charles VIII. y en ajouta cinq autres; & François I. par ses Lettres Patentes de 1527, seulement enregistrées au Châtelet le 16 Novembre 1538, confirma également & les anciens & les nouveaux, qui furent rappellés dans le vû des Lettres.

L'article 98 de l'Ordonnance d'Orleans concernant la réformation, correction, & augmentation des Statuts de toutes les Communautés érigées en Corps de Jurande, commençant à s'exécuter dans le Royaume, les Maîtres Tonnelliers firent dresser les leurs en vingt-un articles, en partie tirés des anciens, & en partie composés de nouveaux, qui furent approuvés & confirmés par les Lettres Patentes de Charles IX. de l'année 1566.

Ces nouveaux articles n'ayant pas encore paru suffisans aux Maîtres de la Communauté pour assurer leur état & leur police, ils en dresserent cinq autres en 1576, pour être ajoutés aux vingt-un qui leur avoient été donnés dix ans auparavant: mais leur Requête ayant été renvoyée aux Officiers du Châtelet, pour en avoir leur avis, il ne leur en fut accordé que deux des cinq qu'ils demandoient, pour lesquels, aussi-bien que pour les vingt-un, Henry III. leur donna ses Lettres Patentes du 3 Septembre 1576, dont ils obtinrent l'enregistrement au Parlement le 6 May de l'année suivante.

Henry IV. au mois d'Octobre 1599, Louis XIII. au mois de Janvier 1637, & Louis XIV. au mois de Septembre 1651, leur donnerent aussi des Lettres de confirmation, qui toutes, outre qu'elles furent enregistrées au Parlement & au Châtelet, le furent encore à l'Hôtel-de-Ville, où les anciens Statuts & Reglemens de la Communauté des Tonneliers avoient commencé d'être enregistrées au mois de Décembre 1599, à cause qu'en qualité de Déchargeurs de vin sur les Ports, lesdits Tonneliers prêtoient serment pardevant le Prevôt des Marchands, comme Officiers de la Ville & sujets à sa police.

C'est donc par ces vingt-trois articles de Reglement que cette Communauté est présentement gouvernée : car quoiqu'il y soit arrivé quelque changement par l'union & incorporation de plusieurs Charges de nouvelle création, que la Communauté a été obligée de demander, & qu'elle a obtenu en payant diverses finances, comme de celles de Jurés en titre d'office en 1691, d'Auditeurs des comptes en 1694, de Greffiers en 1704, & quelques autres semblables créées pour les Arts & Métiers jusqu'à la paix d'Utreck, tous ces changemens arrivés concernent peu la discipline, mais seulement l'augmentation de certains droits sur les réceptions, apprentissages, visites, &c. qui ne doivent durer que jusqu'au remboursement des sommes empruntées par la Communauté.

On peut distinguer comme deux sortes de Maîtres parmi les Tonneliers de Paris; les uns qui ne se mêlent que de la fabrique des Tonneaux, de relier les futailles, & de descendre les vins dans les caves des Bourgeois & des Marchands de vin & Cabaretiers; les autres qui ne travaillent que sur les Ports à la décharge & labourage des vins qui y arrivent par batteaux.

Les premiers sont reçûs par le Procureur du Roi du Châtelet, entre les mains de qui ils font le serment, & les autres font outre cela le serment devant le Prevôt des Marchands, de qui même ils reçoivent une espece de chef-d'œuvre, n'étant reçûs qu'après avoir fait preuve en présence du Procureur du Roi de la Ville, qu'ils sçavent bien décharger & labourer une piece de vin, c'est-à dire, la descendre du batteau & la couler sur le Port. Dans tout le reste il n'y a point de difference entre les Tonneliers & Déchargeurs de vin, ou plutôt ils ont tous également ces deux qualités, & peuvent travailler indifferemment dans la Ville ou sur les Ports. *Voyez* DE'CHARGEURS DE VINS.

Ce n'est qu'après de longues contestations (souvent mêlées de voyes de fait) & qu'en conséquence de quantité d'Arrêts du Parlement & de Sentences de l'Hôtel-de-Ville, que les Maîtres Tonneliers se sont enfin conservé la qualité & les fonctions de Déchargeurs de vins, cidres & autres breuvages & liqueurs sur tous les Ports de la Ville de Paris, que leur disputoient les Forts, Déchargeurs & Manouvriers établis sur les mêmes Ports pour les bois, épiceries & autres marchandises qui y arrivent.

Les principaux de ces Arrêts sont ceux du 18 Décembre 1636, 23 Février 1646, & 29 Avril 1649, qui aussi bien que la Sentence de la Ville du 29 Octobre aussi 1649, ont été confirmés, & leur exécution ordonnée tant par les Lettres Patentes de Louis XIV. du mois de Septembre 1651, dont on a fait mention ci-dessus, que par l'Arrêt de leur enregistrement au Parlement du 16 Décembre en suivant, où ils sont nommément rappellés de même que dans la Sentence de la Ville du 4 Mars 1652, qui ordonne que lesdites Lettres seront enregistrées au Greffe dudit Hôtel-de-Ville.

Quatre Jurés dont deux se changent chaque année par élection, ont soin de la Police de la Communauté, font les visites, enregistrent les brevets, donnent le chef-d'œuvre, & reçoivent les Maîtres; pour à quoi vacquer ils sont quittes du Guet & de la Journée du Roi tant qu'ils sont en charge.

L'apprentissage est de cinq années entieres & consécutives, après lesquelles l'Aspirant à la maîtrise est tenu de faire chef-d'œuvre ou expérience suivant sa qualité ou privilege.

Nul ne peut être Déchargeur de vin dans la Ville de Paris qu'il ne soit Maître Tonnelier, & n'ait fait ensuite l'expérience à ce requise.

Aucun Compagnon ne peut entreprendre d'ouvrage de tonnellerie chez les Bourgeois, ni les Bourgeois les faire travailler, à moins que ce ne soit pour mettre le vin de leur crû, & que le Compagnon ne soit avoué de l'un des Maîtres, étant fait défense ausdits Bourgeois de faire faire aucune futaille pour les revendre.

Aucune personne de quelque état & condition qu'elle soit, ne peut louer ou faire louer cuves à baigner, ou cuvier à faire lessive, sinon des Maîtres du métier.

Les Compagnons ne peuvent quitter leurs Maîtres, ni un autre Maître les prendre & s'en servir, qu'ils n'ayent achevé leur tems chez l'ancien Maître; & si ce sont des Compagnons étrangers & non Apprentifs de Paris, ils ne peuvent travailler qu'ils n'ayent payé le droit de Confrerie & fait le serment accoutumé.

Il est défendu aux Maîtres de faire & monter aucune futaille qui ne soit de la jauge portée par les Ordonnances suivant la qualité de la piece.

Les Maîtres Tonneliers & Déchargeurs de vins, leurs gens & Compagnons conduisant, déchargeant & labourant les vins, ne sont tenus de montrer ni faire apparoître d'aucun congé ni quittance du payement des droits, pourvû qu'ils travaillent de jour & non de nuit ou à heure indue, sauf aux Commis & Fermiers de se pourvoir à l'encontre de ceux à qui appartiennent les vins.

Il est permis ausdits Tonneliers de vuider & débiter ou en taverne ou en gros, tous & chacuns les vins qui peuvent leur avoir été donnés par les Bourgeois ou Marchands pour le payement de leurs denrées & marchandises, ou pour leurs peines & salaire, outre & par dessus les vins de leur crû, en payant néanmoins les droits du Roi pour ce dûs.

Outre ces articles de discipline, plusieurs articles des Statuts concernent la qualité des osiers, cerceaux & mairain que les Marchands Forains doivent apporter dans la Ville de Paris, & que les Tonneliers peuvent & doivent employer en leurs ouvrages.

L'osier sert aux Tonneliers à joindre les deux bouts des cerceaux dont ils relient les futailles & les autres ouvrages de tonnellerie.

Il y en a de deux sortes le rond & le fendu; c'est ce dernier que les Tonneliers employent, l'autre ne servant qu'aux Vaniers; l'un & l'autre de quelque Pays qu'il soit apporté doit avoir au au moins quatre pieds de long, & chaque molle ou paquet être composé, sçavoir, l'osier fendu de trois cens quartiers, & l'osier rond de cent pieces, le tout sans être pourri, heurdri ni fardé, & dont le dedans soit aussi beau que le dehors, à peine de confiscation & d'amende, & défenses sont faites pareillement aux Tonneliers de ne point mettre en œuvre dudit osier qu'il ne soit bien loyal & marchand.

Le meilleur osier vient d'Orleans & de Champagne; on l'apporte tout fendu en trois, chaque molle a trois liens, & à l'extrémité où l'osier est le plus mince, tous les brins sont tortillés & comme noués ensemble. *Voyez* Osier.

Les cerceaux sont ces longs morceaux de bois leger coupés en deux dans toute leur longueur, qui servent à lier & contenir les douves & planches dont sont faites les cuves & autres futailles, & qui par la qualité du bois & par son peu d'épaisseur se tournent facilement ou en rond ou en ovale suivant les differens ouvrages qu'on en veut relier.

Ces cerceaux sont ordinairement de châtaignier, de coudre, de frêne, de bouilleau & autres semblables bois; ils se vendent en molle ou botte composée de quarterons, de douzaines ou de seizaines, suivant leur grosseur & les ouvrages ausquels on les employe; il y en a même de trois seulement au paquet. Tous doivent être fournis loyaux, sans mécompte & de la même nature en dedans qu'ils paroissent au dehors.

Les cerceaux de châtaigniers viennent de Picardie; ceux de bois mêlé, de Champagne, sur tout de la Ferté sous Jouars. Les cerceaux de trois à la molle doivent porter quatre toises de longueur; ils servent aux cuves, ceux de douze aux cuviers & baignoirs, & ceux de seize & d'un quarteron aux futailles ordinaires. *Voyez* Chastaignier, Coudre, Fresne, &c.

C'est seulement en la Place de Greve que cette sorte de marchandise que les Marchands Forains apportent à Paris aussi-bien que l'osier, peut être exposée & vendue, & elle ne peut être transportée ni enlevée par les Tonneliers de la campagne, qu'elle n'ait été vûe & visitée par les Jurés, & que les Bourgeois & les Maîtres n'en ayent été fournis si bon leur semble.

A l'égard du mairain qui est le bois le plus propre pour l'ouvrage de tonnellerie, quoique pourtant il s'y employe des planches de chêne & de sapin pour les grandes cuves & cuviers; il doit être neuf aux ouvrages neufs, sans aubier, point vermoulu ni pertuisé, & les fonds bien & suffisamment entaillés. Il se peut faire néanmoins des tonneaux & futailles mêlés de mairain vieux & neuf, pourvû qu'ils soient de commande ou vendus sur le pied de neuf & vieux ensemble. *Voyez* Mairain.

Enfin il est défendu à tout Maître Tonnelier d'aller au devant des Marchands Forains venant à Paris, soit par terre soit par eau, pour acheter ou vendre les marchandises servant au métier, sous peine d'une amende de la valeur desdites marchandises.

Les outils dont se servent les Tonneliers sont la Jabloire, les Planes plate & ronde, la Bondonniere, le Compas, la Doloire, le Barroir, le Tiretoir, le Maillet, la Colombe, le Chevalet, l'Essette, le Troucher, le Sergent & la Scie. Pour transporter les vins ils ont aussi le Haquet & deux sortes de Poulains pour les descendre dans les caves ou pour les en tirer.

La Jabloire sert à faire le jable des tonneaux, c'est-à dire, cette rainure où entrent les fonds; cet instrument est de bois composé de deux pieces, dont l'une est de figure cylindrique, & l'autre de forme quarrée; celle ci a à un de ses bouts une petite piece d'acier dentelée qui est une espece de scie. Pour s'en servir on appuye le demi-cylindre orizontalement & de plat sur le bord des futailles après qu'elles ont été assemblées, & le conduisant tout autour en dedans on y enfonce avec le morceau d'acier cette rainure ou jable des fonds, ce qu'on appelle Jabler une piece.

La Plane plate est trop connue pour en faire la description; elle sert pour tailler & planer les douves avant qu'elles soient montées.

La Plane ronde est un instrument de fer ou d'acier en forme de cylindre creux, de deux pouces de diametre, d'autant de hauteur & de quelques lignes d'épaisseur, extrêmement aiguisé & coupant par son bord supérieur. Ce cylindre est attaché à une espece de queue ou de manche aussi de fer où l'on peut néanmoins ajouter un manche de bois pour l'allonger. C'est avec cette plane qu'on plane les pieces en dedans quand elles sont assemblées pour égaler & unir les joints des douves.

Bondonniere. Les Tonneliers se servent de la Bondonniere pour percer les trous où se mettent les bondons. C'est une espece de tarriere d'un acier bien aceré, dont la méche est longue de six à sept pouces; sa figure est d'un demicone vuide en dedans, le diametre de la base duquel est de près de deux pouces; & l'autre extrémité qui en fait la pointe est contournée en vis pour mieux amorcer l'ouvrage.

Le Compas des Tonneliers dont ils se servent à former & à marquer les douves des fonds de leurs tonneaux en figure sphérique, est d'un seul jet de bois pliant, mais faisant ressort, dont les deux bouts qui lui servent de branches, & qui ont chacun une pointe & une virole de fer, s'approchent ou s'éloignent par le moyen d'un axe à vis aussi de bois qui les traverse.

La Doloire est une espece de hache avec un long manche de bois fort pesant par le bout pour lui servir comme de contrepoids. Ce manche rentre en dedans du côté de l'Ouvrier, aussi bien que le dos de la doloire où il est emmenché. C'est avec la doloire qu'on prépare & qu'on dresse le mairain sur le trouchet pour en faire des douves, ce qu'on appelle Doler une douve.

Le Baroir est une longue tringle de fer de cinq ou six lignes de diametre & de trois pieds & plus de longueur, dont l'une des extrémités est tournée en tarriere, & l'autre a une traverse de bois pour la tourner. Cet instrument sert à percer les trous où l'on met les chevilles qui tiennent les barres des fonds des futailles, & c'est de son usage qu'elle a pris son nom. On appelle Barrer une piéce, y mettre les barres du fond. On le dit aussi des trous qu'on fait.

Tiretoir. C'est un outil avec lequel on fait entrer à force les derniers cerceaux des futailles. Il est composé d'un morceau de bois arrondi par le côté qui sert de manche, & applati & armé de fer de l'autre, long en tout de vingt à vingt-deux pouces & gros de quatre ou cinq. Vers le milieu de ce morceau de bois il y a une mortoise dans laquelle s'attache par le moyen d'une cheville de fer le bout d'une piéce de fer mobile, longue de dix pouces ou environ, dont l'autre extrémité est courbée en mantonnet. Lorsqu'on veut faire entrer le cerceau on l'accroche par dessus avec la piéce de fer, & appuyant sur le jable de la piéce le bout aplati du tiretoir, on pese sur celui qui sert de manche, ce qui par la force du levier attire le cerceau & le fait entrer sur le jable, où après il s'enfonce & se chasse avec le maillet.

Maillet. La masse du Maillet des Tonneliers est plate: environ de deux pouces d'épaisseur sur un pied & plus de longueur, & cinq ou six pouces de hauteur; le manche est placé au milieu de sa longueur du côté qui est le moins épais, & où il est un peu enfoncé en arc; il sert à chasser les cerceaux en ajoutant quand il est besoin un morceau de douve coupé quarrément.

L'Essette est un marteau dont la tête est ronde d'un côté, & se termine de l'autre en un large tranchant de fer aceré, qui se recourbe du côté du manche qui est de bois; il sert pour arrondir l'ouvrage en dedans.

La Colombe est une espece de grande varlope renversée, dont le fer a trois pouces de large & de bois quatre pieds de long; elle est soutenue sur trois pieds aussi de bois, dont deux sont placés diagonalement à un bout, le troisiéme perpendiculairement à l'autre; elle sert à faire & dresser les joints des douves.

Le chevalet est un banc à quatre pieds, au bout duquel sont deux morceaux de bois qui se serrent l'un dessus l'autre, entre lesquels on met les douves qu'on veut planer avec la plane plate.

Trouchet. On appelle ainsi un moyeu de charrette dont le trou d'en haut est rempli d'un morceau de bois plat, & le côté d'en bas est soûtenu sur trois pieds. Il sert à doler les douves dessus.

Les Poulains qui servent à tirer les piéces de vin des caves, ou à les y descendre, sont de deux sortes; l'un qu'on appelle le grand Poulain, & l'autre le petit Poulain; le grand Poulain est composé de deux grosses, fortes & longues piéces de bois, rondes, de dix ou douze pieds de haut, jointes ensemble par quatre traverses, deux en haut & deux en bas.

Le petit Poulain est une espece de traîneau composé d'autant de parties que le grand; la différence consiste en sa longueur qui n'est guéres que de quatre pieds, & en sa forme étant fait de bois quarré dont les extrémités sont un peu relevées, afin qu'il puisse plus aisément couler sur les marches des caves.

L'on ne dit rien ici de la Scie, du Sergent, du Tirefond, du Foret & du Persoir, dont se servent aussi les Tonneliers, parce qu'ils sont assez connus. A l'égard de la Rouanne ou Rouannette, on en a parlé à son article. *V.* Rouanne.

TONQUIN. *Voyez* TUNQUIN.

TONQUIN BLANC. Etoffe de soie ordinairement blanche qui vient de la Chine. Il y a apparence que cette étoffe s'est d'abord fabriquée dans le Tonquin d'où elle a pris son nom qu'elle a conservé dans les Manufactures Chinoises malgré la revolte des Tunquinois qui depuis sept ou huit siécles ne font plus une des Provinces de la Chine, mais composent un Royaume séparé, reconnoissant seulement leur ancien Empereur d'un léger tribut annuel.

TONTE. Terme en usage dans les Manufactures de lainage, il signifie la façon que l'on donne à une étoffe en la tondant à l'endroit ou à l'envers avec des forces. L'article VI. du Reglement du 15 Août 1724, pour les droguets qui se fabriquent à Reims, porte que l'envers en sera paré par une seule tonte, & que l'endroit sera tondu deux fois; dont la seconde tonte se fera avec des forces appellées bottes.

Tonte. Il se dit aussi de la saison propre à tondre les bêtes à laine; & encore de l'action qui se fait en les tondant. *Voyez* Toison.

TONTINE. Espece de Societé viagere, où ceux qui ont contribué à en former les fonds, se succedent dans la jouissance des rentes viageres qui la composent, & heritent les uns des autres à mesure qu'il en meurt quelqu'un; ensorte néanmoins qu'après la mort du dernier actionnaire, les rentes s'éteignent & retournent au profit de celui qui a établi la Tontine, & qui est resté garand du payement des arrerages.

Les Tontines ont pris leur nom de Laurent Tonti de la Ville de Naples. Cet Italien grand donneur d'avis, dont les Partisans de son tems ne sçurent que trop bien se servir, proposa en l'année 1653 cette espece de Loterie, où, en risquant une avance modique, dont même on reçoit les interêts sur un assez bon pied, on peut devenir riche & se mettre à son aise si l'on survit à ceux à qui l'égalité d'un même âge vous a associé.

Le projet de cette premiere Tontine, qui ne consistoit qu'en dix classes, fut agréé à la Cour, & le Roi voulut bien se charger de la garantie & du payement de rentes viageres qui la devoient composer; mais les Lettres Patentes, qui avoient été expediées, ayant été renvoyées au corps de Ville, au Châtelet & au Parlement, & communiquées aux six Corps des Marchands, elles ne furent point enregistrées.

Tonti ne s'étant point rebuté du mauvais succès de sa premiere tentative, crut mieux réussir dans un second projet. C'étoit une veritable loterie telle qu'on en a fait depuis une si grande quantité à Paris, mais le Peuple à cause de son Auteur s'obstina à lui donner le nom de Tontine, bien qu'on l'eût proposé sous celui de Blanque Royale.

Elle fut approuvée à la Cour & à la Ville, & les Magistrats à qui elle fut renvoyée pour l'éxaminer, l'ayant trouvée utile au Public, il n'y eut aucune opposition à l'Enregistrement des Lettres Patentes obtenues pour son établissement.

Elle devoit être composée de cinquante mille billets, qui formoient un fond de douze cent mille liv. dont la moitié devoit être employée en bons lots, de differentes valeurs; & l'autre moitié à la construction d'un pont de pierre & d'une pompe devant les Thuilleries, où il n'y avoit alors qu'un pont de bois.

Cette Tontine fut établie en 1656, & ouverte à l'Hôtel de Ville l'année suivante; mais la fortune de Tonti échoua une seconde fois sur la défiance des Peuples, qui alors moins aguerris qu'ils ne sont présentement sur le fait des loteries, ne voulurent point se fixer à la bonne foy de ce donneur d'avis; en sorte que personne n'y portant son argent, elle fut fermée presqu'aussitôt qu'ouverte.

La Tontine Ecclesiastique fut le dernier projet de Tonti, il la proposa pour acquitter les dettes du Clergé, & y faisoit voir de grands avantages pour l'Etat, qui pourroit y trouver des ressources promptes & sûres dans les tems difficiles; mais cette nouvelle Tontine ne soûtint pas l'examen, & les consequences en parurent si équivoques à l'assemblée du Clergé qui se tenoit alors, & qui l'avoit fait examiner dans un de ses Bureaux, qu'elle ne voulut pas s'en charger, se contentant néanmoins de la refuser sans l'approuver & sans la condamner, l'ayant même louée comme une invention très belle & très ingenieuse.

Après cet inutile & dernier effort du genie de Tonti, on fut long-tems en France sans parler de Tontines; mais les besoins de l'Etat dans la guerre, qui suivit la fameuse ligue d'Ausbourg, & l'invasion d'Angleterre ayant obligé le Roi Louis XIV. à chercher des fonds suffisans pour s'opposer au partage de son Royaume, que les Princes de la Grande Alliance avoient vainement projettée, & qu'ils tâchoient déja d'executer, Sa Majesté eut recours aux anciens projets de Tonti, mais réformés & mieux digerés.

Dans ce dessein il fut établi une Tontine par Edit du 2 Décembre *1689*, elle consistoit en quatorze cens mille livres de rentes viageres constituées au denier quatorze, qui devoient former un fond de quatorze millions. Les classes étoient au nombre de quatorze, qui chacune devoit être composée de cent mille livres desdites rentes. Les Actions étoient de trois cens livres chacune, dont l'interêt se devoit recevoir par chaque particulier à proportion de la classe où son âge le mettoit. Enfin cet interêt devoit s'augmenter & accroître aux Actionnaires par la mort des Associés qui se trouvoient dans la même classe.

Cette Tontine qui prit le nom de Tontine Royale, n'a jamais vû ces classes entierement remplies, & la plus forte n'a guére passé vingtcinq mille livres de rentes viageres, au lieu de cent mille livres que chacune devoit avoir.

Elle fut cependant fermée en cet état, & depuis plus de cinquante ans qu'elle subsiste, les rentes en ont toujours été payées avec toute l'exactitude & la fidelité possible, leur payement même dans les tems les plus difficiles ayant toujours été fait par préference à celui des rentes constituées sur l'Hôtel de Ville, qui quelquefois ont été arrierées de quelques années.

Les peuples ayant pris goût pour cette premiere Tontine, & ayant témoigné de l'empressementpour l'établissement d'une seconde,on en ouvrit une peu d'années après, dont les Actions furent du même prix, & les autres dispositions à peu près semblables à celles de l'autre, sur tout pour la division des classes.

Cette nouvelle Tontine ne fut pas néanmoins remplie, & les plus hautes de ses classes ne passerent pas cinquante mille livres de rentes viageres, dont le payement s'est fait avec la même regularité que la premiere.

Jusqu'en *1726*, toutes les classes des deux Tontines avoient subsisté, & aucune ne s'étoit encore éteinte au profit du Roi. Mais enfin cette même année, Sa Majesté se réunit la 13 classe de la premiere & la 14 de la seconde, dont toutes les actions étoient tombées sur la tête de Charlotte Bonnemay Veuve de Louis Barbier Maître Chirurgien à Paris, morte le 24 Janvier âgée de quatre-vingt seize ans.

Cette Demoiselle qui n'avoit mis dans chacune de ces Tontines qu'un capital de trois cens livres, ayant survécu à tous ses coactionnaires dans l'une & l'autre de ces classes, jouissoit à sa mort de soixante & treize mille cinq cens livres de rente, à quoi montoit le fond annuel de toutes les deux.

TONTURE DE LAINE. Ce qu'on tire, ce qu'on coupe du drap ou de quelqu'autre étoffe de laine que l'on tond. C'est ce qu'on appelle ordinairement Boure Tontisse. *Voyez* BOURE TONTISSE.

Les Tondures de draps, ou, comme les appelle le Tarif de 1664, les Tondures payent en France les droits d'entrée, conformément à ce Tarif, à raison de 13 s. du cent pesant, comme boure rouge.

TAPISSERIE DE TONTURE DE LAINE. C'est une sorte de tapisserie faite de la laine qui se tire de dessus les draps qu'on tond, collée sur de la toile ou du coutil.

Cette espéce de tapisserie s'est d'abord faite à Rouen, mais d'une maniere grossiere, ne s'y étant au commencement employé que des toiles pour fond, sur lesquelles avec des laines de diverses couleurs hachées, & qu'on colloit dessus, on formoit des desseins de brocatelles. On passa ensuite à imiter les verdures de haute-lisse; mais encore bien imparfaitement: enfin une Manufacture de ces sortes de tapisseries s'étant établie à Paris dans le fauxbourg S. Antoine, on y hasarda des personnages, des fleurs, des grotesques, & l'on y réussit assez bien.

Le fond des tapisseries de cette nouvelle Manufacture peut se faire également de coutil ou de forte toile. Sur l'un ou sur l'autre, tendue exactement sur un chassis de toute la grandeur de la piéce qu'on a dessein de faire, on trace les principaux traits & les contours de ce qu'on y veut représenter, y reservant d'y ajoûter les couleurs successivement, & à mesure qu'on avance l'ouvrage.

Les couleurs qui sont toutes les mêmes dont on se sert dans les tableaux ordinaires, se détrempent aussi de la même maniere avec de l'huile commune, mais mêlées de térebenthine ou de quelqu'autre huile, qui par sa tenacité puisse haper & retenir la laine quand le Tapissier-Lainier vient l'appliquer, comme on le dira dans la suite.

A l'égard des laines il en faut préparer de toutes les couleurs qui peuvent entrer dans un tableau, avec toutes les teintes & les dégradations qui sont nécessaires pour les carnations & les vêtemens des figures humaines, pour les peaux des animaux, les plumages des oiseaux, les bâtimens, les fleurs; enfin tout ce que le Tapissier veut copier, ou plûtôt suivre sur l'ouvrage même du Peintre.

La plûpart de ces laines sortent de dessus les draps de toutes espéces que tondent les Tondeurs; c'en est proprement la tonture: mais comme cette tonture ne peut fournir toutes les couleurs & les teintes nécessaires, il y a des Ouvriers destinés à hacher des laines, & d'autres à les reduire en une espece de poudre presque impalpable, en les passant successivement dans divers sas ou tamis, & en hachant de nouveau ce qui n'a pû passer.

Les laines étant préparées, & le dessein tracé sur la toile ou sur le coutil, l'on couche orisontalement le chassis sur lequel l'un ou l'autre est étendu sur des traiteaux elevés de terre d'environ deux pieds; & alors le Peintre commence à y peindre quelques endroits de son tableau que le Tapissier-Lainier vient couvrir de laine avant que la couleur soit seche, parcourant alternativement l'un après l'autre toute la piéce jusqu'à ce qu'elle soit achevée. Il faut seulement remarquer que quand les piéces sont grandes, plusieurs Lainiers & plusieurs Peintres y peuvent travailler à la fois.

La maniere d'appliquer la laine est si ingénieuse, mais en même tems si extraordinaire, qu'il ne faut pas moins que les yeux mêmes pour la comprendre. On va pourtant tâcher de l'expliquer.

Le Lainier ayant arrangé autour de lui des laines de toutes les couleurs qu'il doit employer, séparées dans de petites corbeilles ou autres vaisseaux semblables, prend de la main droite un petit tamis de deux ou trois pouces de longueur, de deux de largeur, & de douze ou quinze lignes de hauteur. Puis ayant mis dans ce tamis un peu de laine hachée de la couleur convenable, & le tenant entre le pouce & le second doigt, il remue legerement cette laine avec les quatre doigts qu'il a dedans, en suivant d'abord les contours des figures avec une laine brune, & en mettant ensuite avec d'autres tamis & d'autres laines, les carnations si ce sont des parties nues de figures humaines, & les draperies si elles sont vétues, & à proportion de tout ce qu'il veut représenter.

Ce qui est admirable, & presque incompréhensible, c'est que le Tapissier-Lainier est tellement maître de cette poussiere laineuse, & la sçait si bien ménager par le moyen de ses doigts, qu'il en forme des traits aussi délicats qu'on les pourroit faire avec le pinceau, & que les figures spheriques comme est, par exemple, la prunelle de l'œil, paroissent être faites au compas.

Après que l'Ouvrier a lainé toute la partie du tableau ou tapisserie, que le Peintre lui avoit enduit de couleur, il bat legerement avec une baguette le dessous du coutil, ou de la toile à l'endroit de son ouvrage, ce qui le dégageant de la laine inutile, découvre les figures, qui auparavant ne paroissoient qu'un mélange confus de toutes sortes de couleurs.

Enfin quand par ce travail alternatif du Peintre & du Lainier, la Tapisserie est finie, on la laisse sécher sur son chassis qu'on dresse de haut en bas dans l'attelier; & lorsqu'elle est parfaitement séche, on lui donne quelques traits au pinceau dans les endroits qui ont besoin de force, mais seulement néanmoins dans les bruns.

Ces sortes de tapisseries, qui quand elles sont de bonne main, peuvent tromper au premier coup d'œil, & passer pour des hautes-lisses, ont deux défauts considerables ausquels il n'est pas possible de remedier; l'un qu'elles craignent extrêmement l'humidité, & qu'elles s'y gâtent en peu de tems; l'autre qu'on ne les peut plier comme les tapisseries ordinaires pour les serrer dans un garde-meuble, ou pour les transporter

d'un lieu à un autre, & qu'on est obligé, quand elles ne sont pas tendues, de les tenir rouiées sur de gros cylindres de Bois, ce qui occupe beaucoup de place, & est très incommode.

TOP

TOPASE. Pierre précieuse transparente, d'un jaune couleur d'or. C'est la véritable Chrysolite des Anciens: elle est dure, & reçoit un beau poliment. On en trouve en plusieurs endroits des Indes, en Ethiopie, en Arabie, au Perou & en Boheme.

Les Topases Orientales sont les plus estimées, leur jaune est un peu citron, satiné & fort agréable. Celles du Perou ont moins de dureté, & leur couleur tire sur l'oranger. Le jaune de celles de Boheme est noirâtre, & leur poliment est fort gras, à cause qu'elles sont les moins dures de toutes. Les Topases qui se trouvent près du fort Dauphin, dans l'Isle de Madagascar, ont d'abord été fort estimées, mais l'on a reconnu qu'elles étoient de peu de valeur.

Il y a des Topases d'un poids & d'une grandeur considerable. Tavernier, parmi les pierreries du Mogol, vit une Topase Orientale de 157 carats trois quarts, qui avoit coûté 271500 liv. monnoye de France; & Boece de Boot dans son Traité des Pierres précieuses, assure qu'il a vû entre celles de l'Empereur Rodolphe II. dont il étoit Médecin, une Topase de Boheme longue de plus de trois pieds, & large de près de dix pouces. C'étoit peut-être une espéce de marbre un peu transparent de couleur de Topase.

La Topase se contrefait aisément, & l'on en voit de factices qui à l'œil ne cedent point aux naturelles.

Si l'on en croit les Anciens, la Topase a de grandes vertus: l'expérience en a désabusé les Modernes. Elle a néanmoins encore quelque usage dans la Médecine réduite en poudre impalpable; on s'en sert avec l'eau-rose: celle qu'on employe pour cela, & dont les Marchands Epiciers-Droguistes font quelque trafic, sont des pierres de différentes grosseurs, extrêmement pesantes, claires & transparentes, assez semblables au Gipe ou faux Talc qui se trouve dans les plâtrieres de Montmartre près Paris. Elles leur viennent ordinairement d'Allemagne.

TOQ

TOQUE. Il se dit dans la Chine de la maniere d'y évaluer le titre ou finesse de l'argent, que l'on divise en toques, comme en France l'on fait en deniers.

L'argent le plus fin est de cent toques, le plus bas est de quatre-vingt; au dessous il ne se reçoit plus dans le commerce.

L'argent de France ne se reçoit à la Chine que sur le pied de quatre-vingt-quinze toques, quelques-uns même ne l'estiment que quatre-vingt treize; ainsi de cent onces d'argent de France en especes, il y a sept onces de déchet pour l'alliage.

TOQUE. On nomme aussi de ce nom certaines Mousselines ou toiles de coton fines que l'on apporte des Indes Orientales, particulierement de Bengale, dont la piéce a seize aunes de long fur sept seize & demi-aune de large. *V.* MOUSSELINE.

On appelle encore Toques de Cambaye ou Korathes, de grosses toiles de coton, qui servent à faire des cravates. *Voyez* KORATHES.

L'on prétend que ces sortes de toiles appellées Toques, ont pris leur nom de ce que dans les Indes on s'en sert à mettre autour des bonnets ou turbans.

TOQUE. Espece de Monnoye de compte dont on se sert à Juda & en quelques autres endroits de la côte d'Afrique, où les Bouges ou Cauris sont reçûs dans la Traitte des Negres. Une Toque de Bouges est composée de quarante de ces coquillages. Cinq Bouges font une Galline. *V.* BOUGE.

TOR

TORAILLE. Espece de Corail brut que les Européens portent au Caire & à Alexandrie. Il est peu estimé, & ne vaut que le quart du corail brut de Messine. Il se vend 25 piastres le quintal gerouin, qui est de 217 rotols.

TORCHE. Bâton rond, plus ou moins gros, long depuis sept pieds jusques à douze, de bois leger & combustible, tel que celui d'aune ou de tilleul, entouré par l'un des bouts de six meches, (que les Marchands Ciriers nomment les bras ou lumignons de la torche) couvertes de cire ordinairement blanche, qui étant allumées produisent une clarté un peu lugubre.

On se sert de torches dans quelques cérémonies de l'Eglise, particulierement aux Processions du Saint Sacrement & dans les Enterremens des petites gens. Autrefois on en portoit dans les pompes funebres des personnes de quelque consideration; mais aujourd'hui on leur a substitué les flambeaux de poing.

Les torches font une des principales portions du négoce des Marchands Ciriers de Paris.

Par l'art. 28 des Statuts de leur Corps du 28 Novembre 1638, la longueur de la cire dont les torches doivent être couvertes, est reglée suivant que le poids en doit être plus ou moins fort. Celles de deux livres doivent avoir cinq pieds de long; celles d'une livre & demi, quatre pieds & demi; celles d'une livre, quatre pieds; celles de douze onces, trois pieds & demi; & celles de demi-livre trois pieds: toutes doivent être bien & dûement couvertes de cire.

Les torches se font à la main. Pour les fabriquer on commence par appliquer en longueur sur l'un des bouts du bois, à distances égales, les six meches, après qu'elles ont été legerement enduites d'une sorte de cire molle préparée avec un peu de térébenthine pour la rendre plus tenace; ensuite on couvre ces meches exactement avec de la cire blanche toute pure que l'on a fait amollir dans l'eau chaude.

Les meches des torches sont faites de fil d'étoupe de chanvre écru grossierement filé, que l'on nomme Lumignon, & qui est le même dont on se sert pour la fabrique des flambeaux de poing. *Voyez* FLAMBEAU DE POING *au commencement de l'article, vous y trouverez plus amplement ce que c'est que cette sorte de fil, & d'où les Marchands Ciriers le font venir.*

Le morceau de carte peint en forme d'entonnoir, que l'on met au bas de la cire des torches destinées pour les processions du S. Sacrement, soit pour leur servir d'ornement, soit pour empêcher que la cire venant à se fondre par le haut, ne tombe sur les mains de ceux qui les portent, se nomme le Chapiteau de la torche.

On dit couvrir une torche, pour dire étendre avec les mains de la cire molle sur les meches qui sont comme collées le long du bois.

TORCHE. Est aussi un nom que l'on donne à une sorte de résine qui se tire des pins, des mélesses, & de quelques autres arbres résineux dont on se sert pour faire de la poix. On prétend que le pin en pourrissant se transforme en torche.

TORCHE. Les Marchands de fer donnent pareillement ce nom aux paquets de fil de fer pliés en rond en forme de cerceau. Ils se disent aussi du fil de leton. *V.* FIL DE FER *&* FIL DE LETON.

TORCHE. C'est du fil de leton en torche dont les Epingliers doivent se servir à la fabrique de leurs épingles, leur étant défendu par leurs Statuts d'y employer du fil de fer.

Par l'article 26 de ces mêmes Statuts, il est dit que si quelqu'un des Maîtres manque de leton pour travailler, ceux qui en auront plus de trois torches, seront obligés de leur en bailler, en recevant vingt-six sols de profit pour chaque cent pesant, ou au prorata, sous peine de dix écus d'amende.

TORCHES. Terme de Maçonnerie. Ce sont des nattes ou simplement des paquets & bouchons de paille, que les Bardeurs qui portent le bar ou qui traînent le binard, mettent sur l'un & sur l'autre de ces instrumens lorsqu'ils veulent porter ou traîner des pierres taillées, pour empêcher que leurs arrêtes ne s'écornent & ne se gâtent. On dit qu'un bar ou qu'un binard est armé de ses torches lorsque ces nattes sont placées dessus. *Voyez* BAR. *Voyez aussi* BINARD.

TORCHES. On nomme aussi de la sorte dans le commerce des oignons, des bâtons couverts de paille, longs de deux ou trois pieds, autour desquels sont liés par la queue divers rangs d'oignons. La torche est differente de la glane & de la botte. *Voyez* OIGNON.

TORD, TORS ou TORT. Ce qui a été tordu. On appelle du fil tord, de la soye ou de la laine torses; du fil, de la soye ou de la laine qui ont reçû une double façon au filage. *Voyez* FIL TORD *&* SOYES TORSES.

TORD SANS FILER. C'est un faux organsin que le Reglement de 1667 pour les étoffes d'or, d'argent & de soye de la Ville de Lyon, défend de vendre & d'employer pour le véritable organsin. Il y a quatre brins de soye au tord sans filer, aussi-bien qu'à l'organsin, mais ils n'ont été moulinés qu'une fois, au lieu que les quatre de l'organsin l'ont été deux: on n'en découvre gueres l'échange & la tromperie qu'à la teinture. *Voyez* SOYE.

TORDAGE. On appelle en terme de Manufacture d'étoffes de Soye, le tordage de la soye, la façon qu'on lui donne en doublant les fils de soye sur le moulin, ce qui la rend en quelque maniere torse. Les Reglemens portent que les velours, poil & demi, seront fabriqués de soye de même nature, tordage & moulinage. *Voyez* VELOURS.

TORDEUR, TORDEUSE. Celui ou celle qui tord quelque matiere que ce soit.

On le dit communément des Ouvriers ou Ouvrieres qui tordent les soyes, les laines & les fils, ce qui néanmoins peut s'entendre de diverse façon suivant les apprêts que l'on peut donner à toutes ces choses. *Voyez* Soye, Laine & Fil.

TORDRE. Ce terme a differentes significations dans les Manufactures & les Arts & Métiers.

Tordre de la soye, de la laine, du fil, veut quelquefois dire prendre plusieurs brins de ces matieres pour n'en faire qu'un seul fil, soit en les tournant & tordant à la main, soit avec une espece de rouet. Ce qui résulte de cette union de brins tournés ensemble, s'appelle, ou soye torse, ou laine torse, ou fil tord.

Quelquefois tordre ces mêmes matieres signifie seulement les attacher sur une longue cheville, & en rouler plusieurs écheveaux ensemble. Ce qu'on appelle Tordre à la Cheville, ce sont les Teinturiers en soye, en laine & en fil, qui leur donnent cette façon.

Il y a encore une troisiéme maniere de tordre, mais qui ne convient qu'aux soyes plates. C'est ce pliage en forme de petites colonnes torses qui se fait par les plieurs de soye. *Voyez* Soye torse.

Tordre la meche. Terme de Cirier & de Chandelier. C'est après qu'elle a été coupée de longueur & pliée en deux, en rouler les deux parties l'une avec l'autre, pour les tenir unies quand on veut leur donner ou la cire, ou le suif.

Tordre un cable. Signifie en terme de Cordier, joindre en un les cordons qui le doivent composer; ce qui se fait avec une espece de grand rouet, où sont attachés les cordons par un bout, tandis qu'ils tiennent de l'autre à une machine de bois à deux roues chargée de plomb ou de pierres, qui étant mobile, & le rouet restant fixe, s'approche à mesure que le cable s'appetisse en se tordant. *Voyez* Cordier.

Tordre un drap a la cheville. C'est en terme de Foulons le tordre sur une espece de cheville ou gros boulon de bois, au sortir des piles ou vaisseaux dans lesquels il a été foulé, afin d'en exprimer & faire sortir toute la graisse & l'ordure qui pourroient y être restés. *Voyez* Foulon.

Tordre. Les Peaussiers, Megissiers & autres Ouvriers qui apprêtent des cuirs legers, les tordent aussi à la cheville, après qu'ils ont été mouillés & foulés aux pieds, afin de les essorer, & d'en ôter la plus grande partie de l'eau. *Voyez* Megie, Peaussier, *&c.*

TORMENTILLE. Plante dont la racine est d'usage dans la Médecine, où on la met au nombre des antidotes & des sudorifiques: on l'ordonne aussi assez heureusement dans la dissenterie.

Cette racine est tuberculeuse, environ de la grosseur du pouce, mais garnie de petits fibres ou filamens. Sa couleur au dehors est brune ou rougeâtre, son goût est âcre & stiptique; ses feuilles qui viennent cinq à cinq, sont semblables à celles de la Quintefeuille pour leur arrangement, étant d'ailleurs lissées & luisantes: ses tiges sont basses, courtes & branchues, chargées de quelques fleurs jaunes qui n'ont que quatre feuilles, ausquelles succede un bouton où sont entassées quelques semences assez menues.

La Tormentille vient des Alpes & des Pyrénées. Il faut la choisir nouvelle & la plus seche qu'il se peut: on en éleve aussi dans nos jardins, mais elle n'a pas la vertu de celle des Pays chauds.

TORON, que quelques-uns nomment aussi TOURON. Terme de Cordier, qui signifie un assemblage de plusieurs fils de carret tournés ensemble, dont un grand cordage est composé. Le grand estay d'un navire par exemple, est ordinairement formé de quatre Torons, & chaque Toron de quarante fils. Plusieurs font un milieu entre le Toron & le fil de carret, & l'appellent Cordon. Celui-ci est fait de fils de carret, & le Toron est composé de cordons.

TOROUX ou TAUREOUX. C'est ainsi qu'on appelle en quelques lieux de Barbarie, & particulierement au Bastion de France & ses dépendances, les plus beaux cuirs que les Maures viennent y négocier avec les François. Ceux de la moindre espece se nomment des Escharts; il y en a entre deux une espece moyenne qui n'a point de nom particulier.

La difference du prix de ces trois sortes de cuirs est, que si les Toroux valent sept livres piece, les moyens ne valent que quatre livres & les eschartz seulement deux.

TORQUER. Signifie dans les Isles & dans les autres lieux où l'on cultive & fabrique du tabac, le corder, le filer pour le mettre en rouleaux. L'Ouvrier qui en fait des cordes s'appelle Torqueur. *Voyez l'article du Tabac.*

TORQUETTE. Terme de commerce de ce poisson de mer frais. Il se dit d'un panier moins grand que les paniers ordinaires qu'apportent les Chasse-marées aux Halles & Marchés de Paris, qu'on remplit sur les Ports de mer de diverses especes du meilleur & du plus beau poisson, pour en faire des présens. Ils ne sont point sujets aux droits ni à la visite des Vendeurs de marée & autres Officiers créés pour la manutention de ce commerce.

TORQUETTES DE TABAC. Ce sont des feuilles de tabac roulées & pliées extraordinairement; elles se font à peu près comme les andouilles, dont on a fait un article particulier, à la réserve qu'on n'y met pas tant de feuilles dans le dedans.

Lorsque les feuilles de tabac dont on veut composer la torquette, ont été arrangées les unes sur les autres, on les roule dans toute leur longueur, & l'on plie ensuite le rouleau en deux, en tortillant les deux moitiés ensemble, & en cordonnant les deux bouts pour les arrêter. Dans cet état on les met dans des bariques vuides de vin, que l'on couvre de feuilles lorsqu'on n'y veut pas remettre l'enfonçure; elles y ressuent, & en achevant de fermenter elles prennent une belle couleur, une odeur douce & beaucoup de force.

Aux Antilles on ne fait gueres de torquettes que pour l'usage du Pays, étant rare qu'on en envoye au dehors à cause qu'elles se gâtent assez aisément; on les employe ordinairement en tabac en poudre & en tabac à fumer.

TORQUEUR. Celui qui torque ou file le tabac; l'habileté d'un Torqueur consiste à faire sa corde bien égale, à manier son rouet de maniere qu'elle ne se casse point, & à la bien monter & mettre en rôle.

TORTILLANT. On appelle bois tortillant dans

le commerce du bois à brûler, le bois tortu & qui se corde mal. L'Arrêt du 25 Janvier 1724, portant Reglement pour la vente du bois à brûler, défend aux Marchands de triquer des bois tortillans, blancs, ou de Menuiserie, pour les mêler avec les bois de corde & de compte.

TORTILLON. Espece de bourlet fait d'une toile roulée & pliée en rond, que les Laitieres & Fruitieres mettent sur leur tête pour n'être point incommodées ou du pot au lait ou du noguet qu'elles posent dessus.

TORTIN. Sorte de tapisserie de Bergame dans laquelle il entre de la laine torse. *Voyez* BERGAME.

TORTUE (Isle de la) dans l'Amerique Françoise. *Voyez* le détail des marchandises que l'on tire de cette, Isle dans l'Etat général, Tome I. page 507.

TORTUE. Animal amphibie & testacé, c'est-à-dire, à écaille.

Il y a de deux especes de Tortues, des Tortues de mer & des Tortues de terre, & ces deux especes se subdivisent encore en plusieurs autres.

Les Tortues de mer sont de quatre sortes, la Tortue franche, le Caret, La Kaouanne ou Cahoanne, & une autre qui ressemble assez à cette derniere. Ces quatre sortes de Tortues ne se mêlent & ne frayent jamais ensemble, mais ne cherchent que celles de leur espece. La chair de la Tortue franche est la meilleure à manger; l'écaille du Caret est la plus précieuse; on fait néanmoins quelque cas de celle de la Kaouanne; mais pour la quatriéme espece de Tortue on ne l'estime ni pour la chair ni pour son écaille, & elle ne sert qu'à faire de l'huile.

Les Tortues se nourrissent d'herbes qu'elles trouvent sur certains fonds à huit ou dix brasses d'eau. Elles pondent à trois fois leurs œufs de quinze jours en quinze jours, & elles les cachent dans des trous qu'elles font dans le sable avec leurs pattes de devant: à chaque fois elles font quatre vingt-dix ou cent œufs. Vingt quatre ou vingt-cinq jours après la derniere ponte les petites Tortues sortent des trous, & gagnent la mer.

La Tortue franche est d'un grand secours pour les équipages fatigués d'une longue navigation, & souvent attaqués du scorbut. Outre une quantité extraordinaire d'œufs sans coquilles, il y en a telle qui peut fournir jusqu'à deux cens livres de chair sans la graisse. Cette chair est d'un très bon goût & assez nourrissante. Ce qu'il y a de commode, c'est qu'on les peut conserver long-tems en vie sur les vaisseaux, en les arrosant d'eau de mer: elles restent ordinairement trois semaines sans manger. Les François nomment le dessus de leur écaille Carapace, & le dessous Plastron. La chair qui tient au plastron est la plus délicate. L'écaille de la Tortue franche est fort peu épaisse, & ne peut servir qu'à des lanternes, aussi n'en fait-on point de cas.

La Tortue qu'on appelle Caret, ne differe de la Tortue franche que parce qu'elle est plus petite, que l'écaille qu'elle a sur le carapace est bien plus épaisse, & que la chair n'est pas si bonne; aussi ne la pêche-t-on que pour en avoir l'écaille, & rarement en mange-t-on. On en tire pourtant une huile qu'on tient excellente pour les débilités de nerfs & pour les fluxions froides.

Toute la dépouille du caret consiste en treize feuilles, huit plattes, & cinq un peu voutées. Des huit plattes il y en a quatre grandes qui doivent porter jusqu'à un pied de haut & sept pouces de large. Le beau caret doit être épais, clair, transparent, de couleur d'antimoine, & jaspé de minime & de blanc. Il y a des carets qui portent jusqu'à six livres de feuilles.

Pour lever les feuilles de dessus le carapace où elles sont attachées, l'on n'a qu'à faire du feu dessous; si-tôt que le carapace s'échauffe, les feuilles se levent aisément avec la pointe d'un couteau. Les Espagnols en approchant du feu le caret, enlevent l'écaille sans tuer l'animal; & ils prétendent qu'en le rejettant à la mer, le carapace se recouvre d'une nouvelle écaille.

C'est de ce caret que l'on fait des peignes, des étuis, des tabatieres, des tables, des bordures de miroirs, des manches de couteaux & de rasoirs, &c. qu'on appelle d'Ecaille de Tortue. Quand on l'employe en marquetterie, on lui donne la couleur que l'on veut par le moyen des feuilles qu'on met dessous.

Les Anglois appellent *Loger-hu*, & les Espagnols *Caivara*, l'espece de Tortue, que les François appellent *Kaouanne*. Elle est plus longue & plus large que les deux autres, & a la tête fort grosse. On mange rarement de sa chair. L'huile qu'on en tire est âcre, & n'est propre qu'à brûler: pour son écaille elle est un peu plus épaisse que celle de la Tortue franche, mais beaucoup moins que celle du caret; & ainsi il s'en faut bien qu'elle soit autant estimée.

Le quatriéme espece de Tortue de mer est presque semblable à la Kaouanne: elle seroit cependant tout-à-fait inutile au commerce, si l'on n'en tiroit de l'huile à brûler en assez grande quantité.

Toutes ces sortes de Tortues se prennent de trois manieres. 1°. Quand elles vont à terre pour pondre, on pose un bâton sur le sable par où elles doivent passer; & quand elles y ont les deux pattes de devant, deux hommes, quelquefois même un seul, en levant le bâton la renverse sur le dos ou sur le côté. 2°. On se sert de filets que l'on nomme Folbes, & que l'on jette sur les bas fonds où elles vont pâturer. 3°. On les harponne, mais non pas avec des harpons ordinaires Ceux dont on se sert pour cette pêche, sont de gros clous sans tête à quatre quarres égales, fort pointus & bien trempés, & qu'on attache fortement au bout d'une espece de gaule que les Espagnols appellent *Vara*, & que les François à leur imitation nomment Varre. Cette varre est attachée à une ligne de cinquante ou soixante brasses, que le Varreur tient sur son bras gauche, afin de la filer quand la Tortue a été blessée: aussi-tôt qu'elle revient sur l'eau pour respirer, on lui jette un second harpon; & quand elle est arrêtée par ces deux clous, on la tire dans le canot.

Pour ce qui est des Tortues de terre, il y en a de trois sortes: les premieres sont longues de deux pieds & larges d'un; elles n'ont point d'écailles sur le carapace, mais sont comme peintes de jaune & de noir par compartimens: les Espagnols de l'Amerique les nourrissent & en mangent. Les secondes sont semblables à celles que nous voyons en France dans les étangs. Enfin les troisiémes ne sont gueres plus grandes que la main, & servent à faire des tabatieres & des poires à poudre, en joignant ensemble le carapace & le plastron avec de l'argent ou d'autre métail.

Quoique ce dernier article ait peu de rapport au commerce, on a cru ne le pas devoir oublier, pour donner une idée de toutes les especes de Tortues connues qui se trouvent particulierement dans les mers ou dans les terres des Indes Occidentales.

Outre la précieuse écaille des Tortues dont le commerce est si considerable, & l'utilité de la chair fraîche de ces amphibies pour les équipages des vaisseaux malades du scorbut & fatigués de la mer, il se fait encore un assez grand négoce de leur chair & de leurs œufs & tripes salées dont il se consomme beaucoup dans les Isles Françoises, Angloises & Hollandoises de l Amerique.

La salaison des Tortues se fait aussi-tôt qu'elles ont été prises & retournées sur terre. On les désosse d'abord; & après avoir simplement saupoudré de sel la viande en verd, on la met dans des barils qui pesent ordinairement deux cens livres. Il y a telle Tortue qui fournit jusqu'à deux barils de viande désossée & salée.

Ce négoce de Tortues salées se fait peu pendant la guerre; n'y ayant que quelques petits bâtimens des Isles qui se hazardent d'aller à cette pêche à cause des risques.

Le Tarif de France de 1664 regle les droits d'entrée de l'écaille de Tortue; sçavoir, celle du caret à 12 liv. le cent pesant, celle du carnan à 6 liv. & celles de la Tortue franche à 4 liv.

Les droits de la Douane de Lyon sont de 2 livres du quintal d'écailles de Tortue ouvrées, & 20 sols pour les écailles brutes.

TOT

TOTAL. Assemblage de plusieurs parties regardées comme composant un tout. Les quatre quarts ou les trois tiers d'une aune en font le total.

TOTAL. Se dit aussi en fait de comptes, de plusieurs nombres ou sommes qu'on a jointes ensemble par l'addition, pour connoître le montant soit du débit soit du crédit d'un compte, c'est-à-dire, de la recette ou de la dépense. L'addition de plusieurs nombres forme un total ou une somme totale.

TOU

TOUAGE. Terme de commerce de mer. C'est le travail que font les Mariniers d'une chaloupe, en tirant à force de rames un vaisseau qui y est attaché, pour le faire entrer dans un port, ou monter dans une riviere.

On appelle aussi Touage le changement de place que les Matelots font faire à un vaisseau avec une ansiere attachée à une ancre mouillée, ou amarée à terre.

Les Assureurs ne sont point tenus des frais de Touage: ce sont des menues avaries qui doivent tomber, sçavoir, un tiers sur le navire, & les deux autres tiers sur les marchandises. *Art. 30 du tit. 6, & art. 8 du tit. 7 du liv. 3 de l'Ordonnance de la Marine du mois d'Août 1681.*

TOUANSE. Etoffe de soye qui vient de la Chine. C'est une espece de satin plus fort, mais moins lustré que celui de France. Il y en a d'unis, d'autres à fleurs ou à figures, & d'autres encore avec des oiseaux, des arbres & des nuages.

TOUCHAUX. Nom que l'on donne dans les Monnoyes & chez les Orfévres à certains morceaux d'or, dont le titre a été fixé, qui servent à faire l'essai de l'or avec la pierre de touche. *Voyez* OR, *vers le commencement de l'article, après l'endroit où il est fait mention de l'affinage de ce métail.*

TOUCHE. On appelle Pierre de Touche, une pierre noire & polie qui sert à éprouver les métaux.

Les Anciens l'appelloient Pierre Lydienne, de cette partie de l'Asie Mineure qu'ils nommoient Lydie, d'où elle leur étoit apportée. Le nom de Pierre de Touche, que les Modernes lui ont donné, vient de ce que l'épreuve des métaux se fait en la touchant du métail qu'on veut éprouver, & en comparant la couleur de la marque qu'il y laisse avec la marque d'un autre métail dont on est sûr.

Les Statuts des Orfévres-Jouaillers portent, qu'ils seront examinés sur la Touche en la Cour des Monnoyes.

On dit qu'une espece monnoyée a senti la Touche, lorsqu'on l'a éprouvée non-seulement sur la pierre de Touche, mais encore quand on l'a tentée avec le burin, ou essayée avec l'eau-forte, ou mise à quelque autre essai.

TOUCHE. On appelle en Bretagne une touche de cercles, un certain nombre de cerceaux d'osier, de châtaignier ou d'autres bois plians, liés ensemble pour la commodité du commerce ou du transport, c'est ce qu'on nomme à Paris des Molles. *Voyez* cet article.

On met ordinairement sur un vaisseau de deux cens tonneaux qui va à la pêche de la morue seche, trente touches de grands cercles, & trente de petits.

TOUCHER. Frotter une piece d'or ou d'argent sur la pierre de Touche pour l'éprouver. Si vous doutez de ce louis d'or, vous n'avez qu'à le toucher. Apportez-moi ma pierre pour toucher ces pistoles d'Espagne.

TOUCHER. Se dit aussi, en terme de commerce, de l'argent qu'on a reçû ou qu'on doit recevoir. Je touchai hier dix mille écus. J'ai cent mille livres à toucher au prochain payement de Lyon.

TOULOUSE, Ville de France, Capitale du Languedoc. Son heureuse situation la rend une des plus considérables Villes du Royaume. *Voyez* le détail de ses Manufactures, dans l'Etat gén. Tome I. p. 213.

TOUR. Machine qui sert à tourner en rond & en ovale presque toutes sortes de matieres, quelque dures & quelque tendres qu'elles soient. On tourne entr'autres choses de l'or, de l'argent, du cuivre, du fer, de l'étain, de l'yvoire, du bois, de la corne, de l'écaille de tortue, de la pierre, &c.

TOUR. Se dit aussi de l'attelier où est élevée cette machine, & dans lequel le Tourneur travaille.

Le Tour est d'un grand usage dans les méchaniques & dans la plupart des Arts & Métiers: Non-seulement c'est le principal instrument de ces especes de Menuisiers ou Ouvriers en bois, que de son nom on appelle Tourneurs, mais encore quantité d'autres Ouvriers ou Artisans qui travaillent sur les pierres précieuses & les métaux

métaux ne peuvent s'en passer : & c'est ordinairement sur le Tour que les Lapidaires, les Orfévres, les Horlogers, les Serruriers, les Lunetiers, les Potiers d'étain, les Tabletiers, les Patenôtriers & plusieurs autres commencent ou achevent leurs plus beaux ouvrages.

L'invention du Tour paroît fort ancienne. Quelques uns pour faire honneur à leur siécle, croyent que les Modernes l'ont perfectionné : mais s'il étoit vrai, comme le rapportent Pline & quelques autres Auteurs de réputation, qu'autrefois on tournât ces vases précieux enrichis de figures & d'ornemens à demi-bosse, dont on voit encore quelques-uns dans les cabinets des Curieux, il faudroit avouer que tout ce qu'on y a ajouté dans les derniers siécles nous dédommageroit mal de ce que nous aurions perdu de la maniere de tourner des Anciens.

Le bois est la matiere dont on fait les grands Tours, sur tout ceux dont se servent les Maîtres Tourneurs & les Tabletiers. On y ajoute néanmoins diverses pieces de fer, de cuivre ou d'acier. Il se fait aussi des Tours tout de fer, qui sont ordinairement petits, & que l'on peut mettre & arrêter dans les étaux que la plupart des Ouvriers qui se servent du Tour, ont toujours sur leur établi.

Il faut remarquer avant que d'entrer dans un plus grand détail de la description du Tour, qu'on lui donne le mouvement suivant sa grandeur, ou la force des ouvrages qu'on y veut tourner. Si les ouvrages sont pesans, on se sert d'une roue tournée par un ou deux hommes, comme quand on tourne des colonnes de bois ou de pierre tendre : si les ouvrages sont plus legers, une marche & le pied de l'Ouvrier suffisent pour lui donner le mouvement : & si l'on se sert de petits Tours de fer, & que l'ouvrage soit délicat, on n'y employe qu'un archet, que l'on tient & que l'on pousse à la main.

Description du Tour commun.

Les principales & les plus fortes pieces de ce Tour, sont les jumelles, les jambages, les semelles avec leurs arc-boutans, les poupées, la lunette, & enfin le support, c'est-à-dire, la barre ou piece de bois qui sert d'appui quand on travaille. Les autres pieces sont moins considérables, mais non moins nécessaires pour l'usage de la machine. On en parlera dans la suite, après avoir expliqué & comme placé ces premieres pieces qui servent à monter le Tour.

Les jumelles sont deux membrures de bois de chêne, de la longueur & de la grosseur qu'il plaît à l'Ouvrier. Elles sont posées de niveau, paralelles l'une à l'autre, & séparées de quelques pouces, suivant l'épaisseur de la queue des poupées qu'on doit placer entre deux. Ces jumelles portent des deux bouts dans deux jambages dans lesquels elles sont emboêtées.

Ce sont proprement ces deux dernieres pieces, c'est-à-dire, les jambages, qui entretiennent toute la machine : elles ont quatre pieds de haut ou environ, & sont posées d'aplomb & debout sur les semelles où elles sont emmortoisées à tenon : on les fortifie encore de chaque côté par deux liens en contrefiches.

Ce qu'on appelle les Semelles sont deux forts morceaux de bois d'équarrissage, de près de quatre pieds de longueur & de grosseur à discretion, qui sont couchés de champ sur le plancher de l'attelier.

Dans l'intervalle qui sépare les jumelles l'une de l'autre on place les poupées. Ces pieces sont toujours doubles, d'une égale hauteur, longueur & grosseur, mais proportionnées à la force des jumelles qui les soutiennent. Elles sont de bois, quarrées par la tête, & entaillées en tenon par la queue ; ensorte qu'elles soient réduites à l'épaisseur qui convient pour qu'elles puissent entrer entre les jumelles. A la queue de chaque poupée est une mortoise qui la traverse d'outre en outre, où l'on chasse des coins de bois qu'on appelle des Clefs, pour serrer la poupée, & l'affermir sur les jumelles. Ces clefs se mettent par dessous.

Vers le haut de chaque poupée est un trou carré où sont placés ce qu'on nomme les Bras, c'est-à-dire, deux morceaux de bois de même figure que le trou, ensorte qu'ils puissent s'avancer ou se reculer à volonté. C'est sur ces bras qu'est soutenue la barre ou support qui sert à l'Ouvrier à soutenir & à appuyer ses outils lorsqu'il travaille.

Le support, qui est presque aussi long que les jumelles, a ordinairement dix-huit lignes ou deux pouces d'épaisseur & quatre de largeur. Il est un peu moins élevé que les poupées, & est percé de distance en distance, pour y mettre de petits supports, & des clavettes pour contenir l'ouvrage, quand il est foible & a beaucoup de portée.

Au-dessus des bras des poupées sont les pointes entre lesquelles se met la piece que l'on veut tourner. Elles sont d'acier ou de fer aceré, & forment comme un double équerre ; ce qui ressemble assez à la lettre Z. On leur donne cette figure, afin qu'elles ayent plus de force, & pour les mieux affermir dans la tête des poupées où elles sont enclavées.

Ces deux pointes qui sont régulierement placées au milieu de la tête de chaque poupée, se regardent, & doivent être si justement opposées, qu'en les approchant l'une de l'autre, elles se touchent dans le même point. Quelquefois on se sert de pointes droites, mais dont la queue est tournée en vis. Celles-ci traversent toute la tête de la poupée, & s'avançent ou se reculent à discretion avec une manivelle.

La lunette est une espece de troisiéme poupée mais moins épaisse & sans pointe, au lieu de laquelle elle a un trou très rond percé dans le haut de la piece, à la hauteur des pointes des vrayes poupées. Elle sert à tourner en l'air, c'est-à-dire, à appuyer par un bout les pieces qu'on veut creuser en dedans, comme des boêtes & des vases, ou ausquelles on veut faire des écrous & des vis, & qui à cause de cela ne peuvent se tourner entre deux pointes, auquel cas on la substitue à l'une des poupées ordinaires. On se sert aussi de la lunette pour soutenir le mandrin, piece importante du Tour, dont on parlera dans la suite.

Souvent les lunettes sont de fer ou de cuivre par en haut, c'est-à-dire, que le trou qui soutient le mandrin, ou les pieces qu'on tourne en l'air, est percé dans une plaque de l'un de ces deux métaux enchassée dans un pied de bois. Il y a aussi des lunettes de deux pieces pour la facilité de l'ouvrage, dont la partie supérieure est mobile.

Au bas du Tour, & précisément au dessous des pieds du Tourneur, est la marche, & au dessus de sa tête est l'archet.

Cet archet est une perche attachée au plancher de l'attelier, ensorte qu'elle fasse ressort, c'est à-dire, qu'elle se releve de soi-même. A l'égard de la marche, c'est un bâti de menuiserie de forme triangulaire, ou bien seulement une simple tringle de quatre ou cinq pieds de longueur. Une corde attachée par les deux extrémités au bout de chacune de ces deux pieces, fait un tour sur l'ouvrage qu'on veut tourner, ou sur le mandrin auquel il est collé; de sorte que l'Ouvrier en appuyant le pied sur la marche, & en le relevant alternativement & avec régularité, le mandrin ou l'ouvrage tourne, & donne la facilité en tenant un outil appuyé sur la barre, de faire prendre à la piece telle figure sphérique ou ovale que l'on veut.

Les mandrins sont de plusieurs sortes, suivant la qualité & la force de l'ouvrage. Ils sont ordinairement tout de bois, mais quelquefois on y ajoute quelques pieces de fer. Leur principal usage dans les Tours communs est d'allonger les pieces qu'on veut tourner, quand elles n'ont pas assez d'épaisseur pour être tournées entre deux pointes. Lorsque ces pieces doivent avoir un trou au milieu, comme sont les grandes & petites poulies, le mandrin doit avoir une queue de fer si l'ouverture est étroite, & de bois si elle est grande, mais toujours proportionnée à l'ouverture; & alors les deux bouts du mandrin sont portés par les pointes des deux poupées. Si la piece qu'on tourne ne doit point être percée, le mandrin n'a pas de queue; on y attache seulement la piece avec du mastic, ou bien on l'y fait tenir par le moyen de deux ou trois pointes que le mandrin a à l'un de ses bouts; ensorte que des deux pointes l'une touche le bout du mandrin, & l'autre la piece qui y est attachée.

Il y a encore un grand & fort mandrin à queue, qui sert à tourner des quadres ronds, comme les appellent les Menuisiers, ou des bordures de tableaux de cette figure.

Ce mandrin est un gros cylindre ou rouleau de bois, qui n'a gueres moins d'un pied de long & de deux pouces de grosseur. A l'un des bouts de ce rouleau est fortement attachée par son centre une piece aussi de bois, de figure sphérique, & toute semblable à une poulie dont le diametre seroit de douze à quinze pouces, & l'épaisseur environ de deux pouces. C'est à cette piece qu'on fait tenir avec quatre vis de fer le panneau ou la bordure qu'on veut tourner; & afin de les pouvoir tourner par le parement de devant, & faire les moulures des côtés, on ajoute à celle des poupées qui touche l'ouvrage deux morceaux de bois d'un pied de long & de forme triangulaire, qu'on appelle des Aîles, avec une tringle pareillement de bois attachée à celle de ces deux aîles qui est du côté du Tourneur; ce qui forme avec elle une équerre. Ce sont ces pieces ajoutées aux poupées qui servent à l'Ouvrier de support pour soutenir & arrêter les outils.

Il faut remarquer que les pointes des poupées à aîles sont toujours à vis pour les avancer & reculer; & que c'est toujours avec une roue qu'on fait tourner ce mandrin, à cause de la pesanteur des ouvrages, & de la situation contrainte de l'Ouvrier, qui ne lui permet pas de se servir de la marche qu'il a ordinairement sous ses pieds.

On ne fait point ici la description de la roue des Tourneurs l'ayant donnée ailleurs. *Voyez* Roue.

Toutes les especes de mandrins dont on a parlé jusqu'ici, ne servent qu'à tourner entre deux pointes. Ceux desquels on se sert pour tourner en l'air sont aussi des cylindres de bois, mais qui d'un bout sont soutenus par la pointe d'une des poupées, & qui par l'autre bout, où ils ont une vis de fer ou de cuivre, s'appuyent contre le trou de la poupée à lunette. C'est à cette vis que se met la boëte, c'est-à-dire, une piece de bois qui a un écrou d'un côté pour recevoir la vis, & qui est platte de l'autre, pour y attacher avec des pointes ou du mastic ce que l'on veut tourner.

Tours de Fer.

Les Tours de fer ne sont gueres differens du grand Tour de bois: ils ont néanmoins beaucoup moins de pieces à cause de leur petitesse, & de l'étau dans lequel on a coutume de les placer, quand on veut s'en servir.

Ces petits Tours ne consistent ordinairement qu'en deux poupées, qui servent aussi de jambages, & qui sont jointes par en bas par une assez longue piece de fer quarrée, quelquefois massive, & quelquefois ouverte dans presque toute sa longueur par une espece de raînure à jour. Dans les tours dont cette piece est à raînure, un support mobile y est attaché avec des clavettes par dessous, & s'avance & se recule le long de cette raînure suivant le besoin de l'Ouvrier; si au contraire la piece est massive, le support a un trou percé quarrément par en bas dans lequel elle entre, ayant pour l'arrêter une vis à côté & encore une autre par devant pour le hausser & baisser à discretion. Ces supports sont toujours de fer & à queue d'ironde par en haut pour donner plus de place à l'outil qu'on appuye dessus.

Quelquefois au lieu de ces supports mobiles on se sert d'une petite piece ou barre de fer qui porte d'une poupée à l'autre, & qui y est soutenue par deux bras aussi de fer qui sortent de ce qu'on appelle les Picolets, c'est-à-dire, de deux petites pieces à jour rivées à côté de chaque poupée.

Les pointes des poupées des tours de fer sont toujours à vis, & ces vis ont sept ou huit pouces de long; appointées si c'est pour tourner de l'yvoire ou du bois, & avec une couette ou crapaudine si c'est pour tourner des métaux particulierement du fer, ensorte qu'il faut faire avec la lime une pointe à chaque extrémité de la piece de métail qu'on veut tourner, qui alors entre dans la cavité de la crapaudine.

Les Serruriers & autres semblables Ouvriers qui travaillent sur le fer & qui veulent tourner des ouvrages en l'air, se servent ordinairement du chevalet à forer, en mettant un mandrin à vis dans la boëte à la place du foret, & y ajoutant un support posé transversalement sur la piece qui unit & soutient les poupées.

C'est presque toujours avec un archet à main qu'on donne le mouvement circulaire aux petits tours de fer. Les Serruriers l'appellent un Archelet & quelquefois un Hameçon. *Voyez les articles du chevalet à forer, de l'Archet & du Hameçon.*

Toutes les pieces tant du tour de bois que des tours de fer dont on vient de faire la description, ne servent qu'à tourner des ouvrages réguliers, c'est à dire, de figure tout-à-fait sphérique; pour les irréguliers tels que sont les colonnes torses, les ovales, les roses & autres ornemens que l'on met sur les boêtes & les tabatieres, & lorsqu'on veut y faire des vis & des écrous, il faut se servir de pieces plus composées, mais dont l'usage & la position sont difficiles à décrire, & plus encore à comprendre, à moins qu'on ne les ait sous les yeux. On va pourtant en tenter la description.

Tour pour les figures irrégulieres.

La principale piece de ce tour est ce qu'on nomme l'Arbre dont la longueur est arbitraire, mais toujours proportionnée à la grandeur du tour où il doit servir.

Cet arbre est composé partie de cuivre, partie de fer & partie de bois. Ses parties de cuivre sont la boête & la piece ovale, ou de telle autre differente figure qu'il plaît à l'Ouvrier; c'est cette derniere piece qui doit servir à former les contours irréguliers de ce qu'on veut tourner. Les pieces de fer sont la verge quarrée & ses clavettes pour y attacher & y affermir les canons & le mandrin qu'elle traverse d'un bout à l'autre. Enfin les deux canons & le mandrin même sont de bois.

A l'égard de l'arrangement de ces pieces le long de la verge pour en composer l'arbre, premierement est la boête de cuivre avec son canon, ensuite la piece ovale fermement arrêtée sur la verge entre ce premier canon & un second canon qui la presse; enfin vient le mandrin dans lequel est emboêté ce dernier canon. Par le bout du mandrin sort l'extrémité de la verge de fer qui se termine en une pointe pour mettre dans une crapaudine appliquée contre la poupée qui doit soutenir l'arbre de ce côté-là; toutes ces pieces sont arrêtées sur la verge quarrée par le moyen de diverses clavettes qui les traversent & qui passent dans des trous percés de distance en distance le long de cette verge.

Cet arbre ainsi disposé tourne entre deux poupées dont l'une est à lunette & très composée, & l'autre très simple, n'ayant de plus que les poupées ordinaires qu'une crapaudine comme on vient de le dire pour recevoir la pointe de l'arbre qui est du côté du mandrin.

La poupée à lunette soutient l'arbre précisément entre la boête & la piece ovale, ensorte que la boête & l'ouvrage qui y est mastiqué se trouvent au-delà de la lunette, & que la piece ovale joint en dedans la plaque de fer de cette même lunette.

Sur cette plaque est attachée ce qu'on appelle la piece de rencontre, c'est-à-dire, un morceau de fer qui lorsque l'ovale le rencontre par son grand diametre, se recule, & lorsqu'il n'est touché que par le petit diametre se rapproche, ce qui se succedant alternativement à mesure que l'arbre tourne, fait prendre à l'ouvrage qui est mastiqué sur la boête la figure de l'ovale ou telle autre figure irréguliere que le Tourneur a mise en sa place.

Il faut observer dans ces ouvrages de tours irréguliers que le Tourneur tienne toujours son outil ferme au même endroit; & parce que lorsque les matieres qu'on tourne sont trop dures, comme quand c'est du fer, du cuivre ou de l'argent, les mains de l'Ouvrier ne suffisent pas pour affermir l'outil, l'on a des appuis de bois faits exprès, au-dessus desquels sont disposées de petites bandes de fer distantes du bois de l'épaisseur de l'outil, entre lesquelles & l'appui l'outil se met & demeure ferme.

Comme tout le secret de ces tours à figures irrégulieres consiste dans ce mouvement alternatif de la piece de rencontre qui hausse ou qui baisse l'arbre suivant qu'elle est touchée par le grand ou petit diametre de l'ovale; l'on se sert de deux moyens pour que l'arbre se remette de lui-même dans la situation qu'il avoit avant que cette piece de rencontre l'en eût déplacé.

Le premier est un fer faisant ressort tourné en forme de crochet qu'on attache d'un bout sur les jumelles, & qui de l'autre soutient l'arbre, en sorte que baissant avec lui quand il est pressé, & se relevant aussi-tôt par sa vertu élastique lorsque la piece de rencontre ne le force plus, il repousse l'arbre sous lequel il est & le replace dans sa premiere situation, ce qui arrive toutes les fois que la piece ovale a pour ainsi dire achevé sa révolution.

L'autre moyen de relever l'arbre est encore plus simple; ce n'est qu'une corde qui y est liée d'un bout, & qui passant sur une poulie attachée au plancher soutient de l'autre bout un poids suffisant pour rapprocher l'arbre quand il n'est plus contraint par la piece de rencontre.

Enfin comme on est souvent obligé de changer d'arbre & de mandrin, & qu'il faut que l'arbre soit affermi dans la lunette jusqu'à un certain point, on met à cette lunette une piece de fer qui se levant & se serrant par divers vis, donne la commodité de changer ces instrumens & de les serrer suivant qu'il est convenable.

L'arbre pour faire des vis & des écrous est tout semblable à celui qu'on vient de décrire, hors qu'on n'y met point de piece ovale, & qu'au lieu d'entrer par sa pointe dans la crapaudine d'une poupée, il s'engraine par la vis de son mandrin qui lui tient lieu de pointe, dans un écrou préparé & percé dans une plaque de fer qu'on ajoute à la poupée, à la place de sa crapaudine, ce qui fait que l'arbre avance & recule à chaque fois que l'Ouvrier fait tourner sa piece.

Au reste chacune de ces plaques ont des écrous de divers pas ou grosseurs, ausquels les vis des mandrins doivent être proportionnées. Les vis & les écrous des boêtes & des tabatieres se font avec des fers à dents différemment taillés suivant que c'est pour travailler en dedans ou en dehors. On fait aussi des vis & des écrous de bois à plusieurs ouvrages avec un tarot emboêté & une espece de terriere qu'on appelle une Vis. *Voyez* VIS. *Voyez aussi* TAROT.

Les Tourneurs en bois, en pierre, en yvoire, en os & en corne se servent de plusieurs outils de Menuisiers, de Tailleurs de pierre & d'autres Artisans pour débiter, dégrossir & tourner les matieres qu'ils veulent employer aux ouvrages de tour; telles sont les scies de diverses sortes, la hachette, la serpe, les cizeaux, les gouges, les becs-d'ânes, les écouennes & les rapes.

Ils ont aussi des instrumens qui leur sont propres, comme les biseaux, les grains d'orge, les fers crochus, enfin les fers dentellés par le bout & par le côté; & outre cela tous ceux que chaque Ouvrier invente & fait forger suivant son genie & son besoin, qui n'étant pas d'un usage général, n'ont point de noms, ou du moins en ont qui ne sont connus que de ceux qui les employent.

Tous ces outils sont expliqués à leurs articles suivant l'ordre alphabetique.

TOUR. Les Potiers de terre donnent aussi ce nom à une des roues sur lesquelles ils tournent & forment les ouvrages de poterie qui doivent être de figure sphérique. C'est sur ce tour que se font les petits ouvrages, les grands se faisant sur la roue. *Voyez la description & l'usage de ces deux machines à l'article des Potiers de terre.*

TOUR. Les Chauderonniers appellent aussi du nom de Tour la machine dont ils se servent pour donner aux chauderons & aux poêlons leur derniere façon.

Les principales partie de ce tour sont la grande roue, l'établi, la petite roue, la noix & le coin; la grande & la petite roue sont semblables à celle des Couteliers; l'établi est un chassis de bois fait comme le pied d'une table.

La noix est un plateau de bois tourné en rond qui s'applique fortement sur le fond de l'ouvrage qu'on veut tourner; enfin le coin est une piece aussi de bois avec lequel on serre l'espece d'arbre ou de mandrin que les roues font tourner.

Les ouvrages de chauderonnerie se tournent avec le grattoir à étamer, & c'est avec cet instrument que se font ces traces circulaires que l'on voit sur les poêlons & chauderons neufs.

TOUR, que les Boulangers appellent aussi Table à tourner. C'est une petite table quarrée ferme & solide, placée auprès de leur paîtrin, sur laquelle ils dressent & tournent les morceaux de de pâte qu'ils ont coupé & pesé, & leur donnent la figure qui convient à la qualité du pain qu'ils veulent faire. C'est au sortir de dessus le tour que l'on met le pain sur la couche pour le faire lever. *Voyez* PAISTRIR.

TOUR. Les Patissiers donnent aussi ce nom à une sorte table qui a des bords de trois côtés sur laquelle ils paitrissent leur farine & tournent leur pâte, soit pour ce qu'on appelle des pains benits, soit pour faire les croûtes des pâtés, tourtes & autres pieces de four.

TOUR DE CHEVEUX. C'est une tresse de cheveux qui fait tout le tour de la tête, & qui mêlée adroitement avec les cheveux naturels, les allonge & les épaissit; ces sortes de tours sont pour les hommes.

Les femmes se servent aussi de tours & faux cheveux, ou pour cacher leur âge, ou pour suppléer à la rareté de leurs cheveux sur le devant de la tête & sur les temples; ils s'attachent sous leurs coeffures. La forme en est differente suivant les modes; tantôt frisés & élevés, tantôt plats & couchés modestement le long du front; quelquefois ce ne sont que de simples crochets un peu tournés en croissant, & quelquefois aussi lorsque les Dames se coeffent en cheveux, ce qui est devenu fort rare depuis la fin du dixseptiéme siécle, ce sont de longues boucles qui leur pendent plus ou moins & souvent jusques sur les épaules. *Voyez* PERRUQUE.

TOUR DE CALANDRE. Donner un tour de calandre à une étoffe ou à une toile, c'est la faire passer une seule fois sous la calandre. Quatre tours s'appellent une demi-Voye, & huit tours une Voye de calandre. *Voyez* CALANDRE.

TOUR DE CHARDON. Terme de Manufacture de lainage. *V.* VOYE DE CHARDON.

TOUR. Se dit aussi dans les Manufactures & blanchiries de cire, d'un gros cylindre ou rouleau de bois dont se servent ceux qui la purifient & l'apprêtent pour la grélouer ou grainer avant de la mettre sur les toiles pour être blanchie. *Voyez* GRELOUER.

TOUR, ou TOURILLON. Les Blanchisseurs de cire nomment de la sorte un gros rouleau de bois poli sur lequel la cire tombe au sortir de la grélouoire. Ce tour a une manivelle & un axe de fer pour le tourner. *V.* l'art. de la cire, où il est parlé de la Manufacture d'Antony & de sa fonderie.

TOURAINE, Province de France. *Voyez* le détail de ses productions & de ses Manufactures, dans l'Etat général, Tome I. page 91.

TOURANGETTES. Especes de petites serges qui se fabriquent en quelques lieux de la Généralité d'Orleans, particulierement au Montoir; elles sont ou blanches ou grises, & se font toutes de laines du Pays.

TOURBE. Terre noirâtre & sulfureuse dont l'on se sert en Hollande & en Flandre pour se chauffer.

Les tourbes de Flandres se levent de dessus la superficie de la terre, & se coupent en maniere de grosses briques; le *Gramen* espece d'herbe qui croît en abondance & fort épais sur la terre à tourbes, contribue beaucoup lorsqu'il est bien sec à y entretenir le feu.

Les tourbes de Hollande se tirent du fond des canaux dont la plûpart des campagnes sont traversées, ce qui sert tout ensemble à tenir ces canaux toujours nets & navigables, & à suppléer au peu de bois que la plûpart des terres des Provinces-unies produisent.

La terre des tourbes Hollandoises est très noire; à mesure qu'on la tire du fond des canaux on la répand sur les bords où on lui donne assez d'épaisseur pour qu'elle se puisse reduire environ à trois pouces lorsqu'elle est passablement séche.

C'est en cet état qu'on la débite en morceaux de sept à huit pouces de long sur trois de hauteur; & afin d'achever de la sécher, on en fait des monceaux tant pleins que vuides, qu'on éleve dans des cabanes construites en pleine campagne, & qui n'ont que le toît soûtenu de quelques grosses perches. Les tourbes se vendent au boisseau, au panier ou au tonneau; les droits d'Accise imposés sur cette sorte de marchandises sont considerables, & sont une partie du revenu de l'Etat. Le feu qui sort de ces tourbes n'est pas désagréable à la vûe, mais son odeur & sa fumée sont presque insupportables quand on n'y est pas accoutumé.

Les tourbes se comptent en Hollande au nombre des marchandises de contrebande pour la sortie ; & l'on n'en peut tirer du Pays sans en avoir obtenu la permission du Conseil. En ce cas, les droits de sortie sont de huit sols par livre de gros : elles sont aussi sujettes au droit d'Accise pour la consommation. *Voyez* Accise.

Tourbe. La France a aussi ses tourbes qui se font avec du vieux tan. *Voyez* Mottes a bruler.

TOURC, ou TURQ. Monnoye d'argent de Lorraine qui vaut environ dix-huit sols de France. Il s'en fabriquoit aussi autrefois au coin des Princes d'Orange lorsqu'ils étoient Maîtres de cette Principauté. Ils passent dans les Echelles du Levant pour le tiers de l'asselani ou écu de Hollande.

TOURET. Espece de machine dont les Lapidaires se servent pour graver les pierres précieuses soit en creux soit en relief. *Voyez* Amethyste. *Ce touret & la maniere de s'en servir y sont expliqués.*

Touret. Se dit aussi des anneaux qui sont aux gardes d'une romaine ou peson. *Voyez* Peson.

Touret. C'est encore une espece de moulinet dont les Cordiers se servent pour corder ce qu'ils appellent du Bitord. *Voyez* Corde, ou Cordier.

TOURILLON. Instrument de bois qui sert à gresloner la cire ; on le nomme plus ordinairement Tour. *Voyez* cet article.

TOURNE-A-GAUCHE. Outil de fer quelquefois avec un manche de bois qui sert comme de clef pour tourner d'autres outils.

Les Charpentiers, Menuisiers, Serruriers & autres Ouvriers ont chacun leur tourne à-gauche, mais peu différens les uns des autres.

Les tourne-à-gauche pour les tarots sont tout de fer ; ils sont plats, d'un pouce environ de largeur, & de six ou sept pouces de longueur ; ils ont au milieu une entaille quarrée où l'on met la tête du tarot quand on veut le tourner pour faire un écrou. *Voyez* Filiere.

Tourne a gauche. Est aussi un outil de fer plat avec plusieurs entailles d'un côté & un manche de bois qui sert à détourner les dents des scies pour leur donner plus de voye.

TOURNE-FIL. Instrument d'acier quarré qui sert aux Peigniers à donner le fil à leurs écouennes & autres outils. C'est une espece de fusil propre aux mêmes usages que celui des Bouchers, Cuisiniers, & Charcuitiers, avec cette différence que le fusil est rond & le tourne-fil quarré. *Voyez* Peigne.

TOURNER. Travailler quelque chose en rond. Il se dit principalement des ouvrages qui se font sur le tour. *Voyez* Tour.

Tourner la Paste. Terme de Patissier & de Boulanger. *Voyez* Paste.

TOURNES-GANTS ou RETOURNOIS. Terme de Gantier, qui se dit de deux bâtons de cormier ou de buis très polis, ronds & longs d'environ deux pieds, plus gros par le milieu que par les bouts ; à peu près semblables à de grands fuzeaux. L'un se nomme le mâle & l'autre la femelle. On les appelle aussi Bâtons à Gants. Ces bâtons se fourent dans les doigts des gants pour les pouvoir retourner avec facilité sans les salir ni chifonner. Ils servent aussi à renformer les gants, c'est-à-dire, les élargir sur le renformoir, pour leur donner une meilleure forme, ce qui s'appelle aussi Bâtonner les gants.

TOURNESOL ou MAURELLE. Plante qui croît en quelques endroits du Languedoc, sur tout aux environs de Massillargues & de Lunel, & à Gallargues, Village du Diocèse de Nismes. C'est l'Heliotropium, autrement le Ricionoïdes des Botanistes.

La racine de cette plante qui est blanche, ronde & ordinairement assez droite, pousse une tige ronde qui se divise en plusieurs branches ; ses feuilles sont d'un verd pâle & quasi cendré, ses fleurs de couleur jaune, sont renfermées dans de petits boutons qui forment une espece de grappe : elles sont de deux sortes, les unes stériles qui sechent à mesure que la grappe croît, & les autres fécondes qui produisent le fruit.

Quelques Auteurs ont crû cette plante utile pour la guérison de diverses maladies, mais les plus habiles Modernes sont persuadés par leur propre expérience que la médecine n'en peut pas tirer de grands secours.

Son plus grand usage est pour la teinture, & l'on tire de son suc la couleur, dont avec quelque préparation on compose en France dans les lieux où elle se trouve, ce qu'on appelle le Tournesol en drapeaux.

Voici la maniere dont on le prépare, que l'on doit au sçavant Monsieur Nissolle de l'Academie des Sciences.

Maniere de faire le Tournesol en drapeaux.

Les Paysans ramassent au commencement du mois d'Août les sommités du Ricionoïdes ; ils les font moudre dans des moulins assez semblables aux moulins à huile ; ensuite les ayant mis dans des espéces de cabas, ils en expriment le suc avec des presses. Quand ce suc a été exposé au soleil environ une heure, ils y trempent des chiffons qu'on étend à l'air jusques à ce qu'ils soient bien secs ; & après les avoir quelque tems humectés sur la vapeur d'environ dix livres de chaux vive qu'on a fait éteindre dans une suffisante quantité d'urine, on les remet sécher au soleil, pour de nouveau les tremper dans le suc du Ricionoïdes ; & lorsqu'ils sont séchés pour la derniere fois, ils sont dans leur état de perfection, & propres à être envoyés en différens endroits de l'Europe, où il s'en fait un commerce assez considerable.

Quelques Auteurs, entr'autres Pomet, avancent peut-être un peu legerement, qu'il se prépare du Tournesol en drapeaux en Hollande, aux environs de Lyon, & en Auvergne, cette plante ne croissant en aucun de ces lieux, & ne s'y en faisant non plus aucun envoy ; & si on en reçoit de ces Pays du Tournesol en pâte ou en pain, il faut certainement, ou qu'ils le composent avec le Tournesol en drapeaux qu'ils tirent du Languedoc, ou avec quelqu'autre drogue qu'ils sçavent préparer comme notre Tournesol.

Le Tournesol en drapeaux ou en chiffons, car on lui donne aussi ce nom, sert à teindre les vins & autres liqueurs à qui il communique une agréable couleur. On s'en sert beaucoup en Allemagne, en Angleterre & en Hollande.

Le Tournesol de Constantinople que les Turcs nomment Bizerere Rubré, est du crêpon ou de la toile teinte avec de la cochenille & quelques acides.

Le Tournesol en coton vient de Portugal. C'est du coton applati, de figure & de la grandeur d'un écu blanc, qui a été teint avec de la cochenille mesteque; il sert à donner un beau rouge aux gelées de fruits.

Le Tournesol, autrement Orseille de Hollande, est une drogue propre pour la teinture, qui néanmoins est également défendue aux Teinturiers du grand & du petit teint. C'est cette drogue qu'on nomme aussi Tournesol en pâte, Tournesol en pierre, & Tournesol en pain. Outre l'usage qu'on en peut faire en teinture, on s'en sert pour colorer l'empois. *Voyez* Orseille.

Le Tournesol paye en France les droits de sortie comme Orseille, c'est-à-dire, 34 s. du cent pesant.

Les droits de la Douane de Lyon sont pour le Tournesol ou Orseille 32 s. 6 d. d'ancienne taxation, & 20 s. pour les quatre pour cent du quintal.

Le même de France en tout dix sols.

Le même de Flandre, 57 s. 6 d.

Le Tournesol en drapeaux de France, 22 s. 6 d.

TOURNETTES. Petit instrument de bois qui sert à devider de la soye, du fil, de la laine, du coton, &c. Les Tournettes sont toûjours doubles, & sont composées de deux cylindres de bois leger, qui ont chacun leur pivot sur lequel elles tournent. Les pivots sont attachés sur une planche qui leur sert de pied.

Tournettes. Les Chandeliers appellent aussi des Tournettes, les devidoirs sur lesquelles ils devident la méche de leur chandelle pour la mettre en pelotes. *Voyez* Chandelle.

TOURNE-VIS, Outil de fer avec lequel on tourne les vis, soit en bois, soit en fer, pour les faire entrer dans leur écrou. On l'appelle quelquefois Tourne-à gauche quoique ces deux outils soient différens.

TOURNEUR. Celui qui travaille sur le tour. Il y a à Paris une Communauté des Maîtres Tourneurs Rempailleurs de Chaises.

Tourneurs. Les Potiers d'Etain & les Couteliers nomment aussi Tourneurs ceux qui tournent leurs roues. *Voyez* Coutelier & Potiers d'Etain.

Tourneur. On appelle aussi Tourneurs les Maîtres Peigniers & Tabletiers de Paris à cause des petits ouvrages de tours, soit d'yvoire, soit de bois qu'il leur est permis de faire. *Voyez* Peignier.

TOURNOIR. Signifie en terme de Potiers de Terre, un bâton rond de trois ou quatre pieds de long, avec lequel l'Ouvrier qui travaille des ouvrages de Poterie à la grande roue, donne le mouvement à cette machine; ce qu'il fait en l'appuyant successivement sur chacune des quatre rais de la roue, le quittant & le reprenant autant de fois qu'il le croît nécessaire pour hâter ce mouvement. *Voyez* Potiers de Terre.

TOURNOIS. On appelle Livre Tournois, Sou Tournois, une sorte de monnoye à présent imaginaire, dont on se sert en France pour tenir les livres. *Voyez* Monnoye, *où il est parlé des Monnoyes de compte. Voyez aussi les articles du Sou & de la livre.*

TOURNUS, Ville de France, de la Généralité de Bourgogne. Le commerce des Draps y est assez considérable, quoiqu'il n'y en ait point de Manufacture dans la Ville. *Voyez* l'Etat général, Tome I. page 125.

TOURON, qu'on nomme aussi TORON. Terme de Cordier, qui signifie un cordon fait de plusieurs fils de carret. *Voyez* Toron.

TOURS, Ville de France Capitale de la Touraine. *Voyez* le détail du Négoce de cette Ville dans l'Etat général, Tome I. page 91.

TOURS. Les Marchands Epiciers-Ciriers appellent ainsi de gros cylindres ou rouleaux de bois dressez sur des pieds, qu'ils font tourner avec des manivelles pour filer la bougie *V.* Bougie.

TOURS-TERRIERES, autrement ROULEAUX SANS FIN. Ce sont de gros cylindres de bois armés de fer par les deux bouts, dont l'on se sert pour conduire d'un lieu à un autre les fardeaux extrêmement pesans, comme les blocs de marbre ou les pierres de taille d'un grand volume. *Voyez* Rouleaux de Charpentier.

TOURTEAU. Masse que l'on compose du residu de certains grains, fruits ou matieres dont on a exprimé de l'huile.

Les Tourteaux payent en France les droits d'entrée à raison de 3 s. le cent en nombre, & ceux de sortie sur le pied de 8 s. le cent pesant.

TOURTES. Se dit particuliérement du marc qui reste des noix & des graines de navette, de rabette & de lin.

Toutes ces Tourtes payent d'entrée 16 s. du millier en nombre, & de sortie; sçavoir:

Les Tourtes de noix 30 s. le millier en nombre.

Et les tourtes de navettes, de rabette & de lin, 20 sols.

TOUSSY, de la Généralité de Bourgogne. L'on y fait des draps, & quelques droguets. *Voyez* l'Etat général, Tome I. page 126.

TOY

TOYORE. Marchandise employée dans le Tarif de la Douane de Lyon.

Les Toyores de fer payent à cette Douane 4 s. du quintal.

TRA

TRACE. Nom que l'on donne à une sorte de gros papier gris, qui s'appelle autrement Mainbrune; il sert à faire le corps des cartes à jouer.

Il y a une autre sorte de papier que l'on appelle aussi Trace ou Maculature qui approche de la qualité du premier; il s'employe à envelopper les rames de papier. *Voyez* Papier.

Trace de Pragelas. *Cette sorte de Trace paye à la Douane de Lyon un sol 6 d. de la livre.*

TRACER. Dessiner le premier trait de quelque chose. On trace les desseins des broderies, des tapisseries, des tableaux.

Tracer la Natte. Terme de Nattiers en paille. C'est en faire les cordons au clou, c'est-à-dire, passer alternativement les unes sur les autres les trois branches de paille dont chaque cordon est composé. *V.* Natte.

Tracer. Signifie aussi parmi les Ouvriers en bois, comme les Charpentiers, Menuisiers, Charons, &c. se servir du Traceret pour marquer la besogne.

TRACERET. Outil de fer pointu dont on se sert en méchanique pour tracer, marquer & piquer le bois. Le Traceret des Charpentiers est long de sept à huit pouces, avec une espece de tête par le haut. Les Menuisiers se servent le plus souvent d'une des pointes de leur petit compas de fer au lieu de Traceret.

TRACOIR. Poinçon d'acier dont se servent

les Orfévres & les Graveurs.

TRACQUE. On nomme ainsi au Croisic en Bretagne, un certain nombre de cuirs à poil, sur le pied duquel se payent les droits de la Prévôté de Nantes. Il faut dix cuirs pour un tracque ; le droit de chaque tracque est de deux sols monnoye.

TRAFIC. Commerce, Négoce, vente ou échange de marchandises, de billets, d'argent. Il se fait en Moscovie un grand trafic de Pelleterie. Le principal trafic des Hollandois aux Indes consiste en Epiceries ; presque tout le trafic d'argent se fait sur la place à la Bourse.

Le mot de trafic se dit encore en bien des sens. Un trafic permis ; un trafic prohibé, défendu ; un trafic inconnu, un bon trafic, un mauvais trafic ; il entend bien, il fait bien son trafic, &c.

On appelle un Marchand mêlé, celui qui fait trafic de toutes sortes de marchandises.

Ce terme vient de l'Italien *Trafico* qui a été tiré de l'Arabe. *Voyez* COMMERCE, PROFESSION MERCANTILLE & NEGOCE.

TRAFIQUANT, TRAFIQUANTE. Qui trafique, qui négocie.

TRAFIQUER. Négocier, commercer, échanger ou troquer. Pour trafiquer en pierreries il faut un grand fond d'argent.

TRAFIQUE'. Qui a passé par la main des Négocians, des Marchands ; on fait peu de cas des billets trafiqués qui ont passé par différentes mains.

TRAFIQUEUR. Marchand qui trafique, qui fait commerce ou négoce. Ce terme est ancien, & peu en usage aujourd'hui.

TRAGACANTH ou TRAGACANTHE. Espece de gomme. *Voyez* ADRAGANTH.

TRAIN, en fait de négoce de bois. Se dit d'une maniere de Radeau formé d'une certaine quantité de morceaux ou pieces de bois jointes ensemble par le moyen de plusieurs longues perches liées & attachées avec des especes de liens ou hares, que l'on nomme ordinairement Rouettes.

Les bois se mettent en trains pour en faire la voiture avec plus de facilité, en les faisant flotter en descendant par les rivieres ; cette maniere de les voiturer ayant été inventée pour éviter les grands frais qu'il en couteroit si l'on étoit dans l'obligation de les amener par chariots ou par bateaux.

Presque tous les trains de bois que l'on voit descendre pour la provision de Paris, viennent d'Auvergne, du Bourbonnois, du Nivernois, de Bourgogne, du Morvant, de Champagne, de Lorraine, de Montargis, & autres lieux en remontant les rivieres au dessus Paris.

Il y a de trois sortes de bois qui se mettent ordinairement en trains ; sçavoir, les bois quarrés qu'on nomme autrement les Bois d'Equarissage, ou Bois de Brin & de Charpente. Les bois de sciage & les bois à brûler qui sont les bois de corde, de moule ou de compte, ces différentes espéces de bois sont expliquées à leur article. *V.* Bois.

Chaque train de bois quarré est ordinairement composé de quatre brelles, chaque brelle ayant environ sept toises & demi de longueur ; ensorte que le train peut avoir approchant de trente toises de long : pour ce qui est de la largeur elle n'est nullement fixée, s'en faisant depuis quatorze pieds jusques à trois toises de large, suivant qu'on le juge à propos pour la facilité de la voiture.

Le train de bois de sciage se forme ordinairement de deux éclusées, chaque éclusée ayant 15 toises & demi de long sur douze pieds de large ; ce qui fait en tout pour la longueur vingt-sept toises. Il faut remarquer que l'on met d'ordinaire trois solives l'une sur l'autre, ou trois poteaux ou cinq membrures, ou quatre chevrons, ou quinze planches d'un pouce, ou dix planches d'un pouce & demi, ou huit planches de deux pouces, aussi l'une sur l'autre ; ensorte que chaque train de bois de sciage arrivant à Paris bien conditionné, doit contenir trois cens piéces de bois suivant le compte ou le toisé qui s'y en fait ordinairement.

Chaque train de bois à brûler est pour l'ordinaire composé de dix-huit coupons, le coupon ayant douze pieds de long, ce qui fait en tout trente six toises en longueur : sa largeur la plus commune est de quatre longueurs de bûches, la bûche ayant trois pieds & demi, ce qui revient à quatorze pieds de large. Chacun de ces trains peut rendre à Paris vingt-cinq cordes ou cinquante voyes de bois. Il s'en pourroit trouver davantage, n'étoit les bûches qui s'échappent lorsque les trains flottent dans les rivieres.

Il se fait des trains de bois à brûler qui n'ont que dix pieds & demi de large, cette largeur n'étant composée que de trois longueurs de bûches ; ces derniers sont nommés Trains à trois branches, & viennent particuliérement du côté de Montargis par la riviere de Loing, qui est étroite & profonde, les trains à trois branches, quoique plus étroits que les autres, ne laissent pas néanmoins de contenir autant de bois, parce qu'ils sont aussi longs & plus épais, y ayant plus de bois lié l'un sur l'autre.

TRAIN. Terme d'Imprimerie. C'est cette partie de la presse des Imprimeurs sur laquelle est posée la forme, qui s'avançant & se reculant par le moyen d'une manivelle & de deux poulies attachées à ce qu'on appelle le berceau de la presse, pousse cette forme sous la platine, ou la retire suivant qu'il est necessaire. *Voyez* IMPRIMERIE.

TRAINEAU. Espéce de machine dont les Voituriers se servent pour traîner & transporter des balles, caisses & tonneaux de marchandises.

Le Traîneau n'a point de roue, & est seulement composé de quelques fortes pieces de bois jointes ensemble & emmortoisées avec des chevilles. Aux quatre coins de ce bâti, qui forme une figure quarrée longue, sont de forts crochets de fer pour y atteler les traits des chevaux qui les traînent. Cette sorte de Traîneaux ne sert point à la campagne, & est seulement d'usage dans les Villes.

TRAINEAU. C'est aussi une espéce de petit Chariot sans roue dont on se sert dans les Pays Septentrionaux, pour transporter sur la neige pendant l'hyver les Voyageurs, les Marchands & leurs hardes & leurs marchandises. Ils sont couverts & garnis de bonnes fourures contre la rigueur du froid. Ce sont ordinairement des chevaux qui les traînent ; mais quelquefois on y employe des animaux très legers & assez semblables à de petits cerfs que l'on nomme des Rhennes, qui outre qu'ils sont d'une très grande vitesse, ont cela de commode qu'ils n'ont besoin d'aucun conducteur, & que pour toute nourriture ils se contentent de quelque mousse qu'ils cherchent sur la neige. La Laponie, la Siberie & le Boranday, font tout leur commerce avec des traîneaux attelés d'une de ces Rhennes.

Outre les traîneaux tirés par des chevaux ou par des Rhennes, dont on se sert si communément dans toute la Moscovie; il y en a d'autres particuliérement du côté de Surgut, Ville située sur l'Oby, qui ne sont attelés que d'une sorte de chien, qui sont propres à cette partie de la Siberie.

Ces chiens sont de moyenne taille, & ont le museau pointu aussi bien que les oreilles qu'ils ont toûjours dressées; ils ont aussi la queue retroussée, ensorte que quand on les trouve dans les bois, on les prend assez souvent pour des loups ou pour des renards à qui ils ressemblent beaucoup.

On attelle deux de ces chiens à un traîneau fort leger, sur lequel on peut charger jusqu'à deux ou trois cent livres pesant de marchandises. Le conducteur des chiens va devant un fusil sur l'épaule & aux pieds des especes de souliers longs ou de raquettes qui le soûtiennent sur la neige, ensorte que lui, ses animaux & son traîneau y font à peine quelque legere impression.

Quelquefois le maître du traîneau s'avance dans les bois pour chasser, & lorsqu'il y tue de ces beaux renards noirs si estimés en Moscovie, il en enleve la peau & donne la chair à ses chiens, tirant ainsi un double profit de ces animaux.

Les Siberiens prétendent qu'il y a de ces chiens qui semblent prévoir l'arrivée des étrangers qu'ils annoncent, pour ainsi dire, par d'horribles heurlemens; mais cela sent la fable, & n'est qu'une imagination de ces peuples crédules à l'excès.

TRAINEURS. Ceux qui conduisent des traîneaux. Ce terme est principalement en usage en Hollande; ils sont établis par les Magistrats lorsque les eaux sont fermées, c'est-à-dire, lorsque les canaux étant glacés, les barques publiques ne peuvent plus y être conduites, ils ont les mêmes privileges & franchises que les Maîtres Routiers & les Maîtres ordinaires de vaisseaux. *V.* ROUTIER.

TRAIT. Ce qui est tiré & passé par une filiere. Il se dit de tous les métaux réduits en fil comme l'or, l'argent, le cuivre, le fer, &c. *Voyez* TIREUR D'OR & FILIERE. *Voyez aussi* FIL D'OR, D'ARGENT, DE LETON, DE FER, &c.

TRAIT. Or trait, argent trait, se dit par opposition à or, ou argent filé, qui sont aussi de l'or & de l'argent trait, mais filés sur de la soye ou du fil. *Voyez* DORURE & MARCHAND DE DORURE.

TRAIT. S'entend & se dit en terme de Voiturier par eau, de plusieurs bateaux vuides, attachés & accouplés ensemble, qui remontent les rivieres pour aller charger de nouvelles marchandises aux lieux d'où ils sont partis. Quelques-uns disent train de bateaux, mais improprement.

Par l'article 6 du second chapitre de l'Ordonnance de la Ville de Paris, les Conducteurs de Traits de bateaux montans, sont obligés pour faciliter le passage des coches & bateaux descendans, de faire voler par dessus lesdits coches & bateaux la corde appellee Cincenelle, & empêcher que les bacules accouplés à la fin des traits ne s'écartent.

TRAIT. C'est encore l'espace que les Propriétaires des héritages situés sur le bord des rivieres, sont obligés de laisser pour le tirage des chevaux qui servent à remonter les bateaux ou à les descendre.

Le trait ou espace pour le tirage des chevaux, est reglé à vingt-quatre pieds par l'article; du premier chapitre de l'Ordonnance de la Ville de Paris, & il est défendu à tous Proprietaires de planter arbres ou hayes, ni faire clôtures & fossés plus près du bord que de trente pieds, sous peine d'être les fossés comblés, les arbres & hayes arrachés, & les murs démolis aux frais des contrevenans.

TRAIT. C'est aussi cette partie du harnois des chevaux de tirage qui sert à les attacher à la voiture qu'ils tirent. Les traits des chevaux de carosse sont de cuir & s'attachent aux palonneaux ou palonniers du train. Ceux des chevaux de charettes ne sont que de cordes & tiennent aux limons. Ce sont les Boureliers qui font & fournissent les uns & les autres.

CHEVAL DE TRAIT. C'est celui qui sert au tirage, particulierement aux voitures. On le nomme ainsi pour le distinguer du cheval de selle ou de monture. *Voyez* CHEVAL.

TRAIT. Terme de Balancier. C'est ce qui fait pancher un des bassins de la balance plus que l'autre. Les bonnes balances ne doivent point avoir de trait, & leurs bassins doivent rester en équilibre.

TRAIT. Se dit pareillement chez les Marchands qui débitent leurs marchandises au poids, de ce petit excedent de pesanteur, qui doit faire que le côté de la balance où est la marchandise, emporte celui où sont les poids. On dit qu'une pistole, qu'un louis d'or sont entre deux fers quand ils n'ont point de trait, & qu'ils ne sont point trébuchans.

Les Marchands sont obligés de donner le trait à chaque pesée de denrées & marchandises qu'ils vendent au poids; ensorte qu'une livre qui ne doit avoir qu'un seul trait, lorsqu'on la pese en gros, en a seize si elle se pese par onces séparées; ce qui ne laisse pas de faire une différence considerable, à quoi les Détailleurs doivent prendre garde pour le prix qu'ils mettent à leurs marchandises.

TRAIT DE CHARDON. Terme de Manufacture de lainage. On dit plus ordinairement Voye de chardon. *Voyez* VOYE DE CHARDON.

TRAIT, en terme de Boucherie. Est un fort cordage avec un nœud coulant au bout, qu'on attache aux cornes d'un bœuf que l'on veut assommer. C'est avec ce trait, que l'on passe à travers d'un anneau de fer scellé à terre dans le milieu de la tuerie, qu'on le force de baisser la tête pour recevoir le coup de masse entre les deux cornes. *Voyez* ANNEAU DES BOUCHERS.

TRAITTE. On appelle ainsi en Canada le négoce que les François font avec les Sauvages de leurs castors & autres pelleteries.

Tant que la Compagnie de la Nouvelle France, formée en 1628, a subsisté, il n'étoit permis qu'aux Habitans de Canada, ou à ceux qui venoient

venoient s'y établir à leurs propres dépens, de faire la traitte pour eux. Depuis la traitte étoit devenue générale jusqu'en 1664, qu'elle appartint toute à la Compagnie Royale des Indes Occidentales. Enfin le Domaine d'Occident ayant été réuni à la Couronne, & des Traités ayant été faits, soit avec la Colonie, soit avec des Particuliers qui ont succedé à ces droits par la cession qu'elle lui en a faite, il n'a plus été permis aux Vicerois ou Gouverneurs d'accorder que jusqu'à vingt-cinq permissions pour la traitte des Particuliers. *Voyez* COMPAGNIE DU CANADA *ou* DU CASTOR.

TRAITTE. Se dit aussi du négoce des Négres qui se fait sur les Côtes de Guinée & autres Côtes d'Afrique. *Voyez* NEGRES.

TRAITTE, en terme de Monnoye. Se dit de tout ce qui s'ajoûte au prix naturel des métaux qu'on employe à la fabrication des especes, soit pour les remedes de poids & de loi, soit pour les droits de Seigneuriage & de Brassage. Il signifie plus que Rendage, qui ne comprend que le Seigneuriage & le Brassage. *Voyez* RENDAGE.

TRAITTE parmi les Tanneurs, Megissiers & Chamoiseurs. S'entend du bord du plain où ils mettent les peaux pour les préparer avec la chaux. Ainsi, relever les peaux sur la traitte, c'est les retirer du plain, & les mettre égouter sur le bord. *Voyez* PLAIN.

TRAITTE parmi les Banquiers. Signifie les Lettres de Change qu'ils tirent sur leurs correspondans. En ce sens on dit, qu'un Banquier, qu'un Négociant a fait de grandes traittes d'argent sur Lyon, sur Bordeaux, &c. *Voyez* BANQUE & BANQUIER.

Il y a beaucoup de différence entre Traittes & Remises; les Traittes se prenant pour les lettres de change que les Banquiers ou Marchands tirent sur leurs Correspondans, pour être payées par leursdits Correspondans; & les Remises au contraire, étant des lettres de change envoyées aux Correspondans pour être reçûes par eux: ainsi les unes sont proprement des ordres pour payer; & les autres des ordres pour recevoir.

TRAITTE. Veut dire aussi quelquefois achat ou vente de marchandises. On dit, Les Anglois & Hollandois font de grandes Traittes de vins de France; pour dire, qu'ils en achetent beaucoup. La Traitte des blés est défendue en Pologne; pour dire qu'il n'est pas permis aux Polonois de vendre leurs blés, ni aux Etrangers d'en acheter.

TRAITTE FORAINE. C'est en France un droit qui se leve sur les marchandises qui y entrent ou qui en sortent; ce qui s'entend aussi des Provinces du Royaume même qui sont réputées étrangeres. La Traitte foraine, sur le pied qu'elle est présentement, contient quatre droits différens qui ont été réunis en divers tems. Le plus ancien de ces droits est le droit de Resve, en Latin *Jus Regni*. Le droit de Passage & le droit d'Imposition ou Traitte foraine sont aussi deux autres droits d'une assez grande antiquité: mais pour la Traitte domaniale, qui est le quatriéme des droits qui se perçoivent à présent sous le seul nom de Traitte foraine, elle n'est que du regne de Henry III. qui l'établit en 1577. Cette derniere ne se leve que pour la sortie de quatre sortes de marchandises hors du Royaume, qui sont, le blé, le vin, la toile & le pastel.

TRAITTE DE CHARENTE. Droit qui se leve sur les sels qui se voiturent par la riviere de Charente. *Voyez* CHARENTE.

TRAITTE DOMANIALE qui se paye en Languedoc & dans quelques Provinces voisines, mais seulement sur certaines sortes de Marchandises.

Les Marchandises qui y sont sujettes sont les suivantes. Pour la commodité des Marchands qui en font commerce, on y a ajoûté les droits qu'elles doivent.

Pour chaque charge de bled,	15 s.
Pour chaque charge de méteil ou seigle,	10 s.
Pour chacune charge d'orge, avoine, légumes,	7 s. 6 d.
Pour chaque muid de vin mesure de Languedoc,	3 l. 16 s.
Pour chaque ballot de toile blanche, de la grandeur accoûtumée,	9 l.
Pour chaque ballot de canevas ou Ollonne, treillis, & toutes autres sortes teintes,	4 l. 10 s.
Pour chaque charge de chataignes du poids de trois quintaux,	10 s.
Pour chaque bœuf, vache, mulet, cheval ou jument, de quelque qualité qu'ils soient,	1 l. 10 s.
Pour chaque pourceau, mouton, ou brebis.	5 s.

TRAITTÉ. Marché, convention, contrat, dont on tombe d'accord, & dont on regle les conditions & les clauses avec une ou plusieurs personnes. Il se dit de tout ce qui peut entrer dans le commerce par achat, vente, échange, &c. On fait des Traittés pour des sociétés, pour des achats de fonds de magasins ou de boutiques; pour fretter des vaisseaux, pour les assurer & les marchandises qui sont dessus. Ceux-ci s'appellent Polices d'assurance pour des Compagnies de Commerce, pour des Colonies, &c.

TRAITTÉ. Se dit aussi des articles qui sont arrêtés entre des Puissances souveraines. Il y a des Traittés de paix, de mariage, de confédération, de neutralité, de tréve; enfin des Traittés de commerce, de navigation & de marine. Ces derniers ne sont pas les moins importans, & sont ordinairement suivis de divers Tarifs pour regler les droits d'entrée & de sortie des marchandises dans les divers Etats des Princes contractans.

Le dernier Traitté de Commerce, Navigation & Marine entre la France & l'Angleterre fut signé à Utrecx le 11 Avril 1713. Il consiste en trente-neuf articles, dont la plupart qui sont généraux, sont régulierement exécutés entre les deux Nations; n'y en ayant que quelques-uns plus particuliers qui n'ont pû encore avoir d'exécution, à cause de quelques difficultés survenues à l'occasion des Tarifs.

Le Traitté de paix entre la France & le Portugal, aussi signé à Utrecx les même jour & an, ne contient que dix-neuf articles, dont quelques-uns regardent particulierement le commerce des deux Nations, soit en Europe, soit dans l'Amerique, entre autres les 5, 6, 8, 9 & 12.

Dans le même tems & au même lieu fut signé le Traitté de Commerce entre la France & les Etats Généraux pour le tems de vingt-cinq années, à compter du jour de la signature.

Aux quarante-quatre articles qui composent ce Traitté il fut ajouté le même jour un article sép. ré au sujet de l'imposition de cinquante sols par tonneaux établie en France sur les navires étrangers, dont ceux des Etats Généraux sont déchargés dans tous les cas portés par ledit article, & seulement tenus de le payer, lorsqu'ils chargeront des marchandises dans les Ports de France, pour les porter & décharger dans quelque Port du même Royaume.

Le quatorziéme article du même Traitté concernant le droit d'aubeine, dont les biens des Sujets des Etats Généraux décedans en France sont déchargés, fut enregistré en Parlement par Lettres Patentes du Roi du mois d'Avril 1714.

Il s'est aussi conclu un Traitté de Commerce entre la France & les Villes Anseatiques, signé le 28 Septembre 1716, confirmé & ratifié par des Lettres Patentes du 28 Avril 1718. On parle ailleurs de ce dernier Traitté, & l'on en rapporte les principaux articles. *Voyez* VILLES ANSEATIQUES.

On s'est contenté d'indiquer les autres Traittés, sans entrer dans le détail de leurs diverses clauses & conditions; ce qu'on n'auroit pû faire qu'en extrait, & qui auroit été peu utile; les Marchands & Négocians qui trafiquent au dehors du Royaume ne devant ignorer aucun des articles pour s'y conformer, & éviter les risques qu'on peut courir en y contrevenant.

L'on a crû devoir entrer dans un plus grand détail de ce que contiennent les Traittés suivans, que l'on a fait dans les précédens, parce que, outre qu'ils sont très importans par l'usage continuel qui s'en fait, les deux derniers ne sont pas extrêmement communs.

TRAITTÉS AVEC LES CANTONS SUISSES.

Depuis le Regne de Louis XII. jusqu'à celui de Louis XV. à present regnant, il n'y a point de nos Rois qui n'ayent fait de nouveaux Traittés ou renouvellés les anciens avec la Nation Helvetique. Il est vrai qu'on en trouve encore de plus anciens que celui par lequel Louis XII. renouvella le Capitulat que les Suisses avoient avec les Ducs de Milan pour la défense du Milanois, & que dès le Regne de Charles VII. la France étoit dans une Alliance assez étroite avec les louables Cantons; mais il est certain aussi que ce n'est proprement que depuis que le premier de ces deux Princes eût voulu faire valoir les droits qu'il avoit du Chef de Valentine de Milan son ayeule, sur cette belle partie d'Italie, que l'Alliance avec les Ligues Suisses parut assez nécessaire à la France, pour leur accorder tous ces privileges qu'on leur a conservés, & qui ont même été augmentés de beaucoup par tous les Traittés qui ont suivi celui de 1512.

Les exemptions & les franchises dont les Cantons Suisses & leurs Alliés jouissent en France, soit par rapport au droit de naturalité, soit par rapport au commerce, leur ont été ou accordées par des Traittés, ou confirmées par des Lettres Patentes, ou expliquées & étendues par des Arrêts du Conseil de nos Rois.

Les principaux des Traittés sont celui de 1481 sous Louis XI. celui de 1512 sous Louis XII; celui de 1516 sous François I. & ceux de 1602, de 1618, 1658 & 1663. Le premier sous Henri IV. le second sous Louis XIII. & les deux derniers sous Louis XIV.

A l'égard des Lettres Patentes, les Privileges des Ligues ont été confirmés par celles de Henri II. en 1549 & 1551; de Charles IX. en 1571; de Henri III. en 1582; de Henri IV. en 1594 & 1602; de Louis XIII. en 1622, & de Louis XIV. en 1658.

Enfin les Arrêts du Conseil rendus en faveur des Suisses au sujet de leurs commerces & franchises, sont ceux du 19 Novembre 1663, 20 Décembre 1687, & 18 Mars 1704.

On va entrer dans quelque détail de toutes ces franchises.

C'est à Louis XI. à qui les Cantons sont redevables du droit de naturalité, dont leurs Marchands & autres de leurs Sujets établis en France, jouissent dans toute l'étendue du Royaume; & c'est ce Prince qui le premier leur a permis d'y acquerir tous biens meubles & immeubles, d'en disposer par testament, & qui a déclaré leurs femmes, enfans & héritiers habiles à y succeder, les exemptant au surplus de tous droits d'Aydes, de tailles & autres impôts, aussi bien que de toutes charges de Ville, &c.

Ces privileges & exemptions ont été confirmés par les Lettres Patentes de Charles IX. & de Henri IV. dont on a donné ci-dessus les dattes.

Par le Traitté de 1512, Louis XII. accorde aux Sujets des Ligues des hautes Allemagnes, de quelque condition qu'ils soient, Nobles ou non Nobles, la liberté d'aller avec leurs effets & marchandises par tout le Duché de Milan, sans être obligés à aucuns peages, daces, gabelles, ni autres charges; à la réserve du peage des fossés de la Ville de Milan, qui seroit payé comme par le passé, ce qui s'observeroit aussi à l'entrée & sortie du Royaume par lesdits Marchands Suisses y trafiquans, qui ne seroient contraints ni tenus en corps ni en bien, d'aucunes impositions autres que celles qu'ils avoient accoutumé de payer de toute ancienneté, & suivant les anciens Traittés.

François I. confirma ces exemptions & franchises par l'article IX. du Traitté de 1516, & de plus y ajouta par l'article V. du même Traitté qu'il confirmoit aussi aux Ligues, tous les privileges & franchises, qui pouvoient leur avoir été donnés & concedés par les feus Rois de France en la Ville de Lyon.

L'Ambassadeur des Cantons ayant représenté à Henri II. que leurs Sujets fréquentans les Foires de Lyon, n'avoient que dix jours de franchises après lesdites Foires pour enlever leurs marchandises, tandis que les Marchands Allemans en avoient quinze, Sa Majesté ordonna qu'à l'avenir les Marchands Suisses auroient pareillement une quinzaine franche, après chacune des quatre foires de Lyon, pendant laquelle il leur seroit permis d'enlever leursdites marchandises, sans payer pour ce aucune chose des droits & peages pour ce dûs dont Sa Majesté les quitte & affranchit.

Les guerres de la Religion troublerent bientôt les Marchands Suisses dans la jouissance de leurs franchises, & les Commis de la Ville de Lyon, où ils ont toujours fait leur plus considerable commerce, non-seulement refuserent de leur laisser leurs anciennes exemptions, mais voulurent même les assujettir aux nouvelles impositions.

Ce furent ces infractions à tant de Traittés & de Lettres Patentes, qui donnerent occasion à celles de Charles IX. de l'année 1571, par lesquelles ce Prince ordonne de nouveau que lesdits Marchands continueroient de faire leur commerce à Lyon, sans souffrir ni permettre que, pour le regard des marchandises dont ils trafiqueroient, ils payassent autres impositions que celles ausquelles ils étoient tenus de toute ancienneté suivant les anciens Traittés.

Ces Lettres furent adressées au Juge Conservateur des Foires de Lyon, & enregistrées le 29 Novembre de la même année au Greffe de la Conservation, après néanmoins que les Gens du Roi eurent remontré que les Marchands Suisses ne représentant point le Traitté de 1512, sur lequel étoit fondée leur exemption, & Sa Majesté ne déclarant pas quels droits étoient remis, & quels étoient réservés, c'étoit plutôt une franchise générale qu'une exemption particuliere dont ils vouloient jouir; quoiqu'il ne parût pas que le Roi eut dessein de la leur accorder si ample, puisque pour le payement des droits anciens, il les renvoyoit audit Traitté de Louis XII.

C'est sur ce même pied qu'ont été dressés tous les Traittés suivans, particulierement ceux qui ont été faits avec les Cantons, sous les Regnes de Henri IV. de Louis XIII. & de Louis XIV, ces Traittés ne fixant rien sur les anciens droits que nos Rois se réservent, & ne les leur réservant que conformément aux anciens; en sorte que l'exemption des Marchands Suisses seroit véritablement une exemption générale de tous droits, si elle n'avoit été depuis restrainte par rapport à quelques especes de marchandises comme on le dira dans la suite.

Les Marchands Suisses ou qui sont réputés Suisses, qui doivent jouir de cette exemption, ainsi qu'il est porté par le Traitté de 1516, sont:

Ceux de Zurich, Berne, Lucerne, Vry, Schuitz, Undervalden dessus & dessous les bois, Zug avec les offices: Glaris, Basle, Fribourg, Soleure, Schaffhusen & Appensel, l'Abbé & Ville de S. Gal, les trois Ligues grises, Valais; enfin les Marchands de la Ville de Mulhausen.

Un des plus beaux privileges que nos Rois ayent accordé aux Marchands Suisses, est celui qui fait le XXe article du Traitté de 1658, par lequel il leur est permis de transporter hors du Royaume l'or & l'argent monnoyé qu'ils y reçoivent, pour le prix des marchandises qu'ils y ont apportées & vendues.

Les défenses du transport de l'or & de l'argent, ayant été renouvellées par un Arrêt du Conseil du 18 Novembre 1687, les Cantons furent conservés par un autre Arrêt du 20 Décembre suivant, dans leur ancien droit, & furent exceptés de la regle générale, en faisant néanmoins (comme ils y avoient toujours été obligés) leurs déclarations des sommes qu'ils voudroient faire sortir, & en prenant des passeports des Intendans des Provinces, qui leur seroient délivrés sur la représentation qui seroit par eux faite des acquits de payemens des droits dûs pour leursdites marchandises, des acquits à caution par eux pris, ou de l'extrait des Registres des Bureaux d'entrée, contenant la Déclaration de la quantité & qualité desdites marchandises, au bas desquels extraits, qui leur seroient délivrés gratuitement, seroient déclarés le prix qu'ils les ont vendues, & la somme qu'ils prétendent emporter en especes hors du Royaume.

Quelques-uns soutiennent que l'exemption accordée aux Marchands Suisses ne devroit s'étendre que sur les marchandises de leur crû, & qui sont originaires de leur Pays, & que même cette exemption de leurs propres marchandises ne devroit pas être totale, puisqu'il paroît qu'il y a d'anciens droits qui sont réservés au Roi dans tous les Traittés, à commencer par celui de 1512, jusqu'à celui de mil six cens cinquante-huit.

On ne peut à la vérité disconvenir de ce principe, mais il faut en même tems avouer que jusques à présent l'usage y est contraire, fondé apparemment sur un Procès-Verbal fait à Lyon en 1688, par lequel il paroît que les Suisses inscrits dans ladite Ville, reçoivent en exemption de tous droits l'étain, les fils de laiton, les fils de fer, les toiles, treillis & boucassins de S. Gal, la Mercerie, les fromages & le cuivre en rosette, dont une partie néanmoins n'est pas originaire de leur Pays, ni produite de leur crû.

Il est vrai que cette exemption si étendue, a été de tems en tems restrainte par des Arrêts du Conseil, qui sans donner atteinte aux véritables franchises des Suisses, ont conservé au Roi differens droits qui lui étoient légitimement dûs.

Les principaux de ces Arrêts sont, l'Arrêt du 18 Décembre 1641, qui condamne les Suisses à payer les droits de Quarantiéme.

L'Arrêt du 22 Mars 1644, qui ordonne qu'ils payeront la Douane de Valence, pour toutes les marchandises non originaires de leur Pays.

L'Arrêt du 10 Mai 1655, qui à la vérité exempte des droits les marchandises appartenantes aux Marchands Suisses, mais seulement celles qui sont de leur crû.

Un autre Arrêt du 2 Décembre de la même année, par lequel ils sont condamnés à payer les droits sur les cuivres, & encore les droits de Douane & autres des cinq grosses Fermes, pour les marchandises non originaires de chez eux, sans préjudice de l'exemption pour celles qui leur sont originaires.

L'Arrêt du 4 Octobre 1670, portant que les Marchands des Cantons de Zurich & de Fribourg, payeront les droits des cinq grosses Fermes & des Douanes de Lyon & de Valence, pour les fromages, toiles, treillis noirs, burats, crespons, fleurets & autres marchandises que lesdits Marchands font entrer dans le Royaume.

Enfin l'Arrêt du 24 Janvier 1690, qui ordonne que les entrées des crespons de Zurich seront fixées par les Villes de Lyon & d'Auxonne, Arrêt qui déroge en cela seulement à celui du 19 Novembre 1663, par lequel Sa Majesté permet aux Marchands des Cantons & Ligues Suisses, de continuer leur commerce dans son Royaume, en la même forme & maniere, & par les mêmes Bureaux de sortie &

d'entrée qu'ils ont fait par ci-devant.

TRAITTE' ENTRE LE ROI ET S. A. R. LE DUC DE LORRAINE, CONCLU À PARIS LE 21 JANVIER 1718.

Ce Traitté a été fait en exécution de ceux de Riswick & de Baden. Des LXVIII. articles qui le composent, XXXVI. contiennent diverses cessions, échanges & partages de plusieurs Villes, Terres & Domaines, que les Princes contractans se sont mutuellement suivant qu'ils l'estiment plus convenable au bien de leurs sujets & à la tranquillité de leurs Etats. Le reste au nombre de XXXII. articles, commençant au XXXIII. & finissant au LXIV. l'un & l'autre inclusivement, concernant le commerce. On ne parlera que de ces derniers, le reste étant du ressort des Politiques & des Historiens.

Par les XXXIII. XXXIV. XXXV. & XXXVI. articles, il est dit, que conformément au XL. article du Traitté de Riswich, l'ancien usage & liberté de Commerce entre la Lorraine & les trois Evêchés seront observés, à la réserve de ce à quoi il sera dérogé par les articles suivans; & qu'en conséquence, il y aura une communication réciproque entre les deux Pays pour y entrer, vendre & débiter; ou simplement passer, traverser, & sortir toutes sortes de denrées, vivres & marchandises, soit étrangeres, soit du crû desdits Pays, en satisfaisant aux Péages anciens seulement, en observant néanmoins pour l'entrée des marchandises étrangeres, dont l'usage & le commerce seroient prohibés dans l'une ou l'autre Domination, les conditions & précautions portées par les articles 58, 59, 60, 61 & 62 du présent Traitté.

L'article XXXVII. & les trois suivans expliquent ce qui se doit pratiquer pour la sortie & transport des fruits, vivres & denrées du crû & concrû desdits Pays dans le tems de disette.

Six articles, depuis le XLI. inclusivement jusqu'au XLVIII. exclusivement, expliquent en quoi consistent les anciens Péages des Etats & Pays du Duc de Lorraine; & l'on y convient que ces Péages sont les droits de Haut-conduit spécifiés dans la Déclaration du mois d'Aout 1704, qui seront payés par tous les Sujets de la Généralité de Metz, compris au présent Traitté, à la réserve de ceux nommez dans lesdits six articles, qui ne les payeront que suivant les modifications qui y sont énoncées.

Il y est aussi reglé, que les acquits de paye de Haut-conduit, seront expediés sous les noms des Voituriers & Conducteurs des marchandises & denrées, & qu'il ne sera délivré qu'un acquit pour toutes celles qui seront comprises dans une seule Lettre de Voiture, & sous la conduite d'un seul Voiturier.

Le XLIXe article ordonne qu'outre les droits anciens de Lorraine, les Sujets des trois Evêchés, & des Pays dépendans de la Généralité de Metz, compris dans le Traitté, seront encore obligés de payer tous les autres droits qui y sont établis, soit d'entrée & d'issue foraine, de traverse & autres, pour les vivres, denrées & marchandises qui ne seront pas destinées à leurs besoins & consommation naturelle, mais dont ils feront commerce, & qu'ils voudront transporter ailleurs que dans lesdits Pays de la Généralité de Metz.

Les articles L. & LI. confirment les Traittés ou Concordats de 1604, 1610 & 1661, & déclarent quels sont ceux qui sont obligés de prendre des acquits à caution dans les Bureaux où ils feront charger des marchandises, & quels ceux qui en sont dispensés; & reglent en même tems la maniere dans laquelle seront expediés lesdits acquits, & quels droits sont dûs aux Commis pour leur expédition.

Trois articles, qui sont le LII. le LIII. & le LIV. parlent des droits qui doivent se payer pour les marchandises qu'on conduit par eau; sçavoir,

Pour celles qui s'embarquent au Crosne de Nancy, ce qui est porté par le Tarif de 1666, outre les droits de Haut-conduit de Nancy & des autres Districts, suivant les differens cas expliqués ci-dessus.

Pour celles qui s'embarquent à Metz pour aller à Nancy, le Haut-conduit dudit Nancy & les droits de Crosne en y arrivant.

Et pour celles qui s'embarquent sur la Mozelle, dans les lieux du District du Haut-conduit du Barrois, qui sont entre les Villes de Nancy & de Metz, le Haut-conduit dudit Barrois par rapport aux chars, charrettes & chevalées qui auront transporté lesdites marchandises; auquel droit ne seront cependant tenus ceux qui sont dispensés du Haut-conduit par les articles XLIII. & XLIV.

L'article LV. attendu la situation des trois Evêchés & des Etats du Duc, de leurs enclaves mutuels, l'alliance de leurs Familles, la conformité des mœurs & presque des loix, établit une réciprocité d'hypotheque pour les Actes publics passés dans l'un & dans l'autre Pays, & ordonne qu'en conséquence tous les Actes publics, Arrêts, Jugemens, Sentences, Contrats, &c. qui seront passés dans les Pays compris dans ce Traitté, emporteront réciproquement pareilles hypotheques, & telles qu'ils les auroient, selon les lieux où ces Actes auroient dû être passés naturellement avant la présente convention, à condition néanmoins que les droits de Sceau ou de Bulette, seront payés dans les lieux où seront situés les héritages & biens-fonds qui auront donné lieu ausdits Actes.

L'article LVI. confirme au surplus tous les Traittés ou Concordats ci-devant faits entre lesdits Etats & Pays, en ce qui n'y sera pas changé ou dérogé par le présent Traitté.

Enfin les LVIII. LIX. LX. LXI. LXII. LXIII. & LXIV. articles, par lesquels finissent ceux de ce Traitté qui regardent le Commerce, reglent ce qui doit s'observer, lorsque les Sujets du Duc ou autres venans des Pays Etrangers dans ceux de sadite Altesse, auront à emprunter les terres des Etats & Pays de la Généralité de Metz, compris dans ce Traitté, pour conduire & voiturer dans lesdits Etats du Duc des marchandises dont le Roi aura jugé à propos de défendre dans les siens l'entrée, le port, l'usage, le débit & le commerce.

Ces observations sont, 1°. Que les Marchands & Voituriers déclareront à la premiere Ville de la Domination du Roi, où il y aura des Bureaux des Fermes ou des Commis préposés à cet effet, le nombre des tonneaux, balles, caisses, &c.

contenant lesdites marchandises, & les y feront plomber; en y prenant en outre un acquit à caution, avec soumission de le rapporter ou renvoyer dans le terme de quarante jours, dûement certifié au dos, à peine de cinq cens livres d'amende & de confiscation des marchandises & équipages.

2°. Que lesdits Marchands ou Voituriers seront tenus, s'ils en sont requis, de représenter au Commis des autres Bureaux, s'il y en a sur leur passage, lesdits tonneaux, ballots, &c. plombés en bon état, même aux Commis ambulans, s'ils en sont rencontrés.

3°. Que si par cas fortuit lesdits Marchands & Voituriers se trouvent obligés de séjourner ou de décharger lesdites marchandises en route, il leur sera permis de le faire, à condition de les déposer dans les Bureaux des Fermes du Roi, s'il y en a, sinon dans le lieu où se tient le poids public, & au défaut de l'un & de l'autre, chez un notable Habitant; duquel dépôt ils feront leur déclaration pardevant le Subdelegué de l'Intendance de Metz ou le principal Officier du lieu, qui lui en délivreront acte.

4°. Que néanmoins il ne sera payé aucune chose pour la fourniture des cordes, ficelles, plombs, &c. non pas même pour les acquits à cautions ou actes de dépôt qui se feront gratis.

5°. Que les lieux où les Marchands & Voituriers doivent déclarer leurs marchandises & les faire plomber, seront quant à présent, sçavoir,

Pour la route de Verdun, la Ville de Verdun, Consonvoy & Mouzon, au choix du Marchand ou du Voiturier.

Pour la route d'Arlon, la Ville basse de Longwy.

Pour la route de Luxembourg, la Ville de Thionville.

Pour la route par eau sur la Moselle, la Ville de Sierk.

Pour la route par eau sur la Saare, Valdrevange.

Pour la route de Francfort, Metz.

Pour la route de Sarbruck par Saint-Avolde & Pont-de-pierre, le Village de Thering.

Enfin à l'égard de la route de Vic pour la haute-Lorraine, à Vic même.

6°. Que les Marchands & Voituriers ne pourront être censés en fraude, quelques routes qu'ils ayent tenues, qu'après qu'ils auront passé les détroits des lieux de l'établissement desdits Bureaux, ou des Commis préposés sans y avoir fait leurs déclarations & plomber les marchandises défendues: auquel cas seulement, ou si les plombs se trouvent alterés ou rompus, ils seront sujets aux peines déclarées ci-dessus.

7°. Enfin il est convenu, que si dans la suite S. A. R. ou les Ducs ses Successeurs, trouvoient à propos de défendre dans leurs Etats & Pays, certaines Especes de marchandises, les Marchands & Voituriers sujets du Roi ou autres qui voudroient y en faire passer & traverser, seront obligés aux mêmes précautions que celles énoncées ci-devant, à l'effet de quoi il seroit établi des Bureaux de concert pour recevoir les déclarations & apposer les plombs.

TRAITTE' ENTRE L'EMPEREUR DE FRANCE ET LE ROI DE MAROC.

Rien ne trouble davantage le Commerce de la Méditerranée, & souvent même celui de l'Ocean, que les courses des Corsaires de Barbarie. La France arrête souvent ces courses par des Traittés; mais outre que ces Pirates de profession ne les observent qu'avec peu de régularité, & seulement selon qu'il convient à leurs intérêts, ou que leur dicte leur avarice, ce n'est pour l'ordinaire que par la force des armes qu'on les y peut contraindre; & l'on se souvient encore de ces campagnes si glorieuses à la Marine Françoise, qui obligerent les Corsaires de Tripoli en 1681, le Roi de Maroc en 1682 & les Puissances d'Alger en 1683, d'avoir recours à la clémence de Louis XIV, & de lui demander une paix, qu'ils n'étoient peut-être résolus de tenir qu'autant de tems qu'il leur seroit nécessaire pour se remettre des pertes immenses qu'ils avoient faites, soit en Soldats, soit en Vaisseaux.

Le Traitté avec le Roi de Maroc dont on va donner ici l'extrait, fut conclu à Saint-Germain en Laye le 29 Janvier 1682, où les Ambassadeurs de ce Prince, arrivés en France dès l'année précédente, se trouvoient alors. Il paroît que ce Traitté a été renouvellé par la suite, & l'on a les projets de ceux qui furent proposés en 1698 & 1699 par de nouveaux Ambassadeurs, qui néanmoins s'en retournerent sans avoir pû obtenir les nouveaux articles qu'ils demandoient.

Comme cependant il n'a pas été possible de recouvrer aucun des Traittés qui peuvent avoir suivi celui de 1682, & qu'on juge par les projets, qu'ils sont peu differens de ce dernier, on a crû faire plaisir aux Négocians qui font le commerce de Barbarie, particulierement à nos Provençaux, de leur donner l'extrait d'une piece si importante pour leur négoce.

Ce Traitté contient vingt articles, dont la plupart ont relation au commerce: ce sera seulement de ceux-ci dont on parlera.

Par le second, il est dit que les Sujets de l'Empereur de France & ceux du Roi de Maroc, pourront réciproquement faire leur commerce dans les deux Empires, Royaumes & Pays, & naviger en toute liberté, sans en pouvoir être empêchés pour quelque cause, & sous quelque prétexte que ce soit.

Le troisiéme article regle les Passeports & Certificats que doivent avoir les Vaisseaux Marchands trafiquans sous les Bannieres de France & de Maroc. A l'égard des Passeports des François, ils doivent être délivrés par le Grand Amiral; & pour les Certificats des Maroquins, ils doivent l'être par le Consul de France établi à Salé.

Les quatriéme & cinquiéme articles veulent que les Vaisseaux de Guerre & Marchands des deux Nations soient réciproquement reçûs dans les Ports de la Domination de France & de Maroc, & qu'il leur y soit fourni des vivres, agrès, &c. en les payant au prix ordinaire, sans que lesdits Vaisseaux Marchands François puissent être inquietés ni attaqués dans les Ports du Roi de Maroc par les ennemis de l'Empereur des François.

Par le huitiéme, il est arrêté que les Passagers Etrangers qui se trouveront sur les Vaisseaux des deux Nations, ne pourront réciproquement être enlevés ni faits esclaves; non plus que les François & Maroquins embarqués sur des Vaisseaux Etrangers.

Le neuviéme statue que les Vaisseaux François, qui, par quelque cas que ce soit se perdront sur les Côtes de Maroc, seront secourus, soit pour se remettre en mer, soit pour sauver leurs marchandises, en payant seulement les salaires des Ouvriers, sans qu'il puisse être exigé aucun droit ou tribut pour les marchandises qui se déchargeront à terre, à moins qu'elles ne soient vendues dans les Ports de la Domination de Maroc.

Par le dixiéme, tous les Marchands François abordant aux Côtes de Maroc ou Fés, pourront mettre à terre leurs marchandises, vendre & acheter librement sans payer autre chose que ce qu'ont coutume de payer les Sujets dudit Empereur de Maroc; ce qui s'observera pareillement dans les Ports de France pour les Sujets du Roi de Maroc; & en cas que lesdites marchandises ne fussent mises à terre que par forme d'entrepôt, elles pourront être rembarquées sans payer aucun droit.

Par le douziéme, il est permis à l'Empereur de France de mettre un Consul à Salé, Tetouan, ou en tel autre endroit qu'il trouvera bon, pour assister les Marchands François dans tous leurs besoins, & aura ledit Consul tout pouvoir & Jurisdiction dans les differends qui pourront naître entre les François, sans que les Officiers du Roi de Maroc en puisse prendre connoissance: lequel Consul pourra aussi exercer en liberté dans sa maison la Religion Chrétienne, tant pour lui que pour tous les Chrétiens qui voudront y assister.

Les quatre articles suivans contiennent les autres prérogatives accordées à la Nation & au Consul. Celles du Consul sont, qu'il ne sera tenu de payer aucune dette pour les Marchands François, s'il n'y est obligé par écrit, & qu'il jouira de l'exemption de tous droits pour ses provisions, vivres & marchandises nécessaires à sa maison. A l'égard de la Nation, il est dit que les effets des François qui mourront audit Pays, seront remis ès mains du Consul, pour en disposer au profit des François ou autres ausquels ils appartiendront. Que s'il arrive quelques differens entre un François & un Maure, ils pourront être jugés par les Juges Ordinaires, mais par le Conseil du Roi de Maroc ou du Commandant pour lui dans les Ports où lesdits differens arriveront; & qu'en cas qu'un desdits François eût frappé un Maure, il ne pourra être puni qu'après avoir fait appeller le Consul pour défendre la cause de l'accusé, sans néanmoins que le Consul soit responsable du coupable s'il se sauvoit devant ou après l'instruction du Procès.

Enfin il est convenu par le dix-neuviéme article, qu'en cas que le présent Traitté vînt à être rompu, tous les Marchands François qui seront dans l'étendue des Terres de l'Empereur de Maroc, pourront se retirer par tout où bon semblera, sans qu'ils puissent être arrêtés pendant le tems de trois mois.

TRAITTÉ DE PAIX ET DE COMMERCE entre l'Empereur de France & les Dey, Pacha, Divan & Milice de la Ville & Royaume d'Alger.

Ce Traitté est conclu à Alger le 27 de la Lune Muharem, l'an de l'Egire 1132, qui est suivant l'Ere Chrétienne le 7 Décembre 1719. La paix qui y est conclue doit durer cent ans, ce qui signifie suivant l'expression des Turcs, que c'est un Traitté de paix perpetuelle.

Le Traitté consiste en vingt huit articles, qui pour la substance & le fonds, ne sont point differens de ceux du Traitté avec le Roi de Maroc dont on a donné l'extrait dans le paragrafe précédent, particulierement pour ce qui regarde le Commerce des François, les Privileges de la Nation & ceux de ses Consuls, la plupart de ces articles se trouvant exprimés en mêmes termes dans l'un & l'autre Traitté: aussi pour éviter une répetition inutile, on se contente d'y renvoyer; & l'on n'ajoutera ici que les articles qui sont particuliers à ce dernier Traitté, & entr'autres choses les modeles des Passeports & des Certificats convenus avec les Puissances d'Alger, qui sont à peu près les mêmes que ceux arrêtés avec les Ambassadeurs de Maroc en 1682.

Le premier article du Traitté d'Alger porte, que les Capitulations faites & accordées entre l'Empereur de France & le Grand-Seigneur ou leurs Prédécesseurs, ou celles qui seront accordées de nouveau par l'Ambassadeur de France envoyé exprès à la Porte pour la paix & le repos de leurs Etats, seront exactement & sincerement gardées & observées, sans que de part & d'autre il y soit contrevenu directement ou indirectement.

Le IVe article regle ce qui doit se pratiquer lorsque les Vaisseaux de Guerre de l'une ou l'autre Nation rencontreront en mer des Vaisseaux Marchands navigeant sous les pavillons de France ou d'Alger, & ordonne qu'on les laissera en liberté de continuer leur route, si les François sont munis des Passeports du Grand Amiral, & les Algeriens des Certificats du Consul François établi à Alger; & qu'à l'égard de la visite desdits Vaisseaux Marchands François & Algeriens, il sera observé d'envoyer seulement deux personnes dans la Chaloupe, outre le nombre de Matelots nécessaires pour la conduire, avec ordre qu'il n'en entre aucune autre que lesdites deux personnes dans lesdits vaisseaux Marchands, sans la permission expresse du Commandant.

Le Ve article défend aux vaisseaux armés en guerre à Alger & dans les autres Ports du Royaume, de faire aucunes prises dans l'étendue de dix lieues des Côtes de France.

Le XIII. ordonne que les François ne pourront être contraints pour quelque cause & sous quelque prétexte que ce puisse être, à charger sur leurs vaisseaux aucune chose contre leur volonté, ni faire aucun voyage aux lieux où ils n'auront pas dessein d'aller.

Le XIV. permet à l'Empereur de France de continuer l'établissement d'un Consul à Alger, lequel Consul aura la prééminence sur tous les autres Consuls.

Par le XV. il est permis au Consul de choisir son Drogman & son Courtier, & d'aller librement à bord des vaisseaux qui seront en rade, toutes fois & quantes il lui plaira.

Le XXI. porte que pour faciliter l'établissement du commerce & le rendre ferme & stable, le Dey, Pacha, & Divan d'Alger envoyeront quand ils le jugeront à propos, une personne de qualité d'entre eux résider à Marseille, pour entendre sur les lieux les plaintes qui pourroient arriver sur les contraventions au présent Traitté, auquel sera fait en ladite Ville toute sorte de bon traitement.

Le XXVII. regle les droits d'entrée & de sortie que les François payeront à l'avenir pour leurs marchandises, sçavoir cinq pour cent à l'entrée, & deux & demi à la sortie.

Enfin le XXVIII. & dernier article, en considération du présent Traitté renouvellé avec la France, permet aux François de commercer librement à Oran où ils établiront un Vice-Consul, pour prendre soin des affaires de tous les Marchands de la Nation, qui pourront s'y établir & commercer, sans que personne y mette aucun empêchement.

Passeport dont les Vaisseaux François doivent être porteurs.

LOUIS ALEXANDRE DE BOURBON, Comte de Toulouse, Amiral de France, à tous ceux qui ces Présentes Lettres verront, Salut: Sçavoir faisons que nous avons donné congé & passeport à Maître du Bâtiment François du lieu de nommé, du Port de tonneaux ou environ, étant au Port & havre de chargé de

Après que visitation dudit navire & de son chargement aura été bien & dûement faite, & à la charge de se conformer aux Ordonnances & Reglemens de Sa Majesté sur les peines y portées; en témoin de quoi nous avons signé ces Présentes & à icelles fait apposer le sceau de nos armes, & contre-signer par le Secretaire général de la Marine. *Signé*, LOUIS-ALEXANDRE DE BOURBON, *& plus bas*, Par S. A. S. DE VALINCOUR. Délivré à le mil sept cens en vertu du Certificat de M. retiré l'ancien congé, & reçu pour ledit congé pour l'ancrage pour les Balises.

Certificat du sieur Consul de la Nation Françoise à Alger.

NOUS Consul de la Nation Françoise à Alger, certifions à tous qu'il appartiendra, que le nommé commandé par du Port de ou environ, étant de présent au Port appartenant aux Sujets du Royaume d'Alger, est armé de En témoin de quoi nous avons signé le présent Certificat, & apposé le scel de nos armes. Fait à Alger le jour de mil sept cens

TRAITTER. Faire un commerce, convenir de certaines conditions.

Traitter des Negres, Traitter des castors, c'est faire en Guinée le commerce des Negres, & en Canada celui des castors. On dit plus ordinairement pour l'un & pour l'autre, Faire la traitte.

Traitter du fonds d'un Marchand, Traitter de ses dettes, Traitter d'une action: c'est convenir des sommes d'argent ou des conditions sous lesquelles on veut acheter toutes ces choses.

On le dit de même de la vente que de l'achat. Je veux traitter de la part que j'ai dans ce négoce, dans cette Compagnie, c'est-à-dire, je veux m'en défaire & les vendre.

TRAITTEUR. Cuisinier public qui donne à manger chez lui, & qui tient sales & maisons propres à faire nôces & festins. Il y a à Paris une Communauté de Maîtres Queux, Cuisiniers, Porte-chapes & Traitteurs, érigée en Corps de Jurande par Henri IV. *Voyez* QUEUX.

TRAITTEUR. On appelle aussi de la sorte à la Louisiane, les Habitans François qui vont faire la traitte avec les Sauvages, & qui leur portent des marchandises jusques dans leurs habitations; c'est ce qu'on nomme en Canada Coureurs de bois. *Voyez* COUREUR DE BOIS.

TRAME ou TREME. Terme de Manufacture qui signifie les fils que les Tisseurs, Tisserans & Tissutiers font passer transversalement avec une espece d'outil appellé Navette entre les fils de la chaîne, pour former sur le métier des étoffes, des toiles, des basins, des futaines, des rubans, &c.

Les trames sont de differentes matieres suivant les marchandises que l'on veut fabriquer. Dans les taffetas la trame & la chaîne sont toutes de soye; dans les moires la trame est quelquefois de laine & la chaîne de soye: dans les draps, dans les ratines, dans les serges la trame est de laine aussi bien que la chaîne. Les tiretaines ont la chaîne de fil & la trame de laine, &c.

Les Ouvriers de la Sayetterie d'Amiens nomment la trame de leurs étoffes Anchue; & ceux qui fabriquent des serges à Aumale, Grandvillé, Feuquieres, Crevecœur & lieux circonvoisins, l'appellent Enflure.

La trame des étoffes de laine ne doit point être collée, au contraire de la chaîne qui la doit être.

TRAME ou TREME MOULE'E. Il ne se dit que dans la fabrique des serges de Londres. On entend par Trame moulée, la laine qui n'a pas été dégraissée de son huile.

Le Reglement de 1718 pour les Manufactures de la Généralité de Bourgogne ordonne, Que les serges de Londres de la Manufacture Royale de Seignelay seront travaillées à trame moulée, & battues à quatre coups.

TRAMER ou TREMER. Faire de l'étoffe ou de la toile, en passant la trame avec la navette entre les fils des chaînes.

TRAMEUR. Ouvrier dont l'occupation est de disposer les fils des trames, pour être employées à la fabrique des étoffes.

TRANCHOIR ou TRENCHOIR. Espece de plat ou d'assiette de bois.

Les Tranchoirs de bois payent en France les droits d'entrée à raison de 2 s. de la grosse, & pour ceux de sortie 8 den.

TRANSACTION. Convention, contrat volontaire qui se fait entre des parties qui sont en contestation ou procès pour terminer leurs differens. Les Marchands raisonnables & intelligens aiment mieux faire des transactions que des procédures.

TRANSIGER. Assoupir, finir des contestations par un accommodement.

TRANSILLAS. Sortes de dentelles que les Hollandois portent à Cadix pour être envoyées à l'Amerique. On les envoye par assortimens de vingt piéces; sçavoir, dix d'un même patron, larges de deux à quatre doigts, & dix d'un autre patron de deux à cinq doigts. On y joint aussi d'autres Transillas plus fines, d'un doigt ou de deux doigts de large. On en met pareillement dix pieces.

TRANSIT, ou ACQUIT DE TRANSIT. Acte que les Commis des Douanes délivrent aux Marchands, Voituriers ou autres, pour certaines marchandises qui doivent passer par les Bureaux des Fermes du Roi sans être visitées, ou sans y payer les droits; à la charge néanmoins par les Proprietaires ou Voituriers desdites marchandises, de donner caution de rapporter dans un tems marqué dans l'acquit un certificat en bonne forme, Qu'au dernier Bureau elles auront été trouvées en nombre, poids, quantité & qualité, & les balles & les cordes avec les plombs sains & entiers, conformement à l'acquit. *V.* ACQUIT DE TRANSIT.

TRANSPORT. Action par laquelle on fait passer une chose d'un lieu ou d'un Pays en un autre. Le transport des marchandises est plus aisé par eau que par terre.

Il y a en France plusieurs marchandises dont le transport hors du Royaume est absolument défendu, si elles ne sont accompagnées de passeports du Roi; telles sont les armes, les munitions, les instrumens & autres assortimens de guerre; les laines; le chanvre & le lin du crû du Royaume; les fils de lin, de chanvre & d'étoupe; les chardons à Drapier & à Bonnetier; les chevaux; les grains & légumes; les pierres précieuses, perles & joyaux; les rapes de raisins; les vieux linges, pattes & drilles. Toutes ces sortes de marchandises, qui sont réputées de contrebande à la sortie, se trouvent plus amplement expliquées à l'article de Marchandises de contrebande, auquel on peut avoir recours.

TRANSPORT. Se dit aussi d'un acte sous signature privée, ou pardevant Notaires, par lequel on cede à quelqu'un le droit, la proprieté ou l'intérêt que l'on a à quelque chose, soit meubles ou immeubles. Il se fait des transports d'obligations, de promesses, de billets, de sommes liquidées par des arrêtés de parties ou comptes, ou par des jugemens, arrerages dûs, &c. les uns purs & simples sans garantie, & les autres portant promesse de garantie.

Celui qui fait le transport se nomme Cedant; la personne en faveur de qui il est fait s'appelle Cessionnaire; & celui sur qui il est fait est nommé Débiteur. Le Cessionnaire n'a pas plus de droit que son Cedant.

On appelle transport sérieux, celui qui est sincere & véritable, duquel l'on n'a point pris de déclaration ou contre-lettre; & au contraire on nomme Transport simulé, celui qui a été fait sous le nom d'un ami ou personne empruntée, duquel l'on a tiré une déclaration ou contre-lettre.

Les transports sérieux se font pour demeurer quittes de pareille somme cedée; & les transports simulés sont faits pour certaines considérations particulieres; comme pour mettre ses effets à couvert de ses Créanciers, ou pour ne pas poursuivre en son nom un Débiteur pour lequel on a quelques égards.

L'article 108 de la Coûtume de Paris, qui doit servir de regle à tout le reste du Royaume, veut, Que le Cessionnaire soit réputé saisi & en possession de la chose cedée, par la signification qu'il a fait faire du transport à celui sur lequel le droit est cedé & transporté.

L'Ordonnance de Henri IV. du mois de Mars 1609, déclare nuls & de nul effet & valeur tous transports, cessions, ventes & donations de biens meubles ou immeubles faits en fraude des Créanciers directement ou indirectement.

Le Reglement de la Place des Changes de la Ville de Lyon du 2 Juin 1667, article 13, porte, Que toutes cessions & transports sur les effets des Faillis seront nuls, s'ils ne sont faits dix jours au moins avant la faillite publiquement connue, sans cependant comprendre en cet article les viremens des parties faites en bilan, lesquelles seront bons & valables tant que le Failli ou son facteur portera le bilan.

L'article 4 du titre 11 des Faillites & Banqueroutes de l'Edit du mois de Mars 1673, servant de Réglement pour le commerce des Négocians & Marchands tant en gros qu'en détail, déclare nuls tous transports, cessions, ventes & donations de biens meubles ou immeubles, faits en fraude des Créanciers, & veut qu'ils soient apportés à la masse commune des effets.

Et la Déclaration du Roi du 18 Novembre 1702 veut, que toutes les cessions & transports sur les biens des Marchands qui font faillite, soient nuls & de nulle valeur, s'ils ne sont faits dix jours au moins avant la faillite publiquement connue.

Quoiqu'il soit assez difficile de prescrire des régles pour faire la découverte des fraudes qui peuvent se commettre dans les transports, cessions, ventes & donations au préjudice des Créanciers, on dira cependant qu'on les peut découvrir par certaines circonstances particuliéres du fait; comme si celui qui a médité sa banqueroute s'est servi de noms interposés pour ceder ses dettes actives; & si peu de jours auparavant il a disposé de ses meubles ou de ses marchandises; en ce cas le cessionnaire seroit tenu de faire connoître sa bonne foi, en justifiant du payement effectif qu'il a fait, & le Banqueroutier obligé de rendre compte à ses Créanciers de l'emploi par lui fait de la somme qu'il a reçue pour le prix des effets qu'il a transportés.

Une circonstance qui peut encore faire juger de la fraude & intelligence, c'est lorsque le Failli s'est pressé de payer avant l'échéance; pour lors les indices & les conjectures peuvent tenir lieu de personnes; les autres indices sont l'affinité particuliére qui est entre les parties, la proximité de la banqueroute, la précipitation, & autres semblables circonstances, qui peuvent donner occasion à juger que la cession n'a été faite que dans la vûe de détourner les effets du Débiteur, pour en frustrer ses Créanciers. *Voyez M. Savary dans son Parfait Négociant où il traitte des Banqueroutes.*

TRANSPORT. Se dit encore parmi les Teneurs de Livres, du montant des additions des pages qui sont remplies, que l'on porte au commencement d'autres nouvelles pages. Il faut bien prendre garde de se tromper dans le transport qui se fait dans les Livres, du montant des pages.

TRANSPORTER. Changer une chose de lieu, la porter d'un endroit en un autre. Les marchandises qu'on fait transporter hors le Royaume, ou dans les Provinces réputées étrangeres, sont sujettes à des droits de sortie. On ne peut transporter

porter les marchandises sujettes à la coulure sans beaucoup de décher. Les glaces de miroirs & le verre sont difficiles à transporter à cause de leur fragilité. Il est dangereux de transporter des marchandises dont la sortie ou l'entrée sont défendues.

TRANSPORTER. Signifie aussi ceder à quelqu'un la proprieté, le droit, l'interêt qu'on a sur quelque chose. Je veux bien vous transporter cette obligation, si vous voulez me transporter l'action que vous avez en cet armement, je vous donnerai tant pour cent de bénéfice.

TRANSPORTER. Est encore un terme de Teneurs de Livres, qui se dit des articles qu'ils tirent d'un Livre pour les transcrire sur un autre. Il faut être bien exact à transporter les articles du Journal au grand Livre.

TRANTANEL, que l'on écrit plus ordinairement TRENTANEL. Plante propre à la teinture. *V.* TRENTANEL.

TRAQUETS. Terme de Couvreur. *Voyez* TRIQUETS.

TRASSELL. Poids en usage dans quelques Villes de l'Arabie, particulierement à Mocha célebre par son grand négoce; le trassell pese 28 livres: il en faut 15 pour le bahars; dix manus font un trassell.

TRASSER ou TRACER. Terme qui est de quelque usage parmi les Négocians & Banquiers. Il signifie tirer une lettre de change sur quelqu'un, ou prendre de l'argent à change. *Voyez* CHANGE.

TRAVAIL. Occupation, application à quelque exercice, métier ou ouvrage. On dit qu'un Ouvrier, un Artisan est d'un grand travail, pour dire qu'il souffre sans peine une longue application à l'ouvrage de sa Profession.

TRAVAIL. Signifie l'ouvrage que fait l'Ouvrier. Voilà une marqueterie d'un beau travail; une broderie d'un travail achevé.

GENS DE TRAVAIL, qu'on nomme aussi Homme de peine & Manouvrier. Sont ceux qui par leur profession sont destinés à des ouvrages laborieux, à porter de pesans fardeaux, ou à quelqu'autre exercice violent. *Voyez* FORT, CROCHETEUR, GAGNE-DENIER, &c.

TRAVAIL. Terme de Maréchaux Ferans. C'est un assemblage de plusieurs fortes piéces de bois de charpente en forme de grande cage, longue, garnie de divers crochets & anneaux de fer, dans laquelle on enferme les chevaux ombrageux & difficiles à ferrer, ou ceux à qui il faut faire quelque opération avec le fer ou le feu; crainte qu'en se tourmentant ils ne se blessent eux-mêmes ou les Garçons Maréchaux.

TRAVAIL A MOUILLER. Terme de Megissier qui se dit des peaux de mouton ou autres qu'ils façonnent sur la herse en les mouillant avec de l'eau pour en faire du parchemin. *Voyez* PARCHEMIN *à l'endroit où il est parlé de la maniere de le fabriquer; le travail à mouiller y est plus exactement expliqué.*

TRAVAILLER. Faire quelque chose où il y a du travail.

Il se dit particuliérement des Compagnons qui gagnent leur vie chez les Maîtres. Il y a dix ans que je travaille dans la boutique de Cordonnier. Quatre cens Ouvriers travaillent tous les jours dans cette Manufacture.

TRAVAILLER A LA TACHE. C'est faire marché & être payé à tant par piéce d'un certain ouvrage.

TRAVAILLER A LA JOURNE'E. C'est faire prix à tant par jour, sans être fixé à une certaine quantité d'ouvrage.

TRAVAILLER. Se dit aussi dans le commerce des Marchands qui en font un considérable, & qui sont fort achalandés. Ainsi pour signifier qu'un homme fait un grand négoce, on dit qu'il travaille beaucoup.

TRAVAILLEURS. On nomme ainsi à Amsterdam ce qu'on nomme à la Douane de Paris, Gagnedeniers; c'est-à-dire, des espéces de petits Officiers destinés au service des Marchands pour la conduite de leurs marchandises au poids public, ou pour les charger ou décharger des vaisseaux.

Ce sont les Bourguemaîtres qui établissent ces Travailleurs, & qui donnent gratuitement ces Offices à qui il leur plaît lorsqu'ils viennent à vacquer.

Comme ils sont un grand nombre, pour maintenir quelque ordre & quelque discipline entre eux, ils sont distribués en dix ou douze Compagnies qui se distinguent par différens noms. Les principales de ces Compagnies sont les Chapeaux rouges, les Chapeaux noirs, les Chapeaux bleus, les Scotse-Veen, les Zeeuwsches & les Veens.

Chaque Marchand a ordinairement ses Travailleurs affectés, à qui lorsqu'il a acheté ou vendu quelque marchandise sujette au poids, il ordonne de la recevoir ou de la livrer.

Quand la marchandise a été conduite au poids, les Travailleurs du Vendeur en reglent la tarre, & la font peser; mais après que la pesée est finie, ce sont les Travailleurs de l'Achereur qui en restent chargés. Tous ces Travailleurs sont fideles & connoisseurs, & sçavent aussi-bien que les Marchands mêmes quand une marchandise est livrable ou défectueuse, & quand il faut l'accepter ou la rebuter.

Ce sont eux ordinairement qui avancent les frais du transport des marchandises, dont ils portent tous les mois un compte à celui qui les employe, aussi-bien que des droits du poids & de leurs salaires.

TRAVE'E. Espace d'une chambre ou d'un plancher qui est entre deux poutres.

TRAVE'E. Signifie aussi dans les toisez qui se font des gros Ouvrages de Peinture, un certaine espace ou mesure sur laquelle on estime le prix de ces ouvrages.

La travée suivant les Us & Coutumes de Paris, est de six toises en quarré, ou de 216 pieds de superficie; il est vrai que M. Felibien dans son excellent Ouvrage des Principes d'Architecture, la met seulement à quatre toises & demi, mais l'on a crû devoir plûtôt s'en tenir aux Mémoires du prix des ouvrages, que l'on a continué si long-tems de donner chaque année, & qu'il seroit avantageux au Public qu'on recommençât; dans lesquelles la travée des gros Ouvrages de Peinture, a constamment été mise à six toises en quarré.

TRAVERS. Droit Domanial qui se leve au passage des ponts & bacs sur les personnes qui traversent les rivieres, aussi-bien que sur les denrées, marchandises, chevaux, charettes & autres équipages. C'est aussi un droit de Seigneur.

La différence qu'il y a entre le peage & le travers, qui tous deux sont droits de passage, est que le travers est ordinairement par terre & le peage par eau.

Ceux qui jouissent des droits de travers, soit par l'acquisition de quelque domaine du Roy, soit par quelque concession particuliere, sont tenus d'entretenir en bon état les ponts, passages, chaussées & levées, sur lesquels ces droits sont établis, & de faire mettre une Pencarte en lieu apparent, contenant le droit qui est dû suivant la différence des marchandises ou des voitures.

On ne peut disconvenir que ces droits ne soient à charge aux Peuples & embarrassans pour le commerce; & ce seroit sans doute un grand avantage en France, où il y en a beaucoup, s'ils pouvoient être supprimés soit par le remboursement des Finances aux Propriétaires, soit autrement. *Voyez* les Péages & Travers de la Généralité de Paris, dans l'Etat général du Commerce, Tome I. page 12 & suiv.

TRAVERSAGE. Terme de Tondeurs de Draps. Il signifie la façon que l'on donne à un drap ou autre étoffe de laine quand on les tond par l'endroit. On dit plus ordinairement, Coupe d'envers. *Voyez cet article.*

TRAVERSIN. Terme de Balancier. C'est ce qu'on nomme plus ordinairement le Fleau ou Flayau d'une balance. *Voyez* FLEAU.

TRAVERSIN. Terme de Boucherie. C'est une grande brochette de bois, de neuf à dix pouces de long, appointée par les deux bouts, dont les Bouchers se servent pour traverser le ventre des moutons; c'est-à dire, le tenir entr'ouvert après qu'ils les ont habillés, & jusqu'à ce qu'ils les dépecent.

TRE

TREBUCHANT. Qui emporte l'équilibre de la balance, qui la fait pancher plus d'un côté que d'autre. Il se dit particuliérement des monnoyes d'or & d'argent que l'on pese au Trébuchet: ainsi l'on dit une pistole trébuchante, pour faire entendre qu'elle est bien de poids.

TREBUCHER. Signifie emporter l'équilibre en parlant des choses que l'on pese; les espéces d'or & d'argent doivent trébucher pour être de poids & de mise. Lorsqu'une balance est bien juste, un demi-grain est capable de la faire trébucher.

TREBUCHET. Petite Balance très fine & très juste, que le plus petit poids fait trébucher ou pencher plus d'un côté que d'autre. Les Trébuchets servent particuliérement à peser les monnoyes d'or & d'argent, les diamans & choses précieuses. L'on prétend que les Affineurs en ont de si justes que la quatre mille quatre-vingt-seiziéme partie d'un grain est capable de les faire trébucher. *Voyez* BALANCE.

TREFLER. Terme de monnoye & de médaille. C'est faire un mauvais rengrennement des espéces ou des médailles, & en doubler les empreintes, faute d'avoir rengrenné juste la piéce dans la matrice ou carré. *V.* RENGRENNEMENT.

TREFLIER. C'est une des qualités que prennent les Maîtres Chaînetiers de la Ville & Fauxbourgs de Paris. Ce nom dont aucun d'eux ne sçavent présentement l'étymologie, vient apparemment de ces grandes agraffes d'argent, d'étain ou de léton argenté qu'ils faisoient & qui se terminoient en une espéce de feuille de trefle à jour pour y passer diverses chaînes ou cordons ausquels les femmes d'Artisans & les paysannes laissoient pendre leurs clefs, leurs cizeaux & autres semblables petits ustenciles de ménage. La mode de ces agraffes à trefle pour mettre à la ceinture, n'a fini que vers le milieu du dix-septiéme siecle. *Voyez* CHAINETIER.

TREILLIS. Nom que l'on donne à certaines espéces de toiles de chanvre écrues, très grosses & très fortes, qui se vendent par piéces roulées de différentes longueurs, suivant les pays où elles ont été fabriquées.

Les largeurs les plus ordinaires des treillis sont trois quarts ou deux tiers & demi.

Il s'en fait en Normandie, au Perche, au Maine, dans le Forest & dans le Bourbonnois. Ceux de Normandie, du Perche & du Maine, sont en grandes & petites piéces; les grandes ayant quarante-cinq aunes de long, & les petites n'en ayant que trente-trois.

A l'égard de ceux du Forest & du Bourbonnois, ils sont pour l'ordinaire de vingt-deux à vingt-six aunes la piéce.

Les treillis servent à faire des sacs, des souquenilles, des guestres, des culottes & autres hardes semblables, pour les valets, paysans & manouvriers. On employe quelquefois des plus fins à faire des juste-au-corps ou surtout pour la chasse.

TREILLIS. Est aussi une toile teinte ordinairement en noir, gommée, calandrée, satinée ou lustrée, qui se vend par petites piéces d'environ six aunes. Les plus fins treillis sont de trois quarts de large, & les moyens & les gros d'environ trois quarts & demi. Il en vient beaucoup de S. Gal en Suisse, que l'on appelle communément Treillis d'Allemagne. Il s'en fait aussi quantité à Rouen & en quelques autres endroits de Normandie, même à Paris. Ceux de S. Gal sont les plus estimés, étant plus fins, mieux teints & mieux apprêtés que les autres. Leur usage le plus ordinaire est pour faire des coeffes de chapeaux, des vestes, des doublures d'habits, des jupes & jupons pour le deuil.

Les Treillis d'Allemagne payent en France les droits d'entrée à raison de 10 s. la piéce de dix aunes, conformément au Tarif de 1664.

Les droits de la Donane de Lyon sont de 3 l. 7 s. 6 d. de la balle d'ancienne taxation, & 12 s. 6 d. de réapréciation.

A l'égard de la sortie, les Treillis ou Toiles d'Allemagne, payent 3 l. le cent pesant; sçavoir pour l'ancien droit 20 s. & 40 s. pour la Traite Domaniale.

TREILLIS. Les Potiers d'Etain nomment pareillement de la sorte de grands ronds ou piéces d'étain à claire-voye qu'ils pendent à leurs boutiques pour servir de montre ou d'étalage. *V.* ETAIN *vers le commencement de l'article.*

TREIZE, que quelques-uns écrivent aussi TREZE. Nombre impair composé de dix & de trois. En chiffre Arabe on l'écrit de cette maniere (13); en chiffre Romain ainsi (XIII.) & en chiffre François de finances ou de compte, de la sorte (*xiij.*)

TREIZIE'ME. C'est la partie d'un tout divisé en treize égales portions. On dit, il a un treiziéme en cette Manufacture, pour dire : il y est interessé pour une treiziéme portion.

En fait de fractions ou nombres rompus de quelque tout que ce soit, un treiziéme se marque de cette maniere ($\frac{1}{13}$) ; on dit aussi deux treiziémes, trois treiziémes, quatre treiziémes, &c. que l'on écrit ainsi ($\frac{2}{13}$, $\frac{3}{13}$, $\frac{4}{13}$.) &c.

TREMBLE, que l'on appelle aussi **PEUPLIER LYBIQUE**. Arbre de haute futaye dont les feuilles sont larges & presque rondes ; il se plaît dans les lieux aquatiques & marécageux. *Voyez* PEUPLIER.

Le bois de tremble est très leger ; ce qui fait qu'on l'employe ordinairement à faire des sabots, des talons de souliers, des socques & des sendales pour les Religieux. Quand il est d'une belle grosseur, on le débite par tables de deux, trois, quatre & cinq pouces d'épaisseur, pour servir aux Ceinturiers, Seliers, Boureliers & Cordonniers, d'étably à couper leurs cuirs.

TREME. On appelle Soyes Tremes, des Soyes qui servent à faire la treme ou trame de diverses étoffes de soye. C'est avec des tremes de Boulogne que l'on fait la trame des Ras de Saint Maur. *Voyez* SOYE.

TREME. } *Voyez* { TRAME.
TREMER. } *Voyez* { TRAMER.
TREMEUR. } *Voyez* { TRAMEUR.

TREMIE. Vaisseau de forme piramidale composé de quatre ais, dont la pointe est renversée, qui sert dans les moulins à faire tomber les grains sur les meules pour les réduire en farine.

TREMIE. On se sert aussi de Tremie dans les Greniers à Sel pour remplir les minots, mais elles doivent être de la forme & fabrique prescrites par les Arrêts de leur établissement.

TREMIE. Les Marchands de Bled & d'Avoine, particuliérement ceux qui en font commerce sur les ports de Paris, se servent pareillement de Tremies. Celles-ci au dessous du vaisseau piramidale, ont un long conduit quarré dont le dessous est de cuir, & le dessus d'un treillis de fil de leton ; ensorte que les grains se criblent en quelque sorte à mesure qu'ils tombent dans un cuvier qui est au bas.

La Tremie sert aussi pour l'étalonnage des mines & minots qui servent à mesurer les grains & les légumes secs.

TREMPE. Façon que l'on donne à l'acier & au fer pour les rendre plus compacts, plus durs & plus fermes.

TREMPE. Se dit aussi de la liqueur préparée, dans laquelle on met le fer & l'acier tout rouges pour les tremper. Quelquefois ce n'est que de l'eau pure, & les Serruriers ne se servent ordinairement d'autre chose. Quelquefois c'est une composition où il entre divers sucs & différentes liqueurs, suivant l'experience & la pratique de l'Ouvrier ; comme du vinaigre, du suc de réfort, de l'eau de pilosselle, de celle qui sort des verres de terre quand on les écrase, de la suye de cheminée & du sel, &c.

LA TREMPE des limes & des aiguilles se fait avec une préparation particuliere. *Voyez ces deux articles.*

TREMPE. Terme de Cirier, c'est le premier jet de cire que l'on donne aux méches des bougies de table avant d'en mettre la tête dans les forêts. *Voyez* l'article de la Cire, où il est parlé de la Fabrique des Bougies de table.

TREMPE'E. Façon que l'on donne à quelque chose en le trempant dans de l'eau, ou en y mettant de la colle. Une trempée de colle ; une trempée d'eau. *Voyez ci-après* TREMPER DE COLLE.

TREMPE'ES. En terme de Pêcheurs, sont les deux cordes de crin qui sont attachées aux deux bouts de la seine, & qui leur servent à la tirer à terre, après qu'il l'ont jettée à l'eau. *Voyez* SEINE.

TREMPER DE COLLE. Terme de Relieur de Livres. On le dit de la colle de farine que les Relieurs mettent sur les peaux dont ils veulent couvrir leurs livres, afin de les attacher sur le carton de la couverture. On se sert d'un pinceau ou brosse qu'on appelle Pinceau à Colle, pour le distinguer des autres pinceaux dont ces Ouvriers se servent pour marbrer les couvertures & les tranches. *Voyez* RELIEURE.

TREMPER LE FER OU L'ACIER. C'est le rendre plus dur & plus ferme en le trempant dans quelque liqueur, ou en le préparant de quelqu'autre maniere.

TREMPER LES AIGUILLES. C'est donner la trempe aux aiguilles. *V.* AIGUILLES.

TREMPER LES LIMES. *V.* LIME.

TREMPER LA MECHE. C'est lui donner le premier jet de cire pour l'affermir.

TRENCHE ou TRANCHE. Terme de Monnoye, qui signifie la circonférence des Espéces, autour de laquelle on imprime une legende ou un cordonnet pour empêcher que les Faux-Monnoyeurs ne les puissent rogner.

L'invention d'imprimer les espéces sur trenche vient d'Angleterre, & elle n'est passée dans les Hôtels des Monnoyes de France qu'en 1685 : cependant la machine dont se servent les Monnoyeurs François est de l'invention d'un François. On en a fait la description dans l'article où l'on parle de la fabrique des monnoyes au moulin. *V.* MONNOYAGE.

TRENCHE. S'entend aussi chez les Libraires & Relieurs de l'endroit du livre par où il a été rogné sur la presse ; c'est-à-dire, de l'extrêmité des feuillets que l'on dore ou que l'on met en couleur.

On dit, dorer, noircir, rougir, & marbrer sur trenche, selon que c'est de l'or ou quelqu'une de ces couleurs que l'on met sur la trenche. *V.* LIBRAIRE.

TRENCHE, qu'on nomme aussi TRENCHOIR. C'est aussi un outil dont les Serruriers & les autres Ouvriers en Fer se servent pour couper & fendre des barres de fer à chaud. Cet outil est d'acier ou de fer bien aceré en forme d'un coin ou gros cizeau de cinq ou six pouces de long avec un long manche de bois.

Le Trenchet qui est une petite trenche, sert à couper pareillement à chaud les piéces de fer peu fortes & legeres. Celui-ci se tient à la main. On appelle Cizeau l'outil avec lequel on coupe à froid.

TRENCHE. Instrument de Fondeur en Sable. Il y en a de deux sortes ; l'une de fer, & l'autre de cuivre. La premiere est un morceau de fer plat comme l'alumelle d'un couteau de poche, un peu recourbé par un bout, & assez trenchant ; elle sert à dépouiller les modéles. La tranche de cuivre est de la même longueur & à peu près de la même figure, à la reserve qu'elle a le bout beaucoup plus recourbé. C'est avec cette derniere trenche qu'on fait le maître jet du second chassis. *V.* Fondeur en terre et sable.

TRENCHE-FIL. Petit ornement de fil ou de soye, que les Relieurs mettent au dos des livres qu'ils relient sur le haut & le bas de la trenche. Il sert aussi à tenir les feuilles en état. *V.* Relieur.

Trenche-fil. Les Cordonniers appellent aussi de la sorte un gros fil qu'ils cousent en forme de bordure en dedans & le long des quartiers & oreilles des souliers, lorsque le cuir n'est pas fort, & qu'on craint qu'il ne se déchire ou ne s'étende trop. *Voyez* Soulier.

TRENCHE-FILER. Terme de Relieur de Livres. C'est mettre le trenche fil à un Livre avant de le couvrir.

TRENCHE-LARD. Grand couteau large & très coupant dont les Rôtisseurs & les Cuisiniers se servent pour couper leur lard, & le débiter en bardes & en lardons.

TRENCHE-PLUME. C'est ce qu'on nomme autrement un Canif. *Voyez* Canif.

TRENCHET. Outil de Cordonnier & de Savetier. C'est une espéce de long couteau de fer, fort plat & fort aceré avec un manche de bois leger. Il sert à couper le gros cuir pour en faire les semelles de dessous, & à les redresser ou rogner quand elles sont cousues au soulier. On en fait aussi les chevilles des talons. Les Marchands de crespin les vendent.

Trenchet. C'est aussi un outil de Serrurier qui sert à couper de petites piéces de fer à chaud. *Voyez* Trenche.

TRENCHOIR, qu'on nomme plus ordinairement TRENCHE. *Voyez* Trenche.

Trenchoir. Sorte d'assiette ou de plat de bois. *Voyez* Tranchoir.

Il se dit aussi d'un billot sur lequel les Traitteurs & Cuisiniers coupent & hachent leur viande.

TRENTAINE. Ce qui contient trente unités, ou qui est composé de trente choses. Une trentaine de pistoles, Une trentaine de piéces de drap.

TRENTAINS. L'on nomme ainsi les draps de laine dont la chaîne est composée de trente fois cent fils, qui font en tout trois mille fils.

Il y a quatre autres espéces de draps que l'on appelle Trente-deuxains, Trente-quatrains, Trente-sixains, & Trente-huitains.

La chaîne des trente-deuxains est plus forte de deux cens fils que celle des trentains.

Celle des trente-quatrains plus forte de deux cens fils que celle des trente deuxains.

Celle des trente-sixains plus forte de deux cens fils que celle des trente-quatrains.

Et celle des trente-huitains plus forte de deux cens fils que celle des trente sixains.

Ensorte que le nombre des fils de la chaîne de ces cinq sortes de draps va toûjours en augmentant de deux cens fils, depuis trente fois cent jusqu'à trente-huit fois cent; c'est-à-dire, depuis trois mille jusqu'à trois mille huit cens.

Ces divers termes de Trentains, de Trente-deuxains, &c. que quelques-uns prétendent avoir été pris des Anglois, ne sont guéres en usage que dans les Manufactures de Languedoc, Provence & Dauphiné. Dans les autres Fabriques du Royaume on dit plus volontiers Un drap de trente cens, Un drap de trente-deux cens, &c.

TRENTANEL. Plante qui croît communément en Provence & en Languedoc, qui est d'une odeur très forte, particuliérement quand elle s'employe dans les teintures. C'est une espéce de Thymecæa ou de Garou.

Cette drogue est du nombre de celles qui sont défendues en France aux Teinturiers du grand & du petit teint, ou du moins qui ne doivent être soufferres que dans les Provinces du Royaume où l'on manque des autres meilleurs drogues qui composent les couleurs où l'on fait entrer le trentanel. *Voyez* Garou.

TRENTE. Nombre qui renferme en soi trois fois dix ou dix fois trois. En chiffre Arabe il s'exprime en posant un trois devant un zero, comme il se voit par ces deux figures (30); en chiffre Romain il se marque de cette maniere (XXX); & en chiffre François, de finance ou de compte de la sorte (*xxx*).

TRENTE-SIX-MOIS. Nom que l'on donne quelquefois à ceux qui s'engagent pour aller servir aux Indes Occidentales, & particuliérement aux Isles Antilles; on les appelle ainsi parce que leur engagement se fait le plus ordinairement pour trois ans de douze mois chacun.

On les nomme plus honorablement des Engagés, quoiqu'ils servent comme les Negres pendant leurs trois années.

L'on peut distinguer comme deux sortes d'Engagés du moins parmi les François, les uns qui servent les Habitans des Isles, & les autres qui s'engagent avec les Boucaniers; ceux-ci partagent en quelque sorte leurs peines avec leurs Maîtres qu'ils suivent à la chasse, & qui ne sont pas exemts non plus qu'eux de revenir chargés d'un cuir qui pese souvent cent & six-vingt livres; ce qu'ils ont de moins que leurs valets, c'est que c'est à ceux-ci de préparer à manger & d'apprêter les cuirs de la maniere dont on parle ailleurs. *V.* Cuirs.

La recompense de ces trente-six mois des Boucaniers consiste en un fusil, deux livres de poudre, deux chemises, deux calleçons & un bonnet, avec quoi de valets ils deviennent associés de leurs Maîtres, & ont part à leur chasse & aux profits qui en reviennent; & lorsqu'ils ont amassé quelques cuirs, ils les vendent aux Marchands établis sur les lieux, ou aux Maîtres des vaisseaux Marchands qui y viennent faire leurs chargemens; quelquefois ils les envoyent en France ou les y vont vendre eux-mêmes pour en ramener des Engagés qu'ils n'épargnent pas plus qu'on les a épargnés.

A l'égard des engagés des Habitans si-tôt qu'ils ont mis pied à terre on les conduit à l'habitation de leurs Maîtres, qui en disposent à leur gré, ou les vendent à d'autres pour y gagner, ou les gardent pour travailler aux ouvrages les plus pénibles, quoique ces malheureux soient souvent des enfans de très bonne famille qui se sont engagés par legereté & par débauche, ou qu'on a séduits en leur promettant des choses qu'on n'étoit ni en état ni en volonté de leur tenir.

Dès que ces malheureux sont levés, & c'est toûjours devant le jour, leur Maître ou un Commandeur, si l'Habitant a plusieurs Negres & Engagés, sifle pour les appeller au travail qui est ordinairement d'abbatre du bois, de cultiver du tabac, de préparer l'indigo, ou de planter des cannes de sucre suivant les lieux, & pour peu qu'ils s'arrêtent il les assomme avec la lianne qu'il a à la main, qui est un bâton d'un bois pliant assez semblable à celui d'un Comite de galére. Un léger déjeuner de patates avec la pimantade, un dîner & un souper qui ne valent guéres mieux, quoiqu'on y ajoûte de la soupe & quelque méchant morceau de viande sallée ou fraîche dans les Isles où il s'en trouve, interrompent leur travail & leurs coups pour quelques momens, qu'on continue ensuite jusques à minuit, les employant à éjamber du tabac ou à fendre du mahot dont on se sert à lier cette plante quand elle est en rouleau.

A peine ces pauvres Engagés ont-ils du relâche les Dimanches & les Fêtes, & il y a eu des Maîtres assez barbares & assez peu touchés de religion pour répondre (lorsque leurs valets leur représentoient que le Dimanche étoit le jour du repos) que si Dieu avoit dit, *tu travailleras six jours & te reposeras le septiéme*, eux disoient, *tu cultiveras du tabac six jours, & le septiéme tu le torderas ou le mettras en rouleau.*

Cependant ce mauvais traitement est souvent cause que les Habitans ne retirent pas de ces Engagés le service qu'ils pourroient leur rendre, & qu'ils aiment mieux se servir des Negres, parce qu'ils supportent mieux le travail.

La récompense de ces Engagés, s'ils sont assez heureux de ne pas succomber aux mauvais traitemens de Maîtres si cruels, est de quelques milliers de sucre ou de tabac, qui ne peuvent tenir lieu des gages les plus modiques que les Serviteurs gagnent en Europe.

On a crû qu'on feroit une chose agréable & utile au Lecteur d'entrer dans le détail des occupations ou plutôt des travaux presque insupportables des Trente-six mois, pour retenir la jeunesse de s'y engager; & pour rendre leurs Maîtres plus traitables & plus doux envers leurs Valets, dans la crainte de n'en plus trouver s'ils continuent de les maltraiter.

TRENTIE'ME Partie d'un tout divisé en trente portions égales; ainsi l'on dit: j'ai mon trentiéme en cet armement; pour dire: j'y suis interessé pour une trentiéme portion.

Lorsqu'il s'agit de fractions ou nombres rompus de quelque tout ou entier que ce puisse être, un trentiéme s'écrit ainsi ($\frac{1}{30}$; on dit aussi deux trentiémes, trois trentiémes quatre trentiémes, &c. Un trente-uniéme, un trente-deuxiéme, un trente-troisiéme, &c. & toutes ces differentes fractions se marquent de cette maniere: ($\frac{2}{30}$ $\frac{3}{30}$ $\frac{4}{30}$ &c. $\frac{1}{31}$ $\frac{1}{32}$ $\frac{1}{33}$ &c.)

TREPAN. Outil qui sert à forer & percer les marbres & les pierres dures. On s'en sert aussi quelquefois pour le bois. Il est du nombre des principaux outils de l'art des Sculpteurs & du métier des Marbriers.

Il y a trois sortes de trépans. L'un qu'on appelle Trépan en villebrequin, qui est le plus simple; c'est un vrai villebrequin, mais avec une meche plus longue & plus acerée. *Voyez* VILLEBREQUIN.

L'autre trépan se nomme Trépan à Archet. Il est assez semblable au foret à archet des Serruriers, & a comme lui sa boëte, son archet & sa palette; il est seulement plus fort, & ses meches de plusieurs figures. *Voyez* FORET.

Enfin le troisiéme trépan est celui que l'on appelle simplement Trépan, sans rien ajouter pour le specifier. Il est le plus composé des trois, & le plus en usage en Sculpture.

Les parties de ce trépan sont la tige qu'on appelle aussi le Fust, la traverse, la corde de cette traverse, un plomb, une virole, & une meche.

La tige est de bois, & a à l'une de ses extrémités une virole qui sert à y attacher & à y affermir la meche qu'on peut changer suivant qu'on en a besoin de plus ou de moins fortes, de rondes, de quarrées, de pointues, &c. A l'autre extrémité du fust est un trou par où passe la corde que la traverse a attachée à ses deux bouts; cette traverse est elle-même enfilée du fust par un trou qu'elle a au milieu; au-dessous de la traverse, & un peu au-dessus de la virole est le plomb qui est de figure spherique, & qui est attaché & posé horisontalement au pied du fust. C'est la corde en s'entortillant autour du fust qui donne le mouvement au trépan, plus promt ou plus long, suivant qu'on leve ou qu'on abaisse la traverse où elle est attachée, avec plus ou moins de vitesse.

TRE'PAS. On appelle le Trépas de Loire un Bureau situé à l'embouchure de la Sarre dans la Loire, où les marchandises payent un droit de Traitte Foraine, soit en sortant de Bretagne, soit en y entrant, cette Province étant une de celles qui sont réputées en France Provinces Etrangeres.

TREPIED. Les Blanchisseurs de cire nomment Trepied une petite table carrée, faite de menus morceaux de fer, sur laquelle pose l'instrument en forme d'auge, qu'ils appellent la Greloüoire. *Voyez* l'article de la Cire, où il est parlé de la Manufacture d'Antony.

TREPOINTE ou TREPOINT. Chez les Cordonniers c'est la bande de cuir leger qui regne tout autour entre la semelle du soulier & l'empeigne, & qui sert à soutenir la couture qui les unit toutes deux.

Chez les Maîtres Coffretiers-Malletiers, Maîtres Boureliers-Selliers, & autres Ouvriers en cuir, c'est aussi un cuir plus mince qu'ils mettent entre deux autres cuirs plus épais qu'ils veulent coudre. Les Statuts des Coffretiers leur ordonnent de faire les trépointes des malles, de bon cuir de veau ou de mouton, & de les coudre à deux chefs de bonne ficelle neuve bien poissée. *Voyez* COFFRETIERS.

TRESEAU. Petit poids qui pese le demi quart, autrement la huitiéme partie de l'once: c'est ce qu'on nomme plus communément un Gros. On pese au treseau les drogues des Apotiquaires, & la menue marchandise que les Marchands Merciers débitent en détail, comme le fil & la soye en écheveaux. *Voyez* GROS.

TRESQUILLES. Espéce de Laine qui vient du Levant. C'est la même qualité de laine que les laines surges & en suint. *V.* SURGE *&* SUINT.

TRESSE. Espece de cordon plat, plus ou moins large, composé de plusieurs brins de fil d'or, d'argent, de soye, de fleuret ou d'autre matiere, entrelassés les uns dans les autres en maniere de doublé natte qui se fabrique avec des fuseaux sur le boisseau. Quelques-uns dérivent ce terme du Latin *Trica*, qui signifie des empêchemens & des choses embrouillées. Les Italiens disent *Treccie*.

Les tresses s'employent à divers usages, mais particulierement à faire des ceintures de femmes, des porte-manchons pour hommes, des jarretieres, des cordons de cannes, de chapeaux, & pour lever les glaces des carrosses. Celles d'or & d'argent servent quelquefois à enrichir les habits.

A Paris ce sont les Maîtres Passementiers-Boutonniers qui fabriquent les tresses pour les vendre aux Particuliers qui en ont besoin, ou aux Marchands Merciers pour les débiter, cette espece de marchandise faisant une partie de leur négoce.

Les Tresses & Tissures d'or & d'argent payent en France les droits de sortie comme rubans, c'est-à-dire, 40 s. de la livre.

Tresse de Cheveux. Tissu qui se fait de cheveux attachés par un bout sur un long fil de soye; cette tresse se fait sur un petit métier qui consiste en trois pieces; sçavoir, une table longue environ d'un pied & demi & large de trois ou quatre pouces, & deux petits cylindres ou colonnes d'un pouce de diametre & d'un pied de hauteur, postés aux deux bouts de la table. Ces cylindres sont mobiles afin de pouvoir dévider la tresse sur l'un à mesure qu'elle s'avance, & allonger la soye qui est roulée sur l'autre, lorsque l'espace qui est entre deux est tissu, c'est-à-dire, lorsque les cheveux y sont attachés avec une aiguille.

Les tresses de cheveux servent à faire des perruques & des coins de cheveux pour hommes, des tours & des boucles pour femmes. *Voyez* Perruque & Cheveux.

TRESSER DES CHEVEUX. C'est les attacher ensemble par un bout sur du fil ou de la soye pour les mettre en état d'en faire des perruques & autres ouvrages de cheveux. On dit aussi tresser une perruque, ce qui signifie coudre les tresses des cheveux sur le réseau de soye qui fait la coëffe de la perruque.

TRESSEUR. Compagnon ou Apprentif Perruquier qui lui sert à faire des tresses. On dit plus communément Tresseuse, parce que ce sont ordinairement des femmes & des filles qui s'occupent de ces ouvrages.

L'article 23 des Statuts des Maîtres Perruquiers de Paris leur défend de prendre les Tresseuses de leurs Confreres, sans qu'il leur apparoisse d'un congé par écrit de leur dernier Maître. *Voyez* Perruque & Perruquier.

TRETEAU. Espece de chevalet de bois avec quatre pieds, deux à chaque bout, qui sert à differens usages dans les Arts & Métiers.

Les treteaux des Charpentiers, Scieurs de long, sont fort élevés, afin que le Scieur de dessous ait de l'échappée pour retirer la scie lorsque le Scieur de dessus la pousse. Il faut deux treteaux quand ce sont de longues pieces qu'on débite, & seulement un quand les pieces sont courtes; mais alors il faut l'étançonner & bander fortement la piece dessus avec des cordes. *V.* Charpente.

Le traiteau des Maîtres Nattiers est leur principal instrument; il a trois à quatre pieds de hauteur avec une traverse de bois équarri fort pesante, plus ou moins longue suivant le nombre des Ouvriers; sur le devant de la traverse sont autant de clous à crocher qu'il y sa de Compagnons Nattiers. C'est à ces clous que chacun d'eux attache le cordon de natte quand il le commence, & auquel il travaille assis sur une petite selle placée vis-à-vis du clou qu'il a choisi. *Voyez* Natte.

TRETOIRE. Instrument de Vanier; c'est une espece de tenaille de bois. *Voyez* Vannier.

TREU. Vieux terme de Coutume qui se dit d'un péage ou impôt que le Seigneur prend sur les marchandises qui passent d'un Pays à l'autre. On l'appelle aussi Truage, & quelquefois simplement Péage. *Voyez* Péage.

TREUIL. Rouleau ou cylindre de bois autour duquel le cable s'entortille & se roule lorsqu'on tourne le moulinet de quelque machine à élever des fardeaux.

Les chevres, les engins, les grues, gruaux & autres semblables ont tous leur treuil.

TRI

TRIAGE. Choix que l'on fait entre plusieurs marchandises de même espece de ce qu'il y a de meilleur.

Quoique ce terme soit en usage dans le commerce pour signifier ce partage du bon d'avec le moindre, & du moindre d'avec le mauvais, que les Marchands ont coutume de faire des denrées, drogues ou marchandises qui sont l'objet de leur négoce; on le dit cependant plus ordinairement de celui qui se fait des morues seches & des laines, que d'aucune autre marchandise.

Le triage des morues est different en France suivant les lieux. A Nantes il s'en fait de sept sortes qui sont, le poisson piné, le poisson gris, le poisson grand marchand, le poisson moyen marchand, le peit poisson marchand, le grand rebut & le petit rebut.

A la Rochelle, Bordeaux, Bayonne & S. Jean de Lutz il n'y a que trois triages; le poisson marchand, le poisson moyen & le rebut.

A S. Malo il ne se fait pas de triage si ce n'est des morues pourries ou rompues, & de celles qui sont entieres. On entre ailleurs dans un plus grand détail de tous ces differens triages. *Voyez* Morue.

Le triage des laines se fait presque par tout de même; il consiste principalement à séparer la laine du dos d'avec celle des cuisses & du ventre, n'étant pas également propre à toute sorte d'ouvrages. *Voyez ce qu'on en dit à l'article des Laines.*

Triage. Signifie aussi en termes d'exploitation & de marchandise de bois, les petits cantons qui font la subdivision des forêts. En France les forêts sont partagées en Gardes, & les Gardes en triages. On appelle aussi un triage la part qui est réservée au Seigneur dans les Communaux ou Communes, qui appartiennent dans certains bois ou forêts aux Habitans des Paroisses voisines. Par l'Ordonnance des Eaux & Forêts le Seigneur qui a triage, n'a point de part aux Communaux.

TRIANGLE. Figure comprise sous trois lignes. Les Menuisiers, les Charpentiers & quelques autres Ouvriers ont des instrumens à qui ils donnent le nom de Triangle, & les spécifient néanmoins par quelque terme qui dénote leur usage.

Le Triangle Onglé ou à Onglet n'est qu'une regle de bois de deux lignes d'épais, d'un pied de long & de trois pouces de large, dont l'une des extrémités qui est coupée en angle de quarante-cinq dégrés, est emboîtée dans un autre morceau de bois plus épais qu'on nomme la Joue. Il sert à tracer des angles réguliers en appuyant la piece de bois contre la joue de l'instrument & en tirantune lignele long de la regle.

Le Triangle quarré est une vraie équierre dont une des branches qu'on appelle la Joue, qui est du triple plus épaisse que l'autre, a dans le milieu & tout le long de son épaisseur une espece de languette. Il sert à tracer les pieces quarrées en les appuyant sur la languette le long de la joue & en tirant les lignes paralelles à l'autre branche.

Pour éviter la multiplicité des instrumens, le sieur Dulin en a inventé un qui contient non-seulement ces deux triangles, mais encore une équierre & cequ'on appelle la Piece quarrée. *V.* Equierre.

TRIC. Mot inventé par les Compagnons Imprimeurs, qui leur sert de signal pour quitter leur ouvrage & aller faire la débauche.

Les anciens Reglemens de l'Imprimerie & l'Ordonnance de François I. de 1541, défendent ce désordre, & ordonnent aux Compagnons de continuer le travail sans interruption.

On peut aussi voir l'Ordonnance de Charles IX. de l'année 1571, qui leur défend de faire la journée blanche, ou comme ils disent jour pour jour, qui est encore un autre abus assez semblable au tric.

TRICOISES. Tenailles à l'usage des Maréchaux; elles ont le mord très tranchant pour couper les clous avec lesquels ils attachent les fers aux pieds des chevaux.

TRICOLOR. Peau de chat de trois couleurs qui fait partie de la pelleterie. *Voyez* Chat.

TRICOT. Gros Bourg de Picardie. Il s'y fait de grosses serges propres à l'habillement des Troupes, il est du département de l'Inspecteur des Manufactures de Beauvais. Dix ou douze Villages des environs fabriquent la même qualité de serges qui se vendent comme serges de Tricot. *Voyez* l'Etat général, Tome I. p. 18.

Tricot. On appelle Ouvrages au Tricot, Bonneterie au Tricot, toutes les especes de marchandises qui se fabriquent ou se brochent avec des aiguilles, comme bas, bonnets, camisolles, gands, chaussons, &c. Il y avoit autrefois dans les Fauxbourgs de Paris une Communauté particuliere d'Ouvriers que l'on nommoit Maîtres Bonnetiers au tricot. *V.* Bonnetier.

TRICOTAGE. Travail de celui qui tricote ou qui broche à l'aiguille des bas, des bonnets & autres marchandises de cette nature dépendantes du négoce des Bonnetiers.

Le tricotage est plus ou moins bon dans un lieu que dans un autre, suivant que les Ouvriers sont bien ou mal stilés, ou conduits, ou que les matieres sont bonnes ou mauvaises, ou qu'elles sont plus ou moins bien filées. Le tricotage de Dourdan est fort estimé, aussi-bien que celui du Fauxbourg S. Marceau à Paris.

TRICOTER. Action par laquelle on travaille à former avec de longues & menues aiguilles ou broches de fer ou de leton poli, certains tissus de soye, de laine, de coton, de chanvre, de lin ou de poil, en maniere de petits nœuds, boucles ou mailles, tels qu'on les voit aux bas, bonnets, camisolles, & autres pareilles marchandises de Bonneterie. On dit aussi dans le même sens, Brocher des bas, des camisolles, des bonnets, &c. pour dire, les Tricoter ou les travailler à l'aiguille

Tricoter. Se dit aussi des dentelles de soye ou de fil qui se manufacturent avec des épingles & des fuseaux sur un oreiller, suivant le dessein en papier ou en vélin qui y est appliqué. Ainsi l'on dit, Tricoter une dentelle, pour dire, la travailler avec des épingles & des fuseaux sur l'oreiller.

TRICOTE', TRICOTE'E. Un bas tricoté, une camisolle tricotée, est un bas ou une camisolle qui a été travaillé ou broché à l'aiguille. Les bas tricotés valent mieux que ceux faits au métier.

TRICOTEUR, TRICOTEUSE. Celui ou celle qui tricote ou qui fait des bas, des camisolles, &c. avec des aiguilles ou broches. On dit aussi dans le même sens Brocheur, Brocheuse.

TRIE. Nom d'une sorte de morue verte qui est la troisiéme espece de celles dont on fait le triage en Normandie. *Voyez* Morue.

TRIER. Mettre à part, faire choix de ce qu'il y a de meilleur. Ce n'est là que de la marchandise de rebut, on en a tiré ce qu'il y avoit de bon.

On dit en terme de monnoyes, Trayer le fort du foible; pour dire, Choisir les especes qui ont plus de trait, qui sont plus trebuchantes. On croit que c'est de ce mot Trayer qui étoit propre aux monnoyes, que s'est fait celui de Trier qui est en usage dans le commerce.

TRIMEGISTE. Terme d'Imprimerie & de Fondeurs de caracteres. C'est un des quatre gros caracteres qui servent à l'impression des livres, on l'appelle autrement Canon. *Voyez* Canon.

TRINGLE. Piece de bois longue & étroite qui sert à plusieurs Marchands, Ouvriers & Artisans, soit pour travailler à leurs ouvrages, soit pour y suspendre plusieurs sortes de marchandises.

La tringle des Marchands Bouchers est bordée par en haut d'un rang de clous à crochet pour y pendre à des allonges la viande dépecée; elle a aussi par en bas une toile blanche de toute sa longueur, d'environ trois quarts d'aune de large, sur laquelle cette viande est proprement arrangée. On appelle cette toile une Nappe à Boucherie.

Les tringles des Chandeliers, Epiciers, Merciers, &c. n'ont souvent que des clous de même que celles des Bouchers, mais quelquefois ce sont des chevilles de bois avec un mantonnet.

Tringle. Ce que les Maîtres Nattiers appellent Tringles à ourdir, sont deux fortes & longues pieces de bois sur lesquelles ils bâtissent & ourdissent leurs nattes, c'est-à-dire, sur lesquelles de plusieurs cordons de nattes qu'ils cousent ensemble avec de la ficelle, ils font des pieces de la largeur & longueur qui leur sont commandées. *Voyez* Natte & Nattier.

Tringle. Les Vitriers se servent aussi de tringles pour dresser & enfermer leurs panneaux. Elles sont ordinairement de fer, mais quelquefois simplement de bois. On les coupe en angles par les deux bouts afin qu'elles puissent mieux se dresser d'équierre.

Tringle. Dans les Manufactures des glaces de grand volume on appelle les tringles de la table à couler, deux grandes pieces de fer aussi longues que la table, qui se placent à discretion des deux côtés, pour regler la largeur de la glace. C'est sur les tringles que porte le rouleau de fonte qui détermine l'épaisseur de la piece. *Voyez* GLACES DE GRAND VOLUME.

TRINGLETTES. Pieces de verre dont on compose les panneaux des vitres. C'est aussi un outil de fer en forme de petit couteau émoussé, dont les Vitriers se servent pour ouvrir leur plomb; le plus souvent ce sont des morceaux d'yvoire, d'os, ou de buis de quatre ou cinq pouces de long, plats & arrondis par le bout.

LA TRINITE', un des Ports de la nouvelle Espagne sur la Mer du Sud. *Voyez* le détail des marchandises dont on y traite; de celles du crû du Pays & leur destination, dans l'Etat général, Tome I. p. 503.

TRINQUART. Petit bâtiment qui sert à la pêche du hareng, que les François font dans la Manche. Les trinquarts sont depuis 12 jusqu'à 15 tonneaux. *Voyez* HARENG.

TRIOMPHANTE. Etoffe de soye fond gros de Tours, avec des fleurs en maniere de damassé.

TRIPE, ou TRIPPE. Sorte d'étoffe veloutée qui se manufacture sur un métier comme le velours ou la peluche, dont le poil qui fait le côté de l'endroit est tout de laine, & la tissure qui en forme le fond est entierement de fil de chanvre.

Les tripes se tirent presque toutes de Flandre, particulierement de Lille, d'Orchie & de Tournay; elles ont pour l'ordinaire sept seiziémes de large sur onze aunes de longueur mesure de Paris. Il y en a de rayées de differentes couleurs, & de pleines ou unies, dont quelques-unes sont gauffrées, ce qui fait paroître des fleurs ou figures en relief comme aux velours cizelés.

La tripe s'employe à divers usages, mais particulierement à faire des meubles, à couvrir des souliers d'enfans, & des pelotes pour les Chapeliers qui s'en servent à lustrer leurs chapeaux. Furetiere dit qu'il y a de l'apparence que ce mot vient de l'Espagnol Terciopelo, qui veut dire velours, parce que c'est en effet du velours de laine. *Voyez* PELUCHE.

Les Tripes de velours payent en France les droits d'entrée à raison de 3 liv. 10 s. la piece de dix aunes; & les tripes de soie 6 liv. conformément au Tarif de 1664.

Les droits de la Douane de Lyon pour les tripes de velours sont de 15 s. de la piece tant d'ancienne que de nouvelle taxation.

TRIPE. Partie des entrailles de l'animal; il ne se dit gueres au singulier, & rarement des entrailles de l'homme, à moins que ce ne soit en plaisantant. *V. ci-après* TRIPES & TRIPIERE.

TRIPERIE. Lieu où l'on lave les tripes; il se dit aussi de la place où s'en fait le négoce. A Paris on l'appelle le Carreau. *Voyez* CARREAU.

TRIPES de Morues que l'on nomme aussi Noues, ou Nos. *Voyez* MORUE *vers la fin de l'article.*

TRIPES. On appelle ainsi à Paris les abbatis & issues des bœufs & moutons, que les Tripiers & Marchandes Tripieres achettent des Bouchers pour les nettoyer, laver & faire cuire, & ensuite les vendre & débiter soit en gros soit en détail.

Les tripes & abbatis de bœufs consistent aux quatre pieds, à la pance qu'on appelle Gras double; au feuillet autre partie des entrailles que les Tripieres nomment communément le Psautier; à la franche mulle ou caillette; & à la fraise qui comprend le mou ou poumon, le foye & la ratte; le palais de bœuf est aussi du nombre des issues. Celles du mouton sont, la tête garnie de sa langue, les quatre pieds & la caillette.

TRIPIER. Marchand qui vend des tripes. On le dit plus ordinairement de ceux qui les lavent, les échaudent & les préparent pour être vendues par les Marchandes Tripieres.

Il n'y a à Paris que sept ou huit de ces Tripiers qui demeurent tous & ont leurs échaudoirs auprès de la Porte ou Apport de Paris, tant à cause de la commodité de l'eau, que parce que c'est dans la place qui est devant la Boucherie (place que les Tripiers appellent communément le Carreau) que ce fait le négoce en gros de cette marchandise.

Les Tripiers font aussi quelque négoce des graisses qu'ils levent de dessus leurs chaudieres, & c'est en partie avec ces mêmes graisses que se font ces excellentes savonnettes inventées par le sieur Bailly dans le dernier siécle, dont son fils qui en a seul le secret fait un commerce si considerable au dedans & au dehors du Royaume. *Voyez* SAVONNETTES.

TRIPIERE. Marchande qui vend des tripes & des issues de bœuf & de mouton échaudées, ou pour mieux dire à demi-cuites.

Les Marchandes Tripieres de Paris ne font point de Communauté, quoiqu'on ait fait plusieurs tentatives pour les ériger en Corps de Jurande; elles vendent en vertu de Lettres de regrat, & n'ont d'autre liaison entre elles que celle de leur commerce.

On en distingue de deux sortes; les Marchandes de Tripes en gros, & les Marchandes en détail.

Les Tripieres en gros qui sont environ une vingtaine, achettent des Bouchers les tripes & issues de leurs abbatis qu'elles font ensuite échauder par les Tripiers, & les vendent sur le Carreau de la Porte de Paris tous les matins à quatre heures, aux Pâtissiers & Cuisiniers qui enlevent les palais de bœuf pour leurs ragoûts, tourtes & patés; aux chaircutiers qui en prennent les pieds & le cœur qu'ils vendent par morceaux, après les avoir achevé de cuire dans le bouillon de leurs porcs salés; & enfin aux Tripieres en détail qui étalent aux coins des rues chaque jour dès le grand matin.

C'est cette derniere sorte de Tripieres dont le nombre est considerable, & monte à plusieurs centaines qui débitent au peuple le foye, le gras-double, les pieds, têtes & langues de mouton, & les autres tripes & issues dont on a parlé ci-dessus. *Voyez* TRIPES.

L'étalage des Tripieres en détail se fait dans de grands bassins de cuivre soutenus de quelque futaille vuide qui leur sert comme de magasin; quelques-unes mettent au fond du bassin une claye d'osier par propreté, ou afin que les tripes continuent de mieux s'égouter. Toutes ces femmes ont un couteau pendu à leur ceinture, ordinairement taillant des deux côtés, d'où est venu le quolibet ou proverbe de Couteau de Tripiere, appliqué aux personnes qui louent les gens en leur présence, & qui les déchirent quand ils n'y sont plus.

C'est du grand Voyer que ces Marchandes obtiennent

tiennent le droit d'étalage moyennant la somme de trois livres tournois qu'elles lui payent chaque année.

TRIPOLI, grande Ville de Barbarie, Capitale d'un Royaume de même nom. *Voyez* ce qui concerne le commerce de cette Ville, dans l'Etat général, Tome I. p. 365.

TRIPOLI, que l'on nomme aussi ALANA. Espece de craye ou de pierre tendre & blanche, tirant un peu sur le rouge, qui sert à polir les ouvrages des Lapidaires, Orfevres, Miroitiers & Ouvriers en cuivre.

Quelques-uns estiment le tripoli une pierre brûlée & calcinée par les exhalaisons sulfureuses qui peuvent être sous les mines où cette sorte de craye se trouve. Il y a de ces mines en quantité de lieux de l'Europe, surtout en Italie où le tripoli est très bon; mais comme cette marchandise n'est pas d'une grande consommation, & qu'elle est à très bon marché, les Epiciers-Droguistes & autres Marchands de Paris qui en font négoce le tirent de Poligny en basse Bretagne près de Rennes, ou de Menna en Auvergne proche de Riom. Celui de Bretagne est le plus estimé à cause qu'il est propre pour polir les ouvrages de quantité d'Ouvriers, comme on l'a dit d'abord; mais celui d'Auvergne qui a moins de corps ne sert qu'aux Cuisinieres & Servantes pour tripolir leurs ménages, c'est-à-dire, les chenets, chandeliers & autres ustenciles de cuivre propres à la chambre ou à la cuisine.

Le Tripoli de Barbarie paye les droits de la Douane de Lyon à raison de 5 s. du quintal pour tous droits & le Tripoli de France 2 s. 6 den.

TRIQUE, ou PAREMENT DE FAGOT. *V.* FAGOT.

TRIQUER. Séparer une chose d'avec une autre; il signifie aussi quelquefois tout le contraire, c'est à dire, mêler plusieurs choses ensemble. Dans ce dernier sens les Ordonnances de la Ville, chap. 3, défendent aux Marchands de triquer & mêler les marchandises de differens prix & qualités; dans l'autre signification les mêmes Ordonnances enjoignent aux Marchands de bois à brûler qu'on empile dans les chantiers, de triquer & séparer le bois blanc & de l'empiler à part.

TRIQUER parmi les Bucherons. Signifie mettre à part les triques ou paremens, c'est-à-dire, les plus gros morceaux de bois dont on pare le dessus des fagots.

TRIQUETS, qu'on nomme aussi Traquets & Chevalets. Sont des assemblages de legers bois de menuiserie faits en triangle, qui servent aux Couvreurs à échafauder lorsqu'ils veulent couvrir les entablemens. Il faut deux triquets pour chaque échafaud; ils s'attachent avec des cordages & s'éloignent l'un de l'autre suffisamment pour la longueur des planches qu'on met dessus; l'Ouvrier y travaille ordinairement assis.

TRO

TROC. Echange d'une chose contre une autre. Un Marchand dit qu'il a troqué une marchandise contre une autre, pour dire qu'il n'a point déboursé d'argent, qu'il ne s'est donné que des marchandises de part & d'autre. J'ai beaucoup perdu sur ce troc; J'ai bien gagné sur ce troc.

Troc pour Troc se dit quand on ne donne point de retour en argent.

Il y a beaucoup d'habileté à bien faire ses trocs, car il faut non-seulement être certain du prix de la marchandise que l'on veut donner, mais il faut sçavoir encore celui de la marchandise que l'on veut prendre, & le moyen de s'en pouvoir défaire.

Lorsque l'on dit: Achetter de la marchandise partie comptant & partie en troc, cela doit s'entendre que l'on paye une partie en monnoye réelle & sur le champ, & que l'autre partie se paye en marchandise dont la valeur a été estimée.

Chez les Sauvages le commerce ne se fait que par troc, en donnant une marchandise pour une autre. Avant que le commerce fût sur le pied qu'il est à présent, cela se pratiquoit aussi par les Nations les plus polissées.

TROGUE. Terme de Manufacture de draperie. C'est la chaîne préparée par les Ourdisseurs pour la fabrique des draps mêlangés.

Chaque trogue contient en longueur de quoi ourdir & fabriquer deux pieces de drap.

Avant de les délivrer au Tisserand pour les monter sur son métier, on les colle avec de la colle de Flandre, puis on les laisse quelque tems secher, & avant qu'elles soient tout-à-fait seches on en sépare les fils avec un peigne de fil de fer. *Voyez* FEUTRE.

TROIS. Nonbre impair composé d'un & deux. En chiffre Arabe il s'exprime par cette figure (3) en chiffre Romain de cette maniere (III.) & en chiffre François de compte ou de finance, ainsi (*iij.*)

TROIS. Se dit quelquefois par abbreviation au lieu de troisiéme. Le compte d'un tel est sur le grand livre à folio trois. On dit aussi dans le même sens Page trois.

Il y a une sorte de regle d'arithmetique que l'on nomme Regle de trois, à cause que par le moyen de trois nombres proposés que l'on connoît, on en trouve un quatriéme inconnu que l'on veut sçavoir. *V.* REGLE.

TROIS POUR CENT. On nomme ainsi en France un droit qui se paye au Fermier du Domaine d'Occident sur toutes les marchandises du crû des Isles & Colonies Françoises de l'Amerique.

Les Négocians François qui font la traite des Negres sur les Côtes d'Affrique ayant prétendu étendre l'exemtion de la moitié des droits accordée au mois de Janvier 1716 pour toutes les marchandises que les Sujets de Sa Majesté apporteroient des Isles Françoises de l'Amerique provenant de la vente ou troc des Negres, sur ce droit de trois pour cent, & les Fermiers Généraux de sadite Majesté ayant soutenu que ledit droit de trois pour cent n'étoit point compris dans l'exemtion; pour faire cesser les prétentions réciproques des Marchands & du Fermier, il fut ordonné par un Arrêt du Conseil du 26 Mars 1722, qu'à l'avenir toutes les marchandises du crû des Isles & Colonies Françoises, même celles provenant de la traitte des Noirs, payeroient au Fermier du Domaine d'Occident à leur arrivée dans tous les Ports du Royaume, même dans les Ports francs & dans ceux des Provinces réputées étrangeres une fois seulement, trois pour cent en nature ou de leur valeur, quand même elles seroient déclarées pour être transportées en Pays étrangers.

TROIS-EVESCHE'S. On comprend sous ce nom trois Villes Episcopales & Imperiales, Metz, Toul, & Verdun, qui appartiennent à la France. *Voyez* le détail du commerce des Trois-Evêchés, tant intérieur qu'extérieur, dans l'Etat général, Tome I. p. 226.

TROISIE'ME. Portion d'un tout divisé en trois parties égales. En ce sens on dit plus ordinairement un Tiers qui a la même signification. *V.* TIERS.

TROISIE'ME. Se dit aussi du nombre qui est après deux & devant quatre. Voilà la troisiéme Lettre de change que je tire sur vous. Cette Lettre est payable au troisiéme du mois.

TROISIE'ME. Se dit aussi quelquefois en terme de commerce & marchandise de laines, de la troisiéme espece de laine qui se tire de Segovie. Prime Segovie, Seconde Segovie, Troisiéme Segovie; on dit plus ordinairement Tierce Segovie. *Voyez* LAINE D'ESPAGNE.

TRONCHET. *Voyez* TROUCHET.

TROMPES. *Les Trompes d'Italie payent les droits de la Douane de Lyon a raison de 40 s. la balle d'ancienne taxation, & 10 s. de réapréciation.*

TRONQUOY. C'est un des douze Villages dépendans du Bourg de Tricot en Picardie. Il s'y fait de grosses serges qui se vendent pour serges de Tricot. Elles sont propres pour l'habillement des Troupes. *Voyez* TRICOT.

TROQUE. Terme de commerce qui n'est gueres en usage que dans les Colonies Françoises de Canada; il signifie la même chose que Troc ou Eschange. Aller faire la Troque avec les Habitans de Quebec, de Louis-Bourg, de Montreal, &c. c'est porter des marchandises d'Europe pour échanger avec les Pelleteries & autres denrées qui se tirent de cette partie de l'Amerique Septentrionale. *Voyez l'article du commerce où il est parlé de celui de la nouvelle France.*

TROQUER. Faire un troc; échanger une marchandise contre une autre. A Quebec & dans toute la nouvelle France on dit, Faire la troque. *V. l'article précédent.*

TROQUER LES AIGUILLES. C'est les faire passer les unes après les autres sur un morceau de plomb, pour faire sortir avec un poinçon le petit morceau d'acier qui est resté dans la tête après qu'elles ont été percées. *V.* AIGUILLE.

TROQUEUR. Celui qui est dans l'habitude de troquer. Ce Marchand est un véritable Troqueur; il n'achette jamais de marchandises comptant, tout son commerce se fait par troc.

TROUBAHOUACHE, qu'on nomme aussi Moncha ou Monka. Mesure de grains dont se servent les Habitans de Madagascar pour mesurer leur ris mondé; il contient environ six livres de ris. Pour le ris entier & non battu ils ont une autre mesure que l'on appelle Zatou. *Voyez* ZATOU.

TROUBLE. Filet de Pêcheurs dont on ne se sert gueres qu'en hyver pour aller pêcher le long des rivages en l'enfonçant sous les bordages, ce qui ne se pouvant faire sans troubler l'eau, a donné le nom au filet. Il est fait en demi-rond que forme un morceau d'orme autour duquel le filet de la trouble est attaché; une fourchette de bois à deux ou à trois fourchons soutient le morceau d'orme, & sert de manche; on ne s'en sert que de dessus le batteau. Ce filet a ordinairement huit à neuf pieds de hauteur.

TROUCHET. Espece de billot à trois pieds qui sert aux Tonneliers à doler leurs douves, c'est-à-dire, à les dégrossir avec la doloire. *V.* TONNELIER. On dit aussi Tronchet.

TROUSSE. Faisseau de paille, de foin, ou d'herbe en forme de grosses bottes, que les Cavaliers d'une armée rapportent d'un fourage pour la nourriture de leurs chevaux. Il se dit aussi des plus grosses bottes de pailles que vendent les Marchands qui font ce commerce. Dans ce dernier sens:

Les Trousses de pailles tant de froment que d'autres, payent en France les droits d'entrée à raison de 3 s. le cent en nombre.

TROUSSEAU. Terme de Monnoye au marteau. C'est ce qu'on appelle présentement la Matrice, le coin ou le Carré d'effigie. Monsieur Felibien croit au contraire que c'est le Poinçon. *V.* MONNOYAGE AU MARTEAU.

TROUSSER ou DROUSSER LA LAINE. Terme de Manufacture. *Voyez* DROUSSER LA LAINE.

TROUSSES. Ce sont les cordages de moyenne grosseur qui servent aux Charpentiers à lever à la main les petites pieces de bois.

TROUSSEUR ou DROUSSEUR. Celui qui drousse ou drosse la laine. *V.* DROUSSEUR.

TROYES. Ville de France, Capitale du Comté de Champagne sur la riviere de Seine. Cette Ville est célebre par le grand commerce & les richesses de ses Habitans, aussi-bien que par la grande quantité de Fabriques & de manufactures qui y fleurissent & qui y entretiennent un nombre infini d'Ouvriers. On n'entrera ici dans aucun détail de ces avantages, & l'on renvoye le Lecteur à l'Etat général du Commerce, Tome I. page 28.

Il y a à Troyes un Inspecteur des Manufactures, qui a dans ses Instructions la qualité d'Inspecteur de Châlons & Troyes. On peut voir ci-devant l'article de Châlons; on y trouvera les lieux qui sont du département de cette Inspection.

TROYE-GEWICHT. C'est ainsi que l'on nomme en Hollande ce qu'on appelle en France Poids de marc. *V.* cet article.

TRU

TRUAGE. Impost que quelques Seigneurs levent sur les marchandises qui passent sur leurs terres. On l'appelle aussi Treu & Péage. *Voyez* PEAGE.

TRUBLE. Sorte de Filet. *V.* TROUBLE.

TRUELLE. Outil qui sert à employer le plâtre, le mortier, le ciment & la terre dans les ouvrages de Maçonnerie, de Limosinerie, & dans ceux des Couvreurs & des Paveurs. La Truelle est ordinairement de fer; il s'en fait néanmoins aussi plusieurs de cuivre. Elle consiste dans une plaque de l'un de ces métaux, coupée en triangle irrégulier & arrondie par le bout, avec un manche de bois.

LA TRUELLE DE LIMOSINS est differente de celle des Maçons seulement en ce qu'elle n'est point arrondie par le bout, mais qu'au contraire elle se termine en un angle très aigu.

LA TRUELLE BRETE'E OU BRETELE'E, est petite & faite presque comme un triangle parfait; elle est toujours de fer & a des dents des deux côtés.

Il y en a pourtant qui ne sont dentelées que d'un côté. Elle n'est propre qu'aux Maçons qui s'en servent à dresser les enduits de plâtre.

TRUELLE. En terme de Sucrerie, signifie un instrument de cuivre avec un manche de bois, qui est assez semblable à la truelle des Maçons. On s'en sert pour affermir & applanir le fond des formes à sucre avant de leur donner la premiere & la seconde terre. *V.* SUCRE TERRE'.

TRUELL'EE. La quantité de plâtre que l'on peut prendre avec une truelle. Lorsqu'un Maçon n'a besoin que de peu de plâtre, il dit à son Manœuvre de ne lui gâcher qu'une truellée de plâtre.

TRUFETTE. Nom que l'on donne à certaines toiles blanches faites de lin, qui approchent assez de la qualité de celles qu'on appelle Toiles demi-Hollande. Aussi leur donne-t-on souvent le nom de Truffette demi-Hollande, quoiqu'elles soient d'une moindre largeur que les véritables demi-Hollande.

Les Truffettes sont ordinairement, ou d'une demi-aune demi quart, ou d'une demi-aune un douze de large sur quatorze à quinze aunes de long, mesure de Paris.

Ces toiles qui se fabriquent en Picardie, particulierement à Beauvais & aux environs de cette Ville, sont propres à faire des mouchoirs à moucher, & des manches pour des chemises de femmes.

Il se fait encore des Truffettes, mais rarement, de deux tiers de large qui servent à faire des chemises pour femmes. Les Truffettes se plient pour l'ordinaire en bâtons ou rouleaux, ainsi que les demi-Hollande.

Le premier qui a fait fabriquer de ces sortes de toiles, a été le sieur Nicolas Dance, fameux Marchand de Beauvais, très entendu dans le commerce & dans la Manufacture des Toiles. *V.* DEMI-HOLLANDE.

TRUITE ou TRUITTE. Poisson d'eau-douce marqueté de plusieurs taches jaunes & rouges.

Il y en a de deux sortes : des petites qui se nourrissent dans les ruisseaux d'eau vive & dans les torrens ; celles ci se nomment simplement Truites : & de grosses, qu'on appelle Truites Saumonées, non seulement parce qu'elles ressemblent aux saumons, soit pour leur grosseur, soit pour la rougeur de leur chair, mais encore parce que suivant le cours des grandes rivieres & descendant jusqu'à leur embouchure dans la mer, elles y prennent ce goût relevé, qui fait que souvent on les préfere au saumon.

Les Truites saumonées d'Ecosse y sont une partie du commerce du poisson salé, s'y mettant en futailles & s'y salant à la maniere que l'on sale les vrais saumons, & de là se transportent en France & dans les autres Pays étrangers. Ce sont ces sortes de Truites Ecossoises que l'on nomme ordinairement Grils ou petits Saumons. *Voyez* SAUMON.

Les Truites payent en France les droits d'entrée à raison de 25 s. le cent en nombre, & pour ceux de sortie 40 s.

TRUMEAU ou TREMEAU. Terme de Miroitier. Il se dit des glaces qui se placent dans l'entre-deux des croisées que les Architectes nomment Trumeaux, d'où ces miroirs ont pris leur nom. *Voyez* GLACE.

TRUSQUIN D'ASSEMBLAGE. Outil dont les Menuisiers se servent pour marquer l'épaisseur des tenons & la largeur des mortoises qu'ils veulent faire pour assembler leur bois, afin que les unes répondent aux autres.

Cet outil est de bois composé de deux pieces ; l'une est une espece de regle d'un pouce d'équarissage, & de dix ou douze de longueur, qu'on appelle la Tige ; l'autre est une très petite planche ou morceau de bois plat peu épais, d'environ de quatre pouces en quarré, à travers lequel passe la regle, ensorte néanmoins qu'on puisse l'avancer ou le reculer à volonté. C'est sur la tige qu'est la pointe à tracer.

On appelle Trusquin à longue pointe un trusquin qui n'a qu'une pointe, mais très longue ; il sert à courroyer du bois, & à pouvoir atteindre dans les fentes ou flaches que le bois peut avoir.

TRUSTE'E. Mesure de continence dont on se sert en quelques lieux de Bretagne, particuliérement dans toute l'étendue de la Prévôté de Nantes pour le commerce des sels qui s'y vendent ordinairement au cent de trustées.

Vingt-cinq trustées font environ un muid mesure Nantoise.

TRUXILLO. Ville de l'Amerique Espagnole sur la mer du Sud. C'est une des plus belles Villes & des plus anciennes que les Espagnols ayent au Perou : son havre n'est guére sûr ni guére commode ; cependant il y vient assez de Vaisseaux, & il s'y fait un assez grand commerce ; les principales marchandises qu'on en tire sont l'eau-de-vie, le sucre, des confitures & les soies. *Voyez* l'Etat géneral, Tome I. page 494.

TRUYE. C'est la fémelle du verrat ou porc. Outre les petits que cet animal donne en abondance deux fois l'année, elle fournit encore les mêmes choses pour le négoce & les Manufactures que son mâle ; entre autres ce cuir fort & épais qu'on nomme Cuir de Truyes, dont à Paris les Libraires se servent pour faire les couvertures des plus beaux & des plus grands livres d'Eglise. Quand la Truye est grasse & qu'elle a fait plusieurs portées, on l'appelle Coche. *V.* PORC.

TUB

TUBE, en terme de Lunetier. Est le tuyau qui sert à porter les verres des lunettes à longue vûe. On le partage ordinairement en plusieurs morceaux qui s'emboetent les uns dans les autres. On en fait de carton, de fer blanc, & de legers copeaux de bois. *Voyez* LUNETTE, LUNETTIER & MOULE.

TUBE, en terme d'Emailleur. Est un tuyau de verre gros & long à volonté, dont ces Ouvriers se servent pour aviver le feu de leur lampe en soufflant à la bouche, lorsque leurs ouvrages n'étant pas de longue haleine, ils ne veulent pas se servir du soufflet à émailler. Ils ont encore divers tubes aussi de verre, pour soufler & enfler l'émail. Ils s'en servent à proportion comme les Verriers font de la felle ou sarbacanne pour soufler le verre. *V.* EMAIL.

TUC

TUCKEA. Poids dont on se sert à Mocha Ville d'Arabie, célebre par son grand commerce, particulierement par celui du caffé. 40 tuckea font un mann, dont 10 font le trafell, 15 de ce dernier font le hahars qui est de 420 liv.

TUE

TUES-VENTS. Petites Cabanes mobiles faites

en forme de guérites, sous lesquelles les Fendeurs & Tailleurs d'ardoises se mettent à couvert. *V.* Ardoisiere.

TUF

TUF. Grosse étoffe de très petit prix, qui a environ demi-aune de large, & dont la chaîne est de fil d'étoupe de chanvre, & la tréme de ploc ou poil de bœuf filé. Cette étoffe sert ordinairement aux Tondeurs de Draps à garnir les tables à tondre. Il s'en fabrique en plusieurs lieux de France; mais c'est de Beauvais d'où il en vient le plus.

TUI

TUILAGE. Terme de Tondeurs de Draps. *Voyez* Tuile a Tondeur.

TUILE. Morceau de terre glaise, pétrie, séchée, & cuite au four, dont on fait des especes de tablettes peu épaisses, qui servent à couvrir les maisons & autres bâtimens.

Il se fait des tuiles de diverses figures & de diférens moules. A Paris on ne se sert guéres que de tuiles quarrées. En Guyenne elles sont rondes ou plûtôt en demi-cercle ou en forme de goutiere. En Flandres elles ont la figure d'un S; c'est-à-dire, qu'elles sont composées de deux demi-cercles joints ensemble, mais dans une situation opposée de leur diametre. Ces deux dernieres sortes de tuiles qu'on appelle également Tuiles rondes, & qu'on ne distingue qu'en y ajoutant qu'elles sont ou à la maniere de Guyenne, ou à celle de Flandres, ne peuvent s'employer que sur des combles extrêmement plats à cause qu'elles n'ont point de crochet pour les arrêter sur les lattes. Les tuiles carrées au contraire qui ont un crochet, sont propres à toutes sortes de couvertures quelque droites qu'elles puissent être.

Outre ces trois principales especes de tuiles, il y a des tuiles gironnées plus étroites par en haut que par en bas, dont on couvre les faîtes des tours rondes qu'on ne veut pas couvrir d'ardoise; des tuiles hachées qui servent à faire les noues des couvertures; des faitieres qui ne sont autre chose que les tuiles rondes de Guyenne, & des cornieres; celles-ci servent pour mettre aux angles & aux arrêtes; celles-là pour en faîter les combles des bâtimens.

L'usage des tuiles plates est le plus ordinaire en France, & particulierement à Paris où l'on ne voit plus ou peu de couvertures de tuiles rondes. Ces premieres sont de trois sortes qu'on distingue par les moules, qui sont, le grand moule, le moule bâtard, & le petit moule.

La tuile du grand moule porte treize pouces de long & huit de large: celle du petit moule neuf à dix de long sur six de largeur: & la tuile du moule bâtard tient le milieu entre les deux. Cette derniere sorte de tuile ne s'employe plus à Paris, & l'usage commence même à s'en perdre dans les Provinces.

Toutes les tuiles plates ont un crochet par le haut pour les arrêter sur les lattes; c'est-à-dire, une espéce de mantonnet de la même terre d'un pouce de large, & d'un demi-pouce d'épaisseur. A côté du crochet sont deux trous pour y pouvoir passer des clous, & suppléer dans l'occasion au crochet s'il s'aplatissoit ou se cassoit.

Le millier du grand moule fait sept toises de couvertures, en laissant à chaque tuile quatre pouces d'échantillon ou de pureau. On entend par ces deux termes qui sont synonimes ce qui reste de tuile découvert de chaque rangée de tuiles qu'on place les unes sur les autres. Le petit moule fait trois à quatre toises, & n'a que trois pouces, au plus trois pouces & demi de pureau. Le pureau du moule bâtard, & le nombre de toises de couverture qu'on en fait se regle sur sa hauteur & sa largeur, qui sont differentes suivant les lieux.

Toute la tuile du grand moule qui s'employe à Paris, se cuit en Bourgogne, d'où elle arrive par eau au port S. Paul, pour les bâtimens de la Ville, & au port à Langlois deux lieues au dessus, pour la facilité du transport de celle qu'on destine pour la Campagne.

C'est aussi de Bourgogne que vient le petit moule de la meilleure qualité; celui qu'on tire de Champagne par la Marne, & qui se décharge au pont de S. Maur, étant d'un très mauvais usage, la tuile s'éfeuillant facilement. Pour la tuile du petit moule qui se cuit en quelques lieux des environs de Paris, elle est encore plus mauvaise que celle de Champagne.

Les faîtiers du grand moule ont un pied quatre pouces de long; celles du petit moule & du moule bâtard à proportion.

Les tuiles de quelques moules qu'elles soient, se vendent au millier, le millier composé de mille quarante tuiles; c'est-à-dire, de quatre par cent d'excedent de compte. On donne aussi six faîtiers par chaque millier. *V.* Couverture.

Les Tuiles à crochet payent de droits de sortie de France 10 s. le millier en compte.

Tuile. Les Tondeurs de draps appellent ainsi une sorte de petite planche ordinairement de bois de sapin d'environ deux pieds & demi de long, & large de quatre pouces, sur un côté de laquelle est étendu & appliqué une espece de mastic composé de résine, de grais & de limaille de fer passé au sas.

On se sert de cet instrument pour nettoyer les étoffes de laine de la tonture qui peut être restée dessus, & en même tems pour en ranger ou coucher le poil. Cette façon ne se donne qu'après que l'on a fait passer le cardinal & la brosse par dessus l'étoffe. Le tuilage est ce que les Tondeurs appellent le définitif de leur ouvrage. *Voyez* Cardinal *&* Brosse.

TUILEAU. Morceau de tuile cassée. Le ciment se fait avec des tuileaux. *V.* Ciment.

TUILER. Terme de Tondeurs d'étoffes de laine. C'est faire passer sur les étoffes quand elles sont tondues, l'instrument qu'on nomme la Tuile. *V. ci-dessus Tuile des Tondeurs.*

TUILERIE. Lieu où l'on fait des tuiles. *V.* Four *&* Fourneau a Tuiles.

TUILIER. Marchand qui vend les tuiles, ou l'Ouvrier qui les fait.

TUM

TUME'EN, Ville de Siberie. Ses habitans font un grand commerce avec les Tartares. Il consiste principalement en Pelleteries. *Voyez* l'Etat général, Tome I. page 300.

TUMEIN, qu'on nomme plus communément Toman. Monnoye de compte en usage dans toute la Perse & dans plusieurs lieux des Indes; le tumein Persan qui est aussi un poids pour peser les monnoyes, est estimé quarante-cinq à quarante-six livres monnoye de France, à prendre l'écu de 9 au marc à 3 liv. 10 s. *V.* Toman.

TUN

TUNA, ou TONNA. Arbre qui produit le fruit où se rencontre la cochenille. *V.* Cochenille.

TUNGUSES, Peuples de la Tartarie Russienne, qui habitent le long de la riviere d'Argum. Le commerce qu'ils font avec les Targasi ou les Xixi Tartares Chinois consiste principalement en Pelleteries. *Voyez* l'Etat général, Tome I. page 416.

TUNQUIN, ou TONQUIN, Royaume de l'Inde au-delà du Gange, vers la Chine. *Voyez* le détail du commerce de ce Royaume, dans l'Etat général, Tome I. pages 285, 446.

TUR

TURBAN. Coeffure de tête dont se servent plusieurs peuples, particulierement en Asie & en Afrique.

Turbans. Ce sont aussi des toiles de coton rayées, bleues & blanches, qui se fabriquent en divers endroits des Indes Orientales. On leur donne ce nom parce qu'elles servent à couvrir & faire l'habillement de tête qu'on nomme un turban. Elles sont propres pour le commerce de Guinée, leur longueur n'est que de deux aunes sur une demie-aune de large. Leur veritable nom est des Brauls.

Turbans, ou SAUCISSONS. Les Marchands Epiciers-Droguistes nomment ainsi des morceaux de gomme-gutte de forme cylindrique que les Chinois & les Cochinchinois apprêtent de la sorte lorsque cette gomme est encore en consistance de pâte. *V.* Gomme Gutte.

TURBIT. Racine médicinale qui vient des grandes Indes, surtout de Cambaye, Suratte & Goa; d'autres prétendent néanmoins que le véritable turbit vient particuliérement de l'Isle de Ceylan.

Le turbit des Modernes a si peu de ressemblance avec celui des Anciens, qu'il est difficile de croire que ce soit le même; celui de nos Marchands Epiciers-Droguistes dont l'on prétend seulement parler ici, est une plante qui rampe sur la terre à la maniere du lierre; sa racine est d'une moyenne grosseur & longue à proportion, ses feuilles sont assez semblables aux feuilles de la guimauve à la reserve qu'elles sont plus blanches, veloutées, piquantes & comme épineuses; ses fleurs sont incarnates, pareilles à celles du liseron, & lorsqu'elles sont passées il reste des gousses qui enferment quatre grains noirâtres demi-ronds, & de la grosseur du poivre. Cette plante aime les lieux humides, & surtout le voisinage de la mer.

Le turbit doit être choisi bien mondé, c'est-à dire fendu en deux, & que le cœur ou matiere ligneuse qui est au milieu de la racine en soit ôtée, qu'il soit difficile à rompre, gris au dehors, grisâtre au dedans, pesant, point carié ni vermoulu, mais résineux aussi bien au milieu qu'aux extrémités; quelques-uns le veulent en gros morceaux, d'autres en moyens; de l'une & de l'autre sorte il y en a d'excellent.

Quelques Apoticaires ou par ignorance ou par épargne substituent quelquefois la thapsie blanche, qu'on nomme aussi Turbit gris, au véritable turbit, quoique pour les proprietés, pour la couleur & pour le goût ils ne se ressemblent guéres. La Thapsie étant légere, d'un gris argenté à l'extérieur, d'un goût si âcre & si chaud qu'elle enleve la bouche, & d'un effet si violent qu'on ne s'en sert guéres sans danger, ce qui ne convient point à la description qu'on vient de faire du turbit.

Il y a encore une autre sorte de Thapsie qu'on appelle Thapsie noire qui est un remede fort violent & non moins dangereux que la blanche.

Le Turbit paye en France les droits d'entrée à raison de 30 liv. du cent pesant, conformément au Tarif de de 1664.

Les droits de la Douane de Lyon sont de 7 liv. 2 s. 6 den. le quintal d'ancienne taxation, & 40 liv. pour les anciens quatre pour cent.

Le Turbit est du nombre des marchandises venant du Levant, sujettes au droit de vingt pour cent suivant l'Arrêt du 15 Août 1685.

Turbic blanc, autrement Alypon montis Ceti. Nom que les Botanistes donnent à une plante purgative qui croît en plusieurs endroits de France, surtout en Provence & en Languedoc. *V.* Sené *à la fin de l'article.*

TURQUIN. On appelle Bleu Turquin un bleu dont la nuance est très foncée *V.* Bleu.

TURQUOISE. Pierre précieuse de couleur bleue ordinairement opaque, mais quelquefois un peu transparente.

Il y en a d'Orientale & d'Occidentale de la vieille & de la nouvelle roche. L'Orientale tire plus sur le bleu que sur le verd, & l Occidentale plus sur le verd que sur le bleu; celles de vieille roche sont d'un bleu Turquin; celles de la nouvelle sont plus blancheâtres & ne conservent pas leur couleur.

L'Orientale vient de Perse, des Indes & de quelques lieux de Turquie; quelques Auteurs même croyent que c'est la Turquie qui lui a donné son nom parmi les Modernes; l'Occidentale se tire de divers endroits de l'Europe, entr'autres d'Allemagne, de Boheme, d'Espagne & de Silesie; il s'en trouve aussi beaucoup en Languedoc Province de France, & ce sont celles-là qu'on nomme communément de la nouvelle Roche.

Des Connoisseurs prétendent qu'il y a des turquoises Françoises qui ne différent en rien des Persiennes pour le poids & pour la dureté; & peut être en effet seroient-elles plus estimées, si la rareté ou l'éloignement des lieux en augmentoient le prix; ce qui est pourtant certain, c'est qu'elles ne prennent pas un si beau poliment, qu'il est moins doux, & qu'il est chargé de quelques rayes ou filamens.

Les Turquoises sont faciles à tailler, & outre les cachets qu'on y grave, on en voit d'assez grands morceaux dont d'habiles Sculpteurs ont fait des crucifix ou autres figures de près de deux pouces de haut. Furetiere sous la caution de Boece de Boot Médecin de l'Empereur Rodolphe II. assure pourtant qu'on n'en trouve point qui excede la grosseur d'une noix, ce que l'on peut assurer n'être pas véritable, l'Auteur de ce Dictionnaire ayant vû une croix de Turquoise entre les mains d'un de ses amis qui étoit d'un plus grand volume.

L'on attribue à la Turquoise une espece de vertu sympatique; on croit communément qu'elle change de couleur ou qu'elle se rompt à la maladie, à la mort ou même aux avantures malheureuses de celui qui la porte. Le même Auteur cité par Furetiere dans son traité des pierreries, attribue tout cela à des causes naturelles & assez vrai semblables.

La Turquoise se contrefait aisément, & souvent si parfaitement qu'on peut s'y tromper à moins qu'on ne l'ôte du chaton.

Un Auteur moderne, très versé dans la connoissance des pierres précieuses, & très intelligent dans le commerce de Perse où il avoit fait un long séjour (le Chevalier Chardin) distingue, comme les autres Auteurs, deux sortes de turquoises Persannes, la vieille roche & la nouvelle. Il ajoûte que la vieille se tire de deux mines différentes qui sont celles de Nicapour & de Carasson, dans une montagne, entre l'Hircanie & la Parthide, à quatre journées de la mer Caspienne. Ces mines furent découvertes sous Phirous ancien Roi de Perse. Le nom de la Turquoise vient à cette pierre précieuse de la Province où elle se trouve, qui est la veritable Turquie, d'où les Turcs modernes ont pareillement pris leur nom.

La nouvelle roche, qui n'a été découverte que bien des siécles après la vieille, est peu estimée des Persans, à cause que la couleur se conserve peu.

Toute la vieille roche se réserve pour le Roi, qui garde les plus belles, & vend ou échange les moindres; il n'est pas néanmoins difficile d'en avoir à assez bon compte, & même des piéces rares & considerables. Les Ouvriers qui travaillent aux mines, & les Officiers qui y commandent pour le Roi en détournant souvent des plus belles, que pour n'être pas découverts, ils ne vendent guére qu'aux Marchands Etrangers.

TUT

TUTHIE, ou TUTIE. Suye métallique, formée en écailles voutées ou en goutieres de plusieurs grandeurs & épaisseurs, dure, grise, chagrinée en dessus & relevée de quantité de petits grains gros comme des têtes d'épingles; elle se trouve attachée à des rouleaux de terre qu'on a suspendus exprès au haut des fourneaux des Fondeurs en bronze pour recevoir la vapeur du métail. La Tuthie vient d'Allemagne & de quelques autres endroits; on l'apportoit autrefois d'Alexandrie.

Pour préparer la Tuthie on la fait rougir trois fois dans un creuset entre des charbons ardens & on l'éteint autant de fois dans de l'eau rose; on la broye ensuite sur le porphyre y mêlant la quantité qu'il faut d'eau rose ou de plantin, jusqu'à ce qu'elle soit en poudre très fine; alors on en forme de petits trochisques, qu'on fait sécher. La meilleure préparation de la Tuthie se fait à Orleans.

La Tuthie est propre pour les maladies des yeux délayée dans de l'eau rose ou l'eau de plantin, & incorporée dans du beure frais.

Elle est aussi un excellent remede pour les hémorroïdes; la bonne Tuthie doit être en belles écailles épaisses & bien grainées, d'un beau gris de souris au dessus, d'un blanc jaunâtre en dedans; difficile à casser & sans ordures ni menu.

La Tuthie paye en France les droits d'entrée à raison de 3 liv. 10 s. le cent pesant, conformément au Tarif de 1664.

Les droits de la Douane de Lyon sont de 3 liv. 2 s. 6 den. le quintal.

Cette drogue est du nombre des marchandises venant du Levant sujettes au droit de vingt pour cent suivant l'Arrêt du 15 Août 1685.

TUY

TUYAU. Canal ou conduit qui sert à faire entrer l'air, le vent, l'eau & autres choses liquides dans quelques endroits, ou à les en faire sortir.

On fait des tuyaux d'étain, de plomb, de leton, & de bois pour monter les orgues; ces derniers sont en maniere de caisses quarrées, les autres sont ronds.

Les tuyaux pour la conduite & décharge des eaux & pour les machines hydrauliques se font ordinairement de fer fondu, de plomb, de terre & de bois. On employe communément pour ceux-ci du bois de chêne ou d'aulne.

Les tuyaux de fer se fondent dans les fonderies & forges de fer; leur diametre est suivant la volonté de celui qui les ordonne, leur épaisseur proportionnée à leur diametre, & leur longueur comme de deux pieds & demi à trois pieds; on les joint les uns aux autres par le moyen de quatre vis & de quatre écrous à chaque bout, en mettant entre deux pour étancher l'eau du cuir ou du feutre d'un vieux chapeau.

Les tuyaux de terre se font par les Potiers de terre; ils s'emboitent les uns dans les autres ayant tous un bout plus large que l'autre. Pour les mieux unir & empêcher l'eau de s'échapper, on les couvre de mastic ou de poix avec des étoupes ou de la filasse. Ils portent à peu près même longueur que ceux de fer; le diametre est à discretion; l'épaisseur suivant le diametre.

Les tuyaux de bois se percent par des Charpentiers-Fontainiers avec de grandes tarrieres de fer de différentes grosseurs & figures qui se succedent les unes aux autres; les premieres sont pointues & en forme de pique comme les amorçoirs des Charpentiers; les autres ont une forme de cuilliere par le bout, bien acerée & bien tranchante, & augmentent de diametre depuis un pouce jusques à six & plus; toutes se tournent avec une forte piéce de bois semblable aux bras des tarrieres ordinaires. Ces tuyaux s'emboitent les uns dans les autres, ils se vendent à la toise.

L'on fait de deux sortes de tuyaux de plomb; les uns soudés, & les autres sans soudure: on ne parlera ici que des premiers, la fabrication des autres ayant été expliquée ailleurs. *Voyez* PLOMBIERS.

Lorsque chaque table de plomb a été fondue de largeur, épaisseur & longueur convenables à l'usage qu'on en veut faire, & qu'elles ont été bien débordées, on les arrondit sur des rondins de bois avec des bourseaux & des maillets plats: ces rondins sont des rouleaux de grosseur & longueur à discretion, qui servent comme d'ame ou de noyau aux tuyaux & que l'on en tire lorsque l'ouvrage est arrondi.

Les deux bords bien revenus l'un contre l'autre & se joignant parfaitement, on les gratte avec un grattoir, & ayant frotté de poix-résine ce qu'on a gratté, on y jette dessus la soudure fondue dans une cuilliere que l'on applatit ensuite avec le fer à souder, & que l'on rape avec la rape, s'il est nécessaire.

Pour les petits tuyaux où la soudure ne s'employe pas fort épaisse, on la fait fondre avec le fer à souder à mesure qu'on l'applique; s'il y a des endroits où l'on ne veut pas que la soudure s'attache, on les blanchit de craye, ou on les salit avec la main.

Comme il y a des tuyaux d'un si grand diametre & d'une épaisseur si considerable qu'il seroit difficile de les souder sans les chauffer en dedans, les Plombiers ont pour cela des polastres, c'est-à-dire, des espéces de poêles quarrées, faites de cuivre fort mince, de deux ou trois pieds de long sur quatre ou cinq pouces de large & autant de haut, dont le fond est en rond. Ces poêles s'emplissent de braise, & avec un long manche de bois qu'elles ont à un bout, se coulent dans la cavité du tuyau & s'arrêtent aux endroits que l'on veut chauffer pour les souder.

Il se fait aussi des tuyaux de cuivre par les Fondeurs en sable & terre; ils servent particuliérement aux corps des pompes pour l'élévation des eaux, & aux endroits des conduites où il y a des regards & où l'on pose des robinets.

TYM

TYMFE. Petite monnoye de Pologne qui vaut environ six sols de France.

V

VAB VAC

Vingtiéme lettre de l'Alphabet. Cette lettre suivie d'un petit ° fait verso V°. Cette même voyelle ou simple V ou double W barré par le haut, signifie écu ou écus de soixante sols ou trois livres tournois, de neuf au marc.

VAB

VABRES, Ville de France en Rouergue. Il y a une Fabrique de Serges, dont le produit est considerable. *Voyez* l'Etat général, Tome I. page 214.

VAC

VACHE. Bête à corne, femelle, qui porte les veaux, & qui a pour mâle le taureau. Les jeunes vaches qui n'ont point encore souffert les approches du taureau se nomment Taures ou Genisses.

De tous les animaux qui sont sur la terre il n'y en a guéres dont l'on tire plus d'utilité que de la vache, soit pour la nourriture de l'homme, soit pour le négoce. Les principales choses qu'elle fournit, outre les veaux dont on fait un article particulier, sont la chair, le lait, la peau, les cornes, les os, la graisse & le poil.

La chair de vache se vend à la livre ou à la main par les Bouchers dans les boucheries publiques, ou dans des étaux particuliers. L'on dit en proverbe, Qu'à la boucherie les vaches sont bœufs, & à la tannerie les bœufs sont vaches; pour faire entendre, qu'on fait passer la chair de vache pour celle de bœuf, & le cuir de bœuf pour celui de vache.

Le lait de vache, outre son usage de servir d'aliment aux enfans & même aux personnes de tous les âges, s'employe aussi à blanchir des toiles, à faire du beurre, & à composer du fromage. L'on prétend qu'il y a en Hollande des vaches si abondantes en lait, qu'elles en fournissent tous les jours jusqu'à vingt-sept pintes.

On parle ailleurs du commerce des beurres & des fromages. *Voyez* BEURRE *&* FROMAGE.

Les peaux de vaches, que l'on appelle aussi Cuirs, se vendent en poil, ou vertes, ou salées, ou séches; & sans poil, ou tannées, ou passées en coudrement ou en croûte, ou corroyées, ou apprêtées de plusieurs autres manieres, qui se trouvent toutes expliquées dans les articles de Cuir, Peau & Tanner, ausquels l'on peut avoir recours.

Les rogneures des peaux, les cartillages & les pieds servent à fabriquer de la colle-forte, en les faisant bien bouillir & dissoudre dans l'eau. *Voyez* COLLE FORTE.

Les cornes de vaches tant de la tête que des pieds, s'amollissent par le feu, & s'employent à divers usages; comme pour faire des peignes, des lanternes, des tabatieres, des étuits à curedents, des écritoires de poche, &c. *V.* CORNE.

Les os se brûlent pour faire une sorte de noir propre à la peinture, que l'on appelle Noir d'os. Les Tablettiers, Couteliers, Patenôtriers, Tourneurs & autres semblables Ouvriers s'en servent aussi pour leurs divers ouvrages. *Voyez* OS *&* NOIR D'OS.

La graisse entre dans la composition du suif dont on fait les chandelles. *V.* SUIF.

Enfin le long poil de la queue après avoir été cordé & bouilli pour le friser, fournit aux Tapissiers & Selliers une partie du crin qu'ils employent; & avec le plus court on fait la bourre dont on rembourre les selles de chevaux, les basts de mulets, & les meubles de peu d'importance.

L'on fait aussi entrer le poil de vache dans la fabrique des tapisseries que l'on appelle Bergame, qui se font particuliérement à Rouen & à Elbeuf en Normandie.

Les Vaches vives, ou tuées ou habillées, venant des Pays étrangers, payent en France les droits d'entrée à raison de 30 s. de la piece; & celles venant des

Provinces du Royaume où les Aydes n'ont cours, 6 sols.

A l'égard des droits de sortie, les Vaches vives ou mortes, grasses ou maigres, payent 40 sols de la piece.

On parle ailleurs des droits qui se payent pour les peaux de Vaches préparées par les Tanneurs & Courroïeurs. Voyez Cuir.

Vache grasse & Vache seche, qu'on nomme plus ordinairement Vache blanche. Ce sont des noms que l'on donne aux peaux ou cuirs de vaches apprêtées d'une certaine maniere par les Courroyeurs. *V.* Courroyer; *vous y trouverez les différens apprêts de ces deux sortes de peaux.*

Vache en grain. C'est ainsi que l'on nomme une peau ou cuir de vache, dont la superficie est devenue grénue par les différens apprêts qu'on lui a donné. *V.* Cuir courroyé, *à l'endroit où il est parlé de la Vache grasse. V. aussi* Tanner, *à l'endroit de l'article où l'on fait mention de la maniere de mettre les cuirs en coudrement.*

VACHE MARINE. *V.* Cheval marin.

Vache de Russie, que l'on appelle par corruption Vache de Roussi. Sorte de cuir ou peau de vache qui vient toute apprêtée de Moscovie, où elle se prépare d'une maniere toute particuliére qui n'est guéres connue que de ceux qui s'en mêlent dans le Pays. L'on rapportera cependant ce qu'en dit Richelet dans son Dictionnaire François: voici comme il en parle:

» La Vache de Roussi est du cuir de vache qu'on » façonne hors de France, qu'on passe en redon, » c'est-à-dire, en herbe; ensuite on lui donne » une charge de bresil bouilli & de noix de galle » pour le rougir, & après on le pare, on le foule, on le travaille, on lui donne toutes les façons nécessaires pour le mettre en état de servir. M. Merigo, l'un des plus habiles Tanneurs de Paris, m'a dit ce que j'avance ici de » la Vache de Roussi.

Tout cela est pris de Richelet, à qui il paroît que l'on n'a donné que la maniere ordinaire de passer les cuirs en rouge, comme le pratiquent tous les Courroyeurs de Paris. *V.* Courroyer le Cuir.

Les Vaches de Roussi paye en France les droits d'entrée à raison de vingt pour cent de leur valeur, conformément aux Arrêts du premier Février & 10 May 1689.

Les droits de la Douane de Lyon sont de 8 s. de la piéce tant d'ancienne que de nouvelle taxation. V. les droits des autres Tarifs à l'article des Cuirs.

Les Vaches de Levant habillées payent à la même Douane 5 s. de la piéce pour tout droit. Elles sont du nombre des marchandises du Levant, sur lesquelles outre les droits ordinaires on leve vingt pour cent de leur valeur, suivant l'Arrêt du 15 Août 1685.

Les vaches de Russie se vendent à la livre à Amsterdam: elle donne un pour cent de déduction pour le prompt payement; leur prix ordinaire est depuis 6 sols jusqu'à 16.

Vache dure. C'est une peau de vache où le Courroyeur n'a mis du suif que du côté de la fleur, & ni suif ni huile du côté de la chair; en quoi elle est différente de la vache grasse & de la vache blanche; la premiere étant passée en suif de fleur & de chair, & l'autre ayant du suif du côté de la fleur, & de l'huile du côté de la chair. *Voyez* Courroyer.

Vaches. Les Imprimeurs appellent ainsi les deux

cordes qui retiennent le train de la presse, crainte qu'en le retirant de dessous la platine, il ne revienne trop sur le devant du berceau. *Voyez* Imprimerie.

Vaches de sel. On nomme aussi de la sorte en Poitou, les monceaux de sel en forme de meules de foin, où l'on met secher le sel au sortir des salines. *Voyez* Sel.

VAD

VADE. Terme de commerce de mer, qui signifie l'intérêt que chacun a dans un vaisseau à proportion de l'argent qu'il y a mis. Je suis pour un sixiéme de vade dans l'armement de l'Amphitrite, c'est-à-dire, j'y ai un sixiéme.

VADEMANQUE. Diminution du fond d'une caisse, qui arrive par la mauvaise conduite de celui qui la tient.

VAG

VAGUES, qu'on nomme aussi BRASSOIRS ou BRASSOIRES. Ce sont des especes de longs rabots de bois assez semblables à ceux avec lesquels les Limosins courroyent leur mortier. Les Brasseurs de biere s'en servent pour remuer & brasser leur biere, soit dans les cuves à matieres où ils la préparent, soit dans les chaudieres où ils la font cuire. *Voyez* Brasseur.

VAH

VAHATS. Arbrisseau de l'Isle de Madagascar, dont la racine est propre pour la teinture. Lorsqu'on veut se servir de cette racine, on en leve l'écorce qui peut seule donner de la couleur; & après en avoir réduit une partie en cendres dont on fait une espece de lessive, on met bouillir dans cette lessive avec l'autre partie d'écorce qu'on a réservée, les matieres qu'on veut teindre; ausquelles il faut prendre garde de ne pas donner un feu trop vif. La couleur que produit cette teinture est un beau rouge couleur de feu, ou un jaune éclatant, si l'on y ajoute un peu de jus de citron.

VAI

VAISSEAU. Ce qui peut contenir quelque chose, & singuliérement la liqueur. Un muid, une pipe, un boisseau sont des vaisseaux à mettre le vin, l'eau-de-vie, le blé, &c.

Vaisseau Marchand. Signifie toutes sortes de navires ou bâtimens de mer, grands & petits, qui servent à transporter des marchandises d'un lieu en un autre. *Voyez* Navire.

Vaisseau en sacque. Il se dit des Vaisseaux qui vont en Terre-neuve acheter des morues séches. *Voyez* Morue.

Vaisseaux a fouler, que l'on nomme aussi Pilles ou Pots. Ce sont pour l'ordinaire, particuliérement du côté d'Amiens, de gros troncs d'arbres que l'on a creusés en façon d'auges ou mangeoires d'écuries, où l'on a eu soin de laisser des séparations de distance en distance. C'est dans ces vaisseaux que l'on met les étoffes que l'on veut fouler ou dégorger, ce que l'on appelle Reviquer dans les Manufactures d'Amiens.

A chaque vaisseau il y a deux pilons ou maillets qui battent alternativement sur les étoffes, & par le moyen desquels elles se retournent comme d'elles-mêmes dans les piles quand on les foule ou qu'on les revique.

Comme les pilons ont leur mouvement par le moyen

moyen d'un moulin à eau, ceux qui conduisent ces moulins se nomment Meusniers - Foulons. On peut voir ailleurs tout ce qui regarde les Foulons & la maniere de fouler & de reviquer ou dégorger les étoffes de laine, particuliérement les draps. *Voyez* FOULON *&* REVIQUER.

VAISSEAU ARME' EN COURSE. C'est un Vaisseau armé avec Commission du Prince pour courir sur les ennemis.

L'on peut regarder les courses des Armateurs comme une espece de commerce qui supplée en quelque sorte à celui qui se fait pendant la paix.

C'est à ce commerce que tant de nos Négocians se sont enrichis pendant les longues guerres que la France a soutenues durant le Regne de Louis XIV. & il a même paru si important, qu'il a donné lieu à plusieurs Ordonnances & à différens Reglemens; soit concernant l'armement des Vaisseaux qui l'entreprennent; soit pour les reclamations qui peuvent se faire des Vaisseaux & Marchandises pris par les Armateurs. Les deux principaux de ces Reglemens sont celui du 25 Novembre 1693, concernant les Officiers, Matelots & Soldats qui montent les Vaisseaux de course, & celui du 6 Mars 1696, qui regle les contestations qui peuvent survenir entre les Reclamateurs des Vaisseaux pris & les Armateurs qui ont fait la prise. On va donner ici l'extrait de l'un & de l'autre.

Reglement de 1693 pour les Armemens.

Sa Majesté ayant été informée que les avances considerables que les Matelots éxigent des Armateurs qui équipent des Vaisseaux pour la course, en mettent beaucoup hors d'état d'entreprendre des Armemens, dans la crainte de s'engager dans une dépense excessive dont il est fort incertain qu'ils puissent s'indemniser, & donnent souvent occasion aux Matelots de refuser de combattre, &. d'obliger leurs Capitaines de rentrer dans les Ports avant la fin de la course pour laquelle ils se sont engagés, & voulant y pourvoir, & en même tems ôter aux Matelots tout prétexte de se plaindre du retardement qu'apportent les Armateurs au payement des parts qui leur reviennent dans les prises, Elle a ordonné ce qui suit.

PREMIEREMENT.

Aucun Armateur ne pourra donner aux Matelots de plus fortes avances que celles qui seront ci-après specifiées ni plus de trente sols de denier-à-dieu, sous quelque prétexte que ce soit, à peine de trois mille livres d'amende; & s'il en employe dans les comptes qu'il rendra à ceux qui sont associés avec lui, l'excedent sera rayé.

II.

Il sera payé par avances aux Maîtres, Premier & Second, 150 livres.

Aux Pilote, Contre-maître, Maîtres Canoniers, Maîtres Charpentiers, Maître de Prise, Capitaine de Matelots & Capitaine d'Armes, 100 livres.

Aux seconds canoniers, charpentiers, bossemants, calfats, Maîtres de chaloupes, voiliers, armuriers, quartiers-maîtres & second Chirurgien, 80 l.

Aux Sergens & aux Matelots, lesquels ont la plus haute paye sur les Vaisseaux de Sa Majesté, 66 livres.

Aux Matelots qui ont une paye moindre, 60 l.

A ceux qui n'ont point encore servi, & n'ont fait qu'un voyage ou campagne, & aux Soldats, quarante-cinq livres.

Aux Mousses forts qui ont navigé, 27 livres.

Aux nouveaux Mousses dix-huit livres.

A l'égard des Officiers Majors, ils n'auront aucune avance non plus que les Volontaires.

III.

Les avances seront payées aux équipages, les deux tiers comptant avant le départ du Navire, & l'autre tiers cinq jours après son retour; s'il est pris ou perdu, le tiers restant ne sera point acquitté.

IV.

Les matelots ou soldats qui prendront un faux nom, ou qui supposeront un domicile autre que celui qu'ils ont effectivement, seront mis au carcan pendant trois jours, & resteront en prison pendant un mois à leurs frais; s'ils sont convaincus d'avoir reçû des avances de deux Armateurs, ils seront punis du fouet & gardés en prison jusqu'à ce qu'ils les ayent restitués, à moins qu'ils ne soient redemandés par le premier Armateur, auquel cas il sera obligé de les représenter au retour, pour être contraints de restituer les avances qu'ils auront reçues des autres: & pour ôter aux matelots toute occasion de tomber dans cette faute, Sa Majesté fait défense aux Armateurs d'en engager aucuns, qu'ils ne leur ayent représenté leur congé du département qu'ils ont quitté, & de celui où ils sont, à peine de cinq cens livres d'amende. Sa Majesté leur faisant aussi défenses sous pareille peine, d'engager aucuns de ceux qu'on nomme volontaires, s'ils n'ont un certificat de leur veritable nom & qualité, certifié par le Juge du lieu où ils sont nez, à la reserve du Port de Dunxerque, où l'usage établi de recevoir des matelots étrangers subsistera, jusqu'à ce qu'autrement par Sa Majesté en ait été ordonné.

V.

Les engagemens pour la course ordinaire ne pourront être de plus de quatre mois, à compter du jour que le vaisseau mettra à la voile, compris le tems des relâches, à l'exception de celles qui se feront pour amener des prises, prendre des vivres, faire de l'eau, espalmer, & pour d'autres nécessités pressantes, pour lesquelles on ne pourra employer plus de quinze jours; & le tems qui excedera ce terme sera compté sur les quatre mois, pendant lesquels Sa Majesté fait défenses à tous Officiers, Mariniers & Matelots, de quitter le navire sous quelque prétexte que ce soit, à peine de restitution des avances qu'ils auront reçûes, à laquelle ils seront contraints par corps, d'être exposés au carcan pendant trois jours, & d'être privés des parts qui leur reviendroient dans les prises qu'ils auront faites.

VI.

L'équipage sera obligé de travailler à ce qui sera nécessaire & ordonné par le Capitaine pour le service du navire lorsqu'il sera de relâche,

& il sera retenu trente sols par jour à ceux qui y manqueront, pour autant de jours qu'ils y auront marqué, sur le certificat de l'Ecrivain visé par le Capitaine; & le tiers de ce qui aura été ainsi retenu, sera distribué à ceux qui auront travaillé.

VII.

Il ne sera rien déduit à l'équipage en cas que le vaisseau désarme par l'ordre des Armateurs avant la course finie; mais si pendant l'armement, ou avant le tems de la course expiré, le vaisseau se trouve hors d'état de servir, les Armateurs pourront en substituer un autre en sa place, & l'équipage sera obligé de s'y embarquer aux mêmes conditions, pour continuer la course.

VIII.

Fait Sa Majesté défenses à tous Armateurs, Capitaines, Officiers & autres, de regler ni stipuler aucunes parts dans les prises aux Officiers Majors, Officiers Mariniers, Matelots volontaires & soldats avant l'embarquement, ainsi qu'il s'est pratiqué jusqu'à présent; voulant qu'elles ne soient reglées qu'au retour des vaisseaux par le Capitaine & les Officiers Majors, à proportion du mérite & du travail de chacun, huitaine après le désarmement, & plutôt s'il est possible, en présence de l'Ecrivain du bord.

IX.

Le Capitaine en chef ne se pourra taxer & prendre plus de douze parts, le Capitaine en second dix, les deux premiers Lieutenans huit, les autres Lieutenans, l'Ecrivain & le premier Maître six, les Enseignes, le Maître Chirurgien & les deux Maîtres quatre, les Maîtres des prises, Pilotes, Contre-Maîtres, Capitaine de Matelots, Capitaine d'Armes, Maîtres Canoniers & Maîtres Charpentiers trois parts. Les seconds Canoniers, Charpentiers, Calfats, Bossemans, Maître de chaloupe, Voiliers, Armuriers, Quartier-Maîtres & second Chirurgien deux parts, les Volontaires une ou deux parts au plus, les Matelots à proportion de leur travail & capacité, les Soldats demi-part, trois quarts de part, & jusqu'à une part suivant leur mérite & services, & les Mousses un quart de part ou demie-part suivant leur force. Et à l'égard des Veuves & héritiers de ceux qui seront morts dans les combats, & de ceux qui y auront été blessés ou estropiés, les Capitaines & Officiers Majors pourront leur donner outre leur part, la somme qu'ils trouveront à propos, pourvû qu'elle n'excede pas la valeur du double desdites parts, laquelle somme sera prise sur le total du provenu desdites prises.

X

Veut Sa Majesté que les Armateurs soient tenus de remettre au Greffe de l'Amirauté, dans le ressort de laquelle les prises auront été amenées, les Arrêts du Conseil qui les auront déclarées bonnes dans six semaines de la date desdits Arrêts, pour y être enregistrées, & ensuite procedé à la vente si elle n'a été faite, & à la liquidation du produit des prises; à l'effet de quoi les Armateurs en remettront les comptes pardevant les Officiers de l'Amirauté, avec l'état en détail des avances faites aux équipages, & le reglement des parts quinzaine après la livraison des marchandises, qui commencera le lendemain de ladite vente, & se fera sans aucune discontinuation; desorte que chacun puisse connoître promptement ce qui lui revient, & le tiers appartenant aux équipages être payé sur le champ, & faute par les Armateurs de satisfaire au contenu du présent article, Sa Majesté permet aux Officiers de l'Amirauté d'adjuger par maniere de provision aux Matelots, une somme pareille à celle qu'ils auront reçûes par leurs avances.

XI.

L'équipage sera tenu de se rendre à bord, lorsque le vaisseau sera prêt, vingt-quatre heures après l'avertissement qui en aura été fait avec le tambour, à peine de tenir prison & d'être mis aux fers jusqu'au départ; & si quelques-uns laissent partir le vaisseau sans s'y embarquer, ils seront punis comme Déserteurs, & comme tels condamnés à rapporter les avances qu'ils auront reçûes, à tenir un mois de prison, & à être mis au carcan pendant trois jours; seront encore obligés les Officiers Mariniers & Matelots, de travailler à bord lorsqu'ils en seront requis par les Armateurs & Capitaines, en payant vingt sols par jour à chacun.

XII.

Fait Sa Majesté défenses à tous Officiers, Matelots, Soldats, Volontaires & Mousses, de quitter le vaisseau pendant sa course, en quelque lieu & sous quelque prétexte que ce puisse être, sous les peines portées au précédent article.

XIII.

Tout Officier, Matelot, Volontaire ou Soldat, qui excitera sédition, portera les autres à la révolte, qui fera faire de l'eau au navire, perdre le pain ou couler les boissons, sera puni de mort. Ceux qui couperont ou leveront les cables des vaisseaux, se rendront maîtres du gouvernail, ou de quelque autre maniere que ce seroit, forceront les Capitaines d'entrer dans le port avant le tems de leur engagement expiré, seront punis du fouet, & l'équipage solidairement condamné à la restitution des avances qui auront été faites, à la réserve du Capitaine & des Officiers qui s'y seront opposés. Et à l'égard de ceux qui rompront les caisses, coffres ou balots dans les prises, ou en auront enlevé quelques marchandises qu'ils n'auront point déclaré vingt-quatre heures après leur arrivée, ils seront condamnés au carcan, & même privés de leur part dans les prises, suivant l'exigence des cas.

XIV.

L'Equipage sera obligé de désarmer le vaisseau lorsqu'il sera de retour de la course, & de l'amarer à quay, ce qui se fera en quatre jours; & le cinquiéme les Armateurs payeront aux Matelots le tiers restant de leurs avances, quand même il n'y auroit aucunes prises, sur lequel tiers il sera déduit trente sols par jour à chacun de ceux qui auront manqué de travailler au désarmement, sur le certificat des Capitaines, premier Lieutenant & de l'Ecrivain ; pourvû toutefois qu'ils n'en ayent point été empêchés par maladie.

XV.

Aussi-tôt qu'il y aura quelques prises faites, l'Ecrivain prendra l'ordre du Capitaine pour aller à bord se saisir des clefs, mettre le sceau sur les écoutilles, chambres, coffres, armoires, ballots, tonneaux & autres choses fermantes à clef ou emballées, sans en excepter le coffre du Capitaine pris, qui sera gardé à bord du vaisseau preneur, & remis entre les mains de l'Armateur, lequel après en avoir fait l'ouverture en présence des Officiers de l'Amirauté, le rendra au Capitaine, pourvû qu'il n'excede pas la valeur de cinq cens écus ; & s'il l'excede, il lui payera cette somme, & le surplus fera partie du produit de la prise.

XVI.

Le Capitaine en second, qui sera envoyé à bord du vaisseau pris, ou l'Ecrivain, se rendront maîtres de tous les papiers qu'ils y trouveront, dont il sera fait un inventaire en présence des Officiers du vaisseau pris, qui le signeront ou seront interpellés de le faire ; & en cas de refus il en sera fait mention au bas de l'inventaire, lequel sera signé de l'Officier qui aura été envoyé à bord de la prise, & d'un autre Officier du vaisseau preneur ; après quoi ils seront remis dans le sac cacheté, à celui qui sera choisi par le Capitaine pour conduire la prise, qui les remettra au même état entre les mains des Officiers de l'Amirauté du Port où elle abordera.

XVII.

Permet Sa Majesté aux Officiers de l'Amirauté de condamner ceux qui contreviendront au présent Reglement, aux peines pécuniaires qui y sont portées, & jusqu'à celle du carcan inclusivement en dernier ressort, pourvû qu'ils soient au nombre de sept Officiers ou Gradués, lorsqu'ils jugeront les cas pour lesquels il échera de condamner à la restitution des avances, & en un mois de prison ou au carcan, leur en attribuant à cet effet toute Cour & Jurisdiction, voulant au surplus, &c.

REGLEMENT DE 1696 CONCERNANT LES RECLAMATIONS.

Ce Reglement a été fait pour prévenir & arrêter les contestations qui survenoient entre les Réclamateurs des vaisseaux & les Armateurs, qui en avoient fait la prise tant à l'occasion des frais de Justice, de déchargement, de rechargement ou de garde, que pour diverses autres dépenses communes & particulieres, dont les dépositaires ou les parties sont obligés de faire l'avance pour la conservation des bâtimens & de leur cargaison. Les principaux articles de ce Reglement sont :

1°. Que lorsque le Reclamateur ou l'Armateur seront condamnés aux dépens, dommages & intérêts, ils seront tenus d'acquitter, garentir & indemniser la partie qui interviendra à ses fins de toutes sortes de frais & dépens, &c. sans préjudice de ses dommages & intérêts, fixés par les Reglemens.

2°. Quand aucunes des Parties ne seront condamnées aux dommages & intérêts, ni aux dépens, chacun sera tenu de payer les siens, à la réserve des frais des Juges qui seront payés par celui qui succombera.

3°. Lorsque le déchargement ou la vente seront également requis ou consentis par l'Armateur & le Reclamateur, les frais en seront pris sur la chose même, soit que la prise soit déclarée bonne, ou qu'il en soit fait main-levée, à moins qu'il n'en ait été autrement ordonné ; mais si l'Armateur demande le déchargement ou la vente, & que le Reclamateur s'y oppose, l'Armateur en avancera & supportera tous les frais en cas de main-levée, même ceux du rechargement ; & en cas de contestation des Parties, les frais seront pris & répétés sur les deniers qui proviendront des effets confisqués & non d'autres, &c.

4°. Les frais de garde & toutes autres dépenses qui seront faites pour la conservation des vaisseaux pris ou des marchandises de leur chargement, seront avancés sur la chose même, si mieux n'aiment les Reclamateurs en faire l'avance, sauf à répeter s'il y échet.

5°. Enfin lorsqu'il sera fait main-levée de toute la prise, les frais de garde & autres de cette nature, seront rendus & restitués aux Reclamateurs qui en auront fait l'avance, & les Armateurs seront tenus de les acquitter, à moins qu'elle ne soit déclarée bonne en tout ou en partie, auquel cas il ne sera accordé aux Reclamateurs aucune répétition pour lesdits frais, & en ce cas le vaisseau & les marchandises tant relâchés que confisqués, y contribueront à proportion.

VAISSEAUX ROUTIERS. Il se dit en Hollande de ces barques établies sur les canaux, pour transporter d'un lieu à un autre, les denrées, hardes, personnes & marchandises. L'heure & la route de ces barques, sont marqués. Le plus grand Seigneur n'est pas en pouvoir d'en retarder le départ d'un moment, & pour marque de l'entiere liberté dont jouissent les Habitans des Provinces-Unies, il s'observe pour le choix des places sur les bancs de ces vaisseaux routiers, une si parfaite égalité, que le simple artisan se trouve assis auprès du Bourguemaître, & ne peut être obligé à lui ceder sa place.

Il faut avouer que l'établissement de ces barques est d'une grande commodité pour ceux qui voyagent dans les Etats des Provinces-Unies, ou qui en font le commerce. Aussi jouissent-elles d'une grande protection & d'une entiere franchise, n'étant point sujettes aux visites des Commis, ni obligées de prendre des Passeports tant qu'elles ne sortent point de leur route ordinaire, autrement elles sont confiscables, & les effets dont elles sont chargées. *Voyez* la Section XI. du Placard pour l'exécution du nouveau Tarif de Hollande de l'année 1725, dont l'extrait est rapporté à l'article RESOLUTION & PLACART.

VAISSELLE. Il se dit en général de tous les ustenciles de table, comme, plats, assiettes, bassins, aiguieres & autres semblables.

Il se fait de la vaisselle d'or & d'argent par les Orfévres, de la vaisselle d'étain par les Potiers d'étain, de la vaisselle de fer blanc par les Ferblantiers, de la vaisselle de fayance par les

Fayanciers, & de la vaisselle de terre par les Potiers de terre. *Voyez tous ces articles.*

Il se fabrique dans l'Amerique Espagnole quantité de vaisselle d'argent, qui fait une partie du commerce de contrebande, que les vaisseaux des autres nations de l'Europe ont coutume de faire, soit sur les côtes de la mer du Nord, soit sur celles de la mer du Sud.

Les profits sur cette marchandise sont très-grands, mais pour n'y être pas trompé, il faut être instruit de la difference qu'il y a entre la vaisselle qui est fabriquée au Perou, & celle qu'on fait au Mexique.

En général il n'y a rien de fixe ni de positif sur le titre de cette vaisselle, le prix n'en étant pas reglé, & les Orfevres travaillant comme il leur plaît.

Celle du Mexique est la meilleure, quoique pourtant elle differe de quatre à cinq pour cent du titre des piastres, suivant qu'il y a plus ou moins de soudure.

La vaisselle qui vient du Perou, est encore plus sujette aux alliages forts, y en ayant qui ne rend pas neuf deniers & demi de fin, quoique ce soit de la vaisselle platte; en sorte qu'il n'en faut acheter qu'à un bas prix. Elle ne vaut ordinairement que 7 piastres & demi le marc.

La vaisselle de faïance païe en France les droits d'entrée comme porcelaine contrefaite, c'est-à-dire, 10 liv. du cent pesant, même celle de Hollande, suivant les Tarifs de 1664 & 1699.

Les droits de la Douane de Lyon pour la faïance de France sont de 15 s. le quintal pour tous droits, & pour celle venant d'Italie & autres Pays étrangers, 7 liv. de la caisse d'ancienne taxation, & 10 s. du cent pesant de nouvelle réapréciation.

La Vaisselle d'argent païe à la même Douane 20 s. du marc.

La Vaisselle d'étain 35 s. le cent pesant, tant d'ancienne que de nouvelle taxation.

Et la Vaisselle de terre 4 d. la douzaine.

A l'égard des droits de sortie reglés pour toutes sortes de Vaisselle par le Tarif de 1664, elles païent, sçavoir la vaisselle d'argent sortant par passeports tant en foires que hors de foires, 30 s. le marc.

La vaisselle d'étain comme étain ouvré 4 liv. du cent pesant.

Et la vaisselle de faïance tant grande que petite, 3 s. de la douzaine.

VAISSELLE'E. Il se dit dans les Manufactures de lainage, particuliérement du côté d'Amiens, de la quantité d'étoffes de laine qui est contenue dans chaque vaisseau d'un moulin à Foulon. Quelques-uns disent aussi Pilée.

Le Réglement de la Sayetterie d'Amiens de 1666, fixe le nombre de piéces d'étoffes que chaque vaissellée doit contenir suivant leur nature & qualité; & défend aux Foulons d'y mettre plus de cinq serges à la Reine, ou quatre rases d'Amiens, ou deux cinq quarts façon de Seigneur, ou deux piéces de serges façon d'Ascot, ou deux baracans blancs gros grain, ou quatre camelots fils retors ou trois fils, ou enfin deux camelots façon de Valenciennes.

Ils ordonnent de plus, que chaque vaisseau sera vuidé au net après avoir foulé deux vaissellées; & qu'il ne se pourra faire plus de quatre vaissellées en un jour, sans renouveller les Ouvriers, afin de les laisser reposer. *V.* VAISSEAUX A FOULER.

VAK

VAKIE'. Poids de Perse qui revient à une once poids de marc. *V.* BATMAN.

VAL

VAL. Petit poids dont on se sert dans les Indes Orientales pour peser les Piastres ou Reales de huit. Chaque Réale doit être du poids de soixante & treize Vals; sinon celui qui les vend doit en suppléer le prix.

On se sert aussi du Val pour les Ducats d'or qui doivent peser neuf Vals & $\frac{1}{16}$ d'un carat poids des Indes; le Vendeur étant obligé au supplément de ce qui manque. *V.* DUCAT. *V. aussi* REALE.

VALANEDE. *V.* AVELANEDE.

VALARANGUE, en Languedoc de la Généralité de Montpellier. Son principal négoce consiste en cadis. L'on y fait quelques chapeaux. *V.* l'Etat gén. Tom. I. p. 217.

VALE'E DE MISERE. C'étoit autrefois à Paris le marché à la Volaille & au Gibier, où les Marchands de la campagne, & sur tout ceux des Provinces de Normandie, du pays du Maine, de Picardie, de Brie, & de toute l'Isle de France, appellés communément Poulailliers & Coquetiers, étaloient & vendoient au Bourgeois & aux Rotisseurs, les gibiers & volailles qu'ils amenoient sur les chevaux & fourgons.

Ce Marché ayant été pour la commodité publique transferé en 16 sur le quai des Augustins du grand Couvent, a conservé une partie de son nom, & on l'appelle la nouvelle Vallée. On traite du commerce qui s'y fait dans les articles des Vendeurs de Volaille & dans ceux de Poulaille, où l'on peut avoir recours.

VALENCE. Ville & Royaume d'Espagne. Tout ce qu'on en tire pour le commerce consiste en amandes, fruits, & quelques vins. *V.* l'Etat gén. Tom. I. page 242.

VALENCE. Ville de France en Dauphiné. Ses fabriques sont des draps & des ratines. *V.* l'Etat gén. Tom. I. page 128.

VALET, ou VARLET. Il y a plusieurs Ouvriers qui se servent d'outils & d'instrumens qui ont ce nom, quoiqu'ils ne se ressemblent point. Ils sont tous néanmoins appellés de cette sorte, parce qu'ils tiennent lieu de valets ou serviteurs pour tenir les ouvrages fermes & dans la situation qui convient pour y travailler.

VALET DE MENUISIER. C'est une sorte piece de fer ronde de plus d'un pouce de diametre, & en tout à peu près de trois pieds de longueur. Cette piéce est pliée par un bout en forme d'équierre, non pas à angles droits, mais un peu aigus.

VALET. Chez les Serruriers c'est un instrument composé de quelques pieces de bois & de fer sur lequel ces Ouvriers blanchissent les targettes & autres pieces de fer plat. On l'appelle plus communément Chevalet. *V.* CHEVALET.

VALET. Celui des Corroyeurs est un instrument de fer avec lequel ils attachent leur cuir sur leur table ou établi lorsqu'ils veulent l'étirer ou lui donner quelqu'autre façon. *V.* COURROYER.

VALEUR, prix, estimation des choses, ce qu'elles valent, ce qu'on en veut avoir. Je ne puis vous donner cette marchandise pour ce que vous en offrez ; ce n'est pas la moitié de sa valeur.

On dit qu'une marchandise est de nulle valeur quand on n'en fait aucun cas, qu'elle n'est point de débit. Une marchandise en valeur est au contraire celle qui est beaucoup demandée, & dont la vente est prompte & facile.

VALEUR INTRINSEQUE. C'est la valeur propre, réelle & effective d'une chose. Il se dit principalement des monnoyes qui peuvent bien augmenter ou baisser suivant la volonté du Prince, mais dont la véritable valeur ne dépend que de leur poids & du titre du métail. C'est ordinairement sur cette valeur intrinseque des especes qu'elles sont reçûes dans les pays étrangers, bien que dans les lieux où elles ont été fabriquées & où l'autorité souveraine leur donne cours, elles soient exposées dans le commerce sur un pied bien plus fort.

C'est en partie de la difference de ces deux valeurs, dont l'une est comme arbitraire, & l'autre en quelque sorte naturelle, que dépend l'inégalité des changes qui haussent ou qui baissent, suivant que le prix pour lequel une espece a cours, s'approche ou s'éloigne du juste prix du métail dont elle est faite.

VALEUR, en terme de Lettres de Change. Signifie proprement la nature de la chose, comme deniers comptans, marchandises, Lettres de Change, dettes, &c. qui est donnée, pour ainsi dire, en échange de la somme portée par la Lettre dont on a besoin.

On distingue quatre sortes de Lettres de Change où la valeur est differemment exprimée. La premiere porte, Valeur reçûe purement & simplement, qui comprend en soi toutes sortes de valeurs. La seconde, Valeur reçûe comptant, ou en marchandises. La troisieme, Valeur de moi même : & la quatriéme, Valeur entendue.

La premiere est dangereuse, & la quatriéme n'est gueres d'usage.

Aussi pour que la valeur soit bien exprimée, & ne puisse produire aucun des mauvais effets que l'Auteur du Parfait Négociant a remarqués, elle doit être conforme à *l'Article premier du tit. 5. de l'Ordonnance de 1673. qui porte, Que les Lettres de Change contiendront sommairement le nom de ceux ausquels le contenu devra être payé, le tems du payement, le nom de celui qui en a donné la valeur, & si elle a été reçûe en deniers, marchandises & autres effets.* V. LETTRES DE CHANGE.

On appelle non-valeur dans le commerce, non seulement les marchandises qui sont hors de vente, & qui demeurent en pure perte au Marchand, mais encore les dettes qui ne sont pas exigibles par l'insolvabilité de ceux qui les doivent.

VALIDE ou PATELET. Morue verte qui tient le cinquiéme rang dans le triage que l'on fait en Normandie des differentes especes de morues. V. MORUE.

LA VALLE'E D'AURE. Contrée de France dans le voisinage des Pirennées. Cette Vallée qui contient grand nombre de villages, dont celui d'Arreau est comme le Chef-lieu pour le commerce, est du département de l'Inspecteur des Manufactures de Montauban ; cette Vallée peut fournir jusqu'à vingt mille pieces d'étoffes de laine ; on en parle ailleurs. V. l'Etat gén. Tom. I. pag. 34.

VALOGNE, Ville de Normandie de la Généralité de Caën. La fabrique des draps de cette Ville étoit autrefois considerable, c'est maintenant peu de chose. V. l'Etat gén. Tom. I. p. 106.

VALOIR. On dit dans le commerce Faire valoir son argent, pour dire, en tirer du profit, le mettre à interêt. V. INTEREST.

VALOISE. Etoffe de soye dont il est parlé dans le Reglement de 1669, & qui n'est plus presentement connue sous ce nom que dans les Manufactures. Elle doit être tant en chaîne qu'en tréme de pure & fine soye cuite, sans mélange de soye teinte sur le crû. Sa largeur est d'une demie aune moins un vingt-quatriéme.

VALPARAISO. Ville de l'Amerique Espagnole, située sur la mer du Sud. Cette Ville fait un très grand commerce de diverses marchandises, mais particulierement de l'or qui s'y transporte, surtout des Parties Meridionales du Chilly. V. ce que l'on en dit dans l'Etat général du Commerce, Tom. I. pag. 490.

VAN

VAN. Instrument d'osier à deux anses, courbé en rond par derriere qu'il a un peu relevé, dont le creux diminue insensiblement jusques sur le devant. Les vans servent à vanner les grains pour en separer la menue paille & la poussiere. Ils sont le principal objet du métier des Vanniers-Closuriers. V. *leur article.*

Les Vans a vanner payent en France les droits d'entrée a raison de 6 s. de la douzaine, & ceux de sortie sur le pied de 12 s. conformément au Tarif de 1664.

Les droits de la Douane de Lyon ne sont que d'un sol la douzaine.

VANANTE. Terme de Papeterie. On appelle Pâte vanante la pâte de moyenne qualité faite des vieux drapeaux & chiffons de toile de lin ou de chanvre, qui ne sont pas les plus fins. C'est avec la pâte vanante que se font les papiers de la seconde sorte. V. PAPIER.

VANAS. Terme corrompu du Latin, dont se servent quelques Teneurs de Livres pour annuller les articles qui ont été mal portés, soit dans le journal, soit dans le grand livre. V. ANNULLER.

VANILLE, que les Espagnols appellent VANILLA ou BANILLA, & les Mexiquains TLIXOCHITL. C'est une graine ou semence d'une odeur agréable qui avec la gousse qui la contient, est le principal ingredient dont on se sert pour donner du goût & de la force au chocolat.

La gousse où la graine de Vanille est enfermée, que les Indiens nomment Mecasulnil, est longue d'environ un demi-pied, & grosse comme le petit doigt d'un enfant. La plante qui la produit a des feuilles médiocres qui sortent des nœuds de ses tiges. Les tiges sont foibles, hautes environ de douze ou quinze pieds ; ensorte qu'elles ont besoin d'un appui ; ce qui oblige ceux qui cultivent cette plante de l'appuyer contre quelque mur, ou de la ramer comme on fait en France les poids & les aricots.

Les gousses sont d'abord vertes, elles deviennent ensuite jaunâtres en mûrissant ; & enfin brunes quand elles sont mûres. Dans leur parfaite maturité elles sont remplies d'un suc mieleux d'une très bonne odeur, dans lequel est mêlée leur semence qui est presque imperceptible : on les cueille quand elles sont tout-à-fait mûres pour les faire secher à l'ombre, & c'est ainsi sechées qu'on les transporte en Europe par paquets de cinquante, de cent & de cent cinquante.

Il faut choisir les gousses de Vanille bien nourries, grosses, longues, nouvelles, odorantes, pesantes, sans rides, grasses, souples, & que leur graine soit noire & luisante. Outre l'usage des Vanilles pour la composition du chocolat, on s'en sert encore à parfumer le tabac.

La Vanille, outre les anciens droits, paie en France 60 s. de la livre pesant poids de marc, suivant l'Arrêt du 12 Mai 1693.

Ces anciens droits sont de 5 l. pour cent de sa valeur par estimation, conformément au Tarif de 1664, attendu qu'elle n'y est pas tariffée.

Le paquet de Vanille composé de 50 gousses, se vend à Amsterdam depuis 10 jusqu'à 20 florins, suivant la rareté, la qualité ou la bonté. On donne un pour cent de déduction pour le prompt payement.

VANNER. Secouer le grain, le remuer & le jetter en l'air avec un van.

VANNER LES EGUILLES. C'est après qu'elles ont été lessivées, c'est-à-dire, après qu'on les a lavées dans l'eau avec du savon, les faire ressuyer dans du son chaud un peu mouillé ; ce qu'on fait en les enfermant avec le son dans une boête ronde de bois suspendue en l'air avec une corde, & en agitant cette boête jusqu'à ce que le son soit entierement sec, & les aiguilles sans aucune humidité. *Voyez* AIGUILLE.

VANNERIE. Métier de Vanniers. *Voyez* VANNIER.

On le dit aussi du lieu où se font & se vendent les ouvrages des Vanniers.

VANNES. On nomme ainsi à Lyon & dans quelques Provinces voisines, ce qu'on appelle ailleurs des Couvertures ou Courtepointes piquées.

Les Vannes de toiles piquées païent à la Douane de Lyon 20 s. de la piece d'ancienne taxation, & 6 s. de réapréciation.

Les Vannes de taffetas dessus & dessous, 3 l. de la piece d'anciens droits, & 20 s. de nouveaux.

Et les Vannes de taffetas d'un côté, & de l'autre de toile ou de futaine 40 s. d'ancienne taxation, & 13 s. de nouvelle réapréciation.

VANNETTE. Espece de corbeille platte & ronde, dans laquelle on vanne l'avoine avant de la donner aux chevaux.

VANNEUR. Celui qui vanne.

VANNIER. Celui qui fait ou qui vend des vans ou tous autres ouvrages d'osier, comme Paniers, hotes, clayes, cages, corbeilles, charrieres, verrieres, &c. Pelles, boisseaux, soufflets, sabots, échelles, &c.

Il y a à Paris une Communauté de Maîtres Vanniers-Quinquaillers, dont les Statuts sont de 1467, confirmés par Lettres Patentes de Louis XI. & réformés sous le Regne de Charles IX. par Arrêt du Conseil du mois de Septembre 1561, enregistrés au Parlement la même année.

Par l'Arrêt de réformation donné sur le vû des Lieutenant Civil & Procureur du Roi du Châtelet, les Prudhommes ou Jurés sont augmentés jusqu'au nombre de quatre, au lieu de deux qu'il y avoit auparavant, avec la qualité de Maîtres & Gardes.

Les Apprentifs qui aspirent à la Maîtrise, sont obligés au chef-d'œuvre ; les droits de réception sont fixés à soixante sols parisis d'une part, & à quatre livres dix sols aussi parisis d'une autre.

Les marchandises des Forains sont déclarées sujettes à la visite, & doivent être loties entre les Maîtres.

Enfin le Service divin & la Confrerie desdits Vanniers, érigée dans l'Eglise du Sépulchre, sont confirmés, & le droit dû par les Maîtres & Apprentifs pour leur entretien, reglé.

Trois sortes d'ouvrages differens qui se fabriquent dans le Métier de Vannier, donnent le nom à trois sortes de Maîtres, qui pourtant ne composent qu'une seule & même Communauté, & n'ont que les mêmes Statuts.

Ces differens ouvrages qui distinguent ainsi les Vanniers, sont ceux de la Mandrerie, de la Cloture ou Closerie, & de la Faisserie.

La mandrerie dont les Maîtres sont appellés Vanniers-Mandriers, comprend tous les ouvrages d'osier blanc & d'osier verd qui ne sont point à claire-voye, à la réserve des vans à vanner les grains, & des hottes à vin, qui sont réservées à la clôture dont les Maîtres se nomment Vanniers-Clôturiers.

A l'égard de la faisserie, qui est la vannerie proprement dite, son partage consiste dans tout ce qui se fait d'ouvrages à jour de quelque sorte d'osier que ce soit. Cette partie du Métier des Vanniers donne à ceux qui s'y occupent le nom de Vanniers-Faissiers.

Malgré cette espece de distinction d'ouvrages & de Métiers, les Maîtres Vanniers ne s'y assujetissent pourtant pas tellement, qu'il ne s'en trouve qui travaillent tout à la fois aux uns & aux autres.

Comme les ouvrages de clôture sont les plus difficiles, & demandent les plus habiles Ouvriers, & qu'il faut d'ailleurs des outils à part, les Clôturiers s'occupent rarement à la mandrerie & à la faisserie ; mais au contraire les Mandriers & les Faissiers convenant en quantité de choses, & se servant des mêmes outils, il est rare que ceux qui exercent la faisserie ne travaillent pas aussi à la mandrerie.

Les outils & instrumens communs aux trois sortes de Vanniers sont, la scie montée & la scie à main, le couteau à travailler ; divers villebrequins, entr'autres le villebrequin à hottriau ; l'épluchoir, le poinçon de fer, les fers à clore, le maillet, le chevalet, l'établi, la sellette, les moules & le faudoir.

Outre ces outils les Clôturiers ont encore la batte de fer, le villebrequin à Mennisier, la becasse, le crochet & la tretoire.

On peut voir la description de tous ces outils & leur usage à leurs propres articles dans leur ordre alphabetique.

VAQ

VAQUETTES. Peaux de petites vaches dont il se fait un assez grand commerce à Smirne.

Il y en a de trois sortes, de differentes qualités, & aussi de differens prix.

Les unes, qui sont les meilleures, viennent

de Senſal, & le vendent communément un quart de piaſtre l'oco.

Les ſecondes ſe tirent de Meneven, & ne ſont que d'une piaſtre les ſix ocos.

Les troiſiémes s'achetent à peu près le même prix, & ſont apportées de Meneven, de Joſelaſſar & de Baliambord. Tout ce que ces divers lieux peuvent fournir de vaquettes, année commune, va environ à deux mille quintaux, dont la plus grande partie eſt tranſportée en Sicile & en Italie.

Les Vaquettes ſont du nombre des marchandiſes venant du Levant, ſujettes au droit de vingt pour cent, ſuivant l'Arrêt du 15 Aout 1685. Voyez l'article des CUIRS. *Voyez auſſi celui de la* VACHE.

VAR

VARANDER. Il ſe dit des harengs ſalés qu'on fait égouter pour les encaquer, c'eſt-à-dire, pour mettre en baril. *Voyez* HARENG.

VARECH ou VRAICQ. Nom que l'on donne ſur les Côtes de Normandie à une ſorte d'herbe qui croît en mer ſur les rochers, qui ſe coupe & ſe recueille, ou que la violence des eaux arrache & jette ſur les rivages de la mer. En Bretagne cette herbe eſt appellée Goueſmon, & dans le Pays d'Aunis Sar.

Elle ſert en quelques endroits à fumer les terres; mais ſon principal uſage en Normandie eſt pour brûler, & faire cette eſpece de ſoude que l'on appelle ordinairement Soude de Varech, ou Soude de Cherbourg. *Voyez* SOUDE.

Il ſe conſomme une très grande quantité de ſoude de Varech pour fondre le verre commun, ſoit en table, ſoit en plat; mais l'on n'employe que de la ſoude d'Alicante pour celui que par excellence on appelle Verre blanc, à cauſe de ſa beauté & de ſon éclat.

Le défaut de la ſoude de Varech eſt de rendre le verre d'une couleur qui tire ſur le verdâtre. Une autre mauvaiſe qualité, c'eſt qu'elle s'employe en pure perte, ne ſervant que pour aider la fuſion ou vitrification des matieres, & nullement pour les augmenter; ce qui ne ſe trouve pas dans la ſoude d'Alicante, qui a préciſément les deux qualités contraires; puiſque non-ſeulement elle rend le verre plus blanc, plus brillant & plus diaphane, mais encore qu'elle l'augmente conſidérablement; cent livres de cette ſoude donnant cinquante livres de verre au-delà des matieres avec leſquelles elle a été miſe en fuſion. *V. les articles de la* SOUDE *& du* VERRE.

Il eſt permis à toutes ſortes de perſonnes de prendre le Varech que le flot de la mer a jetté ſur les greves, & de le tranſporter où bon leur ſemble; mais il n'en eſt pas de même de celui que l'on eſt obligé de couper, le tems de la coupe en étant reglé; n'étant pas même permis aux Habitans des lieux de le couper ou cueillir ailleurs que dans l'étendue des Côtes de leurs Paroiſſes, ni de le vendre aux Forains, ou de le porter ailleurs que ſur leur territoire.

Il faut remarquer que les Seigneurs des Fiefs qui avoiſinent la mer, ne peuvent pas s'approprier aucun lieu où croît le Varech, ni empêcher les Habitans de la dépendance de leur diſtrict de le cueillir & de l'enlever dans le tems que la coupe en eſt ouverte. *V. titre 10 du livre 4 de l'Ordonnance de la Marine du mois d'Aout 1681.*

Sur les Côtes de Normandie on appelle auſſi Varech, tout ce que la mer jette ſur les bords, ſoit de ſon crû, ſoit qu'il vienne de bris ou naufrage; & dans cette même Province le droit que les Seigneurs des Fiefs voiſins de la mer prétendent ſur les choſes qu'elle a pouſſées ſur ſon rivage, eſt nommé Droit de Varech. On prétend que ce terme de Varech en ces deux derniers ſens a été pris du nom de l'herbe appellée Varech, dont il a été ci-devant parlé, parce que ſouvent cette herbe eſt jettée par le mouvement impétueux des eaux ſur les bords de la mer.

VARENNE. Meſure des grains dont on ſe ſert en quelques lieux de la Savoye, particulierement à la Rochelle. La varenne peſe 31 livres poids de Geneve.

VARI. Petit poids en uſage parmi les anciens Habitans de Madagaſcar, ou Iſle Dauphine, comme l'appellent les François.

Le vari peſe environ un demi-gros poids de marc. Il y a au-deſſus le ſompi, qui eſt le poids le plus fort dont ces Barbares ayent connoiſſance; & au-deſſous le ſaccare, puis le nanqui, & enfin le nanque. Le vari non plus que ces autres poids ne ſervent qu'à peſer l'or & l'argent. *V.* SOMPI.

VARLET. Outil de Menuiſier. *Voyez* VALET.

On appelle auſſi Varlet le chevalet à blanchir des Serruriers. *Voyez* CHEVALET.

VARLET. Signifie dans pluſieurs des anciens Statuts des Communautés des Arts & Métiers, ce que dans d'autres on nomme Serviteur, & que préſentement on ne connoît plus gueres que ſous le nom de Compagnon. *Voyez* COMPAGNON.

VARLOPE. C'eſt la ſeconde eſpece de rabot à corroyer & dégroſſir le bois. Les Menuiſiers en ont de deux ſortes, la grande & la petite Varlope. Ils ſe ſervent ſucceſſivement de l'une & de l'autre pour adoucir la beſogne. La Varlope eſt plus longue, mais moins maſſive que le Riflart. Elle a comme lui deux poignées aux deux bouts au-deſſus du fuſt, & ſon fer eſt très large & carré.

VARLOPE A ONGLET ou ANGLÉE. Elle eſt ſans poignée; & le fer qui eſt taillé carrément, eſt plus étroit qu'aux autres varlopes: elle ſert à dégauchir les onglets des quadres.

VARRE. Meſure des longueurs dont on ſe ſert en Eſpagne, particulierement dans le Royaume d'Arragon, pour meſurer les étoffes. Sa longueur eſt ſemblable à celle de la canne de Toulouſe, qui eſt de cinq pieds cinq pouces ſix lignes, ce qui revient à une aune & demie de Paris; enſorte que deux varres d'Eſpagne font trois aunes de Paris, ou trois aunes de Paris font deux varres d'Eſpagne.

On ſe ſert auſſi de varres à Goa & à Ormus, qui ſont les mêmes que ceux d'Eſpagne que les Eſpagnols y avoient introduits quand ils étoient les maîtres de Goa, cette Capitale des Portugais dans les Indes ayant ſuivi la fortune du Portugal, & dans ſa ſujettion à l'Eſpagne, & dans la révolution qui l'en a délivrée.

VARRE. Se dit auſſi de la choſe meſurée avec la varre; une varre de drap, une varre de ſerge.

VARRE, que les Eſpagnols nomment VARA. C'eſt une eſpece de harpon dont l'on ſe ſert dans les Indes Occidentales pour la pêche de la tortue. *Voyez* TORTUE.

VARREUR. Celui des Matelots qui ſe ſert de la

varre pour harponner la tortue, tandis que les autres ramant lentement l'approchent du poisson à une distance raisonnable pour lui jetter cette espece de harpon. *Voyez* TORTUE.

VAS

VASSY, Petite Ville de Champagne du département de l'Inspecteur des Manufactures de Châlons & de Troyes. Les droguets, les toiles, les chapeaux & les cuirs font presque tout son négoce. *V.* l'Etat gén. Tome I. p. 27.

VAT

VATE'. On nomme ainsi dans les Indes Orientales, le ris quand il n'a pas été battu, & qu'il est encore dans sa cosse. *V.* RIS.

VATULCO, aux Côtes de la nouvelle Espagne sur la Mer du Sud. c'est un des Ports par où se fait le principal commerce du Mexique. *Voyez* le détail des marchandises du crû du Pays, & leur destination, dans l'Etat gén. Tome I. p. 503.

VAU

VAUCOUR. Terme de Potier de terre. C'est une espece de table ou de large planche soutenue sur deux piliers placés devant la roue dont ces Ouvriers se servent pour tourner leurs ouvrages de Poterie. C'est sur le Vaucour qu'on prépare & qu'on arrange les morceaux de terre glaise que le Potier a dessein de mettre sur la girelle de sa roue, & c'est aussi où l'on pose l'ouvrage à mesure qu'il s'acheve, pour ensuite y ajouter les pieds, les anses, & les autres pieces qui se font à la main.

VAUTOUR. Gros oiseau de proye qui ne se paît que de charogne. Quelques-uns l'estiment une espece d'Aigle à qui véritablement il ressemble assez. Il y en a de diverses grandeurs & de plusieurs couleurs, de cendrés, de tannés, de bruns, de roux doré.

Les Marchands Epiciers-Droguistes vendent de la graisse de vautour fort estimée contre les maladies des nerfs.

Les Marchands Pelletiers vendent la peau de vautour, qui est une peau garnie d'un duvet extrêmement chaud, qu'on leve de dessus le ventre de cet oiseau, dont les personnes délicates se servent pour se garantir la poitrine du froid. Ces peaux sont apportées, ou apprêtées, c'est-à-dire, passées; ou non apprêtées, seulement séchées, & telles qu'elles sortent de dessus l'oiseau.

Les peaux des Vautours non apprêtées payent en France les droits d'entrée à raison de 4 s. de la piéce; & celles qui sont apprêtées, 10 s. conformément au Tarif de 1664.

VAX

VAXEL. Espece de boisseau dont on se sert dans les Salines de Lorraine pour mesurer les sels. Le Vaxel pese trente-quatre à trente-cinq livres. Il faut seize Vaxels pour le muid. *V.* SEL.

VEA

VEAU, que l'on prononce aussi VO. Jeune animal à quatre pieds, que produit la vache de son accouplement avec le taureau qui en est le mâle.

On appelle Veau mort-né celui qui est sorti sans vie du ventre de la mere, veau de lait celui qui tette la mere, & qui n'a point encore mangé ni herbe ni foin; & veau broutier celui qui ne tette plus, qui broute l'herbe & qui mange le foin.

Ce qu'on nomme Veaux de Riviere sont des veaux de lait très gras qui se nourrissent aux environs de Rouen en Normandie, où les pâturages sont excellens.

La mulette du veau qui est une espece de sac ou poche qui se trouve dans son corps rempli de lait caillé, sert de presure pour faire prendre le lait dont on compose les fromages. Dans les moutons on l'appelle Caillette, & dans les bœufs & vaches c'est ce qu'on nomme Franche-mule.

Quoiqu'il semble que le veau ne doive être considéré que par rapport à sa chair qui se vend dans les boucheries pour la nourriture de l'homme, on en tire cependant deux sortes de marchandises pour le négoce, sçavoir la peau & le poil.

Les peaux de veau se préparent par les Tanneurs, Megissiers, Courroyeurs & Hongrieurs, qui les vendent aux Cordonniers, Selliers, Bourelliers, Relieurs de Livres, & autres semblables Artisans qui les mettent en œuvre. Les peaux de veau courroyées qui se tirent d'Angleterre sont les plus estimées. *V.* TANNER, CUIR COURROYE', CUIR DE HONGRIE & MEGIE.

Le Vélin qui est une espéce de parchemin, se fait de la peau d'un veau mort-né, ou de celle d'un petit veau de lait. C'est le Megissier qui commence à le préparer, & le Parcheminier qui l'acheve. *Voyez* PARCHEMIN *à la fin de l'article.*

Le poil des veaux se mêle avec celui des bœufs & des vaches, pour faire la bourre qui sert à rembourer les selles des chevaux, les bâts de mulets, & les meubles de peu de valeur.

Les Marchands Libraires & les Relieurs de Livres disent qu'un livre est relié en veau fauve, pour faire entendre que la peau du veau qui le couvre est blancheâtre & toute unie, sans voir été marbrée, ni rougie, ni noircie.

On parle ailleurs des droits d'entrée & de sortie que payent en France toutes sortes de peaux de veaux, soit par les Tarifs de 1664, de 1667, & de la Douane de Lyon, soit suivant divers Arrêts du Conseil donnés depuis. *V.* PEAU.

A l'égard des droits d'entrée & de sortie que payent les veaux vivans;

Les veaux gras ou maigres venant des Pays étrangers, payent à l'entrée 10 s. de la piéce, & ceux venant des Provinces du Royaume où les Bureaux ne sont pas établis, 3 s.

Les veaux gras ou maigres payent à la sortie 6 s.

VEAU PASSE' EN SUMAC. C'est du veau courroyé en noir du côté de la fleur, auquel on donne avec le sumac une couleur orangée du côté de la chair. Ce sont les Maîtres Ceinturiers qui employent cette sorte de cuir. *V.* COURROYEUR.

VEAU A CHAIR GRASSE. *V.* CHAIR GRASSE.

VEAU A CHAIR BLANCHE *V.* CHAIR BLANCHE.

VEAU D'ANGLETERRE. Il se fait en France un grand commerce de ces sortes de cuirs qui se passent & se préparent en Angleterre, & que l'on a jusqu'ici inutilement essayé d'imiter ailleurs.

Il se forma néanmoins à Paris en 1665 une Compagnie de Gens d'Affaires dont les principaux Interessés étoient les sieurs de la Salle, Monginot & du Vidal, qui entreprirent d'en établir une Manufacture au fauxbourg saint Marcel.

Monsieur

Monsieur Colbert, à qui la France doit tant d'autres établissemens, esperant soutenir celui-ci, qui eût été d'une grande utilité pour le Royaume, à qui il auroit épargné plus de deux millions par an qui se consomment dans l'achat de ces veaux étrangers, fit donner des Lettres Patentes aux Entrepreneurs, portant un privilege exclusif pour la fabrique des veaux façon d'Angleterre; mais cette Compagnie ayant fait travailler pendant quatre ou cinq ans sous le nom de Bonnet Tanneur de Paris, à qui elle en avoit fait accorder le Privilege, fut obligée de se désister d'une entreprise qui coûta aux Interessés plus de cent mille livres en pure perte.

L'établissement de cette compagnie, quoiqu'elle eût eu un si mauvais succès, ne laissa pas de causer un grand bien aux Marchands Merciers qui font le commerce des véritables veaux d'Angleterre.

Jusques-là les Anglois n'avoient permis aux François & aux Etrangers d'enlever de leurs veaux que ceux du poids depuis vingt-cinq livres jusques à trente-six livres la douzaine, étant défendu d'en faire sortir depuis trente-six jusques à quarante-cinq, à peine d'avoir le poing coupé.

Mais quand on sçut en Angleterre que cette nouvelle Manufacture, si elle réussissoit, ruineroit absolument le commerce de leurs veaux, dont le plus grand débit se faisoit en France, non seulement Sa Majesté Britannique leva l'interdiction, & permit aux Etrangers d'en enlever de tout poids & de toute qualité, mais encore réduisit à trois chelins le droit de sortie qui étoit auparavant de douze; & afin d'assurer encore davantage aux Anglois un commerce si important, il renouvella & fit executer les anciennes Ordonnances de Police pour l'apprêt & la bonne fabrique de cette sorte de marchandise: ce qui en rendroit, à ce qu'on crut en Angleterre, l'imitation encore plus difficile en France.

Cette particularité du commerce des veaux d'Angleterre est tirée d'un curieux & excellent ouvrage manuscrit de l'Auteur du parfait Négociant composé sur le fait des cuirs & l'établissement des Vendeurs de Cuirs dans la Halle de Paris.

Cet Auteur ne croit pas toutefois qu'il soit impossible aux François de parvenir à la perfection de l'apprêt de ces sortes de veaux, mais en même tems il est persuadé que les peaux de ces animaux qui s'élevent & qui se tuent en France, & particulierement aux environs de Paris, n'y sont pas si propres que celles des veaux d'Angleterre.

Sa principale raison est que les peaux de France sont trop petites & trop foibles: défaut qu'il n'est pas possible de réparer parce qu'il est naturel, les veaux étant plus forts en Angleterre quand ils viennent au monde, qu'en France au bout de quinze jours qu'ils sont nez.

Il en apporte bien une seconde raison, considerable à la verité, mais qui étant de pure police pourroit être facilement corrigée, c'est que les veaux de France sont sevrés trop jeunes, ne tettant guéres que trois semaines, souvent que quinze jours, outre qu'on les y tue trop tôt, ce qui les empêchant de croître & de se fortifier autant qu'il le faudroit, leurs peaux passées à la façon d'Angleterre ne peuvent jamais être du poids & de la qualité nécessaires pour être employés aux divers ouvrages ausquels les Artisans travaillant en cuir, s'en servent ordinairement. Au contraire en Angleterre les veaux tetent même au de-là de six semaines, & l'on ne les tue guéres qu'ils ne soient très forts. Les dernieres guerres que la France a eues avec l'Angleterre, ont fait chercher les moyens de s'en passer, & l'on y en fait à présent qui approchent fort de la bonté de ceux d'Angleterre. *Voyez* Courroyer.

Veau Marin, que les Anglois nomment *Seale*, & les Hambourgeois *Sall*, ou *Rubbe*, animal amphibie, qui est du nombre des poissons à lard.

Quelques-uns l'appellent Chien de mer, mais improprement, n'ayant rien de semblable avec le poisson qui porte ce nom & dont la peau sert aux Ebenistes, Tourneurs, Menuisiers & autres tels Ouvriers, pour adoucir & polir leurs ouvrages. *Voyez* Chien de mer.

Le veau marin se trouve en quantité dans divers endroits de la mer Glaciale, mais moins au Spitzberg que dans aucun autre, les Pêcheurs ayant observé que les parages qui sont remplis de ces veaux, ne valent rien pour la pêche de la baleine, parce qu'apparemment ayant les uns & les autres la même nourriture, & les veaux qui sont toujours par bande & en grand nombre fourageant tout, les baleines sont obligées d'aller chercher de quoi vivre ailleurs.

La tête du veau marin est assez semblable à celle d'un chien qui auroit les oreilles très courtes. Au-dessous du museau ils ont une barbe, quelques poils aux naseaux, & trois ou quatre au-dessus des yeux, qui leur servent comme de sourcils. Leurs yeux sont grands, creux & fort clairs, & leurs dents fortes & affilées. Le poil qui couvre leur peau est très court & diversifié de différentes couleurs, parmi lesquelles on remarque le plus ordinairement le noir, le blanc, le jaune, le gris & le rouge: leur queue est courte, aussi bien que leurs jambes & leurs pieds, dont les griffes qu'ils ont au bout, au nombre de cinq, sont unies par une membrane noire, semblable à celle des oiseaux aquatiques. Ils rampent plûtôt qu'ils ne marchent, & paroissent avoir le train de derriere estropié; cependant leur course est vive, & celle d'un homme ne l'est guére davantage. Enfin ils ont un cri qui approche de l'aboi d'un chien, mais plus obscur & plus rauque; celui de leurs petits ressemble plus au miaulement d'un chat.

On va à la chasse ou à la pêche de cet animal, suivant qu'il se trouve sur terre ou sur mer; sur terre on l'assomme en lui donnant des coups sur le museau, & sur mer on le harponne. Les plus grands n'ont guére que huit pieds de long; ordinairement ils en ont cinq à six. On les prend pour leur peau & pour leur graisse; de la peau après qu'elle est passée, les Foureurs en font des manchons de chasse & des housses de chevaux; & les Bahutiers des coffres de campagne, l'eau ne pénetrant point cette sorte de peau, sur laquelle elle ne fait que couler.

De la graisse que l'on fond, on en fait de l'huile, chaque veau en pouvant fournir environ un demi-baril, lorsqu'ils sont peu en lard, & près d'un baril quand ils sont gras.

On en trouve en si grande quantité sur les glaces de l'Ouest, qui y vont dormir au soleil, ou le long du rivage, qui y nagent & y jouent en troupe, qu'on en pourroit charger un Vaisseau, faute de baleine, & il est arrivé plusieurs fois que de petits Bâtimens l'ont fait avec assez de profit.

Leur graisse a bien trois ou quatre pouces d'épaisseur; elle est entre cuir & chair. On la separe de la même maniere qu'on leve une peau, & l'on en fait la meilleure sorte de toutes les huiles, qu'on appelle Huiles de Poisson.

Cet amphibie a la vie extrémement dure; & l'on en a vû, qui, percés d'un nombre infini de coups, & presque dépouillés de leur graisse, levoient encore la tête & mordoient les bâtons qu'on leur présentoit presque avec autant de force que s'ils n'avoient pas été blessés.

VEAUX. Village de Picardie, de la dépendance de Tricot. On y fait des Serges qui se vendent pour Serges de Tricot. Elles servent à l'habillement des Troupes. *Voyez* TRICOT.

VED

VEDASSE, comme on la nomme en François, ou GUEDASSE, comme on l'appelle à Amsterdam. Espéce de cendre gravelée dont se servent les Teinturiers; il en vient de Moscovie, de Pologne & de Dantzick. On lui donne aussi le nom de Potasse. *Voyez* GRAVELE'E.

VENTE ET PRIX DES VEDASSES À AMSTERDAM.

Le prix des guédasses que l'on vend à Amsterdam est différent, suivant leur nature & qualité, ou les lieux d'où on les tire. Elles se vendent toutes à dix-huit mois de rabat, & toutes aussi donnent un pour cent de déduction pour le promt payement. La vente s'en fait au last, mais quelques-unes par livres de gros & d'autres par florins.

Les guédasses de Danemarx se vendent les cent livres depuis 12 jusqu'à 16 sous de gros.

Celles de Dantzick, 50 à 70 livres de gros le last. Les mêmes en petits barils, depuis 30 jusqu'à 32 livres de gros.

Celles de Conisberg, de la Griffe d'ours, depuis 18 jusqu'à 70 livres de gros le last.

Celles de Riga, du Miroir, se vendent à trois prix, suivant leur bonté. La meilleure, depuis 60 jusqu'à 120 livres de gros le last: la moyenne, depuis 40 jusqu'à 50, & la moins bonne, qu'on appelle la simple, depuis 25 jusqu'à 30.

Celles de Moscovie, les bleues dures, depuis 125 jusqu'à 150 livres de gros le last, & les blanches depuis 90 jusqu'à 100.

Celles de Cassube, appellées doubles écurées, depuis 19 jusqu'à 22 florins le last, & la simple écurée, depuis 14 jusqu'à 15.

Celles d'Elbing, de Stetin & de Colberg, dures, depuis 16 jusqu'à 20 florins. Les blanches des mêmes Villes, depuis 8 jusqu'à 14 florins.

Et celles d'Elbing, dures & bleues, depuis 18 jusqu'à 21 florins le last.

VEI

VEILLE'E. On appelle Pâté de veillée, un petit regal dont le principal mets consiste en un pâté que les Maîtres de plusieurs Communautés des arts & métiers de Paris donnent à leurs Compagnons quand ils commencent à veiller. *Voyez* PASTE' DE VEILLE'E.

VEILLOIR. On nomme ainsi parmi les Ouvriers qui travaillent en cuir, comme Bourreliers, Maletiers, Cordonniers, Savetiers, &c. une petite table sur laquelle les Compagnons mettent leur chandelle & leurs outils lorsqu'ils commencent à veiller, & autour de laquelle ils s'arrangent pour profiter tous de la lumiere.

VEISSEL. Mesure des grains dont on se sert à Chambery en Savoye.

Le veissel pese 140 livres poids de Geneve.

VEL

VELANI, que les François appellent Avelanede; c'est le fruit d'une espece de chêne qui croît dans quelques Isles de l'Archipel, & dans quelques autres endroits du Levant.

Cette sorte de chêne, que les Grecs modernes appellent Velamda, a les racines, le bois, le port & la hauteur du chêne commun. Ses branches sont fort touffues, étendues sur les côtés, tortues, blanchâtres en dedans, couvertes d'une écorce grisâtre ou brune. Les feuilles y croissent par bouquets, longues de trois pouces sur deux pouces de large, arrondies à l'extrémité & crénelées aux bouts; elles sont couvertes d'un duvet presque qu'imperceptible, ce qui les rend cottoneuses.

Les chatons de cet arbre sont semblables à ceux de notre chêne, mais les glans en sont fort differens. Chaque gland commence par un bouton presque spherique, qui grossit jusqu'à environ un pouce ou quinze lignes de diametre, applati sur le devant, & creusé en maniere de nombril, à travers duquel on découvre la pointe du fruit. L'enveloppe du gland est une espece de boëte relevée de plusieurs écailles, d'un verd pâle, longue de trois ou quatre lignes, large d'environ une ligne & demie, émoussée à la pointe. *Voyez* AVELANEDE.

VELIN, ou VESLIN. Espéce de parchemin plus fin & plus blanc que le parchemin ordinaire. *V.* PARCHEMIN *à la fin de l'article.*

Les velins payent les droits de la Douane de Lyon à raison de 20 s. de la balle d'ancienne taxation & 6 s. de nouvelle réappréciation. Voyez les droits des autres Tarifs à l'article du Parchemin.

VELIN. Les Maîtres Peintres & Doreurs du Pont Notre-Dame & du Quay de Gévres, nomment aussi de la sorte des bordures de bois uni, qui servoient autrefois à encadrer des Images de velin d'une certaine grandeur, qui ont depuis servi de modele déterminé pour toutes les estampes de leur volume.

Il y a de trois sortes de velins, les grands, les bâtards & les petits.

Les grands velins portent 5 pouces 3 lignes, sur 3 pouces 9 lignes. Les bâtards 4 pouces 6 lignes, sur 3 pouces 9 lignes, & les petits 3 pouces 6 lignes, sur deux pouces 9 lignes.

VELIN. C'est aussi le nom que l'on donne en Normandie aux points de France qui se fabriquent à Alençon & aux environs, à cause que c'est sur du vélin que sont dessinés les patrons sur lesquels on travaille à ces dentelles faites & brodées à l'aiguille. *Voyez* POINTS DE FRANCE.

VELLON, qu'on prononce en Espagnol Veillon. Signifie en fait de Monnoye ce qu'on appelle en France Billon; il se dit particuliérement des espéces de cuivre.

On se sert aussi de ce terme pour distinguer

quelques monnoyes de compte d'Espagne. Ainsi on dit ; un ducat, un real, un maravedis de vellon, par opposition à ceux que l'on nomme de Plata ou d'Argent, les uns étant presque du double des autres, le real par exemple de vellon ne valant que dix-huit maravedis d'argent, & le real d'argent en valant trente-quatre aussi d'argent. *V.* PLATA. *V. encore* DUCAT, REALE, MARAVEDIS.

VELOURS ou VELOUX. Riche étoffe toute de soye, couverte à l'endroit d'un poil épais, court, serré & très doux, dont l'envers est une espece de tissu extrémement fort & pressé. Le velouté de cette étoffe se fait d'une partie des fils de la chaîne qu'on appelle Poil, que l'Ouvrier place sur une longue & étroite regle ou aiguille de cuivre cannelée, qu'il coupe ensuite en conduisant un petit outil d'acier très tranchant le long de la cannelure de l'aiguille.

Quoiqu'en disent les Etymologistes qui aiment à faire mystere de tout, le mot de Velours vient certainement de celui de Velu, c'est-à-dire, couvert de poil, & ne signifie autre chose qu'étoffe velue.

Il se fabrique dans les Manufactures de France divers sortes de velours ; entr'autres des velours pleins, des velours figurés, des velours à ramage, des velours raz, des velours rayés, des velours cizelés ou coupés, & enfin les plus riches de tous des velours à fond d'or ou d'argent.

Les velours pleins sont ceux qui sont unis & qui n'ont ni figures ni rayeures.

Les velours figurés, ceux qui ont diverses figures & façons, mais qui n'ont point un fond différent de la façon, c'est-à-dire, dont toute la superficie est veloutée.

Les velours à ramages ceux qui représentent de grands branchages & rainseaux sur un fond satiné, quelquefois de la même couleur, & plus souvent d'une couleur différente du velouté ; ce sont ces mêmes velours qu'on appelle à fond d'or & d'argent, quand au lieu de satin on en fait le fond de fils de l'un ou l'autre de ces métaux.

On ne peut s'empêcher de parler ici d'un des plus beaux velours à ramages qui soit sorti des Manufactures de France, qui n'a pas été imité sur les métiers étrangers, & n'y ayant guéres d'apparence qu'il le soit jamais, restera unique dans son espéce.

Le sieur Charlier si célebre par les riches & belles étoffes de toutes façons qu'il faisoit faire dans sa Manufacture de S. Maur près Paris, entreprit ce velours sous le Regne de Louis XIV. pour servir aux ameublemens du superbe Palais de Versailles. Il étoit monté sur un rot de plus d'une aune, & outre le velouté ordinaire & la soye frisée qu'on employe quelquefois dans les velours à ramages, l'or & l'argent frisé y étoient travaillés & ménagés avec tant d'art, qu'on ne pouvoit le voir sans une espéce de surprise & d'admiration. Chaque aune au sortir du métier revenoit à plus de mille livres, aussi l'Ouvrier n'en pouvoit-il faire chaque jour qu'un pouce ou dix-huit lignes ; le dessein avoit été fait par le sieur Berin si connu par ces sortes d'ouvrages. Le peu qui a été fabriqué de ce velours sert à quelques portieres des appartemens de Versailles.

On appelle Velours raz celui dont les fils ou poils qui font le velouté ont été rangés sur la regle cannelée, mais n'y ont pas été coupés.

Velours rayé, celui qui a des rayes de diverses couleurs le long de la chaîne, soit que ces rayes soient partie velouté & partie satin, soit qu'elles soient toutes veloutées.

Enfin les velours cizelés ou coupés sont ceux dont la façon est de velours & le fond d'une espéce de taffetas, ou de gros de Tours.

On dit aussi du Velours à quatre poils, à trois poils, à deux poils, à poil & demi, & encore du petit velours pour en distinguer les différentes qualités & leurs divers dégrés de force & de bonté. On va parler des uns & des autres conformément aux Réglemens.

Il y a trois Réglemens qui fixent la fabrique des velours suivant leurs espéces & qualités, & qui ordonnent les différentes lisieres qui les doivent distinguer.

Ces trois Réglemens sont de l'année 1667 ; celui de Tours du 27 Mars, celui de Lyon du 19 Avril, & celui de Paris du mois de Juillet, tous trois si semblables, qu'on les doit regarder comme un seul & même Réglement, à la réserve néanmoins de ce qui regarde les petits velours ; Sa Majesté en faveur des Manufactures de Lyon, & pour elles seulement ayant dérogé par ses Lettres d'homologation du Réglement pour cette Ville, à ce qui y étoit porté, qu'ils seroient faits tout de soye cuite, & ayant permis que les petits velours du prix de sept livres & au dessous pouvoient être fabriqués à Lyon de soie crue mêlée avec la cuite, à la charge qu'ils seroient marqués d'un plomb sur lequel seroit inscrit *Petit Velours de soie cuite & crue*, à peine de confiscation de ceux qui n'auroient pas ladite marque.

Velours à quatre poils.

Ces Velours qu'on appelle aussi Velours forts & Velours à six lisses, se fabriquent sur un peigne de vingt portées qui font soixante portées de chaîne & quatre-vingt portées de poil, chaque portée de quatre-vingt fils ou filets, y ayant huit fils de poil pour chaque dent de peigne, lesquels poils & chaîne doivent être d'organsin filé & tordu au moulin, & tramés de trame double, le tout cuit & de bonne, pure & fine soie, sans y employer aucun fleuret ni boure de soie.

Ces velours doivent avoir onze vingt-quatriémes d'aune entre les deux lisieres, & être marqués de quatre chainettes de soie de couleur différente du velours, & quant à celui dont la la chaîne, tréme & poil sont tout cramoisy, il y doit avoir un filet d'or ou d'argent au milieu de ladite lisiere.

Velours à trois poils.

Ces velours se nomment aussi Velours forts & à six lisses, & se fabriquent sur le même peigne que ceux à quatre poils ; ils ont comme eux soixante portées de chaîne, mais seulement soixante portées de poil, & n'ont que six fils de poil pour dent. On les distingue par trois chainettes ; du reste ils sont faits de même soye & de même largeur que les précédents.

Velours à deux poils & à poil & demi.

Ces velours s'appellent Velours à 4 lisses ou

Velours moyens ; leur peigne est de vingt portées, avec cette différence que les velours à deux poils ont quarante portées de chaîne & autant de poil, chaque portée de quatre-vingt fils; & que les velours à poil & demi ont bien quarante portées de chaîne, mais n'en ont que trente de poil. L'un & l'autre velours ont la même largeur que ceux à quatre & trois poils, & se marquent l'un par deux chaînettes de chaque côté, & l'autre par deux chaînettes aussi d'un côté, mais seulement une de l'autre.

Petits Velours.

Les petits velours se font à dix-neuf portées de peigne qui font trente-huit portées de chaîne & dix-neuf portées de poil chacune de quatre-vingt fils ; ils ont même largeur que ci-dessus, & n'ont qu'une chaînette à chaque lisiere.

Ces velours de bas prix aussi-bien que ceux à deux poils & à poil & demi doivent être faits d'organsin filé & tordu au moulin, & les trémes de bonne & pure soie cuite sans mélange de soie crue, parce que, dit le Réglement, cette derniere est doublement fausse, c'est-à-dire, qu'elle est de fausse teinture, & qu'elle corrompt & coupe la soie cuite.

On a dit ci-dessus qu'en faveur des Manufactures de Lyon seulement on avoit dérogé à cet article à l'égard de ce qui regarde le mélange de la soie cuite & crue dans la fabrique des petits velours.

Velours figurés à ramage, raz, coupés ou cizelés, &c.

Les Réglemens n'ordonnent autre chose pour toutes ces sortes de velours, sinon que les chaînes & poils ne seront que d'organsin & tordu au moulin, tramés de pure & fine soie cuite & non crue, & de ladite largeur de onze vingt-quatriémes, supposant que d'ailleurs ils seront travaillés suivant leur nature & qualité comme il a été dit ci-dessus.

Les pannes & les peluches de soie sont aussi des espéces de velours, & l'on peut encore mettre de ce nombre les peluches de poil & les tripes de pure laine. *Voyez* PANNE, PELUCHE & TRIPE.

Outre les velours qui se fabriquent en France il s'en tire aussi quantité de plusieurs endroits d'Italie, particulierement de Venise, Milan, Florence, Gennes & Luques ; on en a même apporté de la Chine, & il en vint quelques-uns sur la fin du dix septiéme siécle par le retour de l'Amphitrite vaisseau de la Compagnie Françoise de la Chine, mais de très médiocre qualité, & qu'on eut peine à vendre jusqu'à quatre-vingt-une livre la piéce.

Il s'est aussi établi en Hollande quelques fabriques de velours que les Refugiés François y ont portées ; celle de Harlem est la plus considérable, & les velours qui s'y font se débitent en quantité en Allemagne & dans le Nord.

Il est vrai qu'il s'en faut bien qu'ils approchent de la beauté de celle de France ; mais ils reviennent à dix ou quinze pour cent moins, ce qui est un grand attrait pour les étrangers qui cherchent en tout le bon marché. Ces velours sont à fleurs tigrées, comme on les appelle dans le Pays ; ils sont grossiers & d'assez mauvais desseins lorsqu'ils n'imitent pas ceux de France.

Les Velours à fleurs & fonds d'or ou argent, payent en France suivant le Tarif de 1664 les droits de sortie a raison de 40 s. la livre pesant ; & les velours de toutes sortes & couleurs sans or ou argent, ou avec or ou argent faux, seulement 14 s.

Par le même Tarif les droits d'entrée des premiers sont de 6 francs la livre pesant, & les droits des autres de 3 liv. à l'exception néanmoins de ceux venant de la Flandre appellée autrefois Espagnole & entrant dans les Pays conquis & cedés, qui en consequence de l'Arrêt du Conseil d'Etat du 23 Novembre 1688, payent 20 francs aussi la livre pesant.

Par le Tarif de la Douane de Lyon les velours payent les droits suivant leur qualité & les lieux d'où ils viennent, sçavoir :

Les velours de toilette & autres petits velours 26 s. la livre.

Les velours d'Avignon, Valence, Boulogne 30 s.

Les velours de Florence, Luques, Milan, Naples, Venise & Ferrare 36 s.

Les velours de Rege, Modene & Constance 30 s.

Les velours de Gennes aussi 30 s. & pour les mandemens 7 liv. 5 s. de la piece.

Les velours rouge cramoisi de Gennes 50 s. la liv. & pour les mandemens 6 liv. la piece.

Les velours violet & incarnate-cramoisi de Gennes 45 s. la livre, & pour les mandemens 6 liv.

Les velours rouge-cramoisi de Florence, Venise & autres Pays étrangers 50 s. la livre.

Les velours violet ou incarnat-cramoisi desdits lieux 45 sols.

Les velours noirs ou couleurs, de Tours 12 s.

Les velours raz rouge-cramoisi, de Tours 15 s.

Les velours de Geneve de toutes couleurs 30 s.

Les velours de Villeneuve, Selon, Craux & autres lieux de Provence 12 s.

Les velours a fond d'or ou d'argent 45 s.

Tous ces droits s'entendent tant pour l'ancienne taxation que pour la nouvelle reapreciation.

Les droits sur les soies qui entrent dans la Ville de Lyon ayant été considérablement augmentés jusqu'en l'année 1716, Sa Majesté pour entretenir l'équilibre entre les fabriques étrangeres des velours & autres étoffes de soies, & celles de ladite Ville de Lyon qui font son plus important commerce, trouva à propos d'augmenter à proportion les droits sur lesdits velours & étoffes de fabrique étrangere, afin que ses Sujets pussent au moins les donner avec plus d'égalité de prix.

Cette augmentation qui fut ordonnée par un Arrêt du Conseil du premier Août de la même année 1716, consistoit à la moitié en sus des droits de la Douane de Lyon, tiers surtaux & quarantiéme sur toutes les étoffes de soie pure ou mêlées d'or & d'argent & autres matieres fabriquées dans les Pays étrangers, à l'exception des velours à ramage.

Mais les droits de surtaux & quarantiéme ayant été supprimés en 1720, & les droits sur les soies ayant été encore augmentés au mois de Janvier 1722, Sa Majesté pour remettre une seconde fois les choses en équilibre entre les Fabriquans François & les Fabriquans étrangers, ordonna par un nouvel Arrêt du 6 Mars ensuivant, que jusqu'à ce qu'il en eût été autrement ordonné, les droits de la Douane de Valence & de celle de Lyon qui avant l'Arrêt du premier Aout 1716 étoient perçûs sur les damas, velours, satins & autres étoffes de soie pure ou mêlées d'or ou d'argent ou d'autres matiéres, à l'exception des velours à ramage, fabriqués en Pays etrangers, même dans la Ville d'Avignon & Comtat Venaissain, seroient augmentés des deux tiers du montant desdits droits, au lieu de la moitié ordonnée par l'Arrêt du premier Août 1716, Sa Majesté ordonnant au surplus que les Réglemens pour l'entrée des soies & étoffes de soie étrangeres seroient executés suivant leur forme & teneur. On peut voir à l'article des soies un extrait de l'Edit du mois de Janvier 1722, qui en a augmenté les droits.

VELOUTER. Terme de Rubannier. C'est donner à la soie ou à la laine dont on fait des gallons, un poil semblable à celui du velours.

VELOUTE'. Ce qui est fait à la maniere du velours. On appelle le velouté d'un gallon ou d'un passement, la soie ou la laine qui en font les compartimens quand elles sont coupées comme au velours sur la regle cannelée de cuivre.

VELOUTE'. C'est aussi un terme de Jouaillier. Il se dit des couleurs des pierreries, qui sont brunes & foncées, particuliérement des rubis & des saphirs, quand les uns sont d'un rouge brun & les autres d'un bleu foncé.

VELOUTE'. Signifie encore dans le commerce des vins un vin d'une couleur chargée, mais belle.

VELTAGE. Mesurage qui se fait des bariques, tonnes, tonneaux, pipes & autres telles futailles, avec l'instrument que l'on appelle Velte, pour sçavoir combien ils contiennent de fois la mesure qu'on appelle aussi Velte dont on va parler dans l'article suivant.

VELTAGE. S'entend aussi du droit qui est dû au Velteur ou Jaugeur. *Voyez* JAUGE & JAUGEAGE.

VELTE. Instrument qui sert à velter, c'est-à-dire, à jauger & mesurer les tonneaux pour en connoître la contenance. La velte est une espece de jauge dont on donne ailleurs la description de laquelle on se sert en quelques Villes & Provinces de France, comme en Guyenne, à Bordeaux, dans l'Isle de Rhé, à la Rochelle, à Bayonne, à Cognac, &c. & dans quelques Pays, étrangers comme à Amsterdam, Lubec, Hambourg, Emden, &c.

La velte a differens noms suivant les lieux où elle est d'usage; dans quelques-uns on l'appelle Verge, dans d'autres Verle, & dans d'autres encore Verte, Viertel & Vierteile. *V.* JAUGE.

VELTE. C'est aussi une mesure des liquides particulierement des vins & des eaux-de-vie; elle a autant de noms & sert dans les mêmes lieux que la velte à jauger.

La velte contient trois pots, le pot deux pintes & la pinte pese à peu près deux livres & demi poids de marc. Ceux qui font la velte de quatre pots se trompent. *Voyez l'article des Eaux de-vie, on y explique quantité de particularités concernant le veltage des bariques & la qualité de veltes qu'elles doivent contenir suivant les lieux.*

VELTER. Mesurer avec la velte. *V.* JAUGER.

VELTEUR. Officier qui mesure avec la velte. C'est la même chose que celui qu'on appelle ailleurs Jaugeur. *Voyez* JAUGE.

VELY. On nomme ainsi à Smyrne les crêpons de Boulogne, que les Marchands Chrétiens y portent. Les velys payent les droits d'entrée à la Douane du Grand-Seigneur, sur le pied de 25 aspres le picq.

VEN

VENDEUR. Celui qui vend. Il se dit en général de toute personne qui cede & livre à une autre quelque chose, soit héritage, soit contrat, soit marchandise, pour certain prix convenu entre eux. Dans toutes les ventes qui se font il n'y a proprement que deux personnes qui agissent & qui stipulent, l'Acheteur & le Vendeur.

Celui qui vend ce qui ne lui appartient pas, s'appelle faux Vendeur ou Stellionataire. Le Vendeur est tenu de garentir sa vente, du moins de ses faits & promesses. *Voyez* CONTRAT DE VENTE.

VENDEUR, en fait de marchandise. Ne se dit gueres que de celui qui vend de petites denrées ou friandises, comme un vendeur d'alumettes, de lacets, &c. On le dit aussi des femmes qui font ces sortes de petits négoces. Une vendeuse de Pain d'Epice, de pommes, &c.

VENDEURS. Se dit aussi de certains Officiers du Châtelet de Paris, institués pour priser, crier & vendre les meubles saisis qui se vendent publiquement au plus offrant & dernier encherisseur par ordre de Justice, ou même qui se vendent volontairement après le décès des Proprietaires. Les Sergens à Verge du Châtelet se disent Jurés Priseurs, Crieurs & Vendeurs de meubles.

VENDEUR. C'est encore un Officier établi par le Roi pour ce qui concerne la vente de certaines especes de marchandises.

Ces sortes de Vendeurs ont la qualité de Jurés à cause du serment qu'ils font lorsqu'ils sont reçus à cet Office; & aussi parce qu'ils font quelques unes des fonctions de ce qu'on appelle Jurés dans les Corps des Marchands, & les Communautés des Arts & Métiers.

Il y a à Paris plusieurs Jurés Vendeurs, entre autres des Jurés Vendeurs de vin, des Jurés Vendeurs de Cuirs, des Jurés Vendeurs de Marée ou Poisson de mer, & des Jurés Vendeurs de Volailles, & quelques autres moins considerables. On a aussi voulu établir de pareils Officiers pour la vente des bœufs, veaux, moutons & autres bestiaux dans les Marchés de Sceaux & de Poissi; mais les Déclarations données pour cet établissement de tems en tems depuis plus d'un siécle, n'ont point eu d'exécution. On parlera dans la suite en particulier de ces quatre principales sortes de Jurés Vendeurs après qu'on aura dit quelque chose en général de leurs fonctions.

Les Jurés Vendeurs sont établis pour payer comptant aux Marchands Forains, lorsqu'ils sont convenus de prix avec les Acheteurs, les sommes à quoi monte la vente de leur marchandise, desquelles ces Vendeurs se chargent sur leur propre compte, & en font à leurs risques, périls & fortunes, le recouvrement sur les Acheteurs.

Pour faire ces avances les Vendeurs sont tenus de faire un certain fond, ordinairement reglé par les Edits & Déclaration de leur établissement, qui mort arrivant d'aucun d'eux, est remboursé à leurs héritiers, & remplacé par le nouveau Vendeur qui est pourvû de l'Office vaquant.

Chaque Communauté de Vendeurs doit avoir son Bureau pour s'assembler, & son Registre pour y enregistrer les ventes & prix des marchandises, les noms des Marchands Forains & ceux des Acheteurs ; ils ont aussi leurs Officiers qu'ils élisent tous les ans. Ces Officiers sont un ou deux Receveurs, & deux ou plusieurs Syndics ; quelques-uns n'en ont point, mais des Caissiers & Commis.

Pour les peines des Vendeurs & les intérêts des avances de leur argent, ils reçoivent de certains droits qui leur sont attribués, lesquels leur doivent être payés par les Marchands Forains, & déduits sur le prix des marchandises qui ont été vendues.

Enfin ceux qui ont acheté, & pour qui le prix de la vente a été avancé aux Forains par les Vendeurs, peuvent être contraints au payement sans qu'il soit besoin d'aucune Sentence ou jugement qui les y condamnent.

Chaque Communauté de Jurés Vendeurs, a outre cela de certains droits & fonctions qui leur sont propres. *Voyez les Paragraphes suivans.*

Vendeurs de Marée & de Poisson d'eau-douce.

Ces Jurés Vendeurs sont les premiers qui ont été créés en France en Titre d'Office, pour la visite, la vente ou lotissage de certaines especes de marchandises. Ceux de Paris ne furent d'abord créés que pour le poisson de mer frais, sec & salé ; & ce n'est que bien long-tems après qu'ils sont aussi devenus Jurés Vendeurs de poisson d'eau-douce.

L'Edit de leur création en forme de Lettres Patentes, est du mois de Juillet 1507, sous le Regne de Louis XII. Ils y furent d'abord fixés au nombre de dix pour la Ville de Paris, sous les conditions & avec les droits & fonctions dont on parlera dans la suite.

Les besoins de l'Etat augmentant, il se fit sous le Regne de François I. & de ses Successeurs, de nouvelles créations de Vendeurs de Marée, premierement pour Rouen & pour Orleans, &c. & depuis pour Meaux, Senlis & autres Villes du second rang.

Henri III. par son Edit du mois de Janvier 1583, en créa pareillement pour toutes les Villes, Bourgs & Bourgades, Havres & Ports du Royaume, où se fait la descente ou vente du poisson de mer, avec la même attribution d'un sol par livre des ventes qu'ils feroient, dont jouissoient ceux de Paris, Rouen, Orleans, Meaux, Senlis, &c. mais aussi avec la liberté aux Pêcheurs & Marchands de se servir ou de ne se pas servir de leur ministere, & par conséquent de ne leur pas payer le droit ; liberté qui leur fut encore conservée & confirmée long-tems après, par un Arrêt du Conseil d'Etat, du 6 Mai 1645, rendu contre les Jurés Vendeurs de Marée de Paris.

Le nombre de ces nouveaux Vendeurs, créés pour les Provinces, fut reglé à six dans les principales Villes ; à quatre dans celles du rang d'après ; & à trois, deux ou un dans les petites Villes & les Bourgs où se font la descente, vente & trafic de toutes sortes de poisson de mer frais, sec ou salé, avec suppression de tous Courtiers, Hôtes & Vendeurs dudit poisson, soit qu'ils se fussent immiscés d'eux-mêmes dans cette fonction, soit qu'ils en eussent obtenu des Lettres de Provision du Roi, ou des Seigneurs particuliers.

Il ne paroît pas qu'il soit arrivé de grands changemens dans les Offices des Vendeurs de Marée des Provinces, cet objet étant trop peu considerable par rapport au secours que l'Etat en peut tirer. Il n'en a pas été de même des Vendeurs de Marée de Paris, qui étant puissans & accrédités ont souvent fourni de grandes sommes, mais qui aussi ont obtenu l'attribution de quantité de nouveaux droits & l'union de plusieurs Offices de nouvelle création, ainsi qu'on le dira ci-après lorsqu'on aura parlé de leurs fonctions, qui sont à peu près les mêmes, tant pour les Vendeurs de Paris, que pour ceux des Villes de Province.

Les principales fonctions des uns & des autres, sur tout de ceux de Paris, sont de proceder aux ventes, de recevoir les encheres, & de délivrer aux derniers Encherisseurs, les poissons de mer, soit en torquettes, paniers ou autrement, que les Chasse-marées, Voituriers & Marchands, qui veulent se servir d'eux, apportent & déchargent dans les Halles & Marchés de Paris & autres Villes où ils sont établis, rejetter & rebuter le poisson, s'il est de mauvaise qualité, tenir bon & fidel registre des ventes & délivrances, des jours de l'arrivée des marchandises, & du nom de ceux à qui le poisson appartient, ou à qui il a été vendu ; faire les deniers bons aux Marchands qui employent leur ministere ; leur être responsable des ventes, même leur faire les avances des deniers dûs par les Acheteurs, & ce sans retardement, à moins que les Chasse-marées, Voituriers & Marchands n'y consentent, le tout à peine de dépens, dommages & intérêts, frais de séjour, &c.

Pour les avances que les Jurés Vendeurs font aux Marchands, leurs peines & salaires, il leur est accordé de retenir par leurs mains sur chacune desdites ventes, un sol par livre, ce qui revient à trois sols par écu, se chargeant à leur risque & fortune, & sans aucun recours contre ceux à qui ils ont fait les avances, de poursuivre le recouvrement des sommes dûes par les Acheteurs.

Les Vendeurs sont aussi tenus par l'Edit de leur création de donner caution, de faire bourse commune, & d'avoir & établir des Bureaux & Comptoirs aux Halles ou autres lieux plus convenables à la commodité publique.

Ces fonctions & droits des Vendeurs de Marée de la Ville de Paris, réglés par l'Edit de leur Création, leur furent de nouveau confirmés sous le Regne de Henry IV. par un autre Edit du mois de Juin 1598 ; & encore par plusieurs Arrêts du Conseil ou du Parlement, ceux là des 26 Juillet 1609, 20 Février 1610, & premier 1613 : & ceux-ci des 11 Juillet 1645, 28 Avril 1674, & 27 Décembre 1689. Ces derniers, à la vérité, qui portent aussi divers Reglemens & attribution de nouveaux droits, ne leur ayant pas été accordés gratuitement, mais en conséquence de la finance payée au Roi par les Vendeurs, pour les raisons & motifs qui sont expliqués dans les Arrêts du Conseil.

Jusqu'en 1696, le nombre des Jurés Vendeurs de Marée de Paris n'avoit point été accrû, & pendant près de deux siécles entiers ils n'avoient été que dix à en exercer les fonctions, suivant la fixation portée par l'Edit de 1507. Mais alors ce nombre fut augmenté de soixante nouveaux Jurés, plus par le besoin que l'Etat avoit de secours extraordinaires pour soutenir la guerre qui avoit suivi la ligue d'Ausbourg, & l'invasion de l'Angleterre par le Prince d'Orange, que par la nécessité qu'eût le public d'un si grand nombre d'Officiers pour la vente de la marée.

L'Edit de cette nombreuse création fut donné à Versailles au mois de Mai de ladite année 1696, avec faculté néanmoins aux anciens Vendeurs d'acquerir en corps, ou chacun d'eux en particulier, un ou plusieurs Officiers nouvellement créés, ou de les réunir à leur Compagnie en tout ou en partie.

Les dix anciens Vendeurs, en conséquence de cette permission, ayant fait leurs offres pour l'acquisition des soixante nouveaux Offices, & ces offres ayant été acceptées, le Roi par un Arrêt de son Conseil du 16 du même mois de Mai, consentit à la réunion moyennant la somme de seize cens cinquante mille livres, tant pour la finance des soixante Offices créés par l'Edit, que du droit Domanial, appellé la petite Coutume, réuni aux anciens Offices, pour en jouir par eux, leurs successeurs & ayant cause, héréditairement, leur accordant d'ailleurs, & leur cedant, outre les droits attribués à leurs anciens Offices, le droit de vingt-quatre deniers pour livre du prix de tout le poisson de mer, frais, sec & salé, qui se vend dans la Ville & Fauxbourgs de Paris, appartenant à Sa Majesté; le droit de franc-salé d'un minot de sel par chacun Office, en cas qu'ils trouvassent plus à propos de ne se les pas réunir, & seulement d'un seul minot, pour chacun des dix anciens Vendeurs, en cas de réunion; & enfin la confirmation de tous les Edits & Arrêts obtenus & donnés en leur faveur, jusqu'à ce dernier Edit, ainsi qu'il y est porté.

La guerre terminée en 1697 par le Traité de Riswick, s'étant rallumée au commencement du dix huitiéme siécle à cause de la succession d'Espagne, & le Roi Louis XIV ayant besoin de nouveaux secours, il se fit en 1700 une création du quart en sus d'Offices, en chacune des Communautés des Officiers de Police dépendant de l'Hôtel-de-Ville & du Châtelet de Paris, établis sur les Ports, Quais, Halles & Marchés, avec attribution du quart en sus des droits attachés à leurs Offices.

Trois Offices de Vendeurs de Marée ayant été compris dans le Rôlle de la nouvelle création, pour avec les dix Anciens, faire le nombre de treize, ceux-ci en demanderent la suppression & la réunion à leur Communauté, ce qui leur fut accordé; avec la réduction néanmoins du quart en sus des droits, seulement à trois deniers par livre sur la vente du poisson d'eau douce, outre & par dessus les quinze deniers qu'ils avoient déja. Et en conséquence lesdits trois nouveaux Offices furent supprimés & réunis par Déclaration donnée à Versailles le 9 Février 1706.

La Cour leur accorda d'autant plus facilement cette modération de finance, qu'ils avoient déja payé en 1702, six cens mille livres pour la suppression & réunion des Offices de Controlleurs des adjudications & ventes des Poissons de mer, frais, sec & salé & d'eau-douce, créés dans les mêmes mois & an; & encore neuf cens trente mille livres en 1705 pour par i le suppression & réunion des Offices de Commissaires, Inspecteurs & Syndics, créés par les Edits des mois d'Aout, Novembre & Décembre 1704; l'une & l'autre finance à la vérité avec att b tion nouvelle de droits; sçavoir, de six deniers par livre pour la réunion des Offices de Controlleurs, & 9 d. pour celles des Commissaires.

Ce fut au mois de Mars 1709 que les Vendeurs de Marée devinrent aussi Vendeurs de poisson d'eau douce.

Dès l'année 1675 il s'étoit fait par Edit du mois d'Avril une création de huit Offices de Vendeurs de poisson d'eau-douce, & de huit leurs Commis, avec attribution d'un sol pour livre du prix de la vente dudit poisson: mais ces Offices n'ayant point été levés, le droit du sol pour livre avoit été uni à la Ferme générale des Aydes.

Au mois de Juin 1696 on tenta par un nouvel Edit de remettre sur pied la création de 1675; & pour faciliter la vente des nouveaux Offices en diminuant le prix de leur finance, on supprima les huit Vendeurs du premier Edit, & l'on en créa trente autres héréditaires, & non domaniaux, avec la même attribution du sol pour livre, qui fut désuni & distrait de la Ferme des Aydes, & dans tout le reste, avec les mêmes privileges accordés aux soixante Jurés Vendeurs de Marée, créés par Edit du mois précédent, desquels on a parlé ci dessus.

Le débit des trente Offices ne fut pas plus heureux que celui des huit Offices de la premiere création; ce qui fit qu'on fut obligé de les supprimer peu de tems après, & de faire percevoir le droit de sol pour livre par le Fermier des droits sur la Volaille.

Enfin les besoins de l'Etat augmentant de plus en plus, il parut en 1708, une derniere & plus ample création de Vendeurs de poisson d'eau-douce, par Edit du mois de Mai, non-seulement avec l'attribution du sol pour livre, mais encore avec celle des dix-huit den. dont jouissoient les Vendeurs de Marée, à qui on en promettoit une indemnité.

Le nombre de Jurés Vendeurs de Poisson d'eau douce fut fixé à soixante & dix, avec bourse commune, & avec les mêmes fonctions des Jurés Vendeurs de Marée, & quelques autres qui leur sont particulieres, entr'autres le droit de visite, & estimation de tout le Poisson qui arrive par terre ou par eau; la faculté de sceller & cacheter les bacs, bascules, boutiques, boutiquiers & autres vaisseaux servant à amener du poisson, jusqu'à ce que les Marchands soient convenus des droits, avec l'option néanmoins déferée ausdits Marchands, Conducteurs & Proprietaires, de s'en tenir à l'estimation des Vendeurs, ou de leur abandonner le poisson pour ladite estimation; & en cas d'abandonnement, obligation aux Vendeurs de leur en payer comptant le prix sur le pied de l'estimation, à la déduction desdits droits de deux sols six deniers pour livre, qui leur doivent être pareillement payés par toutes sortes de personnes, Corps & Communautés, sans exception, qui font venir du poisson par eau ou par terre, de quelque prix & valeur qu'il puisse être.

A l'égard de l'indemnité promise aux Vendeurs de Marée, le Roi, par le même Edit, leur attribue trois deniers pour livre du prix du poisson de mer frais, sec & salé, & les six mille livres de gages des Conservateurs des Privileges des Bourgeois de Paris, créés en 1707.

Les Jurés Vendeurs de Marée de Paris, à qui les clauses de cet Edit, & particulierement la distraction des dix-huit deniers pour livre sur le prix du poisson d'eau-douce, étoient d'une grande conséquence, & leur apportoient un préjudice considerable, demanderent & obtinrent la suppression des soixante & dix Offices des Jurés Vendeurs dudit Poisson d'eau douce, sans qu'ils pussent être à l'avenir créés ni rétablis pour quelque cause & sous quelque prétexte que ce fût; & la réunion à perpétuité desdits deux sols six deniers aux dix Offices de Vendeurs de Marée; & au surplus l'exécution des autres choses portées par l'Edit, en payant néanmoins par eux, pour compenser le prix de la finance desdits soixante & dix Offices, sept cens mille livres & les deux sols pour livre en divers payemens, qui seroient reglés par l'Edit qui ordonneroit ladite suppression.

Cet Edit par lequel leurs offices furent acceptées, & les nouveaux Offices de Jurés Vendeurs de Poisson d'eau-douce supprimés, fut donné à Versailles au mois de Mars 1709.

Enfin y ayant eu encore cette même année une création d'Offices héréditaires de Gardes des archives des Communautés de la Ville & Fauxbourgs de Paris, ayant bourses communes, les mêmes Vendeurs obtinrent la suppression & l'union de celle qui les concernoit, moyennant la finance principale de quarante-cinq mille livres, & les deux sols pour livre, & par la Déclaration du Roi du 22 Février 1710 qui la leur accorde, toutes les précédentes Déclarations données en leur faveur furent confirmées, & il leur fut permis entr'autres choses qu'à l'avenir leur nombre de dix ne pourroit être augmenté non plus que les droits sur le poisson tant de mer que d'eau douce.

Les Vendeurs de Marée ayant été compris depuis dans la suppression générale des Offices établis sur les Ports, Quais, Halles & Marchés de Paris, ordonnée par l'Edit du mois de Septembre 1719, donné dans la cinquiéme année du Regne de Louis XV. sous la Régence de Monseigneur Philippes Duc d'Orleans, ne furent plus que des Vendeurs par commission, choisis par le Lieutenant Général de Police & amovibles à sa volonté.

La caisse pour le payement de la marchandise de marée que les Jurés Vendeurs en titre doivent avoir, subsista néanmoins toujours; mais les fonds s'en faisoient des deniers du Roi, & pour toute remise les Commis ne pouvoient retenir qu'un sol pour livre des payemens.

Enfin par un Arrêt du 27 Septembre de la même année 1719, la connoissance des differens & contestations tant civils que criminels concernant ladite caisse, les Commis, les Acheteurs & Vendeurs, est attribuée au Lieutenant Général de Police, défenses ayant été faites par un autre Arrêt du 24 des mêmes mois & an au Procureur Général de la marée d'en faire aucunes fonctions ni recevoir aucuns droits. Ces Officiers ont été rétablis par l'Edit de Juin 1730.

Vendeurs de Vin.

Après les Vendeurs de marée les Jurés Vendeurs de vin sont les plus anciens qui ayent été créés en titre d'Office.

Charles IX. en ordonna l'établissement par ses Lettres Patentes données à Paris au mois de Février 1567: ils furent d'abord créés au nombre de trente-quatre sous le nom de Jurés Vendeurs & Controlleurs des Vins. Louis XIII. en 1633 par son Edit du mois de Février vérifié en la Cour des Aydes, fit une nouvelle création de neuf Jurés Vendeurs pour être incorporés aux Anciens; & en 1639 il parut encore un Edit au mois de Mars qui en ajouta dix-sept autres, qui avec les quarante trois des deux premieres créations firent en tout le nombre de soixante avec la qualité de Jurés Vendeurs-Controlleurs des vins, cidres & autres boissons.

Ces deux derniers Edits de création, aussi-bien qu'une Déclaration du 2 Novembre 1625, avoient augmenté les droits fixés & attribués aux Jurés Vendeurs de vin par leur premier établissement. Louis XIV non-seulement les confirma tout de nouveau, mais même les augmenta par sa Déclaration du mois de Février 1664 premiere année de son Regne, ce qu'il a fait encore depuis plusieurs fois pendant les longues guerres qui ont duré presque jusqu'à sa mort arrivée au mois de Septembre 1715; mais on n'entrera pas dans le détail de divers Edits, Déclarations ou Arrêts du Conseil, qui à cause des besoins de l'Etat ont tant de fois changé & augmenté les droits des Jurés Vendeurs de vin à proportion de la finance qu'on leur demandoit aussi-bien qu'aux autres Communautés de Paris, ces changemens n'en ayant apporté aucun considerable dans leur discipline & à leurs anciens Reglemens.

Le premier Reglement qui suivit la création des trente-quatre Jurés, & qui fixa leurs droits & leurs contestations avec les Marchands de vin en gros & en détail, fut donné dix ans après par un Arrêt du Parlement du 14 Aout 1577, confirmé depuis par plusieurs autres, & particulierement par ceux des 8 Octobre 1594, 3 & dernier Septembre 1599, 26 Avril & 3 Septembre 1608, 9 Novembre 1614, Septembre & 24 Mars 1623, & enfin plus amplement par la Déclaration de Louis XIV de 1644, dont on a parlé ci-dessus.

Ce Reglement de 1577 confirmé par tant d'Arrêts, porte entr'autres choses:

1°. Défenses aux Marchands de vin de Paris d'acheter ou faire acheter par personnes interposées aucuns vins aux environs de ladite Ville, mais seulement au-delà de 20 lieues, dont sont spécialement exceptées les Villes de Chartres, Mantes, Meulan, Clermont en Beauvoisis, Senlis, Compiegne, Meaux, Melun, Moret, Pluviers & Estampes.

2°. Qu'ils feront venir les vins ainsi achetés pour être vendus à Paris ou en gros ou en détail. Que si c'est en gros ils seront amenés sur le Port de Grêve, & à leur arrivage déclarés à l'Hôtel-de-Ville, pour être vendus en gros, auquel cas ils seront traités comme Marchands Forains & sujets au rabais de huitaine en huitaine; si c'est pour le détail ils les doivent faire descendre au Port de Saint Paul ou des Célestins, pour

pour être encavés aussi-tôt après leur arrivée.

3°. Que le Port de Grêve sera commun aux Marchands Forains & à ceux de Paris, mais que ces derniers y seront distingués par une banderolle aux armoiries de la Ville.

4°. Que les caves ouvertes pour vendre en détail ne pourront être fermées que tout le vin qui y a été mis n'ait été vendu.

5°. Que les Marchands de Paris ne pourront acheter aucuns vins de ceux que les Marchands Forains auront fait arriver sur les Ports.

6°. Qu'aucun Cabaretier n'ira acheter sa provision de vin aux champs, mais seulement sur les Ports & Places de Paris.

7°. Que les Jurés Vendeurs tiendront bon & fidele registre des vins, qui seront amenés pour vendre au Port de Grêve, & qu'ils ne pourront faire aucun trafic de vin, ni aucun Marchand être pourvû desdits Offices.

8°. Enfin il est également défendu aux Vendeurs & aux Marchands de prendre aucune ferme des impositions sur le vin, ni même d'être Associés des Fermiers.

Les Arrêts confirmatifs de ce Reglement y ont de tems en tems ajouté de nouveaux articles ou expliqué les anciens, aussi-bien que la Déclaration de 1644, suivant l'exigence des cas.

L'Arrêt du 3 Octobre 1594 ordonne que conformément aux Ordonnances de la Ville & aux anciens Arrêts, les Marchands de vin de Paris seront obligés de laisser sur les Ports & Places accoutumées un tiers des vins qu'ils feront venir pour y être vendus au Public à la charge du rabais; & celui du 24 Mars 1623 condamne pareillement lesdits Marchands de vin à tenir la vente garnie sans qu'ils puissent acheter pour eux lesdits vins, à peine de confiscation & de quinze cens livres d'amende pour la premiere fois, & de punition corporelle pour la seconde, ni les Vendeurs sous les mêmes peines, d'être d'intelligence avec eux pour cette fraude, défendant d'ailleurs à toutes personnes de se dire & être tout ensemble Marchand de vin & Cabaretier; & à ces derniers d'aller acheter du vin au dehors, mais seulement sur les Ports & Places de la Ville.

A l'égard de la Déclaration de 1644 non seulement elle rappelle tous les articles du Reglement de 1577 & de l'Arrêt de 1623; mais elle en ajoute encore de nouveaux ou interprete les anciens en faveur des Vendeurs, & leur attribue & fixe des droits plus forts qu'ils n'avoient été payés jusques-là, mais beaucoup moins qu'ils ne l'ont été dans la suite.

Les Statuts qui avoient d'abord été donnés à la Communauté des Jurés Vendeurs-Controlleurs des vins lors de leur création, ayant paru surannés & de peu d'usage, à cause des changemens arrivés depuis dans le Royaume, & particulierement dans Paris pendant les guerres de la Religion & de la Ligue, les Prevôts des Marchands & Echevins leur en dresserent de nouveaux en 1610 & 1611 qui furent confirmés l'année suivante ainsi que tous les anciens privileges, par des Lettres Patentes de Louis XIII. en forme de Déclaration, données à Paris au mois de Janvier, enregistrées au Parlement le 22 Février, & au Châtelet le 8 Mars aussi de la même année.

Ces Statuts consistent en 23 articles, les principaux desquels reglent les fonctions des Vendeurs, le fond de leur bourse commune, le Bureau où doit se tenir le controlle des vins, le registre où ils doivent être enregistrés, les élections des deux Receveurs, des deux Syndics & des six Vendeurs chargés du détail, tant de l'arrivage des vins que de leur vente à l'Estape.

Par ces Statuts chacun des deux Syndics dont un est élû tous les ans, reste deux ans en charge à quarante livres d'émolumens pour ses peines; eux & le Doyen sont exemts de travailler aux ventes.

Les deux Receveurs sont annuels, mais peuvent se continuer; ils ont soixante livres aussi par an.

Les six Elûs pour l'arrivage & l'étape, travaillent sans gage; ce sont les deux destinés pour l'arrivage qui distribuent au reste des Vendeurs par ordre de réception, les ventes qu'ils ont à faire, dont chacun doit s'acquitter en personne & en son rang à moins de maladie, auquel cas la Communauté en pourvoit d'un autre, & le malade jouit néanmoins de ses émolumens.

Toutes ces élections se font à la fin du mois de Juin pour entrer en charge au premier Juillet.

Le fond que chaque Vendeur fournit à la bourse commune est de 1000 livres, nul n'a part aux émolumens, qu'il n'ait payé cette somme entre les mains des Receveurs; & le décès de l'un desdits Vendeurs arrivant, son fond est remboursé à la Veuve ou héritiers avec les émolumens jusqu'au jour dudit décès, ou même davantage s'il reste plus long tems dans la bourse commune.

Il est permis à chaque Vendeur de prendre trois semaines ou un mois par an pour vacquer à ses affaires particulieres, mais non dans la saison des vendanges, à la charge néanmoins de faire suppléer à ses fonctions par un de ses Confreres.

Enfin pour chaque contravention aux Statuts, le Contrevenant est condamné à cinquante livres applicables à l'entretien de la Chapelle & Confrerie desdits Vendeurs, dont le Roi se déclare le premier Confrere.

L'Ordonnance de la Ville de 1672 contient un chapitre concernant les fonctions des Jurés Vendeurs de vin, qui est comme un nouveau Reglement ajouté à ceux de 1610 & de 1611. Ce chapitre qui est le dixiéme de l'Ordonnance n'a que quatre articles.

Le premier enjoint aux Vendeurs & Controlleurs d'avoir en leur Bureau un nombre suffisant d'Officiers pour recevoir les Déclarations des vins que les Marchands Forains feront arriver, en voir les Lettres de voitures, & tenir controlle des ventes faites sur les Ports & Estapes, tant par les Forains que par les Marchands de Paris.

Le second leur enjoint pareillement de veiller à ce que la totalité des vins des Forains arrivant par terre, & le tiers de ceux des Marchands de Paris, soient amenés sur l'Estape pour y être vendus en gros.

Par le troisiéme il est déclaré, que ne prend Vendeur qui ne veut; mais que lorsqu'un Marchand veut se servir du ministere des Vendeurs, c'est à eux de lui fournir & avancer les deniers qu'il convient tant pour le payement desdroits d'entrée, que pour la voiture, même de ce dont le Marchand aura besoin pour sa nourriture & de son Facteur.

Enfin le quatriéme ordonne que tout Vendeur préposé à la vente des vins d'un Marchand, comptera avec lui dans les vingt-quatre heures après la vente parachevée, & lui payera ce qui lui restera dû, les avances des Vendeurs & leurs droits précomptés, à peine en cas de refus de lui être responsable de ses retard & séjour.

Les Vendeurs de vin en titre ayant été supprimés par un Edit du mois de Septembre 1719, leurs fonctions & leur caisse commune ont été conservées, celle-ci pour en être désormais les fonds faits des deniers du Roi, & celles-là pour être exercées par des Vendeurs par commission.

Le même Edit fixe le droit qui sera payé par les Marchands Forains qui voudront recevoir sur le champ le prix de leur marchandise, & prendre credit à la caisse à six deniers par livre, sans que lesdits Forains soient tenus de payer aucuns autres droits à titre de remise ou autrement.

Et par un Arrêt du Conseil du 12 des mêmes mois & an, le nombre des Vendeurs par Commission est réduit à soixante pour toutes sortes de vins, bieres, eaux-de-vie & autres boissons. Ces Officiers ont été rétablis par l'Edit de Juin 1730.

Vendeurs de Cuirs.

Le commerce des cuirs est très considérable en France, & particulierement à Paris où il y a jusqu'à vingt-huit Corps de Communautés de Marchands & d'Artisans qui les apprêtent, qui les employent ou qui en font négoce. On en parle ailleurs. *Voyez l'article général des Cuirs & les articles particuliers de toutes ces Communautés.*

Les Rois de France, pour faire fleurir ce commerce, tant dans la Capitale que dans les autres Villes du Royaume, ont de tems en tems donné des Déclarations, fait des Reglemens & même créé des Officiers pour veiller à la bonne fabrique d'une marchandise si nécessaire & d'un usage si commun & si général.

Le plus ancien Reglement que l'on ait concernant l'apprêt, la vente & le débit des cuirs est du 6 Août 1345 sous le Regne de Philippes de Valois. Il est défendu par le seiziéme article de ce Reglement, de vendre aucun cuir ou de le mettre en œuvre qu'il n'ait été visité & marqué, ni d'en exposer en vente ailleurs que dans les Halles & Foires publiques.

Ce fut apparemment vers ce tems-là & à cette occasion que furent établis les Jurés du cuir tanné, à qui il appartient de visiter & marquer les cuirs qui sont portés à la Halle aux Cuirs de Paris, & les Jurés de la Visitation Royale, qui ont aussi droit de visite, mais seulement dans les maisons & boutiques des Courroyeurs, Baudroyeurs & des Cordonniers. *Voyez l'article des Jurés. Voyez aussi* COURROYEURS & CORDONNIERS.

Il se fit de nouveaux Reglemens sous le Regne de Charles VII. & de Louis XI. Mais n'ayant été gueres mieux observés que ceux de Philippes de Valois, à cause de la connivence des Jurés du cuir tanné avec les Tanneurs & autres Artisans préparant les cuirs, Henry III. par son Edit du mois de Juin 1585, & Henry IV. par les siens du mois de Janvier 1596, Aout & Septembre 1597, y pourvurent en créant des Visiteurs, Controlleurs & Marqueurs des cuirs en titre d'Offices, qui après plusieurs difficultés & oppositions furent enfin établis en la Halle aux Cuirs de Paris, & presque dans toutes les principales Villes du Royaume où l'on travaille à la préparation des cuirs; établissement qui subsiste encore à présent.

Ces nouvelles créations d'Offices n'ayant encore pû remedier aux désordres de la Halle aux Cuirs, & sur tout les Marchands Tanneurs Forains souffrant de grandes pertes, soit par le séjour qu'ils étoient obligés de faire à Paris pour retirer l'argent de leurs cuirs qui avoient été lotis à divers Artisans, soit par l'insolvabilité de plusieurs de ces Artisans, Louis XIII créa [par Edit du mois de Juin 1627 enregistré au Parlement le 28 du même mois, le Roi y séant en son lit de Justice] des Vendeurs de cuirs dans toutes les Villes & Bourgs du Royaume, où il y a trafic & débit desdits cuirs, & particulierement pour la Ville & Fauxbourgs de Paris.

Le Reglement pour l'exécution de cet Edit est du 24 Septembre de la même année, publié au mois de Décembre ensuivant à la Halle aux Cuirs & à la Douane de Paris, mais seulement enregistré à la Cour des Aydes quatre ans après.

Le nombre des Offices de Vendeurs fut fixé à trente pour la Ville de Paris, avec les mêmes droits & fonctions que les Vendeurs de vin & poisson de mer.

Ces Offices qui avoient été casuels par leur premiere création, & qui étoient devenus héréditaires par une nouvelle Déclaration du mois de Juin 1630, enregistrée en la Cour des Aydes le 21 Mai de l'année suivante, furent revendus & adjugés au Cardinal de Richelieu au commencement de 1632, qui en fut remboursé par le Roi en 1638, Sa Majesté les ayant réunis à son Domaine.

Ce qui dégoûta le Cardinal de la proprieté de ces Offices qui lui rapportoient soixante mille livres de rente, fut le tumulte arrivé à la Halle aux Cuirs deux ans auparavant, les Cordonniers, Tanneurs, Courroyeurs, Savetiers, &c. ayant eu la hardiesse peu après la prise de Corbie, de piller, presque sous les yeux du Ministre, le Bureau de ses Fermiers, & de déchirer & de brûler leurs registres.

Quoique l'Arrêt du Conseil qui ordonnoit le remboursement du Cardinal, & la réunion des trente Offices des Vendeurs de Cuirs, au Domaine, portât aussi la publication de la Ferme desdits Offices, le rétablissement des droits portés par l'Edit de création de 1627, & l'exécution de tous les Reglemens & Arrêts donnés en conséquence sur le fait des Cuirs; le Ministre tant qu'il vécut, ne trouva pas à propos d'entreprendre une affaire si délicate, & qui lui avoit causé tant de chagrin. Depuis la mort du Cardinal, les troubles de la minorité de Louis XIV. ne permirent pas non plus au Cardinal de Mazarin d'y penser.

Ce ne fut donc que l'année 1658, vingt-deux ans après le tumulte de la Halle aux Cuirs, qu'on fit le rétablissement des Vendeurs, & des droits attachés à leur Office, non pas en les donnant à ferme comme il étoit porté par l'Arrêt de 1638, mais par la revente qui en fut faite à la Chambre Souveraine du Domaine le 14 Février de la même année, par Contrat confirmé depuis par Lettres Patentes du 29 Février, & enregistré en Parlement le 27 Aout 1661.

Les nouveaux Proprietaires des trente Offices de Vendeurs de cuirs, n'éprouverent pas de moindres difficultés pour le rétablissement, que celles qui avoient rebuté les premiers Adjudicataires, & si on l'ose dire, effrayé le Cardinal de Richelieu lui-même, ce Ministre d'ailleurs si ferme & si intrépide : mais enfin la conduite également pleine de prudence, de modération & de fermeté de Monsieur Savary, Auteur du Parfait Négociant, & pere des Editeurs de ce Dictionnaire, à qui appartenoient quelques-uns des Offices de Vendeurs, & qui fut chargé de la Régie de cette affaire par un Magistrat riche & accrédité qui étoit Proprietaire du reste, & dans la famille duquel ces Offices sont toujours restés, surmonta tous ces obstacles, & mit à la Halle aux Cuirs, & parmi ce nombre infini d'Artisans de diverses Communautés qui y viennent chaque jour lotir des cuirs, cet ordre & cette discipline dont le projet mérita l'admiration de Monsieur Fouquet, alors Sur-Intendant, & l'exécution, les louanges de M. Colbert, depuis Controlleur Général des Finances.

Ce ne fut que par la Déclaration du Roi du 20 Juillet 1662, portant reglement sur l'ordre, façon & débit des cuirs, & des droits attribués aux Vendeurs, & par l'Arrêt d'enregistrement au Parlement du 21 Aout suivant, que furent terminées toutes contestations, & que la paix fut, pour ainsi dire, rétablie entre les Vendeurs & les Artisans travaillant en cuirs ; & c'est encore par cette déclaration consentie par toutes les Communautés, & qui fut l'ouvrage de M. Savary, que tout se regle dans la Halle aux Cuirs & dans les Bureaux, tant pour les droits des Vendeurs, que pour la visite, marque, vente & lotissage des cuirs, soit du crû du Royaume, soit de ceux qu'on tire des Pays étrangers.

Le Reglement porté par la Déclaration consiste en 16 articles, ausquels l'Arrêt d'enregistrement en ajoute cinq autres, ou plutôt l'interprétation des 2, 5, 8, 14 & 15 de la Déclaration.

Les 16 articles dressés par le Conseil sont :

1°. Que les Marchands Forains & autres amenant des cuirs, & en trafiquant dans la Ville de Paris, les feront porter à la Halle aux Cuirs, pour y être vûs, visités, contrôlés, marqués, vendus & lotis en présence des Vendeurs, auquel cas ils le déclareront à l'arrivée de leurs marchandises, faute de quoi ils ne pourront plus obliger les Vendeurs de leur faire des avances, s'ils ne le veulent.

2°. Qu'en cas que les Marchands Forains ou autres se servent des Vendeurs, ils leur payeront pour tout droit douze deniers par livre de la vente de leur marchandise.

3°. Que si lesdits Marchands n'entendent se servir du ministere des Vendeurs, ils ne payeront que quatre deniers par livre, moyennant quoi il leur sera délivré un état certifié des noms, qualités & demeure des Artisans qui ont acheté leurs cuirs pour s'en faire payer.

4°. Que les Marchands Tanneurs & Megissiers de Paris & des Fauxbourgs ameneront pareillement leurs Cuirs à la Halle, pour y être vûs, visités, marqués, vendus & lottis comme ceux des Forains, en payant les mêmes droits de douze ou de quatre deniers, suivant que les Vendeurs leur feront des avances ou non.

5°. Que les Courroyeurs, Cordonniers, &c. de la Ville & Fauxbourgs de Paris ne pourront acheter aucuns cuirs dans les vingt lieues aux environs de ladite Ville ; & qu'ils rapporterone certificat des lieux où ils auront acheté au-delà des vingt lieues.

6°. Que tous Marchands trafiquans en cuirs aux Pays étrangers, feront porter au Bureau des Vendeurs les cuirs tant gros que menus, passés en blanc, qu'ils en auront tirés, ou même des Provinces du Royaume, pour y être marqués, & en payer les droits de douze ou de quatre deniers par livre, suivant qu'ils se serviront ou non du ministere des Vendeurs pour les avances de leur payement.

7°. Que la visite des cuirs ne se fera qu'à la Halle, & en la présence des Vendeurs, aux jours & heures accoutumés, & qu'ils seront marqués par le Controlleur, les Jurés du cuir tanné & les Vendeurs, du marteau qui est propre à chacun d'eux.

8°. Que les cuirs visités, vérifiés & marqués seront lottis par les Lottisseurs sans remise, à peine de 500 liv. d'amende ; & les Marchés desdits cuirs seulement faits dans la Halle, & non ailleurs.

9°. Que les Vendeurs tiendront registres, où seront écrits la quantité des cuirs vendus, le prix d'iceux, le nom des Acheteurs, la Ville ou demeure du Marchand ; & que chaque déclaration sera signée dudit Marchand & de celui qui lui a donné le denier à Dieu, pour être ensuite lûe à haute voix, afin que les Artisans puissent mettre au lot si bon leur semble.

10°. Que les Vendeurs feront eux mêmes la distribution des lots, afin de prévenir la fraude des Lottisseurs ; & que nul Artisan qui a droit de lottir, ne puisse prêter son lot, ni mettre au lottissage pour un autre.

11°. Qu'à l'égard des marchandises de cuirs amenés de dehors, pour éviter les contestations entre les Vendeurs de Paris & ceux des autres lieux où il y en a d'établis, il en sera usé comme par le passé.

12°. Que les Marchands Bouchers de la Ville & Fauxbourgs de Paris feront leur déclaration au Bureau des Vendeurs, des cuirs à poil provenans de leurs abbatis, qu'ils vendront aux Marchands Forains, & que les Marchands ausquels ils auront été vendus, seront tenus de faire semblable déclaration, contenant le prix qu'ils les auront achetés ; & de plus leur soumission, en baillant même caution d'en rapporter au moins les deux tiers suivant les Ordonnances.

13°. Que tous Marchands Tanneurs ou Trafiquans en cuirs, ne pourront faire vendre leur marchandise par commission, mais les vendront eux-mêmes en personne, ou leurs femmes, enfans & serviteurs, & que les Tanneurs de la Ville & Fauxbourgs ne pourront vendre aucun cuir en plain.

14°. Que les Artisans qui ont acheté les cuirs dont les Vendeurs auront fait les avances aux Forains, seront contraints au payement, ainsi qu'il est porté par l'Edit de création de 1627.

15°. Que les contestations, entre les Vendeurs & les Marchands seront portées en premiere instance pardevant les Juges à qui la connoissance en appartient, & par appel à la Cour de Parlement; & que néanmoins les Sentences des premiers Juges seront exécutées nonobstant oppositions ou appellations quelconques.

16°. Enfin que les Officiers du Châtelet veilleront & tiendront la main à ce que la Halle de Paris soit incessamment fournie de cuirs pour la facilité & commodité du commerce.

A l'égard des interprétations, l'Arrêt d'enregistrement ordonne:

1°. Que les Courroyeurs & autres Ouvriers employant & achetant cuirs au-delà des vingt lieues, suivant l'article 5 des Lettres, seront déchargés des droits sur les lieux, & tenus de payer seulement les droits à Paris aux Vendeurs, à raison de quatre deniers pour livre.

2°. Que les Tanneurs Forains ne payeront que les droits portés par l'article 2, & seulement à Paris, & seront déchargés de tous autres droits, en faisant déclaration aux Vendeurs des autres lieux de la quantité de cuirs qu'ils portent à Paris, & en leur rapportant certificat des Vendeurs de cette Ville, qu'ils y ont été vendus.

3°. Que la peine de 500 liv. portée contre les Lottisseurs par le huitiéme article sera arbitraire, & ne pourra être au-dessus de 50 liv.

4°. Que les redevables des sommes avancées par les Vendeurs, seront contraints pour le payement d'icelles, non-seulement suivant l'Edit de 1627, comme il est dit au quatorziéme article, mais aussi suivant l'Arrêt du Parlement du 27 Aout 1661.

5°. Enfin qu'à l'égard du quinziéme article, les jugemens de provisions se donneront comme ès autres matiéres conformément aux Reglemens de la Cour; que les Vendeurs ne pourront exercer de contraintes solidaires contre les Marchands redevables; & que l'enregistrement ordonné & fait par le présent Arrêt ne servira nullement d'approbation des droits des Vendeurs Forains non verifiés à la Cour.

Ces Reglemens ont été depuis exactement executés; & les Vendeurs n'ont plus été troublés dans leurs fonctions & dans la reception de leurs droits.

L'Edit du mois de Septembre 1719, portant suppression de tous les Officiers établis sur les Ports, Quays, Halles & Marchés de la Ville de Paris, sembloit devoir être plus préjudiciable à ces Vendeurs que toutes les contradictions qu'ils avoient éprouvées jusqu'alors: mais Sa Majesté sous la Regence de Monseigneur Philippes Duc d'Orleans, ayant été informée que ces Offices étoient différens de tous les autres dont la suppression étoit ordonnée, tant parce qu'ils étoient Offices domaniaux, & adjugés comme tels aux Acquereurs en 1627 & 1658, que parce qu'ils avoient été établis sur les demandes & instances des Débitans & Employans cuirs, & que d'ailleurs leurs fonctions étoient absolument nécessaires pour la visite, marque & lottissage des cuirs, & les avances aux Marchands Forains, Sadite Majesté ordonna, Que les Vendeurs de cuirs continueroient leurs fonctions jusqu'à ce qu'autrement il en eût été ordonné; & que néanmoins ils ne percevroient sur lesdits cuirs que quatre deniers pour livre du prix d'iceux, lorsque les Tanneurs de Paris ou les Marchands Forains ne s'en feroient point avancer le prix par les Vendeurs; & douze deniers aussi pour livre, lorsqu'ils en feroient les avances; Sa Majesté leur défendant d'exiger d'autres droits, qu'elle supprime en tant que besoin seroit.

Vendeurs de Volailles.

Ces Vendeurs ont la qualité de Vendeurs de volailles, gibiers, œufs, beurres, fromages, cochons de lait, agneaux & chevreaux dans la Ville & Fauxbourgs de Paris.

La premiere Déclaration du Roi donnée pour leur établissement est du 27 Août 1660, confirmée & interpretée par un autre du 29 Décembre de la même année. Les vingt-quatre Offices pour lors créés n'ayant point été levés, ils furent de nouveau érigés & établis en titre d'Offices héréditaires par Edit du mois de Mars 1673, registré en Parlement, & à la Chambre des Comptes le 23 des mêmes mois & an.

Les Offices de ces Vendeurs ayant été depuis supprimés & les droits à eux attribués réunis à la Ferme générale des Aydes, les besoins de l'Etat obligerent le Roi en 1696, d'en faire une nouvelle création par Edit du mois de May de cette année, qui n'eut pourtant pas alors de lieu, ayant été revoqué bien-tôt par une Déclaration du 4 Février 1698, qui en ordonne encore la suppression & la réunion au Domaine du Roi.

Enfin par une Déclaration du Roi donnée à Versailles au mois de Mars 1708, il fut érigé & créé cent Offices héreditaires de Vendeurs de volaille, gibier, beurre, œufs, &c. avec les mêmes fonctions, droits & privileges portés par les premiers Edits de création, & particuliérement par celui du mois de May 1696.

Les fonctions & les droits de ces Officiers sont à peu près les mêmes que ceux des Vendeurs de marée.

Ils sont chargés comme eux d'avoir des Bureaux ouverts dedans ou proche des places où se font les ventes des marchandises, dont ils sont déclarés Vendeurs: ils ont comme eux des Registres & Commis pour recevoir & enregistrer les déclarations des ventes, portant les noms, demeures & habitations, tant des Marchands Forains que des Acheteurs, soit Rôtisseurs ou autres; enfin, comme les Vendeurs de marée, ils sont tenus d'avoir une caisse, & de payer comptant aux Marchands Forains qui veulent se servir de leur ministére le prix de la vente de la marchandise pour s'en faire ensuite rembourser à leur diligence, & à leurs risques, perils & fortunes, sans recours ni solidité contre ceux à qui ils ont fait ces avances.

Le droit qui leur est attribué pour l'interêt de leurs avances, leurs peines, salaires, gages de Commis, frais de Bureau, &c. est d'un sol pour livre du prix de la vente desdites marchandises, qu'ils déduisent & précomptent sur les payemens qu'ils font aux Marchands Forains.

Ces Officiers font bourse commune, comme il est porté par une des dispositions de l'Edit de 1708.

Aux Vendeurs de volaille en titre d'Offices ont succedé en 1719 des Vendeurs de volaille par commission, & les Offices des Titulaires ont été supprimés.

Leur caisse subsista toujours; mais c'est Sa Majesté qui s'étoit chargée d'en faire les fonds.

Les droits des Marchands Forains qui veulent recevoir le payement de leur marchandise, & prendre credit à la caisse, ce qui est en la liberté du Marchand, sont d'un sol par livre pour toute remise.

Enfin par Arrêt du Conseil d'Etat du Roi du 27 Septembre de la même année 1719, la connoissance des contestations entre les Commis, les Vendeurs & les Acheteurs pour le fait de ladite caisse, est renvoyée au Lieutenant Général de Police pour en juger sommairement, & être ses jugemens executés nonobstant l'appel, dont si aucun intervient, Sa Majesté se retient d'en connoître.

Ces Officiers ont été rétablis par l'Edit de Juin 1730. *Voyez* Volaille.

Marchand Vendeur d'Eau-de-vie, Marchande Vendeuse d'Eau-de-vie. Ce sont à Paris de pauvres gens qui gagnent leur vie en débitant à petites mesures, depuis quatre deniers jusqu'à un sol au plus, l'eau-de-vie qu'ils ont achetée au pot ou à la pinte des Détailleurs.

Il est défendu aux Commis des Aydes par l'Ordonnance de 1680, de faire payer ni exiger aucuns droits de ces petits Regratiers, Revendeurs d'eau-de-vie, à porte-col ou au coin des rues, à peine de concussion. *Voyez* Eau-de-vie.

VENDICATION. } *Voyez* { REVENDICATION.
VENDIQUER. } { REVENDIQUER.

VENDOME. Ville de France, de la Généralité d'Orleans. L'on y fait différentes étoffes de laine, des gands, des chapeaux & des cuirs. *Voyez* l'Etat général, Tome I. page 88.

VENDRE, en général. Signifie aliener, transporter à un autre la proprieté d'une chose qui nous appartient, moyennant un certain prix, ou une somme d'argent dont on demeure d'accord.

Les marchandises ou autres choses mobiliaires se vendent ou de gré à gré par une simple tradition, ou par force à l'encan par autorité de Justice.

A l'égard des immeubles, comme terres, maisons, moulins, &c. on les vend ou volontairement par un simple contrat, ou par un contrat qui doit être suivi d'un decret volontaire, ou forcément par un decret précedé d'une saisie réelle.

Tout ce qui se vend par force, soit marchandises, meubles, ou immeubles, doit être crié & adjugé publiquement au plus offrant & dernier encherisseur, en payant par lui le prix de la chose adjugée.

Il faut remarquer qu'il y a des choses qui se vendent & s'adjugent à cri public, quoique la vente n'en soit pas forcée; tels sont les bois, les domaines, & autres choses semblables appartenantes au Roi, les marchandises venues par les vaisseaux des Compagnies des Indes Orientales, de la Chine, &c.

Vendre des marchandises. Signifie précisément s'en defaire, les débiter, les livrer pour un certain prix, ou à certaines conditions. Il y a plusieurs manieres de vendre des marchandises, lesquelles vont être expliquées.

Vendre en gros. C'est vendre tout d'un coup & en une seule fois une grosse partie de marchandise.

Vendre en détail. C'est débiter par petites parties, ou par le menu, les marchandises qui ont été achetées en gros.

Vendre comptant. C'est recevoir le prix de la marchandise vendue dans le moment qu'elle est livrée.

Vendre au comptant, ou pour comptant. C'est une façon de s'exprimer des Marchands & Négocians, qui semble signifier qu'on devroit recevoir de l'argent comptant en faisant la livraison de la marchandise: néanmoins elle a une signification toute différente, d'autant que quand on vend de cette maniere, le Vendeur donne quelquefois à l'Acheteur jusqu'à trois mois de tems pour payer.

Vendre à crédit, ou à terme. C'est vendre à condition d'être payé dans un tems dont le Vendeur convient avec l'Acheteur.

Vendre partie comptant, & partie à credit ou à terme. C'est recevoir sur le champ une partie du prix de la chose vendue, & donner du tems pour le reste.

Vendre à credit pour un tems à charge de discompte ou d'excompte, ou à tant pour cent par mois pour le prompt payement. C'est une convention suivant laquelle le Vendeur s'engage de faire un rabais ou diminution sur le prix des marchandises qu'il a vendues, supposé que celui qui les a achetées desire de lui payer avant le tems, & cela à proportion de ce qui en restera à expirer, à compter du jour que le payement doit être fait.

Vendre à profit. C'est vendre suivant son livre journal d'achat, ou conformément à sa facture, à tant pour cent de gain.

Vendre pour payer de foire en foire, ou d'une foire à l'autre. C'est proprement vendre à credit pour un tems.

Vendre pour son compte. C'est vendre pour soi-même.

Vendre par commission. C'est vendre pour le compte d'un autre, moyennant un certain salaire ou revenant-bon, que l'on appelle Droit de commission.

Vendre partie comptant, partie en lettres ou billets de change, & partie à terme ou à credit. C'est recevoir une partie en argent comptant, une autre en lettres ou billets de change, & donner du tems pour payer l'autre partie.

Vendre partie comptant, partie en promesses, & partie en troc. C'est recevoir une partie en deniers comptans dans le moment de la vente, une autre en promesses ou billets, dont les payemens se doivent faire en certains tems, & prendre pour l'autre partie certaines marchandises dont on demeure d'accord de prix; ce que l'on nomme Marchandise en troc.

La meilleure maniere de vendre, & celle qui apporte le plus de profit, est celle qui se fait moyennant de l'argent comptant; ce précieux métail étant le nerf & le soutient du négoce.

Vendre au bassin. Il se dit à Amsterdam des ventes publiques, parce que celui qui préside à ces ventes a devant lui un bassin de cuivre sur lequel il frappe avec une baguette lorsqu'il veut faire la délivrance des cavelins ou lots. *Voyez* Vendu meester.

Vendre hors la main. C'est vendre en particulier. *Voyez* Main.

Vendre. Se dit aussi de la maniere de débiter

les marchandises & denrées.

L'or, l'argent, le cuivre, l'étain, le plomb, le fer, la soie, le fil de chanvre & de lin, le coton, la laine, la plume, les drogueries, les épiceries, & autres semblables marchandises se vendent au poids.

Les étoffes, les toiles, les futaines, les basins, les rubans, &c. se vendent à l'aune ou à la canne, ou à quelqu'autre semblable mesure étendue.

Les grains, les graines, les légumes, les fruits secs, le charbon de bois & de terre, &c. se vendent au boisseau, au minot, au septier ou au muid.

L'eau-de-vie, le vin, le cidre & la biére se vendent en détail à la pinte & au pot. Ces mêmes liqueurs se vendent en gros à la barique, au tonneau, à la pipe, au bussard, au muid, à la queue, &c.

Il y a des marchandises qui se vendent au compte, c'est-à-dire, au cent, au quarteron, à la douzaine, & à la grosse.

Les Marchands de vin, Cabaretiers & Taverniers n'ont aucune action pour le vin, ou autres choses par eux vendues en détail par assiette en leurs maisons. *Coutume de Paris, article* 128.

On excommunie au Prône tous ceux qui vendent à faux poids & à fausse mésure.

Quand on dit qu'une marchandise est de requeste & qu'elle se vend bien, cela veut dire qu'elle est chere, & qu'on en a un prompt débit.

VENDRE. Signifie aussi tromper, trahir. Ce Marchand, ce Négociant est plus fin, plus habile que son Associé, il le vendroit à beaux deniers comptans.

SE VENDRE. Ce terme dans le négoce se dit de plusieurs sortes de marchandises ou denrées, & signifie avoir débit, avoir cours. Le blé, le vin, les eaux-de-vie se vendent bien.

Le mot de vendre chez les Marchands & Négocians s'employe souvent en proverbes. Ainsi l'on dit, A qui vendez vous vos coquilles, à ceux qui reviennent de S. Michel; pour dire, qu'on sçait le prix des marchandises, & qu'on ne veut pas les acheter plus qu'elles ne valent. On dit aussi qu'un Marchand vend bien ses coquilles, lorsqu'il vend ses marchandises plus cher que les autres. On dit encore, Marchandise qui plaît est à demi vendue: Ce n'est pas le tout que de vendre, il faut livrer.

VENDU, VENDUE. Qui a été donné à prix d'argent. Vin vendu, Marchandise vendue.

VENDU-MEESTER, qu'on nomme aussi AFSLAGER. C'est à Amsterdam un Commissaire établi par les Bourguemaîtres pour présider aux ventes qui se font au bassin, c'est-à-dire, aux ventes publiques, soit qu'elles se fassent volontairement par le Vendeur, soit qu'elles ayent été ordonnées par autorité de Justice.

Lorsque le jour de la vente est arrivé, que les placards en ont été affichés pour l'apprendre au public, & que les cavelins ou lots des marchandises ont été faites par les Courtiers, le Vendu-meester se rend au lieu où la vente doit se faire, qui est ordinairement un cabaret ou une auberge, mais différente suivant la qualité des effets & des marchandises qui doivent être vendues.

Là au milieu d'une cour est élevé une espéce de bureau, sur lequel cet Officier se place, ayant à ses côtés les Courtiers du Vendeur, & devant lui une table avec un bassin de cuivre, & une baguette pour frapper dessus lorsqu'il veut imposer silence, ou qu'il veut adjuger les lots aux derniers Encherisseurs. Les Courtiers sont chargés de ce qu'on appelle des Plok-penins, c'est-à-dire, des espéces de deniers à Dieu, que le Vendeur doit donner à l'Acheteur. *V.* PLOK-PENINS.

La vente commence par la lecture du placard, qui contient non-seulement le détail & les lots de la marchandise, mais encore les conditions ausquelles on la veut vendre. La lecture faite, le Vendu-meester propose chaque lot suivant son numero; & lorsqu'après divers encheres il s'apperçoit que personne n'encherit plus, il frappe un coup sur le bassin pour adjuger le lot au dernier Encherisseur, & jette dans la cour par une espéce de tuyau de bois un plox penin, qui est ramassé par un domestique destiné à cet usage qui le porte à l'Acheteur, auquel la partie a été adjugée, duquel il reçoit deux sols pour sa peine.

La vente étant finie, les Courtiers qui ont tenu une note des Acheteurs & du prix de chaque cavelin, les collationne avec celle du Vendu-meester; & le lendemain chacun vient prendre la marchandise qu'il a encherie, qu'on lui délivre sur le champ, si elle n'est pas sujette au poids; mais que le Vendeur ne livre qu'à un des poids de la Ville, si elle est de nature à être pesée.

Il faut remarquer qu'il y a des marchandises, comme la cochenille, les soies, l'indigo, les sucres, &c. dont on peut faire les cavelins ou lots aussi forts ou aussi petits qu'il plaît au Vendeur; mais aussi qu'il y en a d'autres, comme les vins & les eaux de-vie, dont les cavelins & les plox-penins sont reglés par les Ordonnances des Bourguemaîtres.

Il y a à Amsterdam huit ou dix auberges ou cabarets où se peuvent faire les ventes au bassin, mais qui ont chacun leur destination.

Au vieux Heerlogement on vend les biens-fonds, les meubles précieux, les tableaux, les choses rares & curieuses de diverses fabriques, & les toiles tant des Indes que d'ailleurs.

Au nouvel Heer-logement ce sont les vaisseaux, les sels, les chanvres, les grains & les huiles de graines & de poisson.

Les vins & les eaux-de-vie, les rubans, les dentelles, & toutes sortes de manufactures de laine, de soie & de fil, se vendent dans le Keysers-kroon.

Les drogueries, les teintures, les épiceries, les fruits secs, les huiles d'olive, &c. dans le BrakkeGront.

On vend les bois de charpente, les planches & bois de navires, & toutes autres sortes de bois, au Cygne blanc.

Le Colveniers-Doele est destiné pour la vente des diamans & autres pierreries, & des perles.

C'est au Burg dans le Dyx-straat que se vend le tabac en feuille, en corde ou en poudre, aussi-bien que quelques autres marchandises.

Enfin les suifs, les beurres étrangers, les pelleteries, les verres à vitre, les merceries & les quincailleries se vendent dans le Burg sur le Cingle.

On ne peut faire de vente au bassin, qu'on n'en ait obtenu la permission des Bourguemaîtres par écrit, & en consequence d'une requête qu'on leur présente qui contient la nature & la qualité de la marchandise qu'on veut vendre.

Il n'y a que les Courtiers Jurés qui puissent exposer les marchandises en vente publique, & c'est au Vendeur à payer leur courtage. L'Acheteur peut bien avoir son Courtier, mais pour celui-ci c'est à ses frais.

Lorsque la vente s'est faite au comptant, on accorde ordinairement six semaines à l'Acheteur pour le payement. Il est néanmoins libre au Vendeur de se faire payer sur le champ, pourvû que cette condition ait été mise expressément dans le placard.

Les frais de la vente au bassin sont très-considerables; de sorte que cinquante piéces d'eau-de-vie, de cinquante verges chacune, à huit livres de gros les trente verges, reviennent au moins à 159 fl. 16 s. sçavoir pour la Requête 10 fl. 15 s. pour le papier & l'impression des affiches 2 fl. 10 s. pour celui qui les place aux carrefours & à la Banque 1. fl. 11. s. pour une chambre dans l'auberge, & la dépense que le Vendeur y fait pendant la vente, 10 fl. Pour cinquante plok-penins à trente sols la piéce 75 fl. Enfin un & demi pour cent au Vendu-meester, tant pour son droit que pour celui de la maison des Aumôniers, 60 fl.

Les ventes au bassin ont cela de commode à l'égard des Commissionnaires, qu'ils ne peuvent être soupçonnés de mauvaise foi par leurs Correspondans sur le prix des marchandises qu'ils achetent ou qu'ils vendent, non-seulement parce que le public en est témoin, mais encore parce que les Courtiers, le Vendu-meester & les Clercs de la Secretairerie en conservent une note exacte où l'on peut avoir recours.

VENICIENNE ou plûtôt VENITIENNE. Etoffe d'abord fabriquée à Venise, & ensuite imitée en France. Il y en a d'unies, de façonnées, avec de l'or & de l'argent, & seulement avec de la soie. C'est une espece de gros de Tours, dont la tissure est extrémement fine. Leur largeur est fixée par le Réglement de 1667 à demi-aune moins un vingt-quatriéme; & elles doivent être tant en chaîne qu'en poil & en tréme de pure & fine soie cuite, sans aucun mélange de soie teinte sur le crû.

VENISE, Ville & République très considerable en Italie. *Voyez* ce que l'on dit de l'étendue de son commerce, & le détail des marchandises que cette Ville fournit ou qu'on y porte, dans l'Etat général, Tom I. page 305.

VENTE. Transport de proprieté, alienation, convention ou contrat par lequel l'un des Contractans s'engage de livrer une chose à l'autre, & de l'en faire jouir moyennant un certain prix.

Il y a de deux sortes de ventes; l'une regarde les marchandises & autres effets mobiliers, & l'autre concerne les choses immobiliaires, comme maisons, terres, moulins, &c.

Les ventes des effets mobiliers se font ou volontairement par une simple tradition, ou forcément à l'encan en place publique par autorité de Justice.

Les ventes des immeubles sont aussi ou forcées ou volontaires. Les forcées se font en Justice par un décret, & les volontaires se font par des contrats pardevant Notaires. Il y a une autre sorte de vente volontaire d'immeubles qui se fait par décret de gré à gré, pour purger les hypotheques, & rendre l'Acquereur certain de son acquisition.

On appelle Marchandise de bonne vente, celle qui est bien conditionnée, & dont on peut se défaire avec facilité & avantage.

On dit que la vente d'une marchandise a monté haut; pour faire entendre que le produit en a été considérable, & qu'il y a eu beaucoup à gagner: Que la vente est faite, pour dire, que tout est vendu: Que la vente est bonne, pour dire, que les marchandises ou denrées se débitent sur un bon pied.

Mettre en vente, Exposer en vente une marchandise, c'est la faire voir publiquement dans une foire ou marché, afin de s'en défaire pour un prix.

VENTE au bassin. On nomme ainsi à Amsterdam toutes les ventes publiques, soit qu'elles se fassent de gré à gré, soit qu'elles soient ordonnées par les Juges. On les appelle de la sorte, parce qu'on frappe ordinairement sur un bassin de cuivre, lorsqu'on veut adjuger & délivrer quelques marchandises au dernier Encherisseur. *Voyez* VENDU-MEESTER.

VENTE hors la main. Il se dit dans la même Ville d'Amsterdam des ventes particuliéres qui se font de la main à la main, soit par l'entremise des Courtiers, soit par l'Acheteur & le Vendeur seulement. *Voyez* MAIN.

A Amsterdam toutes les ventes des marchandises se font ou par livres de gros, ou par rixdales, ou par florins, ou par florins simples, ou par sous de gros, ou par sous communs, ou enfin par deniers de gros. *Voyez tous ces articles.*

La vente des vins de France se fait dans la même Ville par tonneaux de quatre bariques ou de six tierçons.

Celle des vins d'Espagne & de Portugal par tonneaux de deux bottes ou pipes, la pipe de 320 mingles.

Celle des eaux-de-vie par 30 verges, excepté l'eau-de-vie de grain qui se vend par aam.

La vente des huiles se fait; sçavoir celle d'olive par tonneaux de 717 mingles, celle de poisson par quarteaux de 12 stechans; & celles de graines comme de lin, de navette & de chanvre, par aams.

A l'égard des biéres elles se vendent à la tonne de 128 mingles; & les beurres de Hollande & de Frise aussi à la tonne pesant 300 livres avec le bois ou sans bois.

VENTE. Se dit aussi du lieu où l'on vend ordinairement certaines sortes de marchandises. Acheter du vin sur la vente. Les Marchands de vin & Taverniers sont obligés de faire porter le tiers de leur vin sur la vente, sur l'étape, ou lieu public où il se vend.

VENTE. Se dit encore du tems que l'on doit vendre certaines marchandises. La Compagnie des Indes Orientales doit commencer un tel jour la vente des étoffes, des toiles, des mousselines, &c. qui sont à Nantes dans ses magasins.

L'heure de la vente, c'est le moment ou le tems dans lequel la vente se fait, soit dans les marchés, soit dans les foires ou dans les encans, &c.

L'Ordonnance de la Ville de Paris de 1672, article 26 du chapitre 4, porte, Que les ventes des marchandises seront ouvertes sur les Ports depuis Pâques jusqu'à la S. Remi à six heures du matin jusqu'à midi, & de relevée depuis deux heures jusqu'à sept heures; & depuis le premier Octobre à sept heures du matin jusqu'à midi, & de relevée depuis deux heures jusqu'à cinq; ausquelles heures les Officiers sont tenus de se rendre ponctuels aux fonctions de leurs Offices & Charges.

On nomme *Livre de vente*, un certain livre dont les Marchands & Négocians se servent pour écrire journellement & de suite toutes les marchandises qu'ils vendent. *Voyez* Livres.

Contrat de vente se dit d'une convention qui se fait de donner certaine chose pour un certain prix. *Voyez* Contrat de vente.

M. Savary dans son Parfait Négociant, chapitre 8 du livre premier de la seconde partie, explique la maniere dont les Négocians en gros doivent se conduire dans la vente de leurs marchandises, tant dans les Villes de leur résidence, que dans les Provinces & dans les foires. Le Lecteur peut y avoir recours, s'il a besoin d'instruction sur cette matiere.

Vente. Signifie encore une coupe de bois d'une certaine quantité d'arpens qui se fait tous les ans dans une forêt. On a mis cette forêt en coupe ou vente reglée, il y a tant d'arpens en vente chaque année. Ce sont les Officiers des Eaux & Forêts qui vont asseoir les ventes, & faire les ventes dans les forêts du Roi.

Ventes par recepage. Ce sont les ventes qui se font dans les forêts gâtées par délits ou par incendie, ou de jeunes taillis qui ont été excessivement abroutis par la gelée ou par les bestiaux. Cette vente est une des sept ventes dont il est parlé dans les Ordonnances des Eaux & Forêts. Les autres sont la vente des taillis, la vente des baliveaux sur taillis, les ventes par éclaircissement, celles par pieds d'arbres, la futaye & les bois chablis.

On nomme pareillement Ventes, les lieux où l'on fait les coupes ou l'exploitation de ces bois. On ne peut faire dans chaque vente qu'une certaine quantité de fosses à charbon.

Les Marchands Adjudicataires des bois sont tenus de vuider les ventes dans les tems fixés par leur adjudication; c'est-à-dire, qu'ils doivent enlever dans le tems qui leur est prescrit, tous les bois des endroits où ils ont été coupés & exploités.

De l'adjudication des Ventes & coupes des bois dans les Forêts du Roi.

Les jours pour l'adjudication des ventes ayant été indiqués par les Grands-Maîtres aux Officiers des Maîtrises, ils en font faire les publications par des billets de proclamation, qui contiennent le nombre d'arpens, la situation, la qualité, les reserves, le jour, le lieu, l'heure & pardevant qui les ventes se feront.

Toutes personnes, hors celles qui en sont excluses par les Ordonnances, à cause de leurs qualités & Offices, sont reçues à mettre leurs encheres, à moins que les Encherisseurs ne soient notoirement insolvables; auquel cas les Receveurs des Bois & Domaines du Roi peuvent leur demander le nom de leurs Cautions.

Les Marchands adjudicataires ni autres Particuliers, de quelque qualité que ce soit, ne peuvent faire aucunes associations secrettes, n'y empêcher par monopoles & voies indirectes, les encheres sur les Bois, à peine de la confiscation des ventes, d'une amende arbitraire, qui ne pourra être au-dessous de mille livres, & de Bannissement des Forêts.

L'adjudicataire ne peut avoir plus de trois Associés, lesquels il est tenu de nommer au Greffe de la Maîtrise, dans la huitaine de l'adjudication; ensemble une expedition du Traité de leur association, & d'y faire lui & ses associés, leur soumission de satisfaire à toutes les charges de l'adjudication, à peine de mille livres d'amende contre lui, & de la déchéance de la Societé contre les Associés.

Il est libre aux Marchands de renoncer à leurs encheres au Greffe de la Maîtrise, dans le lendemain midi du jour de l'adjudication, en le faisant signifier dans cet intervale au précedent encherisseur, au domicile par lui élû & au Receveur, ausquels ils doivent payer comptant leurs fols encheres.

Si le Marchand adjudicataire se desiste de son enchere, & renonce à la vente, il doit être arrêté jusqu'à ce qu'il ait payé sa folle enchere ou donné bonne caution pour en assurer le payement, alors la vente retourne au précedent Encherisseur, & ainsi successivement.

Les adjudications doivent être signées sur le champ par le Marchand & le Grand Maître, ou celui qui fait l'adjudication; ensemble par le Maître particulier, le Procureur du Roi & les autres Officiers de la Maîtrise sur le Registre du Greffier.

Les Marchands adjudicataires sont tenus, dans la huitaine du jour de l'adjudication, avant de commencer l'usance des ventes, de donner bonne & suffisante Caution & un Certificateur de sa Caution, qui doivent être reçûs par le Receveur des Bois ou par celui du Domaine; & à leur refus, par le Maître ou le Procureur du Roi.

Toutes personnes non prohibées peuvent encherir, tiercer & doubler les ventes pour tous les triages en géneral ou chacun en particulier, dans le lendemain midi du jour de l'adjudication, après lequel tems il n'y a plus de lieu au tiercement & doublement.

Le tiercement & doublement doivent être faits au Greffe dans le tems ci dessus préfini, & signifiés le même jour aux Marchands adjudicataires & aux Receveurs, en parlant à leurs personnes ou domicile, s'il en a été élû, sinon au Greffe de la Maîtrise.

Le tiercement est une enchere qui augmente du tiers le prix de la vente, & fait le quart sur le total. Le demi-tiercement est une enchere sur le tiercement, qui est de la moitié du tiers, ensorte que si le prix de l'adjudication est de quinze cens livres, le tiercement est de cinq cens livres, & le demi-tiercement est de deux cens cinquante livres.

Le demi-tiercement ne doit être reçû que sur le tiercement, mais on peut d'une seule enchere faire le tiercement & le demi-tiercement,

ce

ce qui s'appelle doublement ; lequel étant signifié à l'adjudicataire, celui-ci est reçû à y mettre une simple enchere, & sur cette nouvelle enchere, le Tierceur, le Doubleur & l'Adjudicataire peuvent encherir l'un sur l'autre, mais entr'eux seulement, & la vente alors reste au dernier encherisseur sans plus y revenir.

Après que les Marchands ont donné leurs Cautions & Certificateurs, le Receveur leur en fournit des Certificats pour les représenter au Greffe & les y faire enregistrer sans frais ; & il est défendu aux Officiers de souffrir qu'aucunes coupes soient commencées, qu'il ne leur ait apparu desdits Certificats & de leur enregistrement.

L'adjudicataire des bois de futaye dans les Forêts du Roi, où ils s'employent en ouvrages, doit avoir un marteau, dont l'empreinte reste au Greffe, pour marquer les bois qu'il vend en pied, sans qu'il puisse en débiter de cette qualité, qu'ils n'ayent cette marque. Il doit aussi, lui, ses Facteurs ou Gardes-Ventes, avoir un Registre pour y écrire les noms, surnoms & domicile de ceux ausquels il vend du bois, & la quantité & le prix, à peine de cent livres d'amende & de confiscation.

Si le Marchand n'a qu'une seule Vente, il ne peut avoir qu'un seul marteau, à peine d'être puni comme faussaire ; mais s'il a plusieurs Ventes, où, à cause de l'éloignement, il est obligé d'avoir de differens Registres, il lui est permis d'avoir autant de marteaux que de Registres, pourvû qu'ils soient de même marque, & qu'il en ait fait faire Procès-verbal & empreinte, comme on vient de le dire.

Les Facteurs & Gardes-Ventes établis par les Marchands pour l'exploitation & débit de leurs bois, doivent prêter serment entre les mains des Officiers des Maîtrises, mais sans frais.

Les bois, tant de futaye que taillis, doivent être coupés & abbatus dans le quinze Avril, & le tems des vuidanges reglé par le Grand-Maître, suivant la possibilité des Forêts, doit être exactement observé, à peine de la confiscation de la marchandise, sans que les Officiers puissent accorder aucune prorogation pour les coupes ou les vuidanges ; étant néanmoins permis aux Marchands de se pourvoir au Conseil & en obtenir quelque délai pour couper & vuider lesdites Ventes.

Les futayes doivent être coupées le plus bas que faire se peut, & les taillis abattus à la coignée à fleur de terre, sans les écuisser ni éclater, ensorte que les brins des cepées n'excedent pas la superficie de la terre, s'il est possible, & que les anciens nœuds recouverts & causés par les précedentes coupes, ne paroissent aucunement.

Les arbres doivent être abattus ensorte qu'ils tombent dans les Ventes, sans endommager les arbres retenus, à peine des dommages & interêts de Sa Majesté contre le Marchand ; & si les bois abattus demeurent encroués sur lesdits arbres retenus, les Marchands ne peuvent faire abattre ces derniers, sans en avoir obtenu la permission des Officiers, & qu'il n'ait été pourvû à l'indemnité de Sa Majesté.

Les bois de cepées ne doivent être abattus qu'à la coignée, & non coupés à la serpe ou à la scie, à peine de cent livres d'amende & de confiscation de la marchandise & des outils.

Les souches & estocs des bois pillés & rabougris qui se trouvent dans les ventes, doivent être coupées, recepées & ravalées par l'adjudication, le plus près de terre qu'il se peut.

Le Marchand est tenu de donner avis aux Sergens à garde, & ceux-ci au Garde-marteau, des arbres reservés qui se trouvent arrachés dans leurs ventes par quelque accident que ce soit, afin qu'il en soit fait procès verbal, & le tout sans frais.

Les tems des coupes & des vuidanges des bois désignés par les adjudications étant expirés, s'il se trouve des bois dans les ventes sur pied ou abattus, ils demeurent confisqués au profit du Roi.

Nul Marchand ou autre personne ne peut faire travailler nuitamment, & les jours de Fête dans les ventes en coupe, ni en enlever du bois sur peine de cent livres d'amende.

Avant que de faire exploiter les ventes, les Marchands peuvent faire proceder au souchetage pardevant le Maître particulier, & en présence du Garde-marteau & du Sergent à Garde, par deux Experts, dont l'un est nommé par le Procureur du Roi, & l'autre par lesdits Marchands, duquel souchetage il doit être dressé procès-verbal, le tout sans frais ni droits, à la réserve des journées des soucheteurs qui doivent être taxées par le Maître, & payées par le Sergent collecteur des amendes.

Les Marchands sont responsables de tous les délits qui se font à l'Ouie de la coignée aux environs de leurs ventes, à moins qu'eux ou leurs Facteurs n'en fassent leur rapport.

Le transport, passage, voiture ou flotage des bois tant par terre que par eau, ne peut être empêché ou arrêté sous prétexte du droit de Travers, Péages, Pontonnages ou autres, par quelque particulier que ce soit, à peine de répondre de tous les dépens, dommages & interêts des Marchands ; sauf à ceux qui prétendent avoir titre pour lever quelques-uns desdits droits, de se pourvoir pardevant le Grand-Maître qui y fera droit.

Les recollemens des ventes se font au plus tard six semaines après le tems des vuidanges expiré. Les Officiers qui y assistent sont : le Maître particulier, le Procureur du Roi, le Garde-marteau, le Greffier, le Sergent de garde accompagné de l'Arpenteur & du Soucheteur ; les Marchands qui ont exploité les ventes y sont aussi mandés.

Dans ces recollemens on visite les ventes d'un bout à l'autre en toutes leurs parties, pour connoître si elles ont été bien coupées, usées, vuidées & nétoyées, & s'il ne manque point des arbres retenus & réservés.

Il est permis au Marchand d'avoir de son côté un Arpenteur pour assister à la visite, avec celui nommé par le Procureur du Roi.

Si par les Procès-verbaux du réarpentage, qui fait une des meilleures parties du recollement, il se trouve de la surmesure entre les pieds corniers, le Marchand doit être condamné à la payer ; & s'il s'en trouve moins, il lui en doit être tenu compte sur le prix de son adjudication, ou bien il doit être remboursé en argent sur les ventes de l'année suivante, sans qu'il soit permis de lui donner recompense en bois.

S'il se rencontre quelque outrepasse ou entreprise au-delà des pieds corniers, le Marchand doit les payer au quadruple.

L'Adjudicataire qui ne représente point les balliveaux, arbres de lisieres, paroys, tournans & pieds corniers de sa vente, les payera avec l'amende conformément au dernier titre de l'Ordonnance de 1669.

Tout Marchand Adjudicataire est tenu à la fin de son exploitation de rapporter les marteaux dont il s'est servi, afin qu'ils soient rompus.

Il est défendu à tous Marchands Ventiers & à toutes autres personnes, de faire des cendres dans les Forêts du Roi, ni dans celles des Ecclesiastiques ou Communautés, &c. s'ils n'en ont Lettres Patentes de Sa Majesté, verifiées sur l'avis des Grands-Maîtres, & en ce cas les cendres ne peuvent être faites qu'aux endroits designés aux Marchands par les Officiers des Eaux & Forêts, ni enlevées que dans des tonneaux marqués du marteau desdits Marchands.

Il est défendu aux Marchands adjudicataires des ventes, de donner des bois de leurs coupes aux Bucherons & autres ouvriers pour leur salaire, à peine de répondre de tous délits qui s'y commettront pendant les Usances & jusques au recollement.

Il est pareillement défendu à tous Marchands de peler les bois de leurs ventes étant de bout & sur pied, sur peine de cinq cens livres & de confiscation.

VENTJAGERS, ou Chasseurs au vent. On nomme ainsi en Hollande les premiers vaisseaux ou buches qui vont à la pêche du hareng; ils ont le privilege de charger & décharger en tout tems, même les Dimanches, & avant soleil levé ou après soleil couché, contre les Reglemens faits par les Etats Géneraux dans le Placard de 1725, pour l'execution de la nouvelle Liste ou Tarif des droits d'entrée & de sortie.

VENTIER. Marchand de bois qui achete des forêts, & qui les faits exploiter, ainsi nommé des ventes qu'il ouvre & établit sur les lieux de l'exploitation.

Les Ordonnances des Eaux & Forêts portent, Que les Ventiers fourniront aux Bucherons des chaînes & mesures des longueurs de bois conformément aux Reglemens.

VENTOUSE. Ouverture que l'on laisse aux fourneaux pour y donner de l'air, & empêcher que le feu ne s'étouffe & ne s'éteigne.

Ventouse. Se dit aussi des ouvertures que l'on laisse aux fourneaux à vent pour y introduire l'air qui leur sert de soufflet.

Ventouse. S'entend aussi dans les fours à verre de chacune des six ouvertures ou ouvreaux où sont placés les pots à fondre ou à cueillir. *V. pour ces trois articles celui des Fourneaux, & encore pour ce dernier l'article du Verre.*

VER

VER A SOYE. Insecte qui produit la soie.

Quand cet insecte est parvenu dans sa juste grandeur, il est de la grosseur d'une plume de cygne, & à environ deux pouces de longueur. L'on appelle Graine, les œufs ou semence qui lui servent à la propagation de son espece. Il la jette lorsqu'il est devenu papillon; mais toute sorte de graine n'est pas propre à reproduire ces précieuses chenilles; & il n'y a que celle qui a été jettée après l'accouplement des papillons mâles & femelles d'où il puisse sortir de nouveaux vers.

Les graines d'Espagne & de Bologne sont les meilleures, au défaut de celles de Sicile, qu'il est trop difficile de recouvrer.

Quoique la graine puisse éclore d'elle-même, ceux qui s'occupent à la nourriture des vers ne laissent pas d'en hâter la production, en se servant d'une chaleur étrangere.

Lorsque l'insecte sort de cette graine, qui n'est guéres plus grosse que de la graine de pavot, il en a la couleur, qui est d'un gris un peu obscur, à la reserve de la tête qu'il a très noire. A mesure qu'il grossit & qu'il s'allonge, sa couleur s'éclaircit; & après quatre mues differentes, qui autant de fois lui renouvellent sa peau, il a la couleur naturelle, qui est blancheâtre tirant sur le jaune.

Sa nourriture est la feuille de meurier blanc, qu'on lui donne plusieurs fois par jour jusqu'à ce qu'il travaille à son araignée.

Ce ver est d'une délicatesse extrême. Les mauvaises odeurs, le trop grand bruit, & sur tout celui du tonnerre, l'humidité, même l'haleine trop forte des personnes qui en approchent, suffisent pour le rendre malade, souvent pour le faire mourir.

Le filament de la soie est si naturel à cet insecte, que même en naissant on lui en voit sortir au bout de son estomac, qui lui sert à se pendre & à s'arrêter à la maniere des araignées; & c'est avec ce bout de soie qu'environ six semaines après sa naissance il commence à travailler à sa coque.

Quand les vers deviennent rougeâtres, c'est signe qu'ils sont prêts à filer; ce qu'ils font d'eux-mêmes & sans secours dans tous les endroits qui leur sont commodes; mais pour leur aider, ceux qui les gouvernent leur préparent des étaux ou atteliers composés de plusieurs rameaux de bruiere, de bouleau ou de genet, où ils montent & travaillent à leurs cocons, qui sont tous de la forme d'un œuf, ceux des femelles plus arrondis par un bout que par l'autre.

Pour attacher leur soie, & en faire ce qu'on appelle l'Araignée des vers à soie, ils se servent d'une gomme que la nature cuit dans leurs petits visceres, & qui est très gluante. Ceux qui sont paresseux se mettent dans des cornets de papier où ils sont comme forcés à avancer leur travail.

Il leur faut un jour pour étendre & assûrer leur araignée; le second ils contournent & forment leurs cocons; le troisiéme ils achevent de s'y cacher; & les jours suivans ils les fortifient & les perfectionnent.

Quand le ver est enfermé dans sa coque, & que l'ouvrage est fini, il change comme de nature, & devient ce que l'on nomme un ver en féve, à cause de la ressemblance qu'il a avec ce légume.

Pour les multiplier & en avoir de la graine, on choisit les plus beaux cocons autant de mâles que de femelles; ce qui se connoît à la forme du cocon, celui du mâle étant moins uni & pointu des deux bouts, & celui de la femelle étant seulement pointu par une extrémité & fort arrondi par l'autre.

Quand le tems de leur fécondité est venu, ils ouvrent eux-mêmes leurs coques, & sortent en forme de papillons blancs, qui ont quatre aîles, six jambes, deux cornes & deux especes d'yeux fort noirs & sans aucune lucidité; une partie de leur peau est velue comme de la panne & du velours. Les mâles sont plus vifs & battent des aîles; les femelles plus pesantes à cause de leur graine qui leur ôte une partie du mouvement.

Ces papillons ne se nourrissent point tant qu'ils restent en vie, n'ayant pas non plus pris de nourriture dans les cocons pendant quinze ou vingt jours qu'ils y ont été enfermés. Ils y laissent lorsqu'ils en sortent deux de leurs dépouilles; l'une qu'ils avoient lorsqu'ils étoient vers; l'autre qu'ils ont eu pendant qu'ils sont restés féves.

Les papillons s'étant accouplés les femelles parient & jettent leur graine, les unes plus, les autres moins abondamment. Le nombre ordinaire est de près de trois cens. En plein air & à la campagne cette graine, comme la semence des autres chenilles transformées en papillons, se reçoit & s'attache sur les branches les plus voisines de celles où les vers à soie ont travaillé à leur coque; mais pour la graine des vers à soie nourris à la maison, elle se reçoit sur des étamines, des jones & des papiers préparés exprès par ceux qui en prennent soin.

Si l'on est curieux de sçavoir ce que deviennent les cocons & la précieuse matiere dont ils sont composés, il faut avoir recours à l'article où il est traité des soies. *Voyez* SOYE.

Observations sur les Vers à soie & sur la soie qui se recueille dans les Etats du Mogol, tirées du voyage de Jean Ouincton.

» Il y a dans le Mogol plusieurs sortes de soie » qui se font dans differens tems de l'année, » la meilleure de toutes est celle des vers qui » sont éclos au mois de Novembre, on l'appel» le *Aggoued-bund*. Ces vers sont douze jours » dans leurs œufs, après quoi ils en sortent; » lorsqu'ils sont sortis, on les laisse sur des nat» tes pendant trois jours sans leur donner de » nourriture. Le quatriéme on leur donne qua» tre fois des feuilles de meurier coupées en » petits morceaux, sçavoir le matin, à midi, à » trois heures & à neuf heures du soir.

» Le cinquiéme jour on ne leur donne rien » du tout.

» Le sixiéme ils commencent à devenir plus » gros, & on leur donne les feuilles en plus » gros morceaux; ce qu'on fait aussi quatre fois » par jour, ce qui s'observe les trois jours sui» vans.

» Le dixiéme, on ne leur donne aucune nour» riture.

» Le onziéme, on augmente la grandeur des » morceaux de feuilles qui se donnent toûjours » quatre fois.

» Le douziéme, on leur donne les feuilles en» tieres aussi quatre fois par jour. Le treize & » le quatorze on ne leur donne rien.

» Le quinze, le seize, le dix-sept, & le dix-huit, » on les nourrit comme le douziéme.

» Le dix-neuf on leur donne à manger cinq » fois, sçavoir, le matin, à midi, à trois heu» res, à neuf heures & à minuit, ce que l'on » continue de faire jusqu'au vingt-sixiéme jour » inclusivement.

» Les vers commencent à verdir vers le qua» torze, & le vingt-six ils ont environ deux pou» ces & un quart de long.

» Le vingt-sept ils changent de couleur & de» viennent un peu jaunes & blancs. On ne doit » plus alors leur donner de nourriture, parce » qu'ils commencent à filer.

» Le vingt-huit on fait de petites séparations » sur les nates pour chaque vers, & on les expose » au soleil le matin à huit heures, pendant une » heure & un quart, & à quatre heures du soir » jusqu'au coucher du soleil; après quoi on les » met à couvert. Ils ont fait leurs coques en un » jour & une nuit.

» Le vingt-neuf on prend les coques que l'on » met sur une autre natte, qui est sans sépara» tion.

» Le trente & les trois jours suivans, les vers » filent dans leurs coques, après ce tems on prend » chaque coque separément, qu'on approche de » son oreille en la remuant pour connoître cel» les qui sont bonnes. Quand on n'entend point » de bruit, c'est signe que le ver est mort; il n'y » en a quelquefois qu'un quart, qu'un huitié» me, ou même qu'un seiziéme qui vit, le trop » de chaleur ou le trop de froid en tuant un » grand nombre.

» Le trente-quatre & les trois jours suivans, » les vers continuent à filer.

» Le trente-huit les vers percent leurs co» ques & sortent en papillon; on les arrange » alors sur d'autres nattes, les mâles à côté des » femelles; on les connoît en ce que les mâles » ont le corps plus menu, s'il y en a plus d'une » sorte que d'autres, après les avoir appariés, » on jette le restant parmi les autres; & on les » laisse ainsi toute la nuit.

» Le trente-neuf on ôte les mâles qu'on jette.

» Le quarante les femelles jettent leurs œufs, » après quoi on les jette de même: ainsi toute la » vie de ces vers n'est que de cinquante-deux » jours, douze dans les vers & le reste dehors.

» La seconde soie se fait en Janvier, les vers » sont alors quatorze jours dans leurs œufs, & » meurent quarante jours après qu'ils sont éclos. » Cette soie s'appelle *Moubund*, c'est la sixié» me espece qui est la plus mauvaise. Les vers » cessent de la faire vers le 14 Février.

» La troisiéme soie se fait depuis le 14 Fé» vrier jusqu'au 24 Mars. On l'appelle *Cheita-* » *bund*; elle est de la seconde espece pour la » bonté, les vers qui la filent, sont huit jours » dans leurs œufs, & ne vivent après être éclos » que 32 jours.

» La quatriéme soie qui fait la cinquiéme » espece de vers, s'appelle *Saukbund*; elle ache» ve de se filer le 6 de Mai, les vers dont elle » sort sont huit jours dans les œufs & ne vivent » que 32 jours.

» La cinquiéme soie qui fait la quatriéme sor» te se nomme *Assorecbund*, les vers qui sortent » de la féve vers le 4 Juin, sont dans les œufs & » vivent comme les précedens.

» Enfin la sixiéme soie qui fait la troisiéme » sorte, s'appelle *Sovvaubund*, & acheve d'être » filée à la fin de Juillet; il ne s'en fait point » dans les mois d'Août & de Septembre, &

» fort peu dans celui d'Octobre.

» Ainsi la chaleur du soleil rend les vers à » soie bien plus feconds dans les Indes qu'ils ne » sont parmi nous (c'est-à dire en Angleterre) » car ils y font leurs œufs & leurs coques six » fois l'année, au lieu qu'ils ne les font qu'une » fois en Angleterre, parce qu'ils demeurent » dans leurs œufs depuis la fin du mois d'Août » jusqu'à la fin de Mai. Ajoûtez à cela qu'ils sont » dans les Indes bien plûtôt en état de filer, ce » qu'ils font 28 jours après qu'ils sont éclos, au » lieu qu'il leur faut 40 jours en Angleterre, où » ils sont aussi plus long-tems dans leur coque, » c'est-à-dire, 15 jours pendant qu'ils n'y sont » que 10 dans les Indes.

Pour reduire ces observations de l'Auteur Anglois sur les soies du Mogol, on voit qu'il s'y fait chaque année de six sortes de soies plus ou moins bonnes suivant la saison qu'elles se recueillent.

La premiere sorte qui est la meilleure, est celle du mois de Novembre qu'on appelle *Aggouedbund*.

Celle qui la suit se nomme *Cheitabund*, elle se fait en Février & Mars.

La *Sovvau-bund* est la troisiéme, elle acheve d'être filée par les vers à la fin de Juillet.

La quatriéme qu'on nomme *Assorec-bund*, se fait en Mai & Juin.

La cinquiéme acheve de se filer le 6 de Mai, on l'appelle *Sauk-bund*.

Enfin la moindre de toutes est la *Maug-bund*, les vers la filent sur la fin de Janvier & dans le commencement de Février.

La graine de ver à soie paye les droits de la Douane de Lyon à raison de 10 sols la livre pesant.

VER. Se dit aussi de l'insecte qu'on nomme Cochenille dont on se sert pour teindre en écarlatte. Les Auteurs parlent differemment de la nature & des proprietés de ces vers précieux. On rapporte ailleurs ce que les uns & les autres en ont écrit de plus certain, ou pour mieux dire de plus vrai-semblable. *Voyez* COCHENILLE.

VERA-CRUX, au fond du Golfe de Mexique. C'est la Ville du plus grand commerce de toute l'Amerique Espagnole. *Voyez* l'Etat général du Commerce, Tome I. page 484.

VERAS. Espece d'aune dont on se sert en Portugal pour mesurer les longueurs des draps & autres étoffes. Elle est de quelque chose moindre que l'aune de France: ensorte que cent six Veras de Lisbonne ne font que cent aunes de Paris.

VERD. Couleur que la nature donne aux herbes, aux plantes, aux feuilles, à quelques pierres précieuses, à quelques marbres, & à quelques terres ou Massicots.

Le verd des Teinturiers n'est pas une couleur simple, mais elle se fait du mélange de deux des couleurs qu'on appelle Simples ou Primitives. C'est de l'union du jaune & du bleu que se font toutes les sortes de verd qu'on donne aux étoffes déja fabriquées, ou aux soies, laines, fils & cotons qu'on met à la teinture pour en fabriquer.

Les principaux verds que produit ce mélange suivant le plus ou le moins qu'on met de chacune de ces deux couleurs, sont,

Le Verd Jaune, Le Verd Molequin,
Le Verd Naissant, Le Verd Brun,
Le Verd Gay, Le Verd de Mer,
Le Verd d'Herbe, Le Verd Obscur,
Le Verd de Laurier, Le Verd Celadon,
Le Verd de Chou, Le Verd de Peroquet.

Il n'est pas possible de rapporter tous les différens verds que peut produire la Teinture, ne dépendant que du Teinturier d'en faire à son gré de nouvelles en augmentant ou diminuant la dose de l'une & de l'autre couleur primitive, avec lesquelles il les compose.

Les couleurs d'olive, depuis les plus brunes jusques aux plus claires, ne sont que du verd rabattu avec de la racine, ou du bois jaune, ou de la suie de cheminée.

Tout verd doit être premierement teint en bleu, puis rabattu avec bois de campesche & verdet, & ensuite gaudé, n'y ayant aucun ingrédient dont on puisse se servir seul pour teindre en verd.

On appelle Verd naissant cette couleur vive & agréable, qui ressemble à celle qu'ont les feuilles des arbres au printems; on la nomme aussi Verd Gay & Verd d'Emeraude.

Le verd de mer est la couleur dont paroît la mer quand elle est vûe de loin: elle tire un peu sur le bleu, ou comme on dit en terme de Teinture, elle est plus lavée que le verd gay.

VERD BRUN. Est un verd tirant sur le noir; aussi en est-il mêlé pour le brunir.

L'urine, le jus de citron & l'esprit de vitriol, déteignent les verds & les rendent bleus, leur acide consommant le jaune de la gaude.

VERD D'AZUR. Espece de pierre, qu'on appelle autrement, Pierre Armenienne. *Voyez* ARMENIENNE.

VERD-DE-GRIS, qu'on nomme autrement VERDET, & en Latin *Ærugo*. Drogue propre à la teinture, qui n'est autre chose que la rouille du cuivre.

Le verd de-gris se fait avec des lames de cuivre rouge très minces, & des raffes ou marc de raisin imbibées de bon vin mises ensemble dans des pots de terre & rangées lit sur lit; c'est-à-dire, des raffes de raisin & ensuite des lames de cuivre, & ainsi alternativement. Quand les pots sont pleins on les laisse à la cave, d'où de tems en tems on les tire pour recueillir le verd-de-gris, qui est la rouille verte qui couvre les plaques de cuivre.

Il n'est pas vrai qu'on puisse faire du verd-de-gris avec du vinaigre, le meilleur vin n'y est pas trop bon, & on y employe ordinairement du vin de Languedoc; aussi la plus grande partie de cette drogue qui se consomme en France, ou même dans les pays étrangers, vient de Montpellier & des environs.

On l'envoye de Languedoc en poudre ou en pains; les pains pesent ordinairement vingt-cinq livres. L'on ne voit guéres de verd-de-gris qui soit tout-à-fait pur; pour être bon il faut qu'il soit sec, d'un verd foncé, & peu rempli de taches blanches.

Les Teinturiers, Pelletiers, Chapeliers, Maréchaux & Peintres, en font une consommation incroyable.

Le verd-de-gris n'est permis qu'aux Teinturiers du grand teint qui s'en servent à faire de très belles couleurs, comme verd celadon & couleur de souffre: il est d'ailleurs utile au noir, en l'employant en petite quantité & à demi chaud avec le bois d'Inde. *Voyez aussi* VERDET.

Le Verd-de-gris ou Verdet paye en France les

droits d'entrée & de sortie a raison de 50 s. du cent pesant, conformément au Tarif de 1664.

Les droits de la Douane de Lyon sont de 25 sols la charge.

Les Apoticaires font cristaliser le Verd-de-gris, & le nomment Cristaux de Verdet. Ce que l'on vend à Paris de ces cristaux vient de Hollande & de Lyon; on les appelle quelquefois, mais improprement, Verd distillé, ou Verd calciné.

Le Verd distillé paye en France les droits d'entrée à raison de 12 l. 10 s. le cent pesant.

VERD DE VESSIE. Sorte de verd qui se fait de la graine du Noir-prun, que les Botanistes appellent *Rhamnus*, en la pilant dans un mortier. On en fait aussi avec une petite graine rouge qu'on mêle avec de l'alun, & qu'on laisse se macerer & se corrompre dans une vessie de cochon qu'on pend au plancher. Ces deux couleurs qu'on confond aisément, se nomment Verd-de-Vessie, parce que c'est toujours dans des vessies qu'on les conserve, & qu'on les vend. Elles servent à la peinture.

Le verd de vessie, que le Tarif de 1664 nomme aussi Verd de Liere, paye en France les droits d'entrée a raison de 3 l. le cent pesant.

Les droits de la Douane de Lyon sont de 21 s. 6 deniers le quintal, tant d'ancienne taxation que de nouvelle reapréciation.

VERD D'IRIS. Couleur verte qui se fait avec les fleurs d'Iris, & qui sert à la miniature. *V.* IRIS.

VERD DE COURROYEUR. Il est composé de gaude dont il faut une botte sur six sceaux d'eau à quoi l'on ajoute, après que le tout a bouilli six heures à petit feu, quatre livres de verd-de-gris. *Voyez* COURROYER.

VERD DE TERRE, OU CENDRE VERTE. *Voyez* PIERRE ARMENIENNE.

VERD DISTILÉ. } *Voyez* VERD-DE-GRIS.
VERD CALCINÉ. }

VERD DE MONTAGNE, qu'on appelle aussi VERD DE HONGRIE. C'est une espece de poudre verdâtre réduite en petits grains comme du sable.

Quelques-uns croyent que le verd de montagne est une terre naturelle, & d'autres que c'est une couleur factice. Ceux qui sont de la premiere opinion disent que cette terre vient des montagnes de Kervasen en Hongrie, ou de celles de Moravie. Les autres prétendent qu'elle se fait en jettant de l'eau ou du vin sur du cuivre de rosette, encore tout rouge, & quand il sort du fourneau; & en recevant la vapeur qui s'en éleve sur des plaques d'autre pareil cuivre, mais à froid; ou bien en faisant dissoudre des lames de cuivre dans du vin à peu près comme se fait le verd-de-gris.

Le verd de montagne sert aux Peintres, tant en huile qu'en miniature. Il faut le choisir sec, haut en couleur, & bien grenu. On le contrefait quelquefois en pulverisant du verd-de-gris avec un peu de blanc de ceruse.

Le verd de Montagne paye en France les droits d'entrée à raison de 4 liv. le cent pesant, conformément au Tarif de 1664.

VERD DE HONGRIE. *Voyez l'article précedent.*

VERD. On appelle Cuir verd, celui qui n'a point encore reçû de préparation, & qui est tel qu'il a été levé de dessus le corps de l'animal. On lui donne aussi le nom de Cuir crû. *Voyez* CUIR.

On appelle Bonnet verd, un bonnet de cette couleur que les Banqueroutiers, suivant les Ordonnances, sont obligés de porter quand ils ont fait cessions de leurs biens. C'est une notte d'infamie. *V.* CESSION & BANQUEROUTIERS.

VERDET ou VERD-DE-GRIS. Drogue qui se compose avec le cuivre & la rafle ou marc de raisin; le meilleur qui se fasse en France est celui de Montpellier en Languedoc. *V.* VERDDEGRIS.

Le verdet se vend à la livre à Amsterdam: les pains ne donnent point de tare. Leurs déductions sont d'un pour cent pour le bon poids & autant pour le prompt payement. Le prix ordinaire est depuis 8 jusqu'à 14 sols la livre.

Les droits que le verdet paye suivant les Tarifs Hollandois, sont pour l'entrée 2 florins le cent pesant, & pour la sortie un florin, lorsqu'il entre par l'Est, l'Orisont ou le Belt, les droits augmentent d'un sol.

VERDILLON. C'est la partie du métier ou chassis des Tapissiers-Haute lissiers, à laquelle s'attachent par en haut & par en bas, les fils de la chaîne des Tapissiers de haute-lisse. Le Verdillon est double, & chaque rouleau ou ensuble a son verdillon enchassé dans une longue raînure de la longueur même des rouleaux. *V.* HAUTE-LISSE.

VERDIR. Devenir verd. Il se dit en terme de Teinturier, des bleus de mauvaise teinture dont la couleur n'est pas assurée. *Voyez* BLEU.

VERDUN, Ville de Lorraine, sur la Meuse. *V.* le commerce des Trois-Evêchés dans l'Etat gen. Tome I. pag. 226.

VERDUN, Ville de France, de la Généralité de Bourgogne. Il n'y a dans cette Ville aucune Fabrique: néanmoins le commerce des draps y est très considerable. *Voyez* l'Etat général, Tome I. page 125.

VERGE. Mesure des longueurs dont on se sert en Espagne & en Angleterre pour mesurer les étoffes. C'est une espece d'aune.

La verge d'Espagne, qui est particulierement en usage à Seville, se nomme en quelques lieux Barra. Elle contient dix-sept vingt-quatriémes de l'aune de Paris; ensorte que les vingt-quatre verges d'Espagne font dix-sept aunes de Paris, ou dix sept aunes de Paris font vingt-quatre verges d'Espagne.

La Verge d'Angleterre, que l'on appelle aussi Yard, est de sept neuviémes d'aune de Paris: ainsi neuf verges d'Angleterre font sept aunes de Paris, ou sept aunes de Paris font neuf verges d'Angleterre.

La maniere de réduire les verges d'Angleterre en aunes de Paris, est de dire, en se servant de la regle de trois: Si neuf verges d'Angleterre font sept aunes de Paris, combien tant de verges d'Angleterre feront-elles d'aunes de Paris?

Et si au contraire l'on veut faire la réduction des aunes de Paris en verges d'Angleterre, il faut dire: si sept aunes de Paris font neuf verges d'Angleterre, combien tant d'aunes de Paris feront-elles de verges d'Angleterre?

Cette méthode peut servir pour réduire les verges d'Espagne en aunes de Paris, & les aunes de Paris en verges d'Espagne.

VERGE. Se dit aussi de l'étoffe mesurée avec la verge Une verge de serge, Une verge de velours.

VERGE. Est aussi une espece de jauge ou d'instrument propre à jauger ou mesurer les liqueurs qui sont dans les tonneaux, pipes, bariques, &c. On donne aussi le nom de Verge à la liqueur mesurée. Trente verges de vin. Cette pipe contient tant de verges d'eau-de-vie.

La verge de liqueur est estimée trois pots & demi quelque peu moins. La verge a plusieurs noms, suivant les divers lieux & pays où elle est en usage. *Voyez* JAUGE, *ils y sont tous expliqués.*

VERGE. On appelle Verges parmi les Ouvriers à la navette, des baguettes ordinairement de coudrier ou noisetier pelé, qui servent à séparer & tenir ouverts les fils des chaînes de leurs étoffes ou toiles. Il y en a quatre dans les métiers à gaze, & seulement deux dans presque tous les autres. *Voyez* GAZE.

VERGE ou BRANCHE, que quelques-uns nomment aussi FLEAU ou FLAIAU. C'est un long morceau de cuivre, de fer ou de bois, le plus ordinairement de buis, sur lequel sont marquées les diverses divisions de la balance Romaine ou peson. Cette verge a deux sortes de divisions; l'une d'un côté pour ce qu'on appelle le Fort, & l'autre à l'opposite pour ce qu'on nomme le Foible. *Voyez* BALANCE.

VERGE. Se dit encore des morceaux de fer longs & menus, ordinairement ronds, que les Marchands de fer vendent aux Serruriers; ce qui s'appelle du Fer en verge.

Cette sorte de fer s'employe ordinairement pour faire des tringles, des clefs, des pitons, & autres legers ouvrages de serrurerie. *V.* FER.

VERGE. Les Tourneurs appellent la Verge d'un arbre à tourner en l'air ou en figures irrégulieres, une piece de fer longue & quarrée qui traverse l'arbre tout entier, & qui porte & joint ensemble le mandrin, les deux canons, la piece ovale & la boëte de cuivre. Cette verge a des trous de distance en distance pour y arrêter ces pieces avec des clavettes. *Voyez* TOUR.

VERGEAGE. Mesurage des toiles, rubans, étoffes, &c. qui se fait avec cette mesure des longueurs que l'on nomme Verge, qui est en usage en Espagne & en Angleterre. *Voyez* VERGE.

VERGEAGE. Se dit aussi du jaugeage ou mesurage que l'on fait des tonneaux & futailles avec un instrument ou sorte de jauge que l'on appelle Verge. *Voyez* JAUGE. *Voyez aussi* VERGE, mesure des liqueurs.

VERGÉE. Une futaille vergée, c'est une futaille ou pipe de vin ou d'eau-de-vie qui a été jaugée & mesurée avec l'instrument que l'on appelle Verge. Ainsi l'on dit: Cette pipe d'eau-de-vie a été vergée, elle contient tant de verges.

On dit aussi qu'une piece d'étoffe a été vergée, lorsqu'elle a été mesurée avec cette mesure des longueurs qu'on nomme Verge. Cette piece de drap a été vergée, elle est de tant de verges.

VERGÉE. Est encore le nom que l'on donne aux étoffes qui ont quelques fils qui sont d'une soye ou d'une laine un peu plus grosse que le reste, ou d'une teinture plus forte ou plus foible. C'est un défaut essentiel à une étoffe que d'être vergée. Ce défaut s'appelle Vergeage. *Voyez cet article.*

VERGER une étoffe, une toile, &c. C'est la mesurer avec la mesure des longueurs que l'on appelle Verge. *Voyez* VERGE.

On dit aussi Verger une barique, une pipe, ou autre tonneau & futaille d'eau-de-vie, de vin ou autres liqueurs; pour dire, les jauger avec la verge. *Voyez* VERGE & JAUGE.

VERGES. On nommoit ainsi autrefois les bruyeres dont les Vergettiers-Brossiers font leurs vergettes & brosses; & c'est de là que les mots de Vergette & Vergettier sont dérivés. *Voyez* BRUYERE.

Les Verges ou Bruyeres à faire vergettes payent en France les droits d'entrée à raison de 20 sols le cent pesant, & 46 s. de sortie, conformément au Tarif de 1664.

Les droits de la Douane de Lyon sont, sçavoir:
Pour les bruyeres de France 12 s. de la charge.
Pour les bruyeres étrangeres 20 s. du quintal.
Et pour les bruyeres acoutrées de France 10 s.

VERGES A ESTENDRE. Sortes de vergettes, que les Tarifs mettent au nombre de la Mercerie. *Elles payent à l'entrée 10 liv. du cent pesant, conformément à l'Arrêt du 3 Juillet 1692; & 3 liv. de sortie, ou même seulement 2 liv. si elles sont déclarées pour l'Etranger, suivant le même Arrêt.*

VERJETTE. Ustencile de ménage qui sert à nettoyer les habits, les meubles, &c. On les appelle Brosses. Quoiqu'il y ait quelque difference entre l'une & l'autre, les deux termes néanmoins sont si souvent synonimes, qu'on a crû les devoir unir dans cet article.

Il se fait des vergettes ou brosses de plusieurs matieres, de diverses formes, & pour differens usages. Les matieres sont de trois sortes; sçavoir, la bruyere, espece d'arbrisseau dont les petits rameaux sont extrêmement pliables. Il en vient beaucoup d'Italie, où on le nomme *Scopa*, c'est-à-dire, Ballet. Du chiendent, qui est une plante très commune: le meilleur se tire de Provence. Enfin du poil ou soye de sanglier que les Marchands font venir de Moscovie, Allemagne, Lorraine, Dannemarc, &c.

A l'égard des usages & de la forme des brosses & vergettes, il y en a de trop de sortes, pour entrer dans aucun détail; il suffit de remarquer qu'il y en a de rondes, de quarrées, à manche & sans manche, de doubles, quelquefois de triples; quelques-unes avec une manicle, comme celles pour les Cochers; d'autres avec une courroye de pied, comme celles des Frotteurs. Enfin il y a aussi des brosses à décroter, dont les plus grossieres se nomment Décrotoires; & les plus fines dont le poil est assez long, des Polissoires.

De ces vergettes & brosses, les unes servent au lieu de peignes pour la tête des enfans, ou de ceux qui se font razer les cheveux; les autres aux habits & aux meubles; & les autres pour panser les chevaux, pour nettoyer les carosses, frotter les planchers, & quelques autres usages semblables. Il y en a aussi qui servent de balais & qu'on appelle pour cela Balais de poil.

Toutes les vergettes & brosses de soye de sanglier, à la réserve de celles pour la tête, se fabriquent de la même maniere, c'est-à-dire, en pliant le poil en deux, & en le faisant entrer par le moyen d'une ficelle qui est engagée dans le pli, par les trous dont est toute percée une legere planche où il est fortement lié, & puis assuré par de la colle-forte, & quand tous les trous sont ainsi remplis, on coupe la soye avec es forces pour en rendre la superficie unie.

La brosse à tête, soit double, soit simple,

soit de poil, soit de chiendent, est faite en façon de cylindre ou de rouleau de diverses grosseurs & longueurs. L'une & l'autre se ficelle fortement par un bout, si elle est simple, & par le milieu, si elle est double; & l'endroit par où elle a été ficellée, qu'on colle & qu'on couvre ou d'étoffe ou de cuir, lui sert comme de poignée pour s'en servir.

L'on a fait aussi entrer l'usage des brosses parmi les remedes topiques; & depuis la fin du dix-septiéme siécle, soit entêtement de nouveauté, soit expérience justifiée par le succès, quelques Médecins de Paris ordonnent aux personnes incommodées de rhumatisme de se faire brosser avec des brosses douces & faites exprès; prétendant que cette espece de friction seche est utile pour ouvrir les pores, & en faire transpirer l'humeur qui cause le mal.

Toutes les vergettes, brosses, décrotoires, &c. payent en France les droits d'entrée comme Mercerie, c'est-à-dire, 10 liv. du cent pesant, suivant l'Arrêt du 3 Juillet 1692.

Les droits de la Douane de Lyon sont, sçavoir, pour les vergettes de Paris 16 s. tant d'ancienne que de nouvelle taxation.

Les vergettes de Rouen 40 s. le tonneau de cinq quintaux.

Et les vergettes étrangeres 24 s. le quintal.

Les vergettes payent les droits de sortie comme Mercerie, c'est-à-dire, 3 l. ou même seulement 2 l. du cent pesant, quand elles sont déclarées pour l'Etranger, conformément à l'Arrêt du 3 Juillet 1692.

VERGETTIER. Ouvrier qui fait des vergettes.

La Communauté des Maîtres Vergettiers-Raquettiers-Brossiers de Paris est assez ancienne; & les anciens Statuts de 1485, dressés & enregistrés au Greffe du Châtelet sous le Regne de Charles VIII en rappellent d'autres encore d'une plus grande antiquité.

Les cinquante articles de leurs nouveaux Statuts ayant été renvoyés aux Officiers du Châtelet pour en donner leur avis, furent sur le vû du Lieutenant Civil confirmés & autorisés par des Lettres Patentes de Louis XIV du mois de Septembre 1659.

C'est par ces Reglemens que la Communauté continue d'être gouvernée; & ils n'ont reçû jusqu'en 1717 d'autre changement que celui qui est arrivé dans toutes les Communautés des Arts & Métiers, par l'incorporation & union des Charges créées pour elles en titre d'Offices pendant les longues guerres du Regne de Louis XIV; comme des Jurés en 1691, des Auditeurs des Comptes en 1694, & des Trésoriers-Receveurs des deniers communs en 1704, qui ne touchant point à la discipline, ont seulement augmenté divers droits de réception & de visite.

Il y a dans la Communauté des Vergettiers un Doyen & deux Jurés; ceux-ci par élection & celui-là par ancienneté de Jurande. Le Doyen préside & recueille les voix; les Jurés font les visites, reçoivent les brevets d'apprentissage, donnent les Lettres de Maîtrise, & reglent le chef-d'œuvre ou expérience.

Nul Maître ne peut être élû Juré, qu'il n'ait été Administrateur de la Confrairie. L'élection pour la Jurande se fait tous les ans d'un des deux Jurés, ensorte qu'ils soient chacun en Charge deux années.

L'apprentissage est de cinq ans, & les Maîtres ne peuvent obliger qu'un seul Apprentif dans l'espace de dix années.

Tout Aspirant, s'il n'est Fils de Maître, doit le chef-d'œuvre: le Fils de Maître ne doit pas même la legere expérience.

Les Veuves en état de viduité jouissent des privileges de la Maîtrise, sans pouvoir néanmoins faire de nouvel Apprentif.

Ceux qui ont passé par la Jurande sont sujets à visite, mais ils n'en payent pas le droit.

Les Archives, ou plutôt le coffre des papiers, est mis chez le nouveau Juré. Des trois serrures qu'a ce coffre, le Doyen en a une des clefs, l'ancien Juré l'autre, & l'ancien Administrateur la troisiéme.

La matrice du poinçon sur lequel les trous des brosses doivent être mesurés, est en dépôt chez les Jurés.

Les marchandises foraines sont sujettes à visite; & lorsque quelques Maîtres en achetent, les autres qui y sont présens peuvent en demander le lottissage.

Enfin la Patrone de la Communauté est sainte Barbe.

Outre les vergettes & brosses de toutes sortes & à tous usages, dont on a parlé dans l'article précédent, les Maîtres Vergettiers ont droit de faire quantité d'autres ouvrages, & de vendre diverses marchandises; entr'autres, toutes sortes de soyes de porc ou sanglier, en gros & en détail, à l'usage des Cordonniers, Bourreliers, Selliers, &c. ensemble le rouge d'Angleterre, les bouis, les compas & autres instrumens nécessaires à ces métiers. Ils vendent aussi pareillement en gros & en détail des cordes à boyau de toutes grosseurs & especes, mais seulement de celles faites par les Maîtres Boyaudiers de Paris; des raquettes, qu'il leur est loisible de faire eux-mêmes; toutes especes de balais & houssoirs de soye ou de plume; toutes brosses à peindre, pinceaux de Flandres, doroirs à Pâtissiers, aspergès à bénitiers, goupillons à laver les brocs, lavettes pour les caserais, brosses à ligner, brosses à peigne, brosses à dents; enfin tous ouvrages de cette sorte faits avec la bruyere, la soye de sanglier & le chiendent.

Il est bon que les Marchands qui font le commerce de soye de porc, soient avertis qu'il s'est établi dans la Communauté des Vergettiers une mallerôte, dont il est presque impossible de se défendre. Il est défendu parmi eux à tous les Maîtres, d'acheter des Marchands de la soye de porc, à moins qu'elle n'ait été préalablement visitée par les Jurés. Lors donc qu'il en est arrivé à un Marchand, il est contraint de faire avertir ces Jurés, qui ne manquent pas de venir, & sous prétexte de visite qu'ils n'ont pas droit de faire che zles Marchands, ils emportent chacun de quatre qu'ils sont, environ une livre de marchandise, qu'ils choisissent avec grande application, pour, disent-ils, la faire voir à la Communauté, mais qu'ils ne rendent jamais. Si le Marchand se plaint de ce prétendu droit, qui ne leur appartient pas, ils rendent la marchandise; mais ils déclarent en même tems qu'il n'y aura pas un seul de leurs Maîtres, qui sera assez osé pour l'acheter. C'est ainsi que de simples Artisans maîtrisent & rançonnent les Marchands qui aiment mieux en passer par là, que de s'exposer à ne jamais vendre leur marchandise.

VERGIS. Toiles de Vergis, sortes de toiles qui se fabriquent aux environs d'Abbeville; elles sont de chanvre & ont trois quarts de large, elles se vendent pour la plupart aux Marchés qui se tiennent dans cette Ville les Mercredis de chaque semaine.

VERGUE. Terme de Marine. C'est une piece de bois longue & arrondie, une fois plus grosse par le milieu que par les bouts, qui sert à porter une voile. Il y a autant de vergues qu'il y a de differentes voiles & differens masts: ainsi il y a la grande vergue ou vergue du grand mast, la vergue d'artimon, la vergue de misene, la vergue de beaupré, la vergue du grand hunier, la vergue du petit hunier, la vergue de fougue, la vergue de peroquet, &c. *Voyez* l'article des Masts & l'article des voiles.

VERJAGE. Terme de Manufacture. Il se dit des étoffes de soyes unies, comme sont les velours, les satins & les taffetas non façonnés, & des draps, serges ou autres étoffes de laine dont les fils de la chaîne ou de la tréme ne sont pas d'une égale fileure, & d'une même teinture, ce qui raye & verge la piece quelquefois dans toute sa longueur & largeur, & quelquefois seulement en de certains endroits.

Ce défaut est si considerable, que plusieurs Reglemens, entr'autres celui du 11 Aout 1670 concernant le commerce des étoffes de soye & de laine des Marchands d'Orleans, obligent les Marchands qui ont vendu des draps ou serges en gros ou en détail, ausquelles il se trouvera des tares ou verjage de les reprendre toutes coupées, si elles ne sont marquées avec une ou plusieurs ficelles pour en faire connoître les endroits défectueux.

VERICLE. Terme d'Orfevres & Jouailliers. Il signifie proprement Pierrerie fausse contrefaite avec du verre ou du cristal.

Les Statuts des Orfevres portent, qu'il ne leur est pas permis de tailler des diamans de vericle, ni de les mettre en or ou en argent.

Cette partie de leurs Statuts n'est plus observée, & l'on ne voit que trop de fausses pierres montées en or & si bien imitées & mises en œuvre que les plus habiles Jouailliers y sont quelquefois trompés.

VERJE, ou VERGE. Mesure des liquides dont on se sert à Amsterdam: la verje contient six mingles. *Voyez* l'article des mesures.

VERIN. Machine qui sert à élever de pesans fardeaux; il s'écrit plus ordinairement Verrin. *V.* VERRIN.

VERINE. Tabac de Verine. C'est une des quatre sortes de tabac que l'on cultive dans l'Amerique, il passe pour le meilleur de tous. *Voyez* l'article du Tabac.

VERJURES, ou VERGEURES, que l'on nomme aussi VERJULES. Morceaux de fil de léton un peu gros, qui servent à joindre les plus menus fils dont les formes ou moules à papier sont composés. Ces verjures qui excedent un peu le fond du moule, s'impriment dans le papier, de maniere qu'elles paroissent au jour plus transparentes que le reste. *Voyez* PAPIER.

VERJUS. Gros raisin qu'on nomme autrement Bourdelas, qui ne murit jamais parfaitement, ou plutôt qui dans sa plus grande maturité conserve toujours un acide qui empêche qu'on n'en puisse faire du vin.

Ceux qui le cultivent en France le soutiennent ordinairement sur des treilles à cause de la pésanteur des grappes que le sarment ne pourroit porter sans cet appuy. Quand ce raisin est mûr on en fait d'excellentes confitures; mais son plus grand usage est d'en tirer avant sa maturité cette liqueur que l'on appelle Verjus. *Voyez l'article suivant.*

VERJUS. Liqueur que l'on tire du bourdelas ou verjus avant son entiere maturité; on en fait aussi avec des raisins doux & propres à faire du vin lorsqu'ils sont encore acides, & comme on dit encore en verjus.

Le verjus ne sert gueres que pour l'assaisonnement des viandes & des ragoûts; il entre néanmoins dans la préparation de quelques remedes, & les Marchands Epiciers-Ciriers s'en servent pour purifier leur cire.

Le négoce de verjus qui se fait à Paris est considérable; ce sont les Vinaigriers qui le débitent, soit qu'ils le fassent eux-mêmes, soit qu'ils l'achetent tout fait. Il s'en fait aussi quelques envois à l'étranger & quelque consommation pour les armemens de mer, étant un excellent antiscorbutique.

Le Verjus paye en France de droits de sortie 24 s. par tonneau, & de droits d'entrée 100 s.

Par le Tarif de 1699 arrêté entre la France & la Hollande, le tonneau de verjus composé de quatre bariques, deux pipes, trois poinçons ou six tierçons venant des Etats de Sa Majesté Très-Chrétienne, ne paye d'entrée dans les Pays de l'obéissance des Etats-Généraux des Provinces-Unies que 4 florins.

VERLE. Espece de jauge ou instrument qui sert à jauger les tonneaux & futailles remplies de liqueur ou propres à les contenir, quand on veut sçavoir combien elles tiennent de ces mesures que du nom de cette sorte de jauge on appelle Verle. *Voyez* JAUGE.

VERLOOPT. Les Hollandois appellent ainsi les meilleures eaux-de-vie de France qu'ils nomment aussi Eaux-de-vie de trois quints ou de trois cinquiémes. Ces eaux-de-vie se vendent toujours à Amsterdam deux tiers plus que les eaux-de-vie communes. *Voyez* EAUX-DE-VIE.

VERMEIL. Terme de Doreur en détrempe. C'est une composition faite de gomme gutte, de vermillon & d'un peu de brun-rouge mêlés ensemble & broyés avec du vernis de Venise & de l'huile de térébenthine. Quelquefois ce vermeil se fait avec la seule lacque fine ou le seul sang de dragon, appliqués en détrempe, ou même à l'eau seule. Les Doreurs s'en servent pour donner un éclat d'orfévrerie à leurs ouvrages; c'est la derniere façon qu'ils leur donnent. *Voyez* DORURE EN DE'TREMPE.

VERMEIL DORE'. Les Orfévres nomment ainsi les ouvrages d'argent qu'ils dorent au feu avec de l'or amalgamé. *Voyez l'article de l'Or. Voyez aussi celui de l'Argent.*

Il se dit aussi du cuivre doré à la maniere de l'argent. *Voyez* DOREUR SUR CUIVRE.

VERMICELLI. Espece de pâte faite de farine de ris dont les Italiens font grand cas; c'est la plus petite des pâtes qui viennent d'Italie: les Lyonnois l'appellent aussi Semoulle. Le nom de Vermicelli lui vient de la ressemblance qu'elle a avec de petits vers blancheâtres. On lui donne cette forme en la forçant avec un piston de passer par les petits trous qui sont au bout d'une seringue

ringue de fer-blanc ou de cuivre.

Les vermicelli se font aussi avec de la fleur de farine de froment; & c'est de cette farine dont on se sert en France pour imiter ceux d'Italie.

On en fait de plusieurs sortes, sçavoir, les vermicelli, les kagni, les macaroni, les semoules & les patres. Les trois premiers sont en filets & les seconds en grains. Le grain des semoules est très petit & à peu près comme la semence de moutarde; celui des patres est gros comme des grains de chapelets, qui s'appellent des *Pater*, d'où ils ont pris leur nom: ces deux especes se nomment aussi mille fanti à cause de leur nombre.

A l'égard des vermicelli, des kagni & des macaroni, on leur donne quelquefois le nom général de tagliarini; mais ce nom ne convient proprement qu'aux deux dernieres especes: On a dit ci-dessus la forme des vermicelli & la façon de les faire en les seringuant à travers d'une seringue percée de petits trous. Pour les macaroni & les kagni, ils se font à la main; ceux-ci en applatissant la pâte & ensuite la coupant de la largeur d'environ deux doigts & de quatre pouces de longueur; & ceux-là en la roulant en morceaux de la grosseur d'une plume & de trois pouces de long.

On peut donner à ces pâtes telle couleur qu'on veut, & même pour les rendre d'un goût plus relevé, on y ajoute souvent des jaunes d'œufs, du sucre & du fromage; mais la maniere ordinaire est de les faire de pure semoule, c'est-à-dire, de la plus fine farine de ris ou de froment.

Les vermicelli blancs doivent être choisis d'un blanc de lait, les jaunes d'un jaune doré; & les uns & les autres nouveaux faits & très secs. On en fait une assez grande consommation en Provence & en Languedoc; mais le goût des Parisiens n'a pû encore s'y accoutumer.

Les Vermicelli & semoulles payent les droits de la Douane de Lyon à raison de 6 s. du quintal.

VERMILLON. Couleur rouge très vive & très belle.

Il y en a de deux sortes, de naturel & d'artificiel. Le naturel se trouve en quelques mines d'argent en forme de sable rouge qu'on prépare par plusieurs lotions & coctions.

L'artificiel se fait avec le cinabre minéral broyé avec l'eau-de-vie & l'urine & ensuite séché. On en fait aussi avec du plomb brûlé & lavé, ou de la céruse poussée au feu.

On ne peut gueres douter que ce ne soit le véritable *Minium* des Anciens: les Apoticaires & les Peintres lui conservent encore ce nom pour en rehausser le prix. De fameux Auteurs Grecs & Latins en ont fait autrefois des descriptions fabuleuses. Mais ce qui est de plus étonnant, c'est que des Modernes de quelque nom dans les Lettres se soient appropriés toutes leurs visions, & n'ayent pas au moins fait sentir qu'ils ne donnoient ces relations que pour ce qu'elles sont, c'est-à-dire, pour des fables.

Il vient de Hollande deux sortes de vermillon, du rouge & du pâle; dans le fond c'est la même matiere; & ces divers dégrés de couleurs ne viennent que du plus ou du moins que le cinabre a été broyé; quand il l'est beaucoup, le vermillon en étant plus fin & plus pâle.

Il faut choisir le vermillon bien broyé, sec, point terreux, bien pur & bien net.

Le vermillon sert aux Peintres en huile & en mignature, & l'on en fait ce rouge d'Espagne dont les Dames trop pâles croyent s'embellir. *Voyez* CINABRE.

Le Vermillon paye en France les droits d'entrée à raison de 100 s. le cent pésant, conformément au Tarif de 1664.

Les droits de la Douane de Lyon sont de 35 s. du quintal d'ancienne taxation, 16 s. 6 d. de nouvelle réapréciation, 32 s. pour les anciens quatre pour cent, & 3 liv. pour leur augmentation.

Les écuelles de vermillon, autrement le Rouge des Dames, payent 1 s. de la douzaine.

Le vermillon se vend en gros à Amsterdam au quintal de cent livres, sa tare est sur les barils. Il donne un pour cent de déduction pour le bon poids & autant pour le prompt payement; il coute ordinairement 50 sols la livre.

L'appréciation du vermillon suivant les Tarifs Hollandois, est de 150 florins les 100 livres, les droits d'entrée sont d'un florin 5 sols, & autant pour la sortie. Lorsqu'il entre ou qu'il sort par l'Est, l'Orisont ou le Belt, les droits augmentent de trois sols 8 pennins.

VERMILLON. Signifie aussi la graine avec laquelle se fait la teinture de l'écarlate des Gobelins. *Voyez* ECARLATE *&* ROUGE. *Voyez aussi* GRAINE.

VERNE. Sorte de bois qu'on nomme plus ordinairement Aulne. *Voyez* AULNE.

VERNEUIL, Ville de France en Normandie, de la Généralité d'Alençon. On y fait des serges toutes de laine, & des droguets fil & laine. Ses Tanneries sont assez estimées. *Voyez* l'Etat général, Tome I. page 109.

VERNIS. C'est une liqueur oleagineuse, luisante, & visqueuse, dont se servent les Peintres, les Doreurs & quantité d'autres Ouvriers.

Les Marchands Epiciers-Droguistes en vendent de six sortes.

Le vernis siccatif qui est de l'huile d'aspic, de la térébenthine fine & du sandarac fondus ensemble.

Le vernis blanc qu'on nomme aussi Vernis de Venise, composé de l'huile de térébenthine, de la térébenthine fine & du mastic.

Le vernis d'Esprit de vin qui est du sandarac, du karabé blanc, de la gomme Elemy & du mastic.

Le vernis doré fait avec de l'huile de lin, du sandarac, de l'aloës, de la gomme gutte & de la litarge d'or.

Le vernis à la bronze ou de la Chine où entrent la gomme lacque, la colophane, le mastic en larmes & l'esprit de vin.

Enfin le vernis commun qui n'est que de la térébenthine commune fondue avec de l'huile de la térébenthine.

Outre ces vernis il y en a de durs & de mols dont se servent les Graveurs en eau forte. *Voyez* GRAVEURS A L'EAU-FORTE.

Le vernis à peindre paye en France les droits d'entrée à raison de 4 l. du cent pésant, conformément au Tarif de 1664.

Les droits de la Douane de Lyon sont de 15 s. du quintal.

VERNIS DE LA CHINE. C'est cette espece de gomme ou de résine dont sont enduits tant d'agréables ouvrages qui viennent de la Chine, & qui sont devenus assez communs en Europe, surtout en France, en Angleterre & en Hollande, depuis que les Ports de ce vaste Empire autrefois presque inaccessibles aux Etrangers, ont été ouverts aux Européens par un Edit du Prince.

L'on s'est jusqu'ici efforcé bien inutilement de contrefaire & d'imiter ce beau vernis; on dit que ceux de nos Ouvriers qui en approchent le plus se servent de fromage de Gryers délayé avec de la chaux vive & réduit en consistance de glû, & qu'ils y mêlent du cinabre pour le rendre rouge, & du noir de fumée s'ils veulent qu'il soit noir; mais on aura beau faire, il n'y a pas d'apparence qu'on en puisse jamais venir à bout, si comme le rapporte le P. le Comte dans ses Mémoires de la Chine, ce vernis n'est point une composition mais une gomme.

Voici un extrait abregé de ce qu'en dit cet Auteur qui le premier nous a parlé bien véritablement & bien solidement des merveilles que la nature & l'art produisent dans cet Empire jusques-ici assez peu connu, ou du moins qui ne l'étoit que par des Relations incertaines, pour ne pas dire fabuleuses.

Le Vernis, dit ce sçavant Jésuite, est très commun dans toute la Chine, il prend toutes sortes de couleurs, on y mêle des fleurs d'or & d'argent, on y peint des hommes, des montagnes, des palais, des chasses, des oiseaux, enfin tout ce qui plaît à l'imagination. On en fait des cabinets, des tables, des paravents, des coffres, ou bahus, &c.

Outre l'éclat & le lustre, ce vernis a la qualité de conserver le bois sur lequel on l'applique, d'empêcher les vers de s'y mettre & l'humidité d'y pénétrer, & il lui communique même une odeur assez agréable.

Ce vernis n'est point une composition ni un secret particulier, comme bien des gens l'ont crû, c'est une gomme qui dégoute d'un arbre, à peu près comme la résine dans les tonneaux où on le transporte; il ressemble à du goudron fondu; on y mêle de l'huile pour le délayer.

Pour les ouvrages communs on n'y met que deux ou trois couches; pour ceux qu'on veut rendre parfaits on y en passe plusieurs. Quand le vernis est sec on y peint ce qu'on veut, & après pour le mieux conserver & lui donner plus d'éclat on y passe encore une légere couche de vernis.

Le vernis du Tunquin est aussi très beau, mais celui du Japon ne cede point à celui de la Chine, & les Ouvriers y font des ouvrages aussi beaux & aussi fins, &c.

Le vernis de Perse n'est composé que de sandarac & d'huile de lin réduits en consistance d'onguent; pour s'en servir on le dissout avec de l'huile de naphte ou de l'esprit de vin rectifié.

VERNIS, chez les Imprimeurs de livres & d'estampes ou tailles-douces. Signifie une composition de térébentine & d'huile de noix ou de lin cuites séparément & puis mêlées & incorporées l'une avec l'autre dont ils font leur encre à imprimer en la broyant avec du noir de fumée. *Voyez* ENCRE D'IMPRIMEUR.

VERNIS. Est aussi une espece d'enduit brillant que l'on met sur les ouvrages de poterie & sur ceux de fayance. Le plomb sert à la vernissure de la premiere, & la potée pour vernisser l'autre. *V.* POMMER *ou* POTIER DE TERRE.

VERNIS. Les Maîtres Ecrivains donnent le nom de Vernis à la gomme de sandarac pulvérisée; ils en frottent ordinairement le papier où ils veulent faire de belles écritures, comme ce qu'ils appellent des exemples pour leurs écoliers; ils en mettent aussi sur les ratures qu'ils sont quelquefois obligés de faire, ce qui empêche l'encre de s'emboire.

Si l'on veut rendre ce vernis liquide on y ajoute de l'huile de lin.

VERNISSER, qu'on dit aussi VERNIR. C'est enduire quelque chose de vernis. Chez les Potiers de terre c'est donner à la poterie avec de l'alquifoux ou bien du plomb fondu une espece de croute ou d'enduit lissé & brillant. On dit pareillement Vernisser la fayance, ce qui signifie se servir de la potée pour lui donner l'émail.

VERNISSÉ. Ce qui est enduit de vernis; on le dit aussi des ouvrages de poterie & de fayance qui ont reçû le plomb fondu & la potée.

VERNISSEURE. Application du vernis; on s'en sert dans toutes les significations qu'on a remarquées dans les trois articles précedens.

VERNOU, dans le Poitou. L'on y fait des tiretaines. *Voyez* l'Etat général, Tome I. p. 65.

VERONNE, Ville d'Italie, dans l'Etat de Venise. *Voyez* le Commerce & les Manufactures de cette Ville, dans l'Etat gén. Tome I. p. 310.

VERRAT. Gros porc non châtré qui est le mâle de la truye. *Voyez* PORC.

VERRE. Corps fragile & diaphane qui est l'ouvrage de l'art & qui imite assez parfaitement le cristal ou verre naturel.

Les Chimistes prétendent qu'il n'est point de matiere qui ne se vitrifie; & l'or même, si l'on en croit les nouveaux Artistes, cede à l'ardeur des rayons du soleil, concentrés dans un miroir ardent, & devient verre aussi bien que les autres corps malgré le privilege qu'il s'étoit toujours conservé en chimie, d'être le seul qui n'en craignît point les opérations. Il y a néanmoins plusieurs autres habiles Chimistes qui ont douté de cette vitrification de l'or quoique présens aux fameuses expériences par lesquelles on vouloit l'éprouver.

Les vitrifications curieuses de la chimie n'entrant point dans le commerce, on ne traitera ici que du verre à vître ou autres semblables dont il se fait quelque négoce.

Les matieres qu'on employe ordinairement dans les Verreries pour faire le verre, sont quelques especes de cailloux qu'on concasse, du sable de grais, ou même du sable commun, diverses sortes de soutes, des cendres de lessive & de fougere, enfin le groisil ou verre cassé.

La meilleure soute est celle d'Alicante; l'on s'en sert ordinairement dans les verres blancs, & il n'y a qu'elle qui fasse corps dans la vitrification. Cent livres de cette soute mises dans une potée avec le sable augmentent le verre environ de cinquante livres, au lieu que les autres soutes, même celles de Varecx ne servent qu'à la fonte, & n'ajoutent rien au poids des matieres mises au fourneau.

Il n'y a en France que des Gentilshommes qui puissent souffler & fabriquer le verre; bien loin que ce travail attire la dérogeance, c'est une espece de titre de Noblesse, & l'on ne peut même y être reçû sans en faire preuve. Ce privilege que les Rois ont bien voulu accorder pour faire subsister la pauvre Noblesse, n'a point souffert jusqu'ici d'altération, & il seroit à souhaiter qu'il y eût encore plusieurs autres Manufactures qui eussent cette prérogative.

L'art avec lequel ces Gentilshommes soufflent le verre est si curieux & si peu connu de bien des gens, qu'on a crû que le Lecteur ne seroit pas fâché d'en voir ici une description assez détaillée pour instruire, & pourtant assez courte pour ne pas ennuyer.

Il n'y a point de Verrerie dans tout l'Orient, à la réserve de la Perse, où même la Fabrique du verre n'est ni bien ancienne ni bien perfectionnée. Les Persans en doivent l'établissement chez eux à un Italien, qui pour cinquante écus leur enseigna la maniere de vitrifier les plantes, & de souffler cette matiere fondue. La premiere manufacture en fut établie à Chiras, qui s'est depuis conservée la réputation de faire le plus beau verre. Celui d'Hispahan au contraire étoit le plus laid.

En général tout le verre de Perse est pailleux, plein de vessies & de bubes & très grisâtre; on le fait avec le Deremné qui est une espece de bruyere. Les Persans ont l'art de le recoudre quand il est cassé, ce qu'ils font aussi à la porcelaine.

Maniere de faire le Verre rond, autrement appellé Verre en plat.

Le fourneau où l'on travaille au verre en plat, qu'on nomme aussi Verre rond à cause de sa figure, a six ouvertures ou ventouses. Toutes ces bouches du fourneau s'appellent des Ouvreaux; mais il y en a une particuliérement qu'on appelle le grand Ouvreau, & c'est celle où l'on chauffe & où l'on ouvre les plats de verre. Deux des autres ouvreaux beaucoup plus petits s'appellent Ouvreaux à cueillir, parce qu'ils servent à prendre ou à recueillir au bout des cannes de fer la matiere propre à faire le verre. C'est par les autres ouvreaux que se mettent dans les pots les matieres fusibles pour les préparer à être vuidées ensuite dans les pots à cueillir.

Il y a six pots dans chaque fourneau, ces pots sont d'une terre propre à soutenir non-seulement l'ardeur du feu, mais encore l'effort de la soute qui perce ceux qui sont faits de toute autre terre. Chaque pot a trois pieds & demi de haut & deux pieds & demi de diametre. Il n'y a que deux de ces six pots qui travaillent, & ce sont ceux, comme on l'a déja dit, où l'on cueille, c'est-à-dire, où l'on prend la matiere; les quatre autres ne servent qu'à remplir ces deux-ci, ce qu'on appelle Terjetter. De ces quatre, deux sont appellés Pots du grand Ouvreau, & les deux autres les Pots de derriere. Les pots où l'on cueille, sont aussi appellés Pots des Aisles, parce qu'ils sont aux deux côtés du fourneau.

Le feu des fourneaux se fait & s'entretient avec du bois très sec qu'on y met sans intermission par les six ventouses ou ouvertures; ce qui ne se discontinue jamais, pas même les jours des plus grandes solemnités, à moins qu'on ne voulût interrompre entierement l'ouvrage.

Lorsque la matiere contenue dans les deux pots à cueillir est suffisamment vitrifiée, le Gentilhomme Verrier à qui seul il appartient de soufler le verre, prend la felle qui est une espece de sarbacanne de fer, longue d'environ cinq pieds, & la plongeant dans un des pots à cueillir, la retire chargée de matiere.

Pour chaque plat ou table de verre on cueille quatre fois, & à chaque fois on roule le bout de la felle, où est le verre liquide, sur un morceau de fer, au dessus duquel est une auge pleine d'eau, dont la fraîcheur sert à consolider plus promptement le verre, & à le mettre plus en état de se lier à celui qu'on reprend dans le pot à cueillir.

Après qu'on a cueilli la quatriéme fois, & qu'il y a assez de matiére, le Gentilhomme la souffle, ensorte qu'elle s'allonge à peu près d'un pied; & pour lui donner le poli il la roule sur un bloc ou table de marbre. En cet état elle se souffle une seconde fois, & c'est alors que se fait la bosse, c'est-à-dire, que le verre s'enfle & prend la figure d'un bocal ou plûtôt d'une callebasse de dix-huit ou vingt pouces de diametre.

Le Verre soufflé en bosse se remet au feu où la bosse s'applatit un peu. La bosse applatie, retirée du feu & refroidie, se met sur l'âtre du four pour être incisée au col, c'est-à-dire, du côté où elle tient à la felle & où son diametre est le plus petit, ce qui se fait avec un peu d'eau froide qu'on y repand, qui par sa fraîcheur fêle & incise le verre de la longueur de deux ou trois lignes, après quoi en frappant légerement dessus, l'incision se communique tout autour du col.

Lorsque la bosse est incisée on trempe une baguette ou verge de fer dans un des pots à cueillir, & avec la matiere qu'elle en remporte on l'attache au plat de la bosse, précisement à l'endroit opposé à celui où s'est fait l'incision. La bosse ainsi soutenue par la verge de fer, se porte au grand ouvreau pour y être chauffée, & tandis qu'un Ouvrier qu'on nomme le Tiseur ou le Fouet, en prend soin, son Gentilhomme se repose & se prépare à la brancher.

Brancher la bosse c'est l'ouvrir en mettant dans l'ouverture qu'a fait l'incision un instrument de fer qu'on nomme Branche, qui à force d'y être tournée en rond augmente cette ouverture jusqu'à dix pouces de diametre, & qui en épaississant les bords du verre qu'elle replie en quelque sorte en cet endroit, forme cet ourlet qui termine toute la circonference du plat de verre.

La bosse branchée se rapporte encore au grand ouvreau, & c'est-là qu'après être parvenue au degré de chaleur nécessaire, le Gentilhomme la reprend & lui donne sa perfection par le mouvement sphérique dont il l'agite & qu'il augmente à mesure que la bosse s'ouvre & s'aplatit, ce qu'elle fait d'elle-même aidée de la chaleur & de cette continuelle agitation.

Le plat de verre étant ainsi fini, on le porte de l'ouvreau en continuant toujours de le tourner en rond sur ce qu'on appelle la Pelote, qui est une espéce de petit établi de terre, garni de braise éteinte sur lequel on le laisse un peu refroidir & prendre consistance, après l'avoir détachée de la verge de fer par deux mouvemens de poignet. C'est l'endroit par où cette verge tenoit au plat de verre qu'on appelle l'Oeil de bœuf ou la Boudine du verre.

Enfin le plat n'étant que peu de tems sur la

Pelote on se sert d'une fourche de fer à deux longs fourchons pour le porter au four à recuire, où il est mis perpendiculairement dans une des ouvertures qu'on appelle des arches, d'où après 24 heures il est retiré & placé en dépôt dans des revestans, qui sont des espéces de paniers partagés par plusieurs tringles de bois jusqu'à ce qu'on les mette dans les paniers qui servent à les transporter à Paris & dans les autres lieux où ils se débitent.

Tout ce qu'on a dit jusqu'ici de la fabrique du verre en plat convient également au verre blanc & au verre commun dont la différence ne consiste que dans la bonté des soudes qu'on y employe, & des autres matieres qui entrent dans leur composition. On ne se sert que de soude d'Alicante pour le verre blanc; toutes les autres sont propres au verre commun; il entre dans ce dernier quantité de vareck, qui est une herbe marine, & on y met aussi des charrées qui sont des cendres qui ont servi aux lessives; à l'égard des groisils ou verres cassés qu'on remet à la fonte, les blancs servent aux verres blancs & les communs au verre ordinaire.

Chaque fourneau à verre ne peut épuiser par jour que deux pots à cueillir, & chaque potée ne fait que quatre paniers, à raison de vingt-quatre plats chaque panier, & le plat de deux pieds six à sept pouces ou environ de diametre.

Le verre en plat, soit le blanc soit le commun qui se consomme à Paris, se tiroit autrefois de Cherbourg & depuis de Varinpré dans le Comté d'Eu; présentement il vient tout de la Forêt de Lyons où il y a quatre Verreries sçavoir Erontieux, la Haye, la Verrerie neuve & l'Hollandelle.

Il y a encore cinq autres Verreries où il se fabrique de ces sortes de verre, dont il y en a quatre dans le Comté d'Eu, & l'autre à Beaumont près Rouen; mais le verre qui s'y fait ne se débite point à Paris, & s'employe en Normandie & dans les autres Provinces du Royaume.

Le verre en plat, soit le blanc, soit le commun, se consomme en grande quantité pour les vitres des bâtimens de Paris; le Verre blanc ne s'y employe néanmoins que dans quelques appartemens les plus magnifiques, se reservant pour mettre aux tableaux de pastel & de miniature, ou pour les estampes & tailles-douces qui sont mises en cadre. C'est aussi sur le verre blanc que l'on fait ces agréables peintures dont il sera parlé ci-après.

Ces deux espéces de verre se vendent à la somme ou panier, & dans chaque panier il y a vingt-quatre plats; les paniers sont des manieres de cages faites de tringles de bois blanc de quinze ou seize lignes d'épaisseur. Cette fragile marchandise s'y voiture pourtant assez surement jusqu'à Paris où à son arrivée à l'Hôtellerie elle doit être visée & lottie entre les Maîtres Vitriers. *Voyez* VITRIER.

Le Verre en plat pour faire vitres paye en France de droit de sortie 3 liv. la charetée de quatre paniers & 2 liv. pour ceux d'entrée conformément au Tarif de 1664.

Par Arrêt du 29 Mai 1688 les quatre paniers du même verre payent 12 liv.

Les droits de la Douane de Lyon sont, sçavoir: Le verre à faire miroirs ou vitres, 10 s. de la caisse d'ancienne & nouvelle taxation.

La charetée à un cheval, 12 s.

Le verre de Venise la caisse 7 liv.

En conséquence du Tarif de 1699 arrêté entre la France & la Hollande, les verres à faire vitres de fabrique Françoise ne payent d'entrée dans les Terres & Seigneuries des Etats Généraux des Provinces-Unies que 10 s. de Hollande le panier.

Du Verre casillieux est du verre qui se casse aisément quand on le veut couper avec le diamant. C'est le verre mal recuit qui a ce défaut, défaut qui cause un grand déchet à l'Ouvrier aussi bien que beaucoup de difficulté à le débiter.

REGLEMENT CONCERNANT LES VERRES à vitres, destinés pour la fourniture de Paris, & défenses de transporter desdits verres hors du Royaume.

La plupart des verres à vitres qui se consomment à Paris, se fabriquent dans les quatre Verreries de la Forêt de Lyons en Normandie. C'est aussi pour ces quatre Verreries qu'ont été faits depuis 20 ans presque tous les Reglemens qui ont paru concernant la fourniture, la distribution, la qualité & le prix de ces sortes de Marchandises qui en proviennent.

Les principaux de ces Reglemens sont ceux des 24 Avril 1714, 7 Mai 1715, 25 Juillet 1719, & 4 Mars 1724, particuliérement le dernier, qui rappellant les trois autres, non-seulement en ordonne l'execution, mais encore y ajoûte de nouveaux articles de Police concernant les qualités, le nombre, & le prix des verres à vitres que les Gentils-hommes Verriers établis dans cette Forêt, doivent fournir pour la consommation de Paris, de la maniere de les livrer aux Vitriers, aussi-bien que celle de les lottir entre ces derniers, après qu'ils ont été déposés dans le Bureau de la Communauté. Ce sera de ce seul Reglement dont on donnera ici l'extrait comme le seul nécessaire, particulierement parce qu'il y déroge à quantité d'articles des trois autres.

La rareté du verre à vitre, & le prix excessif qu'il se vendoit, avoit obligé Sa Majesté d'ordonner en 1719, que les Gentils-hommes entrepreneurs des Verreries de la Forêt de Lyons seroient tenus de fournir & faire voiturer dans le Bureau ordinaire des Maîtres Vitriers de la Ville de Paris pendant trois années, les verres à vitres nécessaires pour la consommation de ladite Ville, à raison de vingt-trois liv. le panier de verre fin, & de vingt-une liv. celui de la seconde qualité, chaque plat devant porter trente-huit pouces.

Ce Reglement n'ayant point été exécuté, au contraire le prix du verre étant monté jusqu'à cinquante-cinq & soixante liv. le panier, quoique chaque plat ne fût que de trente-deux à trente-quatre pouces; & Sa Majesté ayant été informée que ce prix exorbitant & la disette de cette espece de marchandise, qui souvent manquoit pour les particuliers & même pour les Maisons Royales, provenoit principalement du transport qui s'en faisoit à l'Etranger: pour remedier à cet abus aussi-bien qu'aux contraventions des Gentils-hommes Verriers & des Maîtres Vitriers aux précedens Reglemens, Sadite Majesté a fait rediger en quatorze articles tout ce qui peut concerner la police pour la fabrique, fourniture, prix & receptions desdits verres à vitres;

ensorte néanmoins que quelques-uns desdits articles ne doivent s'observer que pendant un tems fixé par ledit Reglement ; & les autres pour toûjours.

ARTICLE PREMIER.

Les Maîtres & Entrepreneurs des quatre Verreries de la Forêt de Lyons, seront tenus de fournir & faire voiturer dans le Bureau des Maîtres Vitriers de la Ville de Paris, chacun une charetée de verres à vitres par semaine, à compter du jour du présent Arrêt jusqu'au premier Avril suivant, & chacun deux charrettes aussi par semaine, depuis ledit jour premier Avril, jusqu'au dernier Septembre aussi suivant ; & enfin une charette aussi par semaine depuis ledit jour dernier Septembre jusqu'au premier Avril de l'année 1725, à peine de cinq cens livres d'amende pour chacune contravention, pour le payement & recouvrement de laquelle amende sera par lesdits Maîtres fourni une caution solvable : & seront en outre tenus d'apposer chacun leur marque sur les paniers de verre de leur Fabrique, laquelle marque se mettra pareillement sur les lettres de voiture.

II.

Le nombre de charretées de verre qui arriveront chaque semaine, sera marqué dans un Registre particulier paraphé par le Lieutenant général de Police & tenu par le Juré de semaine, & l'article de chaque envoi sera signé par un des Jurés Vitriers, & par le Commissaire des Maîtres de Verreries.

III.

Chaque charretée de verre sera composée de onze paniers, dont neuf seront de verre fin, & deux de second ; depuis le premier Avril jusqu'au dernier Septembre ; & de huit de fin, & de trois de second pendant les six mois suivans.

IV.

Chaque panier contiendra vingt-quatre plats, dont il y en aura au moins dix huit entiers, sinon pour chaque plat qui se trouvera cassé au-dessous du nombre de dix-huit, lesdits Maîtres des Verreries ou leurs Voituriers, seront tenus de faire diminution de dix sols ausdits Maîtres Vitriers.

V.

Le plat de verre tant fin que second, sera de trente-huit pouces au moins, & il n'en sera point envoyé de moindre dimension.

VI.

Le verre ainsi conditionné attendu le prix excessif du bois, sera payé aux Maîtres des Verreries par lesdits Maîtres Vitriers, sur le pied de trente livres le panier de fin, & de vingt-sept livres le panier de second, & ce jusqu'au premier Avril 1725.

VII.

Lorsque les charettes de verre arriveront devant onze heures du matin, les Jurés Vitriers seront tenus d'en fe la visite, & de les lottir & enlever dans le jour après en avoir payé le prix comptant ; sinon ledit tems passé, les Maîtres des Verreries ne seront point responsables de tout ce qui s'en trouvera cassé : mais en cas que les voitures ne soient arrivées qu'après onze heures du matin le verre demeurera au risque desdits Maîtres des Verreries jusqu'au lendemain deux heures après midi, sans qu'ils puissent obliger lesdits Jurés à en faire la visite plutôt s'ils ne veulent.

VIII.

Le lottissement dudit verre sera fait depuis deux heures jusqu'à trois heures après midi entre les Maîtres présens seulement ; chacun desquels aura un jetton où son nom sera empreint d'un côté, & la marque de la Communauté de l'autre : tous lesquels jettons seront mis dans un sac, que le Juré de la semaine tiendra, & qu'il sera obligé de fermer à trois heures au plus tard, sans que les Maîtres qui surviendront après ladite heure, puissent avoir part audit lottissement.

IX.

Il est défendu à tous Maîtres Vitriers de remuer ou fouiller les paniers de verre, ni mettre aucune marque dessous avant qu'ils ayent été visités & reçus par les Jurés, à peine d'être déchus du lottissement pendant un mois, & en outre d'être responsables de tous les plats qui se trouveront cassés dans les paniers qu'ils auront remués & fouillés.

X.

Il est pareillement défendu aux voituriers chargés de la conduite du verre pour le Bureau desdits Vitriers de le conduire ailleurs & de le mettre en aucuns lieux & maisons d'entrepôt, ou de le vendre en route pour quelque cause & sous quelque prétexte que ce soit, à peine de prison, trois cens livres d'amende, & de confiscation de leurs chevaux & charettes. Sa Majesté défendant de même aux Maîtres Vitriers de l'aller acheter sur la route ni d'aller au-devant des voituriers, à peine de trois cens livres d'amende, & d'être déchu du lottissement pendant six mois.

XI.

Pourront les Jurés Vitriers faire saisir les Marchandises de verre qui seront dans les lieux & maisons d'entrepôt, privilegiés ou non privilegiés au dedans des quatre lieuës au-delà des dernieres barrieres de la Ville & Fauxbourgs de Paris ; & ce en vertu du présent Arrêt, & de l'Ordonnance dudit sieur Lieutenant Général de Police.

XII.

Le grosil sera repris par les Maîtres des Verreries à raison de quatre livres quinze sols le baril de demi muid, y compris le vin des garçons.

XIII.

Fait Sa Majesté très expresses inhibitions & défenses, tant ausdits Maîtres & Entrepreneurs de Verreries, qu'à toutes autres personnes de quelque qualité & condition qu'elles soient, de vendre, envoyer, ou faire transporter hors du

Royaume par mer ou par terre aucuns verres à vitres ni d'autre espece, sous quelque prétexte que ce soit, sans une permission expresse de Sa Majesté, ce qui aura lieu à compter du jour du présent Arrêt, jusqu'au premier Avril de l'année 1725, à peine de prison contre les voituriers, & de confiscation des marchandises, chevaux, charettes, & bâtimens servans au transport d'icelles, & en outre de trois mille livres d'amende contre les contrevenans, qui ne pourra être surcise ni moderée.

X I V.

Ordonne au surplus Sa Majesté, que les Arrêts des 14 Avril 1714, 7 Mai 1715, & 25 Juillet 1719, seront exécutés suivant leur forme & teneur, pour les articles ausquels il n'aura pas été dérogé par le présent Arrêt. Enjoint audit sieur Lieutenant Général de Police de tenir la main à son exécution, voulant Sa Majesté que tout ce qui sera par lui ordonné en conséquence, soit exécuté par provision, nonobstant oppositions, &c. dont si aucunes interviennent Sa Majesté s'est réservée à soi & à son Conseil la connoissance, & icelle a interdit à toutes ses Cours & autres Juges, même de privilege, &c.

Maniere de faire le Verre en table, ordinairement appellé Verre de Lorraine.

Le Verre en table se faisoit autrefois dans quelques Verreries de Lorraine d'où le nom lui est resté de Verre de Lorraine. Le premier qui s'est fait en France a été fabriqué à Nevers, & c'est de-là qu'on le tiroit pour Paris; mais depuis long-tems il ne s'en fait plus que dans les neuf Verreries où se fabrique le Verre rond dont on a parlé ci-dessus, & Paris ne s'en fournit que de celui des quatre premieres.

Ce Verre se souffle à peu près comme les glaces de miroir, & non plus qu'elles n'a point de boudine. Par ce qu'on en va dire l'on jugera s'il est vrai qu'il soit coulé sur le sable, comme quelques Auteurs l'on dit sur de mauvais Mémoires.

Le fourneau, les pots, la matiere & le feu qu'on employe pour la fabrique du Verre en table, sont les mêmes que ceux pour le Verre rond; la différence de l'opération ne commençant qu'après que le Gentilhomme a cueilli pour la quatrième fois le Verre, c'est-à-dire, après qu'il a chargé la selle ou sarbacanne, ce qui est expliqué dans un autre endroit de cet article.

Lors donc que le Verre est en cet état on le souffle, mais au lieu de s'arrondir en bosse, le mouvement que le Verrier lui donne, la maniere de lui ménager le vent & la façon de le rouler sur le fer, font qu'il s'allonge dès la premiere fois d'environ deux ou trois pieds en forme de cylindre, qui d'abord n'est que de peu de pouces de diametre, mais qui à force d'être remis au feu & d'être soufflé quand il en sort, s'augmente jusqu'au volume nécessaire pour la grandeur de la table qu'on veut former; ensorte néanmoins que le côté qui tient à la selle, se diminue toûjours & se termine en une espece de cône ou de pyramide.

Pour rendre les deux extrémités à peu près du même diametre, on moraille celle qui est opposée à la selle; c'est-à-dire, qu'après y avoir ajouté un peu de verre on la tire avec des tenailles de fer qu'on appelle Morailles; ensuite on l'incise du même bout avec un peu d'eau, & quand le cylindre de Verre a été rapporté à l'ouvroir, on l'incise encore en deux endroits, l'un à huit ou dix pouces de la selle, & l'autre dans toute sa longueur, ce qui se fait semblablement avec l'eau.

Ce cylindre de verre dont les deux extrémités ont été retranchées, se pousse au feu sur une espéce de table couverte de terre cuite, élevée un peu par le milieu, afin de l'aider à s'ouvrir à l'endroit de l'incision qui le coupe perpendiculairement, ce que fait aussi le Gentilhomme Verrier avec une baguette de fer de laquelle il se sert pour rabattre, ou soutenir alternativement les deux côtés du cylindre qui enfin se déploye comme un feuille de papier, & s'applatit entiérement; c'est pour lors que la table est dans sa perfection, & qu'il ne lui reste plus qu'à être recuite.

Pour lui donner cette derniere façon on la retire du fourneau pour la placer sur une table de cuivre d'un pouce d'épaisseur, qui est à l'entrée du grand ouvreau où elle s'est ouverte; & quand elle a pris assez de consistance, & qu'elle est suffisamment refroidie, on la porte sur des fourches de fer dans les arches du four à recuire où elle demeure pendant vingt quatre heures.

La quantité de tables de verre qu'on fait recuire à la fois, qui souvent vont à plus de cent, & la situation perpendiculaire qu'elles ont appuyées les unes contre les autres, faisoit autrefois que pour l'ordinaire celles qui étoient posées les premieres & qui portoient tout le poids des dernieres, se cofinoient & se cambroient, ce qui les rendoit très difficiles à employer. A présent on remedie à ce défaut en les séparant de dix en dix par une tringle de fer, ce qui diminuant le poids en le partageant, les contient & les fait rester aussi droites qu'elles sont entrées au four; invention que l'on doit au sieur Sirois habile Vitrier de Paris qui s'est toujours distingué dans sa profession, soit par les beaux ouvrages de peinture sur le verre qui sont sortis de ses fourneaux, soit par le grand négoce de verre blanc qu'il a fait & qu'il a contribué à pousser à sa plus grande perfection.

Il se fabrique du verre en table de plusieurs sortes, les plus épais sont de quatre vingt ou cent tables à la porée, & les plus minces de trois ou quatre cens. Il s'en fait aussi de diverses couleurs, qui toutes aussi-bien que le blanc se vendent au ballot ou ballon, avec cette difference que les ballons de verre blanc contiennent vingt-cinq liens, & le lien six tables; & que pour le verre de couleur il n'y a que douze liens & demi au ballon & trois tables aux liens.

Les tables de verre sont toujours plus étroites par un bout que par l'autre, ce qui vient de ce que le cylindre dont elles se forment a toujours moins de diametre du côté de la selle, ce qui n'arriveroit pas si les tables de verre se couloient sur le sable. Il est vrai que les glaces quoique soufflées comme les tables n'ont pas ce défaut, mais on y remedie d'une maniere qui n'a jamais pû réussir pour les tables. *Voyez* GLACES.

Le Verre de Lorraine sert au lieu de véritables glaces aux chaises à Porteurs, à celles pour courir la poste, aux carosses de louage & même à quelques carosses Bourgeois où l'on veut épargner la dépense.

Le Verre en table paye d'entrée & de sortie les mêmes droits que le Verre plat. Voyez ci-dessus.

Le verre cassé se nomme du Groisil; il se remet dans les pots à verre, & est la meilleure matiere que les Verriers puissent employer, aussi les Vitriers le conservent-ils avec soin.

Le Groisil paye en france 4 s. le baril de sortie & 5 s. d'entrée suivant le Tarif de 1664 & 20 s. conformément à l'Arrêt du 29 Mai 1688.

Des autres ouvrages de Verre qui se font aux Verreries.

Outre les neuf Verreries dont on a déja parlé qui ne s'occupent qu'à la fabrique du verre ou en plat ou en table, il y en a quantité en diverses Provinces de France, dans lesquelles se font plusieurs marchandises de Verrerie; dans les unes on souffle les verres à boire, soit de ceux qu'on appelle de cristal, soit de ceux qu'on nomme de fougere; dans les autres on ne fabrique que des bouteilles de gros verre dont l'usage & la consommation sont devenus très considerables, depuis que l'on a crû que les plus excellens vins se conservoient mieux dans ces bouteilles que sur leur lie.

Il y en a pour les bouteilles de verre fin qu'on couvre d'un osier blanc; mais la fabrique en est beaucoup diminuée depuis le goût qu'on a pris pour les bouteilles de gros verre. Il y en a même où l'on ne fait que de legers ouvrages soit d'usage, soit de curiosité, comme des Benitiers, des aiguéres, des flambeaux, des caraffes, des flacons de toutes sortes, des salieres, des huiliers & vinaigriers, des soucoupes, des gobelets, des cloches pour les jardins, des matras, cornues & alembics pour la chimie, &c.

Les principales de ces Verreries sont celles de la Généralité d'Alençon, particulierement à Nonant dans la Forêt d'Exmes, à Torrissambert dans celle de Montpinson, & les deux qui sont dans le Thimarais.

Celles de la Province d'Anjou dont la principale est la Verrerie de Chéme dans la Forêt de Vesins.

Celles du Pays du Maine, entr'autres les Verreries de Gatines, de Mareil & de Saint Denis d'Orgues.

Celles du Hainaut dont il y a trois fours à Anor & un à Barbançon; deux des trois d'Anor font du verre plat pour les vitres, mais dont la consommation n'est pas pour la France.

La Lorraine a aussi plusieurs Verreries dont les plus renommées sont celles des Bois d'Arnay & de S. Michel, & celle du Village de Tavoy à trois lieues de Nancy.

Enfin il y a aussi plusieurs fours à verre en Champagne & dans le Soissonnois, surtout aux environs de la Fere.

Ce qu'il y en a dans les autres endroits du Royaume est peu de chose & se débite sur les lieux & aux environs.

L'on a vû autrefois une Verrerie assez considérable établie à Paris dans le Fauxbourg S. Antoine, mais qui n'a pû se soutenir, & que le prix excessif des bois fit bien-tôt tomber; on n'y fabriquoit que des verres à boire & quelques colifichets façon de cristal.

Celle établie à S. Cloud, à deux lieues de Paris, depuis le commencement du dix huitiéme siécle, réussit assez bien, & c'est elle qui fournit à cette Capitale une partie de ce qui s'y consomme de ces sortes d'ouvrages.

Il se faisoit autrefois un grand commerce de verre de toutes sortes avec les Hollandois, & ils enlevoient une partie de celui qui se fabrique dans les Verreries de Normandie & de Picardie; mais ce négoce, quoique encore assez considerable, est beaucoup diminué depuis qu'il s'est établi des Verreries à la Haye & à Harlem.

Les tasses, coupes, bassins & autres tels ouvrages de cristalin de Venise & d'ailleurs, payent en France les droits d'entrée à raison de 30 liv. le cent pesant, conformément à l'Arrêt du 29 Mai 1688.

Les droits de sortie de tous ces ouvrages se payent comme Mercerie, c'est-à-dire, 3 liv. du cent pesant; ou même seulement 2 liv. s'ils sont déclarés pour les Etrangers.

Les bouteilles de verre payent tant d'entrée que de sortie 2 s. de la douzaine suivant le Tarif de 1664. Voyez plus bas les droits des verres à boire.

Verre. Bouteilles de gros verre. Par Arrêt du Conseil du 18 Février 1727, le droit de sortie des bouteilles de gros verre, provenant des Verreries de Flandre & de Hainault, a été moderé à deux sols par douzaine. *Voyez* Grosil. Cet Arrêt y est rapporté au long.

Peinture sur le Verre.

Les Maîtres Vitriers de la Ville & Fauxbourgs de Paris sont nommés Peintres sur verre; & c'est à eux en effet qu'il appartient exclusivement de travailler à cette sorte d'ouvrage. On auroit pû attendre à cause de cela à parler de cet Art si ingenieux à l'article où l'on traite de leur Communauté; mais l'on a crû plus commode pour le Lecteur, de pouvoir trouver réuni ensemble tout ce qui se peut dire de curieux concernant le commerce du verre, & les usages qu'on en fait.

La premiere maniere de faire des vitrages peints étoit très simple, & par conséquent très facile. Ce n'étoit d'abord que quelques pieces de diverses couleurs, qu'on arrangeoit avec simétrie, & qui formoient des especes de mosaïque. Quand on voulut ensuite faire des desseins plus réguliers, & même y représenter des figures relevées de leurs ombres, on se contenta d'en tracer avec du noir en détrempe les contours, & d'en hacher de même les draperies sur des verres des couleurs convenables à ce qu'on vouloit peindre. Enfin le goût augmentant pour ces sortes de peintures qui sont d'un grand ornement pour les Eglises & les Basiliques, on inventa l'art d'incorporer les couleurs avec le verre même, en les mettant au feu jusqu'à un certain dégré après que les pieces ont été peintes.

Les couleurs dont on se sert pour peindre sur le verre, sont tout-à-fait differentes de celles qu'on employe, ou dans la peinture en huile, ou dans celle en détrempe.

Le noir se fait, les deux tiers d'écailles de fer, & l'autre tiers de rocaille bien broyées ensemble.

Le blanc avec du sablon, ou avec de petits cailloux blancs calcinés à plusieurs reprises, &

un quart de salpêtre, à quoi on ajoute, quand on veut s'en servir, un peu de gyp bien cuit & bien broyé.

Il entre dans le jaune quelques feuilles d'argent fin, brûlé & mêlé dans le creuset avec du souffre ou du salpêtre, ensuite bien battu & broyé sur le porphire, & enfin de nouveau broyé avec neuf fois autant d'ocre rouge.

Le rouge est composé de litarge d'argent, d'écaille de fer, de gomme Arabique, de ferrette, de rocaille & de sanguine, presque chacun par partie égale. C'est une des couleurs des plus difficiles à faire, & qui demande le plus d'attention ; aussi n'y a-t-il que l'expérience qui en apprenne bien le vrai dégré de perfection.

L'*æs ustum* ou cuivre brûlé, du poids d'une once, autant de mine de plomb & quatre onces de sable blanc poussés au feu, font le fond de la couleur verte des Peintres-Verriers. On y ajoute une quatriéme partie de salpêtre après la premiere calcination, puis une sixiéme partie encore de salpêtre après une seconde cuitte, & enfin on en fait une troisiéme calcination avant que de s'en servir.

L'azur, le pourpre & le violet sont composés comme le verd, en changeant le cuivre brûlé, & mettant en sa place du souffre pour l'azur, du périgneux pour le pourpre, & de ces deux drogues pour le violet.

La mine de plomb & le sable en differente proportion, font les rocailles jaunes & violettes. Il faut trois onces de mine de plomb & une once de sable pour les premieres ; & au contraire trois onces de sable & une once de mine de plomb pour les dernieres, l'un & l'autre bien calcinés.

Les carnations se font avec de la ferrette & de la rocaille.

Enfin les cheveux, les troncs d'arbres & autres semblables teintes se composent de ferrette, de paille de fer & de rocaille.

Ces recettes pour les couleurs ont été abregées de l'excellent Livre des Principes d'Architecture de M. Felibien, duquel on s'est aussi servi en quelques autres articles de ce Dictionnaire. Il faut néanmoins avouer que tous les Peintres sur verre ne s'en servent pas, & qu'il n'y en a gueres d'entr'eux qui n'en ayent inventé de particulieres, dont ils font un grand secret ; mais il est vrai aussi, & on le sçait par expérience, que celles-là suffisent pour faire de très belles peintures, quand on sçait l'art de les employer.

La premiere chose qu'il faut faire quand on veut peindre sur le verre, c'est de réduire en grand le dessein dont on veut se servir, & de partager le carton sur lequel on l'a tracé en autant de parties qu'il y doit entrer de pieces de verre, qui toutes, aussi-bien que le carton, doivent être numerotées.

Chaque piece, de laquelle on a pris soin de diminuer l'épaisseur des plombs, étant appliquée sur la partie du dessein qu'on veut représenter, s'y dessine avec du noir délayé dans un peu d'eau de gomme ; ce qui se fait en suivant avec le pinceau les contours qui paroissent à travers du verre.

Quand ces premiers traits sont bien secs, à quoi deux jours suffisent, si ce n'est qu'un ouvrage de grisaille, on lui donne un lavis très clair avec de l'urine, de la gomme Arabique & un peu de noir, & cela à plusieurs reprises, selon qu'on veut fortifier les ombres ; prenant néanmoins toujours garde de ne point mettre de nouvelles couches que les autres ne soient entierement séchées ; après quoi on donne les jours & les rehauts, en enlevant la couleur avec la hampe du pinceau aux endroits qu'on veut éclairer.

A l'égard des autres couleurs dont on a donné ci-dessus la composition, elles s'employent avec l'eau de gomme à peu près comme on fait pour la mignature ; observant de les coucher legerement, pour ne point enlever les traits du dessein, ou même pour plus de sûreté les appliquant de l'autre côté, sur-tout pour le jaune qui est contagieux pour les autres couleurs, avec lesquelles il se confond aisément. Il faut, comme à la grisaille, ne point mettre couleurs sur couleurs, ni couches sur couches, que les premieres ne soient parfaitement seches.

Il n'y a gueres que le jaune qui pénetre tout-à-fait le verre, & qui s'y incorpore au feu : les autres, particulierement le bleu qui est très difficile à employer, restant sur la superficie, ou du moins entrant très peu dans la substance du verre.

Lorsque toutes les pieces sont achevées de peindre, on les porte au fourneau pour cuire les couleurs.

Ce fourneau est de brique ; & les mesures prises sur celui qui a servi à la cuitte des peintures sur verre de la magnifique Chapelle de Versailles, a environ deux pieds six pouces de tout sens en quarré. Quatre ou cinq barres de fer assez fortes le partagent en deux dans sa hauteur, & servent à porter la poêle où doivent cuire les couleurs. Au-dessous de cette espece de grille est une ventouse ou porte pour y mettre & y entretenir le feu ; & au-dessus une autre petite ouverture de quelques pouces de large, pour retirer & remettre les essais quand la cuisson se fait.

La poêle où se cuisent les verres est aussi de forme quarrée, profonde de sept à huit pouces, de bonne terre bien cuitte, & propre à résister au feu, avec un petit trou pour l'essai à un de ses côtés, qui doit répondre à celui du fourneau destiné à ce même usage. Cette poêle se met sur les barres de fer du fourneau, aux parois duquel il s'en faut deux pouces ou environ qu'elle ne touche, afin que le feu qui se fait dessous, la puisse mieux environner de tous côtés.

C'est dans cette poêle que se mettent les pieces de verre dans l'ordre suivant. D'abord le fond de la poêle se couvre de trois lits de plâtre ou de chaux en poudre, séparés par deux lits de vieux verre cassé, & cela pour parer le verre peint de la trop grande ardeur du feu : ensuite un rang de verre peint se place horisontalement sur le dernier lit de plâtre ou de chaux.

Ce premier rang de verre se couvre à son tour de cette même poudre, de la hauteur d'un doigt, & ainsi alternativement jusqu'à ce que la poêle soit remplie ; observant toujours que le tout finisse par un lit de plâtre.

La poêle ainsi préparée, le fourneau se couvre, ou d'une table de terre cuitte, ou de plusieurs tuiles soutenues de petites tringles de fer qui portent sur ses côtés, & qu'on lute exactement

ment avec de la terre-glaise, laissant néanmoins cinq petites ouvertures, qui lui servent comme de cheminées, une à chacun des quatre angles, & l'autre au milieu.

Les choses étant en cet état, il ne reste plus qu'à donner le feu à l'ouvrage, qui dans les deux premieres heures doit être très modéré, mais qui s'augmente à mesure que la cuisson s'avance, qui n'est ordinairement faite qu'au bout de dix ou douze heures. Sur la fin le feu qui se faisoit auparavant de charbon, ne se fait plus que de bois très sec; ensorte que la flamme couvre toute la poële, & puisse même sortir par les cheminées du haut du fourneau.

Il ne faut pas oublier d'examiner de tems en tems les essais dans les dernieres heures de la cuisson, en les tirant par l'ouverture du fourneau qui répond à celle de la poële, pour voir si le jaune est fait, & les autres couleurs cuites; & quand on juge aux essais que la cuisson est bonne, il faut se hâter d'éteindre le feu du fourneau, qui poussé trop loin brûleroit les couleurs, & casseroit le verre.

VERRE A BOIRE. C'est un vase fait de simple verre ou de cristal, ordinairement de la forme d'un cône renversé, dont on se sert pour boire toutes sortes de liqueurs.

Le verre a trois parties, le calice, le bouton & la patte, qui se travaillent séparément. Rien n'est plus industrieux que l'art de les souffler, d'en ouvrir deux des trois, & de les joindre à la troisiéme; mais ce travail ne se peut comprendre que par la vûe.

L'on ne se sert plus gueres en France que de verre de fougere, & les verres de cristal n'y sont plus en estime. La fragilité de cette marchandise est cause que malgré le prix modique de chaque verre, le commerce qui s'en fait en France est très considérable, & que cette fabrique entretient un grand nombre de Verreries dans les Provinces, comme on l'a pû voir ci-dessus.

Ce sont les Verriers, les Fayanciers & les Chandeliers qui font à Paris le commerce des verres. A la Campagne il y a des Colporteurs qui en fournissent les Villages, & même les petites Villes.

Les Verres à boire, excepté ceux de Venise, payent en France les droits d'entrée à raison de 10 l. le cent pésant, conformément à l'Arrêt du 29 Mai 1688.

Par le même Arrêt les Verres de cristalin de Venise payent 20 liv.

A l'égard des droits de sortie, les Verres à boire de toutes sortes payent 20 s. & ceux de Venise 3 l. comme mercerie, suivant le Tarif de 1664.

Les Verres à boire de fabrique de France sont du nombre des marchandises dont les droits d'entrée dans les Pays de l'obéïssance des Etats Généraux des Provinces-Unies ont été modérés en conséquence du Tarif de 1699. Ils y payent cinq pour cent de leur valeur.

VERRE. Les Marchands Miroitiers-Lunetiers font aussi divers ouvrages avec le verre; mais l'on en a parlé à l'article de leur Communauté. *Voyez* MIROITIER.

VERRERIE. Lieu où l'on fait le verre. La Normandie, la Lorraine, le Hainaut, l'Anjou, le Maine, la Champagne, & quelques endroits de Picardie, sont les Provinces de France où il y a le plus de Verreries. Il n'y en a dans une si grande quantité gueres que neuf où il se fasse du verre rond pour les vitres, & du verre en table pour les portieres de carosses; dans les autres il ne se travaille que des verres à boire, des bouteilles, & autres ouvrages moins importans.

Les bois de chaufage étant devenus très rares à Paris, & l'établissement de quantité de nouvelles Verreries dans des lieux d'où auparavant les Marchands tiroient ces sortes de bois, ayant contribué à cette disette, il a été fait défenses par Arrêt du Conseil du 9 Aout 1723, d'établir à l'avenir aucunes Verreries qu'en vertu de Lettres Patentes duement enregistrées. *Voyez* BOIS A BRUSLER.

VERRERIE. S'entend aussi de l'art de faire le verre & les ouvrages qui sont faits de verre. Dans le premier sens on dit, que la Verrerie ne déroge point à la Noblesse; & dans l'autre, qu'il ne se faisoit que de menues verreries dans la Manufacture qui étoit autrefois établie au Fauxbourg Saint-Antoine.

VERRIER. Marchand qui vend des verres & autres ouvrages de verrerie.

Il y a à Paris une Communauté de Marchands Verriers, Maîtres Couvreurs de flacons & bouteilles en osier, fayance & autres especes des marchandises de verre. Ce sont ces Marchands qu'on appelle communément Fayanciers, parce qu'il font un grand commerce de cette sorte de vaisselle de terre, dont l'invention vient de Fayance Ville d'Italie.

Les plus anciens Statuts qu'on ait de cette Communauté avoient été accordés par Lettres Patentes de Henri IV du 20 Mars 1600, sur l'avis des Lieutenant Civil & Procureur du Roi du Châtelet, & vérifiés en Parlement le 12 Mai ensuivant.

Les nouveaux Statuts sont de 1658, aussi approuvés par les Lieutenant Civil & Procureur du Roi le 10 Décembre de la même année. Ils contiennent trente-six articles.

Par le quatriéme le tems de l'apprentissage est reglé à cinq années, & à deux ans de service chez les Maîtres en qualité de Compagnons.

Par les cinquiéme & sixiéme les Maîtres ne peuvent avoir qu'un Apprentif à la fois, & n'ont le droit d'en obliger qu'après cinq ans de Maîtrise.

Le chef-d'œuvre est ordonné par le huitiéme à ceux qui aspirent à la Maîtrise, & contient aussi-bien que les suivans les conditions ausquelles on est fait Maître.

Par le dix-huitiéme le nombre des Jurés est fixé à quatre, dont deux sont actuellement élûs chaque année le quinziéme Décembre pardevant le Procureur du Roi du Châtelet.

Enfin par le vingt-neuviéme la Fête de Saint Clair est choisie pour celle de la Communauté.

Les trois articles suivans parlent de la police & des droits de la Confrairie établie sous le nom de ce Saint. Les autres sont moins importans, & de stile ordinaire dans tous les Statuts de ces sortes de Communautés. Cette Communauté a été depuis unie à celle des Maîtres Esmailleurs par Arrêt du Conseil de l'année 1706. *Voyez* ESMAILLEUR.

VERRIERE. C'est un morceau de verre blanc rond ou quarré, ou de telle autre figure qu'il convient, que l'on met devant les ouvrages de mignature, des pastels, ouvrages de cire, tailles-douces, &c. pour les conserver. On appelle aussi Verriere le cristal d'une montre de poche.

VERRIN ou VERIN. Machine propre à élever des fardeaux fort gros ou fort pésans, dont les Charpentiers se servent ordinairement. Le Verin est composé de quatre pieces principales ; sçavoir, de deux vis & de deux écroues. Il faut remarquer que cette machine ne peut élever le fardeau dont elle est chargée qu'autant que ces vis ont de hauteur.

VERROT. Ce n'est pas la même chose que la Verroterie dont on parle dans l'article suivant, cette marchandise étant plus grosse, & ne se comptant pas par masses de même nombre. Le Verrot blanc ou noir est très bon pour le commerce de la riviere de Gambie où l'on s'en sert pour la traite des Cires.

VERROTERIE. Menus ouvrages de verre qui servent au commerce que les Européens font en plusieurs lieux des Côtes d'Afrique, aussi-bien que des Isles & du continent de l'Amérique.

Cette Verroterie qu'on appelle autrement Rassade ou Razade, consiste en divers grains de verre de toutes couleurs & de diverses grosseurs, percés par le milieu, pour être enfilés, & pour en faire des colliers, des bracelets, des pendans d'oreilles, & autres ornemens, dont les habitans & sur-tout les femmes de ces pays-là aiment fort à se parer.

Cette marchandise entre autres endroits est propre pour le Sénégal & les Côtes de Guinée, & le Royaume de Congo, depuis le Cap-Vert jusques au Cap de Bonne-Esperance. Il s'en débitoit aussi autrefois une grande quantité dans l'Isle de Madagascar, pendant que les François y avoient des établissemens ; & c'est encore une des choses que les peuples de la nouvelle France, particuliérement ceux que l'on a découverts au-delà des lacs ; & sur les rivages du grand fleuve du Missisipi, aiment davantage. Le verre dont on fait cette verroterie, prend couleur dans la fusion même des matieres qu'on vitrifie, en y mêlant diverses drogues suivant la couleur qu'on lui veut donner. La rouille de fer toute seule fait le rouge : le cuivre rouge & le safre calciné, font le bleu : pour le verd il faut du cuivre calciné, de la rouille de fer ou du minium ; & pour le violet du safre & de la maganese.

Les différentes sortes de Verroterie & de Verrots qui sont propres avec les Sauvages de l'Amérique ou les Noirs d'Afrique, sont :

Des Ambréades rouges, grosses & petites.
Des Comptes de lait, gros & petits.
Des Cristaux fins, gros & petits.
Du Galet rouge, & d'autres rayés.
Des Grains rayés.
Des Margriettes de diverses couleurs.
Des Olivettes citron, d'autres blanches.
Du Pésant jaune, & du Pésant verd.
De la Rassade citron.
De quatre sortes de Verrots ; sçavoir, du rouge, du jaune, du blanc & noir, & du mêlangé de toutes couleurs. Il y a de deux especes de toutes ces sortes de Verrots ; sçavoir, du gros & du menu.
Enfin du Compte-brodé noir, jaune & rouge.

Voyez RASSADE.

On a crû faire d'autant plus de plaisir de donner au Public le Memoire suivant, qu'on peut assurer qu'il a été vérifié sur les échantillons des différens numero de cette marchandise, qui ont été communiqués par la même personne, à qui on est redevable du Mémoire. [M. Masson.]

On a ajouté à la description & aux N° de ces verroteries, le prix ordinaire qu'elles coûtent, à prendre l'argent à 27 liv. 10 sols le marc ; ce qui servira de pied pour en faire les achats, lorsque l'argent est plus haut ou plus bas ; & afin qu'il ne manque rien à ce qui concerne ce commerce, on y a mis encore en détail ce qu'il faut pésant de chacune de ces différentes especes dans une cargaison complette destinée pour cette partie des Côtes d'Afrique.

Mémoire des Verroteries propres pour le Sénégal.

L'on compte jusqu'à 38 N° de ces verroteries qui peuvent pourtant se réduire à 13 ; sçavoir, l'ambreade rouge à facettes, le compte ou gouttes de lait, les cristaux à facettes, le galet, les grains, les idis, les loquis, les margriettes, les olivettes, les pésans, la rassade, le verrot & les comptes brodés.

Il n'y a que les trois premieres especes, la onziéme, la douziéme & la vingt-deuxiéme, qui ayent chacune leur N°. Tous les autres en contiennent plusieurs. Le galet cinq, les grains trois, les margriettes de même, les olivettes quatre, les pesans deux, le verrot treize, & les comptes brodés trois.

N° 1, l'ambreade rouge à facettes porte quatre lignes de large sur cinq de long ; elles sont percées sur leur largeur. Elles coûtent dix sols neuf deniers la livre, à prendre l'argent sur le pied fixé ci-dessus, ce qui doit s'entendre de tous les autres prix suivans. Il en faut soixante livres pésant de la grosse & cent quatre vingt-sept livres de la petite, sur le total d'une cargaison, montant en tout à trente mille livres pésant de verroterie.

N° 2, compte ou goutte de lait ; c'est une espece de perle de verre un peu applatie, d'un blanc tirant sur le bleu : elle est percée comme les perles ordinaires, & a environ trois lignes & demi de diametre. Elle s'achete 10 sols 9 deniers : il en faut 625 livres.

N° 3, cristaux faux à facettes. Ils sont semblables en tout aux ambreades, à la couleur près, qui est la couleur naturelle du cristal : leur prix est pareillement de 10 sols 9 deniers la livre. Il en faut 180 livres.

N° 4, 5, 6, 7 & 8. Ces cinq N° sont des galets, dont il y en a trois rouges à cul noir & deux rayés, aussi à cul noir. Ils sont tous ronds en forme de perles, différant seulement par leur grosseur, qu'on distingue en gros, moyens & petits pour les rouges à cul noir, & en gros & petits pour les rayés. On les appelle à cul noir, parce qu'ils ont un petit cercle de cette couleur autour du trou par où on les enfile. A l'égard des rayés, leurs rayes, qui prennent d'un trou à l'autre, sont au nombre de neuf, divisées de trois en trois, une noire entre deux blanches. Les plus grosses ont près de quatre lignes de diametre, & les plus petites un peu moins de trois. Tous les galets s'achetent également 9 sols 3 deniers la livre. Il en faut 5680 livres des trois sortes à cul noir, & 800 des galets rayés.

N° 9 & 10. Ces deux N° se nomment des grains. Les premiers sont rayés de jaune, tant pleins que vuides ; les seconds de blanc, mais seulement de six rayes & également espacées les unes & les autres sur un fond bleu ou violet foncé ; ils sont au reste de la forme & du diametre des gros galets, aussi-bien que du même prix. Il en faut 800 livres des deux sortes.

N° 11, les idis sont jaunes, rayés de quatre rayes noires. Ils sont en forme de petit cylindre, applati du côté du trou. La hauteur, qui est environ de trois lignes, est égale au diametre. Il coûtent 8 à 10 sols la livre. Il en faut 200 livres.

N° 12, loquis à cul noir. Ce sont des especes de petits cylindres dont la longueur a deux fois le diametre, ce qui forme un petit tube ou canon de cinq lignes. Ils sont rouges & bordés de noir autour du trou. Ils coûtent 9 sols 3 deniers la livre. Il en faut 300 livres.

N° 13, 14 & 15. Ces trois N° sont pour les margriettes. Le premier pour les grosses rayées de jaune, le second pour les petites de même rayeure, & le troisiéme pour celles rayées de blanc. Le fond de toutes ces margriettes est de gros bleu ; ce sont les plus grosses de toutes les autres verroteries ; les petites portant plus de quatre lignes de diametre, & celles au-dessus jusqu'à cinq & demi ; elles sont assez plates, n'ayant gueres que trois lignes de largeur. Leur rayeure est singuliere ; c'est une espece de guillochi ou de lacs d'amour, qui forme comme une ceinture qui partage la margriette en deux ; de quelque couleur qu'elles soient, on ne les achete que 7 sols 2 deniers la livre. Il faut 1200 livres des grosses margriettes rayées de jaune, & seulement 300 liv. des deux autres sortes.

N° 16, 17, 18 & 19. Ces quatre N° désignent quatre sortes d'olivettes, qui sont les olivettes citron, celles d'émail blanc, celles de cristal rayé, & celles de cristal bleu. Leur nom leur vient de leur forme, qui ressemble à une petite olive. Elles ont toutes près de sept lignes de longueur d'une pointe à l'autre sur quatre de diametre dans le milieu, le reste diminuant insensiblement jusqu'à l'extrémité. Les rayes de celles de cristal sont blancheâtres, & sont tirées en long. Les trois autres sortes sont toutes d'une couleur. Les prix sont différens. Les olivettes citron s'achetent depuis 20 jusqu'à 23 sols la livre ; celles d'émail blanc 18 sols ; celles de cristal rayé 10 sols 9 deniers ; & les olivettes bleues comme celles de cristal. Il en faut 2626 livres des citrons ; 1000 livres de celles d'émail blanc ; 500 des olivettes de cristal rayé de blanc, & 250 des bleues. Il faut remarquer que ce qui augmente si considérablement le prix des deux premieres especes d'olivettes, c'est qu'elles sont d'émail, & que les deux autres ne sont que de verre.

N° 20 & N° 21. Le premier de ces deux N° est pour les pésans jaunes, & le second pour les pésans verds. Les pésans jaunes ressemblent assez à de l'ambre transparent ; les grains, aussi-bien que ceux des verds, sont tous ronds en forme de perles, & n'ont gueres que trois lignes de diametre. Ce sont les moins cheres de toutes les verroteries, ne coûtant que de 5 à 6 s. la livre. Il en faut 600 livres de chacun.

N° 22. La rassade citron que ce N° désigne, est d'émail ; elle est toute semblable aux pésans pour la forme & pour la grosseur, hors qu'elle est encore plus réguliérement ronde. Elle coûte depuis 21 jusqu'à 23 sols la livre. Il en faut deux mille cinq cens soixante & quatorze liv.

N° 23. Depuis ce N° inclusivement, jusqu'à 36 exclusivement, sont compris toutes les sortes de verrots ; sçavoir, aux N° 23, 24 & 25, les verrots rouges à cul noir.

Aux N° 26, 27 & 28, les verrots citron.

Aux N° 29, 30 & 31, les verrots blancs.

Aux N° 32, 33 & 34, les verrots noirs.

Et au N° 35, les verrots bleus transparens ; ces derniers ne sont propres que pour Gorée.

Chaque couleur, à la réserve du bleu, se divise en trois, qui sont le gros, le moyen, & le petit. En général leur grain est le plus petit de toutes les especes de verroteries, les gros n'ayant pas une ligne & demi de diametre ; les moyens une ligne, & les petits, seulement les trois quarts d'une ligne.

Le verrot bleu est tout de cette derniere sorte. Leur prix est également pour toutes les couleurs & pour toutes les grosseurs de 8 sols la livre. Il en faut en tout 10000 livres pésant.

N° 36, N° 37 & N° 38. Ces trois derniers N° sont pour les comptes-brodés, que quelques-uns nomment contre-brodés.

Il y en a de trois sortes : les rouges à fleurs jaunes, les bleus à fleurs blanches, & les rouges aussi à fleurs blanches.

Leur broderie consiste en une espece de palmette, qui forme une guirlande tout autour. Elles sont assez réguliérement rondes, & ont quatre lignes de diametre. Elles coûtent également depuis 20 jusqu'à 24 sols la livre. Il en faut 1500 livres pésant des trois sortes.

Comme personne n'ignore que toutes ces verroteries servent à faire des coliers, des brasselers, & des carcans aux jambes & aux bras des Indiens ou des Négres ; il n'est pas nécessaire de faire observer qu'elles ont toutes un trou pour les enfiler, soit sur leur largeur, soit sur leur longueur.

Quoiqu'on ait donné dans ce Mémoire une proportion juste de ce qu'il faut de chaque différente sorte de verroterie, pour composer une cargaison complette pour être envoyée chaque année au Sénégal, pour y faire la traite ; il faut toujours avoir attention d'en envoyer plus que moins de chaque espece, le goût & la mode changeant aussi-bien en Afrique qu'en Europe, & les verroteries qui ont été demandées une année, n'étant pas toujours celles qui sont recherchées l'année suivante.

VERSSINE. Mesure des grains dont on se sert dans quelques lieux de la Savoie.

La verssine d'Aiguebelle pese quarante-deux livres poids de marc.

VERSO. FOLIO VERSO. Terme usité parmi les Teneurs de Livres. C'est la page qu'on trouve quand on a tourné un feuillet, autrement la seconde page d'un feuillet. On s'en sert pour indiquer juste la page d'un livre ou registre, dans laquelle est porté quelque article de débit ou crédit, ou autre semblable chose que les Marchands, Négocians & Banquiers ont coutume d'écrire sur leurs livres. Folio verso est opposé à folio recto. Ce dernier se met ainsi en abregé F. R°, l'autre de la sorte, F. V°. *Voyez* FOLIO.

VERT. Ce qui est de couleur verte. *Voyez* VERD.

VERTE. On nomme Peaux vertes les peaux qui n'ont point encore reçû de préparation, étant telles qu'elles ont été levées de dessus le corps des animaux. *Voyez* CUIR.

La Couperose verte n'est autre chose que le vitriol ordinaire. C'est de cette couperose dont on se sert pour faire l'eau-forte. *Voyez* VITRIOL.

VERTE. C'est aussi un des noms que l'on donne à la jauge, instrument dont on se sert pour jauger les pipes, barils & autres tonneaux & futailles à liqueurs, pour en connoître la capacité, & sçavoir la quantité de mesures que chacune contient. *Voyez* JAUGE.

VERTE. Signifie aussi les mesures jaugées & estimées avec la verte. Cette pipe contient soixante vertes. Il s'en faut dix vertes que ce baril soit de jauge.

VERTEL. On nomme ainsi à Heydelberg la mesure des liquides qu'on appelle Fertel dans tout le reste de l'Allemagne. *Voyez* FERTEL.

VERTEL. C'est encore une mesure de grains dont on se sert à Anvers. Trente-deux vertels & demi d'Anvers sont dix-neuf septiers de Paris.

VERTUS. Gros Bourg de France dans la Champagne. Ses vins sont en réputation. Le vin cuit qui s'y prépare est excellent & le meilleur de ceux qui se font en Champagne. Le reste de son commerce est sur le pied de celui de Damery; il est aussi comme ce dernier lieu dans le département de l'Inspecteur des Manufactures établies à Reims. *Voyez* l'Etat général, Tome I. p. 24.

VERVEUX, qu'en quelques lieux on nomme VERVEAU. Espece de filet à prendre du poisson. C'est une Nasse de raiseau faite de fil & de lignette, soutenue & bâtie sur diverses baguettes de menu bois.

On l'appelle Verveux en boyau quand il n'est pas monté de ses enlarmes & de son archelet.

Les enlarmes sont de petites branches de l'arbrisseau nommé Troesme qu'on plie en rond, & qu'on passe de distance en distance entre les mailles du verveux dans toute sa longueur, qui est ordinairement de trois à quatre pieds. L'archelet est de saule aussi plié en rond, mais plus fort que les enlarmes; il tient le verveux ouvert par en-haut.

Ce qu'on appelle des cliquettes sont des pierres que l'on attache au verveux pour le tenir au fond de l'eau; il en faut trois à chaque verveux.

Le colier est une corde qui tient au bout d'en-haut du verveux avec laquelle on le tend en l'attachant à quelque grosse pierre ou à une perche fichée dans le fond de l'eau.

Envaller un verveux, c'est le tenir ouvert.

VERVEUX. Se dit aussi de certains paniers d'osier, qui se terminent en pointe, dont se servent les Marchands Fruitiers pour apporter leur fruit à Paris. C'est une espece de manequin.

VERVINS. Ville de France en Picardie. Les Etats des Inspecteurs des Manufactures de Reims, dans le Département desquels se trouve cette Ville, y joignent ordinairement les Villages de Fontaine & de Plumiers. Les Fabriques de ces trois lieux sont des draps communs, des serges, des toiles & de la bonneterie. *Voyez* l'Etat général, Tome I. page 25.

VES

VESLIN ou VELIN. Sorte de Parchemin très fin. *Voyez* VELIN. *Voyez aussi* PARCHEMIN, *sur la fin de l'article.*

VESOU. On nomme ainsi aux Isles Antilles Françoises, le suc des cannes à sucre avant qu'il ait été réduit en syrop. On lui donne aussi le nom de Vin. *Voyez* SUCRE.

VESSIE de Cerf. *Voyez* CERF.

VEU

VEUE. Signifie en terme de commerce de Lettres de Change, le jour de la présentation d'une Lettre à celui sur qui elle est tirée, & qui la doit payer, par celui qui en est le porteur ou qui la doit recevoir.

Quand on dit qu'une Lettre est payable à vûe, on entend qu'elle doit être payée sur le champ, sans remise, & dans le moment même qu'on la présente à la vûe de celui sur qui elle est tirée, sans avoir besoin ni d'acceptation, ni d'autre Acte équivalent.

Une Lettre payable à plusieurs jours de vûe, comme à deux, à six, à quinze jours, est au contraire celle qui ne doit être payée qu'à l'échéance des jours qui y sont marqués, lesquels ne commencent à courir que du jour qu'elle a été présentée par le Porteur, & vûe & acceptée par celui qui en doit faire le payement. *Voyez* LETTRES DE CHANGE, ECHEANCE & USANCE.

VEULE. On le dit des étoffes qui sont mal fabriquées, qui ne sont pas suffisamment frappées, ou qui ne sont pas assez fournies de laine. Un drap, une serge veules.

VEULE. Se dit aussi de cette espece de castor, qu'on appelle autrement Castor Sec, Castor Maigre, & Castor d'été. *Voyez* CASTOR SEC.

VEZ

VEZ-CABOULI. Sorte de racine médicinale, qui a aussi quelque usage pour la peinture. Elle se tire des Indes Orientales par Surate. Son prix est de douze mamoudis le mein.

VIC

VICE-AMIRAL. Officier Général de la Marine, qui représente l'Amiral. *V.* AMIRAL.

VICE-CONSUL. Officier qui fait les fonctions de Consul, mais sous ses ordres, ou en son absence.

Il y a plusieurs Echelles du Levant & quelques places maritimes de l'Europe, où la France & les autres Nations n'entretiennent que des Vice-Consuls; ce qui dépend ordinairement de l'importance du lieu & du commerce qui s'y fait. *V.* CONSUL.

VICFESENSAC. Petite Ville de France dans le Quercy: elle a jusques à onze foires, qui avec ses marchés y entretiennent un commerce très-considérable. Elle a aussi diverses Fabriques d'étoffes de laines bonnes pour le pays. Elle est du Département de l'Inspecteur des Manufactures de Montauban. *V.* l'Etat général, Tome I. page 32.

VICIE', VICIE'E. Ce qui a quelque tarre, quelque défaut. Il se dit des marchandises qui n'ont pas été bien fabriquées, ou à qui il est arrivé quelque accident dans l'apprêt; ou enfin qui se sont gâtées dans le magasin ou dans la boutique, ensorte qu'elles sont hors de vente. Un drap vicié, de la morue viciée, du vin vicié. Ce terme est générique, & comprend toutes les tarres & défauts qu'une marchandise peut avoir.

VICTUAILLES. Terme de commerce de mer qui signifie les vivres ou provisions de bouche qu'on embarque dans un vaisseau. On appelle Victuailleur ou Avictuailleur, celui qui s'est engagé à fournir les victuailles.

On peut faire des assurances sur le corps & quille du vaisseau, ses agreils, apparaux & victuailles. *Art. 7 du tit. 6 du liv. 3 de l'Ordonnance de la Marine du mois d'Aout 1681.*

VICTUAILLEUR. Terme de commerce de mer. Celui qui fournit les victuailles ou vivres d'un vaisseau Marchand. *V.* AVICTUAILLEUR.

VICUNNAS. On nomme ainsi un des animaux qui donne le bézoard Occidental, ou bézoard du Pérou. *V.* BEZOARD.

VID

VIDELLE. Terme de Pâtissier. C'est un petit instrument de métail composé d'une petite roulette & d'un manche, dont les Pâtissiers se servent pour couper leur pâte en longs filets pour couvrir ou servir d'ornemens à diverses pieces de four.

VIE

VIE. On appelle Eau-de-vie la premiere distilation qui se fait du vin. L'eau-de-vie rectifiée est ce qu'on appelle Esprit-de-vin. *Voyez* EAU-DE-VIE.

VIEIL. Il se dit également de ce qui est ancien, de ce qui a servi, & de ce qui est gâté. On dit aussi vieux.

Il y a diverses marchandises qui sont tarifées sous le nom de vieilles, comme de vieux linge, de vieux oing, de vieilles bottes, de vieux souliers, de vieux manteaux & de vieux drapeaux.

Par le Tarif de 1664, le vieux linge paye les droits d'entrée à raison de 10 s. le cent pésant.

Le vieux oing 25 s. aussi le cent pésant.

Les vieilles bottes 10 s. la douzaine de paires.

Les vieux souliers 2 s. la douzaine de paires.

Les vieux manteaux le cent pésant 50 s. & les vieux drapeaux 2 s. aussi au cent pésant.

Les droits de sortie du vieux oing sont de 20 s. le cent pésant.

A l'égard des vieux linges & drapeaux, qu'on nomme aussi Drilles & Pattes, la sortie en est défendue hors du Royaume, suivant l'Arrêt du 28 Janvier 1687.

Les droits de la Douane de Lyon sont, sçavoir :

Les vieilles caboches 4 s. le quintal.

Les vieilles armes 30 s. de la balle.

Les vieux corcelets 5 s. de la piece.

Le vieux fer 2 s. du quintal.

Et le vieux parchemin 3 s.

VIENNE, Ville de France en Dauphiné. Les étoffes qu'on y fait sont des droguets. *V.* l'Etat général, Tome I. page 128.

VIERDEVAT. Mesure pour les grains dont les Détailleurs se servent à Amsterdam. Il faut 4 vierdevats pour le schepel, 4 scepels pour le mudde, & 27 muddes pour le last. Au-dessous du vierdevat sont les kops, il en faut 8 pour un vierdevat.

VIERGE. Se dit figurément de diverses choses qui sont encore dans leur pureté naturelle, ou qui n'ont point servi.

La cire vierge est celle qui est telle qu'elle sort de la ruche. *V.* CIRE.

L'huile vierge, c'est celle qui n'a point été pressurée. *V.* HUILE.

On dit aussi de l'or vierge, de l'argent vierge, du cuivre vierge, pour signifier ceux de ces métaux qui n'ont point encore été fondus. *V. leurs articles.*

Parchemin vierge. C'est celui qui est fait de la peau d'un agneau ou d'un veau mort-né. C'est proprement du vélin. On le dit aussi de cette espece de membrane ou de coëffe que quelques enfans apportent en naissant, dont le peuple & les personnes simples croyent que les sorciers se servent dans plusieurs de leurs prétendues opérations magiques. *V.* VELIN.

Le mercure vierge est celui qui se trouve tout liquide dans les mines, ou qu'on tire du mineret par de simples lotions sans y employer les vaisseaux sublimatoires ni le feu. *Voyez* VIF-ARGENT.

VIERTEL ou VIERTELLE. Nom que les Hollandois donnent à une sorte de jauge ou instrument qui sert à jauger les tonneaux ou futailles à liqueurs, pour découvrir la quantité des mesures qu'elles renferment ; ces mesures sont aussi appellées du nom de l'instrument, Viertel ou Viertelle. *V.* JAUGE.

VIERTEL, qu'on appelle aussi VERGE. C'est encore une mesure à laquelle les eaux-de-vie se vendent à Amsterdam. Chaque viertel est de cinq mingles & un sixiéme de mingle ; ce qui fait un peu plus de douze pintes de Paris, à raison de deux pintes par mingle. Le viertel pour le vin est de six mingles justes. *V.* AEM.

VIEUX. Il se dit dans toutes les significations de vieil. *V.* VIEIL.

On appelle Crieuses de vieux chapeaux une sorte de Revendeuses qui font commerce de vieilles hardes. *V.* REVENDEUSE.

Chapelier en vieux. C'est un Maître du Corps de la Chapellerie qui a opté de ne travailler qu'au rafutage & raccommodage des vieux chapeaux. *V.* CHAPELIER.

Les Marchands Fripiers ne font négoce que de vieux meubles & de vieilles hardes ; comme les Maîtres Savetiers ne travaillent qu'en vieux souliers, à moins que ce ne soit pour eux & pour leur famille. *V.* FRIPIER & SAVETIER.

VIEUX STILE. C'est une maniere de compter ou de supputer les jours, qui se pratique chez les Protestans, par les Grecs, & par d'autres Nations qui ne reconnoissent point la Cour de Rome, & qui suivent l'ancien Calendrier, que l'on appelle Calendrier Julien ou Romain.

Le vieux stile differe du nouveau de dix jours ; ensorte qu'une Lettre de Change qui seroit tirée de Londres sur Paris, payable au onze Mars vieux stile, ne seroit exigible à Paris que le 21 du même mois. C'est pour cette raison que d'ordinaire les peuples qui suivent le vieux stile mettent à la tête de leurs Lettres de Change les deux dates ; celle du vieux stile dessus, & celle du nouveau stile dessous. Par exemple, à Londres ce $\frac{11}{21}$ Mars. *Voyez* NOUVEAU STILE.

VIEUX PLAIN. Terme de Chamoiseur, de Mégissier, & de Tanneur. *Voyez* PLAIN.

VIF

VIF-ARGENT ou ARGENT-VIF. Minéral ou demi-métail liquide, & très pésant, mais qui n'étant ni dur ni maléable, ne mérite nullement le rang que quelques Chymistes veulent lui donner parmi les métaux parfaits.

Le vif-argent a un grand nombre de noms sous lesquels les Artistes le déguisent en parlant de lui, mais qui ne sont gueres entendus que par ceux qui se mêlent de Chimie, & qui ne sont pas bien nécessaires aux autres.

Ses noms les plus connus sont le Mercure & l'Hydrargyre; les Modernes lui donnent le premier à cause de quelques rapports qu'on suppose qu'il a avec la planette ainsi nommée, & les Anciens l'ont appellé de l'autre nom, pour marquer en quelque sorte sa nature; c'est-à-dire, qu'il est une espece d'eau d'argent, ce que signifie *Hydrargyrum*.

Le vif-argent se tire ou de ses propres mines, ou des mines des autres métaux avec lesquels il se trouve mêlé. Il faut que les mines qui produisent ce minéral soient bien abondantes, puisque n'y ayant gueres en Europe que celles de Hongrie, d'Espagne, ou du Frioul Province d'Italie, dans les Etats de la République de Venise; il s'en fait néanmoins une consommation incroyable, sur-tout pour l'usage des mines d'or & d'argent, particuliérement au Pérou & autres Provinces de l'Amérique Espagnole où tout celui d'Espagne est transporté.

La Ville d'Almaden en Espagne est renommée par ses mines de vif-argent; il s'y en trouve de deux sortes; l'un qu'on appelle vif-argent Vierge, qui sort naturellement du minerai, c'est-à-dire, des pierres minérales qui paroissent au dehors des mines, celui-ci est le meilleur; l'autre qu'on estime moins, se trouve sous terre. Les rochers d'où on les tire l'un & l'autre, sont rouges à cause de la quantité de minium ou de vermillon qui y est mêlé.

Ce n'est pas qu'il ne se trouve des mines de vif-argent ailleurs. On prétend qu'il y en a en France. Celui que les Hollandois apportent de la Chine marque bien qu'il y en a en Asie, & l'on sçait par les Relations, que même au Pérou assez près du Potosi, il y a une montagne nommée Juancabeluca, dont la mine profonde de cinq à six cens pieds, fournit de très bon Mercure.

On mettra à la fin de cet article ce que les Relations de la mer du Sud de 1714, ont rapporté de plus curieux concernant cette mine.

Quoiqu'il en soit, depuis que le vif-argent d'Espagne est devenu marchandise de contrebande pour toutes les autres Nations, presque tout celui qui se consomme en France est de Hongrie ou du Frioul.

Celui de Hongrie se tire de Vienne par la voie de Hollande. Les Hollandois ayant un engagement avec les Allemands, pour prendre d'eux tout le surplus de ce minéral qu'ils ne peuvent consommer chez eux. On le transporte dans des peaux de mouton enchappées ou renfermées dans de petites futailles ou barils, dont les plus gros du poids d'environ cent quatre-vingt-dix à deux cens livres, se nomment Bouillons de vif-argent, & ceux qui ne pesent que quatre-vingt-quinze à cent livres s'appellent demi-bouillons.

Les Anglois fournissent aussi à la France quelque peu de vif-argent qu'ils envoyent dans des bouteilles d'un verre très épais, de différentes grosseurs & poids : mais cette derniere sorte n'est pas fort estimée, ayant déja servi à séparer l'argent de la mine, ce qui en a diminué en quelque maniere la qualité.

Il y a de deux sortes de vif-argent, le vif-argent Vierge, le vif-argent commun; l'un est celui qui n'a point souffert le feu, & l'autre celui qu'on a tiré de la mine par l'ignition.

Le vif-argent vierge est encore de deux especes. Il y en a qui coule naturellement par les cavités du rocher où est la mine, qui y forme de petits ruisseaux de demi-pouce de grosseur, ou même davantage, mais qui tarissent au bout d'un jour ou deux, & il y en a d'autres qu'on ne sépare de la mine que par plusieurs lotions, & après l'avoir fait passer par divers tamis. Ces deux mercures sont très bons, mais le premier l'est encore plus que le second.

Le vif-argent commun, & qui passe par le feu, se tire de la mine lavée & réduite en poudre, qu'on met dans de grandes cornues de fer ausquelles on lutte des récipiens où la violence du feu fait monter le mercure. Le *Caput mortuum* qui reste au fond des cornues, se pile une seconde & une troisiéme fois, & est toujours remis au feu jusqu'à ce que le vif-argent s'en soit entiérement exhalé. C'est de cette maniere que l'on travaille la mine en Hongrie & dans le Frioul.

En Espagne la fonte ou exhalation du vif-argent se fait avec plus d'industrie, & dans une machine plus ingénieuse, dont l'on peut voir la description dans la Dissertation sur les mines dont la France est remplie, qui a paru en public en 1706, & qu'on sçait être de Monsieur de Rhode.

A l'égard de la terre ou matiere avec laquelle se trouve mêlé le mercure, celle des mines d'Espagne n'est pas semblable à celle de Hongrie, & celle du Frioul est même différente de cette derniere. En Espagne la mine est rouge, tachetée de blanc & de noir, & si dure qu'on ne peut l'arracher qu'avec la poudre à canon; en Hongrie elle est quelquefois en pierre assez dure, mais le plus souvent en terre brune & un peu rouge, & dans le Frioul il y a de la terre molle où le vif-argent vierge se trouve par petites larmes, & de la pierre dure dont on tire le vif-argent commun. La mine d'Idria, qui est une de celles du Frioul, est si riche, qu'elle rend toujours moitié de vif-argent, & quelquefois les deux tiers.

La mine de Juancabeluca, ou autrement de Guancavelica, dont on a promis de parler, est située dans le Royaume du Pérou assez près de la Ville, & dans la montagne dont elle a emprunté son nom.

Cette mine a quarante varres d'ouverture, ce qui revient environ à cent pieds mesure de France. Sa profondeur qui s'augmente sans cesse par la quantité de la matiere minérale qu'on en tire, passe six à sept cens pieds sans qu'on s'apperçoive encore que le minerai [c'est comme on l'appelle dans le Pérou] diminue en aucune sorte.

Cette mine est proprement au Domaine Royal, quoique les Particuliers y travaillent à leurs dépens, & elle ne s'ouvre & ne se ferme que par les ordres du Viceroi de Lima, suivant le besoin que l'on en a pour le travail des mines du Royaume ausquelles elle est toute seule suffisante.

Ceux qui tirent le vif-argent sont tenus sous de rigoureuses peines, & entr'autres de confiscation de tous leurs biens & de bannissement ou esclavage perpétuel à Baldivia, de la remettre entiérement aux Officiers Royaux qui le leur payent sur le pied de soixante piastres le quintal pris sur les lieux, & le revendent aux Mineurs quatre-vingt.

La terre qui contient ce mineral est d'un rouge blancheâtre assez tirant sur la couleur de briques mal cuites. On la concasse d'abord & ensuite on lui donne le feu, ce qui se fait en l'étendant sur un enduit de terre commune dont est couverte la grille d'un fourneau aussi de terre dont le chapiteau est de figure sphéroïde; audessous de cette grille on allume un feu médiocre avec de l'herbe seche que les Espagnols appellent Icho, & qui est si nécessaire pour ce travail qu'il est défendu d'en couper à vingt lieues à la ronde de cette célebre miniere. A mesure que la terre minerale s'échauffe, le vif-argent s'en éleve volatisé en fumée; mais comme cette fumée ne trouve point d'issue par le chapiteau qui est exactement luté, elle s'échappe par un trou fait exprès qui communique à plusieurs cucurbites de terre qui le suivent & sont emboêtées l'une dans l'autre; l'eau qui est au fond de chaque cucurbite condensant cette fumée, le vif-argent y tombe, & on l'en retire quand l'opération est achevée.

On remarque deux choses dans cette pratique de tirer le vif-argent; l'une que plus les cucurbites sont éloignées du fourneau, plus elles se remplissent de vif-argent, ce qui vient des différens dégrés de chaleur & de froid que cet éloignement leur communique, le froid étant plus propre pour la condensation: l'autre qu'à la fin elles s'échauffent toutes si considérablement qu'elles casseroient si l'on n'avoit soin de les rafraîchir de tems en tems en les arrosant avec de l'eau.

On doit choisir le vif-argent, blanc, coulant, net, bien vif, & d'une belle eau; si au contraire la couleur en est brune & plombée, qu'il s'attache aux mains, qu'il se réduise en petite boules, ou qu'il fasse des traînées, c'est signe qu'il n'est pas pur, qu'il y a quelque mélange de plomb, & par conséquent qu'il ne vaut rien, & qu'il ne faut pas s'en charger.

Commerce du Vif-argent dans l'Amerique Espagnole.

La meilleure marchandise que celles des Nations d'Europe, qui font un commerce de contrebande avec les Espagnols de l'Amerique, puissent leur porter, est le vif-argent; sur-tout si ce commerce se fait dans les endroits qui soient voisins des mines. Lorsqu'on trouve occasion de traiter cette marchandise, le prix ne se dispute point; on donne poids pour poids, argent pour mercure.

Ce profit, comme on voit, est très grand; car il faut seize pieces de huit pour faire le poids d'une livre, & le mercure ne vaut ordinairement que quatre francs ou cent sols la livre.

Ceux qui veulent augmenter leur profit se font payer poids pour poids en petites monnoyes, comme sont les reales & demi-reales; parce que les recevant au poids, & trouvant occasion de les donner au compte, il y a souvent deux & quelquefois trois écus de gain par livre.

Par le Tarif du dix-huitiéme Septembre 1664 le Vif-argent doit payer les droits d'entrée du Royaume à raison de 100 s. du cent pesant comme argent-vif; & comme dans ce Tarif cette sorte de marchandise se trouve comprise pour l'entrée à l'article des Drogueries & Epiceries, elle ne doit payer aucunt droits de sortie pourvû qu'il soit bien & dûement justifié du payement qui a été fait de ceux d'entrée.

Les droits de la Douane de Lyon, sont, sçavoir, 40 s. du quintal; ou s'il est en ballon de cent cinquante livres pesant, 45 s. d'ancienne taxation & de réapréciation à proportion.

Par le Tarif arrêté en 1699 entre la France & la Hollande, les droits que le vif-argent avoit jusqu'alors payé à la sortie des Terres & Pays de l'obéissance des Etats Généraux des Provinces Unies, furent moderés à 4 florins le cent pesant lorsqu'il est declaré pour être transporté dans les Pays de Sa Majesté très Chrétienne.

Le vif argent se vend à Amsterdam 44 liv. la livre, argent de Banque. On le pese avec les peaux sans faire aucune déduction.

Les Orfévres, Fourbisseurs, Doreurs, & surtout les Miroitiers pour mettre les glaces en teint, sont les Ouvriers qui employent le plus de vif-argent.

Le cinabre minéral est une pierre rouge, pesante & brillante, de laquelle on tire du vif-argent par les opérations chimiques. *Voyez* Cinabre.

L'usage du mercure est trop connu dans la Médecine, & les maladies à la guerison desquelles on l'employe ordinairement, inspirent trop d'horreur pour qu'on entre ici dans aucun détail sur cette matiere, qui d'ailleurs n'a aucun rapport au commerce; on ne parlera pas non plus de la fixation du mercure par rapport à ce qu'on appelle la Pierre Philosophale, à moins que ce ne soit pour donner avis aux Négocians qui seroient tentés de donner dans les illusions de cet Art chimérique & dangereux, que la véritable Pierre Philosophale pour eux est de chercher à s'enrichir par un commerce plein de fidelité & d honneur, & que l'or acquis par une voie si légitime ne craint point la coupelle comme le prétendu or de ces faux Philosophes, & ne se dissipe pas aussi aisément en fumée.

A l'égard des drogues qui sont composées avec le mercure & qu'on fait venir des Pays étrangers, comme le sublimé, le vermillon & quelques autres, on les trouvera expliquées dans leurs articles particuliers où l'on peut avoir recours.

Quant aux panacées mercurielles, aux précipités blanc, rouge, jaune, verd; l'arcane cornalin, l'huile de mercure, &c. ce n'est pas un grand malheur pour un Négociant d'ignorer la méthode de les faire, & c'est un grand bonheur pour lui de n'être jamais obligé de s'en servir.

VIG

VIGANT, Ville de France en Languedoc, de la Généralité de Montpellier. L'on y fait des draps, des cadis, & des chapeaux. Il y a aussi plusieurs Tanneries. *Voyez* l'Etat général du Commerce, Tome I. p. 215.

VIGANS. Gros draps qui se vendent à la Foire de Beaucaire & qui font partie du commerce des Draps que les François envoyent à Constantinople, à Smirne & dans quelques autres Echelles du Levant. Ce sont des especes de pinchinats dont le petit Peuple se sert au Levant à faire des vestes de dessous pour l'hyver. On en fait aussi une sorte de manteaux de pluye que les Turcs portent toujours quand ils vont en campagne. *Voyez l'article du Commerce de Constantinople. Voyez aussi l'article des Draps.*

VIGNETTTE. Terme d'Imprimerie. C'est une petite planche de bois ou de cuivre, longue & étroite, où sont gravés differens sujets que l'on met pour ornement en quelques endroits des livres.

Il y a aussi des vignettes de métail qui se composent de divers caracteres mobiles. Chaque corps de lettres a les siennes, & même chacun plusieurs dont les hauteurs leur sont proportionnées.

On appelle ces ornemens des Vignettes, parce qu'autrefois ils étoient le plus ordinairement chargés de raisins & de pampres de vignes. *V.* IMPRIMERIE. *Voyez aussi* CARACTERES *&* FONDEURS.

VIGNORI. Petite Ville de France dans le Territoire de Langres. Son plus grand négoce consiste en ouvrages de Bonneterie: elle est du Département de l'Inspecteur des Manufactures de Troyes & de Châlons. *Voyez* l'Etat gén. Tome I. page 27.

VIGOGNE. Animal de la grandeur d'une chevre & de la figure d'une brebis, qui se trouve dans les montagnes du Perou depuis Arica jusques à Lima. Les Espagnols l'appellent ordinairement *Vicunna* dont nous avons fait Vigogne. Il ne faut pas le confondre avec le Llamas ou l'Alpagne, deux autres animaux dont il a été parlé dans leurs articles particuliers,& qui leur ressemblent assez.

Le Vigogne a le pied fourchu comme le bœuf, il porte sa tête comme le chameau qu'il a assez semblable à celle de cet animal; il va assez vîte & s'apprivoise facilement.

Les plus grands qui quelquefois le deviennent autant qu'une petite genisse ou qu'un âne de grandeur moyenne, servent au transport des vins, des marchandises & autres fardeaux, pouvant porter jusqu'à cinq arrones qui reviennent à 125 livres pesant de France. Ce sont des animaux de compagnie, & ils vont toujours ou par troupeaux ou par caravannes; ils servent ordinairement à porter dans les vignes de la gouaelit qui est de la fiante d'oiseaux sauvages dont on se sert pour engraisser les terres dans le Perou.

La laine du Vigogne est brune ou cendrée, quelquefois mêlée d'espace en espace de taches blanches.

Lorsque les Peruviens veulent prendre & chasser ces animaux,ils s'assemblent le plus grand nombre qu'ils peuvent pour les pousser à la course & en faisant de grands cris dans des passages étroits qu'ils ont auparavant reconnus & où ils ont tendu leurs filets. Ces filets ne sont que de simples cordes attachées à quelques pieux de trois ou quatre pieds de haut desquelles pendent de distance en distance des morceaux de draps ou de laine. Les Vigognes effrayés à cette vûe s'arrêtent sans penser à forcer ou franchir ce leger obstacle, à moins que quelques Llamas plus hardis ne leur montre l'exemple, & alors les Peruviens ou les tuent à coups de fleches, ou les arrêtent en vie avec des lacs de cuir.

Outre la laine des Vigognes dont on parlera dans l'article suivant, & qui ne se coupe qu'une fois chaque année, on trouve encore dans leur estomac un bezoard fort estimé. *V.* BEZOARD.

VIGOGNE. Laine. On l'appelle en Latin *Lana Vicusia*; elle vient du Perou qui est le seul lieu au monde où l'on trouve l'animal qui la porte & dont elle a emprunté le nom. Les Rois d'Espagne ont souvent tenté inutilement d'y faire transporter de ces sortes d'animaux dans l'esperance de les faire peupler, & de rendre par là leur laine plus commune & moins chere en épargnant les frais & évitant les risques de la mer; mais soit faute de pâturages qui leur conviennent, soit que le climat ne leur soit pas propre, ils y sont toujours morts, en sorte que depuis long-tems les Espagnols ont abandonné ce dessein.

Dans les premieres années de la découverte du Perou il étoit defendu de transporter la laine de Vigogne dans les Pays étrangers, mais du depuis le commerce en a été permis en payant un droit de sortie assez considerable, qui pourtant ne rapporte pas un grand profit au Roi d'Espagne par les fraudes qui s'y commettent; une grande partie passe en matelas comme laines ordinaires, en sorte que quoiqu'il s'en transporte toujours beaucoup, il ne s'en déclare pourtant que très peu. Cette laine s'employe en Espagne en plusieurs Manufactures d'étoffes de laine; en France il n'est pas permis d'en mettre dans la fabrique des draps, & c'est proprement pour celle des chapeaux qu'elle est réservée.

La laine de Vigogne est de trois sortes, la fine, la carmeline ou bâtarde & le pelotage; la derniere est très peu estimée; elle s'appelle de la sorte, parce qu'elle vient en pelotes. Toutes trois néanmoins entrent dans les chapeaux qu'on appelle Vigognes, mais non pas seules; il faut nécessairement les mêler avec du poil de lapin, ou partie poil de lapin & partie poil de lievre.

VIK

VIKIL. Nom que les Persans donnent aux Commis qu'ils tiennent dans les Pays étrangers pour la facilité de leur négoce.

Les Persans sont les Commissionnaires du monde les plus entendus; ils sçavent si bien ménager le profit qui se trouve dans les affaires, que ceux qui les leur ont procuré ou qui les leur adressent, en ayent une bonne part, laquelle ils la leur ménagent pour qu'ils ne cherchent pas une autre route, & ne s'adressent point à d'autres; ils sont persuadés que de tous les moyens de faire sa fortune, le plus court & le meilleur est de mettre nos Commettans à voir clairement leurs intérêts à nous faire du bien. *V.* COMMERCE DE PERSE.

VIL

VILLAN. Coton Villan. Sorte de coton qui vient du Levant, particulierement d'Alep, il est sujet au droit de vingt pour cent conformément au Tarif de 1706, dressé pour les Bureaux de Marseille & de Beauvoisin: son appréciation est de quatre-vingt seize livres le quintal.

VILLE. Lieu ordinairement fermé de murailles où plusieurs Habitans sont réunis & vivent ensemble sous les mêmes Loix Municipales, & sont gouvernés pour la police & le commerce par des Magistrats qu'ils se choisissent eux-mêmes

mes par la permission & sous l'autorité du Souverain.

VILLE DE COMMERCE, VILLE MARCHANDE. C'est une Ville où il se fait un grand trafic & négoce de marchandises & de denrées soit par terre soit par mer, soit par des Marchands qui y sont établis, soit par ceux qui y viennent de dehors. Il se dit aussi des Villes où il se fait des remises d'argent & des affaires considerables par la banque & le change. Paris, Lyon, Rouen, la Rochelle, Nantes, S. Malo, Bordeaux & Marseille sont les Villes les plus marchandes de France; Amsterdam & Roterdam de Hollande; Cadix d'Espagne; Lisbonne de Portugal; Smirne & le Caire du Levant, &c. *Voyez l'article du Commerce.*

VILLE D'ENTREPOST. C'est une Ville dans laquelle arrivent des marchandises pour y être déchargées mais non pas pour y être vendues, & d'où elles passent sans être déballées aux lieux de leur destination, en les chargeant sur d'autres voitures ou par terre. *Voyez* ENTREPOST.

VILLE FRANCHE. En général se dit d'une Ville libre & déchargée de toutes sortes d'impôts; mais par rapport au commerce il s'entend d'une Ville aux portes de laquelle toutes les marchandises ou seulement quelques-unes ne payent aucun droit d'entrée ou de sortie, ou n'y sont sujettes seulement qu'en entrant, ou seulement en sortant. *Voyez* PORT FRANC.

VILLE DE LOY. C'est en terme de Manufactures une Ville où il y a maîtrise. *V.* LOY. *V. aussi* HAUTELISSEUR.

VILLE. Signifie quelquefois non tous les Habitans, mais seulement les Magistrats municipaux qui composent ce qu'on appelle le Corps de Ville, & qui veillent à la police, à la tranquillité & au commerce des Bourgeois; comme les Bourguemaistres en Hollande, en Flandre & en plusieurs lieux d'Allemagne; les Maires & Adhermans en Angleterre; les Jurats & Capitouls en quelques Villes de France, & les Prevôts des Marchands & Echevins à Paris.

La Jurisdiction des Prevôts des Marchands & Echevins de cette Capitale du Royaume est considerable par rapport au commerce, & s'étend non-seulement sur la police & vente des marchandises qui y arrivent par les rivieres & qui se distribuent sur les Ports, Places & Estapes, mais encore sur quantité de Marchands & Officiers qui ont rapport au négoce, qui prêtent serment entre leurs mains, & qui doivent se pourvoir pardevant leur Tribunal pour les contestations qui arrivent entre eux, soit pour le fait de leur trafic, s'ils sont Marchands; soit pour leur salaire & fonctions, s'ils sont Officiers. On parle ailleurs de ces Marchands & Officiers sujets à la Jurisdiction du Corps de Ville de Paris. *V.* PREVOST DES MARCHANDS.

VILLE. L'Hôtel-de-Ville d'Amsterdam est un des plus grands & des plus riches bâtimens qui ait jamais été pour y exercer la Justice municipale d'aucune autre Ville. Cette Jurisdiction y est partagée en differentes Chambres qui sont presque toutes occupées à juger les contestations entre Marchands & les affaires du commerce: les principales sont,

La Chambre des Echevins où se plaident en premiere Instance les Causes ordinaires dont les sommes passent six cens flor. & où sont portés les appels des Chambres inférieures, qui peuvent juger jusqu'à cette somme.

La Chambre des Assurances où se décident tous les Procès entre les Assureurs & les Assurés, & où se reglent toutes les grosses avaries.

La Chambre des fonds désolés, où se juge tout ce qui regarde les Banqueroutiers & leurs Créanciers.

Enfin celle de la Marine pour tout ce qui concerne le commerce de mer.

La Justice se rend gratis dans toutes ces Chambres, & il n'en coûte aux Parties que les frais des citations, & ceux des Avocats, Procureurs & Solliciteurs; encore peut-on se passer de ces derniers, chacun étant reçû à plaider sa Cause lui-même.

ORDONNANCE DE LA VILLE. On nomme ainsi à Paris une Ordonnance de Louis XIV donnée à Versailles au mois de Décembre 1672, qui renouvelle & confirme les Ordonnances, Coutumes, Statuts & Reglemens de la Prevôté des Marchands & Echevinage de cette Ville, & qui explique en détail leur Jurisdiction soit par rapport à la Police, soit par rapport au commerce & vente de certaines marchandises & en certains endroits. *Voyez l'article général des Ordonnances.*

VILLEBREQUIN ou VIREBREQUIN. Outil qui sert à percer, trouer ou forer diverses matieres dures, comme le bois, le marbre & la pierre, même quelques métaux.

Le villebrequin est composé de quatre pieces, de la poignée, du fust ou de la manivelle, de la boëte & de la meche. La meche est de fer aceré, un peu creusé en forme d'une gouge, & amorcé par le bout. La boëte est de bois ou de fer, suivant que la monture du villebrequin est de l'un ou de l'autre; elle est percée par en bas pour y mettre la queue de la meche. Le fust ou la manivelle qui a la figure d'un arc, est attaché d'un bout solidement à la boëte, & de l'autre à la poignée du villebrequin, mais par cette derniere extrémité elle est mobile. Une grande quantité d'Ouvriers & d'Artisans se servent du villebrequin, mais entre autres les Charpentiers, les Menuisiers & les Serruriers: la monture des villebrequins de ceux-ci est de fer; celle des autres est de bois.

VILLEBREQUIN. Les Maîtres Vanniers se servent de trois sortes de villebrequins; du villebrequin commun des Menuisiers, du villebrequin ou gros foret des Tonneliers, & d'un troisiéme qu'ils nomment Villebrequin à Hottriau. Celui-ci est une espece de tarriere à fust. Ils s'en servent pour percer le fond des hottes dans lesquelles on porte la vandange à la cuve, qu'ils nomment Hottriaux.

LES VILLEBREQUINS. dont se servent les Maîtres Layetiers, leur sont particuliers. Ils ont une meche longue & finissant en pointe en forme de tarriere un peu creuse en dedans. La commodité de cette sorte de villebrequins consiste en ce qu'avec la même mèche qu'on enfonce plus ou moins on fait des trous de toutes grandeurs.

VILLE-CASTIN. Sorte de Laine d'Espagne. *V.* LAINE D'ESPAGNE.

VILLE-EN-TARTENOIS, lieu de Fabrique de la Province de Champagne dans le Département de l'Inspecteur des Manufactures de Reims. Les principales étoffes qu'on y fait sont des serges & des pinchinats. *Voyez* l'Etat gén. Tome I. p. 24.

VILLE-FRANCHE DE PANAC. Petite Ville de France dans le Rouergue: elle est du Département de l'Inspecteur des Manufactures de Montauban. Ses forges & martinets pour le cuivre, ses toiles & ses petites étoffes de laine font tout son négoce. *Voyez* l'Etat gén. Tome I. page 33.

VILLES HANSE'ATIQUES, nom de quelques Villes d'Allemagne, alliées pour le commerce. *Voyez* le commerce du Nord & de la Mer Baltique, dans l'Etat gén. Tome I. p. 289.

VILLELOING, lieu de Fabrique en Touraine. Les étoffes qu'on y fait sont des serges de Berry. *Voyez* l'Etat gén. Tome I. p. 92.

VILLENEUVE D'AGENOIS, Ville de France dans la partie de la Guienne qu'on appelle l'Agenois; elle est du Département de l'Inspecteur des Manufactures de Bordeaux. Ses cuirs sont excellens, & l'apprêt des bas le meilleur de toute la Province; aussi c'est presque tout son négoce. *Voyez* l'Etat gén. Tome I. p. 38.

VILLE-NEUVE L'ARCHEVESQUE, petite Ville de France, de la Généralité de Bourgogne. Ses Fabriques consistent en draps. *Voyez* l'Etat gén. Tome I. p. 126.

VILLERS-COTERETZ. Bourg de France dans le Duché de Valois. On y fait des toiles & quelques ouvrages de Bonneterie & de Megisserie; il est du Département de l'Inspecteur des Manufactures de Reims. *V.* l'Etat général, Tome I. page 25.

VIN

VIN. Liqueur agréable, mais capable d'enyvrer, qui sert de boisson à l'homme, & qu'on tire du fruit de la vigne, en foulant les raisins dans une cuve, ou en les écrasant & en exprimant le jus avec l'arbre ou la roue d'un pressoir.

Les differens noms que l'on donne au vin, lui viennent ordinairement, ou de la maniere de le faire, comme la mere goûte, le surmoust, le vin de pressurage, le vin bourru, le vin de passe, le vin cuit: ou de sa qualité, tels que sont les noms de vin doux, de vin sec, de vin brusque, & de vin de liqueurs: ou de sa couleur, comme vin blanc, vin clairet, vin gris, vin œil de perdrix, vin plure d'oignon, vin rouge, vin paillet, &c. ou enfin de divers lieux ou terroirs sur lesquels les vins se recueillent; comme en général, vins de France, vin d'Hongrie, vin du Rhin, vin d'Espagne, vin de Canarie; & en détail vin de Bourgogne, vin de Champagne, vin d'Orleans, vin de Languedoc, vin de Tokai, vin de Schiras, vin de palme, & un grand nombre d'autres.

On parlera dans la suite de cet article de tous ces vins, moins par rapport à leur nature, que par rapport au commerce qui s'en fait en France & dans les Pays étrangers. Mais auparavant on va expliquer differentes choses concernant les vins, ou qu'il est important que ceux qui en veulent faire commerce n'ignorent pas, ou que le Lecteur pourroit trouver qu'on envieroit à sa curiosité, si l'on n'en parloit pas du moins en passant.

On appelle Mere-goute, le vin qui coule de lui-même de la canelle de la cuve, où l'on met les vendanges, avant que le vendangeur y soit entré pour fouler les raisins.

On nomme Surmoust, ou simplement Moust, du mot Latin *Mustum*, le vin de la cuve, après que les raisins ont été foulés. Quelques uns confondent la mere-goûte avec le surmoust, mais ils sont differens.

Le vin de pressurage est celui qu'on exprime avec le pressoir en y mettant les raffles & les raisins plus qu'à demi écrasés quand le vin en a été tiré dans la foulerie.

Ce qui reste de ces raffles après qu'elles ont été bien pressurées, s'appelle le marc; c'est avec quoi on fait ce qu'on nomme de la Boisson, en y jettant de l'eau dessus, & en le pressurant de nouveau. Ce marc a aussi quelqu'usage dans la médecine pour la guerison des maux causés par des humeurs froides.

Le vin doux est celui qui n'a point encore bouilli. Le vin bourru, celui qu'on empêche de bouillir. Le vin cuvé, celui qu'on a laissé bouillir dans la cuve pour lui donner couleur. Le vin cuit, celui à qui on a donné une cuisson avant qu'il ait bouilli, & qui à cause de cela conserve toujours sa douceur. Enfin le vin de passe, celui qui se fait en mettant des raisins secs dans de l'eau, qu'on laisse ensuite fermenter d'elle-même. *Voyez* RAISINS DE PASSE.

Ce qu'on appelle Vin de Prunelle, n'est pas de véritable vin, mais de la boisson que les Paysans font avec de petites prunelles de hayes qu'ils écrasent & qu'ils laissent fermenter.

Les vins de liqueur sont des vins naturels; quelques uns très doux, quelques-autres doux & piquans. On ne se sert gueres en France de ces vins pour la boisson ordinaire, mais on en présente assez souvent à la fin des repas comme une espece de ragoût, pour reveiller l'appetit & ranimer la joye des convives.

La France a plusieurs de ces sortes de vins, entr'autres les vins muscats de S. Laurent & de la Ciutat en Provence; ceux de Frontignant & de Barbantane en Languedoc; ceux de Condrieux dans le Lyonnois; ceux d'Arbois, ceux de Mâcon dans la Bourgogne; ceux de Pouilly dans le Nivernois. On met aussi assez souvent de ce nombre les vins de l'Hermitage, de Côte-rotie & de Thin, quoiqu'ils puissent aussi passer autant pour vins d'ordinaire que pour vins de liqueur.

Les vins de liqueur étrangers sont les vins d'Espagne & de Portugal, ou plutôt de Madere, dont il y a de plusieurs sortes. Les vins de Canaries, qui pour se distinguer, empruntent chacun le nom de celle des Isles où ils croissent. Les vins de Hongrie, sur tout celui de Tokai, plusieurs vins d'Italie, comme de Piedmont & de Montferat, ceux qu'on nomme la Verdée & le Montefiascone, &c.

Le vin de Schiras, si estimé en Perse, & si connu en Europe par les Relations des Voyageurs, est aussi un vin de liqueur, mais dont on n'a vû en France que quelques essais où il n'a pas soutenu sa réputation, peut-être à cause que la qualité en étoit diminuée par le transport. On n'en parle ici qu'en passant, plutôt pour ne pas l'oublier que pour aucun commerce qui s'en fasse par les Européens.

L'on met aussi au nombre des vins de liqueur, toutes les Malvoisies qui sont des vins qui se recueillent en Candie, à Chio, à Lesbos, Tenedos, & dans plusieurs autres Isles de l'Archipel, qui appartenoient autrefois aux Grecs, d'où, à cause de cela, ces vins sont quelquefois appellés Vins Grecs; quoiqu'on donne aussi ce nom à un vin qui se recueille dans le Royaume de Naples. L'on fait en Provence une espece de Malvoisie, mais qu'il faut mettre parmi les vins cuits, n'étant que des vins muscats ausquels on a donné un certain dégré de cuisson.

L'hypocras est encore une sorte de vin de liqueur, mais qui n'est pas naturel. Ce sont les Apoticaires qui le composent avec du vin, du sucre, de la canelle & un peu de musc ou d'ambre. *Voyez* Hypocras.

L'on a dans les Indes Orientales une sorte de liqueur qu'on y appelle Vin de Palme, ou plutôt Vin de Palmier, dont l'usage est très commun, mais il n'est pas de garde. Ce n'est que le suc que l'on tire de plusieurs especes de palmiers, en y faisant diverses incisions. *V.* Palmiers.

Enfin il y a differentes mixtions ou remedes, que les Médecins ordonnent à leurs malades, & que les Apoticaires composent, ausquels ils donnent le nom de Vin; tels que sont le Vin d'absinthe, le Vin d'hysope, le Vin de dattes, le Vin de figues, & plusieurs autres qui ne sont pas de ce Dictionnaire, & qu'on peut voir dans le Livre 14 de l'Histoire de Pline, & dans quelques Pharmacopées modernes.

Parmi ces especes de Vins médecinaux il ne faut pas oublier le fameux Vin émetique, ce grand, mais dangereux purgatif, qui malgré tant d'oppositions, s'est enfin conservé une place honorable parmi les meilleurs remedes; non plus que l'infusion du Quinquina dans le vin, que quelques-uns appellent Vin de Quinquina, cet excellent fébrifuge dont le succès est si certain, & l'usage si universel.

Les vins communs, c'est-à-dire, qui servent de boisson ordinaire, se distinguent en général en vins nouveaux & en vins vieux. Les vins nouveaux sont ceux qui n'ont pas encore passé leur premiere année, les vins vieux ceux qui en comptent plusieurs.

L'âge des vins se suppute par feuilles. On dit, Du Vin de deux, de quatre, de six feuilles; pour signifier un vin de six, de quatre & de deux années; prenant pour année chaque nouvelle pampre dont la vigne s'est revêtue depuis que le vin a été fait.

La vieillesse des vins étoit chez les Romains comme le titre de leur bonté; & Horace dans ses Odes admirables, qu'on peut nommer ses Chansons Bachiques, se glorifie de boire un vin de Falerne, né, pour ainsi dire, avec lui, & qui comptoit son âge par les mêmes Consuls que lui. Pline parle de quelques vins qui passoient un siécle, & qui étoient encore potables. Ceux de deux cens ans dont il fait aussi mention étoient réduits en une espece de miel épais, & pouvoient pourtant encore servir à ranimer les vins plus nouveaux, mais trop foibles.

Les Modernes n'ont gueres le goût pour les vins d'une si grande vieillesse. A peine s'en trouve-t-il en Allemagne & en Italie, où l'on en conserve encore assez long-tems qui aillent au-delà de quinze feuilles. En France on croit les vins usés, même ceux de Dijon, de Nuits & d'Orleans, les plus propres de tous à être gardés, quand ils vont jusqu'à la cinquiéme ou sixiéme feuille.

Les bonnes qualités du vin consistent en ce qu'il soit droit, sec, clair-fin, entrant, sans goût de terroir, sans liqueur, d'une couleur nette & assurée, qu'il ait de la force sans être fumeux, du corps sans être âcre, & qu'il soit de garde sans être dur.

Les mauvaises qualités au contraire sont la graisse, le poussé, le goût du fust, l'aigreur, la foiblesse, qu'il soit capiteux, difficile à s'eclaircir, qu'il s'affoiblisse en vieillissant, ou qu'il ne puisse se garder.

On appelle Vin naturel, du vin tel qu'il vient de la vigne, sans mixtion ni mélange; vin frelaté, du vin où l'on a mêlé quelque drogue pour lui donner de la force, du montant, de la douceur, ou quelque autre qualité qu'il n'avoit pas; vin coupé, celui qui est composé de plusieurs vins; vin soutiré, du vin qu'on a tiré à clair après qu'il a quelque tems reposé sur la lie. Le vin en boite est celui qui est bon à boire, & qui pourroit se passer en le gardant: le vin passé celui qui s'est affoibli pour ne l'avoir pas bû à propos: le vin au bas, celui qui est tiré bien au-dessous de la barre du tonneau, & qui est près de la lie: le vin louche, celui qui n'a pû se bien éclaircir: le vin souffré, celui qu'on a mis dans des futailles dans lesquelles on a brûlé du souffre préparé, pour lui faire passer la mer ou le conserver: du vin collé, celui où on a mis de la colle de poisson pour l'éclaircir: du vin de teinte, de gros vin avec lequel on teint les vins qui péchent en couleur; il vient ordinairement auprès de Blois: du vin qui sent le fust, celui à qui quelque douve gâtée a donné un mauvais goût: du vin de coipeau, celui qu'on a fait passer pour l'éclaircir ou l'adoucir sur des coipeaux de bois de hestre: & enfin du vin de rapé, celui qu'on jette sur un rapé de raisins. *V.* Rapé.

La lie du vin est l'impureté du vin, ce cediment épais qui reste au fond du tonneau, lorsque le vin après avoir été quelque tems en repos, est entierement tiré. La baissiere est le vin un peu au-dessus de la lie, qui s'aigrit & s'évente, & qui n'est plus potable. Ce sont les Maîtres Vinaigriers qui font le négoce des baissieres & des lies de vin, qui les pressent pour en faire du vinaigre, & qui les réduisent en pains pour les vendre. *Voyez* Lie. *Voyez aussi* Vinaigrier, *& ci-après le Commerce des vins en détail.*

On appelle Bran-de-vin, de l'eau-de-vie commune; & Esprit de vin, de l'eau-de-vie rectifiée. *Voyez* Eau-de-vie.

Vin. Se prend aussi quelquefois figurément. On dit: Un pot de vin, pour signifier une somme qu'on convient de donner en passant un marché, un bail, ou quelque autre convention de commerce, au-dessus de la somme principale dont on est convenu. *Voyez* Pot de vin.

L'on dit aussi: Le vin des Garçons, pour dire, une petite gratification qu'on donne aux Compagnons quand l'on est content de l'ouvrage que le Maître a fourni. Cette sorte de gratification s'appelle Vin, parce qu'ordinairement elle se dépense en vin au Cabaret. *V.* Garçons.

On appelle Marchands de vin, non-seulement ceux qui vendent & achetent du vin en gros, mais encore ceux qui le débitent en détail, comme les Cabaretiers & Taverniers.

Les Courtiers de vin sont ceux qui goûtent

les vins arrivans sur l'étape, ou qui adressent les Acheteurs aux Vendeurs.

Les Jurés Vendeurs de vin sont des Officiers qui reçoivent les deniers de la vente des vins, & qui en répondent, ou les avancent aux Marchands.

Les Jaugeurs de vin, ceux qui jaugent les tonneaux de vin arrivant sur les Ports pour en sçavoir la capacité & continence.

Les Déchargeurs de vin sont ceux qui font la décharge des vins achetés par les Bourgeois hors des batteaux.

Les Jurés Crieurs de vin ceux qui annoncent les vins qui sont à vendre.

Enfin les Gourmets de vin, ceux qui goûtent les vins pour juger de leur bonté.

Commerce des Vins.

Toutes sortes de climats & toutes sortes de terres n'étant pas également propres pour la culture des vignes, & le vin étant devenu comme d'une espece de nécessité pour la boisson des hommes, particulierement parmi quelques Nations d'Europe, l'on ne doit point être surpris que le commerce en soit si considerable, surtout celui qu'en font les François, les Anglois, & tous les peuples du Nord. Mais si en général les vins sont un si grand objet de négoce, on ne peut disconvenir que ceux de France ne soient & pour l'abondance, & pour la bonté, & pour le débit, bien & au-dessus de tous les autres. On va donc parler d'abord du commerce des Vins François, & l'on parlera ensuite de celui des Vins étrangers.

L'on peut considerer le commerce des Vins de France de deux manieres; l'une par rapport à la consommation qui s'en fait dans le dedans du Royaume; & l'autre par rapport à ceux qui s'envoyent, ou qui se transportent au dehors. On fera de l'un & de l'autre des sections differentes.

Commerce des Vins de France au dedans du Royaume.

Le commerce des Vins au-dedans du Royaume, particulierement des vins qui viennent à Paris, est un objet d'une telle importance, qu'on le compte pour une de ces trois sources si abondantes qui fournissent presque à tous les besoins de l'Etat, & qui sont assez connues sous le nom d'Aydes, de Gabelles & de Cinq grosses Fermes.

Pour regler ce commerce, & fixer les droits qui en doivent revenir au Roi, il y a quantité d'Edits, de Déclarations & d'Arrêts du Conseil, mais particulierement une Ordonnance de Louis XIV donnée à Fontainebleau au mois de Juin 1680.

Par cette Ordonnance la vente des vins est de deux sortes, la vente en gros & la vente en détail.

La vente en gros est celle qui se fait en muids, demi-muids, queues, demi-queues, pipes, bariques, & autres tels vaisseaux suivant les lieux & les usages. La vente en détail est celle où l'on débite le vin en petites mesures, comme pintes, chopines, demi-septiers, &c.

Dans le sens de l'Ordonnance, ces deux ventes, en gros & en détail, ne doivent s'entendre que relativement aux droits qui sont dûs au Roi pour l'une & pour l'autre: dans un autre sens on peut les prendre pour la profession des Marchands de vin, dont les uns font la vente des vins en gros, sans la pouvoir faire en détail, & les autres les vendent en détail, sans avoir permission de les vendre en gros: mais on parle ailleurs de ces deux especes de Marchands de vin. *V.* MARCHAND DE VIN, CABARETIER *&* TAVERNIER. *V. aussi* AUBERGISTE *&* HOSTELIER.

Tout vin qui se vend en gros dans les Généralités, Villes & lieux où les Aydes sont établies, doit au Roi le droit qui de-là s'appelle Droit de gros, qui se paye à raison du vingtiéme du prix de la vente; & tout vin est réputé vendu en gros, non-seulement à l'égard de la premiere vente, mais encore autant de fois qu'il est revendu, donné en payement ou en échange, même de vin à vin.

Les vendanges non encore foulées ni pressurées, si elles se vendent, payent aussi le droit de gros, mais sur le pied de deux muids de vin pour trois muids de vendanges.

Le Vendeur est tenu de déclarer le véritable prix de la vente de son vin pour en payer le gros, sans déduction de futailles, voiture, &c. & en cas de fausse déclaration, le Commis peut prendre le vin pour le prix déclaré.

Il y a des personnes, des Généralités, des Provinces & des Villes, Bourgs & Villages, qui ne sont point sujets au droit de gros pour la vente de leur vin. On peut lire pour ces exceptions le titre 9 des droits de gros sur le vin, de l'Ordonnance de 1680.

Les droits qui sont dûs au Roi pour la vente du vin en détail se nommoient anciennement Droits de huitiéme & d'augmentation; mais depuis l'Ordonnance ils se payent sous le nom de Droit réglé.

Ce droit est de deux sortes; l'un de cinq livres huit sols pour chaque muid de vin mesure de Paris, vendu à pot; l'autre de six livres quinze sols pour celui vendu à assiette. On explique ces termes à leur article. Il y a néanmoins des Généralités, Elections & Villes où ces droits sont moins considérables; quelques-uns ne payant que cent sols tant à pot qu'à assiette, d'autres trente-trois sols, & d'autres seulement vingt-huit sols; sur quoi on peut lire l'article 2 du titre 1 des droits de détail sur le vin.

Les vins de liqueur, soit du crû du Royaume, soit venans des Pays étrangers, vendus à pot ou à assiette, payent de droit de détail quinze livres pour muid.

Tout vendant vin en détail, avant de commencer son débit, doit déclarer au Bureau non-seulement le vin qu'il a dessein de vendre, mais encore celui qu'il a en sa possession, & de plus s'il est de son crû ou d'achat, & si c'est à pot ou à assiette qu'il entend le vendre. Il est pareillement tenu après sa déclaration faite, de mettre un bouchon ou enseigne à la porte où doit se faire le débit de son vin.

Les vins marqués pour le détail ne peuvent être vendus en gros ni enlevés, qu'ils n'ayent été démarqués par les Commis, non plus qu'aucun remplage se faire sur les tonneaux marqués ou démarqués, sans les y appeller, & le faire en leur présence.

Les rapés de coipeau sont absolument défendus aux Détailleurs sous peine de confiscation & d'amende; & ceux de raisin seulement permis à proportion d'une certaine quantité de vin actuellement dans leurs caves. *V.* RAPE'.

L'on ne parle point ici des autres conditions portées par la même Ordonnance, & qui sont propres aux Hôteliers, Taverniers & Cabaretiers, en étant traité à leur article où l'on peut avoir recours.

A l'égard des personnes qui logent en chambres garnies, de ceux qui tiennent pensions, & des Buvetiers, qui sont en quelque sorte du nombre de ceux qui débitent du vin en détail, on n'en parle point ici, n'ayant aucun rapport au dessein de ce Dictionnaire, & l'on se contente d'indiquer le Titre 4 des Droits de détail de la même Ordonnance, où il en est traité.

On ne peut faire en France aucun achat de vin, ni l'enlever d'un lieu ou d'une Ville en une autre, après l'avoir acheté; non pas même le transporter d'une maison à une autre maison voisine, quand ce ne seroit que pour l'encaver plus commodément, sans avoir obtenu du Fermier des Aydes ce qu'on appelle un Congé, c'est-à-dire, une permission d'en faire le transport.

Le congé qui se donne pour seulement le déplacer, sans qu'il y ait eu de vente, se nomme Congé de Remuage. *V.* CONGE'.

Enfin il est défendu à tous Marchands de vin, tant de Paris que Forains, d'en faire & en tenir magasins dans l'étendue de trois lieues de la Ville; ce qui s'entend aussi de toutes les autres Villes du Royaume où il y a des Etapes établies pour les vins.

Outre l'Ordonnance des Aydes de 1680, qui bien que générale pour tout le Royaume, semble particuliére pour la Ville de Paris, sur-tout pour ce qui regarde les entrées du vin, les entrepôts & le commerce qui s'y fait en gros & en détail, cette Capitale a encore l'Ordonnance de la Ville de 1672, qui en sept chapitres, qui sont les 8, 9, 10, 11, 12, 13 & 14, régle non-seulement la police & le commerce des vins qui arrivent sans cesse dans cette grande Ville de toutes les Provinces, mais encore les fonctions des Jurés-Vendeurs & Controlleurs de vins, des Jurés-Courtiers, des Jaugeurs, des Maîtres Déchargeurs & des Jurés-Crieurs de vins.

L'on peut voir à leurs propres articles les fonctions de tous ces Officiers, & la discipline qu'ils doivent observer; & l'on peut aussi avoir recours aux articles des Marchands de vin & Cabaretiers pour ce qui leur est propre; ainsi on n'ajoutera ici que ce qu'on ne peut mettre plus commodément ailleurs.

1°. Tout Bourgeois ou Habitant de Paris voulant faire marchandise de vin en détail, doit en faire déclaration au Greffe de la Ville, renoncer à tout autre Métier s'il en a, & laisser sur l'étape un tiers des vins qu'il fait arriver sur les Ports, pour y être vendus en gros. Les Bourgeois ont néanmoins le privilege de vendre en détail & à pot le vin de leur crû, sans être obligés à aucune de ces conditions.

2°. Il est permis à toutes personnes, même aux Bourgeois, à l'exception des Jurés-Vendeurs & Controlleurs de vins, Courtiers, Jaugeurs & Tonneliers, de faire amener & faire vendre en gros sur les ports & étapes les vins qu'ils ont achetés au-delà des vingt lieues; n'y ayant que les Bourgeois non Marchands de vin qui ayent droit d'en enlever plus près, mais seulement pour eur provision.

3°. Les vins encavés pour être vendus en détail, ne peuvent être vendus en gros sans permission des Prevôt & Echevins, & en payant les droits des Officiers.

4°. Il est défendu à tout Marchand privilégié ou non privilégié d'arrher les vins sur le sep, ni aller au-devant des vins chargés pour Paris, les marchander, retenir ou acheter, à peine de confiscation des vins à l'égard du Vendeur, & du prix de l'achat à l'égard de l'Acheteur.

5°. Il est ordonné aux Hôteliers & Cabaretiers de se fournir sur les ports & étapes, des vins propres à leur commerce & non ailleurs; & défendu aux Taverniers de fermer leurs caves, qu'ils n'ayent entiérement vendu leurs vins.

6°. Les Ports destinés pour l'arrivée & décharge des vins des Marchands de Paris, sont les Ports de S. Paul, de la Tournelle & de S. Nicolas; avec cette différence entre ces Marchands & les Marchands Forains, que ceux-ci sont obligés de faire descendre au Port de vente, en Gréve ou à la Halle, la totalité de leurs vins pour y être vendus; & que les autres peuvent en faire la vente dans leurs bateaux, où ils sont néanmoins tenus de mettre une banderole pour être reconnus.

7°. La totalité des vins que les Marchands Forains font arriver par terre, & le tiers de ceux appartenans aux Marchands de Paris, doivent être conduits à l'étape pour y être vendus; avec défenses à ceux-ci d'acheter ou faire acheter par personnes interposées ledit tiers à eux ou à d'autres appartenant.

8°. Enfin les Marchands de Paris, aussi-tôt l'arrivée de leurs vins, sont tenus de faire déclaration au Greffe de la Ville, de la quantité desdits vins & du nom du Voiturier; s'il est destiné le tout pour être vendu en gros, ou le tiers seulement, ou s'ils veulent mettre ledit tiers en vente ou à l'étape.

A l'égard des vins étrangers, dont dans certaine saison on fait un si grand débit en détail dans plusieurs caves de Paris, il est ordonné par les mêmes Réglemens de la Ville, qu'ils ne pourront être exposés en vente, que le prix n'en ait été fixé par les Prevôt des Marchands & Echevins, pour être mis en leur enseigne, afin que le Public en ait connoissance, & qu'on ne puisse lui surfaire: Et afin que le Public ne soit point trompé sur la qualité, par le mélange que les Marchands en détail pourroient faire de ces vins avec d'autres liqueurs, il leur est fait non-seulement défense de tenir dans leur cave d'autres vins que ceux qu'ils ont fait ainsi taxer à la Ville, mais encore les pieces de vin mises à prix, doivent être scellées sur les bondons par les Officiers à ce préposés.

On appelle Vins Etrangers tous les vins de liqueur dont on a parlé ci-dessus, & qui ne sont pas d'un usage ordinaire, quoique la plûpart de ceux qui se vendent à Paris, soient du crû du Royaume, particuliérement de Provence & du Languedoc.

Commerce des Vins de France avec les Etrangers.

Il n'y a gueres de vins de France, sur-tout des meilleures qualités, ou que les vaisseaux François ne transportent dans les pays étrangers, même les plus éloignés; ou que les vaisseaux étrangers ne viennent eux-mêmes charger dans plusieurs Ports du Royaume.

Les lieux où les vaisseaux François vont le plus ordinairement porter leurs vins, sont entr'autres, les Villes de la mer Baltique & du Nord, les Isles Antilles Françoises, Cayenne, Quebec, & les autres Colonies que la France a dans l'Amérique Septentrionale; les Côtes d'Italie, Tunis, Alger, quelques autres endroits de la Méditerranée, & quelques Côtes d'Afrique.

Les Négocians François qui entreprennent le commerce de la mer Baltique du Nord & de l'Amérique, font le plus souvent l'armement & la cargaison de leurs navires à Bordeaux, à la Rochelle, à Nantes, à Rouen & autrefois à Dunkerque; les Provençaux qui font leur négoce sur la Méditerranée chargent à Marseille & à Toulon, & dans quelques petits Ports de leur Province.

Les vins qui se portent aux Isles Françoises & à Quebec, y sont envoyés pour la plûpart par les Marchands de Bordeaux, de la Rochelle & de Nantes, les Normands & les Flamans s'adonnant plus volontiers au commerce du Nord.

Les vins qui se déchargent à Quebec ne sont que pour les François, étant défendu d'en faire aucun commerce avec les Sauvages, ni de leur en vendre, sur-tout lorsqu'ils descendent des lacs pour venir faire avec les François le commerce de leurs pelleteries.

Bien que ces transports & ces envois de vins de France que font les Marchands François par les vaisseaux de la Nation, soient très considérables, il est certain qu'ils n'approchent pas de la quantité que les Etrangers viennent eux-mêmes en enlever tous les ans.

Les Anglois, les Ecossois, les Irlandois, les Hollandois, les Flamans & les Hambourgeois sont dans le tems de Paix les Nations qui envoyent le plus de vaisseaux enlever des vins François; mais quand la guerre est déclarée entre la France, l'Angleterre & la Hollande comme elle l'a presque toujours été sous le regne de Louis XIV, les Danois & les Suedois, s'ils sont en neutralité, ont coutume de se joindre aux Hambourgeois pour faire ce négoce, soit pour eux, soit pour les Peuples que l'interruption du commerce empêche d'être reçûs dans les Ports de France.

C'est ordinairement à Bordeaux, à la Rochelle, à Nantes & à Rouen que les Etrangers viennent charger les vins de France.

Les vins de la riviere de Nantes n'étant gueres bons qu'à brûler, la plus grande quantité de ceux qu'on y charge pour l'Angleterre, l'Ecosse, l'Irlande, la Hollande, la Flandre, la mer Baltique, le Nord, les Isles Françoises de l'Amérique & les Colonies que la France a dans le Canada & dans le reste de ce grand Continent, se tirent par la riviere de Loire, de Touraine, d'Anjou, de Vauvray, du Pays Blaisois & d'Orléans. On y charge aussi des vins de l'Isle de Rhé.

Les vins d'Anjou qui sont la plûpart blancs & d'assez bonne qualité, se mettent en pipes de 60 veltes, ou en bariques longues de trois pieds qui ne contiennent que trente veltes, chaque velte de quatre pots. A l'égard des vins Nantois qui sont à peu près de la couleur de ceux d'Anjou, mais d'une bien moindre qualité, le peu qui s'en enleve se vend en bariques courtes qui n'ont que deux pieds & demi, mais qui sont de trente-deux à trente-trois veltes.

Les vins qui se chargent à Bordeaux se recueillent partie dans l'Election de Bordeaux, partie dans celle de Condom & dans l'Agenois, & partie dans la Généralité de Montauban & dans le Languedoc. Autrefois quand les années étoient bonnes & que le commerce étoit ouvert avec les Anglois & les Hollandois, il s'en enlevoit souvent jusqu'à quatre-vingt & cent mille tonneaux. La barique de vin de Bordeaux doit contenir 110 pots compris la lie, & doit péser 500 livres, & le tonneau deux mille.

Les Anglois enlevent aussi des vins de la basse Navarre & du Bearn, particuliérement de ceux de la Sénéchaussée de Morlaos qu'ils ne trouvent pas moins excellens que les meilleurs qu'ils prennent à Bordeaux, Nantes & la Rochelle.

Les autres vins de France propres aux Anglois & qui se recueillent dans le cœur du Royaume, sont ceux de Mantes, de Bourgogne & de Champagne qu'ils chargent à Rouen, à Dunkerque & à Calais. Toutes ces mêmes qualités de vins qui conviennent aux Anglois, conviennent aussi aux Hollandois; mais ces derniers en enlevent incomparablement davantage.

Mildebourg a toujours passé pour l'Etape des vins que les Hollandois viennent charger dans les Ports de France; Amsterdam & Roterdam en sont néanmoins presqu'aussi-bien fournies que Mildebourg, pour ne pas dire mieux.

Les vins de France se vendent à Amsterdam par tonneaux de quatre bariques, depuis 8 à 10, jusqu'à 50 liv. de gros le tonneau argent courant. Quand la vente est en deniers comptans, le Vendeur remet un pour cent du prix. Le courtage se paye à raison de 12 s. par tonneau; sçavoir 6 s. par le Vendeur & 6 par l'Acheteur.

Quand on veut se défaire promptement de son vin, on le vend au bassin, c'est-à dire, après en avoir mis des affiches en plusieurs endroits, particuliérement à la Bourse, qui indique le nom du Marchand qui veut vendre, la quantité & qualité du vin qu'on met en vente; enfin le lieu & l'heure de la vente.

On appelle cette maniere de vendre, Vendre au bassin, parce que les Marchands s'appellent au son d'un bassin de cuivre ou d'un plat d'étain; ce qui est à peu près comme en quelques Villes de France le cri public ou le son du tambour. La Ville d'Amsterdam retire de ces ventes au bassin un droit de demi pour cent. On explique ailleurs plus au long comme se fait à Amsterdam cette vente au bassin. *V.* VENDU-MEESTER.

Il y a dans cette Capitale de la Hollande trois mesures pour la barique de vin de Bordeaux qui sont l'Ancker, le Steckan & le Mingle. Il faut pour une barique six Anckers, ou douze Steckans: ou deux cens Mingles, chaque mingle pésant deux livres un quart, c'est-à-dire, à peu près la bouteille de Bordeaux.

Des vins que les Anglois & Hollandois viennent charger en France, il n'y en a qu'une partie qui se consomme chez eux; le reste sert à leur commerce du Nord & de la mer Baltique, & à transporter dans leurs Colonies & dans les Isles de l'Amérique.

Hambourg est celle des Villes du Nord où il se fait un plus grand négoce des vins de France; il s'y en débite par an environ six à sept mille bariques presque toutes de blancs, dont les Hambourgeois viennent eux-mêmes, comme on l'a dit, en enlever une partie à Nantes, la Rochelle & Bordeaux.

Il faut à Lubec quatre mille bariques, à Konisberg environ mille, à Riga, Revel & Nerva, gueres plus de quatre cens bariques pour chacune; les vins pour ces quatre Villes doivent être clairets & doux. Stetin n'en consomme que deux cens bariques, assez souvent moins.

Les vins de France que l'on porte à Bremen doivent être blancs & vigoureux, tels que ceux d'Anjou, de Coignac & du haut Pays de Guyenne; ceux qu'on porte à Dantzic ne sont que pour la Prusse, & ne passent pas mille bariques, les vins de France étant peu estimés dans le reste de la Pologne, & les Polonois leur préférant les vins Hongrois.

A Archangel on n'aime que les vins de Bordeaux & d'Anjou que leur portent les Anglois & les Hollandois, particuliérement ces derniers, qui en ont toujours leurs celliers bien fournis. Il en faut les trois quarts de rouge, & seulement un quart de blanc.

En Norvege, & particuliérement à Bergue la Ville du plus grand commerce de ce Royaume soumis à la domination Danoise; il se débite mille à douze cens bariques de vins de France: il en faut moins pour Copenhague & pour Elseneur, & davantage pour Stokolm, c'est-à-dire, environ mille tonneaux. Les vaisseaux François portent dans le Nord une partie de ces vins, mais ce sont en tems de paix les Hollandois qui en font le plus grand commerce.

Les droits d'entrée qui se payent pour le vin dans toutes ces Villes du Nord & de la mer Baltique sont différens suivant les lieux, dans quelques-uns peu considérables, dans d'autres médiocres & dans quelques endroits excessifs.

A Bremen on paye seulement un & demi pour cent; à Hambourg à peu près de même pour le fond du droit; mais outre cela une richedale par lest pour la décharge, & quatre sols encore par lest à Stade au profit du Roi de Suede.

A Lubec les droits sont encore moins forts, ils ne sont que de trois quarts pour cent. A Copenhague la barique de vin paye six richedales deux tiers; à Elseneur trois pour cent de l'estimation; en Norvege six richedales aussi par barique; à Stokolm 60 richedales par tonneau; à Riga & dans les autres Ports de la domination Suedoise à peu près sur le même pied. Enfin à Archangel cinq pour cent sur le pied de l'estimation qu'en font les Fermiers du Czar à l'arrivée des vaisseaux.

Ce qu'on a dit jusqu'ici du commerce des vins de France qu'on envoye à l'étranger, ne regarde que le commerce qui s'en fait par mer. Celui par terre quoique moins considérable ne laisse pas cependant de l'être beaucoup. C'est par cette voie que la Flandre en tire quantité de Champagne & du Soissonnois, particuliérement d'Ormery, de Châtillon, de Vertus, de Dormans, de Guischy, de Pagnan & de Coussy; & les Suisses aussi beaucoup de Bourgogne & de Languedoc: enfin c'est pareillement par terre qu'on en conduit en Allemagne un assez bon nombre de ces derniers, & en Savoye & en Piedmont beaucoup de ceux de Provence.

On peut aussi mettre au nombre des vins François dont le commerce est considérable avec les étrangers, ceux du Barrois desquels les Liégeois, les Luxembourgeois & les Marchands de vin des Pays Bas enlevent année commune jusqu'à trente mille pieces.

Les vins destinés à l'étranger traversant Paris, & y passant, comme on dit, de bout, ne sont point sujets aux droits d'entrée, en justifiant par le Marchand ou Voiturier, de leur Lettre de voiture en bonne forme, & en fournissant caution au Bureau de rapporter certificat des lieux où le vin aura été embarqué, & du payement des droits de sortie. A l'égard du droit de 14 s. par muid nommé Droit d'augmentation, il se paye même pour le vin qu'on transporte hors du Royaume, si c'est par eau, au Port de la derniere Ville où ce droit a cours, & si c'est par terre, au dernier Bureau de la frontiere.

Les droits de sortie pour les vins sont différens en France, suivant les différentes Provinces par où s'en fait le transport.

Les vins de quelque Pays ou crû que ce soit sortant par les Provinces de Champagne & Bourgogne, payent le tonneau, mesure de Paris faisant trois muids, dix livres.

Ceux sortant par toutes les autres Provinces de l'étendue des Fermes, douze livres.

Ceux qui sortent de la Ville & Banlieue de Rouen, tant pour les Pays étrangers que pour la Province de Normandie, douze livres, outre les droits de l'article précédent, ce qui fait en tout 24 livres.

Enfin ceux sortant par les Provinces d'Anjou, le Maine, Thouars & Châtellenie, & de Clate, seize livres.

Tous les vins indistinctement destinés & déclarés pour être envoyés aux Isles & Colonies Françoises de l'Amérique, ayant été dechargés de tous droits de sortie, les vins d'Anjou & de la Loire avoient été compris dans l'exemption générale accordée par l'article III des Lettres Patentes du mois d'Avril 1717.

Sa Majesté ayant depuis été informée, qu'outre que cette derniere nature de vin n'étoit pas propre pour les Isles, la plûpart de ceux qui étoient déclarés au Bureau de Saumur, & dans les autres Bureaux de l'Anjou, non-seulement n'étoient point envoyés ausdites Isles & Colonies, mais encore étoient survuidés à Nantes par les Marchands, qui les vendoient en fraude des droits, remplissant ensuite les futailles Anjevines de vin Nantois, plus convenables aux Isles & aux Colonies, qu'ils faisoient partir & embarquer comme vin d'Anjou.

Pour remédier à cet abus, & sans néanmoins déranger le commerce des Colonies, où il ne s'envoye presque point de vin d'Anjou ou de la riviere de Loire, Sadite Majesté a ordonné par un Arrêt du Conseil d'Etat du 10 Mai 1723, & par les Lettres Patentes sur icelui du 22 du même mois, enregistrées à la Cour des Aydes le 17 Juin suivant, qu'à l'avenir, à commencer du jour de la publication dudit Arrêt, les vins d'Anjou & autres de la riviere de Loire, sortant de l'étendue des cinq Grosses Fermes, quoique déclarés pour les Isles & Colonies Françoises de l'Amérique, acquitteroient les droits de sortie ordinaires, Sa Majesté dérogeant pour ce regard seulement à l'article III des Lettres Patentes du mois d'Avril 1717.

Les droits d'entrée sont pareillement différens suivant leur qualité & les lieux d'où ils viennent.

Le vin muscat paye la pipe ou botte huit livres.

Celui de Lorraine & autres Pays étrangers qui ne sont pas vins de liqueurs, trois livres la queue.

Ceux de Gascogne, Gaillac & Coignac, cinq livres par tonneau.

Enfin ceux de Ré & autres semblables, trois liv.

On parlera plus bas des droits d'entrée sur les vins de liqueurs qui viennent des Pays etrangers.

On ne dit rien ici des droits d'entree que le vin paye aux barrieres de Paris, qui sont reglés par l'Ordonnance des Aydes de 1680, à 18 livres par muid entrant par eau, & 15 livres pour celui entrant par terre, & à 24 livres pour chaque muid de vin de liqueur, soit qu'il entre ou par eau ou par terre, parce qu'y ayant eu depuis plusieurs augmentations qui ont aussi varié diverses fois, ce qu'on en diroit presentement ne se trouveroit peut-être plus veritable dans peu de tems.

Commerce des Vins étrangers.

La plûpart des vins étrangers dont les François font commerce, & qu'ils tirent soit en droiture des lieux où ils croissent, soit d'Angleterre ou de Hollande où ils les ont de la seconde main, sont des vins de liqueur, à la réserve de ceux du Rhin & de la Moselle qui sont des vins secs.

Les vins d'Espagne, qui pour ainsi dire tiennent le premier rang entre ces vins qui viennent du dehors, sont de deux sortes, de blancs & de clairets, presque tous excellens: il y en a aussi de très couverts, comme sont ceux qu'on nomme vins d'Alicante; mais on se sert plus volontiers de ces derniers comme d'un agréable & excellent remede contre les foiblesses d'estomac & les indigestions.

Les François font quelque commerce de vins d'Espagne, & en chargent en partie leurs vaisseaux pour les retours des marchandises qu'ils envoyent en Espagne; mais ce n'est rien en comparaison de ce que les Anglois & les Hollandois en enlevent, tant pour leur usage particulier, que pour leur Commerce du Nord où en plusieurs endroits on les préfere aux vins de France.

En tems de paix ce qu'il sort de vins de divers Ports d'Espagne, va environ à quatre mille bottes par an, quelquefois à cinq mille; mais l'on a vû souvent dans des années de guerre, avant que la Maison de France eût succedé à celle d'Autriche à la Monarchie d'Espagne, les Anglois & les Hollandois en enlever jusques à seize mille bottes pour leur tenir lieu des vins François qu'il ne leur étoit pas permis d'aller charger en Guyenne, en Bretagne, en Normandie & à la Rochelle.

Les lieux d'où l'on tire le plus de vins d'Espagne sont Malaga, Alicante, Sainte Marie, Porto Réal, San-Lucar, & Rom, les uns sur la Méditerranée, les autres sur l'Océan: on en charge aussi à Cadix.

L'on peut mettre au nombre des vins d'Espagne les fameux vins des Canaries, autant parce que ces Isles d'Afrique où ils se recueillent appartiennent aux Espagnols depuis que la prise de possession en eût été faite au nom du Roi de Castille en 1401, par Jean de Betancour Seigneur François, que parce qu'une grande partie de ces vins s'apportent dans plusieurs Ports d'Espagne où les Européens les viennent charger.

Quoique toutes les Isles Canaries produisent d'excellent vin, on donne néanmoins le prix à ceux de l'Isle de Palme & de Fano. Les Hollandois & les Anglois sont ceux qui en font le plus grand commerce le plus souvent en droiture; ces derniers en enlevent par an jusqu'à seize mille tonneaux partie pour eux, partie qu'ils portent dans le Nord.

Il s'en faut bien que les vins de Portugal soient si excellens que ceux d'Espagne; ils ont même, outre un déboire peu agréable auquel les Etrangers s'accoutument malaisément, une qualité préjudiciable à la santé de ceux qui n'y sont pas faits.

Les Anglois pendant la guerre pour la succession d'Espagne ne pouvant plus tirer de vins des Ports de ce Royaume, & les vins de France leur manquant en même tems, voulurent substituer aux uns & aux autres ceux de Portugal; mais leur tentative ne leur réussit pas; ils eurent beau les brasser, comme ils parlent, c'est-à-dire, les mixtionner & les frelater, après plusieurs consultations des Médecins Anglois, & diverses analyses que les Chymistes en firent, ils furent rejettés & sur le point d'être défendus.

Madere Isle d'Afrique dans la mer Atlantique, découverte en 1410 par les Portugais, & toujours depuis unie à leur Monarchie, a au contraire des vins délicieux, mais qui sont meilleurs de deux ou trois feuilles que dans la premiere année, à cause d'un goût âcre & ardent qui ne se dissipe qu'avec le tems, pour se changer en douceur & en force. On en tire année commune trente mille fiares mesure d'Italie, qui pese environ cent quarante livres chacune. Le plan des vignes qui le produisent y fut apporté de Candie après que l'Isle eut été défrichée.

Ce vin s'enleve partie par les Européens, principalement par les Anglois & Hollandois qui quelquefois le tirent en droiture de Madere, mais plus souvent le chargent en Portugal; & partie se porte par les Portugais mêmes sur les Côtes d'Afrique où ils ont de grands établissemens, & au Brésil dont ils sont restés les Maîtres après l'avoir reconquis sur les Hollandois. Le vin de Madere paye au Brésil plus de huit pistoles par pipe de droits d'entrée, ce qui fait qu'il y est très cher.

Les vins du Rhin & de la Moselle ne font pas une partie du commerce des vins étrangers: il en passe quelques-uns en France; mais la plûpart, outre ce qui s'en consomme dans le Pays, est pour les Hollandois qui en tiennent leurs plus grands magasins à Dordrek; ils les tirent ordinairement de Cologne où ils se conduisent par le Rhin & qui en est proprement l'étape.

Vienne en Autriche, les Pays héréditaires de l'Empereur, & les Quartiers de l'Allemagne qui sont proche du Danube, se servent assez communément des vins de Hongrie; il s'en conduit même jusqu'en Lorraine d'où il en passe quelques-uns en France. C'est aussi des vins de Hongrie que presque toute la Pologne se fournit. Ces vins pour la plûpart sont vigoureux, mais fumeux à peu près de la qualité des plus forts vins de la riviere de Bordeaux; il faut néanmoins en excepter les vins de Tokai qui approchent davantage de ceux de Canarie avec qui même ils disputent d'excellence: ce sont de ceux-ci dont on voit à Paris.

On dira peu de chose des vins d'Italie, parce qu'il ne s'en fait pas un grand commerce au dehors. Les meilleurs sont ceux de Gensane, d'Albano & de Castel-Gandolfe aux environs de Rome,

Rome. Le vin Grec de Naples & le Lacrima-Christi; la Verdée, la Moscadelle & le Montefiscone de Florence; enfin ceux de Piedmont & de Montferrat. Les Italiens font plutôt des présens de ces vins aux étrangers, qu'ils n'en font un vrai négoce avec eux. Dans quelques endroits d'Italie les tonneaux où l'on conserve ces vins, sont larges & courts presque de la figure des fromages de Hollande; & dans d'autres si longs que leur longueur a sept de leur diametre.

Les vins d'Espagne, Canarie, Madere & autres Pays étrangers, payent en France de droits d'entrée 10 livres la pipe ou la botte.

On a crû superflu de mettre ici les noms & la jauge des vaisseaux dont on se sert dans les diverses Provinces de France & dans les Pays étrangers pour conserver & vendre les Vins dont il est fait mention dans cet article; l'on en traite amplement en plusieurs articles de ce Dictionnaire.

Pour les noms ils se trouvent tous à l'article général des mesures des liquides, & pour leur jauge aussi-bien que leurs raports les uns aux autres, on peut avoir recours à leurs articles particuliers.

VIN DE VILLE. On nomme ainsi à Bordeaux tout le vin qui se recueille dans sa Senechaussée: ce vin en tems de foire ne paye point les droits de la grande & petite coûtume à la cargaison; mais seulement un sol par tonneau. *Voyez* BORDEAUX, où il est parlé des droits que ce vin y paye.

VIN DE DEMIE-MARQUE. Ce sont les vins de certains cantons de la Guyenne, particulierement de ceux qu'on appelle la nouvelle Conquête.

On parle ailleurs des droits que les vins payent à Bordeaux, tant à la descente ou entrée, qu'à la sortie. *Voyez comme dessus*, où il est traité des droits des Vins de demie-marque.

VIN DE HAUT-PAYS. Ce sont les vins de toutes sortes de crûs, qui se recueillent au-dessus de Saint Macaire, qui est sept lieues au-dessus de Bordeaux: on les nomme ainsi, pour les distinguer de ceux qui se font dans la Sénéchaussée de Bordeaux, qu'on appelle Vins de Ville. *V. comme dessus*, où il est parlé de ces Vins.

VIN AROMATIQUE. Le vin aromatique est un vin qui se recueille aux environs de Chiavennes Ville des Grisons sur la petite riviere de Miara. Il est naturel, & son nom ne lui vient pas de ce qu'il soit composé d'aromats; mais de ce qu'il est aussi fort & en même tems aussi délicat que si les parfums les plus précieux, & les épiceries les plus fines entroient dans sa composition.

Le raisin dont il se fait est très gros, & n'est pas moins excellent que les meilleurs raisins d'Italie: afin qu'il ne manque rien à sa maturité, la vendange ne s'en fait qu'en Novembre. Si-tôt qu'il est cueilli, on en transporte les grappes dans des greniers, où on les laisse deux ou trois mois pendues par la queue. Au bout de ce tems-là on choisit celles qui sont tout-à-fait saines, & on les porte au pressoir. La liqueur qui s'en exprime, se met dans une cuve découverte où on la laisse fermenter, prenant soin de l'écumer deux fois par jour. Quand elle ne jette plus d'écume, le vin est fait, & il s'entonne dans des futailles où il peut se conserver plusieurs années.

Ce vin d'abord est très doux, & ne prend toute sa force qu'au bout de l'année.

Quand ceux qui en ont se proposent de le boire, ils percent les tonneaux un peu au-dessus de la barre; & lorsqu'ils l'ont tiré jusques-là, ils les remplissent de vin nouveau, ce qu'ils ont soin de faire tous les ans.

Chaque année au mois de Mars, ce vin a coutume de fermenter, ce qui le rend trouble de telle maniere qu'il n'est pas possible d'en boire que la fermentation ne soit passée, elle dure ordinairement un mois. Le vin aromatique est blanc, quoiqu'il soit fait de raisins rouges.

Il se fait peu de commerce de ce vin, se consommant presque tout dans le pays, ou du moins ne servant guere qu'à faire des présens.

VIN. On appelle Vin de Cannes le sucre qu'on exprime des cannes à sucre avant qu'il ait été reduit en syrop; on lui donne aussi le nom de Vesou. *Voyez* SUCRE.

VINAIGRE. Vin qui s'est aigri de lui-même, ou qu'on a fait aigrir en y mêlant quelques acides, ou autres drogues, dont les Maîtres Vinaigriers font un grand mistere, & pour lesquels ſ'à ce qu'on croit communément, ont une sorte de serment entr'eux de ne les point révéler ni communiquer aux personnes qui ne sont pas du Métier.

Il se fait du vinaigre avec d'autres liqueurs aigries que le vin, & il y a des vinaigres de cidre & de bierre, & même d'eau: on en prépare aussi avec des fleurs, des herbes, des légumes & des fruits; comme avec des fleurs de roses, des fleurs d'orangers, des fleurs de sureau, des framboises, de l'ail, de l'estragon, &c.

De tous les vinaigres de vin qui se font en France, celui d'Orleans est estimé le meilleur, soit à cause que les vins y sont plus propres, soit parce que les Vinaigriers le sçavent mieux préparer.

Le commerce du vinaigre est assez considerable en France. Outre la consommation du Royaume, & particulierement de Paris, qui est très grande, il en va quantité à l'Etranger. Les Anglois, Ecossois, Irlandois & Hollandois, en enlevent beaucoup de celui de Guyenne par Bordeaux, & de ceux de l'Orleanois, du Blesois, de l'Anjou, du pays d'Aulnix & de la Bretagne, par la Rochelle, Nantes & saint Malo; ce qui ne va pas moins, année commune, qu'à mille ou douze cens bariques, qu'ils transportent, ou dans leurs propres pays, ou dans le reste de l'Europe, & même jusques dans l'Amérique.

Il s'en transporte presqu'autant par les vaisseaux Marchands François, qui font le commerce du Nord & de la mer Baltique, & c'est une assez bonne marchandise pour Archangel, la Norvege, Dantzic, Conisberg, Riga, Stokolm, Copenhague, Elseneur, Lubeck, Hambourg & Nerva. *Voyez à l'article du commerce les Paragraphes où il est parlé de celui qui se fait dans la mer Baltique & dans le Nord.*

En France le vinaigre de toutes sortes paye 20 s. le tonneau de sortie, & 3 l. d'entrée.

Par le Tarif de 1699, arrêté entre la France & la Hollande, après la Paix de Ritzvick, & depuis confirmé à la Paix d'Utreck, les droits du Vinaigre de France entrant dans les pays & terres de l'o-

béïssance des Etats Généraux des Provinces-Unies, ont été moderés à 2 florins 8 s. le tonneau composé de quatre bariques, ou deux pipes, ou trois poinçons, ou six tierçons.

VINAIGRERIE. Lieu où l'on fait le vinaigre.

VINAIGRERIE. C'est aussi un terme de Sucrerie qui signifie aux Isles Françoises de l'Amérique, l'attelier où l'on distile les écumes & gros syrops des sucres pour en faire de l'eau-de-vie. *Voyez* SUCRE *sur la fin de l'article.*

VINAIGRIER. Celui qui fait ou qui vend du vinaigre.

La Communauté des Maîtres Vinaigriers est assez ancienne à Paris; elle y fut érigée en corps de Jurande dans le quatorziéme siécle sous le Regne de Charles VI. & ses premiers Statuts qui lui furent donnés par le Prévôt de Paris, furent homologués & enregistrés au Châtelet par Sentence du 28 Octobre 1394.

Les Rois successeurs de Charles VI. ont presque tous confirmé ces Statuts par leurs Lettres Patentes, & quelques-uns les ont même changés & augmentés dans quelques articles.

Les Lettres de Louis XII. sont du mois de Septembre 1514, celles d'Henry II. du mois de Janvier 1548. Celles de Charles IX. d'Avril 1567, & celles d'Henry IV. de l'année 1594 au mois de Mai. Ces dernieres furent enregistrées au Parlement le 20 Juillet ensuivant.

Les Maîtres Vinaigriers ayant fait dresser en 1657, de nouveaux Statuts composés en partie des Anciens, ils furent renvoyés aux Officiers du Châtelet pour en donner leurs avis; ce qu'ayant fait le huit Juillet 1658, Louis XIV. donna ses Lettres de confirmation au mois d'Août de la même année, qui ne furent néanmoins homologuées & enregistrées au Parlement que près de 3 ans après, à cause de l'opposition que les Maîtres Tonneliers formerent aux 14, 24 & 38 articles de ces Statuts. L'Arrêt d'enregistrement est du 14 Mai 1661, mais seulement à la charge de la reformation du 38 article & de l'execution de l'Arrêt du 16 Mai 1658, rendu entre lesdits Vinaigriers & Tonneliers, ainsi qu'on le dira ci-après.

Il n'est point arrivé depuis ce tems-là de changemens importans dans les Réglemens & la discipline de cette Communauté, que quelqu'augmentation de droits aux receptions des Apprentifs & des Maîtres pour acquitter les emprunts faits pour la finance des Charges des Jurés créés en titre d'Offices dans toutes les Communautés des Arts & Métiers en 1691, & incorporées à celles des Vinaigriers par Lettres Patentes du 4 Juin en 1692, & encore depuis en 1694 & 1702 & 1704, &c. Celles d'Auditeurs des Comptes, de Trésoriers, & quelques autres pareillement créées pour subvenir aux besoins de l'Etat.

Les qualités données aux Maîtres Vinaigriers par les anciens Statuts, & confirmées par les nouveaux, sont Maîtres Vinaigriers, Moutardiers, Saulciers, Distillateurs en Eau-de-vie & Esprit-de-vin, Buvotiers de la Ville, Fauxbourgs, Banlieuë, Prévôté & Vicomté de Paris.

Lors du renouvellement de leurs Statuts en 1658, ils étoient deux cens Maîtres ayant chacun trois garçons ou travaillans chez eux, ou allant par les rues vendre du vinaigre sur des brouettes, & de la moutarde dans des moutardiers de bois faits en forme de petits boisseaux couverts.

Quatre Jurés, ainsi que dans presque toutes les Communautés de Paris, gouvernent celle des Vinaigriers, veillent à ses privileges, enregistrent les Brevets des Apprentifs, leur donnent le chef-d'œuvre, & les reçoivent à Maîtrise.

L'élection des deux nouveaux Jurés à la place des deux anciens, se fait tous les ans le 20 Octobre, en présence du Procureur du Roi. Nul n'a droit d'être reçû à la Jurande, qu'il n'ait au moins dix ans de reception. Les visites générales qu'ils sont obligés de faire, sont au nombre de six par chaque année; à l'égard des particulieres ils les font quand ils le jugent à propos, & suivant les besoins & les occurrences; mais ils sont également tenus dans les unes & les autres de faire leur rapport des contraventions dans les vingt-quatre heures.

Le Garde des Registres où doivent s'enregistrer les Brevets des Apprentifs est aussi un Officier de la Communauté, dont l'élection se fait pareillement tous les ans, après que les comptes de la Confrerie ont été rendus.

L'Apprentissage est de quatre ans, & le service chez les Maîtres en qualité de Compagnon, de deux ans: il n'y a que les Maîtres de sept années de reception qui puissent obliger un Apprentif. L'absence de l'Apprentif de chez son Maître pendant huit jours sans permission, casse, & annulle son Brevet sans qu'il puisse esperer d'être reçû par aucun autre Maître.

Nul Maître ne peut prendre de Compagnon ou Serviteur d'autrui qu'il n'ait fini son tems, ou qu'il n'apparoisse d'un congé par écrit.

Tout Aspirant à la Maîtrise est tenu de prendre chef-d'œuvre des Jurés, à l'exception des fils de Maîtres qui ne doivent qu'une legere experience. On ne peut être Aspirant qu'on ne soit Apprentif de Paris.

Les Veuves jouissent de tous les privileges des Maîtres tant qu'elles restent en viduité, à l'exception des Apprentifs qu'elles ne peuvent obliger, & du nombre des Serviteurs, Marchands & Crians par la Ville, dont il ne leur est permis de n'avoir qu'un seul.

Les ouvrages & marchandises que les Maîtres peuvent faire & vendre, exclusivement à tous Maîtres des autres Communautés, sont les vinaigres de toutes sortes, la moutarde, le verjus, la sauce jaune, le senevé, le poluré & les lies séches & liquides. Pour les eaux-de-vie & les esprits-de-vin qu'il leur est permis de distiller, elles leur sont communes avec les Maîtres Distillateurs d'eaux fortes, les Maîtres Limonadiers & quelques autres.

Les marchandises foraines propres au Métier de Vinaigrier, comme vins gâtés, raisins, rapés, senevé, poluré, &c. ne peuvent être exposées en vente, ni achetées, même par les Maîtres, qu'elles n'ayent été visitées par les Jurés, & qu'elles n'ayent tenu ports ou marchés pendant vingt-quatre heures; & les Maîtres ne peuvent encaver pareilles marchandises qu'ils ont fait venir de dehors, qu'ils n'ayent semblablement fait avertir les Jurés pour en faire la visite.

Enfin il est ordonné à tous Cabaretiers, Taverniers & Regratiers, de vendre les lies & les vins gâtés de leurs caves, aux Maîtres Vinaigriers, & non à autres : & défenses leur est faite de pressurer leurs lies, ou faire chez eux du vinaigre, ni d'avoir dans leurs caves ou celliers, pressoirs, bacules & autres instrumens & tonneaux du Métier de Vinaigrier.

Il étoit aussi défendu par le 38 article dont on a parlé ci-dessus, aux Maîtres Tonneliers d'acheter des futailles dans lesquelles il y auroit des lies ou des bessieres : mais l'Arrêt d'enregistrement de 1661, en reformant l'article, les maintient dans leur ancienne faculté d'acheter lesdites futailles, & même de les enfoncer, à la charge néanmoins de vendre incessamment les bessieres & les lies aux Vinaigriers.

Le même Arrêt ordonnant l'execution de celui du 16 Mai 1658, regle aussi les outils dont les Vinaigriers peuvent se servir, & leur fait défenses d'avoir chez eux des doloires, tranchets à colombes, chevalets, compas, barrots, terrieres, sergens, essettes, rougines, maillets, & autres instrumens propres au métier de Tonnelier, mentionnés audit Arrêt.

VINDAS. Machine à tirer & conduire des blocs de marbre, des pierres de tailles ou autres fardeaux d'un poids & d'un volume à ne pouvoir être portés sur des charettes, chariots, haquets & semblables voitures.

Le Vindas est composé de trois principales piéces, qui sont deux tables de bois épaisses & fortes, longues de sept à huit pieds, & assemblées par quatre jambettes ou poteaux; la troisiéme piéce est un treuil, qui traversant la table de dessus, pose dans une cavité qui est dans celle d'enbas. La tête du treuil est quarrée, percée de deux larges mortaises, où l'on passe horisontalement deux leviers très longs, qui se croisant, forment quatre bras. Ce sont ces bras qui donnent le mouvement au treuil, tandis que le reste du vindas est immobile & fortement arrêté avec des cordages & des pieux fichés en terre.

On employe aussi le Vindas pour tirer du fond des batteaux les marbres & les pierres d'un trop grand volume, pour que la force des hommes soit suffisante pour les en sortir; & encore pour tirer les foncets & autres grands batteaux dans les ports de Paris lorsqu'ils montent la riviere de Seine contre le fil de l'eau.

VINEUX. Les Teinturiers appellent Rouge Vineux, un rouge foncé qui tire sur la couleur du vin rosé.

VINGT, que l'on écrit aussi VINT. Nombre pair, composé de deux fois dix, ou dix fois deux, ou de quatre fois cinq, ou de cinq fois quatre.

Il faut observer qu'encore que l'on dise dans l'usage ordinaire de compter quatre-vingt, six-vingt, & même quelquefois sept-vingt, huit-vingt, onze-vingt, & ainsi du reste jusqu'à dix-neuf-vingt; on ne dit cependant jamais deux-vingt, trois vingt, cinq-vingt, non plus que dix-vingt.

Le muid de Paris contient quatorze-vingt pintes, c'est-à-dire, cent quatre-vingt pintes.

Vingt en chiffre Arabe s'exprime en posant un zero après un deux, comme il se voit par ces deux caracteres (20). en chiffre Romain il s'écrit ainsi (XX), & en chiffre François de compte ou de finance, de cette maniere (xx).

Pour mettre vingt pour cent en écriture mercantille abregée, il faut l'écrire de la sorte : (20 pour $\frac{0}{0}$)

VINGT POUR CENT. Droit qui se paye en France sur les marchandises du Levant venant du pays de la domination du Grand Seigneur, du Roi de Perse, d'Egypte & de Barbarie, qui ont été entreposées dans les pays Etrangers ou qui n'entrent pas dans le Royaume par le port de la Ville de Marseille, ou autres designés par les Arrêts & Reglemens du Conseil. *Voyez* l'article X. de l'Arrêt du Conseil du 10 Juillet 1703, & l'article des droits.

VINGT-UN POUR VINGT. On nomme ainsi à Bordeaux une déduction qui se fait à la cargaison, tant au convoi qu'à la comptablie pour les droits de la grande Coutume, à raison d'un tonneau d'un vingt sur vingt & un, les droits ne se payent que pour vingt. *Voyez* le Commerce de Bordeaux, où il est parlé des droits qu'y paye le vin de Ville, dans l'Etat général Tome I. page 43.

VINGT-UN QUART POUR VINGT. Terme de Manufacture de Lainage. C'est la bonne mesure ou le bon d'aunage que les Maîtres Drapiers drappans, Sergers, Droguetiers, &c. ont coutume de donner aux acheteurs.

Le Reglement pour les Manufactures de la Généralité de Bourgogne, défend sous peine de cent livres d'amende aux Marchands Acheteurs de demander aux Vendeurs plus d'une aune & un quart de bon d'aunage sur chaque piece de vingt-une aune & un quart, & sur les demi-piéces à proportion ; ce qu'on appelle vulgairement vingt-un quart pour vingt aunes.

VINGTIE'ME, que l'on écrit aussi VINGTIESME. C'est la partie d'un tout divisé en vingt portions égales. Ainsi quand on dit qu'un Marchand ou Négociant a pris un vingtiéme dans un armement ou autre entreprise de commerce, cela signifie qu'il s'est interessé pour une vingtiéme portion dans le total de cet armement, & qu'il a fourni son fond sur ce pied-là.

En fait de fractions ou nombres rompus, un vingtiéme se marque ainsi ($\frac{1}{20}$), on dit aussi trois vingtiémes, cinq vingtiémes, sept vingtiémes, un vingt & uniéme, un vingt-troisiéme, un vingt-cinquiéme, &c. & toutes ces différentes fractions se marquent de cette maniere ($\frac{3}{20}$ $\frac{5}{20}$ $\frac{7}{20}$ $\frac{1}{21}$ $\frac{1}{23}$ $\frac{1}{25}$).

Le vingtiéme de vingt sols est un sol, qui est une des parties aliquotes de la livre tournois, & dix deniers est un vingt-quatriéme de vingt sols, qui est aussi une des parties aliquotes de la livre tournois.

La levée du vingtiéme denier ou sol pour livre sur les marchandises, est ce que l'on nomme communément, Droit de Subvention.

VINTAINE. La quantité de vingt choses qui sont ensemble : une vintaine de pistoles, une vintaine d'écus.

VINTAINE. Les Maçons appellent aussi de la sorte un petit cordage qui sert à conduire les pierres qu'ils élevent avec des engins pour mettre sur le tas. Il est attaché à la pierre; & lorsqu'on tire le gros cable un Ouvrier tient le bout de la vintaine pour l'éloigner des échaffauds & des murailles, & qu'il se pose juste sur l'endroit où il est destiné.

VINTAIN ou VINGTAIN. C'est ainsi que l'on appelle les Draps de laine dont la chaîne est composée de vingt fois cent fils, qui font en tout deux mille fils.

Il y a d'autres sortes de draps que l'on nomme Vintdeuxains; d'autres, Vintquatrains; d'autres, Vintsixains; & d'autres encore, Vinthuitains.

La chaîne des vintdeuxains excede de deux cens fils celle des vintains; celle des vintquatrains excede de deux cens fils celle des vintdeuxains; celle des vintsixains excede de deux cens fils celle des vintquatrains; & celle des vinthuitains excede de deux cens fils celle des vintsixains; de maniere que la quantité des fils de la chaîne de ces cinq especes de draps augmente toujours de deux cens fils, depuis vingt fois cent fils jusques à vingt-huit fois cent; ce qui doit s'entendre depuis deux mille jusques à deux mille huit cens.

Ces differens termes de Vintains, de vintdeuxains, &c. que quelques-uns prétendent être venus d'Angleterre, ne sont presqu'en usage que dans les Fabriques de Provence, Dauphiné & Languedoc; car dans les autres Manufactures de France ces sortes de draps sont appellés des Vint cent, des Vint deux cent, &c.

VINTIN ou VINTAIN. Petite Monnoye d'argent, ou plutôt de billon, qui se fabrique & qui a cours en Portugal. Elle vaut vingt Reis, d'où elle a été nommée Vintin.

VINTIN. C'est aussi une Monnoye de compte dont on se sert en plusieurs lieux des Indes Orientales, comme on fait en France de la livre ou du franc, & en Hollande du florin. L'on distingue deux Vintins, l'un que l'on nomme de bon alloy, & l'autre de mauvais alloy.

Ce dernier est un cinquiéme moins fort que l'autre. Quatre Vintins de bon alloy ou cinq de mauvais font un tanga. Il faut quinze bons basarucos ou dix-huit de mauvais pour le Vintin, à mettre le bon basaruco sur le pied de deux Reis de Portugal, ou deux deniers de France. Ainsi le Vintin revient à trente deniers ou six blancs aussi monnoye de France.

VIO

VIOLENT. Les Teinturiers appellent Gris violent un gris extrêmement foncé. *Voyez* GRIS.

VIOLET. Couleur mêlée de bleu & de rouge qui ressemble à la fleur qui porte le nom de violette.

Les soyes violettes cramoisi doivent être faites de pure cochenille avec la galle à l'épine, l'arsenic & le tartre; & après avoir été bien bouillies & lavées, être passées dans une bonne cuve d'Inde sans mélange d'autres ingrédiens.

Les violets ordinaires doivent être montés de bresil, de bois d'Inde ou d'orseille, puis passés à la cuve d'Inde.

La teinture des laines violettes cramoisi se fait de cuve & de cochenille sans y méler d'orseille ni autres ingrédiens.

A l'égard des fils, les violets roze seche & amarante claire, se teignent avec le bresil, & se rabattent avec la cuve d'Inde ou Indigo.

VIOLETTE. Petite fleur d'une odeur assez agréable qu'on éleve dans les jardins, ou qui se trouve sans culture dans les prairies & dans les bois. Il y en a de doubles & de simples, de blanches, de rouges & de violettes. Ces dernieres, quoique les plus connues, sont les plus belles & les seules que les Droguistes & Apoticaires employent dans les conserves, les syrops & les miels où ils font entrer cette fleur.

On renvoye aux pharmacopées pour la composition de toutes ces drogues; mais on croit faire plaisir au Lecteur d'ajouter ici l'avis que le sieur Pomet donne dans son Histoire des drogues, pour la conservation du syrop violat, & pour l'achat de la conserve de violettes seches ou liquides.

Plus le syrop violat est bien fait, moins il est de garde; comme il faut qu'il ne fasse que fremir sur le feu & qu'il n'ait pas trop de cuisson, il est sujet à bouillir, à s'aigrir, à chansir & à perdre sa couleur; cependant avec un peu de précaution on peut éviter tous ces accidens. Ces précautions sont de le mettre dans des cruches de terre d'une grandeur médiocre, de mettre dessus du sucre en poudre, de les bien boucher, de ne les point remuer & de les serrer dans des lieux qui ne soient point humides. Avec ces petits soins on peut conserver le syrop un an & dix-huit mois entiers, aussi frais & aussi beau que s'il venoit d'être fait. A l'égard de l'achat des conserves de violettes liquides ou seches, particulierement de ces dernieres, il faut prendre garde qu'elles soient véritablement de fleurs de violette, bien des Confiseurs n'y employant avec le sucre que de l'Iris & de l'Inde, l'Iris pour l'odeur, & l'Inde pour la couleur: & cela non-seulement parce que la véritable conserve de violette est assez difficile à faire & est de peu de garde, mais encore parce qu'elle coûte beaucoup plus que la fausse.

Une autre observation qu'il faut faire sur toutes les compositions des Droguistes & des Confiseurs où ils font entrer la violette, c'est qu'elles soient véritablement faites avec cette fleur, & non pas avec des violles. *V.* l'article suivant.

VIOLLES. Petites fleurs de trois couleurs, qu'on nomme autrement Pensées. Ces fleurs sont trop connues & trop communes en France pour en faire la description.

Il en vient quantité de Provence, de Languedoc & de Lyon, que beaucoup de Droguistes & d'Apoticaires ont coutume de substituer aux véritables fleurs de violette, dans les syrops & les autres compositions où ils font entrer cette fleur.

Cet abus, comme l'ont remarqué divers Auteurs de Pharmacopées, & entr'autres M. Charas, est très considerable & peut être dangereux, ces violles seches n'ayant que la couleur des vrayes violettes, mais aucunes des vertus qu'on leur attribue. On croit néanmoins leur décoction bonne pour la poitrine, pour le poumon, & pour le mal caduc. Une autre qualité plus certaine, c'est qu'on en peut faire une espece de biere sans grains, qui corrige la malignité des eaux.

Le sieur Pomet, qui dans son Histoire des drogues condamne aussi l'usage des violles au lieu de violettes, conseille quand on ne peut trouver de ces dernieres, d'en employer la semence qui a à peu près les mêmes qualités que la fleur même, & qu'on trouve en toutes saisons.

VIOLON. Instrument de musique qui est monté de quatre cordes de boyau, dont le manche n'a point de touches, & qui se joue avec un archet.

On appelle à Paris Roi des Violons, celui qui est à la tête de la Communauté des Maîtres à Danser. Sa Charge est un Office de la Maison du Roi. *Voyez* MAISTRE A DANSER.

VIP

VIPERE. Espece de serpent dont la morsure est très venimeuse, soit que son poison consiste dans une liqueur jaunâtre renfermée dans deux vescicules qui couvrent ses dents, comme le prétend le sieur Francisco Reddi, dans l'excellent Traité qu'il en fait, soit qu'il ne provienne que de l'irritation des esprits de ce dangereux, mais utile animal, ainsi que le soutient le sieur Charas dans l'Ouvrage non moins excellent qu'il a donné au public sur cette matiere.

Non-seulement l'on n'a plus de la vipere une aussi grande horreur qu'on en avoit autrefois, mais même on s'en sert utilement dans plusieurs remedes, & l'on en ordonne la chair bouillie ou rôtie comme un aliment excellent & qui fait des effets surprenans dans les personnes les plus désesperées.

Le commerce des viperes est assez considerable en France; les Marchands Epiciers-Droguistes en font venir de plusieurs Provinces du Royaume. La plupart néanmoins de celles qui se consomment à Paris viennent de Poitou.

On les envoye ou vivantes ou seches. Les vivantes doivent être choisies grosses, bien vives, nouvellement prises. Il faut les conserver dans des lieux temperés, le grand chaud & le grand froid leur étant également contraires: on met ordinairement du son ou de la mousse dans les tonneaux & dans les bouteilles de verre où on les enferme, mais non pas pour leur nourriture, la vipere pouvant vivre six mois au moins sans manger.

Il n'est gueres nécessaire de recommander à ceux qui font ce négoce de bien fermer les vaisseaux où ils les gardent, & de ne les laisser toucher qu'à des personnes accoutumées à la maniere de les en tirer. Le peril & souvent la mort qui suit la morsure des viperes, ne suffisent que trop pour les obliger d'avoir cette attention.

Les viperes seches viennent par paquets ordinairement d'une douzaine. Comme c'est une marchandise où les vers se mettent aisément, il est assez difficile de les bien conserver longtems, à moins de mettre du vif-argent ou de l'absinte dans les vaisseaux où l'on les garde. Il faut les choisir pesantes, grosses, longues, bien seches, nouvelles tuées, point mortes d'elles-mêmes, ce que la noirceur fait aisément reconnoître, & qui soient toutes garnies de leur cœur & de leur foie.

La poudre de vipere est une drogue facile à sophistiquer, le plus sûr est de la faire soi-même, ce qui est assez aisé, n'étant que des viperes seches réduites en poudre avec leur foye & leur cœur, & passées par le tamis. Cette poudre s'appelle quelquefois Bezoard Animal, peut-être pour lui donner du relief par un plus beau nom.

Les sels volatils ou fixes de viperes, leur graisse & l'huile qu'on en tire par le moyen de la chimie, viennent aussi de Poitiers.

On fait venir de Montpellier & d'Italie, surtout de Padoue, ce qu'on appelle des Trochisques ou Pastilles de viperes qui sont un des principaux ingrédiens dont on compose la thériaque. Ces trochisques sont une espece de pâte faite de poudre de viperes, ou de viperes bouillies dans de l'eau avec de l'anet, de la racine de dictame ou de la mie de pain, & de l'huile de muscade ou de baume de Judée ou du Perou. Ceux qui sont faits avec le dictame sont les meilleurs; outre cela il faut qu'ils soient nouvellement & fidelement composés.

VIPERINE, autrement SERPENTAIRE ou SERPENTINE. Plante qui fait fuir les serpens qu'on nomme aux Indes Occidentales, Serpens à Sonnette, & qui guérit de leur morsure. *V.* SERPENTAIRE DE VIRGINIE.

VIR

VIRE, Ville de France en Normandie, de la Généralité de Caen. Le commerce de cette Ville consiste en draps qui portent son nom, en papeterie & en dinanderie. Il s'y tient tous les ans quatre Foires considerables. *Voyez* l'Etat gén. Tome I. p. 106.

VIRE'. VIRE'E. On appelle Etamine virée, une petite étoffe qui se fabrique à Amiens. Il y en a de deux sortes, les virées simples qu'on nomme autrement étamines jaspées, & les virées double soye. Les unes doivent avoir trente-cinq à trente-six portées de vingt-huit fils chaque portée. Les autres ont autant de portées, mais qui ne sont que de seize à dix-huit fils: la trame de celle-ci, doit être toute de laine d'Angleterre naturelle. *Voyez* ETAMINES.

VIREMENT. Terme de Banque & de négoce, particulierement en usage sur la place du change de Lyon. Il se dit lorsque l'on donne en payement à un autre ce qu'on a droit d'avoir par une lettre ou un billet de change; ce qui se nomme Virement de partie, c'est-à-dire, que l'on change de Débiteur ou de Créancier; ce qui se fait sur le champ, en écrivant respectivement ce virement ou changement sur un petit Livre que l'on appelle Bilan.

Tous viremens de partie doivent être faits en présence de ceux qu'on y fait entrer, ou des Porteurs de leurs bilans, à peine d'en répondre par ceux qui ont fait écrire pour les absens. *Reglement de la Place du Change de la Ville de Lyon du 2 Juin 1667, art.* 8. Voyez BILAN.

Les viremens de parties sont aussi en usage dans toutes les Banques de commerce établies dans les principales Villes de l'Europe, particulierement à Venise qui en a donné l'exemple aux autres, & à Amsterdam qui a porté sa Banque au plus haut point de crédit qu'il y en ait encore eu jusqu'ici.

L'établissement des comptes courans ou des viremens de parties se fit à Amsterdam en 1608, ou, comme d'autres veulent, en 1609. Cette Ville déja si fameuse, se trouvoit accablée de dettes, à cause des emprunts qu'elle avoit été obligée de faire pour soutenir la guerre pendant près de cinquante ans contre l'Espagne. Les particuliers qui lui avoient prêté désesperant qu'elle pût jamais s'acquitter, demanderent qu'on fît un capital de ce qui leur étoit dû, & qu'on donnât à chacun d'eux crédit du montant de sa créance dans un Livre de comptes courans, qui seroit tenu pour cet effet à l'Hôtel-de-Ville, avec faculté de pouvoir assigner à leurs Créanciers particuliers ce qu'ils se devoient les uns aux autres.

Cet expedient parut si convenable, que l'établissement en fut résolu d'un consentement unanime. Le Conseil nommé des trente-six fut chargé d'en fixer les loix; & la Ville se rendit caution envers les Particuliers, tant des anciennes créances, que des nouvelles qui pourroient s'y établir par l'argent qu'on y porteroit.

Ce projet fut si bien exécuté, si bien suivi, & conduit avec tant d'ordre & de sûreté, que les Négocians trouvant une grande facilité à faire leurs payemens par le moyen des Viremens de parties sans manier d'argent, ni en garder chez eux, rechercherent avec empressement d'avoir des comptes ouverts, & de ne plus traiter d'affaires que par les Viremens de parties; ensorte que présentement il n'y a gueres de Particuliers dans les Provinces-Unies, & même dans le reste de l'Europe, pour peu que leur commerce s'étende vers le Nord, qui n'y soient intéressés directement ou indirectement. *Voyez l'article des* BANQUES, *particulierement où il est parlé de celles d'Amsterdam & de Hambourg. Voyez aussi* BANCO.

VIRER PARTIE. C'est changer de Débiteur ou de Créancier. Toutes parties virées doivent être écrites sur le bilan par les Propriétaires, ou par leurs Facteurs & Agens qui en sont les Porteurs. *Art. 7 du Reglement de la Place du Change de la Ville de Lyon du 2 Juin 1667. Voyez ci-dessus* VIREMENT. *Voyez aussi* BILAN.

VIRGINIE, partie de l'Amerique septentrionale. Le tabac fait le plus considérable commerce du Pays. *Voyez* le détail de ses autres productions dans l'Etat gén. Tome I. p. 528.

VIRTE. Mesure dont on se sert pour jauger les bariques ou autres futailles à mettre les vins & eaux-de-vie à Xaintes, Coignac & Angoulême; c'est à peu près la velte. *Voyez-y* cet article.

A Coignac on compte 9 pintes par virte.

A Angoulême 8 pintes $\frac{2}{3}$.

Et à Xaintes 8 pintes $\frac{3}{4}$.

VIRTER. C'est jauger avec la virte. *V.* JAUGER.

VIS

VIS, qu'on prononce VISSE. Morceau de fer ou d'autre métail, rond, menu & long, autour duquel regne une cannelure que l'Ouvrier fait à la main avec une lime, ou dans les trous d'un instrument qu'on nomme une Filiere. Il y a aussi des vis de bois qui servent à plusieurs ouvrages, comme aux presses, aux pressoirs, & à quantité de semblables machines & instrumens de grand volume.

Les vis de fer qui se font à la filiere s'engrainent dans des écrous qui se font avec des taraux.

Les vis qui se font à la main sont propres à servir en bois, & sont amorcées par la pointe. La tête des unes & des autres est presque toujours fendue pour la commodité du tourne-vis. Il y en a cependant plusieurs qui l'ont quarrée, & qui se montent avec des clefs.

Les vis en bois ne sont jamais que de fer; mais celles à écrous, c'est-à-dire, qui se taraudent à la filiere, peuvent être aussi d'or, d'argent ou de cuivre, suivant les Ouvriers & les ouvrages.

Il se fait en Forez quantité de vis en bois de toutes grosseurs, & pour la hauteur depuis demi pouce jusqu'à quatre ou cinq pouces. Les Quincailliers les achetent de la premiere main à la grosse de douze douzaines, & les revendent en détail au compte & à la piece aux Menuisiers & Serruriers, à qui elles servent à mettre en place quantité de leurs ouvrages.

Les vis à la filiere, de quelques matieres qu'elles soient, se font ordinairement par les Ouvriers à mesure qu'ils en ont besoin; à la réserve des grandes vis à serrures, à tête platte & quarrées, qui se vendent avec leurs écrous par les Quincailliers.

Les vis de fer payent en France les droits d'entrée & de sortie sur le pied de Quincaillerie. Voyez QUINCAILLERIE.

VISITATION. C'est le droit que les Maîtres & Gardes & les Jurés des Corps & Communautés ont d'aller chez les Marchands & Maîtres de leur Corps & Communauté visiter & examiner leurs poids, mesures, marchandises & ouvrages, pour en cas de fraude, mauvaise qualité, ou contravention aux Statuts & Reglemens, en faire la saisie, & en obtenir la confiscation des Officiers de Police pardevant lesquels ils doivent se pourvoir, & faire leur rapport dans les vingt quatre heures. *V. les articles suivans.*

VISITATION ROYALE. On appelle Juré de la Visitation Royale, les quatre grands Jurés de la Communauté des Maîtres Courroyeurs & Baudroyeurs de la Ville de Paris: les quatre petits sont nommés Jurés de la Conservation. *Voyez* COURROYEUR.

VISITE. Acte de jurisdiction qu'exercent les Maîtres & Gardes des Corps des Marchands, & les Jurés des Communautés des Arts & Métiers, sur-tout ceux qui sont tenus de l'observation de leurs Statuts & Reglemens.

Il se fait de deux sortes de visites par les Maîtres & Gardes & les Jurés; les visites d'obligation, & les visites volontaires. Les visites d'obligation sont fixées à certains tems par les Statuts, & alors il est dû un droit aux Jurés pour leur visite. Les visites volontaires sont celles que ces Officiers des Corps & Communautés font hors du tems marqué, pour tâcher de trouver les Maîtres en contravention, soit qu'ils en ayent été avertis, soit qu'ils veuillent par ces visites imprévûes les tenir plus attentifs à l'observation des Statuts; pour lors le Maître visité n'est tenu au payement d'aucun droit. Dans l'un & l'autre cas l'on est également obligé de souffrir la visite sans résistance, & d'ouvrir les portes des magasins & boutiques dont on demande l'ouverture, & de représenter les poids & même les marchandises, ouvrages & outils que les Maîtres & Gardes souhaitent de voir & visiter.

Il est d'un usage presque universel dans toutes les Communautés, que non-seulement les Jurés qui sont actuellement en Charge, mais encore quelquefois les Maîtres qui ont exercé la Jurande, ne sont point sujets à la visite, ou du moins sont exempts d'en payer les droits; au contraire il est très rare que les Jurés d'une Communauté exercent ce droit sur les Maîtres d'une autre Communauté. Il y en a cependant quelques exemples, entr'autres dans celle des Courroyeurs, dont les Jurés doivent être appellés tous les deux mois par ceux des Maîtres Cordonniers pour faire la visite chez les Maîtres de la Cordonnerie. On en voit aussi des exemples dans la Sayetterie d'Amiens & la Sergetterie de Beauvais. *Voyez ces deux articles.*

On appelle aussi Visites, les descentes que font les Jurés de quelques Communautés accompagnés d'un Commissaire dans les chambres, boutiques ou magasins de ceux qu'ils soupçonnent, ou qu'ils sont avertis qui travaillent aux ouvrages qu'il n'appartient qu'à leur Communauté de fabriquer ou de vendre, pour saisir & enlever lesdits ouvrages.

Il faut aussi que les Jurés se fassent accompagner d'un Commissaire, & même, suivant l'exigence des cas, qu'ils obtiennent permission des Officiers du Châtelet, pour les visites qu'ils veulent faire dans les lieux privilegiés de Paris, comme sont le Temple, S. Jean de Latran, & autres semblables.

VISITE. Se dit pareillement de l'Assemblée qui se fait dans les Bureaux de certaines Communautés, pour visiter & marquer d'un plomb les étoffes de laine, fil, soye, coton, poil & autres matieres qui s'employent dans les Manufactures.

Il s'en fait ordinairement deux; la premiere des étoffes en écru, c'est-à-dire, telles qu'elles sont au sortir du métier; & la seconde, quand elles ont tous leurs apprêts. C'est à cette derniere qu'on appose la marque qu'on appelle communément Plomb de loyauté.

Ces deux visites sont précédées d'une autre qui se fait dans l'ouvroir des Tisserans où l'on marque les pieces sur le métier ou estille: celle-ci est pour voir si elles ont le nombre de fils & de portées ordonnées par les Reglemens.

VISITE. On appelle encore de la sorte la fonction des Inspecteurs des Manufactures, soit qu'ils se transportent chez les Fabriquans pour y examiner les matieres qu'ils employent, les métiers dont ils se servent, & la maniere qu'ils travaillent & apprêtent les étoffes; soit qu'ils se trouvent aux Foires assistés des Juges de Police & des Maîtres & Gardes, pour voir si elles ont les divers plombs de fabrique qu'il leur convient, & si lesdits Jurés ne les ont mis qu'à des étoffes de bonne qualité, & des largeurs & longueurs prescrites par les Statuts & Reglemens.

VISITE. C'est aussi l'examen que font les Commis dans les Douanes & Bureaux où se payent les droits du Roi, pour voir si les marchandises contenues dans les balles, ballots, caisses, &c. sont conformes aux déclarations & factures, & s'il n'y en a point de contrebande. Ces Commis s'appellent ordinairement Visiteurs. *Voyez ci-après.*

VISITE. On appelle Droit de visite dans le commerce de mer, le salaire qui se paye à l'Huissier-Visiteur de l'Amirauté, qui se transporte sur un vaisseau marchand, pour connoître de quelles marchandises il est chargé. Ce droit n'est point reputé Avarie, & doit être payé par le Maître seul. *Voyez* HUISSIER-VISITEUR *ou* AVARIE.

VISITER. C'est faire les visites dont il est parlé dans l'article précedent.

VISITER LA LETTRE. Terme de Fondeur de caracteres d'Imprimerie. C'est après qu'on a tiré la lettre du moule où elle a été fondue, examiner si elle est parfaite; pour, si elle l'est, en rompre le jet, & la donner aux Ouvriers & Ouvrieres qui frottent & achevent les caracteres; ou si elle ne l'est pas, la mettre à la refonte. *Voyez* FONDEUR DE CARACTERES.

VISITEUR. Celui qui a droit ou qui est commis pour visiter les étoffes, les marchandises, les ouvrages des Artisans, les vaisseaux qui sortent des Ports ou qui y entrent. Les fonctions des Visiteurs consistent à voir & examiner si dans toutes ces choses & quelques autres il n'y a rien de contraire aux Edits, Déclarations & Ordonnances, & aux Arrêts, Reglemens & Statuts.

Dans ce sens général les Inspecteurs des Manufactures, les Maîtres & Gardes des Corps des Marchands, les Jurés & Esgards des Communautés, & tous les Commis des Bureaux des Fermes, traittes & autres droits du Roi sont autant de Visiteurs; mais comme ils sont communément connus sous d'autres noms, on n'appelle gueres Visiteurs que trois sortes d'Officiers ou Commis à qui cette qualité est, pour ainsi dire, devenue propre.

Ces Officiers sont les Auneurs-Visiteurs de toiles, & les Huissiers-Visiteurs de l'Amirauté. On parle des uns & des autres à leurs propres articles où l'on peut avoir recours.

A l'égard des Commis-Visiteurs, ce sont ceux qui dans les Douanes de France, & particulierement dans celle de Paris, sont établis pour la visite des marchandises sujettes aux droits d'entrée & de sortie, qui ouvrent les balles, ballots, tonnes, caisses, &c. lorsqu'elles arrivent, ou qui les plombent du plomb de leur Douane quand elles partent, pour qu'elles ne soient point ouvertes dans les autres Bureaux de la route. On entre ailleurs dans un plus grand détail de leurs fonctions. *Voyez* DOUANE.

VISITEUR D'ENTRE'E PAR MER. On nomme ainsi à Bordeaux un Commis qui fait la visite de tous les bâtimens qui entrent dans le port de cette Ville. *Voyez* ses fonctions à l'article de Bordeaux dans l'Etat général du Commerce, Tome I. page 53.

VISITEUR D'ISSUE. On nomme ainsi à Bordeaux les Commis préposés pour faire la visite dans tous les vaisseaux, tant Etrangers que François, lorsqu'ils sont état de partir du port. *Voyez comme ci-dessus.*

VISORIUM. Terme d'Imprimeur. C'est une petite latte sur laquelle le Compositeur attache sa copie.

On appelle le Mordant du Visorium une espece de petite pince de bois qui fait ressort, & qui, pour ainsi dire, mord la copie pour la faire tenir sur la latte. *Voyez* IMPRIMEUR *&* IMPRIMERIE. *Voyez aussi* CHEVALET.

VIT

VITAUX, lieu de Fabrique, de la Généralité de Bourgogne. L'on y fabrique des draps & des toiles. *Voyez* l'Etat général, Tome I. p. 124.

VITRE. Verre que l'on met aux croisées, chassis, & portes des maisons, pour empêcher l'entrée du vent, & laisser passage à la lumiere. *Voyez* VERRE.

VITRE', Ville de la haute Bretagne, sur les confins du Maine & de l'Anjou. Le grand commerce de cette Ville consiste en toile. On en parle amplement dans l'Etat général du commerce, Tome I. p. 119.

VITRE'. On nomme des Vitré, les toiles qui se

fabriquent dans cette Ville de Bretagne & aux environs.

VITRER. C'est garnir de verre les lieux & les choses qui en ont besoin.

VITRERIE. ce qui dépend du métier de Vitrier.

Prix des Ouvrages de Vitrerie réduits à un pied commun, depuis l'année 1690, jusqu'en 1725.

Les panneaux de verre en plomb comme ils se font pour les bâtimens ordinaires, 10 sols le pied quarré de 144 pouces.

Les carreaux de verre colés en papier attachés avec quatre pointes, 8 sols le pied quarré y compris le papier.

Les carreaux de verre entourés de plomb, 10 sols 6 den. aussi le pied quarré.

Nota. L'estimation de ces ouvrages où il entre du plomb est beaucoup trop haute, mais il faut remarquer que le plomb a été très cher pendant plusieurs années, aussi-bien que le verre à vitre qui présentement ne coûte que 10 sols le pied quarré.

VITRIER. Ouvrier qui employe le verre, le coupe & le dresse, pour en construire des panneaux avec du plomb, en garnir des chassis à carreaux, faire des lanternes & autres ouvrages appartenans au métier de Vitier. L'art de peindre sur le verre est aussi de la profession de Vitrier. Il en est parlé amplement à l'article du Verre, où l'on peut avoir recours.

La Communauté des Maîtres Vitriers-Peintres sur verre de la Ville de Paris a reçû ses premiers Statuts sous le regne de Louis XI qui leur en fit expedier des Patentes le 24 Juin 1467, enregistrées aux Registres du Châtelet le 26 Aout de la même année.

Les Maîtres qui s'étoient depuis établis dans les Fauxbourgs faisant une espece de Communauté à part, il fut trouvé à propos dans la suite, pour éviter les troubles qui arrivoient souvent, de les réunir à la Communauté de la Ville, d'où ils prirent le nom de Maîtres de la Réunion, & les Statuts de 1467 furent depuis ce tems-là communs aux uns & aux autres.

En 1665, en exécution d'un Arrêt du Parlement du 25 Février de la même année, les anciens Statuts furent réformés, & de nouveau dressés, qui sur l'avis du Lieutenant Civil & du Procureur du Roi du Châtelet du 11 Janvier 1666, furent approuvés & confirmés par Lettres Patentes du Roi Louis XIV du 22 Février suivant, enregistrées en Parlement le 19 Avril de la même année.

Avant que de donner un extrait des Statuts, il n'est pas hors de propos de remarquer, que quoique les Maîtres de la Ville & du Fauxbourg eussent été réunis, & eussent les mêmes Reglemens, le nombre de ceux de la Ville & leur crédit dans la Communauté entretenoit en quelque sorte la division d'autrefois; les Maîtres de la réunion n'étant point appellés ni aux réceptions des Maîtres en chef-d'œuvre, ni aux élections des Jurés, ce qui les excluoit de la Jurande & des droits & privileges attachés à ces emplois. Les Maîtres de la réunion s'étant pourvûs en 1682, pour être rétablis dans la commune prérogative; enfin après un long procès il intervint un Arrêt définitif du Parlement du 5 Aout 1687, qui ordonna, Que les Maîtres du Fauxbourg jouiroient de tous les droits & privileges accordés à ceux de la Ville, assisteroient à l'élection des Jurés, & seroient admis à la Jurande.

Les Statuts de cette Communauté consistent en trente-cinq articles. Par le premier l'élection des Jurés est ordonnée par chacun an le lendemain du jour & Fête de S. Marc qui en est le Patron.

Ils sont au nombre de quatre, dont néanmoins il ne s'en élit que deux chaque année pour remplir la place des deux Anciens qui sortent de Charge. Ces Jurés en conséquence du vingt-troisiéme article de ces mêmes Statuts, ne peuvent être élûs que du nombre des Maîtres Chef-d'œuvriers, & non des Maîtres de Lettres, qui par ledit article sont exclus pour toujours de la Communauté, & n'y peuvent être incorporés, ni admis à la Jurande qu'ils n'ayent fait chef-d'œuvre.

Le deuxiéme article jusqu'au cinquiéme inclusivement traite des Apprentifs qui sont obligés pour quatre ans, & seulement un à la fois, & doivent servir encore six années en qualité de Compagnons chez les Maîtres, à moins qu'ils n'aiment mieux aller passer ces six années chez les Maîtres des autres bonnes Villes du Royaume, dont il faut qu'ils rapportent certificats.

Dans le sixiéme article & les suivans jusques & compris le neuviéme, il est parlé des Aspirans à la Maîtrise, de la maniere de les présenter, du chef-d'œuvre qu'ils doivent faire, & les droits qu'ils payent.

Dans les douze suivans est contenu ce qui regarde les Maîtres, ce à quoi ils sont tenus, & ce qui leur est défendu.

Les 23, 24 & 25 sont pour les Veuves & les Filles de Maîtres.

Les 26 & 27 reglent qu'aucun dudit Art & Métier ne pourra être élû Juré, qu'il n'ait été Maître de la Confrairie, & qu'il n'ait dix ans de Maîtrise.

Le reste des articles n'est que de discipline, à l'exception du 34, qui ordonne que les Privilegiés feront enregistrer leurs Lettres au Châtelet, & regle la maniere dont le verre sera loti entre les Maîtres & eux.

Le Roi Louis XIV ayant créé par son Edit du mois de Mars 1691 des Maîtres & Gardes, Jurés & Syndics des Corps des Marchands & des Arts & des Métiers dans toutes les Villes & Bourgs clos du Royaume, la réunion des Jurés du Corps des Maîtres Vitriers fut accordée à leur Communauté par Déclaration du Roi du 3 Juillet de la même année; & par Arrêt du Conseil du 16 Aout 1696 furent pareillement incorporés à ladite Communauté les Officiers d'Auditeurs-Examinateurs des comptes des Corps & Communautés créés par l'Edit du mois de Mars 1694.

Les outils & les autres choses nécessaires aux Vitriers sont, un fourneau avec la poêle pour recuire les pieces, un fleau pour porter l'ouvrage en Ville; une grande table blanchie, qu'on appelle le Patron; deux regles, l'une grande, l'autre petite; deux compas de diverses grandeurs, un moule à liens, une lingotiere, un tire plomb; deux diamans, l'un à rabot, l'autre à queue; un grezoir, une drague, un plaquesin, un fer à souder avec ses mouflettes; l'ais feuillé,

feuillé, l'estamoy, la boëte à Poix-résine, une grande équerre, des tenailles, un marteau, une besaigue, des brosses, des tringlettes, un couteau à racourter, une pointe, un bariller à colle & sa brosse; enfin des pointes à attacher les panneaux & les pieces de verre.

Toutes ces choses sont expliquées à leur article, suivant l'ordre alphabétique.

VITRIOL. Espece de sel fossile ou de minéral, qui se trouve dans les mines de cuivre. Le vitriol a différentes dénominations suivant les différens lieux d'où on le tire. Ils different aussi les uns des autres par la couleur, y en ayant de blanc, de bleu & de verd. Le vitriol Romain est blanc, celui de Chypre est bleu, & ceux de Pise & d'Allemagne tirent sur le verd. Le vitriol blanc ne participe gueres du métail, le bleu tient du cuivre, & le verd du fer.

Les Anciens nommoient *Chalcitis* ou *Chalcite* le vitriol naturel, c'est-à-dire, celui qui acquiert toute sa perfection dans les entrailles de la terre, & qui est une espece de pierre de couleur rougeâtre. Ils lui donnoient comme trois diverses transformations. Le Chalcitis dans son premier état s'appelloit *Misi*, il se changeoit ensuite en *Melanteria*, & enfin il devenoit *Sori*.

Les Modernes prennent pour cette drogue le colcotar qui vient de Suede & d'Allemagne. Le meilleur est celui qui est d'un rouge-brun, & d'un goût de vitriol, qui fond aisément dans l'eau, & qui étant cassé soit couleur de cuivre un peu brillant.

Les autres vitriols que nous avons nommés ci-dessus sont proprement factices; & ce n'est qu'une cristalisation qu'on tire par le moyen de l'eau, d'une espece de marcassite qui se trouve ordinairement dans les mines de cuivre. On nomme quelquefois ces marcassites *Pyrites* ou *Quis*, qui, à ce que dit un Auteur moderne, se trouvent assez communément à Passy près Paris, au dessous des terres glaises.

Le vitriol Romain se fait en exposant ces *Quis* ou *Pyrites* à l'air jusqu'à ce qu'ils se calcinent & se convertissent en chaux de couleur verdâtre. En cet état on les jette dans l'eau, & ensuite par le moyen du feu on les réduit en ces especes de cristaux qu'on envoie d'Italie. Tous les autres vitriols se font de même, c'est-à-dire, à peu près comme l'alun en Angleterre, & le salpêtre en France.

C'est du vitriol Romain dont on se sert dans la fameuse poudre de sympathie, dont les effets merveilleux qu'on en publie approcheroient du miracle, si l'expérience n'en désabusoit les plus entêtés. Il faut pourtant convenir que cette poudre bien composée est excellente pour guérir les playes & arrêter le sang, pourvû que ce soit par application sur la partie blessée, & non pas de loin & en pansant seulement des linges trempés dans le sang qui en est sorti, comme bien des gens osent l'assurer.

Il y a deux sortes de vitriol de Chypre, l'un en gros morceaux qu'on appelle vitriol de la Compagnie, parce que la Compagnie Françoise des grandes Indes en a la premiere apporté; l'autre le vitriol taillé, parce qu'effectivement il est taillé en pointe de diamant; celui de Hongrie est tout semblable à celui de Chypre; le meilleur est celui qui étant cassé est d'un beau bleu céleste.

Les Chymistes font quantité de compositions avec le vitriol. Ils appellent Vitriol de Mars, de Venus, &c. de l'Esprit de Vitriol corporifié, c'est-à-dire, mêlé avec du fer ou d'autres métaux qui portent les noms de ces planettes.

La couperose est aussi une espece de vitriol. V. Couperose.

Ce qu'on appelle Calcanthum n'est autre chose que du vitriol rubifié & non pas le Colcotar comme quelques-uns le prétendent.

Suivant le Tarif de 1664, les droits d'entrée sur le vitriol sont fixés à 7 liv. 10 s. du cent pésant.

Quant à la sortie cette drogue ne paye aucune chose en justifiant que le droit d'entrée en a été acquitté.

Les droits de la Douane de Lyon sont, sçavoir; le vitriol étranger 12 s. 3 d. du quintal, & le vitriol du Pays 6 s. 8 d.

Le vitriol de Chypre est du nombre des marchandises du Levant sur lesquelles il se leve vingt pour cent, suivant l'Arrêt du 15 Aout 1685.

Le vitriol d'Angleterre se vend en gros à Amsterdam au quintal de 100 livres. Il donne 10 pour cent de tarre, 2 pour cent de déduction pour le bon poids, & autant pour le prompt payement. Il se vend ordinairement depuis 62 jusqu'à 65 sols les cent livres.

VITRY. Ville de France dans cette partie de la Champagne que l'on nomme le Pertois; sa situation sur la Marne qui commence à y porter bateau, lui facilite un assez grand commerce de bled, de vin, de bois & de charbon. Ses principales fabriques sont des serges de toutes sortes, des droguets, des estamets, des galons soie & fil, des cuirs de Tannerie & de Mégisserie, des toiles en quantité, des chapeaux & des ouvrages de Bonneterie. V. l'Etat général, Tome I. page 26.

V I V

VIVOUSNE, petite Ville dans le Poitou. L'on y fabrique différentes sortes de serges. V. l'Etat général, Tome I. page 65.

V I Z

VIZIR KAN. On nomme ainsi à Constantinople un grand bâtiment quarré à deux étages, rempli haut & bas de boutiques & d'atteliers où l'on travaille à peindre des toiles de coton; c'est aussi où s'en fait le commerce.

V L O

VLOT-SCHUITEN. Ce sont de grands bateaux plats dont on se sert dans les canaux de la Ville d'Amsterdam pour transporter diverses sortes de marchandises, particuliérement les vins, les eaux-de-vie, les vinaigres & autres boissons, quand on veut charger ou décharger les navires qui sont au port: on s'en sert aussi pour les sucres. Ils peuvent contenir depuis vingt jusqu'à vingt-cinq tonneaux de vin.

U N

UN. Qui est seul en nombre. Le commencement d'un nombre.

Un multiplié par lui-même ne produit jamais qu'un; une fois un est un. Un joint à un autre un fait deux; un & un font deux. Un en chiffre Arabe s'écrit ainsi (1) en chiffre Romain (I) & en chiffre François, de compte ou de Finance, ainsi (*j*).

U N G

UNGUIS-ODORATUS. Sorte de coquillage dont

on se sert en Médecine, qu'on nomme autrement Blata-Bizantia. *V.* BLATA-BIZANTIA.

UNI

UNIE'ME. Terme numéral ordinal, qui ne se dit jamais seul, mais qu'on joint aux dizaines & centaines. Vingt & uniéme, trente & uniéme, cent & uniéme.

UNITE'. Le commencement d'un nombre, de même que le point l'est de la ligne. Quelque nombre que ce soit n'est à proprement parler que l'assemblage de plusieurs unités.

UNZ

UNZAINE. Sorte de bateau qui sert à voiturer les sels en Bretagne sur la riviere de Loire.

Il y a de grandes & de petites unzaines; les grandes peuvent tenir six muids ou environ mesure Nantoise; & les petites seulement quatre.

Les droits dûs au Roi par la Pencarte de la Prevôté de Nantes pour les sels voiturés en petites unzaines, sont de 25 sols pour chaque muid mesure Nantoise, lorsqu'il n'y en a que depuis un muid jusqu'à quatre muids; & pour le sel chargé en grandes unzaines, quand il y a plus de quatre muids jusqu'à six une mine moins, 25 sols 2 deniers obole.

VOG

VOGUER. Terme de Chapelier. Faire voguer l'étoffe. C'est faire voler sur une claye par le moyen de la corde qui est tendue sur l'instrument qu'on appelle un Arçon, le poil ou la laine, ou autres matieres dont on veut faire les capades d'un chapeau. *Voyez* CHAPEAU, *où l'on parle de sa fabrique.*

VOI

VOIDE, que l'on écrit & que l'on prononce plus ordinairement Ouede. Espece de pastel qui croît en Normandie, & qui sert à teindre en bleu. *V.* VOUEDE.

VOILE. Terme de Marine qui signifie un assemblage de plusieurs lés de toile ordinairement de chanvre écrû, cousus ensemble par les lisieres, & bordés tout autour d'un cordage qu'on nomme Ralingue, qu'on attache aux vergues & aux étais d'un vaisseau, pour le faire voguer par le moyen du vent qui s'y engoufre.

Les principales voiles sont, la grand'Voile ou grand Pacfi, le petit Pacfi ou Voile de Misaine, la Voile d'Artimont, la Sivadiere, les Voiles du grand & petit Hunier, du grand Perroquet, des Perroquets de Fougue, de Foule, d'Avant & de Beaupré, &c. On les distingue encore par Voiles de l'Avant, Voiles de l'Arriere, & basses Voiles.

VOILE. Toile à Voiles. C'est de la toile propre à faire des voiles. Il se fabrique en Bretagne une grande quantité de ces toiles à voiles de chanvre qui se consomment partie pour les vaisseaux François de cette Province, & partie dans les Pays étrangers où elles sont envoyées.

Celles dont la consommation est la plus considérable sont les Noyales, les Polledavy, la petite Olone, les Locrenan, & celles qu'on nomme Perte. *V. tous ces articles. V. aussi l'article général des Toiles.*

Les toiles à voiles qui se fabriquent dans la petite Ville de Beaufort en Anjou, ne sont bonnes que pour les menues voiles. *V.* TOILE, *où il est parlé de celles de la Province d'Anjou.*

Il se fait aussi de grosses toiles dont la chaîne est de coton & la tréme de fil de chanvre qui sert à faire des voiles pour les galeres & petits bâtimens, & pour les perroquets des grands navires.

Il y a encore une sorte de toile à voiles qui se fait en Hollande, à laquelle on donne le nom de Cannevas ou de Cannesas. *V.* CANNEVAS.

VOILE. Est encore un nom que l'on donne à certaines étamines très légeres qui se fabriquent ordinairement à Reims. *V.* ETAMINE.

VOILE. C'est aussi une espece de toile de coton qu'on tire de Bengale, que les vaisseaux de la Compagnie Françoise des Indes Orientales apportoient avant que le commerce en fût défendu. *V.* TOILE, *où il est parlé des toiles qui viennent des Indes.*

VOILES. On appelle ainsi en Lorraine ce qu'on nomme ailleurs des Trains. Ils sont composés des planches qui se scient dans les montagnes de Volge, & qu'on conduit & fait flotter sur la Moselle pour les mener à Nancy ou à Metz.

VOILEURS. Ce sont les Mariniers qui conduisent les voiles ou trains de bois de la Moselle.

VOIRON, dans le Dauphiné. L'on y fait des droguets & des draps. *V.* l'Etat général, Tome I. page 128.

VOITURE. Ce qui sert à voiturer & porter les personnes, leurs hardes, les marchandises & autres choses que l'on veut transporter & faire passer d'un lieu à un autre.

Il y a des voitures particulieres & des voitures publiques, des voitures par eau & des voitures par terre.

On appelle voitures particulieres celles que les particuliers ont chez eux pour leur propre commodité & pour celle de leur famille, qu'ils entretiennent à leurs dépens; celles-ci n'ayant aucun rapport au commerce, on n'en dira rien davantage.

Les voitures publiques sont celles dont chacun a la liberté de se servir en payant tant par tête pour les personnes, ou tant de la livre pésant pour les hardes, marchandises & autres effets.

Ces sortes de voitures sont encore de deux sortes; les unes qu'il n'est pas permis d'avoir & de fournir qu'en vertu d'un privilege, comme sont les chariots, charrettes, fourgons & chevaux des Messageries; les coches & carosses qui partent à jour marqué pour certaines Villes & Provinces; & les caleches, chaises, litieres & chevaux de poste & de louage.

Les autres voitures publiques sont celles qu'il est libre à toutes personnes d'entretenir, d'avoir & louer, comment, & à qui bon il semble; comme les haquets, charettes sur ridelles & chariots des Voituriers & Rouliers, Coquetiers, Chasse-marée, &c. *V.* Messager, Messagerie, Coche, Carosse, Poste, Voiturier, Roulier, Chasse-marée, Coquetier, Poulailler, &c.

Les Voitures par eau sont en général tous les bâtimens qui servent à transporter par mer & sur les fleuves, rivieres, lacs, étangs & canaux les personnes ou marchandises, soit qu'ils aillent à la voile ou à la rame, & que des hommes ou des animaux les tirent; on ne le dit pas néanmoins si ordinairement des navires, vaisseaux, fregates & autres tels grands bâtimens de mer.

En France les principales de ces voitures sont les Coches d'eau, les Foncets, les Chalans, les

Barques, les grandes & petites Alléges, & diverses sortes de batteaux qui ont differens noms, suivant les rivieres sur lesquelles ils servent, & les Provinces où ils ont été construits; qui toutes sont employées au transport des bois, vins, bleds, épiceries, sels, salines & autres sortes de drogues & marchandises qui s'apportent à Paris, & qu'on envoye d'une Province à une autre.

Les Voitures par terre. Ce sont ou des machines inventées pour porter avec plus de commodité & en plus grande quantité les personnes & les balles, ballots, caisses & tonneaux de marchandises, tirés par diverses sortes d'animaux suivant les Pays, ou bien ces mêmes animaux qui servent de monture, & sur les bas desquels on charge des fardeaux proportionnés à leurs forces.

Les voitures de terre pour le transport des Voyageurs & marchandises, dont l'usage est le plus commun en France & dans une bonne partie des Etats de l'Europe, sont les carosses, chariots, caleches, berlines & coches à quatre roues; & les chaises, charettes & fourgons qui n'en ont que deux. Ces machines roulantes sont tirées par des chevaux, des mulets, des mules, des buffles & des bœufs. On se sert aussi des traîneaux en hyver, & lorsque la terre est couverte de neige sur-tout dans les Pays du Nord; en quelques endroits, comme dans la Laponie & la Siberie, ils sont tirés par des rennes qui sont des especes de cerfs; par-tout ailleurs & pour l'ordinaire ce sont des chevaux qui les traînent. *V.* Rennes *&* Traîneaux.

Tous les animaux qu'on vient de nommer à la réserve des rennes, sont propres à la charge, & peuvent transporter des marchandises sur leur dos, sur-tout les mules & mulets qui sont d'un grand usage, & très sûrs dans les Pays de montagnes.

Dans les caravanes de l'Asie & les cafilas de l'Afrique on se sert de chameaux & de dromadaires. *V.* Chameau *&* Dromadaire. *Voyez aussi* Caravane *&* Cafila.

En quelques endroits de l'Amerique Espagnole, & sur-tout dans le Perou & le Chilly, les vigognes, les llamas & les alpagnes qui sont trois sortes d'animaux de la grandeur d'une médiocre bourique, mais qui n'ont pas tant de force, servent non-seulement pour le transport des vins & autres marchandises, mais encore pour celui des minerets & pierres métalliques des mines d'or & d'argent si communes dans cette partie de l'Amerique.

Enfin le palanquin qui se porte sur les épaules de deux, de quatre ou de six hommes, & la litiere qui fait la charge de deux mulets sont aussi des voitures, mais seulement pour les Voyageurs. La premiere est d'usage dans les Indes Orientales, & la seconde dans presque toute l'Europe.

Voiture. S'entend aussi des personnes & des marchandises qui sont transportées. On dit dans ce sens, une pleine Voiture, lorsque les huit places d'un carosse & les seize places d'un coche par terre sont remplies; & demi-Voiture quand il n'y en a que la moitié. De même quand un Roulier n'a pas toute la charge des marchandises qu'il peut porter, on dit qu'il ne part qu'à demi-Voiture, qu'avec un tiers de la Voiture.

En fait de commerce de mer on dit, Charge, Chargement, Cargaison. *V. ces trois articles.*

Voiture. Est encore le droit ou le prix que chaque personne doit payer pour être menée en quelque lieu, & celui qui est dû pour les hardes & marchandises qu'on fait voiturer, soit par eau, soit par terre, soit dans des charettes, carosses ou chaises, &c. soit sur le dos des bêtes de charge. Il m'en a tant couté de voiture pour aller à Orleans. Les Rouliers de Lyon font payer deux sols par livre de voiture.

Le terme de Fret ou de Nolis est plus en usage sur mer que celui de Voiture. *V.* Fret.

Une Voiture d'argent. C'est quelquefois plusieurs chariots, charettes & mulets chargés d'especes monnoyées; comme quand on dit: Il est arrivé une voiture d'argent à l'armée pour payer les troupes. Quelquefois ce n'est qu'un seul baril, ordinairement de fer, rempli d'especes que les Receveurs particuliers envoyent aux Commis des Recettes générales, & dont ils chargent les Messagers, ou autres Voituriers à tant le cent pesant. J'ai reçû une voiture d'argent du Receveur des tailles de Nemours.

Une Voiture de Sel. C'est une certaine quantité de muids de sel qui arrive ou sur des batteaux, ou sur des charettes, chariots, &c. pour remplir les greniers à sel, soit de dépôt, soit de distribution. *V.* Gabelle. On dit aussi: Une voiture de drap, Une voiture de sucre; pour dire, une charette chargée de ces marchandises.

Lettre de Voiture. Ecrit que l'on donne à un Voiturier, contenant la quantité & la qualité des pieces, caisses, balles & ballots de marchandises qu'on lui confie, afin qu'il puisse se faire payer de ses salaires par celui à qui elles sont adressées; & qu'aussi celui qui les reçoit puisse voir si elles arrivent bien conditionnées, au nombre qu'elles lui ont été données, ou au jour qui y est marqué.

On nomme sur mer Charte-partie & Connoissement ou Manifeste, l'écrit ou registre qui contient les marchandises & passagers dont un vaisseau marchand est chargé. *V. ces deux articles & celui de* Lettre de Voiture.

Les Cochers des carosses, coches & carioles publiques qui servent au transport des personnes, ont aussi leur feuille ou lettre de voiture, qu'ils sont obligés de montrer aux Commis que leurs Maîtres mettent souvent sur les routes, pour faire connoître qu'ils n'ont pris personne en chemin, & qu'ils n'ont que la charge avec laquelle ils sont partis.

VOITURER. Transporter sur des voitures, soit par eau, soit par terre, des personnes, des hardes, des marchandises, &c. On a voituré à la Douane quantité d'argent des recettes des Provinces. Je cherche à faire voiturer à Strasbourg les habits du Regiment du Roi.

VOITURIER. Celui qui voiture, qui se charge de transporter d'un lieu à un autre des personnes, des marchandises, des papiers, de l'or, de l'argent, des vins, des bois, &c. même des Prisonniers, moyennant un prix, ou fixé par les Supérieurs & les Magistrats de Police, ou arbitraire & tel que le Voiturier en convient avec les Marchands ou autres Particuliers qui se veulent servir de son ministere.

Dans cette signification si étendue du terme de Voiturier, sont compris non-seulement les

Voituriers proprement dits, qui sont les Rouliers & les Batteliers ou Maîtres de barques & de batteaux qui voiturent librement par toute la France, soit par terre, soit par eau; mais encore les Messagers, les Maîtres des carosses, les Loueurs de chevaux, les Fermiers des coches par eau, les Maîtres des Postes, & autres sortes de Voituriers, qui sont Fermiers, & qui ont des privileges & des pancartes; mais comme on a parlé de ces derniers dans les articles qui leur sont propres, où l'on peut avoir recours, l'on ne traitera ici que des Voituriers-Rouliers par terre, & de ceux qui font des voitures par eau sans avoir besoin de prendre des provisions, ni d'obtenir des permissions de voiturer.

L'on a toujours consideré la liberté du roulage par terre & des voitures par eau, non-seulement comme très avantageuse au commerce, mais encore comme d'une nécessité absolue pour le maintenir & le faire fleurir en France; & c'est aussi ce qui a toujours fait échouer les tentatives que des gens d'affaires peu instruits de ce qui peut être utile ou nuisible au négoce ont souvent faites, de mettre, pour ainsi dire, en parti toutes les voitures publiques.

En effet tant de créations en titre d'Offices, de Rouliers, Voituriers, Contrôleurs, Peseurs, Viseurs, Intendans, Sur-Intendans, Commis & Commissionnaires des Voituriers qui ont paru de tems en tems, ont toujours été aussi-tôt supprimées que faites, comme on le peut voir par les divers Edits, Déclarations & Arrêts des dernier Septembre 1634, 16 Mai 1635, 20 Mars 1655, 29 Mars 1656, 12 Avril 1657, 24 Juillet & mois d'Octobre 1658, & 18 Juin 1659.

L'on a parlé ailleurs de la création & suppression de quelques-uns de ces Offices, & particulierement de ceux des Commissionnaires des Voituriers créés en 1705, & supprimés en 1706. *V.* Commissionnaires des Voitures.

Il est vrai que quoique ces Officiers ayent été supprimés, & les Voituriers rétablis dans leur ancienne liberté, la plupart des droits qui y avoient été attribués ont subsisté, & ont été réunis aux Fermes du Roi; & c'est en partie pour cela que tous les Rouliers-Voituriers conduisant les balles, ballots, caisses, tonneaux, &c. appartenant aux Marchands, Négocians & autres personnes, sont obligés de faire passer leurs voitures par les Douanes & Bureaux des Fermes, pour y payer ces droits conservés au profit de Sa Majesté.

Cette liberté du roulage par terre & des voitures par eau ne consiste pas néanmoins dans une entiere indépendance; & quoique les Voituriers ne soient pas unis en Communauté, ils ont cependant leur Reglement qu'ils doivent observer, & que les Rois ou les Magistrats de Police leur ont donné pour la sûreté publique, & comme une espece de discipline qu'ils sont obligés d'observer entr'eux & avec les autres.

Voici en quoi les Voituriers sont libres.

1°. En ce que toutes personnes qui sont en état d'entretenir des équipages, peuvent aussi entreprendre des voitures sans d'autre aveu & permission que celle qui leur vient de leur volonté & de leur faculté.

2°. En ce que leur arrivée & departne sont point fixés à certains jours, & pour de certains lieux.

3°. Enfin principalement en ce qu'ils n'ont point d'autre prix reglé que celui dont les Marchands ou autres personnes conviennent avec eux, qui peut augmenter ou diminuer suivant certaines occasions.

Cette derniere liberté du prix des voitures est sur-tout si considerable & si importante pour le commerce, que les six Corps des Marchands dans un Mémoire présenté en 1701 à M. de Chamillart pour lors Contrôleur Général des Finances, pour l'exécution du Reglement de 1678 sur le fait des voitures, ausquelles des Déclarations & Arrêts de 1681 & 1684 avoient donné atteinte, l'appellent le Bras droit du commerce, & ne craignent point d'avancer que ce qui leur coutoit vingt-cinq ou trente livres pour le port de leur marchandise par les Messagers, coches & carosses à ferme, ne leur revenoit qu'à six livres par les Rouliers, à cause de la fixation du prix que les Voituriers-Fermiers ne diminuent jamais, & du prix volontaire dont on convenoit avec les autres, & dont les Marchands étoient aussi-bien les Maîtres que les Voituriers-Rouliers.

Les principaux Reglemens pour les Voituriers, faits particulierement pour ceux qui arrivent à Paris, ou qui en partent, sont les Reglemens contenus dans le deuxiéme & troisiéme chapitre de l'Ordonnance de Louis XIV pour la Ville de Paris du mois de Décembre 1672, concernant les Voituriers par eau, & le Reglement du 15 Juin 1678, dressé au Conseil pour les Voituriers par terre.

L'Ordonnance des Aydes du mois de Juin 1680, celle du 22 Juillet 1681, & celle du mois de Février 1687, des cinq grosses Fermes, aussi-bien que divers Arrêts du Conseil, entre autres ceux du 25 Juillet 1684, & 29 Mai 1688, contiennent aussi plusieurs articles concernant également les Voituriers par terre & par eau, principalement leurs Lettres de voiture; de toutes lesquelles Ordonnances, Reglemens & Arrêts on se contentera d'extraire ici ce qui paroît de plus important, & d'un usage plus commun.

Les principaux articles de l'Ordonnance de la Ville de Paris de 1672, qui concernent les Voituriers par eau, sont les 1, 2, 3, 5, 7, 8 & 9 du second chapitre, & les 6, 7, 8, 11, 12, 14, 15 & 16 du troisiéme.

Par le premier du second chapitre il est permis de voiturer tous les jours, excepté les jours des quatre Fêtes solemnelles, qui sont Noel, Pâques, Pentecôte & Toussaints.

Le second défend d'aller par les rivieres qu'entre soleil levant & couchant, & de se mettre en chemin en tems de vent & de tempête.

Le troisiéme & le cinquiéme reglent le passage des ponts & pertuits, & la rencontre des batteaux en pleine eau; & ordonne que les batteaux qui descendent se garent jusqu'à ce que ceux qui montent les ponts & pertuits soient passés; & au contraire si c'est en pleine riviere, que les montans se garent vers la terre, pour laisser passer les avalans.

Le septiéme parle des naufrages arrivés par fortune de tems, & de ceux qui sont du fait du Voiturier; & veut qu'au premier cas les Voituriers soient quittes de la perte de la marchandise, en faisant cession de leurs batteaux & ustenciles dans les trois jours; & dans le second cas, qu'ils soient tenus des dommages & interêts.

Le huitiéme article défend aux Voituriers de partir des Ports de charge sans Lettres de voiture, à peine d'être déchûs du prix d'icelles; mais si c'est le Marchand qui ait fait refus de la délivrer, en justifiant du refus, le Voiturier en est cru sur la quantité des marchandises, & sur le prix de leur voiture.

Enfin le neuviéme article explique ce que doit contenir lesdites Lettres de voiture. *Pour ce dernier article voyez* Lettre de Voiture.

Des articles du troisiéme chapitre de cette même Ordonnance le 6 veut, Que les Voituriers donnent avis aux Proprietaires ou Commissionnaires de l'arrivée de leurs marchandises vingt-quatre heures après être entrés aux Ports, & de leur exhiber leurs Lettres de voiture, en marge desquelles doit être marqué par lesdits Proprietaires ou Commissionnaires le jour de l'exhibition desdites Lettres.

Le septiéme permet aux Voituriers de décharger les marchandises du batteau à terre après une sommation faite au Proprietaire ou Commissionnaire à qui la Lettre de voiture est adressée.

Le huitiéme regle les procedures, & devant qui elles se doivent faire, lorsqu'après la sommation dont il est parlé dans l'article précedent, le Proprietaire ou Commissionnaire refuse d'accepter la Lettre de voiture, & de recevoir les marchandises.

Par l'onziéme article il est statué sur le tems que les batteaux chargés de grains, vins, foins, bois, charbons & autres marchandises qui doivent tenir Port, sont obligés de rester dans lesdits Ports; ce qui est reglé à quinze jours pour tous, à la réserve des vins qui doivent tenir Port un mois. Il est aussi ordonné, Qu'en cas que la vente n'ait pû être faite pendant ledit tems, les Voituriers seront payés de leur retard, & leurs batteaux à eux restitués en bon état.

Le douziéme n'oblige les Voituriers de rendre les marchandises par compte & mesure, qu'au cas qu'elles leur ayent été délivrées de la même maniere, & que la Lettre de voiture soit chargée de cette clause: si néanmoins le Marchand a mis sur le batteau un Gourmet ou Garde pour la conservation de sa marchandise, le Voiturier n'est plus tenu ni du compte ni de la mesure.

Le quatorziéme rend les Marchands responsables des batteaux dès qu'ils ont été mis à Port, & tant qu'il reste de leur marchandise dans lesdits batteaux.

Par le quinziéme au contraire les batteaux répondent des marchandises si elles ont été endommagées par la faute du Voiturier, ou s'il y a défaut dans la livraison de la quantité dont il a été chargé.

Enfin le seiziéme article attribue au Marchand pour qui le batteau est chargé, toute la marchandise qui s'y trouve au-delà de ce qui est porté par la lettre de voiture, en augmentant néanmoins par le Marchand le prix de la voiture à proportion de l'excedent dont il profite.

L'Arrêt du Conseil du 25 Juin 1678, portant Reglement pour les fonctions des Messagers, Maîtres des coches & carosses, Rouliers & autres Voituriers par terre, consiste en vingt-un articles, dont quatre seulement, à sçavoir les 6, 13, 14 & 20, regardent les Voituriers-Rouliers.

Par le sixiéme il leur est fait défenses de porter aucune lettre, que les lettres de voiture des marchandises & autres choses dont il seront chargés, qui même leur seront délivrées ouvertes.

Les treiziéme & quatorziéme laissent la liberté aux Receveurs particuliers, Fermiers des Domaines & Fermes de Sa Majesté, & à tous Marchands Négocians & autres personnes, de faire transporter leurs deniers, marchandises ou autres choses à eux appartenans, par des chevaux, charettes & autres voitures de tels Voituriers qu'ils trouveront à propos.

Et par le vingtiéme il est fait défenses aux Messagers, Maîtres de coches & carosses de troubler les Rouliers & Voituriers dans leurs fonctions, à la charge par eux d'observer les Edits, Déclarations, Arrêts & Reglemens.

Un second Arrêt du Conseil du 8 Août 1681, & encore un troisiéme du 24 Janvier 1684, obtenus par le credit d'un grand Ministre à qui appartenoit la plûpart des voitures publiques, ou qui y étoit interessé, ayant ôté aux Voituriers la liberté des entrepôts sur leur route, leur ayant interdit la faculté qu'ils avoient de se charger d'or, d'argent, de pierreries; & les ayant obligé de se servir, quand leurs propres chevaux leur manquoient, des chevaux de louage dont la ferme appartenoit à ce Ministre pour lors Sur-Intendant des Postes du Royaume, toutes choses contraires ou à l'usage établi, ou au Reglement de 1678, & préjudiciable au commerce; les six Corps des Marchands de Paris, les Négocians de Lyon, ceux de Moulins en Bourbonnois & de plusieurs autres Villes considerables pour le négoce, s'étant unis aux Voituriers par terre & par eau de ces Villes & de quelques autres, il fut donné un quatriéme Arrêt du Conseil du 2 Avril 1701, qui interpretant celui de 1684, maintint & garda les Marchands & les Négocians du Royaume dans la liberté où ils avoient toûjours été, d'adresser leurs caisses & ballots aux Correspondans Marchands ou autres qu'ils pouvoient avoir pour leur commerce en differentes Villes du Royaume, pour faire passer ensuite lesdites caisses & ballots, du poids néanmoins au dessus de cinquante livres, aux lieux de leur destination, par les Voituriers que lesdits Correspondans trouveroient les plus commodes.

L'on a travaillé depuis à un Reglement du Roulage qu'on n'a point vû paroître, mais qui seroit d'une grande utilité pour le commerce, qui languit & qui est interrompu par les mutuelles entreprises des Rouliers & des Messagers & Maîtres des carosses, les uns sur les autres.

Les lettres de voiture étant proprement la seule piece nécessaire aux Voituriers tant par terre que par eau; & étant également utile ausdits Voituriers pour recevoir le prix de leur voiture & le payement de leur salaire; aux Négocians & autres personnes pour la sûreté de leurs marchandises & effets; & aux Employés, Receveurs & Commis des Aydes & Fermes du Roi pour la perception des droits qui en sont dûs; il n'y a rien aussi qui soit plus exactement établi & reglé par les Ordonnances, soit des Aydes, soit des cinq grosses Fermes, & par quantité d'Arrêts, que la nécessité & la forme desdites lettres de voiture.

Les articles 2 & 3 du titre 5, & l'article 1 du titre 7 de l'Ordonnance des Aydes du mois de Juin 1680, veut, que les vins soient accompagnés de lettres de voiture faites doubles par devant Notaires ou autres personnes publiques; qu'elles soient remplies d'une même main; qu'elles fassent mention du lieu où le vin a été chargé, du nom du Proprietaire, de sa demeure & qualité, de l'endroit de sa destination, & du nom de la personne à qui il est adressé; & qu'elles soient visées par les Commis des Bureaux où elles doivent passer, à peine de confiscation & d'amende.

Les Arrêts du Conseil du 25 Juillet 1684 & 29 May 1688, reglent les choses sur le même pied pour les lettres de voiture des eaux-de-vie qui se vendent & se transportent d'un lieu à un autre.

Les articles 2, 4 & 5 du titre des droits sur le poisson de mer frais, sec & salé, ordonnent pareillement aux Voituriers qui amenent ledit poisson destiné pour la Ville de Paris, de prendre de pareilles lettres de voiture avant de l'enlever des Ports de mer & autres lieux d'où ils partent; de les représenter aux Commis, s'il y en a d'établis dans lesdits Ports, pour y être enregistrées & controllées, ou s'il n'y en a point, de les faire passer pardevant le Notaire, Tabellion ou Greffier du lieu; lesquelles lettres doivent contenir la quantité, la qualité & la destination de la marchandise, & le nom du Commissionnaire ou Marchand qui l'envoye, & de celui à qui elle est adressée.

Par l'article 4 du titre des Droits sur les bois dans Paris il est enjoint aux Marchands, tant de ladite Ville qu'aux Forains qui y en font arriver, soit par terre, soit par eau, de représenter aux Commis leurs lettres de voiture en bonne forme avant de le faire décharger.

Il est pareillement ordonné par l'article 9 du titre des Droits de marque & de contrôle de papier, Que les Voituriers par eau & par terre chargés de la conduite des papiers, seront porteurs de lettres de voiture en bonne forme, à peine de confiscation des papiers, batteaux, charettes & chevaux, & de 500 livres d'amende.

Enfin pour prévenir tous les inconveniens qui s'ensuivroient de la falsification des lettres de voiture, l'Ordonnance du 22 Juillet 1681, art. 21 & 22 du titre commun pour les Fermes du Roi, veut, que ceux qui auront falsifié des lettres de voiture soient condamnés pour la premiere fois au fouet, & au bannissement de cinq ans de l'Election où la falsification aura été commise, avec amende, qui ne pourra être moindre que du quart de leurs biens; & en cas de recidive, aux galeres pour neuf ans, avec amende qui doit être de la moitié de leurs biens.

L'Ordonnance des cinq grosses Fermes du mois de Février 1687 a aussi deux articles, que les Voituriers par terre ne peuvent ni ne doivent ignorer.

Ces articles, qui sont le 1 & le 23 du titre 2, portent défenses à tous Voituriers qui conduisent des marchandises dans l'étendue des cinq grosses Fermes, à quatre lieues des environs des Bureaux, de passer par des chemins obliques & détournés, quoiqu'ils soient porteurs d'acquits, congés ou passe-avans, sous peine de confiscation des marchandises, & de 300 liv. d'amende.

Il est ordonné par Arrêt du Conseil du Roi du 24 Juin 1721, que tous Commissionnaires, tant de la Ville de Paris que des autres Villes du Royaume, qui expediront des marchandises ou autres effets par les Rouliers ou Voituriers seront tenus d'y joindre des certificats contenant les noms des Rouliers ou Voituriers qu'ils en chargeront, la qualité, la quantité & les poids desdites marchandises & effets, dont les balles & ballots seront plombés aux Hôtels de Ville & lieux de leur enlevement, & de faire mention dans lesdits certificats, des lieux pour lesquels lesdites marchandises & effets seront destinés. Faisant Sa Majesté très expresses défenses & inhibitions ausdits Rouliers & autres Voituriers de se charger d'aucunes marchandises & effets, s'ils ne sont accompagnés desdits certificats le tout à peine contre les contrevenans: sçavoir, à l'égard des Commissionnaires de trois mille livres d'amende, & de confiscation desdites marchandises & effets, dont ils demeureront responsables envers les Proprietaires, au cas que lesdits effets & marchandises ne leur appartiennent pas: à l'égard desdits Rouliers & Voituriers, de confiscation de leurs voitures, chevaux & équipages, & de mille livres d'amende pour chaque contravention, même de punition corporelle suivant l'exigence des cas, sans que lesdites peines puissent être reputées comminatoires. Enjoignant Sa Majesté au Sieur Lieutenant de Paris, & aux Sieurs Intendans des Provinces de tenir la main, chacun en droit soi, à l'execution du présent Arrêt.

Reglement qui fixe le nombre des chevaux qui peuvent être attelés aux charettes a deux roues.

Rien ne facilite davantage le commerce interieur du Royaume, que l'entretien des grands chemins, mais rien aussi n'est plus capable de dégrader & de ruiner les mêmes chemins, que la trop grande charge que les Voituriers ont coutume de donner à leurs voitures. C'est pour prévenir ce dernier désordre & pour y remedier, qu'a été donné à Fontainebleau une Déclaration du Roi du 14 Novembre 1724, enregistrée au Parlement le 27 Janvier 1725.

Sa Majesté y expose d'abord, qu'ayant employé les moyens les plus sûrs pour faciliter le transport des denrées & des marchandises d'une Province du Royaume à l'autre, soit en rendant les rivieres navigables, & en construisant de nouvaux canaux, soit en entreprenant des ouvrages considerables pour la réparation, l'embellissement & la commodité des grands chemins, à quoi elle avoit employé des fonds trois fois plus considerables qu'on n'avoit fait jusques-là; elle voyoit cependant avec regret qu'une dépense si forte n'avoit pas produit tout l'effet qu'on en devoit attendre.

Sa Majesté fait ensuite remarquer, que les chemins les mieux reparés & les mieux entretenus, ne peuvent pas long-tems resister au poids énorme dont les Voituriers ont coûtume de charger leurs voitures, particulierement ceux qui se servent de charettes à deux roues;

parce que sur ces dernieres le poids n'étant pas partagé comme sur celles à quatre roues, l'effet en est quatre fois plus considerable.

Sa Majesté ajoûte de plus, que la fixation du poids que chaque voiture pourroit porter, lui avoit été proposée; mais qu'un grand nombre d'inconveniens capables de troubler le commerce en retardant les voitures dans leur route, l'avoit déterminée à ne fixer que le nombre des chevaux qu'on pourroit mettre à chaque voiture, ce qui néanmoins ne regarderoit que les charettes à deux roues, Sa Majesté laissant la liberté aux Voituriers qui se serviroient de chariots à quatre roues, d'y atteler le nombre de chevaux qu'ils jugeroient à propos, comme moins préjudiciables aux grands chemins, à cause que le poids des marchandises y est plus également partagé.

Sur ces motifs & par ces raisons, Sa Majesté ordonne par sadite Déclaration redigée en six articles.

1°. Qu'à commencer au premier Juillet 1725 tout Roulier ou Voiturier, soit qu'il voiture pour son compte particulier, soit pour d'autres, ne puisse avoir à chaque charette à deux roues que le nombre de chevaux marqué ci-après; sçavoir depuis le premier Octobre jusqu'au premier Avril, quatre chevaux, & depuis le premier Avril jusqu'au premier Octobre, trois chevaux, à peine contre ceux qui auront excedé le nombre de chevaux, ci-dessus, de confiscation des chevaux, charettes & harnois, & de trois cens livres d'amende.

2°. Qu'il sera permis à ceux qui voudront se servir de chariots à quatre roues, d'y atteler telle quantité de chevaux qu'ils jugeront à propos.

3°. Qu'il sera pareillement permis pour la facilité de la culture des terres, à tous Fermiers, Laboureurs, Vignerons & autres qui tiennent des biens fonds à ferme, ou qui en étant proprietaires, les font valoir par leurs mains, de mettre tel nombre de chevaux qu'ils trouveront à propos aux charettes à deux roues, dont ils croiront nécessaire de se servir pour les voitures qu'ils feront dans la distance de trois lieues de leur demeure pour la culture & exploitation desdits fonds.

A l'égard des trois derniers articles, ils reglent la competence des Juges qui doivent connoître des contraventions aux trois précedens, soit en premiere instance, soit en cause d'appel, ordonnant entr'autres choses que lesdits Juges dénommés au IV. & au V. articles, pourront prononcer le Jugement concernant lesdites contraventions sur le procès-verbal des Officiers de la Maréchaussée ou autres, signé de deux témoins au moins, ou sur d'autres preuves suffisantes, ce qu'ils seront tenus de faire à l'Audience sommairement & sans frais; & ce dans les vingt-quatre heures ou les trois jours au plûtard de la capture, & les peines prononcées sur la simple assignation donnée au Voiturier.

Arrêt du Conseil du 12 Juillet 1723, concernant les voitures passant par Saint Jean d'Angely.

Il avoit été ordonné par Arrêt du 29 Août 1715, conformément à l'article XVII. & XVIII. du titre 11 de l'Ordonnance des Fermes de 1687, que les Voituriers seroient tenus à peine de confiscation & de 100 livres d'amende, de conduire directement leurs marchandises à tous les Bureaux de leurs routes, & d'y représenter leurs acquits aux Commis & Gardes qui pourroient les retenir en leur délivrant un acquit de contrôle sans frais. Le Roi ayant été informé que cette précaution qui avoit été prise principalement pour les marchandises passant par les Bureaux de Briou, la Ville-Dieu & autres de la frontiere des cinq Grosses Fermes en Poitou, seroit également nécessaire pour celles passant par le Bureau de Saint Jean d'Angely, pour la destination de Xaintonge, de Guyenne, de Bayonne & d'Espagne: Sa Majesté pour y pourvoir, a ordonné par ledit Arrêt du 12 Juillet 1723, & Lettres Patentes sur icelui du 19 des mêmes mois & an:

Que tous Voituriers & Conducteurs de marchandises passant par la Ville de Saint Jean d'Angely, seront tenus de remettre au Contrôleur des Fermes qui y est établi, les acquits de payement, dont ils seront porteurs, des droits de sortie des cinq Grosses Fermes, tant desdits Bureaux de Briou & de la Ville-Dieu, que de tous les autres Bureaux de l'étendue des cinq Grosses Fermes; au lieu desquels acquits il sera délivré ausdits Voituriers & Conducteurs par ledit Contrôleur des Brévêts de contrôle sans frais, même ceux du papier timbré; lesquels acquits de payement seront enregistrés & enliassés pour servir ainsi qu'il appartiendra; & à l'égard des acquits à caution, lesdits Voituriers seront pareillement tenus de les représenter audit Contrôleur pour y mettre son vû aussi sans frais: le tout à peine de confiscation desdites marchandises & de cent livres d'amende. Lesdites Lettres Patentes sont enregistrées en la Cour des Aydes le 14 Août de la même année mil sept cens vingt-trois.

On ne parlera point ici de divers droits établis sur les voitures tant par eau que par terre, comme entr'autres des doubles payages & du sol pour livre par augmentation sur le prix de toutes les voitures du Royaume, créés par Edit du mois d'Octobre 1704; parce que la plûpart des droits que le malheur des tems avoit fait imposer sous le Regne de Louis XIV. ayant été abolis & supprimés sous le nouveau Regne de Louis XV. & sous la sage Regence de Philippes Duc d'Orléans, on a lieu d'esperer la remise de tous les autres; & que ce ne seroit que rappeller assez inutilement le souvenir des malheurs de tant de guerres ruineuses à l'Etat, qui peut se flatter qu'une heureuse & longue paix pourra enfin les faire entierement oublier.

VOITURIN. Signifie la même chose que Voiturier. On se sert de ce terme en quelques endroits de France, particuliérement du côté de Lyon, en Languedoc, en Dauphiné & en Provence. *Voyez ci-dessus* VOITURIER.

VOL

VOLAILLE. Nom collectif, qui signifie tous les oiseaux domestiques, qui s'élevent dans les basse-cours des fermes & maisons de campagne. Ce sont les Coquetiers, & particulierement les Poulaillers, qui font le commerce de la volaille à Paris. Il y a aussi dans cette Ville des Vendeurs de Volaille établis en titre d'Offices. *Voyez* POULAILLE & VENDEUR DE VOLAILLE.

La Volaille paye en France les droits de sortie à raison de cinq sols de la douzaine.

VOLANT. Il se dit de quelques plumes rassemblées dans un tuyau d'yvoire ou de bois dont les enfans se servent pour jouer ensemble.

Les volans payent les droits de la Douane de Lyon a raison de 14 s. le quintal.

VOLANS. On appelle les Volans d'un moulin à vent les longues pieces de bois assemblées en croix dans l'arbre tournant, & traversées tout du long de plusieurs menues lattes de bois en échellons, sur lesquelles on étend les toiles pour donner le vent au moulin. On les nomme plus ordinairement des Ailes. *Voyez* AISLE.

VOLETS. Ce sont les planches arrangées autour de l'essieu d'une roue de moulin à eau, sur lesquelles l'eau faisant effort en coulant par dessous ou en tombant dessus, donne le mouvement à la roue. On les nomme autrement Ailerons & Alichons. *Voyez* AILERONS.

VOLICE. C'est ainsi qu'on nomme une des especes de lattes qu'on débite & qu'on vend dans les forêts en coupe, & chez les Marchands de bois quarré de Paris. *Voyez* LATTES.

VOLILLES. Petites planches de bois de peuplier très legeres & peu épaisses. *V.* PEUPLIER.

VOLIS. Terme des Eaux & Forêts. L'Ordonnance de 1669 semble confondre les bois volis avec les chablis. *Voyez* CHABLIS.

Par Arrêt du Conseil du 30 Décembre 1687, il est défendu aux Officiers des Eaux & Forêts de vendre les chablis & volis, qu'il n'y en ait au moins dix cordes dans chaque Forêt.

VOU

VOUA. Mesure des longueurs dont on se sert dans le Royaume de Siam. Elle revient à une de nos toises moins un pouce. Il faut deux kens pour un voua, deux soxs pour un ken, deux keubs pour un sox, & douze nious pour un keub. Le niou est comme les trois quarts de notre pouce; huit grains de ris, qui reviennent à neuf de nos lignes faisant le niou. *V.* KEN.

VOUEDE ou VOIDE. Drogue propre à teindre en bleu. C'est une espece de pastel qui croît en Normandie, & sur-tout aux environs de Caen, où on le seme dans les meilleures terres; il se cultive de la même maniere que le pastel du Languedoc, mais il s'en faut bien qu'il ait autant de force & de substance, n'en ayant gueres plus que le marouchin ou derniere récolte du vrai pastel, & cela apparemment parce que la chaleur en Normandie n'étant pas à beaucoup près à même degré que dans le haut Languedoc, la feuille du vouede se meurit difficilement.

Ce qu'il y a néanmoins de different dans la culture de l'un & de l'autre, c'est qu'il ne faut pas faire tant de récoltes du vouede que du pastel, & que le vouede ne doit être mouillé que médiocrement: il faut autant qu'il se peut mêler le vouede au pastel pour faire une bonne teinture, mais si c'est avec de l'indigo qu'on le mêle, il faut au plus une livre d'indigo sur cent livres pesant de vouede, sans quoi on court risque de faire de fausses couleurs.

Le commerce du vouede de Normandie étoit autrefois très considerable; mais il est beaucoup diminué depuis que l'indigo a été apporté des Indes, quoique de ces deux drogues l'indigo soit la moins bonne.

Le vouede se vend ou en botte ou au poids, & c'est aussi sur l'un & l'autre pied que se payent les droits d'entrée & de sortie. Celui en botte qu'on nomme vouede en branche paye de sortie 4 l. le cent de bottes, & seulement 4 s. d'entrée; & celui au poids paye de sortie 4 l. 12 sols la cumée du poids de huit cens liv. qui est une espece de sachée. Le Tarif ne parle point des droits d'entrée. V. PASTEL & BLEU.

VOULE. Petite mesure dont se servent les habitans de Madagascar pour mesurer le ris mondé, quand on le vend en détail.

Elle contient environ une demi livre de ris. Il faut douze voules pour faire le troubahouache ou monka; & cent pour le zatou. *Voyez ces deux articles.*

VOURINE. On appelle Soye Vourine, la soye legis de Perse, la plus fine & de la meilleure qualité. *Voyez* LEGIS.

VOUZONS, de la Généralité d'Orleans. On y fabrique des serges drapées. *Voyez* l'Etat gén. Tome I. page 89.

VOY

VOYAGES DE LONGS COURS. C'est ainsi qu'on appelle les voyages qui se font sur mer dans des vaisseaux qui doivent être long-temps en route. Tels sont ceux de France en Moscovie, Groenlande, Canada, aux Bancs & Isles de Terre-neuve, & autres Côtes du Continent & des Isles de l'Amérique, au Cap-vert, Côtes de Guinée, aux grandes Indes, au Japon, à la Chine, à la mer du Sud, & à tous autres voyages qui se peuvent faire au-delà du Tropique. *Art. 59 du tit. 6 du Livre 3 de l'Ordonnance de la Marine du mois d'Aout 1681.*

VOYE. Se dit ordinairement des marchandises qui peuvent se transporter sur une même charette & en seul voyage. Ainsi l'on dit une voye de bois, une voye de charbon de terre, une voye de plâtre, &c.

A Paris la voye de bois à brûler, c'est-à-dire, de celui qui n'est ni d'Andelle, ni de compte, & qu'on appelle Bois de Corde, est composée d'une demi-corde de bois mesurée dans une sorte de mesure de bois de charpente appellée Membrure, qui doit avoir quatre pieds de tous sens. *Voyez* CORDE DE BOIS.

La voye de charbon de terre qui se mesure comble, est composée de trente demi-minots, chaque demi-minot faisant trois boisseaux; ensorte que la voye de charbon de terre doit être de quatre-vingt-dix boisseaux.

La voye de plâtre est ordinairement de douze sacs, chaque sac de deux boisseaux ras suivant les Ordonnances de Police.

La voye de la pierre de taille ordinaire est de cinq carreaux, c'est-à-dire, environ quinze pieds cubes de pierres. Deux voyes font le chariot. *Voyez* PIERRES A BASTIR.

La voye du libage est de six à sept morceaux de pierre. On appelle Quartier de voye quand il n'y en a qu'un ou deux à la voye.

VOYE. Se dit en terme de banque, des lieux par où on envoye de l'argent, ou des personnes dont on se sert pour le faire tenir. Je vous ferai tenir votre argent par la voye des Marchands d'Amsterdam. Je voudrois bien envoyer mille

écus

écus par la voie de Hambourg. Vous aurez incessamment provision pour les Lettres que j'ai tirées sur vous par la voie d'un tel Banquier de votre Ville.

On dit aussi dans le même sens : cette voie est sûre, cette voie n'est pas commode ; pour faire entendre, ou qu'un Marchand sur qui on voudroit tirer n'est pas bon, ou qu'il est difficile, & qu'il n'est pas agréable d'avoir affaire à lui.

VOYE DE CHARDON. Terme de Manufacture de Lainage.

Quand on dit donner une voye de chardon à un drap ou autre étoffe de laine, c'est le lainer, en tirer la laine, le garnir superficiellement de poil depuis le chef jusqu'à la queue, par le moyen du chardon. On donne aux draps devant & entre les tontures, plus ou moins de voies de chardon, suivant leur espece & qualité.

On dit aussi dans le même sens selon les divers endroits de fabrique, un tour de chardon, un trait de chardon, un cours de chardon.

VOYE DE CALANDRE. On dit qu'on a donné une voye de Calandre à une étoffe ou à une toile, pour faire entendre qu'elles ont passé huit fois de suite sous la calandre ; ce qu'on appelle donner huit tours de calandre. On parle aussi par demi-voye, ce qui s'entend quand l'étoffe ou la toile n'ont eu que quatre tours. *V.* CALANDRE.

VRA

VRAC. On appelle Hareng en Vrac celui que les Pêcheurs apportent dans les Ports au même état qu'il a été mis dans les barils au moment de la pêche. *V.* HARENG *vers la fin de l'article.*

VRAICQ, autrement VARECH. On nomme ainsi en Normandie cette espece d'herbe marine qu'on appelle en Bretagne, Gouesmon, & Sar dans le pays d'Aunis. *V.* VARECH.

URI VRI

URINE. Excrement liquide des animaux dont la vessie se décharge ; il se dit plus particulierement de celle de l homme.

L'urine est du nombre des drogues non colorantes dont les Teinturiers se servent à préparer les étoffes avant de les mettre en couleur. Entr'autres usages elle aide à fermenter & échauffer le pastel, & on l'employe aussi au lieu de chaux dans les cuves de bleu.

On se sert quelquefois d'urine pour dégraisser les laines, les étoffes & ouvrages faits de laine, comme draps, ratines, serges, &c. bas, bonnets, &c. mais l'on prétend que ce dégraissage est très mauvais, qu'il préjudicie beaucoup aux marchandises, & que l'on ne devroit y employer que du savon, ou de la terre bien préparée.

VRILLE. Petit instrument de fer emmenché d'un morceau de bois couché de travers. Il sert au lieu de villebrequin à faire des trous, & se tourne d'une seule main.

VRILLIER. L'on nomme ainsi dans la Communauté des Maîtres Taillandiers de Paris, ceux d'entr'eux qui font des vrilles & autres legers outils de fer ou d'acier propres aux Orfévres, Graveurs, Chauderonniers, Armuriers, Sculpteurs, Menuisiers, &c. On les appelle aussi Tailleurs de Limes. *Voyez* TAILLANDIERS.

URN

URNA. Mesure dont on se sert en Italie pour mesurer les liqueurs. Il faut six sechis pour l'urna.

URS

URSOLLE, ou ORCHEIL, qu'on nomme plus communément ORSEIL. Drogue propre pour la teinture. *Voyez* ORSEILLE.

URU VRU

URCUCU. Nom que les Bresilliens donnent à la drogue pour teindre en rouge, qu'on nomme vulgairement Rocou. *Voyez* ROCOU.

VRUS. Sorte de busle qui se trouve dans les forêts de la Lithuanie. Cet animal est si furieux & si terrible, qu'on diroit qu'il jette le feu par les yeux, ses cornes sont rondes & courtes : il a une barbe comme les boucs dont le poil est long & noirâtre.

On dit que la peau de cet animal a une qualité specifique, & que les femmes grosses qui en portent des ceintures, se garentissent des avortemens, ce qui les rend d'un grand prix, n'y ayant gueres de Dames en Pologne, qui ne paroissent persuadées de cette vertu de la peau des Vrus.

L'Auteur dont on a tiré cet article (Dalerac dans ses Anectotes de Pologne) semble dans la même prévention, & il assure que la Reine de Pologne Marie Casimire d'Anquian, munie d'une de ces ceintures, a souvent hazardé sans peril des voyages de cinq cens lieues dans les mois les plus dangereux de ses premieres grossesses, étant venue deux fois accoucher en France.

US

US ET COUTUMES DE LA MER. Ce sont des especes de loix, maximes ou usages qui servent comme de base & de principes à la Jurisprudence Maritime, soit pour ce qui concerne la navigation, soit aussi pour ce qui regarde le commerce de la mer, & tout ce qui y a du rapport.

Ces Us & Coutumes consistent en trois especes de Reglemens particuliers, qui ont été compilés & commentés sous le titre des Us & Coutumes de la mer, par Etienne Clairac, Avocat au Parlement de Bordeaux.

Les premiers de ces Reglemens sont nommés Jugemens d'Oleron. Ce fut la Reine Eleonor, Duchesse de Guyenne, qui au retour de son voyage de Terre Sainte, en fit dresser les premiers projets sur les Mémoires qu'elle avoit recueillis des Coutumes du Levant, où le commerce étoit en ce tems-là très florissant. Elle leur fit donner le nom de Rolles d'Oleron, parce qu'elle résidoit pour lors dans l'Isle de ce nom. Environ l'an 1266, son Fils Richard Roi d'Angleterre, les fit augmenter lorsqu'il fut aussi revenu de la Terre-Sainte.

Les seconds Reglemens furent faits par les Marchands de Visbuy, Ville de l'Isle de Gotland sur la mer Baltique, autrefois très renommée pour le commerce, & dans laquelle la plupart des Nations Européennes avoient leurs quartiers, leurs boutiques & leurs fondiques ou magasins ; mais cette Ville, toute importante qu'elle étoit, ne subsiste plus, ayant été entierement détruite.

On y dressa ces Reglemens en Langue Teutonique, ausquels l'on se conforme encore aujourd'hui dans tous les pays du Nord. La datte en est incertaine : il y a cependant de l'apparence qu'ils ont été faits depuis l'an 1288, que la Ville de Visbuy fut détruite pour la premiere fois, & ensuite rétablie par Magnus Roi de Suede.

Les troisiémes Reglemens furent faits à Lubex environ l'an 1597 par les Députés des Villes Hanséatiques, qui sont des Villes franches & maritimes de l'Empire.

Ces trois Reglemens, tout anciens qu'ils sont,

n'ont pas laissé de servir de pieces fondamentales, pour dresser ces Ordonnances si judicieuses que l'on voit aujourd'hui, en France, en Espagne & ailleurs, qui reglent les Contrats maritimes & la Jurisdiction maritime.

USA

USALTON. Monnoye qui a cours en Georgie : il vaut onze sols monnoye de France. Un demi abagi ou deux chaoutis, font un Usalton. *Voyez* ABAGI.

USANCE, en Italien. USO. est un tems determiné pour le payement des Lettres de Change, suivant l'usage des lieux sur lesquels elles sont tirées, qui commence à courir, ou du jour de l'acceptation des Lettres, ou du jour de leurs dattes ; ce tems est plus ou moins long par rapport aux differentes coutumes des places de commerce de l'Europe.

Les Lettres de Change se tirent à une ou plusieurs usances, soit de vûe, soit de datte. Les Italiens disent : *Uso doppio*, pour dire, deux Usances, ou double Usance.

En France les Usances sont fixées à trente jours suivant l'art. 5 du tit. 5 de l'Ordonnance du mois de Mars 1673.

A Londres l Usance des Lettres de France, est d'un mois de datte ; d'Espagne de deux mois ; de Venise, Gennes & Livourne, de trois mois.

A Hambourg l'Usance des Lettres de Change de France, d'Angleterre & de Venise, est de deux mois de datte ; d'Anvers & de Nuremberg, de quinze jours de vûe.

A Venise l'Usance des Lettres de Change de Ferrare, Boulogne, Florence, Luques & Livournes, est de cinq jours de vûe ; de Rome & d'Ancone de dix jours de vûe ; de Naples, Bary, Lecée, Gennes, Ausbourg, Vienne, Nuremberg, & Sengal, de quinze jours de vûe ; de Mantoue, Modene, Bergame & Milan, de vingt jours de datte ; d'Amsterdam, d'Anvers & d'Hambourg, de deux mois de datte ; & de Londres, de trois mois de datte.

A Milan l'Usance des Lettres de Change de Gennes est de huit jours de vûe ; de Rome, dix jours de vûe ; de Sengal, vingt jours de vûe ; & de Venise, vingt jours de datte.

A Florence l'Usance des Lettres de Change de Boulogne est de trois jours de vûe ; de Rome, & d'Ancone, de dix jours de vûe ; de Venise, & de Naples de vingt jours de datte.

A Bergame l'Usance des Lettres de Change de Venise, est de vingt-quatre jours de datte.

A Rome, l'Usance des Lettres de Change d'Italie, étoit de dix jours de vûe ; mais par un abus, on l'a étendue jusqu'à quinze jours de vûe.

A Ancone l'Usance est de quinze jours de vûe.

A Boulogne il est de huit jours de vûe.

A Livourne l'Usance des Lettres de Change de Gennes, est de huit jours de vûe ; de Rome, de dix jours de vûe ; de Naples, trois semaines de vûe ; de Venise, vingt jours de datte ; de Londres, trois mois de datte, & d'Amsterdam, quarante jours de datte.

A Amsterdam l'Usance des Lettres de Change de France & d'Angleterre, est d'un mois de datte ; de Venise, Madrid, Cadix & Seville, de deux mois de datte.

A Nuremberg l'Usance de toutes les Lettres de Change, est de quinze jours de vûe.

A Vienne en Autriche de même.

A Genes l'Usance des Lettres de Change, de Milan, Florence, Livourne & Luques, est de huit jours de vûe ; de Venise, Rome & Boulogne, de quinze jours de vûe ; de Naples, vingt-deux jours de vûe ; de Sicile, d'un mois de vûe ou deux mois de datte ; de Sardaigne, un mois de vûe ; d'Anvers, d'Amsterdam, & autres places des Pays-Bas, de trois mois de datte.

USANCE. C'est aussi un terme d'Eaux & Forêts, qui signifie l'exploitation de la coupe d'une vente adjugée à un Marchand.

L'article XXIX du titre XV de l'Ordonnance sur le fait des Eaux & Forêts de 1669, porte que les Marchands adjudicataires, avant de commencer l'Usance des ventes, c'est-à-dire, avant de les exploiter & d'y mettre les Bocherons, seront tenus de donner bonne & suffisante caution & Certificateur de ladite caution.

USANCE. Est encore un terme dont on se sert dans les commerces de terre & de mer. Il signifie Usage, Coutume. Ainsi l'on dit : Ce Négociant sçait bien les Usances de la mer ; pour dire qu'il n'ignore rien des regles & des maximes qu'il faut sçavoir pour trafiquer sur la mer. Ce Marchand entend bien l'Usance du negoce, pour faire entendre qu'il en connoît toutes les pratiques.

USB

USBLAT. Nom que le Tarif des droits de sortie de France de l'année 1664, donne à la colle de Poisson. *Voyez* COLLE DE POISSON.

L'Usblat paye en France les droits de sortie à raison de 20 s. le cent pesant.

USE

USER une cuve de Teinture. C'est en tirer toutes les nuances ou dégradations de couleurs qu'elle peut fournir.

Le chef-d'œuvre des Maîtres Teinturiers en soye, laine & fil, consiste à asseoir une cuve d'Inde ou florée, & de la bien user & tirer. *V.* TEINTURIER.

USEZ, Ville de France dans le bas Languedoc, de la Généralité de Montpellier. On y fait des serges, des chapeaux, & de la Tannerie. *V.* l'Etat gén. Tome I. p. 215.

USN

USNE'E. Espece de Plante ou mousse que produit le cedre, le chêne & quelques autres arbres.

L'Usnée entre dans la composition des poudres de Chypre, de Franchipane, à la Maréchale, & de quantité d'autres que les Marchands Epiciers, Droguistes & Parfumeurs font venir de Montpellier & de quelques autres endroits : on l'appelle aussi Mousse d'arbre. *V.* MOUSSE D'ARBRE.

USNE'E HUMAINE. C'est une petite mousse de couleur verdâtre qui croît sur les têtes des morts lorsqu'elles sont un peu anciennes. *Voyez à la fin de l'article Momie.*

USO

USO. Terme Italien en usage dans quelques Provinces de France ; il signifie dans le Commerce la même chose qu'Usance. *Voyez* USANCE.

WA

WAGE, ou CHARIOT. Poids dont on se sert à Amiens, qui pese cent soixante & cinq livres de cette Ville revenant à cent quarante-cinq livres trois onces de Paris, de Strasbourg, de Besançon & d'Amsterdam, les poids de ces quatre Villes étant égaux.

WALRUS, ou NARHVAL, qu'on appelle aussi, quoiqu'improprement, Cheval Marin. Espece de poisson qui se pêche dans la mer du Nord, & qui porte une longue corne, qui est ce qu'on fait passer en Europe dans les cabinets des curieux pour la corne de licorne.

Ce poisson qui après la baleine est le plus énorme de ceux qui vivent dans les eaux, se harponne de la même maniere qu'elle; mais comme le corps ne sert ni pour manger ni pour en tirer de l'huile, les Coupeurs lui coupent la tête aussitôt qu'ils l'ont pris.

La pêche du Walrus ne se fait que pour la corne & sur-tout pour les dents qui servent à faire toute sorte d'ouvrages comme l'yvoire, & qui se vendent beaucoup plus cher tant à cause de leur blancheur qui surpasse celle de l'yvoire, que parce que les ouvrages qui en sont faits ne se roussissent pas si-tôt.

La corne de ce poisson est très pesante, le plus ordinairement fort droite & finissant en pointe comme une aiguille. Il y en a de plus de quinze pieds de long, & elle est tournée en limaçon vers la racine où elle a trois ou quatre pouces de diametre allant toujours en diminuant jusques à la pointe.

Les grandes dents pesent quelquefois jusques à quatre livres.

Ce sont les tronçons de cette corne que l'on vend à Paris pour corne de Licorne, & on leur attribue les mêmes qualités contre les poisons, apparemment avec le même fondement & le même succès. *Voyez* LICORNE.

WAQUE. Sorte de mesure dont on se sert pour mesurer le charbon de terre dans les Houillieres du Hainault. La Waque de charbon revient à 15 s. dont 12 sont pour le Marchand, deux sols six deniers pour le droit des Etats de Mons, & six deniers pour de petits droits établis sur les bateaux pour la construction & entretien des écluses. *V.* HOUILLE & CHARBON DE TERRE.

WERST. Mesure des distances dont on se sert en Moscovie.

Le werst suivant la supputation du Capitaine Perry dans sa relation de Moscovie donnée au Public en 1717, contient 3504 pieds d'Angleterre, ce qui fait environ deux tiers du mille Anglois.

Sur ce pied un dégré a 80 wersts ou 60 milles d'Angleterre, ou 20 lieues de France, ou 15 d'Allemagne.

Une lieue d'Allemagne contient environ 6 wersts, une lieue de France en contient quatre, & 2 milles d'Angleterre valent 3 wersts.

W I

WICH. Terme de fabrique de basse-lisse. C'est un morceau de bois, ou si l'on veut une espece de perche où sont attachés les fils de la chaîne de la basse lisse. Cette perche qui est aussi longue que les ensubles ou rouleaux qui sont aux deux bouts du métier, est emboêtée dans une raînure ménagée dans toute la longueur de l'ensuble, chaque ensuble a son Wich. *V.* BASSE LISSE.

VUIDANGE. Terme d'exploitation & de commerce de bois. Il signifie l'enlevement des bois hors d'une vente adjugée à un Marchand, après qu'ils ont été abbatus & débités.

L'article XL. du titre XV. de l'Ordonnance de 1669, enjoint aux Marchands d'enlever les bois de dessus les ventes dans le tems reglé par le Grand-Maître, à peine d'amende arbitraire & de confiscation des marchandises.

VUIDER LES VENTES. L'on dit en terme d'exploitation de bois, qu'un Marchand est obligé de vuider les ventes dans un certain tems, pour dire, enlever tout le bois qu'il a abbatu dans une forêt. *Voyez ci-dessus.*

VUIDER une piece d'étoffe. C'est la trop laisser à la foulerie, ensorte qu'elle perde de la largeur prescrite par les Reglemens.

Le Foulon est obligé d'acquitter le dommage arrivé par sa négligence, lequel doit être arbitré par le Juge des Manufactures. On dit aussi Percer & Echauffer. *V.* ECHAUFFER.

VUIDER les Lots. Terme dont se servent à Paris les Revendeuses qu'on appelle Crieuses de vieux chapeaux. Il signifie partager entre elles les vieilles hardes qu'elles ont achettées en commun, y mettre le prix, & les lottir entre celles qui veulent ou qui doivent y avoir part. *V.* CRIEUSES DE VIEUX CHAPEAUX.

WILOC. Espece d'étoffe ou de feutre foulé à la maniere des Chapeliers; mais qui est un peu plus lâche que le feutre dont on fait les chapeaux. Il y en a de deux sortes; l'un de l'épaisseur de plus d'un demi pouce; & l'autre qui a plus du double de cette épaisseur. Les Tartares Cullmicks se servent du dernier comme de matelats pour se coucher, & ils couvrent leurs tentes de l'autre; & en font des manteaux de pluye & des housses à leurs chevaux.

WINTHERUS. Ecorce odoriferante qui n'est autre chose que la canelle blanche. *V.* CANELLE.

WOUWLE. Sorte de teinture jaune; cette marchandise paye en Hollande les droits d'entrée & de sortie par appréciation, c'est-à-dire, 2 florins à l'entrée, & 4 à la sortie pour chaque cent florins. *V.* le nouveau Tarif de Hollande à l'article LISTE.

V U S

VUSTUM. Le Tarif de la Douane de Lyon nomme ainsi le cuivre brûlé, autrement Æs-ustum. *V.* ÆS-USTUM.

Les droits que cette drogue paye suivant le Tarif de cette Ville, sont de 3 liv. 18 s. le quintal; sçavoir 13 s. 3 den. d'ancienne taxation, 16 s. 9 d. de nouvelle reapréciation, 1 liv. pour les anciens quatre pour cent, & 28 s. pour leur augmentation.

Les droits du Tarif de 1664 sont de 4 l. le cent pesant.

X

XAN. On nomme ainsi en quelques endroits de l'Empire Ottoman, ce qu'on nomme communément Kan, Chan & Caravansera. *V. ces articles.*

X A R

XARAFFES. Ce sont à Goa, & dans toutes les Villes de commerce de la Côte de Malabar, des especes de Changeurs, qui pour un petit profit qu'on leur donne, examinent les especes d'argent, sur-tout les pardaos xerafins qui ont cours dans le négoce, & dont la plupart sont fausses ou alterées.

Ces Xaraffes sont des Chrétiens Indiens qui se tiennent au coin des rues, & qui sont si habiles & si expérimentés dans la connoissance de ces pardaos, que sans les peser, sans se servir de la pierre de touche, ni même sans les sonner, comme on fait en Europe les pieces douteuses, mais seulement au toucher, & en les comptant ils distinguent une piece fausse entre mille; ce qu'aucun Européen, non pas même les Hollandois, n'ont jamais pû faire, bien qu'ils les manient, & les retournent mille fois.

On doit d'autant plus se fier à ces Changeurs, qu'ils sont obligés de garantir les pieces qu'ils ont visitées.

Outre cet emploi des Xaraffes, ce sont aussi eux qui changent les monnoyes, & qui fournissent aux Marchands les especes dont ils ont besoin, en se contentant pour tout profit de quelque basarucos d'étain, petite monnoye dont les trois valent deux reys de Portugal, c'est-à-dire, moins d'un denier de France.

Il y a aussi de ces Xaraffes à Constantinople, au Caire, & dans les Villes de négoce de l'Empire Ottoman.

XIL

XILO-BALSANUM. Nom que la plupart des Droguistes & quelques Botanistes donnent au bois de l'arbre d'où distille cette précieuse gomme que les Latins nomment *Opo-balsamum*, connue communément sous le nom de Baume du Levant. *V.* Baume.

Y

YAR YCH YEU YOL YUN YVO

YARD. Mesure applicative d'Angleterre pour mesurer les longueurs.

Le cubit, le pied, la poignée, l'inchs & le grain d'orge sont les diminutions: l'aune, le pas geometrique, la brasse, la perche & le furlon sont les mesures qu'on en compose en le multipliant. *V.* Pied.

Yard. Est aussi en Angleterre une des mesures dont se servent les Arpenteurs des terres. Trente acres font un yard, & quarante perches de long sur quarante de large font l'acre. Il faut cent yards pour faire une hide.

Les YASOUS, un des établissemens des François de la Colonie de la Louisiane. *V.* ce qui est dit de la bonté de son terrain, dans l'Etat gén. Tome I. page 516.

YCH

YCHITZE'E. Drogue médicinale qui se trouve à la Chine, que les Japonois estiment beaucoup, & dont les Chinois font un grand commerce avec eux. Cette drogue ne vaut à Canton que six taels cinq mas le pic, & se vend au Japon jusqu'à trente-huit taels; ce qui produit un profit de plus de six cens pour cent.

YEU

YEUSE. Sorte d'arbre que l'on appelle autrement Chesne-verd. *V.* Chesne-verd.

YEUX D'ESCREVISSES. *V.* OCULI CANCRI.

YEUX DE PERDRIX. Etoffe partie soye, partie laine, diversement ouvragée & façonnée, qui se fait par les Haute-lisseurs de la Sayetterie d'Amiens. Elle doit avoir, suivant les Reglemens de *1666*, vingt-trois buhots, trente portées de largeur, revenant à un pied & demi & un pouce de Roi, & vingt aunes un quart à vingt aunes & demie de longueur.

YOL

YOLI. Nom que les Ameriquains qui habitent les Isles donnent à la plante que ceux du Continent nomment Petun, & qu'en Europe on appelle ordinairement Tabac. *V.* Tabac.

YUN

YUNE. Mesure des liquides, dont on se sert dans le Wirtemberg.

L'yune est de dix masses, & l'ame de seize yunes. *V.* Feoder.

YVO

YVOIRE ou IVOIRE. Dents ou défenses de l'éléphant.

YVO

L'éléphant, dont les Anciens & les Modernes racontent à l'envi tant de merveilles, est un animal monstrueux qui se trouve en Afrique & en Asie. Sa tête est fort peu proportionnée à la grosseur énorme de son corps. Ses yeux qui sont très petits, ont encore moins de proportion avec sa tête. Ses Oreilles sont grandes, pendantes, & faites à peu près comme les aîles des chauve-souris. Il a les jambes rondes & d'égale grosseur par tout, avec des jointures propres à les plier, & dont effectivement il se sert à se mettre à genoux, & à se coucher, malgré l'ancienne & fabuleuse opinion qui lui refusoit cette commodité. Une longue trompe lui sert comme de main pour prendre avec adresse tout ce qu'il veut, & pour puiser de l'eau, soit pour boire, soit pour la rejetter en se jouant. Enfin des deux côtés de sa mâchoire sortent les deux dents ou défenses recourbées, qu'on appelle Marfil ou Morfil, quand elles ne sont point débitées; & Yvoire, lorsqu'elles sont en morceaux, ou fabriquées en diverses sortes d'ouvrages par les Tabletiers, les Tourneurs, & quantité d'autres Ouvriers.

Les dents des éléphans des Indes n'ont gueres que trois ou quatre pieds de long; mais celles des éléphans d'Afrique, sur-tout de Bombaze & de Mosambique, n'ont pas moins de dix pieds; & deux hommes auroient assez de peine à en soulever une seule.

Il se trouve en Afrique une si grande quantité d'éléphans, qu'on les voit errer par troupes dans ses vastes déserts, comme on voit ailleurs les troupeaux de taureaux & de vaches les plus nombreux. Quelques Voyageurs ne craignent pas même de passer pour fabuleux, en rapportant que non-seulement les jardins des Negres sont entourés des dents de ces animaux en façon de hayes, mais même que ces Barbares s'en servent comme de pieux pour palissader leurs Villages, & y tenir lieu de murailles & de fortifications à leur mode.

L'yvoire ou Marfil se tire de toute la Côte d'Afrique, mais sur-tout de Rio-Fresca, de la riviere de Gambie, du Senegal, & de la Côte des Dents.

Les lieux de l'Asie où il y en a davantage sont l'Isle de Ceylan, & les Royaumes d'Achem, de Pegu, de Siam & d'Angelle.

L'yvoire de Ceylan est estimé le meilleur de tous, parce qu'il ne jaunit jamais. On en dit autant de ceux d'Achem & d'Angelle; aussi sont-ils plus chers que les autres. *V. l'article général du* commerce, où il est parlé de celui de l'Asie & de l'Afrique.

Cardan parle du secret d'amollir l'Yvoire comme on fait la corne : ne pourroit-on point mettre ce secret au rang de celui de rendre le verre malleable, rapporté par Petrone ? Et ne seroit-il point permis d'être un peu incrédule sur l'un & sur l'autre, malgré la réputation de ces deux Auteurs ?

Outre la grande consommation qui se fait d'Yvoire pour tant de divers ouvrages & d'ornemens où l'on s'en sert, il est de quelque usage dans la Médecine. On le rape pour en faire des prisanes astringentes. *V.* RAPURES *ou* RATURES D'YVOIRE. On en tire un esprit & un sel volatile estimés pour les maladies du cœur & du cerveau. Enfin on en fait en le brûlant & calcinant, en blancheur ce qu'on appelle Spode, à qui l'on attribue les mêmes vertus qu'au corail. *V.* SPODE.

C'est aussi en le brûlant & le réduisant au noir, qu'on en fait ce qu'on nomme Noir d'yvoire ou Noir de velours, dont se servent les Peintres. *V.* NOIR D'YVOIRE.

L'Yvoire paye en France les droits d'entrée à raison de 3 liv. le cent pesant, conformément au Tarif de 1664, & pour ceux de sortie 3 liv. 12 s.

Les droits de la Douane de Lyon sont de 1 livre 10 s. le quintal.

YVOIRE DE MOSCOVIE. On nomme ainsi une sorte d'Yvoire qui se trouve assez avant en terre dans quelques endroits de la Tartarie Moscovite, particulierement le long de la Lena & de la Jenicia, deux grands fleuves qui arrosent cette vaste partie des Etats du Czar.

Le Pere Avril Jesuite croit que ce sont des os de poisson ; & c'est l'opinion qu'il veut établir dans sa Relation de la Chine.

Les Moguls, peuples grossiers qui habitent les bords de ces deux rivieres, s'imaginent que ce sont de grands animaux inconnus qui vivent sous terre, & dont on trouve les cadavres quand ils sont morts.

A l'égard des Moscovites, ils ne doutent point que ce soient des vraies dents d'élephants, dont les corps ont été poussés jusqu'en Tartarie, par les eaux du déluge, des lieux où ces animaux se trouvent.

Peut-être pourroit on les prendre pour des dents fossiles ; mais quelques Relations rapportent qu'on les trouve le plus souvent encore attachées dans les alveoles des mâchoires, & dans les crânes de vrais animaux.

Ce qui paroît le plus embarrassant pour prendre parti, c'est qu'on assure qu'elles n'ont rien du véritable morfil, & qu'elles sont contournées autrement que les dents des élephants.

Ces dents sont ordinairement blanches, mais quelquefois on en trouve de noires. Leur poids est depuis deux cens jusqu'à trois cens livres. On s'en sert à faire des peignes, & tous les autres ouvrages où l'on employe l'Yvoire. Le plus grand négoce s'en fait dans la Moscovie même, ne s'en envoyant gueres au-dehors. *Voyez la Relation de l'Ambassade d'Isbrand à la Chine.*

Z

ZAE ZAF ZAI ZAT ZEB ZED

ZAEJIES. Petite monnoye d'argent qui a cours en Perse, c'est le demi mamoudi. *V.* MAMOUDI.

ZAF

ZAFRE. Mineral. *V.* SAFRE.

ZAI

ZAIN. Sorte de mineral que l'on met au nombre des demi-métaux. *Voyez* ZINCK.

ZAT

ZATOU. Mesure de grains en usage dans l'Isle de Madagascar parmi les Originaires de l'Isle. On ne se sert de Zatou que pour le ris entier & non mondé ; le ris mondé se mesurant au mouka & à la voule, dont l'un pese six livres, & l'autre une demi-livre, poids de Paris.

Le Zatou contient cent voules ; aussi en langue Madecasse Zatou signifie-t-il cent, nombre qui, comme en Europe, est composé de deux fois cinquante, ou de quatre fois vingt-cinq.

ZEB

ZEBELLE. Quelques-uns donnent ce nom à la martre zibelline. *V.* MARTRE.

ZEBELLINE ou ZIBELLINE. Nom que l'on donne aux peaux de martres les plus précieuses. Les Zebellines se tirent de la Laponie Moscovite & Danoise. Il s'en trouve aussi une grande quantité en Siberie, Province des Etats du Czar. *V.* MARTRE. *Voyez aussi l'article du commerce, où il est parlé de celui de la Mer Baltique & du Nord.*

ZED

ZEDOAIRE. Espece de gingembre sauvage qui est un excellent cordial. *V.* GINGEMBRE.

ZER

ZER. Les Persans appellent Zer toutes sortes d'especes de monnoyes. Ce terme signifie or, quand on parle du métail qui porte ce nom ; mais en fait de monnoyes il est générique, comme en France le mot d'argent, dont on se sert pour marquer en général toutes les especes qui ont cours, aussi-bien celles de billon ou de cuivre, comme les sols marqués & les liards, que celles qui sont d'or ou d'argent, comme les louis & les écus.

En Perse quand on veut parler des especes qui sont véritablement d'or, on se sert du mot de Dinar ; & pour celles d'argent, de celui de Dirhem. L'argent métail s'exprime par le terme de Zim.

ZERO. Caractere d'Arithmetique ainsi formé (0), qui étant seul n'est d'aucune valeur ; mais posé après un chiffre, le fait valoir autant de dizaines qu'il étoit composé d'unités : ainsi un 1 posé devant un 0, vaut une dizaine ou dix, que l'on marque ainsi (10) ; un 2 posé devant un 0, vaut vingt, qui s'écrit de cette maniere (20) ; & ainsi des autres.

Lorsque deux Zeros de suite sont précedés d'un chiffre, ce chiffre vaut autant de fois cent qu'il renferme d'unités ; ce qui s'exprime ainsi, 100, qui signifie cent ; 200, qui veut dire deux cens, &c.

Si trois Zeros sont de suite, & qu'il y ait un chiffre devant, ce chiffre vaut autant de fois mille qu'il est composé de fois un ; ce qui se marque de cette maniere, 1000, qui veut dire mille ; 2000, qui signifie deux mille, &c.

Il en est de même de quatre, de cinq, de six,

de sept & de huit Zeros posés de suite, lorsqu'ils sont précedés d'un chiffre, pour former des dizaines de mille, des centaines de mille, des millions, des dizaines de millions, & des centaines de millions.

Le Zero ne s'employe que dans le chiffre commun ou Arabe, n'étant d'aucun usage dans le chiffre Romain, non plus que dans celui de compte ou de finance, que l'on nomme Chiffre François.

ZERUMBETH. Racine d'une espece de gingembre sauvage, qui croît particulierement dans l'Isle de Madagascar. *V.* GINGEMBRE.

ZIA

ZIAN. Monnoye d'or du Royaume d'Alger, qui se frappe à Tremeçen. Elle a d'un côté le nom du Dey, & de l'autre quelques lettres ou legendes Arabes tirées de l'Alcoran. C'est la plus forte monnoye qui se fasse dans tous les Etats dépendans d'Alger. Le Zian vaut cent aspres.

ZIANGI. Monnoye d'argent d'Amadabaht, qui a cours dans quelques autres lieux des Etats du Mogol, elle est du nombre des roupies & vaut 20 pour 100 plus que celles qu'on y nomme Gasana: le ziangi revient à 36 sols de France.

ZIM

ZIM. Mot Persan qui signifie argent simplement consideré comme métail. Pour exprimer ce qu'on entend en France par argent, quand on parle de toutes especes monnoyées, soit d'or, d'argent, de billon ou de cuivre, les Persans disent Zer; & lorsqu'ils veulent parler des especes véritablement fabriquées d'argent, comme sont les écus de France, les richedales d'Allemagne ou les piastres d'Espagne, ils disent Dirhem.

ZIMBI. Espece de coquillage qui tient lieu de menue monnoye dans quelques lieux de la Côte d'Afrique, particulierement à Angole, & dans le Royaume de Congo.

Deux mille Zimbis reviennent à ce que les Negres appellent une macoute, qui n'est pas une monnoye réelle, n'y en ayant point dans toute cette partie de l'Afrique, mais une maniere d'estimer ce qu'on vend & ce que l'on achete.

Peut-être le Zimbi n'est il point different de ces coquilles, que les Européens qui trafiquent en Guinée nomment des Bouges: il semble cependant que les Peres Capucins Missionnaires au Congo, à qui l'on doit la Relation de ce Royaume, imprimée à Lyon en 1680, qui sont les seuls qui ayent parlé du Zimbi, disent assez clairement que ce coquillage se trouve dans les mers d'Afrique; ce qui n'est pas des bouges qui viennent des Maldives, où on les appelle Coris. *V.* BOUGE.

ZIMMER. Terme de commerce de fourrure, dont on se sert en quelques endroits de Moscovie, particulierement dans les parties les plus septentrionales. Un Zimmer fait dix paires de peaux: ainsi un Zimmer de martres est composé de vingt peaux de ces animaux.

ZIN

ZINCK ou ZAIN. Demi-métail ou mineral, que quelques-uns confondent avec le bismuth, & d'autres avec le speuter.

Le Zinck est une espece de plomb minéral, dur, blanc & brillant, qui quoiqu'il ne soit pas tout-à-fait ductile, s'étend néanmoins un peu sous le marteau. Il s'en trouve quantité dans les mines de Gosselar en Saxe. Celui que l'on vend le plus communément à Paris est en gros pains quarrés & épais; ce qui fait juger qu'il a été fondu au sortir de la mine, & jetté dans des moules de cette figure.

On se sert de Zinck pour décrasser l'étain, à peu près, comme on employe le plomb pour purifier l'or, l'argent & le cuivre. Les Fondeurs & les Faiseurs de soudure en usent aussi mêlé avec la terramerita. Il donne au cuivre une couleur d'or assez brillante, mais qui dure peu.

Il faut choisir le Zinck blanc, en belles écailles, difficile à casser, point aigre, & s'il se peut en petites barres ou lingots, sur lesquels il paroisse comme des especes d'étoiles.

ZINGI. Fruit des Indes Orientales, qui a la forme d'une étoile. Il est composé de sept especes de noix oblongues & triangulaires, arrangées & disposées en rond. Son écorce est dure, rude & noire. Les amandes sont polies & luisantes, d'une couleur semblable à la semence de lin, d'une odeur & d'un goût pareils à ceux de la semence d'anis, d'où cette plante a pris en Europe son nom d'Anis des Indes. Les Orientaux, particulierement les Chinois, se servent de l'amande pour préparer leur thé & leur sorbec.

ZINZOLIN. Espece de couleur qui tire sur le rouge. *V.* ROUGE.

ZOC

ZOCCOTARA, Isle de la Mer des Indes. Le commerce de ses Habitans roule principalement sur le négoce des dattes. *V.* l'Etat gén. Tome I. pag. 400.

ZOL

ZOLEDENIC. C'est la quatre-vingt-seiziéme partie de la livre Moscovite. Cette subdivision n'a lieu que dans le détail, & n'a été inventée que pour la commodité de ceux qui s'appliquent à cette partie du négoce.

ZOR

ZOROCHE. Sorte de minerai d'argent très brillant, & assez semblable au gispe, c'est-à-dire, à cette pierre qu'on nomme communément Talc. Le Zoroche est la moindre de toutes les pierres métalliques qui se tirent des mines du Potosi, & celle qui donne le moins d'argent. *Voyez* ARGENT.

ZUR

ZURICH, Ville & Canton de Suisse. *V.* le commerce de la Suisse, dans l'Etat gén. Tome I. p. 235.

ZURZACH, Bourg de la Suisse, sur le Rhin, célebre par deux Foires qui s'y tiennent tous les ans. *Voyez* l'Etat général, Tome I. p. 235. *V. aussi l'article des* FOIRES.

FIN.

De l'Imprimerie de CLAUDE SIMON, *pere.*

www.ingramcontent.com/pod-product-compliance
Lightning Source LLC
LaVergne TN
LVHW020953300926
849160LV00007B/132